2024

年版

法律法规全书系列

中华人民共和国

医疗法律法规全书

MEDICAL LAWS AND REGULATIONS

·含全部规章·

法律出版社法规中心 编

法律出版社
LAW PRESS·CHINA
北京

图书在版编目(CIP)数据

中华人民共和国医疗法律法规全书：含全部规章／法律出版社法规中心编. -- 12版. -- 北京：法律出版社，2024(2024.4重印)
(法律法规全书系列)
ISBN 978-7-5197-8685-4

Ⅰ. ①中… Ⅱ. ①法… Ⅲ. ①卫生法-汇编-中国 Ⅳ. ①D922.169

中国国家版本馆CIP数据核字(2023)第251007号

中华人民共和国医疗法律法规全书(含全部规章)
ZHONGHUA RENMIN GONGHEGUO YILIAO FALÜ FAGUI QUANSHU(HAN QUANBU GUIZHANG)

法律出版社法规中心 编

责任编辑 陶玉霞
装帧设计 臧晓飞

出版发行 法律出版社
编辑统筹 法规出版分社
责任校对 王晓萍 王语童
责任印制 耿润瑜
经　　销 新华书店

开本 787毫米×960毫米 1/16
印张 54.5　**字数** 1800千
版本 2024年1月第12版
印次 2024年4月第2次印刷
印刷 三河市龙大印装有限公司

地址：北京市丰台区莲花池西里7号(100073)
网址：www.lawpress.com.cn
投稿邮箱：info@lawpress.com.cn
举报盗版邮箱：jbwq@lawpress.com.cn
销售电话：010-83938349
客服电话：010-83938350
咨询电话：010-63939796

书号：ISBN 978-7-5197-8685-4
定价：98.00元
凡购买本社图书，如有印装错误，我社负责退换。电话：010-83938349

编辑出版说明

改革开放以来,我国医疗卫生事业的发展取得了巨大成就,医疗技术和水平不断提升,国民健康素质显著提高,但也出现了一些较为突出的矛盾和问题。尤其是医疗服务中损害群众利益的情况时有发生,部分医务人员法制观念薄弱,导致不必要的医疗纠纷发生,使医疗机构、患者和社会都遭受损失。在人民群众维权意识普遍增强、法律知识日渐普及的今天,除了精湛的医术和良好的道德,医务人员更应该学习和掌握相关法律,严格依法执业,依法化解矛盾,保障执业安全;患者也应当了解相关医疗法规,运用法律维护自身权益,通过合法途径解决纠纷。为此,我们精心编辑出版了这本《中华人民共和国医疗法律法规全书(含全部规章)》。本书具有以下特点:

一、收录全面,编排合理,查询方便

收录改革开放以来至2023年12月期间公布的现行有效的与医疗相关的法律、行政法规、司法解释、部门规章及政策规定。内容包括综合、医疗机构与人员(细分为医疗机构、医务人员、外国及台港澳从业者、医疗广告)、医疗服务(细分为处方病历、诊疗行为、妇幼保健、药品、血液及血液制品、医疗设备、医疗质量管理、医疗废物处理)、疾病防控(细分为传染病防治、职业病诊治、预防接种、应急处理)、医疗纠纷处理(细分为医疗事故处理和医疗损害赔偿)、医疗保障、刑事责任及相关规定等,分类细致,全面覆盖医疗活动的方方面面。本书具有体例清晰、查询方便的特点。

二、特设导读、条旨、案例,实用性强

全书部分章节特设"导读"栏目,对本部分核心内容进行解读;对重点法律附加条旨,可指引读者迅速找到自己需要的条文。收录最高人民法院公开的本领域典型案例,可供参考。

三、特色服务,动态增补

为保持本书与新法的同步更新,避免读者在一定周期内重复购书,特结合法律出版社法规中心的资源优势提供动态增补服务。读者可扫描封底二维码,查看、下载免费增补材料。

由于编者水平有限,还望读者在使用过程中不吝赐教,提出您的宝贵意见(邮箱地址:faguizhongxin@163.com),以便本书继续修订完善。谢谢!

法律出版社法规中心

2023年12月

总　目　录

目　录

一、综　合

二、医疗机构与人员

1. 医疗机构

① 目录中对有修改的文件,将其第一次公布的时间和最近一次修改的时间一并列出,在正文中收录的是最新修改后的文本。特此说明。

2. 医务人员

3. 外国、台港澳从业者

4. 医疗广告

三、医疗服务

1. 处方、病历

2. 诊疗行为

3. 妇幼保健

4. 药品

5. 血液及血液制品

6. 医疗设备

7. 医疗质量管理

8. 医疗废物处理

四、疾病防控

1. 传染病防治

2. 职业病防治

3. 预防接种

4. 应急处理

五、医疗纠纷处理

1. 医疗事故处理

2. 医疗损害赔偿

六、医疗保障

七、刑事责任

八、相关规定

附　　录

一、综合

资料补充栏

中华人民共和国宪法（节录）

1. 1982年12月4日第五届全国人民代表大会第五次会议通过
2. 1982年12月4日全国人民代表大会公告公布施行
3. 根据1988年4月12日第七届全国人民代表大会第一次会议通过的《中华人民共和国宪法修正案》、1993年3月29日第八届全国人民代表大会第一次会议通过的《中华人民共和国宪法修正案》、1999年3月15日第九届全国人民代表大会第二次会议通过的《中华人民共和国宪法修正案》、2004年3月14日第十届全国人民代表大会第二次会议通过的《中华人民共和国宪法修正案》和2018年3月11日第十三届全国人民代表大会第一次会议通过的《中华人民共和国宪法修正案》修正

第二十一条　【医疗卫生与体育事业】[①]国家发展医疗卫生事业，发展现代医药和我国传统医药，鼓励和支持农村集体经济组织、国家企业事业组织和街道组织举办各种医疗卫生设施，开展群众性的卫生活动，保护人民健康。

国家发展体育事业，开展群众性的体育活动，增强人民体质。

第四十五条　【社会保障权利】中华人民共和国公民在年老、疾病或者丧失劳动能力的情况下，有从国家和社会获得物质帮助的权利。国家发展为公民享受这些权利所需要的社会保险、社会救济和医疗卫生事业。

国家和社会保障残废军人的生活，抚恤烈士家属，优待军人家属。

国家和社会帮助安排盲、聋、哑和其他有残疾的公民的劳动、生活和教育。

中华人民共和国
基本医疗卫生与健康促进法

1. 2019年12月28日第十三届全国人民代表大会常务委员会第十五次会议通过
2. 2019年12月28日中华人民共和国主席令第38号公布
3. 自2020年6月1日起施行

目　　录

第一章　总　　则

第一条　【立法目的】为了发展医疗卫生与健康事业，保障公民享有基本医疗卫生服务，提高公民健康水平，推进健康中国建设，根据宪法，制定本法。

第二条　【适用范围】从事医疗卫生、健康促进及其监督管理活动，适用本法。

第三条　【服务宗旨与原则】医疗卫生与健康事业应当坚持以人民为中心，为人民健康服务。

医疗卫生事业应当坚持公益性原则。

第四条　【保障公民健康权】国家和社会尊重、保护公民的健康权。

国家实施健康中国战略，普及健康生活，优化健康服务，完善健康保障，建设健康环境，发展健康产业，提升公民全生命周期健康水平。

国家建立健康教育制度，保障公民获得健康教育的权利，提高公民的健康素养。

第五条　【基本医疗卫生服务权】公民依法享有从国家和社会获得基本医疗卫生服务的权利。

国家建立基本医疗卫生制度，建立健全医疗卫生服务体系，保护和实现公民获得基本医疗卫生服务的权利。

第六条　【政府工作方针与社会参与】各级人民政府应当把人民健康放在优先发展的战略地位，将健康理念融入各项政策，坚持预防为主，完善健康促进工作体系，组织实施健康促进的规划和行动，推进全民健身，建立健康影响评估制度，将公民主要健康指标改善情况纳入政府目标责任考核。

全社会应当共同关心和支持医疗卫生与健康事业的发展。

第七条　【各级政府及主管部门职责】国务院和地方各级人民政府领导医疗卫生与健康促进工作。

① 条文主旨为编者所加，下同。

国务院卫生健康主管部门负责统筹协调全国医疗卫生与健康促进工作。国务院其他有关部门在各自职责范围内负责有关的医疗卫生与健康促进工作。

县级以上地方人民政府卫生健康主管部门负责统筹协调本行政区域医疗卫生与健康促进工作。县级以上地方人民政府其他有关部门在各自职责范围内负责有关的医疗卫生与健康促进工作。

第八条 【鼓励支持医学技术发展】国家加强医学基础科学研究，鼓励医学科学技术创新，支持临床医学发展，促进医学科技成果的转化和应用，推进医疗卫生与信息技术融合发展，推广医疗卫生适宜技术，提高医疗卫生服务质量。

国家发展医学教育，完善适应医疗卫生事业发展需要的医学教育体系，大力培养医疗卫生人才。

第九条 【发展中医药事业】国家大力发展中医药事业，坚持中西医并重、传承与创新相结合，发挥中医药在医疗卫生与健康事业中的独特作用。

第十条 【合理配置医疗卫生资源】国家合理规划和配置医疗卫生资源，以基层为重点，采取多种措施优先支持县级以下医疗卫生机构发展，提高其医疗卫生服务能力。

第十一条 【加大财政投入】国家加大对医疗卫生与健康事业的财政投入，通过增加转移支付等方式重点扶持革命老区、民族地区、边疆地区和经济欠发达地区发展医疗卫生与健康事业。

第十二条 【鼓励多种方式参与医疗卫生事业】国家鼓励和支持公民、法人和其他组织通过依法举办机构和捐赠、资助等方式，参与医疗卫生与健康事业，满足公民多样化、差异化、个性化健康需求。

公民、法人和其他组织捐赠财产用于医疗卫生与健康事业的，依法享受税收优惠。

第十三条 【表彰奖励】对在医疗卫生与健康事业中做出突出贡献的组织和个人，按照国家规定给予表彰、奖励。

第十四条 【鼓励对外合作】国家鼓励和支持医疗卫生与健康促进领域的对外交流合作。

开展医疗卫生与健康促进对外交流合作活动，应当遵守法律、法规，维护国家主权、安全和社会公共利益。

第二章 基本医疗卫生服务

第十五条 【基本医疗卫生服务的定义与范围】基本医疗卫生服务，是指维护人体健康所必需、与经济社会发展水平相适应、公民可公平获得的，采用适宜药物、适宜技术、适宜设备提供的疾病预防、诊断、治疗、护理和康复等服务。

基本医疗卫生服务包括基本公共卫生服务和基本医疗服务。基本公共卫生服务由国家免费提供。

第十六条 【保障公民享有基本公共卫生服务】国家采取措施，保障公民享有安全有效的基本公共卫生服务，控制影响健康的危险因素，提高疾病的预防控制水平。

国家基本公共卫生服务项目由国务院卫生健康主管部门会同国务院财政部门、中医药主管部门等共同确定。

省、自治区、直辖市人民政府可以在国家基本公共卫生服务项目基础上，补充确定本行政区域的基本公共卫生服务项目，并报国务院卫生健康主管部门备案。

第十七条 【各级政府针对重大疾病开展工作】国务院和省、自治区、直辖市人民政府可以将针对重点地区、重点疾病和特定人群的服务内容纳入基本公共卫生服务项目并组织实施。

县级以上地方人民政府针对本行政区域重大疾病和主要健康危险因素，开展专项防控工作。

第十八条 【县级以上政府提供公共卫生服务的方式】县级以上人民政府通过举办专业公共卫生机构、基层医疗卫生机构和医院，或者从其他医疗卫生机构购买服务的方式提供基本公共卫生服务。

第十九条 【突发事件卫生应急体系】国家建立健全突发事件卫生应急体系，制定和完善应急预案，组织开展突发事件的医疗救治、卫生学调查处置和心理援助等卫生应急工作，有效控制和消除危害。

第二十条 【传染病防控制度】国家建立传染病防控制度，制定传染病防治规划并组织实施，加强传染病监测预警，坚持预防为主、防治结合，联防联控、群防群控、源头防控、综合治理，阻断传播途径，保护易感人群，降低传染病的危害。

任何组织和个人应当接受、配合医疗卫生机构为预防、控制、消除传染病危害依法采取的调查、检验、采集样本、隔离治疗、医学观察等措施。

第二十一条 【预防接种制度】国家实行预防接种制度，加强免疫规划工作。居民有依法接种免疫规划疫苗的权利和义务。政府向居民免费提供免疫规划疫苗。

第二十二条 【慢性非传染性疾病防控与管理制度】国家建立慢性非传染性疾病防控与管理制度，对慢性非传染性疾病及其致病危险因素开展监测、调查和综合防控干预，及时发现高危人群，为患者和高危人群提供诊疗、早期干预、随访管理和健康教育等服务。

第二十三条　【加强职业健康保护】国家加强职业健康保护。县级以上人民政府应当制定职业病防治规划，建立健全职业健康工作机制，加强职业健康监督管理，提高职业病综合防治能力和水平。

用人单位应当控制职业病危害因素，采取工程技术、个体防护和健康管理等综合治理措施，改善工作环境和劳动条件。

第二十四条　【发展妇幼保健事业】国家发展妇幼保健事业，建立健全妇幼健康服务体系，为妇女、儿童提供保健及常见病防治服务，保障妇女、儿童健康。

国家采取措施，为公民提供婚前保健、孕产期保健等服务，促进生殖健康，预防出生缺陷。

第二十五条　【发展老年人保健事业】国家发展老年人保健事业。国务院和省、自治区、直辖市人民政府应当将老年人健康管理和常见病预防等纳入基本公共卫生服务项目。

第二十六条　【发展残疾预防和残疾人康复事业】国家发展残疾预防和残疾人康复事业，完善残疾预防和残疾人康复及其保障体系，采取措施为残疾人提供基本康复服务。

县级以上人民政府应当优先开展残疾儿童康复工作，实行康复与教育相结合。

第二十七条　【建立健全院前急救体系】国家建立健全院前急救体系，为急危重症患者提供及时、规范、有效的急救服务。

卫生健康主管部门、红十字会等有关部门、组织应当积极开展急救培训，普及急救知识，鼓励医疗卫生人员、经过急救培训的人员积极参与公共场所急救服务。公共场所应当按照规定配备必要的急救设备、设施。

急救中心（站）不得以未付费为由拒绝或者拖延为急危重症患者提供急救服务。

第二十八条　【发展精神卫生事业】国家发展精神卫生事业，建设完善精神卫生服务体系，维护和增进公民心理健康，预防、治疗精神障碍。

国家采取措施，加强心理健康服务体系和人才队伍建设，促进心理健康教育、心理评估、心理咨询与心理治疗服务的有效衔接，设立为公众提供公益服务的心理援助热线，加强未成年人、残疾人和老年人等重点人群心理健康服务。

第二十九条　【基本医疗服务提供者】基本医疗服务主要由政府举办的医疗卫生机构提供。鼓励社会力量举办的医疗卫生机构提供基本医疗服务。

第三十条　【实行分级诊疗制度】国家推进基本医疗服务实行分级诊疗制度，引导非急诊患者首先到基层医疗卫生机构就诊，实行首诊负责制和转诊审核责任制，逐步建立基层首诊、双向转诊、急慢分治、上下联动的机制，并与基本医疗保险制度相衔接。

县级以上地方人民政府根据本行政区域医疗卫生需求，整合区域内政府举办的医疗卫生资源，因地制宜建立医疗联合体等协同联动的医疗服务合作机制。鼓励社会力量举办的医疗卫生机构参与医疗服务合作机制。

第三十一条　【推进家庭医生签约服务】国家推进基层医疗卫生机构实行家庭医生签约服务，建立家庭医生服务团队，与居民签订协议，根据居民健康状况和医疗需求提供基本医疗卫生服务。

第三十二条　【公民知情同意权与医疗卫生人员的说明义务】公民接受医疗卫生服务，对病情、诊疗方案、医疗风险、医疗费用等事项依法享有知情同意的权利。

需要实施手术、特殊检查、特殊治疗的，医疗卫生人员应当及时向患者说明医疗风险、替代医疗方案等情况，并取得其同意；不能或者不宜向患者说明的，应当向患者的近亲属说明，并取得其同意。法律另有规定的，依照其规定。

开展药物、医疗器械临床试验和其他医学研究应当遵守医学伦理规范，依法通过伦理审查，取得知情同意。

第三十三条　【公民的受尊重权】公民接受医疗卫生服务，应当受到尊重。医疗卫生机构、医疗卫生人员应当关心爱护、平等对待患者，尊重患者人格尊严，保护患者隐私。

公民接受医疗卫生服务，应当遵守诊疗制度和医疗卫生服务秩序，尊重医疗卫生人员。

第三章　医疗卫生机构

第三十四条　【建立健全医疗卫生服务体系、服务网络】国家建立健全由基层医疗卫生机构、医院、专业公共卫生机构等组成的城乡全覆盖、功能互补、连续协同的医疗卫生服务体系。

国家加强县级医院、乡镇卫生院、村卫生室、社区卫生服务中心（站）和专业公共卫生机构等的建设，建立健全农村医疗卫生服务网络和城市社区卫生服务网络。

第三十五条　【各医疗卫生机构提供的主要服务】基层医疗卫生机构主要提供预防、保健、健康教育、疾病管理，为居民建立健康档案，常见病、多发病的诊疗以及部分疾病的康复、护理，接收医院转诊患者，向医院转诊超出自身服务能力的患者等基本医疗卫生服务。

医院主要提供疾病诊治，特别是急危重症和疑难病症的诊疗，突发事件医疗处置和救援以及健康教育等医疗卫生服务，并开展医学教育、医疗卫生人员培训、医学科学研究和对基层医疗卫生机构的业务指导等工作。

专业公共卫生机构主要提供传染病、慢性非传染性疾病、职业病、地方病等疾病预防控制和健康教育、妇幼保健、精神卫生、院前急救、采供血、食品安全风险监测评估、出生缺陷防治等公共卫生服务。

第三十六条 【各机构分工合作并建立协作机制】各级各类医疗卫生机构应当分工合作，为公民提供预防、保健、治疗、护理、康复、安宁疗护等全方位全周期的医疗卫生服务。

各级人民政府采取措施支持医疗卫生机构与养老机构、儿童福利机构、社区组织建立协作机制，为老年人、孤残儿童提供安全、便捷的医疗和健康服务。

第三十七条 【县级以上政府制定落实相关规划】县级以上人民政府应当制定并落实医疗卫生服务体系规划，科学配置医疗卫生资源，举办医疗卫生机构，为公民获得基本医疗卫生服务提供保障。

政府举办医疗卫生机构，应当考虑本行政区域人口、经济社会发展状况、医疗卫生资源、健康危险因素、发病率、患病率以及紧急救治需求等情况。

第三十八条 【办理审批备案手续】举办医疗机构，应当具备下列条件，按照国家有关规定办理审批或者备案手续：

（一）有符合规定的名称、组织机构和场所；

（二）有与其开展的业务相适应的经费、设施、设备和医疗卫生人员；

（三）有相应的规章制度；

（四）能够独立承担民事责任；

（五）法律、行政法规规定的其他条件。

医疗机构依法取得执业许可证。禁止伪造、变造、买卖、出租、出借医疗机构执业许可证。

各级各类医疗卫生机构的具体条件和配置应当符合国务院卫生健康主管部门制定的医疗卫生机构标准。

第三十九条 【医疗卫生机构的分类管理】国家对医疗卫生机构实行分类管理。

医疗卫生服务体系坚持以非营利性医疗卫生机构为主体、营利性医疗卫生机构为补充。政府举办非营利性医疗卫生机构，在基本医疗卫生事业中发挥主导作用，保障基本医疗卫生服务公平可及。

以政府资金、捐赠资产举办或者参与举办的医疗卫生机构不得设立为营利性医疗卫生机构。

医疗卫生机构不得对外出租、承包医疗科室。非营利性医疗卫生机构不得向出资人、举办者分配或者变相分配收益。

第四十条 【坚持医疗卫生机构的公益性】政府举办的医疗卫生机构应当坚持公益性质，所有收支均纳入预算管理，按照医疗卫生服务体系规划合理设置并控制规模。

国家鼓励政府举办的医疗卫生机构与社会力量合作举办非营利性医疗卫生机构。

政府举办的医疗卫生机构不得与其他组织投资设立非独立法人资格的医疗卫生机构，不得与社会资本合作举办营利性医疗卫生机构。

第四十一条 【鼓励引导社会力量举办医疗卫生机构】国家采取多种措施，鼓励和引导社会力量依法举办医疗卫生机构，支持和规范社会力量举办的医疗卫生机构与政府举办的医疗卫生机构开展多种类型的医疗业务、学科建设、人才培养等合作。

社会力量举办的医疗卫生机构在基本医疗保险定点、重点专科建设、科研教学、等级评审、特定医疗技术准入、医疗卫生人员职称评定等方面享有与政府举办的医疗卫生机构同等的权利。

社会力量可以选择设立非营利性或者营利性医疗卫生机构。社会力量举办的非营利性医疗卫生机构按照规定享受与政府举办的医疗卫生机构同等的税收、财政补助、用地、用水、用电、用气、用热等政策，并依法接受监督管理。

第四十二条 【国家建设医学中心】国家以建成的医疗卫生机构为基础，合理规划与设置国家医学中心和国家、省级区域性医疗中心，诊治疑难重症，研究攻克重大医学难题，培养高层次医疗卫生人才。

第四十三条 【医疗卫生机构的职责】医疗卫生机构应当遵守法律、法规、规章，建立健全内部质量管理和控制制度，对医疗卫生服务质量负责。

医疗卫生机构应当按照临床诊疗指南、临床技术操作规范和行业标准以及医学伦理规范等有关要求，合理进行检查、用药、诊疗，加强医疗卫生安全风险防范，优化服务流程，持续改进医疗卫生服务质量。

第四十四条 【分类管理医疗卫生技术及医疗卫生技术应用的原则】国家对医疗卫生技术的临床应用进行分

类管理，对技术难度大、医疗风险高，服务能力、人员专业技术水平要求较高的医疗卫生技术实行严格管理。

医疗卫生机构开展医疗卫生技术临床应用，应当与其功能任务相适应，遵循科学、安全、规范、有效、经济的原则，并符合伦理。

第四十五条　【建立现代医院管理制度】国家建立权责清晰、管理科学、治理完善、运行高效、监督有力的现代医院管理制度。

医院应当制定章程，建立和完善法人治理结构，提高医疗卫生服务能力和运行效率。

第四十六条　【维护医疗卫生机构执业场所秩序】医疗卫生机构执业场所是提供医疗卫生服务的公共场所，任何组织或者个人不得扰乱其秩序。

第四十七条　【完善医疗风险分担机制】国家完善医疗风险分担机制，鼓励医疗机构参加医疗责任保险或者建立医疗风险基金，鼓励患者参加医疗意外保险。

第四十八条　【鼓励改进和开发医疗卫生技术】国家鼓励医疗卫生机构不断改进预防、保健、诊断、治疗、护理和康复的技术、设备与服务，支持开发适合基层和边远地区应用的医疗卫生技术。

第四十九条　【推进全民健康信息化】国家推进全民健康信息化，推动健康医疗大数据、人工智能等的应用发展，加快医疗卫生信息基础设施建设，制定健康医疗数据采集、存储、分析和应用的技术标准，运用信息技术促进优质医疗卫生资源的普及与共享。

县级以上人民政府及其有关部门应当采取措施，推进信息技术在医疗卫生领域和医学教育中的应用，支持探索发展医疗卫生服务新模式、新业态。

国家采取措施，推进医疗卫生机构建立健全医疗卫生信息交流和信息安全制度，应用信息技术开展远程医疗服务，构建线上线下一体化医疗服务模式。

第五十条　【服从政府调遣参与突发事件的应急处置与医疗救治】发生自然灾害、事故灾难、公共卫生事件和社会安全事件等严重威胁人民群众生命健康的突发事件时，医疗卫生机构、医疗卫生人员应当服从政府部门的调遣，参与卫生应急处置和医疗救治。对致病、致残、死亡的参与人员，按照规定给予工伤或者抚恤、烈士褒扬等相关待遇。

第四章　医疗卫生人员

第五十一条　【医疗卫生人员的职业精神和加强医德医风教育】医疗卫生人员应当弘扬敬佑生命、救死扶伤、甘于奉献、大爱无疆的崇高职业精神，遵守行业规范，恪守医德，努力提高专业水平和服务质量。

医疗卫生行业组织、医疗卫生机构、医学院校应当加强对医疗卫生人员的医德医风教育。

第五十二条　【建设医疗卫生队伍和加强全科医生的培养使用】国家制定医疗卫生人员培养规划，建立适应行业特点和社会需求的医疗卫生人员培养机制和供需平衡机制，完善医学院校教育、毕业后教育和继续教育体系，建立健全住院医师、专科医师规范化培训制度，建立规模适宜、结构合理、分布均衡的医疗卫生队伍。

国家加强全科医生的培养和使用。全科医生主要提供常见病、多发病的诊疗和转诊、预防、保健、康复，以及慢性病管理、健康管理等服务。

第五十三条　【医疗卫生人员执业注册制度】国家对医师、护士等医疗卫生人员依法实行执业注册制度。医疗卫生人员应当依法取得相应的职业资格。

第五十四条　【遵循医学规律和伦理规范】医疗卫生人员应当遵循医学科学规律，遵守有关临床诊疗技术规范和各项操作规范以及医学伦理规范，使用适宜技术和药物，合理诊疗，因病施治，不得对患者实施过度医疗。

医疗卫生人员不得利用职务之便索要、非法收受财物或者牟取其他不正当利益。

第五十五条　【建立健全合理的人事、薪酬、奖励制度】国家建立健全符合医疗卫生行业特点的人事、薪酬、奖励制度，体现医疗卫生人员职业特点和技术劳动价值。

对从事传染病防治、放射医学和精神卫生工作以及其他在特殊岗位工作的医疗卫生人员，应当按照国家规定给予适当的津贴。津贴标准应当定期调整。

第五十六条　【建立定期到基层和艰苦边远地区工作制度】国家建立医疗卫生人员定期到基层和艰苦边远地区从事医疗卫生工作制度。

国家采取定向免费培养、对口支援、退休返聘等措施，加强基层和艰苦边远地区医疗卫生队伍建设。

执业医师晋升为副高级技术职称的，应当有累计一年以上在县级以下或者对口支援的医疗卫生机构提供医疗卫生服务的经历。

对在基层和艰苦边远地区工作的医疗卫生人员，在薪酬津贴、职称评定、职业发展、教育培训和表彰奖励等方面实行优惠待遇。

国家加强乡村医疗卫生队伍建设，建立县乡村上下贯通的职业发展机制，完善对乡村医疗卫生人员的服务收入多渠道补助机制和养老政策。

第五十七条　【构建和谐医患关系、保障医疗卫生人员合法权益】全社会应当关心、尊重医疗卫生人员，维护良好安全的医疗卫生服务秩序，共同构建和谐医患关系。

医疗卫生人员的人身安全、人格尊严不受侵犯，其合法权益受法律保护。禁止任何组织或者个人威胁、危害医疗卫生人员人身安全，侵犯医疗卫生人员人格尊严。

国家采取措施，保障医疗卫生人员执业环境。

第五章 药品供应保障

第五十八条 【完善药品供应保障制度】国家完善药品供应保障制度，建立工作协调机制，保障药品的安全、有效、可及。

第五十九条 【实施基本药物制度】国家实施基本药物制度，遴选适当数量的基本药物品种，满足疾病防治基本用药需求。

国家公布基本药物目录，根据药品临床应用实践、药品标准变化、药品新上市情况等，对基本药物目录进行动态调整。

基本药物按照规定优先纳入基本医疗保险药品目录。

国家提高基本药物的供给能力，强化基本药物质量监管，确保基本药物公平可及、合理使用。

第六十条 【建立健全以临床需求为导向的药品审评审批制度】国家建立健全以临床需求为导向的药品审评审批制度，支持临床急需药品、儿童用药品和防治罕见病、重大疾病等药品的研制、生产，满足疾病防治需求。

第六十一条 【建立健全全过程追溯制度】国家建立健全药品研制、生产、流通、使用全过程追溯制度，加强药品管理，保证药品质量。

第六十二条 【建立健全药品价格监测体系】国家建立健全药品价格监测体系，开展成本价格调查，加强药品价格监督检查，依法查处价格垄断、价格欺诈、不正当竞争等违法行为，维护药品价格秩序。

国家加强药品分类采购管理和指导。参加药品采购投标的投标人不得以低于成本的报价竞标，不得以欺诈、串通投标、滥用市场支配地位等方式竞标。

第六十三条 【建立中央与地方两级医药储备】国家建立中央与地方两级医药储备，用于保障重大灾情、疫情及其他突发事件等应急需要。

第六十四条 【建立健全药品供求监测体系】国家建立健全药品供求监测体系，及时收集和汇总分析药品供求信息，定期公布药品生产、流通、使用等情况。

第六十五条 【加强医疗器械管理】国家加强对医疗器械的管理，完善医疗器械的标准和规范，提高医疗器械的安全有效水平。

国务院卫生健康主管部门和省、自治区、直辖市人民政府卫生健康主管部门应当根据技术的先进性、适宜性和可及性，编制大型医用设备配置规划，促进区域内医用设备合理配置、充分共享。

第六十六条 【加强中药的保护和发展】国家加强中药的保护与发展，充分体现中药的特色和优势，发挥其在预防、保健、医疗、康复中的作用。

第六章 健 康 促 进

第六十七条 【加强健康科学知识的普及宣传】各级人民政府应当加强健康教育工作及其专业人才培养，建立健康知识和技能核心信息发布制度，普及健康科学知识，向公众提供科学、准确的健康信息。

医疗卫生、教育、体育、宣传等机构、基层群众性自治组织和社会组织应当开展健康知识的宣传和普及。医疗卫生人员在提供医疗卫生服务时，应当对患者开展健康教育。新闻媒体应当开展健康知识的公益宣传。健康知识的宣传应当科学、准确。

第六十八条 【将健康教育纳入国民教育体系】国家将健康教育纳入国民教育体系。学校应当利用多种形式实施健康教育，普及健康知识、科学健身知识、急救知识和技能，提高学生主动防病的意识，培养学生良好的卫生习惯和健康的行为习惯，减少、改善学生近视、肥胖等不良健康状况。

学校应当按照规定开设体育与健康课程，组织学生开展广播体操、眼保健操、体能锻炼等活动。

学校按照规定配备校医，建立和完善卫生室、保健室等。

县级以上人民政府教育主管部门应当按照规定将学生体质健康水平纳入学校考核体系。

第六十九条 【培养健康生活方式，尊重他人健康权】公民是自己健康的第一责任人，树立和践行对自己健康负责的健康管理理念，主动学习健康知识，提高健康素养，加强健康管理。倡导家庭成员相互关爱，形成符合自身和家庭特点的健康生活方式。

公民应当尊重他人的健康权利和利益，不得损害他人健康和社会公共利益。

第七十条 【组织居民健康状况调查统计并进行评估】国家组织居民健康状况调查和统计，开展体质监测，对健康绩效进行评估，并根据评估结果制定、完善与健康相关的法律、法规、政策和规划。

第七十一条 【建立疾病和健康危险因素监测、调查和风险评估制度】国家建立疾病和健康危险因素监测、调查和风险评估制度。县级以上人民政府及其有关部门针对影响健康的主要问题，组织开展健康危险因素研究，制定综合防治措施。

国家加强影响健康的环境问题预防和治理，组织开展环境质量对健康影响的研究，采取措施预防和控制与环境问题有关的疾病。

第七十二条 【开展群众性卫生与健康活动】国家大力开展爱国卫生运动，鼓励和支持开展爱国卫生月等群众性卫生与健康活动，依靠和动员群众控制和消除健康危险因素，改善环境卫生状况，建设健康城市、健康村镇、健康社区。

第七十三条 【建立食品、饮用水安全监督管理制度】国家建立科学、严格的食品、饮用水安全监督管理制度，提高安全水平。

第七十四条 【建立营养状况监测制度】国家建立营养状况监测制度，实施经济欠发达地区、重点人群营养干预计划，开展未成年人和老年人营养改善行动，倡导健康饮食习惯，减少不健康饮食引起的疾病风险。

第七十五条 【发展全民健身事业】国家发展全民健身事业，完善覆盖城乡的全民健身公共服务体系，加强公共体育设施建设，组织开展和支持全民健身活动，加强全民健身指导服务，普及科学健身知识和方法。

国家鼓励单位的体育场地设施向公众开放。

第七十六条 【加强重点人群健康服务】国家制定并实施未成年人、妇女、老年人、残疾人等的健康工作计划，加强重点人群健康服务。

国家推动长期护理保障工作，鼓励发展长期护理保险。

第七十七条 【完善公共场所卫生管理制度】国家完善公共场所卫生管理制度。县级以上人民政府卫生健康等主管部门应当加强对公共场所的卫生监督。公共场所卫生监督信息应当依法向社会公开。

公共场所经营单位应当建立健全并严格实施卫生管理制度，保证其经营活动持续符合国家对公共场所的卫生要求。

第七十八条 【控制减少吸烟危害】国家采取措施，减少吸烟对公民健康的危害。

公共场所控制吸烟，强化监督执法。

烟草制品包装应当印制带有说明吸烟危害的警示。

禁止向未成年人出售烟酒。

第七十九条 【用人单位保障职工健康】用人单位应当为职工创造有益于健康的环境和条件，严格执行劳动安全卫生等相关规定，积极组织职工开展健身活动，保护职工健康。

国家鼓励用人单位开展职工健康指导工作。

国家提倡用人单位为职工定期开展健康检查。法律、法规对健康检查有规定的，依照其规定。

第七章 资金保障

第八十条 【建立医疗卫生与健康事业投入机制】各级人民政府应当切实履行发展医疗卫生与健康事业的职责，建立与经济社会发展、财政状况和健康指标相适应的医疗卫生与健康事业投入机制，将医疗卫生与健康促进经费纳入本级政府预算，按照规定主要用于保障基本医疗服务、公共卫生服务、基本医疗保障和政府举办的医疗卫生机构建设和运行发展。

第八十一条 【多种方式加强资金监管】县级以上人民政府通过预算、审计、监督执法、社会监督等方式，加强资金的监督管理。

第八十二条 【基本医疗费用与基本医疗保险】基本医疗服务费用主要由基本医疗保险基金和个人支付。国家依法多渠道筹集基本医疗保险基金，逐步完善基本医疗保险可持续筹资和保障水平调整机制。

公民有依法参加基本医疗保险的权利和义务。用人单位和职工按照国家规定缴纳职工基本医疗保险费。城乡居民按照规定缴纳城乡居民基本医疗保险费。

第八十三条 【建立多层次的医疗保障体系】国家建立以基本医疗保险为主体，商业健康保险、医疗救助、职工互助医疗和医疗慈善服务等为补充的、多层次的医疗保障体系。

国家鼓励发展商业健康保险，满足人民群众多样化健康保障需求。

国家完善医疗救助制度，保障符合条件的困难群众获得基本医疗服务。

第八十四条 【建立健全医保协商谈判机制】国家建立健全基本医疗保险经办机构与协议定点医疗卫生机构之间的协商谈判机制，科学合理确定基本医疗保险基金支付标准和支付方式，引导医疗卫生机构合理诊疗，促进患者有序流动，提高基本医疗保险基金使用效益。

第八十五条 【基本医疗保险基金支付范围】基本医疗保险基金支付范围由国务院医疗保障主管部门组织制定，并应当听取国务院卫生健康主管部门、中医药主管部门、药品监督管理部门、财政部门等的意见。

省、自治区、直辖市人民政府可以按照国家有关规定，补充确定本行政区域基本医疗保险基金支付的具体项目和标准，并报国务院医疗保障主管部门备案。

国务院医疗保障主管部门应当对纳入支付范围的基本医疗保险药品目录、诊疗项目、医疗服务设施标准等组织开展循证医学和经济性评价，并应当听取国务院卫生健康主管部门、中医药主管部门、药品监督管理部门、财政部门等有关方面的意见。评价结果应当作为调整基本医疗保险基金支付范围的依据。

第八章 监督管理

第八十六条 【建立健全医疗卫生综合监管体系】国家建立健全机构自治、行业自律、政府监管、社会监督相结合的医疗卫生综合监督管理体系。

县级以上人民政府卫生健康主管部门对医疗卫生行业实行属地化、全行业监督管理。

第八十七条 【政府加强监督管理】县级以上人民政府医疗保障主管部门应当提高医疗保障监管能力和水平，对纳入基本医疗保险基金支付范围的医疗服务行为和医疗费用加强监督管理，确保基本医疗保险基金合理使用、安全可控。

第八十八条 【建立部门沟通协商机制】县级以上人民政府应当组织卫生健康、医疗保障、药品监督管理、发展改革、财政等部门建立沟通协商机制，加强制度衔接和工作配合，提高医疗卫生资源使用效率和保障水平。

第八十九条 【政府定期报告并接受监督】县级以上人民政府应当定期向本级人民代表大会或者其常务委员会报告基本医疗卫生与健康促进工作，依法接受监督。

第九十条 【约谈整改】县级以上人民政府有关部门未履行医疗卫生与健康促进工作相关职责的，本级人民政府或者上级人民政府有关部门应当对其主要负责人进行约谈。

地方人民政府未履行医疗卫生与健康促进工作相关职责的，上级人民政府应当对其主要负责人进行约谈。

被约谈的部门和地方人民政府应当立即采取措施，进行整改。

约谈情况和整改情况应当纳入有关部门和地方人民政府工作评议、考核记录。

第九十一条 【建立医疗卫生机构绩效评估制度】县级以上地方人民政府卫生健康主管部门应当建立医疗卫生机构绩效评估制度，组织对医疗卫生机构的服务质量、医疗技术、药品和医用设备使用等情况进行评估。评估应当吸收行业组织和公众参与。评估结果应当以适当方式向社会公开，作为评价医疗卫生机构和卫生监管的重要依据。

第九十二条 【保护公民个人健康信息】国家保护公民个人健康信息，确保公民个人健康信息安全。任何组织或者个人不得非法收集、使用、加工、传输公民个人健康信息，不得非法买卖、提供或者公开公民个人健康信息。

第九十三条 【建立信用记录制度】县级以上人民政府卫生健康主管部门、医疗保障主管部门应当建立医疗卫生机构、人员等信用记录制度，纳入全国信用信息共享平台，按照国家规定实施联合惩戒。

第九十四条 【主管部门及委托机构开展行政执法工作】县级以上地方人民政府卫生健康主管部门及其委托的卫生健康监督机构，依法开展本行政区域医疗卫生等行政执法工作。

第九十五条 【积极培育行业组织并支持其工作】县级以上人民政府卫生健康主管部门应当积极培育医疗卫生行业组织，发挥其在医疗卫生与健康促进工作中的作用，支持其参与行业管理规范、技术标准制定和医疗卫生评价、评估、评审等工作。

第九十六条 【建立医疗纠纷预防和处理机制】国家建立医疗纠纷预防和处理机制，妥善处理医疗纠纷，维护医疗秩序。

第九十七条 【社会监督】国家鼓励公民、法人和其他组织对医疗卫生与健康促进工作进行社会监督。

任何组织和个人对违反本法规定的行为，有权向县级以上人民政府卫生健康主管部门和其他有关部门投诉、举报。

第九章 法律责任

第九十八条 【滥用职权、玩忽职守、徇私舞弊的处罚】违反本法规定，地方各级人民政府、县级以上人民政府卫生健康主管部门和其他有关部门，滥用职权、玩忽职守、徇私舞弊的，对直接负责的主管人员和其他直接责任人员依法给予处分。

第九十九条 【违反医疗机构执业许可证使用规定的处罚】违反本法规定，未取得医疗机构执业许可证擅自执业的，由县级以上人民政府卫生健康主管部门责令停止执业活动，没收违法所得和药品、医疗器械，并处违法所得五倍以上二十倍以下的罚款，违法所得不足一万元的，按一万元计算。

违反本法规定，伪造、变造、买卖、出租、出借医疗机构执业许可证的，由县级以上人民政府卫生健康主管部门责令改正，没收违法所得，并处违法所得五倍以上十五倍以下的罚款，违法所得不足一万元的，按一万元计算；情节严重的，吊销医疗机构执业许可证。

第一百条　【医疗卫生机构的违法责任】违反本法规定，有下列行为之一的，由县级以上人民政府卫生健康主管部门责令改正，没收违法所得，并处违法所得二倍以上十倍以下的罚款，违法所得不足一万元的，按一万元计算；对直接负责的主管人员和其他直接责任人员依法给予处分：

（一）政府举办的医疗卫生机构与其他组织投资设立非独立法人资格的医疗卫生机构；

（二）医疗卫生机构对外出租、承包医疗科室；

（三）非营利性医疗卫生机构向出资人、举办者分配或者变相分配收益。

第一百零一条　【医疗信息安全制度或质量安全制度不健全的处罚】违反本法规定，医疗卫生机构等的医疗信息安全制度、保障措施不健全，导致医疗信息泄露，或者医疗质量管理和医疗技术管理制度、安全措施不健全的，由县级以上人民政府卫生健康等主管部门责令改正，给予警告，并处一万元以上五万元以下的罚款；情节严重的，可以责令停止相应执业活动，对直接负责的主管人员和其他直接责任人员依法追究法律责任。

第一百零二条　【医疗卫生人员的行政责任】违反本法规定，医疗卫生人员有下列行为之一的，由县级以上人民政府卫生健康主管部门依照有关执业医师、护士管理和医疗纠纷预防处理等法律、行政法规的规定给予行政处罚：

（一）利用职务之便索要、非法收受财物或者牟取其他不正当利益；

（二）泄露公民个人健康信息；

（三）在开展医学研究或提供医疗卫生服务过程中未按照规定履行告知义务或者违反医学伦理规范。

前款规定的人员属于政府举办的医疗卫生机构中的人员的，依法给予处分。

第一百零三条　【违法竞标的处罚】违反本法规定，参加药品采购投标的投标人以低于成本的报价竞标，或者以欺诈、串通投标、滥用市场支配地位等方式竞标的，由县级以上人民政府医疗保障主管部门责令改正，没收违法所得；中标的，中标无效，处中标项目金额千分之五以上千分之十以下的罚款，对法定代表人、主要负责人、直接负责的主管人员和其他责任人员处对单位罚款数额百分之五以上百分之十以下的罚款；情节严重的，取消其二年至五年内参加药品采购投标的资格并予以公告。

第一百零四条　【违法骗取基本医疗保险的处罚】违反本法规定，以欺诈、伪造证明材料或者其他手段骗取基本医疗保险待遇，或者基本医疗保险经办机构以及医疗机构、药品经营单位等以欺诈、伪造证明材料或者其他手段骗取基本医疗保险基金支出的，由县级以上人民政府医疗保障主管部门依照有关社会保险的法律、行政法规规定给予行政处罚。

第一百零五条　【违法扰乱医疗机构、侵犯医疗卫生人员、侵犯公民信息的处罚】违反本法规定，扰乱医疗卫生机构执业场所秩序，威胁、危害医疗卫生人员人身安全，侵犯医疗卫生人员人格尊严，非法收集、使用、加工、传输公民个人健康信息，非法买卖、提供或者公开公民个人健康信息等，构成违反治安管理行为的，依法给予治安管理处罚。

第一百零六条　【追究刑事责任或民事责任】违反本法规定，构成犯罪的，依法追究刑事责任；造成人身、财产损害的，依法承担民事责任。

第十章　附　　则

第一百零七条　【用语含义】本法中下列用语的含义：

（一）主要健康指标，是指人均预期寿命、孕产妇死亡率、婴儿死亡率、五岁以下儿童死亡率等。

（二）医疗卫生机构，是指基层医疗卫生机构、医院和专业公共卫生机构等。

（三）基层医疗卫生机构，是指乡镇卫生院、社区卫生服务中心（站）、村卫生室、医务室、门诊部和诊所等。

（四）专业公共卫生机构，是指疾病预防控制中心、专科疾病防治机构、健康教育机构、急救中心（站）和血站等。

（五）医疗卫生人员，是指执业医师、执业助理医师、注册护士、药师（士）、检验技师（士）、影像技师（士）和乡村医生等卫生专业人员。

（六）基本药物，是指满足疾病防治基本用药需求，适应现阶段基本国情和保障能力，剂型适宜，价格合理，能够保障供应，可公平获得的药品。

第一百零八条　【地方立法】省、自治区、直辖市和设区的市、自治州可以结合实际，制定本地方发展医疗卫生与健康事业的具体办法。

第一百零九条　【军队和武警部队管理办法的制定】中国人民解放军和中国人民武装警察部队的医疗卫生与健康促进工作，由国务院和中央军事委员会依照本法制定管理办法。

第一百一十条　【施行日期】本法自2020年6月1日起施行。

国务院办公厅关于促进“互联网＋医疗健康”发展的意见

1. 2018年4月25日

2. 国办发〔2018〕26号

各省、自治区、直辖市人民政府，国务院各部委、各直属机构：

为深入贯彻落实习近平新时代中国特色社会主义思想和党的十九大精神，推进实施健康中国战略，提升医疗卫生现代化管理水平，优化资源配置，创新服务模式，提高服务效率，降低服务成本，满足人民群众日益增长的医疗卫生健康需求，根据《“健康中国2030”规划纲要》和《国务院关于积极推进“互联网＋”行动的指导意见》（国发〔2015〕40号），经国务院同意，现就促进“互联网＋医疗健康”发展提出以下意见。

一、健全“互联网＋医疗健康”服务体系

（一）发展“互联网＋”医疗服务。

1. 鼓励医疗机构应用互联网等信息技术拓展医疗服务空间和内容，构建覆盖诊前、诊中、诊后的线上线下一体化医疗服务模式。

允许依托医疗机构发展互联网医院。医疗机构可以使用互联网医院作为第二名称，在实体医院基础上，运用互联网技术提供安全适宜的医疗服务，允许在线开展部分常见病、慢性病复诊。医师掌握患者病历资料后，允许在线开具部分常见病、慢性病处方。

支持医疗卫生机构、符合条件的第三方机构搭建互联网信息平台，开展远程医疗、健康咨询、健康管理服务，促进医院、医务人员、患者之间的有效沟通。（国家卫生健康委员会、国家发展改革委负责。排在第一位的部门为牵头部门，下同）

2. 医疗联合体要积极运用互联网技术，加快实现医疗资源上下贯通、信息互通共享、业务高效协同，便捷开展预约诊疗、双向转诊、远程医疗等服务，推进“基层检查、上级诊断”，推动构建有序的分级诊疗格局。

鼓励医疗联合体内上级医疗机构借助人工智能等技术手段，面向基层提供远程会诊、远程心电诊断、远程影像诊断等服务，促进医疗联合体内医疗机构间检查检验结果实时查阅、互认共享。推进远程医疗服务覆盖全国所有医疗联合体和县级医院，并逐步向社区卫生服务机构、乡镇卫生院和村卫生室延伸，提升基层医疗服务能力和效率。（国家卫生健康委员会、国家发展改革委、财政部、国家中医药局负责）

（二）创新“互联网＋”公共卫生服务。

1. 推动居民电子健康档案在线查询和规范使用。以高血压、糖尿病等为重点，加强老年慢性病在线服务管理。以纳入国家免疫规划的儿童为重点服务对象，整合现有预防接种信息平台，优化预防接种服务。鼓励利用可穿戴设备获取生命体征数据，为孕产妇提供健康监测与管理。加强对严重精神障碍患者的信息管理、随访评估和分类干预。（国家卫生健康委员会负责）

2. 鼓励医疗卫生机构与互联网企业合作，加强区域医疗卫生信息资源整合，探索运用人群流动、气候变化等大数据技术分析手段，预测疾病流行趋势，加强对传染病等疾病的智能监测，提高重大疾病防控和突发公共卫生事件应对能力。（国家卫生健康委员会负责）

（三）优化“互联网＋”家庭医生签约服务。

1. 加快家庭医生签约服务智能化信息平台建设与应用，加强上级医院对基层的技术支持，探索线上考核评价和激励机制，提高家庭医生团队服务能力，提升签约服务质量和效率，增强群众对家庭医生的信任度。（国家卫生健康委员会、国家发展改革委、财政部、国家中医药局负责）

2. 鼓励开展网上签约服务，为签约居民在线提供健康咨询、预约转诊、慢性病随访、健康管理、延伸处方等服务，推进家庭医生服务模式转变，改善群众签约服务感受。（国家卫生健康委员会负责）

（四）完善“互联网＋”药品供应保障服务。

1. 对线上开具的常见病、慢性病处方，经药师审核后，医疗机构、药品经营企业可委托符合条件的第三方机构配送。探索医疗卫生机构处方信息与药品零售消费信息互联互通、实时共享，促进药品网络销售和医疗物流配送等规范发展。（国家卫生健康委员会、国家市场监督管理总局、国家药品监督管理局负责）

2. 依托全民健康信息平台，加强基于互联网的短缺药品多源信息采集和供应业务协同应用，提升基本药物目录、鼓励仿制的药品目录的遴选等能力。（国家卫生健康委员会、工业和信息化部、国家市场监督管理总局、国家药品监督管理局负责）

（五）推进“互联网＋”医疗保障结算服务。

1. 加快医疗保障信息系统对接整合，实现医疗保障数据与相关部门数据联通共享，逐步拓展在线支付

功能，推进“一站式”结算，为参保人员提供更加便利的服务。（国家医疗保障局、人力资源社会保障部、国家卫生健康委员会等负责）

2. 继续扩大联网定点医疗机构范围，逐步将更多基层医疗机构纳入异地就医直接结算。进一步做好外出务工人员和广大“双创”人员跨省异地住院费用直接结算。（国家医疗保障局负责）

3. 大力推行医保智能审核和实时监控，将临床路径、合理用药、支付政策等规则嵌入医院信息系统，严格医疗行为和费用监管。（国家医疗保障局负责）

（六）加强“互联网＋”医学教育和科普服务。

1. 鼓励建立医疗健康教育培训云平台，提供多样化的医学在线课程和医学教育。构建网络化、数字化、个性化、终身化的医学教育培训体系，鼓励医疗工作者开展疑难杂症及重大疾病病例探讨交流，提升业务素质。（国家卫生健康委员会、教育部、人力资源社会保障部负责）

2. 实施“继续医学教育＋适宜技术推广”行动，围绕健康扶贫需求，重点针对基层和贫困地区，通过远程教育手段，推广普及实用型适宜技术。（国家卫生健康委员会、人力资源社会保障部、国家中医药局负责）

3. 建立网络科普平台，利用互联网提供健康科普知识精准教育，普及健康生活方式，提高居民自我健康管理能力和健康素养。（国家卫生健康委员会、中国科协负责）

（七）推进“互联网＋”人工智能应用服务。

1. 研发基于人工智能的临床诊疗决策支持系统，开展智能医学影像识别、病理分型和多学科会诊以及多种医疗健康场景下的智能语音技术应用，提高医疗服务效率。支持中医辨证论治智能辅助系统应用，提升基层中医诊疗服务能力。开展基于人工智能技术、医疗健康智能设备的移动医疗示范，实现个人健康实时监测与评估、疾病预警、慢病筛查、主动干预。（国家发展改革委、科技部、工业和信息化部、国家卫生健康委员会、国家中医药局按职责分工负责）

2. 加强临床、科研数据整合共享和应用，支持研发医疗健康相关的人工智能技术、医用机器人、大型医疗设备、应急救援医疗设备、生物三维打印技术和可穿戴设备等。顺应工业互联网创新发展趋势，提升医疗健康设备的数字化、智能化制造水平，促进产业升级。（国家发展改革委、工业和信息化部、科技部、国家卫生健康委员会等按职责分工负责）

二、完善“互联网＋医疗健康”支撑体系

（八）加快实现医疗健康信息互通共享。

1. 各地区、各有关部门要协调推进统一权威、互联互通的全民健康信息平台建设，逐步实现与国家数据共享交换平台的对接联通，强化人口、公共卫生、医疗服务、医疗保障、药品供应、综合管理等数据采集，畅通部门、区域、行业之间的数据共享通道，促进全民健康信息共享应用。（国家发展改革委、工业和信息化部、公安部、人力资源社会保障部、国家卫生健康委员会、国家市场监督管理总局、国家医疗保障局、各省级人民政府负责）

2. 加快建设基础资源信息数据库，完善全员人口、电子健康档案、电子病历等数据库。大力提升医疗机构信息化应用水平，二级以上医院要健全医院信息平台功能，整合院内各类系统资源，提升医院管理效率。三级医院要在2020年前实现院内医疗服务信息互通共享，有条件的医院要尽快实现。（国家卫生健康委员会负责）

3. 健全基于互联网、大数据技术的分级诊疗信息系统，推动各级各类医院逐步实现电子健康档案、电子病历、检验检查结果的共享，以及在不同层级医疗卫生机构间的授权使用。支持老少边穷地区基层医疗卫生机构信息化软硬件建设。（国家卫生健康委员会、国家发展改革委、财政部负责）

（九）健全“互联网＋医疗健康”标准体系。

1. 健全统一规范的全国医疗健康数据资源目录与标准体系。加强“互联网＋医疗健康”标准的规范管理，制订医疗服务、数据安全、个人信息保护、信息共享等基础标准，全面推开病案首页书写规范、疾病分类与代码、手术操作分类与代码、医学名词术语“四统一”。（国家卫生健康委员会、国家市场监督管理总局负责）

2. 加快应用全国医院信息化建设标准和规范，强化省统筹区域平台和医院信息平台功能指引、数据标准的推广应用，统一数据接口，为信息互通共享提供支撑。（国家卫生健康委员会、国家市场监督管理总局负责）

（十）提高医院管理和便民服务水平。

1. 围绕群众日益增长的需求，利用信息技术，优化服务流程，提升服务效能，提高医疗服务供给与需求匹配度。到2020年，二级以上医院普遍提供分时段预约诊疗、智能导医分诊、候诊提醒、检验检查结果查询、诊

间结算、移动支付等线上服务。有条件的医疗卫生机构可以开展移动护理、生命体征在线监测、智能医学影像识别、家庭监测等服务。（国家卫生健康委员会、国家中医药局负责）

2. 支持医学检验机构、医疗卫生机构联合互联网企业，发展疾病预防、检验检测等医疗健康服务。推进院前急救车载监护系统与区域或医院信息平台连接，做好患者信息规范共享、远程急救指导和院内急救准备等工作，提高急救效能。推广“智慧中药房”，提高中药饮片、成方制剂等药事服务水平。（国家卫生健康委员会、工业和信息化部、国家中医药局负责）

（十一）提升医疗机构基础设施保障能力。

1. 提升“互联网＋医疗健康”服务保障水平，推进医疗卫生服务体系建设，科学布局，合理配置，实施区域中心医院医疗检测设备配置保障工程，国家对中西部等地区的贫困地区予以适当支持。加快基层医疗卫生机构标准化建设，提高基层装备保障能力。（国家卫生健康委员会、国家发展改革委、财政部负责）

2. 重点支持高速宽带网络普遍覆盖城乡各级医疗机构，深入开展电信普遍服务试点，推动光纤宽带网络向农村医疗机构延伸。推动电信企业加快宽带网络演进升级步伐，部署大容量光纤宽带网络，提供高速率网络接入。完善移动宽带网络覆盖，支撑开展急救车载远程诊疗。（工业和信息化部、国家卫生健康委员会按职责分工负责）

3. 面向远程医疗、医疗信息共享等需求，鼓励电信企业向医疗机构提供优质互联网专线、虚拟专用网（VPN）等网络接入服务，推进远程医疗专网建设，保障医疗相关数据传输服务质量。支持各医疗机构选择使用高速率高可靠的网络接入服务。（工业和信息化部、国家卫生健康委员会按职责分工负责）

（十二）及时制订完善相关配套政策。

1. 适应“互联网＋医疗健康”发展，进一步完善医保支付政策。逐步将符合条件的互联网诊疗服务纳入医保支付范围，建立费用分担机制，方便群众就近就医，促进优质医疗资源有效利用。健全互联网诊疗收费政策，加强使用管理，促进形成合理的利益分配机制，支持互联网医疗服务可持续发展。（国家医疗保障局负责）

2. 完善医师多点执业政策，鼓励执业医师开展“互联网＋医疗健康”服务。（国家卫生健康委员会负责）

三、加强行业监管和安全保障

（十三）强化医疗质量监管。

1. 出台规范互联网诊疗行为的管理办法，明确监管底线，健全相关机构准入标准，最大限度减少准入限制，加强事中事后监管，确保医疗健康服务质量和安全。推进网络可信体系建设，加快建设全国统一标识的医疗卫生人员和医疗卫生机构可信医学数字身份、电子实名认证、数据访问控制信息系统，创新监管机制，提升监管能力。建立医疗责任分担机制，推行在线知情同意告知，防范和化解医疗风险。（国家卫生健康委员会、国家网信办、工业和信息化部、公安部负责）

2. 互联网医疗健康服务平台等第三方机构应当确保提供服务人员的资质符合有关规定要求，并对所提供的服务承担责任。“互联网＋医疗健康”服务产生的数据应当全程留痕，可查询、可追溯，满足行业监管需求。（国家卫生健康委员会、国家网信办、工业和信息化部、公安部、国家市场监督管理总局负责）

（十四）保障数据信息安全。

1. 研究制定健康医疗大数据确权、开放、流通、交易和产权保护的法规。严格执行信息安全和健康医疗数据保密规定，建立完善个人隐私信息保护制度，严格管理患者信息、用户资料、基因数据等，对非法买卖、泄露信息行为依法依规予以惩处。（国家卫生健康委员会、国家网信办、工业和信息化部、公安部负责）

2. 加强医疗卫生机构、互联网医疗健康服务平台、智能医疗设备以及关键信息基础设施、数据应用服务的信息防护，定期开展信息安全隐患排查、监测和预警。患者信息等敏感数据应当存储在境内，确需向境外提供的，应当依照有关规定进行安全评估。（国家卫生健康委员会、国家网信办、工业和信息化部负责）

各地区、各有关部门要结合工作实际，及时出台配套政策措施，确保各项部署落到实处。中西部地区、农村贫困地区、偏远边疆地区要因地制宜，积极发展“互联网＋医疗健康”，引入优质医疗资源，提高医疗健康服务的可及性。国家卫生健康委员会要会同有关部门按照任务分工，加强工作指导和督促检查，重要情况及时报告国务院。

中共中央办公厅、国务院办公厅关于进一步完善医疗卫生服务体系的意见

2023年3月23日

为深入贯彻党中央关于实施健康中国战略的决策部署，推动全面建立中国特色优质高效的医疗卫生服务体系，为人民群众提供全方位全周期健康服务，现提出如下意见。

一、总体要求

（一）指导思想。以习近平新时代中国特色社会主义思想为指导，深入贯彻党的二十大精神，把保障人民健康放在优先发展的战略位置，贯彻新时代党的卫生与健康工作方针，总结新冠疫情防控经验，坚持以人民健康为中心，坚持预防为主，坚持医疗卫生事业公益性，推动医疗卫生发展方式转向更加注重内涵式发展、服务模式转向更加注重系统连续、管理手段转向更加注重科学化治理，促进优质医疗资源扩容和区域均衡布局，建设中国特色优质高效的医疗卫生服务体系，不断增强人民群众获得感、幸福感、安全感。

（二）工作目标。到2025年，医疗卫生服务体系进一步健全，资源配置和服务均衡性逐步提高，重大疾病防控、救治和应急处置能力明显增强，中西医发展更加协调，有序就医和诊疗体系建设取得积极成效。到2035年，形成与基本实现社会主义现代化相适应，体系完整、分工明确、功能互补、连续协同、运行高效、富有韧性的整合型医疗卫生服务体系，医疗卫生服务公平性、可及性和优质服务供给能力明显增强，促进人民群众健康水平显著提升。

二、优化资源配置，加强人才队伍建设，推进能力现代化

（一）提升卫生健康人才能力。发展壮大医疗卫生队伍，把工作重点放在农村和社区。加大基层、边远地区和紧缺专业人才培养扶持力度，缩小城乡、地区、专业之间人才配置差距。推进农村卫生人才定向培养，落实执业医师服务基层制度，鼓励医师到基层、边远地区、医疗资源稀缺地区和其他有需求的医疗机构多点执业。激励乡村医生参加学历教育、考取执业（助理）医师资格，推进助理全科医生培训。加强公共卫生、全科、儿科、重症医学、呼吸、精神科、传染病、老年医学等领域急需紧缺专业人才培养培训，完善公共卫生与临床医学复合型人才培养机制。继续加强全科专业住院医师规范化培训，实施全科医生转岗培训，扩大全科医生队伍。加强医教协同，落实毕业后教育和继续教育，完善住院医师规范化培训制度。实施医学高层次人才计划，培养一批领军人才。实施中医药特色人才培养工程。

（二）提高公共卫生服务能力。健全公共卫生体系，加强专业公共卫生机构和医院、基层医疗卫生机构的公共卫生科室标准化建设。完善各类专业公共卫生机构人员配备标准，加强疾病预防控制能力和队伍建设。构建资源联动、统一质控、信息共享的公共卫生实验室检测网络，提升检验检测能力。健全监测预警体系，提高重大疫情早发现能力。加强重大疫情防控救治体系和应急能力建设，建立健全分级、分层、分流的重大疫情救治机制。完善公共卫生应急管理体系，分级分类组建公共卫生应急队伍。制定医疗卫生机构公共卫生责任清单，明确各类医疗机构公共卫生人员岗位职责和配备要求，并纳入绩效考核内容。健全公共卫生医师制度，探索赋予公共卫生医师处方权。探索建立基层军医到地方急救机构执业培训机制。

（三）强化城乡基层医疗卫生服务网底。加强乡镇卫生院和社区卫生服务中心规范化建设，发展社区医院，健全临床科室设置和设备配备。强化常见病多发病诊治、公共卫生、健康管理和中医药服务能力，提升传染病筛查、防治水平，加强重大慢性病健康管理，开展居民心理健康指导，增强乡镇卫生院二级及以下常规手术等医疗服务能力。根据人口分布情况，优化设置社区卫生服务站和村卫生室，建设中心村卫生室，对人口较少的村可通过巡回医疗、邻（联）村延伸服务、上级医疗卫生机构驻村服务等方式，方便群众看病就医。创新乡村医疗卫生人才使用机制，加强县域医疗卫生人才一体化配备和管理，有条件的地方可通过县管乡用和乡聘村用等方式，提高乡村医疗卫生岗位吸引力。

（四）突出县级医院县域龙头地位。加强县级医院（含中医医院，下同）临床专科和管理能力建设，强化县级医院公共卫生服务职能。发展急诊科、妇产科、儿科、重症医学科、中医科、精神科、老年医学科、康复医学科、感染性疾病科等学科，提升肿瘤、心脑血管疾病等重大疾病诊疗能力，鼓励依托现有资源建立相关专科专病中心。统筹推进医疗人才组团式帮扶国家乡村振兴重点帮扶县医院工作。通过多种方式加强三级公立医院对口支援县级医院建设。

（五）推进医学医疗中心建设。依托高水平医院布局国家医学中心，按规划开展国家和省级区域医疗

中心建设，提高医疗服务和重大传染病救治能力，带动全国和区域整体医疗服务水平提升。支持高水平医院建设疑难复杂专病及罕见病临床诊疗中心、人才培养基地和医学科技创新与转化平台，以满足重大疾病临床需求为导向加强临床专科建设，组建专科联盟和远程医疗协作网。鼓励各地在重大健康问题、重点临床学科、紧缺专业、健康产业发展等领域支持建设优秀创新团队。

（六）扩大康复和护理等接续性服务供给。通过支持医疗资源丰富的地区将部分公立医疗机构转型为护理院和康复医院、支持社会力量举办等方式，增加康复、护理等专科医疗机构数量，完善接续性服务体系，扩大康复医疗、老年护理、残疾人护理、母婴护理、社区护理、安宁疗护及营养支持等服务供给。规范社会办医发展。

三、加强分工合作，促进分级诊疗，推进体系整合化

（一）健全家庭医生制度。以基层医疗卫生机构为主要平台，建立以全科医生为主体、全科专科有效联动、医防有机融合的家庭医生签约服务模式，提供综合连续的公共卫生、基本医疗和健康管理服务。引导二级及以上医院全科医生作为家庭医生或加入基层家庭医生团队，在基层医疗卫生机构提供签约、诊疗等服务。完善签约服务筹资机制，有条件的地区可探索将签约居民的医保门诊统筹基金按人头支付给基层医疗卫生机构或家庭医生团队。健全签约服务收付费机制。落实签约居民在就医、转诊、用药、医保等方面的差异化政策，逐步形成家庭医生首诊、转诊和下转接诊的服务模式。

（二）推进城市医疗联合体建设。结合新型城镇化、人口老龄化发展趋势，合理布局各级各类医疗卫生机构，明确功能定位。在城市地区网格化布局由市级医院、区级医院、社区卫生服务机构、护理院、专业康复机构、安宁疗护机构等组成的医疗联合体。市级医院以业务合作、人才培养、技术支持等为纽带，加强与区级医院的分工协作，探索区级医院与社区卫生服务机构一体化管理等多种形式，形成以市带区、区社一体、多元化的发展模式，完善连续通畅的双向转诊服务路径。社会办医疗机构可牵头组建或参加医疗联合体。建立统一协调的医疗联合体管理体制，科学制定举办、运营、监管等各方权责清单。

（三）推进县域医共体建设。在农村地区以县域为单位发展医共体，由县级医院牵头，其他若干家县级医疗卫生机构及乡镇卫生院、社区卫生服务中心等为成员单位。推进紧密型县域医共体建设，实行县乡一体化管理，逐步实现行政、人事、财务、业务、用药目录、信息系统等统筹管理，建立责任、管理、服务、利益共同体。建立开放共享的影像、心电、病理诊断和医学检验等中心，推动基层检查、上级诊断和检查检验结果互认。加强医共体内部和医共体间床位、号源、设备的统筹使用。持续推进医疗卫生乡村一体化管理。完善以医共体为单位的绩效考核，从就医和诊疗秩序、医疗卫生服务能力、医疗卫生资源利用、医保基金使用效能等方面考核医共体整体绩效。

（四）加强防治结合。创新医防协同、医防融合机制。公立医疗机构设立公共卫生科等直接从事疾病预防控制工作的科室。全面推进医疗机构和专业公共卫生机构的深度协作，建立人才流动、交叉培训、服务融合、信息共享等机制。探索疾病预防控制专业人员参与医疗联合体工作，建立社区疾病预防控制片区责任制，完善网格化的基层疾病预防控制网络。以重点人群和重点疾病管理为主要内容，优化公共卫生服务，对孕产妇、婴幼儿、学生、职业人群和老年人等开展针对性的健康促进和预防保健服务。

（五）促进医养结合。合理布局养老机构与综合医院老年医学科、护理院、康复疗养机构、安宁疗护机构等，推进形成资源共享、机制衔接、功能优化的老年人健康服务网络。建立健全医疗卫生机构与养老机构业务协作机制，积极开通养老机构与医疗机构的预约就诊、急诊急救绿色通道，提升养老机构举办的医疗机构开展医疗服务和药事管理能力，协同做好老年人慢性病管理、康复和护理服务。推动基层医疗卫生机构支持老年人医疗照护、家庭病床、居家护理等服务。

（六）发挥中医药重要作用。支持中医药传承创新发展，加强中医药服务体系建设，发挥中医药在治未病、重大疾病治疗和康复、传染病防治和卫生应急等方面的重要作用。建立中医传染病临床救治和科研体系，依托高水平中医医院建设国家中医疫病防治基地，打造中医药疫病防治和紧急医学救援队伍。完善中西医会诊制度，深入开展重大疑难疾病中西医临床协作。实施中医药康复服务能力提升工程。支持有条件的中医医院牵头建设医疗联合体，加强基层医疗卫生机构中医馆建设。坚持古为今用、守正创新，坚定文化自信，推动中医药健康养生文化创造性转化、创新性发展。

四、提高服务质量，改善服务体验，推进服务优质化

（一）保障医疗服务质量安全。建立高水平医疗

质量管理与控制体系，健全覆盖主要专业的国家、省、市三级医疗质量控制组织。完善医疗质量安全管理制度和规范，严格落实医疗质量安全核心制度。完善医疗服务行为规范，提升医疗服务标准化、规范化水平。医疗机构建立健全全员参与、覆盖临床服务全过程的质量管理与控制工作制度，全面实施临床路径管理。完善以结果为导向的服务质量数据系统评估、反馈和激励机制。探索建立医疗服务点评制度。提高药品供应保障和药学服务水平。

（二）提高医疗卫生技术水平。加强临床医学、公共卫生和医药器械研发体系与能力建设，发展组学技术、干细胞与再生医学、新型疫苗、生物治疗、精准医学等医学前沿技术。加快卫生健康科技创新体系建设，突出医疗卫生机构创新资源聚集平台的作用，依托高水平医疗机构建设国家临床医学研究中心。坚持临床研究和临床救治协同，强化科研攻关在重大公共卫生事件应对中的重要支撑作用，推进重大传染病、重大疾病等相关疫苗、检测技术、新药创制等领域科研攻关。努力突破技术装备瓶颈，加快补齐高端医疗装备短板。

（三）促进服务连续性。完善分级诊疗技术标准和工作机制。鼓励医疗机构开展服务协调工作，指导协助患者转诊。健全多学科联合诊疗和查房制度。建立胸痛、卒中、危重孕产妇、危重新生儿和儿童、创伤等重大急性病救治中心，提供救治绿色通道和一体化服务。探索基层医疗卫生机构与上级医疗机构设立慢性病联合门诊，开展常见慢性病治疗、预防和康复。

（四）提升服务便捷性。积极运用互联网、人工智能等技术，持续优化服务流程。建设智慧医院，推行分时段预约诊疗和检查检验集中预约服务，推广诊间结算、移动支付、线上查询、药物配送等服务。整合打通相关线上服务终端。推进居民电子健康档案应用，完善授权调阅和开放服务渠道及交互方式。逐步拓展日间医疗服务，扩大远程医疗覆盖范围。积极推进新生儿相关证件多证联办。大力推动免疫规划等公共卫生服务便捷化。优化跨省异地就医直接结算服务。

（五）增强服务舒适性。改善就诊环境，优化设施布局，加快老年友善医疗机构建设。支持为行动不便的老年人、失能和半失能人员、重度残疾人等提供上门服务。强化医务人员服务意识，加强医患沟通，促进人文关怀，保护患者隐私。落实优质护理要求，持续加强临床心理、麻醉镇痛、用药指导、营养指导等服务。健全医务社工和志愿者服务制度。充分发挥人民调解主渠道作用，健全化解医疗纠纷的长效机制，构建和谐医患关系。

五、加强科学管理，压实责任，推进管理精细化

（一）健全现代医院管理制度。坚持和加强党对医院工作的全面领导，认真落实党委领导下的院长负责制，健全公立医院议事决策制度，构建党委统一领导、党政分工合作、协调运行的工作机制。健全维护公益性、调动积极性、保障可持续的公立医院运行新机制。实行全面预算绩效管理。全面开展公立医院绩效考核，完善以公益性为导向、以健康产出和服务质量为主的绩效考核体系，增加分级诊疗相关指标的权重，按照管理层级和机构类型分级分类实施考核评价。按照权责一致原则，进一步理顺高等学校附属医院管理体制机制。

（二）完善专业公共卫生机构管理。推进公共卫生服务体系改革，优化完善疾病预防控制机构职能设置，规范面向社会提供的公共卫生技术服务。选优配强领导班子，实行岗位分级分类管理，提高专业技术人才比例。严格执行技术规范，强化质量控制、风险防范和绩效考核。

（三）加强基层医疗卫生机构管理。完善基层医疗卫生机构能力标准，进一步明确资源配置、服务能力和管理制度建设要求。建立健全符合基层功能定位和服务特点的评价评审体系。加强基层医疗质量管理，将其纳入国家医疗质量管理与控制体系。强化绩效考核，将服务质量数量、运行效率、患者满意度等作为主要考核内容，强化考核结果共享和运用。

六、深化体制机制改革，提升动力，推进治理科学化

（一）完善政府投入机制。建立稳定的公共卫生事业投入机制，落实政府对专业公共卫生机构和基本公共卫生服务经费的投入保障责任，落实医疗机构承担公共卫生服务任务的经费保障政策。强化区域卫生规划和医疗机构设置规划在医疗卫生资源配置方面的规范作用。按规定落实政府对符合区域卫生规划的公立医院投入政策，加大对中医医院和基层医疗卫生机构的投入倾斜力度。建立持续稳定的中医药发展多元投入机制。

（二）健全服务购买机制。深化医疗服务价格改革，建立分类管理、医院参与、科学确定、动态调整的医疗服务价格机制。完善“互联网＋”医疗服务、上门提供医疗服务等收费政策。推进医保支付方式改革，完善多元复合式医保支付方式。健全符合中医药特点的医保支付方式。探索对紧密型医疗联合体实行总额付费，加强监督考核，实行结余留用、合理超支分担。逐步提高基层医疗卫生机构提供的服务在医疗服务总量和医保基金支付中的占比。建立长期护理保险制度。积极发展商业健康保险。

（三）完善编制和人事制度。合理制定并落实公立医疗卫生机构人员编制标准，建立动态核增机制。推动医疗联合体内公立医疗卫生机构编制分别核定、统筹使用，人员统一招聘和管理。改革公立医院岗位管理制度，优化基层医务人员招聘标准和程序。深化卫生专业技术人员职称制度改革，以品德能力业绩为导向，科学设置评价标准，把医德医风放在人才评价首位。

（四）深化薪酬制度改革。落实"允许医疗卫生机构突破现行事业单位工资调控水平，允许医疗服务收入扣除成本并按规定提取各项基金后主要用于人员奖励"要求，建立健全适应医疗卫生行业特点的薪酬制度。全面深化公立医院薪酬制度改革。合理核定专业公共卫生机构绩效工资总量和水平，切实保障公共卫生医师待遇。医疗机构公共卫生科室人员收入不低于所在医疗机构人员平均工资水平，探索建立相应津贴补贴制度。落实基层医疗卫生机构绩效工资政策，合理核定基层医疗卫生机构绩效工资总量和水平。落实基层符合条件的高层次人才工资分配激励政策。落实乡村医生待遇，做好乡村医生社会保障工作。

（五）发挥信息技术支撑作用。发展"互联网＋医疗健康"，建设面向医疗领域的工业互联网平台，加快推进互联网、区块链、物联网、人工智能、云计算、大数据等在医疗卫生领域中的应用，加强健康医疗大数据共享交换与保障体系建设。建立跨部门、跨机构公共卫生数据共享调度机制和智慧化预警多点触发机制。推进医疗联合体内信息系统统一运营和互联互通，加强数字化管理。加快健康医疗数据安全体系建设，强化数据安全监测和预警，提高医疗卫生机构数据安全防护能力，加强对重要信息的保护。

（六）加强综合监管。健全多元化综合监管体系，创新监管方式，重点加强服务要素准入、质量和安全、公共卫生、机构运行、从业人员、服务行为、医疗费用、行业秩序和健康产业监管。建立健全医疗卫生行业行风建设工作体系，开展廉洁从业专项行动，加大监督检查、执纪执法力度，维护公立医疗卫生机构公益性，依法规范社会办医疗机构执业行为。加强法治建设，推进相关领域法律法规制定和修订工作。健全依法联合惩戒体系，强化责任追究和联动问责。

七、组织实施

（一）加强组织领导。坚持和加强党的全面领导，强化地方各级党委对医疗卫生服务体系改革发展的领导责任。各省（自治区、直辖市）政府要高度重视建设优质高效医疗卫生服务体系，将其列入政府工作目标和考核目标，制定具体实施方案，落实各项任务，因地制宜加强体制机制创新。

（二）细化配套措施。各相关部门要认真履行职责，协同推进医疗卫生服务体系建设工作，及时制定出台配套政策，加强协作配合，形成工作合力。以区域为单位、以整体绩效为重点，建立医疗卫生服务体系监测评价机制。

（三）加强宣传引导。围绕改革目标和重点任务，积极宣传工作进展和成效，做好政策解读和相关培训，及时总结推广地方好的做法和经验，主动回应社会关切，为医疗卫生服务体系改革发展营造良好社会环境。

医疗联合体管理办法（试行）

1. 2020年7月9日国家卫生健康委、国家中医药管理局发布
2. 国卫医发〔2020〕13号
3. 自2020年8月1日起施行

第一章　总　　则

第一条　为加快推进医疗联合体（以下简称医联体）建设，规范医联体建设与管理，完善医联体运行管理机制，助力构建分级诊疗制度，推动医疗卫生机构发展方式由以治病为中心向以健康为中心转变，根据《国务院办公厅关于推进分级诊疗制度建设的指导意见》（国办发〔2015〕70号）、《国务院办公厅关于推进医疗联合体建设和发展的指导意见》（国办发〔2017〕32号）等文件，制定本办法。

第二条　本办法所称医联体包括但不限于城市医疗集团、县域医疗共同体（或者称县域医疗卫生共同体，以下简称县域医共体）、专科联盟和远程医疗协作网。

第三条　城市医疗集团和县域医共体建设应当坚持政府主导，根据区域医疗资源结构布局和群众健康需求实施网格化管理。专科联盟和远程医疗协作网以依托学（协）会等行业组织或医疗卫生机构自主组建为主，地方卫生健康行政部门和中医药主管部门进行指导。医联体建设应当充分调动社会办医参与的积极性。

第四条　医联体建设应当坚持政府办医主体责任不变，

按原渠道足额安排对医联体各医疗卫生机构的财政投入资金，切实维护和保障基本医疗卫生事业的公益性，有效提升医疗服务、公共卫生服务和突发公共卫生事件应急处置能力，体现公立医院的社会责任。

第五条　医联体建设应当坚持医疗、医保、医药联动改革，逐步破除行政区划、财政投入、医保支付、人事管理等方面的壁垒和障碍，引导医联体内建立完善分工协作与利益共享机制，促进医疗联合体持续健康发展。

第六条　医联体建设应当坚持以人民健康为中心，优化资源结构布局，引导优质医疗资源下沉，推进疾病预防、治疗、管理相结合，逐步实现医疗质量同质化管理。

第七条　国家卫生健康委负责全国医联体建设相关政策制定与监督管理工作，县级以上地方卫生健康行政部门负责规划、实施、管理与监督本辖区医联体建设工作。

第二章　城市医疗集团和县域医共体

第八条　各级卫生健康行政部门（中医药主管部门）要按照“规划发展、分区包段、防治结合、行业监管”的原则，加强中西医协同，科学规划、组建城市医疗集团和县域医共体，主要发挥地市级医院和县级医院（均含中医医院，下同）以及代表区域医疗水平医院的牵头作用。原则上，委局属（管）医院、高校附属医院、省直属医院应当与城市医疗集团形成高层次合作关系，不牵头管理城市医疗集团网格。

鼓励中医医院牵头组建各种形式的医联体。在城市医疗集团和县域医共体建设中，应当加强中医医院建设，落实其功能定位，保留其独立法人地位。

第九条　设区的地市和县级卫生健康行政部门制定本区域医联体建设规划，根据地缘关系、人口分布、群众就医需求、医疗卫生资源分布等因素，将服务区域划分为若干个网格，整合网格内医疗卫生资源，组建由三级公立医院或者代表辖区医疗水平的医院牵头，其他若干家医院、基层医疗卫生机构、公共卫生机构等为成员的医联体。鼓励传染病、精神疾病专科医院纳入医联体网格管理，发挥医疗资源统筹优势，带动提升区域内传染病、精神疾病救治能力。

鼓励社会力量办医疗卫生机构按照自愿原则参加医联体。

第十条　原则上，每个网格由一个医疗集团或者医共体负责，为网格内居民提供疾病预防、诊断、治疗、营养、康复、护理、健康管理等一体化、连续性医疗卫生服务。

三级医院、妇幼保健机构、公共卫生机构和康复、护理等慢性病医疗卫生机构可以跨网格提供服务。鼓励在同一城市或者县域内，不同医疗集团或者医共体间建立相互配合、有序竞争、科学发展的机制，保障患者就医自主选择权利。

第十一条　城市医疗集团和县域医共体应当设立医联体管理专门机构，统筹医联体规划建设、投入保障、项目实施、人事安排、薪酬分配和考核监管等重大事项。

第十二条　城市医疗集团和县域医共体应当制定医联体章程，规定牵头医院与其他成员单位的责任、权利和义务，明确各成员单位功能定位，建立利益共享机制。加强医联体党建工作，发挥党组织把方向、管大局、作决策、促改革、保落实的领导作用。

第十三条　城市医疗集团和县域医共体应当按照精简、高效的原则，整合设置公共卫生、财务、人力资源、信息和后勤等管理中心，逐步实现医联体内行政管理、医疗业务、公共卫生服务、后勤服务、信息系统统一管理，统筹医联体内基础建设、物资采购和设备配置，主动控制运行成本。

第十四条　城市医疗集团和县域医共体应当加强医联体内资源共享，通过设置医学影像、检查检验、病理诊断和消毒供应等中心，为医联体内各医疗卫生机构提供同质化服务。在保障医疗质量的前提下，推进医联体内不同级别类别医疗卫生机构间检查检验结果互认。

第十五条　城市医疗集团和县域医共体实行人员岗位管理，逐步实现医联体内人员统一招聘、培训、调配和管理。专业技术人员在城市医疗集团和县域医共体内多点执业不需办理执业地点变更和执业机构备案手续。

第十六条　城市医疗集团和县域医共体应当设置专门部门承担医联体财务管理、成本管理、预算管理、会计核算、价格管理、资产管理、会计监督和内部控制工作，逐步实现医联体内财务统一管理、集中核算、统筹运营。加强医联体内部审计工作，充分发挥审计监督作用。

第十七条　城市医疗集团和县域医共体应当加强信息平台规范化、标准化建设，逐步依托区域全民健康信息平台推进医联体内各级各类医疗卫生机构信息系统的互联互通，建设医联体网格内远程医疗服务网络，为基层提供远程影像、远程心电、远程会诊等服务。

第十八条　医联体内各医疗卫生机构应当严格落实自身功能定位，落实急慢分治要求。牵头医院应当逐步减少常见病、多发病、病情稳定的慢性病患者比例，主动将急性病恢复期患者、术后恢复期患者及危重症稳定期患者及时转诊至下级医疗卫生机构继续治疗和康复,为患者提供疾病诊疗—康复—长期护理连续性服务。

第十九条 城市医疗集团和县域医共体应当落实防治结合要求,做到防治服务并重。医联体内医院会同公共卫生机构指导基层医疗卫生机构落实公共卫生职能,注重发挥中医治未病优势作用,推进疾病三级预防和连续管理,共同做好疾病预防、健康管理和健康教育等工作。

第二十条 医联体牵头医院应当加强应急救援队伍建设,建立完善医联体内应急物资储备制度,组织开展应急演练,努力提升突发公共卫生事件应急处置能力。

第二十一条 城市医疗集团和县域医共体内部应当建立牵头医院与成员单位间双向转诊通道与平台,建立健全双向转诊标准,规范双向转诊流程,为患者提供顺畅转诊和连续诊疗服务。

第二十二条 城市医疗集团和县域医共体应当落实团队签约要求,由医联体内基层医疗卫生机构全科医师和医院专科医师组成团队,为网格内居民提供团队签约服务,形成全科与专科联动、签约医生与团队协同、医防有机融合的服务工作机制。

第二十三条 牵头医院负责医联体内医疗质量管理,按照卫生健康行政部门和中医药主管部门的有关规定、标准加强医疗质量管理,提升区域内医疗质量同质化水平。

第二十四条 牵头医院应当充分发挥技术辐射带动作用,加强对成员单位的指导,通过专科共建、教育培训协同合作、科研项目协作等多种方式,重点帮扶提升成员单位医疗服务能力与管理水平。

第二十五条 加强医联体内药品、耗材供应保障,在医联体内推进长期处方、延伸处方,逐步统一药品耗材管理平台,实现用药目录衔接、采购数据共享、处方自由流动、一体化配送支付,同质化药学服务。

在获得国务院药品监督管理部门或者省(区、市)人民政府药品监督管理部门批准后,医联体成员单位院内制剂可在医联体内调剂使用。

第三章 专科联盟

第二十六条 各级卫生健康行政部门和中医药主管部门要根据患者跨区域就诊病种及技术需求情况,有针对性地统筹指导专科联盟建设。重点发挥委局属(管)医院、高校附属医院、省直属医院和妇幼保健院专科优势,辐射和带动区域内医疗服务能力提升。

鼓励组建省级和地市级妇幼保健院牵头,县区级妇幼保健机构为成员的区域性妇幼保健院联盟。

第二十七条 专科联盟建设应当针对群众健康危害大、看病就医需求多的重大疾病、重点学科加强建设,重点推进肿瘤、心血管、脑血管等学科,以及儿科、妇产科、麻醉科、病理科、精神科等短缺医疗资源的专科联盟建设。

积极推进呼吸、重症医学、传染病等专科联盟建设,着力提升重大疫情防控救治能力。

第二十八条 专科联盟牵头单位应当将医联体组织管理情况报同级卫生健康行政部门和中医药主管部门。

第二十九条 专科联盟应当制定联盟章程,明确专科联盟组织管理与合作形式。牵头单位与成员单位应当签订合作协议,规定各单位的责任、权利和义务。

第三十条 专科联盟应当以专科协作为纽带,充分发挥牵头医院的技术辐射带动作用,通过专科共建、教育培训协同合作、科研和项目协作等多种方式,提升成员单位的医疗服务能力和管理水平。

第三十一条 专科联盟应当在确保数据安全的前提下加强数据信息资源共享、安全管理。通过规范建立临床病例数据库、生物样本库,开展多中心临床研究等形式,充分挖掘临床数据信息,发挥多中心、大数据的积极作用。

第三十二条 专科联盟牵头单位应当加强医疗质量管理,细化医疗质量管理标准与要求,指导成员单位强化医疗质量管理工作,提升医疗服务同质化水平。

第四章 远程医疗协作网

第三十三条 各级卫生健康行政部门和中医药主管部门应当推进远程医疗服务发展,结合区域全民健康信息平台建设,以委局属(管)医院、高校附属医院、省直属医院和妇幼保健院等为主要牵头单位,重点发展面向边远、贫困地区的远程医疗协作网,完善省—地市—县—乡—村五级远程医疗服务网络。

第三十四条 牵头单位与成员单位应当签定远程医疗服务合作协议,明确双方权利义务,保障医患双方合法权益。

第三十五条 各牵头单位应当充分发挥技术辐射带动作用,通过远程医疗、远程会诊、远程查房、远程教学、远程心电检查、远程监护等形式,逐步推进互联网诊疗,利用信息化手段,下沉优质医疗资源,提升基层医疗服务能力,提高优质医疗资源可及性。

第三十六条 医疗卫生机构在开展互联网诊疗、远程医疗服务时,应当严格遵守《互联网诊疗管理办法(试行)》《互联网医院管理办法(试行)》《远程医疗服务管理规范(试行)》等要求,确保医疗质量和医疗安全。

第三十七条　医疗卫生机构开展互联网诊疗、远程医疗服务可依据相关规定合理收取费用。

第五章　考核评估

第三十八条　各级卫生健康行政部门、中医药主管部门和医联体牵头单位应当按照《医疗联合体综合绩效考核工作方案（试行）》和公立医院绩效考核有关要求，加强对医联体综合绩效考核。

第三十九条　各级卫生健康行政部门和中医药主管部门应当建立医联体综合绩效考核与动态调整机制，每年对本辖区医联体建设有关情况进行绩效考核，并以适当形式公布。考核结果作为医院评审评价、医学中心和区域医疗中心设置等的依据。

第四十条　各级卫生健康行政部门和中医药主管部门应当以城市医疗集团和县域医共体为考核重点，主要考核医联体运行机制情况、医联体内分工协作情况、区域资源共享和下沉情况、发挥技术辐射作用情况、医联体可持续发展情况，以及公共卫生和居民健康改善情况。同时，加强对本辖区专科联盟和远程医疗协作网的规范管理，重点考核牵头单位技术辐射作用发挥情况和居民健康改善情况。

第四十一条　各医联体应当制定综合绩效考核办法，由牵头单位定期组织对医联体综合绩效、各成员单位绩效进行自评估，评估结果作为工作持续改进的依据。

第四十二条　同级卫生健康行政部门和中医药主管部门应当加强对医联体的监督管理，重点化解医联体资源垄断、挤压社会办医空间等问题。及时发现医联体建设存在的问题并依法依规处理。

第六章　附　　则

第四十三条　本办法所称城市医疗集团指设区的市级以上城市，由三级公立医院或者业务能力较强的医院牵头，联合社区卫生服务机构、护理院、专业康复机构等组成的组织，形成资源共享、分工协作的管理模式。县域医共体指以县级医院为龙头、乡镇卫生院为枢纽、村卫生室为基础的一体化管理组织。专科联盟指以专科协作为纽带，形成的区域间若干特色专科协作组织。远程医疗协作网指面向基层、边远和欠发达地区建立的远程合作网络。

第四十四条　本办法由国家卫生健康委、国家中医药管理局负责解释。

第四十五条　本办法自2020年8月1日起施行。

深化医疗服务价格改革试点方案

1. 2021年8月25日国家医保局、国家卫生健康委、国家发展改革委、财政部、人力资源社会保障部、市场监管总局、国家中医药局、国家药监局发布

2. 医保发〔2021〕41号

深化医疗服务价格改革是推进医疗保障和医疗服务高质量协同发展的重要举措。按照党中央、国务院关于深化医疗保障制度改革任务部署，为加快建立科学确定、动态调整的医疗服务价格形成机制，持续优化医疗服务价格结构，现制定本方案。

一、总体要求

（一）*指导思想*。以习近平新时代中国特色社会主义思想为指导，深入贯彻党的十九大和十九届二中、三中、四中、五中全会精神，坚持以人民健康为中心、以临床价值为导向、以医疗事业发展规律为遵循，建立健全适应经济社会发展、更好发挥政府作用、医疗机构充分参与、体现技术劳务价值的医疗服务价格形成机制，坚持公立医疗机构公益属性，建立合理补偿机制，调动医务人员积极性，促进医疗服务创新发展，提高医疗卫生为人民服务的质量和水平，控制人民群众医药费用负担，保障人民群众获得高质量、有效率、能负担的医疗卫生服务。

（二）*总体思路*。规范管理医疗服务价格项目，建立符合价格规律的计价单元体系。统筹兼顾医疗事业发展需要和各方承受能力，调控医疗服务价格总体水平。探索政府指导和公立医疗机构参与相结合的价格形成机制，充分发挥公立医疗机构专业优势，合理确定医疗服务价格。建立灵敏有度的价格动态调整机制，明确调价的启动条件和约束条件，发挥价格合理补偿功能，稳定调价预期、理顺比价关系，确保群众负担总体稳定、医保基金可承受、公立医疗机构健康发展可持续。强化大数据和信息化支撑作用，加强公立医疗机构价格监测评估考核，确保价格机制稳定运行。坚持系统观念，统筹推进公立医院补偿机制、分级诊疗、医疗控费、医保支付等相关改革，完善激励约束机制，增强改革的系统性、整体性、协同性，形成综合效应。

（三）*改革目标*。通过3至5年的试点，探索形成可复制可推广的医疗服务价格改革经验。到2025年，深化医疗服务价格改革试点经验向全国推广，分类管理、医院参与、科学确定、动态调整的医疗服务价格机制成熟定型，价格杠杆功能得到充分发挥。

二、建立目标导向的价格项目管理机制

（四）制定价格项目编制规范。按照服务产出为导向、医疗人力资源消耗为基础、技术劳务与物耗分开的原则，制定国家价格项目编制规范。明确医疗技术或医疗活动转化为价格项目的立项条件和管理规则，厘清价格项目与临床诊疗技术规范、医疗机构成本要素、不同应用场景加收标准等的政策边界。构建内涵边界清晰、适应临床诊疗、便于评价监管的价格项目体系。

（五）完善全国价格项目规范。在充分听取临床专家等意见基础上，分类整合现行价格项目，完善全国医疗服务价格项目规范，统一价格项目编码，逐步消除地区间差异。实现价格项目与操作步骤、诊疗部位等技术细节脱钩，增强现行价格项目对医疗技术和医疗活动改良创新的兼容性，合理压减项目数量。医用耗材从价格项目中逐步分离，发挥市场机制作用，实行集中采购、"零差率"销售。

（六）优化新增价格项目管理。简化新增价格项目申报流程，加快受理审核进度，促进医疗技术创新发展和临床应用。对资源消耗大、价格预期高的新增价格项目，开展创新性、经济性评价。对优化重大疾病诊疗方案或填补诊疗空白的重大创新项目，开辟绿色通道，保障患者及时获得更具有临床价值和成本效益的医疗服务。

三、建立更可持续的价格管理总量调控机制

（七）加强医疗服务价格宏观管理。根据经济发展水平、医疗技术进步和各方承受能力，对公立医疗机构医疗服务价格调整总量实行宏观管理，控制医药费用过快增长，提升价格管理的社会效益。在价格调整总量范围内突出重点、有升有降调整医疗服务价格，发挥价格工具的杠杆作用。

（八）合理确定价格调整总量。建立健全价格调整总量的确定规则和指标体系。以区域内公立医疗机构医疗服务总费用为基数，综合考虑地区经济发展水平、医药总费用规模和结构、医保基金筹资运行、公立医疗机构运行成本和管理绩效、患者跨区域流动、新业态发展等因素，确定一定时期内公立医疗机构医疗服务价格调整的总金额。

（九）统筹平衡总量分配。地区间价格调整总量增速要快慢结合，促进增加医疗资源有效供给，提高均等化水平。医疗费用增速过快的地区要严格控制增长。公立医疗机构间价格调整总量有保有压，体现合理回报、激励先进，反映各级各类公立医疗机构功能定位、服务特点，支持薄弱学科、基层医疗机构和中医医疗服务发展，促进分级诊疗。

四、建立规范有序的价格分类形成机制

（十）通用型医疗服务的政府指导价围绕统一基准浮动。医疗机构普遍开展、服务均质化程度高的诊察、护理、床位、部分中医服务等列入通用型医疗服务目录清单。基于服务要素成本大数据分析，结合宏观指数和服务层级等因素，制定通用型医疗服务政府指导价的统一基准，不同区域、不同层级的公立医疗机构可在一定范围内浮动实施，促进通用型医疗服务规范化标准化和成本回收率均等化。

（十一）复杂型医疗服务的政府指导价引入公立医疗机构参与形成。未列入通用型医疗服务目录清单的复杂型医疗服务，构建政府主导、医院参与的价格形成机制，尊重医院和医生的专业性意见建议。公立医疗机构在成本核算基础上按规则提出价格建议。各地集中受理，在价格调整总量和规则范围内形成价格，严格控制偏离合理价格区间的过高价格，统一公布政府指导价。建立薄弱学科的调查监测和政策指引机制，允许历史价格偏低、医疗供给不足的薄弱学科项目价格优先调整，推动理顺比价关系。充分考虑中医医疗服务特点，支持中医传承创新发展。支持技术难度大、风险程度高、确有必要开展的医疗服务适当体现价格差异。引导公立医疗机构加强成本管理和精算平衡、统筹把握调价项目数量和幅度，指导公立医疗机构采取下调偏高价格等方式扩大价格调整总量。

（十二）特需服务和试行期内新增项目实行市场调节价。公立医疗机构确定特需服务和试行期内新增项目（试行期 1 至 2 年）的价格，并报医疗服务价格主管部门备案。定价要遵守政府制定的价格规则，与医院等级、专业地位、功能定位相匹配，定价增加的医疗服务费用占用价格调整总量。严格控制公立医疗机构实行市场调节价的收费项目和费用所占比例，不超过全部医疗服务的 10% 。新增项目试行期满后，按通用型或复杂型项目进行管理。

五、建立灵敏有度的价格动态调整机制

（十三）通用型医疗服务项目价格参照收入和价格指数动态调整。通用型医疗服务项目基准价格参照城镇单位就业人员平均工资、居民消费价格指数变化进行定期评估、动态调整。城镇单位就业人员平均工资累计增幅达到触发标准、居民消费价格指数低于一定水平的，按规则调整基准价格。

（十四）复杂型医疗服务项目价格经评估达标定

期调整。建立健全调价综合评估指标体系,将医药卫生费用增长、医疗服务收入结构、要素成本变化、药品和医用耗材费用占比、大型设备收入占比、医务人员平均薪酬水平、医保基金收支结余、患者自付水平、居民消费价格指数等指标列入评估范围,明确动态调整的触发标准和限制标准。定期开展调价评估,符合标准时集中启动和受理公立医疗机构提出的价格建议。

(十五)建立医疗服务价格专项调整制度。为落实药品和医用耗材集中带量采购等重大改革任务、应对突发重大公共卫生事件、疏导医疗服务价格突出矛盾、缓解重点专科医疗供给失衡等,根据实际需要启动医疗服务价格专项调整工作,灵活选择调价窗口期,根据公立医疗机构收入、成本等因素科学测算、合理确定价格调整总量和项目范围,有升有降调整价格。

六、建立严密高效的价格监测考核机制

(十六)加强公立医疗机构价格和成本监测。监测公立医疗机构重要项目价格变化。实行医疗服务价格公示、披露制度,编制并定期发布医疗服务价格指数。对监测发现医疗服务价格异常、新增项目定价偏高的,必要时组织开展成本调查或监审、成本回收率评价、卫生技术评估或价格听证,防止项目价格畸高畸低。

(十七)做好医疗服务价格改革评估。密切跟踪医疗服务价格项目管理机制改革进展,定期评估新增项目执行效果。全面掌握医疗服务价格总量调控和动态调整执行情况,定期评估调价对公立医疗机构运行、患者和医保基金负担等的影响。密切跟踪价格分类形成机制落实情况,定期评估区域间、学科间比价关系。科学运用评估成果,与制定和调整医疗服务价格挂钩,支撑医疗服务价格新机制稳定高效运行。

(十八)实行公立医疗机构价格责任考核制度。制定公立医疗机构医疗服务价格主体责任考核办法。稽查公立医疗机构内部价格管理和定价的真实性、合规性,检查公立医疗机构医疗服务价格执行情况,考核公立医疗机构落实改革任务、遵守价格政策、加强经营管理、优化收入结构、规范服务行为等情况。稽查、检查和考核结果与公立医疗机构价格挂钩。

七、完善价格管理的支撑体系

(十九)优化医疗服务价格管理权限配置。医疗服务价格项目实行国家和省两级管理。医疗服务价格水平以设区的市属地化管理为基础,国家和省级医疗保障部门可根据功能定位、成本结构、医疗技术复杂程度等,对部分医疗服务的价格进行政策指导。

(二十)完善制定和调整医疗服务价格的规则程序。周密设计各类医疗服务价格制定和调整的规则,减少和规范行政部门自由裁量权,确保医疗服务价格形成程序规范、科学合理。建立调价公示制度。加强事前的调价影响分析和社会风险评估,重点关注特殊困难群体,主动防范和控制风险。依法依规改革完善优化医疗服务定调价程序,采取多种形式听取意见。

(二十一)加强医疗服务价格管理能力建设。健全联动反应和应急处置机制,加强上下衔接、区域联动、信息共享。畅通信息报送渠道,为价格调整提供良好信息支撑。提升医疗服务价格管理信息化水平,加强医疗服务价格管理队伍建设。

八、统筹推进配套改革

(二十二)深化公立医院综合改革。完善区域公立医院医疗设备配置管理,引导合理配置,严控超常超量配备。加强公立医疗机构内部专业化、精细化管理。规范公立医疗机构和医务人员诊疗行为。合理确定公立医院薪酬水平,改革完善考核评价机制,实现医务人员薪酬阳光透明,严禁下达创收指标,不得将医务人员薪酬与科室、个人业务收入直接挂钩。

(二十三)改进医疗行业综合监管。加强医疗机构医疗服务价格监督检查,以及部门间信息共享、配合执法。研究制定医疗服务价格行为指南。依法严肃查处不执行政府指导价、不按规定明码标价等各类价格违法行为,以及违规使用医保资金行为。

(二十四)完善公立医疗机构政府投入机制。落实对符合区域卫生规划的公立医疗机构基本建设和设备购置、重点学科发展等政府投入。落实对中医(民族医)医院和传染病、精神病、职业病防治、妇产和儿童等专科医疗机构的投入倾斜政策。

(二十五)规范非公立医疗机构价格。非公立医疗机构提供的医疗服务,落实市场调节价政策,按照公平合法、诚实信用、质价相符的原则合理定价,纳入医保基金支付的按医保协议管理。加强非公立医疗机构价格事中事后监管,做好价格监测和信息披露,必要时采取价格调查、函询约谈、公开曝光等措施,维护良好价格秩序。

(二十六)衔接医疗保障制度改革。做好医疗服务价格和支付政策协同,价格管理总量调控和医保总额预算管理、区域点数法协同。探索制定医保支付标准。建立健全医保医用耗材目录管理制度。深化以按病种、按疾病诊断相关分组付费为主的多元复合式医保支付方式改革。探索对紧密型医疗联合体实行医保总额付费,加强监督,在考核基础上结余留用、合理超支分

担。推进医用耗材全部挂网采购，扩大高值医用耗材集中带量采购范围。强化公立医疗机构定点协议管理。

九、组织开展试点

（二十七）加强组织领导。开展试点的地区要充分认识深化医疗服务价格改革的重要性、复杂性和艰巨性，把改革试点作为深化医疗保障制度改革的重要工作任务，把党的领导贯彻到试点全过程，建立试点工作领导机构，健全工作机制，加强组织领导，严格按照统一部署开展试点工作。

（二十八）稳妥有序试点。国家医保局会同相关部门，初期在科学评估基础上遴选5个城市，重点围绕总量调控、价格分类形成和动态调整、监测考核等机制开展试点，并加强直接联系指导。有条件的省（自治区、直辖市）可组织设区的市参与试点。试点城市要因地制宜制定试点实施方案，稳妥有序推进，形成可复制、可推广的改革经验。

（二十九）精心组织实施。试点实施方案要聚焦突出问题和关键环节，深入探索体制机制创新，力求有所突破，取得实效。试点实施方案由省级人民政府审核后组织实施，并报国家医保局备案。试点中遇到重大情况，及时向国家医保局和省级人民政府报告。非试点地区要按照国家医保局等4部门印发的《关于做好当前医疗服务价格动态调整工作的意见》（医保发〔2019〕79号）要求，做好相关工作，持续理顺医疗服务比价关系。

（三十）做好宣传引导。各地区、各有关部门要主动做好深化医疗服务价格改革政策解读，及时回应群众关切，合理引导社会预期。充分调动各方支持配合改革的积极性和主动性，广泛听取意见，凝聚社会共识，提前做好风险评估，努力营造良好改革氛围。

关于进一步推进医养结合发展的指导意见

1. 2022年7月18日国家卫生健康委、国家发展改革委、教育部、民政部、财政部、人力资源社会保障部、自然资源部、住房城乡建设部、应急管理部、国家市场监管总局、国家医保局发布

2. 国卫老龄发〔2022〕25号

各省、自治区、直辖市人民政府，国务院各部委、各直属机构：

推进医养结合是优化老年健康和养老服务供给的重要举措，是积极应对人口老龄化、增强老年人获得感和满意度的重要途径。近年来，医养结合政策不断完善，取得积极进展，但在政策支持、服务能力、人才建设等方面仍存在一些难点堵点问题。各地各相关部门要坚持以习近平新时代中国特色社会主义思想为指导，认真贯彻落实党中央、国务院决策部署，进一步完善政策措施，着力破解难点堵点问题，促进医养结合发展，不断满足老年人健康和养老服务需求。经国务院同意，现提出以下意见：

一、发展居家社区医养结合服务

（一）积极提供居家医疗服务。各地要结合实际建立完善居家医疗服务规范、技术指南和工作流程，明确相关政策，支持有条件的医疗卫生机构为居家失能（含失智，下同）、慢性病、高龄、残疾等行动不便或确有困难的老年人提供家庭病床、上门巡诊等居家医疗服务。推进“互联网＋医疗健康”、“互联网＋护理服务”，创新方式为有需求的老年人提供便利的居家医疗服务。（国家卫生健康委、工业和信息化部、国家中医药局、国家疾控局等按职责分工负责，地方各级人民政府负责落实。以下均需地方各级人民政府落实，不再列出）

（二）增强社区医养结合服务能力。实施社区医养结合能力提升行动，有条件的社区卫生服务机构、乡镇卫生院或社区养老服务机构、特困人员供养服务机构（敬老院）利用现有资源，内部改扩建一批社区（乡镇）医养结合服务设施，重点为失能、慢性病、高龄、残疾等行动不便或确有困难的老年人提供医养结合服务。扎实做好基本公共卫生服务，积极推进老年健康与医养结合服务项目实施，加强老年病预防和早期干预。发挥中医药和中西医结合在养生保健、慢性病防治等方面的优势，推动中医药进家庭、进社区、进机构。有条件的地方可按照知情、同意、自愿的原则，为老年人免费接种流感、肺炎等疫苗。在做实老年人家庭医生签约服务的基础上，稳步提高失能、慢性病、高龄、残疾等行动不便或确有困难的老年人家庭医生签约服务覆盖率。（国家卫生健康委、国家发展改革委、民政部、财政部、自然资源部、住房城乡建设部、国家中医药局、国家疾控局、中国残联等按职责分工负责）

二、推动机构深入开展医养结合服务

（三）支持医疗卫生机构开展医养结合服务。鼓励医疗卫生机构依法依规在养老服务机构设立医疗服务站点，提供嵌入式医疗卫生服务。推动医疗卫生机构将上门医疗服务向养老机构拓展，为符合条件的入住养老机构的老年人提供家庭病床、上门巡诊等服务。各地要优化医疗资源布局,通过新建、改扩建、转型发展等方式,加强康复医院、护理院(中心、站)和安宁疗护机构建设,支持老年医学科和安宁疗护科发展,支持医疗资源丰富地区的二级及以下医疗卫生机构转型,开展康复、护理以及医养结合服务。推动建设老年友善医疗卫生机构,方便老年人看病就医。公立医疗卫生机构开展居家医疗服务、医养结合签约服务,以及医疗资源富余的二级及以下公立医疗卫生机构利用现有床位开展养老服务,要严格执行相关规范,收入纳入医疗卫生机构收入统一管理。(国家卫生健康委、国家发展改革委、民政部、国家中医药局等按职责分工负责)

(四)提升养老机构医养结合服务能力。各地要在摸清失能等老年人底数的基础上,结合入住需求和意愿,采取差异化补助等多种措施,推动养老机构改造增加护理型床位和设施,支持社会力量建设专业化、规模化、医养结合能力突出的养老机构,主要接收需要长期照护的失能老年人。各地要指导支持养老机构、医疗卫生机构开展签约合作,为养老机构提供预约就诊绿色通道、上门巡诊等服务,做实合作机制和内容,提高医养结合签约服务质量。鼓励大型或主要接收失能老年人的养老机构内部设置医疗卫生机构,支持内设医疗卫生机构加强能力建设,提升诊疗服务质量。(民政部、国家发展改革委、国家卫生健康委、国家中医药局、国家疾控局等按职责分工负责)

三、优化服务衔接

(五)加强医疗养老资源共享。各地要推动社区医疗卫生、养老服务、扶残助残等公共服务设施统筹布局、资源共享。推进社区卫生服务机构与社区养老服务机构、社区康复站,乡镇卫生院与特困人员供养服务机构(敬老院),村卫生室与农村幸福院、残疾人照护机构统筹规划、毗邻建设,采取多种有效方式,实现资源共享、服务衔接。将养老机构内设的医疗卫生机构纳入医疗联合体管理,与医疗联合体内的牵头医院、康复医院、护理院(中心、站)等建立双向转诊机制,提供一体化、连续性服务,实现医疗、康复、护理、养老服务资源的高效协同。鼓励基层积极探索相关机构养老床位和医疗床位按需规范转换机制。(国家发展改革委、民政部、自然资源部、住房城乡建设部、国家卫生健康委、国家医保局、国家中医药局、中国残联等按职责分工负责)

(六)积极发挥信息化作用。依托全民健康信息平台和"金民工程",建设全国老龄健康信息管理系统、全国养老服务信息系统,全面掌握老年人健康和养老状况,分级分类开展相关服务。实施智慧健康养老产业发展行动,发展健康管理类、养老监护类、康复辅助器具类、中医数字化智能产品及家庭服务机器人等产品,满足老年人健康和养老需求。(国家卫生健康委、工业和信息化部、民政部、国家中医药局等按职责分工负责)

四、完善支持政策

(七)完善价格政策。公立医疗卫生机构为老年人等人群提供上门医疗服务,采取"医药服务价格+上门服务费"的方式收费。提供的医疗服务、药品和医用耗材,适用本医疗卫生机构执行的医药价格政策。上门服务费可由公立医疗卫生机构综合考虑服务半径、人力成本、交通成本、供求关系等因素自主确定。已通过家庭医生签约、长期护理保险等提供经费保障的服务项目,不得重复收费。公立医疗卫生机构开展养老服务,收入单独核算或单列备查账管理,收费标准要综合考虑服务成本、供求关系、群众承受能力等因素,原则上由价格主管部门核定后执行,具备招标条件的,鼓励通过招标方式确定。(国家发展改革委、国家卫生健康委、民政部、市场监管总局、国家医保局等按职责分工负责)

(八)加大保险支持。及时将符合条件的养老机构内设医疗卫生机构纳入医保定点管理。根据医养结合特点,合理确定养老机构内设医疗卫生机构医保总额控制指标,探索对安宁疗护、医疗康复等需要长期住院治疗且日均费用较稳定的疾病实行按床日付费,鼓励有条件的地方向提供医养结合服务的定点医疗卫生机构预付部分医保资金。按程序将符合条件的治疗性医疗服务项目纳入医保支付范围,足额支付符合规定的基本医保费用。稳步推进长期护理保险制度试点,适应失能老年人基本护理保障需求。鼓励商业保险将老年人预防保健、健康管理、康复、护理等纳入保障范围。(国家医保局、国家卫生健康委、民政部、财政部、银保监会、国家中医药局等按职责分工负责)

(九)盘活土地资源。医疗卫生用地、社会福利用地可用于建设医养结合项目。允许盘活利用城镇现有空闲商业用房、厂房、校舍、办公用房、培训设施及其他设施提供医养结合服务,并适用过渡期政策,五年内继续按原用途和权利类型使用土地。完善土地支持政策,优先保障接收失能老年人的医养结合项目用地需求。允许和鼓励农村集体建设用地用于医养结合项目

建设。（自然资源部、住房城乡建设部、农业农村部、国家发展改革委、国家卫生健康委、民政部等按职责分工负责）

（十）落实财税优惠。有条件的地方可通过相关产业投资基金支持医养结合发展。落实有关税收优惠政策，支持社会力量提供多层次、多样化医养结合服务。通过政府购买服务等方式，统一开展老年人能力综合评估，支持符合条件的医疗卫生机构为老年人提供基本公共卫生、家庭医生签约等服务，支持符合条件的养老机构为老年人提供基本养老、家庭养老床位签约等服务。（财政部、人民银行、税务总局、银保监会、国家卫生健康委、民政部、国家医保局、国家疾控局等按职责分工负责）

五、多渠道引才育才

（十一）加强人才培养培训。加快推进医疗卫生与养老服务紧缺人才培养，将老年医学、护理、康复、全科等医学人才，养老护理员、养老院院长、老年社会工作者等养老服务与管理人才纳入相关培养项目。鼓励普通高校、职业院校增设健康和养老相关专业和课程，扩大招生规模，适应行业需求。大力开展医养结合领域培训，发挥有关职业技能等级证书作用，进一步拓宽院校培养与机构培训相结合的人才培养培训路径。鼓励为相关院校教师实践和学生实习提供医养结合服务岗位。（教育部、人力资源社会保障部、国家卫生健康委、民政部、国家中医药局等按职责分工负责）

（十二）引导医务人员从事医养结合服务。基层卫生健康人才招聘、使用和培养等要向提供医养结合服务的医疗卫生机构倾斜。根据公立医疗卫生机构开展医养结合服务情况，合理核定绩效工资总量。公立医疗卫生机构在内部绩效分配时，对完成居家医疗服务、医养结合签约等服务较好的医务人员给予适当倾斜。支持医务人员特别是退休返聘且临床经验丰富的护士到提供医养结合服务的医疗卫生机构执业，以及到提供医养结合服务的养老服务机构开展服务。鼓励退休医务人员到提供医养结合服务的医疗卫生机构和养老服务机构开展志愿服务。（国家卫生健康委、人力资源社会保障部、教育部、财政部、民政部等按职责分工负责）

（十三）壮大失能照护服务队伍。通过开展应急救助和照护技能培训等方式，提高失能老年人家庭照护者的照护能力和水平。加强对以护理失能老年人为主的医疗护理员、养老护理员的培训。鼓励志愿服务人员为照护居家失能老年人的家属提供喘息服务。（人力资源社会保障部、国家卫生健康委、民政部、国家中医药局、应急部、共青团中央等按职责分工负责）

六、强化服务监管

（十四）加强行业监管。将医养结合服务纳入医疗卫生行业、养老服务行业综合监管和质量工作考核内容，将养老机构内设医疗卫生机构纳入医疗卫生机构“双随机、一公开”监督抽查范围，将医疗卫生机构开展养老服务纳入养老机构“双随机、一公开”监督抽查范围，引导相关机构持续优化医养结合服务。各相关部门要强化信息共享，健全各司其职、各负其责、相互配合、齐抓共管的协同监管机制，着力推动解决影响服务质量安全的突出问题。（国家卫生健康委、民政部、市场监管总局、国家疾控局等按职责分工负责）

（十五）落实传染病防控和安全生产责任。养老机构内设医疗卫生机构要严格执行传染病防控和医疗机构感染防控各项要求，妥善安排对内和对外服务，坚决防范疾病传播。医疗卫生机构提供养老服务的场所要与医疗服务区域实行分区管理，做到物理隔离、独立设置。本地区发生重大传染病疫情期间，医疗卫生机构提供养老服务的场所要根据疫情形势配备专职医务人员及其他必要工作人员，非紧急必须情况不与医疗服务区域交叉使用设施设备、物资等，确需使用的，要严格落实防控措施。有关部门要加强监督指导，推动责任落实，坚决防范疫情风险。各地要督促提供医养结合服务的相关机构严格落实安全生产和消防安全主体责任，及时消除安全隐患，维护老年人生命安全和合法权益。严禁利用易燃可燃彩钢板材料搭建有人员活动的场所。对不具备安全生产和消防安全条件、存在重大安全隐患的，依法依规予以处理。（各相关部门按职责分工负责）

各地区各有关部门要加强组织领导，将推进医养结合发展纳入经济社会发展规划和国民健康、医疗卫生服务体系、老龄事业发展和养老服务体系等相关规划。建立完善多部门协同推进机制，动员社会力量广泛参与，以养老服务为基础，以医疗卫生服务为支撑，推动医养有机衔接，完善和落实各项政策措施。国家卫生健康委会同民政部等部门加强对各地破除医养结合难点堵点问题的督促指导。加强政策培训和宣传引导，组织实施医养结合示范项目，及时总结推广典型经验，推动医养结合高质量发展。

国家卫生健康委、国家中医药管理局、国家疾病预防控制局关于做好县域巡回医疗和派驻服务工作的指导意见

1. 2023年1月17日
2. 国卫基层发〔2023〕5号

各省、自治区、直辖市卫生健康委、中医药局、疾控主管部门：

为贯彻落实中共中央办公厅、国务院办公厅《关于加快推进乡村人才振兴的意见》和国家卫生健康委近期印发的《卫生健康系统贯彻落实以基层为重点的新时代党的卫生与健康工作方针若干要求》（国卫基层发〔2022〕20号）、《巩固拓展健康扶贫成果同乡村振兴有效衔接的实施意见》（国卫扶贫发〔2021〕6号），推动建立城市医疗卫生人才定期服务乡村制度，有效提升县域特别是乡村医疗卫生服务能力，提高农村居民获得基本医疗卫生服务的可及性、便利性，现就做好县域巡回医疗和派驻服务工作提出以下意见。

一、总体要求

（一）总体思路。坚持“以基层为重点”“中西医并重”新时代党的卫生与健康工作方针，立足县域人口流动变动趋势和乡村形态变化实际，遵循深化医药卫生体制改革方向，优化县域医疗卫生服务供给，进一步强化县级医院和基层医疗卫生机构服务能力，采取“固定设施、流动服务”的方式，推动服务重心下移、优质医疗资源下沉，适应农村居民健康服务需求，持续巩固拓展基本医疗有保障成果。在乡村两级探索建立柔性用人机制，为实施乡村振兴战略和推进健康中国建设提供更有力的支撑。

（二）主要目标。到2025年，基本建立稳定的县域巡回医疗和派驻服务工作机制，乡级医疗卫生人员队伍进一步壮大，持续保持村级医疗卫生服务全覆盖，农村居民医疗卫生服务可及性明显提升，实现“一般的病在市县解决，头疼脑热在乡镇、村里解决”。

二、主要措施

（三）因地制宜发展村级巡诊服务。对县域内服务人口少、服务需求较小、不适宜配置固定村医的行政村以及尚未设置基层医疗卫生机构的移民搬迁安置点，县级卫生健康行政部门、中医药主管部门要组织乡镇卫生院开展村级巡诊服务，县级医疗卫生机构提供技术支持。乡镇卫生院能力薄弱、难以开展巡诊服务的，由县级卫生健康行政部门、中医药主管部门、疾控主管部门统筹安排县级医疗机构提供巡诊服务。承担巡诊服务的医疗卫生机构要选派合格的医务人员提供巡诊服务，可组建由临床类别医师、中医类别医师、护士、公共卫生人员、辅助科室人员参与的巡诊团队。巡诊时间要相对固定，原则上每周至少2次，每次至少半天，对服务需求较小的地区可调整巡诊频次。要结合农村居民生产生活特点合理安排巡诊服务时间，通过巡诊（巡回医疗）车、流动医疗车等多种形式向农村居民提供上门服务，使农村居民在“家门口”就能获得优质的基本医疗卫生服务。

（四）面向乡村两级做好派驻服务。对服务人口多、服务需求较大、短期内招不到合格村医且邻（联）村服务难以覆盖的地区（行政村），县级卫生健康行政部门、中医药主管部门要组织乡镇卫生院选派合格的医务人员开展村级派驻服务。村级派驻服务人员原则上每周在村卫生室工作时间不少于5日，每日不少于半天，在同一个行政村至少连续服务半年，医务人员可分片包干若干村。对县域内卫生人力不足、服务能力较弱的乡镇卫生院，县级卫生健康行政部门、中医药主管部门要结合县域医共体建设，指定县级医疗卫生机构选派医务人员开展乡级派驻服务，省、市级卫生健康行政部门及中医药主管部门指派所属医疗机构给予补充支持。对尚未按要求配齐公共卫生医师的卫生院，由县级疾病预防控制机构选派公共卫生医师开展乡级派驻服务，有条件的地区可组织省、市级疾病预防控制机构公共卫生医师开展乡级派驻。乡级派驻服务人员应具备中级或以上职称，原则上需在乡镇卫生院连续驻点工作半年以上。

（五）明确巡回医疗和派驻服务工作内容。各级巡回医疗队主要根据受援地区的实际需求，开展疾病诊疗、健康宣教等服务，结合重大疾病医疗救助、重点地方病医疗救治等工作，对受援地区医务人员开展培训，提高当地医务人员疾病规范化诊疗意识和临床技术水平。鼓励派出医疗队的医院与受援地医疗卫生机构搭建远程医疗协作网。村级巡诊和派驻服务内容主要包括常见病、多发病的中西医诊疗服务、基本公共卫生服务以及常态化疫情防控工作等，并承担家庭医生签约工作职责。县级医疗卫生机构、疾病预防控制机构对乡镇卫生院的派驻服务，还应通过人员培训、带教等方式加强乡镇卫生院科室能力建设，提高乡镇医务人员医疗卫生服务水平。

三、工作要求

（六）加强组织领导。县级卫生健康行政部门、中医药主管部门、疾控主管部门负责统筹管理、指导监督辖区内派驻服务和巡诊工作，制定具体办法，明确规范实施范围和工作要求，定期开展相关人员业务培训，不断提高服务能力。省、市级卫生健康行政部门、中医药主管部门和疾控主管部门要加强督促指导和帮扶，确保县域巡回医疗和派驻服务工作有序开展。

（七）落实保障责任。派出巡回医疗队的医疗机构要保障参与巡回医疗的医务人员在基层工作期间收入水平不降低。县级卫生健康行政部门、中医药主管部门、疾控主管部门要为开展派驻和巡诊服务的医疗卫生机构配置必要的药品和设备，为有需求的医疗机构配置巡诊（巡回医疗）车。加强基层卫生信息化建设，为巡诊服务提供技术支持，有条件的地方应积极利用信息化手段开展"互联网+"签约服务、慢性病管理和远程医疗服务，提高工作效率、减轻医务人员工作负担。

（八）完善激励机制。执业医师晋升为副高级技术职称的，巡回医疗、巡诊和派驻服务作为其基层工作经历累计计算。各级卫生健康行政部门要积极协调有关部门落实参与巡诊、派驻服务人员的工作补助与待遇，对在偏远地区开展巡诊、派驻服务的人员可适当提高补助标准。

（九）强化宣传引导。各地要加强政策宣传解读，鼓励和引导医务人员积极参与县域巡回医疗和派驻服务工作。要采取多种方式加大对群众的宣传力度，提升群众知晓率，引导群众充分利用巡回医疗等服务提高健康水平。要积极挖掘巡回医疗和派驻服务中的典型案例，广泛宣传参与服务医务人员的优秀事迹，为广泛开展县域巡回医疗和派驻服务营造良好社会氛围。

基层卫生健康便民惠民服务举措

1. *2023年8月4日国家卫生健康委发布*
2. *国卫办基层发〔2023〕7号*

为深入学习贯彻党的二十大精神，促进学习贯彻习近平新时代中国特色社会主义思想主题教育走深走实，根据群众需求和当前服务实际，特制定2023－2025年基层医疗卫生机构便民惠民服务举措。

一、预约号源向基层下沉

紧密型城市医疗集团和紧密型县域医共体牵头的三级、二级医院预留至少20%的门诊号源优先向辖区基层医疗卫生机构开放，由基层医疗卫生机构为辖区常住居民提供上级医院专科门诊预约服务。充分发挥家庭医生在预约转诊、检查、住院床位等方面的作用，并推动不同机构间检查及检验结果互认共享。

二、推进中高级职称医师值守门诊

根据群众需求，提升门诊服务质量和首诊水平。社区卫生服务中心、乡镇卫生院应通过内部挖潜、合理调配人力以及县（区）级卫生健康行政部门统筹二、三级医院、县域医共体（医联体、医疗集团）资源等方式做到每周至少3个工作日有一名主治医师或副主任医师职称以上临床专业技术人员在机构值守门诊服务，解决群众就诊中的专业问题，促进分级诊疗和基层首诊。在中西部脱贫县的乡镇卫生院可根据实际通过远程诊疗等方式予以实现。

三、方便居民配药开药

社区卫生服务中心、乡镇卫生院全面实施高血压、糖尿病两慢病长期处方服务，为病情稳定的患者开具4－12周长期处方，并逐步扩大慢性疾病病种覆盖范围。在确保信息真实和用药安全的前提下，对高龄、卧床等行动不便的慢性病签约患者，经患者本人授权后可由家属代开药。

四、加强与签约居民的联系

强化家庭医生和签约居民的联系，通过电话、微信、短信或区域家庭医生签约服务信息平台每季度至少联络一次。对重点签约居民按照基本公共卫生服务规范和签约包服务内容开展相应频次的随访、履约服务。

五、深化"一老一小"健康管理服务

基层医疗卫生机构建立并及时更新辖区65岁及以上重点人群健康服务台账，加强主动联系和动态服务，根据健康需求及时做好转诊转介。社区卫生服务中心、乡镇卫生院设置老年人友好服务岗位或窗口，为老年人提供便利就医咨询、导诊以及自助信息设备、手机终端等协助办理服务。将0－6岁儿童健康管理纳入家庭医生签约服务。

六、延长城市社区门诊服务时间

在无急诊服务且诊疗量较大的城市社区卫生服务中心实行工作日门诊延时服务1－3小时，或酌情在节假日、周六周日等增加门诊服务时间，方便社区居民尤其是上班、上学等人群在家门口就近获得基本医疗、慢病配药、家医签约、健康咨询等服务。对延时服务的工作人员要给予必要的补休、轮休或补助。

七、推行“先诊疗、后结算”

在社区卫生服务中心、乡镇卫生院全面推行辖区常住或参加基本医保的居民门急诊、住院就医过程中“先诊疗、后结算”一站式服务方式，提供多种付费渠道和结算方式。支持村卫生室通过实行乡村一体化管理等多种方式纳入当地医保定点管理，方便群众就近看病开药。

八、提供周末疫苗接种

社区卫生服务中心、乡镇卫生院疫苗接种门诊全面推行预防接种分时段预约，开展预约周末疫苗接种服务。接种门诊结合服务能力、辖区居民服务需求、日常作息时间等合理分配周末预约号源，对工作人员合理安排值班和轮休。

九、为糖尿病、高脂血症、高血压等慢性病患者提供运动、饮食处方或建议

城乡基层医疗卫生机构为首次诊断为或处于2型糖尿病、高脂血症、高血压初期的慢性病患者提供运动健身、饮食营养等非药物处方和戒烟、限酒、“三减（减油、减盐、减糖）”等建议，帮助其通过适量运动、健康饮食等方式控制肥胖等危险因素，恢复并保持健康状态。

十、改善就医服务环境

在社区卫生服务中心、乡镇卫生院推行“一人一诊室”，保护患者隐私，维护就医秩序。设置和完善机构内就诊指南及路径标识，方便群众就医。提供轮椅、座椅服务，加强环境整治和卫生间清洁工作，保持就医环境干净整洁，门诊公共卫生间要做到“两有一无”，即有流动洗手水、有洗手液（皂）、无异味。

医疗监督执法工作规范（试行）

1. 2023年12月4日国家卫生健康委、国家中医药局、国家疾控局发布

2. 国卫医急发〔2023〕35号

第一章　总　　则

第一条　为规范医疗监督执法工作，维护医疗秩序，保障人民群众健康权益，根据《中华人民共和国基本医疗卫生与健康促进法》《中华人民共和国医师法》《中华人民共和国中医药法》等规定，制定本规范。

第二条　本规范所称医疗监督执法，指县级以上地方卫生健康行政部门及其委托的卫生健康监督机构依据相关法律、法规、规章对医疗机构及其医疗卫生人员开展诊疗活动情况进行监督检查，并依法查处违法违规行为的活动。

第三条　国家卫生健康委负责指导全国医疗监督执法工作。

县级以上地方卫生健康行政部门负责行政区域内医疗监督执法管理工作。

第四条　县级以上地方卫生健康行政部门及其委托的卫生健康监督机构在开展医疗监督执法时，适用本规范。

依法承接卫生健康行政执法权的乡镇人民政府、街道办事处、综合行政执法部门在开展医疗监督执法时，可以参照本规范执行。

第五条　医疗监督执法工作任务的来源包括随机抽查、专项检查、投诉举报、上级部门交办和其他部门移交等。推行“综合查一次”制度，避免行政执法主体对检查对象重复检查。同一行政执法主体同一时间对同一检查对象实施多项检查的，原则上应当合并进行。

医疗监督执法时应当统筹其他卫生监督执法工作，将同一时间对同一医疗机构的传染病防治以及其他公共卫生监督执法合并进行，避免对医疗机构的重复检查。

第六条　医疗监督执法应当探索运用信息化技术、大数据赋能，采用人工智能、“互联网”、在线监测等非现场技术手段，创新监督执法模式，提高监督执法效率和质量。

第七条　医疗监督执法工作以信用监督为基础，以“双随机、一公开”和“互联网监督”为基本手段，以重点监督为补充，落实行政执法公示制度、执法全过程记录制度、重大执法决定法制审核制度，推行基于风险及信用信息评价结果的分类分级监督执法模式。

第二章　监督执法职责及要求

第八条　省级卫生健康行政部门依法履行以下职责：

（一）制定行政区域内医疗监督年度工作计划及工作方案；

（二）组织开展行政区域内医疗监督的相关培训，对下级卫生健康行政部门医疗监督工作进行指导、督查，并按规定考核或评价；

（三）组织开展职责范围内医疗监督工作，组织、协调、督办重大医疗违法案件的查处；

（四）负责行政区域内医疗监督执法信息的汇总、分析、报告；

（五）组织开展医疗随机监督抽查工作；

（六）承担上级部门指定或交办的医疗监督任务。

第九条　设区的市和县级卫生健康行政部门及其委托的卫生健康监督机构依法履行以下职责：

（一）根据上级部门要求和实际情况，制定行政区域内医疗监督执法工作计划及工作方案；

（二）开展行政区域内的医疗监督执法工作及相关培训；

（三）开展行政区域内医疗投诉举报、违法案件的查处；

（四）负责行政区域内医疗监督执法信息的汇总、分析、报告；

（五）组织开展医疗随机监督抽查工作；

（六）承担上级部门指定或交办的医疗监督执法任务。

设区的市级卫生健康行政部门及其委托的卫生健康监督机构负责对下级开展医疗监督执法工作进行指导、督查，并按规定考核或评价。

第十条　设区的市和县级卫生健康监督机构应当明确卫生监督执法人员专职从事医疗监督执法工作。

第十一条　县级以上地方卫生健康行政部门及其委托的卫生健康监督机构应当建立医疗监督执法档案，掌握行政区域内医疗机构及其医疗卫生人员的依法执业情况。积极推行医疗机构不良执业行为记分管理，探索建立健全记分管理档案或平台。

第十二条　卫生监督执法人员开展现场医疗监督执法前，应当明确监督执法的任务、方法及要求。

第十三条　卫生监督执法人员开展医疗监督执法过程中，应当执行执法全过程记录制度。对发现违法行为线索的，应当依法立案调查，采取合适的方式固定相关证据，并依法作出处理。

第十四条　卫生监督执法人员开展医疗监督执法和案件调查期间，应当廉洁自律，严格保密纪律，遵守规章制度，落实监督执法责任。

第三章　监督执法内容及方法

第一节　机构资质

第十五条　机构资质监督执法的主要内容包括：

（一）医疗机构执业许可、校验或执业备案的情况；

（二）医疗机构开展诊疗活动与执业许可或备案范围的符合情况。

第十六条　机构资质监督执法主要采取以下方法：

（一）查看《医疗机构执业许可证》正、副本或诊所备案凭证；

（二）查看医疗机构开展的人体器官移植技术、母婴保健技术、人类辅助生殖技术、互联网诊疗、戒毒治疗，以及人类精子库设置、大型医用设备配置等执业登记或许可情况；

（三）抽查医疗机构开展的限制类医疗技术、血液透析、医疗美容项目、临床检验项目、健康体检项目以及抗菌药物供应目录等备案情况；

（四）抽查医疗机构开展的诊疗活动与诊疗科目、登记或备案等信息的符合情况；

（五）抽查医疗机构与非本医疗机构人员或其他机构合作开展诊疗活动的协议、费用支付凭证等文件资料；

（六）抽查医学研究项目活动与登记备案信息的符合情况；

（七）查看发布医疗广告的医疗机构取得的《医疗广告审查证明》和成品样件，核对发布内容与成品样件的一致性。

第二节　医疗卫生人员资质

第十七条　医疗卫生人员资质监督执法的主要内容包括：执业（助理）医师、中医（专长）医师、执业护士、药师（士）、技师（士）和乡村医生等医疗卫生人员依法取得相应的执业资格情况，医师、护士等执业注册情况。

第十八条　医疗卫生人员资质监督执法主要采取以下方法：

（一）抽查执业（助理）医师、中医（专长）医师、乡村医生、外国医师、港澳台医师、护士、技师（士）、药学人员等医疗卫生人员的资质情况；

（二）抽查医学文书（含处方），药品和医疗器械使用、医疗技术实施、证明文件和鉴定文书出具，以及相关记录登记等执业活动与医疗卫生人员执业资质的符合情况；

（三）抽查开展人体器官移植技术、美容主诊、检验、母婴保健技术服务、人类辅助生殖技术服务、人类精子库、干细胞临床研究等执业活动的医疗卫生人员执业资质和培训考核情况。

第三节　医疗技术临床应用管理

第十九条　医疗技术临床应用管理监督执法的主要内容包括：

（一）医疗技术临床应用管理组织建立、制度制定及工作落实情况；

（二）医疗技术临床应用和研究管理情况；

（三）医疗技术临床应用报告和公开情况；

（四）开展人体器官移植及限制类医疗技术等医疗技术符合相关技术管理规范情况；

（五）是否开展禁止类医疗技术；

（六）限制类医疗技术备案及开展数据信息报送情况。

第二十条 医疗技术临床应用管理监督执法主要采取以下方法：

（一）抽查医疗技术临床应用管理组织的设立文件，以及开展医疗技术评估、伦理审查、手术分级管理、医师授权、档案管理等保障医疗技术临床应用质量安全制度的制定及落实情况；

（二）抽查实施医疗技术的主要专业技术人员、关键设备设施及重要辅助条件与医疗技术管理规范的符合情况；

（三）抽查实际开展的医疗技术与技术目录等相关管理规范要求的符合情况，查看医疗机构是否违法违规开展禁止类技术；

（四）抽查医疗机构限制类医疗技术临床应用情况，对比各级卫生健康行政部门公布的相关备案信息及在各省级卫生健康行政部门医疗技术临床应用信息化管理平台登记的个案信息；

（五）抽查开展人体器官移植技术的医疗机构主要专业技术人员、关键设备设施及重要辅助条件与医疗技术管理规范的符合情况，活体器官移植管理要求落实情况；

（六）查看临床研究项目的伦理审查管理、获取知情同意、费用收取、规范开展等情况；

（七）查看医疗技术临床应用情况报告记录、数据上传和相关技术信息的公开情况。

第四节 母婴保健技术服务

第二十一条 母婴保健技术服务监督执法的主要内容包括：

（一）母婴保健技术服务开展情况；

（二）人类辅助生殖技术服务开展情况；

（三）人类精子库技术服务开展情况；

（四）禁止非医学需要的胎儿性别鉴定和选择性别的人工终止妊娠规定落实情况；

（五）母婴保健技术服务相关制度制定及落实情况；

（六）婚前医学检查服务开展情况；

（七）出生医学证明管理情况。

第二十二条 母婴保健技术服务监督执法主要采取以下方法：

（一）查看母婴保健技术服务许可校验、制度建立、与第三方检验机构的合作协议等资料；

（二）抽查门诊日志、手术记录、住院病历、超声医学影像检查记录、产前筛查与诊断相关记录、出生医学证明管理和签发、新生儿疾病筛查记录等资料、终止妊娠药品用药档案；

（三）查看人类辅助生殖技术服务许可校验情况、医学伦理委员会的伦理讨论记录等资料；

（四）抽查人类辅助生殖技术服务的病历资料、实验室记录、配子、合子及胚胎的冷冻使用销毁等记录；

（五）查看人类辅助生殖技术应用的身份识别、取精（卵）流程、设施设备运行及试剂耗材使用等情况；

（六）抽查人类精子库供精者筛选档案、精液采集、检验、冻存、供精、运输、受精者妊娠结局反馈等记录；查看人类精子库档案管理及保存情况；

（七）抽查婚前医学检查相关记录；

（八）查看非医学需要的胎儿性别鉴定和选择性别的人工终止妊娠制度建立、标志设置；抽查受术者身份信息登记、查验情况、终止妊娠药品用药档案登记情况；查看医学需要胎儿性别鉴定诊断报告等资料。

第五节 药品、医疗器械临床使用

第二十三条 药品、医疗器械临床使用监督执法的主要内容包括：

（一）药品的管理和使用情况；

（二）医疗器械的管理和使用情况。

第二十四条 药品、医疗器械临床使用监督执法主要采取以下方法：

（一）查看药品、医疗器械管理组织的设立文件和管理制度；

（二）抽查药品、医疗器械的购买、使用、不良事件监测与报告等资料；

（三）抽查医疗用毒性药品、麻醉药品和精神药品的购买、储存、使用、登记、处方保存、回收、销毁等资料；

（四）抽查抗菌药物的采购、分级使用、处方权管理等资料；

（五）抽查临床使用大型医疗器械以及植入和介入医疗器械的使用记录。

第六节 中医药服务

第二十五条 中医药服务监督执法的主要内容包括：

（一）中医医疗机构执业许可、校验或备案情况；

（二）医疗机构开展中医药服务的情况；

（三）中医医疗广告发布与审查文件的符合情况；

（四）中医药医疗卫生人员执业行为的情况；

（五）中医医疗技术规范开展情况；

（六）中药药事管理情况。

第二十六条 中医药服务监督执法主要采取以下方法：

（一）查看《医疗机构执业许可证》正副本或者中医类诊所备案凭证；

（二）抽查中医医疗机构开展的诊疗活动与诊疗科目、登记或备案等信息的符合情况；

（三）查看中医医疗机构发布的中医医疗广告有无审查文件，核对发布内容与审查批准内容的一致性；

（四）抽查开展针刺类技术、中医微创技术、骨伤类技术、肛肠类技术、医疗气功、冬病夏治穴位贴敷技术等中医医疗技术相关制度执行情况；

（五）抽查中医医疗机构内中药饮片的采购、验收、保管、调剂、临方炮制、煎煮等管理情况；

（六）抽查膏方的处方开具、制备管理、临床使用等是否符合规定。

第七节 医疗质量安全管理

第二十七条 医疗质量安全管理监督执法的主要内容包括：

（一）医疗质量管理部门以及专（兼）职人员配备情况；

（二）医疗质量管理制度、医疗安全保障和医疗信息安全措施的制定及落实情况；

（三）医疗质量安全相关信息报送情况；

（四）医学文书（含处方）的书写和管理情况；

（五）医疗纠纷的预防与处理情况。

第二十八条 医疗质量安全管理监督执法主要采取以下方法：

（一）查看医疗机构自查管理的工作制度、年度计划和年度总结等资料；查看机构自查工作的开展、整改、评估、报告、奖惩和公示等情况；

（二）抽查医疗质量安全、医疗信息安全、投诉管理、医疗纠纷、医疗事故等管理部门或人员的配备，核心制度、医疗护理质量安全、相关医患沟通、预防和处理预案、报告制度等制定及落实情况；

（三）抽查病历，查看病历书写情况以及病历保管、查阅、复制、封存等符合国家相关规定；

（四）抽查处方，查看处方的权限、开具、书写、调剂、保管、登记等符合相关规定的情况；

（五）抽查患者投诉、媒体曝光、巡视、审计、医保检查等反映或发现问题的整改落实情况。

第四章 监督执法情况的处理

第二十九条 设区的市级和县级卫生健康监督机构开展医疗监督执法后，应当及时向被检查单位或个人反馈检查情况，对检查发现的问题依法提出整改意见，对存在的违法违规行为依法进行查处。

第三十条 设区的市级和县级卫生健康监督机构开展医疗监督执法后，应当将监督执法信息按照规定的程序、时限录入监督执法信息报告系统，并及时向负责日常管理的业务部门通报情况。

第三十一条 对重大医疗违法案件，下级卫生健康行政部门应当及时向上级卫生健康行政部门报告。

对涉及其他违法违规的行为或线索，应当及时移交有关行政部门处理。对涉嫌犯罪的，应当及时移交司法机关处理。

第三十二条 县级以上地方卫生健康行政部门应当将监督执法中发现的医疗机构违法违规行为纳入不良执业行为记分管理，并将记分结果作为医疗机构校验的依据。

第三十三条 县级以上地方卫生健康行政部门应当依法依规对行政区域内医疗监督执法信息进行公示并纳入诚信管理体系。

第五章 附 则

第三十四条 本规范所称重大医疗违法案件，是指：

（一）导致患者死亡或者造成二级以上医疗事故的案件；

（二）导致3人以上人身损害后果的案件；

（三）造成国家、集体或者公民个人财产严重损失的案件；

（四）造成或者可能造成群体性健康风险或隐患的案件；

（五）造成或者可能造成恶劣社会影响、较大国际影响，损害国家形象的案件。

第三十五条 本规范自发布之日起试行。

二、医疗机构与人员

[**导读**]

本部分以医疗机构及医务人员管理的相关法律规范为主要内容，包括医疗机构管理、医务人员管理、外国及台港澳从业者管理、医疗广告管理等。

20世纪90年代，我国卫生立法重点加强了医疗卫生专业技术人员的资格准入制度，1998年《中华人民共和国执业医师法》的发布实施是我国对医疗卫生技术人员由行政管理向依法管理转变的重要标志。这部法律的发布实施对于加强医师队伍建设，提高医师执业道德和业务素质，保障医师合法权益，保护人民健康发挥了重要作用。2021年8月20日，十三届全国人大常委会第三十次会议通过《中华人民共和国医师法》，并于2022年3月1日起施行。《中华人民共和国执业医师法》同时废止。

目前，有关医疗卫生专业技术人员的法律制度框架基本形成。根据我国现行法律法规规定，医师分为执业医师和执业助理医师，具有高等学校相关医学专业专科以上学历，在执业医师指导下，在医疗卫生机构中参加医学专业工作实践满1年的，可以参加执业助理医师资格考试。医师资格考试成绩合格，取得执业医师资格或者执业助理医师资格，发给医师资格证书。以师承方式学习中医或者经多年实践，医术确有专长的，由至少二名中医医师推荐，经省级人民政府中医药主管部门组织实践技能和效果考核合格后，即可取得中医医师资格及相应的资格证书。国家鼓励符合条件的乡村医生参加医师资格考试，依法取得医师资格。护士未经护士执业注册不得从事护士工作。医师、护士执业应当遵守执业规则，违法执业要承担相应的行政法律责任或者刑事法律责任。

医师应当在经登记取得《医疗机构执业许可证》的医疗机构执业。设置医疗机构应当符合设置规划和医疗机构基本标准，并取得设置医疗机构批准书。医疗机构执业必须进行登记，领取《医疗机构执业许可证》。医疗机构必须依法开展执业活动并接受政府监督。发布医疗广告的广告客户必须持有卫生行政部门出具的《医疗广告审查证明》，医疗广告内容仅限于医疗机构名称、诊疗地点、从业医师姓名、技术职称、服务商标、诊疗时间、诊疗科目、诊疗方法和通信方式。医疗美容和医疗气功只能在经批准的医疗机构进行。

资料补充栏

1. 医疗机构

医疗机构管理条例

1. 1994年2月26日国务院令第149号发布
2. 根据2016年2月6日《国务院关于修改部分行政法规的决定》第一次修订
3. 根据2022年3月29日《国务院关于修改和废止部分行政法规的决定》第二次修订

第一章　总　　则

第一条　为了加强对医疗机构的管理,促进医疗卫生事业的发展,保障公民健康,制定本条例。

第二条　本条例适用于从事疾病诊断、治疗活动的医院、卫生院、疗养院、门诊部、诊所、卫生所(室)以及急救站等医疗机构。

第三条　医疗机构以救死扶伤,防病治病,为公民的健康服务为宗旨。

第四条　国家扶持医疗机构的发展,鼓励多种形式兴办医疗机构。

第五条　国务院卫生行政部门负责全国医疗机构的监督管理工作。

县级以上地方人民政府卫生行政部门负责本行政区域内医疗机构的监督管理工作。

中国人民解放军卫生主管部门依照本条例和国家有关规定,对军队的医疗机构实施监督管理。

第二章　规划布局和设置审批

第六条　县级以上地方人民政府卫生行政部门应当根据本行政区域内的人口、医疗资源、医疗需求和现有医疗机构的分布状况,制定本行政区域医疗机构设置规划。

机关、企业和事业单位可以根据需要设置医疗机构,并纳入当地医疗机构的设置规划。

第七条　县级以上地方人民政府应当把医疗机构设置规划纳入当地的区域卫生发展规划和城乡建设发展总体规划。

第八条　设置医疗机构应当符合医疗机构设置规划和医疗机构基本标准。

医疗机构基本标准由国务院卫生行政部门制定。

第九条　单位或者个人设置医疗机构,按照国务院的规定应当办理设置医疗机构批准书的,应当经县级以上地方人民政府卫生行政部门审查批准,并取得设置医疗机构批准书。

第十条　申请设置医疗机构,应当提交下列文件:

(一)设置申请书;

(二)设置可行性研究报告;

(三)选址报告和建筑设计平面图。

第十一条　单位或者个人设置医疗机构,应当按照以下规定提出设置申请:

(一)不设床位或者床位不满100张的医疗机构,向所在地的县级人民政府卫生行政部门申请;

(二)床位在100张以上的医疗机构和专科医院按照省级人民政府卫生行政部门的规定申请。

第十二条　县级以上地方人民政府卫生行政部门应当自受理设置申请之日起30日内,作出批准或者不批准的书面答复;批准设置的,发给设置医疗机构批准书。

第十三条　国家统一规划的医疗机构的设置,由国务院卫生行政部门决定。

第三章　登　　记

第十四条　医疗机构执业,必须进行登记,领取《医疗机构执业许可证》;诊所按照国务院卫生行政部门的规定向所在地的县级人民政府卫生行政部门备案后,可以执业。

第十五条　申请医疗机构执业登记,应当具备下列条件:

(一)按照规定应当办理设置医疗机构批准书的,已取得设置医疗机构批准书;

(二)符合医疗机构的基本标准;

(三)有适合的名称、组织机构和场所;

(四)有与其开展的业务相适应的经费、设施、设备和专业卫生技术人员;

(五)有相应的规章制度;

(六)能够独立承担民事责任。

第十六条　医疗机构的执业登记,由批准其设置的人民政府卫生行政部门办理;不需要办理设置医疗机构批准书的医疗机构的执业登记,由所在地的县级以上地方人民政府卫生行政部门办理。

按照本条例第十三条规定设置的医疗机构的执业登记,由所在地的省、自治区、直辖市人民政府卫生行政部门办理。

机关、企业和事业单位设置的为内部职工服务的门诊部、卫生所(室)、诊所的执业登记或者备案,由所在地的县级人民政府卫生行政部门办理。

第十七条　医疗机构执业登记的主要事项:

（一）名称、地址、主要负责人；

（二）所有制形式；

（三）诊疗科目、床位；

（四）注册资金。

第十八条 县级以上地方人民政府卫生行政部门自受理执业登记申请之日起45日内，根据本条例和医疗机构基本标准进行审核。审核合格的，予以登记，发给《医疗机构执业许可证》；审核不合格的，将审核结果以书面形式通知申请人。

第十九条 医疗机构改变名称、场所、主要负责人、诊疗科目、床位，必须向原登记机关办理变更登记或者向原备案机关备案。

第二十条 医疗机构歇业，必须向原登记机关办理注销登记或者向原备案机关备案。经登记机关核准后，收缴《医疗机构执业许可证》。

医疗机构非因改建、扩建、迁建原因停业超过1年的，视为歇业。

第二十一条 床位不满100张的医疗机构，其《医疗机构执业许可证》每年校验1次；床位在100张以上的医疗机构，其《医疗机构执业许可证》每3年校验1次。校验由原登记机关办理。

第二十二条 《医疗机构执业许可证》不得伪造、涂改、出卖、转让、出借。

《医疗机构执业许可证》遗失的，应当及时申明，并向原登记机关申请补发。

第四章 执　　业

第二十三条 任何单位或者个人，未取得《医疗机构执业许可证》或者未经备案，不得开展诊疗活动。

第二十四条 医疗机构执业，必须遵守有关法律、法规和医疗技术规范。

第二十五条 医疗机构必须将《医疗机构执业许可证》、诊疗科目、诊疗时间和收费标准悬挂于明显处所。

第二十六条 医疗机构必须按照核准登记或者备案的诊疗科目开展诊疗活动。

第二十七条 医疗机构不得使用非卫生技术人员从事医疗卫生技术工作。

第二十八条 医疗机构应当加强对医务人员的医德教育。

第二十九条 医疗机构工作人员上岗工作，必须佩带载有本人姓名、职务或者职称的标牌。

第三十条 医疗机构对危重病人应当立即抢救。对限于设备或者技术条件不能诊治的病人，应当及时转诊。

第三十一条 未经医师（士）亲自诊查病人，医疗机构不得出具疾病诊断书、健康证明书或者死亡证明书等证明文件；未经医师（士）、助产人员亲自接产，医疗机构不得出具出生证明书或者死产报告书。

第三十二条 医务人员在诊疗活动中应当向患者说明病情和医疗措施。需要实施手术、特殊检查、特殊治疗的，医务人员应当及时向患者具体说明医疗风险、替代医疗方案等情况，并取得其明确同意；不能或者不宜向患者说明的，应当向患者的近亲属说明，并取得其明确同意。因抢救生命垂危的患者等紧急情况，不能取得患者或者其近亲属意见的，经医疗机构负责人或者授权的负责人批准，可以立即实施相应的医疗措施。

第三十三条 医疗机构发生医疗事故，按照国家有关规定处理。

第三十四条 医疗机构对传染病、精神病、职业病等患者的特殊诊治和处理，应当按照国家有关法律、法规的规定办理。

第三十五条 医疗机构必须按照有关药品管理的法律、法规，加强药品管理。

第三十六条 医疗机构必须按照人民政府或者物价部门的有关规定收取医疗费用，详列细项，并出具收据。

第三十七条 医疗机构必须承担相应的预防保健工作，承担县级以上人民政府卫生行政部门委托的支援农村、指导基层医疗卫生工作等任务。

第三十八条 发生重大灾害、事故、疾病流行或者其他意外情况时，医疗机构及其卫生技术人员必须服从县级以上人民政府卫生行政部门的调遣。

第五章 监 督 管 理

第三十九条 县级以上人民政府卫生行政部门行使下列监督管理职权：

（一）负责医疗机构的设置审批、执业登记、备案和校验；

（二）对医疗机构的执业活动进行检查指导；

（三）负责组织对医疗机构的评审；

（四）对违反本条例的行为给予处罚。

第四十条 国家实行医疗机构评审制度，由专家组成的评审委员会按照医疗机构评审办法和评审标准，对医疗机构的执业活动、医疗服务质量等进行综合评价。

医疗机构评审办法和评审标准由国务院卫生行政部门制定。

第四十一条 县级以上地方人民政府卫生行政部门负责组织本行政区域医疗机构评审委员会。

医疗机构评审委员会由医院管理、医学教育、医疗、医技、护理和财务等有关专家组成。评审委员会成员由县级以上地方人民政府卫生行政部门聘任。

第四十二条 县级以上地方人民政府卫生行政部门根据评审委员会的评审意见，对达到评审标准的医疗机构，发给评审合格证书；对未达到评审标准的医疗机构，提出处理意见。

第六章 罚 则

第四十三条 违反本条例第二十三条规定，未取得《医疗机构执业许可证》擅自执业的，依照《中华人民共和国基本医疗卫生与健康促进法》的规定予以处罚。

违反本条例第二十三条规定，诊所未经备案执业的，由县级以上人民政府卫生行政部门责令其改正，没收违法所得，并处3万元以下罚款；拒不改正的，责令其停止执业活动。

第四十四条 违反本条例第二十一条规定，逾期不校验《医疗机构执业许可证》仍从事诊疗活动的，由县级以上人民政府卫生行政部门责令其限期补办校验手续；拒不校验的，吊销其《医疗机构执业许可证》。

第四十五条 违反本条例第二十二条规定，出卖、转让、出借《医疗机构执业许可证》的，依照《中华人民共和国基本医疗卫生与健康促进法》的规定予以处罚。

第四十六条 违反本条例第二十六条规定，诊疗活动超出登记或者备案范围的，由县级以上人民政府卫生行政部门予以警告、责令其改正，没收违法所得，并可以根据情节处以1万元以上10万元以下的罚款；情节严重的，吊销其《医疗机构执业许可证》或者责令其停止执业活动。

第四十七条 违反本条例第二十七条规定，使用非卫生技术人员从事医疗卫生技术工作的，由县级以上人民政府卫生行政部门责令其限期改正，并可以处以1万元以上10万元以下的罚款；情节严重的，吊销其《医疗机构执业许可证》或者责令其停止执业活动。

第四十八条 违反本条例第三十一条规定，出具虚假证明文件的，由县级以上人民政府卫生行政部门予以警告；对造成危害后果的，可以处以1万元以上10万元以下的罚款；对直接责任人员由所在单位或者上级机关给予行政处分。

第四十九条 没收的财物和罚款全部上交国库。

第五十条 当事人对行政处罚决定不服的，可以依照国家法律、法规的规定申请行政复议或者提起行政诉讼。当事人对罚款及没收药品、器械的处罚决定未在法定期限内申请复议或者提起诉讼又不履行的，县级以上人民政府卫生行政部门可以申请人民法院强制执行。

第七章 附 则

第五十一条 本条例实施前已经执业的医疗机构，应当在条例实施后的6个月内，按照本条例第三章的规定，补办登记手续，领取《医疗机构执业许可证》。

第五十二条 外国人在中华人民共和国境内开设医疗机构及香港、澳门、台湾居民在内地开设医疗机构的管理办法，由国务院卫生行政部门另行制定。

第五十三条 本条例自1994年9月1日起施行。1951年政务院批准发布的《医院诊所管理暂行条例》同时废止。

医疗机构管理条例实施细则

1. 1994年8月29日卫生部令第35号公布

2. 根据2006年11月1日《卫生部关于修订〈医疗机构管理条例实施细则〉第三条有关内容的通知》(卫医发〔2006〕432号)第一次修订

3. 根据2017年2月21日国家卫生和计划生育委员会令第12号《关于修改〈医疗机构管理条例实施细则〉的决定》第二次修订

第一章 总 则

第一条 根据《医疗机构管理条例》(以下简称条例)制定本细则。

第二条 条例及本细则所称医疗机构，是指依据条例和本细则的规定，经登记取得《医疗机构执业许可证》的机构。

第三条 医疗机构的类别：

(一)综合医院、中医医院、中西医结合医院、民族医医院、专科医院、康复医院；

(二)妇幼保健院、妇幼保健计划生育服务中心；

(三)社区卫生服务中心、社区卫生服务站；

(四)中心卫生院、乡(镇)卫生院、街道卫生院；

(五)疗养院；

(六)综合门诊部、专科门诊部、中医门诊部、中西医结合门诊部、民族医门诊部；

(七)诊所、中医诊所、民族医诊所、卫生所、医务室、卫生保健所、卫生站；

(八)村卫生室(所)；

(九)急救中心、急救站；

(十)临床检验中心；

(十一)专科疾病防治院、专科疾病防治所、专科疾病防治站；

（十二）护理院、护理站；

（十三）医学检验实验室、病理诊断中心、医学影像诊断中心、血液透析中心、安宁疗护中心；

（十四）其他诊疗机构。

第四条　卫生防疫、国境卫生检疫、医学科研和教学等机构在本机构业务范围之外开展诊疗活动以及美容服务机构开展医疗美容业务的，必须依据条例及本细则，申请设置相应类别的医疗机构。

第五条　中国人民解放军和中国人民武装警察部队编制外的医疗机构，由地方卫生计生行政部门按照条例和本细则管理。

中国人民解放军后勤卫生主管部门负责向地方卫生计生行政部门提供军队编制外医疗机构的名称和地址。

第六条　医疗机构依法从事诊疗活动受法律保护。

第七条　卫生计生行政部门依法独立行使监督管理职权，不受任何单位和个人干涉。

第二章　设 置 审 批

第八条　各省、自治区、直辖市应当按照当地《医疗机构设置规划》合理配置和合理利用医疗资源。

《医疗机构设置规划》由县级以上地方卫生计生行政部门依据《医疗机构设置规划指导原则》制定，经上一级卫生计生行政部门审核，报同级人民政府批准，在本行政区域内发布实施。

《医疗机构设置规划指导原则》另行制定。

第九条　县级以上地方卫生计生行政部门按照《医疗机构设置规划指导原则》规定的权限和程序组织实施本行政区域《医疗机构设置规划》，定期评价实施情况，并将评价结果按年度向上一级卫生计生行政部门和同级人民政府报告。

第十条　医疗机构不分类别、所有制形式、隶属关系、服务对象，其设置必须符合当地《医疗机构设置规划》。

第十一条　床位在一百张以上的综合医院、中医医院、中西医结合医院、民族医医院以及专科医院、疗养院、康复医院、妇幼保健院、急救中心、临床检验中心和专科疾病防治机构的设置审批权限的划分，由省、自治区、直辖市卫生计生行政部门规定；其他医疗机构的设置，由县级卫生计生行政部门负责审批。

医学检验实验室、病理诊断中心、医学影像诊断中心、血液透析中心、安宁疗护中心的设置审批权限另行规定。

第十二条　有下列情形之一的，不得申请设置医疗机构：

（一）不能独立承担民事责任的单位；

（二）正在服刑或者不具有完全民事行为能力的个人；

（三）发生二级以上医疗事故未满五年的医务人员；

（四）因违反有关法律、法规和规章，已被吊销执业证书的医务人员；

（五）被吊销《医疗机构执业许可证》的医疗机构法定代表人或者主要负责人；

（六）省、自治区、直辖市政府卫生计生行政部门规定的其他情形。

有前款第（二）、（三）、（四）、（五）项所列情形之一者，不得充任医疗机构的法定代表人或者主要负责人。

第十三条　在城市设置诊所的个人，必须同时具备下列条件：

（一）经医师执业技术考核合格，取得《医师执业证书》；

（二）取得《医师执业证书》或者医师职称后，从事五年以上同一专业的临床工作；

（三）省、自治区、直辖市卫生计生行政部门规定的其他条件。

医师执业技术标准另行制定。

在乡镇和村设置诊所的个人的条件，由省、自治区、直辖市卫生计生行政部门规定。

第十四条　地方各级人民政府设置医疗机构，由政府指定或者任命的拟设医疗机构的筹建负责人申请；法人或者其他组织设置医疗机构，由其代表人申请；个人设置医疗机构，由设置人申请；两人以上合伙设置医疗机构，由合伙人共同申请。

第十五条　条例第十条规定提交的设置可行性研究报告包括以下内容：

（一）申请单位名称、基本情况以及申请人姓名、年龄、专业履历、身份证号码；

（二）所在地区的人口、经济和社会发展等概况；

（三）所在地区人群健康状况和疾病流行以及有关疾病患病率；

（四）所在地区医疗资源分布情况以及医疗服务需求分析；

（五）拟设医疗机构的名称、选址、功能、任务、服务半径；

（六）拟设医疗机构的服务方式、时间、诊疗科目和床位编制；

（七）拟设医疗机构的组织结构、人员配备；

（八）拟设医疗机构的仪器、设备配备；

（九）拟设医疗机构与服务半径区域内其他医疗机构的关系和影响；

（十）拟设医疗机构的污水、污物、粪便处理方案；

（十一）拟设医疗机构的通讯、供电、上下水道、消防设施情况；

（十二）资金来源、投资方式、投资总额、注册资金（资本）；

（十三）拟设医疗机构的投资预算；

（十四）拟设医疗机构五年内的成本效益预测分析。

并附申请设置单位或者设置人的资信证明。

申请设置门诊部、诊所、卫生所、医务室、卫生保健所、卫生站、村卫生室（所）、护理站等医疗机构的，可以根据情况适当简化设置可行性研究报告内容。

第十六条 条例第十条规定提交的选址报告包括以下内容：

（一）选址的依据；

（二）选址所在地区的环境和公用设施情况；

（三）选址与周围托幼机构、中小学校、食品生产经营单位布局的关系；

（四）占地和建筑面积。

第十七条 由两个以上法人或者其他组织共同申请设置医疗机构以及由两人以上合伙申请设置医疗机构的，除提交可行性研究报告和选址报告外，还必须提交由各方共同签署的协议书。

第十八条 医疗机构建筑设计必须按照法律、法规和规章要求经相关审批机关审查同意后，方可施工。

第十九条 条例第十二条规定的设置申请的受理时间，自申请人提供条例和本细则规定的全部材料之日算起。

第二十条 县级以上地方卫生计生行政部门依据当地《医疗机构设置规划》及本细则审查和批准医疗机构的设置。

申请设置医疗机构有下列情形之一的，不予批准：

（一）不符合当地《医疗机构设置规划》；

（二）设置人不符合规定的条件；

（三）不能提供满足投资总额的资信证明；

（四）投资总额不能满足各项预算开支；

（五）医疗机构选址不合理；

（六）污水、污物、粪便处理方案不合理；

（七）省、自治区、直辖市卫生计生行政部门规定的其他情形。

第二十一条 卫生计生行政部门应当在核发《设置医疗机构批准书》的同时，向上一级卫生计生行政部门备案。

上级卫生计生行政部门有权在接到备案报告之日起三十日内纠正或者撤销下级卫生计生行政部门作出的不符合当地《医疗机构设置规划》的设置审批。

第二十二条 《设置医疗机构批准书》的有效期，由省、自治区、直辖市卫生计生行政部门规定。

第二十三条 变更《设置医疗机构批准书》中核准的医疗机构的类别、规模、选址和诊疗科目，必须按照条例和本细则的规定，重新申请办理设置审批手续。

第二十四条 法人和其他组织设置的为内部职工服务的门诊部、诊所、卫生所（室），由设置单位在该医疗机构执业登记前，向当地县级卫生计生行政部门备案，并提交下列材料：

（一）设置单位或者其主管部门设置医疗机构的决定；

（二）《设置医疗机构备案书》。

卫生计生行政部门应当在接到备案后十五日内给予《设置医疗机构备案回执》。

第三章 登记与校验

第二十五条 申请医疗机构执业登记必须填写《医疗机构申请执业登记注册书》，并向登记机关提交下列材料：

（一）《设置医疗机构批准书》或者《设置医疗机构备案回执》；

（二）医疗机构用房产权证明或者使用证明；

（三）医疗机构建筑设计平面图；

（四）验资证明、资产评估报告；

（五）医疗机构规章制度；

（六）医疗机构法定代表人或者主要负责人以及各科室负责人名录和有关资格证书、执业证书复印件；

（七）省、自治区、直辖市卫生计生行政部门规定提交的其他材料。

申请门诊部、诊所、卫生所、医务室、卫生保健所和卫生站登记的，还应当提交附设药房（柜）的药品种类清单、卫生技术人员名录及其有关资格证书、执业证书复印件以及省、自治区、直辖市卫生计生行政部门规定提交的其他材料。

第二十六条 登记机关在受理医疗机构执业登记申请后，应当按照条例第十六条规定的条件和条例第十九条规定的时限进行审查和实地考察、核实，并对有关执业人员进行消毒、隔离和无菌操作等基本知识和技能的现场抽查考核。经审核合格的，发给《医疗机构执业许可证》;审核不合格的,将审核结果和不予批准的理由以书面形式通知申请人。

《医疗机构执业许可证》及其副本由国家卫生计生委统一印制。

条例第十九条规定的执业登记申请的受理时间,自申请人提供条例和本细则规定的全部材料之日算起。

第二十七条 申请医疗机构执业登记有下列情形之一的,不予登记:

(一)不符合《设置医疗机构批准书》核准的事项;

(二)不符合《医疗机构基本标准》;

(三)投资不到位;

(四)医疗机构用房不能满足诊疗服务功能;

(五)通讯、供电、上下水道等公共设施不能满足医疗机构正常运转;

(六)医疗机构规章制度不符合要求;

(七)消毒、隔离和无菌操作等基本知识和技能的现场抽查考核不合格;

(八)省、自治区、直辖市卫生计生行政部门规定的其他情形。

第二十八条 医疗机构执业登记的事项:

(一)类别、名称、地址、法定代表人或者主要负责人;

(二)所有制形式;

(三)注册资金(资本);

(四)服务方式;

(五)诊疗科目;

(六)房屋建筑面积、床位(牙椅);

(七)服务对象;

(八)职工人数;

(九)执业许可证登记号(医疗机构代码);

(十)省、自治区、直辖市卫生计生行政部门规定的其他登记事项。

门诊部、诊所、卫生所、医务室、卫生保健所、卫生站除登记前款所列事项外,还应当核准登记附设药房(柜)的药品种类。《医疗机构诊疗科目名录》另行制定。

第二十九条 因分立或者合并而保留的医疗机构应当申请变更登记;因分立或者合并而新设置的医疗机构应当申请设置许可和执业登记;因合并而终止的医疗机构应当申请注销登记。

第三十条 医疗机构变更名称、地址、法定代表人或者主要负责人、所有制形式、服务对象、服务方式、注册资金(资本)、诊疗科目、床位(牙椅)的,必须向登记机关申请办理变更登记,并提交下列材料:

(一)医疗机构法定代表人或者主要负责人签署的《医疗机构申请变更登记注册书》;

(二)申请变更登记的原因和理由;

(三)登记机关规定提交的其他材料。

第三十一条 机关、企业和事业单位设置的为内部职工服务的医疗机构向社会开放,必须按照前条规定申请办理变更登记。

第三十二条 医疗机构在原登记机关管辖权限范围内变更登记事项的,由原登记机关办理变更登记;因变更登记超出原登记机关管辖权限的,由有管辖权的卫生计生行政部门办理变更登记。

医疗机构在原登记机关管辖区域内迁移,由原登记机关办理变更登记;向原登记机关管辖区域外迁移的,应当在取得迁移目的地的卫生计生行政部门发给的《设置医疗机构批准书》,并经原登记机关核准办理注销登记后,再向迁移目的地的卫生计生行政部门申请办理执业登记。

第三十三条 登记机关在受理变更登记申请后,依据条例和本细则的有关规定以及当地《医疗机构设置规划》进行审核,按照登记程序或者简化程序办理变更登记,并作出核准变更登记或者不予变更登记的决定。

第三十四条 医疗机构停业,必须经登记机关批准。除改建、扩建、迁建原因,医疗机构停业不得超过一年。

第三十五条 床位在一百张以上的综合医院、中医医院、中西医结合医院、民族医医院以及专科医院、疗养院、康复医院、妇幼保健院、急救中心、临床检验中心和专科疾病防治机构的校验期为三年;其他医疗机构的校验期为一年。

医疗机构应当于校验期满前三个月向登记机关申请办理校验手续。

办理校验应当交验《医疗机构执业许可证》,并提交下列文件:

(一)《医疗机构校验申请书》;

(二)《医疗机构执业许可证》副本;

(三)省、自治区、直辖市卫生计生行政部门规定提交的其他材料。

第三十六条 卫生计生行政部门应当在受理校验申请后的三十日内完成校验。

第三十七条 医疗机构有下列情形之一的,登记机关可以根据情况,给予一至六个月的暂缓校验期:

(一)不符合《医疗机构基本标准》;

（二）限期改正期间；

（三）省、自治区、直辖市卫生计生行政部门规定的其他情形。

不设床位的医疗机构在暂缓校验期内不得执业。

暂缓校验期满仍不能通过校验的，由登记机关注销其《医疗机构执业许可证》。

第三十八条 各级卫生计生行政部门应当采用电子证照等信息化手段对医疗机构实行全程管理和动态监管。有关管理办法另行制定。

第三十九条 医疗机构开业、迁移、更名、改变诊疗科目以及停业、歇业和校验结果由登记机关予以公告。

第四章 名 称

第四十条 医疗机构的名称由识别名称和通用名称依次组成。

医疗机构的通用名称为：医院、中心卫生院、卫生院、疗养院、妇幼保健院、门诊部、诊所、卫生所、卫生站、卫生室、医务室、卫生保健所、急救中心、急救站、临床检验中心、防治院、防治所、防治站、护理院、护理站、中心以及国家卫生计生委规定或者认可的其他名称。

医疗机构可以下列名称作为识别名称：地名、单位名称、个人姓名、医学学科名称、医学专业和专科名称、诊疗科目名称和核准机关批准使用的名称。

第四十一条 医疗机构的命名必须符合以下原则：

（一）医疗机构的通用名称以前条第二款所列的名称为限；

（二）前条第三款所列的医疗机构的识别名称可以合并使用；

（三）名称必须名副其实；

（四）名称必须与医疗机构类别或者诊疗科目相适应；

（五）各级地方人民政府设置的医疗机构的识别名称中应当含有省、市、县、区、街道、乡、镇、村等行政区划名称，其他医疗机构的识别名称中不得含有行政区划名称；

（六）国家机关、企业和事业单位、社会团体或者个人设置的医疗机构的名称中应当含有设置单位名称或者个人的姓名。

第四十二条 医疗机构不得使用下列名称：

（一）有损于国家、社会或者公共利益的名称；

（二）侵犯他人利益的名称；

（三）以外文字母、汉语拼音组成的名称；

（四）以医疗仪器、药品、医用产品命名的名称；

（五）含有“疑难病”、“专治”、“专家”、“名医”或者同类含义文字的名称以及其他宣传或者暗示诊疗效果的名称；

（六）超出登记的诊疗科目范围的名称；

（七）省级以上卫生计生行政部门规定不得使用的名称。

第四十三条 以下医疗机构名称由国家卫生计生委核准；属于中医、中西医结合和民族医医疗机构的，由国家中医药管理局核准：

（一）含有外国国家（地区）名称及其简称、国际组织名称的；

（二）含有“中国”、“全国”、“中华”、“国家”等字样以及跨省地域名称的；

（三）各级地方人民政府设置的医疗机构的识别名称中不含有行政区划名称的。

第四十四条 以“中心”作为医疗机构通用名称的医疗机构名称，由省级以上卫生计生行政部门核准；在识别名称中含有“中心”字样的医疗机构名称的核准，由省、自治区、直辖市卫生计生行政部门规定。

含有“中心”字样的医疗机构名称必须同时含有行政区划名称或者地名。

第四十五条 除专科疾病防治机构以外，医疗机构不得以具体疾病名称作为识别名称，确有需要的由省、自治区、直辖市卫生计生行政部门核准。

第四十六条 医疗机构名称经核准登记，于领取《医疗机构执业许可证》后方可使用，在核准机关管辖范围内享有专用权。

第四十七条 医疗机构只准使用一个名称。确有需要，经核准机关核准可以使用两个或者两个以上名称，但必须确定一个第一名称。

第四十八条 卫生计生行政部门有权纠正已经核准登记的不适宜的医疗机构名称，上级卫生计生行政部门有权纠正下级卫生计生行政部门已经核准登记的不适宜的医疗机构名称。

第四十九条 两个以上申请人向同一核准机关申请相同的医疗机构名称，核准机关依照申请在先原则核定。属于同一天申请的，应当由申请人双方协商解决；协商不成的，由核准机关作出裁决。

两个以上医疗机构因已经核准登记的医疗机构名称相同发生争议时，核准机关依照登记在先原则处理。属于同一天登记的，应当由双方协商解决；协商不成的，由核准机关报上一级卫生计生行政部门作出裁决。

第五十条 医疗机构名称不得买卖、出借。

未经核准机关许可，医疗机构名称不得转让。

第五章 执 业

第五十一条 医疗机构的印章、银行账户、牌匾以及医疗文件中使用的名称应当与核准登记的医疗机构名称相同;使用两个以上名称的,应当与第一名称相同。

第五十二条 医疗机构应当严格执行无菌消毒、隔离制度,采取科学有效的措施处理污水和废弃物,预防和减少医院感染。

第五十三条 医疗机构的门诊病历的保存期不得少于十五年;住院病历的保存期不得少于三十年。

第五十四条 标有医疗机构标识的票据和病历本册以及处方笺、各种检查的申请单、报告单、证明文书单、药品分装袋、制剂标签等不得买卖、出借和转让。

医疗机构不得冒用标有其他医疗机构标识的票据和病历本册以及处方笺、各种检查的申请单、报告单、证明文书单、药品分装袋、制剂标签等。

第五十五条 医疗机构应当按照卫生计生行政部门的有关规定、标准加强医疗质量管理,实施医疗质量保证方案,确保医疗安全和服务质量,不断提高服务水平。

第五十六条 医疗机构应当定期检查、考核各项规章制度和各级各类人员岗位责任制的执行和落实情况。

第五十七条 医疗机构应当经常对医务人员进行"基础理论、基本知识、基本技能"的训练与考核,把"严格要求、严密组织、严谨态度"落实到各项工作中。

第五十八条 医疗机构应当组织医务人员学习医德规范和有关教材,督促医务人员恪守职业道德。

第五十九条 医疗机构不得使用假劣药品、过期和失效药品以及违禁药品。

第六十条 医疗机构为死因不明者出具的《死亡医学证明书》,只作是否死亡的诊断,不作死亡原因的诊断。如有关方面要求进行死亡原因诊断的,医疗机构必须指派医生对尸体进行解剖和有关死因检查后方能作出死因诊断。

第六十一条 医疗机构在诊疗活动中,应当对患者实行保护性医疗措施,并取得患者家属和有关人员的配合。

第六十二条 医疗机构应当尊重患者对自己的病情、诊断、治疗的知情权利。在实施手术、特殊检查、特殊治疗时,应当向患者作必要的解释。因实施保护性医疗措施不宜向患者说明情况的,应当将有关情况通知患者家属。

第六十三条 门诊部、诊所、卫生所、医务室、卫生保健所和卫生站附设药房(柜)的药品种类由登记机关核定,具体办法由省、自治区、直辖市卫生计生行政部门规定。

第六十四条 为内部职工服务的医疗机构未经许可和变更登记不得向社会开放。

第六十五条 医疗机构被吊销或者注销执业许可证后,不得继续开展诊疗活动。

第六章 监督管理

第六十六条 各级卫生计生行政部门负责所辖区域内医疗机构的监督管理工作。

第六十七条 在监督管理工作中,要充分发挥医院管理学会和卫生工作者协会等学术性和行业性社会团体的作用。

第六十八条 县级以上卫生计生行政部门设立医疗机构监督管理办公室。

各级医疗机构监督管理办公室在同级卫生计生行政部门的领导下开展工作。

第六十九条 各级医疗机构监督管理办公室的职责:

(一)拟订医疗机构监督管理工作计划;

(二)办理医疗机构监督员的审查、发证、换证;

(三)负责医疗机构登记、校验和有关监督管理工作的统计,并向同级卫生计生行政部门报告;

(四)负责接待、办理群众对医疗机构的投诉;

(五)完成卫生计生行政部门交给的其他监督管理工作。

第七十条 县级以上卫生计生行政部门设医疗机构监督员,履行规定的监督管理职责。医疗机构监督员由同级卫生计生行政部门聘任。

医疗机构监督员应当严格执行国家有关法律、法规和规章,其主要职责是:

(一)对医疗机构执行有关法律、法规、规章和标准的情况进行监督、检查、指导;

(二)对医疗机构执业活动进行监督、检查、指导;

(三)对医疗机构违反条例和本细则的案件进行调查、取证;

(四)对经查证属实的案件向卫生计生行政部门提出处理或者处罚意见;

(五)实施职权范围内的处罚;

(六)完成卫生计生行政部门交付的其他监督管理工作。

第七十一条 医疗机构监督员有权对医疗机构进行现场检查,无偿索取有关资料,医疗机构不得拒绝、隐匿或者隐瞒。

医疗机构监督员在履行职责时应当佩戴证章、出示证件。

医疗机构监督员证章、证件由国家卫生计生委监制。

第七十二条 各级卫生计生行政部门对医疗机构的执业活动检查、指导主要包括：

（一）执行国家有关法律、法规、规章和标准情况；

（二）执行医疗机构内部各项规章制度和各级各类人员岗位责任制情况；

（三）医德医风情况；

（四）服务质量和服务水平情况；

（五）执行医疗收费标准情况；

（六）组织管理情况；

（七）人员任用情况；

（八）省、自治区、直辖市卫生计生行政部门规定的其他检查、指导项目。

第七十三条 国家实行医疗机构评审制度，对医疗机构的基本标准、服务质量、技术水平、管理水平等进行综合评价。县级以上卫生计生行政部门负责医疗机构评审的组织和管理；各级医疗机构评审委员会负责医疗机构评审的具体实施。

第七十四条 县级以上中医（药）行政管理部门成立医疗机构评审委员会，负责中医、中西医结合和民族医医疗机构的评审。

第七十五条 医疗机构评审包括周期性评审、不定期重点检查。

医疗机构评审委员会在对医疗机构进行评审时，发现有违反条例和本细则的情节，应当及时报告卫生计生行政部门；医疗机构评审委员会委员为医疗机构监督员的，可以直接行使监督权。

第七十六条 《医疗机构监督管理行政处罚程序》另行制定。

第七章 处 罚

第七十七条 对未取得《医疗机构执业许可证》擅自执业的，责令其停止执业活动，没收非法所得和药品、器械，并处以三千元以下的罚款；有下列情形之一的，责令其停止执业活动，没收非法所得和药品、器械，处以三千元以上一万元以下的罚款：

（一）因擅自执业曾受过卫生计生行政部门处罚；

（二）擅自执业的人员为非卫生技术专业人员；

（三）擅自执业时间在三个月以上；

（四）给患者造成伤害；

（五）使用假药、劣药蒙骗患者；

（六）以行医为名骗取患者钱物；

（七）省、自治区、直辖市卫生计生行政部门规定的其他情形。

第七十八条 对不按期办理校验《医疗机构执业许可证》又不停止诊疗活动的，责令其限期补办校验手续；在限期内仍不办理校验的，吊销其《医疗机构执业许可证》。

第七十九条 转让、出借《医疗机构执业许可证》的，没收其非法所得，并处以三千元以下的罚款；有下列情形之一的，没收其非法所得，处以三千元以上五千元以下的罚款，并吊销《医疗机构执业许可证》：

（一）出卖《医疗机构执业许可证》；

（二）转让或者出借《医疗机构执业许可证》是以营利为目的；

（三）受让方或者承借方给患者造成伤害；

（四）转让、出借《医疗机构执业许可证》给非卫生技术专业人员；

（五）省、自治区、直辖市卫生计生行政部门规定的其他情形。

第八十条 除急诊和急救外，医疗机构诊疗活动超出登记的诊疗科目范围，情节轻微的，处以警告；有下列情形之一的，责令其限期改正，并可处以三千元以下罚款：

（一）超出登记的诊疗科目范围的诊疗活动累计收入在三千元以下；

（二）给患者造成伤害。

有下列情形之一的，处以三千元罚款，并吊销《医疗机构执业许可证》：

（一）超出登记的诊疗科目范围的诊疗活动累计收入在三千元以上；

（二）给患者造成伤害；

（三）省、自治区、直辖市卫生计生行政部门规定的其他情形。

第八十一条 任用非卫生技术人员从事医疗卫生技术工作的，责令其立即改正，并可处以三千元以下的罚款；有下列情形之一的，处以三千元以上五千元以下罚款，并可以吊销其《医疗机构执业许可证》：

（一）任用两名以上非卫生技术人员从事诊疗活动；

（二）任用的非卫生技术人员给患者造成伤害。

医疗机构使用卫生技术人员从事本专业以外的诊疗活动的，按使用非卫生技术人员处理。

第八十二条 出具虚假证明文件，情节轻微的，给予警告，并可处以五百元以下的罚款；有下列情形之一的，处以五百元以上一千元以下的罚款：

（一）出具虚假证明文件造成延误诊治的；

（二）出具虚假证明文件给患者精神造成伤害的；

（三）造成其他危害后果的。

对直接责任人员由所在单位或者上级机关给予行政处分。

第八十三条　医疗机构有下列情形之一的，登记机关可以责令其限期改正：

（一）发生重大医疗事故；

（二）连续发生同类医疗事故，不采取有效防范措施；

（三）连续发生原因不明的同类患者死亡事件，同时存在管理不善因素；

（四）管理混乱，有严重事故隐患，可能直接影响医疗安全；

（五）省、自治区、直辖市卫生计生行政部门规定的其他情形。

第八十四条　当事人对行政处罚决定不服的，可以在接到《行政处罚决定通知书》之日起十五日内向作出行政处罚决定的上一级卫生计生行政部门申请复议。上级卫生计生行政部门应当在接到申请书之日起三十日内作出书面答复。

当事人对行政处罚决定不服的，也可以在接到《行政处罚决定通知书》之日起十五日内直接向人民法院提起行政诉讼。

逾期不申请复议、不起诉又不履行行政处罚决定的，由作出行政处罚决定的卫生计生行政部门填写《行政处罚强制执行申请书》，向人民法院申请强制执行。

第八章　附　　则

第八十五条　医疗机构申请办理设置审批、执业登记、校验、评审时，应当交纳费用，医疗机构执业应当交纳管理费，具体办法由省级以上卫生计生行政部门会同物价管理部门规定。

第八十六条　各省、自治区、直辖市根据条例和本细则并结合当地的实际情况，制定实施办法。实施办法中的有关中医、中西结合、民族医医疗机构的条款，由省、自治区、直辖市中医（药）行政部门拟订。

第八十七条　条例及本细则实施前已经批准执业的医疗机构的审核登记办法，由省、自治区、直辖市卫生计生行政部门根据当地的实际情况规定。

第八十八条　条例及本细则中下列用语的含义：

诊疗活动：是指通过各种检查，使用药物、器械及手术等方法，对疾病作出判断和消除疾病、缓解病情、减轻痛苦、改善功能、延长生命、帮助患者恢复健康的活动。

医疗美容：是指使用药物以及手术、物理和其他损伤性或者侵入性手段进行的美容。

特殊检查、特殊治疗：是指具有下列情形之一的诊断治疗活动：

（一）有一定危险性，可能产生不良后果的检查和治疗；

（二）由于患者体质特殊或者病情危笃，可能对患者产生不良后果和危险的检查和治疗；

（三）临床试验性检查和治疗；

（四）收费可能对患者造成较大经济负担的检查和治疗。

卫生技术人员：是指按照国家有关法律、法规和规章的规定取得卫生技术人员资格或者职称的人员。

技术规范：是指由国家卫生计生委、国家中医药管理局制定或者认可的与诊疗活动有关的技术标准、操作规程等规范性文件。

军队的医疗机构：是指中国人民解放军和中国人民武装警察部队编制内的医疗机构。

第八十九条　各级中医（药）行政管理部门依据条例和本细则以及当地医疗机构管理条例实施办法，对管辖范围内各类中医、中西医结合和民族医医疗机构行使设置审批、登记和监督管理权。

第九十条　本细则的解释权在国家卫生计生委。

第九十一条　本细则自1994年9月1日起施行。

附表：（略）

国务院办公厅关于推进分级诊疗制度建设的指导意见

1. 2015年9月8日

2. 国办发〔2015〕70号

各省、自治区、直辖市人民政府，国务院各部委、各直属机构：

建立分级诊疗制度，是合理配置医疗资源、促进基本医疗卫生服务均等化的重要举措，是深化医药卫生体制改革、建立中国特色基本医疗卫生制度的重要内容，对于促进医药卫生事业长远健康发展、提高人民健康水平、保障和改善民生具有重要意义。为贯彻落实《中共中央关于全面深化改革若干重大问题的决定》和《中共中央国务院关于深化医药卫生体制改革的意见》精神，指导各地推进分级诊疗制度建设，经国务院同意，现提出如下意见。

一、总体要求

（一）指导思想。全面贯彻党的十八大和十八届二中、三中、四中全会精神，认真落实党中央、国务院决策部署，立足我国经济社会和医药卫生事业发展实际，遵循医学科学规律，按照以人为本、群众自愿、统筹城乡、创新机制的原则，以提高基层医疗服务能力为重点，以常见病、多发病、慢性病分级诊疗为突破口，完善服务网络、运行机制和激励机制，引导优质医疗资源下沉，形成科学合理就医秩序，逐步建立符合国情的分级诊疗制度，切实促进基本医疗卫生服务的公平可及。

（二）目标任务。

到2017年，分级诊疗政策体系逐步完善，医疗卫生机构分工协作机制基本形成，优质医疗资源有序有效下沉，以全科医生为重点的基层医疗卫生人才队伍建设得到加强，医疗资源利用效率和整体效益进一步提高，基层医疗卫生机构诊疗量占总诊疗量比例明显提升，就医秩序更加合理规范。

到2020年，分级诊疗服务能力全面提升，保障机制逐步健全，布局合理、规模适当、层级优化、职责明晰、功能完善、富有效率的医疗服务体系基本构建，基层首诊、双向转诊、急慢分治、上下联动的分级诊疗模式逐步形成，基本建立符合国情的分级诊疗制度。

——基层首诊。坚持群众自愿、政策引导，鼓励并逐步规范常见病、多发病患者首先到基层医疗卫生机构就诊，对于超出基层医疗卫生机构功能定位和服务能力的疾病，由基层医疗卫生机构为患者提供转诊服务。

——双向转诊。坚持科学就医、方便群众、提高效率，完善双向转诊程序，建立健全转诊指导目录，重点畅通慢性期、恢复期患者向下转诊渠道，逐步实现不同级别、不同类别医疗机构之间的有序转诊。

——急慢分治。明确和落实各级各类医疗机构急慢病诊疗服务功能，完善治疗—康复—长期护理服务链，为患者提供科学、适宜、连续性的诊疗服务。急危重症患者可以直接到二级以上医院就诊。

——上下联动。引导不同级别、不同类别医疗机构建立目标明确、权责清晰的分工协作机制，以促进优质医疗资源下沉为重点，推动医疗资源合理配置和纵向流动。

二、以强基层为重点完善分级诊疗服务体系

（一）明确各级各类医疗机构诊疗服务功能定位。城市三级医院主要提供急危重症和疑难复杂疾病的诊疗服务。城市三级中医医院充分利用中医药（含民族医药，下同）技术方法和现代科学技术，提供急危重症和疑难复杂疾病的中医诊疗服务和中医优势病种的中医门诊诊疗服务。城市二级医院主要接收三级医院转诊的急性病恢复期患者、术后恢复期患者及危重症稳定期患者。县级医院主要提供县域内常见病、多发病诊疗，以及急危重症患者抢救和疑难复杂疾病向上转诊服务。基层医疗卫生机构和康复医院、护理院等（以下统称慢性病医疗机构）为诊断明确、病情稳定的慢性病患者、康复期患者、老年病患者、晚期肿瘤患者等提供治疗、康复、护理服务。

（二）加强基层医疗卫生人才队伍建设。通过基层在岗医师转岗培训、全科医生定向培养、提升基层在岗医师学历层次等方式，多渠道培养全科医生，逐步向全科医生规范化培养过渡，实现城乡每万名居民有2－3名合格的全科医生。加强全科医生规范化培养基地建设和管理，规范培养内容和方法，提高全科医生的基本医疗和公共卫生服务能力，发挥全科医生的居民健康“守门人”作用。建立全科医生激励机制，在绩效工资分配、岗位设置、教育培训等方面向全科医生倾斜。加强康复治疗师、护理人员等专业人员培养，满足人民群众多层次、多样化健康服务需求。

（三）大力提高基层医疗卫生服务能力。通过政府举办或购买服务等方式，科学布局基层医疗卫生机构，合理划分服务区域，加强标准化建设，实现城乡居民全覆盖。通过组建医疗联合体、对口支援、医师多点执业等方式，鼓励城市二级以上医院医师到基层医疗卫生机构多点执业，或者定期出诊、巡诊，提高基层服务能力。合理确定基层医疗卫生机构配备使用药品品种和数量，加强二级以上医院与基层医疗卫生机构用药衔接，满足患者需求。强化乡镇卫生院基本医疗服务功能，提升急诊抢救、二级以下常规手术、正常分娩、高危孕产妇筛查、儿科等医疗服务能力。大力推进社会办医，简化个体行医准入审批程序，鼓励符合条件的医师开办个体诊所，就地就近为基层群众服务。提升基层医疗卫生机构中医药服务能力和医疗康复服务能力，加强中医药特色诊疗区建设，推广中医药综合服务模式，充分发挥中医药在常见病、多发病和慢性病防治中的作用。在民族地区要充分发挥少数民族医药在服务各族群众中的特殊作用。

（四）全面提升县级公立医院综合能力。根据服务人口、疾病谱、诊疗需求等因素，合理确定县级公立医院数量和规模。按照“填平补齐”原则，加强县级公立医院临床专科建设，重点加强县域内常见病、多发病

相关专业，以及传染病、精神病、急诊急救、重症医学、肾脏内科（血液透析）、妇产科、儿科、中医、康复等临床专科建设，提升县级公立医院综合服务能力。在具备能力和保障安全的前提下，适当放开县级公立医院医疗技术临床应用限制。县级中医医院同时重点加强内科、外科、妇科、儿科、针灸、推拿、骨伤、肿瘤等中医特色专科和临床薄弱专科、医技科室建设，提高中医优势病种诊疗能力和综合服务能力。通过上述措施，将县域内就诊率提高到90%左右，基本实现大病不出县。

（五）整合推进区域医疗资源共享。整合二级以上医院现有的检查检验、消毒供应中心等资源，向基层医疗卫生机构和慢性病医疗机构开放。探索设置独立的区域医学检验机构、病理诊断机构、医学影像检查机构、消毒供应机构和血液净化机构，实现区域资源共享。加强医疗质量控制，推进同级医疗机构间以及医疗机构与独立检查检验机构间检查检验结果互认。

（六）加快推进医疗卫生信息化建设。加快全民健康保障信息化工程建设，建立区域性医疗卫生信息平台，实现电子健康档案和电子病历的连续记录以及不同级别、不同类别医疗机构之间的信息共享，确保转诊信息畅通。提升远程医疗服务能力，利用信息化手段促进医疗资源纵向流动，提高优质医疗资源可及性和医疗服务整体效率，鼓励二、三级医院向基层医疗卫生机构提供远程会诊、远程病理诊断、远程影像诊断、远程心电图诊断、远程培训等服务，鼓励有条件的地方探索“基层检查、上级诊断”的有效模式。促进跨地域、跨机构就诊信息共享。发展基于互联网的医疗卫生服务，充分发挥互联网、大数据等信息技术手段在分级诊疗中的作用。

三、建立健全分级诊疗保障机制

（一）完善医疗资源合理配置机制。强化区域卫生规划和医疗机构设置规划在医疗资源配置方面的引导和约束作用。制定不同级别、不同类别医疗机构服务能力标准，通过行政管理、财政投入、绩效考核、医保支付等激励约束措施，引导各级各类医疗机构落实功能定位。重点控制三级综合医院数量和规模，建立以病种结构、服务辐射范围、功能任务完成情况、人才培养、工作效率为核心的公立医院床位调控机制，严控医院床位规模不合理扩张。三级医院重点发挥在医学科学、技术创新和人才培养等方面的引领作用，逐步减少常见病、多发病复诊和诊断明确、病情稳定的慢性病等普通门诊，分流慢性病患者，缩短平均住院日，提高运行效率。对基层中医药服务能力不足及薄弱地区的中医医院应区别对待。支持慢性病医疗机构发展，鼓励医疗资源丰富地区的部分二级医院转型为慢性病医疗机构。

（二）建立基层签约服务制度。通过政策引导，推进居民或家庭自愿与签约医生团队签订服务协议。签约医生团队由二级以上医院医师与基层医疗卫生机构的医务人员组成，探索个体诊所开展签约服务。签约服务以老年人、慢性病和严重精神障碍患者、孕产妇、儿童、残疾人等为重点人群，逐步扩展到普通人群。明确签约服务内容和签约条件，确定双方责任、权利、义务及其他有关事项。根据服务半径和服务人口，合理划分签约医生团队责任区域，实行网格化管理。签约医生团队负责提供约定的基本医疗、公共卫生和健康管理服务。规范签约服务收费，完善签约服务激励约束机制。签约服务费用主要由医保基金、签约居民付费和基本公共卫生服务经费等渠道解决。签约医生或签约医生团队向签约居民提供约定的基本医疗卫生服务，除按规定收取签约服务费外，不得另行收取其他费用。探索提供差异性服务、分类签约、有偿签约等多种签约服务形式，满足居民多层次服务需求。慢性病患者可以由签约医生开具慢性病长期药品处方，探索多种形式满足患者用药需求。

（三）推进医保支付制度改革。按照分级诊疗工作要求，及时调整完善医保政策。发挥各类医疗保险对医疗服务供需双方的引导作用和对医疗费用的控制作用。推进医保支付方式改革，强化医保基金收支预算，建立以按病种付费为主，按人头付费、按服务单元付费等复合型付费方式，探索基层医疗卫生机构慢性病患者按人头打包付费。继续完善居民医保门诊统筹等相关政策。完善不同级别医疗机构的医保差异化支付政策，适当提高基层医疗卫生机构医保支付比例，对符合规定的转诊住院患者可以连续计算起付线，促进患者有序流动。将符合条件的基层医疗卫生机构和慢性病医疗机构按规定纳入基本医疗保险定点范围。

（四）健全医疗服务价格形成机制。合理制定和调整医疗服务价格，对医疗机构落实功能定位、患者合理选择就医机构形成有效的激励引导。根据价格总体水平调控情况，按照总量控制、结构调整、有升有降、逐步到位的原则，在降低药品和医用耗材费用、大型医用设备检查治疗价格的基础上，提高体现医务人员技术劳务价值的项目价格。理顺医疗服务比价关系，建立医疗服务价格动态调整机制。

（五）建立完善利益分配机制。通过改革医保支付方式、加强费用控制等手段，引导二级以上医院向下转诊诊断明确、病情稳定的慢性病患者，主动承担疑难复杂疾病患者诊疗服务。完善基层医疗卫生机构绩效工资分配机制，向签约服务的医务人员倾斜。

（六）构建医疗卫生机构分工协作机制。以提升基层医疗卫生服务能力为导向，以业务、技术、管理、资产等为纽带，探索建立包括医疗联合体、对口支援在内的多种分工协作模式，完善管理运行机制。上级医院对转诊患者提供优先接诊、优先检查、优先住院等服务。鼓励上级医院出具药物治疗方案，在下级医院或者基层医疗卫生机构实施治疗。对需要住院治疗的急危重症患者、手术患者，通过制定和落实入、出院标准和双向转诊原则，实现各级医疗机构之间的顺畅转诊。基层医疗卫生机构可以与二级以上医院、慢性病医疗机构等协同，为慢性病、老年病等患者提供老年护理、家庭护理、社区护理、互助护理、家庭病床、医疗康复等服务。充分发挥不同举办主体医疗机构在分工协作机制中的作用。

四、组织实施

（一）加强组织领导。分级诊疗工作涉及面广、政策性强，具有长期性和复杂性，地方各级政府和相关部门要本着坚持不懈、持之以恒的原则，切实加强组织领导，将其作为核心任务纳入深化医药卫生体制改革工作的总体安排，建立相关协调机制，明确任务分工，结合本地实际，研究制定切实可行的实施方案。

（二）明确部门职责。卫生计生行政部门（含中医药管理部门）要加强对医疗机构规划、设置、审批和医疗服务行为的监管，明确双向转诊制度，优化转诊流程，牵头制定常见疾病入、出院和双向转诊标准，完善新型农村合作医疗制度支付政策，指导相关学（协）会制定完善相关疾病诊疗指南和临床路径。发展改革（价格）部门要完善医药价格政策，落实分级定价措施。人力资源社会保障部门要加强监管，完善医保支付政策，推进医保支付方式改革，完善绩效工资分配机制。财政部门要落实财政补助政策。其他有关部门要按照职责分工，及时出台配套政策，抓好贯彻落实。

（三）稳妥推进试点。地方各级政府要坚持从实际出发，因地制宜，以多种形式推进分级诊疗试点工作。2015 年，所有公立医院改革试点城市和综合医改试点省份都要开展分级诊疗试点，鼓励有条件的省（区、市）增加分级诊疗试点地区。以高血压、糖尿病、肿瘤、心脑血管疾病等慢性病为突破口，开展分级诊疗试点工作，2015 年重点做好高血压、糖尿病分级诊疗试点工作。探索结核病等慢性传染病分级诊疗和患者综合管理服务模式。国家卫生计生委要会同有关部门对分级诊疗试点工作进行指导，及时总结经验并通报进展情况。

（四）强化宣传引导。开展针对行政管理人员和医务人员的政策培训，把建立分级诊疗制度作为履行社会责任、促进事业发展的必然要求，进一步统一思想、凝聚共识，增强主动性，提高积极性。充分发挥公共媒体作用，广泛宣传疾病防治知识，促进患者树立科学就医理念，提高科学就医能力，合理选择就诊医疗机构。加强对基层医疗卫生机构服务能力提升和分级诊疗工作的宣传，引导群众提高对基层医疗卫生机构和分级诊疗的认知度和认可度，改变就医观念和习惯，就近、优先选择基层医疗卫生机构就诊。

附件：

分级诊疗试点工作考核评价标准

到 2017 年，分级诊疗试点工作应当达到以下标准：

一、基层医疗卫生机构建设达标率≥95%，基层医疗卫生机构诊疗量占总诊疗量比例≥65%；

二、试点地区 30 万以上人口的县至少拥有一所二级甲等综合医院和一所二级甲等中医医院，县域内就诊率提高到 90% 左右，基本实现大病不出县；

三、每万名城市居民拥有 2 名以上全科医生，每个乡镇卫生院拥有 1 名以上全科医生，城市全科医生签约服务覆盖率≥30%；

四、居民 2 周患病首选基层医疗卫生机构的比例≥70%；

五、远程医疗服务覆盖试点地区 50% 以上的县（市、区）；

六、整合现有医疗卫生信息系统，完善分级诊疗信息管理功能，基本覆盖全部二、三级医院和 80% 以上的乡镇卫生院和社区卫生服务中心；

七、由二、三级医院向基层医疗卫生机构、慢性病医疗机构转诊的人数年增长率在 10% 以上；

八、全部社区卫生服务中心、乡镇卫生院与二、三级医院建立稳定的技术帮扶和分工协作关系；

九、试点地区城市高血压、糖尿病患者规范化诊疗和管理率达到 40% 以上；

十、提供中医药服务的社区卫生服务中心、乡镇卫生院、社区卫生服务站、村卫生室占同类机构之比分别达到100%、100%、85%、70%，基层医疗卫生机构中医诊疗量占同类机构诊疗总量比例≥30%。

国务院办公厅关于建立现代医院管理制度的指导意见

1. 2017年7月14日
2. 国办发〔2017〕67号

各省、自治区、直辖市人民政府，国务院各部委、各直属机构：

现代医院管理制度是中国特色基本医疗卫生制度的重要组成部分。为建立现代医院管理制度，经国务院同意，现提出如下意见。

一、总体要求

（一）指导思想。全面贯彻党的十八大和十八届三中、四中、五中、六中全会以及全国卫生与健康大会精神，深入贯彻习近平总书记系列重要讲话精神和治国理政新理念新思想新战略，认真落实党中央、国务院决策部署，统筹推进"五位一体"总体布局和协调推进"四个全面"战略布局，牢固树立和贯彻落实创新、协调、绿色、开放、共享的发展理念，坚持党的领导，坚持正确的卫生与健康工作方针，坚持中国特色卫生与健康发展道路，不断提高医疗服务质量，努力实现社会效益与运行效率的有机统一，充分调动医务人员积极性，实行民主管理和科学决策，强化公立医院引领带动作用，完善多元办医格局，加快医疗服务供给侧结构性改革，实现医院治理体系和管理能力现代化，为推进健康中国建设奠定坚实基础。

（二）基本原则。坚持以人民健康为中心。把人民健康放在优先发展的战略地位，将公平可及、群众受益作为出发点和立足点，全方位、全周期保障人民健康，增进人民健康福祉，增强群众改革获得感。

坚持公立医院的公益性。落实党委和政府对公立医院的领导责任、保障责任、管理责任、监督责任，把社会效益放在首位，注重健康公平，增强普惠性。坚持政府主导与发挥市场机制作用相结合，满足多样化、差异化、个性化健康需求。

坚持政事分开、管办分开。加快转变政府职能，深化"放管服"改革，合理界定政府作为公立医院出资人的举办监督职责和公立医院作为事业单位的自主运营管理权限，实行所有权与经营权分离。各级行政主管部门要创新管理方式，从直接管理公立医院转为行业管理，强化政策法规、行业规划、标准规范的制定和对医院的监督指导职责。

坚持分类指导，鼓励探索创新。尊重地方首创精神，鼓励各地在中央确定的改革方向和原则下，根据医院性质、功能定位、等级规模等不同情况，因地制宜，突破创新，建立符合实际的现代医院管理制度。

（三）主要目标。到2020年，基本形成维护公益性、调动积极性、保障可持续的公立医院运行新机制和决策、执行、监督相互协调、相互制衡、相互促进的治理机制，促进社会办医健康发展，推动各级各类医院管理规范化、精细化、科学化，基本建立权责清晰、管理科学、治理完善、运行高效、监督有力的现代医院管理制度。

二、完善医院管理制度

（一）制定医院章程。各级各类医院应制定章程。医院章程应包括医院性质、办医宗旨、功能定位、办医方向、管理体制、经费来源、组织结构、决策机制、管理制度、监督机制、文化建设、党的建设、群团建设，以及举办主体、医院、职工的权利义务等内容。医院要以章程为统领，建立健全内部管理机构、管理制度、议事规则、办事程序等，规范内部治理结构和权力运行规则，提高医院运行效率。制定公立医院章程时，要明确党组织在医院内部治理结构中的地位和作用。

（二）健全医院决策机制。院长全面负责医疗、教学、科研、行政管理工作。院长办公会议是公立医院行政、业务议事决策机构，对讨论研究事项作出决定。在决策程序上，公立医院发展规划、"三重一大"等重大事项，以及涉及医务人员切身利益的重要问题，要经医院党组织会议研究讨论同意，保证党组织意图在决策中得到充分体现。充分发挥专家作用，组建医疗质量安全管理、药事管理等专业委员会，对专业性、技术性强的决策事项提供技术咨询和可行性论证。资产多元化、实行托管的医院以及医疗联合体等，可在医院层面成立理事会。把党的领导融入公立医院治理结构，医院党组织领导班子成员应当按章程进入医院管理层或通过法定程序进入理事会，医院管理层或理事会内部理事中的党员成员一般应当进入医院党组织领导班子。

（三）健全民主管理制度。健全以职工代表大会为基本形式的民主管理制度。工会依法组织职工参与医院的民主决策、民主管理和民主监督。医院研究经营管理和发展的重大问题应当充分听取职工意见，召开讨论涉及职工切身利益的会议，必须有工会代表参加。推进院务公开，落实职工群众知情权、参与权、表达权、监督权。

（四）健全医疗质量安全管理制度。院长是医院依法执业和医疗质量安全的第一责任人，落实医疗质量安全院、科两级责任制。建立全员参与、覆盖临床诊疗服务全过程的医疗质量管理与控制工作制度，严格落实首诊负责、三级查房、分级护理、手术分级管理、抗菌药物分级管理、临床用血安全等医疗质量安全核心制度。严格执行医院感染管理制度、医疗质量内部公示制度等。加强重点科室、重点区域、重点环节、重点技术的质量安全管理，推进合理检查、用药和治疗。

（五）健全人力资源管理制度。建立健全人员聘用管理、岗位管理、职称管理、执业医师管理、护理人员管理、收入分配管理等制度。在岗位设置、收入分配、职称评定、管理使用等方面，对编制内外人员统筹考虑。公立医院在核定的薪酬总量内进行自主分配，体现岗位差异，兼顾学科平衡，做到多劳多得、优绩优酬。按照有关规定，医院可以探索实行目标年薪制和协议薪酬。医务人员薪酬不得与药品、卫生材料、检查、化验等业务收入挂钩。

（六）健全财务资产管理制度。财务收支、预算决算、会计核算、成本管理、价格管理、资产管理等必须纳入医院财务部门统一管理。建立健全全面预算管理、成本管理、财务报告、第三方审计和信息公开机制，确保经济活动合法合规，提高资金资产使用效益。公立医院作为预算单位，所有收支纳入部门预算统一管理，要强化成本核算与控制，逐步实行医院全成本核算。三级公立医院应设置总会计师岗位，统筹管理医院经济工作，其他有条件的医院结合实际推进总会计师制度建设。加强公立医院内部审计监督，推动注册会计师审计工作。

（七）健全绩效考核制度。将政府、举办主体对医院的绩效考核落实到科室和医务人员，对不同岗位、不同职级医务人员实行分类考核。建立健全绩效考核指标体系，围绕办院方向、社会效益、医疗服务、经济管理、人才培养培训、可持续发展等方面，突出岗位职责履行、工作量、服务质量、行为规范、医疗质量安全、医疗费用控制、医德医风和患者满意度等指标。严禁给医务人员设定创收指标。将考核结果与医务人员岗位聘用、职称晋升、个人薪酬挂钩。

（八）健全人才培养培训管理制度。落实住院医师规范化培训、专科医师规范化培训和继续医学教育制度，做好医学生培养工作。加强临床重点专科、学科建设，提升医院核心竞争力。城市医生在晋升主治医师或副主任医师职称前到基层或对口帮扶的医疗机构累计服务不少于1年。城市大医院要积极为基层和边远贫困地区培养人才。

（九）健全科研管理制度。加强临床医学研究，加快诊疗技术创新突破和应用，大力开展适宜技术推广普及，加强和规范药物临床试验研究，提高医疗技术水平。加强基础学科与临床学科、辅助诊疗学科的交叉融合。建立健全科研项目管理、质量管理、科研奖励、知识产权保护、成果转化推广等制度。

（十）健全后勤管理制度。强化医院发展建设规划编制和项目前期论证，落实基本建设项目法人责任制、招标投标制、合同管理制、工程监理制、质量责任终身制等。合理配置适宜医学装备，建立采购、使用、维护、保养、处置全生命周期管理制度。探索医院"后勤一站式"服务模式，推进医院后勤服务社会化。

（十一）健全信息管理制度。强化医院信息系统标准化和规范化建设，与医保、预算管理、药品电子监管等系统有效对接。完善医疗服务管理、医疗质量安全、药品耗材管理、绩效考核、财务运行、成本核算、内部审计、廉洁风险防控等功能。加强医院网络和信息安全建设管理，完善患者个人信息保护制度和技术措施。

（十二）加强医院文化建设。树立正确的办院理念，弘扬"敬佑生命、救死扶伤、甘于奉献、大爱无疆"的职业精神。恪守服务宗旨，增强服务意识，提高服务质量，全心全意为人民健康服务。推进医院精神文明建设，开展社会主义核心价值观教育，促进形成良好医德医风。关心爱护医务人员身心健康，尊重医务人员劳动成果和辛勤付出，增强医务人员职业荣誉感。建设医术精湛、医德高尚、医风严谨的医务人员队伍，塑造行业清风正气。

（十三）全面开展便民惠民服务。三级公立医院要全部参与医疗联合体建设并发挥引领作用。进一步改善医疗服务，优化就医流程，合理布局诊区设施，科学实施预约诊疗，推行日间手术、远程医疗、多学科联合诊疗模式。加强急诊急救力量，畅通院前院内绿色通道。开展就医引导、诊间结算、检查检验结果推送、异地就医结算等信息化便民服务。开展优质护理服务，加强社工、志愿者服务。推进院内调解、人民调解、司法调解、医疗风险分担机制有机结合的"三调解一保险”机制建设，妥善化解医疗纠纷，构建和谐医患关系。

三、建立健全医院治理体系

（一）明确政府对公立医院的举办职能。积极探索公立医院管办分开的多种有效实现形式，统筹履行政府办医职责。政府行使公立医院举办权、发展权、重大事项决策权、资产收益权等，审议公立医院章程、发展规划、重大项目实施、收支预算等。制定区域卫生规划和医疗机构设置规划，合理控制公立综合性医院数量和规模。全面落实对符合区域卫生规划的公立医院投入政策，细化落实对中医医院（含民族医院）的投入倾斜政策，逐步偿还和化解符合条件的公立医院长期债务。逐步建立以成本和收入结构变化为基础的医疗服务价格动态调整机制。在地方现有编制总量内，确定公立医院编制总量，逐步实行备案制。按照中央组织部公立医院领导人员管理有关规定，选拔任用公立医院领导人员。逐步取消公立医院的行政级别，各级卫生计生行政部门（含中医药管理部门，下同）负责人一律不得兼任公立医院领导职务。建立适应医疗行业特点的薪酬制度，着力体现医务人员技术劳务价值。建立以公益性为导向的考核评价机制，定期组织公立医院绩效考核以及院长年度和任期目标责任考核，考核结果与财政补助、医保支付、绩效工资总量以及院长薪酬、任免、奖惩等挂钩。

（二）明确政府对医院的监管职能。建立综合监管制度，重点加强对各级各类医院医疗质量安全、医疗费用以及大处方、欺诈骗保、药品回扣等行为的监管，建立“黑名单”制度，形成全行业、多元化的长效监管机制。对造成重大社会影响的乱收费、不良执业等行为，造成重大医疗事故、重大安全事故的行为，严重违法违纪案件，严重违反行风建设的行为，要建立问责机制。强化卫生计生行政部门医疗服务监管职能，完善机构、人员、技术、装备准入和退出机制。深化医保支付方式改革，充分发挥医保对医疗服务行为和费用的调控引导与监督制约作用，逐步将医保对医疗机构服务监管延伸到对医务人员医疗服务行为的监管。从严控制公立医院床位规模、建设标准和大型医用设备配备，严禁举债建设和豪华装修，对超出规模标准的要逐步压缩床位。控制公立医院特需服务规模，提供特需服务的比例不超过10%。强化对公立医院经济运行和财务活动的会计和审计监督。健全非营利性和营利性社会办医院分类管理制度，加强对非营利性社会办医院产权归属、财务运营、资金结余使用等的监管，加强对营利性社会办医院盈利率的管控。

（三）落实公立医院经营管理自主权。公立医院要依法依规进行经营管理和提供医疗服务，行使内部人事管理、机构设置、中层干部聘任、人员招聘和人才引进、内部绩效考核与薪酬分配、年度预算执行等经营管理自主权。落实公立医院用人自主权，在编制总量内根据业务需要面向社会自主公开招聘医务人员，对紧缺、高层次人才可按规定采取考察的方式予以招聘。进一步改进艰苦边远地区公立医院人员招聘工作，合理设置招聘条件，改进招聘方式方法，完善激励保障措施。

（四）加强社会监督和行业自律。加强医院信息公开，重点公开质量安全、价格、医疗费用、财务状况、绩效考核等信息。加强行业协会、学会等社会组织在行业自律和职业道德建设中的作用，引导医院依法经营、公平有序竞争。改革完善医疗质量、技术、安全和服务评估认证制度。探索建立第三方评价机制。

四、加强医院党的建设

（一）充分发挥公立医院党委的领导核心作用。公立医院党委要抓好对医院工作的政治、思想和组织领导，把方向、管大局、保落实。把方向，主要是自觉在思想上政治上行动上同以习近平同志为核心的党中央保持高度一致，全面贯彻执行党的理论路线方针政策，引导监督医院遵守国家法律法规，维护各方合法权益，确保医院改革发展正确方向。管大局，主要是坚持在大局下行动，谋全局、议大事、抓重点，统筹推进医院改革发展、医疗服务、医德医风等各项工作，努力建设患者放心、人民满意的现代医院。保落实，主要是管干部聚人才、建班子带队伍、抓基层打基础，讨论决定医院内部组织机构的设置及其负责人的选拔任用，领导精神文明建设和思想政治工作，领导群团组织和职工代表大会，做好知识分子工作和统一战线工作，加强党风廉政建设，确保党的卫生与健康工作方针和政策部署在医院不折不扣落到实处。

（二）全面加强公立医院基层党建工作。坚持把公立医院党的建设与现代医院管理制度建设紧密结合，同步规划，同步推进。加强和完善党建工作领导体制和工作机制，合理设置医院党建工作机构，配齐配强党建工作力量，建立科学有效的党建工作考核评价体系，进一步落实管党治党主体责任，推进党组织和党的工作全覆盖，建立健全医院内设机构党支部，选优配强党支部书记，充分发挥党支部的政治核心作用，把党支部建设成为坚强战斗堡垒。坚持把党组织活动与业务工作有机融合，积极推进活动创新、思想政治工作内容和载体创新，防止“两张皮”。认真贯彻落实《关于新形势下党内政治生活的若干准则》、《中国共产党党内监督条例》，推进“两学一做”学习教育常态化制度化，严格“三会一课”、民主生活会和组织生活会、主题党日等制度。严格发展党员和党员教育管理工作，引导党员充分发挥先锋模范作用。

（三）*加强社会办医院党组织建设*。加大社会办医院党组织组建力度，批准设立社会办医院时，要坚持党的建设同步谋划、党的组织同步设置、党的工作同步开展。实行属地管理与主管部门管理相结合，建立健全社会办医院党建工作管理体制，规范党组织隶属关系。社会办医院党组织要紧紧围绕党章赋予基层党组织的基本任务，结合实际开展工作，按照党的要求办医立院。

五、组织实施

（一）*加强组织落实*。各地要将建立现代医院管理制度作为深化医改的重要内容，制定实施方案，明确目标任务和责任分工，完善落实督办制度。各级卫生计生等相关部门要适应建立现代医院管理制度的新要求、新情况，按照职能分工及时下放相关权限，调整相关政策，加强事中事后监管，优化政务服务流程，形成工作推进合力。

（二）*总结推广经验*。各级卫生计生行政部门要会同有关部门密切跟踪工作进展，加强调研指导，及时研究解决改革中出现的新情况、新问题。挖掘、总结、提炼、推广各地建立现代医院管理制度的典型经验，及时将成熟经验上升为政策，推动现代医院管理制度不断完善。

（三）*做好宣传工作*。坚持正确的舆论导向，及时回应社会关切，合理引导社会预期，为建立现代医院管理制度营造良好舆论环境。加强宣传引导，引导公众树立科学、理性、有序的就医理念，营造全社会尊医重卫的良好风气。

城市社区卫生服务机构管理办法（试行）

1. 2006年6月29日卫生部、国家中医药管理局发布
2. 卫妇社发〔2006〕239号
3. 自2006年8月1日起施行

第一章 总 则

第一条 为贯彻落实《国务院关于发展城市社区卫生服务的指导意见》（国发〔2006〕10号），加强对城市社区卫生服务机构设置与运行的管理，保障居民公平享有安全、有效、便捷、经济的社区卫生服务，根据《中华人民共和国执业医师法》、《中华人民共和国传染病防治法》、《中华人民共和国母婴保健法》、《医疗机构管理条例》等相关法律法规制定本办法。

第二条 本办法所称社区卫生服务机构是指在城市范围内设置的、经区（市、县）级政府卫生行政部门登记注册并取得《医疗机构执业许可证》的社区卫生服务中心和社区卫生服务站。

第三条 社区卫生服务机构以社区、家庭和居民为服务对象，以妇女、儿童、老年人、慢性病人、残疾人、贫困居民等为服务重点，开展健康教育、预防、保健、康复、计划生育技术服务和一般常见病、多发病的诊疗服务，具有社会公益性质，属于非营利性医疗机构。

第四条 卫生部负责全国社区卫生服务机构的监督管理。区（市、县）级以上地方政府卫生行政部门负责本行政区域内社区卫生服务机构的监督管理。

第二章 服务功能与执业范围

第五条 社区卫生服务机构服务对象为辖区内的常住居民、暂住居民及其他有关人员。

第六条 社区卫生服务机构提供以下公共卫生服务：

（一）卫生信息管理。根据国家规定收集、报告辖区有关卫生信息，开展社区卫生诊断，建立和管理居民健康档案，向辖区街道办事处及有关单位和部门提出改进社区公共卫生状况的建议。

（二）健康教育。普及卫生保健常识，实施重点人群及重点场所健康教育，帮助居民逐步形成利于维护和增进健康的行为方式。

（三）传染病、地方病、寄生虫病预防控制。负责疫情报告和监测，协助开展结核病、性病、艾滋病、其他常见传染病以及地方病、寄生虫病的预防控制，实施预防接种，配合开展爱国卫生工作。

（四）慢性病预防控制。开展高危人群和重点慢性病筛查，实施高危人群和重点慢性病病例管理。

（五）精神卫生服务。实施精神病社区管理，为社区居民提供心理健康指导。

（六）妇女保健。提供婚前保健、孕前保健、孕产期保健、更年期保健，开展妇女常见病预防和筛查。

（七）儿童保健。开展新生儿保健、婴幼儿及学龄前儿童保健，协助对辖区内托幼机构进行卫生保健指导。

（八）老年保健。指导老年人进行疾病预防和自我保健,进行家庭访视,提供针对性的健康指导。

（九）残疾康复指导和康复训练。

（十）计划生育技术咨询指导,发放避孕药具。

（十一）协助处置辖区内的突发公共卫生事件。

（十二）政府卫生行政部门规定的其他公共卫生服务。

第七条 社区卫生服务机构提供以下基本医疗服务:

（一）一般常见病、多发病诊疗、护理和诊断明确的慢性病治疗。

（二）社区现场应急救护。

（三）家庭出诊、家庭护理、家庭病床等家庭医疗服务。

（四）转诊服务。

（五）康复医疗服务。

（六）政府卫生行政部门批准的其他适宜医疗服务。

第八条 社区卫生服务机构应根据中医药的特色和优势,提供与上述公共卫生和基本医疗服务内容相关的中医药服务。

第三章 机构设置与执业登记

第九条 社区卫生服务中心原则上按街道办事处范围设置,以政府举办为主。在人口较多、服务半径较大、社区卫生服务中心难以覆盖的社区,可适当设置社区卫生服务站或增设社区卫生服务中心。人口规模大于10万人的街道办事处,应增设社区卫生服务中心。人口规模小于3万人的街道办事处,其社区卫生服务机构的设置由区（市、县）政府卫生行政部门确定。

第十条 设区的市政府卫生行政部门负责制订本行政区域社区卫生服务机构设置规划,并纳入当地区域卫生规划、医疗机构设置规划。社区卫生服务机构设置规划须经同级政府批准,报当地省级政府卫生行政部门备案。

第十一条 规划设置社区卫生服务机构,应立足于调整卫生资源配置,加强社区卫生服务机构建设,完善社区卫生服务机构布局。政府举办的一级医院和街道卫生院应转型为社区卫生服务机构;政府举办的部分二级医院和有条件的国有企事业单位所属基层医疗机构通过结构和功能改造,可转型为社区卫生服务机构。

第十二条 新设置社区卫生服务机构可由政府设立,也可按照平等、竞争、择优的原则,通过公开招标等方式确定社区卫生服务机构举办者,鼓励社会力量参与。

第十三条 设置审批社区卫生服务机构,应征询所在街道办事处及社区居民委员会的意见。

第十四条 设置社区卫生服务机构,须按照社区卫生服务机构设置规划,由区（市、县）级政府卫生行政部门根据《医疗机构管理条例》、《医疗机构管理条例实施细则》、《社区卫生服务中心基本标准》、《社区卫生服务站基本标准》进行设置审批和执业登记,同时报上一级政府卫生行政部门备案。《社区卫生服务中心基本标准》、《社区卫生服务站基本标准》由卫生部另行制定。

第十五条 社区卫生服务中心登记的诊疗科目应为预防保健科、全科医疗科、中医科（含民族医学）、康复医学科、医学检验科、医学影像科,有条件的可登记口腔医学科、临终关怀科,原则上不登记其他诊疗科目,确需登记的,须经区（市、县）级政府卫生行政部门审核批准,同时报上一级政府卫生行政部门备案。社区卫生服务站登记的诊疗科目应为预防保健科、全科医疗科,有条件的可登记中医科（含民族医学）,不登记其他诊疗科目。

第十六条 社区卫生服务中心原则上不设住院病床,现有住院病床应转为以护理康复为主要功能的病床,或予以撤销。社区卫生服务站不设住院病床。

第十七条 社区卫生服务中心为独立法人机构,实行独立核算,社区卫生服务中心对其下设的社区卫生服务站实行一体化管理。其他社区卫生服务站接受社区卫生服务中心的业务管理。

第十八条 社区卫生服务中心、社区卫生服务站是专有名称,未经政府卫生行政部门批准,任何机构不得以社区卫生服务中心、社区卫生服务站命名。社区卫生服务机构须以社区卫生服务中心或社区卫生服务站进行执业登记,原则上不得使用两个或两个以上名称。

社区卫生服务中心的命名原则是:所在区名（可选）+所在街道办事处名+识别名（可选）+社区卫生服务中心;社区卫生服务站的命名原则是:所在街道办事处名（可选）+所在社区名+社区卫生服务站。

第十九条 社区卫生服务机构使用统一的专用标识,专用标识由卫生部制定。

第四章 人员配备与管理

第二十条 社区卫生服务机构应根据服务功能、服务人口、居民的服务需要,按照精干、效能的原则设置卫生专业技术岗位,配备适宜学历与职称层次的从事全科医学、公共卫生、中医（含中西医结合、民族医）等专业的执业医师和护士,药剂、检验等其他有关卫生技术人员根据需要合理配置。

第二十一条 社区卫生服务机构的专业技术人员须具有

法定执业资格。

第二十二条 临床类别、中医类别执业医师注册相应类别的全科医学专业为执业范围，可从事社区预防保健以及一般常见病、多发病的临床诊疗，不得从事专科手术、助产、介入治疗等风险较高、不适宜在社区卫生服务机构开展的专科诊疗，不得跨类别从事口腔科诊疗。

第二十三条 临床类别、中医类别执业医师在社区卫生服务机构从事全科医学工作，申请注册全科医学专业为执业范围，须符合以下条件之一：

（一）取得相应类别的全科医学专业中、高级技术职务任职资格。

（二）经省级卫生、中医药行政部门认可的相应类别全科医师岗位培训并考核合格。

（三）参加省级卫生、中医药行政部门认可的相应类别全科医师规范化培训。

取得初级资格的临床类别、中医类别执业医师须在有关上级医师指导下从事全科医学工作。

第二十四条 根据社区卫生服务的需要，二级以上医疗机构有关专业的医护人员（含符合条件的退休医护人员），依据政府卫生行政部门有关规定，经社区卫生服务机构注册的区（市、县）级政府卫生行政部门备案，可到社区卫生服务机构从事相应专业的临床诊疗服务。

第二十五条 社区卫生技术人员需依照国家规定接受毕业后教育、岗位培训和继续教育等职业培训。社区卫生服务机构要建立健全培训制度，在区（市、县）及设区的市政府卫生行政部门支持和组织下，安排卫生技术人员定期到大中型医院、预防保健机构进修学习和培训，参加学术活动。各地政府卫生行政部门和社区卫生服务机构要积极创造条件，使高等医学院校到社区卫生服务机构从事全科医学工作的有关医学专业毕业生，逐步经过规范化培训。

第二十六条 政府举办的社区卫生服务机构要实行定编定岗、公开招聘，签订聘用合同，建立岗位管理、绩效考核、解聘辞聘等项制度。非政府举办的社区卫生服务机构，实行自主用人制度。

第二十七条 社区卫生服务工作人员要树立良好的职业道德，恪尽职守，遵纪守法，不断提高业务技术水平，维护居民健康。

第五章 执业规则与业务管理

第二十八条 社区卫生服务机构执业，须严格遵守国家有关法律、法规、规章和技术规范，加强对医务人员的教育，实施全面质量管理，预防服务差错和事故，确保服务安全。

第二十九条 社区卫生服务机构须建立健全以下规章制度：

（一）人员职业道德规范与行为准则。

（二）人员岗位责任制度。

（三）人员聘用、培训、管理、考核与奖惩制度。

（四）技术服务规范与工作制度。

（五）服务差错及事故防范制度。

（六）服务质量管理制度。

（七）财务、药品、固定资产、档案、信息管理制度。

（八）医疗废物管理制度。

（九）社区协作与民主监督制度。

（十）其他有关制度。

第三十条 社区卫生服务机构须根据政府卫生行政部门规定，履行提供社区公共卫生服务和基本医疗服务的职能。

第三十一条 社区卫生服务机构应妥善保管居民健康档案，保护居民个人隐私。社区卫生服务机构在关闭、停业、变更机构类别等情况下，须将居民健康档案交由当地区（市、县）级政府卫生行政部门妥善处理。

第三十二条 社区卫生服务机构应严格掌握家庭诊疗、护理和家庭病床服务的适应症，切实规范家庭医疗服务行为。

第三十三条 区（市、县）及设区的市政府卫生行政部门要建立信息平台，为社区卫生服务机构提供本地有关大中型医疗机构专科设置、联系方式等转诊信息，支持社区卫生服务机构与大中型医疗机构建立转诊协作关系。社区卫生服务机构对限于设备或者技术条件难以安全、有效诊治的患者应及时转诊到相应医疗机构诊治。对医院转诊病人，社区卫生服务机构应根据医院建议与病人要求，提供必要的随访、病例管理、康复等服务。

第三十四条 社区卫生服务机构提供中医药（含民族医药）服务，应配备相应的设备、设施、药品，遵守相应的中医诊疗原则、医疗技术标准和技术操作规范。

第三十五条 社区卫生服务机构应在显著位置公示医疗服务、药品和主要医用耗材的价格，严格执行相关价格政策，规范价格行为。

第三十六条 社区卫生服务机构应配备与其服务功能和执业范围相适应的基本药品。社区卫生服务机构使用药品，须严格执行药品管理法律、法规的规定，从具有合法经营资质的单位购入。严禁使用过期、失效及违禁的药品。

第六章 行 业 监 管

第三十七条 区（市、县）级政府卫生行政部门负责对社区卫生服务机构实施日常监督与管理，建立健全监督考核制度，实行信息公示和奖惩制度。

第三十八条 疾病预防控制中心、妇幼保健院（所、站）、专科防治院（所）等预防保健机构在职能范围内，对社区卫生服务机构所承担的公共卫生服务工作进行业务评价与指导。

第三十九条 政府卫生行政部门应建立社会民主监督制度，定期收集社区居民的意见和建议，将接受服务居民的满意度作为考核社区卫生服务机构和从业人员业绩的重要标准。

第四十条 政府卫生行政部门建立社区卫生服务机构评审制度，发挥行业组织作用，加强社区卫生服务机构的服务质量建设。

第七章 附 则

第四十一条 各省、自治区、直辖市政府卫生和中医药行政部门应当根据本办法，制定具体实施细则。

第四十二条 本办法由卫生部、国家中医药管理局负责解释。

第四十三条 本办法自2006年8月1日起施行。

社区医院基本标准（试行）

1. 2019年5月31日国家卫生健康委办公厅发布
2. 国卫办医函〔2019〕518号

一、社区医院定位

社区医院以社区、家庭和居民为服务对象，以居民健康为中心，提供常见病、多发病和慢性病的基本医疗服务和基本公共卫生服务，属于非营利性医疗机构。

二、社区医院设置

社区医院设置应当符合区域医疗卫生服务体系规划和医疗机构设置规划，在现有社区卫生服务中心和有条件的乡镇卫生院的基础上，医疗服务能力达到一定水平，加挂社区医院牌子。

三、基本功能

（一）具备常见病、多发病、慢性病的门诊、住院诊疗综合服务能力。符合条件的，可提供适宜的手术操作项目。

（二）开展基本公共卫生服务，承担辖区的公共卫生管理和计划生育技术服务工作，能够提供健康管理、康复指导等个性化的签约服务。

（三）具备辖区内居民基层首诊、双向转诊等分级诊疗功能，开展远程医疗服务，提供部分常见病、慢性病的在线复诊服务。

（四）对周边基层医疗卫生机构开展技术指导和帮扶。

四、床位设置

实际开放床位数≥30张，可按照服务人口1.0－1.5张/千人配置。主要以老年、康复、护理、安宁疗护床位为主，鼓励有条件的设置内科、外科、妇科、儿科等床位。床位使用率≥75%。

五、科室设置

（一）临床科室。至少设置全科医疗科、康复医学科、中医科，应当设置内科、外科、妇科、儿科、口腔科、眼科、耳鼻喉科、精神（心理）科、安宁疗护（临终关怀）科、血液净化室等专业科室中的5个科室，有条件的可设置感染性疾病诊室（发热门诊）、老年医学科等科室。

（二）公共卫生科室。至少设置预防保健科、预防接种门诊、妇儿保健门诊、健康教育室、计划生育技术服务室。公共卫生科室宜相对集中设置，有条件的可设置“优生优育优教中心（三优指导中心）”、营养科。

（三）医技等科室。至少设置医学检验科（化验室）、医学影像科、心电图室、西（中）药房。有条件的可设置胃镜室等功能检查室。影像诊断、临床检验、消毒供应室等科室可由第三方机构或者医联体上级医疗机构提供服务。开展手术操作的社区医院应当设置手术室、麻醉科，病理诊断可由第三方机构或者医联体上级医疗机构提供服务。

（四）其他科室。应当设有治疗室、注射室、输液室、处置室、观察室。社区医院应当根据有关规定和临床用血需求设置输血科或者血库。

（五）管理科室。至少设有综合办公室（党建办公室）、医务科（质管科）、护理科、院感科、公共卫生管理科、财务资产科。有条件的可设置双向转诊办公室、信息科、病案室等。

六、人员配置

（一）非卫技人员比例不超过15%。

（二）每床至少配备0.7名卫生技术人员。

（三）医护比达到1∶1.5，每个临床科室至少配备1名具有主治医师及以上职称的执业医师。

（四）全科医师不少于3名，公共卫生医师不少于2名，并配备一定比例的中医类别执业医师。

七、设备设施

有与开展的诊疗科目相应的设备设施。

八、房屋

（一）功能分区合理，流程科学，洁污分流，充分体现保护患者隐私、无障碍设计要求,并符合国家卫生学标准。

(二)房屋建筑耐久年限、建筑安全等级应不低于二级,符合节能环保及抗震设防要求。有污水处理设施,污水排放达标。建有规范的医疗废物暂存处。

(三)业务用房建设应符合《社区卫生服务中心、站建设标准》(建标163-2013)相关要求。

(四)业务用房建筑面积≥3000平方米。每床位净使用面积不少于6平方米。

九、规章制度

社区医院应当严格遵守国家有关法律、法规、规章和技术规范,建立健全各项规章制度,有国家制定或认定的医疗护理等技术操作规程,并成册可用。重点加强以下制度建设:

(一)医疗质量安全制度。按照《社区医院医疗质量安全核心制度要点》有关要求,建立医疗质量安全核心制度,加强医疗质量安全管理。

(二)医院财务管理制度。建立健全会计核算和财务管理制度,严格执行国家财务、会计、资产和审计监督等相关法律法规。

(三)加强基层党组织建设制度。充分发挥党支部政治功能,完善议事决策制度,加强思想政治工作和医德医风建设,建立完善医德医风工作机制与考评制度。加强医院文化建设,培育和塑造医学人文精神,践行和弘扬崇高职业精神。

(四)其他制度。应当建立工作人员职业道德规范与行为准则,人员岗位责任制度,技术人员聘用、培训、管理、考核与奖惩制度,职能科室工作制度,技术服务规范与工作制度,双向转诊制度,投诉调查处理制度,医疗废物管理制度,药品、设备、档案、信息管理等制度。

十、其他要求

开展手术操作的社区医院应当严格执行《医疗技术临床应用管理办法》和医疗机构手术分级管理有关要求,严格落实医疗质量安全核心制度,保障医疗质量与安全。

妇幼保健机构管理办法

1. 2006年12月19日卫生部发布

2. 卫妇社发〔2006〕489号

第一章 总 则

第一条 为加强妇幼保健机构的规范化管理,保障妇女儿童健康,提高出生人口素质,依据《母婴保健法》、《母婴保健法实施办法》、《医疗机构管理条例》等制定本办法。

第二条 各级妇幼保健机构是由政府举办,不以营利为目的,具有公共卫生性质的公益性事业单位,是为妇女儿童提供公共卫生和基本医疗服务的专业机构。

第三条 妇幼保健机构要遵循"以保健为中心,以保障生殖健康为目的,保健与临床相结合,面向群体、面向基层和预防为主"的妇幼卫生工作方针,坚持正确的发展方向。

第四条 卫生部负责全国妇幼保健机构的监督管理。县级以上地方人民政府卫生行政部门负责本行政区域内妇幼保健机构的规划和监督管理。

第二章 功能与职责

第五条 妇幼保健机构应坚持以群体保健工作为基础,面向基层、预防为主,为妇女儿童提供健康教育、预防保健等公共卫生服务。在切实履行公共卫生职责的同时,开展与妇女儿童健康密切相关的基本医疗服务。

第六条 妇幼保健机构提供以下公共卫生服务:

(一)完成各级政府和卫生行政部门下达的指令性任务。

(二)掌握本辖区妇女儿童健康状况及影响因素,协助卫生行政部门制定本辖区妇幼卫生工作的相关政策、技术规范及各项规章制度。

(三)受卫生行政部门委托对本辖区各级各类医疗保健机构开展的妇幼卫生服务进行检查、考核与评价。

(四)负责指导和开展本辖区的妇幼保健健康教育与健康促进工作;组织实施本辖区母婴保健技术培训,对基层医疗保健机构开展业务指导,并提供技术支持。

(五)负责本辖区孕产妇死亡、婴儿及5岁以下儿童死亡、出生缺陷监测、妇幼卫生服务及技术管理等信息的收集、统计、分析、质量控制和汇总上报。

(六)开展妇女保健服务,包括青春期保健、婚前和孕前保健、孕产期保健、更年期保健、老年期保健。重点加强心理卫生咨询、营养指导、计划生育技术服务、生殖道感染/性传播疾病等妇女常见病防治。

(七)开展儿童保健服务,包括胎儿期、新生儿期、婴幼儿期、学龄前期及学龄期保健,受卫生行政部门委托对托幼园所卫生保健进行管理和业务指导。重点加强儿童早期综合发展、营养与喂养指导、生长发育监测、心理行为咨询、儿童疾病综合管理等儿童保健服务。

(八)开展妇幼卫生、生殖健康的应用性科学研究并组织推广适宜技术。

第七条 妇幼保健机构提供以下基本医疗服务，包括妇女儿童常见疾病诊治、计划生育技术服务、产前筛查、新生儿疾病筛查、助产技术服务等，根据需要和条件，开展产前诊断、产科并发症处理、新生儿危重症抢救和治疗等。

第三章 机构设置

第八条 妇幼保健机构由政府设置，分省、市（地）、县三级。上级妇幼保健机构应承担对下级机构的技术指导、培训和检查等职责，协助下级机构开展技术服务。设区的市（地）级和县（区）级妇幼保健机构的变动应征求省级卫生行政部门的意见。不得以租赁、买卖等形式改变妇幼保健机构所有权性质，保持妇幼保健机构的稳定。

第九条 妇幼保健机构应根据所承担的任务和职责设置内部科室。保健科室包括妇女保健科、儿童保健科、生殖健康科、健康教育科、信息管理科等。临床科室包括妇科、产科、儿科、新生儿科、计划生育科等，以及医学检验科、医学影像科等医技科室。各地可根据实际工作需要增加或细化科室设置，原则上应与其所承担的公共卫生职责和基本医疗服务相适应。

第十条 妇幼保健院（所、站）是各级妇幼保健机构的专有名称，原则上不能同时使用两个或两个以上名称，社会力量举办的医疗机构不得使用该名称。

第十一条 各级妇幼保健机构应具备与其职责任务相适应的基础设施、基本设备和服务能力。

第十二条 各级妇幼保健机构应根据《母婴保健法》、《母婴保健法实施办法》、《医疗机构管理条例》等相关法律法规进行设置审批和执业登记。从事婚前保健、产前诊断和遗传病诊断、助产技术、终止妊娠和结扎手术的妇幼保健机构要依法取得《母婴保健技术服务执业许可证》。

第四章 人员配备与管理

第十三条 妇幼保健机构人员编制按《各级妇幼保健机构编制标准》落实。一般按人口的1:10,000配备，地广人稀、交通不便的地区和大城市按人口的1:5,000配备；人口稠密的地区按1:15,000配备。保健人员配备要求：省（自治区、直辖市）级121－160人，市（地）级61－90人，县（区）级41－70人。临床人员按设立床位数，以1:1.7安排编制。卫生技术人员占总人数的75%－80%。

第十四条 妇幼保健机构的专业技术人员须掌握母婴保健法律法规，具有法定执业资格。从事婚前保健、产前诊断和遗传病诊断、助产技术、终止妊娠和结扎手术服务的人员必须取得相应的《母婴保健技术考核合格证书》。

第十五条 妇幼保健机构要建立健全培训制度，应采取多种方式进行岗位培训和继续医学教育，对专业技术人员参加学历教育、进修学习、短期培训班、学术活动等给予支持。要积极创造条件，吸引高素质人才。

第十六条 妇幼保健机构应按照工作需要和精简效能的原则，建立专业人员聘用制度，引入竞争机制，严格岗位管理，实行绩效考核。

第五章 制度建设

第十七条 各级妇幼保健机构应建立健全以下规章制度：

（一）公共卫生服务管理制度，包括基层业务指导、人员培训、工作例会、妇幼卫生信息管理、孕产妇死亡评审、婴儿及5岁以下儿童死亡评审、妇幼保健工作质量定期检查、托幼机构卫生保健管理和健康教育等制度。

（二）基本医疗管理制度按照临床医疗质量管理制度执行。

各级妇幼保健机构应根据工作开展情况不断健全、完善、细化其他规章制度。

第十八条 各级妇幼保健机构必须严格执行国家价格政策，向社会公开收费项目和标准。

第六章 保障措施

第十九条 各级人民政府按照《母婴保健法》中设立母婴保健专项资金和发展妇幼卫生事业的要求，落实妇幼卫生工作经费，逐年增加对妇幼卫生事业的投入，对各级妇幼保健机构基础设施建设给予支持。

第二十条 各级妇幼保健机构向社会提供公共卫生服务所需的人员经费、公务费、培训费、健康教育费、业务费按照财政部、国家发展改革委、卫生部《关于卫生事业补助政策的意见》（财社〔2000〕17号）的规定，由同级财政预算，按标准定额落实。根据实际工作需要，合理安排业务经费，保证各项工作的正常运行。

第二十一条 为了保持妇幼保健队伍的稳定，对从事群体妇幼保健的工作人员根据工作任务与绩效考核结果给予补助。可实行岗位津贴制度，岗位津贴标准应高于本机构卫生专业技术人员的岗位津贴平均水平。对长期在妇幼保健机构从事群体保健工作的专业技术人员的职称晋升，坚持以业绩为主的原则，给予适当政策倾斜。

第二十二条 根据财政部、国家发展改革委、卫生部《关于农村卫生事业补助政策的若干意见》(财社〔2003〕14号)的规定,各级人民政府对农村卫生财政补助范围包括:疾病控制、妇幼保健、卫生监督和健康教育等公共卫生工作,必要的医疗服务,卫生事业发展建设。农村公共卫生经费主要实行项目管理。县级卫生部门按照国家确定的农村公共卫生服务基本项目及要求,合理确定项目实施所需的人员经费和业务经费。人员经费按照工作量核定,业务经费按照开展项目工作必需的材料、仪器、药品、交通、水电消耗等成本因素核定。目前不具备项目管理条件的地区和不适合按项目管理的工作,可以按照定员定额和项目管理相结合的方法核定公共卫生经费。

第二十三条 各级人民政府建立健全妇幼卫生的专项救助制度,加大对贫困孕产妇和儿童的医疗救助力度,实现救助与医疗保险及新型农村合作医疗相衔接。

第七章 监督管理

第二十四条 加强妇幼保健机构的规范化建设,严格遵守国家有关法律、法规、规章、诊疗常规和技术规范。加强对医务人员的教育和监管,实施全面质量管理。

第二十五条 各级卫生行政部门负责对同级妇幼保健机构实施监督与管理,建立健全妇幼保健机构评估和监督考核制度,定期进行监督评估和信息公示。

第二十六条 应建立社会民主监督制度,定期收集社会各界的意见和建议,并将服务对象的满意度作为考核妇幼保健机构和从业人员业绩的评定标准之一。

第二十七条 各级妇幼保健机构应接受卫生行政部门的监督管理与评估,同时应接受上级妇幼保健机构的业务指导与评价。

第八章 附则

第二十八条 各省、自治区、直辖市根据本办法,结合本地实际,制定具体实施细则。

第二十九条 本办法由卫生部负责解释。

第三十条 本办法自发布之日起施行。

中医诊所备案管理暂行办法

1. 2017年9月22日国家卫生和计划生育委员会令第14号公布

2. 自2017年12月1日起施行

第一章 总则

第一条 为做好中医诊所的备案管理工作,根据《中华人民共和国中医药法》以及《医疗机构管理条例》等法律法规的有关规定,制定本办法。

第二条 本办法所指的中医诊所,是在中医药理论指导下,运用中药和针灸、拔罐、推拿等非药物疗法开展诊疗服务,以及中药调剂、汤剂煎煮等中药药事服务的诊所。不符合上述规定的服务范围或者存在不可控的医疗安全隐患和风险的,不适用本办法。

第三条 国家中医药管理局负责全国中医诊所的管理工作。

县级以上地方中医药主管部门负责本行政区域内中医诊所的监督管理工作。

县级中医药主管部门具体负责本行政区域内中医诊所的备案工作。

第二章 备案

第四条 举办中医诊所的,报拟举办诊所所在地县级中医药主管部门备案后即可开展执业活动。

第五条 举办中医诊所应当同时具备下列条件:

(一)个人举办中医诊所的,应当具有中医类别《医师资格证书》并经注册后在医疗、预防、保健机构中执业满三年,或者具有《中医(专长)医师资格证书》;法人或者其他组织举办中医诊所的,诊所主要负责人应当符合上述要求;

(二)符合《中医诊所基本标准》;

(三)中医诊所名称符合《医疗机构管理条例实施细则》的相关规定;

(四)符合环保、消防的相关规定;

(五)能够独立承担民事责任。

《医疗机构管理条例实施细则》规定不得申请设置医疗机构的单位和个人,不得举办中医诊所。

第六条 中医诊所备案,应当提交下列材料:

(一)《中医诊所备案信息表》;

(二)中医诊所主要负责人有效身份证明、医师资格证书、医师执业证书;

(三)其他卫生技术人员名录、有效身份证明、执业资格证件;

(四)中医诊所管理规章制度;

(五)医疗废物处理方案、诊所周边环境情况说明;

(六)消防应急预案。

法人或者其他组织举办中医诊所的,还应当提供法人或者其他组织的资质证明、法定代表人身份证明或者其他组织的代表人身份证明。

第七条 备案人应当如实提供有关材料和反映真实情

况，并对其备案材料实质内容的真实性负责。

第八条 县级中医药主管部门收到备案材料后，对材料齐全且符合备案要求的予以备案，并当场发放《中医诊所备案证》；材料不全或者不符合备案要求的，应当当场或者在收到备案材料之日起五日内一次告知备案人需要补正的全部内容。

国家逐步推进中医诊所管理信息化，有条件的地方可实行网上申请备案。

第九条 中医诊所应当将《中医诊所备案证》、卫生技术人员信息在诊所的明显位置公示。

第十条 中医诊所的人员、名称、地址等实际设置应当与《中医诊所备案证》记载事项相一致。

中医诊所名称、场所、主要负责人、诊疗科目、技术等备案事项发生变动的，应当及时到原备案机关对变动事项进行备案。

第十一条 禁止伪造、出卖、转让、出借《中医诊所备案证》。

第十二条 中医诊所应当按照备案的诊疗科目、技术开展诊疗活动，加强对诊疗行为、医疗质量、医疗安全的管理，并符合中医医疗技术相关性感染预防与控制等有关规定。

中医诊所发布医疗广告应当遵守法律法规规定，禁止虚假、夸大宣传。

第十三条 县级中医药主管部门应当在发放《中医诊所备案证》之日起二十日内将辖区内备案的中医诊所信息在其政府网站公开，便于社会查询、监督，并及时向上一级中医药主管部门报送本辖区内中医诊所备案信息。上一级中医药主管部门应当进行核查，发现不符合本办法规定的备案事项，应当在三十日内予以纠正。

第三章 监督管理

第十四条 县级以上地方中医药主管部门应当加强对中医诊所依法执业、医疗质量和医疗安全、诊所管理等情况的监督管理。

第十五条 县级中医药主管部门应当自中医诊所备案之日起三十日内，对备案的中医诊所进行现场核查，对相关材料进行核实，并定期开展现场监督检查。

第十六条 有下列情形之一的，中医诊所应当向所在地县级中医药主管部门报告，县级中医药主管部门应当注销备案并及时向社会公告：

（一）中医诊所停止执业活动超过一年的；

（二）中医诊所主要负责人被吊销执业证书或者被追究刑事责任的；

（三）举办中医诊所的法人或者其他组织依法终止的；

（四）中医诊所自愿终止执业活动的。

第十七条 县级中医药主管部门应当定期组织中医诊所负责人学习卫生法律法规和医疗机构感染防控、传染病防治等知识，促进中医诊所依法执业；定期组织执业人员参加继续教育，提高其专业技术水平。

第十八条 县级中医药主管部门应当建立中医诊所不良执业行为记录制度，对违规操作、不合理收费、虚假宣传等进行记录，并作为对中医诊所进行监督管理的重要依据。

第四章 法律责任

第十九条 县级以上地方中医药主管部门未履行本办法规定的职责，对符合备案条件但未及时发放备案证或者逾期未告知需要补正材料、未在规定时限内公开辖区内备案的中医诊所信息、未依法开展监督管理的，按照《中医药法》第五十三条的规定予以处理。

第二十条 违反本办法规定，未经县级中医药主管部门备案擅自执业的，由县级中医药主管部门责令改正，没收违法所得，并处三万元以下罚款，向社会公告相关信息；拒不改正的，责令其停止执业活动，其直接责任人员自处罚决定作出之日起五年内不得从事中医药相关活动。

第二十一条 提交虚假备案材料取得《中医诊所备案证》的，由县级中医药主管部门责令改正，没收违法所得，并处三万元以下罚款，向社会公告相关信息；拒不改正的，责令其停止执业活动并注销《中医诊所备案证》，其直接责任人员自处罚决定作出之日起五年内不得从事中医药相关活动。

第二十二条 违反本办法第十条规定，中医诊所擅自更改设置未经备案或者实际设置与取得的《中医诊所备案证》记载事项不一致的，不得开展诊疗活动。擅自开展诊疗活动的，由县级中医药主管部门责令改正，给予警告，并处一万元以上三万元以下罚款；情节严重的，应当责令其停止执业活动，注销《中医诊所备案证》。

第二十三条 违反本办法第十一条规定，出卖、转让、出借《中医诊所备案证》的，由县级中医药主管部门责令改正，给予警告，可以并处一万元以上三万元以下罚款；情节严重的，应当责令其停止执业活动，注销《中医诊所备案证》。

第二十四条 中医诊所超出备案范围开展医疗活动的，由所在地县级中医药主管部门责令改正，没收违法所得，并处一万元以上三万元以下罚款。有下列情形之一的，应当责令其停止执业活动，注销《中医诊所备案

证》,其直接负责的主管人员自处罚决定作出之日起五年内不得在医疗机构内从事管理工作:

(一)因超出备案范围开展医疗活动曾受过行政处罚的;

(二)超出备案范围从事医疗活动给患者造成伤害的;

(三)违反本办法规定造成其他严重后果的。

第五章 附 则

第二十五条 本办法未规定的中医诊所管理要求,按照有关法律法规和国家医疗机构管理的相关规定执行。

第二十六条 《中医诊所备案信息表》和《中医诊所备案证》格式由国家中医药管理局统一规定。

第二十七条 本办法施行前已经设置的中医诊所,符合本办法规定备案条件的,在《医疗机构执业许可证》有效期到期之前,可以按照《医疗机构管理条例》的要求管理,也可以按照备案要求管理;不符合备案条件的其他诊所仍然按照《医疗机构管理条例》的要求实行审批管理。

第二十八条 本办法规定的期限以工作日计算。

第二十九条 本办法自2017年12月1日起施行。

乡镇卫生院管理办法(试行)

1. 2011年7月7日卫生部、国家发展和改革委员会、财政部、人力资源和社会保障部、农业部印发

2. 卫农卫发〔2011〕61号

第一章 总 则

第一条 为贯彻落实深化医药卫生体制改革精神,坚持乡镇卫生院的公益性质,明确乡镇卫生院功能和服务范围,规范乡镇卫生院管理,更好地为农村居民健康服务,根据《中华人民共和国执业医师法》、《医疗机构管理条例》、《护士条例》等有关法律法规和《中共中央国务院关于深化医药卫生体制改革的意见》(中发〔2009〕6号)、《国务院办公厅关于建立健全基层医疗卫生机构补偿机制的意见》(国办发〔2010〕62号)等有关文件,制定本办法。

第二条 本办法适用于在乡镇设置、经县级人民政府卫生行政部门登记注册、依法取得《医疗机构执业许可证》的卫生院。

第三条 乡镇卫生院是农村三级医疗卫生服务体系的枢纽,是公益性、综合性的基层医疗卫生机构。政府在每个乡镇办好一所卫生院。

第四条 卫生部负责全国乡镇卫生院的监督管理工作,县级以上地方人民政府卫生行政部门负责本行政区域内乡镇卫生院的监督管理工作。

第二章 设置规划

第五条 县级人民政府卫生行政部门根据本行政区域卫生发展规划、医疗机构设置规划和乡镇建设发展总体规划,统筹考虑本行政区域内农村居民的卫生服务需求、地理交通条件以及行政区划等因素,编制乡镇卫生院设置规划,经上一级地方人民政府卫生行政部门审核,报同级人民政府批准后在本行政区域内发布实施。

在制订和调整乡镇卫生院设置规划时,应当为非公立医疗机构留有合理空间。

第六条 县级人民政府卫生行政部门依据《医疗机构管理条例》等有关规定,负责办理乡镇卫生院的设置审批、登记、注册、校验、变更以及注销等事项。县级人民政府卫生行政部门应当于每年2月底前,将上一年度乡镇卫生院名册逐级上报至卫生部。乡镇卫生院《医疗机构执业许可证》不得伪造、涂改、出卖、转让、出借。

第七条 乡镇卫生院的命名原则是:县(市、区)名+乡镇名+(中心)卫生院(分院)。乡镇卫生院的印章、票据、病历本册、处方等医疗文书使用的名称必须与批准的名称一致。乡镇卫生院不得使用或加挂其他类别医疗机构的名称。

第八条 乡镇卫生院标识采用全国统一式样,具体式样由卫生部另行发布。

第三章 基本功能

第九条 乡镇卫生院以维护当地居民健康为中心,综合提供公共卫生和基本医疗等服务,并承担县级人民政府卫生行政部门委托的卫生管理职能。

中心卫生院是辐射一定区域范围的医疗卫生服务中心,并承担对周边区域内一般卫生院的技术指导工作。

第十条 开展与其功能相适应的基本医疗卫生服务,使用适宜技术、适宜设备和基本药物。大力推广包括民族医药在内的中医药服务。

第十一条 承担当地居民健康档案、健康教育、计划免疫、传染病防治、儿童保健、孕产妇保健、老年人保健、慢性病管理、重性精神疾病患者管理等国家基本公共卫生服务项目。协助实施疾病防控、农村妇女住院分娩等重大公共卫生项目、卫生应急等任务。

第十二条 承担常见病、多发病的门诊和住院诊治,开展院内外急救、康复和计划生育技术服务等,提供转诊服务。

第十三条 受县级人民政府卫生行政部门委托,承担辖区内公共卫生管理职能,负责对村卫生室的业务管理和技术指导。有条件地区可推行乡村卫生服务一体化管理。

第四章 行政管理

第十四条 按照精简高效的原则设置临床和公共卫生等部门。临床部门重点可设全科医学科、内(儿)科、外科、妇产科、中医科、急诊科和医技科。公共卫生部门可内设预防、保健等科室。规模较小的卫生院也可按照业务相近、便于管理的原则设立综合性科室。具体设置由县级人民政府卫生行政部门根据批准的执业范围确定。

第十五条 按照公开、公平、竞争、择优的原则选聘乡镇卫生院院长。实行院长任期目标责任制管理。

第十六条 乡镇卫生院实行以聘用制度和岗位管理制度为重点的人事管理制度,公开招聘、竞聘上岗、按岗聘用、合同管理。新进人员实行公开招聘制度,并与乡镇卫生院签订聘用合同。优先聘用全科医生到乡镇卫生院服务。

第十七条 实行院务公开、民主管理。定期召开院周会、例会和职工大会,听取职工意见与建议。维护职工合法权益。

第十八条 加强医德医风建设,完善社会监督,严格遵守《医务人员医德规范及实施办法》。

第十九条 医务人员着装规范,主动、热情、周到、文明服务。服务标识规范、醒目,就医环境美化、绿化、整洁、温馨。

第五章 业务管理

第二十条 转变服务模式,以健康管理为中心,开展主动服务和上门服务,逐步组建全科医生团队,向当地居民提供连续性服务。

第二十一条 按照国家有关法律、行政法规和技术规范,建立健全并落实各项业务管理制度。

第二十二条 严格按照核准登记的诊疗科目开展诊疗活动。加强医疗质量控制和安全管理。规范医疗文书书写。

第二十三条 统筹协调辖区内公共卫生管理工作。规范公共卫生服务。及时、有效处置突发公共卫生事件。

第二十四条 实施国家基本药物制度。乡镇卫生院全部配备和使用国家基本药物并实行零差率销售。禁止从非法渠道购进药物。强化用药知识培训,保证临床用药合理、安全、有效、价廉。

第二十五条 落实医院感染预防与控制管理措施。加强消毒供应室、手术室、治疗室、产房、发热门诊、医院感染等医疗安全重点部门管理,依据《医疗废物管理条例》等进行医疗废物处理和污水、污物无害化处理。

第二十六条 卫生技术人员应当依法取得执业资格。包括全科医学在内的医疗、护理、公共卫生等卫生专业技术人员必须经卫生行政部门登记注册并在规定的范围内执业。临床医师的执业范围可注册同一类别 3 个专业,不得从事执业登记许可范围以外的诊疗活动。

第二十七条 建立健全在职卫生技术人员继续教育制度。在职卫生技术人员应当定期参加培训。新聘用的高校医学毕业生应当按照国家规定参加全科医生规范化培训。

第六章 财务管理

第二十八条 乡镇卫生院实行“统一领导、集中管理”的财务管理体制,财务活动在乡镇卫生院负责人的领导下,由财务部门统一管理。积极探索对乡镇卫生院实行财务集中管理体制。

第二十九条 年度收支预算由乡镇卫生院根据相关规定编制草案经县级人民政府卫生行政部门审核汇总后报财政部门核定。乡镇卫生院按照年初核定的预算,依法组织收入,严格控制乡镇卫生院支出。

第三十条 严格执行国家财务、会计和审计监督等相关法律法规制度。严禁设立账外账、“小金库”,以及出租、承包内部科室。

第三十一条 严格执行药品和医疗服务价格政策,向社会公示医疗服务收费标准和药品价格。

第三十二条 严格执行医疗保障制度相关政策。落实公示和告知制度。完善内部监督制约机制,杜绝骗取、套取医保资金行为。

第三十三条 建立健全物资采购、验收、入库、发放、报废制度;完善设备保管、使用、保养、维护制度。

第三十四条 乡镇卫生院不得举债建设,不得发生融资租赁行为。

第七章 绩效管理

第三十五条 县级人民政府卫生行政部门负责组织乡镇卫生院绩效考核工作。绩效考核主要包括县级人民政府卫生行政部门对乡镇卫生院的考核和乡镇卫生院对职工的考核。

第三十六条 县级人民政府卫生行政部门对乡镇卫生院

实行包括行风建设、业务工作、内部管理和社会效益等为主要考核内容的综合目标管理。根据管理绩效、基本医疗和公共卫生服务的数量和质量、服务对象满意度、居民健康状况改善等指标对乡镇卫生院进行综合量化考核,并将考核结果与政府经费补助以及乡镇卫生院院长的年度考核和任免挂钩。

第三十七条 乡镇卫生院建立以岗位责任和绩效为基础、以服务数量和质量以及服务对象满意度为核心的工作人员考核和激励制度。根据专业技术、管理、工勤技能等岗位的不同特点,按照不同岗位所承担的职责、任务及创造的社会效益等情况对职工进行绩效考核,并将考核结果作为发放绩效工资、调整岗位、解聘续聘等的依据。在绩效工资分配中,坚持多劳多得、优绩优酬,重点向全科医生等关键岗位、业务骨干和作出突出贡献的工作人员倾斜,适当拉开收入差距。

第八章 附 则

第三十八条 对工作成绩突出的乡镇卫生院及其工作人员,根据国家有关规定给予表彰奖励。

第三十九条 对违反本办法的,依据相关法律法规和规章制度,予以严肃处理。

第四十条 各省级人民政府卫生行政部门应当根据本办法,制订实施细则。

第四十一条 本办法由卫生部会同国家发展和改革委员会、财政部、人力资源和社会保障部、农业部负责解释。

第四十二条 本办法自印发之日起施行。1978 年 12 月 1 日发布的《全国农村人民公社卫生院暂行条例(草案)》同时废止。

村卫生室管理办法(试行)

1. 2014 年 6 月 3 日国家卫生计生委、国家发展改革委、教育部、财政部、国家中医药管理局印发

2. 国卫基层发〔2014〕33 号

第一章 总 则

第一条 为加强村卫生室管理,明确村卫生室功能定位和服务范围,保障农村居民获得公共卫生和基本医疗服务,根据《执业医师法》、《医疗机构管理条例》、《乡村医生从业管理条例》、《中医药条例》等有关法律法规,制定本办法。

第二条 本办法适用于经县级卫生计生行政部门设置审批和执业登记,依法取得《医疗机构执业许可证》,并在行政村设置的卫生室(所、站)。

第三条 本办法所指村卫生室人员,包括在村卫生室执业的执业医师、执业助理医师(含乡镇执业助理医师)、乡村医生和护士等人员。

第四条 村卫生室是农村公共服务体系的重要组成部分,是农村医疗卫生服务体系的基础。各地要采取公建民营、政府补助等方式,支持村卫生室房屋建设、设备购置和正常运转。

第五条 国家卫生计生委会同国家发展改革委、财政部指导各地制订村卫生室的设置规划,并负责全国村卫生室的监督管理等工作。

省、市级卫生计生行政部门会同同级发展改革、财政等部门制订本行政区域内村卫生室的设置规划,并负责本行政区域内村卫生室的监督管理等工作。

县级卫生计生行政部门合理规划村卫生室设置,负责本行政区域内村卫生室的设置审批、执业登记、监督管理等工作。

第六条 稳妥推进乡村卫生服务一体化管理,县级以上地方卫生计生行政部门在机构设置规划与建设、人员准入与执业管理、业务、药械和绩效考核等方面加强对村卫生室的规范管理。

第二章 功能任务

第七条 村卫生室承担与其功能相适应的公共卫生服务、基本医疗服务和上级卫生计生行政部门交办的其他工作。

第八条 村卫生室承担行政村的健康教育、预防保健等公共卫生服务,主要包括:

(一)承担、参与或协助开展基本公共卫生服务;

(二)参与或协助专业公共卫生机构落实重大公共卫生服务;

(三)县级以上卫生计生行政部门布置的其他公共卫生任务。

第九条 村卫生室提供的基本医疗服务主要包括:

(一)疾病的初步诊查和常见病、多发病的基本诊疗以及康复指导、护理服务;

(二)危急重症病人的初步现场急救和转诊服务;

(三)传染病和疑似传染病人的转诊;

(四)县级以上卫生计生行政部门规定的其他基本医疗服务。

除为挽救患者生命而实施的急救性外科止血、小伤口处置外,村卫生室原则上不得提供以下服务:

(一)手术、住院和分娩服务;

(二)与其功能不相适应的医疗服务;

(三)县级以上地方卫生计生行政部门明确规定

不得从事的其他医疗服务。

第十条　村卫生室承担卫生计生行政部门交办的卫生计生政策和知识宣传，信息收集上报，协助开展新型农村合作医疗政策宣传和筹资等工作。

第十一条　村卫生室应当提供与其功能相适应的中医药（民族医药）服务及计生药具药品服务。

第三章　机构设置与审批

第十二条　村卫生室设置应当遵循以下基本原则：

（一）符合当地区域卫生规划、医疗机构设置规划和新农村建设规划；

（二）统筹考虑当地经济社会发展水平、农村居民卫生服务需求、服务人口、地理交通条件等因素，方便群众就医；

（三）综合利用农村卫生资源，优化卫生资源配置；

（四）符合《医疗机构管理条例》及实施细则的有关规定，达到《医疗机构基本标准》要求。

第十三条　原则上一个行政村设置一所村卫生室，人口较多或者居住分散的行政村可酌情增设；人口较少或面积较小的行政村，可与相邻行政村联合设置村卫生室。乡镇卫生院所在地的行政村原则上可不设村卫生室。

第十四条　县级卫生计生行政部门依据国家有关法律法规办理村卫生室的设置审批和执业登记等有关事项。

第十五条　村卫生室登记的诊疗科目为预防保健科、全科医疗科和中医科（民族医学科）。村卫生室原则上不得登记其他诊疗科目。

第十六条　村卫生室的命名原则是：乡镇名＋行政村名＋卫生室（所、站）。如一个行政村设立多个村卫生室，可在村卫生室前增加识别名。村卫生室不得使用或加挂其他类别医疗机构的名称。

第十七条　村卫生室房屋建设规模不低于60平方米，服务人口多的应当适当调增建筑面积。村卫生室至少设有诊室、治疗室、公共卫生室和药房。经县级卫生计生行政部门核准，开展静脉给药服务项目的增设观察室，根据需要设立值班室，鼓励有条件的设立康复室。

村卫生室不得设置手术室、制剂室、产房和住院病床。

第十八条　村卫生室设备配置要按照满足农村居民基本医疗卫生服务需求的原则，根据省级以上卫生计生行政部门有关规定予以配备。

第十九条　村卫生室应当按照医疗机构校验管理的相关规定定期向登记机关申请校验。

第四章　人员配备与管理

第二十条　根据辖区服务人口、农村居民医疗卫生服务现状和预期需求以及地理条件等因素，原则上按照每千服务人口不低于1名的比例配备村卫生室人员。具体标准由省级卫生计生行政部门制订。

第二十一条　在村卫生室从事预防、保健和医疗服务的人员应当依法取得相应的执业资格。

第二十二条　政府举办的村卫生室要按照公开、公平、择优的原则，聘用职业道德好和业务能力强的人员到村卫生室执业。鼓励有条件的地方由乡镇卫生院派驻医师到村卫生室执业。

第二十三条　建立村卫生室人员培训制度。省级卫生计生行政部门组织制订村卫生室人员培训规划。县级卫生计生行政部门采取临床进修、集中培训、远程教育、对口帮扶等多种方式，保证村卫生室人员每年至少接受两次免费岗位技能培训，累计培训时间不低于两周，培训内容应当与村卫生室日常工作相适应。

第二十四条　鼓励在岗村卫生室人员接受医学学历继续教育，促进乡村医生向执业（助理）医师转化。有条件的地方要制订优惠政策，吸引执业（助理）医师和取得相应执业资格的医学类专业毕业生到村卫生室工作，并对其进行业务培训。

第二十五条　探索乡村医生后备人才培养模式。地方卫生计生、教育行政部门要结合实际，从本地选拔综合素质好、具有培养潜质的青年后备人员到医学院校定向培养，也可选拔、招聘符合条件的医学类专业毕业生直接接受毕业后培训，取得相应执业资格后到村卫生室执业。

第二十六条　村卫生室人员要加强医德医风建设，严格遵守医务人员医德规范和医疗机构从业人员行为规范。

第二十七条　村卫生室要有明显禁烟标识，室内禁止吸烟。服务标识规范、醒目，就医环境美化、绿化、整洁、温馨。村卫生室人员着装规范，主动、热情、周到、文明服务。

第二十八条　县级卫生计生行政部门组织或委托乡镇卫生院对村卫生室实行定期绩效考核。考核结果作为相应的财政补助资金发放、人员奖惩和村卫生室人员执业再注册的依据。

第二十九条　结合养老保险制度的建立健全和村卫生室人员考核工作的开展，地方卫生计生行政部门逐步建立村卫生室人员的到龄退出和考核不合格退出机制。

第五章 业务管理

第三十条 村卫生室及其医务人员应当严格遵守国家有关法律、法规、规章，严格执行诊疗规范、操作规程等技术规范，加强医疗质量与安全管理。

第三十一条 县级卫生计生行政部门建立健全村卫生室的医疗质量管理、医疗安全、人员岗位责任、定期在岗培训、门诊登记、法定传染病疫情报告、食源性疾病或疑似病例信息报告、医疗废物管理、医源性感染管理、免疫规划工作管理、严重精神障碍患者服务管理、妇幼保健工作管理以及财务、药品、档案、信息管理等有关规章制度。

第三十二条 村卫生室在许可的执业范围内，使用适宜技术、适宜设备和按规定配备使用的基本药物为农村居民提供基本医疗卫生服务，不得超范围执业。鼓励村卫生室人员学习中医药知识，运用中医药技术和方法防治疾病。

第三十三条 纳入基本药物制度实施范围内的村卫生室按照规定配备和使用基本药物，实施基本药物集中采购和零差率销售。村卫生室建立真实完整的药品购销、验收记录。

第三十四条 村卫生室必须同时具备以下条件，并经县级卫生计生行政部门核准后方可提供静脉给药服务：

（一）具备独立的静脉给药观察室及观察床；

（二）配备常用的抢救药品、设备及供氧设施；

（三）具备静脉药品配置的条件；

（四）开展静脉给药服务的村卫生室人员应当具备预防和处理输液反应的救护措施和急救能力；

（五）开展抗菌药物静脉给药业务的，应当符合抗菌药物临床应用相关规定。

第三十五条 按照预防接种工作规范和国家有关规定，由县级卫生计生行政部门指定为预防接种单位的村卫生室必须具备以下条件：

（一）村卫生室人员经过县级卫生计生行政部门组织的预防接种专业培训并考核合格；

（二）具有符合疫苗储存、运输管理规范的冷藏设施、设备和冷藏保管制度；

（三）自觉接受所在地县级疾病预防控制机构的技术指导，所在地乡镇卫生院的督导、人员培训和对冷链设备使用管理的指导。

第三十六条 建立健全例会制度，乡镇卫生院每月至少组织辖区内村卫生室人员召开一次例会，包括以下内容：

（一）村卫生室人员汇报本村卫生室上月基本医疗和公共卫生工作情况，报送相关信息报表，提出工作中遇到的问题和合理化建议；

（二）乡镇卫生院汇总各村卫生室工作情况，对村卫生室人员反映的问题予以协调解决，必要时向县级卫生计生行政部门报告；

（三）乡镇卫生院对村卫生室人员开展业务和卫生政策等方面的培训；

（四）乡镇卫生院传达有关卫生政策，并部署当月工作。

第三十七条 村卫生室医疗废物、污水处理设施应当符合《医疗废物管理条例》等有关规定。

第三十八条 加强村卫生室信息化建设，支持村卫生室以信息化技术管理农村居民健康档案、接受远程医学教育、开展远程医疗咨询、进行医院感染暴发信息报告、开展新型农村合作医疗医药费用即时结报、实行乡镇卫生院和村卫生室统一的电子票据和处方笺等工作。

第三十九条 村卫生室与村计生专干、乡镇卫生院、乡镇计生办之间要及时通报人口出生、妊娠、避孕等个案信息。

第六章 财务管理

第四十条 在乡镇卫生院指导下，村卫生室应当做好医疗业务收支记录以及资产登记等工作。

第四十一条 在不增加农村居民个人负担的基础上，省级卫生计生行政部门要会同财政、物价等部门，合理制订村卫生室的一般诊疗费标准以及新型农村合作医疗支付标准和管理办法。

第四十二条 村卫生室要主动公开医疗服务和药品收费项目及价格，并将药品品种和购销价格在村卫生室醒目位置进行公示，做到收费有单据、账目有记录、支出有凭证。

第七章 保障措施

第四十三条 不得挤占、截留或挪用村卫生室补偿经费和建设资金，确保专款专用。严禁任何部门以任何名义向村卫生室收取、摊派国家规定之外的费用。

第四十四条 建立健全村卫生室补偿机制和绩效考核制度，保证村卫生室人员的合理待遇：

（一）县级卫生计生行政部门要明确应当由村卫生室提供的基本公共卫生服务具体内容，并合理核定其任务量，考核后按其实际工作量，通过政府购买服务的方式将相应的基本公共卫生服务经费拨付给村卫生室；

（二）将符合条件的村卫生室纳入新型农村合作

医疗定点医疗机构管理，并将村卫生室收取的一般诊疗费和使用的基本药物纳入新型农村合作医疗支付范围；

（三）村卫生室实行基本药物制度后，各地要采取专项补助的方式对村卫生室人员给予定额补偿，补助水平与对当地村干部的补助水平相衔接，具体补偿政策由各省（区、市）结合实际制订；

（四）鼓励各地提高对服务年限长和在偏远、条件艰苦地区执业的村卫生室人员的补助水平。

上述经费应当在每年年初预拨一定比例，绩效考核合格后结算。

第四十五条　各地应当在房屋建设、设备购置、配套设施等方面对村卫生室建设给予支持。由政府或集体建设的村卫生室，建设用地应当由当地政府无偿划拨，村卫生室建成后由村委会或政府举办的乡镇卫生院管理。

第四十六条　支持村卫生室人员按规定参加城乡居民社会养老保险，按规定领取养老金。鼓励有条件的地方采取多种方式适当提高村卫生室人员养老待遇。

第四十七条　各地要将完善村卫生室基础设施建设、公共卫生服务经费和村卫生室人员实施国家基本药物制度补助等方面所需资金纳入财政年度预算，并确保及时足额拨付到位。

第八章　附　　则

第四十八条　村卫生室及其医务人员在执业活动中作出突出贡献的，县级及以上卫生计生行政部门应当给予奖励。

第四十九条　村卫生室及其医务人员违反国家法律法规及本办法的，卫生计生行政部门应当依据有关法律法规予以处理。

第五十条　各省、自治区、直辖市卫生计生行政部门根据本办法，制订实施细则。

第五十一条　本办法由国家卫生计生委会同国家发展改革委、教育部、财政部、国家中医药局负责解释。

第五十二条　本办法自印发之日起施行。

互联网医院管理办法（试行）

1. 2018年7月17日国家卫生健康委员会、国家中医药管理局发布

2. 国卫医发〔2018〕25号

第一章　总　　则

第一条　为落实《国务院办公厅关于促进“互联网＋医疗健康”发展的意见》，推动互联网医院持续健康发展，规范互联网医院管理，提高医疗服务效率，保证医疗质量和医疗安全，根据《执业医师法》、《医疗机构管理条例》等法律法规，制定本办法。

第二条　本办法所称互联网医院包括作为实体医疗机构第二名称的互联网医院，以及依托实体医疗机构独立设置的互联网医院（互联网医院基本标准见附录）。

第三条　国家按照《医疗机构管理条例》、《医疗机构管理条例实施细则》对互联网医院实行准入管理。

第四条　国务院卫生健康行政部门和中医药主管部门负责全国互联网医院的监督管理。地方各级卫生健康行政部门（含中医药主管部门，下同）负责辖区内互联网医院的监督管理。

第二章　互联网医院准入

第五条　实体医疗机构自行或者与第三方机构合作搭建信息平台，使用在本机构和其他医疗机构注册的医师开展互联网诊疗活动的，应当申请将互联网医院作为第二名称。

实体医疗机构仅使用在本机构注册的医师开展互联网诊疗活动的，可以申请将互联网医院作为第二名称。

第六条　实施互联网医院准入前，省级卫生健康行政部门应当建立省级互联网医疗服务监管平台，与互联网医院信息平台对接，实现实时监管。

第七条　申请设置互联网医院，应当向其依托的实体医疗机构执业登记机关提出设置申请，并提交以下材料：

（一）设置申请书；

（二）设置可行性研究报告，可根据情况适当简化报告内容；

（三）所依托实体医疗机构的地址；

（四）申请设置方与实体医疗机构共同签署的合作建立互联网医院的协议书。

第八条　新申请设置的实体医疗机构拟将互联网医院作为第二名称的，应当在设置申请书中注明，并在设置可行性研究报告中写明建立互联网医院的有关情况。如果与第三方机构合作建立互联网医院信息平台，应当提交合作协议。

第九条　卫生健康行政部门受理设置申请后，依据《医疗机构管理条例》、《医疗机构管理条例实施细则》的有关规定进行审核，在规定时间内作出同意或者不同意的书面答复。批准设置并同意其将互联网医院作为第二名称的，在《设置医疗机构批准书》中注明；批准第三方机构申请设置互联网医院的，发给《设置医疗机构批准书》。医疗机构按照有关法律法规和规章申请执业登记。

第十条 已经取得《医疗机构执业许可证》的实体医疗机构拟建立互联网医院,将互联网医院作为第二名称的,应当向其《医疗机构执业许可证》发证机关提出增加互联网医院作为第二名称的申请,并提交下列材料:

(一)医疗机构法定代表人或主要负责人签署同意的申请书,提出申请增加互联网医院作为第二名称的原因和理由;

(二)与省级互联网医疗服务监管平台对接情况;

(三)如果与第三方机构合作建立互联网医院,应当提交合作协议;

(四)登记机关规定提交的其他材料。

第十一条 执业登记机关按照有关法律法规和规章对互联网医院登记申请材料进行审核。审核合格的,予以登记。审核不合格的,将审核结果以书面形式通知申请人。

第十二条 互联网医院的命名应当符合有关规定,并满足以下要求:

(一)实体医疗机构独立申请互联网医院作为第二名称,应当包括"本机构名称+互联网医院";

(二)实体医疗机构与第三方机构合作申请互联网医院作为第二名称,应当包括"本机构名称+合作方识别名称+互联网医院";

(三)独立设置的互联网医院,名称应当包括"申请设置方识别名称+互联网医院"。

第十三条 合作建立的互联网医院,合作方发生变更或出现其他合作协议失效的情况时,需要重新申请设置互联网医院。

第三章 执业规则

第十四条 互联网医院执行由国家或行业学协会制定的诊疗技术规范和操作规程。

第十五条 互联网医院信息系统按照国家有关法律法规和规定,实施第三级信息安全等级保护。

第十六条 在互联网医院提供医疗服务的医师、护士应当能够在国家医师、护士电子注册系统中进行查询。互联网医院应当对医务人员进行电子实名认证。鼓励有条件的互联网医院通过人脸识别等人体特征识别技术加强医务人员管理。

第十七条 第三方机构依托实体医疗机构共同建立互联网医院的,应当为实体医疗机构提供医师、药师等专业人员服务和信息技术支持服务,通过协议、合同等方式明确各方在医疗服务、信息安全、隐私保护等方面的责权利。

第十八条 互联网医院必须对患者进行风险提示,获得患者的知情同意。

第十九条 患者在实体医疗机构就诊,由接诊的医师通过互联网医院邀请其他医师进行会诊时,会诊医师可以出具诊断意见并开具处方;患者未在实体医疗机构就诊,医师只能通过互联网医院为部分常见病、慢性病患者提供复诊服务。互联网医院可以提供家庭医生签约服务。

当患者病情出现变化或存在其他不适宜在线诊疗服务的,医师应当引导患者到实体医疗机构就诊。

第二十条 互联网医院应当严格遵守《处方管理办法》等处方管理规定。在线开具处方前,医师应当掌握患者病历资料,确定患者在实体医疗机构明确诊断为某种或某几种常见病、慢性病后,可以针对相同诊断的疾病在线开具处方。

所有在线诊断、处方必须有医师电子签名。处方经药师审核合格后方可生效,医疗机构、药品经营企业可委托符合条件的第三方机构配送。不得在互联网上开具麻醉药品、精神类药品处方以及其他用药风险较高、有其他特殊管理规定的药品处方。为低龄儿童(6岁以下)开具互联网儿童用药处方时,应当确定患儿有监护人和相关专业医师陪伴。

第二十一条 互联网医院开展互联网诊疗活动应当按照《医疗机构病历管理规定》和《电子病历基本规范(试行)》等相关文件要求,为患者建立电子病历,并按照规定进行管理。患者可以在线查询检查检验结果和资料、诊断治疗方案、处方和医嘱等病历资料。

第二十二条 互联网医院发生的医疗服务不良事件和药品不良事件按照国家有关规定上报。

第二十三条 互联网医院应当严格执行信息安全和医疗数据保密的有关法律法规,妥善保管患者信息,不得非法买卖、泄露患者信息。发生患者信息和医疗数据泄露时,医疗机构应当及时向主管的卫生健康行政部门报告,并立即采取有效应对措施。

第二十四条 实体医疗机构或者与实体医疗机构共同申请互联网医院的第三方,应当为医师购买医疗责任保险。

第二十五条 互联网医院提供医疗服务应当符合分级诊疗相关规定,与依托的实体医疗机构功能定位相适应。

第二十六条 鼓励城市三级医院通过互联网医院与偏远地区医疗机构、基层医疗卫生机构、全科医生与专科医生的数据资源共享和业务协同,促进优质医疗资源下沉。

第四章 监督管理

第二十七条 互联网医院应当严格按照国家法律法规加强内部各项管理。

第二十八条 互联网医院应当建立互联网医疗服务不良事件防范和处置流程,落实个人隐私信息保护措施,加强互联网医院信息平台内容审核管理,保证互联网医疗服务安全、有效、有序开展。

第二十九条 互联网医院提供诊疗服务的医师,应当依法取得相应执业资质,在依托的实体医疗机构或其他医疗机构注册,具有 3 年以上独立临床工作经验。互联网医院提供服务的医师,应当确保完成主要执业机构规定的诊疗工作。

第三十条 省级卫生健康行政部门与互联网医院登记机关,通过省级互联网医疗服务监管平台,对互联网医院共同实施监管,重点监管互联网医院的人员、处方、诊疗行为、患者隐私保护和信息安全等内容。将互联网医院纳入当地医疗质量控制体系,相关服务纳入行政部门对实体医疗机构的绩效考核和医疗机构评审,开展线上线下一体化监管,确保医疗质量和医疗安全。

第三十一条 县级及以上地方卫生健康行政部门应当向社会公布互联网医院名单及监督电话或者其他监督方式,及时受理和处置违法违规互联网医疗服务的举报。发现不符合本办法规定的,应当及时告知相关主管部门。

第三十二条 取得《医疗机构执业许可证》的互联网医院,独立作为法律责任主体;实体医疗机构以互联网医院作为第二名称时,实体医疗机构为法律责任主体。互联网医院合作各方按照合作协议书承担相应法律责任。

患者与互联网医院发生医疗纠纷时,应当向互联网医院登记机关提出处理申请,按照有关法律、法规和规定追偿法律责任。

第三十三条 医疗机构和医务人员在开展互联网医疗服务过程中,有违反《执业医师法》、《医疗机构管理条例》、《医疗事故处理条例》和《护士条例》等法律、法规行为的,按照有关法律、法规规定处理。

第三十四条 下级卫生健康行政部门未按照《医疗机构管理条例》和本办法规定管理互联网医院的,上级卫生健康行政部门应当及时予以纠正。

第五章 附则

第三十五条 本办法施行前已经批准设置或备案的互联网医院,自本办法施行之日起 30 日内,按照本办法要求重新提出设置和执业登记申请。

第三十六条 本办法自发布之日起施行。

附录

互联网医院基本标准(试行)

申请设置互联网医院或者以互联网医院作为第二名称的,应当符合本标准。

一、诊疗科目

互联网医院根据开展业务内容确定诊疗科目,不得超出所依托的实体医疗机构诊疗科目范围。

二、科室设置

互联网医院根据开展业务内容设置相应临床科室,并与所依托的实体医疗机构临床科室保持一致。必须设置医疗质量管理部门、信息技术服务与管理部门、药学服务部门。

三、人员

(一)互联网医院开设的临床科室,其对应的实体医疗机构临床科室至少有 1 名正高级、1 名副高级职称的执业医师注册在本机构(可多点执业)。

(二)互联网医院有专人负责互联网医院的医疗质量、医疗安全、电子病历的管理,提供互联网医院信息系统维护等技术服务,确保互联网医院系统稳定运行。

(三)有专职药师负责在线处方审核工作,确保业务时间至少有 1 名药师在岗审核处方。药师人力资源不足时,可通过合作方式,由具备资格的第三方机构药师进行处方审核。

(四)相关人员必须经过医疗卫生法律法规、医疗服务相关政策、各项规章制度、岗位职责、流程规范和应急预案的培训,确保其掌握服务流程,明确可能存在的风险。

四、房屋和设备设施

(一)用于互联网医院运行的服务器不少于 2 套,数据库服务器与应用系统服务器需划分。存放服务器的机房应当具备双路供电或紧急发电设施。存储医疗数据的服务器不得存放在境外。

(二)拥有至少 2 套开展互联网医院业务的音视频通讯系统(含必要的软件系统和硬件设备)。

(三)具备高速率高可靠的网络接入,业务使用的网络带宽不低于 10Mbps,且至少由两家宽带网络供应商提供服务。鼓励有条件的互联网医院接入互联网专线、虚拟专用网(VPN),保障医疗相关数据传输服务质量。

(四)建立数据访问控制信息系统,确保系统稳定和服务全程留痕,并与实体医疗机构的HIS、PACS/RIS、LIS系统实现数据交换与共享。

(五)具备远程会诊、远程门诊、远程病理诊断、远程医学影像诊断和远程心电诊断等功能。

(六)信息系统实施第三级信息安全等级保护。

五、规章制度

建立互联网医疗服务管理体系和相关管理制度、人员岗位职责、服务流程。规章制度应当包括互联网医疗服务管理制度、互联网医院信息系统使用管理制度、互联网医疗质量控制和评价制度、在线处方管理制度、患者知情同意与登记制度、在线医疗文书管理制度、在线复诊患者风险评估与突发状况预防处置制度、人员培训考核制度,停电、断网、设备故障、网络信息安全等突发事件的应急预案。

优抚医院管理办法

1. 2011年6月9日民政部令第41号公布

2. 2022年6月28日退役军人事务部、国家卫生健康委员会、国家医疗保障局令第7号修订

第一条 为了加强优抚医院管理,服务国防和军队建设,推动让退役军人成为全社会尊重的人,让军人成为全社会尊崇的职业,根据《中华人民共和国退役军人保障法》、《中华人民共和国基本医疗卫生与健康促进法》、《军人抚恤优待条例》、《医疗机构管理条例》和国家有关规定,制定本办法。

第二条 优抚医院是国家为残疾退役军人和在服役期间患严重慢性病、精神疾病的退役军人等优抚对象提供医疗和供养服务的优抚事业单位,是担负特殊任务的医疗机构,主要包括综合医院、康复医院、精神病医院等,名称统一为"荣军优抚医院"。

优抚医院坚持全心全意为优抚对象服务的办院宗旨,坚持优抚属性,遵循医疗机构建设和管理规律。

第三条 国务院退役军人工作主管部门负责全国优抚医院工作。县级以上地方人民政府退役军人工作主管部门负责本行政区域内优抚医院工作。

退役军人工作主管部门应当会同卫生健康主管部门加强对优抚医院的指导,为优抚医院医务人员的培训进修等创造条件,支持有条件的优抚医院在医疗、科研、教学等方面全面发展。

第四条 国家兴办优抚医院,所需经费按照事权划分列入各级预算。

第五条 设置优抚医院,应当符合国家有关规定和优抚医院布局规划。

卫生健康主管部门应当会同退役军人工作主管部门,将优抚医院设置纳入当地医疗机构设置规划统筹考虑。

省级人民政府退役军人工作主管部门应当会同省级人民政府卫生健康主管部门根据优抚对象数量和医疗供养需求情况,适应伤病残退役军人移交安置工作和服务备战打仗需要,制定本行政区域内优抚医院布局和发展规划,并报国务院退役军人工作主管部门和国务院卫生健康主管部门备案。

优抚医院布局和发展规划应当纳入当地经济和社会发展总体规划和卫生健康、医疗保障事业发展规划,建设水平应当与当地经济和社会发展、卫生健康事业发展相适应。

第六条 因符合条件优抚对象数量较少等情形未建设优抚医院的地方,可以采取购买服务等方式,协调当地其他医疗机构为优抚对象提供医疗服务。

优抚医院应当依法履行相关职责,符合条件的按程序纳入基本医疗保险定点医疗机构、工伤保险协议医疗机构、工伤康复协议机构管理范围。

第七条 优抚医院在建设、用地、水电、燃气、供暖、电信等方面依法享受国家有关优惠政策。

鼓励公民、法人和其他组织对优抚医院提供捐助和服务。

优抚医院各项经费应当按照批复的预算执行,接受财政、审计部门和社会的监督。

第八条 对在优抚医院工作中成绩显著的单位和个人,按照国家有关规定给予表彰和奖励。

第九条 优抚医院根据主管部门下达的任务,收治下列优抚对象:

(一)需要常年医疗或者独身一人不便分散供养的一级至四级残疾退役军人;

(二)在服役期间患严重慢性病的残疾退役军人和带病回乡退役军人;

(三)在服役期间患精神疾病,需要住院治疗的退役军人;

(四)短期疗养的优抚对象;

(五)主管部门安排收治的其他人员。

优抚医院应当在完成主管部门下达的收治任务的

基础上,为其他优抚对象提供优先或者优惠服务。

第十条 优抚医院应当为在院优抚对象提供良好的医疗服务和生活保障,主要包括:

(一)健康检查;

(二)疾病诊断、治疗和护理;

(三)康复训练;

(四)健康指导;

(五)辅助器具安装;

(六)精神慰藉;

(七)生活必需品供给;

(八)生活照料;

(九)文体活动。

第十一条 优抚医院应当加强对在院优抚对象的思想政治工作,发挥优抚对象在光荣传统教育中的重要作用。

第十二条 优抚医院针对在院残疾退役军人的残情特点,实施科学有效的医学治疗,探索常见后遗症、并发症的防治方法,促进生理机能恢复,提高残疾退役军人生活质量。

第十三条 优抚医院应当采取积极措施,控制在院慢性病患者病情,减轻其痛苦,降低慢性疾病对患者造成的生理和心理影响。

第十四条 优抚医院对在院精神疾病患者进行综合治疗,促进患者精神康复。

对精神病患者实行分级管理,预防发生自杀、自伤、伤人、出走等行为。

第十五条 优抚医院应当规范入院、出院程序。

属于第九条规定收治范围的优抚对象,可以由本人(精神病患者由其利害关系人)提出申请,或者由村(社区)退役军人服务站代为提出申请,经县级人民政府退役军人工作主管部门审核,由优抚医院根据主管部门下达的任务和计划安排入院。省级人民政府退役军人工作主管部门可以指定优抚医院收治符合条件的优抚对象。

在院优抚对象基本治愈或者病情稳定,符合出院条件的,由优抚医院办理出院手续。

在院优抚对象病故的,优抚医院应当及时报告主管部门,并协助优抚对象常住户口所在地退役军人工作主管部门妥善办理丧葬事宜。

第十六条 优抚医院应当按照国家有关规定建立健全病历管理制度,设置病案管理部门或者配备专兼职人员,负责病历和病案管理工作。

第十七条 退役军人工作主管部门应当定期组织优抚医院开展巡回医疗活动,积极为院外优抚对象提供医疗服务。

第十八条 优抚医院应当在做好优抚对象服务工作的基础上,积极履行医疗机构职责,发挥自身医疗专业特长,为社会提供优质医疗服务。

优抚医院应当通过社会服务提升业务能力,改善医疗条件,不断提高医疗和供养水平。

第十九条 优抚医院在设置审批、登记管理、命名、执业和监督等方面应当符合国家有关医疗机构管理的法律法规和相关规定,执行卫生健康主管部门有关医疗机构的相关标准。

第二十条 优抚医院实行党委领导下的院长负责制,科室实行主任(科长)负责制。

第二十一条 优抚医院应当加强党的建设,充分发挥基层党组织战斗堡垒作用和党员先锋模范作用,促进思想政治和医德医风建设。

第二十二条 优抚医院实行国家规定的工资制度,合理确定医务人员薪酬水平,完善内部分配和激励机制,促进医务人员队伍建设。

第二十三条 优抚医院建立职工代表大会制度,保障职工参与医院的民主决策、民主管理和民主监督。

第二十四条 优抚医院应当树立现代管理理念,推进现代化、标准化、信息化建设;强化重点专科建设,发挥专业技术优势;建立完整的医护管理、感染控制、药品使用、医疗事故预防和安全、消防等规章制度,提高医院管理水平。

第二十五条 优抚医院实行岗位责任制,设立专业技术类、管理类、工勤技能类等岗位并明确相关职责;实行24小时值班制度,按照医院分级护理等有关要求为收治对象提供护理服务。

第二十六条 优抚医院应当完善人才培养和引进机制,积极培养和引进学科带头人,同等条件下优先聘用曾从事医务工作的退役军人,建立一支适应现代化医院发展要求的技术和管理人才队伍。

第二十七条 优抚医院应当加强与军队医院、其他社会医院、医学院校的合作与交流,开展共建活动,在人才、技术等领域实现资源共享和互补。

第二十八条 优抚医院应当加强医院文化建设,积极宣传优抚对象的光荣事迹,形成有拥军特色的医院文化。

第二十九条 优抚医院的土地、房屋、设施、设备和其他财产归优抚医院管理和使用,任何单位和个人不得侵占。

侵占、破坏优抚医院财产的,由当地人民政府退役军人工作主管部门责令限期改正;造成损失的,依法承担赔偿责任。

第三十条 优抚对象应当遵守优抚医院各项规章制度，尊重医护人员工作，自觉配合医护人员的管理。对违反相关规定的，由优抚医院或者主管部门进行批评教育，情节严重的，依法追究相应责任。

第三十一条 优抚医院违反本办法规定，提供的医疗和供养服务不符合要求的，由优抚医院主管部门责令改正；逾期不改正的，对直接负责的责任人和其他主管人员依法给予处分；造成损失的，依法承担责任。

优抚医院造成收治对象人身损害或发生医疗事故、医疗纠纷的，应当依法处置。

优抚医院违反国家有关医疗机构管理的法律法规和相关规定的，由县级以上地方人民政府卫生健康主管部门依法依规处理。

第三十二条 承担优抚对象收治供养任务的其他医疗机构对优抚对象的诊疗服务工作，可以参照本办法有关规定执行。

第三十三条 本办法自 2022 年 8 月 1 日起施行。

医疗机构临床实验室管理办法

1. 2006 年 2 月 27 日卫生部发布

2. 根据 2020 年 7 月 10 日《国家卫生健康委办公厅关于修订〈医疗机构临床实验室管理办法〉有关内容的通知》（国卫办医函〔2020〕560 号）修订

第一章 总 则

第一条 为加强对医疗机构临床实验室的管理，提高临床检验水平，保证医疗质量和医疗安全，根据《执业医师法》、《医疗机构管理条例》和《病原微生物实验室生物安全管理条例》等有关法律、法规制定本办法。

第二条 本办法所称医疗机构临床实验室是指对取自人体的各种标本进行生物学、微生物学、免疫学、化学、血液免疫学、血液学、生物物理学、细胞学等检验，并为临床提供医学检验服务的实验室。

第三条 开展临床检验工作的医疗机构适用本办法。

第四条 卫生部负责全国医疗机构临床实验室的监督管理工作。

县级以上地方卫生行政部门负责辖区内医疗机构临床实验室的监督管理工作。

第五条 医疗机构应当加强临床实验室建设和管理，规范临床实验室执业行为，保证临床实验室按照安全、准确、及时、有效、经济、便民和保护患者隐私的原则开展临床检验工作。

第二章 医疗机构临床实验室管理的一般规定

第六条 卫生行政部门在核准医疗机构的医学检验科诊疗科目登记时，应当明确医学检验科下设专业。

医疗机构应当按照卫生行政部门核准登记的医学检验科下设专业诊疗科目设定临床检验项目，提供临床检验服务。新增医学检验科下设专业或超出已登记的专业范围开展临床检验项目，应当按照《医疗机构管理条例》的有关规定办理变更登记手续。

第七条 医疗机构临床实验室提供的临床检验服务应当满足临床工作的需要。

第八条 医疗机构应当保证临床检验工作客观、公正，不受任何部门、经济利益等影响。

第九条 医疗机构临床实验室应当集中设置，统一管理，资源共享。

第十条 医疗机构应当保证临床实验室具备与其临床检验工作相适应的专业技术人员、场所、设施、设备等条件。

第十一条 医疗机构临床实验室应当建立健全并严格执行各项规章制度，严格遵守相关技术规范和标准，保证临床检验质量。

第十二条 医疗机构临床实验室专业技术人员应当具有相应的专业学历，并取得相应专业技术职务任职资格。

二级以上医疗机构临床实验室负责人应当经过省级以上卫生行政部门组织的相关培训。

第十三条 医疗机构临床实验室应当有专（兼）职人员负责临床检验质量和临床实验室安全管理。

第十四条 医疗机构临床实验室应当按照卫生部规定的临床检验项目和临床检验方法开展临床检验工作。

医疗机构不得使用卫生部公布的停止临床应用的临床检验项目和临床检验方法开展临床检验工作。

临床检验项目和停止临床应用的临床检验项目由卫生部另行公布。

卫生部定期发布新的临床检验项目和临床检验方法。

第十五条 医疗机构临床实验室应当有分析前质量保证措施，制定患者准备、标本采集、标本储存、标本运送、标本接收等标准操作规程，并由医疗机构组织实施。

第十六条 医疗机构临床实验室应当建立临床检验报告发放制度，保证临床检验报告的准确、及时和信息完整，保护患者隐私。

第十七条 临床检验报告内容应当包括：

（一）实验室名称、患者姓名、性别、年龄、住院病历或者门诊病历号。

（二）检验项目、检验结果和单位、参考范围、异常结果提示。

（三）操作者姓名、审核者姓名、标本接收时间、报告时间。

（四）其他需要报告的内容。

第十八条 临床检验报告应当使用中文或者国际通用的、规范的缩写。保存期限按照有关规定执行。

第十九条 诊断性临床检验报告应当由执业医师出具。

乡、民族乡、镇的医疗机构临床实验室诊断性临床检验报告可以由执业助理医师出具。

第二十条 医疗机构临床实验室应当提供临床检验结果的解释和咨询服务。

第二十一条 非临床实验室不得向临床出具临床检验报告，不得收取相应检验费用。

第三章 医疗机构临床实验室质量管理

第二十二条 医疗机构应当加强临床实验室质量控制和管理。

医疗机构临床实验室应当制定并严格执行临床检验项目标准操作规程和检验仪器的标准操作、维护规程。

第二十三条 医疗机构临床实验室使用的仪器、试剂和耗材应当符合国家有关规定。

第二十四条 医疗机构临床实验室应当保证检测系统的完整性和有效性，对需要校准的检验仪器、检验项目和对临床检验结果有影响的辅助设备定期进行校准。

第二十五条 医疗机构临床实验室应当对开展的临床检验项目进行室内质量控制，绘制质量控制图。出现质量失控现象时，应当及时查找原因，采取纠正措施，并详细记录。

第二十六条 医疗机构临床实验室室内质量控制主要包括质控品的选择，质控品的数量，质控频度，质控方法，失控的判断规则，失控时原因分析及处理措施，质控数据管理要求等。

第二十七条 医疗机构临床实验室定量测定项目的室内质量控制标准按照《临床实验室定量测定室内质量控制指南》（GB/ 20032302 – T – 361）执行。

第二十八条 医疗机构临床实验室应当参加室间质量评价机构组织的临床检验室间质量评价。

第二十九条 医疗机构临床实验室参加室间质量评价应当按照常规临床检验方法与临床检验标本同时进行，不得另选检测系统，保证检验结果的真实性。医疗机构临床实验室对于室间质量评价不合格的项目，应当及时查找原因，采取纠正措施。

医疗机构应当对床旁临床检验项目与临床实验室相同临床检验项目常规临床检验方法进行比对。

第三十条 医疗机构临床实验室应当将尚未开展室间质量评价的临床检验项目与其他临床实验室的同类项目进行比对，或者用其他方法验证其结果的可靠性。临床检验项目比对有困难时，医疗机构临床实验室应当对方法学进行评价，包括准确性、精密度、特异性、线性范围、稳定性、抗干扰性、参考范围等，并有质量保证措施。

第三十一条 医疗机构临床实验室室间质量评价标准按照《临床实验室室间质量评价要求》（GB/ 20032301 – T – 361）执行。

第三十二条 医疗机构临床实验室应当建立质量管理记录，包括标本接收、标本储存、标本处理、仪器和试剂及耗材使用情况、校准、室内质控、室间质评、检验结果、报告发放等内容。质量管理记录保存期限至少为2年。

第四章 医疗机构临床实验室安全管理

第三十三条 医疗机构应当加强临床实验室生物安全管理。

医疗机构临床实验室生物安全管理要严格执行《病原微生物实验室生物安全管理条例》等有关规定。

第三十四条 医疗机构临床实验室应当建立并严格遵守生物安全管理制度与安全操作规程。

第三十五条 医疗机构应当对临床实验室工作人员进行上岗前安全教育，并每年进行生物安全防护知识培训。

第三十六条 医疗机构临床实验室应当按照有关规定，根据生物危害风险，保证生物安全防护水平达到相应的生物安全防护级别。

第三十七条 医疗机构临床实验室的建筑设计应当符合有关标准，并与其生物安全防护级别相适应。

第三十八条 医疗机构临床实验室应当按照生物防护级别配备必要的安全设备和个人防护用品，保证实验室工作人员能够正确使用。

第三十九条 医疗机构病原微生物样本的采集、运输、储存严格按照《病原微生物实验室生物安全管理条例》等有关规定执行。

第四十条 医疗机构临床实验室应当严格管理实验标本及实验所需的菌（毒）种，对于高致病性病原微生物，应当按照《病原微生物实验室生物安全管理条例》规定,送至相应级别的生物安全实验室进行检验。

第四十一条 医疗机构临床实验室应当按照卫生部有关规定加强医院感染预防与控制工作。

第四十二条 医疗机构临床实验室应当按照《医疗废物管理条例》和《医疗卫生机构医疗废物管理办法》相关规定妥善处理医疗废物。

第四十三条 医疗机构临床实验室应当制定生物安全事故和危险品、危险设施等意外事故的预防措施和应急预案。

第五章 监督管理

第四十四条 医疗机构应当加强对临床实验室的日常管理。

第四十五条 医疗机构有下列情形之一的,由县级以上地方卫生行政部门按照《医疗机构管理条例》相关规定予以处罚:

(一)未按照核准登记的医学检验科下设专业诊疗科目开展临床检验工作;

(二)未按照相关规定擅自新增医学检验科下设专业;

(三)超出已登记的专业范围开展临床检验工作。

第四十六条 县级以上卫生行政部门应当对辖区内医疗机构临床实验室的管理、质量与安全等情况进行监督检查,发现存在质量问题或者安全隐患时,应当责令医疗机构立即整改。

第四十七条 县级以上卫生行政部门接到对医疗机构临床实验室的举报、投诉后,应当及时核查并依法处理。

第四十八条 县级以上卫生行政部门履行监督检查职责时,有权采取下列措施:

(一)对医疗机构临床实验室进行现场检查,了解情况,调查取证;

(二)查阅或者复制临床实验室质量和安全管理的有关资料,采集、封存样品;

(三)责令违反本办法及有关规定的医疗机构临床实验室及其人员停止违法违规行为;

(四)对违反本办法及有关规定的行为进行查处。

第四十九条 卫生部可以委托卫生部临床检验中心等有关组织对医疗机构临床实验室的检验质量和安全管理进行检查与指导。省级卫生行政部门可以委托具有室间质量评价能力的省级临床检验中心或者有关其他组织对辖区内医疗机构临床实验室的检验质量和安全管理进行检查与指导。

受卫生行政部门委托的临床检验中心或者有关其他组织,在检查和指导中发现医疗机构临床实验室存在检验质量和安全管理问题时,应当及时向委托的卫生行政部门报告,并提出改进意见。

第五十条 医疗机构应当对卫生行政部门及其委托的临床检验中心或者其他组织开展的对临床实验室的检查和指导予以配合,不得拒绝和阻挠,不得提供虚假材料。

第五十一条 省级以上卫生行政部门应当及时将医疗机构临床实验室的质量、安全管理等情况进行通报或公告。

省级卫生行政部门应当将上一年度对辖区内医疗机构临床实验室的质量、安全管理通报或公告情况,于每年3月31日前报卫生部。

第五十二条 室间质量评价机构应当定期将医疗机构临床实验室室间质量评价情况,向卫生部和为该医疗机构核发《医疗机构执业许可证》的卫生行政部门报告。

第六章 附　则

第五十三条 本办法中下列用语的含义:

室间质量评价利用实验室间的比对确定实验室的检测能力。

实验室间比对按照预先规定的条件,由两个或多个实验室对相同或类似检测物品进行检测的组织、实施和评价。

室内质量控制实验室为了监测和评价本室工作质量,决定常规检验报告能否发出所采取的一系列检查、控制手段,旨在检测和控制本室常规工作的精密度,并检测其准确度的改变,提高本室常规工作中批间和日间标本检测的一致性。

质量控制图对过程质量加以测定、记录,从而进行评估并监查过程是否处于控制状态的一种统计方法设计的图,图上有中心线、上控制界限和下控制界限,并有按时间顺序抽取的样本统计量值的描点序列。

第五十四条 特殊临床检验项目的管理由卫生部另行规定。

第五十五条 本办法由卫生部负责解释。

第五十六条 本办法自2006年6月1日起施行。

病理科建设与管理指南(试行)

1. 2009年3月6日卫生部办公厅发布

2. 卫办医政发〔2009〕31号

第一章 总　则

第一条 为指导和加强医疗机构病理科的规范化建设和

管理，促进病理学科的发展，提高病理诊断水平，保证医疗质量和医疗安全，根据《中华人民共和国执业医师法》和《医疗机构管理条例》等有关法律、法规，制定本指南。

第二条　设置病理科的医疗机构参照本指南建设和管理。

第三条　医疗机构病理科是疾病诊断的重要科室，负责对取自人体的各种器官、组织、细胞、体液及分泌物等标本，通过大体和显微镜观察，运用免疫组织化学、分子生物学、特殊染色以及电子显微镜等技术进行分析，结合病人的临床资料，做出疾病的病理诊断。具备条件的病理科还应开展尸体病理检查。

第四条　因诊断需要取自人体的组织应按病理送检项目要求，及时完整送病理科检查。

第五条　医疗机构内的病理科应当集中设置，统一管理。

第六条　各级卫生行政部门应当加强指导和监督，医疗机构应加强病理科的规范化建设和管理，保证病理科按照安全、准确、及时、经济、便民和保护患者隐私的原则，开展病理诊断工作。

第二章　执业条件

第七条　病理科应当具备与其功能和任务相适应的场所、设施、设备和人员等条件。

第八条　二级综合医院病理科至少应当设置标本检查室、常规技术室、病理诊断室、细胞学制片室和病理档案室；三级综合医院病理科还应当设置接诊工作室、标本存放室、快速冰冻切片病理检查与诊断室、免疫组织化学室和分子病理检测室等。其他医疗机构病理科应当具有与其病理诊断项目相适应的场所、设施等条件。

第九条　病理科的人员配备和岗位设置应满足完整病理诊断流程及支持保障的需要。其中医师按照每百张病床1－2人配备，承担教学和科研任务的医疗机构应适当增加。病理科技术人员和辅助人员按照与医师1:1的比例配备。

第十条　病理科专业技术人员应当具有相应的专业学历，并取得相应专业技术职务任职资格。

出具病理诊断报告的医师应当具有临床执业医师资格并具备初级以上病理学专业技术职务任职资格，经过病理诊断专业知识培训或专科进修学习1－3年。快速病理诊断医师应当具有中级以上病理学专业技术任职资格，并有5年以上病理阅片诊断经历。

病理技师只能负责病理技术工作，不得出具病理诊断报告。

第十一条　病理科负责人应当具有医学专科以上学历和病理学中级以上专业技术职务任职资格，长期从事临床病理诊断工作；三级医院病理科负责人应当具有副高以上病理学专业技术职务任职资格。

第三章　质量控制

第十二条　病理科应当建立健全各项规章制度、岗位职责和相关技术规范、操作规程，并严格遵守执行，保证病理诊断质量。

第十三条　病理科应当加强质量控制和管理，认真开展室内质控，指定专（兼）职人员负责病理诊断质量管理。按规定参加室间质评。

医疗机构应当加强对病理科的质量控制与管理，医疗、护理、医院感染等管理部门应履行日常管理职能。

第十四条　病理科应当按照规定的检查项目和技术方法开展病理诊断，不得开展已停止或规定范围外的检查项目和技术方法。新开展的检查项目和技术方法需按规定报卫生行政部门批准。

第十五条　病理科应当加强对病理诊断报告的管理，有效保护患者隐私，并负责对出具的病理诊断报告提供解释说明。

第十六条　病理诊断报告应当包括以下内容：

（一）病理号，送检标本的科室名称、患者姓名、性别、年龄、标本取材部位，门诊病历号和（或）住院病历号。

（二）大体描述、镜下描述（选择性）和病理诊断。

（三）其他需要报告或建议的内容。

（四）报告医师签名、报告时间。

第十七条　病理诊断报告正副本应当使用中文或者国际通用的规范术语，其保存期限按照病历管理有关规定执行。

第十八条　病理科应当加强对病理档案的保存和管理，其中病理切片、蜡块和阳性涂片保存期限为15年，阴性涂片保存期限为1年，组织标本保存期限为报告发出后2周。

第十九条　医疗机构应当按照病历管理和会诊管理的相关规定，建立完善的病理切片、涂片等资料的借阅和会诊制度。

第二十条　病理科使用的仪器、试剂和耗材应当符合国家有关规定，对需要校准的仪器设备和对病理诊断结果有影响的辅助设备应当进行定期校准。

第二十一条　病理科应当对开展的各种技术或检测项目进行室内质量控制，出现质量失控现象时应当及时查找原因，采取纠正措施，并详细记录。

第二十二条 病理科应当制定病理诊断差错的识别、报告、调查和处理的程序,及时发现差错,分析产生的原因,防止再次发生。

第二十三条 病理科应当建立质量管理记录,包括标本接收、储存、处理、病理诊断、报告发放以及试剂、耗材、仪器使用和校准,室内质控、室间质评结果等内容。质量管理记录保存期限至少为2年。

第四章 安全管理

第二十四条 病理科应当严格执行《中华人民共和国消防法》、《中华人民共和国职业病防治法》、《危险化学品安全管理条例》、《使用有毒物品作业场所劳动保护条例》、《病原微生物实验室生物安全管理条例》、《实验室生物安全通用要求》和《微生物和生物医学实验室生物安全通用准则》等规定,做好危险化学品和生物安全管理。

第二十五条 病理科应当对工作人员进行上岗前的安全教育,并定期进行危险化学品、生物安全防护知识培训。

第二十六条 病理科应当按照生物防护级别配备必要的安全设备和个人防护用品,保证工作人员能够正确使用。

第二十七条 病理科的建筑设计应当符合有关标准,并与其危险化学品、生物安全防护级别相适应。

第二十八条 病理科应当按照卫生部有关规定做好和加强有害样品损害的预防与控制工作。

第二十九条 病理科应当按照《医疗废物管理条例》和《医疗卫生机构医疗废物管理办法》相关规定妥善处理医疗废物,并按照规定处理有害化学液体。

第三十条 病理科应当制定生物安全事故和危险品、危险设施等意外事故的预防措施和应急预案。

第五章 监督管理

第三十一条 卫生行政部门可以设置临床病理质量控制中心或者其他有关组织对辖区内医疗机构病理科的质量和安全管理进行质量评估与检查指导。

第三十二条 医疗机构应当对卫生行政部门及其委托的病理质量控制中心或者其他组织开展的检查和指导予以配合,不得拒绝和阻挠,不得提供虚假材料。

第六章 附则

第三十三条 本指南由卫生部负责解释。

第三十四条 本指南自发布之日起执行。

医疗机构中药煎药室管理规范

1. 2009年3月16日卫生部、国家中医药管理局发布
2. 国中医药发〔2009〕3号

第一章 总则

第一条 为加强医疗机构中药煎药室规范化、制度化建设,保证中药煎药质量,根据有关法律、行政法规的规定,制定本规范。

第二条 本规范适用于开展中药煎药服务的各级各类医疗机构。

第二章 设施与设备要求

第三条 中药煎药室(以下称煎药室)应当远离各种污染源,周围的地面、路面、植被等应当避免对煎药造成污染。

第四条 煎药室的房屋和面积应当根据本医疗机构的规模和煎药量合理配置。工作区和生活区应当分开,工作区内应当设有储藏(药)、准备、煎煮、清洗等功能区域。

第五条 煎药室应当宽敞、明亮,地面、墙面、屋顶应当平整、洁净、无污染、易清洁,应当有有效的通风、除尘、防积水以及消防等设施,各种管道、灯具、风口以及其它设施应当避免出现不易清洁的部位。

第六条 煎药室应当配备完善的煎药设备设施,并根据实际需要配备储药设施、冷藏设施以及量杯(筒)、过滤装置、计时器、贮药容器、药瓶架等。

第七条 煎药工作台面应当平整、洁净。

煎药容器应当以陶瓷、不锈钢、铜等材料制作的器皿为宜,禁用铁制等易腐蚀器皿。

储药容器应当做到防尘、防霉、防虫、防鼠、防污染。用前应当严格消毒,用后应当及时清洗。

第三章 人员要求

第八条 煎药室应当由具备一定理论水平和实际操作经验的中药师具体负责煎药室的业务指导、质量监督及组织管理工作。

第九条 煎药人员应当经过中药煎药相关知识和技能培训并考核合格后方可从事中药煎药工作。

煎药工作人员需有计划地接受相关专业知识和操作技能的岗位培训。

第十条 煎药人员应当每年至少体检一次。传染病、皮肤病等患者和乙肝病毒携带者、体表有伤口未愈合者不得从事煎药工作。

第十一条 煎药人员应当注意个人卫生。煎药前要进行手的清洁，工作时应当穿戴专用的工作服并保持工作服清洁。

第四章 煎药操作方法

第十二条 煎药应当使用符合国家卫生标准的饮用水。待煎药物应当先行浸泡，浸泡时间一般不少于30分钟。

煎煮开始时的用水量一般以浸过药面2-5厘米为宜，花、草类药物或煎煮时间较长的应当酌量加水。

第十三条 每剂药一般煎煮两次，将两煎药汁混合后再分装。

煎煮时间应当根据方剂的功能主治和药物的功效确定。一般药物煮沸后再煎煮20-30分钟；解表类、清热类、芳香类药物不宜久煎，煮沸后再煎煮15-20分钟；滋补药物先用武火煮沸后，改用文火慢煎约40-60分钟。药剂第二煎的煎煮时间应当比第一煎的时间略缩短。

煎药过程中要搅拌药料2-3次。搅拌药料的用具应当以陶瓷、不锈钢、铜等材料制作的棍棒为宜，搅拌完一药料后应当清洗再搅拌下一药料。

第十四条 煎药量应当根据儿童和成人分别确定。儿童每剂一般煎至100-300毫升，成人每剂一般煎至400-600毫升，一般每剂按两份等量分装，或遵医嘱。

第十五条 凡注明有先煎、后下、另煎、烊化、包煎、煎汤代水等特殊要求的中药饮片，应当按照要求或医嘱操作。

（一）先煎药应当煮沸10-15分钟后，再投入其他药料同煎（已先行浸泡）。

（二）后下药应当在第一煎药料即将煎至预定量时，投入同煎5-10分钟。

（三）另煎药应当切成小薄片，煎煮约2小时，取汁；另炖药应当切成薄片，放入有盖容器内加入冷水（一般为药量的10倍左右）隔水炖2-3小时，取汁。此类药物的原处方如系复方，则所煎（炖）得的药汁还应当与方中其它药料所煎得的药汁混匀后，再行分装。某些特殊药物可根据药性特点具体确定煎（炖）药时间（用水适量）。

（四）溶化药（烊化）应当在其它药煎至预定量并去渣后，将其置于药液中，微火煎药，同时不断搅拌，待需溶化的药溶解即可。

（五）包煎药应当装入包煎袋闭合后，再与其他药物同煎。包煎袋材质应符合药用要求（对人体无害）并有滤过功能。

（六）煎汤代水药应当将该类药物先煎15-25分钟后，去渣、过滤、取汁，再与方中其它药料同煎。

（七）对于久煎、冲服、泡服等有其他特殊煎煮要求的药物，应当按相应的规范操作。

先煎药、后下药、另煎或另炖药、包煎药、煎汤代水药在煎煮前均应当先行浸泡，浸泡时间一般不少于30分钟。

第十六条 药料应当充分煎透，做到无糊状块、无白心、无硬心。

煎药时应当防止药液溢出、煎干或煮焦。煎干或煮焦者禁止药用。

第十七条 内服药与外用药应当使用不同的标识区分。

第十八条 煎煮好的药液应当装入经过清洗和消毒并符合盛放食品要求的容器内，严防污染。

第十九条 使用煎药机煎煮中药，煎药机的煎药功能应当符合本规范的相关要求。应当在常压状态煎煮药物，煎药温度一般不超过100℃。煎出的药液量应当与方剂的剂量相符，分装剂量应当均匀。

第二十条 包装药液的材料应当符合药品包装材料国家标准。

第五章 煎药室的管理

第二十一条 煎药室应当由药剂部门统一管理。药剂部门应有专人负责煎药室的组织协调和管理工作。

第二十二条 药剂部门应当根据本单位的实际情况制定相应的煎药室工作制度和相关设备的标准化操作程序（SOP），工作制度、操作程序应当装订成册并张挂在煎药室的适宜位置，严格执行。

第二十三条 煎药人员在领药、煎药、装药、送药、发药时应当认真核对处方（或煎药凭证）有关内容，建立收发记录，内容真实、记录完整。

每方（剂）煎药应当有一份反映煎药各个环节的操作记录。记录应保持整洁，内容真实、数据完整。

第二十四条 急煎药物应在2小时内完成，要建立中药急煎制度并规范急煎记录。

第二十五条 煎药设备设施、容器使用前应确保清洁，要有清洁规程和每日清洁记录。用于清扫、清洗和消毒的设备、用具应放置在专用场所妥善保管。

煎药室应当定期消毒。洗涤剂、消毒剂品种应定期更换，符合《食品工具、设备用洗涤卫生标准》（GB 14930.1）和《食品工具、设备用洗涤消毒剂卫生标准》（GB 14930.2）等有关卫生标准和要求，不得对设备和药物产生腐蚀和污染。

第二十六条 传染病病人的盛药器具原则上应当使用一次性用品,用后按照医疗废物进行管理和处置。不具备上述条件的,对重复使用的盛药器具应当加强管理,固定专人使用,且严格消毒,防止交叉污染。

第二十七条 加强煎药的质量控制、监测工作。药剂科负责人应当定期(每季度至少一次)对煎药工作质量进行评估、检查,征求医护人员和住院病人意见,并建立质量控制、监测档案。

第六章　附　　则

第二十八条 本规范自发布之日起施行,国家中医药管理局于1997年印发的《中药煎药室管理规范》同时废止。

第二十九条 本规范由国家中医药管理局负责解释。

医院手术部(室)管理规范(试行)

1. 2009年9月18日卫生部发布

2. 卫医政发〔2009〕90号

3. 自2010年1月1日起施行

第一章　总　　则

第一条 为加强医院手术安全管理,指导并规范医院手术部(室)管理工作,保障医疗安全,根据《医疗机构管理条例》、《护士条例》和《医院感染管理办法》等有关法规、规章,制定本规范。

第二条 本规范适用于各级各类医院。其他设置手术部(室)的医疗机构,参照本规范进行管理。

第三条 医院应当根据本规范,完善医院手术部(室)管理的各项规章制度、技术规范和操作规程,并严格遵守执行,加强手术安全管理,提高医疗质量,保障患者安全。

第四条 各级卫生行政部门应当加强对医院手术安全的管理工作,对辖区内医院手术部(室)的设置与管理进行指导和检查,保证患者安全和医疗质量。

第二章　基本条件

第五条 医院手术部(室)应当具备与医院等级、功能和任务相适应的场所、设施、仪器设备、药品、手术器械、相关医疗用品和技术力量,保障手术工作安全、及时、有效地开展。

第六条 手术部(室)应当设在医院内便于接送手术患者的区域,宜临近重症医学科、临床手术科室、病理科、输血科(血库)、消毒供应中心等部门,周围环境安静、清洁。

医院应当设立急诊手术患者绿色通道。

第七条 手术部(室)的建筑布局应当遵循医院感染预防与控制的原则,做到布局合理、分区明确、标识清楚,符合功能流程合理和洁污区域分开的基本原则。

手术部(室)应设有工作人员出入通道、患者出入通道,物流做到洁污分开,流向合理。

第八条 手术间的数量应当根据医院手术科室的床位数及手术量进行设置,满足医院日常手术工作的需要。

第九条 手术间内应配备常规用药,基本设施、仪器、设备、器械等物品配备齐全,功能完好并处于备用状态。

手术间内部设施、温控、湿控要求应当符合环境卫生学管理和医院感染控制的基本要求。

第十条 手术部(室)应当根据手术量配备足够数量的手术室护士,人员梯队结构合理。

三级医院手术部(室)护士长应当具备主管护师及以上专业技术职务任职资格和5年及以上手术室工作经验,具备一定管理能力。二级医院手术部(室)护士长应当具备护师及以上专业技术职务任职资格和3年及以上手术室工作经验,具备一定管理能力。

手术室护士应当接受岗位培训并定期接受手术室护理知识与技术的再培训。

根据工作需要,手术室应当配备适当数量的辅助工作人员和设备技术人员。

第十一条 洁净手术部的建筑布局、基本配备、净化标准和用房分级等应当符合《医院洁净手术部建筑技术规范GB 50333-2002》的标准,辅助用房应当按规定分洁净和非洁净辅助用房,并设置在洁净和非洁净手术部的不同区域内。

第三章　手术安全管理

第十二条 手术部(室)应当与临床科室等有关部门加强联系,密切合作,以患者为中心,保证患者围手术期各项工作的顺利进行。

第十三条 手术部(室)应当建立手术标本管理制度,规范标本的保存、登记、送检等流程,有效防止标本差错。

第十四条 手术部(室)应当建立手术安全核查制度,与临床科室等有关部门共同实施,确保手术患者、部位、术式和用物的正确。

第十五条 手术部(室)应当加强手术患者体位安全管理,安置合适体位,防止因体位不当造成手术患者的皮肤、神经、肢体等损伤。

第十六条 手术部(室)应当建立并实施手术中安全用

药制度，加强特殊药品的管理，指定专人负责，防止用药差错。

第十七条 手术部（室）应当建立并实施手术物品清点制度，有效预防患者在手术过程中的意外伤害，保证患者安全。

第十八条 手术部（室）应当加强手术安全管理，妥善保管和安全使用易燃易爆设备、设施及气体等，有效预防患者在手术过程中的意外灼伤。

第十九条 手术部（室）应当制订并完善各类突发事件应急预案和处置流程，快速有效应对意外事件，并加强消防安全管理，提高防范风险的能力。

第二十条 手术部（室）应当根据手术分级管理制度安排手术及工作人员。

第二十一条 手术部（室）工作人员应当按照病历书写有关规定书写有关医疗文书。

第四章 医院感染预防与控制

第二十二条 手术部（室）应当加强医院感染管理，建立并落实医院感染预防与控制相关规章制度和工作规范，并按照医院感染控制原则设置工作流程，降低发生医院感染的风险。

第二十三条 手术部（室）应当通过有效的医院感染监测、空气质量控制、环境清洁管理、医疗设备和手术器械的清洗消毒灭菌等措施，降低发生感染的危险。

手术部（室）应当严格限制非手术人员的进入。

第二十四条 手术部（室）应当严格按照《医院感染管理办法》及有关文件的要求，使用手术器械、器具及物品，保证医疗安全。

第二十五条 手术部（室）的工作区域，应当每24小时清洁消毒一次。连台手术之间、当天手术全部完毕后，应当对手术间及时进行清洁消毒处理。

实施感染手术的手术间应当严格按照医院感染控制的要求进行清洁消毒处理。

第二十六条 手术部（室）应当与临床科室等有关部门共同实施患者手术部位感染的预防措施，包括正确准备皮肤、有效控制血糖、合理使用抗菌药物以及预防患者在手术过程中发生低体温等。

第二十七条 医务人员在实施手术过程中，必须遵守无菌技术原则，严格执行手卫生规范，实施标准预防。

第二十八条 手术部（室）应当加强医务人员的职业卫生安全防护工作，制订具体措施，提供必要的防护用品，保障医务人员的职业安全。

第二十九条 手术部（室）的医疗废物管理应当按照《医疗废物管理条例》及有关规定进行分类、处理。

第五章 质量管理

第三十条 医院应当建立健全手术部（室）的质量控制和持续改进机制，加强质量管理和手术相关不良事件的报告、调查和分析，定期实施考核。

第三十一条 医院应当建立手术部（室）质量管理档案追溯制度，加强质量过程和关键环节的监督管理。

第三十二条 各级卫生行政部门应当加强对所辖区域医院手术部（室）工作的检查与指导，促进手术部（室）工作质量的持续改进和提高。

第六章 附 则

第三十三条 本规范自2010年1月1日起施行。

医疗机构血液透析室管理规范

1. 2010年3月23日卫生部发布
2. 卫医政发〔2010〕35号

第一章 总 则

第一条 为规范医疗机构血液透析室的管理工作，提高血液透析治疗水平，有效预防和控制经血液透析导致的医源性感染，提高医疗质量和保证医疗安全，根据《医疗机构管理条例》、《医院感染管理办法》和《医疗技术临床应用管理办法》等有关法规、规章，制定本规范。

第二条 本规范适用于设置血液透析室的各级各类医疗机构。

第三条 地方各级卫生行政部门应当根据当地医疗服务需求，做好血液透析室设置规划，严格实行血液透析室执业登记管理。

第四条 各级卫生行政部门应当加强对医疗机构血液透析室的管理，对辖区内医疗机构血液透析室进行指导和检查，加强血液透析治疗的质量管理，保障患者安全。

第二章 管理职责

第五条 设置血液透析室的医疗机构应当根据本规范，制定并落实血液透析室管理的规章制度、技术规范和操作规程，明确工作人员岗位职责，落实血液透析室医源性感染的预防和控制措施，保障血液透析治疗安全、有效地开展。

第六条 医疗机构应当指定相关部门负责血液透析室的质量监控工作，履行以下职责：

（一）对血液透析室规章制度、技术规范、操作规程的落实情况进行检查；

（二）对血液透析室的医疗质量、医源性感染管理、器械和设备管理、一次性医疗器具管理等方面进行检查；

（三）对血液透析室的重点环节和影响医疗安全的高危因素进行监测、分析和反馈，提出控制措施；

（四）对血液透析室工作人员的职业安全防护和健康管理提供指导；

（五）对血液透析室发生的医源性感染进行调查，提出控制措施并协调、组织有关部门进行处理。

第七条 血液透析室应当设负责人全面负责血液透析室医疗质量管理工作。三级医院血液透析室的负责人应当由具备副高以上专业技术职务任职资格的执业医师担任；二级医院及其他医疗机构血液透析室的负责人应当具有中级以上专业技术职务任职资格的执业医师担任。血液透析室负责人必须具备透析专业知识和血液透析工作经验。

第八条 血液透析室应当配备护士长或护理组长，负责各项规章制度的督促落实和血液透析室的日常管理。三级医院血液透析室护士长或护理组长应由具备一定透析护理工作经验的中级以上专业技术职务任职资格的注册护士担任，二级医院及其他医疗机构血液透析室护士长或护理组长应由具备一定透析护理工作经验的初级（师）以上专业技术职务任职资格的注册护士担任。

第九条 血液透析室医师、护士和技师的配备应当达到医疗机构血液透析室基本标准的要求。

第十条 血液透析室医师负责制定和调整患者透析治疗方案，评估患者的透析质量，处理患者出现的并发症，按照有关规定做好相关记录。

第十一条 血液透析室护士协助医师实施患者透析治疗方案，观察患者情况及机器运行状况，严格执行核对制度、消毒隔离制度和各项技术操作规程。

第十二条 血液透析室应当根据透析机和患者的数量以及透析环境布局，合理安排护士，每名护士每班负责治疗和护理的患者应相对集中，且数量不超过 5 名透析患者。

第十三条 血液透析室技师负责透析设备日常维护，保证正常运转，定期进行透析用水及透析液的监测，确保其符合质量要求。

第十四条 血液透析室根据工作需要，可配备血液透析器复用工作人员，从事血液透析器复用工作。血液透析器复用工作人员必须经过专业培训，掌握有关操作技术规程。

第三章 质量管理

第十五条 医疗机构设置血液透析室，应当经地方卫生行政部门批准并进行执业登记后，方可开展血液透析工作。

第十六条 血液透析室应当建立医疗质量管理的相关制度，定期开展医疗质量控制工作，持续改进医疗质量。

第十七条 血液透析室应当严格按照血液透析技术操作规范开展血液透析质量及相关工作，建立合理、规范的血液透析治疗流程，制定严格的接诊制度，实行患者实名制管理。

第十八条 血液透析室应当建立血液透析患者登记及医疗文书管理制度，加强血液透析患者的信息管理。

第十九条 血液透析室应当建立良好的医患沟通机制，按照规定对患者进行告知，加强沟通，维护患者权益。

第二十条 血液透析室应当建立透析液和透析用水质量监测制度，确保透析液和透析用水的质量和安全。

第二十一条 血液透析室应当按照规定使用和管理医疗设备、医疗耗材、消毒药械和医疗用品等。

第二十二条 血液透析室应当为透析设备建立档案，对透析设备进行日常维护，保证透析机及其他相关设备正常运行。

第二十三条 血液透析室的医疗废弃物按照《医疗废物管理条例》及有关规定进行分类和处理。

第四章 感染预防与控制

第二十四条 血液透析室应当加强医源性感染的预防与控制工作，建立并落实相关规章制度和工作规范，科学设置工作流程，降低发生医院感染的风险。

第二十五条 血液透析室的建筑布局应当遵循环境卫生学和感染控制的原则，做到布局合理、分区明确、标识清楚，符合功能流程合理和洁污区域分开的基本要求。

第二十六条 血液透析室应当分为辅助区域和工作区域。辅助区域包括工作人员更衣室、办公室等。工作区域包括透析治疗区、治疗室、水处理间、候诊区、接诊区、储存室、污物处理区；开展透析器复用的，应当设置复用间。

第二十七条 血液透析室的工作区域应当达到以下要求：

（一）透析治疗区、治疗室等区域应当达到《医院消毒卫生标准》中规定Ⅲ类环境的要求。

（二）患者使用的床单、被套、枕套等物品应当一人一用一更换。

（三）患者进行血液透析治疗时应当严格限制非

工作人员进入透析治疗区。

第二十八条　血液透析室应设有隔离透析治疗间或者独立的隔离透析治疗区，配备专门治疗用品和相对固定的工作人员，用于对需要隔离的患者进行血液透析治疗。

第二十九条　血液透析室应当按照《医院感染管理办法》，严格执行医疗器械、器具的消毒工作技术规范，并达到以下要求：

（一）进入患者组织、无菌器官的医疗器械、器具和物品必须达到灭菌水平；

（二）接触患者皮肤、粘膜的医疗器械、器具和物品必须达到消毒水平；

（三）各种用于注射、穿刺、采血等有创操作的医疗器具必须一用一灭菌。

血液透析室使用的消毒药械、一次性医疗器械和器具应当符合国家有关规定。一次性使用的医疗器械、器具不得重复使用。

第三十条　每次透析结束后，应当对透析单元内透析机等设备设施表面、物品表面进行擦拭消毒，对透析机进行有效的水路消毒，对透析单元地面进行清洁，地面有血液、体液及分泌物污染时使用消毒液擦拭。

第三十一条　血液透析室应当根据设备要求定期对水处理系统进行冲洗消毒，并定期进行水质检测。每次冲洗消毒后应当测定管路中消毒液残留量，确保安全。

第三十二条　医务人员进入透析治疗区应当穿工作服、换工作鞋。医务人员对患者进行治疗或者护理操作时应当按照医疗护理常规和诊疗规范，在诊疗过程中应当实施标准预防，并严格执行手卫生规范和无菌操作技术。

第三十三条　血液透析室应当建立严格的接诊制度，对所有初次透析的患者进行乙型肝炎病毒、丙型肝炎病毒、梅毒、艾滋病病毒感染的相关检查，每半年复查1次。

第三十四条　乙型肝炎病毒、丙型肝炎病毒、梅毒螺旋体及艾滋病病毒感染的患者应当分别在各自隔离透析治疗间或者隔离透析治疗区进行专机血液透析，治疗间或者治疗区、血液透析机相互不能混用。

第三十五条　血液透析室应当严格按照血液透析器复用的有关操作规范，对可重复使用的透析器进行复用。

第三十六条　血液透析室应当建立医院感染控制监测制度，开展环境卫生学监测和感染病例监测。发现问题时，应当及时分析原因并进行改进；存在严重隐患时，应当立即停止透析工作并进行整改。

第三十七条　医疗机构发生经血液透析导致的医院感染暴发，应当按照《医院感染管理办法》及有关规定进行报告。

第五章　人员培训和职业安全防护

第三十八条　省级卫生行政部门应当建立血液透析室工作人员岗位规范化培训和考核制度，加强继续教育，提高血液透析室工作人员的业务技术水平。

第三十九条　设置血液透析室的医疗机构应当制定并落实对本机构血液透析室工作人员的培训计划，使工作人员具备与本职工作相关的专业知识，落实相关管理制度和工作规范。

第四十条　医疗机构应当加强血液透析室医务人员职业安全防护和健康管理工作，提供必要的防护用品，定期进行健康检查，必要时，对有关人员进行免疫接种，保障医务人员的职业安全。

第四十一条　血液透析室工作人员在工作中发生被血液污染的锐器刺伤、擦伤等伤害时，应当采取相应的处理措施，并及时报告机构内的相关部门。

第六章　检 查 评 估

第四十二条　地方各级卫生行政部门应当按照本规范的规定，对辖区医疗机构血液透析室进行定期和不定期的检查评估。

第四十三条　卫生行政部门在检查中发现医疗机构血液透析室不符合规定、存在医疗安全的，应当责令其进行整改，问题严重的，责令暂停血液透析室工作。

第四十四条　医院应当对卫生行政部门的检查指导、数据统计和质量评估予以配合，不得拒绝和阻挠，不得提供虚假材料。

第四十五条　卫生行政部门可以设置血液透析质量控制中心或者其他有关组织，对辖区内血液透析室的质量和安全管理进行评估与检查指导，促进血液透析室工作质量的持续改进。

第七章　附　　则

第四十六条　本规范自发布之日起施行。

医疗机构实行价格公示的规定

1. 2002年11月28日国家发展计划委员会、卫生部、解放军总后勤部、国家中医药管理局发布

2. 计价检〔2002〕2606号

3. 自2002年12月15日起施行

一、为规范医疗机构的价格行为，提高药品、医用材料和医疗服务价格的透明度，维护医患双方的合法权益，根据《中华人民共和国价格法》、国家计委《关于商品和服务实行明码标价的规定》制定本规定。

二、在中华人民共和国境内向社会提供医疗服务的各级、各类医疗机构均应实行价格公示。

三、本规定所称价格公示是指医疗机构对常用药品、医用材料和主要医疗服务的价格实行明码标价的一种方式。公示的具体药品、医用材料品种及医疗服务项目，由各省、自治区、直辖市价格主管部门商卫生主管部门共同确定。

四、医疗机构对药品价格公示的内容包括：药品的通用名、商品名、剂型、规格、计价单位、价格、生产厂家，主要的中药饮片产地等有关情况，并应明示是否为列入国家基本医疗保险药品目录的药品。对实行政府定价的药品，还应公示其最高零售价格及实际销售价格。

五、医疗机构对医用材料价格公示的内容包括：医用材料的品名、规格、价格等有关情况。

六、医疗机构对医疗服务价格公示的内容包括：医疗服务项目名称、项目内涵、除外内容、计价单位、价格、价格管理形式、批准文号、政府指导价及实际执行价格等有关情况。

七、医疗机构在其服务场所的显著位置，可通过电子触摸屏、电子显示屏、公示栏、公示牌、价目表、价目本、住院费用结算清单等方式实行价格公示。有条件的医疗机构应当使用电子触摸屏、电子显示屏，对所提供的药品、医用材料和医疗服务的价格进行公示。标价方式由价格主管部门的监督检查机构进行监制。

八、实行价格公示的药品、医用材料和医疗服务的价格发生变动时，医疗机构应当在执行新价格前，及时调整公示内容。医疗机构应当按照价格公示的实际项目和价格进行收费。

九、医疗机构有义务向患者提供药品、医用材料和医疗服务价格情况的查询服务。有条件的医疗机构应当推行住院费用清单制度。

十、对医疗机构不按明码标价的规定进行价格公示的，或者利用标价进行价格欺诈的，由政府价格主管部门依照《价格法》、《价格违法行为行政处罚规定》、《关于商品和服务实行明码标价的规定》、《禁止价格欺诈行为的规定》进行处罚。

十一、医疗机构价格公示应当同时公布价格举报电话12358，方便群众进行监督。

十二、本规定自2002年12月15日起施行。

关于医疗机构冠名红十字(会)的规定

1. 2007年1月4日卫生部、中国红十字会发布

2. 卫医发〔2007〕6号

第一条 根据《中华人民共和国红十字会法》(以下简称《红十字会法》)、《医疗机构管理条例》等法律法规和有关规定，为维护红十字标志的严肃性，规范红十字(会)医疗机构的冠名和管理，特制定本规定。

第二条 医疗机构冠名“红十字(会)”应当符合医疗机构命名基本原则。以“红十字(会)”冠名的医疗机构，应当在地区名称等识别名称后、医疗机构通用名称前，增加“红十字(会)”字样。

第三条 医疗机构符合下述条件之一，并遵守《红十字会法》和红十字会章程，热爱红十字事业，履行红十字义务，遵守国家有关规定者，可以申请冠名“红十字(会)”：

(一)由红十字会创办(包括历史上创办)的医疗机构；

(二)由红十字会设置的医疗机构；

(三)国内、外红十字会提供资助援建的医疗机构；

(四)历史上与红十字会关系密切或对红十字事业做过特殊贡献的医疗机构等。

第四条 由红十字会创办和设置的医疗机构，冠以“红十字会”的医疗机构名称可以作为医疗机构的第一名称。其他医疗机构则可冠名“红十字”字样，但不能作为医疗机构第一名称。

第五条 医疗机构冠以红十字(会)名称应当按照以下程序申报、审批：

(一)符合申请条件的医疗机构，属红十字会系统的，直接向当地县(市)级以上红十字会提出冠名申请；属于卫生行政部门或卫生行政部门与红十字会合办的，在征得主管卫生行政部门同意后向县(市)以上红十字会提出申请。

(二)县(市)级以上红十字会在接到医疗机构的冠名申请后，对其申请资质进行审核，提出初审意见后报上级红十字会；上级红十字会作出审核决定后报中国红十字会总会备案。

(三)提出初审意见的红十字会应当依据上级红十字会的审核决定书面回复申请冠名的医疗机构。经红十字会同意冠名“红十字(会)”的医疗机构应当依法到卫生行政部门办理相关登记。

第六条 冠名红十字(会)医疗机构享有以下权利:

(一)参加国内、外红十字会组织的技术协作与交流学习,利用红十字会渠道开展单位间的国际交往、人才培养;

(二)接受红十字会提供的国内、外援助;

(三)对各级红十字会的工作提出批评和建议。

第七条 冠名红十字(会)医疗机构应当履行以下义务:

(一)积极参加当地红十字会组织的各项活动;

(二)在发生自然灾害或突发事件时,根据当地政府和红十字会的要求,组织应急救援队,开展积极、有效的人道主义援助、救护工作;

(三)积极宣传红十字运动基本知识、弘扬红十字精神,协助当地红十字会开展卫生救护培训、组织应急救援队和卫生咨询等工作。

第八条 冠名"红十字(会)"的医疗机构不符合有关规定或不履行有关义务的,当地县(市)级以上红十字会可提出取消冠名的意见,报原批准该医疗机构冠名的红十字(会)审核,待审核批复后报中国红十字总会备案,被红十字(会)取消冠名的医疗机构应当依法到卫生行政部门办理相关变更登记。

第九条 此规定自发布之日起施行。卫生部、中国红十字会总会《关于红十字医院、血站命名的暂行规定》(红卫字〔1992〕第081号)同时废止。

医疗机构校验管理办法(试行)

1. 2009年6月15日卫生部公布

2. 卫医政发〔2009〕57号

第一章 总 则

第一条 为加强医疗机构监督管理,规范医疗机构执业行为,保障医疗服务质量和医疗安全,依据《中华人民共和国执业医师法》、《医疗机构管理条例》、《医疗事故处理条例》、《医疗机构管理条例实施细则》等有关法律、法规和规章,制定本办法。

第二条 本办法所称校验是指卫生行政部门依法对医疗机构的基本条件和执业状况进行检查、评估、审核,并依法作出相应结论的过程。

第三条 取得《医疗机构执业许可证》的机构,其校验适用本办法。

第四条 卫生部主管全国医疗机构校验管理工作。

县级以上地方人民政府卫生行政部门(以下简称"登记机关")负责其核发《医疗机构执业许可证》的医疗机构校验工作。

第五条 地方卫生行政部门建立医疗机构不良执业行为记分制度,对医疗机构的不良执业行为进行记录和评分,记录和评分结果作为医疗机构校验的依据。

医疗机构不良执业行为记分以一年为一个周期。

医疗机构不良执业行为记分的具体办法和记分标准由省、自治区、直辖市人民政府卫生行政部门制定。

第二章 校验申请和受理

第六条 达到校验期的医疗机构应当申请校验。医疗机构的校验期为:

(一)床位在100张以上的综合医院、中医医院、中西医结合医院、民族医医院以及专科医院、疗养院、康复医院、妇幼保健院、急救中心、临床检验中心和专科疾病防治机构校验期为3年;

(二)其他医疗机构校验期为1年;

(三)中外合资合作医疗机构校验期为1年;

(四)暂缓校验后再次校验合格医疗机构的校验期为1年。

第七条 医疗机构应当于校验期满前3个月向登记机关申请校验,并提交下列材料(以下称校验申请材料):

(一)《医疗机构校验申请书》;

(二)《医疗机构执业许可证》及其副本;

(三)各年度工作总结;

(四)诊疗科目、床位(牙椅)等执业登记项目以及卫生技术人员、业务科室和大型医用设备变更情况;

(五)校验期内接受卫生行政部门检查、指导结果及整改情况;

(六)校验期内发生的医疗民事赔偿(补偿)情况(包括医疗事故)以及卫生技术人员违法违规执业及其处理情况;

(七)特殊医疗技术项目开展情况;

(八)省、自治区、直辖市人民政府卫生行政部门规定提交的其他材料。

第八条 登记机关对医疗机构提交的校验申请材料进行审核后,应当根据下列情况作出是否受理的处理意见:

(一)校验申请材料不齐全或者不符合规定内容及形式的,应当当场或者在5日内书面告知医疗机构在规定期限内需要补正的相关材料及内容;医疗机构逾期不补正或者补正不完全的,视为不按规定申请校验;

(二)申请材料齐全且符合规定要求的,或者医疗机构按照登记机关初审后书面告知的要求提交全部补正材料及内容的,应当在5日内予以受理。

第九条 登记机关在受理校验申请后，应当及时向医疗机构发出《医疗机构申请校验受理通知》，受理时间从作出受理决定之日算起。

第十条 医疗机构不按规定申请校验的，登记机关应当责令其在20日内补办申请校验手续；在限期内仍不申请补办校验手续的，登记机关注销其《医疗机构执业许可证》。

第十一条 卫生行政部门对医疗机构日常监督管理记录和医疗机构不良执业行为记分档案是登记机关实施校验的重要依据。

登记机关应当加强对医疗机构的日常监督管理，建立健全医疗机构登记注册档案、日常监督管理和不良执业行为记分档案，并及时将监督管理情况和校验结果予以公示。

第三章 校验审查和结论

第十二条 医疗机构校验审查包括书面审查和现场审查两部分。

第十三条 书面审查的内容和项目包括：

（一）校验申请材料；

（二）日常监督管理和不良执业行为记分情况；

（三）省、自治区、直辖市人民政府卫生行政部门规定的其他校验内容和项目。

第十四条 现场审查的主要内容包括：

（一）医疗机构基本标准符合情况；

（二）与医药卫生相关法律、法规、规章执行情况；

（三）医疗质量和医疗安全保障措施的落实情况；

（四）省、自治区、直辖市人民政府卫生行政部门规定的其他内容。

现场审查的办法和标准由省、自治区、直辖市人民政府卫生行政部门制定。

第十五条 现场审查由登记机关组织有关专家或者委托有关机构进行。

有下列情形之一的，必须进行现场审查：

（一）2个校验期内未曾进行现场审查的；

（二）医疗机构在执业登记后首次校验的；

（三）暂缓校验后再次校验的；

（四）省、自治区、直辖市人民政府卫生行政部门规定的其他情形。

第十六条 登记机关应当在受理校验申请之日起30日内完成校验审查，做出校验结论，办理相应的校验执业登记手续。

第十七条 校验结论包括“校验合格”和“暂缓校验”，暂缓校验应当确定暂缓校验期。

第十八条 登记机关作出“校验合格”结论时，应当在医疗机构执业许可证副本上加盖校验合格章。

第十九条 医疗机构有下列情形之一的，登记机关应当作出“暂缓校验”结论，下达整改通知书，并根据情况，给予1－6个月的暂缓校验期：

（一）校验审查所涉及的有关文件、病案和材料存在隐瞒、弄虚作假情况；

（二）不符合医疗机构基本标准；

（三）限期整改期间；

（四）停业整顿期间；

（五）省、自治区、直辖市人民政府卫生行政部门规定的其他情形。

医疗机构在暂缓校验期内应当对存在的问题进行整改。

第二十条 医疗机构应当于暂缓校验期满后5日内向卫生行政部门提出再次校验申请，由卫生行政部门再次进行校验。再次校验合格的，允许继续执业；再次校验不合格的，由登记机关注销其《医疗机构执业许可证》。

医疗机构暂缓校验期满后规定时间内未提出再次校验申请的，由卫生行政部门注销其《医疗机构执业许可证》。

第二十一条 对经校验认定不具备相应医疗服务能力的医疗机构诊疗科目，登记机关予以注销。

第二十二条 登记机关在作出暂缓校验结论前，应当告知医疗机构有要求举行听证的权利；医疗机构在被告知听证权利之日起5日内提出听证申请的，登记机关应当在20日内组织听证。

登记机关应当结合听证情况，作出有关校验的决定。

登记机关在作出暂缓校验结论时，应当说明理由，并告知医疗机构享有依法申请行政复议或者提起行政诉讼的权利。

第二十三条 卫生行政部门应当将医疗机构校验结论通过媒体网络等方式在管辖区域内予以公示。

第四章 监督管理

第二十四条 暂缓校验期内，医疗机构不得发布医疗服务信息和广告；未设床位的医疗机构不得执业；除急救外，设床位的医疗机构不得开展门诊业务、收治新病人。

医疗机构应当向登记机关提交法定代表人或主要负责人签署的书面检查。

第二十五条 暂缓校验期内，暂缓校验的医疗机构有下列情形之一的，登记机关可按照《医疗机构管理条例实施细则》的有关规定，注销其《医疗机构执业许可证》：

（一）违反规定擅自开展诊疗活动；

（二）发布医疗服务信息和广告；

（三）省、自治区、直辖市人民政府卫生行政部门规定的其他情形。

第二十六条　医疗机构自注销之日起停止开展医疗活动，设床位的医疗机构应妥善做好已有病人的转、出院工作。

第二十七条　医疗机构暂缓校验或者被注销《医疗机构执业许可证》的，登记机关应当依法给予或者建议其上级主管部门给予医疗机构的法定代表人或主要负责人一定的行政处分。

第二十八条　上级卫生行政部门负责对下级卫生行政部门的校验工作进行监督指导。发现校验结论与实际情况不符，上级卫生行政部门有权变更下级卫生行政部门的校验结论。

第二十九条　卫生行政部门及其工作人员违反规定，干预正常校验工作的，上级卫生行政部门或者工作人员所在的卫生行政部门应当及时纠正；后果严重的，应当给予有关负责人和直接责任人员行政处分。

第五章　附　　则

第三十条　本办法所称医疗机构不良执业行为是指医疗机构在医疗执业活动中违反有关法律、法规、规章和诊疗护理规范、常规以及其他规范性文件的行为。

第三十一条　本办法自公布之日起施行。

医疗机构院务公开监督考核办法（试行）

1. 2009年12月25日卫生部发布
2. 卫医政发〔2009〕122号

第一章　总　　则

第一条　为了进一步推动和规范院务公开工作，促进医疗机构民主科学管理，依法执业，提高医疗机构的医疗服务能力，构建和谐的医患关系，根据《中华人民共和国政府信息公开条例》、《中共中央办公厅、国务院办公厅关于进一步推行政务公开的意见》和《卫生部关于全面推行医院院务公开的指导意见》等文件精神，制定本办法。

第二条　本办法适用于对各级各类医疗机构院务公开工作的监督和考核。

第三条　院务公开监督考核坚持客观公正、发扬民主、注重实效的原则。

第四条　卫生部负责制订全国院务公开的监督和考核办法，并对省级卫生行政部门开展医疗机构院务公开工作进行监督和指导。地方各级卫生行政部门负责组织实施辖区内医疗机构院务公开的监督和考核工作。

第五条　各级卫生行政部门应当充分发挥行业主管部门的作用，把院务公开工作作为对医疗机构评审评价、考核评优和党风廉政建设监督检查的重要内容之一，切实加强院务公开工作的监督和考核。

第六条　院务公开监督考核包括日常监督与定期考核；监督考核的重点是院务公开的组织领导、公开内容、公开时限、公开方式、公开范围、公开效果。

第七条　医疗机构应当将院务公开纳入年度总体工作目标进行管理，并作为评定科室与部门工作成绩的重要依据。

第二章　院务公开的日常监督

第八条　院务公开日常监督是对医疗机构日常院务公开执行情况进行的监督，包括外部监督和内部监督两种形式。

第九条　院务公开日常监督的主要内容是院务公开实施情况及其效果。

第十条　卫生行政部门、社会公众、服务对象、新闻媒体、医疗机构监督员和有关单位对医疗机构的院务公开进行外部监督。

第十一条　医疗机构的内设管理部门、业务科室以及职工对医疗机构的院务公开进行内部监督。

第十二条　医疗机构应当通过设立投诉举报电话、投诉举报信箱、电子邮箱，聘请社会监督员等多种方式，主动接受监督。

第十三条　医疗机构接到日常监督反馈意见后，应当按照有关医疗机构投诉管理规定，予以登记并及时进行调查核实和处理，实名的意见要将处理结果及时反馈本人，对有利于改进工作的建议应积极采纳。

第十四条　各级卫生行政部门应当充分发挥监督职责，定期对医疗机构日常监督反馈意见的登记及落实情况进行检查，督促医疗机构对院务公开工作中存在的问题进行整改。

第三章　院务公开的定期考核

第十五条　院务公开定期考核是卫生行政部门定期对医疗机构院务公开情况的检查评估。院务公开定期考核每年进行1次。

第十六条　定期考核的主要内容包括：

（一）组织领导。

院务公开工作的领导体制、协调机制和办事机构的建设情况；领导和办事机构工作开展情况；年度院务公开工作目标、计划和措施的制定和落实情况；院务公开纳入单位责任目标管理情况等。

（二）制度建设。

院务公开工作相关规章制度建立和实施情况。

（三）公开内容。

1. 对社会公开情况，包括医疗机构单位基本情况；服务信息（包括服务指南、服务流程、服务规范和服务承诺等）；行业作风建设情况、患者就医须知等。

2. 对服务对象公开情况，包括各种服务收费项目、标准等收费信息；医疗机构的药品、仪器设备检查以及诊疗价格；医院投诉管理部门及其办公地点、联系方式；医疗纠纷处理的途径和程序，按照规定提供医疗文书等信息资料服务等。

3. 对内部职工公开情况，包括重大决策、重要人事任免、重大项目安排及大额度资金使用情况；职工权益保障；药品、设备等物资购置情况；领导干部廉洁自律情况；领导职务消费情况；出国考察等情况。

4. 省级以上卫生行政部门规定的其他公开内容。

（四）公开载体建设。

院务公开载体的建设情况，包括公开场所、各类会议、电子媒介等。

（五）监督检查。

院务公开检查监督机制建立情况；院务公开内容动态管理情况；服务对象、职工对院务公开的满意度等。

（六）工作创新。

公开形式和内容的创新和拓展情况。

第十七条 院务公开采取量化考核的方式，考核结果分为优秀、合格和不合格。

（一）优秀：积极开展院务公开工作，重点突出，措施得力，成效显著，社会反映好；

（二）合格：认真执行院务公开的各项规定，按照要求开展院务公开工作，措施比较得力，取得一定成效；

（三）不合格：院务公开工作开展不全面，执行院务公开有关规定不力，工作落实不到位。

因未按照规定开展院务公开工作造成重大负面或社会影响的，考核结果定为不合格。

第十八条 定期考核可采取实地考核、综合评议等多种方式，也可与其他检查和督导合并进行。定期考核中发现的问题应及时反馈给被考核单位，并责令其改正。

第十九条 卫生行政部门应当在考核结束后对考核结果进行公示，接受社会监督。

第二十条 定期考核项目目录由卫生部制订。各省级卫生行政部门可根据本办法和定期考核项目目录，制定监督考核评分标准和实施细则。

第四章 院务公开奖惩

第二十一条 卫生行政部门应当结合日常监督情况对院务公开定期考核优秀的单位给予表彰奖励，对考核不合格的单位予以通报批评，并限期整改。

第二十二条 违反院务公开有关规定，造成较大负面影响的，由卫生行政部门对医疗机构主要负责人进行批评训诫；情节严重的，予以行政处分。

第五章 附 则

第二十三条 本办法由卫生部负责解释。

第二十四条 本办法自发布之日起施行。

附件：医疗机构院务公开定期考核项目目录（略）

医疗机构评审办法

1. 1995年7月21日卫生部发布

2. 卫医发〔1995〕第30号

第一章 总 则

第一条 为加强对医疗机构的监督管理，建立和实行医疗机构评审制度，确保医疗机构的服务质量，提高其服务水平，健全和巩固三级医疗预防保健网，合理利用卫生资源，充分发挥医疗体系的整体功能，根据《医疗机构管理条例》，制定本办法。

第二条 医疗机构评审是由有关专家组成的医疗机构评审委员会，依照本办法和《医疗机构评审标准》及《医疗机构基本标准》，对医疗机构的执业活动、服务质量和管理水平等进行综合评价的专业技术性活动。

第三条 各级各类医疗机构均应按本办法参加评审。

第四条 医疗机构评审的原则是精简高效、公正准确。

第五条 县级以上卫生行政部门负责医疗机构评审工作的组织与领导；医疗机构评审委员会负责医疗机构评审的具体实施，并向被评审的医疗机构提出改进工作的指导意见。

第六条 省级以上卫生行政部门可根据各评审周期当时的医疗工作重点、医疗机构管理中的实际情况和卫生政策导向，调整各类评审指标的权重。

第七条 医疗机构评审包括周期性评审和不定期重点检查。

第八条 各级卫生行政部门根据《医疗机构设置规划指导原则》、各地《医疗机构设置规划》和各类医疗机构的功能、任务、规模，对不同级别医疗机构实行标准化、规范化的分级管理。

第九条 实行医疗机构评审后，医疗机构收费标准应按级别和等次有所区别。各地可根据国家价格改革的统一部署，结合本地实际情况，将医疗技术收费拉开档次。

第二章 评审权限的划分

第十条 三级特等医院、急救中心和省级以上临床检验中心的评审由卫生部组织与领导，同级医疗机构评审委员会负责具体实施。

第十一条 三级医院、二、三级妇幼保健院、疗养院、省级专科疾病防治机构、市（地级）临床检验中心的评审由省级卫生行政部门组织与领导，同级医疗机构评审委员会负责具体实施。

二级医院和康复医院评审的组织、领导与实施由省级卫生行政部门规定。

第十二条 一级妇幼保健院、市辖区的妇幼保健所、设区的市级专科疾病防治机构、急救站、护理院的评审由设区的市级卫生行政部门组织与领导，同级医疗机构评审委员会负责具体实施。

第十三条 一级医院、卫生院、县级专科疾病防治机构、门诊部、诊所、村卫生室（所）、卫生所（室）、医务室、卫生保健所、护理站、卫生站等的评审由县级卫生行政部门组织与领导，同级医疗机构评审委员会负责具体实施。

第十四条 卫生行政部门认为必要时，可请下级、上级或辖区外的医疗机构评审委员会实施对辖区内特定医疗机构的评审工作。

第十五条 上级卫生行政部门应对下级卫生行政部门的评审工作进行监督、检查和指导。

第三章 评审周期与计划

第十六条 医院、妇幼保健院、疗养院、卫生院、急救医疗机构、临床检验中心、专科疾病防治机构、护理院及床位数在20张以上的其他医疗机构的评审周期为三年。其他医疗机构的评审周期为二年。

第十七条 为了保证医疗机构评审工作秩序，医疗机构评审委员会应当按年度制订评审计划，报同级卫生行政部门批准后实施。

评审计划主要包括：

（一）参加评审的医疗机构名册；

（二）对名册内各医疗机构评审时间的初步安排；

（三）名册内各医疗机构提交评审申请的时间和受理期限；

（四）年度评审重点和组织实施方案；

（五）卫生行政部门规定的其他内容。

第十八条 医疗机构评审委员会应当根据评审计划，按照省级以上卫生行政部门规定的期限，将提交《医疗机构评审申请书》时间和预计的评审时间通知被评审的医疗机构。

第十九条 医疗机构接到前条 规定的通知后，可以在规定时限内向相应的评审委员会提出提前或者推迟评审的书面申请，评审委员会在接到申请后，应在规定的时限内提出处理意见，报同级卫生行政部门作出决定，并书面通知申请人。

前款具体时限由省级以上卫生行政部门规定。

第二十条 医疗机构评审委员会应在评审计划规定的时间内完成评审工作。

第四章 评审的实施

第二十一条 医疗机构应当在规定的期限内，向相应的医疗机构评审委员会办公室提交《医疗机构评审申请书》，并报其主管卫生行政部门备案。

第二十二条 医疗机构评审委员会应在受理申请后，按照省级以上卫生行政部门规定的期限，向申请人发放《受理通知书》，受理从收到完整的申报材料之日算起。

第二十三条 《受理通知书》中应明确规定评审时间和日程安排。

第二十四条 医疗机构评审委员会应指定下设的相应专业委员会（组）在规定的时间内完成评审。

第二十五条 评审委员与被评审医疗机构有利害关系，可能影响评审公正性的，应当回避。医疗机构也有权要求其回避。评审委员的回避由评审委员会决定。

第二十六条 周期性评审以《医疗机构基本标准》和《医疗机构评审标准》为依据，实施对申报材料的审核和对医疗机构的现场检查考核。

现场检查考核采取听取汇报、与管理人员讨论、现场考察、病案与文件检查、理论与技术操作考核、接待病人及群众来访、技术项目评估等方式。

评审所涉及的有关文件、文书、材料应当真实，严禁弄虚作假。如在评审过程中有弄虚作假行为的应取消本次评审资格。

在评审中发现医德医风、医疗质量和医疗安全等方面存在重大缺陷，应对评审结论实行单项否决。

第二十七条 专业委员会（组）可下设若干检查组，每项指标的评分由相应检查组成员商定，并报专业委员会（组）审定。

第二十八条 专业委员会（组）应在现场评审结束后，按照省级以上卫生行政部门规定的期限，向医疗机构评审委员会办公室提交评审工作报告。

评审工作报告内容应包括：

（一）评审工作概况；

（二）《医疗机构基本标准》的符合情况；

（三）《医疗机构评审标准》各项指标的得分；

（四）被评审机构的总分；

（五）被评审机构存在的主要问题及改进意见；

（六）应当说明的其他问题；

（七）省级卫生行政部门规定的其他内容；

（八）专业委员会（组）主任签字。

第二十九条 各专业委员会提交的评审工作报告由医疗机构评审委员会讨论并签署意见，呈报相应的卫生行政部门审批。

评审委员会认为必要时，可要求专业委员会（组）对某些项目进行重新审议或评审。

具体程序由省级以上卫生行政部门规定。

第三十条 评审工作有关的各种原始材料由评审委员会存档，保存期至少四年。

第三十一条 卫生行政部门在收到评审委员会评审工作报告后，应当在省级以上卫生行政部门规定的时间内作出评审结论，并书面通知评审委员会、有关的卫生行政部门和被评审的医疗机构，同时报送上级卫生行政部门备案。

医疗机构评审委员会接到卫生行政部门的书面通知后，应报送上级医疗机构评审委员会备案。

第三十二条 被评审的医疗机构对评审结论有异议的，可在接到评审结论后一个月内，向上一级卫生行政部门提出复核评审的书面申请，并提交有关材料和充分的理由。

受理复核评审的卫生行政部门可以委托适当的医疗机构评审委员会实施。复核评审结论由受理的卫生行政部门作出，复核评审结论为最终结论。

第三十三条 卫生行政部门应对在评审中不符合《医疗机构基本标准》以及根据《医疗机构评审标准》评审不合格的医疗机构提出限期整改意见，并在改正期限后进行重新评审。

第三十四条 上级卫生行政部门应对下级卫生行政部门的评审结论进行抽查复审。

如发现原结论与实际情况不符，上级卫生行政部门有权变更下级卫生行政部门的评审结论。

第三十五条 省级评审委员会根据三级甲等医院的申请，负责向卫生部评审委员会推荐具有国家先进水平的三级甲等医院参加三级特等医院的评审，并同时抄报省级卫生行政部门。省级评审委员会对急救中心、省级临检中心的评审申请书进行初步审核，认为合格后，向部评审委员会申报评审，并同时抄报省级卫生行政部门。

第五章 评审结论

第三十六条 医疗机构评审的基本结论是“合格”与“不合格”。

第三十七条 为使同级医疗机构在管理水平、服务质量、技术能力等方面展开有管理的竞争，对部分类别的医疗机构可实行分等评定。

第三十八条 医院、妇幼保健院、急救中心（站）等医疗机构的每个级别内和康复医院、疗养院及职业病防治院（所）可分别设立“甲等”、“乙等”、“丙等”，达到“合格”即为“丙等”。

三级医院增设“特等”。

市辖区的妇幼保健所和村卫生室只设“甲等”。

床位在 20 张以上的乡卫生院可以参加一级医院的分等评定，其名称和功能不变。

第三十九条 通过评审的医疗机构，由卫生行政部门发给卫生部统一格式的评审合格证书或分等证书，评审不合格的由卫生行政部门书面通知被评审机构。评审结论由卫生行政部门定期向社会公告。

第四十条 评审证书的有效期与医疗机构的评审周期相同。评审证书有效期满后，医疗机构不得继续使用原评审证书。医疗机构的等级标识必须与评审证书相符。

第四十一条 发证机关及相应医疗机构评审委员会应当对医疗机构进行不定期重点检查，不定期重点检查的分值应占下次周期性评审总分的 15%。

不定期重点检查的具体办法由省级以上卫生行政部门规定。

第四十二条 在评审证书有效期间，如发现医疗机构在医德医风、医疗质量和医疗安全等方面存在重大缺陷或经查实确在接受评审过程中弄虚作假，发证机关有权撤销原评审结论，并收回原证书和标识。

第四十三条 未经被评审医疗机构的书面同意，评审委员会及其成员不得公布评审中获得的原始标准。有关评审的汇总性资料不受此规定限制。

第四十四条 申请评审的医疗机构应向评审委员会缴纳评审费。

评审费只能用于开展医疗机构评审活动的正常支出。评审委员会对医疗机构的不定期重点检查不另行收费。

评审费标准由省级以上卫生行政部门规定。

第六章 附 则

第四十五条 各省、自治区、直辖市卫生行政部门会同中医(药)行政管理部门根据本办法制定评审实施细则。

第四十六条 本办法的解释权在卫生部。

第四十七条 本办法自发布之日起施行,1989年卫生部发布的《医院分级管理办法(试行草案)》与本办法不符的,以本办法为准。

附:

卫生部关于修改《医疗机构评审办法》第三十八条的通知

(1997年9月1日)

鉴于全国医院评审工作和乡(镇)卫生院建设的实际情况,经研究,决定对《医疗机构评审办法》(卫医发〔1995〕第30号)第三十八条作如下修改:

第一款修改为:"医院、妇幼保健院、急救中心(站)等医疗机构的每个级别内和床位在20张以上的乡(镇)卫生院、康复医院、疗养院及职业病防治院(所)应分别设立'甲等'、'乙等'、'合格'。"

第三款修改为:"市辖区的妇幼保健所和村卫生室只设'甲等'与'合格'。"

删去第四款。

医院评审暂行办法

1. 2011年9月21日卫生部发布
2. 卫医管发〔2011〕75号

第一章 总 则

第一条 为深化医药卫生体制改革,加强对医院的监督管理,逐步建立由卫生行政部门、行业学(协)会、医疗保险机构、社会评估机构、群众代表和专家参与的医院质量监管和评审评价制度,促进医院加强内涵建设,保证医疗安全,持续改进服务质量,提高医院管理水平和服务效率,统筹利用全社会医疗卫生资源,充分发挥医疗体系整体功能,根据《医疗机构管理条例》,制定本办法。

第二条 医院评审是指医院按照本办法要求,根据医疗机构基本标准和医院评审标准,开展自我评价,持续改进医院工作,并接受卫生行政部门对其规划级别的功能任务完成情况进行评价,以确定医院等级的过程。

评审组织是指在卫生行政部门领导下,具体负责医院评审的技术性工作的专门机构。评审组织可以由卫生行政部门组建或是受卫生行政部门委托的适宜第三方机构。

第三条 各级各类医院均应当遵照本办法参加评审。

第四条 医院评审坚持政府主导、分级负责、社会参与、公平公正的原则和以评促建、以评促改、评建并举、重在内涵的方针,围绕质量、安全、服务、管理、绩效,体现以病人为中心。

第五条 各级各类医院评审标准由卫生部统一制订。

省级卫生行政部门可根据本辖区医疗卫生工作重点、医院管理实际,结合本地特点,遵循"内容只增不减,标准只升不降"的原则,适当调整标准并报卫生部备案。

第六条 医院评审包括周期性评审和不定期重点检查。

周期性评审是指卫生行政部门在评审期满时对医院进行的综合评审。不定期重点检查是指卫生行政部门在评审周期内适时对医院进行的检查和抽查。

第七条 通过医院评审,促进构建目标明确、布局合理、规模适当、结构优化、层次分明、功能完善、富有效率的医疗服务体系,对医院实行科学化、规范化、标准化分级管理。

第二章 评审权限与组织机构

第八条 卫生部和卫生部医院评审委员会负责全国医院评审的领导、组织、抽验、质量控制及监督管理。委员会下设办公室。

第九条 各省级卫生行政部门成立医院评审领导小组,负责本辖区的医院评审工作。领导小组组长由省级卫生行政部门的主要负责同志兼任。

第十条 上级卫生行政部门应当对下级卫生行政部门的评审工作进行监督和指导。

第十一条 评审组织负责以下事项：

（一）在卫生行政部门和医院评审委员会领导下，具体负责评审的技术性工作，提出评审结论建议；

（二）在卫生行政部门领导下，参与组建和管理评审专家库，参与组织评审专家的培训工作；

（三）完成卫生行政部门交办的其他任务。

第十二条 省级以上卫生行政部门应当组建由卫生行政部门、行业学（协）会、医疗保险机构、社会评估机构、医疗机构等方面的专家和群众代表组成的评审专家库。《医院评审专家库管理办法》由卫生部负责制订，省级卫生行政部门根据各地实际制订实施细则。

第十三条 评审专家由卫生行政部门选聘。评审专家应当按照规定参加卫生行政部门和评审组织举办的培训、考核。考核合格的方可参加评审工作。

第十四条 卫生行政部门应当建立健全工作制度，包括评审工作流程、专家工作制度和回避制度等，加强对评审工作的管理，确保评审质量。

第三章 评审申请与受理

第十五条 医院评审周期为4年。

第十六条 卫生行政部门应当按年度制订评审计划，并报上级卫生行政部门备案。

评审计划包括：

（一）本年度参加评审的医院名册；

（二）本年度评审工作的时间安排；

（三）年度评审重点和组织实施方案；

（四）省级卫生行政部门规定的其他内容。

第十七条 医院在等级证书有效期满前3个月可以向有评审权的卫生行政部门提出评审申请，提交评审申请材料：

（一）医院评审申请书；

（二）医院自评报告；

（三）评审周期内接受卫生行政部门及其他有关部门检查、指导结果及整改情况；

（四）评审周期内各年度出院患者病案首页信息及其他反映医疗质量安全、医院效率及诊疗水平等的数据信息；

（五）省级卫生行政部门规定提交的其他材料。

医院在提交评审申请材料前，应当开展不少于6个月的自评工作。

第十八条 卫生行政部门对医院提交的评审申请材料进行审核后，应当根据下列情况作出是否受理评审申请的处理意见：

（一）申请材料不齐全或者不符合规定内容及形式的，应当在5个工作日内书面告知医院需要补正的材料及提交期限；医院逾期不补正或者补正不完全的，不予受理。

（二）申请材料齐全且符合要求的，或者医院按照卫生行政部门的书面告知进行补正符合要求的，应当在10个工作日内予以受理。

第十九条 卫生行政部门在受理评审申请后，应当在20个工作日内向医院发出受理评审通知，明确评审时间和日程安排。

第二十条 医院在规定期限内没有申请评审的，卫生行政部门应当要求其在15个工作日内补办申请手续；在限期内仍不申请补办手续的，视为放弃评审申请。

第二十一条 新建医院在取得《医疗机构执业许可证》，执业满3年后方可申请首次评审。

医院设置级别发生变更的，应当在变更后执业满3年方可按照变更后级别申请首次评审。

第四章 评审的实施

第二十二条 卫生行政部门对医院发出评审受理通知后，应当于5个工作日内通知评审组织；评审组织接到通知后，应当从医院评审专家库中抽取专家组建评审小组，在规定时间内完成评审工作。

第二十三条 评审专家与被评审医院有利害关系，可能影响评审公正性的，应当主动提出回避申请。医院也可向卫生行政部门提出对评审专家的回避申请。评审专家的回避由卫生行政部门决定。

第二十四条 医院周期性评审包括对医院的书面评价、医疗信息统计评价、现场评价和社会评价等方面的综合评审。

第二十五条 书面评价的内容和项目包括：

（一）评审申请材料；

（二）不定期重点评价结果及整改情况报告；

（三）接受省级以上卫生行政部门组织的专科评价、技术评估等的评价结果；

（四）接受地市级以上卫生行政部门设立的医疗质量评价控制组织检查评价结果及整改情况；

（五）省级卫生行政部门规定的其他内容和项目。

第二十六条 医疗信息统计评价的内容和项目包括：

（一）各年度出院患者病案首页等诊疗信息；

（二）医院运行、患者安全、医疗质量及合理用药等监测指标；

（三）利用疾病诊断相关分组（DRGs）等方法评价医院绩效；

（四）省级卫生行政部门规定的其他内容和项目。

第二十七条 现场评价的主要内容包括：

（一）医院基本标准符合情况；

（二）医院评审标准符合情况；

（三）医院围绕以病人为中心开展各项工作的情况；

（四）与公立医院改革相关工作开展情况；

（五）省级卫生行政部门规定的其他内容。

第二十八条 社会评价的主要内容和项目包括：

（一）地方政府开展的医疗机构行风评议结果；

（二）卫生行政部门开展或者委托第三方社会调查机构开展的患者满意度调查结果；

（三）省级卫生行政部门规定的其他内容和项目。

第二十九条 评审小组应当在评审结束后5个工作日内，完成评审报告，并经评审小组长签字后提交给评审组织。

评审工作报告应当包括：

（一）评审工作概况；

（二）书面评价、医疗信息统计评价、现场评价及社会评价结果；

（三）被评审医院的总分及评审结论建议；

（四）被评审医院存在的主要问题、整改意见及期限；

（五）应当说明的其他问题；

（六）省级卫生行政部门规定的其他内容。

第三十条 评审工作报告经评审组织审核同意后，报卫生行政部门。

评审组织认为必要时，可要求评审小组对某些内容进行重新审议或者评审。具体程序由省级卫生行政部门规定。

第三十一条 评审工作有关的各种原始材料由评审组织存档保存至少4年。

第三十二条 卫生行政部门在收到评审工作报告后，应当在30个工作日内作出评审结论。

评审结论应以适当方式对社会公示，公示期一般为7至15天。公示结果不影响评审结论的，书面通知被评审医院、评审组织和有关部门，同时报送上级卫生行政部门备案。

第三十三条 评审周期内，卫生行政部门应当组织对医院的管理、专科技术水平等进行不定期重点评价，分值应当不低于下次周期性评审总分的30%。

不定期重点评价的具体内容与办法由省级卫生行政部门规定。

第五章 评审结论

第三十四条 各级医院评审结论分为甲等、乙等、不合格。

第三十五条 甲等、乙等医院，由省级卫生行政部门发给卫生部统一格式的等级证书及标识。

等级证书的有效期与评审周期相同。等级证书有效期满后，医院不得继续使用该等级证书。医院的等级标识必须与等级证书相符。

第三十六条 卫生行政部门应当对评审结论为“不合格”的医院下达整改通知书，给予3～6个月的整改期。

第三十七条 医院应当于整改期满后5个工作日内向卫生行政部门申请再次评审，再次评审结论分为乙等或者不合格。

第三十八条 医院整改期满后未在规定时间内提出再次评审申请的，卫生行政部门应当直接判定再次评审结论为不合格。

再次评审不合格的医院，由卫生行政部门根据评审具体情况，适当调低或撤销医院级别；有违法违规行为的，依法进行相应处理。

第三十九条 卫生行政部门作出不合格评审结论前，应当告知医院有要求听证的权利；医院在被告知之日起5个工作日内提出听证申请的，卫生行政部门应当在15个工作日内组织听证。

卫生行政部门应当结合听证情况，作出有关评审结论的决定。

第四十条 卫生行政部门在作出不合格评审结论时，应当说明依据，并告知医院享有依法申请行政复议或者提起行政诉讼的权利。

第四十一条 卫生行政部门应当将医院评审结论以适当方式在辖区内公布。

第四十二条 医院在等级证书有效期内有下列情形之一的，应当及时向卫生行政部门申请提前评审：

（一）因医院地址、所有制形式、服务方式、诊疗科目、床位（牙椅）等事项改变而变更登记的；

（二）省级卫生行政部门规定的其他情形。

第六章 监督管理

第四十三条 卫生行政部门应当加强对医院评审工作的监督、检查和指导，做到公正、公平评审，确保评审结论的公信力。

第四十四条 卫生行政部门应当加强对评审组织、评审计划、评审人员组成、回避制度、评审程序、纪律执行等方面情况的审查和监督。

第四十五条 卫生行政部门及其工作人员违反规定，干预正常评审工作的，应当及时纠正；后果严重的，应当给予有关负责人和直接责任人行政处分；涉嫌违法犯罪的，移交司法机关依法处理。

第四十六条 评审组织及其工作人员、评审专家违反规定，干预正常评审工作的，卫生行政部门、评审组织应当及时纠正；后果严重的，应当取消其参与评审工作资格；涉嫌违法犯罪的，移交司法机关依法处理。

第四十七条 医院在评审过程中有下列情形之一的，应中止评审：

（一）有群众来信、来访反映医院重大违法、违规、违纪行为，并提供明确线索，评审期间无法调查核实的；

（二）违反评审纪律，采取不规范行为，影响评审专家的公正公平性，干扰评审专家工作的；

（三）省级卫生行政部门规定的其他情形。

第四十八条 医院在评审过程中有下列情形之一的，应终止评审，并直接判定评审结论为不合格：

（一）提供虚假评审资料，有伪造、涂改病历及有关档案资料等弄虚作假行为的；

（二）有群众来信、来访反映医院重大违法、违规、违纪行为，并提供明确线索，已经查实的；

（三）借评审盲目扩大规模，滥购设备，浪费资源的；

（四）存在医院评审标准中规定的“一票否决”情况的；

（五）省级卫生行政部门规定的其他情形。

第四十九条 医院在等级证书有效期内有下列情形之一的，卫生行政部门应当撤销原评审结论，取消评审等次，并收回证书和标识：

（一）医院在医德医风、医疗质量和医疗安全等方面存在重大缺陷的；

（二）经查实在接受评审过程中弄虚作假的；

（三）拒不配合评审工作的；

（四）拒绝参加对口支援工作或者未按照要求完成对口支援任务的；

（五）未按照第四十二条的规定，提前申请评审的；

（六）省级卫生行政部门规定的其他情形。

第五十条 医院评审结论为不合格的，卫生行政部门应当依法给予或者建议其上级主管部门给予医院法定代表人或者主要负责人行政处分或者纪律处分。

第五十一条 卫生行政部门应当在每年2月底前将上一年度评审的医院名单、评价结论、评审工作总结及本年度评审工作计划报送上级卫生行政部门。

第七章 附 则

第五十二条 各省、自治区、直辖市卫生行政部门会同中医药管理部门根据本办法制订评审实施细则。

第五十三条 本办法由卫生部负责解释。

第五十四条 本办法自发布之日起施行。1995年7月21日卫生部发布的《医疗机构评审办法》（卫医发〔1995〕第30号）与本办法不符的，以本办法为准。

中医医院评审暂行办法

1. 2012年5月29日国家中医药管理局发布

2. 国中医药医政函〔2012〕96号

第一章 总 则

第一条 为促进中医医院（含中西医结合医院、民族医医院，下同）突出特色、提高疗效、促进发展、深化改革、加强管理，统筹利用全社会的中医医疗资源，充分发挥中医医疗体系的整体功能，逐步建立由中医药管理部门、行业学（协）会和专家参与的中医医院评审评价制度，根据《中华人民共和国中医药条例》、《医疗机构管理条例》和《医院评审暂行办法》，制定本办法。

第二条 中医医院评审是指根据中医医院基本标准和中医医院评审标准，中医药管理部门对中医医院规划级别的功能任务完成情况进行评价，以确定医院等级的过程。

中医医院评审组织是指在中医药管理部门领导下，具体负责中医医院评审技术性工作的专门机构。评审组织可以由中医药管理部门组建或是受中医药管理部门委托的适宜第三方机构。

第三条 各级各类中医医院均应遵照本办法参加评审。

第四条 中医医院评审坚持政府主导、分级负责、公平公正的原则和以评促建、以评促改、评建并举、重在内涵的方针，围绕中医特色、中医疗效、质量、安全、服务、管理，体现以病人为中心的理念。

第五条 各级各类中医医院评审标准由国家中医药管理局统一制定。

第六条 中医医院评审包括周期性评审和不定期重点检查。

周期性评审是指中医药管理部门在评审期满时对中医医院进行的综合评审。不定期重点检查是指中医药管理部门在评审周期内适时对中医医院进行的检查和抽查。

第七条 通过中医医院评审，促进构建目标明确、布局合理、中医特色突出、中医疗效显著、服务功能完善的中医医疗服务体系，对中医医院实行科学化、规范化、标准化的分级管理。

第二章 评审权限与组织机构

第八条 国家中医药管理局和国家中医药管理局中医医院评审委员会负责全国中医医院评审的领导、组织、质量控制及监督管理。委员会下设办公室。

第九条 各省级中医药管理部门成立中医医院评审领导小组，负责本辖区的中医医院评审工作。领导小组组长由省级中医药管理部门的主要负责同志兼任。

第十条 三级和二级中医医院的评审由省级中医药管理部门组建或指定的评审组织负责具体实施。一级中医医院的评审由地市级中医药管理部门组建或指定的评审组织负责具体实施。

第十一条 上级中医药管理部门应当对下级中医药管理部门的评审工作进行监督和指导。

第十二条 评审组织负责以下事项：

（一）在中医药管理部门和中医医院评审领导小组领导下，具体负责评审的技术性工作，提出评审结论建议；

（二）在中医药管理部门领导下，参与组建和管理评审专家库，参与组织评审专家的培训工作；

（三）完成中医药管理部门交办的其他任务。

第十三条 省级以上中医药管理部门应当组建由中医药管理部门、中医药院校、行业学（协）会、医疗机构等方面的专家组成的评审专家库。

第十四条 评审专家由中医药管理部门选聘。评审专家应当按照规定参加中医药管理部门和评审组织举办的培训、考核。考核合格的方可参加评审工作。

第十五条 中医药管理部门应当建立健全工作制度，包括评审工作流程、专家工作制度和回避制度等，加强对评审工作的管理，确保评审质量。

第三章 评审申请与受理

第十六条 中医医院评审周期为四年。

第十七条 中医药管理部门应当按年度制订评审计划，并报上级中医药管理部门备案。

评审计划包括：

（一）本年度参加评审的中医医院名册；

（二）本年度评审工作的时间安排；

（三）年度评审重点和组织实施方案；

（四）中医药管理部门规定的其他内容。

第十八条 中医医院在等级证书有效期满前 3 个月可以向有评审权的中医药管理部门提出评审申请，提交评审申请材料：

（一）医院评审申请书；

（二）评审周期内接受中医药管理部门及其他有关部门检查、指导结果及整改情况；

（三）评审周期内各年度中医医院医疗质量监测信息及其他反映中医特色优势、中医临床疗效、医疗质量安全、医院效率及诊疗水平等的数据信息；

（四）省级中医药管理部门规定提交的其他材料。

第十九条 中医药管理部门对医院提交的评审申请材料进行审核后，应当根据下列情况作出是否受理评审申请的处理意见：

（一）申请材料不齐全或者不符合规定内容及形式的，应当在 10 个工作日内书面告知医院需要补正的材料及提交期限；医院逾期不补正或者补正不完全的，不予受理。

（二）申请材料齐全且符合要求的，或者医院按照中医药管理部门的书面告知进行补正符合要求的，应当在 15 个工作日内予以受理。

第二十条 中医药管理部门在受理评审申请后，应当在 20 个工作日内向中医医院发出受理评审通知，明确评审时间和日程安排。

第二十一条 中医医院在规定期限内没有申请评审的，中医药管理部门应当要求其在 15 个工作日内补办申请手续；在限期内仍不申请补办手续的，视为放弃评审申请。

第二十二条 新建中医医院和综合医院新变更为中医类别医院的，在取得《医疗机构执业许可证》并执业满 1 年后方可申请首次评审。

第四章 评审的实施

第二十三条 中医药管理部门对中医医院发出评审受理通知后，应当于 5 个工作日内通知评审组织；评审组织接到通知后，应当从中医医院评审专家库中抽取专家组建评审小组，在规定时间内完成评审工作。其中，组建三级中医医院和中西医结合医院评审小组时，应从国家中医药管理局组建的专家库中抽取本省（区、市）外的专家，承担“中医药服务功能”部分的评审任务。

第二十四条 评审专家与被评审中医医院有利害关系，可能影响评审公正性的，应当主动提出回避申请。医院也可向中医药管理部门提出对评审专家的回避申请。评审专家的回避由中医药管理部门决定。

第二十五条 中医医院周期性评审的主要内容和项目包括：

(一)评审申请材料；

(二)不定期重点评价结果及整改情况报告；

(三)中医医院基本标准符合情况；

(四)中医医院评审标准符合情况。

评审主要对申报材料进行审核、对监测数据进行评价和对中医医院进行现场评审，现场评审采取听取汇报、实地考查、现场访谈、资料检查、理论与技术操作考核等相结合的综合评价方式。

第二十六条 评审小组应当在评审结束后5个工作日内，完成评审报告，并经评审小组组长签字后提交给评审组织。

评审工作报告应当包括：

(一)评审工作概况；

(二)评价结果；

(三)被评审中医医院的总分及评审结论建议；

(四)被评审中医医院存在的主要问题、整改意见及期限；

(五)应当说明的其他问题；

(六)省级中医药管理部门规定的其他内容。

第二十七条 评审工作报告经评审组织审核同意后，报中医药管理部门。

评审组织认为必要时，可要求评审小组对某些内容进行重新审议或者评审。具体程序由省级以上中医药管理部门规定。

第二十八条 评审工作有关的各种原始材料由评审组织存档保存至少4年。

第二十九条 中医药管理部门在收到评审工作报告后，对拟作出三级乙等(含三级乙等)以下等级评审结论的，应当在30个工作日内作出评审结论。省级中医药管理部门拟作出三级甲等中医医院评审结论的，应将评审报告、打分汇总表、核心指标检查记录表等材料复印件报送国家中医药管理局备案审批同意后，方可正式作出三级甲等的评审结论。

评审结论应以适当方式对社会公示，公示期一般为7至15天。公示结果不影响评审结论的，书面通知被评审医院、评审组织和有关部门，同时报送上级中医药管理部门备案。

第三十条 评审周期内，中医药管理部门应当组织对中医医院的中医药特色优势发挥情况与中医专科建设等进行不定期重点评价。

不定期重点评价的具体内容与办法由国家中医药管理局规定。

第五章 评审结论

第三十一条 各级中医医院评审结论分为甲等、乙等、不合格。各级中医医院的分等标准由国家中医药管理局另行规定。

第三十二条 各级甲等、乙等中医医院的等级证书及标识的格式，由国家中医药管理局统一规定。

等级证书的有效期与评审周期相同。等级证书有效期满后，医院不得继续使用该等级证书。医院的等级标识必须与等级证书相符。

第三十三条 中医药管理部门应当对评审结论为“不合格”的中医医院下达整改通知书，给予3－6个月的整改期。

第三十四条 中医医院应当于整改期满后5个工作日内向中医药管理部门申请再次评审，再次评审结论分为乙等或者不合格。

第三十五条 中医医院整改期满后未在规定时间内提出再次评审申请的，中医药管理部门应当直接判定再次评审结论为不合格。

再次评审不合格的中医医院，由中医药管理部门根据评审具体情况，适当调低或撤销医院级别；有违法违规行为的，依法进行相应处理。

第三十六条 医院自动放弃评审的，视为评审结论为不合格，由中医药管理部门根据具体情况，适当调低或撤销医院级别。

第三十七条 中医药管理部门作出不合格评审结论前，应当告知中医医院有要求听证的权利；中医医院在被告知之日起5个工作日内提出听证申请的，中医药管理部门应当在15个工作日内组织听证。

中医药管理部门应当结合听证情况，作出有关评审结论的决定。

第三十八条 中医药管理部门在作出不合格评审结论时，应当说明依据，并告知中医医院享有依法申请行政复议或者提起行政诉讼的权利。

第三十九条 中医药管理部门应当将中医医院评审结论以适当方式在辖区内公布。

第六章 监督管理

第四十条 中医药管理部门应当加强对中医医院评审工作的监督、检查和指导，做到公正、公平评审，确保评审结论的公信力。

第四十一条 中医药管理部门应当加强对评审组织、评审计划、评审人员组成、回避制度、评审程序、纪律执行等方面情况的审查和监督。

第四十二条 中医药管理部门及其工作人员违反规定，干预正常评审工作的，应当及时纠正；后果严重的，应当给予有关负责人和直接责任人行政处分；涉嫌违法犯罪的，移交司法机关依法处理。

第四十三条 评审组织及其工作人员、评审专家违反规定，干预正常评审工作的，中医药管理部门、评审组织应当及时纠正；后果严重的，应当取消其参与评审工作资格；涉嫌违法犯罪的，移交司法机关依法处理。

第四十四条 中医医院在评审过程中有下列情形之一的，应中止评审：

（一）有群众来信、来访反映医院重大违法、违规、违纪行为，并提供明确线索，评审期间无法调查核实的；

（二）违反评审纪律，采取不规范行为，影响评审专家的公正公平性，干扰评审专家工作的；

（三）省级以上中医药管理部门规定的其他情形。

上述情形消失3个月后，中医医院可向中医药管理部门再次提出评审申请。

第四十五条 中医医院在评审过程中有下列情形之一的，应终止评审，并直接判定评审结论为不合格：

（一）提供虚假评审资料，有伪造、涂改病历及有关档案资料等弄虚作假行为的；

（二）有群众来信、来访反映医院重大违法、违规、违纪行为，并提供明确线索，已经查实的；

（三）借评审盲目扩大规模，滥购设备，浪费资源的；

（四）省级以上中医药管理部门规定的其他情形。

第四十六条 中医医院在等级证书有效期内有下列情形之一的，中医药管理部门应当撤销原评审结论，取消评审等次，并收回证书和标识：

（一）医院在中医药特色优势、医德医风、医疗质量和医疗安全等方面存在重大缺陷的；

（二）在评审周期内医院实际情况与评审时有较大出入，核心指标严重不符合要求的；

（三）经查实在接受评审过程中弄虚作假的；

（四）拒绝参加对口支援工作或者未按照要求完成对口支援任务的；

（五）省级以上中医药管理部门规定的其他情形。

第四十七条 医院评审结论为不合格的，中医药管理部门应当视情节轻重依法给予或者建议其上级主管部门给予医院法定代表人或者主要负责人行政处分或者纪律处分。

第四十八条 中医药管理部门应当在每年2月底前将上一年度评审的中医医院名单、评价结论、评审工作总结及本年度评审工作计划报送上级中医药管理部门。

第七章　附　　则

第四十九条 本办法自发布之日起施行。1993年国家中医药管理局发布的《中医医院分级管理办法》同时废止。

关于加强医疗卫生机构统方管理的规定

1. 2014年11月20日国家卫生和计划生育委员会、国家中医药管理局发布

2. 国卫纠发〔2014〕1号

3. 自2015年1月1日起施行

第一条 为进一步规范医疗卫生服务行为，加强行业作风建设，严禁为不正当商业目的统方，维护正常工作秩序，根据《关于印发加强医疗卫生行风建设“九不准”的通知》（国卫办发〔2013〕49号）及有关法规制度，制定本规定。

第二条 本规定所指的统方，是指医疗卫生机构及科室或医疗卫生人员根据工作需要，通过一定的方式和途径，统计医疗卫生机构、科室及医疗卫生人员使用药品、医用耗材的用量信息。

为不正当商业目的统方，是指医疗卫生机构及科室或医疗卫生人员出于不正当商业目的，统计、提供医疗卫生机构、科室及医疗卫生人员使用有关药品、医用耗材的用量信息，或为医药营销人员统计提供便利。

第三条 地方各级卫生计生行政部门、中医药管理部门和各级各类医疗卫生机构要建立健全相关工作制度，加强统方管理，严禁为不正当商业目的统方。

第四条 医疗卫生机构主要负责人为本机构统方管理的第一责任人。要加强对医疗卫生人员的法制教育，建立健全风险岗位廉洁监督制度，对涉及统方的关键环节和重点岗位进行重点监督管理，建立重点岗位工作人员定期轮岗制度，建立落实岗位责任制和责任追究制。

第五条 医疗卫生机构应当严格执行《关于建立医药购销领域商业贿赂不良记录的规定》（国卫法制发〔2013〕50号），不得以任何形式向医药营销人员、非行政管理部门或未经行政管理部门授权的行业组织提供医疗卫生人员个人或科室的药品、医用耗材用量信息，并不得为医药营销人员统计提供便利。

第六条 医疗卫生机构向行政管理部门或其授权的行业组织提供的药品、医用耗材用量信息，应当是以机构为单位的信息。医疗卫生机构在提供药品、医用耗材用量信息,以及在日常管理工作中应用相关信息时,应严格执行相关工作制度,确保各个环节的信息安全。

第七条 医疗卫生机构要建立健全信息系统的管理制度,对信息系统中有关药品、医用耗材用量等统计功能实行专人负责、加密管理。

第八条 医疗卫生机构要对通过信息系统查询药品、医用耗材用量等信息的权限实行严格的分级管理和审批程序。信息系统中要设置重要和敏感信息查询留痕功能,建立查询日志,定期分析,及时发现异常情况并进行处理。

第九条 医疗卫生机构要与为信息系统提供常规维护、升级换代,以及安装新系统、新设备的信息技术人员和机构签署信息保密协议,并设置合理的访问权限。外来的信息技术人员和机构完成工作后要履行交接手续,确保密码、设备、技术资料及相关敏感信息等按照规范程序移交。对于获取信息用于不正当商业目的的信息技术人员和机构,按相关的法规、业务合同规定处理,并追究相应责任。

第十条 医疗卫生机构不得将医疗卫生人员收入与药品、医用耗材用量挂钩。医疗卫生人员及科室使用药品、医用耗材用量统计不得用于开单提成。

第十一条 医疗卫生人员不得违规参与统方行为,不得为医药营销人员提供药品、医用耗材的用量及相关信息。严禁医疗卫生人员为医药营销人员提供统方便利,或充当医药营销人员代理人违规统方。

第十二条 各级卫生计生行政部门和中医药管理部门要加强监督检查,同时充分发挥外部监督检查力量的作用。

第十三条 对于违反有关规定为不正当商业目的统方的医疗卫生人员,要依法依纪严肃处理,纳入医师不良执业行为记录记分管理。对于未触犯刑法的人员,由所在单位按照有关规定给予当事人批评教育、取消当年评优评职资格或低聘、缓聘、解职待聘、解聘;对于涉嫌犯罪的,移送司法机关处理。

第十四条 对于违反有关规定为不正当商业目的统方的医疗卫生机构,卫生计生行政部门和中医药管理部门应当按照管辖权限和有关规定,根据统方情节轻重,分别给予通报批评、限期整改、降低等次等处理。

第十五条 各级卫生计生行政部门和中医药管理部门要结合建立医疗卫生人员诚信从业信用管理制度,将医疗卫生机构和医疗卫生人员的违规行为按规定分别纳入医疗机构校验记录和医师执业行为不良记录等。

第十六条 县级以上地方卫生计生行政部门、中医药管理部门和各级各类医疗卫生机构要依据本规定,结合本地区、本单位实际情况,研究制定实施办法。

第十七条 本规定所指的医疗卫生人员,是指医疗卫生机构中的管理人员、医师、护士、药学技术人员、医技人员、信息部门工作人员及其他相关人员。

第十八条 本规定自 2015 年 1 月 1 日起施行。2007 年 9 月 7 日原卫生部办公厅印发的《关于加强医院信息系统药品、高值耗材统计功能管理的通知》(卫办医发〔2007〕163 号)同时废止。

药物临床试验机构管理规定

1. 2019 年 11 月 29 日国家药品监督管理局、国家卫生健康委员会发布

2. 自 2019 年 12 月 1 日起施行

第一章 总　　则

第一条 为加强药物临床试验机构的监督管理,根据《中华人民共和国药品管理法》、《中华人民共和国疫苗管理法》、《中华人民共和国药品管理法实施条例》、《医疗机构管理条例》,以及中共中央办公厅、国务院办公厅《关于深化审评审批制度改革鼓励药品医疗器械创新的意见》,制定本规定。

第二条 药物临床试验机构是指具备相应条件,按照《药物临床试验质量管理规范》(GCP)和药物临床试验相关技术指导原则等要求,开展药物临床试验的机构。

第三条 从事药品研制活动,在中华人民共和国境内开展经国家药品监督管理局批准的药物临床试验(包括备案后开展的生物等效性试验),应当在药物临床试验机构中进行。药物临床试验机构应当符合本规定条件,实行备案管理。仅开展与药物临床试验相关的生物样本等分析的机构,无需备案。

第四条 药品监督管理部门、卫生健康主管部门根据各自职责负责药物临床试验机构的监督管理工作。

第二章 条件和备案

第五条 药物临床试验机构应当具备的基本条件包括:

(一)具有医疗机构执业许可证,具有二级甲等以上资质,试验场地应当符合所在区域卫生健康主管部门对院区(场地)管理规定。开展以患者为受试者的药物临床试验的专业应当与医疗机构执业许可的诊疗科目相一致。开展健康受试者的Ⅰ期药物临床试验、生物等效性试验应当为Ⅰ期临床试验研究室专业。

（二）具有与开展药物临床试验相适应的诊疗技术能力。

（三）具有与药物临床试验相适应的独立的工作场所、独立的临床试验用药房、独立的资料室，以及必要的设备设施。

（四）具有掌握药物临床试验技术与相关法规，能承担药物临床试验的研究人员；其中主要研究者应当具有高级职称并参加过3个以上药物临床试验。

（五）开展药物临床试验的专业具有与承担药物临床试验相适应的床位数、门急诊量。

（六）具有急危重病症抢救的设施设备、人员与处置能力。

（七）具有承担药物临床试验组织管理的专门部门。

（八）具有与开展药物临床试验相适应的医技科室，委托医学检测的承担机构应当具备相应资质。

（九）具有负责药物临床试验伦理审查的伦理委员会。

（十）具有药物临床试验管理制度和标准操作规程。

（十一）具有防范和处理药物临床试验中突发事件的管理机制与措施。

（十二）卫生健康主管部门规定的医务人员管理、财务管理等其他条件。

药物临床试验机构为疾病预防控制机构的，应当为省级以上疾病预防控制机构，不要求本条前款第一项、第五项、第六项条件。

第六条　国家药品监督管理部门负责建立“药物临床试验机构备案管理信息平台”（简称备案平台），用于药物临床试验机构登记备案和运行管理，以及药品监督管理部门和卫生健康主管部门监督检查的信息录入、共享和公开。

第七条　药物临床试验机构应当自行或者聘请第三方对其临床试验机构及专业的技术水平、设施条件及特点进行评估，评估符合本规定要求后备案。

第八条　药物临床试验机构按照备案平台要求注册机构用户，完成基本信息表填写，提交医疗机构执业许可证等备案条件的资质证明文件，经备案平台审核通过后激活账号，按照备案平台要求填写组织管理架构、设备设施、研究人员、临床试验专业、伦理委员会、标准操作规程等备案信息，上传评估报告，备案平台将自动生成备案号。

备案的药物临床试验机构增加临床试验专业，应当形成新增专业评估报告，按照备案平台要求填录相关信息及上传评估报告。

省级以上疾病预防控制机构可遴选和评估属地具备疫苗预防接种资质的机构作为试验现场单位，在备案平台上进行登记备案，试验现场单位参照临床试验专业管理。

第九条　药物临床试验机构对在备案平台所填写信息的真实性和准确性承担全部法律责任。备案的药物临床试验机构名称、地址、联系人、联系方式和临床试验专业、主要研究者等基本信息向社会公开，接受公众的查阅、监督。

第十条　药物临床试验机构名称、机构地址、机构级别、机构负责人员、伦理委员会和主要研究者等备案信息发生变化时，药物临床试验机构应当于5个工作日内在备案平台中按要求填写并提交变更情况。

第三章　运行管理

第十一条　药物临床试验机构备案后，应当按照相关法律法规和《药物临床试验质量管理规范》要求，在备案地址和相应专业内开展药物临床试验，确保研究的科学性，符合伦理，确保研究资料的真实性、准确性、完整性，确保研究过程可追溯性，并承担相应法律责任。疾病预防控制机构开展疫苗临床试验，应当符合疫苗临床试验质量管理相关指导原则，由备案的省级以上疾病预防控制机构负责药物临床试验的管理，并承担主要法律责任；试验现场单位承担直接法律责任。

第十二条　药物临床试验机构设立或者指定的药物临床试验组织管理专门部门，统筹药物临床试验的立项管理、试验用药品管理、资料管理、质量管理等相关工作，持续提高药物临床试验质量。

第十三条　药物临床试验机构是药物临床试验中受试者权益保护的责任主体。伦理委员会负责审查药物临床试验方案的科学性和伦理合理性，审核和监督药物临床试验研究者的资质，监督药物临床试验开展情况，保证伦理审查过程独立、客观、公正。伦理委员会应当按照《涉及人的生物医学研究伦理审查办法》要求在医学研究登记备案信息系统公开有关信息，接受本机构和卫生健康主管部门的管理和公众监督。

第十四条　主要研究者应当监督药物临床试验实施及各研究人员履行其工作职责的情况，并采取措施实施药物临床试验的质量管理，确保数据的可靠、准确。

第十五条　新药Ⅰ期临床试验或者临床风险较高需要临床密切监测的药物临床试验，应当由三级医疗机构实施。疫苗临床试验应当由三级医疗机构或者省级以上疾病预防控制机构实施或者组织实施。注册申请人委托备案的药物临床试验机构开展药物临床试验，可自行或者聘请第三方对委托的药物临床试验机构进行评估。

第十六条　药物临床试验机构应当于每年1月31日前在备案平台填报上一年度开展药物临床试验工作总结报告。

第十七条　药物临床试验机构接到境外药品监督管理部门检查药物临床试验要求的，应当在接受检查前将相关信息录入备案平台，并在接到检查结果后5个工作日内将检查结果信息录入备案平台。

第四章　监督检查

第十八条　国家药品监督管理局会同国家卫生健康委建立药物临床试验机构国家检查员库，根据监管和审评需要，依据职责对药物临床试验机构进行监督检查。

第十九条　省级药品监督管理部门、省级卫生健康主管部门根据药物临床试验机构自我评估情况、开展药物临床试验情况、既往监督检查情况等，依据职责组织对本行政区域内药物临床试验机构开展日常监督检查。对于新备案的药物临床试验机构或者增加临床试验专业、地址变更的，应当在60个工作日内开展首次监督检查。

第二十条　药物临床试验机构未遵守《药物临床试验质量管理规范》的，依照《药品管理法》第一百二十六条规定处罚。

第二十一条　药物临床试验机构未按照本规定备案的，国家药品监督管理部门不接受其完成的药物临床试验数据用于药品行政许可。

第二十二条　违反本规定，隐瞒真实情况、存在重大遗漏、提供误导性或者虚假信息或者采取其他欺骗手段取得备案的，以及存在缺陷不适宜继续承担药物临床试验的，取消其药物临床试验机构或者相关临床试验专业的备案，依法处理。

第二十三条　省级以上药品监督管理部门、省级以上卫生健康主管部门对药物临床试验机构监督检查结果及处理情况，应当及时录入备案平台并向社会公布。

第五章　附　　则

第二十四条　药物临床试验机构备案号格式为：药临机构备+4位年代号+5位顺序编号。

第二十五条　中央军委后勤保障部卫生局、中国人民武装警察部队后勤部卫生局分别对军队、武警所属药物临床试验机构，履行本规定中省级药品监督管理部门和卫生健康主管部门的监督检查职责。

第二十六条　对戒毒等特殊药物需在特定机构开展药物临床试验，应当具有相应业务主管部门发放的机构资质，参照本规定管理。

第二十七条　药品监督管理部门、卫生健康主管部门对于药物临床试验机构备案和监督检查，不收取费用。

第二十八条　本规定自2019年12月1日起施行。《药物临床试验机构资格认定办法（试行）》（国食药监安〔2004〕44号）、《关于开展药物临床试验机构资格认定复核检查工作的通知》（国食药监注〔2009〕203号）和《关于印发一次性疫苗临床试验机构资格认定管理规定的通知》（食药监药化管〔2013〕248号）同时废止。

医疗机构内部价格行为管理规定

1. 2019年12月26日国家卫生健康委、国家中医药管理局发布

2. 国卫财务发〔2019〕64号

第一章　总　　则

第一条　为规范医疗机构收费行为，加强医疗机构内部价格行为管理，促进卫生健康事业改革和发展，维护患者与医疗机构的合法权益，根据《中华人民共和国价格法》、《中共中央国务院关于深化医药卫生体制改革的意见》、发展改革委等部门《关于印发改革药品和医疗服务价格形成机制的意见的通知》（发改价格〔2009〕2844号）及《关于印发推进医疗服务价格改革意见的通知》（发改价格〔2016〕1431号）等有关政策法规，结合医疗服务价格管理特点，制定本规定。

第二条　本规定适用于各级各类公立医疗机构，非公立医疗机构可参照执行。

第三条　本规定中医疗机构内部价格行为管理是指对医疗机构诊疗活动中发生的医疗服务项目、药品和医用耗材等价格行为的内部管理。

第四条　医疗机构主要负责人对本单位价格行为的内部管理工作负领导责任。医疗机构价格管理负责部门具体组织本单位内部价格行为管理工作。

第五条　按照国家有关规定，县级及以上地方卫生健康行政部门（含中医药主管部门，下同）根据本规定依职责对辖区内政府办公立医疗机构价格管理工作进行指导、考核和检查，其他公立医疗机构由举办单位参照本规定进行指导、考核和检查。

第二章 组织机构

第六条 医疗机构应当建立由医疗机构分管领导、医务管理部门、价格管理部门、临床科室和医药物资采供等部门组成的医疗机构价格管理体系，科学管理、合理监控医疗服务成本，提升价格管理质量。

医疗机构应当设立价格管理委员会，委员会成员应当由医疗机构分管领导、价格管理部门及财务、医务、护理、医保、信息、药事、物资管理、医技、质控、设备、纪检监察等职能科室负责人组成，负责全院价格管理工作的领导、组织和决策。

第七条 医疗机构要加强内部价格管理部门建设。三级医疗机构应当明确负责内部价格管理工作的部门，并由院领导主管；二级及以下医疗机构应当在相关职能部门中明确价格管理职责。

三级医疗机构应当配备3－5名医疗服务价格工作人员；二级及以下医疗机构应当配备1－3名医疗服务价格工作人员。各医疗机构依据机构规模和医疗服务量可适当增减人员数量。各业务科室（部门）设置兼职医疗服务价格工作人员，每个科室（部门或病区）至少设1名。

第八条 专职医疗服务价格工作人员的基本要求：

（一）能够正确理解、掌握和执行医疗服务价格政策，并依法开展价格管理工作；

（二）掌握基本的医疗服务价格管理相关知识，了解卫生、财会、经济、管理等相关业务知识，熟悉业务科室开展的医疗服务价格项目内涵及主要成本构成；

（三）有良好的沟通和协调能力，能够妥善处理机构内部价格管理方面的咨询与投诉；

（四）工作中能够坚持原则，按照医疗服务价格管理有关规定，做好价格政策宣传与解释，指导临床、医技科室正确执行医疗服务价格政策，并检查各科室执行情况，对医疗机构不规范收费行为予以纠正；

（五）具备初级及以上职称，并每年接受行业专业化培训。

第三章 机构职能和岗位职责

第九条 医疗机构价格管理委员会的主要职能：

（一）认真贯彻有关医药价格政策、法规，实现规范化、科学化、制度化管理；

（二）研究制订医疗机构内部的价格管理制度、业务流程、考评指标及奖惩标准，并负责组织实施；

（三）对医疗机构价格的申报、调整、公示、执行、核查、考核、评价等全过程进行组织实施和管理；

（四）适时召开价格管理工作会议，根据相关部门工作部署指导、协调有关工作进展，对医疗机构价格管理进行调控。

第十条 医疗机构价格管理部门（或专职医疗服务价格工作人员）的主要职能（或职责）：

（一）树立法治观念，依据和遵照《中华人民共和国价格法》及相关法律法规及政策，依法进行价格管理工作，熟练掌握价格管理各项政策，把握标准、严格执行和操作；

（二）对医疗机构价格行为进行内部管理，熟悉各价格项目内涵，组织协调并参与相关部门对医疗服务项目成本进行科学合理测算，提出改进管理、降本增效的建议和措施；

（三）参与药品、医疗设备、医用耗材的招标采购和价格谈判以及新技术、新疗法在进入医疗机构前的收费论证审核；

（四）参与医保基金支付项目和病种的价格谈判工作；

（五）对医疗机构新增医疗服务价格项目、新增病种（含疾病诊断相关分组，以下简称DRG）等进行成本测算和价格审核，提出价格建议，并按照规定程序报批，对既有项目价格调整进行报批；

（六）对已立项的实行市场调节价的医疗服务价格项目和医疗机构制剂等进行成本测算，提出价格建议，提请价格管理委员会讨论确定后执行并进行监管；

（七）严格贯彻执行医药价格政策法规，并依据政府医疗服务价格政策变动，及时调整医疗机构价格管理系统的价格（含公示价格）标准；

（八）指导临床、医技科室正确执行医药价格政策；

（九）定期对门（急）诊、住院患者费用等进行检查，并将检查结果反馈科室，及时纠正不规范收费行为；

（十）接待医疗服务价格管理方面的咨询，处理医疗服务价格相关投诉，针对有效投诉撰写投诉分析报告并提出整改意见；

（十一）定期调研并组织相关业务科室讨论医疗机构价格管理存在的实际问题，并提出建议；

（十二）对兼职医疗服务价格工作人员进行价格政策（业务）指导、培训；

（十三）配合相关部门开展医疗服务价格检查；

（十四）完成主管部门交办的各种医疗服务成本及价格相关调查和统计工作，为调整医疗服务价格政策提供真实、可靠的数据；

（十五）做好其他涉及价格管理相关事宜。

第十一条 兼职医疗服务价格工作人员的主要职责：

（一）接受医疗服务价格知识培训，熟悉医疗服务价格政策法规，宣传贯彻本机构价格管理制度；

（二）配合本机构价格管理部门接受相关部门的医疗服务价格检查；

（三）提出价格管理工作建议，对本科室拟开展的新增医疗服务价格项目和拟淘汰的医疗服务价格项目，向本机构价格管理部门提出申请，并提供基础资料；

（四）协助本机构价格管理部门，做好本科室医疗服务价格管理、公示及医疗服务价格政策解释工作；

（五）协助本机构价格管理部门，处理本科室的医疗服务价格咨询与投诉；

（六）负责本科室内部价格行为的自查自纠工作，及时纠正不规范收费行为，建立内部检查的长效机制；

（七）接受本机构价格管理部门的定期考核。

第四章 管理制度

第十二条 医疗机构要建立医疗服务成本测算和成本控制管理制度，在不断完善医疗机构和科室成本核算的基础上，建立健全医疗服务项目的成本测算制度。医疗机构要密切监测医疗服务成本和收入结构变化，主动向相关部门提出调整医疗服务价格的意见建议。

按照医疗服务项目、药品、医用耗材价格管理的有关规定，在确保医疗质量的前提下，构建成本控制的科学管理机制，通过事前控制、现场控制及反馈控制等环节，科学规范收费行为。

第十三条 医疗机构要建立医疗服务价格调价管理制度，确保严格执行医疗服务价格政策，建立顺畅的调价通知流程，及时调整或通知相关部门调整医疗服务价格。

第十四条 医疗机构要建立新增医疗服务价格项目管理制度，按照《医疗技术临床应用管理办法》（国家卫生健康委令第1号）及其他相关管理规范的规定，坚持新增医疗服务价格项目以技术准入（许可）为先的原则，进行新增医疗服务价格项目立项和价格申报。规范新增医疗服务价格项目内部审核流程。新增医疗服务价格项目经医疗机构价格管理委员会审核论证后，报省级卫生健康行政部门按照医疗服务价格项目技术规范进行规范确认后，方可申报价格。

第十五条 医疗机构要建立价格公示制度。医疗机构可采用机构官网、电子触摸屏、电子显示屏、公示栏、公示牌、价目表等方式，在服务场所显著位置公示常用医疗服务项目、药品、医用耗材的价格，保障患者的查询权和知情权；价格发生变动时，要及时调整公示内容。要在服务场所显著位置公布本单位价格咨询、投诉电话。

第十六条 医疗机构应当建立费用清单（含电子清单）制度，以多种形式向患者提供医疗服务、药品、医用耗材等费用清单（病种、DRG除外），并在患者需要时提供打印服务。费用清单主要内容应当包括：医疗服务项目、药品、医用耗材的名称和编码、单价、计价单位、使用日期、数量、金额等。

第十七条 医疗机构应当建立医疗服务价格自查制度。价格管理部门每月按照出入院人数的一定比例随机抽取在院、出院病历和费用清单进行检查并做好记录。及时纠正不规范收费行为，提出整改建议并向有关科室及人员通报并纳入月（季）绩效考核管理。

第十八条 医疗机构应当建立价格投诉管理制度，实行首问负责制。接待投诉的人员应当记录投诉的内容、办理结果、整改措施及落实情况。对于上级部门转给医疗机构的有效投诉信，应当有办结报告和整改措施。

第十九条 医疗机构应当建立价格管理奖惩制度，奖罚分明，并将价格管理工作纳入医疗机构年度目标考核，作为科室绩效考核的重要指标。

第二十条 医疗机构应当建立医疗服务价格政策文件档案管理制度，对有关医疗服务价格政策的文件专卷保存。对医疗服务价格管理过程中的基础数据、专家意见、相关建议、内部讨论的会议纪要等基础资料，要做到记录完整、专卷保存。

第五章 信息化管理

第二十一条 医疗机构应当建立健全价格管理信息化制度，明确相关部门和岗位的职责与权限，确保软件系统操作与维护数据的准确性、完整性、规范性与安全性。

第二十二条 医疗机构进行医疗服务价格调整时，系统必须有调整记录。要加强对数据处理过程中修改权限与修改痕迹的控制。

第二十三条 医疗机构应当加强医疗服务价格电子信息档案管理，包括电子文件的存储、备份及保管。

第六章 监管检查

第二十四条 县级以上地方卫生健康行政部门要对医疗机构价格管理进行质量控制，并根据各地具体情况制订医疗机构价格管理考评标准。

第二十五条 县级以上地方卫生健康行政部门要建立医疗机构价格管理责任追究制度，对于违反价格管理规定的行为给予通报并按照有关规定处理。

第二十六条 医疗机构要自觉接受社会监督，聘请社会义务监督员，发挥外部监督管理作用。

第七章 附 则

第二十七条 省级卫生健康行政部门要根据国家有关法律法规和本规定，结合本地实际制订具体实施细则。

医疗机构要结合本单位业务特点和实际情况，建立健全本单位的价格管理制度与体系。

第二十八条 本规定自发布之日起施行。原卫生部、国家中医药管理局印发的《医疗机构内部价格管理暂行规定》（卫规财发〔2011〕32 号）同时废止。

医疗机构消防安全管理九项规定（2020 版）

1. 2020 年 1 月 8 日国家卫生健康委、应急管理部、国家中医药管理局发布

2. 国卫办发〔2020〕1 号

一、守法遵规，严格执行标准

（一）遵守法律规定。各级各类医疗机构要严格遵守《消防法》《安全生产法》《机关、团体、企业、事业单位消防安全管理规定》等法律法规。

（二）执行相关强制性消防标准。贯彻执行《WS308 医疗机构消防安全管理》和《GA654 人员密集场所消防安全管理》等强制性消防标准。

（三）规范消防行为。建立健全消防安全自查、火灾隐患自除、消防责任自负以及自我管理、自我评估、自我提升的工作机制，全面确保本单位消防安全。

二、落实责任，加强组织领导

（一）落实主体责任。贯彻《国务院关于加强和改进消防工作的意见》、消防安全责任制及实施办法，全面实行"党政同责、一岗双责、齐抓共管、失职追责"制度，落实"管行业必须管安全、管业务必须管安全、管生产经营必须管安全"的要求，建立逐级消防安全责任制，明确各岗位消防安全职责，层层签订责任书。公立医疗机构党政主要负责人，其它医疗机构法定代表人、主要负责人或实际控制人是本单位消防安全第一责任人，对本单位消防安全全面负责。主管消防安全的负责人是单位的消防安全管理人，领导班子其他成员对分管范围内的消防安全负领导责任。

（二）明确责任部门。明确承担消防安全管理工作的机构和消防安全管理人，负责本单位的消防安全管理工作，负责制订和落实年度消防工作计划，组织开展防火巡查、检查、隐患排查和监督整改，加强宣传教育培训、应急疏散演练、督导考核等。按照《医疗卫生机构灾害事故防范和应急处置指导意见》要求，切实做好各项防范和应急处置工作。

（三）履行消防职责。各部门（科室）要履行消防安全主体责任，主要负责人为本部门（科室）消防安全第一责任人，设立消防安全员。全体职工履行岗位消防安全职责，做好本部门（科室）消防安全管理各项工作。

三、防患未然，坚持日常巡查

（一）坚持日常巡查。医疗机构应当明确消防巡查人员和重点巡查部位，每日组织开展防火巡查并填写巡查记录表。住院区及门诊区在白天至少巡查 2 次，住院区及急诊区在夜间至少巡查 2 次，其他场所每日至少巡查 1 次，对发现的问题应当当场处理或及时上报。

各部门（科室）的消防安全员要坚持日巡查并填写记录表。两人以上的工作场所，无值班的部门（科室），每天最后离开的人员要对本部门（科室）相关场所的消防安全进行检查并签字确认。

应当根据实际情况相应加大巡查频次和力度。

（二）突出巡查重点。

1. 用火、用电、用油、用气等有无违章情况；

2. 安全出口、消防通道是否畅通，安全疏散指示标识、应急照明系统是否完好；

3. 消防报警、灭火系统和其他消防设施、器材以及消防安全标识是否完好、有效，常闭式防火门是否关闭，防火卷帘下是否堆放物品；

4. 消防控制室、住院区、门（急）诊区、手术室、病理科、检验科、实验室、高压氧舱、库房、供氧站、胶片室、锅炉房、发电机房、配电房、厨房、地下空间、停车场、宿舍等重点部位人员是否在岗履职；

5. 医疗机构内施工场所消防安全情况。

（三）严格规范消防控制室工作。消防值班人员应当持有消防行业特有工种职业资格证书。消防控制室实行 24 小时值班制度，每班不少于 2 人。应当确保自动消防设施处于正常工作状态。接到火警信号后，应当以最快方式进行确认，确认发生火灾后应当确保联动控制开关处于自动状态，同时拨打"119"报警并启动应急处置程序。

四、检查整改，及时消除隐患

（一）开展防火安全检查。每月和重要节假日、重大活动前至少组织1次防火检查和消防设施联动运行测试,建立和实施消防设施日常维护保养制度,对发现的安全隐患和问题立即督促整改。

(二)突出检查重点。

1. 重点工种工作人员以及全体医护人员消防安全知识和基本技能掌握情况;

2. 消防安全工作制度落实情况以及日常防火巡查工作落实情况,之前巡查发现问题的整改情况;

3. 电力设备、医疗设备、办公电器、生活电器管理和使用部门消防安全责任落实情况;

4. 消防设施设备运行和维护保养情况;

5. 消防控制室日常工作情况,消防安全重点部位日常管理情况;

6. 电气线路、燃气管道、厨房烟道等定期检查情况;

7. 病理科、检验科及各种实验室内易燃易爆等危险品的管理情况;

8. 火灾隐患整改和动火管理、临时用电等日常防范措施落实情况;

9. 装修、改造、施工单位向医疗机构的消防安全管理部门备案和签订安全责任书情况。

(三)消除安全隐患。建立消防安全隐患信息档案和台账,形成隐患目录,并在单位内部公示。隐患治理要实行报告、登记、整改、销号的一系列闭环管理,确保整改责任、资金、措施、期限和应急预案“五落实”。

五、划定红线,严禁违规行为

(一)严禁使用未经消防行政许可或者不符合消防技术标准要求的建筑物及场所,严禁违规新建、扩建、改建不符合消防安全标准的构筑物(含室内外装修、建筑保温、用途变更等)。

(二)严禁采用夹芯材料燃烧性能低于A级的彩钢板作为建筑材料。

(三)严禁擅自停用关闭消防设备设施以及埋压圈占消火栓,严禁设置影响疏散逃生和灭火救援的铁栅栏,严禁锁闭堵塞安全出口、占用消防通道和扑救场地。

(四)严禁违反酒精等易燃易爆危险品的使用管理规范,严禁违规储存、使用危险品,严禁在病房楼等人员密集场所使用液化石油气和天然气,严禁违规使用明火,严禁在非吸烟区吸烟。

(五)严禁私拉乱接电气线路、超负荷用电,严禁使用非医疗需要的电炉、热得快等大功率电器。

(六)严禁电动自行车(蓄电池)在室内和楼道内存放、充电。

六、群防群治,狠抓培训演练

(一)医疗机构要加强对全体员工(包括在编人员、学生、实习生、进修生、规培生、合同制人员、工勤人员等)的消防安全宣传教育培训,职工受训率必须达到100%,每半年至少开展1次灭火和应急疏散演练。

(二)应当对新职工和转岗职工进行岗前消防知识培训,对住院患者和陪护人员及时开展消防安全提示。

(三)监督第三方服务公司履行消防安全管理职责,做好消防安全宣传教育培训演练等工作,受训率必须达到100%。

(四)人人掌握消防常识,会查找火灾隐患、会扑救初起火灾、会组织人员疏散逃生、会开展消防安全宣传教育,掌握消防设施器材使用方法和逃生自救技能。

(五)结合老、弱、病、残、孕、幼的认知和行动特点,制定针对性强的灭火和应急疏散预案,明确每班次、各岗位人员及其报警、疏散和扑救初起火灾的职责,并每半年至少演练1次。配备相应的轮椅、担架等疏散工具,对无自理能力和行动不便的患者逐一明确疏散救护人员。

(六)医疗机构消防安全重点单位应当根据需要设立微型消防站,配备必要的人员和消防器材,并定期进行培训和演练。

七、加大投入,改善设备设施

(一)医疗机构要确保消防投入,保障消防所需经费,持续加强人防、技防和物防建设。

(二)持续加大消防安全基础设施建设,按照国家和行业标准配置消防设施、器材,并定期进行维护保养和检测,确保灵敏、可靠,有效运行。主要消防设施设备上应当张贴维护保养、检测情况记录卡。

(三)设有自动消防设施的医疗机构,每年应当至少检测1次。属于火灾高危单位的,应当每年至少开展1次消防安全评估,针对评估结果加强和改进消防工作。

(四)消防设施器材要设置规范醒目的标识,用文字或图例标明操作使用方法,消防通道、安全出口和消防重点部位应当设置警示提示标识。

(五)确保报警系统和应急照明的齐全、灵敏、有效。

(六)推进“智慧消防”建设,促进信息化与消防业务融合,提高医疗机构火灾预警和防控能力。

八、建章立制，加强队伍建设

（一）医疗机构党政领导班子每年专题研究消防安全工作不少于1次，领导班子成员每人每年带队检查消防安全不少于1次。

（二）制定完善消防安全规章制度，及时总结实践中的好经验、好做法，提炼固化为规章制度和操作标准。

（三）对消防工作人员和消防安全员进行经常性的业务培训、岗位培训、法规培训，切实增强消防技能，提高工作水平。

（四）关心爱护消防工作一线人员，不断改善工作环境，依法依规保障和提高薪酬等方面待遇，加大考核培养及交流使用力度。

九、强化管理，严格考核奖惩

（一）医疗机构要认真遵守本规定，自觉接受各级卫生健康行政部门、中医药主管部门和消防救援机构的检查指导，持续加强本单位的消防安全工作。

（二）对本单位发生的火灾事故要如实、及时上报卫生健康行政部门、中医药主管部门以及消防救援机构，不得迟报、瞒报和漏报。

（三）建立风险管理和隐患排查治理双重预防机制，主动研究分析各地各类典型火灾事故案例，深刻汲取经验教训，举一反三，严防类似事故发生。

（四）按照国务院办公厅和国家卫生健康委消防工作相关考核办法，将消防工作情况纳入单位年度考评内容。

（五）科学制订和实施奖励制度，每年对成绩突出的部门和个人进行表扬和奖励。建立消防安全管理约谈机制，对未依法履行职责或违反单位消防安全制度并造成损失的责任人员和部门负责人严肃处理。

医疗机构依法执业自查管理办法

1. *2020年9月8日国家卫生健康委员会、国家中医药管理局发布*
2. *国卫监督发〔2020〕18号*

第一章　总　　则

第一条　为全面推进医疗卫生行业综合监管制度，落实医疗机构依法执业自我管理主体责任，规范医疗机构执业行为，依据卫生健康相关法律法规规章，制定本办法。

第二条　各级各类医疗机构开展依法执业自查应当遵守本办法。

第三条　本办法所称的医疗机构依法执业自查，是指医疗机构对本机构及其人员执业活动中遵守医疗卫生法律法规规章情况进行检查，并对发现的违法违规执业问题进行整改的自我管理活动。

第四条　国务院卫生健康行政部门（含中医药主管部门，下同）负责全国医疗机构依法执业自查工作的管理。

县级以上地方卫生健康行政部门负责辖区内医疗机构依法执业自查工作的管理。

行业协会应当加强行业自律，督促指导医疗机构开展依法执业自查工作。

第五条　医疗机构依法执业自查工作坚持政府指导、机构负责、全员参与、奖惩并重的原则。

第六条　各地应当积极利用信息化手段开展医疗机构依法执业自查工作。

第二章　自查内容与要求

第七条　医疗机构对本机构依法执业承担主体责任，其法定代表人或主要负责人是第一责任人。

第八条　医疗机构应当建立本机构依法执业自查工作制度，组织开展依法执业自查，制止、纠正、报告违法执业行为。

医疗机构应当加强依法执业风险管理，完善风险识别、评估和防控措施，及时消除隐患。

第九条　二级及以上医疗机构应当明确依法执业管理部门，配备专职依法执业管理人员，负责本机构依法执业的日常管理工作。其他职能部门、临床科室以及药学、护理、医技等业务部门主要负责人是本部门依法执业管理的第一责任人，负责本部门依法执业日常管理与自查，记录并向本机构依法执业管理部门报告自查情况。

其他医疗机构配备专职或兼职依法执业管理人员，负责本机构依法执业日常管理与自查工作。

医务人员对本人依法执业行为负责。

第十条　医疗机构依法执业管理部门以及依法执业管理人员履行下列职责：

（一）组织或者参与拟订本机构依法执业自查工作制度和年度计划；

（二）组织或者参与本机构依法执业教育和培训；

（三）组织开展本机构全面自查、专项自查活动；

（四）对本机构各部门落实依法执业自查情况进行检查；

（五）对本机构依法执业情况进行风险评估；

（六）制止、纠正、报告本机构违法执业行为；

（七）督促落实本机构依法执业整改措施；

（八）编制本机构依法执业自查年度总结，定期公开依法执业自查整改情况；

（九）对本机构自查发现的依法执业问题提出奖惩意见。

第十一条 医疗机构法定代表人、主要负责人、依法执业管理部门负责人以及依法执业管理人员应当参加依法执业培训。

医疗机构应当主动收集依法执业相关法律、法规、规章及规范标准，纳入医务人员继续医学教育内容和新入职人员岗前培训内容。

第十二条 医疗机构依法执业自查主要包括以下内容：

（一）医疗机构资质、执业及保障管理；

（二）医务人员资质及执业管理；

（三）药品和医疗器械、临床用血管理；

（四）医疗技术临床应用与临床研究；

（五）医疗质量管理；

（六）传染病防治；

（七）母婴保健与计划生育技术服务（含人类辅助生殖技术和人类精子库）；

（八）放射诊疗、职业健康检查、职业病诊断；

（九）精神卫生服务；

（十）中医药服务；

（十一）医疗文书管理；

（十二）法律法规规章规定医疗机构应当履行的职责和遵守的其他要求。

省级卫生健康行政部门可以结合辖区实际情况，适当调整医疗机构依法执业自查内容。

医疗机构可以根据医疗服务范围，合理确定本机构依法执业自查内容。

第十三条 医疗机构依法执业自查可以分为全面自查、专项自查和日常自查。

全面自查是指医疗机构对本机构依法执业自查工作情况进行的整体检查。每年至少开展一次全面自查。

专项自查是指医疗机构根据依法执业风险隐患情况、医疗纠纷或者相关部门要求等开展的针对性检查。

日常自查是指医疗机构各部门（包括依法执业管理部门）在各自职责范围内自主开展的依法执业检查。每季度至少开展一次日常自查。

省级卫生健康行政部门可以根据地方实际，适当调整医疗机构依法执业自查频次。

第十四条 社区卫生服务中心，乡镇、街道卫生院等医疗机构应当对所管理的社区卫生服务站、村卫生室依法执业自查情况进行定期指导。

第十五条 医疗机构在自查中发现存在依法执业隐患的，应当立即整改，坚决消除隐患。

第十六条 医疗机构在自查中发现违法执业行为，应当立即整改，并将整改报告留存备查。不能立即整改的，医疗机构依法执业管理部门应当制定整改计划，明确责任，确定整改时间表，督促落实，做好整改报告留存备查。

医疗机构在自查中发现重大违法执业行为，应当立即报告所在地卫生健康行政部门。

第十七条 医疗机构应当认真总结依法执业自查工作情况，在每年1月31日前形成本机构上一年度依法执业自查总结留存备查。依法执业自查年度总结应当包括以下内容：

（一）依法执业自查制度建立情况；

（二）机构负责人及医务人员接受依法执业培训情况；

（三）本机构年度依法执业自查落实情况；

（四）本机构开展传染病防治分类监督综合评价情况；

（五）年度接受依法执业监督检查及行政处罚情况；

（六）依法执业及自查工作存在的主要问题及改进情况；

（七）上一年度存在问题改进情况和医疗机构不良执业行为记分情况。

第十八条 医疗机构依法执业自查实行信用承诺制度。医疗机构对照依法执业自查要求，在院内醒目位置长期公示由其法定代表人或主要负责人签署的《医疗机构依法执业承诺书》，自觉接受社会监督。

《医疗机构依法执业承诺书》具体样式由各省、自治区、直辖市卫生健康行政部门制定。

第十九条 医疗机构应当建立依法执业自查内部公示制度，定期公示自查工作情况，接受职工监督。

公示内容包括本机构依法执业自查年度计划、年度总结、各科室自查情况、奖惩情况等。公示持续时间不得少于5个工作日。

第二十条 医疗机构应当建立依法执业奖惩机制。对按要求开展依法执业自查、如实报告自查结果、发现问题及时整改的部门及人员，予以奖励；对未按要求开展依法执业自查、发现问题未及时整改到位、自查工作中弄虚作假的部门和人员，从严处理。

第三章 自查管理与结果运用

第二十一条 地方各级卫生健康行政部门应当充分发挥行业组织作用，对辖区医疗机构依法执业自查情况进行监测评价指导。

第二十二条　医疗机构所在地卫生健康行政部门应当通过现场核查、书面核查、在线核查自查年度总结等方式，定期检查辖区医疗机构自查工作开展情况，并可作为对医疗机构进行监督检查的方式。具体核查方式由各地根据实际确定。

核查发现未按要求认真开展依法执业自查整改的医疗机构，医疗机构所在地卫生健康行政部门要将有关情况通报核发其《医疗机构执业许可证》的行政部门。

第二十三条　地方各级卫生健康行政部门应当将医疗机构依法执业自我管理情况纳入医疗机构定级、评审、评价、考核（包括绩效考核）的指标体系，并作为行业评先评优的重要参考。

第二十四条　地方各级卫生健康行政部门开展医疗机构校验时，应当将开展依法执业自查工作情况作为重要依据。

第二十五条　地方各级卫生健康行政部门应当将医疗机构开展依法执业自查情况、行业组织监测评价情况、行政部门核查情况作为确定"双随机"抽查频次的重要依据。

对按照本办法要求开展依法执业自查，发现问题及时整改到位的，可以适当降低抽查频次。对未按照本办法要求开展依法执业自查、报告自查情况的，可以提高抽查频次，加大检查力度。

第二十六条　地方各级卫生健康行政部门可以结合医疗机构自查总结反映的违法执业突出问题，组织开展针对性的专项检查活动。

第二十七条　地方各级卫生健康行政部门检查中发现医疗机构存在违法执业行为，有下列情形之一的，可以依据《行政处罚法》规定从轻或者减轻行政处罚：

（一）自查工作中已发现该违法执业行为，并立即整改到位的；

（二）自查工作中已发现该违法执业行为，已制定整改计划，并正在按计划整改的。

违法行为轻微并及时纠正，没有造成危害后果的，不予行政处罚。

第二十八条　地方各级卫生健康行政部门检查中发现医疗机构有下列情形之一的，应当作为医疗机构不良执业行为记分；发现存在违法执业行为的，可以在法律法规规章规定处罚幅度内从重行政处罚：

（一）未建立依法执业自查制度，或者未按照本办法开展依法执业自查工作的；

（二）自查工作弄虚作假，应当发现而未发现违法执业行为的；

（三）自查中发现违法执业行为，未按本办法第十六条要求进行整改的；

（四）自查中发现重大违法执业行为，未及时报告所在地卫生健康行政部门的。

第二十九条　医疗机构依法执业自查承诺信息将作为医疗机构及其医务人员信用信息归集的重要内容。

第四章　附　　则

第三十条　符合下列情形之一的，属于本办法所称"重大违法行为"：

（一）已经造成或者可能造成传染病传播、流行的违法行为；

（二）已经造成或者可能造成群体性健康风险或隐患的违法行为；

（三）已经引起或者可能引起重大社会舆论或者社会稳定风险的违法行为。

第三十一条　各省、自治区、直辖市卫生健康行政部门可根据本办法，制定本地区医疗机构自查实施办法。

第三十二条　本办法由国家卫生健康委负责解释。

第三十三条　本办法自发布之日起施行。

医疗卫生机构信息公开管理办法

1. 2021年12月29日国家卫生健康委、国家中医药局、国家疾控局发布

2. 国卫办发〔2021〕43号

3. 自2022年2月1日起施行

第一章　总　　则

第一条　为规范医疗卫生机构的信息公开工作，提高医疗卫生服务水平，方便公民、法人和其他社会组织获得医疗卫生机构的服务信息，根据《中华人民共和国政府信息公开条例》以及国务院办公厅《关于公共企事业单位信息公开制定办法》规定，制定本办法。

第二条　本办法适用于医疗卫生机构，包括基层医疗卫生机构、医院和专业公共卫生机构。

第三条　本办法所称的信息是指，医疗卫生机构在提供社会公共服务过程中制作或者获取的，以一定形式记录、保存的信息。

第四条　医疗卫生机构公开信息应当坚持合法合规、真实准确、便民实用、及时主动的原则。

第五条　国家卫生健康委、国家中医药局、国家疾控局政府信息公开主管部门牵头负责全国医疗卫生机构的信息公开监督管理工作。国家卫生健康委、国家中医药局、国家疾控局各业务主管部门负责指导相关领域医疗卫生机构的信息公开工作。

县级以上地方人民政府卫生健康、中医药、疾控主管部门负责本行政辖区医疗卫生机构信息公开监督管理工作。

医疗卫生行业组织应当在医疗卫生机构信息公开工作方面发挥监督、评价的积极作用。

第二章　信息公开的范围和方式

第六条　医疗卫生机构根据本机构特点和自身实际服务情况,有以下信息的应当主动公开:

(一)机构基本概况、公共服务职能;

(二)机构科室分布、人员标识、标识导引;

(三)机构的服务内容、重点学科及医疗技术准入、服务流程及须知等;

(四)涉及公共卫生、疾病应急处置相关服务流程信息;

(五)医保、价格、收费等服务信息;

(六)健康科普宣传教育相关信息;

(七)招标采购信息;

(八)行风廉政建设情况;

(九)咨询及投诉方式;

(十)其他法律、法规、规章等规定的应当主动公开的内容。

第七条　医疗卫生机构不得公开下列信息:

(一)涉及国家秘密的;

(二)涉及商业秘密的;

(三)涉及自然人个人信息保护的;

(四)公开后可能危及国家安全、公共安全、经济安全、执业安全、社会稳定及正常医疗秩序的;

(五)违反《中华人民共和国广告法》等法律法规规定或涉嫌夸大、虚假宣传等内容的;

(六)法律、法规、规章等规定的不予公开的信息。

第八条　医疗卫生机构内部管理等相关信息,可不予公开。法律、法规、规章另有规定的,从其规定。

第九条　国家卫生健康委会同国家中医药局、国家疾控局根据本办法规定,另行制定医疗卫生机构信息公开基本目录,并根据实际情况更新调整。医疗卫生机构可根据自身工作需要,制定本机构信息公开目录。

第十条　本办法的信息公开基本目录分为资质类和服务类两类信息:

资质类信息是指,法律、法规、规章明确规定的或政府部门指定的,带有强制性公开的医疗和公共卫生服务信息,以及通过许可、审批、备案、评审等取得的相关资质信息;

服务类信息是指,医疗卫生机构提供公共服务过程中,公众需要或关注的服务信息。

第十一条　医疗卫生机构的信息公开采取主动公开为主、提供咨询服务为辅的方式。

第十二条　医疗卫生机构可以结合已有条件,采取现场咨询、网站交流平台、热线电话、移动客户端等方便交流的途径,及时提供人性化咨询服务,满足社会公众信息需求。

医疗卫生机构信息公开工作应当接受社会公众的监督,发生争议时,应当做好解释沟通工作。

第十三条　医疗卫生机构应当根据实际情况将主动公开的信息通过下列一种或多种方式予以公开:

(一)办公和服务场所的公开栏、公告牌、电子显示屏、触摸屏;

(二)咨询台、服务台;

(三)人员岗位标识;

(四)各级政府门户网站或本机构门户网站;

(五)互联网交流平台、公众号、移动客户终端;

(六)服务手册、便民卡片、信息须知;

(七)咨询服务电话;

(八)其他便于公众知晓的方式。

第十四条　公民、法人或者其他组织通过医疗卫生机构设置的咨询窗口获取医疗服务信息,医疗卫生机构提供复制、复印等服务的可以收费,收费标准依照有关规定执行。

第三章　信息公开责任

第十五条　法人组织的法定代表人或者非法人组织的主要负责人是信息公开第一责任人,负责监督、管理本医疗卫生机构的信息公开工作。

第十六条　医疗卫生机构应当建立健全信息公开工作制度,对本机构公开信息的范围形式、审核发布、管理维护、咨询回应等工作作出规定。

医疗卫生机构应当明确管理部门或专门人员负责本机构的信息公开工作。

第十七条　医疗卫生机构应当依照《中华人民共和国保守国家秘密法》《中华人民共和国个人信息保护法》和其他国家保密法律法规等规定对拟公开的信息进行保密审查。

第十八条　主动公开信息内容发生变化的,医疗卫生机构应当自该信息形成或者变更之日起 20 个工作日内予以调整。

法律、法规、规章对更新期限另有规定的,从其规定。

第十九条　医疗卫生机构应当定期向其主管部门报告本机构信息公开工作。

第四章　监 督 管 理

第二十条　县级以上地方人民政府卫生健康、中医药、疾控主管部门应当建立健全信息公开工作监督考核制度,定期对本辖区内医疗卫生机构信息公开工作进行考核、评议。

第二十一条　县级以上地方人民政府卫生健康、中医药、疾控主管部门应当对医疗卫生机构的信息公开工作进行宣传培训。

第二十二条　医疗卫生机构未按照本办法开展信息公开工作的,公民、法人和其他社会组织可以向县级以上地方人民政府卫生健康、中医药、疾控主管部门申诉,接受申诉的部门应当及时调查处理并将处理结果告知申诉人。

经调查属实的,医疗卫生机构应当及时作出整改。

第二十三条　医疗卫生机构违反本办法规定,由县级以上地方人民政府卫生健康、中医药、疾控主管部门根据情节采用约谈等方式督促整改,相关情况纳入医疗卫生机构监督管理与业务考核记录。情节严重或造成严重后果的,由县级以上地方人民政府卫生健康、中医药、疾控主管部门依据相关法律法规作出处理。

以信息公开名义变相违法发布医疗广告或进行夸大、虚假宣传的,由相关职能部门依照《中华人民共和国广告法》等法律法规给予处罚。

法律、法规、规章另有规定的,从其规定。

第五章　附　　则

第二十四条　县级以上地方人民政府卫生健康、中医药、疾控主管部门可根据本办法的规定,参考基本目录,并结合实际工作情况,制定具体实施细则。

第二十五条　本办法自2022年2月1日起施行。

医疗机构检查检验结果互认管理办法

1. 2022年2月14日国家卫生健康委、国家医保局、国家中医药局、中央军委后勤保障部卫生局发布

2. 国卫医发〔2022〕6号

3. 自2022年3月1日起施行

第一章　总　　则

第一条　为进一步提高医疗资源利用率,减轻人民群众就医负担,保障医疗质量和安全,根据《中华人民共和国基本医疗卫生与健康促进法》《中华人民共和国医师法》《医疗机构管理条例》《医疗保障基金使用监督管理条例》《医疗质量管理办法》《医疗机构临床实验室管理办法》等有关法律法规规定,制定本办法。

第二条　本办法所称检查结果,是指通过超声、X线、核磁共振成像、电生理、核医学等手段对人体进行检查,所得到的图像或数据信息;所称检验结果,是指对来自人体的材料进行生物学、微生物学、免疫学、化学、血液免疫学、血液学、生物物理学、细胞学等检验,所得到的数据信息。检查检验结果不包括医师出具的诊断结论。

第三条　本办法适用于各级各类医疗机构。

第四条　医疗机构应当按照"以保障质量安全为底线,以质量控制合格为前提,以降低患者负担为导向,以满足诊疗需求为根本,以接诊医师判断为标准"的原则,开展检查检验结果互认工作。

第二章　组 织 管 理

第五条　国家卫生健康委负责全国医疗机构检查检验结果互认管理工作。国家医保局在职责范围内推进全国医疗机构检查检验结果互认支持工作。各地卫生健康行政部门负责本行政区域内医疗机构检查检验结果互认管理工作。各地医疗保障主管部门在职责范围内推进本行政区域内医疗机构检查检验结果互认支持工作。国家中医药局和军队卫生主管部门分别在职责范围内负责中医和军队医疗机构检查检验结果互认管理工作。

第六条　各地卫生健康行政部门应当加强对辖区内医疗机构的组织管理,指导医疗机构及其医务人员规范开展检查检验结果互认工作,按照全民健康信息平台建设功能指引要求,加强区域平台建设,推动辖区医疗机构检查检验结果的互通共享。

第七条　各地卫生健康行政部门根据《医疗质量管理办法》组建或者指定的各级、各专业医疗质量控制组织(以下简称质控组织)应当在同级卫生健康行政部门的指导下,制订完善本级检查检验项目质量评价指标和质量管理要求。各级质控组织应当加强本地区本专业检查检验项目的质量管理,定期规范开展质量评价工作,推动本地区医疗机构提升检查检验质量。

第八条　医疗机构应当按照医院信息化建设标准与规范要求,加强以电子病历为核心的医院信息平台建设。建立健全本机构内的互认工作管理制度,加强人员培训,规范工作流程,为有关医务人员开展互认工作提供必要的设备设施及保障措施。

第九条 医联体牵头医院应当推进医联体内数据信息的互联互通，加强检查检验的质量控制，提升检查检验的同质化水平，实现检查检验结果的互认共享。

第十条 医务人员应当遵守行业规范，恪守医德，合理诊疗，努力提高专业水平和服务质量，对符合条件的检查检验结果能认尽认。

第三章 互认规则

第十一条 拟开展互认工作的检查检验项目应当具备较好的稳定性，具有统一的技术标准，便于开展质量评价。

第十二条 满足国家级质量评价指标，并参加国家级质量评价合格的检查检验项目，互认范围为全国。满足地方质量评价指标，并参加地方质控组织质量评价合格的检查检验项目，互认范围为该质控组织所对应的地区。不同地区通过签署协议，共同开展检查检验互认工作的，应当由有关地区卫生健康行政部门共同组建或者指定质控组织开展相关工作。参加相关质量评价并合格的，互认范围为协议地区。

第十三条 医疗机构检查检验结果互认标志统一为HR。检查检验项目参加各级质控组织开展的质量评价并合格的，医疗机构应当标注其相应的互认范围+互认标识。如："全国HR""京津冀HR""北京市西城区HR"等。未按要求参加质量评价或质量评价不合格的检查检验项目，不得标注。

第十四条 省级卫生健康行政部门应当指导辖区医疗机构统一检查检验结果报告单样式，对于检验结果应当注明所使用的检测方法及参考区间。鼓励医疗机构将在同一区域范围内互认的检查检验结果在一份报告单中出具，并在报告单上统一标注相应互认区域范围和互认标识。

第十五条 各地卫生健康行政部门应当指导同级质控组织定期梳理辖区医疗机构互认项目清单，并按有关规定加强公示公开，便于医疗机构和社会公众查询了解。

第十六条 医疗机构及其医务人员应当在不影响疾病诊疗的前提下，对标有全国或本机构所在地区互认标识的检查检验结果予以互认。鼓励医务人员结合临床实际，在不影响疾病诊疗的前提下，对其他检查检验结果予以互认。

第十七条 对于患者提供的已有检查检验结果符合互认条件、满足诊疗需要的，医疗机构及其医务人员不得重复进行检查检验。

第十八条 医务人员应当根据患者病情开具检查检验医嘱。对于符合互认条件的检查检验项目，不得以与其他项目打包等形式再次收取相关费用。

第十九条 出现以下情况，医疗机构及其医务人员可以对相关项目进行重新检查：

（一）因病情变化，检查检验结果与患者临床表现、疾病诊断不符，难以满足临床诊疗需求的；

（二）检查检验结果在疾病发展演变过程中变化较快的；

（三）检查检验项目对于疾病诊疗意义重大的（如手术、输血等重大医疗措施前）；

（四）患者处于急诊、急救等紧急状态下的；

（五）涉及司法、伤残及病退等鉴定的；

（六）其他情形确需复查的。

第二十条 有条件的医疗机构可以开设检查检验门诊，由医学影像和放射治疗专业或医学检验、病理专业执业医师出诊，独立提供疾病诊断报告服务。

第二十一条 医疗机构及其医务人员应当加强医患沟通，对于检查检验项目未予互认的，应当做好解释说明，充分告知复检的目的及必要性等。

第四章 质量控制

第二十二条 医疗机构开展检查检验所使用的仪器设备、试剂耗材等应当符合有关要求，并按规定对仪器设备进行检定、检测、校准、稳定性测量和保养。

第二十三条 医疗机构应当加强检查检验科室的质量管理，建立健全质量管理体系，并将质量管理情况作为科室负责人综合目标考核的重要指标。

第二十四条 医疗机构应当规范开展室内质量控制，并按照有关要求向卫生健康行政部门或者质控组织及时、准确报送本机构室内质量控制情况等相关质量安全信息。

第二十五条 医疗机构应当按照有关规定参加质控组织开展的质量评价。已标注互认标识的检查检验项目参加相应质量评价的频次不得少于半年一次。

第二十六条 各地卫生健康行政部门及其委托的质控组织应当按照有关规定，定期对辖区医疗机构的检查检验质量情况进行抽查。抽查工作应当以"双随机一公开"的方式组织开展。

第五章 支持保障

第二十七条 各地卫生健康行政部门应当加强辖区检查检验能力建设，定期组织开展人员培训、现场检查、结果监控等工作。

第二十八条

（一）检查检验结果即可满足诊疗需要的，医疗机构按门(急)诊诊查收取相应的诊查费,不额外收费。

(二)检查检验结果符合互认要求,但确需相应检查检验科室共同参与方可完成检查检验结果互认工作的,可在收取诊查费的基础上参照本院执行的价格政策加收院内会诊费用。

(三)检查检验结果符合互认条件,但属于本办法第十九条所规定情形,无法起到辅助诊断作用,确需重新检查的,收取实际发生的医疗服务费用。

第二十九条 各级医疗保障部门应当积极推进支付方式改革,引导医疗机构主动控制成本,加强医疗服务行为的纵向分析与横向比较,强化医保基金使用绩效评价与考核机制。同时,合理确定医保基金预算总额,不因检查检验结果互认调减区域总额预算和单个医疗机构预算总额。

第三十条 有条件的医疗机构可以将医务人员开展检查检验结果互认工作的情况纳入本机构绩效分配考核机制。

第三十一条 鼓励各级医疗保障经办机构将医疗机构开展检查检验结果互认工作的情况作为医保定点机构评定标准。

第六章 监督管理

第三十二条 各地卫生健康行政部门有权通过查阅、记录等方式对辖区内医疗机构开展互认工作的情况进行监督检查,医疗机构不得拒绝、阻碍或者隐瞒有关情况。

第三十三条 各地卫生健康行政部门应当定期开展工作考核,对于违反有关规定的医疗机构及其医务人员依法依规追究相关责任。

第三十四条 各地卫生健康行政部门应当充分运用信息化手段,对医疗机构检查检验结果互认和资料共享情况进行实时监测,对问题突出的医疗机构提出改进要求。

第三十五条 对于因检查检验结果互认而产生纠纷的,各责任主体依法依规承担相应责任。

第三十六条 伪造、变造、隐匿、涂改检查检验结果造成不良后果的,由违规主体依法依规承担相应责任。

第七章 附则

第三十七条 本办法由国家卫生健康委会同国家医保局负责解释。

第三十八条 各省级卫生健康行政部门应当根据本办法,结合当地实际情况制定具体实施方案。鼓励有条件的地区,联合制定实施方案,推进检查检验结果跨省份互认。

第三十九条 本办法自2022年3月1日起施行。

医疗机构门诊质量管理暂行规定

1. 2022年6月1日国家卫生健康委办公厅发布
2. 国卫办医发〔2022〕8号
3. 自2022年6月6日起施行

第一条 为加强医疗机构门诊质量管理,保障医疗安全,根据《中华人民共和国医师法》《中华人民共和国传染病防治法》《医疗机构管理条例》《医疗质量管理办法》等有关法律法规规定,制定本规定。

第二条 本规定适用于二级及以上医疗机构门诊(不含急诊、发热门诊、肠道门诊、互联网门诊)质量管理。

第三条 门诊指在医疗机构内,由医务人员根据患者有效挂号凭证提供疾病咨询、预防、诊断、治疗、护理、康复等医疗服务的行为。

第四条 医疗机构应当严格依法执业,在本机构执业范围内提供相关门诊服务。

第五条 门诊质量管理是指按照门诊质量形成的规律和有关法律、法规要求,运用现代科学管理方法,对门诊服务要素、过程和结果进行管理与控制,以实现门诊质量持续改进的过程。

第六条 门诊质量管理是医疗机构质量管理的重要组成部分,二级及以上医疗机构应当将门诊质量管理纳入医疗质量管理委员会工作体系,明确负责门诊日常管理工作的部门,建立门诊质量管理制度,按照院、科两级责任制不断完善门诊质量管理体系,加强日常监督检查,定期收集、分析、反馈门诊质量数据,推动门诊质量持续改进。

第七条 门诊质量管理制度是指由医疗机构根据国家有关法律法规和管理要求制定的、医疗机构及其医务人员在门诊诊疗活动中应当严格遵守的制度。主要包括医务人员出诊管理制度、号源管理制度、预检分诊制度、门诊医疗文书管理制度、多学科(MDT)门诊制度、特需门诊制度、门诊转诊制度、门诊手术管理制度、以及门诊突发事件应急处理制度等。

第八条 医疗机构应当加强医务人员出诊管理,依照门诊患者病种分类和特点,合理安排各专业不同年资医师出诊;并针对地域、季节特点,结合号源使用情况,动态调整出诊单元数以及单元接诊人次,合理配置门诊人力资源。

第九条 医疗机构应当实施患者实名就医。在注册、挂号、诊疗等各环节实行患者唯一身份标识管理。

第十条 医疗机构应当根据就诊量变化动态调整各挂号途径号源投放量,加强退号与爽约管理,建立退号候补机制,提升号源使用效率。加强预约挂号管理,提供网络、自助机、诊间、人工窗口等多种预约挂号方式。

第十一条 医疗机构应当积极推行分时段预约诊疗,提高患者到院 30 分钟内就诊率,引导患者有序就诊,减少院内等候时间,减少人员聚集。

第十二条 医疗机构应当严格落实门诊首诊负责制度,在本次就诊过程结束前或由其他医师接诊前,首诊医师应当对患者的检查、诊断、治疗、抢救和转科等负责。

第十三条 门诊诊疗过程和处置措施应当遵循诊疗规范、临床指南等,诊断、预防和治疗措施应当遵循安全、规范、有效、经济的原则。

第十四条 医疗机构应当积极推行多学科(MDT)门诊,MDT 门诊由相对固定的专家团队在固定的时间、地点出诊。MDT 门诊诊疗记录内容应当包括就诊时间、就诊科别、参加人员姓名及专业技术职务、主诉、现病史、既往史、体格检查、辅助检验检查结果、MDT 门诊团队综合诊治意见和参加讨论的全体医师签名等。

第十五条 医疗机构应当加强门诊疑难病例管理,建立门诊疑难病例会诊制度,提供门诊疑难病例会诊服务,保障患者得到及时诊治。

第十六条 医疗机构应当明确挂号有效时间,建立患者因检验、检查结果回报继续就诊的保障机制,合理安排患者复诊的次序。

第十七条 医疗机构应当提高医技科室工作效率,缩短检验、内镜、超声、CT、核磁等检查的预约等候时间,鼓励提供门诊检查集中预约、自助预约、诊间预约等多种形式的预约服务,有条件的可以提供一站式检查预约服务。

第十八条 医疗机构应当依照相关规范在规定时限内出具检验和检查报告,并对门诊各项检查检验报告出具时间进行统计、分析,根据实际情况逐步缩减报告出具时间。医疗机构应当推进检查检验结果互认共享,提高医疗资源利用效率,改善人民群众就医体验。

第十九条 医疗机构应当加强门诊临床危急值管理,制定门诊危急值报告及处理流程,及时、准确报告并通知患者及时就诊,保障患者医疗安全。

第二十条 医疗机构应当制定门诊手术和有创诊疗的目录,认真执行有关医疗质量安全核心制度,严格把握适应证,根据患者病情、手术级别、麻醉方式等,制定具体的术前讨论、手术安全核查、手术部位标识等制度及流程,确保门诊有创诊疗和手术的安全。门诊手术记录内容应当包括手术时间、手术名称、手术级别、术前诊断、术后诊断、手术者及助手姓名、麻醉方式、手术经过、标本去向等。

第二十一条 医疗机构应当加强药事服务能力,落实门诊处方审核及点评制度,为患者提供门诊药物咨询及用药指导服务。

第二十二条 医疗机构应当加强门诊静脉输液治疗管理,严格把握门诊静脉输液治疗指征,控制门诊静脉输液治疗使用率,严密监测并及时处理门诊静脉输液治疗的不良反应。

第二十三条 医疗机构应当加强门诊病历等医疗文书管理,将门诊病历与患者唯一身份标识关联,开展门诊病历点评及质量控制工作,保障门诊病历内容客观、真实、准确、及时、完整、规范。门诊诊断应当区分主要诊断及其他诊断。

第二十四条 医疗机构应当推动门诊电子病历使用。使用门诊电子病历的,应当采用卫生健康行政部门统一的疾病诊断、手术操作编码库,按照《电子病历应用管理规范(试行)》有关规定建立、记录、修改、使用、保存和管理门诊电子病历信息,确保患者诊疗信息完整、连续并可追溯。

第二十五条 医疗机构应当加强门诊传染病预检、分诊、消毒、隔离以及职业防护工作,落实手卫生、环境清洁消毒等标准预防措施。内镜中心(室)、血液透析中心(室)、门诊手术室、口腔科等医院感染高风险部门应当制定并落实医疗机构感染预防与控制相关制度。

第二十六条 医疗机构应当加强门诊就医秩序管理,按照国家有关规定配备适当的安全保卫力量,保障患者和出诊医务人员的安全。同时,提高医疗质量(安全)不良事件报告率,减少和避免诊疗过程中患者和医务人员的意外伤害。

第二十七条 医疗机构应当加强门诊突发事件管理,建立应急预案,按标准配备抢救设备和药品,定期组织培训、演练,加强巡视,及时、妥善处理门诊突发事件。

第二十八条 医疗机构应当依据《医疗卫生机构信息公开管理办法》的规定,坚持合法合规、真实准确、便民实用、及时主动的原则,公开门诊医疗服务项目、流程、常用药品和主要医用耗材的价格等相关信息;加强网站、小程序、公众号等维护,确保发布信息及时准确。

第二十九条 医疗机构应当在门诊开展文字、音频、视频等多种形式的健康宣教,有条件的医疗机构可开展专门健康宣教课程，传递科学、准确、实用的医疗健康信息。

第三十条　医疗机构应当营造安全、舒适、温馨、清洁的就诊环境。门诊布局科学、合理，设施、设备安全，建设无障碍设施，就诊标识清晰、警示醒目。

第三十一条　医疗机构应当按照不少于日均门诊量0.2%的比例配备门诊导医人数或智能引导设备数量，并为行动不便的患者提供就医辅助服务。鼓励医疗机构在门诊提供社工以及志愿者服务。

第三十二条　医疗机构应当建立满意度调查、分析、反馈、改进机制，定期开展门诊患者满意度调查，改善患者就医体验。

第三十三条　医疗机构应当加强门诊投诉管理，公开投诉和医疗纠纷处理途径，做好投诉的接待、分析、反馈和持续改进。

第三十四条　医疗机构发热门诊、肠道门诊、互联网门诊的管理按照卫生健康行政部门相关规定执行。

第三十五条　本规定中的出诊单元是指医务人员一次出诊时所在的半个工作日。

第三十六条　本规定自2022年6月6日起施行。

医疗卫生机构网络安全管理办法

1. 2022年8月8日国家卫生健康委、国家中医药局、国家疾控局发布

2. 国卫规划发〔2022〕29号

第一章　总　　则

第一条　为加强医疗卫生机构网络安全管理，进一步促进“互联网+医疗健康”发展，充分发挥健康医疗大数据作为国家重要基础性战略资源的作用，加强医疗卫生机构网络安全管理，防范网络安全事件发生，根据《基本医疗卫生与健康促进法》《网络安全法》《密码法》《数据安全法》《个人信息保护法》《关键信息基础设施安全保护条例》《网络安全审查办法》以及网络安全等级保护制度等有关法律法规标准，制定本办法。

第二条　坚持网络安全为人民、网络安全靠人民，坚持网络安全教育、技术、产业融合发展，坚持促进发展和依法管理相统一，坚持安全可控和开放创新并重。

坚持分等级保护、突出重点。重点保障关键信息基础设施、网络安全等级保护第三级（以下简称第三级）及以上网络以及重要数据和个人信息安全。

坚持积极防御、综合防护。充分利用人工智能、大数据分析等技术，强化安全监测、态势感知、通报预警和应急处置等重点工作，落实网络安全保护“实战化、体系化、常态化”和“动态防御、主动防御、纵深防御、精准防护、整体防控、联防联控”的“三化六防”措施。

坚持“管业务就要管安全”“谁主管谁负责、谁运营谁负责、谁使用谁负责”的原则，落实网络安全责任制，明确各方责任。

第三条　本办法所称的网络是指由计算机或者其他信息终端及相关设备组成的按照一定的规则和程序对信息进行收集、存储、传输、交换、处理的系统。

本办法所称的数据为网络数据，是指医疗卫生机构通过网络收集、存储、传输、处理和产生的各种电子数据，包括但不限于各类临床、科研、管理等业务数据、医疗设备产生的数据、个人信息以及数据衍生物。

本办法适用于医疗卫生机构运营网络的安全管理。未纳入区域基层卫生信息系统的基层医疗卫生机构参照执行。

第四条　国家卫生健康委、国家中医药局、国家疾控局负责统筹规划、指导、评估、监督医疗卫生机构网络安全工作。县级以上地方卫生健康行政部门（含中医药和疾控部门，下同）负责本行政区域内医疗卫生机构网络安全指导监督工作。

医疗卫生机构对本单位网络安全管理负主体责任，各医疗卫生机构应当与信息化建设参与单位及相关医疗设备生产经营企业书面约定各方的网络安全义务和违约责任。

第二章　网络安全管理

第五条　各医疗卫生机构应成立网络安全和信息化工作领导小组，由单位主要负责人任领导小组组长，每年至少召开一次网络安全办公会，部署安全重点工作，落实《关键信息基础设施安全保护条例》和网络安全等级保护制度要求。有二级及以上网络的医疗卫生机构应明确负责网络安全管理工作的职能部门，明确承担安全主管、安全管理员等职责的岗位；建立网络安全管理制度体系，加强网络安全防护，强化应急处置，在此基础上对关键信息基础设施实行重点保护，防止网络安全事件发生。

第六条　各医疗卫生机构按照“谁主管谁负责、谁运营谁负责、谁使用谁负责”的原则，在网络建设过程中明确本单位各网络的主管部门、运营部门、信息化部门、使用部门等管理职责，对本单位运营范围内的网络进行等级保护定级、备案、测评、安全建设整改等工作。

（一）对新建网络，应在规划和申报阶段确定网络安全保护等级。各医疗卫生机构应全面梳理本单位各类网络，特别是云计算、物联网、区块链、5G、大数据等新技术应用的基本情况，并根据网络的功能、服务范围、服务对象和处理数据等情况，依据相关标准科学确定网络的安全保护等级，并报上级主管部门审核同意。

（二）新建网络投入使用应依法依规开展等级保护备案工作。第二级以上网络应在网络安全保护等级确定后10个工作日内，由其运营者向公安机关备案，并将备案情况报上级卫生健康行政部门，因网络撤销或变更安全保护等级的，应在10个工作日内向原备案公安机关撤销或变更，同步上报上级卫生健康行政部门。

（三）全面梳理分析网络安全保护需求，按照“一个中心（安全管理中心），三重防护（安全通信网络、安全区域边界、安全计算环境）”的要求，制定符合网络安全保护等级要求的整体规划和建设方案，加强信息系统自行开发或外包开发过程中的安全管理，认真开展网络安全建设，全面落实安全保护措施。

（四）各医疗卫生机构对已定级备案网络的安全性进行检测评估，第三级或第四级的网络应委托等级保护测评机构，每年至少一次开展网络安全等级测评。第二级的网络应委托等级保护测评机构定期开展网络安全等级测评，其中涉及10万人以上个人信息的网络应至少三年开展一次网络安全等级测评，其他的网络至少五年开展一次网络安全等级测评。新建的网络上线运行前应进行安全性测试。

（五）针对等级测评中发现的问题隐患，各医疗卫生机构要结合外在的威胁风险，按照法律法规、政策和标准要求，制定网络安全整改方案，有针对性地开展整改，及时消除风险隐患，补强管理和技术短板，提升安全防护能力。

第七条 各医疗卫生机构应依托国家网络安全信息通报机制，加强本单位网络安全通报预警力量建设。鼓励三级医院探索态势感知平台建设，及时收集、汇总、分析各方网络安全信息，加强威胁情报工作，组织开展网络安全威胁分析和态势研判，及时通报预警和处置，防止网络被破坏、数据外泄等事件。

第八条 各医疗卫生机构应建立应急处置机制，通过建立完善应急预案、组织应急演练等方式，有效处理网络中断、网络攻击、数据泄露等安全事件，提高应对网络安全事件能力。积极参加网络安全攻防演练，提升保护和对抗能力。

第九条 各医疗卫生机构在网络运营过程中，应每年开展文档核验、漏洞扫描、渗透测试等多种形式的安全自查，及时发现可能存在的问题和隐患。针对安全自查、监测预警、安全通报等过程中发现的安全隐患应认真开展整改加固，防止网络带病运行，并按要求将安全自查整改情况报上级卫生健康行政部门。自查整改可与等级测评问题整改一并实施。

每年安全自查整改工作包括：

（一）依据上级主管监管机构要求，各医疗卫生机构完成信息资产梳理，摸清本单位网络定级、备案等情况，形成资产清单，组织安全自查。

（二）依据上级主管监管机构要求，各医疗卫生机构依据安全自查结果，对发现的问题和隐患进行整改，形成整改报告向有关主管监管机构报备。

第十条 关键信息基础设施运营者应对安全管理机构负责人和关键岗位人员进行安全背景审查。各医疗卫生机构要加强网络运营相关人员管理，包括本单位内部人员及第三方人员，明确内部人员入职、培训、考核、离岗全流程安全管理，针对第三方应明确人员接触网络时的申请及批准流程，做好实名登记、人员背景审查、保密协议签署等工作，防止因人员资质及违规操作引发的安全风险。

第十一条 加强网络运维管理，制定运维操作规范和工作流程。加强物理安全防护，完善机房、办公环境及运维现场等安全控制措施，防止非授权访问物理环境造成信息泄露。加强远程运维管理，因业务确需通过互联网远程运维的，应进行评估论证，并采取相应的安全管控措施，防止远程端口暴露引发安全事件。

第十二条 各医疗卫生机构应加强业务连续性管理并持续监测网络运行状态。对于第三级及以上的网络应加强保障关键链路、关键设备冗余备份，有条件的医疗卫生机构应建立应用级容灾备份，防止关键业务中断。

第十三条 应用大数据、人工智能、区块链等新技术开展服务时，上线前应评估新技术的安全风险并进行安全管控，达到应用与安全的平衡。

第十四条 各医疗卫生机构应规范和加强医疗设备数据、个人信息保护和网络安全管理，建立健全医疗设备招标采购、安装调试、运行使用、维护维修、报废处置等相关网络安全管理制度，定期检查或评估医疗设备网络安全，并采取相应的安全管控措施，确保医疗设备网络安全。

第十五条 各医疗卫生机构应按照《密码法》等有关法律法规和密码应用相关标准规范，在网络建设过程中同步规划、同步建设、同步运行密码保护措施，使用符合相关要求的密码产品和服务。

第十六条　各医疗卫生机构应关注整个网络全链条参与者的安全管理，涉及非本单位的第三方时，应对设计、建设、运行、维护等服务实施安全管理，采购安全的网络产品和服务，防止发生第三方安全事件。

第十七条　各医疗卫生机构应加强废止网络的安全管理，对废止网络的相关设备进行风险评估，及时对其采取封存或销毁措施，确保废止网络中的数据处置安全，防止网络数据泄露。

第三章　数据安全管理

第十八条　各医疗卫生机构应按照有关法律法规的规定，参照国家网络安全标准，履行数据安全保护义务，坚持保障数据安全与发展并重，通过管理和技术手段保障数据安全和数据应用的有效平衡。关键信息基础设施运营者应拟定关键信息基础设施安全保护计划，建立健全数据安全和个人信息保护制度。

第十九条　应建立数据安全管理组织架构，明确业务部门与管理部门在数据安全活动中的主体责任，通过安全责任书等方式，规范本单位数据管理部门、业务部门、信息化部门在数据安全管理全生命周期当中的权责，建立数据安全工作责任制，落实追责追究制度。

第二十条　各医疗卫生机构应每年对数据资产进行全面梳理，在落实网络安全等级保护制度的基础上，依据数据的重要程度以及遭到破坏后的危害程度建立本单位数据分类分级标准。数据分类分级应遵循合法合规原则、可执行原则、时效性原则、自主性原则、差异性原则及客观性原则。

第二十一条　各医疗卫生机构应建立健全数据安全管理制度、操作规程及技术规范，涉及的管理制度每年至少修订一次，建议相关人员每年度签署保密协议。每年对本单位的数据进行数据安全风险评估，及时掌握数据安全状态。加强数据安全教育培训，组织安全意识教育和数据安全管理制度宣传培训。结合本单位实际，建立完善数据使用申请及批准流程，遵循“谁主管、谁审查”、遵循事前申请及批准、事中监管、事后审核原则，严格执行业务管理部门同意、医疗卫生机构领导核准的工作程序，指导数据活动流程合规。

第二十二条　各医疗卫生机构应加强数据收集、存储、传输、处理、使用、交换、销毁全生命周期安全管理工作，数据全生命周期活动应在境内开展，因业务确需向境外提供的，应当按照相关法律法规及有关要求进行安全评估或审核，针对影响或者可能影响国家安全的数据处理活动需提交国家安全审查，防止数据安全事件发生。

（一）各医疗卫生机构应加强数据收集合法性管理，明确业务部门和管理部门在数据收集合法性中的主体责任。采取数据脱敏、数据加密、链路加密等防控措施，防止数据收集过程中数据被泄露。

（二）在数据分类分级的基础上，进一步明确不同安全级别数据的加密传输要求。加强传输过程中的接口安全控制，确保在通过接口传输时的安全性，防止数据被窃取。

（三）各医疗卫生机构应按照有关法规标准，选择合适的数据存储架构和介质在境内存储，并采取备份、加密等措施加强数据的存储安全。涉及到云上存储数据时，应当评估可能带来的安全风险。数据存储周期不应超出数据使用规则确定的保存期限。加强存储过程中访问控制安全、数据副本安全、数据归档安全管控。

（四）各医疗卫生机构应严格规定不同人员的权限，加强数据使用过程中的申请及批准流程管理，确保数据在可控范围内使用，加强日志留存及管理工作，杜绝篡改、删除日志的现象发生，防止数据越权使用。各数据使用部门和数据使用人须严格按照申请所述用途与范围使用数据，对数据的安全负责。未经批准，任何部门和个人不得将未对外公开的信息数据传递至部门外，不得以任何方式将其泄露。

（五）各医疗卫生机构发布、共享数据时应当评估可能带来的安全风险，并采取必要的安全防控措施；涉及数据上报时，应由数据上报提出方负责解读上报要求，确定上报范围和上报规则，确保数据上报安全可控。

（六）各医疗卫生机构开展人脸识别或人脸辨识时，应同时提供非人脸识别的身份识别方式，不得因数据主体不同意收集人脸识别数据而拒绝数据主体使用其基本业务功能，人脸识别数据不得用于除身份识别之外的其他目的，包括但不限于评估或预测数据主体工作表现、经济状况、健康状况、偏好、兴趣等。各医疗卫生机构应采取安全措施存储和传输人脸识别数据，包括但不限于加密存储和传输人脸识别数据，采用物理或逻辑隔离方式分别存储人脸识别和个人身份信息等。

（七）数据销毁时应采用确保数据无法还原的销毁方式，重点关注数据残留风险及数据备份风险。

第四章　监督管理

第二十三条　各医疗卫生机构应积极配合有关主管监管

机构监督管理,接受网络安全管理日常检查,做好网络安全防护等工作。

第二十四条 各医疗卫生机构应及时整改有关主管监管机构检查过程中发现的漏洞和隐患等问题,杜绝重大网络安全事件发生。

第二十五条 发生个人信息和数据泄露、毁损、丢失等安全事件和网络系统遭攻击、入侵、控制等网络安全事件,或者发现网络存在漏洞隐患、网络安全风险明显增大时,各医疗卫生机构应当立即启动应急预案,采取必要的补救和处置措施,及时以电话、短信、邮件或信函等多种方式告知相关主体,并按照要求向有关主管监管部门报告。

第二十六条 各级卫生健康行政部门应建立网络安全事件通报工作机制,及时通报网络安全事件。

第二十七条 发生网络安全事件时,各医疗卫生机构应及时向卫生健康行政部门、公安机关报告,做好现场保护、留存相关记录,为公安机关等监管部门依法维护国家安全和开展侦查调查等活动提供技术支持和协助。

第五章 管理保障

第二十八条 各医疗卫生机构应高度重视网络安全管理工作,将其列入重要议事日程,加强统筹领导和规划设计,依法依规落实人员、经费投入、安全保护措施建设等重大问题,保证信息系统建设时安全保护措施同步规划、同步建设和同步使用。

第二十九条 各医疗卫生机构应加强网络安全业务交流,严格执行网络安全继续教育制度,鼓励管理岗位和技术岗位持证上岗。通过组织开展学术交流及比武竞赛的方式,发现选拔网络安全人才,建立人才库,建立健全人才发现、培养、选拔和使用机制,为做好网络安全工作提供人才保障。

第三十条 各医疗卫生机构应保障开展网络安全等级测评、风险评估、攻防演练竞赛、安全建设整改、安全保护平台建设、密码保障系统建设、运维、教育培训等经费投入。新建信息化项目的网络安全预算不低于项目总预算的5%。

第三十一条 各医疗卫生机构应进一步完善网络安全考核评价制度,明确考核指标,组织开展考核。鼓励有条件的医疗卫生机构将考核与绩效挂钩。

第六章 附 则

第三十二条 违反本办法规定,发生个人信息和数据泄露,或者出现重大网络安全事件的,按《网络安全法》《密码法》《基本医疗卫生与健康促进法》《数据安全法》《个人信息保护法》《关键信息基础设施安全保护条例》以及网络安全等级保护制度等法律法规处理。

第三十三条 涉及国家秘密的网络,按照国家有关规定执行。

第三十四条 本办法自印发之日起实施。

医疗机构手术分级管理办法

1. 2022年12月6日国家卫生健康委发布
2. 国卫办医政发〔2022〕18号

第一章 总 则

第一条 为加强医疗机构手术分级管理,提高手术质量,保障医疗安全,维护患者合法权益,依据《中华人民共和国医师法》《医疗机构管理条例》《医疗质量管理办法》《医疗技术临床应用管理办法》等法律法规规章,制定本办法。

第二条 本办法适用于各级各类医疗机构手术分级管理工作。

第三条 本办法所称手术是指医疗机构及其医务人员以诊断或治疗疾病为目的,在人体局部开展去除病变组织、修复损伤、重建形态或功能、移植细胞组织或器官、植入医疗器械等医学操作的医疗技术,手术应当经过临床研究论证且安全性、有效性确切。

本办法所称手术分级管理是指医疗机构以保障手术质量安全为目的,根据手术风险程度、难易程度、资源消耗程度和伦理风险,对本机构开展的手术进行分级,并对不同级别手术采取相应管理策略的过程。

第四条 医疗机构及其医务人员开展手术技术临床应用应当遵循科学、安全、规范、有效、经济、符合伦理的原则。

第五条 国家卫生健康委负责全国医疗机构手术分级管理工作的监督管理。

县级以上卫生健康行政部门负责本行政区域内医疗机构手术分级管理工作的监督管理。

第二章 组织管理

第六条 医疗机构对本机构手术分级管理承担主体责任。医疗机构应当根据其功能定位、医疗服务能力水平和诊疗科目制定手术分级管理目录,进行分级管理。

第七条 医疗机构手术分级管理实行院、科两级负责制。医疗机构主要负责人是本机构手术分级管理的第一责任人;手术相关临床科室主要负责人是本科室手术分级管理的第一责任人。

第八条 医疗机构医疗技术临床应用管理组织负责本机构手术分级管理,具体工作由医务管理部门负责。

第九条 医疗机构医疗技术临床应用管理组织在手术分级管理工作中的主要职责是:

(一)制定本机构手术分级管理的制度和规范,明确科室手术分级管理议事规则和工作流程,定期检查执行情况,并提出改进措施和要求;

(二)审定本机构手术分级管理目录,定期对手术质量安全情况进行评估并动态调整;

(三)根据术者专业能力和接受培训情况,授予或者取消相应的手术级别和具体手术权限,并根据定期评估情况进行动态调整;

(四)组织开展手术分级管理法律、法规、规章和相关制度、规范的培训。

第十条 医疗机构各手术科室应当成立本科室手术分级管理工作小组,组长由科室主要负责人担任,指定专人负责日常具体工作。手术分级管理工作小组主要职责是:

(一)贯彻执行手术分级管理相关的法律、法规、规章、规范性文件和本机构手术分级管理制度;

(二)制订本科室年度手术分级管理实施方案,组织开展科室手术分级管理工作;

(三)定期对本科室手术分级管理进行分析和评估,对手术分级管理薄弱环节提出整改措施并组织实施;

(四)定期对本科室术者手术技术临床应用能力进行评估,制定手术技术培训计划,提升本科室手术技术临床应用能力和质量;

(五)按照有关要求报送本科室手术分级管理相关信息。

第三章 手术分级管理

第十一条 根据手术风险程度、难易程度、资源消耗程度或伦理风险不同,手术分为四级:

一级手术是指风险较低、过程简单、技术难度低的手术;

二级手术是指有一定风险、过程复杂程度一般、有一定技术难度的手术;

三级手术是指风险较高、过程较复杂、难度较大、资源消耗较多的手术;

四级手术是指风险高、过程复杂、难度大、资源消耗多或涉及重大伦理风险的手术。

第十二条 手术风险包括麻醉风险、手术主要并发症发生风险、围手术期死亡风险等。

手术难度包括手术复杂程度、患者状态、手术时长、术者资质要求以及手术所需人员配置、所需手术器械和装备复杂程度等。

资源消耗程度指手术过程中所使用的医疗资源的种类、数量与稀缺程度。

伦理风险指人的社会伦理关系在手术影响下产生伦理负效应的可能。

第十三条 医疗机构应当建立手术分级信息报告制度,向核发其《医疗机构执业许可证》的卫生健康行政部门报送本机构三、四级手术管理目录信息,如有调整应及时更新信息。接受信息的部门应当及时将目录信息逐级报送至省级卫生健康行政部门。

第十四条 医疗机构应当建立手术分级公示制度,将手术分级管理目录纳入本机构院务公开范围,主动向社会公开三、四级手术管理目录,并及时更新。

第十五条 医疗机构应当建立手术分级动态调整制度,根据本机构开展手术的效果和手术并发症等情况,动态调整本机构手术分级管理目录。

第十六条 医疗机构应当建立手术授权制度,根据手术级别、专业特点、术者专业技术岗位和手术技术临床应用能力及培训情况综合评估后授予术者相应的手术权限。三、四级手术应当逐项授予术者手术权限。手术授权原则上不得与术者职称、职务挂钩。

对于非主执业机构注册的医务人员,其手术授权管理应当与本机构医务人员保持一致。

第十七条 医疗机构应当建立手术技术临床应用能力评估和手术授权动态调整制度。

术者申请手术权限应当由其所在科室手术分级管理工作小组进行评估,评估合格的应当向医务管理部门报告,经医务管理部门复核后报医疗技术临床应用管理委员会审核批准,由医疗机构以正式文件形式予以确认。

医疗机构应当定期组织评估术者手术技术临床应用能力,包括手术技术能力、手术质量安全、围手术期管理能力、医患沟通能力等,重点评估新获得四级手术权限的术者。根据评估结果动态调整手术权限,并纳入个人专业技术档案管理,四级手术评估周期原则上不超过一年。

第十八条 医疗机构应当建立手术技术临床应用论证制度。对已证明安全有效,但属本机构首次开展的手术技术,应当组织开展手术技术能力和安全保障能力论证,通过论证的方可开展该手术技术临床应用。

第十九条 医疗机构应当为医务人员参加手术技能规范化培训创造条件，提升医务人员手术技术临床应用能力。

医疗机构应当重点关注首次在本机构开展的手术技术的规范化培训工作。

第二十条 医疗机构开展省级以上限制类医疗技术中涉及手术的，应当按照四级手术进行管理。

第二十一条 医疗机构应当建立紧急状态下超出手术权限开展手术的管理制度，遇有急危重症患者确需行急诊手术以挽救生命时，如现场无相应手术权限的术者，其他术者可超权限开展手术，具体管理制度由医疗机构自行制定。

第二十二条 医疗机构应当建立四级手术术前多学科讨论制度，手术科室在每例四级手术实施前，应当对手术的指征、方式、预期效果、风险和处置预案等组织多学科讨论，确定手术方案和围手术期管理方案，并按规定记录，保障手术质量和患者安全。

第二十三条 医疗机构应当建立手术随访制度，按病种特点和相关诊疗规范确定随访时长和频次，对四级手术术后患者，原则上随访不少于每年1次。

第二十四条 医疗机构应当完善手术不良事件个案报告制度，对于四级手术发生非计划二次手术、严重医疗质量(安全)不良事件等情形的，应当在发生后3日内组织全科讨论，讨论结果向本机构医疗质量管理委员会报告，同时按照不良事件管理有关规定向卫生健康行政部门报告。

第二十五条 医疗机构应当加强围手术期死亡病例讨论管理。四级手术患者发生围手术期死亡的，应当在死亡后7日内，由医务管理部门组织完成多学科讨论。医疗机构应当每年度对全部围手术期死亡病例进行汇总分析，提出持续改进意见。

第四章 监督管理

第二十六条 医疗机构应当建立手术质量安全评估制度，由医疗机构医疗技术临床应用管理组织定期对手术适应征、术前讨论、手术安全核查、围手术期并发症发生率、非计划二次手术率、围手术期全因死亡率等进行评估，并在院内公开。一、二级手术应当每年度进行评估，三级手术应当每半年进行评估，四级手术应当每季度进行评估。

医疗机构应当重点关注首次在本机构开展的手术技术的质量安全。

第二十七条 医疗机构应当建立手术分级管理督查制度，由本机构医务管理部门对各手术科室手术分级管理制度落实情况进行定期督查，并将督查结果作为医疗机构相关科室及其主要负责人考核的关键指标。

第二十八条 对于发生严重医疗质量(安全)不良事件的，医疗机构应当暂停开展该手术，对该手术技术及术者手术技术临床应用能力进行重新评估。评估结果为合格的可继续开展；评估结果认为术者手术技术临床应用能力不足的，应当取消该手术授权；评估结果认为该手术技术存在重大质量安全缺陷的，应当停止该手术技术临床应用，并立即将有关情况向核发其《医疗机构执业许可证》的卫生健康行政部门报告。

从事该手术技术的主要术者或者关键设备、设施及其他辅助条件发生变化，不能满足相关技术临床应用管理规范要求或者影响临床应用效果的，医疗机构应当停止该手术技术临床应用。

第二十九条 二级以上医疗机构应当充分利用信息化手段加强手术分级管理，全面掌握科室对手术分级管理制度的执行与落实情况，加强对手术医嘱、手术通知单、麻醉记录单等环节的检查，重点核查手术权限、限制类技术、急诊手术和本机构重点监管技术项目的相关情况。

第三十条 县级以上地方卫生健康行政部门应当加强对辖区内医疗机构手术分级管理的监测与定期评估，及时向医疗机构反馈监测情况和评估结果，定期将医疗机构各级手术平均病例组合指数(CMI)进行分析、排序和公示，引导医疗机构科学分级规范管理。及时纠正手术分级管理混乱等情况，并定期进行通报。

第三十一条 县级以上地方卫生健康行政部门应当指导本行政区域内加强医疗机构手术分级管理，建立激励和约束机制，推广先进经验和做法。将医疗机构手术分级管理情况与医疗机构校验、医院评审、评价及个人业绩考核相结合。

第五章 附 则

第三十二条 开展人体器官移植、人类辅助生殖等法律法规有专门规定的手术，按照有关法律法规规定执行。

第三十三条 本办法所称术者是指手术的主要完成人。

第三十四条 本办法所称围手术期是指患者术前24小时至与本次手术有关的治疗基本结束。

第三十五条 本办法所称严重医疗质量(安全)不良事件是指在诊疗过程中发生的，导致患者需要治疗以挽救生命、造成患者永久性伤害或死亡的医疗质量安全事件。

第三十六条 国家组织制定用于公立医院绩效考核的手术目录，不作为各医疗机构开展手术分级管理的依据。

第三十七条 本办法自印发之日起施行。《卫生部办公厅关于印发医疗机构手术分级管理办法(试行)的通知》(卫办医政发〔2012〕94号)同时废止。

诊所备案管理暂行办法

1. 2022年12月20日国家卫生健康委、国家中医药局发布
2. 国卫医政发〔2022〕33号

第一章 总 则

第一条 为做好诊所备案管理工作,根据《中华人民共和国基本医疗卫生与健康促进法》《中华人民共和国医师法》《医疗机构管理条例》等法律法规和规定,制定本办法。

第二条 诊所是为患者提供门诊诊断和治疗的医疗机构,主要提供常见病和多发病的诊疗服务,不设住院病床(产床)。本办法所指的诊所,不含按照《中医诊所备案管理暂行办法》有关规定进行备案的中医诊所。

第三条 国务院卫生健康行政部门负责指导全国普通诊所、口腔诊所及医疗美容诊所的备案管理工作;县级以上地方人民政府卫生健康行政部门负责本行政区域内普通诊所、口腔诊所及医疗美容诊所的监督管理工作;县级人民政府卫生健康行政部门负责本行政区域内普通诊所、口腔诊所及医疗美容诊所的备案工作。

国务院中医药主管部门负责指导全国中医(综合)诊所及中西医结合诊所的备案管理工作;县级以上地方人民政府中医药主管部门负责本行政区域内中医(综合)诊所及中西医结合诊所的监督管理工作;县级人民政府中医药主管部门负责本行政区域内中医(综合)诊所及中西医结合诊所的备案工作。

第二章 备 案

第四条 单位或者个人设置诊所应当报拟设置诊所所在地县级人民政府卫生健康行政部门或中医药主管部门备案,取得诊所备案凭证后即可开展执业活动。

第五条 设置诊所应当同时具备下列条件:

(一)个人设置诊所的,须经注册后在医疗卫生机构中执业满五年;单位设置诊所的,诊所主要负责人应当符合上述要求;

(二)符合诊所基本标准;

(三)诊所名称符合《医疗机构管理条例实施细则》等相关规定;

(四)能够独立承担民事责任。

《医疗机构管理条例实施细则》规定不得申请设置医疗机构的单位和个人,不得设置诊所。

第六条 诊所备案应当提交下列材料:

(一)诊所备案信息表;

(二)诊所房屋平面布局图(指诊所使用房屋按照比例标识,注明功能分布和面积大小);

(三)诊所用房产权证件或租赁使用合同;

(四)诊所法定代表人、主要负责人有效身份证明和有关资格证书、执业证书复印件;

(五)其他卫生技术人员名录、有效身份证明和有关资格证书、执业证书复印件;

(六)诊所规章制度;

(七)诊所仪器设备清单;

(八)附设药房(柜)的药品种类清单;

(九)诊所的污水、污物、粪便处理方案,诊所周边环境情况说明;

(十)按照法律法规要求提供的其他相关材料。

法人或其他组织设置诊所的,还应当提供法人或其他组织的资质证明、法定代表人身份证明或者其他组织代表人身份证明。

第七条 县级人民政府卫生健康行政部门或中医药主管部门收到备案材料后,对材料齐全且符合备案要求的予以备案,当场发放诊所备案凭证;材料不全或者不符合备案要求的,应当当场或者在收到备案材料之日起5日内一次性告知备案人需要补正的全部材料。

第八条 诊所应当将诊所备案凭证、卫生技术人员执业注册信息在诊所的明显位置公示,接受社会监督。

第九条 诊所的名称、地址、法定代表人或者主要负责人、所有制形式、诊疗科目、服务方式等实际设置应当与诊所备案凭证记载事项相一致,以上备案信息发生变动的,必须向原备案机关备案。

第十条 诊所歇业,必须向原备案机关备案。

诊所非因改建、扩建、迁建原因停业超过1年的,视为歇业。

第十一条 诊所备案凭证不得伪造、涂改、出卖、转让、出借。

诊所备案凭证遗失的,应当及时申明,并向原备案机关申请补发。

第十二条 诊所应当按照备案的诊疗科目开展诊疗活动,并加强对工作人员、诊疗活动、医疗质量、医疗安全等方面的管理。开展医疗技术服务应当符合《医疗技术临床应用管理办法》的有关规定。

诊所未经备案,不得开展诊疗活动。

第十三条 诊所应当严格遵守《中华人民共和国传染病防治法》等法律法规关于医疗机构感染预防与控制的有关规定。

第三章 监督管理

第十四条 县级人民政府卫生健康行政部门和中医药主管部门应当加强对诊所执业活动、医疗质量、医疗安全等情况的监督管理。县级人民政府卫生健康行政部门和中医药主管部门应当在发放诊所备案凭证之日起20日内,向社会公开诊所备案信息,便于社会查询、监督。

县级人民政府卫生健康行政部门或中医药主管部门应当及时向上级卫生健康行政部门或中医药主管部门报送本辖区内诊所备案信息,上级卫生健康行政部门或中医药主管部门发现不符合本办法规定的备案事项,应当责令县级人民政府卫生健康行政部门或中医药主管部门予以纠正。

第十五条 县级人民政府卫生健康行政部门和中医药主管部门应当对新设置的诊所自发放诊所备案凭证之日起45日内进行现场核查,对不符合备案条件的应当限期整改,逾期拒不整改或者整改后仍不符合条件的,撤销其备案并及时向社会公告。

第十六条 县级人民政府卫生健康行政部门和中医药主管部门应当充分利用信息化、大数据等手段提升监管效能,将诊所纳入本地医疗质量管理控制体系,确保医疗质量安全。

诊所应当与备案机关所在地诊所信息化监管平台对接,及时上传执业活动等相关信息,主动接受监督。

第十七条 县级人民政府卫生健康行政部门和中医药主管部门应当每年对辖区内诊所开展至少一次现场监督检查,利用信息化监管平台进行日常监管和月度执业活动分析,至少每半年形成一份辖区内诊所执业活动监管分析报告。县级人民政府卫生健康行政部门和中医药主管部门有权要求诊所提供监管所需材料,诊所不得拒绝、隐匿或者隐瞒。

第十八条 地方各级卫生健康行政部门和中医药主管部门在监督管理过程中,发现诊所存在违法违规情节的,应当依照相关法律、法规及规定处理。

第十九条 有下列情形之一的,诊所应当向所在县级人民政府卫生健康行政部门或中医药主管部门报告,或者卫生健康行政部门和中医药主管部门在监督管理过程中发现有下列情形之一的,原备案机关应当撤销其备案并及时向社会公告:

(一)诊所歇业的;

(二)诊所自愿终止执业活动的;

(三)使用虚假材料备案的;

(四)出现《医疗机构管理条例》等法律法规规定的应当责令其停止执业活动的情形。

第二十条 诊所应当按照《中华人民共和国网络安全法》《中华人民共和国数据安全法》《中华人民共和国个人信息保护法》《医疗卫生机构网络安全管理办法》等有关法律法规和规定加强网络安全管理和个人信息保护等工作,发生患者个人信息、医疗数据泄露等网络安全事件时,应当及时向有关部门报告,并采取有效应对措施。

第二十一条 诊所执业人员应当积极参加专业技术培训、继续教育等活动,提高专业技术水平。

第二十二条 诊所应当建立完善的医疗质量、医疗安全等相关管理制度,加强医疗质量及医疗安全管理。

第四章 附则

第二十三条 诊所备案信息表和诊所备案凭证样式由国务院卫生健康行政部门和中医药主管部门统一规定,各省、自治区、直辖市及新疆生产建设兵团卫生健康行政部门、中医药主管部门自行印制。

诊所应当符合医疗机构电子证照工作有关规定。

第二十四条 本办法施行前已取得《医疗机构执业许可证》的诊所直接予以备案,过渡时限为一年。新备案的诊所,按照本办法及最新版诊所基本标准进行备案。

第二十五条 中外合资、合作诊所,港澳台资诊所的管理按照有关规定执行。

第二十六条 本办法规定的期限以工作日计算。

第二十七条 各省、自治区、直辖市及新疆生产建设兵团卫生健康行政部门、中医药主管部门可根据实际情况制定管理细则。

第二十八条 本办法及附录中的诊所基本标准自印发之日起施行。《卫生部关于下发〈医疗机构基本标准(试行)〉的通知》(卫医发〔1994〕第30号)中的中西医结合诊所基本标准、《卫生部关于印发〈诊所基本标准〉的通知》(卫医政发〔2010〕75号)中的诊所和口腔诊所基本标准以及《国家卫生计生委、国家中医药管理局关于印发〈中医诊所基本标准和中医(综合)诊所基本标准的通知》(国卫医发〔2017〕55号)中的中医(综合)诊所基本标准同时废止。

附录:(略)

国家卫生健康委办公厅关于印发国家医学中心管理办法（试行）和国家区域医疗中心管理办法（试行）的通知

1. 2022年12月21日国家卫生健康委办公厅发布
2. 国卫办医政发〔2022〕17号

各省、自治区、直辖市及新疆生产建设兵团卫生健康委：

为进一步加强国家医学中心和国家区域医疗中心管理，根据《基本医疗卫生与健康促进法》《国民经济和社会发展第十四个五年规划和2035年远景目标纲要》以及国家医学中心及国家区域医疗中心设置规划等要求，我委制定了《国家医学中心管理办法（试行）》和《国家区域医疗中心管理办法（试行）》。现印发给你们，请认真贯彻执行。

附件：1. 国家医学中心管理办法（试行）
2. 国家区域医疗中心管理办法（试行）

附件1

国家医学中心管理办法（试行）

第一章　总　　则

第一条　为贯彻落实《基本医疗卫生与健康促进法》《国民经济和社会发展第十四个五年规划和2035年远景目标纲要》《国务院办公厅关于推动公立医院高质量发展的意见》等要求，着力构建优质高效的医疗卫生服务体系，规范国家医学中心管理，制定本办法。

第二条　国家医学中心以推动国家医学科学进步为目标，聚焦重大疾病防治需求，对标国际医学科学前沿，在疑难危重症诊断与治疗、医学科学关键技术攻关、高水平医学研究与成果转化、重大公共卫生问题应对与突发事件医疗应急、高层次医学人才培养、国际交流合作、中西医协同创新等七个方面发挥示范引领作用，并与国家和省级区域医疗中心共同构建覆盖全国的高水平医院网络。

第三条　国家卫生健康委作为国家医学中心的主管部门，负责国家医学中心的设置管理、考核评价和动态调整等工作。

第二章　组 织 管 理

第四条　国家卫生健康委建立国家医学中心“揭榜挂帅”和跟踪评估机制，组建工作专班、技术专班和专家组，加强国家医学中心管理。

第五条　工作专班负责组织国家医学中心申报审核、明确“揭榜挂帅”任务、考核评价等具体事务性工作，并组织协调技术专班和专家组开展工作。

第六条　技术专班由国家卫生健康委指定单位组建，负责国家医学中心申报审核管理系统的运行与维护；对申报材料中可利用信息化手段抓取的定量指标进行复核；承担国家卫生健康委委托的其他工作。

第七条　国家卫生健康委按专业类别成立专家组，每个专业类别从全国遴选10家左右具有代表性的医院，覆盖6个行政区域，每家医院推选1名学科带头人组建专家组，由国家卫生健康委指定具有权威性的专家作为组长。专家组负责起草相应类别的设置标准并赋权重；与工作专班共同对申报材料中不可抓取的定量指标和定性指标相关材料进行复核；对国家医学中心的发展规划、年度工作计划、科研攻关清单及成果等进行同行评议；承担国家卫生健康委委托的其他工作。

第八条　省级卫生健康行政部门负责组织辖区内的国家医学中心申报工作，对医院申报材料进行评估审核，并会同有关部门和医院制定建设方案；根据建设方案推进本辖区国家医学中心建设并提供相关支持。

第九条　国家医学中心依托的主体医院负责国家医学中心的日常运行，为国家医学中心开展工作提供人、财、物等必要的保障；建立健全国家医学中心内部管理的规章制度，形成有利于国家医学中心发展的管理和运行机制。

第十条　国家医学中心围绕功能定位制定中长期发展规划、年度工作任务并落实；完成国家卫生健康委下达的“揭榜挂帅”和其他任务。

第三章　设 置 流 程

第十一条　国家医学中心设置工作包括制定规划和标准、组织申报和审核、提请审议和设置等步骤。

第十二条　国家卫生健康委统筹考虑国家重大战略，优质医疗资源情况，围绕影响人民健康的重大、全局性医学科学问题，结合新兴技术领域前沿和发展趋势编制规划。

第十三条　设置标准起草工作由国家卫生健康委委托专家组起草，实行专家组负责制。起草设置标准坚持定量定性相结合、以定量指标为主的原则,正文一般包括基本条件和医、教、研、防、管6方面内容,附件一般包括疑难危重病种清单及核心技术清单。

第十四条　医院向所在地省级卫生健康行政部门提出申请并提交自评估报告和相关佐证材料。省级卫生健康行政部门按照申报要求,组织专家对医院材料进行核实论证并出具专家评审意见,择优选择本辖区内符合标准的申报医院,会同相关部门制定建设方案,并通过国家医学中心和国家区域医疗中心申报管理信息系统提交申报材料。申报医院和省级卫生健康行政部门对申报材料的真实性、准确性、完整性负责。

国家医学中心依托的主体医院应当满足以下基本条件:三级甲等医院;符合相应类别国家医学中心设置标准;相应类别的临床诊疗水平国内领先;医学人才培养质量位居前列;临床研究和转化能力突出;领军人才和团队优势明显;能够对落实国家医学中心职责提供必要的保障条件;自觉接受国家卫生健康委考核评价。

每个省份在同一类别原则上只可申报一个国家医学中心或国家区域医疗中心,联合申报的主体医院原则上不超过2家。每家医院原则上不能作为3个以上(不含3个)类别的国家医学中心。

第十五条　国家卫生健康委组织对各地申报材料进行评估,工作程序包括形式审核、材料复核、综合评估3个步骤。

(一)形式审核。工作专班对各地提交的申报材料进行形式审核,主要根据设置规划和申报要求确定申报医院是否满足申报的基本条件。

(二)材料复核。坚持用数据验证、用信息化支撑,避免人为因素干扰。申报材料中可利用信息化手段抓取的定量指标由技术专班进行复核;对于部分不可抓取的定量指标和定性指标,建立双审核机制,由工作专班和专家组依据申报材料作出判断。复核达标的指标由系统自动按照专家组确定的指标权重进行赋分,形成最终申报材料复核得分。

(三)综合评估。国家卫生健康委按照符合规划、达标择优的原则确定候选医院,其中,达标是指得分率在90%及以上,择优是指综合考虑得分情况、战略布局等因素从达标医院中选择。

第十六条　国家医学中心名单经国家卫生健康委主任会议审议通过后,正式发文设置。

申报设置流程图

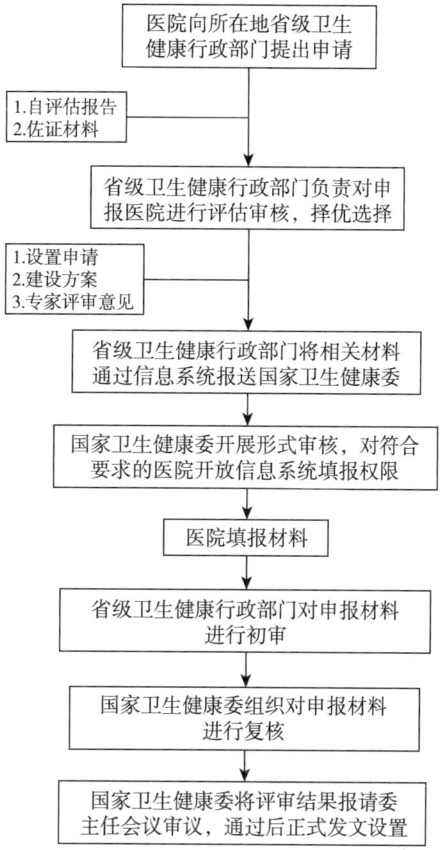

第四章　运行管理

第十七条　国家医学中心依托的主体医院隶属关系不变,鼓励各国家医学中心根据国家战略和自身实际情况,积极探索适合自身特点的组织模式,建立资源整合共享、协同创新攻关和高效运行管理等机制。

第十八条　国家医学中心实行主体医院党委领导下的中心主任负责制。若依托的主体医院为专科医院,中心主任原则上由该医院的主要负责同志担任,若主要负责同志无相关专业背景,则增设1名学科带头人作为中心主任;若依托的主体医院为综合医院,中心主任原则上由主体医院主要负责同志和相关专业的学科带头人共同担任,若两者为同一人可以只设1名中心主任。中心主任负责统筹中心日常管理,确保中心按职责开展相关工作。同时明确承担中心办公室职能的部门,有专人负责具体工作的组织、协调和推进。中心的组织架构应当报国家卫生健康委和所在地的省级卫生健康行政部门。

第十九条 同一类别的国家医学中心和国家区域医疗中心共同成立管理委员会(以下简称“委员会”),建立有效的协同工作机制。委员会实行轮值负责制,由该类别各国家医学中心按年度轮流负责委员会工作。委员会要立足国内、放眼国际,制定本类别国家医学中心和国家区域医疗中心整体发展目标和规划,明确职责分工,定期召开会议,及时协调、沟通工作,共同落实发展目标。

第二十条 国家医学中心实行重大事项报告制度,包括但不限于以国家医学中心名义对外发表重要数据文章、接受采访、开展重大基础设施建设、立项开展重大科研项目等。每年底形成国家医学中心年度工作总结和第二年度工作计划,经主体医院签章后报送国家卫生健康委。不得以国家医学中心名义设立分中心、分支机构,一经发现视为年度考核不合格,已设立的应当立即整改。

第五章 考核评价

第二十一条 国家卫生健康委对设置的国家医学中心进行年度考核,根据考核结果建立动态调整机制。

第二十二条 考核形式主要包括中心自评估、专家评议、数据分析等。

第二十三条 考核内容围绕国家医学中心七个方面的职责和运行管理情况,形成以重大疾病诊疗能力、先进技术开展情况、领军人才培养、研发成果科学价值和社会价值、牵头开展国际合作为导向的考核评价体系,重点考核“揭榜挂帅”任务落实情况、行业示范引领情况、国家卫生健康委交办任务完成情况等。

第二十四条 考核结果分为优秀、合格、不合格。对考核结果优秀的中心予以重点支持,连续两年优秀的,第三年可免予考核。

第二十五条 国家卫生健康委对考核不合格的中心进行约谈并提出限期整改要求。连续三年考核不合格的取消中心资格。

第六章 专家组管理

第二十六条 专家组成员由医院推荐,国家卫生健康委聘任,聘期5年。根据工作需要,期满可连续聘任。

第二十七条 专家应当符合的基本条件:

(一)在相关专业领域具有代表性,具有高级技术职称,现任或曾任国家级学协会相关专业二级分会常委及以上职务、相关专业国家级质控中心副主任及以上职务或省级质控中心主任,其中组长应当具有学术权威性。

(二)具有良好的职业道德,遵守保密纪律,廉洁自律、遵纪守法、学术端正,无相关违法违规记录。

(三)认真履行专家职责,严格遵守相关工作纪律和要求。

(四)身体状况能够满足相关工作强度和时间要求。

第二十八条 专家工作纪律:

(一)坚持科学精神,严谨开展相关工作。

(二)严守保密纪律,不向任何个人和单位泄露工作内容。

(三)未经国家卫生健康委允许,不得以专家组成员身份对外授课、接受采访、发表文章、解读政策,不得留存、复制、扩散相关工作资料。

(四)遵守回避原则,主动回避所在医院及医院所在行政区域的相关工作,确保工作公平公正。

(五)遵守廉洁纪律,工作中严格遵守中央八项规定及其实施细则精神。

第二十九条 聘期内专家存在以下情况的予以解聘:

(一)本人主动申请不再担任专家组成员。

(二)违反工作纪律或不能履行专家职责。

(三)所在医院要求更换专家。

(四)发生违法违纪行为。

(五)其他原因不适宜继续担任专家组成员。

第七章 附 则

第三十条 国家医学中心名称统一命名为“国家 * * (类别)医学中心”。英文名称为“National Center for * * *”。

第三十一条 医院未正式设置成为国家医学中心前,不得以国家医学中心名义开展任何活动。

第三十二条 本办法自印发之日起实施。

附件2

国家区域医疗中心管理办法(试行)

第一章 总 则

第一条 为贯彻落实《基本医疗卫生与健康促进法》《国民经济和社会发展第十四个五年规划和2035年远景目标纲要》《国务院办公厅关于推动公立医院高质量发展的意见》等要求,着力构建优质高效的医疗卫生服务体系,规范国家区域医疗中心管理,制定本办法。

第二条 国家区域医疗中心以满足各区域疑难复杂和重

大疾病的医疗服务需要为重点，在疑难危重症诊断与治疗、医学人才培养、临床研究、疾病防控与突发事件医疗应急、医院管理、中西医协同发展等六个方面代表区域顶尖水平，进一步提升区域间医疗服务同质化水平，与国家医学中心以及省级区域医疗中心构建高水平医院网络，共同带动我国医疗服务能力整体提升。

第三条　国家卫生健康委作为国家区域医疗中心的主管部门，负责国家区域医疗中心的设置管理、考核评价和动态调整等工作。

第二章　组 织 管 理

第四条　国家区域医疗中心的组织管理架构、各方职责与国家医学中心保持一致，参见《国家医学中心管理办法（试行）》的第五条至第十条。其中，工作专班、技术专班和专家组的人员组成与国家医学中心相关专班、专家组相同。

第三章　设 置 流 程

第五条　国家区域医疗中心设置工作包括制定规划和标准、组织申报和审核、提请审议和设置等步骤。

第六条　国家卫生健康委统筹考虑国家重大战略，区域医疗资源分布现状和跨省异地就医情况，围绕疑难复杂和重大疾病的医疗服务需要，按照优质医疗资源扩容和区域均衡布局要求编制规划。

第七条　各专业类别的设置标准起草工作由国家卫生健康委委托专家组起草，实行专家组负责制。起草设置标准坚持定量定性相结合、以定量指标为主的原则，正文一般包括基本条件和医、教、研、防、管 6 方面内容，核心要求与国家医学中心设置标准保持一致，具体指标可适当调整。附件与国家医学中心设置标准的附件相同。

第八条　医院向所在地省级卫生健康行政部门提出申请并提交自评估报告和相关佐证材料。省级卫生健康行政部门按照申报要求，组织专家对医院材料进行核实论证并出具专家评审意见，择优选择本辖区内符合标准的申报医院，会同相关部门制定建设方案，并通过国家医学中心和国家区域医疗中心申报管理信息系统上传。申报医院和省级卫生健康行政部门对申报材料的真实性、准确性、完整性负责。

国家区域医疗中心依托的主体医院应满足以下基本条件：三级甲等医院；符合相应类别国家区域医疗中心设置标准；相应类别临床诊疗水平区域领先；医学人才培养质量位居前列；临床研究和转化能力突出；学科带头人和人才团队优势明显；能够为落实国家区域医疗中心职责提供必要的保障条件；自觉接受国家卫生健康委考核评价。

每个省份在同一类别只可申报一个国家区域医疗中心，联合申报的主体医院原则上不超过 2 家。每家医院原则上不能作为 3 个以上（不含 3 个）类别的国家区域医疗中心。本省份已申报国家医学中心的类别，不得申报同一类别国家区域医疗中心。

第九条　国家卫生健康委组织对各地申报材料进行评估，工作程序与国家医学中心申报材料评估程序保持一致。其中，综合评估按照符合规划、达标择优的原则确定候选医院，达标是指得分率在 90% 及以上，择优是指综合考虑得分情况、战略布局、委省共建协议落实情况、国家区域医疗中心建设项目取得成效等因素，分别从华北、东北、华东、中南、西南、西北 6 个区域中选择达标且得分率排名高的作为候选医院。

第十条　国家区域医疗中心名单经国家卫生健康委主任会议审议通过后，正式发文设置。

申报设置流程图

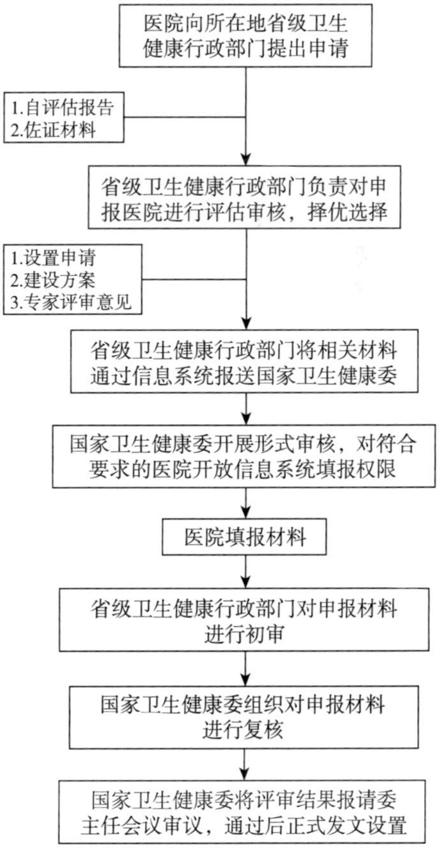

第四章 运行管理

第十一条 国家区域医疗中心依托的主体医院隶属关系不变，鼓励各国家区域医疗中心根据国家战略、患者跨区域就医和自身实际情况，积极探索适合自身特点的组织模式，建立资源整合共享、重大疾病协同攻关和高效运行管理等机制。

第十二条 国家区域医疗中心实行主体医院党委领导下的中心主任负责制，内部架构参照《国家医学中心管理办法（试行）》第十八条。

第十三条 同一类别的国家区域医疗中心与国家医学中心共同成立管理委员会（以下简称“委员会”），建立有效的协同工作机制，委员会工作规则与工作内容参照《国家医学中心管理办法（试行）》第十九条。

第十四条 国家区域医疗中心实行重大事项报告制度，包括但不限于以国家区域医疗中心名义对外发表重要数据文章、接受采访、开展重大基础设施建设、立项开展重大科研项目等。每年底形成国家区域医疗中心年度工作总结和第二年度工作计划，经主体医院签章后报送国家卫生健康委。鼓励通过建立专科联盟和远程医疗协作网、与城市医疗集团建立协作关系等方式，推动优质医疗资源下沉。不得以国家区域医疗中心名义设立分中心、分支机构，一经发现视为年度考核不合格，已设立的应当立即整改。

第五章 考核评价

第十五条 国家卫生健康委对设置的国家区域医疗中心实施年度考核，根据考核结果建立动态调整机制。

第十六条 考核形式主要包括中心自评估、专家评议、数据分析等。

第十七条 考核内容围绕国家区域医疗中心六个方面的职责和运行管理情况，形成以重大疾病诊疗能力、先进技术开展情况、学科带头人培养为导向的考核评价体系，重点考核区域带动情况、患者跨区域和跨省就医情况、国家卫生健康委交办任务完成情况等。

第十八条 考核结果分为优秀、合格、不合格。对考核结果优秀的中心予以重点支持，连续两年优秀的，第三年可免予考核。

第十九条 国家卫生健康委对考核不合格的中心书面提出限期整改要求。连续三年考核不合格的取消中心资格。

第六章 附 则

第二十条 专家组管理与《国家医学中心管理办法（试行）》第六章保持一致

第二十一条 国家区域医疗中心名称统一命名为“国家＊＊（类别）区域医疗中心（区域）”。英文名称为“National Regional Centerfor＊＊”。

第二十二条 医院未正式设置成为国家区域医疗中心前，不得以国家区域医疗中心名义开展任何活动。

第二十三条 本办法自印发之日起实施。

医疗机构临床决策支持系统应用管理规范（试行）

1. 2023年7月17日国家卫生健康委发布
2. 国卫办医政函〔2023〕268号

第一章 总 则

第一条 为促进智慧医院建设发展，适应医院信息化工作需要，规范医疗机构临床决策支持系统（Clinical Decision Support System，以下简称CDSS）应用管理，提升医疗安全和质量，保证医患双方合法权益，依据《中华人民共和国基本医疗卫生与健康促进法》《医疗机构管理条例》等，制定本规范。

第二条 实施CDSS的二级以上综合医院、专科医院、妇幼保健院，其CDSS的建设、应用、安全和管理等适用本规范。其他级别、类别的医疗机构实施CDSS，可参照本规范执行。

第三条 CDSS是通过应用信息技术，综合分析医学知识和患者信息，为医务人员的临床诊疗活动提供多种形式帮助，支持临床决策的一种计算机辅助信息系统。

第四条 国家卫生健康委负责指导全国医疗机构CDSS应用管理工作。地方各级卫生健康行政部门负责本行政区域内医疗机构CDSS的应用管理工作。

第五条 CDSS是临床决策的辅助工具，其产生的结果供医务人员参考使用，医务人员结合实际诊疗情况可选择使用。

第二章 CDSS的基本要求

第六条 CDSS应满足以下基本要求：

（一）临床知识来源应具有权威性，包括但不限于法律法规、部门规章、规范性文件，国家认可的药品说明书、医疗器械注册证、临床路径、临床诊疗指南、技术操作规范、标准、医学教材、专家共识、专著、文献等。

（二）临床知识库应及时更新，更新周期一般不长于半年。知识库内容应有退出机制，对不适用的知识应及时删除或更新。

（三）CDSS 的使用应留存审计日志，可对使用情况进行溯源评价。

第三章　医疗机构信息化基础要求

第七条　医疗机构实施 CDSS 应具备以下条件：

（一）医疗机构应具备较为完备的医疗信息系统基础，包括但不限于医疗机构信息平台、电子病历系统、医院信息管理系统、医嘱系统、病案系统、医务质控系统、实验室信息管理系统、医学影像系统、放射信息管理系统等。

（二）医疗机构各系统应实现系统整合、互联互通或数据共享。

（三）医疗机构信息系统中的数据应统一、规范、完整、准确，并能够为 CDSS 提供所需的结构化数据。

第四章　医疗机构 CDSS 的应用管理

第八条　医疗机构应当明确责任部门和人员，负责 CDSS 的管理和监控，建立、健全 CDSS 管理的相关制度和规程，明确使用范围、规范使用流程，包括知识搜集、规则编写、审核发布、反馈评估等。

第九条　医疗机构应用的 CDSS 产品应符合国家相关规定，医疗机构内相应管理部门应对其进行伦理、安全、权限等方面的审核。

第十条　医疗机构应当定期组织对医务人员开展 CDSS 应用培训。

第十一条　医疗机构应当根据需要对 CDSS 的知识库进行自主完善、补充、维护与更新，知识更新应有明确的审核机制、周期、流程和记录，并加强知识产权保护。

第十二条　医疗机构应当建立 CDSS 使用和不良事件反馈机制，及时总结应用情况，定期对 CDSS 应用的稳定性、有效性进行质量监测、效果评价、动态调整。

第十三条　鼓励有条件的医疗机构利用 CDSS 作为提升医疗质量和安全的智能化工具。

第五章　医疗机构 CDSS 的安全保障

第十四条　医疗机构应当明确技术支持部门和人员，负责 CDSS 相关信息系统建设、运行、维护和保障等工作。

第十五条　医疗机构应用 CDSS 的安全要求：

（一）满足《网络安全法》《数据安全法》和《个人信息保护法》的要求，落实网络安全等级保护制度及相关标准，确保网络安全。CDSS 部署在医疗机构的可控内部网络时，应与互联网隔离，其安全管控应达到医疗机构内部信息系统同等安全级别；CDSS 部署于医疗机构内部网络以外时，应通过审批、授权及个人信息隐藏等管理和技术管控措施，确保患者和医疗信息安全。

（二）明确 CDSS 的使用风险，强制进行风险告知。

（三）建立 CDSS 运维管理制度，加强运维管理，确保所有运维操作可授权、可追踪、可审查。

（四）加强对数据操作的监控和审计。系统使用环节涉及个人隐私信息处理时，应当合理确定个人隐私信息处理的操作权限。

（五）加强 CDSS 网络安全应急管理，持续监测 CDSS 运行状态，发现运行或重要配置等异常情况时，及时通报预警并处置。

第六章　附　　则

第十六条　省级卫生健康行政部门可依据本规范制定实施细则。

第十七条　本规范自发布之日起施行。

卫生部关于非营利性医疗机构出租医疗场所有关问题的批复

1. 2005 年 8 月 11 日

2. 卫政法发〔2005〕326 号

广西壮族自治区卫生厅：

你厅《关于非营性医疗机构出租医疗场所有关问题的请示》（桂卫报〔2005〕102 号）收悉。经研究，现批复如下：

关于非营利性医疗机构出租医疗场所的行为，应依据《卫生部关于对非法采供血液和单采血浆、非法行医专项整治工作中有关法律适用问题的批复》（卫政法发〔2004〕224 号）进行处理。

此复。

卫生部关于药品经营机构申办医疗机构有关问题的批复

1. 2005 年 8 月 11 日

2. 卫医发〔2005〕327 号

安徽省卫生厅：

你厅《关于药品经营机构申办医疗机构有关问题

的请示》(皖卫医〔2005〕62号)收悉。经研究,批复如下:

一、根据《医疗机构管理条例》第六条、第八条规定,设置医疗机构应符合当地《医疗机构设置规划》。县级以上地方卫生行政部门应根据本地区经济发展水平、人口状况、居民医疗服务需求等,合理确定辖区内医疗机构的布局、种类、规模和数量。

二、根据《医疗机构管理条例》、《医疗机构基本标准》,医疗机构应有独立的执业地点,药品经营场所不得设置诊所或门诊部。

三、原则上,由营利性机构申请设置的医疗机构应核定为营利性医疗机构。

此复。

卫生部关于医疗机构执业登记有关问题的批复

1. 2005年12月19日
2. 卫医发〔2005〕506号

四川省卫生厅:

你厅《四川省卫生厅关于医疗机构执业登记有关问题的请示》(川卫〔2005〕74号)收悉。经研究,现批复如下:

一、尚未列入《医疗机构基本标准(试行)》的专科医院,其基本标准参照《医疗机构基本标准(试行)》二级以上综合医疗有关要求;科室设置、人员、房屋、设备配备和规章制度应与其诊疗科目相适应,能够满足医疗工作的需要;床位数可根据实际情况适当调整。

二、各级卫生行政部门应严格按照《医疗机构管理条例实施细则》第二十一条规定,将医疗机构设置审批情况及时向上一级卫生行政部门备案。

三、在同一个行政区划内,只能设立一个急救中心(站),并使用"120"作为特服号码。

"紧急医疗救援中心"是卫生行政部门指挥协调职能的延伸,应当与急救中心(站)是一个机构,两块牌子,不能单独作为医疗机构核发《医疗机构执业许可证》。

此复。

卫生部关于实施吊销《医疗机构执业许可证》有关问题的批复

1. 2006年6月28日
2. 卫政法发〔2006〕237号

上海市卫生局:

你局《关于实施吊销〈医疗机构执业许可证〉问题的请示》(沪卫法〔2006〕2号)收悉。经研究,现批复如下:

根据《医疗机构管理条例》第四十七条、第四十八条的规定,对医疗机构诊疗活动超出登记范围或者使用非卫生技术人员从事医疗卫生技术工作情节严重的,卫生行政部门可以根据实际情况吊销医疗机构相关诊疗科目的执业许可。

此复。

卫生部关于全科医疗科诊疗范围的批复

1. 2006年12月26日
2. 卫政法发〔2006〕498号

安徽省卫生厅:

你厅《关于全科医疗科诊疗范围的请示》(卫监秘〔2006〕487号)收悉。经研究,现批复如下:

根据《医疗机构诊疗科目名录》(卫医发〔1994〕27号),全科医疗科为一级诊疗科目,其具体诊疗范围应参照《城市社区卫生服务机构管理办法(试行)》(卫妇社发〔2006〕239号)第七条规定的"社区卫生服务机构提供的基本医疗服务"的范围。医疗机构核准登记的诊疗科目仅为全科医疗科,却设置了外科、妇产科、口腔科等诊疗科目的,属于超范围执业,应当按照《医疗机构管理条例》第四十七条的规定进行行政处罚。

此复。

卫生部关于临床检验中心设置有关问题的批复

1. 2008年3月20日
2. 卫医函〔2008〕83号

四川省卫生厅:

你厅《关于设置临床检验中心有关问题的请示》

（川卫〔2007〕127 号）收悉。根据《医疗机构管理条例》和我部对临床检验中心管理的有关规定和要求，经研究，现批复如下：

一、各级临床检验中心由同级人民政府卫生行政部门设置，其他单位和个人不得设置。

二、各级临床检验中心受卫生行政部门委托负责组织本区域临床检验质量控制工作，并承担临床检验技术指导、人员培训和科学研究等；除开展临床检验项目外，不得开展其他诊疗活动，也不得设置床位。

三、省级临床检验中心的室间质量评价应该由卫生部认定的室间质量评价机构组织实施。

此复。

国家中医药管理局关于规范中医医院医院与临床科室名称的通知

1. 2008 年 8 月 11 日

2. 国中医药发〔2008〕12 号

各省、自治区、直辖市及计划单列市卫生厅局、中医药管理局，新疆生产建设兵团卫生局，中国中医科学院，北京中医药大学：

为加强中医医院管理，现就规范中医医院名称和中医医院的临床科室名称问题通知如下：

一、关于中医医院名称

（一）中医医院命名应符合《医疗机构管理条例》及其实施细则的相关规定。

1. 中医医院名称由通用名和识别名组成。

2. 通用名一般应在“医院”前加注“中医”等字样。如识别名中含有“中医”等字样，或举办单位是中医药院校、中医药研究机构，或含有中医专属名词的，通用名前可不再加注“中医”等字样。例如，“××医院”是“××中医药大学”的附属医院，“××医院”即可用“医院”作为其通用名称。

3. 识别名一般由两部分组成，第一部分体现地域或举办人，内容可包含行政区划名称（或地名）、举办单位名称（或规范简称）、举办人姓名、与设置人有关联的其他名词；第二部分体现医院具体性质，内容为中医学专业（学科、专科）名称、诊疗科目名称、诊疗技术名称，或中医专属名词。识别名中，第二部分可以省略，如“××省××市中医医院”。识别名中如含有第二部分，应符合中医药理论和专科专病命名原则，如“××省××市整骨医院”，原则上不得采用西医专属名词。

（二）中医医院名称出现下列情况的，须由省级中医药管理部门核准：

1. 中医医院识别名称中使用“中心”字样的，或以具体的疾病名称作为识别名称的。

2. 中医医院以高等院校附属医院命名，或加挂高等院校附属医院、临床实习医院名称的。

（三）中医医院不得同时使用中西医结合医院名称。

（四）中医医院名称中不得使用含有“疑难病”、“专治”、“专家”、“名医”、“祖传”或者同类含义文字的名称以及其他宣传或者暗示诊疗效果的名称。

（五）政府举办的中医医疗机构进行所有权改造后，不再属“政府举办的中医医疗机构”，原名称中的行政区划名称需进行相应变更。

二、关于中医医院临床科室名称

（一）中医医院临床科室名称应体现中医特点，首选中医专业名词命名。临床科室名称应规范，采用疾病名称或证候名称作为科室名称时，应按照《中医病证分类与代码》（TCD）和相关规范命名。

（二）临床科室命名可采用以下方式：

1. 以《医疗机构诊疗科目名录》中中医专业命名，如内科、外科、妇产科、儿科、皮肤科、眼科、耳鼻咽喉科、口腔科、肿瘤科、骨伤科、肛肠科、老年病科、针灸科、推拿科、康复科、急诊科、预防保健科等。

临床专业科室名称不受《医疗机构诊疗科目名录》限制，可使用习惯名称和跨学科科室名称等。

2. 以中医脏腑名称命名，如心病科、肝病科、脾胃病科、肺病科、肾病科、脑病科等。

3. 以疾病、症状名称命名，如中风病科、哮喘病科、糖尿病科、血液病科、风湿病科、烧伤科、疮疡科、创伤科、咳嗽科等。

4. 以民族医学名称命名，如藏医学科、蒙医学科、维吾尔医学科、傣医学科、壮医学科、朝医学科、彝医学科、瑶医学科、苗医学科等。

5. 门诊治疗室原则上应以治疗技术或仪器设备功能命名，如导引治疗室、穴位敷贴治疗室等。

（三）中医医院临床科室名称不得含有“中医”、“中西医结合”、“西医”字样，不得使用含有“疑难病”、“专治”、“专家”、“名医”、“祖传”或者同类含义文字的名称以及其他宣传或者暗示诊疗效果的名称。

（四）以“中心”、“国医堂”等作为临床科室名称的，应具有一定的规模和社会影响，并应由省级中医药管理部门核准。

三、其他

（一）各级中医药管理部门要按照本《通知》要求，对本辖区内中医医院的医院名称和临床科室名称进行一次清理规范，并切实加强对中医医院的监督和管理，建立对中医医院的评价、监测、巡查和警示制度，引导中医医院坚持以中医为主的办院方向，充分发挥中医药特色优势。

（二）各级中医医院应按照本《通知》要求，对照自身情况积极开展整改工作。

（三）我局将结合医院管理年活动进行督导检查。

（四）民族医医院参照执行本《通知》有关规定，中西医结合医院在执行过程中可根据实际情况做适当调整。

卫生部关于刮取口腔粘膜脱落细胞进行疾病易感性基因检测有关问题的批复

1. 2008年3月29日

2. 卫医函〔2008〕114号

上海市卫生局：

你局《关于刮取口腔粘膜脱落细胞进行疾病易感性基因检测是否属于医疗执业行为的请示》（沪卫医政〔2007〕117号）收悉。经研究，现函复如下：

一、刮取口腔粘膜脱落细胞进行疾病易感性基因检测属于诊断行为，故属于医疗执业行为。

二、目前，刮取口腔粘膜脱落细胞进行疾病易感性基因检测尚未列入《医疗机构临床检验项目目录》（卫医发〔2007〕180号）。

此复。

卫生部关于"男子"等词语不能作为医疗机构识别名称的批复

1. 2008年5月30日

2. 卫医函〔2008〕231号

湖南省卫生厅：

你厅《关于医疗机构识别名称有关问题的请示》（湘卫报〔2008〕13号）收悉。经研究，现批复如下：

《医疗机构管理条例实施细则》第四十条规定，医疗机构可以使用地名、单位名称、个人姓名、医学学科名称、医学专业和专科名称、诊疗科目名称作为识别名称；第四十一条规定，医疗机构名称必须名副其实，必须与医疗机构类别或者诊疗科目相适应。"男子"、"男性"、"男科"等词语不符合上述规定，不能作为医疗机构识别名称。

此复。

卫生部关于医疗机构命名有关问题的批复

1. 2009年3月6日

2. 卫医政函〔2009〕80号

贵州省卫生厅：

你厅《关于医疗机构名称有关问题的请示》（黔卫函〔2008〕262号）收悉。经研究，现批复如下：

一、医疗机构名称中含有地域名称的，其服务功能和服务范围应当能够覆盖地域名称所包含的区域范围。

二、卫生行政部门应当根据其行政管辖区域范围核准医疗机构名称中的地域名。医疗机构名称中地域名的区域范围超过审批机关管辖区域范围的，应当逐级报有管辖权的卫生行政部门核准。医疗机构名称中原则上只核准一个地域名称。

三、根据医疗机构命名的有关规定，"女子、女性"等词语不得作为医疗机构的识别名称。

四、对已批准的不符合要求的医疗机构名称应当予以清理，并重新核定名称。

此复。

卫生部关于医疗机构识别名称有关问题的批复

1. 2009年7月23日

2. 卫医政函〔2009〕325号

四川省卫生厅：

你厅《关于医疗机构命名有关问题的请示》（川卫〔2009〕62号）收悉。经研究，现批复如下：

一、根据《医疗机构管理条例》及其实施细则等规定，"男科"不能作为医疗机构识别名称，已经批准为"男科医院"的，应重新核定名称，并办理变更手续。

二、《医疗机构诊疗科目名录》中含生殖健康与不孕症专业，"生殖健康"可以作为医疗机构的识别名称。

三、以"生殖健康"作为医疗机构识别名称的，其执业登记的诊疗科目仅限为“妇产科、生殖健康与不孕症专业”。除必需的医技科室，医疗机构不能设置“妇产科、生殖健康与不孕症专业”以外的临床科室。

此复。

卫生部关于未取得麻醉科诊疗科目开展全身麻醉认定问题的批复

1. 2009年9月18日
2. 卫医政函〔2009〕411号

北京市卫生局：

你局《关于未获准开展麻醉科诊疗科目大量施行全身麻醉手术是否违法问题的请示》（京卫监字〔2009〕175号）收悉。经研究，现批复如下：

医疗机构开展全身麻醉应当取得麻醉科诊疗科目。未取得麻醉科诊疗科目开展全身麻醉的，属于诊疗活动超出登记范围，可按照《医疗机构管理条例》第四十七条处理。

此复。

卫生部关于对医疗机构血液透析室实行执业登记管理的通知

1. 2010年3月12日
2. 卫医政发〔2010〕32号

各省、自治区、直辖市卫生厅局，新疆生产建设兵团卫生局：

为加强对医疗机构血液透析室的管理，提高血液透析治疗水平，保证医疗质量和医疗安全，根据《医疗机构管理条例》，决定对医疗机构血液透析室实行执业登记管理。现就有关要求通知如下：

一、医疗机构设立血液透析室，开展血液透析诊疗活动的，必须经卫生行政部门批准，并进行执业登记。

二、医疗机构设立血液透析室，必须具有卫生行政部门核准的肾病学专业诊疗科目，并符合《医疗机构血液透析室基本标准（试行）》（以下简称《基本标准》，见附件）。

部分地区和医疗机构确因地域、服务人群和服务需求等因素，设置血液透析机数量达不到标准的，须经省级卫生行政部门同意。

三、医疗机构设立血液透析室，应当向其执业登记机关提出申请，并提交以下材料：

（一）医疗机构设置血液透析室申请；

（二）《医疗机构执业许可证》正本复印件及副本原件；

（三）从事血液透析工作人员名册及相关资质情况；

（四）血液透析室功能区建筑平面图；

（五）血液透析室仪器设备清单；

（六）血液透析室工作制度；

（七）省级卫生行政部门规定的其他材料。

四、卫生行政部门接到医疗机构申请后，应当对其提供的材料进行资料审查，并按照《基本标准》进行实地考察、核实，同时应当对有关执业人员进行血液透析设备使用、急慢性透析并发症处理、现场综合急救能力和医院感染控制等方面的现场考核。经审核合格批准设置血液透析室的，在《医疗机构执业许可证》副本“备注”栏下登记“血液透析室”及血液透析机数量，并录入“医疗机构管理信息系统”。

医疗机构血液透析室设置或血液透析机数量发生变化的，应当按照有关规定进行变更。

五、已经设立血液透析室的医疗机构，应当按照本通知要求办理登记手续，经卫生行政部门审核合格的，继续执业；经审核不合格的，应当进行整改，整改期间应当保证医疗安全；至2010年8月31日，仍达不到要求的，要予以关闭。各省级卫生行政部门应将本省血液透析室执业登记情况形成报告，并于2010年9月15日前上报我部医政司。

六、未经批准并执业登记设置血液透析室，开展血液透析活动的，按照《医疗机构管理条例》第四十七条处理。

本通知自发布之日起施行。施行中的有关情况可向我部医政司反映。

附件：医疗机构血液透析室基本标准（试行）（略）

关于公立医院开展网络支付业务的指导意见

1. 2018年10月15日国家卫生健康委办公厅发布
2. 国卫办财务发〔2018〕23号

随着医药卫生体制改革的深入推进，一些地方和公立医院积极运用网络信息技术，探索开展网络支付业务，实行预约诊疗、提供多种缴费方式，缩短了患者缴费时间,减少了窗口排队现象,改善了患者就医体验。按照建立现代医院管理制度、进一步改善医疗服务行动计划、促进"互联网+医疗健康"发展等要求,为指导各地进一步推进开展网络支付业务,制定本意见。

一、总体要求

(一)工作目标。以习近平新时代中国特色社会主义思想为指导,坚持以人民为中心,落实新发展理念,贯彻实施健康中国战略,积极推进公立医院开展网络支付业务。有条件的地方可以探索区域共享网络支付平台建设。通过提供更加便捷的支付结算服务,优化就诊流程,提高工作效率,提升服务质量,不断改善人民群众就医体验。

(二)基本原则。便利群众、鼓励创新。坚持把服务群众作为根本出发点和落脚点,坚持问题导向,积极运用新理念、新技术、新手段,创新便捷的支付结算方式,促进群众就医体验升级。

统筹协调、稳步推进。着眼全局筹划,注重整体设计,统筹考虑开展网络支付业务需求与现有财务管理、医保结算管理、信息化系统衔接,简单起步,试点运行,逐步推开,稳妥推进。

明晰权责、规范运行。公立医院开展网络支付业务要遵守医院财务管理制度及网络支付相关规定,清晰界定各方权利和责任,健全规章制度,规范工作流程,完善运行机制。

强化监管、防控风险。建立有效的风险防控体系,加强内部监督制约,堵塞管理漏洞,把控重点环节,强化技术保障,守住资金安全底线。

二、构建科学规范的网络支付管理运行机制

开展网络支付业务涉及部门多、流程环节多、技术要求高,应当建立领导牵头、多方参与、责权明确、制度严密、流程清晰、有效监控的工作机制,确保风险可控、顺畅高效。

(一)严格账户和资金管理。医院财务部门统一负责网络支付结算银行账户使用和管理,切实履行资金存放管理责任,加强账户资金管理,保障资金安全。用于网络支付业务结算的银行账户,应当是以单位名义开设的银行账户,账户的开立和使用符合财政部门、中国人民银行和国家卫生健康委账户管理有关规定。

(二)规范对账和结算管理制度。医院应当每日对网络支付业务的账务进行核对。如有差异,要及时查明原因,及时处理,确保医院信息系统、银行结算账户账款保持一致。对于发生单边账项的情况,医院应当明确处理流程,核实交易的真实性,确认交易最终完成后,再进行相应业务操作和账务处理。

(三)强化退费管理制度。医院在提供医疗服务过程中产生退费的原因比较复杂,应当加强管理,制订网络支付业务退费管理办法及审批流程。因交易取消(撤销)、交易不成功等原因确需退回资金的,相应款项应当由原渠道返还。

(四)建立档案管理制度。医院应当真实、完整保存网络支付业务交易记录、账目核对等资料,可参照会计资料存档要求保管。

(五)完善信息系统管理制度。在开展网络支付信息化系统建设时要遵循国家网络安全法和国家卫生健康委有关要求和技术标准,要处理好数据安全、内外系统互联之间的关系,确保医院信息系统与支付平台数据传输安全稳定,内部信息系统与外部网络连接通畅。医院要制订和完善相应的信息化管理制度及具体操作规范,合理设置各岗位操作权限。信息技术人员不得修改原始数据,确保数据真实性。医院应当结合实际情况建立网络支付故障应急机制,具备必要的灾难恢复处理能力,保障数据完整性。

(六)健全内部控制制度。开展网络支付业务时,凡涉及资金管理、物资管理、收支费用等内容,其功能、业务流程、操作授权、数据校验等应当符合事业单位内部控制要求。在信息系统建设方面,确保软件开发、系统操作、维护、档案保管等不相容职务相互分离。在制订医院内部财务电子信息化管理制度和岗位责任制时,应当建立畅通的问题处理通道。

三、周密做好网络支付业务开展前的评估论证

开展网络支付业务应当切实把好安全论证关、资质审核关、合同签订关,防止盲目上马、留下隐患。

(一)对运用网络支付业务的可行性进行充分论证。医院在全面开展网络支付业务前,应当结合自身实际情况,组织相关专家及技术人员论证选用商业银行或非银行支付机构(以下简称支付机构)的信息平台是否能与现行的医院信息系统相融合,评估医院信息系统运行维护、安全技术防护等级是否达标等,充分考虑自身风险承受能力。

(二)对合作机构资质严格审核。医院应当严格审核合作商业银行或支付机构资质,依据相关法律法规选定合作机构。在与支付机构合作时,应当对其《支付业务许可证》的许可范围和有效期限进行查验,并且优先选择资质高、实力强、信誉好的机构。

（三）明确相关责任。医院应当重视网络支付业务的合同管理，组织法律、信息技术、财会、医务等人员参与网络支付服务的谈判及合同订立，应当就收单银行结算账户的设置和变更、资金结算周期、结算手续费标准、差错和争议处理等事项，与支付机构、商业银行明确权利、义务和违约责任。对于开通支付平台公众服务窗的情况，由于其中预约挂号、报告查询、线上缴费等功能涉及患者信息和医院业务数据等，应当要求服务商禁止以任何形式对外提供患者的身份及诊疗信息。

四、加强业务指导和监督管理

（一）各地应当加强对公立医院开展网络支付业务的指导，关注网络支付业务实施进展，加强监督检查，促进风险防控机制的建立和完善。

（二）在提供多样化支付方式的同时，各地要积极研究推行电子医疗收费票据的措施，确保群众能够及时快捷地获取。同时，推进网络支付业务要统筹考虑患者的不同需求，设置必要的人工服务窗口。

（三）各地要协调推进网络支付与医保结算的对接，组织开展试点，总结经验，逐步推进，方便群众。

（四）传统支付结算等服务方式的转变，将对原有岗位和职责进行调整，应当统筹谋划，做好转型准备，转变思想观念，提升业务水平，适应新形势、新任务、新要求，更好服务事业发展。

（五）对公立医院开展网络支付业务中违反相关规定的行为，严格依法依规处理。

关于优化医疗机构和医护人员准入服务的通知

1. 2018年11月9日国家卫生健康委办公厅、国家中医药局办公室发布

2. 国卫办医发〔2018〕29号

各省、自治区、直辖市及新疆生产建设兵团卫生健康委（卫生计生委）、中医药局：

为贯彻落实《国务院关于在全国推开“证照分离”改革的通知》（国发〔2018〕35号）要求，进一步优化医疗机构和医护人员准入服务，现将有关重点事项通知如下：

一、推广网上办理

持续深化电子化注册管理改革，协同推动部门间的信息共享应用。依托电子化注册系统，实行医疗机构执业登记、医师执业注册、护士执业注册等事项网上办理，并提供进度查询、业务咨询等服务。鼓励有条件的地方探索实施医疗机构设置审批网上办理。梳理完善网上政务服务事项清单，向社会公开相关政策法规、审批条件、办理时限、流程环节、样式表格、监督方式等，为行政管理相对人提供清晰指引。

二、压缩审批时限

进一步理顺卫生健康行政部门（含中医药主管部门，下同）内部工作流程，实行“一个窗口受理、一次性告知、一站式审批”，最大限度压缩审批时限，避免“多头跑、来回跑”等问题。自2018年11月10日起，营利性医疗机构设置审批（含港澳台资，不含外商独资）时限由30日压缩至20日。医疗机构执业登记时限由45日压缩至30日。医师执业注册和护士执业注册时限由20日压缩至12日。

三、精简审批材料

全面清理各类审批材料和证明事项，凡缺乏法律法规依据的一律取消。申请医疗机构执业登记，不再提交验资证明。加快不同业务信息系统间的融合对接，推广通过在线获取的方式核验营利性医疗机构的营业执照、设置医疗机构批准书或者备案回执、医疗机构各科室负责人（学科带头人）有关资格证书、执业证书等材料，避免重复提供纸质材料。

四、优化审批条件

在县级及县级以下医疗机构执业的临床医师，从事基层医疗卫生服务工作，确因工作需要，经县级卫生健康行政部门考核批准，报设区的市级卫生健康行政部门备案，可申请同一类别至多3个专业作为执业范围进行注册。严格落实医疗机构基本标准，优化医疗机构诊疗科目登记，完善二级及以下医疗机构设置审批与执业登记“两证合一”，逐步实现营利性医疗机构床位数由投资主体自主决定。

五、加强事中事后监管

严格执行医疗机构、医护人员的准入和退出管理机制。强化医疗机构综合监管制度建设，深化拓展“双随机、一公开”的监管模式，依法依规建立医疗机构和医护人员不良执业行为记分制度、黑名单制度，加大对违法违规行为查处和公开力度。完善医疗质量管理与控制体系建设，加强对医疗机构合理检查、合理用药、合理治疗方面的监测指导。稳步推进电子证照管理改革试点，加强对医疗机构和医护人员执业活动的管理，推动建立全范围覆盖、全过程监督的信息化管理模式。

各级卫生健康行政部门要高度重视“证照分离”改革，根据本通知要求，细化具体工作举措，组织做好政策解读和宣传，加强队伍建设和业务培训，进一步优化和规范服务行为，切实提高服务效率和质量。

国家卫生健康委、国家发展改革委、财政部、人力资源社会保障部、国家医保局关于开展促进诊所发展试点的意见

1. *2019年4月28日*
2. *国卫医发〔2019〕39号*

促进诊所健康发展，是深化医疗领域“放管服”改革，完善医疗服务体系的重要举措，对于吸引优质医疗资源下沉，满足人民群众多层次多样化医疗服务需求具有重要意义。现就开展促进诊所发展试点提出以下意见。

一、总体要求

（一）指导思想。以习近平新时代中国特色社会主义思想为指导，全面贯彻党的十九大和十九届二中、三中全会精神，落实新形势下卫生与健康工作方针，充分发挥政府和市场作用，改革完善诊所政策，提升诊所医疗服务质量，形成多元办医格局，推动建立优质高效的医疗卫生服务体系。

（二）工作目标。诊所规范化、标准化水平全面提升，在为基层提供常见病、多发病诊疗服务和家庭医生签约服务方面发挥更大作用，形成更多高质量、高水平的诊所，成为公立医疗服务体系的重要补充。

（三）试点安排。2019－2020年，在北京、上海、沈阳、南京、杭州、武汉、广州、深圳、成都、西安等10个城市开展促进诊所发展试点工作，根据试点经验完善诊所建设与管理政策，并在全国推广。

二、优化诊所执业许可政策

（四）简化准入程序。医疗机构设置规划对诊所不作限制。将诊所设置审批改为备案制管理，举办诊所的，报所在地县（区）级卫生健康行政部门备案，发放《医疗机构执业许可证》后，即可开展执业活动。跨行政区域经营的连锁化、集团化诊所由上一级卫生健康行政部门统一备案，跨省级行政区域经营的由所在省份卫生健康行政部门分别备案。

（五）调整诊所基本标准。诊所是提供常见病、多发病诊疗服务和家庭医生签约服务的医疗机构。各试点地方卫生健康行政部门按照《诊所基本标准》，对申请备案的诊所进行审核，从重点审核设备设施等硬件调整为注重对医师资质和能力的审核，在诊所（不含中医诊所）执业的医师要取得中级及以上职称资格。国家卫生健康委修订印发《诊所基本标准》。

（六）鼓励医师举办诊所。鼓励在医疗机构执业满5年，取得中级及以上职称资格的医师，全职或兼职开办专科诊所。鼓励符合条件的全科医师，或加注全科医师执业范围的专科医师，全职或兼职开办全科诊所。兼职开办诊所的医师要按照多点执业有关要求，与主要执业医疗机构通过签订协议等形式明确双方的责任、权利和义务，对其在主要执业医疗机构的工作时间、任务量、服务质量和薪酬绩效分配等提出具体要求，确保兼职开办诊所的医师能够完成主要执业医疗机构的工作。

三、提高诊所医疗服务质量

（七）鼓励将诊所纳入医联体建设。各试点地方卫生健康行政部门在组建城市医疗集团和县域医共体过程中，可以根据诊所意愿，将其纳入医联体建设，在诊所和其他医疗机构之间建立双向转诊制度。各试点地方在建立专科联盟和远程医疗协作网时，将诊所纳入成员单位范围，帮助其提升医疗服务水平。鼓励医联体内二级以上医院、基层医疗卫生机构和独立设置的医学检验中心、医学影像中心、消毒供应中心、病理中心等机构，与诊所建立协作关系，实现医疗资源共享。

（八）支持诊所规模化集团化发展。鼓励不同专科医师成立适宜规模的合伙制医生集团，举办专科医师联合诊所。鼓励社会力量举办连锁化、集团化诊所，形成规范化、标准化的管理和服务模式。

（九）鼓励诊所提供家庭医生签约服务。鼓励以政府购买服务的方式，将符合条件的诊所纳入可以提供家庭医生签约服务的医疗机构范围，通过提供个性化签约服务，进一步满足居民多层次多样化的健康需求。加强对诊所提供签约服务质量的评估，将服务对象健康状况、满意度等纳入评估，确保签约服务质量。

（十）鼓励诊所提供基本医疗卫生服务。鼓励以政府购买服务的方式，引导诊所提供基本医疗卫生服务。对提供基本医疗卫生服务的诊所，在人才培养等方面执行与政府办基层医疗卫生机构同等补助政策，有条件的地方对其提供基本医疗卫生服务的基本建设和设备购置等发展建设支出，可以给予适当支持。

（十一）促进诊所全职医师职业发展。全职在诊

所执业的医师申报高级职称时，按照改革完善基层卫生专业技术人员职称评审有关政策规定，可以实行单独分组，定向评审，外语成绩不作为申报条件，对论文、科研等不作硬性规定，侧重评价临床工作能力和服务质量。定向评审取得的职称，原则上应当限定在诊所等基层医疗卫生机构使用，向上级医疗卫生机构流动时，应当取得全省（区、市）统一的卫生高级职称。

（十二）完善有利于诊所发展的相关政策。诊所提供医疗服务的价格实行自主定价。对主动执行公立医疗机构医疗服务价格政策并符合条件的诊所，支持按照规定纳入医保定点范围，所提供的医疗服务费用可按规定支付。简化诊所的环评、消防等审批手续。

四、加强行业监管

（十三）创新行业监管手段。诊所要建立信息系统记录诊疗信息，并按照卫生健康行政部门规定及标准要求，将诊疗信息上传至医疗服务监管信息系统。卫生健康行政部门要将诊所纳入医疗质量控制体系，依托信息监管平台，加强对诊所运营和医疗服务监管，实现实时监管，确保医疗质量安全；要定期组织对诊所进行培训，提高诊所医疗质量安全管理意识，形成保障医疗质量安全的常态运行机制；要加强对诊所的监督管理，发现问题的要限期整改，整改不落实的，注销其《医疗机构执业许可证》。医疗保障部门要加强对纳入医保定点诊所的监督管理，对虚构医疗服务等恶意骗取医保基金的，应当终止医保协议。鼓励试点城市创新思路，将诊所开办状况作为诊所主要负责人个人诚信记录纳入个人诚信体系，建立联合惩戒长效机制，探索有效监管的具体办法。

（十四）保障医疗质量安全。诊所要严格依法执业，医务人员要具备相应的资质和任职资格，严格落实《医疗质量管理办法》、《医疗质量安全核心制度要点》等规章制度，加强医疗技术和医院感染管理，严格落实诊疗与护理规范和指南，合理使用药物，保证医疗质量安全。要加强医患沟通，尊重患者知情权，保护患者隐私。要建立电子病历系统，规范医疗文书书写和管理，做好就诊患者登记，落实传染病疫情报告制度，及时准确完整上传诊疗信息。鼓励诊所或医务人员购买医疗责任保险。

五、保障组织实施

（十五）加强组织领导。各试点地方要充分认识推进诊所发展的重要意义，将其作为深化"放管服"改革、深化医改和发展社会办医的重要内容统筹推进，加强组织领导，强化部门协作，确保各项政策措施落地见效。卫生健康行政部门要发挥牵头部门作用，改革完善诊所管理有关政策措施，制定政府购买服务的具体细则，加强对诊所的监管。发展改革、财政、人力资源社会保障、医保部门要按照规定落实相关支持政策，鼓励诊所可持续发展。2019 年 6 月底前，各试点城市所在地的省级卫生健康行政部门要会同发展改革、财政、人力资源社会保障和医保部门，根据本地工作实际出台具体实施方案，各相关部门要同步出台相应配套政策。2019 年 9 月底前，各试点城市要启动试点工作。鼓励非试点省份和非试点城市开展诊所改革与发展试点工作。

（十六）做好评估总结。各试点城市要对试点情况及时评估，每年形成年度评估报告。对于试点中发现的问题，要及时研究解决，试点经验要及时总结上报。国家卫生健康委要会同有关部门加强政策培训，按照任务分工，强化工作指导和检查评估，适时推广试点地区先进经验，总结出台促进全国诊所发展的政策举措。

国家卫生健康委办公厅关于进一步加强医疗机构感染预防与控制工作的通知

1. 2019 年 5 月 18 日
2. 国卫办医函〔2019〕480 号

各省、自治区、直辖市及新疆生产建设兵团卫生健康委：

为进一步加强医疗机构感染预防与控制（以下简称感控）工作，提高医疗质量，保障医疗安全，维护人民群众身体健康与生命安全，针对当前存在的薄弱环节，提出以下工作要求：

一、进一步提高对感控工作重要性的认识

做好感控工作是保障医疗质量和医疗安全的底线要求，是医疗机构开展诊疗活动中必须履行的基本职责。地方各级卫生健康行政部门和各级各类医疗机构要以高度的责任感和敏感性，提高政治站位，树立底线意识，重视并做好感控工作。要严格落实相关法律法规、规章制度及技术标准，采取有力有效措施，提高感染性疾病诊疗防控能力，预防和控制感染性疾病传播，杜绝医源性感染发生，防范化解感染暴发风险，以对人民健康高度负责的态度，切实加强感控管理，为人民群众提供安全、高质量的医疗服务。

二、强化责任意识，落实感控制度要求

地方各级卫生健康行政部门和各级各类医疗机构要履行主体责任，法定代表人或主要负责人是感控工作的第一责任人。医疗机构要切实发挥本机构感控委员会的作用，明确感控管理部门、医务、药学、护理、临床检验以及各临床科室的职责分工，压实部门责任，并建立多学科、多部门协作机制，形成合力共同开展感控工作。要认真学习贯彻《医疗机构感染预防与控制基本制度（试行）》（见附件），根据本机构实际情况，细化具体制度措施，加强全过程管理。医疗机构要加强感控人才队伍建设，确保感控专（兼）职人员配备充足，感控队伍专业结构合理，健全感控人员职业发展路径和激励机制，加大投入倾斜力度，保持感控队伍的稳定性。

三、突出工作重点，做好重点科室感控工作

对感染性疾病病例较多，易发生人间传播，特别是易发生医源性感染的科室，要重点关注并加强管理。尤其要针对新生儿病房、新生儿重症监护室、重症医学科、器官（骨髓）移植病房、血液透析中心（室）、感染性疾病科、手术室、产房、急诊科、口腔科、介入手术室、输血科、内镜室、消毒供应中心等重点部门和科室的特点，制订并落实具体防控措施。重点科室要指定专人负责本科室感控工作，明确其岗位责任，统一接受感控管理部门业务指导，确保各项防控措施落实到位。

四、开展主动监测，及时评估，降低潜在感染风险

建立完善国家级、省级、医疗机构三级感染监测控制体系，逐步实现全国范围内医疗机构感染前瞻性目标监测。医疗机构要加强对重点科室的主动监测，对侵入性操作环节（例如手术治疗、中心静脉插管、留置导尿管、呼吸机辅助呼吸、透析治疗、内镜操作等）实现全覆盖。通过主动监测，及时发现感染散发病例、感染聚集性病例和感染暴发，持续改进感控工作。医疗机构要定期开展感控风险因素科学评估，明确影响本机构感控的主要风险因素和优先干预次序。根据风险评估结果，合理设定或调整干预目标和策略。采取基于循证证据的干预措施，进行科学防控，避免防控过度和防控不足。建立并实施基于风险评估结果开展感染高危人群筛查的工作机制。医疗机构应当积极创造条件，利用信息化手段开展感染监测评估工作。

五、开展全员培训，全面提升感控能力水平

地方各级卫生健康行政部门和各级各类医疗机构要建立感控全员培训制度，制订培训大纲和培训计划，每年至少开展1次感控法律法规、知识和技能专项培训。培训对象覆盖全体医务人员以及医疗机构的管理、后勤（包括外包服务）等人员，培训内容针对不同岗位特点设定，并组织培训效果考核。将参加培训情况以及考核结果作为重要内容，纳入医师定期考核、护士执业注册、药学、医技以及其他人员档案管理等，并与职称晋升、绩效分配、评优评先等挂钩。

六、增强敏感性，做好感染暴发报告及处置工作

建立感染暴发报告、调查和处置过程中的规章制度、工作程序和工作预案，明确感控委员会、感控管理部门、感控专（兼）职人员及相关部门医务人员在感染暴发报告及处置工作中的职责，做到分工明确、反应迅速、管理规范，提高感染暴发的防控和处置水平，降低感染造成的伤害。发生疑似感染暴发或暴发后，医疗机构必须按照规定及时报告上级卫生健康行政部门。各级卫生健康行政部门接到报告后，应当及时组织有关专家指导医疗机构开展感染暴发的医疗救治及调查处置工作，并提供相应的指导和技术支持。

七、加强监督管理，督促各项要求有效落实

地方各级卫生健康行政部门要加强对辖区内医疗机构的日常监督、管理和指导，将感控工作作为“一票否决”项纳入医疗机构等级评审、绩效考核、评优评先等工作。充分发挥感染质控中心等专业组织的作用，协助行政部门开展人员培训、指导评估、督导考核等工作，促进感控水平的持续提升。对于发现的薄弱环节及风险隐患，要立即督促整改；对于违反有关法律法规和技术规范，造成严重后果的，要对相关责任人依法依规处理。

关于推进医院安全秩序管理工作的指导意见

1. *2021年9月22日国家卫生健康委员会、中央政法委、中央网信办、最高人民法院、最高人民检察院、公安部、司法部、国家中医药管理局发布*
2. *国卫医发〔2021〕28号*

各省、自治区、直辖市卫生健康委、党委政法委、网信办、高级人民法院、人民检察院、公安厅（局）、司法厅（局）、中医药局，新疆生产建设兵团卫生健康委、党委政法委、党委网信办、高级人民法院分院、人民检察院、公安局、司法局：

为认真贯彻落实习近平总书记重要指示批示精神，进一步维护正常医疗秩序，保护医务人员人身安全，为医患双方营造良好诊疗环境，现就推进医院安全秩序管理工作提出以下指导意见。

一、指导思想和工作目标

（一）指导思想。坚持以习近平新时代中国特色社会主义思想为指导，全面贯彻党的十九大和十九届二中、三中、四中、五中全会精神，牢固树立以人民为中心的发展思想，充分发挥平安中国建设协调机制的统筹作用，将医院安全秩序管理工作与社会治安防控体系建设相结合，与推进市域社会治理现代化、基层社会治理创新等相结合，以医院安全防控体系建设为载体，提升医院安全秩序管理法治化、专业化、智能化水平，为人民群众看病就医、医务人员治病救人以及新冠肺炎疫情防控工作营造安全稳定的环境，为推动医院高质量发展和健康中国、平安中国建设提供坚实有力保障，不断增强人民群众的获得感、幸福感、安全感。

（二）工作原则和目标。按照预防与处置相结合，传统方法与现代科技相结合，安防系统建设与社会综合治理相结合，安检与便民相结合，平急贯通、警医联动的原则，协同配合、系统推进，分类施策、突出重点，推动医院安保组织更加健全，医院安全管理制度更加规范，风险预警机制更加高效，应急处置机制更加完善，逐步构建系统、科学、高效、智慧的高水平医院安全防范体系。

二、主要措施

（一）全面提升安防系统能力水平。

1. 加强医院安全秩序管理组织机构和制度建设。医院主要负责人是本院安全秩序管理的第一责任人。要健全安全秩序管理工作领导机制，加强专职保卫机构（保卫处、科）力量，提高专业化水平，明确工作职责，各职能部门和科室要明确安全秩序管理工作负责人，形成主要领导负总责、分管领导具体抓、专职保卫机构组织实施、相关职能部门密切配合的工作格局。制定落实风险排查、安全防控、守护巡查、应急处置、教育培训、定期检查等安全保卫工作制度。医院领导班子要定期听取安全秩序管理工作情况汇报，研究推进措施，将医院安全秩序管理工作与医疗服务工作同谋划、同部署、同推进、同考核。

2. 加强医院保卫队伍建设。医院要根据人流量、地域面积、建筑布局以及所在地社会治安形势等实际情况，配齐配强专职保卫人员，聘用足够的保安员，鼓励医院自行招聘保安员。完善医院专职保卫人员招录、职级晋升、职业培训等职业保障制度，进一步激发工作积极性。医院保安员数量应当遵循“就高不就低”原则，按照不低于在岗医务人员总数的3%或者20张病床1名保安或日均门诊量3‰的标准配备，有条件的医院可以在此基础上增加保安员数量。要综合考虑保安员年龄、培训经历、服务质量等因素，经培训合格后持证上岗。对没有条件配备专职保安的医院，探索通过一定地域范围内统一建设并派驻安保力量、设置公安机关巡逻点、建立群防群治守望岗等多种方式，加强安保守卫。保安员在秩序维护、突发事件处置、日常巡逻等方面责任要明确到岗位、到个人。医院应当结合特定场景，在属地公安机关指导下，对专职保卫人员和保安员加强相关法律知识和保卫业务、技能培训，规范保安员考核评价，提高职业能力和水平。

3. 加强医院物防设施建设。医院要为在岗保卫人员和保安员配备必要的通讯设备和防护器械。医院供水、供电、供气、供热、供氧、“毒、麻、精、放”药（物）品、易燃易爆物品存放库房等重点要害部位应当按照相关规定或者标准安装安全防护设施。医院周界要设置围墙或栅栏等实体防护设施，出入口、挂号处等人员密集处要设置隔离疏导设施。

4. 加强医院技防系统建设。医院应当按照相关国家标准和行业标准，建立完善入侵报警系统、视频监控系统、出入口控制系统和电子巡查系统，并实现系统间互联互通。医院要设置安全监控中心，对本单位技防系统的安全信息进行集中统一管理，实现医院内公共区域、重点区域视频监控全覆盖。医院门卫室、各科室、重点要害部位要安装一键式报警装置，并与医院安全监控中心联网，确保发生突发事件时能及时通知保卫机构和保安员，迅速现场先期处置。

5. 推进医院智慧安防。医院要积极应用物联网、5G、大数据等现代科技手段，按照有关国家标准和行业标准，布建智能安防系统。各地要结合立体化、信息化社会治安防控体系等要求，进一步加强医院和公安机关数据共享，实现智能治理深度应用，构建医院及周边全域覆盖的安防合成化体系，最大限度防范预警危险因素。各地公安机关、卫生健康行政部门（含中医药主管部门，下同）要精准赋能提升医院安保能力，打造一批智慧安防样板医院，提升安保工作的科技支撑能力。

（二）加强源头治理。

1. 严密细致排查矛盾风险。党委政法委、卫生健康、公安、司法行政等部门应当加强协作配合，建立信息沟通机制，指导医院定期开展安全风险排查，尤其关注重点时段、重点人群、重点区域，及时梳理安全防范的薄弱环节，查找短板漏洞，剖析问题原因，形成风险和问题清单，立行立改，逐一化解、纠正。

2. 多元化解医疗纠纷。坚持和发展新时代"枫桥经验"，畅通医疗纠纷多元化解渠道。医院要提高医疗质量和服务水平，加强医患沟通，进一步规范投诉处理流程，力争把医疗纠纷化解在萌芽状态和初始阶段。对未解决的医疗纠纷，适宜通过人民调解解决的，应当引导到当地医疗纠纷人民调解组织解决。对于易引发矛盾激化，甚至引起治安案件、刑事案件的纠纷，医院应当及时向当地公安机关、卫生健康行政部门通报，依托平安医院建设协调机制，按照属地管理原则，推动患者居住地的基层组织协助做好沟通、教育工作，有效化解纠纷。

3. 加大疏导稳控力度。对于有暴力倾向、扬言伤医等人员，属地综治中心、公安机关、卫生健康行政部门等有关部门要会同其所在单位、社区、家庭开展帮扶救助、心理疏导、法治宣传，落实稳控措施，严防发生个人极端案事件。对有肇事肇祸风险的严重精神障碍患者，要落实救治、救助措施，或者依法收治入院，严防造成现实危害。对在医院及其周边滋事、扰乱秩序的，属地公安机关要迅速出警处置，严防发生恶性案件。

（三）有效预警防范。

1. 强化医院警务室建设。公安机关应当在三级医院和有条件的二级医院设立警务室，配备必要警力；尚不具备条件的二级医院根据实际情况在周边设立治安岗亭（巡逻必到点）。医院应当为警务室提供必要的工作条件。各省级公安机关应当会同同级卫生健康行政部门根据医院实际需求及公安勤务模式，探索医院警务室（站）建设标准，指导强化医院警务室（站）正规化、专业化、智能化建设，进一步明确工作职责。警务室（站）民警应当组织指导医院开展安全检查、巡逻防控、突发事件处置等工作。

2. 有序开展安检工作。医院应当建立安全检查制度，按照安检工作实际需求，配备通过式金属探测门、微剂量X射线安全检查设备、手持式金属探测器等相应安检设备。日均门诊量5000人次以上或者床位1000张以上的大型医院应当在主要出入口实施安检，防止人员携带刀具、爆炸物品、危险物品进入医院。医院开展安检工作，应当兼顾患者就医体验，要为急危重症患者设置安检绿色通道，以安全、合法、便民为导向，不影响正常医疗秩序。各省级卫生健康行政部门、公安部门应当就开展医院安检工作共同发布通告，根据本地实际情况，制定并公布医院禁止限制携带物名录。

3. 建立完善高风险就诊人员信息共享、预警机制。各地卫生健康行政部门、公安机关要建立医院安全保卫信息平台，共享高风险就诊人员信息、涉医110警情和涉医案件违法犯罪行为人等数据信息，实现智能精准预警，最大限度防范预警危险因素。医院要落实实名制预约诊疗，建立高风险人员预警提醒机制，遇有扬言实施暴力、多次到医院无理缠闹、醉酒吸毒、有肇事肇祸风险的严重精神障碍患者等高风险就诊人员，及时提醒医务人员，并应安排安保人员陪诊，必要时报告公安机关，对当事人进行法制宣教、警示行为后果。

（四）切实强化应急处置工作。

1. 制定专门应急预案并常态开展应急演练。医院要在属地公安机关指导下制定完善突发事件应急预案，组建应急安保队伍并加强培训，强化日常应急处突准备，提高涉医突发事件现场处置能力。定期组织应急演习，针对演练中暴露出的问题隐患，对应急预案及时进行调整优化和修订完善，力争做到事态早控制、事件快处置、矛盾不升级。

2. 强化警医联动处置机制。各地要深化警医合作，建立有效的信息沟通机制，做好对各类涉医安全信息的收集掌握、分析研判，及时发现倾向性、苗头性线索。卫生健康行政部门要积极会同公安机关进一步完善本地涉医突发事件处理流程，特别是明确现场处置、医疗救治、舆情应对、维护稳定等方面工作要求。公安机关对发生在医院的110警情和刑事、治安案件要第一时间出警、受理，依法快速处置。

3. 严厉打击涉医违法犯罪。公安机关应当建立涉医案件盯办机制，接到医院报警求助后，第一时间出警、控制案件现场，依法迅速受案、立案侦查。人民检察院应当对重大涉医案件指定专人负责，加快审查逮捕和审查起诉进度。人民法院应当加快审理进度，在全面查明案件事实的基础上正确适用法律、准确定罪量刑，对犯罪动机卑劣、情节恶劣、手段残忍、主观恶性深、人身危险性大，或者所犯罪行严重危害公共安全、社会影响恶劣的被告人，予以从严惩处。重大案件上级机关要挂牌督办，各地对典型案例要做好总结、通报，发挥法律震慑作用。

4. 做好舆情引导。卫生健康、公安等相关部门要进一步健全涉医案事件新闻宣传、舆论引导与联动处置一体化机制。要严格落实重大涉医案件"三同步"工作要求，在开展案件侦办工作的同时，及时发布权威信息，回应社会关切。要做好受害人家属和医务人员安抚工作，确保家属和医务人员情绪稳定，协调宣传、网信等部门加强舆论引导和网络舆情监测，严防因有害信息传播和媒体炒作诱发效仿。

（五）加强医院安全秩序宣传教育。

1. 提高医务人员安全意识和防范能力。医院要将提高医务人员安全意识和自我防护能力作为加强预警防范的重要内容。医院应当在公安机关指导下，针对医务人员不同岗位，开展有针对性的安全防范教育和技能培训，提高医务人员安全防范意识和应对突发事件能力。

2. 争取社会理解支持。加大正面宣传力度，充分利用传统媒体和新媒体平台，创新宣传形式，增强医警民互动，提高社会对医院安全秩序管理工作重要性的认识，取得群众理解和社会支持，特别是对医院开展安检工作的理解和支持。

3. 加强法治宣传教育。在医院主要出入口、诊室张贴严厉打击涉医违法犯罪、构建和谐医患关系的海报和标语提示。继续做好《医疗纠纷预防和处理条例》宣传贯彻工作，加强法治案例警示，引导群众在法治轨道内解决争端、维护权益。同时，加大对医疗卫生事业和医务人员正面宣传，弘扬崇高职业精神，提高群众健康素养，培育理性就医行为，形成健康舆论环境。

三、工作要求

（一）强化组织领导。各地要进一步提高政治站位，把加强医院安全秩序管理作为一项重要政治任务，作为维护国家长治久安的重要民生工程来抓。卫生健康行政部门要将医院安全秩序管理相关工作要求及问题及时向党委、政府汇报，通过推动制定完善地方性法规、政府规章等方式，加强对医院安保工作的规范指引，在法治轨道上提升医院安保工作水平。

（二）加强协作配合。各地要切实把加强医院安全秩序管理工作作为建设更高水平平安中国的重要任务来抓，依托平安医院建设工作小组，完善多部门联动协调工作机制，特别是在打击涉医违法犯罪、警医联动建设、涉医矛盾纠纷排查化解等领域，要加强部门间的沟通交流、密切合作。要坚持上下联动、系统推动、内外互动，探索创新工作思路和方法，及时总结推广各地的好经验，并以制度的形式固化下来，形成长效机制。

（三）分类分步实施。各地要结合实际情况，区分不同医院规模、类型和级别，分类推进医院安防工作，细化医院安全防范系统建设实施细则和标准。各地卫生健康行政部门要会同有关部门分类指导、精准施策，在政策、财政保障上统筹考虑、合理分配、有所倾斜。各地要建立医院安全秩序管理工作台账，制订完善目标任务表，完成一家，销号一家。

（四）加强监督考评。各地要按照“属地管理、分级负责”的原则，依法强化监督指导责任，用好督办、通报、约谈等督促工作形式，充分发挥平安医院考评指挥棒作用。对于因工作不到位造成严重后果或者恶劣社会影响的，要严肃追究相关人员责任；对政策措施落实到位，取得突出成绩的要予以表扬激励。各地卫生健康行政部门、公安部门要加强对医院安全防范措施落实情况的检查，对安全隐患较多，案事件频发的地方和单位，公安机关依法依规处罚并督促整改。中央政法委、国家卫生健康委、公安部、国家中医药局等部门将适时对发生过重大涉医案事件的地方组织开展“回头看”，推动各地进一步强化责任落实，提升医院安保能力和水平。

2. 医务人员

中华人民共和国医师法

1. 2021年8月20日第十三届全国人民代表大会常务委员会第三十次会议通过
2. 2021年8月20日中华人民共和国主席令第94号公布
3. 自2022年3月1日起施行

目　　录

第一章　总　　则

第一条　【立法目的】为了保障医师合法权益,规范医师执业行为,加强医师队伍建设,保护人民健康,推进健康中国建设,制定本法。

第二条　【适用对象】本法所称医师,是指依法取得医师资格,经注册在医疗卫生机构中执业的专业医务人员,包括执业医师和执业助理医师。

第三条　【医师职责和地位】医师应当坚持人民至上、生命至上,发扬人道主义精神,弘扬敬佑生命、救死扶伤、甘于奉献、大爱无疆的崇高职业精神,恪守职业道德,遵守执业规范,提高执业水平,履行防病治病、保护人民健康的神圣职责。

医师依法执业,受法律保护。医师的人格尊严、人身安全不受侵犯。

第四条　【主管部门】国务院卫生健康主管部门负责全国的医师管理工作。国务院教育、人力资源社会保障、中医药等有关部门在各自职责范围内负责有关的医师管理工作。

县级以上地方人民政府卫生健康主管部门负责本行政区域内的医师管理工作。县级以上地方人民政府教育、人力资源社会保障、中医药等有关部门在各自职责范围内负责有关的医师管理工作。

第五条　【医师节】每年8月19日为中国医师节。

对在医疗卫生服务工作中做出突出贡献的医师,按照国家有关规定给予表彰、奖励。

全社会应当尊重医师。各级人民政府应当关心爱护医师,弘扬先进事迹,加强业务培训,支持开拓创新,帮助解决困难,推动在全社会广泛形成尊医重卫的良好氛围。

第六条　【职称评定、聘任标准】国家建立健全医师医学专业技术职称设置、评定和岗位聘任制度,将职业道德、专业实践能力和工作业绩作为重要条件,科学设置有关评定、聘任标准。

第七条　【医师协会】医师可以依法组织和参加医师协会等有关行业组织、专业学术团体。

医师协会等有关行业组织应当加强行业自律和医师执业规范,维护医师合法权益,协助卫生健康主管部门和其他有关部门开展相关工作。

第二章　考试和注册

第八条　【医师资格考试制度】国家实行医师资格考试制度。

医师资格考试分为执业医师资格考试和执业助理医师资格考试。医师资格考试由省级以上人民政府卫生健康主管部门组织实施。

医师资格考试的类别和具体办法,由国务院卫生健康主管部门制定。

第九条　【执业医师报考条件】具有下列条件之一的,可以参加执业医师资格考试:

(一)具有高等学校相关医学专业本科以上学历,在执业医师指导下,在医疗卫生机构中参加医学专业工作实践满一年;

(二)具有高等学校相关医学专业专科学历,取得执业助理医师执业证书后,在医疗卫生机构中执业满二年。

第十条　【执业助理医师报考条件】具有高等学校相关医学专业专科以上学历,在执业医师指导下,在医疗卫生机构中参加医学专业工作实践满一年的,可以参加执业助理医师资格考试。

第十一条　【中医医师报考条件】以师承方式学习中医满三年,或者经多年实践医术确有专长的,经县级以上人民政府卫生健康主管部门委托的中医药专业组织或者医疗卫生机构考核合格并推荐,可以参加中医医师资格考试。

以师承方式学习中医或者经多年实践,医术确有专长的,由至少二名中医医师推荐,经省级人民政府中医药主管部门组织实践技能和效果考核合格后,即可取得中医医师资格及相应的资格证书。

本条规定的相关考试、考核办法，由国务院中医药主管部门拟订，报国务院卫生健康主管部门审核、发布。

第十二条 【资格取得】医师资格考试成绩合格，取得执业医师资格或者执业助理医师资格，发给医师资格证书。

第十三条 【执业注册】国家实行医师执业注册制度。

取得医师资格的，可以向所在地县级以上地方人民政府卫生健康主管部门申请注册。医疗卫生机构可以为本机构中的申请人集体办理注册手续。

除有本法规定不予注册的情形外，卫生健康主管部门应当自受理申请之日起二十个工作日内准予注册，将注册信息录入国家信息平台，并发给医师执业证书。

未注册取得医师执业证书，不得从事医师执业活动。

医师执业注册管理的具体办法，由国务院卫生健康主管部门制定。

第十四条 【执业】医师经注册后，可以在医疗卫生机构中按照注册的执业地点、执业类别、执业范围执业，从事相应的医疗卫生服务。

中医、中西医结合医师可以在医疗机构中的中医科、中西医结合科或者其他临床科室按照注册的执业类别、执业范围执业。

医师经相关专业培训和考核合格，可以增加执业范围。法律、行政法规对医师从事特定范围执业活动的资质条件有规定的，从其规定。

经考试取得医师资格的中医医师按照国家有关规定，经培训和考核合格，在执业活动中可以采用与其专业相关的西医药技术方法。西医医师按照国家有关规定，经培训和考核合格，在执业活动中可以采用与其专业相关的中医药技术方法。

第十五条 【医师执业管理】医师在二个以上医疗卫生机构定期执业的，应当以一个医疗卫生机构为主，并按照国家有关规定办理相关手续。国家鼓励医师定期定点到县级以下医疗卫生机构，包括乡镇卫生院、村卫生室、社区卫生服务中心等，提供医疗卫生服务，主执业机构应当支持并提供便利。

卫生健康主管部门、医疗卫生机构应当加强对有关医师的监督管理，规范其执业行为，保证医疗卫生服务质量。

第十六条 【不予注册的情形】有下列情形之一的，不予注册：

（一）无民事行为能力或者限制民事行为能力；

（二）受刑事处罚，刑罚执行完毕不满二年或者被依法禁止从事医师职业的期限未满；

（三）被吊销医师执业证书不满二年；

（四）因医师定期考核不合格被注销注册不满一年；

（五）法律、行政法规规定不得从事医疗卫生服务的其他情形。

受理申请的卫生健康主管部门对不予注册的，应当自受理申请之日起二十个工作日内书面通知申请人和其所在医疗卫生机构，并说明理由。

第十七条 【注销注册】医师注册后有下列情形之一的，注销注册，废止医师执业证书：

（一）死亡；

（二）受刑事处罚；

（三）被吊销医师执业证书；

（四）医师定期考核不合格，暂停执业活动期满，再次考核仍不合格；

（五）中止医师执业活动满二年；

（六）法律、行政法规规定不得从事医疗卫生服务或者应当办理注销手续的其他情形。

有前款规定情形的，医师所在医疗卫生机构应当在三十日内报告准予注册的卫生健康主管部门；卫生健康主管部门依职权发现医师有前款规定情形的，应当及时通报准予注册的卫生健康主管部门。准予注册的卫生健康主管部门应当及时注销注册，废止医师执业证书。

第十八条 【变更注册】医师变更执业地点、执业类别、执业范围等注册事项的，应当依照本法规定到准予注册的卫生健康主管部门办理变更注册手续。

医师从事下列活动的，可以不办理相关变更注册手续：

（一）参加规范化培训、进修、对口支援、会诊、突发事件医疗救援、慈善或者其他公益性医疗、义诊；

（二）承担国家任务或者参加政府组织的重要活动等；

（三）在医疗联合体内的医疗机构中执业。

第十九条 【重新注册】中止医师执业活动二年以上或者本法规定不予注册的情形消失，申请重新执业的，应当由县级以上人民政府卫生健康主管部门或者其委托的医疗卫生机构、行业组织考核合格，并依照本法规定重新注册。

第二十条 【个体行医】医师个体行医应当依法办理审批或者备案手续。

执业医师个体行医，须经注册后在医疗卫生机构中执业满五年；但是，依照本法第十一条第二款规定取得中医医师资格的人员，按照考核内容进行执业注册后，即可在注册的执业范围内个体行医。

县级以上地方人民政府卫生健康主管部门对个体行医的医师，应当按照国家有关规定实施监督检查，发现有本法规定注销注册的情形的，应当及时注销注册，废止医师执业证书。

第二十一条 【注册名单的公告、备案、查询】县级以上地方人民政府卫生健康主管部门应当将准予注册和注销注册的人员名单及时予以公告，由省级人民政府卫生健康主管部门汇总，报国务院卫生健康主管部门备案，并按照规定通过网站提供医师注册信息查询服务。

第三章 执业规则

第二十二条 【医师权利】医师在执业活动中享有下列权利：

（一）在注册的执业范围内，按照有关规范进行医学诊查、疾病调查、医学处置、出具相应的医学证明文件，选择合理的医疗、预防、保健方案；

（二）获取劳动报酬，享受国家规定的福利待遇，按照规定参加社会保险并享受相应待遇；

（三）获得符合国家规定标准的执业基本条件和职业防护装备；

（四）从事医学教育、研究、学术交流；

（五）参加专业培训，接受继续医学教育；

（六）对所在医疗卫生机构和卫生健康主管部门的工作提出意见和建议，依法参与所在机构的民主管理；

（七）法律、法规规定的其他权利。

第二十三条 【医师义务】医师在执业活动中履行下列义务：

（一）树立敬业精神，恪守职业道德，履行医师职责，尽职尽责救治患者，执行疫情防控等公共卫生措施；

（二）遵循临床诊疗指南，遵守临床技术操作规范和医学伦理规范等；

（三）尊重、关心、爱护患者，依法保护患者隐私和个人信息；

（四）努力钻研业务，更新知识，提高医学专业技术能力和水平，提升医疗卫生服务质量；

（五）宣传推广与岗位相适应的健康科普知识，对患者及公众进行健康教育和健康指导；

（六）法律、法规规定的其他义务。

第二十四条 【出具医学证明要求】医师实施医疗、预防、保健措施，签署有关医学证明文件，必须亲自诊查、调查，并按照规定及时填写病历等医学文书，不得隐匿、伪造、篡改或者擅自销毁病历等医学文书及有关资料。

医师不得出具虚假医学证明文件以及与自己执业范围无关或者与执业类别不相符的医学证明文件。

第二十五条 【如实告知义务】医师在诊疗活动中应当向患者说明病情、医疗措施和其他需要告知的事项。需要实施手术、特殊检查、特殊治疗的，医师应当及时向患者具体说明医疗风险、替代医疗方案等情况，并取得其明确同意；不能或者不宜向患者说明的，应当向患者的近亲属说明，并取得其明确同意。

第二十六条 【开展临床试验和研究的要求】医师开展药物、医疗器械临床试验和其他医学临床研究应当符合国家有关规定，遵守医学伦理规范，依法通过伦理审查，取得书面知情同意。

第二十七条 【急救处置】对需要紧急救治的患者，医师应当采取紧急措施进行诊治，不得拒绝急救处置。

因抢救生命垂危的患者等紧急情况，不能取得患者或者其近亲属意见的，经医疗机构负责人或者授权的负责人批准，可以立即实施相应的医疗措施。

国家鼓励医师积极参与公共交通工具等公共场所急救服务；医师因自愿实施急救造成受助人损害的，不承担民事责任。

第二十八条 【药品和器械使用要求】医师应当使用经依法批准或者备案的药品、消毒药剂、医疗器械，采用合法、合规、科学的诊疗方法。

除按照规范用于诊断治疗外，不得使用麻醉药品、医疗用毒性药品、精神药品、放射性药品等。

第二十九条 【用药原则】医师应当坚持安全有效、经济合理的用药原则，遵循药品临床应用指导原则、临床诊疗指南和药品说明书等合理用药。

在尚无有效或者更好治疗手段等特殊情况下，医师取得患者明确知情同意后，可以采用药品说明书中未明确但具有循证医学证据的药品用法实施治疗。医疗机构应当建立管理制度，对医师处方、用药医嘱的适宜性进行审核，严格规范医师用药行为。

第三十条 【远程医疗】执业医师按照国家有关规定，经所在医疗卫生机构同意，可以通过互联网等信息技术提供部分常见病、慢性病复诊等适宜的医疗卫生服务。

国家支持医疗卫生机构之间利用互联网等信息技术开展远程医疗合作。

第三十一条 【禁止受贿和非必要检查】医师不得利用职务之便，索要、非法收受财物或者牟取其他不正当利益；不得对患者实施不必要的检查、治疗。

第三十二条 【紧急调遣】遇有自然灾害、事故灾难、公共卫生事件和社会安全事件等严重威胁人民生命健康的突发事件时，县级以上人民政府卫生健康主管部门根据需要组织医师参与卫生应急处置和医疗救治，医师应当服从调遣。

第三十三条 【异常事件报告】在执业活动中有下列情形之一的，医师应当按照有关规定及时向所在医疗卫生机构或者有关部门、机构报告：

（一）发现传染病、突发不明原因疾病或者异常健康事件；

（二）发生或者发现医疗事故；

（三）发现可能与药品、医疗器械有关的不良反应或者不良事件；

（四）发现假药或者劣药；

（五）发现患者涉嫌伤害事件或者非正常死亡；

（六）法律、法规规定的其他情形。

第三十四条 【助理医师从业要求】执业助理医师应当在执业医师的指导下，在医疗卫生机构中按照注册的执业类别、执业范围执业。

在乡、民族乡、镇和村医疗卫生机构以及艰苦边远地区县级医疗卫生机构中执业的执业助理医师，可以根据医疗卫生服务情况和本人实践经验，独立从事一般的执业活动。

第三十五条 【临床诊疗】参加临床教学实践的医学生和尚未取得医师执业证书、在医疗卫生机构中参加医学专业工作实践的医学毕业生，应当在执业医师监督、指导下参与临床诊疗活动。医疗卫生机构应当为有关医学生、医学毕业生参与临床诊疗活动提供必要的条件。

第三十六条 【加强教育管理】有关行业组织、医疗卫生机构、医学院校应当加强对医师的医德医风教育。

医疗卫生机构应当建立健全医师岗位责任、内部监督、投诉处理等制度，加强对医师的管理。

第四章 培训和考核

第三十七条 【医师培养规划】国家制定医师培养规划，建立适应行业特点和社会需求的医师培养和供需平衡机制，统筹各类医学人才需求，加强全科、儿科、精神科、老年医学等紧缺专业人才培养。

国家采取措施，加强医教协同，完善医学院校教育、毕业后教育和继续教育体系。

国家通过多种途径，加强以全科医生为重点的基层医疗卫生人才培养和配备。

国家采取措施，完善中医西医相互学习的教育制度，培养高层次中西医结合人才和能够提供中西医结合服务的全科医生。

第三十八条 【住院医师、专科医师规范化培训】国家建立健全住院医师规范化培训制度，健全临床带教激励机制，保障住院医师培训期间待遇，严格培训过程管理和结业考核。

国家建立健全专科医师规范化培训制度，不断提高临床医师专科诊疗水平。

第三十九条 【分级分类培训】县级以上人民政府卫生健康主管部门和其他有关部门应当制定医师培训计划，采取多种形式对医师进行分级分类培训，为医师接受继续医学教育提供条件。

县级以上人民政府应当采取有力措施，优先保障基层、欠发达地区和民族地区的医疗卫生人员接受继续医学教育。

第四十条 【继续医学教育】医疗卫生机构应当合理调配人力资源，按照规定和计划保证本机构医师接受继续医学教育。

县级以上人民政府卫生健康主管部门应当有计划地组织协调县级以上医疗卫生机构对乡镇卫生院、村卫生室、社区卫生服务中心等基层医疗卫生机构中的医疗卫生人员开展培训，提高其医学专业技术能力和水平。

有关行业组织应当为医师接受继续医学教育提供服务和创造条件，加强继续医学教育的组织、管理。

第四十一条 【定向培养、委托培训】国家在每年的医学专业招生计划和教育培训计划中，核定一定比例用于定向培养、委托培训，加强基层和艰苦边远地区医师队伍建设。

有关部门、医疗卫生机构与接受定向培养、委托培训的人员签订协议，约定相关待遇、服务年限、违约责任等事项，有关人员应当履行协议约定的义务。县级以上人民政府有关部门应当采取措施，加强履约管理。协议各方违反约定的，应当承担违约责任。

第四十二条 【定期考核制度】国家实行医师定期考核制度。

县级以上人民政府卫生健康主管部门或者其委托的医疗卫生机构、行业组织应当按照医师执业标准，对医师的业务水平、工作业绩和职业道德状况进行考核，考核周期为三年。对具有较长年限执业经历、无不良行为记录的医师，可以简化考核程序。

受委托的机构或者组织应当将医师考核结果报准予注册的卫生健康主管部门备案。

对考核不合格的医师，县级以上人民政府卫生健康主管部门应当责令其暂停执业活动三个月至六个月，并接受相关专业培训。暂停执业活动期满，再次进行考核，对考核合格的，允许其继续执业。

第四十三条 【考核的指导、检查、监督】省级以上人民政府卫生健康主管部门负责指导、检查和监督医师考核工作。

第五章 保障措施

第四十四条 【福利】国家建立健全体现医师职业特点和技术劳动价值的人事、薪酬、职称、奖励制度。

对从事传染病防治、放射医学和精神卫生工作以及其他特殊岗位工作的医师，应当按照国家有关规定给予适当的津贴。津贴标准应当定期调整。

在基层和艰苦边远地区工作的医师，按照国家有关规定享受津贴、补贴政策，并在职称评定、职业发展、教育培训和表彰奖励等方面享受优惠待遇。

第四十五条 【人才队伍建设】国家加强疾病预防控制人才队伍建设，建立适应现代化疾病预防控制体系的医师培养和使用机制。

疾病预防控制机构、二级以上医疗机构以及乡镇卫生院、社区卫生服务中心等基层医疗卫生机构应当配备一定数量的公共卫生医师，从事人群疾病及危害因素监测、风险评估研判、监测预警、流行病学调查、免疫规划管理、职业健康管理等公共卫生工作。医疗机构应当建立健全管理制度，严格执行院内感染防控措施。

国家建立公共卫生与临床医学相结合的人才培养机制，通过多种途径对临床医师进行疾病预防控制、突发公共卫生事件应对等方面业务培训，对公共卫生医师进行临床医学业务培训，完善医防结合和中西医协同防治的体制机制。

第四十六条 【基层医疗卫生队伍和服务能力建设】国家采取措施，统筹城乡资源，加强基层医疗卫生队伍和服务能力建设，对乡村医疗卫生人员建立县乡村上下贯通的职业发展机制，通过县管乡用、乡聘村用等方式，将乡村医疗卫生人员纳入县域医疗卫生人员管理。

执业医师晋升为副高级技术职称的，应当有累计一年以上在县级以下或者对口支援的医疗卫生机构提供医疗卫生服务的经历；晋升副高级技术职称后，在县级以下或者对口支援的医疗卫生机构提供医疗卫生服务，累计一年以上的，同等条件下优先晋升正高级技术职称。

国家采取措施，鼓励取得执业医师资格或者执业助理医师资格的人员依法开办村医疗卫生机构，或者在村医疗卫生机构提供医疗卫生服务。

第四十七条 【对乡村医生的鼓励政策】国家鼓励在村医疗卫生机构中向村民提供预防、保健和一般医疗服务的乡村医生通过医学教育取得医学专业学历；鼓励符合条件的乡村医生参加医师资格考试，依法取得医师资格。

国家采取措施，通过信息化、智能化手段帮助乡村医生提高医学技术能力和水平，进一步完善对乡村医生的服务收入多渠道补助机制和养老等政策。

乡村医生的具体管理办法，由国务院制定。

第四十八条 【表彰、奖励】医师有下列情形之一的，按照国家有关规定给予表彰、奖励：

（一）在执业活动中，医德高尚，事迹突出；

（二）在医学研究、教育中开拓创新，对医学专业技术有重大突破，做出显著贡献；

（三）遇有突发事件时，在预防预警、救死扶伤等工作中表现突出；

（四）长期在艰苦边远地区的县级以下医疗卫生机构努力工作；

（五）在疾病预防控制、健康促进工作中做出突出贡献；

（六）法律、法规规定的其他情形。

第四十九条 【医师执业安全的保障】县级以上人民政府及其有关部门应当将医疗纠纷预防和处理工作纳入社会治安综合治理体系，加强医疗卫生机构及周边治安综合治理，维护医疗卫生机构良好的执业环境，有效防范和依法打击涉医违法犯罪行为，保护医患双方合法权益。

医疗卫生机构应当完善安全保卫措施，维护良好的医疗秩序，及时主动化解医疗纠纷，保障医师执业安全。

禁止任何组织或者个人阻碍医师依法执业，干扰医师正常工作、生活；禁止通过侮辱、诽谤、威胁、殴打等方式，侵犯医师的人格尊严、人身安全。

第五十条 【医师卫生防护和医疗保健】医疗卫生机构应当为医师提供职业安全和卫生防护用品，并采取有效的卫生防护和医疗保健措施。

医师受到事故伤害或者在职业活动中因接触有毒、有害因素而引起疾病、死亡的,依照有关法律、行政法规的规定享受工伤保险待遇。

第五十一条 【带薪休假及健康检查】医疗卫生机构应当为医师合理安排工作时间,落实带薪休假制度,定期开展健康检查。

第五十二条 【医疗风险分担机制】国家建立完善医疗风险分担机制。医疗机构应当参加医疗责任保险或者建立、参加医疗风险基金。鼓励患者参加医疗意外保险。

第五十三条 【媒体公益宣传】新闻媒体应当开展医疗卫生法律、法规和医疗卫生知识的公益宣传,弘扬医师先进事迹,引导公众尊重医师、理性对待医疗卫生风险。

第六章 法律责任

第五十四条 【非法取得医师资格的法律责任】在医师资格考试中有违反考试纪律等行为,情节严重的,一年至三年内禁止参加医师资格考试。

以不正当手段取得医师资格证书或者医师执业证书的,由发给证书的卫生健康主管部门予以撤销,三年内不受理其相应申请。

伪造、变造、买卖、出租、出借医师执业证书的,由县级以上人民政府卫生健康主管部门责令改正,没收违法所得,并处违法所得二倍以上五倍以下的罚款,违法所得不足一万元的,按一万元计算;情节严重的,吊销医师执业证书。

第五十五条 【违法执业处罚之一】违反本法规定,医师在执业活动中有下列行为之一的,由县级以上人民政府卫生健康主管部门责令改正,给予警告;情节严重的,责令暂停六个月以上一年以下执业活动直至吊销医师执业证书:

(一)在提供医疗卫生服务或者开展医学临床研究中,未按照规定履行告知义务或者取得知情同意;

(二)对需要紧急救治的患者,拒绝急救处置,或者由于不负责任延误诊治;

(三)遇有自然灾害、事故灾难、公共卫生事件和社会安全事件等严重威胁人民生命健康的突发事件时,不服从卫生健康主管部门调遣;

(四)未按照规定报告有关情形;

(五)违反法律、法规、规章或者执业规范,造成医疗事故或者其他严重后果。

第五十六条 【违法执业处罚之二】违反本法规定,医师在执业活动中有下列行为之一的,由县级以上人民政府卫生健康主管部门责令改正,给予警告,没收违法所得,并处一万元以上三万元以下的罚款;情节严重的,责令暂停六个月以上一年以下执业活动直至吊销医师执业证书:

(一)泄露患者隐私或者个人信息;

(二)出具虚假医学证明文件,或者未经亲自诊查、调查,签署诊断、治疗、流行病学等证明文件或者有关出生、死亡等证明文件;

(三)隐匿、伪造、篡改或者擅自销毁病历等医学文书及有关资料;

(四)未按照规定使用麻醉药品、医疗用毒性药品、精神药品、放射性药品等;

(五)利用职务之便,索要、非法收受财物或者牟取其他不正当利益,或者违反诊疗规范,对患者实施不必要的检查、治疗造成不良后果;

(六)开展禁止类医疗技术临床应用。

第五十七条 【未按注册要求执业的处罚】违反本法规定,医师未按照注册的执业地点、执业类别、执业范围执业的,由县级以上人民政府卫生健康主管部门或者中医药主管部门责令改正,给予警告,没收违法所得,并处一万元以上三万元以下的罚款;情节严重的,责令暂停六个月以上一年以下执业活动直至吊销医师执业证书。

第五十八条 【违反医德的处罚】严重违反医师职业道德、医学伦理规范,造成恶劣社会影响的,由省级以上人民政府卫生健康主管部门吊销医师执业证书或者责令停止非法执业活动,五年直至终身禁止从事医疗卫生服务或者医学临床研究。

第五十九条 【非法行医的处罚】违反本法规定,非医师行医的,由县级以上人民政府卫生健康主管部门责令停止非法执业活动,没收违法所得和药品、医疗器械,并处违法所得二倍以上十倍以下的罚款,违法所得不足一万元的,按一万元计算。

第六十条 【侵犯医师权利的处罚】违反本法规定,阻碍医师依法执业,干扰医师正常工作、生活,或者通过侮辱、诽谤、威胁、殴打等方式,侵犯医师人格尊严、人身安全,构成违反治安管理行为的,依法给予治安管理处罚。

第六十一条 【未履行报告职责的处分】违反本法规定,医疗卫生机构未履行报告职责,造成严重后果的,由县级以上人民政府卫生健康主管部门给予警告,对直接负责的主管人员和其他直接责任人员依法给予处分。

第六十二条 【弄虚作假、滥用职权等的处分】违反本法规定，卫生健康主管部门和其他有关部门工作人员或者医疗卫生机构工作人员弄虚作假、滥用职权、玩忽职守、徇私舞弊的，依法给予处分。

第六十三条 **【刑事责任和民事责任】**违反本法规定，构成犯罪的，依法追究刑事责任；造成人身、财产损害的，依法承担民事责任。

第七章 附 则

第六十四条 **【中专学历人员技术和资格提升】**国家采取措施，鼓励具有中等专业学校医学专业学历的人员通过参加更高层次学历教育等方式，提高医学技术能力和水平。

在本法施行前以及在本法施行后一定期限内取得中等专业学校相关医学专业学历的人员，可以参加医师资格考试。具体办法由国务院卫生健康主管部门会同国务院教育、中医药等有关部门制定。

第六十五条 **【立法委任】**中国人民解放军和中国人民武装警察部队执行本法的具体办法，由国务院、中央军事委员会依据本法制定。

第六十六条 **【境外人员执业等管理办法】**境外人员参加医师资格考试、申请注册、执业或者从事临床示教、临床研究、临床学术交流等活动的具体管理办法，由国务院卫生健康主管部门制定。

第六十七条 **【施行日期与旧法废止】**本法自 2022 年 3 月 1 日起施行。《中华人民共和国执业医师法》同时废止。

乡村医生从业管理条例

1. 2003 年 8 月 5 日国务院令第 386 号公布
2. 自 2004 年 1 月 1 日起施行

第一章 总 则

第一条 为了提高乡村医生的职业道德和业务素质，加强乡村医生从业管理，保护乡村医生的合法权益，保障村民获得初级卫生保健服务，根据《中华人民共和国执业医师法》（以下称执业医师法）的规定，制定本条例。

第二条 本条例适用于尚未取得执业医师资格或者执业助理医师资格，经注册在村医疗卫生机构从事预防、保健和一般医疗服务的乡村医生。

村医疗卫生机构中的执业医师或者执业助理医师，依照执业医师法的规定管理，不适用本条例。

第三条 国务院卫生行政主管部门负责全国乡村医生的管理工作。

县级以上地方人民政府卫生行政主管部门负责本行政区域内乡村医生的管理工作。

第四条 国家对在农村预防、保健、医疗服务和突发事件应急处理工作中做出突出成绩的乡村医生，给予奖励。

第五条 地方各级人民政府应当加强乡村医生的培训工作，采取多种形式对乡村医生进行培训。

第六条 具有学历教育资格的医学教育机构，应当按照国家有关规定开展适应农村需要的医学学历教育，定向为农村培养适用的卫生人员。

国家鼓励乡村医生学习中医药基本知识，运用中医药技能防治疾病。

第七条 国家鼓励乡村医生通过医学教育取得医学专业学历；鼓励符合条件的乡村医生申请参加国家医师资格考试。

第八条 国家鼓励取得执业医师资格或者执业助理医师资格的人员，开办村医疗卫生机构，或者在村医疗卫生机构向村民提供预防、保健和医疗服务。

第二章 执 业 注 册

第九条 国家实行乡村医生执业注册制度。

县级人民政府卫生行政主管部门负责乡村医生执业注册工作。

第十条 本条例公布前的乡村医生，取得县级以上地方人民政府卫生行政主管部门颁发的乡村医生证书，并符合下列条件之一的，可以向县级人民政府卫生行政主管部门申请乡村医生执业注册，取得乡村医生执业证书后，继续在村医疗卫生机构执业：

（一）已经取得中等以上医学专业学历的；

（二）在村医疗卫生机构连续工作 20 年以上的；

（三）按照省、自治区、直辖市人民政府卫生行政主管部门制定的培训规划，接受培训取得合格证书的。

第十一条 对具有县级以上地方人民政府卫生行政主管部门颁发的乡村医生证书，但不符合本条例第十条规定条件的乡村医生，县级人民政府卫生行政主管部门应当进行有关预防、保健和一般医疗服务基本知识的培训，并根据省、自治区、直辖市人民政府卫生行政主管部门确定的考试内容、考试范围进行考试。

前款所指的乡村医生经培训并考试合格的，可以申请乡村医生执业注册；经培训但考试不合格的，县级人民政府卫生行政主管部门应当组织对其再次培训和考试。不参加再次培训或者再次考试仍不合格的，不得申请乡村医生执业注册。

本条所指的培训、考试,应当在本条例施行后6个月内完成。

第十二条 本条例公布之日起进入村医疗卫生机构从事预防、保健和医疗服务的人员,应当具备执业医师资格或者执业助理医师资格。

不具备前款规定条件的地区,根据实际需要,可以允许具有中等医学专业学历的人员,或者经培训达到中等医学专业水平的其他人员申请执业注册,进入村医疗卫生机构执业。具体办法由省、自治区、直辖市人民政府制定。

第十三条 符合本条例规定申请在村医疗卫生机构执业的人员,应当持村医疗卫生机构出具的拟聘用证明和相关学历证明、证书,向村医疗卫生机构所在地的县级人民政府卫生行政主管部门申请执业注册。

县级人民政府卫生行政主管部门应当自受理申请之日起15日内完成审核工作,对符合本条例规定条件的,准予执业注册,发给乡村医生执业证书;对不符合本条例规定条件的,不予注册,并书面说明理由。

第十四条 乡村医生有下列情形之一的,不予注册:

(一)不具有完全民事行为能力的;

(二)受刑事处罚,自刑罚执行完毕之日起至申请执业注册之日止不满2年的;

(三)受吊销乡村医生执业证书行政处罚,自处罚决定之日起至申请执业注册之日止不满2年的。

第十五条 乡村医生经注册取得执业证书后,方可在聘用其执业的村医疗卫生机构从事预防、保健和一般医疗服务。

未经注册取得乡村医生执业证书的,不得执业。

第十六条 乡村医生执业证书有效期为5年。

乡村医生执业证书有效期满需要继续执业的,应当在有效期满前3个月申请再注册。

县级人民政府卫生行政主管部门应当自受理申请之日起15日内进行审核,对符合省、自治区、直辖市人民政府卫生行政主管部门规定条件的,准予再注册,换发乡村医生执业证书;对不符合条件的,不予再注册,由发证部门收回原乡村医生执业证书。

第十七条 乡村医生应当在聘用其执业的村医疗卫生机构执业;变更执业的村医疗卫生机构的,应当依照本条例第十三条规定的程序办理变更注册手续。

第十八条 乡村医生有下列情形之一的,由原注册的卫生行政主管部门注销执业注册,收回乡村医生执业证书:

(一)死亡或者被宣告失踪的;

(二)受刑事处罚的;

(三)中止执业活动满2年的;

(四)考核不合格,逾期未提出再次考核申请或者经再次考核仍不合格的。

第十九条 县级人民政府卫生行政主管部门应当将准予执业注册、再注册和注销注册的人员名单向其执业的村医疗卫生机构所在地的村民公告,并由设区的市级人民政府卫生行政主管部门汇总,报省、自治区、直辖市人民政府卫生行政主管部门备案。

第二十条 县级人民政府卫生行政主管部门办理乡村医生执业注册、再注册、注销注册,应当依据法定权限、条件和程序,遵循便民原则,提高办事效率。

第二十一条 村民和乡村医生发现违法办理乡村医生执业注册、再注册、注销注册的,可以向有关人民政府卫生行政主管部门反映;有关人民政府卫生行政主管部门对反映的情况应当及时核实,调查处理,并将调查处理结果予以公布。

第二十二条 上级人民政府卫生行政主管部门应当加强对下级人民政府卫生行政主管部门办理乡村医生执业注册、再注册、注销注册的监督检查,及时纠正违法行为。

第三章 执业规则

第二十三条 乡村医生在执业活动中享有下列权利:

(一)进行一般医学处置,出具相应的医学证明;

(二)参与医学经验交流,参加专业学术团体;

(三)参加业务培训和教育;

(四)在执业活动中,人格尊严、人身安全不受侵犯;

(五)获取报酬;

(六)对当地的预防、保健、医疗工作和卫生行政主管部门的工作提出意见和建议。

第二十四条 乡村医生在执业活动中应当履行下列义务:

(一)遵守法律、法规、规章和诊疗护理技术规范、常规;

(二)树立敬业精神,遵守职业道德,履行乡村医生职责,为村民健康服务;

(三)关心、爱护、尊重患者,保护患者的隐私;

(四)努力钻研业务,更新知识,提高专业技术水平;

(五)向村民宣传卫生保健知识,对患者进行健康教育。

第二十五条 乡村医生应当协助有关部门做好初级卫生保健服务工作；按照规定及时报告传染病疫情和中毒事件，如实填写并上报有关卫生统计报表，妥善保管有关资料。

第二十六条 乡村医生在执业活动中，不得重复使用一次性医疗器械和卫生材料。对使用过的一次性医疗器械和卫生材料，应当按照规定处置。

第二十七条 乡村医生应当如实向患者或者其家属介绍病情，对超出一般医疗服务范围或者限于医疗条件和技术水平不能诊治的病人，应当及时转诊；情况紧急不能转诊的，应当先行抢救并及时向有抢救条件的医疗卫生机构求助。

第二十八条 乡村医生不得出具与执业范围无关或者与执业范围不相符的医学证明，不得进行实验性临床医疗活动。

第二十九条 省、自治区、直辖市人民政府卫生行政主管部门应当按照乡村医生一般医疗服务范围，制定乡村医生基本用药目录。乡村医生应当在乡村医生基本用药目录规定的范围内用药。

第三十条 县级人民政府对乡村医生开展国家规定的预防、保健等公共卫生服务，应当按照有关规定予以补助。

第四章 培训与考核

第三十一条 省、自治区、直辖市人民政府组织制定乡村医生培训规划，保证乡村医生至少每2年接受一次培训。县级人民政府根据培训规划制定本地区乡村医生培训计划。

对承担国家规定的预防、保健等公共卫生服务的乡村医生，其培训所需经费列入县级财政预算。对边远贫困地区，设区的市级以上地方人民政府应当给予适当经费支持。

国家鼓励社会组织和个人支持乡村医生培训工作。

第三十二条 县级人民政府卫生行政主管部门根据乡村医生培训计划，负责组织乡村医生的培训工作。

乡、镇人民政府以及村民委员会应当为乡村医生开展工作和学习提供条件，保证乡村医生接受培训和继续教育。

第三十三条 乡村医生应当按照培训规划的要求至少每2年接受一次培训，更新医学知识，提高业务水平。

第三十四条 县级人民政府卫生行政主管部门负责组织本地区乡村医生的考核工作；对乡村医生的考核，每2年组织一次。

对乡村医生的考核应当客观、公正，充分听取乡村医生执业的村医疗卫生机构、乡村医生本人、所在村村民委员会和村民的意见。

第三十五条 县级人民政府卫生行政主管部门负责检查乡村医生执业情况，收集村民对乡村医生业务水平、工作质量的评价和建议，接受村民对乡村医生的投诉，并进行汇总、分析。汇总、分析结果与乡村医生接受培训的情况作为对乡村医生进行考核的主要内容。

第三十六条 乡村医生经考核合格的，可以继续执业；经考核不合格的，在6个月之内可以申请进行再次考核。逾期未提出再次考核申请或者经再次考核仍不合格的乡村医生，原注册部门应当注销其执业注册，并收回乡村医生执业证书。

第三十七条 有关人民政府卫生行政主管部门对村民和乡村医生提出的意见、建议和投诉，应当及时调查处理，并将调查处理结果告知村民或者乡村医生。

第五章 法律责任

第三十八条 乡村医生在执业活动中，违反本条例规定，有下列行为之一的，由县级人民政府卫生行政主管部门责令限期改正，给予警告；逾期不改正的，责令暂停3个月以上6个月以下执业活动；情节严重的，由原发证部门暂扣乡村医生执业证书：

（一）执业活动超出规定的执业范围，或者未按照规定进行转诊的；

（二）违反规定使用乡村医生基本用药目录以外的处方药品的；

（三）违反规定出具医学证明，或者伪造卫生统计资料的；

（四）发现传染病疫情、中毒事件不按规定报告的。

第三十九条 乡村医生在执业活动中，违反规定进行实验性临床医疗活动，或者重复使用一次性医疗器械和卫生材料的，由县级人民政府卫生行政主管部门责令停止违法行为，给予警告，可以并处1000元以下的罚款；情节严重的，由原发证部门暂扣或者吊销乡村医生执业证书。

第四十条 乡村医生变更执业的村医疗卫生机构，未办理变更执业注册手续的，由县级人民政府卫生行政主管部门给予警告，责令限期办理变更注册手续。

第四十一条 以不正当手段取得乡村医生执业证书的，由发证部门收缴乡村医生执业证书；造成患者人身损害的，依法承担民事赔偿责任；构成犯罪的，依法追究刑事责任。

第四十二条 未经注册在村医疗卫生机构从事医疗活动的,由县级以上地方人民政府卫生行政主管部门予以取缔,没收其违法所得以及药品、医疗器械,违法所得5000元以上的,并处违法所得1倍以上3倍以下的罚款;没有违法所得或者违法所得不足5000元的,并处1000元以上3000元以下的罚款;造成患者人身损害的,依法承担民事赔偿责任;构成犯罪的,依法追究刑事责任。

第四十三条 县级人民政府卫生行政主管部门未按照乡村医生培训规划、计划组织乡村医生培训的,由本级人民政府或者上一级人民政府卫生行政主管部门责令改正;情节严重的,对直接负责的主管人员和其他直接责任人员依法给予行政处分。

第四十四条 县级人民政府卫生行政主管部门,对不符合本条例规定条件的人员发给乡村医生执业证书,或者对符合条件的人员不发给乡村医生执业证书的,由本级人民政府或者上一级人民政府卫生行政主管部门责令改正,收回或者补发乡村医生执业证书,并对直接负责的主管人员和其他直接责任人员依法给予行政处分。

第四十五条 县级人民政府卫生行政主管部门对乡村医生执业注册或者再注册申请,未在规定时间内完成审核工作的,或者未按照规定将准予执业注册、再注册和注销注册的人员名单向村民予以公告的,由本级人民政府或者上一级人民政府卫生行政主管部门责令限期改正;逾期不改正的,对直接负责的主管人员和其他直接责任人员依法给予行政处分。

第四十六条 卫生行政主管部门对村民和乡村医生反映的办理乡村医生执业注册、再注册、注销注册的违法活动未及时核实、调查处理或者未公布调查处理结果的,由本级人民政府或者上一级人民政府卫生行政主管部门责令限期改正;逾期不改正的,对直接负责的主管人员和其他直接责任人员依法给予行政处分。

第四十七条 寻衅滋事、阻碍乡村医生依法执业,侮辱、诽谤、威胁、殴打乡村医生,构成违反治安管理行为的,由公安机关依法予以处罚;构成犯罪的,依法追究刑事责任。

第六章 附　　则

第四十八条 乡村医生执业证书格式由国务院卫生行政主管部门规定。

第四十九条 本条例自2004年1月1日起施行。

护士条例

1. 2008年1月31日国务院令第517号公布

2. 根据2020年3月27日国务院令第726号《关于修改和废止部分行政法规的决定》修订

第一章 总　　则

第一条 为了维护护士的合法权益,规范护理行为,促进护理事业发展,保障医疗安全和人体健康,制定本条例。

第二条 本条例所称护士,是指经执业注册取得护士执业证书,依照本条例规定从事护理活动,履行保护生命、减轻痛苦、增进健康职责的卫生技术人员。

第三条 护士人格尊严、人身安全不受侵犯。护士依法履行职责,受法律保护。

全社会应当尊重护士。

第四条 国务院有关部门、县级以上地方人民政府及其有关部门以及乡(镇)人民政府应当采取措施,改善护士的工作条件,保障护士待遇,加强护士队伍建设,促进护理事业健康发展。

国务院有关部门和县级以上地方人民政府应当采取措施,鼓励护士到农村、基层医疗卫生机构工作。

第五条 国务院卫生主管部门负责全国的护士监督管理工作。

县级以上地方人民政府卫生主管部门负责本行政区域的护士监督管理工作。

第六条 国务院有关部门对在护理工作中做出杰出贡献的护士,应当授予全国卫生系统先进工作者荣誉称号或者颁发白求恩奖章,受到表彰、奖励的护士享受省部级劳动模范、先进工作者待遇;对长期从事护理工作的护士应当颁发荣誉证书。具体办法由国务院有关部门制定。

县级以上地方人民政府及其有关部门对本行政区域内做出突出贡献的护士,按照省、自治区、直辖市人民政府的有关规定给予表彰、奖励。

第二章 执业注册

第七条 护士执业,应当经执业注册取得护士执业证书。

申请护士执业注册,应当具备下列条件:

(一)具有完全民事行为能力;

(二)在中等职业学校、高等学校完成国务院教育主管部门和国务院卫生主管部门规定的普通全日制3年以上的护理、助产专业课程学习,包括在教学、综合医院完成8个月以上护理临床实习，并取得相应学历证书；

（三）通过国务院卫生主管部门组织的护士执业资格考试；

（四）符合国务院卫生主管部门规定的健康标准。

护士执业注册申请，应当自通过护士执业资格考试之日起3年内提出；逾期提出申请的，除应当具备前款第（一）项、第（二）项和第（四）项规定条件外，还应当在符合国务院卫生主管部门规定条件的医疗卫生机构接受3个月临床护理培训并考核合格。

护士执业资格考试办法由国务院卫生主管部门会同国务院人事部门制定。

第八条　申请护士执业注册的，应当向批准设立拟执业医疗机构或者为该医疗机构备案的卫生主管部门提出申请。收到申请的卫生主管部门应当自收到申请之日起20个工作日内做出决定，对具备本条例规定条件的，准予注册，并发给护士执业证书；对不具备本条例规定条件的，不予注册，并书面说明理由。

护士执业注册有效期为5年。

第九条　护士在其执业注册有效期内变更执业地点的，应当向批准设立拟执业医疗机构或者为该医疗机构备案的卫生主管部门报告。收到报告的卫生主管部门应当自收到报告之日起7个工作日内为其办理变更手续。护士跨省、自治区、直辖市变更执业地点的，收到报告的卫生主管部门还应当向其原注册部门通报。

第十条　护士执业注册有效期届满需要继续执业的，应当在护士执业注册有效期届满前30日向批准设立执业医疗机构或者为该医疗机构备案的卫生主管部门申请延续注册。收到申请的卫生主管部门对具备本条例规定条件的，准予延续，延续执业注册有效期为5年；对不具备本条例规定条件的，不予延续，并书面说明理由。

护士有行政许可法规定的应当予以注销执业注册情形的，原注册部门应当依照行政许可法的规定注销其执业注册。

第十一条　县级以上地方人民政府卫生主管部门应当建立本行政区域的护士执业良好记录和不良记录，并将该记录记入护士执业信息系统。

护士执业良好记录包括护士受到的表彰、奖励以及完成政府指令性任务的情况等内容。护士执业不良记录包括护士因违反本条例以及其他卫生管理法律、法规、规章或者诊疗技术规范的规定受到行政处罚、处分的情况等内容。

第三章　权利和义务

第十二条　护士执业，有按照国家有关规定获取工资报酬、享受福利待遇、参加社会保险的权利。任何单位或者个人不得克扣护士工资，降低或者取消护士福利等待遇。

第十三条　护士执业，有获得与其所从事的护理工作相适应的卫生防护、医疗保健服务的权利。从事直接接触有毒有害物质、有感染传染病危险工作的护士，有依照有关法律、行政法规的规定接受职业健康监护的权利；患职业病的，有依照有关法律、行政法规的规定获得赔偿的权利。

第十四条　护士有按照国家有关规定获得与本人业务能力和学术水平相应的专业技术职务、职称的权利；有参加专业培训、从事学术研究和交流、参加行业协会和专业学术团体的权利。

第十五条　护士有获得疾病诊疗、护理相关信息的权利和其他与履行护理职责相关的权利，可以对医疗卫生机构和卫生主管部门的工作提出意见和建议。

第十六条　护士执业，应当遵守法律、法规、规章和诊疗技术规范的规定。

第十七条　护士在执业活动中，发现患者病情危急，应当立即通知医师；在紧急情况下为抢救垂危患者生命，应当先行实施必要的紧急救护。

护士发现医嘱违反法律、法规、规章或者诊疗技术规范规定的，应当及时向开具医嘱的医师提出；必要时，应当向该医师所在科室的负责人或者医疗卫生机构负责医疗服务管理的人员报告。

第十八条　护士应当尊重、关心、爱护患者，保护患者的隐私。

第十九条　护士有义务参与公共卫生和疾病预防控制工作。发生自然灾害、公共卫生事件等严重威胁公众生命健康的突发事件，护士应当服从县级以上人民政府卫生主管部门或者所在医疗卫生机构的安排，参加医疗救护。

第四章　医疗卫生机构的职责

第二十条　医疗卫生机构配备护士的数量不得低于国务院卫生主管部门规定的护士配备标准。

第二十一条　医疗卫生机构不得允许下列人员在本机构从事诊疗技术规范规定的护理活动：

（一）未取得护士执业证书的人员；

（二）未依照本条例第九条的规定办理执业地点变更手续的护士；

（三）护士执业注册有效期届满未延续执业注册的护士。

在教学、综合医院进行护理临床实习的人员应当在护士指导下开展有关工作。

第二十二条 医疗卫生机构应当为护士提供卫生防护用品，并采取有效的卫生防护措施和医疗保健措施。

第二十三条 医疗卫生机构应当执行国家有关工资、福利待遇等规定，按照国家有关规定为在本机构从事护理工作的护士足额缴纳社会保险费用，保障护士的合法权益。

对在艰苦边远地区工作，或者从事直接接触有毒有害物质、有感染传染病危险工作的护士，所在医疗卫生机构应当按照国家有关规定给予津贴。

第二十四条 医疗卫生机构应当制定、实施本机构护士在职培训计划，并保证护士接受培训。

护士培训应当注重新知识、新技术的应用；根据临床专科护理发展和专科护理岗位的需要，开展对护士的专科护理培训。

第二十五条 医疗卫生机构应当按照国务院卫生主管部门的规定，设置专门机构或者配备专（兼）职人员负责护理管理工作。

第二十六条 医疗卫生机构应当建立护士岗位责任制并进行监督检查。

护士因不履行职责或者违反职业道德受到投诉的，其所在医疗卫生机构应当进行调查。经查证属实的，医疗卫生机构应当对护士做出处理，并将调查处理情况告知投诉人。

第五章 法律责任

第二十七条 卫生主管部门的工作人员未依照本条例规定履行职责，在护士监督管理工作中滥用职权、徇私舞弊，或者有其他失职、渎职行为的，依法给予处分；构成犯罪的，依法追究刑事责任。

第二十八条 医疗卫生机构有下列情形之一的，由县级以上地方人民政府卫生主管部门依据职责分工责令限期改正，给予警告；逾期不改正的，根据国务院卫生主管部门规定的护士配备标准和在医疗卫生机构合法执业的护士数量核减其诊疗科目，或者暂停其6个月以上1年以下执业活动；国家举办的医疗卫生机构有下列情形之一、情节严重的，还应当对负有责任的主管人员和其他直接责任人员依法给予处分：

（一）违反本条例规定，护士的配备数量低于国务院卫生主管部门规定的护士配备标准的；

（二）允许未取得护士执业证书的人员或者允许未依照本条例规定办理执业地点变更手续、延续执业注册有效期的护士在本机构从事诊疗技术规范规定的护理活动的。

第二十九条 医疗卫生机构有下列情形之一的，依照有关法律、行政法规的规定给予处罚；国家举办的医疗卫生机构有下列情形之一、情节严重的，还应当对负有责任的主管人员和其他直接责任人员依法给予处分：

（一）未执行国家有关工资、福利待遇等规定的；

（二）对在本机构从事护理工作的护士，未按照国家有关规定足额缴纳社会保险费用的；

（三）未为护士提供卫生防护用品，或者未采取有效的卫生防护措施、医疗保健措施的；

（四）对在艰苦边远地区工作，或者从事直接接触有毒有害物质、有感染传染病危险工作的护士，未按照国家有关规定给予津贴的。

第三十条 医疗卫生机构有下列情形之一的，由县级以上地方人民政府卫生主管部门依据职责分工责令限期改正，给予警告：

（一）未制定、实施本机构护士在职培训计划或者未保证护士接受培训的；

（二）未依照本条例规定履行护士管理职责的。

第三十一条 护士在执业活动中有下列情形之一的，由县级以上地方人民政府卫生主管部门依据职责分工责令改正，给予警告；情节严重的，暂停其6个月以上1年以下执业活动，直至由原发证部门吊销其护士执业证书：

（一）发现患者病情危急未立即通知医师的；

（二）发现医嘱违反法律、法规、规章或者诊疗技术规范的规定，未依照本条例第十七条的规定提出或者报告的；

（三）泄露患者隐私的；

（四）发生自然灾害、公共卫生事件等严重威胁公众生命健康的突发事件，不服从安排参加医疗救护的。

护士在执业活动中造成医疗事故的，依照医疗事故处理的有关规定承担法律责任。

第三十二条 护士被吊销执业证书的，自执业证书被吊销之日起2年内不得申请执业注册。

第三十三条 扰乱医疗秩序，阻碍护士依法开展执业活动，侮辱、威胁、殴打护士，或者有其他侵犯护士合法权益行为的，由公安机关依照治安管理处罚法的规定给予处罚；构成犯罪的，依法追究刑事责任。

第六章 附 则

第三十四条 本条例施行前按照国家有关规定已经取得

护士执业证书或者护理专业技术职称、从事护理活动的人员，经执业地省、自治区、直辖市人民政府卫生主管部门审核合格，换领护士执业证书。

本条例施行前，尚未达到护士配备标准的医疗卫生机构，应当按照国务院卫生主管部门规定的实施步骤，自本条例施行之日起3年内达到护士配备标准。

第三十五条　本条例自2008年5月12日起施行。

国务院关于建立全科医生制度的指导意见

1. 2011年7月1日
2. 国发〔2011〕23号

各省、自治区、直辖市人民政府，国务院各部委、各直属机构：

为深入贯彻医药卫生体制改革精神，现就建立全科医生制度提出以下指导意见：

一、充分认识建立全科医生制度的重要性和必要性

（一）建立全科医生制度是保障和改善城乡居民健康的迫切需要。我国是一个有13亿多人口的发展中国家，随着经济发展和人民生活水平的提高，城乡居民对提高健康水平的要求越来越高；同时，工业化、城镇化和生态环境变化带来的影响健康因素越来越多，人口老龄化和疾病谱变化也对医疗卫生服务提出新要求。全科医生是综合程度较高的医学人才，主要在基层承担预防保健、常见病多发病诊疗和转诊、病人康复和慢性病管理、健康管理等一体化服务，被称为居民健康的“守门人”。建立全科医生制度，发挥好全科医生的作用，有利于充分落实预防为主方针，使医疗卫生更好地服务人民健康。

（二）建立全科医生制度是提高基层医疗卫生服务水平的客观要求。加强基层医疗卫生工作是医药卫生事业改革发展的重点，是提高基本医疗卫生服务的公平性、可及性的基本途径；医疗卫生人才是决定基层医疗卫生服务水平的关键。多年来，我国基层医疗卫生人才队伍建设相对滞后，合格的全科医生数量严重不足，制约了基层医疗卫生服务水平提高。建立全科医生制度，为基层培养大批“下得去、留得住、用得好”的合格全科医生，是提高基层医疗卫生服务水平的客观要求和必由之路。

（三）建立全科医生制度是促进医疗卫生服务模式转变的重要举措。建立分级诊疗模式，实行全科医生签约服务，将医疗卫生服务责任落实到医生个人，是我国医疗卫生服务的发展方向，也是许多国家的通行做法和成功经验。建立适合我国国情的全科医生制度，有利于优化医疗卫生资源配置、形成基层医疗卫生机构与城市医院合理分工的诊疗模式，有利于为群众提供连续协调、方便可及的基本医疗卫生服务，缓解群众“看病难、看病贵”的状况。

二、建立全科医生制度的指导思想、基本原则和总体目标

（四）指导思想。按照深化医药卫生体制改革的总体思路，适应我国经济社会发展阶段和居民健康需求变化趋势，坚持保基本、强基层、建机制的基本路径，遵循医疗卫生事业发展和全科医生培养规律，强化政府在基本医疗卫生服务中的主导作用，注重发挥市场机制作用，立足基本国情，借鉴国际经验，坚持制度创新，试点先行，逐步建立和完善中国特色全科医生培养、使用和激励制度，全面提高基层医疗卫生服务水平。

（五）基本原则。坚持突出实践、注重质量，以提高临床实践能力为重点，规范培养模式，统一培养标准，严格准入条件和资格考试，切实提高全科医生培养质量。坚持创新机制、服务健康，改革全科医生执业方式，建立健全激励机制，引导全科医生到基层执业，逐步形成以全科医生为主体的基层医疗卫生队伍，为群众提供安全、有效、方便、价廉的基本医疗卫生服务。坚持整体设计、分步实施，既着眼长远，加强总体设计，逐步建立统一规范的全科医生制度；又立足当前，多渠道培养全科医生，满足现阶段基层对全科医生的需要。

（六）总体目标。到2020年，在我国初步建立起充满生机和活力的全科医生制度，基本形成统一规范的全科医生培养模式和“首诊在基层”的服务模式，全科医生与城乡居民基本建立比较稳定的服务关系，基本实现城乡每万名居民有2－3名合格的全科医生，全科医生服务水平全面提高，基本适应人民群众基本医疗卫生服务需求。

三、逐步建立统一规范的全科医生培养制度

（七）规范全科医生培养模式。将全科医生培养逐步规范为“5＋3”模式，即先接受5年的临床医学（含中医学）本科教育，再接受3年的全科医生规范化培养。在过渡期内，3年的全科医生规范化培养可以实行“毕业后规范化培训”和“临床医学研究生教育”两种方式，具体方式由各省（区、市）确定。

参加毕业后规范化培训的人员主要从具有本科及

以上学历的临床医学专业毕业生中招收，培训期间由全科医生规范化培养基地在卫生部门（含中医药管理部门）和教育部门共同指导下进行管理。全科方向的临床医学专业学位研究生按照统一的全科医生规范化培养要求进行培养，培养结束考核合格者可获得全科医生规范化培养合格证书；临床医学专业学位研究生教育以教育部门为主管理。

（八）统一全科医生规范化培养方法和内容。全科医生规范化培养以提高临床和公共卫生实践能力为主，在国家认定的全科医生规范化培养基地进行，实行导师制和学分制管理。参加培养人员在培养基地临床各科及公共卫生、社区实践平台逐科（平台）轮转。在临床培养基地规定的科室轮转培训时间原则上不少于2年，并另外安排一定时间在基层实践基地和专业公共卫生机构进行服务锻炼。经培养基地按照国家标准组织考核，达到病种、病例数和临床基本能力、基本公共卫生实践能力及职业素质要求并取得规定学分者，可取得全科医生规范化培养合格证书。规范化培养的具体内容和标准由卫生部、教育部、国家中医药管理局制定。

（九）规范参加全科医生规范化培养人员管理。参加全科医生规范化培养人员是培养基地住院医师的一部分，培养期间享受培养基地住院医师待遇，财政根据不同情况给予补助，其中，具有研究生身份的，执行国家现行研究生教育有关规定；由工作单位选派的，人事工资关系不变。规范化培养期间不收取培训（学）费，多于标准学分和超过规定时间的培养费用由个人承担。具体管理办法由人力资源社会保障部、卫生部、教育部、财政部制定。

（十）统一全科医生的执业准入条件。在全科医生规范化培养阶段，参加培养人员在导师指导下可从事医学诊查、疾病调查、医学处置等临床工作和参加医院值班，并可按规定参加国家医师资格考试。注册全科医师必须经过3年全科医生规范化培养取得合格证书，并通过国家医师资格考试取得医师资格。

（十一）统一全科医学专业学位授予标准。具有5年制临床医学本科及以上学历者参加全科医生规范化培养合格后，符合国家学位要求的授予临床医学（全科方向）相应专业学位。具体办法由国务院学位委员会、卫生部制定。

（十二）完善临床医学基础教育。临床医学本科教育要以医学基础理论和临床医学、预防医学基本知识及基本能力培养为主，同时加强全科医学理论和实践教学，着重强化医患沟通、基本药物使用、医药费用管理等方面能力的培养。

（十三）改革临床医学（全科方向）专业学位研究生教育。从2012年起，新招收的临床医学专业学位研究生（全科方向）要按照全科医生规范化培养的要求进行培养。要适应全科医生岗位需求，进一步加强临床医学研究生培养能力建设，逐步扩大全科方向的临床医学专业学位研究生招生规模。

（十四）加强全科医生的继续教育。以现代医学技术发展中的新知识和新技能为主要内容，加强全科医生经常性和针对性、实用性强的继续医学教育。加强对全科医生继续医学教育的考核，将参加继续医学教育情况作为全科医生岗位聘用、技术职务晋升和执业资格再注册的重要因素。

四、近期多渠道培养合格的全科医生

为解决当前基层急需全科医生与全科医生规范化培养周期较长之间的矛盾，近期要采取多种措施加强全科医生培养，力争到2012年每个城市社区卫生服务机构和农村乡镇卫生院都有合格的全科医生。

（十五）大力开展基层在岗医生转岗培训。对符合条件的基层在岗执业医师或执业助理医师，按需进行1－2年的转岗培训。转岗培训以提升基本医疗和公共卫生服务能力为主，在国家认定的全科医生规范化培养基地进行，培训结束通过省级卫生行政部门组织的统一考试，获得全科医生转岗培训合格证书，可注册为全科医师或助理全科医师。

（十六）强化定向培养全科医生的技能培训。适当增加为基层定向培养5年制临床医学专业学生的临床技能和公共卫生实习时间。对到经济欠发达的农村地区工作的3年制医学专科毕业生，可在国家认定的培养基地经2年临床技能和公共卫生培训合格并取得执业助理医师资格后，注册为助理全科医师，但各省（区、市）卫生行政部门要严格控制比例。

（十七）提升基层在岗医生的学历层次。鼓励基层在岗医生通过参加成人高等教育提升学历层次，符合条件后参加相应执业医师考试，考试合格可按程序注册为全科医师或助理全科医师。

（十八）鼓励医院医生到基层服务。严格执行城市医院医生在晋升主治医师或副主任医师职称前到基层累计服务1年的规定，卫生部门要做好组织、管理和考核工作。建立健全城市医院与基层医疗卫生机构的对口支援制度和双向交流机制，县级以上医院要通过远程医疗、远程教学等方式加强对基层的技术指导和培训。要制定管理办法,支持医院医生(包括退休医生)采取多种方式到基层医疗卫生机构(含私人诊所等社会力量举办的医疗机构)提供服务,并可获得合理报酬。

五、改革全科医生执业方式

（十九）引导全科医生以多种方式执业。取得执业资格的全科医生一般注册1个执业地点,也可以根据需要多点注册执业。全科医生可以在基层医疗卫生机构(或医院)全职或兼职工作,也可以独立开办个体诊所或与他人联合开办合伙制诊所。鼓励组建由全科医生和社区护士、公共卫生医生或乡村医生等人员组成的全科医生团队,划片为居民提供服务。要健全基层医疗卫生机构对全科医生的人力资源管理办法,规范私人诊所雇佣人员的劳动关系管理。

（二十）政府为全科医生提供服务平台。对到基层工作的全科医生(包括大医院专科医生),政府举办的基层医疗卫生机构要通过签订协议的方式为其提供服务平台。要充分依托现有资源组建区域性医学检查、检验中心,鼓励和规范社会零售药店发展,为全科医生执业提供条件。

（二十一）推行全科医生与居民建立契约服务关系。基层医疗卫生机构或全科医生要与居民签订一定期限的服务协议,建立相对稳定的契约服务关系,服务责任落实到全科医生个人。参保人员可在本县(市、区)医保定点服务机构或全科医生范围内自主选择签约医生,期满后可续约或另选签约医生。卫生行政部门和医保经办机构要根据参保人员的自主选择与定点服务机构或医生签订协议,确保全科医生与居民服务协议的落实。随着全科医生制度的完善,逐步将每名全科医生的签约服务人数控制在2000人左右,其中老年人、慢性病人、残疾人等特殊人群要有一定比例。

（二十二）积极探索建立分级医疗和双向转诊机制。逐步建立基层首诊和分级医疗管理制度,明确各级医院出入院标准和双向转诊机制。在有条件的地区先行开展全科医生首诊试点并逐步推行。人力资源社会保障部、卫生部要制定鼓励双向转诊的政策措施,将医保定点医疗机构执行双向转诊和分级医疗情况列为考核指标,并将考核结果与医保支付挂钩。

（二十三）加强全科医生服务质量监管。卫生行政部门要加强对全科医生执业注册管理和服务质量监管。卫生部门和医保经办机构要建立以服务数量、服务质量、居民满意度等为主要指标的考核体系,对全科医生进行严格考核,考核结果定期公布并与医保支付、基本公共卫生服务经费拨付挂钩。

六、建立全科医生的激励机制

（二十四）按签约服务人数收取服务费。全科医生为签约居民提供约定的基本医疗卫生服务,按年收取服务费。服务费由医保基金、基本公共卫生服务经费和签约居民个人分担,具体标准和保障范围由各地根据当地医疗卫生服务水平、签约人群结构以及基本医保基金和公共卫生经费承受能力等因素确定。在充分考虑居民接受程度的基础上,可对不同人群实行不同的服务费标准。各地确定全科医生签约服务内容和服务费标准要与医保门诊统筹和付费方式改革相结合。

（二十五）规范全科医生其他诊疗收费。全科医生向签约居民提供约定的基本医疗卫生服务,除按规定收取签约服务费外,不得另行收取其他费用。全科医生可根据签约居民申请提供非约定的医疗卫生服务,并按规定收取费用;也可向非签约居民提供门诊服务,按规定收取一般诊疗费等服务费用。参保人员政策范围内的门诊费用可按医保规定支付。逐步调整诊疗服务收费标准,合理体现全科医生技术劳务价值。

（二十六）合理确定全科医生的劳动报酬。全科医生及其团队成员属于政府举办的基层医疗卫生机构正式工作人员的,执行国家规定的工资待遇;其他在基层工作的全科医生按照与基层医疗卫生机构签订的服务合同和与居民签订的服务协议获得报酬,也可通过向非签约居民提供门诊服务获得报酬。基层医疗卫生机构内部绩效工资分配可采取设立全科医生津贴等方式,向全科医生等承担临床一线任务的人员倾斜。绩效考核要充分考虑全科医生的签约居民数量和构成、门诊工作量、服务质量、居民满意度以及居民医药费用控制情况等因素。

（二十七）完善鼓励全科医生到艰苦边远地区工作的津补贴政策。对到艰苦边远地区政府办基层医疗卫生机构工作的全科医生,按国家规定发放艰苦边远地区津贴。对在人口稀少、艰苦边远地区独立执业的全科医生,地方政府要制定优惠政策或给予必要补助,中央财政和省级财政在安排转移支付时要予以适当倾斜。

（二十八）拓宽全科医生的职业发展路径。鼓励地方按照有关规定设置特设岗位,招聘优秀的专业技术人才到基层医疗卫生机构工作。经过规范化培养的全科医生到基层医疗卫生机构工作，可提前一年申请职称晋升，并可在同等条件下优先聘用到全科主治医师岗位。要将签约居民数量、接诊量、服务质量、群众满意度等作为全科医生职称晋升的重要因素，基层单位全科医生职称晋升按照国家有关规定可放宽外语要求，不对论文作硬性规定。建立基层医疗卫生人才流动机制，鼓励全科医生在县级医院与基层医疗卫生机构双向流动。专科医生培养基地招收学员时同等条件下优先录取具有基层执业经验的全科医生。

七、相关保障措施

（二十九）完善相关法律法规。在充分论证的基础上，推动修订执业医师法和相关法规，提高医生执业资格准入条件，明确全科医生的执业范围和权利责任，保障全科医生合法权益。研究制定医生多点执业的管理办法，明确自由执业者的职业发展政策，引导医院医生到基层提供服务，鼓励退休医生到基层医疗卫生机构执业。

（三十）加强全科医生培养基地建设。在充分利用现有资源基础上，按照“填平补齐”原则，建设以三级综合医院和有条件的二级医院为临床培养基地，以有条件的社区卫生服务中心、乡镇卫生院和专业公共卫生机构为实践基地的全科医生培养实训网络。政府对全科医生规范化培养基地建设和教学实践活动给予必要支持；中央财政对财政困难地区给予补助。卫生部会同教育部等有关部门制定临床培养基地、实践基地的建设标准和管理办法。加强全科医学师资队伍建设，制定全科医学师资标准，依托有条件的高等医学院校建设区域性全科医学师资培训基地，重点支持基层实践基地师资的培训。

（三十一）合理规划全科医生的培养使用。国家统一规划全科医生培养工作，每年公布全科医生培养基地名单及招生名额，招生向中西部地区倾斜。各省（区、市）卫生行政部门要统筹本省（区、市）全科医生需求数量，以县（区）为单位公布全科医生岗位。以医生岗位需求为导向，科学调控临床医学专业招生规模。卫生部要制定全国医生岗位需求计划，教育部在制定临床医学本科生和临床医学专业学位研究生招生计划时要与医生岗位需求计划做好衔接。

（三十二）充分发挥相关行业协（学）会作用。加强相关行业协（学）会能力建设，在行业自律和制订全科医生培养内容、标准、流程及全科医师资格考试等方面充分依托行业协（学）会，发挥其优势和积极作用。

八、积极稳妥地推进全科医生制度建设

（三十三）切实加强组织领导。各省（区、市）人民政府要按照本指导意见精神，尽快制定本省（区、市）的实施方案。卫生、教育、人力资源社会保障、财政、中医药、法制等部门要尽快组织修订完善现行法规政策，制定出台相关实施细则。

（三十四）认真开展试点推广。建立全科医生制度是对现行医生培养制度、医生执业方式、医疗卫生服务模式的重要改革，政策性强，涉及面广，影响深远。对改革中的难点问题，鼓励地方先行试点，积极探索。有关部门要及时总结实践经验，逐步推广。要强化政策措施的衔接，及时研究新情况、新问题，确保全科医生制度稳步实施。

（三十五）做好舆论宣传引导。通过健康教育、舆论宣传等方式培养居民的预防保健观念，引导居民转变传统就医观念和习惯，增强全社会的契约意识，为实施改革营造良好环境。

医师外出会诊管理暂行规定

1. 2005年4月30日卫生部令第42号公布
2. 自2005年7月1日起施行

第一条 为规范医疗机构之间医师会诊行为，促进医学交流与发展，提高医疗水平，保证医疗质量和医疗安全，方便群众就医，保护患者、医师、医疗机构的合法权益，根据《执业医师法》、《医疗机构管理条例》的规定，制定本规定。

第二条 本规定所称医师外出会诊是指医师经所在医疗机构批准，为其他医疗机构特定的患者开展执业范围内的诊疗活动。

医师未经所在医疗机构批准，不得擅自外出会诊。

第三条 各级卫生行政部门应当加强对医师外出会诊的监督管理。

第四条 医疗机构在诊疗过程中，根据患者的病情需要或者患者要求等原因，需要邀请其他医疗机构的医师会诊时，经治科室应当向患者说明会诊、费用等情况，征得患者同意后，报本单位医务管理部门批准；当患者不具备完全民事行为能力时，应征得其近亲属或者监护人同意。

第五条 邀请会诊的医疗机构（以下称邀请医疗机构）拟邀请其他医疗机构（以下称会诊医疗机构）的医师会诊，需向会诊医疗机构发出书面会诊邀请函。内容应当包括拟会诊患者病历摘要、拟邀请医师或者邀请医师的专业及技术职务任职资格、会诊的目的、理由、时间和费用等情况，并加盖邀请医疗机构公章。

用电话或者电子邮件等方式提出会诊邀请的，应当及时补办书面手续。

第六条 有下列情形之一的，医疗机构不得提出会诊邀请：

（一）会诊邀请超出本单位诊疗科目或者本单位不具备相应资质的；

（二）本单位的技术力量、设备、设施不能为会诊提供必要的医疗安全保障的；

（三）会诊邀请超出被邀请医师执业范围的；

（四）省级卫生行政部门规定的其他情形。

第七条 会诊医疗机构接到会诊邀请后，在不影响本单位正常业务工作和医疗安全的前提下，医务管理部门应当及时安排医师外出会诊。会诊影响本单位正常业务工作但存在特殊需要的情况下，应当经会诊医疗机构负责人批准。

第八条 有下列情形之一的，医疗机构不得派出医师外出会诊：

（一）会诊邀请超出本单位诊疗科目或者本单位不具备相应资质的；

（二）会诊邀请超出被邀请医师执业范围的；

（三）邀请医疗机构不具备相应医疗救治条件的；

（四）省级卫生行政部门规定的其他情形。

第九条 会诊医疗机构不能派出会诊医师时，应当及时告知邀请医疗机构。

第十条 医师接受会诊任务后，应当详细了解患者的病情，亲自诊查患者，完成相应的会诊工作，并按照规定书写医疗文书。

第十一条 医师在会诊过程中应当严格执行有关的卫生管理法律、法规、规章和诊疗规范、常规。

第十二条 医师在会诊过程中发现难以胜任会诊工作，应当及时、如实告知邀请医疗机构，并终止会诊。

医师在会诊过程中发现邀请医疗机构的技术力量、设备、设施条件不适宜收治该患者，或者难以保障会诊质量和安全的，应当建议将该患者转往其他具备收治条件的医疗机构诊治。

第十三条 会诊结束后，邀请医疗机构应当将会诊情况通报会诊医疗机构。医师应当在返回本单位2个工作日内将外出会诊的有关情况报告所在科室负责人和医务管理部门。

第十四条 医师在外出会诊过程中发生的医疗事故争议，由邀请医疗机构按照《医疗事故处理条例》的规定进行处理。必要时，会诊医疗机构应当协助处理。

第十五条 会诊中涉及的会诊费用按照邀请医疗机构所在地的规定执行。差旅费按照实际发生额结算，不得重复收费。属医疗机构根据诊疗需要邀请的，差旅费由医疗机构承担；属患者主动要求邀请的，差旅费由患者承担，收费方应向患者提供正式收费票据。会诊中涉及的治疗、手术等收费标准可在当地规定的基础上酌情加收，加收幅度由省级价格主管部门会同同级卫生行政部门确定。

邀请医疗机构支付会诊费用应当统一支付给会诊医疗机构，不得支付给会诊医师本人。会诊医疗机构由于会诊产生的收入，应纳入单位财务部门统一核算。

第十六条 会诊医疗机构应当按照有关规定给付会诊医师合理报酬。医师在国家法定节假日完成会诊任务的，会诊医疗机构应当按照国家有关规定提高会诊医师的报酬标准。

第十七条 医师在外出会诊时不得违反规定接受邀请医疗机构报酬，不得收受或者索要患者及其家属的钱物，不得牟取其他不正当利益。

第十八条 医疗机构应当加强对本单位医师外出会诊的管理，建立医师外出会诊管理档案，并将医师外出会诊情况与其年度考核相结合。

第十九条 医疗机构违反本规定第六条、第八条、第十五条的，由县级以上卫生行政部门责令改正，给予警告；诊疗活动超出登记范围的，按照《医疗机构管理条例》第四十七条处理。

第二十条 医师违反第二条、第七条规定擅自外出会诊或者在会诊中违反第十七条规定的，由所在医疗机构记入医师考核档案；经教育仍不改正的，依法给予行政处分或者纪律处分。

医师外出会诊违反《执业医师法》有关规定的，按照《执业医师法》第三十七条处理。

第二十一条 医疗机构疏于对本单位医师外出会诊管理的，县级以上卫生行政部门应当对医疗机构及其主要负责人和负有责任的主管人员进行通报批评。

第二十二条 医师受卫生行政部门调遣到其他医疗机构开展诊疗活动的，不适用本规定。

第二十三条 本规定自2005年7月1日起施行。

医学教育临床实践管理暂行规定

1. 2008年8月18日卫生部、教育部发布
2. 卫科教发〔2008〕45号
3. 自2009年1月1日起施行

第一条　为规范医学教育临床实践活动的管理，保护患者、教师和学生的合法权益，保证医学教育教学质量，依据《中华人民共和国执业医师法》、《中华人民共和国高等教育法》制定本规定。

第二条　本规定适用于经教育行政主管部门批准设置的各级各类院校的医学生和《执业医师法》规定的试用期医学毕业生（以下简称试用期医学毕业生）的医学教育临床实践活动。

第三条　本规定所称医学教育临床实践包括医学生的临床见习、临床实习、毕业实习等临床教学实践活动和试用期医学毕业生的临床实践活动。

医学生是指具有注册学籍的在校医学类专业学生。医学生的临床教学实践活动在临床教学基地进行，在临床带教教师指导下参与临床诊疗活动，实现学习目的。

试用期医学毕业生是指被相关医疗机构录用并尚未取得执业医师资格的医学毕业生。试用期医学毕业生的临床实践活动在相关医疗机构进行，在指导医师指导下从事临床诊疗活动，在实践中提高临床服务能力。

第四条　临床教学基地是指院校的附属医院以及与举办医学教育的院校建立教学合作关系、承担教学任务的医疗机构，包括教学医院、实习医院和社区卫生服务机构等。

临床教学基地的设置必须符合教育、卫生行政部门的有关规定，必须有足够数量的具有执业医师资格的临床带教教师。

第五条　临床教学基地负责组织医学生的临床教学实践活动，为实施临床教学实践活动和完成教学任务提供必要的条件，维护临床教学实践过程中相关参与者的合法权益。

第六条　相关医疗机构是指承担试用期医学毕业生临床实践任务的医疗机构。相关医疗机构负责安排试用期医学毕业生的临床实践活动，确定执业医师作为指导医师，对试用期医学毕业生进行指导。

第七条　临床教学基地及相关医疗机构应采取有效措施保护医学教育临床教学实践活动中患者的知情同意权、隐私权和其他相关权益。

临床教学基地和相关医疗机构有责任保证医学教育临床实践过程中患者的医疗安全及医疗质量，并通过多种形式告知相关患者以配合临床实践活动。

第八条　临床教学基地和相关医疗机构应加强对医学生和试用期医学毕业生的医德医风及职业素质教育。

第九条　临床带教教师是指经临床教学基地和相关院校核准，承担临床教学和人才培养任务的执业医师。指导医师是指经相关医疗机构核准，承担试用期医学毕业生指导任务的执业医师。

第十条　临床带教教师和指导医师负责指导医学生和试用期医学毕业生的医学教育临床实践活动，确定从事医学教育临床实践活动的具体内容，审签医学生和试用期医学毕业生书写的医疗文件。

第十一条　临床带教教师和指导医师应牢固确立教学意识，增强医患沟通观念，积极说服相关患者配合医学教育临床实践活动；在安排和指导临床实践活动之前，应尽到告知义务并得到相关患者的同意。在教学实践中要保证患者的医疗安全和合法权益。

第十二条　医学生在临床带教教师的监督、指导下，可以接触观察患者、询问患者病史、检查患者体征、查阅患者有关资料、参与分析讨论患者病情、书写病历及住院患者病程记录、填写各类检查和处置单、医嘱和处方，对患者实施有关诊疗操作、参加有关的手术。

第十三条　试用期医学毕业生在指导医师的监督、指导下，可以为患者提供相应的临床诊疗服务。

第十四条　医学生和试用期医学毕业生参与医学教育临床诊疗活动必须由临床带教教师或指导医师监督、指导，不得独自为患者提供临床诊疗服务。临床实践过程中产生的有关诊疗的文字材料必须经临床带教教师或指导医师审核签名后才能作为正式医疗文件。

第十五条　医学生和试用期医学毕业生在医学教育临床实践活动中应当尊重患者的知情同意权和隐私权，不得损害患者的合法权益。

第十六条　在医学教育临床实践过程中发生的医疗事故或医疗纠纷，经鉴定，属于医方原因造成的，由临床教学基地和相关医疗机构承担责任。

因临床带教教师和指导医师指导不当而导致的医疗事故或医疗纠纷，临床带教教师或指导医师承担相应责任。

第十七条　医学生和试用期医学毕业生在临床带教教师和指导医师指导下参与医学教育临床实践活动，不承担医疗事故或医疗纠纷责任。

医学生和试用期医学毕业生未经临床带教教师或指导医师同意，擅自开展临床诊疗活动的，承担相应的责任。

第十八条　护理、药学及其他医学相关类专业的医学教育临床实践活动参照本规定执行。

第十九条　本规定自2009年1月1日起实行。

医疗机构从业人员行为规范

1. 2012年6月26日卫生部、国家食品药品监督管理局、国家中医药管理局公布

2. 卫办发〔2012〕45号

第一章　总　　则

第一条　为规范医疗机构从业人员行为，根据医疗卫生有关法律法规、规章制度，结合医疗机构实际，制定本规范。

第二条　本规范适用于各级各类医疗机构内所有从业人员，包括：

（一）管理人员。指在医疗机构及其内设各部门、科室从事计划、组织、协调、控制、决策等管理工作的人员。

（二）医师。指依法取得执业医师、执业助理医师资格，经注册在医疗机构从事医疗、预防、保健等工作的人员。

（三）护士。指经执业注册取得护士执业证书，依法在医疗机构从事护理工作的人员。

（四）药学技术人员。指依法经过资格认定，在医疗机构从事药学工作的药师及技术人员。

（五）医技人员。指医疗机构内除医师、护士、药学技术人员之外从事其他技术服务的卫生专业技术人员。

（六）其他人员。指除以上五类人员外，在医疗机构从业的其他人员，主要包括物资、总务、设备、科研、教学、信息、统计、财务、基本建设、后勤等部门工作人员。

第三条　医疗机构从业人员，既要遵守本文件所列基本行为规范，又要遵守与职业相对应的分类行为规范。

第二章　医疗机构从业人员基本行为规范

第四条　以人为本，践行宗旨。坚持救死扶伤、防病治病的宗旨，发扬大医精诚理念和人道主义精神，以病人为中心，全心全意为人民健康服务。

第五条　遵纪守法，依法执业。自觉遵守国家法律法规，遵守医疗卫生行业规章和纪律，严格执行所在医疗机构各项制度规定。

第六条　尊重患者，关爱生命。遵守医学伦理道德，尊重患者的知情同意权和隐私权，为患者保守医疗秘密和健康隐私，维护患者合法权益；尊重患者被救治的权利，不因种族、宗教、地域、贫富、地位、残疾、疾病等歧视患者。

第七条　优质服务，医患和谐。言语文明，举止端庄，认真践行医疗服务承诺，加强与患者的交流与沟通，积极带头控烟，自觉维护行业形象。

第八条　廉洁自律，恪守医德。弘扬高尚医德，严格自律，不索取和非法收受患者财物，不利用执业之便谋取不正当利益；不收受医疗器械、药品、试剂等生产、经营企业或人员以各种名义、形式给予的回扣、提成，不参加其安排、组织或支付费用的营业性娱乐活动；不骗取、套取基本医疗保障资金或为他人骗取、套取提供便利；不违规参与医疗广告宣传和药品医疗器械促销，不倒卖号源。

第九条　严谨求实，精益求精。热爱学习，钻研业务，努力提高专业素养，诚实守信，抵制学术不端行为。

第十条　爱岗敬业，团结协作。忠诚职业，尽职尽责，正确处理同行同事间关系，互相尊重，互相配合，和谐共事。

第十一条　乐于奉献，热心公益。积极参加上级安排的指令性医疗任务和社会公益性的扶贫、义诊、助残、支农、援外等活动，主动开展公众健康教育。

第三章　管理人员行为规范

第十二条　牢固树立科学的发展观和正确的业绩观，加强制度建设和文化建设，与时俱进，创新进取，努力提升医疗质量、保障医疗安全、提高服务水平。

第十三条　认真履行管理职责，努力提高管理能力，依法承担管理责任，不断改进工作作风，切实服务临床一线。

第十四条　坚持依法、科学、民主决策，正确行使权力，遵守决策程序，充分发挥职工代表大会作用，推进院务公开，自觉接受监督，尊重员工民主权利。

第十五条　遵循公平、公正、公开原则，严格人事招录、评审、聘任制度，不在人事工作中谋取不正当利益。

第十六条　严格落实医疗机构各项内控制度，加强财物管理，合理调配资源，遵守国家采购政策，不违反规定干预和插手药品、医疗器械采购和基本建设等工作。

第十七条　加强医疗、护理质量管理，建立健全医疗风险管理机制。

第十八条 尊重人才，鼓励公平竞争和学术创新，建立完善科学的人员考核、激励、惩戒制度，不从事或包庇学术造假等违规违纪行为。

第十九条 恪尽职守，勤勉高效，严格自律，发挥表率作用。

第四章 医师行为规范

第二十条 遵循医学科学规律，不断更新医学理念和知识，保证医疗技术应用的科学性、合理性。

第二十一条 规范行医，严格遵循临床诊疗和技术规范，使用适宜诊疗技术和药物，因病施治，合理医疗，不隐瞒、误导或夸大病情，不过度医疗。

第二十二条 学习掌握人文医学知识，提高人文素质，对患者实行人文关怀，真诚、耐心与患者沟通。

第二十三条 认真执行医疗文书书写与管理制度，规范书写、妥善保存病历材料，不隐匿、伪造或违规涂改、销毁医学文书及有关资料，不违规签署医学证明文件。

第二十四条 依法履行医疗质量安全事件、传染病疫情、药品不良反应、食源性疾病和涉嫌伤害事件或非正常死亡等法定报告职责。

第二十五条 认真履行医师职责，积极救治，尽职尽责为患者服务，增强责任安全意识，努力防范和控制医疗责任差错事件。

第二十六条 严格遵守医疗技术临床应用管理规范和单位内部规定的医师执业等级权限，不违规临床应用新的医疗技术。

第二十七条 严格遵守药物和医疗技术临床试验有关规定，进行实验性临床医疗，应充分保障患者本人或其家属的知情同意权。

第五章 护士行为规范

第二十八条 不断更新知识，提高专业技术能力和综合素质，尊重关心爱护患者，保护患者的隐私，注重沟通，体现人文关怀，维护患者的健康权益。

第二十九条 严格落实各项规章制度，正确执行临床护理实践和护理技术规范，全面履行医学照顾、病情观察、协助诊疗、心理支持、健康教育和康复指导等护理职责，为患者提供安全优质的护理服务。

第三十条 工作严谨、慎独，对执业行为负责。发现患者病情危急，应立即通知医师；在紧急情况下为抢救垂危患者生命，应及时实施必要的紧急救护。

第三十一条 严格执行医嘱，发现医嘱违反法律、法规、规章或者临床诊疗技术规范，应及时与医师沟通或按规定报告。

第三十二条 按照要求及时准确、完整规范书写病历，认真管理，不伪造、隐匿或违规涂改、销毁病历。

第六章 药学技术人员行为规范

第三十三条 严格执行药品管理法律法规，科学指导合理用药，保障用药安全、有效。

第三十四条 认真履行处方调剂职责，坚持查对制度，按照操作规程调剂处方药品，不对处方所列药品擅自更改或代用。

第三十五条 严格履行处方合法性和用药适宜性审核职责。对用药不适宜的处方，及时告知处方医师确认或者重新开具；对严重不合理用药或者用药错误的，拒绝调剂。

第三十六条 协同医师做好药物使用遴选和患者用药适应症、使用禁忌、不良反应、注意事项和使用方法的解释说明，详尽解答用药疑问。

第三十七条 严格执行药品采购、验收、保管、供应等各项制度规定，不私自销售、使用非正常途径采购的药品，不违规为商业目的统方。

第三十八条 加强药品不良反应监测，自觉执行药品不良反应报告制度。

第七章 医技人员行为规范

第三十九条 认真履行职责，积极配合临床诊疗，实施人文关怀，尊重患者，保护患者隐私。

第四十条 爱护仪器设备，遵守各类操作规范，发现患者的检查项目不符合医学常规的，应及时与医师沟通。

第四十一条 正确运用医学术语，及时、准确出具检查、检验报告，提高准确率，不谎报数据，不伪造报告。发现检查检验结果达到危急值时，应及时提示医师注意。

第四十二条 指导和帮助患者配合检查，耐心帮助患者查询结果，对接触传染性物质或放射性物质的相关人员，进行告知并给予必要的防护。

第四十三条 合理采集、使用、保护、处置标本，不违规买卖标本，谋取不正当利益。

第八章 其他人员行为规范

第四十四条 热爱本职工作，认真履行岗位职责，增强为临床服务的意识，保障医疗机构正常运营。

第四十五条 刻苦学习，钻研技术，熟练掌握本职业务技能，认真执行各项具体工作制度和技术操作常规。

第四十六条 严格执行财务、物资、采购等管理制度，认真做好设备和物资的计划、采购、保管、报废等工作，廉洁奉公，不谋私利。

第四十七条　严格执行临床教学、科研有关管理规定，保证患者医疗安全和合法权益，指导实习及进修人员严格遵守服务范围，不越权越级行医。

第四十八条　严格执行医疗废物处理规定，不随意丢弃、倾倒、堆放、使用、买卖医疗废物。

第四十九条　严格执行信息安全和医疗数据保密制度，加强医院信息系统药品、高值耗材统计功能管理，不随意泄露、买卖医学信息。

第五十条　勤俭节约，爱护公物，落实安全生产管理措施，保持医疗机构环境卫生，为患者提供安全整洁、舒适便捷、秩序良好的就医环境。

第九章　实施与监督

第五十一条　医疗机构行政领导班子负责本规范的贯彻实施。主要责任人要以身作则，模范遵守本规范，同时抓好本单位的贯彻实施。

第五十二条　医疗机构相关职能部门协助行政领导班子抓好本规范的落实，纪检监察纠风部门负责对实施情况进行监督检查。

第五十三条　各级卫生行政部门要加强对辖区内各级各类医疗机构及其从业人员贯彻执行本规范的监督检查。

第五十四条　医疗卫生有关行业组织应结合自身职责，配合卫生行政部门做好本规范的贯彻实施，加强行业自律性管理。

第五十五条　医疗机构及其从业人员实施和执行本规范的情况，应列入医疗机构校验管理和医务人员年度考核、医德考评和医师定期考核的重要内容，作为医疗机构等级评审、医务人员职称晋升、评先评优的重要依据。

第五十六条　医疗机构从业人员违反本规范的，由所在单位视情节轻重，给予批评教育、通报批评、取消当年评优评职资格或低聘、缓聘、解职待聘、解聘。其中需要追究党纪、政纪责任的，由有关纪检监察部门按照党纪政纪案件的调查处理程序办理；需要给予行政处罚的，由有关卫生行政部门依法给予相应处罚；涉嫌犯罪的，移送司法机关依法处理。

第十章　附　　则

第五十七条　本规范适用于经注册在村级医疗卫生机构从业的乡村医生。

第五十八条　医疗机构内的实习人员、进修人员、签订劳动合同但尚未进行执业注册的人员和外包服务人员等，根据其在医疗机构内从事的工作性质和职业类别，参照相应人员分类执行本规范。

第五十九条　本规范由卫生部、国家中医药管理局、国家食品药品监督管理局负责解释。

第六十条　本规范自公布之日起施行。

医疗机构从业人员违纪违规问题调查处理暂行办法

1. 2011年12月30日中央纪委驻卫生部纪检组、监察部驻卫生部监察局公布

2. 驻卫纪发〔2011〕22号

第一章　总　　则

第一条　为加强对医疗机构从业人员的监督管理，严肃行业纪律，促进医疗机构从业人员违纪违规问题调查处理工作规范化、程序化，根据有关党纪政纪规定和医疗卫生行业规章制度，结合医疗机构实际，制定本办法。

第二条　卫生行政部门对医疗机构从业人员或医疗机构对本机构内从业人员违纪违规问题的调查处理，适用本办法。法律、行政法规或党内规章制度对医疗机构从业人员违纪违规问题调查处理另有规定的，从其规定。

第三条　本办法所称医疗机构从业人员违纪违规问题（以下简称违纪违规问题），是指各级各类医疗机构从业人员违反党纪、政纪和医疗卫生行业规章、纪律以及本单位内部有关制度、规定的问题。

第四条　违纪违规问题的调查处理必须坚持实事求是的原则，做到事实清楚、证据确凿、定性准确、处理恰当、程序合法、手续完备。

第五条　违纪违规问题的调查处理必须坚持纪律面前人人平等的原则，实行教育与惩处相结合。

第二章　管　　辖

第六条　违纪违规问题调查处理实行分级办理、各负其责的工作制度。

第七条　公立医疗机构领导班子成员和其他由上级主管部门任命的人员的违纪违规问题，按照干部管理权限，由其任免机关依照有关规定调查处理。

第八条　公立医疗机构的医、药、护、技人员和第七条规定以外的其他一般行政、后勤、管理人员的违纪违规问题，由医疗机构按照本办法规定的程序调查处理。

第九条　上级卫生行政部门要加强对下级卫生行政部门

和辖区内医疗机构违纪违规问题调查处理工作的指导，属下级卫生行政部门或辖区内医疗机构管辖的重大、典型违纪违规问题，必要时上级卫生行政部门可以直接组织调查。

第三章 受 理

第十条 卫生行政部门和医疗机构应确定专门机构或人员，具体负责本单位的违纪违规问题举报受理工作。

第十一条 卫生行政部门和医疗机构应向社会公布举报电话、通讯地址、电子信箱和举报接待的时间、地点，公布有关规章制度，医疗机构应在门诊大厅等人员比较集中的地方设立举报箱，为群众提供举报的必要条件。

第十二条 卫生行政部门和医疗机构对收到的违纪违规问题举报件，必须逐件拆阅，由专门机构或人员统一登记编号。登记的主要内容应包括：被反映人基本情况（姓名、单位、政治面貌、职务）、被反映的主要问题和反映人基本情况（匿名、署名还是联名）。

对通过电话或当面反映问题的，接听、接待人员应当如实记录，并按前款规定登记编号。

第十三条 卫生行政部门和医疗机构应健全完善举报工作制度和工作机制，保证举报件接收安全、完整、保密，不得丢失或损毁。

第十四条 卫生行政部门和医疗机构在日常检查工作中发现的违纪违规问题线索，应依照管辖权限转交相应的部门或单位按规定办理。

第十五条 对接收的违纪违规问题线索和材料，应区别不同情况作如下处理：

（一）属于本单位管辖的，由本单位相应职能部门办理；

（二）属于上级单位管辖的，应以函件形式将举报件原件报送上级有管辖权的单位处理，复印件留存；

（三）属于下级单位管辖的，应将有关举报线索和材料转交下级有管辖权的单位办理，必要时可要求其在规定时间内报告办理结果；

（四）对不属于卫生行政部门和医疗机构管辖范围内的举报，应将其材料移送有关单位处理，或告知来信来访者向有关单位反映；

（五）对重要的违纪违规问题线索和材料应当及时向本单位负责人报告。

第十六条 卫生行政部门和医疗机构对属于本单位负责办理的违纪违规问题线索和材料，应当集中管理、件件登记，定期研究、集体排查，逐件进行初步审核。初步审核后，经单位负责人批准分别作出以下处理：

（一）认为违纪违规事实不存在的，或者违纪违规问题线索过于笼统，不具可查性，举报人又不能补充提供新线索的，予以了结或暂存，有关线索和材料存档备查；

（二）认为被反映人虽有错误，但违纪违规情节轻微，不需要作进一步调查的，应对其进行批评教育，或责成其作出检讨、予以改正；

（三）认为有违纪违规事实，需要作进一步调查的，按照本办法有关规定组织调查。

第四章 调 查

第十七条 卫生行政部门和医疗机构受理的违纪违规问题需要调查核实的，应及时组织调查，不得延误。

第十八条 对需调查的违纪违规问题，负责调查的单位应根据情况组织调查组。调查组一般应由本单位纪检监察机构牵头组织。问题复杂的，可由纪检监察机构牵头、相关职能部门参加，组成联合调查组，也可根据需调查问题的性质和单位内设部门职责分工，由有关职能部门牵头组成联合调查组。

必要时，可协调有关方面专家参加调查组，参与涉及具体专业问题的调查工作。

第十九条 调查组要熟悉被调查问题，了解有关政策、规定，研究制订调查方案，并与被调查人所在单位或部门及时沟通协调。

被调查人所在单位或部门应积极配合调查组调查工作。

第二十条 调查组应当严格依法依规、客观全面地收集、调取各种能够证实被调查人有违纪违规问题或者无违纪违规问题，以及违纪违规问题情节轻重的证据。

证据必须经查证属实，才能作为定案的根据。

第二十一条 调查取证人员不得少于二人。调查取证时，应当表明身份。

第二十二条 调查组可依照规定程序，采取以下措施调查取证，有关卫生行政部门、医疗机构及其内设部门和人员必须如实提供证据，不得拒绝和阻挠：

（一）查阅、复制与调查内容有关的文件、病历、账册、单据、处方、会议记录等书面材料；

（二）要求有关卫生行政部门、医疗机构及其内设部门、科室提供与调查内容有关的文件、资料等书面材料以及其他必要的情况说明；

（三）与有关人员谈话，要求其对调查涉及的问题作出说明；

（四）对调查涉及的专业性问题，提请有关专门机构或人员作出鉴定结论；

（五）依法依规收集其他能够证明所调查问题真

实情况的一切证据。

第二十三条 调查过程中，应加强与公安、检察、工商、纪检监察等执纪执法机关的协调配合，形成工作合力。确需提请公安、司法机关和其他执纪执法部门予以协助时，应按有关规定办理。

第二十四条 调查组应将认定的违纪违规事实写成违纪违规事实材料与被调查人见面。对被调查人的合理意见应予采纳，必要时还应作补充调查；对不合理意见，应写出有事实根据的说明。

被调查人应当在违纪违规事实材料上签署意见并签字，也可另附书面意见。拒绝签署意见或签字的，由调查人员在违纪违规事实材料上注明。

第二十五条 调查结束后，调查组应当写出调查报告。调查报告的基本内容包括：被调查人的基本情况，调查依据，违纪违规问题事实、性质；被调查人和有关人员的责任；被调查人的态度和对违纪违规事实材料的意见；处理依据和处理意见或建议。对调查否定的问题应交代清楚。对难以认定的重要问题用写实的方法予以反映。调查报告必须由调查组全体成员签名。

受委托调查的违纪违规问题，调查报告应经受委托单位领导班子会议集体研究后以受委托单位名义上报上级委托单位。

第二十六条 调查过程中，发现违纪违规问题严重的，调查组应及时建议有关部门采取必要的组织手段或补救措施，防止问题扩大。

第二十七条 违纪违规问题调查终结后，需要追究有关人员党纪、政纪责任或作出组织处理的，应按照有关规定移送审理。

纪检监察机构应在参加违纪违规问题调查的人员之外另行组织或抽调人员组成审理小组，按照《党的纪律检查机关案件审理工作条例》和《监察机关审理政纪案件的暂行办法》等有关规定进行审理。

第二十八条 违纪违规问题调查的时限为三个月，必要时可延长一个月。问题重大或复杂的，在延长期内仍不能查结的，可经单位领导班子集体研究决定后延长调查时间。

第五章 处 理

第二十九条 违纪违规问题调查审理工作结束后，经调查单位领导班子集体研究，区别不同情况，按以下原则处理：

（一）有违纪违规事实，需要给予党纪政纪处分的，按照有关规定，作出或者按照管理权限建议有关单位作出党纪处分或行政处分决定；

（二）有违纪违规事实，但不需要给予党纪政纪处分的，应建议有关单位依照本规定第三十一条作出恰当处理；

（三）认为需要由其他机关给予处理的，应移送有关机关处理；

（四）对违纪违规事实不存在的，应向被反映人所在单位说明情况，必要时可采取适当形式向被反映人说明情况或在一定范围内予以澄清。

第三十条 对有违纪违规问题的从业人员，需要给予党纪处分的，应按照《中国共产党纪律处分条例》，分别给予警告、严重警告、撤销党内职务、留党察看、开除党籍的纪律处分。

对有违纪违规问题的从业人员，需要给予政纪处分的，应按照《行政机关公务员处分条例》等有关规定，分别给予警告、记过、记大过、降级、撤职、开除的行政处分。

第三十一条 对有违纪违规问题的从业人员，不需要给予党纪、政纪处分的，或已作出党纪、政纪处分，还需同时作出组织处理的，应依照有关规定给予以下处理：

（一）批评教育、通报批评、取消评优评职资格或参加有关学术委员会资格；

（二）扣发绩效工资、停薪；

（三）停职、缓聘、解职待聘、解除聘用合同；

（四）调离工作岗位、调整职务、责令辞职、免职；

（五）警告、暂停执业活动、吊销执业证书。

以上处理办法可单独使用，也可合并使用。

第三十二条 医疗机构从业人员受到党纪处分、行政处分或被司法机关追究刑事责任的，或者免予处分、免予追究刑事责任的，所在医疗机构应当依照有关规定给予本办法第三十一条所列相应处理。

第三十三条 对医疗机构从业人员违纪违规问题需要给予本办法第三十一条第（一）至（四）项所列处理种类的，按照管理权限，由有关组织人事部门或有关单位依照规定办理相关手续；需要给予本办法第三十一条第（五）项所列处理种类的，由有关卫生行政部门依法办理。

第三十四条 有关部门或单位应及时执行处理结果，并将执行情况及时书面反馈违纪违规问题调查部门或单位。

第三十五条 卫生行政部门和医疗机构应注重发挥办案的治本功能，利用典型案件开展警示教育，针对发案原因健全完善规章制度，必要时可根据存在的问题开展专项治理。

第三十六条 医疗机构从业人员对处分或处理不服的，可以在收到处分、处理通知书后，依照有关规定申请复核或提出申诉。

复核、申诉期间不停止对处分或处理的执行。

第六章 纪 律

第三十七条 调查人员应严格遵守以下纪律：

（一）不准对被调查人或有关人员采用违反法律法规或党纪政纪的手段；

（二）不准将举报人、证人告知被举报人和无关人员，不准将举报材料、证明材料交给被举报人及其亲友；

（三）不准泄露拟采取的调查措施等与调查有关的一切情况，不准扩散证据材料；

（四）不准伪造、篡改、隐匿、销毁证据，故意夸大或缩小问题；

（五）不准接受与被调查问题有关人员的财物和其他利益；

（六）调查中，调查组成员如有不同意见，可以保留，但不得对外透露。

第三十八条 调查人员有下列情形之一的，应当自行回避，被调查人、举报人及其他有关人员也有权要求回避：

（一）是被调查人的近亲属；

（二）是要调查问题的举报人、主要证人；

（三）本人或近亲属与要调查问题有利害关系的；

（四）与要调查问题有其他关系，可能影响公正调查的。

调查人员的回避，由负责调查的单位有关负责人决定。

对调查人员的回避作出决定前，调查人员不停止参加调查组的工作。

第三十九条 被调查人或其他有关人员有下列行为之一的，可根据情节轻重，给予批评教育、通报、建议停职检查或相应的处理，造成损害或者犯罪的，移送司法机关处理：

（一）阻挠、抗拒调查人员依法行使职权的；

（二）拒绝提供有关文件、资料和证明材料的；

（三）隐瞒事实真相，隐匿、销毁证据，出具伪证、假证的；

（四）包庇违纪违规行为的；

（五）打击报复举报人或调查人员的。

第七章 附 则

第四十条 本办法由中央纪委驻卫生部纪检组、监察部驻卫生部监察局负责解释。

第四十一条 其他医疗卫生单位从业人员违纪违规问题的调查处理，参照本办法执行。

第四十二条 本办法自公布之日起施行。

具有医学专业技术职务任职资格人员认定医师资格及执业注册办法

1. 1999年6月28日卫生部发布

2. 卫医发〔1999〕第319号

第一条 根据《中华人民共和国执业医师法》（以下简称《执业医师法》）第四十三条的规定，制定本办法。

第二条 《执业医师法》颁布之日前，按照国家有关规定已取得医学专业技术职务任职资格的人员，申请执业医师资格或执业助理医师资格认定和申请医师执业注册的，适用本办法。

第三条 已取得医师以上专业技术职务任职资格的，可以申请执业医师资格。

已取得医士专业技术职务任职资格，以及1995年、1996年大学专科毕业生已经转正但未取得医师专业技术职务任职资格的，可以申请执业助理医师资格。

第四条 在医疗、预防、保健机构中工作的人员，可以同时申请医师资格认定和医师执业注册，由所在机构集体申报。其中在医疗、保健机构中工作的，向批准该机构执业的卫生行政部门或中医（药）主管部门申请；在预防机构中工作的，向同级卫生行政部门申请。

医疗、预防、保健机构中的离退休人员，申请医师资格认定，按前款规定办理。

曾经取得过医学专业技术职务任职资格，现未在医疗、预防、保健机构工作，申请医师资格认定的，由申请人向人事档案存放机构所在地的地或设区的市级卫生行政部门提出申请。

符合本办法第三条规定条件，现在国外学习、工作或居住的中国公民，按前款规定办理。

医疗、预防、保健机构应负责通知符合申请条件的人员。

第五条 申请医师资格认定，应当提交下列材料：

（一）医师资格认定申请审核表；

（二）二寸免冠正面半身照片两张；

（三）《执业医师法》颁布以前取得县级以上卫生、人事行政部门授予的医学专业技术职务任职资格证明；

（四）申请人身份证明。

现未在医疗、预防、保健机构工作的人员，由其人事档案存放单位出具档案中取得医学专业技术职务任职资格的证明。

第六条　申请医师执业注册，应当提交下列材料：

（一）医师执业注册申请审核表；

（二）申请人身份证明；

（三）医疗、预防、保健机构聘用证明。

第七条　县级以上卫生行政部门负责受理申请医师资格认定。

县级卫生行政部门收到申请材料后，对申请人的申请材料进行验证，并签署初审意见。初审合格的，经地或设区的市级卫生行政部门审核后，报省级卫生行政部门认定。

地或设区的市级卫生行政部门收到申请材料后，对申请人的申请材料进行验证，并签署审核意见。审核合格的，报省级卫生行政部门认定。

省级卫生行政部门收到申请材料后，对申请人的申请材料进行验证并审核，并签署审核意见。

各级人事行政部门要积极配合医师资格认定工作，确保此项工作的顺利实施。

第八条　省级卫生行政部门对审核合格的，予以认定，授予执业医师资格或执业助理医师资格，并颁发卫生部统一印制的《医师资格证书》。

第九条　中医（药）主管部门负责现有中医（包括中医、民族医、中西医结合）的医师资格认定，由省级卫生行政部门颁发卫生部统一印制的《医师资格证书》。

第十条　县级以上卫生行政部门或中医（药）主管部门，对由其批准执业的医疗、预防、保健机构中已取得《医师资格证书》，并在机构中工作的申请执业注册的申请人进行审核。审核合格的，予以注册，发给卫生部统一印制的《医师执业证书》。

第十一条　对《执业医师法》颁布后至实施前发生第三十七条所列情形的人员，暂缓注册，比照法律规定分别处理。

第十二条　现正在医疗、预防、保健机构中工作的，申请医师资格认定和执业注册时间截止至1999年9月30日；因特殊原因和不可抗力等因素，不能在规定截止日期前申请的，可以延期至1999年12月31日。

曾取得医学专业技术职务任职资格，现未在医疗、预防、保健机构工作的，申请医师资格认定时间截止至1999年12月31日。

第十三条　省级卫生行政部门对取得《医师资格证书》的人员情况予以汇总，报同级人事行政部门及卫生部备案。

县级以上卫生行政部门对准予注册的医师名单予以公告，并由省级卫生行政部门汇总，报卫生部备案。

第十四条　机关、企业和事业单位所属医疗机构人员的医师资格认定和执业注册，向核发该机构《医疗机构执业许可证》的卫生行政部门申请。

第十五条　伪造有关证明文件，非法取得《医师资格证书》或《医师执业证书》者，一经发现，取消执业医师资格或执业助理医师资格，收回《医师资格证书》；注销执业注册，吊销《医师执业证书》。

第十六条　本办法所称医疗机构是指符合《医疗机构管理条例》第二条和《医疗机构管理条例实施细则》第二条和第三条规定的机构，社区卫生服务机构和采供血机构适用《医疗机构管理条例实施细则》第三条第一款（十二）；预防机构是指《传染病防治法实施办法》第七十三条规定的机构。

第十七条　计划生育技术服务机构中的医师适用本办法。

第十八条　本办法自发布之日起施行。

医师执业注册管理办法

1. 2017年2月28日国家卫生和计划生育委员会令第13号公布

2. 自2017年4月1日起施行

第一章　总　　则

第一条　为了规范医师执业活动，加强医师队伍管理，根据《中华人民共和国执业医师法》，制定本办法。

第二条　医师执业应当经注册取得《医师执业证书》。

未经注册取得《医师执业证书》者，不得从事医疗、预防、保健活动。

第三条　国家卫生计生委负责全国医师执业注册监督管理工作。

县级以上地方卫生计生行政部门是医师执业注册的主管部门，负责本行政区域内的医师执业注册监督管理工作。

第四条　国家建立医师管理信息系统，实行医师电子注册管理。

第二章　注册条件和内容

第五条　凡取得医师资格的，均可申请医师执业注册。

第六条　有下列情形之一的，不予注册：

（一）不具有完全民事行为能力的；

（二）因受刑事处罚，自刑罚执行完毕之日起至申请注册之日止不满二年的；

（三）受吊销《医师执业证书》行政处罚，自处罚决定之日起至申请注册之日止不满二年的；

（四）甲类、乙类传染病传染期、精神疾病发病期以及身体残疾等健康状况不适宜或者不能胜任医疗、预防、保健业务工作的；

（五）重新申请注册，经考核不合格的；

（六）在医师资格考试中参与有组织作弊的；

（七）被查实曾使用伪造医师资格或者冒名使用他人医师资格进行注册的；

（八）国家卫生计生委规定不宜从事医疗、预防、保健业务的其他情形的。

第七条 医师执业注册内容包括：执业地点、执业类别、执业范围。

执业地点是指执业医师执业的医疗、预防、保健机构所在地的省级行政区划和执业助理医师执业的医疗、预防、保健机构所在地的县级行政区划。

执业类别是指临床、中医（包括中医、民族医和中西医结合）、口腔、公共卫生。

执业范围是指医师在医疗、预防、保健活动中从事的与其执业能力相适应的专业。

第八条 医师取得《医师执业证书》后，应当按照注册的执业地点、执业类别、执业范围，从事相应的医疗、预防、保健活动。

第三章 注册程序

第九条 拟在医疗、保健机构中执业的人员，应当向批准该机构执业的卫生计生行政部门申请注册；拟在预防机构中执业的人员，应当向该机构的同级卫生计生行政部门申请注册。

第十条 在同一执业地点多个机构执业的医师，应当确定一个机构作为其主要执业机构，并向批准该机构执业的卫生计生行政部门申请注册；对于拟执业的其他机构，应当向批准该机构执业的卫生计生行政部门分别申请备案，注明所在执业机构的名称。

医师只有一个执业机构的，视为其主要执业机构。

第十一条 医师的主要执业机构以及批准该机构执业的卫生计生行政部门应当在医师管理信息系统及时更新医师定期考核结果。

第十二条 申请医师执业注册，应当提交下列材料：

（一）医师执业注册申请审核表；

（二）近6个月2寸白底免冠正面半身照片；

（三）医疗、预防、保健机构的聘用证明；

（四）省级以上卫生计生行政部门规定的其他材料。

获得医师资格后二年内未注册者、中止医师执业活动二年以上或者本办法第六条规定不予注册的情形消失的医师申请注册时，还应当提交在省级以上卫生计生行政部门指定的机构接受连续6个月以上的培训，并经考核合格的证明。

第十三条 注册主管部门应当自收到注册申请之日起20个工作日内，对申请人提交的申请材料进行审核。审核合格的，予以注册并发放《医师执业证书》。

第十四条 对不符合注册条件不予注册的，注册主管部门应当自收到注册申请之日起20个工作日内书面通知聘用单位和申请人，并说明理由。申请人如有异议的，可以依法申请行政复议或者向人民法院提起行政诉讼。

第十五条 执业助理医师取得执业医师资格后，继续在医疗、预防、保健机构中执业的，应当按本办法规定，申请执业医师注册。

第十六条 《医师执业证书》应当由本人妥善保管，不得出借、出租、抵押、转让、涂改和毁损。如发生损坏或者遗失的，当事人应当及时向原发证部门申请补发。

第十七条 医师跨执业地点增加执业机构，应当向批准该机构执业的卫生计生行政部门申请增加注册。

执业助理医师只能注册一个执业地点。

第四章 注册变更

第十八条 医师注册后有下列情形之一的，医师个人或者其所在的医疗、预防、保健机构，应当自知道或者应当知道之日起30日内报告注册主管部门，办理注销注册：

（一）死亡或者被宣告失踪的；

（二）受刑事处罚的；

（三）受吊销《医师执业证书》行政处罚的；

（四）医师定期考核不合格，并经培训后再次考核仍不合格的；

（五）连续两个考核周期未参加医师定期考核的；

（六）中止医师执业活动满二年的；

（七）身体健康状况不适宜继续执业的；

（八）出借、出租、抵押、转让、涂改《医师执业证书》的；

（九）在医师资格考试中参与有组织作弊的；

（十）本人主动申请的；

（十一）国家卫生计生委规定不宜从事医疗、预防、保健业务的其他情形的。

第十九条　医师注册后有下列情况之一的，其所在的医疗、预防、保健机构应当自办理相关手续之日起30日内报注册主管部门，办理备案：

（一）调离、退休、退职；

（二）被辞退、开除；

（三）省级以上卫生计生行政部门规定的其他情形。

上述备案满2年且未继续执业的予以注销。

第二十条　医师变更执业地点、执业类别、执业范围等注册事项的，应当通过国家医师管理信息系统提交医师变更执业注册申请及省级以上卫生计生行政部门规定的其他材料。

医师因参加培训需要注册或者变更注册的，应当按照本办法规定办理相关手续。

医师变更主要执业机构的，应当按本办法第十二条的规定重新办理注册。

医师承担经主要执业机构批准的卫生支援、会诊、进修、学术交流、政府交办事项等任务和参加卫生计生行政部门批准的义诊，以及在签订帮扶或者托管协议医疗机构内执业等，不需办理执业地点变更和执业机构备案手续。

第二十一条　注册主管部门应当自收到变更注册申请之日起20个工作日内办理变更注册手续。对因不符合变更注册条件不予变更的，应当自收到变更注册申请之日起20个工作日内书面通知申请人，并说明理由。

第二十二条　国家实行医师注册内容公开制度和查询制度。

地方各级卫生计生行政部门应当按照规定提供医师注册信息查询服务，并对注销注册的人员名单予以公告。

第二十三条　医疗、预防、保健机构未按照本办法第十八条规定履行报告职责，导致严重后果的，由县级以上卫生计生行政部门依据《执业医师法》第四十一条规定进行处理。

医疗、预防、保健机构未按照本办法第十九条规定履行报告职责，导致严重后果的，由县级以上地方卫生计生行政部门对该机构给予警告，并对其主要负责人、相关责任人依法给予处分。

第五章　附　　则

第二十四条　中医（包括中医、民族医、中西医结合）医师执业注册管理由中医（药）主管部门负责。

第二十五条　港澳台人员申请在内地（大陆）注册执业的，按照国家有关规定办理。

外籍人员申请在中国境内注册执业的，按照国家有关规定办理。

第二十六条　本办法自2017年4月1日起施行。1999年7月16日原卫生部公布的《医师执业注册暂行办法》同时废止。

医师定期考核管理办法

1. 2007年2月9日卫生部发布

2. 卫医发〔2007〕66号

3. 自2007年5月1日起施行

第一章　总　　则

第一条　为了加强医师执业管理，提高医师素质，保证医疗质量和医疗安全，根据《中华人民共和国执业医师法》及相关规定，制定本办法。

第二条　本办法所称医师定期考核是指受县级以上地方人民政府卫生行政部门委托的机构或组织按照医师执业标准对医师的业务水平、工作成绩和职业道德进行的考核。

第三条　依法取得医师资格，经注册在医疗、预防、保健机构中执业的医师，其定期考核适用本办法。

第四条　定期考核应当坚持客观、科学、公平、公正、公开原则。

第五条　医师定期考核分为执业医师考核和执业助理医师考核。考核类别分为临床、中医（包括中医、民族医、中西医结合）、口腔和公共卫生。

医师定期考核每两年为一个周期。

第六条　卫生部主管全国医师定期考核管理工作。

县级以上地方人民政府卫生行政部门主管其负责注册的医师定期考核管理工作。

第二章　考 核 机 构

第七条　县级以上地方人民政府卫生行政部门可以委托符合下列条件之一的医疗、预防、保健机构或者医疗卫生行业、学术组织（以下统称考核机构）承担医师定期考核工作：

（一）设有100张以上床位的医疗机构；

（二）医师人数在50人以上的预防、保健机构；

（三）具有健全组织机构的医疗卫生行业、学术组织。

县级以上地方人民政府卫生行政部门应当公布受委托的考核机构名单，并逐级上报至卫生部备案。

第八条　考核机构负责医师定期考核的组织、实施和考核结果评定，并向委托其承担考核任务的卫生行政部门报告考核工作情况及医师考核结果。

第九条 考核机构应当成立专门的考核委员会，负责拟定医师考核工作制度，对医师定期考核工作进行检查、指导，保证考核工作规范进行。考核委员会应当由具有中级以上专业技术职务的医学专业技术人员和有关医疗卫生管理人员组成。

第十条 卫生行政部门应当对委托的考核机构的医师定期考核工作进行监督，并可以对考核机构的考核结果进行抽查核实。

第三章 考核方式及管理

第十一条 医师定期考核包括业务水平测评、工作成绩和职业道德评定。

业务水平测评由考核机构负责；工作成绩、职业道德评定由医师所在医疗、预防、保健机构负责，考核机构复核。

第十二条 考核机构应当于定期考核日前60日通知需要接受定期考核的医师。

考核机构可以委托医疗、预防、保健机构通知本机构的医师。

第十三条 各级各类医疗、预防、保健机构应当按要求对执业注册地点在本机构的医师进行工作成绩、职业道德评定，在《医师定期考核表》上签署评定意见，并于业务水平测评日前30日将评定意见报考核机构。

医疗、预防、保健机构对本机构医师进行工作成绩、职业道德评定应当与医师年度考核情况相衔接。

医疗、预防、保健机构应当按规定建立健全医德考评制度，作为对本机构医师进行职业道德评定的依据。

第十四条 考核机构应当先对报送的评定意见进行复核，然后根据本办法的规定对参加定期考核的医师进行业务水平测评，并在《医师定期考核表》上签署意见。业务水平测评可以采用以下一种或几种形式：

（一）个人述职；

（二）有关法律、法规、专业知识的考核或考试以及技术操作的考核或考试；

（三）对其本人书写的医学文书的检查；

（四）患者评价和同行评议；

（五）省级卫生行政部门规定的其他形式。

第十五条 考核机构综合医疗、预防、保健机构的评定意见及业务水平测评结果对医师做出考核结论，在《医师定期考核表》上签署意见，并于定期考核工作结束后30日内将医师考核结果报委托其考核的卫生行政部门备案，同时书面通知被考核医师及其所在机构。

第十六条 医师认为考核机构的考核人员与其有利害关系，可能影响考核客观公正的，可以在考核前向考核机构申请回避。理由正当的，考核机构应当予以同意。

考核机构的考核人员与接受考核的医师有利害关系的，应当主动回避。

第十七条 卫生行政部门应当向考核机构提供参加考核医师考核周期内的行政处罚情况。

第十八条 在考核周期内，拟变更执业地点的或者有执业医师法第三十七条所列情形之一但未被吊销执业证书的医师，应当提前进行考核。

需提前进行考核的医师，由其执业注册所在机构向考核机构报告。

第四章 执业记录与考核程序

第十九条 国家实行医师行为记录制度。医师行为记录分为良好行为记录和不良行为记录。

良好行为记录应当包括医师在执业过程中受到的奖励、表彰、完成政府指令性任务、取得的技术成果等；不良行为记录应当包括因违反医疗卫生管理法规和诊疗规范常规受到的行政处罚、处分，以及发生的医疗事故等。

医师行为记录作为医师考核的依据之一。

第二十条 医师定期考核程序分为一般程序与简易程序。一般程序为按照本办法第三章规定进行的考核。简易程序为本人书写述职报告，执业注册所在机构签署意见，报考核机构审核。

第二十一条 符合下列条件的医师定期考核执行简易程序：

（一）具有5年以上执业经历，考核周期内有良好行为记录的；

（二）具有12年以上执业经历，在考核周期内无不良行为记录的；

（三）省级以上卫生行政部门规定的其他情形。

其他医师定期考核按照一般程序进行。

第五章 考核结果

第二十二条 考核结果分为合格和不合格。工作成绩、职业道德和业务水平中任何一项不能通过评定或测评的，即为不合格。

第二十三条 医师在考核周期内按规定通过住院医师规范化培训或通过晋升上一级专业技术职务考试，可视为业务水平测评合格，考核时仅考核工作成绩和职业道德。

第二十四条 被考核医师对考核结果有异议的，可以在收到考核结果之日起30日内，向考核机构提出复核申请。考核机构应当在接到复核申请之日起30日内对医师考核结果进行复核，并将复核意见书面通知医师本人。

第二十五条　卫生行政部门应当将考核结果记入《医师执业证书》的“执业记录”栏，并录入医师执业注册信息库。

第二十六条　对考核不合格的医师，卫生行政部门可以责令其暂停执业活动3个月至6个月，并接受培训和继续医学教育；暂停执业活动期满，由考核机构再次进行考核。对考核合格者，允许其继续执业，但该医师在本考核周期内不得评优和晋升；对考核不合格的，由卫生行政部门注销注册，收回医师执业证书。

第二十七条　医师在考核周期内有下列情形之一的，考核机构应当认定为考核不合格：

（一）在发生的医疗事故中负有完全或主要责任的；

（二）未经所在机构或者卫生行政部门批准，擅自在注册地点以外的医疗、预防、保健机构进行执业活动的；

（三）跨执业类别进行执业活动的；

（四）代他人参加医师资格考试的；

（五）在医疗卫生服务活动中索要患者及其亲友财物或者牟取其他不正当利益的；

（六）索要或者收受医疗器械、药品、试剂等生产、销售企业或其工作人员给予的回扣、提成或者谋取其他不正当利益的；

（七）通过介绍病人到其他单位检查、治疗或者购买药品、医疗器械等收取回扣或者提成的；

（八）出具虚假医学证明文件，参与虚假医疗广告宣传和药品医疗器械促销的；

（九）未按照规定执行医院感染控制任务，未有效实施消毒或者无害化处置，造成疾病传播、流行的；

（十）故意泄漏传染病人、病原携带者、疑似传染病病人、密切接触者涉及个人隐私的有关信息、资料的；

（十一）疾病预防控制机构的医师未依法履行传染病监测、报告、调查、处理职责，造成严重后果的；

（十二）考核周期内，有一次以上医德考评结果为医德较差的；

（十三）无正当理由不参加考核，或者扰乱考核秩序的；

（十四）违反《执业医师法》有关规定，被行政处罚的。

第六章　监督管理

第二十八条　医疗、预防、保健机构不按照本办法对执业注册地点在本机构的医师进行工作成绩、职业道德评定或者弄虚作假，以及不配合医师定期考核的，卫生行政部门应当责令改正，经责令仍不改正的，对该机构及其主要责任人和有关责任人予以通报批评。

第二十九条　考核机构有下列情形之一的，卫生行政部门应当责令改正；情节严重的，取消其两个考核周期以上的考核机构资格。

（一）不履行考核职责或者未按规定履行职责的；

（二）在考核工作中有弄虚作假、徇私舞弊行为的；

（三）在考核过程中显失公平的；

（四）考核人员索要或者收受被考核医师及其所在机构财物的；

（五）拒绝接受卫生行政部门监督或者抽查核实的；

（六）省级以上卫生行政部门规定的其他情形。

第三十条　考核机构工作人员违反有关规定，弄虚作假、玩忽职守、滥用职权、徇私舞弊，按《执业医师法》第四十二条处理。

第三十一条　医师以贿赂或欺骗手段取得考核结果的，应当取消其考核结果，并判定为该考核周期考核不合格。

第七章　附　　则

第三十二条　中医、民族医、中西医结合医疗机构中医师的考核工作由核准该医疗机构执业的卫生或中医药行政部门委托符合条件的考核机构按照本办法组织实施。

第三十三条　本办法所称业务水平包括医师掌握医疗卫生管理相关法律、法规、部门规章和应用本专业的基本理论、基础知识、基本技能解决实际问题的能力以及学习和掌握新理论、新知识、新技术和新方法的能力。

本办法所称工作成绩包括医师执业过程中，遵守有关规定和要求，一定阶段完成工作的数量、质量和政府指令性工作的情况。

本办法所称职业道德包括医师执业中坚持救死扶伤，以病人为中心，以及医德医风、医患关系、团结协作、依法执业状况等。

第三十四条　对从事母婴保健工作医师的考核还应包括《中华人民共和国母婴保健法》及其实施办法规定的考核内容。

第三十五条 省、自治区、直辖市卫生行政部门可以根据本办法制定实施细则。

第三十六条 本办法由卫生部负责解释。

第三十七条 本办法自2007年5月1日起施行。

医师资格考试暂行办法

1. 1999年7月16日卫生部令第4号发布
2. 根据2002年2月5日《卫生部关于修改〈医师资格考试暂行办法〉第十七条的通知》(卫医发〔2002〕37号)第一次修订
3. 根据2003年4月18日《卫生部关于修改〈医师资格考试暂行办法〉第十六条和第三十四条的通知》(卫医发〔2003〕95号)第二次修订
4. 根据2008年6月6日《卫生部关于修订〈医师资格考试暂行办法〉第三十四条的通知》(卫医发〔2008〕32号)第三次修订
5. 根据2009年7月20日《卫生部关于明确〈医师资格考试暂行办法〉中参与有组织作弊情形的通知》第四次修订
6. 根据2018年6月7日《国家卫生健康委员会关于宣布失效第三批委文件的决定》第三次修订和第四次修订废止

第一章 总　　则

第一条 根据《中华人民共和国执业医师法》(以下简称《执业医师法》)第八条的规定,制定本办法。

第二条 医师资格考试是评价申请医师资格者是否具备执业所必须的专业知识与技能的考试。

第三条 医师资格考试分为执业医师资格考试和执业助理医师资格考试。考试类别分为临床、中医(包括中医、民族医、中西医结合)、口腔、公共卫生四类。考试方式分为实践技能考试和医学综合笔试。

医师资格考试方式的具体内容和方案由卫生部医师资格考试委员会制定。

第四条 医师资格考试实行国家统一考试,每年举行一次。考试时间由卫生部医师资格考试委员会确定,提前3个月向社会公告。

第二章 组织管理

第五条 卫生部医师资格考试委员会,负责全国医师资格考试工作。委员会下设办公室和专门委员会。

各省、自治区、直辖市卫生行政部门牵头成立医师资格考试领导小组,负责本辖区的医师资格考试工作。领导小组组长由省级卫生行政部门的主要领导兼任。

第六条 医师资格考试考务管理实行国家医学考试中心、考区、考点三级分别责任制。

第七条 国家医学考试中心在卫生部和卫生部医师资格考试委员会领导下,具体负责医师资格考试的技术性工作,其职责是:

(一)组织拟定考试大纲和命题组卷的有关具体工作;

(二)组织制订考务管理规定;

(三)承担考生报名信息处理、制卷、发送试卷、回收答题卡等考务工作;

(四)组织评定考试成绩,提供考生成绩单;

(五)提交考试结果统计分析报告;

(六)向卫生部和卫生部医师资格考试委员会报告考试工作;

(七)指导考区办公室和考点办公室的业务工作;

(八)承担命题专家的培训工作;

(九)其他。

第八条 各省、自治区、直辖市为考区,考区主任由省级卫生行政部门主管领导兼任。

考区的基本情况和人员组成报卫生部医师资格考试委员会备案。

考区设办公室,其职责是:

(一)制定本地区医师考试考务管理具体措施;

(二)负责本地区的医师资格考试考务管理;

(三)指导各考点办公室的工作;

(四)接收或转发报名信息、试卷、答题卡、成绩单等考试资料;向国家医学考试中心寄送报名信息、答题卡等考试资料;

(五)复核考生报名资格;

(六)处理、上报考试期间本考区发生的重大问题;

(七)其他。

第九条 考区根据考生情况设置考点,报卫生部医师资格考试委员会备案。考点应设在地或设区的市。考点设主考一人,由地或设区的市级卫生行政部门主管领导兼作。

考点设置应符合考点设置标准。

考点设办公室,其职责是:

(一)负责本地区医师资格考试考务工作;

(二)受理考生报名,核实考生提供的报名材料,审核考生报名资格;

(三)指导考生填写报名信息表,按统一要求处理考生信息;

(四)收取考试费;

（五）核发《准考证》；

（六）安排考场，组织培训监考人员；

（七）负责接收本考点的试卷、答题卡，负责考试前的机要存放；

（八）组织实施考试；

（九）考试结束后清点试卷、答题卡，寄送答题卡并销毁试卷；

（十）分发成绩单并受理成绩查询；

（十一）处理、上报考虑期间本考点发生的问题；

（十二）其他。

第十条 各级考试管理部门和机构要有计划地逐级培训考务工作人员。

第三章 报考程序

第十一条 凡符合《执业医师法》第九条所列条件的，可以申请参加执业医师资格考试。

在1998年6月26日前获得医士专业职务任职资格，后又取得执业助理医师资格的，医士从业时间和取得执业助理医师执业证书后执业时间累计满五年的，可以申请参加执业医师资格考试。

高等学校医学专业本科以上学历是指国务院教育行政部门认可的各类高等学校医学专业本科以上的学历。

第十二条 凡符合《执业医师法》第十条所列条件的，可以申请参加执业助理医师资格考试。

高等学校医学专科学历是指省级以上教育行政部门认可的各类高等学校医学专业专科学历；中等专业学校医学专业学历是指经省级以上教育行政部门认可的各类中等专业学校医学专业中专学历。

第十三条 申请参加医师资格考试的人员，应当在公告规定期限内，到户籍所在地的考点办公室报名，并提交下列材料：

（一）二寸免冠正面半身照片两张；

（二）本人身份证明；

（三）毕业证书复印件；

（四）试用机构出具的证明期满一年并考核合格的证明；

（五）执业助理医师申报执业医师资格考试的，还应当提交《医师资格证书》复印件、《医师执业证书》复印件、执业时间和考核合格证明；

（六）报考所需的其他材料。

试用机构与户籍所在地跨省分离的，由试用机构推荐，可在试用机构所在地报名参加考试。

第十四条 经审查，符合报考条件，由考点发放《准考证》。

第十五条 考生报名后不参加考试的，取消本次考试资格。

第四章 实践技能考试

第十六条 在卫生部医师资格考试委员会的领导下，国家医学考试中心和国家中医管理局中医师资格认证中心依据实践技能考试大纲，统一命制实践技能考试试题，向考区提供试卷、计算机化考试软件、考生评分册等考试材料。省级医师资格考试领导小组负责组织实施实践技能考试。

第十七条 已经取得执业助理医师执业证书，报考执业医师资格的，应报名参加相应类别执业医师资格考试的实践技能考试。

第十八条 经省级医师资格考试领导小组批准的，符合《医疗机构基本标准》二级以上医院（中医、民族医、中西医结合医院除外）、妇幼保健院，急救中心标准的机构，承担对本机构聘用的申请报考临床类别人员的实践技能考试。

除前款规定的人员外，其他人员应根据考点办公室的统一安排，到省级医师资格考试领导小组指定的地或设区的市级以上医疗、预防、保健机构或组织参加实践技能考试。该机构或组织应当在考生医学综合笔试考点所在地。

第十九条 承担实践技能考试的考官应具备下列条件：

（一）取得主治医师以上专业技术职务任职资格满三年；

（二）具有一年以上培训医师或指导医学专业学生实习的工作经历；

（三）经省级医师资格考试领导小组进行考试相关业务知识的培训，考试成绩合格，并由省级医师资格考试领导小组颁发实践技能考试考官聘任证书。

实践技能考试考官的聘用任期为二年。

第二十条 承担实践技能考试的机构或组织内设若干考试小组。每个考试小组由三人以上单数考官组成。其中一名为主考官。主考官应具有副主任医师以上专业技术职务任职资格，并经承担实践技能考试机构或组织的主要负责人推荐，报考点办公室审核，由考点主考批准。

第二十一条 考官有下列情形之一的，必须自行回避；应试者也有权以口头或者书面方式申请回避：

（一）是应试者的近亲属；

（二）与应试者有利害关系；

（三）与应试者有其他关系，可能影响考试公正的。

前款规定适用于组织考试的工作人员。

第二十二条　实践技能考试机构或组织应对应试者所提交的试用期一年的实践材料进行认真审核。

第二十三条　考试小组进行评议时，如果意见分歧，应当少数服从多数，并由主考官签署考试结果。但是少数人的意见应当写入笔录。评议笔录由考试小组的全体考官签名。

第二十四条　省级医师资格考试领导小组要加强对承担实践技能考试工作的机构或组织的检查、指导、监督和评价。

第二十五条　本办法第十八条第一款规定的机构，应当将考生考试结果及有关资料报考点办公室审核。考点办公室应在医学综合笔试考试日期15日前将考生实践技能考试结果通知考生，并对考试合格的，发给由主考签发的实践技能考试合格证明。

本办法第十八条第二款规定的机构或组织应于考试结束后将考生考试结果及有关资料报考点办公室审核，由考点办公室将考试结果通知考生，对考试合格的，发给由主考签发的实践技能考试合格证明。具体上报和通知考生时间由省级卫生行政部门规定。

实践技能考试合格者方可参加医学综合笔试。

第五章　医学综合笔试

第二十六条　实践技能考试合格的考生应持实践技能考试合格证明参加医学综合笔试。

第二十七条　医师资格考试试卷（包括备用卷）和标准答案，启用前应当严格保密；使用后的试卷应予销毁。

第二十八条　国家医学考试中心向考区提供医学综合笔试试卷和答题卡、各考区成绩册、考生成绩单及考试统计分析结果。考点在考区的领导监督下组织实施考试。

第二十九条　考试中心、考区、考点工作人员及命题人员，如有直系亲属参加当年医师资格考试的，应实行回避。

第三十条　医师资格考试结束后，考区应当立即将考试情况报告卫生部医师资格考试委员会。

第三十一条　医师资格考试的合格线由卫生部医师资格考试委员会确定，并向社会公告。

第三十二条　考生成绩单由考点发给考生。考生成绩在未正式公布前，应当严格保密。

第三十三条　考试成绩合格的，授予执业医师资格或执业助理医师资格，由省级卫生行政部门颁发卫生部统一印制的《医师资格证书》。

《医师资格证书》是执业医师资格或执业助理医师资格的证明文件。

第六章　处　　罚

第三十四条　违反本办法，考生有下列情形之一的，县级以上卫生行政部门视情节，给予警告、通报批评、终止考试、取消单元考试资格、取消当年考试资格和考试成绩并取消自下一年度起两年内参加医师资格考试资格的处罚或行政处分；构成犯罪的，依法追究刑事责任：

（一）违反考场纪律、影响考场秩序；

（二）传抄、夹带、偷换试卷；

（三）假报姓名、年龄、学历、工龄、民族、身份证明、学籍等；

（四）伪造有关资料，弄虚作假；

（五）其他严重舞弊行为。

考生由他人代考，取消当年考试资格和考试成绩并取消自下一年度起两年内参加医师资格考试的资格。代他人参加医师资格考试的经执业注册的医师，应认定为医师定期考核不合格，按《执业医师法》第三十一条处理；代他人参加医师资格考试的其他人员，移交相关部门处理。

对以各种欺骗手段取得《医师资格证书》者，应收回其《医师资格证书》，自下一年度起两年内不予受理其报名参加医师资格考试的申请。

第三十五条　考试工作人员违反本办法，有下列情形之一的，由县级以上卫生行政部门给予警告或取消考试工作人员资格，考试工作人员所在单位可以给予记过、记大过、降级、降职、撤职、开除等处分；构成犯罪的，依法追究刑事责任：

（一）监考中不履行职责；

（二）在阅卷评分中错评、漏评、差错较多，经指出仍不改正的；

（三）泄漏阅卷评分工作情况；

（四）利用工作之便，为考生舞弊提供条件或者谋取私利；

（五）其他严重违纪行为。

第三十六条　考点有下列情况之一，造成较大影响的，取消考点资格，并追究考点负责人的责任：

（一）考点考务工作管理混乱，出现严重差错的；

（二）所属考场秩序混乱、出现大面积舞弊、抄袭现象的；

（三）发生试卷泄密、损毁、丢失的；

（四）其他影响考试的行为。

考场、考点发生考试纪律混乱、有组织的舞弊，相应范围内考试无效。

第三十七条　卫生行政部门工作人员违反本办法有关规定，在考试中弄虚作假、玩忽职守、滥用职权、徇私舞弊，尚不构成犯罪的，依法给予行政处分；构成犯罪的，依法追究刑事责任。

第三十八条　为申请参加实践技能考试的考生出具伪证的，依法追究直接责任者的法律责任。执业医师出具伪证的，注销注册，吊销其《医师执业证书》。对出具伪证的机构主要负责人视情节予以降职、撤职等处分；构成犯罪的，依法追究刑事责任。

省级医师资格考试领导小组对违反有关规定的承担实践技能考试机构或组织责令限期整改；情节严重的，取消承担实践技能考试机构或组织的资格，五年内不得再次申请承担实践技能考试指定机构或组织。

第七章　附　　则

第三十九条　省级卫生行政部门可根据本办法制定具体规定，并报卫生部备案。

第四十条　国家和省级中医药主管部门分别在卫生部医师资格考试委员会和省级医师资格考试领导小组统一安排下，参与组织中医（包括中医、民族医、中西医结合）医师资格考试中的有关技术性工作、考生资格审核、实践技能考试等。

第四十一条　本办法所称医疗机构是指符合《医疗机构管理条例》第二条和《医疗机构管理条例实施细则》第二条和第三条规定的机构；社区卫生服务机构和采供血机构适用《医疗机构管理条例实施细则》第三条第十二项的规定；预防机构是指《传染病防治法实施办法》第七十三条规定的机构。

第四十二条　计划生育技术服务机构中的人员适用本办法的规定。

第四十三条　本办法由卫生部解释。

第四十四条　本办法自颁布之日起施行。

医师资格考试违纪违规处理规定

1. 2014年8月10日国家卫生和计划生育委员会令第4号公布

2. 自2014年9月10日起施行

第一章　总　　则

第一条　为加强医师资格考试工作的管理，规范医师资格考试违纪违规行为的认定与处理，保障考试公平、公正，维护考生和考试工作人员的合法权益，根据《中华人民共和国执业医师法》（以下简称《执业医师法》）及相关法律法规，制定本规定。

第二条　本规定适用于在医师资格考试中对考生、命审题人员、考试工作人员、其他相关人员及考点违纪违规行为的认定和处理。

第三条　对考试违纪违规行为的认定与处理，应当做到事实清楚、证据确凿、程序规范、适用规定准确。

第四条　国家卫生计生委负责全国医师资格考试违纪违规行为认定和处理的监督管理。

设区的市级以上地方卫生计生行政部门负责本辖区医师资格考试违纪违规行为的认定、处理和监督管理。

国家医学考试中心在国家卫生计生委的领导下，负责全国医师资格考试结果的分析和管理，违纪违规行为认定、处理的指导和信息管理，并向国家卫生计生委报告全国医师资格考试违纪违规处理工作的相关情况。

国家中医药管理局中医师资格认证中心（以下简称中医师资格认证中心）根据职责分工负责相关工作。

考区、考点的考试机构在同级卫生计生行政部门领导下，分别负责本辖区考试违纪违规行为认定、处理等相关工作的具体实施。

第二章　考生及相关人员违纪违规行为的认定与处理

第五条　考生有下列行为之一的，当年该单元或者考站考试成绩无效：

（一）考试开始信号发出后，在规定之外位置就座并参加考试的；

（二）进入考室时，经提醒仍未按要求将规定物品放在指定位置的；

（三）考试开始信号发出前答题或者考试结束信号发出后继续答题，经提醒仍不改正的；

（四）未按要求使用考试规定用笔或者纸答题，经提醒仍不改正的；

（五）未按要求在试卷、答卷（含答题卡，下同）上正确书写本人信息、填涂答题信息或者标记其他信息，经提醒仍不改正的；

（六）考试开始30分钟内，经提醒仍不在答卷上填写本人信息的；

（七）在考试过程中，旁窥、交头接耳、互打暗号或者手势，经提醒仍不改正的；

（八）未经考试工作人员同意，在考试过程中擅自离开座位或者考室的；

（九）拒绝、妨碍考试工作人员履行管理职责的；

（十）在考室或者考场禁止的范围内，喧哗、吸烟或者实施其他影响考试秩序的行为，经劝阻仍不改正的；

（十一）同一考室、同一考题两份以上主观题答案文字表述、主要错点高度一致的；

（十二）省级以上卫生计生行政部门规定的其他一般违纪违规行为。

第六条 考生有下列行为之一的，当年考试成绩无效：

（一）考试开始信号发出后，被查出携带记载医学内容的材料的；

（二）抄袭或者协助他人抄袭试题答案或者考试内容相关资料的；

（三）将试卷、答卷或者涉及试题的作答信息材料带出考室的；

（四）故意损毁试卷、答卷或者考试设备、材料的；

（五）省级以上卫生计生行政部门规定的其他较为严重的违纪违规行为。

第七条 考生有下列行为之一的，当年考试成绩无效，在2年内不得报考医师资格：

（一）考试开始信号发出后，被查出携带电子作弊工具的；

（二）抢夺、窃取他人试卷、答卷或者强迫他人为自己抄袭提供方便的；

（三）在考场警戒线范围内交接或者交换试卷、答卷等考试相关材料的；

（四）拒不服从考试工作人员管理，故意扰乱考场、评卷场所等考试工作秩序的；

（五）与考试工作人员串通作弊的；

（六）威胁、侮辱、殴打考试工作人员的；

（七）利用伪造证件、证明及其他虚假材料报名的；

（八）填写他人考试识别信息或者试卷标识信息的；

（九）省级以上卫生计生行政部门规定的其他严重违纪违规行为。

第八条 考生有下列行为之一的，认定为参与有组织作弊，当年考试成绩无效，终身不得报考医师资格：

（一）由他人代替参加考试的；

（二）在考场警戒线范围内对外进行通讯、传递、发送或者接收试卷内容或者答案的；

（三）散布谣言，扰乱考试环境，造成严重不良社会影响的；

（四）考前非法获取、持有、使用、传播试题或者答案的；

（五）省级以上卫生计生行政部门规定的其他有组织作弊行为。

第九条 考试结束后发现并认定考生有违纪违规行为的，依照本规定进行处理。

第十条 考生通过违纪违规行为获得考试成绩并取得医师资格证书、医师执业证书的，由发放证书的卫生计生行政部门依据有关法律法规进行处理，撤销并收回医师资格证书、医师执业证书，并进行通报。

在校医学生、在职教师参与有组织作弊，由卫生计生行政部门将有关情况通报其所在学校，由其所在学校根据有关规定进行处理。在校医学生参与有组织作弊情节严重的，终身不得报考医师资格。

医师参与有组织作弊，已经取得医师资格但尚未注册的，卫生计生行政部门将不予注册；已经注册取得医师执业证书的，由注册的卫生计生行政部门依法注销其执业注册，收回医师执业证书，并不再予以注册。有其他违纪违规行为的，卫生计生行政部门应当依法进行处理。卫生计生行政部门对医师的处理情况应当及时通报其所在单位。

除考生外的其他人员参与有组织作弊的，卫生计生行政部门应当向有关部门或者单位通报，并建议给予其相应处分。

第三章 命审题人员和考试工作人员违纪违规行为的认定与处理

第十一条 命审题人员应当具有良好的政治素质和品行，具有胜任命审题及涉密岗位所要求的工作能力。

命审题人员应当履行以下保密义务：

（一）遵守国家保密法律法规及其他相关规定，不得以任何方式泄露属国家秘密的医师资格考试试卷、试题内容；

（二）凡有直系亲属、利害关系人参加当年考试的，应当主动回避，不得参加当年命审题和组卷工作；

（三）应当接受保密教育和培训，签订《保密责任承诺书》；

（四）不得参与和考试有关的应试培训工作。

第十二条 命审题人员有下列行为之一的，国家医学考试中心或者中医师资格认证中心应当停止其参加命审题工作，视情节轻重作出或者建议其所在单位给予相应处分，并调离命审题工作岗位：

（一）非法获取、持有国家秘密载体的；

（二）买卖、转送或者私自销毁国家秘密载体的；

（三）通过普通邮政、快递等无保密措施的渠道传递国家秘密载体的；

（四）邮寄、托运国家秘密载体出境，或者未经有关主管部门批准，携带、传递国家秘密载体出境的；

（五）非法复制、记录、存储国家秘密的；

（六）在私人交往和通信中泄露国家秘密的；

（七）在互联网及其他公共信息网络或者未采取保密措施的有线和无线通信中传递国家秘密的；

（八）将涉密计算机、涉密存储设备接入互联网及其他公共信息网络的；

（九）在涉密信息系统与互联网及其他公共信息网络之间进行信息交换的；

（十）使用非涉密计算机、非涉密存储设备存储、处理国家秘密信息的；

（十一）擅自卸载、修改涉密信息系统的安全技术程序、管理程序的；

（十二）将未经安全技术处理的退出使用的涉密计算机、涉密存储设备赠送、出售、丢弃或者改作其他用途的；

（十三）参与和医师资格考试有关的培训工作的；

（十四）未经国家医学考试中心或者中医师资格认证中心批准，在聘用期内参与编写、出版医师资格考试辅导用书和相关资料的。

第十三条 考试工作人员应当认真履行工作职责。在考试考务管理工作中，有下列行为之一的，考试机构应当停止其参加考试工作，视情节轻重作出或者建议其所在单位给予相应的处分，并调离考试工作单位或者岗位：

（一）为考生或者考试工作人员提供虚假证明、证件，或者违规修改考生档案（含电子档案）的；

（二）擅自变更考试时间、地点或者考试安排的；

（三）因工作失误，导致辖区内部分考生未能如期参加考试，并造成恶劣社会影响的；

（四）通过提示或者暗示帮助考生答题的；

（五）擅自将试题、答卷以及与考试内容相关的材料带出考室或者传递给他人的；

（六）偷换、涂改考生答卷、考试成绩或者考场原始记录材料的；

（七）未按照规定保管、使用、销毁考试材料的；

（八）未认真履行职责，造成所负责标准考室的雷同率达到60%的；

（九）评阅卷人员造成卷面成绩明显错误，成绩错误试卷数量占其评卷总量1%以上的；

（十）与考生或者其他人员串通，在考试期间帮助考生实施违纪违规行为的；

（十一）具有应当回避考试工作的情形但隐瞒不报的；

（十二）利用考试工作便利，进行索贿、受贿或者牟取不正当利益的；

（十三）诬陷、打击报复考生或者其他考试工作人员的；

（十四）省级以上卫生计生行政部门规定的其他违反考务管理的行为。

第十四条 考点的考试工作人员严重不负责任，造成考试组织管理混乱、违纪违规现象突出的，由卫生计生行政部门进行通报批评，并给予警告。

考点违纪违规现象严重，影响恶劣的，由省级卫生计生行政部门取消该考点承办考试的资格，责令整改，在2年内不得承办考试工作，并追究相关管理人员的责任。

第十五条 除考试工作人员外，其他有关人员有干扰考试行为的，卫生计生行政部门或者考试机构应当建议有关单位给予相应行政处分。

第四章 违纪违规行为的认定与处理程序

第十六条 考试工作人员对考试过程中发现的违纪违规行为应当及时予以纠正，并采取必要措施收集、保全违纪违规证据。

对考试过程中发现的违纪违规行为，应当由2名以上考试工作人员共同填写全国统一样式的《医师资格考试违纪违规行为记录单》。记录单内容包括：违纪违规事实、情节及现场处理情况。记录单填写完成并经考试工作人员签字后，应当及时报考点主考签字认定。考试工作人员应当如实将记录内容和拟处理意见告知被处理人。

对事实清楚、证据确凿的违纪违规行为，卫生计生行政部门应当及时作出处理决定，出具全国统一样式的《医师资格考试违纪违规行为处理决定书》，并按要求及时送达被处理人或者其所在单位。

第十七条 考点考试机构负责汇总考点各考场违纪违规情况，并及时报送考点所在地设区的市级卫生计生行政部门。

第十八条 违纪违规考生的处理决定由设区的市级卫生计生行政部门作出。除当年单元或者考站考试成绩无效、当年考试成绩无效的处理决定外，设区的市级卫生计生行政部门作出其他处理决定后，应当自处理决定作出之日起15日内报省级卫生计生行政部门备案。对发现的不当处理决定，省级卫生计生行政部门应当自收到备案材料之日起30日内进行调查、纠正，也可以要求设区的市级卫生计生行政部门重新调查处理。

第十九条 设区的市级以上地方卫生计生行政部门应当加强对考点、考场的监督管理，有第十三条、第十四条所列情形且情节严重的，可以直接介入调查和处理，并将有关情况及时上报国家卫生计生委，同时抄送国家医学考试中心或者中医师资格认证中心。

第二十条 命审题人员、考试工作人员在试题命制、考场、考点及评卷过程中有违反本规定行为的，国家医学考试中心或者中医师资格认证中心负责人、考点主考、评卷负责人应当暂停其工作，并依照本规定报卫生计生行政部门处理。

第二十一条 卫生计生行政部门作出处理决定时，应当将拟作出的处理决定及时告知被处理人。

被处理人对卫生计生行政部门认定的违纪违规事实或者拟作出的处理决定存在异议的，有权进行陈述和申辩。

被处理人对处理决定不服的，可以依法申请行政复议或者提起行政诉讼。

第二十二条 考区考试机构应当在省级卫生计生行政部门指导下建立国家医师资格考试考生诚信档案，记录、保留并向国家医学考试中心提供在医师资格考试中违纪违规考生的相关信息。

考区考试机构应当汇总本辖区考试违纪违规行为的认定和处理情况，分别报送至省级卫生计生行政部门和国家医学考试中心，由国家医学考试中心纳入考生个人信息库进行管理。

第五章 附 则

第二十三条 考生、命审题人员、考试工作人员和其他相关人员违反本规定构成犯罪的，依法追究刑事责任。

第二十四条 本规定中下列用语的含义：

当年考试，是指考生当年从报名参加医师资格考试至考试所有测试内容完成的全过程。

考站或者考试单元，是指进行实践技能考试或者医学综合笔试时，将考试分成的不同阶段。实践技能考试中称为考站，医学综合笔试中称为考试单元。

考生，是指根据《执业医师法》和国家卫生计生委制定的考试办法，报名参加医师资格考试的人员。

命审题人员，是指参与医师资格考试命题、审题、组卷的专家和工作人员。

考试工作人员，是指参与医师资格考试考务管理、评阅卷和考试服务工作的人员。

考试机构，是指各级卫生计生行政部门指定的负责医师资格考试考务工作的单位。

考区和考点，是指为进行医师资格考试考务管理划定的考试管理区域。考区指省、自治区、直辖市所辖区域；考点指地或者设区市所辖区域。

考场，是指医师资格考试实施的具体场所，一般指学校、医院等。

考室，是指考场内实施医师资格考试的独立区域，如教室、诊室等。

第二十五条 本规定自2014年9月10日起施行。

传统医学师承和确有专长人员医师资格考核考试办法

1. 2006年12月21日卫生部令第52号发布
2. 自2007年2月1日起施行

第一章 总 则

第一条 为规范传统医学师承和确有专长人员医师资格考核考试，根据《中华人民共和国执业医师法》第十一条的规定和医师资格考试的有关规定，制定本办法。

第二条 以师承方式学习传统医学或者经多年传统医学临床实践医术确有专长、不具备医学专业学历的人员，参加医师资格考试，适用本办法。

第三条 考核是对传统医学师承和确有专长人员申请参加医师资格考试的资格评价和认定，分为传统医学师承出师考核（以下简称出师考核）和传统医学医术确有专长考核（以下简称确有专长考核）。

第四条 国家中医药管理局负责全国传统医学师承人员和确有专长人员医师资格考核考试的监督管理工作。

第五条 本办法所称“传统医学”是指中医学和少数民族医学。

第二章 出 师 考 核

第六条 出师考核由省级中医药管理部门具体组织实施。

第七条 师承人员应当具有高中以上文化程度或者具有同等学力，并连续跟师学习满3年。

第八条 师承人员的指导老师应当同时具备下列条件：

（一）具有中医类别中医或者民族医专业执业医

师资格；

（二）从事中医或者民族医临床工作 15 年以上，或者具有中医或者民族医副主任医师以上专业技术职务任职资格；

（三）有丰富的临床经验和独特的技术专长；

（四）遵纪守法，恪守职业道德，信誉良好；

（五）在医疗机构中坚持临床实践，能够完成教学任务。

第九条 师承人员应当与指导老师签订由国家中医药管理局统一式样的师承关系合同。

师承关系合同应当经县级以上公证机构公证，跟师学习时间自公证之日起计算。

第十条 指导老师同时带教师承人员不得超过两名。

第十一条 师承人员跟师学习的形式、内容，由省级中医药管理部门制定。

第十二条 出师考核内容应当包括职业道德和业务水平，重点是传统医学专业基础知识与基本技能，学术经验、技术专长继承情况；方式包括综合笔试和临床实践技能考核。

具体考核内容、标准及办法由国家中医药管理局制定。

第十三条 申请参加出师考核的师承人员，填写由国家中医药管理局统一式样的《传统医学师承出师考核申请表》，并经核准其指导老师执业的卫生行政部门、中医药管理部门审核同意后，向省级中医药管理部门提出申请。

第十四条 申请出师考核的应当提交下列材料：

（一）传统医学师承出师考核申请表；

（二）本人身份证明；

（三）二寸免冠正面半身照片 2 张；

（四）学历或学力证明；

（五）指导老师医师资格证书、医师执业证书、专业技术职务任职资格证书，或者核准其执业的卫生行政部门、中医药管理部门出具的从事中医、民族医临床工作 15 年以上证明；

（六）经公证的师承关系合同；

（七）省级以上中医药管理部门要求提供的其他材料。

第十五条 省级中医药管理部门对申请出师考核者提交的材料进行审查，符合考核条件的，发放准考证；不符合考核条件的，在受理申请后 15 个工作日内向申请出师考核者说明理由。

第十六条 出师考核每年进行一次，具体时间由省级中医药管理部门确定，考核工作开始前 3 个月在辖区内进行公告。

第十七条 出师考核合格者由省级中医药管理部门颁发由国家中医药管理局统一式样的《传统医学师承出师证书》。

第三章 确有专长考核

第十八条 确有专长考核由设区的市级卫生行政部门、中医药管理部门组织实施。

第十九条 申请确有专长考核的，应当同时具备以下条件：

（一）依法从事传统医学临床实践 5 年以上；

（二）掌握独具特色、安全有效的传统医学诊疗技术。

第二十条 确有专长考核内容应当包括职业道德和业务水平，重点是传统医学专业基础知识及掌握的独特诊疗技术和临床基本操作；方式包括综合笔试和临床实际本领考核。

具体考核内容、标准及办法由国家中医药管理局制定。

第二十一条 申请确有专长考核的人员，填写由国家中医药管理局统一式样的《传统医学医术确有专长考核申请表》，并经所在地县级卫生行政部门审核同意后，向设区的市级卫生行政部门、中医药管理部门提出申请。

第二十二条 申请确有专长考核的应当提交下列材料：

（一）传统医学医术确有专长考核申请表；

（二）本人身份证明；

（三）二寸免冠正面半身照片 2 张；

（四）申请人所在地县级卫生行政部门出具的证明其从事传统医学临床实践年限的材料；

（五）两名以上执业医师出具的证明其掌握独具特色、安全有效的传统医学诊疗技术的材料；

（六）设区的市级以上卫生行政部门、中医药管理部门要求提供的其他材料。

第二十三条 确有专长考核每年进行一次，具体时间由设区的市级卫生行政部门、中医药管理部门确定，考核工作开始前 3 个月在辖区内进行公告。

第二十四条 考核合格者由负责组织考核的卫生行政部门、中医药管理部门发给由国家中医药管理局统一式样的《传统医学医术确有专长证书》，并报省级中医药管理部门备案。

第四章 医师资格考试

第二十五条 师承和确有专长人员医师资格考试是评价申请医师资格者是否具备执业所需的专业知识与技能的考试，是国家医师资格考试的组成部分。

第二十六条 师承和确有专长人员医师资格考试方式分为实践技能考试和医学综合笔试，实践技能考试合格的方可参加医学综合笔试。

考试的具体内容和方案由卫生部医师资格考试委员会制定。

第二十七条 师承和确有专长人员取得《传统医学师承出师证书》或《传统医学医术确有专长证书》后，在执业医师指导下，在授予《传统医学师承出师证书》或《传统医学医术确有专长证书》的省(自治区、直辖市)内的医疗机构中试用期满1年并考核合格，可以申请参加执业助理医师资格考试。

第二十八条 师承和确有专长人员取得执业助理医师执业证书后，在医疗机构中从事传统医学医疗工作满5年，可以申请参加执业医师资格考试。

第二十九条 师承和确有专长人员申请参加医师资格考试应当到规定的考点办公室报名，并提交下列材料：

(一)二寸免冠正面半身照片2张；

(二)本人身份证明；

(三)《传统医学师承出师证书》或《传统医学医术确有专长证书》；

(四)试用机构出具的试用期考核合格证明；

(五)执业助理医师申报执业医师资格考试的，还需同时提交执业助理医师资格证书和医师执业证书复印件；

(六)报考所需的其他材料。

其他报考程序按医师资格考试的有关规定执行。

第三十条 师承和确有专长人员医师资格考试的组织管理与实施，按照医师资格考试有关规定执行。

第三十一条 师承和确有专长人员医师资格考试合格线由卫生部医师资格考试委员会确定。

考试成绩合格的，获得卫生部统一印制的《医师资格证书》。

第五章 处 罚

第三十二条 申请出师考核和确有专长考核人员在申请或者参加考核中，有下列情形的，取消当年参加考核的资格，构成犯罪的，依法追究刑事责任：

(一)假报姓名、年龄、学历、工龄、民族、户籍、学籍和伪造证件、证明、档案以取得申请考核资格的；

(二)在考核中扰乱考核秩序的；

(三)向考核人员行贿的；

(四)威胁或公然侮辱、诽谤考核人员的；

(五)有其他严重舞弊行为的。

第三十三条 卫生行政部门、中医药管理部门工作人员违反本办法有关规定，出具假证明，提供假档案，在考核中弄虚作假、玩忽职守、滥用职权、徇私舞弊，尚不构成犯罪的，依法给予行政处分；构成犯罪的，依法追究刑事责任。

第三十四条 在医师资格考试过程中发生违规、违纪行为的，根据医师资格考试违规处理有关规定进行处罚。

第六章 附 则

第三十五条 本办法所指传统医学临床实践是指取得有效行医资格人员从事的传统医学医疗活动，或者未取得有效行医资格人员但在中医、民族医执业医师指导下从事的传统医学医疗实习活动。

第三十六条 本办法由国家中医药管理局负责解释。

第三十七条 本办法自2007年2月1日起施行。1999年7月23日发布的《传统医学师承和确有专长人员医师资格考核考试暂行办法》同时废止。

中医医术确有专长人员医师资格考核注册管理暂行办法

1. 2017年11月10日国家卫生和计划生育委员会令第15号公布

2. 自2017年12月20日起施行

第一章 总 则

第一条 为做好中医医术确有专长人员医师资格考核注册管理工作，根据《中华人民共和国中医药法》有关规定，制定本办法。

第二条 以师承方式学习中医或者经多年实践，医术确有专长的人员参加医师资格考核和执业注册，适用本办法。

第三条 国家中医药管理局负责全国中医医术确有专长人员医师资格考核及执业工作的管理。

省级中医药主管部门组织本省、自治区、直辖市中医医术确有专长人员医师资格考核；负责本行政区域内取得医师资格的中医医术确有专长人员执业管理。

省级中医药主管部门应当根据本办法制定本省、自治区、直辖市中医医术确有专长人员医师资格考核注册管理实施细则。

设区的市和县级中医药主管部门负责本行政区域内中医医术确有专长人员医师资格考核组织申报、初审及复审工作,负责本行政区域内取得医师资格的中医医术确有专长人员执业日常管理。

第二章　考核申请

第四条　以师承方式学习中医或者经多年实践,医术确有专长的人员,可以申请参加中医医术确有专长人员医师资格考核。

第五条　以师承方式学习中医的,申请参加医师资格考核应当同时具备下列条件:

(一)连续跟师学习中医满 5 年,对某些病证的诊疗,方法独特、技术安全、疗效明显,经指导老师评议合格;

(二)由至少 2 名中医类别执业医师推荐,推荐医师不包括其指导老师。

第六条　经多年中医医术实践的,申请参加医师资格考核应当同时具备下列条件:

(一)具有医术渊源,在中医医师指导下从事中医医术实践活动满 5 年或者《中华人民共和国中医药法》施行前已经从事中医医术实践活动满 5 年的;

(二)对某些病证的诊疗,方法独特、技术安全、疗效明显,并得到患者的认可;

(三)由至少 2 名中医类别执业医师推荐。

第七条　推荐医师应当为被推荐者长期临床实践所在省、自治区、直辖市相关专业中医类别执业医师。

第八条　以师承方式学习中医的,其指导老师应当具有中医类别执业医师资格,从事中医临床工作 15 年以上或者具有中医类副主任医师以上专业技术职务任职资格。指导老师同时带徒不超过 4 名。

第九条　符合本办法第五条或者第六条规定的人员,可以向其长期临床实践所在地县级中医药主管部门提出考核申请。

第十条　申请参加中医医术确有专长人员医师资格考核的,应当提交以下材料:

(一)国家中医药管理局统一式样的《中医医术确有专长人员医师资格考核申请表》。

(二)本人有效身份证明。

(三)中医医术专长综述,包括医术的基本内容及特点描述、适应症或者适用范围、安全性及有效性的说明等,以及能够证明医术专长确有疗效的相关资料。

(四)至少 2 名中医类别执业医师的推荐材料。

(五)以师承方式学习中医的,还应当提供跟师学习合同,学习笔记、临床实践记录等连续跟师学习中医满 5 年的证明材料,以及指导老师出具的跟师学习情况书面评价意见、出师结论;经多年中医医术实践的,还应当提供医术渊源的相关证明材料,以及长期临床实践所在地县级以上中医药主管部门或者所在居委会、村委会出具的从事中医医术实践活动满 5 年证明,或者至少 10 名患者的推荐证明。

第十一条　县级中医药主管部门和设区的市级中医药主管部门分别对申请者提交的材料进行初审和复审,复审合格后报省级中医药主管部门。省级中医药主管部门对报送材料进行审核确认,对符合考核条件的人员、指导老师和推荐医师信息应当予以公示。申请者在临床实践中存在医疗纠纷且造成严重后果的,取消其报名资格。

第三章　考核发证

第十二条　中医医术确有专长人员医师资格考核实行专家评议方式,通过现场陈述问答、回顾性中医医术实践资料评议、中医药技术方法操作等形式对实践技能和效果进行科学量化考核。专家人数应当为不少于 5 人的奇数。

第十三条　考核专家应当对参加考核者使用中医药技术方法的安全性进行风险评估,并针对风险点考核其安全风险意识、相关知识及防范措施。根据参加考核者使用的中医药技术方法分为内服方药和外治技术两类进行考核。

第十四条　内服方药类考核内容包括:医术渊源或者传承脉络、医术内容及特点;与擅长治疗的病证范围相关的中医基础知识、中医诊断技能、中医治疗方法、中药基本知识和用药安全等。

考核程序分为医术专长陈述、现场问答、诊法技能操作和现场辨识相关中药等。

考核专家应当围绕参加考核者使用的中药种类、药性、药量、配伍等进行安全性评估,根据风险点考核相关用药禁忌、中药毒性知识等。

第十五条　外治技术类考核内容包括:医术渊源或者传承脉络、外治技术内容及特点;与其使用的外治技术相关的中医基础知识、擅长治疗的病证诊断要点、外治技术操作要点、技术应用规范及安全风险防控方法或者措施等。

考核程序分为医术专长陈述、现场问答、外治技术操作等。

考核专家应当围绕参加考核者使用外治技术的操作部位、操作难度、创伤程度、感染风险等进行安全性评估，根据风险点考核其操作安全风险认知和有效防范方法等；外敷药物中含毒性中药的，还应当考核相关的中药毒性知识。

第十六条 治疗方法以内服方药为主、配合使用外治技术，或者以外治技术为主、配合使用中药的，应当增加相关考核内容。

第十七条 考核专家根据参加考核者的现场陈述，结合回顾性中医医术实践资料等，围绕相关病证的疗效评价关键要素进行分析评估并提问，对其医术专长的效果进行现场评定。必要时可采用实地调查核验等方式评定效果。

第十八条 经综合评议后，考核专家对参加考核者作出考核结论，并对其在执业活动中能够使用的中医药技术方法和具体治疗病证的范围进行认定。

第十九条 考核合格者，由省级中医药主管部门颁发《中医（专长）医师资格证书》。

第二十条 县级以上地方中医药主管部门应当加强对考核合格人员有关卫生和中医药法律法规基本知识、基本急救技能、临床转诊能力、中医医疗技术相关性感染防控指南、传染病防治基本知识及报告制度、中医病历书写等知识的培训，提高其执业技能，保障医疗安全。

第四章 考核组织

第二十一条 省级中医药主管部门应当加强考核工作的组织领导，完善考核制度，强化考核工作人员和专家培训，严格考核管理，确保考核公平、公正、安全、有序进行。

第二十二条 省级中医药主管部门每年定期组织中医医术确有专长人员医师资格考核，考核时间应当提前3个月向社会公告。

第二十三条 省级中医药主管部门应当建立中医医术确有专长人员医师资格考核专家库。考核专家应当同时符合下列条件：

（一）中医类别执业医师；

（二）具有丰富的临床经验和技术专长，具备副主任医师以上专业技术职务任职资格或者从事中医临床工作15年以上具有师承或者医术确有专长渊源背景人员；

（三）遵纪守法，恪守职业道德，公平公正，原则性强，工作认真负责。

第二十四条 根据参加考核人员申报的医术专长，由省级中医药主管部门在中医医术确有专长人员医师资格考核专家库内抽取考核专家。考核专家是参加考核人员的近亲属或者与其有利害关系的，应当予以回避。

第五章 执业注册

第二十五条 中医（专长）医师实行医师区域注册管理。取得《中医（专长）医师资格证书》者，应当向其拟执业机构所在地县级以上地方中医药主管部门提出注册申请，经注册后取得《中医（专长）医师执业证书》。

第二十六条 中医（专长）医师按照考核内容进行执业注册，执业范围包括其能够使用的中医药技术方法和具体治疗病证的范围。

第二十七条 中医（专长）医师在其考核所在省级行政区域内执业。中医（专长）医师跨省执业的，须经拟执业所在地省级中医药主管部门同意并注册。

第二十八条 取得《中医（专长）医师执业证书》者，即可在注册的执业范围内，以个人开业的方式或者在医疗机构内从事中医医疗活动。

第六章 监督管理

第二十九条 县级中医药主管部门负责对本行政区域内中医（专长）医师执业行为的监督检查，重点对其执业范围、诊疗行为以及广告宣传等进行监督检查。

第三十条 中医（专长）医师应当参加定期考核，每2年为1个周期。定期考核有关要求由省级中医药主管部门确定。

第三十一条 县级以上地方中医药主管部门应当加强对中医（专长）医师的培训，为中医（专长）医师接受继续教育提供条件。

第三十二条 中医（专长）医师通过学历教育取得省级以上教育行政部门认可的中医专业学历的，或者执业时间满5年、期间无不良执业记录的，可以申请参加中医类别执业医师资格考试。

第三十三条 国家建立中医（专长）医师管理信息系统，及时更新中医（专长）医师注册信息，实行注册内容公开制度，并提供中医（专长）医师注册信息查询服务。

第七章 法律责任

第三十四条 参加中医医术确有专长人员资格考核的人员和考核工作人员，违反本办法有关规定，在考核过程中发生违纪违规行为的，按照国家医师资格考试违纪违规处理有关规定处罚；通过违纪违规行为取得《中医（专长）医师资格证书》、《中医（专长）医师执业证书》的人员，由发证部门撤销并收回《中医（专长）医师资格证书》、《中医（专长）医师执业证书》，并进行通报。

第三十五条 中医医术确有专长人员医师资格考核专家

违反本办法有关规定，在考核工作中未依法履行工作职责的，省级中医药主管部门应当停止其参与考核工作；情节严重的，应当进行通报批评，并建议其所在单位依法给予相应的处分；存在其他违纪违规行为的，按照国家医师资格考试违纪违规处理有关规定处罚；构成犯罪的，依法追究刑事责任。

第三十六条　推荐中医医术确有专长人员的中医医师、以师承方式学习中医的医术确有专长人员的指导老师，违反本办法有关规定，在推荐中弄虚作假、徇私舞弊的，由县级以上中医药主管部门依法责令暂停6个月以上1年以下执业活动；情节严重的，吊销其医师执业证书；构成犯罪的，依法追究刑事责任。

第三十七条　中医（专长）医师在执业中超出注册的执业范围从事医疗活动的，由县级以上中医药主管部门责令暂停6个月以上1年以下执业活动，并处1万元以上3万元以下罚款；情节严重的，吊销其执业证书。造成患者人身、财产损害的，依法承担民事责任；构成犯罪的，依法追究刑事责任。

第八章　附　　则

第三十八条　本办法实施前已经取得《乡村医生执业证书》的中医药一技之长人员可以申请参加中医医术确有专长人员医师资格考核，也可继续以乡村医生身份执业，纳入乡村医生管理。自本办法施行之日起，不再开展中医药一技之长人员纳入乡村医生管理工作。

本办法实施前已经按照《传统医学师承和确有专长人员医师资格考核考试办法》规定取得《传统医学师承出师证》的，可以按照本办法规定，在继续跟师学习满2年后申请参加中医医术确有专长人员医师资格考核。

本办法实施前已经按照《传统医学师承和确有专长人员医师资格考核考试办法》规定取得《传统医学医术确有专长证书》的，可以按照本办法规定申请参加中医医术确有专长人员医师资格考核。

第三十九条　港澳台人员在内地以师承方式学习中医的，可在指导老师所在省、自治区、直辖市申请参加中医医术确有专长医师资格考核。

第四十条　《中医（专长）医师资格证书》和《中医（专长）医师执业证书》由国家中医药管理局统一印制。

第四十一条　本办法自2017年12月20日起施行。

护士执业资格考试办法

1. 2010年5月10日卫生部、人力资源社会保障部令第74号公布

2. 自2010年7月1日起施行

第一条　为规范全国护士执业资格考试工作，加强护理专业队伍建设，根据《护士条例》第七条规定，制定本办法。

第二条　卫生部负责组织实施护士执业资格考试。国家护士执业资格考试是评价申请护士执业资格者是否具备执业所必须的护理专业知识与工作能力的考试。

考试成绩合格者，可申请护士执业注册。

具有护理、助产专业中专和大专学历的人员，参加护士执业资格考试并成绩合格，可取得护理初级（士）专业技术资格证书；护理初级（师）专业技术资格按照有关规定通过参加全国卫生专业技术资格考试取得。

具有护理、助产专业本科以上学历的人员，参加护士执业资格考试并成绩合格，可以取得护理初级（士）专业技术资格证书；在达到《卫生技术人员职务试行条例》规定的护师专业技术职务任职资格年限后，可直接聘任护师专业技术职务。

第三条　护士执业资格考试实行国家统一考试制度。统一考试大纲，统一命题，统一合格标准。

护士执业资格考试原则上每年举行一次，具体考试日期在举行考试3个月前向社会公布。

第四条　护士执业资格考试包括专业实务和实践能力两个科目。一次考试通过两个科目为考试成绩合格。

为加强对考生实践能力的考核，原则上采用“人机对话”考试方式进行。

第五条　护士执业资格考试遵循公平、公开、公正的原则。

第六条　卫生部和人力资源社会保障部成立全国护士执业资格考试委员会。主要职责是：

（一）对涉及护士执业资格考试的重大事项进行协调、决策；

（二）审定护士执业资格考试大纲、考试内容和方案；

（三）确定并公布护士执业资格考试成绩合格线；

（四）指导全国护士执业资格考试工作。

全国护士执业资格考试委员会下设办公室，办公室设在卫生部，负责具体工作。

第七条 护士执业资格考试考务管理实行承办考试机构、考区、考点三级责任制。

第八条 承办考试机构具体组织实施护士执业资格考试考务工作。主要职责是:

(一)组织制定护士执业资格考试考务管理规定,负责全国护士执业资格考试考务管理;

(二)组织专家拟定护士执业资格考试大纲和命题审卷的有关规定并承担具体工作;

(三)负责护士执业资格考试考生信息处理;

(四)组织评定考试成绩,提供考生成绩单和护士执业资格考试成绩合格证明;

(五)负责考试结果的统计分析和考试工作总结,并向护士执业资格考试委员会提交工作报告;

(六)负责建立护士执业资格考试命题专家库和考试题库;

(七)指导考区有关考试的业务工作。

第九条 各省、自治区、直辖市及新疆生产建设兵团设立考区。省、自治区、直辖市人民政府卫生行政部门及新疆生产建设兵团卫生局负责本辖区的考试工作。其主要职责是:

(一)负责本考区护士执业资格考试的考务管理;

(二)制定本考区护士执业资格考试考务管理具体措施;

(三)负责审定考生报名资格;

(四)负责指导考区内各考点的业务工作;

(五)负责处理、上报考试期间本考区发生的重大问题。

省、自治区、直辖市人民政府卫生行政部门及新疆生产建设兵团卫生局可根据实际情况,会同人力资源社会保障部门成立护士执业资格考试领导小组。

第十条 考区根据考生情况设置考点,报全国护士执业资格考试委员会备案。考点设在设区的市。考点的主要职责是:

(一)负责本考点护士执业资格考试的考务工作;

(二)执行本考点护士执业资格考试考务管理具体措施;

(三)受理考生报名,核实报名材料,初审考生报名资格;

(四)负责为不能自行上网打印准考证的考生打印准考证;

(五)处理、上报本考点考试期间发生的问题;

(六)发给考生成绩单和护士执业资格考试成绩合格证明。

第十一条 各级考试管理机构要有计划地培训考务工作人员和监考人员,提高考试管理水平。

第十二条 在中等职业学校、高等学校完成国务院教育主管部门和国务院卫生主管部门规定的普通全日制3年以上的护理、助产专业课程学习,包括在教学、综合医院完成8个月以上护理临床实习,并取得相应学历证书的,可以申请参加护士执业资格考试。

第十三条 申请参加护士执业资格考试的人员,应当在公告规定的期限内报名,并提交以下材料:

(一)护士执业资格考试报名申请表;

(二)本人身份证明;

(三)近6个月二寸免冠正面半身照片3张;

(四)本人毕业证书;

(五)报考所需的其他材料。

申请人为在校应届毕业生的,应当持有所在学校出具的应届毕业生毕业证明,到学校所在地的考点报名。学校可以为本校应届毕业生办理集体报名手续。

申请人为非应届毕业生的,可以选择到人事档案所在地报名。

第十四条 申请参加护士执业资格考试者,应当按国家价格主管部门确定的收费标准缴纳考试费。

第十五条 护士执业资格考试成绩于考试结束后45个工作日内公布。考生成绩单由报名考点发给考生。

第十六条 考试成绩合格者,取得考试成绩合格证明,作为申请护士执业注册的有效证明。

第十七条 考试考务管理工作要严格执行有关规章和纪律,切实做好试卷命制、印刷、发送和保管过程中的保密工作,严防泄密。

第十八条 护士执业资格考试实行回避制度。考试工作人员有下列情形之一的,应当回避:

(一)是考生近亲属的;

(二)与考生有其他利害关系,可能影响考试公正的。

第十九条 对违反考试纪律和有关规定的,按照《专业技术人员资格考试违纪违规行为处理规定》处理。

第二十条 军队有关部门负责军队人员参加全国护士执业资格考试的报名、成绩发布等工作。

第二十一条 香港特别行政区、澳门特别行政区和台湾地区居民符合本办法规定和《内地与香港关于建立更紧密经贸关系的安排》、《内地与澳门关于建立更紧密经贸关系的安排》或者内地有关主管部门规定的,可以申请参加护士执业资格考试。

第二十二条 本办法自2010年7月1日起施行。

护士执业注册管理办法

1. 2008年5月6日卫生部令第59号公布

2. 根据2021年1月8日《国家卫生健康委关于修改和废止〈母婴保健专项技术服务许可及人员资格管理办法〉等3件部门规章的决定》修订

第一条　为了规范护士执业注册管理，根据《护士条例》，制定本办法。

第二条　护士经执业注册取得《护士执业证书》后，方可按照注册的执业地点从事护理工作。

未经执业注册取得《护士执业证书》者，不得从事诊疗技术规范规定的护理活动。

第三条　国家卫生健康委负责全国护士执业注册监督管理工作。

县级以上地方卫生健康主管部门是护士执业注册的主管部门，负责本行政区域的护士执业注册监督管理工作。

第四条　省、自治区、直辖市卫生健康主管部门结合本行政区域的实际情况，制定护士执业注册工作的具体实施办法，并报国家卫生健康委备案。

第五条　国家建立护士管理信息系统，实行护士电子化注册管理。

第六条　申请护士执业注册，应当具备下列条件：

（一）具有完全民事行为能力；

（二）在中等职业学校、高等学校完成教育部和国家卫生健康委规定的普通全日制3年以上的护理、助产专业课程学习，包括在教学、综合医院完成8个月以上护理临床实习，并取得相应学历证书；

（三）通过国家卫生健康委组织的护士执业资格考试；

（四）符合本办法第七条规定的健康标准。

第七条　申请护士执业注册，应当符合下列健康标准：

（一）无精神病史；

（二）无色盲、色弱、双耳听力障碍；

（三）无影响履行护理职责的疾病、残疾或者功能障碍。

第八条　申请护士执业注册，应当向批准设立拟执业医疗机构或者为该医疗机构备案的卫生健康主管部门提出申请。

第九条　申请护士执业注册，应当提交下列材料：

（一）护士执业注册申请审核表；

（二）申请人身份证明；

（三）申请人学历证书及专业学习中的临床实习证明；

（四）医疗卫生机构拟聘用的相关材料。

第十条　卫生健康主管部门应当自受理申请之日起20个工作日内，对申请人提交的材料进行审核、注册，发给国家卫生健康委统一印制的《护士执业证书》；对不符合规定条件的，不予注册，并书面说明理由。

《护士执业证书》上应当注明护士的姓名、性别、出生日期等个人信息及证书编号、注册日期和执业地点。

第十一条　护士执业注册申请，应当自通过护士执业资格考试之日起3年内提出；逾期提出申请的，除本办法第九条规定的材料外，还应当提交在省、自治区、直辖市卫生健康主管部门规定的教学、综合医院接受3个月临床护理培训并考核合格的证明。

第十二条　护士执业注册有效期为5年。护士执业注册有效期届满需要继续执业的，应当在有效期届满前30日，向批准设立执业医疗机构或者为该医疗机构备案的卫生健康主管部门申请延续注册。

第十三条　护士申请延续注册，应当提交护士执业注册申请审核表和申请人的《护士执业证书》。

第十四条　注册部门自受理延续注册申请之日起20个工作日内进行审核。审核合格的，予以延续注册；审核不合格的，不予延续注册，并书面说明理由。

第十五条　有下列情形之一的，不予延续注册：

（一）不符合本办法第七条规定的健康标准的；

（二）被处暂停执业活动处罚期限未满的。

第十六条　医疗卫生机构可以为本机构聘用的护士集体办理护士执业注册和延续注册。

第十七条　有下列情形之一的，拟在医疗卫生机构执业时，应当重新申请注册：

（一）注册有效期届满未延续注册的；

（二）受吊销《护士执业证书》处罚，自吊销之日起满2年的。

重新申请注册的，按照本办法第九条的规定提交材料；中断护理执业活动超过3年的，还应当提交在省、自治区、直辖市卫生健康主管部门规定的教学、综合医院接受3个月临床护理培训并考核合格的证明。

第十八条　护士在其执业注册有效期内变更执业地点等注册项目，应当办理变更注册。

护士承担经注册执业机构批准的卫生支援、进修、学术交流、政府交办事项等任务和参加卫生健康主管部门批准的义诊，在签订帮扶或者托管协议的医疗卫生机构内执业，以及从事执业机构派出的上门护理服务等，不需办理执业地点变更等手续。

第十九条　护士在其执业注册有效期内变更执业地点等注册项目的，应当向批准设立执业医疗机构或者为该医疗机构备案的卫生健康主管部门报告，并提交护士执业注册申请审核表和申请人的《护士执业证书》。

注册部门应当自受理之日起 7 个工作日内为其办理变更手续。

护士跨省、自治区、直辖市变更执业地点的，收到报告的注册部门还应当向其原执业地注册部门通报。

县级以上地方卫生健康主管部门应当通过护士管理信息系统，为护士变更注册提供便利。

第二十条　护士执业注册后有下列情形之一的，原注册部门办理注销执业注册：

（一）注册有效期届满未延续注册；

（二）受吊销《护士执业证书》处罚；

（三）护士死亡或者丧失民事行为能力。

第二十一条　卫生健康主管部门实施护士执业注册，有下列情形之一的，由其上级卫生健康主管部门或者监察机关责令改正，对直接负责的主管人员或者其他直接责任人员依法给予行政处分：

（一）对不符合护士执业注册条件者准予护士执业注册的；

（二）对符合护士执业注册条件者不予护士执业注册的。

第二十二条　护士执业注册申请人隐瞒有关情况或者提供虚假材料申请护士执业注册的，卫生健康主管部门不予受理或者不予护士执业注册，并给予警告；已经注册的，应当撤销注册。

第二十三条　在内地完成护理、助产专业学习的香港、澳门特别行政区及台湾地区人员，符合本办法第六条、第七条、第九条规定的，可以申请护士执业注册。

第二十四条　计划生育技术服务机构护士的执业注册管理适用本办法的规定。

第二十五条　本办法下列用语的含义：

教学医院，是指与中等职业学校、高等学校有承担护理临床实习任务的合同关系，并能够按照护理临床实习教学计划完成教学任务的医院。

综合医院，是指依照《医疗机构管理条例》、《医疗机构基本标准》的规定，符合综合医院基本标准的医院。

第二十六条　本办法自 2008 年 5 月 12 日起施行。

执业药师职业资格制度规定

1. 2019 年 3 月 5 日国家药监局、人力资源社会保障部发布
2. 国药监人〔2019〕12 号

第一章　总　　则

第一条　为加强对药学技术人员的职业准入管理，发挥执业药师指导合理用药与加强药品质量管理的作用，保障和促进公众用药安全有效，根据《中华人民共和国药品管理法》《中华人民共和国药品管理法实施条例》及国家职业资格制度有关规定，制定本规定。

第二条　国家设置执业药师准入类职业资格制度，纳入国家职业资格目录。

第三条　执业药师是指经全国统一考试合格，取得《中华人民共和国执业药师职业资格证书》（以下简称《执业药师职业资格证书》）并经注册，在药品生产、经营、使用和其他需要提供药学服务的单位中执业的药学技术人员。

执业药师英文译为：Licensed Pharmacist。

第四条　从事药品生产、经营、使用和其他需要提供药学服务的单位，应当按规定配备相应的执业药师。国家药监局负责对需由执业药师担任的岗位作出明确规定。

第五条　国家药监局与人力资源社会保障部共同负责全国执业药师资格制度的政策制定，并按照职责分工对该制度的实施进行指导、监督和检查。

各省、自治区、直辖市负责药品监督管理的部门和人力资源社会保障行政主管部门，按照职责分工负责本行政区域内执业药师职业资格制度的实施与监督管理。

第二章　考　　试

第六条　执业药师职业资格实行全国统一大纲、统一命题、统一组织的考试制度。原则上每年举行一次。

第七条　国家药监局负责组织拟定考试科目和考试大纲、建立试题库、组织命审题工作，提出考试合格标准建议。

第八条　人力资源社会保障部负责组织审定考试科目、考试大纲，会同国家药监局对考试工作进行监督、指导并确定合格标准。

第九条　凡中华人民共和国公民和获准在我国境内就业的外籍人员，具备以下条件之一者，均可申请参加执业药师职业资格考试：

（一）取得药学类、中药学类专业大专学历，在药学或中药学岗位工作满5年；

（二）取得药学类、中药学类专业大学本科学历或学士学位，在药学或中药学岗位工作满3年；

（三）取得药学类、中药学类专业第二学士学位、研究生班毕业或硕士学位，在药学或中药学岗位工作满1年；

（四）取得药学类、中药学类专业博士学位；

（五）取得药学类、中药学类相关专业相应学历或学位的人员，在药学或中药学岗位工作的年限相应增加1年。

第十条　执业药师职业资格考试合格者，由各省、自治区、直辖市人力资源社会保障部门颁发《执业药师职业资格证书》。该证书由人力资源社会保障部统一印制，国家药监局与人力资源社会保障部用印，在全国范围内有效。

第三章　注　　册

第十一条　执业药师实行注册制度。国家药监局负责执业药师注册的政策制定和组织实施，指导全国执业药师注册管理工作。各省、自治区、直辖市药品监督管理部门负责本行政区域内的执业药师注册管理工作。

第十二条　取得《执业药师职业资格证书》者，应当通过全国执业药师注册管理信息系统向所在地注册管理机构申请注册。经注册后，方可从事相应的执业活动。未经注册者，不得以执业药师身份执业。

第十三条　申请注册者，必须同时具备下列条件：

（一）取得《执业药师职业资格证书》；

（二）遵纪守法，遵守执业药师职业道德，无不良信息记录；

（三）身体健康，能坚持在执业药师岗位工作；

（四）经所在单位考核同意。

第十四条　经批准注册者，由执业药师注册管理机构核发国家药监局统一样式的《执业药师注册证》。

第十五条　执业药师变更执业单位、执业范围等应当及时办理变更注册手续。

第十六条　执业药师注册有效期为五年。需要延续的，应当在有效期届满三十日前，向所在地注册管理机构提出延续注册申请。

第四章　职　　责

第十七条　执业药师应当遵守执业标准和业务规范，以保障和促进公众用药安全有效为基本准则。

第十八条　执业药师必须严格遵守《中华人民共和国药品管理法》及国家有关药品研制、生产、经营、使用的各项法规及政策。执业药师对违反《中华人民共和国药品管理法》及有关法规、规章的行为或决定，有责任提出劝告、制止、拒绝执行，并向当地负责药品监督管理的部门报告。

第十九条　执业药师在执业范围内负责对药品质量的监督和管理，参与制定和实施药品全面质量管理制度，参与单位对内部违反规定行为的处理工作。

第二十条　执业药师负责处方的审核及调配，提供用药咨询与信息，指导合理用药，开展治疗药物监测及药品疗效评价等临床药学工作。

第二十一条　药品零售企业应当在醒目位置公示《执业药师注册证》，并对在岗执业的执业药师挂牌明示。执业药师不在岗时，应当以醒目方式公示，并停止销售处方药和甲类非处方药。

执业药师执业时应当按照有关规定佩戴工作牌。

第二十二条　执业药师应当按照国家专业技术人员继续教育的有关规定接受继续教育，更新专业知识，提高业务水平。国家鼓励执业药师参加实训培养。

第五章　监督管理

第二十三条　负责药品监督管理的部门按照有关法律、法规和规章的规定，对执业药师配备情况及其执业活动实施监督检查。

监督检查时应当查验《执业药师注册证》、处方审核记录、执业药师挂牌明示、执业药师在岗服务等事项。

执业单位和执业药师应当对负责药品监督管理的部门的监督检查予以协助、配合，不得拒绝、阻挠。

第二十四条　执业药师有下列情形之一的，县级以上人力资源社会保障部门与负责药品监督管理的部门按规定对其给予表彰和奖励：

（一）在执业活动中，职业道德高尚，事迹突出的；

（二）对药学工作做出显著贡献的；

（三）向患者提供药学服务表现突出的；

（四）长期在边远贫困地区基层单位工作且表现突出的。

第二十五条　建立执业药师个人诚信记录，对其执业活动实行信用管理。执业药师的违法违规行为、接受表彰奖励及处分等，作为个人诚信信息由负责药品监督管理的部门及时记入全国执业药师注册管理信息系统；执业药师的继续教育学分，由继续教育管理机构及时记入全国执业药师注册管理信息系统。

第二十六条 对未按规定配备执业药师的单位，由所在地县级以上负责药品监督管理的部门责令限期配备，并按照相关法律法规给予处罚。

第二十七条 对以不正当手段取得《执业药师职业资格证书》的，按照国家专业技术人员资格考试违纪违规行为处理规定处理；构成犯罪的，依法追究刑事责任。

第二十八条 以欺骗、贿赂等不正当手段取得《执业药师注册证》的，由发证部门撤销《执业药师注册证》，三年内不予执业药师注册；构成犯罪的，依法追究刑事责任。

严禁《执业药师注册证》挂靠，持证人注册单位与实际工作单位不符的，由发证部门撤销《执业药师注册证》，并作为个人不良信息由负责药品监督管理的部门记入全国执业药师注册管理信息系统。买卖、租借《执业药师注册证》的单位，按照相关法律法规给予处罚。

第二十九条 执业药师违反本规定有关条款的，所在单位应当如实上报，由负责药品监督管理的部门根据情况予以处理。

第三十条 执业药师在执业期间违反《中华人民共和国药品管理法》及其他法律法规构成犯罪的，由司法机关依法追究责任。

第六章 附 则

第三十一条 专业技术人员取得执业药师职业资格，可认定其具备主管药师或主管中药师职称，并可作为申报高一级职称的条件。单位根据工作需要择优聘任。

第三十二条 本办法中的相关专业由国家药监局、人力资源社会保障部另行确定。

第三十三条 国家药监局、人力资源社会保障部会同相关部门逐步推进民族药执业药师管理相关工作。

第三十四条 香港、澳门、台湾地区居民申请国家执业药师资格考试、注册、继续教育、执业等活动，参照本规定办理。

第三十五条 本规定自印发之日起施行。原人事部、国家药品监督管理局《关于修订印发〈执业药师资格制度暂行规定〉和〈执业药师资格考试实施办法〉的通知》（人发〔1999〕34号）同时废止。根据该文件取得的《执业药师资格证书》与本规定中《执业药师职业资格证书》效用等同。

执业药师职业资格考试实施办法

1. 2019年3月5日国家药监局、人力资源社会保障部发布
2. 国药监人〔2019〕12号

第一条 国家药监局与人力资源社会保障部共同负责执业药师职业资格考试工作，日常管理工作委托国家药监局执业药师资格认证中心负责，考务工作委托人力资源社会保障部人事考试中心负责。

各省、自治区、直辖市人力资源社会保障行政主管部门会同药品监督管理部门负责本地区的考试工作，具体职责分工由各地协商确定。

第二条 执业药师职业资格考试日期原则上为每年10月。

第三条 执业药师职业资格考试分为药学、中药学两个专业类别。

药学类考试科目为：药学专业知识（一）、药学专业知识（二）、药事管理与法规、药学综合知识与技能四个科目。

中药学类考试科目为：中药学专业知识（一）、中药学专业知识（二）、药事管理与法规、中药学综合知识与技能四个科目。

第四条 符合《执业药师职业资格制度规定》报考条件，按照国家有关规定取得药学或医学专业高级职称并在药学岗位工作的，可免试药学专业知识（一）、药学专业知识（二），只参加药事管理与法规、药学综合知识与技能两个科目的考试；取得中药学或中医学专业高级职称并在中药学岗位工作的，可免试中药学专业知识（一）、中药学专业知识（二），只参加药事管理与法规、中药学综合知识与技能两个科目的考试。

第五条 考试以四年为一个周期，参加全部科目考试的人员须在连续四个考试年度内通过全部科目的考试。

免试部分科目的人员须在连续两个考试年度内通过应试科目。

第六条 符合执业药师职业资格考试报考条件的人员，按照当地人事考试机构规定的程序和要求完成报名。参加考试人员凭准考证和有效身份证件在指定的日期、时间和地点参加考试。

中央和国务院各部门及所属单位、中央管理企业的人员，按属地原则报名参加考试。

第七条 考点原则上设在地级以上城市的大、中专院校或者高考定点学校。

第八条　坚持考试与培训分开的原则。凡参与考试工作（包括命题、审题与组织管理等）的人员，不得参加考试，也不得参加或者举办与考试内容相关的培训工作。应考人员参加培训坚持自愿原则。

第九条　考试实施机构及其工作人员，应当严格执行国家人事考试工作人员纪律规定和考试工作的各项规章制度，遵守考试工作纪律，切实做好试卷命制、印刷、发送和保管等各环节的安全保密工作，严防泄密。

第十条　对违反考试工作纪律和有关规定的人员，按照国家专业技术人员资格考试违纪违规行为处理规定处理。

第十一条　本办法自印发之日起施行。

执业药师注册管理办法

1．2021年6月18日国家药品监督管理局发布
2．国药监人〔2021〕36号

第一章　总　　则

第一条　为规范执业药师注册工作，加强执业药师管理，根据《中华人民共和国药品管理法》等相关法律法规和《执业药师职业资格制度规定》，制定本办法。

第二条　执业药师注册及其相关监督管理工作，适用本办法。

第三条　持有《中华人民共和国执业药师职业资格证书》（以下简称《执业药师职业资格证书》）的人员，经注册取得《中华人民共和国执业药师注册证》（以下简称《执业药师注册证》）后，方可以执业药师身份执业。

第四条　国家药品监督管理局负责执业药师注册的政策制定和组织实施，指导监督全国执业药师注册管理工作。国家药品监督管理局执业药师资格认证中心承担全国执业药师注册管理工作。

各省、自治区、直辖市药品监督管理部门负责本行政区域内的执业药师注册及其相关监督管理工作。

第五条　法律、行政法规、规章和相关质量管理规范规定需由具备执业药师资格的人员担任的岗位，应当按规定配备执业药师。

鼓励药品上市许可持有人、药品生产企业、药品网络销售第三方平台等使用取得执业药师资格的人员。

第六条　国家药品监督管理局建立完善全国执业药师注册管理信息系统，国家药品监督管理局执业药师资格认证中心承担全国执业药师注册管理信息系统的建设、管理和维护工作，收集报告相关信息。

国家药品监督管理局加快推进执业药师电子注册管理，实现执业药师注册、信用信息资源共享和动态更新。

第二章　注册条件和内容

第七条　执业药师注册申请人（以下简称申请人），必须具备下列条件：

（一）取得《执业药师职业资格证书》；

（二）遵纪守法，遵守执业药师职业道德；

（三）身体健康，能坚持在执业药师岗位工作；

（四）经执业单位同意；

（五）按规定参加继续教育学习。

第八条　有下列情形之一的，药品监督管理部门不予注册：

（一）不具有完全民事行为能力的；

（二）甲类、乙类传染病传染期、精神疾病发病期等健康状况不适宜或者不能胜任相应业务工作的；

（三）受到刑事处罚，自刑罚执行完毕之日到申请注册之日不满三年的；

（四）未按规定完成继续教育学习的；

（五）近三年有新增不良信息记录的；

（六）国家规定不宜从事执业药师业务的其他情形。

第九条　执业药师注册内容包括：执业地区、执业类别、执业范围、执业单位。

执业地区为省、自治区、直辖市；

执业类别为药学类、中药学类、药学与中药学类；

执业范围为药品生产、药品经营、药品使用；

执业单位为药品生产、经营、使用及其他需要提供药学服务的单位。

药品监督管理部门根据申请人《执业药师职业资格证书》中注明的专业确定执业类别进行注册。获得药学和中药学两类专业《执业药师职业资格证书》的人员，可申请药学与中药学类执业类别注册。执业药师只能在一个执业单位按照注册的执业类别、执业范围执业。

第三章　注 册 程 序

第十条　申请人通过全国执业药师注册管理信息系统向执业所在地省、自治区、直辖市药品监督管理部门申请注册。

第十一条　申请人申请首次注册需要提交以下材料：

（一）执业药师首次注册申请表（附件1）；

（二）执业药师职业资格证书；

（三）身份证明；

（四）执业单位开业证明；

（五）继续教育学分证明。

申请人委托他人办理注册申请的，代理人应当提交授权委托书以及代理人的身份证明文件。

申请人应当按要求在线提交注册申请或者现场递交纸质材料。药品监督管理部门应当公示明确上述材料形式要求。凡是通过法定证照、书面告知承诺、政府部门内部核查或者部门间核查、网络核验等能够办理的，药品监督管理部门不得要求申请人额外提供证明材料。

第十二条 申请人申请注册，应当如实向药品监督管理部门提交有关材料和反映真实情况，并对其申请材料的真实性负责。

第十三条 药品监督管理部门对申请人提交的材料进行形式审查，申请材料不齐全或者不符合规定形式的，应当当场或者在五个工作日内一次性告知申请人需要补正的全部内容；逾期不告知的，自收到注册申请材料之日起即为受理。

第十四条 申请材料齐全、符合规定形式，或者申请人按要求提交全部补正申请材料的，药品监督管理部门应当受理注册申请。

药品监督管理部门受理或者不予受理注册申请，应当向申请人出具加盖药品监督管理部门专用印章和注明日期的凭证。

第十五条 药品监督管理部门应当自受理注册申请之日起二十个工作日内作出注册许可决定。

第十六条 药品监督管理部门依法作出不予注册许可决定的，应当说明理由，并告知申请人享有依法申请行政复议或者提起行政诉讼的权利。

第十七条 药品监督管理部门作出的准予注册许可决定，应当在全国执业药师注册管理信息系统等予以公开。

药品监督管理部门及其工作人员对申请人提交的申请材料负有保密义务。

第十八条 药品监督管理部门作出注册许可决定之日起十个工作日内向申请人核发国家药品监督管理局统一样式（附件2）并加盖药品监督管理部门印章的《执业药师注册证》。

执业药师注册有效期为五年。

第十九条 地方药品监督管理部门应当按照“放管服”改革要求，优化工作流程，提高效率和服务水平，逐步缩短注册工作时限，并向社会公告。

第四章 注册变更和延续

第二十条 申请人要求变更执业地区、执业类别、执业范围、执业单位的，应当向拟申请执业所在地的省、自治区、直辖市药品监督管理部门申请办理变更注册手续。

药品监督管理部门应当自受理变更注册申请之日起七个工作日内作出准予变更注册的决定。

第二十一条 需要延续注册的，申请人应当在注册有效期满之日三十日前，向执业所在地省、自治区、直辖市药品监督管理部门提出延续注册申请。

药品监督管理部门准予延续注册的，注册有效期从期满之日次日起重新计算五年。药品监督管理部门准予变更注册的，注册有效期不变；但在有效期满之日前三十日内申请变更注册，符合要求的，注册有效期自旧证期满之日次日起重新计算五年。

第二十二条 需要变更注册或者延续注册的，申请人提交相应执业药师注册申请表（附件3或者附件4），并提供第十一条第四项和第五项所列材料。

第二十三条 申请人取得《执业药师职业资格证书》，非当年申请注册的，应当提供《执业药师职业资格证书》批准之日起第二年后的历年继续教育学分证明。申请人取得《执业药师职业资格证书》超过五年以上申请注册的，应至少提供近五年的连续继续教育学分证明。

第二十四条 有下列情形之一的，《执业药师注册证》由药品监督管理部门注销，并予以公告：

（一）注册有效期满未延续的；

（二）执业药师注册证被依法撤销或者吊销的；

（三）法律法规规定的应当注销注册的其他情形。

有下列情形之一的，执业药师本人或者其执业单位，应当自知晓或者应当知晓之日起三十个工作日内向药品监督管理部门申请办理注销注册，并填写执业药师注销注册申请表（附件5）。药品监督管理部门经核实后依法注销注册。

（一）本人主动申请注销注册的；

（二）执业药师身体健康状况不适宜继续执业的；

（三）执业药师无正当理由不在执业单位执业，超过一个月的；

（四）执业药师死亡或者被宣告失踪的；

（五）执业药师丧失完全民事行为能力的；

（六）执业药师受刑事处罚的。

第五章 岗位职责和权利义务

第二十五条 执业药师依法负责药品管理、处方审核和调配、合理用药指导等工作。

执业药师在执业范围内应当对执业单位的药品质量和药学服务活动进行监督，保证药品管理过程持续符合法定要求，对执业单位违反有关法律、法规、部门规章和专业技术规范的行为或者决定，提出劝告、制止或者拒绝执行，并向药品监督管理部门报告。

第二十六条 执业药师享有下列权利：

（一）以执业药师的名义从事相关业务，保障公众用药安全和合法权益，保护和促进公众健康；

（二）在执业范围内，开展药品质量管理，制定和实施药品质量管理制度，提供药学服务；

（三）参加执业培训，接受继续教育；

（四）在执业活动中，人格尊严、人身安全不受侵犯；

（五）对执业单位的工作提出意见和建议；

（六）按照有关规定获得表彰和奖励；

（七）法律、法规规定的其他权利。

第二十七条 执业药师应当履行下列义务：

（一）严格遵守《中华人民共和国药品管理法》及国家有关药品生产、经营、使用等各项法律、法规、部门规章及政策；

（二）遵守执业标准和业务规范，恪守职业道德；

（三）廉洁自律，维护执业药师职业荣誉和尊严；

（四）维护国家、公众的利益和执业单位的合法权益；

（五）按要求参加突发重大公共事件的药事管理与药学服务；

（六）法律、法规规定的其他义务。

第六章 监督管理

第二十八条 药品监督管理部门按照有关法律、法规和规章的规定，对执业药师注册、执业药师继续教育实施监督检查。

执业单位、执业药师和实施继续教育的机构应当对药品监督管理部门的监督检查予以协助、配合，不得拒绝、阻挠。

第二十九条 执业药师每年应参加不少于90学时的继续教育培训，每3个学时为1学分，每年累计不少于30学分。其中，专业科目学时一般不少于总学时的三分之二。鼓励执业药师参加实训培养。

承担继续教育管理职责的机构应当将执业药师的继续教育学分记入全国执业药师注册管理信息系统。

第三十条 执业药师应当妥善保管《执业药师注册证》，不得买卖、租借和涂改。如发生损坏，当事人应当及时持损坏证书向原发证部门申请换发。如发生遗失，当事人向原发证部门申请补发。

第三十一条 伪造《执业药师注册证》的，药品监督管理部门发现后应当当场予以收缴并追究责任；构成犯罪的，移送相关部门依法追究刑事责任。

第三十二条 执业药师以欺骗、贿赂等不正当手段取得《执业药师注册证》的，由发证部门撤销《执业药师注册证》，三年内不予注册；构成犯罪的，移送相关部门依法追究刑事责任。

第三十三条 执业药师应当按照注册的执业地区、执业类别、执业范围、执业单位，从事相应的执业活动，不得擅自变更。执业药师未按本办法规定进行执业活动的，药品监督管理部门应当责令限期改正。

第三十四条 严禁《执业药师注册证》挂靠，持证人注册单位与实际工作单位不符的，由发证部门撤销《执业药师注册证》，三年内不予注册；构成犯罪的，移送相关部门依法追究刑事责任。买卖、租借《执业药师注册证》的单位，按照相关法律法规给予处罚。

第三十五条 执业药师在执业期间违反《中华人民共和国药品管理法》及其他法律法规构成犯罪的，由司法机关依法追究责任。

第三十六条 有下列情形之一的，应当作为个人不良信息由药品监督管理部门及时记入全国执业药师注册管理信息系统：

（一）以欺骗、贿赂等不正当手段取得《执业药师注册证》的；

（二）持证人注册单位与实际工作单位不一致或者无工作单位的，符合《执业药师注册证》挂靠情形的；

（三）执业药师注册证被依法撤销或者吊销的；

（四）执业药师受刑事处罚的；

（五）其他违反执业药师资格管理相关规定的。

第三十七条 省、自治区、直辖市药品监督管理部门有下列情形之一的，国家药品监督管理局有权责令其进行调查并依法依规给予处理：

（一）对不符合规定条件的申请人准予注册的；

（二）对符合规定条件的申请人不予注册或者不在法定期限内作出准予注册决定的；

（三）履行执业药师注册、继续教育监督管理职责不力，造成不良影响的。

第三十八条 药品监督管理部门工作人员在执业药师注册及其相关监督管理工作中，弄虚作假、玩忽职守、滥用职权、徇私舞弊的,依法依规给予处理。

第七章 附 则

第三十九条 已取得内地《执业药师职业资格证书》的香港、澳门、台湾地区居民,申请注册执业依照本办法执行。

第四十条 按照国家有关规定,取得在特定地区有效的《执业药师职业资格证书》的申请人,应依照本办法在特定地区注册执业。

第四十一条 本办法自印发之日起施行。原国家药品监督管理局《执业药师注册管理暂行办法》(国药管人〔2000〕156 号)和原国家食品药品监督管理局《关于〈执业药师注册管理暂行办法〉的补充意见》(国食药监人〔2004〕342 号)、《关于〈执业药师注册管理暂行办法〉的补充意见》(食药监人函〔2008〕1 号)、《关于取得内地〈执业药师资格证书〉的香港、澳门永久性居民执业注册事项的通知》(国食药监人〔2009〕439 号)同时废止。

附件:(略)

医疗机构工作人员廉洁从业九项准则

1. 2021 年 11 月 12 日国家卫生健康委、国家医保局、国家中医药局发布
2. 国卫医发〔2021〕37 号

一、合法按劳取酬,不接受商业提成。依法依规按劳取酬。严禁利用执业之便开单提成;严禁以商业目的进行统方;除就诊医院所在医联体的其他医疗机构,和被纳入医保“双通道”管理的定点零售药店外,严禁安排患者到其他指定地点购买医药耗材等产品;严禁向患者推销商品或服务并从中谋取私利;严禁接受互联网企业与开处方配药有关的费用。

二、严守诚信原则,不参与欺诈骗保。依法依规合理使用医疗保障基金,遵守医保协议管理,向医保患者告知提供的医药服务是否在医保规定的支付范围内。严禁诱导、协助他人冒名或者虚假就医、购药、提供虚假证明材料、串通他人虚开费用单据等手段骗取、套取医疗保障基金。

三、依据规范行医,不实施过度诊疗。严格执行各项规章制度,在诊疗活动中应当向患者说明病情、医疗措施。严禁以单纯增加医疗机构收入或谋取私利为目的过度治疗和过度检查,给患者增加不必要的风险和费用负担。

四、遵守工作规程,不违规接受捐赠。依法依规接受捐赠。严禁医疗机构工作人员以个人名义,或者假借单位名义接受利益相关者的捐赠资助,并据此区别对待患者。

五、恪守保密准则,不泄露患者隐私。确保患者院内信息安全。严禁违规收集、使用、加工、传输、透露、买卖患者在医疗机构内所提供的个人资料、产生的医疗信息。

六、服从诊疗需要,不牟利转介患者。客观公正合理地根据患者需要提供医学信息、运用医疗资源。除因需要在医联体内正常转诊外,严禁以谋取个人利益为目的,经由网上或线下途径介绍、引导患者到指定医疗机构就诊。

七、维护诊疗秩序,不破坏就医公平。坚持平等原则,共建公平就医环境。严禁利用号源、床源、紧缺药品耗材等医疗资源或者检查、手术等诊疗安排收受好处、损公肥私。

八、共建和谐关系,不收受患方“红包”。恪守医德、严格自律。严禁索取或者收受患者及其亲友的礼品、礼金、消费卡和有价证券、股权、其他金融产品等财物;严禁参加其安排、组织或者支付费用的宴请或者旅游、健身、娱乐等活动安排。

九、恪守交往底线,不收受企业回扣。遵纪守法、廉洁从业。严禁接受药品、医疗设备、医疗器械、医用卫生材料等医疗产品生产、经营企业或者经销人员以任何名义、形式给予的回扣;严禁参加其安排、组织或者支付费用的宴请或者旅游、健身、娱乐等活动安排。

医疗机构内工作人员,包括但不限于卫生专业技术人员、管理人员、后勤人员以及在医疗机构内提供服务、接受医疗机构管理的其他社会从业人员,应当依据《九项准则》有关要求,服从管理、严格执行。违反法律法规等有关规定并符合法定处罚处分情形的,可依据《中华人民共和国基本医疗卫生与健康促进法》《中华人民共和国传染病防治法》《中华人民共和国社会保险法》《中华人民共和国公益事业捐赠法》《中华人民共和国医师法》《中华人民共和国药品管理法》《护士条例》《医疗纠纷预防和处理条例》《医疗保障基金使用监督管理条例》《医疗机构医疗保障定点管理暂行办法》《处方管理办法》等规定的责令改正、给予警告、给予相关人员或科室中止或者终止医保结算、追回医疗保障基金、没收违法所得、并处罚款、暂停处方权或者执业活动直至吊销执业证书等措施,依法追究有关机构和人员责任；依据《中华人民共和国劳动合同法》《事业单位工作人员处分暂行规定》等规定的给予解除劳动合同、警告、记过、降低岗位等级或者撤职、开除处分等措施，对有关人员依法作出处理；依据《医疗机构从业人员行为规范》等规定的由所在单位给予批评教育、取消当年评优评职资格或低聘、缓聘、解职待聘、解聘等措施，由所在单位依法作出处理。

有关人员违反党纪、政纪的，移交纪检监察机关给予党纪政务处分；涉嫌犯罪的，移送司法机关追究刑事责任。对于违反《九项准则》行为多发或者造成恶劣社会影响等其他严重后果的医疗机构负责人，依照有关规定，予以问责。

卫生部关于实施医院护士岗位管理的指导意见

1. *2012年4月28日*
2. *卫医政发〔2012〕30号*

各省、自治区、直辖市卫生厅局，新疆生产建设兵团卫生局：

在医院护士队伍中实施岗位管理，是提升护理科学管理水平、调动护士积极性的关键举措，是稳定和发展临床护士队伍的有效途径，是深入贯彻落实《护士条例》的具体措施，也是公立医院改革关于完善人事和收入分配制度的任务要求。为进一步加强医院护士队伍的科学管理，提高护理质量和服务水平，更好地为人民群众健康服务，现就实施医院护士岗位管理提出以下意见：

一、指导思想

贯彻落实公立医院改革关于充分调动医务人员积极性、完善人事和收入分配制度的任务要求，在改革临床护理模式、落实责任制整体护理的基础上，以实施护士岗位管理为切入点，从护理岗位设置、护士配置、绩效考核、职称晋升、岗位培训等方面制定和完善制度框架，建立和完善调动护士积极性，激励护士服务临床一线，有利于护理职业生涯发展的制度安排，努力为人民群众提供更加安全、优质、满意的护理服务。

二、基本原则

（一）以改革护理服务模式为基础。医院要实行“以病人为中心”的责任制整体护理工作模式，在责任护士全面履行专业照顾、病情观察、治疗处置、心理护理、健康教育和康复指导等职责的基础上，开展岗位管理的相关工作。

（二）以建立岗位管理制度为核心。医院根据功能任务、医院规模和服务量，将护士从按身份管理逐步转变为按岗位管理，科学设置护理岗位，实行按需设岗、按岗聘用、竞聘上岗，逐步建立激励性的用人机制。通过实施岗位管理，实现同工同酬、多劳多得、优绩优酬。

（三）以促进护士队伍健康发展为目标。遵循公平、公正、公开的原则，建立和完善护理岗位管理制度，稳定临床一线护士队伍，使医院护士得到充分的待遇保障、晋升空间、培训支持和职业发展，促进护士队伍健康发展。

三、工作任务

（一）科学设置护理岗位。

1. 按照科学管理、按需设岗、保障患者安全和临床护理质量的原则合理设置护理岗位，明确岗位职责和任职条件，建立岗位责任制度，提高管理效率。

2. 医院护理岗位设置分为护理管理岗位、临床护理岗位和其他护理岗位。护理管理岗位是从事医院护理管理工作的岗位，临床护理岗位是护士为患者提供直接护理服务的岗位，其他护理岗位是护士为患者提供非直接护理服务的岗位。护理管理岗位和临床护理岗位的护士应当占全院护士总数的95%以上。

3. 根据岗位职责，结合工作性质、工作任务、责任轻重和技术难度等要素，明确岗位所需护士的任职条件。护士的经验能力、技术水平、学历、专业技术职称应当与岗位的任职条件相匹配，实现护士从身份管理向岗位管理的转变。

（二）合理配置护士数量。

1. 按照护理岗位的职责要求合理配置护士，不同岗位的护士数量和能力素质应当满足工作需要，特别是临床护理岗位要结合岗位的工作量、技术难度、专业要求和工作风险等，合理配置、动态调整，以保障护理质量和患者安全。

2. 病房护士的配备应当遵循责任制整体护理工作模式的要求，普通病房实际护床比不低于0.4∶1，每名护士平均负责的患者不超过8个，重症监护病房护患比为2.5－3:1，新生儿监护病房护患比为1.5－1.8∶1。门（急）诊、手术室等部门应当根据门（急）诊量、治疗量、手术量等综合因素合理配置护士。

3. 根据不同专科特点、护理工作量实行科学的排班制度。需要24小时持续性工作的临床护理岗位应当科学安排人员班次；护理工作量较大、危重患者较多时，应当增加护士的数量；护士排班兼顾临床需要和护士意愿，体现对患者的连续、全程、人性化护理。

4. 医院应当制定护士人力紧急调配预案，建立机动护士人力资源库，及时补充临床护理岗位护士的缺失，确保突发事件以及特殊情况下临床护理人力的应急调配。

（三）完善绩效考核制度。

1. 医院应当建立并实施护士定期考核制度，以岗位职责为基础，以日常工作和表现为重点，包括护士的工作业绩考核、职业道德评定和业务水平测试。考核结果与护士的收入分配、奖励、评先评优、职称评聘和职务晋升挂钩。

2. 工作业绩考核主要包括护士完成岗位工作的质量、数量、技术水平以及患者满意度等情况；职业道德评定主要包括护士尊重关心爱护患者，保护患者隐私，注重沟通，体现人文关怀，维护患者权益的情况，其中护理管理岗位还应当包括掌握相关政策理论、管理能力、德才兼备的情况；业务水平测试主要包括护士规范执业，正确执行临床护理实践指南和护理技术规范，为患者提供整体护理服务和解决实际问题的能力。

3. 实行岗位绩效工资制度，护士的个人收入与绩效考核结果挂钩，以护理服务质量、数量、技术风险和患者满意度为主要依据，注重临床表现和工作业绩，并向工作量大、技术性难度高的临床护理岗位倾斜，形成有激励、有约束的内部竞争机制，体现同工同酬、多劳多得、优绩优酬。

4. 完善护士专业技术资格评价标准，更加注重工作业绩、技术能力，更加注重医德医风，更加注重群众满意度。可以根据国家有关规定放宽职称晋升的外语要求，不对论文、科研作硬性规定。

（四）加强护士岗位培训。

1. 建立并完善护士培训制度。根据本医院护士的实际业务水平、岗位工作需要以及职业生涯发展，制定、实施本医院护士在职培训计划，加强护士的继续教育，注重新知识、新技术的培训和应用。护士培训要以岗位需求为导向、岗位胜任力为核心，突出专业内涵，注重实践能力，提高人文素养，适应临床护理发展的需要。

2. 加强新护士培训。实行岗前培训和岗位规范化培训制度。岗前培训应当包括相关法律法规、医院规章制度、服务理念、医德医风以及医患沟通等内容；岗位规范化培训应当包括岗位职责与素质要求、诊疗护理规范和标准、责任制整体护理的要求及临床护理技术等，以临床科室带教式为主，在医院内科、外科等大科系进行轮转培训，提高护士为患者提供整体护理服务的意识和能力。

3. 加强专科护理培训。根据临床专科护理发展和专科护理岗位的需要，按照卫生部和省级卫生行政部门要求，开展对护士的专科护理培训，重点加强重症监护、急诊急救、血液净化、肿瘤等专业领域的骨干培养，提高专业技术水平。

4. 加强护理管理培训。从事护理管理岗位的人员，应当按照要求参加管理培训，包括现代管理理论在护理工作中的应用、护士人力资源管理、人员绩效考核、护理质量控制与持续改进、护理业务技术管理等，提高护理管理者的理论水平、业务能力和管理素质。

（五）保障合同制护士权益。

1. 医院应当根据核定的人员编制标准，落实护士编制。医院不得随意减少编制内护士职数，不得随意增加编外聘用合同制护士。

2. 医院落实国家有关工资、奖金、岗位津贴、福利待遇及职称晋升等规定，保证聘用的合同制护士与编制内护士享有同等待遇；合同制护士同样享有参加继续教育权利。

3. 医院应当根据服务规模、床位数量和床位使用率等因素，动态调整护士配置数量并落实护士编制，保证医疗护理质量。

四、有关工作要求

（一）提高思想认识，强化组织领导。各级卫生行政部门和医院要充分认识实施护士岗位管理的重要性、必要性和紧迫性，切实加强组织领导，做好调查研究，逐步推进岗位管理工作。各省级卫生行政部门要结合本地实际情况制定医院护士岗位管理实施细则，对所辖区域内医院的护理岗位设置、护士配置等内容进行细化。医院领导层面要高度重视岗位管理工作，强化领导职责，制定切实可行的实施方案，落实人员，健全机制，为推动医院人事和收入分配制度改革奠定坚实基础。

（二）密切部门合作，推动顺利实施。各省级卫生行政部门要积极与编制、财政、人力资源社会保障等部门密切协作，积极争取有利于推进护士岗位管理的制度和政策措施，努力营造各有关部门支持医院实施岗位设置管理的政策环境。医院内部加强财务、人事、护理管理等部门之间协调，明确职责分工，加强团结合作，推动护士岗位管理工作顺利实施。

（三）加强指导检查，不断总结提高。各级卫生行政部门要加强对医院实施护士岗位管理的指导检查，主要包括建立岗位管理规章制度及落实情况、护士的配置、护士履行岗位职责、护士的绩效考核、职称晋升和待遇、在职培训等情况。工作过程中要及时研究解决遇到的问题和困难，掌握和分析实施情况和实际效果，总结有益经验，促进护士科学化管理水平的提高。

（四）坚持典型引路，发挥示范作用。实施岗位设置管理需要各级卫生行政部门和医院的共同探索与实践。工作中要及时总结各地取得的新进展新经验，培养和树立一批典型，予以宣传推广，发挥示范引领作用，激发各医院的改革和创新活力，争取以点带面、推动全局，确保医院护士岗位管理工作扎实推进。

卫生部关于通过全科医师岗位培训、转岗培训或规范化培训的医师变更执业范围的通知

1. *2010年10月28日*
2. *卫医政发〔2010〕94号*

各省、自治区、直辖市卫生厅局，新疆生产建设兵团卫生局：

根据《执业医师法》、《医师执业注册暂行办法》和《城市社区卫生服务机构管理办法（试行）》等相关规定，现就通过全科医师岗位培训、转岗培训或规范化培训的医师变更执业范围有关问题通知如下：

一、经过省级卫生行政部门认可的全科医师岗位培训、全科医师转岗培训或全科医师规范化培训并考核合格的执业（助理）医师，应当向其执业注册主管部门申请，将执业范围变更为“全科医学专业”。

二、医师申请变更“全科医学专业”执业范围时，应当提交《医师变更执业注册申请审核表》、《医师资格证书》、《医师执业证书》、全科医师岗位培训合格证明、全科医师转岗培训合格证明或全科医师规范化培训合格证明，以及省级卫生行政部门规定提交的其他材料。

三、执业注册主管部门应当为符合条件的医师及时办理变更注册手续。

特此通知。

卫生部关于农村接生员和乡村医生执业行为相关问题的批复

1. *2004年1月2日*
2. *卫基妇发〔2004〕2号*

四川省卫生厅：

你厅《关于农村接生员和乡村医生执业行为相关问题的请示》（川卫〔2003〕82号）收悉，现答复如下：

卫生部1989年发布的《家庭接生常规》，对家庭接生的条件、对象、接生准备及接生过程中的程序、用药、各种异常情况的诊断、处理等作出了明确规定。因此，家庭接生属于医疗行为。家庭接生员是国家对农村地区尚未完全实现住院分娩而承认其作为农村妇幼保健服务补充的特殊群体。

在《乡村医生从业管理条例》公布之前，国家没有统一的关于乡村医生执业管理的法律、法规。由于各地乡村医生的医疗技术水平差异很大，对于一般医疗服务的范围及一般医学处置的具体项目，由各省（区、市）根据本地实际情况规定。

此复。

卫生部关于对《乡村医生从业管理条例》实施中有关问题的批复

1. *2004年4月12日*
2. *卫政法发〔2004〕112号*

福建省卫生厅、黑龙江省卫生厅：

你厅关于乡村医生执业注册有关问题的请示收悉。经研究，现对《乡村医生从业管理条例》在实施中的有关问题提出如下意见：

一、《乡村医生从业管理条例》所规定的“村医疗卫生机构”，是指向农村居民提供预防、保健和一般医疗服务的村卫生室（所、站）、村社区卫生服务站，属于非营利性医疗卫生机构。在农村地区设立个体诊所和其他医疗机构应按照《执业医师法》、《医疗机构管理条例》的规定进行管理。

二、《乡村医生从业管理条例》调整的对象是尚未取得执业医师资格或者执业助理医师资格，经注册在村医疗卫生机构从事预防、保健和一般医疗服务的乡村医生。农村地区“撤村改居”作为城区的组成部分后，原村医

疗卫生机构和相关卫生技术人员应按照《执业医师法》、《医疗机构管理条例》的规定进行管理，不再适用《乡村医生从业管理条例》。

三、在“撤村改居”前已经按照《乡村医生从业管理条例》的规定经注册取得执业证书的乡村医生，在执业证书有效期内可在注册的执业地点继续执业；有效期满，不再进行注册。对这部分乡村医生，卫生行政部门应当加强管理，可以鼓励其通过正规医学教育取得符合《执业医师法》规定的医学专业学历，按照《执业医师法》及有关规定参加医师资格考试。

此复。

卫生部关于医技人员出具相关检查诊断报告问题的批复

1. 2004年5月24日
2. 卫政法发〔2004〕163号

上海市卫生局：

你局《关于请求明确有关医技人员是否可以出具相关检查诊断报告的请示》（沪卫医政〔2004〕84号）收悉。经研究，提出如下意见：

一、出具影像、病理、超声、心电图等诊断性报告的，必须是经执业注册的执业医师；在乡、民族乡、镇的医疗、预防、保健机构中也可以由经执业注册的执业助理医师出具上述报告。

二、相关专业的医技人员可出具数字、形态描述等客观描述性的检查报告。

此复。

卫生部关于取得医师资格但未经执业注册的人员开展医师执业活动有关问题的批复

1. 2004年6月3日
2. 卫政法发〔2004〕178号

上海市卫生局：

你局《关于取得医师资格但未经执业注册的人员开展医师执业活动应当如何处理的请示》（沪卫法〔2004〕5号）收悉。经研究，现批复如下：

一、根据《执业医师法》第十四条第二款规定，取得医师资格的人员，“未经医师注册取得执业证书，不得从事医师执业活动。”

二、对于医疗机构聘用取得医师资格但未经医师注册取得执业证书的人员从事医师执业活动的，按照《医疗机构管理条例》第四十八条的规定处理。

三、对于取得医师资格但未经医师注册取得执业证书而从事医师执业活动的人员，按照《中华人民共和国执业医师法》第三十九条的规定处理。在教学医院中实习的本科生、研究生、博士生以及毕业第一年的医学生可以在执业医师的指导下进行临床工作，但不能单独从事医师执业活动。

四、取得医师资格但未经医师注册取得执业证书而从事医师执业活动的人员在行医过程中造成患者人身损害的，按照《医疗事故处理条例》第六十一条的规定处理。

卫生行政部门对于取得医师资格申请医师执业注册的人员，应当按照《中华人民共和国执业医师法》规定的程序和时限及时进行审批。

卫生部关于对农村非法行医依法监管工作中有关问题的批复

1. 2004年9月17日
2. 卫监督发〔2004〕312号

山东省卫生厅：

你厅《关于对农村非法行医依法监管所遇问题的请示》（鲁卫字〔2004〕58号）收悉。经研究，现批复如下：

根据《医疗机构管理条例》，任何单位和个人开展诊疗活动，必须依法取得《医疗机构执业许可证》，必须有适合的场所和与开医疗活动相适应的设施、设备。无《医疗机构执业许可证》擅自执业的，为非法行医。医疗机构擅自变更执业地点的，按照《医疗机构管理条例》第四十四条处理。乡村医生不在注册的执业地点执业的，按照《乡村医生从业管理条例》第四十条处理。乡村医生未经注册行医的，按照《乡村医生从业管理条例》第四十二条处理。

执法人员进行现场检查时应当按照有关规定有两人以上、出示执法证件、填写相应的执法文书等。

对社会举报的案件，可以填写案件受理记录文书，卫生监督机构核实后立案查处。对举报人坚持匿名举报的，不必需制作询问笔录，可由两名执法人员签字并说明情况。

此复。

卫生部关于对执业助理医师行医有关问题的批复

1. 2005年4月7日
2. 卫政法发〔2005〕135号

四川省卫生厅：

你厅《关于执业助理医师行医有关问题的请示》（川卫〔2005〕25号）收悉。经研究，现答复如下：

剖腹探查手术面临的情况复杂多变，不应视为"一般执业活动"。在患者病情紧急，危及生命安全，且有剖腹探查手术指征，现场没有执业医师，会诊医师不能及时到达情况下，执业助理医师方可在乡村级医疗机构中实施剖腹探查手术。

此复。

卫生部关于乡村医生跨行政区域行医有关问题的批复

1. 2005年7月11日
2. 卫政法发〔2005〕270号

江苏省卫生厅：

你厅《关于跨行政区域行医定性和处理问题的请示》（苏卫法监〔2005〕50号）收悉。经研究，批复如下：

一、依据《医疗机构管理条例》和《乡村医生从业管理条例》的规定，乡村医生必须在取得《医疗机构执业许可证》的村医疗卫生机构执业，并且必须在注册的执业地点内执业。

二、违反上述规定的应按照《医疗机构管理条例》第四十四条和《乡村医生从业管理条例》第四十条的规定处理。

此复。

卫生部关于医学生毕业后暂未取得医师资格从事诊疗活动有关问题的批复

1. 2005年9月5日
2. 卫政法发〔2005〕357号

河南省卫生厅：

你厅《关于医学生毕业后暂未取得医师资格从事诊疗活动有关问题的函》（豫卫函监督〔2005〕5号）收悉。经研究，现答复如下：

医学专业毕业生在毕业第一年后未取得医师资格的，可以在执业医师指导下进行临床实习，但不得独立从事临床活动，包括不得出具任何形式的医学证明文件和医学文书。

医疗机构违反规定安排未取得医师资格的医学专业毕业生独立从事临床工作的，按照《医疗机构管理条例》第四十八条的规定处理；造成患者人身损害的，按照《医疗事故处理条例》处理。

未取得医师资格的医学专业毕业生违反规定擅自在医疗机构中独立从事临床工作的，按照《执业医师法》第三十九条的规定处理；造成患者人身损害的，按照《医疗事故处理条例》第六十一条的规定处理。

此复。

卫生部关于取得医师执业证书的医师在家中擅自诊疗病人造成死亡适用法律有关问题的批复

1. 2005年11月7日
2. 卫政法发〔2005〕428号

广西壮族自治区卫生厅：

你厅《关于取得医师执业证书的医师在家中擅自诊疗病人造成死亡适用法律有关问题的请示》（桂卫报〔2005〕175号）收悉。经研究，批复如下：

根据《执业医师法》和《医疗机构管理条例》的规定，医师应当在注册的医疗机构内执业。任何单位和个人，未取得《医疗机构执业许可证》，不得开展诊疗活动。医师在家中擅自诊疗病人的行为违反了上述法律法规的规定，应当根据情节轻重，按照《执业医师法》第三十九条和《医疗机构管理条例》第四十四条予以处罚。

此复。

卫生部关于执业助理医师独立从事诊疗活动发生医疗事故争议有关问题的批复

1. 2006年12月26日
2. 卫政法发〔2006〕497号

天津市卫生局：

你局《关于执业助理医师独立从事诊疗活动发生医

疗事故争议有关处理问题的请示》(津卫报〔2006〕81号)收悉。经研究,现批复如下:

执业助理医师违反《中华人民共和国执业医师法》第三十条第一款的规定,独立从事临床活动,卫生行政部门应当按照《执业医师法》第三十七条的规定进行处理;造成患者人身损害的,按照《医疗事故处理条例》的有关规定进行处理。

此复。

卫生部关于非法行医有关问题的批复

1. 2007年6月7日
2. 卫政法发〔2007〕185号

甘肃省卫生厅:

你厅《关于非法行医有关问题的请示》(甘卫法监函〔2007〕15号)收悉。经研究,现批复如下:

已取得《医师资格证书》,并具备申请执业医师注册条件的医师,非本人原因导致未获得《医师执业证书》前,在其受聘的医疗预防保健机构和工作时间内的执业活动不属于非法行医。

此复。

卫生部关于取得医师执业证书的博士后人员执业有关问题的批复

1. 2008年11月27日
2. 卫医政函〔2008〕486号

上海市卫生局:

你局《关于博士后在工作站期间有关医疗执业问题的请示》(沪卫医政〔2008〕70号)收悉。经研究,现批复如下:

按照《执业医师法》和《医师执业注册暂行办法》(卫生部令第5号)的规定,已经取得医师执业证书的博士后人员在本人原注册地点以外的博士后科研流动站或博士后科研工作站工作,劳动人事关系纳入设站单位人事管理的,应当办理变更注册;劳动人事关系仍在原医疗机构,且经原医疗机构批准到博士后科研流动站或博士后科研工作站从事进修、学术交流的,不需办理执业地点的变更注册。

此复。

卫生部关于内科执业医师出具心电图诊断报告单有关问题的批复

1. 2008年12月29日
2. 卫医政函〔2008〕557号

湖南省卫生厅:

你厅《关于心血管内科执业医师能否出具心电图诊断报告单的请示》(湘卫报〔2008〕55号)收悉。经研究,现批复如下:

执业范围为内科并从事心血管内科诊疗工作的执业医师可以出具心电图诊断报告单。

此复。

卫生部关于外科执业医师出具B超诊断报告有关问题的批复

1. 2009年10月13日
2. 卫医政函〔2009〕463号

湖南省卫生厅:

你厅《关于外科执业医师能否出具B超诊断报告的请示》(湘卫报〔2009〕33号)收悉。经研究,现批复如下:

根据我部和国家中医药管理局2001年印发的《关于医师执业注册中执业范围的暂行规定》,"外科专业"与"医学影像和放射治疗专业"是临床类别医师的两个执业范围。执业范围仅为外科专业的执业医师在临床工作中可以使用B超观察病情,但不能出具B超诊断报告。

此复。

关于加强医疗护理员培训和规范管理工作的通知

1. 2019年7月26日国家卫生健康委员会、财政部、人力资源和社会保障部、国家市场监督管理总局、国家中医药管理局发布
2. 国卫医发〔2019〕49号

各省、自治区、直辖市及新疆生产建设兵团卫生健康委、财政(务)厅(局)、人力资源社会保障厅(局)、市场监管主管部门、中医药管理局:

为全面实施健康中国战略和贯彻落实《关于促进健康服务业发展的若干意见》《关于促进护理服务业改革与发展的指导意见》,增加护理服务业人力资源供给,扩大社会就业岗位,不断满足人民群众多样化、差异化的健康服务需求,现就加强医疗护理员培训和规范管理有关工作通知如下:

一、高度重视医疗护理员培训和规范管理工作

习近平总书记在党的十九大报告中强调,要实施健康中国战略,为人民群众提供全方位全周期健康服务。要积极应对人口老龄化,加快推进老龄事业和产业发展。要增进民生福祉,完善职业教育和培训体系,建设技能型劳动者大军。护理服务是实施健康中国战略的重要内容,对促进健康老龄化和提升人民群众健康水平发挥了积极作用。加强医疗护理员培训和管理是加快发展护理服务业、增加护理服务供给的关键环节,有利于精准对接人民群众多样化、多层次的健康需求,对稳增长、促改革、调结构、惠民生,促进就业创业,决胜全面建成小康社会具有重要意义。

二、开展医疗护理员培训

(一)医疗护理员定义。根据《中华人民共和国职业分类大典(2015年版)》,医疗护理员是医疗辅助服务人员之一,主要从事辅助护理等工作。其不属于医疗机构卫生专业技术人员。

(二)培训对象及条件。1.培训对象:拟从事医疗护理员工作或者正在从事医疗护理员工作的人员,积极支持农村转移劳动力、城镇登记失业人员、贫困劳动力等人群参加培训。2.培训对象条件:年龄在18周岁及以上,身体健康、品行良好、有责任心、尊重关心爱护服务对象,具有一定的文化程度和沟通能力。

(三)培训管理。要充分发挥市场在资源配置中的决定性作用,各地可以依托辖区内具备一定条件的高等医学院校、职业院校(含技工院校)、行业学会、医疗机构、职业培训机构等承担医疗护理员培训工作。要按照《医疗护理员培训大纲(试行)》(见附件)积极开展培训,提高从业人员对患者提供辅助护理服务的职业技能。强化职业素质培训,将职业道德、法律安全意识以及保护服务对象隐私等纳入培训全过程,注重德技兼修。对符合条件的人员按照规定落实职业培训补贴等促进就业创业扶持政策。

三、加强医疗护理员的规范管理

(一)规范聘用,明晰责任。医疗机构应当使用培训合格的医疗护理员从事相应工作,合法、规范用工。医疗机构可直接使用医疗护理员,并按照劳动保障相关法律法规规定,明确双方权利和义务,为其提供必要的职业卫生防护用品等;也可与劳务派遣机构、取得劳务派遣行政许可的家政服务机构签订协议,由其派遣医疗护理员并进行管理,在合同中明确双方机构管理职责和赔偿责任承担主体。

(二)明确职责,保障质量。在医疗机构内,医疗护理员应当在医务人员的指导下,对服务对象提供生活照护、辅助活动等服务;在社会和家庭中可以提供生活照护等服务。严禁医疗护理员从事医疗护理专业技术性工作,切实保障医疗质量和安全。

(三)加强管理,维护权益。聘用医疗护理员的医疗机构要建立相应管理制度,明确医疗护理员的工作职责和职业守则,制订服务规范。要指定专职部门和人员负责管理,定期对医疗护理员进行在岗培训和能力评估,以工作质量和服务对象满意度为主要指标,开展服务质量监督考核,进一步规范服务行为,提高服务水平。有资质的劳务派遣机构、家政服务机构要建立健全医疗护理员管理和派遣制度,并依法缴纳社会保险费,保障其工资福利待遇等合法权益。

四、有关要求

(一)加强组织实施。各地要高度重视加强医疗护理员培训和规范管理工作对推动健康服务业发展、积极应对人口老龄化和扩大社会就业的重要意义。要加强组织领导和统筹协调,结合实际制订具体实施办法。要加强部门间沟通协调,形成合力共同推动各项工作落实到位。

(二)明确部门分工。卫生健康行政部门、中医药主管部门要会同人力资源社会保障部门对医疗机构内医疗护理员聘用和管理工作进行指导和监督,积极推动培训和规范管理各项任务的有效落实。人力资源社会保障部门、财政部门要按照规定落实促进就业创业扶持政策,将符合条件的培训对象纳入职业培训补贴范围。市场监管部门要配合人力资源社会保障部门、卫生健康行政部门等依法加强对登记注册的劳务派遣机构、家政服务机构的监督管理。

(三)及时总结评估。各地要积极创新医疗护理员培训和管理的政策措施,鼓励有条件的地区先行先试,探索建立医疗护理员分级管理机制,拓宽职业发展路径。要及时研究出现的问题和困难,总结经验做法,以点带面,逐步推广。同时适时对发展医疗护理员队伍的政策措施和实施效果进行评估,不断调整完善相关政策,积极扩大护理服务业人员队伍,拓宽社会就业渠道,不断满足群众和社会需求。

附件

医疗护理员培训大纲(试行)

根据服务对象和服务内容不同,医疗护理员的培训大纲分为三类。

一、以患者为主要服务对象的医疗护理员培训大纲

(一)培训对象。

拟从事或正在从事医疗护理员工作的人员。

(二)培训方式及时间。

采用理论和实践相结合的培训方式。培训总时间不少于120学时,其中理论培训不少于40学时,实践培训不少于80学时。

(三)培训目标。

1. 了解相关法律法规、规章制度。

2. 具备良好的职业道德、协作意识和人文关怀素养。

3. 熟悉医疗机构规章制度和护理员岗位职责。

4. 掌握生活照护的基本知识和技能。

5. 掌握消毒隔离的基本知识和技术。

6. 掌握沟通的基本技巧和方法。

7. 具备安全意识,掌握安全防护、急救的基本知识和技术。

8. 掌握中药等常用药物服用的基本知识和方法。

9. 掌握体温、脉搏、呼吸、血压等生命体征正常值。

(四)培训内容。

1. 理论培训内容。

(1)法律法规。《中华人民共和国劳动法》、《中华人民共和国劳动合同法》、《中华人民共和国消防法》、《中华人民共和国传染病防治法》等相关法律法规。

(2)规章制度。《医疗机构管理条例》、《医院感染管理办法》、《医疗废物管理条例》、医疗机构工作相关规章制度等。

(3)职业道德和工作规范。护理员的职业道德和职业礼仪、护理员的岗位职责和行为规范、人文关怀,服务对象的权利和义务等。

(4)生活照护。饮食照护、清洁照护、睡眠照护、排痰照护、排泄照护、移动照护(如卧位摆放、更换体位、搬运转运等)的内容、方法、标准和注意事项等;进食、睡眠、排泄、移动等异常情况及处理;压力性损伤预防。

(5)消毒隔离。手卫生、穿脱隔离衣、戴(脱)手套/口罩/帽子的方法、垃圾分类与管理、职业安全与防护、环境与物品的清洁和消毒。

(6)沟通。沟通的技巧与方法、特殊服务对象的沟通技巧。

(7)安全与急救。患者安全防护(跌倒/坠床、意识障碍、误吸、噎食、烫伤、压力性损伤、管路滑脱等);保护用具的使用与观察;停电火灾应急预案;纠纷预防;初级急救知识、心肺复苏术(CPR)。

(8)体温、脉搏、呼吸、血压等生命体征正常值。

(9)基本康复锻炼。功能位摆放、肢体被动活动等。

(10)安宁疗护内容及照护要点。

(11)中药服用基本知识和中药饮片的煎煮方法及注意事项。

2. 实践培训内容。

(1)饮食照护。餐前准备、协助进食(水),进食(水)后的观察注意事项。

(2)清洁照护。头面部、手、足清洁,口腔清洁(含活动性义齿)、床上洗头、沐浴、床上擦浴、修剪指(趾)甲、会阴清洁;协助穿脱、更换衣裤,床单位整理与更换、卧床病人更换床单。

(3)睡眠照护。睡眠环境的准备、促进睡眠的方法。

(4)排痰照护。叩背等协助排痰方法及注意事项。

(5)排泄照护。协助如厕、床上使用便器、更换纸尿裤/尿垫、协助留取大小便标本。

(6)移动照护。常用卧位摆放(平卧位、侧卧位、半卧位、半坐位等);协助更换体位、协助上下床、搬运法、轮椅及平车转运法、辅助用具使用(轮椅、拐杖、助行器)。

(7)消毒隔离。手卫生、穿脱隔离衣、戴(脱)手套/帽子/口罩、环境及物品的清洁与消毒。

(8)沟通技巧。

(9)安全与急救。患者安全防护(跌倒/坠床、噎食、误吸、烫伤、压力性损伤、管路滑脱等),保护用具的使用;灭火器等消防器材的使用;初级急救技术、心肺复苏术(CPR)。

(10)协助身体活动、协助功能位摆放、协助肢体被动活动。

二、以老年患者为主要服务对象的医疗护理员培训大纲

(一)培训对象。

拟从事或正在从事医疗护理员工作的人员。

(二)培训方式及时间。

采用理论和实践相结合的培训方式。培训总时间不少于150学时，其中理论培训不少于50学时，实践培训不少于100学时。

（三）培训目标。

在达到以患者为主要服务对象的医疗护理员培训目标的基础上，还应达到以下目标。

1. 了解《中华人民共和国老年人权益保障法》。

2. 熟悉护理院（站）、护理中心、医养结合机构等相关规章制度、护理员岗位职责。

3. 熟悉老年人的常见疾病及照护要求。

4. 掌握老年人的生理、心理特点。

5. 掌握老年人生活照护特点。

6. 掌握老年人营养需求和进食原则。

7. 掌握老年人常见疾病使用药物的注意事项。

8. 掌握老年人沟通技巧和方法。

（四）培训内容。

1. 理论培训内容。

（1）《中华人民共和国老年人权益保障法》；护理院（站）、护理中心、医养结合机构等相关规章制度和护理员岗位职责。

（2）老年人的生理、心理特点。

（3）老年人的常见疾病及照护要求。

（4）老年人的生活照护内容及要求。

（5）跌倒/坠床、意识障碍、吞咽障碍、视力/听力障碍、睡眠障碍、大小便失禁、便秘、压力性损伤、营养失调、疼痛、坠积性肺炎等情况的表现、预防和照护措施。

（6）老年人的饮食种类、营养需求、进食原则、注意事项。

（7）老年人常见疾病使用药物的注意事项。

（8）老年人沟通技巧和方法，常见心理问题的应对，异常心理行为的识别和应对措施。

（9）老年人终末期安宁疗护相关知识。

2. 实践培训内容。

（1）义齿摘取、佩戴、清洗和存放。

（2）协助老年人进食/水，观察并记录异常。

（3）模拟体验，感受老年人的生活行为，给予老年人照护措施。

（4）热水袋等保暖物品和设施的使用方法及注意事项。

（5）对意识障碍、吞咽障碍、视力/听力障碍、睡眠障碍、大小便失禁、便秘、压力性损伤、营养失调、疼痛等情况进行照护和安全防护，预防跌倒、坠床、呛咳、噎食、烫伤、管路滑脱、坠积性肺炎、触电、走失等意外情况。

三、以孕产妇和新生儿患者为主要服务对象的医疗护理员培训大纲

（一）培训对象。

拟从事或正在从事医疗护理员工作的人员。

（二）培训方式及时间。

采用理论和实践相结合的培训方式。培训总时间不少于150学时，其中理论培训不少于50学时，实践培训不少于100学时。

（三）培训目标。

在达到以患者为主要服务对象的医疗护理员培训目标的基础上，还应达到以下目标。

1. 了解《中华人民共和国母婴保健法》。

2. 熟悉产科常见疾病的临床表现和照护要点。

3. 了解产科围产期、产褥期的照护特点，常见并发症的预防和注意事项。

4. 熟悉综合医院产科、妇产医院、妇幼保健院等机构相关规章制度和护理员岗位职责。

5. 掌握产妇的生理、心理变化。

6. 掌握产妇产褥期营养膳食和生活照护。

7. 掌握产褥期产妇焦虑、抑郁等心理问题的识别、预防和应对措施。

8. 掌握新生儿的日常照护。

9. 掌握新生儿的喂养相关知识和母乳喂养技巧。

10. 掌握新生儿意外伤害的预防和应对措施。

11. 熟悉新生儿的生理特点、常见疾病临床表现及照护要点。

（四）培训内容。

1. 理论培训内容。

（1）《中华人民共和国母婴保健法》；综合医院产科、妇产医院、妇幼保健院等机构的规章制度和护理员岗位职责。

（2）产妇的生理、心理变化特点。

（3）产科常见疾病（如多胎妊娠、妊娠高血压疾病、妊娠期糖尿病、羊水量异常、前置胎盘、胎盘早期剥离、胎膜早破、早产、产后出血等）的临床表现特点和照护注意要点。

（4）围产期、产褥期的照护特点，常见并发症的预防和注意事项。

（5）产妇焦虑、抑郁等心理问题表现、预防和处理。

（6）营养学基础知识；产妇产褥期食谱、营养膳食指导；会阴清洁、产褥期卫生指导。

（7）新生儿生理特点；生长和发育；新生儿黄疸、

尿布疹、脐炎、湿疹、便秘、腹泻等常见疾病相关知识和照护要点。

(8)新生儿日常照护;居室环境、新生儿衣着、新生儿包裹、睡眠、抱姿;眼、鼻、耳、口腔、指甲、脐部、臀部照护;尿布和纸尿裤的使用;新生儿沐浴、新生儿抚触;新生儿用品清洁、消毒等。

(9)新生儿喂养(母乳、人工、混合喂养);母乳喂养的方法技巧;母乳喂养常见问题与处理。

(10)新生儿窒息、跌落、烫伤等意外伤害的预防和应对措施。

2. 实践培训内容。

(1)产妇膳食食谱制订及饮食指导。

(2)会阴清洁、坐浴。

(3)腹带的使用。

(4)孕产妇围产期、产褥期常见并发症的预防和注意事项。

(5)新生儿穿衣、包裹、抱姿。

(6)协助新生儿沐浴;沐浴前准备工作;眼、鼻、耳、口腔、指甲、脐部、臀部照护;更换尿布/纸尿裤;新生儿抚触。

(7)协助母乳喂养(包括哺乳姿势、托乳房方法、含接姿势等)。

(8)新生儿人工喂养的方法;配奶用物的准备和清洁消毒等。

(9)新生儿窒息、跌落、烫伤等意外伤害的预防和应对措施。

3. 外国、台港澳从业者

中外合资、合作医疗机构管理暂行办法

1. 2000年5月15日卫生部、对外贸易经济合作部令第11号公布

2. 自2000年7月1日起施行

第一章 总 则

第一条 为进一步适应改革开放的需要,加强对中外合资、合作医疗机构的管理,促进我国医疗卫生事业的健康发展,根据《中华人民共和国中外合资经营企业法》、《中华人民共和国中外合作经营企业法》、《医疗机构管理条例》等国家有关法律、法规,制定本办法。

第二条 本办法所称中外合资、合作医疗机构是指外国医疗机构、公司、企业和其他经济组织(以下称合资、合作外方),按照平等互利的原则,经中国政府主管部门批准,在中国境内(香港、澳门及台湾地区除外,下同)与中国的医疗机构、公司、企业和其他经济组织(以下称合资、合作中方)以合资或者合作形式设立的医疗机构。

第三条 申请在中国境内设立中外合资、合作医疗机构,适用本办法。

第四条 中外合资、合作医疗机构必须遵守国家有关法律、法规和规章。中外合资、合作医疗机构的正当经营活动及合资、合作双方的合法权益受中国法律保护。

第五条 卫生部和对外贸易经济合作部(以下称外经贸部)在各自的职责范围内负责全国中外合资、合作医疗机构管理工作。

县级以上地方人民政府卫生行政部门(含中医/药主管部门)和外经贸行政部门在各自职责范围内负责本行政区域内中外合资、合作医疗机构的日常监督管理工作。

第二章 设置条件

第六条 中外合资、合作医疗机构的设置与发展必须符合当地区域卫生规划和医疗机构设置规划,并执行卫生部制定的《医疗机构基本标准》。

第七条 申请设立中外合资、合作医疗机构的中外双方应是能够独立承担民事责任的法人。合资、合作的中外双方应当具有直接或间接从事医疗卫生投资与管理的经验,并符合下列要求之一:

(一)能够提供国际先进的医疗机构管理经验、管理模式和服务模式;

(二)能够提供具有国际领先水平的医学技术和设备;

(三)可以补充或改善当地在医疗服务能力、医疗技术、资金和医疗设施方面的不足。

第八条 设立的中外合资、合作医疗机构应当符合以下条件:

(一)必须是独立的法人;

(二)投资总额不得低于2000万元人民币;

(三)合资、合作中方在中外合资、合作医疗机构中所占的股权比例或权益不得低于30%;

(四)合资、合作期限不超过20年;

(五)省级以上卫生行政部门规定的其他条件。

第九条 合资、合作中方以国有资产参与投资(包括作价出资或作为合作条件),应当经相应主管部门批准,并按国有资产评估管理有关规定,由国有资产管理部门确认的评估机构对拟投入国有资产进行评估。经省级以上国有资产管理部门确认的评估结果,可以作为拟投入的国有资产的作价依据。

第三章 设置审批与登记

第十条 设置中外合资、合作医疗机构,应先向所在地设区的市级卫生行政部门提出申请,并提交以下材料:

(一)设置医疗机构申请书;

(二)合资、合作双方法人代表签署的项目建议书及中外合资、合作医疗机构设置可行性研究报告;

(三)合资、合作双方各自的注册登记证明(复印件)、法定代表人身份证明(复印件)和银行资信证明;

(四)国有资产管理部门对拟投入国有资产的评估报告确认文件。

设区的市级卫生行政部门对申请人提交的材料进行初审,并根据区域卫生规划和医疗机构设置规划提出初审意见,并与申请材料、当地区域卫生规划和医疗机构设置规划一起报所在地省级卫生行政部门审核。

第十一条 省级卫生行政部门对申请材料及设区的市级卫生行政部门初审意见进行审核后报卫生部审批。

报请审批,需由省级卫生行政部门向卫生部提交以下材料:

(一)申请人设置申请材料;

(二)设置地设区的市级人民政府批准发布实施的《医疗机构设置规划》及设置地设区的市级和省级

卫生行政部门关于拟设置中外合资、合作医疗机构是否符合当地区域卫生规划和医疗机构设置规划的审核意见；

（三）省级卫生行政管理部门关于设置该中外合资、合作医疗机构的审核意见，其中包括对拟设置中外合资、合作医疗机构的名称、选址、规模（床位、牙椅）、诊疗科目和经营期限等的意见；

（四）法律、法规和卫生部规定的其他材料。

卫生部应当自受理之日起 45 个工作日内，作出批准或者不批准的书面决定。

第十二条 申请设置中外合资、合作中医医疗机构（含中外合资、合作中西医结合医疗机构和中外合资、合作民族医医疗机构）的，按本办法第十条和第十一条要求，经所在地设区的市级卫生行政部门初审和所在地的省级卫生行政部门审核，报国家中医药管理局审核后转报卫生部审批。

第十三条 申请人在获得卫生部设置许可后，按照有关法律、法规向外经贸部提出申请，并提交以下材料：

（一）设置申请申报材料及批准文件；

（二）由中外合资、合作各方的法定代表人或其授权的代表签署的中外合资、合作医疗机构的合同、章程；

（三）拟设立中外合资、合作医疗机构董事会成员名单及合资、合作各方董事委派书；

（四）工商行政管理部门出具的机构名称预先核准通知书；

（五）法律、法规和外经贸部规定的其他材料。

外经贸部应当自受理申请之日起 45 个工作日内，作出批准或者不批准的书面决定；予以批准的，发给《外商投资企业批准证书》。

获得批准设立的中外合资、合作医疗机构，应自收到外经贸部颁发的《外商投资企业批准证书》之日起一个月内，凭此证书到国家工商行政管理部门办理注册登记手续。

第十四条 申请在我国中西部地区或老、少、边、穷地区设置中外合资、合作医疗机构或申请设置的中外合资、合作医疗机构所提供的医疗服务范围和内容属于国家鼓励的服务领域，可适当放宽第七条、第八条规定的条件。

第十五条 获准设立的中外合资、合作医疗机构，应当按《医疗机构管理条例》和《医疗机构管理条例实施细则》关于医疗机构执业登记所规定的程序和要求，向所在地省级卫生行政部门规定的卫生行政部门申请执业登记，领取《医疗机构执业许可证》。

省级卫生行政部门根据中外合资、合作医疗机构的类别和规模，确定省级卫生行政部门或设区的市级卫生行政部门受理中外合资、合作医疗机构执业登记申请。

第十六条 中外合资、合作医疗机构命名应当遵循卫生部发布的《医疗机构管理条例实施细则》规定。中外合资、合作医疗机构的名称由所在地地名、识别名和通用名依次组成。

第十七条 中外合资、合作医疗机构不得设置分支机构。

第四章 变更、延期和终止

第十八条 已设立的中外合资、合作医疗机构变更机构规模（床位、牙椅）、诊疗科目、合资、合作期限等，应按本办法第三章规定的审批程序，经原审批机关审批后，到原登记机关办理相应的变更登记手续。

中外合资、合作医疗机构涉及合同、章程有关条款的变更，由所在地外经贸部门转报外经贸部批准。

第十九条 中外合资、合作医疗机构合资、合作期 20 年届满，因特殊情况确需延长合资、合作期限的，合资、合作双方可以申请延长合资、合作期限，并应当在合资、合作期限届满的 90 天前申请延期。延期申请经省级卫生行政部门和外经贸行政部门审核同意后，报请卫生部和外经贸部审批。审批机关自接到申请之日起 45 个工作日内，作出批准或者不予批准的书面决定。

第二十条 经批准设置的中外合资、合作医疗机构，应当在审批机关规定的期限内办理完有关登记注册手续；逾期未能完成的，经审批机关核准后，撤销该合资、合作项目。

第五章 执 业

第二十一条 中外合资、合作医疗机构作为独立法人实体，自负盈亏，独立核算，独立承担民事责任。

第二十二条 中外合资、合作医疗机构应当执行《医疗机构管理条例》和《医疗机构管理条例实施细则》关于医疗机构执业的规定。

第二十三条 中外合资、合作医疗机构必须执行医疗技术准入规范和临床诊疗技术规范，遵守新技术、新设备及大型医用设备临床应用的有关规定。

第二十四条 中外合资、合作医疗机构发生医疗事故，依照国家有关法律、法规处理。

第二十五条 中外合资、合作医疗机构聘请外籍医师、护士，按照《中华人民共和国执业医师法》和《中华人民共和国护士管理办法》等有关规定办理。

第二十六条　发生重大灾害、事故、疾病流行或者其他意外情况时，中外合资、合作医疗机构及其卫生技术人员要服从卫生行政部门的调遣。

第二十七条　中外合资、合作医疗机构发布本机构医疗广告，按照《中华人民共和国广告法》、《医疗广告管理办法》办理。

第二十八条　中外合资、合作医疗机构的医疗收费价格按照国家有关规定执行。

第二十九条　中外合资、合作医疗机构的税收政策按照国家有关规定执行。

第六章　监　　督

第三十条　县以上地方各级卫生行政部门负责本行政区域内中外合资、合作医疗机构的日常监督管理工作。

中外合资、合作医疗机构的《医疗机构执业许可证》每年校验一次，《医疗机构执业许可证》的校验由医疗机构执业登记机关办理。

第三十一条　中外合资、合作医疗机构应当按照国家对外商投资企业的有关规定，接受国家有关部门的监督。

第三十二条　中外合资、合作医疗机构违反国家有关法律、法规和规章，由有关主管部门依法查处。对于违反本办法的中外合资、合作医疗机构，县级以上卫生行政部门和外经贸部门可依据相关法律、法规和规章予以处罚。

第三十三条　地方卫生行政部门和地方外经贸行政部门违反本办法规定，擅自批准中外合资、合作医疗机构的设置和变更的，依法追究有关负责人的责任。

中外各方未经卫生部和外经贸部批准，成立中外合资、合作医疗机构并开展医疗活动或以合同方式经营诊疗项目的，视同非法行医，按《医疗机构管理条例》和《医疗机构管理条例实施细则》及有关规定进行处罚。

第七章　附　　则

第三十四条　香港特别行政区、澳门特别行政区、台湾地区的投资者在大陆投资举办合资、合作医疗机构的，参照本办法执行。

第三十五条　申请在中国境内设立外商独资医疗机构的，不予以批准。

第三十六条　各省、自治区、直辖市卫生、外经贸行政部门可依据本办法，结合本地实际制订具体规定。

第三十七条　本办法由卫生部和外经贸部负责解释。

第三十八条　本规定自2000年7月1日起实施。

《中外合资、合作医疗机构管理暂行办法》的补充规定

1. 2007年12月30日卫生部、商务部令第57号公布
2. 自2008年1月1日起施行

为促进香港、澳门与内地建立更紧密的经贸关系，根据国务院批准的《〈内地与香港关于建立更紧密经贸关系的安排〉补充协议四》及《〈内地与澳门关于建立更紧密经贸关系的安排〉补充协议四》，现对《中外合资、合作医疗机构管理暂行办法》（卫生部、外经贸部令第11号）中有关香港和澳门服务提供者在内地设立合资、合作医疗机构投资总额作如下补充规定：

一、香港、澳门服务提供者在内地设立的合资、合作医疗机构，其投资总额不得低于1000万元人民币。

二、本规定中香港、澳门服务提供者应分别符合《内地与香港关于建立更紧密经贸关系的安排》及《内地与澳门关于建立更紧密经贸关系的安排》中关于"服务提供者"定义及相关规定的要求。

三、香港、澳门服务提供者在内地设立合资、合作医疗机构的其他规定，仍参照《中外合资、合作医疗机构管理暂行办法》执行。

四、本规定自2008年1月1日起施行。

《中外合资、合作医疗机构管理暂行办法》的补充规定二

1. 2008年12月7日卫生部、商务部令第61号公布
2. 自2009年1月1日起施行

为促进香港、澳门与内地建立更紧密经贸关系，鼓励香港、澳门服务提供者在内地设立商业企业，根据国务院批准的《〈内地与香港关于建立更紧密经贸关系的安排〉补充协议五》及《〈内地与澳门关于建立更紧密经贸关系的安排〉补充协议五》，现就《中外合资、合作医疗机构管理暂行办法》（卫生部、商务部令11号）中有关香港和澳门服务提供者投资在广东省境内设立门诊部问题做出如下补充规定：

一、香港、澳门服务提供者在广东省可以独资形式设立门诊部，门诊部投资总额不作限制。

二、对香港、澳门服务提供者在广东省与内地合资、合作设立的门诊部投资总额不作限制，双方投资比例不作

限制。

三、香港、澳门服务提供者申请在广东省以独资或合资、合作形式设立门诊部的，由广东省卫生行政部门负责设置审批和执业登记。

四、申请人在获得广东省卫生部门设置许可后，向广东省商务主管部门提出申请，由广东省商务主管部门审批。

五、本规定自2009年1月1日起施行。

香港和澳门服务提供者在内地设立独资医院管理暂行办法

1. 2010年12月22日卫生部、商务部发布
2. 卫医政发〔2010〕109号
3. 自2011年1月1日起施行

第一章 总 则

第一条 为落实《〈内地与香港关于建立更紧密经贸关系的安排〉补充协议七》和《〈内地与澳门关于建立更紧密经贸关系的安排〉补充协议七》，根据《中华人民共和国外资企业法》及其实施细则和《医疗机构管理条例》等有关法律、法规，制定本办法。

第二条 香港和澳门服务提供者依法经内地主管部门批准，可以在内地设立独资医院（以下简称港澳独资医院）。

第三条 申请在内地设立港澳独资医院，适用本办法。

第四条 内地对港澳独资医院坚持逐步开放、风险可控的原则，依法保护患者和香港、澳门服务提供者的合法权益。

第五条 香港和澳门服务提供者在内地设立港澳独资医院，可自主选择经营性质为营利性或非营利性。

第六条 港澳独资医院必须遵守内地有关法律、法规和规章。港澳独资医院的合法经营活动及出资方的合法权益受法律保护。

第七条 卫生部和商务部在各自的职责范围内负责港澳独资医院管理工作。

设区的市级以上地方人民政府卫生行政部门（含中医药主管部门，下同）和商务部门在各自职责范围内负责本行政区域内港澳独资医院的日常监督管理工作。

第二章 设置条件

第八条 港澳独资医院的设置与发展必须符合当地医疗机构设置规划。

第九条 申请设立港澳独资医院的香港和澳门服务提供者应当是能够独立承担民事责任的法人，应当具有直接或间接从事医疗卫生投资与管理的经验，并符合下列要求之一：

（一）能够提供先进的医院管理经验、管理模式和服务模式；

（二）能够提供具有国际领先水平的医学技术。

第十条 设立的港澳独资医院应当符合以下条件：

（一）必须是独立的法人；

（二）三级医院投资总额不低于5000万人民币，二级医院投资总额不低于2000万元人民币；

（三）符合二级以上医院基本标准；

（四）在老、少、边、穷地区设置的港澳独资医院，投资总额要求可以适当降低。

第三章 设置审批与登记

第十一条 申请设置港澳独资医院，应当先向所在地设区的市级卫生行政部门提出申请，并提交以下材料：

（一）设置医疗机构申请书；

（二）项目建议书；

（三）可行性研究报告；

（四）香港和澳门服务提供者证明；

（五）法人注册登记证明（复印件）、法定代表人身份证明（复印件）和银行资信证明；

（六）项目选址报告、项目土地使用租赁证明、项目建筑平面图；

（七）香港和澳门服务提供者能够提供国际先进医院管理经验、管理模式和服务模式或具有国际领先水平医学技术的证明材料。

第十二条 设区的市级卫生行政部门对申请人提交的材料进行初审，并根据医疗机构设置规划提出初审意见，连同医院设置申请材料、当地医疗机构设置规划一并报所在地省级卫生行政部门审核。

第十三条 省级卫生行政部门对申请材料及设区的市级卫生行政部门初审意见进行审核，提出意见后报卫生部审批。报请审批，需由省级卫生行政部门向卫生部提交以下材料：

（一）申请人设置申请材料；

（二）设置地设区的市级人民政府批准发布实施的《医疗机构设置规划》及设置地设区的市级和省级卫生行政部门关于拟设置港澳独资医院是否符合当地医疗机构设置规划的审核意见；

（三）省级卫生行政部门关于设置该港澳独资医院的审核意见，其中包括对拟设置医院的名称、地址、规模(床位、牙椅)和诊疗科目等的意见；

(四) 法律、法规和卫生部规定的其他材料。

卫生部应当自受理之日起20个工作日内,作出批准或者不批准的书面决定。

第十四条 申请设置港澳独资中医医院(含中西医结合医院和民族医医院)的,按本办法第十一条、第十二条和第十三条的要求,经所在地区的市级中医药管理部门初审和所在地的省级中医药管理部门审核,报国家中医药管理局审核后转报卫生部审批。

第十五条 申请设置营利性港澳独资医院,申请人在获得卫生部设置许可后,还应当按照有关法律、法规的规定向商务部提出申请,并提交以下材料:

(一)设置申请申报材料及批准文件；

(二)港澳独资医院章程；

(三)港澳独资医院法定代表人或董事会人选名单；

(四)工商行政管理部门出具的机构名称预先核准通知书；

(五) 法律、法规和商务部规定的其他材料。

商务部应当自受理申请之日起20个工作日内,作出批准或者不批准的书面决定；予以批准的,发给《外商投资企业批准证书》。不予批准的,应当说明理由。

获得批准设立的港澳独资医院,应当自收到商务部颁发的《外商投资企业批准证书》之日起一个月内,凭此证书依法到相关部门办理注册登记手续。

第十六条 申请设置非营利性港澳独资医院,申请人在获得卫生部设置许可后,还应当通过商务部外商投资审批管理系统网站填写《外商投资非营利性医疗机构备案表》,到商务部办理备案,并提交以下材料:

(一)外商投资非营利性医疗机构备案表"打印版(经签章)"；

(二)卫生部门的设置许可文件(复印件)。

商务部备案并在《外商投资非营利性医疗机构备案表》加盖公章。

第十七条 获准设立的港澳独资医院应当按照《医疗机构管理条例》、《医疗机构管理条例实施细则》等关于医疗机构执业登记所规定的程序和要求,向所在地省级卫生行政部门申请执业登记,领取《医疗机构执业许可证》。

第十八条 港澳独资医院的名称由所在地地名、识别名和通用名依次组成,并符合医疗机构命名的有关规定。

第十九条 经批准设置的港澳独资医院,应当在审批机关规定的期限内办理完有关登记手续；逾期未能完成的,经审批机关核准后,撤销该独资医院项目。

第二十条 已设立的港澳独资医院变更名称、地址、规模(床位、牙椅)、诊疗科目、投资总额和注册资金的,应当按照本章规定的审批程序,经原审批机关审批后,到原项目登记机关办理相应的变更登记手续。

第二十一条 已设立的港澳独资医院申请变更设置人和股权的,应当按照本办法规定分别报卫生部和商务部批准。

第二十二条 已设立的港澳独资医院终止运营,应当在终止运营90天前申请办理注销手续。

第四章 执　业

第二十三条 港澳独资医院作为独立法人实体,自负盈亏,独立核算,独立承担民事责任。

第二十四条 港澳独资医院应当执行《医疗机构管理条例》和《医疗机构管理条例实施细则》等关于医疗机构执业的规定。

第二十五条 港澳独资医院应当执行临床诊疗指南和技术规范,遵守新技术临床应用的有关规定。

第二十六条 港澳独资医院发生医疗纠纷争议,依照国家有关法律、法规处理。

第二十七条 港澳独资医院聘请外籍医师、护士,应当按照内地的有关法律、法规和相关规定办理。聘请香港和澳门特别行政区医疗技术人员的,按照有关规定执行。

第二十八条 发生重大灾害、事故、疾病流行或者其他意外情况时,港澳独资医院及其卫生技术人员应当服从卫生行政部门的调遣。

第二十九条 港澳独资医院发布本院医疗广告,按照《中华人民共和国广告法》、《医疗广告管理办法》等有关法律法规规定办理。

第三十条 港澳独资医院的医疗收费价格按照内地有关规定执行。

第三十一条 营利性港澳独资医院的税收政策按照内地有关规定执行。

第五章 监督管理

第三十二条 设区的市级以上地方卫生行政部门负责本行政区域内港澳独资医院的日常监督管理工作。

港澳独资医院的《医疗机构执业许可证》校验期为3年,《医疗机构执业许可证》的校验由医疗机构执业登记机关办理。

第三十三条 营利性港澳独资医院应当按照内地对外商投资企业的有关规定,接受内地有关部门的监督。

第三十四条　港澳独资医院违反内地有关法律、法规和规章，由有关主管部门依法查处。

第六章　附　　则

第三十五条　本办法中的香港和澳门服务提供者应当分别符合《内地与香港关于建立更紧密经贸关系的安排》及《内地与澳门关于建立更紧密经贸关系的安排》中关于"服务提供者"的定义及相关规定要求。

第三十六条　各省、自治区、直辖市卫生、商务部门可依据本办法，结合本地实际制订具体规定。

第三十七条　本办法由卫生部和商务部负责解释。

第三十八条　本办法自2011年1月1日起施行。

第三十九条　原有规定与本办法规定不符的，以本办法为准。

台湾服务提供者在大陆设立独资医院管理暂行办法

1. 2010年12月22日卫生部、商务部发布

2. 卫医政发〔2010〕110号

3. 自2011年1月1日起施行

第一章　总　　则

第一条　为落实《海峡两岸经济合作框架协议》，根据《中华人民共和国外资企业法》及其实施细则和《医疗机构管理条例》等有关法律、法规，制定本办法。

第二条　台湾服务提供者依法经大陆主管部门批准，可以在大陆设立独资医院(以下称台资独资医院)。

第三条　申请在大陆设立台资独资医院，适用本办法。

第四条　大陆对台资独资医院坚持逐步开放、风险可控的原则，依法保护患者和台湾服务提供者双方的合法权益。

第五条　台湾服务提供者在大陆设立台资独资医院，可自主选择经营性质为营利性或非营利性。

第六条　台资独资医院必须遵守大陆有关法律、法规和规章。台资独资医院的合法经营活动及出资方的合法权益受法律保护。

第七条　卫生部和商务部在各自的职责范围内负责台资独资医院管理工作。

设区的市级以上地方人民政府卫生行政部门(含中医药主管部门，下同)和商务部门在各自职责范围内负责本行政区域内台资独资医院的日常监督管理工作。

第二章　设置条件

第八条　台资独资医院的设置与发展必须符合当地医疗机构设置规划。

第九条　申请设立台资独资医院的台湾服务提供者应当是能够独立承担民事责任的法人，应当具有直接或间接从事医疗卫生投资与管理的经验，并符合下列要求之一：

(一)能够提供先进的医院管理经验、管理模式和服务模式；

(二)能够提供具有国际领先水平的医学技术。

第十条　设立的台资独资医院应当符合以下条件：

(一)必须是独立的法人；

(二)三级医院投资总额不低于5000万人民币，二级医院投资总额不低于2000万元人民币；

(三)符合二级以上医院基本标准；

(四)在老、少、边、穷地区设置的台资独资医院，投资总额要求可以适当降低。

第三章　设置审批与登记

第十一条　申请设置台资独资医院，应当先向所在地设区的市级卫生行政部门提出申请，并提交以下材料：

(一)设置医疗机构申请书；

(二)项目建议书；

(三)可行性研究报告；

(四)有效的台湾服务提供者证明书；

(五)法人注册登记证明(复印件)、法定代表人身份证明(复印件)和银行资信证明；

(六)项目选址报告、项目土地使用租赁证明、项目建筑平面图；

(七)台湾服务提供者能够提供国际先进医院管理经验、管理模式和服务模式或具有国际领先水平医学技术的证明材料。

第十二条　设区的市级卫生行政部门对申请人提交的材料进行初审，并根据医疗机构设置规划提出初审意见，连同医院设置申请材料、当地医疗机构设置规划一并报所在地省级卫生行政部门审核。

第十三条　省级卫生行政部门对申请材料及设区的市级卫生行政部门初审意见进行审核，提出意见后报卫生部审批。报请审批，需由省级卫生行政部门向卫生部提交以下材料：

(一)申请人设置申请材料；

(二)设置地设区的市级人民政府批准发布实施的《医疗机构设置规划》及设置地设区的市级和省级

卫生行政部门关于拟设置台资独资医院是否符合当地医疗机构设置规划的审核意见；

（三）省级卫生行政部门关于设置该台资独资医院的审核意见，其中包括对拟设置医院的名称、地址、规模（床位、牙椅）和诊疗科目等的意见；

（四）法律、法规和卫生部规定的其他材料。

卫生部应当自受理之日起20个工作日内，作出批准或者不批准的书面决定。

第十四条 申请设置台资独资中医医院（含中西医结合医院和民族医医院）的，按照本办法第十一条、第十二条和第十三条的要求，经所在地区的市级中医药管理部门初审和所在地的省级中医药管理部门审核，报国家中医药管理局审核后转报卫生部审批。

第十五条 申请设置营利性台资独资医院，申请人在获得卫生部设置许可后，还应当按照有关法律、法规的规定向商务部提出申请，并提交以下材料：

（一）设置申请申报材料及批准文件；

（二）台资独资医院章程；

（三）台资独资医院法定代表人或董事会人选名单；

（四）工商行政管理部门出具的机构名称预先核准通知书；

（五）法律、法规和商务部规定的其他材料。

商务部应当自受理申请之日起20个工作日内，作出批准或者不批准的书面决定；予以批准的，发给《外商投资企业批准证书》。不予批准的，应当说明理由。

获得批准设立的台资独资医院，应当自收到商务部颁发的《外商投资企业批准证书》之日起一个月内，凭此证书依法到相关部门办理注册登记手续。

第十六条 申请设置非营利性台资独资医院，申请人在获得卫生部设置许可后，还应当通过商务部外商投资审批管理系统网站填写《外商投资非营利性医疗机构备案表》，到商务部办理备案，并提交以下材料：

（一）外商投资非营利性医疗机构备案表"打印版（经签章）"；

（二）卫生部门的设置许可文件（复印件）。

商务部备案并在《外商投资非营利性医疗机构备案表》加盖公章。

第十七条 获准设立的台资独资医院应当按照《医疗机构管理条例》、《医疗机构管理条例实施细则》等关于医疗机构执业登记所规定的程序和要求，向所在地省级卫生行政部门申请执业登记，领取《医疗机构执业许可证》。

第十八条 台资独资医院的名称由所在地地名、识别名和通用名依次组成，并符合医疗机构命名的有关规定。

第十九条 经批准设置的台资独资医院，应当在审批机关规定的期限内办理完有关登记手续；逾期未能完成的，经审批机关核准后，撤销该独资医院项目。

第二十条 已设立的台资独资医院变更名称、地址、规模（床位、牙椅）、诊疗科目、投资总额和注册资金的，应当按照本章规定的审批程序，经原审批机关审批后，到原项目登记机关办理相应的变更登记手续。

第二十一条 已设立的台资独资医院申请变更设置人和股权的，应当按照本办法规定分别报卫生部和商务部批准。

第二十二条 已设立的台资独资医院终止运营，应当在终止运营90天前申请办理注销手续。

第四章 执　业

第二十三条 台资独资医院作为独立法人实体，自负盈亏，独立核算，独立承担民事责任。

第二十四条 台资独资医院应当执行《医疗机构管理条例》和《医疗机构管理条例实施细则》等关于医疗机构执业的规定。

第二十五条 台资独资医院应当执行临床诊疗指南和技术规范，遵守新技术临床应用的有关规定。

第二十六条 台资独资医院发生医疗纠纷争议，依照大陆有关法律、法规处理。

第二十七条 台资独资医院聘请外籍医师、护士，应当按照大陆有关法律、法规和相关规定办理。

第二十八条 发生重大灾害、事故、疾病流行或者其他意外情况时，台资独资医院及其卫生技术人员应当服从卫生行政部门的调遣。

第二十九条 台资独资医院发布本院医疗广告，按照《中华人民共和国广告法》、《医疗广告管理办法》等有关法律法规规定办理。

第三十条 台资独资医院的医疗收费价格按照大陆有关规定执行。

第三十一条 营利性台资独资医院的税收政策按照大陆有关规定执行。

第五章 监督管理

第三十二条 设区的市级以上地方卫生行政部门负责本行政区域内台资独资医院的日常监督管理工作。

台资独资医院的《医疗机构执业许可证》校验期为3年，《医疗机构执业许可证》的校验由医疗机构执业登记机关办理。

第三十三条 营利性台资独资医院应当按照大陆对外商投资企业的有关规定,接受大陆有关部门的监督。

第三十四条 台资独资医院违反大陆有关法律、法规和规章的,由有关主管部门依法查处。

第六章 附 则

第三十五条 本办法中的台湾服务提供者应当符合《海峡两岸经济合作框架协议》中关于“服务提供者”的定义及相关规定要求。

第三十六条 各省、自治区、直辖市卫生、商务部门可以依据本办法,结合本地实际制订具体规定。

第三十七条 本办法由卫生部和商务部负责解释。

第三十八条 本办法自 2011 年 1 月 1 日起施行。

第三十九条 原有规定与本办法规定不符的,以本办法为准。

外国医师来华短期行医暂行管理办法

1. 1992 年 10 月 7 日卫生部令第 24 号公布

2. 根据 2003 年 11 月 28 日《卫生部关于修改〈外国医师来华短期行医暂行管理办法〉第十八条的通知》(卫医发〔2003〕331 号)第一次修订

3. 根据 2016 年 1 月 19 日国家卫生和计划生育委员会令第 8 号《关于修改〈外国医师来华短期行医暂行管理办法〉等 8 件部门规章的决定》第二次修订

第一条 为了加强外国医师来华短期行医的管理,保障医患双方的合法权益,促进中外医学技术的交流和发展,制定本办法。

第二条 本办法所称“外国医师来华短期行医”,是指在外国取得合法行医权的外籍医师,应邀、应聘或申请来华从事不超过一年期限的临床诊断、治疗业务活动。

第三条 外国医师来华短期行医必须经过注册,取得《外国医师短期行医许可证》。

《外国医师短期行医许可证》由国家卫生计生委统一印制。

第四条 外国医师来华短期行医,必须有在华医疗机构作为邀请或聘用单位。邀请或聘用单位可以是一个或多个。

第五条 外国医师申请来华短期行医,必须依本办法的规定与聘用单位签订协议。有多个聘用单位的,要分别签订协议。

外国医师应邀、应聘来华短期行医,可以根据情况由双方决定是否签订协议。未签订协议的,所涉及的有关民事责任由邀请或聘用单位承担。

第六条 外国医师来华短期行医的协议书必须包含以下内容:

(一)目的;

(二)具体项目;

(三)地点;

(四)时间;

(五)责任的承担。

第七条 外国医师可以委托在华的邀请或聘用单位代其办理注册手续。

第八条 外国医师来华短期行医的注册机关为设区的市级以上卫生计生行政部门。

第九条 邀请或聘用单位分别在不同地区的,应当分别向当地设区的市级以上卫生计生行政部门申请注册。

第十条 申请外国医师来华短期行医注册,必须提交下列文件:

(一)申请书;

(二)外国医师的学位证书;

(三)外国行医执照或行医权证明;

(四)外国医师的健康证明;

(五)邀请或聘用单位证明以及协议书或承担有关民事责任的声明书。

前款(二)、(三)项的内容必须经过公证。

第十一条 注册机关应当在受理申请后 30 日内进行审核,并将审核结果书面通知申请人或代理申请的单位。对审核合格的予以注册,并发给《外国医师短期行医许可证》。

审核的主要内容包括:

(一)有关文字材料的真实性;

(二)申请项目的安全性和可靠性;

(三)申请项目的先进性和必要性。

第十二条 外国医师来华短期行医注册的有效期不超过一年。

注册期满需要延期的,可以按本办法的规定重新办理注册。

第十三条 外国医师来华短期行医,应当事先依法获得入境签证,入境后按有关规定办理居留或停留手续。

第十四条 外国医师来华短期行医,必须遵守中国的法律法规,尊重中国的风俗习惯。

第十五条 违反本办法第三条规定的,由所在地设区的市级以上卫生计生行政部门予以取缔,没收非法所得,并处以 10000 元以下罚款;对邀请、聘用或提供场所的单位,处以警告,没收非法所得,并处以 5000 元以下罚款。

第十六条　违反本办法第十四条规定的，由有关主管机关依法处理。

第十七条　外国医疗团体来华短期行医的，由邀请或合作单位所在地的设区的市级卫生计生行政部门依照本办法的有关规定进行审批。

第十八条　香港、澳门、台湾的医师或医疗团体参照本办法执行。

具有香港或澳门合法行医权的香港或澳门永久性居民在内地短期行医注册的有效期不超过3年。注册期满需要延期的，可以重新办理短期行医注册手续。

第十九条　本办法的解释权在国家卫生计生委。

第二十条　本办法自1993年1月1日起施行。

香港、澳门特别行政区医师在内地短期行医管理规定

1. 2008年12月29日卫生部令第62号公布
2. 自2009年3月1日起施行

第一条　为了加强香港特别行政区、澳门特别行政区医师（以下简称港澳医师）在内地短期行医的管理，根据《中华人民共和国执业医师法》（以下简称《执业医师法》）、《医疗机构管理条例》等法律、法规，制定本规定。

第二条　本规定所称港澳医师是指具有香港特别行政区或者澳门特别行政区合法行医资格的医师。

港澳医师在内地短期行医，是指港澳医师应聘在内地医疗机构从事不超过3年的临床诊疗活动。

第三条　港澳医师在内地短期行医应当按照本规定进行执业注册，取得《港澳医师短期行医执业证书》。

《港澳医师短期行医执业证书》由卫生部统一制作。

第四条　港澳医师在内地短期行医，应当符合内地有关港澳人员的就业规定，由内地具有独立法人资格的医疗机构邀请并作为聘用单位。

第五条　港澳医师在内地短期行医的执业注册机关为医疗机构所在地设区的市级以上地方人民政府卫生行政部门和中医药管理部门。

港澳医师申请内地短期行医执业注册的执业类别可以为临床、中医、口腔三个类别之一。执业范围应当符合《执业医师法》和卫生部有关执业范围的规定。

第六条　港澳医师申请在内地短期行医执业注册，应当提交下列材料：

（一）港澳医师在内地短期行医执业注册申请；

（二）港澳永久居民身份证明材料；

（三）近6个月内的2寸免冠正面半身照片2张；

（四）与申请执业范围相适应的医学专业最高学历证明；

（五）港澳医师的行医执照或者行医资格证明；

（六）近3个月内的体检健康证明；

（七）无刑事犯罪记录的证明；

（八）内地聘用医疗机构与港澳医师签订的协议书；

（九）内地省级以上人民政府卫生行政部门规定的其他材料。

前款（四）、（五）、（六）、（七）项的内容必须经过港澳地区公证机关的公证。

以上材料应当为中文文本。

第七条　港澳医师可以自行办理或者书面委托内地的聘用医疗机构代其办理短期行医执业注册手续。

第八条　负责受理港澳医师短期行医执业注册申请的执业注册机关应当自受理申请之日起20日内进行审核。对审核合格的予以注册，并发给《港澳医师短期行医执业证书》。

第九条　《港澳医师短期行医执业证书》有效期应与港澳医师在内地医疗机构应聘的时间相同，最长为3年。有效期满后，如拟继续执业的，应当重新办理短期行医执业注册手续。

第十条　港澳医师在内地短期行医必须遵守医疗卫生管理法律、行政法规、部门规章及诊疗护理规范、常规，尊重当地的风俗习惯。

第十一条　港澳医师在内地短期行医必须在执业有效期内按照注册的执业地点、执业类别、执业范围从事相应的诊疗活动。

第十二条　港澳医师在内地短期行医应当按照《医师定期考核管理办法》和卫生部有关规定接受定期考核。

第十三条　港澳医师短期行医执业注册后有下列情形之一的，聘用的医疗机构应当在30日内报告准予其执业注册的卫生行政部门，卫生行政部门应当注销注册，收回《港澳医师短期行医执业证书》：

（一）医疗机构和港澳医师解除聘用关系的；

（二）身体健康状况不适宜继续执业的；

（三）在考核周期内因考核不合格，被责令暂停执业活动，并在暂停执业活动期满经培训后再次考核仍

不合格的；

（四）违反《执业医师法》有关规定，被吊销《港澳医师短期行医执业证书》的；

（五）出借、出租、抵押、转让、涂改《港澳医师短期行医执业证书》的；

（六）死亡或者被宣告失踪的；

（七）受刑事处罚的；

（八）被公安机关取消内地居留资格的；

（九）卫生部规定不宜从事医疗、预防、保健业务的其他情形的。

第十四条　港澳医师因本办法第十三条第（三）项、第（四）项、第（七）项、第（八）项情形而被注销执业注册的，2 年内不得再次申请在内地短期行医。

第十五条　卫生部指定的机构设立港澳医师短期行医信息查询系统。

执业注册机关在审核港澳医师短期行医执业注册申请时应当进行有关信息查询。

执业注册机关核发或者注销《港澳医师短期行医执业证书》后 10 日内将有关信息向卫生部指定的查询机构备案。

聘用港澳医师短期行医的医疗机构应当将港澳医师考核和执业情况向注册机关和卫生部指定的查询机构报告。

第十六条　港澳医师在内地短期行医期间发生医疗事故争议的，按照《医疗事故处理条例》及有关规定处理。

第十七条　医疗机构聘用未经内地短期行医执业注册的港澳医师从事诊疗活动，视为聘用非卫生技术人员，按照《医疗机构管理条例》第四十八条规定处理。

第十八条　港澳医师未取得《港澳医师短期行医执业证书》行医或者未按照注册的有效期从事诊疗活动的，按照《执业医师法》第三十九条规定处理。

第十九条　港澳医师未按照注册的执业地点、执业类别、执业范围从事诊疗活动的，由县级以上人民政府卫生行政部门责令改正，并给予警告；逾期不改的，按照《执业医师法》第三十七条第（一）项规定处理。

第二十条　取得内地《医师资格证书》的香港、澳门居民申请在内地执业注册的，按照《医师执业注册暂行办法》执行。

第二十一条　本规定自 2009 年 3 月 1 日起施行。原有规定与本规定不符的，以本规定为准。

台湾地区医师在大陆短期行医管理规定

1. 2009 年 1 月 4 日卫生部令第 63 号公布
2. 自 2009 年 3 月 1 日起施行

第一条　为了加强台湾地区医师（以下简称台湾医师）在大陆短期行医的管理，根据《中华人民共和国执业医师法》（以下简称《执业医师法》）、《医疗机构管理条例》等法律、法规，制定本规定。

第二条　本规定所称台湾医师是指具有台湾地区合法行医资格的医师。

台湾医师在大陆短期行医，是指台湾医师应聘在大陆医疗机构从事不超过 3 年的临床诊疗活动。

第三条　台湾医师在大陆短期行医应当按照本规定进行执业注册，取得《台湾医师短期行医执业证书》。

《台湾医师短期行医执业证书》由卫生部统一制作。

第四条　台湾医师在大陆短期行医，应当符合大陆有关台湾地区人员的就业规定，由大陆具有独立法人资格的医疗机构邀请并作为聘用单位。

第五条　台湾医师在大陆短期行医的执业注册机关为医疗机构所在地设区的市级以上地方人民政府卫生行政部门和中医药管理部门。

台湾医师申请大陆短期行医执业注册的执业类别可以为临床、中医、口腔三个类别之一。执业范围应当符合《执业医师法》和卫生部有关执业范围的规定。

第六条　台湾医师申请在大陆短期行医执业注册，应当提交下列材料：

（一）台湾医师在大陆短期行医执业注册申请；

（二）台湾永久居民身份证明材料；

（三）近 6 个月内的 2 寸免冠正面半身照片 2 张；

（四）与申请执业范围相适应的医学专业最高学历证明；

（五）台湾医师的行医执照或者行医资格证明；

（六）近 3 个月内的体检健康证明；

（七）无刑事犯罪记录的证明；

（八）大陆聘用医疗机构与台湾医师签订的协议书；

（九）大陆省级以上人民政府卫生行政部门规定的其他材料。

前款（四）、（五）、（六）、（七）项的内容必须经过台湾地区公证机关的公证。

以上材料应当为中文文本。

第七条 台湾医师可以自行办理或者书面委托大陆的聘用医疗机构代其办理短期行医执业注册手续。

第八条 负责受理台湾医师短期行医执业注册申请的执业注册机关应当自受理申请之日起20日内进行审核。对审核合格的予以注册,并发给《台湾医师短期行医执业证书》。

第九条 《台湾医师短期行医执业证书》有效期应与台湾医师在大陆医疗机构应聘的时间相同,最长为3年。有效期满后,如拟继续执业的,应当重新办理短期行医执业注册手续。

第十条 台湾医师在大陆短期行医必须遵守医疗卫生管理法律、行政法规、部门规章及诊疗护理规范、常规,尊重当地的风俗习惯。

第十一条 台湾医师在大陆短期行医必须在执业有效期内按照注册的执业地点、执业类别、执业范围从事相应的诊疗活动。

第十二条 台湾医师在大陆短期行医应当按照《医师定期考核管理办法》和卫生部有关规定接受定期考核。

第十三条 台湾医师短期行医执业注册后有下列情形之一的,聘用的医疗机构应当在30日内报告准予其执业注册的卫生行政部门,卫生行政部门应当注销注册,收回《台湾医师短期行医执业证书》:

(一)医疗机构和台湾医师解除聘用关系的;

(二)身体健康状况不适宜继续执业的;

(三)在考核周期内因考核不合格,被责令暂停执业活动,并在暂停执业活动期满经培训后再次考核仍不合格的;

(四)违反《执业医师法》有关规定,被吊销《台湾医师短期行医执业证书》的;

(五)出借、出租、抵押、转让、涂改《台湾医师短期行医执业证书》的;

(六)死亡或者被宣告失踪的;

(七)受刑事处罚的;

(八)被公安机关取消大陆居留资格的;

(九)卫生部规定不宜从事医疗、预防、保健业务的其他情形的。

第十四条 台湾医师因本办法第十三条第(三)项、第(四)项、第(七)项、第(八)项情形而被注销执业注册的,2年内不得再次申请在大陆短期行医。

第十五条 卫生部指定的机构设立台湾医师短期行医信息查询系统。

执业注册机关在审核台湾医师短期行医执业注册申请时应当进行有关信息查询。

执业注册机关核发或者注销《台湾医师短期行医执业证书》后10日内将有关信息向卫生部指定的查询机构备案。

聘用台湾医师短期行医的医疗机构应当将台湾医师考核和执业情况向注册机关和卫生部指定的查询机构报告。

第十六条 台湾医师在大陆短期行医期间发生医疗事故争议的,按照《医疗事故处理条例》及有关规定处理。

第十七条 医疗机构聘用未经大陆短期行医执业注册的台湾医师从事诊疗活动,视为聘用非卫生技术人员,按照《医疗机构管理条例》第四十八条规定处理。

第十八条 台湾医师未取得《台湾医师短期行医执业证书》行医或者未按照注册的有效期从事诊疗活动的,按照《执业医师法》第三十九条规定处理。

第十九条 台湾医师未按照注册的执业地点、执业类别、执业范围从事诊疗活动的,由县级以上人民政府卫生行政部门责令改正,并给予警告;逾期不改的,按照《执业医师法》第三十七条第(一)项规定处理。

第二十条 取得大陆《医师资格证书》的台湾居民申请在大陆执业注册的,按照《医师执业注册暂行办法》执行。

第二十一条 本规定自2009年3月1日起施行。原有规定与本规定不符的,以本规定为准。

台湾地区医师获得大陆医师资格认定管理办法

1. 2009年4月15日卫生部、国家中医药管理局发布
2. 卫医办发〔2009〕32号

第一条 根据《中华人民共和国执业医师法》、《卫生部办公厅、国家中医药管理局办公室关于台港澳医师获得大陆医师资格有关问题的通知》及有关法律、法规,制定本办法。

第二条 本办法所称台湾地区医师,是指具有台湾地区合法行医资格并且是台湾地区永久性居民的医师。

台湾地区医师可申请获得的大陆医师资格类别为临床、中医、口腔。

第三条 同时具备下列条件并符合《中华人民共和国执业医师法》及其有关规定的台湾地区永久性居民,可申请大陆医师资格认定。

(一)2007 年 12 月 31 日前已取得台湾地区合法行医资格满 5 年的台湾地区永久性居民;

(二)具有台湾地区专科医师资格证书;

(三)在台湾地区医疗机构中执业。

第四条　申请医师资格认定,应当提交下列材料:

(一)台湾地区医师大陆医师资格认定申请审核表;

(二)6 个月内二寸免冠正面半身照片 2 张;

(三)台湾地区永久性居民身份证明材料;

(四)与拟申请医师资格类别相应的医学专业学历证明;

(五)台湾地区行医执照或者行医权证明;

(六)与拟申请医师资格类别相应的台湾地区专科医师执照或者专科医师资格证明;

(七)台湾地区相关医疗机构的在职证明或者执业登记证明;

(八)执业期内无不良行为记录的证明;

(九)无刑事犯罪记录的证明;

(十)省级以上人民政府卫生行政部门规定的其他材料。

前款(三)至(九)项的内容必须经过台湾地区公证机关的公证。

以上材料应当为简体或繁体中文文本或附中文译文。

第五条　省级卫生行政部门负责台湾地区医师申请大陆医师资格认定的受理、审核和认定工作。

第六条　省级卫生行政部门收到申请材料后,对申请人的申请材料进行验证并审核,并签署审核意见。

省级卫生行政部门对审核合格的,予以认定,授予执业医师资格,并颁发卫生部统一印制的《医师资格证书》。

第七条　省级中医药管理部门负责台湾地区中医医师(包括中医、民族医、中西医结合)申请大陆医师资格认定的受理、审核和认定,由省级卫生行政部门颁发卫生部统一印制的《医师资格证书》。

第八条　省级卫生行政部门对取得《医师资格证书》的人员情况予以汇总,报卫生部备案。

第九条　取得大陆医师资格的台湾地区居民《医师资格证书》编码由年度代码、省、自治区、直辖市代码、医师级别代码、医师类别代码、居民有效证件号码和地区代码共 27 位组成。其中,第 1 - 4 位是取得医师资格证书年度代码,第5 - 6 位是核发《医师资格证书》的省、自治区、直辖市代码,第 7 位是执业医师级别代码,第 8 - 9 位是执业医师类别代码。第 10 - 19 位是台湾地区居民身份证代码,第 20 - 24 位为“0”,第 25 - 27 位是 TWN。

第十条　取得大陆《医师资格证书》的台湾地区居民申请在内地执业注册的,按照《医师执业注册暂行办法》(卫生部令第 5 号)执行。

第十一条　本办法自下发之日起施行。原有规定与本办法不符的,以本办法为准。

附件:(略)

香港和澳门特别行政区医师获得内地医师资格认定管理办法

1. 2009 年 4 月 15 日卫生部、国家中医药管理局发布

2. 卫医政发〔2009〕33 号

第一条　根据《中华人民共和国执业医师法》、《卫生部办公厅、国家中医药管理局办公室关于台港澳医师获得大陆医师资格有关问题的通知》及有关法律、法规,制定本办法。

第二条　本办法所称香港和澳门特别行政区医师是指具有香港和澳门特别行政区合法行医资格并且是上述地区永久性居民的中国公民。

香港和澳门特别行政区医师可申请获得的内地医师资格类别为临床、中医、口腔。

第三条　同时具备下列条件并符合《中华人民共和国执业医师法》及其有关规定的香港和澳门特别行政区永久性居民的中国公民,可申请内地医师资格认定。

(一)2007 年 12 月 31 日前已取得香港和澳门特别行政区合法行医资格满 5 年的香港和澳门特别行政区永久性居民;

(二)具有香港和澳门特别行政区专科医师资格证书;

(三)在香港和澳门特别行政区医疗机构中执业。

第四条　申请医师资格认定,应当提交下列材料:

(一)香港和澳门特别行政区医师内地医师资格认定申请审核表;

(二)6 个月内二寸免冠正面半身照片 2 张;

(三)香港和澳门特别行政区永久性居民身份证明材料;

(四)与拟申请医师资格类别相应的医学专业学历证明;

(五)香港和澳门特别行政区行医执照或者行医

权证明；

（六）与拟申请医师资格类别相应的香港和澳门特别行政区专科医师执照或者专科医师资格证明；

（七）香港和澳门特别行政区相关医疗机构的在职证明或者执业登记证明；

（八）执业期内无不良行为记录的证明；

（九）无刑事犯罪记录的证明；

（十）省级以上人民政府卫生行政部门规定的其他材料。

前款（三）至（九）项的内容必须经过香港和澳门特别行政区公证机关的公证。

以上材料应当为简体或繁体中文文本或附中文译文。

第五条　省级卫生行政部门负责香港、澳门特别行政区医师申请内地医师资格认定的受理、审核和认定工作。

第六条　省级卫生行政部门收到申请材料后，对申请人的申请材料进行验证并审核，并签署审核意见。

省级卫生行政部门对审核合格的，予以认定，授予执业医师资格，并颁发卫生部统一印制的《医师资格证书》。

第七条　省级中医药管理部门负责香港和澳门特别行政区中医医师（包括中医、民族医、中西医结合）申请内地医师资格认定的受理、审核和认定，由省级卫生行政部门颁发卫生部统一印制的《医师资格证书》。

第八条　省级卫生行政部门对取得《医师资格证书》的人员情况予以汇总，报卫生部备案。

第九条　取得内地医师资格的香港和澳门特别行政区居民《医师资格证书》编码由年度代码、省、自治区、直辖市代码、医师级别代码、医师类别代码、居民有效证件号码和地区代码共27位组成。其中，第1－4位是取得医师资格证书年度代码，第5－6位是核发《医师资格证书》的省、自治区、直辖市代码，第7位是执业医师级别代码，第8－9位是执业医师类别代码。香港特别行政区居民取得的内地《医师资格证书》第10－17位是香港特别行政区居民身份证代码，第18－24位为“0”，第25－27位是HKG。澳门特别行政区居民取得的内地《医师资格证书》第10－17位是澳门特别行政区居民身份证代码，第18－24位为“0”，第25－27位是MAC。

第十条　取得内地《医师资格证书》的香港和澳门特别行政区居民申请在内地执业注册的，按照《医师执业注册暂行办法》（卫生部令第5号）执行。

第十一条　本办法自下发之日起施行。原有规定与本办法不符的，以本办法为准。

附件：（略）

香港和澳门特别行政区医疗专业技术人员在内地短期执业管理暂行规定

1．2010年12月16日卫生部发布

2．卫医政发〔2010〕106号

3．自2011年1月1日起施行

第一条　为了加强香港和澳门特别行政区医疗专业技术人员在内地短期执业的管理，保护医患双方的合法权益，制定本规定。

第二条　本规定所称港澳医疗专业技术人员，是指具有香港或澳门特别行政区合法执业资格，从事医疗相关活动的香港和澳门特别行政区永久性居民。

第三条　港澳医疗专业技术人员分为以下四类：

（一）港澳医师：包括香港医疗专业技术人员中的医生、中医、牙医和澳门医疗专业技术人员中的医生、中医生、中医师、牙科医生、牙科医师；

（二）港澳药剂师：包括香港医疗专业技术人员中的药剂师和澳门医疗专业技术人员中的药剂师、药房技术助理；

（三）港澳护士：包括香港医疗专业技术人员中的护士、助产士和澳门医疗专业技术人员中的护士；

（四）其他港澳医疗专业技术人员：包括香港医疗专业技术人员中的医务化验师、职业治疗师、视光师、放射技师、物理治疗师、脊医6类人员和澳门医疗专业技术人员中的治疗师、按摩师、针灸师、诊疗辅助技术员4类人员。

第四条　港澳医疗专业技术人员在内地短期执业，是指香港和澳门特别行政区具有合法执业资格的医疗专业技术人员应聘在内地医疗机构从事不超过3年的执业活动。

第五条　港澳医疗专业技术人员在内地短期执业，应当符合内地有关港澳人员的就业规定，由内地具有《医疗机构执业许可证》的医疗机构作为聘用单位。

第六条　港澳医疗专业技术人员在内地短期执业，应当向拟聘用其短期执业的医疗机构提交在港澳获准从事的业务范围及与业务有关的权利义务说明。

第七条　港澳医师来内地短期执业，按照《香港、澳门特别行政区医师在内地短期行医管理规定》的有关程序和要求申请。

第八条 港澳药剂师、港澳护士和其他港澳医疗专业技术人员来内地短期执业，应当由拟聘用医疗机构向该医疗机构所在地设区的市级以上地方人民政府卫生行政部门或者中医药管理部门（以下同）申请注册，并提交以下材料：

（一）港澳医疗专业技术人员内地短期执业注册申请表；

（二）港澳永久居民身份证明材料；

（三）近6个月内的2寸免冠正面半身照片2张；

（四）专业技术人员的执业执照或者执业资格证明；

（五）近6个月内的体检健康证明；

（六）无刑事犯罪记录的证明；

（七）拟聘用医疗机构与专业技术人员签订的协议书；

（八）拟聘用医疗机构《医疗机构执业许可证》副本复印件；

（九）该类医疗专业技术人员在港澳执业范围和执业规则说明；

（十）拟聘用港澳医疗专业技术人员提交的执业承诺书；

（十一）内地省级人民政府卫生行政部门规定的其他材料。

上款第（四）项、第（五）项、第（六）项、第（九）项规定的材料，必须经过香港或澳门特别行政区公证机关的公证。

以上材料应当为中文文本。

第九条 负责受理港澳医疗专业技术人员短期执业注册申请的卫生行政部门应当自受理申请之日起20日内进行审核。对符合条件的，予以注册，并发给港澳医疗专业技术人员内地短期执业注册凭证；对不符合条件，不予注册的，应当书面说明理由。

第十条 港澳医疗专业技术人员来内地短期执业注册有效期满后，如拟继续执业的，应当重新办理短期执业注册手续。

第十一条 港澳医疗专业技术人员在内地短期执业不得同时受聘于两个以上医疗机构。

第十二条 港澳医疗专业技术人员在内地短期执业必须在执业有效期内，按照相应的执业类别、执业范围在聘用的医疗机构内从事相应的执业活动。

第十三条 港澳医疗专业技术人员在内地短期执业必须遵守医疗卫生管理法律、行政法规、部门规章及诊疗护理规范、常规，尊重当地的风俗习惯。

第十四条 港澳药剂师、港澳护士和其他港澳医疗专业技术人员在内地短期执业不具有处方权。

第十五条 港澳医疗专业技术人员有下列情形之一的，拟聘用医疗机构应当在30日内报告注册的卫生行政部门，卫生行政部门应当注销其执业注册。

（一）与拟聘用医疗机构解除聘用关系的；

（二）身体健康状况不适宜继续执业的；

（三）被香港或者澳门特别行政区卫生主管部门或者行业组织取消执业资格的；

（四）死亡、被宣告失踪或者丧失民事行为能力的；

（五）受刑事处罚的；

（六）被公安机关取消内地居留资格的；

（七）法律法规规定不宜从事执业的其他情形。

第十六条 港澳医疗技术人员在内地短期执业期间出现第十五条第（三）项、第（五）项、第（六）项情形的，2年内不得再次申请在内地短期执业。

第十七条 卫生部指定的机构设立港澳医疗专业技术人员短期执业信息管理系统。

负责注册的卫生行政部门应当在准予注册或者注销注册后10日内将有关信息录入短期执业信息管理系统。

第十八条 卫生行政部门对港澳医疗专业技术人员进行监督管理时，除应当依照有关法律法规和规章外，还应当结合港澳医疗专业技术人员提交的执业承诺书。

第十九条 港澳医疗专业技术人员在内地短期执业期间发生医疗损害争议的，按照有关法律法规的规定处理。

第二十条 医疗机构未按照本规定为聘用的港澳医疗专业技术人员办理注册手续的，按使用非卫生技术人员处理。

第二十一条 港澳医疗专业技术人员在内地短期执业期间违反卫生法律、法规的，按照相关法律法规规定处理。

地方卫生行政部门应当及时将港澳医疗专业技术人员的违法行为报告卫生部，由卫生部向香港和澳门特别行政区卫生主管部门通报。

第二十二条 本规定由卫生部负责解释。

第二十三条 本规定自2011年1月1日起施行。原有规定与本规定不符的，以本规定为准。

附件：1. 香港和澳门医疗专业技术人员内地短期执业注册申请表（略）

2. 香港医疗专业人员注册证书情况说明（略）

3. 澳门医疗专业人员执照情况说明（略）

卫生部、国家中医药管理局关于台港澳医师获得大陆医师资格有关问题的通知

1. 2008年3月7日

2. 卫医发〔2008〕14号

各省、自治区、直辖市卫生厅局、中医药管理局，新疆生产建设兵团卫生局：

现将我国台湾地区、香港和澳门特别行政区医师获得大陆医师资格的有关问题通知如下。

一、自2008年起，具备下列条件并符合《中华人民共和国执业医师法》及其有关规定的台湾地区、香港和澳门特别行政区医师，可以申请获得大陆相应类别的医师资格。

（一）2007年12月31日前已取得台湾地区或香港、澳门特别行政区合法行医资格满5年的台湾地区、香港和澳门特别行政区永久性居民。

（二）具有台湾地区、香港和澳门特别行政区专科医师资格证书。

（三）在台湾地区、香港和澳门特别行政区医疗机构中执业。

同时符合上述条件的台湾地区、香港和澳门特别行政区医师，可以根据其执业类别相应申请获得大陆临床、中医和口腔类别的医师资格。具体认定办法另行通知。

二、不具备上述条件的台湾地区、香港和澳门特别行政区医师申请获得大陆医师资格，需按照《卫生部、国家中医药管理局关于台湾地区居民和获得国外医学学历的中国大陆居民参加医师资格考试有关问题的通知》（卫发明电〔2000〕17号）有关规定，报名参加医师资格考试。成绩合格的，可以获得相应的《医师资格证书》。

本通知自下发之日起执行。

卫生部关于调整中外合资合作医疗机构审批权限的通知

1. 2011年1月25日

2. 卫医政发〔2011〕7号

各省、自治区、直辖市卫生厅局，新疆生产建设兵团卫生局：

按照《国务院办公厅转发发展改革委卫生部等部门关于进一步鼓励和引导社会资本举办医疗机构意见的通知》（国办发〔2010〕58号）要求，根据《行政许可法》和《医疗机构管理条例》等相关规定，决定对中外合资、合作医疗机构审批权限进行调整。现将有关事项通知如下：

一、设置中外合资、合作医疗机构，经医疗机构所在地设区的市级卫生行政部门初审后，报省级卫生行政部门审批。

二、设置人设置中外合资、合作医疗机构，既可举办营利性医疗机构，也可以举办非营利性医疗机构。

三、已经我部和商务部批准设立的中外合资、合作医疗机构变更设置人（合作方）、法定代表人、地址、投资总额、规模（床位、牙椅）、诊疗科目及合资、合作期限或者筹建期限的，应当经医疗机构所在地设区的市级卫生行政部门初审后，报省级卫生行政部门审批。

四、中外合资、合作医疗机构的设置、变更及终止等，经省级卫生行政部门批准后，申请人应当按照有关法律、法规向相应的商务主管部门提出申请。

五、申请设置中外合资、合作医疗机构应当提交的材料和卫生行政部门的审批要求按照《中外合资、合作医疗机构管理暂行办法》（卫生部、对外经贸部令第11号）的有关规定执行。

六、本通知自印发之日起施行。此前我部已经受理的设置中外合资、合作医疗机构项目，仍由我部审批。

各地在中外合资、合作医疗机构审批工作中遇到相关问题，应当及时向我部医政司反馈。

4. 医疗广告

中华人民共和国广告法(节录)

1. 1994年10月27日第八届全国人民代表大会常务委员会第十次会议通过
2. 2015年4月24日第十二届全国人民代表大会常务委员会第十四次会议修订
3. 根据2018年10月26日第十三届全国人民代表大会常务委员会第六次会议《关于修改〈中华人民共和国野生动物保护法〉等十五部法律的决定》第一次修正
4. 根据2021年4月29日第十三届全国人民代表大会常务委员会第二十八次会议《关于修改〈中华人民共和国道路交通安全法〉等八部法律的决定》第二次修正

第十五条 【处方药、易制毒化学品、戒毒等广告】麻醉药品、精神药品、医疗用毒性药品、放射性药品等特殊药品,药品类易制毒化学品,以及戒毒治疗的药品、医疗器械和治疗方法,不得作广告。

前款规定以外的处方药,只能在国务院卫生行政部门和国务院药品监督管理部门共同指定的医学、药学专业刊物上作广告。

第十六条 【医疗、药品、医疗器械广告】医疗、药品、医疗器械广告不得含有下列内容:

(一)表示功效、安全性的断言或者保证;

(二)说明治愈率或者有效率;

(三)与其他药品、医疗器械的功效和安全性或者其他医疗机构比较;

(四)利用广告代言人作推荐、证明;

(五)法律、行政法规规定禁止的其他内容。

药品广告的内容不得与国务院药品监督管理部门批准的说明书不一致,并应当显著标明禁忌、不良反应。处方药广告应当显著标明"本广告仅供医学药学专业人士阅读",非处方药广告应当显著标明"请按药品说明书或者在药师指导下购买和使用"。

推荐给个人自用的医疗器械的广告,应当显著标明"请仔细阅读产品说明书或者在医务人员的指导下购买和使用"。医疗器械产品注册证明文件中有禁忌内容、注意事项的,广告中应当显著标明"禁忌内容或者注意事项详见说明书"。

第十七条 【禁止使用医药用语】除医疗、药品、医疗器械广告外,禁止其他任何广告涉及疾病治疗功能,并不得使用医疗用语或者易使推销的商品与药品、医疗器械相混淆的用语。

第十八条 【保健食品广告】保健食品广告不得含有下列内容:

(一)表示功效、安全性的断言或者保证;

(二)涉及疾病预防、治疗功能;

(三)声称或者暗示广告商品为保障健康所必需;

(四)与药品、其他保健食品进行比较;

(五)利用广告代言人作推荐、证明;

(六)法律、行政法规规定禁止的其他内容。

保健食品广告应当显著标明"本品不能代替药物"。

第十九条 【禁止变相发布广告】广播电台、电视台、报刊音像出版单位、互联网信息服务提供者不得以介绍健康、养生知识等形式变相发布医疗、药品、医疗器械、保健食品广告。

第二十条 【母乳代用品广告】禁止在大众传播媒介或者公共场所发布声称全部或者部分替代母乳的婴儿乳制品、饮料和其他食品广告。

第二十八条 【虚假广告】广告以虚假或者引人误解的内容欺骗、误导消费者的,构成虚假广告。

广告有下列情形之一的,为虚假广告:

(一)商品或者服务不存在的;

(二)商品的性能、功能、产地、用途、质量、规格、成分、价格、生产者、有效期限、销售状况、曾获荣誉等信息,或者服务的内容、提供者、形式、质量、价格、销售状况、曾获荣誉等信息,以及与商品或者服务有关的允诺等信息与实际情况不符,对购买行为有实质性影响的;

(三)使用虚构、伪造或者无法验证的科研成果、统计资料、调查结果、文摘、引用语等信息作证明材料的;

(四)虚构使用商品或者接受服务的效果的;

(五)以虚假或者引人误解的内容欺骗、误导消费者的其他情形。

第四十六条 【特殊商品和服务广告发布前审查】发布医疗、药品、医疗器械、农药、兽药和保健食品广告,以及法律、行政法规规定应当进行审查的其他广告,应当在发布前由有关部门(以下称广告审查机关)对广告内容进行审查;未经审查,不得发布。

第五十五条 【虚假广告行政、刑事责任】违反本法规定,发布虚假广告的,由市场监督管理部门责令停止发布广告,责令广告主在相应范围内消除影响,处广告费用三倍以上五倍以下的罚款,广告费用无法计算或者明显偏低的,处二十万元以上一百万元以下的罚款;两年内有三次以上违法行为或者有其他严重情节的,处广告费用五倍以上十倍以下的罚款,广告费用无法计算或者明显偏低的,处一百万元以上二百万元以下的罚款,可以吊销营业执照,并由广告审查机关撤销广告审查批准文件、一年内不受理其广告审查申请。

医疗机构有前款规定违法行为,情节严重的,除由市场监督管理部门依照本法处罚外,卫生行政部门可以吊销诊疗科目或者吊销医疗机构执业许可证。

广告经营者、广告发布者明知或者应知广告虚假仍设计、制作、代理、发布的,由市场监督管理部门没收广告费用,并处广告费用三倍以上五倍以下的罚款,广告费用无法计算或者明显偏低的,处二十万元以上一百万元以下的罚款;两年内有三次以上违法行为或者有其他严重情节的,处广告费用五倍以上十倍以下的罚款,广告费用无法计算或者明显偏低的,处一百万元以上二百万元以下的罚款,并可以由有关部门暂停广告发布业务、吊销营业执照。

广告主、广告经营者、广告发布者有本条第一款、第三款规定行为,构成犯罪的,依法追究刑事责任。

第五十六条 【虚假广告民事责任】违反本法规定,发布虚假广告,欺骗、误导消费者,使购买商品或者接受服务的消费者的合法权益受到损害的,由广告主依法承担民事责任。广告经营者、广告发布者不能提供广告主的真实名称、地址和有效联系方式的,消费者可以要求广告经营者、广告发布者先行赔偿。

关系消费者生命健康的商品或者服务的虚假广告,造成消费者损害的,其广告经营者、广告发布者、广告代言人应当与广告主承担连带责任。

前款规定以外的商品或者服务的虚假广告,造成消费者损害的,其广告经营者、广告发布者、广告代言人,明知或者应知广告虚假仍设计、制作、代理、发布或者作推荐、证明的,应当与广告主承担连带责任。

第五十七条 【发布违反基本准则或者本法禁止发布的广告的责任】有下列行为之一的,由市场监督管理部门责令停止发布广告,对广告主处二十万元以上一百万元以下的罚款,情节严重的,并可以吊销营业执照,由广告审查机关撤销广告审查批准文件、一年内不受理其广告审查申请;对广告经营者、广告发布者,由市场监督管理部门没收广告费用,处二十万元以上一百万元以下的罚款,情节严重的,并可以吊销营业执照:

(一)发布有本法第九条、第十条规定的禁止情形的广告的;

(二)违反本法第十五条规定发布处方药广告、药品类易制毒化学品广告、戒毒治疗的医疗器械和治疗方法广告的;

(三)违反本法第二十条规定,发布声称全部或者部分替代母乳的婴儿乳制品、饮料和其他食品广告的;

(四)违反本法第二十二条规定发布烟草广告的;

(五)违反本法第三十七条规定,利用广告推销禁止生产、销售的产品或者提供的服务,或者禁止发布广告的商品或者服务的;

(六)违反本法第四十条第一款规定,在针对未成年人的大众传播媒介上发布医疗、药品、保健食品、医疗器械、化妆品、酒类、美容广告,以及不利于未成年人身心健康的网络游戏广告的。

第五十八条 【发布违反特殊准则、违法使用广告代言人或者未经依法审查的广告的责任】有下列行为之一的,由市场监督管理部门责令停止发布广告,责令广告主在相应范围内消除影响,处广告费用一倍以上三倍以下的罚款,广告费用无法计算或者明显偏低的,处十万元以上二十万元以下的罚款;情节严重的,处广告费用三倍以上五倍以下的罚款,广告费用无法计算或者明显偏低的,处二十万元以上一百万元以下的罚款,可以吊销营业执照,并由广告审查机关撤销广告审查批准文件、一年内不受理其广告审查申请:

(一)违反本法第十六条规定发布医疗、药品、医疗器械广告的;

(二)违反本法第十七条规定,在广告中涉及疾病治疗功能,以及使用医疗用语或者易使推销的商品与药品、医疗器械相混淆的用语的;

(三)违反本法第十八条规定发布保健食品广告的;

(四)违反本法第二十一条规定发布农药、兽药、饲料和饲料添加剂广告的;

(五)违反本法第二十三条规定发布酒类广告的;

(六)违反本法第二十四条规定发布教育、培训广告的;

(七)违反本法第二十五条规定发布招商等有投资回报预期的商品或者服务广告的;

(八)违反本法第二十六条规定发布房地产广告的;

(九)违反本法第二十七条规定发布农作物种子、林木种子、草种子、种畜禽、水产苗种和种养殖广告的;

(十)违反本法第三十八条第二款规定,利用不满十周岁的未成年人作为广告代言人的；

（十一）违反本法第三十八条第三款规定，利用自然人、法人或者其他组织作为广告代言人的；

（十二）违反本法第三十九条规定，在中小学校、幼儿园内或者利用与中小学生、幼儿有关的物品发布广告的；

（十三）违反本法第四十条第二款规定，发布针对不满十四周岁的未成年人的商品或者服务的广告的；

（十四）违反本法第四十六条规定，未经审查发布广告的。

医疗机构有前款规定违法行为，情节严重的，除由市场监督管理部门依照本法处罚外，卫生行政部门可以吊销诊疗科目或者吊销医疗机构执业许可证。

广告经营者、广告发布者明知或者应知有本条第一款规定违法行为仍设计、制作、代理、发布的，由市场监督管理部门没收广告费用，并处广告费用一倍以上三倍以下的罚款，广告费用无法计算或者明显偏低的，处十万元以上二十万元以下的罚款；情节严重的，处广告费用三倍以上五倍以下的罚款，广告费用无法计算或者明显偏低的，处二十万元以上一百万元以下的罚款，并可以由有关部门暂停广告发布业务、吊销营业执照。

第五十九条　【发布违反一般准则或者贬低他人商品或服务的广告的责任】有下列行为之一的，由市场监督管理部门责令停止发布广告，对广告主处十万元以下的罚款：

（一）广告内容违反本法第八条规定的；

（二）广告引证内容违反本法第十一条规定的；

（三）涉及专利的广告违反本法第十二条规定的；

（四）违反本法第十三条规定，广告贬低其他生产经营者的商品或者服务的。

广告经营者、广告发布者明知或者应知有前款规定违法行为仍设计、制作、代理、发布的，由市场监督管理部门处十万元以下的罚款。

广告违反本法第十四条规定，不具有可识别性的，或者违反本法第十九条规定，变相发布医疗、药品、医疗器械、保健食品广告的，由市场监督管理部门责令改正，对广告发布者处十万元以下的罚款。

第六十一条　【广告代言人的责任】广告代言人有下列情形之一的，由市场监督管理部门没收违法所得，并处违法所得一倍以上二倍以下的罚款：

（一）违反本法第十六条第一款第四项规定，在医疗、药品、医疗器械广告中作推荐、证明的；

（二）违反本法第十八条第一款第五项规定，在保健食品广告中作推荐、证明的；

（三）违反本法第三十八条第一款规定，为其未使用过的商品或者未接受过的服务作推荐、证明的；

（四）明知或者应知广告虚假仍在广告中对商品、服务作推荐、证明的。

第六十七条　【广播电台、电视台、报刊音像出版单位及其主管部门的责任】广播电台、电视台、报刊音像出版单位发布违法广告，或者以新闻报道形式变相发布广告，或者以介绍健康、养生知识等形式变相发布医疗、药品、医疗器械、保健食品广告，市场监督管理部门依照本法给予处罚的，应当通报新闻出版、广播电视主管部门以及其他有关部门。新闻出版、广播电视主管部门以及其他有关部门应当依法对负有责任的主管人员和直接责任人员给予处分；情节严重的，并可以暂停媒体的广告发布业务。

新闻出版、广播电视主管部门以及其他有关部门未依照前款规定对广播电台、电视台、报刊音像出版单位进行处理的，对负有责任的主管人员和直接责任人员，依法给予处分。

医疗广告管理办法

1. 2006年11月10日国家工商行政管理总局、卫生部令第26号公布

2. 自2007年1月1日起施行

第一条　为加强医疗广告管理，保障人民身体健康，根据《广告法》、《医疗机构管理条例》、《中医药条例》等法律法规的规定，制定本办法。

第二条　本办法所称医疗广告，是指利用各种媒介或者形式直接或间接介绍医疗机构或医疗服务的广告。

第三条　医疗机构发布医疗广告，应当在发布前申请医疗广告审查。未取得《医疗广告审查证明》，不得发布医疗广告。

第四条　工商行政管理机关负责医疗广告的监督管理。

卫生行政部门、中医药管理部门负责医疗广告的审查，并对医疗机构进行监督管理。

第五条　非医疗机构不得发布医疗广告，医疗机构不得以内部科室名义发布医疗广告。

第六条　医疗广告内容仅限于以下项目：

（一）医疗机构第一名称；

（二）医疗机构地址；

（三）所有制形式；

（四）医疗机构类别；

（五）诊疗科目；

（六）床位数；

（七）接诊时间；

（八）联系电话。

（一）至（六）项发布的内容必须与卫生行政部门、中医药管理部门核发的《医疗机构执业许可证》或其副本载明的内容一致。

第七条 医疗广告的表现形式不得含有以下情形：

（一）涉及医疗技术、诊疗方法、疾病名称、药物的；

（二）保证治愈或者隐含保证治愈的；

（三）宣传治愈率、有效率等诊疗效果的；

（四）淫秽、迷信、荒诞的；

（五）贬低他人的；

（六）利用患者、卫生技术人员、医学教育科研机构及人员以及其他社会社团、组织的名义、形象作证明的；

（七）使用解放军和武警部队名义的；

（八）法律、行政法规规定禁止的其他情形。

第八条 医疗机构发布医疗广告，应当向其所在地省级卫生行政部门申请，并提交以下材料：

（一）《医疗广告审查申请表》；

（二）《医疗机构执业许可证》副本原件和复印件，复印件应当加盖核发其《医疗机构执业许可证》的卫生行政部门公章；

（三）医疗广告成品样件。电视、广播广告可以先提交镜头脚本和广播文稿。

中医、中西医结合、民族医医疗机构发布医疗广告，应当向其所在地省级中医药管理部门申请。

第九条 省级卫生行政部门、中医药管理部门应当自受理之日起20日内对医疗广告成品样件内容进行审查。卫生行政部门、中医药管理部门需要请有关专家进行审查的，可延长10日。

对审查合格的医疗广告，省级卫生行政部门、中医药管理部门发给《医疗广告审查证明》，并将通过审查的医疗广告样件和核发的《医疗广告审查证明》予以公示；对审查不合格的医疗广告，应当书面通知医疗机构并告知理由。

第十条 省级卫生行政部门、中医药管理部门应对已审查的医疗广告成品样件和审查意见予以备案保存，保存时间自《医疗广告审查证明》生效之日起至少两年。

第十一条 《医疗广告审查申请表》、《医疗广告审查证明》的格式由卫生部、国家中医药管理局规定。

第十二条 省级卫生行政部门、中医药管理部门应在核发《医疗广告审查证明》之日起五个工作日内，将《医疗广告审查证明》抄送本地同级工商行政管理机关。

第十三条 《医疗广告审查证明》的有效期为一年。到期后仍需继续发布医疗广告的，应重新提出审查申请。

第十四条 发布医疗广告应当标注医疗机构第一名称和《医疗广告审查证明》文号。

第十五条 医疗机构发布户外医疗广告，应在取得《医疗广告审查证明》后，按照《户外广告登记管理规定》办理登记。

医疗机构在其法定控制地带标示仅含有医疗机构名称的户外广告，无需申请医疗广告审查和户外广告登记。

第十六条 禁止利用新闻形式、医疗资讯服务类专题节（栏）目发布或变相发布医疗广告。

有关医疗机构的人物专访、专题报道等宣传内容，可以出现医疗机构名称，但不得出现有关医疗机构的地址、联系方式等医疗广告内容；不得在同一媒介的同一时间段或者版面发布该医疗机构的广告。

第十七条 医疗机构应当按照《医疗广告审查证明》核准的广告成品样件内容与媒体类别发布医疗广告。

医疗广告内容需要改动或者医疗机构的执业情况发生变化，与经审查的医疗广告成品样件内容不符的，医疗机构应当重新提出审查申请。

第十八条 广告经营者、广告发布者发布医疗广告，应当由其广告审查员查验《医疗广告审查证明》，核实广告内容。

第十九条 有下列情况之一的，省级卫生行政部门、中医药管理部门应当收回《医疗广告审查证明》，并告知有关医疗机构：

（一）医疗机构受到停业整顿、吊销《医疗机构执业许可证》的；

（二）医疗机构停业、歇业或被注销的；

（三）其他应当收回《医疗广告审查证明》的情形。

第二十条 医疗机构违反本办法规定发布医疗广告，县级以上地方卫生行政部门、中医药管理部门应责令其限期改正，给予警告；情节严重的，核发《医疗机构执业许可证》的卫生行政部门、中医药管理部门可以责令其停业整顿、吊销有关诊疗科目，直至吊销《医疗机构执业许可证》。

未取得《医疗机构执业许可证》发布医疗广告的，

按非法行医处罚。

第二十一条 医疗机构篡改《医疗广告审查证明》内容发布医疗广告的，省级卫生行政部门、中医药管理部门应当撤销《医疗广告审查证明》，并在一年内不受理该医疗机构的广告审查申请。

省级卫生行政部门、中医药管理部门撤销《医疗广告审查证明》后，应当自作出行政处理决定之日起5个工作日内通知同级工商行政管理机关，工商行政管理机关应当依法予以查处。

第二十二条 工商行政管理机关对违反本办法规定的广告主、广告经营者、广告发布者依据《广告法》、《反不正当竞争法》予以处罚，对情节严重，造成严重后果的，可以并处一至六个月暂停发布医疗广告、直至取消广告经营者、广告发布者的医疗广告经营和发布资格的处罚。法律法规没有规定的，工商行政管理机关应当对负有责任的广告主、广告经营者、广告发布者给予警告或者处以一万元以上三万元以下的罚款；医疗广告内容涉嫌虚假的，工商行政管理机关可根据需要会同卫生行政部门、中医药管理部门作出认定。

第二十三条 本办法自2007年1月1日起施行。

药品、医疗器械、保健食品、特殊医学用途配方食品广告审查管理暂行办法

1. 2019年12月24日国家市场监督管理总局令第21号公布

2. 自2020年3月1日起施行

第一条 为加强药品、医疗器械、保健食品和特殊医学用途配方食品广告监督管理，规范广告审查工作，维护广告市场秩序，保护消费者合法权益，根据《中华人民共和国广告法》等法律、行政法规，制定本办法。

第二条 药品、医疗器械、保健食品和特殊医学用途配方食品广告的审查适用本办法。

未经审查不得发布药品、医疗器械、保健食品和特殊医学用途配方食品广告。

第三条 药品、医疗器械、保健食品和特殊医学用途配方食品广告应当真实、合法，不得含有虚假或者引人误解的内容。

广告主应当对药品、医疗器械、保健食品和特殊医学用途配方食品广告内容的真实性和合法性负责。

第四条 国家市场监督管理总局负责组织指导药品、医疗器械、保健食品和特殊医学用途配方食品广告审查工作。

各省、自治区、直辖市市场监督管理部门、药品监督管理部门（以下称广告审查机关）负责药品、医疗器械、保健食品和特殊医学用途配方食品广告审查，依法可以委托其他行政机关具体实施广告审查。

第五条 药品广告的内容应当以国务院药品监督管理部门核准的说明书为准。药品广告涉及药品名称、药品适应症或者功能主治、药理作用等内容的，不得超出说明书范围。

药品广告应当显著标明禁忌、不良反应，处方药广告还应当显著标明“本广告仅供医学药学专业人士阅读”，非处方药广告还应当显著标明非处方药标识（OTC）和“请按药品说明书或者在药师指导下购买和使用”。

第六条 医疗器械广告的内容应当以药品监督管理部门批准的注册证书或者备案凭证、注册或者备案的产品说明书内容为准。医疗器械广告涉及医疗器械名称、适用范围、作用机理或者结构及组成等内容的，不得超出注册证书或者备案凭证、注册或者备案的产品说明书范围。

推荐给个人自用的医疗器械的广告，应当显著标明“请仔细阅读产品说明书或者在医务人员的指导下购买和使用”。医疗器械产品注册证书中有禁忌内容、注意事项的，广告应当显著标明“禁忌内容或者注意事项详见说明书”。

第七条 保健食品广告的内容应当以市场监督管理部门批准的注册证书或者备案凭证、注册或者备案的产品说明书内容为准，不得涉及疾病预防、治疗功能。保健食品广告涉及保健功能、产品功效成分或者标志性成分及含量、适宜人群或者食用量等内容的，不得超出注册证书或者备案凭证、注册或者备案的产品说明书范围。

保健食品广告应当显著标明“保健食品不是药物，不能代替药物治疗疾病”，声明本品不能代替药物，并显著标明保健食品标志、适宜人群和不适宜人群。

第八条 特殊医学用途配方食品广告的内容应当以国家市场监督管理总局批准的注册证书和产品标签、说明书为准。特殊医学用途配方食品广告涉及产品名称、配方、营养学特征、适用人群等内容的，不得超出注册证书、产品标签、说明书范围。

特殊医学用途配方食品广告应当显著标明适用人群、“不适用于非目标人群使用”“请在医生或者临床

营养师指导下使用”。

第九条　药品、医疗器械、保健食品和特殊医学用途配方食品广告应当显著标明广告批准文号。

第十条　药品、医疗器械、保健食品和特殊医学用途配方食品广告中应当显著标明的内容，其字体和颜色必须清晰可见、易于辨认，在视频广告中应当持续显示。

第十一条　药品、医疗器械、保健食品和特殊医学用途配方食品广告不得违反《中华人民共和国广告法》第九条、第十六条、第十七条、第十八条、第十九条规定，不得包含下列情形：

（一）使用或者变相使用国家机关、国家机关工作人员、军队单位或者军队人员的名义或者形象，或者利用军队装备、设施等从事广告宣传；

（二）使用科研单位、学术机构、行业协会或者专家、学者、医师、药师、临床营养师、患者等的名义或者形象作推荐、证明；

（三）违反科学规律，明示或者暗示可以治疗所有疾病、适应所有症状、适应所有人群，或者正常生活和治疗病症所必需等内容；

（四）引起公众对所处健康状况和所患疾病产生不必要的担忧和恐惧，或者使公众误解不使用该产品会患某种疾病或者加重病情的内容；

（五）含有“安全”“安全无毒副作用”“毒副作用小”；明示或者暗示成分为“天然”，因而安全性有保证等内容；

（六）含有“热销、抢购、试用”“家庭必备、免费治疗、免费赠送”等诱导性内容，“评比、排序、推荐、指定、选用、获奖”等综合性评价内容，“无效退款、保险公司保险”等保证性内容，怂恿消费者任意、过量使用药品、保健食品和特殊医学用途配方食品的内容；

（七）含有医疗机构的名称、地址、联系方式、诊疗项目、诊疗方法以及有关义诊、医疗咨询电话、开设特约门诊等医疗服务的内容；

（八）法律、行政法规规定不得含有的其他内容。

第十二条　药品、医疗器械、保健食品和特殊医学用途配方食品注册证明文件或者备案凭证持有人及其授权同意的生产、经营企业为广告申请人（以下简称申请人）。

申请人可以委托代理人办理药品、医疗器械、保健食品和特殊医学用途配方食品广告审查申请。

第十三条　药品、特殊医学用途配方食品广告审查申请应当依法向生产企业或者进口代理人等广告主所在地广告审查机关提出。

医疗器械、保健食品广告审查申请应当依法向生产企业或者进口代理人所在地广告审查机关提出。

第十四条　申请药品、医疗器械、保健食品、特殊医学用途配方食品广告审查，应当依法提交《广告审查表》、与发布内容一致的广告样件，以及下列合法有效的材料：

（一）申请人的主体资格相关材料，或者合法有效的登记文件；

（二）产品注册证明文件或者备案凭证、注册或者备案的产品标签和说明书，以及生产许可文件；

（三）广告中涉及的知识产权相关有效证明材料。

经授权同意作为申请人的生产、经营企业，还应当提交合法的授权文件；委托代理人进行申请的，还应当提交委托书和代理人的主体资格相关材料。

第十五条　申请人可以到广告审查机关受理窗口提出申请，也可以通过信函、传真、电子邮件或者电子政务平台提交药品、医疗器械、保健食品和特殊医学用途配方食品广告申请。

广告审查机关收到申请人提交的申请后，应当在五个工作日内作出受理或者不予受理决定。申请材料齐全、符合法定形式的，应当予以受理，出具《广告审查受理通知书》。申请材料不齐全、不符合法定形式的，应当一次性告知申请人需要补正的全部内容。

第十六条　广告审查机关应当对申请人提交的材料进行审查，自受理之日起十个工作日内完成审查工作。经审查，对符合法律、行政法规和本办法规定的广告，应当作出审查批准的决定，编发广告批准文号。

对不符合法律、行政法规和本办法规定的广告，应当作出不予批准的决定，送达申请人并说明理由，同时告知其享有依法申请行政复议或者提起行政诉讼的权利。

第十七条　经审查批准的药品、医疗器械、保健食品和特殊医学用途配方食品广告，广告审查机关应当通过本部门网站以及其他方便公众查询的方式，在十个工作日内向社会公开。公开的信息应当包括广告批准文号、申请人名称、广告发布内容、广告批准文号有效期、广告类别、产品名称、产品注册证明文件或者备案凭证编号等内容。

第十八条　药品、医疗器械、保健食品和特殊医学用途配方食品广告批准文号的有效期与产品注册证明文件、备案凭证或者生产许可文件最短的有效期一致。

产品注册证明文件、备案凭证或者生产许可文件未规定有效期的，广告批准文号有效期为两年。

第十九条 申请人有下列情形的，不得继续发布审查批准的广告，并应当主动申请注销药品、医疗器械、保健食品和特殊医学用途配方食品广告批准文号：

（一）主体资格证照被吊销、撤销、注销的；

（二）产品注册证明文件、备案凭证或者生产许可文件被撤销、注销的；

（三）法律、行政法规规定应当注销的其他情形。

广告审查机关发现申请人有前款情形的，应当依法注销其药品、医疗器械、保健食品和特殊医学用途配方食品广告批准文号。

第二十条 广告主、广告经营者、广告发布者应当严格按照审查通过的内容发布药品、医疗器械、保健食品和特殊医学用途配方食品广告，不得进行剪辑、拼接、修改。

已经审查通过的广告内容需要改动的，应当重新申请广告审查。

第二十一条 下列药品、医疗器械、保健食品和特殊医学用途配方食品不得发布广告：

（一）麻醉药品、精神药品、医疗用毒性药品、放射性药品、药品类易制毒化学品，以及戒毒治疗的药品、医疗器械；

（二）军队特需药品、军队医疗机构配制的制剂；

（三）医疗机构配制的制剂；

（四）依法停止或者禁止生产、销售或者使用的药品、医疗器械、保健食品和特殊医学用途配方食品；

（五）法律、行政法规禁止发布广告的情形。

第二十二条 本办法第二十一条规定以外的处方药和特殊医学用途配方食品中的特定全营养配方食品广告只能在国务院卫生行政部门和国务院药品监督管理部门共同指定的医学、药学专业刊物上发布。

不得利用处方药或者特定全营养配方食品的名称为各种活动冠名进行广告宣传。不得使用与处方药名称或者特定全营养配方食品名称相同的商标、企业字号在医学、药学专业刊物以外的媒介变相发布广告，也不得利用该商标、企业字号为各种活动冠名进行广告宣传。

特殊医学用途婴儿配方食品广告不得在大众传播媒介或者公共场所发布。

第二十三条 药品、医疗器械、保健食品和特殊医学用途配方食品广告中只宣传产品名称（含药品通用名称和药品商品名称）的，不再对其内容进行审查。

第二十四条 经广告审查机关审查通过并向社会公开的药品广告，可以依法在全国范围内发布。

第二十五条 违反本办法第十条规定，未显著、清晰表示广告中应当显著标明内容的，按照《中华人民共和国广告法》第五十九条处罚。

第二十六条 有下列情形之一的，按照《中华人民共和国广告法》第五十八条处罚：

（一）违反本办法第二条第二款规定，未经审查发布药品、医疗器械、保健食品和特殊医学用途配方食品广告；

（二）违反本办法第十九条规定或者广告批准文号已超过有效期，仍继续发布药品、医疗器械、保健食品和特殊医学用途配方食品广告；

（三）违反本办法第二十条规定，未按照审查通过的内容发布药品、医疗器械、保健食品和特殊医学用途配方食品广告。

第二十七条 违反本办法第十一条第二项至第五项规定，发布药品、医疗器械、保健食品和特殊医学用途配方食品广告的，依照《中华人民共和国广告法》第五十八条的规定处罚；构成虚假广告的，依照《中华人民共和国广告法》第五十五条的规定处罚。

第二十八条 违反本办法第十一条第六项至第八项规定，发布药品、医疗器械、保健食品和特殊医学用途配方食品广告的，《中华人民共和国广告法》及其他法律法规有规定的，依照相关规定处罚，没有规定的，由县级以上市场监督管理部门责令改正；对负有责任的广告主、广告经营者、广告发布者处以违法所得三倍以下罚款，但最高不超过三万元；没有违法所得的，可处一万元以下罚款。

第二十九条 违反本办法第十一条第一项、第二十一条、第二十二条规定的，按照《中华人民共和国广告法》第五十七条处罚。

第三十条 有下列情形之一的，按照《中华人民共和国广告法》第六十五条处罚：

（一）隐瞒真实情况或者提供虚假材料申请药品、医疗器械、保健食品和特殊医学用途配方食品广告审查的；

（二）以欺骗、贿赂等不正当手段取得药品、医疗器械、保健食品和特殊医学用途配方食品广告批准文号的。

第三十一条 市场监督管理部门对违反本办法规定的行为作出行政处罚决定后，应当依法通过国家企业信用信息公示系统向社会公示。

第三十二条 广告审查机关的工作人员玩忽职守、滥用职权、徇私舞弊的，依法给予处分。构成犯罪的，依法追究刑事责任。

第三十三条　本办法涉及的文书格式范本由国家市场监督管理总局统一制定。

第三十四条　本办法自2020年3月1日起施行。1996年12月30日原国家工商行政管理局令第72号公布的《食品广告发布暂行规定》,2007年3月3日原国家工商行政管理总局、原国家食品药品监督管理局令第27号公布的《药品广告审查发布标准》,2007年3月13日原国家食品药品监督管理局、原国家工商行政管理总局令第27号发布的《药品广告审查办法》,2009年4月7日原卫生部、原国家工商行政管理总局、原国家食品药品监督管理局令第65号发布的《医疗器械广告审查办法》,2009年4月28日原国家工商行政管理总局、原卫生部、原国家食品药品监督管理局令第40号公布的《医疗器械广告审查发布标准》同时废止。

国家中医药管理局办公室关于规范中医医疗广告工作若干问题的通知

1. 2009年4月29日
2. 国中医药办发〔2009〕14号

各省、自治区、直辖市卫生厅局、中医药管理局:

为加强中医医疗广告管理,现就规范中医医疗广告工作中有关问题通知如下:

一、关于中医《医疗广告审查证明》文号

中医《医疗广告审查证明》文号格式如下:(X)中医广〔4位年号〕第2位月号-2位日号-3位序号号。“X”为审批省份简称,“序号”为本年度的总顺序号。

例如文号为(陕)中医广〔2008〕第08-10-021号,是指陕西省中医药管理局2008年8月10日审批的《医疗广告审查证明》,且为2008年审批的第21条证明。

二、关于中医《医疗广告审查证明》有效期

根据《医疗广告管理办法》第十三条规定,《医疗广告审查证明》的有效期均为一年。到期后仍需继续发布医疗广告的,应重新提出审查申请。若医疗机构的《医疗机构执业许可证》逾期不校验、未通过校验或被处罚暂缓校验的,则其中医《医疗广告审查证明》自动废止。

三、关于中医《医疗广告审查申请表》、《医疗广告审查证明》中医疗机构类别及诊疗科目的填写

(一)医疗机构类别应根据《卫生部关于修订〈医疗机构管理条例实施细则〉第三条有关内容的通知》(卫医发〔2006〕432号)中的有关规定填写,不得超出其规定范围。

(二)诊疗科目应与其《医疗机构执业许可证》中填写的相关内容相一致。

四、关于对违法中医医疗广告的处罚

卫生行政部门、中医药管理部门对发布违法中医医疗广告的医疗机构应按照《医疗广告管理办法》的有关规定予以处罚,其中,对医疗机构发布违法中医医疗广告受到警告、罚款处罚两次以上或因违法发布中医医疗广告使患者受到人身伤害或遭受财产损失的,应责令其停业整顿,或吊销有关诊疗科目,直至吊销《医疗机构执业许可证》。

卫生部关于医疗广告审查中有关问题的批复

1. 2008年1月23日
2. 卫医函〔2008〕25号

北京市卫生局:

你局《关于医疗广告审查中有关问题的请示》(京卫医字〔2007〕221号)收悉。经研究,现批复如下:

一、根据《医疗机构管理条例实施细则》第四十一条和第四十五条有关医疗机构“名称必须名副其实”,“名称必须与医疗机构类别或者诊疗科目相适应”,“除专科疾病防治机构以外,医疗机构不得以具体疾病名称作为识别名称,确有需要的由省、自治区、直辖市卫生行政部门核准”的规定,只开展单一疾病诊疗的医疗机构,应以具体疾病名称作为医疗机构识别名称,并由省级卫生行政部门核准。

二、按照《卫生部关于下发〈医疗机构诊疗科目名录〉的通知》(卫医发〔1994〕第27号)和《医疗广告管理办法》(国家工商行政管理总局、卫生部令第26号)第六条有关医疗广告发布内容的规定,只开展单一疾病诊疗的医疗机构,就相关诊疗科目内容发布医疗广告的,可以在相应诊疗科目后注明专科疾病名称。

卫生行政部门在审批医疗机构时应当严格审查其开展单一疾病诊疗的资质及相关内容,防止其通过审批后变相发布医疗技术、疾病名称等广告内容。

此复。

卫生部关于门诊病历登载医疗机构简介等不纳入医疗广告审查范围的批复

1. 2008年4月10日
2. 卫医函〔2008〕127号

云南省卫生厅：

你厅《关于实施〈医疗广告管理办法〉有关问题的请示》（云卫发〔2008〕209号）收悉。经研究，现批复如下：

医疗机构在门诊病历、内部期刊或本机构开设的网站中，登载本机构简介、专科特点、疾病防治知识以及专家门诊安排等内容暂不纳入医疗广告审查范围。医疗机构通过上述方式提供的信息应当真实明确，严禁以虚假信息欺骗误导患者。卫生行政部门对此应当加强指导和监督，发现存在《医疗广告管理办法》第七条第（二）、（三）、（四）、（五）、（六）、（七）、（八）项等情况的，应当责令改正；经责令改正仍不纠正的，按《医疗广告管理办法》第二十条予以处罚。

此复。

三、医疗服务

[导读]

本部分以医疗服务相关的法律规范为主要内容。包括处方病历管理、诊疗行为规范、妇幼保健、药品管理、血液及血液制品管理、医疗设备管理、医疗质量管理、医疗废物处理等内容。

由于医学具有较强的专业性，医患双方的权利在一定意义上是不对等的，医师掌握医疗技术，占有主动权，而患者则相对处于弱势。在医疗服务中，医疗机构及医务人员应当注意依法保护患方获得医疗诊治的权利、传染病防治的权利、医疗救助的权利、法定传染病和突发公共卫生事件隐患报告的权利、知情同意权、个人隐私权和民事损害赔偿权。医师应当按照规定要求出具处方、书写病历。

母婴保健工作是一项技术性很强的工作，它直接关系到公民的健康权、生育权和生命权。1994 年 10 月 27 日第八届全国人大常委会第十次会议通过了《中华人民共和国母婴保健法》，该法规定了母婴保健的内容为婚期保健、孕产期保健、婴幼儿保健，确立了母婴保健技术服务机构的审批许可制度和母婴保健技术服务人员的资格考核制度。母婴保健涉及的内容还包括人类辅助生殖技术、助产技术管理等。

为加强药品监督管理，保证药品质量，保障人体用药安全，维护人民身体健康和用药的合法权益，2001 年 2 月，九届全国人大常委会第二十次会议对 1984 年发布实施的《中华人民共和国药品管理法》进行了修订。本次修订，明确了药品监督管理部门的执法主体地位，充分体现政府机构改革的成果；统一对新开办企业和药品的审批，减少审批环节，规范审批行为，提高行政效率；增加药品监督管理执法行政强制措施，加大对制售假劣药品等违法行为的处罚、打击力度，完善法律责任制度和行政执法手段；规定了实行药品认证制度、药品分类管理制度和药品不良反应报告制度等。为依法推进国家行政审批制度改革，十二届全国人大常委会于 2013 年 12 月、2015 年 4 月对《中华人民共和国药品管理法》进行了两次修正，对个别条款作文字修改。2019 年 8 月 26 日，第十三届全国人民代表大会常务委员会第十二次会议对《中华人民共和国药品管理法》进行第二次修订。本次修订主要把握以下几点：一是贯彻习近平总书记“四个最严”的要求，坚持重典治乱，去疴除弊，强化全过程监管，坚决守住公共安全底线。二是围绕问题疫苗案件暴露的突出问题、实施药品上市许可持有人制度和推进审批制度改革等进行修改，及时回应社会关切。三是落实中共中央办公厅、国务院办公厅《关于深化审评审批制度改革鼓励药品医疗器械创新的意见》，改革完善药品审评审批制度，鼓励药品创新，加强事中事后监管。

为保证医疗临床用血的需要和安全，保障献血者和受血者的身体健康，发扬人道主义精神，促进社会主义物质文明和精神文明建设，1997 年《中华人民共和国献血法》发布实施。该法设立了无偿献血制度，提倡 18 至 50 周岁的健康公民自愿献血。无偿献血的血液必须用于临床，不得买卖。血站是采集、提供临床用血的不以营利为目的的公益性组织，设立血站必须经省级以上卫生行政部门批准。在血液管理方面，将临床用血和血液制品生产用原料血浆分开管理。临床用血通过公民无偿献血由血站提供医疗机构使用，原料血浆由血液制品生产单位设立的单采血浆站采集、供应。单采血浆站设在县级，由省级卫生行政部门审批发给《单采血浆许可证》后，在划定的区域内采集原料血浆。供浆者应当经健康检查取得《供血浆证》后方可献浆，献浆是有偿的。为保证血液制品的质量，单采血浆站必须使用单采血浆机采集血浆，严禁手工操作采集血浆。脐带血造血干细胞库作为特殊血站，其设立应当由省级人民政府卫生行政部门组织初审后报卫生部。卫生部对脐带血造血干细胞库等特殊血站设置审批按照申请的先后次序进行。脐带血造血干细胞库等特殊血站执业，应当向所在地省级人民政府卫生行政部门申请办理执业登记，取得《血站执业许可证》。国家不批准设置以营利为目的的脐带血造血干细胞库等特殊血站。

医疗卫生机构在医疗、预防、保健以及其他相关活动中每天都会产生大量的具有直接或者间接感染性、毒性以及其他危害型的废物。这些医疗废物在收集、运送、贮存、处置等环节如不能得到妥善处理，可能造成传染病的传播流行、放射性物质污染、一次性使用医疗卫生用品未经处理再次进入流通环节等，对人体健康和环境带来严重危害。为加强对医疗废物的安全管理，防止疾病传播，保护环境，保障人体健康，2003 年国务院发布实施了《医疗废物管理条例》。卫生部根据条例制定了《医疗卫生机构医疗废物管理办法》。条例规定，国家推行医疗废物集中无害化处置，医疗卫生机构应当对本单位产生的医疗废物及时收集，分类包装，并标有明显的警示标识。医疗卫生机构应有暂时贮存医疗废物的设施、设备，不得露天存放，时间不得超过 2 天，及时交由集中处置单位进行处置。医疗卫生机构产生的污水、传染病人或者疑似传染病病人的排泄物应消毒达到规定的排放标准后方可排入污水处理系统。不具备集中处置医疗废物条件的农村，医疗卫生机构应当按照要求就地处置。

1. 处方、病历

处方管理办法

1. 2007年2月14日卫生部令第53号公布
2. 自2007年5月1日起施行

第一章 总 则

第一条 为规范处方管理,提高处方质量,促进合理用药,保障医疗安全,根据《执业医师法》、《药品管理法》、《医疗机构管理条例》、《麻醉药品和精神药品管理条例》等有关法律、法规,制定本办法。

第二条 本办法所称处方,是指由注册的执业医师和执业助理医师(以下简称医师)在诊疗活动中为患者开具的、由取得药学专业技术职务任职资格的药学专业技术人员(以下简称药师)审核、调配、核对,并作为患者用药凭证的医疗文书。处方包括医疗机构病区用药医嘱单。

本办法适用于与处方开具、调剂、保管相关的医疗机构及其人员。

第三条 卫生部负责全国处方开具、调剂、保管相关工作的监督管理。

县级以上地方卫生行政部门负责本行政区域内处方开具、调剂、保管相关工作的监督管理。

第四条 医师开具处方和药师调剂处方应当遵循安全、有效、经济的原则。

处方药应当凭医师处方销售、调剂和使用。

第二章 处方管理的一般规定

第五条 处方标准(附件1)由卫生部统一规定,处方格式由省、自治区、直辖市卫生行政部门(以下简称省级卫生行政部门)统一制定,处方由医疗机构按照规定的标准和格式印制。

第六条 处方书写应当符合下列规则:

(一)患者一般情况、临床诊断填写清晰、完整,并与病历记载相一致。

(二)每张处方限于一名患者的用药。

(三)字迹清楚,不得涂改;如需修改,应当在修改处签名并注明修改日期。

(四)药品名称应当使用规范的中文名称书写,没有中文名称的可以使用规范的英文名称书写;医疗机构或者医师、药师不得自行编制药品缩写名称或者使用代号;书写药品名称、剂量、规格、用法、用量要准确规范,药品用法可用规范的中文、英文、拉丁文或者缩写体书写,但不得使用“遵医嘱”、“自用”等含糊不清字句。

(五)患者年龄应当填写实足年龄,新生儿、婴幼儿写日、月龄,必要时要注明体重。

(六)西药和中成药可以分别开具处方,也可以开具一张处方,中药饮片应当单独开具处方。

(七)开具西药、中成药处方,每一种药品应当另起一行,每张处方不得超过5种药品。

(八)中药饮片处方的书写,一般应当按照“君、臣、佐、使”的顺序排列;调剂、煎煮的特殊要求注明在药品右上方,并加括号,如布包、先煎、后下等;对饮片的产地、炮制有特殊要求的,应当在药品名称之前写明。

(九)药品用法用量应当按照药品说明书规定的常规用法用量使用,特殊情况需要超剂量使用时,应当注明原因并再次签名。

(十)除特殊情况外,应当注明临床诊断。

(十一)开具处方后的空白处划一斜线以示处方完毕。

(十二)处方医师的签名式样和专用签章应当与院内药学部门留样备查的式样相一致,不得任意改动,否则应当重新登记留样备案。

第七条 药品剂量与数量用阿拉伯数字书写。剂量应当使用法定剂量单位:重量以克(g)、毫克(mg)、微克(μg)、纳克(ng)为单位;容量以升(L)、毫升(ml)为单位;国际单位(IU)、单位(U);中药饮片以克(g)为单位。

片剂、丸剂、胶囊剂、颗粒剂分别以片、丸、粒、袋为单位;溶液剂以支、瓶为单位;软膏及乳膏剂以支、盒为单位;注射剂以支、瓶为单位,应当注明含量;中药饮片以剂为单位。

第三章 处方权的获得

第八条 经注册的执业医师在执业地点取得相应的处方权。

经注册的执业助理医师在医疗机构开具的处方,应当经所在执业地点执业医师签名或加盖专用签章后方有效。

第九条 经注册的执业助理医师在乡、民族乡、镇、村的医疗机构独立从事一般的执业活动,可以在注册的执业地点取得相应的处方权。

第十条 医师应当在注册的医疗机构签名留样或者专用

签章备案后，方可开具处方。

第十一条 医疗机构应当按照有关规定，对本机构执业医师和药师进行麻醉药品和精神药品使用知识和规范化管理的培训。执业医师经考核合格后取得麻醉药品和第一类精神药品的处方权，药师经考核合格后取得麻醉药品和第一类精神药品调剂资格。

医师取得麻醉药品和第一类精神药品处方权后，方可在本机构开具麻醉药品和第一类精神药品处方，但不得为自己开具该类药品处方。药师取得麻醉药品和第一类精神药品调剂资格后，方可在本机构调剂麻醉药品和第一类精神药品。

第十二条 试用期人员开具处方，应当经所在医疗机构有处方权的执业医师审核、并签名或加盖专用签章后方有效。

第十三条 进修医师由接收进修的医疗机构对其胜任本专业工作的实际情况进行认定后授予相应的处方权。

第四章 处方的开具

第十四条 医师应当根据医疗、预防、保健需要，按照诊疗规范、药品说明书中的药品适应证、药理作用、用法、用量、禁忌、不良反应和注意事项等开具处方。

开具医疗用毒性药品、放射性药品的处方应当严格遵守有关法律、法规和规章的规定。

第十五条 医疗机构应当根据本机构性质、功能、任务，制定药品处方集。

第十六条 医疗机构应当按照经药品监督管理部门批准并公布的药品通用名称购进药品。同一通用名称药品的品种，注射剂型和口服剂型各不得超过2种，处方组成类同的复方制剂1～2种。因特殊诊疗需要使用其他剂型和剂量规格药品的情况除外。

第十七条 医师开具处方应当使用经药品监督管理部门批准并公布的药品通用名称、新活性化合物的专利药品名称和复方制剂药品名称。

医师开具院内制剂处方时应当使用经省级卫生行政部门审核、药品监督管理部门批准的名称。

医师可以使用由卫生部公布的药品习惯名称开具处方。

第十八条 处方开具当日有效。特殊情况下需延长有效期的，由开具处方的医师注明有效期限，但有效期最长不得超过3天。

第十九条 处方一般不得超过7日用量；急诊处方一般不得超过3日用量；对于某些慢性病、老年病或特殊情况，处方用量可适当延长，但医师应当注明理由。

医疗用毒性药品、放射性药品的处方用量应当严格按照国家有关规定执行。

第二十条 医师应当按照卫生部制定的麻醉药品和精神药品临床应用指导原则，开具麻醉药品、第一类精神药品处方。

第二十一条 门（急）诊癌症疼痛患者和中、重度慢性疼痛患者需长期使用麻醉药品和第一类精神药品的，首诊医师应当亲自诊查患者，建立相应的病历，要求其签署《知情同意书》。

病历中应当留存下列材料复印件：

（一）二级以上医院开具的诊断证明；

（二）患者户籍簿、身份证或者其他相关有效身份证明文件；

（三）为患者代办人员身份证明文件。

第二十二条 除需长期使用麻醉药品和第一类精神药品的门（急）诊癌症疼痛患者和中、重度慢性疼痛患者外，麻醉药品注射剂仅限于医疗机构内使用。

第二十三条 为门（急）诊患者开具的麻醉药品注射剂，每张处方为一次常用量；控缓释制剂，每张处方不得超过7日常用量；其他剂型，每张处方不得超过3日常用量。

第一类精神药品注射剂，每张处方为一次常用量；控缓释制剂，每张处方不得超过7日常用量；其他剂型，每张处方不得超过3日常用量。哌醋甲酯用于治疗儿童多动症时，每张处方不得超过15日常用量。

第二类精神药品一般每张处方不得超过7日常用量；对于慢性病或某些特殊情况的患者，处方用量可以适当延长，医师应当注明理由。

第二十四条 为门（急）诊癌症疼痛患者和中、重度慢性疼痛患者开具的麻醉药品、第一类精神药品注射剂，每张处方不得超过3日常用量；控缓释制剂，每张处方不得超过15日常用量；其他剂型，每张处方不得超过7日常用量。

第二十五条 为住院患者开具的麻醉药品和第一类精神药品处方应当逐日开具，每张处方为1日常用量。

第二十六条 对于需要特别加强管制的麻醉药品，盐酸二氢埃托啡处方为一次常用量，仅限于二级以上医院内使用；盐酸哌替啶处方为一次常用量，仅限于医疗机构内使用。

第二十七条 医疗机构应当要求长期使用麻醉药品和第一类精神药品的门（急）诊癌症患者和中、重度慢性疼痛患者，每3个月复诊或者随诊一次。

第二十八条 医师利用计算机开具、传递普通处方时，应当同时打印出纸质处方，其格式与手写处方一致；打印的纸质处方经签名或者加盖签章后有效。药师核发药品时，应当核对打印的纸质处方，无误后发给药品，并将打印的纸质处方与计算机传递处方同时收存备查。

第五章　处方的调剂

第二十九条　取得药学专业技术职务任职资格的人员方可从事处方调剂工作。

第三十条　药师在执业的医疗机构取得处方调剂资格。药师签名或者专用签章式样应当在本机构留样备查。

第三十一条　具有药师以上专业技术职务任职资格的人员负责处方审核、评估、核对、发药以及安全用药指导；药士从事处方调配工作。

第三十二条　药师应当凭医师处方调剂处方药品，非经医师处方不得调剂。

第三十三条　药师应当按照操作规程调剂处方药品：认真审核处方，准确调配药品，正确书写药袋或粘贴标签，注明患者姓名和药品名称、用法、用量，包装；向患者交付药品时，按照药品说明书或者处方用法，进行用药交待与指导，包括每种药品的用法、用量、注意事项等。

第三十四条　药师应当认真逐项检查处方前记、正文和后记书写是否清晰、完整，并确认处方的合法性。

第三十五条　药师应当对处方用药适宜性进行审核，审核内容包括：

（一）规定必须做皮试的药品，处方医师是否注明过敏试验及结果的判定；

（二）处方用药与临床诊断的相符性；

（三）剂量、用法的正确性；

（四）选用剂型与给药途径的合理性；

（五）是否有重复给药现象；

（六）是否有潜在临床意义的药物相互作用和配伍禁忌；

（七）其他用药不适宜情况。

第三十六条　药师经处方审核后，认为存在用药不适宜时，应当告知处方医师，请其确认或者重新开具处方。

药师发现严重不合理用药或者用药错误，应当拒绝调剂，及时告知处方医师，并应当记录，按照有关规定报告。

第三十七条　药师调剂处方时必须做到“四查十对”：查处方，对科别、姓名、年龄；查药品，对药名、剂型、规格、数量；查配伍禁忌，对药品性状、用法用量；查用药合理性，对临床诊断。

第三十八条　药师在完成处方调剂后，应当在处方上签名或者加盖专用签章。

第三十九条　药师应当对麻醉药品和第一类精神药品处方，按年月日逐日编制顺序号。

第四十条　药师对于不规范处方或者不能判定其合法性的处方，不得调剂。

第四十一条　医疗机构应当将本机构基本用药供应目录内同类药品相关信息告知患者。

第四十二条　除麻醉药品、精神药品、医疗用毒性药品和儿科处方外，医疗机构不得限制门诊就诊人员持处方到药品零售企业购药。

第六章　监 督 管 理

第四十三条　医疗机构应当加强对本机构处方开具、调剂和保管的管理。

第四十四条　医疗机构应当建立处方点评制度，填写处方评价表（附件 2），对处方实施动态监测及超常预警，登记并通报不合理处方，对不合理用药及时予以干预。

第四十五条　医疗机构应当对出现超常处方 3 次以上且无正当理由的医师提出警告，限制其处方权；限制处方权后，仍连续 2 次以上出现超常处方且无正当理由的，取消其处方权。

第四十六条　医师出现下列情形之一的，处方权由其所在医疗机构予以取消：

（一）被责令暂停执业；

（二）考核不合格离岗培训期间；

（三）被注销、吊销执业证书；

（四）不按照规定开具处方，造成严重后果的；

（五）不按照规定使用药品，造成严重后果的；

（六）因开具处方牟取私利。

第四十七条　未取得处方权的人员及被取消处方权的医师不得开具处方。未取得麻醉药品和第一类精神药品处方资格的医师不得开具麻醉药品和第一类精神药品处方。

第四十八条　除治疗需要外，医师不得开具麻醉药品、精神药品、医疗用毒性药品和放射性药品处方。

第四十九条　未取得药学专业技术职务任职资格的人员不得从事处方调剂工作。

第五十条　处方由调剂处方药品的医疗机构妥善保存。普通处方、急诊处方、儿科处方保存期限为 1 年，医疗用毒性药品、第二类精神药品处方保存期限为 2 年，麻醉药品和第一类精神药品处方保存期限为 3 年。

处方保存期满后，经医疗机构主要负责人批准、登记备案，方可销毁。

第五十一条　医疗机构应当根据麻醉药品和精神药品处方开具情况，按照麻醉药品和精神药品品种、规格对其消耗量进行专册登记,登记内容包括发药日期、患者姓名、用药数量。专册保存期限为3年。

第五十二条 县级以上地方卫生行政部门应当定期对本行政区域内医疗机构处方管理情况进行监督检查。

县级以上卫生行政部门在对医疗机构实施监督管理过程中,发现医师出现本办法第四十六条规定情形的,应当责令医疗机构取消医师处方权。

第五十三条 卫生行政部门的工作人员依法对医疗机构处方管理情况进行监督检查时,应当出示证件;被检查的医疗机构应当予以配合,如实反映情况,提供必要的资料,不得拒绝、阻碍、隐瞒。

第七章 法律责任

第五十四条 医疗机构有下列情形之一的,由县级以上卫生行政部门按照《医疗机构管理条例》第四十八条的规定,责令限期改正,并可处以5000元以下的罚款;情节严重的,吊销其《医疗机构执业许可证》:

(一)使用未取得处方权的人员、被取消处方权的医师开具处方的;

(二)使用未取得麻醉药品和第一类精神药品处方资格的医师开具麻醉药品和第一类精神药品处方的;

(三)使用未取得药学专业技术职务任职资格的人员从事处方调剂工作的。

第五十五条 医疗机构未按照规定保管麻醉药品和精神药品处方,或者未依照规定进行专册登记的,按照《麻醉药品和精神药品管理条例》第七十二条的规定,由设区的市级卫生行政部门责令限期改正,给予警告;逾期不改正的,处5000元以上1万元以下的罚款;情节严重的,吊销其印鉴卡;对直接负责的主管人员和其他直接责任人员,依法给予降级、撤职、开除的处分。

第五十六条 医师和药师出现下列情形之一的,由县级以上卫生行政部门按照《麻醉药品和精神药品管理条例》第七十三条的规定予以处罚:

(一)未取得麻醉药品和第一类精神药品处方资格的医师擅自开具麻醉药品和第一类精神药品处方的;

(二)具有麻醉药品和第一类精神药品处方医师未按照规定开具麻醉药品和第一类精神药品处方,或者未按照卫生部制定的麻醉药品和精神药品临床应用指导原则使用麻醉药品和第一类精神药品的;

(三)药师未按照规定调剂麻醉药品、精神药品处方的。

第五十七条 医师出现下列情形之一的,按照《执业医师法》第三十七条的规定,由县级以上卫生行政部门给予警告或者责令暂停六个月以上一年以下执业活动;情节严重的,吊销其执业证书:

(一)未取得处方权或者被取消处方权后开具药品处方的;

(二)未按照本办法规定开具药品处方的;

(三)违反本办法其他规定的。

第五十八条 药师未按照规定调剂处方药品,情节严重的,由县级以上卫生行政部门责令改正、通报批评,给予警告;并由所在医疗机构或者其上级单位给予纪律处分。

第五十九条 县级以上地方卫生行政部门未按照本办法规定履行监管职责的,由上级卫生行政部门责令改正。

第八章 附 则

第六十条 乡村医生按照《乡村医生从业管理条例》的规定,在省级卫生行政部门制定的乡村医生基本用药目录范围内开具药品处方。

第六十一条 本办法所称药学专业技术人员,是指按照卫生部《卫生技术人员职务试行条例》规定,取得药学专业技术职务任职资格人员,包括主任药师、副主任药师、主管药师、药师、药士。

第六十二条 本办法所称医疗机构,是指按照《医疗机构管理条例》批准登记的从事疾病诊断、治疗活动的医院、社区卫生服务中心(站)、妇幼保健院、卫生院、疗养院、门诊部、诊所、卫生室(所)、急救中心(站)、专科疾病防治院(所、站)以及护理院(站)等医疗机构。

第六十三条 本办法自2007年5月1日起施行。《处方管理办法(试行)》(卫医发〔2004〕269号)和《麻醉药品、精神药品处方管理规定》(卫医法〔2005〕436号)同时废止。

附件:(略)

医院处方点评管理规范(试行)

1. 2010年2月10日卫生部发布

2. 卫医管发〔2010〕28号

第一章 总 则

第一条 为规范医院处方点评工作,提高处方质量,促进合理用药,保障医疗安全,根据《药品管理法》、《执业医师法》、《医疗机构管理条例》、《处方管理办法》等有关法律、法规、规章,制定本规范。

第二条　处方点评是根据相关法规、技术规范，对处方书写的规范性及药物临床使用的适宜性（用药适应证、药物选择、给药途径、用法用量、药物相互作用、配伍禁忌等）进行评价，发现存在或潜在的问题，制定并实施干预和改进措施，促进临床药物合理应用的过程。

第三条　处方点评是医院持续医疗质量改进和药品临床应用管理的重要组成部分，是提高临床药物治疗学水平的重要手段。各级医院应当按照本规范，建立健全系统化、标准化和持续改进的处方点评制度，开展处方点评工作，并在实践工作中不断完善。

其他各级各类医疗机构的处方点评工作，参照本规范执行。

第四条　医院应当加强处方质量和药物临床应用管理，规范医师处方行为，落实处方审核、发药、核对与用药交待等相关规定；定期对医务人员进行合理用药知识培训与教育；制定并落实持续质量改进措施。

第二章　组织管理

第五条　医院处方点评工作在医院药物与治疗学委员会（组）和医疗质量管理委员会领导下，由医院医疗管理部门和药学部门共同组织实施。

第六条　医院应当根据本医院的性质、功能、任务、科室设置等情况，在药物与治疗学委员会（组）下建立由医院药学、临床医学、临床微生物学、医疗管理等多学科专家组成的处方点评专家组，为处方点评工作提供专业技术咨询。

第七条　医院药学部门成立处方点评工作小组，负责处方点评的具体工作。

第八条　处方点评工作小组成员应当具备以下条件：

（一）具有较丰富的临床用药经验和合理用药知识；

（二）具备相应的专业技术任职资格：二级及以上医院处方点评工作小组成员应当具有中级以上药学专业技术职务任职资格，其他医院处方点评工作小组成员应当具有药师以上药学专业技术职务任职资格。

第三章　处方点评的实施

第九条　医院药学部门应当会同医疗管理部门，根据医院诊疗科目、科室设置、技术水平、诊疗量等实际情况，确定具体抽样方法和抽样率，其中门急诊处方的抽样率不应少于总处方量的1‰，且每月点评处方绝对数不应少于100张；病房（区）医嘱单的抽样率（按出院病历数计）不应少于1%，且每月点评出院病历绝对数不应少于30份。

第十条　医院处方点评小组应当按照确定的处方抽样方法随机抽取处方，并按照《处方点评工作表》（附件）对门急诊处方进行点评；病房（区）用药医嘱的点评应当以患者住院病历为依据，实施综合点评，点评表格由医院根据本院实际情况自行制定。

第十一条　三级以上医院应当逐步建立健全专项处方点评制度。专项处方点评是医院根据药事管理和药物临床应用管理的现状和存在的问题，确定点评的范围和内容，对特定的药物或特定疾病的药物（如国家基本药物、血液制品、中药注射剂、肠外营养制剂、抗菌药物、辅助治疗药物、激素等临床使用及超说明书用药、肿瘤患者和围手术期用药等）使用情况进行的处方点评。

第十二条　处方点评工作应坚持科学、公正、务实的原则，有完整、准确的书面记录，并通报临床科室和当事人。

第十三条　处方点评小组在处方点评工作过程中发现不合理处方，应当及时通知医疗管理部门和药学部门。

第十四条　有条件的医院应当利用信息技术建立处方点评系统，逐步实现与医院信息系统的联网与信息共享。

第四章　处方点评的结果

第十五条　处方点评结果分为合理处方和不合理处方。

第十六条　不合理处方包括不规范处方、用药不适宜处方及超常处方。

第十七条　有下列情况之一的，应当判定为不规范处方：

（一）处方的前记、正文、后记内容缺项，书写不规范或者字迹难以辨认的；

（二）医师签名、签章不规范或者与签名、签章的留样不一致的；

（三）药师未对处方进行适宜性审核的（处方后记的审核、调配、核对、发药栏目无审核调配药师及核对发药药师签名，或者单人值班调剂未执行双签名规定）；

（四）新生儿、婴幼儿处方未写明日、月龄的；

（五）西药、中成药与中药饮片未分别开具处方的；

（六）未使用药品规范名称开具处方的；

（七）药品的剂量、规格、数量、单位等书写不规范或不清楚的；

（八）用法、用量使用“遵医嘱”、“自用”等含糊不清字句的；

（九）处方修改未签名并注明修改日期，或药品超剂量使用未注明原因和再次签名的；

（十）开具处方未写临床诊断或临床诊断书写不全的；

（十一）单张门急诊处方超过五种药品的；

（十二）无特殊情况下，门诊处方超过 7 日用量，急诊处方超过 3 日用量，慢性病、老年病或特殊情况下需要适当延长处方用量未注明理由的；

（十三）开具麻醉药品、精神药品、医疗用毒性药品、放射性药品等特殊管理药品处方未执行国家有关规定的；

（十四）医师未按照抗菌药物临床应用管理规定开具抗菌药物处方的；

（十五）中药饮片处方药物未按照“君、臣、佐、使”的顺序排列，或未按要求标注药物调剂、煎煮等特殊要求的。

第十八条 有下列情况之一的，应当判定为用药不适宜处方：

（一）适应证不适宜的；

（二）遴选的药品不适宜的；

（三）药品剂型或给药途径不适宜的；

（四）无正当理由不首选国家基本药物的；

（五）用法、用量不适宜的；

（六）联合用药不适宜的；

（七）重复给药的；

（八）有配伍禁忌或者不良相互作用的；

（九）其他用药不适宜情况的。

第十九条 有下列情况之一的，应当判定为超常处方：

1. 无适应证用药；
2. 无正当理由开具高价药的；
3. 无正当理由超说明书用药的；
4. 无正当理由为同一患者同时开具 2 种以上药理作用相同药物的。

第五章 点评结果的应用与持续改进

第二十条 医院药学部门应当会同医疗管理部门对处方点评小组提交的点评结果进行审核，定期公布处方点评结果，通报不合理处方；根据处方点评结果，对医院在药事管理、处方管理和临床用药方面存在的问题，进行汇总和综合分析评价，提出质量改进建议，并向医院药物与治疗学委员会（组）和医疗质量管理委员会报告；发现可能造成患者损害的，应当及时采取措施，防止损害发生。

第二十一条 医院药物与治疗学委员会（组）和医疗质量管理委员会应当根据药学部门会同医疗管理部门提交的质量改进建议，研究制定有针对性的临床用药质量管理和药事管理改进措施，并责成相关部门和科室落实质量改进措施，提高合理用药水平，保证患者用药安全。

第二十二条 各级卫生行政部门和医师定期考核机构，应当将处方点评结果作为重要指标纳入医院评审评价和医师定期考核指标体系。

第二十三条 医院应当将处方点评结果纳入相关科室及其工作人员绩效考核和年度考核指标，建立健全相关的奖惩制度。

第六章 监督管理

第二十四条 各级卫生行政部门应当加强对辖区内医院处方点评工作的监督管理，对不按规定开展处方点评工作的医院应当责令改正。

第二十五条 卫生行政部门和医院应当对开具不合理处方的医师，采取教育培训、批评等措施；对于开具超常处方的医师按照《处方管理办法》的规定予以处理；一个考核周期内 5 次以上开具不合理处方的医师，应当认定为医师定期考核不合格，离岗参加培训；对患者造成严重损害的，卫生行政部门应当按照相关法律、法规、规章给予相应处罚。

第二十六条 药师未按规定审核处方、调剂药品、进行用药交待或未对不合理处方进行有效干预的，医院应当采取教育培训、批评等措施；对患者造成严重损害的，卫生行政部门应当依法给予相应处罚。

第二十七条 医院因不合理用药对患者造成损害的，按照相关法律、法规处理。

附件：处方点评工作表（略）

医疗机构处方审核规范

1. 2018 年 6 月 29 日国家卫生健康委员会办公厅、国家中医药管理局办公室、中央军委后勤保障部办公厅发布

2. 国卫办医发〔2018〕14 号

第一章 总　　则

第一条 为规范医疗机构处方审核工作，促进合理用药，保障患者用药安全，根据《中华人民共和国药品管理法》《医疗机构药事管理规定》《处方管理办法》《医院处方点评管理规范（试行）》等有关法律法规、规章制度，制定本规范。

第二条 处方审核是指药学专业技术人员运用专业知识与实践技能，根据相关法律法规、规章制度与技术规范等，对医师在诊疗活动中为患者开具的处方，进行合法性、规范性和适宜性审核，并作出是否同意调配发药决定的药学技术服务。

审核的处方包括纸质处方、电子处方和医疗机构病区用药医嘱单。

第三条 二级以上医院、妇幼保健院和专科疾病防治机构应当按照本规范执行，其他医疗机构参照执行。

第二章 基本要求

第四条 所有处方均应当经审核通过后方可进入划价收费和调配环节，未经审核通过的处方不得收费和调配。

第五条 从事处方审核的药学专业技术人员（以下简称药师）应当满足以下条件：

（一）取得药师及以上药学专业技术职务任职资格。

（二）具有3年及以上门急诊或病区处方调剂工作经验，接受过处方审核相应岗位的专业知识培训并考核合格。

第六条 药师是处方审核工作的第一责任人。药师应当对处方各项内容进行逐一审核。医疗机构可以通过相关信息系统辅助药师开展处方审核。对信息系统筛选出的不合理处方及信息系统不能审核的部分，应当由药师进行人工审核。

第七条 经药师审核后，认为存在用药不适宜时，应当告知处方医师，建议其修改或者重新开具处方；药师发现不合理用药，处方医师不同意修改时，药师应当作好记录并纳入处方点评；药师发现严重不合理用药或者用药错误时，应当拒绝调配，及时告知处方医师并记录，按照有关规定报告。

第八条 医疗机构应当积极推进处方审核信息化，通过信息系统为处方审核提供必要的信息，如电子处方，以及医学相关检查、检验学资料、现病史、既往史、用药史、过敏史等电子病历信息。信息系统内置审方规则应当由医疗机构制定或经医疗机构审核确认，并有明确的临床用药依据来源。

第九条 医疗机构应当制定信息系统相关的安全保密制度，防止药品、患者用药等信息泄露，做好相应的信息系统故障应急预案。

第三章 审核依据和流程

第十条 处方审核常用临床用药依据：国家药品管理相关法律法规和规范性文件，临床诊疗规范、指南，临床路径，药品说明书，国家处方集等。

第十一条 医疗机构可以结合实际，由药事管理与药物治疗学委员会充分考虑患者用药安全性、有效性、经济性、依从性等综合因素，参考专业学（协）会及临床专家认可的临床规范、指南等，制订适合本机构的临床用药规范、指南，为处方审核提供依据。

第十二条 处方审核流程：

（一）药师接收待审核处方，对处方进行合法性、规范性、适宜性审核。

（二）若经审核判定为合理处方，药师在纸质处方上手写签名（或加盖专用印章）、在电子处方上进行电子签名，处方经药师签名后进入收费和调配环节。

（三）若经审核判定为不合理处方，由药师负责联系处方医师，请其确认或重新开具处方，并再次进入处方审核流程。

第四章 审核内容

第十三条 合法性审核。

（一）处方开具人是否根据《执业医师法》取得医师资格，并执业注册。

（二）处方开具时，处方医师是否根据《处方管理办法》在执业地点取得处方权。

（三）麻醉药品、第一类精神药品、医疗用毒性药品、放射性药品、抗菌药物等药品处方，是否由具有相应处方权的医师开具。

第十四条 规范性审核。

（一）处方是否符合规定的标准和格式，处方医师签名或加盖的专用签章有无备案，电子处方是否有处方医师的电子签名。

（二）处方前记、正文和后记是否符合《处方管理办法》等有关规定，文字是否正确、清晰、完整。

（三）条目是否规范。

1. 年龄应当为实足年龄，新生儿、婴幼儿应当写日、月龄，必要时要注明体重；

2. 中药饮片、中药注射剂要单独开具处方；

3. 开具西药、中成药处方，每一种药品应当另起一行，每张处方不得超过5种药品；

4. 药品名称应当使用经药品监督管理部门批准并公布的药品通用名称、新活性化合物的专利药品名称和复方制剂药品名称，或使用由原卫生部公布的药品习惯名称；医院制剂应当使用药品监督管理部门正式批准的名称；

5. 药品剂量、规格、用法、用量准确清楚，符合《处方管理办法》规定，不得使用“遵医嘱”“自用”等含糊不清字句；

6. 普通药品处方量及处方效期符合《处方管理办

法》的规定，抗菌药物、麻醉药品、精神药品、医疗用毒性药品、放射药品、易制毒化学品等的使用符合相关管理规定；

7. 中药饮片、中成药的处方书写应当符合《中药处方格式及书写规范》。

第十五条　适宜性审核。

（一）西药及中成药处方，应当审核以下项目：

1. 处方用药与诊断是否相符；

2. 规定必须做皮试的药品，是否注明过敏试验及结果的判定；

3. 处方剂量、用法是否正确，单次处方总量是否符合规定；

4. 选用剂型与给药途径是否适宜；

5. 是否有重复给药和相互作用情况，包括西药、中成药、中成药与西药、中成药与中药饮片之间是否存在重复给药和有临床意义的相互作用；

6. 是否存在配伍禁忌；

7. 是否有用药禁忌：儿童、老年人、孕妇及哺乳期妇女、脏器功能不全患者用药是否有禁忌使用的药物，患者用药是否有食物及药物过敏史禁忌证、诊断禁忌证、疾病史禁忌证与性别禁忌证；

8. 溶媒的选择、用法用量是否适宜，静脉输注的药品给药速度是否适宜；

9. 是否存在其他用药不适宜情况。

（二）中药饮片处方，应当审核以下项目：

1. 中药饮片处方用药与中医诊断（病名和证型）是否相符；

2. 饮片的名称、炮制品选用是否正确，煎法、用法、脚注等是否完整、准确；

3. 毒麻贵细饮片是否按规定开方；

4. 特殊人群如儿童、老年人、孕妇及哺乳期妇女、脏器功能不全患者用药是否有禁忌使用的药物；

5. 是否存在其他用药不适宜情况。

第五章　审核质量管理

第十六条　处方审核质量管理以自我监测评价为主，以行政部门干预评价为辅。

医疗机构应当在医院药事管理与药物治疗学委员会（组）和医疗质量管理委员会领导下设立处方审核质量管理小组或指定专（兼）职人员，定期对机构内处方审核质量开展监测与评价，包括对信息系统审核的处方进行抽查，发现问题及时改进。

县级以上卫生健康行政部门（含中医药主管部门）可以组织或委托第三方对其核发《医疗机构执业许可证》的医疗机构处方审核质量进行检查评价。

第十七条　开展处方审核应当满足以下必备条件：

（一）配备适宜的处方审核人员；

（二）处方审核人员符合本规范第五条要求；

（三）具备处方审核场所；

（四）配备相应的处方审核工具，鼓励医疗机构建立处方审核信息系统；

（五）制订本机构的处方审核规范与制度。

第十八条　建立并实施处方审核全过程质量管理机制。

（一）审核过程追溯机制：医疗机构应当保证处方审核的全过程可以追溯，特别是针对关键流程的处理应当保存相应的记录。

（二）审核反馈机制：建立不合理处方的反馈机制，并有相应的记录。

（三）审核质量改进机制：针对处方审核，建立质量改进机制，并有相应的措施与记录。

第十九条　建立处方审核质量监测指标体系，对处方审核的数量、质量、效率和效果等进行评价。至少包括处方审核率、处方干预率、处方合理率等。

第六章　培　　训

第二十条　医疗机构应当组织对从事处方审核的药师进行定期培训和考核。培训内容应当包括：

（一）相关法律、法规、政策，职业道德，工作制度和岗位职责，本岗位的特殊要求及操作规程等；

（二）药学基本理论、基本知识和基本技能；从事中药处方审核的药师，还应当培训中医药基本理论、基本知识和基本技能；

（三）其他培训，如参与临床药物治疗、查房、会诊、疑难危重病例、死亡病例讨论以及临床疾病诊疗知识培训，参加院内、外举办的相关会议、学术论坛及培训班等。

第二十一条　负责处方审核的药师应当接受继续教育，不断更新、补充、拓展知识和能力，提高处方审核水平。

第七章　附　　则

第二十二条　不合理处方包括不规范处方、用药不适宜处方及超常处方。

第二十三条　本规范自印发之日起施行。

长期处方管理规范(试行)

1. 2021年8月10日国家卫生健康委办公厅、国家医保局办公室发布
2. 国卫办医发〔2021〕17号

第一章 总 则

第一条 为规范长期处方管理,推进分级诊疗,促进合理用药,保障医疗质量和医疗安全,根据《执业医师法》《药品管理法》《医疗机构管理条例》《麻醉药品和精神药品管理条例》《处方管理办法》《医疗机构药事管理规定》等相关规定,制定本规范。

第二条 本规范所称长期处方是指具备条件的医师按照规定,对符合条件的慢性病患者开具的处方用量适当增加的处方。

第三条 长期处方适用于临床诊断明确、用药方案稳定、依从性良好、病情控制平稳、需长期药物治疗的慢性病患者。

第四条 治疗慢性病的一般常用药品可用于长期处方。

第五条 医疗用毒性药品、放射性药品、易制毒药品、麻醉药品、第一类和第二类精神药品、抗微生物药物(治疗结核等慢性细菌真菌感染性疾病的药物除外),以及对储存条件有特殊要求的药品不得用于长期处方。

第六条 地方卫生健康行政部门应当根据实际情况,制定长期处方适用疾病病种及长期处方用药范围。

第七条 本规范适用于全国各级各类医疗机构的长期处方管理工作。

鼓励由基层医疗卫生机构开具长期处方,不适宜在基层治疗的慢性病长期处方应当由二级以上医疗机构开具。

第八条 国家卫生健康委负责全国长期处方的监督管理工作。

县级以上地方卫生健康行政部门负责本行政区域内长期处方的监督管理工作。

第二章 组 织 管 理

第九条 医疗机构应当履行本机构长期处方管理的主体责任,建立健全本机构长期处方管理工作制度,保障医疗质量和医疗安全,满足患者用药需求。

第十条 开具长期处方的医疗机构,应当配备具有评估患者病情能力的医师、能够审核调剂长期处方的药师(含其他药学技术人员,下同)以及相应的设备设施等条件。

基层医疗卫生机构不具备相应条件的,可以通过远程会诊、互联网复诊、医院会诊等途径在医联体内具备条件的上级医疗机构指导下开具。

第十一条 根据患者诊疗需要,长期处方的处方量一般在4周内;根据慢性病特点,病情稳定的患者适当延长,最长不超过12周。

超过4周的长期处方,医师应当严格评估,强化患者教育,并在病历中记录,患者通过签字等方式确认。

第十二条 医疗机构应当按照卫生健康行政部门制定的长期处方适用疾病病种及长期处方用药范围,为符合条件的患者提供长期处方服务。

第十三条 医疗机构可以在普通内科、老年医学、全科医学等科室,为患有多种疾病的老年患者提供"一站式"长期处方服务,解决老年患者多科室就医取药问题。

第十四条 医疗机构开具长期处方,鼓励优先选择国家基本药物、国家组织集中采购中选药品以及国家医保目录药品。

第十五条 基层医疗卫生机构应当加强长期处方用药的配备,确保患者长期用药可及、稳定。

第十六条 地方卫生健康行政部门和医疗机构不得以费用控制、药占比、绩效考核等为由影响长期处方的开具。

地方卫生健康行政部门应当加强长期处方的审核、点评、合理用药考核等工作,长期处方产生的药品费用不纳入门诊次均费用、门诊药品次均费用考核,其他考核工作也应当视情况将长期处方进行单独管理。

第三章 长期处方开具与终止

第十七条 对提出长期处方申请的患者,医师必须亲自诊查并对其是否符合长期处方条件作出判断。

医师在诊疗活动中,可以向符合条件的患者主动提出长期处方建议。

第十八条 医师应当向患者说明使用长期处方的注意事项,并由其自愿选择是否使用;对不符合条件的患者,应当向患者说明原因。

第十九条 首次开具长期处方前,医师应当对患者的既往史、现病史、用药方案、依从性、病情控制情况等进行全面评估,在确定当前用药方案安全、有效、稳定的情况下,方可为患者开具长期处方。首次开具长期处方,应当在患者病历中详细记录有关信息。

第二十条 原则上,首次长期处方应当由二级以上医疗机构具有与疾病相关专业的中级以上专业技术职务任职资格的医师开具,或由基层医疗卫生机构具有中级以上专业技术职务任职资格的医师开具。再次开具长期处方时，应当由二级以上医疗机构疾病相关专业医师，或基层医疗卫生机构医师开具。鼓励患者通过基层医疗卫生机构签约家庭医生开具长期处方。

边远地区或条件不具备的地区可适当放宽要求，具体要求由省级卫生健康行政部门根据实际情况另行规定。

第二十一条　医师应当根据患者病历信息中的首次开具的长期处方信息和健康档案，对患者进行评估。经评估认为患者病情稳定并达到长期用药管理目标的，可以再次开具长期处方，并在患者病历中记录；不符合条件的，终止使用长期处方。停用后再次使用长期处方的，应当按照首次开具长期处方进行管理。

第二十二条　出现以下情况，需要重新评估患者病情，判断是否终止长期处方：

（一）患者长期用药管理未达预期目标；

（二）罹患其他疾病需其他药物治疗；

（三）患者因任何原因住院治疗；

（四）其他需要终止长期处方的情况。

第二十三条　开具长期处方的基层医疗卫生机构与上级医院要做好衔接，通过信息化手段等方式建立患者处方信息共享和流转机制。

第二十四条　长期处方样式、内容应当符合《处方管理办法》中普通处方管理的要求。

第四章　长期处方调剂

第二十五条　医师开具长期处方后，患者可以自主选择在医疗机构或者社会零售药店进行调剂取药。

第二十六条　药师对长期处方进行审核，并对患者进行用药指导和用药教育，发放用药教育材料。基层医疗卫生机构不具备条件的，应当由医联体内上级医院的药师通过互联网远程进行处方审核或提供用药指导服务。

第二十七条　药师在审核长期处方、提供咨询服务、调剂药品工作时，如发现药物治疗相关问题或患者存在用药安全隐患，需要进行长期处方调整、药物重整等干预时，应当立即与医师沟通进行处理。

第二十八条　长期处方药品原则上由患者本人领取。特殊情况下，因行动不便等原因，可由熟悉患者基本情况的人员，持本人及患者有效身份证件代为领取，并配合做好相应取药登记记录。鼓励通过配送物流延伸等方式，解决患者取药困难问题。

第五章　长期处方用药管理

第二十九条　医疗机构应当对长期处方定期开展合理性评价工作，持续提高长期处方合理用药水平。

第三十条　基层医疗卫生机构应当将本机构开具的长期处方信息纳入患者健康档案，详细记录患者诊疗和用药记录。家庭医生团队应当对患者进行定期随访管理，对患者病情变化、用药依从性和药物不良反应等进行评估，必要时及时调整或终止长期处方，并在患者健康档案及病历中注明。

第三十一条　医疗机构应当建立安全用药监测与报告制度。发生药品严重不良事件后，应当积极救治患者，立即向医务和药学部门报告，做好观察与记录。按照有关规定向有关部门报告药品不良反应等信息。

第三十二条　医疗机构应当加强对使用长期处方患者的用药教育，增加其合理用药知识，提高自我用药管理能力和用药依从性，并告知患者在用药过程中出现任何不适，应当及时就诊。

第三十三条　医疗机构应当指导使用长期处方患者对药物治疗效果指标进行自我监测并作好记录。鼓励使用医疗器械类穿戴设备，提高药物治疗效果指标监测的信息化水平。在保障数据和隐私安全的前提下，可以探索通过接入互联网的远程监测设备开展监测。

第三十四条　医疗机构应当指导使用长期处方患者，按照要求保存药品，确保药品质量。

第三十五条　医疗机构应当将长期处方患者的诊疗，纳入医疗管理统筹安排，严格落实有关疾病诊疗规范要求，加强质量控制和管理，保障医疗质量和医疗安全。

第三十六条　鼓励有条件的地区通过开设微信公众号、患者客户端等互联网交互方式或途径，方便患者查询长期处方信息、药品用法用量、注意事项等。探索开展长期处方患者的用药提醒、随访、用药咨询等服务。

第六章　长期处方医保支付

第三十七条　各地医保部门支付长期处方开具的符合规定的药品费用，不对单张处方的数量、金额等作限制，参保人按规定享受待遇。

第三十八条　各地在制定区域总额预算管理时，应当充分考虑长期处方因素。

第三十九条　各地医保部门应当提高经办服务能力，方便各医疗机构、零售药店刷卡结算，为参保人提供长期处方医保报销咨询服务。加强智能监控、智能审核，确保药品合理使用。

第七章　附　　则

第四十条　地方卫生健康行政部门应当会同医疗保障部门制定辖区内长期处方管理实施细则后实施。

第四十一条 互联网医院提供长期处方服务，应当结合其依托的实体医疗机构具备的条件，符合医疗机构药事管理、互联网诊疗管理相关规定和本规范，加强医疗质量和安全监管。

第四十二条 基层医疗卫生机构，是指乡镇卫生院、社区卫生服务中心（站）、村卫生室、医务室、门诊部和诊所等。

第四十三条 本规范自印发之日起施行。

医疗机构病历管理规定（2013年版）

1. 2013年11月20日国家卫生和计划生育委员会、国家中医药管理局发布
2. 国卫医发〔2013〕31号
3. 自2014年1月1日起施行

第一章 总 则

第一条 为加强医疗机构病历管理，保障医疗质量与安全，维护医患双方的合法权益，制定本规定。

第二条 病历是指医务人员在医疗活动过程中形成的文字、符号、图表、影像、切片等资料的总和，包括门（急）诊病历和住院病历。病历归档以后形成病案。

第三条 本规定适用于各级各类医疗机构对病历的管理。

第四条 按照病历记录形式不同，可区分为纸质病历和电子病历。电子病历与纸质病历具有同等效力。

第五条 医疗机构应当建立健全病历管理制度，设置病案管理部门或者配备专（兼）职人员，负责病历和病案管理工作。

医疗机构应当建立病历质量定期检查、评估与反馈制度。医疗机构医务部门负责病历的质量管理。

第六条 医疗机构及其医务人员应当严格保护患者隐私，禁止以非医疗、教学、研究目的泄露患者的病历资料。

第二章 病历的建立

第七条 医疗机构应当建立门（急）诊病历和住院病历编号制度，为同一患者建立唯一的标识号码。已建立电子病历的医疗机构，应当将病历标识号码与患者身份证明编号相关联，使用标识号码和身份证明编号均能对病历进行检索。

门（急）诊病历和住院病历应当标注页码或者电子页码。

第八条 医务人员应当按照《病历书写基本规范》、《中医病历书写基本规范》、《电子病历基本规范（试行）》和《中医电子病历基本规范（试行）》要求书写病历。

第九条 住院病历应当按照以下顺序排序：体温单、医嘱单、入院记录、病程记录、术前讨论记录、手术同意书、麻醉同意书、麻醉术前访视记录、手术安全核查记录、手术清点记录、麻醉记录、手术记录、麻醉术后访视记录、术后病程记录、病重（病危）患者护理记录、出院记录、死亡记录、输血治疗知情同意书、特殊检查（特殊治疗）同意书、会诊记录、病危（重）通知书、病理资料、辅助检查报告单、医学影像检查资料。

病案应当按照以下顺序装订保存：住院病案首页、入院记录、病程记录、术前讨论记录、手术同意书、麻醉同意书、麻醉术前访视记录、手术安全核查记录、手术清点记录、麻醉记录、手术记录、麻醉术后访视记录、术后病程记录、出院记录、死亡记录、死亡病例讨论记录、输血治疗知情同意书、特殊检查（特殊治疗）同意书、会诊记录、病危（重）通知书、病理资料、辅助检查报告单、医学影像检查资料、体温单、医嘱单、病重（病危）患者护理记录。

第三章 病历的保管

第十条 门（急）诊病历原则上由患者负责保管。医疗机构建有门（急）诊病历档案室或者已建立门（急）诊电子病历的，经患者或者其法定代理人同意，其门（急）诊病历可以由医疗机构负责保管。

住院病历由医疗机构负责保管。

第十一条 门（急）诊病历由患者保管的，医疗机构应当将检查检验结果及时交由患者保管。

第十二条 门（急）诊病历由医疗机构保管的，医疗机构应当在收到检查检验结果后24小时内，将检查检验结果归入或者录入门（急）诊病历，并在每次诊疗活动结束后首个工作日内将门（急）诊病历归档。

第十三条 患者住院期间，住院病历由所在病区统一保管。因医疗活动或者工作需要，须将住院病历带离病区时，应当由病区指定的专门人员负责携带和保管。

医疗机构应当在收到住院患者检查检验结果和相关资料后24小时内归入或者录入住院病历。

患者出院后，住院病历由病案管理部门或者专（兼）职人员统一保存、管理。

第十四条 医疗机构应当严格病历管理，任何人不得随意涂改病历，严禁伪造、隐匿、销毁、抢夺、窃取病历。

第四章 病历的借阅与复制

第十五条 除为患者提供诊疗服务的医务人员，以及经卫生计生行政部门、中医药管理部门或者医疗机构授权的负责病案管理、医疗管理的部门或者人员外，其他任何机构和个人不得擅自查阅患者病历。

第十六条　其他医疗机构及医务人员因科研、教学需要查阅、借阅病历的，应当向患者就诊医疗机构提出申请，经同意并办理相应手续后方可查阅、借阅。查阅后应当立即归还，借阅病历应当在3个工作日内归还。查阅的病历资料不得带离患者就诊医疗机构。

第十七条　医疗机构应当受理下列人员和机构复制或者查阅病历资料的申请，并依规定提供病历复制或者查阅服务：

（一）患者本人或者其委托代理人；

（二）死亡患者法定继承人或者其代理人。

第十八条　医疗机构应当指定部门或者专（兼）职人员负责受理复制病历资料的申请。受理申请时，应当要求申请人提供有关证明材料，并对申请材料的形式进行审核。

（一）申请人为患者本人的，应当提供其有效身份证明；

（二）申请人为患者代理人的，应当提供患者及其代理人的有效身份证明，以及代理人与患者代理关系的法定证明材料和授权委托书；

（三）申请人为死亡患者法定继承人的，应当提供患者死亡证明、死亡患者法定继承人的有效身份证明，死亡患者与法定继承人关系的法定证明材料；

（四）申请人为死亡患者法定继承人代理人的，应当提供患者死亡证明、死亡患者法定继承人及其代理人的有效身份证明，死亡患者与法定继承人关系的法定证明材料，代理人与法定继承人代理关系的法定证明材料及授权委托书。

第十九条　医疗机构可以为申请人复制门（急）诊病历和住院病历中的体温单、医嘱单、住院志（入院记录）、手术同意书、麻醉同意书、麻醉记录、手术记录、病重（病危）患者护理记录、出院记录、输血治疗知情同意书、特殊检查（特殊治疗）同意书、病理报告、检验报告等辅助检查报告单、医学影像检查资料等病历资料。

第二十条　公安、司法、人力资源社会保障、保险以及负责医疗事故技术鉴定的部门，因办理案件、依法实施专业技术鉴定、医疗保险审核或仲裁、商业保险审核等需要，提出审核、查阅或者复制病历资料要求的，经办人员提供以下证明材料后，医疗机构可以根据需要提供患者部分或全部病历：

（一）该行政机关、司法机关、保险或者负责医疗事故技术鉴定部门出具的调取病历的法定证明；

（二）经办人本人有效身份证明；

（三）经办人本人有效工作证明（需与该行政机关、司法机关、保险或者负责医疗事故技术鉴定部门一致）。

保险机构因商业保险审核等需要，提出审核、查阅或者复制病历资料要求的，还应当提供保险合同复印件、患者本人或者其代理人同意的法定证明材料；患者死亡的，应当提供保险合同复印件、死亡患者法定继承人或者其代理人同意的法定证明材料。合同或者法律另有规定的除外。

第二十一条　按照《病历书写基本规范》和《中医病历书写基本规范》要求，病历尚未完成，申请人要求复制病历时，可以对已完成病历先行复制，在医务人员按照规定完成病历后，再对新完成部分进行复制。

第二十二条　医疗机构受理复制病历资料申请后，由指定部门或者专（兼）职人员通知病案管理部门或专（兼）职人员，在规定时间内将需要复制的病历资料送至指定地点，并在申请人在场的情况下复制；复制的病历资料经申请人和医疗机构双方确认无误后，加盖医疗机构证明印记。

第二十三条　医疗机构复制病历资料，可以按照规定收取工本费。

第五章　病历的封存与启封

第二十四条　依法需要封存病历时，应当在医疗机构或者其委托代理人、患者或者其代理人在场的情况下，对病历共同进行确认，签封病历复制件。

医疗机构申请封存病历时，医疗机构应当告知患者或者其代理人共同实施病历封存；但患者或者其代理人拒绝或者放弃实施病历封存的，医疗机构可以在公证机构公证的情况下，对病历进行确认，由公证机构签封病历复制件。

第二十五条　医疗机构负责封存病历复制件的保管。

第二十六条　封存后病历的原件可以继续记录和使用。

按照《病历书写基本规范》和《中医病历书写基本规范》要求，病历尚未完成，需要封存病历时，可以对已完成病历先行封存，当医师按照规定完成病历后，再对新完成部分进行封存。

第二十七条　开启封存病历应当在签封各方在场的情况下实施。

第六章　病历的保存

第二十八条　医疗机构可以采用符合档案管理要求的缩微技术等对纸质病历进行处理后保存。

第二十九条 门(急)诊病历由医疗机构保管的,保存时间自患者最后一次就诊之日起不少于15年;住院病历保存时间自患者最后一次住院出院之日起不少于30年。

第三十条 医疗机构变更名称时,所保管的病历应当由变更后医疗机构继续保管。

医疗机构撤销后,所保管的病历可以由省级卫生计生行政部门、中医药管理部门或者省级卫生计生行政部门、中医药管理部门指定的机构按照规定妥善保管。

第七章 附 则

第三十一条 本规定由国家卫生计生委负责解释。

第三十二条 本规定自2014年1月1日起施行。原卫生部和国家中医药管理局于2002年公布的《医疗机构病历管理规定》(卫医发〔2002〕193号)同时废止。

病历书写基本规范

1. 2010年1月22日卫生部发布
2. 卫医政发〔2010〕11号
3. 自2010年3月1日起施行

第一章 基本要求

第一条 病历是指医务人员在医疗活动过程中形成的文字、符号、图表、影像、切片等资料的总和,包括门(急)诊病历和住院病历。

第二条 病历书写是指医务人员通过问诊、查体、辅助检查、诊断、治疗、护理等医疗活动获得有关资料,并进行归纳、分析、整理形成医疗活动记录的行为。

第三条 病历书写应当客观、真实、准确、及时、完整、规范。

第四条 病历书写应当使用蓝黑墨水、碳素墨水,需复写的病历资料可以使用蓝或黑色油水的圆珠笔。计算机打印的病历应当符合病历保存的要求。

第五条 病历书写应当使用中文,通用的外文缩写和无正式中文译名的症状、体征、疾病名称等可以使用外文。

第六条 病历书写应规范使用医学术语,文字工整,字迹清晰,表述准确,语句通顺,标点正确。

第七条 病历书写过程中出现错字时,应当用双线划在错字上,保留原记录清楚、可辨,并注明修改时间,修改人签名。不得采用刮、粘、涂等方法掩盖或去除原来的字迹。

上级医务人员有审查修改下级医务人员书写的病历的责任。

第八条 病历应当按照规定的内容书写,并由相应医务人员签名。

实习医务人员、试用期医务人员书写的病历,应当经过本医疗机构注册的医务人员审阅、修改并签名。

进修医务人员由医疗机构根据其胜任本专业工作实际情况认定后书写病历。

第九条 病历书写一律使用阿拉伯数字书写日期和时间,采用24小时制记录。

第十条 对需取得患者书面同意方可进行的医疗活动,应当由患者本人签署知情同意书。患者不具备完全民事行为能力时,应当由其法定代理人签字;患者因病无法签字时,应当由其授权的人员签字;为抢救患者,在法定代理人或被授权人无法及时签字的情况下,可由医疗机构负责人或者授权的负责人签字。

因实施保护性医疗措施不宜向患者说明情况的,应当将有关情况告知患者近亲属,由患者近亲属签署知情同意书,并及时记录。患者无近亲属的或者患者近亲属无法签署同意书的,由患者的法定代理人或者关系人签署同意书。

第二章 门(急)诊病历书写内容及要求

第十一条 门(急)诊病历内容包括门(急)诊病历首页(门(急)诊手册封面)、病历记录、化验单(检验报告)、医学影像检查资料等。

第十二条 门(急)诊病历首页内容应当包括患者姓名、性别、出生年月日、民族、婚姻状况、职业、工作单位、住址、药物过敏史等项目。

门诊手册封面内容应当包括患者姓名、性别、年龄、工作单位或住址、药物过敏史等项目。

第十三条 门(急)诊病历记录分为初诊病历记录和复诊病历记录。

初诊病历记录书写内容应当包括就诊时间、科别、主诉、现病史、既往史,阳性体征、必要的阴性体征和辅助检查结果,诊断及治疗意见和医师签名等。

复诊病历记录书写内容应当包括就诊时间、科别、主诉、病史、必要的体格检查和辅助检查结果、诊断、治疗处理意见和医师签名等。

急诊病历书写就诊时间应当具体到分钟。

第十四条 门(急)诊病历记录应当由接诊医师在患者就诊时及时完成。

第十五条 急诊留观记录是急诊患者因病情需要留院观

察期间的记录，重点记录观察期间病情变化和诊疗措施，记录简明扼要，并注明患者去向。抢救危重患者时，应当书写抢救记录。门（急）诊抢救记录书写内容及要求按照住院病历抢救记录书写内容及要求执行。

第三章 住院病历书写内容及要求

第十六条 住院病历内容包括住院病案首页、入院记录、病程记录、手术同意书、麻醉同意书、输血治疗知情同意书、特殊检查（特殊治疗）同意书、病危（重）通知书、医嘱单、辅助检查报告单、体温单、医学影像检查资料、病理资料等。

第十七条 入院记录是指患者入院后，由经治医师通过问诊、查体、辅助检查获得有关资料，并对这些资料归纳分析书写而成的记录。可分为入院记录、再次或多次入院记录、24 小时内入出院记录、24 小时内入院死亡记录。

入院记录、再次或多次入院记录应当于患者入院后 24 小时内完成；24 小时内入出院记录应当于患者出院后 24 小时内完成，24 小时内入院死亡记录应当于患者死亡后 24 小时内完成。

第十八条 入院记录的要求及内容。

（一）患者一般情况包括姓名、性别、年龄、民族、婚姻状况、出生地、职业、入院时间、记录时间、病史陈述者。

（二）主诉是指促使患者就诊的主要症状（或体征）及持续时间。

（三）现病史是指患者本次疾病的发生、演变、诊疗等方面的详细情况，应当按时间顺序书写。内容包括发病情况、主要症状特点及其发展变化情况、伴随症状、发病后诊疗经过及结果、睡眠和饮食等一般情况的变化，以及与鉴别诊断有关的阳性或阴性资料等。

1. 发病情况：记录发病的时间、地点、起病缓急、前驱症状、可能的原因或诱因。

2. 主要症状特点及其发展变化情况：按发生的先后顺序描述主要症状的部位、性质、持续时间、程度、缓解或加剧因素，以及演变发展情况。

3. 伴随症状：记录伴随症状，描述伴随症状与主要症状之间的相互关系。

4. 发病以来诊治经过及结果：记录患者发病后到入院前，在院内、外接受检查与治疗的详细经过及效果。对患者提供的药名、诊断和手术名称需加引号（“”）以示区别。

5. 发病以来一般情况：简要记录患者发病后的精神状态、睡眠、食欲、大小便、体重等情况。

与本次疾病虽无紧密关系、但仍需治疗的其他疾病情况，可在现病史后另起一段予以记录。

（四）既往史是指患者过去的健康和疾病情况。内容包括既往一般健康状况、疾病史、传染病史、预防接种史、手术外伤史、输血史、食物或药物过敏史等。

（五）个人史，婚育史、月经史，家族史。

1. 个人史：记录出生地及长期居留地，生活习惯及有无烟、酒、药物等嗜好，职业与工作条件及有无工业毒物、粉尘、放射性物质接触史，有无冶游史。

2. 婚育史、月经史：婚姻状况、结婚年龄、配偶健康状况、有无子女等。女性患者记录初潮年龄、行经期天数 、间隔天数、末次月经时间（或闭经年龄），月经量、痛经及生育等情况。

3. 家族史：父母、兄弟、姐妹健康状况，有无与患者类似疾病，有无家族遗传倾向的疾病。

（六）体格检查应当按照系统循序进行书写。内容包括体温、脉搏、呼吸、血压，一般情况，皮肤、粘膜，全身浅表淋巴结，头部及其器官，颈部，胸部（胸廓、肺部、心脏、血管），腹部（肝、脾等），直肠肛门，外生殖器，脊柱，四肢，神经系统等。

（七）专科情况应当根据专科需要记录专科特殊情况。

（八）辅助检查指入院前所作的与本次疾病相关的主要检查及其结果。应分类按检查时间顺序记录检查结果，如系在其他医疗机构所作检查，应当写明该机构名称及检查号。

（九）初步诊断是指经治医师根据患者入院时情况，综合分析所作出的诊断。如初步诊断为多项时，应当主次分明。对待查病例应列出可能性较大的诊断。

（十）书写入院记录的医师签名。

第十九条 再次或多次入院记录，是指患者因同一种疾病再次或多次住入同一医疗机构时书写的记录。要求及内容基本同入院记录。主诉是记录患者本次入院的主要症状（或体征）及持续时间；现病史中要求首先对本次住院前历次有关住院诊疗经过进行小结，然后再书写本次入院的现病史。

第二十条 患者入院不足 24 小时出院的，可以书写 24 小时内入出院记录。内容包括患者姓名、性别、年龄、职业、入院时间、出院时间、主诉、入院情况、入院诊断、诊疗经过、出院情况、出院诊断、出院医嘱，医师签名等。

第二十一条 患者入院不足24小时死亡的，可以书写24小时内入院死亡记录。内容包括患者姓名、性别、年龄、职业、入院时间、死亡时间、主诉、入院情况、入院诊断、诊疗经过（抢救经过）、死亡原因、死亡诊断，医师签名等。

第二十二条 病程记录是指继入院记录之后，对患者病情和诊疗过程所进行的连续性记录。内容包括患者的病情变化情况、重要的辅助检查结果及临床意义、上级医师查房意见、会诊意见、医师分析讨论意见、所采取的诊疗措施及效果、医嘱更改及理由、向患者及其近亲属告知的重要事项等。

病程记录的要求及内容：

（一）首次病程记录是指患者入院后由经治医师或值班医师书写的第一次病程记录，应当在患者入院8小时内完成。首次病程记录的内容包括病例特点、拟诊讨论（诊断依据及鉴别诊断）、诊疗计划等。

1. 病例特点：应当在对病史、体格检查和辅助检查进行全面分析、归纳和整理后写出本病例特征，包括阳性发现和具有鉴别诊断意义的阴性症状和体征等。

2. 拟诊讨论（诊断依据及鉴别诊断）：根据病例特点，提出初步诊断和诊断依据；对诊断不明的写出鉴别诊断并进行分析；并对下一步诊治措施进行分析。

3. 诊疗计划：提出具体的检查及治疗措施安排。

（二）日常病程记录是指对患者住院期间诊疗过程的经常性、连续性记录。由经治医师书写，也可以由实习医务人员或试用期医务人员书写，但应有经治医师签名。书写日常病程记录时，首先标明记录时间，另起一行记录具体内容。对病危患者应当根据病情变化随时书写病程记录，每天至少1次，记录时间应当具体到分钟。对病重患者，至少2天记录一次病程记录。对病情稳定的患者，至少3天记录一次病程记录。

（三）上级医师查房记录是指上级医师查房时对患者病情、诊断、鉴别诊断、当前治疗措施疗效的分析及下一步诊疗意见等的记录。

主治医师首次查房记录应当于患者入院48小时内完成。内容包括查房医师的姓名、专业技术职务、补充的病史和体征、诊断依据与鉴别诊断的分析及诊疗计划等。

主治医师日常查房记录间隔时间视病情和诊疗情况确定，内容包括查房医师的姓名、专业技术职务、对病情的分析和诊疗意见等。

科主任或具有副主任医师以上专业技术职务任职资格医师查房的记录，内容包括查房医师的姓名、专业技术职务、对病情的分析和诊疗意见等。

（四）疑难病例讨论记录是指由科主任或具有副主任医师以上专业技术任职资格的医师主持、召集有关医务人员对确诊困难或疗效不确切病例讨论的记录。内容包括讨论日期、主持人、参加人员姓名及专业技术职务、具体讨论意见及主持人小结意见等。

（五）交（接）班记录是指患者经治医师发生变更之际，交班医师和接班医师分别对患者病情及诊疗情况进行简要总结的记录。交班记录应当在交班前由交班医师书写完成；接班记录应当由接班医师于接班后24小时内完成。交（接）班记录的内容包括入院日期、交班或接班日期、患者姓名、性别、年龄、主诉、入院情况、入院诊断、诊疗经过、目前情况、目前诊断、交班注意事项或接班诊疗计划、医师签名等。

（六）转科记录是指患者住院期间需要转科时，经转入科室医师会诊并同意接收后，由转出科室和转入科室医师分别书写的记录。包括转出记录和转入记录。转出记录由转出科室医师在患者转出科室前书写完成（紧急情况除外）；转入记录由转入科室医师于患者转入后24小时内完成。转科记录内容包括入院日期、转出或转入日期，转出、转入科室，患者姓名、性别、年龄、主诉、入院情况、入院诊断、诊疗经过、目前情况、目前诊断、转科目的及注意事项或转入诊疗计划、医师签名等。

（七）阶段小结是指患者住院时间较长，由经治医师每月所作病情及诊疗情况总结。阶段小结的内容包括入院日期、小结日期，患者姓名、性别、年龄、主诉、入院情况、入院诊断、诊疗经过、目前情况、目前诊断、诊疗计划、医师签名等。

交（接）班记录、转科记录可代替阶段小结。

（八）抢救记录是指患者病情危重，采取抢救措施时作的记录。因抢救急危患者，未能及时书写病历的，有关医务人员应当在抢救结束后6小时内据实补记，并加以注明。内容包括病情变化情况、抢救时间及措施、参加抢救的医务人员姓名及专业技术职称等。记录抢救时间应当具体到分钟。

（九）有创诊疗操作记录是指在临床诊疗活动过程中进行的各种诊断、治疗性操作（如胸腔穿刺、腹腔穿刺等）的记录。应当在操作完成后即刻书写。内容包括操作名称、操作时间、操作步骤、结果及患者一般情况，记录过程是否顺利、有无不良反应，术后注意事项及是否向患者说明，操作医师签名。

（十）会诊记录（含会诊意见）是指患者在住院期

间需要其他科室或者其他医疗机构协助诊疗时,分别由申请医师和会诊医师书写的记录。会诊记录应另页书写。内容包括申请会诊记录和会诊意见记录。申请会诊记录应当简要载明患者病情及诊疗情况、申请会诊的理由和目的,申请会诊医师签名等。常规会诊意见记录应当由会诊医师在会诊申请发出后48小时内完成,急会诊时会诊医师应当在会诊申请发出后10分钟内到场,并在会诊结束后即刻完成会诊记录。会诊记录内容包括会诊意见、会诊医师所在的科别或者医疗机构名称、会诊时间及会诊医师签名等。申请会诊医师应在病程记录中记录会诊意见执行情况。

(十一)术前小结是指在患者手术前,由经治医师对患者病情所作的总结。内容包括简要病情、术前诊断、手术指征、拟施手术名称和方式、拟施麻醉方式、注意事项,并记录手术者术前查看患者相关情况等。

(十二)术前讨论记录是指因患者病情较重或手术难度较大,手术前在上级医师主持下,对拟实施手术方式和术中可能出现的问题及应对措施所作的讨论。讨论内容包括术前准备情况、手术指征、手术方案、可能出现的意外及防范措施、参加讨论者的姓名及专业技术职务、具体讨论意见及主持人小结意见、讨论日期、记录者的签名等。

(十三)麻醉术前访视记录是指在麻醉实施前,由麻醉医师对患者拟施麻醉进行风险评估的记录。麻醉术前访视可另立单页,也可在病程中记录。内容包括姓名、性别、年龄、科别、病案号,患者一般情况、简要病史、与麻醉相关的辅助检查结果、拟行手术方式、拟行麻醉方式、麻醉适应证及麻醉中需注意的问题、术前麻醉医嘱、麻醉医师签字并填写日期。

(十四)麻醉记录是指麻醉医师在麻醉实施中书写的麻醉经过及处理措施的记录。麻醉记录应当另页书写,内容包括患者一般情况、术前特殊情况、麻醉前用药、术前诊断、术中诊断、手术方式及日期、麻醉方式、麻醉诱导及各项操作开始及结束时间、麻醉期间用药名称、方式及剂量、麻醉期间特殊或突发情况及处理、手术起止时间、麻醉医师签名等。

(十五)手术记录是指手术者书写的反映手术一般情况、手术经过、术中发现及处理等情况的特殊记录,应当在术后24小时内完成。特殊情况下由第一助手书写时,应有手术者签名。手术记录应当另页书写,内容包括一般项目(患者姓名、性别、科别、病房、床位号、住院病历号或病案号)、手术日期、术前诊断、术中诊断、手术名称、手术者及助手姓名、麻醉方法、手术经过、术中出现的情况及处理等。

(十六)手术安全核查记录是指由手术医师、麻醉医师和巡回护士三方,在麻醉实施前、手术开始前和病人离室前,共同对病人身份、手术部位、手术方式、麻醉及手术风险、手术使用物品清点等内容进行核对的记录,输血的病人还应对血型、用血量进行核对。应有手术医师、麻醉医师和巡回护士三方核对、确认并签字。

(十七)手术清点记录是指巡回护士对手术患者术中所用血液、器械、敷料等的记录,应当在手术结束后即时完成。手术清点记录应当另页书写,内容包括患者姓名、住院病历号(或病案号)、手术日期、手术名称、术中所用各种器械和敷料数量的清点核对、巡回护士和手术器械护士签名等。

(十八)术后首次病程记录是指参加手术的医师在患者术后即时完成的病程记录。内容包括手术时间、术中诊断、麻醉方式、手术方式、手术简要经过、术后处理措施、术后应当特别注意观察的事项等。

(十九)麻醉术后访视记录是指麻醉实施后,由麻醉医师对术后患者麻醉恢复情况进行访视的记录。麻醉术后访视可另立单页,也可在病程中记录。内容包括姓名、性别、年龄、科别、病案号,患者一般情况、麻醉恢复情况、清醒时间、术后医嘱、是否拔除气管插管等,如有特殊情况应详细记录,麻醉医师签字并填写日期。

(二十)出院记录是指经治医师对患者此次住院期间诊疗情况的总结,应当在患者出院后24小时内完成。内容主要包括入院日期、出院日期、入院情况、入院诊断、诊疗经过、出院诊断、出院情况、出院医嘱、医师签名等。

(二十一)死亡记录是指经治医师对死亡患者住院期间诊疗和抢救经过的记录,应当在患者死亡后24小时内完成。内容包括入院日期、死亡时间、入院情况、入院诊断、诊疗经过(重点记录病情演变、抢救经过)、死亡原因、死亡诊断等。记录死亡时间应当具体到分钟。

(二十二)死亡病例讨论记录是指在患者死亡一周内,由科主任或具有副主任医师以上专业技术职务任职资格的医师主持,对死亡病例进行讨论、分析的记录。内容包括讨论日期、主持人及参加人员姓名、专业技术职务、具体讨论意见及主持人小结意见、记录者的签名等。

(二十三)病重(病危)患者护理记录是指护士根

据医嘱和病情对病重(病危)患者住院期间护理过程的客观记录。病重(病危)患者护理记录应当根据相应专科的护理特点书写。内容包括患者姓名、科别、住院病历号(或病案号)、床位号、页码、记录日期和时间、出入液量、体温、脉搏、呼吸、血压等病情观察、护理措施和效果、护士签名等。记录时间应当具体到分钟。

第二十三条 手术同意书是指手术前,经治医师向患者告知拟施手术的相关情况,并由患者签署是否同意手术的医学文书。内容包括术前诊断、手术名称、术中或术后可能出现的并发症、手术风险、患者签署意见并签名、经治医师和术者签名等。

第二十四条 麻醉同意书是指麻醉前,麻醉医师向患者告知拟施麻醉的相关情况,并由患者签署是否同意麻醉意见的医学文书。内容包括患者姓名、性别、年龄、病案号、科别、术前诊断、拟行手术方式、拟行麻醉方式,患者基础疾病及可能对麻醉产生影响的特殊情况,麻醉中拟行的有创操作和监测,麻醉风险、可能发生的并发症及意外情况,患者签署意见并签名、麻醉医师签名并填写日期。

第二十五条 输血治疗知情同意书是指输血前,经治医师向患者告知输血的相关情况,并由患者签署是否同意输血的医学文书。输血治疗知情同意书内容包括患者姓名、性别、年龄、科别、病案号、诊断、输血指征、拟输血成份、输血前有关检查结果、输血风险及可能产生的不良后果、患者签署意见并签名、医师签名并填写日期。

第二十六条 特殊检查、特殊治疗同意书是指在实施特殊检查、特殊治疗前,经治医师向患者告知特殊检查、特殊治疗的相关情况,并由患者签署是否同意检查、治疗的医学文书。内容包括特殊检查、特殊治疗项目名称、目的、可能出现的并发症及风险、患者签名、医师签名等。

第二十七条 病危(重)通知书是指因患者病情危、重时,由经治医师或值班医师向患者家属告知病情,并由患方签名的医疗文书。内容包括患者姓名、性别、年龄、科别,目前诊断及病情危重情况,患方签名、医师签名并填写日期。一式两份,一份交患方保存,另一份归病历中保存。

第二十八条 医嘱是指医师在医疗活动中下达的医学指令。医嘱单分为长期医嘱单和临时医嘱单。

长期医嘱单内容包括患者姓名、科别、住院病历号(或病案号)、页码、起始日期和时间、长期医嘱内容、停止日期和时间、医师签名、执行时间、执行护士签名。临时医嘱单内容包括医嘱时间、临时医嘱内容、医师签名、执行时间、执行护士签名等。

医嘱内容及起始、停止时间应当由医师书写。医嘱内容应当准确、清楚,每项医嘱应当只包含一个内容,并注明下达时间,应当具体到分钟。医嘱不得涂改。需要取消时,应当使用红色墨水标注“取消”字样并签名。

一般情况下,医师不得下达口头医嘱。因抢救急危患者需要下达口头医嘱时,护士应当复诵一遍。抢救结束后,医师应当即刻据实补记医嘱。

第二十九条 辅助检查报告单是指患者住院期间所做各项检验、检查结果的记录。内容包括患者姓名、性别、年龄、住院病历号(或病案号)、检查项目、检查结果、报告日期、报告人员签名或者印章等。

第三十条 体温单为表格式,以护士填写为主。内容包括患者姓名、科室、床号、入院日期、住院病历号(或病案号)、日期、手术后天数、体温、脉搏、呼吸、血压、大便次数、出入液量、体重、住院周数等。

第四章 打印病历内容及要求

第三十一条 打印病历是指应用字处理软件编辑生成并打印的病历(如 Word 文档、WPS 文档等)。打印病历应当按照本规定的内容录入并及时打印,由相应医务人员手写签名。

第三十二条 医疗机构打印病历应当统一纸张、字体、字号及排版格式。打印字迹应清楚易认,符合病历保存期限和复印的要求。

第三十三条 打印病历编辑过程中应当按照权限要求进行修改,已完成录入打印并签名的病历不得修改。

第五章 其 他

第三十四条 住院病案首页按照《卫生部关于修订下发住院病案首页的通知》(卫医发〔2001〕286 号)的规定书写。

第三十五条 特殊检查、特殊治疗按照《医疗机构管理条例实施细则》(1994 年卫生部令第 35 号)有关规定执行。

第三十六条 中医病历书写基本规范由国家中医药管理局另行制定。

第三十七条 电子病历基本规范由卫生部另行制定。

第三十八条 本规范自 2010 年 3 月 1 日起施行。我部于 2002 年颁布的《病历书写基本规范(试行)》(卫医发〔2002〕190 号)同时废止。

中医病历书写基本规范

1. 2010年6月11日卫生部、国家中医药管理局发布
2. 国中医药医政发〔2010〕29号
3. 自2010年7月1日起施行

第一章 基 本 要 求

第一条 病历是指医务人员在医疗活动过程中形成的文字、符号、图表、影像、切片等资料的总和，包括门（急）诊病历和住院病历。

第二条 中医病历书写是指医务人员通过望、闻、问、切及查体、辅助检查、诊断、治疗、护理等医疗活动获得有关资料，并进行归纳、分析、整理形成医疗活动记录的行为。

第三条 病历书写应当客观、真实、准确、及时、完整、规范。

第四条 病历书写应当使用蓝黑墨水、碳素墨水，需复写的病历资料可以使用蓝或黑色油水的圆珠笔。计算机打印的病历应当符合病历保存的要求。

第五条 病历书写应当使用中文，通用的外文缩写和无正式中文译名的症状、体征、疾病名称等可以使用外文。

第六条 病历书写应规范使用医学术语，中医术语的使用依照相关标准、规范执行。要求文字工整，字迹清晰，表述准确，语句通顺，标点正确。

第七条 病历书写过程中出现错字时，应当用双线划在错字上，保留原记录清楚、可辨，并注明修改时间，修改人签名。不得采用刮、粘、涂等方法掩盖或去除原来的字迹。

上级医务人员有审查修改下级医务人员书写的病历的责任。

第八条 病历应当按照规定的内容书写，并由相应医务人员签名。

实习医务人员、试用期医务人员书写的病历，应当经过本医疗机构注册的医务人员审阅、修改并签名。

进修医务人员由医疗机构根据其胜任本专业工作实际情况认定后书写病历。

第九条 病历书写一律使用阿拉伯数字书写日期和时间，采用24小时制记录。

第十条 病历书写中涉及的诊断，包括中医诊断和西医诊断，其中中医诊断包括疾病诊断与证候诊断。

中医治疗应当遵循辨证论治的原则。

第十一条 对需取得患者书面同意方可进行的医疗活动，应当由患者本人签署知情同意书。患者不具备完全民事行为能力时，应当由其法定代理人签字；患者因病无法签字时，应当由其授权的人员签字；为抢救患者，在法定代理人或被授权人无法及时签字的情况下，可由医疗机构负责人或者授权的负责人签字。

因实施保护性医疗措施不宜向患者说明情况的，应当将有关情况告知患者近亲属，由患者近亲属签署知情同意书，并及时记录。患者无近亲属的或者患者近亲属无法签署同意书的，由患者的法定代理人或者关系人签署同意书。

第二章 门（急）诊病历书写内容及要求

第十二条 门（急）诊病历内容包括门（急）诊病历首页（门（急）诊手册封面）、病历记录、化验单（检验报告）、医学影像检查资料等。

第十三条 门（急）诊病历首页内容应当包括患者姓名、性别、出生年月日、民族、婚姻状况、职业、工作单位、住址、药物过敏史等项目。

门诊手册封面内容应当包括患者姓名、性别、年龄、工作单位或住址、药物过敏史等项目。

第十四条 门（急）诊病历记录分为初诊病历记录和复诊病历记录。

初诊病历记录书写内容应当包括就诊时间、科别、主诉、现病史、既往史，中医四诊情况，阳性体征、必要的阴性体征和辅助检查结果，诊断及治疗意见和医师签名等。

复诊病历记录书写内容应当包括就诊时间、科别、中医四诊情况，必要的体格检查和辅助检查结果、诊断、治疗处理意见和医师签名等。

急诊病历书写就诊时间应当具体到分钟。

第十五条 门（急）诊病历记录应当由接诊医师在患者就诊时及时完成。

第十六条 急诊留观记录是急诊患者因病情需要留院观察期间的记录，重点记录观察期间病情变化和诊疗措施，记录简明扼要，并注明患者去向。实施中医治疗的，应记录中医四诊、辨证施治情况等。抢救危重患者时，应当书写抢救记录。门（急）诊抢救记录书写内容及要求按照住院病历抢救记录书写内容及要求执行。

第三章 住院病历书写内容及要求

第十七条 住院病历内容包括住院病案首页、入院记录、病程记录、手术同意书、麻醉同意书、输血治疗知情同意书、特殊检查(特殊治疗)同意书、病危(重)通知书、医嘱单、辅助检查报告单、体温单、医学影像检查资料、病理资料等。

第十八条 入院记录是指患者入院后,由经治医师通过望、闻、问、切及查体、辅助检查获得有关资料,并对这些资料归纳分析书写而成的记录。可分为入院记录、再次或多次入院记录、24 小时内入出院记录、24 小时内入院死亡记录。

入院记录、再次或多次入院记录应当于患者入院后 24 小时内完成;24 小时内入出院记录应当于患者出院后 24 小时内完成,24 小时内入院死亡记录应当于患者死亡后 24 小时内完成。

第十九条 入院记录的要求及内容。

(一)患者一般情况包括姓名、性别、年龄、民族、婚姻状况、出生地、职业、入院时间、记录时间、发病节气、病史陈述者。

(二)主诉是指促使患者就诊的主要症状(或体征)及持续时间。

(三)现病史是指患者本次疾病的发生、演变、诊疗等方面的详细情况,应当按时间顺序书写,并结合中医问诊,记录目前情况。内容包括发病情况、主要症状特点及其发展变化情况、伴随症状、发病后诊疗经过及结果、睡眠和饮食等一般情况的变化,以及与鉴别诊断有关的阳性或阴性资料等。

1. 发病情况:记录发病的时间、地点、起病缓急、前驱症状、可能的原因或诱因。

2. 主要症状特点及其发展变化情况:按发生的先后顺序描述主要症状的部位、性质、持续时间、程度、缓解或加剧因素,以及演变发展情况。

3. 伴随症状:记录伴随症状,描述伴随症状与主要症状之间的相互关系。

4. 发病以来诊治经过及结果:记录患者发病后到入院前,在院内、外接受检查与治疗的详细经过及效果。对患者提供的药名、诊断和手术名称需加引号(“”)以示区别。

5. 发病以来一般情况:结合十问简要记录患者发病后的寒热、饮食、睡眠、情志、二便、体重等情况。

与本次疾病虽无紧密关系、但仍需治疗的其他疾病情况,可在现病史后另起一段予以记录。

(四)既往史是指患者过去的健康和疾病情况。内容包括既往一般健康状况、疾病史、传染病史、预防接种史、手术外伤史、输血史、食物或药物过敏史等。

(五)个人史,婚育史、月经史,家族史。

1. 个人史:记录出生地及长期居留地,生活习惯及有无烟、酒、药物等嗜好,职业与工作条件及有无工业毒物、粉尘、放射性物质接触史,有无冶游史。

2. 婚育史、月经史:婚姻状况、结婚年龄、配偶健康状况、有无子女等。女性患者记录经带胎产史,初潮年龄、行经期天数、间隔天数、末次月经时间(或闭经年龄),月经量、痛经及生育等情况。

3. 家族史:父母、兄弟、姐妹健康状况,有无与患者类似疾病,有无家族遗传倾向的疾病。

(六)中医望、闻、切诊应当记录神色、形态、语声、气息、舌象、脉象等。

(七)体格检查应当按照系统循序进行书写。内容包括体温、脉搏、呼吸、血压,一般情况皮肤、粘膜,全身浅表淋巴结,头部及其器官,颈部,胸部(胸廓、肺部、心脏、血管),腹部(肝、脾等),直肠肛门,外生殖器,脊柱,四肢,神经系统等。

(八)专科情况应当根据专科需要记录专科特殊情况。

(九)辅助检查指入院前所作的与本次疾病相关的主要检查及其结果。应分类按检查时间顺序记录检查结果,如系在其他医疗机构所作检查,应当写明该机构名称及检查号。

(十)初步诊断是指经治医师根据患者入院时情况,综合分析所作出的诊断。如初步诊断为多项时,应当主次分明。对待查病例应列出可能性较大的诊断。

(十一)书写入院记录的医师签名。

第二十条 再次或多次入院记录,是指患者因同一种疾病再次或多次住入同一医疗机构时书写的记录。要求及内容基本同入院记录。主诉是记录患者本次入院的主要症状(或体征)及持续时间;现病史中要求首先对本次住院前历次有关住院诊疗经过进行小结,然后再书写本次入院的现病史。

第二十一条 患者入院不足 24 小时出院的,可以书写 24 小时内入出院记录。内容包括患者姓名、性别、年龄、职业、入院时间、出院时间、主诉、入院情况、入院诊断、诊疗经过、出院情况、出院诊断、出院医嘱,医师签名等。

第二十二条 患者入院不足 24 小时死亡的,可以书写 24 小时内入院死亡记录。内容包括患者姓名、性别、年龄、职业、入院时间、死亡时间、主诉、入院情况、入院诊断、诊疗经过(抢救经过)、死亡原因、死亡诊断,医师签名等。

第二十三条 病程记录是指继入院记录之后,对患者病情和诊疗过程所进行的连续性记录。内容包括患者的病情变化情况及证候演变情况、重要的辅助检查结果及临床意义、上级医师查房意见、会诊意见、医师分析讨论意见、所采取的诊疗措施及效果、医嘱更改及理由、向患者及其近亲属告知的重要事项等。

中医方药记录格式参照中药饮片处方相关规定执行。

病程记录的要求及内容：

（一）首次病程记录是指患者入院后由经治医师或值班医师书写的第一次病程记录，应当在患者入院8小时内完成。首次病程记录的内容包括病例特点、拟诊讨论（诊断依据及鉴别诊断）、诊疗计划等。

1. 病例特点：应当在对病史、四诊情况、体格检查和辅助检查进行全面分析、归纳和整理后写出本病例特征，包括阳性发现和具有鉴别诊断意义的阴性症状和体征等。

2. 拟诊讨论（诊断依据及鉴别诊断）：根据病例特点，提出初步诊断和诊断依据；对诊断不明的写出鉴别诊断并进行分析；并对下一步诊治措施进行分析。诊断依据包括中医辨病辨证依据与西医诊断依据，鉴别诊断包括中医鉴别诊断与西医鉴别诊断。

3. 诊疗计划：提出具体的检查、中西医治疗措施及中医调护等。

（二）日常病程记录是指对患者住院期间诊疗过程的经常性、连续性记录。由经治医师书写，也可以由实习医务人员或试用期医务人员书写，但应有经治医师签名。书写日常病程记录时，首先标明记录时间，另起一行记录具体内容。对病危患者应当根据病情变化随时书写病程记录，每天至少1次，记录时间应当具体到分钟。对病重患者，至少2天记录一次病程记录。对病情稳定的患者，至少3天记录一次病程记录。

日常病程记录应反映四诊情况及治法、方药变化及其变化依据等。

（三）上级医师查房记录是指上级医师查房时对患者病情、诊断、鉴别诊断、当前治疗措施疗效的分析及下一步诊疗意见等的记录。

主治医师首次查房记录应当于患者入院48小时内完成。内容包括查房医师的姓名、专业技术职务、补充的病史和体征、理法方药分析、诊断依据与鉴别诊断的分析及诊疗计划等。

主治医师日常查房记录间隔时间视病情和诊疗情况确定，内容包括查房医师的姓名、专业技术职务、对病情的分析和诊疗意见等。

科主任或具有副主任医师以上专业技术职务任职资格医师查房的记录，内容包括查房医师的姓名、专业技术职务、对病情和理法方药的分析及诊疗意见等。

（四）疑难病例讨论记录是指由科主任或具有副主任医师以上专业技术任职资格的医师主持、召集有关医务人员对确诊困难或疗效不确切病例讨论的记录。内容包括讨论日期、主持人、参加人员姓名及专业技术职务、具体讨论意见及主持人小结意见等。

（五）交（接）班记录是指患者经治医师发生变更之际，交班医师和接班医师分别对患者病情及诊疗情况进行简要总结的记录。交班记录应当在交班前由交班医师书写完成；接班记录应当由接班医师于接班后24小时内完成。交（接）班记录的内容包括入院日期、交班或接班日期、患者姓名、性别、年龄、主诉、入院情况、入院诊断、诊疗经过、目前情况、目前诊断、交班注意事项或接班诊疗计划、医师签名等。

（六）转科记录是指患者住院期间需要转科时，经转入科室医师会诊并同意接收后，由转出科室和转入科室医师分别书写的记录。包括转出记录和转入记录。转出记录由转出科室医师在患者转出科室前书写完成（紧急情况除外）；转入记录由转入科室医师于患者转入后24小时内完成。转科记录内容包括入院日期、转出或转入日期，转出、转入科室，患者姓名、性别、年龄、主诉、入院情况、入院诊断、诊疗经过、目前情况、目前诊断、转科目的及注意事项或转入诊疗计划、医师签名等。

（七）阶段小结是指患者住院时间较长，由经治医师每月所作病情及诊疗情况总结。阶段小结的内容包括入院日期、小结日期，患者姓名、性别、年龄、主诉、入院情况、入院诊断、诊疗经过、目前情况、目前诊断、诊疗计划、医师签名等。

交（接）班记录、转科记录可代替阶段小结。

（八）抢救记录是指患者病情危重，采取抢救措施时作的记录。因抢救急危患者，未能及时书写病历的，有关医务人员应当在抢救结束后6小时内据实补记，并加以注明。内容包括病情变化情况、抢救时间及措施、参加抢救的医务人员姓名及专业技术职称等。记录抢救时间应当具体到分钟。

（九）有创诊疗操作记录是指在临床诊疗活动过程中进行的各种诊断、治疗性操作（如胸腔穿刺、腹腔穿刺等）的记录。应当在操作完成后即刻书写。内容包括操作名称、操作时间、操作步骤、结果及患者一般情况，记录过程是否顺利、有无不良反应，术后注意事项及是否向患者说明,操作医师签名。

(十)会诊记录(含会诊意见)是指患者在住院期间需要其他科室或者其他医疗机构协助诊疗时,分别由申请医师和会诊医师书写的记录。会诊记录应另页书写。内容包括申请会诊记录和会诊意见记录。申请会诊记录应当简要载明患者病情及诊疗情况、申请会诊的理由和目的,申请会诊医师签名等。常规会诊意见记录应当由会诊医师在会诊申请发出后48小时内完成,急会诊时会诊医师应当在会诊申请发出后10分钟内到场,并在会诊结束后即刻完成会诊记录。会诊记录内容包括会诊意见、会诊医师所在的科别或者医疗机构名称、会诊时间及会诊医师签名等。申请会诊医师应在病程记录中记录会诊意见执行情况。

(十一)术前小结是指在患者手术前,由经治医师对患者病情所作的总结。内容包括简要病情、术前诊断、手术指征、拟施手术名称和方式、拟施麻醉方式、注意事项,并记录手术者术前查看患者相关情况等。

(十二)术前讨论记录是指因患者病情较重或手术难度较大,手术前在上级医师主持下,对拟实施手术方式和术中可能出现的问题及应对措施所作的讨论。讨论内容包括术前准备情况、手术指征、手术方案、可能出现的意外及防范措施、参加讨论者的姓名及专业技术职务、具体讨论意见及主持人小结意见、讨论日期、记录者的签名等。

(十三)麻醉术前访视记录是指在麻醉实施前,由麻醉医师对患者拟施麻醉进行风险评估的记录。麻醉术前访视可另立单页,也可在病程中记录。内容包括姓名、性别、年龄、科别、病案号,患者一般情况、简要病史、与麻醉相关的辅助检查结果、拟行手术方式、拟行麻醉方式、麻醉适应证及麻醉中需注意的问题、术前麻醉医嘱、麻醉医师签字并填写日期。

(十四)麻醉记录是指麻醉医师在麻醉实施中书写的麻醉经过及处理措施的记录。麻醉记录应当另页书写,内容包括患者一般情况、术前特殊情况、麻醉前用药、术前诊断、术中诊断、手术方式及日期、麻醉方式、麻醉诱导及各项操作开始及结束时间、麻醉期间用药名称、方式及剂量、麻醉期间特殊或突发情况及处理、手术起止时间、麻醉医师签名等。

(十五)手术记录是指手术者书写的反映手术一般情况、手术经过、术中发现及处理等情况的特殊记录,应当在术后24小时内完成。特殊情况下由第一助手书写时,应有手术者签名。手术记录应当另页书写,内容包括一般项目(患者姓名、性别、科别、病房、床位号、住院病历号或病案号)、手术日期、术前诊断、术中诊断、手术名称、手术者及助手姓名、麻醉方法、手术经过、术中出现的情况及处理等。

(十六)手术安全核查记录是指由手术医师、麻醉医师和巡回护士三方,在麻醉实施前、手术开始前和病人离室前,共同对病人身份、手术部位、手术方式、麻醉及手术风险、手术使用物品清点等内容进行核对的记录,输血的病人还应对血型、用血量进行核对。应有手术医师、麻醉医师和巡回护士三方核对、确认并签字。

(十七)手术清点记录是指巡回护士对手术患者术中所用血液、器械、敷料等的记录,应当在手术结束后即时完成。手术清点记录应当另页书写,内容包括患者姓名、住院病历号(或病案号)、手术日期、手术名称、术中所用各种器械和敷料数量的清点核对、巡回护士和手术器械护士签名等。

(十八)术后首次病程记录是指参加手术的医师在患者术后即时完成的病程记录。内容包括手术时间、术中诊断、麻醉方式、手术方式、手术简要经过、术后处理措施、术后应当特别注意观察的事项等。

(十九)麻醉术后访视记录是指麻醉实施后,由麻醉医师对术后患者麻醉恢复情况进行访视的记录。麻醉术后访视可另立单页,也可在病程中记录。内容包括姓名、性别、年龄、科别、病案号,患者一般情况、麻醉恢复情况、清醒时间、术后医嘱、是否拔除气管插管等,如有特殊情况应详细记录,麻醉医师签字并填写日期。

(二十)出院记录是指经治医师对患者此次住院期间诊疗情况的总结,应当在患者出院后24小时内完成。内容主要包括入院日期、出院日期、入院情况、入院诊断、诊疗经过、出院诊断、出院情况、出院医嘱、中医调护、医师签名等。

(二十一)死亡记录是指经治医师对死亡患者住院期间诊疗和抢救经过的记录,应当在患者死亡后24小时内完成。内容包括入院日期、死亡时间、入院情况、入院诊断、诊疗经过(重点记录病情演变、抢救经过)、死亡原因、死亡诊断等。记录死亡时间应当具体到分钟。

(二十二)死亡病例讨论记录是指在患者死亡一周内,由科主任或具有副主任医师以上专业技术职务任职资格的医师主持,对死亡病例进行讨论、分析的记录。内容包括讨论日期、主持人及参加人员姓名、专业技术职务、具体讨论意见及主持人小结意见、记录者的签名等。

(二十三)病重(病危)患者护理记录是指护士根

据医嘱和病情对病重(病危)患者住院期间护理过程的客观记录。病重(病危)患者护理记录应当根据相应专科的护理特点书写。内容包括患者姓名、科别、住院病历号(或病案号)、床位号、页码、记录日期和时间、出入液量、体温、脉搏、呼吸、血压等病情观察、护理措施和效果、护士签名等。记录时间应当具体到分钟。

采取中医护理措施应当体现辨证施护。

第二十四条 手术同意书是指手术前,经治医师向患者告知拟施手术的相关情况,并由患者签署是否同意手术的医学文书。内容包括术前诊断、手术名称、术中或术后可能出现的并发症、手术风险、患者签署意见并签名、经治医师和术者签名等。

第二十五条 麻醉同意书是指麻醉前,麻醉医师向患者告知拟施麻醉的相关情况,并由患者签署是否同意麻醉意见的医学文书。内容包括患者姓名、性别、年龄、病案号、科别、术前诊断、拟行手术方式、拟行麻醉方式,患者基础疾病及可能对麻醉产生影响的特殊情况,麻醉中拟行的有创操作和监测,麻醉风险、可能发生的并发症及意外情况,患者签署意见并签名、麻醉医师签名并填写日期。

第二十六条 输血治疗知情同意书是指输血前,经治医师向患者告知输血的相关情况,并由患者签署是否同意输血的医学文书。输血治疗知情同意书内容包括患者姓名、性别、年龄、科别、病案号、诊断、输血指征、拟输血成份、输血前有关检查结果、输血风险及可能产生的不良后果、患者签署意见并签名、医师签名并填写日期。

第二十七条 特殊检查、特殊治疗同意书是指在实施特殊检查、特殊治疗前,经治医师向患者告知特殊检查、特殊治疗的相关情况,并由患者签署是否同意检查、治疗的医学文书。内容包括特殊检查、特殊治疗项目名称、目的、可能出现的并发症及风险、患者签名、医师签名等。

第二十八条 病危(重)通知书是指因患者病情危、重时,由经治医师或值班医师向患者家属告知病情,并由患方签名的医疗文书。内容包括患者姓名、性别、年龄、科别,目前诊断及病情危重情况,患方签名、医师签名并填写日期。一式两份,一份交患方保存,另一份归病历中保存。

第二十九条 医嘱是指医师在医疗活动中下达的医学指令。医嘱单分为长期医嘱单和临时医嘱单。

长期医嘱单内容包括患者姓名、科别、住院病历号(或病案号)、页码、起始日期和时间、长期医嘱内容、停止日期和时间、医师签名、执行时间、执行护士签名。临时医嘱单内容包括医嘱时间、临时医嘱内容、医师签名、执行时间、执行护士签名等。

医嘱内容及起始、停止时间应当由医师书写。医嘱内容应当准确、清楚,每项医嘱应当只包含一个内容,并注明下达时间,应当具体到分钟。医嘱不得涂改。需要取消时,应当使用红色墨水标注"取消"字样并签名。

一般情况下,医师不得下达口头医嘱。因抢救急危患者需要下达口头医嘱时,护士应当复诵一遍。抢救结束后,医师应当即刻据实补记医嘱。

第三十条 辅助检查报告单是指患者住院期间所做各项检验、检查结果的记录。内容包括患者姓名、性别、年龄、住院病历号(或病案号)、检查项目、检查结果、报告日期、报告人员签名或者印章等。

第三十一条 体温单为表格式,以护士填写为主。内容包括患者姓名、科室、床号、入院日期、住院病历号(或病案号)、日期、手术后天数、体温、脉搏、呼吸、血压、大便次数、出入液量、体重、住院周数等。

第四章 打印病历内容及要求

第三十二条 打印病历是指应用字处理软件编辑生成并打印的病历(如 Word 文档、WPS 文档等)。打印病历应当按照本规定的内容录入并及时打印,由相应医务人员手写签名。

第三十三条 医疗机构打印病历应当统一纸张、字体、字号及排版格式。打印字迹应清楚易认,符合病历保存期限和复印的要求。

第三十四条 打印病历编辑过程中应当按照权限要求进行修改,已完成录入打印并签名的病历不得修改。

第五章 其 他

第三十五条 中医住院病案首页应当按照《国家中医药管理局关于修订印发中医住院病案首页的通知》(国中医药发〔2001〕6 号)的规定书写。

第三十六条 特殊检查、特殊治疗按照《医疗机构管理条例实施细则》(1994 年卫生部令第 35 号)有关规定执行。

第三十七条 中西医结合病历书写参照本规范执行。民族医病历书写基本规范由有关省、自治区、直辖市中医药行政管理部门依据本规范另行制定。

第三十八条 中医电子病历基本规范由国家中医药管理局另行制定。

第三十九条 本规范自 2010 年 7 月 1 日起施行。卫生部、国家中医药管理局于2002年颁布的《中医、中西医结合病历书写基本规范（试行）》（国中医药发〔2002〕36号）同时废止。

电子病历应用管理规范（试行）

1. 2017年2月15日国家卫生和计划生育委员会办公厅、国家中医药管理局办公室发布
2. 国卫办医发〔2017〕8号
3. 自2017年4月1日起施行

第一章 总 则

第一条 为规范医疗机构电子病历（含中医电子病历，下同）应用管理，满足临床工作需要，保障医疗质量和医疗安全，保证医患双方合法权益，根据《中华人民共和国执业医师法》、《中华人民共和国电子签名法》、《医疗机构管理条例》等法律法规，制定本规范。

第二条 实施电子病历的医疗机构，其电子病历的建立、记录、修改、使用、保存和管理等适用本规范。

第三条 电子病历是指医务人员在医疗活动过程中，使用信息系统生成的文字、符号、图表、图形、数字、影像等数字化信息，并能实现存储、管理、传输和重现的医疗记录，是病历的一种记录形式，包括门（急）诊病历和住院病历。

第四条 电子病历系统是指医疗机构内部支持电子病历信息的采集、存储、访问和在线帮助，并围绕提高医疗质量、保障医疗安全、提高医疗效率而提供信息处理和智能化服务功能的计算机信息系统。

第五条 国家卫生计生委和国家中医药管理局负责指导全国电子病历应用管理工作。地方各级卫生计生行政部门（含中医药管理部门）负责本行政区域内的电子病历应用监督管理工作。

第二章 电子病历的基本要求

第六条 医疗机构应用电子病历应当具备以下条件：

（一）具有专门的技术支持部门和人员，负责电子病历相关信息系统建设、运行和维护等工作；具有专门的管理部门和人员，负责电子病历的业务监管等工作；

（二）建立、健全电子病历使用的相关制度和规程；

（三）具备电子病历的安全管理体系和安全保障机制；

（四）具备对电子病历创建、修改、归档等操作的追溯能力；

（五）其他有关法律、法规、规范性文件及省级卫生计生行政部门规定的条件。

第七条 《医疗机构病历管理规定（2013年版）》、《病历书写基本规范》、《中医病历书写基本规范》适用于电子病历管理。

第八条 电子病历使用的术语、编码、模板和数据应当符合相关行业标准和规范的要求，在保障信息安全的前提下，促进电子病历信息有效共享。

第九条 电子病历系统应当为操作人员提供专有的身份标识和识别手段，并设置相应权限。操作人员对本人身份标识的使用负责。

第十条 有条件的医疗机构电子病历系统可以使用电子签名进行身份认证，可靠的电子签名与手写签名或盖章具有同等的法律效力。

第十一条 电子病历系统应当采用权威可靠时间源。

第三章 电子病历的书写与存储

第十二条 医疗机构使用电子病历系统进行病历书写，应当遵循客观、真实、准确、及时、完整、规范的原则。

门（急）诊病历书写内容包括门（急）诊病历首页、病历记录、化验报告、医学影像检查资料等。

住院病历书写内容包括住院病案首页、入院记录、病程记录、手术同意书、麻醉同意书、输血治疗知情同意书、特殊检查（特殊治疗）同意书、病危（重）通知单、医嘱单、辅助检查报告单、体温单、医学影像检查报告、病理报告单等。

第十三条 医疗机构应当为患者电子病历赋予唯一患者身份标识，以确保患者基本信息及其医疗记录的真实性、一致性、连续性、完整性。

第十四条 电子病历系统应当对操作人员进行身份识别，并保存历次操作印痕，标记操作时间和操作人员信息，并保证历次操作印痕、标记操作时间和操作人员信息可查询、可追溯。

第十五条 医务人员采用身份标识登录电子病历系统完成书写、审阅、修改等操作并予以确认后，系统应当显示医务人员姓名及完成时间。

第十六条 电子病历系统应当设置医务人员书写、审阅、修改的权限和时限。实习医务人员、试用期医务人员记录的病历，应当由具有本医疗机构执业资格的上级医务人员审阅、修改并予确认。上级医务人员审阅、修改、确认电子病历内容时，电子病历系统应当进行身份识别、保存历次操作痕迹、标记准确的操作时间和操作人信息。

第十七条 电子病历应当设置归档状态，医疗机构应当按照病历管理相关规定，在患者门（急）诊就诊结束或出院后，适时将电子病历转为归档状态。电子病历归档后原则上不得修改，特殊情况下确需修改的，经医疗机构医务部门批准后进行修改并保留修改痕迹。

第十八条 医疗机构因存档等需要可以将电子病历打印后与非电子化的资料合并形成病案保存。具备条件的医疗机构可以对知情同意书、植入材料条形码等非电子化的资料进行数字化采集后纳入电子病历系统管理，原件另行妥善保存。

第十九条 门（急）诊电子病历由医疗机构保管的，保存时间自患者最后一次就诊之日起不少于15年；住院电子病历保存时间自患者最后一次出院之日起不少于30年。

第四章 电子病历的使用

第二十条 电子病历系统应当设置病历查阅权限，并保证医务人员查阅病历的需要，能够及时提供并完整呈现该患者的电子病历资料。呈现的电子病历应当显示患者个人信息、诊疗记录、记录时间及记录人员、上级审核人员的姓名等。

第二十一条 医疗机构应当为申请人提供电子病历的复制服务。医疗机构可以提供电子版或打印版病历。复制的电子病历文档应当可供独立读取，打印的电子病历纸质版应当加盖医疗机构病历管理专用章。

第二十二条 有条件的医疗机构可以为患者提供医学影像检查图像、手术录像、介入操作录像等电子资料复制服务。

第五章 电子病历的封存

第二十三条 依法需要封存电子病历时，应当在医疗机构或者其委托代理人、患者或者其代理人双方共同在场的情况下，对电子病历共同进行确认，并进行复制后封存。封存的电子病历复制件可以是电子版；也可以对打印的纸质版进行复印，并加盖病案管理章后进行封存。

第二十四条 封存的电子病历复制件应当满足以下技术条件及要求：

（一）储存于独立可靠的存储介质，并由医患双方或双方代理人共同签封；

（二）可在原系统内读取，但不可修改；

（三）操作痕迹、操作时间、操作人员信息可查询、可追溯；

（四）其他有关法律、法规、规范性文件和省级卫生计生行政部门规定的条件及要求。

第二十五条 封存后电子病历的原件可以继续使用。电子病历尚未完成，需要封存时，可以对已完成的电子病历先行封存，当医务人员按照规定完成后，再对新完成部分进行封存。

第六章 附 则

第二十六条 本规范所称的电子签名，是指《电子签名法》第二条规定的数据电文中以电子形式所含、所附用于识别签名人身份并表明签名人认可其中内容的数据。“可靠的电子签名”是指符合《电子签名法》第十三条有关条件的电子签名。

第二十七条 本规范所称电子病历操作人员包括使用电子病历系统的医务人员，维护、管理电子病历信息系统的技术人员和实施电子病历质量监管的行政管理人员。

第二十八条 本规范所称电子病历书写是指医务人员使用电子病历系统，对通过问诊、查体、辅助检查、诊断、治疗、护理等医疗活动获得的有关资料进行归纳、分析、整理形成医疗活动记录的行为。

第二十九条 省级卫生计生行政部门可根据本规范制定实施细则。

第三十条 《电子病历基本规范（试行）》（卫医政发〔2010〕24号）、《中医电子病历基本规范（试行）》（国中医药发〔2010〕18号）同时废止。

第三十一条 本规范自2017年4月1日起施行。

电子病历系统应用水平分级评价管理办法（试行）

1. 2018年12月3日国家卫生健康委办公厅发布

2. 国卫办医函〔2018〕1079号

第一条 为进一步完善工作机制，明确工作流程，保证电子病历系统应用水平分级评价工作（以下简称分级评价工作）公正、透明、规范、有序开展，有效引导医疗机构积极开展以电子病历为核心的信息化建设，制定本办法。

第二条 参与分级评价工作的各级卫生健康行政部门及所属机构、相关医疗机构等适用本办法。

第三条 国家卫生健康委负责管理全国分级评价工作，具体工作由国家卫生健康委指导有关单位承担。各级卫生健康行政部门负责本辖区内分级评价工作，组织辖区内医疗机构进行电子病历信息化建设并开展分级评价。地方卫生健康行政部门可以委托所属事业单位或组建电子病历分级评价专家组承担相关工作。

第四条 分级评价工作按照“政府引导、免费实施、客观公正、安全规范”的原则进行。

承担评价工作的单位、个人不得以任何形式向医疗机构收取评价费用。参与评价工作的单位、个人不得以任何形式影响评价工作的公平公正。

第五条 分级评价工作通过“电子病历系统分级评价平台”进行。国家卫生健康委向各省级卫生健康行政部门发放平台管理权限。

第六条 各级卫生健康行政部门要按照国家卫生健康委统一要求，组织辖区内医疗机构按照规定时间登录“电子病历系统分级评价平台”填报数据，由平台出具自评报告，报告内容包括电子病历应用水平自评等级与得分。二级以上医院要全部按时参加分级评价工作，鼓励其他各级各类医疗机构积极参与。

第七条 自评等级为0—4级的医疗机构，经省级卫生健康行政部门进行审核后生效。审核内容主要包括医疗机构填报信息是否真实有效等。

第八条 自评等级为5级及以上的，由省级卫生健康行政部门进行初核，初核其填报信息真实有效后，提交国家卫生健康委进行复核。

第九条 省级卫生健康行政部门可以将4级及以下分级的审核权限下放至地市级卫生健康行政部门。经省级卫生健康行政部门批准，有条件的地级市卫生健康行政部门可以向国家卫生健康委申请5级初核权限，经培训考核合格后发放相应权限，并进行动态考核管理。

第十条 医疗机构要建立分级评价工作管理机制，明确本机构相关职能部门和专人负责分级评价工作。

第十一条 医疗机构要确保填报数据客观、真实，并按要求准备相关备查材料。提交的评价申请材料不全、不符合规定内容及形式或未在规定时间内提交材料，或未按要求补充材料的，视为放弃评价工作。

第十二条 分级评价工作周期为一年，评价结果反映其参评周期内的电子病历应用水平。间隔超过2年未参加评价的医疗机构，需再次通过原级别评价后再申请更高级别评价。

第十三条 按2011年《电子病历系统功能应用水平分级评价方法及标准(试行)》要求已获评5级及以上的医疗机构，可在已取得级别的基础上直接申报更高级别。

第十四条 参与分级评价工作的各单位及人员应当加强信息安全管理，提高信息系统安全防护水平，不得向无关人员泄露相关数据信息。

第十五条 各省级卫生健康行政部门可依据本管理办法制定本省份分级评价工作实施细则。

电子病历系统应用水平分级评价标准(试行)

1. 2018年12月3日国家卫生健康委办公厅发布
2. 国卫办医函〔2018〕1079号

以电子病历为核心的医院信息化建设是医改重要内容之一，为保证我国以电子病历为核心的医院信息化建设工作顺利开展，逐步建立适合我国国情的电子病历系统应用水平评估和持续改进体系，制定本评价标准。

一、评价目的

(一)全面评估各医疗机构现阶段电子病历系统应用所达到的水平，建立适合我国国情的电子病历系统应用水平评估和持续改进体系。

(二)使医疗机构明确电子病历系统各发展阶段应当实现的功能。为各医疗机构提供电子病历系统建设的发展指南，指导医疗机构科学、合理、有序地发展电子病历系统。

(三)引导电子病历系统开发厂商的系统开发朝着功能实用、信息共享、更趋智能化方向发展，使之成为医院提升医疗质量与安全的有力工具。

二、评价对象

已实施以电子病历为核心医院信息化建设的各级各类医疗机构。

三、评价分级

电子病历系统应用水平划分为9个等级。每一等级的标准包括电子病历各个局部系统的要求和对医疗机构整体电子病历系统的要求。

(一)0级：*未形成电子病历系统。*

1. 局部要求：无。医疗过程中的信息由手工处理，未使用计算机系统。

2. 整体要求：全院范围内使用计算机系统进行信息处理的业务少于3个。

(二)1级：*独立医疗信息系统建立。*

1. 局部要求：使用计算机系统处理医疗业务数据，所使用的软件系统可以是通用或专用软件，可以是单机版独立运行的系统。

2. 整体要求：住院医嘱、检查、住院药品的信息处理使用计算机系统，并能够通过移动存储设备、复制文件等方式将数据导出供后续应用处理。

（三）2 级：医疗信息部门内部交换。

1. 局部要求：在医疗业务部门建立了内部共享的信息处理系统，业务信息可以通过网络在部门内部共享并进行处理。

2. 整体要求：

（1）住院、检查、检验、住院药品等至少 3 个以上部门的医疗信息能够通过联网的计算机完成本级局部要求的信息处理功能，但各部门之间未形成数据交换系统，或者部门间数据交换需要手工操作。

（2）部门内有统一的医疗数据字典。

（四）3 级：部门间数据交换。

1. 局部要求：医疗业务部门间可通过网络传送数据，并采用任何方式（如界面集成、调用信息系统数据等）获得部门外数字化数据信息。本部门系统的数据可供其他部门共享。信息系统具有依据基础字典内容进行核对检查功能。

2. 整体要求：

（1）实现医嘱、检查、检验、住院药品、门诊药品、护理至少两类医疗信息跨部门的数据共享。

（2）有跨部门统一的医疗数据字典。

（五）4 级：全院信息共享，初级医疗决策支持。

1. 局部要求：通过数据接口方式实现所有系统（如 HIS、LIS 等系统）的数据交换。住院系统具备提供至少 1 项基于基础字典与系统数据关联的检查功能。

2. 整体要求：

（1）实现病人就医流程信息（包括用药、检查、检验、护理、治疗、手术等处理）的信息在全院范围内安全共享。

（2）实现药品配伍、相互作用自动审核，合理用药监测等功能。

（六）5 级：统一数据管理，中级医疗决策支持。

1. 局部要求：各部门能够利用全院统一的集成信息和知识库，提供临床诊疗规范、合理用药、临床路径等统一的知识库，为本部门提供集成展示、决策支持的功能。

2. 整体要求：

（1）全院各系统数据能够按统一的医疗数据管理机制进行信息集成，并提供跨部门集成展示工具。

（2）具有完备的数据采集智能化工具，支持病历、报告等的结构化、智能化书写。

（3）基于集成的病人信息，利用知识库实现决策支持服务，并能够为医疗管理和临床科研工作提供数据挖掘功能。

（七）6 级：全流程医疗数据闭环管理，高级医疗决策支持。

1. 局部要求：各个医疗业务项目均具备过程数据采集、记录与共享功能。能够展现全流程状态。能够依据知识库对本环节提供实时数据核查、提示与管控功能。

2. 整体要求：

（1）检查、检验、治疗、手术、输血、护理等实现全流程数据跟踪与闭环管理，并依据知识库实现全流程实时数据核查与管控。

（2）形成全院级多维度医疗知识库体系（包括症状、体征、检查、检验、诊断、治疗、药物合理使用等相关联的医疗各阶段知识内容），能够提供高级别医疗决策支持。

（八）7 级：医疗安全质量管控，区域医疗信息共享。

1. 局部要求：全面利用医疗信息进行本部门医疗安全与质量管控。能够共享本医疗机构外的病人医疗信息，进行诊疗联动。

2. 整体要求：

（1）医疗质量与效率监控数据来自日常医疗信息系统，重点包括：院感、不良事件、手术等方面安全质量指标，医疗日常运行效率指标，并具有及时的报警、通知、通报体系，能够提供智能化感知与分析工具。

（2）能够将病人病情、检查检验、治疗等信息与外部医疗机构进行双向交换。病人识别、信息安全等问题在信息交换中已解决。能够利用院内外医疗信息进行联动诊疗活动。

（3）病人可通过互联网查询自己的检查、检验结果，获得用药说明等信息。

（九）8 级：健康信息整合，医疗安全质量持续提升。

1. 局部要求：整合跨机构的医疗、健康记录、体征检测、随访信息用于本部门医疗活动。掌握区域内与本部门相关的医疗质量信息，并用于本部门医疗安全与质量的持续改进。

2. 整体要求：

（1）全面整合医疗、公共卫生、健康监测等信息，完成整合型医疗服务。

(2)对比应用区域医疗质量指标,持续监测与管理本医疗机构的医疗安全与质量水平,不断进行改进。

四、评价方法

采用定量评分、整体分级的方法,综合评价医疗机构电子病历系统局部功能情况与整体应用水平。

对电子病历系统应用水平分级主要评价以下四个方面:

1. 电子病历系统所具备的功能;
2. 系统有效应用的范围;
3. 电子病历应用的技术基础环境;
4. 电子病历系统的数据质量。

(一)局部应用情况评价。

局部功能评价是针对医疗机构中各个环节的医疗业务信息系统情况进行的评估。

1. 评价项目:根据《电子病历系统功能规范(试行)》、《电子病历应用管理规范(试行)》等规范性文件,确定了医疗工作流程中的10个角色,39个评价项目(附后)。

2. 局部应用情况评价方法:就39个评价项目分别对电子病历系统功能、有效应用、数据质量三个方面进行评分,将三个得分相乘,得到此评价项目的综合评分。即:单个项目综合评分=功能评分×有效应用评分×数据质量评分。各项目实际评分相加,即为该医疗机构电子病历系统评价总分。

(1)电子病历系统功能评分。对39个评价项目均按照电子病历应用水平0—8等级对应的系统局部要求,确定每一个评价项目对应等级的功能要求与评价内容(评为某一级别必须达到前几级别相应的要求)。根据各医疗机构电子病历系统相应评价项目达到的功能状态,确定该评价项目的得分。

(2)电子病历系统有效应用评分。按照每个评价项目的具体评价内容,分别计算该项目在医疗机构内的实际应用比例,所得比值即为得分,精确到小数点后两位。

(3)电子病历系统数据质量评分。按照每个评分项目中列出的数据质量评价内容,分别评价该项目相关评价数据的质量指数,所得指数为0—1之间的数值,精确到小数点后两位。

在考察某个级别的数据质量时,以本级别的数据质量指数为计算综合评分的依据。但在评价本级数据前应先评估该项目前级别的数据质量是否均符合要求,即前级别的数据质量指数均不得低于0.5。

数据质量评分主要考察数据质量的四个方面:

(a)数据标准化与一致性:考察对应评价项目中关键数据项内容与字典数据内容的一致性。

以数据字典项目为基准内容值,考察实际数据记录中与基准一致内容所占的比例。一致性系数=数据记录对应的项目中与字典内容一致的记录数/数据记录项的总记录数。

(b)数据完整性:考察对应项目中必填项数据的完整情况、常用项数据的完整情况。必填项是记录电子病历数据时必须有的内容。常用项是电子病历记录用于临床决策支持、质量管理应用时所需要的内容。

以评价项目列出的具体项目清单为基准,考察项目清单所列实际数据记录中项目内容完整(或内容超过合理字符)所占的比例。完整性系数=项目内容完整(或内容效果合理字符)记录数/项目总记录数。对于结构化数据,直接用数据项目的内容进行判断;对于文件数据,可使用文件内容字符数、特定的结构化标记要求内容进行判断。

(c)数据整合性能:考察对应项目中的关键项数据与相关项目(或系统)对应项目可否对照或关联。

按照列出的两个对应考察项目相关的数据记录中匹配对照项的一致性或可对照性,需要从两个层次评估:是否有对照项;对照项目数据的一致性。数据整合性系数=对照项可匹配数/项目总记录数。空值(或空格值)作为不可匹配项处理。

(d)数据及时性:考察对应项目中时间相关项完整性、逻辑合理性。

根据列出时间项目清单内容进行判断,主要看时间项是否有数值,其内容是否符合时间顺序关系。数据及时性系数=数据记录内容符合逻辑关系时间项数量/考察记录时间项目总数量。针对每个项目,列出进行考察的时间项目清单以及这些项目之间的时间顺序、时间间隔等逻辑关系说明。

(二)整体应用水平评价。

整体应用水平评价是针对医疗机构电子病历整体应用情况的评估。整体应用水平主要根据局部功能评价的39个项目评价结果汇总产生医院的整体电子病历应用水平评价,具体方法是按照总分、基本项目完成情况、选择项目完成情况获得对医疗机构整体的电子病历应用水平评价结果。电子病历系统的整体应用水平按照9个等级(0—8级)进行评价,各个等级与“三、评价分级”中的要求相对应。当医疗机构的局部评价结果同时满足“电子病历系统整体应用水平分级评价基本要求”所列表中对应某个级别的总分、基本项目、选择项目的要求时，才可以评价医疗机构电子病历应用水平整体达到这个等级，具体定义如下：

(1)电子病历系统评价总分。

评价总分即局部评价时各个项目评分的总和，是反映医疗机构电子病历整体应用情况的量化指标。评价总分不应低于该级别要求的最低总分标准。例如，医疗机构电子病历系统要评价为第3级水平，则医疗机构电子病历系统评价总分不得少于85分。

(2)基本项目完成情况。

基本项目是电子病历系统中的关键功能，“电子病历系统应用水平分级评分标准”中列出的各个级别的基本项是医疗机构整体达到该级别所必须实现的功能，且每个基本项目的有效应用范围必须达到80%以上，数据质量指数在0.5以上。例如，医疗机构电子病历系统达到第3级，则电子病历系统中列为第3等级的14个基本项目必须达到或超过第3级的功能，且每个基本项目的评分均必须超过$3\times0.8\times0.5=1.2$分。

(3)选择项目完成情况。

考察选择项的目的是保证医疗机构中局部达标的项目数(基本项+选择项)整体上不低于全部项目的2/3。选择项目的有效应用范围不应低于50%，数据质量指数在0.5以上。例如，医疗机构电子病历系统达到第3级，则电子病历系统必须在第3等级25个选择项目中，至少有12个选择项目达到或超过3级，且这12个选择项目评分均必须超过$3\times0.5\times0.5=0.75$分。

五、评价标准

具体内容附后。

本标准所规定的电子病历系统应用水平的分级评价方法和标准主要评估医疗信息处理相关信息系统的应用水平。医院信息系统其他方面(如运营信息管理、病人服务信息管理、教学科研信息管理等)的应用水平评价方法不包含在本标准中。

附表：(略)

卫生部办公厅关于发生医疗事故争议时病历封存有关问题的复函

1. 2008年2月5日

2. 卫办医函〔2008〕78号

浙江省卫生厅：

你厅《关于发生医疗事故争议时病历封存和启封有关问题的请示》(浙卫〔2007〕42号)收悉。经研究，现函复如下：

根据《医疗事故处理条例》和《医疗事故技术鉴定暂行办法》的有关规定，为妥善处理医疗事故争议，在发生医疗事故争议时，医疗机构应当及时、主动和患方取得联系，告知患方病历封存的相关规定，以取得患方当事人的理解和配合，在医患双方当事人共同在场的情况下对病历资料进行封存。

2. 诊疗行为

人体器官捐献和移植条例

1. 2023 年 12 月 4 日国务院令第 767 号公布
2. 自 2024 年 5 月 1 日起施行

第一章　总　　则

第一条　为了规范人体器官捐献和移植,保证医疗质量,保障人体健康,维护公民的合法权益,弘扬社会主义核心价值观,制定本条例。

第二条　在中华人民共和国境内从事人体器官捐献和移植,适用本条例;从事人体细胞和角膜、骨髓等人体组织捐献和移植,不适用本条例。

本条例所称人体器官捐献,是指自愿、无偿提供具有特定生理功能的心脏、肺脏、肝脏、肾脏、胰腺或者小肠等人体器官的全部或者部分用于移植的活动。

本条例所称人体器官移植,是指将捐献的人体器官植入接受人身体以代替其病损器官的活动。

第三条　人体器官捐献和移植工作坚持人民至上、生命至上。国家建立人体器官捐献和移植工作体系,推动人体器官捐献,规范人体器官获取和分配,提升人体器官移植服务能力,加强监督管理。

第四条　县级以上人民政府卫生健康部门负责人体器官捐献和移植的监督管理工作。县级以上人民政府发展改革、公安、民政、财政、市场监督管理、医疗保障等部门在各自职责范围内负责与人体器官捐献和移植有关的工作。

第五条　红十字会依法参与、推动人体器官捐献工作,开展人体器官捐献的宣传动员、意愿登记、捐献见证、缅怀纪念、人道关怀等工作,加强人体器官捐献组织网络、协调员队伍的建设和管理。

第六条　任何组织或者个人不得以任何形式买卖人体器官,不得从事与买卖人体器官有关的活动。

第七条　任何组织或者个人对违反本条例规定的行为,有权向卫生健康部门和其他有关部门举报;对卫生健康部门和其他有关部门未依法履行监督管理职责的行为,有权向本级人民政府、上级人民政府有关部门举报。接到举报的人民政府、卫生健康部门和其他有关部门对举报应当及时核实、处理,对实名举报的,应当将处理结果向举报人通报。

第二章　人体器官的捐献

第八条　人体器官捐献应当遵循自愿、无偿的原则。

公民享有捐献或者不捐献其人体器官的权利;任何组织或者个人不得强迫、欺骗或者利诱他人捐献人体器官。

第九条　具有完全民事行为能力的公民有权依法自主决定捐献其人体器官。公民表示捐献其人体器官的意愿,应当采用书面形式,也可以订立遗嘱。公民对已经表示捐献其人体器官的意愿,有权予以撤销。

公民生前表示不同意捐献其遗体器官的,任何组织或者个人不得捐献、获取该公民的遗体器官;公民生前未表示不同意捐献其遗体器官的,该公民死亡后,其配偶、成年子女、父母可以共同决定捐献,决定捐献应当采用书面形式。

第十条　任何组织或者个人不得获取未满 18 周岁公民的活体器官用于移植。

第十一条　活体器官的接受人限于活体器官捐献人的配偶、直系血亲或者三代以内旁系血亲。

第十二条　国家加强人体器官捐献宣传教育和知识普及,促进形成有利于人体器官捐献的社会风尚。

新闻媒体应当开展人体器官捐献公益宣传。

第十三条　国家鼓励遗体器官捐献。公民可以通过中国红十字会总会建立的登记服务系统表示捐献其遗体器官的意愿。

第十四条　红十字会向遗体器官捐献人亲属颁发捐献证书,动员社会各方力量设置遗体器官捐献人缅怀纪念设施。设置遗体器官捐献人缅怀纪念设施应当因地制宜、注重实效。

中国红十字会总会、国务院卫生健康部门应当定期组织开展遗体器官捐献人缅怀纪念活动。

第三章　人体器官的获取和移植

第十五条　医疗机构从事遗体器官获取,应当具备下列条件:

(一)有专门负责遗体器官获取的部门以及与从事遗体器官获取相适应的管理人员、执业医师和其他医务人员;

(二)有满足遗体器官获取所需要的设备、设施和技术能力;

(三)有符合本条例第十八条第一款规定的人体器官移植伦理委员会;

(四)有完善的遗体器官获取质量管理和控制等制度。

从事遗体器官获取的医疗机构同时从事人体器官移植的，负责遗体器官获取的部门应当独立于负责人体器官移植的科室。

第十六条 省、自治区、直辖市人民政府卫生健康部门根据本行政区域遗体器官捐献情况，制定遗体器官获取服务规划，并结合医疗机构的条件和服务能力，确定本行政区域从事遗体器官获取的医疗机构，划定其提供遗体器官获取服务的区域。

从事遗体器官获取的医疗机构应当在所在地省、自治区、直辖市人民政府卫生健康部门划定的区域内提供遗体器官获取服务。

医疗机构发现符合捐献条件且有捐献意愿的潜在遗体器官捐献人的，应当向负责提供其所在区域遗体器官获取服务的医疗机构报告，接到报告的医疗机构应当向所在地省、自治区、直辖市红十字会通报。

任何组织或者个人不得以获取遗体器官为目的跨区域转运潜在遗体器官捐献人，不得向本条第三款规定之外的组织或者个人转介潜在遗体器官捐献人的相关信息。

第十七条 获取遗体器官前，负责遗体器官获取的部门应当向其所在医疗机构的人体器官移植伦理委员会提出获取遗体器官审查申请。

第十八条 人体器官移植伦理委员会由医学、法学、伦理学等方面专家组成，委员会中从事人体器官移植的医学专家不超过委员人数的四分之一。人体器官移植伦理委员会的组成和工作规则，由国务院卫生健康部门制定。

人体器官移植伦理委员会收到获取遗体器官审查申请后，应当及时对下列事项进行审查：

（一）遗体器官捐献意愿是否真实；

（二）有无买卖或者变相买卖遗体器官的情形。

经三分之二以上委员同意，人体器官移植伦理委员会方可出具同意获取遗体器官的书面意见。人体器官移植伦理委员会同意获取的，医疗机构方可获取遗体器官。

第十九条 获取遗体器官，应当在依法判定遗体器官捐献人死亡后进行。从事人体器官获取、移植的医务人员不得参与遗体器官捐献人的死亡判定。

获取遗体器官，应当经人体器官捐献协调员见证。获取遗体器官前，从事遗体器官获取的医疗机构应当通知所在地省、自治区、直辖市红十字会。接到通知的红十字会应当及时指派 2 名以上人体器官捐献协调员对遗体器官获取进行见证。

从事遗体器官获取的医疗机构及其医务人员应当维护遗体器官捐献人的尊严；获取器官后，应当对遗体进行符合伦理原则的医学处理，除用于移植的器官以外，应当恢复遗体外观。

第二十条 遗体器官的分配，应当符合医疗需要，遵循公平、公正和公开的原则。具体办法由国务院卫生健康部门制定。

患者申请人体器官移植手术，其配偶、直系血亲或者三代以内旁系血亲曾经捐献遗体器官的，在同等条件下优先排序。

第二十一条 遗体器官应当通过国务院卫生健康部门建立的分配系统统一分配。从事遗体器官获取、移植的医疗机构应当在分配系统中如实录入遗体器官捐献人、申请人体器官移植手术患者的相关医学数据并及时更新，不得伪造、篡改数据。

医疗机构及其医务人员应当执行分配系统分配结果。禁止医疗机构及其医务人员使用未经分配系统分配的遗体器官或者来源不明的人体器官实施人体器官移植。

国务院卫生健康部门应当定期公布遗体器官捐献和分配情况。

第二十二条 国务院卫生健康部门会同国务院公安、交通运输、铁路、民用航空等部门和中国红十字会总会建立遗体器官运送绿色通道工作机制，确保高效、畅通运送遗体器官。

第二十三条 医疗机构从事人体器官移植，应当向国务院卫生健康部门提出申请。国务院卫生健康部门应当自受理申请之日起 5 个工作日内组织专家评审，于专家评审完成后 15 个工作日内作出决定并书面告知申请人。国务院卫生健康部门审查同意的，通知申请人所在地省、自治区、直辖市人民政府卫生健康部门办理人体器官移植诊疗科目登记，在申请人的执业许可证上注明获准从事的人体器官移植诊疗科目。具体办法由国务院卫生健康部门制定。

医疗机构从事人体器官移植，应当具备下列条件：

（一）有与从事人体器官移植相适应的管理人员、执业医师和其他医务人员；

（二）有满足人体器官移植所需要的设备、设施和技术能力；

（三）有符合本条例第十八条第一款规定的人体器官移植伦理委员会；

（四）有完善的人体器官移植质量管理和控制等制度。

第二十四条　国务院卫生健康部门审查医疗机构的申请,除依据本条例第二十三条第二款规定的条件外,还应当考虑申请人所在省、自治区、直辖市人体器官移植的医疗需求、现有服务能力和人体器官捐献情况。

省、自治区、直辖市人民政府卫生健康部门应当及时公布已经办理人体器官移植诊疗科目登记的医疗机构名单。

第二十五条　已经办理人体器官移植诊疗科目登记的医疗机构不再具备本条例第二十三条第二款规定条件的,应当停止从事人体器官移植,并向原登记部门报告。原登记部门应当自收到报告之日起2个工作日内注销该医疗机构的人体器官移植诊疗科目登记,向国务院卫生健康部门报告,并予以公布。

第二十六条　省级以上人民政府卫生健康部门应当建立人体器官移植质量管理和控制制度,定期对医疗机构的人体器官移植技术临床应用能力进行评估,并及时公布评估结果;对评估不合格的,国务院卫生健康部门通知原登记部门注销其人体器官移植诊疗科目登记。具体办法由国务院卫生健康部门制定。

第二十七条　实施人体器官移植手术的执业医师应当具备下列条件,经省、自治区、直辖市人民政府卫生健康部门认定,并在执业证书上注明:

(一)有与实施人体器官移植手术相适应的专业技术职务任职资格;

(二)有与实施人体器官移植手术相适应的临床工作经验;

(三)经培训并考核合格。

第二十八条　移植活体器官的,由从事人体器官移植的医疗机构获取活体器官。获取活体器官前,负责人体器官移植的科室应当向其所在医疗机构的人体器官移植伦理委员会提出获取活体器官审查申请。

人体器官移植伦理委员会收到获取活体器官审查申请后,应当及时对下列事项进行审查:

(一)活体器官捐献意愿是否真实;

(二)有无买卖或者变相买卖活体器官的情形;

(三)活体器官捐献人与接受人是否存在本条例第十一条规定的关系;

(四)活体器官的配型和接受人的适应证是否符合伦理原则和人体器官移植技术临床应用管理规范。

经三分之二以上委员同意,人体器官移植伦理委员会方可出具同意获取活体器官的书面意见。人体器官移植伦理委员会同意获取的,医疗机构方可获取活体器官。

第二十九条　从事人体器官移植的医疗机构及其医务人员获取活体器官前,应当履行下列义务:

(一)向活体器官捐献人说明器官获取手术的风险、术后注意事项、可能发生的并发症及其预防措施等,并与活体器官捐献人签署知情同意书;

(二)查验活体器官捐献人同意捐献其器官的书面意愿、活体器官捐献人与接受人存在本条例第十一条规定关系的证明材料;

(三)确认除获取器官产生的直接后果外不会损害活体器官捐献人其他正常的生理功能。

从事人体器官移植的医疗机构应当保存活体器官捐献人的医学资料,并进行随访。

第三十条　医疗机构及其医务人员从事人体器官获取、移植,应当遵守伦理原则和相关技术临床应用管理规范。

第三十一条　医疗机构及其医务人员获取、移植人体器官,应当对人体器官捐献人和获取的人体器官进行医学检查,对接受人接受人体器官移植的风险进行评估,并采取措施降低风险。

第三十二条　从事人体器官移植的医疗机构实施人体器官移植手术,除向接受人收取下列费用外,不得收取或者变相收取所移植人体器官的费用:

(一)获取活体器官、切除病损器官、植入人体器官所发生的手术费、检查费、检验费等医疗服务费以及药费、医用耗材费;

(二)向从事遗体器官获取的医疗机构支付的遗体器官获取成本费用。

遗体器官获取成本费用,包括为获取遗体器官而发生的评估、维护、获取、保存、修复和运送等成本。遗体器官获取成本费用的收费原则由国务院卫生健康部门会同国务院发展改革、财政、医疗保障等部门制定,具体收费标准由省、自治区、直辖市人民政府卫生健康部门会同同级发展改革、财政、医疗保障等部门制定。

从事遗体器官获取的医疗机构应当对遗体器官获取成本费用进行单独核算。

第三十三条　人体器官捐献协调员、医疗机构及其工作人员应当对人体器官捐献人、接受人和申请人体器官移植手术患者的个人信息依法予以保护。

第三十四条　国家建立人体器官获取、移植病例登记报告制度。从事人体器官获取、移植的医疗机构应当将实施人体器官获取、移植的情况向所在地省、自治区、直辖市人民政府卫生健康部门报告。

第四章 法律责任

第三十五条 国家健全行政执法与刑事司法衔接机制，依法查处人体器官捐献和移植中的违法犯罪行为。

第三十六条 违反本条例规定，有下列情形之一，构成犯罪的，依法追究刑事责任：

（一）组织他人出卖人体器官；

（二）未经本人同意获取其活体器官，或者获取未满18周岁公民的活体器官，或者强迫、欺骗他人捐献活体器官；

（三）违背本人生前意愿获取其遗体器官，或者本人生前未表示同意捐献其遗体器官，违反国家规定，违背其配偶、成年子女、父母意愿获取其遗体器官。

医务人员有前款所列情形被依法追究刑事责任的，由原执业注册部门吊销其执业证书，终身禁止其从事医疗卫生服务。

第三十七条 违反本条例规定，买卖人体器官或者从事与买卖人体器官有关活动的，由县级以上地方人民政府卫生健康部门没收违法所得，并处交易额10倍以上20倍以下的罚款；医疗机构参与上述活动的，还应当由原登记部门吊销该医疗机构的人体器官移植诊疗科目，禁止其10年内从事人体器官获取或者申请从事人体器官移植，并对负有责任的领导人员和直接责任人员依法给予处分，情节严重的，由原执业登记部门吊销该医疗机构的执业许可证或者由原备案部门责令其停止执业活动；医务人员参与上述活动的，还应当由原执业注册部门吊销其执业证书，终身禁止其从事医疗卫生服务；构成犯罪的，依法追究刑事责任。

公职人员参与买卖人体器官或者从事与买卖人体器官有关活动的，依法给予撤职、开除处分；构成犯罪的，依法追究刑事责任。

第三十八条 医疗机构未办理人体器官移植诊疗科目登记，擅自从事人体器官移植的，由县级以上地方人民政府卫生健康部门没收违法所得，并处违法所得10倍以上20倍以下的罚款，禁止其5年内从事人体器官获取或者申请从事人体器官移植，并对负有责任的领导人员和直接责任人员依法给予处分，对有关医务人员责令暂停1年执业活动；情节严重的，还应当由原执业登记部门吊销该医疗机构的执业许可证或者由原备案部门责令其停止执业活动，并由原执业注册部门吊销有关医务人员的执业证书。

医疗机构不再具备本条例第二十三条第二款规定的条件，仍从事人体器官移植的，由原登记部门没收违法所得，并处违法所得5倍以上10倍以下的罚款，吊销该医疗机构的人体器官移植诊疗科目，禁止其3年内从事人体器官获取或者申请从事人体器官移植，并对负有责任的领导人员和直接责任人员依法给予处分；情节严重的，还应当由原执业登记部门吊销该医疗机构的执业许可证，并对有关医务人员责令暂停6个月以上1年以下执业活动。

第三十九条 医疗机构安排不符合本条例第二十七条规定的人员实施人体器官移植手术的，由县级以上地方人民政府卫生健康部门没收违法所得，并处10万元以上50万元以下的罚款，由原登记部门吊销该医疗机构的人体器官移植诊疗科目，禁止其3年内从事人体器官获取或者申请从事人体器官移植，并对负有责任的领导人员和直接责任人员依法给予处分；情节严重的，还应当由原执业登记部门吊销该医疗机构的执业许可证；对有关人员，依照有关医师管理的法律的规定予以处罚。

第四十条 医疗机构违反本条例规定，有下列情形之一的，由县级以上地方人民政府卫生健康部门没收违法所得，并处10万元以上50万元以下的罚款，对负有责任的领导人员和直接责任人员依法给予处分，对有关医务人员责令暂停6个月以上1年以下执业活动，并可以由原登记部门吊销该医疗机构的人体器官移植诊疗科目，禁止其3年内从事人体器官获取或者申请从事人体器官移植；情节严重的，还应当由原执业登记部门吊销该医疗机构的执业许可证或者由原备案部门责令其停止执业活动，并可以由原执业注册部门吊销有关医务人员的执业证书：

（一）不具备本条例第十五条第一款规定的条件从事遗体器官获取；

（二）未按照所在地省、自治区、直辖市人民政府卫生健康部门划定的区域提供遗体器官获取服务；

（三）从事人体器官获取、移植的医务人员参与遗体器官捐献人的死亡判定；

（四）未通过分配系统分配遗体器官，或者不执行分配系统分配结果；

（五）使用未经分配系统分配的遗体器官或者来源不明的人体器官实施人体器官移植；

（六）获取活体器官前未依照本条例第二十九条第一款的规定履行说明、查验、确认义务；

（七）以伪造、篡改数据等方式干扰遗体器官分配。

第四十一条 违反本条例规定，有下列情形之一的，由县级以上地方人民政府卫生健康部门没收违法所得，并处10万元以上50万元以下的罚款，对负有责任的领导人员和直接责任人员依法给予处分；医疗机构有下列情形之一的，还应当由原登记部门吊销该医疗机构的人体器官移植诊疗科目，禁止其3年内从事人体器官获取或者申请从事人体器官移植，情节严重的，由原执业登记部门吊销该医疗机构的执业许可证或者由原备案部门责令其停止执业活动；医务人员有下列情形之一的，还应当责令其暂停6个月以上1年以下执业活动，情节严重的，由原执业注册部门吊销其执业证书；构成犯罪的，依法追究刑事责任：

（一）以获取遗体器官为目的跨区域转运潜在遗体器官捐献人；

（二）违反本条例第十六条第四款规定，转介潜在遗体器官捐献人的相关信息；

（三）在人体器官捐献和移植中提供虚假材料。

第四十二条　医疗机构未经人体器官移植伦理委员会审查同意获取人体器官的，由县级以上地方人民政府卫生健康部门处20万元以上50万元以下的罚款，由原登记部门吊销该医疗机构的人体器官移植诊疗科目，禁止其3年内从事人体器官获取或者申请从事人体器官移植，并对负有责任的领导人员和直接责任人员依法给予处分；情节严重的，还应当由原执业登记部门吊销该医疗机构的执业许可证，并由原执业注册部门吊销有关医务人员的执业证书。

人体器官移植伦理委员会审查获取人体器官申请时违反伦理原则或者出具虚假审查意见的，对有关责任人员依法给予处分，由县级以上地方人民政府卫生健康部门终身禁止其从事医学伦理审查活动。

第四十三条　医疗机构违反本条例规定，有下列情形之一的，由县级以上地方人民政府卫生健康部门处5万元以上20万元以下的罚款，对负有责任的领导人员和直接责任人员依法给予处分；情节严重的，还应当由原登记部门吊销该医疗机构的人体器官移植诊疗科目，禁止其1年内从事人体器官获取或者申请从事人体器官移植，对有关医务人员责令暂停6个月以上1年以下执业活动：

（一）负责遗体器官获取的部门未独立于负责人体器官移植的科室；

（二）未经人体器官捐献协调员见证实施遗体器官获取；

（三）获取器官后，未依照本条例第十九条第三款的规定对遗体进行符合伦理原则的医学处理，恢复遗体外观；

（四）未依照本条例第三十四条的规定报告人体器官获取、移植实施情况。

第四十四条　医疗机构及其医务人员违反本条例规定，有下列情形之一的，依照有关医疗纠纷预防和处理、医疗事故处理的行政法规的规定予以处罚；构成犯罪的，依法追究刑事责任：

（一）未对人体器官捐献人或者获取的人体器官进行医学检查；

（二）未对接受人接受人体器官移植的风险进行评估并采取相应措施；

（三）未遵守相关技术临床应用管理规范。

第四十五条　人体器官捐献协调员、医疗机构及其工作人员违反本条例规定，泄露人体器官捐献人、接受人或者申请人体器官移植手术患者个人信息的，依照法律、行政法规关于个人信息保护的规定予以处罚；构成犯罪的，依法追究刑事责任。

第四十六条　违反本条例第三十二条第一款规定收取费用的，依照有关价格、医疗保障基金管理的法律、行政法规的规定予以处罚。

第四十七条　人体器官捐献协调员违反本条例规定，有下列情形之一的，依法给予处分，由省、自治区、直辖市红十字会注销其人体器官捐献协调员工作证件，终身不得担任人体器官捐献协调员：

（一）接到指派后未对遗体器官获取进行见证；

（二）出具虚假见证意见。

第四十八条　公职人员在人体器官捐献和移植工作中滥用职权、玩忽职守、徇私舞弊的，依法给予处分；构成犯罪的，依法追究刑事责任。

第四十九条　违反本条例规定，给他人造成损害的，依法承担民事责任。

第五章　附　　则

第五十条　本条例自2024年5月1日起施行。《人体器官移植条例》同时废止。

中华人民共和国
人类遗传资源管理条例

1．2019年5月28日国务院令第717号公布

2．自2019年7月1日起施行

第一章　总　　则

第一条　为了有效保护和合理利用我国人类遗传资源，

维护公众健康、国家安全和社会公共利益，制定本条例。

第二条 本条例所称人类遗传资源包括人类遗传资源材料和人类遗传资源信息。

人类遗传资源材料是指含有人体基因组、基因等遗传物质的器官、组织、细胞等遗传材料。

人类遗传资源信息是指利用人类遗传资源材料产生的数据等信息资料。

第三条 采集、保藏、利用、对外提供我国人类遗传资源，应当遵守本条例。

为临床诊疗、采供血服务、查处违法犯罪、兴奋剂检测和殡葬等活动需要，采集、保藏器官、组织、细胞等人体物质及开展相关活动，依照相关法律、行政法规规定执行。

第四条 国务院科学技术行政部门负责全国人类遗传资源管理工作；国务院其他有关部门在各自的职责范围内，负责有关人类遗传资源管理工作。

省、自治区、直辖市人民政府科学技术行政部门负责本行政区域人类遗传资源管理工作；省、自治区、直辖市人民政府其他有关部门在各自的职责范围内，负责本行政区域有关人类遗传资源管理工作。

第五条 国家加强对我国人类遗传资源的保护，开展人类遗传资源调查，对重要遗传家系和特定地区人类遗传资源实行申报登记制度。

国务院科学技术行政部门负责组织我国人类遗传资源调查，制定重要遗传家系和特定地区人类遗传资源申报登记具体办法。

第六条 国家支持合理利用人类遗传资源开展科学研究、发展生物医药产业、提高诊疗技术，提高我国生物安全保障能力，提升人民健康保障水平。

第七条 外国组织、个人及其设立或者实际控制的机构不得在我国境内采集、保藏我国人类遗传资源，不得向境外提供我国人类遗传资源。

第八条 采集、保藏、利用、对外提供我国人类遗传资源，不得危害我国公众健康、国家安全和社会公共利益。

第九条 采集、保藏、利用、对外提供我国人类遗传资源，应当符合伦理原则，并按照国家有关规定进行伦理审查。

采集、保藏、利用、对外提供我国人类遗传资源，应当尊重人类遗传资源提供者的隐私权，取得其事先知情同意，并保护其合法权益。

采集、保藏、利用、对外提供我国人类遗传资源，应当遵守国务院科学技术行政部门制定的技术规范。

第十条 禁止买卖人类遗传资源。

为科学研究依法提供或者使用人类遗传资源并支付或者收取合理成本费用，不视为买卖。

第二章 采集和保藏

第十一条 采集我国重要遗传家系、特定地区人类遗传资源或者采集国务院科学技术行政部门规定种类、数量的人类遗传资源的，应当符合下列条件，并经国务院科学技术行政部门批准：

（一）具有法人资格；

（二）采集目的明确、合法；

（三）采集方案合理；

（四）通过伦理审查；

（五）具有负责人类遗传资源管理的部门和管理制度；

（六）具有与采集活动相适应的场所、设施、设备和人员。

第十二条 采集我国人类遗传资源，应当事先告知人类遗传资源提供者采集目的、采集用途、对健康可能产生的影响、个人隐私保护措施及其享有的自愿参与和随时无条件退出的权利，征得人类遗传资源提供者书面同意。

在告知人类遗传资源提供者前款规定的信息时，必须全面、完整、真实、准确，不得隐瞒、误导、欺骗。

第十三条 国家加强人类遗传资源保藏工作，加快标准化、规范化的人类遗传资源保藏基础平台和人类遗传资源大数据建设，为开展相关研究开发活动提供支撑。

国家鼓励科研机构、高等学校、医疗机构、企业根据自身条件和相关研究开发活动需要开展人类遗传资源保藏工作，并为其他单位开展相关研究开发活动提供便利。

第十四条 保藏我国人类遗传资源、为科学研究提供基础平台的，应当符合下列条件，并经国务院科学技术行政部门批准：

（一）具有法人资格；

（二）保藏目的明确、合法；

（三）保藏方案合理；

（四）拟保藏的人类遗传资源来源合法；

（五）通过伦理审查；

（六）具有负责人类遗传资源管理的部门和保藏管理制度；

（七）具有符合国家人类遗传资源保藏技术规范和要求的场所、设施、设备和人员。

第十五条 保藏单位应当对所保藏的人类遗传资源加强

管理和监测，采取安全措施，制定应急预案，确保保藏、使用安全。

保藏单位应当完整记录人类遗传资源保藏情况，妥善保存人类遗传资源的来源信息和使用信息，确保人类遗传资源的合法使用。

保藏单位应当就本单位保藏人类遗传资源情况向国务院科学技术行政部门提交年度报告。

第十六条　国家人类遗传资源保藏基础平台和数据库应当依照国家有关规定向有关科研机构、高等学校、医疗机构、企业开放。

为公众健康、国家安全和社会公共利益需要，国家可以依法使用保藏单位保藏的人类遗传资源。

第三章　利用和对外提供

第十七条　国务院科学技术行政部门和省、自治区、直辖市人民政府科学技术行政部门应当会同本级人民政府有关部门对利用人类遗传资源开展科学研究、发展生物医药产业统筹规划，合理布局，加强创新体系建设，促进生物科技和产业创新、协调发展。

第十八条　科研机构、高等学校、医疗机构、企业利用人类遗传资源开展研究开发活动，对其研究开发活动以及成果的产业化依照法律、行政法规和国家有关规定予以支持。

第十九条　国家鼓励科研机构、高等学校、医疗机构、企业根据自身条件和相关研究开发活动需要，利用我国人类遗传资源开展国际合作科学研究，提升相关研究开发能力和水平。

第二十条　利用我国人类遗传资源开展生物技术研究开发活动或者开展临床试验的，应当遵守有关生物技术研究、临床应用管理法律、行政法规和国家有关规定。

第二十一条　外国组织及外国组织、个人设立或者实际控制的机构（以下称外方单位）需要利用我国人类遗传资源开展科学研究活动的，应当遵守我国法律、行政法规和国家有关规定，并采取与我国科研机构、高等学校、医疗机构、企业（以下称中方单位）合作的方式进行。

第二十二条　利用我国人类遗传资源开展国际合作科学研究的，应当符合下列条件，并由合作双方共同提出申请，经国务院科学技术行政部门批准：

（一）对我国公众健康、国家安全和社会公共利益没有危害；

（二）合作双方为具有法人资格的中方单位、外方单位，并具有开展相关工作的基础和能力；

（三）合作研究目的和内容明确、合法，期限合理；

（四）合作研究方案合理；

（五）拟使用的人类遗传资源来源合法，种类、数量与研究内容相符；

（六）通过合作双方各自所在国（地区）的伦理审查；

（七）研究成果归属明确，有合理明确的利益分配方案。

为获得相关药品和医疗器械在我国上市许可，在临床机构利用我国人类遗传资源开展国际合作临床试验、不涉及人类遗传资源材料出境的，不需要审批。但是，合作双方在开展临床试验前应当将拟使用的人类遗传资源种类、数量及其用途向国务院科学技术行政部门备案。国务院科学技术行政部门和省、自治区、直辖市人民政府科学技术行政部门加强对备案事项的监管。

第二十三条　在利用我国人类遗传资源开展国际合作科学研究过程中，合作方、研究目的、研究内容、合作期限等重大事项发生变更的，应当办理变更审批手续。

第二十四条　利用我国人类遗传资源开展国际合作科学研究，应当保证中方单位及其研究人员在合作期间全过程、实质性地参与研究，研究过程中的所有记录以及数据信息等完全向中方单位开放并向中方单位提供备份。

利用我国人类遗传资源开展国际合作科学研究，产生的成果申请专利的，应当由合作双方共同提出申请，专利权归合作双方共有。研究产生的其他科技成果，其使用权、转让权和利益分享办法由合作双方通过合作协议约定；协议没有约定的，合作双方都有使用的权利，但向第三方转让须经合作双方同意，所获利益按合作双方贡献大小分享。

第二十五条　利用我国人类遗传资源开展国际合作科学研究，合作双方应当按照平等互利、诚实信用、共同参与、共享成果的原则，依法签订合作协议，并依照本条例第二十四条的规定对相关事项作出明确、具体的约定。

第二十六条　利用我国人类遗传资源开展国际合作科学研究，合作双方应当在国际合作活动结束后6个月内共同向国务院科学技术行政部门提交合作研究情况报告。

第二十七条　利用我国人类遗传资源开展国际合作科学研究，或者因其他特殊情况确需将我国人类遗传资源材料运送、邮寄、携带出境的，应当符合下列条件，并取得国务院科学技术行政部门出具的人类遗传资源材料出境证明：

（一）对我国公众健康、国家安全和社会公共利益没有危害；

（二）具有法人资格；

（三）有明确的境外合作方和合理的出境用途；

（四）人类遗传资源材料采集合法或者来自合法的保藏单位；

（五）通过伦理审查。

利用我国人类遗传资源开展国际合作科学研究，需要将我国人类遗传资源材料运送、邮寄、携带出境的，可以单独提出申请，也可以在开展国际合作科学研究申请中列明出境计划一并提出申请，由国务院科学技术行政部门合并审批。

将我国人类遗传资源材料运送、邮寄、携带出境的，凭人类遗传资源材料出境证明办理海关手续。

第二十八条　将人类遗传资源信息向外国组织、个人及其设立或者实际控制的机构提供或者开放使用，不得危害我国公众健康、国家安全和社会公共利益；可能影响我国公众健康、国家安全和社会公共利益的，应当通过国务院科学技术行政部门组织的安全审查。

将人类遗传资源信息向外国组织、个人及其设立或者实际控制的机构提供或者开放使用的，应当向国务院科学技术行政部门备案并提交信息备份。

利用我国人类遗传资源开展国际合作科学研究产生的人类遗传资源信息，合作双方可以使用。

第四章　服务和监督

第二十九条　国务院科学技术行政部门应当加强电子政务建设，方便申请人利用互联网办理审批、备案等事项。

第三十条　国务院科学技术行政部门应当制定并及时发布有关采集、保藏、利用、对外提供我国人类遗传资源的审批指南和示范文本，加强对申请人办理有关审批、备案等事项的指导。

第三十一条　国务院科学技术行政部门应当聘请生物技术、医药、卫生、伦理、法律等方面的专家组成专家评审委员会，对依照本条例规定提出的采集、保藏我国人类遗传资源，开展国际合作科学研究以及将我国人类遗传资源材料运送、邮寄、携带出境的申请进行技术评审。评审意见作为作出审批决定的参考依据。

第三十二条　国务院科学技术行政部门应当自受理依照本条例规定提出的采集、保藏我国人类遗传资源，开展国际合作科学研究以及将我国人类遗传资源材料运送、邮寄、携带出境申请之日起20个工作日内，作出批准或者不予批准的决定；不予批准的，应当说明理由。因特殊原因无法在规定期限内作出审批决定的，经国务院科学技术行政部门负责人批准，可以延长10个工作日。

第三十三条　国务院科学技术行政部门和省、自治区、直辖市人民政府科学技术行政部门应当加强对采集、保藏、利用、对外提供人类遗传资源活动各环节的监督检查，发现违反本条例规定的，及时依法予以处理并向社会公布检查、处理结果。

第三十四条　国务院科学技术行政部门和省、自治区、直辖市人民政府科学技术行政部门进行监督检查，可以采取下列措施：

（一）进入现场检查；

（二）询问相关人员；

（三）查阅、复制有关资料；

（四）查封、扣押有关人类遗传资源。

第三十五条　任何单位和个人对违反本条例规定的行为，有权向国务院科学技术行政部门和省、自治区、直辖市人民政府科学技术行政部门投诉、举报。

国务院科学技术行政部门和省、自治区、直辖市人民政府科学技术行政部门应当公布投诉、举报电话和电子邮件地址，接受相关投诉、举报。对查证属实的，给予举报人奖励。

第五章　法律责任

第三十六条　违反本条例规定，有下列情形之一的，由国务院科学技术行政部门责令停止违法行为，没收违法采集、保藏的人类遗传资源和违法所得，处50万元以上500万元以下罚款，违法所得在100万元以上的，处违法所得5倍以上10倍以下罚款：

（一）未经批准，采集我国重要遗传家系、特定地区人类遗传资源，或者采集国务院科学技术行政部门规定种类、数量的人类遗传资源；

（二）未经批准，保藏我国人类遗传资源；

（三）未经批准，利用我国人类遗传资源开展国际合作科学研究；

（四）未通过安全审查，将可能影响我国公众健康、国家安全和社会公共利益的人类遗传资源信息向外国组织、个人及其设立或者实际控制的机构提供或者开放使用；

（五）开展国际合作临床试验前未将拟使用的人类遗传资源种类、数量及其用途向国务院科学技术行政部门备案。

第三十七条　提供虚假材料或者采取其他欺骗手段取得行政许可的，由国务院科学技术行政部门撤销已经取得的行政许可，处50万元以上500万元以下罚款，5年内不受理相关责任人及单位提出的许可申请。

第三十八条 违反本条例规定，未经批准将我国人类遗传资源材料运送、邮寄、携带出境的，由海关依照法律、行政法规的规定处罚。科学技术行政部门应当配合海关开展鉴定等执法协助工作。海关应当将依法没收的人类遗传资源材料移送省、自治区、直辖市人民政府科学技术行政部门进行处理。

第三十九条 违反本条例规定，有下列情形之一的，由省、自治区、直辖市人民政府科学技术行政部门责令停止开展相关活动，没收违法采集、保藏的人类遗传资源和违法所得，处50万元以上100万元以下罚款，违法所得在100万元以上的，处违法所得5倍以上10倍以下罚款：

（一）采集、保藏、利用、对外提供我国人类遗传资源未通过伦理审查；

（二）采集我国人类遗传资源未经人类遗传资源提供者事先知情同意，或者采取隐瞒、误导、欺骗等手段取得人类遗传资源提供者同意；

（三）采集、保藏、利用、对外提供我国人类遗传资源违反相关技术规范；

（四）将人类遗传资源信息向外国组织、个人及其设立或者实际控制的机构提供或者开放使用，未向国务院科学技术行政部门备案或者提交信息备份。

第四十条 违反本条例规定，有下列情形之一的，由国务院科学技术行政部门责令改正，给予警告，可以处50万元以下罚款：

（一）保藏我国人类遗传资源过程中未完整记录并妥善保存人类遗传资源的来源信息和使用信息；

（二）保藏我国人类遗传资源未提交年度报告；

（三）开展国际合作科学研究未及时提交合作研究情况报告。

第四十一条 外国组织、个人及其设立或者实际控制的机构违反本条例规定，在我国境内采集、保藏我国人类遗传资源，利用我国人类遗传资源开展科学研究，或者向境外提供我国人类遗传资源的，由国务院科学技术行政部门责令停止违法行为，没收违法采集、保藏的人类遗传资源和违法所得，处100万元以上1000万元以下罚款，违法所得在100万元以上的，处违法所得5倍以上10倍以下罚款。

第四十二条 违反本条例规定，买卖人类遗传资源的，由国务院科学技术行政部门责令停止违法行为，没收违法采集、保藏的人类遗传资源和违法所得，处100万元以上1000万元以下罚款，违法所得在100万元以上的，处违法所得5倍以上10倍以下罚款。

第四十三条 对有本条例第三十六条、第三十九条、第四十一条、第四十二条规定违法行为的单位，情节严重的，由国务院科学技术行政部门或者省、自治区、直辖市人民政府科学技术行政部门依据职责禁止其1至5年内从事采集、保藏、利用、对外提供我国人类遗传资源的活动；情节特别严重的，永久禁止其从事采集、保藏、利用、对外提供我国人类遗传资源的活动。

对有本条例第三十六条至第三十九条、第四十一条、第四十二条规定违法行为的单位的法定代表人、主要负责人、直接负责的主管人员以及其他责任人员，依法给予处分，并由国务院科学技术行政部门或者省、自治区、直辖市人民政府科学技术行政部门依据职责没收其违法所得，处50万元以下罚款；情节严重的，禁止其1至5年内从事采集、保藏、利用、对外提供我国人类遗传资源的活动；情节特别严重的，永久禁止其从事采集、保藏、利用、对外提供我国人类遗传资源的活动。

单位和个人有本条例规定违法行为的，记入信用记录，并依照有关法律、行政法规的规定向社会公示。

第四十四条 违反本条例规定，侵害他人合法权益的，依法承担民事责任；构成犯罪的，依法追究刑事责任。

第四十五条 国务院科学技术行政部门和省、自治区、直辖市人民政府科学技术行政部门的工作人员违反本条例规定，不履行职责或者滥用职权、玩忽职守、徇私舞弊的，依法给予处分；构成犯罪的，依法追究刑事责任。

第六章 附 则

第四十六条 人类遗传资源相关信息属于国家秘密的，应当依照《中华人民共和国保守国家秘密法》和国家其他有关保密规定实施保密管理。

第四十七条 本条例自2019年7月1日起施行。

精神疾病司法鉴定暂行规定

1. 1989年7月11日最高人民法院、最高人民检察院、公安部、司法部、卫生部发布

2. 卫医字〔1989〕第17号

3. 自1989年8月1日起施行

第一章 总 则

第一条 根据《中华人民共和国刑法》、《中华人民共和国刑事诉讼法》、《中华人民共和国民法通则》、《中华人民共和国民事诉讼法（试行）》、《中华人民共和国治安管理处罚条例》及其他有关法规，为司法机关依法正确处理案件，保护精神疾病患者的合法权益，特制定本规定。

第二条　精神疾病的司法鉴定，根据案件事实和被鉴定人的精神状态，作出鉴定结论，为委托鉴定机关提供有关法定能力的科学证据。

第二章　司法鉴定机构

第三条　为开展精神疾病的司法鉴定工作，各省、自治区、直辖市、地区、地级市，应当成立精神疾病司法鉴定委员会，负责审查、批准鉴定人，组织技术鉴定组，协助、开展鉴定工作。

第四条　鉴定委员会由人民法院、人民检察院和公安、司法、卫生机关的有关负责干部和专家若干人组成，人选由上述机关协商确定。

第五条　鉴定委员会根据需要，可以设置若干个技术鉴定组，承担具体鉴定工作，其成员由鉴定委员会聘请、指派。技术鉴定组不得少于两名成员参加鉴定。

第六条　对疑难案件，在省、自治区、直辖市内难以鉴定的，可以由委托鉴定机关重新委托其他省、自治区、直辖市鉴定委员会进行鉴定。

第三章　鉴 定 内 容

第七条　对可能患有精神疾病的下列人员应当进行鉴定：

（一）刑事案件的被告人、被害人；

（二）民事案件的当事人；

（三）行政案件的原告人（自然人）；

（四）违反治安管理应当受拘留处罚的人员；

（五）劳动改造的罪犯；

（六）劳动教养人员；

（七）收容审查人员；

（八）与案件有关需要鉴定的其他人员。

第八条　鉴定委员会根据情况可以接受被鉴定人补充鉴定、重新鉴定、复核鉴定的要求。

第九条　刑事案件中，精神疾病司法鉴定包括：

（一）确定被鉴定人是否患有精神疾病，患何种精神疾病，实施危害行为时的精神状态，精神疾病和所实施的危害行为之间的关系，以及有无刑事责任能力。

（二）确定被鉴定人在诉讼过程中的精神状态以及有无诉讼能力。

（三）确定被鉴定人在服刑期间的精神状态以及对应当采取的法律措施的建议。

第十条　民事案件中精神疾病司法鉴定任务如下：

（一）确定被鉴定人是否患有精神疾病，患何种精神疾病，在进行民事活动时的精神状态，精神疾病对其意思表达能力的影响，以及有无民事行为能力。

（二）确定被鉴定人在调解或审理阶段期间的精神状态，以及有无诉讼能力。

第十一条　确定各类案件的被害人等，在其人身、财产等合法权益遭受侵害时的精神状态，以及对侵犯行为有无辨认能力或者自我防卫、保护能力。

第十二条　确定案件中有关证人的精神状态，以及有无作证能力。

第四章　鉴　定　人

第十三条　具有下列资格之一的，可以担任鉴定人：

（一）具有五年以上精神科临床经验并具有司法精神病学知识的主治医师以上人员。

（二）具有司法精神病学知识、经验和工作能力的主检法医师以上人员。

第十四条　鉴定人权利

（一）被鉴定人案件材料不充分时，可以要求委托鉴定机关提供所需要的案件材料。

（二）鉴定人有权通过委托鉴定机关，向被鉴定人的工作单位和亲属以及有关证人了解情况。

（三）鉴定人根据需要有权要求委托鉴定机关将被鉴定人移送至收治精神病人的医院住院检查和鉴定。

（四）鉴定机构可以向委托鉴定机关了解鉴定后的处理情况。

第十五条　鉴定人义务

（一）进行鉴定时，应当履行职责，正确、及时地作出鉴定结论。

（二）解答委托鉴定机关提出的与鉴定结论有关的问题。

（三）保守案件秘密。

（四）遵守有关回避的法律规定。

第十六条　鉴定人在鉴定过程中徇私舞弊、故意作虚假鉴定的，应当追究法律责任。

第五章　委托鉴定和鉴定书

第十七条　司法机关委托鉴定时，需有《委托鉴定书》，说明鉴定的要求和目的，并应当提供下列材料：

（一）被鉴定人及其家庭情况；

（二）案件的有关材料；

（三）工作单位提供的有关材料；

（四）知情人对被鉴定人精神状态的有关证言；

（五）医疗记录和其他有关检查结果。

第十八条 鉴定结束后，应当制作《鉴定书》。《鉴定书》包括以下内容：

（一）委托鉴定机关的名称；

（二）案由、案号，鉴定书号；

（三）鉴定的目的和要求；

（四）鉴定的日期、场所、在场人；

（五）案情摘要；

（六）被鉴定人的一般情况；

（七）被鉴定人发案时和发案前后各阶段的精神状态；

（八）被鉴定人精神状态检查和其他检查所见；

（九）分析说明；

（十）鉴定结论；

（十一）鉴定人员签名，并加盖鉴定专用章；

（十二）有关医疗或监护的建议。

第六章 责任能力和行为能力的评定

第十九条 刑事案件被鉴定人责任能力的评定：被鉴定人实施危害行为时，经鉴定患有精神疾病，由于严重的精神活动障碍，致使不能辨认或者不能控制自己行为的，为无刑事责任能力。被鉴定人实施危害行为时，经鉴定属于下列情况之一的，为具有责任能力：

1. 具有精神疾病的既往史，但实施危害行为时并无精神异常；

2. 精神疾病的间歇期，精神症状已经完全消失。

第二十条 民事案件被鉴定人行为能力的评定：

（一）被鉴定人在进行民事活动时，经鉴定患有精神疾病，由于严重的精神活动障碍致使不能辨认或者不能保护自己合法权益的，为无民事行为能力。

（二）被鉴定人在进行民事活动时，经鉴定患有精神疾病，由于精神活动障碍，致使不能完全辨认、不能控制或者不能完全保护自己合法权益的，为限制民事行为能力。

（三）被鉴定人在进行民事活动时，经鉴定属于下列情况之一的，为具有民事行为能力：

1. 具有精神疾病既往史，但在民事活动时并无精神异常；

2. 精神疾病的间歇期，精神症状已经消失；

3. 虽患有精神疾病，但其病理性精神活动具有明显局限性，并对他所进行的民事活动具有辨认能力和能保护自己合法权益的；

4. 智能低下，但对自己的合法权益仍具有辨认能力和保护能力的。

第二十一条 诉讼过程中有关法定能力的评定：

（一）被鉴定人为刑事案件的被告人，在诉讼过程中，经鉴定患有精神疾病，致使不能行使诉讼权利的，为无诉讼能力。

（二）被鉴定人为民事案件的当事人或者是刑事案件的自诉人，在诉讼过程中经鉴定患有精神疾病，致使不能行使诉讼权利的，为无诉讼能力。

（三）控告人、检举人、证人等提供不符合事实的证言，经鉴定患有精神疾病，致使缺乏对客观事实的理解力或判断力的，为无作证能力。

第二十二条 其他有关法定能力的评定：

（一）被鉴定人是女性，经鉴定患有精神疾病，在她的性不可侵犯权遭到侵害时，对自身所受的侵害或严重后果缺乏实质性理解能力的，为无自我防卫能力。

（二）被鉴定人在服刑、劳动教养或者被裁决受治安处罚中，经鉴定患有精神疾病，由于严重的精神活动障碍，致使其无辨认能力或控制能力，为无服刑、受劳动教养能力或者无受处罚能力。

第七章 附 则

第二十三条 本规定自 1989 年 8 月 1 日起施行。

医疗气功管理暂行规定

2000 年 7 月 10 日卫生部令第 12 号发布施行

第一章 总 则

第一条 为加强医疗气功管理，保护人民健康，根据《中华人民共和国执业医师法》（以下简称《执业医师法》）和《医疗机构管理条例》，制定本规定。

第二条 运用气功方法治疗疾病构成医疗行为的各类机构和人员，适用本规定。

第三条 国家中医药管理局负责全国医疗气功的监督管理。

县级以上地方人民政府中医药行政管理机构负责本辖区内医疗气功的监督管理。

第四条 “医疗气功”列入医疗机构诊疗科目的“中医科——其他”类中。

第二章 机构与人员

第五条 开展医疗气功活动必须在医疗机构内进行。

除本规定发布前，已经县级以上人民政府卫生行政部门或中医药行政管理机构批准开展医疗气功活动的医疗机构，可以按本规定重新申请审批开展医疗气功活动以外，今后新开展医疗气功活动的暂限于县级以上中医医院、中西医结合医院、民族医医院、康复医院、疗养院和综合医院的中医科。

第六条 医疗机构申请开展医疗气功活动，应当向其登记执业的卫生行政部门或者中医药行政管理机构提出申请。经初审同意后，报设区的市级以上地方人民政府中医药行政管理机构审批。对审核合格的，签发同意意见；审核不合格的，书面通知申请单位。

第七条 医疗机构申请开展医疗气功活动应当提交下列材料：

（一）开展医疗气功活动申请书；

（二）《医疗机构执业许可证》原件及复印件；

（三）开展医疗气功活动的场所、设备等基本情况；

（四）从事医疗气功活动的人员情况；

（五）省级以上人民政府中医药行政管理机构规定的其他材料。

第八条 医疗机构凭设区的市级以上地方人民政府中医药行政管理机构签发的同意意见，向其登记执业的卫生行政部门或者中医药行政管理机构申请办理诊疗科目登记或者变更登记手续。

未经设区的市级以上地方人民政府中医药行政管理机构审批同意，以及未向卫生行政部门或者中医药行政管理机构申请办理诊疗科目登记或者变更登记手续的，不得开展医疗气功活动。

第九条 从事医疗气功活动的人员，应当具备下列条件：

（一）具有中医执业医师或中医执业助理医师资格；

（二）取得《医师执业证书》；

（三）经医疗气功知识与技能考试取得《医疗气功技能合格证书》。

第十条 医疗气功知识与技能考试由国家中医药管理局统一组织，省级人民政府中医药行政管理机构负责具体实施。具体考试办法由国家中医药管理局另行制定。

第十一条 取得中医执业医师资格或中医执业助理医师资格，具有医疗气功专业知识与技能者，均可申请参加医疗气功知识与技能考试。

第十二条 经医疗气功知识与技能考试成绩合格的，取得国家中医药管理局统一印制的《医疗气功技能合格证书》。

《医疗气功技能合格证书》由省级人民政府中医药行政管理机构负责颁发。

第三章　监 督 管 理

第十三条 县级以上人民政府中医药行政管理机构应当按照本规定和有关法律法规，加强对医疗气功活动的日常监督检查。

医疗机构和医疗人员开展医疗气功活动，必须严格遵守《执业医师法》、《医疗机构管理条例》和本规定的各项规定。

第十四条 县级以上地方人民政府卫生行政部门或者中医药行政管理机构进行医疗机构校验时，应当将医疗气功执业情况列入校验内容，并应当及时将校验结果报其上一级人民政府中医药行政管理机构备案。

对医疗气功人员执业情况的考核，由医师执业注册主管部门在开展医师执业考核时一并进行。

第十五条 经批准开展医疗气功活动的医疗机构不得使用非医疗气功人员开展医疗气功活动。

第十六条 医疗气功人员应当按照其医师执业注册的执业地点开展医疗气功活动。

第十七条 取得中医执业医师资格的医疗气功人员可独立开展医疗气功活动；取得中医执业助理医师资格的医疗气功人员必须在中医执业医师指导下开展医疗气功活动。

第十八条 医疗气功人员开展医疗气功活动，应当严格执行有关操作技术规范，选择合理的医疗气功方法。

在临床进行实验性医疗气功活动的，应当经所在医疗机构批准，向患者本人或其家属说明并征得患者本人或者其家属同意。

第十九条 医疗机构和医疗气功人员，不得借医疗气功之名，损害公民身心健康、宣扬迷信、骗人敛财。

第二十条 医疗机构和医疗气功人员，不得使用、制作、经营或者散发宣称具有医疗气功效力的物品。

第二十一条 组织开展下列活动之一的，应当经省级以上人民政府中医药行政管理机构审核批准：

（一）大型医疗气功讲座；

（二）大型现场性医疗气功活动；

（三）国家中医药管理局规定必须严格管理的其他医疗气功活动。

第四章　罚　　则

第二十二条 违反本规定，非医疗机构或非医师开展医疗气功活动的，按照《医疗机构管理条例》第四十四条和《执业医师法》第三十九条的规定进行处罚；构成犯罪的，依法追究刑事责任。

第二十三条 违反本规定，医疗机构未经批准擅自开展医疗气功活动的，按照《医疗机构管理条例》第四十七条的规定进行处罚。

第二十四条 违反本规定，使用非医疗气功人员开展医疗气功活动的，按照《医疗机构管理条例实施细则》第八十一条的规定进行处罚。

第二十五条 违反本规定，医疗气功人员在医疗气功活动中违反医学常规或医疗气功基本操作规范，造成严重后果的，按照《执业医师法》第三十七条的规定进行处罚；构成犯罪的，依法追究刑事责任。

第二十六条 违反本规定，有下列情形之一的，由县级以上人民政府中医药行政管理机构责令其停止活动，给予警告，并可以处以一万元以下罚款；情节严重的，处以一万元以上三万元以下罚款；构成犯罪的，依法追究刑事责任。

（一）医疗气功人员在注册的执业地点以外开展医疗气功活动的；

（二）借医疗气功之名损害公民身心健康、宣扬迷信、骗人敛财的；

（三）非医疗气功人员开展医疗气功活动的；

（四）制造、使用、经营、散发宣称具有医疗气功效力物品的；

（五）未经批准擅自组织开展大型医疗气功讲座、大型现场性医疗气功活动，或未经批准擅自开展国家中医药管理局规定必须严格管理的其他医疗气功活动的。

第二十七条 违反本规定，以不正当手段取得《医疗气功技能合格证书》的，由发给证书的中医药行政管理机构予以收回；对负有直接责任的主管人员和其他直接责任人员，依法给予行政处分。

第五章 附 则

第二十八条 本规定发布前已经县级以上人民政府卫生行政部门或者中医药行政管理机构批准开展医疗气功活动的机构和人员，应当按照本规定重新申请、审批，并于2000年12月31日以前完成。

本规定发布前已经登记执业的医疗气功专门医疗机构，可以在转型为其他医疗机构的基础上，按本规定重新申请登记医疗气功诊疗科目；也可以根据《医疗气功专门医疗机构基本标准》，按照本规定重新申请登记医疗气功专门医疗机构。《医疗气功专门医疗机构基本标准》另行制定。

除上款规定情形外，今后不再审批新的医疗气功专门医疗机构。

本规定发布前已经取得副主任中医师以上专业技术职务，并经县级以上人民政府卫生行政部门或者中医药行政管理机构批准开展医疗气功活动的人员，可由本人向批准其开展医疗气功活动的卫生行政部门或者中医药行政管理机构提出申请，经省级人民政府中医药行政管理机构审核确认后，可以不参加医疗气功知识与技能考试，直接取得《医疗气功技能合格证书》。

第二十九条 暂不接受境外人员的医疗气功知识与技能考试申请。

第三十条 本规定由国家中医药管理局负责解释。

第三十一条 本规定自发布之日起施行。1989年国家中医药管理局发布的《关于加强气功医疗管理的若干规定》同时废止。

人类辅助生殖技术管理办法

1. 2001年2月20日卫生部令第14号公布
2. 自2001年8月1日起施行

第一章 总 则

第一条 为保证人类辅助生殖技术安全、有效和健康发展，规范人类辅助生殖技术的应用和管理，保障人民健康，制定本办法。

第二条 本办法适用于开展人类辅助生殖技术的各类医疗机构。

第三条 人类辅助生殖技术的应用应当在医疗机构中进行，以医疗为目的，并符合国家计划生育政策、伦理原则和有关法律规定。

禁止以任何形式买卖配子、合子、胚胎。医疗机构和医务人员不得实施任何形式的代孕技术。

第四条 卫生部主管全国人类辅助生殖技术应用的监督管理工作。县级以上地方人民政府卫生行政部门负责本行政区域内人类辅助生殖技术的日常监督管理。

第二章 审 批

第五条 卫生部根据区域卫生规划、医疗需求和技术条件等实际情况，制订人类辅助生殖技术应用规划。

第六条 申请开展人类辅助生殖技术的医疗机构应当符合下列条件：

（一）具有与开展技术相适应的卫生专业技术人员和其他专业技术人员；

（二）具有与开展技术相适应的技术和设备；

（三）设有医学伦理委员会；

（四）符合卫生部制定的《人类辅助生殖技术规范》的要求。

第七条　申请开展人类辅助生殖技术的医疗机构应当向所在地省、自治区、直辖市人民政府卫生行政部门提交下列文件：

（一）可行性报告；

（二）医疗机构基本情况（包括床位数、科室设置情况、人员情况、设备和技术条件情况等）；

（三）拟开展的人类辅助生殖技术的业务项目和技术条件、设备条件、技术人员配备情况；

（四）开展人类辅助生殖技术的规章制度；

（五）省级以上卫生行政部门规定提交的其他材料。

第八条　申请开展丈夫精液人工授精技术的医疗机构，由省、自治区、直辖市人民政府卫生行政部门审查批准。省、自治区、直辖市人民政府卫生行政部门收到前条规定的材料后，可以组织有关专家进行论证，并在收到专家论证报告后30个工作日内进行审核，审核同意的，发给批准证书；审核不同意的，书面通知申请单位。

对申请开展供精人工授精和体外受精—胚胎移植技术及其衍生技术的医疗机构，由省、自治区、直辖市人民政府卫生行政部门提出初审意见，卫生部审批。

第九条　卫生部收到省、自治区、直辖市人民政府卫生行政部门的初审意见和材料后，聘请有关专家进行论证，并在收到专家论证报告后45个工作日内进行审核，审核同意的，发给批准证书；审核不同意的，书面通知申请单位。

第十条　批准开展人类辅助生殖技术的医疗机构应当按照《医疗机构管理条例》的有关规定，持省、自治区、直辖市人民政府卫生行政部门或者卫生部的批准证书到核发其医疗机构执业许可证的卫生行政部门办理变更登记手续。

第十一条　人类辅助生殖技术批准证书每2年校验一次，校验由原审批机关办理。校验合格的，可以继续开展人类辅助生殖技术；校验不合格的，收回其批准证书。

第三章　实　　施

第十二条　人类辅助生殖技术必须在经过批准并进行登记的医疗机构中实施。未经卫生行政部门批准，任何单位和个人不得实施人类辅助生殖技术。

第十三条　实施人类辅助生殖技术应当符合卫生部制定的《人类辅助生殖技术规范》的规定。

第十四条　实施人类辅助生殖技术应当遵循知情同意原则，并签署知情同意书。涉及伦理问题的，应当提交医学伦理委员会讨论。

第十五条　实施供精人工授精和体外受精—胚胎移植技术及其各种衍生技术的医疗机构应当与卫生部批准的人类精子库签订供精协议。严禁私自采精。

医疗机构在实施人类辅助生殖技术时应当索取精子检验合格证明。

第十六条　实施人类辅助生殖技术的医疗机构应当为当事人保密，不得泄漏有关信息。

第十七条　实施人类辅助生殖技术的医疗机构不得进行性别选择。法律法规另有规定的除外。

第十八条　实施人类辅助生殖技术的医疗机构应当建立健全技术档案管理制度。

供精人工授精医疗行为方面的医疗技术档案和法律文书应当永久保存。

第十九条　实施人类辅助生殖技术的医疗机构应当对实施人类辅助生殖技术的人员进行医学业务和伦理学知识的培训。

第二十条　卫生部指定卫生技术评估机构对开展人类辅助生殖技术的医疗机构进行技术质量监测和定期评估。技术评估的主要内容为人类辅助生殖技术的安全性、有效性、经济性和社会影响。监测结果和技术评估报告报医疗机构所在地的省、自治区、直辖市人民政府卫生行政部门和卫生部备案。

第四章　处　　罚

第二十一条　违反本办法规定，未经批准擅自开展人类辅助生殖技术的非医疗机构，按照《医疗机构管理条例》第四十四条规定处罚；对有上述违法行为的医疗机构，按照《医疗机构管理条例》第四十七条和《医疗机构管理条例实施细则》第八十条的规定处罚。

第二十二条　开展人类辅助生殖技术的医疗机构违反本办法，有下列行为之一的，由省、自治区、直辖市人民政府卫生行政部门给予警告、3万元以下罚款，并给予有关责任人行政处分；构成犯罪的，依法追究刑事责任：

（一）买卖配子、合子、胚胎的；

（二）实施代孕技术的；

（三）使用不具有《人类精子库批准证书》机构提供的精子的；

（四）擅自进行性别选择的；

（五）实施人类辅助生殖技术档案不健全的；

（六）经指定技术评估机构检查技术质量不合格的；

（七）其他违反本办法规定的行为。

第五章　附　　则

第二十三条　本办法颁布前已经开展人类辅助生殖技术的医疗机构，在本办法颁布后3个月内向所在地省、自治区、直辖市人民政府卫生行政部门提出申请，省、自治区、直辖市人民政府卫生行政部门和卫生部按照本办法审查，审查同意的，发给批准证书；审查不同意的，不得再开展人类辅助生殖技术服务。

第二十四条　本办法所称人类辅助生殖技术是指运用医学技术和方法对配子、合子、胚胎进行人工操作，以达到受孕目的的技术，分为人工授精和体外受精—胚胎移植技术及其各种衍生技术。

人工授精是指用人工方式将精液注入女性体内以取代性交途径使其妊娠的一种方法。根据精液来源不同，分为丈夫精液人工授精和供精人工授精。

体外受精—胚胎移植技术及其各种衍生技术是指从女性体内取出卵子，在器皿内培养后，加入经技术处理的精子，待卵子受精后，继续培养，到形成早期胚胎时，再转移到子宫内着床，发育成胎儿直至分娩的技术。

第二十五条　本办法自2001年8月1日起实施。

人类精子库管理办法

1. 2001年2月20日卫生部令第15号公布
2. 自2001年8月1日起施行

第一章　总　　则

第一条　为了规范人类精子库管理，保证人类辅助生殖技术安全、有效应用和健康发展，保障人民健康，制定本办法。

第二条　本办法所称人类精子库是指以治疗不育症以及预防遗传病等为目的，利用超低温冷冻技术，采集、检测、保存和提供精子的机构。

人类精子库必须设置在医疗机构内。

第三条　精子的采集和提供应当遵守当事人自愿和符合社会伦理原则。

任何单位和个人不得以营利为目的进行精子的采集与提供活动。

第四条　卫生部主管全国人类精子库的监督管理工作。县级以上地方人民政府卫生行政部门负责本行政区域内人类精子库的日常监督管理。

第二章　审　　批

第五条　卫生部根据我国卫生资源、对供精的需求、精子的来源、技术条件等实际情况，制订人类精子库设置规划。

第六条　设置人类精子库应当经卫生部批准。

第七条　申请设置人类精子库的医疗机构应当符合下列条件：

（一）具有医疗机构执业许可证；

（二）设有医学伦理委员会；

（三）具有与采集、检测、保存和提供精子相适应的卫生专业技术人员；

（四）具有与采集、检测、保存和提供精子相适应的技术和仪器设备；

（五）具有对供精者进行筛查的技术能力；

（六）应当符合卫生部制定的《人类精子库基本标准》。

第八条　申请设置人类精子库的医疗机构应当向所在地省、自治区、直辖市人民政府卫生行政部门提交下列资料：

（一）设置人类精子库可行性报告；

（二）医疗机构基本情况；

（三）拟设置人类精子库的建筑设计平面图；

（四）拟设置人类精子库将开展的技术业务范围、技术设备条件、技术人员配备情况和组织结构；

（五）人类精子库的规章制度、技术操作手册等；

（六）省级以上卫生行政部门规定的其他材料。

第九条　省、自治区、直辖市人民政府卫生行政部门收到前条规定的材料后，提出初步意见，报卫生部审批。

第十条　卫生部收到省、自治区、直辖市人民政府卫生行政部门的初步意见和材料后，聘请有关专家进行论证，并在收到专家论证报告后45个工作日内进行审核，审核同意的，发给人类精子库批准证书；审核不同意的，书面通知申请单位。

第十一条　批准设置人类精子库的医疗机构应当按照《医疗机构管理条例》的有关规定，持卫生部的批准证书到核发其医疗机构执业许可证的卫生行政部门办理变更登记手续。

第十二条　人类精子库批准证书每2年校验1次。校验合格的，可以继续开展人类精子库工作；校验不合格的，收回人类精子库批准证书。

第三章　精子采集与提供

第十三条　精子的采集与提供应当在经过批准的人类精子库中进行。未经批准，任何单位和个人不得从事精子的采集与提供活动。

第十四条　精子的采集与提供应当严格遵守卫生部制定的《人类精子库技术规范》和各项技术操作规程。

第十五条　供精者应当是年龄在22－45周岁之间的健康男性。

第十六条　人类精子库应当对供精者进行健康检查和严格筛选，不得采集有下列情况之一的人员的精液：

（一）有遗传病家族史或者患遗传性疾病；

（二）精神病患者；

（三）传染病患者或者病源携带者；

（四）长期接触放射线和有害物质者；

（五）精液检查不合格者；

（六）其他严重器质性疾病患者。

第十七条　人类精子库工作人员应当向供精者说明精子的用途、保存方式以及可能带来的社会伦理等问题。人类精子库应当和供精者签署知情同意书。

第十八条　供精者只能在一个人类精子库中供精。

第十九条　精子库采集精子后，应当进行检验和筛查。精子冷冻6个月后，经过复检合格，方可向经卫生行政部门批准开展人类辅助生殖技术的医疗机构提供，并向医疗机构提交检验结果。未经检验或检验不合格的，不得向医疗机构提供。

严禁精子库向医疗机构提供新鲜精子。

严禁精子库向未经批准开展人类辅助生殖技术的医疗机构提供精子。

第二十条　一个供精者的精子最多只能提供给5名妇女受孕。

第二十一条　人类精子库应当建立供精者档案，对供精者的详细资料和精子使用情况进行计算机管理并永久保存。

人类精子库应当为供精者和受精者保密，未经供精者和受精者同意不得泄漏有关信息。

第二十二条　卫生部指定卫生技术评估机构，对人类精子库进行技术质量监测和定期检查。监测结果和检查报告报人类精子库所在地的省、自治区、直辖市人民政府卫生行政部门和卫生部备案。

第四章　处　　罚

第二十三条　违反本办法规定，未经批准擅自设置人类精子库，采集、提供精子的非医疗机构，按照《医疗机构管理条例》第四十四条的规定处罚；对有上述违法行为的医疗机构，按照《医疗机构管理条例》第四十七条和《医疗机构管理条例实施细则》第八十条的规定处罚。

第二十四条　设置人类精子库的医疗机构违反本办法，有下列行为之一的，省、自治区、直辖市人民政府卫生行政部门给予警告、1万元以下罚款，并给予有关责任人员行政处分；构成犯罪的，依法追究刑事责任：

（一）采集精液前，未按规定对供精者进行健康检查的；

（二）向医疗机构提供未经检验的精子的；

（三）向不具有人类辅助生殖技术批准证书的机构提供精子的；

（四）供精者档案不健全的；

（五）经评估机构检查质量不合格的；

（六）其他违反本办法规定的行为。

第五章　附　　则

第二十五条　本办法颁布前已经设置人类精子库的医疗机构，在本办法颁布后3个月内向所在地省、自治区、直辖市人民政府卫生行政部门提出申请，省、自治区、直辖市人民政府卫生行政部门和卫生部按照本办法审查，审查同意的，发给人类精子库批准证书；审查不同意的，不得再设置人类精子库。

第二十六条　本办法自2001年8月1日起实施。

医疗美容服务管理办法

1. 2002年1月22日卫生部令第19号公布

2. 根据2009年2月13日《卫生部关于修改〈医疗美容服务管理办法〉第二条的通知》（卫医政发〔2009〕17号）第一次修订

3. 根据2016年1月19日国家卫生和计划生育委员会令第8号《关于修改〈外国医师来华短期行医暂行管理办法〉等8件部门规章的决定》第二次修订

第一章　总　　则

第一条　为规范医疗美容服务，促进医疗美容事业的健康发展，维护就医者的合法权益，依据《执业医师法》、《医疗机构管理条例》和《护士管理办法》，制定本办法。

第二条　本办法所称医疗美容，是指运用手术、药物、医疗器械以及其他具有创伤性或者侵入性的医学技术方法对人的容貌和人体各部位形态进行的修复与再塑。

本办法所称美容医疗机构,是指以开展医疗美容诊疗业务为主的医疗机构。

本办法所称主诊医师是指具备本办法第十一条规定条件,负责实施医疗美容项目的执业医师。

医疗美容科为一级诊疗科目,美容外科、美容牙科、美容皮肤科和美容中医科为二级诊疗科目。

根据医疗美容项目的技术难度、可能发生的医疗风险程度,对医疗美容项目实行分级准入管理。《医疗美容项目分级管理目录》由卫生部另行制定。

第三条 凡开展医疗美容服务的机构和个人必须遵守本办法。

第四条 卫生部(含国家中医药管理局)主管全国医疗美容服务管理工作。县级以上地方人民政府卫生行政部门(含中医药行政管理部门,下同)负责本行政区域内医疗美容服务监督管理工作。

第二章 机构设置、登记

第五条 申请举办美容医疗机构或医疗机构设置医疗美容科室必须同时具备下列条件:

(一)具有承担民事责任的能力;

(二)有明确的医疗美容诊疗服务范围;

(三)符合《医疗机构基本标准(试行)》;

(四)省级以上人民政府卫生行政部门规定的其他条件。

第六条 申请举办美容医疗机构的单位或者个人,应按照本办法以及《医疗机构管理条例》和《医疗机构管理条例实施细则》的有关规定办理设置审批和登记注册手续。

卫生行政部门自收到合格申办材料之日起30日内作出批准或不予批准的决定,并书面答复申办者。

第七条 卫生行政部门应在核发美容医疗机构《设置医疗机构批准书》和《医疗机构执业许可证》的同时,向上一级卫生行政部门备案。

上级卫生行政部门对下级卫生行政部门违规作出的审批决定应自发现之日起30日内予以纠正或撤销。

第八条 美容医疗机构必须经卫生行政部门登记注册并获得《医疗机构执业许可证》后方可开展执业活动。

第九条 医疗机构增设医疗美容科目的,必须具备本办法规定的条件,按照《医疗机构管理条例》及其实施细则规定的程序,向登记注册机关申请变更登记。

第十条 美容医疗机构和医疗美容科室开展医疗美容项目应当由登记机关指定的专业学会核准,并向登记机关备案。

第三章 执业人员资格

第十一条 负责实施医疗美容项目的主诊医师必须同时具备下列条件:

(一)具有执业医师资格,经执业医师注册机关注册;

(二)具有从事相关临床学科工作经历。其中,负责实施美容外科项目的应具有6年以上从事美容外科或整形外科等相关专业临床工作经历;负责实施美容牙科项目的应具有5年以上从事美容牙科或口腔科专业临床工作经历;负责实施美容中医科和美容皮肤科项目的应分别具有3年以上从事中医专业和皮肤病专业临床工作经历;

(三)经过医疗美容专业培训或进修并合格,或已从事医疗美容临床工作1年以上;

(四)省级人民政府卫生行政部门规定的其他条件。

第十二条 不具备本办法第十一条规定的主诊医师条件的执业医师,可在主诊医师的指导下从事医疗美容临床技术服务工作。

第十三条 从事医疗美容护理工作的人员,应同时具备下列条件:

(一)具有护士资格,并经护士注册机关注册;

(二)具有2年以上护理工作经历;

(三)经过医疗美容护理专业培训或进修并合格,或已从事医疗美容临床护理工作6个月以上。

第十四条 未经卫生行政部门核定并办理执业注册手续的人员不得从事医疗美容诊疗服务。

第四章 执业规则

第十五条 实施医疗美容项目必须在相应的美容医疗机构或开设医疗美容科室的医疗机构中进行。

第十六条 美容医疗机构和医疗美容科室应根据自身条件和能力在卫生行政部门核定的诊疗科目范围内开展医疗服务,未经批准不得擅自扩大诊疗范围。

美容医疗机构及开设医疗美容科室的医疗机构不得开展未向登记机关备案的医疗美容项目。

第十七条 美容医疗机构执业人员要严格执行有关法律、法规和规章,遵守医疗美容技术操作规程。

美容医疗机构使用的医用材料须经有关部门批准。

第十八条 医疗美容服务实行主诊医师负责制。医疗美容项目必须由主诊医师负责或在其指导下实施。

第十九条 执业医师对就医者实施治疗前,必须向就医者本人或亲属书面告知治疗的适应症、禁忌症、医疗风险和注意事项等，并取得就医者本人或监护人的签字同意。未经监护人同意，不得为无行为能力或者限制行为能力人实施医疗美容项目。

第二十条　美容医疗机构和医疗美容科室的从业人员要尊重就医者的隐私权，未经就医者本人或监护人同意，不得向第三方披露就医者病情及病历资料。

第二十一条　美容医疗机构和医疗美容科室发生重大医疗过失，要按规定及时报告当地人民政府卫生行政部门。

第二十二条　美容医疗机构和医疗美容科室应加强医疗质量管理，不断提高服务水平。

第五章　监督管理

第二十三条　任何单位和个人，未取得《医疗机构执业许可证》并经登记机关核准开展医疗美容诊疗科目，不得开展医疗美容服务。

第二十四条　各级地方人民政府卫生行政部门要加强对医疗美容项目备案的审核。发现美容医疗机构及开设医疗美容科的医疗机构不具备开展某医疗美容项目的条件和能力，应及时通知该机构停止开展该医疗美容项目。

第二十五条　各相关专业学会和行业协会要积极协助卫生行政部门规范医疗美容服务行为，加强行业自律工作。

第二十六条　美容医疗机构和医疗美容科室发生医疗纠纷或医疗事故，按照国家有关规定处理。

第二十七条　发布医疗美容广告必须按照国家有关广告管理的法律、法规的规定办理。

第二十八条　对违反本办法规定的，依据《执业医师法》、《医疗机构管理条例》和《护士管理办法》有关规定予以处罚。

第六章　附　　则

第二十九条　外科、口腔科、眼科、皮肤科、中医科等相关临床学科在疾病治疗过程中涉及的相关医疗美容活动不受本办法调整。

第三十条　县级以上人民政府卫生行政部门应在本办法施行后一年内，按本办法规定对已开办的美容医疗机构和开设医疗美容科室的医疗机构进行审核并重新核发《医疗机构执业许可证》。

第三十一条　本办法自2002年5月1日起施行。

消毒管理办法

1. 2002年3月28日卫生部令第27号公布

2. 根据2016年1月19日国家卫生和计划生育委员会令第8号《关于修改〈外国医师来华短期行医暂行管理办法〉等8件部门规章的决定》第一次修订

3. 根据2017年12月26日国家卫生和计划生育委员会令第18号《关于修改〈新食品原料安全性审查管理办法〉等7件部门规章的决定》第二次修订

第一章　总　　则

第一条　为了加强消毒管理，预防和控制感染性疾病的传播，保障人体健康，根据《中华人民共和国传染病防治法》及其实施办法的有关规定，制定本办法。

第二条　本办法适用于医疗卫生机构、消毒服务机构以及从事消毒产品生产、经营活动的单位和个人。

其他需要消毒的场所和物品管理也适用于本办法。

第三条　国家卫生计生委主管全国消毒监督管理工作。

铁路、交通卫生主管机构依照本办法负责本系统的消毒监督管理工作。

第二章　消毒的卫生要求

第四条　医疗卫生机构应当建立消毒管理组织，制定消毒管理制度，执行国家有关规范、标准和规定，定期开展消毒与灭菌效果检测工作。

第五条　医疗卫生机构工作人员应当接受消毒技术培训、掌握消毒知识，并按规定严格执行消毒隔离制度。

第六条　医疗卫生机构使用的进入人体组织或无菌器官的医疗用品必须达到灭菌要求。各种注射、穿刺、采血器具应当一人一用一灭菌。凡接触皮肤、粘膜的器械和用品必须达到消毒要求。

医疗卫生机构使用的一次性使用医疗用品用后应当及时进行无害化处理。

第七条　医疗卫生机构购进消毒产品必须建立并执行进货检查验收制度。

第八条　医疗卫生机构的环境、物品应当符合国家有关规范、标准和规定。排放废弃的污水、污物应当按照国家有关规定进行无害化处理。运送传染病病人及其污染物品的车辆、工具必须随时进行消毒处理。

第九条　医疗卫生机构发生感染性疾病暴发、流行时，应当及时报告当地卫生计生行政部门，并采取有效消毒措施。

第十条 加工、出售、运输被传染病病原体污染或者来自疫区可能被传染病病原体污染的皮毛,应当进行消毒处理。

第十一条 托幼机构应当健全和执行消毒管理制度,对室内空气、餐(饮)具、毛巾、玩具和其他幼儿活动的场所及接触的物品定期进行消毒。

第十二条 出租衣物及洗涤衣物的单位和个人,应当对相关物品及场所进行消毒。

第十三条 从事致病微生物实验的单位应当执行有关的管理制度、操作规程,对实验的器材、污染物品等按规定进行消毒,防止实验室感染和致病微生物的扩散。

第十四条 殡仪馆、火葬场内与遗体接触的物品及运送遗体的车辆应当及时消毒。

第十五条 招用流动人员200人以上的用工单位,应当对流动人员集中生活起居的场所及使用的物品定期进行消毒。

第十六条 疫源地的消毒应当执行国家有关规范、标准和规定。

第十七条 公共场所、食品、生活饮用水、血液制品的消毒管理,按有关法律、法规的规定执行。

第三章 消毒产品的生产经营

第十八条 消毒产品应当符合国家有关规范、标准和规定。

第十九条 消毒产品的生产应当符合国家有关规范、标准和规定,对生产的消毒产品应当进行检验,不合格者不得出厂。

第二十条 消毒剂、消毒器械和卫生用品生产企业取得工商行政管理部门颁发的营业执照后,还应当取得所在地省级卫生计生行政部门发放的卫生许可证,方可从事消毒产品的生产。

第二十一条 省级卫生计生行政部门应当自受理消毒产品生产企业的申请之日起二十日内作出是否批准的决定。对符合《消毒产品生产企业卫生规范》要求的,发给卫生许可证;对不符合的,不予批准,并说明理由。

第二十二条 消毒产品生产企业卫生许可证编号格式为:(省、自治区、直辖市简称)卫消证字(发证年份)第XXXX号。

消毒产品生产企业卫生许可证的生产项目分为消毒剂类、消毒器械类、卫生用品类。

第二十三条 消毒产品生产企业卫生许可证有效期为四年。

消毒产品生产企业卫生许可证有效期届满三十日前,生产企业应当向原发证机关申请延续。经审查符合要求的,予以延续,换发新证。新证延用原卫生许可证编号。

第二十四条 消毒产品生产企业迁移厂址或者另设分厂(车间),应当按本办法规定向生产场所所在地的省级卫生计生行政部门申请消毒产品生产企业卫生许可证。

产品包装上标注的厂址、卫生许可证号应当是实际生产地地址和其卫生许可证号。

第二十五条 取得卫生许可证的消毒产品生产企业变更企业名称、法定代表人或者生产类别的,应当向原发证机关提出申请,经审查同意,换发新证。新证延用原卫生许可证编号。

第二十六条 生产、进口利用新材料、新工艺技术和新杀菌原理生产消毒剂和消毒器械(以下简称新消毒产品)应当按照本办法规定取得国家卫生计生委颁发的卫生许可批件。

生产、进口新消毒产品外的消毒剂、消毒器械和卫生用品中的抗(抑)菌制剂,生产、进口企业应当按照有关规定进行卫生安全评价,符合卫生标准和卫生规范要求。产品上市时要将卫生安全评价报告向省级卫生计生行政部门备案,备案应当按照规定要求提供材料。

第二十七条 生产企业申请新消毒产品卫生许可批件、在华责任单位申请进口新消毒产品卫生许可批件的,应当按照国家卫生计生委新消毒产品卫生行政许可管理规定的要求,向国家卫生计生委提出申请。国家卫生计生委应当按照有关法律法规和相关规定,作出是否批准的决定。

国家卫生计生委对批准的新消毒产品,发给卫生许可批件,批准文号格式为:卫消新准字(年份)第XXXX号。不予批准的,应当说明理由。

第二十八条 新消毒产品卫生许可批件的有效期为四年。

第二十九条 国家卫生计生委定期公告取得卫生行政许可的新消毒产品批准内容。公告发布之日起,列入公告的同类产品不再按新消毒产品进行卫生行政许可。

第三十条 经营者采购消毒产品时,应当索取下列有效证件:

(一)生产企业卫生许可证复印件;

(二)产品卫生安全评价报告或者新消毒产品卫生许可批件复印件。

有效证件的复印件应当加盖原件持有者的印章。

第三十一条 消毒产品的命名、标签(含说明书)应当符合国家卫生计生委的有关规定。

消毒产品的标签（含说明书）和宣传内容必须真实，不得出现或暗示对疾病的治疗效果。

第三十二条　禁止生产经营下列消毒产品：

（一）无生产企业卫生许可证或新消毒产品卫生许可批准文件的；

（二）产品卫生安全评价不合格或产品卫生质量不符合要求的。

第四章　消毒服务机构

第三十三条　消毒服务机构应当符合以下要求：

（一）具备符合国家有关规范、标准和规定的消毒与灭菌设备；

（二）其消毒与灭菌工艺流程和工作环境必须符合卫生要求；

（三）具有能对消毒与灭菌效果进行检测的人员和条件，建立自检制度；

（四）用环氧乙烷和电离辐射的方法进行消毒与灭菌的，其安全与环境保护等方面的要求按国家有关规定执行。

第三十四条　消毒服务机构不得购置和使用不符合本办法规定的消毒产品。

第三十五条　消毒服务机构应当接受当地卫生计生行政部门的监督。

第五章　监　　督

第三十六条　县级以上卫生计生行政部门对消毒工作行使下列监督管理职权：

（一）对有关机构、场所和物品的消毒工作进行监督检查；

（二）对消毒产品生产企业执行《消毒产品生产企业卫生规范》情况进行监督检查；

（三）对消毒产品的卫生质量进行监督检查；

（四）对消毒服务机构的消毒服务质量进行监督检查；

（五）对违反本办法的行为采取行政控制措施；

（六）对违反本办法的行为给予行政处罚。

第三十七条　有下列情形之一的，国家卫生计生委可以对已获得卫生许可批件的新消毒产品进行重新审查：

（一）产品原料、杀菌原理和生产工艺受到质疑的；

（二）产品安全性、消毒效果受到质疑的。

第三十八条　新消毒产品卫生许可批件的持有者应当在接到国家卫生计生委重新审查通知之日起30日内，按照通知的有关要求提交材料。超过期限未提交有关材料的，视为放弃重新审查，国家卫生计生委可以注销产品卫生许可批件。

第三十九条　国家卫生计生委自收到重新审查所需的全部材料之日起30日内，应当作出重新审查决定。有下列情形之一的，注销产品卫生许可批件：

（一）产品原料、杀菌原理和生产工艺不符合利用新材料、新工艺技术和新杀菌原理生产消毒剂和消毒器械的判定依据的；

（二）产品安全性、消毒效果达不到要求的。

第四十条　消毒产品生产企业应当按照国家卫生标准和卫生规范要求对消毒产品理化指标、微生物指标、杀灭微生物指标、毒理学指标等进行检验。不具备检验能力的，可以委托检验。

消毒产品的检验活动应当符合国家有关规定。检验报告应当客观、真实，符合有关法律、法规、标准、规范和规定。检验报告在全国范围内有效。

第六章　罚　　则

第四十一条　医疗卫生机构违反本办法第四、五、六、七、八、九条规定的，由县级以上地方卫生计生行政部门责令限期改正，可以处5000元以下罚款；造成感染性疾病暴发的，可以处5000元以上20000元以下罚款。

第四十二条　加工、出售、运输被传染病病原体污染或者来自疫区可能被传染病病原体污染的皮毛，未按国家有关规定进行消毒处理的，应当按照《传染病防治法实施办法》第六十八条的有关规定给予处罚。

第四十三条　消毒产品生产经营单位违反本办法第三十一条、第三十二条规定的，由县级以上地方卫生计生行政部门责令其限期改正，可以处5000元以下罚款；造成感染性疾病暴发的，可以处5000元以上20000元以下的罚款。

第四十四条　消毒服务机构违反本办法规定，有下列情形之一的，由县级以上卫生计生行政部门责令其限期改正，可以处5000元以下的罚款；造成感染性疾病发生的，可以处5000元以上20000元以下的罚款：

（一）消毒后的物品未达到卫生标准和要求的。[①]

第七章　附　　则

第四十五条　本办法下列用语的含义：

感染性疾病：由微生物引起的疾病。

消毒产品：包括消毒剂、消毒器械（含生物指示

---

① 本条第二项内容于2016年1月19日删除。——编者注

物、化学指示物和灭菌物品包装物)、卫生用品和一次性使用医疗用品。

消毒服务机构:指为社会提供可能被污染的物品及场所、卫生用品和一次性使用医疗用品等进行消毒与灭菌服务的单位。

医疗卫生机构:指医疗保健、疾病控制、采供血机构及与上述机构业务活动相同的单位。

第四十六条 本办法由国家卫生计生委负责解释。

第四十七条 本办法自 2002 年 7 月 1 日起施行。1992 年 8 月 31 日卫生部发布的《消毒管理办法》同时废止。

放射诊疗管理规定

1. 2006 年 1 月 24 日卫生部令第 46 号公布

2. 根据 2016 年 1 月 19 日国家卫生和计划生育委员会令第 8 号《关于修改〈外国医师来华短期行医暂行管理办法〉等 8 件部门规章的决定》修订

第一章 总 则

第一条 为加强放射诊疗工作的管理,保证医疗质量和医疗安全,保障放射诊疗工作人员、患者和公众的健康权益,依据《中华人民共和国职业病防治法》、《放射性同位素与射线装置安全和防护条例》和《医疗机构管理条例》等法律、行政法规的规定,制定本规定。

第二条 本规定适用于开展放射诊疗工作的医疗机构。

本规定所称放射诊疗工作,是指使用放射性同位素、射线装置进行临床医学诊断、治疗和健康检查的活动。

第三条 卫生部负责全国放射诊疗工作的监督管理。

县级以上地方人民政府卫生行政部门负责本行政区域内放射诊疗工作的监督管理。

第四条 放射诊疗工作按照诊疗风险和技术难易程度分为四类管理:

(一)放射治疗;

(二)核医学;

(三)介入放射学;

(四)X 射线影像诊断。

医疗机构开展放射诊疗工作,应当具备与其开展的放射诊疗工作相适应的条件,经所在地县级以上地方卫生行政部门的放射诊疗技术和医用辐射机构许可(以下简称放射诊疗许可)。

第五条 医疗机构应当采取有效措施,保证放射防护、安全与放射诊疗质量符合有关规定、标准和规范的要求。

第二章 执业条件

第六条 医疗机构开展放射诊疗工作,应当具备以下基本条件:

(一)具有经核准登记的医学影像科诊疗科目;

(二)具有符合国家相关标准和规定的放射诊疗场所和配套设施;

(三)具有质量控制与安全防护专(兼)职管理人员和管理制度,并配备必要的防护用品和监测仪器;

(四)产生放射性废气、废液、固体废物的,具有确保放射性废气、废液、固体废物达标排放的处理能力或者可行的处理方案;

(五)具有放射事件应急处理预案。

第七条 医疗机构开展不同类别放射诊疗工作,应当分别具有下列人员:

(一)开展放射治疗工作的,应当具有:

1. 中级以上专业技术职务任职资格的放射肿瘤医师;

2. 病理学、医学影像学专业技术人员;

3. 大学本科以上学历或中级以上专业技术职务任职资格的医学物理人员;

4. 放射治疗技师和维修人员。

(二)开展核医学工作的,应当具有:

1. 中级以上专业技术职务任职资格的核医学医师;

2. 病理学、医学影像学专业技术人员;

3. 大学本科以上学历或中级以上专业技术职务任职资格的技术人员或核医学技师。

(三)开展介入放射学工作的,应当具有:

1. 大学本科以上学历或中级以上专业技术职务任职资格的放射影像医师;

2. 放射影像技师;

3. 相关内、外科的专业技术人员。

(四)开展 X 射线影像诊断工作的,应当具有专业的放射影像医师。

第八条 医疗机构开展不同类别放射诊疗工作,应当分别具有下列设备:

(一)开展放射治疗工作的,至少有一台远距离放射治疗装置,并具有模拟定位设备和相应的治疗计划系统等设备;

(二)开展核医学工作的,具有核医学设备及其他相关设备;

(三)开展介入放射学工作的,具有带影像增强器的医用诊断X射线机、数字减影装置等设备；

（四）开展X射线影像诊断工作的，有医用诊断X射线机或CT机等设备。

第九条 医疗机构应当按照下列要求配备并使用安全防护装置、辐射检测仪器和个人防护用品：

（一）放射治疗场所应当按照相应标准设置多重安全联锁系统、剂量监测系统、影像监控、对讲装置和固定式剂量监测报警装置；配备放疗剂量仪、剂量扫描装置和个人剂量报警仪；

（二）开展核医学工作的，设有专门的放射性同位素分装、注射、储存场所，放射性废物屏蔽设备和存放场所；配备活度计、放射性表面污染监测仪；

（三）介入放射学与其他X射线影像诊断工作场所应当配备工作人员防护用品和受检者个人防护用品。

第十条 医疗机构应当对下列设备和场所设置醒目的警示标志：

（一）装有放射性同位素和放射性废物的设备、容器，设有电离辐射标志；

（二）放射性同位素和放射性废物储存场所，设有电离辐射警告标志及必要的文字说明；

（三）放射诊疗工作场所的入口处，设有电离辐射警告标志；

（四）放射诊疗工作场所应当按照有关标准的要求分为控制区、监督区，在控制区进出口及其他适当位置，设有电离辐射警告标志和工作指示灯。

第三章 放射诊疗的设置与批准

第十一条 医疗机构设置放射诊疗项目，应当按照其开展的放射诊疗工作的类别，分别向相应的卫生行政部门提出建设项目卫生审查、竣工验收和设置放射诊疗项目申请：

（一）开展放射治疗、核医学工作的，向省级卫生行政部门申请办理；

（二）开展介入放射学工作的，向设区的市级卫生行政部门申请办理；

（三）开展X射线影像诊断工作的，向县级卫生行政部门申请办理。

同时开展不同类别放射诊疗工作的，向具有高类别审批权的卫生行政部门申请办理。

第十二条 新建、扩建、改建放射诊疗建设项目，医疗机构应当在建设项目施工前向相应的卫生行政部门提交职业病危害放射防护预评价报告，申请进行建设项目卫生审查。立体定向放射治疗、质子治疗、重离子治疗、带回旋加速器的正电子发射断层扫描诊断等放射诊疗建设项目，还应当提交卫生部指定的放射卫生技术机构出具的预评价报告技术审查意见。

卫生行政部门应当自收到预评价报告之日起三十日内，作出审核决定。经审核符合国家相关卫生标准和要求的，方可施工。

第十三条 医疗机构在放射诊疗建设项目竣工验收前，应当进行职业病危害控制效果评价；并向相应的卫生行政部门提交下列资料，申请进行卫生验收：

（一）建设项目竣工卫生验收申请；

（二）建设项目卫生审查资料；

（三）职业病危害控制效果放射防护评价报告；

（四）放射诊疗建设项目验收报告。

立体定向放射治疗、质子治疗、重离子治疗、带回旋加速器的正电子发射断层扫描诊断等放射诊疗建设项目，应当提交卫生部指定的放射卫生技术机构出具的职业病危害控制效果评价报告技术审查意见和设备性能检测报告。

第十四条 医疗机构在开展放射诊疗工作前，应当提交下列资料，向相应的卫生行政部门提出放射诊疗许可申请：

（一）放射诊疗许可申请表；

（二）《医疗机构执业许可证》或《设置医疗机构批准书》（复印件）；

（三）放射诊疗专业技术人员的任职资格证书（复印件）；

（四）放射诊疗设备清单；

（五）放射诊疗建设项目竣工验收合格证明文件。

第十五条 卫生行政部门对符合受理条件的申请应当即时受理；不符合要求的，应当在五日内一次性告知申请人需要补正的资料或者不予受理的理由。

卫生行政部门应当自受理之日起二十日内作出审查决定，对合格的予以批准，发给《放射诊疗许可证》；不予批准的，应当书面说明理由。

《放射诊疗许可证》的格式由卫生部统一规定（见附件）。

第十六条 医疗机构取得《放射诊疗许可证》后，到核发《医疗机构执业许可证》的卫生行政执业登记部门办理相应诊疗科目登记手续。执业登记部门应根据许可情况，将医学影像科核准到二级诊疗科目。

未取得《放射诊疗许可证》或未进行诊疗科目登记的，不得开展放射诊疗工作。

第十七条 《放射诊疗许可证》与《医疗机构执业许可证》同时校验，申请校验时应当提交本周期有关放射诊疗设备性能与辐射工作场所的检测报告、放射诊疗工作人员健康监护资料和工作开展情况报告。

医疗机构变更放射诊疗项目的，应当向放射诊疗许可批准机关提出许可变更申请，并提交变更许可项目名称、放射防护评价报告等资料；同时向卫生行政执业登记部门提出诊疗科目变更申请，提交变更登记项目及变更理由等资料。

卫生行政部门应当自收到变更申请之日起二十日内做出审查决定。未经批准不得变更。

第十八条　有下列情况之一的，由原批准部门注销放射诊疗许可，并登记存档，予以公告：

（一）医疗机构申请注销的；

（二）逾期不申请校验或者擅自变更放射诊疗科目的；

（三）校验或者办理变更时不符合相关要求，且逾期不改进或者改进后仍不符合要求的；

（四）歇业或者停止诊疗科目连续一年以上的；

（五）被卫生行政部门吊销《医疗机构执业许可证》的。

第四章　安全防护与质量保证

第十九条　医疗机构应当配备专（兼）职的管理人员，负责放射诊疗工作的质量保证和安全防护。其主要职责是：

（一）组织制定并落实放射诊疗和放射防护管理制度；

（二）定期组织对放射诊疗工作场所、设备和人员进行放射防护检测、监测和检查；

（三）组织本机构放射诊疗工作人员接受专业技术、放射防护知识及有关规定的培训和健康检查；

（四）制定放射事件应急预案并组织演练；

（五）记录本机构发生的放射事件并及时报告卫生行政部门。

第二十条　医疗机构的放射诊疗设备和检测仪表，应当符合下列要求：

（一）新安装、维修或更换重要部件后的设备，应当经省级以上卫生行政部门资质认证的检测机构对其进行检测，合格后方可启用；

（二）定期进行稳定性检测、校正和维护保养，由省级以上卫生行政部门资质认证的检测机构每年至少进行一次状态检测；

（三）按照国家有关规定检验或者校准用于放射防护和质量控制的检测仪表；

（四）放射诊疗设备及其相关设备的技术指标和安全、防护性能，应当符合有关标准与要求。

不合格或国家有关部门规定淘汰的放射诊疗设备不得购置、使用、转让和出租。

第二十一条　医疗机构应当定期对放射诊疗工作场所、放射性同位素储存场所和防护设施进行放射防护检测，保证辐射水平符合有关规定或者标准。

放射性同位素不得与易燃、易爆、腐蚀性物品同库储存；储存场所应当采取有效的防泄漏等措施，并安装必要的报警装置。

放射性同位素储存场所应当有专人负责，有完善的存入、领取、归还登记和检查的制度，做到交接严格，检查及时，账目清楚，账物相符，记录资料完整。

第二十二条　放射诊疗工作人员应当按照有关规定配戴个人剂量计。

第二十三条　医疗机构应当按照有关规定和标准，对放射诊疗工作人员进行上岗前、在岗期间和离岗时的健康检查，定期进行专业及防护知识培训，并分别建立个人剂量、职业健康管理和教育培训档案。

第二十四条　医疗机构应当制定与本单位从事的放射诊疗项目相适应的质量保证方案，遵守质量保证监测规范。

第二十五条　放射诊疗工作人员对患者和受检者进行医疗照射时，应当遵守医疗照射正当化和放射防护最优化的原则，有明确的医疗目的，严格控制受照剂量；对邻近照射野的敏感器官和组织进行屏蔽防护，并事先告知患者和受检者辐射对健康的影响。

第二十六条　医疗机构在实施放射诊断检查前应当对不同检查方法进行利弊分析，在保证诊断效果的前提下，优先采用对人体健康影响较小的诊断技术。

实施检查应当遵守下列规定：

（一）严格执行检查资料的登记、保存、提取和借阅制度，不得因资料管理、受检者转诊等原因使受检者接受不必要的重复照射；

（二）不得将核素显像检查和 X 射线胸部检查列入对婴幼儿及少年儿童体检的常规检查项目；

（三）对育龄妇女腹部或骨盆进行核素显像检查或 X 射线检查前，应问明是否怀孕；非特殊需要，对受孕后八至十五周的育龄妇女，不得进行下腹部放射影像检查；

（四）应当尽量以胸部 X 射线摄影代替胸部荧光透视检查；

（五）实施放射性药物给药和 X 射线照射操作时，应当禁止非受检者进入操作现场；因患者病情需要其他人员陪检时，应当对陪检者采取防护措施。

第二十七条 医疗机构使用放射影像技术进行健康普查的，应当经过充分论证，制定周密的普查方案，采取严格的质量控制措施。

第二十八条 开展放射治疗的医疗机构，在对患者实施放射治疗前，应当进行影像学、病理学及其他相关检查，严格掌握放射治疗的适应证。对确需进行放射治疗的，应当制定科学的治疗计划，并按照下列要求实施：

（一）对体外远距离放射治疗，放射诊疗工作人员在进入治疗室前，应首先检查操作控制台的源位显示，确认放射线束或放射源处于关闭位时，方可进入；

（二）对近距离放射治疗，放射诊疗工作人员应当使用专用工具拿取放射源，不得徒手操作；对接受敷贴治疗的患者采取安全护理，防止放射源被患者带走或丢失；

（三）在实施永久性籽粒插植治疗时，放射诊疗工作人员应随时清点所使用的放射性籽粒，防止在操作过程中遗失；放射性籽粒植入后，必须进行医学影像学检查，确认植入部位和放射性籽粒的数量；

（四）治疗过程中，治疗现场至少应有 2 名放射诊疗工作人员，并密切注视治疗装置的显示及病人情况，及时解决治疗中出现的问题；严禁其他无关人员进入治疗场所；

（五）放射诊疗工作人员应当严格按照放射治疗操作规范、规程实施照射；不得擅自修改治疗计划；

（六）放射诊疗工作人员应当验证治疗计划的执行情况，发现偏离计划现象时，应当及时采取补救措施并向本科室负责人或者本机构负责医疗质量控制的部门报告。

第二十九条 开展核医学诊疗的医疗机构，应当遵守相应的操作规范、规程，防止放射性同位素污染人体、设备、工作场所和环境；按照有关标准的规定对接受体内放射性药物诊治的患者进行控制，避免其他患者和公众受到超过允许水平的照射。

第三十条 核医学诊疗产生的放射性固体废物、废液及患者的放射性排出物应当单独收集，与其他废物、废液分开存放，按照国家有关规定处理。

第三十一条 医疗机构应当制定防范和处置放射事件的应急预案；发生放射事件后应当立即采取有效应急救援和控制措施，防止事件的扩大和蔓延。

第三十二条 医疗机构发生下列放射事件情形之一的，应当及时进行调查处理，如实记录，并按照有关规定及时报告卫生行政部门和有关部门：

（一）诊断放射性药物实际用量偏离处方剂量 50% 以上的；

（二）放射治疗实际照射剂量偏离处方剂量 25% 以上的；

（三）人员误照或误用放射性药物的；

（四）放射性同位素丢失、被盗和污染的；

（五）设备故障或人为失误引起的其他放射事件。

第五章 监督管理

第三十三条 医疗机构应当加强对本机构放射诊疗工作的管理，定期检查放射诊疗管理法律、法规、规章等制度的落实情况，保证放射诊疗的医疗质量和医疗安全。

第三十四条 县级以上地方人民政府卫生行政部门应当定期对本行政区域内开展放射诊疗活动的医疗机构进行监督检查。检查内容包括：

（一）执行法律、法规、规章、标准和规范等情况；

（二）放射诊疗规章制度和工作人员岗位责任制等制度的落实情况；

（三）健康监护制度和防护措施的落实情况；

（四）放射事件调查处理和报告情况。

第三十五条 卫生行政部门的执法人员依法进行监督检查时，应当出示证件；被检查的单位应当予以配合，如实反映情况，提供必要的资料，不得拒绝、阻碍、隐瞒。

第三十六条 卫生行政部门的执法人员或者卫生行政部门授权实施检查、检测的机构及其工作人员依法检查时，应当保守被检查单位的技术秘密和业务秘密。

第三十七条 卫生行政部门应当加强监督执法队伍建设，提高执法人员的业务素质和执法水平，建立健全对执法人员的监督管理制度。

第六章 法律责任

第三十八条 医疗机构有下列情形之一的，由县级以上卫生行政部门给予警告、责令限期改正，并可以根据情节处以 3000 元以下的罚款；情节严重的，吊销其《医疗机构执业许可证》。

（一）未取得放射诊疗许可从事放射诊疗工作的；

（二）未办理诊疗科目登记或者未按照规定进行校验的；

（三）未经批准擅自变更放射诊疗项目或者超出批准范围从事放射诊疗工作的。

第三十九条 医疗机构使用不具备相应资质的人员从事放射诊疗工作的，由县级以上卫生行政部门责令限期改正，并可以处以 5000 元以下的罚款；情节严重的，吊销其《医疗机构执业许可证》。

第四十条　医疗机构违反建设项目卫生审查、竣工验收有关规定的，按照《中华人民共和国职业病防治法》的规定进行处罚。

第四十一条　医疗机构违反本规定，有下列行为之一的，由县级以上卫生行政部门给予警告，责令限期改正；并可处一万元以下的罚款：

（一）购置、使用不合格或国家有关部门规定淘汰的放射诊疗设备的；

（二）未按照规定使用安全防护装置和个人防护用品的；

（三）未按照规定对放射诊疗设备、工作场所及防护设施进行检测和检查的；

（四）未按照规定对放射诊疗工作人员进行个人剂量监测、健康检查、建立个人剂量和健康档案的；

（五）发生放射事件并造成人员健康严重损害的；

（六）发生放射事件未立即采取应急救援和控制措施或者未按照规定及时报告的；

（七）违反本规定的其他情形。

第四十二条　卫生行政部门及其工作人员违反本规定，对不符合条件的医疗机构发放《放射诊疗许可证》的，或者不履行法定职责，造成放射事故的，对直接负责的主管人员和其他直接责任人员，依法给予行政处分；情节严重，构成犯罪的，依法追究刑事责任。

第七章　附　　则

第四十三条　本规定中下列用语的含义：

放射治疗：是指利用电离辐射的生物效应治疗肿瘤等疾病的技术。

核医学：是指利用放射性同位素诊断或治疗疾病或进行医学研究的技术。

介入放射学：是指在医学影像系统监视引导下，经皮针穿刺或引入导管做抽吸注射、引流或对管腔、血管等做成型、灌注、栓塞等，以诊断与治疗疾病的技术。

X射线影像诊断：是指利用X射线的穿透等性质取得人体内器官与组织的影像信息以诊断疾病的技术。

第四十四条　已开展放射诊疗项目的医疗机构应当于2006年9月1日前按照本办法规定，向卫生行政部门申请放射诊疗技术和医用辐射机构许可，并重新核定医学影像科诊疗科目。

第四十五条　本规定由卫生部负责解释。

第四十六条　本规定自2006年3月1日起施行。2001年10月23日发布的《放射工作卫生防护管理办法》同时废止。

附件：（略）

人体器官移植技术临床应用管理暂行规定

1. 2006年3月16日卫生部发布
2. 卫医发〔2006〕94号
3. 自2006年7月1日起施行

第一章　总　　则

第一条　为规范人体器官移植技术临床应用，保证医疗质量和医疗安全，保护患者健康，根据《执业医师法》和《医疗机构管理条例》等法律、法规，制定本规定。

第二条　本规定所称人体器官移植技术是指将他人的具有功能的心脏、肺脏、肝脏、肾脏等器官移植给患者以代替其病损器官的技术。

第三条　医疗机构开展人体器官移植必须遵守本规定。

第四条　卫生部主管全国人体器官移植工作。

卫生部成立人体器官移植技术临床应用委员会，负责组织相关专家拟订全国人体器官移植技术临床应用规范，对省级卫生行政部门上报的人体器官移植技术临床应用规划提出评议意见。

第五条　省、自治区、直辖市卫生行政部门（以下简称省级卫生行政部门）根据人体器官移植医疗需求、本行政区域人体器官移植技术和人才队伍水平等综合因素，制订本行政区域人体器官移植技术临床应用规划，并报卫生部备案。

省级卫生行政部门应当根据报卫生部备案的人体器官移植技术临床应用规划，对本行政区域开展人体器官移植的医疗机构进行合理布局，严格控制数量，严格技术准入。

第六条　县级以上地方卫生行政部门应当严格加强对医疗机构开展人体器官移植的监督管理。

第二章　诊疗科目登记

第七条　医疗机构开展人体器官移植技术临床应用，必须按照《医疗机构管理条例》和本规定，向省级卫生行政部门申请办理器官移植相应专业诊疗科目登记。

第八条　申请办理器官移植相应专业诊疗科目登记的医疗机构原则上为三级甲等医院，并必须具备下列条件：

（一）有具备人体器官移植技术临床应用能力的本院在职执业医师和与开展的人体器官移植相适应的

其他专业技术人员;

(二)有与开展的人体器官移植技术临床应用相适应的设备、设施;

(三)有人体器官移植技术临床应用与伦理委员会;

(四)有完善的技术规范和管理制度。

特殊情况下,上款规定以外的其他医院申请办理器官移植相应专业诊疗科目登记的,除必须具备前款规定的条件外,还必须符合所在地省级卫生行政部门向卫生部备案的人体器官移植技术临床应用规划。凡不符合规划的,省级卫生行政部门不得准予登记。

第九条 医疗机构申请办理器官移植相应专业诊疗科目登记时,应当向省级卫生行政部门提交下列材料:

(一)器官移植相应专业诊疗科目登记申请书;

(二)《医疗机构执业许可证》复印件;

(三)医院评审证书复印件;

(四)拟开展人体器官移植的执业医师和与拟开展的人体器官移植相适应的其他专业技术人员名单及其专业履历;

(五)与拟开展的人体器官移植相适应的设备目录、性能、工作状况说明和相应辅助设施情况说明;

(六)人体器官移植技术临床应用与伦理委员会组成及人员名单;

(七)与拟开展人体器官移植相关的技术规范和管理制度;

(八)省级以上卫生行政部门规定的其他材料。

第十条 省级卫生行政部门接到医疗机构办理器官移植相应专业诊疗科目登记申请时,应当组织专家对其申请的器官移植相应专业诊疗科目的临床应用能力进行评价。

人体器官移植技术临床应用能力评价程序由省级卫生行政部门制定。

第十一条 省级卫生行政部门组织对医疗机构人体器官移植技术临床应用能力评价时,可以聘请本行政区域范围内的专家,也可以聘请其他省、自治区、直辖市专家。

参加评价的专家应当遵守评价程序及相关规定,确保评价的客观、公正、科学,并对评价结论负责。评价过程和内容应当有完整记录,并存档备查。

第十二条 省级卫生行政部门对通过评价且符合本行政区域人体器官移植技术临床应用规划的,在其《医疗机构执业许可证》外科诊疗科目下设相应专业中增加器官移植项目登记。

省级卫生行政部门应当在准予器官移植项目登记前,对医疗机构进行现场核实。

第十三条 省级卫生行政部门应当及时将准予器官移植项目登记的医疗机构名单报送卫生部备案。报送医疗机构名单时,还应当同时报送本规定第八条规定的执业医师名单及其个人专业履历。

第十四条 省级卫生行政部门应当及时向社会公布取得器官移植相应专业诊疗科目登记的医疗机构名单和具有人体器官移植技术临床应用能力的执业医师名单。

第十五条 未取得器官移植相应专业诊疗科目登记的医疗机构不得开展人体器官移植。

第十六条 不具有人体器官移植技术临床应用能力的执业医师,不得开展人体器官移植。

具有人体器官移植技术临床应用能力的执业医师,不得到未取得器官移植相应专业诊疗科目登记的医疗机构开展人体器官移植。

第十七条 未取得器官移植相应专业诊疗科目登记的三级综合医院在同时出现下列三种特殊情况时,经所在地省级卫生行政部门同意,可以邀请已取得器官移植相应专业诊疗科目登记的医疗机构中具有人体器官移植技术临床应用能力的执业医师来本医院开展人体器官移植手术:

(一)供移植人体器官对血液供应有较高要求(如心脏移植);

(二)供移植人体器官不能及时运送至取得器官移植诊疗科目登记的医疗机构;

(三)患者病情危重。

上款规定的三级综合医院应当是人体器官捐献者所在地的医院,且具备手术、重症监护和免疫排斥反应应急处理等条件。

具有人体器官移植技术临床应用能力的执业医师在完成人体器官移植手术后,应当待患者病情平稳后方可返回其执业注册的医疗机构。

第十八条 医疗机构开展人体器官移植的执业医师发生变动或者有关的主要设备、设施及其他关键辅助支持条件发生变化,不再具备第八条规定条件的,应当立即停止人体器官移植技术临床应用,并向准予登记的省级卫生行政部门办理注销器官移植相应专业诊疗科目登记手续。

第三章 临床应用管理

第十九条 医疗机构开展人体器官移植,必须严格遵守《执业医师法》、《医疗机构管理条例》等法律、法规、部门规章和诊疗护理规范、常规,严格遵守医学和伦理学原则，严格根据患者病情、可选择的治疗方案、患者经济承受能力等因素综合判断治疗措施，因病施治，合理治疗，严格掌握人体器官移植的适应症。对不符合法律、法规和医学伦理学原则的，不得开展人体器官移植。

第二十条 医疗机构开展人体器官移植应当与其功能、任务和能力相适应，保证移植人体器官来源合法，有固定、充足、安全的血液和血液制品来源。

第二十一条 医疗机构应当制定保障人体器官移植技术临床应用的医疗质量和医疗安全的规章制度，建立技术档案，并定期进行安全性、应用效果和合理使用情况评估。

第二十二条 医疗机构应当建立人体器官移植技术临床应用与伦理委员会。人体器官移植技术临床应用与伦理委员会应当由管理、医疗、护理、药学、法律、伦理等方面的专家组成，从事人体器官移植的医务人员人数不得超过委员会委员总人数的四分之一。

第二十三条 医疗机构必须建立人体器官移植技术临床应用论证制度。

医疗机构每例次人体器官移植前，必须将人体器官移植病例提交本医疗机构人体器官移植技术临床应用与伦理委员会进行充分讨论，并说明人体器官来源合法性及配型情况，经同意后方可为患者实施人体器官移植。

人体器官移植技术临床应用与伦理委员会进行人体器官移植论证的人数应当为单数，参加论证的委员应当与本例次人体器官移植无利害关系，且从事人体器官移植的委员人数不得超过该论证总人数的四分之一。

第二十四条 实施人体器官移植前，医疗机构应当向患者和其家属告知手术目的、手术风险、术后注意事项、可能发生的并发症及预防措施等，并签署知情同意书。

第二十五条 手术医师应当在手术结束后的 48 小时内书面向医疗机构人体器官移植技术临床应用与伦理委员会报告人体器官移植情况。

第二十六条 医疗机构应当加强对人体器官移植医疗质量管理，提高手术成功率、移植人体器官和术后患者的长期存活率，建立人体器官移植患者随访制度。

第二十七条 人体器官不得买卖。

医疗机构用于移植的人体器官必须经捐赠者书面同意。

捐赠者有权在人体器官移植前拒绝捐赠器官。

第二十八条 医疗机构摘取尸体器官的，应当对尸体进行必要的、符合社会伦理道德的处理。

第二十九条 医疗机构进行活体器官摘取前，应当由本医疗机构人体器官移植技术临床应用与伦理委员会主持听证，邀请医学、法学、伦理学、社会学等方面的专家和活体器官捐赠者本人及其家属参加，确认符合法律、法规和医学伦理学原则、是活体器官捐赠者本人真实意愿、无买卖人体器官或者变相买卖人体器官后，方可进行活体器官移植。

第三十条 医疗机构在摘取活体器官捐赠者所同意捐赠的器官前，应当充分告知捐赠者及其家属摘取器官手术风险、术后注意事项、可能发生的并发症及预防措施等，并签署知情同意书。

医疗机构及其医务人员未经捐赠者及其家属同意，不得摘取活体器官。

活体器官移植不应当因捐献活体器官而损害捐赠者相应的正常生理功能。

第三十一条 医疗机构对人体器官捐赠者和需要移植的人体器官应当进行必要的检查，防止患者因人体器官移植感染其他疾病，保证人体器官移植的临床疗效。

艾滋病病毒感染者或者艾滋病患者、肝炎病毒携带者、梅毒患者等患有经血液传播疾病者和恶性肿瘤患者等的器官不得用于人体器官移植。

第三十二条 医疗机构开展人体器官移植应当恪守救死扶伤、治病救人的医德规范。

医疗机构及其任何工作人员不得利用人体器官或者人体器官移植，牟取不正当利益。

第三十三条 医疗机构应当严格按照国家规定的标准收费，主动接受患者及其家属有关医疗费用的查询和监督。

严禁自立收费项目、分解收费、重复收费、比照收费、超标准收费等乱收费行为。

第三十四条 医疗机构及其医务人员开展试验性人体器官移植，必须进行技术论证，并按照有关规定取得批准。

医疗机构开展试验性人体器官移植应当履行告知义务，征得患者本人和其家属书面同意。试验性人体器官移植不得向患者收取任何费用。有关给予患者补偿问题，应当在知情同意书中约定。

第三十五条 医疗机构开展异种器官移植，应当按照临床科研项目的有关规定取得批准后方可实施。

第三十六条 医疗机构应当在完成每例次人体器官移植后 30 日内，使用卫生部下发的信息管理软件将人体器官移植相关信息报送至省级卫生行政部门。

省级卫生行政部门使用卫生部下发的信息管理软件，将本辖区开展人体器官移植相关信息汇总后，分别于每年 7 月 20 日前将上半年本辖区人体器官移植相关信息和每年1月20日前将上一年度下半年及上一年度全年本辖区人体器官移植相关信息报送至卫生部。

第四章　监督管理

第三十七条　县级以上地方卫生行政部门应当加强对开展人体器官移植医疗机构的监督管理，现场监督检查每年不少于一次，并详细记录监督检查结果，发现其不具备本规定第八条规定条件的，准予登记的省级卫生行政部门应当按照程序及时撤销其器官移植相应专业诊疗科目登记。

第三十八条　县级以上地方卫生行政部门进行监督检查时，有权采取下列措施：

（一）进入工作现场了解情况，调查取证；

（二）查阅有关资料，必要时可以复制有关资料；

（三）责令医疗机构立即改正违法违规行为。

第三十九条　医疗机构违反本规定第二章规定，未经诊疗科目登记擅自开展人体器官移植的，由卫生行政部门按照《医疗机构管理条例》第四十七条的规定给予处罚。

第四十条　省级卫生行政部门对不具备人体器官移植技术临床应用能力和不符合本行政区域人体器官移植技术临床应用规划的医疗机构不予登记；对已取得器官移植相应专业诊疗科目的医疗机构，应当定期组织专家对其人体器官移植技术临床应用能力进行评价，对患者平均长期存活率达不到相关要求的，应当及时撤销其器官移植相应专业诊疗科目登记。

第四十一条　卫生部对已取得器官移植相应专业诊疗科目的医疗机构开展人体器官移植情况进行巡查。凡发现开展人体器官移植的医疗机构不符合本规定的，责令省级卫生行政部门撤销其器官移植相应专业诊疗科目登记，视情节轻重，对负有责任的主管人员和其他责任人，依法给予行政处分。

第四十二条　省级卫生行政部门应当对参加医疗机构人体器官移植技术临床应用能力评价的人员进行年度考核，对年度考核不合格或者发现有下列情形之一的，取消其评价资格，5年内不再聘请其承担评价工作：

（一）通过评价的医疗机构不具备开展人体器官移植能力的；

（二）不能按照本规定及相关规定完成或者胜任评价工作的；

（三）严重违反评价程序的。

第四十三条　参加评价工作的人员在评价过程中滥用职权、弄虚作假或者非法收受财物以及牟取其他不正当利益的，由省级卫生行政部门取消其参加评价工作的资格，并由其所在单位给予行政处分。省级卫生行政部门5年内不得再聘任其参加评价工作。

第四十四条　卫生行政部门及其工作人员违反规定干预评价工作的，上级卫生行政部门或者工作人员所在的卫生行政部门应当及时纠正；后果严重的，应当给予有关负责人和直接责任人员行政处分。

第四十五条　医疗机构和执业医师在开展人体器官移植中有违反《执业医师法》、《医疗机构管理条例》等法律法规行为的，按照有关法律、法规处罚。

第五章　附　　则

第四十六条　本规定发布前已经开展人体器官移植的医疗机构，应当在本规定实施后3个月内按照本规定向省级卫生行政部门申请器官移植相应专业诊疗科目登记。在本规定实施后3个月内没有提出登记申请或者省级卫生行政部门决定不予登记的，一律停止开展人体器官移植。

本规定发布前未开展人体器官移植的医疗机构，在本规定施行前一律不得开展人体器官移植。

第四十七条　本规定自2006年7月1日起施行。

人体器官移植技术临床应用管理规范（2020年版）

1．2020年8月24日国家卫生健康委办公厅发布

2．国卫办医函〔2020〕705号

为规范人体器官移植技术临床应用，保障医疗质量与患者安全，根据《人体器官移植条例》，制定本规范。本规范是医疗机构及其医务人员开展人体器官移植技术的基本要求。

本规范所称人体器官移植技术，是指将人体器官捐献人具有特定功能的心脏、肺脏、肝脏、肾脏、胰腺、小肠等器官的全部或者部分，植入接受人身体以代替其病损器官的技术。

一、医疗机构基本要求

（一）根据有关法律、法规、规章及规范性文件要求，规范开展人体器官捐献与移植工作。

（二）具有与开展人体器官移植技术相适应的诊疗科目。

（三）具有符合规定的人体器官移植临床应用与伦理委员会。

（四）具有完善的人体器官移植技术临床应用管

理制度、质量控制制度、数据报送管理制度,能够贯彻落实各项规章制度、人员岗位职责、医疗护理技术操作规程和相关技术规范等。

（五）具有人体器官移植技术工作相适应的场地和设备设施：

1. 移植病区。需设置相对独立的病区,普通区和保护区设置符合要求;保护区应当有明确的分区标识和管理细则;肝脏、肾脏移植病区床位不少于20张,心脏、肺脏移植病区床位不少于5张,胰腺、小肠移植病区床位不少于2张;移植病区设备设施配置齐全,病房床单元设置能够满足移植患者管理需要。

2. 重症医学科。设置符合《重症医学科建设与管理指南(试行)》要求,科室建筑布局、功能流程合理,达到Ⅲ级洁净辅助用房标准。移植重症监护病床数量原则上不少于移植病区床单元数量的20%,其中开展肝脏、心脏、肺脏、胰腺、小肠移植技术至少设置1张重症监护单间病床。配备多功能心电监护仪、血流监测等必要的设备设施,能够满足人体器官移植技术专业需求。

3. 手术室。设置符合《医院手术部(室)管理规范(试行)》和《医院洁净手术部建筑技术规范(GB 50333－2013)》等要求,建筑布局、功能流程合理,移植手术间净使用面积不少于40平方米,达到Ⅰ级洁净手术室标准。辅助设备能够满足人体器官移植手术需要,麻醉恢复室等设置符合要求。介入手术室符合放射防护及无菌操作条件,有应急抢救设施与药品器材,能够开展冠状动脉造影、右心导管检查等心导管检查项目。其中,开展心脏、肺脏移植技术还应当分别具备心内膜心肌活检、肺组织活检技术能力等。

4. 检验科。能够开展免疫抑制剂血药浓度检测、血型抗体效价检测等检验项目。其中,开展肾脏、心脏、肺脏、胰腺及小肠移植技术还应当具备HLA抗体、HLA组织配型等检测能力。相关检验项目应当参加省级以上室间质评并合格。

5. 病理科。能够运用免疫组织化学、分子生物学、特殊染色以及电子显微镜等技术进行分析,满足人体器官活体组织病理学诊断需求。

6. 血液透析室。有独立的血液透析室,设置10台以上血液透析设备,具备常规透析、床旁透析、血浆置换、单纯超滤等血液透析技术能力。其中开展肾脏移植技术还应当具有2台以上连续性肾脏替代治疗机(CRRT机)。

7. 其他科室。能够开展医学影像诊断、介入诊疗技术、术后免疫排斥反应诊断和监测,并具备处理相关并发症的科室和技术能力。

8. 器械、设备与设施。具备人体器官移植手术专用器械;呼吸机、心电监护仪等重症监护必须设备;便携式脑电图、体感诱发电位等神经电生理检查设备;便携式床旁彩超、床边X光机、体外膜肺氧合设备(ECMO)、计算机辅助X线断层扫描、彩色多普勒超声诊断设备、磁共振、数字化减影血管造影、纤维支气管镜、纤维胃镜、纤维结肠镜、酶谱检测仪、快速冰冻切片设备和医学影像图像管理系统,以及人体器官移植数据网络直报专用计算机等。

9. 在具备上述要求外,相关人体器官移植技术临床应用还应当分别满足以下条件:

(1)肝脏移植技术:普通外科(肝胆专业)床位不少于80张,每年完成肝、胆、胰外科手术不少于500例,其中独立完成的半肝切除术、胰头癌根治术等四级手术占20%以上;消化内科有独立的病区,床位不少于50张,技术能力能够满足肝脏移植需要。

(2)肾脏移植技术:泌尿外科床位不少于40张,每年完成泌尿外科手术不少于800例,其中肾脏手术150例以上,能够独立完成前列腺癌、膀胱癌、肾癌根治术;肾病科床位不少于40张,能够进行肾脏活体组织病理检查,技术能力能够满足肾脏移植需要。

(3)心脏移植技术:心脏大血管外科床位不少于40张,每年开展心脏外科手术不少于500例,能够开展终末期心脏病的外科治疗,具备主动脉内球囊反搏、体外膜肺氧合(ECMO)技术能力;心血管内科有独立的病区,床位不少于80张,技术能力能够满足心脏移植需要;医学影像科等科室具备开展经食管心脏超声检查、无创性心血管成像与血液动力学检查、弥散与灌注成像等技术能力。

(4)肺脏移植技术:胸外科床位不少于40张,每年完成胸外科手术不少于1000例,具备开展气管及支气管成形术、肺动脉袖状成形术等常规手术能力,能够开展胸腔镜下肺癌根治术、复杂肺切除手术及纵膈肿瘤手术等;呼吸内科有独立的病区,床位不少于40张,技术能力能够满足肺脏移植需要;医学影像科等科室能够开展无创性肺部成像、肺血流和灌注成像以及肺通气、弥散功能、残气量测定以及气道高反应性测定等肺功能检查项目。

(5)胰腺、小肠移植技术:普通外科床位不少于80张,每年完成肝、胆、胰外科手术不少于500例,其中独立完成的半肝切除术、胰头癌根治术等四级手术占

20%以上;营养科能够为胰腺、小肠移植患者术前生存和术后消化系统功能恢复提供营养支持。其中,开展小肠移植技术还应当具备开展移植肠内窥镜监测及移植肠粘膜活体组织病理学检查的技术能力。

二、人员基本要求

(一)人体器官移植医师。开展肝脏、肾脏、心脏、肺脏移植技术临床应用,应当至少有3名经省级卫生健康行政部门或军队卫生部门认定的本机构在职人体器官移植医师,其中,至少1名应当具有主任医师专业技术任职资格。开展胰腺、小肠移植技术临床应用,应当至少有1名经省级卫生健康行政部门或军队卫生部门认定的本机构在职人体器官移植医师。

(二)脑死亡判定技术人员。经培训合格具备脑电图评估、诱发电位评估和经颅多普勒超声评估能力的医师或卫生技术人员不少于1人;具备脑死亡临床评估能力的医师不少于2人。

(三)其他人员。具备开展相应器官移植技术所需的麻醉、重症、护理等相关卫生技术人员,以及专门的移植数据网络直报人员。

三、技术管理基本要求

(一)严格遵守人体器官移植技术操作规范和诊疗指南,严格掌握器官移植技术适应证和禁忌证。规范使用中国人体器官分配与共享计算机系统(COTRS),移植器官来源合法、可溯源。

(二)人体器官移植技术临床应用应当严格履行伦理审查程序,遵守知情同意、隐私保护等伦理学要求。

(三)医疗机构应当按照手术分级管理的有关规定,对人体器官移植医师进行评估,具备人体器官移植技术临床应用能力的,准予其作为术者开展相关人体器官移植手术,并建立人体器官移植技术临床应用管理档案,纳入个人技术档案管理。

(四)术者应当由本机构相应人体器官移植医师担任,成立相关人体器官移植的多学科诊疗组,制定个体化的治疗与管理方案。

(五)肾脏、心脏、肺脏、胰腺、小肠移植手术前必须进行交叉配型、组织配型和群体反应抗体(PRA)检测。

(六)在完成肝脏、肾脏、心脏、肺脏移植手术后,应当按照要求于72小时内将相关病例数据信息报送至相应移植质控中心,并接受数据质量核查。

(七)建立健全器官移植手术后随访制度,并按规定进行随访、记录。

(八)医疗机构和医师按照规定定期接受器官移植技术临床应用能力评价,包括中国人体器官分配与共享计算机系统(COTRS)规范使用情况、手术适应证、手术成功率、严重并发症、医疗事故发生情况、术后患者管理、患者术后生存质量、随访情况、病历质量和数据报送质量等。

四、培训管理要求

人体器官移植医师的培训与人体器官移植医师培训基地的建设应当严格按照国家及省级卫生健康行政部门有关规定执行。

人体捐献器官获取与分配管理规定

1. 2019年1月17日国家卫生健康委发布
2. 国卫医发〔2019〕2号
3. 自2019年3月1日起施行

第一章 总 则

第一条 为积极推进人体器官捐献与移植工作,进一步规范人体器官获取,完善人体器官获取与分配体系,推动人体器官捐献与移植事业健康、可持续发展,依据《人体器官移植条例》等法规政策,结合工作实际,制定本规定。

第二条 本规定适用于公民逝世后捐献器官(以下简称捐献器官,包括器官段)的获取与分配。

第三条 本规定中人体器官获取组织(以下简称OPO)是指依托符合条件的医疗机构,由外科医师、神经内外科医师、重症医学科医师及护士、人体器官捐献协调员等组成的从事公民逝世后人体器官获取、修复、维护、保存和转运的医学专门组织或机构。

第四条 国家卫生健康委负责全国人体捐献器官获取与分配的监督管理工作。

县级以上卫生健康行政部门负责辖区内人体捐献器官获取与分配的监督管理工作。

第五条 医疗机构应当加强对所设OPO的日常管理,保障其规范运行。

第二章 捐献器官的获取

第六条 OPO获取捐献器官,应当在捐献者死亡后按照人体器官获取标准流程和技术规范实施。获取捐献器官种类和数量,应当与人体器官捐献知情同意书一致。

第七条 OPO应当履行以下职责:

(一)对其服务范围内的潜在捐献者进行相关医学评估。

（二）获取器官前核查人体器官捐献知情同意书等合法性文件。

（三）维护捐献器官功能。捐献者死亡后，依据捐献者生前意愿或其配偶、成年子女、父母共同书面意愿获取相应捐献器官。

（四）将潜在捐献者、捐献者及其捐献器官的临床数据和合法性文件上传至中国人体器官分配与共享计算机系统（以下简称器官分配系统，网址：www.cot.org.cn）。

（五）使用器官分配系统启动捐献器官的自动分配。

（六）获取、保存、运送捐献器官，并按照器官分配系统的分配结果与获得该器官的人体器官移植等待者（以下简称等待者）所在的具备人体器官移植资质的医院（以下简称移植医院）进行捐献器官的交接确认。

（七）对捐献者遗体进行符合伦理原则的医学处理，并参与缅怀和慰问工作。

（八）保护捐献者、接受者和等待者的个人隐私，并保障其合法权益。

（九）组织开展其服务范围内医疗机构相关医务人员的专业培训，培训内容涉及潜在捐献者的甄别、抢救、器官功能维护等。开展学术交流和科学研究。

（十）配合本省份各级红十字会人体器官捐献管理机构做好人体器官捐献的宣传动员、协调见证、缅怀纪念等工作。

第八条 OPO应当组建具备专门技术和能力要求的人体捐献器官获取团队，制定潜在捐献者识别与筛选医学标准，建立标准的人体捐献器官获取技术规范，配备专业人员和设备，以确保获取器官的质量。

第九条 医疗机构成立OPO，应当符合省级卫生健康行政部门规划，并符合OPO基本条件和管理要求。

第十条 OPO应当独立于人体器官移植科室。

第十一条 省级卫生健康行政部门应当根据覆盖全省、满足需要、唯一、就近的原则做好辖区内OPO设置规划，合理划分OPO服务区域，不得重叠。

第十二条 省级卫生健康行政部门应当根据OPO设置规划，在满足需要的前提下减少OPO设置数量，逐渐成立全省统一的OPO。

第十三条 省级卫生健康行政部门应当将OPO名单及其服务区域及时报国家卫生健康委备案。变更OPO名单或服务区域，应当在变更后5个工作日内报国家卫生健康委备案。

第十四条 OPO应当在省级卫生健康行政部门划定的服务区域内实施捐献器官的获取，严禁跨范围转运潜在捐献者、获取器官。

第十五条 OPO进行潜在捐献者评估时，应当在器官分配系统中登记潜在捐献者信息及相关评估情况，保障潜在捐献者可溯源。

第十六条 OPO应当建立捐献者病历并存档备查。捐献者病历至少包括：捐献者个人基本信息、捐献者评估记录、人体器官捐献知情同意书、死亡判定记录、OPO所在医疗机构人体器官移植技术临床应用与伦理委员会审批材料、人体器官获取同意书、器官获取记录、获取器官质量评估记录、器官接收确认书等。转院的患者需提供首诊医院的出院记录。

第十七条 OPO应当在红十字会人体器官捐献协调员现场见证下获取捐献器官，不得在医疗机构以外实施捐献器官获取手术。捐献者所在医疗机构应当积极协助和配合OPO，为实施捐献器官获取手术提供手术室、器械药品、人员等保障。

第十八条 各级各类医疗机构及其医务人员应当积极支持人体器官捐献与移植工作，并参加相关培训。发现潜在捐献者时，应当主动向划定的OPO以及省级红十字会报告，禁止向其他机构、组织和个人转介潜在捐献者。

第十九条 省级卫生健康行政部门应当在OPO的配合下，依照《人体器官移植条例》的有关规定，积极与当地医疗服务价格管理部门沟通，核算人体器官捐献、获取、保存、分配、检验、运输、信息系统维护等成本，确定其收费标准。

第二十条 人体器官获取经费收支应当纳入OPO所在医疗机构统一管理。医疗机构应当根据人体器官获取工作特点，建立健全人体器官获取财务管理制度，规范人体器官获取有关经费收支管理。

第二十一条 OPO所在医疗机构应当向其服务区域内的捐献者所在医疗机构支付维护、获取捐献器官所消耗的医疗与人力等成本。移植医院接受捐献器官，应当向OPO所在医疗机构支付人体器官获取的相关费用。

第三章 人体捐献器官获取质量管理与控制

第二十二条 国家卫生健康委建立人体捐献器官获取质量管理与控制体系，发布人体捐献器官获取质量管理与控制标准，收集、分析全国人体捐献器官获取相关质量数据，开展OPO绩效评估、质量管理与控制等工作。

第二十三条　省级卫生健康行政部门应当收集、分析辖区内人体捐献器官获取相关质量数据，开展辖区内OPO绩效评估、质量管理与控制等工作。

第二十四条　OPO组织或其所在医疗机构应当按照要求建立本单位人体器官获取质量管理与控制体系，对OPO工作过程进行全流程质量控制，包括建立标准流程、制定本单位人体器官获取技术要求，以及记录分析评估相关数据等。

第四章　捐献器官的分配

第二十五条　捐献器官的分配应当符合医疗需要，遵循公平、公正和公开的原则。

第二十六条　捐献器官必须通过器官分配系统进行分配，保证捐献器官可溯源。任何机构、组织和个人不得在器官分配系统外擅自分配捐献器官，不得干扰、阻碍器官分配。

第二十七条　移植医院应当将本院等待者的相关信息全部录入器官分配系统，建立等待名单并按照要求及时更新。

第二十八条　捐献器官按照人体器官分配与共享基本原则和核心政策的规定，逐级进行分配和共享。有条件的省份可以向国家卫生健康委提出实施辖区内统一等待名单的捐献器官分配。

第二十九条　OPO应当按照要求填写捐献者及捐献器官有关信息，禁止伪造篡改捐献者数据。

第三十条　OPO获取捐献器官后，经评估不可用于移植的，应当在分配系统中登记弃用器官病理检查报告结果，说明弃用原因及弃用后处理情况。

第三十一条　OPO应当及时启动器官分配系统自动分配捐献器官。器官分配系统按照人体器官分配与共享基本原则和核心政策生成匹配名单，并向移植医院发送分配通知后，OPO应当及时联系移植医院，确认其接收分配通知。

第三十二条　移植医院接到器官分配通知后，应当在30分钟内登陆器官分配系统查看捐献者和捐献器官的相关医学信息，并依据医学判断和等待者意愿在60分钟内作出接受或拒绝人体器官分配的决定并回复。拒绝接受人体器官分配的，应当在器官分配系统中说明理由。

第三十三条　OPO应当按照器官分配结果将捐献器官转运至接受者所在移植医院，转运过程中应当携带器官接收确认书。到达移植医院后应当与移植医院确认并交接捐献器官的来源、类型、数量及接受者身份。

第三十四条　移植器官交接后，特殊原因致接受者无法进行移植手术的，移植医院应当立即通知OPO，由OPO使用分配系统进行再分配。

第三十五条　移植医院应当严格执行分配结果，并在人体器官移植手术完成后，立即将接受者信息从等待者名单中移除。

第三十六条　为避免器官浪费，对于符合以下情形的捐献器官开辟特殊通道。OPO可通过器官分配系统按照人体器官分配与共享基本原则和核心政策选择适宜的器官接受者，并按程序在器官分配系统中按照特殊情况进行登记。省级卫生健康行政部门应当加强对特殊通道的监督管理。

（一）因不可抗力导致捐献器官无法转运至分配目的地的；

（二）捐献器官已转运至分配目的地，但接受者无法进行移植手术，再分配转运耗时将超过器官保存时限的；

（三）器官分配耗时已接近器官保存时限的。

第三十七条　国家卫生健康委定期组织专家或委托专业机构对人体器官分配与共享基本原则和核心政策进行评估，必要时根据工作需要修订。

第五章　监督管理

第三十八条　省级卫生健康行政部门应当及时公布辖区内已经办理人体器官移植诊疗科目登记的医疗机构名单、OPO名单及其相应的服务范围。

第三十九条　省级卫生健康行政部门应当按年度对全省各OPO工作进行评估，形成省级人体器官获取质量管理与控制报告。省级卫生健康行政部门应当根据OPO评估及质控结果对辖区内OPO服务区域进行动态调整。

第四十条　省级卫生健康行政部门应当加强器官分配管理，指导辖区内移植医院规范使用器官分配系统分配捐献器官，做好移植医院人体器官移植临床应用能力评估，将移植医院器官分配系统规范使用情况作为其人体器官移植临床应用能力评估的重要内容。

第四十一条　移植医院分配系统规范使用评估主要包括以下内容：

（一）等待者录入分配系统情况；

（二）接到器官分配通知后应答情况；

（三）有无伪造等待者医学数据的情形；

（四）器官分配结果执行情况；

（五）特殊通道使用是否规范；

（六）移植后将接受者信息从等待者名单中移除情况。

移植医院分配系统规范使用评估不合格的，应当进行整改，整改期间暂停器官分配。

第四十二条　医疗机构违反本规定的，视情节轻重，依照《刑法》《人体器官移植条例》《医疗机构管理条例》等法律法规，由县级以上卫生健康行政部门给予警告、整改、暂停直至撤销人体器官移植诊疗科目登记的处罚。

医务人员违反本规定的，视情节轻重，依照《刑法》《执业医师法》《人体器官移植条例》等法律法规，由县级以上卫生健康行政部门依法给予处分、暂停执业活动、直至吊销医师执业证书的处罚。涉嫌犯罪的，移交司法机关追究刑事责任。

第六章　附　　则

第四十三条　本规定自 2019 年 3 月 1 日起施行，《人体捐献器官获取与分配管理规定（试行）》（国卫医发〔2013〕11 号）同时废止。

医院感染管理办法

1. 2006 年 7 月 6 日卫生部令第 48 号公布
2. 自 2006 年 9 月 1 日起施行

第一章　总　　则

第一条　为加强医院感染管理，有效预防和控制医院感染，提高医疗质量，保证医疗安全，根据《传染病防治法》、《医疗机构管理条例》和《突发公共卫生事件应急条例》等法律、行政法规的规定，制定本办法。

第二条　医院感染管理是各级卫生行政部门、医疗机构及医务人员针对诊疗活动中存在的医院感染、医源性感染及相关的危险因素进行的预防、诊断和控制活动。

第三条　各级各类医疗机构应当严格按照本办法的规定实施医院感染管理工作。

医务人员的职业卫生防护，按照《职业病防治法》及其配套规章和标准的有关规定执行。

第四条　卫生部负责全国医院感染管理的监督管理工作。

县级以上地方人民政府卫生行政部门负责本行政区域内医院感染管理的监督管理工作。

第二章　组织管理

第五条　各级各类医疗机构应当建立医院感染管理责任制，制定并落实医院感染管理的规章制度和工作规范，严格执行有关技术操作规范和工作标准，有效预防和控制医院感染，防止传染病病原体、耐药菌、条件致病菌及其他病原微生物的传播。

第六条　住院床位总数在 100 张以上的医院应当设立医院感染管理委员会和独立的医院感染管理部门。

住院床位总数在 100 张以下的医院应当指定分管医院感染管理工作的部门。

其他医疗机构应当有医院感染管理专（兼）职人员。

第七条　医院感染管理委员会由医院感染管理部门、医务部门、护理部门、临床科室、消毒供应室、手术室、临床检验部门、药事管理部门、设备管理部门、后勤管理部门及其他有关部门的主要负责人组成，主任委员由医院院长或者主管医疗工作的副院长担任。

医院感染管理委员会的职责是：

（一）认真贯彻医院感染管理方面的法律法规及技术规范、标准，制定本医院预防和控制医院感染的规章制度、医院感染诊断标准并监督实施；

（二）根据预防医院感染和卫生学要求，对本医院的建筑设计、重点科室建设的基本标准、基本设施和工作流程进行审查并提出意见；

（三）研究并确定本医院的医院感染管理工作计划，并对计划的实施进行考核和评价；

（四）研究并确定本医院的医院感染重点部门、重点环节、重点流程、危险因素以及采取的干预措施，明确各有关部门、人员在预防和控制医院感染工作中的责任；

（五）研究并制定本医院发生医院感染暴发及出现不明原因传染性疾病或者特殊病原体感染病例等事件时的控制预案；

（六）建立会议制度，定期研究、协调和解决有关医院感染管理方面的问题；

（七）根据本医院病原体特点和耐药现状，配合药事管理委员会提出合理使用抗菌药物的指导意见；

（八）其他有关医院感染管理的重要事宜。

第八条　医院感染管理部门、分管部门及医院感染管理专（兼）职人员具体负责医院感染预防与控制方面的管理和业务工作。主要职责是：

（一）对有关预防和控制医院感染管理规章制度的落实情况进行检查和指导；

（二）对医院感染及其相关危险因素进行监测、分析和反馈，针对问题提出控制措施并指导实施；

（三）对医院感染发生状况进行调查、统计分析，并向医院感染管理委员会或者医疗机构负责人报告；

（四）对医院的清洁、消毒灭菌与隔离、无菌操作技术、医疗废物管理等工作提供指导；

（五）对传染病的医院感染控制工作提供指导；

（六）对医务人员有关预防医院感染的职业卫生安全防护工作提供指导；

（七）对医院感染暴发事件进行报告和调查分析，提出控制措施并协调、组织有关部门进行处理；

（八）对医务人员进行预防和控制医院感染的培训工作；

（九）参与抗菌药物临床应用的管理工作；

（十）对消毒药械和一次性使用医疗器械、器具的相关证明进行审核；

（十一）组织开展医院感染预防与控制方面的科研工作；

（十二）完成医院感染管理委员会或者医疗机构负责人交办的其他工作。

第九条　卫生部成立医院感染预防与控制专家组，成员由医院感染管理、疾病控制、传染病学、临床检验、流行病学、消毒学、临床药学、护理学等专业的专家组成。主要职责是：

（一）研究起草有关医院感染预防与控制、医院感染诊断的技术性标准和规范；

（二）对全国医院感染预防与控制工作进行业务指导；

（三）对全国医院感染发生状况及危险因素进行调查、分析；

（四）对全国重大医院感染事件进行调查和业务指导；

（五）完成卫生部交办的其他工作。

第十条　省级人民政府卫生行政部门成立医院感染预防与控制专家组，负责指导本地区医院感染预防与控制的技术性工作。

第三章　预防与控制

第十一条　医疗机构应当按照有关医院感染管理的规章制度和技术规范，加强医院感染的预防与控制工作。

第十二条　医疗机构应当按照《消毒管理办法》，严格执行医疗器械、器具的消毒工作技术规范，并达到以下要求：

（一）进入人体组织、无菌器官的医疗器械、器具和物品必须达到灭菌水平；

（二）接触皮肤、粘膜的医疗器械、器具和物品必须达到消毒水平；

（三）各种用于注射、穿刺、采血等有创操作的医疗器具必须一用一灭菌。

医疗机构使用的消毒药械、一次性医疗器械和器具应当符合国家有关规定。一次性使用的医疗器械、器具不得重复使用。

第十三条　医疗机构应当制定具体措施，保证医务人员的手卫生、诊疗环境条件、无菌操作技术和职业卫生防护工作符合规定要求，对医院感染的危险因素进行控制。

第十四条　医疗机构应当严格执行隔离技术规范，根据病原体传播途径，采取相应的隔离措施。

第十五条　医疗机构应当制定医务人员职业卫生防护工作的具体措施，提供必要的防护物品，保障医务人员的职业健康。

第十六条　医疗机构应当严格按照《抗菌药物临床应用指导原则》，加强抗菌药物临床使用和耐药菌监测管理。

第十七条　医疗机构应当按照医院感染诊断标准及时诊断医院感染病例，建立有效的医院感染监测制度，分析医院感染的危险因素，并针对导致医院感染的危险因素，实施预防与控制措施。

医疗机构应当及时发现医院感染病例和医院感染的暴发，分析感染源、感染途径，采取有效的处理和控制措施，积极救治患者。

第十八条　医疗机构经调查证实发生以下情形时，应当于12小时内向所在地的县级地方人民政府卫生行政部门报告，并同时向所在地疾病预防控制机构报告。所在地的县级地方人民政府卫生行政部门确认后，应当于24小时内逐级上报至省级人民政府卫生行政部门。省级人民政府卫生行政部门审核后，应当在24小时内上报至卫生部：

（一）5例以上医院感染暴发；

（二）由于医院感染暴发直接导致患者死亡；

（三）由于医院感染暴发导致3人以上人身损害后果。

第十九条　医疗机构发生以下情形时，应当按照《国家突发公共卫生事件相关信息报告管理工作规范（试行）》的要求进行报告：

（一）10例以上的医院感染暴发事件；

（二）发生特殊病原体或者新发病原体的医院感染；

（三）可能造成重大公共影响或者严重后果的医

院感染。

第二十条　医疗机构发生的医院感染属于法定传染病的，应当按照《中华人民共和国传染病防治法》和《国家突发公共卫生事件应急预案》的规定进行报告和处理。

第二十一条　医疗机构发生医院感染暴发时，所在地的疾病预防控制机构应当及时进行流行病学调查，查找感染源、感染途径、感染因素，采取控制措施，防止感染源的传播和感染范围的扩大。

第二十二条　卫生行政部门接到报告，应当根据情况指导医疗机构进行医院感染的调查和控制工作，并可以组织提供相应的技术支持。

第四章　人员培训

第二十三条　各级卫生行政部门和医疗机构应当重视医院感染管理的学科建设，建立专业人才培养制度，充分发挥医院感染专业技术人员在预防和控制医院感染工作中的作用。

第二十四条　省级人民政府卫生行政部门应当建立医院感染专业人员岗位规范化培训和考核制度，加强继续教育，提高医院感染专业人员的业务技术水平。

第二十五条　医疗机构应当制定对本机构工作人员的培训计划，对全体工作人员进行医院感染相关法律法规、医院感染管理相关工作规范和标准、专业技术知识的培训。

第二十六条　医院感染专业人员应当具备医院感染预防与控制工作的专业知识，并能够承担医院感染管理和业务技术工作。

第二十七条　医务人员应当掌握与本职工作相关的医院感染预防与控制方面的知识，落实医院感染管理规章制度、工作规范和要求。工勤人员应当掌握有关预防和控制医院感染的基础卫生学和消毒隔离知识，并在工作中正确运用。

第五章　监督管理

第二十八条　县级以上地方人民政府卫生行政部门应当按照有关法律法规和本办法的规定，对所辖区域的医疗机构进行监督检查。

第二十九条　对医疗机构监督检查的主要内容是：

（一）医院感染管理的规章制度及落实情况；

（二）针对医院感染危险因素的各项工作和控制措施；

（三）消毒灭菌与隔离、医疗废物管理及医务人员职业卫生防护工作状况；

（四）医院感染病例和医院感染暴发的监测工作情况；

（五）现场检查。

第三十条　卫生行政部门在检查中发现医疗机构存在医院感染隐患时，应当责令限期整改或者暂时关闭相关科室或者暂停相关诊疗科目。

第三十一条　医疗机构对卫生行政部门的检查、调查取证等工作，应当予以配合，不得拒绝和阻碍，不得提供虚假材料。

第六章　罚　　则

第三十二条　县级以上地方人民政府卫生行政部门未按照本办法的规定履行监督管理和对医院感染暴发事件的报告、调查处理职责，造成严重后果的，对卫生行政主管部门主要负责人、直接责任人和相关责任人予以降级或者撤职的行政处分。

第三十三条　医疗机构违反本办法，有下列行为之一的，由县级以上地方人民政府卫生行政部门责令改正，逾期不改的，给予警告并通报批评；情节严重的，对主要负责人和直接责任人给予降级或者撤职的行政处分：

（一）未建立或者未落实医院感染管理的规章制度、工作规范；

（二）未设立医院感染管理部门、分管部门以及指定专（兼）职人员负责医院感染预防与控制工作；

（三）违反对医疗器械、器具的消毒工作技术规范；

（四）违反无菌操作技术规范和隔离技术规范；

（五）未对消毒药械和一次性医疗器械、器具的相关证明进行审核；

（六）未对医务人员职业暴露提供职业卫生防护。

第三十四条　医疗机构违反本办法规定，未采取预防和控制措施或者发生医院感染未及时采取控制措施，造成医院感染暴发、传染病传播或者其他严重后果的，对负有责任的主管人员和直接责任人员给予降级、撤职、开除的行政处分；情节严重的，依照《传染病防治法》第六十九条规定，可以依法吊销有关责任人员的执业证书；构成犯罪的，依法追究刑事责任。

第三十五条　医疗机构发生医院感染暴发事件未按本办法规定报告的，由县级以上地方人民政府卫生行政部门通报批评；造成严重后果的，对负有责任的主管人员和其他直接责任人员给予降级、撤职、开除的处分。

第七章　附　　则

第三十六条　本办法中下列用语的含义：

（一）医院感染：指住院病人在医院内获得的感染，包括在住院期间发生的感染和在医院内获得出院后发生的感染，但不包括入院前已开始或者入院时已处于潜伏期的感染。医院工作人员在医院内获得的感染也属医院感染。

（二）医源性感染：指在医学服务中，因病原体传播引起的感染。

（三）医院感染暴发：是指在医疗机构或其科室的患者中，短时间内发生3例以上同种同源感染病例的现象。

（四）消毒：指用化学、物理、生物的方法杀灭或者消除环境中的病原微生物。

（五）灭菌：杀灭或者消除传播媒介上的一切微生物，包括致病微生物和非致病微生物，也包括细菌芽胞和真菌孢子。

第三十七条 中国人民解放军医疗机构的医院感染管理工作，由中国人民解放军卫生部门归口管理。

第三十八条 采供血机构与疾病预防控制机构的医源性感染预防与控制管理参照本办法。

第三十九条 本办法自2006年9月1日起施行，原2000年11月30日颁布的《医院感染管理规范（试行）》同时废止。

盲人医疗按摩管理办法

1. 2009年4月23日卫生部、人力资源和社会保障部、国家中医药管理局、中国残疾人联合会发布

2. 卫医政发〔2009〕37号

3. 自2009年9月1日起施行

第一条 为了保障盲人医疗按摩人员的合法权益，规范盲人医疗按摩活动，根据《中华人民共和国残疾人保障法》等法律法规，制定本办法。

第二条 本办法所称盲人医疗按摩，是指由盲人从事的有一定治疗疾病目的的按摩活动。

盲人医疗按摩属于医疗行为，应当在医疗机构中开展。

盲人医疗按摩人员属于卫生技术人员，应当具备良好的职业道德和执业水平，其依法履行职责，受法律保护。

第三条 县级以上地方残疾人联合会、人力资源和社会保障部门以及卫生行政部门、中医药管理部门根据职责分工对盲人医疗按摩进行管理。

第四条 符合下列条件之一的盲人，持设区的市级残疾人联合会出具的审核同意证明，可以申请在医疗机构中从事盲人医疗按摩活动：

（一）本办法发布前，取得盲人医疗按摩专业技术职务任职资格的；

（二）本办法发布前，取得盲人医疗按摩中等专业及以上学历，并且连续从事盲人医疗按摩活动2年以上的；

（三）本办法发布前，在医疗机构中连续从事盲人医疗按摩活动满15年的；

（四）本办法发布前，在医疗机构中连续从事盲人医疗按摩活动2年以上不满15年，并且通过盲人医疗按摩人员考试的；

（五）取得盲人医疗按摩中等专业及以上学历，并且通过盲人医疗按摩人员考试的。

盲人医疗按摩人员考试由中国残疾人联合会负责组织，并制定考试办法。具体实施由中国盲人按摩指导中心负责。

通过盲人医疗按摩人员考试的盲人，取得考试合格证明，同时取得盲人医疗按摩人员初级专业技术职务任职资格。

第五条 符合本办法第六条规定的盲人医疗按摩人员可以申请开办盲人医疗按摩所。

第六条 开办盲人医疗按摩所应当符合下列条件：

（一）开办人应当为盲人医疗按摩人员；

（二）至少有1名从事盲人医疗按摩活动5年以上的盲人医疗按摩人员；

（三）至少有1张按摩床及相应的按摩所需用品，建筑面积不少于40平方米；

（四）有必要的消毒设备；

（五）有相应的规章制度，装订成册的国家制定或者认可的盲人医疗按摩技术操作规程；

（六）能够独立承担法律责任；

（七）有设区的市级残疾人联合会出具的同意开办盲人医疗按摩所的证明文件。

第七条 盲人医疗按摩所由县级卫生行政部门审批，符合条件的发给《医疗机构执业许可证》，登记名称为识别名称＋盲人医疗按摩所，诊疗科目为推拿科（盲人医疗按摩）。

盲人医疗按摩所不登记推拿科（盲人医疗按摩）以外的诊疗科目，不设床位，不设药房（柜）。

盲人医疗按摩所执业许可证的有效期为5年。

第八条 盲人医疗按摩人员在工作中享有下列权利：

（一）参与技术经验交流，参加专业学术团体；
（二）参加业务培训和继续教育；
（三）在工作中，人格尊严、人身安全不受侵犯；
（四）获取报酬；
（五）对卫生工作提出意见和建议。

第九条 盲人医疗按摩人员在工作中应当履行下列义务：

（一）遵守法律、法规、规章和相关技术操作规范；
（二）树立敬业精神，遵守职业道德；
（三）关心、爱护、尊重患者，保护患者的隐私；
（四）接受培训和继续教育，努力钻研业务，提高专业技术水平。

第十条 盲人医疗按摩人员应当如实向患者或者其家属介绍医疗按摩方案，但应注意避免对患者产生不利后果。

第十一条 盲人医疗按摩人员不得开展推拿（盲人医疗按摩）以外的医疗、预防、保健活动，不得开具药品处方，不得出具医学诊断证明，不得签署与盲人医疗按摩无关的医学证明文件，不得隐匿、伪造或者擅自销毁医学文书及有关资料。

第十二条 盲人医疗按摩所应当按照规定的执业地点和诊疗科目执业，不得开展盲人医疗按摩以外的医疗、预防、保健活动。非盲人不得在盲人医疗按摩所从事医疗、预防、保健活动。

第十三条 盲人医疗按摩人员不得利用职务之便，索取、非法收受患者财物或者牟取其他不正当利益。

第十四条 中国残疾人联合会负责制定盲人医疗按摩人员培训规划，保证盲人医疗按摩人员按照规定接受培训、继续教育和依法从事盲人医疗按摩活动。

中国盲人按摩指导中心及各省、自治区、直辖市盲人按摩指导中心根据培训规划制定盲人医疗按摩人员培训计划，并负责组织培训工作。

医疗机构应当为盲人医疗按摩人员开展工作和学习提供条件，保证本机构盲人医疗按摩人员接受培训、继续教育和合法从事医疗按摩活动。

第十五条 盲人医疗按摩所有下列情形之一的，由原发证机关予以注销，并收回《医疗机构执业许可证》：

（一）聘用非盲人开展医疗、预防、保健活动的；
（二）开展盲人医疗按摩以外的医疗、预防、保健活动的；
（三）出卖、转让、出借《医疗机构执业许可证》的；
（四）开具药品处方的；
（五）设床位、药房（柜）的；
（六）《医疗机构执业许可证》有效期届满未延续的；
（七）不具备本办法第六条规定的条件的。

第十六条 县级卫生行政部门对不符合条件的盲人医疗按摩所发给《医疗机构执业许可证》或者违反本办法规定扩大诊疗科目登记、批准设置床位或药房（柜）的，其行为无效，由原发证机关或者上一级卫生行政部门予以撤销。

第十七条 盲人医疗按摩所及其工作人员违反《医疗机构管理条例》的有关规定，按《医疗机构管理条例》处理。发生医疗事故的，按《医疗事故处理条例》处理。

第十八条 原人事部、卫生部、国家中医药管理局、中国残疾人联合会《关于盲人医疗按摩人员评聘专业技术职务有关问题的通知》（残联教就字〔1997〕第103号）中有关主任（副主任）按摩医师、主治按摩医师、按摩医师（士）的专业技术职务名称分别改为主任（副主任）医疗按摩师、主治医疗按摩师、医疗按摩师（士）。

在本办法发布前，取得的盲人医疗按摩专业技术职务任职资格继续有效。盲人医疗按摩人员专业技术职务的评聘按照残联教就字〔1997〕第103号有关规定办理。

第十九条 本办法所称的盲人包括全盲和低视力者。

第二十条 本办法自2009年9月1日起施行。

综合医院分级护理指导原则（试行）

1. 2009年5月22日卫生部发布
2. 卫医政发〔2009〕49号
3. 自2009年7月1日起施行

第一章 总 则

第一条 为加强医院临床护理工作，规范临床分级护理及护理服务内涵，保证护理质量，保障患者安全，制定本指导原则。

第二条 分级护理是指患者在住院期间，医护人员根据患者病情和生活自理能力，确定并实施不同级别的护理。

分级护理分为四个级别：特级护理、一级护理、二级护理和三级护理。

第三条 本指导原则适用于各级综合医院。专科医院、中医医院和其他类别医疗机构参照本指导原则执行。

第四条 医院临床护士根据患者的护理级别和医师制订的诊疗计划，为患者提供基础护理服务和护理专业技术服务。

第五条 医院应当根据本指导原则，结合实际制定并落实医院分级护理的规章制度、护理规范和工作标准，保障患者安全，提高护理质量。

第六条 各级卫生行政部门应当加强医院护理质量管理，规范医院的分级护理工作，对辖区内医院护理工作进行指导和检查，保证护理质量和医疗安全。

第二章 分级护理原则

第七条 确定患者的护理级别，应当以患者病情和生活自理能力为依据，并根据患者的情况变化进行动态调整。

第八条 具备以下情况之一的患者，可以确定为特级护理：

（一）病情危重，随时可能发生病情变化需要进行抢救的患者；

（二）重症监护患者；

（三）各种复杂或者大手术后的患者；

（四）严重创伤或大面积烧伤的患者；

（五）使用呼吸机辅助呼吸，并需要严密监护病情的患者；

（六）实施连续性肾脏替代治疗（CRRT），并需要严密监护生命体征的患者；

（七）其他有生命危险，需要严密监护生命体征的患者。

第九条 具备以下情况之一的患者，可以确定为一级护理：

（一）病情趋向稳定的重症患者；

（二）手术后或者治疗期间需要严格卧床的患者；

（三）生活完全不能自理且病情不稳定的患者；

（四）生活部分自理，病情随时可能发生变化的患者。

第十条 具备以下情况之一的患者，可以确定为二级护理：

（一）病情稳定，仍需卧床的患者；

（二）生活部分自理的患者。

第十一条 具备以下情况之一的患者，可以确定为三级护理：

（一）生活完全自理且病情稳定的患者；

（二）生活完全自理且处于康复期的患者。

第三章 分级护理要点

第十二条 护士应当遵守临床护理技术规范和疾病护理常规，并根据患者的护理级别和医师制订的诊疗计划，按照护理程序开展护理工作。

护士实施的护理工作包括：

（一）密切观察患者的生命体征和病情变化；

（二）正确实施治疗、给药及护理措施，并观察、了解患者的反应；

（三）根据患者病情和生活自理能力提供照顾和帮助；

（四）提供护理相关的健康指导。

第十三条 对特级护理患者的护理包括以下要点：

（一）严密观察患者病情变化，监测生命体征；

（二）根据医嘱，正确实施治疗、给药措施；

（三）根据医嘱，准确测量出入量；

（四）根据患者病情，正确实施基础护理和专科护理，如口腔护理、压疮护理、气道护理及管路护理等，实施安全措施；

（五）保持患者的舒适和功能体位；

（六）实施床旁交接班。

第十四条 对一级护理患者的护理包括以下要点：

（一）每小时巡视患者，观察患者病情变化；

（二）根据患者病情，测量生命体征；

（三）根据医嘱，正确实施治疗、给药措施；

（四）根据患者病情，正确实施基础护理和专科护理，如口腔护理、压疮护理、气道护理及管路护理等，实施安全措施；

（五）提供护理相关的健康指导。

第十五条 对二级护理患者的护理包括以下要点：

（一）每2小时巡视患者，观察患者病情变化；

（二）根据患者病情，测量生命体征；

（三）根据医嘱，正确实施治疗、给药措施；

（四）根据患者病情，正确实施护理措施和安全措施；

（五）提供护理相关的健康指导。

第十六条 对三级护理患者的护理包括以下要点：

（一）每3小时巡视患者，观察患者病情变化；

（二）根据患者病情，测量生命体征；

（三）根据医嘱，正确实施治疗、给药措施；

（四）提供护理相关的健康指导。

第十七条 护士在工作中应当关心和爱护患者，发现患者病情变化，应当及时与医师沟通。

第四章 质量管理

第十八条 医院应当建立健全各项护理规章制度、护士岗位职责和行为规范，严格遵守执行护理技术操作规范、疾病护理常规，保证护理服务质量。

第十九条 医院应当及时调查了解患者、家属对护理工作的意见和建议,及时分析处理,不断改进护理工作。

第二十条 医院应当加强对护理不良事件的报告,及时调查分析,防范不良事件的发生,促进护理质量持续改进。

第二十一条 省级卫生行政部门可以委托省级护理质量控制中心,对辖区内医院的护理工作进行质量评估与检查指导。

第五章 附 则

第二十二条 本指导原则自2009年7月1日施行。

健康体检管理暂行规定

1. 2009年8月5日卫生部发布
2. 卫医政发〔2009〕77号
3. 自2009年9月1日起施行

第一章 总 则

第一条 为加强健康体检管理,保障健康体检规范有序进行,根据《中华人民共和国执业医师法》、《医疗机构管理条例》、《护士条例》等法律法规制定本规定。

第二条 本规定所称健康体检是指通过医学手段和方法对受检者进行身体检查,了解受检者健康状况、早期发现疾病线索和健康隐患的诊疗行为。

第三条 卫生部负责全国健康体检的监督管理。县级以上地方人民政府卫生行政部门负责本行政区域内健康体检的监督管理。

第二章 执业条件和许可

第四条 具备下列条件的医疗机构,可以申请开展健康体检。

(一)具有相对独立的健康体检场所及候检场所,建筑总面积不少于400平方米,每个独立的检查室使用面积不少于6平方米;

(二)登记的诊疗科目至少包括内科、外科、妇产科、眼科、耳鼻咽喉科、口腔科、医学影像科和医学检验科;

(三)至少具有2名具有内科或外科副高以上专业技术职务任职资格的执业医师,每个临床检查科室至少具有1名中级以上专业技术职务任职资格的执业医师;

(四)至少具有10名注册护士;

(五)具有满足健康体检需要的其他卫生技术人员;

(六)具有符合开展健康体检要求的仪器设备。

第五条 医疗机构向核发其《医疗机构执业许可证》的卫生行政部门(以下简称登记机关)申请开展健康体检。

第六条 登记机关应当按照第四条规定的条件对申请开展健康体检的医疗机构进行审核和评估,具备条件的允许其开展健康体检,并在《医疗机构执业许可证》副本备注栏中予以登记。

第三章 执业规则

第七条 医疗机构根据卫生部制定的《健康体检基本项目目录》制定本单位的《健康体检项目目录》(以下简称《目录》),并按照《目录》开展健康体检。

医疗机构的《目录》应当向登记机关备案;不设床位和床位在99张以下的医疗机构还应向登记机关的上一级卫生行政部门备案。

第八条 医疗机构应用医疗技术进行健康体检,应当遵守医疗技术临床应用管理有关规定,应用的医疗技术应当与其医疗服务能力相适应。

医疗机构不得使用尚无明确临床诊疗指南和技术操作规程的医疗技术用于健康体检。

第九条 医疗机构开展健康体检应当严格遵守有关规定和规范,采取有效措施保证健康体检的质量。

第十条 医疗机构应当采取有效措施保证受检者在健康体检中的医疗安全。

第十一条 医疗机构开展健康体检应当按照有关规定履行对受检者相应的告知义务。

第十二条 医疗机构应当按照《医疗机构临床实验室管理办法》有关规定开展临床实验室检测,严格执行有关操作规程出具检验报告。

第十三条 各健康体检项目结果应当由负责检查的相应专业执业医师记录并签名。

第十四条 医疗机构应当对完成健康体检的受检者出具健康体检报告。健康体检报告应当包括受检者一般信息、体格检查记录、实验室和医学影像检查报告、阳性体征和异常情况的记录、健康状况描述和有关建议等。

第十五条 健康体检报告应当符合病历书写基本规范。

第十六条 医疗机构应当指定医师审核签署健康体检报告。负责签署健康体检报告的医师应当具有内科或外科副主任医师以上专业技术职务任职资格,经设区的市级以上人民政府卫生行政部门培训并考核合格。

第十七条 医疗机构开展健康体检必须接受设区的市级以上人民政府卫生行政部门组织的质量控制管理。

第十八条 医疗机构应当制定合理的健康体检流程，严格执行有关规定规范，做好医院感染防控和生物安全管理。

第十九条 医疗机构开展健康体检不得以赢利为目的对受检者进行重复检查，不得诱导需求。

第二十条 医疗机构不得以健康体检为名出售药品、保健品、医疗保健器械等。

第二十一条 医疗机构应当加强健康体检中的信息管理，确保信息的真实、准确和完整。未经受检者同意，不得擅自散布、泄露受检者的个人信息。

第二十二条 受检者健康体检信息管理参照门诊病历管理有关规定执行。

第四章 外出健康体检

第二十三条 外出健康体检是指医疗机构在执业地址以外开展的健康体检。

除本规定的外出健康体检，医疗机构不得在执业地址外开展健康体检。

第二十四条 医疗机构可以在登记机关管辖区域范围内开展外出健康体检。

第二十五条 医疗机构开展外出健康体检前，应当与邀请单位签订健康体检协议书，确定体检时间、地点、受检人数、体检的项目和流程、派出医务人员和设备的基本情况等，并明确协议双方法律责任。

第二十六条 医疗机构应当于外出健康体检前至少20个工作日向登记机关进行备案，并提交以下备案材料：

（一）外出健康体检情况说明，包括邀请单位的基本情况、受检者数量、地址和基本情况、体检现场基本情况等；

（二）双方签订的健康体检协议书；

（三）体检现场标本采集、运送等符合有关条件和要求的书面说明；

（四）现场清洁、消毒和检后医疗废物处理方案；

（五）医疗机构执业许可证副本复印件。

第二十七条 外出健康体检的场地应当符合本办法第四条第一项要求。进行血液和体液标本采集的房间应当达到《医院消毒卫生标准》中规定的Ⅲ类环境，光线充足，保证安静。

第二十八条 医疗机构应当按照《目录》开展外出健康体检。外出健康体检进行医学影像学检查和实验室检测必须保证检查质量并满足放射防护和生物安全的管理要求。

第五章 监督管理

第二十九条 无《医疗机构执业许可证》开展健康体检的，按照《医疗机构管理条例》第四十四条处理。

医疗机构未经许可开展健康体检的，按照《医疗机构管理条例》第四十七条处理。

第三十条 未经备案开展外出健康体检的，视为未变更注册开展诊疗活动，按照《医疗机构管理条例》和《执业医师法》有关条款处理。

第三十一条 健康体检超出备案的《健康体检项目目录》的，按照《医疗机构管理条例》第四十七条处理。

第三十二条 医疗机构出具虚假或者伪造健康体检结果的，按照《医疗机构管理条例》第四十九条处理。

第三十三条 开展健康体检引发医疗事故争议的按照《医疗事故处理条例》处理。

第六章 附 则

第三十四条 本规定所称健康体检不包括职业健康检查、从业人员健康体检、入学、入伍、结婚登记等国家规定的专项体检、基本公共卫生服务项目提供的健康体检和使用新型农村合作医疗基金为参加新型农村合作医疗农民开展的健康体检以及专项疾病的筛查和普查等。

第三十五条 已开展健康体检服务的医疗机构，应当在2009年11月30日前完成健康体检服务登记。

第三十六条 本办法自2009年9月1日起施行。

关于规范活体器官移植的若干规定

1. 2009年12月24日卫生部发布

2. 卫医管发〔2009〕126号

为加强活体器官移植管理，确保活体器官捐献人和接受人的生命安全，根据《人体器官移植条例》，现将有关事项规定如下：

一、活体器官捐献应当遵循自愿、无偿的原则。公民享有捐献或者不捐献其人体器官的权利，对已经表示捐献其人体器官的意愿，有权予以撤销。任何组织或者个人不得强迫、欺骗或者利诱他人捐献人体器官。捐献人体器官的公民应当年满18周岁且具有完全民事行为能力。

二、活体器官捐献人与接受人仅限于以下关系：

（一）配偶：仅限于结婚3年以上或者婚后已育有子女的；

（二）直系血亲或者三代以内旁系血亲；

（三）因帮扶等形成亲情关系：仅限于养父母和养子女之间的关系、继父母与继子女之间的关系。

三、从事活体器官移植的医疗机构应当要求申请活体器官移植的捐献人与接受人提交以下相关材料：

（一）由活体器官捐献人及其具有完全民事行为能力的父母、成年子女（已结婚的捐献人还应当包括其配偶）共同签署的捐献人自愿、无偿捐献器官的书面意愿和活体器官接受人同意接受捐献人捐献器官的书面意愿；

（二）由户籍所在地公安机关出具的活体器官捐献人与接受人的身份证明以及双方第二代居民身份证、户口本原件；

（三）由户籍所在地公安机关出具的能反映活体器官捐献人与接受人亲属关系的户籍证明；

（四）活体器官捐献人与接受人属于配偶关系，应当提交结婚证原件或者已有生育子女的证明；

（五）省级卫生行政部门要求的其他证明材料。

从事活体器官移植的医疗机构应当配备身份证鉴别仪器并留存上述证明材料原件和相关证件的复印件备查。

四、从事活体器官移植的医疗机构及其医务人员在摘取活体器官前，应当履行下列义务：

（一）查验活体器官捐献人与接收人按照本规定第三条要求提交的相关材料的真实性，并确认其关系符合本通知第二条规定；

（二）评估接受人是否有接受活体器官移植手术的必要性、适应证；

（三）评估活体器官捐献人的健康状况是否适合捐献器官；

（四）评估摘取器官可能对活体器官捐献人健康产生的影响，确认不会因捐献活体器官而损害捐献者正常的生理功能；

（五）评估接受人因活体器官移植传播疾病的风险；

（六）根据医学及伦理学原则需要进行的其他评估；

（七）向医疗机构人体器官移植技术临床应用与伦理委员会（以下简称伦理委员会）提出摘取活体器官申请。

五、伦理委员会在收到摘取活体器官审查申请后，应当召集由伦理委员会全体成员参加的专门会议，对下列事项进行审查和讨论，在全体委员一致同意并签名确认后，伦理委员会方可出具同意摘取活体器官的书面意见：

（一）活体器官捐献人和接受人按照本规定第三条要求提供的材料是否真实、合法，其关系是否符合本规定第二条要求；

（二）活体器官捐献人的捐献意愿是否真实；

（三）有无买卖人体器官的情形；

（四）器官的配型和接受人的适应证是否符合人体器官移植技术管理规范；

（五）活体器官捐献人的身体和心理状况是否适宜捐献器官；

（六）对本通知第四条第（四）项的评估是否全面、科学；

（七）捐献是否符合医学和伦理学原则。

医疗机构应当存留完整的伦理委员会会议记录备查。

六、从事活体器官移植的医疗机构在伦理委员会出具同意摘取活体器官的书面意见后，应将相关材料上报省级卫生行政部门，根据回复意见实施。

七、在实施活体器官摘取手术前，应当由主管医师协助手术室工作人员再次确认活体器官捐献人身份。

八、完成活体器官摘取和器官移植手术后，负责活体器官移植的医务人员应当在72小时内完成以下工作：

（一）向伦理委员会提交手术报告，包括活体器官摘取和移植简要过程、术中和术后是否发生不良事件或者并发症及处理措施等；

（二）按照要求向相应的移植数据中心上报人体器官移植数据。

九、从事活体器官移植的医疗机构应当保存活体器官捐献人的医学资料，并定期对其随访。

十、医疗机构及其医务人员有下列情形之一的，由所在地省级卫生行政部门依照《中华人民共和国执业医师法》、《医疗机构管理条例》、《人体器官移植条例》的规定，对医疗机构及相关责任人予以处罚；涉嫌犯罪的，移交司法机关查处：

（一）摘取未满18周岁公民活体器官用于移植的；

（二）为不符合本规定第二条要求的捐献人与接受人进行活体器官摘取、移植手术的；

（三）摘取活体器官前未按照本规定第四、五条要求履行查验、评估、说明、确认义务的；

（四）未经省级卫生行政部门及医疗机构伦理委员会审查同意，擅自开展活体器官摘取、移植手术的；

（五）完成活体器官摘取、移植手术后，未按照本规定第八条要求报告的；

（六）买卖活体器官或者从事与买卖活体器官有关活动的。

十一、各级卫生行政部门要严格按照本规定及有关文件要求，进一步加强本辖区内医疗机构开展活体器官移植工作的监督管理；对于未能依法履行职责、监管不力，导致辖区内器官移植工作管理混乱的卫生行政部门，将依法追究直接责任人及相关责任人的责任，并予以通报。

十二、本规定自印发之日起施行。

医疗机构诊疗科目名录

1. 1994年9月5日卫生部发布
2. 根据2007年5月31日《卫生部关于修订〈医疗机构诊疗科目名录〉部分科目的通知》（卫医发〔2007〕174号）第一次修订
3. 根据2010年6月11日《卫生部关于修订口腔科二级科目的通知》（卫医政发〔2010〕55号）第二次修订

关于下发《医疗机构诊疗科目名录》的通知

为贯彻执行《医疗机构管理条例》，我部制定《医疗机构诊疗科目》，现发给你们，请遵照执行。

附件1：

医疗机构诊疗科目名录

代码	诊疗科目
01.	**预防保健科**
02.	**全科医疗科**
03.	**内科**
03.01	呼吸内科专业
03.02	消化内科专业
03.03	神经内科专业
03.04	心血管内科专业
03.05	血液内科专业
03.06	肾病学专业
03.07	内分泌专业
03.08	免疫学专业
03.09	变态反应专业
03.10	老年病专业
03.11	其他
04.	**外科**
04.01	普通外科专业
04.01.01	肝脏移植项目
04.01.02	胰腺移植项目
04.01.03	小肠移植项目
04.02	神经外科专业
04.03	骨科专业
04.04	泌尿外科专业
04.04.01	肾脏移植项目
04.05	胸外科专业
04.05.01	肺脏移植项目
04.06	心脏大血管外科专业
04.06.01	心脏移植项目
04.07	烧伤科专业
04.08	整形外科专业
04.09	其他
05.	**妇产科**
05.01	妇科专业
05.02	产科专业
05.03	计划生育专业
05.04	优生学专业
05.05	生殖健康与不孕症专业
05.06	其他
06.	**妇女保健科**
06.01	青春期保健专业
06.02	围产期保健专业
06.03	更年期保健专业
06.04	妇女心理卫生专业
06.05	妇女营养专业
06.06	其他
07.	**儿科**
07.01	新生儿专业
07.02	小儿传染病专业
07.03	小儿消化专业
07.04	小儿呼吸专业
07.05	小儿心脏病专业
07.06	小儿肾病专业
07.07	小儿血液病专业
07.08	小儿神经病学专业
07.09	小儿内分泌专业
07.10	小儿遗传病专业

07.11 小儿免疫专业
07.12 其他
08. 小儿外科
08.01 小儿普通外科专业
08.02 小儿骨科专业
08.03 小儿泌尿外科专业
08.04 小儿胸心外科专业
08.05 小儿神经外科专业
08.06 其他
09. 儿童保健科
09.01 儿童生长发育专业
09.02 儿童营养专业
09.03 儿童心理卫生专业
09.04 儿童五官保健专业
09.05 儿童康复专业
09.06 其他
10. 眼科
11. 耳鼻咽喉科
11.01 耳科专业
11.02 鼻科专业
11.03 咽喉科专业
11.04 其他
12. 口腔科
12.01 牙体牙髓病专业
12.02 牙周病专业
12.03 口腔粘膜病专业
12.04 儿童口腔专业
12.05 口腔颌面外科专业
12.06 口腔修复专业
12.07 口腔正畸专业
12.08 口腔种植专业
12.09 口腔麻醉专业
12.10 口腔颌面医学影像专业
12.11 口腔病理专业
12.12 预防口腔专业
12.13 其他
13. 皮肤科
13.01 皮肤病专业
13.02 性传播疾病专业
13.03 其他
14. 医疗美容科
15. 精神科
15.01 精神病专业
15.02 精神卫生专业
15.03 药物依赖专业
15.04 精神康复专业
15.05 社区防治专业
15.06 临床心理专业
15.07 司法精神专业
15.08 其他
16. 传染科
16.01 肠道传染病专业
16.02 呼吸道传染病专业
16.03 肝炎专业
16.04 虫媒传染病专业
16.05 动物源性传染病专业
16.06 蠕虫病专业
16.07 其他
17. 结核病科
18. 地方病科
19. 肿瘤科
20. 急诊医学科
21. 康复医学科
22. 运动医学科
23. 职业病科
23.01 职业中毒专业
23.02 尘肺专业
23.03 放射病专业
23.04 物理因素损伤专业
23.05 职业健康监护专业
23.06 其他
24. 临终关怀科
25. 特种医学与军事医学科
26. 麻醉科
30. 医学检验科
30.01 临床体液、血液专业
30.02 临床微生物学专业
30.03 临床化学检验专业
30.04 临床免疫、血清学专业
30.05 临床细胞分子遗传学专业
30.06 其他
31. 病理科
32. 医学影像科
32.01 X 线诊断专业
32.02 CT 诊断专业
32.03 磁共振成像诊断专业

32.04 核医学专业
32.05 超声诊断专业
32.06 心电诊断专业
32.07 脑电及脑血流图诊断专业
32.08 神经肌肉电图专业
32.09 介入放射学专业
32.10 放射治疗专业
32.11 其他
50. 中医科
50.01 中医内科专业
50.02 中医外科专业
50.03 中医妇产科专业
50.04 中医儿科专业
50.05 中医皮肤科专业
50.06 中医眼科专业
50.07 中医耳鼻咽喉科专业
50.08 中医口腔科专业
50.09 中医肿瘤科专业
50.10 中医骨伤科专业
50.11 中医肛肠科专业
50.12 中医老年病科专业
50.13 中医针灸科专业
50.14 中医推拿按摩科专业
50.15 中医康复医学专业
50.16 中医急诊科专业
50.17 中医预防保健科专业
50.18 其他
51. 民族医学科
51.01 维吾尔医学
51.02 藏医学
51.03 蒙医学
51.04 彝医学
51.05 傣医学
51.06 其他
52. 中西医结合科

附件2：

《诊疗科目名录》使用说明

一、本《名录》依据临床一、二级学科及专业名称编制，是卫生行政部门核定医疗机构诊疗科目，填写《医疗机构执业许可证》和《医疗机构申请执业登记注册书》相应栏目的标准。

二、医疗机构实际设置的临床专业科室名称不受本《名录》限制，可使用习惯名称和跨学科科室名称，如“围产医学科”、“五官科”等。

三、诊疗科目分为“一级科目”和“二级科目”。

一级科目一般相当临床一级学科，如“内科”、“外科”等；

二级科目一般相当临床二级学科，如“呼吸内科”、“消化内科”等。

为便于专科医疗机构使用，部分临床二级学科列入一级科目。

四、科目代码由“××·××”构成，其中小数点前两位为一级科目识别码，小数点后两位为二级科目识别码。

五、《医疗机构申请执业登记注册书》的“医疗机构诊疗科目申报表”填报原则：

1. 申报表由申请单位填报。表中已列出全部诊疗科目及其代码，申请单位在代码前的“□”内以划“√”方式填报。

2. 医疗机构凡在某一级科目下设置二级学科（专业组）的，应填报到所列二级科目；未划分二级学科（专业组）的，只填报到一级诊疗科目，如“内科”、“外科”等。

3. 只开展专科病诊疗的机构，应填报专科病诊疗所属的科目，并在备注栏注明专科病名称，如颈椎病专科病诊疗机构填报“骨科”，并于备注栏注明“颈椎病专科”。

4. 在某科目下只开展门诊服务的，应在备注栏注明“门诊”字样。如申报肝炎专科门诊时，申报“肝炎专业”并在备注栏填注“门诊”。

六、《医疗机构申请执业登记注册书》“核准登记事项”的诊疗科目栏填写原则：

1. 由卫生行政部门在核准申报表后填写。

2. 一般只需填写一级科目。

3. 在某一级科目下只开展个别二级科目诊疗活动的，应直接填写所设二级科目，如某医疗机构在精神科下仅开设心理咨询服务，则填写精神科的二级科目“临床心理专业”。

4. 只开展某诊疗科目下个别专科病诊疗的，应在填写的相应科目后注明专科病名称，如“骨科（颈椎病专科）”。

5. 只提供门诊服务的科目，应注明“门诊”字样，如“肝炎专业门诊”。

七、《医疗机构执业许可证》的“诊疗科目”栏填写原则与《医疗机构申请执业登记注册书》“核准登记事项”相应栏目相同。

八、名词释义与注释

代码	诊疗科目	注　释
01.	预防保健科	含社区保健、儿童计划免疫、健康教育等。
02.	全科医疗科	由医务人员向病人提供综合(不分科)诊疗服务和家庭医疗服务的均属此科目,如基层诊所、卫生所(室)等提供的服务。
08.	小儿外科	医疗机构仅在外科提供部分儿童手术,未独立设立本专业的,不填报本科目。
23.	职业病科	二级科目只供职业病防治机构使用。综合医院经批准设职业病科的,不需再填二级科目。
25.	特种医学与军事医学科	含航天医学、航空医学、航海医学、潜水医学、野战外科学、军队各类预防和防护学科等。
32.09	介入放射学专业	在各临床科室开展介入放射学检查和治疗的,均应在《医疗机构申请执业登记注册书》的“医疗机构诊疗科目申报表”中申报本科目。

卫生部关于在《医疗机构诊疗科目名录》中增加“疼痛科”诊疗科目的通知

1. 2007年7月16日
2. 卫医发〔2007〕227号

各省、自治区、直辖市卫生厅局,新疆生产建设兵团卫生局,部直属有关单位:

随着我国临床医学的发展和患者对医疗服务需求的增加,根据中华医学会和有关专家建议,经研究决定:

一、在《医疗机构诊疗科目名录》(卫医发〔1994〕第27号文附件1)中增加一级诊疗科目“疼痛科”,代码:“27”。“疼痛科”的主要业务范围为:慢性疼痛的诊断治疗。

二、开展“疼痛科”诊疗科目诊疗服务的医疗机构应有具备麻醉科、骨科、神经内科、神经外科、风湿免疫科、肿瘤科或康复医学科等专业知识之一和临床疼痛诊疗工作经历及技能的执业医师。

三、目前,只限于二级以上医院开展“疼痛科”诊疗科目诊疗服务。具有符合本通知第二条规定条件执业医师的二级以上医院可以申请增加“疼痛科”诊疗科目。门诊部、诊所、社区卫生服务机构、乡镇卫生院等其他类别医疗机构暂不设立此项诊疗科目。

四、拟增加“疼痛科”诊疗科目的二级以上医院应向核发其《医疗机构执业许可证》的地方卫生行政部门提出申请,地方卫生行政部门应依法严格审核,对符合条件的予以登记“疼痛科”诊疗科目。

五、医疗机构登记“疼痛科”诊疗科目后,方可开展相应的诊疗活动。开展“疼痛科”诊疗科目诊疗服务应以卫生部委托中华医学会编写的《临床技术操作规范(疼痛学分册)》、《临床诊疗指南(疼痛学分册)》等为指导,确保医疗质量和医疗安全。

本通知自下发之日起执行。

卫生部关于在《医疗机构诊疗科目名录》中增加“重症医学科”诊疗科目的通知

1. 2009年1月19日
2. 卫医政发〔2009〕9号

各省、自治区、直辖市卫生厅局,新疆生产建设兵团卫生局:

随着我国临床医学的发展和患者对医疗服务需求的增加,根据中华医学会和有关专家建议,在广泛征求意见的基础上,经研究决定:

一、在《医疗机构诊疗科目名录》(卫医发〔1994〕第27号文附件1)中增加一级诊疗科目“重症医学科”,代码:“28”。

重症医学科的主要业务范围为:急危重症患者的抢救和延续性生命支持;发生多器官功能障碍患者的治疗和器官功能支持;防治多脏器功能障碍综合征。

二、开展“重症医学科”诊疗科目诊疗服务的医院应当有具备内科、外科、麻醉科等专业知识之一和临床重症医学诊疗工作经历及技能的执业医师。

三、目前,只限于二级以上综合医院开展“重症医学科”诊疗科目诊疗服务。具有符合本通知第二条规定的二级以上综合医院可以申请增加“重症医学科”诊疗科目。

四、拟增加“重症医学科”诊疗科目的医院应当向核发其《医疗机构执业许可证》的地方卫生行政部门提出申请,地方卫生行政部门应当依法严格审核,对符合条件的予以登记“重症医学科”诊疗科目。

五、“重症医学科”诊疗科目应当以卫生部委托中华医学会编写的《临床技术操作规范(重症医学分册)》和《临床诊疗指南(重症医学分册)》等为指导开展诊疗服务。

六、从事“重症医学科”诊疗服务的医师应当向卫生行政部门重新申请核定医师执业范围；卫生行政部门根据医师申请和医院证明材料，对符合第二条规定医师的执业范围核定为“重症医学科”。

七、二级以上综合医院原已设置的综合重症加强治疗科（病房、室）（ICU）应重新申请“重症医学科”诊疗科目登记，并更改原科室名称为重症医学科。目前设置在专科医院和综合医院相关科室内的与本科重症患者治疗有关的病房，如内或外科重症加强治疗科（内科或外科 ICU）、心血管重症监护病房（CCU）、儿科重症监护病房（PICU）等可以保留，中文名称统一为××科重症监护病房（室），继续在相关专业范围内开展诊疗活动，其医师执业范围不变。

八、设置“重症医学科”的医院要按照我部有关规定严格科室管理，确保医疗质量和医疗安全，并采取有效措施加强重症医学专业人才培养和重症医学学科建设，促进其健康发展。

九、未经批准“重症医学科”诊疗科目登记的医疗机构不得设置重症医学科；相关科室可以设置监护室、抢救室等开展对本科重症患者的救治。

本通知自下发之日起执行。

住院患者基础护理服务项目（试行）

1. 2010年1月22日卫生部发布
2. 卫医政发〔2010〕9号

一、特级护理

项　　目	项 目 内 涵	备　　注
（一）晨间护理	1. 整理床单位	1次/日
	2. 面部清洁和梳头	
	3. 口腔护理	
（二）晚间护理	1. 整理床单位	1次/日
	2. 面部清洁	
	3. 口腔护理	
	4. 会阴护理	
	5. 足部清洁	
（三）对非禁食患者协助进食/水		
（四）卧位护理	1. 协助患者翻身及有效咳嗽	1次/2小时
	2. 协助床上移动	必要时
	3. 压疮预防及护理	
（五）排泄护理	1. 失禁护理	需要时
	2. 床上使用便器	需要时
	3. 留置尿管护理	2次/日
（六）床上温水擦浴		1次/2－3日
（七）其他护理	1. 协助更衣	需要时
	2. 床上洗头	1次/周
	3. 指/趾甲护理	需要时
（八）患者安全管理		

二、一级护理

<table>
<tr><td colspan="3">A. 患者生活不能自理</td></tr>
<tr><td>项　　目</td><td>项 目 内 涵</td><td>备　　注</td></tr>
<tr><td rowspan="3">(一)晨间护理</td><td>1. 整理床单位</td><td rowspan="3">1 次/日</td></tr>
<tr><td>2. 面部清洁和梳头</td></tr>
<tr><td>3. 口腔护理</td></tr>
<tr><td rowspan="5">(二)晚间护理</td><td>1. 整理床单位</td><td rowspan="5">1 次/日</td></tr>
<tr><td>2. 面部清洁</td></tr>
<tr><td>3. 口腔护理</td></tr>
<tr><td>4. 会阴护理</td></tr>
<tr><td>5. 足部清洁</td></tr>
<tr><td>(三)对非禁食患者协助进食/水</td><td></td><td></td></tr>
<tr><td rowspan="3">(四)卧位护理</td><td>1. 协助患者翻身及有效咳嗽</td><td>1 次/2 小时</td></tr>
<tr><td>2. 协助床上移动</td><td>必要时</td></tr>
<tr><td>3. 压疮预防及护理</td><td></td></tr>
<tr><td rowspan="3">(五)排泄护理</td><td>1. 失禁护理</td><td>需要时</td></tr>
<tr><td>2. 床上使用便器</td><td>需要时</td></tr>
<tr><td>3. 留置尿管护理</td><td>2 次/日</td></tr>
<tr><td>(六)床上温水擦浴</td><td></td><td>1 次/2－3 日</td></tr>
<tr><td rowspan="3">(七)其他护理</td><td>1. 协助更衣</td><td>需要时</td></tr>
<tr><td>2. 床上洗头</td><td>1 次/周</td></tr>
<tr><td>3. 指/趾甲护理</td><td>需要时</td></tr>
<tr><td>(八)患者安全管理</td><td></td><td></td></tr>
<tr><td colspan="3">B. 患者生活部分自理</td></tr>
<tr><td>项　　目</td><td>项 目 内 涵</td><td>备　　注</td></tr>
<tr><td rowspan="2">(一)晨间护理</td><td>1. 整理床单位</td><td rowspan="2">1 次/日</td></tr>
<tr><td>2. 协助面部清洁和梳头</td></tr>
<tr><td rowspan="3">(二)晚间护理</td><td>1. 协助面部清洁</td><td rowspan="3">1 次/日</td></tr>
<tr><td>2. 协助会阴护理</td></tr>
<tr><td>3. 协助足部清洁</td></tr>
<tr><td>(三)对非禁食患者协助进食/水</td><td></td><td></td></tr>
<tr><td rowspan="3">(四)卧位护理</td><td>1. 协助患者翻身及有效咳嗽</td><td>1 次/2 小时</td></tr>
<tr><td>2. 协助床上移动</td><td>必要时</td></tr>
<tr><td>3. 压疮预防及护理</td><td></td></tr>
</table>

续表

项　目	项 目 内 涵	备　注
(五)排泄护理	1. 失禁护理	需要时
	2. 协助床上使用便器	需要时
	3. 留置尿管护理	2 次/日
(六)协助温水擦浴		1 次/2－3 日
(七)其他护理	1. 协助更衣	需要时
	2. 协助洗头	
	3. 协助指/趾甲护理	
(八)患者安全管理		

三、二级护理

A. 患者生活部分自理		
项　目	项 目 内 涵	备　注
(一)晨间护理	1. 整理床单位	1 次/日
	2. 协助面部清洁和梳头	
(二)晚间护理	1. 协助面部清洁	1 次/日
	2. 协助会阴护理	
	3. 协助足部清洁	
(三)对非禁食患者协助进食/水		
(四)卧位护理	1. 协助患者翻身及有效咳嗽	1 次/2 小时
	2. 协助床上移动	必要时
	3. 压疮预防及护理	
(五)排泄护理	1. 失禁护理	需要时
	2. 协助床上使用便器	需要时
	3. 留置尿管护理	2 次/日
(六)协助沐浴或擦浴		1 次/2－3 日
(七)其他护理	1. 协助更衣	需要时
	2. 协助洗头	
	3. 协助指/趾甲护理	
(八)患者安全管理		
B. 患者生活完全自理		
项　目	项 目 内 涵	备　注
(一)整理床单位		1 次/日
(二)患者安全管理		

四、三级护理

项　　目	项目内涵	备　　注
(一)整理床单位		1次/日
(二)患者安全管理		

基础护理服务工作规范

1. 2010年1月22日卫生部发布
2. 卫医政发〔2010〕9号

一、整理床单位

(一)工作目标。

保持床单位清洁,增进患者舒适。

(二)工作规范要点。

1. 遵循标准预防、节力、安全的原则。

2. 告知患者,做好准备。根据患者的病情、年龄、体重、意识、活动和合作能力,有无引流管、伤口,有无大小便失禁等,采用与病情相符的整理床单位的方法。

3. 按需要准备用物及环境,保护患者隐私。

4. 护士协助活动不便的患者翻身或下床,采用湿扫法清洁并整理床单位。

5. 操作过程中,注意避免引流管或导管牵拉,密切观察患者病情,发现异常及时处理。与患者沟通,了解其感受及需求,保证患者安全。

6. 操作后对躁动、易发生坠床的患者拉好床栏或者采取其他安全措施,帮助患者采取舒适体位。

7. 按操作规程更换污染的床单位。

(三)结果标准。

1. 患者/家属能够知晓护士告知的事项,对服务满意。

2. 床单位整洁,患者卧位舒适、符合病情要求。

3. 操作过程规范、准确,患者安全。

二、面部清洁和梳头

(一)工作目标。

使患者面部清洁、头发整洁,感觉舒适。

(二)工作规范要点。

1. 遵循节力、安全的原则。

2. 告知患者,做好准备。根据患者的病情、意识、生活自理能力及个人卫生习惯,选择实施面部清洁和梳头的时间。

3. 按需要准备用物。

4. 协助患者取舒适体位,嘱患者若有不适告知护士。

5. 操作过程中,与患者沟通,了解其需求,密切观察患者病情,发现异常及时处理。

6. 尊重患者的个人习惯,必要时涂润肤乳。

7. 保持床单位清洁、干燥。

(三)结果标准。

1. 患者/家属能够知晓护士告知的事项,对服务满意。

2. 患者面部清洁,头发整洁,感觉舒适。

3. 患者出现异常情况,护士处理及时。

三、口腔护理

(一)工作目标。

去除口腔异味和残留物质,保持患者舒适,预防和治疗口腔感染。

(二)工作规范要点。

1. 遵循查对制度,符合标准预防、安全原则。

2. 告知患者,做好准备。评估患者的口腔情况,包括有无手术、插管、溃疡、感染、出血等,评估患者的生活自理能力。

3. 指导患者正确的漱口方法。化疗、放疗、使用免疫抑制剂的患者可以用漱口液清洁口腔。

4. 护士协助禁食患者清洁口腔,鼓励并协助有自理能力的患者自行刷牙。

5. 协助患者取舒适体位,若有不适马上告知护士。

6. 如患者有活动的义齿,应先取下再进行操作。

7. 根据口腔pH值,遵医嘱选择合适的口腔护理溶液,操作中应当注意棉球干湿度。昏迷患者禁止漱口;对昏迷、不合作、牙关紧闭的患者,使用开口器、舌钳、压舌板。开口器从臼齿处放入。

8. 操作中避免清洁、污染物的交叉混淆;操作前后必须清点核对棉球数量。

(三)结果标准。

1. 患者/家属能够知晓护士告知的事项,对服务满意。

2. 患者口腔卫生得到改善,粘膜、牙齿无损伤。

3. 患者出现异常情况时,护士处理及时。

四、会阴护理

(一)工作目标。

协助患者清洁会阴部,增加舒适,预防或减少感染的发生。

（二）工作规范要点。

1. 遵循标准预防、消毒隔离、安全的原则。

2. 告知患者，做好准备。评估患者会阴部有无伤口、有无失禁和留置尿管等，确定会阴护理的方法等。

3. 按需要准备用物及环境，保护患者隐私。

4. 会阴冲洗时，注意水温适宜。冬季寒冷时，注意为患者保暖。

（三）结果标准。

1. 患者/家属能够知晓护士告知的事项，对服务满意。

2. 患者会阴清洁。

3. 患者出现异常情况时，护士处理及时。

五、足部清洁

（一）工作目标。

保持患者足部清洁，增加舒适。

（二）工作规范要点。

1. 遵循节力、安全的原则。

2. 告知患者，做好准备。评估患者的病情、足部皮肤情况。根据评估结果选择适宜的清洁方法。

3. 按需要准备用物及环境，水温适宜。

4. 协助患者取舒适体位，若有不适告知护士。

5. 操作过程中与患者沟通，了解其感受及需求，密切观察患者病情，发现异常及时处理。

6. 尊重患者的个人习惯，必要时涂润肤乳。

7. 保持床单位清洁、干燥。

（三）结果标准。

1. 患者/家属能够知晓护士告知的事项，对服务满意。

2. 足部清洁。

3. 患者出现异常情况时，护士处理及时。

六、协助患者进食/水

（一）工作目标。

协助不能自理或部分自理的患者进食/水，保证进食/水及安全。

（二）工作规范要点。

1. 遵循安全的原则。

2. 告知患者，做好准备。评估患者的病情、饮食种类、液体出入量、自行进食能力，有无偏瘫、吞咽困难、视力减退等。

3. 评估患者有无餐前、餐中用药，保证治疗效果。

4. 协助患者进食过程中，护士应注意食物温度、软硬度及患者的咀嚼能力，观察有无吞咽困难、呛咳、恶心、呕吐等。

5. 操作过程中与患者沟通，给予饮食指导，如有治疗饮食、特殊饮食按医嘱给予指导。

6. 进餐完毕，清洁并检查口腔，及时清理用物及整理床单位，保持适当体位。

7. 需要记录出入量的患者，准确记录患者的进食/水时间、种类、食物含水量等。

8. 患者进食/水延迟时，护士进行交接班。

（三）结果标准。

1. 患者/家属能够知晓护士告知的事项，对服务满意。

2. 患者出现异常情况时，护士处理及时。

七、协助患者翻身及有效咳痰

（一）工作目标。

协助不能自行移动的患者更换卧位，减轻局部组织的压力，预防并发症。对不能有效咳痰的患者进行拍背，促进痰液排出，保持呼吸道通畅。

（二）工作规范要点。

1. 遵循节力、安全的原则。

2. 告知患者，做好准备。翻身前要评估患者的年龄、体重、病情、肢体活动能力、心功能状况，有无手术、引流管、骨折和牵引等。有活动性内出血、咯血、气胸、肋骨骨折、肺水肿、低血压等，禁止背部叩击。

3. 根据评估结果决定患者翻身的频次、体位、方式，选择合适的皮肤减压用具。

4. 固定床脚刹车，妥善处置各种管路。

5. 翻身过程中注意患者安全，避免拖拉患者，保护局部皮肤，正确使用床档。烦躁患者选用约束带。

6. 翻身时，根据病情需要，给予患者拍背，促进排痰。叩背原则：从下至上、从外至内，背部从第十肋间隙、胸部从第六肋间隙开始向上叩击至肩部，注意避开乳房及心前区，力度适宜。

7. 护理过程中，密切观察病情变化，有异常及时通知医师并处理。

8. 翻身后患者体位应符合病情需要。适当使用皮肤减压用具。

（三）结果标准。

1. 患者/家属能够知晓护士告知的事项，对服务满意。

2. 卧位正确，管道通畅；有效清除痰液。

3. 护理过程安全，局部皮肤无擦伤，无其他并发症。

八、协助患者床上移动

（一）工作目标。

协助不能自行移动的患者床上移动，保持患者舒适。

（二）工作规范要点。

1. 遵循节力、安全的原则。

2. 告知患者，做好准备。移动前要评估患者的病情、肢体活动能力、年龄、体重，有无约束、伤口、引流管、骨折和牵引等。

3. 固定床脚刹车，妥善处置各种管路。

4. 注意患者安全，避免拖拉，保护局部皮肤。

5. 护理过程中，密切观察病情变化，有异常及时通知医师并处理。

（三）结果标准。

1. 患者/家属能够知晓护士告知的事项，对服务满意。

2. 卧位正确，管道通畅。

3. 护理过程安全，患者局部皮肤无擦伤，无其他并发症。

九、压疮预防及护理

（一）工作目标。

预防患者发生压疮；为有压疮的患者实施恰当的护理措施，促进压疮愈合。

（二）工作规范要点。

1. 遵循标准预防、消毒隔离、无菌技术、安全的原则。

2. 评估和确定患者发生压疮的危险程度，采取预防措施，如定时翻身、气垫减压等。

3. 对出现压疮的患者，评估压疮的部位、面积、分期、有无感染等，分析导致发生压疮的危险因素并告知患者/家属，进行压疮治疗。

4. 在护理过程中，如压疮出现红、肿、痛等感染征象时，及时与医师沟通进行处理。

5. 与患者沟通，为患者提供心理支持及压疮护理的健康指导。

（三）结果标准。

1. 患者/家属能够知晓压疮的危险因素，对护理措施满意。

2. 预防压疮的措施到位。

3. 促进压疮愈合。

十、失禁护理

（一）工作目标。

对失禁的患者进行护理，保持局部皮肤的清洁，增加患者舒适。

（二）工作规范要点。

1. 遵循标准预防、消毒隔离、安全的原则。

2. 评估患者的失禁情况，准备相应的物品。

3. 护理过程中，与患者沟通，清洁到位，注意保暖，保护患者隐私。

4. 根据病情，遵医嘱采取相应的保护措施，如小便失禁给予留置尿管，对男性患者可以采用尿套技术，女性患者可以采用尿垫等。

5. 鼓励并指导患者进行膀胱功能及盆底肌的训练。

6. 保持床单位清洁、干燥。

（三）结果标准。

1. 患者/家属能够知晓护士告知的事项，对服务满意。

2. 患者皮肤清洁，感觉舒适。

十一、床上使用便器

（一）工作目标。

对卧床的患者提供便器，满足其基本需求。

（二）工作规范要点。

1. 遵循标准预防、消毒隔离、安全的原则。

2. 评估患者的生活自理能力及活动情况，帮助或协助患者使用便器，满足其需求。

3. 准备并检查便器，表面有无破损、裂痕等。注意保暖，保护患者隐私。

4. 护理过程中，与患者沟通，询问患者有无不适主诉，及时处理。

5. 便后观察排泄物性状及骶尾部位的皮肤，如有异常及时处理。

6. 正确处理排泄物，清洁便器，保持床单位清洁、干燥。

（三）结果标准。

1. 患者/家属能够知晓护士告知的事项，对服务满意。

2. 患者皮肤及床单位清洁，皮肤无擦伤。

十二、留置尿管的护理

（一）工作目标。

对留置尿管的患者进行护理，预防感染，增进患者舒适，促进功能锻炼。

（二）工作规范要点。

1. 遵循标准预防、消毒隔离、无菌技术、安全的原则。

2. 告知患者，做好准备。评估患者病情、尿管留置时间、尿液颜色、性状、量,膀胱功能,有无尿频、尿急、腹痛等症状。

3. 按需要准备用物及环境,保护患者隐私。

4. 对留置尿管的患者进行会阴护理,尿道口清洁,保持尿管的通畅,观察尿液颜色、性状、量、透明度、气味等,注意倾听患者的主诉。

5. 留置尿管期间,妥善固定尿管及尿袋,尿袋的高度不能高于膀胱,及时排放尿液,协助长期留置尿管的患者进行膀胱功能训练。

6. 根据患者病情,鼓励患者摄入适当的液体。定期更换尿管及尿袋,做好尿道口护理。

7. 拔管后根据病情,鼓励患者多饮水,观察患者自主排尿及尿液情况,有排尿困难及时处理。

(三)结果标准。

1. 患者/家属能够知晓护士告知的事项,对服务满意。

2. 患者在留置尿管期间会阴部清洁,尿管通畅。

3. 患者出现异常情况时,护士处理及时。

十三、温水擦浴

(一)工作目标。

帮助不能进行沐浴的患者保持身体的清洁与舒适。

(二)工作规范要点。

1. 遵循标准预防、安全的原则。

2. 告知患者,做好准备。评估患者病情、生活自理能力及皮肤完整性等,选择适当时间进行温水擦浴。

3. 准备用物,房间温度适宜,保护患者隐私,尽量减少暴露,注意保暖。

4. 保持水温适宜,擦洗的方法和顺序正确。

5. 护理过程中注意保护伤口和各种管路;观察患者的反应,出现寒战、面色苍白、呼吸急促时应立即停止擦浴,给予恰当的处理。

6. 擦浴后观察患者的反应,检查和妥善固定各种管路,保持其通畅。

7. 保持床单位的清洁、干燥。

(三)结果标准。

1. 患者/家属能够知晓护士告知的事项,对服务满意。

2. 护理过程安全,患者出现异常情况时,护士处理及时。

十四、协助更衣

(一)工作目标。

协助患者更换清洁衣服,满足舒适的需要。

(二)工作规范要点。

1. 遵循标准预防,安全的原则。

2. 告知患者,做好准备。评估患者病情、意识、肌力、移动能力、有无肢体偏瘫、手术、引流管及合作能力等。

3. 根据患者的体型,选择合适、清洁衣服,保护患者隐私。

4. 根据患者病情采取不同的更衣方法,病情稳定可采取半坐卧位或坐位更换;手术或卧床可采取轴式翻身法更换。

5. 更衣原则是:

(1)脱衣方法:无肢体活动障碍时,先近侧,后远侧;一侧肢体活动障碍时,先健侧,后患侧;

(2)穿衣方法:无肢体活动障碍时,先远侧,后近侧;一侧肢体活动障碍时,先患侧,后健侧。

6. 更衣过程中,注意保护伤口和各种管路,注意保暖。

7. 更衣可与温水擦浴、会阴护理等同时进行。

(三)结果标准。

1. 患者/家属能够知晓护士告知的事项,对服务满意。

2. 护理过程安全,患者出现异常情况时,护士处理及时。

十五、床上洗头

(一)工作目标。

保持患者头发清洁、整齐,感觉舒适。

(二)工作规范要点。

1. 遵循标准预防、节力、安全的原则。

2. 告知患者,做好准备。根据患者的病情、意识、生活自理能力及个人卫生习惯、头发清洁度,选择时间进行床上洗头。

3. 准备用物,房间温度适宜,选择合适的体位。

4. 操作过程中,用指腹部揉搓头皮和头发,力量适中,避免抓伤头皮。观察患者反应并沟通,了解患者需求。

5. 注意保护伤口和各种管路。

6. 清洗后,及时擦干或吹干头发,防止患者受凉。

7. 保持床单位清洁干燥。

(三)结果标准。

1. 患者/家属能够知晓护士告知的事项,对服务满意。

2. 护理过程安全,患者出现异常情况时,护士处理及时。

十六、指/趾甲护理

（一）工作目标。

保持生活不能自理患者指/趾甲的清洁、长度适宜。

（二）工作规范要点。

1. 遵循标准预防、节力、安全的原则。

2. 告知患者，做好准备。评估患者的病情、意识、生活自理能力及个人卫生习惯，指/趾甲的长度。

3. 选择合适的指甲刀。

4. 指/趾甲护理包括：清洁、修剪、锉平指/趾甲。

5. 修剪过程中，与患者沟通，避免损伤甲床及周围皮肤，对于特殊患者（如糖尿病患者或有循环障碍的患者）要特别小心；对于指/趾甲过硬，可先在温水中浸泡10－15分钟，软化后再进行修剪。

6. 操作后保持床单位整洁。

（三）结果标准。

1. 患者/家属能够知晓护士告知的事项，对服务满意。

2. 护理过程安全，患者出现异常情况时，护士处理及时。

十七、安全管理

（一）工作目标。

评估住院患者的危险因素，采取相应措施，预防不安全事件的发生。

（二）工作规范要点。

1. 遵循标准预防、安全的原则。

2. 评估住院患者，对存在的危险因素采取相应的预防措施并向患者进行指导，如跌倒、坠床、烫伤的预防等。

3. 根据评估结果对患者进行安全方面的指导，嘱患者注意自身安全，提高自我防范意识。

4. 提供安全的住院环境，采取有效措施，消除不安全因素，降低风险。

（三）结果标准。

1. 患者/家属能够知晓护士告知的事项，对服务满意。

2. 患者住院期间无因护理不当造成的不良事件发生。

医院实施优质护理服务工作标准（试行）

1. 2010年12月22日卫生部、国家中医药管理局发布

2. 卫医政发〔2010〕108号

一、医院组织领导

（一）加强组织领导。

1. 成立由院长任组长的“优质护理服务示范工程”领导小组，定期召开会议，研究解决护理工作中存在的有关问题。

2. 院领导定期进行行政查房，及时听取意见，采取改进措施，提高护理服务水平。

（二）制订并落实工作方案。

1. 根据医院实际，制订切实可行的“优质护理服务示范工程”活动工作方案，有明确的进度安排，各有关部门职责清晰、分工协作。

2. 工作方案能够有效落实。

（三）加强培训工作。

1. 全院各部门和医务人员能够正确理解开展“优质护理服务示范工程”活动的目的、意义、工作实质和具体措施等。

2. 根据卫生部和国家中医药管理局印发的相关文件、规范，组织开展全员培训，使护理管理者和护士充分认识改革护理工作模式的必要性，为患者提供整体护理服务。

（四）加强宣传交流。

1. 加大宣传力度，在全院营造深化“以病人为中心”的服务理念，为患者提供优质护理服务的活动氛围。

2. 在工作中不断总结经验，及时在全院推广，让更多患者受益。

二、临床护理管理

（一）健全并落实规章制度。

1. 建立健全护理工作规章制度，制订并落实疾病护理常规和临床护理技术规范及标准。中医医院和开设中医病房的综合医院、专科医院，认真执行《中医护理常规、技术操作规程》。

2. 建立护士岗位责任制，明确各级各类护士的岗位职责、工作标准和护理质量考核标准，落实责任制整体护理，探索实施护士的岗位管理。

（二）落实护理管理职能。根据《护士条例》和医院的功能任务，建立完善的护理管理组织体系。护理部对护理工作质量和护理人员进行管理，并具备相应能力。

（三）合理调配护士人力。

1. 护理部能够根据临床护理工作需要，对全院护士进行合理配置和调配。护理部掌握全院护理岗位、护士分布情况。

2. 科护士长、病房护士长可以在科室、病房层面根据工作量调配护士，体现以患者为中心。

3. 有条件的医院可以建立机动护士人力资源库，保证应急需要和调配。

（四）建立健全绩效考核制度。

1. 根据护士工作量、护理质量、患者满意度等要素对护士进行综合考评。

2. 将考评结果与护士薪酬分配、晋升、评优等相结合。

3. 护士的薪酬分配向临床一线护理工作量大、风险较高、技术性强的岗位倾斜，体现多劳多得、优劳优酬。

三、临床护理服务

（一）病房管理有序。

1. 病房环境安静、整洁、安全、有序。

2. 不依赖患者家属或家属自聘护工护理患者，陪护率明显下降。

（二）公示并落实服务项目。

1. 根据《综合医院分级护理指导原则（试行）》等文件要求，结合病房实际，细化分级护理标准、服务内涵和服务项目，在病房醒目位置公示并遵照落实。

2. 患者的护理级别与患者病情和自理能力相符。

（三）护士配备合理。

1. 依据护理工作量和患者病情配置护士，病房实际床位数与护士数的比例应当≥1∶0.4。每名责任护士平均负责患者数量不超过8个。

2. 一级护理患者数量较多的病房，护士配置应当适当增加。

（四）实施责任制整体护理。

1. 病房实施责任制分工方式，责任护士为患者提供整体护理服务，履行基础护理、病情观察、治疗、沟通和健康指导等护理工作职责，使其对所负责的患者提供连续、全程的护理服务。

2. 每个责任护士均负责一定数量的患者，每名患者均有相对固定的责任护士对其全程全面负责。

（五）规范护理执业行为。

1. 责任护士全面履行护理职责，为患者提供医学照顾，协助医师实施诊疗计划，密切观察患者病情，及时与医师沟通，对患者开展健康教育，康复指导，提供心理支持。

2. 临床护理服务充分体现专科特色，丰富服务内涵，将基础护理与专科护理有机结合，保障患者安全，体现人文关怀。

3. 按照《中医医院中医护理工作指南》要求，中医医院和综合医院、专科医院的中医病房临床护理服务充分体现中医药特色优势，开展辨证施护和中医特色专科护理，配合医师积极开展中医护理技术操作，提高中医护理水平。

（六）护士分层管理。在实施责任制护理的基础上，根据患者病情、护理难度和技术要求等要素，对护士进行合理分工、分层管理，体现能级对应。

（七）护患关系和谐。

1. 责任护士熟悉自己负责患者的病情、观察重点、治疗要点、饮食和营养状况、身体自理能力等情况，并能够及时与医师沟通。

2. 患者知晓自己的责任护士，并对护理服务有评价。

3. 护患相互信任支持，关系融洽。

（八）合理实施排班。

1. 兼顾临床需要和护士意愿、合理实施排班、减少交接班次数。

2. 病房排班有利于责任护士对患者提供全程、连续的护理服务。

（九）简化护理文书书写。结合专科特点，设计表格式护理文书、简化书写，缩短护士书写时间。

（十）提高患者满意度。

1. 定期进行患者满意度调查。调查内容客观，调查资料可信度高。

2. 了解患者对护理工作的反映，听取患者意见，并根据反馈意见采取可持续改进的措施，不断提高患者满意度。

（十一）护理员管理使用（适用于有护理员的病房）。

1. 建立完善的护理员管理制度，严格限定岗位职责。

2. 护理员必须经过专业培训，协助护士完成非技术性照顾患者工作。

3. 护理员不得单独护理患者，特别是重症监护患者和新生儿的生活护理，不得从事护理技术工作。

四、支持保障措施

（一）改善护士工作条件和待遇。

1. 落实《护士条例》中规定的护士合法权益。

2. 充实临床一线护士数量，稳定临床一线护士队伍。临床一线护士占全院护士比例≥95%。

3. 提高临床一线护士福利待遇，实行同工同酬。

（二）完善支持保障系统。

1. 建立健全支持保障系统，形成全院工作服务于临床的格局。

2. 采取有效措施尽可能减少病房护士从事非护理工作，为患者提供直接护理服务。

基层医疗机构医院感染管理基本要求

1. *2013年12月23日国家卫生和计划生育委员会办公厅发布*
2. *国卫办医发〔2013〕40号*

为加强基层医疗机构医院感染管理工作，提高基层医疗机构医院感染预防与控制水平，落实《传染病防治法》、《医院感染管理办法》和相关标准、规范，制定本要求。本要求适用于社区卫生服务中心（站）、诊所、乡镇卫生院、村卫生室等基层医疗机构。

一、组织管理

（一）健全医疗机构医院感染管理体系，实行主要负责人负责制，配备医院感染管理专（兼）职人员，承担医院感染管理和业务技术咨询、指导工作。相关人员应当经过上级卫生计生行政部门或医疗机构组织的医院感染管理知识岗位培训并经考核合格。

（二）制定符合本单位实际的医院感染管理规章制度，内容包括：清洁消毒与灭菌、隔离、手卫生、医源性感染预防与控制措施、医源性感染监测、医源性感染暴发报告制度、一次性使用无菌医疗器械管理、医务人员职业卫生安全防护、医疗废物管理等。

（三）医院感染管理专（兼）职人员负责对全体职员开展医院感染管理知识培训。医疗机构工作人员应当学习、掌握与本职工作相关的医院感染预防与控制知识。

二、基础措施

（一）布局流程应遵循洁污分开的原则，诊疗区、污物处理区、生活区等区域相对独立，布局合理，标识清楚，通风良好。

（二）环境与物体表面一般情况下先清洁再消毒。当其受到患者的血液、体液等污染时，先去除污染物，再清洁与消毒。清洁用具应分区使用，标志清楚，定位放置。

（三）医疗器械、器具、物品的消毒灭菌应达到如下要求：

1. 进入人体组织、无菌器官的医疗器械、器具和物品必须灭菌；耐热、耐湿的手术器械，应首选压力蒸汽灭菌，不应采用化学消毒剂浸泡灭菌。

2. 接触皮肤、粘膜的医疗器械、器具和物品必须消毒。

3. 各种用于注射、穿刺、采血等有创操作的医疗器具必须一用一灭菌。

4. 医疗机构使用的消毒药械、一次性医疗器械和器具应当符合国家有关规定。一次性使用的医疗器械、器具不得重复使用。

5. 被朊病毒、气性坏疽及突发不明原因的传染病病原体污染的诊疗器械、器具和物品，应按照《医疗机构消毒技术规范》（WS/T 367－2012）有关规定执行。

（四）基层医疗机构设消毒供应室的，应当严格按照《医院消毒供应中心第2部分：清洗消毒及灭菌技术操作规范》（WS 310.2－2009）规定对可重复使用的医疗器械进行清洗，并使用压力蒸汽灭菌法灭菌（“5.8.1. 压力蒸汽灭菌”节选见附件1）。没有设置消毒供应室的基层医疗机构，可以委托经地级市以上卫生计生行政部门认定的医院消毒供应中心，对可重复使用的医疗器械进行清洗、消毒和灭菌。

（五）无菌物品、清洁物品、污染物品应当分区放置。无菌物品必须保持包装完整，注明物品名称、灭菌日期、失效日期，以及检查打包者姓名或编号、灭菌器编号、灭菌批次号等标识，按灭菌日期顺序置于无菌物品存放柜内，并保持存放柜清洁干燥。

（六）从无菌容器中取用无菌物品时应使用无菌持物钳（镊）。从无菌容器（包装）中取出的无菌物品，虽未使用也不可放入无菌容器（包装）内，应重新灭菌处理后方可使用。

（七）一次性使用无菌医疗用品应由医疗机构统一采购，购入时索要《医疗器械生产企业许可证》、《医疗器械产品注册证》及附件、《医疗器械经营企业许可证》等证明文件，并进行质量验收，建立出入库登记账册。用前应检查小包装的密封性、灭菌日期及失效日期，进口产品应有相应的中文标识等，发现不合格产品或质量可疑产品时不得使用。使用中发生热原反应、感染或其他异常情况时，应当立即停止使用，并及时上报医疗机构主管部门。使用后的一次性使用医疗用品按医疗废物进行处置。

（八）应根据消毒对象选择消毒剂的种类，所用的消毒剂必须由医疗机构统一采购，购入时索要《消毒产品生产企业卫生许可证》、《消毒产品卫生安全评价报告》等证明文件，建立进货验收和出入库登记账册。严格按照消毒剂使用说明书中的使用范围、方法、注意事项正确使用。医务人员应掌握消毒剂的使用浓度、配制方法、消毒对象、更换时间、影响因素等，保证消毒效果的可靠。具体选择原则和适用方法参照《医疗机构消毒技术规范（2012年版）》（WS/T 367－2012）“附录C 常用消毒与灭菌方法”的要求（节选见附件2）。

（九）严格掌握抗菌药物临床应用的基本原则，合理使用抗菌药物。规范抗菌药物的种类、剂量、给药时间和途径，严格遵循“能口服的不注射，能肌肉注射的不静脉注射”的用药原则。

（十）提高医务人员手卫生依从性和正确率，特别是在诊断、治疗、护理等操作前后严格实施手卫生。有关要求参照《医务人员手卫生规范》（WS/T 313－2009）（节选见附件3）。

（十一）医护人员诊疗操作时严格遵守无菌操作原则。

（十二）诊疗工作应当遵循《医院隔离技术规范》（WS/T 311－2009），按照标准预防的原则做好防护工作。

（十三）使用后的锐器应当立即弃置于符合规定的利器盒内。严禁用手直接接触使用后的针头、刀片等锐器，落实防止锐器伤的各项措施。

（十四）医务人员应当参照《医院感染诊断标准（试行）》（卫医发〔2001〕2号），掌握医院感染诊断标准。发生3例以上医院感染暴发或5例以上疑似医院感染暴发时，应当于12小时内向所在地县级卫生行政部门报告，并同时向所在地疾病预防控制机构报告。

三、重点部门

（一）手术室

1. 独立设置、分区明确、流程规范、标识清楚、清洁卫生。连台手术之间、当天手术全部完毕后，应及时进行清洁消毒处理。

2. 凡进入手术室的人员应更换手术室专用的衣、帽、一次性外科口罩、鞋。非感染手术和感染手术应分室进行，如在同一手术间进行，应先安排非感染手术、再安排感染手术。

3. 手术器械与物品使用后尽快清洗，器械必须一用一灭菌，清洗、包装、灭菌应符合国家有关规定。耐湿耐高温器械与物品应使用压力蒸汽灭菌。灭菌后的手术器械包应存放在清洁干燥的存放柜内。

4. 麻醉用具定期清洁、消毒。可复用喉镜、螺纹管、面罩、口咽通道、简易呼吸器等须“一人一用一消毒”，清洁、干燥、密闭保存。

（二）产房、人流室

1. 区域相对独立、分区明确、标识清楚，邻近母婴室和新生儿室；建议产房（人流室）使用面积不少于20m^2。

2. 凡进入产房（人流室）人员应更换产房专用衣、帽、一次性医用外科口罩、鞋，严格执行无菌技术操作。接触产妇所有诊疗物品应“一人一用一消毒或灭菌”，产床上的所有织物均应“一人一换”。

3. 对传染病或疑似传染病的产妇及未进行经血传播疾病筛查的产妇，应采取隔离待产、隔离分娩，按消毒隔离制度及规程进行助产，所用物品做好标识单独处理。分娩结束后，分娩室应严格进行终末消毒。

人流室参照产房执行。

（三）口腔科

1. 布局合理，诊疗室和器械清洗消毒室应分开设置。如开展拔牙、口腔外伤缝合等项目的应设置口腔外科诊室。器械、器具等诊疗用品配置数量应与诊疗工作量相符合，使用防虹（回）吸手机。

2. 进入患者口腔内的所有诊疗器械，根据诊疗需要和消毒灭菌原则，必须达到一人一用一消毒或灭菌的要求。在进行可能造成粘膜破损的操作时，所用器械必须灭菌。

3. 口腔综合治疗椅、操作台面及所使用仪器、物体表面至少每天清洁和消毒，有血液、体液污染应立即清洁消毒。

（四）中医临床科室

1. 保持物体表面及诊疗床清洁，定期更换床单、枕套等，如被污染应及时更换。配有洗手设施和干手用品。

2. 进行针灸穿刺操作时严格执行无菌技术操作规程，正确进行穿刺部位的皮肤消毒；针灸针具（毫针、耳针、头针、长圆针、梅花针、三棱针、小针刀等）做到“一人一针一用一灭菌”，火罐“一人一用一消毒”。

3. 进行拔罐、刮痧、中药足浴等操作时严格执行无菌技术操作规程，必要时进行操作部位的皮肤消毒；相关器具和物品做到“一人一用一消毒”或“一人一用一灭菌”。

4. 一次性针灸针具、中药足浴一次性塑料袋连同足浴液严禁重复使用,用后按损伤性医疗废物处理;可重复使用的针灸针具及拔罐、刮痧、中药足浴器具、物品使用后按规定进行清洗与灭菌。

（五）治疗室、换药室、注射室

1. 保持室内物体表面、地面清洁。室内应设流动水洗手池,洗手液、干手设施(用品),速干手消毒剂等;手消毒剂应标启用时间,在有效期内使用。

2. 治疗车、换药车上物品应摆放有序,上层为清洁区、下层为污染区;利器盒放置于治疗车的侧面;进入病室的治疗车、换药车应配有速干手消毒剂。

3. 各种治疗、护理及换药操作应按照先清洁伤口、后感染伤口依次进行。特殊感染伤口如:炭疽、气性坏疽等应就地(诊室或病室)严格隔离,处置后进行严格终末消毒,不得进入换药室。感染性敷料应弃置于双层黄色防渗漏的医疗废物袋内并及时密封。

（六）普通病房

1. 床单元应定期清洁,遇污染时及时清洁与消毒。直接接触皮肤的床上用品一人一换,遇污染及时更换。

2. 病人出院或死亡后应对床单元及其相邻区域进行清洁和终末消毒。

四、重点环节

（一）安全注射

1. 进行注射操作前半小时应停止清扫地面等工作,避免不必要的人员活动。严禁在非清洁区域进行注射准备等工作。

2. 配药、皮试、胰岛素注射、免疫接种等操作时,严格执行注射器“一人一针一管一用”。

3. 尽可能使用单剂量注射用药。多剂量用药无法避免时,应保证“一人一针一管一用”,严禁使用用过的针头及注射器再次抽取药液。

4. 抽出的药液、开启的静脉输入用无菌液体须注明开启日期和时间,放置时间超过 2 小时后不得使用;启封抽吸的各种溶媒超过 24 小时不得使用。灭菌物品(棉球、纱布等)一经打开,使用时间不得超过 24 小时,提倡使用小包装。

5. 盛放用于皮肤消毒的非一次性使用的碘酒、酒精的容器等应密闭保存,每周更换 2 次,同时更换灭菌容器。一次性小包装的瓶装碘酒、酒精,启封后使用时间不超过 7 天。

6. 药品保存应遵循厂家的建议,不得保存在与患者密切接触的区域,疑有污染时应立即停止使用并按要求处置。

（二）各种插管后的感染预防措施

1. 气管插管:如无禁忌,患者应采用床头抬高 30 – 45 度体位,且尽可能采用无创通气;吸痰时严格无菌操作;重复使用的呼吸机管道、雾化器须灭菌或高水平消毒。呼吸机管道如有明显分泌物污染应及时更换;湿化器添加水应使用无菌水每天更换。对危重病人须注意口腔卫生,实施正确的口腔护理。

2. 导尿管:采用连续密封的尿液引流系统;悬垂集尿袋并低于膀胱水平,不接触地面。采用连续密闭的尿液引流系统。不常规使用抗菌药物冲洗膀胱预防感染。保持会阴部清洁干燥。

3. 血管内置管:开展血管内置管的使用、维护及相关感染的预防与控制培训;保持插管部位清洁,有污染时及时更换敷贴;血管导管的三通锁闭阀要保持清洁,发现污垢或残留血迹时及时更换。每日评估,及时撤管。

（三）手术操作

1. 择期手术病人术前清洁手术部位皮肤,备皮应当在手术当日进行,手术切口皮肤消毒范围应当符合手术要求。手术医务人员应当按照《医务人员手卫生规范》(WS/T 313 – 2009)的要求做好洗手和外科手消毒(节选见附件 3)。

2. 对于需要引流的手术切口,应当首选密闭负压引流,尽量选择远离手术切口、位置合适的部位进行置管引流,确保引流充分。术后保持引流通畅,根据病情尽早为患者拔除引流管。

3. 术中保持患者体温正常,防止低体温。

（四）超声检查

1. 超声探头(经皮肤,黏膜或经食管、阴道、直肠等体腔进行超声检查)须做到一人一用一消毒或隔离膜等。

2. 每班次检查结束后,须对超声探头等进行彻底清洁和消毒处理,干燥保存。

（五）医疗废物管理

1. 当地有医疗废物集中处置单位的医疗机构,医疗废物严格分类、收集后,置于医疗废物暂存处的周转箱内,并与医疗废物集中处置单位进行交接登记,记录单至少保存 3 年。

2. 自行处置的医疗废物能够焚烧的及时焚烧,不能焚烧的可采取消毒并毁形后填埋处理。

3. 基层医疗机构污水处理应依据《医疗机构水污染物排放标准》(GB 18466 – 2005)的相关要求进行,

有条件的或20张床位及以上的医疗机构应配备污水处理设施，并设专(兼)职人员负责，健全制度，明确职责；设备运行正常，药品按时投放、定期进行监测，登记项目齐全，资料保存完整，污水排放符合国家标准。没有条件的或20张床位以下的基层医疗机构产生的污水、传染病病人或者疑似传染病病人的排泄物，应当按照国家规定严格消毒，达到国家规定的排放标准后方可排放。

附件：(略)

戒毒药物维持治疗工作管理办法

1. *2014年12月31日国家卫生和计划生育委员会、公安部、国家食品药品监督管理总局发布*
2. *国卫疾控发〔2014〕91号*
3. *自2015年2月1日起施行*

第一章　总　　则

第一条　为减少因滥用阿片类物质造成的艾滋病等疾病传播和违法犯罪行为，巩固戒毒成效，规范戒毒药物维持治疗工作，根据《中华人民共和国禁毒法》、《中华人民共和国传染病防治法》、《中华人民共和国执业医师法》、《戒毒条例》、《艾滋病防治条例》、《医疗机构管理条例》和《麻醉药品和精神药品管理条例》等有关法律法规，制定本办法。

第二条　本办法所称戒毒药物维持治疗(以下简称维持治疗)，是指在符合条件的医疗机构，选用适宜的药品对阿片类物质成瘾者进行长期维持治疗，以减轻他们对阿片类物质的依赖，促进身体康复的戒毒医疗活动。

本办法所称戒毒药物维持治疗机构(以下简称维持治疗机构)，是指经省级卫生计生行政部门批准，从事戒毒药物维持治疗工作的医疗机构。

第三条　维持治疗工作是防治艾滋病与禁毒工作的重要组成部分，必须坚持公益性原则，不得以营利为目的。

维持治疗工作应当纳入各级人民政府防治艾滋病与禁毒工作规划，实行政府统一领导，有关部门各负其责，社会广泛参与的工作机制。

第四条　对在维持治疗工作中有显著成绩和作出突出贡献的单位与个人，按照国家有关规定给予表彰、奖励。

第二章　组 织 管 理

第五条　国家卫生计生委会同公安部、国家食品药品监管总局组织协调、监测评估与监督管理全国的维持治疗工作。

国家卫生计生委根据全国艾滋病防治工作需要和各省级卫生计生行政部门上报的维持治疗工作计划，确定各省(区、市)工作任务。

第六条　省级卫生计生行政部门会同同级公安、食品药品监管等有关部门制订本辖区的维持治疗工作规划，开展组织协调、监测评估等工作。

省级卫生计生行政部门负责本辖区维持治疗工作的审批，组织维持治疗机构的专业人员培训，并对维持治疗工作进行监督管理与技术指导。

省级公安机关负责本辖区治疗人员信息的备案登记工作。

省级食品药品监管部门负责辖区内维持治疗药品配制单位的审核和确定，维持治疗药品配制、供应的监督管理工作，对治疗人员开展药物滥用监测工作。

第七条　县级、设区的市级卫生计生行政部门会同同级公安机关、食品药品监管部门建立联席会议机制，协商解决维持治疗工作中存在的问题。

县级、设区的市级卫生计生行政部门负责维持治疗机构内维持治疗药品使用和有关医疗活动的监督管理。

县级、设区的市级公安机关负责依法处理维持治疗工作中的违法犯罪行为。

县级、设区的市级食品药品监管部门负责对维持治疗药品配制、供应等进行日常监督检查。

第八条　维持治疗机构对符合条件的申请维持治疗人员按照规范提供治疗及综合干预服务，并按规定开展实验室检测、信息管理等工作。

维持治疗机构应当与社区戒毒和社区康复工作机构相互配合，对正在执行社区戒毒、社区康复的治疗人员，开展必要的社会心理干预等工作。

第三章　机 构 人 员

第九条　省级卫生计生行政部门会同同级公安机关、食品药品监管部门，根据本辖区内现有阿片类物质成瘾者分布状况和需求，结合辖区内现有医疗卫生资源分布状况，规划维持治疗机构的数量和布局，并可以根据情况变化进行调整。

第十条　医疗机构拟开展维持治疗工作的，应当将书面申请材料提交执业登记机关，由其将书面材料报省级卫生计生行政部门批准。省级卫生计生行政部门应当根据本辖区的维持治疗工作规划、本办法及有关规定进行审查，自受理申请之日起20个工作日内，作出批准或者不予批准的决定，并书面告知申请人。批准前，应当征求同级公安机关及食品药品监管部门意见。

被批准开展维持治疗工作的医疗机构，应当在省级卫生计生行政部门批准后，及时向同级公安机关备案。省级卫生计生行政部门应当将有关信息通报同级公安机关、食品药品监管部门。省级卫生计生、公安、食品药品监管等部门应当分别报上一级行政部门备案。

第十一条 维持治疗机构的名称、场所、主要负责人等发生变化时，应当按照《医疗机构管理条例》及其实施细则等相关规定办理变更登记，并向省级卫生计生行政部门以及同级公安机关备案。

第十二条 申请开展维持治疗工作的机构应当具备以下条件：

（一）具有《医疗机构执业许可证》；

（二）取得麻醉药品和第一类精神药品购用印鉴卡（以下简称印鉴卡）；

（三）具有与开展维持治疗工作相适应的执业医师、护士等专业技术人员和安保人员；

（四）符合维持治疗有关技术规范的相关规定。

具有戒毒医疗服务资质的医疗机构申请开展维持治疗工作的，应当按照本办法第十条的规定办理。

第十三条 从事维持治疗工作的医师应当符合以下条件：

（一）具有执业医师资格并经注册取得《医师执业证书》；

（二）按规定参加维持治疗相关培训；

（三）使用麻醉药品和第一类精神药品的医师应当取得麻醉药品和第一类精神药品处方权；

（四）省级卫生计生行政部门规定的其他条件。

第十四条 从事维持治疗工作的护士应当符合以下条件：

（一）具有护士执业资格并经注册取得《护士执业证书》；

（二）按规定参加维持治疗工作相关培训；

（三）省级卫生计生行政部门规定的其他条件。

第十五条 从事维持治疗工作的药师应当符合以下条件：

（一）具有药学初级以上专业技术资格；

（二）按规定参加维持治疗工作相关培训；

（三）省级卫生计生行政部门规定的其他条件。

第十六条 维持治疗机构根据实际情况，可以设立延伸服药点，并由省级卫生计生行政部门按照本办法第十二条第一款规定的条件进行审批。维持治疗机构负责延伸服药点的日常管理。

第十七条 维持治疗机构依法对治疗人员的相关信息予以保密。除法律法规规定的情况外，未经本人或者其监护人同意，维持治疗机构不得向任何单位和个人提供治疗人员的相关信息。

第四章 药品管理

第十八条 维持治疗使用的药品为盐酸美沙酮口服溶液（规格：1mg/ml，5000ml/瓶）。

配制盐酸美沙酮口服溶液的原料药实行计划供应，由维持治疗药品配制单位根据实际情况提出需用计划，经国家食品药品监管总局核准后执行。

第十九条 经确定的维持治疗药品配制单位应当按照国家药品标准配制盐酸美沙酮口服溶液，并配送至维持治疗机构。

第二十条 维持治疗机构应当凭印鉴卡从本省（区、市）确定的维持治疗药品配制单位购进盐酸美沙酮口服溶液。跨省购进的，需报相关省级食品药品监管部门备案。

维持治疗机构调配和拆零药品所使用的容器和工具应当定期消毒或者更换，防止污染药品。

第二十一条 维持治疗药品的运输、使用及储存管理等必须严格执行《中华人民共和国药品管理法》和《麻醉药品和精神药品管理条例》的相关规定。

第五章 维持治疗

第二十二条 年龄在18周岁以上、有完全民事行为能力的阿片类物质成瘾者，可以按照自愿的原则申请参加维持治疗。18周岁以下的阿片类物质成瘾者，采取其他戒毒措施无效且经其监护人书面同意，可以申请参加维持治疗。

有治疗禁忌症的，暂不宜接受维持治疗。禁忌症治愈后，可以申请参加维持治疗。

第二十三条 申请参加维持治疗的人员应当向维持治疗机构提供以下资料：

（一）个人身份证复印件；

（二）吸毒经历书面材料；

（三）相关医学检查报告。

维持治疗机构接到申请人提交的合格资料后5个工作日内，书面告知申请人是否可以参加治疗，并将审核结果报维持治疗机构所在地公安机关备案。

第二十四条 申请参加治疗的人员应当承诺治疗期间严格遵守维持治疗机构的各项规章制度，接受维持治疗机构开展的传染病定期检查以及毒品检测，并签订自愿治疗协议书。

第二十五条 维持治疗机构应当为治疗人员建立病历档案，并按规定将治疗人员信息及时报维持治疗机构所在地公安机关登记备案。

第二十六条 符合维持治疗条件的社区戒毒、社区康复人员，经乡（镇）、街道社区戒毒、社区康复工作机构同意，可以向维持治疗机构申请参加维持治疗。

第二十七条 维持治疗机构除为治疗人员提供维持治疗外，还需开展以下工作：

（一）开展禁毒和防治艾滋病法律法规宣传；

（二）开展艾滋病、丙型肝炎、梅毒等传染病防治和禁毒知识宣传；

（三）提供心理咨询、心理康复及行为矫治等工作；

（四）开展艾滋病、丙型肝炎、梅毒和毒品检测；

（五）协助相关部门对艾滋病病毒抗体阳性治疗人员进行随访、治疗和转介；

（六）协助食品药品监管部门开展治疗人员药物滥用的监测工作。

第二十八条 维持治疗机构应当与当地社区戒毒、社区康复工作机构及戒毒康复场所建立衔接机制，加强信息的沟通与交流。

社区戒毒、社区康复工作机构、强制隔离戒毒所和戒毒康复场所应当对正在执行戒毒治疗和康复措施的人员开展维持治疗相关政策和知识的宣传教育，对有意愿参加维持治疗的人员，应当帮助他们与维持治疗机构做好信息沟通。

第二十九条 维持治疗机构发现治疗人员脱失的，应当及时报告当地公安机关；发现正在执行社区戒毒、社区康复治疗人员脱失的，应当同时通报相关社区戒毒、社区康复工作机构。

第三十条 因户籍所在地或者现居住地发生变化，不能在原维持治疗机构接受治疗的，治疗人员应当及时向原维持治疗机构报告，由原维持治疗机构负责治疗人员的转介工作，以继续在异地接受维持治疗服务。

正在执行社区戒毒、社区康复措施的，应当会同社区戒毒、社会康复工作机构一并办理相关手续。

第三十一条 治疗人员在参加维持治疗期间出现违反治疗规定、复吸毒品、严重影响维持治疗机构正常工作秩序或者因违法犯罪行为被羁押而不能继续接受治疗等情形的，维持治疗机构应当终止其治疗，及时报告当地公安机关。

被终止治疗者申请再次参加维持治疗的，维持治疗机构应当进行严格审核，重新开展医学评估，并根据审核和评估结果确定是否接受申请人重新进入维持治疗。维持治疗机构应当将审核结果及时报所在地公安机关备案。

第六章 监督管理

第三十二条 国家卫生计生委、公安部和国家食品药品监管总局定期组织开展全国维持治疗工作的监督管理、督导和考核评估工作。

第三十三条 县级以上地方卫生计生行政部门监督检查的主要内容包括：

（一）维持治疗机构及其工作人员的资质情况；

（二）麻醉药品和第一类精神药品使用资质；

（三）维持治疗机构工作职责落实情况；

（四）维持治疗机构工作人员培训情况；

（五）维持治疗药品使用、存储、销毁和安全管理情况。

第三十四条 县级以上地方公安机关监督检查的主要内容包括：

（一）维持治疗机构治安秩序的维护情况；

（二）治疗人员信息登记备案情况；

（三）治疗人员违法犯罪行为的依法处理情况。

第三十五条 县级以上地方食品药品监管部门监督检查的主要内容包括：

（一）维持治疗药品的配制和质量控制情况；

（二）维持治疗药品的供应情况；

（三）维持治疗药品配制单位药品的安全管理情况。

第三十六条 维持治疗机构应当制订内部监督管理制度，并对工作人员履行职责的情况进行监督管理。

第三十七条 维持治疗机构及工作人员应当自觉接受社会和公民的监督。卫生计生行政部门应当会同公安机关及食品药品监管部门及时处理个人或者组织对违反本办法行为的举报。

第三十八条 开展维持治疗应当遵守国家有关法律法规和规章，执行维持治疗有关技术规范。维持治疗工作中违反本办法规定的，卫生计生行政部门、公安机关及食品药品监管部门将依照国家有关法律法规进行处理。

第七章 保障措施

第三十九条 维持治疗机构提供维持治疗服务的价格执行当地省级价格、卫生计生、人力资源社会保障等部门的有关规定。维持治疗机构按规定收取治疗人员的诊疗费用，可以用于维持治疗药品的配制、运输、配送和维持治疗机构的日常运转、人员培训、延伸服药点的管理等各项开支。

第四十条 符合规划设立的维持治疗机构所需设备购置等必要的工作经费纳入同级财政预算安排，中央财政给予适当补助。

第四十一条 维持治疗机构可以根据当地经济发展状况，为确需治疗且经济困难的治疗人员给予体检、维持治疗费用减免等关怀救助。

第四十二条 维持治疗机构应当对工作人员开展艾滋病等传染病的职业暴露防护培训，并采取有效防护措施。

维持治疗工作中发生艾滋病病毒职业暴露的，按照相关规定执行暴露后预防措施。

第八章 附 则

第四十三条 维持治疗需要使用其他药品时，由国家卫生计生委会同公安部和国家食品药品监管总局确定并公布。

第四十四条 县级以上地方卫生计生行政部门应当在本办法施行之日起6个月内，按照本办法规定对辖区内已经开展维持治疗工作的机构进行审核评估。符合规定的，由省级卫生计生行政部门批准其维持治疗机构资格，同时将情况通报同级公安机关。对不符合规定的，责令其限期整改，整改期满后予以复查。仍不合格的，撤销其开展维持治疗机构资格，并通报同级公安机关。

第四十五条 本办法仅适用于维持治疗工作，其他戒毒医疗服务适用《戒毒医疗服务管理暂行办法》（卫医政发〔2010〕2号）。

第四十六条 本办法自2015年2月1日起施行。《滥用阿片类物质成瘾者社区药物维持治疗工作方案》（卫疾控发〔2006〕256号）同时废止。

戒毒治疗管理办法

1. 2021年1月25日国家卫生健康委、公安部、司法部发布
2. 国卫医发〔2021〕5号
3. 自2021年7月1日起施行

第一章 总 则

第一条 为了规范戒毒治疗行为，依法开展戒毒治疗工作，维护医务人员和戒毒人员的合法权益，根据《中华人民共和国禁毒法》、《中华人民共和国执业医师法》、《戒毒条例》、《医疗机构管理条例》、《麻醉药品和精神药品管理条例》、《护士条例》等法律法规的规定，制定本办法。

第二条 本办法所称戒毒治疗，是指经省级卫生健康行政部门批准从事戒毒治疗的医疗机构，对吸毒人员采取相应的医疗、护理、康复等医学措施，帮助其减轻毒品依赖、促进身心康复的医学活动。

第三条 医疗机构开展戒毒治疗，适用本办法。

第四条 卫生健康行政部门负责戒毒医疗机构的监督管理，并对强制隔离戒毒医疗服务进行业务指导；公安机关、司法行政等部门在各自职责范围内负责强制隔离戒毒所、戒毒康复场所、监狱、拘留所和看守所开展戒毒治疗的监督管理。

第二章 机构登记

第五条 省级卫生健康行政部门商同级公安、司法行政部门，根据本行政区域戒毒治疗资源情况、吸毒人员分布状况和需求，制订本行政区域戒毒医疗机构设置规划，并纳入当地医疗机构设置规划。

第六条 医疗机构申请开展戒毒治疗，必须同时具备下列条件：

（一）具有独立承担民事责任的能力。

（二）符合戒毒医院基本标准或医疗机构戒毒治疗科基本标准和本办法规定。

戒毒医院基本标准和医疗机构戒毒治疗科基本标准由国务院卫生健康行政部门另行制订。

第七条 申请设置戒毒医疗机构或医疗机构从事戒毒治疗业务的，应当按照《医疗机构管理条例》、《医疗机构管理条例实施细则》及本办法的有关规定报省级卫生健康行政部门批准，并报同级公安机关备案。

第八条 省级卫生健康行政部门应当根据本地区戒毒医疗机构设置规划、本办法及有关规定进行审查，自受理申请之日起15个工作日内，作出批准或不予批准的决定，并书面告知申请者。如15个工作日内不能作出决定的，经本行政机关负责人批准，可以延长10个工作日，并应当将延长期限的理由告知申请者。

第九条 批准开展戒毒治疗的卫生健康行政部门，应当在《医疗机构执业许可证》副本备注栏中进行“戒毒治疗”项目登记。

第十条 医疗机构取得戒毒治疗资质后方可开展戒毒治疗。

第三章 执业人员资格

第十一条 医疗机构开展戒毒治疗应当按照戒毒医院基本标准和医疗机构戒毒治疗科基本标准规定，根据治疗需要配备相应数量的医师、护士、临床药学、医技、心理卫生等专业技术人员，并为戒毒治疗正常开展提供必要的安保和工勤保障。

第十二条　从事戒毒治疗的医师应当具有执业医师资格并经注册取得《医师执业证书》，执业范围为精神卫生专业。

第十三条　使用麻醉药品和第一类精神药品治疗的医师应当取得麻醉药品和第一类精神药品处方权。

第十四条　从事戒毒治疗的护士应当符合下列条件：

（一）经执业注册取得《护士执业证书》。

（二）经过三级精神病专科医院或者开设有戒毒治疗科的三级综合医院脱产培训戒毒治疗相关业务3个月以上。

第十五条　医疗机构开展戒毒治疗至少应当有1名药学人员具有主管药师以上专业技术职务任职资格，并经过三级精神病专科医院或者开设有戒毒治疗科的三级综合医院培训戒毒治疗相关业务。

第十六条　医疗机构开展戒毒治疗至少应当有1名药学人员取得麻醉药品和第一类精神药品的调剂权。

第十七条　医疗机构开展戒毒治疗应当有专职的麻醉药品和第一类精神药品管理人员。

第四章　执 业 规 则

第十八条　医务人员应当在具有戒毒治疗资质的医疗机构开展戒毒治疗。

第十九条　医疗机构及其医务人员开展戒毒治疗应当遵循与戒毒有关的法律、法规、规章、诊疗指南或技术操作规范。

第二十条　设有戒毒治疗科的医疗机构应当将戒毒治疗纳入医院统一管理，包括财务管理、医疗质量管理、药品管理等。

第二十一条　医疗机构开展戒毒治疗应当根据业务特点制定管理规章制度，加强对医务人员的管理，不断提高诊疗水平，保证医疗质量和医疗安全，维护医患双方的合法权益。

第二十二条　医疗机构开展戒毒治疗应当采用安全性、有效性确切的诊疗技术和方法，并符合国务院卫生健康行政部门医疗技术临床应用的有关规定。

第二十三条　用于戒毒治疗的药物和医疗器械应当取得药品监督管理部门的批准文号。购买和使用麻醉药品及第一类精神药品应当按规定获得“麻醉药品和第一类精神药品购用印鉴卡”，并在指定地点购买，不得从非法渠道购买戒毒用麻醉药品和第一类精神药品。

医疗机构开展戒毒治疗需要使用医院制剂的，应当符合《药品管理法》和《麻醉药品和精神药品管理条例》等有关规定。

第二十四条　医疗机构开展戒毒治疗应当加强药品管理，严防麻醉药品和精神药品流入非法渠道。

第二十五条　医疗机构开展戒毒治疗应当采取有效措施，严防戒毒人员或者其他人员携带毒品与违禁物品进入医疗场所。

第二十六条　医疗机构可以根据戒毒治疗的需要，对戒毒人员进行身体和携带物品的检查。对检查发现的疑是毒品及吸食、注射用具和管制器具等按照有关规定交由公安机关处理。在戒毒治疗期间，发现戒毒人员有人身危险的，可以采取必要的临时保护性约束措施。

开展戒毒治疗的医疗机构及其医务人员应当对采取临时保护性约束措施的戒毒人员加强护理观察。

第二十七条　开展戒毒治疗的医疗机构应当与戒毒人员签订知情同意书。对属于无民事行为能力或者限制民事行为能力人的戒毒人员，医疗机构可与其监护人签订知情同意书。知情同意书的内容应当包括戒毒医疗的适应症、方法、时间、疗效、医疗风险、个人资料保密、戒毒人员应当遵守的各项规章制度以及双方的权利、义务等。

第二十八条　开展戒毒治疗的医疗机构应当按照规定建立戒毒人员医疗档案，并按规定报送戒毒人员相关治疗信息。

开展戒毒治疗的医疗机构应当要求戒毒人员提供真实信息。

第二十九条　开展戒毒治疗的医疗机构应当对戒毒人员进行必要的身体检查和艾滋病等传染病的检测，按照有关规定开展艾滋病等传染病的预防、咨询、健康教育、报告、转诊等工作。

第三十条　戒毒人员治疗期间，医疗机构应当不定期对其进行吸毒检测。发现吸食、注射毒品的，应当及时向当地公安机关报告。

第三十一条　开展戒毒治疗的医疗机构应当为戒毒人员提供心理康复、行为矫正、社会功能恢复等，并开展出院后的随访工作。

第三十二条　戒毒人员在接受戒毒治疗期间有下列情形之一的，医疗机构可以对其终止戒毒治疗：

（一）不遵守医疗机构的管理制度，严重影响医疗机构正常工作和诊疗秩序的。

（二）无正当理由不接受规范治疗或者不服从医务人员合理的戒毒治疗安排的。

（三）发现存在严重并发症或者其他疾病不适宜继续接受戒毒治疗的。

第三十三条　开展戒毒治疗的医疗机构及其医务人员应当依法保护戒毒人员的隐私，不得侮辱、歧视戒毒人员。

第三十四条　戒毒人员与开展戒毒治疗的医疗机构及其医务人员发生医疗纠纷的，按照有关规定处理。

第三十五条　开展戒毒治疗的医疗机构应当定期对医务人员进行艾滋病等传染病的职业暴露防护培训，并采取有效防护措施。

第三十六条　开展戒毒治疗的医疗机构应当根据卫生健康行政部门的安排，对社区戒毒和康复工作提供技术指导或者协助。

第五章　监 督 管 理

第三十七条　任何组织、单位和个人，未经省级卫生健康行政部门批准取得戒毒治疗资质，不得开展戒毒治疗。

第三十八条　戒毒医疗机构的校验期限按照《医疗机构管理条例》和《医疗机构校验管理办法（试行）》的有关规定执行。

第三十九条　县级以上地方卫生健康行政部门应当按照有关规定，采取有效措施，加强对成熟的戒毒诊疗技术的临床应用管理。

第四十条　县级以上地方卫生健康行政部门应当及时将辖区内戒毒治疗的开展情况报上级卫生健康行政部门和同级禁毒委员会。

第四十一条　县级以上地方卫生健康行政部门在戒毒治疗监管工作中，应当加强与同级公安机关、司法行政等部门的协作，并充分发挥卫生健康行业学（协）会和专业社会团体的作用。

第四十二条　卫生健康行政部门、医疗机构及其医务人员违反本办法有关规定的，依照国家有关法律法规予以处罚。

第六章　附　　则

第四十三条　开展戒毒药物维持治疗工作按照《戒毒药物维持治疗工作管理办法》执行。

第四十四条　本办法自2021年7月1日起施行。原卫生部、公安部、司法部联合印发的《戒毒医疗服务管理暂行办法》（卫医政发〔2010〕2号）同时废止。

肿瘤登记管理办法

1. 2015年1月27日国家卫生和计划生育委员会、国家中医药管理局印发
2. 国卫疾控发〔2015〕6号

第一章　总　　则

第一条　为建立肿瘤登记报告制度，加强肿瘤登记工作规范化管理，健全我国肿瘤登记信息系统，掌握我国恶性肿瘤的流行状况与疾病负担，制定本办法。

第二条　本办法适用于卫生计生行政部门、中医药管理部门、医疗卫生机构开展的肿瘤登记管理工作。

第三条　肿瘤登记是经常性地收集人群癌症数据的系统工作，收集的信息包括癌症患者个人信息、诊断信息、治疗和随访信息。

第四条　肿瘤登记的目的是监测人群癌症负担以及发展趋势，为病因学研究提供原始资料，有效评价癌症防治措施的效果，为制定癌症防控策略提供依据。

第五条　按照"统一领导、分工协作、分级负责、共同参与"的工作原则，各级卫生计生行政部门、中医药管理部门应当加强肿瘤登记工作的组织和监督管理；各级各类医疗卫生机构要认真组织落实，做好肿瘤登记工作。

第二章　组织机构和职责

第六条　国家卫生计生委、国家中医药管理局负责指导全国肿瘤登记体系建设，组织协调和监督管理全国肿瘤登记工作，指定国家癌症中心承担全国肿瘤登记具体工作。

各省、自治区、直辖市卫生计生行政部门、中医药管理部门负责建立健全本辖区肿瘤登记体系，组织协调和监督管理本辖区肿瘤登记工作，指定省级癌症中心（肿瘤防治研究办公室）或疾控中心，作为省级肿瘤登记中心，承担全省（区、市）肿瘤登记具体工作。

设区的市级、县级卫生计生行政部门、中医药管理部门组织协调和监督管理本辖区肿瘤登记工作，可根据当地肿瘤流行情况指定当地医疗保健机构或疾控中心设立肿瘤登记处。

第七条　国家癌症中心负责制定全国肿瘤登记工作计划、实施方案、质量控制和评价标准；建立全国肿瘤登记信息系统和跨区域肿瘤登记病例数据交换制度，组织开展技术培训，督导检查，考核评估；负责肿瘤登记信息的数据收集、质量控制和统计分析。

省级肿瘤登记中心负责实施全省（区、市）肿瘤登记工作，制定实施方案，建立肿瘤登记数据库，开展技术指导、人员培训、质量控制和考核评价工作。

肿瘤登记处负责开展病例收集、核实、反馈、随访和上报工作，建立肿瘤登记数据库。

第八条　各级各类医疗卫生机构履行肿瘤登记报告职责，疾病预防控制中心负责提供居民死亡原因监测数据。

第三章　肿瘤登记内容和工作流程

第九条　肿瘤登记病例的报告范围是全部恶性肿瘤和中枢神经系统良性肿瘤，所有发病和死亡个案均为登记报告对象。

第十条　肿瘤登记处所在辖区内所有医疗机构对诊治的肿瘤病例，通过医院信息系统提取肿瘤病例信息，未建医院信息系统的，由医务人员填写肿瘤登记报告卡，按季度统一报送至辖区肿瘤登记处。

第十一条　肿瘤登记处对所在辖区工作进行指导、检查及培训，及时收集辖区内肿瘤新发病例、死亡病例、生存状态和相关人口资料。对数据进行建档、编码、补漏、剔重、核对、分析，定期开展病例随访，按时将数据和工作总结逐级上报省级肿瘤登记中心。

第十二条　省级肿瘤登记中心开展全省（区、市）肿瘤登记报告资料的收集汇总、质量控制和统计分析，按时将数据和工作总结上报国家癌症中心。

第十三条　国家癌症中心定期汇总和分析登记资料、编制各种报表，形成年度肿瘤登记报告，当年年底上报国家卫生计生委审核后发布。

第四章　质量控制与考核评价

第十四条　国家癌症中心建立全国肿瘤登记评价机制，制订实施监测指标体系。建立实施进度、效果考核评价和监测通报制度，加强质量控制和监督检查。

第十五条　国家卫生计生委、国家中医药管理局组织开展督导检查和考核评价。

省级卫生计生行政部门、中医药管理部门每年对本省（区、市）的肿瘤登记工作进行全面考核。

设区的市级、县级卫生计生行政部门、中医药管理部门对辖区内的责任报告单位进行工作考核。

第五章　保障措施

第十六条　各级卫生计生行政部门、中医药管理部门加强组织领导，建立目标责任制，实行绩效管理，提供政策、人员和经费保障，全面推进肿瘤登记工作实施。

第十七条　各级卫生计生行政部门、中医药管理部门负责协调公安、民政、统计等相关部门，核实相关信息，并提供人口等相关资料。

第十八条　加强专业人才培训，提高工作能力，建设一支肿瘤登记人才队伍。

第十九条　各肿瘤报告单位及有关研究机构在利用肿瘤登记报告信息时，应当遵从国家法律法规和有关规定、伦理学准则、知识产权准则和保密原则，对个案肿瘤病例信息采取管理和技术上的安全措施，保护患者隐私和信息安全。

第六章　附　　则

第二十条　本办法自印发之日起施行。

医疗机构临床路径管理指导原则

1．2017年8月30日国家卫生计生委、国家中医药管理局发布
2．国卫医发〔2017〕49号

第一章　总　　则

第一条　为加强医疗机构临床路径管理，规范临床诊疗行为，提高医疗质量，保障医疗安全，制定本指导原则。

第二条　本指导原则适用于有关医疗机构临床路径管理工作。

第三条　国家卫生计生委、国家中医药局负责全国医疗机构临床路径的监督管理。

县级及以上地方卫生计生行政部门（含中医药管理部门，下同）负责本行政区域内医疗机构临床路径的监督管理。

第四条　推进临床路径管理应当遵循与医疗质量控制和绩效考核相结合、与医疗服务费用调整相结合、与支付方式改革相结合、与医疗机构信息化建设相结合的原则。

第二章　组织机构和职责

第五条　医疗机构主要负责人是临床路径管理的第一责任人。

第六条　医疗机构应当建立临床路径管理工作制度。

第七条　医疗机构应当成立临床路径管理工作体系，负责临床路径管理工作。

临床路径管理工作体系应当包括临床路径管理委员会、临床路径指导评价小组和临床路径实施小组（以下分别简称管理委员会、指导评价小组和实施小组）。

第八条　管理委员会由医疗机构主要负责人和分管医疗工作的负责人分别担任正、副主任，相关职能部门主要负责人和临床、护理、药学、医技等专家任成员。管理委员会是医疗机构开展临床路径管理的最高决策机构，应当定期组织会议，主要履行以下职责：

（一）审定本医疗机构开展临床路径管理的实施方案；

（二）审定本医疗机构临床路径管理中长期规划、年度计划和总结；

（三）审定本医疗机构开展临床路径管理的各项相关制度；

（四）审议指导评价小组提交的有关意见建议；

（五）协调解决临床路径管理过程中遇到的问题；

（六）审定本医疗机构中临床路径管理所需的关键数据、监测指标、考核指标；

（七）其他需要管理委员会承担的职责。

第九条 指导评价小组由医疗机构分管医疗工作的负责人任组长，相关职能部门负责人和临床、护理、药学、医技等专家任成员。指导评价小组是管理委员会的日常管理部门，应当设置在医疗管理部门，并指定专人负责。指导评价小组主要履行以下职责：

（一）落实管理委员会的各项决议；

（二）向管理委员会提交临床路径管理有关意见、建议，制度草案，规划、计划草案，评价结果或报告；

（三）对各实施小组的临床路径管理工作进行技术指导；

（四）审定各实施小组上报的开展临床路径管理的病种及文本，涉及伦理学问题的，按相关文件规定执行；

（五）组织开展临床路径相关培训工作；

（六）组织开展临床路径管理评价工作，并负责评价结果运用；

（七）临床路径管理过程中关键数据统计与汇总等数据和档案管理；

（八）其他需要指导评价小组承担的职责。

第十条 实施小组由实施临床路径的临床科室主任任组长，该临床科室医疗、护理人员和药学、医技等相关科室人员任成员，主要履行以下职责：

（一）在指导评价小组指导下，开展本科室临床路径管理工作；

（二）制定科室临床路径实施目标及方案，并督促落实；

（三）负责临床路径相关资料的收集、记录和整理；

（四）组织科室人员进行临床路径管理方面的培训；

（五）向指导评价小组提出本科室临床路径病种选择、调整及临床路径文本制修订的建议；

（六）分析变异的原因及提出解决或修正的方法；

（七）参与临床路径的实施过程和效果评价与分析，并对临床路径管理工作进行持续改进；

（八）其他需要实施小组承担的职责。

第三章 临床路径的选择与制定

第十一条 医疗机构应当按照以下原则选择实施临床路径管理的病种：

（一）常见病、多发病；

（二）诊断治疗方案明确，技术成熟，疾病诊疗过程中变异较少；

（三）优先选择国家卫生计生委、国家中医药局已经印发临床路径的病种。

第十二条 医疗机构可以以国家卫生计生委、国家中医药局印发的临床路径文本为基本框架，遵循循证医学原则，根据国家卫生计生委、国家中医药局发布或相关专业学会和临床标准组织制定的最新诊疗指南、临床技术操作规范及基本药物目录等对其进行细化完善，形成符合地方实际、具有可操作性的本地化临床路径。

第十三条 临床路径文本应当包括医师版、护理版和患者版，各版本应当相互关联，形成统一整体。患者版临床路径文本应具备诊疗流程告知和健康教育功能。

第十四条 医疗机构应当根据本单位实际情况，确定完成临床路径标准诊疗流程需要的时间，包括总时间和主要诊疗阶段的时间范围。

第四章 临床路径的实施

第十五条 临床路径实施前医疗机构应当对有关人员进行培训，内容主要包括：

（一）临床路径基础理论、管理方法和相关制度；

（二）临床路径主要内容、实施方法和评价制度；

（三）新的临床路径使用前的培训。

第十六条 拟进入临床路径的患者应先进行入径评估，满足以下条件方可进入临床路径：

（一）诊断明确；

（二）没有严重的合并症；

（三）预期能够按临床路径设计流程和时间完成诊疗项目。

第十七条 临床路径的实施应当参照国家卫生计生委、国家中医药局规定的流程进行。医疗机构可根据实际情况，对实施流程进行调整。

第十八条 进入临床路径的患者出现以下情况之一时，应当退出临床路径：

（一）患者出现严重并发症，需改变原治疗方案的；

（二）患者个人原因无法继续实施的；

（三）对入院第一诊断进行修正的；

（四）因合并症或检查发现其他疾病，需转科治疗的；

（五）其他严重影响临床路径实施的。

第十九条 医疗机构应当严格落实危急值管理制度。当患者在临床路径实施过程中出现危急值情况，应当立即组织专家进行评估，确定是否退出路径，确保患者安全。

第二十条 医疗机构应当做好临床路径变异的记录、分析、报告和讨论工作。对反复发生同一变异，可能影响此病种临床路径实施的，应及时、仔细查找原因，必要时通过修改临床路径等措施进行整改。

第二十一条 医疗机构应当积极配合物价管理和基本医疗保险管理部门，按照临床路径做好费用测算，推进单病种付费、疾病诊断相关分组（DRGs）付费等支付方式改革。

第五章 临床路径的信息化

第二十二条 鼓励医疗机构通过信息化开展临床路径管理工作。

第二十三条 医疗机构应当按照信息化建设的有关要求，推动临床路径管理信息化纳入医疗机构信息化整体建设，做到有机统一，互联互通。

第二十四条 开展临床路径信息化管理的医疗机构，应当将临床路径有关文本嵌入信息系统。

第二十五条 鼓励医疗机构将智能终端、物联网技术等，运用到临床路径信息化管理，减轻临床科室和管理部门相关人员工作负担，提高工作效率。

第二十六条 医疗机构应当通过信息化，对临床路径管理有关数据进行统计、分析，为提高医疗管理质量和水平提供依据。

第二十七条 医疗机构要对开展临床路径管理的临床科室和管理部门相关人员进行信息系统操作培训指导。

第六章 临床路径的监督与评价

第二十八条 各级卫生计生行政部门应进一步建立、完善临床路径管理质量控制、效果评价和绩效考核的具体制度与评价标准，并加强对本行政区域内医疗机构临床路径管理情况的监督与评价。

第二十九条 各级卫生计生行政部门应当将医疗机构临床路径管理情况纳入医疗机构考核指标体系，并作为医疗机构评审、评价的重要指标。

第三十条 各级卫生计生行政部门应不断总结和推广临床路径先进管理经验，组织临床路径管理工作开展较好的医疗机构交流先进经验和典型做法，充分发挥示范带头作用。对临床路径管理工作开展不到位的医疗机构，要进行通报批评，督促改进。

第三十一条 省级卫生计生行政部门应当以医疗机构为依托，建立省级临床路径管理培训机构，开展医疗机构临床路径实施、管理的培训工作。

第三十二条 医疗机构应当制订临床路径管理评价制度并将其纳入本单位绩效管理体系，由指导评价小组和绩效考核部门对临床科室和医务人员进行绩效考核。引导医疗机构和医务人员规范诊疗行为，控制不合理医疗费用，持续改进临床路径管理工作。

第七章 附 则

第三十三条 各级卫生计生行政部门及各医疗机构可根据本指导原则，结合当地实际情况制订实施细则。

第三十四条 本指导原则自发布之日起施行。原《临床路径管理指导原则（试行）》（卫医管发〔2009〕99 号）同时废止。

医疗技术临床应用管理办法

1. 2018年8月13日国家卫生健康委员会令第1号公布
2. 自2018年11月1日起施行

第一章 总 则

第一条 为加强医疗技术临床应用管理，促进医学科学发展和医疗技术进步，保障医疗质量和患者安全，维护人民群众健康权益，根据有关法律法规，制定本办法。

第二条 本办法所称医疗技术，是指医疗机构及其医务人员以诊断和治疗疾病为目的，对疾病作出判断和消除疾病、缓解病情、减轻痛苦、改善功能、延长生命、帮助患者恢复健康而采取的医学专业手段和措施。

本办法所称医疗技术临床应用，是指将经过临床研究论证且安全性、有效性确切的医疗技术应用于临床，用以诊断或者治疗疾病的过程。

第三条 医疗机构和医务人员开展医疗技术临床应用应当遵守本办法。

第四条 医疗技术临床应用应当遵循科学、安全、规范、有效、经济、符合伦理的原则。

安全性、有效性不确切的医疗技术，医疗机构不得开展临床应用。

第五条 国家建立医疗技术临床应用负面清单管理制度，对禁止临床应用的医疗技术实施负面清单管理，对部分需要严格监管的医疗技术进行重点管理。其他临床应用的医疗技术由决定使用该类技术的医疗机构自我管理。

第六条 医疗机构对本机构医疗技术临床应用和管理承担主体责任。医疗机构开展医疗技术服务应当与其技术能力相适应。

医疗机构主要负责人是本机构医疗技术临床应用管理的第一责任人。

第七条　国家卫生健康委负责全国医疗技术临床应用管理工作。

县级以上地方卫生行政部门负责本行政区域内医疗技术临床应用监督管理工作。

第八条　鼓励卫生行业组织参与医疗技术临床应用质量控制、规范化培训和技术评估工作，各级卫生行政部门应当为卫生行业组织参与医疗技术临床应用管理创造条件。

第二章　医疗技术负面清单管理

第九条　医疗技术具有下列情形之一的，禁止应用于临床（以下简称禁止类技术）：

（一）临床应用安全性、有效性不确切；

（二）存在重大伦理问题；

（三）该技术已经被临床淘汰；

（四）未经临床研究论证的医疗新技术。

禁止类技术目录由国家卫生健康委制定发布或者委托专业组织制定发布，并根据情况适时予以调整。

第十条　禁止类技术目录以外并具有下列情形之一的，作为需要重点加强管理的医疗技术（以下简称限制类技术），由省级以上卫生行政部门严格管理：

（一）技术难度大、风险高，对医疗机构的服务能力、人员水平有较高专业要求，需要设置限定条件的；

（二）需要消耗稀缺资源的；

（三）涉及重大伦理风险的；

（四）存在不合理临床应用，需要重点管理的。

国家限制类技术目录及其临床应用管理规范由国家卫生健康委制定发布或者委托专业组织制定发布，并根据临床应用实际情况予以调整。

省级卫生行政部门可以结合本行政区域实际情况，在国家限制类技术目录基础上增补省级限制类技术相关项目，制定发布相关技术临床应用管理规范，并报国家卫生健康委备案。

第十一条　对限制类技术实施备案管理。医疗机构拟开展限制类技术临床应用的，应当按照相关医疗技术临床应用管理规范进行自我评估，符合条件的可以开展临床应用，并于开展首例临床应用之日起 15 个工作日内，向核发其《医疗机构执业许可证》的卫生行政部门备案。备案材料应当包括以下内容：

（一）开展临床应用的限制类技术名称和所具备的条件及有关评估材料；

（二）本机构医疗技术临床应用管理专门组织和伦理委员会论证材料；

（三）技术负责人（限于在本机构注册的执业医师）资质证明材料。

备案部门应当自收到完整备案材料之日起 15 个工作日内完成备案，在该医疗机构的《医疗机构执业许可证》副本备注栏予以注明，并逐级上报至省级卫生行政部门。

第十二条　未纳入禁止类技术和限制类技术目录的医疗技术，医疗机构可以根据自身功能、任务、技术能力等自行决定开展临床应用，并应当对开展的医疗技术临床应用实施严格管理。

第十三条　医疗机构拟开展存在重大伦理风险的医疗技术，应当提请本机构伦理委员会审议，必要时可以咨询省级和国家医学伦理专家委员会。未经本机构伦理委员会审查通过的医疗技术，特别是限制类医疗技术，不得应用于临床。

第三章　管理与控制

第十四条　国家建立医疗技术临床应用质量管理与控制制度，充分发挥各级、各专业医疗质量控制组织的作用，以“限制类技术”为主加强医疗技术临床应用质量控制，对医疗技术临床应用情况进行日常监测与定期评估，及时向医疗机构反馈质控和评估结果，持续改进医疗技术临床应用质量。

第十五条　二级以上的医院、妇幼保健院及专科疾病防治机构医疗质量管理委员会应当下设医疗技术临床应用管理的专门组织，由医务、质量管理、药学、护理、院感、设备等部门负责人和具有高级技术职务任职资格的临床、管理、伦理等相关专业人员组成。该专门组织的负责人由医疗机构主要负责人担任，由医务部门负责日常管理工作，主要职责是：

（一）根据医疗技术临床应用管理相关的法律、法规、规章，制定本机构医疗技术临床应用管理制度并组织实施；

（二）审定本机构医疗技术临床应用管理目录和手术分级管理目录并及时调整；

（三）对首次应用于本机构的医疗技术组织论证，对本机构已经临床应用的医疗技术定期开展评估；

（四）定期检查本机构医疗技术临床应用管理各项制度执行情况，并提出改进措施和要求；

（五）省级以上卫生行政部门规定的其他职责。

其他医疗机构应当设立医疗技术临床应用管理工作小组，并指定专（兼）职人员负责本机构医疗技术临床应用管理工作。

第十六条 医疗机构应当建立本机构医疗技术临床应用管理制度，包括目录管理、手术分级、医师授权、质量控制、档案管理、动态评估等制度，保障医疗技术临床应用质量和安全。

第十七条 医疗机构开展医疗技术临床应用应当具有符合要求的诊疗科目、专业技术人员、相应的设备、设施和质量控制体系，并遵守相关技术临床应用管理规范。

第十八条 医疗机构应当制定本机构医疗技术临床应用管理目录并及时调整，对目录内的手术进行分级管理。

手术管理按照国家关于手术分级管理的有关规定执行。

第十九条 医疗机构应当依法准予医务人员实施与其专业能力相适应的医疗技术，并为医务人员建立医疗技术临床应用管理档案，纳入个人专业技术档案管理。

第二十条 医疗机构应当建立医师手术授权与动态管理制度，根据医师的专业能力和培训情况，授予或者取消相应的手术级别和具体手术权限。

第二十一条 医疗机构应当建立医疗技术临床应用论证制度。对已证明安全有效，但属本机构首次应用的医疗技术，应当组织开展本机构技术能力和安全保障能力论证，通过论证的方可开展医疗技术临床应用。

第二十二条 医疗机构应当建立医疗技术临床应用评估制度，对限制类技术的质量安全和技术保证能力进行重点评估，并根据评估结果及时调整本机构医疗技术临床应用管理目录和有关管理要求。对存在严重质量安全问题或者不再符合有关技术管理要求的，要立即停止该项技术的临床应用。

医疗机构应当根据评估结果，及时调整本机构医师相关技术临床应用权限。

第二十三条 医疗机构应当为医务人员参加医疗技术临床应用规范化培训创造条件，加强医疗技术临床应用管理人才队伍的建设和培养。

医疗机构应当加强首次在本医疗机构临床应用的医疗技术的规范化培训工作。

第二十四条 医疗机构开展的限制类技术目录、手术分级管理目录和限制类技术临床应用情况应当纳入本机构院务公开范围，主动向社会公开，接受社会监督。

第二十五条 医疗机构在医疗技术临床应用过程中出现下列情形之一的，应当立即停止该项医疗技术的临床应用：

（一）该医疗技术被国家卫生健康委列为“禁止类技术”；

（二）从事该医疗技术的主要专业技术人员或者关键设备、设施及其他辅助条件发生变化，不能满足相关技术临床应用管理规范要求，或者影响临床应用效果；

（三）该医疗技术在本机构应用过程中出现重大医疗质量、医疗安全或者伦理问题，或者发生与技术相关的严重不良后果；

（四）发现该项医疗技术临床应用效果不确切，或者存在重大质量、安全或者伦理缺陷。

医疗机构出现第一款第二项、第三项情形，属于限制类技术的，应当立即将有关情况向核发其《医疗机构执业许可证》的卫生行政部门报告。卫生行政部门应当及时取消该医疗机构相应医疗技术临床应用备案，在该机构《医疗机构执业许可证》副本备注栏予以注明，并逐级向省级卫生行政部门报告。

医疗机构出现第一款第四项情形的，应当立即将有关情况向核发其《医疗机构执业许可证》的卫生行政部门和省级卫生行政部门报告。省级卫生行政部门应当立即组织对该项医疗技术临床应用情况进行核查，确属医疗技术本身存在问题的，可以暂停该项医疗技术在本地区的临床应用，并向国家卫生健康委报告。国家卫生健康委收到报告后，组织专家进行评估，决定需要采取的进一步管理措施。

第四章 培训与考核

第二十六条 国家建立医疗技术临床应用规范化培训制度。拟开展限制类技术的医师应当按照相关技术临床应用管理规范要求接受规范化培训。

国家卫生健康委统一组织制定国家限制类技术的培训标准和考核要求，并向社会公布。

第二十七条 省级增补的限制类技术以及省级卫生行政部门认为其他需要重点加强培训的医疗技术，由省级卫生行政部门统一组织制订培训标准，对培训基地管理和参加培训医师（以下简称参培医师）的培训和考核提出统一要求，并向社会公布。

第二十八条 对限制类技术临床应用规范化培训基地实施备案管理。医疗机构拟承担限制类技术临床应用规范化培训工作的，应当达到国家和省级卫生行政部门规定的条件，制定培训方案并向社会公开。

第二十九条 医疗机构拟承担限制类技术临床应用规范化培训工作的，应当于首次发布招生公告之日起3个工作日内，向省级卫生行政部门备案。备案材料应当包括：

（一）开展相关限制类技术临床应用的备案证明材料；

（二）开展相关限制类技术培训工作所具备的软、硬件条件的自我评估材料；

（三）近3年开展相关限制类技术临床应用的医疗质量和医疗安全情况；

（四）培训方案、培训师资、课程设置、考核方案等材料。

第三十条　省级卫生行政部门应当及时向社会公布经备案拟承担限制性技术临床应用规范化培训工作的医疗机构名单。

省级卫生行政部门应当加强对限制类技术临床应用规范化培训基地的考核和评估，对不符合培训基地条件或者未按照要求开展培训、考核的，应当责令其停止培训工作，并向社会公布。

第三十一条　培训基地应当建立健全规章制度及流程，明确岗位职责和管理要求，加强对培训导师的管理。严格按照统一的培训大纲和教材制定培训方案与计划，建立医师培训档案，确保培训质量和效果。

第三十二条　申请参加培训的医师应当符合相关医疗技术临床应用管理规范要求。培训基地应当按照公开公平、择优录取、双向选择的原则决定是否接收参培医师。

第三十三条　参培医师完成培训后应当接受考核。考核包括过程考核和结业考核。

考核应当由所在培训基地或者省级卫生行政部门委托的第三方组织实施。

第三十四条　对国家和省级卫生行政部门作出统一培训要求以外的医疗技术，医疗机构应当自行进行规范化培训。

第五章　监督管理

第三十五条　县级以上地方卫生行政部门应当加强对本行政区域内医疗机构医疗技术临床应用的监督管理。

第三十六条　国家卫生健康委负责建立全国医疗技术临床应用信息化管理平台，对国家限制类技术临床应用相关信息进行收集、分析和反馈。

省级卫生行政部门负责建立省级医疗技术临床应用信息化管理平台，对本行政区域内国家和省级限制类技术临床应用情况实施监督管理。

省级医疗技术临床应用信息化管理平台应当与全国医疗技术临床应用信息化管理平台实现互联互通，信息共享。

第三十七条　医疗机构应当按照要求，及时、准确、完整地向全国和省级医疗技术临床应用信息化管理平台逐例报送限制类技术开展情况数据信息。

各级、各专业医疗质量控制组织应当充分利用医疗技术临床应用信息化管理平台，加大数据信息分析和反馈力度，指导医疗机构提高医疗技术临床应用质量安全。

第三十八条　国家建立医疗技术临床应用评估制度。对医疗技术的安全性、有效性、经济适宜性及伦理问题等进行评估，作为调整国家医疗技术临床应用管理政策的决策依据之一。

第三十九条　国家建立医疗机构医疗技术临床应用情况信誉评分制度，与医疗机构、医务人员信用记录挂钩，纳入卫生健康行业社会信用体系管理，接入国家信用信息共享平台，并将信誉评分结果应用于医院评审、评优、临床重点专科评估等工作。

第四十条　县级以上地方卫生行政部门应当将本行政区域内经备案开展限制类技术临床应用的医疗机构名单及相关信息及时向社会公布，接受社会监督。

第六章　法律责任

第四十一条　医疗机构违反本办法规定，有下列情形之一的，由县级以上地方卫生行政部门责令限期改正；逾期不改的，暂停或者停止相关医疗技术临床应用，给予警告，并处以三千元以下罚款；造成严重后果的，处以三千元以上三万元以下罚款，并对医疗机构主要负责人、负有责任的主管人员和其他直接责任人员依法给予处分：

（一）未建立医疗技术临床应用管理专门组织或者未指定专（兼）职人员负责具体管理工作的；

（二）未建立医疗技术临床应用管理相关规章制度的；

（三）医疗技术临床应用管理混乱，存在医疗质量和医疗安全隐患的；

（四）未按照要求向卫生行政部门进行医疗技术临床应用备案的；

（五）未按照要求报告或者报告不实信息的；

（六）未按照要求向国家和省级医疗技术临床应用信息化管理平台报送相关信息的；

（七）未将相关信息纳入院务公开范围向社会公开的；

（八）未按要求保障医务人员接受医疗技术临床应用规范化培训权益的。

第四十二条　承担限制类技术临床应用规范化培训的医疗机构，有下列情形之一的，由省级卫生行政部门责令其停止医疗技术临床应用规范化培训,并向社会公布;造成严重后果的,对医疗机构主要负责人、负有责任的主管人员和其他直接责任人员依法给予处分:

(一)未按照要求向省级卫生行政部门备案的;

(二)提供不实备案材料或者弄虚作假的;

(三)未按照要求开展培训、考核的;

(四)管理混乱导致培训造成严重不良后果,并产生重大社会影响的。

第四十三条 医疗机构有下列情形之一的,由县级以上地方卫生行政部门依据《医疗机构管理条例》第四十七条的规定进行处理;情节严重的,还应当对医疗机构主要负责人和其他直接责任人员依法给予处分:

(一)开展相关医疗技术与登记的诊疗科目不相符的;

(二)开展禁止类技术临床应用的;

(三)不符合医疗技术临床应用管理规范要求擅自开展相关医疗技术的。

第四十四条 医疗机构管理混乱导致医疗技术临床应用造成严重不良后果,并产生重大社会影响的,由县级以上地方卫生行政部门责令限期整改,并给予警告;逾期不改的,给予三万元以下罚款,并对医疗机构主要负责人、负有责任的主管人员和其他直接责任人员依法给予处分。

第四十五条 医务人员有下列情形之一的,由县级以上地方卫生行政部门按照《执业医师法》《护士条例》《乡村医生从业管理条例》等法律法规的有关规定进行处理;构成犯罪的,依法追究刑事责任:

(一)违反医疗技术管理相关规章制度或者医疗技术临床应用管理规范的;

(二)开展禁止类技术临床应用的;

(三)在医疗技术临床应用过程中,未按照要求履行知情同意程序的;

(四)泄露患者隐私,造成严重后果的。

第四十六条 县级以上地方卫生行政部门未按照本办法规定履行监管职责,造成严重后果的,对直接负责的主管人员和其他直接责任人员依法给予记大过、降级、撤职、开除等行政处分。

第七章 附 则

第四十七条 人体器官移植技术、人类辅助生殖技术、细胞治疗技术的监督管理不适用本办法。

第四十八条 省级卫生行政部门可以根据本办法,结合地方实际制定具体实施办法。

第四十九条 本办法公布前,已经开展相关限制类技术临床应用的医疗机构,应当自本办法公布之日起按照本办法及相关医疗技术临床应用管理规范进行自我评估。符合临床应用条件的,应当自本办法施行之日起3个月内按照要求向核发其《医疗机构执业许可证》的卫生行政部门备案;不符合要求或者不按照规定备案的,不得再开展该项医疗技术临床应用。

第五十条 中医医疗机构的医疗技术临床应用管理由中医药主管部门负责。

第五十一条 本办法自2018年11月1日起施行。

互联网诊疗管理办法(试行)

1. 2018年7月17日国家卫生健康委员会、国家中医药管理局发布

2. 国卫医发〔2018〕25号

第一章 总 则

第一条 为落实《国务院办公厅关于促进"互联网+医疗健康"发展的意见》,规范互联网诊疗活动,推动互联网医疗服务健康快速发展,保障医疗质量和医疗安全,根据《执业医师法》、《医疗机构管理条例》等法律法规,制定本办法。

第二条 本办法所称互联网诊疗是指医疗机构利用在本机构注册的医师,通过互联网等信息技术开展部分常见病、慢性病复诊和"互联网+"家庭医生签约服务。

第三条 国家对互联网诊疗活动实行准入管理。

第四条 国务院卫生健康行政部门和中医药主管部门负责全国互联网诊疗活动的监督管理。地方各级卫生健康行政部门(含中医药主管部门,下同)负责辖区内互联网诊疗活动的监督管理。

第二章 互联网诊疗活动准入

第五条 互联网诊疗活动应当由取得《医疗机构执业许可证》的医疗机构提供。

第六条 新申请设置的医疗机构拟开展互联网诊疗活动,应当在设置申请书注明,并在设置可行性研究报告中写明开展互联网诊疗活动的有关情况。如果与第三方机构合作建立互联网诊疗服务信息系统,应当提交合作协议。

第七条 卫生健康行政部门受理申请后,依据《医疗机构管理条例》、《医疗机构管理条例实施细则》的有关规定进行审核,在规定时间内作出同意或者不同意的书面答复。批准设置并同意其开展互联网诊疗的,在《设置医疗机构批准书》中注明同意其开展互联网诊疗活动。医疗机构按照有关法律法规和规章申请执业登记。

第八条 已经取得《医疗机构执业许可证》的医疗机构拟开展互联网诊疗活动，应当向其《医疗机构执业许可证》发证机关提出开展互联网诊疗活动的执业登记申请，并提交下列材料：

（一）医疗机构法定代表人或主要负责人签署同意的申请书，提出申请开展互联网诊疗活动的原因和理由；

（二）如果与第三方机构合作建立互联网诊疗服务信息系统，应当提交合作协议；

（三）登记机关规定提交的其他材料。

第九条 执业登记机关按照有关法律法规和规章对医疗机构登记申请材料进行审核。审核合格的，予以登记，在《医疗机构执业许可证》副本服务方式中增加“互联网诊疗”。审核不合格的，将审核结果以书面形式通知申请人。

第十条 医疗机构与第三方机构的合作协议应当明确各方在医疗服务、信息安全、隐私保护等方面的责权利。

第十一条 医疗机构开展互联网诊疗活动应当与其诊疗科目相一致。未经卫生健康行政部门核准的诊疗科目，医疗机构不得开展相应的互联网诊疗活动。

第三章 执 业 规 则

第十二条 医疗机构开展互联网诊疗活动应当符合医疗管理要求，建立医疗质量和医疗安全规章制度。

第十三条 医疗机构开展互联网诊疗活动，应当具备满足互联网技术要求的设备设施、信息系统、技术人员以及信息安全系统，并实施第三级信息安全等级保护。

第十四条 开展互联网诊疗活动的医师、护士应当能够在国家医师、护士电子注册系统中查询。医疗机构应当对开展互联网诊疗活动的医务人员进行电子实名认证，鼓励有条件的医疗机构通过人脸识别等人体特征识别技术加强医务人员管理。

第十五条 基层医疗卫生机构实施“互联网＋”家庭医生签约服务，在协议中告知患者服务内容、流程、双方责任和权利以及可能出现的风险等，签订知情同意书。

第十六条 医疗机构在线开展部分常见病、慢性病复诊时，医师应当掌握患者病历资料，确定患者在实体医疗机构明确诊断为某种或某几种常见病、慢性病后，可以针对相同诊断进行复诊。当患者出现病情变化需要医务人员亲自诊查时，医疗机构及其医务人员应当立即终止互联网诊疗活动，引导患者到实体医疗机构就诊。

不得对首诊患者开展互联网诊疗活动。

第十七条 医疗机构开展互联网诊疗活动应当按照《医疗机构病历管理规定》和《电子病历基本规范（试行）》等相关文件要求，为患者建立电子病历，并按照规定进行管理。

第十八条 医疗机构开展互联网诊疗活动应当严格遵守《处方管理办法》等处方管理规定。医师掌握患者病历资料后，可以为部分常见病、慢性病患者在线开具处方。在线开具的处方必须有医师电子签名，经药师审核后，医疗机构、药品经营企业可委托符合条件的第三方机构配送。

第十九条 医疗机构开展互联网诊疗活动时，不得开具麻醉药品、精神药品等特殊管理药品的处方。为低龄儿童（6岁以下）开具互联网儿童用药处方时，应当确认患儿有监护人和相关专业医师陪伴。

第二十条 医疗机构应当严格执行信息安全和医疗数据保密的有关法律法规，妥善保管患者信息，不得非法买卖、泄露患者信息。发生患者信息和医疗数据泄露后，医疗机构应当及时向主管的卫生健康行政部门报告，并立即采取有效应对措施。

第二十一条 医疗机构开展互联网诊疗活动应当符合分级诊疗相关规定，与其功能定位相适应。

第二十二条 鼓励医联体内利用互联网技术，加快实现医疗资源上下贯通，提高基层医疗服务能力和效率，推动构建有序的分级诊疗格局。鼓励三级医院在医联体内通过互联网诊疗信息系统向下转诊患者。

第二十三条 三级医院应当优先发展与二级医院、基层医疗卫生机构之间的互联网医疗服务，为基层医疗卫生机构开展的互联网诊疗活动提供技术支持。

第四章 监 督 管 理

第二十四条 医疗机构应当加强互联网诊疗活动管理，建立完善相关管理制度、服务流程，保证互联网诊疗活动全程留痕、可追溯，并向监管部门开放数据接口。

第二十五条 医师开展互联网诊疗活动应当依法取得相应执业资质，具有3年以上独立临床工作经验，并经其执业注册的医疗机构同意。

第二十六条 医疗机构开展互联网诊疗活动按照属地化管理的原则，由县级及以上地方卫生健康行政部门进行监督管理。

第二十七条 县级及以上地方卫生健康行政部门应当向社会公布允许开展互联网诊疗活动的医疗机构名单，公布监督电话或者其他监督方式，及时受理和处置违法违规互联网诊疗服务举报。发现不符合本办法规定的，应当及时告知有关主管部门。

第二十八条 下级卫生健康行政部门未按照《医疗机构

管理条例》和本办法规定管理互联网诊疗活动的，上级卫生健康行政部门应当及时予以纠正。

第二十九条　县级及以上地方卫生健康行政部门应当充分发挥社会组织作用，加强互联网诊疗活动的行业监督和自律。

第五章　附　　则

第三十条　本办法施行前已经开展互联网诊疗活动的医疗机构，自本办法施行之日起30日内，按照本办法要求重新提出执业登记申请。

第三十一条　远程医疗服务按照《远程医疗服务管理规范（试行）》等相关文件管理。

互联网医院按照《互联网医院管理办法（试行）》管理。

第三十二条　本办法自发布之日起施行。

远程医疗服务管理规范（试行）

1. 2018年7月17日国家卫生健康委员会、国家中医药管理局发布

2. 国卫医发〔2018〕25号

为贯彻落实《国务院办公厅关于促进"互联网+医疗健康"发展的意见》（国办发〔2018〕26号），进一步推动远程医疗服务持续健康发展，优化医疗资源配置，促进优质医疗资源下沉，推进区域医疗资源整合共享，提高医疗服务能力和水平，制定本规范。

一、管理范围

本规范所称远程医疗服务包括以下情形：

（一）某医疗机构（以下简称邀请方）直接向其他医疗机构（以下简称受邀方）发出邀请，受邀方运用通讯、计算机及网络技术等信息化技术，为邀请方患者诊疗提供技术支持的医疗活动，双方通过协议明确责权利。

（二）邀请方或第三方机构搭建远程医疗服务平台，受邀方以机构身份在该平台注册，邀请方通过该平台发布需求，由平台匹配受邀方或其他医疗机构主动对需求做出应答，运用通讯、计算机及网络技术等信息化技术，为邀请方患者诊疗提供技术支持的医疗活动。邀请方、平台建设运营方、受邀方通过协议明确责权利。

邀请方通过信息平台直接邀请医务人员提供在线医疗服务的，必须申请设置互联网医院，按照《互联网医院管理办法（试行）》管理。

二、开展远程医疗服务的基本条件

（一）医疗机构基本条件。

1. 有卫生健康行政部门（含中医药主管部门，下同）批准、与所开展远程医疗服务相应的诊疗科目。

2. 有在本机构注册、符合远程医疗服务要求的专业技术人员。

3. 有完善的远程医疗服务管理制度、医疗质量与医疗安全、信息化技术保障措施。

（二）人员基本条件。

邀请方与受邀方应当根据患者病情安排相应医务人员参与远程医疗服务。邀请方至少有1名执业医师（可多点执业）陪同，若邀请方为基层医疗卫生机构，可以由执业助理医师或乡村医生陪同；受邀方至少有1名具有相应诊疗服务能力、独立开展临床工作3年以上的执业医师（可多点执业）为患者提供远程医疗服务。根据患者病情，可提供远程多学科联合诊疗服务。

有专职人员负责仪器、设备、设施、信息系统的定期检测、登记、维护、改造、升级，符合远程医疗相关卫生信息标准和信息安全的规定，保障远程医疗服务信息系统（硬件和软件）处于正常运行状态，满足医疗机构开展远程医疗服务的需要。

（三）设备设施基本条件。

1. 远程医疗信息系统应当满足图像、声音、文字以及诊疗所需其他医疗信息的安全、实时传输，图像清晰，数据准确，符合《远程医疗信息系统建设技术指南》，满足临床诊疗要求。

2. 重要设备和网络应当有不间断电源。

3. 远程医疗服务网络应当至少有2家网络供应商提供的网络，保障远程医疗服务信息传输通畅。有条件的可以建设远程医疗专网。

三、远程医疗服务流程及有关要求

（一）签订合作协议。医疗机构间直接或通过第三方平台开展远程医疗服务的，要签订远程医疗合作协议，约定合作目的、合作条件、合作内容、远程医疗流程、各方责任权利义务、医疗损害风险和责任分担等事项。合作协议可以以电子文件形式签订。

（二）知情同意。邀请方应当根据患者的病情和意愿组织远程医疗服务，并向患者说明远程医疗服务内容、费用等情况，征得患者书面同意，签署远程医疗服务知情同意书。不宜向患者说明病情的，应当征得其监护人或者近亲属书面同意。

（三）远程会诊。医疗机构之间通过远程进行会诊,受邀方提供诊断治疗意见,邀请方明确诊断治疗方案。

1. 发出邀请。邀请方需要与受邀方通过远程医疗服务开展个案病例讨论的,需向受邀方直接或通过第三方平台提出邀请,邀请至少应当包括邀请事由、目的、时间安排、患者相关病历摘要及拟邀请医师的专业和技术职务任职资格等。医疗联合体内可以协商建立稳定的远程心电诊断、远程影像诊断、远程病理诊断等机制,加强上级医院对基层医疗机构的技术支持。

2. 接受邀请。受邀方接到邀请方或第三方平台发出的远程医疗服务邀请后,要及时作出是否接受邀请的决定。接受邀请的,须告知邀请方,并做好相关准备工作;不接受邀请的,及时告知邀请方并说明理由。第三方平台参与匹配的,还要同时将是否接受邀请告知第三方平台运营方。

3. 实施服务。受邀方应当认真负责地安排具备相应资质和技术能力的医务人员,按照相关法律、法规和诊疗规范的要求,提供远程医疗服务,及时将诊疗意见告知邀请方,并出具由相关医师签名的诊疗意见报告。邀请方根据患者临床资料,参考受邀方的诊疗意见,决定诊断与治疗方案。

(四)远程诊断。邀请方和受邀方建立对口支援或者形成医疗联合体等合作关系,由邀请方实施医学影像、病理、心电、超声等辅助检查,由受邀的上级医疗机构进行诊断,具体流程由邀请方和受邀方通过协议明确。

(五)妥善保存资料。邀请方和受邀方要按照病历书写及保管有关规定共同完成病历资料,原件由邀请方和受邀方分别归档保存。远程医疗服务相关文书可通过传真、扫描文件及电子签名的电子文件等方式发送。医务人员为患者提供咨询服务后,应当记录咨询信息。

四、管理要求

(一)机构管理。开展远程医疗服务的医疗机构应当按照以下要求开展工作:

1. 制定并落实管理规章制度,执行国家发布或者认可的技术规范和操作规程,建立应急预案,保障医疗质量与安全。

2. 设置专门的医疗质量安全管理部门或配备专职人员,负责远程医疗服务质量管理与控制工作,履行以下职责:

①对规章制度、技术规范、操作规程的落实情况进行检查;

②对医疗质量、器械和设备管理等方面进行检查;

③对重点环节和影响医疗质量与安全的高危因素进行监测、分析和反馈,提出预防与控制措施;

④对病历书写、资料保存进行指导和检查等。

3. 医疗质量安全管理人员应当具备相关专业知识和工作经验。

4. 参与远程医疗运行各方应当加强信息安全和患者隐私保护,防止违法传输、修改,防止数据丢失,建立数据安全管理规程,确保网络安全、操作安全、数据安全、隐私安全。

5. 与第三方机构合作发展远程医疗服务的,要通过协议明确各方权利、义务和法律责任,落实财务管理各项制度。

(二)人员管理。

1. 医疗机构应当制定并落实远程医疗服务相关医务人员的培训计划,使其具备与本职工作相关的专业知识。建立对技术人员的专业知识更新、专业技能维持与培养等管理的相关制度和记录。落实相关管理制度和工作规范。

2. 医务人员对患者进行远程医疗服务时应当遵守医疗护理常规和诊疗规范。

(三)质量管理。开展远程医疗服务的医疗机构应当按照以下要求开展医疗质量管理工作:

1. 按照国家发布或认可的诊疗技术规范和操作规程有关要求,建立并实施医疗质量管理体系,遵守相关技术规范和标准,实行患者实名制管理,持续改进医疗质量。

2. 积极参与省级以上远程医疗服务质控中心组织的医疗质量管理与控制相关工作,接受卫生健康行政部门和质控中心的业务指导与监管。

3. 医疗质量安全管理人员督促落实各项规章制度和日常管理工作,并对本机构远程医疗服务行为进行定期巡视。

4. 信息技术专业人员做好远程医疗设备的日常维护,保证其正常运转。

5. 受邀方参与远程医疗服务的医务人员应当具有应急处理能力。

6. 提供医学检查检验等服务的远程医疗服务中心,应当配备具有相应资质的卫生专业技术人员,按照相应的规范开展工作。

7. 建立良好的医患沟通机制,保障患者知情同意权,维护患者合法权益。

8. 严格按照有关规定与要求,规范使用和管理医疗设备、医疗耗材、消毒药械和医疗用品等。

五、加强监管

（一）地方各级卫生健康行政部门应当加强对辖区内医疗机构提供远程医疗服务的监督管理，将远程医疗服务纳入当地医疗质量控制体系，确保远程医疗服务质量和安全。

（二）在远程医疗服务过程中发生医疗争议时，患者向邀请方所在地卫生健康行政部门提出处理申请。远程会诊由邀请方承担相应法律责任，远程诊断由邀请方和受邀方共同承担相应法律责任。

（三）医疗机构与第三方机构合作开展远程医疗服务发生争议时，由邀请方、受邀方、第三方机构按照相关法律、法规和各方达成的协议进行处理，并承担相应的责任。

（四）医疗机构和医务人员在开展远程医疗服务过程中，有违反《执业医师法》、《医疗机构管理条例》、《医疗事故处理条例》和《护士条例》等法律、法规行为的，由卫生健康行政部门按照有关法律、法规规定处理。

互联网诊疗监管细则（试行）

1. 2022年2月8日国家卫生健康委办公厅、国家中医药局办公室发布

2. 国卫办医发〔2022〕2号

第一章　总　　则

第一条　为进一步规范互联网诊疗活动，加强互联网诊疗监管，根据《基本医疗卫生与健康促进法》《医师法》《中医药法》《医疗机构管理条例》《互联网诊疗管理办法（试行）》《互联网医院管理办法（试行）》等法律法规和规定，制定本细则。

第二条　本细则适用于对医疗机构根据《互联网诊疗管理办法（试行）》《互联网医院管理办法（试行）》开展互联网诊疗活动的监管。

第三条　国务院卫生健康主管部门和中医药主管部门负责指导全国互联网诊疗监管工作。地方各级卫生健康主管部门（含中医药主管部门，下同）落实属地化监管责任。

第二章　医疗机构监管

第四条　省级卫生健康主管部门应当建立省级互联网医疗服务监管平台（以下简称“省级监管平台”），对开展互联网诊疗活动的医疗机构（以下简称“医疗机构”）进行监管。

第五条　医疗机构应当主动与所在地省级监管平台对接，及时上传、更新《医疗机构执业许可证》等相关执业信息，主动接受监督。

第六条　医疗机构应当有专门部门管理互联网诊疗的医疗质量、医疗安全、药学服务、信息技术等，建立相应的管理制度，包括但不限于医疗机构依法执业自查制度、互联网诊疗相关的医疗质量和安全管理制度、医疗质量（安全）不良事件报告制度、医务人员培训考核制度、患者知情同意制度、处方管理制度、电子病历管理制度、信息系统使用管理制度等。

第七条　作为实体医疗机构第二名称的互联网医院，与该实体医疗机构同时校验；依托实体医疗机构单独获得《医疗机构执业许可证》的互联网医院，每年校验1次。

第八条　医疗机构应当在互联网诊疗平台显著位置公布本机构提供互联网诊疗服务医务人员的电子证照等信息，方便患者查询。

第九条　医疗机构应当充分告知患者互联网诊疗相关的规则、要求、风险，取得患者知情同意后方可开展互联网诊疗活动。

第十条　地方各级卫生健康主管部门应当向社会公布辖区内批准开展互联网诊疗的医疗机构名单、监督电话及其他监督方式，设置投诉受理渠道，及时处置违法违规行为。

第十一条　地方各级卫生健康主管部门应当按照《医疗机构管理条例》及其实施细则，对互联网诊疗活动建立评价和退出机制。

第三章　人员监管

第十二条　医疗机构应当对开展互联网诊疗活动的医务人员进行实名认证，确保医务人员具备合法资质。

第十三条　医师接诊前需进行实名认证，确保由本人提供诊疗服务。其他人员、人工智能软件等不得冒用、替代医师本人提供诊疗服务。各级卫生健康主管部门应当负责对在该医疗机构开展互联网诊疗的人员进行监管。

第十四条　医疗机构应当将开展互联网诊疗活动的医务人员信息上传至省级监管平台，包括身份证号码、照片、相关资质、执业地点、执业机构、执业范围、临床工作年限等必要信息。省级监管平台应当与医师、护士电子化注册系统对接，药师信息应当上传监管平台且可查询，有条件的同时与卫生健康监督信息系统对接。

医疗机构应当对开展互联网诊疗活动的医务人员建立考核机制，根据依法执业、医疗质量、医疗安全、医德医风、满意度等内容进行考核并建立准入、退出机制。

第十五条　医疗机构应当对开展互联网诊疗活动以及从事相关管理服务的人员开展定期培训，内容包括卫生健康相关的法律法规、医疗管理相关政策、岗位职责、互联网诊疗流程、平台使用与应急处置等。

第十六条　医务人员如在主执业机构以外的其他互联网医院开展互联网诊疗活动，应当根据该互联网医院所在地多机构执业相关要求进行执业注册或备案。

第四章　业务监管

第十七条　互联网诊疗实行实名制，患者有义务向医疗机构提供真实的身份证明及基本信息，不得假冒他人就诊。

第十八条　患者就诊时应当提供具有明确诊断的病历资料，如门诊病历、住院病历、出院小结、诊断证明等，由接诊医师留存相关资料，并判断是否符合复诊条件。

医疗机构应当明确互联网诊疗的终止条件。当患者病情出现变化、本次就诊经医师判断为首诊或存在其他不适宜互联网诊疗的情况时，接诊医师应当立即终止互联网诊疗活动，并引导患者到实体医疗机构就诊。

第十九条　医疗机构开展互联网诊疗过程中所产生的电子病历信息，应当与依托的实体医疗机构电子病历格式一致、系统共享，由依托的实体医疗机构开展线上线下一体化质控。

互联网诊疗病历记录按照门诊电子病历的有关规定进行管理，保存时间不得少于 15 年。诊疗中的图文对话、音视频资料等过程记录保存时间不得少于 3 年。

第二十条　互联网医院变更名称时，所保管的病历等数据信息应当由变更后的互联网医院继续保管。

互联网医院注销后，所保管的病历等数据信息由依托的实体医疗机构继续保管。所依托的实体医疗机构注销后，可以由省级卫生健康主管部门或者省级卫生健康主管部门指定的机构按照规定妥善保管。

第二十一条　医疗机构开展互联网诊疗活动应当严格遵守《处方管理办法》等规定，加强药品管理。处方应由接诊医师本人开具，严禁使用人工智能等自动生成处方。处方药应当凭医师处方销售、调剂和使用。严禁在处方开具前，向患者提供药品。严禁以商业目的进行统方。

第二十二条　医疗机构自行或委托第三方开展药品配送的，相关协议、处方流转信息应当可追溯，并向省级监管平台开放数据接口。

第二十三条　互联网诊疗的医疗服务收费项目和收费标准应当在互联网诊疗平台进行公示，方便患者查询。

第二十四条　医疗机构要自觉加强行风建设，严格执行《医疗机构工作人员廉洁从业九项准则》等有关规定，医务人员的个人收入不得与药品收入相挂钩，严禁以谋取个人利益为目的转介患者、指定地点购买药品、耗材等。

第二十五条　医疗机构应当保证互联网诊疗活动全程留痕、可追溯，并向省级监管平台开放数据接口。省级卫生健康主管部门应当按照“最少可用原则”采集医疗机构的相关数据，重点包括医疗机构资质、医务人员资质、诊疗科目、诊疗病种、电子病历、电子处方、用药情况、满意度评价、患者投诉、医疗质量（安全）不良事件等信息，对互联网诊疗整体情况进行分析，定期向各医疗机构及其登记机关反馈问题，并明确整改期限，医疗机构在收到省级卫生健康主管部门问题反馈后应当及时整改，并将整改情况上传至省级监管平台，同时报其登记机关。

鼓励有条件的省份在省级监管平台中设定互联网诊疗合理性判定规则，运用人工智能、大数据等新兴技术实施分析和监管。

第五章　质量安全监管

第二十六条　医疗机构开展互联网诊疗活动应当遵守医疗质量、医疗安全、网络安全等有关法律法规和规定。

第二十七条　医疗机构应建立网络安全、数据安全、个人信息保护、隐私保护等制度，并与相关合作方签订协议，明确各方权责关系。

第二十八条　医疗机构发生患者个人信息、医疗数据泄露等网络安全事件时，应当及时向相关主管部门报告，并采取有效应对措施。

第二十九条　医疗机构应当对互联网诊疗活动的质量安全进行控制，并设置患者投诉处理的信息反馈渠道。

第三十条　医疗机构应当建立医疗质量（安全）不良事件报告制度，指定专门部门负责医疗质量（安全）不良事件报告的收集、分析和总结工作，鼓励医务人员积极报告不良事件。

第三十一条　医疗机构应当加强互联网诊疗信息发布的内容管理，确保信息合法合规、真实有效。

第三十二条　地方各级卫生健康主管部门应当指导医疗机构加强医疗质量安全管理工作，实现持续改进。

第三十三条　省级监管平台和医疗机构用于互联网诊疗平台应当实施第三级及以上信息安全等级保护，并将等保测评结果上传至省级监管平台。

第六章 监管责任

第三十四条 取得《医疗机构执业许可证》并独立设置的互联网医院，依法承担法律责任；实体医疗机构以互联网医院作为第二名称时，实体医疗机构依法承担法律责任。互联网医院合作各方按照合作协议书依法依规承担相应法律责任。

第三十五条 医疗机构和医务人员在互联网诊疗过程中，有违反《医师法》《传染病防治法》《中医药法》《医疗机构管理条例》《医疗事故处理条例》《护士条例》等法律法规行为的，按照有关法律法规和规定处理。

第三十六条 医疗机构在开展互联网诊疗活动过程中发生医疗事故或者引发医疗纠纷的，应当按照《医疗事故处理条例》《医疗纠纷预防和处理条例》等有关法律法规和规定处理。医疗机构所在地县级以上卫生健康主管部门应当按照相关法律法规履行相应处理责任。

第三十七条 省级卫生健康主管部门应当将互联网诊疗纳入当地医疗质量控制体系，开展线上线下一体化监管，确保医疗质量和医疗安全。

第七章 附 则

第三十八条 国家通过信息系统对全国互联网诊疗相关数据进行监测分析。

第三十九条 省级卫生健康主管部门应当根据本细则并结合当地实际情况，制定实施办法。

第四十条 本细则由国家卫生健康委负责解释。

第四十一条 本细则自印发之日起施行。

新冠肺炎出院患者
主要功能障碍康复治疗方案

1. 2020年5月13日国家卫生健康委、民政部、国家医疗保障局、国家中医药管理局发布

2. 国卫医函〔2020〕207号

为改善新冠肺炎患者呼吸功能、心脏功能、躯体功能以及心理功能障碍，规范康复的操作技术及流程，最大限度减轻患者负担，促进全面康复，特制定本方案。

一、呼吸功能障碍

（一）主要表现。可表现为呼吸困难、活动后气短，喘息、胸闷，咳嗽咳痰无力，以限制性通气功能障碍、弥散量降低伴低氧血症或呼吸衰竭为主要表现。

（二）功能评估。1. 症状评估：即改良的医学研究理事会呼吸困难量表（mMRC）评价；2. 活动耐力评估：即6分钟步行试验（6MWT）和心肺运动负荷试验（CPET）评估；3. 静态肺功能评估：即肺通气功能和弥散功能；4. 动脉血气或无创脉氧饱和度评价：即动脉氧分压和氧饱和度等评价患者的缺氧程度。

（三）康复治疗。

1. 呼吸训练：包括呼吸功能训练（主动循环呼吸技术ACBT，含呼吸控制、胸廓扩张运动和用力呼气技术）、呼吸模式训练（包括调整呼吸节奏、腹式呼吸训练、缩唇呼吸训练等）、呼吸肌力量训练、呼吸康复操（卧位、坐位及站立位系列运动）。

2. 有氧运动：方式有行走、慢跑、骑自行车、游泳、健身操，以及在器械上完成的行走、踏车、划船等。建议从低强度开始，结合Borg自觉疲劳量表评分13－16分和改良Borg自觉疲劳量表气促评分≤5－6分，根据病情和患者耐受程度，每次运动20－60分钟，每周3－7次，循序渐进，逐步增大运动强度和时间。

3. 氧疗：（1）静息状态下，动脉血氧分压≤55mmHg或经皮血氧饱和度（SpO_2）≤88%，应给予氧疗；（2）如合并充血性心力衰竭、肺动脉高压等基础疾病者，氧疗指征为动脉血氧分压≤60mmHg或SpO_2≤90%；（3）如运动中出现低氧血症或SpO_2≤88%，应给予补充氧疗，以保证运动中SpO_2维持在95%。

4. ADL训练、康复宣教（如生活方式指导等）。

二、心脏功能障碍

（一）主要表现。心悸、胸闷、活动后气促、劳力呼吸困难，还可出现心前区不适及心绞痛，多与活动有关。心率增快或减慢，可出现多种心律失常。导致心功能障碍的原因与新型冠状病毒对心脏的直接损伤有关，也可继发于新冠肺炎导致的肺功能障碍，以及重型、危重型患者长期卧床、制动所致的废用性功能减退。此外，还可与合并基础疾病，如高血压、冠心病、糖尿病等有关。

（二）功能评估。根据患者病情和医院自身的条件，有条件者可采用CPET评估心脏功能，如无相应条件，可采用6MWT、台阶试验、代谢当量活动问卷等进行评估。同时应结合患者疾病临床情况，如原发病、基础疾病，心电图、心脏彩超、心肌酶谱等进行综合评定。

（三）康复治疗。基于心肺功能评估制定运动处方。

1. 有氧运动：同呼吸功能障碍康复治疗有氧运动内容。

2. 肌力及肌耐力训练：方式有抗阻运动器械、哑铃、引体向上、俯卧撑及弹力带和弹力管等。根据患者的能力，以重复 10－15 次的负荷重量（10－15RM），Borg 评分 13－14 分和改良 Borg 气促评分≤5－6 分为宜。根据病情和患者耐受程度，每次训练 8－16 组肌群，每个肌群 2－3 组，重复 10－15 次/组。建议隔天一次，每周训练 2－3 次。

3. 柔韧性训练：有氧运动或抗阻训练后进行。每个肌群 15－60 秒，2－4 次，以有明显拉伸感、无明显疼痛为宜。

4. 平衡功能和协调性训练：视情况进行。

运动中应密切观察心电、血压、血氧饱和度等。必要时在氧疗的同时进行运动治疗。病毒性心肌炎活动期适当调整运动处方。运动治疗的同时，不宜忽视患者基础病的药物治疗以及饮食、睡眠、心理指导等。

三、躯体功能障碍

（一）主要表现。表现为全身乏力、易疲劳、肌肉酸痛，部分可伴有肌肉萎缩、肌力下降等。多见于危重、重症型新冠肺炎出院患者，由于长期卧床、制动所引起的继发性躯体功能障碍。

（二）功能评估。采用 Borg 自觉疲劳量表、徒手肌力检查、徒手平衡功能评定等进行评估。

（三）康复治疗。轻度、中度呼吸功能障碍患者可以选择有氧运动、肌力及肌耐力训练。重度呼吸功能障碍及体能极度下降的患者，需要从床上运动、转移、平衡功能、步行功能、及上下楼梯等开始训练。

1. 有氧运动：同呼吸功能障碍康复治疗有氧运动内容。

2. 肌力及肌耐力训练：同心脏功能障碍康复治疗肌力及肌耐力训练内容。

3. 平衡功能和协调性训练：视情况进行。

4. 氧疗：参考呼吸功能障碍康复治疗氧疗内容。

四、心理功能障碍

（一）主要表现。

1. 情绪反应：焦虑担心害怕、情绪不稳定、抑郁悲伤、无助与愤怒。

2. 认知改变：一些患者会有感觉失真、无法集中注意力、犹豫不决、自责等。

3. 行为障碍：失眠、回避行为、过度进食、过量饮酒、自伤甚至自杀行为。

4. 生理反应：可能会出现因情绪而引起的心慌、头痛、肌肉酸痛、消化不良，胃胀，反胃，食欲下降等心身反应。

（二）功能评估。

1. 抑郁症筛查量表 9 项（PHQ－9）：由 9 个项目组成，采用 0－3 分的 4 级评分法。总分在 0－4 分为无抑郁症状，5－9 分为轻度抑郁，10－14 分为中度抑郁，15 分以上为重度抑郁。

2. 广泛性焦虑量表 7 项（GAD－7）：由 7 个项目组成，采用 0－3 分的 4 级评分法。总分在 0－4 分为无焦虑症状，5－9 分为轻度焦虑，10－14 分为中度焦虑，15 分以上为重度焦虑。

3. 匹兹堡睡眠问卷：为自评量表，用于评定近一个月睡眠质量，按照 0－3 等级计分，总分范围 0－21 分，得分越高，表示睡眠质量越差。

4. 创伤后应激障碍症状清单（PCL－C）：是我国《创伤后应激障碍防治指南》推荐的版本，为自评量表，包括 17 个项目，分为 1－5 级评定，分数越高，代表 PTSD 发生的可能性越大。

（三）康复干预。

1. 广泛开展科普宣教。面向社区居民广泛开展科普宣教。及时通过权威媒体发布信息。通过张贴宣传海报、宣传页，给社区居民发放肺炎知识宣传手册及心理健康服务手册等方式，在社区开展针对性科普宣传和活动。

2. 新冠肺炎科普宣传。开展新冠肺炎相关科普知识的宣传，引导大众正确了解新冠肺炎的特点，减少对新冠肺炎康复患者及家属的歧视和排挤，保证康复患者复工权益。

3. 心理健康科普宣传。为康复患者发放心理健康服务宣传页，内容包括心理健康知识、心理自我调适常识，以及心理支持平台二维码、心理热线电话等支持性资源。

4. 做好针对性心理疏导和社会工作服务。根据受疫情影响情况，在有条件的社区卫生服务中心设置心理专干岗位。在街道（乡镇）设置社会工作站，配备专兼职社会工作者。有条件的社区可建立由社区工作者、社会工作者、志愿者、心理咨询师、心理治疗师、精神科医生等组成的社区心理疏导和社会工作服务队。建立心理健康服务档案，按需求、分层次提供多种形式的心理健康服务，包括个体咨询、夫妻咨询、家庭咨询和团体心理辅导或线上心理咨询服务。发现具有自伤、自杀、冲动伤人风险的出院患者及家属，社区工作人员、社会工作者、心理专干等人员要增加走访密度，留下紧急联系电话或心理热线。由心理咨询师、精神卫生社会工作者等介入进行危机干预，必要时向精神卫生医疗机构转诊。

5. 要加强对新冠肺炎出院患者及其家属的人文关怀，帮助患者恢复正常生活，鼓励大众互帮互助，消除歧视。

五、日常生活活动能力障碍

（一）主要表现。部分病情较重、合并基础疾病的患者，可能无法独立完成穿脱衣、如厕、洗澡等。

（二）评估方法。采用改良巴氏指数评定表等进行评估。

（三）康复训练。对患者进行日常生活活动指导。主要是节能技术指导，将穿脱衣、如厕、洗澡等日常生活活动动作分解成小节间歇进行，随着体力恢复再连贯完成，逐步恢复至正常。对不能胜任工作岗位的出院患者进行有关功能训练和职业康复。

六、中医康复

（一）主要表现。表现为乏力、气短、咳嗽、胸闷、心悸、失眠、纳差、呕恶等。

（二）中医康复治疗。

1. 基础方剂：黄芪15g、党参15g、炒白术15g、南北沙参各9g、麦冬15g、陈皮15g、茯苓15g、法半夏9g、知母12g、丹参15g、浙贝母15g、赤芍15g、桔梗9g、防风9g、甘草6g、炒三仙各9g、山药15g。

服法：每日1剂，水煎400ml，分2次服用，早晚各1次。

2. 中医适宜技术。

（1）艾灸疗法：选取中脘、气海、天枢（双侧）、内关（双侧）、足三里（双侧）等穴位。

（2）穴位按摩：选取内关（双侧）、孔最（双侧）、膻中、足三里（双侧）等穴位。

（3）拔罐疗法：选取肺俞（双侧）、膈俞（双侧）、脾俞（双侧）、风门（双侧）等穴位。

（4）耳穴按摩和压豆：摩擦耳轮、提拉耳尖、下拉耳垂、鸣天鼓。耳穴压豆常用支气管、肺、内分泌、神门、枕、脾、胃、大肠、交感等。

3. 辨证论治。

（1）正虚邪恋证：发热已退，口苦，咽干，胸胁苦满，烦躁，焦虑，眠差，咳嗽，或有黄痰，恶心纳差。舌红，苔白腻或黄腻，脉濡数或弦数。

推荐处方：柴胡9g、黄芩15g、桂枝9g、赤芍15g、白芍15g、炙甘草6g、煅龙骨15g（先煎）、煅牡蛎15g（先煎）、西洋参9g、北沙参15g、清半夏9g、陈皮9g、六神曲9g、茯苓15g。

服法：每日1剂，水煎400ml，分2次服用，早晚各1次。

推荐中成药：和解清热类。

（2）痰瘀阻络证：胸闷，胸痛，动则气短，乏力，咳嗽。舌紫暗或有瘀斑、瘀点，苔薄白，脉涩弱。适用于重型、危重型恢复期患者，肺功能损伤或肺部CT有纤维化表现。

推荐处方：黄芪15g、党参9g、麸炒白术9g、南沙参9g、北沙参9g、麦冬15g、陈皮9g、茯苓15g、法半夏6g、丹参9g、浙贝母3g、水蛭3g、土鳖虫3g、甘草6g、炒山楂3g、炒六神曲3g、炒麦芽3g、山药9g。

服法：每日1剂，水煎400ml，分2次服用，早晚各1次。

推荐中成药：益气活血类。

（3）肺脾气虚证、气阴两虚证推荐方药见《新型冠状病毒肺炎诊疗方案（试行第七版）》。

七、组织保障

（一）明确康复治疗原则。以重症、危重症患者为重点康复人群，对不同病情、不同功能障碍的患者采取个体化康复治疗措施。开展康复治疗前全面科学评估患者的健康状况和康复治疗承受能力，加强康复期间生命体征、耐受情况监测，确保患者安全。康复治疗要早期介入，做好临床治疗阶段和出院后康复治疗的衔接，要重视患者多器官、多系统功能和心理功能的综合康复。

（二）明确康复机构。各地要根据实际出台具体的新冠肺炎出院患者康复管理方案，根据患者病情级别、功能障碍类型和医疗机构的服务能力，分级分类明确康复机构，开展新冠肺炎出院患者康复治疗工作。

（三）加强康复力量。各地要开展对医务人员（包括医师、护士、康复治疗师、医务社会工作者等）不同层次的专业培训，不断提升康复意识，增强康复医疗处置能力。尤其要注重加强基层医疗机构社区康复能力建设，有针对性地开展康复医疗基本知识、基本技能的培训，提升社区康复能力和水平，为新冠肺炎出院患者提供方便可及的服务。

（四）加强康复医疗保障。各地要做好新冠肺炎出院患者主要功能障碍医疗康复的医疗保障工作，切实将《关于将部分医疗康复项目纳入基本医疗保障范围的通知（卫农卫发〔2010〕80号）》和《关于新增部分医疗康复项目纳入基本医疗保障支付范围的通知》（人社部发〔2016〕23号）规定的29项医疗康复项目医保政策落实到位，并可根据基金承受能力，将符合条件的心理治疗按规定纳入医保支付范围，同步加强康复医疗行为监管。新冠肺炎出院患者符合规定的门诊康复医疗费用纳入门诊慢特病管理。医保部门要加强对康复类医疗服务价格政策落实的指导和督导。

（五）加强基本生活救助。各地民政部门要对符合救助条件的需开展康复治疗的新冠肺炎出院患者及其家庭，按规定及时纳入低保、特困救助供养范围。对低保、特困救助供养暂时无法覆盖的困难群众，通过临时救助做到凡困必帮、有难必救。加强社会救助服务热线值守，保障热线畅通，确保需开展康复治疗的新冠肺炎出院患者求助有门。

人偏肺病毒感染诊疗方案（2023 年版）

1. 2023 年 7 月 4 日国家卫生健康委办公厅、国家中医药局综合司发布
2. 国卫办医急函〔2023〕252 号

人偏肺病毒感染是人体感染人偏肺病毒（human-metapneumovirus，hMPV）后引起的一种急性呼吸道传染病，全年散发，多发生于冬末及春初。hMPV 感染大多表现为轻度自限性疾病，部分患者因出现毛细支气管炎、肺炎、慢性阻塞性肺疾病（COPD）急性加重和支气管哮喘急性发作等并发症需要住院治疗，免疫功能低下者可进展为重症肺炎，出现急性呼吸窘迫综合征（ARDS）或多器官功能不全等，甚至导致死亡。为进一步规范 hMPV 感染的临床诊治工作，结合国内外研究成果及我国既往 hMPV 感染诊治经验，制定本诊疗方案。

一、病原学

hMPV 属于肺炎病毒科，偏肺病毒属，为有包膜的单股负链 RNA 病毒，平均直径大约 200nm。hMPV 包括 A 和 B 两个基因型，可分为 A1、A2、B1、B2 四个亚型，这些亚型常常同时流行，各亚型病毒传播力和致病性未见明显差别。

hMPV 对热敏感，60℃ 30 分钟可灭活；对乙醚、氯仿等有机溶剂敏感；1% 次氯酸钠等含氯消毒剂、5% 福尔马林、2% 戊二醛、1% 碘伏等常用消毒剂可灭活病毒；对 0.1% 脱氧胆酸钠、十二烷基硫酸钠（SDS）和曲拉通 X－100（TritonX－100）等去污剂敏感。

二、流行病学

（一）传染源

hMPV 感染者是主要传染源。从潜伏期末到急性期都有传染性。

（二）传播途径

主要通过飞沫和密切接触传播，也可通过接触被病毒污染的物品间接传播。

（三）易感人群

人群普遍易感，本病在 5 岁以下儿童、老年人和免疫功能低下的人群中更为多见。

三、临床表现

潜伏期 3－9 天，多为 3－6 天。

多表现为上呼吸道感染症状，如发热、咳嗽、鼻塞、流涕、声音嘶哑等，约 1 周左右症状逐渐缓解。病情严重者可出现毛细支气管炎、重症肺炎和 ARDS，COPD 患者感染后病情可加重，支气管哮喘患者可诱发急性发作。严重下呼吸道感染多见于幼儿、老年人等人群。肺移植、造血干细胞移植等免疫功能低下人群感染后症状更重，病死率也相对较高。

四、实验室及影像学检查

（一）常规化验检查

1. 血常规：外周血白细胞计数一般不高或降低，重症病例淋巴细胞计数明显降低。

2. 血液生化：可有天门冬氨酸氨基转移酶、丙氨酸氨基转移酶、乳酸脱氢酶和肌酐等升高。

3. 动脉血气分析：重症患者可有氧分压、血氧饱和度和氧合指数下降，酸碱失衡。

（二）病原学相关检查

1. 病毒核酸检测：采集呼吸道标本（鼻咽拭子、咽拭子、痰液、支气管肺泡灌洗液等）采用荧光定量 PCR、病毒基因测序等方法检测 hMPV 核酸。核酸检测的敏感性和特异性高。

2. 病毒抗原检测：酶免疫法、胶体金法和免疫荧光法等方法检测呼吸道标本中 hMPV 抗原，但病毒抗原检测阴性不能除外诊断。

3. 病毒培养分离：从呼吸道标本培养分离 hMPV。

4. 血清学检测：检测血清中特异性 IgM 抗体和 IgG 抗体，IgM 抗体检测敏感性和特异性较低。

（三）影像学检查

hMPV 感染的影像学表现缺乏特异性，当引起毛细支气管炎和肺炎时，可见斑片影、磨玻璃样病变、肺过度充气、肺不张，偶可出现肺实变。

五、诊断

（一）诊断原则

根据流行病学史、临床表现、实验室检查等综合分析，作出诊断。

（二）诊断标准

有 hMPV 感染相关临床表现者，具有以下一种或以上病原学、血清学检查结果：

（1）hMPV 核酸检测阳性；

（2）hMPV 抗原检测阳性；

（3）hMPV 培养分离阳性；

（4）IgG 抗体转为阳性或恢复期 IgG 抗体水平为急性期 4 倍或以上升高。

（三）重型和危重型病例

1. 重型

成人符合下列任何一条且不能以 hMPV 感染以外其他原因解释：

（1）出现气促，呼吸频率（RR）≥30 次/分；

（2）静息状态下，吸空气时指氧饱和度≤93%；

（3）动脉血氧分压（PaO_2）/吸氧浓度（FiO_2）≤300mmHg（1mmHg = 0.133kPa）；高海拔（海拔超过 1000 米）地区应根据以下公式对 PaO_2/FiO_2进行校正：PaO_2/FiO_2 ×［760/大气压（mmHg）］。

儿童符合下列任何一条：

（1）超高热或持续高热超过 3 天；

（2）出现气促（＜2 月龄，RR≥60 次/分；2～12 月龄，RR≥50 次/分；1～5 岁，RR≥40 次/分；＞5 岁，RR≥30 次/分），除外发热和哭闹的影响；

（3）静息状态下，吸空气时指氧饱和度≤93%；

（4）出现鼻翼扇动、三凹征、喘鸣或喘息；

（5）出现意识障碍或惊厥；

（6）拒食或喂养困难，有脱水征。

2. 危重型

符合以下情况之一者：

（1）出现呼吸衰竭，且需要机械通气；

（2）出现休克；

（3）合并其他器官功能衰竭需 ICU 监护治疗。

六、鉴别诊断

hMPV 感染主要与流感病毒、新冠病毒、呼吸道合胞病毒、副流感病毒、腺病毒、鼻病毒等呼吸道病毒感染以及百日咳、肺炎支原体、衣原体感染等鉴别。

七、治疗

（一）住院治疗标准（满足下列标准任意 1 条）。

1. 引起急性毛细支气管炎、肺炎，经过医生评估需要住院治疗者。

2. 基础疾病明显加重，如：COPD、支气管哮喘、慢性心功能不全、慢性肾功能不全、肝硬化等。

3. 符合重型或危重型诊断标准。

（二）住院患者应按呼吸道传染病隔离治疗。

（三）对症支持治疗。保证充分能量和营养摄入，注意水、电解质平衡，维持内环境稳定。高热者可进行物理降温、应用解热药物。合理选用退热药物，儿童忌用阿司匹林或含阿司匹林及其他水杨酸制剂。咳嗽咳痰明显者可给予止咳祛痰药物。

（四）鉴于目前尚无证据证明有对 hMPV 有效的特异性抗病毒药物，故不建议使用抗病毒药物进行治疗。

（五）避免盲目或不恰当使用抗菌药物，尤其是联合使用广谱抗菌药物。

（六）重型、危重型的治疗以积极防治并发症，治疗基础疾病，预防继发感染，及时进行器官功能支持为主。对低氧血症患者，根据患者病情选择不同的呼吸支持方式，如鼻导管或面罩吸氧、经鼻高流量氧疗（HFNC）或无创通气（NIV）、有创机械通气等。有其它器官功能障碍时给予相应的支持治疗，同时进行营养风险评估，保证必要的热量和蛋白质摄入。

（七）中医治疗

1. 疫毒袭表证

症见：发热、咳嗽、鼻塞、流涕，甚者喘闷等。

治法：解表宣肺，清热解毒

推荐方剂：麻杏石甘汤合银翘散。

2. 疫毒闭肺

症见：喘促，高热，大便不通，痰少等。

治法：宣肺开窍，泻肺平喘

推荐方剂：宣白承气汤合三拗汤，安宫牛黄丸。若肢冷汗出，合用参附汤及生脉散。

八、预防

保持良好的个人及环境卫生，均衡营养、适量运动、充足休息，避免过度疲劳。养成勤洗手、戴口罩等卫生习惯，打喷嚏或咳嗽时用肘部或纸巾掩住口鼻，不洗手不接触口眼鼻等黏膜部位。勤开窗通风，保持室内通风良好。前往人群聚集场所或通风不良空间，做好个人防护。

卫生部关于乳腺外科手术项目相关执业登记事宜的批复

1. *2004 年 5 月 27 日*
2. *卫政法发〔2004〕170 号*

上海市卫生局：

你局《关于乳腺外科手术项目相关执业登记事宜的请示》（沪卫医政〔2004〕74 号）收悉。经研究，批复如下：

一、根据《中华人民共和国母婴保健法实施办法》第五条有关规定，妇幼卫生工作的基本方针是以保健为中心，以保障生殖健康为目的，实行保健与临床相结合，面向群体，面向基层和预防为主。因此，妇幼保健机构内的乳腺保健科应主要开展群体预防、保健服务，适度开展临床医疗工作。

二、《医疗机构管理条例》第二十七条明确规定："医疗机构必须按照核准登记的诊疗科目开展诊疗活动"。据此，妇幼保健院必须申请并经卫生行政部门核准登记"外科"诊疗科目后，方可开展"乳腺外科手术"。

此复。

卫生部关于对非法采供血液和单采血浆、非法行医专项整治工作中有关法律适用问题的批复

1. 2004年7月6日
2. 卫政法发〔2004〕224号

各省、自治区、直辖市卫生厅局，新疆生产建设兵团卫生局：

根据国务院部署，卫生部和有关部门正在组织开展对非法采供血液和单采血浆、非法行医的专项整治工作。最近，一些地方就打击非法采供血液和单采血浆、非法行医等违法行为的法律适用问题提出请示。经研究，现批复如下：

一、有下列情形之一的，按照《医疗机构管理条例》第四十四条规定予以处罚：

（一）使用通过买卖、转让、租借等非法手段获取的《医疗机构执业许可证》开展诊疗活动的；

（二）使用伪造、变造的《医疗机构执业许可证》开展诊疗活动的；

（三）在未取得《医疗机构执业许可证》的药品经营机构开展诊疗活动的；

（四）医疗机构未经批准在登记的执业地点以外开展诊疗活动的；

（五）非本医疗机构人员或者其他机构承包、承租医疗机构科室或房屋并以该医疗机构名义开展诊疗活动的。

二、医疗机构将科室或房屋承包、出租给非本医疗机构人员或者其他机构并以本医疗机构名义开展诊疗活动的，按照《医疗机构管理条例》第四十六条规定予以处罚。

三、《血液制品管理条例》第七条第二款"划定区域内的供血浆者"，是指划定区域内的具有当地户籍的供血浆人员。

四、有下列情形之一的，按照《血液制品管理条例》第三十五条"情节严重"予以处罚：

（一）有第三十五条所列违法行为，经卫生行政部门责令限期改正而拒不改正的；

（二）12个月内两次发生第三十五条所列违法行为的；

（三）同时有三项以上第三十五条所列违法行为的；

（四）因第三十五条所列违法行为造成经血液途径传播的疾病传播或者有传播危险的；

（五）造成第（四）项以外人身伤害后果的。

五、医疗机构及其医务人员违反《医疗机构临床用血管理办法（试行）》第十九条规定，擅自采集血液用于临床的，视为非法采集血液，按照《献血法》第十八条和第二十二条规定予以处罚。

此复。

卫生部关于对使用医疗器械开展理疗活动有关定性问题的批复

1. 2004年11月11日
2. 卫医发〔2004〕373号

北京市卫生局：

你局《关于使用医疗器械开展"免费理疗"活动定性问题的请示》（京卫法字〔2004〕32号）收悉。经研究，批复如下：

根据《医疗机构管理条例实施细则》第八十八条规定，"理疗"属于诊疗活动。根据《医疗机构管理条例》第二十四条规定，任何单位和个人未取得《医疗机构执业许可证》不得开展诊疗活动，否则为非法行医。

此复。

卫生部关于医疗事故争议中超范围行医性质认定问题的批复

1. 2005年2月22日
2. 卫医发〔2005〕63号

上海市卫生局：

你局《关于医疗事故争议中超范围行医的性质认定

问题的请示》(沪卫医政〔2004〕218 号)收悉。经研究,现批复如下:

该医疗机构是经你局核准登记的全民、综合性医疗机构,其执业登记所核准的一级诊疗科目中有“外科”,但二级诊疗科目中没有“脑外科”。根据《医疗机构管理条例》(以下简称“条例”)及有关规定,其开展脑外科手术的行为是属于诊疗活动超过登记范围,不属于“非法行医”。因此,应根据“条例”第四十七条进行处理;由此引发的医疗事故争议应按《医疗事故处理条例》处理。

此复。

卫生部关于静脉采血进行隐性血栓检测属于诊疗活动的批复

1. 2008 年 12 月 1 日
2. 卫医政函〔2008〕490 号

上海市卫生局:

你局《关于静脉采血进行隐性血栓检测是否属于诊疗活动的请示》(沪卫法规〔2008〕10 号)收悉。经研究,现批复如下:

根据《医疗机构管理条例实施细则》相关规定,通过静脉采血进行隐性血栓检测,是一种通过检查对疾病作出判断的行为,属于诊疗活动。

此复。

卫生部关于纹身不纳入医疗美容项目管理的批复

1. 2009 年 7 月 2 日
2. 卫医政函〔2009〕293 号

广东省卫生厅:

你厅《关于纹身活动是否属于医学美容的请示》(粤卫〔2009〕66 号)收悉。经研究,根据《医疗美容服务管理办法》和《医疗美容项目(试行)》,纹身不纳入医疗美容项目管理。

此复。

国家卫生和计划生育委员会关于推进医疗机构远程医疗服务的意见

1. 2014 年 8 月 21 日
2. 国卫医发〔2014〕51 号

各省、自治区、直辖市卫生厅局(卫生计生委),新疆生产建设兵团卫生局:

为推动远程医疗服务持续健康发展,优化医疗资源配置,实现优质医疗资源下沉,提高医疗服务能力和水平,进一步贯彻落实《中共中央　国务院关于深化医药卫生体制改革的意见》,现就推进医疗机构远程医疗服务提出以下意见:

一、加强统筹协调,积极推动远程医疗服务发展

地方各级卫生计生行政部门要将发展远程医疗服务作为优化医疗资源配置、实现优质医疗资源下沉、建立分级诊疗制度和解决群众看病就医问题的重要手段积极推进。将远程医疗服务体系建设纳入区域卫生规划和医疗机构设置规划,积极协调同级财政部门为远程医疗服务的发展提供相应的资金支持和经费保障,协调发展改革、物价、人力资源社会保障等相关部门,为远程医疗服务的发展营造适宜的政策环境。鼓励各地探索建立基于区域人口健康信息平台的远程医疗服务平台。

二、明确服务内容,确保远程医疗服务质量安全

(一)远程医疗服务内容。远程医疗服务是一方医疗机构(以下简称邀请方)邀请其他医疗机构(以下简称受邀方),运用通讯、计算机及网络技术(以下简称信息化技术),为本医疗机构诊疗患者提供技术支持的医疗活动。医疗机构运用信息化技术,向医疗机构外的患者直接提供的诊疗服务,属于远程医疗服务。远程医疗服务项目包括:远程病理诊断、远程医学影像(含影像、超声、核医学、心电图、肌电图、脑电图等)诊断、远程监护、远程会诊、远程门诊、远程病例讨论及省级以上卫生计生行政部门规定的其他项目。

(二)遵守相关管理规范。医疗机构在开展远程医疗服务过程中应当严格遵守相关法律、法规、信息标准和技术规范,建立健全远程医疗服务相关的管理制度,完善医疗质量与医疗安全保障措施,确保医疗质量安全,保护患者隐私,维护患者合法权益。非医疗机构不得开展远程医疗服务。

三、完善服务流程,保障远程医疗服务优质高效

(一)具备基本条件。医疗机构具备与所开展远程医疗服务相适应的诊疗科目及相应的人员、技术、设备、设施条件，可以开展远程医疗服务，并指定专门部门或者人员负责远程医疗服务仪器、设备、设施、信息系统的定期检测、登记、维护、改造、升级，确保远程医疗服务系统（硬件和软件）处于正常运行状态，符合远程医疗相关卫生信息标准和信息安全的规定，满足医疗机构开展远程医疗服务的需要。

（二）签订合作协议。医疗机构之间开展远程医疗服务的，要签订远程医疗合作协议，约定合作目的、合作条件、合作内容、远程医疗流程、双方权利义务、医疗损害风险和责任分担等事项。

（三）患者知情同意。邀请方应当向患者充分告知并征得其书面同意，不宜向患者说明的，须征得其监护人或者近亲属书面同意。

（四）认真组织实施。邀请方需要与受邀方通过远程医疗服务开展个案病例讨论的，需向受邀方提出邀请，邀请至少应当包括邀请事由、目的、时间安排，患者相关病历摘要及拟邀请医师的专业和技术职务任职资格等。受邀方接到远程医疗服务邀请后，要及时作出是否接受邀请的决定。接受邀请的，须告知邀请方，并做好相关准备工作；不接受邀请的，及时告知邀请方并说明理由。

受邀方应当认真负责地安排具备相应资质和技术能力的医务人员，按照相关法律、法规和诊疗规范的要求，提供远程医疗服务，及时将诊疗意见告知邀请方，并出具由相关医师签名的诊疗意见报告。邀请方具有患者医学处置权，根据患者临床资料，参考受邀方的诊疗意见作出诊断与治疗决定。

（五）妥善保存资料。邀请方和受邀方要按照病历书写及保管有关规定共同完成病历资料，原件由邀请方和受邀方分别归档保存。远程医疗服务相关文书可通过传真、扫描文件及电子签名的电子文件等方式发送。

（六）简化服务流程。邀请方和受邀方建立对口支援或者其他合作关系，由邀请方实施辅助检查，受邀方出具相应辅助检查报告的，远程医疗服务流程由邀请方和受邀方在远程医疗合作协议中约定。

（七）规范人员管理。医务人员向本医疗机构外的患者直接提供远程医疗服务的，应当经其执业注册的医疗机构同意，并使用医疗机构统一建立的信息平台为患者提供诊疗服务。

四、加强监督管理，保证医患双方合法权益

（一）规范机构名称。各级地方卫生计生行政部门要加强对远程医疗服务的监督管理。未经我委核准，任何开展远程医疗服务的医疗机构，不得冠以“中国”、“中华”、“全国”及其他指代、暗含全国或者跨省（自治区、直辖市）含义的名称。

（二）控制安全风险。医疗机构在开展远程医疗服务过程中，主要专业技术人员或者关键设备、设施及其他辅助条件发生变化，不能满足远程医疗服务需要，或者存在医疗质量和医疗安全隐患，以及出现与远程医疗服务直接相关严重不良后果时，须立即停止远程医疗服务，并按照《医疗质量安全事件报告暂行规定》的要求，向核发其《医疗机构执业许可证》的卫生计生行政部门报告。

（三）加强日常监管。地方各级卫生计生行政部门在监督检查过程中发现存在远程医疗服务相关的医疗质量安全隐患或者接到相关报告时，要及时组织对医疗机构远程医疗服务条件的论证，经论证不具备远程医疗服务条件的，要提出整改措施，在整改措施落实前不得继续开展远程医疗服务。

（四）依法依规处理。在远程医疗服务过程中发生医疗争议时，由邀请方和受邀方按照相关法律、法规和双方达成的协议进行处理，并承担相应的责任。医务人员直接向患者提供远程医疗服务的，由其所在医疗机构按照相关法律、法规规定，承担相应责任。医疗机构和医务人员在开展远程医疗服务过程中，有违反《执业医师法》、《医疗机构管理条例》、《医疗事故处理条例》和《护士条例》等法律、法规行为的，由卫生计生行政部门按照有关法律、法规规定处理。

医疗机构之间运用信息化技术，在一方医疗机构使用相关设备，精确控制另一方医疗机构的仪器设备（如手术机器人）直接为患者进行实时操作性的检查、诊断、治疗、手术、监护等医疗活动，其管理办法和相关标准规范由我委另行制定。医疗机构与境外医疗机构之间开展远程医疗服务的，参照本意见执行。执行过程中有关问题，请及时与我委医政医管局联系。

国家卫生和计划生育委员会办公厅、国家中医药管理局办公室关于加强肿瘤规范化诊疗管理工作的通知

1. 2016年3月1日

2. 国卫办医发〔2016〕7号

各省、自治区、直辖市卫生计生委、中医药管理局，新疆

生产建设兵团卫生局：

为落实深化医药卫生体制改革要求和国家卫生计生委、国家发展改革委等16部门联合印发的《中国癌症防治三年行动计划（2015－2017年）》，进一步提高肿瘤诊疗规范化水平，保障肿瘤诊疗质量与安全，维护人民群众健康权益，现就加强肿瘤规范化诊疗管理工作提出以下要求：

一、提高肿瘤诊疗能力

（一）加强肿瘤及相关学科建设。各地要加强医疗机构肿瘤科、内科、外科、妇科等相关科室的能力建设，使科室布局、人员配备、技术水平、质量管理、规章制度等与开展的肿瘤诊疗工作相适应。要落实相关法律法规、规章和规定，对放疗科、病理科、检验科、药学部门、放射科、影像科、核医学科等相关学科加强规范管理，为保证诊疗质量提供技术支撑。

（二）加强肿瘤诊疗人才培训。各地要重视肿瘤诊疗相关人才的培训，组织开展肿瘤筛查、诊断、手术、化疗、放疗、介入等诊疗技术的人员培训，使其掌握各种诊疗技术的适应证和诊疗规范。将肿瘤诊疗纳入住院医师规范化培训和医务人员继续教育，提高肿瘤规范化诊疗能力。加强中医药人才培训，提高肿瘤中医药诊疗水平。

（三）加强肿瘤紧缺人才队伍建设。通过制订和实施人才培养计划、建立分配激励机制等措施，改善相关人才紧缺状况。要大力培养与培训病理医师、病理技师，提高病理诊断能力和质量；加强肿瘤专科临床药师培训，增强抗肿瘤药物和辅助用药的审方、点评、调剂能力，指导临床用药；加强肿瘤护理人才培养，为患者提供优质护理服务；开展放疗医师、放疗技师和医学物理人员培训，保证放疗质量。

（四）鼓励开展肿瘤防治科学研究。鼓励有条件的医疗机构开展肿瘤防治科学研究，应用并推广使用安全有效的防治技术。国家将进一步加大对重要肿瘤防治技术和药物研发的支持，规划建设重要肿瘤防治科研基地。

二、规范肿瘤诊疗行为

（五）落实肿瘤诊疗规范和临床路径。医疗机构要严格落实肿瘤相关诊疗规范和临床路径，实施规范化诊疗。要根据患者基本情况、肿瘤病理分型、分期、分子生物学特征以及既往治疗等情况，合理选择手术、化疗、放疗、生物靶向治疗、中医药等治疗方式。国家卫生计生委、国家中医药管理局将继续组织研究、制修订常见肿瘤的诊疗规范和临床路径，指导各地贯彻实施。

（六）控制抗肿瘤药物和辅助用药品种品规数量。医疗机构要严格控制本机构抗肿瘤药物和辅助用药的品种数量，同一通用名称药物品种，其品规数量要作出限定。优先选用《国家基本药物目录》和《国家基本医疗保险、工伤保险和生育保险药品目录》和新农合药品目录收录及国家谈判的药品。要明确抗肿瘤药物和辅助用药的分类使用原则、使用比例，不断降低辅助用药的使用比例。

（七）定期开展用药监测与评价。医疗机构要定期收集、整理本机构及临床各科室抗肿瘤药物和辅助用药使用情况，评估药物使用合理性。二级以上医院要组织制订抗肿瘤药物和辅助用药临床应用专项评价方案，明确评价指标。每半年开展一次专项评价。大力倡导采用信息化手段，加强抗肿瘤药物和辅助用药临床应用监测与评价。

（八）落实处方点评及公示制度。二级以上医院要组织医学、药学、医疗管理等多学科，对抗肿瘤药物和辅助用药处方（医嘱）实施抽查点评。对用药适应证、用法、用量、疗程、配伍禁忌或者不良相互作用等情况进行点评和公示。对点评中发现的问题，要进行跟踪管理和干预，将点评结果作为科室和医务人员处方权授予及绩效考核的重要依据。

三、优化肿瘤诊疗模式

（九）推行“单病种、多学科”诊疗模式。将个体化医学、精准医学理念融入肿瘤的诊疗。针对病情复杂的患者，三级医院和肿瘤专科医院要积极推行“单病种、多学科”诊疗，组织肿瘤科、内科、外科、放疗、病理、药学、影像、检验、核医学等相关学科进行会诊、病例讨论或联合查房，制订科学、适宜的诊疗方案。中医医院要创新中医药与现代技术相结合的中医肿瘤诊疗模式，综合、有机运用多种中医药技术和现代技术，提高临床疗效。

（十）丰富肿瘤诊疗服务内涵。要落实《进一步改善医疗服务行动计划》，着力做好患者的康复指导、疼痛管理、长期护理和营养、心理支持。继续推进癌痛规范化治疗示范病房建设，提高肿瘤患者生存质量。重视对肿瘤晚期患者的管理，开展姑息治疗和临终关怀。加强肿瘤患者的健康教育和适时随访，结合随访结果，及时改进服务。

（十一）关注患者的心理和社会需求。结合医学模式转变，医疗机构和医务人员要关心、爱护肿瘤患者，了解患者心理需求和变化，做好宣教、解释和沟通。鼓励有条件的医疗机构开展医务社会工作和志愿者服务，为有需求的患者链接社会资源提供帮助。

四、建立科学管理方式

（十二）推进肿瘤全过程管理。各地要加强康复医院、护理院、临终关怀机构建设，与上级医院对接，建立长期对口合作关系，实现双向转诊、急慢分治。鼓励上级医院出具诊疗方案，在康复医院、护理院、临终关怀机构实施治疗。逐步构建从诊疗到康复、从医院到社区，对肿瘤的全过程管理模式。

（十三）加强肿瘤登记报告和监测。各省级卫生计生行政部门、中医药管理部门要健全肿瘤登记报告制度，逐步掌握辖区内恶性肿瘤发病和死亡情况。医疗机构要建立肿瘤病例信息监测体系，收集肿瘤临床诊治及预后信息，科学指导规范化诊疗。对个案肿瘤病例信息采取管理和技术上的安全措施，保护患者隐私和信息安全。

（十四）切实落实相关保障制度。各地要认真学习落实城乡居民大病保险、重特大疾病医疗救助等制度，使符合条件的贫困肿瘤患者享受相应的医疗保障，最大限度减轻患者医疗支出负担，缓解因病致贫、因病返贫。

各级卫生计生行政部门、中医药管理部门要高度重视肿瘤诊疗管理工作，发挥肿瘤质控中心的作用，积极组织开展相关培训，加强质量控制和督导检查，不断提高医疗机构肿瘤诊疗水平。国家卫生计生委、国家中医药管理局将适时组织对地方卫生计生行政部门、中医药管理部门和医疗机构的督导检查，并适时遴选肿瘤规范化诊疗示范医院。

关于加强和完善麻醉医疗服务的意见

1. *2018年8月8日国家卫生健康委员会、国家发展改革委、教育部、财政部、人力资源社会保障部、国家中医药管理局、国家医保局发布*
2. *国卫医发〔2018〕21号*

麻醉学是临床医学的重要组成部分，麻醉科是体现医疗机构综合能力的重要临床专科。加强和完善麻醉医疗服务，是健康中国建设和卫生事业发展的重要内容，对于提升医疗服务能力，适应不断增长的医疗服务需求，满足人民日益增长的美好生活需要具有重要意义。为贯彻落实党中央、国务院重要决策部署，缓解我国麻醉医师短缺问题，促进麻醉人才队伍持续健康发展，加强和完善麻醉医疗服务，现提出以下意见。

一、总体要求和主要目标

（一）总体要求。深入贯彻落实党的十九大精神和健康中国战略，坚持以问题和需求为导向，深化供给侧结构性改革，加强麻醉医师培养和队伍建设，增加麻醉医师数量，优化麻醉专业技术人员结构。扩大麻醉医疗服务领域，创新推广镇痛服务，满足麻醉医疗服务新需求。通过完善麻醉医疗服务相关政策，调动医务人员积极性，确保麻醉医疗服务质量和安全。

（二）主要目标。力争到2020年，麻醉医师数量增加到9万，每万人口麻醉医师数提高到0.65人；到2030年，麻醉医师数量增加到14万，每万人口麻醉医师数接近1人；到2035年，麻醉医师数量增加到16万，每万人口麻醉医师数达到1人以上并保持稳定。麻醉医师与手术科室医师配比更加合理，岗位职责更加明确，麻醉与镇痛服务领域不断拓展，让人民群众享有更高质量、更加舒适的医疗服务。

二、加强麻醉医师培养和队伍建设

（三）增加麻醉医师培养数量。落实《国务院办公厅关于深化医教协同进一步推进医学教育改革与发展的意见》，探索建立以临床岗位需求为导向的人才供需平衡机制，坚持以需定招、以用定招。稳定麻醉学本科专业招生规模，在临床医学专业本科教育中加强医学生麻醉学相关知识与能力的培养，鼓励有条件的高校单独开设麻醉学专业课程。逐步加大麻醉科住院医师规范化培训招收力度，合理调控各专业招收比例，并向中西部地区倾斜。以中西部地区、地市级以下医疗机构在岗麻醉医师队伍为重点，加强针对性继续医学教育培训。

（四）优化麻醉专业技术人员结构。增设麻醉科护士、技师等辅助人员岗位设置。二级以上医疗机构麻醉科配备麻醉科护士，在麻醉医师的指导下从事围手术期护理、疼痛患者管理，以及麻醉相关的设备、耗材、药品、文档信息整理等管理工作。有条件的医疗机构可以配备麻醉科技师，从事麻醉相关设备保养、维护与维修。

三、拓展麻醉医疗服务领域

（五）优化手术相关麻醉。医疗机构要进一步完善手术麻醉服务，开展与日间手术相适应的麻醉工作。积极推动围手术期急性疼痛治疗，加强术后监护与镇痛，加快患者术后康复进程。有条件的医疗机构可以开设麻醉科门诊和麻醉后重症患者的监护室，麻醉科门诊开展住院手术、日间手术、门诊和住院患者有创诊疗操作前的麻醉评估、预约、准备，并提供手术风险评估、术前准备指导、术后随访和恢复指导等服务。

（六）加强手术室外麻醉与镇痛。在保障手术麻醉的基础上，医疗机构要积极开展手术室外的麻醉与镇痛，不断满足人民群众对舒适诊疗的新需求。优先发展无痛胃肠镜、无痛纤维支气管镜等诊疗操作和分娩镇痛、无痛康复治疗的麻醉，开展癌痛、慢性疼痛、临终关怀等疼痛管理。通过医联体将疼痛管理向基层医疗卫生机构延伸，探索居家疼痛管理新模式。有条件的医疗机构可以开设疼痛门诊，提供疼痛管理服务。

（七）加强麻醉科护理服务。手术室护理服务由麻醉科统一管理。麻醉科护士要加强对麻醉患者的护理服务，配合麻醉医师开展麻醉宣教、心理辅导、信息核对、体位摆放、管道护理、患者护送等工作，提高麻醉护理服务专业化水平。

四、保障麻醉医疗服务质量和安全

（八）提升麻醉医疗服务能力。将增加麻醉资源供给作为构建优质高效医疗卫生服务体系的重点，支持县级、地市级医疗机构和区域医疗中心的麻醉科建设。鼓励有条件的医疗机构，根据麻醉科和手术科室设置情况、无痛医疗服务需求情况，增加麻醉相关医务人员数量，成立麻醉专业组或亚专科。不断提高麻醉科医师急救服务水平，为急危重症患者提供急救、镇静、镇痛和生命支持。进一步完善临床路径、诊疗指南中的麻醉相关内容，制定麻醉技术操作规范，重点增强疑难危重患者的麻醉医疗服务能力。提高麻醉管理的信息化水平，提升医疗服务整体效率。

（九）加强麻醉医疗质量和安全管理。加强麻醉医疗质量控制，完善麻醉医疗质量控制指标，应用信息化手段加强麻醉信息的收集、分析和反馈，持续提升麻醉医疗质量。加强省、地市两级麻醉医疗质量控制中心建设，完善质控体系组织架构，加强麻醉专业质控人才培养。医疗机构要加强麻醉科、麻醉门诊、疼痛门诊医疗质量管理，健全工作制度和技术规范，优化服务流程，保障患者安全。

五、提高麻醉医务人员积极性

（十）理顺麻醉医疗服务比价关系。将麻醉医疗服务价格纳入医疗服务价格改革中综合考虑，统筹推进，逐步建立以成本和收入结构变化为基础的动态调整机制。根据疾病严重程度、手术时间、患者年龄特殊性、医务人员专业能力培育投入等因素，合理测算手术麻醉成本，理顺比价关系，体现医务人员技术劳务价值。加快新增麻醉医疗服务收费项目的审批。做好价格调整、医保支付和医疗控费等政策衔接，保证患者基本医疗费用负担总体不增加。

（十一）调整医疗机构人力资源配比。加快建立现代医院管理制度，落实医院用人自主权，实现按需设岗、按岗位管理。合理调整医疗机构人力资源配比，使麻醉科医师与手术科室医师比例达到合理范围，科学调整麻醉医师工作负荷，确保医疗安全。三级综合医院麻醉科医师和手术科室医师比例逐步达到1∶3。二级及以下综合医院可以根据诊疗情况合理确定比例，但不低于1∶5。专科医院根据需要合理确定比例。医疗机构招聘麻醉科医师时，应当强化麻醉科专业住院医师规范化培训合格要求，淡化对学历、论文等要求。

（十二）增强麻醉医务人员职业吸引力。在岗位聘用、评优评先以及医疗机构绩效考核和收入分配中，要充分考虑麻醉工作特点和技术劳务价值，向麻醉科医务人员倾斜。为麻醉医务人员提供良好的生活、工作条件，缓解麻醉医务人员压力，充分调动麻醉医务人员拓展服务领域的积极性。

六、切实做好麻醉医疗服务组织实施

（十三）加强组织领导。各地区、各有关部门要高度重视加强和改善麻醉医疗服务工作，将其纳入健康中国建设和深化医改的重点工作总体部署，加强组织领导和政策协调衔接，密切协作配合，强化落实责任，完善配套措施，统筹推进。各地要在2018年11月底前，制定麻醉医师培养规划和加强麻醉医疗卫生服务的具体实施方案，确保各项政策措施取得实效。

（十四）强化部门协作。卫生健康行政部门（含中医药主管部门）要加强麻醉医务人员的培养和培训，推动开展规范化的麻醉医疗服务，加强服务监管，提高医疗质量，确保医疗安全。指导公立医院完善内部分配机制，鼓励麻醉医师多点执业，调动麻醉医务人员积极性。教育部门要加强麻醉学专业医学生培养力度。财政部门要落实投入责任，进一步加大对麻醉医师培养与使用激励、麻醉临床专科建设的支持力度。医疗保障部门与价格监管部门要在医疗服务价格改革中统筹做好麻醉医疗服务价格调整与监管工作。医疗保障部门按照规定将符合条件的麻醉医疗服务项目纳入支付范围。人力资源社会保障部门要会同有关部门加快推进公立医院薪酬制度改革。

（十五）加强宣传督导。各地区、各有关部门要高度重视加强和改善麻醉医疗服务工作的宣传，充分运用多种宣传方式加强政策解读，加强麻醉相关健康宣教，为落实各项政策措施营造良好社会氛围。国家卫生健康委员会要会同相关部门建立重点工作跟踪和定期督导制度，强化政策指导和督促检查，及时总结经验并定期通报工作进展。

关于加快推进康复医疗工作发展的意见

1. 2021年6月8日国家卫生健康委、国家发展改革委、教育部、民政部、财政部、国家医保局、国家中医药局、中国残联发布

2. 国卫医发〔2021〕19号

康复医疗工作是卫生健康事业的重要组成部分。加快推进康复医疗工作发展对全面推进健康中国建设、实施积极应对人口老龄化国家战略，保障和改善民生具有重要意义。为贯彻落实党中央、国务院重要决策部署，增加康复医疗服务供给，提高应对重大突发公共卫生事件的康复医疗服务能力，现就加快推进康复医疗工作发展提出以下意见。

一、总体要求和主要目标

（一）总体要求。全面贯彻落实党的十九届五中全会精神和实施健康中国、积极应对人口老龄化的国家战略，以人民健康为中心，以社会需求为导向，健全完善康复医疗服务体系，加强康复医疗专业队伍建设，提高康复医疗服务能力，推进康复医疗领域改革创新，推动康复医疗服务高质量发展。

（二）主要目标。力争到2022年，逐步建立一支数量合理、素质优良的康复医疗专业队伍，每10万人口康复医师达到6人、康复治疗师达到10人。到2025年，每10万人口康复医师达到8人、康复治疗师达到12人。康复医疗服务能力稳步提升，服务方式更加多元化，康复医疗服务领域不断拓展，人民群众享有全方位全周期的康复医疗服务。

二、健全完善康复医疗服务体系

（三）增加提供康复医疗服务的医疗机构和床位数量。各地卫生健康行政部门（含中医药主管部门，下同）要按照分级诊疗工作和医疗卫生服务体系规划要求，结合本地区康复医疗需求等，健全完善覆盖全人群和全生命周期的康复医疗服务体系。推动医疗资源丰富地区的部分一级、二级医院转型为康复医院。支持和引导社会力量举办规模化、连锁化的康复医疗中心，增加辖区内提供康复医疗服务的医疗机构数量。鼓励有条件的基层医疗机构根据需要设置和增加提供康复医疗服务的床位。

（四）加强康复医院和综合医院康复医学科建设。各地要按照国家印发的康复医院、综合医院康复医学科和中医医院康复科的基本标准和建设管理规范等，加强软硬件建设。鼓励各地将增加康复医疗服务资源供给纳入“十四五”卫生健康服务体系建设，重点支持地市级康复医院、县级综合医院康复医学科建设。要科学统筹区域内公立医疗机构和社会办医资源，合理增加康复医院数量。原则上，每个省会城市、常住人口超过300万的地级市至少设置1所二级及以上康复医院；常住人口超过30万的县至少有1所县级公立医院设置康复医学科；常住人口30万以下的县至少有1所县级公立医院设置康复医学科门诊。

（五）加强县级医院和基层医疗机构康复医疗能力建设。结合国家加强县级医院综合服务能力建设的有关要求，鼓励各地结合实际将康复医疗服务作为补短板强弱项的重点领域予以加强，切实提升县级医院康复医疗服务水平。依托开展社区医院建设和持续提升基层医疗服务能力的工作平台，支持有条件的基层医疗机构开设康复医疗门诊，为群众提供便捷、专业的康复医疗服务。

（六）完善康复医疗服务网络。借助城市医疗集团、县域医共体、专科联盟、远程医疗等多种形式，建立不同医疗机构之间定位明确、分工协作、上下联动的康复医疗服务网络。医疗机构要按照分级诊疗要求，结合功能定位按需分类提供康复医疗服务。三级综合医院康复医学科、三级中医医院康复科和三级康复医院重点为急危重症和疑难复杂疾病患者提供康复医疗服务。公立三级医院要承担辖区内康复医疗学科建设、人才培训、技术支持、研究成果推广等任务，发挥帮扶和带动作用，鼓励社会力量举办的三级医院积极参与。二级综合医院康复医学科、二级中医医院康复科、二级康复医院、康复医疗中心、基层医疗机构等重点为诊断明确、病情稳定或者需要长期康复的患者提供康复医疗服务。以基层医疗机构为依托，鼓励积极开展社区和居家康复医疗服务。

三、加强康复医疗人才培养和队伍建设

（七）加强康复医疗人才教育培养。有条件的院校要积极设置康复治疗学和康复工程学等紧缺专业，并根据实际设置康复物理治疗学、康复作业治疗学、听力与言语康复学等专业，增加康复治疗专业人才培养供给，注重提升临床实践能力。鼓励在临床医学专业教育中加强医学生康复医学相关知识和能力的培养，普及康复医学专业知识。持续推进康复医学科住院医

师规范化培训，探索开展康复医学科医师转岗培训，增加从事康复医疗工作的医师数量。

（八）强化康复医疗专业人员岗位培训。逐步建立以需求为导向，以岗位胜任力为核心的康复医疗专业人员培训机制。根据医疗机构功能定位和康复医疗临床需求，有计划、分层次地对医疗机构中正在从事和拟从事康复医疗工作的人员开展培训，提升康复医疗服务能力。加强对全体医务人员康复医疗基本知识的培训，增强康复医疗早介入、全过程的意识，将康复理念贯穿于疾病预防、诊疗、康复等全过程。

（九）加强突发应急状态下康复医疗队伍储备。各地要依托有条件、能力强的综合医院康复医学科、中医医院康复科和康复医院组建或储备康复医疗专家库，建立一支素质优良、专业过硬、调动及时的应对重大疫情、灾害等突发公共卫生事件康复医疗专业队伍，强化人员、物资储备和应急演练，切实提升突发应急状态下的康复医疗服务能力。

四、提高康复医疗服务能力

（十）完善康复医疗工作制度、服务指南和技术规范。结合康复医疗专业特点和临床需求发展，制（修）订完善医疗机构康复医疗工作制度、康复医疗服务指南和技术规范等，特别是重大疾病、新发传染性疾病的康复技术指南等，规范临床康复医疗服务行为，提高康复医疗服务的专业性和规范性，进一步增进医疗效果。

（十一）加强康复医疗能力建设。以提升康复医疗服务能力为核心，重点加强三级综合医院康复医学科、三级中医医院康复科和三级康复医院的康复早期介入、多学科合作、疑难危重症患者康复医疗服务能力。根据不同人群的疾病特点和康复医疗服务迫切需求，积极推动神经康复、骨科康复、心肺康复、肿瘤康复、儿童康复、老年康复、疼痛康复、重症康复、中医康复、心理康复等康复医学亚专科建设，开展亚专科细化的康复评定、康复治疗、康复指导和康复随访等服务。

（十二）提高基层康复医疗能力。通过医联体、对口支援、远程培训等方式，发挥优质康复医疗资源辐射和带动作用，提高康复医疗中心和社区卫生服务中心、乡镇卫生院等基层医疗机构康复医疗服务能力和水平。鼓励医联体内有条件的二级以上医院通过建立康复医疗联合团队、一对一帮带、选派康复专家定期下沉基层医疗机构出诊、查房、培训等，帮扶基层医疗机构提升康复医疗能力。同时，要加强对全科医生、家庭医生签约团队的培训，提高其康复医疗服务能力。支持有条件的医疗机构与残疾人专业康复机构、儿童福利机构等加强合作，提高其康复水平。

（十三）提升中医康复服务能力。落实《关于印发中医药康复服务能力提升工程实施方案（2021－2025年）的通知》，充分发挥中医药在疾病康复中的重要作用。鼓励有条件的医疗机构积极提供中医药康复服务。加强中医药康复服务机构建设和管理，强化中医药康复专业人才培养和队伍建设，开展中医康复方案和技术规范研究，积极发展中医特色康复服务，增加基层中医康复服务供给，切实提升中医药康复服务能力和水平。

五、创新康复医疗服务模式

（十四）逐步推进康复与临床多学科合作模式。鼓励有条件的医疗机构创新开展康复医疗与外科、神经科、骨科、心血管、呼吸、重症、中医等临床相关学科紧密合作模式。以患者为中心，强化康复早期介入，推动加速康复外科，将康复贯穿于疾病诊疗全过程，提高医疗效果，促进患者快速康复和功能恢复。

（十五）积极发展社区和居家康复医疗。鼓励有条件的医疗机构通过“互联网＋”、家庭病床、上门巡诊等方式将机构内康复医疗服务延伸至社区和居家。支持基层医疗机构丰富和创新康复医疗服务模式，优先为失能或高龄老年人、慢性病患者、重度残疾人等有迫切康复医疗服务需求的人群提供居家康复医疗、日间康复训练、康复指导等服务。

（十六）推动康复医疗与康复辅助器具配置服务衔接融合。落实《关于加快发展康复辅助器具产业的若干意见》，推进康复医疗服务和康复辅助器具配置服务深度融合。医疗机构要按照有关要求，合理配置康复辅助器具适配设备设施，强化相关人员培训，建立康复医师、康复治疗师与康复辅助器具配置人员团队合作机制，提高专业技术和服务能力。

六、加大支持保障力度

（十七）统筹完善康复医疗服务价格和医保支付管理。将康复医疗服务价格纳入深化医疗服务价格改革中统筹考虑，做好相关项目价格的调整和优化工作。指导各地落实康复综合评定等29项医疗康复项目，加强医疗康复项目支付管理，切实保障群众基本康复医疗需求。

（十八）调动康复医疗专业人员积极性。医疗机构要建立完善康复医疗专业人员管理制度。健全以岗位职责履行、临床工作量、服务质量、行为规范、医疗质量安全、医德医风、患者满意度等为核心的绩效考核机制，将考核结果与康复医疗专业人员的岗位聘用、职称晋升、绩效分配、奖励评优等挂钩，做到多劳多得、优绩优酬，调动其积极性。

（十九）加强康复医疗信息化建设。要充分借助云计算、大数据、物联网、智慧医疗、移动互联网等信息化技术，大力推进康复医疗信息化建设，落实网络安全等级保护制度。借助信息化手段，创新发展康复医疗服务新模式、新业态、新技术，优化康复医疗服务流程，提高康复医疗服务效率。积极开展康复医疗领域的远程医疗、会诊、培训、技术指导等，惠及更多基层群众。

（二十）推动康复医疗相关产业发展。鼓励各地通过科技创新、产业转型、成果转化等方式，结合实际和特色优势，培育康复医疗相关产业。优先在老年人、残疾人、伤病患者及儿童等人群的康复医疗方面，推动医工结合。积极支持研发和创新一批高智能、高科技、高品质的康复辅助器具产品和康复治疗设备等，逐步满足人民群众健康需要。

七、组织实施

（二十一）加强组织领导。各有关部门要从全面推进健康中国建设、实施积极应对人口老龄化国家战略，增进人民群众健康福祉的高度，充分认识加快推进康复医疗工作发展的重要意义。切实加强组织领导，形成政策合力，完善支持配套政策。各省级卫生健康行政部门要会同有关部门在2021年10月底前制定并出台本地区加快发展康复医疗服务的具体实施方案。

（二十二）明确部门职责。各有关部门要明确职责分工，加强政策联动，合力推进康复医疗服务发展。各地卫生健康行政部门要按照要求合理规划布局区域内康复医疗资源，加强康复医疗专业人员培训和队伍建设，规范康复医疗行为，提高康复医疗服务能力，保障医疗质量和安全。教育部门要加强康复医疗相关专业人才教育培养。发展改革、财政部门要按规定落实政府投入政策。医疗保障部门要推进医保支付方式改革，完善医疗服务价格管理机制。民政部门要积极推动康复辅助器具产业发展。中医药主管部门要大力发展中医药特色康复服务。残联组织做好残疾儿童康复救助工作并配合做好残疾人康复医疗相关工作。

（二十三）强化指导评估。各地卫生健康行政部门要会同有关部门建立定期指导评估、重点工作跟踪机制，及时研究解决出现的困难和问题。注重总结经验，推广有益经验。鼓励各地探索将公立康复医院纳入公立医院综合绩效考核体系统筹要求，发挥绩效考核的激励作用，引导康复医院持续健康发展。

（二十四）加大宣传力度。各地要重视和加强康复医疗服务工作的宣传，加大医疗机构医务人员的康复医疗相关政策和业务培训，提升服务能力。要广泛宣传康复理念、康复知识和康复技术等，普及和提高群众对康复的认知和重视，在全社会营造推进康复医疗发展的良好氛围。

关于进一步加强医疗美容行业监管工作的指导意见

1. 2023年4月3日国家市场监督管理总局、公安部、商务部、国家卫生健康委、海关总署、税务总局、国家网信办、国家中医药局、国家药监局、最高人民法院、最高人民检察院发布

2. 国市监广发〔2023〕22号

为维护医疗美容市场秩序，切实保障人民群众身体健康和生命安全，促进医疗美容行业高质量发展，依据《国务院办公厅关于深入推进跨部门综合监管的指导意见》（国办发〔2023〕1号）和相关法律法规规定，现就进一步加强医疗美容行业监管工作提出如下指导意见。

一、总体要求

以习近平新时代中国特色社会主义思想为指导，深入贯彻落实党的二十大精神，全面贯彻习近平总书记关于保障人民群众身体健康、保护消费者合法权益的一系列重要指示批示精神，坚持问题导向、标本兼治、依法依规、协同联动，优化医疗美容市场主体准入管理，强化事中事后监管，深化跨部门综合监管，健全适应医疗美容行业发展特点的常态化监管体系，形成以监管促发展的良好态势。

二、加强医疗美容行业准入管理

（一）做好市场主体登记管理。市场监管部门按照市场监管总局有关经营范围规范目录，指导确有从事医疗美容服务经营意愿的申请人勾选“医疗美容服务”等规范表述登记经营范围，依法履行“双告知”职责，并当场告知申请人开展医疗美容服务须申请审批及相应的审批机关，由申请人书面承诺对于涉及法律、行政法规、国务院决定规定、地方行政法规和地方规章规定，需要办理许可审批的，在取得批准前，不从事相关经营活动。申请人书面承诺情况应当通过国家企业信用信息公示系统向社会公示。

（二）强化医疗美容机构资质审核。医疗美容服务属于医疗活动,未依法取得卫生健康行政部门发放的《医疗机构执业许可证》或者"诊所备案凭证",不得开展医疗美容服务。卫生健康行政部门结合医疗美容诊疗特点,进一步细化审批标准,完善审批流程,加强医疗美容诊所备案信息管理,强化诊疗质量控制,严把行业准入关。卫生健康行政部门办理相关执业许可或备案时,一并录入统一社会信用代码等信息,并通过办理许可备案的卫生健康行政部门网站或其他方便公众查询的方式,向社会公开。

(三)加强"证""照"信息共享。不断完善登记注册、行政审批、行业主管协同联动的监管机制。依托地方政务共享平台、"证照分离"协同平台、大数据管理平台等,强化市场主体登记注册和医疗机构许可(备案)信息共享。市场监管部门将市场主体登记注册信息及时告知同级卫生健康行政部门,卫生健康行政部门依法做好市场主体《医疗机构执业许可证》或"诊所备案凭证"的许可审批或备案工作,根据职责做好后续行业监管,并定期将已取得《医疗机构执业许可证》或"诊所备案凭证"的医疗美容机构名单向市场监管部门通报。对经营范围含有"医疗美容服务"等内容但未及时取得《医疗机构执业许可证》或"诊所备案凭证"的市场主体,督促其依法落实主体责任。市场监管部门、卫生健康行政部门推进以统一社会信用代码为基础的从事医疗美容服务的市场主体名称互认、数据互通、信息共享。

三、加强事中事后综合监管

(一)确定综合监管重点事项。推进医疗美容行业跨部门综合监管,由省级卫生健康行政部门会同其他监管部门系统梳理医疗美容行业风险点,结合本地实际,将医疗美容诊疗活动、涉医疗美容经营活动以及医疗美容用药品、医疗器械等涉及多部门监管的事项纳入综合监管重点事项,明确重点监管清单,并按照深入推进跨部门综合监管总体工作部署,对监管重点事项实施动态更新。

(二)加强风险隐患通报会商。卫生健康行政部门、相关监管部门、司法机关依据各自职责,及时通报监督检查、抽查检验、监测、投诉举报处理、案件办理等工作中发现的与医疗美容行业有关的风险隐患等信息。卫生健康行政部门根据工作需要,组织相关监管部门、司法机关开展联合研判、联合会商,构建医疗美容风险隐患发现处置机制,为精准识别、快速打击医疗美容行业重大违法行为提供有力支撑。

(三)推行跨部门联合抽查检查。卫生健康行政部门或者相关监管部门根据医疗美容行业日常监管情况,可以对多发性问题,和其他部门共同开展有针对性的联合抽查检查。联合抽查检查采取"双随机、一公开"监管方式进行,确定抽查的市场主体范畴、抽查比例、频次。联合抽查检查应注意根据监管任务重点,合理配备不同部门的监管力量,力争"进一次门、查多项事",在确保监管效果前提下,尽量减少对相关市场主体正常经营活动的影响。

(四)推进部门协同监管。卫生健康行政部门和相关监管部门依据各自职责做好日常监督管理工作,对发现涉及其他部门职责的涉嫌违法线索,建立健全线索问题移送转办等工作机制,及时转送相关部门核查处理;涉及多部门监管职责的,及时组织开展协同核查处置。对发现涉嫌"无证无照"从事医疗美容活动的,按照《无证无照经营查处办法》予以处置。

(五)加强行政执法与刑事司法衔接。完善行政机关与公安机关之间案件移送、双向咨询、情况通报、信息共享等机制。行政机关在查处违法行为过程中发现涉嫌犯罪、依法需要追究刑事责任的,及时移送公安机关并同步抄送检察机关。对明显涉嫌犯罪的案件,发现可能逃匿或者转移、灭失、销毁证据等情况的,及时通报公安机关,由公安机关协助采取紧急措施,必要时协同加快移送进度,依法采取紧急措施予以处置。公安机关立案后提请有关行政机关作出检验、鉴定、认定和涉案物品保管、销毁处置等协助的,行政机关应当积极配合。执法司法机关在刑事案件办理过程中,发现存在其他违反行政法律法规情形的,及时通报相关行政机关处理。

四、加强关联领域与行业的监管

(一)加强对医疗美容"导购"活动的监管。相关部门依据职责加大对从事医疗美容诊疗咨询、就医引导活动市场主体的监管力度,规范相关主体网上信息内容发布行为,严禁为未依法取得《医疗机构执业许可证》或"诊所备案凭证"的美容机构提供诊疗咨询、就医引导服务,严禁无相应医师资质或者医学药学知识的人员在线上线下从事医疗美容诊疗咨询、就医引导服务或利用互联网发布医疗美容知识科普等涉医疗领域专业信息内容。严禁在诊疗咨询、就医引导活动中作出不符合法律法规及诊疗规范要求的承诺或者表述,依法加大对"医托""药托"的处置力度,查处商业贿赂,严厉打击违法开展诊疗咨询、就医引导的行为。

(二)加强对医疗美容培训活动的监管。医疗美容培训属于医疗技术培训,一般应当由专业院校、医疗机构组织对医学生、医疗技术人员进行培训。相关部门依据职责加强对医疗美容培训的管理，严禁培训禁止类医疗技术或者无对应医疗美容科目的所谓医疗美容新项目、新技术；严禁对“零基础”等无行医资质人员提供医疗美容技术培训；严禁利用、冒用或者虚构国家机关、科研机构等名义对医疗美容培训机构进行推荐或者证明；严禁承诺发放所谓的“职业证书”“职业资质”，严禁宣称学习医疗美容技术能够快速致富。

（三）加强生活美容行业管理。生活美容行业主管部门加强对美容美发行业协会的指导，充分发挥其在规范行业行为、实施行业自律、开展行业自查自纠方面的作用，倡导在生活美容机构张贴“不得提供医疗美容服务”等警示语，引导生活美容机构依法诚信经营，不得违法从事或者变相从事医疗美容活动。

五、强化组织领导

（一）提高政治站位。各地区各有关部门要进一步提高政治判断力、政治领悟力、政治执行力，从落实以人民为中心发展理念的高度，加强统筹协调，明确工作分工，细化落实措施，切实加大对医疗美容行业监管力度，保持对医疗美容行业非法行医、虚假宣传、假货频现、价格欺诈等突出问题“露头就打”的高压态势，切实保障人民群众生命健康。

（二）加强宣传引导。做好医疗美容科普、普法工作，多途径、多形式广泛宣传医疗美容法律法规和科普知识，提高医疗机构、医务人员依法执业意识，增强社会公众对医疗美容服务范围和合规机构的辨识能力。进一步畅通投诉举报途径，发动社会力量，推动形成对医疗美容违法违规问题监督的共治合力。

（三）强化信用约束。做好对合规医疗美容机构的公示，充分运用信息化手段便利社会公众自主查询合规机构和医务人员，不断增强行业透明度。大力推进涉医疗美容机构信用监管和失信惩戒工作，做好医疗美容行业市场主体的行政许可、行政处罚信息归集和公示，充分发挥信用监管在配置监管资源、防范化解风险等方面的重要作用。

3. 妇幼保健

中华人民共和国母婴保健法

1. 1994年10月27日第八届全国人民代表大会常务委员会第十次会议通过
2. 根据2009年8月27日第十一届全国人民代表大会常务委员会第十次会议《关于修改部分法律的决定》第一次修正
3. 根据2017年11月4日第十二届全国人民代表大会常务委员会第三十次会议《关于修改〈中华人民共和国会计法〉等十一部法律的决定》第二次修正

目　　录

第一章　总　　则

第一条　【立法目的】为了保障母亲和婴儿健康，提高出生人口素质，根据宪法，制定本法。

第二条　【国家扶持】国家发展母婴保健事业，提供必要条件和物质帮助，使母亲和婴儿获得医疗保健服务。

国家对边远贫困地区的母婴保健事业给予扶持。

第三条　【政府领导】各级人民政府领导母婴保健工作。

母婴保健事业应当纳入国民经济和社会发展计划。

第四条　【主管部门】国务院卫生行政部门主管全国母婴保健工作，根据不同地区情况提出分级分类指导原则，并对全国母婴保健工作实施监督管理。

国务院其他有关部门在各自职责范围内，配合卫生行政部门做好母婴保健工作。

第五条　【教育、科研】国家鼓励、支持母婴保健领域的教育和科学研究，推广先进、实用的母婴保健技术，普及母婴保健科学知识。

第六条　【奖励】对在母婴保健工作中做出显著成绩和在母婴保健科学研究中取得显著成果的组织和个人，应当给予奖励。

第二章　婚 前 保 健

第七条　【婚前保健服务】医疗保健机构应当为公民提供婚前保健服务。

婚前保健服务包括下列内容：

（一）婚前卫生指导：关于性卫生知识、生育知识和遗传病知识的教育；

（二）婚前卫生咨询：对有关婚配、生育保健等问题提供医学意见；

（三）婚前医学检查：对准备结婚的男女双方可能患影响结婚和生育的疾病进行医学检查。

第八条　【疾病检查】婚前医学检查包括对下列疾病的检查：

（一）严重遗传性疾病；

（二）指定传染病；

（三）有关精神病。

经婚前医学检查，医疗保健机构应当出具婚前医学检查证明。

第九条　【暂缓结婚】经婚前医学检查，对患指定传染病在传染期内或者有关精神病在发病期内的，医师应当提出医学意见；准备结婚的男女双方应当暂缓结婚。

第十条　【不宜生育】经婚前医学检查，对诊断患医学上认为不宜生育的严重遗传性疾病的，医师应当向男女双方说明情况，提出医学意见；经男女双方同意，采取长效避孕措施或者施行结扎手术后不生育的，可以结婚。但《中华人民共和国婚姻法》规定禁止结婚的除外。

第十一条　【医学技术鉴定】接受婚前医学检查的人员对检查结果持有异议的，可以申请医学技术鉴定，取得医学鉴定证明。

第十二条　【结婚登记】男女双方在结婚登记时，应当持有婚前医学检查证明或者医学鉴定证明。

第十三条　【实施办法】省、自治区、直辖市人民政府根据本地区的实际情况，制定婚前医学检查制度实施办法。

省、自治区、直辖市人民政府对婚前医学检查应当规定合理的收费标准，对边远贫困地区或者交费确有困难的人员应当给予减免。

第三章　孕产期保健

第十四条　【孕产期保健服务内容】医疗保健机构应当为育龄妇女和孕产妇提供孕产期保健服务。

孕产期保健服务包括下列内容：

（一）母婴保健指导：对孕育健康后代以及严重遗传性疾病和碘缺乏病等地方病的发病原因、治疗和预防方法提供医学意见；

（二）孕妇、产妇保健：为孕妇、产妇提供卫生、营养、心理等方面的咨询和指导以及产前定期检查等医疗保健服务；

（三）胎儿保健：为胎儿生长发育进行监护，提供咨询和医学指导；

（四）新生儿保健：为新生儿生长发育、哺乳和护理提供医疗保健服务。

第十五条 【医学指导】对患严重疾病或者接触致畸物质，妊娠可能危及孕妇生命安全或者可能严重影响孕妇健康和胎儿正常发育的，医疗保健机构应当予以医学指导。

第十六条 【医学意见】医师发现或者怀疑患严重遗传性疾病的育龄夫妻，应当提出医学意见。育龄夫妻应当根据医师的医学意见采取相应的措施。

第十七条 【胎儿异常】经产前检查，医师发现或者怀疑胎儿异常的，应当对孕妇进行产前诊断。

第十八条 【终止妊娠】经产前诊断，有下列情形之一的，医师应当向夫妻双方说明情况，并提出终止妊娠的医学意见：

（一）胎儿患严重遗传性疾病的；

（二）胎儿有严重缺陷的；

（三）因患严重疾病，继续妊娠可能危及孕妇生命安全或者严重危害孕妇健康的。

第十九条 【终止妊娠和结扎手术】依照本法规定施行终止妊娠或者结扎手术，应当经本人同意，并签署意见。本人无行为能力的，应当经其监护人同意，并签署意见。

依照本法规定施行终止妊娠或者结扎手术的，接受免费服务。

第二十条 【医学检查】生育过严重缺陷患儿的妇女再次妊娠前，夫妻双方应当到县级以上医疗保健机构接受医学检查。

第二十一条 【产伤预防】医师和助产人员应当严格遵守有关操作规程，提高助产技术和服务质量，预防和减少产伤。

第二十二条 【不住院分娩】不能住院分娩的孕妇应当由经过培训、具备相应接生能力的接生人员实行消毒接生。

第二十三条 【家庭接生】医疗保健机构和从事家庭接生的人员按照国务院卫生行政部门的规定，出具统一制发的新生儿出生医学证明；有产妇和婴儿死亡以及新生儿出生缺陷情况的，应当向卫生行政部门报告。

第二十四条 【育儿指导】医疗保健机构为产妇提供科学育儿、合理营养和母乳喂养的指导。

医疗保健机构对婴儿进行体格检查和预防接种，逐步开展新生儿疾病筛查、婴儿多发病和常见病防治等医疗保健服务。

第四章 技术鉴定

第二十五条 【鉴定组织和对象】县级以上地方人民政府可以设立医学技术鉴定组织，负责对婚前医学检查、遗传病诊断和产前诊断结果有异议的进行医学技术鉴定。

第二十六条 【鉴定人员】从事医学技术鉴定的人员，必须具有临床经验和医学遗传学知识，并具有主治医师以上的专业技术职务。

医学技术鉴定组织的组成人员，由卫生行政部门提名，同级人民政府聘任。

第二十七条 【回避】医学技术鉴定实行回避制度。凡与当事人有利害关系，可能影响公正鉴定的人员，应当回避。

第五章 行政管理

第二十八条 【政府职责】各级人民政府应当采取措施，加强母婴保健工作，提高医疗保健服务水平，积极防治由环境因素所致严重危害母亲和婴儿健康的地方性高发性疾病，促进母婴保健事业的发展。

第二十九条 【管理机关】县级以上地方人民政府卫生行政部门管理本行政区域内的母婴保健工作。

第三十条 【监测和技术指导机构】省、自治区、直辖市人民政府卫生行政部门指定的医疗保健机构负责本行政区域内的母婴保健监测和技术指导。

第三十一条 【医疗机构职责】医疗保健机构按照国务院卫生行政部门的规定，负责其职责范围内的母婴保健工作，建立医疗保健工作规范，提高医学技术水平，采取各种措施方便人民群众，做好母婴保健服务工作。

第三十二条 【技术标准】医疗保健机构依照本法规定开展婚前医学检查、遗传病诊断、产前诊断以及施行结扎手术和终止妊娠手术的，必须符合国务院卫生行政部门规定的条件和技术标准，并经县级以上地方人民政府卫生行政部门许可。

严禁采用技术手段对胎儿进行性别鉴定，但医学上确有需要的除外。

第三十三条　【合格证书制度】从事本法规定的遗传病诊断、产前诊断的人员，必须经过省、自治区、直辖市人民政府卫生行政部门的考核，并取得相应的合格证书。

从事本法规定的婚前医学检查、施行结扎手术和终止妊娠手术的人员，必须经过县级以上地方人民政府卫生行政部门的考核，并取得相应的合格证书。

第三十四条　【保密】从事母婴保健工作的人员应当严格遵守职业道德，为当事人保守秘密。

第六章　法律责任

第三十五条　【无证从业行为】未取得国家颁发的有关合格证书的，有下列行为之一，县级以上地方人民政府卫生行政部门应当予以制止，并可以根据情节给予警告或者处以罚款：

（一）从事婚前医学检查、遗传病诊断、产前诊断或者医学技术鉴定的；

（二）施行终止妊娠手术的；

（三）出具本法规定的有关医学证明的。

上款第（三）项出具的有关医学证明无效。

第三十六条　【刑事责任对象】未取得国家颁发的有关合格证书，施行终止妊娠手术或者采取其他方法终止妊娠，致人死亡、残疾、丧失或者基本丧失劳动能力的，依照刑法有关规定追究刑事责任。

第三十七条　【执业人员违法】从事母婴保健工作的人员违反本法规定，出具有关虚假医学证明或者进行胎儿性别鉴定的，由医疗保健机构或者卫生行政部门根据情节给予行政处分；情节严重的，依法取消执业资格。

第七章　附　　则

第三十八条　【专门用语含义】本法下列用语的含义：

指定传染病，是指《中华人民共和国传染病防治法》中规定的艾滋病、淋病、梅毒、麻风病以及医学上认为影响结婚和生育的其他传染病。

严重遗传性疾病，是指由于遗传因素先天形成，患者全部或者部分丧失自主生活能力，后代再现风险高，医学上认为不宜生育的遗传性疾病。

有关精神病，是指精神分裂症、躁狂抑郁型精神病以及其他重型精神病。

产前诊断，是指对胎儿进行先天性缺陷和遗传性疾病的诊断。

第三十九条　【施行日期】本法自 1995 年 6 月 1 日起施行。

中华人民共和国
母婴保健法实施办法

1. *2001 年 6 月 20 日国务院令第 308 号公布*
2. *根据 2017 年 11 月 17 日国务院令第 690 号《关于修改部分行政法规的决定》第一次修订*
3. *根据 2022 年 3 月 29 日国务院令第 752 号《关于修改和废止部分行政法规的决定》第二次修订*
4. *根据 2023 年 7 月 20 日国务院令第 764 号《关于修改和废止部分行政法规的决定》第三次修订*

第一章　总　　则

第一条　根据《中华人民共和国母婴保健法》（以下简称母婴保健法），制定本办法。

第二条　在中华人民共和国境内从事母婴保健服务活动的机构及其人员应当遵守母婴保健法和本办法。

第三条　母婴保健技术服务主要包括下列事项：

（一）有关母婴保健的科普宣传、教育和咨询；

（二）婚前医学检查；

（三）产前诊断和遗传病诊断；

（四）助产技术；

（五）实施医学上需要的节育手术；

（六）新生儿疾病筛查；

（七）有关生育、节育、不育的其他生殖保健服务。

第四条　公民享有母婴保健的知情选择权。国家保障公民获得适宜的母婴保健服务的权利。

第五条　母婴保健工作以保健为中心，以保障生殖健康为目的，实行保健和临床相结合，面向群体、面向基层和预防为主的方针。

第六条　各级人民政府应当将母婴保健工作纳入本级国民经济和社会发展计划，为母婴保健事业的发展提供必要的经济、技术和物质条件，并对少数民族地区、贫困地区的母婴保健事业给予特殊支持。

县级以上地方人民政府根据本地区的实际情况和需要，可以设立母婴保健事业发展专项资金。

第七条　国务院卫生行政部门主管全国母婴保健工作，履行下列职责：

（一）制定母婴保健法及本办法的配套规章和技术规范；

（二）按照分级分类指导的原则，制定全国母婴保健工作发展规划和实施步骤；

（三）组织推广母婴保健及其他生殖健康的适宜技术；

（四）对母婴保健工作实施监督。

第八条 县级以上各级人民政府财政、公安、民政、教育、人力资源社会保障等部门应当在各自职责范围内，配合同级卫生行政部门做好母婴保健工作。

第二章 婚前保健

第九条 母婴保健法第七条所称婚前卫生指导，包括下列事项：

（一）有关性卫生的保健和教育；

（二）新婚避孕知识及计划生育指导；

（三）受孕前的准备、环境和疾病对后代影响等孕前保健知识；

（四）遗传病的基本知识；

（五）影响婚育的有关疾病的基本知识；

（六）其他生殖健康知识。

医师进行婚前卫生咨询时，应当为服务对象提供科学的信息，对可能产生的后果进行指导，并提出适当的建议。

第十条 在实行婚前医学检查的地区，准备结婚的男女双方在办理结婚登记前，应当到医疗、保健机构进行婚前医学检查。

第十一条 从事婚前医学检查的医疗、保健机构，由其所在地县级人民政府卫生行政部门进行审查；符合条件的，在其《医疗机构执业许可证》上注明。

第十二条 申请从事婚前医学检查的医疗、保健机构应当具备下列条件：

（一）分别设置专用的男、女婚前医学检查室，配备常规检查和专科检查设备；

（二）设置婚前生殖健康宣传教育室；

（三）具有符合条件的进行男、女婚前医学检查的执业医师。

第十三条 婚前医学检查包括询问病史、体格及相关检查。

婚前医学检查应当遵守婚前保健工作规范并按照婚前医学检查项目进行。婚前保健工作规范和婚前医学检查项目由国务院卫生行政部门规定。

第十四条 经婚前医学检查，医疗、保健机构应当向接受婚前医学检查的当事人出具婚前医学检查证明。

婚前医学检查证明应当列明是否发现下列疾病：

（一）在传染期内的指定传染病；

（二）在发病期内的有关精神病；

（三）不宜生育的严重遗传性疾病；

（四）医学上认为不宜结婚的其他疾病。

发现前款第（一）项、第（二）项、第（三）项疾病的，医师应当向当事人说明情况，提出预防、治疗以及采取相应医学措施的建议。当事人依据医生的医学意见，可以暂缓结婚，也可以自愿采用长效避孕措施或者结扎手术；医疗、保健机构应当为其治疗提供医学咨询和医疗服务。

第十五条 经婚前医学检查，医疗、保健机构不能确诊的，应当转到设区的市级以上人民政府卫生行政部门指定的医疗、保健机构确诊。

第十六条 在实行婚前医学检查的地区，婚姻登记机关在办理结婚登记时，应当查验婚前医学检查证明或者母婴保健法第十一条规定的医学鉴定证明。

第三章 孕产期保健

第十七条 医疗、保健机构应当为育龄妇女提供有关避孕、节育、生育、不育和生殖健康的咨询和医疗保健服务。

医师发现或者怀疑育龄夫妻患有严重遗传性疾病的，应当提出医学意见；限于现有医疗技术水平难以确诊的，应当向当事人说明情况。育龄夫妻可以选择避孕、节育、不孕等相应的医学措施。

第十八条 医疗、保健机构应当为孕产妇提供下列医疗保健服务：

（一）为孕产妇建立保健手册（卡），定期进行产前检查；

（二）为孕产妇提供卫生、营养、心理等方面的医学指导与咨询；

（三）对高危孕妇进行重点监护、随访和医疗保健服务；

（四）为孕产妇提供安全分娩技术服务；

（五）定期进行产后访视，指导产妇科学喂养婴儿；

（六）提供避孕咨询指导和技术服务；

（七）对产妇及其家属进行生殖健康教育和科学育儿知识教育；

（八）其他孕产期保健服务。

第十九条 医疗、保健机构发现孕妇患有下列严重疾病或者接触物理、化学、生物等有毒、有害因素，可能危及孕妇生命安全或者可能严重影响孕妇健康和胎儿正常发育的，应当对孕妇进行医学指导和下列必要的医学检查：

（一）严重的妊娠合并症或者并发症；

（二）严重的精神性疾病；

（三）国务院卫生行政部门规定的严重影响生育的其他疾病。

第二十条　孕妇有下列情形之一的，医师应当对其进行产前诊断：

（一）羊水过多或者过少的；

（二）胎儿发育异常或者胎儿有可疑畸形的；

（三）孕早期接触过可能导致胎儿先天缺陷的物质的；

（四）有遗传病家族史或者曾经分娩过先天性严重缺陷婴儿的；

（五）初产妇年龄超过35周岁的。

第二十一条　母婴保健法第十八条规定的胎儿的严重遗传性疾病、胎儿的严重缺陷、孕妇患继续妊娠可能危及其生命健康和安全的严重疾病目录，由国务院卫生行政部门规定。

第二十二条　生育过严重遗传性疾病或者严重缺陷患儿的，再次妊娠前，夫妻双方应当按照国家有关规定到医疗、保健机构进行医学检查。医疗、保健机构应当向当事人介绍有关遗传性疾病的知识，给予咨询、指导。对诊断患有医学上认为不宜生育的严重遗传性疾病的，医师应当向当事人说明情况，并提出医学意见。

第二十三条　严禁采用技术手段对胎儿进行性别鉴定。

对怀疑胎儿可能为伴性遗传病，需要进行性别鉴定的，由省、自治区、直辖市人民政府卫生行政部门指定的医疗、保健机构按照国务院卫生行政部门的规定进行鉴定。

第二十四条　国家提倡住院分娩。医疗、保健机构应当按照国务院卫生行政部门制定的技术操作规范，实施消毒接生和新生儿复苏，预防产伤及产后出血等产科并发症，降低孕产妇及围产儿发病率、死亡率。

没有条件住院分娩的，应当由经过培训、具备相应接生能力的家庭接生人员接生。

高危孕妇应当在医疗、保健机构住院分娩。

县级人民政府卫生行政部门应当加强对家庭接生人员的培训、技术指导和监督管理。

第四章　婴儿保健

第二十五条　医疗、保健机构应当按照国家有关规定开展新生儿先天性、遗传性代谢病筛查、诊断、治疗和监测。

第二十六条　医疗、保健机构应当按照规定进行新生儿访视，建立儿童保健手册（卡），定期对其进行健康检查，提供有关预防疾病、合理膳食、促进智力发育等科学知识，做好婴儿多发病、常见病防治等医疗保健服务。

第二十七条　医疗、保健机构应当按照规定的程序和项目对婴儿进行预防接种。

婴儿的监护人应当保证婴儿及时接受预防接种。

第二十八条　国家推行母乳喂养。医疗、保健机构应当为实施母乳喂养提供技术指导，为住院分娩的产妇提供必要的母乳喂养条件。

医疗、保健机构不得向孕产妇和婴儿家庭宣传、推荐母乳代用品。

第二十九条　母乳代用品产品包装标签应当在显著位置标明母乳喂养的优越性。

母乳代用品生产者、销售者不得向医疗、保健机构赠送产品样品或者以推销为目的有条件地提供设备、资金和资料。

第三十条　妇女享有国家规定的产假。有不满1周岁婴儿的妇女，所在单位应当在劳动时间内为其安排一定的哺乳时间。

第五章　技术鉴定

第三十一条　母婴保健医学技术鉴定委员会分为省、市、县三级。

母婴保健医学技术鉴定委员会成员应当符合下列任职条件：

（一）县级母婴保健医学技术鉴定委员会成员应当具有主治医师以上专业技术职务；

（二）设区的市级和省级母婴保健医学技术鉴定委员会成员应当具有副主任医师以上专业技术职务。

第三十二条　当事人对婚前医学检查、遗传病诊断、产前诊断结果有异议，需要进一步确诊的，可以自接到检查或者诊断结果之日起15日内向所在地县级或者设区的市级母婴保健医学技术鉴定委员会提出书面鉴定申请。

母婴保健医学技术鉴定委员会应当自接到鉴定申请之日起30日内作出医学技术鉴定意见，并及时通知当事人。

当事人对鉴定意见有异议的，可以自接到鉴定意见通知书之日起15日内向上一级母婴保健医学技术鉴定委员会申请再鉴定。

第三十三条　母婴保健医学技术鉴定委员会进行医学鉴定时须有5名以上相关专业医学技术鉴定委员会成员参加。

鉴定委员会成员应当在鉴定结论上署名;不同意见应当如实记录。鉴定委员会根据鉴定结论向当事人出具鉴定意见书。

母婴保健医学技术鉴定管理办法由国务院卫生行政部门制定。

第六章 监督管理

第三十四条 县级以上地方人民政府卫生行政部门负责本行政区域内的母婴保健监督管理工作,履行下列监督管理职责:

(一)依照母婴保健法和本办法以及国务院卫生行政部门规定的条件和技术标准,对从事母婴保健工作的机构和人员实施许可,并核发相应的许可证书;

(二)对母婴保健法和本办法的执行情况进行监督检查;

(三)对违反母婴保健法和本办法的行为,依法给予行政处罚;

(四)负责母婴保健工作监督管理的其他事项。

第三十五条 从事遗传病诊断、产前诊断的医疗、保健机构和人员,须经省、自治区、直辖市人民政府卫生行政部门许可;但是,从事产前诊断中产前筛查的医疗、保健机构,须经县级人民政府卫生行政部门许可。

从事婚前医学检查的医疗、保健机构和人员,须经县级人民政府卫生行政部门许可。

从事助产技术服务、结扎手术和终止妊娠手术的医疗、保健机构和人员,须经县级人民政府卫生行政部门许可,并取得相应的合格证书。

第三十六条 卫生监督人员在执行职务时,应当出示证件。

卫生监督人员可以向医疗、保健机构了解情况,索取必要的资料,对母婴保健工作进行监督、检查,医疗、保健机构不得拒绝和隐瞒。

卫生监督人员对医疗、保健机构提供的技术资料负有保密的义务。

第三十七条 医疗、保健机构应当根据其从事的业务,配备相应的人员和医疗设备,对从事母婴保健工作的人员加强岗位业务培训和职业道德教育,并定期对其进行检查、考核。

医师和助产人员(包括家庭接生人员)应当严格遵守有关技术操作规范,认真填写各项记录,提高助产技术和服务质量。

助产人员的管理,按照国务院卫生行政部门的规定执行。

从事母婴保健工作的执业医师应当依照母婴保健法的规定取得相应的资格。

第三十八条 医疗、保健机构应当按照国务院卫生行政部门的规定,对托幼园、所卫生保健工作进行业务指导。

第三十九条 国家建立孕产妇死亡、婴儿死亡和新生儿出生缺陷监测、报告制度。

第七章 罚 则

第四十条 医疗、保健机构或者人员未取得母婴保健技术许可,擅自从事婚前医学检查、遗传病诊断、产前诊断、终止妊娠手术和医学技术鉴定或者出具有关医学证明的,由卫生行政部门给予警告,责令停止违法行为,没收违法所得;违法所得5000元以上的,并处违法所得3倍以上5倍以下的罚款;没有违法所得或者违法所得不足5000元的,并处5000元以上2万元以下的罚款。

第四十一条 从事母婴保健技术服务的人员出具虚假医学证明文件的,依法给予行政处分;有下列情形之一的,由原发证部门撤销相应的母婴保健技术执业资格或者医师执业证书:

(一)因延误诊治,造成严重后果的;

(二)给当事人身心健康造成严重后果的;

(三)造成其他严重后果的。

第四十二条 违反本办法规定进行胎儿性别鉴定的,由卫生行政部门给予警告,责令停止违法行为;对医疗、保健机构直接负责的主管人员和其他直接责任人员,依法给予行政处分。进行胎儿性别鉴定两次以上的或者以营利为目的进行胎儿性别鉴定的,并由原发证机关撤销相应的母婴保健技术执业资格或者医师执业证书。

第八章 附 则

第四十三条 婚前医学检查证明的格式由国务院卫生行政部门规定。

第四十四条 母婴保健法及本办法所称的医疗、保健机构,是指依照《医疗机构管理条例》取得卫生行政部门医疗机构执业许可的各级各类医疗机构。

第四十五条 本办法自公布之日起施行。

母婴保健专项技术服务许可及人员资格管理办法

1. 1995年8月7日卫妇发〔1995〕第7号公布

2. 根据2019年2月28日《国家卫生健康委关于修改〈职业健康检查管理办法〉等4件部门规章的决定》第一次修订

3. 根据2021年1月8日《国家卫生健康委关于修改和废止〈母婴保健专项技术服务许可及人员资格管理办法〉等3件部门规章的决定》第二次修订

第一条　根据《中华人民共和国母婴保健法》第三十二条、第三十三条和《中华人民共和国母婴保健法实施办法》第三十五条的规定制定本办法。

第二条　凡开展《中华人民共和国母婴保健法》及其实施办法规定的婚前医学检查、遗传病诊断、产前诊断、施行助产技术、结扎手术和终止妊娠手术技术服务的医疗保健机构，必须符合本办法规定的条件，经卫生健康主管部门审查批准，取得《母婴保健技术服务执业许可证》。

第三条　施行助产技术、结扎手术、终止妊娠手术的机构和人员的审批，由县级卫生健康主管部门负责；开展婚前医学检查的机构和人员的审批，由设区的市级卫生健康主管部门负责；开展遗传病诊断、产前诊断的机构和人员的审批，由省级卫生健康主管部门负责。

第四条　申请开展婚前医学检查、遗传病诊断、产前诊断以及施行助产技术、结扎手术、终止妊娠手术的医疗保健机构，必须同时具备下列条件：

（一）符合当地医疗保健机构设置规划；

（二）取得《医疗机构执业许可证》；

（三）符合母婴保健专项技术服务基本标准；

（四）法律法规规章规定的其他条件。

第五条　申请婚前医学检查、遗传病诊断、产前诊断以及施行助产技术、结扎手术、终止妊娠手术许可的医疗保健机构，必须向审批机关提交《母婴保健技术服务执业许可申请登记书》并交验下列材料：

（一）《医疗机构执业许可证》及其副本；

（二）有关医师的《母婴保健技术考核合格证书》或者加注母婴保健技术考核合格及技术类别的《医师执业证书》；

（三）可行性报告；

（四）与拟开展母婴保健专项技术相应的技术、设备条件及人员配备情况；

（五）开展母婴保健专项技术的规章制度；

（六）法律法规规章规定的其他材料。

第六条　审批机关受理申请后，应当在45日内，按照本办法规定的条件及母婴保健专项技术服务基本标准进行审查和核实。经审核合格的，发给《母婴保健技术服务执业许可证》；审核不合格的，将审核结果和理由以书面形式通知申请人。

第七条　《母婴保健技术服务执业许可证》每3年校验1次，校验由原登记机关办理。

第八条　申请变更《母婴保健技术服务执业许可证》的许可项目的，应当依照本办法规定的程序重新报批。

第九条　医疗保健机构应当把《母婴保健技术服务执业许可证》悬挂在明显处所。

第十条　凡从事《中华人民共和国母婴保健法》及其实施办法规定的婚前医学检查、遗传病诊断、产前诊断以及施行助产技术、结扎手术、终止妊娠手术技术服务的人员，必须符合母婴保健专项技术服务基本标准的有关规定，经考核合格，取得《母婴保健技术考核合格证书》或者在《医师执业证书》上加注母婴保健技术考核合格及技术类别。

第十一条　从事遗传病诊断、产前诊断技术服务人员的资格考核，由省级卫生健康主管部门负责；从事婚前医学检查技术服务人员的资格考核，由设区的市级卫生健康主管部门负责；从事助产技术、结扎手术和终止妊娠手术技术服务人员的资格考核，由县级卫生健康主管部门负责。

母婴保健技术人员资格考核内容由国家卫生健康委规定。

第十二条　母婴保健技术人员资格考核办法由各省、自治区、直辖市卫生健康主管部门规定。

第十三条　经考核合格，具备母婴保健技术服务相应资格的卫生技术人员，不得私自或者在未取得《母婴保健技术服务执业许可证》的机构中开展母婴保健专项技术服务。

第十四条　《母婴保健技术服务执业许可证》和《母婴保健技术考核合格证书》应当妥善保管，不得出借或者涂改，禁止伪造、变造、盗用以及买卖。

第十五条　《母婴保健技术服务执业许可证》和《母婴保健技术考核合格证书》遗失后，应当及时报告原发证机关，并申请办理补发证书的手续。

第十六条　本办法实施前已经开展婚前医学检查、遗传病诊断、产前诊断以及施行结扎手术和终止妊娠手术的医疗保健机构，应当在本办法施行后的6个月内，按照本办法的规定补办审批手续。

第十七条 《母婴保健技术服务执业许可证》和《母婴保健技术考核合格证书》由国家卫生健康委统一印制。

第十八条 本办法由国家卫生健康委负责解释。

第十九条 本办法自发布之日起施行。

产前诊断技术管理办法

1. 2002年12月13日卫生部令第33号公布

2. 根据2019年2月28日国家卫生健康委员会令第4号《关于修改〈职业健康检查管理办法〉等4件部门规章的决定》修订

第一章 总 则

第一条 为保障母婴健康，提高出生人口素质，保证产前诊断技术的安全、有效，规范产前诊断技术的监督管理，依据《中华人民共和国母婴保健法》以及《中华人民共和国母婴保健法实施办法》，制定本管理办法。

第二条 本管理办法中所称的产前诊断，是指对胎儿进行先天性缺陷和遗传性疾病的诊断，包括相应筛查。

产前诊断技术项目包括遗传咨询、医学影像、生化免疫、细胞遗传和分子遗传等。

第三条 本管理办法适用于各类开展产前诊断技术的医疗保健机构。

第四条 产前诊断技术的应用应当以医疗为目的，符合国家有关法律规定和伦理原则，由经资格认定的医务人员在经许可的医疗保健机构中进行。

医疗保健机构和医务人员不得实施任何非医疗目的的产前诊断技术。

第五条 国家卫生健康委负责全国产前诊断技术应用的监督管理工作。

第二章 管理与审批

第六条 国家卫生健康委根据医疗需求、技术发展状况、组织与管理的需要等实际情况，制定产前诊断技术应用规划。

第七条 产前诊断技术应用实行分级管理。

国家卫生健康委制定开展产前诊断技术医疗保健机构的基本条件和人员条件；颁布有关产前诊断的技术规范；指定国家级开展产前诊断技术的医疗保健机构；对全国产前诊断技术应用进行质量管理和信息管理；对全国产前诊断专业技术人员的培训进行规划。

省、自治区、直辖市人民政府卫生健康主管部门（以下简称省级卫生健康主管部门）根据当地实际，因地制宜地规划、审批或组建本行政区域内开展产前诊断技术的医疗保健机构；对从事产前诊断技术的专业人员进行系统培训和资格认定；对产前诊断技术应用进行质量管理和信息管理。

县级以上人民政府卫生健康主管部门负责本行政区域内产前诊断技术应用的日常监督管理。

第八条 从事产前诊断的卫生专业技术人员应符合以下所有条件：

（一）从事临床工作的，应取得执业医师资格；

（二）从事医技和辅助工作的，应取得相应卫生专业技术职称；

（三）符合《从事产前诊断卫生专业技术人员的基本条件》；

（四）经省级卫生健康主管部门考核合格，取得从事产前诊断的《母婴保健技术考核合格证书》或者《医师执业证书》中加注母婴保健技术（产前诊断类）考核合格的。

第九条 申请开展产前诊断技术的医疗保健机构应符合下列所有条件：

（一）设有妇产科诊疗科目；

（二）具有与所开展技术相适应的卫生专业技术人员；

（三）具有与所开展技术相适应的技术条件和设备；

（四）设有医学伦理委员会；

（五）符合《开展产前诊断技术医疗保健机构的基本条件》及相关技术规范。

第十条 申请开展产前诊断技术的医疗保健机构应当向所在地省级卫生健康主管部门提交下列文件：

（一）医疗机构执业许可证副本；

（二）开展产前诊断技术的母婴保健技术服务执业许可申请文件；

（三）可行性报告；

（四）拟开展产前诊断技术的人员配备、设备和技术条件情况；

（五）开展产前诊断技术的规章制度；

（六）省级以上卫生健康主管部门规定提交的其他材料。

申请开展产前诊断技术的医疗保健机构，必须明确提出拟开展的产前诊断具体技术项目。

第十一条 申请开展产前诊断技术的医疗保健机构，由所属省、自治区、直辖市人民政府卫生健康主管部门审查批准。省、自治区、直辖市人民政府卫生健康主管部门收到本办法第十条规定的材料后，组织有关专家进行论证，并在收到专家论证报告后30个工作日内进行审核。经审核同意的，发给开展产前诊断技术的母婴保健技术服务执业许可证，注明开展产前诊断以及具体技术服务项目；经审核不同意的，书面通知申请单位。

第十二条　国家卫生健康委根据全国产前诊断技术发展需要，在经审批合格的开展产前诊断技术服务的医疗保健机构中，指定国家级开展产前诊断技术的医疗保健机构。

第十三条　开展产前诊断技术的《母婴保健技术服务执业许可证》每三年校验一次，校验由原审批机关办理。经校验合格的，可继续开展产前诊断技术；经校验不合格的，撤销其许可证书。

第十四条　省、自治区、直辖市人民政府卫生健康主管部门指定的医疗保健机构，协助卫生健康主管部门负责对本行政区域内产前诊断的组织管理工作。

第十五条　从事产前诊断的人员不得在未许可开展产前诊断技术的医疗保健机构中从事相关工作。

第三章　实　　施

第十六条　对一般孕妇实施产前筛查以及应用产前诊断技术坚持知情选择。开展产前筛查的医疗保健机构要与经许可开展产前诊断技术的医疗保健机构建立工作联系，保证筛查病例能落实后续诊断。

第十七条　孕妇有下列情形之一的，经治医师应当建议其进行产前诊断：

（一）羊水过多或者过少的；

（二）胎儿发育异常或者胎儿有可疑畸形的；

（三）孕早期时接触过可能导致胎儿先天缺陷的物质的；

（四）有遗传病家族史或者曾经分娩过先天性严重缺陷婴儿的；

（五）年龄超过35周岁的。

第十八条　既往生育过严重遗传性疾病或者严重缺陷患儿的，再次妊娠前，夫妻双方应当到医疗保健机构进行遗传咨询。医务人员应当对当事人介绍有关知识，给予咨询和指导。

经治医师根据咨询的结果，对当事人提出医学建议。

第十九条　确定产前诊断重点疾病，应当符合下列条件：

（一）疾病发生率较高；

（二）疾病危害严重，社会、家庭和个人疾病负担大；

（三）疾病缺乏有效的临床治疗方法；

（四）诊断技术成熟、可靠、安全和有效。

第二十条　开展产前检查、助产技术的医疗保健机构在为孕妇进行早孕检查或产前检查时，遇到本办法第十七条所列情形的孕妇，应当进行有关知识的普及，提供咨询服务，并以书面形式如实告知孕妇或其家属，建议孕妇进行产前诊断。

第二十一条　孕妇自行提出进行产前诊断的，经治医师可根据其情况提供医学咨询，由孕妇决定是否实施产前诊断技术。

第二十二条　开展产前诊断技术的医疗保健机构出具的产前诊断报告，应当由2名以上经资格认定的执业医师签发。

第二十三条　对于产前诊断技术及诊断结果，经治医师应本着科学、负责的态度，向孕妇或家属告知技术的安全性、有效性和风险性，使孕妇或家属理解技术可能存在的风险和结果的不确定性。

第二十四条　在发现胎儿异常的情况下，经治医师必须将继续妊娠和终止妊娠可能出现的结果以及进一步处理意见，以书面形式明确告知孕妇，由孕妇夫妻双方自行选择处理方案，并签署知情同意书。若孕妇缺乏认知能力，由其近亲属代为选择。涉及伦理问题的，应当交医学伦理委员会讨论。

第二十五条　开展产前诊断技术的医疗保健机构对经产前诊断后终止妊娠娩出的胎儿，在征得其家属同意后，进行尸体病理学解剖及相关的遗传学检查。

第二十六条　当事人对产前诊断结果有异议的，可以依据《中华人民共和国母婴保健法实施办法》第五章的有关规定，申请技术鉴定。

第二十七条　开展产前诊断技术的医疗保健机构不得擅自进行胎儿的性别鉴定。对怀疑胎儿可能为伴性遗传病，需要进行性别鉴定的，由省、自治区、直辖市人民政府卫生健康主管部门指定的医疗保健机构按照有关规定进行鉴定。

第二十八条　开展产前诊断技术的医疗保健机构应当建立健全技术档案管理和追踪观察制度。

第四章　处　　罚

第二十九条　违反本办法规定，未经批准擅自开展产前诊断技术的非医疗保健机构，按照《医疗机构管理条例》有关规定进行处罚。

第三十条　对违反本办法，医疗保健机构未取得产前诊断执业许可或超越许可范围，擅自从事产前诊断的，按照《中华人民共和国母婴保健法实施办法》有关规定处罚，由卫生健康主管部门给予警告，责令停止违法行为，没收违法所得；违法所得5000元以上的，并处违法所得3倍以上5倍以下的罚款；违法所得不足5000元的，并处5000元以上2万元以下的罚款。情节严重的，依据《医疗机构管理条例》依法吊销医疗机构执业许可证。

第三十一条　对未取得《母婴保健技术考核合格证书》或者《医师执业证书》中未加注母婴保健技术（产前诊断类）考核合格的个人，擅自从事产前诊断或者超范围执业的，由县级以上人民政府卫生健康主管部门给予警告或者责令暂停六个月以上一年以下执业活动；情节严重的，按照《中华人民共和国执业医师法》吊销其医师执业证书。构成犯罪的，依法追究刑事责任。

第三十二条　违反本办法第二十七条规定，按照《中华人民共和国母婴保健法实施办法》第四十二条规定处罚。

第五章　附　则

第三十三条　各省、自治区、直辖市人民政府卫生健康主管部门可以根据本办法和本地实际情况制定实施细则。

第三十四条　本办法自2003年5月1日起施行。

孕前保健服务工作规范（试行）

1. 2007年2月6日卫生部发布

2. 卫妇社发〔2007〕56号

孕前保健是以提高出生人口素质，减少出生缺陷和先天残疾发生为宗旨，为准备怀孕的夫妇提供健康教育与咨询、健康状况评估、健康指导为主要内容的保健服务。孕前保健是婚前保健的延续，是孕产期保健的前移。各级医疗保健机构要逐步提供婚前、孕前、孕产期、产后保健等规范化、系统化的生育健康服务。根据《中华人民共和国母婴保健法》以及《中国妇女发展纲要（2001－2010年）》和《中国儿童发展纲要（2001－2010年）》提出的我国妇女儿童健康目标，特制订《孕前保健服务工作规范（试行）》（以下简称《规范》）。

一、孕前保健服务内容

（一）健康教育与咨询。

热情接待夫妻双方，讲解孕前保健的重要性，介绍孕前保健服务内容及流程。通过询问、讲座及健康资料的发放等，为准备怀孕的夫妇提供健康教育服务。主要内容包括有关生理和心理保健知识；有关生育的基本知识（如生命的孕育过程等）；生活方式、孕前及孕期运动方式、饮食营养和环境因素等对生育的影响；出生缺陷及遗传性疾病的防治等。

（二）健康状况检查。

通过咨询和孕前医学检查，对准备怀孕夫妇的健康状况做出初步评估。针对存在的可能影响生育的健康问题，提出建议。

孕前医学检查（包括体格检查、实验室和影像学等辅助检查）应在知情选择的基础上进行，同时应保护服务对象的隐私。

1. 了解一般情况。

了解准备怀孕夫妇和双方家庭成员的健康状况，重点询问与生育有关的孕育史、疾病史、家族史、生活方式、饮食营养、职业状况及工作环境、运动（劳动）情况、社会心理、人际关系等（见附件1）。

2. 孕前医学检查。

在健康教育、咨询及了解一般情况的基础上，征得夫妻双方同意，通过医学检查，掌握准备怀孕夫妇的基本健康状况。同时，对可能影响生育的疾病进行专项检查。

体格检查：按常规操作进行，包括对男女双方生殖系统的专业妇科及男科检查。

辅助检查：包括血常规、血型、尿常规、血糖或尿糖、肝功能、生殖道分泌物、心电图、胸部X线及妇科B超等。必要时进行激素检查和精液检查。

专项检查：包括严重遗传性疾病，如广东、广西、海南等地的地中海贫血；可能引起胎儿感染的传染病及性传播疾病，如乙型肝炎、结核病；弓形体、风疹病毒、巨细胞病毒、单纯疱疹病毒、梅毒螺旋体、艾滋病病毒等感染；精神疾病；其他影响妊娠的疾病，如高血压病和心脏病、糖尿病、甲状腺疾病等。

（三）健康指导。

根据一般情况了解和孕前医学检查结果对孕前保健对象的健康状况进行综合评估。遵循普遍性指导和个性化指导相结合的原则，对计划怀孕的夫妇进行怀孕前、孕早期及预防出生缺陷的指导等。主要内容包括：

1. 有准备、有计划的怀孕，避免大龄生育；

2. 合理营养，控制饮食，增补叶酸、碘、铁、钙等营养素及微量元素；

3. 接种风疹、乙肝、流感等疫苗；及时对病毒及传染性疾病已感染情况采取措施；

4. 积极预防、筛查和治疗慢性疾病和传染病；

5. 合理用药，避免使用可能影响胎儿正常发育的药物；

6. 避免接触生活及职业环境中的有毒有害物质（如放射线、高温、铅、汞、苯、农药等），避免密切接触宠物；

7. 改变不良生活习惯（如吸烟、饮酒、吸毒等）及生活方式；

8. 保持心理健康，解除精神压力，预防孕期及产后心理问题的发生；

9. 合理选择运动方式；

10. 对于有高遗传风险的夫妇，指导其做好相关准备、提示孕期检查及产前检查中可能发生的情况。

二、孕前保健服务实施

（一）加强组织领导。

卫生行政部门应争取政府领导的重视，与人口和计划生育、民政、妇联、残联、教育、文化和广电等有关部门合作，积极支持医疗保健机构开展孕前保健服务工作。有条件的地区可与民政、人口和计划生育等部门积极配合，广泛联系新婚夫妇，通过社区卫生服务机构或居民委员会，向每一对准备怀孕的夫妻宣传孕前保健。

各级卫生行政部门可根据实际情况，制定孕前保健服务的实施办法及服务规范，建立相关管理制度及服务评估标准；组织由妇产科、儿科、妇幼保健、健康教育及其他相关学科业务骨干组成的技术指导组，对孕前保健服务人员进行技术培训和指导，对孕前保健服务机构进行考核，不断提高服务水平。

（二）加强管理，规范开展孕前保健服务。

各级医疗保健机构应当依照本《规范》全面实施和落实孕前保健服务。

1. 医疗保健机构可根据自身实际情况，开设孕前保健服务门诊，将具有良好人际沟通技能和综合服务能力的专业人员作为孕前保健服务的业务骨干；同时，合理利用现有房屋和设备，制定具体的孕前保健服务流程和规章制度（见附件2）。有条件的医疗保健机构可尝试婚前、孕前、孕期、产时、产后保健“一条龙”等系统化生育健康服务。在孕产期保健管理的基础上，加强生育健康服务的管理。

2. 建立孕前保健资料档案，及时进行资料的汇总、统计和分析。有条件的地方要逐步实行电子化管理，并与现行的孕产期系统管理相衔接。

3. 各级妇幼保健机构要在卫生行政部门的领导下，积极探索符合当地实际的孕前保健服务模式；同时，切实承担起本辖区孕前保健服务的技术指导、培训、资料收集和汇总等工作。

（三）孕前保健宣传。

利用广播、电视、报刊等多种媒体，广泛宣传孕前保健的必要性和主要内容，唤起全社会特别是新婚夫妇以及准备生育的夫妇的积极参与。同时，以群众喜闻乐见的形式，利用“亿万农民健康教育行动”、“相约健康社区行”、“科技文化卫生三下乡”等活动，将预防出生缺陷的科普知识送到农村、城市社区，引导群众树立“生健康孩子，从孕前做起”的观念。

附件：1. 孕前医学检查表（女）、孕前医学检查表（男）（略）

2. 孕前保健工作流程（略）

新生儿疾病筛查管理办法

1. 2009年2月16日卫生部令第64号公布
2. 自2009年6月1日起施行

第一条 为规范新生儿疾病筛查的管理，保证新生儿疾病筛查工作质量，依据《中华人民共和国母婴保健法》和《中华人民共和国母婴保健法实施办法》，制定本办法。

第二条 本办法所称新生儿疾病筛查是指在新生儿期对严重危害新生儿健康的先天性、遗传性疾病施行专项检查，提供早期诊断和治疗的母婴保健技术。

第三条 本办法规定的全国新生儿疾病筛查病种包括先天性甲状腺功能减低症、苯丙酮尿症等新生儿遗传代谢病和听力障碍。

卫生部根据需要对全国新生儿疾病筛查病种进行调整。

省、自治区、直辖市人民政府卫生行政部门可以根据本行政区域的医疗资源、群众需求、疾病发生率等实际情况，增加本行政区域内新生儿疾病筛查病种，并报卫生部备案。

第四条 新生儿遗传代谢病筛查程序包括血片采集、送检、实验室检测、阳性病例确诊和治疗。

新生儿听力筛查程序包括初筛、复筛、阳性病例确诊和治疗。

第五条 新生儿疾病筛查是提高出生人口素质，减少出生缺陷的预防措施之一。各级各类医疗机构和医务人员应当在工作中开展新生儿疾病筛查的宣传教育工作。

第六条 卫生部负责全国新生儿疾病筛查的监督管理工

作，根据医疗需求、技术发展状况、组织与管理的需要等实际情况制定全国新生儿疾病筛查工作规划和技术规范。

省、自治区、直辖市人民政府卫生行政部门负责本行政区域新生儿疾病筛查的监督管理工作，建立新生儿疾病筛查管理网络，组织医疗机构开展新生儿疾病筛查工作。

第七条 省、自治区、直辖市人民政府卫生行政部门应当根据本行政区域的实际情况，制定本地区新生儿遗传代谢病筛查中心和新生儿听力筛查中心（以下简称新生儿疾病筛查中心）设置规划，指定具备能力的医疗机构为本行政区域新生儿疾病筛查中心。

新生儿疾病筛查中心应当开展以下工作：

（一）开展新生儿遗传代谢疾病筛查的实验室检测、阳性病例确诊和治疗或者听力筛查阳性病例确诊、治疗；

（二）掌握本地区新生儿疾病筛查、诊断、治疗、转诊情况；

（三）负责本地区新生儿疾病筛查人员培训、技术指导、质量管理和相关的健康宣传教育；

（四）承担本地区新生儿疾病筛查有关信息的收集、统计、分析、上报和反馈工作。

开展新生儿疾病筛查的医疗机构应当及时提供病例信息，协助新生儿疾病筛查中心做好前款工作。

第八条 诊疗科目中设有产科或者儿科的医疗机构，应当按照《新生儿疾病筛查技术规范》的要求，开展新生儿遗传代谢病血片采集及送检、新生儿听力初筛及复筛工作。

不具备开展新生儿疾病筛查血片采集、新生儿听力初筛和复筛服务条件的医疗机构，应当告知新生儿监护人到有条件的医疗机构进行新生儿疾病筛查血片采集及听力筛查。

第九条 新生儿遗传代谢病筛查实验室设在新生儿疾病筛查中心，并应当具备下列条件：

（一）具有与所开展工作相适应的卫生专业技术人员，具有与所开展工作相适应的技术和设备；

（二）符合《医疗机构临床实验室管理办法》的规定；

（三）符合《新生儿疾病筛查技术规范》的要求。

第十条 新生儿遗传代谢病筛查中心发现新生儿遗传代谢病阳性病例时，应当及时通知新生儿监护人进行确诊。

开展新生儿听力初筛、复筛的医疗机构发现新生儿疑似听力障碍的，应当及时通知新生儿监护人到新生儿听力筛查中心进行听力确诊。

第十一条 新生儿疾病筛查遵循自愿和知情选择的原则。医疗机构在实施新生儿疾病筛查前，应当将新生儿疾病筛查的项目、条件、方式、灵敏度和费用等情况如实告知新生儿的监护人，并取得签字同意。

第十二条 从事新生儿疾病筛查的医疗机构和人员，应当严格执行新生儿疾病筛查技术规范，保证筛查质量。

医疗机构发现新生儿患有遗传代谢病和听力障碍的，应当及时告知其监护人，并提出治疗和随诊建议。

第十三条 省、自治区、直辖市人民政府卫生行政部门根据本行政区域的具体情况，协调有关部门，采取措施，为患有遗传代谢病和听力障碍的新生儿提供治疗方面的便利条件。

有条件的医疗机构应当开展新生儿遗传代谢病的治疗工作。

第十四条 卫生部组织专家定期对新生儿疾病筛查中心进行抽查评估。经评估不合格的，省级人民政府卫生行政部门应当及时撤销其资格。

新生儿遗传代谢病筛查实验室应当接受卫生部临床检验中心的质量监测和检查。

第十五条 县级以上地方人民政府卫生行政部门应当对本行政区域内开展新生儿疾病筛查工作的医疗机构进行监督检查。

第十六条 医疗机构未经省、自治区、直辖市人民政府卫生行政部门指定擅自开展新生儿遗传代谢病筛查实验室检测的，按照《医疗机构管理条例》第四十七条的规定予以处罚。

第十七条 开展新生儿疾病筛查的医疗机构违反本办法规定，有下列行为之一的，由县级以上地方人民政府卫生行政部门责令改正，通报批评，给予警告：

（一）违反《新生儿疾病筛查技术规范》的；

（二）未履行告知程序擅自进行新生儿疾病筛查的；

（三）未按规定进行实验室质量监测、检查的；

（四）违反本办法其他规定的。

第十八条 省、自治区、直辖市人民政府卫生行政部门可以依据本办法和当地实际制定实施细则。

第十九条 本办法公布后6个月内，省、自治区、直辖市人民政府卫生行政部门应当组织专家对开展新生儿疾病筛查的医疗机构进行评估考核，指定新生儿疾病筛查中心。

第二十条 本办法自2009年6月1日起施行。

孕产期保健工作管理办法

1. 2011年6月23日卫生部公布
2. 卫妇社发〔2011〕56号

第一章 总 则

第一条 为加强孕产期保健工作,保障母婴安全,根据《中华人民共和国母婴保健法》及其实施办法、《中国妇女发展纲要》和《中国儿童发展纲要》,制定本办法。

第二条 孕产期保健是指各级各类医疗保健机构为准备妊娠至产后42天的妇女及胎婴儿提供全程系列的医疗保健服务。

孕产期保健应当以保障母婴安全为目的,遵循保健与临床相结合的工作方针。

第三条 卫生部负责全国孕产期保健工作的监督管理。

县级以上地方人民政府卫生行政部门负责本辖区孕产期保健工作的监督管理。

第四条 提供孕产期保健服务的各级各类医疗保健机构及其人员应当依据法律法规及本办法的相关规定开展孕产期保健服务工作。

第二章 组织与职责

第五条 卫生部负责制订相关的工作规范和技术指南,建立孕产期保健工作信息系统,对孕产期保健工作进行监督管理。

第六条 县级以上地方人民政府卫生行政部门负责本辖区的孕产期保健工作管理:

(一)落实孕产期保健工作的相关法律法规,定期对辖区的孕产期保健工作进行督导、考核;

(二)完善妇幼卫生服务网络和孕产妇危重症急救网络,确定承担孕产妇危重症抢救工作的医疗保健机构,确保辖区内至少有一所承担抢救任务的医疗保健机构;

(三)组建孕产期保健技术指导组,负责孕产期保健的技术管理工作。组织开展孕产妇死亡、围产儿死亡评审工作。

第七条 各级妇幼保健机构受辖区卫生行政部门委托,负责孕产期保健技术管理的具体组织和信息处理工作,包括以下内容:

(一)定期组织孕产期保健技术指导组对各级各类医疗保健机构的孕产期保健工作进行技术指导及质量控制评价;

(二)组织孕产期保健技术指导组开展专业人员技术培训;

(三)具体实施孕产妇死亡、围产儿死亡评审工作,有条件的可开展孕产妇危重症评审工作;

(四)负责信息资料的收集、分析和上报。

第八条 各级各类医疗保健机构应当按照卫生行政部门登记的诊疗科目范围,按照《孕产期保健工作规范》以及相关诊疗指南、技术规范,提供孕产期保健技术服务,按要求配合做好孕产妇死亡、围产儿死亡评审工作。定期收集孕产期保健信息,并报送辖区妇幼保健机构。

县级以上医疗保健机构应当根据本机构的服务能力和范围,开展危重症孕产妇的抢救工作。

乡镇(街道)及以下医疗卫生机构还应当承担宣传动员孕产妇接受产前检查和住院分娩,进行产后访视等孕产期保健服务工作。

第三章 孕产期保健

第九条 孕产期保健包括孕前、孕期、分娩期及产褥期各阶段的系统保健。

第十条 医疗保健机构为准备妊娠的夫妇提供孕前保健,包括健康教育与咨询、孕前医学检查、健康状况评估和健康指导等。孕前保健一般在计划受孕前6个月进行。

第十一条 医疗保健机构为怀孕的妇女提供孕期保健,包括建立孕产期保健册(卡)、提供产前检查、筛查危险因素、诊治妊娠合并症和并发症、提供心理、营养和卫生指导等。

在整个妊娠期间至少提供5次产前检查,发现异常者应当酌情增加检查次数。根据不同妊娠时期确定各期保健重点。

对高危孕妇进行专案管理,密切观察并及时处理危险因素。

第十二条 医疗保健机构为妇女提供分娩期保健,包括对产妇和胎儿进行全产程监护、安全助产及对新生儿进行评估及处理。

医疗保健机构应当提供以下服务:

(一)对产妇的健康情况及产科情况进行全面了解和动态评估;

(二)严密观察产程进展,正确绘制产程图,尽早发现产程异常,及时诊治或转诊;

(三)鼓励阴道分娩,在具备医学指征的情况下实施剖宫产;

(四)规范应用助产技术,正确使用缩宫素;

（五）加强分娩室的规范管理，严格无菌操作，预防和控制医源性感染；

（六）分娩后产妇需在分娩室内观察 2 小时，预防产后出血；

（七）预防新生儿窒息，对窒息新生儿及时进行复苏；

（八）对新生儿进行全面体检和评估，做好出生缺陷诊断与报告；

（九）按照规定对新生儿进行预防接种。

第十三条 提倡住院分娩。对因地理环境等因素不能住院分娩的，有条件的地区应当由医疗保健机构派出具有执业资质的医务人员进行家庭接生；无条件的地区，应当由依法取得家庭接生员技术合格证书的接生员实施家庭接生；发现异常情况的应当及时与当地医疗保健机构联系并进行转诊。

第十四条 医疗保健机构应当对产妇及新生儿提供产褥期保健。包括为产妇及新生儿进行健康评估，开展母乳喂养、产后营养、心理、卫生及避孕指导，为新生儿进行预防接种和新生儿疾病筛查等。

正常分娩的产妇及新生儿至少住院观察 24 小时，产后 3－7 天及 28 天进行家庭访视，产后 42 天进行母婴健康检查。高危产妇及新生儿应当酌情增加访视次数。

第四章 监督管理

第十五条 县级以上地方人民政府卫生行政部门负责制订辖区孕产期保健工作质量控制方案、评价指标。

第十六条 妇幼保健机构受卫生行政部门委托，应当定期组织专家对辖区孕产期保健工作进行质量检查，提出改进建议。

第十七条 各级各类医疗保健机构应当建立保障孕产期保健服务质量的自查制度，定期接受同级卫生行政部门的质量检查。

第十八条 县级以上地方人民政府卫生行政部门应对开展孕产期保健工作的各级各类医疗保健机构和人员进行监督。

第十九条 对医疗保健机构及其人员违反本办法的行为，由县级以上地方人民政府卫生行政部门依据有关的法律法规进行处罚；对直接负责的主管人员和其他直接责任人员给予相应的行政处分。

第五章 附则

第二十条 本办法由卫生部负责解释。

第二十一条 本办法自公布之日起施行。

孕产期保健工作规范

1. 2011年6月23日卫生部发布

2. 卫妇社发〔2011〕56号

为规范孕产期保健工作，保障母婴安全，根据《中华人民共和国母婴保健法》、《中华人民共和国母婴保健法实施办法》和《孕产期保健工作管理办法》等相关法律法规和规范性文件，制定本规范。

孕产期保健是指各级各类医疗保健机构为准备妊娠至产后 42 天的妇女及胎婴儿提供全程系列的医疗保健服务。

第一部分 工作职责

一、各级卫生行政部门

（一）制订辖区内孕产期保健工作规范实施细则，并负责组织实施。

（二）建立健全辖区内孕产期保健工作管理体系和高危孕产妇转诊、会诊网络，明确各级职责，实行统一管理。

（三）组织建立由妇幼保健、妇产科、儿科等相关学科专家组成的孕产期保健技术指导组。负责对孕产期保健专业人员的培训。

（四）建立健全辖区孕产期保健信息系统，监督管理孕产期保健信息的收集、上报工作。

（五）组织管理孕产妇死亡、围产儿死亡评审工作。

（六）组织制订孕产期保健工作质量评价标准及相关制度，定期进行质量检查与评价。

（七）协调同级卫生监督机构，依法对医疗保健机构提供的孕产期保健服务进行监督，处罚违法行为。

二、各级妇幼保健机构

（一）受卫生行政部门委托组织孕产期保健技术指导组对辖区各级医疗保健机构的孕产期保健工作进行技术指导与评价。同时，接受卫生行政部门的监督和上级妇幼保健机构的指导。

（二）协助卫生行政部门制订本辖区孕产期保健工作相关规章制度。

（三）负责对本辖区孕产妇死亡、围产儿死亡及出生缺陷进行监测、报告、分析，对监测数据进行质量控制；开展孕产妇死亡、围产儿死亡评审；有条件的可开展孕产妇危重症评审工作。

（四）组织开展辖区内孕产期保健业务培训，推广适宜技术，组织对专业人员的考核。

（五）负责指导和开展本辖区孕产期健康教育工作，制订健康教育计划，开发适宜健康教育材料。

（六）做好辖区内孕产期保健相关信息的收集、核实、质控、统计、分析、上报等工作。定期总结本辖区孕产期保健工作情况，上报同级卫生行政部门及上级妇幼保健机构，并向辖区内医疗保健机构进行反馈。

（七）提供与本级职责和能力相适应的孕产期保健服务。

三、各级各类医疗保健机构

（一）遵照孕产期保健相关的法律法规、规章、诊疗指南、技术规范，为辖区内的孕产妇提供系统保健服务。包括：建立孕产期保健手册，提供孕前保健、产前检查、助产服务、产后访视、产后42天健康检查和相关健康教育，进行高危孕产妇的专案管理。

（二）按照规定向辖区妇幼保健机构报告孕产期保健服务、孕产妇死亡和围产儿死亡、出生缺陷等情况，按照要求填报有关报表。

（三）严格执行孕产妇死亡和围产儿死亡评审制度，按照规定提供死亡孕产妇和围产儿的相关资料。

（四）接受卫生行政部门管理、指导和监督。

（五）县级以上医疗保健机构成立由妇产科、儿科、内科、外科、辅助科室等相关科室业务骨干组成的产科急救小组，承担辖区危重孕产妇的抢救工作。

（六）乡镇卫生院、社区卫生服务中心定期召开辖区村、社区卫生服务站妇幼保健工作例会和举行专业培训，并指导工作。负责对依法取得家庭接生员技术合格证书进行接生员的接生技术指导。

（七）村卫生室（所）、社区卫生服务站。

1. 负责辖区内孕产妇的健康教育，动员督促怀孕妇女于孕12周前到医疗保健机构建立孕产期保健册（卡）、定期接受产前检查、住院分娩及产后42天健康检查。协助上级医疗保健机构进行高危孕产妇管理，做好产后访视。

2. 负责收集辖区内妇女妊娠、婴儿出生、孕产妇死亡、围产儿死亡、新生儿死亡及出生缺陷的有关数据，定期向乡（镇）卫生院、社区卫生服务中心报告。

3. 按时参加妇幼保健工作例会和专业培训，汇报孕产妇管理工作情况，学习业务知识，提高专业技术水平。

第二部分　孕产期保健服务

孕产期保健服务包括孕前、孕期、分娩期、产褥期的全程系列保健服务。

一、孕前保健

孕前保健是指为准备妊娠的夫妇提供以健康教育与咨询、孕前医学检查、健康状况评估和健康指导为主要内容的系列保健服务。

二、孕期保健

孕期保健是指从确定妊娠之日开始至临产前，为孕妇及胎儿提供的系列保健服务。对妊娠应当做到早诊断、早检查、早保健。尽早发现妊娠合并症及并发症，及早干预。开展出生缺陷产前筛查和产前诊断。

（一）孕期保健内容。孕期保健内容包括：健康教育与咨询指导、全身体格检查、产科检查及辅助检查。其中辅助检查包括基本检查项目和建议检查项目。基本检查项目为保证母婴安全基本的、必要的检查项目，建议检查项目根据当地疾病流行状况及医疗保健服务水平等实际情况确定。根据各孕期保健要点提供其他特殊辅助检查项目。

（二）孕期检查次数。孕期应当至少检查5次。其中孕早期至少进行1次，孕中期至少2次（建议分别在孕16－20周、孕21－24周各进行1次），孕晚期至少2次（其中至少在孕36周后进行1次），发现异常者应当酌情增加检查次数。

（三）初诊和复诊内容。依据孕妇到医疗保健机构接受孕期检查的时机，孕期保健分为初诊和复诊。

1. 初诊。

（1）确定妊娠和孕周，为每位孕妇建立孕产期保健卡（册），将孕妇纳入孕产期保健系统管理。

（2）详细询问孕妇基本情况、现病史、既往史、月经史、生育史、避孕史、个人史、夫妇双方家族史和遗传病史等。

（3）测量身高、体重及血压，进行全身体格检查。

（4）孕早期进行盆腔检查。孕中期或孕晚期初诊者，应当进行阴道检查，同时进行产科检查。

（5）辅助检查。

基本检查项目：血常规、血型、尿常规、阴道分泌物、肝功能、肾功能、乙肝表面抗原、梅毒血清学检测、艾滋病病毒抗体检测。

建议检查项目：血糖测定、宫颈脱落细胞学检查、沙眼衣原体及淋球菌检测、心电图等。根据病情需要适当增加辅助检查项目。

2. 复诊。

（1）询问孕期健康状况，查阅孕期检查记录及辅助检查结果。

（2）进行体格检查、产科检查（体重、血压、宫高、胎心、胎位等）。

（3）每次复诊要进行血常规、尿常规检查，根据病情需要适当增加辅助检查项目。

(4)进行相应时期的孕期保健。

(四)确定保健重点。

根据妊娠不同时期可能发生的危险因素、合并症、并发症及胎儿发育等情况,确定孕期各阶段保健重点。

【孕早期】(妊娠 12^{+6} 周前)

1. 按照初诊要求进行问诊和检查。

2. 进行保健指导,包括讲解孕期检查的内容和意义,给予营养、心理、卫生(包括口腔卫生等)和避免致畸因素的指导,提供疾病预防知识,告知出生缺陷产前筛查及产前诊断的意义和最佳时间等。

3. 筛查孕期危险因素,发现高危孕妇,并进行专案管理。对有合并症、并发症的孕妇及时诊治或转诊,必要时请专科医生会诊,评估是否适于继续妊娠。

【孕中期】(妊娠 $13-27^{+6}$ 周)

1. 按照初诊或复诊要求进行相应检查。

2. 了解胎动出现时间,绘制妊娠图。

3. 筛查胎儿畸形,对需要做产前诊断的孕妇应当及时转到具有产前诊断资质的医疗保健机构进行检查。

4. 特殊辅助检查。

(1)基本检查项目:妊娠 16-24 周超声筛查胎儿畸形。

(2)建议检查项目:妊娠 16-20 周知情选择进行唐氏综合症筛查;妊娠 24-28 周进行妊娠期糖尿病筛查。

5. 进行保健指导,包括提供营养、心理及卫生指导,告知产前筛查及产前诊断的重要性等。提倡适量运动,预防及纠正贫血。有口腔疾病的孕妇,建议到口腔科治疗。

6. 筛查危险因素,对发现的高危孕妇及高危胎儿应当专案管理,进行监测、治疗妊娠合并症及并发症,必要时转诊。

【孕晚期】(妊娠 28 周及以后)

1. 按照初诊或复诊要求进行相应检查。

2. 继续绘制妊娠图。妊娠 36 周前后估计胎儿体重,进行骨盆测量,预测分娩方式,指导其选择分娩医疗保健机构。

3. 特殊辅助检查。

(1)基本检查项目:进行一次肝功能、肾功能复查。

(2)建议检查项目:妊娠 36 周后进行胎心电子监护及超声检查等。

4. 进行保健指导,包括孕妇自我监测胎动,纠正贫血,提供营养、分娩前心理准备、临产先兆症状、提倡住院分娩和自然分娩、婴儿喂养及新生儿护理等方面的指导。

5. 筛查危险因素,发现高危孕妇应当专案管理,进行监测、治疗妊娠合并症及并发症,必要时转诊。

三、分娩期保健

分娩期应当对孕产妇的健康情况进行全面了解和动态评估,加强对孕产妇与胎儿的全产程监护,积极预防和处理分娩期并发症,及时诊治妊娠合并症。

(一)全面了解孕产妇情况。

1. 接诊时详细询问孕期情况、既往史和生育史,进行全面体格检查。

2. 进行胎位、胎先露、胎心率、骨盆检查,了解宫缩、宫口开大及胎先露下降情况。

3. 辅助检查。

(1)全面了解孕期各项辅助检查结果。

(2)基本检查项目:血常规、尿常规、凝血功能。孕期未进行血型、肝肾功能、乙肝表面抗原、梅毒血清学检测者,应进行相应检查。

(3)建议检查项目:孕期未进行艾滋病病毒检测者,入院后应进行检测,并根据病情需要适当增加其他检查项目。

4. 快速评估孕妇健康、胎儿生长发育及宫内安危情况;筛查有无妊娠合并症与并发症,以及胎儿有无宫内窘迫;综合判断是否存在影响阴道分娩的因素;接诊的医疗保健机构根据职责及服务能力,判断能否承担相应处理与抢救,及时决定是否转诊。

5. 及早识别和诊治妊娠合并症及并发症,加强对高危产妇的监护,密切监护产妇生命体征,及时诊治妊娠合并症,必要时转诊或会诊。

(二)进行保健指导。

1. 产程中应当以产妇及胎儿为中心,提供全程生理及心理支持、陪伴分娩等人性化服务。

2. 鼓励阴道分娩,减少不必要的人为干预。

(三)对孕产妇和胎婴儿进行全产程监护。

1. 及时识别和处理难产。

(1)严密观察产程进展,正确绘制和应用产程图,尽早发现产程异常并及时处理。无处理难产条件的医疗保健机构应当及时予以转诊。

(2)在胎儿娩出前严格掌握缩宫素应用指征,并正确使用。

(3)正确掌握剖宫产医学指征,严格限制非医学指征的剖宫产术。

2. 积极预防产后出血。

(1)对有产后出血危险因素的孕产妇,应当做好防治产后出血的准备,必要时及早转诊。

(2)胎儿娩出后应当立即使用缩宫素,并准确测量出血量。

(3)正确、积极处理胎盘娩出,仔细检查胎盘、胎膜、产道,严密观察子宫收缩情况。

(4)产妇需在分娩室内观察2小时,由专人监测生命体征、宫缩及阴道出血情况。

(5)发生产后出血时,应当及时查找原因并进行处理,严格执行产后出血的抢救常规及流程。若无处理能力,应当及时会诊或转诊。

3. 积极预防产褥感染。

(1)助产过程中须严格无菌操作。进行产包、产妇外阴、接生者手和手臂、新生儿脐带的消毒。

(2)对有可能发生产褥感染的产妇要合理应用抗生素,做好产褥期卫生指导。

4. 积极预防新生儿窒息。

(1)产程中密切监护胎儿,及时发现胎儿窘迫,并及时处理。

(2)胎头娩出后及时清理呼吸道。

(3)及早发现新生儿窒息,并及时复苏。

(4)所有助产人员及新生儿科医生,均应当熟练掌握新生儿窒息复苏技术,每次助产均须有1名经过新生儿窒息复苏培训的人员在场。

(5)新生儿窒息复苏器械应当完备,并处于功能状态。

5. 积极预防产道裂伤和新生儿产伤。

(1)正确掌握手术助产的指征,规范实施助产技术。

(2)认真检查软产道,及早发现损伤,及时修补。

(3)对新生儿认真查体,及早发现产伤,及时处理。

6. 在不具备住院分娩条件的地区,家庭接生应当由医疗保健机构派出具有执业资质的医务人员或依法取得家庭接生员技术合格证书的接生员实施。家庭接生人员应当严格执行助产技术规范,实施消毒接生,对分娩后的产妇应当观察2-4小时,发现异常情况及时与当地医疗保健机构联系并进行转诊(家庭接生基本要求见附件1)。

四、产褥期保健

(一)住院期间保健。

1. 产妇保健。

(1)正常分娩的产妇至少住院观察24小时,及时发现产后出血。

(2)加强对孕产期合并症和并发症的产后病情监测。

(3)创造良好的休养环境,加强营养、心理及卫生指导,注意产妇心理健康。

(4)做好婴儿喂养及营养指导,提供母乳喂养的条件,进行母乳喂养知识和技能、产褥期保健、新生儿保健及产后避孕指导。

(5)产妇出院时,进行全面健康评估,对有合并症及并发症者,应当转交产妇住地的医疗保健机构继续实施高危管理。

2. 新生儿保健。

(1)新生儿出生后1小时内,实行早接触、早吸吮、早开奶。

(2)对新生儿进行全面体检和胎龄、生长发育评估,及时发现异常,及时处理。做好出生缺陷的诊断与报告。

(3)加强对高危新生儿的监护,必要时应当转入有条件的医疗保健机构进行监护及治疗。

(4)进行新生儿疾病筛查及预防接种。

(5)出院时对新生儿进行全面健康评估。对有高危因素者,应当转交当地医疗保健机构实施高危新生儿管理。

(二)产后访视。

产后3-7天、28天分别进行家庭访视1次,出现母婴异常情况应当适当增加访视次数或指导及时就医。

1. 产妇访视。

(1)了解产妇分娩情况、孕产期有无异常以及诊治过程。

(2)询问一般情况,观察精神状态、面色和恶露情况。

(3)监测体温、血压、脉搏,检查子宫复旧、伤口愈合及乳房有无异常。

(4)提供喂养、营养、心理、卫生及避孕方法等指导。关注产后抑郁等心理问题。督促产后42天进行母婴健康检查。

2. 新生儿访视。

(1)了解新生儿出生、喂养等情况。

(2)观察精神状态、吸吮、哭声、肤色、脐部、臀部及四肢活动等。

(3)听心肺,测量体温、体重和身长。

(4)提供新生儿喂养、护理及预防接种等保健指导。

（三）产后42天健康检查。

1. 产妇。

（1）了解产褥期基本情况。

（2）测量体重、血压，进行盆腔检查，了解子宫复旧及伤口愈合情况。

（3）对孕产期有合并症和并发症者，应当进行相关检查，提出诊疗意见。

（4）提供喂养、营养、心理、卫生及避孕方法等指导。

2. 婴儿。

（1）了解婴儿基本情况。

（2）测量体重和身长，进行全面体格检查，如发现出生缺陷，应当做好登记、报告与管理。

（3）对有高危因素的婴儿，进行相应的检查和处理。

（4）提供婴儿喂养和儿童早期发展及口腔保健等方面的指导。

五、高危妊娠管理

（一）在妊娠各期均应当对孕产妇进行危险因素筛查，发现高危孕产妇及时纳入高危孕产妇管理系统。

（二）对每一例高危孕产妇均要进行专册登记和管理、随访。

（三）对本级不能处理的高危孕产妇，应当转至上级医疗保健机构作进一步检查、确诊。对转回的孕产妇应当按照上级医疗保健机构的处理意见进行观察、治疗与随访。

（四）危重孕产妇转诊前，转诊医疗机构应当与接诊医疗保健机构联系，同时进行转诊前的初步处理，指派具备急救能力的医师护送孕产妇，并携带相关的病情资料。

（五）县（市、区）级以上医疗保健机构应当开设高危门诊，指派具有较丰富临床经验的医生承担会诊、转诊，并作好记录。及时将转诊评价及治疗结果反馈至转诊单位。成立多学科专家组成的抢救组，承担危重孕产妇的抢救工作。

（六）各级妇幼保健机构应当全面掌握辖区内高危孕产妇诊治及抢救情况，对高危孕产妇的追踪、转诊工作进行监督管理，按照要求逐级上报。

第三部分 质量控制

一、卫生部负责全国孕产期保健工作管理和质量控制，定期组织专家进行检查、督导和评价。

二、省级卫生行政部门应当按照本规范，结合当地工作实际，参照《孕产期保健工作评价指标》（附件2），制订孕产期保健工作质量控制方案和本地区质量评价标准。

三、省级卫生行政部门、妇幼保健机构每年至少进行1次孕产期保健工作质量抽查；市（地）、县级卫生行政部门、妇幼保健机构每半年对辖区的孕产期保健工作质量进行1次全面检查。

四、各级妇幼保健机构具体落实孕产期保健质量控制工作。

（一）定期深入医疗保健机构进行现场考察、查阅登记、组织对医务人员进行适宜技术考核，对孕产期保健工作的管理、技术服务、信息收集等进行全面质量控制。

（二）协助卫生行政部门制订辖区孕产期保健服务相关管理制度，保障孕产期保健工作质量。相关制度包括：孕产期保健工作制度、高危孕产妇管理制度、危重症抢救制度、孕产妇死亡评审和围产儿死亡评审制度、产后访视制度、信息统计上报制度等。

五、各级各类医疗保健机构应当严格执行孕产期保健工作规范、技术指南以及各项规章制度。建立孕产期保健工作自查制度，按月、季进行自查。定期接受卫生行政部门以及妇幼保健机构的质量检查。从事孕产期保健的工作人员应当定期参加技术培训与考核。

六、卫生行政部门组织开展孕产妇死亡和围产儿死亡评审工作；妇幼保健机构负责具体实施；医疗保健机构应当按要求配合做好评审。

第四部分 信息管理

一、卫生部负责全国孕产期保健工作的信息管理。

二、各级卫生行政部门应当不断完善辖区孕产期保健工作信息系统，改善信息收集方法，提高信息收集质量。充分利用信息资料进行分析，掌握地区孕产妇的健康情况，确定孕产期保健工作重点。

三、各级妇幼保健机构应当根据管辖区域的需求，建立信息科（室）或指定专人负责辖区内信息的汇总、整理、上报工作。对收集的信息进行统计分析，向卫生行政部门提出建议。定期对各级医疗保健机构信息工作进行质量检查。组织召开信息管理例会，对信息相关人员进行培训。

四、各级各类医疗保健机构应当建立健全孕产期保健手册、产前检查登记、高危孕产妇登记、随访登记、分娩登记、转会诊登记、危重症抢救登记、死亡登记、统计报表等孕产期保健工作相关的原始登记。各种登记要规范、准确、齐全。发生孕产妇死亡及围产儿死亡应及时上报。

五、各级各类医疗保健机构应当指定专人负责机构内的信息收集，对信息进行审核，按照要求填报相应表卡，按照规定及时、准确报送同级妇幼保健机构。

附件:1. 家庭接生基本要求

2. 孕产期保健工作评价指标

附件1:

家庭接生基本要求

住院分娩是保障母婴安全的重要措施,国家鼓励住院分娩。对交通不便的边远、少数民族地区无住院分娩条件的,应当按照本要求实施家庭接生。

一、家庭接生人员要求和职责

家庭接生应当由医疗保健机构派出的具有执业资质的医务人员或依法取得家庭接生员技术合格证书的接生员实施。

家庭接生人员应当具有正确判断产程进展情况和识别高危因素的能力,掌握正常助产操作、新生儿初步复苏以及转诊前处理等知识和技能。接受卫生行政部门的管理和业务指导,遵守相关规范、要求。

家庭接生人员应当履行以下职责:

(一)对无高危因素的孕产妇严格执行助产技术规程,实施消毒接生。及时识别高危因素,对出现高危因素的孕产妇及时报告和转运。

(二)提供孕产期保健和住院分娩等相关知识的健康教育。

(三)督促孕产妇住院分娩,动员有特殊情况者提前住院待产。

(四)必须做到接生有登记,用药有处方,收费有单据,准确及时填写《孕产期保健手册》中的孕期保健、分娩及产后访视信息。

(五)协助做好辖区内的产后访视。

(六)协助做好辖区内妇幼保健相关信息的收集及上报工作。

二、家庭接生基本条件

(一)选择通风良好、温度适宜、光线充足、清洁卫生的房间作为分娩场所。

(二)应备体温表、血压计、听诊器、胎心听诊器(听筒)、骨盆测量器、皮尺、氧气袋、注射器、输液器、导尿管、棉棒、毛刷、消毒产包、必需药品及碘制剂、酒精等消毒液。

(三)使用由乡镇卫生院提供的消毒产包,或按照消毒常规自行消毒的产包,做到一人一包一消毒。保证使用的产包在消毒有效期内。

产包应符合规格,包括:大产单1个、大孔巾1个、裤腿1对、接生巾3-4块、隔离衣1件、外包皮1个、纱布5-7块、脐带卷2个、脐敷料1块、橡皮手套、口罩、帽子;器械类:弯盘(碗)2个、集血器、血管钳2把、剪刀1把、吸痰管1根、导尿管1-2根、持针器、圆针、皮针、肠线、丝线等。

(四)应备药品:缩宫素、米索前列醇、可拉明、肾上腺素、25%硫酸镁、地西泮(安定)、10%葡萄糖酸钙、庆大霉素、甲硝唑、林格氏液、生理盐水、四环素眼药膏。

(五)其他必备的物品:手巾、肥皂、脸盆、防水布等(可由产妇家自备)。

三、家庭接生服务要求

(一)接生前。

1. 询问病史,查看产妇的《孕产期保健手册》,了解本次妊娠的经过及保健情况,了解既往疾病史及生育史。

2. 体格检查,了解一般状态,观察有无贫血貌,测血压、脉搏、体温、呼吸,听心肺。

3. 产科检查:测量宫高及腹围,听胎心,检查胎位与胎先露入盆情况,估计胎儿体重,进行骨盆外测量。进行阴道检查了解宫口开大、胎先露下降、胎方位及骨盆内径等情况。

4. 评估危险因素。

(1)产妇危险因素:有无妊娠合并症及并发症,有无不良妊娠史(如剖宫产史、产后出血史)、骨盆异常等。

(2)胎儿危险因素:有无胎心异常、胎儿过大、双胎、胎位异常等。

(3)产程进展情况。

(4)是否有需要转诊的异常情况。

(二)接生时。

1. 严密观察并记录产妇、胎儿情况,以及产程进展情况。胎儿娩出前禁用宫缩剂(如缩宫素、米索前列醇等)。

2. 严格无菌操作防止感染。接生时做到"四消毒",包括:接生者的手和手臂、产包、产妇外阴、新生儿脐带。

3. 应当正确助产,防止软产道损伤、新生儿产伤。

4. 胎儿娩出后应当立即采用集血器开始收集和测量出血量,及时应用宫缩剂防止产后出血。

5. 胎儿娩出后立即评估新生儿有无窒息。

6. 正确助娩胎盘，检查胎盘胎膜是否完整，及时发现胎盘胎膜残留。

（三）接生后。

1. 产后观察 2－4 小时，如无异常方可离去。

2. 监测产妇血压、脉搏，观察其子宫收缩、阴道出血、膀胱充盈等情况。

3. 监测新生儿呼吸、心率，观察皮肤颜色及其一般情况，及时发现异常。

4. 认真记录分娩过程。

（四）转诊。

1. 需要转诊的情况。

（1）既往患有心血管、肝脏、肾脏、内分泌等疾病，以及有异常妊娠或分娩史者。

（2）此次妊娠发生以下一种或几种情况者：妊娠期高血压疾病、羊水过多、羊水过少、妊娠过期、胎盘早剥、前置胎盘、多胎妊娠、胎位不正、骨盆明显狭窄或畸形等。

（3）产程中出现产程延长、产程停滞、胎心异常等。

（4）产后阴道出血大于 200 毫升并仍有继续出血倾向；有胎盘滞留、胎盘残留、软产道严重裂伤等情况。

（5）生命体征有明显改变（心率≥收缩压）者。

（6）新生儿窒息初步复苏无效。

2. 转诊前处理。

（1）利用急诊急救转诊网络，及时和本地医疗保健机构联系，争取转诊与会诊时间。

（2）根据不同情况，在转诊前给予必要处理与抢救，并携带相应物品（血压计、听诊器、产包、氧气袋等）与药品（缩宫素、硫酸镁、扩容剂等），以备途中使用。

3. 转诊注意事项。

（1）接生人员应当护送孕产妇转诊。

（2）在转送途中，应当做好病情评估、监测与记录。密切监测孕产妇的生命体征、产程及胎婴儿情况、治疗及用药情况，根据病情给予适当处理和治疗，并作好相关记录。

附件 2：

孕产期保健工作评价指标

一、保健服务指标

（一）孕期建卡率。

（二）产前检查率。

（三）孕早期检查率。

（四）≥5 次产前检查率（其中孕早期 1 次、孕中期和孕晚期分别至少 2 次）。

（五）孕产妇艾滋病病毒检测率。

（六）艾滋病感染孕产妇获得规范抗病毒治疗的比例。

（七）艾滋病感染孕产妇所生婴儿获得规范抗病毒治疗的比例。

（八）孕产妇梅毒检测率。

（九）梅毒感染孕产妇获得规范治疗的比例。

（十）孕产妇乙肝表面抗原检测率。

（十一）产前筛查率。

（十二）产前诊断率。

（十三）产后访视率。

（十四）孕产妇系统管理率。

（十五）住院分娩率。

（十六）剖宫产率。

（十七）非住院分娩中新法接生率。

（十八）新法接生率。

（十九）高危产妇比例。

（二十）高危产妇管理率。

（二十一）高危产妇住院分娩率。

（二十二）住院分娩的新生儿乙肝疫苗首针及时接种率。

（二十三）住院分娩的新生儿卡介苗接种率。

二、健康指标

（一）孕产妇中重度贫血患病率。

（二）孕产妇艾滋病病毒感染率。

（三）孕产妇梅毒感染率。

（四）孕产妇乙肝表面抗原阳性率。

（五）孕产妇死亡率。

（六）孕产妇死于产科出血的比例。

（七）孕产妇死于产褥感染的比例。

（八）产妇死于妊娠高血压的比例。

（九）低出生体重儿发生率。

（十）早期新生儿死亡率。

（十一）围产儿死亡率。

（十二）新生儿破伤风发病率。

（十三）新生儿破伤风死亡率。

（十四）出生窒息死亡率。

（十五）出生缺陷发生率。

医疗机构新生儿安全管理制度(试行)

1. 2014年3月14日国家卫生和计划生育委员会办公厅发布
2. 国卫办医发〔2014〕21号

一、二级以上医院和妇幼保健院,应当安排至少1名掌握新生儿复苏技术的医护人员在分娩现场。分娩室应当配备新生儿复苏抢救的设备和药品。

二、产科医护人员应当接受定期培训,具备新生儿疾病早期症状的识别能力。

三、新生儿病房(室)应当严格按照护理级别落实巡视要求,无陪护病房实行全天巡视。

四、产科实行母婴同室,加强母婴同室陪护和探视管理。住院期间,产妇或家属未经许可不得擅自抱婴儿离开母婴同室区。因医疗或护理工作需要,婴儿须与其母亲分离时,医护人员必须和产妇或家属做好婴儿的交接工作,严防意外。

五、严格执行母乳喂养有关规定。

六、新生儿住院期间需佩戴身份识别腕带,如有损坏、丢失,应当及时补办,并认真核对,确认无误。

七、新生儿出入病房(室)时,工作人员应当对接送人员和出入时间进行登记,并对接收人身份进行有效识别。

八、规范新生儿出入院交接流程。新生儿出入院应当由医护人员对其陪护家属身份进行验证后,由医护人员和家属签字确认,并记录新生儿出入院时间。

九、新生儿病房(室)应当加强医院感染管理,降低医院感染发生风险。

十、新生儿病房(室)应当制定消防应急预案,定期开展安全隐患排查和应急演练。

十一、对于无监护人的新生儿,要按照有关规定报告公安和民政等部门妥善安置,并记录安置结果。

十二、对于死胎和死婴,医疗机构应当与产妇或其他监护人沟通确认,并加强管理;严禁按医疗废物处理死胎、死婴。

对于有传染性疾病的死胎、死婴,经医疗机构征得产妇或其他监护人等同意后,产妇或其他监护人等应当在医疗文书上签字并配合办理相关手续。医疗机构应当按照《传染病防治法》、《殡葬管理条例》等妥善处理,不得交由产妇或其他监护人等自行处理。

违反《传染病防治法》、《殡葬管理条例》等有关规定的单位和个人,依法承担相应法律责任。

禁止非医学需要的胎儿性别鉴定和选择性别人工终止妊娠的规定

1. 2016年3月28日国家卫生和计划生育委员会令第9号公布
2. 自2016年5月1日起施行

第一条 为了贯彻计划生育基本国策,促进出生人口性别结构平衡,促进人口均衡发展,根据《中华人民共和国人口与计划生育法》、《中华人民共和国母婴保健法》等法律法规,制定本规定。

第二条 非医学需要的胎儿性别鉴定和选择性别人工终止妊娠,是指除经医学诊断胎儿可能为伴性遗传病等需要进行胎儿性别鉴定和选择性别人工终止妊娠以外,所进行的胎儿性别鉴定和选择性别人工终止妊娠。

第三条 禁止任何单位或者个人实施非医学需要的胎儿性别鉴定和选择性别人工终止妊娠。

禁止任何单位或者个人介绍、组织孕妇实施非医学需要的胎儿性别鉴定和选择性别人工终止妊娠。

第四条 各级卫生计生行政部门和食品药品监管部门应当建立查处非医学需要的胎儿性别鉴定和选择性别人工终止妊娠违法行为的协作机制和联动执法机制,共同实施监督管理。

卫生计生行政部门和食品药品监管部门应当按照各自职责,制定胎儿性别鉴定、人工终止妊娠以及相关药品和医疗器械等管理制度。

第五条 县级以上卫生计生行政部门履行以下职责:

(一)监管并组织、协调非医学需要的胎儿性别鉴定和选择性别人工终止妊娠的查处工作;

(二)负责医疗卫生机构及其从业人员的执业准入和相关医疗器械使用监管,以及相关法律法规、执业规范的宣传培训等工作;

(三)负责人口信息管理系统的使用管理,指导医疗卫生机构及时准确地采集新生儿出生、死亡等相关信息;

(四)法律、法规、规章规定的涉及非医学需要的胎儿性别鉴定和选择性别人工终止妊娠的其他事项。

第六条 县级以上工商行政管理部门(包括履行工商行政管理职责的市场监督管理部门,下同)对含有胎儿性别鉴定和人工终止妊娠内容的广告实施监管,并依法查处违法行为。

第七条 食品药品监管部门依法对与胎儿性别鉴定和人

工终止妊娠相关的药品和超声诊断仪、染色体检测专用设备等医疗器械的生产、销售和使用环节的产品质量实施监管,并依法查处相关违法行为。

第八条 禁止非医学需要的胎儿性别鉴定和选择性别人工终止妊娠的工作应当纳入计划生育目标管理责任制。

第九条 符合法定生育条件,除下列情形外,不得实施选择性别人工终止妊娠:

(一)胎儿患严重遗传性疾病的;

(二)胎儿有严重缺陷的;

(三)因患严重疾病,继续妊娠可能危及孕妇生命安全或者严重危害孕妇健康的;

(四)法律法规规定的或医学上认为确有必要终止妊娠的其他情形。

第十条 医学需要的胎儿性别鉴定,由省、自治区、直辖市卫生计生行政部门批准设立的医疗卫生机构按照国家有关规定实施。

实施医学需要的胎儿性别鉴定,应当由医疗卫生机构组织三名以上具有临床经验和医学遗传学知识,并具有副主任医师以上的专业技术职称的专家集体审核。经诊断,确需人工终止妊娠的,应当出具医学诊断报告,并由医疗卫生机构通报当地县级卫生计生行政部门。

第十一条 医疗卫生机构应当在工作场所设置禁止非医学需要的胎儿性别鉴定和选择性别人工终止妊娠的醒目标志;医务人员应当严格遵守有关法律法规和超声诊断、染色体检测、人工终止妊娠手术管理等相关制度。

第十二条 实施人工终止妊娠手术的机构应当在手术前登记、查验受术者身份证明信息,并及时将手术实施情况通报当地县级卫生计生行政部门。

第十三条 医疗卫生机构发生新生儿死亡的,应当及时出具死亡证明,并向当地县级卫生计生行政部门报告。

新生儿在医疗卫生机构以外地点死亡的,监护人应当及时向当地乡(镇)人民政府、街道办事处卫生计生工作机构报告;乡(镇)人民政府、街道办事处卫生计生工作机构应当予以核查,并向乡镇卫生院或社区卫生服务中心通报有关信息。

第十四条 终止妊娠药品目录由国务院食品药品监管部门会同国务院卫生计生行政部门制定发布。

药品生产、批发企业仅能将终止妊娠药品销售给药品批发企业或者获准施行终止妊娠手术的医疗卫生机构。药品生产、批发企业销售终止妊娠药品时,应当按照药品追溯有关规定,严格查验购货方资质,并做好销售记录。禁止药品零售企业销售终止妊娠药品。

终止妊娠的药品,仅限于在获准施行终止妊娠手术的医疗卫生机构的医师指导和监护下使用。

经批准实施人工终止妊娠手术的医疗卫生机构应当建立真实、完整的终止妊娠药品购进记录,并为终止妊娠药品使用者建立完整档案。

第十五条 医疗器械销售企业销售超声诊断仪、染色体检测专用设备等医疗器械,应当核查购买者的资质,验证机构资质并留存复印件,建立真实、完整的购销记录;不得将超声诊断仪、染色体检测专用设备等医疗器械销售给不具有相应资质的机构和个人。

第十六条 医疗卫生、教学科研机构购置可用于鉴定胎儿性别的超声诊断仪、染色体检测专用设备等医疗器械时,应当提供机构资质原件和复印件,交销售企业核查、登记,并建立进货查验记录制度。

第十七条 违法发布非医学需要的胎儿性别鉴定或者非医学需要的选择性别人工终止妊娠广告的,由工商行政管理部门依据《中华人民共和国广告法》等相关法律法规进行处罚。

对广告中涉及的非医学需要的胎儿性别鉴定或非医学需要的选择性别人工终止妊娠等专业技术内容,工商行政管理部门可根据需要提请同级卫生计生行政部门予以认定。

第十八条 违反规定利用相关技术为他人实施非医学需要的胎儿性别鉴定或者选择性别人工终止妊娠的,由县级以上卫生计生行政部门依据《中华人民共和国人口与计划生育法》等有关法律法规进行处理;对医疗卫生机构的主要负责人、直接负责的主管人员和直接责任人员,依法给予处分。

第十九条 对未取得母婴保健技术许可的医疗卫生机构或者人员擅自从事终止妊娠手术的、从事母婴保健技术服务的人员出具虚假的医学需要的人工终止妊娠相关医学诊断意见书或者证明的,由县级以上卫生计生行政部门依据《中华人民共和国母婴保健法》及其实施办法的有关规定进行处理;对医疗卫生机构的主要负责人、直接负责的主管人员和直接责任人员,依法给予处分。

第二十条 经批准实施人工终止妊娠手术的机构未建立真实完整的终止妊娠药品购进记录,或者未按照规定为终止妊娠药品使用者建立完整用药档案的,由县级以上卫生计生行政部门责令改正；拒不改正的，给予警告，并可处1万元以上3万元以下罚款；对医疗卫生机构的主要负责人、直接负责的主管人员和直接责任人员，依法进行处理。

第二十一条 药品生产企业、批发企业将终止妊娠药品销售给未经批准实施人工终止妊娠的医疗卫生机构和个人，或者销售终止妊娠药品未查验购药者的资格证明、未按照规定作销售记录的，以及药品零售企业销售终止妊娠药品的，由县级以上食品药品监管部门按照《中华人民共和国药品管理法》的有关规定进行处理。

第二十二条 医疗器械生产经营企业将超声诊断仪、染色体检测专用设备等医疗器械销售给无购买资质的机构或者个人的，由县级以上食品药品监管部门责令改正，处1万元以上3万元以下罚款。

第二十三条 介绍、组织孕妇实施非医学需要的胎儿性别鉴定或者选择性别人工终止妊娠的，由县级以上卫生计生行政部门责令改正，给予警告；情节严重的，没收违法所得，并处5000元以上3万元以下罚款。

第二十四条 鼓励任何单位和个人举报违反本规定的行为。举报内容经查证属实的，应当依据有关规定给予举报人相应的奖励。

第二十五条 本规定自2016年5月1日起施行。2002年11月29日原国家计生委、原卫生部、原国家药品监管局公布的《关于禁止非医学需要的胎儿性别鉴定和选择性别的人工终止妊娠的规定》同时废止。

防控儿童青少年近视核心知识十条

1. 2023年7月21日国家卫生健康委发布
2. 国卫办妇幼函〔2023〕278号

当代少年儿童是实现第二个百年奋斗目标，建设社会主义现代化强国的生力军。当前，我国儿童青少年近视呈早发、高发态势，已经成为影响儿童健康和全面发展的突出问题。近视可防可控不可逆，要做到早预防、早发现、早干预。

一、预防近视从小从早做起

儿童眼球和视力是逐步发育成熟的。新生儿的眼球较小，眼轴较短，此时双眼处于远视状态，这是生理性远视，称之为“远视储备量”。随着儿童生长发育，眼球逐渐长大，眼轴逐渐变长，远视度数逐渐降低而趋于正视。远视储备量不足指裸眼视力正常，散瞳验光后屈光状态虽未达到近视标准但远视度数低于相应年龄段生理值范围。远视储备量不足容易发展为近视。儿童在1～3岁幼儿期、4～6岁学龄前期、7岁之后学龄期应当定期接受屈光筛查，监测远视储备量。家长要从孩子出生就树立近视防控意识，给孩子一个健康视觉环境，帮助孩子养成良好用眼习惯。

二、每天日间户外活动不少于2小时

户外活动接触阳光，能增加眼内多巴胺等活性物质释放，促进眼球正常发育并抑制眼轴变长，是防控近视有效、经济的方法。户外活动时间与屈光度数、眼轴长度等近视指标显著相关，儿童青少年应坚持每天日间户外活动不少于2小时，或者每周累计达到14小时。户外活动要避开午后高温强晒时段。即使阴天，户外活动也对近视有防护效果。

三、养成良好用眼习惯

长时间近距离用眼是诱导近视形成的关键因素，儿童青少年要养成良好用眼习惯。一是读写做到“三个一”，即“一尺一拳一寸”，眼离书本一尺，胸距书桌一拳，手离笔尖一寸，不可平躺、侧躺或趴在床上看书，不可边走边看书，或者在移动的车厢内看书。二是坚持“20—20—20”原则，即近距离用眼20分钟，向20英尺外（约6米）远眺20秒以上。三是保持光线适度，白天充分利用自然光线进行照明，同时要避免阳光直射；晚上除开启台灯照明外，室内还应使用适当的背景光源。

四、分龄管控视屏时间

长时间近距离使用电子视屏类产品，易消耗儿童远视储备量，是儿童青少年近视早发、高发的重要原因。0～3岁婴幼儿不使用手机、平板、电脑等视屏类电子产品；3～6岁幼儿尽量避免其接触和使用手机、平板、电脑等视屏类电子产品；中小学生非学习目的使用电子屏幕单次时长不宜超过15分钟，每天累计时长不宜超过1小时。使用电子屏幕学习时，屏幕中心位置应在眼睛视线下方10厘米左右，距离为电子屏幕对角线长度的4－6倍，观看30－40分钟后，应休息远眺放松10分钟。

五、每天坚持做眼保健操

眼保健操是中医理论指导下的一种眼周围穴位按摩，可以刺激神经，放松眼部肌肉，促进眼部血液循环，缓解眼疲劳。在持续用眼后认真规范做眼保健操，可以让眼睛得到充分的休息，减少调节滞后，改善视疲劳症状，有助于防控近视。做操时应注意清洁双手，找准穴位，力度到位，以略有酸胀感为宜。

六、均衡营养充足睡眠

0～17岁是眼球和视觉功能发育的重要阶段，需要摄入均衡的营养，家长要引导儿童青少年多摄入鱼类、蛋类、乳类、豆制品等食物，多吃新鲜水果蔬菜，做到饮食多样化。正常昼夜节律和充足睡眠对儿童青少年的眼睛发育至关重要，幼儿、小学生每天睡眠应不低于10小时，初中生睡眠应不低于9小时，高中生睡眠应不低于8小时。家长应给孩子营造良好睡眠环境，引导孩子按时休息、按时起床、规律作息，培养良好的睡眠习惯。

七、遵医散瞳诊断近视

家长观察到孩子有视物凑近、眯眼等异常情况或筛查发现视力变差，应及时到医疗机构进行眼科检查。散瞳验光是使用睫状肌麻痹剂放松眼部调节作用后进行医学验光，为诊断近视的"金标准"。散瞳药物对健康的眼睛不会产生损伤，用药后可短期出现畏光、视近不清症状，停药后可恢复至正常状态。家长应对散瞳验光有正确的认知，遵医嘱进行检查，明确诊断。

八、确诊近视及时干预

一旦确诊近视应及时科学干预，通过配戴眼镜等进行矫正。配戴合适的眼镜可以有效矫正视物不清，延缓近视进展。对于戴镜视力正常者，学龄前儿童及小学生每3－6个月，初高中学生每6－12个月进行复查，根据具体情况决定是否更换眼镜。耳穴压丸等中医适宜技术经循证医学证实可控制近视进展，学生及家长在专业医师指导下规范应用。

九、重视高度近视及相关并发症

近视600度以上为高度近视。高度近视人群中，白内障、开角型青光眼、近视性黄斑病变、视网膜脱离、近视性视神经病变等致盲性眼病发病率明显高于其他人群。应采用及时、适宜的防控干预手段，推迟近视发病年龄，控制近视进展速度，减少高度近视相关并发症引起的不可逆性视功能损害。

十、多方合力共筑"防护墙"

防控儿童青少年近视需要政府、学校、家庭、儿童和医疗卫生机构等各方面共同努力，需要全社会共同行动，营造爱眼护眼的视觉友好环境，合力共筑近视"防护墙"，共同呵护好孩子的眼睛，让他们拥有一个光明的未来。

家庭托育点管理办法(试行)

1. 2023年10月16日国家卫生健康委、住房和城乡建设部、应急管理部、市场监管总局、国家消防救援局发布
2. 国卫人口发〔2023〕28号

第一条 为规范发展多种形式的托育服务，根据《中共中央国务院关于优化生育政策促进人口长期均衡发展的决定》和《国务院办公厅关于促进养老托育服务健康发展的意见》，制定本办法。

第二条 本办法所称家庭托育点，是指利用住宅为3岁以下婴幼儿（以下简称婴幼儿）提供全日托、半日托、计时托、临时托等托育服务的场所。每个家庭托育点的收托人数不得超过5人。

第三条 举办家庭托育点，应当符合所在地地方政府关于住宅登记为经营场所的有关规定，应当取得住宅所在本栋建筑物内或者同一平房院落内其他业主的一致同意。

第四条 家庭托育点名称中应当注明"托育"字样，在服务范围及经营范围中明确"家庭托育服务"。

举办营利性家庭托育点的，向所在地市场监管部门依法申请注册登记，登记机关应当及时将家庭托育点登记信息推送至同级卫生健康部门。

第五条 家庭托育点登记后，应当及时向所在地的县级卫生健康部门备案，登录托育机构备案信息系统，在线填写家庭托育点备案书、备案承诺书（附件1、2），并提交以下材料扫描件或电子证照：

（一）营业执照或其他法人登记证书；

（二）房屋产权证、不动产权证或房屋租赁合同（租赁期限不少于3年）；

（三）照护人员身份证、健康合格证、无相关违法犯罪记录材料、婴幼儿照护相关学历证书或技能等级（培训）证书；

（四）房屋竣工验收合格或房屋安全鉴定合格有关材料（自建房）；

（五）住宅所在本栋建筑物内或者同一平房院落内其他业主一致同意的证明材料；

（六）法律法规规定的其他相关材料。

第六条 卫生健康部门在收到家庭托育点备案材料后，可以去现场核实相关信息，并提供备案回执。

第七条 家庭托育点变更备案事项的，应当向原备案部门更新备案信息；终止提供托育服务的，应当妥善安置收托的婴幼儿，并向卫生健康部门报告。卫生健康部门应当主动向社会公开家庭托育点备案状态。

第八条　家庭托育点应当为婴幼儿提供生活照料、安全看护、平衡膳食和早期学习机会，促进婴幼儿身心健康发展。

第九条　家庭托育点照护人员应当符合下列条件：

（一）具有保育教育、卫生健康等婴幼儿照护经验或相关专业背景；

（二）受过婴幼儿保育、心理健康、食品安全、急救和消防等培训；

（三）身体健康，无精神病史；

（四）无性侵害、虐待、拐卖、暴力伤害等违法犯罪记录。

家庭托育点举办者同时是照护人员的，应当符合上述条件。

第十条　家庭托育点每1名照护人员最多看护3名婴幼儿。

第十一条　家庭托育点婴幼儿人均建筑面积不得小于$9m^2$。

第十二条　家庭托育点应当提供适宜婴幼儿成长的环境，通风良好、日照充足、温度适宜、照明舒适。

家庭托育点不得设置在地下室或半地下室，不得设置在“三合一”场所和彩钢板建筑内，门窗不得设置影响逃生和消防救援的铁栅栏、防盗窗等障碍物。

第十三条　家庭托育点的房屋结构、设施设备、装饰装修材料、家具用具等，应当符合国家相关安全质量标准和环保标准，符合抗震、防火、疏散等要求。

使用自建房开展家庭托育服务的，备案时应当向卫生健康部门提供房屋竣工验收合格或房屋安全鉴定合格有关材料。

第十四条　家庭托育点应当设置视频安防监控系统，对婴幼儿生活和活动区域进行全覆盖监控。

监控录像资料保存期不少于90日。

第十五条　家庭托育点应当对在托婴幼儿的健康状况进行观察，发现婴幼儿疑似传染病或者其他疾病的，应当及时通知其监护人。

第十六条　家庭托育点应当与婴幼儿监护人签订书面协议，明确托育服务中双方的责任、权利义务以及争议处理等内容。

第十七条　家庭托育点不得歧视、侮辱、虐待、体罚、变相体罚婴幼儿或者实施其他侵害婴幼儿权益的行为。

有以上行为的，依法承担相应的法律责任。

第十八条　家庭托育点由卫生健康部门主管，住房城乡建设、市场监管等相关部门按照各自职责，加强对家庭托育点的指导、监督和管理。

卫生健康部门应当畅通备案渠道，严格监督管理家庭托育点的备案信息、收托人数、照护比例、托育场所等，会同相关部门做好日常监管工作。

第十九条　街道（乡镇）应当加强对家庭托育点的指导、监督和管理，发现问题及时督促整改，并报卫生健康部门。

第二十条　村（居）民委员会应当加强对家庭托育点的监督，引导家庭托育点尊重相邻业主权利，规范开展托育服务。

第二十一条　各省、自治区、直辖市可根据本办法制定实施细则。

第二十二条　本办法自印发之日起施行。

卫生部、财政部关于进一步加强农村孕产妇住院分娩工作的指导意见

1．2009年1月20日
2．卫妇社发〔2009〕12号

孕产妇死亡率和婴儿死亡率（以下简称两个死亡率）是一个国家经济和社会发展的重要指标，是联合国千年发展目标的重要内容。近年来，我国妇幼卫生事业有了长足的发展，孕产期保健服务水平不断提高，广大妇女儿童健康状况明显改善。但由于经济社会等多方面原因，我国农村特别是中西部农村地区住院分娩问题还没有得到很好地解决，两个死亡率仍处于较高水平。提高农村孕产妇住院分娩率是改善农村孕产妇保健状况、保障广大农村孕产妇和新生儿的生命安全、进一步降低两个死亡率的有效措施，对于提高农村人口的健康水平、促进社会的和谐与进步具有重要的现实意义和深远的历史意义。现就进一步加强农村孕产妇住院分娩工作提出以下指导意见。

一、指导思想、基本原则和工作目标

（一）指导思想。以邓小平理论和“三个代表”重要思想为指导，深入贯彻落实科学发展观，通过推进妇幼卫生服务网络建设、实施农村孕产妇住院分娩补助政策，使广大农村孕产妇能够平等享有安全、有效、规范、便捷的孕产期保健服务，维护广大农村妇女儿童的健康权益。

（二）基本原则。坚持以人为本，注重服务的公平性和可及性。坚持助产技术服务的区域规划，规范助

产技术服务,保障孕产期保健服务质量。坚持政府主导,加大投入。

(三)工作目标。到 2015 年,东、中、西部地区各省(区、市)农村孕产妇住院分娩率分别达到 95%、85% 和 80% 以上;农村高危孕产妇住院分娩率达到 95% 以上;实现我国政府承诺的“联合国千年发展目标”。到 2020 年,东、中、西部各省(区、市)农村孕产妇住院分娩率分别达到 98%、95% 和 90% 以上;农村高危孕产妇住院分娩率达到 98% 以上;孕产妇死亡率和婴儿死亡率达到中等发达国家水平。

二、主要内容

(四)明确农村孕产妇住院分娩服务项目和标准。卫生部会同财政部制订农村孕产妇住院分娩的基本服务项目。在此基础上,各省(区、市)结合本地经济社会发展水平,制订本地区的服务项目和限价标准,保证住院分娩服务质量与安全。

(五)完善农村孕产妇住院分娩服务体系。以县级妇幼保健机构为区域内孕产期保健技术指导和管理中心,提高县乡两级孕产期保健服务能力。建立健全以各级妇幼保健机构为主体,县乡两级医疗卫生机构为基础,其他医疗卫生机构为支撑,基本覆盖全国城乡的妇幼保健服务网络,为孕产妇享有规范、安全的孕产期保健及住院分娩服务提供保障。

(六)加强医疗卫生机构和人员服务资质的监督管理。加强助产技术服务的区域规划,严格助产机构、技术和人员准入,引导孕产妇到有资质的医疗卫生机构(包括社会力量举办的医疗卫生机构)住院分娩,坚决打击各种非法接生行为。

(七)强化产科质量管理。健全医疗卫生机构产科质量管理体系,按照孕产期保健和助产技术规范,制定质量控制方案和质量评估标准,定期开展质量评估活动,不断改进产科服务质量。各地要规范高危孕产妇筛查、转诊和救治流程,建立危重孕产妇抢救绿色通道;严格剖宫产指征,控制剖宫产率,降低医疗风险;加大产科质量督查力度,实行周期性与日常督查相结合,督促助产机构规范医疗行为,努力保障产科质量,维护广大孕产妇生命安全。

(八)实施农村孕产妇住院分娩补助政策。在各地核定成本、明确限价标准的基础上,对农村孕产妇住院分娩所需费用予以财政补助,补助标准由各省(区、市)财政部门会同卫生部门制定。参加新型农村合作医疗的农村孕产妇在财政补助之外的住院分娩费用,可按当地新型农村合作医疗制度的规定给予补偿。对个人负担较重的贫困孕产妇,可由农村医疗救助制度按规定给予救助。鼓励有条件的地区探索将农村孕产妇住院分娩补助与新型农村合作医疗、农村医疗救助补助统筹管理使用。

三、保障措施

(九)卫生部负责研究制定技术规范、考核标准,财政部负责制定资金管理办法等配套政策。各地卫生、财政等相关部门负责制定具体实施办法并组织实施。

(十)中央财政对困难地区农村孕产妇住院分娩给予补助。地方财政也应承担相应的支出责任,并统筹使用各级财政补助资金,按照国家专项补助资金管理的规定加强管理,专款专用,保障资金安全,发挥专项资金效益。

(十一)加强人员培训,改善住院分娩基础设备,提高农村基层医疗卫生机构服务能力。本着经常性、基础性、实用性的原则,采取多种方式开展基本知识、基本理论、基本技能等方面的培训,提高县乡两级助产人员的服务能力。

(十二)县级卫生部门要会同有关部门加强农村孕产妇住院分娩工作的监督管理。健全农村孕产妇住院分娩补助工作规程,做好农村孕产妇基础信息统计和管理工作。建立并完善考核评价制度,严格管理和监督。

四、组织领导

(十三)各级政府要以高度的政治责任感和使命感加强组织领导,认真贯彻落实住院分娩的各项政策。根据实际情况,制定实施方案,明确责任,统筹协调,督查指导,推动农村住院分娩工作持续健康发展。

(十四)做好农村孕产妇住院分娩补助政策宣传和孕产期保健的健康教育工作,做到家喻户晓,为孕产妇住院分娩营造良好的社会氛围。

附件:

住院分娩基本服务项目

一、正常产

(一)基本护理。

床位,护理(一般护理、产前护理、产后护理)。

(二)常规检查。

1. 一般检查:体格检查、产科检查。

2. 辅助检查:血常规、凝血功能(凝血时间)、肝功能、乙肝两对半、尿常规等。

（三）接产服务。

1. 观察产程：测血压、听胎心、查胎位、宫缩、阴道检查。

2. 接生。

3. 新生儿护理：脐带处理、呼吸道清理、新生儿体检等。

4. 新生儿窒息复苏（如发生）。

5. 产房观察：血压、脉搏；宫缩、宫底高度、阴道出血；新生儿一般情况。

（四）基本药物。

缩宫素、生理盐水（或葡萄糖注射液）、抗生素、眼药。

二、阴道手术助产

（一）基本护理。

床位，护理（一般护理、产前护理、产后护理）。

（二）常规检查。

1. 一般检查：体格检查、产科检查。

2. 辅助检查：血常规、凝血功能（凝血时间）、肝功能、乙肝两对半、尿常规等。

（三）接产服务。

1. 观察产程：测血压、听胎心、查胎位、宫缩、阴道检查。

2. 阴道助产：会阴切开与缝合术、胎头吸引术、产钳术、臀牵引术、臀助产术。

3. 新生儿护理：脐带处理、呼吸道清理、新生儿体检等。

4. 新生儿窒息复苏（如发生）。

5. 产房观察：血压、脉搏；宫缩、宫底高度、阴道出血；新生儿一般情况。

（四）基本药物。

缩宫素、生理盐水（或葡萄糖注射液）、抗生素、眼药。

三、剖宫产

（一）基本护理。

床位，护理（一般护理、术前护理、术后护理）。

（二）常规检查。

1. 一般检查：体格检查、产科检查。

2. 辅助检查：血常规、凝血功能（凝血时间）、交叉配血、肝功能、乙肝两对半、尿常规、心电图检查等。

（三）接产服务。

1. 观察产程：听胎心、测血压、查胎位、宫缩、阴道检查。

2. 剖宫产手术。

3. 新生儿护理：脐带处理、呼吸道清理、新生儿体检等。

4. 新生儿窒息复苏（如发生）。

（四）基本药物。

缩宫素、止血芳酸（或止血敏）、抗生素、生理盐水（或葡萄糖注射液）、眼药。

卫生部关于产妇分娩后胎盘处理问题的批复

1. 2005年3月31日

2. 卫政法发〔2005〕123号

山东省卫生厅：

青岛市卫生局《关于产妇分娩后医疗机构如何处理胎盘问题的请示》（青卫发〔2005〕22号）收悉。经研究，答复如下：

产妇分娩后胎盘应当归产妇所有。产妇放弃或者捐献胎盘的，可以由医疗机构进行处置。任何单位和个人不得买卖胎盘。如果胎盘可能造成传染病传播的，医疗机构应当及时告知产妇，按照《传染病防治法》、《医疗废物管理条例》的有关规定进行消毒处理，并按照医疗废物进行处置。

此复。

国家卫生健康委办公厅关于进一步加强儿童临床用药管理工作的通知

1. 2023年1月16日国家卫生健康委办公厅发布

2. 国卫办医政函〔2023〕11号

各省、自治区、直辖市及新疆生产建设兵团卫生健康委：

为进一步做好儿童临床用药管理工作，提高儿科医疗质量，保障儿童用药安全，现就进一步加强儿童临床用药管理工作提出以下要求：

一、加强儿童用药遴选和配备管理

医疗机构要建立完善儿童用药遴选制度，做好儿童用药的配备管理。开展儿科医疗服务的二级以上医疗机构要在本机构药事管理与药物治疗学委员会下成立儿童用药工作组，定期对本机构药品供应目录中儿童用药进行评估和调整。遴选儿童用药（仅限于药品说明书中有明确儿童适应证和儿童用法用量的药品）时，可不受“一品两规”和药品总品种数限制，进一步拓宽儿童用药范围。城市医疗集团、县域医共体等医联体要建立儿童用药联动管理机制，加强儿童用药目录的统一衔接，促进儿童用药在医联体内共享使用。各地要落实《关于加强疫情期间儿童用医疗机构配制制剂调剂使用有关工作的通知》（联防联控机制医疗发〔2022〕244号），配合药监部门开展儿童用医疗机构配制制剂调剂使用的审批工作，加强调剂用药的药事管理，进一步满足儿童就医和用药需求。

二、强化儿童用药临床合理使用

医疗机构要落实安全、有效、经济的用药原则，遵循药品临床应用指导原则、诊疗方案和药品说明书等，加强医师处方、药师审方、护士给药等各环节管理。要准确掌握用药适应证，以及不同年龄儿童的药物选择、给药方法、剂量计算、药物不良反应等，合理开具处方并经审核合格后进行调配。对于住院儿童患者，要严密观察用药过程中药物疗效和不良反应，对出现的药物不良反应要及时妥善处理并上报；对于门诊儿童患者，要向家属详细交代用药注意事项，嘱其严格遵医嘱用药，告知可能存在的不良反应，以及必要的复诊或紧急送医建议等。符合法定情形采用药品说明书中未明确但具有充分循证医学证据的药品用法实施治疗时，医疗机构要制定管理制度，医务人员严格遵照执行。

三、加强药师配备并提供儿科药学服务

医疗机构要加大药师配备力度，围绕儿童患者需求和临床治疗特点开展专科药学服务。其中，综合医院、妇幼保健院的儿科以及儿童专科医院的小儿呼吸、小儿消化、新生儿、儿童重症等科室，鼓励安排1名经过培训的药师或临床药师驻科，与本科室的医护团队共同提供药物治疗服务。驻科药师要积极参与制订药物治疗方案，参加联合查房、会诊，为儿童患者提供用药医嘱审核、药物重整、药学监护、用药教育等服务。驻科药师的业务工作由药学部门统一管理，其他事项纳入儿科管理。支持有条件的医疗机构开设儿科药学门诊，按照相应药学服务规范，提供药物咨询、药物重整、药物治疗管理等服务。

四、做好儿童用药处方调剂和专项点评

医疗机构要按照处方剂量精准调配儿童用药，特别是针对低龄儿童的药品调剂，鼓励开发可灵活调整剂量的新技术、新方法，加强个性化给药的标准化管理和质量控制，减少“剂量靠猜、分药靠掰”导致的分不准、不安全等问题。医疗机构要建立儿童用药临床应用评估制度与持续改进机制，在常规开展处方审核的基础上，由药事管理与药物治疗学委员会儿童用药工作组定期组织开展儿童用药专项点评；有条件的地区，要开展区域性儿童用药合理性评价，汇总分析多家医疗机构的评价结果，对发现的问题进行分析总结，有针对性地提出干预和改进措施。

五、开展儿童用药临床监测

医疗机构应当建立覆盖儿童用药采购、贮存、发放、调配、使用等全过程的监测系统，加强药品使用情况动态监测分析，分析结果作为儿童用药目录遴选、药品临床合理使用等的重要依据。医疗机构要根据《国家卫生健康委办公厅关于加强儿童抗菌药物临床应用监测和细菌耐药监测工作的通知》（国卫办医函〔2020〕601号）的要求，按规定开展儿童抗菌药物临床应用监测和细菌耐药监测。国家和省级层面发布儿童抗菌药物临床应用监测结果，指导改进用药管理措施，提高儿童细菌真菌感染诊治及合理用药水平。

六、加强儿童用药指导和健康宣教

医疗机构要围绕用药中、用药后的常见问题，加强对儿童家长的指导和教育。建立完善用药随访制度，特别是对出院慢病儿童患者的用药情况进行跟踪和指导。医疗机构要综合利用手机APP、微信公众号、健康教育单等多种方式，开展儿童临床合理用药宣传和儿童疾病预防保健等相关健康教育活动，引导儿童家长树立科学用药观念，提高安全用药意识及儿童用药依从性。

4. 药品

中华人民共和国药品管理法

1. 1984年9月20日第六届全国人民代表大会常务委员会第七次会议通过
2. 2001年2月28日第九届全国人民代表大会常务委员会第二十次会议第一次修订
3. 根据2013年12月28日第十二届全国人民代表大会常务委员会第六次会议《关于修改〈中华人民共和国海洋环境保护法〉等七部法律的决定》第一次修正
4. 根据2015年4月24日第十二届全国人民代表大会常务委员会第十四次会议《关于修改〈中华人民共和国药品管理法〉的决定》第二次修正
5. 2019年8月26日第十三届全国人民代表大会常务委员会第十二次会议第二次修订

目　　录

第一章　总　　则

第一条　【立法目的】为了加强药品管理，保证药品质量，保障公众用药安全和合法权益，保护和促进公众健康，制定本法。

第二条　【适用范围及定义】在中华人民共和国境内从事药品研制、生产、经营、使用和监督管理活动，适用本法。

本法所称药品，是指用于预防、治疗、诊断人的疾病，有目的地调节人的生理机能并规定有适应症或者功能主治、用法和用量的物质，包括中药、化学药和生物制品等。

第三条　【工作方针】药品管理应当以人民健康为中心，坚持风险管理、全程管控、社会共治的原则，建立科学、严格的监督管理制度，全面提升药品质量，保障药品的安全、有效、可及。

第四条　【发展药和药材资源】国家发展现代药和传统药，充分发挥其在预防、医疗和保健中的作用。

国家保护野生药材资源和中药品种，鼓励培育道地中药材。

第五条　【鼓励创新与保护合法权益】国家鼓励研究和创制新药，保护公民、法人和其他组织研究、开发新药的合法权益。

第六条　【药品上市许可持有人制度】国家对药品管理实行药品上市许可持有人制度。药品上市许可持有人依法对药品研制、生产、经营、使用全过程中药品的安全性、有效性和质量可控性负责。

第七条　【全过程依法进行】从事药品研制、生产、经营、使用活动，应当遵守法律、法规、规章、标准和规范，保证全过程信息真实、准确、完整和可追溯。

第八条　【药品监督管理职能划分】国务院药品监督管理部门主管全国药品监督管理工作。国务院有关部门在各自职责范围内负责与药品有关的监督管理工作。国务院药品监督管理部门配合国务院有关部门，执行国家药品行业发展规划和产业政策。

省、自治区、直辖市人民政府药品监督管理部门负责本行政区域内的药品监督管理工作。设区的市级、县级人民政府承担药品监督管理职责的部门（以下称药品监督管理部门）负责本行政区域内的药品监督管理工作。县级以上地方人民政府有关部门在各自职责范围内负责与药品有关的监督管理工作。

第九条　【地方药品监督管理】县级以上地方人民政府对本行政区域内的药品监督管理工作负责，统一领导、组织、协调本行政区域内的药品监督管理工作以及药品安全突发事件应对工作，建立健全药品监督管理工作机制和信息共享机制。

第十条　【药品安全工作保障】县级以上人民政府应当将药品安全工作纳入本级国民经济和社会发展规划，将药品安全工作经费列入本级政府预算，加强药品监督管理能力建设，为药品安全工作提供保障。

第十一条　【药品专业技术机构工作职责】药品监督管理部门设置或者指定的药品专业技术机构，承担依法实施药品监督管理所需的审评、检验、核查、监测与评价等工作。

第十二条 【药品追溯制度和药物警戒制度】国家建立健全药品追溯制度。国务院药品监督管理部门应当制定统一的药品追溯标准和规范,推进药品追溯信息互通互享,实现药品可追溯。

国家建立药物警戒制度,对药品不良反应及其他与用药有关的有害反应进行监测、识别、评估和控制。

第十三条 【宣传和普及工作】各级人民政府及其有关部门、药品行业协会等应当加强药品安全宣传教育,开展药品安全法律法规等知识的普及工作。

新闻媒体应当开展药品安全法律法规等知识的公益宣传,并对药品违法行为进行舆论监督。有关药品的宣传报道应当全面、科学、客观、公正。

第十四条 【药品行业协会职责】药品行业协会应当加强行业自律,建立健全行业规范,推动行业诚信体系建设,引导和督促会员依法开展药品生产经营等活动。

第十五条 【表彰和奖励】县级以上人民政府及其有关部门对在药品研制、生产、经营、使用和监督管理工作中做出突出贡献的单位和个人,按照国家有关规定给予表彰、奖励。

第二章 药品研制和注册

第十六条 【国家支持鼓励措施】国家支持以临床价值为导向、对人的疾病具有明确或者特殊疗效的药物创新,鼓励具有新的治疗机理、治疗严重危及生命的疾病或者罕见病、对人体具有多靶向系统性调节干预功能等的新药研制,推动药品技术进步。

国家鼓励运用现代科学技术和传统中药研究方法开展中药科学技术研究和药物开发,建立和完善符合中药特点的技术评价体系,促进中药传承创新。

国家采取有效措施,鼓励儿童用药品的研制和创新,支持开发符合儿童生理特征的儿童用药品新品种、剂型和规格,对儿童用药品予以优先审评审批。

第十七条 【依法从事药品研制活动】从事药品研制活动,应当遵守药物非临床研究质量管理规范、药物临床试验质量管理规范,保证药品研制全过程持续符合法定要求。

药物非临床研究质量管理规范、药物临床试验质量管理规范由国务院药品监督管理部门会同国务院有关部门制定。

第十八条 【依规开展药物非临床研究活动】开展药物非临床研究,应当符合国家有关规定,有与研究项目相适应的人员、场地、设备、仪器和管理制度,保证有关数据、资料和样品的真实性。

第十九条 【开展药物临床试验备案制度】开展药物临床试验,应当按照国务院药品监督管理部门的规定如实报送研制方法、质量指标、药理及毒理试验结果等有关数据、资料和样品,经国务院药品监督管理部门批准。国务院药品监督管理部门应当自受理临床试验申请之日起六十个工作日内决定是否同意并通知临床试验申办者,逾期未通知的,视为同意。其中,开展生物等效性试验的,报国务院药品监督管理部门备案。

开展药物临床试验,应当在具备相应条件的临床试验机构进行。药物临床试验机构实行备案管理,具体办法由国务院药品监督管理部门、国务院卫生健康主管部门共同制定。

第二十条 【伦理审查工作制度】开展药物临床试验,应当符合伦理原则,制定临床试验方案,经伦理委员会审查同意。

伦理委员会应当建立伦理审查工作制度,保证伦理审查过程独立、客观、公正,监督规范开展药物临床试验,保障受试者合法权益,维护社会公共利益。

第二十一条 【如实说明和解释义务】实施药物临床试验,应当向受试者或者其监护人如实说明和解释临床试验的目的和风险等详细情况,取得受试者或者其监护人自愿签署的知情同意书,并采取有效措施保护受试者合法权益。

第二十二条 【及时调整方案与风险报告】药物临床试验期间,发现存在安全性问题或者其他风险的,临床试验申办者应当及时调整临床试验方案、暂停或者终止临床试验,并向国务院药品监督管理部门报告。必要时,国务院药品监督管理部门可以责令调整临床试验方案、暂停或者终止临床试验。

第二十三条 【支持拓展性临床试验】对正在开展临床试验的用于治疗严重危及生命且尚无有效治疗手段的疾病的药物,经医学观察可能获益,并且符合伦理原则的,经审查、知情同意后可以在开展临床试验的机构内用于其他病情相同的患者。

第二十四条 【药品注册制度】在中国境内上市的药品,应当经国务院药品监督管理部门批准,取得药品注册证书;但是,未实施审批管理的中药材和中药饮片除外。实施审批管理的中药材、中药饮片品种目录由国务院药品监督管理部门会同国务院中医药主管部门制定。

申请药品注册,应当提供真实、充分、可靠的数据、资料和样品,证明药品的安全性、有效性和质量可控性。

第二十五条 【审评审批制度】对申请注册的药品,国务院药品监督管理部门应当组织药学、医学和其他技术人员进行审评，对药品的安全性、有效性和质量可控性以及申请人的质量管理、风险防控和责任赔偿等能力进行审查；符合条件的，颁发药品注册证书。

国务院药品监督管理部门在审批药品时，对化学原料药一并审评审批，对相关辅料、直接接触药品的包装材料和容器一并审评，对药品的质量标准、生产工艺、标签和说明书一并核准。

本法所称辅料，是指生产药品和调配处方时所用的赋形剂和附加剂。

第二十六条　【附条件审批制度】对治疗严重危及生命且尚无有效治疗手段的疾病以及公共卫生方面急需的药品，药物临床试验已有数据显示疗效并能预测其临床价值的，可以附条件批准，并在药品注册证书中载明相关事项。

第二十七条　【完善药品审评审批工作制度】国务院药品监督管理部门应当完善药品审评审批工作制度，加强能力建设，建立健全沟通交流、专家咨询等机制，优化审评审批流程，提高审评审批效率。

批准上市药品的审评结论和依据应当依法公开，接受社会监督。对审评审批中知悉的商业秘密应当保密。

第二十八条　【符合国家药品标准】药品应当符合国家药品标准。经国务院药品监督管理部门核准的药品质量标准高于国家药品标准的，按照经核准的药品质量标准执行；没有国家药品标准的，应当符合经核准的药品质量标准。

国务院药品监督管理部门颁布的《中华人民共和国药典》和药品标准为国家药品标准。

国务院药品监督管理部门会同国务院卫生健康主管部门组织药典委员会，负责国家药品标准的制定和修订。

国务院药品监督管理部门设置或者指定的药品检验机构负责标定国家药品标准品、对照品。

第二十九条　【药品通用名称】列入国家药品标准的药品名称为药品通用名称。已经作为药品通用名称的，该名称不得作为药品商标使用。

第三章　药品上市许可持有人

第三十条　【药品上市许可持有人】药品上市许可持有人是指取得药品注册证书的企业或者药品研制机构等。

药品上市许可持有人应当依照本法规定，对药品的非临床研究、临床试验、生产经营、上市后研究、不良反应监测及报告与处理等承担责任。其他从事药品研制、生产、经营、储存、运输、使用等活动的单位和个人依法承担相应责任。

药品上市许可持有人的法定代表人、主要负责人对药品质量全面负责。

第三十一条　【建立药品质量保证体系】药品上市许可持有人应当建立药品质量保证体系，配备专门人员独立负责药品质量管理。

药品上市许可持有人应当对受托药品生产企业、药品经营企业的质量管理体系进行定期审核，监督其持续具备质量保证和控制能力。

第三十二条　【药品上市许可持有人生产药品】药品上市许可持有人可以自行生产药品，也可以委托药品生产企业生产。

药品上市许可持有人自行生产药品的，应当依照本法规定取得药品生产许可证；委托生产的，应当委托符合条件的药品生产企业。药品上市许可持有人和受托生产企业应当签订委托协议和质量协议，并严格履行协议约定的义务。

国务院药品监督管理部门制定药品委托生产质量协议指南，指导、监督药品上市许可持有人和受托生产企业履行药品质量保证义务。

血液制品、麻醉药品、精神药品、医疗用毒性药品、药品类易制毒化学品不得委托生产；但是，国务院药品监督管理部门另有规定的除外。

第三十三条　【建立药品上市放行规程】药品上市许可持有人应当建立药品上市放行规程，对药品生产企业出厂放行的药品进行审核，经质量受权人签字后方可放行。不符合国家药品标准的，不得放行。

第三十四条　【药品上市许可持有人销售药品】药品上市许可持有人可以自行销售其取得药品注册证书的药品，也可以委托药品经营企业销售。药品上市许可持有人从事药品零售活动的，应当取得药品经营许可证。

药品上市许可持有人自行销售药品的，应当具备本法第五十二条规定的条件；委托销售的，应当委托符合条件的药品经营企业。药品上市许可持有人和受托经营企业应当签订委托协议，并严格履行协议约定的义务。

第三十五条　【委托储存、运输药品】药品上市许可持有人、药品生产企业、药品经营企业委托储存、运输药品的，应当对受托方的质量保证能力和风险管理能力进行评估，与其签订委托协议，约定药品质量责任、操作规程等内容，并对受托方进行监督。

第三十六条 【药品追溯制度】药品上市许可持有人、药品生产企业、药品经营企业和医疗机构应当建立并实施药品追溯制度,按照规定提供追溯信息,保证药品可追溯。

第三十七条 【年度报告制度】药品上市许可持有人应当建立年度报告制度,每年将药品生产销售、上市后研究、风险管理等情况按照规定向省、自治区、直辖市人民政府药品监督管理部门报告。

第三十八条 【境外企业担任药品上市许可持有人】药品上市许可持有人为境外企业的,应当由其指定的在中国境内的企业法人履行药品上市许可持有人义务,与药品上市许可持有人承担连带责任。

第三十九条 【中药饮片生产企业义务】中药饮片生产企业履行药品上市许可持有人的相关义务,对中药饮片生产、销售实行全过程管理,建立中药饮片追溯体系,保证中药饮片安全、有效、可追溯。

第四十条 【药品上市许可转让】经国务院药品监督管理部门批准,药品上市许可持有人可以转让药品上市许可。受让方应当具备保障药品安全性、有效性和质量可控性的质量管理、风险防控和责任赔偿等能力,履行药品上市许可持有人义务。

第四章 药 品 生 产

第四十一条 【药品生产许可证】从事药品生产活动,应当经所在地省、自治区、直辖市人民政府药品监督管理部门批准,取得药品生产许可证。无药品生产许可证的,不得生产药品。

药品生产许可证应当标明有效期和生产范围,到期重新审查发证。

第四十二条 【从事药品生产活动应当具备的条件】从事药品生产活动,应当具备以下条件:

(一)有依法经过资格认定的药学技术人员、工程技术人员及相应的技术工人;

(二)有与药品生产相适应的厂房、设施和卫生环境;

(三)有能对所生产药品进行质量管理和质量检验的机构、人员及必要的仪器设备;

(四)有保证药品质量的规章制度,并符合国务院药品监督管理部门依据本法制定的药品生产质量管理规范要求。

第四十三条 【依法从事药品生产活动】从事药品生产活动,应当遵守药品生产质量管理规范,建立健全药品生产质量管理体系,保证药品生产全过程持续符合法定要求。

药品生产企业的法定代表人、主要负责人对本企业的药品生产活动全面负责。

第四十四条 【药品生产标准】药品应当按照国家药品标准和经药品监督管理部门核准的生产工艺进行生产。生产、检验记录应当完整准确,不得编造。

中药饮片应当按照国家药品标准炮制;国家药品标准没有规定的,应当按照省、自治区、直辖市人民政府药品监督管理部门制定的炮制规范炮制。省、自治区、直辖市人民政府药品监督管理部门制定的炮制规范应当报国务院药品监督管理部门备案。不符合国家药品标准或者不按照省、自治区、直辖市人民政府药品监督管理部门制定的炮制规范炮制的,不得出厂、销售。

第四十五条 【原料、辅料】生产药品所需的原料、辅料,应当符合药用要求、药品生产质量管理规范的有关要求。

生产药品,应当按照规定对供应原料、辅料等的供应商进行审核,保证购进、使用的原料、辅料等符合前款规定要求。

第四十六条 【直接接触药品的包装材料和容器】直接接触药品的包装材料和容器,应当符合药用要求,符合保障人体健康、安全的标准。

对不合格的直接接触药品的包装材料和容器,由药品监督管理部门责令停止使用。

第四十七条 【质量检验】药品生产企业应当对药品进行质量检验。不符合国家药品标准的,不得出厂。

药品生产企业应当建立药品出厂放行规程,明确出厂放行的标准、条件。符合标准、条件的,经质量受权人签字后方可放行。

第四十八条 【药品包装】药品包装应当适合药品质量的要求,方便储存、运输和医疗使用。

发运中药材应当有包装。在每件包装上,应当注明品名、产地、日期、供货单位,并附有质量合格的标志。

第四十九条 【标签或者说明书】药品包装应当按照规定印有或者贴有标签并附有说明书。

标签或者说明书应当注明药品的通用名称、成份、规格、上市许可持有人及其地址、生产企业及其地址、批准文号、产品批号、生产日期、有效期、适应症或者功能主治、用法、用量、禁忌、不良反应和注意事项。标签、说明书中的文字应当清晰,生产日期、有效期等事项应当显著标注,容易辨识。

麻醉药品、精神药品、医疗用毒性药品、放射性药品、外用药品和非处方药的标签、说明书,应当印有规定的标志。

第五十条 【健康检查】药品上市许可持有人、药品生产企业、药品经营企业和医疗机构中直接接触药品的工作人员,应当每年进行健康检查。患有传染病或者其他可能污染药品的疾病的,不得从事直接接触药品的工作。

第五章 药品经营

第五十一条 【从事药品批发应取得批准】从事药品批发活动,应当经所在地省、自治区、直辖市人民政府药品监督管理部门批准,取得药品经营许可证。从事药品零售活动,应当经所在地县级以上地方人民政府药品监督管理部门批准,取得药品经营许可证。无药品经营许可证的,不得经营药品。

药品经营许可证应当标明有效期和经营范围,到期重新审查发证。

药品监督管理部门实施药品经营许可,除依据本法第五十二条规定的条件外,还应当遵循方便群众购药的原则。

第五十二条 【从事药品经营活动应当具备的条件】从事药品经营活动应当具备以下条件:

(一)有依法经过资格认定的药师或者其他药学技术人员;

(二)有与所经营药品相适应的营业场所、设备、仓储设施和卫生环境;

(三)有与所经营药品相适应的质量管理机构或者人员;

(四)有保证药品质量的规章制度,并符合国务院药品监督管理部门依据本法制定的药品经营质量管理规范要求。

第五十三条 【从事药品经营活动应当符合法定要求】从事药品经营活动,应当遵守药品经营质量管理规范,建立健全药品经营质量管理体系,保证药品经营全过程持续符合法定要求。

国家鼓励、引导药品零售连锁经营。从事药品零售连锁经营活动的企业总部,应当建立统一的质量管理制度,对所属零售企业的经营活动履行管理责任。

药品经营企业的法定代表人、主要负责人对本企业的药品经营活动全面负责。

第五十四条 【处方药与非处方药】国家对药品实行处方药与非处方药分类管理制度。具体办法由国务院药品监督管理部门会同国务院卫生健康主管部门制定。

第五十五条 【购进药品渠道】药品上市许可持有人、药品生产企业、药品经营企业和医疗机构应当从药品上市许可持有人或者具有药品生产、经营资格的企业购进药品;但是,购进未实施审批管理的中药材除外。

第五十六条 【进货检查验收制度】药品经营企业购进药品,应当建立并执行进货检查验收制度,验明药品合格证明和其他标识;不符合规定要求的,不得购进和销售。

第五十七条 【购销记录】药品经营企业购销药品,应当有真实、完整的购销记录。购销记录应当注明药品的通用名称、剂型、规格、产品批号、有效期、上市许可持有人、生产企业、购销单位、购销数量、购销价格、购销日期及国务院药品监督管理部门规定的其他内容。

第五十八条 【零售药品注意事项】药品经营企业零售药品应当准确无误,并正确说明用法、用量和注意事项;调配处方应当经过核对,对处方所列药品不得擅自更改或者代用。对有配伍禁忌或者超剂量的处方,应当拒绝调配;必要时,经处方医师更正或者重新签字,方可调配。

药品经营企业销售中药材,应当标明产地。

依法经过资格认定的药师或者其他药学技术人员负责本企业的药品管理、处方审核和调配、合理用药指导等工作。

第五十九条 【药品保管制度】药品经营企业应当制定和执行药品保管制度,采取必要的冷藏、防冻、防潮、防虫、防鼠等措施,保证药品质量。

药品入库和出库应当执行检查制度。

第六十条 【药品的集市贸易】城乡集市贸易市场可以出售中药材,国务院另有规定的除外。

第六十一条 【网络销售药品符合规定】药品上市许可持有人、药品经营企业通过网络销售药品,应当遵守本法药品经营的有关规定。具体管理办法由国务院药品监督管理部门会同国务院卫生健康主管部门等部门制定。

疫苗、血液制品、麻醉药品、精神药品、医疗用毒性药品、放射性药品、药品类易制毒化学品等国家实行特殊管理的药品不得在网络上销售。

第六十二条 【药品网络交易第三方平台提供者职责】药品网络交易第三方平台提供者应当按照国务院药品监督管理部门的规定,向所在地省、自治区、直辖市人民政府药品监督管理部门备案。

第三方平台提供者应当依法对申请进入平台经营的药品上市许可持有人、药品经营企业的资质等进行审核,保证其符合法定要求,并对发生在平台的药品经营行为进行管理。

第三方平台提供者发现进入平台经营的药品上市许可持有人、药品经营企业有违反本法规定行为的，应当及时制止并立即报告所在地县级人民政府药品监督管理部门；发现严重违法行为的，应当立即停止提供网络交易平台服务。

第六十三条 【新药材的销售】新发现和从境外引种的药材，经国务院药品监督管理部门批准后，方可销售。

第六十四条 【药品须从特定口岸进口】药品应当从允许药品进口的口岸进口，并由进口药品的企业向口岸所在地药品监督管理部门备案。海关凭药品监督管理部门出具的进口药品通关单办理通关手续。无进口药品通关单的，海关不得放行。

口岸所在地药品监督管理部门应当通知药品检验机构按照国务院药品监督管理部门的规定对进口药品进行抽查检验。

允许药品进口的口岸由国务院药品监督管理部门会同海关总署提出，报国务院批准。

第六十五条 【急需进口少量药品规定】医疗机构因临床急需进口少量药品的，经国务院药品监督管理部门或者国务院授权的省、自治区、直辖市人民政府批准，可以进口。进口的药品应当在指定医疗机构内用于特定医疗目的。

个人自用携带入境少量药品，按照国家有关规定办理。

第六十六条 【麻醉药品和精神药品的进出口】进口、出口麻醉药品和国家规定范围内的精神药品，应当持有国务院药品监督管理部门颁发的进口准许证、出口准许证。

第六十七条 【禁止进口的药品】禁止进口疗效不确切、不良反应大或者因其他原因危害人体健康的药品。

第六十八条 【销售前或进口时须进行检验的药品】国务院药品监督管理部门对下列药品在销售前或者进口时，应当指定药品检验机构进行检验；未经检验或者检验不合格的，不得销售或者进口：

（一）首次在中国境内销售的药品；

（二）国务院药品监督管理部门规定的生物制品；

（三）国务院规定的其他药品。

第六章 医疗机构药事管理

第六十九条 【药剂技术工作】医疗机构应当配备依法经过资格认定的药师或者其他药学技术人员，负责本单位的药品管理、处方审核和调配、合理用药指导等工作。非药学技术人员不得直接从事药剂技术工作。

第七十条 【医疗机构的进货检查验收制度】医疗机构购进药品，应当建立并执行进货检查验收制度，验明药品合格证明和其他标识；不符合规定要求的，不得购进和使用。

第七十一条 【医疗机构保证药品质量】医疗机构应当有与所使用药品相适应的场所、设备、仓储设施和卫生环境，制定和执行药品保管制度，采取必要的冷藏、防冻、防潮、防虫、防鼠等措施，保证药品质量。

第七十二条 【医疗机构用药原则】医疗机构应当坚持安全有效、经济合理的用药原则，遵循药品临床应用指导原则、临床诊疗指南和药品说明书等合理用药，对医师处方、用药医嘱的适宜性进行审核。

医疗机构以外的其他药品使用单位，应当遵守本法有关医疗机构使用药品的规定。

第七十三条 【调配处方规定】依法经过资格认定的药师或者其他药学技术人员调配处方，应当进行核对，对处方所列药品不得擅自更改或者代用。对有配伍禁忌或者超剂量的处方，应当拒绝调配；必要时，经处方医师更正或者重新签字，方可调配。

第七十四条 【配制制剂应取得许可】医疗机构配制制剂，应当经所在地省、自治区、直辖市人民政府药品监督管理部门批准，取得医疗机构制剂许可证。无医疗机构制剂许可证的，不得配制制剂。

医疗机构制剂许可证应当标明有效期，到期重新审查发证。

第七十五条 【配制制剂条件】医疗机构配制制剂，应当有能够保证制剂质量的设施、管理制度、检验仪器和卫生环境。

医疗机构配制制剂，应当按照经核准的工艺进行，所需的原料、辅料和包装材料等应当符合药用要求。

第七十六条 【配制制剂的前提条件与使用限制】医疗机构配制的制剂，应当是本单位临床需要而市场上没有供应的品种，并应当经所在地省、自治区、直辖市人民政府药品监督管理部门批准；但是，法律对配制中药制剂另有规定的除外。

医疗机构配制的制剂应当按照规定进行质量检验；合格的，凭医师处方在本单位使用。经国务院药品监督管理部门或者省、自治区、直辖市人民政府药品监督管理部门批准，医疗机构配制的制剂可以在指定的医疗机构之间调剂使用。

医疗机构配制的制剂不得在市场上销售。

第七章 药品上市后管理

第七十七条 【药品上市后风险管理计划】药品上市许可持有人应当制定药品上市后风险管理计划，主动开展药品上市后研究，对药品的安全性、有效性和质量可控性进行进一步确证，加强对已上市药品的持续管理。

第七十八条 【附条件批准药品的相应风险管理措施】对附条件批准的药品，药品上市许可持有人应当采取相应风险管理措施，并在规定期限内按照要求完成相关研究；逾期未按照要求完成研究或者不能证明其获益大于风险的，国务院药品监督管理部门应当依法处理，直至注销药品注册证书。

第七十九条 【药品生产过程的变更】对药品生产过程中的变更，按照其对药品安全性、有效性和质量可控性的风险和产生影响的程度，实行分类管理。属于重大变更的，应当经国务院药品监督管理部门批准，其他变更应当按照国务院药品监督管理部门的规定备案或者报告。

药品上市许可持有人应当按照国务院药品监督管理部门的规定，全面评估、验证变更事项对药品安全性、有效性和质量可控性的影响。

第八十条 【不良反应监测】药品上市许可持有人应当开展药品上市后不良反应监测，主动收集、跟踪分析疑似药品不良反应信息，对已识别风险的药品及时采取风险控制措施。

第八十一条 【考察本单位药品及采取的措施】药品上市许可持有人、药品生产企业、药品经营企业和医疗机构应当经常考察本单位所生产、经营、使用的药品质量、疗效和不良反应。发现疑似不良反应的，应当及时向药品监督管理部门和卫生健康主管部门报告。具体办法由国务院药品监督管理部门会同国务院卫生健康主管部门制定。

对已确认发生严重不良反应的药品，由国务院药品监督管理部门或者省、自治区、直辖市人民政府药品监督管理部门根据实际情况采取停止生产、销售、使用等紧急控制措施，并应当在五日内组织鉴定，自鉴定结论作出之日起十五日内依法作出行政处理决定。

第八十二条 【停止销售、生产并召回】药品存在质量问题或者其他安全隐患的，药品上市许可持有人应当立即停止销售，告知相关药品经营企业和医疗机构停止销售和使用，召回已销售的药品，及时公开召回信息，必要时应当立即停止生产，并将药品召回和处理情况向省、自治区、直辖市人民政府药品监督管理部门和卫生健康主管部门报告。药品生产企业、药品经营企业和医疗机构应当配合。

药品上市许可持有人依法应当召回药品而未召回的，省、自治区、直辖市人民政府药品监督管理部门应当责令其召回。

第八十三条 【定期开展上市后评价】药品上市许可持有人应当对已上市药品的安全性、有效性和质量可控性定期开展上市后评价。必要时，国务院药品监督管理部门可以责令药品上市许可持有人开展上市后评价或者直接组织开展上市后评价。

经评价，对疗效不确切、不良反应大或者因其他原因危害人体健康的药品，应当注销药品注册证书。

已被注销药品注册证书的药品，不得生产或者进口、销售和使用。

已被注销药品注册证书、超过有效期等的药品，应当由药品监督管理部门监督销毁或者依法采取其他无害化处理等措施。

第八章 药品价格和广告

第八十四条 【药品采购管理制度】国家完善药品采购管理制度，对药品价格进行监测，开展成本价格调查，加强药品价格监督检查，依法查处价格垄断、哄抬价格等药品价格违法行为，维护药品价格秩序。

第八十五条 【药品价格合理】依法实行市场调节价的药品，药品上市许可持有人、药品生产企业、药品经营企业和医疗机构应当按照公平、合理和诚实信用、质价相符的原则制定价格，为用药者提供价格合理的药品。

药品上市许可持有人、药品生产企业、药品经营企业和医疗机构应当遵守国务院药品价格主管部门关于药品价格管理的规定，制定和标明药品零售价格，禁止暴利、价格垄断和价格欺诈等行为。

第八十六条 【提供销售价格和数量等资料】药品上市许可持有人、药品生产企业、药品经营企业和医疗机构应当依法向药品价格主管部门提供其药品的实际购销价格和购销数量等资料。

第八十七条 【提供价格清单】医疗机构应当向患者提供所用药品的价格清单，按照规定如实公布其常用药品的价格，加强合理用药管理。具体办法由国务院卫生健康主管部门制定。

第八十八条 【禁止获得不正当利益】禁止药品上市许可持有人、药品生产企业、药品经营企业和医疗机构在药品购销中给予、收受回扣或者其他不正当利益。

禁止药品上市许可持有人、药品生产企业、药品经营企业或者代理人以任何名义给予使用其药品的医疗机构的负责人、药品采购人员、医师、药师等有关人员财物或者其他不正当利益。禁止医疗机构的负责人、药品采购人员、医师、药师等有关人员以任何名义收受药品上市许可持有人、药品生产企业、药品经营企业或者代理人给予的财物或者其他不正当利益。

第八十九条　【药品广告应当经过批准】药品广告应当经广告主所在地省、自治区、直辖市人民政府确定的广告审查机关批准；未经批准的，不得发布。

第九十条　【药品广告内容应当真实合法】药品广告的内容应当真实、合法，以国务院药品监督管理部门核准的药品说明书为准，不得含有虚假的内容。

药品广告不得含有表示功效、安全性的断言或者保证；不得利用国家机关、科研单位、学术机构、行业协会或者专家、学者、医师、药师、患者等的名义或者形象作推荐、证明。

非药品广告不得有涉及药品的宣传。

第九十一条　【适用其他规定】药品价格和广告，本法未作规定的，适用《中华人民共和国价格法》、《中华人民共和国反垄断法》、《中华人民共和国反不正当竞争法》、《中华人民共和国广告法》等的规定。

第九章　药品储备和供应

第九十二条　【药品储备制度】国家实行药品储备制度，建立中央和地方两级药品储备。

发生重大灾情、疫情或者其他突发事件时，依照《中华人民共和国突发事件应对法》的规定，可以紧急调用药品。

第九十三条　【基本药物制度】国家实行基本药物制度，遴选适当数量的基本药物品种，加强组织生产和储备，提高基本药物的供给能力，满足疾病防治基本用药需求。

第九十四条　【药品供求监测体系】国家建立药品供求监测体系，及时收集和汇总分析短缺药品供求信息，对短缺药品实行预警，采取应对措施。

第九十五条　【短缺药品清单管理制度】国家实行短缺药品清单管理制度。具体办法由国务院卫生健康主管部门会同国务院药品监督管理部门等部门制定。

药品上市许可持有人停止生产短缺药品的，应当按照规定向国务院药品监督管理部门或者省、自治区、直辖市人民政府药品监督管理部门报告。

第九十六条　【鼓励短缺药品的研制和生产】国家鼓励短缺药品的研制和生产，对临床急需的短缺药品、防治重大传染病和罕见病等疾病的新药予以优先审评审批。

第九十七条　【限制或者禁止出口短缺药品】对短缺药品，国务院可以限制或者禁止出口。必要时，国务院有关部门可以采取组织生产、价格干预和扩大进口等措施，保障药品供应。

药品上市许可持有人、药品生产企业、药品经营企业应当按照规定保障药品的生产和供应。

第十章　监督管理

第九十八条　【禁止假药劣药】禁止生产（包括配制，下同）、销售、使用假药、劣药。

有下列情形之一的，为假药：

（一）药品所含成份与国家药品标准规定的成份不符；

（二）以非药品冒充药品或者以他种药品冒充此种药品；

（三）变质的药品；

（四）药品所标明的适应症或者功能主治超出规定范围。

有下列情形之一的，为劣药：

（一）药品成份的含量不符合国家药品标准；

（二）被污染的药品；

（三）未标明或者更改有效期的药品；

（四）未注明或者更改产品批号的药品；

（五）超过有效期的药品；

（六）擅自添加防腐剂、辅料的药品；

（七）其他不符合药品标准的药品。

禁止未取得药品批准证明文件生产、进口药品；禁止使用未按照规定审评、审批的原料药、包装材料和容器生产药品。

第九十九条　【依法监督检查】药品监督管理部门应当依照法律、法规的规定对药品研制、生产、经营和药品使用单位使用药品等活动进行监督检查，必要时可以对为药品研制、生产、经营、使用提供产品或者服务的单位和个人进行延伸检查，有关单位和个人应当予以配合，不得拒绝和隐瞒。

药品监督管理部门应当对高风险的药品实施重点监督检查。

对有证据证明可能存在安全隐患的，药品监督管理部门根据监督检查情况，应当采取告诫、约谈、限期整改以及暂停生产、销售、使用、进口等措施，并及时公布检查处理结果。

药品监督管理部门进行监督检查时，应当出示证明文件，对监督检查中知悉的商业秘密应当保密。

第一百条　【抽查检验】药品监督管理部门根据监督管理的需要，可以对药品质量进行抽查检验。抽查检验应当按照规定抽样,并不得收取任何费用;抽样应当购买样品。所需费用按照国务院规定列支。

对有证据证明可能危害人体健康的药品及其有关材料,药品监督管理部门可以查封、扣押,并在七日内作出行政处理决定;药品需要检验的,应当自检验报告书发出之日起十五日内作出行政处理决定。

第一百零一条　【公告药品质量抽查检验结果】国务院和省、自治区、直辖市人民政府的药品监督管理部门应当定期公告药品质量抽查检验结果;公告不当的,应当在原公告范围内予以更正。

第一百零二条　【申请复验】当事人对药品检验结果有异议的,可以自收到药品检验结果之日起七日内向原药品检验机构或者上一级药品监督管理部门设置或者指定的药品检验机构申请复验,也可以直接向国务院药品监督管理部门设置或者指定的药品检验机构申请复验。受理复验的药品检验机构应当在国务院药品监督管理部门规定的时间内作出复验结论。

第一百零三条　【药品监管权力】药品监督管理部门应当对药品上市许可持有人、药品生产企业、药品经营企业和药物非临床安全性评价研究机构、药物临床试验机构等遵守药品生产质量管理规范、药品经营质量管理规范、药物非临床研究质量管理规范、药物临床试验质量管理规范等情况进行检查,监督其持续符合法定要求。

第一百零四条　【药品检查员队伍】国家建立职业化、专业化药品检查员队伍。检查员应当熟悉药品法律法规,具备药品专业知识。

第一百零五条　【依法公布并及时更新】药品监督管理部门建立药品上市许可持有人、药品生产企业、药品经营企业、药物非临床安全性评价研究机构、药物临床试验机构和医疗机构药品安全信用档案,记录许可颁发、日常监督检查结果、违法行为查处等情况,依法向社会公布并及时更新;对有不良信用记录的,增加监督检查频次,并可以按照国家规定实施联合惩戒。

第一百零六条　【接受举报并保护举报人】药品监督管理部门应当公布本部门的电子邮件地址、电话,接受咨询、投诉、举报,并依法及时答复、核实、处理。对查证属实的举报,按照有关规定给予举报人奖励。

药品监督管理部门应当对举报人的信息予以保密,保护举报人的合法权益。举报人举报所在单位的,该单位不得以解除、变更劳动合同或者其他方式对举报人进行打击报复。

第一百零七条　【药品安全信息统一公布制度】国家实行药品安全信息统一公布制度。国家药品安全总体情况、药品安全风险警示信息、重大药品安全事件及其调查处理信息和国务院确定需要统一公布的其他信息由国务院药品监督管理部门统一公布。药品安全风险警示信息和重大药品安全事件及其调查处理信息的影响限于特定区域的,也可以由有关省、自治区、直辖市人民政府药品监督管理部门公布。未经授权不得发布上述信息。

公布药品安全信息,应当及时、准确、全面,并进行必要的说明,避免误导。

任何单位和个人不得编造、散布虚假药品安全信息。

第一百零八条　【药品安全事件应急预案】县级以上人民政府应当制定药品安全事件应急预案。药品上市许可持有人、药品生产企业、药品经营企业和医疗机构等应当制定本单位的药品安全事件处置方案,并组织开展培训和应急演练。

发生药品安全事件,县级以上人民政府应当按照应急预案立即组织开展应对工作;有关单位应当立即采取有效措施进行处置,防止危害扩大。

第一百零九条　【药品安全职责】药品监督管理部门未及时发现药品安全系统性风险,未及时消除监督管理区域内药品安全隐患的,本级人民政府或者上级人民政府药品监督管理部门应当对其主要负责人进行约谈。

地方人民政府未履行药品安全职责,未及时消除区域性重大药品安全隐患的,上级人民政府或者上级人民政府药品监督管理部门应当对其主要负责人进行约谈。

被约谈的部门和地方人民政府应当立即采取措施,对药品监督管理工作进行整改。

约谈情况和整改情况应当纳入有关部门和地方人民政府药品监督管理工作评议、考核记录。

第一百一十条　【禁止限制或排斥外地药品】地方人民政府及其药品监督管理部门不得以要求实施药品检验、审批等手段限制或者排斥非本地区药品上市许可持有人、药品生产企业生产的药品进入本地区。

第一百一十一条　【药品监督与检验的禁止事项】药品监督管理部门及其设置或者指定的药品专业技术机构不得参与药品生产经营活动,不得以其名义推荐或者监制、监销药品。

药品监督管理部门及其设置或者指定的药品专业技术机构的工作人员不得参与药品生产经营活动。

第一百一十二条 【**特殊管理规定**】国务院对麻醉药品、精神药品、医疗用毒性药品、放射性药品、药品类易制毒化学品等有其他特殊管理规定的,依照其规定。

第一百一十三条 【**药品违法行为涉嫌犯罪的处理措施**】药品监督管理部门发现药品违法行为涉嫌犯罪的,应当及时将案件移送公安机关。

对依法不需要追究刑事责任或者免予刑事处罚,但应当追究行政责任的,公安机关、人民检察院、人民法院应当及时将案件移送药品监督管理部门。

公安机关、人民检察院、人民法院商请药品监督管理部门、生态环境主管部门等部门提供检验结论、认定意见以及对涉案药品进行无害化处理等协助的,有关部门应当及时提供,予以协助。

第十一章 法 律 责 任

第一百一十四条 【**刑事责任**】违反本法规定,构成犯罪的,依法追究刑事责任。

第一百一十五条 【**未取得许可证的处罚**】未取得药品生产许可证、药品经营许可证或者医疗机构制剂许可证生产、销售药品的,责令关闭,没收违法生产、销售的药品和违法所得,并处违法生产、销售的药品(包括已售出和未售出的药品,下同)货值金额十五倍以上三十倍以下的罚款;货值金额不足十万元的,按十万元计算。

第一百一十六条 【**生产、销售假药的处罚**】生产、销售假药的,没收违法生产、销售的药品和违法所得,责令停产停业整顿,吊销药品批准证明文件,并处违法生产、销售的药品货值金额十五倍以上三十倍以下的罚款;货值金额不足十万元的,按十万元计算;情节严重的,吊销药品生产许可证、药品经营许可证或者医疗机构制剂许可证,十年内不受理其相应申请;药品上市许可持有人为境外企业的,十年内禁止其药品进口。

第一百一十七条 【**生产、销售劣药的处罚**】生产、销售劣药的,没收违法生产、销售的药品和违法所得,并处违法生产、销售的药品货值金额十倍以上二十倍以下的罚款;违法生产、批发的药品货值金额不足十万元的,按十万元计算,违法零售的药品货值金额不足一万元的,按一万元计算;情节严重的,责令停产停业整顿直至吊销药品批准证明文件、药品生产许可证、药品经营许可证或者医疗机构制剂许可证。

生产、销售的中药饮片不符合药品标准,尚不影响安全性、有效性的,责令限期改正,给予警告;可以处十万元以上五十万元以下的罚款。

第一百一十八条 【**生产、销售假药、劣药且情节严重的处罚**】生产、销售假药,或者生产、销售劣药且情节严重的,对法定代表人、主要负责人、直接负责的主管人员和其他责任人员,没收违法行为发生期间自本单位所获收入,并处所获收入百分之三十以上三倍以下的罚款,终身禁止从事药品生产经营活动,并可以由公安机关处五日以上十五日以下的拘留。

对生产者专门用于生产假药、劣药的原料、辅料、包装材料、生产设备予以没收。

第一百一十九条 【**药品使用单位使用假药、劣药的处罚**】药品使用单位使用假药、劣药的,按照销售假药、零售劣药的规定处罚;情节严重的,法定代表人、主要负责人、直接负责的主管人员和其他责任人员有医疗卫生人员执业证书的,还应当吊销执业证书。

第一百二十条 【**储存、运输假药、劣药的处罚**】知道或者应当知道属于假药、劣药或者本法第一百二十四条第一款第一项至第五项规定的药品,而为其提供储存、运输等便利条件的,没收全部储存、运输收入,并处违法收入一倍以上五倍以下的罚款;情节严重的,并处违法收入五倍以上十五倍以下的罚款;违法收入不足五万元的,按五万元计算。

第一百二十一条 【**假药、劣药的处罚决定须载明质检结论**】对假药、劣药的处罚决定,应当依法载明药品检验机构的质量检验结论。

第一百二十二条 【**非法使用许可证或批准文件的处罚**】伪造、变造、出租、出借、非法买卖许可证或者药品批准证明文件的,没收违法所得,并处违法所得一倍以上五倍以下的罚款;情节严重的,并处违法所得五倍以上十五倍以下的罚款,吊销药品生产许可证、药品经营许可证、医疗机构制剂许可证或者药品批准证明文件,对法定代表人、主要负责人、直接负责的主管人员和其他责任人员,处二万元以上二十万元以下的罚款,十年内禁止从事药品生产经营活动,并可以由公安机关处五日以上十五日以下的拘留;违法所得不足十万元的,按十万元计算。

第一百二十三条 【**以欺骗手段获得相关文件的处罚**】提供虚假的证明、数据、资料、样品或者采取其他手段骗取临床试验许可、药品生产许可、药品经营许可、医疗机构制剂许可或者药品注册等许可的,撤销相关许可,十年内不受理其相应申请,并处五十万元以上五百万元以下的罚款;情节严重的,对法定代表人、主要负责人、直接负责的主管人员和其他责任人员,处二万元以上二十万元以下的罚款,十年内禁止从事药品生产经营活动,并可以由公安机关处五日以上十五日以下的拘留。

第一百二十四条　【未取得药品批准证明文件生产、进口药品等行为的处罚】违反本法规定，有下列行为之一的，没收违法生产、进口、销售的药品和违法所得以及专门用于违法生产的原料、辅料、包装材料和生产设备，责令停产停业整顿，并处违法生产、进口、销售的药品货值金额十五倍以上三十倍以下的罚款；货值金额不足十万元的，按十万元计算；情节严重的，吊销药品批准证明文件直至吊销药品生产许可证、药品经营许可证或者医疗机构制剂许可证，对法定代表人、主要负责人、直接负责的主管人员和其他责任人员，没收违法行为发生期间自本单位所获收入，并处所获收入百分之三十以上三倍以下的罚款，十年直至终身禁止从事药品生产经营活动，并可以由公安机关处五日以上十五日以下的拘留：

（一）未取得药品批准证明文件生产、进口药品；

（二）使用采取欺骗手段取得的药品批准证明文件生产、进口药品；

（三）使用未经审评审批的原料药生产药品；

（四）应当检验而未经检验即销售药品；

（五）生产、销售国务院药品监督管理部门禁止使用的药品；

（六）编造生产、检验记录；

（七）未经批准在药品生产过程中进行重大变更。

销售前款第一项至第三项规定的药品，或者药品使用单位使用前款第一项至第五项规定的药品的，依照前款规定处罚；情节严重的，药品使用单位的法定代表人、主要负责人、直接负责的主管人员和其他责任人员有医疗卫生人员执业证书的，还应当吊销执业证书。

未经批准进口少量境外已合法上市的药品，情节较轻的，可以依法减轻或者免予处罚。

第一百二十五条　【未经批准开展药物临床试验等行为的处罚】违反本法规定，有下列行为之一的，没收违法生产、销售的药品和违法所得以及包装材料、容器，责令停产停业整顿，并处五十万元以上五百万元以下的罚款；情节严重的，吊销药品批准证明文件、药品生产许可证、药品经营许可证，对法定代表人、主要负责人、直接负责的主管人员和其他责任人员处二万元以上二十万元以下的罚款，十年直至终身禁止从事药品生产经营活动：

（一）未经批准开展药物临床试验；

（二）使用未经审评的直接接触药品的包装材料或者容器生产药品，或者销售该类药品；

（三）使用未经核准的标签、说明书。

第一百二十六条　【相关机构未遵守有关规范的处罚】除本法另有规定的情形外，药品上市许可持有人、药品生产企业、药品经营企业、药物非临床安全性评价研究机构、药物临床试验机构等未遵守药品生产质量管理规范、药品经营质量管理规范、药物非临床研究质量管理规范、药物临床试验质量管理规范等的，责令限期改正，给予警告；逾期不改正的，处十万元以上五十万元以下的罚款；情节严重的，处五十万元以上二百万元以下的罚款，责令停产停业整顿直至吊销药品批准证明文件、药品生产许可证、药品经营许可证等，药物非临床安全性评价研究机构、药物临床试验机构等五年内不得开展药物非临床安全性评价研究、药物临床试验，对法定代表人、主要负责人、直接负责的主管人员和其他责任人员，没收违法行为发生期间自本单位所获收入，并处所获收入百分之十以上百分之五十以下的罚款，十年直至终身禁止从事药品生产经营等活动。

第一百二十七条　【开展生物等效性试验未备案等行为的处罚】违反本法规定，有下列行为之一的，责令限期改正，给予警告；逾期不改正的，处十万元以上五十万元以下的罚款：

（一）开展生物等效性试验未备案；

（二）药物临床试验期间，发现存在安全性问题或者其他风险，临床试验申办者未及时调整临床试验方案、暂停或者终止临床试验，或者未向国务院药品监督管理部门报告；

（三）未按照规定建立并实施药品追溯制度；

（四）未按照规定提交年度报告；

（五）未按照规定对药品生产过程中的变更进行备案或者报告；

（六）未制定药品上市后风险管理计划；

（七）未按照规定开展药品上市后研究或者上市后评价。

第一百二十八条　【药品包装无规定标签或说明书的处罚】除依法应当按照假药、劣药处罚的外，药品包装未按照规定印有、贴有标签或者附有说明书，标签、说明书未按照规定注明相关信息或者印有规定标志的，责令改正，给予警告；情节严重的，吊销药品注册证书。

第一百二十九条　【违法购进药品的处罚】违反本法规定，药品上市许可持有人、药品生产企业、药品经营企业或者医疗机构未从药品上市许可持有人或者具有药品生产、经营资格的企业购进药品的，责令改正，没收违法购进的药品和违法所得，并处违法购进药品货值金额二倍以上十倍以下的罚款;情节严重的,并处货值金额十倍以上三十倍以下的罚款,吊销药品批准证明文件、药品生产许可证、药品经营许可证或者医疗机构执业许可证;货值金额不足五万元的,按五万元计算。

第一百三十条　【违法记录、说明、调配处方的处罚】违反本法规定,药品经营企业购销药品未按照规定进行记录,零售药品未正确说明用法、用量等事项,或者未按照规定调配处方的,责令改正,给予警告;情节严重的,吊销药品经营许可证。

第一百三十一条　【第三方平台未履行法定义务的处罚】违反本法规定,药品网络交易第三方平台提供者未履行资质审核、报告、停止提供网络交易平台服务等义务的,责令改正,没收违法所得,并处二十万元以上二百万元以下的罚款;情节严重的,责令停业整顿,并处二百万元以上五百万元以下的罚款。

第一百三十二条　【进口药品未备案的处罚】进口已获得药品注册证书的药品,未按照规定向允许药品进口的口岸所在地药品监督管理部门备案的,责令限期改正,给予警告;逾期不改正的,吊销药品注册证书。

第一百三十三条　【违规销售制剂的处罚】违反本法规定,医疗机构将其配制的制剂在市场上销售的,责令改正,没收违法销售的制剂和违法所得,并处违法销售制剂货值金额二倍以上五倍以下的罚款;情节严重的,并处货值金额五倍以上十五倍以下的罚款;货值金额不足五万元的,按五万元计算。

第一百三十四条　【药品上市许可持有人违规检测或报告的处罚】药品上市许可持有人未按照规定开展药品不良反应监测或者报告疑似药品不良反应的,责令限期改正,给予警告;逾期不改正的,责令停产停业整顿,并处十万元以上一百万元以下的罚款。

药品经营企业未按照规定报告疑似药品不良反应的,责令限期改正,给予警告;逾期不改正的,责令停产停业整顿,并处五万元以上五十万元以下的罚款。

医疗机构未按照规定报告疑似药品不良反应的,责令限期改正,给予警告;逾期不改正的,处五万元以上五十万元以下的罚款。

第一百三十五条　【拒不召回的处罚】药品上市许可持有人在省、自治区、直辖市人民政府药品监督管理部门责令其召回后,拒不召回的,处应召回药品货值金额五倍以上十倍以下的罚款;货值金额不足十万元的,按十万元计算;情节严重的,吊销药品批准证明文件、药品生产许可证、药品经营许可证,对法定代表人、主要负责人、直接负责的主管人员和其他责任人员,处二万元以上二十万元以下的罚款。药品生产企业、药品经营企业、医疗机构拒不配合召回的,处十万元以上五十万元以下的罚款。

第一百三十六条　【境外企业为药品上市许可持有人的适用规定】药品上市许可持有人为境外企业的,其指定的在中国境内的企业法人未依照本法规定履行相关义务的,适用本法有关药品上市许可持有人法律责任的规定。

第一百三十七条　【从重处罚的行为】有下列行为之一的,在本法规定的处罚幅度内从重处罚:

(一)以麻醉药品、精神药品、医疗用毒性药品、放射性药品、药品类易制毒化学品冒充其他药品,或者以其他药品冒充上述药品;

(二)生产、销售以孕产妇、儿童为主要使用对象的假药、劣药;

(三)生产、销售的生物制品属于假药、劣药;

(四)生产、销售假药、劣药,造成人身伤害后果;

(五)生产、销售假药、劣药,经处理后再犯;

(六)拒绝、逃避监督检查,伪造、销毁、隐匿有关证据材料,或者擅自动用查封、扣押物品。

第一百三十八条　【药品检验机构出具虚假检验报告的处罚】药品检验机构出具虚假检验报告的,责令改正,给予警告,对单位并处二十万元以上一百万元以下的罚款;对直接负责的主管人员和其他直接责任人员依法给予降级、撤职、开除处分,没收违法所得,并处五万元以下的罚款;情节严重的,撤销其检验资格。药品检验机构出具的检验结果不实,造成损失的,应当承担相应的赔偿责任。

第一百三十九条　【行政处罚的决定主体】本法第一百一十五条至第一百三十八条规定的行政处罚,由县级以上人民政府药品监督管理部门按照职责分工决定;撤销许可、吊销许可证件的,由原批准、发证的部门决定。

第一百四十条　【违法聘用的处罚】药品上市许可持有人、药品生产企业、药品经营企业或者医疗机构违反本法规定聘用人员的,由药品监督管理部门或者卫生健康主管部门责令解聘,处五万元以上二十万元以下的罚款。

第一百四十一条　【给予、收受回扣及不正当利益的处罚】药品上市许可持有人、药品生产企业、药品经营企业或者医疗机构在药品购销中给予、收受回扣或者其他不正当利益的,药品上市许可持有人、药品生产企业、药品经营企业或者代理人给予使用其药品的医疗机构的负责人、药品采购人员、医师、药师等有关人员财物或者其他不正当利益的，由市场监督管理部门没收违法所得，并处三十万元以上三百万元以下的罚款；情节严重的，吊销药品上市许可持有人、药品生产企业、药品经营企业营业执照，并由药品监督管理部门吊销药品批准证明文件、药品生产许可证、药品经营许可证。

药品上市许可持有人、药品生产企业、药品经营企业在药品研制、生产、经营中向国家工作人员行贿的，对法定代表人、主要负责人、直接负责的主管人员和其他责任人员终身禁止从事药品生产经营活动。

第一百四十二条　【收受财物或不正当利益的处罚】药品上市许可持有人、药品生产企业、药品经营企业的负责人、采购人员等有关人员在药品购销中收受其他药品上市许可持有人、药品生产企业、药品经营企业或者代理人给予的财物或者其他不正当利益的，没收违法所得，依法给予处罚；情节严重的，五年内禁止从事药品生产经营活动。

医疗机构的负责人、药品采购人员、医师、药师等有关人员收受药品上市许可持有人、药品生产企业、药品经营企业或者代理人给予的财物或者其他不正当利益的，由卫生健康主管部门或者本单位给予处分，没收违法所得；情节严重的，还应当吊销其执业证书。

第一百四十三条　【编造、散布虚假药品安全信息的处罚】违反本法规定，编造、散布虚假药品安全信息，构成违反治安管理行为的，由公安机关依法给予治安管理处罚。

第一百四十四条　【违规用药致损赔偿】药品上市许可持有人、药品生产企业、药品经营企业或者医疗机构违反本法规定，给用药者造成损害的，依法承担赔偿责任。

因药品质量问题受到损害的，受害人可以向药品上市许可持有人、药品生产企业请求赔偿损失，也可以向药品经营企业、医疗机构请求赔偿损失。接到受害人赔偿请求的，应当实行首负责任制，先行赔付；先行赔付后，可以依法追偿。

生产假药、劣药或者明知是假药、劣药仍然销售、使用的，受害人或者其近亲属除请求赔偿损失外，还可以请求支付价款十倍或者损失三倍的赔偿金；增加赔偿的金额不足一千元的，为一千元。

第一百四十五条　【药品监管部门参与生产经营活动的处罚】药品监督管理部门或者其设置、指定的药品专业技术机构参与药品生产经营活动的，由其上级主管机关责令改正，没收违法收入；情节严重的，对直接负责的主管人员和其他直接责任人员依法给予处分。

药品监督管理部门或者其设置、指定的药品专业技术机构的工作人员参与药品生产经营活动的，依法给予处分。

第一百四十六条　【违法收取检验费用的处罚】药品监督管理部门或者其设置、指定的药品检验机构在药品监督检验中违法收取检验费用的，由政府有关部门责令退还，对直接负责的主管人员和其他直接责任人员依法给予处分；情节严重的，撤销其检验资格。

第一百四十七条　【应撤销相关许可并处分的行为】违反本法规定，药品监督管理部门有下列行为之一的，应当撤销相关许可，对直接负责的主管人员和其他直接责任人员依法给予处分：

（一）不符合条件而批准进行药物临床试验；

（二）对不符合条件的药品颁发药品注册证书；

（三）对不符合条件的单位颁发药品生产许可证、药品经营许可证或者医疗机构制剂许可证。

第一百四十八条　【对县级以上地方人民政府直接责任人或主管人员的处分】违反本法规定，县级以上地方人民政府有下列行为之一的，对直接负责的主管人员和其他直接责任人员给予记过或者记大过处分；情节严重的，给予降级、撤职或者开除处分：

（一）瞒报、谎报、缓报、漏报药品安全事件；

（二）未及时消除区域性重大药品安全隐患，造成本行政区域内发生特别重大药品安全事件，或者连续发生重大药品安全事件；

（三）履行职责不力，造成严重不良影响或者重大损失。

第一百四十九条　【对药品监督管理等部门直接责任人员或主管人员的处分】违反本法规定，药品监督管理等部门有下列行为之一的，对直接负责的主管人员和其他直接责任人员给予记过或者记大过处分；情节较重的，给予降级或者撤职处分；情节严重的，给予开除处分：

（一）瞒报、谎报、缓报、漏报药品安全事件；

（二）对发现的药品安全违法行为未及时查处；

（三）未及时发现药品安全系统性风险，或者未及时消除监督管理区域内药品安全隐患，造成严重影响；

（四）其他不履行药品监督管理职责，造成严重不良影响或者重大损失。

第一百五十条　【滥用职权，失职、渎职的处罚】药品监督管理人员滥用职权、徇私舞弊、玩忽职守的，依法给予处分。

查处假药、劣药违法行为有失职、渎职行为的，对药品监督管理部门直接负责的主管人员和其他直接责任人员依法从重给予处分。

第一百五十一条 【**货值金额的计算**】本章规定的货值金额以违法生产、销售药品的标价计算；没有标价的，按照同类药品的市场价格计算。

第十二章 附 则

第一百五十二条 【**立法委任**】中药材种植、采集和饲养的管理，依照有关法律、法规的规定执行。

第一百五十三条 【**立法委任**】地区性民间习用药材的管理办法，由国务院药品监督管理部门会同国务院中医药主管部门制定。

第一百五十四条 【**立法委任**】中国人民解放军和中国人民武装警察部队执行本法的具体办法，由国务院、中央军事委员会依据本法制定。

第一百五十五条 【**施行日期**】本法自2019年12月1日起施行。

中华人民共和国药品管理法实施条例

1. 2002年8月4日国务院令第360号公布
2. 根据2016年2月6日国务院令第666号《关于修改部分行政法规的决定》第一次修订
3. 根据2019年3月2日国务院令第709号《关于修改部分行政法规的决定》第二次修订

第一章 总 则

第一条 根据《中华人民共和国药品管理法》（以下简称《药品管理法》），制定本条例。

第二条 国务院药品监督管理部门设置国家药品检验机构。

省、自治区、直辖市人民政府药品监督管理部门可以在本行政区域内设置药品检验机构。地方药品检验机构的设置规划由省、自治区、直辖市人民政府药品监督管理部门提出，报省、自治区、直辖市人民政府批准。

国务院和省、自治区、直辖市人民政府的药品监督管理部门可以根据需要，确定符合药品检验条件的检验机构承担药品检验工作。

第二章 药品生产企业管理

第三条 开办药品生产企业，申办人应当向拟办企业所在地省、自治区、直辖市人民政府药品监督管理部门提出申请。省、自治区、直辖市人民政府药品监督管理部门应当自收到申请之日起30个工作日内，依据《药品管理法》第八条规定的开办条件组织验收；验收合格的，发给《药品生产许可证》。

第四条 药品生产企业变更《药品生产许可证》许可事项的，应当在许可事项发生变更30日前，向原发证机关申请《药品生产许可证》变更登记；未经批准，不得变更许可事项。原发证机关应当自收到申请之日起15个工作日内作出决定。

第五条 省级以上人民政府药品监督管理部门应当按照《药品生产质量管理规范》和国务院药品监督管理部门规定的实施办法和实施步骤，组织对药品生产企业的认证工作；符合《药品生产质量管理规范》的，发给认证证书。其中，生产注射剂、放射性药品和国务院药品监督管理部门规定的生物制品的药品生产企业的认证工作，由国务院药品监督管理部门负责。

《药品生产质量管理规范》认证证书的格式由国务院药品监督管理部门统一规定。

第六条 新开办药品生产企业、药品生产企业新建药品生产车间或者新增生产剂型的，应当自取得药品生产证明文件或者经批准正式生产之日起30日内，按照规定向药品监督管理部门申请《药品生产质量管理规范》认证。受理申请的药品监督管理部门应当自收到企业申请之日起6个月内，组织对申请企业是否符合《药品生产质量管理规范》进行认证；认证合格的，发给认证证书。

第七条 国务院药品监督管理部门应当设立《药品生产质量管理规范》认证检查员库。《药品生产质量管理规范》认证检查员必须符合国务院药品监督管理部门规定的条件。进行《药品生产质量管理规范》认证，必须按照国务院药品监督管理部门的规定，从《药品生产质量管理规范》认证检查员库中随机抽取认证检查员组成认证检查组进行认证检查。

第八条 《药品生产许可证》有效期为5年。有效期届满，需要继续生产药品的，持证企业应当在许可证有效期届满前6个月，按照国务院药品监督管理部门的规定申请换发《药品生产许可证》。

药品生产企业终止生产药品或者关闭的，《药品生产许可证》由原发证部门缴销。

第九条 药品生产企业生产药品所使用的原料药，必须具有国务院药品监督管理部门核发的药品批准文号或者进口药品注册证书、医药产品注册证书；但是，未实施批准文号管理的中药材、中药饮片除外。

第十条 依据《药品管理法》第十三条规定，接受委托生产药品的，受托方必须是持有与其受托生产的药品相适应的《药品生产质量管理规范》认证证书的药品生产企业。

疫苗、血液制品和国务院药品监督管理部门规定的其他药品，不得委托生产。

第三章 药品经营企业管理

第十一条 开办药品批发企业，申办人应当向拟办企业所在地省、自治区、直辖市人民政府药品监督管理部门提出申请。省、自治区、直辖市人民政府药品监督管理部门应当自收到申请之日起30个工作日内，依据国务院药品监督管理部门规定的设置标准作出是否同意筹建的决定。申办人完成拟办企业筹建后，应当向原审批部门申请验收。原审批部门应当自收到申请之日起30个工作日内，依据《药品管理法》第十五条规定的开办条件组织验收；符合条件的，发给《药品经营许可证》。

第十二条 开办药品零售企业，申办人应当向拟办企业所在地设区的市级药品监督管理机构或者省、自治区、直辖市人民政府药品监督管理部门直接设置的县级药品监督管理机构提出申请。受理申请的药品监督管理机构应当自收到申请之日起30个工作日内，依据国务院药品监督管理部门的规定，结合当地常住人口数量、地域、交通状况和实际需要进行审查，作出是否同意筹建的决定。申办人完成拟办企业筹建后，应当向原审批机构申请验收。原审批机构应当自收到申请之日起15个工作日内，依据《药品管理法》第十五条规定的开办条件组织验收；符合条件的，发给《药品经营许可证》。

第十三条 省、自治区、直辖市人民政府药品监督管理部门和设区的市级药品监督管理机构负责组织药品经营企业的认证工作。药品经营企业应当按照国务院药品监督管理部门规定的实施办法和实施步骤，通过省、自治区、直辖市人民政府药品监督管理部门或者设区的市级药品监督管理机构组织的《药品经营质量管理规范》的认证，取得认证证书。《药品经营质量管理规范》认证证书的格式由国务院药品监督管理部门统一规定。

新开办药品批发企业和药品零售企业，应当自取得《药品经营许可证》之日起30日内，向发给其《药品经营许可证》的药品监督管理部门或者药品监督管理机构申请《药品经营质量管理规范》认证。受理申请的药品监督管理部门或者药品监督管理机构应当自收到申请之日起3个月内，按照国务院药品监督管理部门的规定，组织对申请认证的药品批发企业或者药品零售企业是否符合《药品经营质量管理规范》进行认证；认证合格的，发给认证证书。

第十四条 省、自治区、直辖市人民政府药品监督管理部门应当设立《药品经营质量管理规范》认证检查员库。《药品经营质量管理规范》认证检查员必须符合国务院药品监督管理部门规定的条件。进行《药品经营质量管理规范》认证，必须按照国务院药品监督管理部门的规定，从《药品经营质量管理规范》认证检查员库中随机抽取认证检查员组成认证检查组进行认证检查。

第十五条 国家实行处方药和非处方药分类管理制度。国家根据非处方药品的安全性，将非处方药分为甲类非处方药和乙类非处方药。

经营处方药、甲类非处方药的药品零售企业，应当配备执业药师或者其他依法经资格认定的药学技术人员。经营乙类非处方药的药品零售企业，应当配备经设区的市级药品监督管理机构或者省、自治区、直辖市人民政府药品监督管理部门直接设置的县级药品监督管理机构组织考核合格的业务人员。

第十六条 药品经营企业变更《药品经营许可证》许可事项的，应当在许可事项发生变更30日前，向原发证机关申请《药品经营许可证》变更登记；未经批准，不得变更许可事项。原发证机关应当自收到企业申请之日起15个工作日内作出决定。

第十七条 《药品经营许可证》有效期为5年。有效期届满，需要继续经营药品的，持证企业应当在许可证有效期届满前6个月，按照国务院药品监督管理部门的规定申请换发《药品经营许可证》。

药品经营企业终止经营药品或者关闭的，《药品经营许可证》由原发证机关缴销。

第十八条 交通不便的边远地区城乡集市贸易市场没有药品零售企业的，当地药品零售企业经所在地县（市）药品监督管理机构批准并到工商行政管理部门办理登记注册后，可以在该城乡集市贸易市场内设点并在批准经营的药品范围内销售非处方药品。

第十九条 通过互联网进行药品交易的药品生产企业、药品经营企业、医疗机构及其交易的药品，必须符合《药品管理法》和本条例的规定。互联网药品交易服务的管理办法，由国务院药品监督管理部门会同国务院有关部门制定。

第四章 医疗机构的药剂管理

第二十条 医疗机构设立制剂室，应当向所在地省、自治区、直辖市人民政府卫生行政部门提出申请，经审核同意后，报同级人民政府药品监督管理部门审批；省、自治区、直辖市人民政府药品监督管理部门验收合格的，予以批准，发给《医疗机构制剂许可证》。

省、自治区、直辖市人民政府卫生行政部门和药品监督管理部门应当在各自收到申请之日起30个工作日内，作出是否同意或者批准的决定。

第二十一条 医疗机构变更《医疗机构制剂许可证》许可事项的，应当在许可事项发生变更30日前，依照本条例第二十条的规定向原审核、批准机关申请《医疗机构制剂许可证》变更登记；未经批准，不得变更许可事项。原审核、批准机关应当在各自收到申请之日起15个工作日内作出决定。

医疗机构新增配制剂型或者改变配制场所的，应当经所在地省、自治区、直辖市人民政府药品监督管理部门验收合格后，依照前款规定办理《医疗机构制剂许可证》变更登记。

第二十二条 《医疗机构制剂许可证》有效期为5年。有效期届满，需要继续配制制剂的，医疗机构应当在许可证有效期届满前6个月，按照国务院药品监督管理部门的规定申请换发《医疗机构制剂许可证》。

医疗机构终止配制制剂或者关闭的，《医疗机构制剂许可证》由原发证机关缴销。

第二十三条 医疗机构配制制剂，必须按照国务院药品监督管理部门的规定报送有关资料和样品，经所在地省、自治区、直辖市人民政府药品监督管理部门批准，并发给制剂批准文号后，方可配制。

第二十四条 医疗机构配制的制剂不得在市场上销售或者变相销售，不得发布医疗机构制剂广告。

发生灾情、疫情、突发事件或者临床急需而市场没有供应时，经国务院或者省、自治区、直辖市人民政府的药品监督管理部门批准，在规定期限内，医疗机构配制的制剂可以在指定的医疗机构之间调剂使用。

国务院药品监督管理部门规定的特殊制剂的调剂使用以及省、自治区、直辖市之间医疗机构制剂的调剂使用，必须经国务院药品监督管理部门批准。

第二十五条 医疗机构审核和调配处方的药剂人员必须是依法经资格认定的药学技术人员。

第二十六条 医疗机构购进药品，必须有真实、完整的药品购进记录。药品购进记录必须注明药品的通用名称、剂型、规格、批号、有效期、生产厂商、供货单位、购货数量、购进价格、购货日期以及国务院药品监督管理部门规定的其他内容。

第二十七条 医疗机构向患者提供的药品应当与诊疗范围相适应，并凭执业医师或者执业助理医师的处方调配。

计划生育技术服务机构采购和向患者提供药品，其范围应当与经批准的服务范围相一致，并凭执业医师或者执业助理医师的处方调配。

个人设置的门诊部、诊所等医疗机构不得配备常用药品和急救药品以外的其他药品。常用药品和急救药品的范围和品种，由所在地的省、自治区、直辖市人民政府卫生行政部门会同同级人民政府药品监督管理部门规定。

第五章 药品管理

第二十八条 药物非临床安全性评价研究机构必须执行《药物非临床研究质量管理规范》，药物临床试验机构必须执行《药物临床试验质量管理规范》。《药物非临床研究质量管理规范》、《药物临床试验质量管理规范》由国务院药品监督管理部门分别商国务院科学技术行政部门和国务院卫生行政部门制定。

第二十九条 药物临床试验、生产药品和进口药品，应当符合《药品管理法》及本条例的规定，经国务院药品监督管理部门审查批准；国务院药品监督管理部门可以委托省、自治区、直辖市人民政府药品监督管理部门对申报药物的研制情况及条件进行审查，对申报资料进行形式审查，并对试制的样品进行检验。具体办法由国务院药品监督管理部门制定。

第三十条 研制新药，需要进行临床试验的，应当依照《药品管理法》第二十九条的规定，经国务院药品监督管理部门批准。

药物临床试验申请经国务院药品监督管理部门批准后，申报人应当在经依法认定的具有药物临床试验资格的机构中选择承担药物临床试验的机构，并将该临床试验机构报国务院药品监督管理部门和国务院卫生行政部门备案。

药物临床试验机构进行药物临床试验，应当事先告知受试者或者其监护人真实情况，并取得其书面同意。

第三十一条 生产已有国家标准的药品，应当按照国务院药品监督管理部门的规定，向省、自治区、直辖市人民政府药品监督管理部门或者国务院药品监督管理部门提出申请，报送有关技术资料并提供相关证明文件。省、自治区、直辖市人民政府药品监督管理部门应当自受理申请之日起30个工作日内进行审查，提出意见后报送国务院药品监督管理部门审核，并同时将审查意见通知申报方。国务院药品监督管理部门经审核符合规定的，发给药品批准文号。

第三十二条　变更研制新药、生产药品和进口药品已获批准证明文件及其附件中载明事项的，应当向国务院药品监督管理部门提出补充申请；国务院药品监督管理部门经审核符合规定的，应当予以批准。其中，不改变药品内在质量的，应当向省、自治区、直辖市人民政府药品监督管理部门提出补充申请；省、自治区、直辖市人民政府药品监督管理部门经审核符合规定的，应当予以批准，并报国务院药品监督管理部门备案。不改变药品内在质量的补充申请事项由国务院药品监督管理部门制定。

第三十三条　国务院药品监督管理部门根据保护公众健康的要求，可以对药品生产企业生产的新药品种设立不超过5年的监测期；在监测期内，不得批准其他企业生产和进口。

第三十四条　国家对获得生产或者销售含有新型化学成份药品许可的生产者或者销售者提交的自行取得且未披露的试验数据和其他数据实施保护，任何人不得对该未披露的试验数据和其他数据进行不正当的商业利用。

自药品生产者或者销售者获得生产、销售新型化学成份药品的许可证明文件之日起6年内，对其他申请人未经已获得许可的申请人同意，使用前款数据申请生产、销售新型化学成份药品许可的，药品监督管理部门不予许可；但是，其他申请人提交自行取得数据的除外。

除下列情形外，药品监督管理部门不得披露本条第一款规定的数据：

（一）公共利益需要；

（二）已采取措施确保该类数据不会被不正当地进行商业利用。

第三十五条　申请进口的药品，应当是在生产国家或者地区获得上市许可的药品；未在生产国家或者地区获得上市许可的，经国务院药品监督管理部门确认该药品品种安全、有效而且临床需要的，可以依照《药品管理法》及本条例的规定批准进口。

进口药品，应当按照国务院药品监督管理部门的规定申请注册。国外企业生产的药品取得《进口药品注册证》，中国香港、澳门和台湾地区企业生产的药品取得《医药产品注册证》后，方可进口。

第三十六条　医疗机构因临床急需进口少量药品的，应当持《医疗机构执业许可证》向国务院药品监督管理部门提出申请；经批准后，方可进口。进口的药品应当在指定医疗机构内用于特定医疗目的。

第三十七条　进口药品到岸后，进口单位应当持《进口药品注册证》或者《医药产品注册证》以及产地证明原件、购货合同副本、装箱单、运单、货运发票、出厂检验报告书、说明书等材料，向口岸所在地药品监督管理部门备案。口岸所在地药品监督管理部门经审查，提交的材料符合要求的，发给《进口药品通关单》。进口单位凭《进口药品通关单》向海关办理报关验放手续。

口岸所在地药品监督管理部门应当通知药品检验机构对进口药品逐批进行抽查检验；但是，有《药品管理法》第四十一条规定情形的除外。

第三十八条　疫苗类制品、血液制品、用于血源筛查的体外诊断试剂以及国务院药品监督管理部门规定的其他生物制品在销售前或者进口时，应当按照国务院药品监督管理部门的规定进行检验或者审核批准；检验不合格或者未获批准的，不得销售或者进口。

第三十九条　国家鼓励培育中药材。对集中规模化栽培养殖、质量可以控制并符合国务院药品监督管理部门规定条件的中药材品种，实行批准文号管理。

第四十条　国务院药品监督管理部门对已批准生产、销售的药品进行再评价，根据药品再评价结果，可以采取责令修改药品说明书，暂停生产、销售和使用的措施；对不良反应大或者其他原因危害人体健康的药品，应当撤销该药品批准证明文件。

第四十一条　国务院药品监督管理部门核发的药品批准文号、《进口药品注册证》、《医药产品注册证》的有效期为5年。有效期届满，需要继续生产或者进口的，应当在有效期届满前6个月申请再注册。药品再注册时，应当按照国务院药品监督管理部门的规定报送相关资料。有效期届满，未申请再注册或者经审查不符合国务院药品监督管理部门关于再注册的规定的，注销其药品批准文号、《进口药品注册证》或者《医药产品注册证》。

药品批准文号的再注册由省、自治区、直辖市人民政府药品监督管理部门审批，并报国务院药品监督管理部门备案；《进口药品注册证》、《医药产品注册证》的再注册由国务院药品监督管理部门审批。

第四十二条　非药品不得在其包装、标签、说明书及有关宣传资料上进行含有预防、治疗、诊断人体疾病等有关内容的宣传；但是，法律、行政法规另有规定的除外。

第六章　药品包装的管理

第四十三条　药品生产企业使用的直接接触药品的包装

材料和容器,必须符合药用要求和保障人体健康、安全的标准。

直接接触药品的包装材料和容器的管理办法、产品目录和药用要求与标准,由国务院药品监督管理部门组织制定并公布。

第四十四条　生产中药饮片,应当选用与药品性质相适应的包装材料和容器;包装不符合规定的中药饮片,不得销售。中药饮片包装必须印有或者贴有标签。

中药饮片的标签必须注明品名、规格、产地、生产企业、产品批号、生产日期,实施批准文号管理的中药饮片还必须注明药品批准文号。

第四十五条　药品包装、标签、说明书必须依照《药品管理法》第五十四条和国务院药品监督管理部门的规定印制。

药品商品名称应当符合国务院药品监督管理部门的规定。

第四十六条　医疗机构配制制剂所使用的直接接触药品的包装材料和容器、制剂的标签和说明书应当符合《药品管理法》第六章和本条例的有关规定,并经省、自治区、直辖市人民政府药品监督管理部门批准。

第七章　药品价格和广告的管理

第四十七条　政府价格主管部门依照《价格法》第二十八条的规定实行药品价格监测时,为掌握、分析药品价格变动和趋势,可以指定部分药品生产企业、药品经营企业和医疗机构作为价格监测定点单位;定点单位应当给予配合、支持,如实提供有关信息资料。

第四十八条　发布药品广告,应当向药品生产企业所在地省、自治区、直辖市人民政府药品监督管理部门报送有关材料。省、自治区、直辖市人民政府药品监督管理部门应当自收到有关材料之日起10个工作日内作出是否核发药品广告批准文号的决定;核发药品广告批准文号的,应当同时报国务院药品监督管理部门备案。具体办法由国务院药品监督管理部门制定。

发布进口药品广告,应当依照前款规定向进口药品代理机构所在地省、自治区、直辖市人民政府药品监督管理部门申请药品广告批准文号。

在药品生产企业所在地和进口药品代理机构所在地以外的省、自治区、直辖市发布药品广告的,发布广告的企业应当在发布前向发布地省、自治区、直辖市人民政府药品监督管理部门备案。接受备案的省、自治区、直辖市人民政府药品监督管理部门发现药品广告批准内容不符合药品广告管理规定的,应当交由原核发部门处理。

第四十九条　经国务院或者省、自治区、直辖市人民政府的药品监督管理部门决定,责令暂停生产、销售和使用的药品,在暂停期间不得发布该品种药品广告;已经发布广告的,必须立即停止。

第五十条　未经省、自治区、直辖市人民政府药品监督管理部门批准的药品广告,使用伪造、冒用、失效的药品广告批准文号的广告,或者因其他广告违法活动被撤销药品广告批准文号的广告,发布广告的企业、广告经营者、广告发布者必须立即停止该药品广告的发布。

对违法发布药品广告,情节严重的,省、自治区、直辖市人民政府药品监督管理部门可以予以公告。

第八章　药品监督

第五十一条　药品监督管理部门(含省级人民政府药品监督管理部门依法设立的药品监督管理机构,下同)依法对药品的研制、生产、经营、使用实施监督检查。

第五十二条　药品抽样必须由两名以上药品监督检查人员实施,并按照国务院药品监督管理部门的规定进行抽样;被抽检方应当提供抽检样品,不得拒绝。

药品被抽检单位没有正当理由,拒绝抽查检验的,国务院药品监督管理部门和被抽检单位所在地省、自治区、直辖市人民政府药品监督管理部门可以宣布停止该单位拒绝抽检的药品上市销售和使用。

第五十三条　对有掺杂、掺假嫌疑的药品,在国家药品标准规定的检验方法和检验项目不能检验时,药品检验机构可以补充检验方法和检验项目进行药品检验;经国务院药品监督管理部门批准后,使用补充检验方法和检验项目所得出的检验结果,可以作为药品监督管理部门认定药品质量的依据。

第五十四条　国务院和省、自治区、直辖市人民政府的药品监督管理部门应当根据药品质量抽查检验结果,定期发布药品质量公告。药品质量公告应当包括抽验药品的品名、检品来源、生产企业、生产批号、药品规格、检验机构、检验依据、检验结果、不合格项目等内容。药品质量公告不当的,发布部门应当自确认公告不当之日起5日内,在原公告范围内予以更正。

当事人对药品检验机构的检验结果有异议,申请复验的,应当向负责复验的药品检验机构提交书面申请、原药品检验报告书。复验的样品从原药品检验机构留样中抽取。

第五十五条　药品监督管理部门依法对有证据证明可能危害人体健康的药品及其有关证据材料采取查封、扣押的行政强制措施的,应当自采取行政强制措施之日起7日内作出是否立案的决定;需要检验的,应当自检验报告书发出之日起15日内作出是否立案的决定；不符合立案条件的，应当解除行政强制措施；需要暂停销售和使用的，应当由国务院或者省、自治区、直辖市人民政府的药品监督管理部门作出决定。

第五十六条　药品抽查检验，不得收取任何费用。

当事人对药品检验结果有异议，申请复验的，应当按照国务院有关部门或者省、自治区、直辖市人民政府有关部门的规定，向复验机构预先支付药品检验费用。复验结论与原检验结论不一致的，复验检验费用由原药品检验机构承担。

第五十七条　依据《药品管理法》和本条例的规定核发证书、进行药品注册、药品认证和实施药品审批检验及其强制性检验，可以收取费用。具体收费标准由国务院财政部门、国务院价格主管部门制定。

第九章　法律责任

第五十八条　药品生产企业、药品经营企业有下列情形之一的，由药品监督管理部门依照《药品管理法》第七十九条的规定给予处罚：

（一）开办药品生产企业、药品生产企业新建药品生产车间、新增生产剂型，在国务院药品监督管理部门规定的时间内未通过《药品生产质量管理规范》认证，仍进行药品生产的；

（二）开办药品经营企业，在国务院药品监督管理部门规定的时间内未通过《药品经营质量管理规范》认证，仍进行药品经营的。

第五十九条　违反《药品管理法》第十三条的规定，擅自委托或者接受委托生产药品的，对委托方和受托方均依照《药品管理法》第七十四条的规定给予处罚。

第六十条　未经批准，擅自在城乡集市贸易市场设点销售药品或者在城乡集市贸易市场设点销售的药品超出批准经营的药品范围的，依照《药品管理法》第七十三条的规定给予处罚。

第六十一条　未经批准，医疗机构擅自使用其他医疗机构配制的制剂的，依照《药品管理法》第八十条的规定给予处罚。

第六十二条　个人设置的门诊部、诊所等医疗机构向患者提供的药品超出规定的范围和品种的，依照《药品管理法》第七十三条的规定给予处罚。

第六十三条　医疗机构使用假药、劣药的，依照《药品管理法》第七十四条、第七十五条的规定给予处罚。

第六十四条　违反《药品管理法》第二十九条的规定，擅自进行临床试验的，对承担药物临床试验的机构，依照《药品管理法》第七十九条的规定给予处罚。

第六十五条　药品申报者在申报临床试验时，报送虚假研制方法、质量标准、药理及毒理试验结果等有关资料和样品的，国务院药品监督管理部门对该申报药品的临床试验不予批准，对药品申报者给予警告；情节严重的，3年内不受理该药品申报者申报该品种的临床试验申请。

第六十六条　生产没有国家药品标准的中药饮片，不符合省、自治区、直辖市人民政府药品监督管理部门制定的炮制规范的；医疗机构不按照省、自治区、直辖市人民政府药品监督管理部门批准的标准配制制剂的，依照《药品管理法》第七十五条的规定给予处罚。

第六十七条　药品监督管理部门及其工作人员违反规定，泄露生产者、销售者为获得生产、销售含有新型化学成份药品许可而提交的未披露试验数据或者其他数据，造成申请人损失的，由药品监督管理部门依法承担赔偿责任；药品监督管理部门赔偿损失后，应当责令故意或者有重大过失的工作人员承担部分或者全部赔偿费用，并对直接责任人员依法给予行政处分。

第六十八条　药品生产企业、药品经营企业生产、经营的药品及医疗机构配制的制剂，其包装、标签、说明书违反《药品管理法》及本条例规定的，依照《药品管理法》第八十六条的规定给予处罚。

第六十九条　药品生产企业、药品经营企业和医疗机构变更药品生产经营许可事项，应当办理变更登记手续而未办理的，由原发证部门给予警告，责令限期补办变更登记手续；逾期不补办的，宣布其《药品生产许可证》、《药品经营许可证》和《医疗机构制剂许可证》无效；仍从事药品生产经营活动的，依照《药品管理法》第七十三条的规定给予处罚。

第七十条　篡改经批准的药品广告内容的，由药品监督管理部门责令广告主立即停止该药品广告的发布，并由原审批的药品监督管理部门依照《药品管理法》第九十二条的规定给予处罚。

药品监督管理部门撤销药品广告批准文号后，应当自作出行政处理决定之日起5个工作日内通知广告监督管理机关。广告监督管理机关应当自收到药品监督管理部门通知之日起15个工作日内，依照《中华人民共和国广告法》的有关规定作出行政处理决定。

第七十一条　发布药品广告的企业在药品生产企业所在地或者进口药品代理机构所在地以外的省、自治区、直辖市发布药品广告，未按照规定向发布地省、自治区、直辖市人民政府药品监督管理部门备案的，由发布地的药品监督管理部门责令限期改正；逾期不改正的，停止该药品品种在发布地的广告发布活动。

第七十二条 未经省、自治区、直辖市人民政府药品监督管理部门批准,擅自发布药品广告的,药品监督管理部门发现后,应当通知广告监督管理部门依法查处。

第七十三条 违反《药品管理法》和本条例的规定,有下列行为之一的,由药品监督管理部门在《药品管理法》和本条例规定的处罚幅度内从重处罚:

(一)以麻醉药品、精神药品、医疗用毒性药品、放射性药品冒充其他药品,或者以其他药品冒充上述药品的;

(二)生产、销售以孕产妇、婴幼儿及儿童为主要使用对象的假药、劣药的;

(三)生产、销售的生物制品、血液制品属于假药、劣药的;

(四)生产、销售、使用假药、劣药,造成人员伤害后果的;

(五)生产、销售、使用假药、劣药,经处理后重犯的;

(六)拒绝、逃避监督检查,或者伪造、销毁、隐匿有关证据材料的,或者擅自动用查封、扣押物品的。

第七十四条 药品监督管理部门设置的派出机构,有权作出《药品管理法》和本条例规定的警告、罚款、没收违法生产、销售的药品和违法所得的行政处罚。

第七十五条 药品经营企业、医疗机构未违反《药品管理法》和本条例的有关规定,并有充分证据证明其不知道所销售或者使用的药品是假药、劣药的,应当没收其销售或者使用的假药、劣药和违法所得;但是,可以免除其他行政处罚。

第七十六条 依照《药品管理法》和本条例的规定没收的物品,由药品监督管理部门按照规定监督处理。

第十章 附 则

第七十七条 本条例下列用语的含义:

药品合格证明和其他标识,是指药品生产批准证明文件、药品检验报告书、药品的包装、标签和说明书。

新药,是指未曾在中国境内上市销售的药品。

处方药,是指凭执业医师和执业助理医师处方方可购买、调配和使用的药品。

非处方药,是指由国务院药品监督管理部门公布的,不需要凭执业医师和执业助理医师处方,消费者可以自行判断、购买和使用的药品。

医疗机构制剂,是指医疗机构根据本单位临床需要经批准而配制、自用的固定处方制剂。

药品认证,是指药品监督管理部门对药品研制、生产、经营、使用单位实施相应质量管理规范进行检查、评价并决定是否发给相应认证证书的过程。

药品经营方式,是指药品批发和药品零售。

药品经营范围,是指经药品监督管理部门核准经营药品的品种类别。

药品批发企业,是指将购进的药品销售给药品生产企业、药品经营企业、医疗机构的药品经营企业。

药品零售企业,是指将购进的药品直接销售给消费者的药品经营企业。

第七十八条 《药品管理法》第四十一条中"首次在中国销售的药品",是指国内或者国外药品生产企业第一次在中国销售的药品,包括不同药品生产企业生产的相同品种。

第七十九条 《药品管理法》第五十九条第二款"禁止药品的生产企业、经营企业或者其代理人以任何名义给予使用其药品的医疗机构的负责人、药品采购人员、医师等有关人员以财物或者其他利益"中的"财物或者其他利益",是指药品的生产企业、经营企业或者其代理人向医疗机构的负责人、药品采购人员、医师等有关人员提供的目的在于影响其药品采购或者药品处方行为的不正当利益。

第八十条 本条例自 2002 年 9 月 15 日起施行。

医疗用毒性药品管理办法

1988 年 12 月 27 日国务院令第 23 号发布施行

第一条 为加强医疗用毒性药品的管理,防止中毒或死亡事故的发生,根据《中华人民共和国药品管理法》的规定,制定本办法。

第二条 医疗用毒性药品(以下简称毒性药品),系指毒性剧烈、治疗剂量与中毒剂量相近,使用不当会致人中毒或死亡的药品。

毒性药品的管理品种,由卫生部会同国家医药管理局、国家中医药管理局规定。

第三条 毒性药品年度生产、收购、供应和配制计划,由省、自治区、直辖市医药管理部门根据医疗需要制定,经省、自治区、直辖市卫生行政部门审核后,由医药管理部门下达给指定的毒性药品生产、收购、供应单位,并抄报卫生部、国家医药管理局和国家中医药管理局。生产单位不得擅自改变生产计划自行销售。

第四条 药厂必须由医药专业人员负责生产、配制和质量检验,并建立严格的管理制度。严防与其他药品混杂。每次配料,必须经二人以上复核无误,并详细记录每次生产所用原料和成品数。经手人要签字备查。所有工具、容器要处理干净,以防污染其他药品。标示量要准确无误,包装容器要有毒药标志。

第五条 毒性药品的收购、经营,由各级医药管理部门指定的药品经营单位负责;配方用药由国营药店、医疗单位负责。其他任何单位或者个人均不得从事毒性药品的收购、经营和配方业务。

第六条 收购、经营、加工、使用毒性药品的单位必须建立健全保管、验收、领发、核对等制度,严防收假、发错,严禁与其他药品混杂,做到划定仓间或仓位,专柜加锁并由专人保管。

毒性药品的包装容器上必须印有毒药标志。在运输毒性药品的过程中,应当采取有效措施,防止发生事故。

第七条 凡加工炮制毒性中药,必须按照《中华人民共和国药典》或者省、自治区、直辖市卫生行政部门制定的《炮制规范》的规定进行。药材符合药用要求的,方可供应、配方和用于中成药生产。

第八条 生产毒性药品及其制剂,必须严格执行生产工艺操作规程,在本单位药品检验人员的监督下准确投料,并建立完整的生产记录,保存五年备查。

在生产毒性药品过程中产生的废弃物,必须妥善处理,不得污染环境。

第九条 医疗单位供应和调配毒性药品,凭医生签名的正式处方。国营药店供应和调配毒性药品,凭盖有医生所在的医疗单位公章的正式处方。每次处方剂量不得超过二日极量。调配处方时,必须认真负责,计量准确,按医嘱注明要求,并由配方人员及具有药师以上技术职称的复核人员签名盖章后方可发出。对处方未注明"生用"的毒性中药,应当付炮制品。如发现处方有疑问时,须经原处方医生重新审定后再行调配。处方一次有效,取药后处方保存二年备查。

第十条 科研和教学单位所需的毒性药品,必须持本单位的证明信,经单位所在地县以上卫生行政部门批准后,供应部门方能发售。

群众自配民间单、秘、验方需用毒性中药,购买时要持有本单位或者城市街道办事处、乡(镇)人民政府的证明信,供应部门方可发售。每次购用量不得超过二日极量。

第十一条 对违反本办法的规定,擅自生产、收购、经营毒性药品的单位或者个人,由县以上卫生行政部门没收其全部毒性药品,并处以警告或按非法所得的五至十倍罚款。情节严重、致人伤残或死亡,构成犯罪的,由司法机关依法追究其刑事责任。

第十二条 当事人对处罚不服的,可在接到处罚通知之日起十五日内,向作出处理的机关的上级机关申请复议。但申请复议期间仍应执行原处罚决定。上级机关应在接到申请之日起十日内作出答复。对答复不服的,可在接到答复之日起十五日内,向人民法院起诉。

第十三条 本办法由卫生部负责解释。

第十四条 本办法自发布之日起施行。1964 年 4 月 20 日卫生部、商业部、化工部发布的《管理毒药、限制性剧药暂行规定》,1964 年 12 月 7 日卫生部、商业部发布的《管理毒性中药的暂行办法》,1979 年 6 月 30 日卫生部、国家医药管理总局发布的《医疗用毒药、限制性剧药管理规定》,同时废止。

放射性药品管理办法

1. 1989 年 1 月 13 日国务院令第 25 号发布

2. 根据 2011 年 1 月 8 日国务院令第 588 号《关于废止和修改部分行政法规的决定》第一次修订

3. 根据 2017 年 3 月 1 日国务院令第 676 号《关于修改和废止部分行政法规的决定》第二次修订

4. 根据 2022 年 3 月 29 日国务院令第 752 号《关于修改和废止部分行政法规的决定》第三次修订

第一章 总 则

第一条 为了加强放射性药品的管理,根据《中华人民共和国药品管理法》(以下称《药品管理法》)的规定,制定本办法。

第二条 放射性药品是指用于临床诊断或者治疗的放射性核素制剂或者其标记药物。

第三条 凡在中华人民共和国领域内进行放射性药品的研究、生产、经营、运输、使用、检验、监督管理的单位和个人都必须遵守本办法。

第四条 国务院药品监督管理部门负责全国放射性药品监督管理工作。国务院国防科技工业主管部门依据职责负责与放射性药品有关的管理工作。国务院环境保护主管部门负责与放射性药品有关的辐射安全与防护的监督管理工作。

第二章 放射性新药的研制、临床研究和审批

第五条 放射性新药的研制内容,包括工艺路线、质量标准、临床前药理及临床研究。研制单位在制订新药工艺路线的同时,必须研究该药的理化性能、纯度(包括

核素纯度)及检验方法、药理、毒理、动物药代动力学、放射性比活度、剂量、剂型、稳定性等。

研制单位对放射免疫分析药盒必须进行可测限度、范围、特异性、准确度、精密度、稳定性等方法学的研究。

放射性新药的分类,按国务院药品监督管理部门有关药品注册的规定办理。

第六条 研制单位研制的放射性新药,在进行临床试验或者验证前,应当向国务院药品监督管理部门提出申请,按规定报送资料及样品,经国务院药品监督管理部门审批同意后,在国务院药品监督管理部门指定的药物临床试验机构进行临床研究。

第七条 研制单位在放射性新药临床研究结束后,向国务院药品监督管理部门提出申请,经国务院药品监督管理部门审核批准,发给新药证书。国务院药品监督管理部门在审核批准时,应当征求国务院国防科技工业主管部门的意见。

第八条 放射性新药投入生产,需由生产单位或者取得放射性药品生产许可证的研制单位,凭新药证书(副本)向国务院药品监督管理部门提出生产该药的申请,并提供样品,由国务院药品监督管理部门审核发给批准文号。

第三章 放射性药品的生产、经营和进出口

第九条 国家根据需要,对放射性药品的生产企业实行合理布局。

第十条 开办放射性药品生产、经营企业,必须具备《药品管理法》规定的条件,符合国家有关放射性同位素安全和防护的规定与标准,并履行环境影响评价文件的审批手续;开办放射性药品生产企业,经所在省、自治区、直辖市国防科技工业主管部门审查同意,所在省、自治区、直辖市药品监督管理部门审核批准后,由所在省、自治区、直辖市药品监督管理部门发给《放射性药品生产企业许可证》;开办放射性药品经营企业,经所在省、自治区、直辖市药品监督管理部门审核并征求所在省、自治区、直辖市国防科技工业主管部门意见后批准的,由所在省、自治区、直辖市药品监督管理部门发给《放射性药品经营企业许可证》。无许可证的生产、经营企业,一律不准生产、销售放射性药品。

第十一条 《放射性药品生产企业许可证》、《放射性药品经营企业许可证》的有效期为5年,期满前6个月,放射性药品生产、经营企业应当分别向原发证的药品监督管理部门重新提出申请,按第十条审批程序批准后,换发新证。

第十二条 放射性药品生产企业生产已有国家标准的放射性药品,必须经国务院药品监督管理部门征求国务院国防科技工业主管部门意见后审核批准,并发给批准文号。凡是改变国务院药品监督管理部门已批准的生产工艺路线和药品标准的,生产单位必须按原报批程序提出补充申请,经国务院药品监督管理部门批准后方能生产。

第十三条 放射性药品生产、经营企业,必须配备与生产、经营放射性药品相适应的专业技术人员,具有安全、防护和废气、废物、废水处理等设施,并建立严格的质量管理制度。

第十四条 放射性药品生产、经营企业,必须建立质量检验机构,严格实行生产全过程的质量控制和检验。产品出厂前,须经质量检验。符合国家药品标准的产品方可出厂,不符合标准的产品一律不准出厂。

经国务院药品监督管理部门审核批准的含有短半衰期放射性核素的药品,可以边检验边出厂,但发现质量不符合国家药品标准时,该药品的生产企业应当立即停止生产、销售,并立即通知使用单位停止使用,同时报告国务院药品监督管理、卫生行政、国防科技工业主管部门。

第十五条 放射性药品的生产、经营单位和医疗单位凭省、自治区、直辖市药品监督管理部门发给的《放射性药品生产企业许可证》、《放射性药品经营企业许可证》,医疗单位凭省、自治区、直辖市药品监督管理部门发给的《放射性药品使用许可证》,开展放射性药品的购销活动。

第十六条 进口的放射性药品品种,必须符合我国的药品标准或者其他药用要求,并依照《药品管理法》的规定取得进口药品注册证书。

进出口放射性药品,应当按照国家有关对外贸易、放射性同位素安全和防护的规定,办理进出口手续。

第十七条 进口放射性药品,必须经国务院药品监督管理部门指定的药品检验机构抽样检验;检验合格的,方准进口。

对于经国务院药品监督管理部门审核批准的含有短半衰期放射性核素的药品,在保证安全使用的情况下,可以采取边进口检验,边投入使用的办法。进口检验单位发现药品质量不符合要求时,应当立即通知使用单位停止使用,并报告国务院药品监督管理、卫生行政、国防科技工业主管部门。

第四章 放射性药品的包装和运输

第十八条 放射性药品的包装必须安全实用，符合放射性药品质量要求，具有与放射性剂量相适应的防护装置。包装必须分内包装和外包装两部分，外包装必须贴有商标、标签、说明书和放射性药品标志，内包装必须贴有标签。

标签必须注明药品品名、放射性比活度、装量。

说明书除注明前款内容外，还须注明生产单位、批准文号、批号、主要成份、出厂日期、放射性核素半衰期、适应症、用法、用量、禁忌症、有效期和注意事项等。

第十九条 放射性药品的运输，按国家运输、邮政等部门制订的有关规定执行。

严禁任何单位和个人随身携带放射性药品乘坐公共交通运输工具。

第五章 放射性药品的使用

第二十条 医疗单位设置核医学科、室（同位素室），必须配备与其医疗任务相适应的并经核医学技术培训的技术人员。非核医学专业技术人员未经培训，不得从事放射性药品使用工作。

第二十一条 医疗单位使用放射性药品，必须符合国家有关放射性同位素安全和防护的规定。所在地的省、自治区、直辖市药品监督管理部门，应当根据医疗单位核医疗技术人员的水平、设备条件，核发相应等级的《放射性药品使用许可证》，无许可证的医疗单位不得临床使用放射性药品。

《放射性药品使用许可证》有效期为5年，期满前6个月，医疗单位应当向原发证的行政部门重新提出申请，经审核批准后，换发新证。

第二十二条 医疗单位配制、使用放射性制剂，应当符合《药品管理法》及其实施条例的相关规定。

第二十三条 持有《放射性药品使用许可证》的医疗单位，必须负责对使用的放射性药品进行临床质量检验，收集药品不良反应等项工作，并定期向所在地药品监督管理、卫生行政部门报告。由省、自治区、直辖市药品监督管理、卫生行政部门汇总后分别报国务院药品监督管理、卫生行政部门。

第二十四条 放射性药品使用后的废物（包括患者排出物），必须按国家有关规定妥善处置。

第六章 放射性药品标准和检验

第二十五条 放射性药品的国家标准，由国务院药品监督管理部门药典委员会负责制定和修订，报国务院药品监督管理部门审批颁发。

第二十六条 放射性药品的检验由国务院药品监督管理部门公布的药品检验机构承担。

第七章 附　　则

第二十七条 对违反本办法规定的单位或者个人，由县以上药品监督管理、卫生行政部门，按照《药品管理法》和有关法规的规定处罚。

第二十八条 本办法自发布之日起施行。

麻醉药品和精神药品管理条例

1. *2005年8月3日国务院令第442号公布*
2. *根据2013年12月7日国务院令第645号《关于修改部分行政法规的决定》第一次修订*
3. *根据2016年2月6日国务院令第666号《关于修改部分行政法规的决定》第二次修订*

第一章 总　　则

第一条 为加强麻醉药品和精神药品的管理，保证麻醉药品和精神药品的合法、安全、合理使用，防止流入非法渠道，根据药品管理法和其他有关法律的规定，制定本条例。

第二条 麻醉药品药用原植物的种植，麻醉药品和精神药品的实验研究、生产、经营、使用、储存、运输等活动以及监督管理，适用本条例。

麻醉药品和精神药品的进出口依照有关法律的规定办理。

第三条 本条例所称麻醉药品和精神药品，是指列入麻醉药品目录、精神药品目录（以下称目录）的药品和其他物质。精神药品分为第一类精神药品和第二类精神药品。

目录由国务院药品监督管理部门会同国务院公安部门、国务院卫生主管部门制定、调整并公布。

上市销售但尚未列入目录的药品和其他物质或者第二类精神药品发生滥用，已经造成或者可能造成严重社会危害的，国务院药品监督管理部门会同国务院公安部门、国务院卫生主管部门应当及时将该药品和该物质列入目录或者将该第二类精神药品调整为第一类精神药品。

第四条 国家对麻醉药品药用原植物以及麻醉药品和精神药品实行管制。除本条例另有规定的外，任何单位、个人不得进行麻醉药品药用原植物的种植以及麻醉药品和精神药品的实验研究、生产、经营、使用、储存、运输等活动。

第五条 国务院药品监督管理部门负责全国麻醉药品和

精神药品的监督管理工作,并会同国务院农业主管部门对麻醉药品药用原植物实施监督管理。国务院公安部门负责对造成麻醉药品药用原植物、麻醉药品和精神药品流入非法渠道的行为进行查处。国务院其他有关主管部门在各自的职责范围内负责与麻醉药品和精神药品有关的管理工作。

省、自治区、直辖市人民政府药品监督管理部门负责本行政区域内麻醉药品和精神药品的监督管理工作。县级以上地方公安机关负责对本行政区域内造成麻醉药品和精神药品流入非法渠道的行为进行查处。县级以上地方人民政府其他有关主管部门在各自的职责范围内负责与麻醉药品和精神药品有关的管理工作。

第六条 麻醉药品和精神药品生产、经营企业和使用单位可以依法参加行业协会。行业协会应当加强行业自律管理。

第二章 种植、实验研究和生产

第七条 国家根据麻醉药品和精神药品的医疗、国家储备和企业生产所需原料的需要确定需求总量,对麻醉药品药用原植物的种植、麻醉药品和精神药品的生产实行总量控制。

国务院药品监督管理部门根据麻醉药品和精神药品的需求总量制定年度生产计划。

国务院药品监督管理部门和国务院农业主管部门根据麻醉药品年度生产计划,制定麻醉药品药用原植物年度种植计划。

第八条 麻醉药品药用原植物种植企业应当根据年度种植计划,种植麻醉药品药用原植物。

麻醉药品药用原植物种植企业应当向国务院药品监督管理部门和国务院农业主管部门定期报告种植情况。

第九条 麻醉药品药用原植物种植企业由国务院药品监督管理部门和国务院农业主管部门共同确定,其他单位和个人不得种植麻醉药品药用原植物。

第十条 开展麻醉药品和精神药品实验研究活动应当具备下列条件,并经国务院药品监督管理部门批准:

(一)以医疗、科学研究或者教学为目的;

(二)有保证实验所需麻醉药品和精神药品安全的措施和管理制度;

(三)单位及其工作人员 2 年内没有违反有关禁毒的法律、行政法规规定的行为。

第十一条 麻醉药品和精神药品的实验研究单位申请相关药品批准证明文件,应当依照药品管理法的规定办理;需要转让研究成果的,应当经国务院药品监督管理部门批准。

第十二条 药品研究单位在普通药品的实验研究过程中,产生本条例规定的管制品种的,应当立即停止实验研究活动,并向国务院药品监督管理部门报告。国务院药品监督管理部门应当根据情况,及时作出是否同意其继续实验研究的决定。

第十三条 麻醉药品和第一类精神药品的临床试验,不得以健康人为受试对象。

第十四条 国家对麻醉药品和精神药品实行定点生产制度。

国务院药品监督管理部门应当根据麻醉药品和精神药品的需求总量,确定麻醉药品和精神药品定点生产企业的数量和布局,并根据年度需求总量对数量和布局进行调整、公布。

第十五条 麻醉药品和精神药品的定点生产企业应当具备下列条件:

(一)有药品生产许可证;

(二)有麻醉药品和精神药品实验研究批准文件;

(三)有符合规定的麻醉药品和精神药品生产设施、储存条件和相应的安全管理设施;

(四)有通过网络实施企业安全生产管理和向药品监督管理部门报告生产信息的能力;

(五)有保证麻醉药品和精神药品安全生产的管理制度;

(六)有与麻醉药品和精神药品安全生产要求相适应的管理水平和经营规模;

(七)麻醉药品和精神药品生产管理、质量管理部门的人员应当熟悉麻醉药品和精神药品管理以及有关禁毒的法律、行政法规;

(八)没有生产、销售假药、劣药或者违反有关禁毒的法律、行政法规规定的行为;

(九)符合国务院药品监督管理部门公布的麻醉药品和精神药品定点生产企业数量和布局的要求。

第十六条 从事麻醉药品、精神药品生产的企业,应当经所在地省、自治区、直辖市人民政府药品监督管理部门批准。

第十七条 定点生产企业生产麻醉药品和精神药品,应当依照药品管理法的规定取得药品批准文号。

国务院药品监督管理部门应当组织医学、药学、社会学、伦理学和禁毒等方面的专家成立专家组,由专家组对申请首次上市的麻醉药品和精神药品的社会危害性和被滥用的可能性进行评价,并提出是否批准的建议。

未取得药品批准文号的,不得生产麻醉药品和精神药品。

第十八条　发生重大突发事件,定点生产企业无法正常生产或者不能保证供应麻醉药品和精神药品时,国务院药品监督管理部门可以决定其他药品生产企业生产麻醉药品和精神药品。

重大突发事件结束后,国务院药品监督管理部门应当及时决定前款规定的企业停止麻醉药品和精神药品的生产。

第十九条　定点生产企业应当严格按照麻醉药品和精神药品年度生产计划安排生产,并依照规定向所在地省、自治区、直辖市人民政府药品监督管理部门报告生产情况。

第二十条　定点生产企业应当依照本条例的规定,将麻醉药品和精神药品销售给具有麻醉药品和精神药品经营资格的企业或者依照本条例规定批准的其他单位。

第二十一条　麻醉药品和精神药品的标签应当印有国务院药品监督管理部门规定的标志。

第三章　经　　营

第二十二条　国家对麻醉药品和精神药品实行定点经营制度。

国务院药品监督管理部门应当根据麻醉药品和第一类精神药品的需求总量,确定麻醉药品和第一类精神药品的定点批发企业布局,并应当根据年度需求总量对布局进行调整、公布。

药品经营企业不得经营麻醉药品原料药和第一类精神药品原料药。但是,供医疗、科学研究、教学使用的小包装的上述药品可以由国务院药品监督管理部门规定的药品批发企业经营。

第二十三条　麻醉药品和精神药品定点批发企业除应当具备药品管理法第十五条规定的药品经营企业的开办条件外,还应当具备下列条件:

(一)有符合本条例规定的麻醉药品和精神药品储存条件;

(二)有通过网络实施企业安全管理和向药品监督管理部门报告经营信息的能力;

(三)单位及其工作人员 2 年内没有违反有关禁毒的法律、行政法规规定的行为;

(四)符合国务院药品监督管理部门公布的定点批发企业布局。

麻醉药品和第一类精神药品的定点批发企业,还应当具有保证供应责任区域内医疗机构所需麻醉药品和第一类精神药品的能力,并具有保证麻醉药品和第一类精神药品安全经营的管理制度。

第二十四条　跨省、自治区、直辖市从事麻醉药品和第一类精神药品批发业务的企业(以下称全国性批发企业),应当经国务院药品监督管理部门批准;在本省、自治区、直辖市行政区域内从事麻醉药品和第一类精神药品批发业务的企业(以下称区域性批发企业),应当经所在地省、自治区、直辖市人民政府药品监督管理部门批准。

专门从事第二类精神药品批发业务的企业,应当经所在地省、自治区、直辖市人民政府药品监督管理部门批准。

全国性批发企业和区域性批发企业可以从事第二类精神药品批发业务。

第二十五条　全国性批发企业可以向区域性批发企业,或者经批准可以向取得麻醉药品和第一类精神药品使用资格的医疗机构以及依照本条例规定批准的其他单位销售麻醉药品和第一类精神药品。

全国性批发企业向取得麻醉药品和第一类精神药品使用资格的医疗机构销售麻醉药品和第一类精神药品,应当经医疗机构所在地省、自治区、直辖市人民政府药品监督管理部门批准。

国务院药品监督管理部门在批准全国性批发企业时,应当明确其所承担供药责任的区域。

第二十六条　区域性批发企业可以向本省、自治区、直辖市行政区域内取得麻醉药品和第一类精神药品使用资格的医疗机构销售麻醉药品和第一类精神药品;由于特殊地理位置的原因,需要就近向其他省、自治区、直辖市行政区域内取得麻醉药品和第一类精神药品使用资格的医疗机构销售的,应当经企业所在地省、自治区、直辖市人民政府药品监督管理部门批准。审批情况由负责审批的药品监督管理部门在批准后 5 日内通报医疗机构所在地省、自治区、直辖市人民政府药品监督管理部门。

省、自治区、直辖市人民政府药品监督管理部门在批准区域性批发企业时,应当明确其所承担供药责任的区域。

区域性批发企业之间因医疗急需、运输困难等特殊情况需要调剂麻醉药品和第一类精神药品的,应当在调剂后 2 日内将调剂情况分别报所在地省、自治区、直辖市人民政府药品监督管理部门备案。

第二十七条　全国性批发企业应当从定点生产企业购进麻醉药品和第一类精神药品。

区域性批发企业可以从全国性批发企业购进麻醉

药品和第一类精神药品;经所在地省、自治区、直辖市人民政府药品监督管理部门批准,也可以从定点生产企业购进麻醉药品和第一类精神药品。

第二十八条 全国性批发企业和区域性批发企业向医疗机构销售麻醉药品和第一类精神药品,应当将药品送至医疗机构。医疗机构不得自行提货。

第二十九条 第二类精神药品定点批发企业可以向医疗机构、定点批发企业和符合本条例第三十一条规定的药品零售企业以及依照本条例规定批准的其他单位销售第二类精神药品。

第三十条 麻醉药品和第一类精神药品不得零售。

禁止使用现金进行麻醉药品和精神药品交易,但是个人合法购买麻醉药品和精神药品的除外。

第三十一条 经所在地设区的市级药品监督管理部门批准,实行统一进货、统一配送、统一管理的药品零售连锁企业可以从事第二类精神药品零售业务。

第三十二条 第二类精神药品零售企业应当凭执业医师出具的处方,按规定剂量销售第二类精神药品,并将处方保存2年备查;禁止超剂量或者无处方销售第二类精神药品;不得向未成年人销售第二类精神药品。

第三十三条 麻醉药品和精神药品实行政府定价,在制定出厂和批发价格的基础上,逐步实行全国统一零售价格。具体办法由国务院价格主管部门制定。

第四章 使 用

第三十四条 药品生产企业需要以麻醉药品和第一类精神药品为原料生产普通药品的,应当向所在地省、自治区、直辖市人民政府药品监督管理部门报送年度需求计划,由省、自治区、直辖市人民政府药品监督管理部门汇总报国务院药品监督管理部门批准后,向定点生产企业购买。

药品生产企业需要以第二类精神药品为原料生产普通药品的,应当将年度需求计划报所在地省、自治区、直辖市人民政府药品监督管理部门,并向定点批发企业或者定点生产企业购买。

第三十五条 食品、食品添加剂、化妆品、油漆等非药品生产企业需要使用咖啡因作为原料的,应当经所在地省、自治区、直辖市人民政府药品监督管理部门批准,向定点批发企业或者定点生产企业购买。

科学研究、教学单位需要使用麻醉药品和精神药品开展实验、教学活动的,应当经所在地省、自治区、直辖市人民政府药品监督管理部门批准,向定点批发企业或者定点生产企业购买。

需要使用麻醉药品和精神药品的标准品、对照品的,应当经所在地省、自治区、直辖市人民政府药品监督管理部门批准,向国务院药品监督管理部门批准的单位购买。

第三十六条 医疗机构需要使用麻醉药品和第一类精神药品的,应当经所在地设区的市级人民政府卫生主管部门批准,取得麻醉药品、第一类精神药品购用印鉴卡(以下称印鉴卡)。医疗机构应当凭印鉴卡向本省、自治区、直辖市行政区域内的定点批发企业购买麻醉药品和第一类精神药品。

设区的市级人民政府卫生主管部门发给医疗机构印鉴卡时,应当将取得印鉴卡的医疗机构情况抄送所在地设区的市级药品监督管理部门,并报省、自治区、直辖市人民政府卫生主管部门备案。省、自治区、直辖市人民政府卫生主管部门应当将取得印鉴卡的医疗机构名单向本行政区域内的定点批发企业通报。

第三十七条 医疗机构取得印鉴卡应当具备下列条件:

(一)有专职的麻醉药品和第一类精神药品管理人员;

(二)有获得麻醉药品和第一类精神药品处方资格的执业医师;

(三)有保证麻醉药品和第一类精神药品安全储存的设施和管理制度。

第三十八条 医疗机构应当按照国务院卫生主管部门的规定,对本单位执业医师进行有关麻醉药品和精神药品使用知识的培训、考核,经考核合格的,授予麻醉药品和第一类精神药品处方资格。执业医师取得麻醉药品和第一类精神药品的处方资格后,方可在本医疗机构开具麻醉药品和第一类精神药品处方,但不得为自己开具该种处方。

医疗机构应当将具有麻醉药品和第一类精神药品处方资格的执业医师名单及其变更情况,定期报送所在地设区的市级人民政府卫生主管部门,并抄送同级药品监督管理部门。

医务人员应当根据国务院卫生主管部门制定的临床应用指导原则,使用麻醉药品和精神药品。

第三十九条 具有麻醉药品和第一类精神药品处方资格的执业医师,根据临床应用指导原则,对确需使用麻醉药品或者第一类精神药品的患者,应当满足其合理用药需求。在医疗机构就诊的癌症疼痛患者和其他危重患者得不到麻醉药品或者第一类精神药品时,患者或者其亲属可以向执业医师提出申请。具有麻醉药品和第一类精神药品处方资格的执业医师认为要求合理的,应当及时为患者提供所需麻醉药品或者第一类精神药品。

第四十条　执业医师应当使用专用处方开具麻醉药品和精神药品，单张处方的最大用量应当符合国务院卫生主管部门的规定。

对麻醉药品和第一类精神药品处方，处方的调配人、核对人应当仔细核对，签署姓名，并予以登记；对不符合本条例规定的，处方的调配人、核对人应当拒绝发药。

麻醉药品和精神药品专用处方的格式由国务院卫生主管部门规定。

第四十一条　医疗机构应当对麻醉药品和精神药品处方进行专册登记，加强管理。麻醉药品处方至少保存3年，精神药品处方至少保存2年。

第四十二条　医疗机构抢救病人急需麻醉药品和第一类精神药品而本医疗机构无法提供时，可以从其他医疗机构或者定点批发企业紧急借用；抢救工作结束后，应当及时将借用情况报所在地设区的市级药品监督管理部门和卫生主管部门备案。

第四十三条　对临床需要而市场无供应的麻醉药品和精神药品，持有医疗机构制剂许可证和印鉴卡的医疗机构需要配制制剂的，应当经所在地省、自治区、直辖市人民政府药品监督管理部门批准。医疗机构配制的麻醉药品和精神药品制剂只能在本医疗机构使用，不得对外销售。

第四十四条　因治疗疾病需要，个人凭医疗机构出具的医疗诊断书、本人身份证明，可以携带单张处方最大用量以内的麻醉药品和第一类精神药品；携带麻醉药品和第一类精神药品出入境的，由海关根据自用、合理的原则放行。

医务人员为了医疗需要携带少量麻醉药品和精神药品出入境的，应当持有省级以上人民政府药品监督管理部门发放的携带麻醉药品和精神药品证明。海关凭携带麻醉药品和精神药品证明放行。

第四十五条　医疗机构、戒毒机构以开展戒毒治疗为目的，可以使用美沙酮或者国家确定的其他用于戒毒治疗的麻醉药品和精神药品。具体管理办法由国务院药品监督管理部门、国务院公安部门和国务院卫生主管部门制定。

第五章　储　　存

第四十六条　麻醉药品药用原植物种植企业、定点生产企业、全国性批发企业和区域性批发企业以及国家设立的麻醉药品储存单位，应当设置储存麻醉药品和第一类精神药品的专库。该专库应当符合下列要求：

（一）安装专用防盗门，实行双人双锁管理；

（二）具有相应的防火设施；

（三）具有监控设施和报警装置，报警装置应当与公安机关报警系统联网。

全国性批发企业经国务院药品监督管理部门批准设立的药品储存点应当符合前款的规定。

麻醉药品定点生产企业应当将麻醉药品原料药和制剂分别存放。

第四十七条　麻醉药品和第一类精神药品的使用单位应当设立专库或者专柜储存麻醉药品和第一类精神药品。专库应当设有防盗设施并安装报警装置；专柜应当使用保险柜。专库和专柜应当实行双人双锁管理。

第四十八条　麻醉药品药用原植物种植企业、定点生产企业、全国性批发企业和区域性批发企业、国家设立的麻醉药品储存单位以及麻醉药品和第一类精神药品的使用单位，应当配备专人负责管理工作，并建立储存麻醉药品和第一类精神药品的专用账册。药品入库双人验收，出库双人复核，做到账物相符。专用账册的保存期限应当自药品有效期期满之日起不少于5年。

第四十九条　第二类精神药品经营企业应当在药品库房中设立独立的专库或者专柜储存第二类精神药品，并建立专用账册，实行专人管理。专用账册的保存期限应当自药品有效期期满之日起不少于5年。

第六章　运　　输

第五十条　托运、承运和自行运输麻醉药品和精神药品的，应当采取安全保障措施，防止麻醉药品和精神药品在运输过程中被盗、被抢、丢失。

第五十一条　通过铁路运输麻醉药品和第一类精神药品的，应当使用集装箱或者铁路行李车运输，具体办法由国务院药品监督管理部门会同国务院铁路主管部门制定。

没有铁路需要通过公路或者水路运输麻醉药品和第一类精神药品的，应当由专人负责押运。

第五十二条　托运或者自行运输麻醉药品和第一类精神药品的单位，应当向所在地设区的市级药品监督管理部门申请领取运输证明。运输证明有效期为1年。

运输证明应当由专人保管，不得涂改、转让、转借。

第五十三条　托运人办理麻醉药品和第一类精神药品运输手续，应当将运输证明副本交付承运人。承运人应当查验、收存运输证明副本，并检查货物包装。没有运输证明或者货物包装不符合规定的，承运人不得承运。

承运人在运输过程中应当携带运输证明副本，以备查验。

第五十四条 邮寄麻醉药品和精神药品，寄件人应当提交所在地设区的市级药品监督管理部门出具的准予邮寄证明。邮政营业机构应当查验、收存准予邮寄证明；没有准予邮寄证明的，邮政营业机构不得收寄。

省、自治区、直辖市邮政主管部门指定符合安全保障条件的邮政营业机构负责收寄麻醉药品和精神药品。邮政营业机构收寄麻醉药品和精神药品，应当依法对收寄的麻醉药品和精神药品予以查验。

邮寄麻醉药品和精神药品的具体管理办法，由国务院药品监督管理部门会同国务院邮政主管部门制定。

第五十五条 定点生产企业、全国性批发企业和区域性批发企业之间运输麻醉药品、第一类精神药品，发货人在发货前应当向所在地省、自治区、直辖市人民政府药品监督管理部门报送本次运输的相关信息。属于跨省、自治区、直辖市运输的，收到信息的药品监督管理部门应当向收货人所在地的同级药品监督管理部门通报；属于在本省、自治区、直辖市行政区域内运输的，收到信息的药品监督管理部门应当向收货人所在地设区的市级药品监督管理部门通报。

第七章 审批程序和监督管理

第五十六条 申请人提出本条例规定的审批事项申请，应当提交能够证明其符合本条例规定条件的相关资料。审批部门应当自收到申请之日起40日内作出是否批准的决定；作出批准决定的，发给许可证明文件或者在相关许可证明文件上加注许可事项；作出不予批准决定的，应当书面说明理由。

确定定点生产企业和定点批发企业，审批部门应当在经审查符合条件的企业中，根据布局的要求，通过公平竞争的方式初步确定定点生产企业和定点批发企业，并予公布。其他符合条件的企业可以自公布之日起10日内向审批部门提出异议。审批部门应当自收到异议之日起20日内对异议进行审查，并作出是否调整的决定。

第五十七条 药品监督管理部门应当根据规定的职责权限，对麻醉药品药用原植物的种植以及麻醉药品和精神药品的实验研究、生产、经营、使用、储存、运输活动进行监督检查。

第五十八条 省级以上人民政府药品监督管理部门根据实际情况建立监控信息网络，对定点生产企业、定点批发企业和使用单位的麻醉药品和精神药品生产、进货、销售、库存、使用的数量以及流向实行实时监控，并与同级公安机关做到信息共享。

第五十九条 尚未连接监控信息网络的麻醉药品和精神药品定点生产企业、定点批发企业和使用单位，应当每月通过电子信息、传真、书面等方式，将本单位麻醉药品和精神药品生产、进货、销售、库存、使用的数量以及流向，报所在地设区的市级药品监督管理部门和公安机关；医疗机构还应当报所在地设区的市级人民政府卫生主管部门。

设区的市级药品监督管理部门应当每3个月向上一级药品监督管理部门报告本地区麻醉药品和精神药品的相关情况。

第六十条 对已经发生滥用，造成严重社会危害的麻醉药品和精神药品品种，国务院药品监督管理部门应当采取在一定期限内中止生产、经营、使用或者限定其使用范围和用途等措施。对不再作为药品使用的麻醉药品和精神药品，国务院药品监督管理部门应当撤销其药品批准文号和药品标准，并予以公布。

药品监督管理部门、卫生主管部门发现生产、经营企业和使用单位的麻醉药品和精神药品管理存在安全隐患时，应当责令其立即排除或者限期排除；对有证据证明可能流入非法渠道的，应当及时采取查封、扣押的行政强制措施，在7日内作出行政处理决定，并通报同级公安机关。

药品监督管理部门发现取得印鉴卡的医疗机构未依照规定购买麻醉药品和第一类精神药品时，应当及时通报同级卫生主管部门。接到通报的卫生主管部门应当立即调查处理。必要时，药品监督管理部门可以责令定点批发企业中止向该医疗机构销售麻醉药品和第一类精神药品。

第六十一条 麻醉药品和精神药品的生产、经营企业和使用单位对过期、损坏的麻醉药品和精神药品应当登记造册，并向所在地县级药品监督管理部门申请销毁。药品监督管理部门应当自接到申请之日起5日内到场监督销毁。医疗机构对存放在本单位的过期、损坏麻醉药品和精神药品，应当按照本条规定的程序向卫生主管部门提出申请，由卫生主管部门负责监督销毁。

对依法收缴的麻醉药品和精神药品，除经国务院药品监督管理部门或者国务院公安部门批准用于科学研究外，应当依照国家有关规定予以销毁。

第六十二条 县级以上人民政府卫生主管部门应当对执业医师开具麻醉药品和精神药品处方的情况进行监督检查。

第六十三条 药品监督管理部门、卫生主管部门和公安机关应当互相通报麻醉药品和精神药品生产、经营企业和使用单位的名单以及其他管理信息。

各级药品监督管理部门应当将在麻醉药品药用原植物的种植以及麻醉药品和精神药品的实验研究、生产、经营、使用、储存、运输等各环节的管理中的审批、撤销等事项通报同级公安机关。

麻醉药品和精神药品的经营企业、使用单位报送各级药品监督管理部门的备案事项，应当同时报送同级公安机关。

第六十四条 发生麻醉药品和精神药品被盗、被抢、丢失或者其他流入非法渠道的情形的，案发单位应当立即采取必要的控制措施，同时报告所在地县级公安机关和药品监督管理部门。医疗机构发生上述情形的，还应当报告其主管部门。

公安机关接到报告、举报，或者有证据证明麻醉药品和精神药品可能流入非法渠道时，应当及时开展调查，并可以对相关单位采取必要的控制措施。

药品监督管理部门、卫生主管部门以及其他有关部门应当配合公安机关开展工作。

第八章 法律责任

第六十五条 药品监督管理部门、卫生主管部门违反本条例的规定，有下列情形之一的，由其上级行政机关或者监察机关责令改正；情节严重的，对直接负责的主管人员和其他直接责任人员依法给予行政处分；构成犯罪的，依法追究刑事责任：

（一）对不符合条件的申请人准予行政许可或者超越法定职权作出准予行政许可决定的；

（二）未到场监督销毁过期、损坏的麻醉药品和精神药品的；

（三）未依法履行监督检查职责，应当发现而未发现违法行为、发现违法行为不及时查处，或者未依照本条例规定的程序实施监督检查的；

（四）违反本条例规定的其他失职、渎职行为。

第六十六条 麻醉药品药用原植物种植企业违反本条例的规定，有下列情形之一的，由药品监督管理部门责令限期改正，给予警告；逾期不改正的，处5万元以上10万元以下的罚款；情节严重的，取消其种植资格：

（一）未依照麻醉药品药用原植物年度种植计划进行种植的；

（二）未依照规定报告种植情况的；

（三）未依照规定储存麻醉药品的。

第六十七条 定点生产企业违反本条例的规定，有下列情形之一的，由药品监督管理部门责令限期改正，给予警告，并没收违法所得和违法销售的药品；逾期不改正的，责令停产，并处5万元以上10万元以下的罚款；情节严重的，取消其定点生产资格：

（一）未按照麻醉药品和精神药品年度生产计划安排生产的；

（二）未依照规定向药品监督管理部门报告生产情况的；

（三）未依照规定储存麻醉药品和精神药品，或者未依照规定建立、保存专用账册的；

（四）未依照规定销售麻醉药品和精神药品的；

（五）未依照规定销毁麻醉药品和精神药品的。

第六十八条 定点批发企业违反本条例的规定销售麻醉药品和精神药品，或者违反本条例的规定经营麻醉药品原料药和第一类精神药品原料药的，由药品监督管理部门责令限期改正，给予警告，并没收违法所得和违法销售的药品；逾期不改正的，责令停业，并处违法销售药品货值金额2倍以上5倍以下的罚款；情节严重的，取消其定点批发资格。

第六十九条 定点批发企业违反本条例的规定，有下列情形之一的，由药品监督管理部门责令限期改正，给予警告；逾期不改正的，责令停业，并处2万元以上5万元以下的罚款；情节严重的，取消其定点批发资格：

（一）未依照规定购进麻醉药品和第一类精神药品的；

（二）未保证供药责任区域内的麻醉药品和第一类精神药品的供应的；

（三）未对医疗机构履行送货义务的；

（四）未依照规定报告麻醉药品和精神药品的进货、销售、库存数量以及流向的；

（五）未依照规定储存麻醉药品和精神药品，或者未依照规定建立、保存专用账册的；

（六）未依照规定销毁麻醉药品和精神药品的；

（七）区域性批发企业之间违反本条例的规定调剂麻醉药品和第一类精神药品，或者因特殊情况调剂麻醉药品和第一类精神药品后未依照规定备案的。

第七十条 第二类精神药品零售企业违反本条例的规定储存、销售或者销毁第二类精神药品的，由药品监督管理部门责令限期改正，给予警告，并没收违法所得和违法销售的药品；逾期不改正的，责令停业，并处5000元以上2万元以下的罚款；情节严重的，取消其第二类精神药品零售资格。

第七十一条 本条例第三十四条、第三十五条规定的单位违反本条例的规定，购买麻醉药品和精神药品的，由药品监督管理部门没收违法购买的麻醉药品和精神药品，责令限期改正，给予警告；逾期不改正的，责令停产或者停止相关活动，并处2万元以上5万元以下的罚款。

第七十二条　取得印鉴卡的医疗机构违反本条例的规定，有下列情形之一的，由设区的市级人民政府卫生主管部门责令限期改正，给予警告；逾期不改正的，处5000元以上1万元以下的罚款；情节严重的，吊销其印鉴卡；对直接负责的主管人员和其他直接责任人员，依法给予降级、撤职、开除的处分：

（一）未依照规定购买、储存麻醉药品和第一类精神药品的；

（二）未依照规定保存麻醉药品和精神药品专用处方，或者未依照规定进行处方专册登记的；

（三）未依照规定报告麻醉药品和精神药品的进货、库存、使用数量的；

（四）紧急借用麻醉药品和第一类精神药品后未备案的；

（五）未依照规定销毁麻醉药品和精神药品的。

第七十三条　具有麻醉药品和第一类精神药品处方资格的执业医师，违反本条例的规定开具麻醉药品和第一类精神药品处方，或者未按照临床应用指导原则的要求使用麻醉药品和第一类精神药品的，由其所在医疗机构取消其麻醉药品和第一类精神药品处方资格；造成严重后果的，由原发证部门吊销其执业证书。执业医师未按照临床应用指导原则的要求使用第二类精神药品或者未使用专用处方开具第二类精神药品，造成严重后果的，由原发证部门吊销其执业证书。

未取得麻醉药品和第一类精神药品处方资格的执业医师擅自开具麻醉药品和第一类精神药品处方，由县级以上人民政府卫生主管部门给予警告，暂停其执业活动；造成严重后果的，吊销其执业证书；构成犯罪的，依法追究刑事责任。

处方的调配人、核对人违反本条例的规定未对麻醉药品和第一类精神药品处方进行核对，造成严重后果的，由原发证部门吊销其执业证书。

第七十四条　违反本条例的规定运输麻醉药品和精神药品的，由药品监督管理部门和运输管理部门依照各自职责，责令改正，给予警告，处2万元以上5万元以下的罚款。

收寄麻醉药品、精神药品的邮政营业机构未依照本条例的规定办理邮寄手续的，由邮政主管部门责令改正，给予警告；造成麻醉药品、精神药品邮件丢失的，依照邮政法律、行政法规的规定处理。

第七十五条　提供虚假材料、隐瞒有关情况，或者采取其他欺骗手段取得麻醉药品和精神药品的实验研究、生产、经营、使用资格的，由原审批部门撤销其已取得的资格，5年内不得提出有关麻醉药品和精神药品的申请；情节严重的，处1万元以上3万元以下的罚款，有药品生产许可证、药品经营许可证、医疗机构执业许可证的，依法吊销其许可证明文件。

第七十六条　药品研究单位在普通药品的实验研究和研制过程中，产生本条例规定管制的麻醉药品和精神药品，未依照本条例的规定报告的，由药品监督管理部门责令改正，给予警告，没收违法药品；拒不改正的，责令停止实验研究和研制活动。

第七十七条　药物临床试验机构以健康人为麻醉药品和第一类精神药品临床试验的受试对象的，由药品监督管理部门责令停止违法行为，给予警告；情节严重的，取消其药物临床试验机构的资格；构成犯罪的，依法追究刑事责任。对受试对象造成损害的，药物临床试验机构依法承担治疗和赔偿责任。

第七十八条　定点生产企业、定点批发企业和第二类精神药品零售企业生产、销售假劣麻醉药品和精神药品的，由药品监督管理部门取消其定点生产资格、定点批发资格或者第二类精神药品零售资格，并依照药品管理法的有关规定予以处罚。

第七十九条　定点生产企业、定点批发企业和其他单位使用现金进行麻醉药品和精神药品交易的，由药品监督管理部门责令改正，给予警告，没收违法交易的药品，并处5万元以上10万元以下的罚款。

第八十条　发生麻醉药品和精神药品被盗、被抢、丢失案件的单位，违反本条例的规定未采取必要的控制措施或者未依照本条例的规定报告的，由药品监督管理部门和卫生主管部门依照各自职责，责令改正，给予警告；情节严重的，处5000元以上1万元以下的罚款；有上级主管部门的，由其上级主管部门对直接负责的主管人员和其他直接责任人员，依法给予降级、撤职的处分。

第八十一条　依法取得麻醉药品药用原植物种植或者麻醉药品和精神药品实验研究、生产、经营、使用、运输等资格的单位，倒卖、转让、出租、出借、涂改其麻醉药品和精神药品许可证明文件的，由原审批部门吊销相应许可证明文件，没收违法所得；情节严重的，处违法所得2倍以上5倍以下的罚款；没有违法所得的，处2万元以上5万元以下的罚款；构成犯罪的，依法追究刑事责任。

第八十二条 违反本条例的规定，致使麻醉药品和精神药品流入非法渠道造成危害，构成犯罪的，依法追究刑事责任；尚不构成犯罪的，由县级以上公安机关处5万元以上10万元以下的罚款；有违法所得的，没收违法所得；情节严重的，处违法所得2倍以上5倍以下的罚款；由原发证部门吊销其药品生产、经营和使用许可证明文件。

药品监督管理部门、卫生主管部门在监督管理工作中发现前款规定情形的，应当立即通报所在地同级公安机关，并依照国家有关规定，将案件以及相关材料移送公安机关。

第八十三条 本章规定由药品监督管理部门作出的行政处罚，由县级以上药品监督管理部门按照国务院药品监督管理部门规定的职责分工决定。

第九章 附 则

第八十四条 本条例所称实验研究是指以医疗、科学研究或者教学为目的的临床前药物研究。

经批准可以开展与计划生育有关的临床医疗服务的计划生育技术服务机构需要使用麻醉药品和精神药品的，依照本条例有关医疗机构使用麻醉药品和精神药品的规定执行。

第八十五条 麻醉药品目录中的罂粟壳只能用于中药饮片和中成药的生产以及医疗配方使用。具体管理办法由国务院药品监督管理部门另行制定。

第八十六条 生产含麻醉药品的复方制剂，需要购进、储存、使用麻醉药品原料药的，应当遵守本条例有关麻醉药品管理的规定。

第八十七条 军队医疗机构麻醉药品和精神药品的供应、使用，由国务院药品监督管理部门会同中国人民解放军总后勤部依据本条例制定具体管理办法。

第八十八条 对动物用麻醉药品和精神药品的管理，由国务院兽医主管部门会同国务院药品监督管理部门依据本条例制定具体管理办法。

第八十九条 本条例自2005年11月1日起施行。1987年11月28日国务院发布的《麻醉药品管理办法》和1988年12月27日国务院发布的《精神药品管理办法》同时废止。

国务院办公厅关于完善公立医院药品集中采购工作的指导意见

1. 2015年2月9日
2. 国办发〔2015〕7号

各省、自治区、直辖市人民政府，国务院各部委、各直属机构：

完善公立医院药品集中采购工作是深化医药卫生体制改革的重要内容和关键环节，对于加快公立医院改革，规范药品流通秩序，建立健全以基本药物制度为基础的药品供应保障体系具有重要意义。经国务院同意，现就完善公立医院药品集中采购工作提出以下指导意见。

一、总体思路

全面贯彻落实党的十八大和十八届二中、三中、四中全会精神，按照市场在资源配置中起决定性作用和更好发挥政府作用的总要求，借鉴国际药品采购通行做法，充分吸收基本药物采购经验，坚持以省（区、市）为单位的网上药品集中采购方向，实行一个平台、上下联动、公开透明、分类采购，采取招生产企业、招采合一、量价挂钩、双信封制、全程监控等措施，加强药品采购全过程综合监管，切实保障药品质量和供应。鼓励地方结合实际探索创新，进一步提高医院在药品采购中的参与度。

药品集中采购要有利于破除以药补医机制，加快公立医院特别是县级公立医院改革；有利于降低药品虚高价格，减轻人民群众用药负担；有利于预防和遏制药品购销领域腐败行为，抵制商业贿赂；有利于推动药品生产流通企业整合重组、公平竞争，促进医药产业健康发展。

二、实行药品分类采购

（一）对临床用量大、采购金额高、多家企业生产的基本药物和非专利药品，发挥省级集中批量采购优势，由省级药品采购机构采取双信封制公开招标采购，医院作为采购主体，按中标价格采购药品。

落实带量采购。医院按照不低于上年度药品实际使用量的80%制定采购计划和预算，并具体到品种、剂型和规格，每种药品采购的剂型原则上不超过3种，每种剂型对应的规格原则上不超过2种，兼顾成人和儿童用药需要。省级药品采购机构应根据医院用药需求汇总情况，编制公开招标采购的药品清单，合理确定每个竞价分组的药品采购数量，并向社会公布。

进一步完善双信封评价办法。投标的药品生产企业须同时编制经济技术标书和商务标书。经济技术标书主要对企业的药品生产质量管理规范（GMP）资质认证、药品质量抽验抽查情况、生产规模、配送能力、销售额、市场信誉、电子监管能力等指标进行评审，并将通过《药品生产质量管理规范（2010年修订）》认证情况，在欧盟、美国、日本等发达国家（地区）上市销售情况，标准化的剂型、规格、包装等作为重要指标。通过经济技术标书评审的企业方可进入商务标书评审。在商务标书评审中，同一个竞价分组按报价由低到高选择中标企业和候选中标企业。对竞标价格明显偏低、可能存在质量和供应风险的药品，必须进行综合评估，避免恶性竞争。优先采购达到国际水平的仿制药。

在公立医院改革试点城市，允许以市为单位在省级药品集中采购平台上自行采购。试点城市成交价格不得高于省级中标价格。试点城市成交价格明显低于省级中标价格的，省级中标价格应按试点城市成交价格进行调整，具体办法由各省（区、市）制定。

（二）对部分专利药品、独家生产药品，建立公开透明、多方参与的价格谈判机制。谈判结果在国家药品供应保障综合管理信息平台上公布，医院按谈判结果采购药品。

（三）对妇儿专科非专利药品、急（抢）救药品、基础输液、临床用量小的药品（上述药品的具体范围由各省区市确定）和常用低价药品，实行集中挂网，由医院直接采购。

（四）对临床必需、用量小、市场供应短缺的药品，由国家招标定点生产、议价采购。

（五）对麻醉药品、精神药品、防治传染病和寄生虫病的免费用药、国家免疫规划疫苗、计划生育药品及中药饮片，按国家现行规定采购，确保公开透明。

医院使用的所有药品（不含中药饮片）均应通过省级药品集中采购平台采购。省级药品采购机构应汇总医院上报的采购计划和预算，依据国家基本药物目录、医疗保险药品报销目录、基本药物临床应用指南和处方集等，按照上述原则合理编制本行政区域医院药品采购目录，分类列明招标采购药品、谈判采购药品、医院直接采购药品、定点生产药品等。鼓励省际跨区域、专科医院等联合采购。采购周期原则上一年一次。对采购周期内新批准上市的药品，各地可根据疾病防治需要，经过药物经济学和循证医学评价，另行组织以省（区、市）为单位的集中采购。

三、改进药款结算方式

（一）加强药品购销合同管理。医院签订药品采购合同时应当明确采购品种、剂型、规格、价格、数量、配送批量和时限、结算方式和结算时间等内容。合同约定的采购数量应是采购计划申报的一个采购周期的全部采购量。

（二）规范药品货款支付。医院应将药品收支纳入预算管理，严格按照合同约定的时间支付货款，从交货验收合格到付款不得超过30天。依托和发挥省级药品集中采购平台集中支付结算的优势，鼓励医院与药品生产企业直接结算药品货款、药品生产企业与配送企业结算配送费用。

四、加强药品配送管理

（一）药品生产企业是保障药品质量和供应的第一责任人。药品可由中标生产企业直接配送或委托有配送能力的药品经营企业配送到指定医院。药品生产企业委托的药品经营企业应在省级药品集中采购平台上备案，备案情况向社会公开。省级药品采购机构应及时公布每家医院的配送企业名单，接受社会监督。

（二）对偏远、交通不便地区的药品配送，各级卫生计生部门要加强组织协调，按照远近结合、城乡联动的原则，提高采购、配送集中度，统筹做好医院与基层医疗卫生机构的药品供应配送管理工作。鼓励各地结合实际探索县乡村一体化配送。发挥邮政等物流行业服务网络优势，支持其在符合规定的条件下参与药品配送。

（三）对因配送不及时影响临床用药或拒绝提供偏远地区配送服务的企业，省级药品采购机构应及时纠正，并督促其限期整改。对逾期不改的企业取消其中标资格，医院因此被迫使用其他企业药品替代的，超支费用由原中标企业承担，具体办法由各省（区、市）制定。

五、规范采购平台建设

（一）省级药品采购机构负责省级药品集中采购平台的使用、管理和维护，省（区、市）人民政府要给予必要的人力、财力、物力支持，保证其工作正常运行。

（二）建立药品采购数据共享机制，统一省级药品集中采购平台规范化建设标准，推动药品采购编码标准化，实现国家药品供应保障综合管理信息平台、省级药品集中采购平台、医院、医保经办机构、价格主管部门等信息数据互联互通、资源共享。

（三）省级药品集中采购平台要面向各级医院和药品生产经营企业提供服务，提高药品招标采购、配送管理、评价、统计分析、动态监管等能力,及时收集分析医院药品采购价格、数量、回款时间及药品生产经营企业配送到位率、不良记录等情况,定期向社会公布。鼓励有条件的地方开展电子交易,采取通过药品集中采购平台签订电子合同、在线支付等多种方式,节约交易成本,提高交易透明度。

六、强化综合监督管理

(一)加强医务人员合理用药培训和考核,发挥药师的用药指导作用,规范医生处方行为,切实减少不合理用药。建立处方点评和医师约谈制度,重点跟踪监控辅助用药、医院超常使用的药品。建立健全以基本药物为重点的临床用药综合评价体系,推进药品剂型、规格、包装标准化。

(二)以省(区、市)为单位,选择若干医院和基层医疗卫生机构作为短缺药品监测点,及时收集分析药品供求信息,强化短缺药品监测和预警。

(三)将药品集中采购情况作为医院及其负责人的重要考核内容,纳入目标管理及医院评审评价工作。对违规网下采购、拖延货款的医院,视情节轻重给予通报批评、限期整改、责令支付违约金、降低等级等处理。涉及商业贿赂等腐败行为的,依法严肃查处。

(四)加强对药品价格执行情况的监督检查,强化药品成本调查和市场购销价格监测,规范价格行为,保护患者合法权益。依法严肃查处价格违法和垄断行为,以及伪造或虚开发票、挂靠经营、“走票”等违法行为。强化重点药品质量追踪和全程质量监管,严厉打击制售假冒伪劣药品行为。

(五)严格执行诚信记录和市场清退制度。各省(区、市)要建立健全检查督导制度,建立药品生产经营企业诚信记录并及时向社会公布。对列入不良记录名单的企业,医院两年内不得购入其药品。加强对医院、药品生产经营企业履行《医疗卫生机构医药产品廉洁购销合同》情况的监督。

(六)全面推进信息公开,确保药品采购各环节在阳光下运行。建立有奖举报制度,自觉接受人大、政协和社会各界监督。坚持全国统一市场,维护公平竞争环境,反对各种形式的地方保护。

七、切实加强组织领导

(一)落实各方责任。各省(区、市)人民政府要加强组织领导和督导评估,及时研究解决药品集中采购工作中的重大问题。卫生计生、发展改革、人力资源社会保障、财政、商务、工业和信息化、工商、食品药品监管、保险监管等有关部门要各司其职,密切配合,形成工作合力。医保经办机构、商业保险机构要按规定与医疗机构及时、足额结算医疗费用。

(二)精心组织实施。各省(区、市)要按照本意见精神,抓紧研究制定本地公立医院药品集中采购实施方案,2015 年全面启动新一轮药品采购。省级药品采购机构要切实做好本地药品集中采购的组织管理和具体实施。地方可结合实际,按照本意见总体思路中明确的“四个有利于”原则,探索跨区域联合采购的多种形式。军队医院药品集中采购办法由军队卫生主管部门研究制定。

(三)加强廉政风险防范。加强对省级药品采购机构的监管,健全省级药品采购机构内部制约和外部监督机制,坚持用制度管权管事管人,加强廉洁从业教育,不断提高业务能力和廉洁意识。建立权力运行监控机制,实现权力的相互制约与协调,实行重要岗位人员定期轮岗制度。

(四)做好舆论宣传引导。药品集中采购工作涉及多方利益调整,各地区、各有关部门要坚持正确导向,加强政策解读和舆论引导,充分宣传药品集中采购工作的政策方向、意义、措施和成效,妥善回应社会关切,营造良好社会氛围。

国务院办公厅关于完善国家基本药物制度的意见

1. *2018 年 9 月 13 日*
2. *国办发〔2018〕88 号*

各省、自治区、直辖市人民政府,国务院各部委、各直属机构:

国家基本药物制度是药品供应保障体系的基础,是医疗卫生领域基本公共服务的重要内容。新一轮医改以来,国家基本药物制度的建立和实施,对健全药品供应保障体系、保障群众基本用药、减轻患者用药负担发挥了重要作用。同时,也还存在不完全适应临床基本用药需求、缺乏使用激励机制、仿制品种与原研品种质量疗效存在差距、保障供应机制不健全等问题。为贯彻落实全国卫生与健康大会、《“健康中国 2030”规划纲要》和深化医药卫生体制改革的部署要求,进一步完善国家基本药物制度,经国务院同意,现提出以下意见。

一、总体要求

全面贯彻党的十九大和十九届二中、三中全会精神,以习近平新时代中国特色社会主义思想为指导,坚持以人民健康为中心,强化基本药物"突出基本、防治必需、保障供应、优先使用、保证质量、降低负担"的功能定位,从基本药物的遴选、生产、流通、使用、支付、监测等环节完善政策,全面带动药品供应保障体系建设,着力保障药品安全有效、价格合理、供应充分,缓解"看病贵"问题。促进上下级医疗机构用药衔接,助力分级诊疗制度建设,推动医药产业转型升级和供给侧结构性改革。

二、动态调整优化目录

(一)适应基本医疗卫生需求。以满足疾病防治基本用药需求为导向,根据我国疾病谱和用药特点,充分考虑现阶段基本国情和保障能力,坚持科学、公开、公平、公正的原则,以诊疗规范、临床诊疗指南和专家共识为依据,中西药并重,遴选适当数量的基本药物品种,满足常见病、慢性病、应急抢救等主要临床需求,兼顾儿童等特殊人群和公共卫生防治用药需求。强化循证决策,突出药品临床价值;规范剂型规格,能口服不肌注,能肌注不输液。支持中医药事业发展,鼓励医药行业研发创新。

(二)完善目录调整管理机制。优化基本药物目录遴选调整程序,综合药品临床应用实践、药品标准变化、药品新上市情况等因素,对基本药物目录定期评估、动态调整,调整周期原则上不超过3年。对新审批上市、疗效较已上市药品有显著改善且价格合理的药品,可适时启动调入程序。坚持调入和调出并重,优先调入有效性和安全性证据明确、成本效益比显著的药品品种;重点调出已退市的,发生严重不良反应较多、经评估不宜再作为基本药物的,以及有风险效益比或成本效益比更优的品种替代的药品。原则上各地不增补药品,少数民族地区可增补少量民族药。

三、切实保障生产供应

(三)提高有效供给能力。把实施基本药物制度作为完善医药产业政策和行业发展规划的重要内容,鼓励企业技术进步和技术改造,推动优势企业建设与国际先进水平接轨的生产质量体系,增强基本药物生产供应能力。开展生产企业现状调查,对于临床必需、用量小或交易价格偏低、企业生产动力不足等因素造成市场供应易短缺的基本药物,可由政府搭建平台,通过市场撮合确定合理采购价格、定点生产、统一配送、纳入储备等措施保证供应。

(四)完善采购配送机制。充分考虑药品的特殊商品属性,发挥政府和市场两方面作用,坚持集中采购方向,落实药品分类采购,引导形成合理价格。做好上下级医疗机构用药衔接,推进市(县)域内公立医疗机构集中带量采购,推动降药价,规范基本药物采购的品种、剂型、规格,满足群众需求。鼓励肿瘤等专科医院开展跨区域联合采购。生产企业作为保障基本药物供应配送的第一责任人,应当切实履行合同,尤其要保障偏远、交通不便地区的药品配送。因企业原因造成用药短缺,企业应当承担违约责任,并由相关部门和单位及时列入失信记录。医保经办机构应当按照协议约定及时向医疗机构拨付医保资金。医疗机构应当严格按照合同约定及时结算货款;对拖延货款的,要给予通报批评,并责令限期整改。

(五)加强短缺预警应对。建立健全全国短缺药品监测预警系统,加强药品研发、生产、流通、使用等多源信息采集,加快实现各级医疗机构短缺药品信息网络直报,跟踪监测原料药货源、企业库存和市场交易行为等情况,综合研判潜在短缺因素和趋势,尽早发现短缺风险,针对不同短缺原因分类应对。对垄断原料市场和推高药价导致药品短缺,涉嫌构成垄断协议和滥用市场支配地位行为的,依法开展反垄断调查,加大惩处力度。将军队所需短缺药品纳入国家短缺药品应急保障体系,通过军民融合的方式,建立短缺急需药品军地协调联动机制,保障部队急需短缺和应急作战储备药材供应。

四、全面配备优先使用

(六)加强配备使用管理。坚持基本药物主导地位,强化医疗机构基本药物使用管理,以省为单位明确公立医疗机构基本药物使用比例,不断提高医疗机构基本药物使用量。公立医疗机构根据功能定位和诊疗范围,合理配备基本药物,保障临床基本用药需求。药品集中采购平台和医疗机构信息系统应对基本药物进行标注,提示医疗机构优先采购、医生优先使用。将基本药物使用情况作为处方点评的重点内容,对无正当理由不首选基本药物的予以通报。对医师、药师和管理人员加大基本药物制度和基本药物临床应用指南、处方集培训力度,提高基本药物合理使用和管理水平。鼓励其他医疗机构配备使用基本药物。

(七)建立优先使用激励机制。医疗机构科学设置临床科室基本药物使用指标,并纳入考核。将基本药物使用情况与基层实施基本药物制度补助资金的拨付挂钩。深化医保支付方式改革,建立健全医保经办机构与医疗机构间"结余留用、合理超支分担"的激励和风险分担机制。通过制定药品医保支付标准等方式，引导医疗机构和医务人员合理诊疗、合理用药。

（八）实施临床使用监测。依托现有资源建立健全国家、省两级药品使用监测平台以及国家、省、地市、县四级监测网络体系，重点监测医疗机构基本药物的配备品种、使用数量、采购价格、供应配送等信息，以及处方用药是否符合诊疗规范。开展以基本药物为重点的药品临床综合评价，指导临床安全合理用药。加强部门间信息互联互通，对基本药物从原料供应到生产、流通、使用、价格、报销等实行全过程动态监测。

五、降低群众药费负担

（九）逐步提高实际保障水平。完善医保支付政策，对于基本药物目录内的治疗性药品，医保部门在调整医保目录时，按程序将符合条件的优先纳入目录范围或调整甲乙分类。对于国家免疫规划疫苗和抗艾滋病、结核病、寄生虫病等重大公共卫生防治的基本药物，加大政府投入，降低群众用药负担。

（十）探索降低患者负担的有效方式。鼓励地方将基本药物制度与分级诊疗、家庭医生签约服务、慢性病健康管理等有机结合，在高血压、糖尿病、严重精神障碍等慢性病管理中，在保证药效前提下优先使用基本药物，最大程度减少患者药费支出，增强群众获得感。

六、提升质量安全水平

（十一）强化质量安全监管。对基本药物实施全品种覆盖抽检，向社会及时公布抽检结果。鼓励企业开展药品上市后再评价。加强基本药物不良反应监测，强化药品安全预警和应急处置机制。加强对基本药物生产环节的监督检查，督促企业依法合规生产，保证质量。

（十二）推进仿制药质量和疗效一致性评价。对通过一致性评价的药品品种，按程序优先纳入基本药物目录。对已纳入基本药物目录的仿制药，鼓励企业开展一致性评价，未通过一致性评价的基本药物品种，逐步调出目录。鼓励医疗机构优先采购和使用通过一致性评价、价格适宜的基本药物。

七、强化组织保障

（十三）加强组织领导。实施国家基本药物制度是党中央、国务院在卫生健康领域作出的重要部署，各级政府要落实领导责任、保障责任、管理责任、监督责任，将国家基本药物制度实施情况纳入政府绩效考核体系，确保取得实效。各相关部门要细化政策措施，健全长效机制，加强协作配合，形成工作合力。

（十四）加强督导评估。建立健全基本药物制度实施督导评估制度，充分发挥第三方评估作用，强化结果运用，根据督导评估结果及时完善基本药物制度相关政策。鼓励地方结合实际，重点围绕保障基本药物供应和优先使用、降低群众负担等方面，探索有效做法和模式，及时总结推广。

（十五）加强宣传引导。通过电视、广播、报刊、网络新媒体等多种渠道，充分宣传基本药物制度的目标定位、重要意义和政策措施。坚持正确舆论导向，加强政策解读，妥善回应社会关切，合理引导社会预期，营造基本药物制度实施的良好社会氛围。

处方药与非处方药分类管理办法（试行）

1. 1999年6月18日国家药品监督管理局令第10号公布
2. 自2000年1月1日起施行

第一条　为保障人民用药安全有效、使用方便，根据《中共中央、国务院关于卫生改革与发展的决定》，制定处方药与非处方药分类管理办法。

第二条　根据药品品种、规格、适应症、剂量及给药途径不同，对药品分别按处方药与非处方药进行管理。

处方药必须凭执业医师或执业助理医师处方才可调配、购买和使用；非处方药不需要凭执业医师或执业助理医师处方即可自行判断、购买和使用。

第三条　国家药品监督管理局负责处方药与非处方药分类管理办法的制定。各级药品监督管理部门负责辖区内处方药与非处方药分类管理的组织实施和监督管理。

第四条　国家药品监督管理局负责非处方药目录的遴选、审批、发布和调整工作。

第五条　处方药、非处方药生产企业必须具有《药品生产企业许可证》，其生产品种必须取得药品批准文号。

第六条　非处方药标签和说明书除符合规定外，用语应当科学、易懂，便于消费者自行判断、选择和使用。非处方药的标签和说明书必须经国家药品监督管理局批准。

第七条　非处方药的包装必须印有国家指定的非处方药专有标识，必须符合质量要求，方便储存、运输和使用。每个销售基本单元包装必须附有标签和说明书。

第八条　根据药品的安全性，非处方药分为甲、乙两类。

经营处方药、非处方药的批发企业和经营处方药、甲类非处方药的零售企业必须具有《药品经营企业许可证》。

经省级药品监督管理部门或其授权的药品监督管理部门批准的其他商业企业可以零售乙类非处方药。

第九条　零售乙类非处方药的商业企业必须配备专职的具有高中以上文化程度，经专业培训后，由省级药品监督管理部门或其授权的药品监督管理部门考核合格并取得上岗证的人员。

第十条　医疗机构根据医疗需要可以决定或推荐使用非处方药。

第十一条　消费者有权自主选购非处方药，并须按非处方药标签和说明书所示内容使用。

第十二条　处方药只准在专业性医药报刊进行广告宣传，非处方药经审批可以在大众传播媒介进行广告宣传。

第十三条　处方药与非处方药分类管理有关审批、流通、广告等具体办法另行制定。

第十四条　本办法由国家药品监督管理局负责解释。

第十五条　本办法自2000年1月1日起施行。

医疗机构麻醉药品、第一类精神药品管理规定

1. 2005年11月14日卫生部发布
2. 卫医发〔2005〕438号

第一章　总　　则

第一条　为严格医疗机构麻醉药品、第一类精神药品管理，保证正常医疗工作需要，根据《麻醉药品和精神药品管理条例》，制定本规定。

第二条　卫生部主管全国医疗机构麻醉药品、第一类精神药品使用管理工作。

县级以上地方卫生行政部门负责本辖区内医疗机构麻醉药品、第一类精神药品使用的监督管理工作。

第二章　麻醉药品、第一类精神药品的管理机构和人员

第三条　医疗机构应当建立由分管负责人负责，医疗管理、药学、护理、保卫等部门参加的麻醉、精神药品管理机构，指定专职人员负责麻醉药品、第一类精神药品日常管理工作。

第四条　医疗机构要把麻醉药品、第一类精神药品管理列入本单位年度目标责任制考核，建立麻醉药品、第一类精神药品使用专项检查制度，并定期组织检查，做好检查记录，及时纠正存在的问题和隐患。

第五条　医疗机构应当建立并严格执行麻醉药品、第一类精神药品的采购、验收、储存、保管、发放、调配、使用、报残损、销毁、丢失及被盗案件报告、值班巡查等制度，制定各岗位人员职责。日常工作由药学部门承担。

第六条　医疗机构麻醉药品、第一类精神药品管理人员应当掌握与麻醉、精神药品相关的法律、法规、规定，熟悉麻醉药品、第一类精神药品使用和安全管理工作。

第七条　医疗机构应当配备工作责任心强、业务熟悉的药学专业技术人员负责麻醉药品、第一类精神药品的采购、储存保管、调配使用及管理工作，人员应当保持相对稳定。

第八条　医疗机构应当定期对涉及麻醉药品、第一类精神药品的管理、药学、医护人员进行有关法律、法规、规定、专业知识、职业道德的教育和培训。

第三章　麻醉药品、第一类精神药品的采购、储存

第九条　医疗机构应当根据本单位医疗需要，按照有关规定购进麻醉药品、第一类精神药品，保持合理库存。购买药品付款应当采取银行转账方式。

第十条　麻醉药品、第一类精神药品药品入库验收必须货到即验，至少双人开箱验收，清点验收到最小包装，验收记录双人签字。入库验收应当采用专簿记录，内容包括：日期、凭证号、品名、剂型、规格、单位、数量、批号、有效期、生产单位、供货单位、质量情况、验收结论、验收和保管人员签字。

第十一条　在验收中发现缺少、缺损的麻醉药品、第一类精神药品应当双人清点登记，报医疗机构负责人批准并加盖公章后向供货单位查询、处理。

第十二条　储存麻醉药品、第一类精神药品实行专人负责、专库（柜）加锁。对进出专库（柜）的麻醉药品、第一类精神药品建立专用账册，进出逐笔记录，内容包括：日期、凭证号、领用部门、品名、剂型、规格、单位、数量、批号、有效期、生产单位、发药人、复核人和领用签字，做到账、物、批号相符。

第十三条　医疗机构对过期、损坏麻醉药品、第一类精神药品进行销毁时，应当向所在地卫生行政部门提出申请，在卫生行政部门监督下进行销毁，并对销毁情况进行登记。

卫生行政部门接到医疗机构销毁麻醉药品、第一类精神药品申请后，应当于5日内到场监督医疗机构销毁行为。

第四章 麻醉药品、第一类精神药品的调配和使用

第十四条 医疗机构可以根据管理需要在门诊、急诊、住院等药房设置麻醉药品、第一类精神药品周转库(柜),库存不得超过本机构规定的数量。周转库(柜)应当每天结算。

第十五条 门诊、急诊、住院等药房发药窗口麻醉药品、第一类精神药品调配基数不得超过本机构规定的数量。

第十六条 门诊药房应当固定发药窗口,有明显标识,并由专人负责麻醉药品、第一类精神药品调配。

第十七条 执业医师经培训、考核合格后,取得麻醉药品、第一类精神药品处方资格。

第十八条 开具麻醉药品、第一类精神药品使用专用处方。处方格式及单张处方最大限量按照《麻醉药品、精神药品处方管理规定》执行。

医师开具麻醉药品、第一类精神药品处方时,应当在病历中记录。医师不得为他人开具不符合规定的处方或者为自己开具麻醉药品、第一类精神药品处方。

第十九条 处方的调配人、核对人应当仔细核对麻醉药品、第一类精神药品处方,签名并进行登记;对不符合规定的麻醉药品、第一类精神药品处方,拒绝发药。

第二十条 医疗机构应当对麻醉药品、第一类精神药品处方进行专册登记,内容包括:患者(代办人)姓名、性别、年龄、身份证明编号、病历号、疾病名称、药品名称、规格、数量、处方医师、处方编号、处方日期、发药人、复核人。

专用账册的保存应当在药品有效期满后不少于2年。

第二十一条 医疗机构应当为使用麻醉药品、第一类精神药品的患者建立相应的病历。麻醉药品注射剂型仅限于医疗机构内使用或者由医务人员出诊至患者家中使用;医疗机构应当为使用麻醉药品非注射剂型和精神药品的患者建立随诊或者复诊制度,并将随诊或者复诊情况记入病历。为院外使用麻醉药品非注射剂型、精神药品患者开具的处方不得在急诊药房配药。

第二十二条 医疗机构购买的麻醉药品、第一类精神药品只限于在本机构内临床使用。

第五章 麻醉药品、第一类精神药品的安全管理

第二十三条 医疗机构麻醉、精神药品库必须配备保险柜,门、窗有防盗设施。有条件的医疗机构麻醉药品、第一类精神药品库应当安装报警装置。

门诊、急诊、住院等药房设麻醉药品、第一类精神药品周转库(柜)的,应当配备保险柜,药房调配窗口、各病区、手术室存放麻醉药品、第一类精神药品应当配备必要的防盗设施。

第二十四条 麻醉药品、第一类精神药品储存各环节应当指定专人负责,明确责任,交接班应当有记录。

第二十五条 对麻醉药品、第一类精神药品的购入、储存、发放、调配、使用实行批号管理和追踪,必要时可以及时查找或者追回。

第二十六条 医疗机构应当对麻醉药品、第一类精神药品处方统一编号,计数管理,建立处方保管、领取、使用、退回、销毁管理制度。

第二十七条 患者使用麻醉药品、第一类精神药品注射剂或者贴剂的,再次调配时,应当要求患者将原批号的空安瓿或者用过的贴剂交回,并记录收回的空安瓿或者废贴数量。

第二十八条 医疗机构内各病区、手术室等调配使用麻醉药品、第一类精神药品注射剂时应收回空安瓿,核对批号和数量,并作记录。剩余的麻醉药品、第一类精神药品应办理退库手续。

第二十九条 收回的麻醉药品、第一类精神药品注射剂空安瓿、废贴由专人负责计数、监督销毁,并作记录。

第三十条 患者不再使用麻醉药品、第一类精神药品时,医疗机构应当要求患者将剩余的麻醉药品、第一类精神药品无偿交回医疗机构,由医疗机构按照规定销毁处理。

第三十一条 具有《医疗机构执业许可证》并经有关部门批准的戒毒医疗机构开展戒毒治疗时,可在医务人员指导下使用具有戒毒适应症的麻醉药品、第一类精神药品。

第三十二条 医疗机构发现下列情况,应当立即向所在地卫生行政部门、公安机关、药品监督管理部门报告:

(一)在储存、保管过程中发生麻醉药品、第一类精神药品丢失或者被盗、被抢的;

(二)发现骗取或者冒领麻醉药品、第一类精神药品的。

第三十三条 本规定自下发之日起施行。

医疗机构制备正电子类放射性药品管理规定

1. 2006年1月5日国家食品药品监督管理局、卫生部发布
2. 国食药监安〔2006〕4号
3. 自2006年3月1日起施行

第一条 根据《中华人民共和国药品管理法》、《大型医疗设备配置与使用管理办法》、《放射性药品管理办法》的有关规定，结合制备、使用正电子类放射性药品医疗机构的情况，制定本规定。

第二条 医疗机构配置PET－CT或PET设备，应当持有卫生行政主管部门的配置与使用许可证明文件。医疗机构使用正电子类放射性药品应当持有第Ⅱ类以上（含第Ⅱ类）《放射性药品使用许可证》。

医疗机构制备正电子类放射性药品应当持有第Ⅲ类以上（含第Ⅲ类）《放射性药品使用许可证》。

第三条 医疗机构制备正电子类放射性药品（附件1），应当持有卫生行政主管部门的PET－CT或PET设备配置与使用许可证明文件，并须填写《医疗机构制备正电子类放射性药品申请表》（附件2），经所在地省、自治区、直辖市卫生行政主管部门审核同意，向省、自治区、直辖市药品监督管理部门提出制备正电子类放射性药品申请并报送有关资料（附件3）。

第四条 省、自治区、直辖市卫生行政主管部门收到申请人报送的制备正电子类放射性药品申请后应当在5个工作日内提出审核意见。

第五条 省、自治区、直辖市药品监督管理部门在收到申请人报送的制备正电子类放射性药品申请后，对于申报资料不齐全的应当在5个工作日内一次告知申请人需要补正的全部内容，逾期未告知的，自收到申报资料之日起即为受理。申报资料齐全或申请人按照要求提交全部补正资料的，自收到申报资料之日起即为受理。

第六条 省、自治区、直辖市药品监督管理部门在申请受理后，应组织有关专家在30日内完成技术审核，审核合格，在20日内发给《正电子类放射性药品备案批件》（附件4），不符合备案规定的应当书面说明理由。

第七条 医疗机构应当按照国家食品药品监督管理局发布的《医疗机构制备正电子类放射性药品质量管理规范》（附件5）制备正电子类放射性药品，按照《正电子类放射性药品质量控制指导原则》（附件6）进行质量检验，检验合格的方可在临床使用。

第八条 医疗机构制备的正电子类放射性药品不得上市销售。

第九条 医疗机构制备的正电子类放射性药品如需向其他医疗机构调剂，应当向医疗机构所在地省、自治区、直辖市药品监督管理部门提出医疗机构制备正电子类放射性药品GMP认证申请，填写认证申请表（附件7），并报送有关资料（附件8）。

第十条 省、自治区、直辖市药品监督管理部门在收到申请人报送的制备正电子类放射性药品GMP认证申请后，对申请资料不齐全或者不符合形式审查要求的应当在5日内发给申请人《补正资料通知书》，一次性告知申请人需要补正的全部内容。逾期不告知的，自收到申请资料之日起即为受理。受理或者不予受理，都应当出具加盖本部门受理专用印章并注明日期的《受理通知书》（附件9）或者《不予受理通知书》（附件10）。

第十一条 省、自治区、直辖市药品监督管理部门自受理之日起20日内完成医疗机构正电子类放射性药品GMP认证初审工作。初审合格后，省、自治区、直辖市药品监督管理部门将申请人所报资料连同初审意见报国家食品药品监督管理局。

第十二条 国家食品药品监督管理局在收到报送的医疗机构正电子类放射性药品GMP认证资料后，对于申报资料不齐全者或不符合要求的，应当在5日内一次告知需要补正的全部内容，逾期未告知的，自收到申报资料之日起即为受理。

第十三条 国家食品药品监督管理局在申请受理后60日内完成认证，认证合格发给医疗机构“正电子类放射性药品GMP”批件。不合格应当书面说明理由。

第十四条 持有“正电子类放射性药品GMP批件”的医疗机构，其制备的正电子类放射性药品可以在符合本规定的医疗机构之间调剂使用。

第十五条 医疗机构之间调剂正电子类放射性药品时，发送机构必须采用配有固定放射性药品设施的封闭车辆运送正电子类放射性药品。

第十六条 持有第Ⅳ类《放射性药品使用许可证》的医疗机构研制的正电子类放射性新制剂（附件一所列品种之外的正电子类放射性药品），应向国家食品药品监督管理局提出备案申请，填写《医疗机构研制正电子类放射性新制剂申请表》（附件11），并报送有关资料（附件12）。

第十七条 国家食品药品监督管理局在收到资料后，对资料不齐全者应在5日内一次告知申请人需要补正的全部内容,逾期未告知的,自收到申请资料之日即为受理。

国家食品药品监督管理局受理医疗机构研制的正电子类放射性新制剂申请后,应组织核医药学有关专家在60日内完成技术审核工作,同意备案的发给《正电子类放射性药品新制剂备案批件》(附件13)。不同意备案应当书面说明理由。

第十八条　中国药品生物制品检定所负责全国医疗机构制备正电子类放射性药品质量标准复核及技术检验工作;国家食品药品监督管理局授权的药品检验所承担辖区内医疗机构制备正电子类放射性药品的技术检验工作。

国家食品药品监督管理局负责全国医疗机构制备正电子类放射性药品监督管理工作;省、自治区、直辖市药品监督管理部门负责辖区内医疗机构制备正电子类放射性药品监督管理工作。省、自治区、直辖市卫生行政主管部门负责辖区内医疗机构正电子类放射性药品使用管理工作。

第十九条　本规定自2006年3月1日起施行。国家食品药品监督管理局、卫生行政主管部门于2000年10月19日发布的《医疗机构制备正电子类放射性药品管理暂行规定》(国药监安〔2000〕496号)同时废止。

附件:(略)

药品说明书和标签管理规定

1. 2006年3月15日国家食品药品监督管理局令第24号公布

2. 自2006年6月1日起施行

第一章　总　　则

第一条　为规范药品说明书和标签的管理,根据《中华人民共和国药品管理法》和《中华人民共和国药品管理法实施条例》制定本规定。

第二条　在中华人民共和国境内上市销售的药品,其说明书和标签应当符合本规定的要求。

第三条　药品说明书和标签由国家食品药品监督管理局予以核准。

药品的标签应当以说明书为依据,其内容不得超出说明书的范围,不得印有暗示疗效、误导使用和不适当宣传产品的文字和标识。

第四条　药品包装必须按照规定印有或者贴有标签,不得夹带其他任何介绍或者宣传产品、企业的文字、音像及其他资料。

药品生产企业生产供上市销售的最小包装必须附有说明书。

第五条　药品说明书和标签的文字表述应当科学、规范、准确。非处方药说明书还应当使用容易理解的文字表述,以便患者自行判断、选择和使用。

第六条　药品说明书和标签中的文字应当清晰易辨,标识应当清楚醒目,不得有印字脱落或者粘贴不牢等现象,不得以粘贴、剪切、涂改等方式进行修改或者补充。

第七条　药品说明书和标签应当使用国家语言文字工作委员会公布的规范化汉字,增加其他文字对照的,应当以汉字表述为准。

第八条　出于保护公众健康和指导正确合理用药的目的,药品生产企业可以主动提出在药品说明书或者标签上加注警示语,国家食品药品监督管理局也可以要求药品生产企业在说明书或者标签上加注警示语。

第二章　药品说明书

第九条　药品说明书应当包含药品安全性、有效性的重要科学数据、结论和信息,用以指导安全、合理使用药品。药品说明书的具体格式、内容和书写要求由国家食品药品监督管理局制定并发布。

第十条　药品说明书对疾病名称、药学专业名词、药品名称、临床检验名称和结果的表述,应当采用国家统一颁布或规范的专用词汇,度量衡单位应当符合国家标准的规定。

第十一条　药品说明书应当列出全部活性成分或者组方中的全部中药药味。注射剂和非处方药还应当列出所用的全部辅料名称。药品处方中含有可能引起严重不良反应的成分或者辅料的,应当予以说明。

第十二条　药品生产企业应当主动跟踪药品上市后的安全性、有效性情况,需要对药品说明书进行修改的,应当及时提出申请。根据药品不良反应监测、药品再评价结果等信息,国家食品药品监督管理局也可以要求药品生产企业修改药品说明书。

第十三条　药品说明书获准修改后,药品生产企业应当将修改的内容立即通知相关药品经营企业、使用单位及其他部门,并按要求及时使用修改后的说明书和标签。

第十四条　药品说明书应当充分包含药品不良反应信息,详细注明药品不良反应。药品生产企业未根据药品上市后的安全性、有效性情况及时修改说明书或者未将药品不良反应在说明书中充分说明的,由此引起的不良后果由该生产企业承担。

第十五条 药品说明书核准日期和修改日期应当在说明书中醒目标示。

第三章 药品的标签

第十六条 药品的标签是指药品包装上印有或者贴有的内容,分为内标签和外标签。药品内标签指直接接触药品的包装的标签,外标签指内标签以外的其他包装的标签。

第十七条 药品的内标签应当包含药品通用名称、适应症或者功能主治、规格、用法用量、生产日期、产品批号、有效期、生产企业等内容。包装尺寸过小无法全部标明上述内容的,至少应当标注药品通用名称、规格、产品批号、有效期等内容。

第十八条 药品外标签应当注明药品通用名称、成分、性状、适应症或者功能主治、规格、用法用量、不良反应、禁忌、注意事项、贮藏、生产日期、产品批号、有效期、批准文号、生产企业等内容。适应症或者功能主治、用法用量、不良反应、禁忌、注意事项不能全部注明的,应当标出主要内容并注明"详见说明书"字样。

第十九条 用于运输、储藏的包装的标签,至少应当注明药品通用名称、规格、贮藏、生产日期、产品批号、有效期、批准文号、生产企业,也可以根据需要注明包装数量、运输注意事项或者其他标记等必要内容。

第二十条 原料药的标签应当注明药品名称、贮藏、生产日期、产品批号、有效期、执行标准、批准文号、生产企业,同时还需注明包装数量以及运输注意事项等必要内容。

第二十一条 同一药品生产企业生产的同一药品,药品规格和包装规格均相同的,其标签的内容、格式及颜色必须一致;药品规格或者包装规格不同的,其标签应当明显区别或者规格项明显标注。

同一药品生产企业生产的同一药品,分别按处方药与非处方药管理的,两者的包装颜色应当明显区别。

第二十二条 对贮藏有特殊要求的药品,应当在标签的醒目位置注明。

第二十三条 药品标签中的有效期应当按照年、月、日的顺序标注,年份用四位数字表示,月、日用两位数表示。其具体标注格式为"有效期至××××年××月"或者"有效期至××××年××月××日";也可以用数字和其他符号表示为"有效期至××××.××."或者"有效期至××××/××/××"等。

预防用生物制品有效期的标注按照国家食品药品监督管理局批准的注册标准执行,治疗用生物制品有效期的标注自分装日期计算,其他药品有效期的标注自生产日期计算。

有效期若标注到日,应当为起算日期对应年月日的前一天,若标注到月,应当为起算月份对应年月的前一月。

第四章 药品名称和注册商标的使用

第二十四条 药品说明书和标签中标注的药品名称必须符合国家食品药品监督管理局公布的药品通用名称和商品名称的命名原则,并与药品批准证明文件的相应内容一致。

第二十五条 药品通用名称应当显著、突出,其字体、字号和颜色必须一致,并符合以下要求:

(一)对于横版标签,必须在上三分之一范围内显著位置标出;对于竖版标签,必须在右三分之一范围内显著位置标出;

(二)不得选用草书、篆书等不易识别的字体,不得使用斜体、中空、阴影等形式对字体进行修饰;

(三)字体颜色应当使用黑色或者白色,与相应的浅色或者深色背景形成强烈反差;

(四)除因包装尺寸的限制而无法同行书写的,不得分行书写。

第二十六条 药品商品名称不得与通用名称同行书写,其字体和颜色不得比通用名称更突出和显著,其字体以单字面积计不得大于通用名称所用字体的二分之一。

第二十七条 药品说明书和标签中禁止使用未经注册的商标以及其他未经国家食品药品监督管理局批准的药品名称。

药品标签使用注册商标的,应当印刷在药品标签的边角,含文字的,其字体以单字面积计不得大于通用名称所用字体的四分之一。

第五章 其他规定

第二十八条 麻醉药品、精神药品、医疗用毒性药品、放射性药品、外用药品和非处方药品等国家规定有专用标识的,其说明书和标签必须印有规定的标识。

国家对药品说明书和标签有特殊规定的,从其规定。

第二十九条 中药材、中药饮片的标签管理规定由国家食品药品监督管理局另行制定。

第三十条 药品说明书和标签不符合本规定的,按照《中华人民共和国药品管理法》的相关规定进行处罚。

第六章 附 则

第三十一条 本规定自2006年6月1日起施行。国家药品监督管理局于2000年10月15日发布的《药品包装、标签和说明书管理规定(暂行)》同时废止。

药品流通监督管理办法

1. 2007年1月31日国家食品药品监督管理局令第26号公布
2. 自2007年5月1日起施行

第一章　总　　则

第一条　为加强药品监督管理,规范药品流通秩序,保证药品质量,根据《中华人民共和国药品管理法》(以下简称《药品管理法》)、《中华人民共和国药品管理法实施条例》(以下简称《药品管理法实施条例》)和有关法律、法规的规定,制定本办法。

第二条　在中华人民共和国境内从事药品购销及监督管理的单位或者个人,应当遵守本办法。

第三条　药品生产、经营企业、医疗机构应当对其生产、经营、使用的药品质量负责。

药品生产、经营企业在确保药品质量安全的前提下,应当适应现代药品流通发展方向,进行改革和创新。

第四条　药品监督管理部门鼓励个人和组织对药品流通实施社会监督。对违反本办法的行为,任何个人和组织都有权向药品监督管理部门举报和控告。

第二章　药品生产、经营企业购销药品的监督管理

第五条　药品生产、经营企业对其药品购销行为负责,对其销售人员或设立的办事机构以本企业名义从事的药品购销行为承担法律责任。

第六条　药品生产、经营企业应当对其购销人员进行药品相关的法律、法规和专业知识培训,建立培训档案,培训档案中应当记录培训时间、地点、内容及接受培训的人员。

第七条　药品生产、经营企业应当加强对药品销售人员的管理,并对其销售行为作出具体规定。

第八条　药品生产、经营企业不得在经药品监督管理部门核准的地址以外的场所储存或者现货销售药品。

第九条　药品生产企业只能销售本企业生产的药品,不得销售本企业受委托生产的或者他人生产的药品。

第十条　药品生产企业、药品批发企业销售药品时,应当提供下列资料:

(一)加盖本企业原印章的《药品生产许可证》或《药品经营许可证》和营业执照的复印件;

(二)加盖本企业原印章的所销售药品的批准证明文件复印件;

(三)销售进口药品的,按照国家有关规定提供相关证明文件。

药品生产企业、药品批发企业派出销售人员销售药品的,除本条前款规定的资料外,还应当提供加盖本企业原印章的授权书复印件。授权书原件应当载明授权销售的品种、地域、期限,注明销售人员的身份证号码,并加盖本企业原印章和企业法定代表人印章(或者签名)。销售人员应当出示授权书原件及本人身份证原件,供药品采购方核实。

第十一条　药品生产企业、药品批发企业销售药品时,应当开具标明供货单位名称、药品名称、生产厂商、批号、数量、价格等内容的销售凭证。

药品零售企业销售药品时,应当开具标明药品名称、生产厂商、数量、价格、批号等内容的销售凭证。

第十二条　药品生产、经营企业采购药品时,应按本办法第十条规定索取、查验、留存供货企业有关证件、资料,按本办法第十一条规定索取、留存销售凭证。

药品生产、经营企业按照本条前款规定留存的资料和销售凭证,应当保存至超过药品有效期1年,但不得少于3年。

第十三条　药品生产、经营企业知道或者应当知道他人从事无证生产、经营药品行为的,不得为其提供药品。

第十四条　药品生产、经营企业不得为他人以本企业的名义经营药品提供场所,或者资质证明文件,或者票据等便利条件。

第十五条　药品生产、经营企业不得以展示会、博览会、交易会、订货会、产品宣传会等方式现货销售药品。

第十六条　药品经营企业不得购进和销售医疗机构配制的制剂。

第十七条　未经药品监督管理部门审核同意,药品经营企业不得改变经营方式。

药品经营企业应当按照《药品经营许可证》许可的经营范围经营药品。

第十八条　药品零售企业应当按照国家食品药品监督管理局药品分类管理规定的要求,凭处方销售处方药。

经营处方药和甲类非处方药的药品零售企业,执业药师或者其他依法经资格认定的药学技术人员不在岗时,应当挂牌告知,并停止销售处方药和甲类非处

方药。

第十九条 药品说明书要求低温、冷藏储存的药品，药品生产、经营企业应当按照有关规定，使用低温、冷藏设施设备运输和储存。

药品监督管理部门发现药品生产、经营企业违反本条前款规定的，应当立即查封、扣押所涉药品，并依法进行处理。

第二十条 药品生产、经营企业不得以搭售、买药品赠药品、买商品赠药品等方式向公众赠送处方药或者甲类非处方药。

第二十一条 药品生产、经营企业不得采用邮售、互联网交易等方式直接向公众销售处方药。

第二十二条 禁止非法收购药品。

第三章 医疗机构购进、储存药品的监督管理

第二十三条 医疗机构设置的药房，应当具有与所使用药品相适应的场所、设备、仓储设施和卫生环境，配备相应的药学技术人员，并设立药品质量管理机构或者配备质量管理人员，建立药品保管制度。

第二十四条 医疗机构购进药品时，应当按照本办法第十二条规定，索取、查验、保存供货企业有关证件、资料、票据。

第二十五条 医疗机构购进药品，必须建立并执行进货检查验收制度，并建有真实完整的药品购进记录。药品购进记录必须注明药品的通用名称、生产厂商（中药材标明产地）、剂型、规格、批号、生产日期、有效期、批准文号、供货单位、数量、价格、购进日期。

药品购进记录必须保存至超过药品有效期 1 年，但不得少于 3 年。

第二十六条 医疗机构储存药品，应当制订和执行有关药品保管、养护的制度，并采取必要的冷藏、防冻、防潮、避光、通风、防火、防虫、防鼠等措施，保证药品质量。

医疗机构应当将药品与非药品分开存放；中药材、中药饮片、化学药品、中成药应分别储存、分类存放。

第二十七条 医疗机构和计划生育技术服务机构不得未经诊疗直接向患者提供药品。

第二十八条 医疗机构不得采用邮售、互联网交易等方式直接向公众销售处方药。

第二十九条 医疗机构以集中招标方式采购药品的，应当遵守《药品管理法》、《药品管理法实施条例》及本办法的有关规定。

第四章 法律责任

第三十条 有下列情形之一的，责令限期改正，给予警告；逾期不改正的，处以五千元以上二万元以下的罚款：

（一）药品生产、经营企业违反本办法第六条规定的；

（二）药品生产、批发企业违反本办法第十一条第一款规定的；

（三）药品生产、经营企业违反本办法第十二条，未按照规定留存有关资料、销售凭证的。

第三十一条 药品生产、经营企业违反本办法第七条规定的，给予警告，责令限期改正。

第三十二条 有下列情形之一的，依照《药品管理法》第七十三条规定，没收违法销售的药品和违法所得，并处违法销售的药品货值金额二倍以上五倍以下的罚款：

（一）药品生产、经营企业违反本办法第八条规定，在经药品监督管理部门核准的地址以外的场所现货销售药品的；

（二）药品生产企业违反本办法第九条规定的；

（三）药品生产、经营企业违反本办法第十五条规定的；

（四）药品经营企业违反本办法第十七条规定的。

第三十三条 药品生产、经营企业违反本办法第八条规定，在经药品监督管理部门核准的地址以外的场所储存药品的，按照《药品管理法实施条例》第七十四条的规定予以处罚。

第三十四条 药品零售企业违反本办法第十一条第二款规定的，责令改正，给予警告；逾期不改正的，处以五百元以下的罚款。

第三十五条 违反本办法第十三条规定，药品生产、经营企业知道或者应当知道他人从事无证生产、经营药品行为而为其提供药品的，给予警告，责令改正，并处一万元以下的罚款，情节严重的，处一万元以上三万元以下的罚款。

第三十六条 药品生产、经营企业违反本办法第十四条规定的，按照《药品管理法》第八十二条的规定予以处罚。

第三十七条 违反本办法第十六条规定，药品经营企业购进或者销售医疗机构配制的制剂的，按照《药品管理法》第八十条规定予以处罚。

第三十八条 药品零售企业违反本办法第十八条第一款规定的，责令限期改正，给予警告；逾期不改正或者情节严重的，处以一千元以下的罚款。

违反本办法第十八条第二款规定,药品零售企业在执业药师或者其他依法经过资格认定的药学技术人员不在岗时销售处方药或者甲类非处方药的,责令限期改正,给予警告;逾期不改正的,处以一千元以下的罚款。

第三十九条 药品生产、批发企业违反本办法第十九条规定,未在药品说明书规定的低温、冷藏条件下运输药品的,给予警告,责令限期改正;逾期不改正的,处以五千元以上二万元以下的罚款;有关药品经依法确认属于假劣药品的,按照《药品管理法》有关规定予以处罚。

药品生产、批发企业违反本办法第十九条规定,未在药品说明书规定的低温、冷藏条件下储存药品的,按照《药品管理法》第七十九条的规定予以处罚;有关药品经依法确认属于假劣药品的,按照《药品管理法》有关规定予以处罚。

第四十条 药品生产、经营企业违反本办法第二十条规定的,限期改正,给予警告;逾期不改正或者情节严重的,处以赠送药品货值金额二倍以下的罚款,但是最高不超过三万元。

第四十一条 违反本办法第二十三条至第二十七条的,责令限期改正,情节严重的,给予通报。

第四十二条 药品生产、经营企业违反本办法第二十一条、医疗机构违反本办法第二十八条规定,以邮售、互联网交易等方式直接向公众销售处方药的,责令改正,给予警告,并处销售药品货值金额二倍以下的罚款,但是最高不超过三万元。

第四十三条 违反本办法第二十二条规定非法收购药品的,按照《药品管理法》第七十三条的规定予以处罚。

第四十四条 药品监督管理部门及其工作人员玩忽职守,对应当予以制止和处罚的违法行为不予制止、处罚的,对直接负责的主管人员和其他直接责任人员给予行政处分;构成犯罪的,依法追究刑事责任。

第五章 附 则

第四十五条 本办法所称药品现货销售,是指药品生产、经营企业或其委派的销售人员,在药品监督管理部门核准的地址以外的其他场所,携带药品现货向不特定对象现场销售药品的行为。

第四十六条 实行特殊管理的药品、疫苗、军队用药品的流通监督管理,有关法律、法规、规章另有规定的,从其规定。

第四十七条 本办法自2007年5月1日起施行。自本办法施行之日起,1999年8月1日实施的国家药品监督管理局《药品流通监督管理办法(暂行)》(国家药品监督管理局第7号令)同时废止。

医院中药饮片管理规范

1. 2007年3月12日国家中医药管理局、卫生部发布
2. 国中医药发〔2007〕11号

第一章 总 则

第一条 为加强医院中药饮片管理,保障人体用药安全、有效,根据《中华人民共和国药品管理法》及其《实施条例》等法律、行政法规的有关规定,制定本规范。

第二条 本规范适用于各级各类医院中药饮片的采购、验收、保管、调剂、临方炮制、煎煮等管理。

第三条 按照麻醉药品管理的中药饮片和毒性中药饮片的采购、存放、保管、调剂等,必须符合《麻醉药品和精神药品管理条例》、《医疗用毒性药品管理办法》和《处方管理办法》等的有关规定。

第四条 县级以上卫生、中医药管理部门负责本行政区域内医院的中药饮片管理工作。

第五条 医院的中药饮片管理由本单位法定代表人全面负责。

第六条 中药饮片管理应当以质量管理为核心,制定严格的规章制度,实行岗位责任制。

第二章 人员要求

第七条 二级以上医院的中药饮片管理由单位的药事管理委员会监督指导,药学部门主管,中药房主任或相关部门负责人具体负责。药事管理委员会的人员组成和职责应当符合《医疗机构药事管理办法》的规定。一级医院应当设专人负责。

第八条 直接从事中药饮片技术工作的,应当是中药学专业技术人员。三级医院应当至少配备一名副主任中药师以上专业技术人员,二级医院应当至少配备一名主管中药师以上专业技术人员,一级医院应当至少配备一名中药师或相当于中药师以上专业技术水平的人员。

第九条 负责中药饮片验收的,在二级以上医院应当是具有中级以上专业技术职称和饮片鉴别经验的人员;在一级医院应当是具有初级以上专业技术职称和饮片鉴别经验的人员。

第十条 负责中药饮片临方炮制工作的,应当是具有三年以上炮制经验的中药学专业技术人员。

第十一条 中药饮片煎煮工作应当由中药学专业技术人员负责，具体操作人员应当经过相应的专业技术培训。

第十二条 尚未评定级别的医院，按照床位规模执行相应级别医院的人员要求。

第三章 采 购

第十三条 医院应当建立健全中药饮片采购制度。

采购中药饮片，由仓库管理人员依据本单位临床用药情况提出计划，经本单位主管中药饮片工作的负责人审批签字后，依照药品监督管理部门有关规定从合法的供应单位购进中药饮片。

第十四条 医院应当坚持公开、公平、公正的原则，考察、选择合法中药饮片供应单位。严禁擅自提高饮片等级、以次充好，为个人或单位谋取不正当利益。

第十五条 医院采购中药饮片，应当验证生产经营企业的《药品生产许可证》或《药品经营许可证》、《企业法人营业执照》和销售人员的授权委托书、资格证明、身份证，并将复印件存档备查。

购进国家实行批准文号管理的中药饮片，还应当验证注册证书并将复印件存档备查。

第十六条 医院与中药饮片供应单位应当签订"质量保证协议书"。

第十七条 医院应当定期对供应单位供应的中药饮片质量进行评估，并根据评估结果及时调整供应单位和供应方案。

第四章 验 收

第十八条 医院对所购的中药饮片，应当按照国家药品标准和省、自治区、直辖市药品监督管理部门制定的标准和规范进行验收，验收不合格的不得入库。

第十九条 对购入的中药饮片质量有疑义需要鉴定的，应当委托国家认定的药检部门进行鉴定。

第二十条 有条件的医院，可以设置中药饮片检验室、标本室，并能掌握《中华人民共和国药典》收载的中药饮片常规检验方法。

第二十一条 购进中药饮片时，验收人员应当对品名、产地、生产企业、产品批号、生产日期、合格标识、质量检验报告书、数量、验收结果及验收日期逐一登记并签字。

购进国家实行批准文号管理的中药饮片，还应当检查核对批准文号。

发现假冒、劣质中药饮片，应当及时封存并报告当地药品监督管理部门。

第五章 保 管

第二十二条 中药饮片仓库应当有与使用量相适应的面积，具备通风、调温、调湿、防潮、防虫、防鼠等条件及设施。

第二十三条 中药饮片出入库应当有完整记录。中药饮片出库前，应当严格进行检查核对，不合格的不得出库使用。

第二十四条 应当定期进行中药饮片养护检查并记录检查结果。养护中发现质量问题，应当及时上报本单位领导处理并采取相应措施。

第六章 调剂与临方炮制

第二十五条 中药饮片调剂室应当有与调剂量相适应的面积，配备通风、调温、调湿、防潮、防虫、防鼠、除尘设施，工作场地、操作台面应当保持清洁卫生。

第二十六条 中药饮片调剂室的药斗等储存中药饮片的容器应当排列合理，有品名标签。药品名称应当符合《中华人民共和国药典》或省、自治区、直辖市药品监督管理部门制定的规范名称。标签和药品要相符。

第二十七条 中药饮片装斗时要清斗，认真核对，装量适当，不得错斗、串斗。

第二十八条 医院调剂用计量器具应当按照质量技术监督部门的规定定期校验，不合格的不得使用。

第二十九条 中药饮片调剂人员在调配处方时，应当按照《处方管理办法》和中药饮片调剂规程的有关规定进行审方和调剂。对存在"十八反"、"十九畏"、妊娠禁忌、超过常用剂量等可能引起用药安全问题的处方，应当由处方医生确认("双签字")或重新开具处方后方可调配。

第三十条 中药饮片调配后，必须经复核后方可发出。二级以上医院应当由主管中药师以上专业技术人员负责调剂复核工作，复核率应当达到100%。

第三十一条 医院应当定期对中药饮片调剂质量进行抽查并记录检查结果。中药饮片调配每剂重量误差应当在±5%以内。

第三十二条 调配含有毒性中药饮片的处方，每次处方剂量不得超过二日极量。对处方未注明"生用"的，应给付炮制品。如在审方时对处方有疑问，必须经处方医生重新审定后方可调配。处方保存两年备查。

第三十三条 罂粟壳不得单方发药，必须凭有麻醉药处方权的执业医师签名的淡红色处方方可调配，每张处方不得超过三日用量，连续使用不得超过七天，成人一次的常用量为每天3－6克。处方保存三年备查。

第三十四条 医院进行临方炮制，应当具备与之相适应的条件和设施，严格遵照国家药品标准和省、自治区、直辖市药品监督管理部门制定的炮制规范炮制，并填写“饮片炮制加工及验收记录”，经医院质量检验合格后方可投入临床使用。

第七章　煎　　煮

第三十五条　医院开展中药饮片煎煮服务，应当有与之相适应的场地及设备，卫生状况良好，具有通风、调温、冷藏等设施。

第三十六条　医院应当建立健全中药饮片煎煮的工作制度、操作规程和质量控制措施并严格执行。

第三十七条　中药饮片煎煮液的包装材料和容器应当无毒、卫生、不易破损，并符合有关规定。

第八章　罚　　则

第三十八条　对违反本规范规定的直接负责的主管人员和其他直接责任人，由卫生、中医药管理部门给以通报批评，并根据情节轻重，给以行政处分；情节严重，构成犯罪的，依法追究刑事责任。

第三十九条　对违反本规范规定的医院，卫生、中医药管理部门应当给以通报批评。

第四十条　违反《中华人民共和国药品管理法》及其《实施条例》、《医疗机构管理条例》及其《实施细则》等法律、行政法规规章的，按照有关规定予以处罚。

第九章　附　　则

第四十一条　其他医疗机构的中药饮片管理和各医疗机构的民族药饮片管理，由省、自治区、直辖市卫生、中医药管理部门依照本规范另行制定。

第四十二条　乡村医生自采、自种、自用中草药按照《关于加强乡村中医药技术人员自种、自采、自用中草药管理的通知》的有关规定执行。

第四十三条　本规范自发布之日起施行，1996 年 8 月 1 日国家中医药管理局发布的《医疗机构中药饮片质量管理办法(试行)》同时废止。

第四十四条　本规范由国家中医药管理局、卫生部负责解释。

医疗机构药事管理规定

1. *2011 年 1 月 30 日卫生部、国家中医药管理局、后勤部卫生部发布*
2. *卫医政发〔2011〕11 号*
3. *自 2011 年 3 月 1 日起施行*

第一章　总　　则

第一条　为加强医疗机构药事管理，促进药物合理应用，保障公众身体健康，根据《中华人民共和国药品管理法》、《医疗机构管理条例》和《麻醉药品和精神药品管理条例》等有关法律、法规，制定本规定。

第二条　本规定所称医疗机构药事管理，是指医疗机构以病人为中心，以临床药学为基础，对临床用药全过程进行有效的组织实施与管理，促进临床科学、合理用药的药学技术服务和相关的药品管理工作。

第三条　卫生部、国家中医药管理局负责全国医疗机构药事管理工作的监督管理。

县级以上地方卫生行政部门、中医药行政部门负责本行政区域内医疗机构药事管理工作的监督管理。

军队卫生行政部门负责军队医疗机构药事管理工作的监督管理。

第四条　医疗机构药事管理和药学工作是医疗工作的重要组成部分。医疗机构应当根据本规定设置药事管理组织和药学部门。

第五条　依法取得相应资格的药学专业技术人员方可从事药学专业技术工作。

第六条　医疗机构不得将药品购销、使用情况作为医务人员或者部门、科室经济分配的依据。医疗机构及医务人员不得在药品购销、使用中牟取不正当经济利益。

第二章　组 织 机 构

第七条　二级以上医院应当设立药事管理与药物治疗学委员会；其他医疗机构应当成立药事管理与药物治疗学组。

二级以上医院药事管理与药物治疗学委员会委员由具有高级技术职务任职资格的药学、临床医学、护理和医院感染管理、医疗行政管理等人员组成。

成立医疗机构药事管理与药物治疗学组的医疗机构由药学、医务、护理、医院感染、临床科室等部门负责人和具有药师、医师以上专业技术职务任职资格人员组成。

医疗机构负责人任药事管理与药物治疗学委员会(组)主任委员，药学和医务部门负责人任药事管理与药物治疗学委员会(组)副主任委员。

第八条　药事管理与药物治疗学委员会(组)应当建立健全相应工作制度，日常工作由药学部门负责。

第九条　药事管理与药物治疗学委员会(组)的职责：

(一)贯彻执行医疗卫生及药事管理等有关法律、法规、规章。审核制定本机构药事管理和药学工作规章制度，并监督实施；

(二)制定本机构药品处方集和基本用药供应目录；

（三）推动药物治疗相关临床诊疗指南和药物临床应用指导原则的制定与实施，监测、评估本机构药物使用情况，提出干预和改进措施，指导临床合理用药；

（四）分析、评估用药风险和药品不良反应、药品损害事件，并提供咨询与指导；

（五）建立药品遴选制度，审核本机构临床科室申请的新购入药品、调整药品品种或者供应企业和申报医院制剂等事宜；

（六）监督、指导麻醉药品、精神药品、医疗用毒性药品及放射性药品的临床使用与规范化管理；

（七）对医务人员进行有关药事管理法律法规、规章制度和合理用药知识教育培训；向公众宣传安全用药知识。

第十条 医疗机构医务部门应当指定专人，负责与医疗机构药物治疗相关的行政事务管理工作。

第十一条 医疗机构应当根据本机构功能、任务、规模设置相应的药学部门，配备和提供与药学部门工作任务相适应的专业技术人员、设备和设施。

三级医院设置药学部，并可根据实际情况设置二级科室；二级医院设置药剂科；其他医疗机构设置药房。

第十二条 药学部门具体负责药品管理、药学专业技术服务和药事管理工作，开展以病人为中心，以合理用药为核心的临床药学工作，组织药师参与临床药物治疗，提供药学专业技术服务。

第十三条 药学部门应当建立健全相应的工作制度、操作规程和工作记录，并组织实施。

第十四条 二级以上医院药学部门负责人应当具有高等学校药学专业或者临床药学专业本科以上学历，及本专业高级技术职务任职资格；除诊所、卫生所、医务室、卫生保健所、卫生站以外的其他医疗机构药学部门负责人应当具有高等学校药学专业专科以上或者中等学校药学专业毕业学历，及药师以上专业技术职务任职资格。

第三章 药物临床应用管理

第十五条 药物临床应用管理是对医疗机构临床诊断、预防和治疗疾病用药全过程实施监督管理。医疗机构应当遵循安全、有效、经济的合理用药原则，尊重患者对药品使用的知情权和隐私权。

第十六条 医疗机构应当依据国家基本药物制度，抗菌药物临床应用指导原则和中成药临床应用指导原则，制定本机构基本药物临床应用管理办法，建立并落实抗菌药物临床应用分级管理制度。

第十七条 医疗机构应当建立由医师、临床药师和护士组成的临床治疗团队，开展临床合理用药工作。

第十八条 医疗机构应当遵循有关药物临床应用指导原则、临床路径、临床诊疗指南和药品说明书等合理使用药物；对医师处方、用药医嘱的适宜性进行审核。

第十九条 医疗机构应当配备临床药师。临床药师应当全职参与临床药物治疗工作，对患者进行用药教育，指导患者安全用药。

第二十条 医疗机构应当建立临床用药监测、评价和超常预警制度，对药物临床使用安全性、有效性和经济性进行监测、分析、评估，实施处方和用药医嘱点评与干预。

第二十一条 医疗机构应当建立药品不良反应、用药错误和药品损害事件监测报告制度。医疗机构临床科室发现药品不良反应、用药错误和药品损害事件后，应当积极救治患者，立即向药学部门报告，并做好观察与记录。医疗机构应当按照国家有关规定向相关部门报告药品不良反应，用药错误和药品损害事件应当立即向所在地县级卫生行政部门报告。

第二十二条 医疗机构应当结合临床和药物治疗，开展临床药学和药学研究工作，并提供必要的工作条件，制订相应管理制度，加强领导与管理。

第四章 药剂管理

第二十三条 医疗机构应当根据《国家基本药物目录》、《处方管理办法》、《国家处方集》、《药品采购供应质量管理规范》等制订本机构《药品处方集》和《基本用药供应目录》，编制药品采购计划，按规定购入药品。

第二十四条 医疗机构应当制订本机构药品采购工作流程；建立健全药品成本核算和账务管理制度；严格执行药品购入检查、验收制度；不得购入和使用不符合规定的药品。

第二十五条 医疗机构临床使用的药品应当由药学部门统一采购供应。经药事管理与药物治疗学委员会（组）审核同意，核医学科可以购用、调剂本专业所需的放射性药品，其他科室或者部门不得从事药品的采购、调剂活动，不得在临床使用非药学部门采购供应的药品。

第二十六条 医疗机构应当制订和执行药品保管制度，定期对库存药品进行养护与质量检查。药品库的仓储条件和管理应符合药品采购供应质量管理规范的有关规定。

第二十七条 化学药品、生物制品、中成药和中药饮片应当分别储存，分类定位存放。易燃、易爆、强腐蚀性等危险性药品应当另设仓库单独储存，并设置必要的安全设施，制订相关的工作制度和应急预案。

麻醉药品、精神药品、医疗用毒性药品、放射性药品等特殊管理的药品，应当按照有关法律、法规、规章的相关规定进行管理和监督使用。

第二十八条　药学专业技术人员应当严格按照《药品管理法》、《处方管理办法》、药品调剂质量管理规范等法律、法规、规章制度和技术操作规程，认真审核处方或者用药医嘱，经适宜性审核后调剂配发药品。发出药品时应当告知患者用法用量和注意事项，指导患者合理用药。

为保障患者用药安全，除药品质量原因外，药品一经发出，不得退换。

第二十九条　医疗机构门急诊药品调剂室应当实行大窗口或者柜台式发药。住院（病房）药品调剂室对注射剂按日剂量配发，对口服制剂药品实行单剂量调剂配发。

肠外营养液、危害药品静脉用药应当实行集中调配供应。

第三十条　医疗机构根据临床需要建立静脉用药调配中心（室），实行集中调配供应。静脉用药调配中心（室）应当符合静脉用药集中调配质量管理规范，由所在地设区的市级以上卫生行政部门组织技术审核、验收，合格后方可集中调配静脉用药。在静脉用药调配中心（室）以外调配静脉用药，参照静脉用药集中调配质量管理规范执行。

医疗机构建立静脉用药调配中心（室）应当报省级卫生行政部门备案。

第三十一条　医疗机构制剂管理按照《药品管理法》及其实施条例等有关法律、行政法规规定执行。

第五章　药学专业技术人员配置与管理

第三十二条　医疗机构药学专业技术人员按照有关规定取得相应的药学专业技术职务任职资格。

医疗机构直接接触药品的药学人员，应当每年进行健康检查。患有传染病或者其他可能污染药品的疾病的，不得从事直接接触药品的工作。

第三十三条　医疗机构药学专业技术人员不得少于本机构卫生专业技术人员的8%。建立静脉用药调配中心（室）的，医疗机构应当根据实际需要另行增加药学专业技术人员数量。

第三十四条　医疗机构应当根据本机构性质、任务、规模配备适当数量临床药师，三级医院临床药师不少于5名，二级医院临床药师不少于3名。

临床药师应当具有高等学校临床药学专业或者药学专业本科毕业以上学历，并应当经过规范化培训。

第三十五条　医疗机构应当加强对药学专业技术人员的培养、考核和管理，制订培训计划，组织药学专业技术人员参加毕业后规范化培训和继续医学教育，将完成培训及取得继续医学教育学分情况，作为药学专业技术人员考核、晋升专业技术职务任职资格和专业岗位聘任的条件之一。

第三十六条　医疗机构药师工作职责：

（一）负责药品采购供应、处方或者用药医嘱审核、药品调剂、静脉用药集中调配和医院制剂配制，指导病房（区）护士请领、使用与管理药品；

（二）参与临床药物治疗，进行个体化药物治疗方案的设计与实施，开展药学查房，为患者提供药学专业技术服务；

（三）参加查房、会诊、病例讨论和疑难、危重患者的医疗救治，协同医师做好药物使用遴选，对临床药物治疗提出意见或调整建议，与医师共同对药物治疗负责；

（四）开展抗菌药物临床应用监测，实施处方点评与超常预警，促进药物合理使用；

（五）开展药品质量监测，药品严重不良反应和药品损害的收集、整理、报告等工作；

（六）掌握与临床用药相关的药物信息，提供用药信息与药学咨询服务，向公众宣传合理用药知识；

（七）结合临床药物治疗实践，进行药学临床应用研究；开展药物利用评价和药物临床应用研究；参与新药临床试验和新药上市后安全性与有效性监测；

（八）其他与医院药学相关的专业技术工作。

第六章　监督管理

第三十七条　县级以上地方卫生、中医药行政部门应当加强对医疗机构药事管理工作的监督与管理。

第三十八条　医疗机构不得使用非药学专业技术人员从事药学专业技术工作或者聘其为药学部门主任。

第三十九条　医疗机构出现下列情形之一的，由县级以上地方卫生、中医药行政部门责令改正、通报批评、给予警告；对于直接负责的主管人员和其他直接责任人员，依法给予降级、撤职、开除等处分：

（一）未建立药事管理组织机构，药事管理工作和药学专业技术工作混乱，造成医疗安全隐患和严重不良后果的；

（二）未按照本规定配备药学专业技术人员、建立临床药师制，不合理用药问题严重，并造成不良影响的；

（三）未执行有关的药品质量管理规范和规章制度，导致药品质量问题或用药错误，造成医疗安全隐患和严重不良后果的；

（四）非药学部门从事药品购用、调剂或制剂活动的；

（五）将药品购销、使用情况作为个人或者部门、科室经济分配的依据，或者在药品购销、使用中牟取不正当利益的；

（六）违反本规定的其他规定并造成严重后果的。

第四十条　医疗机构违反药品管理有关法律、法规、规章的，依据其情节由县级以上地方卫生行政部门依法予以处理。

第四十一条　县级以上地方卫生、中医药行政部门应当定期对医疗机构药事管理工作进行监督检查。

第四十二条　卫生、中医药行政部门的工作人员依法对医疗机构药事管理工作进行监督检查时，应当出示证件。被检查的医疗机构应当予以配合，如实反映情况，提供必要的资料，不得拒绝、阻碍、隐瞒。

第七章　附　　则

第四十三条　本规定中下列用语的含义：

临床药学：是指药学与临床相结合，直接面向患者，以病人为中心，研究与实践临床药物治疗，提高药物治疗水平的综合性应用学科。

临床药师：是指以系统药学专业知识为基础，并具有一定医学和相关专业基础知识与技能，直接参与临床用药，促进药物合理应用和保护患者用药安全的药学专业技术人员。

危害药品：是指能产生职业暴露危险或者危害的药品，即具有遗传毒性、致癌性、致畸性，或者对生育有损害作用以及在低剂量下可产生严重的器官或其他方面毒性的药品，包括肿瘤化疗药物和细胞毒药物。

药品损害：是指由于药品质量不符合国家药品标准造成的对患者的损害。

用药错误：是指合格药品在临床使用全过程中出现的、任何可以防范的用药不当。

第四十四条　医疗机构中药饮片的管理，按照《医院中药饮片管理规范》执行。

第四十五条　诊所、卫生所、医务室、卫生保健所和卫生站可不设药事管理组织机构和药学部门，由机构负责人指定医务人员负责药事工作。

中医诊所、民族医诊所可不设药事管理组织机构和药学部门，由中医药和民族医药专业技术人员负责药事工作。

第四十六条　本规定自2011年3月1日起施行。《医疗机构药事管理暂行规定》（卫医发〔2002〕24号）同时废止。

药品不良反应报告和监测管理办法

1.　2011年5月4日卫生部令第81号公布

2.　自2011年7月1日起施行

第一章　总　　则

第一条　为加强药品的上市后监管，规范药品不良反应报告和监测，及时、有效控制药品风险，保障公众用药安全，依据《中华人民共和国药品管理法》等有关法律法规，制定本办法。

第二条　在中华人民共和国境内开展药品不良反应报告、监测以及监督管理，适用本办法。

第三条　国家实行药品不良反应报告制度。药品生产企业（包括进口药品的境外制药厂商）、药品经营企业、医疗机构应当按照规定报告所发现的药品不良反应。

第四条　国家食品药品监督管理局主管全国药品不良反应报告和监测工作，地方各级药品监督管理部门主管本行政区域内的药品不良反应报告和监测工作。各级卫生行政部门负责本行政区域内医疗机构与实施药品不良反应报告制度有关的管理工作。

地方各级药品监督管理部门应当建立健全药品不良反应监测机构，负责本行政区域内药品不良反应报告和监测的技术工作。

第五条　国家鼓励公民、法人和其他组织报告药品不良反应。

第二章　职　　责

第六条　国家食品药品监督管理局负责全国药品不良反应报告和监测的管理工作，并履行以下主要职责：

（一）与卫生部共同制定药品不良反应报告和监测的管理规定和政策，并监督实施；

（二）与卫生部联合组织开展全国范围内影响较大并造成严重后果的药品群体不良事件的调查和处理，并发布相关信息；

（三）对已确认发生严重药品不良反应或者药品群体不良事件的药品依法采取紧急控制措施，作出行政处理决定，并向社会公布；

（四）通报全国药品不良反应报告和监测情况；

（五）组织检查药品生产、经营企业的药品不良反应报告和监测工作的开展情况，并与卫生部联合组织检查医疗机构的药品不良反应报告和监测工作的开展情况。

第七条　省、自治区、直辖市药品监督管理部门负责本行政区域内药品不良反应报告和监测的管理工作，并履行以下主要职责：

（一）根据本办法与同级卫生行政部门共同制定本行政区域内药品不良反应报告和监测的管理规定，并监督实施；

（二）与同级卫生行政部门联合组织开展本行政区域内发生的影响较大的药品群体不良事件的调查和处理，并发布相关信息；

（三）对已确认发生严重药品不良反应或者药品群体不良事件的药品依法采取紧急控制措施，作出行政处理决定，并向社会公布；

（四）通报本行政区域内药品不良反应报告和监测情况；

（五）组织检查本行政区域内药品生产、经营企业的药品不良反应报告和监测工作的开展情况，并与同级卫生行政部门联合组织检查本行政区域内医疗机构的药品不良反应报告和监测工作的开展情况；

（六）组织开展本行政区域内药品不良反应报告和监测的宣传、培训工作。

第八条　设区的市级、县级药品监督管理部门负责本行政区域内药品不良反应报告和监测的管理工作；与同级卫生行政部门联合组织开展本行政区域内发生的药品群体不良事件的调查，并采取必要控制措施；组织开展本行政区域内药品不良反应报告和监测的宣传、培训工作。

第九条　县级以上卫生行政部门应当加强对医疗机构临床用药的监督管理，在职责范围内依法对已确认的严重药品不良反应或者药品群体不良事件采取相关的紧急控制措施。

第十条　国家药品不良反应监测中心负责全国药品不良反应报告和监测的技术工作，并履行以下主要职责：

（一）承担国家药品不良反应报告和监测资料的收集、评价、反馈和上报，以及全国药品不良反应监测信息网络的建设和维护；

（二）制定药品不良反应报告和监测的技术标准和规范，对地方各级药品不良反应监测机构进行技术指导；

（三）组织开展严重药品不良反应的调查和评价，协助有关部门开展药品群体不良事件的调查；

（四）发布药品不良反应警示信息；

（五）承担药品不良反应报告和监测的宣传、培训、研究和国际交流工作。

第十一条　省级药品不良反应监测机构负责本行政区域内的药品不良反应报告和监测的技术工作，并履行以下主要职责：

（一）承担本行政区域内药品不良反应报告和监测资料的收集、评价、反馈和上报，以及药品不良反应监测信息网络的维护和管理；

（二）对设区的市级、县级药品不良反应监测机构进行技术指导；

（三）组织开展本行政区域内严重药品不良反应的调查和评价，协助有关部门开展药品群体不良事件的调查；

（四）组织开展本行政区域内药品不良反应报告和监测的宣传、培训工作。

第十二条　设区的市级、县级药品不良反应监测机构负责本行政区域内药品不良反应报告和监测资料的收集、核实、评价、反馈和上报；开展本行政区域内严重药品不良反应的调查和评价；协助有关部门开展药品群体不良事件的调查；承担药品不良反应报告和监测的宣传、培训等工作。

第十三条　药品生产、经营企业和医疗机构应当建立药品不良反应报告和监测管理制度。药品生产企业应当设立专门机构并配备专职人员，药品经营企业和医疗机构应当设立或者指定机构并配备专（兼）职人员，承担本单位的药品不良反应报告和监测工作。

第十四条　从事药品不良反应报告和监测的工作人员应当具有医学、药学、流行病学或者统计学等相关专业知识，具备科学分析评价药品不良反应的能力。

第三章　报告与处置

第一节　基本要求

第十五条　药品生产、经营企业和医疗机构获知或者发现可能与用药有关的不良反应，应当通过国家药品不良反应监测信息网络报告；不具备在线报告条件的，应当通过纸质报表报所在地药品不良反应监测机构，由所在地药品不良反应监测机构代为在线报告。

报告内容应当真实、完整、准确。

第十六条　各级药品不良反应监测机构应当对本行政区域内的药品不良反应报告和监测资料进行评价和管理。

第十七条 药品生产、经营企业和医疗机构应当配合药品监督管理部门、卫生行政部门和药品不良反应监测机构对药品不良反应或者群体不良事件的调查，并提供调查所需的资料。

第十八条 药品生产、经营企业和医疗机构应当建立并保存药品不良反应报告和监测档案。

第二节 个例药品不良反应

第十九条 药品生产、经营企业和医疗机构应当主动收集药品不良反应，获知或者发现药品不良反应后应当详细记录、分析和处理，填写《药品不良反应/事件报告表》(见附表1)并报告。

第二十条 新药监测期内的国产药品应当报告该药品的所有不良反应；其他国产药品，报告新的和严重的不良反应。

进口药品自首次获准进口之日起5年内，报告该进口药品的所有不良反应；满5年的，报告新的和严重的不良反应。

第二十一条 药品生产、经营企业和医疗机构发现或者获知新的、严重的药品不良反应应当在15日内报告，其中死亡病例须立即报告；其他药品不良反应应当在30日内报告。有随访信息的，应当及时报告。

第二十二条 药品生产企业应当对获知的死亡病例进行调查，详细了解死亡病例的基本信息、药品使用情况、不良反应发生及诊治情况等，并在15日内完成调查报告，报药品生产企业所在地的省级药品不良反应监测机构。

第二十三条 个人发现新的或者严重的药品不良反应，可以向经治医师报告，也可以向药品生产、经营企业或者当地的药品不良反应监测机构报告，必要时提供相关的病历资料。

第二十四条 设区的市级、县级药品不良反应监测机构应当对收到的药品不良反应报告的真实性、完整性和准确性进行审核。严重药品不良反应报告的审核和评价应当自收到报告之日起3个工作日内完成，其他报告的审核和评价应当在15个工作日内完成。

设区的市级、县级药品不良反应监测机构应当对死亡病例进行调查，详细了解死亡病例的基本信息、药品使用情况、不良反应发生及诊治情况等，自收到报告之日起15个工作日内完成调查报告，报同级药品监督管理部门和卫生行政部门，以及上一级药品不良反应监测机构。

第二十五条 省级药品不良反应监测机构应当在收到下一级药品不良反应监测机构提交的严重药品不良反应评价意见之日起7个工作日内完成评价工作。

对死亡病例，事件发生地和药品生产企业所在地的省级药品不良反应监测机构均应当及时根据调查报告进行分析、评价，必要时进行现场调查，并将评价结果报省级药品监督管理部门和卫生行政部门，以及国家药品不良反应监测中心。

第二十六条 国家药品不良反应监测中心应当及时对死亡病例进行分析、评价，并将评价结果报国家食品药品监督管理局和卫生部。

第三节 药品群体不良事件

第二十七条 药品生产、经营企业和医疗机构获知或者发现药品群体不良事件后，应当立即通过电话或者传真等方式报所在地的县级药品监督管理部门、卫生行政部门和药品不良反应监测机构，必要时可以越级报告；同时填写《药品群体不良事件基本信息表》(见附表2)，对每一病例还应当及时填写《药品不良反应/事件报告表》，通过国家药品不良反应监测信息网络报告。

第二十八条 设区的市级、县级药品监督管理部门获知药品群体不良事件后，应当立即与同级卫生行政部门联合组织开展现场调查，并及时将调查结果逐级报至省级药品监督管理部门和卫生行政部门。

省级药品监督管理部门与同级卫生行政部门联合对设区的市级、县级的调查进行督促、指导，对药品群体不良事件进行分析、评价，对本行政区域内发生的影响较大的药品群体不良事件，还应当组织现场调查，评价和调查结果应当及时报国家食品药品监督管理局和卫生部。

对全国范围内影响较大并造成严重后果的药品群体不良事件，国家食品药品监督管理局应当与卫生部联合开展相关调查工作。

第二十九条 药品生产企业获知药品群体不良事件后应当立即开展调查，详细了解药品群体不良事件的发生、药品使用、患者诊治以及药品生产、储存、流通、既往类似不良事件等情况，在7日内完成调查报告，报所在地省级药品监督管理部门和药品不良反应监测机构；同时迅速开展自查，分析事件发生的原因，必要时应当暂停生产、销售、使用和召回相关药品，并报所在地省级药品监督管理部门。

第三十条 药品经营企业发现药品群体不良事件应当立即告知药品生产企业，同时迅速开展自查，必要时应当暂停药品的销售，并协助药品生产企业采取相关控制措施。

第三十一条　医疗机构发现药品群体不良事件后应当积极救治患者，迅速开展临床调查，分析事件发生的原因，必要时可采取暂停药品的使用等紧急措施。

第三十二条　药品监督管理部门可以采取暂停生产、销售、使用或者召回药品等控制措施。卫生行政部门应当采取措施积极组织救治患者。

第四节　境外发生的严重药品不良反应

第三十三条　进口药品和国产药品在境外发生的严重药品不良反应（包括自发报告系统收集的、上市后临床研究发现的、文献报道的），药品生产企业应当填写《境外发生的药品不良反应/事件报告表》（见附表3），自获知之日起30日内报送国家药品不良反应监测中心。国家药品不良反应监测中心要求提供原始报表及相关信息的，药品生产企业应当在5日内提交。

第三十四条　国家药品不良反应监测中心应当对收到的药品不良反应报告进行分析、评价，每半年向国家食品药品监督管理局和卫生部报告，发现提示药品可能存在安全隐患的信息应当及时报告。

第三十五条　进口药品和国产药品在境外因药品不良反应被暂停销售、使用或者撤市的，药品生产企业应当在获知后24小时内书面报国家食品药品监督管理局和国家药品不良反应监测中心。

第五节　定期安全性更新报告

第三十六条　药品生产企业应当对本企业生产药品的不良反应报告和监测资料进行定期汇总分析，汇总国内外安全性信息，进行风险和效益评估，撰写定期安全性更新报告。定期安全性更新报告的撰写规范由国家药品不良反应监测中心负责制定。

第三十七条　设立新药监测期的国产药品，应当自取得批准证明文件之日起每满1年提交一次定期安全性更新报告，直至首次再注册，之后每5年报告一次；其他国产药品，每5年报告一次。

首次进口的药品，自取得进口药品批准证明文件之日起每满一年提交一次定期安全性更新报告，直至首次再注册，之后每5年报告一次。

定期安全性更新报告的汇总时间以取得药品批准证明文件的日期为起点计，上报日期应当在汇总数据截止日期后60日内。

第三十八条　国产药品的定期安全性更新报告向药品生产企业所在地省级药品不良反应监测机构提交。进口药品（包括进口分包装药品）的定期安全性更新报告向国家药品不良反应监测中心提交。

第三十九条　省级药品不良反应监测机构应当对收到的定期安全性更新报告进行汇总、分析和评价，于每年4月1日前将上一年度定期安全性更新报告统计情况和分析评价结果报省级药品监督管理部门和国家药品不良反应监测中心。

第四十条　国家药品不良反应监测中心应当对收到的定期安全性更新报告进行汇总、分析和评价，于每年7月1日前将上一年度国产药品和进口药品的定期安全性更新报告统计情况和分析评价结果报国家食品药品监督管理局和卫生部。

第四章　药品重点监测

第四十一条　药品生产企业应当经常考察本企业生产药品的安全性，对新药监测期内的药品和首次进口5年内的药品，应当开展重点监测，并按要求对监测数据进行汇总、分析、评价和报告；对本企业生产的其他药品，应当根据安全性情况主动开展重点监测。

第四十二条　省级以上药品监督管理部门根据药品临床使用和不良反应监测情况，可以要求药品生产企业对特定药品进行重点监测；必要时，也可以直接组织药品不良反应监测机构、医疗机构和科研单位开展药品重点监测。

第四十三条　省级以上药品不良反应监测机构负责对药品生产企业开展的重点监测进行监督、检查，并对监测报告进行技术评价。

第四十四条　省级以上药品监督管理部门可以联合同级卫生行政部门指定医疗机构作为监测点，承担药品重点监测工作。

第五章　评价与控制

第四十五条　药品生产企业应当对收集到的药品不良反应报告和监测资料进行分析、评价，并主动开展药品安全性研究。

药品生产企业对已确认发生严重不良反应的药品，应当通过各种有效途径将药品不良反应、合理用药信息及时告知医务人员、患者和公众；采取修改标签和说明书，暂停生产、销售、使用和召回等措施，减少和防止药品不良反应的重复发生。对不良反应大的药品，应当主动申请注销其批准证明文件。

药品生产企业应当将药品安全性信息及采取的措施报所在地省级药品监督管理部门和国家食品药品监督管理局。

第四十六条　药品经营企业和医疗机构应当对收集到的

药品不良反应报告和监测资料进行分析和评价，并采取有效措施减少和防止药品不良反应的重复发生。

第四十七条　省级药品不良反应监测机构应当每季度对收到的药品不良反应报告进行综合分析，提取需要关注的安全性信息，并进行评价，提出风险管理建议，及时报省级药品监督管理部门、卫生行政部门和国家药品不良反应监测中心。

省级药品监督管理部门根据分析评价结果，可以采取暂停生产、销售、使用和召回药品等措施，并监督检查，同时将采取的措施通报同级卫生行政部门。

第四十八条　国家药品不良反应监测中心应当每季度对收到的严重药品不良反应报告进行综合分析，提取需要关注的安全性信息，并进行评价，提出风险管理建议，及时报国家食品药品监督管理局和卫生部。

第四十九条　国家食品药品监督管理局根据药品分析评价结果，可以要求企业开展药品安全性、有效性相关研究。必要时，应当采取责令修改药品说明书，暂停生产、销售、使用和召回药品等措施，对不良反应大的药品，应当撤销药品批准证明文件，并将有关措施及时通报卫生部。

第五十条　省级以上药品不良反应监测机构根据分析评价工作需要，可以要求药品生产、经营企业和医疗机构提供相关资料，相关单位应当积极配合。

第六章　信 息 管 理

第五十一条　各级药品不良反应监测机构应当对收到的药品不良反应报告和监测资料进行统计和分析，并以适当形式反馈。

第五十二条　国家药品不良反应监测中心应当根据对药品不良反应报告和监测资料的综合分析和评价结果，及时发布药品不良反应警示信息。

第五十三条　省级以上药品监督管理部门应当定期发布药品不良反应报告和监测情况。

第五十四条　下列信息由国家食品药品监督管理局和卫生部统一发布：

（一）影响较大并造成严重后果的药品群体不良事件；

（二）其他重要的药品不良反应信息和认为需要统一发布的信息。

前款规定统一发布的信息，国家食品药品监督管理局和卫生部也可以授权省级药品监督管理部门和卫生行政部门发布。

第五十五条　在药品不良反应报告和监测过程中获取的商业秘密、个人隐私、患者和报告者信息应当予以保密。

第五十六条　鼓励医疗机构、药品生产企业、药品经营企业之间共享药品不良反应信息。

第五十七条　药品不良反应报告的内容和统计资料是加强药品监督管理、指导合理用药的依据。

第七章　法 律 责 任

第五十八条　药品生产企业有下列情形之一的，由所在地药品监督管理部门给予警告，责令限期改正，可以并处五千元以上三万元以下的罚款：

（一）未按照规定建立药品不良反应报告和监测管理制度，或者无专门机构、专职人员负责本单位药品不良反应报告和监测工作的；

（二）未建立和保存药品不良反应监测档案的；

（三）未按照要求开展药品不良反应或者群体不良事件报告、调查、评价和处理的；

（四）未按照要求提交定期安全性更新报告的；

（五）未按照要求开展重点监测的；

（六）不配合严重药品不良反应或者群体不良事件相关调查工作的；

（七）其他违反本办法规定的。

药品生产企业有前款规定第（四）项、第（五）项情形之一的，按照《药品注册管理办法》的规定对相应药品不予再注册。

第五十九条　药品经营企业有下列情形之一的，由所在地药品监督管理部门给予警告，责令限期改正；逾期不改的，处三万元以下的罚款：

（一）无专职或者兼职人员负责本单位药品不良反应监测工作的；

（二）未按照要求开展药品不良反应或者群体不良事件报告、调查、评价和处理的；

（三）不配合严重药品不良反应或者群体不良事件相关调查工作的。

第六十条　医疗机构有下列情形之一的，由所在地卫生行政部门给予警告，责令限期改正；逾期不改的，处三万元以下的罚款。情节严重并造成严重后果的，由所在地卫生行政部门对相关责任人给予行政处分：

（一）无专职或者兼职人员负责本单位药品不良反应监测工作的；

（二）未按照要求开展药品不良反应或者群体不良事件报告、调查、评价和处理的；

（三）不配合严重药品不良反应和群体不良事件相关调查工作的。

药品监督管理部门发现医疗机构有前款规定行为

之一的,应当移交同级卫生行政部门处理。

卫生行政部门对医疗机构作出行政处罚决定的,应当及时通报同级药品监督管理部门。

第六十一条　各级药品监督管理部门、卫生行政部门和药品不良反应监测机构及其有关工作人员在药品不良反应报告和监测管理工作中违反本办法,造成严重后果的,依照有关规定给予行政处分。

第六十二条　药品生产、经营企业和医疗机构违反相关规定,给药品使用者造成损害的,依法承担赔偿责任。

第八章　附　　则

第六十三条　本办法下列用语的含义:

(一)药品不良反应,是指合格药品在正常用法用量下出现的与用药目的无关的有害反应。

(二)药品不良反应报告和监测,是指药品不良反应的发现、报告、评价和控制的过程。

(三)严重药品不良反应,是指因使用药品引起以下损害情形之一的反应:

1. 导致死亡;

2. 危及生命;

3. 致癌、致畸、致出生缺陷;

4. 导致显著的或者永久的人体伤残或者器官功能的损伤;

5. 导致住院或者住院时间延长;

6. 导致其他重要医学事件,如不进行治疗可能出现上述所列情况的。

(四)新的药品不良反应,是指药品说明书中未载明的不良反应。说明书中已有描述,但不良反应发生的性质、程度、后果或者频率与说明书描述不一致或者更严重的,按照新的药品不良反应处理。

(五)药品群体不良事件,是指同一药品在使用过程中,在相对集中的时间、区域内,对一定数量人群的身体健康或者生命安全造成损害或者威胁,需要予以紧急处置的事件。

同一药品:指同一生产企业生产的同一药品名称、同一剂型、同一规格的药品。

(六)药品重点监测,是指为进一步了解药品的临床使用和不良反应发生情况,研究不良反应的发生特征、严重程度、发生率等,开展的药品安全性监测活动。

第六十四条　进口药品的境外制药厂商可以委托其驻中国境内的办事机构或者中国境内代理机构,按照本办法对药品生产企业的规定,履行药品不良反应报告和监测义务。

第六十五条　卫生部和国家食品药品监督管理局对疫苗不良反应报告和监测另有规定的,从其规定。

第六十六条　医疗机构制剂的不良反应报告和监测管理办法由各省、自治区、直辖市药品监督管理部门会同同级卫生行政部门制定。

第六十七条　本办法自2011年7月1日起施行。国家食品药品监督管理局和卫生部于2004年3月4日公布的《药品不良反应报告和监测管理办法》(国家食品药品监督管理局令第7号)同时废止。

附表:(略)

医疗机构药品监督管理办法(试行)

1. 2011年10月11日国家食品药品监督管理局发布

2. 国食药监安〔2011〕442号

第一章　总　　则

第一条　为加强医疗机构药品质量监督管理,保障人体用药安全、有效,依据《中华人民共和国药品管理法》(以下简称《药品管理法》)、《中华人民共和国药品管理法实施条例》(以下简称《药品管理法实施条例》)等法律法规,制定本办法。

第二条　本办法适用于中华人民共和国境内医疗机构药品质量的监督管理,医疗机构购进、储存、调配及使用药品均应当遵守本办法。

第三条　国家食品药品监督管理局主管全国医疗机构药品质量监督管理工作,地方各级药品监督管理部门主管本行政区域内医疗机构药品质量监督管理工作。

第四条　医疗机构应当建立健全药品质量管理体系,完善药品购进、验收、储存、养护、调配及使用等环节的质量管理制度,做好质量跟踪工作,并明确各环节中工作人员的岗位责任。

医疗机构应当有专门的部门负责药品质量的日常管理工作;未设专门部门的,应当指定专人负责药品质量管理。

第五条　医疗机构应当向所在地药品监督管理部门提交药品质量管理年度自查报告,自查报告应当包括以下内容:

(一)药品质量管理制度的执行情况;

(二)医疗机构制剂配制的变化情况;

(三)接受药品监督管理部门的监督检查及整改落实情况;

(四)对药品监督管理部门的意见和建议。

自查报告应当在本年度12月31日前提交。

第二章 药品购进和储存

第六条 医疗机构必须从具有药品生产、经营资格的企业购进药品。

医疗机构使用的药品应当按照规定由专门部门统一采购,禁止医疗机构其他科室和医务人员自行采购。

医疗机构因临床急需进口少量药品的,应当按照《药品管理法》及其实施条例的有关规定办理。

第七条 医疗机构购进药品,应当查验供货单位的《药品生产许可证》或者《药品经营许可证》和《营业执照》、所销售药品的批准证明文件等相关证明文件,并核实销售人员持有的授权书原件和身份证原件。

医疗机构应当妥善保存首次购进药品加盖供货单位原印章的前述证明文件的复印件,保存期不得少于5年。

第八条 医疗机构购进药品时应当索取、留存供货单位的合法票据,并建立购进记录,做到票、账、货相符。合法票据包括税票及详细清单,清单上必须载明供货单位名称、药品名称、生产厂商、批号、数量、价格等内容,票据保存期不得少于3年。

第九条 医疗机构必须建立和执行进货验收制度,购进药品应当逐批验收,并建立真实、完整的药品验收记录。

医疗机构接受捐赠药品、从其他医疗机构调入急救药品也应当遵守前款规定。

第十条 药品验收记录应当包括药品通用名称、生产厂商、规格、剂型、批号、生产日期、有效期、批准文号、供货单位、数量、价格、购进日期、验收日期、验收结论等内容。

验收记录必须保存至超过药品有效期1年,但不得少于3年。

第十一条 医疗机构应当建立健全中药饮片采购制度,按照国家有关规定购进中药饮片。

第十二条 医疗机构应当有专用的场所和设施、设备储存药品。药品的存放应当符合药品说明书标明的条件。

医疗机构需要在急诊室、病区护士站等场所临时存放药品的,应当配备符合药品存放条件的专柜。有特殊存放要求的,应当配备相应设备。

第十三条 医疗机构储存药品,应当按照药品属性和类别分库、分区、分垛存放,并实行色标管理。药品与非药品分开存放;中药饮片、中成药、化学药品分别储存、分类存放;过期、变质、被污染等药品应当放置在不合格库(区)。

第十四条 医疗机构应当制定和执行药品保管、养护管理制度,并采取必要的控温、防潮、避光、通风、防火、防虫、防鼠、防污染等措施,保证药品质量。

第十五条 医疗机构应当配备药品养护人员,定期对储存药品进行检查和养护,监测和记录储存区域的温湿度,维护储存设施设备,并建立相应的养护档案。

第十六条 医疗机构应当建立药品效期管理制度。药品发放应当遵循"近效期先出"的原则。

第十七条 麻醉药品、精神药品、医疗用毒性药品、放射性药品应当严格按照相关行政法规的规定存放,并具有相应的安全保障措施。

第三章 药品调配和使用

第十八条 医疗机构应当配备与药品调配和使用相适应的、依法经资格认定的药学技术人员负责处方的审核、调配工作。

第十九条 医疗机构用于调配药品的工具、设施、包装用品以及调配药品的区域,应当符合卫生要求及相应的调配要求。

第二十条 医疗机构应当建立最小包装药品拆零调配管理制度,保证药品质量可追溯。

第二十一条 医疗机构配制的制剂只能供本单位使用。未经省级以上药品监督管理部门批准,医疗机构不得使用其他医疗机构配制的制剂,也不得向其他医疗机构提供本单位配制的制剂。

第二十二条 医疗机构应当加强对使用药品的质量监测。发现假药、劣药的,应当立即停止使用、就地封存并妥善保管,及时向所在地药品监督管理部门报告。在药品监督管理部门作出决定之前,医疗机构不得擅自处理。

医疗机构发现存在安全隐患的药品,应当立即停止使用,并通知药品生产企业或者供货商,及时向所在地药品监督管理部门报告。需要召回的,医疗机构应当协助药品生产企业履行药品召回义务。

第二十三条 医疗机构不得采用邮售、互联网交易、柜台开架自选等方式直接向公众销售处方药。

第二十四条 医疗机构应当逐步建立覆盖药品购进、储存、调配、使用全过程质量控制的电子管理系统,实现药品来源可追溯、去向可查清,并与国家药品电子监管系统对接。

第二十五条 医疗机构应当每年组织直接接触药品人员进行健康检查,并建立健康档案。患有传染病或者其他可能污染药品的疾病的,不得从事直接接触药品的工作。

第二十六条 医疗机构应当定期组织从事药品购进、保管、养护、验收、调配、使用的人员参加药事法规和药学专业知识的培训，并建立培训档案。

第四章 监督检查

第二十七条 药品监督管理部门应当对医疗机构药品购进、储存、调配和使用质量情况进行监督检查，并建立医疗机构监督检查档案。

监督检查情况和处理结果应当形成书面记录，由监督检查人员签字后反馈被检查单位。对检查中发现的问题需要其他部门处理的，应当及时移送。

第二十八条 医疗机构应当积极配合药品监督管理部门依法对药品购进、储存、调配和使用质量情况进行监督检查，如实提供与被检查事项有关的物品和记录、凭证以及医学文书等资料，不得拒绝和隐瞒。

第二十九条 药品监督管理部门应当加强对医疗机构药品的监督抽验。

国家或者省级药品监督管理部门应当定期发布公告，公布对医疗机构药品质量的抽查检验结果。

对质量抽验结果有异议的，其复验程序按照相关规定执行。

第三十条 药品监督管理部门应当根据实际情况建立医疗机构药品质量管理信用档案，记录日常监督检查结果、违法行为查处等情况。

第三十一条 药品监督管理部门接到有关医疗机构药品质量方面的咨询、投诉、举报，应当及时受理，并进行核实、答复、处理；对不属于本部门职责的，应当书面通知并移交有关部门处理。

第三十二条 药品监督管理部门可以根据医疗机构药品质量管理年度自查报告、日常监督检查情况、不良信用记录以及人民群众的投诉、举报情况，确定若干重点监督检查单位，相应增加对其进行监督检查的频次，加大对其使用药品的质量抽验力度。

第五章 法律责任

第三十三条 违反本办法第六条第一款规定，从无《药品生产许可证》、《药品经营许可证》的企业购进药品的，由药品监督管理部门按照《药品管理法》第八十条规定处罚。

对违反本办法第六条第二款规定，医疗机构其他科室和医务人员自行采购药品的，责令医疗机构给予相应处理；确认为假劣药品的，按照《药品管理法》有关规定予以处罚。

第三十四条 违反本办法第十二条第一款规定，不按要求储存疫苗的，按照《疫苗流通和预防接种管理条例》第六十四条规定处罚。

第三十五条 违反本办法第二十一条的规定，擅自使用其他医疗机构配制的制剂的，按照《药品管理法》第八十条规定处罚；未经批准向其他医疗机构提供本单位配制的制剂的，按照《药品管理法》第八十四条规定处罚。

第三十六条 违反本办法第二十二条的规定，擅自处理假劣药品或者存在安全隐患的药品的，由药品监督管理部门责令限期追回；情节严重的，向社会公布。

第三十七条 违反本办法第二十三条规定，采用邮售、互联网交易、柜台开架自选等方式直接向公众销售处方药的，按照《药品流通监督管理办法》第四十二条规定处罚。

第三十八条 违反本办法有关规定，且隐瞒事实，不如实提供与被检查事项有关的物品和记录、凭证以及医学文书等资料，阻碍或者拒绝接受监督检查的，依照《药品管理法实施条例》第七十九条的规定从重处罚。

第三十九条 医疗机构有下列情形之一的，由药品监督管理部门要求其限期整改，逾期不改的，记入医疗机构药品质量管理信用档案，并定期向社会公布：

（一）未按照本办法第四条第一款规定建立质量管理制度的；

（二）未按照本办法第五条规定提交药品质量管理年度自查报告的；

（三）未按照本办法第七条第一款、第八条规定索证、索票查验的；

（四）未按照本办法第九条、第十条规定对购进的药品进行验收，做好验收记录的；

（五）未按照本办法第十一条规定建立中药饮片采购制度，违反国家有关规定购进中药饮片的；

（六）未按照本办法第十二条、第十三条规定储存药品的；

（七）未按照本办法第十四条、第十五条规定养护药品的；

（八）未按照本办法第十六条规定建立和执行药品效期管理制度的；

（九）未按照本办法第十八条规定配备人员的；

（十）未按照本办法第十九条规定执行的；

（十一）未按照本办法第二十条规定建立最小包装药品拆零调配管理制度并执行的。

第四十条 药品监督管理部门应当加强对本部门工作人员的教育、培训和管理，督促其正确履职。凡不履行本办法规定的职责或者滥用职权、玩忽职守、徇私舞弊的，均应当依法对直接负责的主管人员和其他直接责任人员给予相应行政处分；涉嫌犯罪的，移送司法机关处理。

第六章　附　　则

第四十一条　省、自治区、直辖市药品监督管理部门可以结合本地实际情况，根据本办法的规定制定实施细则。

第四十二条　本办法自发布之日起施行。

抗菌药物临床应用管理办法

1. 2012年4月24日卫生部令第84号公布
2. 自2012年8月1日起施行

第一章　总　　则

第一条　为加强医疗机构抗菌药物临床应用管理，规范抗菌药物临床应用行为，提高抗菌药物临床应用水平，促进临床合理应用抗菌药物，控制细菌耐药，保障医疗质量和医疗安全，根据相关卫生法律法规，制定本办法。

第二条　本办法所称抗菌药物是指治疗细菌、支原体、衣原体、立克次体、螺旋体、真菌等病原微生物所致感染性疾病病原的药物，不包括治疗结核病、寄生虫病和各种病毒所致感染性疾病的药物以及具有抗菌作用的中药制剂。

第三条　卫生部负责全国医疗机构抗菌药物临床应用的监督管理。

县级以上地方卫生行政部门负责本行政区域内医疗机构抗菌药物临床应用的监督管理。

第四条　本办法适用于各级各类医疗机构抗菌药物临床应用管理工作。

第五条　抗菌药物临床应用应当遵循安全、有效、经济的原则。

第六条　抗菌药物临床应用实行分级管理。根据安全性、疗效、细菌耐药性、价格等因素，将抗菌药物分为三级：非限制使用级、限制使用级与特殊使用级。具体划分标准如下：

（一）非限制使用级抗菌药物是指经长期临床应用证明安全、有效，对细菌耐药性影响较小，价格相对较低的抗菌药物；

（二）限制使用级抗菌药物是指经长期临床应用证明安全、有效，对细菌耐药性影响较大，或者价格相对较高的抗菌药物；

（三）特殊使用级抗菌药物是指具有以下情形之一的抗菌药物：

1. 具有明显或者严重不良反应，不宜随意使用的抗菌药物；

2. 需要严格控制使用，避免细菌过快产生耐药的抗菌药物；

3. 疗效、安全性方面的临床资料较少的抗菌药物；

4. 价格昂贵的抗菌药物。

抗菌药物分级管理目录由各省级卫生行政部门制定，报卫生部备案。

第二章　组织机构和职责

第七条　医疗机构主要负责人是本机构抗菌药物临床应用管理的第一责任人。

第八条　医疗机构应当建立本机构抗菌药物管理工作制度。

第九条　医疗机构应当设立抗菌药物管理工作机构或者配备专（兼）职人员负责本机构的抗菌药物管理工作。

二级以上的医院、妇幼保健院及专科疾病防治机构（以下简称二级以上医院）应当在药事管理与药物治疗学委员会下设立抗菌药物管理工作组。抗菌药物管理工作组由医务、药学、感染性疾病、临床微生物、护理、医院感染管理等部门负责人和具有相关专业高级技术职务任职资格的人员组成，医务、药学等部门共同负责日常管理工作。

其他医疗机构设立抗菌药物管理工作小组或者指定专（兼）职人员，负责具体管理工作。

第十条　医疗机构抗菌药物管理工作机构或者专（兼）职人员的主要职责是：

（一）贯彻执行抗菌药物管理相关的法律、法规、规章，制定本机构抗菌药物管理制度并组织实施；

（二）审议本机构抗菌药物供应目录，制定抗菌药物临床应用相关技术性文件，并组织实施；

（三）对本机构抗菌药物临床应用与细菌耐药情况进行监测，定期分析、评估、上报监测数据并发布相关信息，提出干预和改进措施；

（四）对医务人员进行抗菌药物管理相关法律、法规、规章制度和技术规范培训，组织对患者合理使用抗菌药物的宣传教育。

第十一条　二级以上医院应当设置感染性疾病科，配备感染性疾病专业医师。

感染性疾病科和感染性疾病专业医师负责对本机构各临床科室抗菌药物临床应用进行技术指导，参与抗菌药物临床应用管理工作。

第十二条　二级以上医院应当配备抗菌药物等相关专业的临床药师。

临床药师负责对本机构抗菌药物临床应用提供技术支持，指导患者合理使用抗菌药物，参与抗菌药物临床应用管理工作。

第十三条　二级以上医院应当根据实际需要，建立符合实验室生物安全要求的临床微生物室。

临床微生物室开展微生物培养、分离、鉴定和药物敏感试验等工作，提供病原学诊断和细菌耐药技术支持，参与抗菌药物临床应用管理工作。

第十四条　卫生行政部门和医疗机构加强涉及抗菌药物临床应用管理的相关学科建设，建立专业人才培养和考核制度，充分发挥相关专业技术人员在抗菌药物临床应用管理工作中的作用。

第三章　抗菌药物临床应用管理

第十五条　医疗机构应当严格执行《处方管理办法》、《医疗机构药事管理规定》、《抗菌药物临床应用指导原则》、《国家处方集》等相关规定及技术规范，加强对抗菌药物遴选、采购、处方、调剂、临床应用和药物评价的管理。

第十六条　医疗机构应当按照省级卫生行政部门制定的抗菌药物分级管理目录，制定本机构抗菌药物供应目录，并向核发其《医疗机构执业许可证》的卫生行政部门备案。医疗机构抗菌药物供应目录包括采购抗菌药物的品种、品规。未经备案的抗菌药物品种、品规，医疗机构不得采购。

第十七条　医疗机构应当严格控制本机构抗菌药物供应目录的品种数量。同一通用名称抗菌药物品种，注射剂型和口服剂型各不得超过2种。具有相似或者相同药理学特征的抗菌药物不得重复列入供应目录。

第十八条　医疗机构确因临床工作需要，抗菌药物品种和品规数量超过规定的，应当向核发其《医疗机构执业许可证》的卫生行政部门详细说明原因和理由；说明不充分或者理由不成立的，卫生行政部门不得接受其抗菌药物品种和品规数量的备案。

第十九条　医疗机构应当定期调整抗菌药物供应目录品种结构，并于每次调整后15个工作日内向核发其《医疗机构执业许可证》的卫生行政部门备案。调整周期原则上为2年，最短不得少于1年。

第二十条　医疗机构应当按照国家药品监督管理部门批准并公布的药品通用名称购进抗菌药物，优先选用《国家基本药物目录》、《国家处方集》和《国家基本医疗保险、工伤保险和生育保险药品目录》收录的抗菌药物品种。

基层医疗卫生机构只能选用基本药物（包括各省区市增补品种）中的抗菌药物品种。

第二十一条　医疗机构抗菌药物应当由药学部门统一采购供应，其他科室或者部门不得从事抗菌药物的采购、调剂活动。临床上不得使用非药学部门采购供应的抗菌药物。

第二十二条　因特殊治疗需要，医疗机构需使用本机构抗菌药物供应目录以外抗菌药物的，可以启动临时采购程序。临时采购应当由临床科室提出申请，说明申请购入抗菌药物名称、剂型、规格、数量、使用对象和使用理由，经本机构抗菌药物管理工作组审核同意后，由药学部门临时一次性购入使用。

医疗机构应当严格控制临时采购抗菌药物品种和数量，同一通用名抗菌药物品种启动临时采购程序原则上每年不得超过5例次。如果超过5例次，应当讨论是否列入本机构抗菌药物供应目录。调整后的抗菌药物供应目录总品种数不得增加。

医疗机构应当每半年将抗菌药物临时采购情况向核发其《医疗机构执业许可证》的卫生行政部门备案。

第二十三条　医疗机构应当建立抗菌药物遴选和定期评估制度。

医疗机构遴选和新引进抗菌药物品种，应当由临床科室提交申请报告，经药学部门提出意见后，由抗菌药物管理工作组审议。

抗菌药物管理工作组三分之二以上成员审议同意，并经药事管理与药物治疗学委员会三分之二以上委员审核同意后方可列入采购供应目录。

抗菌药物品种或者品规存在安全隐患、疗效不确定、耐药率高、性价比差或者违规使用等情况的，临床科室、药学部门、抗菌药物管理工作组可以提出清退或者更换意见。清退意见经抗菌药物管理工作组二分之一以上成员同意后执行，并报药事管理与药物治疗学委员会备案；更换意见经药事管理与药物治疗学委员会讨论通过后执行。

清退或者更换的抗菌药物品种或者品规原则上12个月内不得重新进入本机构抗菌药物供应目录。

第二十四条　具有高级专业技术职务任职资格的医师，可授予特殊使用级抗菌药物处方权；具有中级以上专业技术职务任职资格的医师，可授予限制使用级抗菌药物处方权；具有初级专业技术职务任职资格的医师，在乡、民族乡、镇、村的医疗机构独立从事一般执业活动的执业助理医师以及乡村医生，可授予非限制使用级抗菌药物处方权。药师经培训并考核合格后，方可获得抗菌药物调剂资格。

二级以上医院应当定期对医师和药师进行抗菌药物临床应用知识和规范化管理的培训。医师经本机构培训并考核合格后，方可获得相应的处方权。

其他医疗机构依法享有处方权的医师、乡村医生和从事处方调剂工作的药师，由县级以上地方卫生行政部门组织相关培训、考核。经考核合格的，授予相应的抗菌药物处方权或者抗菌药物调剂资格。

第二十五条 抗菌药物临床应用知识和规范化管理培训和考核内容应当包括：

（一）《药品管理法》、《执业医师法》、《抗菌药物临床应用管理办法》、《处方管理办法》、《医疗机构药事管理规定》、《抗菌药物临床应用指导原则》、《国家基本药物处方集》、《国家处方集》和《医院处方点评管理规范（试行）》等相关法律、法规、规章和规范性文件；

（二）抗菌药物临床应用及管理制度；

（三）常用抗菌药物的药理学特点与注意事项；

（四）常见细菌的耐药趋势与控制方法；

（五）抗菌药物不良反应的防治。

第二十六条 医疗机构和医务人员应当严格掌握使用抗菌药物预防感染的指证。预防感染、治疗轻度或者局部感染应当首选非限制使用级抗菌药物；严重感染、免疫功能低下合并感染或者病原菌只对限制使用级抗菌药物敏感时，方可选用限制使用级抗菌药物。

第二十七条 严格控制特殊使用级抗菌药物使用。特殊使用级抗菌药物不得在门诊使用。

临床应用特殊使用级抗菌药物应当严格掌握用药指证，经抗菌药物管理工作组指定的专业技术人员会诊同意后，由具有相应处方权医师开具处方。

特殊使用级抗菌药物会诊人员由具有抗菌药物临床应用经验的感染性疾病科、呼吸科、重症医学科、微生物检验科、药学部门等具有高级专业技术职务任职资格的医师、药师或具有高级专业技术职务任职资格的抗菌药物专业临床药师担任。

第二十八条 因抢救生命垂危的患者等紧急情况，医师可以越级使用抗菌药物。越级使用抗菌药物应当详细记录用药指证，并应当于24小时内补办越级使用抗菌药物的必要手续。

第二十九条 医疗机构应当制定并严格控制门诊患者静脉输注使用抗菌药物比例。

村卫生室、诊所和社区卫生服务站使用抗菌药物开展静脉输注活动，应当经县级卫生行政部门核准。

第三十条 医疗机构应当开展抗菌药物临床应用监测工作，分析本机构及临床各专业科室抗菌药物使用情况，评估抗菌药物使用适宜性；对抗菌药物使用趋势进行分析，对抗菌药物不合理使用情况应当及时采取有效干预措施。

第三十一条 医疗机构应当根据临床微生物标本检测结果合理选用抗菌药物。临床微生物标本检测结果未出具前，医疗机构可以根据当地和本机构细菌耐药监测情况经验选用抗菌药物，临床微生物标本检测结果出具后根据检测结果进行相应调整。

第三十二条 医疗机构应当开展细菌耐药监测工作，建立细菌耐药预警机制，并采取下列相应措施：

（一）主要目标细菌耐药率超过30%的抗菌药物，应当及时将预警信息通报本机构医务人员；

（二）主要目标细菌耐药率超过40%的抗菌药物，应当慎重经验用药；

（三）主要目标细菌耐药率超过50%的抗菌药物，应当参照药敏试验结果选用；

（四）主要目标细菌耐药率超过75%的抗菌药物，应当暂停针对此目标细菌的临床应用，根据追踪细菌耐药监测结果，再决定是否恢复临床应用。

第三十三条 医疗机构应当建立本机构抗菌药物临床应用情况排名、内部公示和报告制度。

医疗机构应当对临床科室和医务人员抗菌药物使用量、使用率和使用强度等情况进行排名并予以内部公示；对排名后位或者发现严重问题的医师进行批评教育，情况严重的予以通报。

医疗机构应当按照要求对临床科室和医务人员抗菌药物临床应用情况进行汇总，并向核发其《医疗机构执业许可证》的卫生行政部门报告。非限制使用级抗菌药物临床应用情况，每年报告一次；限制使用级和特殊使用级抗菌药物临床应用情况，每半年报告一次。

第三十四条 医疗机构应当充分利用信息化手段促进抗菌药物合理应用。

第三十五条 医疗机构应当对以下抗菌药物临床应用异常情况开展调查，并根据不同情况作出处理：

（一）使用量异常增长的抗菌药物；

（二）半年内使用量始终居于前列的抗菌药物；

（三）经常超适应证、超剂量使用的抗菌药物；

（四）企业违规销售的抗菌药物；

（五）频繁发生严重不良事件的抗菌药物。

第三十六条 医疗机构应当加强对抗菌药物生产、经营企业在本机构销售行为的管理，对存在不正当销售行为的企业，应当及时采取暂停进药、清退等措施。

第四章 监督管理

第三十七条 县级以上卫生行政部门应当加强对本行政区域内医疗机构抗菌药物临床应用情况的监督检查。

第三十八条 卫生行政部门工作人员依法对医疗机构抗菌药物临床应用情况进行监督检查时，应当出示证件，被检查医疗机构应当予以配合，提供必要的资料，不得拒绝、阻碍和隐瞒。

第三十九条 县级以上地方卫生行政部门应当建立医疗机构抗菌药物临床应用管理评估制度。

第四十条 县级以上地方卫生行政部门应当建立抗菌药物临床应用情况排名、公布和诫勉谈话制度。对本行政区域内医疗机构抗菌药物使用量、使用率和使用强度等情况进行排名，将排名情况向本行政区域内医疗机构公布，并报上级卫生行政部门备案；对发生重大、特大医疗质量安全事件或者存在严重医疗质量安全隐患的各级各类医疗机构的负责人进行诫勉谈话，情况严重的予以通报。

第四十一条 县级卫生行政部门负责对辖区内乡镇卫生院、社区卫生服务中心(站)抗菌药物使用量、使用率等情况进行排名并予以公示。

受县级卫生行政部门委托，乡镇卫生院负责对辖区内村卫生室抗菌药物使用量、使用率等情况进行排名并予以公示，并向县级卫生行政部门报告。

第四十二条 卫生部建立全国抗菌药物临床应用监测网和全国细菌耐药监测网，对全国抗菌药物临床应用和细菌耐药情况进行监测；根据监测情况定期公布抗菌药物临床应用控制指标，开展抗菌药物临床应用质量管理与控制工作。

省级卫生行政部门应当建立本行政区域的抗菌药物临床应用监测网和细菌耐药监测网，对医疗机构抗菌药物临床应用和细菌耐药情况进行监测，开展抗菌药物临床应用质量管理与控制工作。

抗菌药物临床应用和细菌耐药监测技术方案由卫生部另行制定。

第四十三条 卫生行政部门应当将医疗机构抗菌药物临床应用情况纳入医疗机构考核指标体系；将抗菌药物临床应用情况作为医疗机构定级、评审、评价重要指标，考核不合格的，视情况对医疗机构作出降级、降等、评价不合格处理。

第四十四条 医疗机构抗菌药物管理机构应当定期组织相关专业技术人员对抗菌药物处方、医嘱实施点评，并将点评结果作为医师定期考核、临床科室和医务人员绩效考核依据。

第四十五条 医疗机构应当对出现抗菌药物超常处方3次以上且无正当理由的医师提出警告，限制其特殊使用级和限制使用级抗菌药物处方权。

第四十六条 医师出现下列情形之一的，医疗机构应当取消其处方权：

(一)抗菌药物考核不合格的；

(二)限制处方权后，仍出现超常处方且无正当理由的；

(三)未按照规定开具抗菌药物处方，造成严重后果的；

(四)未按照规定使用抗菌药物，造成严重后果的；

(五)开具抗菌药物处方牟取不正当利益的。

第四十七条 药师未按照规定审核抗菌药物处方与用药医嘱，造成严重后果的，或者发现处方不适宜、超常处方等情况未进行干预且无正当理由的，医疗机构应当取消其药物调剂资格。

第四十八条 医师处方权和药师药物调剂资格取消后，在六个月内不得恢复其处方权和药物调剂资格。

第五章 法律责任

第四十九条 医疗机构有下列情形之一的，由县级以上卫生行政部门责令限期改正；逾期不改的，进行通报批评，并给予警告；造成严重后果的，对负有责任的主管人员和其他直接责任人员，给予处分：

(一)未建立抗菌药物管理组织机构或者未指定专(兼)职技术人员负责具体管理工作的；

(二)未建立抗菌药物管理规章制度的；

(三)抗菌药物临床应用管理混乱的；

(四)未按照本办法规定执行抗菌药物分级管理、医师抗菌药物处方权限管理、药师抗菌药物调剂资格管理或者未配备相关专业技术人员的；

(五)其他违反本办法规定行为的。

第五十条 医疗机构有下列情形之一的，由县级以上卫生行政部门责令限期改正，给予警告，并可根据情节轻重处以三万元以下罚款；对负有责任的主管人员和其他直接责任人员，可根据情节给予处分：

(一)使用未取得抗菌药物处方权的医师或者使用被取消抗菌药物处方权的医师开具抗菌药物处方的；

(二)未对抗菌药物处方、医嘱实施适宜性审核，情节严重的；

（三）非药学部门从事抗菌药物购销、调剂活动的；

（四）将抗菌药物购销、临床应用情况与个人或者科室经济利益挂钩的；

（五）在抗菌药物购销、临床应用中牟取不正当利益的。

第五十一条 医疗机构的负责人、药品采购人员、医师等有关人员索取、收受药品生产企业、药品经营企业或者其代理人给予的财物或者通过开具抗菌药物牟取不正当利益的，由县级以上地方卫生行政部门依据国家有关法律法规进行处理。

第五十二条 医师有下列情形之一的，由县级以上卫生行政部门按照《执业医师法》第三十七条的有关规定，给予警告或者责令暂停六个月以上一年以下执业活动；情节严重的，吊销其执业证书；构成犯罪的，依法追究刑事责任：

（一）未按照本办法规定开具抗菌药物处方，造成严重后果的；

（二）使用未经国家药品监督管理部门批准的抗菌药物的；

（三）使用本机构抗菌药物供应目录以外的品种、品规，造成严重后果的；

（四）违反本办法其他规定，造成严重后果的。

乡村医生有前款规定情形之一的，由县级卫生行政部门按照《乡村医师从业管理条例》第三十八条有关规定处理。

第五十三条 药师有下列情形之一的，由县级以上卫生行政部门责令限期改正，给予警告；构成犯罪的，依法追究刑事责任：

（一）未按照规定审核、调剂抗菌药物处方，情节严重的；

（二）未按照规定私自增加抗菌药物品种或者品规的；

（三）违反本办法其他规定的。

第五十四条 未经县级卫生行政部门核准，村卫生室、诊所、社区卫生服务站擅自使用抗菌药物开展静脉输注活动的，由县级以上地方卫生行政部门责令限期改正，给予警告；逾期不改的，可根据情节轻重处以一万元以下罚款。

第五十五条 县级以上地方卫生行政部门未按照本办法规定履行监管职责，造成严重后果的，对直接负责的主管人员和其他直接责任人员依法给予记大过、降级、撤职、开除等行政处分。

第五十六条 医疗机构及其医务人员违反《药品管理法》的，依照《药品管理法》的有关规定处理。

第六章 附 则

第五十七条 国家中医药管理部门在职责范围内负责中医医疗机构抗菌药物临床应用的监督管理。

第五十八条 各省级卫生行政部门应当于本办法发布之日起3个月内，制定本行政区域抗菌药物分级管理目录。

第五十九条 本办法自2012年8月1日起施行。

国家基本药物目录管理办法

1. 2015年2月13日国家卫生和计划生育委员会、国家发展和改革委员会、工业和信息化部、财政部、人力资源和社会保障部、商务部、国家食品药品监督管理总局、国家中医药管理局、解放军总后勤部卫生部发布

2. 国卫药政发〔2015〕52号

根据《中共中央 国务院关于深化医药卫生体制改革的意见》精神，为巩固完善基本药物制度，建立健全国家基本药物目录遴选调整管理机制，制定本办法。

第一条 基本药物是适应基本医疗卫生需求，剂型适宜，价格合理，能够保障供应，公众可公平获得的药品。政府举办的基层医疗卫生机构全部配备和使用基本药物，其他各类医疗机构也都必须按规定使用基本药物。

第二条 国家基本药物目录中的药品包括化学药品、生物制品、中成药和中药饮片。化学药品和生物制品主要依据临床药理学分类，中成药主要依据功能分类。

第三条 国家基本药物工作委员会负责协调解决制定和实施国家基本药物制度过程中各个环节的相关政策问题，确定国家基本药物制度框架，确定国家基本药物目录遴选和调整的原则、范围、程序和工作方案，审核国家基本药物目录，各有关部门在职责范围内做好国家基本药物遴选调整工作。委员会由国家卫生计生委、国家发展改革委、工业和信息化部、财政部、人力资源社会保障部、商务部、国家食品药品监管总局、国家中医药局、总后勤部卫生部组成。办公室设在国家卫生计生委，承担国家基本药物工作委员会的日常工作。

第四条 国家基本药物遴选应当按照防治必需、安全有效、价格合理、使用方便、中西药并重、基本保障、临床首选和基层能够配备的原则，结合我国用药特点，参照国际经验，合理确定品种（剂型）和数量。

国家基本药物目录的制定应当与基本公共卫生服

务体系、基本医疗服务体系、基本医疗保障体系相衔接。

第五条 国家基本药物目录中的化学药品、生物制品、中成药,应当是《中华人民共和国药典》收载的,国家食品药品监管部门、原卫生部公布药品标准的品种。除急救、抢救用药外,独家生产品种纳入国家基本药物目录应当经过单独论证。

化学药品和生物制品名称采用中文通用名称和英文国际非专利药名中表达的化学成分的部分,剂型单列;中成药采用药品通用名称。

第六条 下列药品不纳入国家基本药物目录遴选范围:

(一)含有国家濒危野生动植物药材的;

(二)主要用于滋补保健作用,易滥用的;

(三)非临床治疗首选的;

(四)因严重不良反应,国家食品药品监管部门明确规定暂停生产、销售或使用的;

(五)违背国家法律、法规,或不符合伦理要求的;

(六)国家基本药物工作委员会规定的其他情况。

第七条 按照国家基本药物工作委员会确定的原则,国家卫生计生委负责组织建立国家基本药物专家库,报国家基本药物工作委员会审核。专家库主要由医学、药学、药物经济学、药品监管、药品生产供应管理、医疗保险管理、卫生管理和价格管理等方面专家组成,负责国家基本药物的咨询和评审工作。

第八条 国家卫生计生委会同有关部门起草国家基本药物目录遴选工作方案和具体的遴选原则,经国家基本药物工作委员会审核后组织实施。制定国家基本药物目录的程序:

(一)从国家基本药物专家库中,随机抽取专家成立目录咨询专家组和目录评审专家组,咨询专家不参加目录评审工作,评审专家不参加目录制订的咨询工作;

(二)咨询专家组根据循证医学、药物经济学对纳入遴选范围的药品进行技术评价,提出遴选意见,形成备选目录;

(三)评审专家组对备选目录进行审核投票,形成目录初稿;

(四)将目录初稿征求有关部门意见,修改完善后形成送审稿;

(五)送审稿经国家基本药物工作委员会审核后,授权国家卫生和计划生育委员会发布。

第九条 国家基本药物目录在保持数量相对稳定的基础上,实行动态管理,原则上 3 年调整一次。必要时,经国家基本药物工作委员会审核同意,可适时组织调整。调整的品种和数量应当根据以下因素确定:

(一)我国基本医疗卫生需求和基本医疗保障水平变化;

(二)我国疾病谱变化;

(三)药品不良反应监测评价;

(四)国家基本药物应用情况监测和评估;

(五)已上市药品循证医学、药物经济学评价;

(六)国家基本药物工作委员会规定的其他情况。

第十条 属于下列情形之一的品种,应当从国家基本药物目录中调出:

(一)药品标准被取消的;

(二)国家食品药品监管部门撤销其药品批准证明文件的;

(三)发生严重不良反应,经评估不宜再作为国家基本药物使用的;

(四)根据药物经济学评价,可被风险效益比或成本效益比更优的品种所替代的;

(五)国家基本药物工作委员会认为应当调出的其他情形。

第十一条 国家基本药物目录的调整应当遵循本办法第四条、第五条、第六条、第九条的规定,并按照本办法第八条规定的程序进行。属于第十条规定情形的品种,经国家基本药物工作委员会审核,调出目录。

第十二条 国家基本药物目录遴选调整应当坚持科学、公正、公开、透明。建立健全循证医学、药物经济学评价标准和工作机制,科学合理地制定目录。广泛听取社会各界的意见和建议,接受社会监督。

第十三条 中药饮片的基本药物管理暂按国务院有关部门关于中药饮片定价、采购、配送、使用和基本医疗保险给付等政策规定执行。

第十四条 鼓励科研机构、医药企业、社会团体等开展国家基本药物循证医学、药物经济学评价工作。

第十五条 本办法由国家卫生计生委负责解释。

第十六条 本办法自发布之日起施行。

药品医疗器械飞行检查办法

1. 2015 年 6 月 29 日国家食品药品监督管理总局令第 14 号公布

2. 自 2015 年 9 月 1 日起施行

第一章 总　　则

第一条 为加强药品和医疗器械监督检查,强化安全风险防控，根据《中华人民共和国药品管理法》《中华人民共和国药品管理法实施条例》《医疗器械监督管理条例》等有关法律法规，制定本办法。

第二条 本办法所称药品医疗器械飞行检查，是指食品药品监督管理部门针对药品和医疗器械研制、生产、经营、使用等环节开展的不预先告知的监督检查。

第三条 国家食品药品监督管理总局负责组织实施全国范围内的药品医疗器械飞行检查。地方各级食品药品监督管理部门负责组织实施本行政区域的药品医疗器械飞行检查。

第四条 药品医疗器械飞行检查应当遵循依法独立、客观公正、科学处置的原则，围绕安全风险防控开展。

第五条 被检查单位对食品药品监督管理部门组织实施的药品医疗器械飞行检查应当予以配合，不得拒绝、逃避或者阻碍。

第六条 食品药品监督管理部门应当按照政府信息公开的要求公开检查结果，对重大或者典型案件，可以采取新闻发布等方式向社会公开。

第七条 食品药品监督管理部门及有关工作人员应当严格遵守有关法律法规、廉政纪律和工作要求，不得向被检查单位提出与检查无关的要求，不得泄露飞行检查相关情况、举报人信息及被检查单位的商业秘密。

第二章 启 动

第八条 有下列情形之一的，食品药品监督管理部门可以开展药品医疗器械飞行检查：

（一）投诉举报或者其他来源的线索表明可能存在质量安全风险的；

（二）检验发现存在质量安全风险的；

（三）药品不良反应或者医疗器械不良事件监测提示可能存在质量安全风险的；

（四）对申报资料真实性有疑问的；

（五）涉嫌严重违反质量管理规范要求的；

（六）企业有严重不守信记录的；

（七）其他需要开展飞行检查的情形。

第九条 开展飞行检查应当制定检查方案，明确检查事项、时间、人员构成和方式等。需要采用不公开身份的方式进行调查的，检查方案中应当予以明确。

必要时，食品药品监督管理部门可以联合公安机关等有关部门共同开展飞行检查。

第十条 食品药品监督管理部门派出的检查组应当由2名以上检查人员组成，检查组实行组长负责制。检查人员应当是食品药品行政执法人员、依法取得检查员资格的人员或者取得本次检查授权的其他人员；根据检查工作需要，食品药品监督管理部门可以请相关领域专家参加检查工作。

参加检查的人员应当签署无利益冲突声明和廉政承诺书；所从事的检查活动与其个人利益之间可能发生矛盾或者冲突的，应当主动提出回避。

第十一条 检查组应当调查核实被检查单位执行药品和医疗器械监管法律法规的实际情况，按照检查方案明确现场检查重点，并可以根据风险研判提出风险管控预案。

第十二条 检查组成员不得事先告知被检查单位检查行程和检查内容，指定地点集中后，第一时间直接进入检查现场；直接针对可能存在的问题开展检查；不得透露检查过程中的进展情况、发现的违法线索等相关信息。

第十三条 上级食品药品监督管理部门组织实施飞行检查的，可以适时通知被检查单位所在地食品药品监督管理部门。被检查单位所在地食品药品监督管理部门应当派员协助检查，协助检查的人员应当服从检查组的安排。

第十四条 组织实施飞行检查的食品药品监督管理部门应当加强对检查组的指挥，根据现场检查反馈的情况及时调整应对策略，必要时启动协调机制，并可以派相关人员赴现场协调和指挥。

第三章 检 查

第十五条 检查组到达检查现场后，检查人员应当出示相关证件和受食品药品监督管理部门委派开展监督检查的执法证明文件，通报检查要求及被检查单位的权利和义务。

第十六条 被检查单位及有关人员应当及时按照检查组要求，明确检查现场负责人，开放相关场所或者区域，配合对相关设施设备的检查，保持正常生产经营状态，提供真实、有效、完整的文件、记录、票据、凭证、电子数据等相关材料，如实回答检查组的询问。

第十七条 检查组应当详细记录检查时间、地点、现场状况等；对发现的问题应当进行书面记录，并根据实际情况收集或者复印相关文件资料、拍摄相关设施设备及物料等实物和现场情况、采集实物以及询问有关人员等。询问记录应当包括询问对象姓名、工作岗位和谈话内容等，并经询问对象逐页签字或者按指纹。

记录应当及时、准确、完整，客观真实反映现场检查情况。

飞行检查过程中形成的记录及依法收集的相关资料、实物等，可以作为行政处罚中认定事实的依据。

第十八条 需要抽取成品及其他物料进行检验的，检查组可以按照抽样检验相关规定抽样或者通知被检查单位所在地食品药品监督管理部门按规定抽样。抽取的样品应当由具备资质的技术机构进行检验或者鉴定，所抽取样品的检验费、鉴定费由组织实施飞行检查的食品药品监督管理部门承担。

第十九条　检查组认为证据可能灭失或者以后难以取得的，以及需要采取行政强制措施的，可以通知被检查单位所在地食品药品监督管理部门。被检查单位所在地食品药品监督管理部门应当依法采取证据保全或者行政强制措施。

第二十条　有下列情形之一的，检查组应当立即报组织实施飞行检查的食品药品监督管理部门及时作出决定：

（一）需要增加检查力量或者延伸检查范围的；

（二）需要采取产品召回或者暂停研制、生产、销售、使用等风险控制措施的；

（三）需要立案查处的；

（四）涉嫌犯罪需要移送公安机关的；

（五）其他需要报告的事项。

需要采取风险控制措施的，被检查单位应当按照食品药品监督管理部门的要求采取相应措施。

第二十一条　现场检查时间由检查组根据检查需要确定，以能够查清查实问题为原则。

经组织实施飞行检查的食品药品监督管理部门同意后，检查组方可结束检查。

第二十二条　检查结束时，检查组应当向被检查单位通报检查相关情况。被检查单位有异议的，可以陈述和申辩，检查组应当如实记录。

第二十三条　检查结束后，检查组应当撰写检查报告。检查报告的内容包括：检查过程、发现问题、相关证据、检查结论和处理建议等。

第二十四条　检查组一般应当在检查结束后5个工作日内，将检查报告、检查记录、相关证据材料等报组织实施飞行检查的食品药品监督管理部门。必要时，可以抄送被检查单位所在地食品药品监督管理部门。

第四章　处　　理

第二十五条　根据飞行检查结果，食品药品监督管理部门可以依法采取限期整改、发告诫信、约谈被检查单位、监督召回产品、收回或者撤销相关资格认证认定证书，以及暂停研制、生产、销售、使用等风险控制措施。风险因素消除后，应当及时解除相关风险控制措施。

第二十六条　国家食品药品监督管理总局组织实施的飞行检查发现违法行为需要立案查处的，国家食品药品监督管理总局可以直接组织查处，也可以指定被检查单位所在地食品药品监督管理部门查处。

地方各级食品药品监督管理部门组织实施的飞行检查发现违法行为需要立案查处的，原则上应当直接查处。

由下级食品药品监督管理部门查处的，组织实施飞行检查的食品药品监督管理部门应当跟踪督导查处情况。

第二十七条　飞行检查发现的违法行为涉嫌犯罪的，由负责立案查处的食品药品监督管理部门移送公安机关，并抄送同级检察机关。

第二十八条　食品药品监督管理部门有权在任何时间进入被检查单位研制、生产、经营、使用等场所进行检查，被检查单位不得拒绝、逃避。

被检查单位有下列情形之一的，视为拒绝、逃避检查：

（一）拖延、限制、拒绝检查人员进入被检查场所或者区域的，或者限制检查时间的；

（二）无正当理由不提供或者延迟提供与检查相关的文件、记录、票据、凭证、电子数据等材料的；

（三）以声称工作人员不在、故意停止生产经营等方式欺骗、误导、逃避检查的；

（四）拒绝或者限制拍摄、复印、抽样等取证工作的；

（五）其他不配合检查的情形。

检查组对被检查单位拒绝、逃避检查的行为应当进行书面记录，责令改正并及时报告组织实施飞行检查的食品药品监督管理部门；经责令改正后仍不改正、造成无法完成检查工作的，检查结论判定为不符合相关质量管理规范或者其他相关要求。

第二十九条　被检查单位因违法行为应当受到行政处罚，且具有拒绝、逃避监督检查或者伪造、销毁、隐匿有关证据材料等情形的，由食品药品监督管理部门按照《中华人民共和国药品管理法》《中华人民共和国药品管理法实施条例》《医疗器械监督管理条例》等有关规定从重处罚。

第三十条　被检查单位有下列情形之一，构成违反治安管理行为的，由食品药品监督管理部门商请公安机关依照《中华人民共和国治安管理处罚法》的规定进行处罚：

（一）阻碍检查人员依法执行职务，或者威胁检查人员人身安全的；

（二）伪造、变造、买卖或者使用伪造、变造的审批文件、认证认定证书等的；

（三）隐藏、转移、变卖、损毁食品药品监督管理部门依法查封、扣押的财物的；

（四）伪造、隐匿、毁灭证据或者提供虚假证言，影响依法开展检查的。

第三十一条　上级食品药品监督管理部门应当及时将其组织实施的飞行检查结果通报被检查单位所在地食品药品监督管理部门。

下级食品药品监督管理部门应当及时将其组织实施的飞行检查中发现的重大问题书面报告上一级食品药品监督管理部门，并于每年年底前将该年度飞行检查的总结报告报上一级食品药品监督管理部门。

第三十二条　针对飞行检查中发现的区域性、普遍性或者长期存在、比较突出的问题，上级食品药品监督管理部门可以约谈被检查单位所在地食品药品监督管理部门主要负责人或者当地人民政府负责人。

被约谈的食品药品监督管理部门应当及时提出整改措施，并将整改情况上报。

第三十三条　食品药品监督管理部门及有关工作人员有下列情形之一的，应当公开通报；对有关工作人员按照干部管理权限给予行政处分和纪律处分，或者提出处理建议；涉嫌犯罪的，依法移交司法机关处理：

（一）泄露飞行检查信息的；

（二）泄露举报人信息或者被检查单位商业秘密的；

（三）出具虚假检查报告或者检验报告的；

（四）干扰、拖延检查或者拒绝立案查处的；

（五）违反廉政纪律的；

（六）有其他滥用职权或者失职渎职行为的。

第五章　附　　则

第三十四条　各级食品药品监督管理部门应当将药品医疗器械飞行检查所需费用及相关抽检费用纳入年度经费预算，并根据工作需要予以足额保障。

第三十五条　本办法自2015年9月1日起施行。

药品生产监督管理办法

1．2020年1月22日国家市场监督管理总局令第28号公布

2．自2020年7月1日起施行

第一章　总　　则

第一条　为加强药品生产监督管理，规范药品生产活动，根据《中华人民共和国药品管理法》（以下简称《药品管理法》）、《中华人民共和国中医药法》、《中华人民共和国疫苗管理法》（以下简称《疫苗管理法》）、《中华人民共和国行政许可法》、《中华人民共和国药品管理法实施条例》等法律、行政法规，制定本办法。

第二条　在中华人民共和国境内上市药品的生产及监督管理活动，应当遵守本办法。

第三条　从事药品生产活动，应当遵守法律、法规、规章、标准和规范，保证全过程信息真实、准确、完整和可追溯。

从事药品生产活动，应当经所在地省、自治区、直辖市药品监督管理部门批准，依法取得药品生产许可证，严格遵守药品生产质量管理规范，确保生产过程持续符合法定要求。

药品上市许可持有人应当建立药品质量保证体系，履行药品上市放行责任，对其取得药品注册证书的药品质量负责。

中药饮片生产企业应当履行药品上市许可持有人的相关义务，确保中药饮片生产过程持续符合法定要求。

原料药生产企业应当按照核准的生产工艺组织生产，严格遵守药品生产质量管理规范，确保生产过程持续符合法定要求。

经关联审评的辅料、直接接触药品的包装材料和容器的生产企业以及其他从事与药品相关生产活动的单位和个人依法承担相应责任。

第四条　药品上市许可持有人、药品生产企业应当建立并实施药品追溯制度，按照规定赋予药品各级销售包装单元追溯标识，通过信息化手段实施药品追溯，及时准确记录、保存药品追溯数据，并向药品追溯协同服务平台提供追溯信息。

第五条　国家药品监督管理局主管全国药品生产监督管理工作，对省、自治区、直辖市药品监督管理部门的药品生产监督管理工作进行监督和指导。

省、自治区、直辖市药品监督管理部门负责本行政区域内的药品生产监督管理，承担药品生产环节的许可、检查和处罚等工作。

国家药品监督管理局食品药品审核查验中心（以下简称核查中心）组织制定药品检查技术规范和文件，承担境外检查以及组织疫苗巡查等，分析评估检查发现风险、作出检查结论并提出处置建议，负责各省、自治区、直辖市药品检查机构质量管理体系的指导和评估。

国家药品监督管理局信息中心负责药品追溯协同服务平台、药品安全信用档案建设和管理,对药品生产场地进行统一编码。

药品监督管理部门依法设置或者指定的药品审评、检验、核查、监测与评价等专业技术机构,依职责承担相关技术工作并出具技术结论,为药品生产监督管理提供技术支撑。

第二章 生产许可

第六条 从事药品生产,应当符合以下条件:

(一)有依法经过资格认定的药学技术人员、工程技术人员及相应的技术工人,法定代表人、企业负责人、生产管理负责人(以下称生产负责人)、质量管理负责人(以下称质量负责人)、质量受权人及其他相关人员符合《药品管理法》《疫苗管理法》规定的条件;

(二)有与药品生产相适应的厂房、设施、设备和卫生环境;

(三)有能对所生产药品进行质量管理和质量检验的机构、人员;

(四)有能对所生产药品进行质量管理和质量检验的必要的仪器设备;

(五)有保证药品质量的规章制度,并符合药品生产质量管理规范要求。

从事疫苗生产活动的,还应当具备下列条件:

(一)具备适度规模和足够的产能储备;

(二)具有保证生物安全的制度和设施、设备;

(三)符合疾病预防、控制需要。

第七条 从事制剂、原料药、中药饮片生产活动,申请人应当按照本办法和国家药品监督管理局规定的申报资料要求,向所在地省、自治区、直辖市药品监督管理部门提出申请。

委托他人生产制剂的药品上市许可持有人,应当具备本办法第六条第一款第一项、第三项、第五项规定的条件,并与符合条件的药品生产企业签订委托协议和质量协议,将相关协议和实际生产场地申请资料合并提交至药品上市许可持有人所在地省、自治区、直辖市药品监督管理部门,按照本办法规定申请办理药品生产许可证。

申请人应当对其申请材料全部内容的真实性负责。

第八条 省、自治区、直辖市药品监督管理部门收到申请后,应当根据下列情况分别作出处理:

(一)申请事项依法不属于本部门职权范围的,应当即时作出不予受理的决定,并告知申请人向有关行政机关申请;

(二)申请事项依法不需要取得行政许可的,应当即时告知申请人不受理;

(三)申请材料存在可以当场更正的错误的,应当允许申请人当场更正;

(四)申请材料不齐全或者不符合形式审查要求的,应当当场或者在五日内发给申请人补正材料通知书,一次性告知申请人需要补正的全部内容,逾期不告知的,自收到申请材料之日起即为受理;

(五)申请材料齐全、符合形式审查要求,或者申请人按照要求提交全部补正材料的,予以受理。

省、自治区、直辖市药品监督管理部门受理或者不予受理药品生产许可证申请的,应当出具加盖本部门专用印章和注明日期的受理通知书或者不予受理通知书。

第九条 省、自治区、直辖市药品监督管理部门应当自受理之日起三十日内,作出决定。

经审查符合规定的,予以批准,并自书面批准决定作出之日起十日内颁发药品生产许可证;不符合规定的,作出不予批准的书面决定,并说明理由。

省、自治区、直辖市药品监督管理部门按照药品生产质量管理规范等有关规定组织开展申报资料技术审查和评定、现场检查。

第十条 省、自治区、直辖市药品监督管理部门应当在行政机关的网站和办公场所公示申请药品生产许可证所需要的条件、程序、期限、需要提交的全部材料的目录和申请书示范文本等。

省、自治区、直辖市药品监督管理部门颁发药品生产许可证的有关信息,应当予以公开,公众有权查阅。

第十一条 省、自治区、直辖市药品监督管理部门对申请办理药品生产许可证进行审查时,应当公开审批结果,并提供条件便利申请人查询审批进程。

未经申请人同意,药品监督管理部门、专业技术机构及其工作人员不得披露申请人提交的商业秘密、未披露信息或者保密商务信息,法律另有规定或者涉及国家安全、重大社会公共利益的除外。

第十二条 申请办理药品生产许可证直接涉及申请人与他人之间重大利益关系的,申请人、利害关系人依照法律、法规规定享有申请听证的权利。

在对药品生产企业的申请进行审查时,省、自治区、直辖市药品监督管理部门认为涉及公共利益的,应当向社会公告,并举行听证。

第十三条 药品生产许可证有效期为五年,分为正本和副本。药品生产许可证样式由国家药品监督管理局统一制定。药品生产许可证电子证书与纸质证书具有同等法律效力。

第十四条　药品生产许可证应当载明许可证编号、分类码、企业名称、统一社会信用代码、住所(经营场所)、法定代表人、企业负责人、生产负责人、质量负责人、质量受权人、生产地址和生产范围、发证机关、发证日期、有效期限等项目。

企业名称、统一社会信用代码、住所(经营场所)、法定代表人等项目应当与市场监督管理部门核发的营业执照中载明的相关内容一致。

第十五条　药品生产许可证载明事项分为许可事项和登记事项。

许可事项是指生产地址和生产范围等。

登记事项是指企业名称、住所(经营场所)、法定代表人、企业负责人、生产负责人、质量负责人、质量受权人等。

第十六条　变更药品生产许可证许可事项的,向原发证机关提出药品生产许可证变更申请。未经批准,不得擅自变更许可事项。

原发证机关应当自收到企业变更申请之日起十五日内作出是否准予变更的决定。不予变更的,应当书面说明理由,并告知申请人享有依法申请行政复议或者提起行政诉讼的权利。

变更生产地址或者生产范围,药品生产企业应当按照本办法第六条的规定及相关变更技术要求,提交涉及变更内容的有关材料,并报经所在地省、自治区、直辖市药品监督管理部门审查决定。

原址或者异地新建、改建、扩建车间或者生产线的,应当符合相关规定和技术要求,提交涉及变更内容的有关材料,并报经所在地省、自治区、直辖市药品监督管理部门进行药品生产质量管理规范符合性检查,检查结果应当通知企业。检查结果符合规定,产品符合放行要求的可以上市销售。有关变更情况,应当在药品生产许可证副本中载明。

上述变更事项涉及药品注册证书及其附件载明内容的,由省、自治区、直辖市药品监督管理部门批准后,报国家药品监督管理局药品审评中心更新药品注册证书及其附件相关内容。

第十七条　变更药品生产许可证登记事项的,应当在市场监督管理部门核准变更或者企业完成变更后三十日内,向原发证机关申请药品生产许可证变更登记。原发证机关应当自收到企业变更申请之日起十日内办理变更手续。

第十八条　药品生产许可证变更后,原发证机关应当在药品生产许可证副本上记录变更的内容和时间,并按照变更后的内容重新核发药品生产许可证正本,收回原药品生产许可证正本,变更后的药品生产许可证终止期限不变。

第十九条　药品生产许可证有效期届满,需要继续生产药品的,应当在有效期届满前六个月,向原发证机关申请重新发放药品生产许可证。

原发证机关结合企业遵守药品管理法律法规、药品生产质量管理规范和质量体系运行情况,根据风险管理原则进行审查,在药品生产许可证有效期届满前作出是否准予其重新发证的决定。符合规定准予重新发证的,收回原证,重新发证;不符合规定的,作出不予重新发证的书面决定,并说明理由,同时告知申请人享有依法申请行政复议或者提起行政诉讼的权利;逾期未作出决定的,视为同意重新发证,并予补办相应手续。

第二十条　有下列情形之一的,药品生产许可证由原发证机关注销,并予以公告:

(一)主动申请注销药品生产许可证的;

(二)药品生产许可证有效期届满未重新发证的;

(三)营业执照依法被吊销或者注销的;

(四)药品生产许可证依法被吊销或者撤销的;

(五)法律、法规规定应当注销行政许可的其他情形。

第二十一条　药品生产许可证遗失的,药品上市许可持有人、药品生产企业应当向原发证机关申请补发,原发证机关按照原核准事项在十日内补发药品生产许可证。许可证编号、有效期等与原许可证一致。

第二十二条　任何单位或者个人不得伪造、变造、出租、出借、买卖药品生产许可证。

第二十三条　省、自治区、直辖市药品监督管理部门应当将药品生产许可证核发、重新发证、变更、补发、吊销、撤销、注销等办理情况,在办理工作完成后十日内在药品安全信用档案中更新。

第三章　生产管理

第二十四条　从事药品生产活动,应当遵守药品生产质量管理规范,按照国家药品标准、经药品监督管理部门核准的药品注册标准和生产工艺进行生产,按照规定提交并持续更新场地管理文件,对质量体系运行过程进行风险评估和持续改进,保证药品生产全过程持续符合法定要求。生产、检验等记录应当完整准确,不得编造和篡改。

第二十五条　疫苗上市许可持有人应当具备疫苗生产、检验必需的厂房设施设备，配备具有资质的管理人员，建立完善质量管理体系，具备生产出符合注册要求疫苗的能力，超出疫苗生产能力确需委托生产的，应当经国家药品监督管理局批准。

第二十六条　从事药品生产活动，应当遵守药品生产质量管理规范，建立健全药品生产质量管理体系，涵盖影响药品质量的所有因素，保证药品生产全过程持续符合法定要求。

第二十七条　药品上市许可持有人应当建立药品质量保证体系，配备专门人员独立负责药品质量管理，对受托药品生产企业、药品经营企业的质量管理体系进行定期审核，监督其持续具备质量保证和控制能力。

第二十八条　药品上市许可持有人的法定代表人、主要负责人应当对药品质量全面负责，履行以下职责：

（一）配备专门质量负责人独立负责药品质量管理；

（二）配备专门质量受权人独立履行药品上市放行责任；

（三）监督质量管理体系正常运行；

（四）对药品生产企业、供应商等相关方与药品生产相关的活动定期开展质量体系审核，保证持续合规；

（五）按照变更技术要求，履行变更管理责任；

（六）对委托经营企业进行质量评估，与使用单位等进行信息沟通；

（七）配合药品监督管理部门对药品上市许可持有人及相关方的延伸检查；

（八）发生与药品质量有关的重大安全事件，应当及时报告并按持有人制定的风险管理计划开展风险处置，确保风险得到及时控制；

（九）其他法律法规规定的责任。

第二十九条　药品生产企业的法定代表人、主要负责人应当对本企业的药品生产活动全面负责，履行以下职责：

（一）配备专门质量负责人独立负责药品质量管理，监督质量管理规范执行，确保适当的生产过程控制和质量控制，保证药品符合国家药品标准和药品注册标准；

（二）配备专门质量受权人履行药品出厂放行责任；

（三）监督质量管理体系正常运行，保证药品生产过程控制、质量控制以及记录和数据真实性；

（四）发生与药品质量有关的重大安全事件，应当及时报告并按企业制定的风险管理计划开展风险处置，确保风险得到及时控制；

（五）其他法律法规规定的责任。

第三十条　药品上市许可持有人、药品生产企业应当每年对直接接触药品的工作人员进行健康检查并建立健康档案，避免患有传染病或者其他可能污染药品疾病的人员从事直接接触药品的生产活动。

第三十一条　药品上市许可持有人、药品生产企业在药品生产中，应当开展风险评估、控制、验证、沟通、审核等质量管理活动，对已识别的风险及时采取有效的风险控制措施，以保证产品质量。

第三十二条　从事药品生产活动，应当对使用的原料药、辅料、直接接触药品的包装材料和容器等相关物料供应商或者生产企业进行审核，保证购进、使用符合法规要求。

生产药品所需的原料、辅料，应当符合药用要求以及相应的生产质量管理规范的有关要求。直接接触药品的包装材料和容器，应当符合药用要求，符合保障人体健康、安全的标准。

第三十三条　经批准或者通过关联审评审批的原料药、辅料、直接接触药品的包装材料和容器的生产企业，应当遵守国家药品监督管理局制定的质量管理规范以及关联审评审批有关要求，确保质量保证体系持续合规，接受药品上市许可持有人的质量审核，接受药品监督管理部门的监督检查或者延伸检查。

第三十四条　药品生产企业应当确定需进行的确认与验证，按照确认与验证计划实施。定期对设施、设备、生产工艺及清洁方法进行评估，确认其持续保持验证状态。

第三十五条　药品生产企业应当采取防止污染、交叉污染、混淆和差错的控制措施，定期检查评估控制措施的适用性和有效性，以确保药品达到规定的国家药品标准和药品注册标准，并符合药品生产质量管理规范要求。

药品上市许可持有人和药品生产企业不得在药品生产厂房生产对药品质量有不利影响的其他产品。

第三十六条　药品包装操作应当采取降低混淆和差错风险的措施，药品包装应当确保有效期内的药品储存运输过程中不受污染。

药品说明书和标签中的表述应当科学、规范、准确，文字应当清晰易辨，不得以粘贴、剪切、涂改等方式进行修改或者补充。

第三十七条　药品生产企业应当建立药品出厂放行规程，明确出厂放行的标准、条件，并对药品质量检验结果、关键生产记录和偏差控制情况进行审核，对药品进行质量检验。符合标准、条件的，经质量受权人签字后方可出厂放行。

药品上市许可持有人应当建立药品上市放行规程，对药品生产企业出厂放行的药品检验结果和放行文件进行审核，经质量受权人签字后方可上市放行。

中药饮片符合国家药品标准或者省、自治区、直辖市药品监督管理部门制定的炮制规范的，方可出厂、销售。

第三十八条　药品上市许可持有人、药品生产企业应当每年进行自检，监控药品生产质量管理规范的实施情况，评估企业是否符合相关法规要求，并提出必要的纠正和预防措施。

第三十九条　药品上市许可持有人应当建立年度报告制度，按照国家药品监督管理局规定每年向省、自治区、直辖市药品监督管理部门报告药品生产销售、上市后研究、风险管理等情况。

疫苗上市许可持有人应当按照规定向国家药品监督管理局进行年度报告。

第四十条　药品上市许可持有人应当持续开展药品风险获益评估和控制，制定上市后药品风险管理计划，主动开展上市后研究，对药品的安全性、有效性和质量可控性进行进一步确证，加强对已上市药品的持续管理。

第四十一条　药品上市许可持有人应当建立药物警戒体系，按照国家药品监督管理局制定的药物警戒质量管理规范开展药物警戒工作。

药品上市许可持有人、药品生产企业应当经常考察本单位的药品质量、疗效和不良反应。发现疑似不良反应的，应当及时按照要求报告。

第四十二条　药品上市许可持有人委托生产药品的，应当符合药品管理的有关规定。

药品上市许可持有人委托符合条件的药品生产企业生产药品的，应当对受托方的质量保证能力和风险管理能力进行评估，根据国家药品监督管理局制定的药品委托生产质量协议指南要求，与其签订质量协议以及委托协议，监督受托方履行有关协议约定的义务。

受托方不得将接受委托生产的药品再次委托第三方生产。

经批准或者通过关联审评审批的原料药应当自行生产，不得再行委托他人生产。

第四十三条　药品上市许可持有人应当按照药品生产质量管理规范的要求对生产工艺变更进行管理和控制，并根据核准的生产工艺制定工艺规程。生产工艺变更应当开展研究，并依法取得批准、备案或者进行报告，接受药品监督管理部门的监督检查。

第四十四条　药品上市许可持有人、药品生产企业应当每年对所生产的药品按照品种进行产品质量回顾分析、记录，以确认工艺稳定可靠，以及原料、辅料、成品现行质量标准的适用性。

第四十五条　药品上市许可持有人、药品生产企业的质量管理体系相关的组织机构、企业负责人、生产负责人、质量负责人、质量受权人发生变更的，应当自发生变更之日起三十日内，完成登记手续。

疫苗上市许可持有人应当自发生变更之日起十五日内，向所在地省、自治区、直辖市药品监督管理部门报告生产负责人、质量负责人、质量受权人等关键岗位人员的变更情况。

第四十六条　列入国家实施停产报告的短缺药品清单的药品，药品上市许可持有人停止生产的，应当在计划停产实施六个月前向所在地省、自治区、直辖市药品监督管理部门报告；发生非预期停产的，在三日内报告所在地省、自治区、直辖市药品监督管理部门。必要时，向国家药品监督管理局报告。

药品监督管理部门接到报告后，应当及时通报同级短缺药品供应保障工作会商联动机制牵头单位。

第四十七条　药品上市许可持有人为境外企业的，应当指定一家在中国境内的企业法人，履行《药品管理法》与本办法规定的药品上市许可持有人的义务，并负责协调配合境外检查工作。

第四十八条　药品上市许可持有人的生产场地在境外的，应当按照《药品管理法》与本办法规定组织生产，配合境外检查工作。

第四章　监督检查

第四十九条　省、自治区、直辖市药品监督管理部门负责对本行政区域内药品上市许可持有人，制剂、化学原料药、中药饮片生产企业的监督管理。

省、自治区、直辖市药品监督管理部门应当对原料、辅料、直接接触药品的包装材料和容器等供应商、生产企业开展日常监督检查，必要时开展延伸检查。

第五十条　药品上市许可持有人和受托生产企业不在同一省、自治区、直辖市的，由药品上市许可持有人所在地省、自治区、直辖市药品监督管理部门负责对药品上市许可持有人的监督管理，受托生产企业所在地省、自治区、直辖市药品监督管理部门负责对受托生产企业的监督管理。省、自治区、直辖市药品监督管理部门应当加强监督检查信息互相通报，及时将监督检查信息更新到药品安全信用档案中，可以根据通报情况和药品安全信用档案中监管信息更新情况开展调查，对药品上市许可持有人或者受托生产企业依法作出行政处理，必要时可以开展联合检查。

第五十一条　药品监督管理部门应当建立健全职业化、专业化检查员制度，明确检查员的资格标准、检查职责、分级管理、能力培训、行为规范、绩效评价和退出程序等规定，提升检查员的专业素质和工作水平。检查员应当熟悉药品法律法规，具备药品专业知识。

药品监督管理部门应当根据监管事权、药品产业规模及检查任务等，配备充足的检查员队伍，保障检查工作需要。有疫苗等高风险药品生产企业的地区，还应当配备相应数量的具有疫苗等高风险药品检查技能和经验的药品检查员。

第五十二条　省、自治区、直辖市药品监督管理部门根据监管需要，对持有药品生产许可证的药品上市许可申请人及其受托生产企业，按以下要求进行上市前的药品生产质量管理规范符合性检查：

（一）未通过与生产该药品的生产条件相适应的药品生产质量管理规范符合性检查的品种，应当进行上市前的药品生产质量管理规范符合性检查。其中，拟生产药品需要进行药品注册现场核查的，国家药品监督管理局药品审评中心通知核查中心，告知相关省、自治区、直辖市药品监督管理部门和申请人。核查中心协调相关省、自治区、直辖市药品监督管理部门，同步开展药品注册现场核查和上市前的药品生产质量管理规范符合性检查；

（二）拟生产药品不需要进行药品注册现场核查的，国家药品监督管理局药品审评中心告知生产场地所在地省、自治区、直辖市药品监督管理部门和申请人，相关省、自治区、直辖市药品监督管理部门自行开展上市前的药品生产质量管理规范符合性检查；

（三）已通过与生产该药品的生产条件相适应的药品生产质量管理规范符合性检查的品种，相关省、自治区、直辖市药品监督管理部门根据风险管理原则决定是否开展上市前的药品生产质量管理规范符合性检查。

开展上市前的药品生产质量管理规范符合性检查的，在检查结束后，应当将检查情况、检查结果等形成书面报告，作为对药品上市监管的重要依据。上市前的药品生产质量管理规范符合性检查涉及药品生产许可证事项变更的，由原发证的省、自治区、直辖市药品监督管理部门依变更程序作出决定。

通过相应上市前的药品生产质量管理规范符合性检查的商业规模批次，在取得药品注册证书后，符合产品放行要求的可以上市销售。药品上市许可持有人应当重点加强上述批次药品的生产销售、风险管理等措施。

第五十三条　药品生产监督检查的主要内容包括：

（一）药品上市许可持有人、药品生产企业执行有关法律、法规及实施药品生产质量管理规范、药物警戒质量管理规范以及有关技术规范等情况；

（二）药品生产活动是否与药品品种档案载明的相关内容一致；

（三）疫苗储存、运输管理规范执行情况；

（四）药品委托生产质量协议及委托协议；

（五）风险管理计划实施情况；

（六）变更管理情况。

监督检查包括许可检查、常规检查、有因检查和其他检查。

第五十四条　省、自治区、直辖市药品监督管理部门应当坚持风险管理、全程管控原则，根据风险研判情况，制定年度检查计划并开展监督检查。年度检查计划至少包括检查范围、内容、方式、重点、要求、时限、承担检查的机构等。

第五十五条　省、自治区、直辖市药品监督管理部门应当根据药品品种、剂型、管制类别等特点，结合国家药品安全总体情况、药品安全风险警示信息、重大药品安全事件及其调查处理信息等，以及既往检查、检验、不良反应监测、投诉举报等情况确定检查频次：

（一）对麻醉药品、第一类精神药品、药品类易制毒化学品生产企业每季度检查不少于一次；

（二）对疫苗、血液制品、放射性药品、医疗用毒性药品、无菌药品等高风险药品生产企业，每年不少于一次药品生产质量管理规范符合性检查；

（三）对上述产品之外的药品生产企业，每年抽取一定比例开展监督检查，但应当在三年内对本行政区域内企业全部进行检查；

（四）对原料、辅料、直接接触药品的包装材料和容器等供应商、生产企业每年抽取一定比例开展监督检查，五年内对本行政区域内企业全部进行检查。

省、自治区、直辖市药品监督管理部门可以结合本行政区域内药品生产监管工作实际情况，调整检查频次。

第五十六条 国家药品监督管理局和省、自治区、直辖市药品监督管理部门组织监督检查时，应当制定检查方案，明确检查标准，如实记录现场检查情况，需要抽样检验或者研究的，按照有关规定执行。检查结论应当清晰明确，检查发现的问题应当以书面形式告知被检查单位。需要整改的，应当提出整改内容及整改期限，必要时对整改后情况实施检查。

在进行监督检查时，药品监督管理部门应当指派两名以上检查人员实施监督检查，检查人员应当向被检查单位出示执法证件。药品监督管理部门工作人员对知悉的商业秘密应当保密。

第五十七条 监督检查时，药品上市许可持有人和药品生产企业应当根据检查需要说明情况、提供有关材料：

（一）药品生产场地管理文件以及变更材料；

（二）药品生产企业接受监督检查及整改落实情况；

（三）药品质量不合格的处理情况；

（四）药物警戒机构、人员、制度制定情况以及疑似药品不良反应监测、识别、评估、控制情况；

（五）实施附条件批准的品种，开展上市后研究的材料；

（六）需要审查的其他必要材料。

第五十八条 现场检查结束后，应当对现场检查情况进行分析汇总，并客观、公平、公正地对检查中发现的缺陷进行风险评定并作出现场检查结论。

派出单位负责对现场检查结论进行综合研判。

第五十九条 国家药品监督管理局和省、自治区、直辖市药品监督管理部门通过监督检查发现药品生产管理或者疫苗储存、运输管理存在缺陷，有证据证明可能存在安全隐患的，应当依法采取相应措施：

（一）基本符合药品生产质量管理规范要求，需要整改的，应当发出告诫信并依据风险相应采取告诫、约谈、限期整改等措施；

（二）药品存在质量问题或者其他安全隐患的，药品监督管理部门根据监督检查情况，应当发出告诫信，并依据风险相应采取暂停生产、销售、使用、进口等控制措施。

药品存在质量问题或者其他安全隐患的，药品上市许可持有人应当依法召回药品而未召回的，省、自治区、直辖市药品监督管理部门应当责令其召回。

风险消除后，采取控制措施的药品监督管理部门应当解除控制措施。

第六十条 开展药品生产监督检查过程中，发现存在药品质量安全风险的，应当及时向派出单位报告。药品监督管理部门经研判属于重大药品质量安全风险的，应当及时向上一级药品监督管理部门和同级地方人民政府报告。

第六十一条 开展药品生产监督检查过程中，发现存在涉嫌违反药品法律、法规、规章的行为，应当及时采取现场控制措施，按照规定做好证据收集工作。药品监督管理部门应当按照职责和权限依法查处，涉嫌犯罪的移送公安机关处理。

第六十二条 省、自治区、直辖市药品监督管理部门应当依法将本行政区域内药品上市许可持有人和药品生产企业的监管信息归入到药品安全信用档案管理，并保持相关数据的动态更新。监管信息包括药品生产许可、日常监督检查结果、违法行为查处、药品质量抽查检验、不良行为记录和投诉举报等内容。

第六十三条 国家药品监督管理局和省、自治区、直辖市药品监督管理部门在生产监督管理工作中，不得妨碍药品上市许可持有人、药品生产企业的正常生产活动，不得索取或者收受财物，不得谋取其他利益。

第六十四条 个人和组织发现药品上市许可持有人或者药品生产企业进行违法生产活动的，有权向药品监督管理部门举报，药品监督管理部门应当按照有关规定及时核实、处理。

第六十五条 发生与药品质量有关的重大安全事件，药品上市许可持有人应当立即对有关药品及其原料、辅料以及直接接触药品的包装材料和容器、相关生产线等采取封存等控制措施，并立即报告所在地省、自治区、直辖市药品监督管理部门和有关部门，省、自治区、直辖市药品监督管理部门应当在二十四小时内报告省级人民政府，同时报告国家药品监督管理局。

第六十六条 省、自治区、直辖市药品监督管理部门对有不良信用记录的药品上市许可持有人、药品生产企业，应当增加监督检查频次，并可以按照国家规定实施联合惩戒。

第六十七条 省、自治区、直辖市药品监督管理部门未及时发现生产环节药品安全系统性风险，未及时消除监督管理区域内药品安全隐患的，或者省级人民政府未履行药品安全职责，未及时消除区域性重大药品安全隐患的，国家药品监督管理局应当对其主要负责人进行约谈。

被约谈的省、自治区、直辖市药品监督管理部门和地方人民政府应当立即采取措施，对药品监督管理工作进行整改。

约谈情况和整改情况应当纳入省、自治区、直辖市药品监督管理部门和地方人民政府药品监督管理工作评议、考核记录。

第五章　法律责任

第六十八条　有下列情形之一的，按照《药品管理法》第一百一十五条给予处罚：

（一）药品上市许可持有人和药品生产企业变更生产地址、生产范围应当经批准而未经批准的；

（二）药品生产许可证超过有效期限仍进行生产的。

第六十九条　药品上市许可持有人和药品生产企业未按照药品生产质量管理规范的要求生产，有下列情形之一，属于《药品管理法》第一百二十六条规定的情节严重情形的，依法予以处罚：

（一）未配备专门质量负责人独立负责药品质量管理、监督质量管理规范执行；

（二）药品上市许可持有人未配备专门质量受权人履行药品上市放行责任；

（三）药品生产企业未配备专门质量受权人履行药品出厂放行责任；

（四）质量管理体系不能正常运行，药品生产过程控制、质量控制的记录和数据不真实；

（五）对已识别的风险未及时采取有效的风险控制措施，无法保证产品质量；

（六）其他严重违反药品生产质量管理规范的情形。

第七十条　辅料、直接接触药品的包装材料和容器的生产企业及供应商未遵守国家药品监督管理局制定的质量管理规范等相关要求，不能确保质量保证体系持续合规的，由所在地省、自治区、直辖市药品监督管理部门按照《药品管理法》第一百二十六条的规定给予处罚。

第七十一条　药品上市许可持有人和药品生产企业有下列情形之一的，由所在地省、自治区、直辖市药品监督管理部门处一万元以上三万元以下的罚款：

（一）企业名称、住所（经营场所）、法定代表人未按规定办理登记事项变更；

（二）未按照规定每年对直接接触药品的工作人员进行健康检查并建立健康档案；

（三）未按照规定对列入国家实施停产报告的短缺药品清单的药品进行停产报告。

第七十二条　药品监督管理部门有下列行为之一的，对直接负责的主管人员和其他直接责任人员按照《药品管理法》第一百四十九条的规定给予处罚：

（一）瞒报、谎报、缓报、漏报药品安全事件；

（二）对发现的药品安全违法行为未及时查处；

（三）未及时发现药品安全系统性风险，或者未及时消除监督管理区域内药品安全隐患，造成严重影响；

（四）其他不履行药品监督管理职责，造成严重不良影响或者重大损失。

第六章　附　　则

第七十三条　本办法规定的期限以工作日计算。药品生产许可中技术审查和评定、现场检查、企业整改等所需时间不计入期限。

第七十四条　场地管理文件，是指由药品生产企业编写的药品生产活动概述性文件，是药品生产企业质量管理文件体系的一部分。场地管理文件有关要求另行制定。

经批准或者关联审评审批的原料药、辅料和直接接触药品的包装材料和容器生产场地、境外生产场地一并赋予统一编码。

第七十五条　告诫信，是指药品监督管理部门在药品监督管理活动中，对有证据证明可能存在安全隐患的，依法发出的信函。告诫信应当载明存在缺陷、问题和整改要求。

第七十六条　药品生产许可证编号格式为“省份简称＋四位年号＋四位顺序号”。企业变更名称等许可证项目以及重新发证，原药品生产许可证编号不变。

企业分立，在保留原药品生产许可证编号的同时，增加新的编号。企业合并，原药品生产许可证编号保留一个。

第七十七条　分类码是对许可证内生产范围进行统计归类的英文字母串。大写字母用于归类药品上市许可持有人和产品类型，包括：A代表自行生产的药品上市许可持有人、B代表委托生产的药品上市许可持有人、C代表接受委托的药品生产企业、D代表原料药生产企业；小写字母用于区分制剂属性，h代表化学药、z代表中成药、s代表生物制品、d代表按药品管理的体外诊断试剂、y代表中药饮片、q代表医用气体、t代表特殊药品、x代表其他。

第七十八条　药品生产许可证的生产范围应当按照《中华人民共和国药典》制剂通则及其他的国家药品标准等要求填写。

第七十九条　国家有关法律、法规对生产疫苗、血液制品、麻醉药品、精神药品、医疗用毒性药品、放射性药品、药品类易制毒化学品等另有规定的，依照其规定。

第八十条　出口的疫苗应当符合进口国(地区)的标准或者合同要求。

第八十一条　本办法自2020年7月1日起施行。2004年8月5日原国家食品药品监督管理局令第14号公布的《药品生产监督管理办法》同时废止。

药物临床试验质量管理规范

1. 2020年4月23日国家药品监督管理局、国家卫生健康委员会发布
2. 自2020年7月1日起施行

第一章　总　　则

第一条　为保证药物临床试验过程规范,数据和结果的科学、真实、可靠,保护受试者的权益和安全,根据《中华人民共和国药品管理法》《中华人民共和国疫苗管理法》《中华人民共和国药品管理法实施条例》,制定本规范。本规范适用于为申请药品注册而进行的药物临床试验。药物临床试验的相关活动应当遵守本规范。

第二条　药物临床试验质量管理规范是药物临床试验全过程的质量标准,包括方案设计、组织实施、监查、稽查、记录、分析、总结和报告。

第三条　药物临床试验应当符合《世界医学大会赫尔辛基宣言》原则及相关伦理要求,受试者的权益和安全是考虑的首要因素,优先于对科学和社会的获益。伦理审查与知情同意是保障受试者权益的重要措施。

第四条　药物临床试验应当有充分的科学依据。临床试验应当权衡受试者和社会的预期风险和获益,只有当预期的获益大于风险时,方可实施或者继续临床试验。

第五条　试验方案应当清晰、详细、可操作。试验方案在获得伦理委员会同意后方可执行。

第六条　研究者在临床试验过程中应当遵守试验方案,凡涉及医学判断或临床决策应当由临床医生做出。参加临床试验实施的研究人员,应当具有能够承担临床试验工作相应的教育、培训和经验。

第七条　所有临床试验的纸质或电子资料应当被妥善地记录、处理和保存,能够准确地报告、解释和确认。应当保护受试者的隐私和其相关信息的保密性。

第八条　试验药物的制备应当符合临床试验用药品生产质量管理相关要求。试验药物的使用应当符合试验方案。

第九条　临床试验的质量管理体系应当覆盖临床试验的全过程,重点是受试者保护、试验结果可靠,以及遵守相关法律法规。

第十条　临床试验的实施应当遵守利益冲突回避原则。

第二章　术语及其定义

第十一条　本规范下列用语的含义是:

(一)临床试验,指以人体(患者或健康受试者)为对象的试验,意在发现或验证某种试验药物的临床医学、药理学以及其他药效学作用、不良反应,或者试验药物的吸收、分布、代谢和排泄,以确定药物的疗效与安全性的系统性试验。

(二)临床试验的依从性,指临床试验参与各方遵守与临床试验有关要求、本规范和相关法律法规。

(三)非临床研究,指不在人体上进行的生物医学研究。

(四)独立的数据监查委员会(数据和安全监查委员会,监查委员会,数据监查委员会),指由申办者设立的独立的数据监查委员会,定期对临床试验的进展、安全性数据和重要的有效性终点进行评估,并向申办者建议是否继续、调整或者停止试验。

(五)伦理委员会,指由医学、药学及其他背景人员组成的委员会,其职责是通过独立地审查、同意、跟踪审查试验方案及相关文件、获得和记录受试者知情同意所用的方法和材料等,确保受试者的权益、安全受到保护。

(六)研究者,指实施临床试验并对临床试验质量及受试者权益和安全负责的试验现场的负责人。

(七)申办者,指负责临床试验的发起、管理和提供临床试验经费的个人、组织或者机构。

(八)合同研究组织,指通过签订合同授权,执行申办者或者研究者在临床试验中的某些职责和任务的单位。

(九)受试者,指参加一项临床试验,并作为试验用药品的接受者,包括患者、健康受试者。

(十)弱势受试者,指维护自身意愿和权利的能力不足或者丧失的受试者,其自愿参加临床试验的意愿,有可能被试验的预期获益或者拒绝参加可能被报复而受到不正当影响。包括:研究者的学生和下级、申办者的员工、军人、犯人、无药可救疾病的患者、处于危急状况的患者,入住福利院的人、流浪者、未成年人和无能力知情同意的人等。

(十一)知情同意,指受试者被告知可影响其做出参加临床试验决定的各方面情况后,确认同意自愿参加临床试验的过程。该过程应当以书面的、签署姓名和日期的知情同意书作为文件证明。

（十二）公正见证人，指与临床试验无关，不受临床试验相关人员不公正影响的个人，在受试者或者其监护人无阅读能力时，作为公正的见证人，阅读知情同意书和其他书面资料，并见证知情同意。

（十三）监查，指监督临床试验的进展，并保证临床试验按照试验方案、标准操作规程和相关法律法规要求实施、记录和报告的行动。

（十四）监查计划，指描述监查策略、方法、职责和要求的文件。

（十五）监查报告，指监查员根据申办者的标准操作规程规定，在每次进行现场访视或者其他临床试验相关的沟通后，向申办者提交的书面报告。

（十六）稽查，指对临床试验相关活动和文件进行系统的、独立的检查，以评估确定临床试验相关活动的实施、试验数据的记录、分析和报告是否符合试验方案、标准操作规程和相关法律法规的要求。

（十七）稽查报告，指由申办者委派的稽查员撰写的，关于稽查结果的书面评估报告。

（十八）检查，指药品监督管理部门对临床试验的有关文件、设施、记录和其他方面进行审核检查的行为，检查可以在试验现场、申办者或者合同研究组织所在地，以及药品监督管理部门认为必要的其他场所进行。

（十九）直接查阅，指对评估药物临床试验重要的记录和报告直接进行检查、分析、核实或者复制等。直接查阅的任何一方应当按照相关法律法规，采取合理的措施保护受试者隐私以及避免泄露申办者的权属信息和其他需要保密的信息。

（二十）试验方案，指说明临床试验目的、设计、方法学、统计学考虑和组织实施的文件。试验方案通常还应当包括临床试验的背景和理论基础，该内容也可以在其他参考文件中给出。试验方案包括方案及其修订版。

（二十一）研究者手册，指与开展临床试验相关的试验用药品的临床和非临床研究资料汇编。

（二十二）病例报告表，指按照试验方案要求设计，向申办者报告的记录受试者相关信息的纸质或者电子文件。

（二十三）标准操作规程，指为保证某项特定操作的一致性而制定的详细的书面要求。

（二十四）试验用药品，指用于临床试验的试验药物、对照药品。

（二十五）对照药品，指临床试验中用于与试验药物参比对照的其他研究药物、已上市药品或者安慰剂。

（二十六）不良事件，指受试者接受试验用药品后出现的所有不良医学事件，可以表现为症状体征、疾病或者实验室检查异常，但不一定与试验用药品有因果关系。

（二十七）严重不良事件，指受试者接受试验用药品后出现死亡、危及生命、永久或者严重的残疾或者功能丧失、受试者需要住院治疗或者延长住院时间，以及先天性异常或者出生缺陷等不良医学事件。

（二十八）药物不良反应，指临床试验中发生的任何与试验用药品可能有关的对人体有害或者非期望的反应。试验用药品与不良事件之间的因果关系至少有一个合理的可能性，即不能排除相关性。

（二十九）可疑且非预期严重不良反应，指临床表现的性质和严重程度超出了试验药物研究者手册、已上市药品的说明书或者产品特性摘要等已有资料信息的可疑并且非预期的严重不良反应。

（三十）受试者鉴认代码，指临床试验中分配给受试者以辨识其身份的唯一代码。研究者在报告受试者出现的不良事件和其他与试验有关的数据时，用该代码代替受试者姓名以保护其隐私。

（三十一）源文件，指临床试验中产生的原始记录、文件和数据，如医院病历、医学图像、实验室记录、备忘录、受试者日记或者评估表、发药记录、仪器自动记录的数据、缩微胶片、照相底片、磁介质、X 光片、受试者文件，药房、实验室和医技部门保存的临床试验相关的文件和记录，包括核证副本等。源文件包括了源数据，可以以纸质或者电子等形式的载体存在。

（三十二）源数据，指临床试验中的原始记录或者核证副本上记载的所有信息，包括临床发现、观测结果以及用于重建和评价临床试验所需要的其他相关活动记录。

（三十三）必备文件，指能够单独或者汇集后用于评价临床试验的实施过程和试验数据质量的文件。

（三十四）核证副本，指经过审核验证，确认与原件的内容和结构等均相同的复制件，该复制件是经审核人签署姓名和日期，或者是由已验证过的系统直接生成，可以以纸质或者电子等形式的载体存在。

（三十五）质量保证，指在临床试验中建立的有计划的系统性措施，以保证临床试验的实施和数据的生成、记录和报告均遵守试验方案和相关法律法规。

（三十六）质量控制，指在临床试验质量保证系统中，为确证临床试验所有相关活动是否符合质量要求而实施的技术和活动。

（三十七）试验现场，指实施临床试验相关活动的场所。

（三十八）设盲，指临床试验中使一方或者多方不知道受试者治疗分配的程序。单盲一般指受试者不知道，双盲一般指受试者、研究者、监查员以及数据分析人员均不知道治疗分配。

（三十九）计算机化系统验证，指为建立和记录计算机化系统从设计到停止使用，或者转换至其他系统的全生命周期均能够符合特定要求的过程。验证方案应当基于考虑系统的预计用途、系统对受试者保护和临床试验结果可靠性的潜在影响等因素的风险评估而制定。

（四十）稽查轨迹，指能够追溯还原事件发生过程的记录。

第三章　伦理委员会

第十二条　伦理委员会的职责是保护受试者的权益和安全，应当特别关注弱势受试者。

（一）伦理委员会应当审查的文件包括：试验方案和试验方案修订版；知情同意书及其更新件；招募受试者的方式和信息；提供给受试者的其他书面资料；研究者手册；现有的安全性资料；包含受试者补偿信息的文件；研究者资格的证明文件；伦理委员会履行其职责所需要的其他文件。

（二）伦理委员会应当对临床试验的科学性和伦理性进行审查。

（三）伦理委员会应当对研究者的资格进行审查。

（四）为了更好地判断在临床试验中能否确保受试者的权益和安全以及基本医疗，伦理委员会可以要求提供知情同意书内容以外的资料和信息。

（五）实施非治疗性临床试验（即对受试者没有预期的直接临床获益的试验）时，若受试者的知情同意是由其监护人替代实施，伦理委员会应当特别关注试验方案中是否充分考虑了相应的伦理学问题以及法律法规。

（六）若试验方案中明确说明紧急情况下受试者或者其监护人无法在试验前签署知情同意书，伦理委员会应当审查试验方案中是否充分考虑了相应的伦理学问题以及法律法规。

（七）伦理委员会应当审查是否存在受试者被强迫、利诱等不正当的影响而参加临床试验。伦理委员会应当审查知情同意书中不能采用使受试者或者其监护人放弃其合法权益的内容，也不能含有为研究者和临床试验机构、申办者及其代理机构免除其应当负责任的内容。

（八）伦理委员会应当确保知情同意书、提供给受试者的其他书面资料说明了给受试者补偿的信息，包括补偿方式、数额和计划。

（九）伦理委员会应当在合理的时限内完成临床试验相关资料的审查或者备案流程，并给出明确的书面审查意见。审查意见应当包括审查的临床试验名称、文件（含版本号）和日期。

（十）伦理委员会的审查意见有：同意；必要的修改后同意；不同意；终止或者暂停已同意的研究。审查意见应当说明要求修改的内容，或者否定的理由。

（十一）伦理委员会应当关注并明确要求研究者及时报告：临床试验实施中为消除对受试者紧急危害的试验方案的偏离或者修改；增加受试者风险或者显著影响临床试验实施的改变；所有可疑且非预期严重不良反应；可能对受试者的安全或者临床试验的实施产生不利影响的新信息。

（十二）伦理委员会有权暂停、终止未按照相关要求实施，或者受试者出现非预期严重损害的临床试验。

（十三）伦理委员会应当对正在实施的临床试验定期跟踪审查，审查的频率应当根据受试者的风险程度而定，但至少一年审查一次。

（十四）伦理委员会应当受理并妥善处理受试者的相关诉求。

第十三条　伦理委员会的组成和运行应当符合以下要求：

（一）伦理委员会的委员组成、备案管理应当符合卫生健康主管部门的要求。

（二）伦理委员会的委员均应当接受伦理审查的培训，能够审查临床试验相关的伦理学和科学等方面的问题。

（三）伦理委员会应当按照其制度和标准操作规程履行工作职责，审查应当有书面记录，并注明会议时间及讨论内容。

（四）伦理委员会会议审查意见的投票委员应当参与会议的审查和讨论，包括了各类别委员，具有不同性别组成，并满足其规定的人数。会议审查意见应当形成书面文件。

（五）投票或者提出审查意见的委员应当独立于被审查临床试验项目。

（六）伦理委员会应当有其委员的详细信息，并保证其委员具备伦理审查的资格。

（七）伦理委员会应当要求研究者提供伦理审查所需的各类资料，并回答伦理委员会提出的问题。

（八）伦理委员会可以根据需要邀请委员以外的相关专家参与审查，但不能参与投票。

第十四条 伦理委员会应当建立以下书面文件并执行：

（一）伦理委员会的组成、组建和备案的规定。

（二）伦理委员会会议日程安排、会议通知和会议审查的程序。

（三）伦理委员会初始审查和跟踪审查的程序。

（四）对伦理委员会同意的试验方案的较小修正，采用快速审查并同意的程序。

（五）向研究者及时通知审查意见的程序。

（六）对伦理审查意见有不同意见的复审程序。

第十五条 伦理委员会应当保留伦理审查的全部记录，包括伦理审查的书面记录、委员信息、递交的文件、会议记录和相关往来记录等。所有记录应当至少保存至临床试验结束后5年。研究者、申办者或者药品监督管理部门可以要求伦理委员会提供其标准操作规程和伦理审查委员名单。

第四章 研 究 者

第十六条 研究者和临床试验机构应当具备的资格和要求包括：

（一）具有在临床试验机构的执业资格；具备临床试验所需的专业知识、培训经历和能力；能够根据申办者、伦理委员会和药品监督管理部门的要求提供最新的工作履历和相关资格文件。

（二）熟悉申办者提供的试验方案、研究者手册、试验药物相关资料信息。

（三）熟悉并遵守本规范和临床试验相关的法律法规。

（四）保存一份由研究者签署的职责分工授权表。

（五）研究者和临床试验机构应当接受申办者组织的监查和稽查，以及药品监督管理部门的检查。

（六）研究者和临床试验机构授权个人或者单位承担临床试验相关的职责和功能，应当确保其具备相应资质，应当建立完整的程序以确保其执行临床试验相关职责和功能，产生可靠的数据。研究者和临床试验机构授权临床试验机构以外的单位承担试验相关的职责和功能应当获得申办者同意。

第十七条 研究者和临床试验机构应当具有完成临床试验所需的必要条件：

（一）研究者在临床试验约定的期限内有按照试验方案入组足够数量受试者的能力。

（二）研究者在临床试验约定的期限内有足够的时间实施和完成临床试验。

（三）研究者在临床试验期间有权支配参与临床试验的人员，具有使用临床试验所需医疗设施的权限，正确、安全地实施临床试验。

（四）研究者在临床试验期间确保所有参加临床试验的人员充分了解试验方案及试验用药品，明确各自在试验中的分工和职责，确保临床试验数据的真实、完整和准确。

（五）研究者监管所有研究人员执行试验方案，并采取措施实施临床试验的质量管理。

（六）临床试验机构应当设立相应的内部管理部门，承担临床试验的管理工作。

第十八条 研究者应当给予受试者适合的医疗处理：

（一）研究者为临床医生或者授权临床医生需要承担所有与临床试验有关的医学决策责任。

（二）在临床试验和随访期间，对于受试者出现与试验相关的不良事件，包括有临床意义的实验室异常时，研究者和临床试验机构应当保证受试者得到妥善的医疗处理，并将相关情况如实告知受试者。研究者意识到受试者存在合并疾病需要治疗时，应当告知受试者，并关注可能干扰临床试验结果或者受试者安全的合并用药。

（三）在受试者同意的情况下，研究者可以将受试者参加试验的情况告知相关的临床医生。

（四）受试者可以无理由退出临床试验。研究者在尊重受试者个人权利的同时，应当尽量了解其退出理由。

第十九条 研究者与伦理委员会的沟通包括：

（一）临床试验实施前，研究者应当获得伦理委员会的书面同意；未获得伦理委员会书面同意前，不能筛选受试者。

（二）临床试验实施前和临床试验过程中，研究者应当向伦理委员会提供伦理审查需要的所有文件。

第二十条 研究者应当遵守试验方案。

（一）研究者应当按照伦理委员会同意的试验方案实施临床试验。

（二）未经申办者和伦理委员会的同意，研究者不得修改或者偏离试验方案，但不包括为了及时消除对受试者的紧急危害或者更换监查员、电话号码等仅涉及临床试验管理方面的改动。

（三）研究者或者其指定的研究人员应当对偏离试验方案予以记录和解释。

（四）为了消除对受试者的紧急危害，在未获得伦理委员会同意的情况下，研究者修改或者偏离试验方案，应当及时向伦理委员会、申办者报告，并说明理由，必要时报告药品监督管理部门。

（五）研究者应当采取措施，避免使用试验方案禁用的合并用药。

第二十一条　研究者和临床试验机构对申办者提供的试验用药品有管理责任。

（一）研究者和临床试验机构应当指派有资格的药师或者其他人员管理试验用药品。

（二）试验用药品在临床试验机构的接收、贮存、分发、回收、退还及未使用的处置等管理应当遵守相应的规定并保存记录。

试验用药品管理的记录应当包括日期、数量、批号/序列号、有效期、分配编码、签名等。研究者应当保存每位受试者使用试验用药品数量和剂量的记录。试验用药品的使用数量和剩余数量应当与申办者提供的数量一致。

（三）试验用药品的贮存应当符合相应的贮存条件。

（四）研究者应当确保试验用药品按照试验方案使用，应当向受试者说明试验用药品的正确使用方法。

（五）研究者应当对生物等效性试验的临床试验用药品进行随机抽取留样。临床试验机构至少保存留样至药品上市后2年。临床试验机构可将留存样品委托具备条件的独立的第三方保存，但不得返还申办者或者与其利益相关的第三方。

第二十二条　研究者应当遵守临床试验的随机化程序。

盲法试验应当按照试验方案的要求实施揭盲。若意外破盲或者因严重不良事件等情况紧急揭盲时，研究者应当向申办者书面说明原因。

第二十三条　研究者实施知情同意，应当遵守赫尔辛基宣言的伦理原则，并符合以下要求：

（一）研究者应当使用经伦理委员会同意的最新版的知情同意书和其他提供给受试者的信息。如有必要，临床试验过程中的受试者应当再次签署知情同意书。

（二）研究者获得可能影响受试者继续参加试验的新信息时，应当及时告知受试者或者其监护人，并作相应记录。

（三）研究人员不得采用强迫、利诱等不正当的方式影响受试者参加或者继续临床试验。

（四）研究者或者指定研究人员应当充分告知受试者有关临床试验的所有相关事宜，包括书面信息和伦理委员会的同意意见。

（五）知情同意书等提供给受试者的口头和书面资料均应当采用通俗易懂的语言和表达方式，使受试者或者其监护人、见证人易于理解。

（六）签署知情同意书之前，研究者或者指定研究人员应当给予受试者或者其监护人充分的时间和机会了解临床试验的详细情况，并详尽回答受试者或者其监护人提出的与临床试验相关的问题。

（七）受试者或者其监护人，以及执行知情同意的研究者应当在知情同意书上分别签名并注明日期，如非受试者本人签署，应当注明关系。

（八）若受试者或者其监护人缺乏阅读能力，应当有一位公正的见证人见证整个知情同意过程。研究者应当向受试者或者其监护人、见证人详细说明知情同意书和其他文字资料的内容。如受试者或者其监护人口头同意参加试验，在有能力情况下应当尽量签署知情同意书，见证人还应当在知情同意书上签字并注明日期，以证明受试者或者其监护人就知情同意书和其他文字资料得到了研究者准确地解释，并理解了相关内容，同意参加临床试验。

（九）受试者或者其监护人应当得到已签署姓名和日期的知情同意书原件或者副本和其他提供给受试者的书面资料，包括更新版知情同意书原件或者副本，和其他提供给受试者的书面资料的修订文本。

（十）受试者为无民事行为能力的，应当取得其监护人的书面知情同意；受试者为限制民事行为能力的人的，应当取得本人及其监护人的书面知情同意。当监护人代表受试者知情同意时，应当在受试者可理解的范围内告知受试者临床试验的相关信息，并尽量让受试者亲自签署知情同意书和注明日期。

（十一）紧急情况下，参加临床试验前不能获得受试者的知情同意时，其监护人可以代表受试者知情同意，若其监护人也不在场时，受试者的入选方式应当在试验方案以及其他文件中清楚表述，并获得伦理委员会的书面同意；同时应当尽快得到受试者或者其监护人可以继续参加临床试验的知情同意。

（十二）当受试者参加非治疗性临床试验，应当由受试者本人在知情同意书上签字同意和注明日期。

只有符合下列条件，非治疗临床试验可由监护人代表受试者知情同意：临床试验只能在无知情同意能力的受试者中实施；受试者的预期风险低；受试者健康的负面影响已减至最低，且法律法规不禁止该类临床试验的实施；该类受试者的人选已经得到伦理委员会审查同意。该类临床试验原则上只能在患有试验药物适用的疾病或者状况的患者中实施。在临床试验中应当严密观察受试者，若受试者出现过度痛苦或者不适的表现，应当让其退出试验，还应当给以必要的处置以保证受试者的安全。

（十三）病史记录中应当记录受试者知情同意的具体时间和人员。

（十四）儿童作为受试者，应当征得其监护人的知情同意并签署知情同意书。当儿童有能力做出同意参加临床试验的决定时，还应当征得其本人同意，如果儿童受试者本人不同意参加临床试验或者中途决定退出临床试验时，即使监护人已经同意参加或者愿意继续参加，也应当以儿童受试者本人的决定为准，除非在严重或者危及生命疾病的治疗性临床试验中，研究者、其监护人认为儿童受试者若不参加研究其生命会受到危害，这时其监护人的同意即可使患者继续参与研究。在临床试验过程中，儿童受试者达到了签署知情同意的条件，则需要由本人签署知情同意之后方可继续实施。

第二十四条　知情同意书和提供给受试者的其他资料应当包括：

（一）临床试验概况。

（二）试验目的。

（三）试验治疗和随机分配至各组的可能性。

（四）受试者需要遵守的试验步骤，包括创伤性医疗操作。

（五）受试者的义务。

（六）临床试验所涉及试验性的内容。

（七）试验可能致受试者的风险或者不便，尤其是存在影响胚胎、胎儿或者哺乳婴儿的风险时。

（八）试验预期的获益，以及不能获益的可能性。

（九）其他可选的药物和治疗方法，及其重要的潜在获益和风险。

（十）受试者发生与试验相关的损害时，可获得补偿以及治疗。

（十一）受试者参加临床试验可能获得的补偿。

（十二）受试者参加临床试验预期的花费。

（十三）受试者参加试验是自愿的，可以拒绝参加或者有权在试验任何阶段随时退出试验而不会遭到歧视或者报复，其医疗待遇与权益不会受到影响。

（十四）在不违反保密原则和相关法规的情况下，监查员、稽查员、伦理委员会和药品监督管理部门检查人员可以查阅受试者的原始医学记录，以核实临床试验的过程和数据。

（十五）受试者相关身份鉴别记录的保密事宜，不公开使用。如果发布临床试验结果，受试者的身份信息仍保密。

（十六）有新的可能影响受试者继续参加试验的信息时，将及时告知受试者或者其监护人。

（十七）当存在有关试验信息和受试者权益的问题，以及发生试验相关损害时，受试者可联系的研究者和伦理委员会及其联系方式。

（十八）受试者可能被终止试验的情况以及理由。

（十九）受试者参加试验的预期持续时间。

（二十）参加该试验的预计受试者人数。

第二十五条　试验的记录和报告应当符合以下要求：

（一）研究者应当监督试验现场的数据采集、各研究人员履行其工作职责的情况。

（二）研究者应当确保所有临床试验数据是从临床试验的源文件和试验记录中获得的，是准确、完整、可读和及时的。源数据应当具有可归因性、易读性、同时性、原始性、准确性、完整性、一致性和持久性。源数据的修改应当留痕，不能掩盖初始数据，并记录修改的理由。以患者为受试者的临床试验，相关的医疗记录应当载入门诊或者住院病历系统。临床试验机构的信息化系统具备建立临床试验电子病历条件时，研究者应当首选使用，相应的计算机化系统应当具有完善的权限管理和稽查轨迹，可以追溯至记录的创建者或者修改者，保障所采集的源数据可以溯源。

（三）研究者应当按照申办者提供的指导说明填写和修改病例报告表，确保各类病例报告表及其他报告中的数据准确、完整、清晰和及时。病例报告表中数据应当与源文件一致，若存在不一致应当做出合理的解释。病例报告表中数据的修改，应当使初始记录清晰可辨，保留修改轨迹，必要时解释理由，修改者签名并注明日期。

申办者应当有书面程序确保其对病例报告表的改动是必要的、被记录的，并得到研究者的同意。研究者应当保留修改和更正的相关记录。

（四）研究者和临床试验机构应当按"临床试验必备文件"和药品监督管理部门的相关要求，妥善保存试验文档。

（五）在临床试验的信息和受试者信息处理过程

中应当注意避免信息的非法或者未授权的查阅、公开、散播、修改、损毁、丢失。临床试验数据的记录、处理和保存应当确保记录和受试者信息的保密性。

（六）申办者应当与研究者和临床试验机构就必备文件保存时间、费用和到期后的处理在合同中予以明确。

（七）根据监查员、稽查员、伦理委员会或者药品监督管理部门的要求，研究者和临床试验机构应当配合并提供所需的与试验有关的记录。

第二十六条　研究者的安全性报告应当符合以下要求：

除试验方案或者其他文件（如研究者手册）中规定不需立即报告的严重不良事件外，研究者应当立即向申办者书面报告所有严重不良事件，随后应当及时提供详尽、书面的随访报告。严重不良事件报告和随访报告应当注明受试者在临床试验中的鉴认代码，而不是受试者的真实姓名、公民身份号码和住址等身份信息。试验方案中规定的、对安全性评价重要的不良事件和实验室异常值，应当按照试验方案的要求和时限向申办者报告。

涉及死亡事件的报告，研究者应当向申办者和伦理委员会提供其他所需要的资料，如尸检报告和最终医学报告。

研究者收到申办者提供的临床试验的相关安全性信息后应当及时签收阅读，并考虑受试者的治疗，是否进行相应调整，必要时尽早与受试者沟通，并应当向伦理委员会报告由申办方提供的可疑且非预期严重不良反应。

第二十七条　提前终止或者暂停临床试验时，研究者应当及时通知受试者，并给予受试者适当的治疗和随访。此外：

（一）研究者未与申办者商议而终止或者暂停临床试验，研究者应当立即向临床试验机构、申办者和伦理委员会报告，并提供详细的书面说明。

（二）申办者终止或者暂停临床试验，研究者应当立即向临床试验机构、伦理委员会报告，并提供详细书面说明。

（三）伦理委员会终止或者暂停已经同意的临床试验，研究者应当立即向临床试验机构、申办者报告，并提供详细书面说明。

第二十八条　研究者应当提供试验进展报告。

（一）研究者应当向伦理委员会提交临床试验的年度报告，或者应当按照伦理委员会的要求提供进展报告。

（二）出现可能显著影响临床试验的实施或者增加受试者风险的情况，研究者应当尽快向申办者、伦理委员会和临床试验机构书面报告。

（三）临床试验完成后，研究者应当向临床试验机构报告；研究者应当向伦理委员会提供临床试验结果的摘要，向申办者提供药品监督管理部门所需要的临床试验相关报告。

第五章　申　办　者

第二十九条　申办者应当把保护受试者的权益和安全以及临床试验结果的真实、可靠作为临床试验的基本考虑。

第三十条　申办者应当建立临床试验的质量管理体系。

申办者的临床试验的质量管理体系应当涵盖临床试验的全过程，包括临床试验的设计、实施、记录、评估、结果报告和文件归档。质量管理包括有效的试验方案设计、收集数据的方法及流程、对于临床试验中做出决策所必须的信息采集。

临床试验质量保证和质量控制的方法应当与临床试验内在的风险和所采集信息的重要性相符。申办者应当保证临床试验各个环节的可操作性，试验流程和数据采集避免过于复杂。试验方案、病例报告表及其他相关文件应当清晰、简洁和前后一致。

申办者应当履行管理职责。根据临床试验需要可建立临床试验的研究和管理团队，以指导、监督临床试验实施。研究和管理团队内部的工作应当及时沟通。在药品监督管理部门检查时，研究和管理团队均应当派员参加。

第三十一条　申办者基于风险进行质量管理。

（一）试验方案制定时应当明确保护受试者权益和安全以及保证临床试验结果可靠的关键环节和数据。

（二）应当识别影响到临床试验关键环节和数据的风险。该风险应当从两个层面考虑：系统层面，如设施设备、标准操作规程、计算机化系统、人员、供应商；临床试验层面，如试验药物、试验设计、数据收集和记录、知情同意过程。

（三）风险评估应当考虑在现有风险控制下发生差错的可能性；该差错对保护受试者权益和安全，以及数据可靠性的影响；该差错被监测到的程度。

（四）应当识别可减少或者可被接受的风险。减少风险的控制措施应当体现在试验方案的设计和实施、监查计划、各方职责明确的合同、标准操作规程的依从性，以及各类培训。

预先设定质量风险的容忍度时，应当考虑变量的医学和统计学特点及统计设计，以鉴别影响受试者安全和数据可靠的系统性问题。出现超出质量风险的容忍度的情况时，应当评估是否需要采取进一步的措施。

（五）临床试验期间，质量管理应当有记录，并及时与相关各方沟通，促使风险评估和质量持续改进。

（六）申办者应当结合临床试验期间的新知识和经验，定期评估风险控制措施，以确保现行的质量管理的有效性和适用性。

（七）申办者应当在临床试验报告中说明所采用的质量管理方法，并概述严重偏离质量风险的容忍度的事件和补救措施。

第三十二条　申办者的质量保证和质量控制应当符合以下要求：

（一）申办者负责制定、实施和及时更新有关临床试验质量保证和质量控制系统的标准操作规程，确保临床试验的实施、数据的产生、记录和报告均遵守试验方案、本规范和相关法律法规的要求。

（二）临床试验和实验室检测的全过程均需严格按照质量管理标准操作规程进行。数据处理的每个阶段均有质量控制，以保证所有数据是可靠的，数据处理过程是正确的。

（三）申办者应当与研究者和临床试验机构等所有参加临床试验的相关单位签订合同，明确各方职责。

（四）申办者与各相关单位签订的合同中应当注明申办者的监查和稽查、药品监督管理部门的检查可直接去到试验现场，查阅源数据、源文件和报告。

第三十三条　申办者委托合同研究组织应当符合以下要求：

（一）申办者可以将其临床试验的部分或者全部工作和任务委托给合同研究组织，但申办者仍然是临床试验数据质量和可靠性的最终责任人，应当监督合同研究组织承担的各项工作。合同研究组织应当实施质量保证和质量控制。

（二）申办者委托给合同研究组织的工作应当签订合同。合同中应当明确以下内容：委托的具体工作以及相应的标准操作规程；申办者有权确认被委托工作执行标准操作规程的情况；对被委托方的书面要求；被委托方需要提交给申办者的报告要求；与受试者的损害赔偿措施相关的事项；其他与委托工作有关的事项。合同研究组织如存在任务转包，应当获得申办者的书面批准。

（三）未明确委托给合同研究组织的工作和任务，其职责仍由申办者负责。

（四）本规范中对申办者的要求，适用于承担申办者相关工作和任务的合同研究组织。

第三十四条　申办者应当指定有能力的医学专家及时对临床试验的相关医学问题进行咨询。

第三十五条　申办者应当选用有资质的生物统计学家、临床药理学家和临床医生等参与试验，包括设计试验方案和病例报告表、制定统计分析计划、分析数据、撰写中期和最终的试验总结报告。

第三十六条　申办者在试验管理、数据处理与记录保存中应当符合以下要求：

（一）申办者应当选用有资质的人员监督临床试验的实施、数据处理、数据核对、统计分析和试验总结报告的撰写。

（二）申办者可以建立独立的数据监查委员会，以定期评价临床试验的进展情况，包括安全性数据和重要的有效性终点数据。独立的数据监查委员会可以建议申办者是否可以继续实施、修改或者停止正在实施的临床试验。独立的数据监查委员会应当有书面的工作流程，应当保存所有相关会议记录。

（三）申办者使用的电子数据管理系统，应当通过可靠的系统验证，符合预先设置的技术性能，以保证试验数据的完整、准确、可靠，并保证在整个试验过程中系统始终处于验证有效的状态。

（四）电子数据管理系统应当具有完整的使用标准操作规程，覆盖电子数据管理的设置、安装和使用；标准操作规程应当说明该系统的验证、功能测试、数据采集和处理、系统维护、系统安全性测试、变更控制、数据备份、恢复、系统的应急预案和软件报废；标准操作规程应当明确使用计算机化系统时，申办者、研究者和临床试验机构的职责。所有使用计算机化系统的人员应当经过培训。

（五）计算机化系统数据修改的方式应当预先规定，其修改过程应当完整记录，原数据（如保留电子数据稽查轨迹、数据轨迹和编辑轨迹）应当保留；电子数据的整合、内容和结构应当有明确规定，以确保电子数据的完整性；当计算机化系统出现变更时，如软件升级或者数据转移等，确保电子数据的完整性更为重要。

若数据处理过程中发生数据转换，确保转换后的数据与原数据一致，和该数据转化过程的可见性。

（六）保证电子数据管理系统的安全性，未经授权的人员不能访问；保存被授权修改数据人员的名单；电子数据应当及时备份；盲法设计的临床试验，应当始终保持盲法状态，包括数据录入和处理。

（七）申办者应当使用受试者鉴认代码，鉴别每一位受试者所有临床试验数据。盲法试验揭盲以后，申办者应当及时把受试者的试验用药品情况书面告知研究者。

（八）申办者应当保存与申办者相关的临床试验数据，有些参加临床试验的相关单位获得的其他数据，也应当作为申办者的特定数据保留在临床试验必备文件内。

（九）申办者暂停或者提前终止实施中的临床试验，应当通知所有相关的研究者和临床试验机构和药品监督管理部门。

（十）试验数据所有权的转移，需符合相关法律法规的要求。

（十一）申办者应当书面告知研究者和临床试验机构对试验记录保存的要求；当试验相关记录不再需要时，申办者也应当书面告知研究者和临床试验机构。

第三十七条 申办者选择研究者应当符合以下要求：

（一）申办者负责选择研究者和临床试验机构。研究者均应当经过临床试验的培训、有临床试验的经验，有足够的医疗资源完成临床试验。多个临床试验机构参加的临床试验，如需选择组长单位由申办者负责。

（二）涉及医学判断的样本检测实验室，应当符合相关规定并具备相应资质。临床试验中采集标本的管理、检测、运输和储存应当保证质量。禁止实施与伦理委员会同意的试验方案无关的生物样本检测（如基因等）。临床试验结束后，剩余标本的继续保存或者将来可能被使用等情况，应当由受试者签署知情同意书，并说明保存的时间和数据的保密性问题，以及在何种情况下数据和样本可以和其他研究者共享等。

（三）申办者应当向研究者和临床试验机构提供试验方案和最新的研究者手册，并应当提供足够的时间让研究者和临床试验机构审议试验方案和相关资料。

第三十八条 临床试验各方参与临床试验前，申办者应当明确其职责，并在签订的合同中注明。

第三十九条 申办者应当采取适当方式保证可以给予受试者和研究者补偿或者赔偿。

（一）申办者应当向研究者和临床试验机构提供与临床试验相关的法律上、经济上的保险或者保证，并与临床试验的风险性质和风险程度相适应。但不包括研究者和临床试验机构自身的过失所致的损害。

（二）申办者应当承担受试者与临床试验相关的损害或者死亡的诊疗费用，以及相应的补偿。申办者和研究者应当及时兑付给予受试者的补偿或者赔偿。

（三）申办者提供给受试者补偿的方式方法，应当符合相关的法律法规。

（四）申办者应当免费向受试者提供试验用药品，支付与临床试验相关的医学检测费用。

第四十条 申办者与研究者和临床试验机构签订的合同，应当明确试验各方的责任、权利和利益，以及各方应当避免的、可能的利益冲突。合同的试验经费应当合理，符合市场规律。申办者、研究者和临床试验机构应当在合同上签字确认。

合同内容中应当包括：临床试验的实施过程中遵守本规范及相关的临床试验的法律法规；执行经过申办者和研究者协商确定的、伦理委员会同意的试验方案；遵守数据记录和报告程序；同意监查、稽查和检查；临床试验相关必备文件的保存及其期限；发表文章、知识产权等的约定。

第四十一条 临床试验开始前，申办者应当向药品监督管理部门提交相关的临床试验资料，并获得临床试验的许可或者完成备案。递交的文件资料应当注明版本号及版本日期。

第四十二条 申办者应当从研究者和临床试验机构获取伦理委员会的名称和地址、参与项目审查的伦理委员会委员名单、符合本规范及相关法律法规的审查声明，以及伦理委员会审查同意的文件和其他相关资料。

第四十三条 申办者在拟定临床试验方案时，应当有足够的安全性和有效性数据支持其给药途径、给药剂量和持续用药时间。当获得重要的新信息时，申办者应当及时更新研究者手册。

第四十四条 试验用药品的制备、包装、标签和编码应当符合以下要求：

（一）试验药物制备应当符合临床试验用药品生产质量管理相关要求；试验用药品的包装标签上应当标明仅用于临床试验、临床试验信息和临床试验用药品信息；在盲法试验中能够保持盲态。

（二）申办者应当明确规定试验用药品的贮存温度、运输条件（是否需要避光）、贮存时限、药物溶液的配制方法和过程，及药物输注的装置要求等。试验用药品的使用方法应当告知试验的所有相关人员，包括监查员、研究者、药剂师、药物保管人员等。

（三）试验用药品的包装，应当能确保药物在运输和贮存期间不被污染或者变质。

（四）在盲法试验中，试验用药品的编码系统应当包括紧急揭盲程序，以便在紧急医学状态时能够迅速识别何种试验用药品，而不破坏临床试验的盲态。

第四十五条 试验用药品的供给和管理应当符合以下要求：

（一）申办者负责向研究者和临床试验机构提供试验用药品。

（二）申办者在临床试验获得伦理委员会同意和药品监督管理部门许可或者备案之前，不得向研究者和临床试验机构提供试验用药品。

（三）申办者应当向研究者和临床试验机构提供试验用药品的书面说明，说明应当明确试验用药品的使用、贮存和相关记录。申办者制定试验用药品的供给和管理规程，包括试验用药品的接收、贮存、分发、使用及回收等。从受试者处回收以及研究人员未使用试验用药品应当返还申办者，或者经申办者授权后由临床试验机构进行销毁。

（四）申办者应当确保试验用药品及时送达研究者和临床试验机构，保证受试者及时使用；保存试验用药品的运输、接收、分发、回收和销毁记录；建立试验用药品回收管理制度，保证缺陷产品的召回、试验结束后的回收、过期后回收；建立未使用试验用药品的销毁制度。所有试验用药品的管理过程应当有书面记录，全过程计数准确。

（五）申办者应当采取措施确保试验期间试验用药品的稳定性。试验用药品的留存样品保存期限，在试验用药品贮存时限内，应当保存至临床试验数据分析结束或者相关法规要求的时限，两者不一致时取其中较长的时限。

第四十六条 申办者应当明确试验记录的查阅权限。

（一）申办者应当在试验方案或者合同中明确研究者和临床试验机构允许监查员、稽查员、伦理委员会的审查者及药品监督管理部门的检查人员，能够直接查阅临床试验相关的源数据和源文件。

（二）申办者应当确认每位受试者均以书面形式同意监查员、稽查员、伦理委员会的审查者及药品监督管理部门的检查人员直接查阅其与临床试验有关的原始医学记录。

第四十七条 申办者负责药物试验期间试验用药品的安全性评估。申办者应当将临床试验中发现的可能影响受试者安全、可能影响临床试验实施、可能改变伦理委员会同意意见的问题，及时通知研究者和临床试验机构、药品监督管理部门。

第四十八条 申办者应当按照要求和时限报告药物不良反应。

（一）申办者收到任何来源的安全性相关信息后，均应当立即分析评估，包括严重性、与试验药物的相关性以及是否为预期事件等。申办者应当将可疑且非预期严重不良反应快速报告给所有参加临床试验的研究者及临床试验机构、伦理委员会；申办者应当向药品监督管理部门和卫生健康主管部门报告可疑且非预期严重不良反应。

（二）申办者提供的药物研发期间安全性更新报告应当包括临床试验风险与获益的评估，有关信息通报给所有参加临床试验的研究者及临床试验机构、伦理委员会。

第四十九条 临床试验的监查应当符合以下要求：

（一）监查的目的是为了保证临床试验中受试者的权益，保证试验记录与报告的数据准确、完整，保证试验遵守已同意的方案、本规范和相关法规。

（二）申办者委派的监查员应当受过相应的培训，具备医学、药学等临床试验监查所需的知识，能够有效履行监查职责。

（三）申办者应当建立系统的、有优先顺序的、基于风险评估的方法，对临床试验实施监查。监查的范围和性质可具有灵活性，允许采用不同的监查方法以提高监查的效率和有效性。申办者应当将选择监查策略的理由写在监查计划中。

（四）申办者制定监查计划。监查计划应当特别强调保护受试者的权益，保证数据的真实性，保证应对临床试验中的各类风险。监查计划应当描述监查的策略、对试验各方的监查职责、监查的方法，以及应用不同监查方法的原因。监查计划应当强调对关键数据和流程的监查。监查计划应当遵守相关法律法规。

（五）申办者应当制定监查标准操作规程，监查员在监查工作中应当执行标准操作规程。

（六）申办者应当实施临床试验监查，监查的范围和性质取决于临床试验的目的、设计、复杂性、盲法、样本大小和临床试验终点等。

（七）现场监查和中心化监查应当基于临床试验的风险结合进行。现场监查是在临床试验现场进行监查，通常应当在临床试验开始前、实施中和结束后进行。中心化监查是及时的对正在实施的临床试验进行远程评估，以及汇总不同的临床试验机构采集的数据进行远程评估。中心化监查的过程有助于提高临床试验的监查效果，是对现场监查的补充。

中心化监查中应用统计分析可确定数据的趋势,包括不同的临床试验机构内部和临床试验机构间的数据范围及一致性,并能分析数据的特点和质量,有助于选择监查现场和监查程序。

(八)特殊情况下,申办者可以将监查与其他的试验工作结合进行,如研究人员培训和会议。监查时,可采用统计学抽样调查的方法核对数据。

第五十条 监查员的职责包括:

(一)监查员应当熟悉试验用药品的相关知识,熟悉试验方案、知情同意书及其他提供给受试者的书面资料的内容,熟悉临床试验标准操作规程和本规范等相关法规。

(二)监查员应当按照申办者的要求认真履行监查职责,确保临床试验按照试验方案正确地实施和记录。

(三)监查员是申办者和研究者之间的主要联系人。在临床试验前确认研究者具备足够的资质和资源来完成试验,临床试验机构具备完成试验的适当条件,包括人员配备与培训情况,实验室设备齐全、运转良好,具备各种与试验有关的检查条件。

(四)监查员应当核实临床试验过程中试验用药品在有效期内、保存条件可接受、供应充足;试验用药品是按照试验方案规定的剂量只提供给合适的受试者;受试者收到正确使用、处理、贮存和归还试验用药品的说明;临床试验机构接收、使用和返还试验用药品有适当的管控和记录;临床试验机构对未使用的试验用药品的处置符合相关法律法规和申办者的要求。

(五)监查员核实研究者在临床试验实施中对试验方案的执行情况;确认在试验前所有受试者或者其监护人均签署了知情同意书;确保研究者收到最新版的研究者手册、所有试验相关文件、试验必须用品,并按照相关法律法规的要求实施;保证研究人员对临床试验有充分的了解。

(六)监查员核实研究人员履行试验方案和合同中规定的职责,以及这些职责是否委派给未经授权的人员;确认入选的受试者合格并汇报入组率及临床试验的进展情况;确认数据的记录与报告正确完整,试验记录和文件实时更新、保存完好;核实研究者提供的所有医学报告、记录和文件都是可溯源的、清晰的、同步记录的、原始的、准确的和完整的、注明日期和试验编号的。

(七)监查员核对病例报告表录入的准确性和完整性,并与源文件比对。监查员应当注意核对试验方案规定的数据在病例报告表中有准确记录,并与源文件一致;确认受试者的剂量改变、治疗变更、不良事件、合并用药、并发症、失访、检查遗漏等在病例报告表中均有记录;确认研究者未能做到的随访、未实施的试验、未做的检查,以及是否对错误、遗漏做出纠正等在病例报告表中均有记录;核实入选受试者的退出与失访已在病例报告表中均有记录并说明。

(八)监查员对病例报告表的填写错误、遗漏或者字迹不清楚应当通知研究者;监查员应当确保所作的更正、添加或者删除是由研究者或者被授权人操作,并且有修改人签名、注明日期,必要时说明修改理由。

(九)监查员确认不良事件按照相关法律法规、试验方案、伦理委员会、申办者的要求,在规定的期限内进行了报告。

(十)监查员确认研究者是否按照本规范保存了必备文件。

(十一)监查员对偏离试验方案、标准操作规程、相关法律法规要求的情况,应当及时与研究者沟通,并采取适当措施防止再次发生。

第五十一条 监查员在每次监查后,应当及时书面报告申办者;报告应当包括监查日期、地点、监查员姓名、监查员接触的研究者和其他人员的姓名等;报告应当包括监查工作的摘要、发现临床试验中问题和事实陈述、与试验方案的偏离和缺陷,以及监查结论;报告应当说明对监查中发现的问题已采取的或者拟采用的纠正措施,为确保试验遵守试验方案实施的建议;报告应该提供足够的细节,以便审核是否符合监查计划。中心化监查报告可以与现场监查报告分别提交。申办者应当对监查报告中的问题审核和跟进,并形成文件保存。

第五十二条 临床试验的稽查应当符合以下要求:

(一)申办者为评估临床试验的实施和对法律法规的依从性,可以在常规监查之外开展稽查。

(二)申办者选定独立于临床试验的人员担任稽查员,不能是监查人员兼任。稽查员应当经过相应的培训和具有稽查经验,能够有效履行稽查职责。

(三)申办者应当制定临床试验和试验质量管理体系的稽查规程,确保临床试验中稽查规程的实施。该规程应当拟定稽查目的、稽查方法、稽查次数和稽查报告的格式内容。稽查员在稽查过程中观察和发现的问题均应当有书面记录。

(四)申办者制定稽查计划和规程,应当依据向药品监督管理部门提交的资料内容、临床试验中受试者的例数、临床试验的类型和复杂程度、影响受试者的风险水平和其他已知的相关问题。

（五）药品监督管理部门根据工作需要，可以要求申办者提供稽查报告。

（六）必要时申办者应当提供稽查证明。

第五十三条 申办者应当保证临床试验的依从性。

（一）发现研究者、临床试验机构、申办者的人员在临床试验中不遵守试验方案、标准操作规程、本规范、相关法律法规时，申办者应当立即采取措施予以纠正，保证临床试验的良好依从性。

（二）发现重要的依从性问题时，可能对受试者安全和权益，或者对临床试验数据可靠性产生重大影响的，申办者应当及时进行根本原因分析，采取适当的纠正和预防措施。若违反试验方案或者本规范的问题严重时，申办者可追究相关人员的责任，并报告药品监督管理部门。

（三）发现研究者、临床试验机构有严重的或者劝阻不改的不依从问题时，申办者应当终止该研究者、临床试验机构继续参加临床试验，并及时书面报告药品监督管理部门。同时，申办者和研究者应当采取相应的紧急安全性措施，以保护受试者的安全和权益。

第五十四条 申办者提前终止或者暂停临床试验，应当立即告知研究者和临床试验机构、药品监督管理部门，并说明理由。

第五十五条 临床试验完成或者提前终止，申办者应当按照相关法律法规要求向药品监督管理部门提交临床试验报告。临床试验总结报告应当全面、完整、准确反映临床试验结果，临床试验总结报告安全性、有效性数据应当与临床试验源数据一致。

第五十六条 申办者开展多中心试验应当符合以下要求：

（一）申办者应当确保参加临床试验的各中心均能遵守试验方案。

（二）申办者应当向各中心提供相同的试验方案。各中心按照方案遵守相同的临床和实验室数据的统一评价标准和病例报告表的填写指导说明。

（三）各中心应当使用相同的病例报告表，以记录在临床试验中获得的试验数据。申办者若需要研究者增加收集试验数据，在试验方案中应当表明此内容，申办者向研究者提供附加的病例报告表。

（四）在临床试验开始前，应当有书面文件明确参加临床试验的各中心研究者的职责。

（五）申办者应当确保各中心研究者之间的沟通。

第六章 试验方案

第五十七条 试验方案通常包括基本信息、研究背景资料、试验目的、试验设计、实施方式（方法、内容、步骤）等内容。

第五十八条 试验方案中基本信息一般包含：

（一）试验方案标题、编号、版本号和日期。

（二）申办者的名称和地址。

（三）申办者授权签署、修改试验方案的人员姓名、职务和单位。

（四）申办者的医学专家姓名、职务、所在单位地址和电话。

（五）研究者姓名、职称、职务，临床试验机构的地址和电话。

（六）参与临床试验的单位及相关部门名称、地址。

第五十九条 试验方案中研究背景资料通常包含：

（一）试验用药品名称与介绍。

（二）试验药物在非临床研究和临床研究中与临床试验相关、具有潜在临床意义的发现。

（三）对受试人群的已知和潜在的风险和获益。

（四）试验用药品的给药途径、给药剂量、给药方法及治疗时程的描述，并说明理由。

（五）强调临床试验需要按照试验方案、本规范及相关法律法规实施。

（六）临床试验的目标人群。

（七）临床试验相关的研究背景资料、参考文献和数据来源。

第六十条 试验方案中应当详细描述临床试验的目的。

第六十一条 临床试验的科学性和试验数据的可靠性，主要取决于试验设计，试验设计通常包括：

（一）明确临床试验的主要终点和次要终点。

（二）对照组选择的理由和试验设计的描述（如双盲、安慰剂对照、平行组设计），并对研究设计、流程和不同阶段以流程图形式表示。

（三）减少或者控制偏倚所采取的措施，包括随机化和盲法的方法和过程。采用单盲或者开放性试验需要说明理由和控制偏倚的措施。

（四）治疗方法、试验用药品的剂量、给药方案；试验用药品的剂型、包装、标签。

（五）受试者参与临床试验的预期时长和具体安排，包括随访等。

（六）受试者、部分临床试验及全部临床试验的“暂停试验标准”、“终止试验标准”。

（七）试验用药品管理流程。

（八）盲底保存和揭盲的程序。

（九）明确何种试验数据可作为源数据直接记录在病例报告表中。

第六十二条 试验方案中通常包括临床和实验室检查的项目内容。

第六十三条 受试者的选择和退出通常包括：

（一）受试者的入选标准。

（二）受试者的排除标准。

（三）受试者退出临床试验的标准和程序。

第六十四条 受试者的治疗通常包括：

（一）受试者在临床试验各组应用的所有试验用药品名称、给药剂量、给药方案、给药途径和治疗时间以及随访期限。

（二）临床试验前和临床试验中允许的合并用药（包括急救治疗用药）或者治疗，和禁止使用的药物或者治疗。

（三）评价受试者依从性的方法。

第六十五条 制定明确的访视和随访计划，包括临床试验期间、临床试验终点、不良事件评估及试验结束后的随访和医疗处理。

第六十六条 有效性评价通常包括：

（一）详细描述临床试验的有效性指标。

（二）详细描述有效性指标的评价、记录、分析方法和时间点。

第六十七条 安全性评价通常包括：

（一）详细描述临床试验的安全性指标。

（二）详细描述安全性指标的评价、记录、分析方法和时间点。

（三）不良事件和伴随疾病的记录和报告程序。

（四）不良事件的随访方式与期限。

第六十八条 统计通常包括：

（一）确定受试者样本量，并根据前期试验或者文献数据说明理由。

（二）显著性水平，如有调整说明考虑。

（三）说明主要评价指标的统计假设，包括原假设和备择假设，简要描述拟采用的具体统计方法和统计分析软件。若需要进行期中分析，应当说明理由、分析时点及操作规程。

（四）缺失数据、未用数据和不合逻辑数据的处理方法。

（五）明确偏离原定统计分析计划的修改程序。

（六）明确定义用于统计分析的受试者数据集，包括所有参加随机化的受试者、所有服用过试验用药品的受试者、所有符合入选的受试者和可用于临床试验结果评价的受试者。

第六十九条 试验方案中应当包括实施临床试验质量控制和质量保证。

第七十条 试验方案中通常包括该试验相关的伦理学问题的考虑。

第七十一条 试验方案中通常说明试验数据的采集与管理流程、数据管理与采集所使用的系统、数据管理各步骤及任务，以及数据管理的质量保障措施。

第七十二条 如果合同或者协议没有规定，试验方案中通常包括临床试验相关的直接查阅源文件、数据处理和记录保存、财务和保险。

第七章 研究者手册

第七十三条 申办者提供的《研究者手册》是关于试验药物的药学、非临床和临床资料的汇编，其内容包括试验药物的化学、药学、毒理学、药理学和临床的资料和数据。研究者手册目的是帮助研究者和参与试验的其他人员更好地理解和遵守试验方案，帮助研究者理解试验方案中诸多关键的基本要素，包括临床试验的给药剂量、给药次数、给药间隔时间、给药方式等，主要和次要疗效指标和安全性的观察和监测。

第七十四条 已上市药品实施临床试验，研究者已充分了解其药理学等相关知识时，可以简化研究者手册。可应用药品说明书等形式替代研究者手册的部分内容，只需要向研究者提供临床试验相关的、重要的、以及试验药物最近的、综合性的、详细的信息。

第七十五条 申办者应当制定研究者手册修订的书面程序。在临床试验期间至少一年审阅研究者手册一次。申办者根据临床试验的研发步骤和临床试验过程中获得的相关药物安全性和有效性的新信息，在研究者手册更新之前，应当先告知研究者，必要时与伦理委员会、药品监督管理部门沟通。申办者负责更新研究者手册并及时送达研究者，研究者负责将更新的手册递交伦理委员会。

第七十六条 研究者手册的扉页写明申办者的名称、试验药物的编号或者名称、版本号、发布日期、替换版本号、替换日期。

第七十七条 研究者手册应当包括：

（一）目录条目：保密性说明、签字页、目录、摘要、前言、试验药物的物理学、化学、药学特性和结构式、非临床研究（非临床药理学、动物体内药代动力学、毒理学）、人体内作用（人体内的药代动力学、安全性和有效性、上市使用情况)、数据概要和研究者指南、注意事项、参考资料(已发表文献、报告,在每一章节末列出)。

(二)摘要:重点说明试验药物研发过程中具重要意义的物理学、化学、药学、药理学、毒理学、药代动力学和临床等信息内容。

(三)前言:简要说明试验药物的化学名称或者已批准的通用名称、批准的商品名;试验药物的所有活性成分、药理学分类、及其在同类药品中的预期地位(如优势);试验药物实施临床试验的立题依据;拟定的试验药物用于疾病的预防、诊断和治疗。前言中应当说明评价试验药物的常规方法。

(四)在研究者手册中应当清楚说明试验用药品的化学式、结构式,简要描述其理化和药学特性。说明试验药物的贮存方法和使用方法。试验药物的制剂信息可能影响临床试验时,应当说明辅料成分及配方理由,以便确保临床试验采取必要的安全性措施。

(五)若试验药物与其他已知药物的结构相似,应当予以说明。

(六)非临床研究介绍:简要描述试验药物非临床研究的药理学、毒理学、药代动力学研究发现的相关结果。说明这些非临床研究的方法学、研究结果,讨论这些发现对人体临床治疗意义的提示、对人体可能的不利作用和对人体非预期效应的相关性。

(七)研究者手册应当提供非临床研究中的信息:试验动物的种属、每组动物的数目和性别、给药剂量单位、给药剂量间隔、给药途径、给药持续时间、系统分布资料、暴露后随访期限。研究结果应当包括试验药物药理效应、毒性效应的特性和频度;药理效应、毒性效应的严重性或者强度;起效时间;药效的可逆性;药物作用持续时间和剂量反应。应当讨论非临床研究中最重要的发现,如量效反应、与人体可能的相关性及可能实施人体研究的多方面问题。若同一种属动物的有效剂量、非毒性剂量的结果可以进行比较研究,则该结果可用于治疗指数的讨论,并说明研究结果与拟定的人用剂量的相关性。比较研究尽可能基于血液或者器官组织水平。

(八)非临床的药理学研究介绍:应当包括试验药物的药理学方面的摘要,如可能,还应当包括试验药物在动物体内的重要代谢研究。摘要中应当包括评价试验药物潜在治疗活性(如有效性模型,受体结合和特异性)的研究,以及评价试验药物安全性的研究(如不同于评价治疗作用的评价药理学作用的专门研究)。

(九)动物的药代动力学介绍:应当包括试验药物在所研究种属动物中的药代动力学、生物转化以及分布的摘要。对发现的讨论应当说明试验药物的吸收、局部以及系统的生物利用度及其代谢,以及它们与动物种属药理学和毒理学发现的关系。

(十)毒理学介绍:在不同动物种属中相关研究所发现的毒理学作用摘要应当包括单剂量给药、重复给药、致癌性、特殊毒理研究(如刺激性和致敏性)、生殖毒性、遗传毒性(致突变性)等方面。

(十一)人体内作用:应当充分讨论试验药物在人体的已知作用,包括药代动力学、药效学、剂量反应、安全性、有效性和其他药理学领域的信息。应当尽可能提供已完成的所有试验药物临床试验的摘要。还应当提供临床试验以外的试验药物的使用情况,如上市期间的经验。

(十二)试验药物在人体的药代动力学信息摘要,包括药代动力学(吸收和代谢,血浆蛋白结合,分布和消除);试验药物的一个参考剂型的生物利用度(绝对、相对生物利用度);人群亚组(如性别、年龄和脏器功能受损);相互作用(如药物—药物相互作用和食物的作用);其他药代动力学数据(如在临床试验期间完成的群体研究结果)。

(十三)试验药物安全性和有效性:应当提供从前期人体试验中得到的关于试验药物(包括代谢物)的安全性、药效学、有效性和剂量反应信息的摘要并讨论。如果已经完成多项临床试验,应当将多个研究和亚组人群的安全性和有效性数据汇总。可考虑将所有临床试验的药物不良反应(包括所有被研究的适应症)以表格等形式清晰概述。应当讨论适应症或者亚组之间药物不良反应类型及发生率的重要差异。

(十四)上市使用情况:应当说明试验药物已经上市或者已获批准的主要国家和地区。从上市使用中得到的重要信息(如处方、剂量、给药途径和药物不良反应)应当予以概述。应当说明试验用药品没有获得批准上市或者退出上市的主要国家和地区。

(十五)数据概要和研究者指南:应当对非临床和临床数据进行全面分析讨论,就各种来源的有关试验药物不同方面的信息进行概述,帮助研究者预见到药物不良反应或者临床试验中的其他问题。

(十六)研究者手册应当让研究者清楚的理解临床试验可能的风险和不良反应,以及可能需要的特殊检查、观察项目和防范措施;这种理解是基于从研究者手册获得的关于试验药物的物理、化学、药学、药理、毒理和临床资料。根据前期人体应用的经验和试验药物的药理学，也应当向研究者提供可能的过量服药和药物不良反应的识别和处理措施的指导。

（十七）中药民族药研究者手册的内容参考以上要求制定。还应当注明组方理论依据、筛选信息、配伍、功能、主治、已有的人用药经验、药材基原和产地等；来源于古代经典名方的中药复方制剂，注明其出处；相关药材及处方等资料。

第八章 必备文件管理

第七十八条 临床试验必备文件是指评估临床试验实施和数据质量的文件，用于证明研究者、申办者和监查员在临床试验过程中遵守了本规范和相关药物临床试验的法律法规要求。

必备文件是申办者稽查、药品监督管理部门检查临床试验的重要内容，并作为确认临床试验实施的真实性和所收集数据完整性的依据。

第七十九条 申办者、研究者和临床试验机构应当确认均有保存临床试验必备文件的场所和条件。保存文件的设备条件应当具备防止光线直接照射、防水、防火等条件，有利于文件的长期保存。应当制定文件管理的标准操作规程。被保存的文件需要易于识别、查找、调阅和归位。用于保存临床试验资料的介质应当确保源数据或者其核证副本在留存期内保存完整和可读取，并定期测试或者检查恢复读取的能力，免于被故意或者无意地更改或者丢失。

临床试验实施中产生的一些文件，如果未列在临床试验必备文件管理目录中，申办者、研究者及临床试验机构也可以根据必要性和关联性将其列入各自的必备文件档案中保存。

第八十条 用于申请药品注册的临床试验，必备文件应当至少保存至试验药物被批准上市后5年；未用于申请药品注册的临床试验，必备文件应当至少保存至临床试验终止后5年。

第八十一条 申办者应当确保研究者始终可以查阅和在试验过程中可以录入、更正报告给申办者的病例报告表中的数据，该数据不应该只由申办者控制。

申办者应当确保研究者能保留已递交给申办者的病例报告表数据。用作源文件的复印件应当满足核证副本的要求。

第八十二条 临床试验开始时，研究者及临床试验机构、申办者双方均应当建立必备文件的档案管理。临床试验结束时，监查员应当审核确认研究者及临床试验机构、申办者的必备文件，这些文件应当被妥善地保存在各自的临床试验档案卷宗内。

第九章 附 则

第八十三条 本规范自2020年7月1日起施行。

国家短缺药品清单管理办法(试行)

1. 2020年4月20日国家卫生健康委办公厅、国家发展改革委办公厅等发布
2. 国卫办药政发〔2020〕5号

第一条 为加强国家短缺药品供应保障，建立健全短缺药品清单管理制度，依据《中华人民共和国药品管理法》规定，按照《国务院办公厅关于进一步做好短缺药品保供稳价工作的意见》（国办发〔2019〕47号）要求，制定本办法。

第二条 本办法所称短缺药品，是指经我国药品监督管理部门批准上市，临床必需且不可替代或者不可完全替代，在一定时间或一定区域内供应不足或不稳定的药品。

为加强药品短缺风险预警，国家对临床必需易短缺药品进行重点监测。临床必需易短缺药品是指经我国药品监督管理部门批准上市，临床必需且不可替代或者不可完全替代，供应来源少，存在供给短缺风险的药品，重点关注基本药物和急（抢）救、重大疾病、公共卫生及特殊人群等用药。

国家组织制定国家短缺药品清单和临床必需易短缺药品重点监测清单。

第三条 本办法适用于国家短缺药品清单和临床必需易短缺药品重点监测清单的制定、发布、调整。

第四条 国家卫生健康委会同国家短缺药品供应保障工作会商联动机制（以下简称国家联动机制）成员单位制定国家短缺药品清单和临床必需易短缺药品重点监测清单，并动态调整。

第五条 制定、调整国家短缺药品清单和临床必需易短缺药品重点监测清单应当以保障临床需求为导向，坚持科学严谨、分级应对、上下联动的原则。

第六条 国家卫生健康委明确承担短缺药品监测工作的部门，综合分析短缺药品多源信息采集平台监测信息和部门共享信息，原则上以同期纳入3个及以上省级短缺药品清单，省级联动机制通过直接挂网、自主备案和药品储备等方式在一定时间内仍无法有效解决短缺问题的药品，形成国家短缺药品基础清单。

国家卫生健康委承担短缺药品监测工作的部门根

据以下信息综合分析，形成国家临床必需易短缺药品重点监测基础清单：

（一）纳入省级临床必需易短缺药品重点监测清单的药品；

（二）省级报告的短缺药品信息；

（三）国家短缺药品多源信息采集平台监测信息；

（四）部门共享信息；

（五）生产企业数量少、临床需求量小且不确定的基本药物、急（抢）救、重大疾病、公共卫生、特殊人群等用药信息。

第七条　国家卫生健康委负责成立国家短缺药品清单管理专家库，由临床医学、药学、公共卫生、中医药、药物经济学、法学等方面专家组成，负责对国家短缺药品基础清单和临床必需易短缺药品重点监测基础清单中药品的临床必需性、可替代性等进行论证，分别形成推荐清单。

第八条　国家卫生健康委会同有关部门按职责组织复核国家短缺药品推荐清单中药品的库存、采购、配送等情况及短缺原因，必要时开展联合调查，根据调查复核结果，提出国家短缺药品清单送请国家联动机制成员单位审核。

国家卫生健康委提出国家临床必需易短缺药品重点监测清单送请国家联动机制成员单位审核，必要时可会同有关部门调查复核。

上述调查复核工作可委托省级联动机制牵头单位协调组织开展，充分发挥医药行业学（协）会作用。

第九条　国家短缺药品清单和临床必需易短缺药品重点监测清单经国家联动机制成员单位审核后，由国家联动机制牵头单位（国家卫生健康委）发布。

第十条　属于下列情形之一的品种，应当从国家短缺药品清单中调出：

（一）市场供应充足、能够形成有效竞争、基本满足临床需求的；

（二）可被风险效益比或成本效益比更优的新品种所替代的。

第十一条　对于国家和省级短缺药品清单中的品种，允许企业在省级药品集中采购平台上自主报价、直接挂网，医疗机构自主采购。对于临床必需易短缺药品重点监测清单和短缺药品清单中的药品，省级药品集中采购平台上无企业挂网或没有列入本省份集中采购目录的，医疗机构可提出采购需求，线下搜寻药品生产企业，并与药品供应企业直接议价，按照公平原则协商确定采购价格，在省级药品集中采购平台自主备案，做到公开透明。

国家将加强短缺药品清单和临床必需易短缺药品重点监测清单中药品的价格异常情况监测预警，强化价格常态化监管，加大对原料药垄断等违法行为的执法力度，分类妥善处理药品价格过快上涨问题。

第十二条　军队、省级短缺药品清单和临床必需易短缺药品重点监测清单管理参照本办法制定。

第十三条　本办法由国家联动机制牵头单位（国家卫生健康委）负责解释。

第十四条　本办法自发布之日起施行。

基本医疗保险用药管理暂行办法

1. 2020年7月30日国家医疗保障局令第1号公布
2. 自2020年9月1日起施行

第一章　总　　则

第一条　为推进健康中国建设，保障参保人员基本用药需求，提升基本医疗保险用药科学化、精细化管理水平，提高基本医疗保险基金使用效益，推进治理体系和治理能力现代化，依据《中华人民共和国社会保险法》等法律法规和《中共中央国务院关于深化医疗保障制度改革的意见》，制定本暂行办法。

第二条　各级医疗保障部门对基本医疗保险用药范围的确定、调整，以及基本医疗保险用药的支付、管理和监督等，适用本办法。

第三条　基本医疗保险用药范围通过制定《基本医疗保险药品目录》（以下简称《药品目录》）进行管理，符合《药品目录》的药品费用，按照国家规定由基本医疗保险基金支付。《药品目录》实行通用名管理，《药品目录》内药品的同通用名药品自动属于基本医疗保险基金支付范围。

第四条　基本医疗保险用药管理坚持以人民为中心的发展思想，切实保障参保人员合理的用药需求；坚持“保基本”的功能定位，既尽力而为，又量力而行，用药保障水平与基本医疗保险基金和参保人承受能力相适应；坚持分级管理，明确各层级职责和权限；坚持专家评审，适应临床技术进步，实现科学、规范、精细、动态管理；坚持中西药并重，充分发挥中药和西药各自优势。

第五条　《药品目录》由凡例、西药、中成药、协议期内谈判药品和中药饮片五部分组成。省级医疗保障行政部门按国家规定增补的药品单列。为维护临床用药安全和提高基本医疗保险基金使用效益，《药品目录》对部分药品的医保支付条件进行限定。

第六条 国务院医疗保障行政部门负责建立基本医疗保险用药管理体系，制定和调整全国范围内基本医疗保险用药范围，使用和支付的原则、条件、标准及程序等，组织制定、调整和发布国家《药品目录》并编制统一的医保代码，对全国基本医疗保险用药工作进行管理和监督。国家医疗保障经办机构受国务院医疗保障行政部门委托承担国家《药品目录》调整的具体组织实施工作。

省级医疗保障行政部门负责本行政区域内的基本医疗保险用药管理，制定本地区基本医疗保险用药管理政策措施，负责《药品目录》的监督实施等工作。各省（自治区、直辖市）以国家《药品目录》为基础，按照国家规定的调整权限和程序将符合条件的民族药、医疗机构制剂、中药饮片纳入省级医保支付范围，按规定向国务院医疗保障行政部门备案后实施。

统筹地区医疗保障部门负责《药品目录》及相关政策的实施，按照医保协议对定点医药机构医保用药行为进行审核、监督和管理，按规定及时结算和支付医保费用，并承担相关的统计监测、信息报送等工作。

第二章 《药品目录》的制定和调整

第七条 纳入国家《药品目录》的药品应当是经国家药品监管部门批准，取得药品注册证书的化学药、生物制品、中成药（民族药），以及按国家标准炮制的中药饮片，并符合临床必需、安全有效、价格合理等基本条件。支持符合条件的基本药物按规定纳入《药品目录》。

第八条 以下药品不纳入《药品目录》：

（一）主要起滋补作用的药品；

（二）含国家珍贵、濒危野生动植物药材的药品；

（三）保健药品；

（四）预防性疫苗和避孕药品；

（五）主要起增强性功能、治疗脱发、减肥、美容、戒烟、戒酒等作用的药品；

（六）因被纳入诊疗项目等原因，无法单独收费的药品；

（七）酒制剂、茶制剂，各类果味制剂（特别情况下的儿童用药除外），口腔含服剂和口服泡腾剂（特别规定情形的除外）等；

（八）其他不符合基本医疗保险用药规定的药品。

第九条 《药品目录》内的药品，有下列情况之一的，经专家评审后，直接调出《药品目录》：

（一）被药品监管部门撤销、吊销或者注销药品批准证明文件的药品；

（二）被有关部门列入负面清单的药品；

（三）综合考虑临床价值、不良反应、药物经济性等因素，经评估认为风险大于收益的药品；

（四）通过弄虚作假等违规手段进入《药品目录》的药品；

（五）国家规定的应当直接调出的其他情形。

第十条 《药品目录》内的药品，符合以下情况之一的，经专家评审等规定程序后，可以调出《药品目录》：

（一）在同治疗领域中，价格或费用明显偏高且没有合理理由的药品；

（二）临床价值不确切，可以被更好替代的药品；

（三）其他不符合安全性、有效性、经济性等条件的药品。

第十一条 国务院医疗保障行政部门建立完善动态调整机制，原则上每年调整一次。

国务院医疗保障行政部门根据医保药品保障需求、基本医疗保险基金的收支情况、承受能力、目录管理重点等因素，确定当年《药品目录》调整的范围和具体条件，研究制定调整工作方案，依法征求相关部门和有关方面的意见并向社会公布。对企业申报且符合当年《药品目录》调整条件的药品纳入该年度调整范围。

第十二条 建立《药品目录》准入与医保药品支付标准（以下简称支付标准）衔接机制。除中药饮片外，原则上新纳入《药品目录》的药品同步确定支付标准。

独家药品通过准入谈判的方式确定支付标准。

非独家药品中，国家组织药品集中采购（以下简称集中采购）中选药品，按照集中采购有关规定确定支付标准；其他非独家药品根据准入竞价等方式确定支付标准。

执行政府定价的麻醉药品和第一类精神药品，支付标准按照政府定价确定。

第十三条 中药饮片采用专家评审方式进行调整，其他药品的调整程序主要包括企业申报、专家评审、谈判或准入竞价、公布结果。

第十四条 建立企业（药品上市许可持有人，以下统称企业）申报制度。根据当年调整的范围，符合条件的企业按规定向国家医疗保障经办机构提交必要的资料。提交资料的具体要求和办法另行制定。

第十五条 国家医疗保障经办机构按规定组织医学、药学、药物经济学、医保管理等方面专家，对符合当年《药品目录》调整条件的全部药品进行评审，并提出如下药品名单：

（一）建议新增纳入《药品目录》的药品。经专家评审后，符合条件的国家组织集中采购中选药品或政府定价药品，可直接纳入《药品目录》；其他药品按规定提交药物经济学等资料。

（二）原《药品目录》内建议直接调出的药品。该类药品直接从《药品目录》中调出。

（三）原《药品目录》内建议可以调出的药品。该类药品按规定提交药物经济学等资料。

（四）原《药品目录》内药品建议调整限定支付范围的。其中缩小限定支付范围或者扩大限定支付范围但对基本医疗保险基金影响较小的，可以直接调整；扩大限定支付范围且对基本医疗保险基金影响较大的，按规定提交药物经济学等资料。

第十六条 国家医疗保障经办机构按规定组织药物经济学、医保管理等方面专家开展谈判或准入竞价。其中独家药品进入谈判环节，非独家药品进入企业准入竞价环节。谈判或者准入竞价成功的，纳入《药品目录》或调整限定支付范围；谈判或者准入竞价不成功的，不纳入或调出《药品目录》，或者不予调整限定支付范围。

第十七条 国务院医疗保障行政部门负责确定并印发《药品目录》，公布调整结果。

第十八条 原则上谈判药品协议有效期为两年。协议期内，如有谈判药品的同通用名药物（仿制药）上市，医保部门可根据仿制药价格水平调整该药品的支付标准，也可以将该通用名纳入集中采购范围。协议期满后，如谈判药品仍为独家，周边国家及地区的价格等市场环境未发生重大变化且未调整限定支付范围或虽然调整了限定支付范围但对基本医疗保险基金影响较小的，根据协议期内基本医疗保险基金实际支出（以医保部门统计为准）与谈判前企业提交的预算影响分析进行对比，按相关规则调整支付标准，并续签协议。具体规则另行制定。

第十九条 对于因更名、异名等原因需要对药品的目录归属进行认定的，由国务院医疗保障行政部门按程序进行认定后发布。

第二十条 国务院医疗保障行政部门负责编制国家医保药品代码，按照医保药品分类和代码规则建立药品编码数据库。原则上每季度更新一次。

第三章 《药品目录》的使用

第二十一条 协议期内谈判药品原则上按照支付标准直接挂网采购。协议期内，谈判药品的同通用名药品在价格不高于谈判支付标准的情况下，按规定挂网采购。其他药品按照药品招采有关政策执行。

第二十二条 在满足临床需要的前提下，医保定点医疗机构须优先配备和使用《药品目录》内药品。逐步建立《药品目录》与定点医疗机构药品配备联动机制，定点医疗机构根据《药品目录》调整结果及时对本医疗机构用药目录进行调整和优化。

第四章 医保用药的支付

第二十三条 参保人使用《药品目录》内药品发生的费用，符合以下条件的，可由基本医疗保险基金支付：

（一）以疾病诊断或治疗为目的；

（二）诊断、治疗与病情相符，符合药品法定适应症及医保限定支付范围；

（三）由符合规定的定点医药机构提供，急救、抢救的除外；

（四）由统筹基金支付的药品费用，应当凭医生处方或住院医嘱；

（五）按规定程序经过药师或执业药师的审查。

第二十四条 国家《药品目录》中的西药和中成药分为“甲类药品”和“乙类药品”。“甲类药品”是临床治疗必需、使用广泛、疗效确切、同类药品中价格或治疗费用较低的药品。“乙类药品”是可供临床治疗选择使用，疗效确切、同类药品中比“甲类药品”价格或治疗费用略高的药品。协议期内谈判药品纳入“乙类药品”管理。

各省级医疗保障部门按国家规定纳入《药品目录》的民族药、医疗机构制剂纳入“乙类药品”管理。

中药饮片的“甲乙分类”由省级医疗保障行政部门确定。

第二十五条 参保人使用“甲类药品”按基本医疗保险规定的支付标准及分担办法支付；使用“乙类药品”按基本医疗保险规定的支付标准，先由参保人自付一定比例后，再按基本医疗保险规定的分担办法支付。

“乙类药品”个人先行自付的比例由省级或统筹地区医疗保障行政部门确定。

第二十六条 支付标准是基本医疗保险参保人员使用《药品目录》内药品时，基本医疗保险基金支付药品费用的基准。基本医疗保险基金依据药品的支付标准以及医保支付规定向定点医疗机构和定点零售药店支付药品费用。支付标准的制定和调整规则另行制定。

第五章 医保用药的管理与监督

第二十七条 综合运用协议、行政、司法等手段，加强《药品目录》及用药政策落实情况的监管，提升医保用药安全性、有效性、经济性。

第二十八条　定点医药机构应健全组织机构，完善内部制度规范，建立健全药品“进、销、存”全流程记录和管理制度，提高医保用药管理能力，确保医保用药安全合理。

第二十九条　将《药品目录》和相关政策落实责任纳入定点医药机构协议内容，强化用药合理性和费用审核，定期开展监督检查。将医保药品备药率、非医保药品使用率等与定点医疗机构的基金支付挂钩。加强定点医药机构落实医保用药管理政策，履行药品配备、使用、支付、管理等方面职责的监督检查。

第三十条　建立目录内药品企业监督机制，引导企业遵守相关规定。将企业在药品推广使用、协议遵守、信息报送等方面的行为与《药品目录》管理挂钩。

第三十一条　基本医疗保险用药管理工作主动接受纪检监察部门和社会各界监督。加强专家管理，完善专家产生、利益回避、责任追究等机制。加强内控制度建设，完善投诉举报处理、利益回避、保密等内部管理制度，落实合法性和公平竞争审查制度。

第三十二条　对于调入或调出《药品目录》的药品，专家应当提交评审结论和报告。逐步建立评审报告公开机制，接受社会监督。

第六章　附　　则

第三十三条　凡例是对《药品目录》的编排格式、名称剂型规范、备注等内容的解释和说明。

西药部分，收载化学药品和生物制品。

中成药部分，收载中成药和民族药。

协议期内谈判药品部分，收载谈判协议有效期内的药品。

中药饮片部分，收载基本医疗保险基金予以支付的饮片，并规定不得纳入基本医疗保险基金支付的饮片。

第三十四条　各省（自治区、直辖市）医疗保障部门要参照本暂行办法，在国家规定的权限内，制定本省（自治区、直辖市）调整《药品目录》的具体办法。

第三十五条　发生严重危害群众健康的公共卫生事件或紧急情况时，国务院医疗保障行政部门可临时调整或授权省级医疗保障行政部门临时调整医保药品支付范围。

第三十六条　原则上《药品目录》不再新增 OTC 药品。

第三十七条　本办法由国务院医疗保障行政部门负责解释，自 2020 年 9 月 1 日起施行。

医药代表备案管理办法（试行）

1. 2020 年 9 月 22 日国家药监局发布

2. 自 2020 年 12 月 1 日起施行

第一条　为规范医药代表学术推广行为，促进医药产业健康有序发展，根据中共中央办公厅 国务院办公厅印发《关于深化审评审批制度改革鼓励药品医疗器械创新的意见》和国务院办公厅印发《关于进一步改革完善药品生产流通使用政策的若干意见》，制定本办法。

第二条　本办法所称医药代表，是指代表药品上市许可持有人在中华人民共和国境内从事药品信息传递、沟通、反馈的专业人员。

医药代表主要工作任务：

（一）拟订医药产品推广计划和方案；

（二）向医务人员传递医药产品相关信息；

（三）协助医务人员合理使用本企业医药产品；

（四）收集、反馈药品临床使用情况及医院需求信息。

第三条　医药代表可通过下列形式开展学术推广等活动：

（一）在医疗机构当面与医务人员和药事人员沟通；

（二）举办学术会议、讲座；

（三）提供学术资料；

（四）通过互联网或者电话会议沟通；

（五）医疗机构同意的其他形式。

第四条　药品上市许可持有人对医药代表的备案和管理负责；药品上市许可持有人为境外企业的，由其指定的境内代理人履行相应责任。

第五条　药品上市许可持有人应当与医药代表签订劳动合同或者授权书，并在国家药品监督管理局指定的备案平台备案医药代表信息。药品上市许可持有人应当按照本办法规定及时做好医药代表备案信息的维护，按要求录入、变更、确认、删除其医药代表信息。

第六条　备案平台可以查验核对备案的医药代表信息，公示药品上市许可持有人或者医药代表的失信及相关违法违规信息，发布有关工作通知公告、政策法规。

备案平台由国家药品监督管理局委托中国药学会建设和维护。

第七条　药品上市许可持有人应当在备案平台上提交下列备案信息：

（一）药品上市许可持有人的名称、统一社会信用代码；

（二）医药代表的姓名、性别、照片；

（三）身份证件种类及号码，所学专业、学历；

（四）劳动合同或者授权书的起止日期；

（五）医药代表负责推广的药品类别和治疗领域等；

（六）药品上市许可持有人对其备案信息真实性的声明；

提交完备案信息后，备案平台自动生成医药代表备案号。

第八条　药品上市许可持有人应当在本公司网站上公示所聘用或者授权的医药代表信息。如本公司没有网站的，应当在相关行业协会网站上公示。

药品上市许可持有人应当公示下列信息：

（一）医药代表备案号；

（二）药品上市许可持有人的名称、统一社会信用代码；

（三）医药代表的姓名、性别、照片；

（四）医药代表负责推广的药品类别和治疗领域等；

（五）劳动合同或者授权书的起止日期。

第九条　医药代表备案信息有变更的，药品上市许可持有人应当在30个工作日内完成备案信息变更，并同步变更网站上公示的信息。

境外药品上市许可持有人变更境内代理人的，由新指定的境内代理人重新确认其名下已备案的医药代表信息。

对不再从事相关工作或者停止授权的医药代表，药品上市许可持有人应当在30个工作日内删除其备案信息。

第十条　药品上市许可持有人被吊销、撤销或者注销药品批准证明文件或者《药品生产许可证》的，药品上市许可持有人应当在行政机关作出行政处罚或者行政决定后30个工作日内删除其备案的医药代表信息。

第十一条　医药代表在医疗机构开展学术推广等活动应当遵守卫生健康部门的有关规定，并获得医疗机构同意。

第十二条　药品上市许可持有人不得有下列情形：

（一）未按规定备案医药代表信息，不及时变更、删除备案信息；

（二）鼓励、暗示医药代表从事违法违规行为；

（三）向医药代表分配药品销售任务，要求医药代表实施收款和处理购销票据等销售行为；

（四）要求医药代表或者其他人员统计医生个人开具的药品处方数量；

（五）在备案中提供虚假信息。

第十三条　医药代表不得有下列情形：

（一）未经备案开展学术推广等活动；

（二）未经医疗机构同意开展学术推广等活动；

（三）承担药品销售任务，实施收款和处理购销票据等销售行为；

（四）参与统计医生个人开具的药品处方数量；

（五）对医疗机构内设部门和个人直接提供捐赠、资助、赞助；

（六）误导医生使用药品，夸大或者误导疗效，隐匿药品已知的不良反应信息或者隐瞒医生反馈的不良反应信息；

（七）其他干预或者影响临床合理用药的行为。

药品上市许可持有人应当对所聘用或者授权的医药代表严格履行管理责任，严禁医药代表存在上述情形。对存在上述情形的医药代表，药品上市许可持有人应当及时予以纠正；情节严重的，应当暂停授权其开展学术推广等活动，并对其进行岗位培训，考核合格后重新确认授权。

第十四条　药品上市许可持有人或者医药代表给予使用其药品的有关人员财物或者其他不正当利益的，依照《中华人民共和国药品管理法》《中华人民共和国反不正当竞争法》等相关法律法规进行调查处理。

第十五条　医疗机构不得允许未经备案的人员对本医疗机构医务人员或者药事人员开展学术推广等相关活动；医疗机构可在备案平台查验核对医药代表备案信息。

第十六条　行业（学）协会等社会机构应当积极发挥行业监督和自律的作用；鼓励行业（学）协会等社会机构依据本办法制定行业规范及其行为准则，建立监督机制、信用分级管理机制和联合奖惩措施。

第十七条　本办法自2020年12月1日起施行。

按照传统既是食品又是中药材的物质目录管理规定

1. 2021年11月10日国家卫生健康委员会发布
2. 国卫食品发〔2021〕36号

第一条　根据《中华人民共和国食品安全法》及其实施条例，为规范按照传统既是食品又是中药材的物质

(以下简称食药物质)目录管理,制定本规定。

第二条　以保障食品安全和维护公众健康为宗旨,遵循依法、科学、公开的原则制定食药物质目录并适时更新。

第三条　食药物质是指传统作为食品,且列入《中华人民共和国药典》(以下简称《中国药典》)的物质。

第四条　国家卫生健康委会同市场监管总局制定、公布食药物质目录,对目录实施动态管理。

第五条　纳入食药物质目录的物质应当符合下列要求:

(一)有传统上作为食品食用的习惯;

(二)已经列入《中国药典》;

(三)安全性评估未发现食品安全问题;

(四)符合中药材资源保护、野生动植物保护、生态保护等相关法律法规规定。

第六条　省级卫生健康行政部门结合本辖区情况,向国家卫生健康委提出修订或增补食药物质目录的建议,同时提供下列材料:

(一)物质的基本信息(中文名、拉丁学名、所属科名、食用部位等);

(二)传统作为食品的证明材料(证明已有30年以上作为食品食用的历史);

(三)加工和食用方法等资料;

(四)安全性评估资料;

(五)执行的质量规格和食品安全指标。

第七条　安全性评估资料应符合以下要求:

(一)成分分析报告:包括主要成分和可能的有害成分监测结果及检测方法;

(二)卫生学检验报告:3批有代表性样品的污染物和微生物的检测结果及方法;

(三)毒理学评价报告:至少包括急性经口毒性试验、3项遗传毒性试验、90天经口毒性试验和致畸试验;其中,在古代医籍中有两部以上食疗本草记载无毒性、无服用禁忌(包括不宜久食)的品种,可以只提供本条第(一)、(二)项试验资料;

(四)药理作用的特殊针对性指标的试验资料,包括对主要药理成分的风险评估报告。

第八条　国家卫生健康委委托技术机构负责食药物质目录修订的技术审查等工作。委托的技术机构负责组织相关领域的专家,开展食药物质食品安全风险评估、社会稳定风险评估等工作,形成综合评估意见。市场监管部门根据工作需要,可指派专家参与开展食药物质食品安全风险评估、社会稳定风险评估工作。

根据工作需要,委托的技术机构可以组织专家现场调研、核查,也可以采取招标、委托等方式选择具有技术能力的单位承担相关研究论证工作。

第九条　国家卫生健康委对技术机构报送的综合评估意见进行审核,将符合本规定要求的物质纳入食药物质目录,会同市场监管总局予以公布。

公布的食药物质目录应当包括中文名、拉丁学名、所属科名、可食用部位等信息。

第十条　有下列情形之一的,应当研究修订目录:

(一)食品安全风险监测和监督管理中有新的科学证据表明存在食品安全问题;

(二)需要对食药物质的基本信息等进行调整;

(三)其他需要修订的情形。

委托的技术机构根据最新研究进展,可以向国家卫生健康委提出修订食药物质目录的建议和风险监测方案。

第十一条　对新纳入食药物质目录的物质,提出建议的省级卫生健康行政部门应当将其列入食品安全风险监测方案。根据风险监测和风险评估结果,适时提出制定或指定适用食品安全国家标准的建议。

第十二条　食品生产经营者使用食药物质应当符合国家法律、法规、食品安全标准和食药物质目录的相关规定,产品标签标识和经营中不得声称具有保健功能、不得涉及疾病预防治疗功能。

第十三条　本规定自发布之日起实施。

药品召回管理办法

1. 2022年10月24日国家药品监督管理局修订

2. 自2022年11月1日起施行

第一章　总　　则

第一条　为加强药品质量监管,保障公众用药安全,根据《中华人民共和国药品管理法》《中华人民共和国疫苗管理法》《中华人民共和国药品管理法实施条例》等法律法规,制定本办法。

第二条　中华人民共和国境内生产和上市药品的召回及其监督管理,适用本办法。

第三条　本办法所称药品召回,是指药品上市许可持有人(以下称持有人)按照规定的程序收回已上市的存在质量问题或者其他安全隐患药品,并采取相应措施,及时控制风险、消除隐患的活动。

第四条　本办法所称质量问题或者其他安全隐患,是指由于研制、生产、储运、标识等原因导致药品不符合法定要求，或者其他可能使药品具有的危及人体健康和生命安全的不合理危险。

第五条　持有人是控制风险和消除隐患的责任主体，应当建立并完善药品召回制度，收集药品质量和安全的相关信息，对可能存在的质量问题或者其他安全隐患进行调查、评估，及时召回存在质量问题或者其他安全隐患的药品。

药品生产企业、药品经营企业、药品使用单位应当积极协助持有人对可能存在质量问题或者其他安全隐患的药品进行调查、评估，主动配合持有人履行召回义务，按照召回计划及时传达、反馈药品召回信息，控制和收回存在质量问题或者其他安全隐患的药品。

第六条　药品生产企业、药品经营企业、药品使用单位发现其生产、销售或者使用的药品可能存在质量问题或者其他安全隐患的，应当及时通知持有人，必要时应当暂停生产、放行、销售、使用，并向所在地省、自治区、直辖市人民政府药品监督管理部门报告，通知和报告的信息应当真实。

第七条　持有人、药品生产企业、药品经营企业、药品使用单位应当按规定建立并实施药品追溯制度，保存完整的购销记录，保证上市药品的可溯源。

第八条　省、自治区、直辖市人民政府药品监督管理部门负责本行政区域内药品召回的监督管理工作。

市县级地方人民政府药品监督管理部门负责配合、协助做好药品召回的有关工作，负责行政区域内药品经营企业、药品使用单位协助召回情况的监督管理工作。

国家药品监督管理局负责指导全国药品召回的管理工作。

第九条　国家药品监督管理局和省、自治区、直辖市人民政府药品监督管理部门应当按照药品信息公开有关制度，采取有效途径向社会公布存在质量问题或者其他安全隐患的药品信息和召回信息，必要时向同级卫生健康主管部门通报相关信息。

持有人应当制定药品召回信息公开制度，依法主动公布药品召回信息。

第二章　调查与评估

第十条　持有人应当主动收集、记录药品的质量问题、药品不良反应/事件、其他安全风险信息，对可能存在的质量问题或者其他安全隐患进行调查和评估。

药品生产企业、药品经营企业、药品使用单位应当配合持有人对有关药品质量问题或者其他安全隐患进行调查，并提供有关资料。

第十一条　对可能存在质量问题或者其他安全隐患的药品进行调查，应当根据实际情况确定调查内容，可以包括：

（一）已发生药品不良反应/事件的种类、范围及原因；

（二）药品处方、生产工艺等是否符合相应药品标准、核准的生产工艺要求；

（三）药品生产过程是否符合药品生产质量管理规范；生产过程中的变更是否符合药品注册管理和相关变更技术指导原则等规定；

（四）药品储存、运输等是否符合药品经营质量管理规范；

（五）药品使用是否符合药品临床应用指导原则、临床诊疗指南和药品说明书、标签规定等；

（六）药品主要使用人群的构成及比例；

（七）可能存在质量问题或者其他安全隐患的药品批次、数量及流通区域和范围；

（八）其他可能影响药品质量和安全的因素。

第十二条　对存在质量问题或者其他安全隐患药品评估的主要内容包括：

（一）该药品引发危害的可能性，以及是否已经对人体健康造成了危害；

（二）对主要使用人群的危害影响；

（三）对特殊人群，尤其是高危人群的危害影响，如老年人、儿童、孕妇、肝肾功能不全者、外科手术病人等；

（四）危害的严重与紧急程度；

（五）危害导致的后果。

第十三条　根据药品质量问题或者其他安全隐患的严重程度，药品召回分为：

（一）一级召回：使用该药品可能或者已经引起严重健康危害的；

（二）二级召回：使用该药品可能或者已经引起暂时或者可逆的健康危害的；

（三）三级召回：使用该药品一般不会引起健康危害，但由于其他原因需要收回的。

第十四条　持有人应当根据调查和评估结果和药品召回等级，形成调查评估报告，科学制定召回计划。

调查评估报告应当包括以下内容：

（一）召回药品的具体情况，包括名称、规格、批次等基本信息；

（二）实施召回的原因；

（三）调查评估结果；

（四）召回等级。

召回计划应当包括以下内容：

（一）药品生产销售情况及拟召回的数量；

（二）召回措施具体内容，包括实施的组织、范围和时限等；

（三）召回信息的公布途径和范围；

（四）召回的预期效果；

（五）药品召回后的处理措施；

（六）联系人的姓名及联系方式。

第三章 主 动 召 回

第十五条 持有人经调查评估后，确定药品存在质量问题或者其他安全隐患的，应当立即决定并实施召回，同时通过企业官方网站或者药品相关行业媒体向社会发布召回信息。召回信息应当包括以下内容：药品名称、规格、批次、持有人、药品生产企业、召回原因、召回等级等。

实施一级、二级召回的，持有人还应当申请在所在地省、自治区、直辖市人民政府药品监督管理部门网站依法发布召回信息。省、自治区、直辖市人民政府药品监督管理部门网站发布的药品召回信息应当与国家药品监督管理局网站链接。

第十六条 持有人作出药品召回决定的，一级召回在1日内，二级召回在3日内，三级召回在7日内，应当发出召回通知，通知到药品生产企业、药品经营企业、药品使用单位等，同时向所在地省、自治区、直辖市人民政府药品监督管理部门备案调查评估报告、召回计划和召回通知。召回通知应当包括以下内容：

（一）召回药品的具体情况，包括名称、规格、批次等基本信息；

（二）召回的原因；

（三）召回等级；

（四）召回要求，如立即暂停生产、放行、销售、使用；转发召回通知等。

（五）召回处理措施，如召回药品外包装标识、隔离存放措施、储运条件、监督销毁等。

第十七条 持有人在实施召回过程中，一级召回每日，二级召回每3日，三级召回每7日，向所在地省、自治区、直辖市人民政府药品监督管理部门报告药品召回进展情况。

召回过程中，持有人应当及时评估召回效果，发现召回不彻底的，应当变更召回计划，扩大召回范围或者重新召回。变更召回计划的，应当及时向所在地省、自治区、直辖市人民政府药品监督管理部门备案。

第十八条 持有人应当明确召回药品的标识及存放要求，召回药品的外包装标识、隔离存放措施等，应当与正常药品明显区别，防止差错、混淆。对需要特殊储存条件的，在其储存和转运过程中，应当保证储存条件符合规定。

第十九条 召回药品需要销毁的，应当在持有人、药品生产企业或者储存召回药品所在地县级以上人民政府药品监督管理部门或者公证机构监督下销毁。

对通过更换标签、修改并完善说明书、重新外包装等方式能够消除隐患的，或者对不符合药品标准但尚不影响安全性、有效性的中药饮片，且能够通过返工等方式解决该问题的，可以适当处理后再上市。相关处理操作应当符合相应药品质量管理规范等要求，不得延长药品有效期或者保质期。

持有人对召回药品的处理应当有详细的记录，记录应当保存5年且不得少于药品有效期后1年。

第二十条 持有人应当按照《药品管理法》第八十二条规定，在召回完成后10个工作日内，将药品召回和处理情况向所在地省、自治区、直辖市人民政府药品监督管理部门和卫生健康主管部门报告。

持有人应当在药品年度报告中说明报告期内药品召回情况。

第二十一条 境外生产药品涉及在境内实施召回的，境外持有人指定的在中国境内履行持有人义务的企业法人（以下称境内代理人）应当按照本办法组织实施召回，并向其所在地省、自治区、直辖市人民政府药品监督管理部门和卫生健康主管部门报告药品召回和处理情况。

境外持有人在境外实施药品召回，经综合评估认为属于下列情形的，其境内代理人应当于境外召回启动后10个工作日内，向所在地省、自治区、直辖市人民政府药品监督管理部门报告召回药品的名称、规格、批次、召回原因等信息：

（一）与境内上市药品为同一品种，但不涉及境内药品规格、批次或者剂型的；

（二）与境内上市药品共用生产线的；

（三）其他需要向药品监督管理部门报告的。

境外持有人应当综合研判境外实施召回情况，如需要在中国境内召回的，应当按照本条第一款规定组织实施召回。

第四章 责 令 召 回

第二十二条 有以下情形之一的，省、自治区、直辖市人民政府药品监督管理部门应当责令持有人召回药品：

（一）药品监督管理部门经过调查评估，认为持有人应当召回药品而未召回的；

（二）药品监督管理部门经对持有人主动召回结果审查，认为持有人召回药品不彻底的。

第二十三条　省、自治区、直辖市人民政府药品监督管理部门责令召回药品的，应当按本办法第九条、第十五条相关规定向社会公布责令召回药品信息，要求持有人、药品生产企业、药品经营企业和药品使用单位停止生产、放行、销售、使用。

持有人应当按照责令召回要求实施召回，并按照本办法第十五条相关规定向社会发布药品召回信息。

第二十四条　省、自治区、直辖市人民政府药品监督管理部门作出责令召回决定，应当将责令召回通知书送达持有人。责令召回通知书应当包括以下内容：

（一）召回药品的具体情况，包括名称、规格、批次等基本信息；

（二）实施召回的原因；

（三）审查评价和/或调查评估结果；

（四）召回等级；

（五）召回要求，包括范围和时限等。

第二十五条　持有人在收到责令召回通知书后，应当按照本办法第十四条、第十六条的规定，通知药品生产企业、药品经营企业和药品使用单位，制定、备案召回计划，并组织实施。

第二十六条　持有人在实施召回过程中，应当按照本办法第十七条相关要求向所在地省、自治区、直辖市人民政府药品监督管理部门报告药品召回进展情况。

第二十七条　持有人应当按照本办法第十八条、第十九条规定做好后续处理和记录，并在完成召回和处理后10个工作日内向所在地省、自治区、直辖市人民政府药品监督管理部门和卫生健康主管部门提交药品召回的总结报告。

第二十八条　省、自治区、直辖市人民政府药品监督管理部门应当自收到总结报告之日起10个工作日内进行审查，并对召回效果进行评价，必要时组织专家进行审查和评价。认为召回尚未有效控制风险或者消除隐患的，应当书面要求持有人重新召回。

第二十九条　对持有人违反本办法规定，在其所在地省、自治区、直辖市人民政府药品监督管理部门责令其召回后而拒不召回的，药品生产企业、药品经营企业、药品使用单位不配合召回的，相应省、自治区、直辖市人民政府药品监督管理部门应当按照《药品管理法》第一百三十五条的规定进行查处。

第五章　附　　则

第三十条　在中国境内上市疫苗的召回程序适用本办法。疫苗存在或者疑似存在质量问题的处置要求应当按照《疫苗管理法》的规定执行。

第三十一条　境内持有人发现出口药品存在质量问题或者其他安全隐患的，应当及时通报进口国（地区）药品监管机构和采购方，需要在境外实施召回的，应当按照进口国（地区）有关法律法规及采购合同的规定组织实施召回。

第三十二条　中药饮片、中药配方颗粒的召回，其生产企业按照本办法实施。

第三十三条　本办法自2022年11月1日施行。

药品行政执法与刑事司法衔接工作办法

1. 2023年1月10日国家药品监督管理局、国家市场监督管理总局、公安部、最高人民法院、最高人民检察院发布

2. 国药监法〔2022〕41号

第一章　总　　则

第一条　为进一步健全药品行政执法与刑事司法衔接工作机制，加大对药品领域违法犯罪行为打击力度，切实维护人民群众身体健康和生命安全，根据《中华人民共和国刑法》《中华人民共和国刑事诉讼法》《中华人民共和国行政处罚法》《中华人民共和国药品管理法》《中华人民共和国疫苗管理法》《医疗器械监督管理条例》《化妆品监督管理条例》《行政执法机关移送涉嫌犯罪案件的规定》等法律、行政法规和相关司法解释，结合工作实际，制定本办法。

第二条　本办法适用于各级药品监管部门、公安机关、人民检察院、人民法院办理的药品领域（含药品、医疗器械、化妆品，下同）涉嫌违法犯罪案件。

第三条　各级药品监管部门、公安机关、人民检察院、人民法院之间应当加强协作，统一法律适用，健全情况通报、案件移送、信息共享、信息发布等工作机制。

第四条　药品监管部门应当依法向公安机关移送药品领域涉嫌犯罪案件，对发现违法行为明显涉嫌犯罪的，及时向公安机关、人民检察院通报，根据办案需要依法出具认定意见或者协调检验检测机构出具检验结论，依法处理不追究刑事责任、免予刑事处罚或者已给予刑事处罚，但仍应当给予行政处罚的案件。

第五条　公安机关负责药品领域涉嫌犯罪移送案件的受

理、审查工作。对符合立案条件的,应当依法立案侦查。对药品监管部门商请协助的重大、疑难案件,与药品监管部门加强执法联动,对明显涉嫌犯罪的,协助采取紧急措施,加快移送进度。

第六条　人民检察院对药品监管部门移送涉嫌犯罪案件活动和公安机关有关立案侦查活动,依法实施法律监督。

第七条　人民法院应当充分发挥刑事审判职能,依法审理危害药品安全刑事案件,准确适用财产刑、职业禁止或者禁止令,提高法律震慑力。

第二章　案件移送与法律监督

第八条　药品监管部门在依法查办案件过程中,发现违法事实涉及的金额、情节、造成的后果,根据法律、司法解释、立案追诉标准等规定,涉嫌构成犯罪,依法需要追究刑事责任的,应当依照本办法向公安机关移送。对应当移送的涉嫌犯罪案件,立即指定2名以上行政执法人员组成专案组专门负责,核实情况后,提出移送涉嫌犯罪案件的书面报告。药品监管部门主要负责人应当自接到报告之日起3日内作出批准移送或者不批准移送的决定。批准移送的,应当在24小时内向同级公安机关移送;不批准移送的,应当将不予批准的理由记录在案。

第九条　药品监管部门向公安机关移送涉嫌犯罪案件,应当附有下列材料,并将案件移送书抄送同级人民检察院:

(一)涉嫌犯罪案件的移送书,载明移送机关名称、违法行为涉嫌犯罪罪名、案件主办人及联系电话等。案件移送书应当附移送材料清单,并加盖移送机关公章;

(二)涉嫌犯罪案件情况的调查报告,载明案件来源,查获情况,犯罪嫌疑人基本情况,涉嫌犯罪的事实、证据和法律依据,处理建议等;

(三)涉案物品清单,载明涉案物品的名称、数量、特征、存放地等事项,并附采取行政强制措施、表明涉案物品来源的相关材料;

(四)对需要检验检测的,附检验检测机构出具的检验结论及检验检测机构资质证明;

(五)现场笔录、询问笔录、认定意见等其他有关涉嫌犯罪的材料。有鉴定意见的,应附鉴定意见。

对有关违法行为已经作出行政处罚决定的,还应当附行政处罚决定书和相关执行情况。

第十条　公安机关对药品监管部门移送的涉嫌犯罪案件,应当出具接受案件的回执或者在案件移送书的回执上签字。

公安机关审查发现移送的涉嫌犯罪案件材料不全的,应当在接受案件的24小时内书面告知移送机关在3日内补正,公安机关不得以材料不全为由不接受移送案件。

公安机关审查发现移送的涉嫌犯罪案件证据不充分的,可以就证明有犯罪事实的相关证据等提出补充调查意见,由移送机关补充调查并及时反馈公安机关。因客观条件所限,无法补正的,移送机关应当向公安机关作出书面说明。根据实际情况,公安机关可以依法自行调查。

第十一条　药品监管部门移送涉嫌犯罪案件,应当接受人民检察院依法实施的监督。人民检察院发现药品监管部门不依法移送涉嫌犯罪案件的,应当向药品监管部门提出检察意见并抄送同级司法行政机关。药品监管部门应当自收到检察意见之日起3日内将案件移送公安机关,并将案件移送书抄送人民检察院。

第十二条　公安机关对药品监管部门移送的涉嫌犯罪案件,应当自接受案件之日起3日内作出立案或者不立案的决定;案件较为复杂的,应当在10日内作出决定;案情重大、疑难、复杂或者跨区域性的,经县级以上公安机关负责人批准,应当在30日内决定是否立案;特殊情况下,受案单位报经上一级公安机关批准,可以再延长30日作出决定。接受案件后对属于公安机关管辖但不属于本公安机关管辖的案件,应当在24小时内移送有管辖权的公安机关,并书面通知移送机关,抄送同级人民检察院。对不属于公安机关管辖的,应当在24小时内退回移送机关,并书面说明理由。

公安机关作出立案、不予立案、撤销案件决定的,应当自作出决定之日起3日内书面通知移送机关,同时抄送同级人民检察院。公安机关作出不予立案或者撤销案件决定的,应当说明理由,并将案卷材料退回移送机关。

第十三条　药品监管部门接到公安机关不予立案的通知书后,认为依法应当由公安机关决定立案的,可以自接到不予立案通知书之日起3日内,提请作出不予立案决定的公安机关复议,也可以建议人民检察院依法进行立案监督。

作出不予立案决定的公安机关应当自收到药品监管部门提请复议的文件之日起3日内作出立案或者不予立案的决定,并书面通知移送机关。移送机关对公安机关不予立案的复议决定仍有异议的,应当自收到复议决定通知书之日起3日内建议人民检察院依法进行立案监督。

公安机关应当接受人民检察院依法进行的立案监督。

第十四条　药品监管部门建议人民检察院进行立案监督的案件，应当提供立案监督建议书、相关案件材料，并附公安机关不予立案、立案后撤销案件决定及说明理由的材料，复议维持不予立案决定的材料或者公安机关逾期未作出是否立案决定的材料。

人民检察院认为需要补充材料的，药品监管部门应当及时提供。

第十五条　药品监管部门对于不追究刑事责任的案件，应当依法作出行政处罚或者其他处理。

药品监管部门向公安机关移送涉嫌犯罪案件前，已经作出的警告、责令停产停业、暂扣或者吊销许可证件、责令关闭、限制从业等行政处罚决定，不停止执行。未作出行政处罚决定的，原则上应当在公安机关决定不予立案或者撤销案件、人民检察院作出不起诉决定、人民法院作出无罪或者免予刑事处罚判决后，再决定是否给予行政处罚，但依法需要给予警告、通报批评、限制开展生产经营活动、责令停产停业、责令关闭、限制从业、暂扣或者吊销许可证件行政处罚的除外。

已经作出罚款行政处罚并已全部或者部分执行的，人民法院在判处罚金时，在罚金数额范围内对已经执行的罚款进行折抵。

违法行为构成犯罪，人民法院判处拘役或者有期徒刑时，公安机关已经给予当事人行政拘留并执行完毕的，应当依法折抵相应刑期。

药品监管部门作出移送决定之日起，涉嫌犯罪案件的移送办理时间，不计入行政处罚期限。

第十六条　公安机关对发现的药品违法行为，经审查没有犯罪事实，或者立案侦查后认为犯罪事实显著轻微、不需要追究刑事责任，但依法应当予以行政处罚的，应当将案件及相关证据材料移交药品监管部门。

药品监管部门应当自收到材料之日起15日内予以核查，按照行政处罚程序作出立案、不立案、移送案件决定的，应当自作出决定之日起3日内书面通知公安机关，并抄送同级人民检察院。

第十七条　人民检察院对作出不起诉决定的案件，认为依法应当给予行政处罚的，应当将案件及相关证据材料移交药品监管部门处理，并提出检察意见。药品监管部门应当自收到检察意见书之日起2个月内向人民检察院通报处理情况或者结果。

人民法院对作出无罪或者免予刑事处罚判决的案件，认为依法应当给予行政处罚的，应当将案件及相关证据材料移交药品监管部门处理，并可以提出司法建议。

第十八条　对于尚未作出生效裁判的案件，药品监管部门依法应当作出责令停产停业、吊销许可证件、责令关闭、限制从业等行政处罚，需要配合的，公安机关、人民检察院、人民法院应当给予配合。

对于人民法院已经作出生效裁判的案件，依法还应当由药品监管部门作出吊销许可证件等行政处罚的，需要人民法院提供生效裁判文书，人民法院应当及时提供。药品监管部门可以依据人民法院生效裁判认定的事实和证据依法予以行政处罚。

第十九条　对流动性、团伙性、跨区域性危害药品安全犯罪案件的管辖，依照最高人民法院、最高人民检察院、公安部等部门联合印发的《关于办理流动性、团伙性、跨区域性犯罪案件有关问题的意见》（公通字〔2011〕14号）相关规定执行。

上级公安机关指定下级公安机关立案侦查的案件，需要人民检察院审查批准逮捕、审查起诉的，按照最高人民法院、最高人民检察院、公安部、国家安全部、司法部、全国人大常委会法制工作委员会联合印发的《关于实施刑事诉讼法若干问题的规定》相关规定执行。

第二十条　多次实施危害药品安全违法犯罪行为，未经处理，且依法应当追诉的，涉案产品的销售金额或者货值金额累计计算。

第二十一条　药品监管部门在行政执法和查办案件过程中依法收集的物证、书证、视听资料、电子数据等证据材料，在刑事诉讼中可以作为证据使用；经人民法院查证属实，可以作为定案的根据。

第二十二条　药品监管部门查处危害药品安全违法行为，依据《中华人民共和国药品管理法》《中华人民共和国疫苗管理法》等相关规定，认为需要对有关责任人员予以行政拘留的，应当在依法作出其他种类的行政处罚后，参照本办法，及时将案件移送有管辖权的公安机关决定是否行政拘留。

第三章　涉案物品检验、认定与移送

第二十三条　公安机关、人民检察院、人民法院办理危害药品安全犯罪案件，商请药品监管部门提供检验结论、认定意见协助的，药品监管部门应当按照公安机关、人民检察院、人民法院刑事案件办理的法定时限要求积极协助，及时提供检验结论、认定意见，并承担相关费用。

药品监管部门应当在其设置或者确定的检验检测机构协调设立检验检测绿色通道，对涉嫌犯罪案件涉案物品的检验检测实行优先受理、优先检验、优先出具检验结论。

第二十四条 地方各级药品监管部门应当及时向公安机关、人民检察院、人民法院通报药品检验检测机构名单、检验检测资质及项目等信息。

第二十五条 对同一批次或者同一类型的涉案药品，如因数量较大等原因，无法进行全部检验检测，根据办案需要，可以依法进行抽样检验检测。公安机关、人民检察院、人民法院对符合行政执法规范要求的抽样检验检测结果予以认可，可以作为该批次或者该类型全部涉案产品的检验检测结果。

第二十六条 对于《中华人民共和国药品管理法》第九十八条第二款第二项、第四项及第三款第三项至第六项规定的假药、劣药，能够根据在案证据材料作出判断的，可以由地市级以上药品监管部门出具认定意见。

对于依据《中华人民共和国药品管理法》第九十八条第二款、第三款的其他规定认定假药、劣药，或者是否属于第九十八条第二款第二项、第三款第六项规定的假药、劣药存在争议的，应当由省级以上药品监管部门设置或者确定的药品检验机构进行检验，出具质量检验结论。

对于《中华人民共和国刑法》第一百四十二条之一规定的“足以严重危害人体健康”难以确定的，根据地市级以上药品监管部门出具的认定意见，结合其他证据作出认定。

对于是否属于民间传统配方难以确定的，根据地市级以上药品监管部门或者有关部门出具的认定意见，结合其他证据作出认定。

第二十七条 药品、医疗器械、化妆品的检验检测，按照《中华人民共和国药品管理法》及其实施条例、《医疗器械监督管理条例》《化妆品监督管理条例》等有关规定执行。必要时，检验机构可以使用经国务院药品监督管理部门批准的补充检验项目和检验方法进行检验，出具检验结论。

第二十八条 药品监管部门依据检验检测报告、结合专家意见等相关材料得出认定意见的，应当包括认定依据、理由、结论。按照以下格式出具结论：

（一）假药案件，结论中应当写明“经认定，……为假药”；

（二）劣药案件，结论中应当写明“经认定，……为劣药”；

（三）妨害药品管理案件，对属于难以确定“足以严重危害人体健康”的，结论中应当写明“经认定，当事人实施……的行为，足以严重危害人体健康”；

（四）生产、销售不符合保障人体健康的国家标准、行业标准的医疗器械案件，结论中应当写明“经认定，涉案医疗器械……不符合……标准，结合本案其他情形，足以严重危害人体健康”；

（五）生产、销售不符合卫生标准的化妆品案件，结论中应当写明“经认定，涉案化妆品……不符合……标准或者化妆品安全技术规范”。

其他案件也应当写明认定涉嫌犯罪应具备的结论性意见。

第二十九条 办案部门应当告知犯罪嫌疑人、被害人或者其辩护律师、法定代理人，在涉案物品依法处置前可以提出重新或者补充检验检测、认定的申请。提出申请的，应有充分理由并提供相应证据。

第三十条 药品监管部门在查处药品违法行为过程中，应当妥善保存所收集的与违法行为有关的证据。

药品监管部门对查获的涉案物品，应当如实填写涉案物品清单，并按照国家有关规定予以处理。对需要进行检验检测的涉案物品，应当由法定检验检测机构进行检验检测，并出具检验结论。

第三十一条 药品监管部门应当自接到公安机关立案通知书之日起3日内，将涉案物品以及与案件有关的其他材料移交公安机关，并办理交接手续。

对于已采取查封、扣押等行政强制措施的涉案物品，药品监管部门于交接之日起解除查封、扣押，由公安机关重新对涉案物品履行查封、扣押手续。

第三十二条 公安机关办理药品监管部门移送的涉嫌犯罪案件和自行立案侦查的案件时，因客观条件限制，或者涉案物品对保管条件、保管场所有特殊要求，或者涉案物品需要无害化处理的，在采取必要措施固定留取证据后，可以委托药品监管部门代为保管和处置。

公安机关应当与药品监管部门签订委托保管协议，并附有公安机关查封、扣押涉案物品的清单。

药品监管部门应当配合公安机关、人民检察院、人民法院在办案过程中对涉案物品的调取、使用及检验检测等工作。

药品监管部门不具备保管条件的，应当出具书面说明，推荐具备保管条件的第三方机构代为保管。

涉案物品相关保管、处置等费用有困难的，由药品监管部门会同公安机关等部门报请本级人民政府解决。

第四章　协作配合与督办

第三十三条　各级药品监管部门、公安机关、人民检察院应当定期召开联席会议，推动建立地区间、部门间药品案件查办联动机制，通报案件办理工作情况，研究解决办案协作、涉案物品处置等重大问题。

第三十四条　药品监管部门、公安机关、人民检察院、人民法院应当建立双向案件咨询制度。药品监管部门对重大、疑难、复杂案件，可以就刑事案件立案追诉标准、证据固定和保全等问题咨询公安机关、人民检察院；公安机关、人民检察院、人民法院可以就案件办理中的专业性问题咨询药品监管部门。受咨询的机关应当认真研究，及时答复；书面咨询的，应当书面答复。

第三十五条　药品监管部门、公安机关和人民检察院应当加强对重大案件的联合督办工作。

国家药品监督管理局、公安部、最高人民检察院可以对下列重大案件实行联合督办：

（一）在全国范围内有重大影响的案件；

（二）引发公共安全事件，对公民生命健康、财产造成特别重大损害、损失的案件；

（三）跨地区，案情复杂、涉案金额特别巨大的案件；

（四）其他有必要联合督办的重大案件。

第三十六条　药品监管部门在日常工作中发现违反药品领域法律法规行为明显涉嫌犯罪的，应当立即以书面形式向同级公安机关和人民检察院通报。

公安机关应当及时进行审查，必要时，经办案部门负责人批准，可以进行调查核实。调查核实过程中，公安机关可以依照有关法律和规定采取询问、查询、勘验、鉴定和调取证据材料等不限制被调查对象人身、财产权利的措施。对符合立案条件的，公安机关应当及时依法立案侦查。

第三十七条　药品监管部门对明显涉嫌犯罪的案件，在查处、移送过程中，发现行为人可能存在逃匿或者转移、灭失、销毁证据等情形的，应当及时通报公安机关，由公安机关协助采取紧急措施，必要时双方协同加快移送进度，依法采取紧急措施予以处置。

第三十八条　各级药品监管部门对日常监管、监督抽检、风险监测和处理投诉举报中发现的涉及药品刑事犯罪的重要违法信息，应当及时通报同级公安机关和人民检察院；公安机关应当将侦办案件中发现的重大药品安全风险信息通报同级药品监管部门。

公安机关在侦查药品犯罪案件中，已查明涉案药品流向的，应当及时通报同级药品监管部门依法采取控制措施，并提供必要的协助。

第三十九条　各级药品监管部门、公安机关、人民检察院、人民法院应当建立药品违法犯罪案件信息发布沟通协作机制。发布案件信息，应当及时提前互相通报情况；联合督办的重要案件信息应当联合发布。

第五章　信息共享与通报

第四十条　各级药品监管部门、公安机关、人民检察院应当通过行政执法与刑事司法衔接信息共享平台，逐步实现涉嫌犯罪案件网上移送、网上受理、网上监督。

第四十一条　已经接入信息共享平台的药品监管部门、公安机关、人民检察院，应当在作出相关决定之日起7日内分别录入下列信息：

（一）适用普通程序的药品违法案件行政处罚、案件移送、提请复议和建议人民检察院进行立案监督的信息；

（二）移送涉嫌犯罪案件的立案、复议、人民检察院监督立案后的处理情况，以及提请批准逮捕、移送审查起诉的信息；

（三）监督移送、监督立案以及批准逮捕、提起公诉的信息。

尚未建成信息共享平台的药品监管部门、公安机关、人民检察院，应当自作出相关决定后及时向其他部门通报前款规定的信息。

有关信息涉及国家秘密、工作秘密的，可免予录入、共享，或者在录入、共享时作脱密处理。

第四十二条　各级药品监管部门、公安机关、人民检察院应当对信息共享平台录入的案件信息及时汇总、分析，定期对平台运行情况总结通报。

第六章　附　　则

第四十三条　属于《中华人民共和国监察法》规定的公职人员在行使公权力过程中发生的依法由监察机关负责调查的案件，不适用本办法，应当依法及时将有关问题线索移送监察机关处理。

第四十四条　各省、自治区、直辖市的药品监管部门、公安机关、人民检察院、人民法院可以根据本办法制定本行政区域的实施细则。

第四十五条　本办法中“3日”“7日”“15日”的规定是指工作日，不含法定节假日、休息日。法律、行政法规和部门规章有规定的从其规定。

第四十六条　本办法自2023年2月1日起施行。《食品药品行政执法与刑事司法衔接工作办法》（食药监稽〔2015〕271号）中有关规定与本办法不一致的，以本办法为准。

药品经营和使用质量监督管理办法

1. 2023年9月27日国家市场监督管理总局令第84号公布
2. 自2024年1月1日起施行

第一章 总 则

第一条 为了加强药品经营和药品使用质量监督管理，规范药品经营和药品使用质量管理活动，根据《中华人民共和国药品管理法》（以下简称《药品管理法》）《中华人民共和国疫苗管理法》《中华人民共和国药品管理法实施条例》等法律、行政法规，制定本办法。

第二条 在中华人民共和国境内的药品经营、使用质量管理及其监督管理活动，应当遵守本办法。

第三条 从事药品批发或者零售活动的，应当经药品监督管理部门批准，依法取得药品经营许可证，严格遵守法律、法规、规章、标准和规范。

药品上市许可持有人可以自行销售其取得药品注册证书的药品，也可以委托药品经营企业销售。但是，药品上市许可持有人从事药品零售活动的，应当取得药品经营许可证。

其他单位从事药品储存、运输等相关活动的，应当遵守本办法相关规定。

第四条 医疗机构应当建立药品质量管理体系，对本单位药品购进、储存、使用全过程的药品质量管理负责。使用放射性药品等特殊管理的药品的，应当按规定取得相关的使用许可。

医疗机构以外的其他药品使用单位，应当遵守本办法关于医疗机构药品购进、储存、使用全过程的药品质量管理规定。

第五条 药品上市许可持有人、药品经营企业和医疗机构等应当遵守国家药品监督管理局制定的统一药品追溯标准和规范，建立并实施药品追溯制度，按照规定提供追溯信息，保证药品可追溯。

第六条 国家药品监督管理局主管全国药品经营和使用质量监督管理工作，对省、自治区、直辖市药品监督管理部门的药品经营和使用质量监督管理工作进行指导。

省、自治区、直辖市药品监督管理部门负责本行政区域内药品经营和使用质量监督管理，负责药品批发企业、药品零售连锁总部的许可、检查和处罚，以及药品上市许可持有人销售行为的检查和处罚；按职责指导设区的市级、县级人民政府承担药品监督管理职责的部门（以下简称市县级药品监督管理部门）的药品经营和使用质量监督管理工作。

市县级药品监督管理部门负责本行政区域内药品经营和使用质量监督管理，负责药品零售企业的许可、检查和处罚，以及药品使用环节质量的检查和处罚。

国家市场监督管理总局按照有关规定加强市场监管综合执法队伍的指导。

第七条 国家药品监督管理局制定药品经营质量管理规范及其现场检查指导原则。省、自治区、直辖市药品监督管理部门可以依据本办法、药品经营质量管理规范及其现场检查指导原则，结合本行政区域实际情况制定检查细则。

第二章 经营许可

第八条 从事药品批发活动的，应当具备以下条件：

（一）有与其经营范围相适应的质量管理机构和人员；企业法定代表人、主要负责人、质量负责人、质量管理部门负责人等符合规定的条件；

（二）有依法经过资格认定的药师或者其他药学技术人员；

（三）有与其经营品种和规模相适应的自营仓库、营业场所和设施设备，仓库具备实现药品入库、传送、分拣、上架、出库等操作的现代物流设施设备；

（四）有保证药品质量的质量管理制度以及覆盖药品经营、质量控制和追溯全过程的信息管理系统，并符合药品经营质量管理规范要求。

第九条 从事药品零售连锁经营活动的，应当设立药品零售连锁总部，对零售门店进行统一管理。药品零售连锁总部应当具备本办法第八条第一项、第二项、第四项规定的条件，并具备能够保证药品质量、与其经营品种和规模相适应的仓库、配送场所和设施设备。

第十条 从事药品零售活动的，应当具备以下条件：

（一）经营处方药、甲类非处方药的，应当按规定配备与经营范围和品种相适应的依法经过资格认定的药师或者其他药学技术人员。只经营乙类非处方药的，可以配备经设区的市级药品监督管理部门组织考核合格的药品销售业务人员；

（二）有与所经营药品相适应的营业场所、设备、陈列、仓储设施以及卫生环境；同时经营其他商品（非药品）的，陈列、仓储设施应当与药品分开设置；在超市等其他场所从事药品零售活动的，应当具有独立的经营区域；

（三）有与所经营药品相适应的质量管理机构或者人员，企业法定代表人、主要负责人、质量负责人等符合规定的条件；

（四）有保证药品质量的质量管理制度、符合质量管理与追溯要求的信息管理系统，符合药品经营质量管理规范要求。

第十一条　开办药品经营企业，应当在取得营业执照后，向所在地县级以上药品监督管理部门申请药品经营许可证，提交下列材料：

（一）药品经营许可证申请表；

（二）质量管理机构情况以及主要负责人、质量负责人、质量管理部门负责人学历、工作经历相关材料；

（三）药师或者其他药学技术人员资格证书以及任职文件；

（四）经营药品的方式和范围相关材料；

（五）药品质量管理规章制度以及陈列、仓储等关键设施设备清单；

（六）营业场所、设备、仓储设施及周边卫生环境等情况，营业场所、仓库平面布置图及房屋产权或者使用权相关材料；

（七）法律、法规规定的其他材料。

申请人应当对其申请材料全部内容的真实性负责。

申请人应当按照国家有关规定对申请材料中的商业秘密、未披露信息或者保密商务信息进行标注，并注明依据。

第十二条　药品监督管理部门收到药品经营许可证申请后，应当根据下列情况分别作出处理：

（一）申请事项依法不需要取得药品经营许可的，应当即时告知申请人不受理；

（二）申请事项依法不属于本部门职权范围的，应当即时作出不予受理的决定，并告知申请人向有关行政机关申请；

（三）申请材料存在可以当场更正的错误的，应当允许申请人当场更正；

（四）申请材料不齐全或者不符合形式审查要求的，应当当场或者在五日内发给申请人补正材料通知书，一次告知申请人需要补正的全部内容，逾期不告知的，自收到申请材料之日起即为受理；

（五）申请材料齐全、符合形式审查要求，或者申请人按照要求提交全部补正材料的，应当受理药品经营许可证申请。

药品监督管理部门受理或者不予受理药品经营许可证申请的，应当出具加盖本部门专用印章和注明日期的受理通知书或者不予受理通知书。

第十三条　药品监督管理部门应当自受理申请之日起二十日内作出决定。

药品监督管理部门按照药品经营质量管理规范及其现场检查指导原则、检查细则等有关规定，组织开展申报资料技术审查和现场检查。

经技术审查和现场检查，符合条件的，准予许可，并自许可决定作出之日起五日内颁发药品经营许可证；不符合条件的，作出不予许可的书面决定，并说明理由。

仅从事乙类非处方药零售活动的，申请人提交申请材料和承诺书后，符合条件的，准予许可，当日颁发药品经营许可证。自许可决定作出之日起三个月内药品监督管理部门组织开展技术审查和现场检查，发现承诺不实的，责令限期整改，整改后仍不符合条件的，撤销药品经营许可证。

第十四条　药品监督管理部门应当在网站和办公场所公示申请药品经营许可证的条件、程序、期限、需要提交的全部材料目录和申请表格式文本等。

第十五条　药品监督管理部门应当公开药品经营许可证申请的许可结果，并提供条件便利申请人查询审批进程。

未经申请人同意，药品监督管理部门、专业技术机构及其工作人员不得披露申请人提交的商业秘密、未披露信息或者保密商务信息，法律另有规定或者涉及国家安全、重大社会公共利益的除外。

第十六条　药品监督管理部门认为药品经营许可涉及公共利益的，应当向社会公告，并举行听证。

药品经营许可直接涉及申请人与他人之间重大利益关系的，药品监督管理部门作出行政许可决定前，应当告知申请人、利害关系人享有要求听证的权利。

第十七条　药品经营许可证有效期为五年，分为正本和副本。药品经营许可证样式由国家药品监督管理局统一制定。药品经营许可证电子证书与纸质证书具有同等法律效力。

第十八条　药品经营许可证应当载明许可证编号、企业名称、统一社会信用代码、经营地址、法定代表人、主要负责人、质量负责人、经营范围、经营方式、仓库地址、发证机关、发证日期、有效期等项目。

企业名称、统一社会信用代码、法定代表人等项目应当与市场监督管理部门核发的营业执照中载明的相关内容一致。

第十九条　药品经营许可证载明事项分为许可事项和登记事项。

许可事项是指经营地址、经营范围、经营方式、仓库地址。

登记事项是指企业名称、统一社会信用代码、法定代表人、主要负责人、质量负责人等。

第二十条 药品批发企业经营范围包括中药饮片、中成药、化学药、生物制品、体外诊断试剂(药品)、麻醉药品、第一类精神药品、第二类精神药品、药品类易制毒化学品、医疗用毒性药品、蛋白同化制剂、肽类激素等。其中麻醉药品、第一类精神药品、第二类精神药品、药品类易制毒化学品、医疗用毒性药品、蛋白同化制剂、肽类激素等经营范围的核定,按照国家有关规定执行。

经营冷藏冷冻等有特殊管理要求的药品的,应当在经营范围中予以标注。

第二十一条 从事药品零售活动的,应当核定经营类别,并在经营范围中予以明确。经营类别分为处方药、甲类非处方药、乙类非处方药。

药品零售企业经营范围包括中药饮片、中成药、化学药、第二类精神药品、血液制品、细胞治疗类生物制品及其他生物制品等。其中第二类精神药品、血液制品、细胞治疗类生物制品经营范围的核定,按照国家有关规定执行。

经营冷藏冷冻药品的,应当在经营范围中予以标注。

药品零售连锁门店的经营范围不得超过药品零售连锁总部的经营范围。

第二十二条 从事放射性药品经营活动的,应当按照国家有关规定申领放射性药品经营许可证。

第二十三条 变更药品经营许可证载明的许可事项的,应当向发证机关提出药品经营许可证变更申请。未经批准,不得擅自变更许可事项。

发证机关应当自受理变更申请之日起十五日内作出准予变更或者不予变更的决定。

药品零售企业被其他药品零售连锁总部收购的,按照变更药品经营许可证程序办理。

第二十四条 药品经营许可证载明的登记事项发生变化的,应当在发生变化起三十日内,向发证机关申请办理药品经营许可证变更登记。发证机关应当在十日内完成变更登记。

第二十五条 药品经营许可证载明事项发生变更的,由发证机关在副本上记录变更的内容和时间,并按照变更后的内容重新核发药品经营许可证正本。

第二十六条 药品经营许可证有效期届满需要继续经营药品的,药品经营企业应当在有效期届满前六个月至两个月期间,向发证机关提出重新审查发证申请。

发证机关按照本办法关于申请办理药品经营许可证的程序和要求进行审查,必要时开展现场检查。药品经营许可证有效期届满前,应当作出是否许可的决定。

经审查符合规定条件的,准予许可,药品经营许可证编号不变。不符合规定条件的,责令限期整改;整改后仍不符合规定条件的,不予许可,并书面说明理由。逾期未作出决定的,视为准予许可。

在有效期届满前两个月内提出重新审查发证申请的,药品经营许可证有效期届满后不得继续经营;药品监督管理部门准予许可后,方可继续经营。

第二十七条 有下列情形之一的,由发证机关依法办理药品经营许可证注销手续,并予以公告:

(一)企业主动申请注销药品经营许可证的;

(二)药品经营许可证有效期届满未申请重新审查发证的;

(三)药品经营许可依法被撤销、撤回或者药品经营许可证依法被吊销的;

(四)企业依法终止的;

(五)法律、法规规定的应当注销行政许可的其他情形。

第二十八条 药品经营许可证遗失的,应当向原发证机关申请补发。原发证机关应当及时补发药品经营许可证,补发的药品经营许可证编号和有效期限与原许可证一致。

第二十九条 任何单位或者个人不得伪造、变造、出租、出借、买卖药品经营许可证。

第三十条 药品监督管理部门应当及时更新药品经营许可证核发、重新审查发证、变更、吊销、撤销、注销等信息,并在完成后十日内予以公开。

第三章 经营管理

第三十一条 从事药品经营活动的,应当遵守药品经营质量管理规范,按照药品经营许可证载明的经营方式和经营范围,在药品监督管理部门核准的地址销售、储存药品,保证药品经营全过程符合法定要求。

药品经营企业应当建立覆盖药品经营全过程的质量管理体系。购销记录以及储存条件、运输过程、质量控制等记录应当完整准确,不得编造和篡改。

第三十二条 药品经营企业应当开展评估、验证、审核等质量管理活动,对已识别的风险及时采取有效控制措施,保证药品质量。

第三十三条 药品经营企业的法定代表人、主要负责人对药品经营活动全面负责。

药品经营企业的主要负责人、质量负责人应当符合药品经营质量管理规范规定的条件。主要负责人全面负责企业日常管理,负责配备专门的质量负责人;质量负责人全面负责药品质量管理工作,保证药品质量。

第三十四条 药品上市许可持有人将其持有的品种委托销售的,接受委托的药品经营企业应当具有相应的经营范围。受托方不得再次委托销售。药品上市许可持有人应当与受托方签订委托协议,明确约定药品质量责任等内容,对受托方销售行为进行监督。

药品上市许可持有人委托销售的,应当向其所在地省、自治区、直辖市药品监督管理部门报告;跨省、自治区、直辖市委托销售的,应当同时报告药品经营企业所在地省、自治区、直辖市药品监督管理部门。

第三十五条 药品上市许可持有人应当建立质量管理体系,对药品经营过程中药品的安全性、有效性和质量可控性负责。药品存在质量问题或者其他安全隐患的,药品上市许可持有人应当立即停止销售,告知药品经营企业和医疗机构停止销售和使用,及时依法采取召回等风险控制措施。

第三十六条 药品经营企业不得经营疫苗、医疗机构制剂、中药配方颗粒等国家禁止药品经营企业经营的药品。

药品零售企业不得销售麻醉药品、第一类精神药品、放射性药品、药品类易制毒化学品、蛋白同化制剂、肽类激素(胰岛素除外)、终止妊娠药品等国家禁止零售的药品。

第三十七条 药品上市许可持有人、药品经营企业应当加强药品采购、销售人员的管理,对其进行法律、法规、规章、标准、规范和专业知识培训,并对其药品经营行为承担法律责任。

第三十八条 药品上市许可持有人、药品批发企业销售药品时,应当向购药单位提供以下材料:

(一)药品生产许可证、药品经营许可证复印件;

(二)所销售药品批准证明文件和检验报告书复印件;

(三)企业派出销售人员授权书原件和身份证复印件;

(四)标明供货单位名称、药品通用名称、药品上市许可持有人(中药饮片标明生产企业、产地)、批准文号、产品批号、剂型、规格、有效期、销售数量、销售价格、销售日期等内容的凭证;

(五)销售进口药品的,按照国家有关规定提供相关证明文件;

(六)法律、法规要求的其他材料。

上述资料应当加盖企业印章。符合法律规定的可靠电子签名、电子印章与手写签名或者盖章具有同等法律效力。

第三十九条 药品经营企业采购药品时,应当索取、查验、留存本办法第三十八条规定的有关材料、凭证。

第四十条 药品上市许可持有人、药品经营企业购销活动中的有关资质材料和购销凭证、记录保存不得少于五年,且不少于药品有效期满后一年。

第四十一条 药品储存、运输应当严格遵守药品经营质量管理规范的要求,根据药品包装、质量特性、温度控制等要求采取有效措施,保证储存、运输过程中的药品质量安全。冷藏冷冻药品储存、运输应当按要求配备冷藏冷冻设施设备,确保全过程处于规定的温度环境,按照规定做好监测记录。

第四十二条 药品零售企业应当遵守国家处方药与非处方药分类管理制度,按规定凭处方销售处方药,处方保留不少于五年。

药品零售企业不得以买药品赠药品或者买商品赠药品等方式向公众赠送处方药、甲类非处方药。处方药不得开架销售。

药品零售企业销售药品时,应当开具标明药品通用名称、药品上市许可持有人(中药饮片标明生产企业、产地)、产品批号、剂型、规格、销售数量、销售价格、销售日期、销售企业名称等内容的凭证。

药品零售企业配备依法经过资格认定的药师或者其他药学技术人员,负责药品质量管理、处方审核和调配、合理用药指导以及不良反应信息收集与报告等工作。

药品零售企业营业时间内,依法经过资格认定的药师或者其他药学技术人员不在岗时,应当挂牌告知。未经依法经过资格认定的药师或者其他药学技术人员审核,不得销售处方药。

第四十三条 药品零售连锁总部应当建立健全质量管理体系,统一企业标识、规章制度、计算机系统、人员培训、采购配送、票据管理、药学服务标准规范等,对所属零售门店的经营活动履行管理责任。

药品零售连锁总部所属零售门店应当按照总部统一质量管理体系要求开展药品零售活动。

第四十四条 药品零售连锁总部应当加强对所属零售门店的管理,保证其持续符合药品经营质量管理规范和统一的质量管理体系要求。发现所属零售门店经营的药品存在质量问题或者其他安全隐患的,应当及时采取风险控制措施,并依法向药品监督管理部门报告。

第四十五条 药品上市许可持有人、药品经营企业委托储存、运输药品的,应当对受托方质量保证能力和风险管理能力进行评估,与其签订委托协议,约定药品质量责任、操作规程等内容,对受托方进行监督,并开展定期检查。

药品上市许可持有人委托储存的,应当按规定向药品上市许可持有人、受托方所在地省、自治区、直辖市药品监督管理部门报告。药品经营企业委托储存药品的,按照变更仓库地址办理。

第四十六条 接受委托储存药品的单位应当符合药品经营质量管理规范有关要求,并具备以下条件:

(一)有符合资质的人员,相应的药品质量管理体系文件,包括收货、验收、入库、储存、养护、出库、运输等操作规程;

(二)有与委托单位实现数据对接的计算机系统,对药品入库、出库、储存、运输和药品质量信息进行记录并可追溯,为委托方药品召回等提供支持;

(三)有符合省级以上药品监督管理部门规定的现代物流要求的药品储存场所和设施设备。

第四十七条 接受委托储存、运输药品的单位应当按照药品经营质量管理规范要求开展药品储存、运输活动,履行委托协议约定的义务,并承担相应的法律责任。受托方不得再次委托储存。

受托方再次委托运输的,应当征得委托方同意,并签订质量保证协议,确保药品运输过程符合药品经营质量管理规范要求。疫苗、麻醉药品、精神药品、医疗用毒性药品、放射性药品、药品类易制毒化学品等特殊管理的药品不得再次委托运输。

受托方发现药品存在重大质量问题的,应当立即向委托方所在地和受托方所在地药品监督管理部门报告,并主动采取风险控制措施。

第四十八条 药品批发企业跨省、自治区、直辖市设置仓库的,药品批发企业所在地省、自治区、直辖市药品监督管理部门商仓库所在地省、自治区、直辖市药品监督管理部门后,符合要求的,按照变更仓库地址办理。

药品批发企业跨省、自治区、直辖市设置的仓库,应当符合本办法第八条有关药品批发企业仓库的条件。药品批发企业应当对异地仓库实施统一的质量管理。

药品批发企业所在地省、自治区、直辖市药品监督管理部门负责对跨省、自治区、直辖市设置仓库的监督管理,仓库所在地省、自治区、直辖市药品监督管理部门负责协助日常监管。

第四十九条 因科学研究、检验检测、慈善捐助、突发公共卫生事件等有特殊购药需求的单位,向所在地设区的市级以上地方药品监督管理部门报告后,可以到指定的药品上市许可持有人或者药品经营企业购买药品。供货单位应当索取购药单位有关资质材料并做好销售记录,存档备查。

突发公共卫生事件或者其他严重威胁公众健康的紧急事件发生时,药品经营企业应当按照县级以上人民政府的应急处置规定,采取相应措施。

第五十条 药品上市许可持有人、药品经营企业通过网络销售药品的,应当遵守《药品管理法》及药品网络销售监督管理有关规定。

第四章 药品使用质量管理

第五十一条 医疗机构应当建立健全药品质量管理体系,完善药品购进、验收、储存、养护及使用等环节的质量管理制度,明确各环节中工作人员的岗位责任。

医疗机构应当设置专门部门负责药品质量管理;未设专门部门的,应当指定专人负责药品质量管理。

第五十二条 医疗机构购进药品,应当核实供货单位的药品生产许可证或者药品经营许可证、授权委托书以及药品批准证明文件、药品合格证明等有效证明文件。首次购进药品的,应当妥善保存加盖供货单位印章的上述材料复印件,保存期限不得少于五年。

医疗机构购进药品时应当索取、留存合法票据,包括税票及详细清单,清单上应当载明供货单位名称、药品通用名称、药品上市许可持有人(中药饮片标明生产企业、产地)、批准文号、产品批号、剂型、规格、销售数量、销售价格等内容。票据保存不得少于三年,且不少于药品有效期满后一年。

第五十三条 医疗机构应当建立和执行药品购进验收制度,购进药品应当逐批验收,并建立真实、完整的记录。

药品购进验收记录应当注明药品的通用名称、药品上市许可持有人(中药饮片标明生产企业、产地)、批准文号、产品批号、剂型、规格、有效期、供货单位、购进数量、购进价格、购进日期。药品购进验收记录保存不得少于三年,且不少于药品有效期满后一年。

医疗机构接受捐赠药品、从其他医疗机构调入急救药品应当遵守本条规定。

第五十四条 医疗机构应当制定并执行药品储存、养护制度,配备专用场所和设施设备储存药品,做好储存、养护记录，确保药品储存符合药品说明书标明的条件。

医疗机构应当按照有关规定，根据药品属性和类别分库、分区、分垛储存药品，并实行色标管理。药品与非药品分开存放；中药饮片、中成药、化学药、生物制品分类存放；过期、变质、被污染等的药品应当放置在不合格库（区）；麻醉药品、精神药品、医疗用毒性药品、放射性药品、药品类易制毒化学品以及易燃、易爆、强腐蚀等危险性药品应当按照相关规定存放，并采取必要的安全措施。

第五十五条　医疗机构应当制定和执行药品养护管理制度，并采取必要的控温、防潮、避光、通风、防火、防虫、防鼠、防污染等措施，保证药品质量。

医疗机构应当配备药品养护人员，定期对储存药品进行检查和养护，监测和记录储存区域的温湿度，维护储存设施设备，并建立相应的养护档案。

第五十六条　医疗机构发现使用的药品存在质量问题或者其他安全隐患的，应当立即停止使用，向供货单位反馈并及时向所在地市县级药品监督管理部门报告。市县级药品监督管理部门应当按照有关规定进行监督检查，必要时开展抽样检验。

第五十七条　医疗机构应当积极协助药品上市许可持有人、中药饮片生产企业、药品批发企业履行药品召回、追回义务。

第五十八条　医疗机构应当建立覆盖药品购进、储存、使用的全过程追溯体系，开展追溯数据校验和采集，按规定提供药品追溯信息。

第五章　监督检查

第五十九条　药品监督管理部门应当根据药品经营使用单位的质量管理，所经营和使用药品品种，检查、检验、投诉、举报等药品安全风险和信用情况，制定年度检查计划、开展监督检查并建立监督检查档案。检查计划包括检查范围、检查内容、检查方式、检查重点、检查要求、检查时限、承担检查的单位等。

药品监督管理部门应当将上一年度新开办的药品经营企业纳入本年度的监督检查计划，对其实施药品经营质量管理规范符合性检查。

第六十条　县级以上地方药品监督管理部门应当根据药品经营和使用质量管理风险，确定监督检查频次：

（一）对麻醉药品和第一类精神药品、药品类易制毒化学品经营企业检查，每半年不少于一次；

（二）对冷藏冷冻药品、血液制品、细胞治疗类生物制品、第二类精神药品、医疗用毒性药品经营企业检查，每年不少于一次；

（三）对第一项、第二项以外的药品经营企业，每年确定一定比例开展药品经营质量管理规范符合性检查，三年内对本行政区域内药品经营企业全部进行检查；

（四）对接收、储存疫苗的疾病预防控制机构、接种单位执行疫苗储存和运输管理规范情况进行检查，原则上每年不少于一次；

（五）每年确定一定比例医疗机构，对其购进、验收、储存药品管理情况进行检查，三年内对行政区域内医疗机构全部进行检查。

药品监督管理部门可结合本行政区域内工作实际，增加检查频次。

第六十一条　药品上市许可持有人、药品经营企业与受托开展药品经营相关活动的受托方不在同一省、自治区、直辖市的，委托方所在地药品监督管理部门负责对跨省、自治区、直辖市委托开展的药品经营活动实施监督管理，受托方所在地药品监督管理部门负责协助日常监管。委托方和受托方所在地药品监督管理部门应当加强信息沟通，相互通报监督检查等情况，必要时可以开展联合检查。

第六十二条　药品监督管理部门在监督检查过程中发现可能存在质量问题的药品，可以按照有关规定进行抽样检验。

第六十三条　根据监督检查情况，有证据证明可能存在药品安全隐患的，药品监督管理部门可以依法采取以下行政措施：

（一）行政告诫；

（二）责任约谈；

（三）责令限期整改；

（四）责令暂停相关药品销售和使用；

（五）责令召回药品；

（六）其他风险控制措施。

第六十四条　药品监督管理部门在监督检查过程中，发现存在涉嫌违反药品法律、法规、规章行为的，应当及时采取措施，按照职责和权限依法查处；涉嫌犯罪的移交公安机关处理。发现涉嫌违纪线索的，移送纪检监察部门。

第六十五条　药品上市许可持有人、药品生产企业、药品经营企业和医疗机构应当积极配合药品监督管理部门实施的监督检查，如实提供与被检查事项有关的物品和记录、凭证以及医学文书等资料，不得以任何理由拒绝、逃避监督检查，不得伪造、销毁、隐匿有关证据材料，不得擅自动用查封、扣押物品。

第六章 法律责任

第六十六条 药品经营和使用质量管理的违法行为，法律、行政法规已有规定的，依照其规定。

违反本办法规定，主动消除或者减轻违法行为危害后果的；违法行为轻微并及时改正，没有造成危害后果的；初次违法且危害后果轻微并及时改正的，依据《中华人民共和国行政处罚法》第三十二条、第三十三条规定从轻、减轻或者不予处罚。有证据足以证明没有主观过错的，不予行政处罚。

第六十七条 药品经营企业未按规定办理药品经营许可证登记事项变更的，由药品监督管理部门责令限期改正；逾期不改正的，处五千元以上五万元以下罚款。

第六十八条 药品经营企业未经批准变更许可事项或者药品经营许可证超过有效期继续开展药品经营活动的，药品监督管理部门按照《药品管理法》第一百一十五条的规定给予处罚，但是，有下列情形之一，药品经营企业及时改正，不影响药品质量安全的，给予减轻处罚：

（一）药品经营企业超出许可的经营方式、经营地址从事药品经营活动的；

（二）超出经营范围经营的药品不属于疫苗、麻醉药品、精神药品、药品类易制毒化学品、医疗用毒性药品、血液制品、细胞治疗类生物制品的；

（三）药品经营许可证超过有效期但符合申请办理药品经营许可证要求的；

（四）依法可以减轻处罚的其他情形。

药品零售企业违反本办法第三十六条第二款规定，法律、行政法规已有规定的，依照法律、行政法规的规定处罚。法律、行政法规未作规定的，责令限期改正，处五万元以上十万元以下罚款；造成危害后果的，处十万元以上二十万元以下罚款。

第六十九条 有下列违反药品经营质量管理规范情形之一的，药品监督管理部门可以依据《药品管理法》第一百二十六条规定的情节严重的情形给予处罚：

（一）药品上市许可持有人委托不具备相应资质条件的企业销售药品的；

（二）药品上市许可持有人、药品批发企业将国家有专门管理要求的药品销售给个人或者不具备相应资质的单位，导致相关药品流入非法渠道或者去向不明，或者知道、应当知道购进单位将相关药品流入非法渠道仍销售药品的；

（三）药品经营质量管理和质量控制过程中，记录或者票据不真实，存在虚假欺骗行为的；

（四）对已识别的风险未及时采取有效的风险控制措施，造成严重后果的；

（五）知道或者应当知道他人从事非法药品生产、经营和使用活动，依然为其提供药品的；

（六）其他情节严重的情形。

第七十条 有下列情形之一的，由药品监督管理部门责令限期改正；逾期不改正的，处五千元以上三万元以下罚款：

（一）接受药品上市许可持有人委托销售的药品经营企业违反本办法第三十四条第一款规定再次委托销售的；

（二）药品上市许可持有人未按本办法第三十四条第一款、第三十五条规定对委托销售行为进行管理的；

（三）药品上市许可持有人、药品经营企业未按本办法第四十五条第一款规定对委托储存、运输行为进行管理的；

（四）药品上市许可持有人、药品经营企业未按本办法第三十四条第二款、第四十五条第二款规定报告委托销售、储存情况的；

（五）接受委托储存药品的受托方违反本办法第四十七条第一款规定再次委托储存药品的；

（六）接受委托运输药品的受托方违反本办法第四十七条第二款规定运输药品的；

（七）接受委托储存、运输的受托方未按本办法第四十七条第三款规定向委托方所在地和受托方所在地药品监督管理部门报告药品重大质量问题的。

第七十一条 药品上市许可持有人、药品经营企业未按本办法第三十八条、第三十九条、第四十条、第四十二条第三款规定履行购销查验义务或者开具销售凭证，违反药品经营质量管理规范的，药品监督管理部门按照《药品管理法》第一百二十六条给予处罚。

第七十二条 药品零售企业有以下情形之一的，由药品监督管理部门责令限期改正；逾期不改正的，处五千元以上五万元以下罚款；造成危害后果的，处五万元以上二十万元以下罚款：

（一）未按规定凭处方销售处方药的；

（二）以买药品赠药品或者买商品赠药品等方式向公众直接或者变相赠送处方药、甲类非处方药的；

（三）违反本办法第四十二条第五款规定的药师或者药学技术人员管理要求的。

第七十三条 医疗机构未按本办法第五十一条第二款规定设置专门质量管理部门或者人员、未按本办法第五十二条、第五十三条、第五十四条、第五十五条、第五十六条规定履行进货查验、药品储存和养护、停止使用、报告等义务的，由药品监督管理部门责令限期改正，并通报卫生健康主管部门；逾期不改正或者情节严重的，处五千元以上五万元以下罚款；造成严重后果的，处五万元以上二十万元以下罚款。

第七章 附 则

第七十四条 国家对疫苗、血液制品、麻醉药品、精神药品、医疗用毒性药品、放射性药品、药品类易制毒化学品等的经营、使用管理另有规定的，依照其规定。

第七十五条 本办法规定的期限以工作日计算。药品经营许可中技术审查、现场检查、企业整改等所需时间不计入期限。

第七十六条 药品经营许可证编号格式为“省份简称+两位分类代码+四位地区代码+五位顺序号”。

其中两位分类代码为大写英文字母，第一位A表示批发企业，B表示药品零售连锁总部，C表示零售连锁门店，D表示单体药品零售企业；第二位A表示法人企业，B表示非法人企业。

四位地区代码为阿拉伯数字，对应企业所在地区（市、州）代码，按照国内电话区号编写，区号为四位的去掉第一个0，区号为三位的全部保留，第四位为调整码。

第七十七条 药品批发企业，是指将购进的药品销售给药品生产企业、药品经营企业、医疗机构的药品经营企业。

药品零售连锁企业由总部、配送中心和若干个门店构成，在总部的管理下，实施规模化、集团化管理经营。

药品零售企业，是指将购进的药品直接销售给消费者的药品经营企业。

药品使用单位包括医疗机构、疾病预防控制机构等。

第七十八条 各省、自治区、直辖市药品监督管理部门可以依据本办法制定实施细则。

第七十九条 本办法自2024年1月1日起实施。2004年2月4日原国家食品药品监督管理局令第6号公布的《药品经营许可证管理办法》和2007年1月31日原国家食品药品监督管理局令第26号公布的《药品流通监督管理办法》同时废止。

卫生部、国家食品药品监督管理局、国家中医药管理局关于进一步加强中药注射剂生产和临床使用管理的通知

1. 2008年12月24日
2. 卫医政发〔2008〕71号

各省、自治区、直辖市卫生厅局、食品药品监督管理局（药品监督管理局）、中医药管理局，新疆生产建设兵团卫生局、食品药品监督管理分局：

近年来，“鱼腥草注射液”、“刺五加注射液”、“炎毒清注射液”、“复方蒲公英注射液”、“鱼金注射液”等多个品种的中药注射剂因发生严重不良事件或存在严重不良反应被暂停销售使用。为保障医疗安全和患者用药安全，现就进一步加强中药注射剂生产和临床使用管理有关问题通知如下：

一、加强中药注射剂生产管理、不良反应监测和召回工作

（一）药品生产企业应严格按照《药品生产质量管理规范》组织生产，加强中药注射剂生产全过程的质量管理和检验，确保中药注射剂生产质量；应加强中药注射剂销售管理，必要时应能及时全部召回售出药品。

（二）药品生产企业要建立健全药品不良反应报告、调查、分析、评价和处理的规章制度。指定专门机构或人员负责中药注射剂不良反应报告和监测工作；对药品质量投诉和药品不良反应应详细记录，并按照有关规定及时向当地药品监督管理部门报告；对收集的信息及时进行分析、组织调查，发现存在安全隐患的，主动召回。

（三）药品生产企业应制定药品退货和召回程序。因质量原因退货和召回的中药注射剂，应按照有关规定销毁，并有记录。

二、加强中药注射剂临床使用管理

（一）中药注射剂应当在医疗机构内凭医师处方使用，医疗机构应当制定对过敏性休克等紧急情况进行抢救的规程。

（二）医疗机构要加强对中药注射剂采购、验收、储存、调剂的管理。药学部门要严格执行药品进货检查验收制度，建立真实完整的购进记录，保证药品来源可追溯，坚决杜绝不合格药品进入临床；要严格按照药品说明书中规定的药品储存条件储存药品；在发放药品时严格按照《药品管理法》、《处方管理办法》进行审核。

（三）医疗机构要加强对中药注射剂临床使用的管理。要求医护人员按照《中药注射剂临床使用基本原则》（见附件），严格按照药品说明书使用，严格掌握功能主治和禁忌症；加强用药监测，医护人员使用中药注射剂前，应严格执行用药查对制度，发现异常，立即停止使用，并按规定报告；临床药师要加强中药注射剂临床使用的指导，确保用药安全。

（四）医疗机构要加强中药注射剂不良反应（事件）的监测和报告工作。要准确掌握使用中药注射剂患者的情况，做好临床观察和病历记录，发现可疑不良事件要及时采取应对措施，对出现损害的患者及时救治，并按照规定报告；妥善保留相关药品、患者使用后的残存药液及输液器等，以备检验。

（五）各级卫生行政部门要加强对医疗机构用药安全的监管，指导医疗机构做好中药注射剂相关不良事件的监测和报告工作；各级药监部门、卫生部门、中医药部门要密切配合，及时通报和沟通相关信息，发现不良事件果断采取措施进行处理；组织有关部门对医疗机构留存的相关样品进行必要的检验。

（六）各级药品监管部门要加强对中药注射剂的质量监督检查；组织对医疗机构留存疑似不良反应/事件相关样品进行必要的检验；加强对中药注射剂不良反应监测工作，对监测信息及时进行研究分析，强化监测系统的应急反应功能，提高药品安全性突发事件的预警和应急处理能力，切实保障患者用药安全。

附件：

中药注射剂临床使用基本原则

1. 选用中药注射剂应严格掌握适应症，合理选择给药途径。能口服给药的，不选用注射给药；能肌内注射给药的，不选用静脉注射或滴注给药。必须选用静脉注射或滴注给药的应加强监测。

2. 辨证施药，严格掌握功能主治。临床使用应辨证用药，严格按照药品说明书规定的功能主治使用，禁止超功能主治用药。

3. 严格掌握用法用量及疗程。按照药品说明书推荐剂量、调配要求、给药速度、疗程使用药品。不超剂量、过快滴注和长期连续用药。

4. 严禁混合配伍，谨慎联合用药。中药注射剂应单独使用，禁忌与其他药品混合配伍使用。谨慎联合用药，如确需联合使用其他药品时，应谨慎考虑与中药注射剂的间隔时间以及药物相互作用等问题。

5. 用药前应仔细询问过敏史，对过敏体质者应慎用。

6. 对老人、儿童、肝肾功能异常患者等特殊人群和初次使用中药注射剂的患者应慎重使用，加强监测。对长期使用的在每疗程间要有一定的时间间隔。

7. 加强用药监护。用药过程中，应密切观察用药反应，特别是开始30分钟。发现异常，立即停药，采用积极救治措施，救治患者。

国家中医药管理局关于中药饮片处方用名和调剂给付有关问题的通知

1. 2009年3月25日

2. 国中医药发〔2009〕7号

各省、自治区、直辖市卫生厅局、中医药管理局，新疆生产建设兵团卫生局，中国中医科学院，北京中医药大学：

中药汤剂是中药的传统剂型之一，充分体现了中医辨证论治、个体化治疗的特点。由于全国缺乏统一的中药饮片处方用名与调剂给付的规定，各地或各单位的处方用名与调剂给付的规定也不够完善，造成药房给付的中药饮片与医师的要求不一致，影响了临床疗效，出现了医患纠纷和医疗安全隐患。

为保障医疗安全，保证临床疗效，现就中药饮片处方用名和调剂给付的有关问题提出以下要求：

一、各医疗机构应当执行本省（区、市）的中药饮片处方用名与调剂给付的相关规定。没有统一规定的，各医疗机构应当制定本单位中药饮片处方用名与调剂给付规定。

制定中药饮片处方用名与调剂给付规定应符合国家有关标准和中医药理论。

二、开具中药饮片处方的医师要掌握本省（区、市）或本单位中药饮片处方用名与调剂给付的规定，并据此书写中药饮片处方用名。

三、医师开具中药饮片处方对饮片炮制有特殊要求的，应当在药品名称之前写明。

四、各医疗机构中药饮片调剂人员应当按照本省（区、市）或本单位中药饮片处方调剂给付规定进行调剂，对未按规定书写中药饮片处方的应由处方医师修正后再给予调剂。对有特殊炮制要求的中药饮片，调剂时应临方炮制。

五、各医疗机构应加强对本单位执业注册医师开具中药饮片处方以及药剂人员调配中药处方的培训。

各省级中医药管理部门要结合医院评价等活动，组织开展对中药饮片处方书写与调剂给付情况的督导检查。

国家卫生和计划生育委员会关于落实完善公立医院药品集中采购工作指导意见的通知

1. *2015年6月11日*
2. *国卫药政发〔2015〕70号*

各省、自治区、直辖市卫生计生委，新疆生产建设兵团卫生局：

为贯彻落实《国务院办公厅关于完善公立医院药品集中采购工作的指导意见》（国办发〔2015〕7号，以下简称《意见》），现就有关要求通知如下：

一、全面构建药品集中采购新机制

要坚持药品集中采购方向，实行一个平台、上下联动、公开透明、分类采购。充分发挥省级药品集中采购工作领导小组作用，结合地方实际，抓紧制订具体实施办法，落实部门责任分工，明确时间进度表和技术路线图，并及时上报国务院医改办，确保2015年内启动新一轮药品集中采购工作。

省级卫生计生行政部门要主动与发展改革、财政、人力资源社会保障、商务、食品药品监管等部门加强沟通协调，努力做好药品采购中质量安全、价格监测、配送使用、医保支付等政策措施的有效衔接，增强和扩大药品集中采购的惠民实效。

二、合理确定药品采购范围

医院要按照不低于上年度药品实际使用量的80%制定采购计划，具体到通用名、剂型和规格，每种药品采购的剂型原则上不超过3种，每种剂型对应的规格原则上不超过2种。药品采购预算一般不高于医院业务支出的25%－30%。省级药品采购机构应及时汇总分析医院药品采购计划和采购预算，合理确定药品采购范围，落实带量采购，优先选择符合临床路径、纳入重大疾病保障、重大新药创制专项、重大公共卫生项目的药品，兼顾妇女、老年和儿童等特殊人群的用药需要，并与医保、新农合报销政策做好衔接。

充分吸收国家基本药物遴选中规范剂型、规格等有效方法，依据国家基本药物目录、医疗保险药品报销目录、基本药物临床应用指南和处方集等，遵循临床常用必需、剂型规格适宜、包装使用方便的原则，推进药品剂型、规格、包装标准化，努力提高药品采购和使用集中度。

三、细化药品分类采购措施

要以省（区、市）为单位，结合确定的药品采购范围，进一步细化各类采购药品。医院使用的所有药品（不含中药饮片）都应在网上采购。

（一）*招标采购药品*。可根据上一年度药品采购总金额中各类药品的品规采购金额百分比排序，将占比排序累计不低于80%、且有3家及以上企业生产的基本药物和非专利药品纳入招标采购范围。

（二）*谈判采购药品*。要坚持政府主导、多方参与、公开透明、试点起步，实行国家和省级谈判联动。2015年，国家将启动部分专利药品、独家生产药品谈判试点，方案另行制订。对于一时不能纳入谈判试点的药品，继续探索以省（区、市）为单位的量价挂钩、价格合理的集中采购实现路径和方式，并实行零差率销售。鼓励省际跨区域联合谈判，结合国家区域经济发展战略，探索形成适应医保支付政策的区域采购价格。

（三）*直接挂网采购药品*。包括妇儿专科非专利药品、急（抢）救药品、基础输液、常用低价药品以及暂不列入招标采购的药品。各地可参照国家卫生计生委委托行业协会、学术团体公布的妇儿专科非专利药品、急（抢）救药品遴选原则和示范药品，合理确定本地区相关药品的范围和具体剂型、规格，满足防治需求。

（四）*国家定点生产药品*。要按照全国统一采购价格直接网上采购，不再议价。

（五）*麻醉药品和第一类精神药品*。仍暂时实行最高出厂价格和最高零售价格管理。

四、坚持双信封招标制度

药品招标采购必须面向生产企业，由药品生产企业直接投标，同时提交经济技术标书和商务标书。要强化药品质量安全、风险评估意识，合理控制通过经济技术标书评审的企业数量。对于通过经济技术标书评审的企业不再排序，按照商务标书报价由低到高选择中标企业和候选中标企业。

要落实招采合一、带量采购、量价挂钩。从有利竞争、满足需求、确保供应出发，区别药品不同情况，结合公立医院用药特点和质量要求，根据仿制药质量一致性评价技术要求，科学设定竞价分组，每组中标企业数量不超过2家。要通过剂型、规格标准化，将适应症和功能疗效类似药品优化组合和归并，减少议价品规数量，促进公平竞争。

对中标价格明显偏低的，要加强综合评估，全程监测药品质量和实际供应保障情况。对于只有1家或2家企业投标的品规，可组织专门议价。要公开议价规则，同品种议价品规的价格要参照竞价品规中标价格，尽量避免和减少人为因素影响，做到公开透明、公平公正。

为维护公平竞争环境，形成全国统一市场，各地招标采购药品的开标时间统一集中在每年11月中下旬。实现招标采购政策联动，方便生产企业理性投标、提前组织安排生产，避免药品价格因开标不同步产生波动。要优化流程，简化申报程序，提升服务质量和效率。

五、改进医院药款结算管理

医院从药品交货验收合格到付款的时间不得超过30天。加强政策引导，鼓励医院公开招标选择开户银行，通过互惠互利、集中开设银行账户，由银行提供相应药品周转金服务，加快医院付款时间，降低企业融资成本和药品生产流通成本。纠正和防止医院以承兑汇票等形式变相拖延付款时间的现象和行为。要将药品支出纳入预算管理和年度考核，定期向社会公布。逐步实现药占比（不含中药饮片）总体降到30%以下。

六、完善药品供应配送管理

公立医院药品配送要兼顾基层供应，特别是向广大农村地区倾斜。鼓励县乡村一体化配送，重点保障偏远、交通不便地区药品供应。要落实药品生产企业是供应配送责任主体的要求，加强考核督导和纠偏整改，建立和完善药品配送约谈、退出、处罚制约机制。对配送率低、拒绝承担基层药品配送、屡犯不改的企业取消中标、挂网资格，取消供货资格。要研究细化医院被迫使用其他企业替代药品，超支费用由原中标企业承担的配套措施。

进一步强化短缺药品监测和预警，按区域选择若干医院和基层医疗卫生机构作为短缺药品监测点，及时掌握分析短缺原因，理顺供需衔接，探索多种方式，保障患者基层用药需求。

七、加快推进采购平台规范化建设

药品集中采购平台要坚持政府主导，维护非营利性的公益性质。要保障平台规范化建设所需的人力、财力、物力，确保2015年底前与国家药品供应保障综合管理信息平台对接联通、数据信息安全传输。

省级药品采购机构要增强服务意识，全面推进信息公开，定期公布医院药品采购价格、数量、付款时间及药品生产经营企业配送到位率、不良记录等情况，并及时做好网上交易数据汇总和监测分析工作，合理运用差比价规则，测算各类药品市场平均价格，采集不同阶段药品采购价格以及周边国家和地区药品价格等信息，为各类药品采购提供支持。

要借助互联网、大数据等现代信息技术，不断扩展升级采购平台服务和监管功能，提高平台智能化水平，适应签订电子合同、在线支付结算、网上电子交易等新特点、新要求，为推进医院与药品生产企业直接结算药款，生产企业与配送企业结算配送费用创造条件。

八、规范医院药品使用管理

各省（区、市）药政管理部门要落实责任，继续推动公立医院优先配备使用基本药物，并达到一定使用比例。建立处方点评和医师约谈制度，重点跟踪监控辅助用药、医院超常使用的药品，明确医师处方权限，处方涉及贵重药品时，应主动与患者沟通，规范用量，努力减轻急性、长期用药患者药品费用负担。全面提升药师的总体数量和业务素质，充分发挥药师的用药指导作用，鼓励零售药店药师定期到二级以上医疗机构培训，积极探索药师网上药事服务。

加快推进以基本药物为重点的临床用药（耗材）综合评价体系建设。以省为单位选择部分医疗、教学、科研等综合实力较强的三级、二级医院和基层医疗卫生机构，对药品（耗材）的安全性、有效性、合理性、依从性、经济性等进行成本效益评估，为规范药品采购和配备使用，推进药品剂型、规格、包装标准化提供临床技术支持。

九、加强公立医院改革试点城市药品采购指导

要坚持三医联动，突出综合改革，结合地方实际研究制订公立医院改革试点城市以市为单位自行采购的具体办法，与综合改革相配套，互相促进，并将具体办法及时上报国务院医改办备案。试点城市医院要在省级药品集中采购平台采购药品、在线交易。对于打包批量采购的药品，要合理消化成本，零差率销售。试点城市成交价格明显低于省级中标价格的，省级中标价格应按试点城市成交价格进行调整。大力发展现代医药物流，探索由社会零售药店、医保定点药店承担医院门诊药事服务的实现形式和路径。要加强药物政策研究，将药品集中采购与其他改革政策协同推进，实现药品采购效益最大化。

十、加强综合监管

要加强药品采购全过程的综合监管。严肃查处药品生产经营企业弄虚作假、围标串标、哄抬价格等行为，严格执行诚信记录和市场清退制度。禁止各种形式的地方保护。严肃查处医院违反采购合同、违规网

下采购等行为。对通过招标、谈判、定点生产等方式形成的采购价格，医院不得另行组织议价；对医院直接挂网采购药品的价格，要加强市场监测和跟踪，维护公平竞争的市场环境和秩序。规范和净化药品在医院内部的流通渠道，定期向社会公布在医院设立结算户头的药品经营企业名单，接受社会监督。坚决遏制药品购销领域腐败行为、抵制商业贿赂。加强省级药品采购机构廉政制度建设，增强廉洁自律意识，防范和杜绝各种廉政风险。

十一、加大宣传培训

完善公立医院药品集中采购工作，必须有利于破除以药补医机制，加快公立医院特别是县级公立医院改革；有利于降低药品虚高价格，减轻人民群众用药负担；有利于预防和遏制药品购销领域腐败行为，抵制商业贿赂；有利于推动药品生产流通企业整合重组、公平竞争，促进医药产业健康发展。

要充分运用广播、报刊、电视等传统媒介和微信、微博等新媒体方式，让社会各界了解破除以药补医，扭转公立医院趋利行为的必要性、艰巨性、复杂性，用"四个有利于"来检验公立医院药品集中采购工作的成效。要广泛宣传《意见》的方向、意义、措施和成效，进一步统一思想、凝聚共识，并发挥医务人员医改主力军作用，调动一切积极因素，坚定信心，攻坚破难，构建药品采购新机制。

完善公立医院药品集中采购工作是对现有利益格局的重大调整，专业性和政策性强，社会关注度高。各级卫生计生行政部门要增强责任感和紧迫感，把思想认识统一到《意见》上来，全面领会《意见》精神实质，推进三医联动，开创深化医改新局面。

卫生部关于医疗机构药品使用监督管理权限的批复

1．2005年12月21日

2．卫医发〔2005〕511号

北京市卫生局：

你局《关于医疗机构药品使用监督管理权限的请示》（京卫法字〔2005〕33号）收悉。经研究，现批复如下：

药品的临床应用是医疗质量和医疗安全的重要组成部分，规范和管理药品的临床应用是卫生行政部门的重要职责。根据《中华人民共和国药品管理法》、《中华人民共和国药品管理法实施条例》、《医疗机构管理条例》和《医疗机构药事管理暂行规定》，卫生行政部门应当制定医疗机构药品临床应用质量管理的相关具体规定，并做好医疗机构药品临床应用的规范和监督管理工作，对违反规定使用药品的医疗机构进行处理。

国家药监局综合司关于假药劣药认定有关问题的复函

1．2020年7月10日

2．药监综法函〔2020〕431号

贵州省药品监督管理局：

你局《关于新修订的〈中华人民共和国药品管理法〉假劣药认定有关问题的请示》（黔药监呈〔2020〕20号）收悉。《中华人民共和国药品管理法》（以下简称《药品管理法》）颁布实施以来，各地对第一百二十一条"对假药、劣药的处罚决定，应当依法载明药品检验机构的质量检验结论"的适用产生了不同理解。经商全国人大法工委，现函复如下：

对假药、劣药的处罚决定，有的无需载明药品检验机构的质量检验结论。根据《药品管理法》第九十八条第二款第四项"药品所标明的适应症或者功能主治超出规定范围"认定为假药，以及根据《药品管理法》第九十八条第三款第三项至第七项认定为劣药，只需要事实认定，不需要对涉案药品进行检验，处罚决定亦无需载明药品检验机构的质量检验结论。关于假药、劣药的认定，按照《最高人民法院最高人民检察院关于办理危害药品安全刑事案件适用法律若干问题的解释》（法释〔2014〕14号）第十四条规定处理，即是否属于假药、劣药难以确定的，司法机关可以根据地市级以上药品监督管理部门出具的认定意见等相关材料进行认定。必要时，可以委托省级以上药品监督管理部门设置或者确定的药品检验机构进行检验。总之，对违法行为的事实认定，应当以合法、有效、充分的证据为基础，药品质量检验结论并非为认定违法行为的必要证据，除非法律、法规、规章等明确规定对涉案药品依法进行检验并根据质量检验结论才能认定违法事实，或者不对涉案药品依法进行检验就无法对案件所涉事实予以认定。如对黑窝点生产的药品，是否需要进行质量检验，应当根据案件调查取证的情况具体案件具体分析。

关于规范医疗机构中药配方颗粒临床使用的通知

1. *2021 年 11 月 12 日国家卫生健康委办公厅、国家中医药管理局办公室发布*
2. *国中医药办医政函〔2021〕290 号*

各省、自治区、直辖市卫生健康委、中医药管理局，新疆生产建设兵团卫生健康委：

2021 年 2 月，国家药监局、国家中医药局、国家卫生健康委、国家医保局发布《关于结束中药配方颗粒试点工作的公告（2021 年第 22 号）》（以下简称《公告》），自 2021 年 11 月 1 日起施行。为促进医疗机构中药配方颗粒临床合理规范使用，保障医疗安全，提高临床疗效，现就有关要求通知如下：

一、各级卫生健康和中医药主管部门要高度重视医疗机构中药配方颗粒临床使用管理工作，按照“属地化”管理原则，加强管理和监督，保障人民群众用药安全，促进中医药传承和行业规范发展。省级中医药主管部门在配合省级药品监督管理部门制定中药配方颗粒管理细则时，要进一步细化中药配方颗粒临床合理规范使用措施，确保中药饮片的主体地位。

二、各级卫生健康和中医药主管部门要规范医疗机构中药配方颗粒使用，经审批或备案能够提供中医药服务的医疗机构方可使用中药配方颗粒。医疗机构中，能开具中药饮片处方的医师和乡村医生方可开具中药配方颗粒处方。公立医疗机构使用中药配方颗粒，不得承包、出租药房，不得向营利性企业托管药房。

三、医生在开具中药配方颗粒处方前应当告知患者，保障患者的知情权、选择权。医疗机构应在门诊大厅、候诊区等醒目位置张贴告知书，向患者告知中药配方颗粒的服用方法、价格等。医生开具中药处方时，原则上不得混用中药饮片与中药配方颗粒。

四、医疗机构应当按照中药药事管理有关规定开展中药配方颗粒的采购、验收、保管、调剂等工作，保障临床疗效和用药安全。医疗机构应当加强中药配方颗粒使用的培训和考核，建立中药配方颗粒处方点评制度，规范医生处方行为。医疗机构药事管理与药物治疗学委员会应将中药配方颗粒处方点评和评价结果作为医师定期考核依据。各级卫生健康和中医药主管部门要按照“管行业必须管行风”的原则，加强对中药配方颗粒采购、临床使用等环节管理，将杜绝中药配方颗粒统方、收受回扣等措施及落实情况纳入医院巡查重点内容。

五、医疗机构应当建立中药配方颗粒临床应用常规监测和预警体系，定期或不定期对中药配方颗粒临床应用情况进行监测；发现疑似不良反应的应当及时报告，促进中药配方颗粒规范合理应用。

国家药监局、公安部、国家卫生健康委关于调整麻醉药品和精神药品目录的公告

1. *2023 年 4 月 14 日公布*
2. *2023 年第 43 号*

根据《麻醉药品和精神药品管理条例》有关规定，国家药品监督管理局、公安部、国家卫生健康委员会决定将奥赛利定等品种列入麻醉药品和精神药品目录。现公告如下：

一、将奥赛利定列入麻醉药品目录。

二、将苏沃雷生、吡仑帕奈、依他佐辛、曲马多复方制剂列入第二类精神药品目录。

三、将每剂量单位含氢可酮碱大于 5 毫克，且不含其它麻醉药品、精神药品或药品类易制毒化学品的复方口服固体制剂列入第一类精神药品目录。

四、将每剂量单位含氢可酮碱不超过 5 毫克，且不含其它麻醉药品、精神药品或药品类易制毒化学品的复方口服固体制剂列入第二类精神药品目录。

本公告自 2023 年 7 月 1 日起施行。

特此公告。

5. 血液及血液制品

中华人民共和国献血法

1. 1997年12月29日第八届全国人民代表大会常务委员会第二十九次会议通过
2. 1997年12月29日中华人民共和国主席令第93号公布
3. 自1998年10月1日起施行

第一条 【立法目的】为保证医疗临床用血需要和安全，保障献血者和用血者身体健康，发扬人道主义精神，促进社会主义物质文明和精神文明建设，制定本法。

第二条 【无偿献血制度】国家实行无偿献血制度。

国家提倡十八周岁至五十五周岁的健康公民自愿献血。

第三条 【政府领导】地方各级人民政府领导本行政区域内的献血工作，统一规划并负责组织、协调有关部门共同做好献血工作。

第四条 【监管机关】县级以上各级人民政府卫生行政部门监督管理献血工作。

各级红十字会依法参与、推动献血工作。

第五条 【献血宣传】各级人民政府采取措施广泛宣传献血的意义，普及献血的科学知识，开展预防和控制经血液途径传播的疾病的教育。

新闻媒介应当开展献血的社会公益性宣传。

第六条 【社会动员】国家机关、军队、社会团体、企业事业组织、居民委员会、村民委员会，应当动员和组织本单位或者本居住区的适龄公民参加献血。

现役军人献血的动员和组织办法，由中国人民解放军卫生主管部门制定。

对献血者，发给国务院卫生行政部门制作的无偿献血证书，有关单位可以给予适当补贴。

第七条 【鼓励献血】国家鼓励国家工作人员、现役军人和高等学校在校学生率先献血，为树立社会新风尚作表率。

第八条 【血站及职责】血站是采集、提供临床用血的机构，是不以营利为目的的公益性组织。设立血站向公民采集血液，必须经国务院卫生行政部门或者省、自治区、直辖市人民政府卫生行政部门批准。血站应当为献血者提供各种安全、卫生、便利的条件。血站的设立条件和管理办法由国务院卫生行政部门制定。

第九条 【采血条件、数量】血站对献血者必须免费进行必要的健康检查；身体状况不符合献血条件的，血站应当向其说明情况，不得采集血液。献血者的身体健康条件由国务院卫生行政部门规定。

血站对献血者每次采集血液量一般为二百毫升，最多不得超过四百毫升，两次采集间隔期不少于六个月。

严格禁止血站违反前款规定对献血者超量、频繁采集血液。

第十条 【采血规程和制度】血站采集血液必须严格遵守有关操作规程和制度，采血必须由具有采血资格的医务人员进行，一次性采血器材用后必须销毁，确保献血者的身体健康。

血站应当根据国务院卫生行政部门制定的标准，保证血液质量。

血站对采集的血液必须进行检测；未经检测或者检测不合格的血液，不得向医疗机构提供。

第十一条 【血液使用】无偿献血的血液必须用于临床，不得买卖。血站、医疗机构不得将无偿献血的血液出售给单采血浆站或者血液制品生产单位。

第十二条 【卫生标准】临床用血的包装、储存、运输，必须符合国家规定的卫生标准和要求。

第十三条 【临床核查】医疗机构对临床用血必须进行核查，不得将不符合国家规定标准的血液用于临床。

第十四条 【血液收费】公民临床用血时只交付用于血液的采集、储存、分离、检验等费用；具体收费标准由国务院卫生行政部门会同国务院价格主管部门制定。

无偿献血者临床需要用血时，免交前款规定的费用；无偿献血者的配偶和直系亲属临床需要用血时，可以按照省、自治区、直辖市人民政府的规定免交或者减交前款规定的费用。

第十五条 【应急用血】为保障公民临床急救用血的需要，国家提倡并指导择期手术的患者自身储血，动员家庭、亲友、所在单位以及社会互助献血。

为保证应急用血，医疗机构可以临时采集血液，但应当依照本法规定，确保采血用血安全。

第十六条 【临床用血】医疗机构临床用血应当制定用血计划，遵循合理、科学的原则，不得浪费和滥用血液。

医疗机构应当积极推行按血液成份针对医疗实际需要输血，具体管理办法由国务院卫生行政部门制定。

国家鼓励临床用血新技术的研究和推广。

第十七条 **【奖励】**各级人民政府和红十字会对积极参加献血和在献血工作中做出显著成绩的单位和个人，给予奖励。

第十八条 **【违法采血、售血】**有下列行为之一的，由县级以上地方人民政府卫生行政部门予以取缔，没收违法所得，可以并处十万元以下的罚款；构成犯罪的，依法追究刑事责任：

（一）非法采集血液的；

（二）血站、医疗机构出售无偿献血的血液的；

（三）非法组织他人出卖血液的。

第十九条 **【血站违规行为】**血站违反有关操作规程和制度采集血液，由县级以上地方人民政府卫生行政部门责令改正；给献血者健康造成损害的，应当依法赔偿，对直接负责的主管人员和其他直接责任人员，依法给予行政处分；构成犯罪的，依法追究刑事责任。

第二十条 **【临床用血不合规范】**临床用血的包装、储存、运输，不符合国家规定的卫生标准和要求的，由县级以上地方人民政府卫生行政部门责令改正，给予警告，可以并处一万元以下的罚款。

第二十一条 **【血站提供不合格血液行为】**血站违反本法的规定，向医疗机构提供不符合国家规定标准的血液的，由县级以上人民政府卫生行政部门责令改正；情节严重，造成经血液途径传播的疾病传播或者有传播严重危险的，限期整顿，对直接负责的主管人员和其他直接责任人员，依法给予行政处分；构成犯罪的，依法追究刑事责任。

第二十二条 **【医疗机构使用不合格血液的】**医疗机构的医务人员违反本法规定，将不符合国家规定标准的血液用于患者的，由县级以上地方人民政府卫生行政部门责令改正；给患者健康造成损害的，应当依法赔偿，对直接负责的主管人员和其他直接责任人员，依法给予行政处分；构成犯罪的，依法追究刑事责任。

第二十三条 **【玩忽职守】**卫生行政部门及其工作人员在献血、用血的监督管理工作中，玩忽职守，造成严重后果，构成犯罪的，依法追究刑事责任；尚不构成犯罪的，依法给予行政处分。

第二十四条 **【施行日期】**本法自 1998 年 10 月 1 日起施行。

血液制品管理条例

1. 1996 年 12 月 30 日国务院令第 208 号发布

2. 根据 2016 年 2 月 6 日国务院令第 666 号《关于修改部分行政法规的决定》修订

第一章 总 则

第一条 为了加强血液制品管理，预防和控制经血液途径传播的疾病，保证血液制品的质量，根据药品管理法和传染病防治法，制定本条例。

第二条 本条例适用于在中华人民共和国境内从事原料血浆的采集、供应以及血液制品的生产、经营活动。

第三条 国务院卫生行政部门对全国的原料血浆的采集、供应和血液制品的生产、经营活动实施监督管理。

县级以上地方各级人民政府卫生行政部门对本行政区域内的原料血浆的采集、供应和血液制品的生产、经营活动，依照本条例第三十条规定的职责实施监督管理。

第二章 原料血浆的管理

第四条 国家实行单采血浆站统一规划、设置的制度。

国务院卫生行政部门根据核准的全国生产用原料血浆的需求，对单采血浆站的布局、数量和规模制定总体规划。省、自治区、直辖市人民政府卫生行政部门根据总体规划制定本行政区域内单采血浆站设置规划和采集血浆的区域规划，并报国务院卫生行政部门备案。

第五条 单采血浆站由血液制品生产单位设置或者由县级人民政府卫生行政部门设置，专门从事单采血浆活动，具有独立法人资格。其他任何单位和个人不得从事单采血浆活动。

第六条 设置单采血浆站，必须具备下列条件：

（一）符合单采血浆站布局、数量、规模的规划；

（二）具有与所采集原料血浆相适应的卫生专业技术人员；

（三）具有与所采集原料血浆相适应的场所及卫生环境；

（四）具有识别供血浆者的身份识别系统；

（五）具有与所采集原料血浆相适应的单采血浆机械及其他设施；

（六）具有对所采集原料血浆进行质量检验的技术人员以及必要的仪器设备。

第七条 申请设置单采血浆站的，由县级人民政府卫生行政部门初审，经设区的市、自治州人民政府卫生行政部门或者省、自治区人民政府设立的派出机关的卫生行政机构审查同意，报省、自治区、直辖市人民政府卫生行政部门审批；经审查符合条件的，由省、自治区、直辖市人民政府卫生行政部门核发《单采血浆许可证》，并报国务院卫生行政部门备案。

单采血浆站只能对省、自治区、直辖市人民政府卫生行政部门划定区域内的供血浆者进行筛查和采集血浆。

第八条 《单采血浆许可证》应当规定有效期。

第九条 在一个采血浆区域内，只能设置一个单采血浆站。

严禁单采血浆站采集非划定区域内的供血浆者和其他人员的血浆。

第十条 单采血浆站必须对供血浆者进行健康检查；检查合格的，由县级人民政府卫生行政部门核发《供血浆证》。

供血浆者健康检查标准，由国务院卫生行政部门制定。

第十一条 《供血浆证》由省、自治区、直辖市人民政府卫生行政部门负责设计和印制。《供血浆证》不得涂改、伪造、转让。

第十二条 单采血浆站在采集血浆前，必须对供血浆者进行身份识别并核实其《供血浆证》，确认无误的，方可按照规定程序进行健康检查和血液化验；对检查、化验合格的，按照有关技术操作标准及程序采集血浆，并建立供血浆者健康检查及供血浆记录档案；对检查、化验不合格的，由单采血浆站收缴《供血浆证》，并由所在地县级人民政府卫生行政部门监督销毁。

严禁采集无《供血浆证》者的血浆。

血浆采集技术操作标准及程序，由国务院卫生行政部门制定。

第十三条 单采血浆站只能向一个与其签订质量责任书的血液制品生产单位供应原料血浆，严禁向其他任何单位供应原料血浆。

第十四条 单采血浆站必须使用单采血浆机械采集血浆，严禁手工操作采集血浆。采集的血浆必须按单人份冰冻保存，不得混浆。

严禁单采血浆站采集血液或者将所采集的原料血浆用于临床。

第十五条 单采血浆站必须使用有产品批准文号并经国家药品生物制品检定机构逐批检定合格的体外诊断试剂以及合格的一次性采血浆器材。

采血浆器材等一次性消耗品使用后，必须按照国家有关规定予以销毁，并作记录。

第十六条 单采血浆站采集的原料血浆的包装、储存、运输，必须符合国家规定的卫生标准和要求。

第十七条 单采血浆站必须依照传染病防治法及其实施办法等有关规定，严格执行消毒管理及疫情上报制度。

第十八条 单采血浆站应当每半年向所在地的县级人民政府卫生行政部门报告有关原料血浆采集情况，同时抄报设区的市、自治州人民政府卫生行政部门或者省、自治区人民政府设立的派出机关的卫生行政机构及省、自治区、直辖市人民政府卫生行政部门。省、自治区、直辖市人民政府卫生行政部门应当每年向国务院卫生行政部门汇总报告本行政区域内原料血浆的采集情况。

第十九条 国家禁止出口原料血浆。

第三章 血液制品生产经营单位管理

第二十条 新建、改建或者扩建血液制品生产单位，经国务院卫生行政部门根据总体规划进行立项审查同意后，由省、自治区、直辖市人民政府卫生行政部门依照药品管理法的规定审核批准。

第二十一条 血液制品生产单位必须达到国务院卫生行政部门制定的《药品生产质量管理规范》规定的标准，经国务院卫生行政部门审查合格，并依法向工商行政管理部门申领营业执照后，方可从事血液制品的生产活动。

第二十二条 血液制品生产单位应当积极开发新品种，提高血浆综合利用率。

血液制品生产单位生产国内已经生产的品种，必须依法向国务院卫生行政部门申请产品批准文号；国内尚未生产的品种，必须按照国家有关新药审批的程序和要求申报。

第二十三条 严禁血液制品生产单位出让、出租、出借以及与他人共用《药品生产企业许可证》和产品批准文号。

第二十四条 血液制品生产单位不得向无《单采血浆许可证》的单采血浆站或者未与其签订质量责任书的单采血浆站及其他任何单位收集原料血浆。

血液制品生产单位不得向其他任何单位供应原料血浆。

第二十五条 血液制品生产单位在原料血浆投料生产前，必须使用有产品批准文号并经国家药品生物制品检定机构逐批检定合格的体外诊断试剂，对每一人份血浆进行全面复检，并作检测记录。

原料血浆经复检不合格的，不得投料生产，并必须在省级药品监督员监督下按照规定程序和方法予以销毁，并作记录。

原料血浆经复检发现有经血液途径传播的疾病的，必须通知供应血浆的单采血浆站，并及时上报所在地省、自治区、直辖市人民政府卫生行政部门。

第二十六条 血液制品出厂前，必须经过质量检验；经检验不符合国家标准的，严禁出厂。

第二十七条 开办血液制品经营单位，由省、自治区、直辖市人民政府卫生行政部门审核批准。

第二十八条 血液制品经营单位应当具备与所经营的产品相适应的冷藏条件和熟悉所经营品种的业务人员。

第二十九条 血液制品生产经营单位生产、包装、储存、运输、经营血液制品，应当符合国家规定的卫生标准和要求。

第四章 监督管理

第三十条 县级以上地方各级人民政府卫生行政部门依照本条例的规定负责本行政区域内的单采血浆站、供血浆者、原料血浆的采集及血液制品经营单位的监督管理。

省、自治区、直辖市人民政府卫生行政部门依照本条例的规定负责本行政区域内的血液制品生产单位的监督管理。

县级以上地方各级人民政府卫生行政部门的监督人员执行职务时，可以按照国家有关规定抽取样品和索取有关资料，有关单位不得拒绝和隐瞒。

第三十一条 省、自治区、直辖市人民政府卫生行政部门每年组织一次对本行政区域内单采血浆站的监督检查并进行年度注册。

设区的市、自治州人民政府卫生行政部门或者省、自治区人民政府设立的派出机关的卫生行政机构每半年对本行政区域内的单采血浆站进行一次检查。

第三十二条 国家药品生物制品检定机构及国务院卫生行政部门指定的省级药品检验机构，应当依照本条例和国家规定的标准和要求，对血液制品生产单位生产的产品定期进行检定。

第三十三条 国务院卫生行政部门负责全国进出口血液制品的审批及监督管理。

第五章 罚　则

第三十四条 违反本条例规定，未取得省、自治区、直辖市人民政府卫生行政部门核发的《单采血浆许可证》，非法从事组织、采集、供应、倒卖原料血浆活动的，由县级以上地方人民政府卫生行政部门予以取缔，没收违法所得和从事违法活动的器材、设备，并处违法所得5倍以上10倍以下的罚款，没有违法所得的，并处5万元以上10万元以下的罚款；造成经血液途径传播的疾病传播、人身伤害等危害，构成犯罪的，依法追究刑事责任。

第三十五条 单采血浆站有下列行为之一的，由县级以上地方人民政府卫生行政部门责令限期改正，处5万元以上10万元以下的罚款；有第八项所列行为的，或者有下列其他行为并且情节严重的，由省、自治区、直辖市人民政府卫生行政部门吊销《单采血浆许可证》；构成犯罪的，对负有直接责任的主管人员和其他直接责任人员依法追究刑事责任：

（一）采集血浆前，未按照国务院卫生行政部门颁布的健康检查标准对供血浆者进行健康检查和血液化验的；

（二）采集非划定区域内的供血浆者或者其他人员的血浆的，或者不对供血浆者进行身份识别，采集冒名顶替者、健康检查不合格者或者无《供血浆证》者的血浆的；

（三）违反国务院卫生行政部门制定的血浆采集技术操作标准和程序，过频过量采集血浆的；

（四）向医疗机构直接供应原料血浆或者擅自采集血液的；

（五）未使用单采血浆机械进行血浆采集的；

（六）未使用有产品批准文号并经国家药品生物制品检定机构逐批检定合格的体外诊断试剂以及合格的一次性采血浆器材的；

（七）未按照国家规定的卫生标准和要求包装、储存、运输原料血浆的；

（八）对国家规定检测项目检测结果呈阳性的血浆不清除、不及时上报的；

（九）对污染的注射器、采血浆器材及不合格血浆等不经消毒处理，擅自倾倒，污染环境，造成社会危害的；

（十）重复使用一次性采血浆器材的；

（十一）向与其签订质量责任书的血液制品生产单位以外的其他单位供应原料血浆的。

第三十六条 单采血浆站已知其采集的血浆检测结果呈阳性，仍向血液制品生产单位供应的，由省、自治区、直辖市人民政府卫生行政部门吊销《单采血浆许可证》，由县级以上地方人民政府卫生行政部门没收违法所得,并处10万元以上30万元以下的罚款;造成经血液途径传播的疾病传播、人身伤害等危害,构成犯罪的,对负有直接责任的主管人员和其他直接责任人员依法追究刑事责任。

第三十七条　涂改、伪造、转让《供血浆证》的,由县级人民政府卫生行政部门收缴《供血浆证》,没收违法所得,并处违法所得3倍以上5倍以下的罚款,没有违法所得的,并处1万元以下的罚款;构成犯罪的,依法追究刑事责任。

第三十八条　血液制品生产单位有下列行为之一的,由省级以上人民政府卫生行政部门依照药品管理法及其实施办法等有关规定,按照生产假药、劣药予以处罚;构成犯罪的,对负有直接责任的主管人员和其他直接责任人员依法追究刑事责任:

(一)使用无《单采血浆许可证》的单采血浆站或者未与其签订质量责任书的单采血浆站及其他任何单位供应的原料血浆的,或者非法采集原料血浆的;

(二)投料生产前未对原料血浆进行复检的,或者使用没有产品批准文号或者未经国家药品生物制品检定机构逐批检定合格的体外诊断试剂进行复检的,或者将检测不合格的原料血浆投入生产的;

(三)擅自更改生产工艺和质量标准的,或者将检验不合格的产品出厂的;

(四)与他人共用产品批准文号的。

第三十九条　血液制品生产单位违反本条例规定,擅自向其他单位出让、出租、出借以及与他人共用《药品生产企业许可证》、产品批准文号或者供应原料血浆的,由省级以上人民政府卫生行政部门没收违法所得,并处违法所得5倍以上10倍以下的罚款,没有违法所得的,并处5万元以上10万元以下的罚款。

第四十条　违反本条例规定,血液制品生产经营单位生产、包装、储存、运输、经营血液制品不符合国家规定的卫生标准和要求的,由省、自治区、直辖市人民政府卫生行政部门责令改正,可以处1万元以下的罚款。

第四十一条　在血液制品生产单位成品库待出厂的产品中,经抽检有一批次达不到国家规定的指标,经复检仍不合格的,由国务院卫生行政部门撤销该血液制品批准文号。

第四十二条　违反本条例规定,擅自进出口血液制品或者出口原料血浆的,由省级以上人民政府卫生行政部门没收所进出口的血液制品或者所出口的原料血浆和违法所得,并处所进出口的血液制品或者所出口的原料血浆总值3倍以上5倍以下的罚款。

第四十三条　血液制品检验人员虚报、瞒报、涂改、伪造检验报告及有关资料的,依法给予行政处分;构成犯罪的,依法追究刑事责任。

第四十四条　卫生行政部门工作人员滥用职权、玩忽职守、徇私舞弊、索贿受贿,构成犯罪的,依法追究刑事责任;尚不构成犯罪的,依法给予行政处分。

第六章　附　　则

第四十五条　本条例下列用语的含义:

血液制品,是特指各种人血浆蛋白制品。

原料血浆,是指由单采血浆站采集的专用于血液制品生产原料的血浆。

供血浆者,是指提供血液制品生产用原料血浆的人员。

单采血浆站,是指根据地区血源资源,按照有关标准和要求并经严格审批设立,采集供应血液制品生产用原料血浆的单位。

第四十六条　本条例施行前已经设立的单采血浆站和血液制品生产经营单位应当自本条例施行之日起6个月内,依照本条例的规定重新办理审批手续;凡不符合本条例规定的,一律予以关闭。

本条例施行前已经设立的单采血浆站适用本条例第六条第五项的时间,由国务院卫生行政部门另行规定。

第四十七条　本条例自发布之日起施行。

血站管理办法

1. 2005年11月17日卫生部令第44号公布

2. 根据2009年3月27日《卫生部关于对〈血站管理办法〉第三十一条进行修订的通知》(卫医政发〔2009〕28号)第一次修订

3. 根据2016年1月19日国家卫生和计划生育委员会令第8号《关于修改〈外国医师来华短期行医暂行管理办法〉等8件部门规章的决定》第二次修订

4. 根据2017年12月26日国家卫生和计划生育委员会令第18号《关于修改〈新食品原料安全性审查管理办法〉等7件部门规章的决定》第三次修订

第一章　总　　则

第一条　为了确保血液安全,规范血站执业行为,促进血站的建设与发展,根据《献血法》制定本办法。

第二条　本办法所称血站是指不以营利为目的,采集、提供临床用血的公益性卫生机构。

第三条 血站分为一般血站和特殊血站。

一般血站包括血液中心、中心血站和中心血库。

特殊血站包括脐带血造血干细胞库和国家卫生计生委根据医学发展需要批准、设置的其他类型血库。

第四条 血液中心、中心血站和中心血库由地方人民政府设立。

血站的建设和发展纳入当地国民经济和社会发展计划。

第五条 国家卫生计生委根据全国医疗资源配置、临床用血需求,制定全国采供血机构设置规划指导原则,并负责全国血站建设规划的指导。

省、自治区、直辖市人民政府卫生计生行政部门应当根据前款规定,结合本行政区域人口、医疗资源、临床用血需求等实际情况和当地区域卫生发展规划,制定本行政区域血站设置规划,报同级人民政府批准,并报国家卫生计生委备案。

第六条 国家卫生计生委主管全国血站的监督管理工作。

县级以上地方人民政府卫生计生行政部门负责本行政区域内血站的监督管理工作。

第七条 鼓励和支持开展血液应用研究和技术创新工作,以及与临床输血有关的科学技术的国际交流与合作。

第二章 一般血站管理

第一节 设置、职责与执业登记

第八条 血液中心应当设置在直辖市、省会市、自治区首府市。其主要职责是:

(一)按照省级人民政府卫生计生行政部门的要求,在规定范围内开展无偿献血者的招募、血液的采集与制备、临床用血供应以及医疗用血的业务指导等工作;

(二)承担所在省、自治区、直辖市血站的质量控制与评价;

(三)承担所在省、自治区、直辖市血站的业务培训与技术指导;

(四)承担所在省、自治区、直辖市血液的集中化检测任务;

(五)开展血液相关的科研工作;

(六)承担卫生计生行政部门交办的任务。

血液中心应当具有较高综合质量评价的技术能力。

第九条 中心血站应当设置在设区的市。其主要职责是:

(一)按照省级人民政府卫生计生行政部门的要求,在规定范围内开展无偿献血者的招募、血液的采集与制备、临床用血供应以及医疗用血的业务指导等工作;

(二)承担供血区域范围内血液储存的质量控制;

(三)对所在行政区域内的中心血库进行质量控制;

(四)承担卫生计生行政部门交办的任务。

直辖市、省会市、自治区首府市已经设置血液中心的,不再设置中心血站;尚未设置血液中心的,可以在已经设置的中心血站基础上加强能力建设,履行血液中心的职责。

第十条 中心血库应当设置在中心血站服务覆盖不到的县级综合医院内。其主要职责是,按照省级人民政府卫生计生行政部门的要求,在规定范围内开展无偿献血者的招募、血液的采集与制备、临床用血供应以及医疗用血业务指导等工作。

第十一条 省、自治区、直辖市人民政府卫生计生行政部门依据采供血机构设置规划批准设置血站,并报国家卫生计生委备案。

省、自治区、直辖市人民政府卫生计生行政部门负责明确辖区内各级卫生计生行政部门监管责任和血站的职责;根据实际供血距离与能力等情况,负责划定血站采供血服务区域,采供血服务区域可以不受行政区域的限制。

同一行政区域内不得重复设置血液中心、中心血站。

血站与单采血浆站不得在同一县级行政区域内设置。

第十二条 省、自治区、直辖市人民政府卫生计生行政部门应当统一规划、设置集中化检测实验室,并逐步实施。

第十三条 血站开展采供血活动,应当向所在省、自治区、直辖市人民政府卫生计生行政部门申请办理执业登记,取得《血站执业许可证》。没有取得《血站执业许可证》的,不得开展采供血活动。

《血站执业许可证》有效期为三年。

第十四条 血站申请办理执业登记必须填写《血站执业登记申请书》。

省级人民政府卫生计生行政部门在受理血站执业登记申请后,应当组织有关专家或者委托技术部门,根据《血站质量管理规范》和《血站实验室质量管理规范》,对申请单位进行技术审查,并提交技术审查报告。

省级人民政府卫生计生行政部门应当在接到专家或者技术部门的技术审查报告后二十日内对申请事项进行审核。审核合格的，予以执业登记，发给国家卫生计生委统一样式的《血站执业许可证》及其副本。

第十五条 有下列情形之一的，不予执业登记：

（一）《血站质量管理规范》技术审查不合格的；

（二）《血站实验室质量管理规范》技术审查不合格的；

（三）血液质量检测结果不合格的。

执业登记机关对审核不合格、不予执业登记的，将结果和理由以书面形式通知申请人。

第十六条 《血站执业许可证》有效期满前三个月，血站应当办理再次执业登记，并提交《血站再次执业登记申请书》及《血站执业许可证》。

省级人民政府卫生计生行政部门应当根据血站业务开展和监督检查情况进行审核，审核合格的，予以继续执业。未通过审核的，责令其限期整改；经整改仍审核不合格的，注销其《血站执业许可证》。

未办理再次执业登记手续或者被注销《血站执业许可证》的血站，不得继续执业。

第十七条 血站因采供血需要，在规定的服务区域内设置分支机构，应当报所在省、自治区、直辖市人民政府卫生计生行政部门批准；设置固定采血点（室）或者流动采血车的，应当报省、自治区、直辖市人民政府卫生计生行政部门备案。

为保证辖区内临床用血需要，血站可以设置储血点储存血液。储血点应当具备必要的储存条件，并由省级卫生计生行政部门批准。

第十八条 根据规划予以撤销的血站，应当在撤销后十五日内向执业登记机关申请办理注销执业登记。逾期不办理的，由执业登记机关依程序予以注销，并收回《血站执业许可证》及其副本和全套印章。

第二节 执 业

第十九条 血站执业，应当遵守有关法律、行政法规、规章和技术规范。

第二十条 血站应当根据医疗机构临床用血需求，制定血液采集、制备、供应计划，保障临床用血安全、及时、有效。

第二十一条 血站应当开展无偿献血宣传。

血站开展献血者招募，应当为献血者提供安全、卫生、便利的条件和良好的服务。

第二十二条 血站应当按照国家有关规定对献血者进行健康检查和血液采集。

血站采血前应当对献血者身份进行核对并进行登记。

严禁采集冒名顶替者的血液。严禁超量、频繁采集血液。

血站不得采集血液制品生产用原料血浆。

第二十三条 献血者应当按照要求出示真实的身份证明。

任何单位和个人不得组织冒名顶替者献血。

第二十四条 血站采集血液应当遵循自愿和知情同意的原则，并对献血者履行规定的告知义务。

血站应当建立献血者信息保密制度，为献血者保密。

第二十五条 血站应当建立对有易感染经血液传播疾病危险行为的献血者献血后的报告工作程序、献血屏蔽和淘汰制度。

第二十六条 血站开展采供血业务应当实行全面质量管理，严格遵守《中国输血技术操作规程》、《血站质量管理规范》和《血站实验室质量管理规范》等技术规范和标准。

血站应当建立人员岗位责任制度和采供血管理相关工作制度，并定期检查、考核各项规章制度和各级各类人员岗位责任制的执行和落实情况。

第二十七条 血站应当对血站工作人员进行岗位培训与考核。血站工作人员应当符合岗位执业资格的规定，并经岗位培训与考核合格后方可上岗。

血站工作人员每人每年应当接受不少于 75 学时的岗位继续教育。

省级人民政府卫生计生行政部门应当制定血站工作人员培训标准或指南，并对血站开展的岗位培训、考核工作进行指导和监督。

第二十八条 血站各业务岗位工作记录应当内容真实、项目完整、格式规范、字迹清楚、记录及时，有操作者签名。

记录内容需要更改时，应当保持原记录内容清晰可辨，注明更改内容、原因和日期，并在更改处签名。

献血、检测和供血的原始记录应当至少保存十年，法律、行政法规和国家卫生计生委另有规定的，依照有关规定执行。

第二十九条 血站应当保证所采集的血液由具有血液检测实验室资格的实验室进行检测。

对检测不合格或者报废的血液，血站应当严格按照有关规定处理。

第三十条 血站应当制定实验室室内质控与室间质评制度,确保试剂、卫生器材、仪器、设备在使用过程中能达到预期效果。

血站的实验室应当配备必要的生物安全设备和设施,并对工作人员进行生物安全知识培训。

第三十一条 血液标本的保存期为全血或成分血使用后二年。

第三十二条 血站应当加强消毒、隔离工作管理,预防和控制感染性疾病的传播。

血站产生的医疗废物应当按《医疗废物管理条例》规定处理,做好记录与签字,避免交叉感染。

第三十三条 血站及其执行职务的人员发现法定传染病疫情时,应当按照《传染病防治法》和国家卫生计生委的规定向有关部门报告。

第三十四条 血液的包装、储存、运输应当符合《血站质量管理规范》的要求。血液包装袋上应当标明:

(一)血站的名称及其许可证号;

(二)献血编号或者条形码;

(三)血型;

(四)血液品种;

(五)采血日期及时间或者制备日期及时间;

(六)有效日期及时间;

(七)储存条件。

第三十五条 血站应当保证发出的血液质量符合国家有关标准,其品种、规格、数量、活性、血型无差错;未经检测或者检测不合格的血液,不得向医疗机构提供。

第三十六条 血站应当建立质量投诉、不良反应监测和血液收回制度。

第三十七条 血站应当加强对其所设储血点的质量监督,确保储存条件,保证血液储存质量;按照临床需要进行血液储存和调换。

第三十八条 血站使用的药品、体外诊断试剂、一次性卫生器材应当符合国家有关规定。

第三十九条 血站应当按照有关规定,认真填写采供血机构统计报表,及时准确上报。

第四十条 血站应当制定紧急灾害应急预案,并从血源、管理制度、技术能力和设备条件等方面保证预案的实施。在紧急灾害发生时服从县级以上人民政府卫生计生行政部门的调遣。

第四十一条 因临床、科研或者特殊需要,需要从外省、自治区、直辖市调配血液的,由省级人民政府卫生计生行政部门组织实施。

禁止临床医疗用途的人体血液、血浆进出口。

第四十二条 无偿献血的血液必须用于临床,不得买卖。

血站剩余成分血浆由省、自治区、直辖市人民政府卫生计生行政部门协调血液制品生产单位解决。

第四十三条 血站必须严格执行国家有关报废血处理和有易感染经血液传播疾病危险行为的献血者献血后保密性弃血处理的规定。

第四十四条 血站剩余成分血浆以及因科研或者特殊需要用血而进行的调配所得的收入,全部用于无偿献血者用血返还费用,血站不得挪作他用。

第三章 特殊血站管理

第四十五条 国家卫生计生委根据全国人口分布、卫生资源、临床造血干细胞移植需要等实际情况,统一制定我国脐带血造血干细胞库等特殊血站的设置规划和原则。

国家不批准设置以营利为目的的脐带血造血干细胞库等特殊血站。

第四十六条 申请设置脐带血造血干细胞库等特殊血站的,应当按照国家卫生计生委规定的条件向所在地省级人民政府卫生计生行政部门申请。省级人民政府卫生计生行政部门组织初审后报国家卫生计生委。

国家卫生计生委对脐带血造血干细胞库等特殊血站设置审批按照申请的先后次序进行。

第四十七条 脐带血造血干细胞库等特殊血站执业,应当向所在地省级人民政府卫生计生行政部门申请办理执业登记。

省级卫生计生行政部门应当组织有关专家和技术部门,按照本办法和国家卫生计生委制定的脐带血造血干细胞库等特殊血站的基本标准、技术规范,对申请单位进行技术审查及执业验收。审查合格的,发给《血站执业许可证》,并注明开展的业务。《血站执业许可证》有效期为三年。

未取得《血站执业许可证》的,不得开展采供脐带血造血干细胞等业务。

第四十八条 脐带血造血干细胞库等特殊血站在《血站执业许可证》有效期满后继续执业的,应当在《血站执业许可证》有效期满前三个月向原执业登记的省级人民政府卫生计生行政部门申请办理再次执业登记手续。

第四十九条 脐带血造血干细胞库等特殊血站执业除应当遵守本办法第二章第二节一般血站的执业要求外,还应当遵守以下规定:

（一）按照国家卫生计生委规定的脐带血造血干细胞库等特殊血站的基本标准、技术规范等执业；

（二）脐带血等特殊血液成分的采集必须符合医学伦理的有关要求，并遵循自愿和知情同意的原则。脐带血造血干细胞库必须与捐献者签署经执业登记机关审核的知情同意书；

（三）脐带血造血干细胞库等特殊血站只能向有造血干细胞移植经验和基础，并装备有造血干细胞移植所需的无菌病房和其他必须设施的医疗机构提供脐带血造血干细胞；

（四）脐带血等特殊血液成分必须用于临床。

第四章 监督管理

第五十条 县级以上人民政府卫生计生行政部门对采供血活动履行下列职责：

（一）制定临床用血储存、配送管理办法，并监督实施；

（二）对下级卫生计生行政部门履行本办法规定的血站管理职责进行监督检查；

（三）对辖区内血站执业活动进行日常监督检查，组织开展对采供血质量的不定期抽检；

（四）对辖区内临床供血活动进行监督检查；

（五）对违反本办法的行为依法进行查处。

第五十一条 各级人民政府卫生计生行政部门应当对无偿献血者的招募、采血、供血活动予以支持、指导。

第五十二条 省级人民政府卫生计生行政部门应当对本辖区内的血站执行有关规定情况和无偿献血比例、采供血服务质量、业务指导、人员培训、综合质量评价技术能力等情况进行评价及监督检查，按照国家卫生计生委的有关规定将结果上报，同时向社会公布。

第五十三条 国家卫生计生委定期对血液中心执行有关规定情况和无偿献血比例、采供血服务质量、业务指导、人员培训、综合质量评价技术能力等情况以及脐带血造血干细胞库等特殊血站的质量管理状况进行评价及监督检查，并将结果向社会公布。

第五十四条 卫生计生行政部门在进行监督检查时，有权索取有关资料，血站不得隐瞒、阻碍或者拒绝。

卫生计生行政部门对血站提供的资料负有保密的义务，法律、行政法规或者部门规章另有规定的除外。

第五十五条 卫生计生行政部门和工作人员在履行职责时，不得有以下行为：

（一）对不符合法定条件的，批准其设置、执业登记或者变更登记，或者超越职权批准血站设置、执业登记或者变更登记；

（二）对符合法定条件和血站设置规划的，不予批准其设置、执业登记或者变更登记；或者不在法定期限内批准其设置、执业登记或者变更登记；

（三）对血站不履行监督管理职责；

（四）其他违反本办法的行为。

第五十六条 各级人民政府卫生计生行政部门应当建立血站监督管理的举报、投诉机制。

卫生计生行政部门对举报人和投诉人负有保密的义务。

第五十七条 国家实行血液质量监测、检定制度，对血站质量管理、血站实验室质量管理实行技术评审制度，具体办法由国家卫生计生委另行制定。

第五十八条 血站有下列情形之一的，由省级人民政府卫生计生行政部门注销其《血站执业许可证》：

（一）《血站执业许可证》有效期届满未办理再次执业登记的；

（二）取得《血站执业许可证》后一年内未开展采供血工作的。

第五章 法律责任

第五十九条 有下列行为之一的，属于非法采集血液，由县级以上地方人民政府卫生计生行政部门按照《献血法》第十八条的有关规定予以处罚；构成犯罪的，依法追究刑事责任：

（一）未经批准，擅自设置血站，开展采供血活动的；

（二）已被注消的血站，仍开展采供血活动的；

（三）已取得设置批准但尚未取得《血站执业许可证》即开展采供血活动，或者《血站执业许可证》有效期满未再次登记仍开展采供血活动的；

（四）租用、借用、出租、出借、变造、伪造《血站执业许可证》开展采供血活动的。

第六十条 血站出售无偿献血血液的，由县级以上地方人民政府卫生计生行政部门按照《献血法》第十八条的有关规定，予以处罚；构成犯罪的，依法追究刑事责任。

第六十一条 血站有下列行为之一的，由县级以上地方人民政府卫生计生行政部门予以警告、责令改正；逾期不改正，或者造成经血液传播疾病发生，或者其他严重后果的，对负有责任的主管人员和其他直接负责人员，依法给予行政处分；构成犯罪的，依法追究刑事责任：

（一）超出执业登记的项目、内容、范围开展业务活动的；

（二）工作人员未取得相关岗位执业资格或者未

经执业注册而从事采供血工作的；

（三）血液检测实验室未取得相应资格即进行检测的；

（四）擅自采集原料血浆、买卖血液的；

（五）采集血液前，未按照国家颁布的献血者健康检查要求对献血者进行健康检查、检测的；

（六）采集冒名顶替者、健康检查不合格者血液以及超量、频繁采集血液的；

（七）违反输血技术操作规程、有关质量规范和标准的；

（八）采血前未向献血者、特殊血液成分捐赠者履行规定的告知义务的；

（九）擅自涂改、毁损或者不按规定保存工作记录的；

（十）使用的药品、体外诊断试剂、一次性卫生器材不符合国家有关规定的；

（十一）重复使用一次性卫生器材的；

（十二）对检测不合格或者报废的血液，未按有关规定处理的；

（十三）擅自与外省、自治区、直辖市调配血液的；

（十四）未按规定保存血液标本的；

（十五）脐带血造血干细胞库等特殊血站违反有关技术规范的。

血站造成经血液传播疾病发生或者其他严重后果的，卫生计生行政部门在行政处罚的同时，可以注销其《血站执业许可证》。

第六十二条 临床用血的包装、储存、运输，不符合国家规定的卫生标准和要求的，由县级以上地方人民政府卫生计生行政部门责令改正，给予警告。

第六十三条 血站违反规定，向医疗机构提供不符合国家规定标准的血液的，由县级以上人民政府卫生计生行政部门责令改正；情节严重，造成经血液途径传播的疾病传播或者有传播严重危险的，限期整顿，对直接负责的主管人员和其他责任人员，依法给予行政处分；构成犯罪的，依法追究刑事责任。

第六十四条 卫生计生行政部门及其工作人员违反本办法有关规定，有下列情形之一的，依据《献血法》、《行政许可法》的有关规定，由上级行政机关或者监察机关责令改正；情节严重的，对直接负责的主管人员和其他直接责任人员依法给予行政处分；构成犯罪的，依法追究刑事责任：

（一）未按规定的程序审查而使不符合条件的申请者得到许可的；

（二）对不符合条件的申请者准予许可或者超越法定职权作出准予许可决定的；

（三）在许可审批过程中弄虚作假的；

（四）对符合条件的设置及执业登记申请不予受理的；

（五）对符合条件的申请不在法定期限内作出许可决定的；

（六）不依法履行监督职责，或者监督不力造成严重后果的；

（七）其他在执行本办法过程中，存在滥用职权，玩忽职守，徇私舞弊，索贿受贿等行为的。

第六章 附 则

第六十五条 本办法下列用语的含义：

血液，是指全血、血液成分和特殊血液成分。

脐带血，是指与孕妇和新生儿血容量和血循环无关的，由新生儿脐带扎断后的远端所采集的胎盘血。

脐带血造血干细胞库，是指以人体造血干细胞移植为目的，具有采集、处理、保存和提供造血干细胞的能力，并具有相当研究实力的特殊血站。

第六十六条 本办法实施前已经设立的血站应当在本办法实施后九个月内，依照本办法规定进行调整。

省级人民政府卫生计生行政部门应当按照血液中心标准对现有血液中心进行审核，未达到血液中心标准的，应当责令限期整改。整改仍不合格的，卫生计生行政部门应当取消血液中心设置。对符合中心血站执业标准的，按照中心血站标准审核设置与执业登记。

第六十七条 本办法自2006年3月1日起施行。1998年9月21日颁布的《血站管理办法》（暂行）同时废止。

单采血浆站管理办法

1. *2008年1月4日卫生部令第58号公布*
2. *根据2015年5月27日国家卫生和计划生育委员会令第6号《关于修订〈单采血浆站管理办法〉的决定》第一次修订*
3. *根据2016年1月19日国家卫生和计划生育委员会令第8号《关于修改〈外国医师来华短期行医暂行管理办法〉等8件部门规章的决定》第二次修订*

第一章 总 则

第一条 为加强单采血浆站的监督管理，预防和控制经血液途径传播的疾病,保障供血浆者健康,保证原料血浆质量,根据《血液制品管理条例》,制定本办法。

第二条 本办法所称单采血浆站是指根据地区血源资源,按照有关标准和要求并经严格审批设立,采集供应血液制品生产用原料血浆的单位。

单采血浆站由血液制品生产单位设置,具有独立的法人资格。其他任何单位和个人不得从事单采血浆活动。

第三条 本办法所称供血浆者是指提供血液制品生产用原料血浆的人员。

划定采浆区域内具有当地户籍的18岁到55岁健康公民可以申请登记为供血浆者。

第四条 国家卫生计生委根据全国生产用原料血浆的需求、经济发展状况、疾病流行情况等,制定全国采供血机构设置规划指导原则。

省、自治区、直辖市人民政府卫生计生行政部门根据国家卫生计生委《采供血机构设置规划指导原则》,结合本行政区域疾病流行、供血浆能力等实际情况和当地区域卫生发展规划,制定本地区的单采血浆站设置规划,并组织实施。单采血浆站设置规划应当报国家卫生计生委备案。

第五条 国家卫生计生委负责全国单采血浆站的监督管理工作。

县级以上地方人民政府卫生计生行政部门负责本行政区域内单采血浆站的监督管理工作。

第二章 设置审批

第六条 血液制品生产单位设置单采血浆站应当符合当地单采血浆站设置规划,并经省、自治区、直辖市人民政府卫生计生行政部门批准。

第七条 单采血浆站应当设置在县(旗)及县级市,不得与一般血站设置在同一县级行政区域内。

有地方病或者经血传播的传染病流行、高发的地区不得规划设置单采血浆站。

上一年度和本年度自愿无偿献血未能满足临床用血的市级行政区域内不得新建单采血浆站。

第八条 省、自治区、直辖市人民政府卫生计生行政部门根据实际情况,划定单采血浆站的采浆区域。采浆区域的选择应当保证供血浆者的数量,能满足原料血浆年采集量不少于30吨。新建单采血浆站在3年内达到年采集量不少于30吨。

第九条 设置单采血浆站必须具备下列条件:

(一)符合采供血机构设置规划、单采血浆站设置规划以及《单采血浆站基本标准》要求的条件;

(二)具有与所采集原料血浆相适应的卫生专业技术人员;

(三)具有与所采集原料血浆相适应的场所及卫生环境;

(四)具有识别供血浆者的身份识别系统;

(五)具有与所采集原料血浆相适应的单采血浆机械及其他设施;

(六)具有对所采集原料血浆进行质量检验的技术人员以及必要的仪器设备;

(七)符合国家生物安全管理相关规定。

第十条 申请设置单采血浆站的血液制品生产单位,应当向单采血浆站设置地的县级人民政府卫生计生行政部门提交《设置单采血浆站申请书》,并提交下列材料:

(一)申请设置单采血浆站的血液制品生产单位的有关情况以及法人登记证书;

(二)拟设单采血浆站的可行性研究报告。内容包括:

1. 拟设单采血浆站基本情况,包括名称、地址、规模、任务、功能、组织结构等;

2. 拟设单采血浆站血浆采集区域及区域内疾病流行状况、适龄健康供血浆人口情况、机构运行及环境保护措施的预测分析;

3. 拟设单采血浆站的选址和建筑设计平面图;

4. 申请开展的业务项目、技术设备条件资料;

5. 污水、污物以及医疗废物处理方案;

(三)单采血浆站用房的房屋产权证明或者使用权证明;

(四)拟设单采血浆站的法定代表人及其主要负责人的身份证明文件和专业履历;

(五)单采血浆站从业人员名单及资格证书;

(六)单采血浆站的各项规章制度。

第十一条 有下列情形之一的,不得申请设置新的单采血浆站:

(一)拟设置的单采血浆站不符合采供血机构设置规划或者当地单采血浆站设置规划要求的;

(二)省级卫生计生行政部门未同意划定采浆区域的;

(三)血液制品生产单位被吊销药品生产质量管理规范(GMP)证书未满5年的;

(四)血液制品生产单位发生过非法采集血浆或者擅自调用血浆行为的;

(五)血液制品生产单位注册的血液制品少于6

个品种的，承担国家计划免疫任务的血液制品生产单位少于5个品种的。

第十二条　下列人员不得作为新建单采血浆站的法定代表人或者主要负责人：

（一）正在服刑或者不具有完全民事行为能力的人；

（二）发生血液安全事故未满5年的责任人；

（三）被吊销《单采血浆许可证》或者《血站执业许可证》未满10年的单采血浆站或者血站的法定代表人、主要负责人及责任人；

（四）被吊销药品生产质量管理规范（GMP）证书未满5年的血液制品生产单位法定代表人或者主要负责人；

（五）被卫生计生行政部门责令限期改正3个月以上或者给予罚款5–10万元处罚未满3年的单采血浆站的法定代表人、主要负责人及责任人。

第十三条　县级人民政府卫生计生行政部门在收到全部申请材料后进行初审，经设区的市、自治州人民政府卫生计生行政部门审查同意后，报省级人民政府卫生计生行政部门审批。

第十四条　省级人民政府卫生计生行政部门在收到单采血浆站申请材料后，可以组织有关专家或者委托技术机构，根据《单采血浆站质量管理规范》进行技术审查。

经审查符合条件的，由省级人民政府卫生计生行政部门核发《单采血浆许可证》，并在设置审批后10日内报国家卫生计生委备案；经审查不符合条件的，应当将不予批准的理由书面通知申请人。

第十五条　申请设置单采血浆站不符合本办法第九条、第十一条、第十二条规定的不予批准。

第十六条　《单采血浆许可证》有效期为2年。

《单采血浆许可证》的主要内容为：

（一）设置单采血浆站的血液制品生产单位名称；

（二）单采血浆站的名称、地址、法定代表人或者主要负责人；

（三）业务项目及采浆区域（范围）；

（四）发证机关、发证日期、许可证号和有效期。

第十七条　《单采血浆许可证》有效期满前3个月，单采血浆站应当向原发证部门申请延续，并提交下列材料：

（一）《单采血浆许可证》的复印件；

（二）执业期间运行情况的报告，包括原料血浆采集的数量、定期自检报告等；

（三）卫生计生行政部门监督检查的意见及整改情况等；

（四）技术机构根据《单采血浆站质量管理规范》出具的技术审查报告。

第十八条　省级人民政府卫生计生行政部门根据单采血浆站上一执业周期业务开展情况、技术审查和监督检查等情况进行审核，审核合格的，予以延续。经审核不合格的，责令其限期整改；经整改仍不合格的，注销其《单采血浆许可证》。

未办理延续申请或者被注销《单采血浆许可证》的单采血浆站，不得继续执业。

第十九条　单采血浆站变更名称、地址、法定代表人、业务项目等内容的，应当向原发证部门办理变更登记手续。

设置单采血浆站的血液制品生产单位发生变更的，该单采血浆站应当重新办理《单采血浆许可证》，原《单采血浆许可证》注销。

第二十条　县级以上地方各级人民政府卫生计生行政部门审核批准设置单采血浆站的程序和期限，按照《行政许可法》、《卫生行政许可管理办法》等有关规定执行。

第三章　执　　业

第二十一条　单采血浆站执业，应当遵守有关法律、法规、规章和技术规范。

单采血浆站的法定代表人或者主要负责人应当对采集的原料血浆质量安全负责。

第二十二条　单采血浆站应当在规定的采浆区域内组织、动员供血浆者，并对供血浆者进行相应的健康教育，为供血浆者提供安全、卫生、便利的条件和良好的服务。

第二十三条　单采血浆站应当按照《中华人民共和国药典》血液制品原料血浆规程对申请供血浆者进行健康状况征询、健康检查和血样化验，并按照国家卫生计生委发布的供血浆者须知对供血浆者履行告知义务。

对健康检查合格的申请供血浆者，核对身份证后，填写供血浆者名册，报所在地县级人民政府卫生计生行政部门。省级人民政府卫生计生行政部门应当在本省和相邻省内进行供血浆者信息检索，确认未在其他单采血浆站登记，将有关信息进行反馈，由县级人民政府卫生计生行政部门发给《供血浆证》。

《供血浆证》内容至少应当包括：姓名、性别、血型、民族、身份证号码、2年内免冠证件照、家庭住址、建卡日期和编号。

第二十四条　有下列情况之一的，不予发给《供血浆证》：

（一）健康检查、化验不合格的；

（二）曾伪造身份证明，持有2个以上《供血浆证》的；

（三）已在其他单采血浆站登记为供血浆者的；

（四）当地户籍部门未能核实其身份信息的。

第二十五条　单采血浆站应当建立供血浆者管理档案，记录供血浆者供血浆情况、健康检查情况。建立供血浆者永久淘汰、暂时拒绝及不予发放《供血浆证》者档案名册。同时采用计算机管理档案并建立供血浆者身份识别系统。

第二十六条　单采血浆站在采集血浆中发现《供血浆证》内容变更的，或者供血浆者健康检查不合格的，应当收缴《供血浆证》并及时告知当地县级人民政府卫生计生行政部门。

第二十七条　单采血浆站应当根据登记的供血浆者供血浆实际情况和血液制品生产单位原料血浆需求情况，制定采浆工作计划，合理安排供血浆者供血浆。

第二十八条　单采血浆站采集原料血浆应当遵循自愿和知情同意的原则。

对需要进行特殊免疫的供血浆者，应当告知特殊免疫的意义、作用、方法、步骤和不良反应，征得供血浆者本人书面同意后，方可按照国家规定的免疫程序进行免疫。免疫情况和不良反应处理应当详细记录。

第二十九条　单采血浆站在每次采集血浆前，必须将供血浆者持有的身份证或者其他有效身份证明、《供血浆证》与计算机档案管理内容进行核实，确认无误的，方可按照规定程序进行健康检查和血样化验；对检查、化验合格的，按照有关技术操作标准和程序采集血浆，并详细记录。

第三十条　单采血浆站必须使用单采血浆机械采集血浆，严禁手工采集血浆。

每次采集供血浆者的血浆量不得超过580毫升（含抗凝剂溶液，以容积比换算质量比不超过600克）。严禁超量采集血浆。

两次供血浆时间间隔不得少于14天。严禁频繁采集血浆。

严禁采集非划定采浆区域内供血浆者的血浆。严禁采集冒名顶替者及无《供血浆证》者的血浆。

严禁采集血液或者将所采集的原料血浆用于临床。

第三十一条　单采血浆站应当建立对有易感染经血液传播疾病危险行为的供血浆者供血浆后的报告工作程序、供血浆者屏蔽和淘汰制度。

第三十二条　单采血浆站应当对血浆采集工作实行全面质量管理，严格遵守《中华人民共和国药典》血液制品原料血浆规程、《单采血浆站质量管理规范》等技术规范和标准。

第三十三条　单采血浆站应当建立人员岗位责任制和采供血浆管理相关工作制度，并定期检查、考核各项规章制度和各级各类人员岗位责任制的执行和落实情况。

第三十四条　单采血浆站应当对关键岗位工作人员进行岗位培训与考核。单采血浆站关键岗位工作人员应当符合岗位执业资格的规定，并经岗位培训与考核合格后方可上岗。

单采血浆站工作人员每人每年应当接受不少于75学时的岗位继续教育。

省级人民政府卫生计生行政部门应当制定单采血浆站工作人员培训标准或指南，并对单采血浆站开展的岗位培训、考核工作进行指导和监督。

第三十五条　单采血浆站各业务岗位工作记录应当内容真实、项目完整、格式规范、字迹清楚、记录及时，有操作者和复核者签名。

记录内容需要更改时，应当保持原记录内容清晰可辨，注明更改内容和日期，并在更改处签名。

血浆采集、检测和供浆的原始记录应当至少保存10年，法律、法规和国家卫生计生委另有规定的，依照有关规定执行。

第三十六条　单采血浆站应当保证所采集的血浆均进行严格的检测。

第三十七条　血浆采集后必须单人份冰冻保存，严禁混浆。

第三十八条　单采血浆站应当制定实验室室内质控与室间质评制度，并定期参加省级以上室间质量考评，确保试剂、卫生器材、仪器、设备在使用过程中能达到预期效果。

单采血浆站的实验室应当配备必要的生物安全设备和设施，工作人员应当接受生物安全知识培训。

第三十九条　单采血浆站所采集的每袋血浆必须留存血浆标本，保存期应不少于血液制品生产投料后2年。

第四十条　单采血浆站应当加强消毒、隔离工作管理，预防和控制感染性疾病的传播。

单采血浆站产生的医疗废物应当按照《医疗废物管理条例》规定处理，做好记录与签字，避免交叉感染。

第四十一条　单采血浆站及其执行职务的人员发现法定

传染病疫情时,应当按照《传染病防治法》和国家卫生计生委的规定向有关部门报告。

第四十二条 原料血浆的采集、包装、储存、运输应当符合《单采血浆站质量管理规范》的要求。

原料血浆包装袋标签上必须标明:

(一)单采血浆站的名称;

(二)供血浆者姓名、编号或者条形码;

(三)血浆重量、血浆类型、采集日期、血浆编号、有效期;

(四)储存条件。

原料血浆储存、运输装箱时,每箱内均应有装箱单,并附有化验合格单以及血浆复检标本。

第四十三条 单采血浆站只能向设置其的血液制品生产单位供应原料血浆。

单采血浆站应当保证发出的原料血浆质量符合国家有关标准,其品种、规格、数量无差错,血浆的生物活性保存完好。

第四十四条 单采血浆站使用的药品、体外诊断试剂、一次性卫生器材应当符合国家有关规定。

第四十五条 单采血浆站必须使用计算机系统管理供血浆者信息、采供血浆和相关工作过程。建立血浆标识的管理程序,确保所有血浆可以追溯到相应的供血浆者和供血浆过程,确保所使用的物料批号以及所有制备、检验、运输记录完整。血浆标识应当采用条形码技术。同一血浆条形码至少 50 年不重复。

第四十六条 单采血浆站应当每半年向所在地县级人民政府卫生计生行政部门报告有关原料血浆采集情况。

第四十七条 单采血浆站应当制定紧急灾害应急预案,并从血源、管理制度、技术能力和设备条件等方面保证预案的实施。在紧急灾害发生时服从县级以上人民政府卫生计生行政部门的调遣。

第四十八条 单采血浆站必须严格执行国家有关报废血处理和有易感染经血液传播疾病危险行为的供血浆者供血浆后保密性弃血处理的规定。

第四十九条 单采血浆站的工作人员必须每年进行一次体格检查,建立职工健康档案。患有传染病、严重皮肤感染和体表伤口未愈者,不得从事采集血浆、检验、消毒、供应等岗位工作。

第五十条 单采血浆站每年应当委托技术机构按照《单采血浆站质量管理规范》要求进行不少于一次的技术审查。

第五十一条 技术机构提供的单采血浆站技术评价、检测结果应当客观、真实。

第四章 监督管理

第五十二条 县级以上地方人民政府卫生计生行政部门负责本行政区域内单采血浆站监督管理工作,制定年度监督检查计划,检查内容包括:

(一)执行法律、法规、规章、技术标准和规范情况;

(二)单采血浆站各项规章制度和工作人员岗位责任制落实情况;

(三)供血浆者管理,检验,原料血浆的采集、保存、供应等;

(四)单采血浆站定期自检和重大事故报告情况。

县级人民政府卫生计生行政部门依照本办法的规定负责本行政区域内单采血浆站的日常监督管理工作。

设区的市级人民政府卫生计生行政部门至少每半年对本行政区域内单采血浆站进行一次检查和不定期抽查。

省级人民政府卫生计生行政部门至少每年组织一次对本行政区域内单采血浆站的监督检查和不定期抽查。

上级卫生计生行政部门应当定期或者不定期监督检查辖区内原料血浆管理工作,并及时向下级卫生计生行政部门通报监督检查情况。

第五十三条 负责单采血浆站审批和监督的卫生计生行政部门要建立信息沟通制度,将审批、监督检查情况等信息相互通告,保证工作的有效衔接。

省级人民政府卫生计生行政部门要在单采血浆站建立公示制度,对单采血浆站的基本情况、执业情况、卫生计生行政部门监督检查情况以及投诉、举报电话进行公示。

第五十四条 省级以上人民政府卫生计生行政部门应当指定有关血液检定机构,对单采血浆站采集的血浆质量进行监测,监测结果报同级人民政府卫生计生行政部门。

第五十五条 为单采血浆站出具技术审查报告的技术机构,应当符合条件并由省级以上人民政府卫生计生行政部门指定。

第五十六条 卫生计生行政部门在进行监督检查时,有权索取有关资料,单采血浆站不得隐瞒、阻碍或者拒绝。

卫生计生行政部门对单采血浆站提供的资料负有保密的义务,法律、行政法规或者部门规章另有规定的除外。

第五十七条　各级人民政府卫生计生行政部门应当建立单采血浆站监督管理的举报、投诉机制。

卫生计生行政部门对举报人和投诉人负有保密的义务。

第五十八条　县级以上地方人民政府卫生计生行政部门应当按有关规定定期将原料血浆的采集情况逐级上报。

省、自治区、直辖市人民政府卫生计生行政部门应当每年向国家卫生计生委汇总报告本行政区域内原料血浆的采集情况。

第五十九条　省级人民政府卫生计生行政部门应当建立供血浆者信息管理系统，并向有关部门提供检索查询信息。

第六十条　上一级人民政府卫生计生行政部门有权纠正或者撤销下一级人民政府卫生计生行政部门作出的不符合规定的行政行为。

第五章　罚　　则

第六十一条　单采血浆站有下列行为之一的，由县级以上地方人民政府卫生计生行政部门依据《血液制品管理条例》第三十四条的有关规定予以处罚：

（一）未取得《单采血浆许可证》开展采供血浆活动的；

（二）《单采血浆许可证》已被注销或者吊销仍开展采供血浆活动的；

（三）租用、借用、出租、出借、变造、伪造《单采血浆许可证》开展采供血浆活动的。

第六十二条　单采血浆站违反本办法有关规定，有下列行为之一的，由县级以上地方人民政府卫生计生行政部门予以警告，并处3万元以下的罚款：

（一）隐瞒、阻碍、拒绝卫生计生行政部门监督检查或者不如实提供有关资料的；

（二）对供血浆者未履行事先告知义务，未经供血浆者同意开展特殊免疫的；

（三）未按照规定建立供血浆者档案管理及屏蔽、淘汰制度的；

（四）未按照规定制订各项工作制度或者不落实的；

（五）工作人员未取得相关岗位执业资格或者未经执业注册从事采供血浆工作的；

（六）不按照规定记录或者保存工作记录的；

（七）未按照规定保存血浆标本的。

第六十三条　单采血浆站有下列情形之一的，按照《血液制品管理条例》第三十五条规定予以处罚：

（一）采集血浆前，未按照有关健康检查要求对供血浆者进行健康检查、血液化验的；

（二）采集非划定区域内的供血浆者或者其他人员血浆的；或者不对供血浆者进行身份识别，采集冒名顶替者、健康检查不合格者或者无《供血浆证》者的血浆的；

（三）超量、频繁采集血浆的；

（四）向医疗机构直接供应原料血浆或者擅自采集血液的；

（五）未使用单采血浆机械进行血浆采集的；

（六）未使用有产品批准文号并经国家药品生物制品检定机构逐批检定合格的体外诊断试剂以及合格的一次性采血浆器材的；

（七）未按照国家规定的卫生标准和要求包装、储存、运输原料血浆的；

（八）未按照规定对污染的注射器、采血浆器材、不合格或者报废血浆进行处理，擅自倾倒，污染环境，造成社会危害的；

（九）重复使用一次性采血浆器材的；

（十）向设置单采血浆站的血液制品生产单位以外的其他单位供应原料血浆的。

有下列情形之一的，按照情节严重予以处罚，并吊销《单采血浆许可证》：

（一）对国家规定检测项目检测结果呈阳性的血浆不清除并不及时上报的；

（二）12个月内2次发生《血液制品管理条例》第三十五条所列违法行为的；

（三）同时有《血液制品管理条例》第三十五条3项以上违法行为的；

（四）卫生计生行政部门责令限期改正而拒不改正的；

（五）造成经血液途径传播的疾病传播或者造成其他严重伤害后果的。

第六十四条　单采血浆站已知其采集的血浆检测结果呈阳性，仍向血液制品生产单位供应的，按照《血液制品管理条例》第三十六条规定予以处罚。

第六十五条　涂改、伪造、转让《供血浆证》的，按照《血液制品管理条例》第三十七条规定予以处罚。

第六十六条　违反《血液制品管理条例》和本办法规定，擅自出口原料血浆的，按照《血液制品管理条例》第四十二条规定予以处罚。

第六十七条　承担单采血浆站技术评价、检测的技术机构出具虚假证明文件的，由卫生计生行政部门责令改正,给予警告,并可处2万元以下的罚款;对直接负责的主管人员和其他直接责任人员,依法给予处分;情节严重,构成犯罪的,依法追究刑事责任。

第六章 附 则

第六十八条 本办法自2008年3月1日起实行。

医疗机构临床用血管理办法

1. 2012年6月7日卫生部令第85号公布

2. 根据2019年2月28日国家卫生健康委员会令第2号《关于修改〈职业健康检查管理办法〉等4件部门规章的决定》修订

第一章 总 则

第一条 为加强医疗机构临床用血管理,推进临床科学合理用血,保护血液资源,保障临床用血安全和医疗质量,根据《中华人民共和国献血法》,制定本办法。

第二条 卫生部负责全国医疗机构临床用血的监督管理。县级以上地方人民政府卫生行政部门负责本行政区域医疗机构临床用血的监督管理。

第三条 医疗机构应当加强临床用血管理,将其作为医疗质量管理的重要内容,完善组织建设,建立健全岗位责任制,制定并落实相关规章制度和技术操作规程。

第四条 本办法适用于各级各类医疗机构的临床用血管理工作。

第二章 组织与职责

第五条 卫生部成立临床用血专家委员会,其主要职责是:

(一)协助制订国家临床用血相关制度、技术规范和标准;

(二)协助指导全国临床用血管理和质量评价工作,促进提高临床合理用血水平;

(三)协助临床用血重大安全事件的调查分析,提出处理意见;

(四)承担卫生部交办的有关临床用血管理的其他任务。

卫生部建立协调机制,做好临床用血管理工作,提高临床合理用血水平,保证输血治疗质量。

第六条 各省、自治区、直辖市人民政府卫生行政部门成立省级临床用血质量控制中心,负责辖区内医疗机构临床用血管理的指导、评价和培训等工作。

第七条 医疗机构应当加强组织管理,明确岗位职责,健全管理制度。

医疗机构法定代表人为临床用血管理第一责任人。

第八条 二级以上医院和妇幼保健院应当设立临床用血管理委员会,负责本机构临床合理用血管理工作。主任委员由院长或者分管医疗的副院长担任,成员由医务部门、输血科、麻醉科、开展输血治疗的主要临床科室、护理部门、手术室等部门负责人组成。医务、输血部门共同负责临床合理用血日常管理工作。

其他医疗机构应当设立临床用血管理工作组,并指定专(兼)职人员负责日常管理工作。

第九条 临床用血管理委员会或者临床用血管理工作组应当履行以下职责:

(一)认真贯彻临床用血管理相关法律、法规、规章、技术规范和标准,制订本机构临床用血管理的规章制度并监督实施;

(二)评估确定临床用血的重点科室、关键环节和流程;

(三)定期监测、分析和评估临床用血情况,开展临床用血质量评价工作,提高临床合理用血水平;

(四)分析临床用血不良事件,提出处理和改进措施;

(五)指导并推动开展自体输血等血液保护及输血新技术;

(六)承担医疗机构交办的有关临床用血的其他任务。

第十条 医疗机构应当根据有关规定和临床用血需求设置输血科或者血库,并根据自身功能、任务、规模,配备与输血工作相适应的专业技术人员、设施、设备。

不具备条件设置输血科或者血库的医疗机构,应当安排专(兼)职人员负责临床用血工作。

第十一条 输血科及血库的主要职责是:

(一)建立临床用血质量管理体系,推动临床合理用血;

(二)负责制订临床用血储备计划,根据血站供血的预警信息和医院的血液库存情况协调临床用血;

(三)负责血液预订、入库、储存、发放工作;

(四)负责输血相关免疫血液学检测;

(五)参与推动自体输血等血液保护及输血新技术;

(六)参与特殊输血治疗病例的会诊,为临床合理用血提供咨询;

(七)参与临床用血不良事件的调查;

（八）根据临床治疗需要，参与开展血液治疗相关技术；

（九）承担医疗机构交办的有关临床用血的其他任务。

第三章 临床用血管理

第十二条 医疗机构应当加强临床用血管理，建立并完善管理制度和工作规范，并保证落实。

第十三条 医疗机构应当使用卫生行政部门指定血站提供的血液。

医疗机构科研用血由所在地省级卫生行政部门负责核准。

医疗机构应当配合血站建立血液库存动态预警机制，保障临床用血需求和正常医疗秩序。

第十四条 医疗机构应当科学制订临床用血计划，建立临床合理用血的评价制度，提高临床合理用血水平。

第十五条 医疗机构应当对血液预订、接收、入库、储存、出库及库存预警等进行管理，保证血液储存、运送符合国家有关标准和要求。

第十六条 医疗机构接收血站发送的血液后，应当对血袋标签进行核对。符合国家有关标准和要求的血液入库，做好登记；并按不同品种、血型和采血日期（或有效期），分别有序存放于专用储藏设施内。

血袋标签核对的主要内容是：

（一）血站的名称；

（二）献血编号或者条形码、血型；

（三）血液品种；

（四）采血日期及时间或者制备日期及时间；

（五）有效期及时间；

（六）储存条件。

禁止将血袋标签不合格的血液入库。

第十七条 医疗机构应当在血液发放和输血时进行核对，并指定医务人员负责血液的收领、发放工作。

第十八条 医疗机构的储血设施应当保证运行有效，全血、红细胞的储藏温度应当控制在2－6℃，血小板的储藏温度应当控制在20－24℃。储血保管人员应当做好血液储藏温度的24小时监测记录。储血环境应当符合卫生标准和要求。

第十九条 医务人员应当认真执行临床输血技术规范，严格掌握临床输血适应证，根据患者病情和实验室检测指标，对输血指证进行综合评估，制订输血治疗方案。

第二十条 医疗机构应当建立临床用血申请管理制度。

同一患者一天申请备血量少于800毫升的，由具有中级以上专业技术职务任职资格的医师提出申请，上级医师核准签发后，方可备血。

同一患者一天申请备血量在800毫升至1600毫升的，由具有中级以上专业技术职务任职资格的医师提出申请，经上级医师审核，科室主任核准签发后，方可备血。

同一患者一天申请备血量达到或超过1600毫升的，由具有中级以上专业技术职务任职资格的医师提出申请，科室主任核准签发后，报医务部门批准，方可备血。

以上第二款、第三款和第四款规定不适用于急救用血。

第二十一条 在输血治疗前，医师应当向患者或者其近亲属说明输血目的、方式和风险，并签署临床输血治疗知情同意书。

因抢救生命垂危的患者需要紧急输血，且不能取得患者或者其近亲属意见的，经医疗机构负责人或者授权的负责人批准后，可以立即实施输血治疗。

第二十二条 医疗机构应当积极推行节约用血的新型医疗技术。

三级医院、有条件的二级医院和妇幼保健院应当开展自体输血技术，建立并完善管理制度和技术规范，提高合理用血水平，保证医疗质量和安全。

医疗机构应当动员符合条件的患者接受自体输血技术，提高输血治疗效果和安全性。

第二十三条 医疗机构应当积极推行成分输血，保证医疗质量和安全。

第二十四条 医疗机构应当将无偿献血纳入健康教育内容，积极主动向患者、家属及社会广泛宣传，鼓励健康适龄公民自愿参加无偿献血，提升群众对无偿献血的知晓度和参与度。

第二十五条 医疗机构应当根据国家有关法律法规和规范建立临床用血不良事件监测报告制度。临床发现输血不良反应后，应当积极救治患者，及时向有关部门报告，并做好观察和记录。

第二十六条 各省、自治区、直辖市人民政府卫生行政部门应当制订临床用血保障措施和应急预案，保证自然灾害、突发事件等大量伤员和特殊病例、稀缺血型等应急用血的供应和安全。

因应急用血或者避免血液浪费，在保证血液安全的前提下，经省、自治区、直辖市人民政府卫生行政部门核准，医疗机构之间可以调剂血液。具体方案由省级卫生行政部门制订。

第二十七条　省、自治区、直辖市人民政府卫生行政部门应当加强边远地区医疗机构临床用血保障工作，科学规划和建设中心血库与储血点。

医疗机构应当制订应急用血工作预案。为保证应急用血，医疗机构可以临时采集血液，但必须同时符合以下条件：

（一）危及患者生命，急需输血；

（二）所在地血站无法及时提供血液，且无法及时从其他医疗机构调剂血液，而其他医疗措施不能替代输血治疗；

（三）具备开展交叉配血及乙型肝炎病毒表面抗原、丙型肝炎病毒抗体、艾滋病病毒抗体和梅毒螺旋体抗体的检测能力；

（四）遵守采供血相关操作规程和技术标准。

医疗机构应当在临时采集血液后 10 日内将情况报告县级以上人民政府卫生行政部门。

第二十八条　医疗机构应当建立临床用血医学文书管理制度，确保临床用血信息客观真实、完整、可追溯。医师应当将患者输血适应证的评估、输血过程和输血后疗效评价情况记入病历；临床输血治疗知情同意书、输血记录单等随病历保存。

第二十九条　医疗机构应当建立培训制度，加强对医务人员临床用血和无偿献血知识的培训，将临床用血相关知识培训纳入继续教育内容。新上岗医务人员应当接受岗前临床用血相关知识培训及考核。

第三十条　医疗机构应当建立科室和医师临床用血评价及公示制度。将临床用血情况纳入科室和医务人员工作考核指标体系。

禁止将用血量和经济收入作为输血科或者血库工作的考核指标。

第四章　监督管理

第三十一条　县级以上地方人民政府卫生行政部门应当加强对本行政区域内医疗机构临床用血情况的督导检查。

第三十二条　县级以上地方人民政府卫生行政部门应当建立医疗机构临床用血评价制度，定期对医疗机构临床用血工作进行评价。

第三十三条　县级以上地方人民政府卫生行政部门应当建立临床合理用血情况排名、公布制度。对本行政区域内医疗机构临床用血量和不合理使用等情况进行排名，将排名情况向本行政区域内的医疗机构公布，并报上级卫生行政部门。

第三十四条　县级以上地方人民政府卫生行政部门应当将医疗机构临床用血情况纳入医疗机构考核指标体系；将临床用血情况作为医疗机构评审、评价重要指标。

第五章　法律责任

第三十五条　医疗机构有下列情形之一的，由县级以上人民政府卫生行政部门责令限期改正；逾期不改的，进行通报批评，并予以警告；情节严重或者造成严重后果的，可处 3 万元以下的罚款，对负有责任的主管人员和其他直接责任人员依法给予处分：

（一）未设立临床用血管理委员会或者工作组的；

（二）未拟定临床用血计划或者一年内未对计划实施情况进行评估和考核的；

（三）未建立血液发放和输血核对制度的；

（四）未建立临床用血申请管理制度的；

（五）未建立医务人员临床用血和无偿献血知识培训制度的；

（六）未建立科室和医师临床用血评价及公示制度的；

（七）将经济收入作为对输血科或者血库工作的考核指标的；

（八）违反本办法的其他行为。

第三十六条　医疗机构使用未经卫生行政部门指定的血站供应的血液的，由县级以上地方人民政府卫生行政部门给予警告，并处 3 万元以下罚款；情节严重或者造成严重后果的，对负有责任的主管人员和其他直接责任人员依法给予处分。

第三十七条　医疗机构违反本办法关于应急用血采血规定的，由县级以上人民政府卫生行政部门责令限期改正，给予警告；情节严重或者造成严重后果的，处 3 万元以下罚款，对负有责任的主管人员和其他直接责任人员依法给予处分。

第三十八条　医疗机构及其医务人员违反本办法规定，将不符合国家规定标准的血液用于患者的，由县级以上地方人民政府卫生行政部门责令改正；给患者健康造成损害的，应当依据国家有关法律法规进行处理，并对负有责任的主管人员和其他直接责任人员依法给予处分。

第三十九条　县级以上地方卫生行政部门未按照本办法规定履行监管职责，造成严重后果的，对直接负责的主管人员和其他直接责任人员依法给予记大过、降级、撤职、开除等行政处分。

第四十条　医疗机构及其医务人员违反临床用血管理规定，构成犯罪的，依法追究刑事责任。

第六章 附 则

第四十一条 本办法自2012年8月1日起施行。卫生部于1999年1月5日公布的《医疗机构临床用血管理办法(试行)》同时废止。

卫生部关于脐带血造血干细胞库有关问题的批复

1. 2005年2月28日
2. 卫医发〔2005〕69号

上海市卫生局:

你局《关于脐带血造血干细胞库行政许可有关问题的紧急请示》(卫医政〔2005〕19号)收悉。经研究,并经专家委员会论证,现批复如下:

一、按照国务院对卫生部上报行政审批项目的审核意见,脐带血造血干细胞库属于特殊血站,设定依据为《献血法》第八条,应当依法继续实施此项行政许可。

二、根据《献血法》第八条规定,不设立以管利为目的的脐带血造血干细胞库。

三、上海市脐带血造血干细胞库设置批准书有效期延长至2005年12月31日。

此复。

卫生部关于计划生育技术服务机构申请临床用血有关问题的批复

1. 2005年9月13日
2. 卫医发〔2005〕367号

广东省卫生厅:

你厅《关于计划生育技术服务机构申请临床用血问题的请示》(粤卫〔2005〕186号)收悉。经研究,现批复如下:

根据《中华人民共和国献血法》和《计划生育技术服务管理条例》、《医疗机构管理条例》的有关规定,为保障临床医疗安全,对计划生育技术服务机构依照《计划生育技术服务管理条例》开展的服务项目或取得《医疗机构执业许可证》批准开展的执业项目中如有申请临床用血问题的,应当按照有关规定满足其临床用血需求。

此复。

卫生部关于单采血浆站业务项目有关问题的批复

1. 2010年7月16日
2. 卫医政函〔2010〕260号

广西壮族自治区卫生厅:

你厅《关于明确单采血浆站业务项目的请示》(桂卫报〔2010〕115号)收悉。经研究,现批复如下:

一、《单采血浆站管理办法》第十六条和第十九条中规定的"业务项目",包括采集血液制品生产用人血浆和特异性免疫血浆。特异性免疫血浆项目应当注明具体特异性免疫种类。

二、业务项目的审批、登记、变更按照《单采血浆站管理办法》、《单采血浆站质量管理规范》和《中华人民共和国药典》2010年版三部"血液制品生产用人血浆"的有关规定执行。

此复。

卫生部办公厅关于明确单采血浆时间间隔有关问题的通知

1. 2011年3月28日
2. 卫办医政函〔2011〕255号

各省、自治区、直辖市卫生厅局,新疆生产建设兵团卫生局:

目前部分地区对两次单采血浆时间间隔存在不同理解,执法标准不尽相同。为统一标准,易于执行,经研究,现对《单采血浆站管理办法》第30条第三款规定解释如下:

两次供血浆时间间隔不得少于14天,系指从供浆员施行供浆行为的第2天算起,至第15天为间隔时间,第15天为再次供浆的最早时间。

卫生部办公厅关于做好方便无偿献血者及相关人员异地用血工作的通知

1. 2012年5月9日
2. 卫办医政函〔2012〕427号

各省、自治区、直辖市卫生厅局,新疆生产建设兵团卫生局:

为贯彻落实《献血法》第十四条有关规定,方便无偿献血者及其配偶和直系亲属（以下简称“无偿献血相关人”）异地用血，鼓励更多健康适龄公民参与无偿献血，营造无偿献血良好氛围，推动无偿献血事业健康发展，现将有关工作要求通知如下：

一、各省（区、市）应当全面推进方便无偿献血相关人在献血地所在省级行政区域内的异地用血（以下简称“省内异地用血”）工作。

二、无偿献血相关人在省内异地用血时，其费用由用血地负责血液费用报销的相关机构先行报销，再由献血地负责血液费用报销的相关机构向用血地血液费用报销机构支付其用血相关费用。

三、同一省级行政区域内，献血地和用血地用血返还标准不一致的，应当按照献血地返还标准执行；无偿献血者在多地献血，由无偿献血相关人选择其中一个献血地的返还标准执行。

四、血站、医疗机构和负责血液费用报销相关机构应当安排专人负责无偿献血相关人省内异地用血费用及相关文件的审核等工作，规范工作流程，不得以非本地献血者为由，拒绝为无偿献血相关人办理有关手续。

五、省级卫生行政部门应当积极推进辖区内血站和医疗机构的信息共享工作，做好临床用血费用报销工作的技术支撑。

六、省级卫生行政部门负责制定具体工作方案，明确工作目标，完善管理制度，规范工作流程，简化报销手续，提高服务质量。

七、各省（区、市）应当于 2012 年 9 月 1 日起在本行政区域内开展无偿献血相关人省内异地用血报销工作，为无偿献血相关人提供方便、快捷的服务。

八、各级卫生行政部门应当对工作开展情况和实施效果进行督导检查，确保各项工作取得实效。

九、外省（区、市）无偿献血相关人在本地用血时，享有本地无偿献血相关人临床用血优惠政策。具备条件的省份之间，应当积极推进跨省异地用血报销。具体方案可参照本通知制订。

6. 医疗设备

医疗器械监督管理条例

1. 2000年1月4日国务院令第276号公布
2. 2014年2月12日国务院第39次常务会议修订通过
3. 根据2017年5月4日国务院令第680号《关于修改〈医疗器械监督管理条例〉的决定》修订
4. 2020年12月21日国务院第119次常务会议修订通过
5. 2021年2月9日国务院令第739号公布
6. 自2021年6月1日起施行

第一章 总 则

第一条 为了保证医疗器械的安全、有效,保障人体健康和生命安全,促进医疗器械产业发展,制定本条例。

第二条 在中华人民共和国境内从事医疗器械的研制、生产、经营、使用活动及其监督管理,适用本条例。

第三条 国务院药品监督管理部门负责全国医疗器械监督管理工作。

国务院有关部门在各自的职责范围内负责与医疗器械有关的监督管理工作。

第四条 县级以上地方人民政府应当加强对本行政区域的医疗器械监督管理工作的领导,组织协调本行政区域内的医疗器械监督管理工作以及突发事件应对工作,加强医疗器械监督管理能力建设,为医疗器械安全工作提供保障。

县级以上地方人民政府负责药品监督管理的部门负责本行政区域的医疗器械监督管理工作。县级以上地方人民政府有关部门在各自的职责范围内负责与医疗器械有关的监督管理工作。

第五条 医疗器械监督管理遵循风险管理、全程管控、科学监管、社会共治的原则。

第六条 国家对医疗器械按照风险程度实行分类管理。

第一类是风险程度低,实行常规管理可以保证其安全、有效的医疗器械。

第二类是具有中度风险,需要严格控制管理以保证其安全、有效的医疗器械。

第三类是具有较高风险,需要采取特别措施严格控制管理以保证其安全、有效的医疗器械。

评价医疗器械风险程度,应当考虑医疗器械的预期目的、结构特征、使用方法等因素。

国务院药品监督管理部门负责制定医疗器械的分类规则和分类目录,并根据医疗器械生产、经营、使用情况,及时对医疗器械的风险变化进行分析、评价,对分类规则和分类目录进行调整。制定、调整分类规则和分类目录,应当充分听取医疗器械注册人、备案人、生产经营企业以及使用单位、行业组织的意见,并参考国际医疗器械分类实践。医疗器械分类规则和分类目录应当向社会公布。

第七条 医疗器械产品应当符合医疗器械强制性国家标准;尚无强制性国家标准的,应当符合医疗器械强制性行业标准。

第八条 国家制定医疗器械产业规划和政策,将医疗器械创新纳入发展重点,对创新医疗器械予以优先审评审批,支持创新医疗器械临床推广和使用,推动医疗器械产业高质量发展。国务院药品监督管理部门应当配合国务院有关部门,贯彻实施国家医疗器械产业规划和引导政策。

第九条 国家完善医疗器械创新体系,支持医疗器械的基础研究和应用研究,促进医疗器械新技术的推广和应用,在科技立项、融资、信贷、招标采购、医疗保险等方面予以支持。支持企业设立或者联合组建研制机构,鼓励企业与高等学校、科研院所、医疗机构等合作开展医疗器械的研究与创新,加强医疗器械知识产权保护,提高医疗器械自主创新能力。

第十条 国家加强医疗器械监督管理信息化建设,提高在线政务服务水平,为医疗器械行政许可、备案等提供便利。

第十一条 医疗器械行业组织应当加强行业自律,推进诚信体系建设,督促企业依法开展生产经营活动,引导企业诚实守信。

第十二条 对在医疗器械的研究与创新方面做出突出贡献的单位和个人,按照国家有关规定给予表彰奖励。

第二章 医疗器械产品注册与备案

第十三条 第一类医疗器械实行产品备案管理,第二类、第三类医疗器械实行产品注册管理。

医疗器械注册人、备案人应当加强医疗器械全生命周期质量管理,对研制、生产、经营、使用全过程中医疗器械的安全性、有效性依法承担责任。

第十四条 第一类医疗器械产品备案和申请第二类、第三类医疗器械产品注册,应当提交下列资料:

(一)产品风险分析资料;

(二)产品技术要求;

(三)产品检验报告;

（四）临床评价资料；

（五）产品说明书以及标签样稿；

（六）与产品研制、生产有关的质量管理体系文件；

（七）证明产品安全、有效所需的其他资料。

产品检验报告应当符合国务院药品监督管理部门的要求，可以是医疗器械注册申请人、备案人的自检报告，也可以是委托有资质的医疗器械检验机构出具的检验报告。

符合本条例第二十四条规定的免于进行临床评价情形的，可以免于提交临床评价资料。

医疗器械注册申请人、备案人应当确保提交的资料合法、真实、准确、完整和可追溯。

第十五条 第一类医疗器械产品备案，由备案人向所在地设区的市级人民政府负责药品监督管理的部门提交备案资料。

向我国境内出口第一类医疗器械的境外备案人，由其指定的我国境内企业法人向国务院药品监督管理部门提交备案资料和备案人所在国（地区）主管部门准许该医疗器械上市销售的证明文件。未在境外上市的创新医疗器械，可以不提交备案人所在国（地区）主管部门准许该医疗器械上市销售的证明文件。

备案人向负责药品监督管理的部门提交符合本条例规定的备案资料后即完成备案。负责药品监督管理的部门应当自收到备案资料之日起 5 个工作日内，通过国务院药品监督管理部门在线政务服务平台向社会公布备案有关信息。

备案资料载明的事项发生变化的，应当向原备案部门变更备案。

第十六条 申请第二类医疗器械产品注册，注册申请人应当向所在地省、自治区、直辖市人民政府药品监督管理部门提交注册申请资料。申请第三类医疗器械产品注册，注册申请人应当向国务院药品监督管理部门提交注册申请资料。

向我国境内出口第二类、第三类医疗器械的境外注册申请人，由其指定的我国境内企业法人向国务院药品监督管理部门提交注册申请资料和注册申请人所在国（地区）主管部门准许该医疗器械上市销售的证明文件。未在境外上市的创新医疗器械，可以不提交注册申请人所在国（地区）主管部门准许该医疗器械上市销售的证明文件。

国务院药品监督管理部门应当对医疗器械注册审查程序和要求作出规定，并加强对省、自治区、直辖市人民政府药品监督管理部门注册审查工作的监督指导。

第十七条 受理注册申请的药品监督管理部门应当对医疗器械的安全性、有效性以及注册申请人保证医疗器械安全、有效的质量管理能力等进行审查。

受理注册申请的药品监督管理部门应当自受理注册申请之日起 3 个工作日内将注册申请资料转交技术审评机构。技术审评机构应当在完成技术审评后，将审评意见提交受理注册申请的药品监督管理部门作为审批的依据。

受理注册申请的药品监督管理部门在组织对医疗器械的技术审评时认为有必要对质量管理体系进行核查的，应当组织开展质量管理体系核查。

第十八条 受理注册申请的药品监督管理部门应当自收到审评意见之日起 20 个工作日内作出决定。对符合条件的，准予注册并发给医疗器械注册证；对不符合条件的，不予注册并书面说明理由。

受理注册申请的药品监督管理部门应当自医疗器械准予注册之日起 5 个工作日内，通过国务院药品监督管理部门在线政务服务平台向社会公布注册有关信息。

第十九条 对用于治疗罕见疾病、严重危及生命且尚无有效治疗手段的疾病和应对公共卫生事件等急需的医疗器械，受理注册申请的药品监督管理部门可以作出附条件批准决定，并在医疗器械注册证中载明相关事项。

出现特别重大突发公共卫生事件或者其他严重威胁公众健康的紧急事件，国务院卫生主管部门根据预防、控制事件的需要提出紧急使用医疗器械的建议，经国务院药品监督管理部门组织论证同意后可以在一定范围和期限内紧急使用。

第二十条 医疗器械注册人、备案人应当履行下列义务：

（一）建立与产品相适应的质量管理体系并保持有效运行；

（二）制定上市后研究和风险管控计划并保证有效实施；

（三）依法开展不良事件监测和再评价；

（四）建立并执行产品追溯和召回制度；

（五）国务院药品监督管理部门规定的其他义务。

境外医疗器械注册人、备案人指定的我国境内企业法人应当协助注册人、备案人履行前款规定的义务。

第二十一条 已注册的第二类、第三类医疗器械产品，其设计、原材料、生产工艺、适用范围、使用方法等发生实质性变化，有可能影响该医疗器械安全、有效的，注册人应当向原注册部门申请办理变更注册手续；发生其他变化的，应当按照国务院药品监督管理部门的规定备案或者报告。

第二十二条　医疗器械注册证有效期为5年。有效期届满需要延续注册的，应当在有效期届满6个月前向原注册部门提出延续注册的申请。

除有本条第三款规定情形外，接到延续注册申请的药品监督管理部门应当在医疗器械注册证有效期届满前作出准予延续的决定。逾期未作决定的，视为准予延续。

有下列情形之一的，不予延续注册：

（一）未在规定期限内提出延续注册申请；

（二）医疗器械强制性标准已经修订，申请延续注册的医疗器械不能达到新要求；

（三）附条件批准的医疗器械，未在规定期限内完成医疗器械注册证载明事项。

第二十三条　对新研制的尚未列入分类目录的医疗器械，申请人可以依照本条例有关第三类医疗器械产品注册的规定直接申请产品注册，也可以依据分类规则判断产品类别并向国务院药品监督管理部门申请类别确认后依照本条例的规定申请产品注册或者进行产品备案。

直接申请第三类医疗器械产品注册的，国务院药品监督管理部门应当按照风险程度确定类别，对准予注册的医疗器械及时纳入分类目录。申请类别确认的，国务院药品监督管理部门应当自受理申请之日起20个工作日内对该医疗器械的类别进行判定并告知申请人。

第二十四条　医疗器械产品注册、备案，应当进行临床评价；但是符合下列情形之一，可以免于进行临床评价：

（一）工作机理明确、设计定型，生产工艺成熟，已上市的同品种医疗器械临床应用多年且无严重不良事件记录，不改变常规用途的；

（二）其他通过非临床评价能够证明该医疗器械安全、有效的。

国务院药品监督管理部门应当制定医疗器械临床评价指南。

第二十五条　进行医疗器械临床评价，可以根据产品特征、临床风险、已有临床数据等情形，通过开展临床试验，或者通过对同品种医疗器械临床文献资料、临床数据进行分析评价，证明医疗器械安全、有效。

按照国务院药品监督管理部门的规定，进行医疗器械临床评价时，已有临床文献资料、临床数据不足以确认产品安全、有效的医疗器械，应当开展临床试验。

第二十六条　开展医疗器械临床试验，应当按照医疗器械临床试验质量管理规范的要求，在具备相应条件的临床试验机构进行，并向临床试验申办者所在地省、自治区、直辖市人民政府药品监督管理部门备案。接受临床试验备案的药品监督管理部门应当将备案情况通报临床试验机构所在地同级药品监督管理部门和卫生主管部门。

医疗器械临床试验机构实行备案管理。医疗器械临床试验机构应当具备的条件以及备案管理办法和临床试验质量管理规范，由国务院药品监督管理部门会同国务院卫生主管部门制定并公布。

国家支持医疗机构开展临床试验，将临床试验条件和能力评价纳入医疗机构等级评审，鼓励医疗机构开展创新医疗器械临床试验。

第二十七条　第三类医疗器械临床试验对人体具有较高风险的，应当经国务院药品监督管理部门批准。国务院药品监督管理部门审批临床试验，应当对拟承担医疗器械临床试验的机构的设备、专业人员等条件，该医疗器械的风险程度，临床试验实施方案，临床受益与风险对比分析报告等进行综合分析，并自受理申请之日起60个工作日内作出决定并通知临床试验申办者。逾期未通知的，视为同意。准予开展临床试验的，应当通报临床试验机构所在地省、自治区、直辖市人民政府药品监督管理部门和卫生主管部门。

临床试验对人体具有较高风险的第三类医疗器械目录由国务院药品监督管理部门制定、调整并公布。

第二十八条　开展医疗器械临床试验，应当按照规定进行伦理审查，向受试者告知试验目的、用途和可能产生的风险等详细情况，获得受试者的书面知情同意；受试者为无民事行为能力人或者限制民事行为能力人的，应当依法获得其监护人的书面知情同意。

开展临床试验，不得以任何形式向受试者收取与临床试验有关的费用。

第二十九条　对正在开展临床试验的用于治疗严重危及生命且尚无有效治疗手段的疾病的医疗器械，经医学观察可能使患者获益，经伦理审查、知情同意后，可以在开展医疗器械临床试验的机构内免费用于其他病情相同的患者，其安全性数据可以用于医疗器械注册申请。

第三章　医疗器械生产

第三十条　从事医疗器械生产活动，应当具备下列条件：

（一）有与生产的医疗器械相适应的生产场地、环境条件、生产设备以及专业技术人员；

（二）有能对生产的医疗器械进行质量检验的机构或者专职检验人员以及检验设备；

（三）有保证医疗器械质量的管理制度；

（四）有与生产的医疗器械相适应的售后服务能力；

（五）符合产品研制、生产工艺文件规定的要求。

第三十一条 从事第一类医疗器械生产的，应当向所在地设区的市级人民政府负责药品监督管理的部门备案，在提交符合本条例第三十条规定条件的有关资料后即完成备案。

医疗器械备案人自行生产第一类医疗器械的，可以在依照本条例第十五条规定进行产品备案时一并提交符合本条例第三十条规定条件的有关资料，即完成生产备案。

第三十二条 从事第二类、第三类医疗器械生产的，应当向所在地省、自治区、直辖市人民政府药品监督管理部门申请生产许可并提交其符合本条例第三十条规定条件的有关资料以及所生产医疗器械的注册证。

受理生产许可申请的药品监督管理部门应当对申请资料进行审核，按照国务院药品监督管理部门制定的医疗器械生产质量管理规范的要求进行核查，并自受理申请之日起 20 个工作日内作出决定。对符合规定条件的，准予许可并发给医疗器械生产许可证；对不符合规定条件的，不予许可并书面说明理由。

医疗器械生产许可证有效期为 5 年。有效期届满需要延续的，依照有关行政许可的法律规定办理延续手续。

第三十三条 医疗器械生产质量管理规范应当对医疗器械的设计开发、生产设备条件、原材料采购、生产过程控制、产品放行、企业的机构设置和人员配备等影响医疗器械安全、有效的事项作出明确规定。

第三十四条 医疗器械注册人、备案人可以自行生产医疗器械，也可以委托符合本条例规定、具备相应条件的企业生产医疗器械。

委托生产医疗器械的，医疗器械注册人、备案人应当对所委托生产的医疗器械质量负责，并加强对受托生产企业生产行为的管理，保证其按照法定要求进行生产。医疗器械注册人、备案人应当与受托生产企业签订委托协议，明确双方权利、义务和责任。受托生产企业应当依照法律法规、医疗器械生产质量管理规范、强制性标准、产品技术要求和委托协议组织生产，对生产行为负责，并接受委托方的监督。

具有高风险的植入性医疗器械不得委托生产，具体目录由国务院药品监督管理部门制定、调整并公布。

第三十五条 医疗器械注册人、备案人、受托生产企业应当按照医疗器械生产质量管理规范，建立健全与所生产医疗器械相适应的质量管理体系并保证其有效运行；严格按照经注册或者备案的产品技术要求组织生产，保证出厂的医疗器械符合强制性标准以及经注册或者备案的产品技术要求。

医疗器械注册人、备案人、受托生产企业应当定期对质量管理体系的运行情况进行自查，并按照国务院药品监督管理部门的规定提交自查报告。

第三十六条 医疗器械的生产条件发生变化，不再符合医疗器械质量管理体系要求的，医疗器械注册人、备案人、受托生产企业应当立即采取整改措施；可能影响医疗器械安全、有效的，应当立即停止生产活动，并向原生产许可或者生产备案部门报告。

第三十七条 医疗器械应当使用通用名称。通用名称应当符合国务院药品监督管理部门制定的医疗器械命名规则。

第三十八条 国家根据医疗器械产品类别，分步实施医疗器械唯一标识制度，实现医疗器械可追溯，具体办法由国务院药品监督管理部门会同国务院有关部门制定。

第三十九条 医疗器械应当有说明书、标签。说明书、标签的内容应当与经注册或者备案的相关内容一致，确保真实、准确。

医疗器械的说明书、标签应当标明下列事项：

（一）通用名称、型号、规格；

（二）医疗器械注册人、备案人、受托生产企业的名称、地址以及联系方式；

（三）生产日期，使用期限或者失效日期；

（四）产品性能、主要结构、适用范围；

（五）禁忌、注意事项以及其他需要警示或者提示的内容；

（六）安装和使用说明或者图示；

（七）维护和保养方法，特殊运输、贮存的条件、方法；

（八）产品技术要求规定应当标明的其他内容。

第二类、第三类医疗器械还应当标明医疗器械注册证编号。

由消费者个人自行使用的医疗器械还应当具有安全使用的特别说明。

第四章　医疗器械经营与使用

第四十条　从事医疗器械经营活动，应当有与经营规模和经营范围相适应的经营场所和贮存条件，以及与经营的医疗器械相适应的质量管理制度和质量管理机构或者人员。

第四十一条　从事第二类医疗器械经营的，由经营企业向所在地设区的市级人民政府负责药品监督管理的部门备案并提交符合本条例第四十条规定条件的有关资料。

按照国务院药品监督管理部门的规定，对产品安全性、有效性不受流通过程影响的第二类医疗器械，可以免于经营备案。

第四十二条　从事第三类医疗器械经营的，经营企业应当向所在地设区的市级人民政府负责药品监督管理的部门申请经营许可并提交符合本条例第四十条规定条件的有关资料。

受理经营许可申请的负责药品监督管理的部门应当对申请资料进行审查，必要时组织核查，并自受理申请之日起20个工作日内作出决定。对符合规定条件的，准予许可并发给医疗器械经营许可证；对不符合规定条件的，不予许可并书面说明理由。

医疗器械经营许可证有效期为5年。有效期届满需要延续的，依照有关行政许可的法律规定办理延续手续。

第四十三条　医疗器械注册人、备案人经营其注册、备案的医疗器械，无需办理医疗器械经营许可或者备案，但应当符合本条例规定的经营条件。

第四十四条　从事医疗器械经营，应当依照法律法规和国务院药品监督管理部门制定的医疗器械经营质量管理规范的要求，建立健全与所经营医疗器械相适应的质量管理体系并保证其有效运行。

第四十五条　医疗器械经营企业、使用单位应当从具备合法资质的医疗器械注册人、备案人、生产经营企业购进医疗器械。购进医疗器械时，应当查验供货者的资质和医疗器械的合格证明文件，建立进货查验记录制度。从事第二类、第三类医疗器械批发业务以及第三类医疗器械零售业务的经营企业，还应当建立销售记录制度。

记录事项包括：

（一）医疗器械的名称、型号、规格、数量；

（二）医疗器械的生产批号、使用期限或者失效日期、销售日期；

（三）医疗器械注册人、备案人和受托生产企业的名称；

（四）供货者或者购货者的名称、地址以及联系方式；

（五）相关许可证明文件编号等。

进货查验记录和销售记录应当真实、准确、完整和可追溯，并按照国务院药品监督管理部门规定的期限予以保存。国家鼓励采用先进技术手段进行记录。

第四十六条　从事医疗器械网络销售的，应当是医疗器械注册人、备案人或者医疗器械经营企业。从事医疗器械网络销售的经营者，应当将从事医疗器械网络销售的相关信息告知所在地设区的市级人民政府负责药品监督管理的部门，经营第一类医疗器械和本条例第四十一条第二款规定的第二类医疗器械的除外。

为医疗器械网络交易提供服务的电子商务平台经营者应当对入网医疗器械经营者进行实名登记，审查其经营许可、备案情况和所经营医疗器械产品注册、备案情况，并对其经营行为进行管理。电子商务平台经营者发现入网医疗器械经营者有违反本条例规定行为的，应当及时制止并立即报告医疗器械经营者所在地设区的市级人民政府负责药品监督管理的部门；发现严重违法行为的，应当立即停止提供网络交易平台服务。

第四十七条　运输、贮存医疗器械，应当符合医疗器械说明书和标签标示的要求；对温度、湿度等环境条件有特殊要求的，应当采取相应措施，保证医疗器械的安全、有效。

第四十八条　医疗器械使用单位应当有与在用医疗器械品种、数量相适应的贮存场所和条件。医疗器械使用单位应当加强对工作人员的技术培训，按照产品说明书、技术操作规范等要求使用医疗器械。

医疗器械使用单位配置大型医用设备，应当符合国务院卫生主管部门制定的大型医用设备配置规划，与其功能定位、临床服务需求相适应，具有相应的技术条件、配套设施和具备相应资质、能力的专业技术人员，并经省级以上人民政府卫生主管部门批准，取得大型医用设备配置许可证。

大型医用设备配置管理办法由国务院卫生主管部门会同国务院有关部门制定。大型医用设备目录由国务院卫生主管部门商国务院有关部门提出，报国务院批准后执行。

第四十九条　医疗器械使用单位对重复使用的医疗器械，应当按照国务院卫生主管部门制定的消毒和管理的规定进行处理。

一次性使用的医疗器械不得重复使用，对使用过的应当按照国家有关规定销毁并记录。一次性使用的医疗器械目录由国务院药品监督管理部门会同国务院卫生主管部门制定、调整并公布。列入一次性使用的医疗器械目录，应当具有充足的无法重复使用的证据理由。重复使用可以保证安全、有效的医疗器械，不列入一次性使用的医疗器械目录。对因设计、生产工艺、消毒灭菌技术等改进后重复使用可以保证安全、有效的医疗器械，应当调整出一次性使用的医疗器械目录，允许重复使用。

第五十条 医疗器械使用单位对需要定期检查、检验、校准、保养、维护的医疗器械，应当按照产品说明书的要求进行检查、检验、校准、保养、维护并予以记录，及时进行分析、评估，确保医疗器械处于良好状态，保障使用质量；对使用期限长的大型医疗器械，应当逐台建立使用档案，记录其使用、维护、转让、实际使用时间等事项。记录保存期限不得少于医疗器械规定使用期限终止后5年。

第五十一条 医疗器械使用单位应当妥善保存购入第三类医疗器械的原始资料，并确保信息具有可追溯性。

使用大型医疗器械以及植入和介入类医疗器械的，应当将医疗器械的名称、关键性技术参数等信息以及与使用质量安全密切相关的必要信息记载到病历等相关记录中。

第五十二条 发现使用的医疗器械存在安全隐患的，医疗器械使用单位应当立即停止使用，并通知医疗器械注册人、备案人或者其他负责产品质量的机构进行检修；经检修仍不能达到使用安全标准的医疗器械，不得继续使用。

第五十三条 对国内尚无同品种产品上市的体外诊断试剂，符合条件的医疗机构根据本单位的临床需要，可以自行研制，在执业医师指导下在本单位内使用。具体管理办法由国务院药品监督管理部门会同国务院卫生主管部门制定。

第五十四条 负责药品监督管理的部门和卫生主管部门依据各自职责，分别对使用环节的医疗器械质量和医疗器械使用行为进行监督管理。

第五十五条 医疗器械经营企业、使用单位不得经营、使用未依法注册或者备案、无合格证明文件以及过期、失效、淘汰的医疗器械。

第五十六条 医疗器械使用单位之间转让在用医疗器械，转让方应当确保所转让的医疗器械安全、有效，不得转让过期、失效、淘汰以及检验不合格的医疗器械。

第五十七条 进口的医疗器械应当是依照本条例第二章的规定已注册或者已备案的医疗器械。

进口的医疗器械应当有中文说明书、中文标签。说明书、标签应当符合本条例规定以及相关强制性标准的要求，并在说明书中载明医疗器械的原产地以及境外医疗器械注册人、备案人指定的我国境内企业法人的名称、地址、联系方式。没有中文说明书、中文标签或者说明书、标签不符合本条规定的，不得进口。

医疗机构因临床急需进口少量第二类、第三类医疗器械的，经国务院药品监督管理部门或者国务院授权的省、自治区、直辖市人民政府批准，可以进口。进口的医疗器械应当在指定医疗机构内用于特定医疗目的。

禁止进口过期、失效、淘汰等已使用过的医疗器械。

第五十八条 出入境检验检疫机构依法对进口的医疗器械实施检验；检验不合格的，不得进口。

国务院药品监督管理部门应当及时向国家出入境检验检疫部门通报进口医疗器械的注册和备案情况。进口口岸所在地出入境检验检疫机构应当及时向所在地设区的市级人民政府负责药品监督管理的部门通报进口医疗器械的通关情况。

第五十九条 出口医疗器械的企业应当保证其出口的医疗器械符合进口国（地区）的要求。

第六十条 医疗器械广告的内容应当真实合法，以经负责药品监督管理的部门注册或者备案的医疗器械说明书为准，不得含有虚假、夸大、误导性的内容。

发布医疗器械广告，应当在发布前由省、自治区、直辖市人民政府确定的广告审查机关对广告内容进行审查，并取得医疗器械广告批准文号；未经审查，不得发布。

省级以上人民政府药品监督管理部门责令暂停生产、进口、经营和使用的医疗器械，在暂停期间不得发布涉及该医疗器械的广告。

医疗器械广告的审查办法由国务院市场监督管理部门制定。

第五章 不良事件的处理与医疗器械的召回

第六十一条 国家建立医疗器械不良事件监测制度，对医疗器械不良事件及时进行收集、分析、评价、控制。

第六十二条 医疗器械注册人、备案人应当建立医疗器械不良事件监测体系，配备与其产品相适应的不良事件监测机构和人员，对其产品主动开展不良事件监测，并按照国务院药品监督管理部门的规定，向医疗器械不良事件监测技术机构报告调查、分析、评价、产品风险控制等情况。

医疗器械生产经营企业、使用单位应当协助医疗器械注册人、备案人对所生产经营或者使用的医疗器械开展不良事件监测；发现医疗器械不良事件或者可疑不良事件，应当按照国务院药品监督管理部门的规定，向医疗器械不良事件监测技术机构报告。

其他单位和个人发现医疗器械不良事件或者可疑不良事件，有权向负责药品监督管理的部门或者医疗器械不良事件监测技术机构报告。

第六十三条 国务院药品监督管理部门应当加强医疗器械不良事件监测信息网络建设。

医疗器械不良事件监测技术机构应当加强医疗器械不良事件信息监测，主动收集不良事件信息；发现不良事件或者接到不良事件报告的，应当及时进行核实，必要时进行调查、分析、评估，向负责药品监督管理的部门和卫生主管部门报告并提出处理建议。

医疗器械不良事件监测技术机构应当公布联系方式，方便医疗器械注册人、备案人、生产经营企业、使用单位等报告医疗器械不良事件。

第六十四条 负责药品监督管理的部门应当根据医疗器械不良事件评估结果及时采取发布警示信息以及责令暂停生产、进口、经营和使用等控制措施。

省级以上人民政府药品监督管理部门应当会同同级卫生主管部门和相关部门组织对引起突发、群发的严重伤害或者死亡的医疗器械不良事件及时进行调查和处理，并组织对同类医疗器械加强监测。

负责药品监督管理的部门应当及时向同级卫生主管部门通报医疗器械使用单位的不良事件监测有关情况。

第六十五条 医疗器械注册人、备案人、生产经营企业、使用单位应当对医疗器械不良事件监测技术机构、负责药品监督管理的部门、卫生主管部门开展的医疗器械不良事件调查予以配合。

第六十六条 有下列情形之一的，医疗器械注册人、备案人应当主动开展已上市医疗器械再评价：

（一）根据科学研究的发展，对医疗器械的安全、有效有认识上的改变；

（二）医疗器械不良事件监测、评估结果表明医疗器械可能存在缺陷；

（三）国务院药品监督管理部门规定的其他情形。

医疗器械注册人、备案人应当根据再评价结果，采取相应控制措施，对已上市医疗器械进行改进，并按照规定进行注册变更或者备案变更。再评价结果表明已上市医疗器械不能保证安全、有效的，医疗器械注册人、备案人应当主动申请注销医疗器械注册证或者取消备案；医疗器械注册人、备案人未申请注销医疗器械注册证或者取消备案的，由负责药品监督管理的部门注销医疗器械注册证或者取消备案。

省级以上人民政府药品监督管理部门根据医疗器械不良事件监测、评估等情况，对已上市医疗器械开展再评价。再评价结果表明已上市医疗器械不能保证安全、有效的，应当注销医疗器械注册证或者取消备案。

负责药品监督管理的部门应当向社会及时公布注销医疗器械注册证和取消备案情况。被注销医疗器械注册证或者取消备案的医疗器械不得继续生产、进口、经营、使用。

第六十七条 医疗器械注册人、备案人发现生产的医疗器械不符合强制性标准、经注册或者备案的产品技术要求，或者存在其他缺陷的，应当立即停止生产，通知相关经营企业、使用单位和消费者停止经营和使用，召回已经上市销售的医疗器械，采取补救、销毁等措施，记录相关情况，发布相关信息，并将医疗器械召回和处理情况向负责药品监督管理的部门和卫生主管部门报告。

医疗器械受托生产企业、经营企业发现生产、经营的医疗器械存在前款规定情形的，应当立即停止生产、经营，通知医疗器械注册人、备案人，并记录停止生产、经营和通知情况。医疗器械注册人、备案人认为属于依照前款规定需要召回的医疗器械，应当立即召回。

医疗器械注册人、备案人、受托生产企业、经营企业未依照本条规定实施召回或者停止生产、经营的，负责药品监督管理的部门可以责令其召回或者停止生产、经营。

第六章 监督检查

第六十八条 国家建立职业化专业化检查员制度，加强对医疗器械的监督检查。

第六十九条 负责药品监督管理的部门应当对医疗器械的研制、生产、经营活动以及使用环节的医疗器械质量加强监督检查，并对下列事项进行重点监督检查：

（一）是否按照经注册或者备案的产品技术要求组织生产；

（二）质量管理体系是否保持有效运行；

（三）生产经营条件是否持续符合法定要求。

必要时，负责药品监督管理的部门可以对为医疗器械研制、生产、经营、使用等活动提供产品或者服务的其他相关单位和个人进行延伸检查。

第七十条 负责药品监督管理的部门在监督检查中有下列职权：

（一）进入现场实施检查、抽取样品；

（二）查阅、复制、查封、扣押有关合同、票据、账簿以及其他有关资料；

（三）查封、扣押不符合法定要求的医疗器械，违法使用的零配件、原材料以及用于违法生产经营医疗器械的工具、设备；

（四）查封违反本条例规定从事医疗器械生产经营活动的场所。

进行监督检查，应当出示执法证件，保守被检查单位的商业秘密。

有关单位和个人应当对监督检查予以配合，提供相关文件和资料，不得隐瞒、拒绝、阻挠。

第七十一条 卫生主管部门应当对医疗机构的医疗器械使用行为加强监督检查。实施监督检查时，可以进入医疗机构，查阅、复制有关档案、记录以及其他有关资料。

第七十二条 医疗器械生产经营过程中存在产品质量安全隐患，未及时采取措施消除的，负责药品监督管理的部门可以采取告诫、责任约谈、责令限期整改等措施。

对人体造成伤害或者有证据证明可能危害人体健康的医疗器械，负责药品监督管理的部门可以采取责令暂停生产、进口、经营、使用的紧急控制措施，并发布安全警示信息。

第七十三条 负责药品监督管理的部门应当加强对医疗器械注册人、备案人、生产经营企业和使用单位生产、经营、使用的医疗器械的抽查检验。抽查检验不得收取检验费和其他任何费用，所需费用纳入本级政府预算。省级以上人民政府药品监督管理部门应当根据抽查检验结论及时发布医疗器械质量公告。

卫生主管部门应当对大型医用设备的使用状况进行监督和评估；发现违规使用以及与大型医用设备相关的过度检查、过度治疗等情形的，应当立即纠正，依法予以处理。

第七十四条 负责药品监督管理的部门未及时发现医疗器械安全系统性风险，未及时消除监督管理区域内医疗器械安全隐患的，本级人民政府或者上级人民政府负责药品监督管理的部门应当对其主要负责人进行约谈。

地方人民政府未履行医疗器械安全职责，未及时消除区域性重大医疗器械安全隐患的，上级人民政府或者上级人民政府负责药品监督管理的部门应当对其主要负责人进行约谈。

被约谈的部门和地方人民政府应当立即采取措施，对医疗器械监督管理工作进行整改。

第七十五条 医疗器械检验机构资质认定工作按照国家有关规定实行统一管理。经国务院认证认可监督管理部门会同国务院药品监督管理部门认定的检验机构，方可对医疗器械实施检验。

负责药品监督管理的部门在执法工作中需要对医疗器械进行检验的，应当委托有资质的医疗器械检验机构进行，并支付相关费用。

当事人对检验结论有异议的，可以自收到检验结论之日起 7 个工作日内向实施抽样检验的部门或者其上一级负责药品监督管理的部门提出复检申请，由受理复检申请的部门在复检机构名录中随机确定复检机构进行复检。承担复检工作的医疗器械检验机构应当在国务院药品监督管理部门规定的时间内作出复检结论。复检结论为最终检验结论。复检机构与初检机构不得为同一机构；相关检验项目只有一家有资质的检验机构的，复检时应当变更承办部门或者人员。复检机构名录由国务院药品监督管理部门公布。

第七十六条 对可能存在有害物质或者擅自改变医疗器械设计、原材料和生产工艺并存在安全隐患的医疗器械，按照医疗器械国家标准、行业标准规定的检验项目和检验方法无法检验的，医疗器械检验机构可以使用国务院药品监督管理部门批准的补充检验项目和检验方法进行检验；使用补充检验项目、检验方法得出的检验结论，可以作为负责药品监督管理的部门认定医疗器械质量的依据。

第七十七条 市场监督管理部门应当依照有关广告管理的法律、行政法规的规定，对医疗器械广告进行监督检查，查处违法行为。

第七十八条 负责药品监督管理的部门应当通过国务院药品监督管理部门在线政务服务平台依法及时公布医疗器械许可、备案、抽查检验、违法行为查处等日常监督管理信息。但是，不得泄露当事人的商业秘密。

负责药品监督管理的部门建立医疗器械注册人、备案人、生产经营企业、使用单位信用档案，对有不良信用记录的增加监督检查频次，依法加强失信惩戒。

第七十九条 负责药品监督管理的部门等部门应当公布本单位的联系方式，接受咨询、投诉、举报。负责药品监督管理的部门等部门接到与医疗器械监督管理有关的咨询，应当及时答复；接到投诉、举报，应当及时核实、处理、答复。对咨询、投诉、举报情况及其答复、核实、处理情况，应当予以记录、保存。

有关医疗器械研制、生产、经营、使用行为的举报经调查属实的，负责药品监督管理的部门等部门对举报人应当给予奖励。有关部门应当为举报人保密。

第八十条 国务院药品监督管理部门制定、调整、修改本条例规定的目录以及与医疗器械监督管理有关的规范，应当公开征求意见；采取听证会、论证会等形式，听取专家、医疗器械注册人、备案人、生产经营企业、使用单位、消费者、行业协会以及相关组织等方面的意见。

第七章 法律责任

第八十一条 有下列情形之一的，由负责药品监督管理的部门没收违法所得、违法生产经营的医疗器械和用于违法生产经营的工具、设备、原材料等物品；违法生产经营的医疗器械货值金额不足1万元的，并处5万元以上15万元以下罚款；货值金额1万元以上的，并处货值金额15倍以上30倍以下罚款；情节严重的，责令停产停业，10年内不受理相关责任人以及单位提出的医疗器械许可申请，对违法单位的法定代表人、主要负责人、直接负责的主管人员和其他责任人员，没收违法行为发生期间自本单位所获收入，并处所获收入30%以上3倍以下罚款，终身禁止其从事医疗器械生产经营活动：

（一）生产、经营未取得医疗器械注册证的第二类、第三类医疗器械；

（二）未经许可从事第二类、第三类医疗器械生产活动；

（三）未经许可从事第三类医疗器械经营活动。

有前款第一项情形、情节严重的，由原发证部门吊销医疗器械生产许可证或者医疗器械经营许可证。

第八十二条 未经许可擅自配置使用大型医用设备的，由县级以上人民政府卫生主管部门责令停止使用，给予警告，没收违法所得；违法所得不足1万元的，并处5万元以上10万元以下罚款；违法所得1万元以上的，并处违法所得10倍以上30倍以下罚款；情节严重的，5年内不受理相关责任人以及单位提出的大型医用设备配置许可申请，对违法单位的法定代表人、主要负责人、直接负责的主管人员和其他责任人员，没收违法行为发生期间自本单位所获收入，并处所获收入30%以上3倍以下罚款，依法给予处分。

第八十三条 在申请医疗器械行政许可时提供虚假资料或者采取其他欺骗手段的，不予行政许可，已经取得行政许可的，由作出行政许可决定的部门撤销行政许可，没收违法所得、违法生产经营使用的医疗器械，10年内不受理相关责任人以及单位提出的医疗器械许可申请；违法生产经营使用的医疗器械货值金额不足1万元的，并处5万元以上15万元以下罚款；货值金额1万元以上的，并处货值金额15倍以上30倍以下罚款；情节严重的，责令停产停业，对违法单位的法定代表人、主要负责人、直接负责的主管人员和其他责任人员，没收违法行为发生期间自本单位所获收入，并处所获收入30%以上3倍以下罚款，终身禁止其从事医疗器械生产经营活动。

伪造、变造、买卖、出租、出借相关医疗器械许可证件的，由原发证部门予以收缴或者吊销，没收违法所得；违法所得不足1万元的，并处5万元以上10万元以下罚款；违法所得1万元以上的，并处违法所得10倍以上20倍以下罚款；构成违反治安管理行为的，由公安机关依法予以治安管理处罚。

第八十四条 有下列情形之一的，由负责药品监督管理的部门向社会公告单位和产品名称，责令限期改正；逾期不改正的，没收违法所得、违法生产经营的医疗器械；违法生产经营的医疗器械货值金额不足1万元的，并处1万元以上5万元以下罚款；货值金额1万元以上的，并处货值金额5倍以上20倍以下罚款；情节严重的，对违法单位的法定代表人、主要负责人、直接负责的主管人员和其他责任人员，没收违法行为发生期间自本单位所获收入，并处所获收入30%以上2倍以下罚款，5年内禁止其从事医疗器械生产经营活动：

（一）生产、经营未经备案的第一类医疗器械；

（二）未经备案从事第一类医疗器械生产；

（三）经营第二类医疗器械，应当备案但未备案；

（四）已经备案的资料不符合要求。

第八十五条 备案时提供虚假资料的，由负责药品监督管理的部门向社会公告备案单位和产品名称，没收违法所得、违法生产经营的医疗器械；违法生产经营的医疗器械货值金额不足1万元的，并处2万元以上5万元以下罚款；货值金额1万元以上的，并处货值金额5倍以上20倍以下罚款；情节严重的，责令停产停业，对违法单位的法定代表人、主要负责人、直接负责的主管人员和其他责任人员，没收违法行为发生期间自本单位所获收入，并处所获收入30%以上3倍以下罚款，10年内禁止其从事医疗器械生产经营活动。

第八十六条 有下列情形之一的，由负责药品监督管理的部门责令改正，没收违法生产经营使用的医疗器械；违法生产经营使用的医疗器械货值金额不足1万元的，并处2万元以上5万元以下罚款；货值金额1万元以上的，并处货值金额5倍以上20倍以下罚款；情节严重的，责令停产停业，直至由原发证部门吊销医疗器械注册证、医疗器械生产许可证、医疗器械经营许可证，对违法单位的法定代表人、主要负责人、直接负责的主管人员和其他责任人员，没收违法行为发生期间自本单位所获收入，并处所获收入30%以上3倍以下罚款，10年内禁止其从事医疗器械生产经营活动：

（一）生产、经营、使用不符合强制性标准或者不符合经注册或者备案的产品技术要求的医疗器械；

（二）未按照经注册或者备案的产品技术要求组织生产，或者未依照本条例规定建立质量管理体系并保持有效运行，影响产品安全、有效；

（三）经营、使用无合格证明文件、过期、失效、淘汰的医疗器械，或者使用未依法注册的医疗器械；

（四）在负责药品监督管理的部门责令召回后仍拒不召回，或者在负责药品监督管理的部门责令停止或者暂停生产、进口、经营后，仍拒不停止生产、进口、经营医疗器械；

（五）委托不具备本条例规定条件的企业生产医疗器械，或者未对受托生产企业的生产行为进行管理；

（六）进口过期、失效、淘汰等已使用过的医疗器械。

第八十七条 医疗器械经营企业、使用单位履行了本条例规定的进货查验等义务，有充分证据证明其不知道所经营、使用的医疗器械为本条例第八十一条第一款第一项、第八十四条第一项、第八十六条第一项和第三项规定情形的医疗器械，并能如实说明其进货来源的，收缴其经营、使用的不符合法定要求的医疗器械，可以免除行政处罚。

第八十八条 有下列情形之一的，由负责药品监督管理的部门责令改正，处1万元以上5万元以下罚款；拒不改正的，处5万元以上10万元以下罚款；情节严重的，责令停产停业，直至由原发证部门吊销医疗器械生产许可证、医疗器械经营许可证，对违法单位的法定代表人、主要负责人、直接负责的主管人员和其他责任人员，没收违法行为发生期间自本单位所获收入，并处所获收入30%以上2倍以下罚款，5年内禁止其从事医疗器械生产经营活动：

（一）生产条件发生变化、不再符合医疗器械质量管理体系要求，未依照本条例规定整改、停止生产、报告；

（二）生产、经营说明书、标签不符合本条例规定的医疗器械；

（三）未按照医疗器械说明书和标签标示要求运输、贮存医疗器械；

（四）转让过期、失效、淘汰或者检验不合格的在用医疗器械。

第八十九条 有下列情形之一的，由负责药品监督管理的部门和卫生主管部门依据各自职责责令改正，给予警告；拒不改正的，处1万元以上10万元以下罚款；情节严重的，责令停产停业，直至由原发证部门吊销医疗器械注册证、医疗器械生产许可证、医疗器械经营许可证，对违法单位的法定代表人、主要负责人、直接负责的主管人员和其他责任人员处1万元以上3万元以下罚款：

（一）未按照要求提交质量管理体系自查报告；

（二）从不具备合法资质的供货者购进医疗器械；

（三）医疗器械经营企业、使用单位未依照本条例规定建立并执行医疗器械进货查验记录制度；

（四）从事第二类、第三类医疗器械批发业务以及第三类医疗器械零售业务的经营企业未依照本条例规定建立并执行销售记录制度；

（五）医疗器械注册人、备案人、生产经营企业、使用单位未依照本条例规定开展医疗器械不良事件监测，未按照要求报告不良事件，或者对医疗器械不良事件监测技术机构、负责药品监督管理的部门、卫生主管部门开展的不良事件调查不予配合；

（六）医疗器械注册人、备案人未按照规定制定上市后研究和风险管控计划并保证有效实施；

（七）医疗器械注册人、备案人未按照规定建立并执行产品追溯制度；

（八）医疗器械注册人、备案人、经营企业从事医疗器械网络销售未按照规定告知负责药品监督管理的部门；

（九）对需要定期检查、检验、校准、保养、维护的医疗器械，医疗器械使用单位未按照产品说明书要求进行检查、检验、校准、保养、维护并予以记录，及时进行分析、评估，确保医疗器械处于良好状态；

（十）医疗器械使用单位未妥善保存购入第三类医疗器械的原始资料。

第九十条 有下列情形之一的，由县级以上人民政府卫生主管部门责令改正，给予警告；拒不改正的，处5万元以上10万元以下罚款；情节严重的，处10万元以上

30 万元以下罚款，责令暂停相关医疗器械使用活动，直至由原发证部门吊销执业许可证，依法责令相关责任人员暂停 6 个月以上 1 年以下执业活动，直至由原发证部门吊销相关人员执业证书，对违法单位的法定代表人、主要负责人、直接负责的主管人员和其他责任人员，没收违法行为发生期间自本单位所获收入，并处所获收入 30% 以上 3 倍以下罚款，依法给予处分：

（一）对重复使用的医疗器械，医疗器械使用单位未按照消毒和管理的规定进行处理；

（二）医疗器械使用单位重复使用一次性使用的医疗器械，或者未按照规定销毁使用过的一次性使用的医疗器械；

（三）医疗器械使用单位未按照规定将大型医疗器械以及植入和介入类医疗器械的信息记载到病历等相关记录中；

（四）医疗器械使用单位发现使用的医疗器械存在安全隐患未立即停止使用、通知检修，或者继续使用经检修仍不能达到使用安全标准的医疗器械；

（五）医疗器械使用单位违规使用大型医用设备，不能保障医疗质量安全。

第九十一条　违反进出口商品检验相关法律、行政法规进口医疗器械的，由出入境检验检疫机构依法处理。

第九十二条　为医疗器械网络交易提供服务的电子商务平台经营者违反本条例规定，未履行对入网医疗器械经营者进行实名登记，审查许可、注册、备案情况，制止并报告违法行为，停止提供网络交易平台服务等管理义务的，由负责药品监督管理的部门依照《中华人民共和国电子商务法》的规定给予处罚。

第九十三条　未进行医疗器械临床试验机构备案开展临床试验的，由负责药品监督管理的部门责令停止临床试验并改正；拒不改正的，该临床试验数据不得用于产品注册、备案，处 5 万元以上 10 万元以下罚款，并向社会公告；造成严重后果的，5 年内禁止其开展相关专业医疗器械临床试验，并处 10 万元以上 30 万元以下罚款，由卫生主管部门对违法单位的法定代表人、主要负责人、直接负责的主管人员和其他责任人员，没收违法行为发生期间自本单位所获收入，并处所获收入 30% 以上 3 倍以下罚款，依法给予处分。

临床试验申办者开展临床试验未经备案的，由负责药品监督管理的部门责令停止临床试验，对临床试验申办者处 5 万元以上 10 万元以下罚款，并向社会公告；造成严重后果的，处 10 万元以上 30 万元以下罚款。该临床试验数据不得用于产品注册、备案，5 年内不受理相关责任人以及单位提出的医疗器械注册申请。

临床试验申办者未经批准开展对人体具有较高风险的第三类医疗器械临床试验的，由负责药品监督管理的部门责令立即停止临床试验，对临床试验申办者处 10 万元以上 30 万元以下罚款，并向社会公告；造成严重后果的，处 30 万元以上 100 万元以下罚款。该临床试验数据不得用于产品注册，10 年内不受理相关责任人以及单位提出的医疗器械临床试验和注册申请，对违法单位的法定代表人、主要负责人、直接负责的主管人员和其他责任人员，没收违法行为发生期间自本单位所获收入，并处所获收入 30% 以上 3 倍以下罚款。

第九十四条　医疗器械临床试验机构开展医疗器械临床试验未遵守临床试验质量管理规范的，由负责药品监督管理的部门责令改正或者立即停止临床试验，处 5 万元以上 10 万元以下罚款；造成严重后果的，5 年内禁止其开展相关专业医疗器械临床试验，由卫生主管部门对违法单位的法定代表人、主要负责人、直接负责的主管人员和其他责任人员，没收违法行为发生期间自本单位所获收入，并处所获收入 30% 以上 3 倍以下罚款，依法给予处分。

第九十五条　医疗器械临床试验机构出具虚假报告的，由负责药品监督管理的部门处 10 万元以上 30 万元以下罚款；有违法所得的，没收违法所得；10 年内禁止其开展相关专业医疗器械临床试验；由卫生主管部门对违法单位的法定代表人、主要负责人、直接负责的主管人员和其他责任人员，没收违法行为发生期间自本单位所获收入，并处所获收入 30% 以上 3 倍以下罚款，依法给予处分。

第九十六条　医疗器械检验机构出具虚假检验报告的，由授予其资质的主管部门撤销检验资质，10 年内不受理相关责任人以及单位提出的资质认定申请，并处 10 万元以上 30 万元以下罚款；有违法所得的，没收违法所得；对违法单位的法定代表人、主要负责人、直接负责的主管人员和其他责任人员，没收违法行为发生期间自本单位所获收入，并处所获收入 30% 以上 3 倍以下罚款，依法给予处分；受到开除处分的，10 年内禁止其从事医疗器械检验工作。

第九十七条　违反本条例有关医疗器械广告管理规定的，依照《中华人民共和国广告法》的规定给予处罚。

第九十八条　境外医疗器械注册人、备案人指定的我国境内企业法人未依照本条例规定履行相关义务的，由省、自治区、直辖市人民政府药品监督管理部门责令改正，给予警告，并处5万元以上10万元以下罚款；情节严重的，处10万元以上50万元以下罚款，5年内禁止其法定代表人、主要负责人、直接负责的主管人员和其他责任人员从事医疗器械生产经营活动。

境外医疗器械注册人、备案人拒不履行依据本条例作出的行政处罚决定的，10年内禁止其医疗器械进口。

第九十九条　医疗器械研制、生产、经营单位和检验机构违反本条例规定使用禁止从事医疗器械生产经营活动、检验工作的人员的，由负责药品监督管理的部门责令改正，给予警告；拒不改正的，责令停产停业直至吊销许可证件。

第一百条　医疗器械技术审评机构、医疗器械不良事件监测技术机构未依照本条例规定履行职责，致使审评、监测工作出现重大失误的，由负责药品监督管理的部门责令改正，通报批评，给予警告；造成严重后果的，对违法单位的法定代表人、主要负责人、直接负责的主管人员和其他责任人员，依法给予处分。

第一百零一条　负责药品监督管理的部门或者其他有关部门工作人员违反本条例规定，滥用职权、玩忽职守、徇私舞弊的，依法给予处分。

第一百零二条　违反本条例规定，构成犯罪的，依法追究刑事责任；造成人身、财产或者其他损害的，依法承担赔偿责任。

第八章　附　　则

第一百零三条　本条例下列用语的含义：

医疗器械，是指直接或者间接用于人体的仪器、设备、器具、体外诊断试剂及校准物、材料以及其他类似或者相关的物品，包括所需要的计算机软件；其效用主要通过物理等方式获得，不是通过药理学、免疫学或者代谢的方式获得，或者虽然有这些方式参与但是只起辅助作用；其目的是：

（一）疾病的诊断、预防、监护、治疗或者缓解；

（二）损伤的诊断、监护、治疗、缓解或者功能补偿；

（三）生理结构或者生理过程的检验、替代、调节或者支持；

（四）生命的支持或者维持；

（五）妊娠控制；

（六）通过对来自人体的样本进行检查，为医疗或者诊断目的提供信息。

医疗器械注册人、备案人，是指取得医疗器械注册证或者办理医疗器械备案的企业或者研制机构。

医疗器械使用单位，是指使用医疗器械为他人提供医疗等技术服务的机构，包括医疗机构、计划生育技术服务机构、血站、单采血浆站、康复辅助器具适配机构等。

大型医用设备，是指使用技术复杂、资金投入量大、运行成本高、对医疗费用影响大且纳入目录管理的大型医疗器械。

第一百零四条　医疗器械产品注册可以收取费用。具体收费项目、标准分别由国务院财政、价格主管部门按照国家有关规定制定。

第一百零五条　医疗卫生机构为应对突发公共卫生事件而研制的医疗器械的管理办法，由国务院药品监督管理部门会同国务院卫生主管部门制定。

从事非营利的避孕医疗器械的存储、调拨和供应，应当遵守国务院卫生主管部门会同国务院药品监督管理部门制定的管理办法。

中医医疗器械的技术指导原则，由国务院药品监督管理部门会同国务院中医药管理部门制定。

第一百零六条　军队医疗器械使用的监督管理，依照本条例和军队有关规定执行。

第一百零七条　本条例自2021年6月1日起施行。

生物材料和医疗器材监督管理办法

1. 1997年6月28日卫生部令第54号发布

2. 自1998年1月1日起施行

第一条　为了加强生物材料和医疗器材监督管理，保障临床使用安全有效，维护人民身体健康，特制定本办法。

第二条　本办法所称生物材料和医疗器材是指用于诊断和治疗的介入和植入人体的材料和器材。

生物材料和医疗器材品种管理范围由卫生部制定并公布。

第三条　国家鼓励生物材料和医疗器材的科学研究和先进技术的推广，充分发挥其在防病治病和康复保健中的作用。

第四条　卫生部负责制定生物材料和医疗器材的卫生标准，颁布技术要求；批准临床研究；审批生物材料和医疗器材，并核发批准文号。

省级卫生行政部门负责对生物材料和医疗器材临床研究和批准文号的初审，县级以上卫生行政部门对所辖区域内的生物材料和医疗器材进行卫生监督。

第五条 新生物和医疗器材进行临床研究前，研制单位必须向所在省级卫生行政部门提出申请。省级卫生行政部门初审后报卫生部审核，经审查合格的由卫生部批准临床研究。

卫生部在收到全部材料后3个月内作出决定。

第六条 申请临床研究的单位应当填写临床研究申请书并提交以下资料：

（一）国内外文献资料；

（二）研制概述、制品的功能原理说明；

（三）使用要求说明；

（四）性能指标及性能检测报告；

（五）质量标准和起草说明；

（六）安全性评价报告；

（七）动物模拟使用报告。

第七条 新生物材料和医疗器材临床研究取得批准后，研制单位应当与卫生部指定的临床研究机构制定研究方案，经所在省级卫生行政部门审核批准后，报卫生部备案。

研制单位负责提供临床研究所需样品。

第八条 新生物材料和医疗器材的临床研究应在两个以上医疗机构进行，总病例数一般不少于100例，计划生育制品不少于1000例。

长期介入和植入体内的生物材料和医疗器材的随访时间不得少于1年，一般生物材料和医疗器材随访时间不得少于实际使用时间的三分之一。

第九条 生产生物材料和医疗器材的单位，必须向所在省级卫生行政部门提出申请，报送下列资料和检验样品：

（一）申报临床研究资料；

（二）临床研究批准书；

（三）临床研究总结报告；

（四）产品说明书；

（五）产品质量标准和起草说明；

（六）质量体系管理规定（QSR）资料；

（七）产品自检报告。

省级卫生行政部门经初审后报卫生部审核，经审查合格的由卫生部核发批准文号。

卫生部在收到全部材料后6个月内作出决定。

第十条 生产生物材料和医疗器材必须符合卫生部颁布的生物材料和医疗器材质量体系管理规定（QSR）要求。产品出厂前必须经过质量检验，并要建立质量跟踪和不良反应档案。

第十一条 进口生物材料和医疗器材必须向卫生部提出申请并报送检验样品和下列有关资料，经中国药品生物制品检定所检验合格后，报卫生部审核批准，核发批准文号。

（一）生产国卫生行政部门的批准文件；

（二）产品说明书；

（三）研制报告和安全性评价报告；

（四）临床研究报告；

（五）产品质量标准和起草说明；

（六）质量体系管理规定（QSR）资料；

（七）产品自检报告。

卫生部可以根据情况，要求进口生物材料和医疗器材进行临床实验。

卫生部在收到全部材料后6个月内作出决定。

第十二条 禁止进口疗效不确，不良反应大或者其它危害人民健康的生物材料和医疗器材。

第十三条 卫生部和省级卫生行政部门分别设立生物材料和医疗器材专家评审委员会，并对申报的生物材料和医疗器材进行评审和提出意见。

第十四条 未经卫生部批准的生产材料和医疗器材、不符合质量标准的生物材料和医疗器材以及卫生部明令禁止使用的生物材料和医疗器材不得上市和临床使用。

第十五条 卫生部定期发布质量公告。对疗效不确，不良反应大或者其它危害人民健康的生物材料和医疗器材，注销其批准文号。

第十六条 医疗卫生机构要建立生物材料和医疗器材不良反应报告制度，及时向所在地卫生行政部门报告临床使用中的不良反应和问题，县级以上卫生行政部门根据情况可以决定暂停使用，并将情况上报上级卫生行政部门。

医疗卫生机构不得使用没有卫生部批准文号的生物材料和医疗器材。

第十七条 违反本办法，有下列情形之一的，由省级以上卫生行政部门给予警告，情节严重的处以违法所得的1～3倍的罚款（最高不超过三万元）；无违法所得的，处以1000元以上10000元以下的罚款：

（一）未经批准和不在指定医疗机构进行临床研究的；

（二）未取得批准文号，擅自进行生产、经营的；

（三）生产、经营的产品经卫生部两次公告后，仍不符合质量标准要求的。

第十八条 医疗卫生机构违反本办法有关规定使用没有

卫生部批准文号的产品的，由县级以上卫生行政部门给予警告，对其责任人可处以1000元以下的罚款。

第十九条　违反本办法造成严重伤亡后果的，依法追究当事人的法律责任。

第二十条　本办法适用于在中华人民共和国境内从事生物材料和医疗器材的科研、生产、销售和使用的单位和个人。

第二十一条　中国人民解放军所属研究机构和生产单位研制生产的供应民用的生物材料和医疗器材按本办法办理。

第二十二条　本办法由中华人民共和国卫生部负责解释。

第二十三条　本办法自1998年1月1日起施行。凡与本办法相违背的有关规定同时废止。

医疗卫生机构医学装备管理办法

1．2011年3月24日卫生部发布

2．卫规财委〔2011〕24号

第一章　总　　则

第一条　为了规范和加强医疗卫生机构医学装备管理，促进医学装备合理配置、安全与有效利用，充分发挥使用效益，保障医疗卫生事业健康发展，依据有关法律法规，制定本办法。

第二条　本办法所称的医学装备，是指医疗卫生机构中用于医疗、教学、科研、预防、保健等工作，具有卫生专业技术特征的仪器设备、器械、耗材和医学信息系统等的总称。

第三条　医疗卫生机构利用各种资金来源购置、接受捐赠和调拨的医学装备，均应当按照本办法实施管理。

第四条　医疗卫生机构医学装备管理应当遵循统一领导、归口管理、分级负责、权责一致的原则，应用信息技术等现代化管理方法，提高管理效能。

第五条　卫生部主管全国医疗卫生机构医学装备管理工作，负责制订医学装备管理办法和标准并指导实施。省级及以下卫生行政部门依据国家管理办法和标准，负责本地区医疗卫生机构医学装备管理、监督和指导工作。

第六条　医疗卫生机构应当加强医学工程学科建设，注重医学装备管理人才培养，建设专业化、职业化人才队伍，提高医学装备管理能力和应用技术水平。

第二章　机构与职责

第七条　医疗卫生机构的医学装备管理实行机构领导、医学装备管理部门和使用部门三级管理制度。

第八条　二级及以上医疗机构和县级及以上其他卫生机构应当设置专门的医学装备管理部门，由主管领导直接负责，并依据机构规模、管理任务配备数量适宜的专业技术人员。规模小、不宜设置专门医学装备管理部门的机构，应当配备专人管理。

第九条　医学装备管理部门主要职责包括：

（一）根据国家有关规定，建立完善本机构医学装备管理工作制度并监督执行；

（二）负责医学装备发展规划和年度计划的组织、制订、实施等工作；

（三）负责医学装备购置、验收、质控、维护、修理、应用分析和处置等全程管理；

（四）保障医学装备正常使用；

（五）收集相关政策法规和医学装备信息，提供决策参考依据；

（六）组织本机构医学装备管理相关人员专业培训；

（七）完成卫生行政部门和机构领导交办的其他工作。

第十条　医学装备使用部门应当设专职或兼职管理人员，在医学装备管理部门的指导下，具体负责本部门的医学装备日常管理工作。

第十一条　二级及以上医疗机构、有条件的其他卫生机构应当成立医学装备管理委员会。委员会由机构领导、医学装备管理部门及有关部门人员和专家组成，负责对本机构医学装备发展规划、年度装备计划、采购活动等重大事项进行评估、论证和咨询，确保科学决策和民主决策。

第三章　计划与采购

第十二条　医疗卫生机构应当根据国家相关法规、制度和本机构的规模、功能定位和事业发展规划，科学制订医学装备发展规划。

医疗卫生机构要优先考虑配置功能适用、技术适宜、节能环保的装备，注重资源共享，杜绝盲目配置和闲置浪费。

第十三条　医学装备管理部门应当根据本机构医学装备发展规划和年度预算，结合各使用部门装备配置和保障需求，编制年度装备计划和采购实施计划。

第十四条　医学装备发展规划、年度装备计划和采购实施计划应当由机构领导集体研究批准后方可执行。设立医学装备管理委员会的，机构领导集体研究前还需经医学装备管理委员会讨论同意。需主管部门审批的，应当获得批准后执行。经批准的医学装备发展规划、年度装备计划和采购实施计划，不得随意更改。

第十五条 单价在1万元及以上或一次批量价格在5万元及以上的医学装备均应当纳入年度装备计划管理。单价在1万元以下或一次批量价格在5万元以下的，由医疗卫生机构根据本机构实际情况确定管理方式。

第十六条 单价在50万元及以上的医学装备计划，应当进行可行性论证。论证内容应当包括配置必要性、社会和经济效益、预期使用情况、人员资质等。单价为50万元以下的，由医疗机构根据本机构实际情况确定论证方式。

第十七条 医疗卫生机构应当根据国家有关法律法规，按照公开透明、公平竞争、客观公正和诚实信用的原则，加强医学装备采购管理。

第十八条 纳入集中采购目录或采购限额标准以上的医学装备，应当实行集中采购，并首选公开招标方式进行采购。采取公开招标以外其他方式进行采购的，应当严格按照国家有关规定报批。

第十九条 未纳入集中采购目录或集中采购限额标准以下的医学装备，应当首选公开招标方式采购。不具备公开招标条件的，可按照国家有关规定选择其他方式进行采购。

第二十条 医疗卫生机构应当加强预算管理，严格执行年度装备计划和采购实施计划。未列入计划的项目，原则上不得安排采购。因特殊情况确需计划外采购的，应当严格论证审批。

第二十一条 省级卫生行政部门依据国家有关规定制订本地区应急采购预案。因突发公共事件等应急情况需要紧急采购的，医疗卫生机构应当按照应急采购预案执行。

第二十二条 需采购进口医学装备的，应当按照国家有关规定严格履行进口设备采购审批程序。

第二十三条 医疗卫生机构应当加强医学装备采购合同规范管理，保证采购装备的质量，严格防范各类风险，确保资金安全。

第二十四条 医疗卫生机构应当建立医学装备验收制度。医学装备到货、安装、调试使用后，医学装备管理部门应当组织使用部门、供货方依据合同约定及时进行验收。验收完成后应当填写验收报告，并由各方签字确认。

第二十五条 医学装备验收工作应当在合同约定的索赔期限内完成。经验收不合格的，应当及时办理索赔。

第二十六条 医疗卫生机构申请配置和采购纳入国家规定管理品目的大型医用设备，按照相关规定执行。

第二十七条 医疗卫生机构应当建立医用耗材准入管理制度。属于集中采购目录内的，医学装备管理部门应当按照有关规定组织专家进行遴选。不在集中采购目录内但确需使用的，医学装备管理部门应当组织专家严格论证后，按照有关规定进行采购。

第二十八条 医疗卫生机构应当建立医用耗材入出库管理制度并严格执行。

第二十九条 医疗卫生机构应当加强一次性使用无菌器械采购记录管理。采购记录内容应当包括企业名称、产品名称、原产地、规格型号、产品数量、生产批号、灭菌批号、产品有效期、采购日期等，确保能够追溯至每批产品的进货来源。

第四章 使用管理

第三十条 医疗卫生机构应当依据全国卫生系统医疗器械仪器设备分类与代码，建立本机构医学装备分类、分户电子账目，实行信息化管理。

第三十一条 医疗卫生机构应当健全医学装备档案管理制度，按照集中统一管理的原则，作到档案齐全、账目明晰、完整准确。档案保管期限至医学装备报废为止。国家有特殊要求的，从其规定。

第三十二条 单价在5万元及以上的医学装备应当建立管理档案。内容主要包括申购资料、技术资料及使用维修资料。单价5万元以下的医学装备，医疗卫生机构可根据实际情况确定具体管理方式。

第三十三条 医疗卫生机构不得使用无合格证明、过期、失效、淘汰的医学装备。用于医疗活动的，应当具备医疗器械注册证。纳入国家规定管理品目的大型医用设备应当具备配置许可证。

未经注册的医学装备临床试验按照国家相关规定执行。

第三十四条 医疗卫生机构应当严格依据国家有关规定和操作规程，加强医学装备安全有效使用管理。生命支持类、急救类、植入类、辐射类、灭菌类和大型医用设备等医学装备安全有效使用情况应当予以监控。国家有特殊要求的，从其规定。

第三十五条 医疗卫生机构应当按照国家有关法律法规做好医学装备质量保障。医学装备须计（剂）量准确、安全防护、性能指标合格方可使用。

第三十六条 医疗卫生机构应当制定生命支持类、急救类医学装备应急预案，保障紧急救援工作需要。

第三十七条 医疗卫生机构应当建立健全医学装备维修制度，优化报修流程，及时排除医学装备故障。

第三十八条 医疗卫生机构应当加强医学装备预防性维护，确保医学装备按期保养，保障使用寿命，减少故障发生率。

第三十九条 医疗卫生机构应当对医学装备使用人员进行应用培训和考核，合格后方可上岗操作。大型医用设备相关医师、操作人员、工程技术人员须接受岗位培训，业务能力考评合格方可上岗操作。

第四十条 医疗卫生技术人员使用各类医用耗材时，应当认真核对其规格、型号、消毒及有效日期等，并进行登记。医用耗材使用后属于医疗废物的，应当严格按照医疗废物管理有关规定处理。

第四十一条 医疗卫生机构应当建立医学装备使用评价制度。加强大型医用设备使用、功能开发、社会效益、费用等分析评价工作。

对长期闲置不用、低效运转或超标准配置的医学装备，医学装备管理部门应当在本机构范围内调剂使用。

第五章 处置管理

第四十二条 公立医疗卫生机构处置医学装备，应当按照国有资产处置管理有关规定，严格履行审批手续，未经批准不得自行处理。处置海关监管期内的进口免税医学装备，须按照海关相关规定执行。

第四十三条 医学装备处置方式主要包括调拨、捐赠和报废等。

第四十四条 公立医疗卫生机构长期闲置不用、低效运转或超标准配置的医学装备，应当予以调拨处置。

第四十五条 因对口支援等工作需要，公立医疗卫生机构可对外调拨或捐赠医学装备。

医疗卫生机构接受捐赠的医学装备，应当质量合格、安全有效。

第四十六条 医学装备符合下列情形的，应当报废处置：国家规定淘汰的；严重损坏无法修复或维修费用过高的；严重污染环境，危害人身安全与健康的；失效或功能低下、技术落后，不能满足使用需求的；国家有明确要求的。

第六章 监督管理

第四十七条 卫生部负责对全国医疗卫生机构执行本办法的情况进行监督检查。

第四十八条 省级及以下卫生行政部门负责对本地区医疗卫生机构医学装备管理工作进行监督检查和评价考核。

对违反本办法规定，制度不健全、管理不严格或职责落实不到位的医疗卫生机构，由所在地卫生行政部门视情节严重程度，对其主要负责人和工作人员给予批评教育或相应纪律处分。

第四十九条 医疗卫生机构应当依据本办法规定加强医学装备管理工作。对违反本办法规定，不认真履行医学装备管理职责、违反操作规程造成人为损坏或保管不当造成遗失的工作人员，应当视情节严重程度，给予批评教育或相应纪律处分。

第七章 附 则

第五十条 本办法适用于全国各级各类医疗卫生机构。

第五十一条 本办法由卫生部负责解释。

第五十二条 省级卫生行政部门可根据本办法规定，结合本地区实际，制订实施细则。

第五十三条 本办法自发布之日起施行。1996 年卫生部《医疗卫生机构仪器设备管理办法》（卫计发〔1996〕第 180 号）同时废止。

医疗器械说明书和标签管理规定

1. *2014 年 7 月 30 日国家食品药品监督管理总局令第 6 号公布*
2. *自 2014 年 10 月 1 日起施行*

第一条 为规范医疗器械说明书和标签，保证医疗器械使用的安全，根据《医疗器械监督管理条例》，制定本规定。

第二条 凡在中华人民共和国境内销售、使用的医疗器械，应当按照本规定要求附有说明书和标签。

第三条 医疗器械说明书是指由医疗器械注册人或者备案人制作，随产品提供给用户，涵盖该产品安全有效的基本信息，用以指导正确安装、调试、操作、使用、维护、保养的技术文件。

医疗器械标签是指在医疗器械或者其包装上附有的用于识别产品特征和标明安全警示等信息的文字说明及图形、符号。

第四条 医疗器械说明书和标签的内容应当科学、真实、完整、准确，并与产品特性相一致。

医疗器械说明书和标签的内容应当与经注册或者备案的相关内容一致。

医疗器械标签的内容应当与说明书有关内容相

符合。

第五条　医疗器械说明书和标签对疾病名称、专业名词、诊断治疗过程和结果的表述，应当采用国家统一发布或者规范的专用词汇，度量衡单位应当符合国家相关标准的规定。

第六条　医疗器械说明书和标签中使用的符号或者识别颜色应当符合国家相关标准的规定；无相关标准规定的，该符号及识别颜色应当在说明书中描述。

第七条　医疗器械最小销售单元应当附有说明书。

医疗器械的使用者应当按照说明书使用医疗器械。

第八条　医疗器械的产品名称应当使用通用名称，通用名称应当符合国家食品药品监督管理总局制定的医疗器械命名规则。第二类、第三类医疗器械的产品名称应当与医疗器械注册证中的产品名称一致。

产品名称应当清晰地标明在说明书和标签的显著位置。

第九条　医疗器械说明书和标签文字内容应当使用中文，中文的使用应当符合国家通用的语言文字规范。医疗器械说明书和标签可以附加其他文种，但应当以中文表述为准。

医疗器械说明书和标签中的文字、符号、表格、数字、图形等应当准确、清晰、规范。

第十条　医疗器械说明书一般应当包括以下内容：

（一）产品名称、型号、规格；

（二）注册人或者备案人的名称、住所、联系方式及售后服务单位，进口医疗器械还应当载明代理人的名称、住所及联系方式；

（三）生产企业的名称、住所、生产地址、联系方式及生产许可证编号或者生产备案凭证编号，委托生产的还应当标注受托企业的名称、住所、生产地址、生产许可证编号或者生产备案凭证编号；

（四）医疗器械注册证编号或者备案凭证编号；

（五）产品技术要求的编号；

（六）产品性能、主要结构组成或者成分、适用范围；

（七）禁忌症、注意事项、警示以及提示的内容；

（八）安装和使用说明或者图示，由消费者个人自行使用的医疗器械还应当具有安全使用的特别说明；

（九）产品维护和保养方法，特殊储存、运输条件、方法；

（十）生产日期，使用期限或者失效日期；

（十一）配件清单，包括配件、附属品、损耗品更换周期以及更换方法的说明等；

（十二）医疗器械标签所用的图形、符号、缩写等内容的解释；

（十三）说明书的编制或者修订日期；

（十四）其他应当标注的内容。

第十一条　医疗器械说明书中有关注意事项、警示以及提示性内容主要包括：

（一）产品使用的对象；

（二）潜在的安全危害及使用限制；

（三）产品在正确使用过程中出现意外时，对操作者、使用者的保护措施以及应当采取的应急和纠正措施；

（四）必要的监测、评估、控制手段；

（五）一次性使用产品应当注明“一次性使用”字样或者符号，已灭菌产品应当注明灭菌方式以及灭菌包装损坏后的处理方法，使用前需要消毒或者灭菌的应当说明消毒或者灭菌的方法；

（六）产品需要同其他医疗器械一起安装或者联合使用时，应当注明联合使用器械的要求、使用方法、注意事项；

（七）在使用过程中，与其他产品可能产生的相互干扰及其可能出现的危害；

（八）产品使用中可能带来的不良事件或者产品成分中含有的可能引起副作用的成分或者辅料；

（九）医疗器械废弃处理时应当注意的事项，产品使用后需要处理的，应当注明相应的处理方法；

（十）根据产品特性，应当提示操作者、使用者注意的其他事项。

第十二条　重复使用的医疗器械应当在说明书中明确重复使用的处理过程，包括清洁、消毒、包装及灭菌的方法和重复使用的次数或者其他限制。

第十三条　医疗器械标签一般应当包括以下内容：

（一）产品名称、型号、规格；

（二）注册人或者备案人的名称、住所、联系方式，进口医疗器械还应当载明代理人的名称、住所及联系方式；

（三）医疗器械注册证编号或者备案凭证编号；

（四）生产企业的名称、住所、生产地址、联系方式及生产许可证编号或者生产备案凭证编号，委托生产的还应当标注受托企业的名称、住所、生产地址、生产许可证编号或者生产备案凭证编号；

（五）生产日期，使用期限或者失效日期；

（六）电源连接条件、输入功率；

（七）根据产品特性应当标注的图形、符号以及其他相关内容；

（八）必要的警示、注意事项；

（九）特殊储存、操作条件或者说明；

（十）使用中对环境有破坏或者负面影响的医疗器械，其标签应当包含警示标志或者中文警示说明；

（十一）带放射或者辐射的医疗器械，其标签应当包含警示标志或者中文警示说明。

医疗器械标签因位置或者大小受限而无法全部标明上述内容的，至少应当标注产品名称、型号、规格、生产日期和使用期限或者失效日期，并在标签中明确“其他内容详见说明书”。

第十四条　医疗器械说明书和标签不得有下列内容：

（一）含有“疗效最佳”、“保证治愈”、“包治”、“根治”、“即刻见效”、“完全无毒副作用”等表示功效的断言或者保证的；

（二）含有“最高技术”、“最科学”、“最先进”、“最佳”等绝对化语言和表示的；

（三）说明治愈率或者有效率的；

（四）与其他企业产品的功效和安全性相比较的；

（五）含有“保险公司保险”、“无效退款”等承诺性语言的；

（六）利用任何单位或者个人的名义、形象作证明或者推荐的；

（七）含有误导性说明，使人感到已经患某种疾病，或者使人误解不使用该医疗器械会患某种疾病或者加重病情的表述，以及其他虚假、夸大、误导性的内容；

（八）法律、法规规定禁止的其他内容。

第十五条　医疗器械说明书应当由注册申请人或者备案人在医疗器械注册或者备案时，提交食品药品监督管理部门审查或者备案，提交的说明书内容应当与其他注册或者备案资料相符合。

第十六条　经食品药品监督管理部门注册审查的医疗器械说明书的内容不得擅自更改。

已注册的医疗器械发生注册变更的，申请人应当在取得变更文件后，依据变更文件自行修改说明书和标签。

说明书的其他内容发生变化的，应当向医疗器械注册的审批部门书面告知，并提交说明书更改情况对比说明等相关文件。审批部门自收到书面告知之日起20个工作日内未发出不予同意通知件的，说明书更改生效。

第十七条　已备案的医疗器械，备案信息表中登载内容、备案产品技术要求以及说明书其他内容发生变化的，备案人自行修改说明书和标签的相关内容。

第十八条　说明书和标签不符合本规定要求的，由县级以上食品药品监督管理部门按照《医疗器械监督管理条例》第六十七条的规定予以处罚。

第十九条　本规定自2014年10月1日起施行。2004年7月8日公布的《医疗器械说明书、标签和包装标识管理规定》（原国家食品药品监督管理局令第10号）同时废止。

医疗器械分类规则

1. 2015年7月14日国家食品药品监督管理总局令第15号公布

2. 自2016年1月1日起施行

第一条　为规范医疗器械分类，根据《医疗器械监督管理条例》，制定本规则。

第二条　本规则用于指导制定医疗器械分类目录和确定新的医疗器械的管理类别。

第三条　本规则有关用语的含义是：

（一）预期目的

指产品说明书、标签或者宣传资料载明的，使用医疗器械应当取得的作用。

（二）无源医疗器械

不依靠电能或者其他能源，但是可以通过由人体或者重力产生的能量，发挥其功能的医疗器械。

（三）有源医疗器械

任何依靠电能或者其他能源，而不是直接由人体或者重力产生的能量，发挥其功能的医疗器械。

（四）侵入器械

借助手术全部或者部分通过体表侵入人体，接触体内组织、血液循环系统、中枢神经系统等部位的医疗器械，包括介入手术中使用的器材、一次性使用无菌手术器械和暂时或短期留在人体内的器械等。本规则中的侵入器械不包括重复使用手术器械。

（五）重复使用手术器械

用于手术中进行切、割、钻、锯、抓、刮、钳、抽、夹等过程，不连接任何有源医疗器械，通过一定的处理可以重新使用的无源医疗器械。

（六）植入器械

借助手术全部或者部分进入人体内或腔道（口）

中，或者用于替代人体上皮表面或眼表面，并且在手术过程结束后留在人体内30日（含）以上或者被人体吸收的医疗器械。

（七）接触人体器械

直接或间接接触患者或者能够进入患者体内的医疗器械。

（八）使用时限

1.连续使用时间：医疗器械按预期目的、不间断的实际作用时间；

2.暂时：医疗器械预期的连续使用时间在24小时以内；

3.短期：医疗器械预期的连续使用时间在24小时（含）以上、30日以内；

4.长期：医疗器械预期的连续使用时间在30日（含）以上。

（九）皮肤

未受损皮肤表面。

（十）腔道（口）

口腔、鼻腔、食道、外耳道、直肠、阴道、尿道等人体自然腔道和永久性人造开口。

（十一）创伤

各种致伤因素作用于人体所造成的组织结构完整性破坏或者功能障碍。

（十二）组织

人体体内组织，包括骨、牙髓或者牙本质，不包括血液循环系统和中枢神经系统。

（十三）血液循环系统

血管（毛细血管除外）和心脏。

（十四）中枢神经系统

脑和脊髓。

（十五）独立软件

具有一个或者多个医疗目的，无需医疗器械硬件即可完成自身预期目的，运行于通用计算平台的软件。

（十六）具有计量测试功能的医疗器械

用于测定生理、病理、解剖参数，或者定量测定进出人体的能量或物质的医疗器械，其测量结果需要精确定量，并且该结果的准确性会对患者的健康和安全产生明显影响。

（十七）慢性创面

各种原因形成的长期不愈合创面，如静脉性溃疡、动脉性溃疡、糖尿病性溃疡、创伤性溃疡、压力性溃疡等。

第四条　医疗器械按照风险程度由低到高，管理类别依次分为第一类、第二类和第三类。

医疗器械风险程度，应当根据医疗器械的预期目的，通过结构特征、使用形式、使用状态、是否接触人体等因素综合判定。

第五条　依据影响医疗器械风险程度的因素，医疗器械可以分为以下几种情形：

（一）根据结构特征的不同，分为无源医疗器械和有源医疗器械。

（二）根据是否接触人体，分为接触人体器械和非接触人体器械。

（三）根据不同的结构特征和是否接触人体，医疗器械的使用形式包括：

无源接触人体器械：液体输送器械、改变血液体液器械、医用敷料、侵入器械、重复使用手术器械、植入器械、避孕和计划生育器械、其他无源接触人体器械。

无源非接触人体器械：护理器械、医疗器械清洗消毒器械、其他无源非接触人体器械。

有源接触人体器械：能量治疗器械、诊断监护器械、液体输送器械、电离辐射器械、植入器械、其他有源接触人体器械。

有源非接触人体器械：临床检验仪器设备、独立软件、医疗器械消毒灭菌设备、其他有源非接触人体器械。

（四）根据不同的结构特征、是否接触人体以及使用形式，医疗器械的使用状态或者其产生的影响包括以下情形：

无源接触人体器械：根据使用时限分为暂时使用、短期使用、长期使用；接触人体的部位分为皮肤或腔道（口）、创伤或组织、血液循环系统或中枢神经系统。

无源非接触人体器械：根据对医疗效果的影响程度分为基本不影响、轻微影响、重要影响。

有源接触人体器械：根据失控后可能造成的损伤程度分为轻微损伤、中度损伤、严重损伤。

有源非接触人体器械：根据对医疗效果的影响程度分为基本不影响、轻微影响、重要影响。

第六条　医疗器械的分类应当根据医疗器械分类判定表（见附件）进行分类判定。有以下情形的，还应当结合下述原则进行分类：

（一）如果同一医疗器械适用两个或者两个以上的分类，应当采取其中风险程度最高的分类；由多个医疗器械组成的医疗器械包，其分类应当与包内风险程度最高的医疗器械一致。

（二）可作为附件的医疗器械，其分类应当综合考虑该附件对配套主体医疗器械安全性、有效性的影响；

如果附件对配套主体医疗器械有重要影响，附件的分类应不低于配套主体医疗器械的分类。

（三）监控或者影响医疗器械主要功能的医疗器械，其分类应当与被监控、影响的医疗器械的分类一致。

（四）以医疗器械作用为主的药械组合产品，按照第三类医疗器械管理。

（五）可被人体吸收的医疗器械，按照第三类医疗器械管理。

（六）对医疗效果有重要影响的有源接触人体器械，按照第三类医疗器械管理。

（七）医用敷料如果有以下情形，按照第三类医疗器械管理，包括：预期具有防组织或器官粘连功能，作为人工皮肤，接触真皮深层或其以下组织受损的创面，用于慢性创面，或者可被人体全部或部分吸收的。

（八）以无菌形式提供的医疗器械，其分类应不低于第二类。

（九）通过牵拉、撑开、扭转、压握、弯曲等作用方式，主动施加持续作用力于人体、可动态调整肢体固定位置的矫形器械（不包括仅具有固定、支撑作用的医疗器械，也不包括配合外科手术中进行临时矫形的医疗器械或者外科手术后或其他治疗中进行四肢矫形的医疗器械），其分类应不低于第二类。

（十）具有计量测试功能的医疗器械，其分类应不低于第二类。

（十一）如果医疗器械的预期目的是明确用于某种疾病的治疗，其分类应不低于第二类。

（十二）用于在内窥镜下完成夹取、切割组织或者取石等手术操作的无源重复使用手术器械，按照第二类医疗器械管理。

第七条　体外诊断试剂按照有关规定进行分类。

第八条　国家食品药品监督管理总局根据医疗器械生产、经营、使用情况，及时对医疗器械的风险变化进行分析、评价，对医疗器械分类目录进行调整。

第九条　国家食品药品监督管理总局可以组织医疗器械分类专家委员会制定、调整医疗器械分类目录。

第十条　本规则自 2016 年 1 月 1 日起施行。2000 年 4 月 5 日公布的《医疗器械分类规则》（原国家药品监督管理局令第 15 号）同时废止。

附件：

医疗器械分类判定表

接触人体器械											
	使用状态 / 使用形式		暂时使用			短期使用			长期使用		
			皮肤/腔道（口）	创伤/组织	血循环/中枢	皮肤/腔道（口）	创伤/组织	血循环/中枢	皮肤/腔道（口）	创伤/组织	血循环/中枢
无源医疗器械	1	液体输送器械	Ⅱ	Ⅱ	Ⅲ	Ⅱ	Ⅱ	Ⅲ	Ⅱ	Ⅲ	Ⅲ
	2	改变血液体液器械	—	—	Ⅲ	—	—	Ⅲ	—	—	Ⅲ
	3	医用敷料	Ⅰ	Ⅱ	Ⅱ	Ⅰ	Ⅱ	Ⅱ	—	Ⅲ	Ⅲ
	4	侵入器械	Ⅰ	Ⅱ	Ⅲ	Ⅱ	Ⅱ	Ⅲ	—	—	—
	5	重复使用手术器械	Ⅰ	Ⅰ	Ⅱ	—	—	—	—	—	—
	6	植入器械	—	—	—	—	—	—	Ⅲ	Ⅲ	Ⅲ
	7	避孕和计划生育器械（不包括重复使用手术器械）	Ⅱ	Ⅱ	Ⅲ	Ⅱ	Ⅲ	Ⅲ	Ⅲ	Ⅲ	Ⅲ
	8	其他无源器械	Ⅰ	Ⅱ	Ⅲ	Ⅱ	Ⅱ	Ⅲ	Ⅱ	Ⅲ	Ⅲ

续表

		使用状态 / 使用形式			
	使用形式 \ 使用状态		轻微损伤	中度损伤	严重损伤
有源医疗器械	1	能量治疗器械	Ⅱ	Ⅱ	Ⅲ
	2	诊断监护器械	Ⅱ	Ⅱ	Ⅲ
	3	液体输送器械	Ⅱ	Ⅱ	Ⅲ
	4	电离辐射器械	Ⅱ	Ⅱ	Ⅲ
	5	植入器械	Ⅲ	Ⅲ	Ⅲ
	6	其他有源器械	Ⅱ	Ⅱ	Ⅲ
无源医疗器械	使用形式 \ 使用状态		基本不影响	轻微影响	重要影响
	1	护理器械	Ⅰ	Ⅱ	—
	2	医疗器械清洗消毒器械	—	Ⅱ	Ⅲ
	3	其他无源器械	Ⅰ	Ⅱ	Ⅲ
有源医疗器械	使用形式 \ 使用状态		基本不影响	轻微影响	重要影响
	1	临床检验仪器设备	Ⅰ	Ⅱ	Ⅲ
	2	独立软件	—	Ⅱ	Ⅲ
	3	医疗器械消毒灭菌设备	—	Ⅱ	Ⅲ
	4	其他有源器械	Ⅰ	Ⅱ	Ⅲ

注：1. 本表中"Ⅰ"、"Ⅱ"、"Ⅲ"分别代表第一类、第二类、第三类医疗器械；
2. 本表中"—"代表不存在这种情形。

医疗器械使用质量监督管理办法

1. 2015年10月21日国家食品药品监督管理总局令第18号公布
2. 自2016年2月1日起施行

第一章 总 则

第一条 为加强医疗器械使用质量监督管理，保证医疗器械使用安全、有效，根据《医疗器械监督管理条例》，制定本办法。

第二条 使用环节的医疗器械质量管理及其监督管理，应当遵守本办法。

第三条 国家食品药品监督管理总局负责全国医疗器械使用质量监督管理工作。县级以上地方食品药品监督管理部门负责本行政区域的医疗器械使用质量监督管理工作。

上级食品药品监督管理部门负责指导和监督下级食品药品监督管理部门开展医疗器械使用质量监督管理工作。

第四条 医疗器械使用单位应当按照本办法，配备与其规模相适应的医疗器械质量管理机构或者质量管理人员，建立覆盖质量管理全过程的使用质量管理制度，承担本单位使用医疗器械的质量管理责任。

鼓励医疗器械使用单位采用信息化技术手段进行医疗器械质量管理。

第五条 医疗器械生产经营企业销售的医疗器械应当符合强制性标准以及经注册或者备案的产品技术要求。医疗器械生产经营企业应当按照与医疗器械使用单位的合同约定，提供医疗器械售后服务，指导和配合医疗器械使用单位开展质量管理工作。

第六条 医疗器械使用单位发现所使用的医疗器械发生不良事件或者可疑不良事件的，应当按照医疗器械不良事件监测的有关规定报告并处理。

第二章 采购、验收与贮存

第七条 医疗器械使用单位应当对医疗器械采购实行统

一管理，由其指定的部门或者人员统一采购医疗器械，其他部门或者人员不得自行采购。

第八条　医疗器械使用单位应当从具有资质的医疗器械生产经营企业购进医疗器械，索取、查验供货者资质、医疗器械注册证或者备案凭证等证明文件。对购进的医疗器械应当验明产品合格证明文件，并按规定进行验收。对有特殊储运要求的医疗器械还应当核实储运条件是否符合产品说明书和标签标示的要求。

第九条　医疗器械使用单位应当真实、完整、准确地记录进货查验情况。进货查验记录应当保存至医疗器械规定使用期限届满后2年或者使用终止后2年。大型医疗器械进货查验记录应当保存至医疗器械规定使用期限届满后5年或者使用终止后5年；植入性医疗器械进货查验记录应当永久保存。

医疗器械使用单位应当妥善保存购入第三类医疗器械的原始资料，确保信息具有可追溯性。

第十条　医疗器械使用单位贮存医疗器械的场所、设施及条件应当与医疗器械品种、数量相适应，符合产品说明书、标签标示的要求及使用安全、有效的需要；对温度、湿度等环境条件有特殊要求的，还应当监测和记录贮存区域的温度、湿度等数据。

第十一条　医疗器械使用单位应当按照贮存条件、医疗器械有效期限等要求对贮存的医疗器械进行定期检查并记录。

第十二条　医疗器械使用单位不得购进和使用未依法注册或者备案、无合格证明文件以及过期、失效、淘汰的医疗器械。

第三章　使用、维护与转让

第十三条　医疗器械使用单位应当建立医疗器械使用前质量检查制度。在使用医疗器械前，应当按照产品说明书的有关要求进行检查。

使用无菌医疗器械前，应当检查直接接触医疗器械的包装及其有效期限。包装破损、标示不清、超过有效期限或者可能影响使用安全、有效的，不得使用。

第十四条　医疗器械使用单位对植入和介入类医疗器械应当建立使用记录，植入性医疗器械使用记录永久保存，相关资料应当纳入信息化管理系统，确保信息可追溯。

第十五条　医疗器械使用单位应当建立医疗器械维护维修管理制度。对需要定期检查、检验、校准、保养、维护的医疗器械，应当按照产品说明书的要求进行检查、检验、校准、保养、维护并记录，及时进行分析、评估，确保医疗器械处于良好状态。

对使用期限长的大型医疗器械，应当逐台建立使用档案，记录其使用、维护等情况。记录保存期限不得少于医疗器械规定使用期限届满后5年或者使用终止后5年。

第十六条　医疗器械使用单位应当按照产品说明书等要求使用医疗器械。一次性使用的医疗器械不得重复使用，对使用过的应当按照国家有关规定销毁并记录。

第十七条　医疗器械使用单位可以按照合同的约定要求医疗器械生产经营企业提供医疗器械维护维修服务，也可以委托有条件和能力的维修服务机构进行医疗器械维护维修，或者自行对在用医疗器械进行维护维修。

医疗器械使用单位委托维修服务机构或者自行对在用医疗器械进行维护维修的，医疗器械生产经营企业应当按照合同的约定提供维护手册、维修手册、软件备份、故障代码表、备件清单、零部件、维修密码等维护维修必需的材料和信息。

第十八条　由医疗器械生产经营企业或者维修服务机构对医疗器械进行维护维修的，应当在合同中约定明确的质量要求、维修要求等相关事项，医疗器械使用单位应当在每次维护维修后索取并保存相关记录；医疗器械使用单位自行对医疗器械进行维护维修的，应当加强对从事医疗器械维护维修的技术人员的培训考核，并建立培训档案。

第十九条　医疗器械使用单位发现使用的医疗器械存在安全隐患的，应当立即停止使用，通知检修；经检修仍不能达到使用安全标准的，不得继续使用，并按照有关规定处置。

第二十条　医疗器械使用单位之间转让在用医疗器械，转让方应当确保所转让的医疗器械安全、有效，并提供产品合法证明文件。

转让双方应当签订协议，移交产品说明书、使用和维修记录档案复印件等资料，并经有资质的检验机构检验合格后方可转让。受让方应当参照本办法第八条关于进货查验的规定进行查验，符合要求后方可使用。

不得转让未依法注册或者备案、无合格证明文件或者检验不合格，以及过期、失效、淘汰的医疗器械。

第二十一条　医疗器械使用单位接受医疗器械生产经营企业或者其他机构、个人捐赠医疗器械的，捐赠方应当提供医疗器械的相关合法证明文件，受赠方应当参照本办法第八条关于进货查验的规定进行查验，符合要求后方可使用。

不得捐赠未依法注册或者备案、无合格证明文件或者检验不合格，以及过期、失效、淘汰的医疗器械。

医疗器械使用单位之间捐赠在用医疗器械的，参照本办法第二十条关于转让在用医疗器械的规定办理。

第四章 监督管理

第二十二条 食品药品监督管理部门按照风险管理原则，对使用环节的医疗器械质量实施监督管理。

设区的市级食品药品监督管理部门应当编制并实施本行政区域的医疗器械使用单位年度监督检查计划，确定监督检查的重点、频次和覆盖率。对存在较高风险的医疗器械、有特殊储运要求的医疗器械以及有不良信用记录的医疗器械使用单位等，应当实施重点监管。

年度监督检查计划及其执行情况应当报告省、自治区、直辖市食品药品监督管理部门。

第二十三条 食品药品监督管理部门对医疗器械使用单位建立、执行医疗器械使用质量管理制度的情况进行监督检查，应当记录监督检查结果，并纳入监督管理档案。

食品药品监督管理部门对医疗器械使用单位进行监督检查时，可以对相关的医疗器械生产经营企业、维修服务机构等进行延伸检查。

医疗器械使用单位、生产经营企业和维修服务机构等应当配合食品药品监督管理部门的监督检查，如实提供有关情况和资料，不得拒绝和隐瞒。

第二十四条 医疗器械使用单位应当按照本办法和本单位建立的医疗器械使用质量管理制度，每年对医疗器械质量管理工作进行全面自查，并形成自查报告。食品药品监督管理部门在监督检查中对医疗器械使用单位的自查报告进行抽查。

第二十五条 食品药品监督管理部门应当加强对使用环节医疗器械的抽查检验。省级以上食品药品监督管理部门应当根据抽查检验结论，及时发布医疗器械质量公告。

第二十六条 个人和组织发现医疗器械使用单位有违反本办法的行为，有权向医疗器械使用单位所在地食品药品监督管理部门举报。接到举报的食品药品监督管理部门应当及时核实、处理。经查证属实的，应当按照有关规定对举报人给予奖励。

第五章 法律责任

第二十七条 医疗器械使用单位有下列情形之一的，由县级以上食品药品监督管理部门按照《医疗器械监督管理条例》第六十六条的规定予以处罚：

（一）使用不符合强制性标准或者不符合经注册或者备案的产品技术要求的医疗器械的；

（二）使用无合格证明文件、过期、失效、淘汰的医疗器械，或者使用未依法注册的医疗器械的。

第二十八条 医疗器械使用单位有下列情形之一的，由县级以上食品药品监督管理部门按照《医疗器械监督管理条例》第六十七条的规定予以处罚：

（一）未按照医疗器械产品说明书和标签标示要求贮存医疗器械的；

（二）转让或者捐赠过期、失效、淘汰、检验不合格的在用医疗器械的。

第二十九条 医疗器械使用单位有下列情形之一的，由县级以上食品药品监督管理部门按照《医疗器械监督管理条例》第六十八条的规定予以处罚：

（一）未建立并执行医疗器械进货查验制度，未查验供货者的资质，或者未真实、完整、准确地记录进货查验情况的；

（二）未按照产品说明书的要求进行定期检查、检验、校准、保养、维护并记录的；

（三）发现使用的医疗器械存在安全隐患未立即停止使用、通知检修，或者继续使用经检修仍不能达到使用安全标准的医疗器械的；

（四）未妥善保存购入第三类医疗器械的原始资料的；

（五）未按规定建立和保存植入和介入类医疗器械使用记录的。

第三十条 医疗器械使用单位有下列情形之一的，由县级以上食品药品监督管理部门责令限期改正，给予警告；拒不改正的，处1万元以下罚款：

（一）未按规定配备与其规模相适应的医疗器械质量管理机构或者质量管理人员，或者未按规定建立覆盖质量管理全过程的使用质量管理制度的；

（二）未按规定由指定的部门或者人员统一采购医疗器械的；

（三）购进、使用未备案的第一类医疗器械，或者从未备案的经营企业购进第二类医疗器械的；

（四）贮存医疗器械的场所、设施及条件与医疗器械品种、数量不相适应的，或者未按照贮存条件、医疗器械有效期限等要求对贮存的医疗器械进行定期检查并记录的；

（五）未按规定建立、执行医疗器械使用前质量检查制度的；

（六）未按规定索取、保存医疗器械维护维修相关

记录的;

(七)未按规定对本单位从事医疗器械维护维修的相关技术人员进行培训考核、建立培训档案的;

(八)未按规定对其医疗器械质量管理工作进行自查、形成自查报告的。

第三十一条 医疗器械生产经营企业违反本办法第十七条规定,未按要求提供维护维修服务,或者未按要求提供维护维修所必需的材料和信息的,由县级以上食品药品监督管理部门给予警告,责令限期改正;情节严重或者拒不改正的,处5000元以上2万元以下罚款。

第三十二条 医疗器械使用单位、生产经营企业和维修服务机构等不配合食品药品监督管理部门的监督检查,或者拒绝、隐瞒、不如实提供有关情况和资料的,由县级以上食品药品监督管理部门责令改正,给予警告,可以并处2万元以下罚款。

第六章 附 则

第三十三条 用于临床试验的试验用医疗器械的质量管理,按照医疗器械临床试验等有关规定执行。

第三十四条 对使用环节的医疗器械使用行为的监督管理,按照国家卫生和计划生育委员会的有关规定执行。

第三十五条 本办法自2016年2月1日起施行。

医疗器械召回管理办法

1. 2017年1月25日国家食品药品监督管理总局令第29号公布

2. 自2017年5月1日起施行

第一章 总 则

第一条 为加强医疗器械监督管理,控制存在缺陷的医疗器械产品,消除医疗器械安全隐患,保证医疗器械的安全、有效,保障人体健康和生命安全,根据《医疗器械监督管理条例》,制定本办法。

第二条 中华人民共和国境内已上市医疗器械的召回及其监督管理,适用本办法。

第三条 本办法所称医疗器械召回,是指医疗器械生产企业按照规定的程序对其已上市销售的某一类别、型号或者批次的存在缺陷的医疗器械产品,采取警示、检查、修理、重新标签、修改并完善说明书、软件更新、替换、收回、销毁等方式进行处理的行为。

前款所述医疗器械生产企业,是指境内医疗器械产品注册人或者备案人、进口医疗器械的境外制造厂商在中国境内指定的代理人。

第四条 本办法所称存在缺陷的医疗器械产品包括:

(一)正常使用情况下存在可能危及人体健康和生命安全的不合理风险的产品;

(二)不符合强制性标准、经注册或者备案的产品技术要求的产品;

(三)不符合医疗器械生产、经营质量管理有关规定导致可能存在不合理风险的产品;

(四)其他需要召回的产品。

第五条 医疗器械生产企业是控制与消除产品缺陷的责任主体,应当主动对缺陷产品实施召回。

第六条 医疗器械生产企业应当按照本办法的规定建立健全医疗器械召回管理制度,收集医疗器械安全相关信息,对可能的缺陷产品进行调查、评估,及时召回缺陷产品。

进口医疗器械的境外制造厂商在中国境内指定的代理人应当将仅在境外实施医疗器械召回的有关信息及时报告国家食品药品监督管理总局;凡涉及在境内实施召回的,中国境内指定的代理人应当按照本办法的规定组织实施。

医疗器械经营企业、使用单位应当积极协助医疗器械生产企业对缺陷产品进行调查、评估,主动配合生产企业履行召回义务,按照召回计划及时传达、反馈医疗器械召回信息,控制和收回缺陷产品。

第七条 医疗器械经营企业、使用单位发现其经营、使用的医疗器械可能为缺陷产品的,应当立即暂停销售或者使用该医疗器械,及时通知医疗器械生产企业或者供货商,并向所在地省、自治区、直辖市食品药品监督管理部门报告;使用单位为医疗机构的,还应当同时向所在地省、自治区、直辖市卫生行政部门报告。

医疗器械经营企业、使用单位所在地省、自治区、直辖市食品药品监督管理部门收到报告后,应当及时通报医疗器械生产企业所在地省、自治区、直辖市食品药品监督管理部门。

第八条 召回医疗器械的生产企业所在地省、自治区、直辖市食品药品监督管理部门负责医疗器械召回的监督管理,其他省、自治区、直辖市食品药品监督管理部门应当配合做好本行政区域内医疗器械召回的有关工作。

国家食品药品监督管理总局监督全国医疗器械召回的管理工作。

第九条 国家食品药品监督管理总局和省、自治区、直辖市食品药品监督管理部门应当按照医疗器械召回信息通报和信息公开有关制度,采取有效途径向社会公布缺陷产品信息和召回信息,必要时向同级卫生行政部门通报相关信息。

第二章　医疗器械缺陷的调查与评估

第十条　医疗器械生产企业应当按照规定建立健全医疗器械质量管理体系和医疗器械不良事件监测系统，收集、记录医疗器械的质量投诉信息和医疗器械不良事件信息，对收集的信息进行分析，对可能存在的缺陷进行调查和评估。

医疗器械经营企业、使用单位应当配合医疗器械生产企业对有关医疗器械缺陷进行调查，并提供有关资料。

第十一条　医疗器械生产企业应当按照规定及时将收集的医疗器械不良事件信息向食品药品监督管理部门报告，食品药品监督管理部门可以对医疗器械不良事件或者可能存在的缺陷进行分析和调查，医疗器械生产企业、经营企业、使用单位应当予以配合。

第十二条　对存在缺陷的医疗器械产品进行评估的主要内容包括：

（一）产品是否符合强制性标准、经注册或者备案的产品技术要求；

（二）在使用医疗器械过程中是否发生过故障或者伤害；

（三）在现有使用环境下是否会造成伤害，是否有科学文献、研究、相关试验或者验证能够解释伤害发生的原因；

（四）伤害所涉及的地区范围和人群特点；

（五）对人体健康造成的伤害程度；

（六）伤害发生的概率；

（七）发生伤害的短期和长期后果；

（八）其他可能对人体造成伤害的因素。

第十三条　根据医疗器械缺陷的严重程度，医疗器械召回分为：

（一）一级召回：使用该医疗器械可能或者已经引起严重健康危害的；

（二）二级召回：使用该医疗器械可能或者已经引起暂时的或者可逆的健康危害的；

（三）三级召回：使用该医疗器械引起危害的可能性较小但仍需要召回的。

医疗器械生产企业应当根据具体情况确定召回级别并根据召回级别与医疗器械的销售和使用情况，科学设计召回计划并组织实施。

第三章　主动召回

第十四条　医疗器械生产企业按照本办法第十条、第十二条的要求进行调查评估后，确定医疗器械产品存在缺陷的，应当立即决定并实施召回，同时向社会发布产品召回信息。

实施一级召回的，医疗器械召回公告应当在国家食品药品监督管理总局网站和中央主要媒体上发布；实施二级、三级召回的，医疗器械召回公告应当在省、自治区、直辖市食品药品监督管理部门网站发布，省、自治区、直辖市食品药品监督管理部门网站发布的召回公告应当与国家食品药品监督管理总局网站链接。

第十五条　医疗器械生产企业作出医疗器械召回决定的，一级召回应当在1日内，二级召回应当在3日内，三级召回应当在7日内，通知到有关医疗器械经营企业、使用单位或者告知使用者。

召回通知应当包括以下内容：

（一）召回医疗器械名称、型号规格、批次等基本信息；

（二）召回的原因；

（三）召回的要求，如立即暂停销售和使用该产品、将召回通知转发到相关经营企业或者使用单位等；

（四）召回医疗器械的处理方式。

第十六条　医疗器械生产企业作出医疗器械召回决定的，应当立即向所在地省、自治区、直辖市食品药品监督管理部门和批准该产品注册或者办理备案的食品药品监督管理部门提交医疗器械召回事件报告表，并在5个工作日内将调查评估报告和召回计划提交至所在地省、自治区、直辖市食品药品监督管理部门和批准注册或者办理备案的食品药品监督管理部门备案。

医疗器械生产企业所在地省、自治区、直辖市食品药品监督管理部门应当在收到召回事件报告表1个工作日内将召回的有关情况报告国家食品药品监督管理总局。

第十七条　调查评估报告应当包括以下内容：

（一）召回医疗器械的具体情况，包括名称、型号规格、批次等基本信息；

（二）实施召回的原因；

（三）调查评估结果；

（四）召回分级。

召回计划应当包括以下内容：

（一）医疗器械生产销售情况及拟召回的数量；

（二）召回措施的具体内容，包括实施的组织、范围和时限等；

（三）召回信息的公布途径与范围；

（四）召回的预期效果；

（五）医疗器械召回后的处理措施。

第十八条　医疗器械生产企业所在地省、自治区、直辖市食品药品监督管理部门可以对生产企业提交的召回计划进行评估，认为生产企业所采取的措施不能有效消除产品缺陷或者控制产品风险的，应当书面要求其采取提高召回等级、扩大召回范围、缩短召回时间或者改变召回产品的处理方式等更为有效的措施进行处理。医疗器械生产企业应当按照食品药品监督管理部门的要求修改召回计划并组织实施。

第十九条　医疗器械生产企业对上报的召回计划进行变更的，应当及时报所在地省、自治区、直辖市食品药品监督管理部门备案。

第二十条　医疗器械生产企业在实施召回的过程中，应当根据召回计划定期向所在地省、自治区、直辖市食品药品监督管理部门提交召回计划实施情况报告。

第二十一条　医疗器械生产企业对召回医疗器械的处理应当有详细的记录，并向医疗器械生产企业所在地省、自治区、直辖市食品药品监督管理部门报告，记录应当保存至医疗器械注册证失效后 5 年，第一类医疗器械召回的处理记录应当保存 5 年。对通过警示、检查、修理、重新标签、修改并完善说明书、软件更新、替换、销毁等方式能够消除产品缺陷的，可以在产品所在地完成上述行为。需要销毁的，应当在食品药品监督管理部门监督下销毁。

第二十二条　医疗器械生产企业应当在召回完成后 10 个工作日内对召回效果进行评估，并向所在地省、自治区、直辖市食品药品监督管理部门提交医疗器械召回总结评估报告。

第二十三条　医疗器械生产企业所在地省、自治区、直辖市食品药品监督管理部门应当自收到总结评估报告之日起 10 个工作日内对报告进行审查，并对召回效果进行评估；认为召回尚未有效消除产品缺陷或者控制产品风险的，应当书面要求生产企业重新召回。医疗器械生产企业应当按照食品药品监督管理部门的要求进行重新召回。

第四章　责 令 召 回

第二十四条　食品药品监督管理部门经过调查评估，认为医疗器械生产企业应当召回存在缺陷的医疗器械产品而未主动召回的，应当责令医疗器械生产企业召回医疗器械。

责令召回的决定可以由医疗器械生产企业所在地省、自治区、直辖市食品药品监督管理部门作出，也可以由批准该医疗器械注册或者办理备案的食品药品监督管理部门作出。作出该决定的食品药品监督管理部门，应当在其网站向社会公布责令召回信息。

医疗器械生产企业应当按照食品药品监督管理部门的要求进行召回，并按本办法第十四条第二款的规定向社会公布产品召回信息。

必要时，食品药品监督管理部门可以要求医疗器械生产企业、经营企业和使用单位立即暂停生产、销售和使用，并告知使用者立即暂停使用该缺陷产品。

第二十五条　食品药品监督管理部门作出责令召回决定，应当将责令召回通知书送达医疗器械生产企业，通知书包括以下内容：

（一）召回医疗器械的具体情况，包括名称、型号规格、批次等基本信息；

（二）实施召回的原因；

（三）调查评估结果；

（四）召回要求，包括范围和时限等。

第二十六条　医疗器械生产企业收到责令召回通知书后，应当按照本办法第十五条、第十六条的规定通知医疗器械经营企业和使用单位或者告知使用者，制定、提交召回计划，并组织实施。

第二十七条　医疗器械生产企业应当按照本办法第十九条、第二十条、第二十一条、第二十二条的规定向食品药品监督管理部门报告医疗器械召回的相关情况，进行召回医疗器械的后续处理。

食品药品监督管理部门应当按照本办法第二十三条的规定对医疗器械生产企业提交的医疗器械召回总结评估报告进行审查，并对召回效果进行评价，必要时通报同级卫生行政部门。经过审查和评价，认为召回不彻底、尚未有效消除产品缺陷或者控制产品风险的，食品药品监督管理部门应当书面要求医疗器械生产企业重新召回。医疗器械生产企业应当按照食品药品监督管理部门的要求进行重新召回。

第五章　法 律 责 任

第二十八条　医疗器械生产企业因违反法律、法规、规章规定造成上市医疗器械存在缺陷，依法应当给予行政处罚，但该企业已经采取召回措施主动消除或者减轻危害后果的，食品药品监督管理部门依照《中华人民共和国行政处罚法》的规定给予从轻或者减轻处罚；违法行为轻微并及时纠正，没有造成危害后果的，不予处罚。

医疗器械生产企业召回医疗器械的，不免除其依法应当承担的其他法律责任。

第二十九条　医疗器械生产企业违反本办法第二十四条

规定，拒绝召回医疗器械的，依据《医疗器械监督管理条例》第六十六条的规定进行处理。

第三十条　医疗器械生产企业有下列情形之一的，予以警告，责令限期改正，并处3万元以下罚款：

（一）违反本办法第十四条规定，未按照要求及时向社会发布产品召回信息的；

（二）违反本办法第十五条规定，未在规定时间内将召回医疗器械的决定通知到医疗器械经营企业、使用单位或者告知使用者的；

（三）违反本办法第十八条、第二十三条、第二十七条第二款规定，未按照食品药品监督管理部门要求采取改正措施或者重新召回医疗器械的；

（四）违反本办法第二十一条规定，未对召回医疗器械的处理作详细记录或者未向食品药品监督管理部门报告的。

第三十一条　医疗器械生产企业有下列情形之一的，予以警告，责令限期改正；逾期未改正的，处3万元以下罚款：

（一）未按照本办法规定建立医疗器械召回管理制度的；

（二）拒绝配合食品药品监督管理部门开展调查的；

（三）未按照本办法规定提交医疗器械召回事件报告表、调查评估报告和召回计划、医疗器械召回计划实施情况和总结评估报告的；

（四）变更召回计划，未报食品药品监督管理部门备案的。

第三十二条　医疗器械经营企业、使用单位违反本办法第七条第一款规定的，责令停止销售、使用存在缺陷的医疗器械，并处5000元以上3万元以下罚款；造成严重后果的，由原发证部门吊销《医疗器械经营许可证》。

第三十三条　医疗器械经营企业、使用单位拒绝配合有关医疗器械缺陷调查、拒绝协助医疗器械生产企业召回医疗器械的，予以警告，责令限期改正；逾期拒不改正的，处3万元以下罚款。

第三十四条　食品药品监督管理部门及其工作人员不履行医疗器械监督管理职责或者滥用职权、玩忽职守，有下列情形之一的，由监察机关或者任免机关根据情节轻重，对直接负责的主管人员和其他直接责任人员给予批评教育，或者依法给予警告、记过或者记大过的处分；造成严重后果的，给予降级、撤职或者开除的处分：

（一）未按规定向社会发布召回信息的；

（二）未按规定向相关部门报告或者通报有关召回信息的；

（三）应当责令召回而未采取责令召回措施的；

（四）违反本办法第二十三条和第二十七条第二款规定，未能督促医疗器械生产企业有效实施召回的。

第六章　附　　则

第三十五条　召回的医疗器械已经植入人体的，医疗器械生产企业应当与医疗机构和患者共同协商，根据召回的不同原因，提出对患者的处理意见和应当采取的预案措施。

第三十六条　召回的医疗器械给患者造成损害的，患者可以向医疗器械生产企业要求赔偿，也可以向医疗器械经营企业、使用单位要求赔偿。患者向医疗器械经营企业、使用单位要求赔偿的，医疗器械经营企业、使用单位赔偿后，有权向负有责任的医疗器械生产企业追偿。

第三十七条　本办法自2017年5月1日起施行。2011年7月1日起施行的《医疗器械召回管理办法（试行）》（中华人民共和国卫生部令第82号）同时废止。

大型医用设备配置与使用管理办法（试行）

1. 2018年5月22日国家卫生健康委员会、国家药品监督管理局发布

2. 国卫规划发〔2018〕12号

第一章　总　　则

第一条　为深入推进简政放权、放管结合、优化服务，促进大型医用设备合理配置和有效使用，保障医疗质量安全，控制医疗费用过快增长，维护人民群众健康权益，根据《行政许可法》《国务院关于修改〈医疗器械监督管理条例〉的决定》等法律法规规定，制定本办法。

第二条　本办法所称大型医用设备，是指使用技术复杂、资金投入量大、运行成本高、对医疗费用影响大且纳入目录管理的大型医疗器械。

第三条　大型医用设备目录由国家卫生健康委员会商国务院有关部门提出，报国务院批准后公布执行。

第四条　国家按照目录对大型医用设备实行分级分类配置规划和配置许可证管理。

第五条　国家卫生健康委员会负责制定大型医用设备配置与使用的管理制度并组织实施，指导开展大型医用设备配置与使用行为的评价和监督工作。县级以上地方卫生健康行政部门负责本区域内大型医用设备配置与使用行为的监督管理工作。

第六条 国家卫生健康委员会成立大型医用设备管理专家咨询委员会，为确定和调整管理目录、制定和实施配置规划，以及配置与使用全过程管理提供评审、咨询和论证等技术支持。

省级卫生健康行政部门可成立相应的专家组。

第七条 医疗器械使用单位配置与使用大型医用设备用于医疗服务的，适用本办法。

第二章 管理目录

第八条 国家卫生健康委员会根据医疗服务需求和医疗器械发展状况，结合资金投入、运行成本和使用费用、技术要求等因素，提出大型医用设备配置管理目录建议。

第九条 大型医用设备配置管理目录分为甲、乙两类。甲类大型医用设备由国家卫生健康委员会负责配置管理并核发配置许可证；乙类大型医用设备由省级卫生健康行政部门负责配置管理并核发配置许可证。

第十条 国家卫生健康委员会应当对大型医疗器械使用的安全性、有效性、经济性、适宜性等进行评估，适时提出大型医用设备管理目录调整建议。

第十一条 大型医用设备管理目录调整包括：

（一）纳入管理目录；

（二）甲类管理目录的设备调整为乙类管理目录的设备；

（三）乙类管理目录的设备调整为甲类管理目录的设备；

（四）不再纳入管理目录。

第十二条 全国性医疗领域相关行业组织、省级卫生健康行政部门可以向国家卫生健康委员会提出调整大型医用设备管理目录的建议。医疗器械使用单位可向所在省级卫生健康行政部门提出调整建议，经论证评估，省级卫生健康行政部门认为确有必要的，可向国家卫生健康委员会提出调整建议。

国家卫生健康委员会在大型医用设备管理中认为需要调整管理目录的，应当及时启动调整工作。

国家卫生健康委员会对大型医用设备管理目录的调整建议组织论证评估，根据论证评估意见，商国务院有关部门报国务院批准。

第三章 配置规划

第十三条 大型医用设备配置规划应当与国民经济和社会发展水平、医学科学技术进步以及人民群众健康需求相适应，符合医疗卫生服务体系规划，促进区域医疗资源共享。

第十四条 大型医用设备配置规划原则上每5年编制一次，分年度实施。配置规划包括规划数量、年度实施计划、区域布局和配置标准等内容。

首次配置的大型医用设备配置规划原则上不超过5台，其中，单一企业生产的，不超过3台。

大型医用设备配置规划应当充分考虑社会办医的发展需要，合理预留规划空间。

第十五条 省级卫生健康行政部门结合本地区医疗卫生服务体系规划，提出本地区大型医用设备配置规划和实施方案建议并报送国家卫生健康委员会。国家卫生健康委员会负责制定大型医用设备配置规划，并向社会公开。

第十六条 省级以上卫生健康行政部门应当对大型医用设备配置规划实施开展评估和考核，建立和完善第三方监督评价机制。

第十七条 大型医用设备配置规划明显不适应国民经济和社会发展、医学科学技术进步和人民群众健康需求，或者医疗卫生服务体系规划发生重大调整的，国家卫生健康委员会应当对大型医用设备配置规划进行调整。

省级卫生健康行政部门可以提出本地区大型医用设备配置规划调整建议。

第十八条 国家卫生健康委员会组织制定并发布大型医用设备档次机型的阶梯分型。医疗器械使用单位应当根据功能定位、临床服务需求、医疗技术水平和专科发展等合理选择大型医用设备的适宜档次和机型。

第四章 配置管理

第十九条 医疗器械使用单位申请配置大型医用设备，应当符合大型医用设备配置规划，与其功能定位、临床服务需求相适应，具有相应的技术条件、配套设施和具备相应资质、能力的专业技术人员。

申请配置甲类大型医用设备的，向国家卫生健康委员会提出申请；申请配置乙类大型医用设备的，向所在地省级卫生健康行政部门提出申请。

第二十条 医疗器械使用单位申请配置大型医用设备应当如实、准确提交下列材料：

（一）大型医用设备配置申请表；

（二）医疗器械使用单位执业许可证复印件（或医疗器械使用单位设置批准书复印件，或符合相关规定要求的从事医疗服务的其他法人资质证明复印件）；

（三）统一社会信用代码证（或组织机构代码证）复印件；

（四）与申请配置大型医用设备相应的技术条件、配套设施和专业技术人员资质、能力证明材料。

第二十一条　受理配置申请的卫生健康行政部门应当对医疗器械使用单位申报事项实施第三方专家评审，并自申请受理之日起20个工作日内，作出许可决定。

依照本办法需要组织专家评审的，专家评审时间不计算在许可期限内。

第二十二条　国家卫生健康委员会负责制定大型医用设备配置许可证式样和《甲类大型医用设备配置许可证》的印制、发放等管理工作。省级卫生健康行政部门负责本行政区域内《乙类大型医用设备配置许可证》的印制、发放等管理工作。

第二十三条　大型医用设备配置许可证实行一机一证，分为正本和副本。式样见附件1。

正本应当载明：配置单位名称、法定代表人或主要负责人、所有制性质、设备配置地址、统一社会信用代码（或组织机构代码）、许可设备名称、阶梯配置机型、许可证编号、发证机关、发证日期和二维码。

副本应当载明：正本所载信息以及配置设备的生产企业、具体型号、阶梯配置机型、产品序列号、装机日期、信息报送日期和备注信息。

大型医用设备配置许可证发证日期为许可决定作出的日期。

第二十四条　大型医用设备配置许可证编号由中文甲、乙（甲、乙分别代表甲类、乙类大型医用设备）和10位阿拉伯数字组成。编号数字从左至右依次为：2位省（自治区、直辖市）代码、2位大型医用设备类别代码、1位阶梯分型代码、5位顺序码。许可证编号规则见附件2。

第二十五条　医疗器械使用单位取得大型医用设备配置许可证后应当及时配置相应大型医用设备，并向发证机关报送所配置的大型医用设备相关信息。配置时限由发证机关规定。

大型医用设备配置许可证信息发生改变的，医疗器械使用单位应当在信息改变之日起10个工作日内向原发证机关报送。发证机关应当在收到之日起10个工作日内修改相关信息。

第二十六条　医疗器械使用单位应当依法使用和妥善保管大型医用设备配置许可证，不得伪造、变造、买卖、出租、出借。

医疗器械使用单位应当将大型医用设备配置许可证信息列为向社会主动公开的信息，并将大型医用设备配置许可证正本悬挂在大型医用设备使用场所的显著位置。

第二十七条　有下列情形之一的，大型医用设备配置许可证自行失效，医疗器械使用单位应当自失效之日起5个工作日内向原发证机关交回大型医用设备配置许可证，原发证机关将予以注销。

（一）医疗器械使用单位执业许可（或从事医疗服务的其他法人资质）终止的；

（二）相关诊疗科目被注销的；

（三）无正当理由未在规定时限内配置的；

（四）未按照核发的大型医用设备配置许可证配置相应设备的；

（五）法律、法规规定的其他情形。

发生本条第三项导致配置许可证失效的情形，申请机构及负责人纳入不良信用记录。

大型医用设备配置许可证失效但医疗器械使用单位仍需使用该设备的，应当按照本办法第十九条、第二十条的规定重新申请办理。

第二十八条　医疗器械使用单位配置的大型医用设备应当依法取得医疗器械注册证或备案凭证。

第二十九条　国家卫生健康委员会、省级卫生健康行政部门应当分别公开甲类、乙类大型医用设备配置许可情况。

省级卫生健康行政部门应当在每年1月向国家卫生健康委员会报送上一年度乙类大型医用设备配置许可情况。

第五章　使用管理

第三十条　大型医用设备使用应当遵循安全、有效、合理和必需的原则。

第三十一条　医疗器械使用单位应当建立大型医用设备管理档案，记录其采购、安装、验收、使用、维护、维修、质量控制等事项，并如实记载相关信息。

第三十二条　医疗器械使用单位应当按照大型医用设备产品说明书等要求，进行定期检查、检验、校准、保养、维护，确保大型医用设备处于良好状态。大型医用设备必须达到计（剂）量准确、辐射防护安全、性能指标合格后方可使用。

第三十三条　医疗器械使用单位应当按照国家法律法规的要求，建立完善大型医用设备使用信息安全防护措施，确保相关信息系统运行安全和医疗数据安全。

第三十四条　卫生健康行政部门应当对大型医用设备的使用状况进行监督和评估。

医疗器械使用单位承担使用主体责任，应当建立健全大型医用设备使用评价制度，加强评估分析，促进合理应用,定期向县级以上卫生健康行政部门报送使用情况。

第三十五条 大型医用设备使用人员应当具备相应的资质、能力,按照产品说明书、技术操作规范等使用大型医用设备。

第三十六条 医疗器械使用单位发现大型医用设备不良事件或者可疑不良事件,应当按照规定及时报告医疗器械不良事件监测技术机构。

医疗器械使用单位发现大型医用设备使用存在安全隐患的,或者外部环境、使用人员、技术等条件发生变化,不能保障使用安全质量的,应当立即停止使用。经检修不能达到使用安全标准的,不得继续使用。

第三十七条 医疗器械使用单位不得使用无合格证明、过期、失效、淘汰的大型医用设备,不得以升级等名义擅自提高设备配置性能或规格,规避大型医用设备配置管理。

严禁医疗器械使用单位引进境外研制但境外尚未配置使用的大型医用设备。

第六章 监督管理

第三十八条 国家卫生健康委员会依托大型医用设备配置与使用监督管理信息系统,及时公布大型医用设备配置与使用监督管理信息,便于公众查询和社会监督。医疗器械使用单位应当定期如实填报大型医用设备配置使用相关信息。

第三十九条 卫生健康行政部门对下列事项实施监督检查:

(一)大型医用设备配置规划执行情况;

(二)《大型医用设备配置许可证》持证和使用情况;

(三)大型医用设备使用情况和使用信息安全情况;

(四)大型医用设备使用人员配备情况;

(五)医疗器械使用单位按照规定报送使用情况;

(六)省级以上卫生健康行政部门规定的其他情形。

第四十条 对医疗器械使用单位配置与使用大型医用设备的监督检查,实行随机抽取检查对象、随机选派执法检查人员,抽查情况及查处结果及时向社会公开。可以采取下列方式:

(一)定期检查和不定期抽查;

(二)查阅复印管理文件、记录、档案、病历等有关资料,或要求提供相关数据和材料;

(三)现场检查,进行验证性检验和测量;

(四)实时在线监管;

(五)法律法规规定的其他监督检查措施。

医疗器械使用单位和个人应当配合相关监督检查,不得虚报、瞒报相关情况。

第四十一条 县级以上卫生健康行政部门应当建立配置与使用大型医用设备的单位及其使用人员的信用档案。对有不良信用记录的,增加监督检查频次。

医疗器械使用单位在大型医用设备配置许可申请和大型医用设备使用中虚报、瞒报相关情况的,卫生健康行政部门应当将医疗器械使用单位负责人和直接责任人违法记录通报有关部门,记入相关人员的信用档案。

第四十二条 国家鼓励行业协会建立和完善自我约束机制,加强行业自律和相互监督,促进大型医用设备安全合理使用。

第四十三条 违反本办法规定,卫生健康行政部门未按照要求报送年度配置许可信息,或大型医用设备管理制度不健全、履职不到位的,由上级卫生健康行政部门给予通报批评,并责令改正。

第四十四条 违反本办法规定,超规划、越权或违法实施大型医用设备配置许可的,依据《行政许可法》、《医疗器械监督管理条例》等有关规定予以处理。

第四十五条 医疗器械使用单位不按照操作规程、诊疗规范合理使用,聘用不具有相应资质、能力的人员使用大型医用设备,不能保障医疗质量安全的,由县级以上卫生健康行政部门依法予以处理。

第七章 附 则

第四十六条 国家卫生健康委员会和省级卫生健康行政部门应当分别制定甲类、乙类大型医用设备配置许可管理实施细则。

第四十七条 医疗器械使用单位应当将管理目录内同品目但未实行配置许可的大型医疗器械使用人员技术条件、使用信息向所在地县级以上地方卫生健康行政部门备案并向社会公示。

第四十八条 国务院批准的自由贸易试验区内大型医用设备配置管理按照国家有关规定执行。

大型医用设备采购按照国家有关规定执行。

第四十九条 本办法自公布之日起施行。原卫生部、国家发展改革委和财政部《大型医用设备配置与使用管理办法》(卫规财发〔2004〕474 号)、原卫生部《新型大型医用设备配置管理规定》(卫规财发〔2013〕13 号)同时废止。

附件:(略)

医疗器械不良事件监测和再评价管理办法

1. 2018年8月13日国家市场监督管理总局令第1号公布
2. 自2019年1月1日起施行

第一章　总　　则

第一条　为加强医疗器械不良事件监测和再评价，及时、有效控制医疗器械上市后风险，保障人体健康和生命安全，根据《医疗器械监督管理条例》，制定本办法。

第二条　在中华人民共和国境内开展医疗器械不良事件监测、再评价及其监督管理，适用本办法。

第三条　医疗器械上市许可持有人（以下简称持有人），应当具有保证医疗器械安全有效的质量管理能力和相应责任能力，建立医疗器械不良事件监测体系，向医疗器械不良事件监测技术机构（以下简称监测机构）直接报告医疗器械不良事件。由持有人授权销售的经营企业、医疗器械使用单位应当向持有人和监测机构报告医疗器械不良事件。

持有人应当对发现的不良事件进行评价，根据评价结果完善产品质量，并向监测机构报告评价结果和完善质量的措施；需要原注册机关审批的，应当按规定提交申请。

境外持有人指定的代理人应当承担境内销售的进口医疗器械的不良事件监测工作，配合境外持有人履行再评价义务。

第四条　本办法下列用语的含义：

（一）医疗器械上市许可持有人，是指医疗器械注册证书和医疗器械备案凭证的持有人，即医疗器械注册人和备案人。

（二）医疗器械不良事件，是指已上市的医疗器械，在正常使用情况下发生的，导致或者可能导致人体伤害的各种有害事件。

（三）严重伤害，是指有下列情况之一者：

1. 危及生命；

2. 导致机体功能的永久性伤害或者机体结构的永久性损伤；

3. 必须采取医疗措施才能避免上述永久性伤害或者损伤。

（四）群体医疗器械不良事件，是指同一医疗器械在使用过程中，在相对集中的时间、区域内发生，对一定数量人群的身体健康或者生命安全造成损害或者威胁的事件。

（五）医疗器械不良事件监测，是指对医疗器械不良事件的收集、报告、调查、分析、评价和控制的过程。

（六）医疗器械重点监测，是指为研究某一品种或者产品上市后风险情况、特征、严重程度、发生率等，主动开展的阶段性监测活动。

（七）医疗器械再评价，是指对已注册或者备案、上市销售的医疗器械的安全性、有效性进行重新评价，并采取相应措施的过程。

第五条　国家药品监督管理局建立国家医疗器械不良事件监测信息系统，加强医疗器械不良事件监测信息网络和数据库建设。

国家药品监督管理局指定的监测机构（以下简称国家监测机构）负责对收集到的医疗器械不良事件信息进行统一管理，并向相关监测机构、持有人、经营企业或者使用单位反馈医疗器械不良事件监测相关信息。

与产品使用风险相关的监测信息应当向卫生行政部门通报。

第六条　省、自治区、直辖市药品监督管理部门应当建立医疗器械不良事件监测体系，完善相关制度，配备相应监测机构和人员，开展医疗器械不良事件监测工作。

第七条　任何单位和个人发现医疗器械不良事件，有权向负责药品监督管理的部门（以下简称药品监督管理部门）或者监测机构报告。

第二章　职责与义务

第八条　国家药品监督管理局负责全国医疗器械不良事件监测和再评价的监督管理工作，会同国务院卫生行政部门组织开展全国范围内影响较大并造成严重伤害或者死亡以及其他严重后果的群体医疗器械不良事件的调查和处理，依法采取紧急控制措施。

第九条　省、自治区、直辖市药品监督管理部门负责本行政区域内医疗器械不良事件监测和再评价的监督管理工作，会同同级卫生行政部门和相关部门组织开展本行政区域内发生的群体医疗器械不良事件的调查和处理，依法采取紧急控制措施。

设区的市级和县级药品监督管理部门负责本行政区域内医疗器械不良事件监测相关工作。

第十条　上级药品监督管理部门指导和监督下级药品监督管理部门开展医疗器械不良事件监测和再评价的监督管理工作。

第十一条　国务院卫生行政部门和地方各级卫生行政部门负责医疗器械使用单位中与医疗器械不良事件监测

相关的监督管理工作,督促医疗器械使用单位开展医疗器械不良事件监测相关工作并组织检查,加强医疗器械不良事件监测工作的考核,在职责范围内依法对医疗器械不良事件采取相关控制措施。

上级卫生行政部门指导和监督下级卫生行政部门开展医疗器械不良事件监测相关的监督管理工作。

第十二条 国家监测机构负责接收持有人、经营企业及使用单位等报告的医疗器械不良事件信息,承担全国医疗器械不良事件监测和再评价的相关技术工作;负责全国医疗器械不良事件监测信息网络及数据库的建设、维护和信息管理,组织制定技术规范和指导原则,组织开展国家药品监督管理局批准注册的医疗器械不良事件相关信息的调查、评价和反馈,对市级以上地方药品监督管理部门批准注册或者备案的医疗器械不良事件信息进行汇总、分析和指导,开展全国范围内影响较大并造成严重伤害或者死亡以及其他严重后果的群体医疗器械不良事件的调查和评价。

第十三条 省、自治区、直辖市药品监督管理部门指定的监测机构(以下简称省级监测机构)组织开展本行政区域内医疗器械不良事件监测和再评价相关技术工作;承担本行政区域内注册或者备案的医疗器械不良事件的调查、评价和反馈,对本行政区域内发生的群体医疗器械不良事件进行调查和评价。

设区的市级和县级监测机构协助开展本行政区域内医疗器械不良事件监测相关技术工作。

第十四条 持有人应当对其上市的医疗器械进行持续研究,评估风险情况,承担医疗器械不良事件监测的责任,根据分析评价结果采取有效控制措施,并履行下列主要义务:

(一)建立包括医疗器械不良事件监测和再评价工作制度的医疗器械质量管理体系;

(二)配备与其产品相适应的机构和人员从事医疗器械不良事件监测相关工作;

(三)主动收集并按照本办法规定的时限要求及时向监测机构如实报告医疗器械不良事件;

(四)对发生的医疗器械不良事件及时开展调查、分析、评价,采取措施控制风险,及时发布风险信息;

(五)对上市医疗器械安全性进行持续研究,按要求撰写定期风险评价报告;

(六)主动开展医疗器械再评价;

(七)配合药品监督管理部门和监测机构组织开展的不良事件调查。

第十五条 境外持有人除应当履行本办法第十四条规定的义务外,还应当与其指定的代理人之间建立信息传递机制,及时互通医疗器械不良事件监测和再评价相关信息。

第十六条 医疗器械经营企业、使用单位应当履行下列主要义务:

(一)建立本单位医疗器械不良事件监测工作制度,医疗机构还应当将医疗器械不良事件监测纳入医疗机构质量安全管理重点工作;

(二)配备与其经营或者使用规模相适应的机构或者人员从事医疗器械不良事件监测相关工作;

(三)收集医疗器械不良事件,及时向持有人报告,并按照要求向监测机构报告;

(四)配合持有人对医疗器械不良事件的调查、评价和医疗器械再评价工作;

(五)配合药品监督管理部门和监测机构组织开展的不良事件调查。

第三章 报告与评价

第一节 基本要求

第十七条 报告医疗器械不良事件应当遵循可疑即报的原则,即怀疑某事件为医疗器械不良事件时,均可以作为医疗器械不良事件进行报告。

报告内容应当真实、完整、准确。

第十八条 导致或者可能导致严重伤害或者死亡的可疑医疗器械不良事件应当报告;创新医疗器械在首个注册周期内,应当报告该产品的所有医疗器械不良事件。

第十九条 持有人、经营企业和二级以上医疗机构应当注册为国家医疗器械不良事件监测信息系统用户,主动维护其用户信息,报告医疗器械不良事件。持有人应当持续跟踪和处理监测信息;产品注册信息发生变化的,应当在系统中立即更新。

鼓励其他使用单位注册为国家医疗器械不良事件监测信息系统用户,报告不良事件相关信息。

第二十条 持有人应当公布电话、通讯地址、邮箱、传真等联系方式,指定联系人,主动收集来自医疗器械经营企业、使用单位、使用者等的不良事件信息;对发现或者获知的可疑医疗器械不良事件,持有人应当直接通过国家医疗器械不良事件监测信息系统进行医疗器械不良事件报告与评价,并上报群体医疗器械不良事件调查报告以及定期风险评价报告等。

医疗器械经营企业、使用单位发现或者获知可疑医疗器械不良事件的,应当及时告知持有人,并通过国家医疗器械不良事件监测信息系统报告。暂不具备在线报告条件的，应当通过纸质报表向所在地县级以上监测机构报告，由监测机构代为在线报告。

各级监测机构应当公布电话、通讯地址等联系方式。

第二十一条　持有人应当对收集和获知的医疗器械不良事件监测信息进行分析、评价，主动开展医疗器械安全性研究。对附条件批准的医疗器械，持有人还应当按照风险管控计划开展相关工作。

第二十二条　持有人、经营企业、使用单位应当建立并保存医疗器械不良事件监测记录。记录应当保存至医疗器械有效期后2年；无有效期的，保存期限不得少于5年。植入性医疗器械的监测记录应当永久保存，医疗机构应当按照病例相关规定保存。

第二十三条　省级监测机构应当对本行政区域内注册或者备案的医疗器械的不良事件报告进行综合分析，对发现的风险提出监管措施建议，于每季度结束后30日内报所在地省、自治区、直辖市药品监督管理部门和国家监测机构。

国家监测机构应当对国家药品监督管理局批准注册或者备案的医疗器械的不良事件报告和各省、自治区、直辖市药品监督管理部门的季度报告进行综合分析，必要时向国家药品监督管理局提出监管措施建议。

第二十四条　省级监测机构应当按年度对本行政区域内注册或者备案的医疗器械的不良事件监测情况进行汇总分析，形成年度汇总报告，于每年3月15日前报所在地省、自治区、直辖市药品监督管理部门和国家监测机构。

国家监测机构应当对全国医疗器械不良事件年度监测情况进行汇总分析，形成年度报告，于每年3月底前报国家药品监督管理局。

省级以上药品监督管理部门应当将年度报告情况通报同级卫生行政部门。

第二节　个例医疗器械不良事件

第二十五条　持有人发现或者获知可疑医疗器械不良事件的，应当立即调查原因，导致死亡的应当在7日内报告；导致严重伤害、可能导致严重伤害或者死亡的应当在20日内报告。

医疗器械经营企业、使用单位发现或者获知可疑医疗器械不良事件的，应当及时告知持有人。其中，导致死亡的还应当在7日内，导致严重伤害、可能导致严重伤害或者死亡的在20日内，通过国家医疗器械不良事件监测信息系统报告。

第二十六条　除持有人、经营企业、使用单位以外的其他单位和个人发现导致或者可能导致严重伤害或者死亡的医疗器械不良事件的，可以向监测机构报告，也可以向持有人、经营企业或者经治的医疗机构报告，必要时提供相关的病历资料。

第二十七条　进口医疗器械的境外持有人和在境外销售国产医疗器械的持有人，应当主动收集其产品在境外发生的医疗器械不良事件。其中，导致或者可能导致严重伤害或者死亡的，境外持有人指定的代理人和国产医疗器械持有人应当自发现或者获知之日起30日内报告。

第二十八条　设区的市级监测机构应当自收到医疗器械不良事件报告之日起10日内，对报告的真实性、完整性和准确性进行审核，并实时反馈相关持有人。

第二十九条　持有人在报告医疗器械不良事件后或者通过国家医疗器械不良事件监测信息系统获知相关医疗器械不良事件后，应当按要求开展后续调查、分析和评价，导致死亡的事件应当在30日内，导致严重伤害、可能导致严重伤害或者死亡的事件应当在45日内向持有人所在地省级监测机构报告评价结果。对于事件情况和评价结果有新的发现或者认知的，应当补充报告。

第三十条　持有人所在地省级监测机构应当在收到持有人评价结果10日内完成对评价结果的审核，必要时可以委托或者会同不良事件发生地省级监测机构对导致或者可能导致严重伤害或者死亡的不良事件开展现场调查。其中，对于国家药品监督管理局批准注册的医疗器械，国家监测机构还应当对省级监测机构作出的评价审核结果进行复核，必要时可以组织对导致死亡的不良事件开展调查。

审核和复核结果应当反馈持有人。对持有人的评价结果存在异议的，可以要求持有人重新开展评价。

第三节　群体医疗器械不良事件

第三十一条　持有人、经营企业、使用单位发现或者获知群体医疗器械不良事件后，应当在12小时内通过电话或者传真等方式报告不良事件发生地省、自治区、直辖市药品监督管理部门和卫生行政部门，必要时可以越级报告，同时通过国家医疗器械不良事件监测信息系统报告群体医疗器械不良事件基本信息，对每一事件还应当在24小时内按个例事件报告。

不良事件发生地省、自治区、直辖市药品监督管理部门应当及时向持有人所在地省、自治区、直辖市药品监督管理部门通报相关信息。

第三十二条　持有人发现或者获知其产品的群体医疗器械不良事件后，应当立即暂停生产、销售，通知使用单位停止使用相关医疗器械，同时开展调查及生产质量管理体系自查，并于7日内向所在地及不良事件发生地省、自治区、直辖市药品监督管理部门和监测机构报告。

调查应当包括产品质量状况、伤害与产品的关联性、使用环节操作和流通过程的合规性等。自查应当包括采购、生产管理、质量控制、同型号同批次产品追踪等。

持有人应当分析事件发生的原因，及时发布风险信息，将自查情况和所采取的控制措施报所在地及不良事件发生地省、自治区、直辖市药品监督管理部门，必要时应当召回相关医疗器械。

第三十三条 医疗器械经营企业、使用单位发现或者获知群体医疗器械不良事件的，应当在12小时内告知持有人，同时迅速开展自查，并配合持有人开展调查。自查应当包括产品贮存、流通过程追溯，同型号同批次产品追踪等；使用单位自查还应当包括使用过程是否符合操作规范和产品说明书要求等。必要时，医疗器械经营企业、使用单位应当暂停医疗器械的销售、使用，并协助相关单位采取相关控制措施。

第三十四条 省、自治区、直辖市药品监督管理部门在获知本行政区域内发生的群体医疗器械不良事件后，应当会同同级卫生行政部门及时开展现场调查，相关省、自治区、直辖市药品监督管理部门应当配合。调查、评价和处理结果应当及时报国家药品监督管理局和国务院卫生行政部门，抄送持有人所在地省、自治区、直辖市药品监督管理部门。

第三十五条 对全国范围内影响较大并造成严重伤害或者死亡以及其他严重后果的群体医疗器械不良事件，国家药品监督管理局应当会同国务院卫生行政部门组织调查和处理。国家监测机构负责现场调查，相关省、自治区、直辖市药品监督管理部门、卫生行政部门应当配合。

调查内容应当包括医疗器械不良事件发生情况、医疗器械使用情况、患者诊治情况、既往类似不良事件、产品生产过程、产品贮存流通情况以及同型号同批次产品追踪等。

第三十六条 国家监测机构和相关省、自治区、直辖市药品监督管理部门、卫生行政部门应当在调查结束后5日内，根据调查情况对产品风险进行技术评价并提出控制措施建议，形成调查报告报国家药品监督管理局和国务院卫生行政部门。

第三十七条 持有人所在地省、自治区、直辖市药品监督管理部门可以对群体不良事件涉及的持有人开展现场检查。必要时，国家药品监督管理局可以对群体不良事件涉及的境外持有人开展现场检查。

现场检查应当包括生产质量管理体系运行情况、产品质量状况、生产过程、同型号同批次产品追踪等。

第四节 定期风险评价报告

第三十八条 持有人应当对上市医疗器械安全性进行持续研究，对产品的不良事件报告、监测资料和国内外风险信息进行汇总、分析，评价该产品的风险与受益，记录采取的风险控制措施，撰写上市后定期风险评价报告。

第三十九条 持有人应当自产品首次批准注册或者备案之日起，每满一年后的60日内完成上年度产品上市后定期风险评价报告。其中，经国家药品监督管理局注册的，应当提交至国家监测机构；经省、自治区、直辖市药品监督管理部门注册的，应当提交至所在地省级监测机构。第一类医疗器械的定期风险评价报告由持有人留存备查。

获得延续注册的医疗器械，应当在下一次延续注册申请时完成本注册周期的定期风险评价报告，并由持有人留存备查。

第四十条 省级以上监测机构应当组织对收到的医疗器械产品上市后定期风险评价报告进行审核。必要时，应当将审核意见反馈持有人。

第四十一条 省级监测机构应当对收到的上市后定期风险评价报告进行综合分析，于每年5月1日前将上一年度上市后定期风险评价报告统计情况和分析评价结果报国家监测机构和所在地省、自治区、直辖市药品监督管理部门。

国家监测机构应当对收到的上市后定期风险评价报告和省级监测机构提交的报告统计情况及分析评价结果进行综合分析，于每年7月1日前将上一年度上市后定期风险评价报告统计情况和分析评价结果报国家药品监督管理局。

第四章 重点监测

第四十二条 省级以上药品监督管理部门可以组织开展医疗器械重点监测，强化医疗器械产品上市后风险研究。

第四十三条 国家药品监督管理局会同国务院卫生行政部门确定医疗器械重点监测品种，组织制定重点监测工作方案，并监督实施。

国家医疗器械重点监测品种应当根据医疗器械注

册、不良事件监测、监督检查、检验等情况，结合产品风险程度和使用情况确定。

国家监测机构组织实施医疗器械重点监测工作，并完成相关技术报告。药品监督管理部门可根据监测中发现的风险采取必要的管理措施。

第四十四条　省、自治区、直辖市药品监督管理部门可以根据本行政区域内医疗器械监管工作需要，参照本办法第四十三条规定，对本行政区内注册的第二类和备案的第一类医疗器械开展省级医疗器械重点监测工作。

第四十五条　医疗器械重点监测品种涉及的持有人应当按照医疗器械重点监测工作方案的要求开展工作，主动收集其产品的不良事件报告等相关风险信息，撰写风险评价报告，并按要求报送至重点监测工作组织部门。

第四十六条　省级以上药品监督管理部门可以指定具备一定条件的单位作为监测哨点，主动收集重点监测数据。监测哨点应当提供医疗器械重点监测品种的使用情况，主动收集、报告不良事件监测信息，组织或者推荐相关专家开展或者配合监测机构开展与风险评价相关的科学研究工作。

第四十七条　创新医疗器械持有人应当加强对创新医疗器械的主动监测，制定产品监测计划，主动收集相关不良事件报告和产品投诉信息，并开展调查、分析、评价。

创新医疗器械持有人应当在首个注册周期内，每半年向国家监测机构提交产品不良事件监测分析评价汇总报告。国家监测机构发现医疗器械可能存在严重缺陷的信息，应当及时报国家药品监督管理局。

第五章　风险控制

第四十八条　持有人通过医疗器械不良事件监测，发现存在可能危及人体健康和生命安全的不合理风险的医疗器械，应当根据情况采取以下风险控制措施，并报告所在地省、自治区、直辖市药品监督管理部门：

（一）停止生产、销售相关产品；

（二）通知医疗器械经营企业、使用单位暂停销售和使用；

（三）实施产品召回；

（四）发布风险信息；

（五）对生产质量管理体系进行自查，并对相关问题进行整改；

（六）修改说明书、标签、操作手册等；

（七）改进生产工艺、设计、产品技术要求等；

（八）开展医疗器械再评价；

（九）按规定进行变更注册或者备案；

（十）其他需要采取的风险控制措施。

与用械安全相关的风险及处置情况，持有人应当及时向社会公布。

第四十九条　药品监督管理部门认为持有人采取的控制措施不足以有效防范风险的，可以采取发布警示信息、暂停生产销售和使用、责令召回、要求其修改说明书和标签、组织开展再评价等措施，并组织对持有人开展监督检查。

第五十条　对发生群体医疗器械不良事件的医疗器械，省级以上药品监督管理部门可以根据风险情况，采取暂停生产、销售、使用等控制措施，组织对持有人开展监督检查，并及时向社会发布警示和处置信息。在技术评价结论得出后，省级以上药品监督管理部门应当根据相关法规要求，采取进一步监管措施，并加强对同类医疗器械的不良事件监测。

同级卫生行政部门应当在本行政区域内暂停医疗机构使用相关医疗器械，采取措施积极组织救治患者。相关持有人应当予以配合。

第五十一条　省级以上监测机构在医疗器械不良事件报告评价和审核、不良事件报告季度和年度汇总分析、群体不良事件评价、重点监测、定期风险评价报告等过程中，发现医疗器械存在不合理风险的，应当提出风险管理意见，及时反馈持有人并报告相应的药品监督管理部门。省级监测机构还应当向国家监测机构报告。

持有人应当根据收到的风险管理意见制定并实施相应的风险控制措施。

第五十二条　各级药品监督管理部门和卫生行政部门必要时可以将医疗器械不良事件所涉及的产品委托具有相应资质的医疗器械检验机构进行检验。医疗器械检验机构应当及时开展相关检验，并出具检验报告。

第五十三条　进口医疗器械在境外发生医疗器械不良事件，或者国产医疗器械在境外发生医疗器械不良事件，被采取控制措施的，境外持有人指定的代理人或者国产医疗器械持有人应当在获知后24小时内，将境外医疗器械不良事件情况、控制措施情况和在境内拟采取的控制措施报国家药品监督管理局和国家监测机构，抄送所在地省、自治区、直辖市药品监督管理部门，及时报告后续处置情况。

第五十四条　可疑医疗器械不良事件由医疗器械产品质量原因造成的，由药品监督管理部门按照医疗器械相关法规予以处置；由医疗器械使用行为造成的，由卫生行政部门予以处置。

第六章　再评价

第五十五条　有下列情形之一的，持有人应当主动开展再评价，并依据再评价结论，采取相应措施：

（一）根据科学研究的发展，对医疗器械的安全、有效有认识上改变的；

（二）医疗器械不良事件监测、评估结果表明医疗器械可能存在缺陷的；

（三）国家药品监督管理局规定应当开展再评价的其他情形。

第五十六条 持有人开展医疗器械再评价，应当根据产品上市后获知和掌握的产品安全有效信息、临床数据和使用经验等，对原医疗器械注册资料中的综述资料、研究资料、临床评价资料、产品风险分析资料、产品技术要求、说明书、标签等技术数据和内容进行重新评价。

第五十七条 再评价报告应当包括产品风险受益评估、社会经济效益评估、技术进展评估、拟采取的措施建议等。

第五十八条 持有人主动开展医疗器械再评价的，应当制定再评价工作方案。通过再评价确定需要采取控制措施的，应当在再评价结论形成后 15 日内，提交再评价报告。其中，国家药品监督管理局批准注册或者备案的医疗器械，持有人应当向国家监测机构提交；其他医疗器械的持有人应当向所在地省级监测机构提交。

持有人未按规定履行医疗器械再评价义务的，省级以上药品监督管理部门应当责令持有人开展再评价。必要时，省级以上药品监督管理部门可以直接组织开展再评价。

第五十九条 省级以上药品监督管理部门责令开展再评价的，持有人应当在再评价实施前和再评价结束后 30 日内向相应药品监督管理部门及监测机构提交再评价方案和再评价报告。

再评价实施期限超过 1 年的，持有人应当每年报告年度进展情况。

第六十条 监测机构对收到的持有人再评价报告进行审核，并将审核意见报相应的药品监督管理部门。

药品监督管理部门对持有人开展的再评价结论有异议的，持有人应当按照药品监督管理部门的要求重新确认再评价结果或者重新开展再评价。

第六十一条 药品监督管理部门组织开展医疗器械再评价的，由指定的监测机构制定再评价方案，经组织开展再评价的药品监督管理部门批准后组织实施，形成再评价报告后向相应药品监督管理部门报告。

第六十二条 再评价结果表明已注册或者备案的医疗器械存在危及人身安全的缺陷，且无法通过技术改进、修改说明书和标签等措施消除或者控制风险，或者风险获益比不可接受的，持有人应当主动申请注销医疗器械注册证或者取消产品备案；持有人未申请注销医疗器械注册证或者取消备案的，由原发证部门注销医疗器械注册证或者取消备案。药品监督管理部门应当将注销医疗器械注册证或者取消备案的相关信息及时向社会公布。

国家药品监督管理局根据再评价结论，可以对医疗器械品种作出淘汰的决定。被淘汰的产品，其医疗器械注册证或者产品备案由原发证部门予以注销或者取消。

被注销医疗器械注册证或者被取消备案的医疗器械不得生产、进口、经营和使用。

第七章 监督管理

第六十三条 药品监督管理部门应当依据职责对持有人和经营企业开展医疗器械不良事件监测和再评价工作情况进行监督检查，会同同级卫生行政部门对医疗器械使用单位开展医疗器械不良事件监测情况进行监督检查。

第六十四条 省、自治区、直辖市药品监督管理部门应当制定本行政区域的医疗器械不良事件监测监督检查计划，确定检查重点，并监督实施。

第六十五条 省、自治区、直辖市药品监督管理部门应当加强对本行政区域内从事医疗器械不良事件监测和再评价工作人员的培训和考核。

第六十六条 药品监督管理部门应当按照法规、规章、规范的要求，对持有人不良事件监测制度建设和工作开展情况实施监督检查。必要时，可以对受持有人委托开展相关工作的企业开展延伸检查。

第六十七条 有下列情形之一的，药品监督管理部门应当对持有人开展重点检查：

（一）未主动收集并按照时限要求报告医疗器械不良事件的；

（二）持有人上报导致或可能导致严重伤害或者死亡不良事件的报告数量与医疗机构的报告数量差距较大，提示其主体责任未落实到位的；

（三）瞒报、漏报、虚假报告的；

（四）不配合药品监督管理部门开展的医疗器械不良事件相关调查和采取的控制措施的；

（五）未按照要求通过不良事件监测收集产品安全性信息，或者未按照要求开展上市后研究、再评价，无法保证产品安全有效的。

第六十八条 持有人未按照要求建立不良事件监测制

度、开展不良事件监测和再评价相关工作、未按照本办法第四十八条规定及时采取有效风险控制措施、不配合药品监督管理部门开展的医疗器械不良事件相关调查和采取的控制措施的，药品监督管理部门可以要求其停产整改，必要时采取停止产品销售的控制措施。

需要恢复生产、销售的，持有人应当向作出处理决定的药品监督管理部门提出申请，药品监督管理部门现场检查通过后，作出恢复生产、销售的决定。

持有人提出恢复生产、销售申请前，可以聘请具备相应资质的独立第三方专业机构进行检查确认。

第六十九条　省级以上药品监督管理部门统一发布下列医疗器械不良事件监测信息：

（一）群体医疗器械不良事件相关信息；

（二）医疗器械不良事件监测警示信息；

（三）需要定期发布的医疗器械不良事件监测信息；

（四）认为需要统一发布的其他医疗器械不良事件监测信息。

第八章　法律责任

第七十条　持有人有下列情形之一的，依照《医疗器械监督管理条例》第六十八条的规定，由县级以上药品监督管理部门责令改正，给予警告；拒不改正的，处5000元以上2万元以下罚款；情节严重的，责令停产停业，直至由发证部门吊销相关证明文件：

（一）未主动收集并按照时限要求报告医疗器械不良事件的；

（二）瞒报、漏报、虚假报告的；

（三）未按照时限要求报告评价结果或者提交群体医疗器械不良事件调查报告的；

（四）不配合药品监督管理部门和监测机构开展的医疗器械不良事件相关调查和采取的控制措施的。

第七十一条　医疗器械经营企业、使用单位有下列情形之一的，依照《医疗器械监督管理条例》第六十八条的规定，由县级以上药品监督管理部门和卫生行政部门依据各自职责责令改正，给予警告；拒不改正的，处5000元以上2万元以下罚款；情节严重的，责令停产停业，直至由发证部门吊销相关证明文件：

（一）未主动收集并按照时限要求报告医疗器械不良事件的；

（二）瞒报、漏报、虚假报告的；

（三）不配合药品监督管理部门和监测机构开展的医疗器械不良事件相关调查和采取的控制措施的。

第七十二条　持有人未按照要求开展再评价、隐匿再评价结果、应当提出注销申请而未提出的，由省级以上药品监督管理部门责令改正，给予警告，可以并处1万元以上3万元以下罚款。

第七十三条　持有人有下列情形之一的，由县级以上药品监督管理部门责令改正，给予警告；拒不改正的，处5000元以上2万元以下罚款：

（一）未按照规定建立医疗器械不良事件监测和再评价工作制度的；

（二）未按照要求配备与其产品相适应的机构和人员从事医疗器械不良事件监测相关工作的；

（三）未保存不良事件监测记录或者保存年限不足的；

（四）应当注册而未注册为医疗器械不良事件监测信息系统用户的；

（五）未主动维护用户信息，或者未持续跟踪和处理监测信息的；

（六）未根据不良事件情况采取相应控制措施并向社会公布的；

（七）未按照要求撰写、提交或者留存上市后定期风险评价报告的；

（八）未按照要求报告境外医疗器械不良事件和境外控制措施的；

（九）未按照要求提交创新医疗器械产品分析评价汇总报告的；

（十）未公布联系方式、主动收集不良事件信息的；

（十一）未按照要求开展医疗器械重点监测的；

（十二）其他违反本办法规定的。

第七十四条　医疗器械经营企业、使用单位有下列情形之一的，由县级以上药品监督管理部门和卫生行政部门依据各自职责责令改正，给予警告；拒不改正的，处5000元以上2万元以下罚款：

（一）未按照要求建立医疗器械不良事件监测工作制度的；

（二）未按照要求配备与其经营或者使用规模相适应的机构或者人员从事医疗器械不良事件监测相关工作的；

（三）未保存不良事件监测记录或者保存年限不足的；

（四）应当注册而未注册为国家医疗器械不良事件监测信息系统用户的；

（五）未及时向持有人报告所收集或者获知的医疗器械不良事件的；

（六）未配合持有人对医疗器械不良事件调查和评价的；

（七）其他违反本办法规定的。

药品监督管理部门发现使用单位有前款规定行为的，应当移交同级卫生行政部门处理。

卫生行政部门对使用单位作出行政处罚决定的，应当及时通报同级药品监督管理部门。

第七十五条 持有人、经营企业、使用单位按照本办法要求报告、调查、评价、处置医疗器械不良事件，主动消除或者减轻危害后果的，对其相关违法行为，依照《中华人民共和国行政处罚法》的规定从轻或者减轻处罚。违法行为轻微并及时纠正，没有造成危害后果的，不予处罚，但不免除其依法应当承担的其他法律责任。

第七十六条 各级药品监督管理部门、卫生行政部门、监测机构及其工作人员，不按规定履行职责的，依照《医疗器械监督管理条例》第七十二条和第七十四条的规定予以处理。

第七十七条 持有人、经营企业、使用单位违反相关规定，给医疗器械使用者造成损害的，依法承担赔偿责任。

第九章 附　　则

第七十八条 医疗器械不良事件报告的内容、风险分析评价报告和统计资料等是加强医疗器械监督管理、指导合理用械的依据，不作为医疗纠纷、医疗诉讼和处理医疗器械质量事故的依据。

对于属于医疗事故或者医疗器械质量问题的，应当按照相关法规的要求另行处理。

第七十九条 本办法由国家药品监督管理局会同国务院卫生行政部门负责解释。

第八十条 本办法自2019年1月1日起施行。

医疗器械临床使用管理办法

1. 2021年1月12日国家卫生健康委员会令第8号公布
2. 自2021年3月1日起施行

第一章 总　　则

第一条 为加强医疗器械临床使用管理，保障医疗器械临床使用安全、有效，根据《医疗器械监督管理条例》《医疗机构管理条例》等法律法规，制定本办法。

第二条 本办法适用于各级各类医疗机构临床使用医疗器械的监督管理工作。

医疗器械临床试验管理不适用本办法。

第三条 国家卫生健康委负责全国医疗器械临床使用监督管理工作。

县级以上地方卫生健康主管部门负责本行政区域内医疗器械临床使用监督管理工作。

第四条 医疗机构主要负责人是本机构医疗器械临床使用管理的第一责任人。

医疗机构应当建立并完善本机构医疗器械临床使用管理制度，确保医疗器械合理使用。

第五条 县级以上地方卫生健康主管部门和医疗机构应当依据国家有关规定建立医疗器械应急保障机制，保障突发事件的应急救治需求。

第六条 医疗机构应当根据国家发布的医疗器械分类目录，对医疗器械实行分类管理。

第七条 卫生健康主管部门应当逐步完善人工智能医疗器械临床使用规范，鼓励医疗机构加强人工智能医疗器械临床使用培训。

第二章 组织机构与职责

第八条 国家卫生健康委组织成立国家医疗器械临床使用专家委员会。国家医疗器械临床使用专家委员会负责分析全国医疗器械临床使用情况，研究医疗器械临床使用中的重点问题，提供政策咨询及建议，指导医疗器械临床合理使用。

省级卫生健康主管部门组织成立省级医疗器械临床使用专家委员会或者委托相关组织、机构负责本行政区域内医疗器械临床使用的监测、评价等工作。

第九条 二级以上医疗机构应当设立医疗器械临床使用管理委员会；其他医疗机构应当根据本机构实际情况，配备负责医疗器械临床使用管理的专（兼）职人员。

医疗器械临床使用管理委员会由本机构负责医疗管理、质量控制、医院感染管理、医学工程、信息等工作的相关职能部门负责人以及相关临床、医技等科室负责人组成，负责指导和监督本机构医疗器械临床使用行为，日常管理工作依托本机构的相关部门负责。

第十条 医疗机构医疗器械临床使用管理委员会和配备的专（兼）职人员对本机构医疗器械临床使用管理承担以下职责：

（一）依法拟订医疗器械临床使用工作制度并组织实施；

（二）组织开展医疗器械临床使用安全管理、技术评估与论证；

（三）监测、评价医疗器械临床使用情况，对临床科室在用医疗器械的使用效能进行分析、评估和反馈；监督、指导高风险医疗器械的临床使用与安全管理；提出干预和改进医疗器械临床使用措施，指导临床合理使用；

（四）监测识别医疗器械临床使用安全风险，分析、评估使用安全事件，并提供咨询与指导；

（五）组织开展医疗器械管理法律、法规、规章和合理使用相关制度、规范的业务知识培训，宣传医疗器械临床使用安全知识。

第十一条 二级以上医疗机构应当明确本机构各相关职能部门和各相关科室的医疗器械临床使用管理职责；相关职能部门、相关科室应当指定专人负责本部门或者本科室的医疗器械临床使用管理工作。

其他医疗机构应当根据本机构实际情况，明确相关部门、科室和人员的职责。

第十二条 二级以上医疗机构应当配备与其功能、任务、规模相适应的医学工程及其他专业技术人员、设备和设施。

第十三条 医疗器械使用科室负责医疗器械日常管理工作，做好医疗器械的登记、定期核对、日常使用维护保养等工作。

第十四条 医疗机构从事医疗器械相关工作的卫生专业技术人员，应当具备相应的专业学历、卫生专业技术职务任职资格或者依法取得相应资格。

第十五条 医疗机构应当组织开展医疗器械临床使用管理的继续教育和培训，开展医疗器械临床使用范围、质量控制、操作规程、效果评价等培训工作。

第十六条 医疗机构应当加强医疗器械信息管理，建立医疗器械及其使用信息档案。

第十七条 医疗机构应当每年开展医疗器械临床使用管理自查、评估、评价工作，确保医疗器械临床使用的安全、有效。

第三章 临床使用管理

第十八条 医疗机构应当建立医疗器械临床使用技术评估与论证制度并组织实施，开展技术需求分析和成本效益评估，确保医疗器械满足临床需求。

第十九条 医疗机构购进医疗器械，应当查验供货者的资质和医疗器械的合格证明文件，建立进货查验记录制度。

医疗机构应当妥善保存购入第三类医疗器械的原始资料，并确保信息具有可追溯性。

第二十条 医疗器械需要安装或者集成的，应当由生产厂家或者其授权的具备相关服务资质的单位、医疗机构负责医学工程工作的部门依据国家有关标准实施。

医疗机构应当对医疗器械相关硬件、软件的安装、更新、升级情况进行登记和审核，并应当进行临床验证和技术评估。

第二十一条 医疗机构应当建立医疗器械验收验证制度，保证医疗器械的功能、性能、配置要求符合购置合同以及临床诊疗的要求。医疗器械经验收验证合格后方可应用于临床。

第二十二条 医疗机构及其医务人员临床使用医疗器械，应当遵循安全、有效、经济的原则，采用与患者疾病相适应的医疗器械进行诊疗活动。

需要向患者说明医疗器械临床使用相关事项的，应当如实告知，不得隐瞒或者虚假宣传，误导患者。

第二十三条 医疗机构及其医务人员临床使用医疗器械，应当按照诊疗规范、操作指南、医疗器械使用说明书等，遵守医疗器械适用范围、禁忌症及注意事项，注意主要风险和关键性能指标。

第二十四条 医疗机构应当建立医疗器械临床使用风险管理制度，持续改进医疗器械临床使用行为。

第二十五条 医疗机构应当开展医疗器械临床使用安全管理，对生命支持类、急救类、植入类、辐射类、灭菌类和大型医疗器械实行使用安全监测与报告制度。

第二十六条 医疗机构应当制订与其规模、功能相匹配的生命支持医疗器械和相关重要医疗器械故障紧急替代流程，配备必要的替代设备设施，并对急救的医疗器械实行专管专用，保证临床急救工作正常开展。

第二十七条 发现使用的医疗器械存在安全隐患的，医疗机构应当立即停止使用，并通知医疗器械注册人、备案人或者其他负责产品质量的机构进行检修；经检修仍不能达到使用安全标准的医疗器械，不得继续使用。

第二十八条 医疗机构应当严格执行医院感染管理有关法律法规的规定，使用符合国家规定的消毒器械和一次性使用的医疗器械。按规定可以重复使用的医疗器械，应当严格按照规定清洗、消毒或者灭菌，并进行效果监测；一次性使用的医疗器械不得重复使用，使用过的应当按照国家有关规定销毁并记录。

使用无菌医疗器械前，应当对直接接触医疗器械的包装及其有效期进行常规检查，认真核对其规格、型号、消毒或者灭菌有效日期等。包装破损、标示不清、超过有效期或者可能影响使用安全的，不得使用。

第二十九条 临床使用大型医疗器械以及植入和介入类医疗器械的，应当将医疗器械的名称、关键性技术参数等信息以及与使用质量安全密切相关的必要信息记载到病历等相关记录中。

第三十条 医疗机构应当按照规定开展医疗器械临床使用评价工作，重点加强医疗器械的临床实效性、可靠性和可用性评价。

第四章 保障维护管理

第三十一条 医疗器械保障维护管理应当重点进行检测和预防性维护。通过开展性能检测和安全监测，验证医疗器械性能的适当性和使用的安全性；通过开展部件更换、清洁等预防性维护，延长医疗器械使用寿命并预防故障发生。

第三十二条 医疗机构应当监测医疗器械的运行状态，对维护与维修的全部过程进行跟踪记录，定期分析评价医疗器械整体维护情况。

第三十三条 医疗机构应当遵照国家有关医疗器械标准、规程、技术指南等，确保系统环境电源、温湿度、辐射防护、磁场屏蔽、光照亮度等因素与医疗器械相适应，定期对医疗器械使用环境进行测试、评估和维护。

第三十四条 医疗机构应当具备与医疗器械品种、数量相适应的贮存场所和条件。对温度、湿度等环境条件有特殊要求的，应当采取相应措施，保证医疗器械安全、有效。

第三十五条 医疗机构应当真实记录医疗器械保障情况并存入医疗器械信息档案，档案保存期限不得少于医疗器械规定使用期限终止后五年。

第五章 使用安全事件处理

第三十六条 医疗机构应当对医疗器械使用安全事件进行收集、分析、评价及控制，遵循可疑即报的原则，及时报告。

第三十七条 发生或者发现医疗器械使用安全事件或者可疑医疗器械使用安全事件时，医疗机构及其医务人员应当立即采取有效措施，避免或者减轻对患者身体健康的损害，防止损害扩大，并向所在地县级卫生健康主管部门报告。

第三十八条 发生或者发现因医疗器械使用行为导致或者可能导致患者死亡、残疾或者二人以上人身损害时，医疗机构应当在二十四小时内报告所在地县级卫生健康主管部门，必要时可以同时向上级卫生健康主管部门报告。医疗机构应当立即对医疗器械使用行为进行调查、核实；必要时，应当对发生使用安全事件的医疗器械同批次同规格型号库存产品暂缓使用，对剩余产品进行登记封存。

第三十九条 县级及设区的市级卫生健康主管部门获知医疗机构医疗器械使用安全事件或者可疑医疗器械使用安全事件后，应当进行核实，必要时应当进行调查；对医疗机构医疗器械使用行为导致或者可能导致患者死亡、残疾或者二人以上人身损害的，应当进行现场调查，并将调查结果逐级上报至省级卫生健康主管部门。

省级以上卫生健康主管部门获知医疗机构医疗器械使用安全事件或者可疑医疗器械使用安全事件，认为应当开展现场调查的，应当组织开展调查。省级卫生健康主管部门开展相关调查的，应将调查结果及时报送国家卫生健康委。

对卫生健康主管部门开展的医疗器械使用安全事件调查，医疗机构应当配合。

第四十条 县级以上地方卫生健康主管部门在医疗器械使用安全事件调查结果确定前，对可疑医疗器械质量问题造成患者损害的，应当根据影响采取相应措施；对影响较大的，可以采取风险性提示、暂停辖区内医疗机构使用同批次同规格型号的医疗器械等措施，以有效降低风险，并通报同级药品监督管理部门。

经调查不属于医疗器械使用安全事件的，卫生健康主管部门应当移交同级药品监督管理部门处理。

第六章 监督管理

第四十一条 县级以上地方卫生健康主管部门应当编制并实施本行政区域医疗机构医疗器械使用年度监督检查计划，确定监督检查的重点、频次和覆盖率。对使用风险较高、有特殊保存管理要求医疗器械的医疗机构应当实施重点监管。

第四十二条 县级以上地方卫生健康主管部门应当加强对医疗机构医疗器械临床使用行为的监督管理，并在监督检查中有权行使以下职责：

（一）进入现场实施检查、抽取样品；

（二）查阅、复制有关档案、记录及其他有关资料；

（三）法律法规规定的其他职责。

医疗机构应当积极配合卫生健康主管部门的监督检查，并对检查中发现的问题及时进行整改。

第四十三条 县级以上地方卫生健康主管部门应当组织对医疗机构医疗器械临床使用管理情况进行定期或者不定期抽查，并将抽查结果纳入医疗机构监督管理档案。

第七章 法律责任

第四十四条 医疗机构有下列情形之一的，由县级以上地方卫生健康主管部门依据《医疗器械监督管理条例》的有关规定予以处理：

（一）未按照规定建立并执行医疗器械进货查验记录制度的；

（二）对重复使用的医疗器械，未按照消毒和管理的规定进行处理的；

（三）重复使用一次性使用的医疗器械，或者未按照规定销毁使用过的一次性使用的医疗器械的；

（四）未妥善保存购入第三类医疗器械的原始资料，或者未按照规定将大型医疗器械以及植入和介入类医疗器械的信息记载到病历等相关记录中的；

（五）发现使用的医疗器械存在安全隐患未立即停止使用、通知检修，或者继续使用经检修仍不能达到使用安全标准的医疗器械的。

第四十五条　医疗机构违反本办法规定，有下列情形之一的，由县级以上地方卫生健康主管部门责令改正，给予警告；情节严重的，可以并处五千元以上三万元以下罚款：

（一）未按照规定建立医疗器械临床使用管理工作制度的；

（二）未按照规定设立医疗器械临床使用管理委员会或者配备专（兼）职人员负责本机构医疗器械临床使用管理工作的；

（三）未按照规定建立医疗器械验收验证制度的；

（四）未按照规定报告医疗器械使用安全事件的；

（五）不配合卫生健康主管部门开展的医疗器械使用安全事件调查和临床使用行为的监督检查的；

（六）其他违反本办法规定的行为。

第四十六条　医疗机构及其医务人员在医疗器械临床使用中违反《执业医师法》《医疗机构管理条例》等有关法律法规的，依据有关法律法规的规定进行处理。

第四十七条　县级以上地方卫生健康主管部门工作人员不履行医疗机构医疗器械临床使用监督管理职责或者滥用职权、玩忽职守、徇私舞弊的，上级卫生健康主管部门可以建议有管理权限的监察机关或者任免机关对直接负责的主管人员和其他直接责任人员依法给予处分；构成犯罪的，依法追究刑事责任。

第八章　附　　则

第四十八条　本办法所称医疗器械使用安全事件，是指医疗机构及其医务人员在诊疗活动中，因医疗器械使用行为存在过错，造成患者人身损害的事件。

第四十九条　取得计划生育技术服务机构执业许可证的计划生育技术服务机构，以及依法执业的血站、单采血浆站等单位的医疗器械使用管理参照本办法执行。

第五十条　对使用环节的医疗器械质量的监督管理，按照国务院药品监督管理部门的有关规定执行。

第五十一条　本办法自2021年3月1日起施行。

医疗器械临床试验质量管理规范

1. 2022年3月24日国家药监局、国家卫生健康委修订发布
2. 自2022年5月1日起施行

第一章　总　　则

第一条　为加强对医疗器械临床试验的管理，维护受试者权益和安全，保证医疗器械临床试验过程规范，结果真实、准确、完整和可追溯，根据《医疗器械监督管理条例》，制定本规范。

第二条　在中华人民共和国境内，为申请医疗器械（含体外诊断试剂，下同）注册而实施的医疗器械临床试验相关活动，应当遵守本规范。

本规范涵盖医疗器械临床试验全过程，包括医疗器械临床试验的方案设计、实施、监查、稽查、检查以及数据的采集、记录、保存、分析，总结和报告等。

第三条　医疗器械临床试验应当遵守《世界医学大会赫尔辛基宣言》的伦理准则和国家涉及人的生物医学研究伦理的相关规范。参与医疗器械临床试验的各方应当按照试验中各自的职责承担相应的伦理责任。

第四条　实施医疗器械临床试验应当有充分的科学依据和明确的试验目的，权衡受试者和社会预期的风险和获益。只有当预期的获益大于风险时，方可实施或者继续实施临床试验。

第五条　医疗器械临床试验应当在具备相应条件并且按照规定备案的医疗器械临床试验机构实施。

第六条　医疗器械临床试验应当获得伦理委员会的同意。列入需进行临床试验审批的第三类医疗器械目录的，还应当获得国家药品监督管理局的批准，并且在符合要求的三级甲等医疗机构实施临床试验。

第七条　医疗器械临床试验的申办者应当建立覆盖医疗器械临床试验全过程的质量管理体系，确保医疗器械临床试验符合相关法律法规，保护受试者权益和安全。

第二章　伦理委员会

第八条　伦理委员会的职责是保护受试者合法权益和安全，维护受试者尊严。

第九条　伦理委员会应当遵守《世界医学大会赫尔辛基宣言》的伦理准则和相关法律法规规定。伦理委员会的组成、运行、备案管理应当符合卫生健康管理部门要求。

第十条 伦理委员会所有委员应当接受伦理知识、本规范和相关法律法规培训，熟悉医疗器械临床试验的伦理准则和相关法律法规规定，遵守伦理委员会的工作程序。

第十一条 医疗器械临床试验开始前，申办者应当通过主要研究者向伦理委员会提交下列文件：

（一）临床试验方案；

（二）研究者手册；

（三）知情同意书文本和其他任何提供给受试者的书面材料；

（四）招募受试者和向其宣传的程序性文件（如适用）；

（五）病例报告表文本；

（六）基于产品技术要求的产品检验报告；

（七）临床前研究相关资料；

（八）主要研究者简历、专业特长、能力、接受培训和其他能够证明其资格的文件；

（九）试验医疗器械的研制符合适用的医疗器械质量管理体系相关要求的声明；

（十）与伦理审查相关的其他文件。

第十二条 伦理委员会应当对医疗器械临床试验的伦理性和科学性进行审查，并应当重点关注下列内容：

（一）主要研究者的资格、经验以及是否有充足的时间参加该临床试验；

（二）临床试验的人员配备以及设备条件等是否符合试验要求；

（三）受试者可能遭受的风险程度与试验预期的受益相比是否合适；

（四）临床试验方案是否充分考虑了伦理原则，是否符合科学性，包括研究目的是否适当、受试者的权益和安全是否得到保障、其他人员可能遭受的风险是否得到充分保护；

（五）向受试者提供的有关本试验的信息资料是否完整，是否明确告知其应当享有的权利；受试者是否可以理解知情同意书的内容；获取知情同意书的方法是否适当；

（六）受试者入选、排除是否科学和公平；

（七）受试者是否因参加临床试验而获得合理补偿；受试者若发生与临床试验相关的伤害或者死亡，给予的诊治和保障措施是否充分；

（八）对儿童、孕妇、老年人、智力低下者、精神障碍患者等特殊人群受试者的保护是否充分。

第十三条 伦理委员会审查意见可以是：

（一）同意；

（二）作必要修改后同意；

（三）不同意；

（四）暂停或者终止已同意的试验。

审查意见要求修改或者予以否定的，应当说明理由。

第十四条 知情同意书一般应当包括下列内容以及对事项的说明：

（一）主要研究者的姓名以及相关信息；

（二）医疗器械临床试验机构的名称；

（三）临床试验名称、目的、方法、内容；

（四）临床试验过程、期限；

（五）临床试验的资金来源、可能的利益冲突；

（六）预期受试者可能的受益和已知的、可以预见的风险以及可能发生的不良事件；

（七）受试者可以获得的替代诊疗方法以及其潜在受益和风险的信息；

（八）适用时，说明受试者可能被分配到临床试验的不同组别；

（九）受试者参加临床试验是自愿的，且在临床试验的任何阶段有权退出而不会受到歧视或者报复，其医疗待遇与权益不受影响；

（十）告知受试者参加临床试验的个人资料属于保密，但医疗器械临床试验机构管理部门、伦理委员会、药品监督管理部门、卫生健康管理部门或者监查员、稽查员在工作需要时按照规定程序可以查阅受试者参加临床试验的个人资料；

（十一）受试者在临床试验期间可能获得的免费诊疗项目和其他相关补偿；

（十二）如发生与临床试验相关的伤害，受试者可以获得的治疗和/或赔偿；

（十三）受试者在临床试验期间可以随时了解与其相关的信息资料。

知情同意书应当注明制定的版本和日期或者修订后的版本和日期。知情同意书应当采用受试者能够理解的语言和文字。知情同意书不应当含有会引起受试者放弃合法权益以及免除医疗器械临床试验机构和主要研究者、申办者应当负责任的内容。

第十五条 伦理委员会的跟踪审查：

（一）伦理委员会应当对医疗器械临床试验进行跟踪监督，发现受试者权益和安全不能得到保障等情形，可以在任何时间书面要求暂停或者终止该项临床试验；

（二）伦理委员会需要审查研究者报告的本临床试验机构发生的严重不良事件等安全性信息，审查申办者报告的试验医疗器械相关严重不良事件等安全性信息。伦理委员会可以要求修改临床试验方案、知情同意书和其他提供给受试者的信息，暂停或者终止该项临床试验；

（三）伦理委员会需要审查临床试验方案的偏离对受试者权益和安全的可能影响，或者对医疗器械临床试验的科学性、完整性的可能影响。

第十六条　医疗器械临床试验过程中，修订临床试验方案以及知情同意书等文件、恢复已暂停的临床试验，应当在重新获得伦理委员会的书面同意后方可实施。

第十七条　伦理委员会应当保存伦理审查的全部记录，包括伦理审查的书面记录、委员信息、递交的文件、会议记录和相关往来记录等。

第三章　医疗器械临床试验机构

第十八条　医疗器械临床试验机构应当符合备案条件，建立临床试验管理组织架构和管理制度。医疗器械临床试验机构应当具有相应的临床试验管理部门，承担医疗器械临床试验的管理工作。

第十九条　医疗器械临床试验机构管理部门应当负责在医疗器械临床试验机构备案管理信息系统中填报、管理和变更医疗器械临床试验机构备案信息，包括临床试验专业、主要研究者等信息；负责在备案系统中在线提交上一年度实施医疗器械临床试验工作总结报告；负责在伦理委员会对医疗器械临床试验审查前，组织评估该临床试验主要研究者的资质并完成其备案。

第二十条　医疗器械临床试验机构应当建立质量管理制度，涵盖医疗器械临床试验实施的全过程，包括培训和考核、临床试验的实施、医疗器械的管理、生物样本的管理、不良事件和器械缺陷的处理以及安全性信息的报告、记录、质量控制等制度，确保主要研究者履行其临床试验相关职责，保证受试者得到妥善的医疗处理，确保试验产生数据的真实性。

第二十一条　医疗器械临床试验机构在接受医疗器械临床试验前，应当根据试验医疗器械的特性评估相关资源，确保具备相匹配的资质、人员、设施、条件等。

第二十二条　医疗器械临床试验机构和研究者应当配合申办者组织的监查和稽查，以及药品监督管理部门、卫生健康管理部门开展的检查。

第二十三条　医疗器械临床试验机构应当按照相关法律法规和与申办者的合同，妥善保存临床试验记录和基本文件。

第四章　研　究　者

第二十四条　负责医疗器械临床试验的主要研究者应当具备下列条件：

（一）已完成医疗器械临床试验主要研究者备案；

（二）熟悉本规范和相关法律法规；

（三）具有试验医疗器械使用所要求的专业知识和经验，经过临床试验相关培训，有临床试验的经验，熟悉申办者所提供的医疗器械临床试验方案、研究者手册等资料；

（四）有能力协调、支配和使用进行该项医疗器械临床试验的人员和设备，且有能力处理医疗器械临床试验中发生的不良事件和其他关联事件。

第二十五条　主要研究者应当确保医疗器械临床试验遵守伦理委员会同意的最新版本临床试验方案；在约定的时限内，按照本规范和相关法律法规的规定实施医疗器械临床试验。

第二十六条　主要研究者可以根据医疗器械临床试验的需要，授权经过临床试验相关培训的研究者，组织进行受试者招募和知情同意、筛选和随访；试验医疗器械和对照医疗器械（如适用）的管理和使用；生物样本的管理和使用（如适用）；不良事件和器械缺陷的处理；临床试验数据记录以及病例报告表填写等。

第二十七条　参与医疗器械临床试验的研究者应当：

（一）具有承担医疗器械临床试验相应的专业技术资格、培训经历和相关经验；

（二）参加申办者组织的与该医疗器械临床试验相关的培训，并在主要研究者授权的范围内参与医疗器械临床试验；

（三）熟悉试验医疗器械的原理、适用范围或者预期用途、产品性能、操作方法、安装要求以及技术指标等，了解该试验医疗器械临床前研究相关资料；

（四）充分了解并且遵守临床试验方案、本规范和相关法律法规规定以及与医疗器械临床试验相关的职责；

（五）掌握临床试验可能产生风险的防范以及紧急处理方法。

第二十八条　研究者应当遵守《世界医学大会赫尔辛基宣言》的伦理准则及相关伦理要求，并符合以下要求：

（一）应当使用经伦理委员会同意的最新版本知情同意书和其他提供给受试者的信息；

（二）在受试者参与临床试验前，应当向受试者说明试验医疗器械以及临床试验有关的详细情况，告知受试者可能的受益和已知的、可以预见的风险，经充分和详细解释后由受试者在知情同意书上签署姓名和日期，研究者在知情同意书上应当签署姓名和日期；

（三）受试者为无民事行为能力人或者限制民事行为能力人的，应当依法获得其监护人的书面知情同意；受试者缺乏阅读能力的，应当有一位公正见证人见证整个知情同意过程并在知情同意书上签字并注明日期；

（四）不应当强迫或者以其他不正当方式诱使受试者参加临床试验；

（五）确保知情同意书更新并获得伦理委员会审查同意后，所有受影响的未结束试验流程的受试者，都签署新修订的知情同意书。

第二十九条 研究者对申办者提供的试验医疗器械和对照医疗器械（如适用）有管理责任，应当确保其仅用于参加该医疗器械临床试验的受试者，在临床试验期间按照要求储存和保管，在临床试验完成或者终止后按照相关法律法规和与申办者的合同进行处理。

第三十条 研究者应当确保医疗器械临床试验中生物样本的采集、处理、保存、运输、销毁等符合临床试验方案和相关法律法规。

第三十一条 医疗器械临床试验中发生不良事件时，研究者应当为受试者提供足够、及时的治疗和处理；当受试者出现并发疾病需要治疗和处理时，研究者应当及时告知受试者。研究者应当记录医疗器械临床试验过程中发生的不良事件和发现的器械缺陷。

第三十二条 研究者应当及时报告医疗器械临床试验中的安全性信息：

（一）医疗器械临床试验中发生严重不良事件时，研究者应当立即对受试者采取适当的治疗措施；同时，研究者应当在获知严重不良事件后24小时内，向申办者、医疗器械临床试验机构管理部门、伦理委员会报告；并按照临床试验方案的规定随访严重不良事件，提交严重不良事件随访报告；

（二）发现医疗器械临床试验的风险超过可能的受益，需要暂停或者终止临床试验时，主要研究者应当向申办者、医疗器械临床试验机构管理部门、伦理委员会报告，及时通知受试者，并保证受试者得到适当治疗和随访。

第三十三条 主要研究者应当对收到的安全性信息及时处理：

（一）收到申办者提供的试验医疗器械相关严重不良事件和其他安全性信息时，应当及时签收阅读，并考虑受试者的治疗是否进行相应调整，必要时尽早与受试者沟通；

（二）收到申办者或者伦理委员会需要暂停或者终止医疗器械临床试验的通知时，应当及时通知受试者，并保证受试者得到适当治疗和随访。

第三十四条 主要研究者应当按时向伦理委员会报告医疗器械临床试验的进展，及时报告影响受试者权益和安全的事件或者对临床试验方案的偏离。

第三十五条 医疗器械临床试验机构和研究者对申办者严重或者持续违反本规范和相关法律法规，或者要求改变试验数据、结论的行为，应当书面向申办者所在地省、自治区、直辖市药品监督管理部门报告。

第五章 申 办 者

第三十六条 申办者应当对医疗器械临床试验的真实性、合规性负责。申办者为境外机构的，应当按照相关法律法规指定中国境内的企业法人作为代理人，由代理人协助申办者履行职责。

第三十七条 申办者的质量管理体系应当覆盖医疗器械临床试验的全过程，包括医疗器械临床试验机构和主要研究者的选择、临床试验方案的设计、医疗器械临床试验的实施、记录、结果报告和文件归档等。申办者的质量管理措施应当与临床试验的风险相适应。

第三十八条 申办者发起医疗器械临床试验前应当：

（一）确保产品设计已定型，完成试验医疗器械的临床前研究，包括性能验证以及确认、基于产品技术要求的产品检验报告、风险受益分析等，且结果应当能够支持该项医疗器械临床试验；

（二）根据试验医疗器械的特性，选择已备案的医疗器械临床试验机构、专业和主要研究者；

（三）负责组织制定研究者手册、临床试验方案、知情同意书、病例报告表、标准操作规程以及其他相关文件，并向医疗器械临床试验机构和主要研究者提供。

第三十九条 申办者应当与医疗器械临床试验机构和主要研究者签订合同，明确各方在医疗器械临床试验中的权利和义务。

第四十条 申办者应当在医疗器械临床试验经伦理审查通过并且与医疗器械临床试验机构签订合同后，向申办者所在地省、自治区、直辖市药品监督管理部门进行临床试验项目备案。

医疗器械临床试验备案完成后，该医疗器械临床试验机构方可开始第一例受试者知情同意以及筛选。

第四十一条 医疗器械临床试验开始前，申办者应当负责组织与该医疗器械临床试验相关的培训，如试验医疗器械的原理、适用范围、产品性能、操作方法、安装要求、技术指标以及临床试验方案、标准操作规程以及其他相关文件等。

第四十二条　申办者应当免费提供试验医疗器械，并符合以下要求：

（一）试验医疗器械应当按照医疗器械生产质量管理规范的相关要求生产且质量合格；

（二）确定试验医疗器械的运输条件、储存条件、储存时间、有效期等；

（三）试验医疗器械应当按照临床试验方案要求进行适当包装和保存；包装标签上应当标明产品信息，具有易于识别、正确编码的标识，标明仅用于医疗器械临床试验；

（四）医疗器械临床试验获得伦理委员会同意后，申办者负责在规定的条件下将试验医疗器械运输至医疗器械临床试验机构；

（五）对从医疗器械临床试验机构回收的试验医疗器械，申办者负责保存回收处置等记录。

第四十三条　申办者应当为受试者支付与医疗器械临床试验相关的费用。受试者发生与医疗器械临床试验相关的损害或者死亡时，申办者应当承担相应的治疗费用、补偿或者赔偿，但不包括研究者和医疗器械临床试验机构自身过失以及受试者自身疾病进展所致的损害。

第四十四条　申办者应当负责医疗器械试验期间安全性信息的评估和报告：

（一）申办者应当在获知死亡或者危及生命的临床试验医疗器械相关严重不良事件后 7 日内、获知非死亡或者非危及生命的试验医疗器械相关严重不良事件和其他严重安全性风险信息后 15 日内，向参与临床试验的其他医疗器械临床试验机构、伦理委员会以及主要研究者报告，向申办者所在地省、自治区、直辖市药品监督管理部门报告，向医疗器械临床试验机构所在地省、自治区、直辖市药品监督管理部门和卫生健康管理部门报告，并采取风险控制措施；出现可能影响受试者安全、可能影响医疗器械临床试验实施、可能改变伦理委员会同意意见的信息时，应当及时组织对临床试验方案、知情同意书和其他提供给受试者的信息、以及其他相关文件进行修改，并提交伦理委员会审查；

（二）出现大范围临床试验医疗器械相关严重不良事件，或者其他重大安全性问题时，申办者应当暂停或者终止医疗器械临床试验，并向所有医疗器械临床试验机构管理部门、伦理委员会以及主要研究者报告，向申办者所在地省、自治区、直辖市药品监督管理部门报告，向所有医疗器械临床试验机构所在地省、自治区、直辖市药品监督管理部门和卫生健康管理部门报告。

第四十五条　申办者应当承担医疗器械临床试验监查责任，制定监查标准操作规程，并选择符合要求的监查员履行监查职责：

（一）监查员人数以及监查次数应当与医疗器械临床试验的复杂程度和参与临床试验的医疗器械临床试验机构数量相匹配；

（二）监查员应当受过相应的培训，熟悉本规范和相关法律法规，具备相关专业背景知识，熟悉试验医疗器械的相关研究资料和同类产品临床方面的信息、临床试验方案以及其相关的文件，能够有效履行监查职责；

（三）监查员应当遵守由申办者制定的监查标准操作规程，督促医疗器械临床试验按照临床试验方案实施。监查的内容包括医疗器械临床试验机构和研究者在临床试验实施过程中对临床试验方案、本规范和相关法律法规的依从性；受试者知情同意书签署、筛选、随访、权益和安全保障；试验医疗器械和对照医疗器械（如适用）的管理和使用；生物样本的管理和使用（如适用）；不良事件和器械缺陷的处理；安全性信息的报告；临床试验数据记录以及病例报告表填写等。

第四十六条　为保证临床试验的质量，申办者可以组织独立于医疗器械临床试验、有相应培训和经验的稽查员对临床试验实施情况进行稽查，评估临床试验是否符合临床试验方案、本规范和相关法律法规的规定。

第四十七条　申办者应当确保医疗器械临床试验的实施遵守临床试验方案，发现医疗器械临床试验机构和研究者不遵守临床试验方案、本规范和相关法律法规的，应当及时指出并予以纠正；如情况严重或者持续不改，应当终止该临床试验机构和研究者继续参加该临床试验，并书面向临床试验机构所在地省、自治区、直辖市药品监督管理部门报告。

第四十八条　申办者应当在医疗器械临床试验暂停、终止或者完成后 10 个工作日内，书面报告所有的主要研究者、医疗器械临床试验机构管理部门、伦理委员会。

申办者应当在医疗器械临床试验终止或者完成后 10 个工作日内，向申办者所在地省、自治区、直辖市药品监督管理部门报告。

第六章　临床试验方案和试验报告

第四十九条　实施医疗器械临床试验，申办者应当根据试验目的，综合考虑试验医疗器械的风险、技术特征、适用范围和预期用途等，组织制定科学、合理的临床试验方案。

第五十条 临床试验方案一般包含产品基本信息、临床试验基本信息、试验目的、风险受益分析、试验设计要素、试验设计的合理性论证、统计学考虑、实施方式(方法、内容、步骤)、临床试验终点、数据管理、对临床试验方案修正的规定、不良事件和器械缺陷定义和报告的规定、伦理学考虑等内容。

第五十一条 申办者、主要研究者应当按照临床试验方案实施医疗器械临床试验，并完成临床试验报告。临床试验报告应当全面、完整、准确反映临床试验结果，临床试验报告安全性、有效性数据应当与临床试验源数据一致。

第五十二条 临床试验报告一般包含医疗器械临床试验基本信息、实施情况、统计分析方法、试验结果、不良事件和器械缺陷报告以及其处理情况、对试验结果的分析讨论、临床试验结论、伦理情况说明、存在问题以及改进建议等内容。

第五十三条 临床试验方案、临床试验报告应当由主要研究者签名、注明日期，经医疗器械临床试验机构审核签章后交申办者。

第七章 多中心临床试验

第五十四条 多中心临床试验是指按照同一临床试验方案，在两个以上(含两个)医疗器械临床试验机构实施的临床试验。

多中心临床试验在不同的国家或者地区实施时，为多区域临床试验，在中国境内实施的多区域医疗器械临床试验应当符合本规范的相关要求。

第五十五条 申办者实施多中心医疗器械临床试验，应当符合以下要求：

(一)申办者应当确保参加医疗器械临床试验的各中心均能遵守临床试验方案；

(二)申办者应当向各中心提供相同的临床试验方案。临床试验方案的伦理性和科学性经组长单位伦理委员会审查通过后，参加临床试验的其他医疗器械临床试验机构伦理委员会一般情况下不再对临床试验方案设计提出修改意见，但是有权不同意在其医疗器械临床试验机构进行试验；

(三)各中心应当使用相同的病例报告表和填写指导说明，以记录在医疗器械临床试验中获得的试验数据；

(四)医疗器械临床试验开始前，应当有书面文件明确参加医疗器械临床试验的各中心主要研究者的职责；

(五)申办者应当确保各中心主要研究者之间的沟通；

(六)申办者负责选择、确定医疗器械临床试验的协调研究者，协调研究者供职的医疗机构为组长单位。协调研究者承担多中心临床试验中各中心的协调工作。

第五十六条 多中心临床试验报告应当由协调研究者签名、注明日期，经组长单位医疗器械临床试验机构审核签章后交申办者。

各分中心临床试验小结应当由该中心的主要研究者签名、注明日期，经该中心的医疗器械临床试验机构审核签章后交申办者。分中心临床试验小结主要包括人员信息、试验医疗器械和对照医疗器械(如适用)信息、试验概述、病例入组情况、临床试验方案的执行情况、试验数据的总结和描述性分析、医疗器械临床试验质量管理情况、不良事件和器械缺陷的发生以及处理情况、方案偏离情况说明等。

第八章 记录要求

第五十七条 医疗器械临床试验数据应当真实、准确、完整、具有可追溯性。医疗器械临床试验的源数据应当清晰可辨识，不得随意更改；确需更改时应当说明理由，签名并注明日期。

第五十八条 在医疗器械临床试验中，主要研究者应当确保任何观察与发现均正确完整地予以记录。以患者为受试者的临床试验，相关的医疗记录应当载入门诊或者住院病历中。

第五十九条 主要研究者应当确保按照申办者提供的指南，填写和修改病例报告表，确保病例报告表中的数据准确、完整、清晰和及时。病例报告表中报告的数据应当与源文件一致。病例报告表中数据的修改，应当确保初始记录清晰可辨，保留修改轨迹，修改者签名并注明日期。

第六十条 医疗器械临床试验中如采用电子数据采集系统，该系统应当经过可靠的验证，具有完善的权限管理和稽查轨迹，可以追溯至记录的创建者、创建时间或者修改者、修改时间、修改情况，所采集的电子数据可以溯源。

第六十一条 医疗器械临床试验基本文件是用于评价申办者、医疗器械临床试验机构和主要研究者对本规范和药品监督管理部门有关要求的执行情况。药品监督管理部门可以对医疗器械临床试验基本文件进行检查，并作为确认医疗器械临床试验实施的真实性和所收集数据完整性的依据。

第六十二条　申办者和医疗器械临床试验机构应当具备临床试验基本文件保存的场所和条件，应当建立基本文件管理制度。医疗器械临床试验基本文件按临床试验阶段分为三部分：准备阶段文件、进行阶段文件、完成或者终止后文件。

第六十三条　申办者和医疗器械临床试验机构应当确保临床试验基本文件在保存期间的完整性，避免故意或者无意地更改或者丢失。

（一）研究者应当在医疗器械临床试验过程中妥善保存临床试验基本文件；

（二）医疗器械临床试验机构应当保存临床试验基本文件至医疗器械临床试验完成或者终止后10年；

（三）伦理委员会应当保存伦理审查的全部记录至医疗器械临床试验完成或者终止后10年；

（四）申办者应当保存临床试验基本文件至无该医疗器械使用时。

第九章　附　　则

第六十四条　本规范下列用语的含义：

医疗器械临床试验，是指在符合条件的医疗器械临床试验机构中，对拟申请注册的医疗器械（含体外诊断试剂）在正常使用条件下的安全性和有效性进行确认的过程。

医疗器械临床试验机构，是指具备相应条件，按照本规范和相关法律法规实施医疗器械临床试验的机构，包括承担体外诊断试剂临床试验的血液中心和中心血站、设区的市级以上疾病预防控制机构、戒毒中心等非医疗机构。

临床试验方案，是指说明医疗器械临床试验目的、设计、方法学和组织实施等的文件。临床试验方案包括方案以及其修订版。

临床试验报告，是指描述一项医疗器械临床试验设计、执行、统计分析和结果的文件。

病例报告表，是指按照医疗器械临床试验方案所规定设计的文件，用以记录试验过程中获得的每个受试者的全部信息和数据。

研究者手册，是指申办者提供的，帮助主要研究者和参与临床试验的其他研究者更好地理解和遵守临床试验方案的资料汇编，包括但不限于：申办者基本信息、试验医疗器械的概要说明、支持试验医疗器械预期用途和临床试验设计理由的概要和评价、可能的风险、推荐的防范和紧急处理方法等。

试验医疗器械，是指医疗器械临床试验中对其安全性、有效性进行确认的拟申请注册的医疗器械。

对照医疗器械，是指医疗器械临床试验中作为对照的在中华人民共和国境内已上市医疗器械。

伦理委员会，是指由适当人员组成的独立的委员会，其职责是确保参与医疗器械临床试验的受试者的权益和安全得到保护。

知情同意，是指向受试者告知医疗器械临床试验的各方面情况后，受试者确认自愿参加该项医疗器械临床试验的过程，应当以书面签署姓名和注明日期的知情同意书作为证明文件。

受试者，是指自愿参加医疗器械临床试验的个人。

公正见证人，是指与医疗器械临床试验无关，不受临床试验相关人员不公正影响的个人，在受试者无阅读能力时，作为公正的见证人，阅读知情同意书和其他提供给受试者的信息，并见证知情同意。

申办者，是指医疗器械临床试验的发起、管理和提供财务支持的机构或者组织。

研究者，是指在医疗器械临床试验机构中实施医疗器械临床试验的人员。

主要研究者，是指在医疗器械临床试验机构中实施医疗器械临床试验的负责人。

协调研究者，是指在多中心临床试验中由申办者指定实施协调工作的研究者，一般为组长单位的主要研究者。

监查，是指申办者为保证医疗器械临床试验能够遵守临床试验方案、本规范和相关法律法规，选派专门人员对医疗器械临床试验机构、研究者进行评价调查，对医疗器械临床试验过程中的数据进行验证并记录和报告的活动。

稽查，是指由申办者组织对医疗器械临床试验相关活动和文件进行系统性的独立检查，以确定此类活动的执行、数据的记录、分析和报告是否符合临床试验方案、本规范和相关法律法规。

检查，是指监管部门对医疗器械临床试验的有关文件、设施、记录和其他方面进行的监督管理活动。

偏离，是指有意或者无意地未遵守医疗器械临床试验方案要求的情形。

不良事件，是指在医疗器械临床试验过程中出现的不良医学事件，无论是否与试验医疗器械相关。

严重不良事件，是指医疗器械临床试验过程中发生的导致死亡或者健康状况严重恶化，包括致命的疾病或者伤害、身体结构或者身体功能的永久性缺陷、需要住院治疗或者延长住院时间、需要采取医疗措施以避免对身体结构或者身体功能造成永久性缺陷;导致胎儿窘迫、胎儿死亡或者先天性异常、先天缺损等事件。

器械缺陷,是指临床试验过程中医疗器械在正常使用情况下存在可能危及人体健康和生命安全的不合理风险,如标签错误、质量问题、故障等。

源数据,是指医疗器械临床试验中的临床发现、观察和其他活动的原始记录以及其经核准的副本中的所有信息,可以用于医疗器械临床试验重建和评价。

源文件,是指包含源数据的印刷文件、可视文件或者电子文件等。

第六十五条 医疗器械临床试验方案等文书的格式范本由国家药品监督管理局另行制定。

第六十六条 本规范自2022年5月1日起施行。

卫生部关于医疗设备检测有关问题的批复

1. 2005年6月14日
2. 卫监督发〔2005〕243号

重庆市卫生局:

你局《关于职业卫生技术服务机构资质审定有关问题的请示》(渝卫〔2005〕36号)收悉。经研究,批复如下:

由于医用辐射设备的性能既关系到放射诊疗工作的质量,也会影响放射诊疗工作人员的健康与安全,因此医用辐射设备的质量控制检测应当依据《放射工作卫生防护管理办法》和《卫生部关于开展职业卫生技术服务机构资质审定工作的通知》的规定,取得相应的资质后,按照放射防护检测的要求,在认证的范围内开展检测工作。

此复。

卫生部关于医用加速器等放射诊断和治疗设备有关问题的批复

1. 2005年7月11日
2. 卫监督发〔2005〕274号

江苏省卫生厅:

你厅《关于医用加速器等放射诊断和治疗设备监管工作的紧急请示》(苏卫法监〔2005〕52号)收悉。经研究,现批复如下:

一、医用加速器、钴—60治疗机、X线诊断机、CT机、医用激光源、医用超声源等是以诊断治疗为目的医疗设备,不是用来测量被测物量值、以量值传递为目的的标准物质和标准器具,不属于强制检定的计量器具范畴。

二、为加强对医疗机构放射诊疗工作的监管,我部拟出台《放射诊疗管理办法》。请你厅按照有关规定做好监督管理工作。

此复。

7. 医疗质量管理

医疗质量管理办法

1. 2016年9月25日国家卫生和计划生育委员会令第10号公布
2. 自2016年11月1日起施行

第一章 总 则

第一条 为加强医疗质量管理,规范医疗服务行为,保障医疗安全,根据有关法律法规,制定本办法。

第二条 本办法适用于各级卫生计生行政部门以及各级各类医疗机构医疗质量管理工作。

第三条 国家卫生计生委负责全国医疗机构医疗质量管理工作。

县级以上地方卫生计生行政部门负责本行政区域内医疗机构医疗质量管理工作。

国家中医药管理局和军队卫生主管部门分别在职责范围内负责中医和军队医疗机构医疗质量管理工作。

第四条 医疗质量管理是医疗管理的核心,各级各类医疗机构是医疗质量管理的第一责任主体,应当全面加强医疗质量管理,持续改进医疗质量,保障医疗安全。

第五条 医疗质量管理应当充分发挥卫生行业组织的作用,各级卫生计生行政部门应当为卫生行业组织参与医疗质量管理创造条件。

第二章 组织机构和职责

第六条 国家卫生计生委负责组织或者委托专业机构、行业组织(以下称专业机构)制订医疗质量管理相关制度、规范、标准和指南,指导地方各级卫生计生行政部门和医疗机构开展医疗质量管理与控制工作。省级卫生计生行政部门可以根据本地区实际,制订行政区域医疗质量管理相关制度、规范和具体实施方案。

县级以上地方卫生计生行政部门在职责范围内负责监督、指导医疗机构落实医疗质量管理有关规章制度。

第七条 国家卫生计生委建立国家医疗质量管理与控制体系,完善医疗质量控制与持续改进的制度和工作机制。

各级卫生计生行政部门组建或者指定各级、各专业医疗质量控制组织(以下称质控组织)落实医疗质量管理与控制的有关工作要求。

第八条 国家级各专业质控组织在国家卫生计生委指导下,负责制订全国统一的质控指标、标准和质量管理要求,收集、分析医疗质量数据,定期发布质控信息。

省级和有条件的地市级卫生计生行政部门组建相应级别、专业的质控组织,开展医疗质量管理与控制工作。

第九条 医疗机构医疗质量管理实行院、科两级责任制。

医疗机构主要负责人是本机构医疗质量管理的第一责任人;临床科室以及药学、护理、医技等部门(以下称业务科室)主要负责人是本科室医疗质量管理的第一责任人。

第十条 医疗机构应当成立医疗质量管理专门部门,负责本机构的医疗质量管理工作。

二级以上的医院、妇幼保健院以及专科疾病防治机构(以下称二级以上医院)应当设立医疗质量管理委员会。医疗质量管理委员会主任由医疗机构主要负责人担任,委员由医疗管理、质量控制、护理、医院感染管理、医学工程、信息、后勤等相关职能部门负责人以及相关临床、药学、医技等科室负责人组成,指定或者成立专门部门具体负责日常管理工作。其他医疗机构应当设立医疗质量管理工作小组或者指定专(兼)职人员,负责医疗质量具体管理工作。

第十一条 医疗机构医疗质量管理委员会的主要职责是:

(一)按照国家医疗质量管理的有关要求,制订本机构医疗质量管理制度并组织实施;

(二)组织开展本机构医疗质量监测、预警、分析、考核、评估以及反馈工作,定期发布本机构质量管理信息;

(三)制订本机构医疗质量持续改进计划、实施方案并组织实施;

(四)制订本机构临床新技术引进和医疗技术临床应用管理相关工作制度并组织实施;

(五)建立本机构医务人员医疗质量管理相关法律、法规、规章制度、技术规范的培训制度,制订培训计划并监督实施;

(六)落实省级以上卫生计生行政部门规定的其他内容。

第十二条 二级以上医院各业务科室应当成立本科室医疗质量管理工作小组,组长由科室主要负责人担任,指定专人负责日常具体工作。医疗质量管理工作小组主要职责是：

（一）贯彻执行医疗质量管理相关的法律、法规、规章、规范性文件和本科室医疗质量管理制度；

（二）制订本科室年度质量控制实施方案，组织开展科室医疗质量管理与控制工作；

（三）制订本科室医疗质量持续改进计划和具体落实措施；

（四）定期对科室医疗质量进行分析和评估，对医疗质量薄弱环节提出整改措施并组织实施；

（五）对本科室医务人员进行医疗质量管理相关法律、法规、规章制度、技术规范、标准、诊疗常规及指南的培训和宣传教育；

（六）按照有关要求报送本科室医疗质量管理相关信息。

第十三条 各级卫生计生行政部门和医疗机构应当建立健全医疗质量管理人员的培养和考核制度，充分发挥专业人员在医疗质量管理工作中的作用。

第三章 医疗质量保障

第十四条 医疗机构应当加强医务人员职业道德教育，发扬救死扶伤的人道主义精神，坚持“以患者为中心”，尊重患者权利，履行防病治病、救死扶伤、保护人民健康的神圣职责。

第十五条 医务人员应当恪守职业道德，认真遵守医疗质量管理相关法律法规、规范、标准和本机构医疗质量管理制度的规定，规范临床诊疗行为，保障医疗质量和医疗安全。

第十六条 医疗机构应当按照核准登记的诊疗科目执业。卫生技术人员开展诊疗活动应当依法取得执业资质，医疗机构人力资源配备应当满足临床工作需要。

医疗机构应当按照有关法律法规、规范、标准要求，使用经批准的药品、医疗器械、耗材开展诊疗活动。

医疗机构开展医疗技术应当与其功能任务和技术能力相适应，按照国家关于医疗技术和手术管理有关规定，加强医疗技术临床应用管理。

第十七条 医疗机构及其医务人员应当遵循临床诊疗指南、临床技术操作规范、行业标准和临床路径等有关要求开展诊疗工作，严格遵守医疗质量安全核心制度，做到合理检查、合理用药、合理治疗。

第十八条 医疗机构应当加强药学部门建设和药事质量管理，提升临床药学服务能力，推行临床药师制，发挥药师在处方审核、处方点评、药学监护等合理用药管理方面的作用。临床诊断、预防和治疗疾病用药应当遵循安全、有效、经济的合理用药原则，尊重患者对药品使用的知情权。

第十九条 医疗机构应当加强护理质量管理，完善并实施护理相关工作制度、技术规范和护理指南；加强护理队伍建设，创新管理方法，持续改善护理质量。

第二十条 医疗机构应当加强医技科室的质量管理，建立覆盖检查、检验全过程的质量管理制度，加强室内质量控制，配合做好室间质量评价工作，促进临床检查检验结果互认。

第二十一条 医疗机构应当完善门急诊管理制度，规范门急诊质量管理，加强门急诊专业人员和技术力量配备，优化门急诊服务流程，保证门急诊医疗质量和医疗安全，并把门急诊工作质量作为考核科室和医务人员的重要内容。

第二十二条 医疗机构应当加强医院感染管理，严格执行消毒隔离、手卫生、抗菌药物合理使用和医院感染监测等规定，建立医院感染的风险监测、预警以及多部门协同干预机制，开展医院感染防控知识的培训和教育，严格执行医院感染暴发报告制度。

第二十三条 医疗机构应当加强病历质量管理，建立并实施病历质量管理制度，保障病历书写客观、真实、准确、及时、完整、规范。

第二十四条 医疗机构及其医务人员开展诊疗活动，应当遵循患者知情同意原则，尊重患者的自主选择权和隐私权，并对患者的隐私保密。

第二十五条 医疗机构开展中医医疗服务，应当符合国家关于中医诊疗、技术、药事等管理的有关规定，加强中医医疗质量管理。

第四章 医疗质量持续改进

第二十六条 医疗机构应当建立本机构全员参与、覆盖临床诊疗服务全过程的医疗质量管理与控制工作制度。医疗机构应当严格按照卫生计生行政部门和质控组织关于医疗质量管理控制工作的有关要求，积极配合质控组织开展工作，促进医疗质量持续改进。

医疗机构应当按照有关要求，向卫生计生行政部门或者质控组织及时、准确地报送本机构医疗质量安全相关数据信息。

医疗机构应当熟练运用医疗质量管理工具开展医疗质量管理与自我评价，根据卫生计生行政部门或者质控组织发布的质控指标和标准完善本机构医疗质量管理相关指标体系，及时收集相关信息，形成本机构医疗质量基础数据。

第二十七条 医疗机构应当加强临床专科服务能力建设，重视专科协同发展，制订专科建设发展规划并组织实施，推行“以患者为中心、以疾病为链条”的多学科诊疗模式。加强继续医学教育，重视人才培养、临床技术创新性研究和成果转化，提高专科临床服务能力与水平。

第二十八条 医疗机构应当加强单病种质量管理与控制工作，建立本机构单病种管理的指标体系，制订单病种医疗质量参考标准，促进医疗质量精细化管理。

第二十九条 医疗机构应当制订满意度监测指标并不断完善，定期开展患者和员工满意度监测，努力改善患者就医体验和员工执业感受。

第三十条 医疗机构应当开展全过程成本精确管理，加强成本核算、过程控制、细节管理和量化分析，不断优化投入产出比，努力提高医疗资源利用效率。

第三十一条 医疗机构应当对各科室医疗质量管理情况进行现场检查和抽查，建立本机构医疗质量内部公示制度，对各科室医疗质量关键指标的完成情况予以内部公示。

医疗机构应当定期对医疗卫生技术人员开展医疗卫生管理法律法规、医院管理制度、医疗质量管理与控制方法、专业技术规范等相关内容的培训和考核。

医疗机构应当将科室医疗质量管理情况作为科室负责人综合目标考核以及聘任、晋升、评先评优的重要指标。

医疗机构应当将科室和医务人员医疗质量管理情况作为医师定期考核、晋升以及科室和医务人员绩效考核的重要依据。

第三十二条 医疗机构应当强化基于电子病历的医院信息平台建设，提高医院信息化工作的规范化水平，使信息化工作满足医疗质量管理与控制需要，充分利用信息化手段开展医疗质量管理与控制。建立完善医疗机构信息管理制度，保障信息安全。

第三十三条 医疗机构应当对本机构医疗质量管理要求执行情况进行评估，对收集的医疗质量信息进行及时分析和反馈，对医疗质量问题和医疗安全风险进行预警，对存在的问题及时采取有效干预措施，并评估干预效果，促进医疗质量的持续改进。

第五章 医疗安全风险防范

第三十四条 国家建立医疗质量（安全）不良事件报告制度，鼓励医疗机构和医务人员主动上报临床诊疗过程中的不良事件，促进信息共享和持续改进。

医疗机构应当建立医疗质量（安全）不良事件信息采集、记录和报告相关制度，并作为医疗机构持续改进医疗质量的重要基础工作。

第三十五条 医疗机构应当建立药品不良反应、药品损害事件和医疗器械不良事件监测报告制度，并按照国家有关规定向相关部门报告。

第三十六条 医疗机构应当提高医疗安全意识，建立医疗安全与风险管理体系，完善医疗安全管理相关工作制度、应急预案和工作流程，加强医疗质量重点部门和关键环节的安全与风险管理，落实患者安全目标。医疗机构应当提高风险防范意识，建立完善相关制度，利用医疗责任保险、医疗意外保险等风险分担形式，保障医患双方合法权益。制订防范、处理医疗纠纷的预案，预防、减少医疗纠纷的发生。完善投诉管理，及时化解和妥善处理医疗纠纷。

第六章 监督管理

第三十七条 县级以上地方卫生计生行政部门负责对本行政区域医疗机构医疗质量管理情况的监督检查。医疗机构应当予以配合，不得拒绝、阻碍或者隐瞒有关情况。

第三十八条 县级以上地方卫生计生行政部门应当建立医疗机构医疗质量管理评估制度，可以根据当地实际情况，组织或者委托专业机构，利用信息化手段开展第三方评估工作，定期在行业内发布评估结果。

县级以上地方卫生计生行政部门和各级质控组织应当重点加强对县级医院、基层医疗机构和民营医疗机构的医疗质量管理和监督。

第三十九条 国家卫生计生委依托国家级人口健康信息平台建立全国医疗质量管理与控制信息系统，对全国医疗质量管理的主要指标信息进行收集、分析和反馈。

省级卫生计生行政部门应当依托区域人口健康信息平台，建立本行政区域的医疗质量管理与控制信息系统，对本行政区域医疗机构医疗质量管理相关信息进行收集、分析和反馈，对医疗机构医疗质量进行评价，并实现与全国医疗质量管理与控制信息系统互连互通。

第四十条 各级卫生计生行政部门应当建立医疗机构医疗质量管理激励机制，采取适当形式对医疗质量管理先进的医疗机构和管理人员予以表扬和鼓励，积极推广先进经验和做法。

第四十一条 县级以上地方卫生计生行政部门应当建立医疗机构医疗质量管理情况约谈制度。对发生重大或者特大医疗质量安全事件、存在严重医疗质量安全隐患，或者未按要求整改的各级各类医疗机构负责人进行约谈；对造成严重后果的，予以通报，依法处理，同时报上级卫生计生行政部门备案。

第四十二条　各级卫生计生行政部门应当将医疗机构医疗质量管理情况和监督检查结果纳入医疗机构及其主要负责人考核的关键指标，并与医疗机构校验、医院评审、评价以及个人业绩考核相结合。考核不合格的，视情况对医疗机构及其主要负责人进行处理。

第七章　法律责任

第四十三条　医疗机构开展诊疗活动超出登记范围、使用非卫生技术人员从事诊疗工作、违规开展禁止或者限制临床应用的医疗技术、使用不合格或者未经批准的药品、医疗器械、耗材等开展诊疗活动的，由县级以上地方卫生计生行政部门依据国家有关法律法规进行处理。

第四十四条　医疗机构有下列情形之一的，由县级以上卫生计生行政部门责令限期改正；逾期不改的，给予警告，并处三万元以下罚款；对公立医疗机构负有责任的主管人员和其他直接责任人员，依法给予处分：

（一）未建立医疗质量管理部门或者未指定专（兼）职人员负责医疗质量管理工作的；

（二）未建立医疗质量管理相关规章制度的；

（三）医疗质量管理制度不落实或者落实不到位，导致医疗质量管理混乱的；

（四）发生重大医疗质量安全事件隐匿不报的；

（五）未按照规定报送医疗质量安全相关信息的；

（六）其他违反本办法规定的行为。

第四十五条　医疗机构执业的医师、护士在执业活动中，有下列行为之一的，由县级以上地方卫生计生行政部门依据《执业医师法》、《护士条例》等有关法律法规的规定进行处理；构成犯罪的，依法追究刑事责任：

（一）违反卫生法律、法规、规章制度或者技术操作规范，造成严重后果的；

（二）由于不负责任延误急危患者抢救和诊治，造成严重后果的；

（三）未经亲自诊查，出具检查结果和相关医学文书的；

（四）泄露患者隐私，造成严重后果的；

（五）开展医疗活动未遵守知情同意原则的；

（六）违规开展禁止或者限制临床应用的医疗技术、不合格或者未经批准的药品、医疗器械、耗材等开展诊疗活动的；

（七）其他违反本办法规定的行为。

其他卫生技术人员违反本办法规定的，根据有关法律、法规的规定予以处理。

第四十六条　县级以上地方卫生计生行政部门未按照本办法规定履行监管职责，造成严重后果的，对直接负责的主管人员和其他直接责任人员依法给予行政处分。

第八章　附　　则

第四十七条　本办法下列用语的含义：

（一）医疗质量：指在现有医疗技术水平及能力、条件下，医疗机构及其医务人员在临床诊断及治疗过程中，按照职业道德及诊疗规范要求，给予患者医疗照顾的程度。

（二）医疗质量管理：指按照医疗质量形成的规律和有关法律、法规要求，运用现代科学管理方法，对医疗服务要素、过程和结果进行管理与控制，以实现医疗质量系统改进、持续改进的过程。

（三）医疗质量安全核心制度：指医疗机构及其医务人员在诊疗活动中应当严格遵守的相关制度，主要包括：首诊负责制度、三级查房制度、会诊制度、分级护理制度、值班和交接班制度、疑难病例讨论制度、急危重患者抢救制度、术前讨论制度、死亡病例讨论制度、查对制度、手术安全核查制度、手术分级管理制度、新技术和新项目准入制度、危急值报告制度、病历管理制度、抗菌药物分级管理制度、临床用血审核制度、信息安全管理制度等。

（四）医疗质量管理工具：指为实现医疗质量管理目标和持续改进所采用的措施、方法和手段，如全面质量管理（TQC）、质量环（PDCA 循环）、品管圈（QCC）、疾病诊断相关组（DRGs）绩效评价、单病种管理、临床路径管理等。

第四十八条　本办法自 2016 年 11 月 1 日起施行。

医疗质量安全告诫谈话制度暂行办法

1. 2011 年 1 月 5 日卫生部发布

2. 卫医管发〔2011〕3 号

第一条　为加强医疗质量安全管理，有效防范和规范处理医疗质量安全事件，根据《医疗机构管理条例》、《医疗事故处理条例》等制定本办法。

第二条　医疗质量安全告诫谈话（以下简称告诫谈话）的对象是发生重大、特大医疗质量安全事件或者存在严重医疗质量安全隐患的各级各类医疗机构的负责人

(以下简称谈话对象)。

第三条　告诫谈话由负责该医疗机构登记、校验的县级以上地方卫生行政部门组织实施。

卫生部可根据需要,对发生重大影响的医疗质量安全事件的医疗机构负责人进行告诫谈话。

第四条　告诫谈话应当一事一告诫。

告诫谈话以个别进行为主,对普遍性问题也可采取会议告诫谈话或集体告诫谈话。

第五条　出现下列情形之一的,卫生行政部门应当在30个工作日内组织告诫谈话:

(一)医疗机构发生重大、特大医疗质量安全事件的;

(二)发现医疗机构存在严重医疗质量安全隐患的。

第六条　组织告诫谈话应当经卫生行政部门主要负责人批准。

第七条　谈话对象接到告诫谈话通知后,应当按照规定和要求接受告诫谈话,不得借故拖延;接受告诫谈话时,应当如实陈述事件经过及调查处理情况,不得捏造或隐瞒事实真相。

第八条　卫生行政部门应当按照以下要求开展告诫谈话工作:

(一)组织相关专家进行必要的调查核实及讨论分析,对医疗质量安全事件进行归因分析,提出医疗质量安全管理改进建议,做好告诫谈话计划安排;

(二)提前5个工作日将告诫谈话时间、地点及拟告诫谈话的主要内容通知谈话对象,并要求谈话对象准备书面说明材料;

(三)卫生行政部门告诫谈话人员(以下简称谈话人)不得少于2人,其中1人为卫生行政部门主要负责人或分管负责人;

(四)参与告诫谈话的工作人员应当认真填写《医疗质量安全告诫谈话登记表》(附件),做好谈话记录,并由谈话对象签字。谈话资料应存档保管。

第九条　告诫谈话按照以下程序进行:

(一)介绍参加告诫谈话的工作人员;

(二)向谈话对象说明谈话原因,指出相关医疗机构存在的主要问题及其严重性和危害性;

(三)听取谈话对象对有关问题的解释说明、已经采取的整改措施及其效果;

(四)对进一步加强医疗质量安全管理提出具体要求,明确整改期限。整改期限一般不超过3个月;

(五)现场填写《医疗质量安全告诫谈话登记表》并签字。

第十条　告诫谈话结束后,谈话对象应当立即组织落实整改意见,并在整改期限届满后5个工作日内向负责谈话的卫生行政部门提交书面整改报告,卫生行政部门应当对整改措施的落实情况及其效果进行监督检查。

第十一条　县级以上卫生行政部门应当在本辖区卫生系统内通报告诫谈话的对象和主要内容,并在告诫谈话结束后10个工作日内报上一级卫生行政部门。

省级卫生行政部门每半年应当将辖区内告诫谈话工作开展情况上报卫生部。

第十二条　谈话对象无故不参加告诫谈话的,卫生行政部门应当予以通报批评,且3年内不得受理其医疗机构等级评审和各项评优申请。

第十三条　医疗机构经告诫谈话后未及时进行整改或整改措施不到位的,负责告诫谈话的卫生行政部门应当予以批评教育并督促改正。

第十四条　负责告诫谈话的卫生行政部门未按照本办法及时进行的,上级卫生行政部门应当责令其限期改正;造成严重后果的,应当依法追究相关人员的责任。

第十五条　本办法自发布之日起实行。

附件:医疗质量安全告诫谈话登记表(略)

医疗质量安全事件报告暂行规定

1. 2011年1月14日卫生部发布
2. 卫医管发〔2011〕4号
3. 自2011年4月1日起施行

第一章　总　　则

第一条　为建立健全医疗质量安全事件报告制度,提高医疗质量安全事件信息报告的质量和效率,指导医疗机构妥善处置医疗质量安全事件,推动持续医疗质量改进,切实保障医疗安全,根据《中华人民共和国执业医师法》、《医疗机构管理条例》和《医疗事故处理条例》等法律、法规,制定本规定。

第二条　医疗质量安全事件是指医疗机构及其医务人员在医疗活动中,由于诊疗过错、医药产品缺陷等原因,造成患者死亡、残疾、器官组织损伤导致功能障碍等明显人身损害的事件。

第三条　卫生部负责全国医疗质量安全事件信息报告管理工作。

县级以上地方卫生行政部门(含中医药管理部

门）负责本辖区内医疗质量安全事件信息报告管理工作。

第四条　各级各类医疗机构应当按照本规定报告医疗质量安全事件信息，不得瞒报、漏报、谎报、缓报。

第二章　报告要求

第五条　医疗质量安全事件实行网络在线直报。

卫生部建立全国统一的医疗质量安全事件信息报告系统（以下简称信息系统），信息系统为各级卫生行政部门分别设立相应权限的数据库。

第六条　根据对患者人身造成的损害程度及损害人数，医疗质量安全事件分为三级：

一般医疗质量安全事件：造成2人以下轻度残疾、器官组织损伤导致一般功能障碍或其他人身损害后果。

重大医疗质量安全事件：（一）造成2人以下死亡或中度以上残疾、器官组织损伤导致严重功能障碍；（二）造成3人以上中度以下残疾、器官组织损伤或其他人身损害后果。

特大医疗质量安全事件：造成3人以上死亡或重度残疾。

第七条　医疗机构应当设立或指定部门负责医疗质量安全事件信息报告工作，为医疗质量安全事件信息报告工作提供必要的物质条件支持，并配备专职或兼职工作人员。

第八条　医疗机构应当向核发其《医疗机构执业许可证》的卫生行政部门（以下简称有关卫生行政部门）网络直报医疗质量安全事件或者疑似医疗质量安全事件。

尚不具备网络直报条件的医疗机构应当通过电话、传真等形式，向有关卫生行政部门报告医疗质量安全事件。

医疗质量安全事件的报告时限如下：

一般医疗质量安全事件：医疗机构应当自事件发现之日起15日内，上报有关信息。

重大医疗质量安全事件：医疗机构应当自事件发现之时起12小时内，上报有关信息。

特大医疗质量安全事件：医疗机构应当自事件发现之时起2小时内，上报有关信息。

第九条　医疗质量安全事件实行逢疑必报的原则，医疗机构通过以下途径获知可能为医疗质量安全事件时，应当按照本规定报告：

（一）日常管理中发现医疗质量安全事件的；

（二）患者以医疗损害为由直接向法院起诉的；

（三）患者申请医疗事故技术鉴定或者其他法定鉴定的；

（四）患者以医疗损害为由申请人民调解或其他第三方调解的；

（五）患者投诉医疗损害或其他提示存在医疗质量安全事件的情况。

第十条　医疗机构报告医疗质量安全事件或疑似的医疗质量安全事件后，有关卫生行政部门应当及时进行核对，核对时限要求如下：

一般医疗质量安全事件：有关卫生行政部门应当在5个工作日内进行核对。

重大医疗质量安全事件：有关卫生行政部门应当在12小时内进行核对。

特大医疗质量安全事件：有关卫生行政部门应当在2小时内进行核对。

重大、特大医疗质量安全事件应当分别逐级上报至省级卫生行政部门和卫生部数据库。

第十一条　有关卫生行政部门收到医疗质量安全事件或者疑似医疗质量安全事件的报告并核对后，应当及时进行网络在线直报。

医疗机构和有关卫生行政部门完成初次报告、核对后，应当根据事件处置和发展情况，及时补充、修正相关内容。

第十二条　信息系统通过语音电话、短信、电子邮件等方式对有关卫生行政部门进行提示。收到提示后，有关卫生行政部门应当及时登录系统查看相关信息。

第十三条　各省级卫生行政部门应当在每季度第一周将上一季度本辖区内各级卫生行政部门数据库中的信息进行汇总，并上报至卫生部数据库。

第三章　事件调查处理

第十四条　发生医疗质量安全事件或者疑似医疗质量安全事件的医疗机构应当积极采取措施，避免、减少医疗质量安全事件可能引起的不良后果，同时做好事件调查处理工作，认真查找事件的性质、原因，制定并落实有针对性的改进措施。

第十五条　有关卫生行政部门应当对医疗机构的医疗质量安全事件或者疑似医疗质量安全事件调查处理工作进行指导，必要时可组织专家开展事件的调查处理，并按照规定及时向上级卫生行政部门报告调查处理结果。

第十六条　对于涉及医疗事故争议的医疗质量安全事件，应当按照《医疗事故处理条例》的相关规定处理。

第四章　监督管理

第十七条　各级卫生行政部门应当建立医疗质量安全事件信息管理制度，健全医疗质量安全事件处置预案，督促辖区内医疗机构及时、完整、准确报告医疗质量安全事件信息，及时掌握并妥善处理医疗质量安全事件。

第十八条　各级卫生行政部门应当定期统计分析医疗质量安全事件信息，及时向下级卫生行政部门和医疗机构反馈，加强医疗质量安全管理指导工作。

第十九条　各级卫生行政部门应当将医疗质量安全事件信息报告情况作为重要指标纳入医疗机构等级评审和医院评优的指标体系。

第二十条　二级以上医院应当健全医疗质量管理委员会组织，建立医疗质量安全事件审评制度，针对医疗质量安全事件查找本单位在医疗质量安全管理上存在的漏洞和薄弱环节，切实加以改进，并按照规定报告改进情况。

第二十一条　对于健全医疗质量安全事件报告制度，准确上报医疗质量安全事件信息，调查处理及时，整改有力，医疗质量安全水平有显著提高的医疗机构，各级卫生行政部门可予表扬和奖励。

对瞒报、漏报、谎报、缓报医疗质量安全事件信息或对医疗质量安全事件处置不力，造成严重后果的医疗机构，各级卫生行政部门应当依法处理相关责任人，并予以通报。

第二十二条　卫生行政部门的工作人员违反本规定，利用职务便利收受他人财物或者其他利益，滥用职权，玩忽职守，未及时、认真核对医疗机构上报信息的，或者发现违法行为不予查处，造成严重后果的，依法给予行政处分；构成犯罪的，依法追究刑事责任。

第五章　附　　则

第二十三条　本规定所称医疗质量安全事件不包括药品不良反应及预防接种异常反应事件。有关药品不良反应及预防接种异常反应事件报告，按照相关规定执行。

第二十四条　本规定所称卫生行政部门对医疗质量安全事件信息的核对，是指卫生行政部门对医疗质量安全事件信息及时性、完整性的核对，不涉及事件性质、原因、责任等。

第二十五条　本规定由卫生部负责解释。

第二十六条　本规定自2011年4月1日起施行。《重大医疗过失行为和医疗事故报告制度的规定》(卫医发〔2002〕206号)同时废止。

社区医院医疗质量安全核心制度要点(试行)

1. 2019年5月31日国家卫生健康委办公厅发布
2. 国卫办医函〔2019〕518号

医疗质量安全核心制度是指在诊疗活动中对保障医疗质量和患者安全发挥重要的基础性作用，社区医院及其医务人员应当严格遵守的一系列制度。根据《医疗质量管理办法》，医疗质量安全核心制度共18项。本要点是社区医院实施医疗质量安全核心制度的基本要求。

一、首诊负责制度

(一)定义。指患者的首位接诊医师(首诊医师)在一次就诊过程结束前或由其他医师接诊前，负责该患者全程诊疗管理的制度。社区医院和科室的首诊责任参照医师首诊责任执行。

(二)基本要求。

1. 明确患者在诊疗过程中不同阶段的责任主体。

2. 保障患者诊疗过程中诊疗服务的连续性。

3. 首诊医师应当作好医疗记录，保障医疗行为可追溯。

4. 非本医疗机构诊疗科目范围内疾病，应当告知患者或其法定代理人，并建议患者前往相应医疗机构就诊。

二、值班和交接班制度

(一)定义。指医疗机构及其医务人员通过值班和交接班机制保障患者诊疗过程连续性的制度。

(二)基本要求。

1. 社区医院应当建立全院性医疗值班体系，包括临床、医技、护理部门以及提供诊疗支持的后勤部门，明确值班岗位职责并保证常态运行。

2. 社区医院及科室应当明确各值班岗位职责、值班人员资质和人数。值班表应当在全院公开，值班表应当涵盖与患者诊疗相关的所有岗位和时间。

3. 当值医务人员中必须有本机构执业的医务人员，非本机构执业医务人员不得单独值班。当值人员不得擅自离岗，应当在指定的地点休息。

4. 各级值班人员应当确保通讯畅通。

5. 值班期间所有的诊疗活动必须及时记入病历。

6. 交接班内容应当专册记录，并由交班人员和接班人员双签名。

三、查对制度

（一）定义。指为防止医疗差错，保障医疗安全，医务人员对医疗行为和医疗器械、设施、药品等进行复核查对的制度。

（二）基本要求。

1. 社区医院的查对制度应当涵盖患者身份识别、临床诊疗行为、设备设施运行和医疗环境安全等相关方面。

2. 每项医疗行为都必须查对患者身份。应当至少使用两种身份查对方式，严禁将床号作为身份查对的标识。为无名患者进行诊疗活动时，须双人核对。用电子设备辨别患者身份时，仍需口语化查对。

3. 医疗器械、设施、药品、标本等查对要求按照国家有关规定和标准执行。

四、死亡病例讨论制度

（一）定义。指为全面梳理诊疗过程、总结和积累诊疗经验、不断提升诊疗服务水平，对医疗机构内死亡病例的死亡原因、死亡诊断、诊疗过程等进行讨论的制度。

（二）基本要求。

1. 死亡病例讨论原则上应当在患者死亡 1 周内完成。尸检病例须在尸检报告出具后 1 周内再次讨论。

2. 死亡病例讨论应当在全科范围内进行，由科主任主持，必要时邀请医务管理部门和相关科室参加。鼓励邀请医联体内上级医疗机构医师参加，予以指导。

3. 死亡病例讨论情况应当按照本机构统一制定的模板进行专册记录，由主持人审核并签字。死亡病例讨论结果应当记入病历。

4. 社区医院应当对全部死亡病例及时汇总分析，并提出持续改进意见。

五、病历管理制度

（一）定义。指为准确反映医疗活动全过程，实现医疗服务行为可追溯，维护医患双方合法权益，保障医疗质量和医疗安全，对医疗文书的书写、质控、保存、使用等环节进行管理的制度。

（二）基本要求。

1. 社区医院应当建立门诊及住院病历管理和质量控制制度，严格落实国家病历书写、管理和应用相关规定，建立病历质量检查、评估与反馈机制。

2. 社区医院病历书写应当做到客观、真实、准确、及时、完整、规范，并明确病历书写的格式、内容和时限。

3. 实施电子病历的医疗机构，应当建立电子病历的建立、记录、修改、使用、存储、传输、质控、安全等级保护等管理制度。

4. 社区医院应当保障病历资料安全，病历内容记录与修改信息可追溯。

5. 鼓励推行病历无纸化。

六、危急值报告制度

（一）定义。指对提示患者处于生命危急状态的检查、检验结果建立复核、报告、记录等管理机制，以保障患者安全的制度。

（二）基本要求。

1. 社区医院应当分别建立门诊和住院患者危急值报告具体管理流程和记录规范，确保危急值信息准确，传递及时，信息传递各环节无缝衔接且可追溯。

2. 社区医院应当制订可能危及患者生命的各项检查、检验结果危急值清单，并定期调整。

3. 出现危急值时，出具检查、检验结果报告的部门报出前，应当双人核对并签字确认，紧急情况下可单人双次核对。对于需要立即重复检查、检验的项目，应当及时复检并核对。

4. 外送的检验标本或检查项目存在危急值项目的，医院应当和该单位协商危急值的通知方式，并建立可追溯的危急值报告流程，确保临床科室或患方能够及时接收危急值。

5. 临床科室任何接收到危急值信息的人员应当准确记录、复读、确认危急值结果，并立即通知相关医师。

6. 社区医院应当统一制订临床危急值信息登记专册和模板，确保危急值信息报告全流程的人员、时间、内容等关键要素可追溯。

七、抗菌药物分级管理制度

（一）定义。指根据抗菌药物的安全性、疗效、细菌耐药性和价格等因素，对抗菌药物进行分级管理使用的制度。

（二）基本要求。

1. 根据抗菌药物的安全性、疗效、细菌耐药性和价格等因素，抗菌药物分为非限制使用级、限制使用级与特殊使用级三级。

2. 社区医院应当严格按照有关规定建立本机构抗菌药物分级管理目录和医师抗菌药物处方权限，并定期调整。

3. 社区医院原则上不使用特殊使用级抗菌药物。确需使用的，通过医联体上级医疗机构专家会诊明确后方可使用，按照规定规范特殊使用级抗菌药物使用流程。

4. 社区医院应当按照抗菌药物分级管理原则，建立抗菌药物遴选、采购、处方、调剂、临床应用和药物评价的管理制度和具体操作流程。

八、新技术和新项目准入制度

（一）定义。指为保障患者安全，对于本医疗机构首次开展临床应用的医疗技术或诊疗方法实施论证、审核、质控、评估全流程规范管理的制度。

（二）基本要求。

1. 社区医院拟开展的新技术和新项目应当为安全、有效、经济、适宜、能够进行临床应用的技术和项目。

2. 社区医院应当明确本机构医疗技术和诊疗项目临床应用清单并定期更新。

3. 社区医院应当建立新技术和新项目审批流程，所有新技术和新项目必须经过技术管理和医学伦理审核通过后，方可开展临床应用。必要时可依托医联体牵头单位进行技术管理和医学伦理审核，并在其指导下开展临床应用。

4. 新技术和新项目临床应用前，要充分论证可能存在的安全隐患或技术风险，并制订相应预案。

5. 社区医院应当明确开展新技术和新项目临床应用的专业人员范围，并加强新技术和新项目质量控制工作。

6. 社区医院应当建立新技术和新项目临床应用动态评估制度，对新技术和新项目实施全程追踪管理和动态评估。

7. 社区医院开展临床研究的新技术和新项目按照国家有关规定执行。

九、信息安全管理制度

（一）定义。指医疗机构按照信息安全管理相关法律法规和技术标准要求，对医疗机构患者诊疗信息的收集、存储、使用、传输、处理、发布等进行全流程系统性保障的制度。

（二）基本要求。

1. 社区医院应当依法依规建立覆盖患者诊疗信息管理全流程的制度和技术保障体系，完善组织架构，明确管理部门，落实信息安全等级保护等有关要求。

2. 社区医院主要负责人是医疗机构患者诊疗信息安全管理第一责任人。

3. 社区医院应当建立患者诊疗信息安全风险评估和应急工作机制，制订应急预案。

4. 社区医院应当确保实现本机构患者诊疗信息管理全流程的安全性、真实性、连续性、完整性、稳定性、时效性、溯源性。

5. 社区医院应当建立患者诊疗信息保护制度，使用患者诊疗信息应当遵循合法、依规、正当、必要的原则，不得出售或擅自向他人或其他机构提供患者诊疗信息。

6. 社区医院应当建立员工授权管理制度，明确员工的患者诊疗信息使用权限和相关责任。社区医院应当为员工使用患者诊疗信息提供便利和安全保障，因个人授权信息保管不当造成的不良后果由被授权人承担。

7. 社区医院应当不断提升患者诊疗信息安全防护水平，防止信息泄露、毁损、丢失。定期开展患者诊疗信息安全自查工作，建立患者诊疗信息系统安全事故责任管理、追溯机制。在发生或者可能发生患者诊疗信息泄露、毁损、丢失的情况时，应当立即采取补救措施，按照规定向有关部门报告。

社区医院提供住院诊疗服务的还应当建立以下制度：

十、查房制度

（一）定义。指患者住院期间，由不同级别的医师以查房的形式实施患者评估、制订与调整诊疗方案、观察诊疗效果等医疗活动的制度。

（二）基本要求。

1. 实行科主任领导下的 1 个不同级别的医师查房制度，有条件的社区医院应当实行三级查房制度。鼓励医联体内上级医疗机构医师定期查房指导，与社区医院医生形成三级查房模式。

2. 遵循下级医师服从上级医师，所有医师服从科主任的工作原则。

3. 社区医院应当明确各级医师的医疗决策和实施权限。

4. 社区医院应当严格明确查房周期。工作日每天至少查房 2 次，非工作日每天至少查房 1 次，查房医师中最高级别的医师每周至少查房 2 次，低级别的医师每周至少查房 3 次。有开展手术的，术者必须亲自在术前和术后 24 小时内查房。通过医联体组建联合病房的，上级医疗机构医师每周至少查房 1 次。

5. 社区医院应当明确医师查房行为规范，尊重患者、注意仪表、保护隐私、加强沟通、规范流程。

6. 开展护理、药师查房的可参照上述规定执行。

十一、会诊制度

（一）定义。会诊是指出于诊疗需要，由本科室以外或本机构以外的医务人员协助提出诊疗意见或提供诊疗服务的活动。规范会诊行为的制度称为会诊制度。

（二）基本要求。

1. 按会诊范围，会诊分为机构内会诊和机构外会诊。机构内多学科会诊、医联体上级医疗机构会诊应当由医疗管理部门组织。

2. 按病情紧急程度，会诊分为急会诊和普通会诊。机构内急会诊应当在会诊请求发出后 10 分钟内到位，普通会诊应当在会诊发出后 24 小时内完成。

3. 社区医院应当统一会诊单格式及填写规范，明确各类会诊的具体流程。

4. 原则上，会诊请求人员应当陪同完成会诊，会诊情况应当在会诊单中记录。会诊意见的处置情况应当在病程中记录。

5. 前往或邀请机构外会诊，应当严格遵照国家有关规定执行。

十二、分级护理制度

（一）定义。指医护人员根据住院患者病情和（或）自理能力进行分级别护理的制度。

（二）基本要求。

1. 社区医院应当按照国家分级护理管理相关指导原则和护理服务工作标准，制定本机构分级护理制度。

2. 原则上，护理级别分为特级护理、一级护理、二级护理、三级护理 4 个级别。

3. 医护人员应当根据患者病情和自理能力变化动态调整护理级别。

4. 患者护理级别应当明确标识。

十三、疑难病例讨论制度

（一）定义。指为尽早明确诊断或完善诊疗方案，对诊断或治疗存在疑难问题的病例进行讨论的制度。

（二）基本要求。

1. 社区医院及临床科室应当明确疑难病例的范围，包括但不限于出现以下情形的患者：没有明确诊断或诊疗方案难以确定、疾病在应有明确疗效的周期内未能达到预期疗效、非计划再次住院和非计划再次手术、出现可能危及生命或造成器官功能严重损害的并发症等。

2. 疑难病例均应当由科室或医务管理部门组织开展讨论。讨论原则上应当由科主任主持，全科人员参加。必要时邀请相关科室人员或机构外人员参加。

3. 社区医院应当统一疑难病例讨论记录的格式和模板。讨论内容应当专册记录，主持人需审核并签字。讨论的结论应当记录在病历中。

4. 参加疑难病例讨论成员中应当至少有 2 人具有主治及以上专业技术职务任职资格。

十四、患者抢救与转诊制度

（一）定义。指针对患者出现严重并发症或者病情急性加重等情况，进行抢救与转诊，并对流程进行规范的制度。

（二）基本要求。

1. 社区医院应当明确患者抢救的范围，包括但不限于出现以下情形的患者：出现严重合并症或并发症，病情急性加重；病情危重，不立即处置可能存在危及生命或出现重要脏器功能严重损害；生命体征不稳定并有恶化倾向等。

2. 社区医院应当建立患者抢救与转诊制度，制订相关预案，提升医务人员对病情评估能力，及时识别病情危重状态，确保急危重患者优先救治。与上级医疗机构建立转诊绿色通道机制，及时将经抢救患者转诊至上级医疗机构。

3. 社区医院应当配置必要的抢救设备和药品，并建立急救资源调配机制。

4. 临床科室开展患者抢救时，由现场职称和年资最高的医师主持。紧急情况下医务人员参与或主持急危重患者的抢救，不受其执业范围限制。

5. 抢救完成后 6 小时内应当将抢救记录记入病历，记录时间应当具体到分钟，主持抢救的人员应当审核并签字。

社区医院开展手术操作相关项目，还应当建立以下制度：

十五、术前讨论制度

（一）定义。指以降低手术风险、保障手术安全为目的，在患者手术实施前，医师必须对拟实施手术的手术指征、手术方式、预期效果、手术风险和处置预案等进行讨论的制度。

（二）基本要求。

1. 除以紧急抢救生命为目的的急诊手术外，所有住院患者手术必须实施术前讨论，术者必须参加。

2. 术前讨论的范围包括手术组讨论、医师团队讨论、病区内讨论和全科讨论。临床科室应当明确本科室开展的各级手术术前讨论的范围并经医务部门审定。全科讨论应当由科主任或其授权的副主任主持，必要时邀请医务管理部门和相关科室参加。患者手术涉及多学科或存在可能影响手术的合并症的，应当邀请相关科室参与讨论，或事先完成相关学科的会诊。

3. 术前讨论完成后，方可开具手术医嘱，签署手术知情同意书。

4. 术前讨论的结论应当记入病历。

十六、手术安全核查制度

（一）定义。指在麻醉实施前、手术开始前和患者离开手术室前对患者身份、手术部位、手术方式等进行多方参与的核查，以保障患者安全的制度。

（二）基本要求。

1. 区医院应当建立手术安全核查制度和标准化流程。

2. 手术安全核查过程和内容按国家有关规定执行。

3. 手术安全核查表纳入病历。

十七、手术分级管理制度

（一）定义。指为保障患者安全，按照手术风险程度、复杂程度、难易程度和资源消耗不同，对手术进行分级管理的制度。

（二）基本要求。

1. 按照手术风险性和难易程度不同，手术分为四级。具体要求按照国家有关规定执行。

2. 社区医院应当建立手术分级管理工作制度和手术分级管理目录。

3. 社区医院应当建立手术分级授权管理机制，建立手术医师技术档案。

4. 社区医院应当对手术医师能力进行定期评估，根据评估结果对手术权限进行动态调整。

十八、临床用血审核制度

（一）定义。指在临床用血全过程中，对与临床用血相关的各项程序和环节进行审核和评估，以保障患者临床用血安全的制度。

（二）基本要求。设置输血科或者血库的社区医院应当达到以下要求：

1. 社区医院应当严格落实国家关于医疗机构临床用血的有关规定，设立临床用血管理委员会或工作组，制订本机构血液预订、接收、入库、储存、出库、库存预警、临床合理用血等管理制度，完善临床用血申请、审核、监测、分析、评估、改进等管理制度、机制和具体流程。

2. 临床用血审核包括但不限于用血申请、输血治疗知情同意、适应证判断、配血、取血发血、临床输血、输血中观察和输血后管理等环节，并全程记录，保障信息可追溯，健全临床合理用血评估与结果应用制度、输血不良反应监测和处置流程。

3. 社区医院应当完善急救用血管理制度和流程，保障急救治疗需要。

医疗机构日间医疗质量管理暂行规定

1. 2022年11月20日国家卫生健康委发布

2. 国卫办医政发〔2022〕16号

第一章　总　　则

第一条　为加强医疗机构日间医疗质量安全管理，规范日间医疗服务行为，提升日间医疗科学管理水平，保障日间医疗质量与安全，制定本规定。

第二条　本规定所称日间医疗，是指医疗机构在保障医疗质量安全前提下，为患者提供24小时内完成住院全流程诊疗服务的医疗服务模式。

第三条　医疗机构和医务人员开展日间医疗应当遵守本规定。

第二章　组织与运行管理

第四条　日间医疗作为医疗机构住院服务的组成部分，医疗机构应当按照院、科两级责任制加强日间医疗服务质量管理。

第五条　开展日间医疗的二级以上的医院、妇幼保健院以及专科疾病防治机构应当在医疗质量管理委员会下设日间医疗质量管理的专门组织，由医疗管理、质量控制、护理、医保、医院感染、病案、信息等相关管理人员和具有高级技术职务任职资格的临床专业人员组成。由医疗管理或质量控制部门具体负责日常管理工作，主要职责包括：

（一）按照国家医疗质量管理的有关要求，制定本机构日间医疗服务相关工作制度，包括患者评估制度、随访制度、医务人员培训制度、消毒隔离制度等。

（二）建立本机构日间医疗患者、病种、技术的遴选机制和医务人员的审核授权管理机制，并组织实施。

（三）组织开展本机构日间医疗质量监测、预警、分析、反馈，以及评估、考核工作，定期发布本机构日间医疗质量相关信息。

（四）制定本机构日间医疗质量持续改进计划、方案并组织实施。

第六条　开展日间医疗的各临床科室质量管理小组负责本科室的日间医疗质量管理工作，主要职责包括：

（一）执行本机构日间医疗相关规章制度和本科

室日间医疗质量管理制度。

（二）将日间医疗质量管理纳入本科室的医疗质量管理与控制年度工作方案。

（三）定期对本科室日间医疗质量进行分析和评估，对日间医疗质量薄弱环节提出整改措施并组织落实。

（四）定期组织对本科室医务人员进行日间医疗相关制度、机制、流程及诊疗常规等内容的培训。

（五）按照有关要求报送本科室日间医疗质量管理相关信息。

第七条 开展日间医疗的医疗机构应当配备满足日间医疗所需要的医疗资源，包括相对固定的日间手术室、麻醉复苏室、医疗床位、设备设施及医务人员等，保障日间医疗高效开展。

第八条 医疗机构应当明确日间医疗患者在住院前、住院期间、出院后等各个环节的诊疗内容，在住院前完成患者遴选、诊疗方案制定、预约与院前宣教等；住院期间完成手术/治疗前再评估、手术/治疗措施实施、出院前评估与宣教等；出院后及时对患者进行随访，并为患者提供预约复诊途径。

第九条 医疗机构应当调动医务人员开展日间医疗的积极性，将科室和医务人员日间医疗质量管理情况作为医师定期考核、晋升等工作的依据。

第三章 质量控制

第十条 医疗机构应当加强本机构日间医疗病种和技术管理。遵循科学、安全、规范的原则，制定本机构日间医疗病种及技术目录并实行动态管理。

各临床科室的日间医疗病种及技术目录应当经日间医疗质量管理的专门组织审议通过；属于本机构新技术、新项目的日间医疗技术还应当经过本机构相关技术管理委员会和医学伦理委员会审核同意；国家限制类技术不得纳入日间医疗技术目录。

第十一条 医疗机构应当加强本机构日间医疗科室和医师审核授权管理。根据科室和医师的技术能力和医疗质量安全情况，结合科室申请，对科室和医师开展日间医疗的内容进行审核、授权，将医师授权情况纳入医师技术档案，并进行动态管理。

第十二条 医疗机构应当加强日间医疗患者管理。综合评估患者的一般状况、基础疾病、医疗风险等情况，明确患者是否适宜接受日间医疗。

第十三条 医疗机构应当加强日间医疗患者评估管理。在患者治疗前、治疗后、出院前等关键节点均进行评估，并根据患者病情变化和所接受的医疗服务调整评估内容。对接受有创诊疗和麻醉诊疗的患者，应当及时评估麻醉风险、手术/治疗风险、麻醉恢复情况、疼痛评分等。

第十四条 医疗机构应当加强日间医疗患者随访管理，根据不同病种特点及诊疗规律，明确随访时间、频次、内容和形式等，安排专门的医务人员进行随访并准确记录，为有需要的患者提供出院后连续、安全的延伸性医疗服务；随访记录应当纳入患者病案或单独建册保存；日间手术患者应当在出院后24小时内完成首次随访。

第十五条 医疗机构应当加强日间病历质量管理，保障日间医疗病历内容客观、真实、准确、及时、完整、规范。

日间病历应当包括住院病案首页、24小时内入出院记录、术前讨论结论、手术/治疗记录、手术安全核查记录、手术清点记录、各类知情同意书、医嘱单、辅助检查检验报告单、体温单、护理记录单以及入院前完成的与本次诊疗相关的医疗文书资料等。

24小时内入出院记录内容中应当包括患者主诉、入院情况、入院前检查检验结果、治疗前评估、诊疗经过、治疗后评估、出院前评估、出院医嘱等内容。凡在手术/治疗前已完成的医疗行为应当在手术/治疗前完成相关文书书写或填写。

第十六条 医疗机构及医务人员应当遵循患者知情同意原则，尊重患者的自主选择权和隐私权，保护患者隐私。

第十七条 医疗机构应当严格按照卫生健康行政部门和质控组织有关要求，积极开展日间医疗质量监测评估工作，促进日间医疗质量持续改进。

（一）医疗机构应当对日间医疗质量管理相关制度、机制落实情况进行监督检查。

（二）医疗机构应当根据卫生健康行政部门或者质控组织发布的日间医疗质控指标建立、完善本机构日间医疗质量管理相关指标体系。

（三）医疗机构应当加强日间医疗的数据收集、分析和反馈；运用医疗质量管理工具和信息化手段开展日间医疗质量管理，对日间医疗质量安全风险因素进行分析和预警，对存在问题采取有效干预措施并评估干预效果。

（四）医疗机构应当加强日间医疗质量（安全）不良事件管理，建立收集、分析日间医疗质量（安全）不良事件发生情况的机制，明确日间医疗质量（安全）不良事件范围、等级划分、事件分类、报告原则、上报方式及流程、处理流程等，根据事件类型、发生地点、发生时间等开展针对性改进工作，在提高医疗质量（安全）不良事件报告率的同时，降低医疗质量（安全）不良事件发生率。

第十八条　医疗机构应当建立日间医疗应急预案，完善日间医疗会诊、转诊机制，明确日间医疗抢救资源配置与紧急调配的机制，确保各日间医疗单元抢救设备和药品随时可用，加强应急演练，保障日间医疗应急预案可顺利执行。

第十九条　医疗机构应当加强日间医疗信息安全管理，加强日间医疗相关信息系统安全防护，做好医疗数据安全存储和容灾备份，严格执行信息安全和健康医疗数据保密规定，保障信息安全。

第二十条　医疗机构应当加强日间医疗信息公开管理。日间医疗病种及技术目录、医师信息等应当纳入本机构院务公开范围，定期主动向社会公开，接受社会监督。

第二十一条　医疗机构应当加强日间医疗培训管理，定期开展日间医疗工作的制度、流程及技能培训；根据本机构日间医疗实际工作情况，及时修订和完善相关人员培训计划及培训内容。

第四章　监督管理

第二十二条　各级卫生健康行政部门负责本行政区域内医疗机构日间医疗质量管理情况的监督管理。医疗机构应当积极配合，不得拒绝、阻碍监督检查或者隐瞒有关情况。

第二十三条　各级卫生健康行政部门应当根据实际情况，组织或者委托专业机构，运用信息化手段对本行政区域内日间医疗质量情况进行分析评估，定期在行业内发布评估结果，接受社会监督。

第二十四条　各级卫生健康行政部门应当将日间医疗质量管理情况和监督检查结果纳入医疗机构评审等工作，并采取适当形式对提供优质日间医疗服务的医疗机构和医务人员予以表扬和鼓励，积极推广先进经验和做法。

第五章　附　　则

第二十五条　本规定自2023年1月1日起施行。

医疗质量控制中心管理规定

1．2023年2月22日国家卫生健康委发布

2．国卫办医政发〔2023〕1号

第一章　总　　则

第一条　为加强医疗质量安全管理，完善医疗质量管理与控制体系，规范医疗质量控制中心（以下简称质控中心）的建设与管理，根据《中华人民共和国基本医疗卫生与健康促进法》《医疗机构管理条例》《医疗质量管理办法》等法律法规及规定，制定本规定。

第二条　本规定所称质控中心，是指县级以上卫生健康行政部门为提高医疗质量安全和医疗服务水平，促进医疗质量安全同质化，实现医疗质量安全持续改进，根据管理工作需要组建、委托或者指定的医疗质量控制组织。

第三条　按照组建、委托或者指定质控中心的卫生健康行政部门级别，质控中心分为国家级质控中心、省级质控中心、市（地）级质控中心和县（区）级质控中心（组）。

按照质控中心的专业领域和工作方向，质控中心分为临床类质控中心、医技类质控中心和管理类质控中心等。

第四条　国家卫生健康委负责国家级质控中心的规划、设置、管理和考核。省级以下卫生健康行政部门负责本级质控中心的规划和相关管理工作。

第五条　质控中心的设置应当以医疗质量安全管理工作实际需要为基础，同一专业领域和工作方向原则上只设定一个本级质控中心。

第六条　省级卫生健康行政部门应当参照国家级质控中心设置情况，设立相应省级质控中心或指定现有省级质控中心对接工作。

第七条　省级以下卫生健康行政部门应当每年度将本级质控中心设置和调整情况向上一级卫生健康行政部门备案，并向社会公布。

第二章　职责和产生机制

第八条　国家级质控中心在国家卫生健康委领导下开展以下工作：

（一）分析本专业领域国内外医疗质量安全现状，研究制订我国医疗质量安全管理与控制的规划、方案和具体措施。

（二）拟订本专业质控指标、标准和质量安全管理要求，提出质量安全改进目标及综合策略，并组织开展本专业领域质控培训工作。

（三）收集、分析医疗质量安全数据，定期发布质控信息，编写年度本专业医疗服务与质量安全报告。

（四）加强本专业领域质量安全管理人才队伍建设，落实医疗质量安全管理与控制工作要求。

（五）组建全国相应的专业质控网络，指导省级以下质控中心和医疗机构开展医疗质量安全管理与控制工作。

（六）承担国家卫生健康委交办的其他工作任务。

第九条 省级以下质控中心在本级卫生健康行政部门领导下，参照国家级质控中心职责，对医疗质量安全管理要求和措施进行细化并组织实施，承担卫生健康行政部门交办的其他工作。

第十条 国家级质控中心的设置按照以下流程进行：

（一）国家卫生健康委根据工作需要提出设置规划，明确专业领域和工作方向，并提出拟承担相关专业质控中心工作的单位所需的条件。

（二）拟承担相关专业质控中心工作的单位应当首先向所在省级卫生健康行政部门提出申请，省级卫生健康行政部门对本辖区申请单位进行初步遴选后，向国家卫生健康委推荐不超过1家备选单位。

国家卫生健康委有关直属单位可以直接向国家卫生健康委提出申请。

（三）国家卫生健康委根据各省份推荐情况和直属单位申请情况进行初步遴选，确定不超过5家单位进入竞选答辩，并按照相应公示制度进行公示。

（四）国家卫生健康委组织竞选答辩，并根据竞选答辩情况，确定承担质控中心工作的单位（以下简称质控中心挂靠单位）和质控中心负责人。

（五）首次成立或更换挂靠单位的国家级质控中心设1年筹建期，筹建期满验收合格后正式确定。

省级以下质控中心的设置流程由本级卫生健康行政部门确定。

第十一条 国家级质控中心挂靠单位应当具备下列基本条件：

（一）具备开展质控工作所需的办公场所、设备、设施及专职人员，并保障开展质控工作所需的经费。

（二）申请临床专业质控中心的原则上应当为三级甲等医院，具备完善的医疗质量安全管理与控制体系和良好的质量管理成效。

（三）所申请专业综合实力较强，在全国具有明显优势和影响力，学科带头人有较高学术地位和威望。

（四）三年内未发生严重违法违规和重大医疗质量安全事件。

（五）能够承担国家卫生健康委交办的质控工作任务。

省级以下质控中心挂靠单位的条件由本级卫生健康行政部门确定。

第十二条 申请作为质控中心挂靠单位的机构或组织应当向相应的卫生健康行政部门提交以下材料：

（一）本单位基本情况。

（二）本单位在医疗质量安全管理领域开展的工作和取得的成效。

（三）拟申请专业领域的人员结构、技术能力、学术地位和设备设施条件。

（四）拟推荐作为质控中心负责人的资质条件，拟为质控中心准备的专（兼）职人员数量、办公场所、设备、设施和经费情况。

（五）拟申请专业领域的质控工作思路与计划。

第十三条 答辩评委专家组由熟悉掌握国家医疗质量安全管理制度和工作情况，具有良好的职业品德、专业知识和业务能力的临床、管理等专业人员组成。

专家参加答辩评委专家组工作实行回避制度和责任追究制度。

第三章 运行和监督管理

第十四条 各级卫生健康行政部门应当为本级质控中心开展工作提供必要的支持。医疗机构应当积极配合各级质控中心在辖区内依法依规开展质控工作。

第十五条 质控中心挂靠单位应当为质控中心开展工作提供保障，包括必要的办公场所、设备、设施、人员和经费等。

第十六条 质控中心应当根据实际情况建立工作例会、专家管理、经费管理、信息安全、考核评价等管理制度并组织实施。

第十七条 每个质控中心设负责人1名，负责质控中心全面工作。国家级质控中心应当确定至少1名专职秘书负责日常工作。

第十八条 质控中心负责人由挂靠单位推荐并报请本级卫生健康行政部门审定同意后确定；原则上由挂靠单位正式在职工作人员担任，并符合下列条件：

（一）具有较好的职业品德和行业责任感，为人正直，秉公办事，乐于奉献。

（二）具有较强的业务能力，热心医疗质量安全管理工作，熟悉、掌握有关法律、法规、规章和医疗质量安全管理专业知识。

（三）具有较强的组织协调能力，在本中心质控区域和本专业领域有较高学术地位和威望。

（四）具有良好的身体状态和充裕的工作时间，能够胜任质控中心负责人工作。

（五）卫生健康行政部门规定的其他条件。

第十九条 质控中心负责人履职期间因故不能继续履职的，由挂靠单位在1个月内重新推荐人选，并报请本级卫生健康行政部门审定同意后确定。

第二十条　国家和省级质控中心应当成立专家委员会，市（地）级和县（区）级质控中心可以成立专家组，为本中心质控工作提供技术支撑并落实具体工作。

第二十一条　各质控中心专家委员会（组）设置应当符合实际工作需要和下列要求：

（一）每个质控中心只设立1个专家委员会。国家级质控中心专家委员会委员数量不超过25名，其中本中心挂靠单位委员数量不超过4名。

（二）专家委员会设1名主任委员，由质控中心负责人担任；可以设置不超过2名副主任委员，其中至少1名由非本中心挂靠单位专家担任。原则上不设名誉主任、顾问等荣誉职位。

（三）国家级质控中心专家委员会名单由质控中心挂靠单位推荐，报国家卫生健康委审核同意后确定。

省级以下质控中心专家委员会（组）具体设置办法由本级卫生健康行政部门确定。

第二十二条　国家级质控中心专家委员会任期为4年。委员任期内因故不能继续履职的，不进行增补。

第二十三条　国家级质控中心可以根据工作需要成立亚专业质控专家组，亚专业质控专家组设置安排应当报国家卫生健康委审核同意后确定。

亚专业质控专家组组长应当同时为专家委员会委员。专家组名单由质控中心挂靠单位确定，报国家卫生健康委备案。

第二十四条　各级质控中心应当定期召开本中心专家委员会（组）、亚专业质控专家组工作会议，讨论本专业质控工作计划、技术方案和重要事项，落实质控中心工作任务；定期召集本专业下一级质控中心负责人召开会议，部署质控工作安排，交流质控工作经验。

第二十五条　各级质控中心应当制定本专业质控工作规划和年度工作计划并组织实施，按要求及时向本级卫生健康行政部门和上级本专业质控中心上报年度工作计划和工作总结。工作计划应当遵循可操作、易量化的原则制定，相关具体工作任务应当明确完成时限。

质控中心开展年度工作计划之外的重要活动与安排应当提前向卫生健康行政部门报告。

第二十六条　质控中心工作经费应当实行预算管理，严格按照预算计划支出，专款专用。质控中心工作经费纳入挂靠单位财务部门统一管理，严格执行挂靠单位财务管理要求。质控中心应当遵守相关财务规定，确保经费规范管理和使用。

第二十七条　质控中心应当积极利用信息化手段加强质控工作，使用符合国家网络和数据安全规定的信息系统收集、存储、分析数据，按照国家有关规定制定并落实网络和数据安全管理相关制度，保障网络和数据安全。

第二十八条　质控中心应当在规定范围内使用数据资源。使用医疗质量安全数据资源发表文章、著作等成果，应当注明数据来源，并使用质控中心作为第一单位。

第二十九条　国家级质控中心以质控中心名义印制文件的，按照国家卫生健康委相关规定执行。省级以下质控中心以质控中心名义印制文件的，按照本级卫生健康行政部门相关规定执行。

第三十条　质控中心应当严格按照以下规定开展工作，强化自我管理：

（一）未经本级卫生健康行政部门同意，不得以质控中心名义开展与质控工作无关的活动。

（二）不得以质控中心名义委托或以合作形式违规变相委托其他单位和个人开展质控活动。

（三）不得以质控中心名义违规使用企业赞助的经费开展工作。

（四）不得以质控中心名义违规主办或者参与向任何单位、个人收费的营利性活动。

（五）不得违规刻制印章、违规以质控中心名义印制红头文件。

（六）不得以质控中心名义违规颁发各类证书或者专家聘书。

（七）不得违规将医疗质量安全数据资源用于与质控工作无关的其他研究，或利用医疗质量安全数据资源进行营利性、违反法律法规的活动。

第三十一条　专家委员会（组）、亚专业专家组成员以及质控中心相关工作人员应当严格遵守法律法规和质控工作有关规定，不得以专家委员和质控中心工作人员名义违规举办和参加营利性活动，不得借助质控工作违规谋取私利。

第三十二条　各级质控中心应当加强对本中心专家委员和工作人员的日常管理与考核，发现违规行为应当立即纠正并在职责范围内按照有关规定处理。

第三十三条　各级卫生健康行政部门应当建立本级质控中心监督管理和动态调整机制，对质控中心实施动态管理和调整。

第三十四条　国家卫生健康委对国家级质控中心建立年度考核制度；考核结果分为优秀、良好、合格和不合格4个等次。

省级以下质控中心的考核工作由本级卫生健康行

政部门统筹管理。

第三十五条　国家卫生健康委根据年度考核结果，按照4年一个管理周期对国家级质控中心挂靠单位进行动态管理：

（一）对符合下列条件之一的质控中心，挂靠单位不做调整：

1. 管理周期内4次年度考核结果均为良好及以上等次的；

2. 管理周期内2次年度考核结果为优秀，且未出现不合格的。

（二）管理周期内发生2次年度考核不合格的，立即解除挂靠关系并重新遴选质控中心挂靠单位；原挂靠单位不参与本轮遴选。

（三）挂靠届满按照本规定重新遴选质控中心挂靠单位的，原挂靠单位可以参与遴选。

第三十六条　质控中心出现本规定第三十条规定相关情形且情节严重的，立即解除挂靠关系并重新遴选质控中心挂靠单位；原挂靠单位不参与本轮遴选，且4年内不得申请作为新成立其他专业质控中心的挂靠单位。

第三十七条　专家委员会（组）及亚专业专家组调整周期为4年。质控中心解除挂靠关系后，专家委员会（组）及亚专业专家组同时解散。

第三十八条　专家委员会（组）及亚专业专家组专家出现第三十一条规定相关情形且情节严重的，或长期不承担质控中心安排的工作任务的，应当及时调出专家委员会（组）及亚专业专家组。

质控中心工作人员出现第三十一条规定相关情形且情节严重的，由挂靠单位依法依规予以处理。

第三十九条　质控工作相关资料由质控中心妥善保存，纸质资料须转换成电子版进行保存。质控中心挂靠单位变更时，原挂靠单位应当封存质控工作相关纸质资料和电子版资料，并按照卫生健康行政部门规定的时限，将电子版资料副本以及质控管理网络、信息化平台、管理权限和质控数据等一并转交新挂靠单位，确保本专业质控工作有序、无缝衔接。

第四章　附　　则

第四十条　省级以下卫生健康行政部门可以根据本规定和本辖区质控工作需要，制定辖区内质控中心管理办法。

第四十一条　本规定由国家卫生健康委负责解释。

第四十二条　本规定自印发之日起施行。

附表：1. 首批规划设置的质控中心清单（略）

2. 医疗质量控制中心申请表（略）

全面提升医疗质量行动计划（2023－2025年）

1. 2023年5月26日国家卫生健康委、国家中医药局发布
2. 国卫医政发〔2023〕12号

为深入推进健康中国建设，进一步深化医药卫生体制改革，全面提升医疗质量安全水平，建设中国特色优质高效的医疗卫生服务体系，保障人民群众健康权益，在“以病人为中心，以提高医疗服务质量为主题”的医院管理年活动、“医疗质量万里行”活动、“三好一满意”活动、“方便看中医、放心用中药、看上好中医惠民便民活动”、改善医疗服务行动计划、“民营医院管理年”活动等工作的基础上，坚持继承与发展的原则，立足新发展阶段，紧扣公立医院高质量发展新形势、新任务，制定本行动计划。

一、总体要求

（一）指导思想

以习近平新时代中国特色社会主义思想为指导，深入贯彻党的二十大和二十届一中、二中全会精神，认真落实学习贯彻习近平新时代中国特色社会主义思想主题教育要求，把保障人民健康放在优先发展的战略位置，以满足人民日益增长的美好生活需要为根本目的，以推动医疗卫生服务高质量发展为主题，以提高供给质量为主攻方向，中西医并重，加强全面质量安全管理，促进优质医疗资源扩容和区域均衡布局，不断增强人民群众获得感、幸福感、安全感。

（二）行动目标

利用3年时间，在全行业进一步树立质量安全意识，完善质量安全管理体系和管理机制，进一步健全政府监管、机构自治、行业参与、社会监督的医疗质量安全管理多元共治机制，进一步巩固基础医疗质量安全管理，提升医疗质量安全管理精细化、科学化、规范化程度，进一步优化医疗资源配置和服务均衡性，提升重大疾病诊疗能力和医疗质量安全水平，持续改善人民群众对医疗服务的满意度。

二、行动范围

全国二级以上医疗机构。

三、组织管理

国家卫生健康委、国家中医药局负责全国行动计划的制定和组织实施，指导省级卫生健康行政部门（含中医药主管部门，下同）、国家级质控中心、行业学

(协)会、医疗机构分别推进工作。省级卫生健康行政部门负责本辖区具体工作方案的制定和落实,指导辖区内医疗机构及相关组织、单位落实相关工作要求和监管责任,及时总结经验并加强宣传交流。

省级以上各专业质控中心负责制订本专业质量安全改进工作计划并组织实施;监测、分析本专业医疗质量安全情况,研究提出医疗质量安全改进目标和质控工作改进目标,加强质量安全改进策略研究,为行政部门管理工作提供技术支撑。其他各级质控组织按照分工落实工作。

各级各类医疗机构是行动的责任主体,医疗机构主要负责人是第一责任人。医疗机构要按照本行动计划和辖区具体方案要求,强化医疗质量安全主体责任,完善医疗质量安全管理体系,落实各项具体工作任务,强化人员教育,培育质量安全文化,提升医疗质量安全水平。

四、工作任务

(一)加强基础质量安全管理,夯实结构质量

1. 健全医疗质量管理组织体系。医疗机构进一步健全院、科两级医疗质量安全管理体系,按要求成立由医疗机构主要负责人担任主任的医疗质量管理委员会,指定或者成立专门部门具体负责医疗质量安全日常管理工作。各业务科室成立由主要负责人担任组长的医疗质量管理工作小组,指定专人负责日常具体工作。

2. 完善质量安全管理制度。医疗机构严格按照法律法规要求,建立健全本机构各项质量安全管理制度,强化重点环节和重点领域的日常管理,结合本机构实际,细化完善并严格落实18项医疗质量安全核心制度。

3. 优化质量安全工作机制。医疗机构主要负责人每月召开医疗质量管理委员会专题会议,研究部署医疗质量安全工作。建立院周会反馈质量安全工作机制,创办质量安全月刊,督促指导各部门、各科室精准开展医疗质量安全改进工作。各部门、各临床科室及医技科室主要负责人每月召开专门会议,研究本部门、本科室医疗质量安全工作。

4. 加强医务人员管理。医疗机构按照国家有关规定强化医师、护士及医技人员准入和执业管理,规范医师多点执业和定期考核,以临床诊疗指南、技术规范、操作规程等为重点,对全体医务人员加强基本理论、基本知识、基本技能培训及考核,不断提升医务人员业务能力。

5. 强化药品器械管理。医疗机构依法依规确定本机构药品器械供应目录,加强重点监控合理用药药品、抗微生物药物、抗肿瘤药物以及放射影像设备、植入类器械等常用设备器械的管理,做好药品器械不良反应的监测报告,对不良反应多且安全隐患突出的药品器械要及时依法依规清退出供应目录。

6. 规范医疗技术管理。医疗机构全面梳理本机构医疗技术临床应用情况,以限制类技术、内镜和介入技术等为重点加强质量安全管理,强化新技术、新项目机构内准入管理,完善技术授权和动态管理等相应的管理制度及工作流程,在保障医疗质量安全的基础上,加强新技术临床应用和适宜技术推广。中医医疗技术操作要严格按照《中医医疗技术相关性感染预防与控制指南(试行)》要求,严格落实感控管理各项要求。

7. 提升急诊质量。医疗机构强化院前医疗急救与院内急诊的无缝衔接机制,畅通院前医疗急救与院内急诊信息,强化预检分诊,优化急诊就诊和绿色通道流程,完善急危重症患者,特别是心血管疾病、多发性创伤、心脏骤停等急危重症患者的多学科协作救治机制,提升患者救治效果。

8. 改善门诊医疗质量。医疗机构严格执行首诊负责制,加强门急诊专业人员和技术力量配备,优化门急诊诊疗工作流程,优化门诊疑难病例会诊和多学科门诊诊疗服务,加强门诊手术、门诊化疗、门诊输液等门诊服务的质量安全管理,并把门急诊工作质量作为考核科室和医务人员的重要内容。

9. 提高日间医疗质量。医疗机构进一步完善日间医疗质量管理组织体系,加强日间医疗病种和技术管理,强化日间医疗科室和医师审核授权管理,不断扩充日间医疗服务范围,提升日间医疗服务供给能力。加强日间医疗患者评估和随访,及时发现患者病情变化并予以干预,保障日间医疗患者安全。

10. 保障手术质量安全。医疗机构严格落实手术分级管理制度,强化手术分级和医生授权动态管理,确保三、四级手术逐项授予和动态调整。全面加强手术患者术前评估、麻醉评估,落实术前讨论制度,准确把握手术适应证和禁忌证,科学制订手术方案。严格落实手术安全核查制度,强化围手术期管理。

专项行动之一:手术质量安全提升行动

通过专项行动,降低手术并发症、麻醉并发症、围手术期死亡等负性事件发生率,及时发现和消除手术质量安全隐患。到2025年末,日间手术

> 占择期手术的比例进一步提升，全国三级医院手术患者住院死亡率明显下降、非计划重返手术室再手术率不高于1.8‰，住院患者手术后获得性指标发生率不高于7.5%，全面落实四级手术术前多学科讨论制度。

11. 提高患者随访质量。医疗机构根据不同疾病特点及诊疗规律，明确随访时间、频次、形式和内容等，安排专门人员进行随访并准确记录，为有需要的患者提供出院后连续、安全的延伸性医疗服务。重点加强四级手术、恶性肿瘤患者的随访管理，重点关注患者出院后发生并发症、非预期再入院治疗和不良转归等情况。

12. 优化要素配置和运行机制。医疗机构进一步强化"以患者为中心，以疾病为链条"的理念，打破传统学科划分和专业设置壁垒，以多学科协作（MDT）为基础，探索专病中心建设，为患者提供重大疾病诊疗一站式服务。

> **专项行动之二："破壁"行动**
>
> 聚焦心、脑血管疾病，恶性肿瘤等发病率高、严重危害人民群众健康的重大疾病，结合本地居民疾病谱和异地就医流向情况，在保障医疗安全的基础上优化要素配置和运行机制。到2025年末，在冠心病、脑卒中、乳腺癌、肺癌、结直肠癌等专病的诊疗模式和组织形式有创新性突破。全国急性ST段抬高型心肌梗死再灌注治疗率提升至80%；全国急性脑梗死再灌注治疗率提升至45%。

（二）强化关键环节和行为管理，提高过程质量

13. 严格规范日常诊疗行为。医疗机构和医务人员严格遵循临床诊疗指南、临床技术操作规范、行业标准和临床路径等有关要求开展诊疗工作，严格遵守医疗质量安全核心制度，掌握各类检查、治疗的适应证，做到合理检查、合理用药、合理治疗。

14. 全面加强患者评估。医疗机构在住院当日、围手术（治疗）期、出院前等关键时间节点强化患者评估，规范评估流程、掌握评估策略、使用评估工具，提高评估的科学性、准确性；密切监测患者病情变化及心理状态，并及时进行再评估，根据评估情况科学调整诊疗方案，保障诊疗措施的及时性、规范性。

15. 提升三级查房质量。严格落实三级查房制度，保障临床科室对患者的查房频次、形式和内容符合规定；倡导医疗、护理、药事联合查房，倡导中西医联合查房，及时掌握患者病情变化，针对性调整诊疗方案。对四级手术患者和疑难危重患者要进行重点查房，推行多学科联合查房。

16. 提升合理用药水平。规范医师处方行为，按照安全、有效、经济、适宜的合理用药原则开具处方。推行临床药师制，发挥药师在处方审核、处方点评、药学监护等合理用药管理方面的作用。强化合理用药教育与培训，对不合理用药行为及时采取干预措施。在儿科等重点科室配备驻科药师，参与药物治疗管理。

17. 提高检查检验质量。建立健全覆盖检查、检验全过程的质量管理制度，加强室内质量控制，重点关注即时检验（POCT）质量管理，配合做好室间质量评价工作，充分发挥质量管理对于推进医疗机构检查检验结果互认的重要作用。进一步优化危急值项目管理目录和识别机制，强化危急值报告的及时性、准确性。

18. 加强病历质量管理。以提升病历内涵质量和完整性、及时性为核心任务，加强编码管理和病历质量培训，规范病历书写。以首次病程、上级医师查房、手术记录、阶段小结、出院小结等反映诊疗计划和关键过程的病历内容为重点强化管理，提升医疗质量安全意识和水平。推行门（急）诊结构化病历，提高门（急）诊病历记录规范性和完整性，提高门（急）诊电子病历使用比例。

> **专项行动之三：病历内涵质量提升行动**
>
> 以教育培训、质控抽查、优秀病案评比和宣传交流为主要方式，引导医疗机构落实国家病历书写、管理和应用的相关规定，强化病历内涵意识，提升病历客观、真实、准确、及时、完整、规范水平，更好体现临床诊疗思维和过程。到2025年末，病案首页主要诊断编码正确率不低于90%，病历记录完整性和及时性进一步提高，评选全国百佳病案并开展巡讲。

19. 加强会诊管理。进一步完善会诊制度，明确各类会诊的具体流程，加强会诊人员资质管理，统一会诊单格式及填写规范，规范会诊行为，追踪会诊意见执行情况和执行效果。同时，加强中医、营养、康复、精神、检验、病理、影像、药学等科室的多学科会诊参与度，充分发挥营养和康复治疗对提升治疗效果的积极作用。

20. 提高急难危重救治效果。医疗机构进一步优化绿色通道管理，做好急难危重患者分类，完善抢救资

源配置与紧急调配机制,保障各单元抢救设备和药品可用,确保急危重患者优先救治,加强危急值处置管理,提高危急值处置的及时性、规范性。进一步落实急危重患者抢救制度和疑难病例讨论制度,提高重症患者救治技术能力。

21. 强化患者安全管理。医疗机构进一步提升医务人员患者安全意识和对医疗质量(安全)不良事件的识别能力,强化医疗质量(安全)不良事件的主动报告,定期对患者医疗质量(安全)不良事件发生情况进行分析,查找存在的共性问题和薄弱环节,开展系统性改进工作。

专项行动之四:患者安全专项行动

医疗机构开展全员参与覆盖诊疗服务、基础设施、应急处置全过程的安全隐患排查行动,优化应急预案并加强演练。强化非惩罚性报告机制,提高识别能力,优化报告途径,鼓励医务人员报告不良事件,塑造良好的质量安全氛围。到2025年末,每百出院人次主动报告不良事件年均大于2.5例次。

22. 提供优质护理。医疗机构持续扩大优质护理服务覆盖面,落实护理核心制度,做实责任制整体护理,夯实基础护理质量,实现优质护理服务扩面提质。完善护理质量监测与反馈,基于循证基础和临床需求开展持续改进工作,提高护理同质化水平。

(三)织密质量管理网络,完善工作机制

23. 健全质控体系和工作机制。卫生健康行政部门规范本级质控中心的建设和管理,中医药主管部门要加强中医质控中心建设和设置,强化对质控中心指导考核,进一步扩大质控工作覆盖范围,提高质控中心工作的规范化、科学化、专业化水平,将部分重点专业质控组织延伸至县区。地(市)级以上卫生健康行政部门(含中医药主管部门,下同)每季度召开至少1次专题会议,研究质控体系建设运行、推进质量安全提升行动计划等相关工作。

24. 加强质量安全信息公开。省级以上卫生健康行政部门建立辖区内医疗机构质量安全排名、通报和信息公开制度,完善工作机制,充分调动行业重视程度和工作积极性。各级质控中心围绕本专业年度质量安全情况进行监测、分析和反馈,为此项工作提供技术支撑。

25. 完善"以质为先"的绩效管理机制。医疗机构将医疗质量管理情况作为绩效考核的重要依据,探索建立以医疗质量安全为导向的绩效分配机制。将科室医疗质量管理情况作为科室负责人综合目标考核以及聘任、晋升、评先评优的重要指标;将科室和医务人员医疗质量管理情况作为医师定期考核、晋升的重要依据。

专项行动之五:"织网"行动

到2025年末,设置完成不少于60个专业的国家级质控中心,不少于10个中医专业国家级质控中心;不少于1800个省级质控中心,不少于300个省级中医质控中心:不少1.8万个地市级质控中心(组织),不少于1800个地市级中医质控中心。质控工作逐步覆盖住院、日间、门(急)诊等全诊疗人群。其中,心血管疾病、神经系统疾病、肿瘤、麻醉、重症、药事、院感、护理等专业质控中心(组织)实现地市级全覆盖,并延伸至50%以上县域。全国纳入单病种管理的病种(技术)数量不少于100个,发布年度省级医疗服务与质量安全报告的省份不少于20个,各专业国家级质控中心按年度发布本专业医疗服务与质量安全报告。

26. 强化目标导向,优化改进工作机制。卫生健康行政部门指导质控组织和医疗机构聚焦年度国家医疗质量安全改进目标、各专业质控工作改进目标和患者安全目标,合理细化本地区、本机构改进目标并确定目标改进幅度,把推动目标实现作为年度质量安全管理工作重点,创新工作机制和方式方法,以点带面提升质量安全水平。

27. 充分发挥考核评估指挥棒作用。卫生健康行政部门充分发挥医院评审、公立医院绩效考核、公立医院高质量发展评价、医联体绩效考核、临床专科评估、单病种质量评估等工作的指挥棒作用,将医疗质量管理情况作为考核工作的重要内容,督促指导医疗机构落实相关政策要求。

28. 加强中医药质控。医疗机构应将中医医疗技术应用、中药合理使用等,纳入医疗质量管理。各级中医药主管部门应加强中医药质控机构设置和建设,加大中医诊疗技术规范的修订和完善。

五、工作安排

(一)启动阶段(2023年5月—6月)

国家卫生健康委联合国家中医药局制定印发行动计划,拟定对各省份行动效果监测指标体系,召开工作会议做出具体工作安排。各省级卫生健康行政部门制定具体工作方案报国家卫生健康委和国家中医药局备案，部署本辖区行动相关工作。

（二）实施阶段（2023 年 6 月—2025 年 9 月）

各级卫生健康行政部门按年度进行行动工作部署和工作总结。各地按照本计划分别落实工作，加强指导评估，及时解决共性问题。发掘先进做法和典型经验，遴选年度典型案例并进行宣传推广。

（三）评估总结（2025 年 10 月－12 月）

在各地总结的基础上，国家卫生健康委和国家中医药局对质量安全提升工作进行全面总结评估，提炼质量安全提升工作经验，通报巡查发现的典型案例，加强行动计划和工作成效宣传，营造良好舆论氛围，对于工作中发掘的先进做法和典型经验，组织宣传推广，推动形成制度性安排。

六、工作要求

（一）加强组织领导。各单位要充分认识开展全面提升医疗质量行动计划的重要意义，以对人民健康高度负责任的态度抓好工作落实。卫生健康行政部门负责同志要亲自抓，细化政策措施，明确责任分工，层层压实责任，推进工作有序开展。医疗机构主要负责人要亲自研究、靠前领导，落实落细各项工作，强化基础医疗安全管理，加强医疗质量安全日常监测、分析和反馈，推动行动顺利开展。

（二）做好政策协同。各地卫生健康行政部门要对照法律法规、部门规章和有关文件等要求制定完善配套文件，指导医疗机构建立健全相关制度规范并加强日常监管。充分利用医院评审、绩效考核、专科评估等工作抓手，将医疗质量安全提升工作落实落细，推动医疗质量安全持续改进。

（三）强化科学管理。各级卫生健康行政部门、质控组织和医疗机构要密切关注医疗质量安全管理领域前沿进展，吸纳国内外先进管理经验和方法，加强医疗质量安全管理相关学习培训，推广单病种管理、全面质量管理等医疗质量管理工具，提升质量安全管理科学化程度和管理效能。

（四）加强宣传引导。各级卫生健康行政部门和质控组织要注重从多维度、多层面挖掘行动落实先进典型，充分利用行业主流媒体和短视频、公众号等网络新媒体多种形式进行宣传推广，营造良好氛围。省级以上卫生健康行政部门要遴选具有代表意义的典型案例予以通报表扬，充分调动医疗机构参与行动的积极性。

（五）建立长效机制。各省级卫生健康行政部门要在行动期间不断总结经验，进一步巩固全行业质量安全意识和“以病人为中心”服务理念，增强各方参与医疗质量安全管理的意愿，进一步提升行业社会认可度，完善政府监管、机构自治、行业自律、社会监督的医疗质量安全管理多元良性共治长效机制。

附件：各省行动效果监测指标体系（略）

8. 医疗废物处理

医疗废物管理条例

1. *2003 年 6 月 16 日国务院令第 380 号公布*
2. *根据 2011 年 1 月 8 日国务院令第 588 号《关于废止和修改部分行政法规的决定》修订*

第一章 总 则

第一条 为了加强医疗废物的安全管理,防止疾病传播,保护环境,保障人体健康,根据《中华人民共和国传染病防治法》和《中华人民共和国固体废物污染环境防治法》,制定本条例。

第二条 本条例所称医疗废物,是指医疗卫生机构在医疗、预防、保健以及其他相关活动中产生的具有直接或者间接感染性、毒性以及其他危害性的废物。

医疗废物分类目录,由国务院卫生行政主管部门和环境保护行政主管部门共同制定、公布。

第三条 本条例适用于医疗废物的收集、运送、贮存、处置以及监督管理等活动。

医疗卫生机构收治的传染病病人或者疑似传染病病人产生的生活垃圾,按照医疗废物进行管理和处置。

医疗卫生机构废弃的麻醉、精神、放射性、毒性等药品及其相关的废物的管理,依照有关法律、行政法规和国家有关规定、标准执行。

第四条 国家推行医疗废物集中无害化处置,鼓励有关医疗废物安全处置技术的研究与开发。

县级以上地方人民政府负责组织建设医疗废物集中处置设施。

国家对边远贫困地区建设医疗废物集中处置设施给予适当的支持。

第五条 县级以上各级人民政府卫生行政主管部门,对医疗废物收集、运送、贮存、处置活动中的疾病防治工作实施统一监督管理;环境保护行政主管部门,对医疗废物收集、运送、贮存、处置活动中的环境污染防治工作实施统一监督管理。

县级以上各级人民政府其他有关部门在各自的职责范围内负责与医疗废物处置有关的监督管理工作。

第六条 任何单位和个人有权对医疗卫生机构、医疗废物集中处置单位和监督管理部门及其工作人员的违法行为进行举报、投诉、检举和控告。

第二章 医疗废物管理的一般规定

第七条 医疗卫生机构和医疗废物集中处置单位,应当建立、健全医疗废物管理责任制,其法定代表人为第一责任人,切实履行职责,防止因医疗废物导致传染病传播和环境污染事故。

第八条 医疗卫生机构和医疗废物集中处置单位,应当制定与医疗废物安全处置有关的规章制度和在发生意外事故时的应急方案;设置监控部门或者专(兼)职人员,负责检查、督促、落实本单位医疗废物的管理工作,防止违反本条例的行为发生。

第九条 医疗卫生机构和医疗废物集中处置单位,应当对本单位从事医疗废物收集、运送、贮存、处置等工作的人员和管理人员,进行相关法律和专业技术、安全防护以及紧急处理等知识的培训。

第十条 医疗卫生机构和医疗废物集中处置单位,应当采取有效的职业卫生防护措施,为从事医疗废物收集、运送、贮存、处置等工作的人员和管理人员,配备必要的防护用品,定期进行健康检查;必要时,对有关人员进行免疫接种,防止其受到健康损害。

第十一条 医疗卫生机构和医疗废物集中处置单位,应当依照《中华人民共和国固体废物污染环境防治法》的规定,执行危险废物转移联单管理制度。

第十二条 医疗卫生机构和医疗废物集中处置单位,应当对医疗废物进行登记,登记内容应当包括医疗废物的来源、种类、重量或者数量、交接时间、处置方法、最终去向以及经办人签名等项目。登记资料至少保存3年。

第十三条 医疗卫生机构和医疗废物集中处置单位,应当采取有效措施,防止医疗废物流失、泄漏、扩散。

发生医疗废物流失、泄漏、扩散时,医疗卫生机构和医疗废物集中处置单位应当采取减少危害的紧急处理措施,对致病人员提供医疗救护和现场救援;同时向所在地的县级人民政府卫生行政主管部门、环境保护行政主管部门报告,并向可能受到危害的单位和居民通报。

第十四条 禁止任何单位和个人转让、买卖医疗废物。

禁止在运送过程中丢弃医疗废物;禁止在非贮存地点倾倒、堆放医疗废物或者将医疗废物混入其他废物和生活垃圾。

第十五条 禁止邮寄医疗废物。

禁止通过铁路、航空运输医疗废物。

有陆路通道的,禁止通过水路运输医疗废物;没有陆路通道必需经水路运输医疗废物的,应当经设区的市级以上人民政府环境保护行政主管部门批准，并采取严格的环境保护措施后，方可通过水路运输。

禁止将医疗废物与旅客在同一运输工具上载运。

禁止在饮用水源保护区的水体上运输医疗废物。

第三章 医疗卫生机构对医疗废物的管理

第十六条 医疗卫生机构应当及时收集本单位产生的医疗废物，并按照类别分置于防渗漏、防锐器穿透的专用包装物或者密闭的容器内。

医疗废物专用包装物、容器，应当有明显的警示标识和警示说明。

医疗废物专用包装物、容器的标准和警示标识的规定，由国务院卫生行政主管部门和环境保护行政主管部门共同制定。

第十七条 医疗卫生机构应当建立医疗废物的暂时贮存设施、设备，不得露天存放医疗废物；医疗废物暂时贮存的时间不得超过2天。

医疗废物的暂时贮存设施、设备，应当远离医疗区、食品加工区和人员活动区以及生活垃圾存放场所，并设置明显的警示标识和防渗漏、防鼠、防蚊蝇、防蟑螂、防盗以及预防儿童接触等安全措施。

医疗废物的暂时贮存设施、设备应当定期消毒和清洁。

第十八条 医疗卫生机构应当使用防渗漏、防遗撒的专用运送工具，按照本单位确定的内部医疗废物运送时间、路线，将医疗废物收集、运送至暂时贮存地点。

运送工具使用后应当在医疗卫生机构内指定的地点及时消毒和清洁。

第十九条 医疗卫生机构应当根据就近集中处置的原则，及时将医疗废物交由医疗废物集中处置单位处置。

医疗废物中病原体的培养基、标本和菌种、毒种保存液等高危险废物，在交医疗废物集中处置单位处置前应当就地消毒。

第二十条 医疗卫生机构产生的污水、传染病病人或者疑似传染病病人的排泄物，应当按照国家规定严格消毒；达到国家规定的排放标准后，方可排入污水处理系统。

第二十一条 不具备集中处置医疗废物条件的农村，医疗卫生机构应当按照县级人民政府卫生行政主管部门、环境保护行政主管部门的要求，自行就地处置其产生的医疗废物。自行处置医疗废物的，应当符合下列基本要求：

（一）使用后的一次性医疗器具和容易致人损伤的医疗废物，应当消毒并作毁形处理；

（二）能够焚烧的，应当及时焚烧；

（三）不能焚烧的，消毒后集中填埋。

第四章 医疗废物的集中处置

第二十二条 从事医疗废物集中处置活动的单位，应当向县级以上人民政府环境保护行政主管部门申请领取经营许可证；未取得经营许可证的单位，不得从事有关医疗废物集中处置的活动。

第二十三条 医疗废物集中处置单位，应当符合下列条件：

（一）具有符合环境保护和卫生要求的医疗废物贮存、处置设施或者设备；

（二）具有经过培训的技术人员以及相应的技术工人；

（三）具有负责医疗废物处置效果检测、评价工作的机构和人员；

（四）具有保证医疗废物安全处置的规章制度。

第二十四条 医疗废物集中处置单位的贮存、处置设施，应当远离居（村）民居住区、水源保护区和交通干道，与工厂、企业等工作场所有适当的安全防护距离，并符合国务院环境保护行政主管部门的规定。

第二十五条 医疗废物集中处置单位应当至少每2天到医疗卫生机构收集、运送一次医疗废物，并负责医疗废物的贮存、处置。

第二十六条 医疗废物集中处置单位运送医疗废物，应当遵守国家有关危险货物运输管理的规定，使用有明显医疗废物标识的专用车辆。医疗废物专用车辆应当达到防渗漏、防遗撒以及其他环境保护和卫生要求。

运送医疗废物的专用车辆使用后，应当在医疗废物集中处置场所内及时进行消毒和清洁。

运送医疗废物的专用车辆不得运送其他物品。

第二十七条 医疗废物集中处置单位在运送医疗废物过程中应当确保安全，不得丢弃、遗撒医疗废物。

第二十八条 医疗废物集中处置单位应当安装污染物排放在线监控装置，并确保监控装置经常处于正常运行状态。

第二十九条 医疗废物集中处置单位处置医疗废物，应当符合国家规定的环境保护、卫生标准、规范。

第三十条 医疗废物集中处置单位应当按照环境保护行政主管部门和卫生行政主管部门的规定，定期对医疗废物处置设施的环境污染防治和卫生学效果进行检测、评价。检测、评价结果存入医疗废物集中处置单位档案,每半年向所在地环境保护行政主管部门和卫生行政主管部门报告一次。

第三十一条　医疗废物集中处置单位处置医疗废物,按照国家有关规定向医疗卫生机构收取医疗废物处置费用。

医疗卫生机构按照规定支付的医疗废物处置费用,可以纳入医疗成本。

第三十二条　各地区应当利用和改造现有固体废物处置设施和其他设施,对医疗废物集中处置,并达到基本的环境保护和卫生要求。

第三十三条　尚无集中处置设施或者处置能力不足的城市,自本条例施行之日起,设区的市级以上城市应当在1年内建成医疗废物集中处置设施;县级市应当在2年内建成医疗废物集中处置设施。县(旗)医疗废物集中处置设施的建设,由省、自治区、直辖市人民政府规定。

在尚未建成医疗废物集中处置设施期间,有关地方人民政府应当组织制定符合环境保护和卫生要求的医疗废物过渡性处置方案,确定医疗废物收集、运送、处置方式和处置单位。

第五章　监 督 管 理

第三十四条　县级以上地方人民政府卫生行政主管部门、环境保护行政主管部门,应当依照本条例的规定,按照职责分工,对医疗卫生机构和医疗废物集中处置单位进行监督检查。

第三十五条　县级以上地方人民政府卫生行政主管部门,应当对医疗卫生机构和医疗废物集中处置单位从事医疗废物的收集、运送、贮存、处置中的疾病防治工作,以及工作人员的卫生防护等情况进行定期监督检查或者不定期的抽查。

第三十六条　县级以上地方人民政府环境保护行政主管部门,应当对医疗卫生机构和医疗废物集中处置单位从事医疗废物收集、运送、贮存、处置中的环境污染防治工作进行定期监督检查或者不定期的抽查。

第三十七条　卫生行政主管部门、环境保护行政主管部门应当定期交换监督检查和抽查结果。在监督检查或者抽查中发现医疗卫生机构和医疗废物集中处置单位存在隐患时,应当责令立即消除隐患。

第三十八条　卫生行政主管部门、环境保护行政主管部门接到对医疗卫生机构、医疗废物集中处置单位和监督管理部门及其工作人员违反本条例行为的举报、投诉、检举和控告后,应当及时核实,依法作出处理,并将处理结果予以公布。

第三十九条　卫生行政主管部门、环境保护行政主管部门履行监督检查职责时,有权采取下列措施:

(一)对有关单位进行实地检查,了解情况,现场监测,调查取证;

(二)查阅或者复制医疗废物管理的有关资料,采集样品;

(三)责令违反本条例规定的单位和个人停止违法行为;

(四)查封或者暂扣涉嫌违反本条例规定的场所、设备、运输工具和物品;

(五)对违反本条例规定的行为进行查处。

第四十条　发生因医疗废物管理不当导致传染病传播或者环境污染事故,或者有证据证明传染病传播或者环境污染的事故有可能发生时,卫生行政主管部门、环境保护行政主管部门应当采取临时控制措施,疏散人员,控制现场,并根据需要责令暂停导致或者可能导致传染病传播或者环境污染事故的作业。

第四十一条　医疗卫生机构和医疗废物集中处置单位,对有关部门的检查、监测、调查取证,应当予以配合,不得拒绝和阻碍,不得提供虚假材料。

第六章　法 律 责 任

第四十二条　县级以上地方人民政府未依照本条例的规定,组织建设医疗废物集中处置设施或者组织制定医疗废物过渡性处置方案的,由上级人民政府通报批评,责令限期建成医疗废物集中处置设施或者组织制定医疗废物过渡性处置方案;并可以对政府主要领导人、负有责任的主管人员,依法给予行政处分。

第四十三条　县级以上各级人民政府卫生行政主管部门、环境保护行政主管部门或者其他有关部门,未按照本条例的规定履行监督检查职责,发现医疗卫生机构和医疗废物集中处置单位的违法行为不及时处理,发生或者可能发生传染病传播或者环境污染事故时未及时采取减少危害措施,以及有其他玩忽职守、失职、渎职行为的,由本级人民政府或者上级人民政府有关部门责令改正,通报批评;造成传染病传播或者环境污染事故的,对主要负责人、负有责任的主管人员和其他直接责任人员依法给予降级、撤职、开除的行政处分;构成犯罪的,依法追究刑事责任。

第四十四条　县级以上人民政府环境保护行政主管部门,违反本条例的规定发给医疗废物集中处置单位经营许可证的,由本级人民政府或者上级人民政府环境保护行政主管部门通报批评,责令收回违法发给的证书;并可以对主要负责人、负有责任的主管人员和其他直接责任人员依法给予行政处分。

第四十五条 医疗卫生机构、医疗废物集中处置单位违反本条例规定，有下列情形之一的，由县级以上地方人民政府卫生行政主管部门或者环境保护行政主管部门按照各自的职责责令限期改正，给予警告；逾期不改正的，处2000元以上5000元以下的罚款：

（一）未建立、健全医疗废物管理制度，或者未设置监控部门或者专（兼）职人员的；

（二）未对有关人员进行相关法律和专业技术、安全防护以及紧急处理等知识的培训的；

（三）未对从事医疗废物收集、运送、贮存、处置等工作的人员和管理人员采取职业卫生防护措施的；

（四）未对医疗废物进行登记或者未保存登记资料的；

（五）对使用后的医疗废物运送工具或者运送车辆未在指定地点及时进行消毒和清洁的；

（六）未及时收集、运送医疗废物的；

（七）未定期对医疗废物处置设施的环境污染防治和卫生学效果进行检测、评价，或者未将检测、评价效果存档、报告的。

第四十六条 医疗卫生机构、医疗废物集中处置单位违反本条例规定，有下列情形之一的，由县级以上地方人民政府卫生行政主管部门或者环境保护行政主管部门按照各自的职责责令限期改正，给予警告，可以并处5000元以下的罚款；逾期不改正的，处5000元以上3万元以下的罚款：

（一）贮存设施或者设备不符合环境保护、卫生要求的；

（二）未将医疗废物按照类别分置于专用包装物或者容器的；

（三）未使用符合标准的专用车辆运送医疗废物或者使用运送医疗废物的车辆运送其他物品的；

（四）未安装污染物排放在线监控装置或者监控装置未经常处于正常运行状态的。

第四十七条 医疗卫生机构、医疗废物集中处置单位有下列情形之一的，由县级以上地方人民政府卫生行政主管部门或者环境保护行政主管部门按照各自的职责责令限期改正，给予警告，并处5000元以上1万元以下的罚款；逾期不改正的，处1万元以上3万元以下的罚款；造成传染病传播或者环境污染事故的，由原发证部门暂扣或者吊销执业许可证件或者经营许可证件；构成犯罪的，依法追究刑事责任：

（一）在运送过程中丢弃医疗废物，在非贮存地点倾倒、堆放医疗废物或者将医疗废物混入其他废物和生活垃圾的；

（二）未执行危险废物转移联单管理制度的；

（三）将医疗废物交给未取得经营许可证的单位或者个人收集、运送、贮存、处置的；

（四）对医疗废物的处置不符合国家规定的环境保护、卫生标准、规范的；

（五）未按照本条例的规定对污水、传染病病人或者疑似传染病病人的排泄物，进行严格消毒，或者未达到国家规定的排放标准，排入污水处理系统的；

（六）对收治的传染病病人或者疑似传染病病人产生的生活垃圾，未按照医疗废物进行管理和处置的。

第四十八条 医疗卫生机构违反本条例规定，将未达到国家规定标准的污水、传染病病人或者疑似传染病病人的排泄物排入城市排水管网的，由县级以上地方人民政府建设行政主管部门责令限期改正，给予警告，并处5000元以上1万元以下的罚款；逾期不改正的，处1万元以上3万元以下的罚款；造成传染病传播或者环境污染事故的，由原发证部门暂扣或者吊销执业许可证件；构成犯罪的，依法追究刑事责任。

第四十九条 医疗卫生机构、医疗废物集中处置单位发生医疗废物流失、泄漏、扩散时，未采取紧急处理措施，或者未及时向卫生行政主管部门和环境保护行政主管部门报告的，由县级以上地方人民政府卫生行政主管部门或者环境保护行政主管部门按照各自的职责责令改正，给予警告，并处1万元以上3万元以下的罚款；造成传染病传播或者环境污染事故的，由原发证部门暂扣或者吊销执业许可证件或者经营许可证件；构成犯罪的，依法追究刑事责任。

第五十条 医疗卫生机构、医疗废物集中处置单位，无正当理由，阻碍卫生行政主管部门或者环境保护行政主管部门执法人员执行职务，拒绝执法人员进入现场，或者不配合执法部门的检查、监测、调查取证的，由县级以上地方人民政府卫生行政主管部门或者环境保护行政主管部门按照各自的职责责令改正，给予警告；拒不改正的，由原发证部门暂扣或者吊销执业许可证件或者经营许可证件；触犯《中华人民共和国治安管理处罚法》，构成违反治安管理行为的，由公安机关依法予以处罚；构成犯罪的，依法追究刑事责任。

第五十一条 不具备集中处置医疗废物条件的农村，医疗卫生机构未按照本条例的要求处置医疗废物的，由县级人民政府卫生行政主管部门或者环境保护行政主管部门按照各自的职责责令限期改正，给予警告；逾期不改正的，处1000元以上5000元以下的罚款；造成传染病传播或者环境污染事故的，由原发证部门暂扣或者吊销执业许可证件；构成犯罪的，依法追究刑事责任。

第五十二条　未取得经营许可证从事医疗废物的收集、运送、贮存、处置等活动的，由县级以上地方人民政府环境保护行政主管部门责令立即停止违法行为，没收违法所得，可以并处违法所得1倍以下的罚款。

第五十三条　转让、买卖医疗废物，邮寄或者通过铁路、航空运输医疗废物，或者违反本条例规定通过水路运输医疗废物的，由县级以上地方人民政府环境保护行政主管部门责令转让、买卖双方、邮寄人、托运人立即停止违法行为，给予警告，没收违法所得；违法所得5000元以上的，并处违法所得2倍以上5倍以下的罚款；没有违法所得或者违法所得不足5000元的，并处5000元以上2万元以下的罚款。

承运人明知托运人违反本条例的规定运输医疗废物，仍予以运输的，或者承运人将医疗废物与旅客在同一工具上载运的，按照前款的规定予以处罚。

第五十四条　医疗卫生机构、医疗废物集中处置单位违反本条例规定，导致传染病传播或者发生环境污染事故，给他人造成损害的，依法承担民事赔偿责任。

第七章　附　　则

第五十五条　计划生育技术服务、医学科研、教学、尸体检查和其他相关活动中产生的具有直接或者间接感染性、毒性以及其他危害性废物的管理，依照本条例执行。

第五十六条　军队医疗卫生机构医疗废物的管理由中国人民解放军卫生主管部门参照本条例制定管理办法。

第五十七条　本条例自公布之日起施行。

医疗卫生机构医疗废物管理办法

2003年10月15日卫生部令第36号公布施行

第一章　总　　则

第一条　为规范医疗卫生机构对医疗废物的管理，有效预防和控制医疗废物对人体健康和环境产生危害，根据《医疗废物管理条例》，制定本办法。

第二条　各级各类医疗卫生机构应当按照《医疗废物管理条例》和本办法的规定对医疗废物进行管理。

第三条　卫生部对全国医疗卫生机构的医疗废物管理工作实施监督。

县级以上地方人民政府卫生行政主管部门对本行政区域医疗卫生机构的医疗废物管理工作实施监督。

第二章　医疗卫生机构对医疗废物的管理职责

第四条　医疗卫生机构应当建立、健全医疗废物管理责任制，其法定代表人或者主要负责人为第一责任人，切实履行职责，确保医疗废物的安全管理。

第五条　医疗卫生机构应当依据国家有关法律、行政法规、部门规章和规范性文件的规定，制定并落实医疗废物管理的规章制度、工作流程和要求、有关人员的工作职责及发生医疗卫生机构内医疗废物流失、泄漏、扩散和意外事故的应急方案。内容包括：

（一）医疗卫生机构内医疗废物各产生地点对医疗废物分类收集方法和工作要求；

（二）医疗卫生机构内医疗废物的产生地点、暂时贮存地点的工作制度及从产生地点运送至暂时贮存地点的工作要求；

（三）医疗废物在医疗卫生机构内部运送及将医疗废物交由医疗废物处置单位的有关交接、登记的规定；

（四）医疗废物管理过程中的特殊操作程序及发生医疗废物流失、泄漏、扩散和意外事故的紧急处理措施；

（五）医疗废物分类收集、运送、暂时贮存过程中有关工作人员的职业卫生安全防护。

第六条　医疗卫生机构应当设置负责医疗废物管理的监控部门或者专（兼）职人员，履行以下职责：

（一）负责指导、检查医疗废物分类收集、运送、暂时贮存及机构内处置过程中各项工作的落实情况；

（二）负责指导、检查医疗废物分类收集、运送、暂时贮存及机构内处置过程中的职业卫生安全防护工作；

（三）负责组织医疗废物流失、泄漏、扩散和意外事故发生时的紧急处理工作；

（四）负责组织有关医疗废物管理的培训工作；

（五）负责有关医疗废物登记和档案资料的管理；

（六）负责及时分析和处理医疗废物管理中的其他问题。

第七条　医疗卫生机构发生医疗废物流失、泄漏、扩散和意外事故时，应当按照《医疗废物管理条例》和本办法的规定采取相应紧急处理措施，并在48小时内向所在地的县级人民政府卫生行政主管部门、环境保护行政主管部门报告。调查处理工作结束后，医疗卫生机构应当将调查处理结果向所在地的县级人民政府卫生行政主管部门、环境保护行政主管部门报告。

县级人民政府卫生行政主管部门每月汇总逐级上报至当地省级人民政府卫生行政主管部门。

省级人民政府卫生行政主管部门每半年汇总后报卫生部。

第八条　医疗卫生机构发生因医疗废物管理不当导致1人以上死亡或者3人以上健康损害，需要对致病人员提供医疗救护和现场救援的重大事故时，应当在12小时内向所在地的县级人民政府卫生行政主管部门报告，并按照《医疗废物管理条例》和本办法的规定，采取相应紧急处理措施。

县级人民政府卫生行政主管部门接到报告后，应当在12小时内逐级向省级人民政府卫生行政主管部门报告。

医疗卫生机构发生因医疗废物管理不当导致3人以上死亡或者10人以上健康损害，需要对致病人员提供医疗救护和现场救援的重大事故时，应当在2小时内向所在地的县级人民政府卫生行政主管部门报告，并按照《医疗废物管理条例》和本办法的规定，采取相应紧急处理措施。

县级人民政府卫生行政主管部门接到报告后，应当在6小时内逐级向省级人民政府卫生行政主管部门报告。

省级人民政府卫生行政主管部门接到报告后，应当在6小时内向卫生部报告。

发生因医疗废物管理不当导致传染病传播事故，或者有证据证明传染病传播的事故有可能发生时，应当按照《传染病防治法》及有关规定报告，并采取相应措施。

第九条　医疗卫生机构应当根据医疗废物分类收集、运送、暂时贮存及机构内处置过程中所需要的专业技术、职业卫生安全防护和紧急处理知识等，制定相关工作人员的培训计划并组织实施。

第三章　分类收集、运送与暂时贮存

第十条　医疗卫生机构应当根据《医疗废物分类目录》，对医疗废物实施分类管理。

第十一条　医疗卫生机构应当按照以下要求，及时分类收集医疗废物：

（一）根据医疗废物的类别，将医疗废物分置于符合《医疗废物专用包装物、容器的标准和警示标识的规定》的包装物或者容器内；

（二）在盛装医疗废物前，应当对医疗废物包装物或者容器进行认真检查，确保无破损、渗漏和其他缺陷；

（三）感染性废物、病理性废物、损伤性废物、药物性废物及化学性废物不能混合收集。少量的药物性废物可以混入感染性废物，但应当在标签上注明；

（四）废弃的麻醉、精神、放射性、毒性等药品及其相关的废物的管理，依照有关法律、行政法规和国家有关规定、标准执行；

（五）化学性废物中批量的废化学试剂、废消毒剂应当交由专门机构处置；

（六）批量的含有汞的体温计、血压计等医疗器具报废时，应当交由专门机构处置；

（七）医疗废物中病原体的培养基、标本和菌种、毒种保存液等高危险废物，应当首先在产生地点进行压力蒸汽灭菌或者化学消毒处理，然后按感染性废物收集处理；

（八）隔离的传染病病人或者疑似传染病病人产生的具有传染性的排泄物，应当按照国家规定严格消毒，达到国家规定的排放标准后方可排入污水处理系统；

（九）隔离的传染病病人或者疑似传染病病人产生的医疗废物应当使用双层包装物，并及时密封；

（十）放入包装物或者容器内的感染性废物、病理性废物、损伤性废物不得取出。

第十二条　医疗卫生机构内医疗废物产生地点应当有医疗废物分类收集方法的示意图或者文字说明。

第十三条　盛装的医疗废物达到包装物或者容器的3/4时，应当使用有效的封口方式，使包装物或者容器的封口紧实、严密。

第十四条　包装物或者容器的外表面被感染性废物污染时，应当对被污染处进行消毒处理或者增加一层包装。

第十五条　盛装医疗废物的每个包装物、容器外表面应当有警示标识，在每个包装物、容器上应当系中文标签，中文标签的内容应当包括：医疗废物产生单位、产生日期、类别及需要的特别说明等。

第十六条　运送人员每天从医疗废物产生地点将分类包装的医疗废物按照规定的时间和路线运送至内部指定的暂时贮存地点。

第十七条　运送人员在运送医疗废物前，应当检查包装物或者容器的标识、标签及封口是否符合要求，不得将不符合要求的医疗废物运送至暂时贮存地点。

第十八条　运送人员在运送医疗废物时，应当防止造成包装物或容器破损和医疗废物的流失、泄漏和扩散，并防止医疗废物直接接触身体。

第十九条　运送医疗废物应当使用防渗漏、防遗撒、无锐利边角、易于装卸和清洁的专用运送工具。

每天运送工作结束后，应当对运送工具及时进行清洁和消毒。

第二十条　医疗卫生机构应当建立医疗废物暂时贮存设施、设备，不得露天存放医疗废物；医疗废物暂时贮存的时间不得超过2天。

第二十一条　医疗卫生机构建立的医疗废物暂时贮存设施、设备应当达到以下要求：

（一）远离医疗区、食品加工区、人员活动区和生活垃圾存放场所，方便医疗废物运送人员及运送工具、车辆的出入；

（二）有严密的封闭措施，设专（兼）职人员管理，防止非工作人员接触医疗废物；

（三）有防鼠、防蚊蝇、防蟑螂的安全措施；

（四）防止渗漏和雨水冲刷；

（五）易于清洁和消毒；

（六）避免阳光直射；

（七）设有明显的医疗废物警示标识和“禁止吸烟、饮食”的警示标识。

第二十二条　暂时贮存病理性废物，应当具备低温贮存或者防腐条件。

第二十三条　医疗卫生机构应当将医疗废物交由取得县级以上人民政府环境保护行政主管部门许可的医疗废物集中处置单位处置，依照危险废物转移联单制度填写和保存转移联单。

第二十四条　医疗卫生机构应当对医疗废物进行登记，登记内容应当包括医疗废物的来源、种类、重量或者数量、交接时间、最终去向以及经办人签名等项目。登记资料至少保存3年。

第二十五条　医疗废物转交出去后，应当对暂时贮存地点、设施及时进行清洁和消毒处理。

第二十六条　禁止医疗卫生机构及其工作人员转让、买卖医疗废物。

禁止在非收集、非暂时贮存地点倾倒、堆放医疗废物，禁止将医疗废物混入其他废物和生活垃圾。

第二十七条　不具备集中处置医疗废物条件的农村地区，医疗卫生机构应当按照当地卫生行政主管部门和环境保护主管部门的要求，自行就地处置其产生的医疗废物。自行处置医疗废物的，应当符合以下基本要求：

（一）使用后的一次性医疗器具和容易致人损伤的医疗废物应当消毒并作毁形处理；

（二）能够焚烧的，应当及时焚烧；

（三）不能焚烧的，应当消毒后集中填埋。

第二十八条　医疗卫生机构发生医疗废物流失、泄漏、扩散和意外事故时，应当按照以下要求及时采取紧急处理措施：

（一）确定流失、泄漏、扩散的医疗废物的类别、数量、发生时间、影响范围及严重程度；

（二）组织有关人员尽快按照应急方案，对发生医疗废物泄漏、扩散的现场进行处理；

（三）对被医疗废物污染的区域进行处理时，应当尽可能减少对病人、医务人员、其他现场人员及环境的影响；

（四）采取适当的安全处置措施，对泄漏物及受污染的区域、物品进行消毒或者其他无害化处置，必要时封锁污染区域，以防扩大污染；

（五）对感染性废物污染区域进行消毒时，消毒工作从污染最轻区域向污染最严重区域进行，对可能被污染的所有使用过的工具也应当进行消毒；

（六）工作人员应当做好卫生安全防护后进行工作。

处理工作结束后，医疗卫生机构应当对事件的起因进行调查，并采取有效的防范措施预防类似事件的发生。

第四章　人员培训和职业安全防护

第二十九条　医疗卫生机构应当对本机构工作人员进行培训，提高全体工作人员对医疗废物管理工作的认识。对从事医疗废物分类收集、运送、暂时贮存、处置等工作的人员和管理人员，进行相关法律和专业技术、安全防护以及紧急处理等知识的培训。

第三十条　医疗废物相关工作人员和管理人员应当达到以下要求：

（一）掌握国家相关法律、法规、规章和有关规范性文件的规定，熟悉本机构制定的医疗废物管理的规章制度、工作流程和各项工作要求；

（二）掌握医疗废物分类收集、运送、暂时贮存的正确方法和操作程序；

（三）掌握医疗废物分类中的安全知识、专业技术、职业卫生安全防护等知识；

（四）掌握在医疗废物分类收集、运送、暂时贮存及处置过程中预防被医疗废物刺伤、擦伤等伤害的措施及发生后的处理措施；

（五）掌握发生医疗废物流失、泄漏、扩散和意外事故情况时的紧急处理措施。

第三十一条 医疗卫生机构应当根据接触医疗废物种类及风险大小的不同，采取适宜、有效的职业卫生防护措施，为机构内从事医疗废物分类收集、运送、暂时贮存和处置等工作的人员和管理人员配备必要的防护用品，定期进行健康检查，必要时，对有关人员进行免疫接种，防止其受到健康损害。

第三十二条 医疗卫生机构的工作人员在工作中发生被医疗废物刺伤、擦伤等伤害时，应当采取相应的处理措施，并及时报告机构内的相关部门。

第五章 监督管理

第三十三条 县级以上地方人民政府卫生行政主管部门应当依照《医疗废物管理条例》和本办法的规定，对所辖区域的医疗卫生机构进行定期监督检查和不定期抽查。

第三十四条 对医疗卫生机构监督检查和抽查的主要内容是：

（一）医疗废物管理的规章制度及落实情况；

（二）医疗废物分类收集、运送、暂时贮存及机构内处置的工作状况；

（三）有关医疗废物管理的登记资料和记录；

（四）医疗废物管理工作中，相关人员的安全防护工作；

（五）发生医疗废物流失、泄漏、扩散和意外事故的上报及调查处理情况；

（六）进行现场卫生学监测。

第三十五条 卫生行政主管部门在监督检查或者抽查中发现医疗卫生机构存在隐患时，应当责令立即消除隐患。

第三十六条 县级以上卫生行政主管部门应当对医疗卫生机构发生违反《医疗废物管理条例》和本办法规定的行为依法进行查处。

第三十七条 发生因医疗废物管理不当导致传染病传播事故，或者有证据证明传染病传播的事故有可能发生时，卫生行政主管部门应当按照《医疗废物管理条例》第四十条的规定及时采取相应措施。

第三十八条 医疗卫生机构对卫生行政主管部门的检查、监测、调查取证等工作，应当予以配合，不得拒绝和阻碍，不得提供虚假材料。

第六章 罚 则

第三十九条 医疗卫生机构违反《医疗废物管理条例》及本办法规定，有下列情形之一的，由县级以上地方人民政府卫生行政主管部门责令限期改正、给予警告；逾期不改正的，处以2000元以上5000元以下的罚款：

（一）未建立、健全医疗废物管理制度，或者未设置监控部门或者专（兼）职人员的；

（二）未对有关人员进行相关法律和专业技术、安全防护以及紧急处理等知识的培训的；

（三）未对医疗废物进行登记或者未保存登记资料的；

（四）未对机构内从事医疗废物分类收集、运送、暂时贮存、处置等工作的人员和管理人员采取职业卫生防护措施的；

（五）未对使用后的医疗废物运送工具及时进行清洁和消毒的；

（六）自行建有医疗废物处置设施的医疗卫生机构，未定期对医疗废物处置设施的卫生学效果进行检测、评价，或者未将检测、评价效果存档、报告的。

第四十条 医疗卫生机构违反《医疗废物管理条例》及本办法规定，有下列情形之一的，由县级以上地方人民政府卫生行政主管部门责令限期改正、给予警告，可以并处5000元以下的罚款；逾期不改正的，处5000元以上3万元以下的罚款：

（一）医疗废物暂时贮存地点、设施或者设备不符合卫生要求的；

（二）未将医疗废物按类别分置于专用包装物或者容器的；

（三）使用的医疗废物运送工具不符合要求的。

第四十一条 医疗卫生机构违反《医疗废物管理条例》及本办法规定，有下列情形之一的，由县级以上地方人民政府卫生行政主管部门责令限期改正，给予警告，并处5000元以上1万元以下的罚款；逾期不改正的，处1万元以上3万元以下的罚款；造成传染病传播的，由原发证部门暂扣或者吊销医疗卫生机构执业许可证件；构成犯罪的，依法追究刑事责任：

（一）在医疗卫生机构内丢弃医疗废物和在非贮存地点倾倒、堆放医疗废物或者将医疗废物混入其他废物和生活垃圾的；

（二）将医疗废物交给未取得经营许可证的单位或者个人的；

（三）未按照条例及本办法的规定对污水、传染病病人和疑似传染病病人的排泄物进行严格消毒，或者

未达到国家规定的排放标准,排入污水处理系统的;

（四）对收治的传染病病人或者疑似传染病病人产生的生活垃圾,未按照医疗废物进行管理和处置的。

第四十二条 医疗卫生机构转让、买卖医疗废物的,依照《医疗废物管理条例》第五十三条处罚。

第四十三条 医疗卫生机构发生医疗废物流失、泄漏、扩散时,未采取紧急处理措施,或者未及时向卫生行政主管部门报告的,由县级以上地方人民政府卫生行政主管部门责令改正,给予警告,并处1万元以上3万元以下的罚款;造成传染病传播的,由原发证部门暂扣或者吊销医疗卫生机构执业许可证件;构成犯罪的,依法追究刑事责任。

第四十四条 医疗卫生机构无正当理由,阻碍卫生行政主管部门执法人员执行职务,拒绝执法人员进入现场,或者不配合执法部门的检查、监测、调查取证的,由县级以上地方人民政府卫生行政主管部门责令改正,给予警告;拒不改正的,由原发证部门暂扣或者吊销医疗卫生机构执业许可证件;触犯《中华人民共和国治安管理处罚条例》,构成违反治安管理行为的,由公安机关依法予以处罚;构成犯罪的,依法追究刑事责任。

第四十五条 不具备集中处置医疗废物条件的农村,医疗卫生机构未按照《医疗废物管理条例》和本办法的要求处置医疗废物的,由县级以上地方人民政府卫生行政主管部门责令限期改正,给予警告;逾期不改的,处1000元以上5000元以下的罚款;造成传染病传播的,由原发证部门暂扣或者吊销医疗卫生机构执业许可证件;构成犯罪的,依法追究刑事责任。

第四十六条 医疗卫生机构违反《医疗废物管理条例》及本办法规定,导致传染病传播,给他人造成损害的,依法承担民事赔偿责任。

第七章 附 则

第四十七条 本办法所称医疗卫生机构指依照《医疗机构管理条例》的规定取得《医疗机构执业许可证》的机构及疾病预防控制机构、采供血机构。

第四十八条 本办法自公布之日起施行。

医疗废物管理行政处罚办法

1. 2004年5月27日卫生部、国家环境保护总局令第21号公布

2. 根据2010年12月22日环境保护部令第16号《关于废止、修改部分环保部门规章和规范性文件的决定》修订

第一条 根据《中华人民共和国传染病防治法》、《中华人民共和国固体废物污染环境防治法》和《医疗废物管理条例》(以下简称《条例》),县级以上人民政府卫生行政主管部门和环境保护行政主管部门按照各自职责,对违反医疗废物管理规定的行为实施的行政处罚,适用本办法。

第二条 医疗卫生机构有《条例》第四十五条规定的下列情形之一的,由县级以上地方人民政府卫生行政主管部门责令限期改正,给予警告;逾期不改正的,处2000元以上5000元以下的罚款:

（一）未建立、健全医疗废物管理制度,或者未设置监控部门或者专(兼)职人员的;

（二）未对有关人员进行相关法律和专业技术、安全防护以及紧急处理等知识培训的;

（三）未对医疗废物进行登记或者未保存登记资料的;

（四）对使用后的医疗废物运送工具或者运送车辆未在指定地点及时进行消毒和清洁的;

（五）依照《条例》自行建有医疗废物处置设施的医疗卫生机构未定期对医疗废物处置设施的污染防治和卫生学效果进行检测、评价,或者未将检测、评价效果存档、报告的。

第三条 医疗废物集中处置单位有《条例》第四十五条规定的下列情形之一的,由县级以上地方人民政府环境保护行政主管部门责令限期改正,给予警告;逾期不改正的,处2000元以上5000元以下的罚款:

（一）未建立、健全医疗废物管理制度,或者未设置监控部门或者专(兼)职人员的;

（二）未对有关人员进行相关法律和专业技术、安全防护以及紧急处理等知识培训的;

（三）未对医疗废物进行登记或者未保存登记资料的;

（四）对使用后的医疗废物运送车辆未在指定地点及时进行消毒和清洁的;

（五）未及时收集、运送医疗废物的;

（六）未定期对医疗废物处置设施的污染防治和卫生学效果进行检测、评价,或者未将检测、评价效果存档、报告的。

第四条 医疗卫生机构、医疗废物集中处置单位有《条例》第四十五条规定的情形,未对从事医疗废物收集、运送、贮存、处置等工作的人员和管理人员采取职业卫生防护措施的,由县级以上地方人民政府卫生行政主管部门责令限期改正,给予警告;逾期不改正的,处2000元以上5000元以下的罚款。

第五条　医疗卫生机构有《条例》第四十六条规定的下列情形之一的，由县级以上地方人民政府卫生行政主管部门责令限期改正，给予警告，可以并处5000元以下的罚款，逾期不改正的，处5000元以上3万元以下的罚款：

（一）贮存设施或者设备不符合环境保护、卫生要求的；

（二）未将医疗废物按照类别分置于专用包装物或者容器的；

（三）未使用符合标准的运送工具运送医疗废物的。

第六条　医疗废物集中处置单位有《条例》第四十六条规定的下列情形之一的，由县级以上地方人民政府环境保护行政主管部门责令限期改正，给予警告，可以并处5000元以下的罚款，逾期不改正的，处5000元以上3万元以下的罚款：

（一）贮存设施或者设备不符合环境保护、卫生要求的；

（二）未将医疗废物按照类别分置于专用包装物或者容器的；

（三）未使用符合标准的专用车辆运送医疗废物的；

（四）未安装污染物排放在线监控装置或者监控装置未经常处于正常运行状态的。

第七条　医疗卫生机构有《条例》第四十七条规定的下列情形之一的，由县级以上地方人民政府卫生行政主管部门责令限期改正，给予警告，并处5000元以上1万元以下的罚款；逾期不改正的，处1万元以上3万元以下的罚款：

（一）在医疗卫生机构内运送过程中丢弃医疗废物，在非贮存地点倾倒、堆放医疗废物或者将医疗废物混入其他废物和生活垃圾的；

（二）未按照《条例》的规定对污水、传染病病人或者疑似传染病病人的排泄物，进行严格消毒的，或者未达到国家规定的排放标准，排入医疗卫生机构内的污水处理系统的；

（三）对收治的传染病病人或者疑似传染病病人产生的生活垃圾，未按照医疗废物进行管理和处置的。

医疗卫生机构在医疗卫生机构外运送过程中丢弃医疗废物，在非贮存地点倾倒、堆放医疗废物或者将医疗废物混入其他废物和生活垃圾的，由县级以上地方人民政府环境保护行政主管部门依照《中华人民共和国固体废物污染环境防治法》第七十五条规定责令停止违法行为，限期改正，处一万元以上十万元以下的罚款。

第八条　医疗废物集中处置单位有《条例》第四十七条规定的情形，在运送过程中丢弃医疗废物，在非贮存地点倾倒、堆放医疗废物或者将医疗废物混入其他废物和生活垃圾的，由县级以上地方人民政府环境保护行政主管部门依照《中华人民共和国固体废物污染环境防治法》第七十五条规定责令停止违法行为，限期改正，处一万元以上十万元以下的罚款。

第九条　医疗废物集中处置单位和依照《条例》自行建有医疗废物处置设施的医疗卫生机构，有《条例》第四十七条规定的情形，对医疗废物的处置不符合国家规定的环境保护、卫生标准、规范的，由县级以上地方人民政府环境保护行政主管部门责令限期改正，给予警告，并处5000元以上1万元以下的罚款；逾期不改正的，处1万元以上3万元以下的罚款。

第十条　医疗卫生机构、医疗废物集中处置单位有《条例》第四十七条规定的下列情形之一的，由县级以上人民政府环境保护行政主管部门依照《中华人民共和国固体废物污染环境防治法》第七十五条规定责令停止违法行为，限期改正，处二万元以上二十万元以下的罚款：

（一）未执行危险废物转移联单管理制度的；

（二）将医疗废物交给或委托给未取得经营许可证的单位或者个人收集、运送、贮存、处置的。

第十一条　有《条例》第四十九条规定的情形，医疗卫生机构发生医疗废物流失、泄露、扩散时，未采取紧急处理措施，或者未及时向卫生行政主管部门报告的，由县级以上地方人民政府卫生行政主管部门责令改正，给予警告，并处1万元以上3万元以下的罚款。

医疗废物集中处置单位发生医疗废物流失、泄露、扩散时，未采取紧急处理措施，或者未及时向环境保护行政主管部门报告的，由县级以上地方人民政府环境保护行政主管部门责令改正，给予警告，并处1万元以上3万元以下的罚款。

第十二条　有《条例》第五十条规定的情形，医疗卫生机构、医疗废物集中处置单位阻碍卫生行政主管部门执法人员执行职务，拒绝执法人员进入现场，或者不配合执法部门的检查、监测、调查取证的，由县级以上地方人民政府卫生行政主管部门责令改正，给予警告；拒不改正的，由原发证的卫生行政主管部门暂扣或者吊销医疗卫生机构的执业许可证件。

医疗卫生机构、医疗废物集中处置单位阻碍环境保护行政主管部门执法人员执行职务，拒绝执法人员进入现场，或者不配合执法部门的检查、监测、调查取证的，由县级以上地方人民政府环境保护行政主管部门依照《中华人民共和国固体废物污染环境防治法》第七十条规定责令限期改正；拒不改正或者在检查时弄虚作假的，处二千元以上二万元以下的罚款。

第十三条　有《条例》第五十一条规定的情形，不具备集中处置医疗废物条件的农村，医疗卫生机构未按照卫生行政主管部门有关疾病防治的要求处置医疗废物的，由县级人民政府卫生行政主管部门责令限期改正，给予警告；逾期不改正的，处1000元以上5000元以下的罚款；未按照环境保护行政主管部门有关环境污染防治的要求处置医疗废物的，由县级人民政府环境保护行政主管部门责令限期改正，给予警告；逾期不改正的，处1000元以上5000元以下的罚款。

第十四条　有《条例》第五十二条规定的情形，未取得经营许可证从事医疗废物的收集、运送、贮存、处置等活动的，由县级以上人民政府环境保护行政主管部门依照《中华人民共和国固体废物污染环境防治法》第七十七条规定责令停止违法行为，没收违法所得，可以并处违法所得三倍以下的罚款。

第十五条　有《条例》第四十七条、第四十八条、第四十九条、第五十一条规定的情形，医疗卫生机构造成传染病传播的，由县级以上地方人民政府卫生行政主管部门依法处罚，并由原发证的卫生行政主管部门暂扣或者吊销执业许可证件；造成环境污染事故的，由县级以上地方人民政府环境保护行政主管部门依照《中华人民共和国固体废物污染环境防治法》有关规定予以处罚，并由原发证的卫生行政主管部门暂扣或者吊销执业许可证件。

医疗废物集中处置单位造成传染病传播的，由县级以上地方人民政府卫生行政主管部门依法处罚，并由原发证的环境保护行政主管部门暂扣或者吊销经营许可证件；造成环境污染事故的，由县级以上地方人民政府环境保护行政主管部门依照《中华人民共和国固体废物污染环境防治法》有关规定予以处罚，并由原发证的环境保护行政主管部门暂扣或者吊销经营许可证件。

第十六条　有《条例》第五十三条规定的情形，转让、买卖医疗废物，邮寄或者通过铁路、航空运输医疗废物，或者违反《条例》规定通过水路运输医疗废物的，由县级以上地方人民政府环境保护行政主管部门责令转让、买卖双方、邮寄人、托运人立即停止违法行为，给予警告，没收违法所得；违法所得5000元以上的，并处违法所得2倍以上5倍以下的罚款；没有违法所得或者违法所得不足5000元的，并处5000元以上2万元以下的罚款。

承运人明知托运人违反《条例》的规定运输医疗废物，仍予以运输的，按照前款的规定予以处罚；承运人将医疗废物与旅客在同一工具上载运的，由县级以上人民政府环境保护行政主管部门依照《中华人民共和国固体废物污染环境防治法》第七十五条规定责令停止违法行为，限期改正，处一万元以上十万元以下的罚款。

第十七条　本办法自2004年6月1日起施行。

·指导案例·

最高人民检察院指导案例第29号——吉林省白山市人民检察院诉白山市江源区卫生和计划生育局及江源区中医院行政附带民事公益诉讼案

（2017年1月4日　检例第29号）

【关键词】

行政附带民事公益诉讼　诉前程序　管辖

【基本案情】

2012年，吉林省白山市江源区中医院建设综合楼时未建设污水处理设施，综合楼未经环保验收即投入使用，并将医疗污水经消毒粉处理后直接排入院内渗井及院外渗坑，污染了周边地下水及土壤。2014年1月8日，江源区中医院在进行建筑设施改建时，未执行建设项目的防治污染措施应当与主体工程同时设计、同时施工、同时投产使用的“三同时”制度，江源区环保局对区中医院作出罚款行政处罚和责令改正、限期办理环保验收的行政处理。江源区中医院因污水处理系统建设资金未到位，继续通过渗井、渗坑排放医疗污水。

2015年5月18日，在江源区中医院未提供环评合格报告的情况下，江源区卫生和计划生育局对区中医院《医疗机构执业许可证》校验结果评定为合格。

【诉前程序】

2015年11月18日，吉林省白山市江源区人民检察院向区卫生和计划生育局发出检察建议，建议该局依法履行监督管理职责，采取有效措施，制止江源区中医院违法排放医疗污水。江源区卫生和计划生育局于2015年

11月23日向区中医院发出整改通知，并于2015年12月10日向江源区人民检察院作出回复，但一直未能有效制止江源区中医院违法排放医疗污水，导致社会公共利益持续处于受侵害状态。

经咨询吉林省环保厅，白山市环保局、民政局，吉林省内没有符合法律规定条件的可以提起公益诉讼的社会公益组织。

【诉讼过程】

2016年2月29日，白山市人民检察院以公益诉讼人身份向白山市中级人民法院提起行政附带民事公益诉讼，诉求判令江源区中医院立即停止违法排放医疗污水，确认江源区卫生和计划生育局校验监管行为违法，并要求江源区卫生和计划生育局立即履行法定监管职责责令区中医院有效整改建设污水净化设施。白山市人民检察院认为：

一、江源区中医院排放医疗污水造成了环境污染及更大环境污染风险隐患。经取样检测，医疗污水及渗井周边土壤化学需氧量、五日生化需氧量、悬浮物、总余氯等均超出国家规定的标准限值，已造成周边地下水、土壤污染。鉴定意见认为，医疗污水的排放可引起医源性细菌对地下水、生活用水及周边土壤的污染，存在细菌传播的隐患。

二、江源区卫生和计划生育局怠于履行监管职责。江源区卫生和计划生育局对辖区内医疗机构具有监督管理的法定职责。江源区人民检察院发出检察建议后，江源区卫生和计划生育局虽然发出整改通知并回复，并通过向江源区人民政府申请资金的方式，促使区中医院污水处理工程投入建设。但江源区中医院仍通过渗井、渗坑违法排放医疗污水，导致社会公共利益持续处于受侵害状态。

三、江源区卫生和计划生育局的校验行为违法。卫生部《医疗机构管理条例实施细则》第三十五条、《吉林省医疗机构审批管理办法（试行）》第四十四条规定，医疗机构申请校验时应提交校验申请、执业登记项目变更情况、接受整改情况、环评合格报告等材料。在江源区中医院未提交环评合格报告的情况下，江源区卫生和计划生育局对区中医院的《医疗机构执业许可证》校验为合格，违反上述规章和规范性文件的规定，江源区卫生和计划生育局的校验行为违法。

【案件结果】

2016年5月11日，白山市中级人民法院公开开庭审理了本案。同年7月15日，白山市中级人民法院分别作出一审行政判决和民事判决。行政判决确认江源区卫生和计划生育局于2015年5月18日对江源区中医院《医疗机构执业许可证》校验合格的行政行为违法；判令江源区卫生和计划生育局履行监督管理职责，监督江源区中医院在三个月内完成医疗污水处理设施的整改。民事判决判令江源区中医院立即停止违法排放医疗污水。

一审宣判后，江源区卫生和计划生育局、中医院均未上诉，判决已发生法律效力。

本案判决作出后，白山市委、市政府为积极推动整改，专门开展医疗废物、废水的专项治理活动，并要求江源区政府拨款90余万元，购买并安装医疗污水净化处理设备。江源区政府主动接受监督，积极整改，拨款90余万元推动完成整改工作。吉林省人民检察院就全省范围内存在的医疗垃圾和污水处理不规范等问题，向省卫计委、环保厅发出检察建议，与省卫计委、环保厅召开座谈会，联合发文开展专项执法检查，推动在全省范围内对医疗垃圾和污水处理问题的全面调研、全面检查、全面治理。

【要旨】

检察机关在履行职责中发现负有监督管理职责的行政机关存在违法行政行为，导致发生污染环境，侵害社会公共利益的行为，且违法行政行为是民事侵权行为的先决或者前提行为，在履行行政公益诉讼和民事公益诉讼诉前程序后，违法行政行为和民事侵权行为未得到纠正，在没有适格主体或者适格主体不提起诉讼的情况下，检察机关可以参照《中华人民共和国行政诉讼法》第六十一条第一款的规定，向人民法院提起行政附带民事公益诉讼，由法院一并审理。

【指导意义】

本案是公益诉讼试点后全国首例行政附带民事公益诉讼案。

1. 检察机关作为公益诉讼人，可以提起行政附带民事公益诉讼。根据《人民检察院提起公益诉讼试点工作实施办法》（以下简称《检察院实施办法》）第五十六条和《人民法院审理人民检察院提起公益诉讼案件试点工作实施办法》（以下简称《法院实施办法》）第四条、第十四条、第二十三条的规定，人民检察院以公益诉讼人身份提起民事或行政公益诉讼，诉讼权利义务参照民事诉讼法、行政诉讼法关于原告诉讼权利义务的规定。人民法院审理人民检察院提起的公益诉讼案件，《检察院实施办法》《法院实施办法》没有规定的，适用民事诉讼法、行政诉讼法及相关司法解释的规定。

根据《检察院实施办法》第一条和第二十八条规定，

试点阶段人民检察院可以同时提起民事公益诉讼和行政公益诉讼的仅为污染环境领域。人民检察院能否直接提起行政附带民事公益诉讼，《检察院实施办法》和《法院实施办法》均没有明确规定。根据《检察院实施办法》第五十六条和《法院实施办法》第二十三条规定，没有规定的即适用民事诉讼法、行政诉讼法及相关司法解释的规定。其中《中华人民共和国行政诉讼法》第六十一条第一款规定了行政附带民事诉讼制度，该制度的设立主要是源于程序效益原则，有利于节约诉讼成本，优化审判资源，统一司法判决和增强判决权威性。在试点的检察机关提起的公益诉讼中，存在生态环境领域侵害社会公共利益的民事侵权行为，而负有监督管理职责的行政机关又存在违法行政行为，且违法行政行为是民事侵权行为的先决或前提行为，为督促行政机关依法正确履行职责，一并解决民事主体对国家利益和社会公共利益造成侵害的问题，检察机关可以参照《中华人民共和国行政诉讼法》第六十一条第一款的规定，向人民法院提起行政附带民事公益诉讼，由法院一并审理。

2. 检察机关提起行政附带民事公益诉讼，应当同时履行行政公益诉讼和民事公益诉讼诉前程序。《检察院实施办法》规定，人民检察院提起民事公益诉讼或行政公益诉讼，都必须严格履行诉前程序。行政附带民事公益诉讼涵盖民事公益诉讼和行政公益诉讼，提起公益诉讼前，人民检察院应当发出检察建议依法督促行政机关纠正违法行为、履行法定职责，并督促、支持法律规定的机关和有关组织提请民事公益诉讼。

3. 检察机关提起行政附带民事公益诉讼案件，原则上由市（分、州）以上人民检察院办理。《检察院实施办法》第二条第一款、第二十九条第一款、第四款规定："人民检察院提起民事公益诉讼的案件，一般由侵权行为地、损害结果地或者被告住所地的市（分、州）人民检察院管辖"、"人民检察院提起行政公益诉讼的案件，一般由违法行使职权或者不作为的行政机关所在地的基层人民检察院管辖"、"上级人民检察院认为确有必要，可以办理下级人民检察院管辖的案件"。由于检察机关提起的行政公益诉讼和民事公益诉讼管辖级别不同，民事公益诉讼一般不由基层人民检察院管辖，而上级人民检察院可以办理下级人民检察院的行政公益诉讼案件，故行政附带民事公益诉讼原则上应由市（分、州）以上人民检察院向中级人民法院提起。

有管辖权的市（分、州）人民检察院根据《检察院实施办法》第二条第四款规定将案件交办的，基层人民检察院也可以提起行政附带民事公益诉讼。

【相关规定】

《中华人民共和国行政诉讼法》（2014 年修正）

第六十一条　在涉及行政许可、登记、征收、征用和行政机关对民事争议所作的裁决的行政诉讼中，当事人申请一并解决相关民事争议的，人民法院可以一并审理。

在行政诉讼中，人民法院认为行政案件的审理需以民事诉讼的裁判为依据的，可以裁定中止行政诉讼。

《人民检察院提起公益诉讼试点工作实施办法》（2015 年 12 月 16 日最高人民检察院第十二届检察委员会第四十五次会议通过）

第一条　人民检察院履行职责中发现污染环境、食品药品安全领域侵害众多消费者合法权益等损害社会公共利益的行为，在没有适格主体或者适格主体不提起诉讼的情况下，可以向人民法院提起民事公益诉讼。

人民检察院履行职责包括履行职务犯罪侦查、批准或者决定逮捕、审查起诉、控告检察、诉讼监督等职责。

第二条　人民检察院提起民事公益诉讼的案件，一般由侵权行为地、损害结果地或者被告住所地的市（分、州）人民检察院管辖。

有管辖权的人民检察院由于特殊原因，不能行使管辖权的，应当由上级人民检察院指定本区域其他试点地区人民检察院管辖。

上级人民检察院认为确有必要，可以办理下级人民检察院管辖的案件。下级人民检察院认为需要由上级人民检察院办理的，可以报请上级人民检察院办理。

有管辖权的人民检察院认为有必要将本院管辖的民事公益诉讼案件交下级人民检察院办理的，应当报请其上一级人民检察院批准。

第二十八条　人民检察院履行职责中发现生态环境和资源保护、国有资产保护、国有土地使用权出让等领域负有监督管理职责的行政机关违法行使职权或者不作为，造成国家和社会公共利益受到侵害，公民、法人和其他社会组织由于没有直接利害关系，没有也无法提起诉讼的，可以向人民法院提起行政公益诉讼。

人民检察院履行职责包括履行职务犯罪侦查、批准或者决定逮捕、审查起诉、控告检察、诉讼监督等职责。

第二十九条　人民检察院提起行政公益诉讼的案件，一般由违法行使职权或者不作为的行政机关所在地的基层人民检察院管辖。

违法行使职权或者不作为的行政机关是县级以上人民政府的案件，由市（分、州）人民检察院管辖。

有管辖权的人民检察院由于特殊原因，不能行使管辖权的，应当由上级人民检察院指定本区域其他试点地区人民检察院管辖。

上级人民检察院认为确有必要，可以办理下级人民检察院管辖的案件。下级人民检察院认为需要由上级人民检察院办理的，可以报请上级人民检察院办理。

第五十六条 本办法未规定的，分别适用民事诉讼法、行政诉讼法以及相关司法解释的规定。

《人民法院审理人民检察院提起公益诉讼案件试点工作实施办法》(2016 年 2 月 22 日最高人民法院审判委员会第 1679 次会议通过)

第四条 人民检察院以公益诉讼人身份提起民事公益诉讼，诉讼权利义务参照民事诉讼法关于原告诉讼权利义务的规定。民事公益诉讼的被告是被诉实施损害社会公共利益行为的公民、法人或者其他组织。

第十四条 人民检察院以公益诉讼人身份提起行政公益诉讼，诉讼权利义务参照行政诉讼法关于原告诉讼权利义务的规定。行政公益诉讼的被告是生态环境和资源保护、国有资产保护、国有土地使用权出让等领域行使职权或者负有行政职责的行政机关，以及法律、法规、规章授权的组织。

第二十三条 人民法院审理人民检察院提起的公益诉讼案件，本办法没有规定的，适用《中华人民共和国民事诉讼法》《中华人民共和国行政诉讼法》及相关司法解释的规定。

四、疾病防控

[导读]

本部分以疾病防控相关法律规范为主要内容，包括传染病防治、职业病防治、预防接种、应急处理等内容。

法定报告传染病分为甲、乙、丙三类进行管理，疾病预防控制机构、医疗机构和采供血机构及其执行职务的人员为传染病的法定责任报告人，医疗机构发现传染病病人应当根据病情采取必要的治疗和控制传播措施。1989年2月21日，第七届全国人大常委会第六次会议通过《中华人民共和国传染病防治法》（以下简称《传染病防治法》），2004年8月28日，第十届全国人大常委会第十一次会议对《传染病防治法》进行修订。修订后的《传染病防治法》总结以往防治传染病的经验，尤其是吸取2003年防治"非典"的经验教训，有效整合卫生资源，增加政府对传染病防治事业的投入，加大公共卫生基础设施建设力度，增设了以下制度：第一，突出对传染病的预防和预警，设定了传染病监测制度，加强对早期发现的散发传染病病人的隔离治疗，防止传染病扩散，强化医疗机构在传染病疫情监测、防止医院内感染等方面的责任。第二，完善传染病的疫情报告、通报和公布制度，规定医疗机构、疾病预防控制机构、卫生主管部门以及其他有关主管部门和机构进行传染病疫情报告的内容、程序和时限，增加了政府各部门、各有关机构之间的疫情通报制度。第三，进一步完善传染病暴发、流行时的控制措施，针对不同传染病的特点，并根据各级各类专业机构、各级政府及其有关主管部门的职责分工，分别规定严格控制疫情扩散的各种措施。第四，规定传染病的救治工作，通过对医疗机构的医疗行为，以防止在传染病救治过程中发生医院内交叉感染。第五，加强传染病防治的保障制度建设，规定传染病防治的保障措施，要求各级政府增加对传染病防治工作的投入，做好与传染病防治相关的物质储备。第六，做到保护公民个人权利与维护社会公共利益的平衡。2013年6月，第十二届全国人大常委会第三次会议对《传染病防治法》的个别条款作了文字修改。

职业病防治工作坚持预防为主、防治结合的方针，建立用人单位负责、行政机关监管、行业自律、职工参与和社会监督的机制，实行分类管理、综合治理。《中华人民共和国职业病防治法》（以下简称《职业病防治法》）是一部关于预防、控制和消除职业病危害，防治职业病，保护劳动者健康及其相关权益的重要法律。《职业病防治法》于2001年10月27日第九届全国人大常委会第二十四次会议通过，并于2011年12月31日、2016年7月2日、2017年11月4日、2018年12月29日对其进行四次修正。《职业病防治法》分为总则、前期预防、劳动过程中的防护与管理、职业病诊断与职业病病人保障、监督检查、法律责任、附则共七章。根据《职业病防治法》的规定，用人单位、劳动者以及有关机构在职业病诊断、鉴定过程中应当如实提供材料。职业病病人依法享受职业病待遇、医疗救助和生活等方面的救助以及民事赔偿的权利。

资料补充栏

1. 传染病防治

中华人民共和国传染病防治法

1. 1989年2月21日第七届全国人民代表大会常务委员会第六次会议通过
2. 2004年8月28日第十届全国人民代表大会常务委员会第十一次会议修订
3. 根据2013年6月29日第十二届全国人民代表大会常务委员会第三次会议《关于修改〈中华人民共和国文物保护法〉等十二部法律的决定》修正

目　　录

第一章　总　　则

第一条　【立法目的】为了预防、控制和消除传染病的发生与流行,保障人体健康和公共卫生,制定本法。

第二条　【预防方针】国家对传染病防治实行预防为主的方针,防治结合、分类管理、依靠科学、依靠群众。

第三条　【传染病的分类】本法规定的传染病分为甲类、乙类和丙类。

甲类传染病是指:鼠疫、霍乱。

乙类传染病是指:传染性非典型肺炎、艾滋病、病毒性肝炎、脊髓灰质炎、人感染高致病性禽流感、麻疹、流行性出血热、狂犬病、流行性乙型脑炎、登革热、炭疽、细菌性和阿米巴性痢疾、肺结核、伤寒和副伤寒、流行性脑脊髓膜炎、百日咳、白喉、新生儿破伤风、猩红热、布鲁氏菌病、淋病、梅毒、钩端螺旋体病、血吸虫病、疟疾。

丙类传染病是指:流行性感冒、流行性腮腺炎、风疹、急性出血性结膜炎、麻风病、流行性和地方性斑疹伤寒、黑热病、包虫病、丝虫病,除霍乱、细菌性和阿米巴性痢疾、伤寒和副伤寒以外的感染性腹泻病。

国务院卫生行政部门根据传染病暴发、流行情况和危害程度,可以决定增加、减少或者调整乙类、丙类传染病病种并予以公布。

第四条　【采取甲类传染病预防控制措施的乙类传染病】对乙类传染病中传染性非典型肺炎、炭疽中的肺炭疽和人感染高致病性禽流感,采取本法所称甲类传染病的预防、控制措施。其他乙类传染病和突发原因不明的传染病需要采取本法所称甲类传染病的预防、控制措施的,由国务院卫生行政部门及时报经国务院批准后予以公布、实施。

需要解除依照前款规定采取的甲类传染病预防、控制措施的,由国务院卫生行政部门报经国务院批准后予以公布。

省、自治区、直辖市人民政府对本行政区域内常见、多发的其他地方性传染病,可以根据情况决定按照乙类或者丙类传染病管理并予以公布,报国务院卫生行政部门备案。

第五条　【政府职责】各级人民政府领导传染病防治工作。

县级以上人民政府制定传染病防治规划并组织实施,建立健全传染病防治的疾病预防控制、医疗救治和监督管理体系。

第六条　【主管部门】国务院卫生行政部门主管全国传染病防治及其监督管理工作。县级以上地方人民政府卫生行政部门负责本行政区域内的传染病防治及其监督管理工作。

县级以上人民政府其他部门在各自的职责范围内负责传染病防治工作。

军队的传染病防治工作,依照本法和国家有关规定办理,由中国人民解放军卫生主管部门实施监督管理。

第七条　【疾病预防控制机构与医疗机构职责】各级疾病预防控制机构承担传染病监测、预测、流行病学调查、疫情报告以及其他预防、控制工作。

医疗机构承担与医疗救治有关的传染病防治工作和责任区域内的传染病预防工作。城市社区和农村基层医疗机构在疾病预防控制机构的指导下,承担城市社区、农村基层相应的传染病防治工作。

第八条　【国家职责】国家发展现代医学和中医药等传统医学,支持和鼓励开展传染病防治的科学研究,提高传染病防治的科学技术水平。

国家支持和鼓励开展传染病防治的国际合作。

第九条 【单位、个人和基层组织的职责】国家支持和鼓励单位和个人参与传染病防治工作。各级人民政府应当完善有关制度,方便单位和个人参与防治传染病的宣传教育、疫情报告、志愿服务和捐赠活动。

居民委员会、村民委员会应当组织居民、村民参与社区、农村的传染病预防与控制活动。

第十条 【健康教育和培训】国家开展预防传染病的健康教育。新闻媒体应当无偿开展传染病防治和公共卫生教育的公益宣传。

各级各类学校应当对学生进行健康知识和传染病预防知识的教育。

医学院校应当加强预防医学教育和科学研究,对在校学生以及其他与传染病防治相关人员进行预防医学教育和培训,为传染病防治工作提供技术支持。

疾病预防控制机构、医疗机构应当定期对其工作人员进行传染病防治知识、技能的培训。

第十一条 【表彰和抚恤】对在传染病防治工作中做出显著成绩和贡献的单位和个人,给予表彰和奖励。

对因参与传染病防治工作致病、致残、死亡的人员,按照有关规定给予补助、抚恤。

第十二条 【接受预防、控制措施义务】在中华人民共和国领域内的一切单位和个人,必须接受疾病预防控制机构、医疗机构有关传染病的调查、检验、采集样本、隔离治疗等预防、控制措施,如实提供有关情况。疾病预防控制机构、医疗机构不得泄露涉及个人隐私的有关信息、资料。

卫生行政部门以及其他有关部门、疾病预防控制机构和医疗机构因违法实施行政管理或者预防、控制措施,侵犯单位和个人合法权益的,有关单位和个人可以依法申请行政复议或者提起诉讼。

第二章 传染病预防

第十三条 【政府及相关部门的预防负责范围】各级人民政府组织开展群众性卫生活动,进行预防传染病的健康教育,倡导文明健康的生活方式,提高公众对传染病的防治意识和应对能力,加强环境卫生建设,消除鼠害和蚊、蝇等病媒生物的危害。

各级人民政府农业、水利、林业行政部门按照职责分工负责指导和组织消除农田、湖区、河流、牧场、林区的鼠害与血吸虫危害,以及其他传播传染病的动物和病媒生物的危害。

铁路、交通、民用航空行政部门负责组织消除交通工具以及相关场所的鼠害和蚊、蝇等病媒生物的危害。

第十四条 【地方政府的环境治理职责】地方各级人民政府应当有计划地建设和改造公共卫生设施,改善饮用水卫生条件,对污水、污物、粪便进行无害化处置。

第十五条 【预防接种制度】国家实行有计划的预防接种制度。国务院卫生行政部门和省、自治区、直辖市人民政府卫生行政部门,根据传染病预防、控制的需要,制定传染病预防接种规划并组织实施。用于预防接种的疫苗必须符合国家质量标准。

国家对儿童实行预防接种证制度。国家免疫规划项目的预防接种实行免费。医疗机构、疾病预防控制机构与儿童的监护人应当相互配合,保证儿童及时接受预防接种。具体办法由国务院制定。

第十六条 【禁止歧视原则】国家和社会应当关心、帮助传染病病人、病原携带者和疑似传染病病人,使其得到及时救治。任何单位和个人不得歧视传染病病人、病原携带者和疑似传染病病人。

传染病病人、病原携带者和疑似传染病病人,在治愈前或者在排除传染病嫌疑前,不得从事法律、行政法规和国务院卫生行政部门规定禁止从事的易使该传染病扩散的工作。

第十七条 【传染病监测制度】国家建立传染病监测制度。

国务院卫生行政部门制定国家传染病监测规划和方案。省、自治区、直辖市人民政府卫生行政部门根据国家传染病监测规划和方案,制定本行政区域的传染病监测计划和工作方案。

各级疾病预防控制机构对传染病的发生、流行以及影响其发生、流行的因素,进行监测;对国外发生、国内尚未发生的传染病或者国内新发生的传染病,进行监测。

第十八条 【疾病预防控制机构的具体职责】各级疾病预防控制机构在传染病预防控制中履行下列职责:

(一)实施传染病预防控制规划、计划和方案;

(二)收集、分析和报告传染病监测信息,预测传染病的发生、流行趋势;

(三)开展对传染病疫情和突发公共卫生事件的流行病学调查、现场处理及其效果评价;

(四)开展传染病实验室检测、诊断、病原学鉴定;

(五)实施免疫规划,负责预防性生物制品的使用管理;

(六)开展健康教育、咨询,普及传染病防治知识;

(七)指导、培训下级疾病预防控制机构及其工作人员开展传染病监测工作;

(八)开展传染病防治应用性研究和卫生评价,提供技术咨询。

国家、省级疾病预防控制机构负责对传染病发生、流行以及分布进行监测,对重大传染病流行趋势进行预测,提出预防控制对策,参与并指导对暴发的疫情进行调查处理,开展传染病病原学鉴定,建立检测质量控制体系,开展应用性研究和卫生评价。

设区的市和县级疾病预防控制机构负责传染病预防控制规划、方案的落实,组织实施免疫、消毒、控制病媒生物的危害,普及传染病防治知识,负责本地区疫情和突发公共卫生事件监测、报告,开展流行病学调查和常见病原微生物检测。

第十九条 【传染病预警制度】国家建立传染病预警制度。

国务院卫生行政部门和省、自治区、直辖市人民政府根据传染病发生、流行趋势的预测,及时发出传染病预警,根据情况予以公布。

第二十条 【传染病预防、控制预案内容】县级以上地方人民政府应当制定传染病预防、控制预案,报上一级人民政府备案。

传染病预防、控制预案应当包括以下主要内容:

(一)传染病预防控制指挥部的组成和相关部门的职责;

(二)传染病的监测、信息收集、分析、报告、通报制度;

(三)疾病预防控制机构、医疗机构在发生传染病疫情时的任务与职责;

(四)传染病暴发、流行情况的分级以及相应的应急工作方案;

(五)传染病预防、疫点疫区现场控制,应急设施、设备、救治药品和医疗器械以及其他物资和技术的储备与调用。

地方人民政府和疾病预防控制机构接到国务院卫生行政部门或者省、自治区、直辖市人民政府发出的传染病预警后,应当按照传染病预防、控制预案,采取相应的预防、控制措施。

第二十一条 【医疗机构的预防义务】医疗机构必须严格执行国务院卫生行政部门规定的管理制度、操作规范,防止传染病的医源性感染和医院感染。

医疗机构应当确定专门的部门或者人员,承担传染病疫情报告、本单位的传染病预防、控制以及责任区域内的传染病预防工作;承担医疗活动中与医院感染有关的危险因素监测、安全防护、消毒、隔离和医疗废物处置工作。

疾病预防控制机构应当指定专门人员负责对医疗机构内传染病预防工作进行指导、考核,开展流行病学调查。

第二十二条 【对实验单位严格监督管理】疾病预防控制机构、医疗机构的实验室和从事病原微生物实验的单位,应当符合国家规定的条件和技术标准,建立严格的监督管理制度,对传染病病原体样本按照规定的措施实行严格监督管理,严防传染病病原体的实验室感染和病原微生物的扩散。

第二十三条 【对采供血机构、生物制品生产单位的卫生要求】采供血机构、生物制品生产单位必须严格执行国家有关规定,保证血液、血液制品的质量。禁止非法采集血液或者组织他人出卖血液。

疾病预防控制机构、医疗机构使用血液和血液制品,必须遵守国家有关规定,防止因输入血液、使用血液制品引起经血液传播疾病的发生。

第二十四条 【艾滋病防治工作】各级人民政府应当加强艾滋病的防治工作,采取预防、控制措施,防止艾滋病的传播。具体办法由国务院制定。

第二十五条 【对与人畜共患传染病有关的动物传染病的防治】县级以上人民政府农业、林业行政部门以及其他有关部门,依据各自的职责负责与人畜共患传染病有关的动物传染病的防治管理工作。

与人畜共患传染病有关的野生动物、家畜家禽,经检疫合格后,方可出售、运输。

第二十六条 【传染病菌种、毒种库】国家建立传染病菌种、毒种库。

对传染病菌种、毒种和传染病检测样本的采集、保藏、携带、运输和使用实行分类管理,建立健全严格的管理制度。

对可能导致甲类传染病传播的以及国务院卫生行政部门规定的菌种、毒种和传染病检测样本,确需采集、保藏、携带、运输和使用的,须经省级以上人民政府卫生行政部门批准。具体办法由国务院制定。

第二十七条 【强制消毒处理】对被传染病病原体污染的污水、污物、场所和物品,有关单位和个人必须在疾病预防控制机构的指导下或者按照其提出的卫生要求,进行严格消毒处理;拒绝消毒处理的,由当地卫生行政部门或者疾病预防控制机构进行强制消毒处理。

第二十八条 【卫生调查制度】在国家确认的自然疫源地计划兴建水利、交通、旅游、能源等大型建设项目的,应当事先由省级以上疾病预防控制机构对施工环境进行卫生调查。建设单位应当根据疾病预防控制机构的意见，采取必要的传染病预防、控制措施。施工期间，建设单位应当设专人负责工地上的卫生防疫工作。工程竣工后，疾病预防控制机构应当对可能发生的传染病进行监测。

第二十九条 【**符合卫生规范的强制规定**】用于传染病防治的消毒产品、饮用水供水单位供应的饮用水和涉及饮用水卫生安全的产品，应当符合国家卫生标准和卫生规范。

饮用水供水单位从事生产或者供应活动，应当依法取得卫生许可证。

生产用于传染病防治的消毒产品的单位和生产用于传染病防治的消毒产品，应当经省级以上人民政府卫生行政部门审批。具体办法由国务院制定。

第三章 疫情报告、通报和公布

第三十条 【**传染病疫情报告制度**】疾病预防控制机构、医疗机构和采供血机构及其执行职务的人员发现本法规定的传染病疫情或者发现其他传染病暴发、流行以及突发原因不明的传染病时，应当遵循疫情报告属地管理原则，按照国务院规定的或者国务院卫生行政部门规定的内容、程序、方式和时限报告。

军队医疗机构向社会公众提供医疗服务，发现前款规定的传染病疫情时，应当按照国务院卫生行政部门的规定报告。

第三十一条 【**单位和个人的报告义务**】任何单位和个人发现传染病病人或者疑似传染病病人时，应当及时向附近的疾病预防控制机构或者医疗机构报告。

第三十二条 【**港口、机场、铁路疾病预防控制机构和国境卫生检疫机关的报告义务**】港口、机场、铁路疾病预防控制机构以及国境卫生检疫机关发现甲类传染病病人、病原携带者、疑似传染病病人时，应当按照国家有关规定立即向国境口岸所在地的疾病预防控制机构或者所在地县级以上地方人民政府卫生行政部门报告并互相通报。

第三十三条 【**报告主体和对象**】疾病预防控制机构应当主动收集、分析、调查、核实传染病疫情信息。接到甲类、乙类传染病疫情报告或者发现传染病暴发、流行时，应当立即报告当地卫生行政部门，由当地卫生行政部门立即报告当地人民政府，同时报告上级卫生行政部门和国务院卫生行政部门。

疾病预防控制机构应当设立或者指定专门的部门、人员负责传染病疫情信息管理工作，及时对疫情报告进行核实、分析。

第三十四条 【**通报与告知**】县级以上地方人民政府卫生行政部门应当及时向本行政区域内的疾病预防控制机构和医疗机构通报传染病疫情以及监测、预警的相关信息。接到通报的疾病预防控制机构和医疗机构应当及时告知本单位的有关人员。

第三十五条 【**通报制度**】国务院卫生行政部门应当及时向国务院其他有关部门和各省、自治区、直辖市人民政府卫生行政部门通报全国传染病疫情以及监测、预警的相关信息。

毗邻的以及相关的地方人民政府卫生行政部门，应当及时互相通报本行政区域的传染病疫情以及监测、预警的相关信息。

县级以上人民政府有关部门发现传染病疫情时，应当及时向同级人民政府卫生行政部门通报。

中国人民解放军卫生主管部门发现传染病疫情时，应当向国务院卫生行政部门通报。

第三十六条 【**人畜共患传染病疫情的报通**】动物防疫机构和疾病预防控制机构，应当及时互相通报动物间和人间发生的人畜共患传染病疫情以及相关信息。

第三十七条 【**不得隐瞒、谎报、缓报疫情**】依照本法的规定负有传染病疫情报告职责的人民政府有关部门、疾病预防控制机构、医疗机构、采供血机构及其工作人员，不得隐瞒、谎报、缓报传染病疫情。

第三十八条 【**传染病疫情信息公布制度**】国家建立传染病疫情信息公布制度。

国务院卫生行政部门定期公布全国传染病疫情信息。省、自治区、直辖市人民政府卫生行政部门定期公布本行政区域的传染病疫情信息。

传染病暴发、流行时，国务院卫生行政部门负责向社会公布传染病疫情信息，并可以授权省、自治区、直辖市人民政府卫生行政部门向社会公布本行政区域的传染病疫情信息。

公布传染病疫情信息应当及时、准确。

第四章 疫情控制

第三十九条 【**医疗机构应采取的控制措施**】医疗机构发现甲类传染病时，应当及时采取下列措施：

（一）对病人、病原携带者，予以隔离治疗，隔离期限根据医学检查结果确定；

（二）对疑似病人，确诊前在指定场所单独隔离治疗；

（三）对医疗机构内的病人、病原携带者、疑似病人的密切接触者，在指定场所进行医学观察和采取其他必要的预防措施。

拒绝隔离治疗或者隔离期未满擅自脱离隔离治疗

的，可以由公安机关协助医疗机构采取强制隔离治疗措施。

医疗机构发现乙类或者丙类传染病病人，应当根据病情采取必要的治疗和控制传播措施。

医疗机构对本单位内被传染病病原体污染的场所、物品以及医疗废物，必须依照法律、法规的规定实施消毒和无害化处置。

第四十条 【疾病预防控制机构应采取的措施】疾病预防控制机构发现传染病疫情或者接到传染病疫情报告时，应当及时采取下列措施：

（一）对传染病疫情进行流行病学调查，根据调查情况提出划定疫点、疫区的建议，对被污染的场所进行卫生处理，对密切接触者，在指定场所进行医学观察和采取其他必要的预防措施，并向卫生行政部门提出疫情控制方案；

（二）传染病暴发、流行时，对疫点、疫区进行卫生处理，向卫生行政部门提出疫情控制方案，并按照卫生行政部门的要求采取措施；

（三）指导下级疾病预防控制机构实施传染病预防、控制措施，组织、指导有关单位对传染病疫情的处理。

第四十一条 【隔离措施】对已经发生甲类传染病病例的场所或者该场所内的特定区域的人员，所在地的县级以上地方人民政府可以实施隔离措施，并同时向上一级人民政府报告；接到报告的上级人民政府应当即时作出是否批准的决定。上级人民政府作出不予批准决定的，实施隔离措施的人民政府应当立即解除隔离措施。

在隔离期间，实施隔离措施的人民政府应当对被隔离人员提供生活保障；被隔离人员有工作单位的，所在单位不得停止支付其隔离期间的工作报酬。

隔离措施的解除，由原决定机关决定并宣布。

第四十二条 【政府的控制措施】传染病暴发、流行时，县级以上地方人民政府应当立即组织力量，按照预防、控制预案进行防治，切断传染病的传播途径，必要时，报经上一级人民政府决定，可以采取下列紧急措施并予以公告：

（一）限制或者停止集市、影剧院演出或者其他人群聚集的活动；

（二）停工、停业、停课；

（三）封闭或者封存被传染病病原体污染的公共饮用水源、食品以及相关物品；

（四）控制或者扑杀染疫野生动物、家畜家禽；

（五）封闭可能造成传染病扩散的场所。

上级人民政府接到下级人民政府关于采取前款所列紧急措施的报告时，应当即时作出决定。

紧急措施的解除，由原决定机关决定并宣布。

第四十三条 【疫区紧急措施】甲类、乙类传染病暴发、流行时，县级以上地方人民政府报经上一级人民政府决定，可以宣布本行政区域部分或者全部为疫区；国务院可以决定并宣布跨省、自治区、直辖市的疫区。县级以上地方人民政府可以在疫区内采取本法第四十二条规定的紧急措施，并可以对出入疫区的人员、物资和交通工具实施卫生检疫。

省、自治区、直辖市人民政府可以决定对本行政区域内的甲类传染病疫区实施封锁；但是，封锁大、中城市的疫区或者封锁跨省、自治区、直辖市的疫区，以及封锁疫区导致中断干线交通或者封锁国境的，由国务院决定。

疫区封锁的解除，由原决定机关决定并宣布。

第四十四条 【交通卫生检疫】发生甲类传染病时，为了防止该传染病通过交通工具及其乘运的人员、物资传播，可以实施交通卫生检疫。具体办法由国务院制定。

第四十五条 【调集和征用物资】传染病暴发、流行时，根据传染病疫情控制的需要，国务院有权在全国范围或者跨省、自治区、直辖市范围内，县级以上地方人民政府有权在本行政区域内紧急调集人员或者调用储备物资，临时征用房屋、交通工具以及相关设施、设备。

紧急调集人员的，应当按照规定给予合理报酬。临时征用房屋、交通工具以及相关设施、设备的，应当依法给予补偿；能返还的，应当及时返还。

第四十六条 【对尸体的卫生处理和检查】患甲类传染病、炭疽死亡的，应当将尸体立即进行卫生处理，就近火化。患其他传染病死亡的，必要时，应当将尸体进行卫生处理后火化或者按照规定深埋。

为了查找传染病病因，医疗机构在必要时可以按照国务院卫生行政部门的规定，对传染病病人尸体或者疑似传染病病人尸体进行解剖查验，并应当告知死者家属。

第四十七条 【疫区中物品消毒】疫区中被传染病病原体污染或者可能被传染病病原体污染的物品，经消毒可以使用的，应当在当地疾病预防控制机构的指导下，进行消毒处理后，方可使用、出售和运输。

第四十八条 【专业技术机构的调查检验】发生传染病疫情时，疾病预防控制机构和省级以上人民政府卫生行政部门指派的其他与传染病有关的专业技术机构，可以进入传染病疫点、疫区进行调查、采集样本、技术分析和检验。

第四十九条 【药品、医疗器械优先供应】传染病暴发、流行时，药品和医疗器械生产、供应单位应当及时生产、供应防治传染病的药品和医疗器械。铁路、交通、民用航空经营单位必须优先运送处理传染病疫情的人员以及防治传染病的药品和医疗器械。县级以上人民政府有关部门应当做好组织协调工作。

第五章 医疗救治

第五十条 【传染病救治服务网络的完善】县级以上人民政府应当加强和完善传染病医疗救治服务网络的建设，指定具备传染病救治条件和能力的医疗机构承担传染病救治任务，或者根据传染病救治需要设置传染病医院。

第五十一条 【对医疗机构的要求】医疗机构的基本标准、建筑设计和服务流程，应当符合预防传染病医院感染的要求。

医疗机构应当按照规定对使用的医疗器械进行消毒；对按照规定一次使用的医疗器具，应当在使用后予以销毁。

医疗机构应当按照国务院卫生行政部门规定的传染病诊断标准和治疗要求，采取相应措施，提高传染病医疗救治能力。

第五十二条 【医疗机构的义务】医疗机构应当对传染病病人或者疑似传染病病人提供医疗救护、现场救援和接诊治疗，书写病历记录以及其他有关资料，并妥善保管。

医疗机构应当实行传染病预检、分诊制度；对传染病病人、疑似传染病病人，应当引导至相对隔离的分诊点进行初诊。医疗机构不具备相应救治能力的，应当将患者及其病历记录复印件一并转至具备相应救治能力的医疗机构。具体办法由国务院卫生行政部门规定。

第六章 监督管理

第五十三条 【卫生行政部门的监督检查职责】县级以上人民政府卫生行政部门对传染病防治工作履行下列监督检查职责：

（一）对下级人民政府卫生行政部门履行本法规定的传染病防治职责进行监督检查；

（二）对疾病预防控制机构、医疗机构的传染病防治工作进行监督检查；

（三）对采供血机构的采供血活动进行监督检查；

（四）对用于传染病防治的消毒产品及其生产单位进行监督检查，并对饮用水供水单位从事生产或者供应活动以及涉及饮用水卫生安全的产品进行监督检查；

（五）对传染病菌种、毒种和传染病检测样本的采集、保藏、携带、运输、使用进行监督检查；

（六）对公共场所和有关单位的卫生条件和传染病预防、控制措施进行监督检查。

省级以上人民政府卫生行政部门负责组织对传染病防治重大事项的处理。

第五十四条 【调查取证、查阅复制资料权】县级以上人民政府卫生行政部门在履行监督检查职责时，有权进入被检查单位和传染病疫情发生现场调查取证，查阅或者复制有关的资料和采集样本。被检查单位应当予以配合，不得拒绝、阻挠。

第五十五条 【临时控制和消毒措施】县级以上地方人民政府卫生行政部门在履行监督检查职责时，发现被传染病病原体污染的公共饮用水源、食品以及相关物品，如不及时采取控制措施可能导致传染病传播、流行的，可以采取封闭公共饮用水源、封存食品以及相关物品或者暂停销售的临时控制措施，并予以检验或者进行消毒。经检验，属于被污染的食品，应当予以销毁；对未被污染的食品或者经消毒后可以使用的物品，应当解除控制措施。

第五十六条 【卫生执法要求】卫生行政部门工作人员依法执行职务时，应当不少于两人，并出示执法证件，填写卫生执法文书。

卫生执法文书经核对无误后，应当由卫生执法人员和当事人签名。当事人拒绝签名的，卫生执法人员应当注明情况。

第五十七条 【内部监督制度】卫生行政部门应当依法建立健全内部监督制度，对其工作人员依据法定职权和程序履行职责的情况进行监督。

上级卫生行政部门发现下级卫生行政部门不及时处理职责范围内的事项或者不履行职责的，应当责令纠正或者直接予以处理。

第五十八条 【社会监督】卫生行政部门及其工作人员履行职责，应当自觉接受社会和公民的监督。单位和个人有权向上级人民政府及其卫生行政部门举报违反本法的行为。接到举报的有关人民政府或者其卫生行政部门，应当及时调查处理。

第七章 保障措施

第五十九条 【纳入发展计划的要求】国家将传染病防

治工作纳入国民经济和社会发展计划，县级以上地方人民政府将传染病防治工作纳入本行政区域的国民经济和社会发展计划。

第六十条 【财政保障】县级以上地方人民政府按照本级政府职责负责本行政区域内传染病预防、控制、监督工作的日常经费。

国务院卫生行政部门会同国务院有关部门，根据传染病流行趋势，确定全国传染病预防、控制、救治、监测、预测、预警、监督检查等项目。中央财政对困难地区实施重大传染病防治项目给予补助。

省、自治区、直辖市人民政府根据本行政区域内传染病流行趋势，在国务院卫生行政部门确定的项目范围内，确定传染病预防、控制、监督等项目，并保障项目的实施经费。

第六十一条 【对特定地区和基层地区的经费保障】国家加强基层传染病防治体系建设，扶持贫困地区和少数民族地区的传染病防治工作。

地方各级人民政府应当保障城市社区、农村基层传染病预防工作的经费。

第六十二条 【对困难人群的医疗救助】国家对患有特定传染病的困难人群实行医疗救助，减免医疗费用。具体办法由国务院卫生行政部门会同国务院财政部门等部门制定。

第六十三条 【物资的储备和调用】县级以上人民政府负责储备防治传染病的药品、医疗器械和其他物资，以备调用。

第六十四条 【对从事传染病防护工作人员的保护和照顾】对从事传染病预防、医疗、科研、教学、现场处理疫情的人员，以及在生产、工作中接触传染病病原体的其他人员，有关单位应当按照国家规定，采取有效的卫生防护措施和医疗保健措施，并给予适当的津贴。

第八章 法律责任

第六十五条 【政府隐瞒、谎报、缓报的责任】地方各级人民政府未依照本法的规定履行报告职责，或者隐瞒、谎报、缓报传染病疫情，或者在传染病暴发、流行时，未及时组织救治、采取控制措施的，由上级人民政府责令改正，通报批评；造成传染病传播、流行或者其他严重后果的，对负有责任的主管人员，依法给予行政处分；构成犯罪的，依法追究刑事责任。

第六十六条 【卫生行政部门的违法责任】县级以上人民政府卫生行政部门违反本法规定，有下列情形之一的，由本级人民政府、上级人民政府卫生行政部门责令改正，通报批评；造成传染病传播、流行或者其他严重后果的，对负有责任的主管人员和其他直接责任人员，依法给予行政处分；构成犯罪的，依法追究刑事责任：

（一）未依法履行传染病疫情通报、报告或者公布职责，或者隐瞒、谎报、缓报传染病疫情的；

（二）发生或者可能发生传染病传播时未及时采取预防、控制措施的；

（三）未依法履行监督检查职责，或者发现违法行为不及时查处的；

（四）未及时调查、处理单位和个人对下级卫生行政部门不履行传染病防治职责的举报的；

（五）违反本法的其他失职、渎职行为。

第六十七条 【传染病防治和保障失职的责任】县级以上人民政府有关部门未依照本法的规定履行传染病防治和保障职责的，由本级人民政府或者上级人民政府有关部门责令改正，通报批评；造成传染病传播、流行或者其他严重后果的，对负有责任的主管人员和其他直接责任人员，依法给予行政处分；构成犯罪的，依法追究刑事责任。

第六十八条 【疾病预防控制机构的违法责任】疾病预防控制机构违反本法规定，有下列情形之一的，由县级以上人民政府卫生行政部门责令限期改正，通报批评，给予警告；对负有责任的主管人员和其他直接责任人员，依法给予降级、撤职、开除的处分，并可以依法吊销有关责任人员的执业证书；构成犯罪的，依法追究刑事责任：

（一）未依法履行传染病监测职责的；

（二）未依法履行传染病疫情报告、通报职责，或者隐瞒、谎报、缓报传染病疫情的；

（三）未主动收集传染病疫情信息，或者对传染病疫情信息和疫情报告未及时进行分析、调查、核实的；

（四）发现传染病疫情时，未依据职责及时采取本法规定的措施的；

（五）故意泄露传染病病人、病原携带者、疑似传染病病人、密切接触者涉及个人隐私的有关信息、资料的。

第六十九条 【医疗机构的违法责任】医疗机构违反本法规定，有下列情形之一的，由县级以上人民政府卫生行政部门责令改正，通报批评，给予警告；造成传染病传播、流行或者其他严重后果的，对负有责任的主管人员和其他直接责任人员，依法给予降级、撤职、开除的处分，并可以依法吊销有关责任人员的执业证书；构成犯罪的，依法追究刑事责任：

（一）未按照规定承担本单位的传染病预防、控制工作、医院感染控制任务和责任区域内的传染病预防工作的；

（二）未按照规定报告传染病疫情，或者隐瞒、谎报、缓报传染病疫情的；

（三）发现传染病疫情时，未按照规定对传染病病人、疑似传染病病人提供医疗救护、现场救援、接诊、转诊的，或者拒绝接受转诊的；

（四）未按照规定对本单位内被传染病病原体污染的场所、物品以及医疗废物实施消毒或者无害化处置的；

（五）未按照规定对医疗器械进行消毒，或者对按照规定一次使用的医疗器具未予销毁，再次使用的；

（六）在医疗救治过程中未按照规定保管医学记录资料的；

（七）故意泄露传染病病人、病原携带者、疑似传染病病人、密切接触者涉及个人隐私的有关信息、资料的。

第七十条　【采供血机构的违法责任和非法采集血液、组织卖血的责任】采供血机构未按照规定报告传染病疫情，或者隐瞒、谎报、缓报传染病疫情，或者未执行国家有关规定，导致因输入血液引起经血液传播疾病发生的，由县级以上人民政府卫生行政部门责令改正，通报批评，给予警告；造成传染病传播、流行或者其他严重后果的，对负有责任的主管人员和其他直接责任人员，依法给予降级、撤职、开除的处分，并可以依法吊销采供血机构的执业许可证；构成犯罪的，依法追究刑事责任。

非法采集血液或者组织他人出卖血液的，由县级以上人民政府卫生行政部门予以取缔，没收违法所得，可以并处十万元以下的罚款；构成犯罪的，依法追究刑事责任。

第七十一条　【国境卫生检疫机关、动物防疫机构的失职责任】国境卫生检疫机关、动物防疫机构未依法履行传染病疫情通报职责的，由有关部门在各自职责范围内责令改正，通报批评；造成传染病传播、流行或者其他严重后果的，对负有责任的主管人员和其他直接责任人员，依法给予降级、撤职、开除的处分；构成犯罪的，依法追究刑事责任。

第七十二条　【铁路、交通、民用航空经营单位的违法责任】铁路、交通、民用航空经营单位未依照本法的规定优先运送处理传染病疫情的人员以及防治传染病的药品和医疗器械的，由有关部门责令限期改正，给予警告；造成严重后果的，对负有责任的主管人员和其他直接责任人员，依法给予降级、撤职、开除的处分。

第七十三条　【对导致或者可能导致传染病传播、流行行为的处罚】违反本法规定，有下列情形之一，导致或者可能导致传染病传播、流行的，由县级以上人民政府卫生行政部门责令限期改正，没收违法所得，可以并处五万元以下的罚款；已取得许可证的，原发证部门可以依法暂扣或者吊销许可证；构成犯罪的，依法追究刑事责任：

（一）饮用水供水单位供应的饮用水不符合国家卫生标准和卫生规范的；

（二）涉及饮用水卫生安全的产品不符合国家卫生标准和卫生规范的；

（三）用于传染病防治的消毒产品不符合国家卫生标准和卫生规范的；

（四）出售、运输疫区中被传染病病原体污染或者可能被传染病病原体污染的物品，未进行消毒处理的；

（五）生物制品生产单位生产的血液制品不符合国家质量标准的。

第七十四条　【疾病预防控制机构、医疗机构和从事病原微生物实验单位的违法责任】违反本法规定，有下列情形之一的，由县级以上地方人民政府卫生行政部门责令改正，通报批评，给予警告，已取得许可证的，可以依法暂扣或者吊销许可证；造成传染病传播、流行以及其他严重后果的，对负有责任的主管人员和其他直接责任人员，依法给予降级、撤职、开除的处分，并可以依法吊销有关责任人员的执业证书；构成犯罪的，依法追究刑事责任：

（一）疾病预防控制机构、医疗机构和从事病原微生物实验的单位，不符合国家规定的条件和技术标准，对传染病病原体样本未按照规定进行严格管理，造成实验室感染和病原微生物扩散的；

（二）违反国家有关规定，采集、保藏、携带、运输和使用传染病菌种、毒种和传染病检测样本的；

（三）疾病预防控制机构、医疗机构未执行国家有关规定，导致因输入血液、使用血液制品引起经血液传播疾病发生的。

第七十五条　【违法出售动物的处罚】未经检疫出售、运输与人畜共患传染病有关的野生动物、家畜家禽的，由县级以上地方人民政府畜牧兽医行政部门责令停止违法行为，并依法给予行政处罚。

第七十六条　【对未经卫生调查进行施工的处罚】在国家确认的自然疫源地兴建水利、交通、旅游、能源等大型建设项目，未经卫生调查进行施工的，或者未按照疾病预防控制机构的意见采取必要的传染病预防、控制措施的,由县级以上人民政府卫生行政部门责令限期改正,给予警告,处五千元以上三万元以下的罚款;逾期不改正的,处三万元以上十万元以下的罚款,并可以提请有关人民政府依据职责权限,责令停建、关闭。

第七十七条 【相关的民事责任】单位和个人违反本法规定,导致传染病传播、流行,给他人人身、财产造成损害的,应当依法承担民事责任。

第九章 附 则

第七十八条 【术语定义】本法中下列用语的含义:

(一)传染病病人、疑似传染病病人:指根据国务院卫生行政部门发布的《中华人民共和国传染病防治法规定管理的传染病诊断标准》,符合传染病病人和疑似传染病病人诊断标准的人。

(二)病原携带者:指感染病原体无临床症状但能排出病原体的人。

(三)流行病学调查:指对人群中疾病或者健康状况的分布及其决定因素进行调查研究,提出疾病预防控制措施及保健对策。

(四)疫点:指病原体从传染源向周围播散的范围较小或者单个疫源地。

(五)疫区:指传染病在人群中暴发、流行,其病原体向周围播散时所能波及的地区。

(六)人畜共患传染病:指人与脊椎动物共同罹患的传染病,如鼠疫、狂犬病、血吸虫病等。

(七)自然疫源地:指某些可引起人类传染病的病原体在自然界的野生动物中长期存在和循环的地区。

(八)病媒生物:指能够将病原体从人或者其他动物传播给人的生物,如蚊、蝇、蚤类等。

(九)医源性感染:指在医学服务中,因病原体传播引起的感染。

(十)医院感染:指住院病人在医院内获得的感染,包括在住院期间发生的感染和在医院内获得出院后发生的感染,但不包括入院前已开始或者入院时已处于潜伏期的感染。医院工作人员在医院内获得的感染也属医院感染。

(十一)实验室感染:指从事实验室工作时,因接触病原体所致的感染。

(十二)菌种、毒种:指可能引起本法规定的传染病发生的细菌菌种、病毒毒种。

(十三)消毒:指用化学、物理、生物的方法杀灭或者消除环境中的病原微生物。

(十四)疾病预防控制机构:指从事疾病预防控制活动的疾病预防控制中心以及与上述机构业务活动相同的单位。

(十五)医疗机构:指按照《医疗机构管理条例》取得医疗机构执业许可证,从事疾病诊断、治疗活动的机构。

第七十九条 【法律适用】传染病防治中有关食品、药品、血液、水、医疗废物和病原微生物的管理以及动物防疫和国境卫生检疫,本法未规定的,分别适用其他有关法律、行政法规的规定。

第八十条 【施行日期】本法自 2004 年 12 月 1 日起施行。

中华人民共和国
传染病防治法实施办法

1. 1991 年 10 月 4 日国务院批准

2. 1991 年 12 月 6 日卫生部令第 17 号发布施行

第一章 总 则

第一条 根据《中华人民共和国传染病防治法》(以下简称《传染病防治法》)的规定,制定本办法。

第二条 国家对传染病实行预防为主的方针,各级政府在制定社会经济发展规划时,必须包括传染病防治目标,并组织有关部门共同实施。

第三条 各级政府卫生行政部门对传染病防治工作实施统一监督管理。

受国务院卫生行政部门委托的其他有关部门卫生主管机构,在本系统内行使《传染病防治法》第三十二条第一款所列职权。

军队的传染病防治工作,依照《传染病防治法》和本办法中的有关规定以及国家其他有关规定,由中国人民解放军卫生主管部门实施监督管理。

第四条 各级各类卫生防疫机构按照专业分工承担传染病监测管理的责任和范围,由省级政府卫生行政部门确定。

铁路、交通、民航、厂(场)矿的卫生防疫机构,承担本系统传染病监测管理工作,并接受本系统上级卫生主管机构和省级政府卫生行政部门指定的卫生防疫机构的业务指导。

第五条 各级各类医疗保健机构承担传染病防治管理的责任和范围,由当地政府卫生行政部门确定。

第六条 各级政府对预防、控制传染病做出显著成绩和贡献的单位和个人,应当给予奖励。

第二章 预 防

第七条 各级政府应当组织有关部门，开展传染病预防知识和防治措施的卫生健康教育。

第八条 各级政府组织开展爱国卫生活动。

铁路、交通、民航部门负责组织消除交通工具的鼠害和各种病媒昆虫的危害。

农业、林业部门负责组织消除农田、牧场及林区的鼠害。

国务院各有关部委消除钉螺危害的分工，按照国务院的有关规定办理。

第九条 集中式供水必须符合国家《生活饮用水卫生标准》。

各单位自备水源，未经城市建设部门和卫生行政部门批准，不得与城镇集中式供水系统连接。

第十条 地方各级政府应当有计划地建设和改造公共卫生设施。

城市应当按照城市环境卫生设施标准修建公共厕所、垃圾粪便的无害化处理场和污水、雨水排放处理系统等公共卫生设施。

农村应当逐步改造厕所，对粪便进行无害化处理，加强对公共生活用水的卫生管理，建立必要的卫生管理制度。饮用水水源附近禁止有污水池、粪堆（坑）等污染源。禁止在饮用水水源附近洗刷便器和运输粪便的工具。

第十一条 国家实行有计划的预防接种制度。

中华人民共和国境内的任何人均应按照有关规定接受预防接种。

各省、自治区、直辖市政府卫生行政部门可以根据当地传染病的流行情况，增加预防接种项目。

第十二条 国家对儿童实行预防接种证制度。

适龄儿童应当按照国家有关规定，接受预防接种。适龄儿童的家长或者监护人应当及时向医疗保健机构申请办理预防接种证。

托幼机构、学校在办理入托、入学手续时，应当查验预防接种证，未按规定接种的儿童应当及时补种。

第十三条 各级各类医疗保健机构的预防保健组织或者人员，在本单位及责任地段内承担下列工作：

（一）传染病疫情报告和管理；

（二）传染病预防和控制工作；

（三）卫生行政部门指定的卫生防疫机构交付的传染病防治和监测任务。

第十四条 医疗保健机构必须按照国务院卫生行政部门的有关规定，严格执行消毒隔离制度，防止医院内感染和医源性感染。

第十五条 卫生防疫机构和从事致病性微生物实验的科研、教学、生产等单位必须做到：

（一）建立健全防止致病性微生物扩散的制度和人体防护措施；

（二）严格执行实验操作规程，对实验后的样品、器材、污染物品等，按照有关规定严格消毒后处理；

（三）实验动物必须按照国家有关规定进行管理。

第十六条 传染病的菌（毒）种分为下列三类：

一类：鼠疫耶尔森氏菌、霍乱弧菌；天花病毒、艾滋病病毒；

二类：布氏菌、炭疽菌、麻风杆菌、肝炎病毒、狂犬病毒、出血热病毒、登革热病毒；斑疹伤寒立克次体；

三类：脑膜炎双球菌、链球菌、淋病双球菌、结核杆菌、百日咳嗜血杆菌、白喉棒状杆菌、沙门氏菌、志贺氏菌、破伤风梭状杆菌；钩端螺旋体、梅毒螺旋体；乙型脑炎病毒、脊髓灰质炎病毒、流感病毒、流行性腮腺炎病毒、麻疹病毒、风疹病毒。

国务院卫生行政部门可以根据情况增加或者减少菌（毒）种的种类。

第十七条 国家对传染病菌（毒）种的保藏、携带、运输实行严格管理：

（一）菌（毒）种的保藏由国务院卫生行政部门指定的单位负责。

（二）一、二类菌（毒）种的供应由国务院卫生行政部门指定的保藏管理单位供应。三类菌（毒）种由设有专业实验室的单位或者国务院卫生行政部门指定的保藏管理单位供应。

（三）使用一类菌（毒）种的单位，必须经国务院卫生行政部门批准；使用二类菌（毒）种的单位必须经省级政府卫生行政部门批准；使用三类菌（毒）种的单位，应当经县级政府卫生行政部门批准。

（四）一、二类菌（毒）种，应派专人向供应单位领取，不得邮寄；三类菌（毒）种的邮寄必须持有邮寄单位的证明，并按照菌（毒）种邮寄与包装的有关规定办理。

第十八条 对患有下列传染病的病人或者病原携带者予以必要的隔离治疗，直至医疗保健机构证明其不具有传染性时，方可恢复工作：

（一）鼠疫、霍乱；

（二）艾滋病、病毒性肝炎、细菌性和阿米巴痢疾、伤寒和副伤寒、炭疽、斑疹伤寒、麻疹、百日咳、白喉、脊髓灰质炎、流行性脑脊髓膜炎、猩红热、流行性出血热、登革热、淋病、梅毒；

（三）肺结核、麻风病、流行性腮腺炎、风疹、急性出血性结膜炎。

第十九条　从事饮水、饮食、整容、保育等易使传染病扩散工作的从业人员，必须按照国家有关规定取得健康合格证后方可上岗。

第二十条　招用流动人员200人以上的用工单位，应当向当地政府卫生行政部门指定的卫生防疫机构报告，并按照要求采取预防控制传染病的卫生措施。

第二十一条　被甲类传染病病原体污染的污水、污物、粪便，有关单位和个人必须在卫生防疫人员的指导监督下，按照下列要求进行处理：

（一）被鼠疫病原体污染

1. 被污染的室内空气、地面、四壁必须进行严格消毒，被污染的物品必须严格消毒或者焚烧处理；

2. 彻底消除鼠疫疫区内的鼠类、蚤类；发现病鼠、死鼠应当送检；解剖检验后的鼠尸必须焚化；

3. 疫区内啮齿类动物的皮毛不能就地进行有效的消毒处理时，必须在卫生防疫机构的监督下焚烧。

（二）被霍乱病原体污染

1. 被污染的饮用水，必须进行严格消毒处理；

2. 污水经消毒处理后排放；

3. 被污染的食物要就地封存，消毒处理；

4. 粪便消毒处理达到无害化；

5. 被污染的物品，必须进行严格消毒或者焚烧处理。

第二十二条　被伤寒和副伤寒、细菌性痢疾、脊髓灰质炎、病毒性肝炎病原体污染的水、物品、粪便，有关单位和个人应当按照下列要求进行处理：

（一）被污染的饮用水，应当进行严格消毒处理；

（二）污水经消毒处理后排放；

（三）被污染的物品，应当进行严格消毒处理或者焚烧处理；

（四）粪便消毒处理达到无害化。

死于炭疽的动物尸体必须就地焚化，被污染的用具必须消毒处理，被污染的土地、草皮消毒后，必须将10厘米厚的表层土铲除，并在远离水源及河流的地方深埋。

第二十三条　出售、运输被传染病病原体污染或者来自疫区可能被传染病病原体污染的皮毛、旧衣物及生活用品等，必须按照卫生防疫机构的要求进行必要的卫生处理。

第二十四条　用于预防传染病的菌苗、疫苗等生物制品，由各省、自治区、直辖市卫生防疫机构统一向生物制品生产单位订购，其他任何单位和个人不得经营。

用于预防传染病的菌苗、疫苗等生物制品必须在卫生防疫机构监督指导下使用。

第二十五条　凡从事可能导致经血液传播传染病的美容、整容等单位和个人，必须执行国务院卫生行政部门的有关规定。

第二十六条　血站（库）、生物制品生产单位，必须严格执行国务院卫生行政部门的有关规定，保证血液、血液制品的质量，防止因输入血液、血液制品引起病毒性肝炎、艾滋病、疟疾等疾病的发生。任何单位和个人不准使用国务院卫生行政部门禁止进口的血液和血液制品。

第二十七条　生产、经营、使用消毒药剂和消毒器械、卫生用品、卫生材料、一次性医疗器材、隐形眼镜、人造器官等必须符合国家有关标准，不符合国家有关标准的不得生产、经营和使用。

第二十八条　发现人畜共患传染病已在人、畜间流行时，卫生行政部门与畜牧兽医部门应当深入疫区，按照职责分别对人、畜开展防治工作。

传染病流行区的家畜家禽，未经畜牧兽医部门检疫不得外运。

进入鼠疫自然疫源地捕猎旱獭应按照国家有关规定执行。

第二十九条　狂犬病的防治管理工作按照下列规定分工负责：

（一）公安部门负责县以上城市养犬的审批与违章养犬的处理，捕杀狂犬、野犬。

（二）畜牧兽医部门负责兽用狂犬病疫苗的研制、生产和供应；对城乡经批准的养犬进行预防接种、登记和发放“家犬免疫证”；对犬类狂犬病的疫情进行监测和负责进出口犬类的检疫、免疫及管理。

（三）乡（镇）政府负责辖区内养犬的管理，捕杀狂犬、野犬。

（四）卫生部门负责人用狂犬病疫苗的供应、接种和病人的诊治。

第三十条　自然疫源地或者可能是自然疫源地的地区计划兴建大型建设项目时，建设单位在设计任务书批准后，应当向当地卫生防疫机构申请对施工环境进行卫生调查，并根据卫生防疫机构的意见采取必要的卫生防疫措施后，方可办理开工手续。

兴建城市规划内的建设项目，属于在自然疫源地和可能是自然疫源地范围内的，城市规划主管部门在核发建设工程规划许可证明中，必须有卫生防疫部门提出的有关意见及结论。建设单位在施工过程中，必须采取预防传染病传播和扩散的措施。

第三十一条　卫生防疫机构接到在自然疫源地和可能是自然疫源地范围内兴办大型建设项目的建设单位的卫生调查申请后，应当及时组成调查组到现场进行调查，并提出该地区自然环境中可能存在的传染病病种、流行范围、流行强度及预防措施等意见和结论。

第三十二条　在自然疫源地或者可能是自然疫源地内施工的建设单位，应当设立预防保健组织负责施工期间的卫生防疫工作。

第三十三条　凡在生产、工作中接触传染病病原体的工作人员，可以按照国家有关规定申领卫生防疫津贴。

第三章　疫情报告

第三十四条　执行职务的医疗保健人员、卫生防疫人员为责任疫情报告人。

责任疫情报告人应当按照本办法第三十五条规定的时限向卫生行政部门指定的卫生防疫机构报告疫情，并做疫情登记。

第三十五条　责任疫情报告人发现甲类传染病和乙类传染病中的艾滋病、肺炭疽的病人、病原携带者和疑似传染病病人时，城镇于六小时内，农村于十二小时内，以最快的通讯方式向发病地的卫生防疫机构报告，并同时报出传染病报告卡。

责任疫情报告人发现乙类传染病病人、病原携带者和疑似传染病病人时，城镇于十二小时内，农村于二十四小时内向发病地的卫生防疫机构报出传染病报告卡。

责任疫情报告人在丙类传染病监测区内发现丙类传染病病人时，应当在二十四小时内向发病地的卫生防疫机构报出传染病报告卡。

第三十六条　传染病暴发、流行时，责任疫情报告人应当以最快的通讯方式向当地卫生防疫机构报告疫情。接到疫情报告的卫生防疫机构应当以最快的通讯方式报告上级卫生防疫机构和当地政府卫生行政部门，卫生行政部门接到报告后，应当立即报告当地政府。

省级政府卫生行政部门接到发现甲类传染病和发生传染病暴发、流行的报告后，应当于六小时内报告国务院卫生行政部门。

第三十七条　流动人员中的传染病病人、病原携带者和疑似传染病病人的传染病报告、处理由诊治地负责，其疫情登记、统计由户口所在地负责。

第三十八条　铁路、交通、民航、厂（场）矿的卫生防疫机构，应当定期向所在地卫生行政部门指定的卫生防疫机构报告疫情。

第三十九条　军队的传染病疫情，由中国人民解放军卫生主管部门根据军队有关规定向国务院卫生行政部门报告。

军队的医疗保健和卫生防疫机构，发现地方就诊的传染病病人、病原携带者、疑似传染病病人时，应当按照本办法第三十五条的规定报告疫情，并接受当地卫生防疫机构的业务指导。

第四十条　国境口岸所在地卫生行政部门指定的卫生防疫机构和港口、机场、铁路卫生防疫机构和国境卫生检疫机关在发现国境卫生检疫法规定的检疫传染病时，应当互相通报疫情。

发现人畜共患传染病时，卫生防疫机构和畜牧兽医部门应当互相通报疫情。

第四十一条　各级政府卫生行政部门指定的卫生防疫机构应当对辖区内各类医疗保健机构的疫情登记报告和管理情况定期进行核实、检查、指导。

第四十二条　传染病报告卡片邮寄信封应当印有明显的“红十字”标志及写明××卫生防疫机构收的字样。

邮电部门应当及时传递疫情报告的电话或者信卡，并实行邮资总付。

第四十三条　医务人员未经县级以上政府卫生行政部门批准，不得将就诊的淋病、梅毒、麻风病、艾滋病病人和艾滋病病原携带者及其家属的姓名、住址和个人病史公开。

第四章　控　　制

第四十四条　卫生防疫机构和医疗保健机构传染病的疫情处理实行分级分工管理。

第四十五条　艾滋病的监测管理按照国务院有关规定执行。

第四十六条　淋病、梅毒病人应当在医疗保健机构、卫生防疫机构接受治疗。尚未治愈前，不得进入公共浴池、游泳池。

第四十七条　医疗保健机构或者卫生防疫机构在诊治中发现甲类传染病的疑似病人，应当在二日内作出明确诊断。

第四十八条　甲类传染病病人和病原携带者以及乙类传染病中的艾滋病、淋病、梅毒病人的密切接触者必须按照有关规定接受检疫、医学检查和防治措施。

前款以外的乙类传染病病人及病原携带者的密切接触者，应当接受医学检查和防治措施。

第四十九条　甲类传染病疑似病人或者病原携带者的密

切接触者,经留验排除是病人或者病原携带者后,留验期间的工资福利待遇由所属单位按出勤照发。

第五十条 发现甲类传染病病人、病原携带者或者疑似病人的污染场所,卫生防疫机构接到疫情报告后,应立即进行严格的卫生处理。

第五十一条 地方各级政府卫生行政部门发现本地区发生从未有过的传染病或者国家已宣布消除的传染病时,应当立即采取措施,必要时,向当地政府报告。

第五十二条 在传染病暴发、流行区域,当地政府应当根据传染病疫情控制的需要,组织卫生、医药、公安、工商、交通、水利、城建、农业、商业、民政、邮电、广播电视等部门采取下列预防、控制措施:

(一)对病人进行抢救、隔离治疗;

(二)加强粪便管理,清除垃圾、污物;

(三)加强自来水和其他饮用水的管理,保护饮用水源;

(四)消除病媒昆虫、钉螺、鼠类及其他染疫动物;

(五)加强易使传染病传播扩散活动的卫生管理;

(六)开展防病知识的宣传;

(七)组织对传染病病人、病原携带者、染疫动物密切接触人群的检疫、预防服药、应急接种等;

(八)供应用于预防和控制疫情所必需的药品、生物制品、消毒药品、器械等;

(九)保证居民生活必需品的供应。

第五十三条 县级以上政府接到下一级政府关于采取《传染病防治法》第二十五条规定的紧急措施报告时,应当在二十四小时内做出决定。下一级政府在上一级政府作出决定前,必要时,可以临时采取《传染病防治法》第二十五条第一款第(一)、(四)项紧急措施,但不得超过二十四小时。

第五十四条 撤销采取《传染病防治法》第二十五条紧急措施的条件是:

(一)甲类传染病病人、病原携带者全部治愈,乙类传染病病人、病原携带者得到有效的隔离治疗;病人尸体得到严格消毒处理;

(二)污染的物品及环境已经过消毒等卫生处理;有关病媒昆虫、染疫动物基本消除;

(三)暴发、流行的传染病病种,经过最长潜伏期后,未发现新的传染病病人,疫情得到有效的控制。

第五十五条 因患鼠疫、霍乱和炭疽病死亡的病人尸体,由治疗病人的医疗单位负责消毒处理,处理后应当立即火化。

患病毒性肝炎、伤寒和副伤寒、艾滋病、白喉、炭疽、脊髓灰质炎死亡的病人尸体,由治疗病人的医疗单位或者当地卫生防疫机构消毒处理后火化。

不具备火化条件的农村、边远地区,由治疗病人的医疗单位或者当地卫生防疫机构负责消毒后,可选远离居民点五百米以外、远离饮用水源五十米以外的地方,将尸体在距地面两米以下深埋。

民族自治地方执行前款的规定,依照《传染病防治法》第二十八条第三款的规定办理。

第五十六条 医疗保健机构、卫生防疫机构经县级以上政府卫生行政部门的批准可以对传染病病人尸体或者疑似传染病病人的尸体进行解剖查验。

第五十七条 卫生防疫机构处理传染病疫情的人员,可以凭当地政府卫生行政部门出具的处理疫情证明及有效的身份证明,优先在铁路、交通、民航部门购票,铁路、交通、民航部门应当保证售给最近一次通往目的地的车、船、机票。

交付运输的处理疫情的物品应当有明显标志,铁路、交通、民航部门应当保证用最快通往目的地的交通工具运出。

第五十八条 用于传染病监督控制的车辆,其标志由国务院卫生行政部门会同有关部门统一制定。任何单位和个人不得阻拦依法执行处理疫情任务的车辆和人员。

第五章 监　　督

第五十九条 地方各级政府卫生行政部门、卫生防疫机构和受国务院卫生行政部门委托的其他有关部门卫生主管机构推荐的传染病管理监督员,由省级以上政府卫生行政部门聘任并发给证件。

省级政府卫生行政部门聘任的传染病管理监督员,报国务院卫生行政部门备案。

第六十条 传染病管理监督员执行下列任务:

(一)监督检查《传染病防治法》及本办法的执行情况;

(二)进行现场调查,包括采集必需的标本及查阅、索取、翻印复制必要的文字、图片、声像资料等,并根据调查情况写出书面报告;

(三)对违法单位或者个人提出处罚建议;

(四)执行卫生行政部门或者其他有关部门卫生主管机构交付的任务;

(五)及时提出预防和控制传染病措施的建议。

第六十一条 各级各类医疗保健机构内设立的传染病管理检查员,由本单位推荐,经县级以上政府卫行行政部门或受国务院卫生行政部门委托的其他部门卫生主管机构批准并发给证件。

第六十二条　传染病管理检查员执行下列任务：

（一）宣传《传染病防治法》及本办法，检查本单位和责任地段的传染病防治措施的实施和疫情报告执行情况；

（二）对本单位和责任地段的传染病防治工作进行技术指导；

（三）执行卫生行政部门和卫生防疫机构对本单位及责任地段提出的改进传染病防治管理工作的意见；

（四）定期向卫生行政部门指定的卫生防疫机构汇报工作情况，遇到紧急情况及时报告。

第六十三条　传染病管理监督员、传染病管理检查员执行任务时，有关单位和个人必须给予协助。

第六十四条　传染病管理监督员的解聘和传染病管理检查员资格的取消，由原发证机关决定，并通知其所在单位和个人。

第六十五条　县级以上政府卫生行政部门和受国务院卫生行政部门委托的部门，可以成立传染病技术鉴定组织。

第六章　罚　　则

第六十六条　有下列行为之一的，由县级以上政府卫生行政部门责令限期改正，可以处五千元以下的罚款；情节较严重的，可以处五千元以上二万元以下的罚款，对主管人员和直接责任人员由其所在单位或者上级机关给予行政处分：

（一）集中式供水单位供应的饮用水不符合国家规定的《生活饮用水卫生标准》的；

（二）单位自备水源未经批准与城镇供水系统连接的；

（三）未按城市环境卫生设施标准修建公共卫生设施致使垃圾、粪便、污水不能进行无害化处理的；

（四）对被传染病病原体污染的污水、污物、粪便不按规定进行消毒处理的；

（五）对被甲类和乙类传染病病人、病原携带者、疑似传染病病人污染的场所、物品未按照卫生防疫机构的要求实施必要的卫生处理的；

（六）造成传染病的医源性感染、医院内感染、实验室感染和致病性微生物扩散的；

（七）生产、经营、使用消毒药剂和消毒器械、卫生用品、卫生材料、一次性医疗器材、隐形眼镜、人造器官等不符合国家卫生标准，可能造成传染病的传播、扩散或者造成传染病的传播、扩散的；

（八）准许或者纵容传染病病人、病原携带者和疑似传染病病人，从事国务院卫生行政部门规定禁止从事的易使该传染病扩散的工作的；

（九）传染病病人、病原携带者故意传播传染病，造成他人感染的；

（十）甲类传染病病人、病原携带者或者疑似传染病病人，乙类传染病中艾滋病、肺炭疽病人拒绝进行隔离治疗的；

（十一）招用流动人员的用工单位，未向卫生防疫机构报告并未采取卫生措施，造成传染病传播、流行的；

（十二）违章养犬或者拒绝、阻挠捕杀违章犬，造成咬伤他人或者导致人群中发生狂犬病的。

前款所称情节较严重的，是指下列情形之一：

（一）造成甲类传染病、艾滋病、肺炭疽传播危险的；

（二）造成除艾滋病、肺炭疽之外的乙、丙类传染病暴发、流行的；

（三）造成传染病菌（毒）种扩散的；

（四）造成病人残疾、死亡的；

（五）拒绝执行《传染病防治法》及本办法的规定，屡经教育仍继续违法的。

第六十七条　在自然疫源地和可能是自然疫源地的地区兴建大型建设项目未经卫生调查即进行施工的，由县级以上政府卫生行政部门责令限期改正，可以处二千元以上二万元以下的罚款。

第六十八条　单位和个人出售、运输被传染病病原体污染和来自疫区可能被传染病病原体污染的皮毛、旧衣物及生活用品的，由县级以上政府卫生行政部门责令限期进行卫生处理，可以处出售金额一倍以下的罚款；造成传染病流行的，根据情节，可以处相当出售金额三倍以下的罚款，危害严重，出售金额不满二千元的，以二千元计算；对主管人员和直接责任人员由所在单位或者上级机关给予行政处分。

第六十九条　单位和个人非法经营、出售用于预防传染病菌苗、疫苗等生物制品的，县级以上政府卫生行政部门可以处相当出售金额三倍以下的罚款，危害严重，出售金额不满五千元的，以五千元计算；对主管人员和直接责任人员由所在单位或者上级机关根据情况，可以给予行政处分。

第七十条　有下列行为之一的单位和个人，县级以上政府卫生行政部门报请同级政府批准，对单位予以通报批评；对主管人员和直接责任人员由所在单位或者上级机关给予行政处分：

（一）传染病暴发、流行时，妨碍或者拒绝执行政府采取紧急措施的；

（二）传染病暴发、流行时，医疗保健人员、卫生防疫人员拒绝执行各级政府卫生行政部门调集其参加控制疫情的决定的；

（三）对控制传染病暴发、流行负有责任的部门拒绝执行政府有关控制疫情决定的；

（四）无故阻止和拦截依法执行处理疫情任务的车辆和人员的。

第七十一条　执行职务的医疗保健人员、卫生防疫人员和责任单位，不报、漏报、迟报传染病疫情的，由县级以上政府卫生行政部门责令限期改正，对主管人员和直接责任人员由其所在单位或者上级机关根据情节，可以给予行政处分。

个体行医人员在执行职务时，不报、漏报、迟报传染病疫情的，由县级以上政府卫生行政部门责令限期改正，限期内不改的，可以处一百元以上五百元以下罚款；对造成传染病传播流行的，可以处二百元以上二千元以下罚款。

第七十二条　县级政府卫生行政部门可以作出处一万元以下罚款的决定；决定处一万元以上罚款的，须报上一级政府卫生行政部门批准。

受国务院卫生行政部门委托的有关部门卫生主管机构可以作出处二千元以下罚款的决定；决定处二千元以上罚款的，须报当地县级以上政府卫生行政部门批准。

县级以上政府卫生行政部门在收取罚款时，应当出具正式的罚款收据。罚款全部上缴国库。

第七章　附　　则

第七十三条　《传染病防治法》及本办法的用语含义如下：

传染病病人、疑似传染病病人：指根据国务院卫生行政部门发布的《中华人民共和国传染病防治法规定管理的传染病诊断标准》，符合传染病病人和疑似传染病病人诊断标准的人。

病原携带者：指感染病原体无临床症状但能排出病原体的人。

暴发：指在一个局部地区，短期内，突然发生多例同一种传染病病人。

流行：指一个地区某种传染病发病率显著超过该病历年的一般发病率水平。

重大传染病疫情：指《传染病防治法》第二十五条所称的传染病的暴发、流行。

传染病监测：指对人群传染病的发生、流行及影响因素进行有计划地、系统地长期观察。

疫区：指传染病在人群中暴发或者流行，其病原体向周围传播时可能波及的地区。

人畜共患传染病：指鼠疫、流行性出血热、狂犬病、钩端螺旋体病、布鲁氏菌病、炭疽、流行性乙型脑炎、黑热病、包虫病、血吸虫病。

自然疫源地：指某些传染病的病原体在自然界的野生动物中长期保存并造成动物间流行的地区。

可能是自然疫源地：指在自然界中具有自然疫源性疾病存在的传染源和传播媒介，但尚未查明的地区。

医源性感染：指在医学服务中，因病原体传播引起的感染。

医院内感染：指就诊患者在医疗保健机构内受到的感染。

实验室感染：指从事实验室工作时，因接触病原体所致的感染。

消毒：指用化学、物理、生物的方法杀灭或者消除环境中的致病性微生物。

卫生处理：指消毒、杀虫、灭鼠等卫生措施以及隔离、留验、就地检验等医学措施。

卫生防疫机构：指卫生防疫站、结核病防治研究所（院）、寄生虫病防治研究所（站）、血吸虫病防治研究所（站）、皮肤病性病防治研究所（站）、地方病防治研究所（站）、鼠疫防治站（所）、乡镇预防保健站（所）及与上述机构专业相同的单位。

医疗保健机构：指医院、卫生院（所）、门诊部（所）、疗养院（所）、妇幼保健院（站）及与上述机构业务活动相同的单位。

第七十四条　省、自治区、直辖市政府可以根据《传染病防治法》和本办法制定实施细则。

第七十五条　本办法由国务院卫生行政部门负责解释。

第七十六条　本办法自发布之日起施行。

艾滋病防治条例

1. 2006年1月29日国务院令第457号公布

2. 根据2019年3月2日国务院令第709号《关于修改部分行政法规的决定》修订

第一章　总　　则

第一条　为了预防、控制艾滋病的发生与流行，保障人体健康和公共卫生，根据传染病防治法，制定本条例。

第二条 艾滋病防治工作坚持预防为主、防治结合的方针，建立政府组织领导、部门各负其责、全社会共同参与的机制，加强宣传教育，采取行为干预和关怀救助等措施，实行综合防治。

第三条 任何单位和个人不得歧视艾滋病病毒感染者、艾滋病病人及其家属。艾滋病病毒感染者、艾滋病病人及其家属享有的婚姻、就业、就医、入学等合法权益受法律保护。

第四条 县级以上人民政府统一领导艾滋病防治工作，建立健全艾滋病防治工作协调机制和工作责任制，对有关部门承担的艾滋病防治工作进行考核、监督。

县级以上人民政府有关部门按照职责分工负责艾滋病防治及其监督管理工作。

第五条 国务院卫生主管部门会同国务院其他有关部门制定国家艾滋病防治规划；县级以上地方人民政府依照本条例规定和国家艾滋病防治规划，制定并组织实施本行政区域的艾滋病防治行动计划。

第六条 国家鼓励和支持工会、共产主义青年团、妇女联合会、红十字会等团体协助各级人民政府开展艾滋病防治工作。

居民委员会和村民委员会应当协助地方各级人民政府和政府有关部门开展有关艾滋病防治的法律、法规、政策和知识的宣传教育，发展有关艾滋病防治的公益事业，做好艾滋病防治工作。

第七条 各级人民政府和政府有关部门应当采取措施，鼓励和支持有关组织和个人依照本条例规定以及国家艾滋病防治规划和艾滋病防治行动计划的要求，参与艾滋病防治工作，对艾滋病防治工作提供捐赠，对有易感染艾滋病病毒危险行为的人群进行行为干预，对艾滋病病毒感染者、艾滋病病人及其家属提供关怀和救助。

第八条 国家鼓励和支持开展与艾滋病预防、诊断、治疗等有关的科学研究，提高艾滋病防治的科学技术水平；鼓励和支持开展传统医药以及传统医药与现代医药相结合防治艾滋病的临床治疗与研究。

国家鼓励和支持开展艾滋病防治工作的国际合作与交流。

第九条 县级以上人民政府和政府有关部门对在艾滋病防治工作中做出显著成绩和贡献的单位和个人，给予表彰和奖励。

对因参与艾滋病防治工作或者因执行公务感染艾滋病病毒，以及因此致病、丧失劳动能力或者死亡的人员，按照有关规定给予补助、抚恤。

第二章　宣传教育

第十条 地方各级人民政府和政府有关部门应当组织开展艾滋病防治以及关怀和不歧视艾滋病病毒感染者、艾滋病病人及其家属的宣传教育，提倡健康文明的生活方式，营造良好的艾滋病防治的社会环境。

第十一条 地方各级人民政府和政府有关部门应当在车站、码头、机场、公园等公共场所以及旅客列车和从事旅客运输的船舶等公共交通工具显著位置，设置固定的艾滋病防治广告牌或者张贴艾滋病防治公益广告，组织发放艾滋病防治宣传材料。

第十二条 县级以上人民政府卫生主管部门应当加强艾滋病防治的宣传教育工作，对有关部门、组织和个人开展艾滋病防治的宣传教育工作提供技术支持。

医疗卫生机构应当组织工作人员学习有关艾滋病防治的法律、法规、政策和知识；医务人员在开展艾滋病、性病等相关疾病咨询、诊断和治疗过程中，应当对就诊者进行艾滋病防治的宣传教育。

第十三条 县级以上人民政府教育主管部门应当指导、督促高等院校、中等职业学校和普通中学将艾滋病防治知识纳入有关课程，开展有关课外教育活动。

高等院校、中等职业学校和普通中学应当组织学生学习艾滋病防治知识。

第十四条 县级以上人民政府卫生主管部门应当利用计划生育宣传和技术服务网络，组织开展艾滋病防治的宣传教育。

计划生育技术服务机构向育龄人群提供计划生育技术服务和生殖健康服务时，应当开展艾滋病防治的宣传教育。

第十五条 县级以上人民政府有关部门和从事劳务中介服务的机构，应当对进城务工人员加强艾滋病防治的宣传教育。

第十六条 出入境检验检疫机构应当在出入境口岸加强艾滋病防治的宣传教育工作，对出入境人员有针对性地提供艾滋病防治咨询和指导。

第十七条 国家鼓励和支持妇女联合会、红十字会开展艾滋病防治的宣传教育，将艾滋病防治的宣传教育纳入妇女儿童工作内容，提高妇女预防艾滋病的意识和能力，组织红十字会会员和红十字会志愿者开展艾滋病防治的宣传教育。

第十八条 地方各级人民政府和政府有关部门应当采取措施，鼓励和支持有关组织和个人对有易感染艾滋病病毒危险行为的人群开展艾滋病防治的咨询、指导和宣传教育。

第十九条　广播、电视、报刊、互联网等新闻媒体应当开展艾滋病防治的公益宣传。

第二十条　机关、团体、企业事业单位、个体经济组织应当组织本单位从业人员学习有关艾滋病防治的法律、法规、政策和知识，支持本单位从业人员参与艾滋病防治的宣传教育活动。

第二十一条　县级以上地方人民政府应当在医疗卫生机构开通艾滋病防治咨询服务电话，向公众提供艾滋病防治咨询服务和指导。

第三章　预防与控制

第二十二条　国家建立健全艾滋病监测网络。

国务院卫生主管部门制定国家艾滋病监测规划和方案。省、自治区、直辖市人民政府卫生主管部门根据国家艾滋病监测规划和方案，制定本行政区域的艾滋病监测计划和工作方案，组织开展艾滋病监测和专题调查，掌握艾滋病疫情变化情况和流行趋势。

疾病预防控制机构负责对艾滋病发生、流行以及影响其发生、流行的因素开展监测活动。

出入境检验检疫机构负责对出入境人员进行艾滋病监测，并将监测结果及时向卫生主管部门报告。

第二十三条　国家实行艾滋病自愿咨询和自愿检测制度。

县级以上地方人民政府卫生主管部门指定的医疗卫生机构，应当按照国务院卫生主管部门会同国务院其他有关部门制定的艾滋病自愿咨询和检测办法，为自愿接受艾滋病咨询、检测的人员免费提供咨询和初筛检测。

第二十四条　国务院卫生主管部门会同国务院其他有关部门根据预防、控制艾滋病的需要，可以规定应当进行艾滋病检测的情形。

第二十五条　省级以上人民政府卫生主管部门根据医疗卫生机构布局和艾滋病流行情况，按照国家有关规定确定承担艾滋病检测工作的实验室。

国家出入境检验检疫机构按照国务院卫生主管部门规定的标准和规范，确定承担出入境人员艾滋病检测工作的实验室。

第二十六条　县级以上地方人民政府和政府有关部门应当依照本条例规定，根据本行政区域艾滋病的流行情况，制定措施，鼓励和支持居民委员会、村民委员会以及其他有关组织和个人推广预防艾滋病的行为干预措施，帮助有易感染艾滋病病毒危险行为的人群改变行为。

有关组织和个人对有易感染艾滋病病毒危险行为的人群实施行为干预措施，应当符合本条例的规定以及国家艾滋病防治规划和艾滋病防治行动计划的要求。

第二十七条　县级以上人民政府应当建立艾滋病防治工作与禁毒工作的协调机制，组织有关部门落实针对吸毒人群的艾滋病防治措施。

省、自治区、直辖市人民政府卫生、公安和药品监督管理部门应当互相配合，根据本行政区域艾滋病流行和吸毒者的情况，积极稳妥地开展对吸毒成瘾者的药物维持治疗工作，并有计划地实施其他干预措施。

第二十八条　县级以上人民政府卫生、市场监督管理、药品监督管理、广播电视等部门应当组织推广使用安全套，建立和完善安全套供应网络。

第二十九条　省、自治区、直辖市人民政府确定的公共场所的经营者应当在公共场所内放置安全套或者设置安全套发售设施。

第三十条　公共场所的服务人员应当依照《公共场所卫生管理条例》的规定，定期进行相关健康检查，取得健康合格证明；经营者应当查验其健康合格证明，不得允许未取得健康合格证明的人员从事服务工作。

第三十一条　公安、司法行政机关对被依法逮捕、拘留和在监狱中执行刑罚以及被依法收容教育、强制戒毒和劳动教养的艾滋病病毒感染者和艾滋病病人，应当采取相应的防治措施，防止艾滋病传播。

对公安、司法行政机关依照前款规定采取的防治措施，县级以上地方人民政府应当给予经费保障，疾病预防控制机构应当予以技术指导和配合。

第三十二条　对卫生技术人员和在执行公务中可能感染艾滋病病毒的人员，县级以上人民政府卫生主管部门和其他有关部门应当组织开展艾滋病防治知识和专业技能的培训，有关单位应当采取有效的卫生防护措施和医疗保健措施。

第三十三条　医疗卫生机构和出入境检验检疫机构应当按照国务院卫生主管部门的规定，遵守标准防护原则，严格执行操作规程和消毒管理制度，防止发生艾滋病医院感染和医源性感染。

第三十四条　疾病预防控制机构应当按照属地管理的原则，对艾滋病病毒感染者和艾滋病病人进行医学随访。

第三十五条　血站、单采血浆站应当对采集的人体血液、血浆进行艾滋病检测；不得向医疗机构和血液制品生产单位供应未经艾滋病检测或者艾滋病检测阳性的人体血液、血浆。

血液制品生产单位应当在原料血浆投料生产前对每一份血浆进行艾滋病检测；未经艾滋病检测或者艾滋病检测阳性的血浆，不得作为原料血浆投料生产。

医疗机构应当对因应急用血而临时采集的血液进行艾滋病检测，对临床用血艾滋病检测结果进行核查；对未经艾滋病检测、核查或者艾滋病检测阳性的血液，不得采集或者使用。

第三十六条　采集或者使用人体组织、器官、细胞、骨髓等的，应当进行艾滋病检测；未经艾滋病检测或者艾滋病检测阳性的，不得采集或者使用。但是，用于艾滋病防治科研、教学的除外。

第三十七条　进口人体血液制品，应当依照药品管理法的规定，经国务院药品监督管理部门批准，取得进口药品注册证书。

禁止进出口用于临床医疗的人体血液、血浆、组织、器官、细胞、骨髓等。但是，出于人道主义、救死扶伤目的，可以进出口临床急需、捐献配型的特殊血型血液、骨髓造血干细胞、外周血造血干细胞、脐带血造血干细胞，由中国红十字会总会办理出入境手续；具体办法由国务院卫生主管部门会同国家出入境检验检疫机构制定。

依照前款规定进出口的特殊血型血液、骨髓造血干细胞、外周血造血干细胞、脐带血造血干细胞，应当依照国境卫生检疫法律、行政法规的有关规定，接受出入境检验检疫机构的检疫。未经检疫或者检疫不合格的，不得进出口。

第三十八条　艾滋病病毒感染者和艾滋病病人应当履行下列义务：

（一）接受疾病预防控制机构或者出入境检验检疫机构的流行病学调查和指导；

（二）将感染或者发病的事实及时告知与其有性关系者；

（三）就医时，将感染或者发病的事实如实告知接诊医生；

（四）采取必要的防护措施，防止感染他人。

艾滋病病毒感染者和艾滋病病人不得以任何方式故意传播艾滋病。

第三十九条　疾病预防控制机构和出入境检验检疫机构进行艾滋病流行病学调查时，被调查单位和个人应当如实提供有关情况。

未经本人或者其监护人同意，任何单位或者个人不得公开艾滋病病毒感染者、艾滋病病人及其家属的姓名、住址、工作单位、肖像、病史资料以及其他可能推断出其具体身份的信息。

第四十条　县级以上人民政府卫生主管部门和出入境检验检疫机构可以封存有证据证明可能被艾滋病病毒污染的物品，并予以检验或者进行消毒。经检验，属于被艾滋病病毒污染的物品，应当进行卫生处理或者予以销毁；对未被艾滋病病毒污染的物品或者经消毒后可以使用的物品，应当及时解除封存。

第四章　治疗与救助

第四十一条　医疗机构应当为艾滋病病毒感染者和艾滋病病人提供艾滋病防治咨询、诊断和治疗服务。

医疗机构不得因就诊的病人是艾滋病病毒感染者或者艾滋病病人，推诿或者拒绝对其其他疾病进行治疗。

第四十二条　对确诊的艾滋病病毒感染者和艾滋病病人，医疗卫生机构的工作人员应当将其感染或者发病的事实告知本人；本人为无行为能力人或者限制行为能力人的，应当告知其监护人。

第四十三条　医疗卫生机构应当按照国务院卫生主管部门制定的预防艾滋病母婴传播技术指导方案的规定，对孕产妇提供艾滋病防治咨询和检测，对感染艾滋病病毒的孕产妇及其婴儿，提供预防艾滋病母婴传播的咨询、产前指导、阻断、治疗、产后访视、婴儿随访和检测等服务。

第四十四条　县级以上人民政府应当采取下列艾滋病防治关怀、救助措施：

（一）向农村艾滋病病人和城镇经济困难的艾滋病病人免费提供抗艾滋病病毒治疗药品；

（二）对农村和城镇经济困难的艾滋病病毒感染者、艾滋病病人适当减免抗机会性感染治疗药品的费用；

（三）向接受艾滋病咨询、检测的人员免费提供咨询和初筛检测；

（四）向感染艾滋病病毒的孕产妇免费提供预防艾滋病母婴传播的治疗和咨询。

第四十五条　生活困难的艾滋病病人遗留的孤儿和感染艾滋病病毒的未成年人接受义务教育的，应当免收杂费、书本费；接受学前教育和高中阶段教育的，应当减免学费等相关费用。

第四十六条　县级以上地方人民政府应当对生活困难并符合社会救助条件的艾滋病病毒感染者、艾滋病病人及其家属给予生活救助。

第四十七条　县级以上地方人民政府有关部门应当创造条件，扶持有劳动能力的艾滋病病毒感染者和艾滋病病人，从事力所能及的生产和工作。

第五章 保障措施

第四十八条 县级以上人民政府应当将艾滋病防治工作纳入国民经济和社会发展规划，加强和完善艾滋病预防、检测、控制、治疗和救助服务网络的建设，建立健全艾滋病防治专业队伍。

各级人民政府应当根据艾滋病防治工作需要，将艾滋病防治经费列入本级财政预算。

第四十九条 县级以上地方人民政府按照本级政府的职责，负责艾滋病预防、控制、监督工作所需经费。

国务院卫生主管部门会同国务院其他有关部门，根据艾滋病流行趋势，确定全国与艾滋病防治相关的宣传、培训、监测、检测、流行病学调查、医疗救治、应急处置以及监督检查等项目。中央财政对在艾滋病流行严重地区和贫困地区实施的艾滋病防治重大项目给予补助。

省、自治区、直辖市人民政府根据本行政区域的艾滋病防治工作需要和艾滋病流行趋势，确定与艾滋病防治相关的项目，并保障项目的实施经费。

第五十条 县级以上人民政府应当根据艾滋病防治工作需要和艾滋病流行趋势，储备抗艾滋病病毒治疗药品、检测试剂和其他物资。

第五十一条 地方各级人民政府应当制定扶持措施，对有关组织和个人开展艾滋病防治活动提供必要的资金支持和便利条件。有关组织和个人参与艾滋病防治公益事业，依法享受税收优惠。

第六章 法律责任

第五十二条 地方各级人民政府未依照本条例规定履行组织、领导、保障艾滋病防治工作职责，或者未采取艾滋病防治和救助措施的，由上级人民政府责令改正，通报批评；造成艾滋病传播、流行或者其他严重后果的，对负有责任的主管人员依法给予行政处分；构成犯罪的，依法追究刑事责任。

第五十三条 县级以上人民政府卫生主管部门违反本条例规定，有下列情形之一的，由本级人民政府或者上级人民政府卫生主管部门责令改正，通报批评；造成艾滋病传播、流行或者其他严重后果的，对负有责任的主管人员和其他直接责任人员依法给予行政处分；构成犯罪的，依法追究刑事责任：

（一）未履行艾滋病防治宣传教育职责的；

（二）对有证据证明可能被艾滋病病毒污染的物品，未采取控制措施的；

（三）其他有关失职、渎职行为。

出入境检验检疫机构有前款规定情形的，由其上级主管部门依照本条规定予以处罚。

第五十四条 县级以上人民政府有关部门未依照本条例规定履行宣传教育、预防控制职责的，由本级人民政府或者上级人民政府有关部门责令改正，通报批评；造成艾滋病传播、流行或者其他严重后果的，对负有责任的主管人员和其他直接责任人员依法给予行政处分；构成犯罪的，依法追究刑事责任。

第五十五条 医疗卫生机构未依照本条例规定履行职责，有下列情形之一的，由县级以上人民政府卫生主管部门责令限期改正，通报批评，给予警告；造成艾滋病传播、流行或者其他严重后果的，对负有责任的主管人员和其他直接责任人员依法给予降级、撤职、开除的处分，并可以依法吊销有关机构或者责任人员的执业许可证件；构成犯罪的，依法追究刑事责任：

（一）未履行艾滋病监测职责的；

（二）未按照规定免费提供咨询和初筛检测的；

（三）对临时应急采集的血液未进行艾滋病检测，对临床用血艾滋病检测结果未进行核查，或者将艾滋病检测阳性的血液用于临床的；

（四）未遵守标准防护原则，或者未执行操作规程和消毒管理制度，发生艾滋病医院感染或者医源性感染的；

（五）未采取有效的卫生防护措施和医疗保健措施的；

（六）推诿、拒绝治疗艾滋病病毒感染者或者艾滋病病人的其他疾病，或者对艾滋病病毒感染者、艾滋病病人未提供咨询、诊断和治疗服务的；

（七）未对艾滋病病毒感染者或者艾滋病病人进行医学随访的；

（八）未按照规定对感染艾滋病病毒的孕产妇及其婴儿提供预防艾滋病母婴传播技术指导的。

出入境检验检疫机构有前款第（一）项、第（四）项、第（五）项规定情形的，由其上级主管部门依照前款规定予以处罚。

第五十六条 医疗卫生机构违反本条例第三十九条第二款规定，公开艾滋病病毒感染者、艾滋病病人或者其家属的信息的，依照传染病防治法的规定予以处罚。

出入境检验检疫机构、计划生育技术服务机构或者其他单位、个人违反本条例第三十九条第二款规定，公开艾滋病病毒感染者、艾滋病病人或者其家属的信息的，由其上级主管部门责令改正，通报批评，给予警告，对负有责任的主管人员和其他直接责任人员依法给予处分；情节严重的，由原发证部门吊销有关机构或者责任人员的执业许可证件。

第五十七条　血站、单采血浆站违反本条例规定，有下列情形之一，构成犯罪的，依法追究刑事责任；尚不构成犯罪的，由县级以上人民政府卫生主管部门依照献血法和《血液制品管理条例》的规定予以处罚；造成艾滋病传播、流行或者其他严重后果的，对负有责任的主管人员和其他直接责任人员依法给予降级、撤职、开除的处分，并可以依法吊销血站、单采血浆站的执业许可证：

（一）对采集的人体血液、血浆未进行艾滋病检测，或者发现艾滋病检测阳性的人体血液、血浆仍然采集的；

（二）将未经艾滋病检测的人体血液、血浆，或者艾滋病检测阳性的人体血液、血浆供应给医疗机构和血液制品生产单位的。

第五十八条　违反本条例第三十六条规定采集或者使用人体组织、器官、细胞、骨髓等的，由县级人民政府卫生主管部门责令改正，通报批评，给予警告；情节严重的，责令停业整顿，有执业许可证件的，由原发证部门暂扣或者吊销其执业许可证件。

第五十九条　对不符合本条例第三十七条第二款规定进出口的人体血液、血浆、组织、器官、细胞、骨髓等，进出口口岸出入境检验检疫机构应当禁止出入境或者监督销毁。提供、使用未经出入境检验检疫机构检疫的进口人体血液、血浆、组织、器官、细胞、骨髓等的，由县级以上人民政府卫生主管部门没收违法物品以及违法所得，并处违法物品货值金额3倍以上5倍以下的罚款；对负有责任的主管人员和其他直接责任人员由其所在单位或者上级主管部门依法给予处分。

未经国务院药品监督管理部门批准，进口血液制品的，依照药品管理法的规定予以处罚。

第六十条　血站、单采血浆站、医疗卫生机构和血液制品生产单位违反法律、行政法规的规定，造成他人感染艾滋病病毒的，应当依法承担民事赔偿责任。

第六十一条　公共场所的经营者未查验服务人员的健康合格证明或者允许未取得健康合格证明的人员从事服务工作，省、自治区、直辖市人民政府确定的公共场所的经营者未在公共场所内放置安全套或者设置安全套发售设施的，由县级以上人民政府卫生主管部门责令限期改正，给予警告，可以并处500元以上5000元以下的罚款；逾期不改正的，责令停业整顿；情节严重的，由原发证部门依法吊销其执业许可证件。

第六十二条　艾滋病病毒感染者或者艾滋病病人故意传播艾滋病的，依法承担民事赔偿责任；构成犯罪的，依法追究刑事责任。

第七章　附　　则

第六十三条　本条例下列用语的含义：

艾滋病，是指人类免疫缺陷病毒（艾滋病病毒）引起的获得性免疫缺陷综合征。

对吸毒成瘾者的药物维持治疗，是指在批准开办戒毒治疗业务的医疗卫生机构中，选用合适的药物，对吸毒成瘾者进行维持治疗，以减轻对毒品的依赖，减少注射吸毒引起艾滋病病毒的感染和扩散，减少毒品成瘾引起的疾病、死亡和引发的犯罪。

标准防护原则，是指医务人员将所有病人的血液、其他体液以及被血液、其他体液污染的物品均视为具有传染性的病原物质，医务人员在接触这些物质时，必须采取防护措施。

有易感染艾滋病病毒危险行为的人群，是指有卖淫、嫖娼、多性伴、男性同性性行为、注射吸毒等危险行为的人群。

艾滋病监测，是指连续、系统地收集各类人群中艾滋病（或者艾滋病病毒感染）及其相关因素的分布资料，对这些资料综合分析，为有关部门制定预防控制策略和措施提供及时可靠的信息和依据，并对预防控制措施进行效果评价。

艾滋病检测，是指采用实验室方法对人体血液、其他体液、组织器官、血液衍生物等进行艾滋病病毒、艾滋病病毒抗体及相关免疫指标检测，包括监测、检验检疫、自愿咨询检测、临床诊断、血液及血液制品筛查工作中的艾滋病检测。

行为干预措施，是指能够有效减少艾滋病传播的各种措施，包括：针对经注射吸毒传播艾滋病的美沙酮维持治疗等措施；针对经性传播艾滋病的安全套推广使用措施，以及规范、方便的性病诊疗措施；针对母婴传播艾滋病的抗病毒药物预防和人工代乳品喂养等措施；早期发现感染者和有助于危险行为改变的自愿咨询检测措施；健康教育措施；提高个人规范意识以及减少危险行为的针对性同伴教育措施。

第六十四条　本条例自2006年3月1日起施行。1987年12月26日经国务院批准，1988年1月14日由卫生部、外交部、公安部、原国家教育委员会、国家旅游局、原中国民用航空局、国家外国专家局发布的《艾滋病监测管理的若干规定》同时废止。

血吸虫病防治条例

1. 2006年4月1日国务院令第463号公布
2. 根据2019年3月2日国务院令第709号《关于修改部分行政法规的决定》修订

第一章 总 则

第一条 为了预防、控制和消灭血吸虫病，保障人体健康、动物健康和公共卫生，促进经济社会发展，根据传染病防治法、动物防疫法，制定本条例。

第二条 国家对血吸虫病防治实行预防为主的方针，坚持防治结合、分类管理、综合治理、联防联控，人与家畜同步防治，重点加强对传染源的管理。

第三条 国务院卫生主管部门会同国务院有关部门制定全国血吸虫病防治规划并组织实施。国务院卫生、农业、水利、林业主管部门依照本条例规定的职责和全国血吸虫病防治规划，制定血吸虫病防治专项工作计划并组织实施。

有血吸虫病防治任务的地区（以下称血吸虫病防治地区）县级以上地方人民政府卫生、农业或者兽医、水利、林业主管部门依照本条例规定的职责，负责本行政区域内的血吸虫病防治及其监督管理工作。

第四条 血吸虫病防治地区县级以上地方人民政府统一领导本行政区域内的血吸虫病防治工作；根据全国血吸虫病防治规划，制定本行政区域的血吸虫病防治计划并组织实施；建立健全血吸虫病防治工作协调机制和工作责任制，对有关部门承担的血吸虫病防治工作进行综合协调和考核、监督。

第五条 血吸虫病防治地区村民委员会、居民委员会应当协助地方各级人民政府及其有关部门开展血吸虫病防治的宣传教育，组织村民、居民参与血吸虫病防治工作。

第六条 国家鼓励血吸虫病防治地区的村民、居民积极参与血吸虫病防治的有关活动；鼓励共产主义青年团等社会组织动员青年团员等积极参与血吸虫病防治的有关活动。

血吸虫病防治地区地方各级人民政府及其有关部门应当完善有关制度，方便单位和个人参与血吸虫病防治的宣传教育、捐赠等活动。

第七条 国务院有关部门、血吸虫病防治地区县级以上地方人民政府及其有关部门对在血吸虫病防治工作中做出显著成绩的单位和个人，给予表彰或者奖励。

第二章 预 防

第八条 血吸虫病防治地区根据血吸虫病预防控制标准，划分为重点防治地区和一般防治地区。具体办法由国务院卫生主管部门会同国务院农业主管部门制定。

第九条 血吸虫病防治地区县级以上地方人民政府及其有关部门应当组织各类新闻媒体开展公益性血吸虫病防治宣传教育。各类新闻媒体应当开展公益性血吸虫病防治宣传教育。

血吸虫病防治地区县级以上地方人民政府教育主管部门应当组织各级各类学校对学生开展血吸虫病防治知识教育。各级各类学校应当对学生开展血吸虫病防治知识教育。

血吸虫病防治地区的机关、团体、企业事业单位、个体经济组织应当组织本单位人员学习血吸虫病防治知识。

第十条 处于同一水系或者同一相对独立地理环境的血吸虫病防治地区各地方人民政府应当开展血吸虫病联防联控，组织有关部门和机构同步实施下列血吸虫病防治措施：

（一）在农业、兽医、水利、林业等工程项目中采取与血吸虫病防治有关的工程措施；

（二）进行人和家畜的血吸虫病筛查、治疗和管理；

（三）开展流行病学调查和疫情监测；

（四）调查钉螺分布，实施药物杀灭钉螺；

（五）防止未经无害化处理的粪便直接进入水体；

（六）其他防治措施。

第十一条 血吸虫病防治地区县级人民政府应当制定本行政区域的血吸虫病联防联控方案，组织乡（镇）人民政府同步实施。

血吸虫病防治地区两个以上的县、不设区的市、市辖区或者两个以上设区的市需要同步实施血吸虫病防治措施的，其共同的上一级人民政府应当制定血吸虫病联防联控方案，并组织实施。

血吸虫病防治地区两个以上的省、自治区、直辖市需要同步实施血吸虫病防治措施的，有关省、自治区、直辖市人民政府应当共同制定血吸虫病联防联控方案，报国务院卫生、农业主管部门备案，由省、自治区、直辖市人民政府组织实施。

第十二条 在血吸虫病防治地区实施农业、兽医、水利、林业等工程项目以及开展人、家畜血吸虫病防治工作，应当符合相关血吸虫病防治技术规范的要求。相关血吸虫病防治技术规范由国务院卫生、农业、水利、林业主管部门分别制定。

第十三条 血吸虫病重点防治地区县级以上地方人民政府应当在渔船集中停靠地设点发放抗血吸虫基本预防药物；按照无害化要求和血吸虫病防治技术规范修建公共厕所；推行在渔船和水上运输工具上安装和使用粪便收集容器，并采取措施，对所收集的粪便进行集中无害化处理。

第十四条 县级以上地方人民政府及其有关部门在血吸虫病重点防治地区，应当安排并组织实施农业机械化推广、农村改厕、沼气池建设以及人、家畜饮用水设施建设等项目。

国务院有关主管部门安排农业机械化推广、农村改厕、沼气池建设以及人、家畜饮用水设施建设等项目，应当优先安排血吸虫病重点防治地区的有关项目。

第十五条 血吸虫病防治地区县级以上地方人民政府卫生、农业主管部门组织实施农村改厕、沼气池建设项目，应当按照无害化要求和血吸虫病防治技术规范，保证厕所和沼气池具备杀灭粪便中血吸虫卵的功能。

血吸虫病防治地区的公共厕所应当具备杀灭粪便中血吸虫卵的功能。

第十六条 县级以上人民政府农业主管部门在血吸虫病重点防治地区应当适应血吸虫病防治工作的需要，引导和扶持农业种植结构的调整，推行以机械化耕作代替牲畜耕作的措施。

县级以上人民政府农业或者兽医主管部门在血吸虫病重点防治地区应当引导和扶持养殖结构的调整，推行对牛、羊、猪等家畜的舍饲圈养，加强对圈养家畜粪便的无害化处理，开展对家畜的血吸虫病检查和对感染血吸虫的家畜的治疗、处理。

第十七条 禁止在血吸虫病防治地区施用未经无害化处理的粪便。

第十八条 县级以上人民政府水利主管部门在血吸虫病防治地区进行水利建设项目，应当同步建设血吸虫病防治设施；结合血吸虫病防治地区的江河、湖泊治理工程和人畜饮水、灌区改造等水利工程项目，改善水环境，防止钉螺孳生。

第十九条 县级以上人民政府林业主管部门在血吸虫病防治地区应当结合退耕还林、长江防护林建设、野生动物植物保护、湿地保护以及自然保护区建设等林业工程，开展血吸虫病综合防治。

县级以上人民政府交通主管部门在血吸虫病防治地区应当结合航道工程建设，开展血吸虫病综合防治。

第二十条 国务院卫生主管部门应当根据血吸虫病流行病学资料、钉螺分布以及孳生环境的特点、药物特性，制定药物杀灭钉螺工作规范。

血吸虫病防治地区县级人民政府及其卫生主管部门应当根据药物杀灭钉螺工作规范，组织实施本行政区域内的药物杀灭钉螺工作。

血吸虫病防治地区乡(镇)人民政府应当在实施药物杀灭钉螺7日前，公告施药的时间、地点、种类、方法、影响范围和注意事项。有关单位和个人应当予以配合。

杀灭钉螺严禁使用国家明令禁止使用的药物。

第二十一条 血吸虫病防治地区县级人民政府卫生主管部门会同同级人民政府农业或者兽医、水利、林业主管部门，根据血吸虫病监测等流行病学资料，划定、变更有钉螺地带，并报本级人民政府批准。县级人民政府应当及时公告有钉螺地带。

禁止在有钉螺地带放养牛、羊、猪等家畜，禁止引种在有钉螺地带培育的芦苇等植物和农作物的种子、种苗等繁殖材料。

乡(镇)人民政府应当在有钉螺地带设立警示标志，并在县级人民政府作出解除有钉螺地带决定后予以撤销。警示标志由乡(镇)人民政府负责保护，所在地村民委员会、居民委员会应当予以协助。任何单位或者个人不得损坏或者擅自移动警示标志。

在有钉螺地带完成杀灭钉螺后，由原批准机关决定并公告解除本条第二款规定的禁止行为。

第二十二条 医疗机构、疾病预防控制机构、动物防疫监督机构和植物检疫机构应当根据血吸虫病防治技术规范，在各自的职责范围内，开展血吸虫病的监测、筛查、预测、流行病学调查、疫情报告和处理工作，开展杀灭钉螺、血吸虫病防治技术指导以及其他防治工作。

血吸虫病防治地区的医疗机构、疾病预防控制机构、动物防疫监督机构和植物检疫机构应当定期对其工作人员进行血吸虫病防治知识、技能的培训和考核。

第二十三条 建设单位在血吸虫病防治地区兴建水利、交通、旅游、能源等大型建设项目，应当事先提请省级以上疾病预防控制机构对施工环境进行卫生调查，并根据疾病预防控制机构的意见，采取必要的血吸虫病预防、控制措施。施工期间，建设单位应当设专人负责工地上的血吸虫病防治工作；工程竣工后，应当告知当地县级疾病预防控制机构，由其对该地区的血吸虫病进行监测。

第三章 疫情控制

第二十四条 血吸虫病防治地区县级以上地方人民政府应当根据有关法律、行政法规和国家有关规定,结合本地实际,制定血吸虫病应急预案。

第二十五条 急性血吸虫病暴发、流行时,县级以上地方人民政府应当根据控制急性血吸虫病暴发、流行的需要,依照传染病防治法和其他有关法律的规定采取紧急措施,进行下列应急处理:

(一)组织医疗机构救治急性血吸虫病病人;

(二)组织疾病预防控制机构和动物防疫监督机构分别对接触疫水的人和家畜实施预防性服药;

(三)组织有关部门和单位杀灭钉螺和处理疫水;

(四)组织乡(镇)人民政府在有钉螺地带设置警示标志,禁止人和家畜接触疫水。

第二十六条 疾病预防控制机构发现急性血吸虫病疫情或者接到急性血吸虫病暴发、流行报告时,应当及时采取下列措施:

(一)进行现场流行病学调查;

(二)提出疫情控制方案,明确有钉螺地带范围、预防性服药的人和家畜范围,以及采取杀灭钉螺和处理疫水的措施;

(三)指导医疗机构和下级疾病预防控制机构处理疫情;

(四)卫生主管部门要求采取的其他措施。

第二十七条 有关单位对因生产、工作必须接触疫水的人员应当按照疾病预防控制机构的要求采取防护措施,并定期组织进行血吸虫病的专项体检。

血吸虫病防治地区地方各级人民政府及其有关部门对因防汛、抗洪抢险必须接触疫水的人员,应当按照疾病预防控制机构的要求采取防护措施。血吸虫病防治地区县级人民政府对参加防汛、抗洪抢险的人员,应当及时组织有关部门和机构进行血吸虫病的专项体检。

第二十八条 血吸虫病防治地区县级以上地方人民政府卫生、农业或者兽医主管部门应当根据血吸虫病防治技术规范,组织开展对本地村民、居民和流动人口血吸虫病以及家畜血吸虫病的筛查、治疗和预防性服药工作。

血吸虫病防治地区省、自治区、直辖市人民政府应当采取措施,组织对晚期血吸虫病病人的治疗。

第二十九条 血吸虫病防治地区的动物防疫监督机构、植物检疫机构应当加强对本行政区域内的家畜和植物的血吸虫病检疫工作。动物防疫监督机构对经检疫发现的患血吸虫病的家畜,应当实施药物治疗;植物检疫机构对发现的携带钉螺的植物,应当实施杀灭钉螺。

凡患血吸虫病的家畜、携带钉螺的植物,在血吸虫病防治地区未经检疫的家畜、植物,一律不得出售、外运。

第三十条 血吸虫病疫情的报告、通报和公布,依照传染病防治法和动物防疫法的有关规定执行。

第四章 保障措施

第三十一条 血吸虫病防治地区县级以上地方人民政府应当根据血吸虫病防治规划、计划,安排血吸虫病防治经费和基本建设投资,纳入同级财政预算。

省、自治区、直辖市人民政府和设区的市级人民政府根据血吸虫病防治工作需要,对经济困难的县级人民政府开展血吸虫病防治工作给予适当补助。

国家对经济困难地区的血吸虫病防治经费、血吸虫病重大疫情应急处理经费给予适当补助,对承担血吸虫病防治任务的机构的基本建设和跨地区的血吸虫病防治重大工程项目给予必要支持。

第三十二条 血吸虫病防治地区县级以上地方人民政府编制或者审批血吸虫病防治地区的农业、兽医、水利、林业等工程项目,应当将有关血吸虫病防治的工程措施纳入项目统筹安排。

第三十三条 国家对农民免费提供抗血吸虫基本预防药物,对经济困难农民的血吸虫病治疗费用予以减免。

因工作原因感染血吸虫病的,依照《工伤保险条例》的规定,享受工伤待遇。参加城镇职工基本医疗保险的血吸虫病病人,不属于工伤的,按照国家规定享受医疗保险待遇。对未参加工伤保险、医疗保险的人员因防汛、抗洪抢险患血吸虫病的,按照县级以上地方人民政府的规定解决所需的检查、治疗费用。

第三十四条 血吸虫病防治地区县级以上地方人民政府民政、医疗保障部门对符合救助条件的血吸虫病病人进行救助。

第三十五条 国家对家畜免费实施血吸虫病检查和治疗,免费提供抗血吸虫基本预防药物。

第三十六条 血吸虫病防治地区县级以上地方人民政府应当根据血吸虫病防治工作需要和血吸虫病流行趋势,储备血吸虫病防治药物、杀灭钉螺药物和有关防护用品。

第三十七条 血吸虫病防治地区县级以上地方人民政府应当加强血吸虫病防治网络建设,将承担血吸虫病防治任务的机构所需基本建设投资列入基本建设计划。

第三十八条 血吸虫病防治地区省、自治区、直辖市人民政府在制定和实施本行政区域的血吸虫病防治计划时，应当统筹协调血吸虫病防治项目和资金，确保实现血吸虫病防治项目的综合效益。

血吸虫病防治经费应当专款专用，严禁截留或者挪作他用。严禁倒买倒卖、挪用国家免费供应的防治血吸虫病药品和其他物品。有关单位使用血吸虫病防治经费应当依法接受审计机关的审计监督。

第五章 监督管理

第三十九条 县级以上人民政府卫生主管部门负责血吸虫病监测、预防、控制、治疗和疫情的管理工作，对杀灭钉螺药物的使用情况进行监督检查。

第四十条 县级以上人民政府农业或者兽医主管部门对下列事项进行监督检查：

（一）本条例第十六条规定的血吸虫病防治措施的实施情况；

（二）家畜血吸虫病监测、预防、控制、治疗和疫情管理工作情况；

（三）治疗家畜血吸虫病药物的管理、使用情况；

（四）农业工程项目中执行血吸虫病防治技术规范情况。

第四十一条 县级以上人民政府水利主管部门对本条例第十八条规定的血吸虫病防治措施的实施情况和水利工程项目中执行血吸虫病防治技术规范情况进行监督检查。

第四十二条 县级以上人民政府林业主管部门对血吸虫病防治地区的林业工程项目的实施情况和林业工程项目中执行血吸虫病防治技术规范情况进行监督检查。

第四十三条 县级以上人民政府卫生、农业或者兽医、水利、林业主管部门在监督检查过程中，发现违反或者不执行本条例规定的，应当责令有关单位和个人及时改正并依法予以处理；属于其他部门职责范围的，应当移送有监督管理职责的部门依法处理；涉及多个部门职责的，应当共同处理。

第四十四条 县级以上人民政府卫生、农业或者兽医、水利、林业主管部门在履行血吸虫病防治监督检查职责时，有权进入被检查单位和血吸虫病疫情发生现场调查取证，查阅、复制有关资料和采集样本。被检查单位应当予以配合，不得拒绝、阻挠。

第四十五条 血吸虫病防治地区县级以上动物防疫监督机构对在有钉螺地带放养的牛、羊、猪等家畜，有权予以暂扣并进行强制检疫。

第四十六条 上级主管部门发现下级主管部门未及时依照本条例的规定处理职责范围内的事项，应当责令纠正，或者直接处理下级主管部门未及时处理的事项。

第六章 法律责任

第四十七条 县级以上地方各级人民政府有下列情形之一的，由上级人民政府责令改正，通报批评；造成血吸虫病传播、流行或者其他严重后果的，对负有责任的主管人员，依法给予行政处分；负有责任的主管人员构成犯罪的，依法追究刑事责任：

（一）未依照本条例的规定开展血吸虫病联防联控的；

（二）急性血吸虫病暴发、流行时，未依照本条例的规定采取紧急措施、进行应急处理的；

（三）未履行血吸虫病防治组织、领导、保障职责的；

（四）未依照本条例的规定采取其他血吸虫病防治措施的。

乡（镇）人民政府未依照本条例的规定采取血吸虫病防治措施的，由上级人民政府责令改正，通报批评；造成血吸虫病传播、流行或者其他严重后果的，对负有责任的主管人员，依法给予行政处分；负有责任的主管人员构成犯罪的，依法追究刑事责任。

第四十八条 县级以上人民政府有关主管部门违反本条例规定，有下列情形之一的，由本级人民政府或者上级人民政府有关主管部门责令改正，通报批评；造成血吸虫病传播、流行或者其他严重后果的，对负有责任的主管人员和其他直接责任人员依法给予行政处分；负有责任的主管人员和其他直接责任人员构成犯罪的，依法追究刑事责任：

（一）在组织实施农村改厕、沼气池建设项目时，未按照无害化要求和血吸虫病防治技术规范，保证厕所或者沼气池具备杀灭粪便中血吸虫卵功能的；

（二）在血吸虫病重点防治地区未开展家畜血吸虫病检查，或者未对感染血吸虫的家畜进行治疗、处理的；

（三）在血吸虫病防治地区进行水利建设项目，未同步建设血吸虫病防治设施，或者未结合血吸虫病防治地区的江河、湖泊治理工程和人畜饮水、灌区改造等水利工程项目，改善水环境，导致钉螺孳生的；

（四）在血吸虫病防治地区未结合退耕还林、长江防护林建设、野生动物植物保护、湿地保护以及自然保护区建设等林业工程，开展血吸虫病综合防治的；

（五）未制定药物杀灭钉螺规范，或者未组织实施本行政区域内药物杀灭钉螺工作的；

（六）未组织开展血吸虫病筛查、治疗和预防性服

药工作的;

(七)未依照本条例规定履行监督管理职责,或者发现违法行为不及时查处的;

(八)有违反本条例规定的其他失职、渎职行为的。

第四十九条 医疗机构、疾病预防控制机构、动物防疫监督机构或者植物检疫机构违反本条例规定,有下列情形之一的,由县级以上人民政府卫生主管部门、农业或者兽医主管部门依据各自职责责令限期改正,通报批评,给予警告;逾期不改正,造成血吸虫病传播、流行或者其他严重后果的,对负有责任的主管人员和其他直接责任人员依法给予降级、撤职、开除的处分,并可以依法吊销有关责任人员的执业证书;负有责任的主管人员和其他直接责任人员构成犯罪的,依法追究刑事责任:

(一)未依照本条例规定开展血吸虫病防治工作的;

(二)未定期对其工作人员进行血吸虫病防治知识、技能培训和考核的;

(三)发现急性血吸虫病疫情或者接到急性血吸虫病暴发、流行报告时,未及时采取措施的;

(四)未对本行政区域内出售、外运的家畜或者植物进行血吸虫病检疫的;

(五)未对经检疫发现的患血吸虫病的家畜实施药物治疗,或者未对发现的携带钉螺的植物实施杀灭钉螺的。

第五十条 建设单位在血吸虫病防治地区兴建水利、交通、旅游、能源等大型建设项目,未事先提请省级以上疾病预防控制机构进行卫生调查,或者未根据疾病预防控制机构的意见,采取必要的血吸虫病预防、控制措施的,由县级以上人民政府卫生主管部门责令限期改正,给予警告,处5000元以上3万元以下的罚款;逾期不改正的,处3万元以上10万元以下的罚款,并可以提请有关人民政府依据职责权限,责令停建、关闭;造成血吸虫病疫情扩散或者其他严重后果的,对负有责任的主管人员和其他直接责任人员依法给予处分。

第五十一条 单位和个人损坏或者擅自移动有钉螺地带警示标志的,由乡(镇)人民政府责令修复或者赔偿损失,给予警告;情节严重的,对单位处1000元以上3000元以下的罚款,对个人处50元以上200元以下的罚款。

第五十二条 违反本条例规定,有下列情形之一的,由县级以上人民政府卫生、农业或者兽医、水利、林业主管部门依据各自职责责令改正,给予警告,对单位处1000元以上1万元以下的罚款,对个人处50元以上500元以下的罚款,并没收用于违法活动的工具和物品;造成血吸虫病疫情扩散或者其他严重后果的,对负有责任的主管人员和其他直接责任人员依法给予处分:

(一)单位未依照本条例的规定对因生产、工作必须接触疫水的人员采取防护措施,或者未定期组织进行血吸虫病的专项体检的;

(二)对政府有关部门采取的预防、控制措施不予配合的;

(三)使用国家明令禁止使用的药物杀灭钉螺的;

(四)引种在有钉螺地带培育的芦苇等植物或者农作物的种子、种苗等繁殖材料的;

(五)在血吸虫病防治地区施用未经无害化处理粪便的。

第七章 附 则

第五十三条 本条例下列用语的含义:

血吸虫病,是血吸虫寄生于人体或者哺乳动物体内,导致其发病的一种寄生虫病。

疫水,是指含有血吸虫尾蚴的水体。

第五十四条 本条例自2006年5月1日起施行。

传染性非典型肺炎防治管理办法

2003年5月12日卫生部令第35号发布施行

第一章 总 则

第一条 为了有效预防和控制传染性非典型肺炎(严重急性呼吸综合征)的发生与流行,保障公众的身体健康和生命安全,根据《中华人民共和国传染病防治法》(以下简称传染病防治法)和《突发公共卫生事件应急条例》(以下简称条例),制定本办法。

第二条 传染性非典型肺炎列入传染病防治法法定传染病管理。传染性非典型肺炎的预防、疫情报告、控制和救治工作按照传染病防治法、条例和本办法的规定执行。

第三条 传染性非典型肺炎防治工作坚持预防为主,防治结合,分级负责,依靠科学,依法管理的原则。

第四条 卫生部对全国传染性非典型肺炎的疾病防治工作实施统一监督管理。

县级以上地方卫生行政部门对本行政区域传染性

非典型肺炎的疾病防治工作实施监督管理。

各级疾病预防控制机构按照专业分工，承担责任范围内的传染性非典型肺炎监测管理工作；各级各类医疗机构承担责任范围内的传染性非典型肺炎防治管理任务。

第五条 大力开展爱国卫生运动，加强传染性非典型肺炎健康教育和法制宣传，清洁环境，提高群众防治意识，发动社会力量群防群控，切断传播途径。

第六条 按照国家规定，对参加传染性非典型肺炎防治工作的医疗卫生人员，给予适当补助和保健津贴；对参加防治工作作出贡献的人员，给予表彰和奖励；对参与防治工作发生疾病、残疾、死亡的人员，给予相应的补助和抚恤。

第七条 卫生部及省、自治区、直辖市卫生行政部门应当及时组织开展地区之间、医疗机构之间和疾病预防控制机构之间防治经验的交流；积极开展传染性非典型肺炎防治的科学技术研究工作；鼓励、支持开展传染性非典型肺炎防治的科学研究和技术的国际交流与合作。

第八条 任何单位和个人，必须接受疾病预防控制机构、医疗机构、卫生监督机构有关传染性非典型肺炎的查询、检验、调查取证、监督检查以及预防控制措施，并有权检举、控告违反本办法的行为。

第二章　疫情报告、通报和公布

第九条 任何单位和个人发现传染性非典型肺炎病人或者疑似传染性非典型肺炎病人（以下简称病人或者疑似病人）时，都应当及时向当地疾病预防控制机构报告。

医疗机构及其医务人员、疾病预防控制机构的工作人员发现病人或者疑似病人，必须立即向当地疾病预防控制机构报告。疾病预防控制机构发现疫情或者接到疫情报告，应当立即报告上级疾病预防控制机构和当地卫生行政部门。

卫生行政部门接到报告后应当立即报告本级人民政府，同时报告上级卫生行政部门和国务院卫生行政部门。

第十条 任何单位和个人对传染性非典型肺炎疫情，不得隐瞒、缓报、谎报或者授意他人隐瞒、缓报、谎报。

第十一条 卫生部根据传染性非典型肺炎疫情情况，及时向国务院有关部门和各省、自治区、直辖市卫生行政部门以及军队卫生主管部门通报。

传染性非典型肺炎疫情发生地的省、自治区、直辖市卫生行政部门，应当及时向毗邻省、自治区、直辖市卫生行政部门通报。

接到通报的省、自治区、直辖市卫生行政部门，必要时，应当及时通知本行政区域内的医疗卫生机构，做好预防控制工作。

第十二条 卫生部及时、如实向社会公布疫情；省、自治区、直辖市卫生行政部门及时、如实公布本行政区域的疫情。

第十三条 县级以上卫生行政部门应当加强农村疫情监测和疫情报告体系建设，建立健全县、乡、村三级疫情信息网络。

第三章　预防与控制

第十四条 各级疾病预防控制机构履行下列职责：

（一）对传染性非典型肺炎疫情进行监测与预警；

（二）对疫情报告进行汇总、分析、评估；

（三）对病人或者疑似病人及其密切接触者进行流行病学调查；

（四）对病人或者疑似病人的密切接触者采取必要的医学观察措施；

（五）对医疗机构的消毒、隔离工作进行技术指导；

（六）对疫点进行隔离控制和消毒；

（七）对医疗机构外死亡的病人或者疑似病人的尸体进行消毒处理；

（八）对疾病预防控制人员进行专门的业务培训；

（九）对公众开展健康教育和医学咨询服务；

（十）依据有关规定实施其他疾病预防控制措施。

必要时，向集中收治病人或者疑似病人的医疗机构派驻人员，协助医疗机构开展预防控制工作。

第十五条 疾病预防控制机构、医疗机构、从事传染性非典型肺炎科学研究机构，必须严格执行有关管理制度、操作规程，防止医源性感染、医院内感染、实验室感染和致病性微生物的扩散。

对从事传染性非典型肺炎预防控制、医疗救治、科学研究的人员，所在单位应当根据有关规定，采取有效的防护措施和医疗保健措施。

第十六条 有关单位和个人必须按照疾病预防控制机构的要求，对被传染性非典型肺炎病原体污染的污水、污物、粪便进行严密消毒后处理。

第十七条 医疗机构、疾病预防控制机构发现传染性非典型肺炎病人或者疑似病人时，应当及时采取控制措施。

第十八条 传染性非典型肺炎暴发、流行时，县级以上地方卫生行政部门应当及时报请当地政府根据传染病防治法第二十五条的规定采取相应措施。

第十九条 疾病预防控制机构发现传染性非典型肺炎疫情或者接到疫情报告时，应当立即采取以下控制措施：

（一）及时到达现场，调查登记病人或者疑似病人的密切接触者；

（二）对密切接触者按照有关规定进行流行病学调查，并根据情况采取集中隔离或者分散隔离的方法进行医学观察；

（三）对医疗机构外被病人或者疑似病人污染的场所、物品进行卫生处理。

第二十条 病人或者疑似病人以及密切接触者及其他有关单位和人员，应当配合疾病预防控制机构和医疗机构采取预防控制措施。拒绝配合的，请公安机关按照条例第四十四条的规定予以协助。

第二十一条 传染性非典型肺炎病人死亡后，尸体处理按照传染病防治法第二十八条的有关规定和卫生部、民政部《关于做好传染性非典型肺炎患者遗体处理和丧葬活动的紧急通知》的规定，立即消毒、就地火化。

医疗机构、疾病预防控制机构必要时可以对尸体进行解剖查验。

第二十二条 交通工具上发现病人或者疑似病人的，以及国境口岸和入出境人员、交通工具、货物、集装箱、行李、邮包等需要采取传染性非典型肺炎应急控制措施的，按照条例第三十八条的规定执行。

第四章 医疗救治

第二十三条 县级以上地方卫生行政部门应当指定专门的医疗机构负责收治病人或者疑似病人；指定专门机构和车辆负责转运工作，并建立安全的转诊制度。

收治病人或者疑似病人的医疗机构应当符合卫生行政部门规定的隔离、消毒条件，配备必要的救治设备；对病人和疑似病人应当分开隔离治疗；采取有效措施，避免交叉感染。

卫生行政部门对定点医疗机构的建设应当给予必要的支持。

第二十四条 县级以上地方卫生行政部门应当指定医疗机构设立发热门诊和隔离观察室，负责收治可疑发热病人，实行首诊负责制。发现病人或者疑似病人时，应当采取应急控制措施，并及时报告当地疾病预防控制机构。

乡（镇）卫生院应当根据县级以上卫生行政部门的要求设立发热病人隔离观察室，发现可疑发热病人时，及时通知县级医疗机构派专门技术人员诊断或者转诊。

县级以上地方卫生行政部门应当加强县级医院、乡（镇）卫生院传染病医疗救治设施的改造和建设。

第二十五条 各级各类医疗机构应当设立预防保健组织或者人员，承担本单位和责任地段的传染病预防、控制和疫情管理工作。

第二十六条 医疗机构履行下列职责：

（一）及时、如实报告疫情；

（二）承担责任范围内的传染性非典型肺炎的预防、诊断、治疗任务，改善服务质量，提高治疗水平；

（三）对医疗机构内病人或者疑似病人污染的场所、物品、排泄物进行严格的卫生处理；

（四）负责对医疗机构内死亡的病人或者疑似病人的尸体进行消毒处理；

（五）对医护人员进行专门的业务培训；

（六）宣传疾病防治科学知识；

（七）依据有关规定开展其他防治工作。

第二十七条 医疗机构应当执行卫生部关于医院感染管理规范、医院消毒卫生标准等有关规定，采取严格的防护措施，使用有效防护用品，防止医务人员感染。

医务人员应当增强传染病防治的法律意识，接受专门的业务培训，遵守操作常规，按照有关规定做好个人防护。

第二十八条 对流动人口中的病人、疑似病人应当按照就地隔离、就地观察、就地治疗的原则，及时送当地指定的专门收治病人和疑似病人的医疗机构治疗。

第二十九条 医疗机构收治病人或者疑似病人，实行先收治、后结算的办法，任何医疗机构不得以费用为由拒收病人。对农民（含进城务工农民）和城镇困难群众中的传染性非典型肺炎病人实行免费医疗，所发生救治费用由政府负担，具体办法按国家有关部门规定执行。

第三十条 医疗机构购进医疗防护用品、药品和医用器械，必须按照卫生行政部门规定的渠道和办法进行，确保质量和安全。

第五章 监督管理

第三十一条 卫生部对全国传染性非典型肺炎防治工作进行督察、指导。

省、自治区、直辖市卫生行政部门对本行政区域的传染性非典型肺炎防治工作进行督察、指导。

第三十二条 各级卫生监督机构在卫生行政部门的领导下，对下列事项进行监督检查：

（一）医疗机构和疾病预防控制机构的疫情报告；

（二）医疗机构、留验站（所）的隔离、消毒、防护和医疗废弃物处理；

（三）公共场所的消毒；

（四）密切接触者的医学观察、疫点的环境消毒；

（五）生产、经营和使用单位的消毒产品、防护用品的质量；

（六）依法开展其他监督检查工作。

第三十三条 卫生部和省、自治区、直辖市卫生行政部门建立领导、协调机构，组建预防控制专家组和医疗救治专家组，组织和协调技术攻关。

卫生部组织制定传染性非典型肺炎防治的指导原则和技术规范。

第三十四条 设区的市级以上地方卫生行政部门应当组织疾病预防控制人员和医疗救治队伍，加强对农村及传染性非典型肺炎疫情严重地区的疫情控制、业务培训和技术指导，提高农村地区控制疫情的能力和诊断、治疗水平。

第三十五条 卫生部根据需要在全国范围内统筹协调卫生资源，调集医疗卫生人员参加防治工作；县级以上地方卫生行政部门在本行政区域内指定医疗机构承担医疗救治任务，组织医疗卫生人员参加防治工作。

疾病预防控制机构和医疗机构及其人员必须服从卫生行政部门的调遣。

第六章 罚 则

第三十六条 县级以上地方卫生行政部门有下列行为之一的，由上级卫生行政部门责令改正，通报批评，给予警告，对其主要负责人由有关部门依法给予降级或者撤职的行政处分；造成传染性非典型肺炎传播、流行或者对社会公众健康造成其他严重危害后果的，依法给予开除的行政处分；构成犯罪的，依法追究刑事责任：

（一）未按照规定履行报告职责，隐瞒、缓报、谎报或授意他人隐瞒、缓报、谎报疫情的；

（二）在防治工作中玩忽职守，失职、渎职的；

（三）对上级卫生行政部门的督察、指导不予配合，或者采取其他方式阻碍、干涉的。

第三十七条 疾病预防控制机构和医疗机构及其人员有下列行为之一的，由县级以上卫生行政部门责令改正，通报批评，给予警告；情节严重的，依法吊销医疗机构执业许可证，并由有关部门对主要负责人给予降级或者撤职的行政处分；对有关医疗卫生人员，由其所在单位或者上级机关给予纪律处分，并由县级以上卫生行政部门依法吊销执业证书；造成传染性非典型肺炎传播、流行或者对社会公众健康造成其他严重危害后果，构成犯罪的，依法追究刑事责任：

（一）未依法履行疫情报告职责，隐瞒、缓报或者谎报的；

（二）拒绝服从卫生行政部门调遣的；

（三）未按照规定及时采取预防控制措施的；

（四）拒绝接诊病人或者疑似病人的；

（五）未按照规定履行监测职责的。

第三十八条 有关单位和人员有下列行为之一的，由县级以上卫生行政部门责令改正，可以处五千元以下罚款，情节较严重的，可以处五千元以上两万元以下的罚款；对主管人员和直接责任人员，由所在单位或有关部门给予行政处分；构成犯罪的，依法追究刑事责任：

（一）对传染性非典型肺炎病原体污染的污水、污物、粪便不按规定进行消毒处理的；

（二）造成传染性非典型肺炎的医源性感染、医院内感染、实验室感染或者致病性微生物扩散的；

（三）生产、经营、使用消毒产品、隔离防护用品等不符合规定与标准，可能造成传染病的传播、扩散或者造成传染病的传播、扩散的；

（四）拒绝、阻碍或者不配合现场调查、资料收集、采样检验以及监督检查的；

（五）拒绝执行疾病预防控制机构提出的预防、控制措施的；

（六）病人或者疑似病人故意传播传染性非典型肺炎，造成他人感染的。

第七章 附 则

第三十九条 中国人民解放军、武装警察部队医疗卫生机构参与传染性非典型肺炎防治工作的，参照本办法的规定执行。

第四十条 本办法自发布之日起施行。

医疗机构传染病预检分诊管理办法

2005年2月28日卫生部令第41号发布施行

第一条 为规范医疗机构传染病预检、分诊工作，有效控制传染病疫情，防止医疗机构内交叉感染，保障人民群众身体健康和生命安全，根据《中华人民共和国传染病防治法》第五十二条的规定，制定本办法。

第二条 医疗机构应当建立传染病预检、分诊制度。

二级以上综合医院应当设立感染性疾病科，具体负责本医疗机构传染病的分诊工作，并对本医疗机构的传染病预检、分诊工作进行组织管理。

没有设立感染性疾病科的医疗机构应当设立传染病分诊点。

感染性疾病科和分诊点应当标识明确，相对独立，通风良好，流程合理，具有消毒隔离条件和必要的防护用品。

第三条　医疗机构各科室的医师在接诊过程中，应当注意询问病人有关的流行病学史、职业史，结合病人的主诉、病史、症状和体征等对来诊的病人进行传染病的预检。

经预检为传染病病人或者疑似传染病病人的，应当将病人分诊至感染性疾病科或者分诊点就诊，同时对接诊处采取必要的消毒措施。

第四条　医疗机构应当根据传染病的流行季节、周期和流行趋势做好特定传染病的预检、分诊工作。

医疗机构应当在接到卫生部和省、自治区、直辖市人民政府发布特定传染病预警信息后，或者按照当地卫生行政部门的要求，加强特定传染病的预检、分诊工作。必要时，设立相对独立的针对特定传染病的预检处，引导就诊病人首先到预检处检诊，初步排除特定传染病后，再到相应的普通科室就诊。

第五条　对呼吸道等特殊传染病病人或者疑似病人，医疗机构应当依法采取隔离或者控制传播措施，并按照规定对病人的陪同人员和其他密切接触人员采取医学观察和其他必要的预防措施。

第六条　医疗机构不具备传染病救治能力时，应当及时将病人转诊到具备救治能力的医疗机构诊疗，并将病历资料复印件转至相应的医疗机构。

第七条　转诊传染病病人或疑似传染病病人时，应当按照当地卫生行政部门的规定使用专用车辆。

第八条　感染性疾病科和分诊点应当采取标准防护措施，按照规范严格消毒，并按照《医疗废物管理条例》的规定处理医疗废物。

第九条　医疗机构应当定期对医务人员进行传染病防治知识的培训，培训应当包括传染病防治的法律、法规以及传染病流行动态、诊断、治疗、预防、职业暴露的预防和处理等内容。

从事传染病预检、分诊的医务人员应当严格遵守卫生管理法律、法规和有关规定，认真执行临床技术操作规范、常规以及有关工作制度。

第十条　各级卫生行政部门应当加强对医疗机构预检分诊工作的监督管理，对违反《中华人民共和国传染病防治法》等有关法律、法规和本办法的，应当依法查处。

第十一条　本办法自发布之日起施行。

传染病病人或疑似传染病病人尸体解剖查验规定

1. 2005年4月30日卫生部令第43号公布
2. 自2005年9月1日起施行

第一条　为了及时查明传染病病因，提高传染病诊疗水平，有效控制传染病流行，防止疫情扩散，根据《中华人民共和国传染病防治法》第四十六条（以下简称《传染病防治法》），制定本规定。

第二条　本规定适用于病因不明的传染病病人或者疑似传染病病人尸体的解剖查验工作。

第三条　传染病病人或者疑似传染病病人尸体解剖查验工作应当在卫生行政部门指定的具有传染病病人尸体解剖查验资质的机构（以下简称查验机构）内进行。

设区的市级以上卫生行政部门应当根据本辖区传染病防治工作实际需要，指定具有独立病理解剖能力的医疗机构或者具有病理教研室或者法医教研室的普通高等学校作为查验机构。

从事甲类传染病和采取甲类传染病预防、控制措施的其他传染病病人或者疑似传染病病人尸体解剖查验的机构，由省级以上卫生行政部门指定。

第四条　查验机构应当具备下列条件：

（一）有独立的解剖室及相应的辅助用房，人流、物流、空气流合理，采光良好，其中解剖室面积不少于15平方米；

（二）具有尸检台、切片机、脱水机、吸引器、显微镜、照相设备、计量设备、消毒隔离设备、个人防护设备、病理组织取材工作台、储存和运送标本的必要设备、尸体保存设施以及符合环保要求的污水、污物处理设施；

（三）至少有二名具有副高级以上病理专业技术职务任职资格的医师，其中有一名具有正高级病理专业技术职务任职资格的医师作为主检人员；

（四）具有健全的规章制度和规范的技术操作规程，并定期对工作人员进行培训和考核；

（五）具有尸体解剖查验和职业暴露的应急预案。

从事甲类传染病和采取甲类传染病预防、控制措施的其他传染病或者疑似传染病病人尸体解剖查验机构的解剖室应当同时具备对外排空气进行过滤消毒的条件。

第五条　医疗机构为了查找传染病病因，对在医疗机构死亡的传染病人或疑似传染病病人，经所在地设区的市级卫生行政部门批准，进行尸体解剖查验，并告知死者家属，做好记录。

第六条　疾病预防控制机构接到有关部门通知，对在医疗机构外死亡、具有传染病特征的病人尸体应当采取消毒隔离措施；需要查找传染病病因的，经所在地设区的市级卫生行政部门批准，进行尸体解剖查验，并告知死者家属，做好记录。

第七条　解剖查验应当遵循就近原则，按照当地卫生行政部门规定使用专用车辆运送至查验机构。

第八条　除解剖查验工作需要外，任何单位和个人不得对需要解剖查验的尸体进行搬运、清洗、更衣、掩埋、火化等处理。

第九条　医疗机构应当向查验机构提供临床资料复印件，并与查验机构办理交接手续。

第十条　查验机构应当指定一名主检人员。查验人员在尸体解剖查验前，应当认真查阅有关临床资料。

第十一条　解剖查验工作应当严格遵守有关技术操作规范和常规，并符合传染病预防控制的规定。

对解剖查验中的标本采集、保藏、携带和运输应当执行《病原微生物实验室生物安全管理条例》等规定。

解剖查验过程中采集的标本，应当在符合生物安全要求的实验室进行检验。

第十二条　在解剖查验过程中，对所产生的医疗废物应当按照《医疗废物管理条例》等有关规定进行处理。

第十三条　从事尸体解剖查验工作的病理专业技术人员在解剖查验全过程中应当实施标准防护措施，严格遵守有关技术操作规程，采取有效措施防止交叉感染、环境污染造成疫病播散。查验机构要做好有关技术人员的健康监护工作。

第十四条　查验机构应当尽快出具初步查验报告，并及时反馈相应的医疗机构、疾病预防控制机构或者卫生行政部门。

医疗机构根据初步查验报告、病理报告和病原学检验报告，综合临床表现，尽快明确诊断，并按规定报告。

第十五条　尸体解剖查验工作结束后，病理专业技术人员应当对尸体进行缝合、清理。查验机构应当在所在地疾病预防控制机构的指导下或者按其提出的卫生要求对尸体、解剖现场及周围环境进行严格消毒处理。

解剖查验后的尸体经卫生处理后，按照规定火化或者深埋。

第十六条　停放传染病或疑似传染病病人尸体的场所、专用运输工具以及使用过的单体冰柜均应当按照规定严格消毒。

第十七条　有关单位和个人违反本规定，有下列情形之一的，由卫生行政部门依据《传染病防治法》、《执业医师法》、《医疗机构管理条例》等有关法律法规进行相应处理，并对负有责任的主管人员和其他直接责任人员给予行政处分；造成严重后果构成犯罪的，依法追究刑事责任。

（一）医疗机构未经批准，擅自对病因不明并具有传染病特征的病人尸体进行解剖查验的；

（二）查验机构及其工作人员在解剖查验过程中，未按规定采取有效的消毒、防护、隔离等措施的；

（三）查验机构及其工作人员出具虚假查验报告的；

（四）查验机构未按规定履行查验职责的；

（五）法律、行政法规规定的其他违法情形。

第十八条　按照《传染病防治法》的规定，为查找传染病病因，对传染病病人尸体或者疑似传染病病人尸体进行解剖查验，卫生行政部门应当保障工作实施经费，对工作人员采取有效的卫生防护措施和医疗保健措施。

第十九条　本规定自2005年9月1日起施行。

性病防治管理办法

1．2012年11月23日卫生部令第89号公布
2．自2013年1月1日起施行

第一章　总　　则

第一条　为预防、控制性病的传播流行，保护人体健康，根据《中华人民共和国传染病防治法》（以下简称《传染病防治法》）和《艾滋病防治条例》有关规定，制定本办法。

第二条　性病是以性接触为主要传播途径的疾病。本办法所称性病包括以下几类：

（一）《传染病防治法》规定的乙类传染病中的梅毒和淋病；

（二）生殖道沙眼衣原体感染、尖锐湿疣、生殖器疱疹；

（三）卫生部根据疾病危害程度、流行情况等因素，确定需要管理的其他性病。

艾滋病防治管理工作依照《艾滋病防治条例》的

有关规定执行。

第三条 性病防治坚持预防为主、防治结合的方针，遵循依法防治、科学管理、分级负责、专业指导、部门合作、社会参与的原则。

第四条 性病防治工作与艾滋病防治工作相结合，将性病防治工作纳入各级艾滋病防治工作协调机制，整合防治资源，实行性病艾滋病综合防治。

第五条 卫生部负责全国性病防治工作。根据需要制定国家性病防治规划；确定需要管理的性病目录，决定并公布需要列入乙类、丙类传染病管理的性病病种。

县级以上地方卫生行政部门负责本行政区域内性病防治工作，依照本办法和国家性病防治规划，结合当地性病流行情况和防治需求，制定并组织实施本行政区域性病防治计划。

卫生行政部门应当在同级人民政府的领导下，建立和完善性病防治管理和服务体系，将性病防治工作逐步纳入基本公共卫生服务内容；加强性病防治队伍建设，负责安排性病防治所需经费，组织开展性病防治工作。

第六条 卫生行政部门应当鼓励和支持社会组织参与性病防治工作，开展宣传教育、行为干预、心理支持和社会关怀等活动。

鼓励和支持医疗卫生、科研等相关机构开展性病防治工作研究和学术交流，参加性病防治公益活动。

第七条 医学院校、医务人员培训机构和医学考试机构，应当将性病防治政策和知识等纳入医学院校教育、住院医师培训、继续教育等各类培训以及医学考试的内容。

第八条 任何单位和个人不得歧视性病患者及其家属。性病患者就医、入学、就业、婚育等合法权益受法律保护。

第二章 机构和人员

第九条 卫生行政部门应当根据当地性病防治工作需求，指定承担性病防治任务的疾病预防控制机构，合理规划开展性病诊疗业务的医疗机构。

第十条 中国疾病预防控制中心在性病防治中的职责是：

（一）协助卫生部制定全国性病防治规划；

（二）指导全国性病防治工作，开展性病监测、疫情分析及管理、培训督导、防治效果评估等工作；

（三）组织制定和完善性病实验室检测等技术规范，开展性病实验室质量管理，定期开展性病诊断试剂临床应用质量评价。

第十一条 省级、设区的市和县级疾病预防控制机构在性病防治中的职责是：

（一）组织有关机构和专家，协助同级卫生行政部门制定本行政区域性病防治计划，开展性病的监测、流行病学调查、疫情分析及管理、培训督导等工作；

（二）组织并指导下级疾病预防控制机构和社会组织开展性病防治宣传教育、有易感染性病危险行为的人群干预工作；

（三）组织开展本行政区域性病实验室质量管理。

第十二条 医疗机构应当积极提供性病诊疗服务，方便患者就医。

医疗机构开展性病诊疗业务应当取得与性传播疾病诊疗相关的诊疗科目，确定相应科室，并应当具备以下条件：

（一）具有相应的诊疗场所，包括诊室、治疗室和检验科等；

（二）具备性病诊断治疗、消毒灭菌所必需的设备、设施及药品等；

（三）具有依法取得执业资格，并经性病诊疗培训考核合格的人员。

第十三条 开展性病诊疗业务的医疗机构职责是：

（一）根据性病诊断标准和技术规范对性病患者或者疑似病人进行诊断治疗，并按照规定报告疫情；

（二）开展性病防治知识宣传、健康教育、咨询和必要的干预；

（三）协助卫生行政部门开展性病诊疗业务培训；

（四）开展实验室检测质量控制；

（五）协助疾病预防控制机构开展性病疫情漏报调查和流行病学调查等工作。

第十四条 省级卫生行政部门应当定期组织从事性病诊断治疗和预防控制工作的专业人员进行岗位培训，并进行考核。

卫生行政部门和行业学会开展对皮肤科、妇产科、泌尿外科等相关学科医师的培训，应当包括性病防治知识和专业技术培训内容。

第十五条 医疗机构人员开展性病诊疗业务，应当依法取得执业资格，并应当定期接受性病防治知识和专业技术岗位培训。

疾病预防控制机构的人员开展性病预防控制工作，应当定期接受性病防治知识和专业技术岗位培训。

第十六条 县级以上地方卫生行政部门应当及时公布取得与性传播疾病诊疗相关科目的医疗机构信息。

开展性病诊疗业务的医疗机构发布有关医疗广告应当依法进行。

第三章 预防和控制

第十七条 疾病预防控制机构和开展性病诊疗业务的医疗机构应当根据当地性病流行特点，确定性病宣传和健康教育内容，对大众开展性病防治知识的宣传。

第十八条 各级疾病预防控制机构应当通过多种形式在有易感染性病危险行为的人群集中的场所宣传性病防治知识，倡导安全性行为，鼓励有易感染性病危险行为的人群定期到具备性病诊疗资质的医疗机构进行性病检查。

第十九条 开展性病诊疗业务的医疗机构应当为性病就诊者提供性病和生殖健康教育、咨询检测以及其他疾病的转诊服务。

第二十条 基层医疗卫生机构和开展性病防治工作的社会组织，应当在当地卫生行政部门的统一规划和疾病预防控制机构的指导下，对有易感染性病危险行为的人群开展性病、生殖健康知识宣传和行为干预，提供咨询等服务。

第二十一条 艾滋病自愿咨询检测机构和社区药物维持治疗门诊应当将梅毒免费咨询检测纳入日常服务内容；对咨询检测中发现的梅毒阳性患者，应当告知其到开展性病诊疗业务的医疗机构就诊。

第二十二条 开展妇幼保健和助产服务的医疗机构应当对孕产妇进行梅毒筛查检测、咨询、必要的诊疗或者转诊服务，预防先天梅毒的发生。

第二十三条 性病患者应当采取必要的防护措施，防止感染他人，不得以任何方式故意传播性病。

第二十四条 性病流行严重的地区，卫生行政部门可以根据当地情况，对特定人群采取普查普治的防治措施。

第四章 诊断和治疗

第二十五条 开展性病诊疗业务的医疗机构，应当实行首诊医师负责制，建立门诊日志，对就诊者逐例登记，对有可能感染性病或者具有性病可疑症状、体征的就诊者应当及时进行相关性病检查，不得以任何理由推诿。当性病患者存在严重危及健康和生命的伴随疾病，可以转诊至伴随疾病的专科诊治，并给予性病诊治支持。

不具备开展性病诊疗条件的医疗机构或者科室，在诊治、体检、筛查活动中发现疑似或者确诊的性病患者时，应当及时转诊至具备性病诊疗条件的医疗机构或者科室处置。当患者存在严重危及健康和生命的伴随疾病，可以安排在伴随疾病的专科继续诊治，开展性病诊疗业务的医疗机构或者科室应当给予性病诊治支持。

第二十六条 医疗机构及其医务人员对就诊者进行性病相关检查时，应当遵循知情同意的原则。

第二十七条 开展性病诊疗业务的医疗机构，应当按照安全、有效、经济、方便的原则提供性病治疗服务，优先使用基本药物。

开展性病诊疗业务的医疗机构，应当公示诊疗、检验及药品、医疗器械等服务价格，按照有关规定收费。

性病治疗基本用药纳入基本药物目录并逐步提高报销比例，性病基本诊疗服务费用纳入报销范围。

第二十八条 开展性病诊疗业务的医务人员，应当严格按照卫生部发布的性病诊断标准及相关规范的要求，采集完整病史，进行体格检查、临床检验和诊断治疗。

第二十九条 开展性病诊疗业务的医务人员，应当规范书写病历，准确填报传染病报告卡报告疫情，对性病患者进行复查，提供健康教育与咨询等预防服务，并予以记录。

第三十条 开展性病诊疗业务的医务人员，应当告知性病患者及早通知与其有性关系者及时就医。

第三十一条 开展性病诊疗业务并提供孕产期保健和助产服务的医疗机构，应当按照国家推荐方案及时为感染梅毒的孕产妇提供治疗，并为其婴幼儿提供必要的预防性治疗、随访、梅毒相关检测服务等。对确诊的先天梅毒的患儿根据国家推荐治疗方案给予治疗或者转诊。

第三十二条 开展性病诊疗业务的医疗机构进行性病临床检验，应当制定检验标准操作和质量控制程序，按照技术规范进行检验和结果报告，参加性病实验室间质量评价，加强实验室生物安全管理。

第三十三条 医疗机构应当采取措施预防性病的医源性感染，加强医务人员的职业安全防护。

第五章 监测和报告

第三十四条 中国疾病预防控制中心制定全国性病监测方案。省级疾病预防控制机构根据全国性病监测方案和本地性病疫情，制定本行政区域的性病监测实施方案；组织开展性病监测和专题调查，了解不同人群性病发病特点和流行趋势。

第三十五条 开展性病诊疗业务的医疗机构是性病疫情责任报告单位，开展性病诊疗的医务人员是性病疫情责任报告人。

性病疫情责任报告单位应当建立健全性病疫情登记和报告制度；性病疫情责任报告人发现应当报告的性病病例时，应当按照要求及时报告疫情。

第三十六条 开展性病诊疗业务的医疗机构应当结合流行病学史、临床表现和实验室检验结果等做出诊断，按照规定进行疫情报告，不得隐瞒、谎报、缓报疫情。

艾滋病自愿咨询检测机构和社区药物维持治疗门诊应当按照要求收集和上报相关信息。

医疗卫生机构不得泄露性病患者涉及个人隐私的有关信息、资料。

第三十七条 各级卫生行政部门负责本行政区域内性病疫情报告网络建设，为网络的正常运行提供必要的保障条件。

第三十八条 疾病预防控制机构负责本行政区域内性病疫情信息报告的业务管理和技术指导工作，对性病疫情信息进行收集、核实、分析、报告和反馈，预测疫情趋势，对疫情信息报告质量进行检查。

第六章 监督管理

第三十九条 卫生部负责对全国性病防治工作进行监督管理，组织开展性病防治工作绩效考核和效果评估。

第四十条 县级以上地方卫生行政部门负责对本行政区域内性病防治工作进行监督管理，定期开展性病防治工作绩效考核与督导检查。督导检查内容包括：

（一）疾病预防控制机构性病防治工作职责落实情况；

（二）开展性病诊疗业务的医疗机构工作职责落实情况；

（三）不具备开展性病诊疗资质的医疗机构发现疑似性病患者的转诊情况；

（四）疾病预防控制机构与开展性病诊疗业务的医疗机构性病防治培训情况。

第四十一条 卫生行政部门对开展性病诊疗服务的医疗机构进行校验和评审时，应当将性病诊治情况列入校验和评审内容。

第四十二条 卫生行政部门应当受理个人或者组织对违反本办法行为的举报，并依法进行处理。

第四十三条 卫生行政部门工作人员依法进行监督检查时，应当出示证件；被检查单位应当予以配合，如实反映情况，提供必要的资料，不得拒绝、阻碍或者隐瞒。

第四十四条 疾病预防控制机构和开展性病诊疗业务的医疗机构应当加强本机构性病防治工作管理，对违反本办法规定的本机构工作人员，应当根据情节轻重，给予批评教育或者相应的纪律处分。

第七章 法律责任

第四十五条 县级以上卫生行政部门对督导检查中发现的或者接到举报查实的违反本办法的行为，应当依法及时予以纠正和处理；对工作不力、管理不规范的医疗卫生机构及其工作人员，应当予以通报批评；对负有责任的主管人员和其他直接责任人员，可以根据情节依法给予处分。

第四十六条 县级以上卫生行政部门违反本办法规定，造成性病疫情传播扩散的，按照《传染病防治法》的有关规定进行处理；构成犯罪的，依法追究刑事责任。

第四十七条 未取得《医疗机构执业许可证》擅自开展性病诊疗活动的，按照《医疗机构管理条例》的有关规定进行处理。

第四十八条 医疗机构违反本办法规定，超出诊疗科目登记范围开展性病诊疗活动的，按照《医疗机构管理条例》及其实施细则的有关规定进行处理。

医疗机构违反本办法规定，未按照有关规定报告疫情或者隐瞒、谎报、缓报传染病疫情或者泄露性病患者涉及个人隐私的有关信息、资料，按照《传染病防治法》有关规定进行处理。

第四十九条 医疗机构提供性病诊疗服务时违反诊疗规范的，由县级以上卫生行政部门责令限期改正，给予警告；逾期不改的，可以根据情节轻重处以三万元以下罚款。

第五十条 医师在性病诊疗活动中违反本办法规定，有下列情形之一的，由县级以上卫生行政部门按照《执业医师法》第三十七条的有关规定进行处理：

（一）违反性病诊疗规范，造成严重后果的；

（二）泄露患者隐私，造成严重后果的；

（三）未按照规定报告性病疫情，造成严重后果的；

（四）违反本办法其他规定，造成严重后果的。

第五十一条 护士在性病诊疗活动中违反本办法规定泄露患者隐私或者发现医嘱违反法律、法规、规章、诊疗技术规范未按照规定提出或者报告的，按照《护士条例》第三十一条的有关规定进行处理。

第五十二条 医疗机构违反有关规定发布涉及性病诊断治疗内容的医疗广告，由县级以上卫生行政部门按照国家有关法律法规的规定进行处理。

第五十三条 性病患者违反规定，导致性病传播扩散，给他人人身、财产造成损害的，应当依法承担民事赔偿责任；构成犯罪的，依法追究刑事责任。

第八章 附 则

第五十四条 省、自治区、直辖市卫生行政部门可以结合本地实际情况，根据本办法的规定制定实施细则。

第五十五条 医疗机构实验室的性病检测质量控制工作按照医疗机构临床实验室有关规定进行统一管理和质控。

第五十六条 本办法下列用语的含义：

承担性病防治任务的疾病预防控制机构，指按照卫生行政部门要求，承担性病防治工作职责的各级疾病预防控制中心或者皮肤病性病防治院、所、站。

有易感染性病危险行为的人群，指有婚外性行为、多性伴、同性性行为等行为的人群。

第五十七条 本办法自2013年1月1日起施行。1991年8月12日卫生部公布的《性病防治管理办法》同时废止。

结核病防治管理办法

1. 2013年2月20日卫生部令第92号公布
2. 自2013年3月24日起施行

第一章 总 则

第一条 为进一步做好结核病防治工作，有效预防、控制结核病的传播和流行，保障人体健康和公共卫生安全，根据《中华人民共和国传染病防治法》及有关法律法规，制定本办法。

第二条 坚持预防为主、防治结合的方针，建立政府组织领导、部门各负其责、全社会共同参与的结核病防治机制。加强宣传教育，实行以及时发现患者、规范治疗管理和关怀救助为重点的防治策略。

第三条 卫生部负责全国结核病防治及其监督管理工作，县级以上地方卫生行政部门负责本辖区内的结核病防治及其监督管理工作。

卫生行政部门应当积极协调有关部门加强结核病防治能力建设，逐步构建结核病定点医疗机构、基层医疗卫生机构、疾病预防控制机构分工明确、协调配合的防治服务体系。

第四条 各级各类医疗卫生机构应当按照有关法律法规和卫生行政部门的规定，在职责范围内做好结核病防治的疫情监测和报告、诊断治疗、感染控制、转诊服务、患者管理、宣传教育等工作。

第二章 机构与职责

第五条 卫生部组织制定全国结核病防治规划、技术规范和标准；统筹医疗卫生资源，建设和管理全国结核病防治服务体系；对全国结核病防治工作进行监督检查及评价。

第六条 县级以上地方卫生行政部门负责拟订本辖区内结核病防治规划并组织实施；组织协调辖区内结核病防治服务体系的建设和管理，指定结核病定点医疗机构；统筹规划辖区内结核病防治资源，对结核病防治服务体系给予必要的政策和经费支持；组织开展结核病防治工作的监督、检查和绩效评估。

第七条 疾病预防控制机构在结核病防治工作中履行以下职责：

（一）协助卫生行政部门开展规划管理及评估工作；

（二）收集、分析信息，监测肺结核疫情；及时准确报告、通报疫情及相关信息；开展流行病学调查、疫情处置等工作；

（三）组织落实肺结核患者治疗期间的规范管理；

（四）组织开展肺结核或者疑似肺结核患者及密切接触者的追踪工作；

（五）组织开展结核病高发和重点行业人群的防治工作；

（六）开展结核病实验室检测，对辖区内的结核病实验室进行质量控制；

（七）组织开展结核病防治培训，提供防治技术指导；

（八）组织开展结核病防治健康教育工作；

（九）开展结核病防治应用性研究。

第八条 结核病定点医疗机构在结核病防治工作中履行以下职责：

（一）负责肺结核患者诊断治疗，落实治疗期间的随访检查；

（二）负责肺结核患者报告、登记和相关信息的录入工作；

（三）对传染性肺结核患者的密切接触者进行检查；

（四）对患者及其家属进行健康教育。

第九条 非结核病定点医疗机构在结核病防治工作中履行以下职责：

（一）指定内设职能科室和人员负责结核病疫情的报告；

（二）负责结核病患者和疑似患者的转诊工作；

（三）开展结核病防治培训工作；

（四）开展结核病防治健康教育工作。

第十条 基层医疗卫生机构在结核病防治工作中履行以下职责：

（一）负责肺结核患者居家治疗期间的督导管理；

（二）负责转诊、追踪肺结核或者疑似肺结核患者及有可疑症状的密切接触者；

（三）对辖区内居民开展结核病防治知识宣传。

第三章 预 防

第十一条 各级各类医疗卫生机构应当开展结核病防治的宣传教育，对就诊的肺结核患者及家属进行健康教育，宣传结核病防治政策和知识。

基层医疗卫生机构定期对辖区内居民进行健康教育和宣传。

疾病预防控制机构对易患结核病重点人群和重点场所进行有针对性的健康教育和宣传工作。

第十二条 根据国家免疫规划对适龄儿童开展卡介苗预防接种工作。

承担预防接种工作的医疗卫生机构应当按照《疫苗流通和预防接种管理条例》和预防接种工作规范的要求，规范提供预防接种服务。

第十三条 医疗卫生机构在组织开展健康体检和预防性健康检查时，应当重点做好以下人群的肺结核筛查工作：

（一）从事结核病防治的医疗卫生人员；

（二）食品、药品、化妆品从业人员；

（三）《公共场所卫生管理条例》中规定的从业人员；

（四）各级各类学校、托幼机构的教职员工及学校入学新生；

（五）接触粉尘或者有害气体的人员；

（六）乳牛饲养业从业人员；

（七）其他易使肺结核扩散的人员。

第十四条 医疗卫生机构要制订结核病感染预防与控制计划，健全规章制度和工作规范，开展结核病感染预防与控制相关工作，落实各项结核病感染防控措施，防止医源性感染和传播。

结核病定点医疗机构应当重点采取以下感染预防与控制措施：

（一）结核病门诊、病房设置应当符合国家有关规定；

（二）严格执行环境卫生及消毒隔离制度，注意环境通风；

（三）对于被结核分枝杆菌污染的痰液等排泄物和污物、污水以及医疗废物，应当按照医疗废物管理的相关规定进行分类收集、暂存及处置；

（四）为肺结核可疑症状者或者肺结核患者采取必要的防护措施，避免交叉感染发生。

第十五条 医务人员在工作中严格遵守个人防护的基本原则，接触传染性肺结核患者或者疑似肺结核患者时，应当采取必要的防护措施。

第十六条 疾病预防控制机构、医疗机构、科研等单位的结核病实验室和实验活动，应当符合病原微生物生物安全管理各项规定。

医疗机构实验室的结核病检测工作，按照卫生部医疗机构临床实验室管理的规定进行统一管理和质量控制。

第十七条 肺结核疫情构成突发公共卫生事件的，应当按照有关预案采取以下控制措施：

（一）依法做好疫情信息报告和风险评估；

（二）开展疫情流行病学调查和现场处置；

（三）将发现的肺结核患者纳入规范化治疗管理；

（四）对传染性肺结核患者的密切接触者进行医学观察，必要时在征得本人同意后对其实施预防性化疗；

（五）开展疫情风险沟通和健康教育工作，及时向社会公布疫情处置情况。

第四章 肺结核患者发现、报告与登记

第十八条 各级各类医疗机构应当对肺结核可疑症状者及时进行检查，对发现的确诊和疑似肺结核患者应当按照有关规定进行疫情报告，并将其转诊到患者居住地或者就诊医疗机构所在地的结核病定点医疗机构。

第十九条 卫生行政部门指定的医疗卫生机构应当按照有关工作规范，对艾滋病病毒感染者和艾滋病患者进行结核病筛查和确诊。

第二十条 基层医疗卫生机构协助县级疾病预防控制机构，对已进行疫情报告但未到结核病定点医疗机构就诊的肺结核患者和疑似肺结核患者进行追踪，督促其到结核病定点医疗机构进行诊断。

第二十一条 结核病定点医疗机构应当对肺结核患者进行诊断，并对其中的传染性肺结核患者的密切接触者进行结核病筛查。

承担耐多药肺结核防治任务的结核病定点医疗机构应当对耐多药肺结核可疑者进行痰分枝杆菌培养检查和抗结核药物敏感性试验。

第二十二条 结核病定点医疗机构对肺结核患者进行管理登记。登记内容包括患者诊断、治疗及管理等相关

信息。结核病定点医疗机构应当根据患者治疗管理等情况，及时更新患者管理登记内容。

第二十三条　结核病疫情的报告、通报和公布，依照《传染病防治法》的有关规定执行。

第五章　肺结核患者治疗与管理

第二十四条　对发现的肺结核患者进行规范化治疗和督导管理。

第二十五条　结核病定点医疗机构应当为肺结核患者制定合理的治疗方案，提供规范化的治疗服务。

设区的市级以上结核病定点医疗机构严格按照实验室检测结果，为耐多药肺结核患者制定治疗方案，并规范提供治疗。

第二十六条　各级各类医疗机构对危、急、重症肺结核患者负有救治的责任，应当及时对患者进行医学处置，不得以任何理由推诿，不得因就诊的患者是结核病病人拒绝对其其他疾病进行治疗。

第二十七条　疾病预防控制机构应当及时掌握肺结核患者的相关信息，督促辖区内医疗卫生机构落实肺结核患者的治疗和管理工作。

第二十八条　基层医疗卫生机构应当对居家治疗的肺结核患者进行定期访视、督导服药等管理。

第二十九条　卫生行政部门指定的医疗机构应当按照有关工作规范对结核菌/艾滋病病毒双重感染患者进行抗结核和抗艾滋病病毒治疗、随访复查和管理。

第三十条　医疗卫生机构对流动人口肺结核患者实行属地化管理，提供与当地居民同等的服务。

转出地和转入地结核病定点医疗机构应当及时交换流动人口肺结核患者的信息，确保落实患者的治疗和管理措施。

第六章　监督管理

第三十一条　县级以上地方卫生行政部门对结核病防治工作行使下列监管职责：

（一）对结核病的预防、患者发现、治疗管理、疫情报告及监测等管理措施落实情况进行监管；

（二）对违反本办法的行为责令被检查单位或者个人限期进行改进，依法查处；

（三）负责预防与控制结核病的其他监管事项。

第三十二条　县级以上地方卫生行政部门要重点加强对相关单位以下结核病防治工作的监管：

（一）结核病定点医疗机构的诊断、治疗、管理和信息录入等工作；

（二）疾病预防控制机构的结核病疫情监测与处置、流行病学调查、高发和重点行业人群防治、实验室检测和质量控制、实验室生物安全、督导、培训和健康促进等工作；

（三）基层医疗卫生机构的转诊、追踪、患者督导管理和健康教育等工作；

（四）非结核病定点医疗机构的结核病疫情报告、转诊、培训、健康教育等工作。

第三十三条　卫生行政部门依照本办法实施监管职责时，根据结核病防治工作的需要，可向有关单位和个人了解情况，索取必要的资料，对有关场所进行检查。在执行公务中应当保护患者的隐私，不得泄漏患者个人信息及相关资料等。被检查单位和个人应当予以配合，如实提供有关情况，不得拒绝、阻挠。

第七章　法律责任

第三十四条　县级以上地方卫生行政部门有下列情形之一的，由上级卫生行政部门责令改正，通报批评；造成肺结核传播、流行或者其他严重后果的，对负有责任的主管人员和其他直接责任人员，依法给予行政处分；构成犯罪的，依法追究刑事责任：

（一）未履行肺结核疫情报告职责，或者瞒报、谎报、缓报肺结核疫情的；

（二）未及时采取预防、控制措施导致发生或者可能发生肺结核传播的；

（三）未履行监管职责，或者发现违法行为不及时查处的。

第三十五条　疾病预防控制机构违反本办法规定，有下列情形之一的，由县级以上卫生行政部门责令限期改正，通报批评，给予警告；对负有责任的主管人员和其他直接责任人员，依法给予处分；构成犯罪的，依法追究刑事责任：

（一）未依法履行肺结核疫情监测、报告职责，或者隐瞒、谎报、缓报肺结核疫情的；

（二）发现肺结核疫情时，未依据职责及时采取措施的；

（三）故意泄露涉及肺结核患者、疑似肺结核患者、密切接触者个人隐私的有关信息、资料的；

（四）未履行对辖区实验室质量控制、培训等防治职责的。

第三十六条　医疗机构违反本办法规定，有下列情形之一的，由县级以上卫生行政部门责令改正，通报批评，给予警告；造成肺结核传播、流行或者其他严重后果的，对负有责任的主管人员和其他直接责任人员，依法给予处分；构成犯罪的，依法追究刑事责任：

（一）未按照规定报告肺结核疫情，或者隐瞒、谎报、缓报肺结核疫情的；

（二）非结核病定点医疗机构发现确诊或者疑似肺结核患者，未按照规定进行转诊的；

（三）结核病定点医疗机构未按照规定对肺结核患者或者疑似肺结核患者诊断治疗的，或者拒绝接诊的；

（四）未按照有关规定严格执行隔离消毒制度，对结核菌污染的痰液、污物和污水未进行卫生处理的；

（五）故意泄露涉及肺结核患者、疑似肺结核患者、密切接触者个人隐私的有关信息和资料的。

第三十七条 基层医疗卫生机构违反本办法规定，有下列情形之一的，由县级卫生行政部门责令改正，给予警告：

（一）未履行对辖区内肺结核患者居家治疗期间的督导管理职责的；

（二）未按照规定转诊、追踪肺结核患者或者疑似肺结核患者及有可疑症状的密切接触者。

第三十八条 其他单位和个人违反本办法规定，导致肺结核传播或者流行，给他人人身、财产造成损害的，应当依法承担民事责任；构成犯罪的，依法追究刑事责任。

第八章 附 则

第三十九条 本办法下列用语含义：

肺结核可疑症状者：咳嗽、咯痰2周以上以及咯血或者血痰是肺结核的主要症状，具有以上任何一项症状者为肺结核可疑症状者。

疑似肺结核患者：凡符合下列条件之一者为疑似病例。（1）有肺结核可疑症状的5岁以下儿童，同时伴有与传染性肺结核患者密切接触史或者结核菌素试验强阳性；（2）仅胸部影像学检查显示与活动性肺结核相符的病变。

传染性肺结核：指痰涂片检测阳性的肺结核。

密切接触者：指与传染性肺结核患者直接接触的人员，包括患者的家庭成员、同事和同学等。

耐多药肺结核：肺结核患者感染的结核分枝杆菌体外被证实至少同时对异烟肼和利福平耐药。

结核菌/艾滋病病毒双重感染：指艾滋病病毒感染者或者艾滋病患者发生活动性肺结核，或者结核病患者感染艾滋病病毒。

转诊：指各级医疗卫生机构将发现的疑似或确诊的肺结核患者转至结核病定点医疗机构。

追踪：指基层医疗卫生机构在疾病预防控制机构的指导下，对未到结核病定点医疗机构就诊的肺结核患者和有可疑症状的密切接触者进行追访，使其到结核病定点医疗机构就诊。

基层医疗卫生机构：指乡镇卫生院、村卫生室和城市社区卫生服务机构。

第四十条 本办法由卫生部负责解释。

第四十一条 本办法自2013年3月24日起施行。1991年9月12日卫生部公布的《结核病防治管理办法》同时废止。

职业暴露感染艾滋病病毒处理程序规定

1. 2015年7月8日国家卫生和计划生育委员会办公厅发布
2. 国卫办疾控发〔2015〕38号

第一章 总 则

第一条 为规范职业暴露感染艾滋病病毒处理程序，为艾滋病职业暴露感染提供诊断依据，制定本规定。

第二条 本规定适用于医疗卫生人员及人民警察等因职业活动发生以下导致感染或可能感染艾滋病病毒的情况：

（一）被含有艾滋病病毒血液、体液污染的医疗器械及其他器具刺伤皮肤的；

（二）被艾滋病病毒感染者或病人的血液、体液污染了皮肤或者黏膜的；

（三）被携带艾滋病病毒的生物样本、废弃物污染了皮肤或者黏膜的；

（四）其他因职业活动发生或可能感染艾滋病的。

第三条 职业暴露感染艾滋病病毒处理程序包括处置和调查工作，工作应当遵循科学、严谨、公正、及时的原则。

第二章 职责分工

第四条 地方各级卫生计生行政部门应当根据职业暴露处置工作需要，指定辖区内具备条件的医疗卫生机构作为艾滋病病毒职业暴露处置机构，并向社会公布名单和相关服务信息。

处置机构承担职业暴露的现场处置、处置指导、暴露后感染危险性评估咨询、预防性治疗、实验室检测、收集、保存接触暴露源的相关信息、信息登记报告以及随访检测等工作。

第五条 省级卫生计生行政部门指定1－2所本省（自治

区、直辖市）的医疗卫生机构作为职业暴露感染艾滋病病毒的调查机构，并向社会公布名单。

调查机构承担职业暴露随访期内艾滋病病毒抗体发生阳转者的材料审核、调查工作。

第六条　同一家医疗卫生机构原则上不得同时为处置机构和调查机构。

第七条　中国疾病预防控制中心负责组织专家对全国艾滋病病毒职业暴露感染处置及调查工作进行技术指导。省级疾病预防控制中心负责组织专家对本省艾滋病病毒职业暴露感染处置及调查工作进行技术指导。

第三章　处　　置

第八条　医疗卫生人员及人民警察等在职业活动中发生艾滋病病毒职业暴露后，应当及时就近到医疗机构进行局部紧急处理，并在1小时内报告用人单位。用人单位应当在暴露发生后2小时内向辖区内的处置机构报告，并提供相关材料，配合处置工作。

第九条　艾滋病病毒职业暴露防护及暴露后的局部紧急处理、感染危险性评估要按照《医务人员艾滋病病毒职业暴露防护工作指导原则（试行）》（卫医发〔2004〕108号）有关规定执行。预防性治疗要按照国家免费艾滋病抗病毒药物治疗的有关规定执行。

第十条　处置机构在接到用人单位报告后，应当立即组织人员开展感染危险性评估、咨询、预防性治疗和实验室检测工作，收集、保存接触暴露源的相关信息，填写“艾滋病病毒职业暴露个案登记表”和“艾滋病病毒职业暴露事件汇总表”，并将“艾滋病病毒职业暴露事件汇总表”上传至艾滋病综合防治信息系统。

处置机构应当按照要求在随访期内开展随访检测，及时更新相关信息。

处置机构对暴露情况进行感染危险性评估时，应当首先了解暴露源是否携带艾滋病病毒。对于不清楚感染状况的暴露源，应当在暴露当日采集其样本进行检测。

第十一条　对存在艾滋病病毒职业暴露感染风险的暴露者，处置机构应当在发生暴露24小时内采集其血样，按照《全国艾滋病检测技术规范》的要求检测艾滋病病毒抗体，若抗体初筛检测阴性，需要在随访期内进行动态抗体检测；若抗体初筛检测阳性，进行抗体确证检测，若抗体确证为阳性，视为暴露前感染，将感染者转介到相关医疗卫生机构按规定进行随访干预和抗病毒治疗。

第十二条　处置机构应当妥善保存暴露源样品、暴露者的暴露当日血液样品和随访期内阳转血液样品，必要时应当送调查机构保存备查。样品现场采集时应当至少有2名见证人，每份血液样品含全血1支、血浆2支（每支1毫升以上）。暴露源为病毒培养物标本的，每份标本应当有2支（每支1毫升以上）。样品送检单信息应当与“艾滋病病毒职业暴露个案登记表”相关联。

第四章　调　　查

第十三条　在随访期内，暴露者艾滋病病毒抗体发生阳转的，处置机构应当及时报告调查机构，并会同用人单位提交以下材料：

（一）暴露者完整的“艾滋病病毒职业暴露个案登记表”；（处置机构提供）

（二）暴露者接触过暴露源的相关信息；（处置机构提供）

（三）暴露者与用人单位存在劳动或人事关系等相关证明材料，并写明工种、工作岗位；（用人单位提供）

（四）暴露源携带艾滋病病毒的证明材料；（处置机构提供）

（五）暴露者在随访期内的艾滋病病毒抗体检测报告。（处置机构提供）

第十四条　调查机构组织临床、检验、流行病学等相关领域专家对收到的材料进行审核，必要时可以到处置机构进行核实。

第十五条　对于暴露源阳性，有“艾滋病病毒职业暴露个案登记表”，在暴露24小时内检测艾滋病病毒抗体为阴性，随访期内艾滋病病毒抗体阳转的暴露者，为艾滋病病毒职业暴露感染。

对于暴露者在暴露前、后6个月内发生过易感染艾滋病病毒的行为，或者有线索显示暴露者感染的病毒不是来自本次职业暴露的，应当根据需要进行分子流行病学检测，并根据检测结果判定暴露感染者感染的病毒是否来自本次职业暴露。

第十六条　调查机构出具的调查结论应当书面告知当事人和用人单位，并作为职业病诊断的重要依据。

第十七条　参与职业暴露处置调查的人员应当依法保护暴露者的个人隐私。

第五章　附　　则

第十八条　本办法所称随访期是指发生职业暴露之后6个月。处置机构应当分别在暴露24小时内及之后的第4、8、12周和第6个月抽血复查。对于暴露者存在基础疾患或免疫功能低下，产生抗体延迟等特殊情况的，随访期可延长至1年。

第十九条 本办法所称暴露源为艾滋病病毒阳性者的血液、体液，被含有艾滋病病毒阳性者血液、体液污染的医疗器械、医疗垃圾及其他器具，以及含艾滋病病毒的生物样本或废弃物等。

第二十条 本办法自发布之日起施行。

附件：1. 艾滋病病毒职业暴露个案登记表（略）

2. 艾滋病病毒职业暴露事件汇总表（略）

3. 职业暴露感染艾滋病病毒调查结论（略）

传染病信息报告管理规范（2015年版）

1. 2015年10月29日国家卫生和计划生育委员会办公厅发布

2. 国卫办疾控发〔2015〕53号

根据传染病防控工作的新形势，为进一步加强全国传染病信息报告管理工作，提高报告质量，依据《中华人民共和国传染病防治法》、《中华人民共和国电子签名法》等相关法律法规，制定本规范。

一、组织机构职责

遵循分级负责、属地管理的原则，各有关部门与机构在传染病信息报告管理工作中履行以下职责：

（一）卫生计生行政部门。

负责本辖区内传染病信息报告工作的管理。

1. 负责本辖区内传染病信息报告工作的管理，建设和完善本辖区内传染病信息网络报告系统，并为系统正常运行提供保障条件。

2. 依据相关法律法规规定，结合本辖区的具体情况，组织制定传染病信息报告工作实施方案，落实传染病信息报告工作。

3. 定期组织开展对各级医疗卫生机构传染病信息报告、管理等工作监督检查。

4. 国家卫生计生委及省级地方人民政府卫生计生行政部门根据全国或各省（区、市）疾病预防控制工作的需要，可调整传染病监测报告病种和内容。

（二）疾病预防控制机构。

负责本辖区内传染病信息报告工作的业务指导和技术支持。

1. 中国疾病预防控制中心。

（1）负责全国传染病信息报告业务管理、技术培训和工作指导，协助国家卫生计生委制定相关标准、技术规范和指导方案等。

（2）负责全国传染病信息的收集、分析、报告和反馈，预测重大传染病发生、流行趋势，开展传染病信息报告管理质量评价。

（3）动态监视全国传染病报告信息，对疫情变化态势进行分析，及时分析报告异常情况或甲类及按甲类管理的传染病疫情。

（4）负责国家信息报告网络系统的规划、建设、维护和应用性能的改进与完善，并为省级相关系统建设提供技术支持。

（5）负责对全国传染病信息报告数据备份，确保数据安全。

（6）开展全国传染病信息报告的考核和评估。

2. 地方各级疾病预防控制机构。

（1）负责本辖区的传染病信息报告业务管理、技术培训和工作指导，实施传染病信息报告管理规范和相关方案，建立健全传染病信息报告管理组织和制度。

（2）负责本辖区的传染病信息的收集、分析、报告和反馈，预测传染病发生、流行趋势，开展传染病信息报告管理质量评价。

（3）动态监视本辖区的传染病报告信息，对疫情变化态势进行分析，及时分析报告、调查核实异常情况或甲类及按甲类管理的传染病疫情。

（4）负责对本辖区信息报告网络系统的维护，提供技术支持。

（5）负责对本辖区的传染病信息分析相关数据备份，确保报告数据安全。

（6）开展对本辖区的传染病信息报告工作的考核和评估。

县级疾病预防控制机构履行以上职责的同时，负责对本辖区内医疗机构和其他责任报告单位报告传染病信息的审核；承担本辖区内不具备网络直报条件的责任报告单位报告的传染病信息的网络直报，或指导本辖区承担基本公共卫生服务项目任务的基层医疗卫生机构对不具备网络直报条件的责任报告单位报告的传染病信息进行网络报告。

（三）卫生监督机构。

配合卫生计生行政部门开展对传染病报告管理工作情况的监督检查，对不履行职责的单位或个人依法进行查处。

（四）医疗机构。

执行首诊负责制，依法依规及时报告法定传染病，负责传染病信息报告管理要求的落实。

1. 制定传染病报告工作程序，明确各相关科室在传染病信息报告管理工作中的职责。

2. 建立健全传染病诊断、登记、报告、培训、质量管理和自查等制度。

3. 确立或指定具体部门和专(兼)职人员负责传染病信息报告管理工作。二级及以上医疗机构必须配备2名或以上专(兼)职人员,二级以下医疗机构至少配备1名专(兼)职人员。

4. 一级及以上医疗机构应配备传染病信息报告专用计算机和相关网络设备,保障疫情报告及其管理工作。

5. 负责对本单位相关医务人员进行传染病诊断标准和信息报告管理技术等内容的培训。

6. 负责传染病信息报告的日常管理、审核检查、网络报告(数据交换)和质量控制,定期对本单位报告的传染病情况及报告质量进行分析汇总和通报。协助疾病预防控制机构开展传染病疫情调查和信息报告质量考核与评估。

承担基本公共卫生服务项目任务的基层医疗卫生机构履行以上职责的同时,负责收集和报告责任范围内的传染病信息,并在县级疾病预防控制机构指导下,承担本辖区内不具备网络直报条件的责任报告单位报告的传染病信息网络报告。

(五)采供血机构。

对献血人员进行登记。按《艾滋病和艾滋病病毒感染诊断标准》对最终检测结果为阳性病例进行网络报告。

二、传染病信息报告

(一)责任报告单位及报告人。

各级各类医疗卫生机构为责任报告单位;其执行职务的人员和乡村医生、个体开业医生均为责任疫情报告人。

(二)报告病种。

1. 法定传染病。

(1)甲类传染病:鼠疫、霍乱。

(2)乙类传染病:传染性非典型肺炎、艾滋病(艾滋病病毒感染者)、病毒性肝炎、脊髓灰质炎、人感染高致病性禽流感、麻疹、流行性出血热、狂犬病、流行性乙型脑炎、登革热、炭疽、细菌性和阿米巴性痢疾、肺结核、伤寒和副伤寒、流行性脑脊髓膜炎、百日咳、白喉、新生儿破伤风、猩红热、布鲁氏菌病、淋病、梅毒、钩端螺旋体病、血吸虫病、疟疾、人感染H7N9禽流感。

(3)丙类传染病:流行性感冒、流行性腮腺炎、风疹、急性出血性结膜炎、麻风病、流行性和地方性斑疹伤寒、黑热病、包虫病、丝虫病,除霍乱、细菌性和阿米巴性痢疾、伤寒和副伤寒以外的感染性腹泻病、手足口病。

(4)国家卫生计生委决定列入乙类、丙类传染病管理的其他传染病和按照甲类管理开展应急监测报告的其他传染病。

2. 其他传染病。

省级人民政府决定按照乙类、丙类管理的其他地方性传染病和其他暴发、流行或原因不明的传染病。

3. 不明原因肺炎病例和不明原因死亡病例等重点监测疾病。

(三)诊断与分类。

责任报告人应按照传染病诊断标准(卫生计生行业标准)及时对传染病病人或疑似病人进行诊断。根据不同传染病诊断分类,分为疑似病例、临床诊断病例、确诊病例和病原携带者四类。其中,需报告病原携带者的病种包括霍乱、脊髓灰质炎以及国家卫生计生委规定的其他传染病。

(四)登记与报告。

责任报告单位或责任报告人在诊疗过程中应规范填写或由电子病历、电子健康档案自动生成规范的门诊日志、入/出院登记、检测检验和放射登记。首诊医生在诊疗过程中发现传染病病人、疑似病人和规定报告的病原携带者后应按照要求填写《中华人民共和国传染病报告卡》(以下简称传染病报告卡)(见附件)或通过电子病历、电子健康档案自动抽取符合交换文档标准的电子传染病报告卡。

省级人民政府决定按照乙类、丙类管理的其他地方性传染病和其他暴发、流行或原因不明的传染病也应填报(或抽取)传染病报告卡信息。

(五)填报要求。

1. 传染病报告卡填写。

《传染病报告卡》统一格式,可采用纸质或电子形式填报,内容完整、准确,填报人签名。纸质报告卡要求用A4纸印刷,使用钢笔或签字笔填写,字迹清楚。电子交换文档应当使用符合国家统一认证标准的电子签名和时间戳。

传染病报告卡中须填报患者有效证件或居民健康卡、社会保障卡、新农合医疗卡等身份识别号码;患者为学生或幼托儿童须填报其所在学校/幼托机构全称及班级名称。

2. 传染病专项调查、监测信息报告。

国家根据传染病预防控制工作需要开展的专项调查、报告和监测的传染病,应在本规范基础上按照有关要求执行。

（六）报告程序与方式。

传染病报告实行属地化管理,首诊负责制。传染病报告卡由首诊医生或其他执行职务的人员负责填写。现场调查时发现的传染病病例,由属地医疗机构诊断并报告。采供血机构发现阳性病例也应填写报告卡。

1. 传染病疫情信息实行网络直报或直接数据交换。不具备网络直报条件的医疗机构,在规定的时限内将传染病报告卡信息报告属地乡镇卫生院、城市社区卫生服务中心或县级疾病预防控制机构进行网络报告,同时传真或寄送传染病报告卡至代报单位。

2. 区域信息平台或医疗机构的电子健康档案、电子病历系统应当具备传染病信息报告管理功能,已具备传染病信息报告管理功能的要逐步实现与传染病报告信息管理系统的数据自动交换功能。

3. 军队医疗卫生机构向社会公众提供医疗服务时,发现传染病疫情,应当按照本规定进行传染病网络报告或数据交换。

（七）报告时限。

责任报告单位和责任疫情报告人发现甲类传染病和乙类传染病中的肺炭疽、传染性非典型肺炎等按照甲类管理的传染病人或疑似病人时,或发现其他传染病和不明原因疾病暴发时,应于2小时内将传染病报告卡通过网络报告。

对其他乙、丙类传染病病人、疑似病人和规定报告的传染病病原携带者在诊断后,应于24小时内进行网络报告。

不具备网络直报条件的医疗机构及时向属地乡镇卫生院、城市社区卫生服务中心或县级疾病预防控制机构报告,并于24小时内寄送出传染病报告卡至代报单位。

三、报告数据管理

（一）审核。

医疗机构传染病报告管理人员须对收到的纸质传染病报告卡或电子病历、电子健康档案系统中抽取的电子传染病报告卡的信息进行错项、漏项、逻辑错误等检查,对有疑问的报告卡必须及时向填卡人核实。

县级疾病预防控制机构疫情管理人员每日对辖区内报告或数据交换的传染病信息进行审核,对有疑问的报告信息及时反馈报告单位或向报告人核实。对误报、重报信息应及时删除。

对甲类传染病和乙类传染病中的肺炭疽、传染性非典型肺炎等按照甲类管理的病人或疑似病人以及其他传染病和不明原因疾病暴发的报告信息,应立即调查核实,于2小时内通过网络完成报告信息的三级确认审核。

对于其他乙、丙类传染病报告卡,由县级疾病预防控制机构核对无误后,于24小时内通过网络完成确认审核。

（二）订正。

医疗卫生机构发生报告病例诊断变更、已报告病例因该病死亡或填卡错误时,应由该医疗卫生机构及时进行订正报告,并重新填写传染病报告卡或抽取电子传染病报告卡,卡片类别选择订正项,并注明原报告病名。对报告的疑似病例,应及时进行排除或确诊。

实行专病报告管理的传染病,由相应的专病管理机构或部门对报告的病例进行追踪调查,发现传染病报告卡信息有误或排除病例时应当在24小时内订正。已具备电子病历、电子健康档案数据自动抽取交换功能时,以唯一身份标识实现传染病个案报告与专病的数据动态管理。暂不具备条件的,应及时在传染病报告信息管理系统中完成相关信息的动态订正,保证数据的一致性。

（三）补报。

责任报告单位发现本年度内漏报的传染病病例,应及时补报。

（四）查重。

县级疾病预防控制机构及具备网络直报条件的医疗机构每日对报告信息进行查重,对重复报告信息进行删除。

四、传染病疫情分析与利用

（一）疫情分析所需的人口资料以国家统计部门数据为准。

（二）省级及以上卫生计生行政部门定期发布的本行政区域传染病疫情信息,对外公布的法定传染病发病、死亡数以传染病报告信息管理系统中按审核日期和现住址统计的数据为准。单病种疫情信息通报和对外发布时,报告发病数和死亡数应与传染病报告信息管理系统数据保持一致。

（三）各级疾病预防控制机构必须每日对通过网络报告的传染病疫情进行动态监控。省级及以上疾病预防控制机构须按周、月、年进行动态分析报告,市

(地)和县级疾病预防控制机构须按月、年进行传染病疫情分析,二级及以上医疗机构按季、年进行传染病报告的汇总或分析。当有甲类或按照甲类管理及其他重大传染病疫情报告时,随时作出专题分析和报告。

(四)各级疾病预防控制机构要及时将疫情分析结果以信息、简报或报告等形式向上级疾病预防控制机构和同级卫生计生行政部门报告,并反馈到下一级疾病预防控制机构。

县级疾病预防控制机构应定期将辖区内疫情分析结果反馈到辖区内的医疗机构。

(五)各级疾病预防控制机构发现甲类传染病和乙类传染病中的肺炭疽、传染性非典型肺炎等按照甲类管理的传染病、以及其他传染病和不明原因疾病暴发等未治愈的传染病病人或疑似病人离开报告所在地时,应立即报告当地卫生计生行政部门,同时报告上级疾病预防控制机构,接到报告的卫生计生行政部门应当以最快的通讯方式向其到达地的卫生计生行政部门通报疫情。

(六)毗邻的以及相关地区的卫生计生行政部门,应当及时互相通报本行政区域的传染病疫情以及监测、预警的相关信息。

(七)信息利用实行分级分类管理。卫生计生行业内部实现互联共享,公民、法人或其他组织申请公开相关信息的,按照《政府信息公开条例》有关规定办理。

五、资料保存

(一)各级各类医疗卫生机构的纸质《传染病报告卡》及传染病报告记录保存3年。不具备网络直报条件的医疗机构,其传染病报告卡由代报单位保存,原报告单位必须进行登记备案。

(二)符合《中华人民共和国电子签名法》的电子传染病报告卡视为与纸质文本具有同等法律效力,须做好备份工作,备份保存时间至少与纸质传染病报告卡一致;暂不符合的须打印成纸质卡片由首诊医生签名后进行保存备案。

(三)各级疾病预防控制机构应将传染病信息资料按照国家有关规定纳入档案管理。

六、信息系统安全管理

(一)涉及对传染病信息报告管理系统发生需求变更和功能调整时,中国疾病预防控制中心应做好风险评估,报国家卫生计生委批准后实施。

(二)县级及以上疾病预防控制机构必须使用专网或虚拟专网进行网络报告,并逐步覆盖辖区内的各级各类医疗机构。

(三)各级疾病预防控制机构负责辖区内信息报告系统用户与权限的管理,应根据信息安全三级等级保护的要求,制定相应的制度,建立分级电子认证服务体系,加强对信息报告系统的账号安全管理。

(四)医疗机构的电子病历系统实施传染病报告功能时,应通过身份鉴别和授权控制加强用户管理,做到其行为可管理、可控制、可追溯。

(五)信息系统使用人员不得转让或泄露信息系统操作账号和密码。发现账号、密码已泄露或被盗用时,应立即采取措施,更改密码,同时向上级疾病预防控制机构报告。

(六)传染病信息报告、管理、使用部门和个人应建立传染病数据使用的登记和审核制度,不得利用传染病数据从事危害国家安全、社会公共利益和他人合法权益的活动,不得对外泄露传染病病人的个人隐私信息资料。

七、考核与评估

(一)各级卫生计生行政部门定期组织对本辖区内的传染病信息报告工作进行督导检查,对发现的问题予以通报并责令限期改正。

(二)各级疾病预防控制机构制定传染病信息报告工作考核方案,并定期对辖区内医疗机构和下级疾病预防控制机构进行指导与考核。

(三)各级各类医疗机构应将传染病信息报告管理工作纳入工作考核范围,定期进行自查。

附件:中华人民共和国传染病报告卡(略)

传染病防治卫生监督工作规范

1. *2014年7月14日国家卫生和计划生育委员会发布*
2. *根据2016年7月15日《国家卫生和计划生育委员会办公厅关于进一步加强预防接种监督工作的通知》(国卫办监督发〔2016〕32号)修订*

第一章 总 则

第一条 为保障公众健康,规范传染病防治卫生监督工作,根据《中华人民共和国传染病防治法》及相关法规、规章,制定本规范。

第二条 本规范所称传染病防治卫生监督,是指县级以上地方卫生计生行政部门及其综合监督执法机构依据传染病防治相关法律法规,对医疗卫生机构传染病防治工作进行监督执法的活动。

本规范所指的医疗卫生机构包括医疗机构、疾病预防控制机构和采供血机构。

第三条　县级以上地方卫生计生行政部门负责传染病防治卫生监督能力建设，保障人员配备，合理配置工作装备，并将工作经费纳入预算管理。

第四条　县级以上地方卫生计生行政部门及其综合监督执法机构在开展传染病防治卫生监督时，适用本规范。

第二章　监督职责及要求

第五条　省级卫生计生行政部门及其综合监督执法机构职责：

（一）制定全省（区、市）传染病防治卫生监督工作规划、年度计划，以及相应工作制度；根据传染病防治卫生监督工作情况，确定年度重点监督工作；

（二）组织实施全省（区、市）传染病防治卫生监督工作及相关培训；对下级传染病防治卫生监督工作进行指导、督查；

（三）组织协调、督办、查办辖区内传染病防治重大违法案件；

（四）承担国家卫生监督抽检任务，组织实施辖区内卫生监督抽检；

（五）负责全省（区、市）传染病防治卫生监督信息管理及数据汇总、核实、分析和上报工作；

（六）承担上级部门指定或交办的传染病防治卫生监督任务。

第六条　设区的市、县级卫生计生行政部门及其综合监督执法机构职责：

（一）根据本省（区、市）传染病防治卫生监督工作规划、年度计划，结合实际，制订辖区内传染病防治卫生监督计划，明确重点监督内容并组织落实；

（二）组织开展辖区内传染病防治卫生监督培训工作；

（三）组织开展辖区内医疗卫生机构预防接种、传染病疫情报告、传染病疫情控制措施、消毒隔离制度执行情况、医疗废物处置及病原微生物实验室生物安全管理等传染病防治日常卫生监督工作；

（四）组织查处辖区内传染病防治违法案件；

（五）负责辖区内传染病防治卫生监督信息的汇总、核实、分析和上报工作；

（六）设区的市对县级传染病防治卫生监督工作进行指导、督查；

（七）承担上级部门指定或交办的传染病防治卫生监督任务。

第七条　省级和设区的市级综合监督执法机构应当明确具体科（处）室，负责传染病防治卫生监督工作；县级综合监督执法机构应当有负责传染病防治监督的科室或指定专人从事传染病防治卫生监督工作。

第八条　实施现场卫生监督前，监督人员应当明确传染病防治卫生监督任务、方法、要求，检查安全防护装备，做好安全防护。

第九条　实施现场卫生监督时，发现违法行为，应当依法收集证据；在证据可能灭失或以后难以取得的情况下，应当依法先行采取证据保全措施。

第十条　县级以上地方综合监督执法机构应当建立传染病防治卫生监督档案，掌握辖区内医疗卫生机构的基本情况及传染病防治工作情况。

第三章　卫生监督内容及方法

第一节　预防接种的卫生监督

第十一条　疾病预防控制机构、接种单位预防接种的卫生监督内容：

（一）接种单位和人员的资质情况；

（二）接种单位疫苗公示、接种告知（询问）的情况；

（三）疫苗的接收、购进、分发、供应、使用登记和报告情况；

（四）预防接种异常反应或者疑似预防接种异常反应的处理和报告情况；

（五）疾病预防控制机构开展预防接种相关宣传、培训、技术指导等工作情况。

第十二条　监督检查疾病预防控制机构、接种单位预防接种时，主要采取以下方法：

（一）查阅接种单位的医疗机构执业许可证、经过县级卫生计生行政部门指定的证明文件、工作人员的预防接种专业培训和考核合格资料；

（二）核查接种单位接收第一类疫苗和经省级公共资源交易平台购进第二类疫苗的记录以及索要的疫苗储存、运输全过程的温度监测记录；接种情况登记、报告记录，以及完成国家免疫规划后剩余第一类疫苗的报告记录；

（三）查阅接种单位医疗卫生人员在实施接种前，对受种者或者其监护人告知、询问记录；查阅实施预防接种的医疗卫生人员填写的接种记录，核查记录的完整性和保存期限；

（四）检查接种单位在其接种场所的显著位置公示第一类疫苗的品种和接种方法的情况；

（五）查阅乡级医疗卫生机构向承担预防接种工

作的村医疗卫生机构分发第一类疫苗的记录；

（六）核查疾病预防控制机构接收第一类疫苗和经省级公共资源交易平台购进第二类疫苗的记录，核查储存、分发、供应记录和保存期限，以及索要的疫苗储存、运输全过程的温度监测记录；

（七）查阅疾病预防控制机构开展预防接种相关宣传、培训、技术指导等工作记录和资料；

（八）查阅疾病预防控制机构、接种单位接收或者购进疫苗时向疫苗生产企业索取的证明文件，核查文件的保存期限；

（九）查阅疾病预防控制机构、接种单位对预防接种异常反应或者疑似预防接种异常反应的处理和报告的记录。

第二节 传染病疫情报告的卫生监督

第十三条 传染病疫情报告的卫生监督内容：

（一）建立传染病疫情报告的管理组织、制度情况；

（二）依法履行传染病疫情报告、日常管理和质量控制的情况；

（三）疾病预防控制机构及时对辖区内的传染病疫情信息审核确认，并开展疫情分析、调查与核实的情况；

（四）疾病预防控制机构依法履行与相关部门传染病疫情信息通报职责的情况。

第十四条 监督检查疾病预防控制机构传染病疫情报告情况时，主要采取以下方法：

（一）查阅设置疫情报告管理部门或明确疫情报告管理职责分工的文件资料，核查疫情报告管理部门和专职疫情报告人员，查阅传染病疫情报告管理制度；

（二）查阅传染病疫情报告和审核记录、各类常规疫情分析报告等文字资料，核查设置疫情值班、咨询电话的情况；核查收到无网络直报条件责任报告单位报送的传染病报告卡后，进行网络直报的情况；

（三）查阅传染病疫情通报制度，与港口、机场、铁路疾病预防控制机构以及国境卫生检疫机关互相通报甲类传染病疫情的记录；与动物防疫机构互相通报动物间和人间发生的人畜共患传染病疫情以及相关信息的记录；

（四）检查传染病疫情网络直报设备运行情况，疫情报告人员现场演示传染病的报告、审核确认、查重等情况；

（五）查阅与传染病疫情报告相关的其他记录情况。

第十五条 监督检查医疗机构传染病疫情报告情况时，主要采取以下方法：

（一）查阅设置疫情报告管理部门或明确疫情报告管理职责分工的文件资料，核查专职疫情报告人员；查阅传染病报告管理制度，内容应当包括传染病诊断、登记、报告、异常信息的快速反馈、自查等方面；

（二）查阅诊疗原始登记（包括门诊日志、出入院登记、检验和影像阳性结果）、传染病报告卡、传染病网络直报信息等资料，核查未按照规定报告传染病疫情或隐瞒、谎报、缓报传染病疫情报告的情况；

（三）查阅开展传染病疫情报告管理内部自查的记录及有关资料；

（四）查阅定期组织临床医生、新上岗人员开展传染病报告管理专业培训与考核的资料；

（五）检查传染病疫情网络直报专用设备及运转情况，专职疫情报告人员演示传染病网络直报操作；

（六）对不具备网络直报条件的县级以下医疗机构，查阅传染病报告登记记录。

第十六条 监督检查采供血机构传染病疫情报告情况时，主要采取以下方法：

（一）查阅传染病疫情报告管理制度；

（二）查阅 HIV 抗体检测两次初筛阳性结果登记情况，以及献血者或供浆员登记簿，核查 HIV 初筛阳性结果报告情况及送检确认情况；

（三）对于设置疫情网络直报系统的机构，检查疫情报告人员演示网络直报操作，检查传染病疫情网络直报系统的运转情况；

（四）对不具备网络直报条件的机构，查阅传染病报告登记记录。

第三节 传染病疫情控制的卫生监督

第十七条 医疗机构传染病疫情控制的卫生监督内容：

（一）建立传染病预检、分诊制度及落实情况；检查医疗卫生人员、就诊病人防护措施的落实情况；

（二）感染性疾病科或分诊点的设置和运行情况；

（三）发现传染病疫情时，按照规定对传染病病人、疑似传染病病人提供诊疗的情况；

（四）消毒隔离措施落实情况；对传染病病原体污染的污水、污物、场所和物品的消毒处理情况。

第十八条 监督检查医疗机构传染病疫情控制时，主要采取以下方法：

（一）查阅传染病预检、分诊制度和应急处理预案等管理文件；

（二）检查感染性疾病科或分诊点设置情况和预检、分诊落实情况；

（三）检查医疗卫生人员、就诊病人防护措施落实情况；

（四）检查对传染病病人、疑似传染病病人提供诊疗服务情况；

（五）检查对法定传染病病人或者疑似传染病病人采取隔离控制措施的场所、设施设备以及使用记录。查阅对被传染病病原体污染的场所、物品以及对医疗废物实施消毒或者无害化处置的记录。

第十九条 疾病预防控制机构传染病疫情控制的卫生监督内容：

（一）依法履行传染病监测职责的情况；

（二）发现传染病疫情时，依据属地管理原则及时采取传染病控制措施的情况。

第二十条 监督检查疾病预防控制机构传染病疫情控制时，主要采取以下方法：

（一）查阅传染病监测制度、本辖区内的传染病监测计划和工作方案，收集、分析和报告传染病监测信息的资料，以及预测传染病的发生、流行趋势的资料；

（二）查阅传染病疫情调查处置技术方案或预案，以及传染病疫情调查处理记录、报告；

（三）查阅传染病疫情流行病学调查工作记录和资料，以及疫点、疫区卫生处理记录。

第四节 消毒隔离制度执行情况的卫生监督

第二十一条 消毒隔离制度执行情况的卫生监督内容：

（一）建立消毒管理组织、制度及落实情况；

（二）医疗卫生人员接受消毒技术培训、掌握消毒知识、执行消毒隔离制度的情况；

（三）医疗用品、器械的消毒、灭菌情况；

（四）开展消毒与灭菌效果检测的情况；

（五）消毒产品进货检查验收、使用和管理情况；

（六）对传染病病人、疑似传染病病人的消毒隔离措施落实情况。

第二十二条 监督检查消毒隔离制度执行情况时，主要采取以下方法：

（一）查阅消毒管理组织设置文件、消毒管理制度、工作计划及检查记录；

（二）查阅工作人员消毒技术培训记录；现场提问相关工作人员消毒隔离知识；检查相关工作人员消毒隔离制度执行情况；

（三）查阅消毒与灭菌效果检测记录或检测报告，查阅检测结果不合格的整改记录。必要时现场采样监测消毒与灭菌效果；

（四）查阅消毒产品进货检查验收记录；检查消毒产品相关证明文件、使用日期和有效期；

（五）检查医疗机构相关科室（重点是发热门诊、肠道门诊和感染性疾病科等）执行消毒技术规范、标准和规定情况；

（六）检查对传染病病人、疑似传染病病人进行隔离的场所、设施和措施。

第五节 医疗废物处置的卫生监督

第二十三条 医疗废物处置情况的卫生监督内容：

（一）医疗废物管理组织、制度、应急方案的建立和落实情况；

（二）从事医疗废物分类收集、运送、暂时贮存、处置工作人员和管理人员的职业卫生安全防护和培训情况；

（三）医疗废物分类收集、转运、登记的情况；

（四）医疗废物暂时贮存的情况；

（五）医疗废物、污水的处置情况；

（六）实行医疗废物集中处置的医疗卫生机构与具有资质的医疗废物集中处置单位签订合同的情况；不具备集中处置医疗废物条件的医疗卫生机构按照有关部门的要求自行处置医疗废物的情况。

第二十四条 监督检查医疗废物处置时，主要采取以下方法：

（一）查阅设置医疗废物管理监控部门或者专（兼）职人员、岗位职责的文件资料，核查监控部门和管理人员；

（二）查阅医疗废物管理责任制，医疗废物分类收集、交接、登记等规章制度以及应急方案；

（三）查阅从事医疗废物分类收集、运送、暂时贮存、处置的工作人员和管理人员，进行相关法律和专业技术、安全防护以及紧急处理等知识培训的资料；

（四）检查从事医疗废物分类收集、运送、暂时贮存、处置的工作人员和管理人员的职业卫生安全防护设备，查阅健康检查记录；

（五）查阅医疗废物登记簿，检查医疗废物分类收集点是否按照《医疗废物分类目录》规定，使用专用包装物或容器分类收集医疗废物，检查医疗废物分类收集方法说明和警示标识；

（六）检查医疗废物运送工具、专用包装物或容器、暂时贮存的地点和条件，核查医疗废物运送线路；

（七）检查使用后的医疗废物运送工具的消毒、清洁地点与情况；

（八）查阅医疗废物集中处置单位资质、危险废物转移联单等资料；检查不具备集中处置医疗废物条件的医疗卫生机构自行处置医疗废物的设施、方法及记录资料；

（九）检查对污水、传染病病人或者疑似传染病病人的排泄物实施消毒的设备设施及其运转维护情况；查阅消毒处理记录和监测记录。

第六节　病原微生物实验室生物安全管理的卫生监督

第二十五条　病原微生物实验室生物安全管理的卫生监督内容：

（一）一、二级病原微生物实验室的备案情况；三、四级病原微生物实验室开展高致病性病原微生物实验活动的资格；

（二）从事实验活动的人员培训、考核及上岗持证情况；

（三）管理制度、应急预案的制定和落实情况；

（四）开展实验活动情况；

（五）实验档案建立和保存情况；

（六）菌（毒）种和样本的采集、运输和储存情况。

第二十六条　监督检查病原微生物实验室菌（毒）种和样本采集、运输及实验活动等管理情况时，主要采取以下方法：

（一）查阅一级、二级实验室的备案证明和三级、四级实验室《高致病性病原微生物实验室资格证书》；

（二）查阅实验室工作人员的培训、考核资料和上岗证；

（三）核查实验室将病原微生物菌（毒）种和样本就地销毁或者送交保藏机构保管的记录；

（四）检查二级及以上实验室相应设备配置情况；

（五）查阅实验档案；核查高致病性病原微生物相关实验活动实验档案的保存年限；

（六）查阅从事某种高致病性病原微生物或者疑似高致病性病原微生物实验活动的批准文件；查阅实验室经论证可使用新技术、新方法从事高致病性病原微生物相关实验活动的证明文件；查阅从事在我国尚未发现或者已经宣布消灭的病原微生物相关实验活动的资质证明文件，以及相关实验活动的记录；

（七）查阅高致病性病原微生物实验室安全保卫制度；检查三、四级实验室在明显位置标示的生物危险标识和生物安全实验室级别标志，以及进入实验室人员的防护用品配备情况；

（八）查阅高致病性病原微生物或者疑似高致病性病原微生物相关实验活动的登记及结果报告记录；检查是否在同一个实验室的同一个独立安全区域内同时从事两种或者两种以上高致病性病原微生物的相关实验活动；

（九）查阅高致病性病原微生物实验室感染应急处置预案及向所在地省级卫生计生行政部门备案的资料；

（十）查阅实验室工作人员出现高致病性病原微生物感染、实验室发生高致病性病原微生物泄漏的报告、处置记录；

（十一）查阅高致病性病原微生物样本来源、采集过程和方法的记录；

（十二）查阅运输高致病性病原微生物菌（毒）种或样本的批准文件；查阅高致病性病原微生物菌（毒）种和样本运输过程中发生被盗、被抢、丢失、泄漏后的报告记录。

第二十七条　监督检查保藏机构菌（毒）种和样本储存管理时，主要采取以下方法：

（一）查阅保藏机构的资格证书；

（二）查阅安全保管制度、病原微生物菌（毒）种和样本进出与储存的记录，接受实验室提交的病原微生物菌（毒）种和样本的登记和开具接收证明情况；

（三）查阅向实验室提供高致病性病原微生物菌（毒）种和样本的登记，核查实验室提交的从事高致病性病原微生物相关实验活动的批准文件；检查高致病性病原微生物菌（毒）种和样本设专库或者专柜单独储存的情况；

（四）查阅高致病性病原微生物菌（毒）种和样本储存过程中发生被盗、被抢、丢失、泄漏后的报告记录。

第四章　信息管理

第二十八条　各级卫生计生行政部门应当加强传染病防治卫生监督信息系统建设，组织分析辖区传染病防治卫生监督信息，为制定传染病防治相关政策提供依据。

第二十九条　各级综合监督执法机构应当定期汇总分析传染病防治卫生监督信息，报同级卫生计生行政部门和上级综合监督执法机构。

各级综合监督执法机构应当设置专（兼）职人员负责辖区传染病防治卫生监督信息采集、报告任务，及时、准确上报监督检查相关信息。

第五章　监督情况的处理

第三十条　县级以上地方卫生计生行政部门及其综合监督执法机构开展传染病防治卫生监督后，应当及时将检查情况反馈被检查单位，将监督检查结果与医疗机构不良执业行为记分、校验和等级评审等管理工作挂钩。对存在问题的，应当出具卫生监督意见书；对存在违法行为的，应当依法查处；对涉嫌犯罪的，应当及时移送当地公安机关。

第三十一条　对菌（毒）种保藏机构未依照规定储存实验室送交的菌（毒）种和样本，或者未依照规定提供菌（毒）种和样本的，县级以上地方卫生计生行政部门应当及时逐级报告。

第三十二条　对重大的传染病防治违法案件，县级以上地方卫生计生行政部门应当及时向上级卫生计生行政部门报告。

第六章　附　　则

第三十三条　对涉及消毒产品、饮用水、学校和公共场所的传染病防治卫生监督，应当适用相关的法律、法规和规章。

对医疗废物集中处置单位、科研机构及其他相关单位的传染病防治卫生监督参照本规范执行。

第三十四条　传染病疫情暴发、流行期间，县级以上地方卫生计生行政部门及其综合监督执法机构应当重点对医疗卫生机构传染病疫情报告、疫情控制措施等进行监督检查。

第三十五条　本规范自公布之日起实施。原卫生部2010年9月17日印发的《传染病防治日常卫生监督工作规范》（卫监督发〔2010〕82号）同时废止。

2. 职业病防治

中华人民共和国职业病防治法

1. 2001年10月27日第九届全国人民代表大会常务委员会第二十四次会议通过

2. 根据2011年12月31日第十一届全国人民代表大会常务委员会第二十四次会议《关于修改〈中华人民共和国职业病防治法〉的决定》第一次修正

3. 根据2016年7月2日第十二届全国人民代表大会常务委员会第二十一次会议《关于修改〈中华人民共和国节约能源法〉等六部法律的决定》第二次修正

4. 根据2017年11月4日第十二届全国人民代表大会常务委员会第三十次会议《关于修改〈中华人民共和国会计法〉等十一部法律的决定》第三次修正

5. 根据2018年12月29日第十三届全国人民代表大会常务委员会第七次会议《关于修改〈中华人民共和国劳动法〉等七部法律的决定》第四次修正

目　　录

第一章　总　　则

第一条　【立法目的】为了预防、控制和消除职业病危害，防治职业病，保护劳动者健康及其相关权益，促进经济社会发展，根据宪法，制定本法。

第二条　【职业病概念】本法适用于中华人民共和国领域内的职业病防治活动。

本法所称职业病，是指企业、事业单位和个体经济组织等用人单位的劳动者在职业活动中，因接触粉尘、放射性物质和其他有毒、有害因素而引起的疾病。

职业病的分类和目录由国务院卫生行政部门会同国务院劳动保障行政部门制定、调整并公布。

第三条　【工作方针】职业病防治工作坚持预防为主、防治结合的方针，建立用人单位负责、行政机关监管、行业自律、职工参与和社会监督的机制，实行分类管理、综合治理。

第四条　【职业卫生保护权】劳动者依法享有职业卫生保护的权利。

用人单位应当为劳动者创造符合国家职业卫生标准和卫生要求的工作环境和条件，并采取措施保障劳动者获得职业卫生保护。

工会组织依法对职业病防治工作进行监督，维护劳动者的合法权益。用人单位制定或者修改有关职业病防治的规章制度，应当听取工会组织的意见。

第五条　【用人单位防治责任】用人单位应当建立、健全职业病防治责任制，加强对职业病防治的管理，提高职业病防治水平，对本单位产生的职业病危害承担责任。

第六条　【主要责任人】用人单位的主要负责人对本单位的职业病防治工作全面负责。

第七条　【工伤保险】用人单位必须依法参加工伤保险。

国务院和县级以上地方人民政府劳动保障行政部门应当加强对工伤保险的监督管理，确保劳动者依法享受工伤保险待遇。

第八条　【在技术、工艺、设备、材料上控制职业病】国家鼓励和支持研制、开发、推广、应用有利于职业病防治和保护劳动者健康的新技术、新工艺、新设备、新材料，加强对职业病的机理和发生规律的基础研究，提高职业病防治科学技术水平；积极采用有效的职业病防治技术、工艺、设备、材料；限制使用或者淘汰职业病危害严重的技术、工艺、设备、材料。

国家鼓励和支持职业病医疗康复机构的建设。

第九条　【职业卫生监督制度】国家实行职业卫生监督制度。

国务院卫生行政部门、劳动保障行政部门依照本法和国务院确定的职责，负责全国职业病防治的监督管理工作。国务院有关部门在各自的职责范围内负责职业病防治的有关监督管理工作。

县级以上地方人民政府卫生行政部门、劳动保障行政部门依据各自职责，负责本行政区域内职业病防治的监督管理工作。县级以上地方人民政府有关部门在各自的职责范围内负责职业病防治的有关监督管理工作。

县级以上人民政府卫生行政部门、劳动保障行政部门（以下统称职业卫生监督管理部门）应当加强沟通，密切配合，按照各自职责分工，依法行使职权，承担责任。

第十条　【防治规划】国务院和县级以上地方人民政府

应当制定职业病防治规划，将其纳入国民经济和社会发展计划，并组织实施。

县级以上地方人民政府统一负责、领导、组织、协调本行政区域的职业病防治工作，建立健全职业病防治工作体制、机制，统一领导、指挥职业卫生突发事件应对工作；加强职业病防治能力建设和服务体系建设，完善、落实职业病防治工作责任制。

乡、民族乡、镇的人民政府应当认真执行本法，支持职业卫生监督管理部门依法履行职责。

第十一条　【宣传教育】县级以上人民政府职业卫生监督管理部门应当加强对职业病防治的宣传教育，普及职业病防治的知识，增强用人单位的职业病防治观念，提高劳动者的职业健康意识、自我保护意识和行使职业卫生保护权利的能力。

第十二条　【国家职业卫生标准的制定与公布】有关防治职业病的国家职业卫生标准，由国务院卫生行政部门组织制定并公布。

国务院卫生行政部门应当组织开展重点职业病监测和专项调查，对职业健康风险进行评估，为制定职业卫生标准和职业病防治政策提供科学依据。

县级以上地方人民政府卫生行政部门应当定期对本行政区域的职业病防治情况进行统计和调查分析。

第十三条　【检举、控告和奖励】任何单位和个人有权对违反本法的行为进行检举和控告。有关部门收到相关的检举和控告后，应当及时处理。

对防治职业病成绩显著的单位和个人，给予奖励。

第二章　前 期 预 防

第十四条　【从源头上控制和消除】用人单位应当依照法律、法规要求，严格遵守国家职业卫生标准，落实职业病预防措施，从源头上控制和消除职业病危害。

第十五条　【职业卫生要求】产生职业病危害的用人单位的设立除应当符合法律、行政法规规定的设立条件外，其工作场所还应当符合下列职业卫生要求：

（一）职业病危害因素的强度或者浓度符合国家职业卫生标准；

（二）有与职业病危害防护相适应的设施；

（三）生产布局合理，符合有害与无害作业分开的原则；

（四）有配套的更衣间、洗浴间、孕妇休息间等卫生设施；

（五）设备、工具、用具等设施符合保护劳动者生理、心理健康的要求；

（六）法律、行政法规和国务院卫生行政部门关于保护劳动者健康的其他要求。

第十六条　【危害项目申报制度】国家建立职业病危害项目申报制度。

用人单位工作场所存在职业病目录所列职业病的危害因素的，应当及时、如实向所在地卫生行政部门申报危害项目，接受监督。

职业病危害因素分类目录由国务院卫生行政部门制定、调整并公布。职业病危害项目申报的具体办法由国务院卫生行政部门制定。

第十七条　【职业病危害预评价报告】新建、扩建、改建建设项目和技术改造、技术引进项目（以下统称建设项目）可能产生职业病危害的，建设单位在可行性论证阶段应当进行职业病危害预评价。

医疗机构建设项目可能产生放射性职业病危害的，建设单位应当向卫生行政部门提交放射性职业病危害预评价报告。卫生行政部门应当自收到预评价报告之日起三十日内，作出审核决定并书面通知建设单位。未提交预评价报告或者预评价报告未经卫生行政部门审核同意的，不得开工建设。

职业病危害预评价报告应当对建设项目可能产生的职业病危害因素及其对工作场所和劳动者健康的影响作出评价，确定危害类别和职业病防护措施。

建设项目职业病危害分类管理办法由国务院卫生行政部门制定。

第十八条　【职业病防护设施费用、设计及职业病危害控制效果评价】建设项目的职业病防护设施所需费用应当纳入建设项目工程预算，并与主体工程同时设计，同时施工，同时投入生产和使用。

建设项目的职业病防护设施设计应当符合国家职业卫生标准和卫生要求；其中，医疗机构放射性职业病危害严重的建设项目的防护设施设计，应当经卫生行政部门审查同意后，方可施工。

建设项目在竣工验收前，建设单位应当进行职业病危害控制效果评价。

医疗机构可能产生放射性职业病危害的建设项目竣工验收时，其放射性职业病防护设施经卫生行政部门验收合格后，方可投入使用；其他建设项目的职业病防护设施应当由建设单位负责依法组织验收，验收合格后，方可投入生产和使用。卫生行政部门应当加强对建设单位组织的验收活动和验收结果的监督核查。

第十九条　【特殊管理】国家对从事放射性、高毒、高危粉尘等作业实行特殊管理。具体管理办法由国务院制定。

第三章　劳动过程中的防护与管理

第二十条　【职业病防治管理措施】用人单位应当采取下列职业病防治管理措施：

（一）设置或者指定职业卫生管理机构或者组织，配备专职或者兼职的职业卫生管理人员，负责本单位的职业病防治工作；

（二）制定职业病防治计划和实施方案；

（三）建立、健全职业卫生管理制度和操作规程；

（四）建立、健全职业卫生档案和劳动者健康监护档案；

（五）建立、健全工作场所职业病危害因素监测及评价制度；

（六）建立、健全职业病危害事故应急救援预案。

第二十一条　【保障资金投入】用人单位应当保障职业病防治所需的资金投入，不得挤占、挪用，并对因资金投入不足导致的后果承担责任。

第二十二条　【提供职业病防护用品】用人单位必须采用有效的职业病防护设施，并为劳动者提供个人使用的职业病防护用品。

用人单位为劳动者个人提供的职业病防护用品必须符合防治职业病的要求；不符合要求的，不得使用。

第二十三条　【技术、工艺、设备、材料替代】用人单位应当优先采用有利于防治职业病和保护劳动者健康的新技术、新工艺、新设备、新材料，逐步替代职业病危害严重的技术、工艺、设备、材料。

第二十四条　【职业病公告和警示】产生职业病危害的用人单位，应当在醒目位置设置公告栏，公布有关职业病防治的规章制度、操作规程、职业病危害事故应急救援措施和工作场所职业病危害因素检测结果。

对产生严重职业病危害的作业岗位，应当在其醒目位置，设置警示标识和中文警示说明。警示说明应当载明产生职业病危害的种类、后果、预防以及应急救治措施等内容。

第二十五条　【职业病防护设备、应急、救援设施和个人使用的职业病防护用品】对可能发生急性职业损伤的有毒、有害工作场所，用人单位应当设置报警装置，配置现场急救用品、冲洗设备、应急撤离通道和必要的泄险区。

对放射工作场所和放射性同位素的运输、贮存，用人单位必须配置防护设备和报警装置，保证接触放射线的工作人员佩戴个人剂量计。

对职业病防护设备、应急救援设施和个人使用的职业病防护用品，用人单位应当进行经常性的维护、检修，定期检测其性能和效果，确保其处于正常状态，不得擅自拆除或者停止使用。

第二十六条　【符合国家职业卫生标准和卫生要求】用人单位应当实施由专人负责的职业病危害因素日常监测，并确保监测系统处于正常运行状态。

用人单位应当按照国务院卫生行政部门的规定，定期对工作场所进行职业病危害因素检测、评价。检测、评价结果存入用人单位职业卫生档案，定期向所在地卫生行政部门报告并向劳动者公布。

职业病危害因素检测、评价由依法设立的取得国务院卫生行政部门或者设区的市级以上地方人民政府卫生行政部门按照职责分工给予资质认可的职业卫生技术服务机构进行。职业卫生技术服务机构所作检测、评价应当客观、真实。

发现工作场所职业病危害因素不符合国家职业卫生标准和卫生要求时，用人单位应当立即采取相应治理措施，仍然达不到国家职业卫生标准和卫生要求的，必须停止存在职业病危害因素的作业；职业病危害因素经治理后，符合国家职业卫生标准和卫生要求的，方可重新作业。

第二十七条　【卫生行政部门的监督职责】职业卫生技术服务机构依法从事职业病危害因素检测、评价工作，接受卫生行政部门的监督检查。卫生行政部门应当依法履行监督职责。

第二十八条　【设备警示说明】向用人单位提供可能产生职业病危害的设备的，应当提供中文说明书，并在设备的醒目位置设置警示标识和中文警示说明。警示说明应当载明设备性能、可能产生的职业病危害、安全操作和维护注意事项、职业病防护以及应急救治措施等内容。

第二十九条　【材料危险说明】向用人单位提供可能产生职业病危害的化学品、放射性同位素和含有放射性物质的材料的，应当提供中文说明书。说明书应当载明产品特性、主要成份、存在的有害因素、可能产生的危害后果、安全使用注意事项、职业病防护以及应急救治措施等内容。产品包装应当有醒目的警示标识和中文警示说明。贮存上述材料的场所应当在规定的部位设置危险物品标识或者放射性警示标识。

国内首次使用或者首次进口与职业病危害有关的化学材料，使用单位或者进口单位按照国家规定经国务院有关部门批准后，应当向国务院卫生行政部门报送该化学材料的毒性鉴定以及经有关部门登记注册或者批准进口的文件等资料。

进口放射性同位素、射线装置和含有放射性物质的物品的，按照国家有关规定办理。

第三十条 【明令禁止】任何单位和个人不得生产、经营、进口和使用国家明令禁止使用的可能产生职业病危害的设备或者材料。

第三十一条 【不得违法转移或接受产生职业病危害的作业】任何单位和个人不得将产生职业病危害的作业转移给不具备职业病防护条件的单位和个人。不具备职业病防护条件的单位和个人不得接受产生职业病危害的作业。

第三十二条 【知悉职业病危害】用人单位对采用的技术、工艺、设备、材料，应当知悉其产生的职业病危害，对有职业病危害的技术、工艺、设备、材料隐瞒其危害而采用的，对所造成的职业病危害后果承担责任。

第三十三条 【告知职业病危害】用人单位与劳动者订立劳动合同（含聘用合同，下同）时，应当将工作过程中可能产生的职业病危害及其后果、职业病防护措施和待遇等如实告知劳动者，并在劳动合同中写明，不得隐瞒或者欺骗。

劳动者在已订立劳动合同期间因工作岗位或者工作内容变更，从事与所订立劳动合同中未告知的存在职业病危害的作业时，用人单位应当依照前款规定，向劳动者履行如实告知的义务，并协商变更原劳动合同相关条款。

用人单位违反前两款规定的，劳动者有权拒绝从事存在职业病危害的作业，用人单位不得因此解除与劳动者所订立的劳动合同。

第三十四条 【职业卫生培训】用人单位的主要负责人和职业卫生管理人员应当接受职业卫生培训，遵守职业病防治法律、法规，依法组织本单位的职业病防治工作。

用人单位应当对劳动者进行上岗前的职业卫生培训和在岗期间的定期职业卫生培训，普及职业卫生知识，督促劳动者遵守职业病防治法律、法规、规章和操作规程，指导劳动者正确使用职业病防护设备和个人使用的职业病防护用品。

劳动者应当学习和掌握相关的职业卫生知识，增强职业病防范意识，遵守职业病防治法律、法规、规章和操作规程，正确使用、维护职业病防护设备和个人使用的职业病防护用品，发现职业病危害事故隐患应当及时报告。

劳动者不履行前款规定义务的，用人单位应当对其进行教育。

第三十五条 【职业健康检查】对从事接触职业病危害的作业的劳动者，用人单位应当按照国务院卫生行政部门的规定组织上岗前、在岗期间和离岗时的职业健康检查，并将检查结果书面告知劳动者。职业健康检查费用由用人单位承担。

用人单位不得安排未经上岗前职业健康检查的劳动者从事接触职业病危害的作业；不得安排有职业禁忌的劳动者从事其所禁忌的作业；对在职业健康检查中发现有与所从事的职业相关的健康损害的劳动者，应当调离原工作岗位，并妥善安置；对未进行离岗前职业健康检查的劳动者不得解除或者终止与其订立的劳动合同。

职业健康检查应当由取得《医疗机构执业许可证》的医疗卫生机构承担。卫生行政部门应当加强对职业健康检查工作的规范管理，具体管理办法由国务院卫生行政部门制定。

第三十六条 【职业健康监护档案】用人单位应当为劳动者建立职业健康监护档案，并按照规定的期限妥善保存。

职业健康监护档案应当包括劳动者的职业史、职业病危害接触史、职业健康检查结果和职业病诊疗等有关个人健康资料。

劳动者离开用人单位时，有权索取本人职业健康监护档案复印件，用人单位应当如实、无偿提供，并在所提供的复印件上签章。

第三十七条 【急性职业病危害事故的应急救援和控制措施】发生或者可能发生急性职业病危害事故时，用人单位应当立即采取应急救援和控制措施，并及时报告所在地卫生行政部门和有关部门。卫生行政部门接到报告后，应当及时会同有关部门组织调查处理；必要时，可以采取临时控制措施。卫生行政部门应当组织做好医疗救治工作。

对遭受或者可能遭受急性职业病危害的劳动者，用人单位应当及时组织救治、进行健康检查和医学观察，所需费用由用人单位承担。

第三十八条 【对未成年工和女职工的保护】用人单位不得安排未成年工从事接触职业病危害的作业；不得安排孕期、哺乳期的女职工从事对本人和胎儿、婴儿有危害的作业。

第三十九条 【劳动者职业卫生保护权利】劳动者享有下列职业卫生保护权利：

（一）获得职业卫生教育、培训；

（二）获得职业健康检查、职业病诊疗、康复等职业病防治服务；

（三）了解工作场所产生或者可能产生的职业病危害因素、危害后果和应当采取的职业病防护措施；

（四）要求用人单位提供符合防治职业病要求的职业病防护设施和个人使用的职业病防护用品，改善工作条件；

（五）对违反职业病防治法律、法规以及危及生命健康的行为提出批评、检举和控告；

（六）拒绝违章指挥和强令进行没有职业病防护措施的作业；

（七）参与用人单位职业卫生工作的民主管理，对职业病防治工作提出意见和建议。

用人单位应当保障劳动者行使前款所列权利。因劳动者依法行使正当权利而降低其工资、福利等待遇或者解除、终止与其订立的劳动合同的，其行为无效。

第四十条　【工会职责】工会组织应当督促并协助用人单位开展职业卫生宣传教育和培训，有权对用人单位的职业病防治工作提出意见和建议，依法代表劳动者与用人单位签订劳动安全卫生专项集体合同，与用人单位就劳动者反映的有关职业病防治的问题进行协调并督促解决。

工会组织对用人单位违反职业病防治法律、法规，侵犯劳动者合法权益的行为，有权要求纠正；产生严重职业病危害时，有权要求采取防护措施，或者向政府有关部门建议采取强制性措施；发生职业病危害事故时，有权参与事故调查处理；发现危及劳动者生命健康的情形时，有权向用人单位建议组织劳动者撤离危险现场，用人单位应当立即作出处理。

第四十一条　【费用列支】用人单位按照职业病防治要求，用于预防和治理职业病危害、工作场所卫生检测、健康监护和职业卫生培训等费用，按照国家有关规定，在生产成本中据实列支。

第四十二条　【职责分工】职业卫生监督管理部门应当按照职责分工，加强对用人单位落实职业病防护管理措施情况的监督检查，依法行使职权，承担责任。

第四章　职业病诊断与职业病病人保障

第四十三条　【职业病诊断的医疗卫生机构资格】职业病诊断应当由取得《医疗机构执业许可证》的医疗卫生机构承担。卫生行政部门应当加强对职业病诊断工作的规范管理，具体管理办法由国务院卫生行政部门制定。

承担职业病诊断的医疗卫生机构还应当具备下列条件：

（一）具有与开展职业病诊断相适应的医疗卫生技术人员；

（二）具有与开展职业病诊断相适应的仪器、设备；

（三）具有健全的职业病诊断质量管理制度。

承担职业病诊断的医疗卫生机构不得拒绝劳动者进行职业病诊断的要求。

第四十四条　【职业病诊断地】劳动者可以在用人单位所在地、本人户籍所在地或者经常居住地依法承担职业病诊断的医疗卫生机构进行职业病诊断。

第四十五条　【相关法规制定】职业病诊断标准和职业病诊断、鉴定办法由国务院卫生行政部门制定。职业病伤残等级的鉴定办法由国务院劳动保障行政部门会同国务院卫生行政部门制定。

第四十六条　【职业病诊断因素】职业病诊断，应当综合分析下列因素：

（一）病人的职业史；

（二）职业病危害接触史和工作场所职业病危害因素情况；

（三）临床表现以及辅助检查结果等。

没有证据否定职业病危害因素与病人临床表现之间的必然联系的，应当诊断为职业病。

职业病诊断证明书应当由参与诊断的取得职业病诊断资格的执业医师签署，并经承担职业病诊断的医疗卫生机构审核盖章。

第四十七条　【用人单位提供资料及协助调查义务】用人单位应当如实提供职业病诊断、鉴定所需的劳动者职业史和职业病危害接触史、工作场所职业病危害因素检测结果等资料；卫生行政部门应当监督检查和督促用人单位提供上述资料；劳动者和有关机构也应当提供与职业病诊断、鉴定有关的资料。

职业病诊断、鉴定机构需要了解工作场所职业病危害因素情况时，可以对工作场所进行现场调查，也可以向卫生行政部门提出，卫生行政部门应当在十日内组织现场调查。用人单位不得拒绝、阻挠。

第四十八条　【对存在异议的资料或职业病危害因素情况的判定】职业病诊断、鉴定过程中，用人单位不提供工作场所职业病危害因素检测结果等资料的，诊断、鉴定机构应当结合劳动者的临床表现、辅助检查结果和劳动者的职业史、职业病危害接触史，并参考劳动者的自述、卫生行政部门提供的日常监督检查信息等，作出职业病诊断、鉴定结论。

劳动者对用人单位提供的工作场所职业病危害因素

素检测结果等资料有异议，或者因劳动者的用人单位解散、破产，无用人单位提供上述资料的，诊断、鉴定机构应当提请卫生行政部门进行调查，卫生行政部门应当自接到申请之日起三十日内对存在异议的资料或者工作场所职业病危害因素情况作出判定；有关部门应当配合。

第四十九条 【申请仲裁或依法起诉】职业病诊断、鉴定过程中，在确认劳动者职业史、职业病危害接触史时，当事人对劳动关系、工种、工作岗位或者在岗时间有争议的，可以向当地的劳动人事争议仲裁委员会申请仲裁；接到申请的劳动人事争议仲裁委员会应当受理，并在三十日内作出裁决。

当事人在仲裁过程中对自己提出的主张，有责任提供证据。劳动者无法提供由用人单位掌握管理的与仲裁主张有关的证据的，仲裁庭应当要求用人单位在指定期限内提供；用人单位在指定期限内不提供的，应当承担不利后果。

劳动者对仲裁裁决不服的，可以依法向人民法院提起诉讼。

用人单位对仲裁裁决不服的，可以在职业病诊断、鉴定程序结束之日起十五日内依法向人民法院提起诉讼；诉讼期间，劳动者的治疗费用按照职业病待遇规定的途径支付。

第五十条 【发现职业病病人报告制度】用人单位和医疗卫生机构发现职业病病人或者疑似职业病病人时，应当及时向所在地卫生行政部门报告。确诊为职业病的，用人单位还应当向所在地劳动保障行政部门报告。接到报告的部门应当依法作出处理。

第五十一条 【职业病统计报告的管理】县级以上地方人民政府卫生行政部门负责本行政区域内的职业病统计报告的管理工作，并按照规定上报。

第五十二条 【职业病诊断争议处理】当事人对职业病诊断有异议的，可以向作出诊断的医疗卫生机构所在地地方人民政府卫生行政部门申请鉴定。

职业病诊断争议由设区的市级以上地方人民政府卫生行政部门根据当事人的申请，组织职业病诊断鉴定委员会进行鉴定。

当事人对设区的市级职业病诊断鉴定委员会的鉴定结论不服的，可以向省、自治区、直辖市人民政府卫生行政部门申请再鉴定。

第五十三条 【职业病诊断鉴定委员会组成和诊断费用承担】职业病诊断鉴定委员会由相关专业的专家组成。

省、自治区、直辖市人民政府卫生行政部门应当设立相关的专家库，需要对职业病争议作出诊断鉴定时，由当事人或者当事人委托有关卫生行政部门从专家库中以随机抽取的方式确定参加诊断鉴定委员会的专家。

职业病诊断鉴定委员会应当按照国务院卫生行政部门颁布的职业病诊断标准和职业病诊断、鉴定办法进行职业病诊断鉴定，向当事人出具职业病诊断鉴定书。职业病诊断、鉴定费用由用人单位承担。

第五十四条 【职业病诊断鉴定委员会成员道德和纪律】职业病诊断鉴定委员会组成人员应当遵守职业道德，客观、公正地进行诊断鉴定，并承担相应的责任。职业病诊断鉴定委员会组成人员不得私下接触当事人，不得收受当事人的财物或者其他好处，与当事人有利害关系的，应当回避。

人民法院受理有关案件需要进行职业病鉴定时，应当从省、自治区、直辖市人民政府卫生行政部门依法设立的相关的专家库中选取参加鉴定的专家。

第五十五条 【疑似职业病病人的发现及诊断】医疗卫生机构发现疑似职业病病人时，应当告知劳动者本人并及时通知用人单位。

用人单位应当及时安排对疑似职业病病人进行诊断；在疑似职业病病人诊断或者医学观察期间，不得解除或者终止与其订立的劳动合同。

疑似职业病病人在诊断、医学观察期间的费用，由用人单位承担。

第五十六条 【职业病待遇】用人单位应当保障职业病病人依法享受国家规定的职业病待遇。

用人单位应当按照国家有关规定，安排职业病病人进行治疗、康复和定期检查。

用人单位对不适宜继续从事原工作的职业病病人，应当调离原岗位，并妥善安置。

用人单位对从事接触职业病危害的作业的劳动者，应当给予适当岗位津贴。

第五十七条 【社会保障】职业病病人的诊疗、康复费用，伤残以及丧失劳动能力的职业病病人的社会保障，按照国家有关工伤保险的规定执行。

第五十八条 【赔偿】职业病病人除依法享有工伤保险外，依照有关民事法律，尚有获得赔偿的权利的，有权向用人单位提出赔偿要求。

第五十九条 【用人单位责任承担】劳动者被诊断患有职业病，但用人单位没有依法参加工伤保险的，其医疗和生活保障由该用人单位承担。

第六十条　【职业病病人变动工作单位和用人单位变动】职业病病人变动工作单位，其依法享有的待遇不变。

用人单位在发生分立、合并、解散、破产等情形时，应当对从事接触职业病危害的作业的劳动者进行健康检查，并按照国家有关规定妥善安置职业病病人。

第六十一条　【申请医疗、生活救助】用人单位已经不存在或者无法确认劳动关系的职业病病人，可以向地方人民政府医疗保障、民政部门申请医疗救助和生活等方面的救助。

地方各级人民政府应当根据本地区的实际情况，采取其他措施，使前款规定的职业病病人获得医疗救治。

第五章　监督检查

第六十二条　【监督检查部门】县级以上人民政府职业卫生监督管理部门依照职业病防治法律、法规、国家职业卫生标准和卫生要求，依据职责划分，对职业病防治工作进行监督检查。

第六十三条　【监督措施】卫生行政部门履行监督检查职责时，有权采取下列措施：

（一）进入被检查单位和职业病危害现场，了解情况，调查取证；

（二）查阅或者复制与违反职业病防治法律、法规的行为有关的资料和采集样品；

（三）责令违反职业病防治法律、法规的单位和个人停止违法行为。

第六十四条　【临时控制措施】发生职业病危害事故或者有证据证明危害状态可能导致职业病危害事故发生时，卫生行政部门可以采取下列临时控制措施：

（一）责令暂停导致职业病危害事故的作业；

（二）封存造成职业病危害事故或者可能导致职业病危害事故发生的材料和设备；

（三）组织控制职业病危害事故现场。

在职业病危害事故或者危害状态得到有效控制后，卫生行政部门应当及时解除控制措施。

第六十五条　【职业卫生监督执法人员职责】职业卫生监督执法人员依法执行职务时，应当出示监督执法证件。

职业卫生监督执法人员应当忠于职守，秉公执法，严格遵守执法规范；涉及用人单位的秘密的，应当为其保密。

第六十六条　【支持配合检查】职业卫生监督执法人员依法执行职务时，被检查单位应当接受检查并予以支持配合，不得拒绝和阻碍。

第六十七条　【卫生行政部门及职业卫生监督执法人员禁止行为】卫生行政部门及其职业卫生监督执法人员履行职责时，不得有下列行为：

（一）对不符合法定条件的，发给建设项目有关证明文件、资质证明文件或者予以批准；

（二）对已经取得有关证明文件的，不履行监督检查职责；

（三）发现用人单位存在职业病危害的，可能造成职业病危害事故，不及时依法采取控制措施；

（四）其他违反本法的行为。

第六十八条　【职业卫生监督执法人员资格认定】职业卫生监督执法人员应当依法经过资格认定。

职业卫生监督管理部门应当加强队伍建设，提高职业卫生监督执法人员的政治、业务素质，依照本法和其他有关法律、法规的规定，建立、健全内部监督制度，对其工作人员执行法律、法规和遵守纪律的情况，进行监督检查。

第六章　法律责任

第六十九条　【建设单位法律责任】建设单位违反本法规定，有下列行为之一的，由卫生行政部门给予警告，责令限期改正；逾期不改正的，处十万元以上五十万元以下的罚款；情节严重的，责令停止产生职业病危害的作业，或者提请有关人民政府按照国务院规定的权限责令停建、关闭：

（一）未按照规定进行职业病危害预评价的；

（二）医疗机构可能产生放射性职业病危害的建设项目未按照规定提交放射性职业病危害预评价报告，或者放射性职业病危害预评价报告未经卫生行政部门审核同意，开工建设的；

（三）建设项目的职业病防护设施未按照规定与主体工程同时设计、同时施工、同时投入生产和使用的；

（四）建设项目的职业病防护设施设计不符合国家职业卫生标准和卫生要求，或者医疗机构放射性职业病危害严重的建设项目的防护设施设计未经卫生行政部门审查同意擅自施工的；

（五）未按照规定对职业病防护设施进行职业病危害控制效果评价的；

（六）建设项目竣工投入生产和使用前，职业病防护设施未按照规定验收合格的。

第七十条　【警告和罚款】违反本法规定，有下列行为之一的，由卫生行政部门给予警告，责令限期改正；逾期不改正的，处十万元以下的罚款：

（一）工作场所职业病危害因素检测、评价结果没有存档、上报、公布的；

（二）未采取本法第二十条规定的职业病防治管理措施的；

（三）未按照规定公布有关职业病防治的规章制度、操作规程、职业病危害事故应急救援措施的；

（四）未按照规定组织劳动者进行职业卫生培训，或者未对劳动者个人职业病防护采取指导、督促措施的；

（五）国内首次使用或者首次进口与职业病危害有关的化学材料，未按照规定报送毒性鉴定资料以及经有关部门登记注册或者批准进口的文件的。

第七十一条　【用人单位法律责任（一）】用人单位违反本法规定，有下列行为之一的，由卫生行政部门责令限期改正，给予警告，可以并处五万元以上十万元以下的罚款：

（一）未按照规定及时、如实向卫生行政部门申报产生职业病危害的项目的；

（二）未实施由专人负责的职业病危害因素日常监测，或者监测系统不能正常监测的；

（三）订立或者变更劳动合同时，未告知劳动者职业病危害真实情况的；

（四）未按照规定组织职业健康检查、建立职业健康监护档案或者未将检查结果书面告知劳动者的；

（五）未依照本法规定在劳动者离开用人单位时提供职业健康监护档案复印件的。

第七十二条　【用人单位法律责任（二）】用人单位违反本法规定，有下列行为之一的，由卫生行政部门给予警告，责令限期改正，逾期不改正的，处五万元以上二十万元以下的罚款；情节严重的，责令停止产生职业病危害的作业，或者提请有关人民政府按照国务院规定的权限责令关闭：

（一）工作场所职业病危害因素的强度或者浓度超过国家职业卫生标准的；

（二）未提供职业病防护设施和个人使用的职业病防护用品，或者提供的职业病防护设施和个人使用的职业病防护用品不符合国家职业卫生标准和卫生要求的；

（三）对职业病防护设备、应急救援设施和个人使用的职业病防护用品未按照规定进行维护、检修、检测，或者不能保持正常运行、使用状态的；

（四）未按照规定对工作场所职业病危害因素进行检测、评价的；

（五）工作场所职业病危害因素经治理仍然达不到国家职业卫生标准和卫生要求时，未停止存在职业病危害因素的作业的；

（六）未按照规定安排职业病病人、疑似职业病病人进行诊治的；

（七）发生或者可能发生急性职业病危害事故时，未立即采取应急救援和控制措施或者未按照规定及时报告的；

（八）未按照规定在产生严重职业病危害的作业岗位醒目位置设置警示标识和中文警示说明的；

（九）拒绝职业卫生监督管理部门监督检查的；

（十）隐瞒、伪造、篡改、毁损职业健康监护档案、工作场所职业病危害因素检测评价结果等相关资料，或者拒不提供职业病诊断、鉴定所需资料的；

（十一）未按照规定承担职业病诊断、鉴定费用和职业病病人的医疗、生活保障费用的。

第七十三条　【未提供说明的处罚】向用人单位提供可能产生职业病危害的设备、材料，未按照规定提供中文说明书或者设置警示标识和中文警示说明的，由卫生行政部门责令限期改正，给予警告，并处五万元以上二十万元以下的罚款。

第七十四条　【未按规定报告的处罚】用人单位和医疗卫生机构未按照规定报告职业病、疑似职业病的，由有关主管部门依据职责分工责令限期改正，给予警告，可以并处一万元以下的罚款；弄虚作假的，并处二万元以上五万元以下的罚款；对直接负责的主管人员和其他直接责任人员，可以依法给予降级或者撤职的处分。

第七十五条　【责令限期治理、停业、关闭】违反本法规定，有下列情形之一的，由卫生行政部门责令限期治理，并处五万元以上三十万元以下的罚款；情节严重的，责令停止产生职业病危害的作业，或者提请有关人民政府按照国务院规定的权限责令关闭：

（一）隐瞒技术、工艺、设备、材料所产生的职业病危害而采用的；

（二）隐瞒本单位职业卫生真实情况的；

（三）可能发生急性职业损伤的有毒、有害工作场所、放射工作场所或者放射性同位素的运输、贮存不符合本法第二十五条规定的；

（四）使用国家明令禁止使用的可能产生职业病危害的设备或者材料的；

（五）将产生职业病危害的作业转移给没有职业病防护条件的单位和个人，或者没有职业病防护条件的单位和个人接受产生职业病危害的作业的；

（六）擅自拆除、停止使用职业病防护设备或者应急救援设施的；

（七）安排未经职业健康检查的劳动者、有职业禁忌的劳动者、未成年工或者孕期、哺乳期女职工从事接触职业病危害的作业或者禁忌作业的；

（八）违章指挥和强令劳动者进行没有职业病防护措施的作业的。

第七十六条　【生产、经营、进口国家明令禁用的设备或材料的处罚】生产、经营或者进口国家明令禁止使用的可能产生职业病危害的设备或者材料的，依照有关法律、行政法规的规定给予处罚。

第七十七条　【对劳动者生命健康造成严重损害的处罚】用人单位违反本法规定，已经对劳动者生命健康造成严重损害的，由卫生行政部门责令停止产生职业病危害的作业，或者提请有关人民政府按照国务院规定的权限责令关闭，并处十万元以上五十万元以下的罚款。

第七十八条　【重大事故或严重后果直接责任人员的刑事责任】用人单位违反本法规定，造成重大职业病危害事故或者其他严重后果，构成犯罪的，对直接负责的主管人员和其他直接责任人员，依法追究刑事责任。

第七十九条　【擅自从事职业卫生技术服务的处罚】未取得职业卫生技术服务资质认可擅自从事职业卫生技术服务的，由卫生行政部门责令立即停止违法行为，没收违法所得；违法所得五千元以上的，并处违法所得二倍以上十倍以下的罚款；没有违法所得或者违法所得不足五千元的，并处五千元以上五万元以下的罚款；情节严重的，对直接负责的主管人员和其他直接责任人员，依法给予降级、撤职或者开除的处分。

第八十条　【越权从事职业卫生技术服务等行为的处罚】从事职业卫生技术服务的机构和承担职业病诊断的医疗卫生机构违反本法规定，有下列行为之一的，由卫生行政部门责令立即停止违法行为，给予警告，没收违法所得；违法所得五千元以上的，并处违法所得二倍以上五倍以下的罚款；没有违法所得或者违法所得不足五千元的，并处五千元以上二万元以下的罚款；情节严重的，由原认可或者登记机关取消其相应的资格；对直接负责的主管人员和其他直接责任人员，依法给予降级、撤职或者开除的处分；构成犯罪的，依法追究刑事责任：

（一）超出资质认可或者诊疗项目登记范围从事职业卫生技术服务或者职业病诊断的；

（二）不按照本法规定履行法定职责的；

（三）出具虚假证明文件的。

第八十一条　【对受贿鉴定委员会组成人员的处罚】职业病诊断鉴定委员会组成人员收受职业病诊断争议当事人的财物或者其他好处的，给予警告，没收收受的财物，可以并处三千元以上五万元以下的罚款，取消其担任职业病诊断鉴定委员会组成人员的资格，并从省、自治区、直辖市人民政府卫生行政部门设立的专家库中予以除名。

第八十二条　【对不按照规定报告的处罚】卫生行政部门不按照规定报告职业病和职业病危害事故的，由上一级行政部门责令改正，通报批评，给予警告；虚报、瞒报的，对单位负责人、直接负责的主管人员和其他直接责任人员依法给予降级、撤职或者开除的处分。

第八十三条　【县级以上地方人民政府及职业卫生监管部门渎职责任】县级以上地方人民政府在职业病防治工作中未依照本法履行职责，本行政区域出现重大职业病危害事故、造成严重社会影响的，依法对直接负责的主管人员和其他直接责任人员给予记大过直至开除的处分。

县级以上人民政府职业卫生监督管理部门不履行本法规定的职责，滥用职权、玩忽职守、徇私舞弊，依法对直接负责的主管人员和其他直接责任人员给予记大过或者降级的处分；造成职业病危害事故或者其他严重后果的，依法给予撤职或者开除的处分。

第八十四条　【刑事责任】违反本法规定，构成犯罪的，依法追究刑事责任。

第七章　附　　则

第八十五条　【用语含义】本法下列用语的含义：

职业病危害，是指对从事职业活动的劳动者可能导致职业病的各种危害。职业病危害因素包括：职业活动中存在的各种有害的化学、物理、生物因素以及在作业过程中产生的其他职业有害因素。

职业禁忌，是指劳动者从事特定职业或者接触特定职业病危害因素时，比一般职业人群更易于遭受职业病危害和罹患职业病或者可能导致原有自身疾病病情加重，或者在从事作业过程中诱发可能导致对他人生命健康构成危险的疾病的个人特殊生理或者病理状态。

第八十六条　【参照】本法第二条规定的用人单位以外的单位，产生职业病危害的，其职业病防治活动可以参照本法执行。

劳务派遣用工单位应当履行本法规定的用人单位

的义务。

中国人民解放军参照执行本法的办法，由国务院、中央军事委员会制定。

第八十七条 **【对放射性职业病危害控制的监管】**对医疗机构放射性职业病危害控制的监督管理，由卫生行政部门依照本法的规定实施。

第八十八条 **【施行日期】**本法自2002年5月1日起施行。

中华人民共和国尘肺病防治条例

1. 1987年12月3日国务院发布
2. 国发〔1987〕105号

第一章 总 则

第一条 为保护职工健康，消除粉尘危害，防止发生尘肺病，促进生产发展，制定本条例。

第二条 本条例适用于所有有粉尘作业的企业、事业单位。

第三条 尘肺病系指在生产活动中吸入粉尘而发生的肺组织纤维化为主的疾病。

第四条 地方各级人民政府要加强对尘肺病防治工作的领导。在制定本地区国民经济和社会发展计划时，要统筹安排尘肺病防治工作。

第五条 企业、事业单位的主管部门应当根据国家卫生等有关标准，结合实际情况，制定所属企业的尘肺病防治规划，并督促其施行。

乡镇企业主管部门，必须指定专人负责乡镇企业尘肺病的防治工作，建立监督检查制度，并指导乡镇企业对尘肺病的防治工作。

第六条 企业、事业单位的负责人，对本单位的尘肺病防治工作负有直接责任，应采取有效措施使本单位的粉尘作业场所达到国家卫生标准。

第二章 防 尘

第七条 凡有粉尘作业的企业、事业单位应采取综合防尘措施和无尘或低尘的新技术、新工艺、新设备，使作业场所的粉尘浓度不超过国家卫生标准。

第八条 尘肺病诊断标准由卫生行政部门制定，粉尘浓度卫生标准由卫生行政部门会同劳动等有关部门联合制定。

第九条 防尘设施的鉴定和定型制度，由劳动部门会同卫生行政部门制定。任何企业、事业单位除特殊情况外，未经上级主管部门批准，不得停止运行或者拆除防尘设施。

第十条 防尘经费应当纳入基本建设和技术改造经费计划，专款专用，不得挪用。

第十一条 严禁任何企业、事业单位将粉尘作业转嫁、外包或以联营的形式给没有防尘设施的乡镇、街道企业或个体工商户。

中、小学校各类校办的实习工厂或车间，禁止从事有粉尘的作业。

第十二条 职工使用的防止粉尘危害的防护用品，必须符合国家的有关标准。企业、事业单位应当建立严格的管理制度，并教育职工按规定和要求使用。

对初次从事粉尘作业的职工，由其所在单位进行防尘知识教育和考核，考试合格后方可从事粉尘作业。

不满十八周岁的未成年人，禁止从事粉尘作业。

第十三条 新建、改建、扩建、续建有粉尘作业的工程项目，防尘设施必须与主体工程同时设计、同时施工、同时投产。设计任务书，必须经当地卫生行政部门、劳动部门和工会组织审查同意后，方可施工。竣工验收，应由当地卫生行政部门、劳动部门和工会组织参加，凡不符合要求的，不得投产。

第十四条 作业场所的粉尘浓度超过国家卫生标准，又未积极治理，严重影响职工安全健康时，职工有权拒绝操作。

第三章 监督和监测

第十五条 卫生行政部门、劳动部门和工会组织分工协作，互相配合，对企业、事业单位的尘肺病防治工作进行监督。

第十六条 卫生行政部门负责卫生标准的监测；劳动部门负责劳动卫生工程技术标准的监测。

工会组织负责组织职工群众对本单位的尘肺病防治工作进行监督，并教育职工遵守操作规程与防尘制度。

第十七条 凡有粉尘作业的企业、事业单位，必须定期测定作业场所的粉尘浓度。测尘结果必须向主管部门和当地卫生行政部门、劳动部门和工会组织报告，并定期向职工公布。

从事粉尘作业的单位必须建立测尘资料档案。

第十八条 卫生行政部门和劳动部门，要对从事粉尘作业的企业、事业单位的测尘机构加强业务指导，并对测尘人员加强业务指导和技术培训。

第四章 健康管理

第十九条 各企业、事业单位对新从事粉尘作业的职工，必须进行健康检查。对在职和离职的从事粉尘作业的职工，必须定期进行健康检查。检查的内容、期限和尘肺病诊断标准，按卫生行政部门有关职业病管理的规定执行。

第二十条 各企业、事业单位必须贯彻执行职业病报告制度，按期向当地卫生行政部门、劳动部门、工会组织和本单位的主管部门报告职工尘肺病发生和死亡情况。

第二十一条 各企业、事业单位对已确诊为尘肺病的职工，必须调离粉尘作业岗位，并给予治疗或疗养。尘肺病患者的社会保险待遇，按国家有关规定办理。

第五章 奖励和处罚

第二十二条 对在尘肺病防治工作中做出显著成绩的单位和个人，由其上级主管部门给予奖励。

第二十三条 凡违反本条例规定，有下列行为之一的，卫生行政部门和劳动部门，可视其情节轻重，给予警告、限期治理、罚款和停业整顿的处罚。但停业整顿的处罚，需经当地人民政府同意。

（一）作业场所粉尘浓度超过国家卫生标准，逾期不采取措施的；

（二）任意拆除防尘设施，致使粉尘危害严重的；

（三）挪用防尘措施经费的；

（四）工程设计和竣工验收未经卫生行政部门、劳动部门和工会组织审查同意，擅自施工、投产的；

（五）将粉尘作业转嫁、外包或以联营的形式给没有防尘设施的乡镇、街道企业或个体工商户的；

（六）不执行健康检查制度和测尘制度的；

（七）强令尘肺病患者继续从事粉尘作业的；

（八）假报测尘结果或尘肺病诊断结果的；

（九）安排未成年人从事粉尘作业的。

第二十四条 当事人对处罚不服的，可在接到处罚通知之日起十五日内，向作出处理的部门的上级机关申请复议。但是，对停业整顿的决定应当立即执行。上级机关应当在接到申请之日起三十日内作出答复。对答复不服的，可以在接到答复之日起十五日内，向人民法院起诉。

第二十五条 企业、事业单位负责人和监督、监测人员玩忽职守，致使公共财产、国家和人民利益遭受损失，情节轻微的，由其主管部门给予行政处分；造成重大损失，构成犯罪的，由司法机关依法追究直接责任人员的刑事责任。

第六章 附 则

第二十六条 本条例由国务院卫生行政部门和劳动部门联合进行解释。

第二十七条 各省、自治区、直辖市人民政府应当结合当地实际情况，制定本条例的实施办法。

第二十八条 本条例自发布之日起施行。

职业病分类和目录

1. 2013年12月23日国家卫生和计划生育委员会、人力资源和社会保障部、国家安全生产监督管理总局、中华全国总工会发布

2. 国卫疾控发〔2013〕48号

一、职业性尘肺病及其他呼吸系统疾病

（一）尘肺病

1. 矽肺
2. 煤工尘肺
3. 石墨尘肺
4. 碳黑尘肺
5. 石棉肺
6. 滑石尘肺
7. 水泥尘肺
8. 云母尘肺
9. 陶工尘肺
10. 铝尘肺
11. 电焊工尘肺
12. 铸工尘肺
13. 根据《尘肺病诊断标准》和《尘肺病理诊断标准》可以诊断的其他尘肺病

（二）其他呼吸系统疾病

1. 过敏性肺炎
2. 棉尘病
3. 哮喘
4. 金属及其化合物粉尘肺沉着病（锡、铁、锑、钡及其化合物等）
5. 刺激性化学物所致慢性阻塞性肺疾病
6. 硬金属肺病

二、职业性皮肤病

1. 接触性皮炎
2. 光接触性皮炎
3. 电光性皮炎

4. 黑变病
5. 痤疮
6. 溃疡
7. 化学性皮肤灼伤
8. 白斑
9. 根据《职业性皮肤病的诊断总则》可以诊断的其他职业性皮肤病

三、职业性眼病

1. 化学性眼部灼伤
2. 电光性眼炎
3. 白内障（含放射性白内障、三硝基甲苯白内障）

四、职业性耳鼻喉口腔疾病

1. 噪声聋
2. 铬鼻病
3. 牙酸蚀病
4. 爆震聋

五、职业性化学中毒

1. 铅及其化合物中毒（不包括四乙基铅）
2. 汞及其化合物中毒
3. 锰及其化合物中毒
4. 镉及其化合物中毒
5. 铍病
6. 铊及其化合物中毒
7. 钡及其化合物中毒
8. 钒及其化合物中毒
9. 磷及其化合物中毒
10. 砷及其化合物中毒
11. 铀及其化合物中毒
12. 砷化氢中毒
13. 氯气中毒
14. 二氧化硫中毒
15. 光气中毒
16. 氨中毒
17. 偏二甲基肼中毒
18. 氮氧化合物中毒
19. 一氧化碳中毒
20. 二硫化碳中毒
21. 硫化氢中毒
22. 磷化氢、磷化锌、磷化铝中毒
23. 氟及其无机化合物中毒
24. 氰及腈类化合物中毒
25. 四乙基铅中毒
26. 有机锡中毒
27. 羰基镍中毒
28. 苯中毒
29. 甲苯中毒
30. 二甲苯中毒
31. 正己烷中毒
32. 汽油中毒
33. 一甲胺中毒
34. 有机氟聚合物单体及其热裂解物中毒
35. 二氯乙烷中毒
36. 四氯化碳中毒
37. 氯乙烯中毒
38. 三氯乙烯中毒
39. 氯丙烯中毒
40. 氯丁二烯中毒
41. 苯的氨基及硝基化合物（不包括三硝基甲苯）中毒
42. 三硝基甲苯中毒
43. 甲醇中毒
44. 酚中毒
45. 五氯酚（钠）中毒
46. 甲醛中毒
47. 硫酸二甲酯中毒
48. 丙烯酰胺中毒
49. 二甲基甲酰胺中毒
50. 有机磷中毒
51. 氨基甲酸酯类中毒
52. 杀虫脒中毒
53. 溴甲烷中毒
54. 拟除虫菊酯类中毒
55. 铟及其化合物中毒
56. 溴丙烷中毒
57. 碘甲烷中毒
58. 氯乙酸中毒
59. 环氧乙烷中毒
60. 上述条目未提及的与职业有害因素接触之间存在直接因果联系的其他化学中毒

六、物理因素所致职业病

1. 中暑
2. 减压病
3. 高原病
4. 航空病
5. 手臂振动病
6. 激光所致眼（角膜、晶状体、视网膜）损伤

7. 冻伤

七、职业性放射性疾病

1. 外照射急性放射病
2. 外照射亚急性放射病
3. 外照射慢性放射病
4. 内照射放射病
5. 放射性皮肤疾病
6. 放射性肿瘤(含矿工高氡暴露所致肺癌)
7. 放射性骨损伤
8. 放射性甲状腺疾病
9. 放射性性腺疾病
10. 放射复合伤
11. 根据《职业性放射性疾病诊断标准(总则)》可以诊断的其他放射性损伤

八、职业性传染病

1. 炭疽
2. 森林脑炎
3. 布鲁氏菌病
4. 艾滋病(限于医疗卫生人员及人民警察)
5. 莱姆病

九、职业性肿瘤

1. 石棉所致肺癌、间皮瘤
2. 联苯胺所致膀胱癌
3. 苯所致白血病
4. 氯甲醚、双氯甲醚所致肺癌
5. 砷及其化合物所致肺癌、皮肤癌
6. 氯乙烯所致肝血管肉瘤
7. 焦炉逸散物所致肺癌
8. 六价铬化合物所致肺癌
9. 毛沸石所致肺癌、胸膜间皮瘤
10. 煤焦油、煤焦油沥青、石油沥青所致皮肤癌
11. β－萘胺所致膀胱癌

十、其他职业病

1. 金属烟热
2. 滑囊炎(限于井下工人)
3. 股静脉血栓综合征、股动脉闭塞症或淋巴管闭塞症(限于刮研作业人员)

职业健康检查管理办法

1. 2015年3月26日国家卫生和计划生育委员会令第5号公布

2. 根据2019年2月28日国家卫生健康委员会令第2号《关于修改〈职业健康检查管理办法〉等4件部门规章的决定》修订

第一章 总 则

第一条 为加强职业健康检查工作,规范职业健康检查机构管理,保护劳动者健康权益,根据《中华人民共和国职业病防治法》(以下简称《职业病防治法》),制定本办法。

第二条 本办法所称职业健康检查是指医疗卫生机构按照国家有关规定,对从事接触职业病危害作业的劳动者进行的上岗前、在岗期间、离岗时的健康检查。

第三条 国家卫生健康委负责全国范围内职业健康检查工作的监督管理。

县级以上地方卫生健康主管部门负责本辖区职业健康检查工作的监督管理;结合职业病防治工作实际需要,充分利用现有资源,统一规划、合理布局;加强职业健康检查机构能力建设,并提供必要的保障条件。

第二章 职业健康检查机构

第四条 医疗卫生机构开展职业健康检查,应当在开展之日起15个工作日内向省级卫生健康主管部门备案。备案的具体办法由省级卫生健康主管部门依据本办法制定,并向社会公布。

省级卫生健康主管部门应当及时向社会公布备案的医疗卫生机构名单、地址、检查类别和项目等相关信息,并告知核发其《医疗机构执业许可证》的卫生健康主管部门。核发其《医疗机构执业许可证》的卫生健康主管部门应当在该机构的《医疗机构执业许可证》副本备注栏注明检查类别和项目等信息。

第五条 承担职业健康检查的医疗卫生机构(以下简称职业健康检查机构)应当具备以下条件:

(一)持有《医疗机构执业许可证》,涉及放射检查项目的还应当持有《放射诊疗许可证》;

(二)具有相应的职业健康检查场所、候检场所和检验室,建筑总面积不少于400平方米,每个独立的检查室使用面积不少于6平方米;

(三)具有与备案开展的职业健康检查类别和项

目相适应的执业医师、护士等医疗卫生技术人员；

（四）至少具有1名取得职业病诊断资格的执业医师；

（五）具有与备案开展的职业健康检查类别和项目相适应的仪器、设备，具有相应职业卫生生物监测能力；开展外出职业健康检查，应当具有相应的职业健康检查仪器、设备、专用车辆等条件；

（六）建立职业健康检查质量管理制度；

（七）具有与职业健康检查信息报告相应的条件。

医疗卫生机构进行职业健康检查备案时，应当提交证明其符合以上条件的有关资料。

第六条　开展职业健康检查工作的医疗卫生机构对备案的职业健康检查信息的真实性、准确性、合法性承担全部法律责任。

当备案信息发生变化时，职业健康检查机构应当自信息发生变化之日起10个工作日内提交变更信息。

第七条　职业健康检查机构具有以下职责：

（一）在备案开展的职业健康检查类别和项目范围内，依法开展职业健康检查工作，并出具职业健康检查报告；

（二）履行疑似职业病的告知和报告义务；

（三）报告职业健康检查信息；

（四）定期向卫生健康主管部门报告职业健康检查工作情况，包括外出职业健康检查工作情况；

（五）开展职业病防治知识宣传教育；

（六）承担卫生健康主管部门交办的其他工作。

第八条　职业健康检查机构应当指定主检医师。主检医师应当具备以下条件：

（一）具有执业医师证书；

（二）具有中级以上专业技术职务任职资格；

（三）具有职业病诊断资格；

（四）从事职业健康检查相关工作三年以上，熟悉职业卫生和职业病诊断相关标准。

主检医师负责确定职业健康检查项目和周期，对职业健康检查过程进行质量控制，审核职业健康检查报告。

第九条　职业健康检查机构及其工作人员应当关心、爱护劳动者，尊重和保护劳动者的知情权及个人隐私。

第十条　省级卫生健康主管部门应当指定机构负责本辖区内职业健康检查机构的质量控制管理工作，组织开展实验室间比对和职业健康检查质量考核。

职业健康检查质量控制规范由中国疾病预防控制中心制定。

第三章　职业健康检查规范

第十一条　按照劳动者接触的职业病危害因素，职业健康检查分为以下六类：

（一）接触粉尘类；

（二）接触化学因素类；

（三）接触物理因素类；

（四）接触生物因素类；

（五）接触放射因素类；

（六）其他类（特殊作业等）。

以上每类中包含不同检查项目。职业健康检查机构应当在备案的检查类别和项目范围内开展相应的职业健康检查。

第十二条　职业健康检查机构开展职业健康检查应当与用人单位签订委托协议书，由用人单位统一组织劳动者进行职业健康检查；也可以由劳动者持单位介绍信进行职业健康检查。

第十三条　职业健康检查机构应当依据相关技术规范，结合用人单位提交的资料，明确用人单位应当检查的项目和周期。

第十四条　在职业健康检查中，用人单位应当如实提供以下职业健康检查所需的相关资料，并承担检查费用：

（一）用人单位的基本情况；

（二）工作场所职业病危害因素种类及其接触人员名册、岗位（或工种）、接触时间；

（三）工作场所职业病危害因素定期检测等相关资料。

第十五条　职业健康检查的项目、周期按照《职业健康监护技术规范》（GBZ 188）执行，放射工作人员职业健康检查按照《放射工作人员职业健康监护技术规范》（GBZ 235）等规定执行。

第十六条　职业健康检查机构可以在执业登记机关管辖区域内或者省级卫生健康主管部门指定区域内开展外出职业健康检查。外出职业健康检查进行医学影像学检查和实验室检测，必须保证检查质量并满足放射防护和生物安全的管理要求。

第十七条　职业健康检查机构应当在职业健康检查结束之日起30个工作日内将职业健康检查结果，包括劳动者个人职业健康检查报告和用人单位职业健康检查总结报告，书面告知用人单位，用人单位应当将劳动者个人职业健康检查结果及职业健康检查机构的建议等情况书面告知劳动者。

第十八条　职业健康检查机构发现疑似职业病病人时，应当告知劳动者本人并及时通知用人单位，同时向所在地卫生健康主管部门报告。发现职业禁忌的，应当及时告知用人单位和劳动者。

第十九条 职业健康检查机构要依托现有的信息平台，加强职业健康检查的统计报告工作，逐步实现信息的互联互通和共享。

第二十条 职业健康检查机构应当建立职业健康检查档案。职业健康检查档案保存时间应当自劳动者最后一次职业健康检查结束之日起不少于15年。

职业健康检查档案应当包括下列材料：

（一）职业健康检查委托协议书；

（二）用人单位提供的相关资料；

（三）出具的职业健康检查结果总结报告和告知材料；

（四）其他有关材料。

第四章 监督管理

第二十一条 县级以上地方卫生健康主管部门应当加强对本辖区职业健康检查机构的监督管理。按照属地化管理原则，制定年度监督检查计划，做好职业健康检查机构的监督检查工作。监督检查主要内容包括：

（一）相关法律法规、标准的执行情况；

（二）按照备案的类别和项目开展职业健康检查工作的情况；

（三）外出职业健康检查工作情况；

（四）职业健康检查质量控制情况；

（五）职业健康检查结果、疑似职业病的报告与告知以及职业健康检查信息报告情况；

（六）职业健康检查档案管理情况等。

第二十二条 省级卫生健康主管部门应当对本辖区内的职业健康检查机构进行定期或者不定期抽查；设区的市级卫生健康主管部门每年应当至少组织一次对本辖区内职业健康检查机构的监督检查；县级卫生健康主管部门负责日常监督检查。

第二十三条 县级以上地方卫生健康主管部门监督检查时，有权查阅或者复制有关资料，职业健康检查机构应当予以配合。

第五章 法律责任

第二十四条 无《医疗机构执业许可证》擅自开展职业健康检查的，由县级以上地方卫生健康主管部门依据《医疗机构管理条例》第四十四条的规定进行处理。

第二十五条 职业健康检查机构有下列行为之一的，由县级以上地方卫生健康主管部门责令改正，给予警告，可以并处3万元以下罚款：

（一）未按规定备案开展职业健康检查的；

（二）未按规定告知疑似职业病的；

（三）出具虚假证明文件的。

第二十六条 职业健康检查机构未按照规定报告疑似职业病的，由县级以上地方卫生健康主管部门依据《职业病防治法》第七十四条的规定进行处理。

第二十七条 职业健康检查机构有下列行为之一的，由县级以上地方卫生健康主管部门给予警告，责令限期改正；逾期不改的，处以三万元以下罚款：

（一）未指定主检医师或者指定的主检医师未取得职业病诊断资格的；

（二）未按要求建立职业健康检查档案的；

（三）未履行职业健康检查信息报告义务的；

（四）未按照相关职业健康监护技术规范规定开展工作的；

（五）违反本办法其他有关规定的。

第二十八条 职业健康检查机构未按规定参加实验室比对或者职业健康检查质量考核工作，或者参加质量考核不合格未按要求整改仍开展职业健康检查工作的，由县级以上地方卫生健康主管部门给予警告，责令限期改正；逾期不改的，处以三万元以下罚款。

第六章 附 则

第二十九条 本办法自2015年5月1日起施行。2002年3月28日原卫生部公布的《职业健康监护管理办法》同时废止。

职业病诊断与鉴定管理办法

1. 2021年1月4日国家卫生健康委员会令第6号公布
2. 自公布之日起施行

第一章 总 则

第一条 为了规范职业病诊断与鉴定工作，加强职业病诊断与鉴定管理，根据《中华人民共和国职业病防治法》（以下简称《职业病防治法》），制定本办法。

第二条 职业病诊断与鉴定工作应当按照《职业病防治法》、本办法的有关规定及《职业病分类和目录》、国家职业病诊断标准进行，遵循科学、公正、及时、便捷的原则。

第三条 国家卫生健康委负责全国范围内职业病诊断与鉴定的监督管理工作，县级以上地方卫生健康主管部门依据职责负责本行政区域内职业病诊断与鉴定的监督管理工作。

省、自治区、直辖市卫生健康主管部门（以下简称省级卫生健康主管部门）应当结合本行政区域职业病防治工作实际和医疗卫生服务体系规划，充分利用现有医疗卫生资源，实现职业病诊断机构区域覆盖。

第四条 各地要加强职业病诊断机构能力建设，提供必要的保障条件，配备相关的人员、设备和工作经费，以满足职业病诊断工作的需要。

第五条 各地要加强职业病诊断与鉴定信息化建设，建立健全劳动者接触职业病危害、开展职业健康检查、进行职业病诊断与鉴定等全过程的信息化系统，不断提高职业病诊断与鉴定信息报告的准确性、及时性和有效性。

第六条 用人单位应当依法履行职业病诊断、鉴定的相关义务：

（一）及时安排职业病病人、疑似职业病病人进行诊治；

（二）如实提供职业病诊断、鉴定所需的资料；

（三）承担职业病诊断、鉴定的费用和疑似职业病病人在诊断、医学观察期间的费用；

（四）报告职业病和疑似职业病；

（五）《职业病防治法》规定的其他相关义务。

第二章 诊断机构

第七条 医疗卫生机构开展职业病诊断工作，应当在开展之日起十五个工作日内向省级卫生健康主管部门备案。

省级卫生健康主管部门应当自收到完整备案材料之日起十五个工作日内向社会公布备案的医疗卫生机构名单、地址、诊断项目（即《职业病分类和目录》中的职业病类别和病种）等相关信息。

第八条 医疗卫生机构开展职业病诊断工作应当具备下列条件：

（一）持有《医疗机构执业许可证》；

（二）具有相应的诊疗科目及与备案开展的诊断项目相适应的职业病诊断医师及相关医疗卫生技术人员；

（三）具有与备案开展的诊断项目相适应的场所和仪器、设备；

（四）具有健全的职业病诊断质量管理制度。

第九条 医疗卫生机构进行职业病诊断备案时，应当提交以下证明其符合本办法第八条规定条件的有关资料：

（一）《医疗机构执业许可证》原件、副本及复印件；

（二）职业病诊断医师资格等相关资料；

（三）相关的仪器设备清单；

（四）负责职业病信息报告人员名单；

（五）职业病诊断质量管理制度等相关资料。

第十条 职业病诊断机构对备案信息的真实性、准确性、合法性负责。

当备案信息发生变化时，应当自信息发生变化之日起十个工作日内向省级卫生健康主管部门提交变更信息。

第十一条 设区的市没有医疗卫生机构备案开展职业病诊断的，省级卫生健康主管部门应当根据职业病诊断工作的需要，指定符合本办法第八条规定条件的医疗卫生机构承担职业病诊断工作。

第十二条 职业病诊断机构的职责是：

（一）在备案的诊断项目范围内开展职业病诊断；

（二）及时向所在地卫生健康主管部门报告职业病；

（三）按照卫生健康主管部门要求报告职业病诊断工作情况；

（四）承担《职业病防治法》中规定的其他职责。

第十三条 职业病诊断机构依法独立行使诊断权，并对其作出的职业病诊断结论负责。

第十四条 职业病诊断机构应当建立和健全职业病诊断管理制度，加强职业病诊断医师等有关医疗卫生人员技术培训和政策、法律培训，并采取措施改善职业病诊断工作条件，提高职业病诊断服务质量和水平。

第十五条 职业病诊断机构应当公开职业病诊断程序和诊断项目范围，方便劳动者进行职业病诊断。

职业病诊断机构及其相关工作人员应当尊重、关心、爱护劳动者，保护劳动者的隐私。

第十六条 从事职业病诊断的医师应当具备下列条件，并取得省级卫生健康主管部门颁发的职业病诊断资格证书：

（一）具有医师执业证书；

（二）具有中级以上卫生专业技术职务任职资格；

（三）熟悉职业病防治法律法规和职业病诊断标准；

（四）从事职业病诊断、鉴定相关工作三年以上；

（五）按规定参加职业病诊断医师相应专业的培训，并考核合格。

省级卫生健康主管部门应当依据本办法的规定和国家卫生健康委制定的职业病诊断医师培训大纲，制定本行政区域职业病诊断医师培训考核办法并组织实施。

第十七条 职业病诊断医师应当依法在职业病诊断机构备案的诊断项目范围内从事职业病诊断工作，不得从事超出其职业病诊断资格范围的职业病诊断工作；职业病诊断医师应当按照有关规定参加职业卫生、放射卫生、职业医学等领域的继续医学教育。

第十八条 省级卫生健康主管部门应当加强本行政区域内职业病诊断机构的质量控制管理工作，组织开展职业病诊断机构质量控制评估。

职业病诊断质量控制规范和医疗卫生机构职业病报告规范另行制定。

第三章 诊 断

第十九条 劳动者可以在用人单位所在地、本人户籍所在地或者经常居住地的职业病诊断机构进行职业病诊断。

第二十条 职业病诊断应当按照《职业病防治法》、本办法的有关规定及《职业病分类和目录》、国家职业病诊断标准，依据劳动者的职业史、职业病危害接触史和工作场所职业病危害因素情况、临床表现以及辅助检查结果等，进行综合分析。材料齐全的情况下，职业病诊断机构应当在收齐材料之日起三十日内作出诊断结论。

没有证据否定职业病危害因素与病人临床表现之间的必然联系的，应当诊断为职业病。

第二十一条 职业病诊断需要以下资料：

（一）劳动者职业史和职业病危害接触史（包括在岗时间、工种、岗位、接触的职业病危害因素名称等）；

（二）劳动者职业健康检查结果；

（三）工作场所职业病危害因素检测结果；

（四）职业性放射性疾病诊断还需要个人剂量监测档案等资料。

第二十二条 劳动者依法要求进行职业病诊断的，职业病诊断机构不得拒绝劳动者进行职业病诊断的要求，并告知劳动者职业病诊断的程序和所需材料。劳动者应当填写《职业病诊断就诊登记表》，并提供本人掌握的职业病诊断有关资料。

第二十三条 职业病诊断机构进行职业病诊断时，应当书面通知劳动者所在的用人单位提供本办法第二十一条规定的职业病诊断资料，用人单位应当在接到通知后的十日内如实提供。

第二十四条 用人单位未在规定时间内提供职业病诊断所需要资料的，职业病诊断机构可以依法提请卫生健康主管部门督促用人单位提供。

第二十五条 劳动者对用人单位提供的工作场所职业病危害因素检测结果等资料有异议，或者因劳动者的用人单位解散、破产，无用人单位提供上述资料的，职业病诊断机构应当依法提请用人单位所在地卫生健康主管部门进行调查。

卫生健康主管部门应当自接到申请之日起三十日内对存在异议的资料或者工作场所职业病危害因素情况作出判定。

职业病诊断机构在卫生健康主管部门作出调查结论或者判定前应当中止职业病诊断。

第二十六条 职业病诊断机构需要了解工作场所职业病危害因素情况时，可以对工作场所进行现场调查，也可以依法提请卫生健康主管部门组织现场调查。卫生健康主管部门应当在接到申请之日起三十日内完成现场调查。

第二十七条 在确认劳动者职业史、职业病危害接触史时，当事人对劳动关系、工种、工作岗位或者在岗时间有争议的，职业病诊断机构应当告知当事人依法向用人单位所在地的劳动人事争议仲裁委员会申请仲裁。

第二十八条 经卫生健康主管部门督促，用人单位仍不提供工作场所职业病危害因素检测结果、职业健康监护档案等资料或者提供资料不全的，职业病诊断机构应当结合劳动者的临床表现、辅助检查结果和劳动者的职业史、职业病危害接触史，并参考劳动者自述或工友旁证资料、卫生健康等有关部门提供的日常监督检查信息等，作出职业病诊断结论。对于作出无职业病诊断结论的病人，可依据病人的临床表现以及辅助检查结果，作出疾病的诊断，提出相关医学意见或者建议。

第二十九条 职业病诊断机构可以根据诊断需要，聘请其他单位职业病诊断医师参加诊断。必要时，可以邀请相关专业专家提供咨询意见。

第三十条 职业病诊断机构作出职业病诊断结论后，应当出具职业病诊断证明书。职业病诊断证明书应当由参与诊断的取得职业病诊断资格的执业医师签署。

职业病诊断机构应当对职业病诊断医师签署的职业病诊断证明书进行审核，确认诊断的依据与结论符合有关法律法规、标准的要求，并在职业病诊断证明书上盖章。

职业病诊断证明书的书写应当符合相关标准的要求。

职业病诊断证明书一式五份，劳动者一份，用人单位所在地县级卫生健康主管部门一份，用人单位两份，诊断机构存档一份。

职业病诊断证明书应当于出具之日起十五日内由职业病诊断机构送达劳动者、用人单位及用人单位所在地县级卫生健康主管部门。

第三十一条 职业病诊断机构应当建立职业病诊断档案并永久保存，档案应当包括：

（一）职业病诊断证明书；

（二）职业病诊断记录；

（三）用人单位、劳动者和相关部门、机构提交的有关资料；

（四）临床检查与实验室检验等资料。

职业病诊断机构拟不再开展职业病诊断工作的，应当在拟停止开展职业病诊断工作的十五个工作日之前告知省级卫生健康主管部门和所在地县级卫生健康主管部门，妥善处理职业病诊断档案。

第三十二条 职业病诊断机构发现职业病病人或者疑似职业病病人时，应当及时向所在地县级卫生健康主管部门报告。职业病诊断机构应当在作出职业病诊断之日起十五日内通过职业病及健康危害因素监测信息系统进行信息报告，并确保报告信息的完整、真实和准确。

确诊为职业病的，职业病诊断机构可以根据需要，向卫生健康主管部门、用人单位提出专业建议；告知职业病病人依法享有的职业健康权益。

第三十三条 未承担职业病诊断工作的医疗卫生机构，在诊疗活动中发现劳动者的健康损害可能与其所从事的职业有关时，应及时告知劳动者到职业病诊断机构进行职业病诊断。

第四章 鉴 定

第三十四条 当事人对职业病诊断机构作出的职业病诊断有异议的，可以在接到职业病诊断证明书之日起三十日内，向作出诊断的职业病诊断机构所在地设区的市级卫生健康主管部门申请鉴定。

职业病诊断争议由设区的市级以上地方卫生健康主管部门根据当事人的申请组织职业病诊断鉴定委员会进行鉴定。

第三十五条 职业病鉴定实行两级鉴定制，设区的市级职业病诊断鉴定委员会负责职业病诊断争议的首次鉴定。

当事人对设区的市级职业病鉴定结论不服的，可以在接到诊断鉴定书之日起十五日内，向原鉴定组织所在地省级卫生健康主管部门申请再鉴定，省级鉴定为最终鉴定。

第三十六条 设区的市级以上地方卫生健康主管部门可以指定办事机构，具体承担职业病诊断鉴定的组织和日常性工作。职业病鉴定办事机构的职责是：

（一）接受当事人申请；

（二）组织当事人或者接受当事人委托抽取职业病诊断鉴定专家；

（三）组织职业病诊断鉴定会议，负责会议记录、职业病诊断鉴定相关文书的收发及其他事务性工作；

（四）建立并管理职业病诊断鉴定档案；

（五）报告职业病诊断鉴定相关信息；

（六）承担卫生健康主管部门委托的有关职业病诊断鉴定的工作。

职业病诊断机构不能作为职业病鉴定办事机构。

第三十七条 设区的市级以上地方卫生健康主管部门应当向社会公布本行政区域内依法承担职业病诊断鉴定工作的办事机构的名称、工作时间、地点、联系人、联系电话和鉴定工作程序。

第三十八条 省级卫生健康主管部门应当设立职业病诊断鉴定专家库（以下简称专家库），并根据实际工作需要及时调整其成员。专家库可以按照专业类别进行分组。

第三十九条 专家库应当以取得职业病诊断资格的不同专业类别的医师为主要成员，吸收临床相关学科、职业卫生、放射卫生、法律等相关专业的专家组成。专家应当具备下列条件：

（一）具有良好的业务素质和职业道德；

（二）具有相关专业的高级专业技术职务任职资格；

（三）熟悉职业病防治法律法规和职业病诊断标准；

（四）身体健康，能够胜任职业病诊断鉴定工作。

第四十条 参加职业病诊断鉴定的专家，应当由当事人或者由其委托的职业病鉴定办事机构从专家库中按照专业类别以随机抽取的方式确定。抽取的专家组成职业病诊断鉴定委员会（以下简称鉴定委员会）。

经当事人同意，职业病鉴定办事机构可以根据鉴定需要聘请本省、自治区、直辖市以外的相关专业专家作为鉴定委员会成员，并有表决权。

第四十一条 鉴定委员会人数为五人以上单数，其中相关专业职业病诊断医师应当为本次鉴定专家人数的半数以上。疑难病例应当增加鉴定委员会人数，充分听取意见。鉴定委员会设主任委员一名，由鉴定委员会成员推举产生。

职业病诊断鉴定会议由鉴定委员会主任委员主持。

第四十二条 参加职业病诊断鉴定的专家有下列情形之一的，应当回避：

（一）是职业病诊断鉴定当事人或者当事人近亲属的；

（二）已参加当事人职业病诊断或者首次鉴定的；

（三）与职业病诊断鉴定当事人有利害关系的；

（四）与职业病诊断鉴定当事人有其他关系，可能影响鉴定公正的。

第四十三条 当事人申请职业病诊断鉴定时，应当提供以下资料：

（一）职业病诊断鉴定申请书；

（二）职业病诊断证明书；

（三）申请省级鉴定的还应当提交市级职业病诊断鉴定书。

第四十四条 职业病鉴定办事机构应当自收到申请资料之日起五个工作日内完成资料审核，对资料齐全的发给受理通知书；资料不全的，应当当场或者在五个工作日内一次性告知当事人补充。资料补充齐全的，应当受理申请并组织鉴定。

职业病鉴定办事机构收到当事人鉴定申请之后，根据需要可以向原职业病诊断机构或者组织首次鉴定的办事机构调阅有关的诊断、鉴定资料。原职业病诊断机构或者组织首次鉴定的办事机构应当在接到通知之日起十日内提交。

职业病鉴定办事机构应当在受理鉴定申请之日起四十日内组织鉴定、形成鉴定结论，并出具职业病诊断鉴定书。

第四十五条 根据职业病诊断鉴定工作需要，职业病鉴定办事机构可以向有关单位调取与职业病诊断、鉴定有关的资料，有关单位应当如实、及时提供。

鉴定委员会应当听取当事人的陈述和申辩，必要时可以组织进行医学检查，医学检查应当在三十日内完成。

需要了解被鉴定人的工作场所职业病危害因素情况时，职业病鉴定办事机构根据鉴定委员会的意见可以组织对工作场所进行现场调查，或者依法提请卫生健康主管部门组织现场调查。现场调查应当在三十日内完成。

医学检查和现场调查时间不计算在职业病鉴定规定的期限内。

职业病诊断鉴定应当遵循客观、公正的原则，鉴定委员会进行职业病诊断鉴定时，可以邀请有关单位人员旁听职业病诊断鉴定会议。所有参与职业病诊断鉴定的人员应当依法保护当事人的个人隐私、商业秘密。

第四十六条 鉴定委员会应当认真审阅鉴定资料，依照有关规定和职业病诊断标准，经充分合议后，根据专业知识独立进行鉴定。在事实清楚的基础上，进行综合分析，作出鉴定结论，并制作职业病诊断鉴定书。

鉴定结论应当经鉴定委员会半数以上成员通过。

第四十七条 职业病诊断鉴定书应当包括以下内容：

（一）劳动者、用人单位的基本信息及鉴定事由；

（二）鉴定结论及其依据，鉴定为职业病的，应当注明职业病名称、程度（期别）；

（三）鉴定时间。

诊断鉴定书加盖职业病鉴定委员会印章。

首次鉴定的职业病诊断鉴定书一式五份，劳动者、用人单位、用人单位所在地市级卫生健康主管部门、原诊断机构各一份，职业病鉴定办事机构存档一份；省级鉴定的职业病诊断鉴定书一式六份，劳动者、用人单位、用人单位所在地省级卫生健康主管部门、原诊断机构、首次职业病鉴定办事机构各一份，省级职业病鉴定办事机构存档一份。

职业病诊断鉴定书的格式由国家卫生健康委员会统一规定。

第四十八条 职业病鉴定办事机构出具职业病诊断鉴定书后，应当于出具之日起十日内送达当事人，并在出具职业病诊断鉴定书后的十日内将职业病诊断鉴定书等有关信息告知原职业病诊断机构或者首次职业病鉴定办事机构，并通过职业病及健康危害因素监测信息系统报告职业病鉴定相关信息。

第四十九条 职业病鉴定结论与职业病诊断结论或者首次职业病鉴定结论不一致的，职业病鉴定办事机构应当在出具职业病诊断鉴定书后十日内向相关卫生健康主管部门报告。

第五十条 职业病鉴定办事机构应当如实记录职业病诊断鉴定过程，内容应当包括：

（一）鉴定委员会的专家组成；

（二）鉴定时间；

（三）鉴定所用资料；

（四）鉴定专家的发言及其鉴定意见；

（五）表决情况；

（六）经鉴定专家签字的鉴定结论。

有当事人陈述和申辩的，应当如实记录。

鉴定结束后,鉴定记录应当随同职业病诊断鉴定书一并由职业病鉴定办事机构存档,永久保存。

第五章 监督管理

第五十一条 县级以上地方卫生健康主管部门应当定期对职业病诊断机构进行监督检查,检查内容包括:

(一)法律法规、标准的执行情况;

(二)规章制度建立情况;

(三)备案的职业病诊断信息真实性情况;

(四)按照备案的诊断项目开展职业病诊断工作情况;

(五)开展职业病诊断质量控制、参加质量控制评估及整改情况;

(六)人员、岗位职责落实和培训情况;

(七)职业病报告情况。

第五十二条 设区的市级以上地方卫生健康主管部门应当加强对职业病鉴定办事机构的监督管理,对职业病鉴定工作程序、制度落实情况及职业病报告等相关工作情况进行监督检查。

第五十三条 县级以上地方卫生健康主管部门监督检查时,有权查阅或者复制有关资料,职业病诊断机构应当予以配合。

第六章 法律责任

第五十四条 医疗卫生机构未按照规定备案开展职业病诊断的,由县级以上地方卫生健康主管部门责令改正,给予警告,可以并处三万元以下罚款。

第五十五条 职业病诊断机构有下列行为之一的,其作出的职业病诊断无效,由县级以上地方卫生健康主管部门按照《职业病防治法》的第八十条的规定进行处理:

(一)超出诊疗项目登记范围从事职业病诊断的;

(二)不按照《职业病防治法》规定履行法定职责的;

(三)出具虚假证明文件的。

第五十六条 职业病诊断机构未按照规定报告职业病、疑似职业病的,由县级以上地方卫生健康主管部门按照《职业病防治法》第七十四条的规定进行处理。

第五十七条 职业病诊断机构违反本办法规定,有下列情形之一的,由县级以上地方卫生健康主管部门责令限期改正;逾期不改的,给予警告,并可以根据情节轻重处以三万元以下罚款:

(一)未建立职业病诊断管理制度的;

(二)未按照规定向劳动者公开职业病诊断程序的;

(三)泄露劳动者涉及个人隐私的有关信息、资料的;

(四)未按照规定参加质量控制评估,或者质量控制评估不合格且未按要求整改的;

(五)拒不配合卫生健康主管部门监督检查的。

第五十八条 职业病诊断鉴定委员会组成人员收受职业病诊断争议当事人的财物或者其他好处的,由省级卫生健康主管部门按照《职业病防治法》第八十一条的规定进行处理。

第五十九条 县级以上地方卫生健康主管部门及其工作人员未依法履行职责,按照《职业病防治法》第八十三条第二款规定进行处理。

第六十条 用人单位有下列行为之一的,由县级以上地方卫生健康主管部门按照《职业病防治法》第七十二条规定进行处理:

(一)未按照规定安排职业病病人、疑似职业病病人进行诊治的;

(二)拒不提供职业病诊断、鉴定所需资料的;

(三)未按照规定承担职业病诊断、鉴定费用。

第六十一条 用人单位未按照规定报告职业病、疑似职业病的,由县级以上地方卫生健康主管部门按照《职业病防治法》第七十四条规定进行处理。

第七章 附 则

第六十二条 本办法所称"证据",包括疾病的证据、接触职业病危害因素的证据,以及用于判定疾病与接触职业病危害因素之间因果关系的证据。

第六十三条 本办法自公布之日起施行。原卫生部2013年2月19日公布的《职业病诊断与鉴定管理办法》同时废止。

职业卫生技术服务机构管理办法

1. 2020年12月31日国家卫生健康委员会令第4号公布

2. 根据2023年11月3日国家卫生健康委员会令第11号《关于修改〈职业卫生技术服务机构管理办法〉的决定》修订

第一章 总 则

第一条 为了加强对职业卫生技术服务机构的监督管理,规范职业卫生技术服务行为,根据《中华人民共和国职业病防治法》,制定本办法。

第二条 在中华人民共和国境内申请职业卫生技术服务机构资质，从事职业卫生检测、评价技术服务以及卫生健康主管部门实施职业卫生技术服务机构资质认可与监督管理，适用本办法。

第三条 本办法所称职业卫生技术服务机构，是指为用人单位提供职业病危害因素检测、职业病危害现状评价、职业病防护设备设施与防护用品的效果评价等技术服务的机构。

第四条 国家对职业卫生技术服务机构实行资质认可制度。职业卫生技术服务机构应当依照本办法取得职业卫生技术服务机构资质；未取得职业卫生技术服务机构资质的，不得从事职业卫生检测、评价技术服务。

第五条 职业卫生技术服务机构资质由省、自治区、直辖市卫生健康主管部门认可及颁发证书。

省、自治区、直辖市卫生健康主管部门统称资质认可机关。

第六条 取得资质的职业卫生技术服务机构，可以根据认可的业务范围在全国从事职业卫生技术服务活动。

第七条 国家卫生健康委、国家疾控局依据各自职责负责指导全国职业卫生技术服务机构的监督管理工作。

县级以上地方卫生健康、疾病预防控制主管部门依据各自职责负责本行政区域内职业卫生技术服务机构的监督管理工作。

第八条 国家鼓励职业卫生技术服务行业加强自律，规范执业行为，维护行业秩序。

第二章 资质认可

第九条 申请职业卫生技术服务机构资质的申请人，应当具备下列条件：

（一）能够独立承担民事责任；

（二）有固定工作场所，实验室、档案室等场所的面积与所申请资质、业务范围相适应；

（三）具有符合要求的实验室，具备与所申请资质、业务范围相适应的仪器设备；

（四）有健全的内部管理制度和质量保证体系；

（五）具有满足学历、专业、技术职称等要求的专业技术人员，专业技术人员不少于十五名；

（六）有专职技术负责人和质量控制负责人。专职技术负责人具有高级专业技术职称和三年以上职业卫生相关工作经验，或者中级专业技术职称和八年以上职业卫生相关工作经验。质量控制负责人具有高级专业技术职称和三年以上相关工作经验，或者中级专业技术职称和五年以上相关工作经验；

（七）具有与所申请业务范围相适应的检测、评价能力；

（八）截至申请之日五年内无严重违法失信记录；

（九）正常运行并可以供公众查询信息的网站；

（十）法律、行政法规规定的其他条件。

第十条 申请人应当组织专业技术人员接受专业培训，确保专业技术人员熟悉职业病防治法律、法规和标准规范，并具备与其从事的职业卫生技术服务相适应的专业能力。

对专业技术人员的培训，申请人可以自行开展或者委托有条件的培训机构开展。专业技术人员的培训计划、培训记录（包括书面及影像资料）等应当归档备查。

第十一条 申请人应当提交下列材料：

（一）法定代表人或者主要负责人签署的申请表；

（二）法定代表人或者主要负责人签署的知悉承担职业卫生技术服务的法律责任、义务、权利和风险的承诺书；

（三）营业执照或者其他法人资格证明；

（四）工作场所产权证明或者租赁合同；

（五）专业技术人员、专职技术负责人、质量控制负责人的名单及其技术职称证书、劳动关系证明；

（六）仪器设备清单、工作场所布局与面积示意图；

（七）在申请职业卫生技术服务业务范围内，能够证明具有相应业务能力的其他材料。

申请人对申请材料的真实性负责。

第十二条 申请职业卫生技术服务机构资质，按照下列程序办理：

（一）申请人按照本办法第五条的规定向其机构所在地资质认可机关提出申请，并提交本办法第十一条第一款规定的材料；

（二）资质认可机关应当自收到申请材料之日起五个工作日内作出是否受理的决定。对材料齐全，符合规定形式的，应当予以受理，并出具书面受理文书；对材料不齐全或者不符合规定形式的，应当当场或者在五个工作日内一次性告知申请人需要补正的全部内容；决定不予受理的，应当向申请人书面说明理由；

（三）资质认可机关应当自受理资质申请之日起二十个工作日内，依据职业卫生技术服务机构资质认可技术评审准则，组织对申请人进行技术评审，并根据技术评审结论作出资质认可决定。决定认可的，应当自作出决定之日起十个工作日内向申请人颁发资质证书；决定不予认可的，应当向申请人书面说明理由。二十个工作日内不能作出认可决定的，经资质认可机关负责人批准，可以延长十个工作日，并应当将延长期限的理由告知申请人。

第十三条　国家卫生健康委制定职业卫生技术服务机构资质认可有关文书样式和内容、职业卫生技术服务机构资质认可技术评审准则以及资质证书的样式，并向社会公布。

第十四条　资质认可机关应当建立技术评审专家库（以下简称专家库）及其管理制度。

技术评审专家应当熟悉职业病防治法律、法规和标准规范，具有相关专业高级技术职称，连续五年以上职业卫生工作经验，良好的职业道德。

技术评审专家应当依据技术评审准则开展工作，出具评审意见，并对评审意见负责。

技术评审专家不得从事与本人有利害关系的技术评审活动。

第十五条　国家卫生健康委制定并公开职业卫生技术服务机构专业技术人员考核评估大纲，资质认可机关建立题库。

第十六条　资质认可机关应当从专家库中随机抽取相关专业的三至七名专家（应为单数）组成专家组，对申请人进行技术评审。

技术评审包括申请材料的技术审查和现场技术考核。申请材料的技术审查结论分为“通过”、“不通过”。技术审查结论为“通过”的，继续开展现场技术考核；技术审查结论为“不通过”的，不开展现场技术考核。

现场技术考核应当包括下列内容：

（一）核查现场有关设备、设施、仪器、仪表等；

（二）依据考核评估大纲和题库，考核评估专职技术负责人、质量控制负责人及有关专业技术人员专业知识和实际操作能力；

（三）抽查原始工作记录、影像资料、报告、总结、档案等资料；

（四）进行必要的盲样检测。

现场技术考核的时间一般不超过十个工作日。现场技术考核结论分为“通过”、“不通过”。

第十七条　职业卫生技术服务机构资质证书有效期为五年。资质证书有效期届满需要延续的，职业卫生技术服务机构应当在有效期届满三个月前向原资质认可机关提出申请。经审核合格的，予以批准延续；不合格的，不予批准延续，并向申请人书面说明理由。

第十八条　职业卫生技术服务机构取得资质一年以上，需要增加业务范围的，应当向原资质认可机关提出申请。资质认可机关应当按照本办法的规定进行认可。

第十九条　职业卫生技术服务机构变更名称、法定代表人或者主要负责人、注册地址、实验室地址的，应当向原资质认可机关申请办理变更手续。

职业卫生技术服务机构分立、合并的，应当申请办理资质认可变更手续或者重新申请职业卫生技术服务机构资质认可。

第二十条　职业卫生技术服务机构资质证书遗失的，应当自证书遗失之日起三十日内向原资质认可机关书面申请补发。

第二十一条　职业卫生技术服务机构不得涂改、倒卖、出租、出借职业卫生技术服务机构资质证书，或者以其他形式非法转让职业卫生技术服务机构资质证书。

第二十二条　资质认可机关对取得资质的职业卫生技术服务机构应当及时向社会公布，接受社会监督。

第三章　技术服务

第二十三条　职业卫生技术服务机构应当建立、健全职业卫生技术服务责任制。主要负责人对本机构的职业卫生技术服务工作全面负责。专职技术负责人和质量控制负责人应当按照法律、法规和标准规范的规定，加强职业卫生技术服务的全过程管理。报告审核人、授权签字人、技术服务项目负责人及参与人员按照职责分工参与技术服务，在技术报告及原始记录上签字，并承担相应责任。未达到技术评审考核评估要求的专业技术人员，职业卫生技术服务机构不得安排其参与职业卫生技术服务。

职业卫生技术服务机构应当组织专业技术人员每年接受不少于八学时的继续教育培训。

第二十四条　职业卫生技术服务机构应当按照法律法规和《工作场所空气中有害物质监测的采样规范》（GBZ159）、《电离辐射防护与辐射源安全基本标准》（GB18871）、《工业企业设计卫生标准》（GBZ1）、《工作场所有害因素职业接触限值》（GBZ2.1、GBZ2.2）等标准规范的要求，开展现场调查、职业病危害因素识别、现场采样、现场检测、样品管理、实验室分析、数据处理及应用、危害程度评价、防护措施及其效果评价、技术报告编制等职业卫生技术服务活动，如实记录技术服务原始信息，确保相关数据信息可溯源，科学、客观、真实地反映技术服务事项，并对出具的职业卫生技术报告承担法律责任。

第二十五条　职业卫生技术服务机构应当依法独立开展职业卫生技术服务活动。因检测项目限制或者样品保存时限有特殊要求而无法自行检测的，可以委托具备相应检测能力的职业卫生技术服务机构进行样品测定。样品现场采集和检测结果分析及应用等工作不得委托其他机构实施。

第二十六条　职业卫生技术服务机构应当公开办事制度和程序，方便服务对象，并采取措施保证服务质量。

第二十七条　职业卫生技术服务机构应当在认可的范围内开展技术服务工作，并接受技术服务所在地卫生健康、疾病预防控制主管部门的监督管理。

职业卫生技术服务机构应当按照规定及时报送职业卫生技术服务内容、时间、参与人员等相关信息。职业卫生技术服务信息报送管理规定由国家卫生健康委统一制定，并向社会公布。

第二十八条　职业卫生技术服务机构开展技术服务时，应当以书面形式与用人单位明确技术服务内容、范围以及双方的责任。

用人单位提出的技术服务内容、范围及要求违反法律、法规和标准规范规定的，职业卫生技术服务机构应当予以拒绝。

第二十九条　职业卫生技术服务机构及其工作人员在从事职业卫生技术服务活动中，不得有下列行为：

（一）超出资质认可范围从事技术服务活动；

（二）出具虚假或者失实的职业卫生技术报告；

（三）转包职业卫生技术服务项目；

（四）擅自更改、简化职业卫生技术服务程序和相关内容；

（五）法律、法规规定的其他违法行为。

第三十条　职业卫生技术服务机构不得使用非本机构专业技术人员从事职业卫生技术服务活动。

职业卫生技术服务机构专业技术人员不得有下列行为：

（一）在职业卫生技术报告或者有关原始记录上代替他人签字；

（二）未参与相应职业卫生技术服务事项而在技术报告或者有关原始记录上签字；

（三）其他违反法律、法规和标准规范的行为。

第三十一条　职业卫生技术服务机构应当建立职业卫生技术服务档案，并长期妥善保管。职业卫生技术服务档案包括职业卫生技术服务过程控制记录、现场勘查记录、相关原始记录、影像资料、技术报告及相关证明材料。

职业卫生技术服务机构应当为专业技术人员提供必要的个体防护用品。

职业卫生技术服务机构应当自出具职业卫生技术报告之日起二十个工作日内，在本单位网站上公开技术报告相关信息（涉及国家秘密、商业秘密、技术秘密及个人隐私的信息和法律、法规规定可不予公开的除外），公开的时间不少于五年。公开的信息应包括以下内容：

（一）用人单位名称、地址及联系人；

（二）技术服务项目组人员名单；

（三）现场调查、现场采样、现场检测的专业技术人员名单、时间，用人单位陪同人；

（四）证明现场调查、现场采样、现场检测的图像影像。

第四章　监督管理

第三十二条　资质认可机关应当对其认可的职业卫生技术服务机构在资质认可有效期内至少进行一次评估检查，重点检查资质条件保持和符合情况。

评估检查可以通过能力验证、现场核查等方式开展。

第三十三条　县级以上地方卫生健康、疾病预防控制主管部门应当依据各自职责按照有关“双随机、一公开”的规定，加强对本行政区域内从业的职业卫生技术服务机构事中事后监管。

第三十四条　县级以上地方卫生健康、疾病预防控制主管部门对职业卫生技术服务机构的监督检查，主要包括下列内容：

（一）是否以书面形式与用人单位明确技术服务内容、范围以及双方的责任；

（二）是否按照标准规范要求开展现场调查、职业病危害因素识别、现场采样、现场检测、样品管理、实验室分析、数据处理及应用、危害程度评价、防护措施及其效果评价、技术报告编制等职业卫生技术服务活动；

（三）技术服务内部审核、原始信息记录等是否规范；

（四）职业卫生技术服务档案是否完整；

（五）技术服务过程是否存在弄虚作假等违法违规情况；

（六）是否按照规定向技术服务所在地卫生健康主管部门报送职业卫生技术服务相关信息；

（七）是否按照规定在网上公开职业卫生技术报告相关信息；

（八）依法应当监督检查的其他内容。

县级以上地方卫生健康、疾病预防控制主管部门在对用人单位职业病防治工作进行监督检查过程中，应当加强对有关职业卫生技术服务机构提供的职业卫生技术服务进行延伸检查。

第三十五条 县级以上卫生健康主管部门应当建立职业卫生技术服务机构信息管理系统，会同疾病预防控制主管部门建立职业卫生技术服务机构及其从业人员信用档案，记录违法失信行为并依法向社会公开，依据职业卫生技术服务机构信用状况，实行分类监管。

第三十六条 职业卫生技术服务机构有下列情形之一的，资质认可机关应当注销其资质：

（一）资质认可有效期届满未延续的；

（二）依法终止的；

（三）资质认可依法被撤销、撤回，或者资质证书依法被吊销的；

（四）法律、法规规定的应当注销资质认可的其他情形。

第三十七条 卫生健康、疾病预防控制主管部门及其工作人员不得有下列行为：

（一）要求用人单位接受指定的职业卫生技术服务机构进行职业卫生技术服务；

（二）变相设立法律、法规规定以外的行政许可；

（三）限制本行政区域外职业卫生技术服务机构到本地区开展职业卫生技术服务；

（四）干预职业卫生技术服务机构开展正常活动；

（五）向职业卫生技术服务机构收取或者变相收取费用；

（六）向职业卫生技术服务机构摊派财物、推销产品；

（七）在职业卫生技术服务机构报销任何费用；

（八）对不具备资质条件的申请人予以资质认可。

第三十八条 任何单位或者个人发现职业卫生技术服务机构及其从业人员、卫生健康和疾病预防控制主管部门及其工作人员、技术评审专家违反有关职业病防治的法律、法规和本办法规定的行为，有权向县级以上卫生健康、疾病预防控制主管部门或者其他有关部门举报。

卫生健康、疾病预防控制主管部门应当为举报人保密，并依法进行核查和处理。

第五章 法律责任

第三十九条 县级以上卫生健康、疾病预防控制主管部门工作人员不履行本办法规定的职责，徇私舞弊、滥用职权、弄虚作假、玩忽职守，依法给予相应处分。

技术评审专家在职业卫生技术服务机构技术评审工作中徇私舞弊、弄虚作假、玩忽职守的，撤销其技术评审专家资格，终身不得再进入专家库。

第四十条 申请人隐瞒有关情况或者提供虚假材料申请职业卫生技术服务机构资质认可的，资质认可机关不予受理或者不予认可，并给予警告；申请人自资质认可机关作出不予受理或者不予认可决定之日起一年内不得再次申请职业卫生技术服务机构资质。

职业卫生技术服务机构以欺骗、贿赂等不正当手段取得职业卫生技术服务机构资质认可的，资质认可机关应当撤销其资质认可，并给予警告；申请人自资质认可机关撤销其资质认可之日起三年内不得再次申请职业卫生技术服务机构资质。

第四十一条 未取得职业卫生技术服务资质认可擅自从事职业卫生检测、评价技术服务的，由县级以上地方疾病预防控制主管部门责令立即停止违法行为，没收违法所得；违法所得五千元以上的，并处违法所得二倍以上十倍以下的罚款；没有违法所得或者违法所得不足五千元的，并处五千元以上五万元以下的罚款；情节严重的，对直接负责的主管人员和其他直接责任人员，依法给予降级、撤职或者开除的处分。

第四十二条 职业卫生技术服务机构有下列行为之一的，由县级以上地方疾病预防控制主管部门责令立即停止违法行为，给予警告，没收违法所得；违法所得五千元以上的，并处违法所得二倍以上五倍以下的罚款；没有违法所得或者违法所得不足五千元的，并处五千元以上二万元以下的罚款；情节严重的，由原资质认可机关取消其资质认可；对直接负责的主管人员和其他责任人员，依法给予降级、撤职或者开除的处分；构成犯罪的，依法追究刑事责任：

（一）超出资质认可范围从事职业卫生技术服务的；

（二）未按照《职业病防治法》的规定履行法定职责的；

（三）出具虚假证明文件的。

第四十三条 职业卫生技术服务机构有下列行为之一的，由县级以上地方疾病预防控制主管部门责令改正，给予警告，并处一万元以上三万元以下罚款；构成犯罪的，依法追究刑事责任：

（一）涂改、倒卖、出租、出借职业卫生技术服务机构资质证书，或者以其他形式非法转让职业卫生技术服务机构资质证书的；

（二）未按规定向技术服务所在地卫生健康主管部门报送职业卫生技术服务相关信息的；

（三）未按规定在网上公开职业卫生技术报告相

关信息的;

(四)其他违反本办法规定的行为。

第四十四条 职业卫生技术服务机构有下列情形之一的,由县级以上地方疾病预防控制主管部门责令改正,给予警告,可以并处三万元以下罚款:

(一)未按标准规范开展职业卫生技术服务,或者擅自更改、简化服务程序和相关内容的;

(二)未按规定实施委托检测的;

(三)转包职业卫生技术服务项目的;

(四)未按规定以书面形式与用人单位明确技术服务内容、范围以及双方责任的;

(五)使用非本机构专业技术人员从事职业卫生技术服务活动的;

(六)安排未达到技术评审考核评估要求的专业技术人员参与职业卫生技术服务的。

第四十五条 职业卫生技术服务机构专业技术人员有下列情形之一的,由县级以上地方疾病预防控制主管部门责令改正,给予警告,并处一万元以下罚款:

(一)在职业卫生技术报告或者有关原始记录上代替他人签字的;

(二)未参与相应职业卫生技术服务事项而在技术报告或者有关原始记录上签字的;

(三)其他违反本办法规定的行为。

第四十六条 已经取得资质认可的职业卫生技术服务机构,不再符合规定的资质条件的,由原资质认可机关责令其改正,通报批评;情节严重的,依法撤销其资质认可。

第四十七条 本办法所规定的行政处罚,除规定由原资质认可机关实施的以外,由技术服务所在地的县级以上地方疾病预防控制主管部门决定。

第六章 附 则

第四十八条 本办法下列用语的含义:

专业技术人员,是指在职业卫生技术服务机构或者拟申请职业卫生技术服务机构资质的单位中专职从事职业卫生技术服务工作的人员。

第四十九条 个人剂量监测、放射防护器材和含放射性产品检测、医疗机构放射性危害评价等技术服务机构的管理另行规定。

第五十条 本办法施行前已经取得职业卫生技术服务机构资质的,资质继续有效。资质有效期满后,需要继续从事职业卫生技术服务的,按照本办法的规定申请资质认可延续。

第五十一条 本办法自2021年2月1日起施行。原国家安全生产监督管理总局2012年4月27日公布、2015年5月29日修改的《职业卫生技术服务机构监督管理暂行办法》同时废止。

卫生部关于职业病诊断与鉴定有关问题的批复

1. 2002年7月19日

2. 卫法监发〔2002〕173号

四川省卫生厅:

你厅《关于贯彻职业病诊断与鉴定管理办法有关问题的请示》(川卫发〔2002〕14号)收悉。经研究,答复如下:

一、职业病诊断鉴定专家库成员应当具有职业病诊断资格。

二、申请开展职业病诊断的医疗卫生机构,应当具有“三名以上”与所申请的诊断项目相适应的有资格的诊断医师。

职业病诊断机构组织开展诊断工作时,可以根据需要,聘请其他单位有资格的职业病诊断医师参与诊断。受聘的医师参与诊断结论的讨论,并在《职业病诊断证明书》上署名。

三、有关的“证书”等印刷品,由各省按照我部规定的统一格式自行印制。

四、我部目前正在研究制定职业病诊断医师的管理规定,有关职业病诊断医师管理的具体问题将在规定中予以明确。

此复

卫生部关于职业病诊断与鉴定有关问题的批复

1. 2002年8月12日

2. 卫法监发〔2002〕200号

广东省卫生厅:

你厅《关于〈职业病诊断与鉴定管理办法〉实施中有关问题的请示》(粤卫〔2002〕149号)收悉,现答复如下:

一、当事人对《职业病诊断与鉴定管理办法》实施前各级职业病诊断鉴定委员会做出的鉴定结论不服的,应按照以下原则办理:

（一）如原鉴定结论为省级以上（含省级）职业病诊断鉴定委员会做出，则为最终结论，不再进行再鉴定。

（二）如原鉴定结论为省级以下的职业病诊断鉴定委员会做出，则可在本文下发三个月内，向省级职业病诊断鉴定委员会申请再鉴定。

二、《职业病诊断与鉴定管理办法》第十条规定的“用人单位所在地或本人居住地的职业病诊断机构”，包括用人单位所在地或本人居住地的本县（区）、本县所在市和省（自治区、直辖市）的任何职业病诊断机构。

三、职业病诊断没有级别，任何一个职业病诊断机构出具的职业病诊断证明均具有同等效力。对任何一个职业病诊断结论不服的，当事人都应按照《职业病诊断与鉴定管理办法》第十九条规定的程序申请职业病鉴定。

此复

卫生部关于对异地职业病诊断有关问题的批复

1. 2003年10月17日

2. 卫法监发〔2003〕298号

广东省卫生厅：

你厅《关于异地职业病诊断有关问题的请示》（粤卫〔2003〕302号）收悉。经研究，现就有关问题的批复如下：

一、根据《职业病防治法》的有关规定，劳动者可以选择用人单位所在地或本人居住地的职业病诊断机构申请职业病诊断，在申请诊断时应当提供既往诊断活动资料。某一诊断机构已作出职业病诊断的，在没有新的证据资料时，其他诊断机构不再进行重复诊断。

二、在尘肺病诊断中涉及晋级诊断的，原则上应当在原诊断机构进行诊断。对职业病诊断结论不服的，应当按照《职业病诊断与鉴定管理办法》申请鉴定，而不宜寻求其他机构再次诊断。

三、职业病诊断机构应当严格按照《职业病诊断与鉴定管理办法》的规定进行诊断，凡违反规定作出的诊断结论，应当视为无效诊断。

此复

卫生部关于职业病诊断标准有关问题的批复

1. 2004年3月12日

2. 卫法监发〔2004〕73号

浙江省卫生厅：

你厅《关于职业病诊断标准适用问题的请示》（浙卫〔2004〕12号）收悉。经研究，我部认为，在《职业病防治法》实施后进行职业病诊断的，应当按照《职业病诊断与鉴定管理办法》规定，依据现行国家标准进行诊断。

此复。

卫生部关于职业病诊断鉴定专家库有关问题的批复

1. 2004年7月1日

2. 卫监督发〔2004〕215号

浙江省卫生厅：

你厅《关于对职业病诊断鉴定专家库有关问题的请示》（浙卫〔2004〕28号）收悉。经研究，答复如下：

根据《职业病防治法》第四十六条规定，省、自治区、直辖市卫生行政部门设立职业病诊断鉴定专家库。设区的市级卫生行政部门根据当事人申请组织职业病诊断鉴定委员会进行鉴定时，当事人或者当事人委托卫生行政部门应当从该省、自治区、直辖市职业病诊断鉴定专家库中以随机抽取的方式确定参加诊断鉴定委员会的专家，并按照《职业病诊断与鉴定管理办法》的规定组织职业病诊断鉴定工作。设区的市级卫生行政部门不另设立专家库。

卫生部关于职业病诊断鉴定有关问题的批复

1. 2004年8月2日

2. 卫监督发〔2004〕261号

福建省卫生厅：

你厅《关于职业病诊断鉴定有关问题的请示》（闽卫法监〔2004〕65号）收悉。经研究，现批复如下：

一、根据《中华人民共和国职业病防治法》和《职业病诊断与鉴定管理办法》的规定，当事人申请职业病鉴定，应当向作出诊断的医疗卫生机构所在地设区的市级卫生行政部门申请首次鉴定。

二、《职业病防治法》实施前，经诊断排除职业病的患者提出鉴定申请，卫生行政部门不应受理。

此复

卫生部关于职业病诊断有关问题的批复

1. 2005年4月4日

2. 卫监督发〔2005〕129号

广东省卫生厅：

你厅《关于职业性（轻、中、重）度听力损伤是否属于职业病问题的请示》（粤卫〔2005〕48号）收悉。经研究，答复如下：

《职业性听力损伤诊断标准》（GBZ49－2002）中的听力损伤分级是依据噪声所致听力损伤程度确定的，职业性轻度、中度、重度听力损伤及噪声聋均为职业病。

此复。

卫生部关于职业病诊断鉴定有关问题的批复

1. 2005年7月18日

2. 卫监督发〔2005〕293号

湖北省卫生厅：

你厅《关于对申请职业病诊断时诊断机构选择范围界定的请示》（鄂卫生文〔2005〕93号）收悉。经研究，现就有关问题批复如下：

《卫生部关于职业病诊断与鉴定有关问题的批复》（卫法监发〔2002〕200号）第二条中关于"用人单位所在地或本人居住地的本县（区）、本县所在市和省（自治区、直辖市）的任何职业病诊断机构"是指用人单位所在地或劳动者居住地所在县、及其县所在设区的市、自治州、及其市、州所在的省、自治区或者直辖市辖区内依法承担职业病诊断的县级、设区的市级和省级的任何医疗卫生机构。不包括横向跨县（区）、跨设区的市（自治州）或者跨省、自治区、直辖市的职业病诊断机构。

此复

卫生部关于职业病诊断机构有关问题的批复

1. 2005年7月26日

2. 卫监督发〔2005〕298号

河南省卫生厅：

你厅《关于职业病诊断机构资质认定有关问题的请示》（豫卫监〔2005〕84号）收悉，经研究，现批复如下：

《职业病诊断鉴定管理办法》第三条规定的"职业病诊断应当由省级卫生行政部门批准的医疗卫生机构承担。"是指按照《医疗机构管理条例》依法取得《医疗机构执业许可证》的医疗卫生机构，经省级卫生行政部门批准，方可从事职业病诊断工作。

此复。

卫生部关于如何确定职业病诊断机构权限范围的批复

1. 2007年1月26日

2. 卫监督发〔2007〕36号

浙江省卫生厅：

你厅《关于如何确定职业病诊断机构权限范围的请示》（浙卫〔2006〕28号）收悉。经研究，现批复如下：

一、根据《中华人民共和国职业病防治法》和《职业病诊断与鉴定管理办法》等规定，凡经省级卫生行政部门批准承担职业病诊断的医疗卫生机构，在批准的职业病诊断项目范围内依法开展职业病诊断工作。

二、职业病诊断是技术行为，不是行政行为，没有行政级别区分，出具的诊断证明书具有同等效力。

三、劳动者申请职业病诊断时，应当首选本人居住地或用人单位所在地（以下简称本地）的县（区）行政区域内的职业病诊断机构进行诊断；如本地县（区）行政区域内没有职业病诊断机构，可以选择本地市行政区域内的职业病诊断机构进行诊断；如本地市行政区域内没有职业病诊断机构，可以选择本地省级行政区域内的职业病诊断机构进行诊断。

此复。

卫生部关于职业病防治技术机构资质管理有关问题的批复

1. 2007年1月26日
2. 卫监督发〔2007〕35号

山西省卫生厅：

你厅《关于〈职业健康监护管理办法〉和〈职业卫生技术服务机构管理办法〉实施中有关问题的请示》（晋卫请〔2006〕202号）收悉。经研究，现批复如下：

一、《职业健康监护管理办法》（卫生部令第23号）第五条规定："职业健康检查由省级卫生行政部门批准从事职业健康检查的医疗卫生机构承担。"凡具备省级卫生行政部门规定条件的医疗卫生机构，不论机构性质、级别、规模大小以及隶属关系等，均可申请从事职业健康检查，省级卫生行政部门可以根据需要批准其承担职业健康检查工作。

职业健康检查机构应当在批准的检查项目范围内从事职业健康检查工作。

二、申请从事职业卫生技术服务的机构，不论机构性质、级别、规模大小以及隶属关系等，只要符合《职业卫生技术服务机构管理办法》（卫生部令第31号）、《卫生部关于印发〈卫生部职业卫生技术服务机构资质审定工作程序〉等文件的通知》（卫监督发〔2005〕318号）等规定的各项资质审定条件和标准，省级以上卫生行政部门都可以根据需要认定其为职业卫生技术服务机构。

此复。

国家卫生健康委办公厅关于进一步加强用人单位职业健康培训工作的通知

1. 2022年12月13日国家卫生健康委发布
2. 国卫办职健函〔2022〕441号

各省、自治区、直辖市及新疆生产建设兵团卫生健康委：

为贯彻落实《国家职业病防治规划（2021－2025年）》，强化用人单位主体责任，严格落实职业健康培训制度，根据《中华人民共和国职业病防治法》《中华人民共和国基本医疗卫生与健康促进法》以及《工作场所职业卫生管理规定》（国家卫生健康委员会令第5号）有关规定，现就进一步加强用人单位职业健康培训工作有关事宜通知如下：

一、充分认识职业健康培训工作的重要性

职业健康培训是提高用人单位职业病防治水平和劳动者职业健康素养的重要手段，是预防职业病危害、保障劳动者职业健康权益的重要举措，也是实现健康中国战略目标的重要基础性工作。各级卫生健康行政部门要高度重视职业健康培训工作，进一步指导用人单位依法依规开展职业健康培训，提高职业健康培训的针对性和实效性，切实提升主要负责人的法律意识、职业健康管理人员的管理水平和劳动者的防护技能，保护劳动者的职业健康。

二、督促用人单位严格落实职业健康培训主体责任

各级卫生健康行政部门要依法履行职业病防治的监督管理职责，督促用人单位落实职业健康培训的主体责任，重点做好以下工作：

（一）*建立健全职业健康培训管理制度*。用人单位要建立健全职业病防治宣传教育培训制度，明确职业健康培训工作的管理部门和管理人员，制定职业健康培训年度计划，做好职业健康培训保障，规范职业健康培训档案资料管理。职业健康培训档案应包括年度培训计划，主要负责人、职业健康管理人员和劳动者培训相关记录材料等。记录材料应包括培训时间、培训签到表、培训内容、培训合格材料，以及培训照片与视频材料等。

（二）*按时接受职业健康培训*。用人单位主要负责人、职业健康管理人员和劳动者应按时接受职业健康培训。主要负责人和职业健康管理人员应当在任职后3个月内接受职业健康培训，初次培训不得少于16学时，之后每年接受一次继续教育，继续教育不得少于8学时。劳动者上岗前应接受职业健康培训，上岗前培训不得少于8学时，之后每年接受一次在岗培训，在岗培训不得少于4学时。

（三）*加强职业健康培训组织管理*。用人单位应当按照本单位的培训制度以及年度培训计划组织开展劳动者上岗前和在岗期间职业健康培训，提高劳动者职业健康素养和技能。因变更工艺、技术、设备、材料，或者岗位调整导致劳动者接触的职业病危害因素发生变化的，用人单位应当重新对劳动者进行上岗前职业健康培训。用人单位可以自行组织开展劳动者职业健康培训，无培训能力的用人单位也可委托职业健康培训机构组织开展。放射工作人员培训内容及学时根据《放射工作人员职业健康管理办法》等相关规定执行。

对主要负责人、职业健康管理人员的培训，用人单位可以根据本单位情况及卫生健康行政部门的要求，聘请相关专家进行培训，或参加职业健康培训机构开展的培训。用人单位应当加强对存在矽尘、石棉粉尘、高毒物品等严重职业病危害因素岗位劳动者的职业健康培训，经培训考核合格后方可安排劳动者上岗作业。

（四）提高职业健康培训实效。用人单位要根据所属行业特点和劳动者接触职业病危害因素情况，合理确定培训内容和培训时间，明确培训方式、培训考核办法和合格标准，满足不同岗位劳动者的培训需求。确保用人单位主要负责人和职业健康管理人员具备与所从事的生产经营活动相适应的职业健康知识和管理能力，劳动者具备职业病防护意识，了解职业病防治法律法规，熟悉相关职业健康知识和职业卫生权利义务，掌握岗位操作规程，能够正确使用职业病防护设施和职业病防护用品。用人单位职业健康培训大纲见附件。

（五）规范劳务派遣劳动者等人员的职业健康培训工作。使用劳务派遣劳动者的用人单位应当将被派遣劳动者纳入本单位职业健康培训对象统一管理。外包单位应当对劳动者进行必要的职业健康教育和培训。接收在校学生实习的用人单位应当对实习学生进行上岗前职业健康培训，提供必要的职业病防护用品；对实习期超过一年的实习学生进行在岗期间职业健康培训。

三、加强用人单位职业健康培训工作交流与信息化建设

各级卫生健康行政部门要及时调研总结辖区内用人单位培训工作情况，交流推广职业健康培训先进经验和有效做法，充分发挥示范引领作用。鼓励有条件的地区建立职业健康培训网络平台，针对不同人群制作内容丰富、形式多样的高质量培训课程，加强培训信息共享，为用人单位职业健康培训提供便利途径。

四、加强对用人单位职业健康培训工作的指导

各级卫生健康行政部门要加强对用人单位职业健康培训工作的指导，尤其要重点加强对矿山、化工、冶金、建材、建筑施工、机械制造等职业病危害严重行业领域用人单位职业健康培训的指导，要突出不同行业和不同岗位的职业病危害特点，切实提升用人单位职业病防治能力以及劳动者的防护意识和防护水平。要加大对农民工和劳务派遣劳动者较多的用人单位和中小微型企业职业健康培训的帮扶力度。鼓励各级卫生健康行政部门按照《工伤预防费使用管理暂行办法》的相关要求，积极争取使用工伤预防费组织开展职业健康培训。

五、加强用人单位职业健康培训质量监督管理

各级卫生健康行政部门要切实加强对用人单位职业健康培训工作的监督管理，采用培训档案资料查阅与培训人员问询相结合等方式检查培训效果，督促用人单位不断提高培训质量。对于主要负责人、职业健康管理人员拒不参加或未按规定组织劳动者进行职业健康培训的用人单位，要依法依规进行查处。各级卫生健康行政部门应加强与职业健康培训机构的沟通联系，定期了解其组织培训情况，包括培训时间、培训地点、培训课程和课时、授课教师、参加培训单位及人员、考核结果等，督促职业健康培训机构实行自律管理，依照法律、法规和规章要求，为用人单位提供高质量的职业健康培训服务。

自本通知公布之日起，原国家安全生产监督管理总局 2015 年 12 月 21 日公布的《国家安全监管总局办公厅关于加强用人单位职业卫生培训工作的通知》（安监总厅安健〔2015〕121 号）同时废止。

附件：用人单位职业健康培训大纲（略）

关于进一步规范职业健康检查和职业病诊断工作管理的通知

1. *2023 年 6 月 28 日国家卫生健康委办公厅、国家疾控局综合司发布*
2. *国卫办职健函〔2023〕241 号*

各省、自治区、直辖市及新疆生产建设兵团卫生健康委、疾控局，中国疾控中心、职业卫生中心：

当前，个别承担职业健康检查、职业病诊断工作的医疗卫生机构（以下简称职业健康检查机构、职业病诊断机构）在服务过程中未牢固树立质量意识和责任意识，服务过程未严格落实质量管理和信息报告等规定，判定职业禁忌证、界定疑似职业病或诊断职业病基本能力不足，影响了职业健康检查与职业病诊断结论的准确性和可靠性。为进一步规范职业健康检查和职业病诊断工作管理，提高工作质量与成效，根据《中华人民共和国职业病防治法》以及《职业健康检查管理办法》《职业病诊断与鉴定管理办法》等法律规章，现将有关工作要求通知如下：

一、规范备案后核查，强化源头管理

依法依规对用人单位接触职业病危害劳动者进行上岗前、在岗期间和离岗时的职业健康检查，对疑似职业病病人进行职业病诊断是保障广大劳动者职业健康合法权益的重要措施。2017 年、2018 年《职业病防治法》两次修订,先后取消了职业健康检查机构、职业病诊断机构的资质行政审批事项,国家卫生健康委修订了相关部门规章,对职业健康检查机构、职业病诊断机构实行备案管理。各省级卫生健康行政部门要进一步加强职业健康检查机构、职业病诊断机构备案后的核查管理,细化管理制度与配套措施,紧紧抓住职业健康检查主检医师与职业病诊断医师培训考核、设备设施配备、工作场所条件、质量管理体系与制度、信息报告等重要环节,对新备案的职业健康检查机构、职业病诊断机构要在备案后 3 个月内组织开展现场核查,并及时向社会公布不具备《职业健康检查管理办法》《职业病诊断与鉴定管理办法》所规定条件的职业健康检查机构、职业病诊断机构名单,或不具备能力的服务项目。

二、坚持问题导向,加强全链条监管

地方各级卫生健康行政部门、疾病预防控制主管部门要紧密结合职业病监测,加强调查研究,定期梳理分析本行政区域职业健康检查机构、职业病诊断机构监督管理以及服务过程中存在的各类问题,坚持把"放"和"管"统一起来,进一步完善相关管理办法,切实把好每一道监管关口;要持续推进职业健康检查机构和职业病诊断机构信息化建设,提高信息报送的及时性和准确性,并实现与卫生健康行政部门职业健康信息化平台的有效对接;要统筹职业健康检查机构和职业病诊断机构备案与事中事后监管执法,把用人单位组织接触职业病危害劳动者职业健康检查、疑似职业病进入诊断程序、用人单位为劳动者职业病诊断提供相关证明材料等监管工作有机结合起来,实施全链条的综合监管,切实保护劳动者职业健康合法权益。

三、规范业务培训,提升服务能力

地方各级卫生健康行政部门要加强职业健康检查机构和职业病诊断机构法定代表人、质量负责人、技术负责人的管理,做好法律责任、质量管理与信息报告义务的告知或培训,不断提升其法治与质量意识。对从事职业健康检查和职业病诊断服务的相关医务人员,特别是职业健康检查主检医师、职业病诊断医师,各地要按照《职业病诊断医师培训大纲》中的各项要求,组织开展职业病诊断医师资格培训和继续医学教育,着重提高职业禁忌证判定、疑似职业病界定、职业病与普通疾病鉴别诊断等能力,增强从业人员的法律意识和业务能力,提升职业健康检查和职业病诊断结论的准确性和可靠性。各地要通过案例分析、实践技能训练、技能竞赛等多种形式,不断提升培训工作的针对性和实效性。

四、加强质量控制,及时督促整改

地方各级卫生健康行政部门要对本行政区域内职业健康检查机构、职业病诊断机构上报的职业健康检查个案信息、职业病诊断报告信息进行抽查,发现可能存在的质量问题线索,建立问题清单和整改台账,并及时进行处置。各省级卫生健康行政部门要组织职业健康检查和职业病诊断质量控制管理机构制定本行政区域年度工作计划,依据《职业健康检查质量控制规范》《职业病诊断质量控制规范》,以职业健康检查机构、职业病诊断机构质量管理体系、质量管理制度的建立健全及实际运行状况为质控重点,以职业禁忌证判定与告知、疑似职业病界定与报告、职业病诊断的准确率与报告及时率为关键指标,每年至少开展一次职业健康检查质量考核与职业病诊断质量控制评估,每 2 年实现辖区内所有职业健康检查机构、职业病诊断机构质量考核与质量控制评估的全覆盖。对职业健康检查与职业病诊断服务量大、质量管理风险高或投诉多、质量问题整改不及时或不到位的机构,要加大质量考核与质量控制评估频次,并及时向社会公布相关质量考核或质量控制评估的结果、整改要求及整改落实情况。对存在弄虚作假、重大质量问题的,省级质量控制管理机构要立即向省级卫生健康行政部门、省级疾控主管部门报告,并及时跟踪相关机构整改情况。

五、加强监督抽查,定期向社会通报

地方各级疾控主管部门、卫生监督机构要在完成年度职业健康检查机构和职业病诊断机构监督抽查计划的同时,对接到职业健康检查质量考核与职业病诊断质量控制评估结果、质量问题整改情况、职业健康检查机构和职业病诊断机构信息报告等方面的涉嫌违法线索后,要及时进行梳理分析,对信息报告、质量管理等方面问题突出且整改不及时或不到位的,督促其整改,对仍拒不整改或整改不到位的机构,依法进行处罚并定期向社会公布处罚结果;各省级卫生健康行政部门要及时向社会公布拒不整改或整改不到位的职业健康检查机构、职业病诊断机构名单以及存在的主要问题。

各省级质量控制管理机构要将年度职业健康检查质量考核、职业病诊断质量控制评估结果与整改情况报送至省级卫生健康行政部门及中国疾控中心。各省级卫生健康行政部门每年 1 月 10 日前要将上年度的职业健康检查质量考核、职业病诊断质量控制评估情况，以及相关监督检查信息（含典型监督检查案例）分别报送至国家卫生健康委职业健康司、国家疾控局监督二司。

国家卫生健康委职业健康司联系人及电话：杨思雯 010－62030967

国家疾控局监督二司联系人及电话：郑朝慧 010－68791925

3. 预防接种

中华人民共和国疫苗管理法

1. 2019年6月29日第十三届全国人民代表大会常务委员会第十一次会议通过
2. 2019年6月29日中华人民共和国主席令第30号公布
3. 自2019年12月1日起施行

目　　录

第一章　总　　则

第一条　【立法目的】为了加强疫苗管理，保证疫苗质量和供应，规范预防接种，促进疫苗行业发展，保障公众健康，维护公共卫生安全，制定本法。

第二条　【适用范围及概念解释】在中华人民共和国境内从事疫苗研制、生产、流通和预防接种及其监督管理活动，适用本法。本法未作规定的，适用《中华人民共和国药品管理法》、《中华人民共和国传染病防治法》等法律、行政法规的规定。

本法所称疫苗，是指为预防、控制疾病的发生、流行，用于人体免疫接种的预防性生物制品，包括免疫规划疫苗和非免疫规划疫苗。

第三条　【疫苗管理制度】国家对疫苗实行最严格的管理制度，坚持安全第一、风险管理、全程管控、科学监管、社会共治。

第四条　【国家战略】国家坚持疫苗产品的战略性和公益性。

国家支持疫苗基础研究和应用研究，促进疫苗研制和创新，将预防、控制重大疾病的疫苗研制、生产和储备纳入国家战略。

国家制定疫苗行业发展规划和产业政策，支持疫苗产业发展和结构优化，鼓励疫苗生产规模化、集约化，不断提升疫苗生产工艺和质量水平。

第五条　【单位和个人的职责】疫苗上市许可持有人应当加强疫苗全生命周期质量管理，对疫苗的安全性、有效性和质量可控性负责。

从事疫苗研制、生产、流通和预防接种活动的单位和个人，应当遵守法律、法规、规章、标准和规范，保证全过程信息真实、准确、完整和可追溯，依法承担责任，接受社会监督。

第六条　【免疫规划制度】国家实行免疫规划制度。

居住在中国境内的居民，依法享有接种免疫规划疫苗的权利，履行接种免疫规划疫苗的义务。政府免费向居民提供免疫规划疫苗。

县级以上人民政府及其有关部门应当保障适龄儿童接种免疫规划疫苗。监护人应当依法保证适龄儿童按时接种免疫规划疫苗。

第七条　【政府职责】县级以上人民政府应当将疫苗安全工作和预防接种工作纳入本级国民经济和社会发展规划，加强疫苗监督管理能力建设，建立健全疫苗监督管理工作机制。

县级以上地方人民政府对本行政区域疫苗监督管理工作负责，统一领导、组织、协调本行政区域疫苗监督管理工作。

第八条　【主管部门】国务院药品监督管理部门负责全国疫苗监督管理工作。国务院卫生健康主管部门负责全国预防接种监督管理工作。国务院其他有关部门在各自职责范围内负责与疫苗有关的监督管理工作。

省、自治区、直辖市人民政府药品监督管理部门负责本行政区域疫苗监督管理工作。设区的市级、县级人民政府承担药品监督管理职责的部门（以下称药品监督管理部门）负责本行政区域疫苗监督管理工作。县级以上地方人民政府卫生健康主管部门负责本行政区域预防接种监督管理工作。县级以上地方人民政府其他有关部门在各自职责范围内负责与疫苗有关的监督管理工作。

第九条　【部门协调机制】国务院和省、自治区、直辖市人民政府建立部门协调机制，统筹协调疫苗监督管理有关工作，定期分析疫苗安全形势，加强疫苗监督管理，保障疫苗供应。

第十条　【疫苗全程电子追溯制度】国家实行疫苗全程电子追溯制度。

国务院药品监督管理部门会同国务院卫生健康主管部门制定统一的疫苗追溯标准和规范，建立全国疫苗电子追溯协同平台，整合疫苗生产、流通和预防接种全过程追溯信息，实现疫苗可追溯。

疫苗上市许可持有人应当建立疫苗电子追溯系统，与全国疫苗电子追溯协同平台相衔接，实现生产、流通和预防接种全过程最小包装单位疫苗可追溯、可核查。

疾病预防控制机构、接种单位应当依法如实记录疫苗流通、预防接种等情况，并按照规定向全国疫苗电子追溯协同平台提供追溯信息。

第十一条　【生物安全管理制度】疫苗研制、生产、检验等过程中应当建立健全生物安全管理制度，严格控制生物安全风险，加强菌毒株等病原微生物的生物安全管理，保护操作人员和公众的健康，保证菌毒株等病原微生物用途合法、正当。

疫苗研制、生产、检验等使用的菌毒株和细胞株，应当明确历史、生物学特征、代次，建立详细档案，保证来源合法、清晰、可追溯；来源不明的，不得使用。

第十二条　【知识宣传】各级人民政府及其有关部门、疾病预防控制机构、接种单位、疫苗上市许可持有人和疫苗行业协会等应当通过全国儿童预防接种日等活动定期开展疫苗安全法律、法规以及预防接种知识等的宣传教育、普及工作。

新闻媒体应当开展疫苗安全法律、法规以及预防接种知识等的公益宣传，并对疫苗违法行为进行舆论监督。有关疫苗的宣传报道应当全面、科学、客观、公正。

第十三条　【行业协会的职责】疫苗行业协会应当加强行业自律，建立健全行业规范，推动行业诚信体系建设，引导和督促会员依法开展生产经营等活动。

第二章　疫苗研制和注册

第十四条　【国家责任】国家根据疾病流行情况、人群免疫状况等因素，制定相关研制规划，安排必要资金，支持多联多价等新型疫苗的研制。

国家组织疫苗上市许可持有人、科研单位、医疗卫生机构联合攻关，研制疾病预防、控制急需的疫苗。

第十五条　【国家鼓励】国家鼓励疫苗上市许可持有人加大研制和创新资金投入，优化生产工艺，提升质量控制水平，推动疫苗技术进步。

第十六条　【疫苗临床试验的依法批准和鼓励】开展疫苗临床试验，应当经国务院药品监督管理部门依法批准。

疫苗临床试验应当由符合国务院药品监督管理部门和国务院卫生健康主管部门规定条件的三级医疗机构或者省级以上疾病预防控制机构实施或者组织实施。

国家鼓励符合条件的医疗机构、疾病预防控制机构等依法开展疫苗临床试验。

第十七条　【临床试验申办者的责任】疫苗临床试验申办者应当制定临床试验方案，建立临床试验安全监测与评价制度，审慎选择受试者，合理设置受试者群体和年龄组，并根据风险程度采取有效措施，保护受试者合法权益。

第十八条　【临床试验受试者的同意】开展疫苗临床试验，应当取得受试者的书面知情同意；受试者为无民事行为能力人的，应当取得其监护人的书面知情同意；受试者为限制民事行为能力人的，应当取得本人及其监护人的书面知情同意。

第十九条　【疫苗的注册】在中国境内上市的疫苗应当经国务院药品监督管理部门批准，取得药品注册证书；申请疫苗注册，应当提供真实、充分、可靠的数据、资料和样品。

对疾病预防、控制急需的疫苗和创新疫苗，国务院药品监督管理部门应当予以优先审评审批。

第二十条　【急需疫苗的注册和疫苗的紧急使用】应对重大突发公共卫生事件急需的疫苗或者国务院卫生健康主管部门认定急需的其他疫苗，经评估获益大于风险的，国务院药品监督管理部门可以附条件批准疫苗注册申请。

出现特别重大突发公共卫生事件或者其他严重威胁公众健康的紧急事件，国务院卫生健康主管部门根据传染病预防、控制需要提出紧急使用疫苗的建议，经国务院药品监督管理部门组织论证同意后可以在一定范围和期限内紧急使用。

第二十一条　【疫苗的核准范围和公布范围】国务院药品监督管理部门在批准疫苗注册申请时，对疫苗的生产工艺、质量控制标准和说明书、标签予以核准。

国务院药品监督管理部门应当在其网站上及时公布疫苗说明书、标签内容。

第三章　疫苗生产和批签发

第二十二条　【从事疫苗生产活动的条件】国家对疫苗生产实行严格准入制度。

从事疫苗生产活动，应当经省级以上人民政府药品监督管理部门批准，取得药品生产许可证。

从事疫苗生产活动，除符合《中华人民共和国药品管理法》规定的从事药品生产活动的条件外，还应当具备下列条件：

（一）具备适度规模和足够的产能储备；

（二）具有保证生物安全的制度和设施、设备；

（三）符合疾病预防、控制需要。

疫苗上市许可持有人应当具备疫苗生产能力；超出疫苗生产能力确需委托生产的，应当经国务院药品监督管理部门批准。接受委托生产的，应当遵守本法规定和国家有关规定，保证疫苗质量。

第二十三条 【对疫苗上市许可持有人的资质要求】疫苗上市许可持有人的法定代表人、主要负责人应当具有良好的信用记录，生产管理负责人、质量管理负责人、质量受权人等关键岗位人员应当具有相关专业背景和从业经历。

疫苗上市许可持有人应当加强对前款规定人员的培训和考核，及时将其任职和变更情况向省、自治区、直辖市人民政府药品监督管理部门报告。

第二十四条 【对疫苗质量和疫苗生产全过程的规范】疫苗应当按照经核准的生产工艺和质量控制标准进行生产和检验，生产全过程应当符合药品生产质量管理规范的要求。

疫苗上市许可持有人应当按照规定对疫苗生产全过程和疫苗质量进行审核、检验。

第二十五条 【疫苗生产质量管理体系】疫苗上市许可持有人应当建立完整的生产质量管理体系，持续加强偏差管理，采用信息化手段如实记录生产、检验过程中形成的所有数据，确保生产全过程持续符合法定要求。

第二十六条 【疫苗批签发制度】国家实行疫苗批签发制度。

每批疫苗销售前或者进口时，应当经国务院药品监督管理部门指定的批签发机构按照相关技术要求进行审核、检验。符合要求的，发给批签发证明；不符合要求的，发给不予批签发通知书。

不予批签发的疫苗不得销售，并应当由省、自治区、直辖市人民政府药品监督管理部门监督销毁；不予批签发的进口疫苗应当由口岸所在地药品监督管理部门监督销毁或者依法进行其他处理。

国务院药品监督管理部门、批签发机构应当及时公布上市疫苗批签发结果，供公众查询。

第二十七条 【疫苗批签发的申请】申请疫苗批签发应当按照规定向批签发机构提供批生产及检验记录摘要等资料和同批号产品等样品。进口疫苗还应当提供原产地证明、批签发证明；在原产地免予批签发的，应当提供免予批签发证明。

第二十八条 【免予批签发的情形】预防、控制传染病疫情或者应对突发事件急需的疫苗，经国务院药品监督管理部门批准，免予批签发。

第二十九条 【疫苗批签发的调整和核实】疫苗批签发应当逐批进行资料审核和抽样检验。疫苗批签发检验项目和检验频次应当根据疫苗质量风险评估情况进行动态调整。

对疫苗批签发申请资料或者样品的真实性有疑问，或者存在其他需要进一步核实的情况的，批签发机构应当予以核实，必要时应当采用现场抽样检验等方式组织开展现场核实。

第三十条 【疫苗重大质量风险的报告和检查】批签发机构在批签发过程中发现疫苗存在重大质量风险的，应当及时向国务院药品监督管理部门和省、自治区、直辖市人民政府药品监督管理部门报告。

接到报告的部门应当立即对疫苗上市许可持有人进行现场检查，根据检查结果通知批签发机构对疫苗上市许可持有人的相关产品或者所有产品不予批签发或者暂停批签发，并责令疫苗上市许可持有人整改。疫苗上市许可持有人应当立即整改，并及时将整改情况向责令其整改的部门报告。

第三十一条 【疫苗问题的记录和报告】对生产工艺偏差、质量差异、生产过程中的故障和事故以及采取的措施，疫苗上市许可持有人应当如实记录，并在相应批产品申请批签发的文件中载明；可能影响疫苗质量的，疫苗上市许可持有人应当立即采取措施，并向省、自治区、直辖市人民政府药品监督管理部门报告。

第四章 疫苗流通

第三十二条 【疫苗的招标和采购】国家免疫规划疫苗由国务院卫生健康主管部门会同国务院财政部门等组织集中招标或者统一谈判，形成并公布中标价格或者成交价格，各省、自治区、直辖市实行统一采购。

国家免疫规划疫苗以外的其他免疫规划疫苗、非免疫规划疫苗由各省、自治区、直辖市通过省级公共资源交易平台组织采购。

第三十三条 【疫苗的价格】疫苗的价格由疫苗上市许可持有人依法自主合理制定。疫苗的价格水平、差价率、利润率应当保持在合理幅度。

第三十四条 【疫苗使用计划】省级疾病预防控制机构应当根据国家免疫规划和本行政区域疾病预防、控制需要，制定本行政区域免疫规划疫苗使用计划，并按照国家有关规定向组织采购疫苗的部门报告，同时报省、自治区、直辖市人民政府卫生健康主管部门备案。

第三十五条　【疫苗的供应】疫苗上市许可持有人应当按照采购合同约定，向疾病预防控制机构供应疫苗。

疾病预防控制机构应当按照规定向接种单位供应疫苗。

疾病预防控制机构以外的单位和个人不得向接种单位供应疫苗，接种单位不得接收该疫苗。

第三十六条　【疫苗的配送】疫苗上市许可持有人应当按照采购合同约定，向疾病预防控制机构或者疾病预防控制机构指定的接种单位配送疫苗。

疫苗上市许可持有人、疾病预防控制机构自行配送疫苗应当具备疫苗冷链储存、运输条件，也可以委托符合条件的疫苗配送单位配送疫苗。

疾病预防控制机构配送非免疫规划疫苗可以收取储存、运输费用，具体办法由国务院财政部门会同国务院价格主管部门制定，收费标准由省、自治区、直辖市人民政府价格主管部门会同财政部门制定。

第三十七条　【疫苗的储存、运输】疾病预防控制机构、接种单位、疫苗上市许可持有人、疫苗配送单位应当遵守疫苗储存、运输管理规范，保证疫苗质量。

疫苗在储存、运输全过程中应当处于规定的温度环境，冷链储存、运输应当符合要求，并定时监测、记录温度。

疫苗储存、运输管理规范由国务院药品监督管理部门、国务院卫生健康主管部门共同制定。

第三十八条　【疫苗销售应提供的证明文件】疫苗上市许可持有人在销售疫苗时，应当提供加盖其印章的批签发证明复印件或者电子文件；销售进口疫苗的，还应当提供加盖其印章的进口药品通关单复印件或者电子文件。

疾病预防控制机构、接种单位在接收或者购进疫苗时，应当索取前款规定的证明文件，并保存至疫苗有效期满后不少于五年备查。

第三十九条　【疫苗销售、接收、购进、运输、储存、配送、供应的记录】疫苗上市许可持有人应当按照规定，建立真实、准确、完整的销售记录，并保存至疫苗有效期满后不少于五年备查。

疾病预防控制机构、接种单位、疫苗配送单位应当按照规定，建立真实、准确、完整的接收、购进、储存、配送、供应记录，并保存至疫苗有效期满后不少于五年备查。

疾病预防控制机构、接种单位接收或者购进疫苗时，应当索取本次运输、储存全过程温度监测记录，并保存至疫苗有效期满后不少于五年备查；对不能提供本次运输、储存全过程温度监测记录或者温度控制不符合要求的，不得接收或者购进，并应当立即向县级以上地方人民政府药品监督管理部门、卫生健康主管部门报告。

第四十条　【疫苗定期检查制度】疾病预防控制机构、接种单位应当建立疫苗定期检查制度，对存在包装无法识别、储存温度不符合要求、超过有效期等问题的疫苗，采取隔离存放、设置警示标志等措施，并按照国务院药品监督管理部门、卫生健康主管部门、生态环境主管部门的规定处置。疾病预防控制机构、接种单位应当如实记录处置情况，处置记录应当保存至疫苗有效期满后不少于五年备查。

第五章　预 防 接 种

第四十一条　【国家免疫规划的制定、调整和执行】国务院卫生健康主管部门制定国家免疫规划；国家免疫规划疫苗种类由国务院卫生健康主管部门会同国务院财政部门拟订，报国务院批准后公布。

国务院卫生健康主管部门建立国家免疫规划专家咨询委员会，并会同国务院财政部门建立国家免疫规划疫苗种类动态调整机制。

省、自治区、直辖市人民政府在执行国家免疫规划时，可以根据本行政区域疾病预防、控制需要，增加免疫规划疫苗种类，报国务院卫生健康主管部门备案并公布。

第四十二条　【卫生健康主管部门的职责】国务院卫生健康主管部门应当制定、公布预防接种工作规范，强化预防接种规范化管理。

国务院卫生健康主管部门应当制定、公布国家免疫规划疫苗的免疫程序和非免疫规划疫苗的使用指导原则。

省、自治区、直辖市人民政府卫生健康主管部门应当结合本行政区域实际情况制定接种方案，并报国务院卫生健康主管部门备案。

第四十三条　【疾病预防控制机构的职责】各级疾病预防控制机构应当按照各自职责，开展与预防接种相关的宣传、培训、技术指导、监测、评价、流行病学调查、应急处置等工作。

第四十四条　【接种单位的条件和要求】接种单位应当具备下列条件：

（一）取得医疗机构执业许可证；

（二）具有经过县级人民政府卫生健康主管部门组织的预防接种专业培训并考核合格的医师、护士或者乡村医生；

（三）具有符合疫苗储存、运输管理规范的冷藏设施、设备和冷藏保管制度。

县级以上地方人民政府卫生健康主管部门指定符合条件的医疗机构承担责任区域内免疫规划疫苗接种工作。符合条件的医疗机构可以承担非免疫规划疫苗接种工作，并应当报颁发其医疗机构执业许可证的卫生健康主管部门备案。

接种单位应当加强内部管理，开展预防接种工作应当遵守预防接种工作规范、免疫程序、疫苗使用指导原则和接种方案。

各级疾病预防控制机构应当加强对接种单位预防接种工作的技术指导和疫苗使用的管理。

第四十五条　【接种的实施】医疗卫生人员实施接种，应当告知受种者或者其监护人所接种疫苗的品种、作用、禁忌、不良反应以及现场留观等注意事项，询问受种者的健康状况以及是否有接种禁忌等情况，并如实记录告知和询问情况。受种者或者其监护人应当如实提供受种者的健康状况和接种禁忌等情况。有接种禁忌不能接种的，医疗卫生人员应当向受种者或者其监护人提出医学建议，并如实记录提出医学建议情况。

医疗卫生人员在实施接种前，应当按照预防接种工作规范的要求，检查受种者健康状况、核查接种禁忌，查对预防接种证，检查疫苗、注射器的外观、批号、有效期，核对受种者的姓名、年龄和疫苗的品名、规格、剂量、接种部位、接种途径，做到受种者、预防接种证和疫苗信息相一致，确认无误后方可实施接种。

医疗卫生人员应当对符合接种条件的受种者实施接种。受种者在现场留观期间出现不良反应的，医疗卫生人员应当按照预防接种工作规范的要求，及时采取救治等措施。

第四十六条　【接种记录】医疗卫生人员应当按照国务院卫生健康主管部门的规定，真实、准确、完整记录疫苗的品种、上市许可持有人、最小包装单位的识别信息、有效期、接种时间、实施接种的医疗卫生人员、受种者等接种信息，确保接种信息可追溯、可查询。接种记录应当保存至疫苗有效期满后不少于五年备查。

第四十七条　【儿童预防接种制度】国家对儿童实行预防接种证制度。在儿童出生后一个月内，其监护人应当到儿童居住地承担预防接种工作的接种单位或者出生医院为其办理预防接种证。接种单位或者出生医院不得拒绝办理。监护人应当妥善保管预防接种证。

预防接种实行居住地管理，儿童离开原居住地期间，由现居住地承担预防接种工作的接种单位负责对其实施接种。

预防接种证的格式由国务院卫生健康主管部门规定。

第四十八条　【儿童预防接种证的检验】儿童入托、入学时，托幼机构、学校应当查验预防接种证，发现未按照规定接种免疫规划疫苗的，应当向儿童居住地或者托幼机构、学校所在地承担预防接种工作的接种单位报告，并配合接种单位督促其监护人按照规定补种。疾病预防控制机构应当为托幼机构、学校查验预防接种证等提供技术指导。

儿童入托、入学预防接种证查验办法由国务院卫生健康主管部门会同国务院教育行政部门制定。

第四十九条　【接种疫苗的费用】接种单位接种免疫规划疫苗不得收取任何费用。

接种单位接种非免疫规划疫苗，除收取疫苗费用外，还可以收取接种服务费。接种服务费的收费标准由省、自治区、直辖市人民政府价格主管部门会同财政部门制定。

第五十条　【群体性预防接种】县级以上地方人民政府卫生健康主管部门根据传染病监测和预警信息，为预防、控制传染病暴发、流行，报经本级人民政府决定，并报省级以上人民政府卫生健康主管部门备案，可以在本行政区域进行群体性预防接种。

需要在全国范围或者跨省、自治区、直辖市范围内进行群体性预防接种的，应当由国务院卫生健康主管部门决定。

作出群体性预防接种决定的县级以上地方人民政府或者国务院卫生健康主管部门应当组织有关部门做好人员培训、宣传教育、物资调用等工作。

任何单位和个人不得擅自进行群体性预防接种。

第五十一条　【应急接种】传染病暴发、流行时，县级以上地方人民政府或者其卫生健康主管部门需要采取应急接种措施的，依照法律、行政法规的规定执行。

第六章　异常反应监测和处理

第五十二条　【预防接种异常反应的定义和排除】预防接种异常反应，是指合格的疫苗在实施规范接种过程中或者实施规范接种后造成受种者机体组织器官、功能损害，相关各方均无过错的药品不良反应。

下列情形不属于预防接种异常反应：

（一）因疫苗本身特性引起的接种后一般反应；

（二）因疫苗质量问题给受种者造成的损害；

（三）因接种单位违反预防接种工作规范、免疫程序、疫苗使用指导原则、接种方案给受种者造成的损害；

（四）受种者在接种时正处于某种疾病的潜伏期或者前驱期，接种后偶合发病；

（五）受种者有疫苗说明书规定的接种禁忌，在接种前受种者或者其监护人未如实提供受种者的健康状况和接种禁忌等情况，接种后受种者原有疾病急性复发或者病情加重；

（六）因心理因素发生的个体或者群体的心因性反应。

第五十三条 【预防接种异常反应的监测】国家加强预防接种异常反应监测。预防接种异常反应监测方案由国务院卫生健康主管部门会同国务院药品监督管理部门制定。

第五十四条 【疑似预防接种异常反应的报告和控制】接种单位、医疗机构等发现疑似预防接种异常反应的，应当按照规定向疾病预防控制机构报告。

疫苗上市许可持有人应当设立专门机构，配备专职人员，主动收集、跟踪分析疑似预防接种异常反应，及时采取风险控制措施，将疑似预防接种异常反应向疾病预防控制机构报告，将质量分析报告提交省、自治区、直辖市人民政府药品监督管理部门。

第五十五条 【对疑似预防接种异常反应的处理】对疑似预防接种异常反应，疾病预防控制机构应当按照规定及时报告，组织调查、诊断，并将调查、诊断结论告知受种者或者其监护人。对调查、诊断结论有争议的，可以根据国务院卫生健康主管部门制定的鉴定办法申请鉴定。

因预防接种导致受种者死亡、严重残疾，或者群体性疑似预防接种异常反应等对社会有重大影响的疑似预防接种异常反应，由设区的市级以上人民政府卫生健康主管部门、药品监督管理部门按照各自职责组织调查、处理。

第五十六条 【预防接种异常反应的补偿】国家实行预防接种异常反应补偿制度。实施接种过程中或者实施接种后出现受种者死亡、严重残疾、器官组织损伤等损害，属于预防接种异常反应或者不能排除的，应当给予补偿。补偿范围实行目录管理，并根据实际情况进行动态调整。

接种免疫规划疫苗所需的补偿费用，由省、自治区、直辖市人民政府财政部门在预防接种经费中安排；接种非免疫规划疫苗所需的补偿费用，由相关疫苗上市许可持有人承担。国家鼓励通过商业保险等多种形式对预防接种异常反应受种者予以补偿。

预防接种异常反应补偿应当及时、便民、合理。预防接种异常反应补偿范围、标准、程序由国务院规定，省、自治区、直辖市制定具体实施办法。

第七章 疫苗上市后管理

第五十七条 【疫苗的质量管理和研究】疫苗上市许可持有人应当建立健全疫苗全生命周期质量管理体系，制定并实施疫苗上市后风险管理计划，开展疫苗上市后研究，对疫苗的安全性、有效性和质量可控性进行进一步确证。

对批准疫苗注册申请时提出进一步研究要求的疫苗，疫苗上市许可持有人应当在规定期限内完成研究；逾期未完成研究或者不能证明其获益大于风险的，国务院药品监督管理部门应当依法处理，直至注销该疫苗的药品注册证书。

第五十八条 【疫苗质量跟踪和生产条件评估】疫苗上市许可持有人应当对疫苗进行质量跟踪分析，持续提升质量控制标准，改进生产工艺，提高生产工艺稳定性。

生产工艺、生产场地、关键设备等发生变更的，应当进行评估、验证，按照国务院药品监督管理部门有关变更管理的规定备案或者报告；变更可能影响疫苗安全性、有效性和质量可控性的，应当经国务院药品监督管理部门批准。

第五十九条 【疫苗信息的更新、备案和公布】疫苗上市许可持有人应当根据疫苗上市后研究、预防接种异常反应等情况持续更新说明书、标签，并按照规定申请核准或者备案。

国务院药品监督管理部门应当在其网站上及时公布更新后的疫苗说明书、标签内容。

第六十条 【疫苗质量的回顾分析和风险报告】疫苗上市许可持有人应当建立疫苗质量回顾分析和风险报告制度，每年将疫苗生产流通、上市后研究、风险管理等情况按照规定如实向国务院药品监督管理部门报告。

第六十一条 【疫苗的上市后评价及后果】国务院药品监督管理部门可以根据实际情况，责令疫苗上市许可持有人开展上市后评价或者直接组织开展上市后评价。

对预防接种异常反应严重或者其他原因危害人体健康的疫苗，国务院药品监督管理部门应当注销该疫苗的药品注册证书。

第六十二条 【疫苗品种的上市后评价及后果】国务院药品监督管理部门可以根据疾病预防、控制需要和疫苗行业发展情况，组织对疫苗品种开展上市后评价，发现该疫苗品种的产品设计、生产工艺、安全性、有效性或者质量可控性明显劣于预防、控制同种疾病的其他疫苗品种的，应当注销该品种所有疫苗的药品注册证书并废止相应的国家药品标准。

第八章 保障措施

第六十三条 【政府的预算、补助和国家支持】县级以上人民政府应当将疫苗安全工作、购买免疫规划疫苗和预防接种工作以及信息化建设等所需经费纳入本级政府预算，保证免疫规划制度的实施。

县级人民政府按照国家有关规定对从事预防接种工作的乡村医生和其他基层医疗卫生人员给予补助。

国家根据需要对经济欠发达地区的预防接种工作给予支持。省、自治区、直辖市人民政府和设区的市级人民政府应当对经济欠发达地区的县级人民政府开展与预防接种相关的工作给予必要的经费补助。

第六十四条 【政府确定与预防接种相关项目的依据和范围】省、自治区、直辖市人民政府根据本行政区域传染病流行趋势，在国务院卫生健康主管部门确定的传染病预防、控制项目范围内，确定本行政区域与预防接种相关的项目，并保证项目的实施。

第六十五条 【疫苗的需求和供应】国务院卫生健康主管部门根据各省、自治区、直辖市国家免疫规划疫苗使用计划，向疫苗上市许可持有人提供国家免疫规划疫苗需求信息，疫苗上市许可持有人根据疫苗需求信息合理安排生产。

疫苗存在供应短缺风险时，国务院卫生健康主管部门、国务院药品监督管理部门提出建议，国务院工业和信息化主管部门、国务院财政部门应当采取有效措施，保障疫苗生产、供应。

疫苗上市许可持有人应当依法组织生产，保障疫苗供应；疫苗上市许可持有人停止疫苗生产的，应当及时向国务院药品监督管理部门或者省、自治区、直辖市人民政府药品监督管理部门报告。

第六十六条 【疫苗的储备】国家将疫苗纳入战略物资储备，实行中央和省级两级储备。

国务院工业和信息化主管部门、财政部门会同国务院卫生健康主管部门、公安部门、市场监督管理部门和药品监督管理部门，根据疾病预防、控制和公共卫生应急准备的需要，加强储备疫苗的产能、产品管理，建立动态调整机制。

第六十七条 【预防接种经费】各级财政安排用于预防接种的经费应当专款专用，任何单位和个人不得挪用、挤占。

有关单位和个人使用预防接种的经费应当依法接受审计机关的审计监督。

第六十八条 【疫苗责任强制保险】国家实行疫苗责任强制保险制度。

疫苗上市许可持有人应当按照规定投保疫苗责任强制保险。因疫苗质量问题造成受种者损害的，保险公司在承保的责任限额内予以赔付。

疫苗责任强制保险制度的具体实施办法，由国务院药品监督管理部门会同国务院卫生健康主管部门、保险监督管理机构等制定。

第六十九条 【预防、控制传染病的疫苗】传染病暴发、流行时，相关疫苗上市许可持有人应当及时生产和供应预防、控制传染病的疫苗。交通运输单位应当优先运输预防、控制传染病的疫苗。县级以上人民政府及其有关部门应当做好组织、协调、保障工作。

第九章 监督管理

第七十条 【主管部门的职责范围】药品监督管理部门、卫生健康主管部门按照各自职责对疫苗研制、生产、流通和预防接种全过程进行监督管理，监督疫苗上市许可持有人、疾病预防控制机构、接种单位等依法履行义务。

药品监督管理部门依法对疫苗研制、生产、储存、运输以及预防接种中的疫苗质量进行监督检查。卫生健康主管部门依法对免疫规划制度的实施、预防接种活动进行监督检查。

药品监督管理部门应当加强对疫苗上市许可持有人的现场检查；必要时，可以对为疫苗研制、生产、流通等活动提供产品或者服务的单位和个人进行延伸检查；有关单位和个人应当予以配合，不得拒绝和隐瞒。

第七十一条 【疫苗的监督检查】国家建设中央和省级两级职业化、专业化药品检查员队伍，加强对疫苗的监督检查。

省、自治区、直辖市人民政府药品监督管理部门选派检查员入驻疫苗上市许可持有人。检查员负责监督检查药品生产质量管理规范执行情况，收集疫苗质量风险和违法违规线索，向省、自治区、直辖市人民政府药品监督管理部门报告情况并提出建议，对派驻期间的行为负责。

第七十二条 【相关人对疫苗质量问题的责任】疫苗质量管理存在安全隐患，疫苗上市许可持有人等未及时采取措施消除的，药品监督管理部门可以采取责任约谈、限期整改等措施。

严重违反药品相关质量管理规范的，药品监督管理部门应当责令暂停疫苗生产、销售、配送，立即整改；整改完成后，经药品监督管理部门检查符合要求的，方可恢复生产、销售、配送。

药品监督管理部门应当建立疫苗上市许可持有人及其相关人员信用记录制度，纳入全国信用信息共享平台，按照规定公示其严重失信信息，实施联合惩戒。

第七十三条　【疫苗质量问题的处理】疫苗存在或者疑似存在质量问题的，疫苗上市许可持有人、疾病预防控制机构、接种单位应当立即停止销售、配送、使用，必要时立即停止生产，按照规定向县级以上人民政府药品监督管理部门、卫生健康主管部门报告。卫生健康主管部门应当立即组织疾病预防控制机构和接种单位采取必要的应急处置措施，同时向上级人民政府卫生健康主管部门报告。药品监督管理部门应当依法采取查封、扣押等措施。对已经销售的疫苗，疫苗上市许可持有人应当及时通知相关疾病预防控制机构、疫苗配送单位、接种单位，按照规定召回，如实记录召回和通知情况，疾病预防控制机构、疫苗配送单位、接种单位应当予以配合。

未依照前款规定停止生产、销售、配送、使用或者召回疫苗的，县级以上人民政府药品监督管理部门、卫生健康主管部门应当按照各自职责责令停止生产、销售、配送、使用或者召回疫苗。

疫苗上市许可持有人、疾病预防控制机构、接种单位发现存在或者疑似存在质量问题的疫苗，不得瞒报、谎报、缓报、漏报，不得隐匿、伪造、毁灭有关证据。

第七十四条　【疫苗信息公开制度】疫苗上市许可持有人应当建立信息公开制度，按照规定在其网站上及时公开疫苗产品信息、说明书和标签、药品相关质量管理规范执行情况、批签发情况、召回情况、接受检查和处罚情况以及投保疫苗责任强制保险情况等信息。

第七十五条　【疫苗信息共享机制】国务院药品监督管理部门会同国务院卫生健康主管部门等建立疫苗质量、预防接种等信息共享机制。

省级以上人民政府药品监督管理部门、卫生健康主管部门等应当按照科学、客观、及时、公开的原则，组织疫苗上市许可持有人、疾病预防控制机构、接种单位、新闻媒体、科研单位等，就疫苗质量和预防接种等信息进行交流沟通。

第七十六条　【疫苗安全信息统一公布制度】国家实行疫苗安全信息统一公布制度。

疫苗安全风险警示信息、重大疫苗安全事故及其调查处理信息和国务院确定需要统一公布的其他疫苗安全信息，由国务院药品监督管理部门会同有关部门公布。全国预防接种异常反应报告情况，由国务院卫生健康主管部门会同国务院药品监督管理部门统一公布。未经授权不得发布上述信息。公布重大疫苗安全信息，应当及时、准确、全面，并按照规定进行科学评估，作出必要的解释说明。

县级以上人民政府药品监督管理部门发现可能误导公众和社会舆论的疫苗安全信息，应当立即会同卫生健康主管部门及其他有关部门、专业机构、相关疫苗上市许可持有人等进行核实、分析，并及时公布结果。

任何单位和个人不得编造、散布虚假疫苗安全信息。

第七十七条　【单位和个人的权利】任何单位和个人有权依法了解疫苗信息，对疫苗监督管理工作提出意见、建议。

任何单位和个人有权向卫生健康主管部门、药品监督管理部门等部门举报疫苗违法行为，对卫生健康主管部门、药品监督管理部门等部门及其工作人员未依法履行监督管理职责的情况有权向本级或者上级人民政府及其有关部门、监察机关举报。有关部门、机关应当及时核实、处理；对查证属实的举报，按照规定给予举报人奖励；举报人举报所在单位严重违法行为，查证属实的，给予重奖。

第七十八条　【疫苗安全事件的预案和处理】县级以上人民政府应当制定疫苗安全事件应急预案，对疫苗安全事件分级、处置组织指挥体系与职责、预防预警机制、处置程序、应急保障措施等作出规定。

疫苗上市许可持有人应当制定疫苗安全事件处置方案，定期检查各项防范措施的落实情况，及时消除安全隐患。

发生疫苗安全事件，疫苗上市许可持有人应当立即向国务院药品监督管理部门或者省、自治区、直辖市人民政府药品监督管理部门报告；疾病预防控制机构、接种单位、医疗机构应当立即向县级以上人民政府卫生健康主管部门、药品监督管理部门报告。药品监督管理部门应当会同卫生健康主管部门按照应急预案的规定，成立疫苗安全事件处置指挥机构，开展医疗救治、风险控制、调查处理、信息发布、解释说明等工作，做好补种等善后处置工作。因质量问题造成的疫苗安全事件的补种费用由疫苗上市许可持有人承担。

有关单位和个人不得瞒报、谎报、缓报、漏报疫苗安全事件，不得隐匿、伪造、毁灭有关证据。

第十章 法律责任

第七十九条 【相关的刑事责任】违反本法规定，构成犯罪的，依法从重追究刑事责任。

第八十条 【生产、销售假药、劣药的法律责任】生产、销售的疫苗属于假药的，由省级以上人民政府药品监督管理部门没收违法所得和违法生产、销售的疫苗以及专门用于违法生产疫苗的原料、辅料、包装材料、设备等物品，责令停产停业整顿，吊销药品注册证书，直至吊销药品生产许可证等，并处违法生产、销售疫苗货值金额十五倍以上五十倍以下的罚款，货值金额不足五十万元的，按五十万元计算。

生产、销售的疫苗属于劣药的，由省级以上人民政府药品监督管理部门没收违法所得和违法生产、销售的疫苗以及专门用于违法生产疫苗的原料、辅料、包装材料、设备等物品，责令停产停业整顿，并处违法生产、销售疫苗货值金额十倍以上三十倍以下的罚款，货值金额不足五十万元的，按五十万元计算；情节严重的，吊销药品注册证书，直至吊销药品生产许可证等。

生产、销售的疫苗属于假药，或者生产、销售的疫苗属于劣药且情节严重的，由省级以上人民政府药品监督管理部门对法定代表人、主要负责人、直接负责的主管人员和关键岗位人员以及其他责任人员，没收违法行为发生期间自本单位所获收入，并处所获收入一倍以上十倍以下的罚款，终身禁止从事药品生产经营活动，由公安机关处五日以上十五日以下拘留。

第八十一条 【严重违法行为的法律责任】有下列情形之一的，由省级以上人民政府药品监督管理部门没收违法所得和违法生产、销售的疫苗以及专门用于违法生产疫苗的原料、辅料、包装材料、设备等物品，责令停产停业整顿，并处违法生产、销售疫苗货值金额十五倍以上五十倍以下的罚款，货值金额不足五十万元的，按五十万元计算；情节严重的，吊销药品相关批准证明文件，直至吊销药品生产许可证等，对法定代表人、主要负责人、直接负责的主管人员和关键岗位人员以及其他责任人员，没收违法行为发生期间自本单位所获收入，并处所获收入百分之五十以上十倍以下的罚款，十年内直至终身禁止从事药品生产经营活动，由公安机关处五日以上十五日以下拘留：

（一）申请疫苗临床试验、注册、批签发提供虚假数据、资料、样品或者有其他欺骗行为；

（二）编造生产、检验记录或者更改产品批号；

（三）疾病预防控制机构以外的单位或者个人向接种单位供应疫苗；

（四）委托生产疫苗未经批准；

（五）生产工艺、生产场地、关键设备等发生变更按照规定应当经批准而未经批准；

（六）更新疫苗说明书、标签按照规定应当经核准而未经核准。

第八十二条 【违反药品相关质量管理规范的法律责任】除本法另有规定的情形外，疫苗上市许可持有人或者其他单位违反药品相关质量管理规范的，由县级以上人民政府药品监督管理部门责令改正，给予警告；拒不改正的，处二十万元以上五十万元以下的罚款；情节严重的，处五十万元以上三百万元以下的罚款，责令停产停业整顿，直至吊销药品相关批准证明文件、药品生产许可证等，对法定代表人、主要负责人、直接负责的主管人员和关键岗位人员以及其他责任人员，没收违法行为发生期间自本单位所获收入，并处所获收入百分之五十以上五倍以下的罚款，十年内直至终身禁止从事药品生产经营活动。

第八十三条 【疫苗上市许可持有人的违法责任】违反本法规定，疫苗上市许可持有人有下列情形之一的，由省级以上人民政府药品监督管理部门责令改正，给予警告；拒不改正的，处二十万元以上五十万元以下的罚款；情节严重的，责令停产停业整顿，并处五十万元以上二百万元以下的罚款：

（一）未按照规定建立疫苗电子追溯系统；

（二）法定代表人、主要负责人和生产管理负责人、质量管理负责人、质量受权人等关键岗位人员不符合规定条件或者未按照规定对其进行培训、考核；

（三）未按照规定报告或者备案；

（四）未按照规定开展上市后研究，或者未按照规定设立机构、配备人员主动收集、跟踪分析疑似预防接种异常反应；

（五）未按照规定投保疫苗责任强制保险；

（六）未按照规定建立信息公开制度。

第八十四条 【批签发机构的违法责任】违反本法规定，批签发机构有下列情形之一的，由国务院药品监督管理部门责令改正，给予警告，对主要负责人、直接负责的主管人员和其他直接责任人员依法给予警告直至降级处分：

（一）未按照规定进行审核和检验；

（二）未及时公布上市疫苗批签发结果；

（三）未按照规定进行核实；

（四）发现疫苗存在重大质量风险未按照规定报告。

违反本法规定，批签发机构未按照规定发给批签发证明或者不予批签发通知书的，由国务院药品监督管理部门责令改正，给予警告，对主要负责人、直接负责的主管人员和其他直接责任人员依法给予降级或者撤职处分；情节严重的，对主要负责人、直接负责的主管人员和其他直接责任人员依法给予开除处分。

第八十五条 【违反疫苗储存、运输管理规范的法律责任】疾病预防控制机构、接种单位、疫苗上市许可持有人、疫苗配送单位违反疫苗储存、运输管理规范有关冷链储存、运输要求的，由县级以上人民政府药品监督管理部门责令改正，给予警告，对违法储存、运输的疫苗予以销毁，没收违法所得；拒不改正的，对接种单位、疫苗上市许可持有人、疫苗配送单位处二十万元以上一百万元以下的罚款；情节严重的，对接种单位、疫苗上市许可持有人、疫苗配送单位处违法储存、运输疫苗货值金额十倍以上三十倍以下的罚款，货值金额不足十万元的，按十万元计算，责令疫苗上市许可持有人、疫苗配送单位停产停业整顿，直至吊销药品相关批准证明文件、药品生产许可证等，对疫苗上市许可持有人、疫苗配送单位的法定代表人、主要负责人、直接负责的主管人员和关键岗位人员以及其他责任人员依照本法第八十二条规定给予处罚。

疾病预防控制机构、接种单位有前款规定违法行为的，由县级以上人民政府卫生健康主管部门对主要负责人、直接负责的主管人员和其他直接责任人员依法给予警告直至撤职处分，责令负有责任的医疗卫生人员暂停一年以上十八个月以下执业活动；造成严重后果的，对主要负责人、直接负责的主管人员和其他直接责任人员依法给予开除处分，并可以吊销接种单位的接种资格，由原发证部门吊销负有责任的医疗卫生人员的执业证书。

第八十六条 【其他违反疫苗储存、运输管理规范行为的法律责任】疾病预防控制机构、接种单位、疫苗上市许可持有人、疫苗配送单位有本法第八十五条规定以外的违反疫苗储存、运输管理规范行为的，由县级以上人民政府药品监督管理部门责令改正，给予警告，没收违法所得；拒不改正的，对接种单位、疫苗上市许可持有人、疫苗配送单位处十万元以上三十万元以下的罚款；情节严重的，对接种单位、疫苗上市许可持有人、疫苗配送单位处违法储存、运输疫苗货值金额三倍以上十倍以下的罚款，货值金额不足十万元的，按十万元计算。

疾病预防控制机构、接种单位有前款规定违法行为的，县级以上人民政府卫生健康主管部门可以对主要负责人、直接负责的主管人员和其他直接责任人员依法给予警告直至撤职处分，责令负有责任的医疗卫生人员暂停六个月以上一年以下执业活动；造成严重后果的，对主要负责人、直接负责的主管人员和其他直接责任人员依法给予开除处分，由原发证部门吊销负有责任的医疗卫生人员的执业证书。

第八十七条 【违反疫苗供应、接收、采购、接种有关规定的法律责任】违反本法规定，疾病预防控制机构、接种单位有下列情形之一的，由县级以上人民政府卫生健康主管部门责令改正，给予警告，没收违法所得；情节严重的，对主要负责人、直接负责的主管人员和其他直接责任人员依法给予警告直至撤职处分，责令负有责任的医疗卫生人员暂停一年以上十八个月以下执业活动；造成严重后果的，对主要负责人、直接负责的主管人员和其他直接责任人员依法给予开除处分，由原发证部门吊销负有责任的医疗卫生人员的执业证书：

（一）未按照规定供应、接收、采购疫苗；

（二）接种疫苗未遵守预防接种工作规范、免疫程序、疫苗使用指导原则、接种方案；

（三）擅自进行群体性预防接种。

第八十八条 【违反疫苗信息有关规定的法律责任】违反本法规定，疾病预防控制机构、接种单位有下列情形之一的，由县级以上人民政府卫生健康主管部门责令改正，给予警告；情节严重的，对主要负责人、直接负责的主管人员和其他直接责任人员依法给予警告直至撤职处分，责令负有责任的医疗卫生人员暂停六个月以上一年以下执业活动；造成严重后果的，对主要负责人、直接负责的主管人员和其他直接责任人员依法给予开除处分，由原发证部门吊销负有责任的医疗卫生人员的执业证书：

（一）未按照规定提供追溯信息；

（二）接收或者购进疫苗时未按照规定索取并保存相关证明文件、温度监测记录；

（三）未按照规定建立并保存疫苗接收、购进、储存、配送、供应、接种、处置记录；

（四）未按照规定告知、询问受种者或者其监护人有关情况。

第八十九条 【违反疑似预防接种异常反应、疫苗安全事件有关规定的法律责任】疾病预防控制机构、接种单位、医疗机构未按照规定报告疑似预防接种异常反应、疫苗安全事件等，或者未按照规定对疑似预防接种异常反应组织调查、诊断等的，由县级以上人民政府卫生健康主管部门责令改正，给予警告；情节严重的，对接种单位、医疗机构处五万元以上五十万元以下的罚款，对疾病预防控制机构、接种单位、医疗机构的主要负责人、直接负责的主管人员和其他直接责任人员依法给予警告直至撤职处分；造成严重后果的，对主要负责人、直接负责的主管人员和其他直接责任人员依法给予开除处分，由原发证部门吊销负有责任的医疗卫生人员的执业证书。

第九十条 【违反疫苗费用有关规定的法律责任】疾病预防控制机构、接种单位违反本法规定收取费用的，由县级以上人民政府卫生健康主管部门监督其将违法收取的费用退还给原缴费的单位或者个人，并由县级以上人民政府市场监督管理部门依法给予处罚。

第九十一条 【违法进行免疫规划疫苗接种、非免疫规划疫苗接种、群体性预防接种的法律责任】违反本法规定，未经县级以上地方人民政府卫生健康主管部门指定擅自从事免疫规划疫苗接种工作、从事非免疫规划疫苗接种工作不符合条件或者未备案的，由县级以上人民政府卫生健康主管部门责令改正，给予警告，没收违法所得和违法持有的疫苗，责令停业整顿，并处十万元以上一百万元以下的罚款，对主要负责人、直接负责的主管人员和其他直接责任人员依法给予处分。

违反本法规定，疾病预防控制机构、接种单位以外的单位或者个人擅自进行群体性预防接种的，由县级以上人民政府卫生健康主管部门责令改正，没收违法所得和违法持有的疫苗，并处违法持有的疫苗货值金额十倍以上三十倍以下的罚款，货值金额不足五万元的，按五万元计算。

第九十二条 【违反儿童接种疫苗有关规定的法律责任】监护人未依法保证适龄儿童按时接种免疫规划疫苗的，由县级人民政府卫生健康主管部门批评教育，责令改正。

托幼机构、学校在儿童入托、入学时未按照规定查验预防接种证，或者发现未按照规定接种的儿童后未向接种单位报告的，由县级以上地方人民政府教育行政部门责令改正，给予警告，对主要负责人、直接负责的主管人员和其他直接责任人员依法给予处分。

第九十三条 【违反疫苗安全信息有关规定的法律责任】编造、散布虚假疫苗安全信息，或者在接种单位寻衅滋事，构成违反治安管理行为的，由公安机关依法给予治安管理处罚。

报纸、期刊、广播、电视、互联网站等传播媒介编造、散布虚假疫苗安全信息的，由有关部门依法给予处罚，对主要负责人、直接负责的主管人员和其他直接责任人员依法给予处分。

第九十四条 【地方政府在疫苗监督管理工作中的违法责任】县级以上地方人民政府在疫苗监督管理工作中有下列情形之一的，对直接负责的主管人员和其他直接责任人员依法给予降级或者撤职处分；情节严重的，依法给予开除处分；造成严重后果的，其主要负责人应当引咎辞职：

（一）履行职责不力，造成严重不良影响或者重大损失；

（二）瞒报、谎报、缓报、漏报疫苗安全事件；

（三）干扰、阻碍对疫苗违法行为或者疫苗安全事件的调查；

（四）本行政区域发生特别重大疫苗安全事故，或者连续发生重大疫苗安全事故。

第九十五条 【主管部门在疫苗监督管理工作中的违法责任】药品监督管理部门、卫生健康主管部门等部门在疫苗监督管理工作中有下列情形之一的，对直接负责的主管人员和其他直接责任人员依法给予降级或者撤职处分；情节严重的，依法给予开除处分；造成严重后果的，其主要负责人应当引咎辞职：

（一）未履行监督检查职责，或者发现违法行为不及时查处；

（二）擅自进行群体性预防接种；

（三）瞒报、谎报、缓报、漏报疫苗安全事件；

（四）干扰、阻碍对疫苗违法行为或者疫苗安全事件的调查；

（五）泄露举报人的信息；

（六）接到疑似预防接种异常反应相关报告，未按照规定组织调查、处理；

（七）其他未履行疫苗监督管理职责的行为，造成严重不良影响或者重大损失。

第九十六条 【相关的赔偿责任】因疫苗质量问题造成受种者损害的，疫苗上市许可持有人应当依法承担赔偿责任。

疾病预防控制机构、接种单位因违反预防接种工作规范、免疫程序、疫苗使用指导原则、接种方案，造成受种者损害的，应当依法承担赔偿责任。

第十一章 附 则

第九十七条 【术语定义】本法下列用语的含义是：

免疫规划疫苗，是指居民应当按照政府的规定接种的疫苗，包括国家免疫规划确定的疫苗，省、自治区、直辖市人民政府在执行国家免疫规划时增加的疫苗，以及县级以上人民政府或者其卫生健康主管部门组织的应急接种或者群体性预防接种所使用的疫苗。

非免疫规划疫苗，是指由居民自愿接种的其他疫苗。

疫苗上市许可持有人，是指依法取得疫苗药品注册证书和药品生产许可证的企业。

第九十八条 **【疫苗的国际标准】**国家鼓励疫苗生产企业按照国际采购要求生产、出口疫苗。

出口的疫苗应当符合进口国(地区)的标准或者合同要求。

第九十九条 **【法律适用】**出入境预防接种及所需疫苗的采购，由国境卫生检疫机关商国务院财政部门另行规定。

第一百条 **【施行日期】**本法自2019年12月1日起施行。

儿童预防接种信息报告管理工作规范(试行)

1. 2006年12月30日卫生部发布

2. 卫疾控发〔2006〕512号

为了加强儿童预防接种信息报告管理，提高报告质量，为免疫规划工作管理和决策提供及时、准确的信息，依据《疫苗流通和预防接种管理条例》等相关法律、法规，制定本规范。

一、组织机构与职责

遵循分级负责、属地管理的原则，各级卫生行政部门、疾病预防控制机构、乡级防保组织和接种单位在儿童预防接种信息报告管理工作中履行以下职责：

(一)各级卫生行政部门。

1. 负责本辖区儿童预防接种信息报告工作的管理，建设和完善儿童预防接种信息管理系统，并为系统正常运行提供保障条件。

2. 结合本辖区具体情况，组织制定儿童预防接种信息报告工作方案，落实儿童预防接种信息报告工作。

3. 定期组织开展对乡级防保组织、接种单位儿童预防接种信息报告管理工作的监督检查。

(二)疾病预防控制机构。

1. 中国疾病预防控制中心

(1)负责全国儿童预防接种信息管理系统国家信息管理平台(以下简称国家信息管理平台)的管理和维护，国家接种点客户端软件的升级和发布。

(2)负责全国儿童预防接种信息报告业务管理、技术培训和业务指导，协助卫生部制定相关标准和方案；开展考核和评估工作。

(3)负责全国儿童预防接种信息的收集、分析、评价、报告和反馈。

(4)负责全国儿童预防接种信息报告的数据备份，确保报告数据安全。

2. 省、市(地)级疾病预防控制机构

(1)制定本辖区儿童预防接种信息报告管理系统技术方案，建立健全信息管理制度，承担系统用户和权限管理工作，提供相关技术支持。

(2)负责本辖区儿童预防接种信息报告业务管理、技术培训和督导；开展考核和评估工作。

(3)负责本辖区儿童预防接种信息的收集、分析、评价、报告和反馈。

(4)负责本辖区儿童预防接种信息报告的数据备份，确保报告数据安全。

3. 县级疾病预防控制机构

(1)制定本辖区儿童预防接种信息报告管理系统具体实施计划，指导乡级防保组织和接种单位开展信息系统实施工作，提供相关技术支持。

(2)负责本辖区儿童预防接种信息报告业务管理、技术培训、督导和乡级防保组织、接种单位儿童预防接种信息报告的质量控制，开展考核和评估工作。

(3)负责本辖区儿童预防接种信息的收集、分析、评价、报告和反馈。

(4)负责本辖区儿童预防接种信息报告的数据备份，确保报告数据安全。

(5)承担本辖区尚未实施儿童预防接种信息管理系统的乡级防保组织、接种单位的预防接种统计信息录入和上报。

(三)乡级防保组织或接种单位。

1. 建立健全预防接种证(卡)登记管理制度和预防接种信息报告制度。

2. 负责对本单位和村级接种单位预防接种服务人员进行儿童预防接种信息报告培训。

3. 实施儿童预防接种信息管理系统的乡级防保组织或接种单位，负责信息管理系统的使用管理。

乡级接种单位负责儿童预防接种个案信息的收集、登记、录入和网络报告；负责信息管理系统的日常维护和数据备份，确保系统和数据安全。

设有村级接种单位的乡级防保组织，还需承担辖区内村级接种单位儿童预防接种个案信息的录入和网络报告。

4. 尚未实施儿童预防接种信息管理系统的乡级防保组织或接种单位，按照《预防接种工作规范》的有关规定开展接种率报告。

（四）村级接种单位。

1. 建立健全预防接种证（卡）登记管理制度和预防接种报告制度。

2. 负责向乡级防保组织提交儿童预防接种登记资料。

二、信息登记与报告

乡级防保组织、接种单位及其实施儿童预防接种服务和管理人员为预防接种信息登记报告的责任人。

（一）实施儿童预防接种信息管理系统的乡级防保组织或接种单位。

1. 登记报告信息内容

登记报告信息内容见表1（儿童预防接种个案信息登记表），包括儿童的基本信息和疫苗接种信息两部分。

（1）基本信息：儿童编码、身份证号、出生证号、儿童姓名、性别、出生日期、出生医院、监护人姓名、联系电话、家庭住址、户籍地址、儿童传染病患病情况、儿童过敏史、预防接种异常反应史、接种禁忌证、迁入日期、迁出日期、迁出原因、建卡日期、建卡单位和建卡人。

（2）疫苗接种信息：疫苗名称、剂次、免疫类型、接种日期、疫苗批号、疫苗规格、接种剂量、疫苗效期、疫苗厂家、接种单位和接种者。预防接种信息包括儿童所有一类疫苗和二类疫苗的接种信息。

2. 工作程序与方式

（1）乡级防保组织、接种单位通过接种点客户端软件建立儿童预防接种信息档案，及时录入和更新每次接种的相关信息，并及时将儿童预防接种个案信息上传国家信息管理平台。

（2）乡级接种单位在每次预防接种过程中，利用接种点客户端软件从国家信息管理平台数据库中获得流动儿童的接种信息，实现流动儿童的接种与信息共享。

3. 登记报告与时限

（1）预防接种信息的登记与录入

基本信息档案建立：儿童出生1个月内，乡级防保组织、接种单位通过接种点客户端软件录入儿童预防接种基本信息，建立儿童的预防接种基本信息电子档案。

疫苗接种信息的录入：乡级防保组织、接种单位须在每次接种完成后5天内完成疫苗接种信息的录入；采用电子介质（如条形码或磁卡等）的乡级防保组织、接种单位在每次接种实施过程中及时进行信息录入。

以村为单位接种的地区，村级接种单位在每次接种完成后5天内将预防接种记录提交乡级防保组织，由乡级防保组织在5天内完成疫苗接种信息的录入。

（2）预防接种信息的上报

上报内容：儿童编码、身份证号、出生证号、儿童姓名、性别、出生日期、监护人姓名、建档县国标、接种县国标、接种单位编码、建卡日期、接种信息（包括接种疫苗的编码、剂次、接种日期和疫苗生产企业编码）、上传时间和数据状态。

上报时限：乡级防保组织、接种单位在每次接种儿童预防接种信息录入完成后，立即通过接种点客户端软件将预防接种个案信息上传国家信息管理平台。

（二）尚未实施儿童预防接种信息管理系统的乡级防保组织或接种单位。

按照《预防接种工作规范》的要求，每月5日前汇总上一个月儿童预防接种统计报表（见表2，即《预防接种工作规范》表3－1－1），并上报属地县级疾病预防控制机构，然后由县级疾病预防控制机构通过国家信息管理平台于每月10日前录入上报。

三、数据管理

（一）数据审核。

1. 实施儿童预防接种信息管理系统的乡级防保组织、接种单位应在每次接种前对接种儿童的既往接种信息进行审核，每周对所有管理儿童接种信息进行审核，检查数据有无错项、漏项和逻辑错误，对有疑问的录入信息及时向相关人员核实，确保录入数据的完整性和准确性。

2. 县级疾病预防控制机构每周通过国家信息管理平台审核实施儿童预防接种信息管理系统的乡级防保组织、接种单位上传的儿童预防接种个案信息，检查数据有无错项、漏项和逻辑错误。

3. 市（地）级疾病预防控制机构每月15日前通过国家信息管理平台审核县级疾病预防控制机构录入的尚未实施儿童预防接种信息管理系统的乡级防保组织、接种单位报告的儿童预防接种统计报表。

4. 省、市（地）级疾病预防控制机构每月通过国家信息管理平台审核以市（地）、县为单位儿童预防接种数据的完整性、及时性和准确性。

（二）数据订正。

1. 实施儿童预防接种信息系统管理的乡级防保组织、接种单位和县、市（地）级疾病预防控制机构，在数据审核过程中如果发现有错项、漏项和逻辑错误的数据，须告知相关责任填报人对数据予以订正，并及时将订正数据上传到国家信息管理平台。

2. 儿童的疫苗接种信息（疫苗编码、剂次、接种日期和疫苗生产企业编码），应在数据上传后7天内完成订正；上传超过7天以后，疫苗接种信息不再允许订正。

（三）数据补报。

1. 实施儿童预防接种信息管理系统的乡级防保组织、接种单位，发现未建立预防接种电子档案的适龄儿童，应及时将儿童的基本信息和疫苗接种信息录入到接种点客户端软件系统，并及时补充上传到国家信息管理平台。

对于已经建立了预防接种电子档案、但未将数据上传到国家信息管理平台的适龄儿童，尤其是流动儿童，需及时补充上传到国家信息管理平台。

2. 发现尚未实施儿童预防接种信息管理系统的乡级防保组织、接种单位缺报儿童预防接种统计报表时，县级疾病预防控制机构应督促其进行补报，并通过国家信息管理平台及时录入上报。

（四）数据查重。

1. 实施儿童预防接种信息管理系统的乡级防保组织、接种单位应在每次上传数据之前通过接种点客户端软件对儿童预防接种个案信息进行查重，并及时向相关人员核实，删除错误的重复记录。

2. 县级疾病预防控制机构每月通过国家信息管理平台，对实施儿童预防接种信息管理系统的乡级防保组织、接种单位上传的儿童预防接种个案信息进行查重，督促乡级防保组织、接种单位对数据进一步核实，删除错误的重复记录。

四、质量控制

（一）数据质控。

各级疾病预防控制机构每月通过国家信息管理平台，对实施儿童预防接种信息管理系统的乡级防保组织、接种单位上报的个案数据质量进行分析，分析指标包括信息管理系统覆盖率、上传信息及时率、上传完整率等。督促下级疾病预防控制机构、乡级防保组织和接种单位提高预防接种信息录入和上报的质量，扩大信息管理系统覆盖率。

（二）管理质控。

省、市（地）、县级疾病预防控制机构应经常开展数据的检查复核工作，检查辖区内儿童预防接种证记录或预防接种统计报表与国家信息管理平台的相应数据是否一致。

五、分析利用

（一）各级疾病预防控制机构应每月利用国家信息管理平台对本辖区的儿童预防接种数据进行统计分析；每年1月份对上年度全年的预防接种实施情况进行总结。

（二）各级疾病预防控制机构应同时撰写儿童预防接种情况分析报告，向同级卫生行政部门和上级疾病预防控制机构报告；同时向下级疾病预防控制机构、乡级防保组织、接种单位进行反馈。

（三）乡级防保组织、接种单位应每月利用接种点客户端软件对本辖区儿童预防接种数据进行统计分析；每年1月份对上年度全年的预防接种实施情况进行总结。

（四）各级可根据具体情况按地区、时间（月、双月和年）、年龄（<12月龄和≥12月龄）、出生年度、儿童状况（本地儿童和流动儿童）等属性对儿童预防接种情况进行统计分析。

分析的主要指标包括：①国家免疫规划疫苗（卡介苗、脊灰、百白破、麻疹和乙肝疫苗）各剂次基础免疫应种人数、受种人数和接种率；②国家免疫规划疫苗（脊灰、百白破、白破和麻疹疫苗）加强免疫应种人数、受种人数和接种率；③省级增加的国家免疫规划疫苗（流脑、乙脑、风疹和腮腺炎疫苗）各剂次基础免疫和加强免疫应种人数、受种人数和接种率。

实施儿童预防接种信息管理系统的地区，可以进一步分析以下指标：①各种疫苗（包括一类疫苗和二类疫苗）的接种人次数；②国家免疫规划疫苗各剂次基础免疫合格接种人数、合格接种率；③国家免疫规划疫苗基础免疫的单苗全程和五苗全程的合格接种人数、合格接种率；④国家免疫规划疫苗各剂次基础免疫和加强免疫的不合格接种原因和接种人数；⑤不同年龄组的建卡儿童数、流动儿童数。

六、系统安全与管理

（一）系统管理。

1. 各级疾病预防控制机构负责辖区内儿童预防接种信息管理系统用户权限的维护，制定相应的制度，加强对信息管理系统的帐户安全管理。

2. 计算机要专人管理，信息管理系统使用人员未经许可，不得转让或泄露系统操作帐号和密码。发现帐号、密码已泄露或被盗用时，应立即采取措施，更改密码，同时向上级疾病预防控制机构报告。

3. 各地应建立健全儿童预防接种信息查询、使用制度。其他政府部门和机构查询儿童预防接种信息资料,应经同级卫生行政部门批准。

4. 乡级防保组织、接种单位实施儿童预防接种信息管理系统后,应对安装接种点客户端软件的计算机同时安装能及时网络升级的正版杀毒软件。

5. 预防接种服务和管理人员不得利用安装有接种点客户端软件的计算机浏览与工作无关的网页或做其他与工作无关的事情。

(二)数据安全。

1. 儿童预防接种证由儿童监护人长期保管;儿童预防接种卡由乡级防保组织、接种单位保管,保管期限应在儿童满7周岁后再保存不少于15年;儿童预防接种电子档案由乡级防保组织、接种单位长期保管。

2. 乡级防保组织、接种单位应在完成每次接种的信息录入和上报后的当天,对儿童预防接种信息的电子档案进行备份,并妥善保存。

3. 儿童预防接种个案的基本信息未经儿童监护人同意,不得向其他人员提供。

4. 各级疾病预防控制机构、乡级防保组织、接种单位应将儿童预防接种信息资料按照《预防接种工作规范》的有关规定纳入档案管理。

七、技术保障

(一)系统保障。

1. 中国疾病预防控制中心

建立覆盖全国儿童预防接种信息管理的国家信息管理平台,具备满足日常预防接种信息管理需要的主机系统、网络系统、存储系统、安全系统、备份系统和信息管理系统;配备2-4名专职专业技术人员。

2. 地方各级疾病预防控制机构

配备用于辖区日常业务管理的计算机1台;保障宽带网络接入及维持运转;具有2名能熟练使用计算机并有免疫规划信息管理工作经验的人员。各地也可以根据当地的需求和条件,建立本地的系统应用管理平台。

3. 乡级防保组织和接种单位

配备用于日常预防接种服务的计算机1台以及用于接种证、报表、条形码或其他资料打印的存折打印机1台;保障宽带网络接入及维持运转;具有1-2名操作计算机并有预防接种服务工作经验的人员。

(二)条件保障。

1. 已开发使用本地儿童预防接种信息管理系统的地区

以省为单位牵头按照国家的数据交换标准和要求改进现有系统,经中国疾病预防控制中心组织专家审核合格后,方可与国家信息管理平台进行数据交换。

2. 具备儿童预防接种信息管理系统实施条件的地区

统一使用国家免费提供的接种点客户端软件。如果各地有个性化的需求,可在国家接种点客户端软件的基础上对系统功能进行扩展,但所涉及的设备和费用自行承担。

3. 暂不具备儿童预防接种信息管理系统实施条件的地区

以县为单位由县级疾病预防控制机构每月收集辖区乡级防保组织和接种单位的儿童预防接种统计报表,通过国家信息管理平台直接录入上报。

八、考核评价

(一)国家每年对部分省进行督导检查,定期通过网站、简报等方式反馈各地实施儿童预防接种信息管理系统的进展情况。每年对成绩突出的地区和个人给予表扬或奖励,对工作开展较差、进展缓慢的地区给予通报批评。

(二)地方各级卫生行政部门定期组织对本辖区儿童预防接种信息报告工作进行督导检查,对发现的问题予以通报批评并责令限期改正。

(三)地方各级疾病预防控制机构制定儿童预防接种信息报告工作考核方案,并定期对辖区内乡级防保组织、接种单位进行指导与考核。

(四)乡级防保组织、接种单位应将儿童预防接种信息报告管理工作纳入工作考核范围,定期进行自查。

九、附录

(一)名词解释。

1. 乡级防保组织和接种单位

乡级防保组织包括直接承担辖区乡(镇、街道)范围内预防接种工作任务的医疗卫生机构,以及不直接承担预防接种工作任务仅负责对辖区乡(镇、街道)范围内村级接种管理的医疗卫生机构。

乡级接种单位是指直接承担辖区乡(镇、街道)范围内预防接种工作任务的医疗卫生机构。

2. 村级接种单位

村级接种单位是指承担预防接种工作任务的村卫生所或卫生服务站,包括村定点接种和入户接种。

(二)统计指标。

1. 接种率

应种人数:到本次接种时,在接种辖区范围内,常住户口和流动人口中达到免疫程序规定应接受某疫苗某剂次接种的适龄儿童人数，加上次接种时该疫苗该剂次应种儿童中漏种者。

受种人数：本次接种中，某疫苗某剂次应种人数中的实际接种人数。

接种率：某疫苗某剂次受种人数/该疫苗该剂次应种人数×100%

2. 累计接种率

累计应种人数：一段时间内最后1次接种前各次接种中某疫苗某剂次累计受种人数，与该段时间内最后1次接种中该疫苗该剂次应种人数之和。

累计受种人数：该段时间内各次接种中某疫苗某剂次受种人数之和。

累计接种率：某疫苗某剂次累计受种人数/该疫苗该剂次累计应种人数×100%

3. 合格接种率

合格接种人数：在一定出生日期范围儿童中，某疫苗某剂次合格接种（免疫起始月龄正确、剂次间隔正确、在规定的月龄内完成接种）的儿童人数。

合格接种率：一定出生日期范围内某疫苗某剂次合格接种人数/该出生日期范围的人数×100%

单苗全程合格接种率：一定出生日期范围内某疫苗基础免疫所有剂次均合格的接种人数/该出生日期范围的人数×100%

五苗全程合格接种率：一定出生日期范围内卡介苗、脊灰、百白破、麻疹和乙肝疫苗基础免疫所有剂次均合格的接种人数/该出生日期范围的人数×100%

4. 信息管理系统覆盖率

实施儿童预防接种信息管理系统的乡（镇、街道）数/辖区乡（镇、街道）数×100%

5. 上传地区完整率

在一定时间内国家信息管理平台收到上传预防接种数据的乡（镇、街道）数/辖区乡（镇、街道）数×100%

6. 上传接种信息数据完整率

在一定时间内上传预防接种个案信息完整的儿童数/上传的儿童数×100%

7. 上传接种信息及时率

乡级接种单位：预防接种个案信息在接种后5日内上传的儿童数/实际上传儿童数×100%

不承担预防接种工作任务的乡级防保组织：预防接种个案信息在接种后10日内上传的儿童数/实际上传儿童数×100%

8. 上传接种信息准确率

上传预防接种个案信息与预防接种接种证（卡）信息相符的儿童数/调查儿童数×100%

（三）附表和附图。

1. 表1　儿童预防接种个案信息登记表（略）

2. 表2　儿童预防接种统计报表（即《预防接种工作规范》表3－1－1）（略）

3. 图1　儿童预防接种信息管理工作流程图（略）

4. 图2　儿童预防接种信息管理系统信息流程图（略）

预防接种异常反应鉴定办法

1. 2008年9月11日卫生部令第60号公布
2. 自2008年12月1日起施行

第一章　总　　则

第一条　为规范预防接种异常反应鉴定工作，根据《疫苗流通和预防接种管理条例》和《医疗事故处理条例》的规定，制定本办法。

第二条　预防接种异常反应，是指合格的疫苗在实施规范接种过程中或者实施规范接种后造成受种者机体组织器官、功能损害，相关各方均无过错的药品不良反应。

第三条　受种者或者监护人（以下简称受种方）、接种单位、疫苗生产企业对预防接种异常反应调查诊断结论有争议申请预防接种异常反应鉴定的，适用本办法。

预防接种异常反应调查诊断按照卫生部的规定及《预防接种工作规范》进行。

因接种单位违反预防接种工作规范、免疫程序、疫苗使用指导原则、接种方案等原因给受种者造成损害，需要进行医疗事故技术鉴定的，按照医疗事故技术鉴定办法办理。

对疫苗质量原因或者疫苗检验结果有争议的，按照《药品管理法》的规定，向药品监督管理部门申请处理。

第四条　预防接种异常反应鉴定工作应当遵循公开、公正的原则，坚持实事求是的科学态度，做到事实清楚、定性准确。

第五条　预防接种异常反应鉴定由设区的市级和省、自治区、直辖市医学会负责。

第二章　鉴定专家库

第六条　省、自治区、直辖市医学会建立预防接种异常反应鉴定专家库，为省级、设区的市级医学会的预防接种异常反应鉴定提供专家。专家库由临床、流行病、医学检验、药学、法医等相关学科的专家组成，并依据相关学科设置专业组。

医学会可以根据预防接种异常反应鉴定的实际情况，对专家库学科专业组予以适当增减，对专家库成员进行调整。

第七条 具备下列条件的医药卫生等专业技术人员可以作为专家库候选人：

（一）有良好的业务素质和执业品德；

（二）受聘于医药卫生机构或者医药卫生教学、科研等机构并担任相应专业高级技术职务 3 年以上；

（三）流行病学专家应当有 3 年以上免疫预防相关工作经验；药学专家应当有 3 年以上疫苗相关工作经验；

（四）健康状况能够胜任预防接种异常反应鉴定工作。

符合前款（一）、（四）项规定条件并具备高级技术职务任职资格的法医可以受聘进入专家库。

省、自治区、直辖市医学会原则上聘请本行政区域内的专家进入专家库；当本行政区域内的专家不能满足建立专家库需要时，可以聘请本行政区域外的专家进入专家库。

第八条 医药卫生机构或者医药卫生教学、科研机构、医药卫生专业学会应当按照医学会要求，推荐专家库候选人；符合条件的个人经所在单位同意后也可以直接向组建专家库的医学会申请进入专家库。

医学会对专家库成员候选人进行审核。审核合格的，予以聘任，并发给中华医学会统一格式的聘书和证件。

第九条 专家库成员聘用期为 4 年。在聘用期间出现下列情形之一的，医学会根据实际情况及时进行调整：

（一）因健康原因不能胜任预防接种异常反应鉴定的；

（二）变更受聘单位或者被解聘的；

（三）不具备完全民事行为能力的；

（四）受刑事处罚的；

（五）违反鉴定工作纪律，情节严重的；

（六）省级以上卫生行政部门和药品监督管理部门规定的其他情形。

聘用期满需继续聘用的，由原聘医学会重新审核、聘用。

第三章 申请与受理

第十条 各级各类医疗机构、疾病预防控制机构和接种单位及其执行职务的人员发现预防接种异常反应、疑似预防接种异常反应或者接到相关报告，应当及时向所在地的县级卫生行政部门、药品监督管理部门报告。

第十一条 省级、设区的市级和县级疾病预防控制机构应当成立预防接种异常反应调查诊断专家组，负责预防接种异常反应调查诊断。调查诊断专家组由流行病学、临床医学、药学等专家组成。

县级卫生行政部门、药品监督管理部门接到疑似预防接种异常反应的报告后，对需要进行调查诊断的，交由县级疾病预防控制机构组织专家进行调查诊断。

有下列情形之一的，应当由设区的市级或者省级预防接种异常反应调查诊断专家组进行调查诊断：

（一）受种者死亡、严重残疾的；

（二）群体性疑似预防接种异常反应的；

（三）对社会有重大影响的疑似预防接种异常反应。

第十二条 预防接种异常反应调查诊断专家组应当依据法律、行政法规、部门规章和技术规范，结合临床表现、医学检查结果和疫苗质量检验结果等，进行综合分析，作出调查诊断结论。

死亡病例调查诊断需要尸检结果的，受种方拒绝或者不配合尸检，承担无法进行调查诊断的责任。

调查诊断专家组在作出调查诊断后 10 日内，将调查诊断结论报同级卫生行政部门和药品监督管理部门。

第十三条 调查诊断怀疑引起疑似预防接种异常反应的疫苗有质量问题的，药品监督管理部门负责组织对相关疫苗质量进行检验，出具检验结果报告。

第十四条 受种方、接种单位、疫苗生产企业对预防接种异常反应调查诊断结论有争议时，可以在收到预防接种异常反应调查诊断结论之日起 60 日内向接种单位所在地设区的市级医学会申请进行预防接种异常反应鉴定，并提交预防接种异常反应鉴定所需的材料。

第十五条 有关预防接种异常反应鉴定材料应当包括下列内容：

（一）预防接种异常反应调查诊断结论；

（二）受种者健康状况、知情同意告知以及医学建议等预防接种有关记录；

（三）与诊断治疗有关的门诊病历、住院志、体温单、医嘱单、化验单（检验报告）、医学影像检查资料、病理资料、护理记录等病历资料；

（四）疫苗接收、购进记录和储存温度记录等；

（五）相关疫苗该批次检验合格或者抽样检验报

告，进口疫苗还应当由批发企业提供进口药品通关文件；

（六）与预防接种异常反应鉴定有关的其他材料。

受种方、接种单位、疫苗生产企业应当根据要求，分别提供由自己保存或者掌握的上述材料。

负责组织鉴定的医学会因鉴定需要可以向医疗机构调取受种者的病程记录、死亡病例讨论记录、会诊意见等病历资料。

第十六条　有下列情形之一的，医学会不予受理预防接种异常反应鉴定：

（一）无预防接种异常反应调查诊断结论的；

（二）已向人民法院提起诉讼的（人民法院、检察院委托的除外），或者已经人民法院调解达成协议或者判决的；

（三）受种方、接种单位、疫苗生产企业未按规定提交有关材料的；

（四）提供的材料不真实的；

（五）不缴纳鉴定费的；

（六）省级卫生行政部门规定的其他情形。

不予受理鉴定的，医学会应当书面说明理由。

第十七条　对设区的市级医学会鉴定结论不服的，可以在收到预防接种异常反应鉴定书之日起15日内，向接种单位所在地的省、自治区、直辖市医学会申请再鉴定。

第十八条　申请预防接种异常反应鉴定，由申请鉴定方预缴鉴定费。经鉴定属于一类疫苗引起的预防接种异常反应的，鉴定费用由同级财政部门按照规定统筹安排；由二类疫苗引起的预防接种异常反应的，鉴定费用由相关的疫苗生产企业承担。不属于异常反应的，鉴定费用由提出异常反应鉴定的申请方承担。预防接种异常反应鉴定收费标准按照国家有关规定执行。

第四章　鉴　　定

第十九条　负责鉴定的医学会应当根据受理的预防接种异常反应鉴定所涉及的学科专业，确定专家鉴定组的构成和人数。专家鉴定组人数为5人以上单数。专家鉴定组的人员由受种方在专家库中随机抽取。受种方人员较多的，可以由受种方推选1－2名代表人随机抽取专家鉴定组成员。推选不出的，由医学会负责抽取。

第二十条　鉴定组成员有下列情形之一的，应当回避：

（一）受种者的亲属；

（二）接种单位的工作人员；

（三）与预防接种异常反应鉴定结果有利害关系的人员；

（四）参与预防接种异常反应调查诊断的人员；

（五）其他可能影响公正鉴定的人员。

第二十一条　专家鉴定组应当认真审查材料，必要时可以听取受种方、接种单位、疫苗生产企业的陈述，对受种者进行医学检查。

负责鉴定的医学会可以根据专家鉴定组的要求进行调查取证，进行调查取证时不得少于2人。调查取证结束后，调查人员和调查对象应当在有关文书上签字。如调查对象拒绝签字的，应当记录在案。

医学会组织鉴定时可以要求受种方、接种单位、疫苗生产企业必须如实提供相关材料，如不提供则承担相关不利后果。

第二十二条　专家鉴定组应当妥善保管鉴定材料，保护当事人的隐私，保守有关秘密。

第二十三条　专家鉴定组组长由专家鉴定组成员推选产生，也可以由预防接种异常反应争议所涉及的主要学科中资深的专家担任。

第二十四条　专家鉴定组可以根据需要，提请医学会邀请其他专家参加预防接种异常反应鉴定。邀请的专家可以提出技术意见、提供有关资料，但不参加鉴定结论的表决。

邀请的专家不得有本办法第二十条规定的情形。

第二十五条　疑难、复杂并在全国有重大影响的预防接种异常反应鉴定，地方医学会可以要求中华医学会给予技术指导和支持。

第二十六条　专家鉴定组应当认真审阅有关资料，依照有关规定和技术标准，运用科学原理和专业知识，独立进行鉴定。在事实清楚的基础上，进行综合分析，作出鉴定结论，并制作鉴定书。鉴定书格式由中华医学会统一制定。

鉴定结论应当按半数以上专家鉴定组成员的一致意见形成。专家鉴定组成员在鉴定结论上签名。专家鉴定组成员对鉴定结论的不同意见，应当予以注明。

第二十七条　预防接种异常反应鉴定书由专家鉴定组组长签发。鉴定书应当加盖预防接种异常反应鉴定专用章。

医学会应当在作出鉴定结论10日内将预防接种异常反应鉴定书送达申请人，并报送所在地同级卫生行政部门和药品监督管理部门。

第二十八条　预防接种异常反应鉴定书应当包括下列内容：

（一）申请人申请鉴定的理由；

（二）有关人员、单位提交的材料和医学会的调查材料；

（三）接种、诊治经过；

（四）对鉴定过程的说明；

（五）预防接种异常反应的判定及依据；

（六）预防接种异常反应损害程度分级。

经鉴定不属于预防接种异常反应的，应当在鉴定书中说明理由。

第二十九条　医学会参加预防接种异常反应鉴定会的工作人员，对鉴定过程应当如实记录。

第三十条　医学会应当自收到有关预防接种异常反应鉴定材料之日起45日内组织鉴定，出具预防接种异常反应鉴定书。情况特殊的可延长至90日。

第三十一条　卫生行政部门、药品监督管理部门等有关部门发现鉴定违反本办法有关规定的，可以要求医学会重新组织鉴定。

第三十二条　医学会应当将鉴定的文书档案和有关资料存档，保存期限不得少于20年。

第三十三条　省、自治区、直辖市医学会应当于每年4月30日前将本行政区域上一年度预防接种异常反应鉴定情况报中华医学会，同时报同级卫生行政部门、药品监督管理部门。

设区的市级医学会应当于每年3月31日前将本行政区域上一年度预防接种异常反应鉴定情况报省、自治区、直辖市医学会，同时报同级卫生行政部门、药品监督管理部门。

第五章　附　　则

第三十四条　因预防接种异常反应需要对受种者予以补偿的，按照《疫苗流通和预防接种管理条例》第四十六条的规定执行。

第三十五条　本办法自2008年12月1日起施行。1980年1月22日卫生部发布的《预防接种后异常反应和事故的处理试行办法》同时废止。

卫生部关于预防接种异常反应鉴定有关问题的批复

1．2005年7月26日

2．卫政法发〔2005〕299号

河北省卫生厅：

你厅《关于预防接种异常反应鉴定有关问题的请示》（冀卫呈〔2005〕25号）收悉。经研究，现答复如下：

《疫苗流通和预防接种管理条例》自2005年6月1日起施行，其中第四十五条规定预防接种异常反应的鉴定参照《医疗事故处理条例》执行，具体办法由国务院卫生主管部门会同国务院药品监督管理部门制定。在具体办法出台前，预防接种异常反应的鉴定，仍按照卫生部1980年《预防接种后异常反应和事故的处理试行办法》的规定，在省级卫生行政部门领导和组织下，由各省、自治区、直辖市疾病预防控制中心、有关医疗机构和生物制品生产单位的人员组成预防接种反应诊断小组，对预防接种异常反应争议进行鉴定。

此复。

4. 应急处理

突发公共卫生事件应急条例

1. 2003年5月9日国务院令第376号公布
2. 根据2011年1月8日国务院令第588号《关于废止和修改部分行政法规的决定》修订

第一章　总　　则

第一条　为了有效预防、及时控制和消除突发公共卫生事件的危害，保障公众身体健康与生命安全，维护正常的社会秩序，制定本条例。

第二条　本条例所称突发公共卫生事件（以下简称突发事件），是指突然发生，造成或者可能造成社会公众健康严重损害的重大传染病疫情、群体性不明原因疾病、重大食物和职业中毒以及其他严重影响公众健康的事件。

第三条　突发事件发生后，国务院设立全国突发事件应急处理指挥部，由国务院有关部门和军队有关部门组成，国务院主管领导人担任总指挥，负责对全国突发事件应急处理的统一领导、统一指挥。

国务院卫生行政主管部门和其他有关部门，在各自的职责范围内做好突发事件应急处理的有关工作。

第四条　突发事件发生后，省、自治区、直辖市人民政府成立地方突发事件应急处理指挥部，省、自治区、直辖市人民政府主要领导人担任总指挥，负责领导、指挥本行政区域内突发事件应急处理工作。

县级以上地方人民政府卫生行政主管部门，具体负责组织突发事件的调查、控制和医疗救治工作。

县级以上地方人民政府有关部门，在各自的职责范围内做好突发事件应急处理的有关工作。

第五条　突发事件应急工作，应当遵循预防为主、常备不懈的方针，贯彻统一领导、分级负责、反应及时、措施果断、依靠科学、加强合作的原则。

第六条　县级以上各级人民政府应当组织开展防治突发事件相关科学研究，建立突发事件应急流行病学调查、传染源隔离、医疗救护、现场处置、监督检查、监测检验、卫生防护等有关物资、设备、设施、技术与人才资源储备，所需经费列入本级政府财政预算。

国家对边远贫困地区突发事件应急工作给予财政支持。

第七条　国家鼓励、支持开展突发事件监测、预警、反应处理有关技术的国际交流与合作。

第八条　国务院有关部门和县级以上地方人民政府及其有关部门，应当建立严格的突发事件防范和应急处理责任制，切实履行各自的职责，保证突发事件应急处理工作的正常进行。

第九条　县级以上各级人民政府及其卫生行政主管部门，应当对参加突发事件应急处理的医疗卫生人员，给予适当补助和保健津贴；对参加突发事件应急处理作出贡献的人员，给予表彰和奖励；对因参与应急处理工作致病、致残、死亡的人员，按照国家有关规定，给予相应的补助和抚恤。

第二章　预防与应急准备

第十条　国务院卫生行政主管部门按照分类指导、快速反应的要求，制定全国突发事件应急预案，报请国务院批准。

省、自治区、直辖市人民政府根据全国突发事件应急预案，结合本地实际情况，制定本行政区域的突发事件应急预案。

第十一条　全国突发事件应急预案应当包括以下主要内容：

（一）突发事件应急处理指挥部的组成和相关部门的职责；

（二）突发事件的监测与预警；

（三）突发事件信息的收集、分析、报告、通报制度；

（四）突发事件应急处理技术和监测机构及其任务；

（五）突发事件的分级和应急处理工作方案；

（六）突发事件预防、现场控制，应急设施、设备、救治药品和医疗器械以及其他物资和技术的储备与调度；

（七）突发事件应急处理专业队伍的建设和培训。

第十二条　突发事件应急预案应当根据突发事件的变化和实施中发现的问题及时进行修订、补充。

第十三条　地方各级人民政府应当依照法律、行政法规的规定，做好传染病预防和其他公共卫生工作，防范突发事件的发生。

县级以上各级人民政府卫生行政主管部门和其他有关部门，应当对公众开展突发事件应急知识的专门教育，增强全社会对突发事件的防范意识和应对能力。

第十四条　国家建立统一的突发事件预防控制体系。

县级以上地方人民政府应当建立和完善突发事件监测与预警系统。

县级以上各级人民政府卫生行政主管部门，应当指定机构负责开展突发事件的日常监测，并确保监测与预警系统的正常运行。

第十五条　监测与预警工作应当根据突发事件的类别，制定监测计划，科学分析、综合评价监测数据。对早期发现的潜在隐患以及可能发生的突发事件，应当依照本条例规定的报告程序和时限及时报告。

第十六条　国务院有关部门和县级以上地方人民政府及其有关部门，应当根据突发事件应急预案的要求，保证应急设施、设备、救治药品和医疗器械等物资储备。

第十七条　县级以上各级人民政府应当加强急救医疗服务网络的建设，配备相应的医疗救治药物、技术、设备和人员，提高医疗卫生机构应对各类突发事件的救治能力。

设区的市级以上地方人民政府应当设置与传染病防治工作需要相适应的传染病专科医院，或者指定具备传染病防治条件和能力的医疗机构承担传染病防治任务。

第十八条　县级以上地方人民政府卫生行政主管部门，应当定期对医疗卫生机构和人员开展突发事件应急处理相关知识、技能的培训，定期组织医疗卫生机构进行突发事件应急演练，推广最新知识和先进技术。

第三章　报告与信息发布

第十九条　国家建立突发事件应急报告制度。

国务院卫生行政主管部门制定突发事件应急报告规范，建立重大、紧急疫情信息报告系统。

有下列情形之一的，省、自治区、直辖市人民政府应当在接到报告1小时内，向国务院卫生行政主管部门报告：

（一）发生或者可能发生传染病暴发、流行的；

（二）发生或者发现不明原因的群体性疾病的；

（三）发生传染病菌种、毒种丢失的；

（四）发生或者可能发生重大食物和职业中毒事件的。

国务院卫生行政主管部门对可能造成重大社会影响的突发事件，应当立即向国务院报告。

第二十条　突发事件监测机构、医疗卫生机构和有关单位发现有本条例第十九条规定情形之一的，应当在2小时内向所在地县级人民政府卫生行政主管部门报告；接到报告的卫生行政主管部门应当在2小时内向本级人民政府报告，并同时向上级人民政府卫生行政主管部门和国务院卫生行政主管部门报告。

县级人民政府应当在接到报告后2小时内向设区的市级人民政府或者上一级人民政府报告；设区的市级人民政府应当在接到报告后2小时内向省、自治区、直辖市人民政府报告。

第二十一条　任何单位和个人对突发事件，不得隐瞒、缓报、谎报或者授意他人隐瞒、缓报、谎报。

第二十二条　接到报告的地方人民政府、卫生行政主管部门依照本条例规定报告的同时，应当立即组织力量对报告事项调查核实、确证，采取必要的控制措施，并及时报告调查情况。

第二十三条　国务院卫生行政主管部门应当根据发生突发事件的情况，及时向国务院有关部门和各省、自治区、直辖市人民政府卫生行政主管部门以及军队有关部门通报。

突发事件发生地的省、自治区、直辖市人民政府卫生行政主管部门，应当及时向毗邻省、自治区、直辖市人民政府卫生行政主管部门通报。

接到通报的省、自治区、直辖市人民政府卫生行政主管部门，必要时应当及时通知本行政区域内的医疗卫生机构。

县级以上地方人民政府有关部门，已经发生或者发现可能引起突发事件的情形时，应当及时向同级人民政府卫生行政主管部门通报。

第二十四条　国家建立突发事件举报制度，公布统一的突发事件报告、举报电话。

任何单位和个人有权向人民政府及其有关部门报告突发事件隐患，有权向上级人民政府及其有关部门举报地方人民政府及其有关部门不履行突发事件应急处理职责，或者不按照规定履行职责的情况。接到报告、举报的有关人民政府及其有关部门，应当立即组织对突发事件隐患、不履行或者不按照规定履行突发事件应急处理职责的情况进行调查处理。

对举报突发事件有功的单位和个人，县级以上各级人民政府及其有关部门应当予以奖励。

第二十五条　国家建立突发事件的信息发布制度。

国务院卫生行政主管部门负责向社会发布突发事件的信息。必要时，可以授权省、自治区、直辖市人民政府卫生行政主管部门向社会发布本行政区域内突发事件的信息。

信息发布应当及时、准确、全面。

第四章　应急处理

第二十六条　突发事件发生后，卫生行政主管部门应当组织专家对突发事件进行综合评估，初步判断突发事件的类型，提出是否启动突发事件应急预案的建议。

第二十七条 在全国范围内或者跨省、自治区、直辖市范围内启动全国突发事件应急预案，由国务院卫生行政主管部门报国务院批准后实施。省、自治区、直辖市启动突发事件应急预案，由省、自治区、直辖市人民政府决定，并向国务院报告。

第二十八条 全国突发事件应急处理指挥部对突发事件应急处理工作进行督察和指导，地方各级人民政府及其有关部门应当予以配合。

省、自治区、直辖市突发事件应急处理指挥部对本行政区域内突发事件应急处理工作进行督察和指导。

第二十九条 省级以上人民政府卫生行政主管部门或者其他有关部门指定的突发事件应急处理专业技术机构，负责突发事件的技术调查、确证、处置、控制和评价工作。

第三十条 国务院卫生行政主管部门对新发现的突发传染病，根据危害程度、流行强度，依照《中华人民共和国传染病防治法》的规定及时宣布为法定传染病；宣布为甲类传染病的，由国务院决定。

第三十一条 应急预案启动前，县级以上各级人民政府有关部门应当根据突发事件的实际情况，做好应急处理准备，采取必要的应急措施。

应急预案启动后，突发事件发生地的人民政府有关部门，应当根据预案规定的职责要求，服从突发事件应急处理指挥部的统一指挥，立即到达规定岗位，采取有关的控制措施。

医疗卫生机构、监测机构和科学研究机构，应当服从突发事件应急处理指挥部的统一指挥，相互配合、协作，集中力量开展相关的科学研究工作。

第三十二条 突发事件发生后，国务院有关部门和县级以上地方人民政府及其有关部门，应当保证突发事件应急处理所需的医疗救护设备、救治药品、医疗器械等物资的生产、供应；铁路、交通、民用航空行政主管部门应当保证及时运送。

第三十三条 根据突发事件应急处理的需要，突发事件应急处理指挥部有权紧急调集人员、储备的物资、交通工具以及相关设施、设备；必要时，对人员进行疏散或者隔离，并可以依法对传染病疫区实行封锁。

第三十四条 突发事件应急处理指挥部根据突发事件应急处理的需要，可以对食物和水源采取控制措施。

县级以上地方人民政府卫生行政主管部门应当对突发事件现场等采取控制措施，宣传突发事件防治知识，及时对易受感染的人群和其他易受损害的人群采取应急接种、预防性投药、群体防护等措施。

第三十五条 参加突发事件应急处理的工作人员，应当按照预案的规定，采取卫生防护措施，并在专业人员的指导下进行工作。

第三十六条 国务院卫生行政主管部门或者其他有关部门指定的专业技术机构，有权进入突发事件现场进行调查、采样、技术分析和检验，对地方突发事件的应急处理工作进行技术指导，有关单位和个人应当予以配合；任何单位和个人不得以任何理由予以拒绝。

第三十七条 对新发现的突发传染病、不明原因的群体性疾病、重大食物和职业中毒事件，国务院卫生行政主管部门应当尽快组织力量制定相关的技术标准、规范和控制措施。

第三十八条 交通工具上发现根据国务院卫生行政主管部门的规定需要采取应急控制措施的传染病病人、疑似传染病病人，其负责人应当以最快的方式通知前方停靠点，并向交通工具的营运单位报告。交通工具的前方停靠点和营运单位应当立即向交通工具营运单位行政主管部门和县级以上地方人民政府卫生行政主管部门报告。卫生行政主管部门接到报告后，应当立即组织有关人员采取相应的医学处置措施。

交通工具上的传染病病人密切接触者，由交通工具停靠点的县级以上各级人民政府卫生行政主管部门或者铁路、交通、民用航空行政主管部门，根据各自的职责，依照传染病防治法律、行政法规的规定，采取控制措施。

涉及国境口岸和入出境的人员、交通工具、货物、集装箱、行李、邮包等需要采取传染病应急控制措施的，依照国境卫生检疫法律、行政法规的规定办理。

第三十九条 医疗卫生机构应当对因突发事件致病的人员提供医疗救护和现场救援，对就诊病人必须接诊治疗，并书写详细、完整的病历记录；对需要转送的病人，应当按照规定将病人及其病历记录的复印件转送至接诊的或者指定的医疗机构。

医疗卫生机构内应当采取卫生防护措施，防止交叉感染和污染。

医疗卫生机构应当对传染病病人密切接触者采取医学观察措施，传染病病人密切接触者应当予以配合。

医疗机构收治传染病病人、疑似传染病病人，应当依法报告所在地的疾病预防控制机构。接到报告的疾病预防控制机构应当立即对可能受到危害的人员进行调查，根据需要采取必要的控制措施。

第四十条 传染病暴发、流行时,街道、乡镇以及居民委员会、村民委员会应当组织力量,团结协作,群防群治,协助卫生行政主管部门和其他有关部门、医疗卫生机构做好疫情信息的收集和报告、人员的分散隔离、公共卫生措施的落实工作,向居民、村民宣传传染病防治的相关知识。

第四十一条 对传染病暴发、流行区域内流动人口,突发事件发生地的县级以上地方人民政府应当做好预防工作,落实有关卫生控制措施;对传染病病人和疑似传染病病人,应当采取就地隔离、就地观察、就地治疗的措施。对需要治疗和转诊的,应当依照本条例第三十九条第一款的规定执行。

第四十二条 有关部门、医疗卫生机构应当对传染病做到早发现、早报告、早隔离、早治疗,切断传播途径,防止扩散。

第四十三条 县级以上各级人民政府应当提供必要资金,保障因突发事件致病、致残的人员得到及时、有效的救治。具体办法由国务院财政部门、卫生行政主管部门和劳动保障行政主管部门制定。

第四十四条 在突发事件中需要接受隔离治疗、医学观察措施的病人、疑似病人和传染病病人密切接触者在卫生行政主管部门或者有关机构采取医学措施时应当予以配合;拒绝配合的,由公安机关依法协助强制执行。

第五章 法律责任

第四十五条 县级以上地方人民政府及其卫生行政主管部门未依照本条例的规定履行报告职责,对突发事件隐瞒、缓报、谎报或者授意他人隐瞒、缓报、谎报的,对政府主要领导人及其卫生行政主管部门主要负责人,依法给予降级或者撤职的行政处分;造成传染病传播、流行或者对社会公众健康造成其他严重危害后果的,依法给予开除的行政处分;构成犯罪的,依法追究刑事责任。

第四十六条 国务院有关部门、县级以上地方人民政府及其有关部门未依照本条例的规定,完成突发事件应急处理所需要的设施、设备、药品和医疗器械等物资的生产、供应、运输和储备的,对政府主要领导人和政府部门主要负责人依法给予降级或者撤职的行政处分;造成传染病传播、流行或者对社会公众健康造成其他严重危害后果的,依法给予开除的行政处分;构成犯罪的,依法追究刑事责任。

第四十七条 突发事件发生后,县级以上地方人民政府及其有关部门对上级人民政府有关部门的调查不予配合,或者采取其他方式阻碍、干涉调查的,对政府主要领导人和政府部门主要负责人依法给予降级或者撤职的行政处分;构成犯罪的,依法追究刑事责任。

第四十八条 县级以上各级人民政府卫生行政主管部门和其他有关部门在突发事件调查、控制、医疗救治工作中玩忽职守、失职、渎职的,由本级人民政府或者上级人民政府有关部门责令改正、通报批评、给予警告;对主要负责人、负有责任的主管人员和其他责任人员依法给予降级、撤职的行政处分;造成传染病传播、流行或者对社会公众健康造成其他严重危害后果的,依法给予开除的行政处分;构成犯罪的,依法追究刑事责任。

第四十九条 县级以上各级人民政府有关部门拒不履行应急处理职责的,由同级人民政府或者上级人民政府有关部门责令改正、通报批评、给予警告;对主要负责人、负有责任的主管人员和其他责任人员依法给予降级、撤职的行政处分;造成传染病传播、流行或者对社会公众健康造成其他严重危害后果的,依法给予开除的行政处分;构成犯罪的,依法追究刑事责任。

第五十条 医疗卫生机构有下列行为之一的,由卫生行政主管部门责令改正、通报批评、给予警告;情节严重的,吊销《医疗机构执业许可证》;对主要负责人、负有责任的主管人员和其他直接责任人员依法给予降级或者撤职的纪律处分;造成传染病传播、流行或者对社会公众健康造成其他严重危害后果,构成犯罪的,依法追究刑事责任:

(一)未依照本条例的规定履行报告职责,隐瞒、缓报或者谎报的;

(二)未依照本条例的规定及时采取控制措施的;

(三)未依照本条例的规定履行突发事件监测职责的;

(四)拒绝接诊病人的;

(五)拒不服从突发事件应急处理指挥部调度的。

第五十一条 在突发事件应急处理工作中,有关单位和个人未依照本条例的规定履行报告职责,隐瞒、缓报或者谎报,阻碍突发事件应急处理工作人员执行职务,拒绝国务院卫生行政主管部门或者其他有关部门指定的专业技术机构进入突发事件现场,或者不配合调查、采样、技术分析和检验的,对有关责任人员依法给予行政处分或者纪律处分;触犯《中华人民共和国治安管理处罚法》,构成违反治安管理行为的,由公安机关依法予以处罚;构成犯罪的,依法追究刑事责任。

第五十二条 在突发事件发生期间,散布谣言、哄抬物价、欺骗消费者,扰乱社会秩序、市场秩序的,由公安机关或者工商行政管理部门依法给予行政处罚;构成犯罪的,依法追究刑事责任。

第六章　附　　则

第五十三条　中国人民解放军、武装警察部队医疗卫生机构参与突发事件应急处理的,依照本条例的规定和军队的相关规定执行。

第五十四条　本条例自公布之日起施行。

灾害事故医疗救援工作管理办法

1995年4月27日卫生部令第39号发布施行

第一章　总　　则

第一条　为提高对灾害事故的应急反应能力和医疗救援水平,避免和减少人员伤亡,保障公民身体健康和生命安全,特制定本办法。

第二条　本办法所称医疗救援,系指因灾害事故发生人群伤亡时的抢救治疗工作。

第三条　对灾害事故的医疗救援工作实行规范管理,做到常备不懈,及时有效。

第四条　县级以上政府卫生行政部门主管灾害事故医疗救援工作。

第二章　组　　织

第五条　卫生部成立“卫生部灾害事故医疗救援领导小组”,由卫生部部长任组长,主管副部长、医政司司长任副组长,办公厅、疾病控制司、计财司、药政局、爱委会、监督司、外事司等有关领导为成员。

第六条　各省、自治区、直辖市政府卫生行政部门成立与“卫生部灾害事故医疗救援工作领导小组”相应的组织。

灾害事故多发地区的县级以上政府卫生行政部门,根据需要也可以设立相应的领导协调组织。

第七条　各级灾害事故医疗救援领导小组要及时了解掌握全国或当地灾害事故的特征、规律、医疗救护资源、地理交通状况等信息,组织、协调、部署与灾害事故医疗救护有关的工作。

第八条　要组织好灾害事故的现场医疗救护。在灾害事故发生后,到达事故现场的当地最高卫生行政主管部门领导即为灾害事故现场医疗救援总指挥,负责现场医疗救援工作。

第九条　县级以上地方政府卫生行政部门要加强对急救中心、急救站、医院急诊科(室)为主体的急救医疗服务网络建设,提高其急救反应能力。

第十条　各级政府卫生行政部门要制定救援预案;要建立数支救灾医疗队,并配备一定数量的急救医疗药械(见附件),由医疗队所在单位保管,定期更换。

第三章　灾情报告

第十一条　灾害事故发生地的医疗卫生单位或医疗卫生人员应当及时将灾情报告其所在地的县级以上政府卫生行政部门。

凡事故发生地丧失报告能力的,由相邻地区政府卫生行政部门、医疗卫生单位或医疗卫生人员履行报告程序。

第十二条　卫生行政部门接到灾情报告或救援指令后,应当立即通知有关单位,组织现场抢救,并及时报告当地人民政府和上一级政府卫生行政部门。

第十三条　医疗救援情况按以下规定报告:

(一)伤亡20人以下的,6小时内报市级卫生行政部门;

(二)伤亡20—50人的,12小时内报省级卫生行政部门;

(三)伤亡50人以上的,24小时内报国务院卫生行政部门;

(四)地震、水灾、风灾、火灾和其他重大灾害事故,虽一时不明伤亡情况的,应尽快逐级上报至国务院卫生行政部门。

第十四条　报告内容:

(一)灾害发生的时间、地点、伤亡人数及种类;

(二)伤员主要的伤情、采取的措施及投入的医疗资源;

(三)急需解决的卫生问题;

(四)卫生系统受损情况。

第十五条　疫情的报告和公布根据《中华人民共和国传染病防治法》的规定实施。

第四章　现场医疗救护

第十六条　灾害事故发生后,凡就近的医护人员都要主动及时到达现场,并组织起来参加医疗救护。

第十七条　参加医疗救援工作的单位和个人,到达现场后应当立即向灾害事故医疗救援现场指挥部报到,并接受其统一指挥和调遣。

第十八条　灾害事故医疗救援现场指挥部的任务为:

(一)视伤亡情况设置伤病员分检处;

(二)对现场伤亡情况和事态发展作出快速、准确评估；

（三）指挥、调遣现场及辖区内各医疗救护力量；

（四）向当地灾害事故医疗救援领导小组汇报有关情况并接受指令。

第十九条　在现场医疗救护中，依据受害者的伤病情况，按轻、中、重、残废分类，分别以“红、黄、蓝、黑”的伤病卡作出标志，（伤病卡以 5×3cm 的不干胶材料做成），置于伤病员的左胸部或其他明显部位，便于医疗救护人员辨认并采取相应的急救措施。

第二十条　现场医疗救护过程中，要本着先救命后治伤、先治重伤后治轻伤的原则，要将经治的伤员的血型、伤情、急救处置、注意事项等逐一填写伤员情况单（见附件 2），并置于伤员衣袋内。

第二十一条　根据现场伤员情况设手术、急救处置室（部）。

第五章　伤病员后送

第二十二条　凡伤员需要后送，由当地灾害事故医疗救援领导小组视实际需要决定设伤员后送指挥部，负责伤员后送的指挥协调工作。

第二十三条　伤病员经现场检伤分类、处置后要根据病情向就近的省、市级医院或专科医院分流，原则如下：

（一）当地医疗机构有能力收治全部伤员的，由急救中心（站）或后送指挥部指定有关单位后送到就近的医院；

（二）伤员现场经治的医疗文书要一式二份，及时向现场指挥部报告汇总，并向接纳后送伤员的医疗机构提交；

（三）后送途中需要监护的伤员，由灾害事故现场医疗救护指挥部派医护人员护送；

（四）灾害事故发生后医疗机构不得以任何理由拒诊、推诿后送的伤员。

第六章　部门协调

第二十四条　各级卫生行政部门负责制定灾害事故医疗救援工作计划；负责组织派遣医疗队，救治伤病员；负责灾害事故医疗救援工作的对外宣传口径；承接上级灾害事故医疗救援领导小组分配的任务。

第二十五条　灾害事故医疗救援领导小组视情况提请地方政府协调铁路、邮电、交通、民航、航运、军队、武警、国家医药管理局等有关部门协助解决医疗救援有关的交通，伤病员的转送、药械调拨等工作。

第二十六条　各级红十字会、爱国卫生运动委员会办公室要协同卫生行政部门，参与灾害事故的医疗救援工作。

第七章　培　训

第二十七条　各级卫生行政部门要制订和落实灾害事故医疗救护人员的培训计划。重点掌握检伤分类、徒手复苏、骨折固定、止血、气管插管、气管切开、清创、缝合、饮用水消毒等基本技能，并定期举行模拟演习，达到实战要求。

第二十八条　要利用报刊、广播、影视、培训班等多种形式，向公众普及灾害事故医疗救护、自救和互救的知识及基本技术。

第八章　附　则

第二十九条　本办法由卫生部负责解释。

第三十条　本办法自发布之日起实施。

附件 1：灾害事故医疗救护队基本装备表（略）

附件 2：伤员情况单（略）

突发公共卫生事件交通应急规定

1. 2004 年 3 月 4 日卫生部、交通部令第 2 号公布

2. 自 2004 年 5 月 1 日起施行

第一章　总　则

第一条　为了有效预防、及时控制和消除突发公共卫生事件的危害，防止重大传染病疫情通过车辆、船舶及其乘运人员、货物传播流行，保障旅客身体健康与生命安全，保证突发公共卫生事件应急物资及时运输，维护正常的社会秩序，根据《中华人民共和国传染病防治法》、《中华人民共和国传染病防治法实施办法》、《突发公共卫生事件应急条例》、《国内交通卫生检疫条例》的有关规定，制定本规定。

第二条　本规定所称突发公共卫生事件（以下简称突发事件），是指突然发生，造成或者可能造成社会公众健康严重损害的重大传染病疫情、群体性不明原因疾病、重大食物和职业中毒以及其他严重影响公众健康的事件。

本规定所称重大传染病疫情，是指根据《突发公共卫生事件应急条例》有关规定确定的传染病疫情。

本规定所称交通卫生检疫，是指根据《国内交通卫生检疫条例》对车船、港站、乘运人员和货物等实施的卫生检验、紧急卫生处理、紧急控制、临时隔离、医学检查和留验以及其他应急卫生防范、控制、处置措施。

本规定所称检疫传染病病人、疑似检疫传染病病人，是指国务院确定并公布的检疫传染病的病人、疑似传染病病人。

本规定所称车船，是指从事道路运输、水路运输活动的客车、货车、客船（包括客渡船）和货船。

本规定所称港站，是指提供停靠车船、上下旅客、装卸货物的场所，包括汽车客运站、货运站、港口客运站、货运码头、港口堆场和仓库等。

本规定所称乘运人员，是指车船上的所有人员，包括车辆驾驶人员和乘务人员、船员、旅客等。

第三条 突发事件交通应急工作，应当遵循预防为主、常备不懈的方针，贯彻统一领导、分级负责、反应及时、措施果断、依靠科学、加强合作的原则，在确保控制重大传染病病源传播和蔓延的前提下，做到交通不中断、客流不中断、货流不中断。

第四条 交通部根据职责，依法负责全国突发事件交通应急工作。

县级以上地方人民政府交通行政主管部门在本部门的职责范围内，依法负责本行政区域内的突发事件交通应急工作。

突发事件发生后，县级以上地方人民政府交通行政主管部门设立突发事件应急处理指挥部，负责对突发事件交通应急处理工作的领导和指挥。

县级以上人民政府交通行政主管部门履行突发事件交通应急职责，应当与同级人民政府卫生行政主管部门密切配合，协调行动。

第五条 县级以上人民政府交通行政主管部门应当建立和完善突发事件交通防范和应急责任制，保证突发事件交通应急工作的顺利进行。

第六条 任何单位和个人有权对县级以上人民政府交通行政主管部门不履行突发事件交通应急处理职责，或者不按照规定履行职责的行为向其上级人民政府交通行政主管部门举报。

对报告在车船、港站发生的突发事件或者举报突发事件交通应急渎职行为有功的单位和个人，县级以上人民政府交通行政主管部门应当予以奖励。

第二章　预防和应急准备

第七条 县级以上人民政府交通行政主管部门应当结合本行政区域或者管辖范围的交通实际情况，制定突发事件交通应急预案。

道路运输经营者、水路运输经营者应当按照有关规定，建立卫生责任制度，制定各自的突发事件应急预案。

第八条 制定突发事件交通应急预案，应当以突发事件的类别和快速反应的要求为依据，并征求同级人民政府卫生行政主管部门的意见。

为防范和处理重大传染病疫情突发事件制定的突发事件交通应急预案，应当包括以下主要内容：

（一）突发事件交通应急处理指挥部的组成和相关机构的职责；

（二）突发事件有关车船、港站重大传染病病人、疑似重大传染病病人和可能感染重大传染病病人的应急处理方案；

（三）突发事件有关污染车船、港站和污染物的应急处理方案；

（四）突发事件有关人员群体、防疫人员和救护人员的运输方案；

（五）突发事件有关药品、医疗救护设备器械等紧急物资的运输方案；

（六）突发事件有关车船、港站、道路、航道、船闸的应急维护和应急管理方案；

（七）突发事件有关交通应急信息的收集、分析、报告、通报、宣传方案；

（八）突发事件有关应急物资、运力储备与调度方案；

（九）突发事件交通应急处理执行机构及其任务；

（十）突发事件交通应急处理人员的组织和培训方案；

（十一）突发事件交通应急处理工作的检查监督方案；

（十二）突发事件交通应急处理其他有关工作方案。

为防范和处理其他突发事件制定的突发事件交通应急预案，应当包括本条前款除第（二）项、第（三）项和第（八）项规定以外的内容，并包括突发事件交通应急设施、设备以及其他有关物资的储备与调度方案。

突发事件交通应急预案应当根据突发事件的变化和实施中出现的问题及时进行修订、补充。

第九条 县级以上人民政府交通行政主管部门应当根据突发事件交通应急工作预案的要求，保证突发事件交通应急运力和有关物资储备。

第十条 道路运输经营者、水路运输经营者应当按照国家有关规定，使客车、客船、客运站保持良好的卫生状况，消除车船、港站的病媒昆虫和鼠类以及其他染疫动物的危害。

第十一条 县级以上人民政府交通行政主管部门应当开展突发事件交通应急知识的宣传教育，增强道路、水路运输从业人员和旅客对突发事件的防范意识和应对能力。

第十二条 在车船、港站发生突发事件，县级以上人民政府交通行政主管部门应当协助同级人民政府卫生行政主管部门组织专家对突发事件进行综合评估，初步判断突发事件的类型，按照有关规定向省级以上人民政府提出是否启动突发事件应急预案的建议。

第十三条 国务院或者省级人民政府决定突发事件应急预案启动后，突发事件发生地的县级以上人民政府交通行政主管部门应当根据突发事件的类别，立即启动相应的突发事件交通应急预案，并向社会公布有关突发事件交通应急预案。

第三章 应急信息报告

第十四条 县级以上人民政府交通行政主管部门应当建立突发事件交通应急值班制度、应急报告制度和应急举报制度，公布统一的突发事件报告、举报电话，保证突发事件交通应急信息畅通。

第十五条 县级以上人民政府交通行政主管部门应当按有关规定向上级人民政府交通行政主管部门报告下列有关突发事件的情况：

（一）突发事件的实际发生情况；

（二）预防、控制和处理突发事件的情况；

（三）运输突发事件紧急物资的情况；

（四）保障交通畅通的情况；

（五）突发事件应急的其他有关情况。

道路运输经营者、水路运输经营者应当按有关规定向所在地县级人民政府交通行政主管部门和卫生行政主管部门报告有关突发事件的预防、控制、处理和紧急物资运输的有关情况。

第十六条 县级以上人民政府交通行政主管部门接到有关突发事件的报告后，应当在接到报告后 1 小时内向上级人民政府交通行政主管部门和同级人民政府卫生行政主管部门报告，根据卫生行政主管部门的要求，立即采取有关预防和控制措施，并协助同级人民政府卫生行政主管部门组织有关人员对报告事项调查核实、确证，采取必要的控制措施。

突发事件发生地的县级以上人民政府交通行政主管部门应当在首次初步调查结束后 2 小时内，向上一级人民政府交通行政主管部门报告突发事件的有关调查情况。

上级人民政府交通行政主管部门接到下级人民政府交通行政主管部门有关突发事件的报告后 1 小时内，向本交通行政主管部门的上一级人民政府交通行政主管部门报告。

突发事件发生地的县级以上地方人民政府交通行政主管部门，应当及时向毗邻和其他有关县级以上人民政府交通行政主管部门通报突发事件的有关情况。

第十七条 任何单位和个人不得隐瞒、缓报、谎报或者授意他人隐瞒、缓报、谎报有关突发事件和突发事件交通应急情况。

第四章 疫情应急处理

第十八条 重大传染病疫情发生后，县级以上人民政府交通行政主管部门应当按照省级人民政府依法确定的检疫传染病疫区以及对出入检疫传染病疫区的交通工具及其乘运人员、物资实施交通应急处理的决定，和同级人民政府卫生行政主管部门在客运站、客运渡口、路口等设立交通卫生检疫站或者留验站，依法实施交通卫生检疫。

第十九条 重大传染病疫情发生后，县级以上人民政府交通行政主管部门应当及时将县级以上人民政府卫生行政主管部门通报的有关疫情通知有关道路运输经营者、水路运输经营者。

县级以上人民政府交通行政主管部门应当及时会同同级人民政府卫生行政主管部门对道路运输经营者、水路运输经营者以及乘运人员进行相应的卫生防疫基本知识的宣传教育。

第二十条 重大传染病疫情发生后，道路运输经营者、水路运输经营者对车船、港站、货物应当按规定进行消毒或者进行其他必要的卫生处理，并经县级以上地方人民政府卫生行政主管部门疾病预防控制机构检疫合格，领取《交通卫生检疫合格证》后，方可投入营运或者进行运输。

《交通卫生检疫合格证》的印制、发放和使用，按照交通部与卫生部等国务院有关行政主管部门联合发布的《国内交通卫生检疫条例实施方案》的有关规定执行。

第二十一条 重大传染病疫情发生后，道路旅客运输经营者、水路旅客运输经营者应当组织对驾驶人员、乘务人员和船员进行健康检查，发现有检疫症状的，不得安排上车、上船。

第二十二条 重大传染病疫情发生后，道路运输经营者、水路运输经营者应当在车船、港站以及其他经营场所的显著位置张贴有关传染病预防和控制的宣传材料，并提醒旅客不得乘坐未取得《交通卫生检疫合格证》和道路旅客运输经营资格或者水路旅客运输经营资格的车辆、船舶，不得携带或者托运染疫行李和货物。

重大传染病疫情发生后，客车、客船应当在依法批准并符合突发事件交通应急预案要求的客运站、客运渡口上下旅客。

第二十三条 重大传染病疫情发生后，旅客购买车票、船票，应当事先填写交通部会同有关部门统一制定的《旅客健康申报卡》。旅客填写确有困难的，由港站工作人员帮助填写。

客运站出售客票时，应当对《旅客健康申报卡》所有事项进行核实。没有按规定填写《旅客健康申报卡》的旅客，客运站不得售票。

途中需要上下旅客的，客车、客船应当进入中转客运站，从始发客运站乘坐车船的旅客，不得再次被要求填写《旅客健康申报卡》。

第二十四条 重大传染病疫情发生后，旅客乘坐车船，应当接受交通卫生检疫，如被初验为检疫传染病病人或者疑似检疫传染病病人、可能感染检疫传染病病人以及国务院卫生行政主管部门规定需要采取应急控制措施的传染病病人、疑似传染病病人及其密切接触者，还应当接受留验站或者卫生行政主管部门疾病预防控制机构对其实施临时隔离、医学检查或者其他应急医学措施。

客运站应当认真查验《旅客健康申报卡》和客票。对不填报《旅客健康申报卡》的旅客，应当拒绝其乘坐客车、客船，并说明理由。

第二十五条 重大传染病疫情发生后，客运站应按车次或者航班将《旅客健康申报卡》交给旅客所乘坐车船的驾驶员或者船长、乘务员。

到达终点客运站后，驾驶员、船长或者乘务员应当将《旅客健康申报卡》交终点客运站，由终点客运站保存。

在中转客运站下车船的旅客，由该车船的驾驶员、船长或者乘务员将下车船旅客的《旅客健康申报卡》交中转客运站保存。

第二十六条 车船上发现检疫传染病病人或者疑似检疫传染病病人、可能感染检疫传染病病人以及国务院卫生行政主管部门规定需要采取应急控制措施的传染病病人、疑似传染病病人及其密切接触者时，驾驶员或者船长应当组织有关人员依法采取下列临时措施：

（一）以最快的方式通知前方停靠点，并向车船的所有人或者经营人和始发客运站报告；

（二）对检疫传染病病人、疑似检疫传染病病人、可能感染检疫传染病病人以及国务院卫生行政主管部门确定的其他重大传染病病人、疑似重大传染病病人、可能感染重大传染病病人及与其密切接触者实施紧急卫生处理和临时隔离；

（三）封闭已被污染或者可能被污染的区域，禁止向外排放污物；

（四）将车船迅速驶向指定的停靠点，并将《旅客健康申报卡》、乘运人员名单移交当地县级以上地方人民政府交通行政主管部门；

（五）对承运过检疫传染病病人、疑似检疫传染病病人、可能感染检疫传染病病人以及国务院卫生行政主管部门确定的其他重大传染病病人、疑似重大传染病病人、可能感染重大传染病病人及与其密切接触者的车船和可能被污染的停靠场所实施卫生处理。

车船的前方停靠点、车船的所有人或者经营人以及始发客运站接到有关报告后，应当立即向当地县级以上地方人民政府交通行政主管部门、卫生行政主管部门报告。

县级以上地方人民政府交通行政主管部门接到报告后，应当立即和同级人民政府卫生行政主管部门组织有关人员到达现场，采取相应的交通卫生检疫措施。

第二十七条 县级以上人民政府交通行政主管部门发现正在行驶的车船载有检疫传染病病人或者疑似检疫传染病病人、可能感染检疫传染病病人以及国务院卫生行政主管部门规定需要采取应急控制措施的传染病病人、疑似传染病病人及其密切接触者，应当立即通知该客车、客船的所有人或者经营人，并通报该车船行驶路线相关的县级人民政府交通行政主管部门。

第二十八条 对拒绝交通卫生检疫可能传播检疫传染病的车船、港站和其他停靠场所、乘运人员、运输货物，县级以上地方人民政府交通行政主管部门协助卫生行政主管部门，依法采取强制消毒或者其他必要的交通卫生检疫措施。

第二十九条 重大传染病疫情发生后，县级以上人民政府交通行政主管部门发现车船近期曾经载运过检疫传染病病人或者疑似检疫传染病病人、可能感染检疫传染病病人以及国务院卫生行政主管部门规定需要采取应急控制措施的传染病病人、疑似传染病病人及其密切接触者，应当立即将有关《旅客健康申报卡》送交卫生行政主管部门或者其指定的疾病预防控制机构。

第三十条 参加重大传染病疫情交通应急处理的工作人员，应当按照有关突发事件交通应急预案的要求，采取卫生防护措施，并在专业卫生人员的指导下进行工作。

第五章 交通应急保障

第三十一条 突发事件交通应急预案启动后，县级以上人民政府交通行政主管部门应当加强对车船、港站、道路、航道、船闸、渡口的维护、检修，保证其经常处于良好的技术状态。

除因阻断检疫传染病传播途径需要或者其他法定事由并依照法定程序可以中断交通外，任何单位和个人不得以任何方式中断交通。

县级以上人民政府交通行政主管部门发现交通中断或者紧急运输受阻，应当迅速报告上一级人民政府交通行政主管部门和当地人民政府，并采取措施恢复交通。如难以迅速恢复交通，应当提请当地人民政府予以解决，或者提请上一级人民政府交通行政主管部门协助解决。

第三十二条　在非检疫传染病疫区运行的车辆上发现检疫传染病病人、疑似检疫传染病病人、可能感染检疫传染病病人以及国务院卫生行政主管部门规定需要采取应急控制措施的传染病病人、疑似传染病病人及其密切接触者，由县级以上人民政府交通行政主管部门协助同级人民政府卫生行政主管部门依法决定对该车辆及其乘运人员、货物实施交通卫生检疫。

在非检疫传染病疫区运行船舶上发现检疫传染病病人、疑似检疫传染病病人、可能感染检疫传染病病人以及国务院卫生行政主管部门规定需要采取应急控制措施的传染病病人、疑似传染病病人及其密切接触者，由海事管理机构协助同级人民政府卫生行政主管部门依法对该船舶及其乘运人员、货物实施交通卫生检疫。

在非传染病疫区跨省、自治区、直辖市运行的船舶上发现检疫传染病病人、疑似检疫传染病病人、可能感染检疫传染病病人以及国务院卫生行政主管部门规定需要采取应急控制措施的传染病病人、疑似传染病病人及其密切接触者，交通部会同卫生部依法决定对该船舶实施交通卫生检疫，命令该船舶不得停靠或者通过港站。但是，因实施卫生检疫导致中断干线交通，报国务院决定。

第六章　紧急运输

第三十三条　突发事件发生后，县级以上地方人民政府交通行政主管部门应当采取措施保证突发事件应急处理所需运输的人员群体、防疫人员、医护人员以及突发事件应急处理所需的救治消毒药品、医疗救护设备器械等紧急物资及时运输。

第三十四条　依法负责处理突发事件的防疫人员、医护人员凭县级以上人民政府卫生行政主管部门出具的有关证明以及本人有效身份证件，可以优先购买客票；道路运输经营者、水路运输经营者应当保证其购得最近一次通往目的地的客票。

第三十五条　根据县级以上人民政府突发事件应急处理指挥部的命令，县级以上人民政府交通行政主管部门应当协助紧急调用有关人员、车船以及相关设施、设备。

被调用的单位和个人必须确保完成有关人员和紧急物资运输任务，不得延误和拒绝。

第三十六条　承担突发事件应急处理所需紧急运输的车船，应当使用《紧急运输通行证》。其中，跨省运送紧急物资的，应当使用交通部统一印制的《紧急运输通行证》；省内运送紧急物资的，可以使用省级交通行政主管部门统一印制的《紧急运输通行证》。使用《紧急运输通行证》的车船，按国家有关规定免交车辆通行费、船舶过闸费，并优先通行。

《紧急运输通行证》应当按照交通部的有关规定印制、发放和使用。

第三十七条　承担重大传染病疫情应急处理紧急运输任务的道路运输经营者、水路运输经营者应当遵守下列规定：

（一）车船在装卸货物前后根据需要进行清洗、消毒或者进行其他卫生处理；

（二）有关运输人员事前应当接受健康检查和有关防护知识培训，配备相应的安全防护用具；

（三）保证驾驶员休息充足，不得疲劳驾驶；

（四）进入疫区前，应当采取严格的防护措施；驶离疫区后，应当立即对车船和随行人员进行消毒或者采取其他必要卫生处理措施；

（五）紧急运输任务完成后，交回《紧急运输通行证》，对运输人员应当进行健康检查，并安排休息观察。

第三十八条　重大传染病疫情发生后，引航人员、理货人员上船引航、理货，应当事先体检，采取相应的有效防护措施，上船时应当主动出示健康合格证。

第七章　检查监督

第三十九条　县级以上人民政府交通行政主管部门应当加强对本行政区域内突发事件交通应急工作的指导和督察；上级人民政府交通行政主管部门对突发事件交通应急处理工作进行指导和督察，下级人民政府交通行政主管部门应当予以配合。

第四十条　县级以上地方人民政府交通行政主管部门的工作人员依法协助或者实施交通卫生检疫，应当携带证件，佩戴标志，热情服务，秉公执法，任何单位和个人应当予以配合，不得阻挠。

第四十一条　县级以上人民政府交通行政主管部门应当

加强对《交通卫生检疫合格证》、《旅客健康申报卡》使用情况的监督检查;对已按规定使用《交通卫生检疫合格证》、《旅客健康申报卡》的车船,应当立即放行。

任何单位和个人不得擅自印制、伪造、变造、租借、转让《交通卫生检疫合格证》、《紧急运输通行证》。

任何单位和个人不得使用擅自印制、伪造、变造、租借、转让的《交通卫生检疫合格证》、《紧急运输通行证》。

第八章 法律责任

第四十二条 县级以上地方人民政府交通行政主管部门违反本规定,有下列行为之一的,对其主要负责人依法给予行政处分:

(一)未依照本规定履行报告职责,对突发事件隐瞒、缓报、谎报或者授意他人隐瞒、缓报、谎报的;

(二)未依照本规定,组织完成突发事件应急处理所需要的紧急物资的运输的;

(三)对上级人民政府交通行政主管部门进行有关调查不予配合,或者采取其他方式阻碍、干涉调查的。

县级以上人民政府交通行政主管部门违反有关规定,造成传染病传播、流行或者对社会公众健康造成其他严重危害后果的,对主要负责人、负有责任的主管人员和其他责任人员依法给予开除的行政处分;构成犯罪的,依法追究刑事责任。

第四十三条 县级以上人民政府交通行政主管部门违反本规定,有下列行为之一,由上级人民政府交通行政主管部门责令改正、通报批评、给予警告;对主要负责人、负有责任的主管人员和其他责任人员依法给予降级、撤职的行政处分:

(一)在突发事件调查、控制工作中玩忽职守、失职、渎职的;

(二)拒不履行突发事件交通应急处理职责的。

第四十四条 道路运输经营者、水路运输经营者违反本规定,对在车船上发现的检疫传染病病人、疑似检疫传染病病人,未按有关规定采取相应措施的,由县级以上地方人民政府卫生行政主管部门责令改正,给予警告,并处1000元以上5000元以下的罚款。

第四十五条 检疫传染病病人、疑似检疫传染病病人以及与其密切接触者隐瞒真实情况、逃避交通卫生检疫的,由县级以上地方人民政府卫生行政主管部门责令限期改正,给予警告,可以并处1000元以下的罚款;拒绝接受交通卫生检疫和必要的卫生处理的,给予警告,并处1000元以上5000元以下的罚款。

第四十六条 突发事件发生后,未取得相应的运输经营资格,擅自从事道路运输、水路运输;或者有其他违反有关道路运输、水路运输管理规定行为的,依照有关道路运输、水路运输管理法规、规章的规定从重给予行政处罚。

第九章 附 则

第四十七条 群体性不明原因疾病交通应急方案,参照重大传染病交通应急方案执行。

第四十八条 本规定自2004年5月1日起施行。

突发公共卫生事件与传染病疫情监测信息报告管理办法

1. 2003年11月7日卫生部令第37号公布

2. 根据2006年8月22日《卫生部关于修改〈突发公共卫生事件与传染病疫情监测信息报告管理办法〉(卫生部第37号令)的通知》(卫疾控发〔2006〕332号)修订

第一章 总 则

第一条 为加强突发公共卫生事件与传染病疫情监测信息报告管理工作,提供及时、科学的防治决策信息,有效预防、及时控制和消除突发公共卫生事件和传染病的危害,保障公众身体健康与生命安全,根据《中华人民共和国传染病防治法》(以下简称传染病防治法)和《突发公共卫生事件应急条例》(以下简称应急条例)等法律法规的规定,制定本办法。

第二条 本办法适用于传染病防治法、应急条例和国家有关法律法规中规定的突发公共卫生事件与传染病疫情监测信息报告管理工作。

第三条 突发公共卫生事件与传染病疫情监测信息报告,坚持依法管理,分级负责,快速准确,安全高效的原则。

第四条 国务院卫生行政部门对全国突发公共卫生事件与传染病疫情监测信息报告实施统一监督管理。

县级以上地方卫生行政部门对本行政区域突发公共卫生事件与传染病疫情监测信息报告实施监督管理。

第五条 国务院卫生行政部门及省、自治区、直辖市卫生行政部门鼓励、支持开展突发公共卫生事件与传染病疫情监测信息报告管理的科学技术研究和国际交流合作。

第六条 县级以上各级人民政府及其卫生行政部门,应当对在突发公共卫生事件与传染病疫情监测信息报告管理工作中做出贡献的人员，给予表彰和奖励。

第七条 任何单位和个人必须按照规定及时如实报告突发公共卫生事件与传染病疫情信息，不得瞒报、缓报、谎报或者授意他人瞒报、缓报、谎报。

第二章 组织管理

第八条 各级疾病预防控制机构按照专业分工，承担责任范围内突发公共卫生事件和传染病疫情监测、信息报告与管理工作，具体职责为：

（一）按照属地化管理原则，当地疾病预防控制机构负责，对行政辖区内的突发公共卫生事件和传染病疫情进行监测、信息报告与管理；负责收集、核实辖区内突发公共卫生事件、疫情信息和其他信息资料；设置专门的举报、咨询热线电话，接受突发公共卫生事件和疫情的报告、咨询和监督；设置专门工作人员搜集各种来源的突发公共卫生事件和疫情信息。

（二）建立流行病学调查队伍和实验室，负责开展现场流行病学调查与处理，搜索密切接触者、追踪传染源，必要时进行隔离观察；进行疫点消毒及其技术指导；标本的实验室检测检验及报告。

（三）负责公共卫生信息网络维护和管理，疫情资料的报告、分析、利用与反馈；建立监测信息数据库，开展技术指导。

（四）对重点涉外机构或单位发生的疫情，由省级以上疾病预防控制机构进行报告管理和检查指导。

（五）负责人员培训与指导，对下级疾病预防控制机构工作人员进行业务培训；对辖区内医院和下级疾病预防控制机构疫情报告和信息网络管理工作进行技术指导。

第九条 国家建立公共卫生信息监测体系，构建覆盖国家、省、市（地）、县（区）疾病预防控制机构、医疗卫生机构和卫生行政部门的信息网络系统，并向乡（镇）、村和城市社区延伸。

国家建立公共卫生信息管理平台、基础卫生资源数据库和管理应用软件，适应突发公共卫生事件、法定传染病、公共卫生和专病监测的信息采集、汇总、分析、报告等工作的需要。

第十条 各级各类医疗机构承担责任范围内突发公共卫生事件和传染病疫情监测信息报告任务，具体职责为：

（一）建立突发公共卫生事件和传染病疫情信息监测报告制度，包括报告卡和总登记簿、疫情收报、核对、自查、奖惩。

（二）执行首诊负责制，严格门诊工作日志制度以及突发公共卫生事件和疫情报告制度，负责突发公共卫生事件和疫情监测信息报告工作。

（三）建立或指定专门的部门和人员，配备必要的设备，保证突发公共卫生事件和疫情监测信息的网络直接报告。

门诊部、诊所、卫生所（室）等应按照规定时限，以最快通讯方式向发病地疾病预防控制机构进行报告，并同时报出传染病报告卡。

报告卡片邮寄信封应当印有明显的“突发公共卫生事件或疫情”标志及写明××疾病预防控制机构收的字样。

（四）对医生和实习生进行有关突发公共卫生事件和传染病疫情监测信息报告工作的培训。

（五）配合疾病预防控制机构开展流行病学调查和标本采样。

第十一条 流动人员中发生的突发公共卫生事件和传染病病人、病原携带者和疑似传染病病人的报告、处理、疫情登记、统计，由诊治地负责。

第十二条 铁路、交通、民航、厂（场）矿所属的医疗卫生机构发现突发公共卫生事件和传染病疫情，应按属地管理原则向所在地县级疾病预防控制机构报告。

第十三条 军队内的突发公共卫生事件和军人中的传染病疫情监测信息，由中国人民解放军卫生主管部门根据有关规定向国务院卫生行政部门直接报告。

军队所属医疗卫生机构发现地方就诊的传染病病人、病原携带者、疑似传染病病人时，应按属地管理原则向所在地疾病预防控制机构报告。

第十四条 医疗卫生人员未经当事人同意，不得将传染病病人及其家属的姓名、住址和个人病史以任何形式向社会公开。

第十五条 各级政府卫生行政部门对辖区内各级医疗卫生机构负责的突发公共卫生事件和传染病疫情监测信息报告情况，定期进行监督、检查和指导。

第三章 报告

第十六条 各级各类医疗机构、疾病预防控制机构、采供血机构均为责任报告单位；其执行职务的人员和乡村医生、个体开业医生均为责任疫情报告人，必须按照传染病防治法的规定进行疫情报告，履行法律规定的义务。

第十七条 责任报告人在首次诊断传染病病人后，应立即填写传染病报告卡。

传染病报告卡由录卡单位保留三年。

第十八条 责任报告单位和责任疫情报告人发现甲类传

染病和乙类传染病中的肺炭疽、传染性非典型肺炎、脊髓灰质炎、人感染高致病性禽流感病人或疑似病人时，或发现其他传染病和不明原因疾病暴发时，应于2小时内将传染病报告卡通过网络报告；未实行网络直报的责任报告单位应于2小时内以最快的通讯方式（电话、传真）向当地县级疾病预防控制机构报告，并于2小时内寄送出传染病报告卡。

对其他乙、丙类传染病病人、疑似病人和规定报告的传染病病原携带者在诊断后，实行网络直报的责任报告单位应于24小时内进行网络报告；未实行网络直报的责任报告单位应于24小时内寄送出传染病报告卡。

县级疾病预防控制机构收到无网络直报条件责任报告单位报送的传染病报告卡后，应于2小时内通过网络进行直报。

第十九条 获得突发公共卫生事件相关信息的责任报告单位和责任报告人，应当在2小时内以电话或传真等方式向属地卫生行政部门指定的专业机构报告，具备网络直报条件的要同时进行网络直报，直报的信息由指定的专业机构审核后进入国家数据库。不具备网络直报条件的责任报告单位和责任报告人，应采用最快的通讯方式将《突发公共卫生事件相关信息报告卡》报送属地卫生行政部门指定的专业机构，接到《突发公共卫生事件相关信息报告卡》的专业机构，应对信息进行审核，确定真实性，2小时内进行网络直报，同时以电话或传真等方式报告同级卫生行政部门。

接到突发公共卫生事件相关信息报告的卫生行政部门应当尽快组织有关专家进行现场调查，如确认为实际发生突发公共卫生事件，应根据不同的级别，及时组织采取相应的措施，并在2小时内向本级人民政府报告，同时向上一级人民政府卫生行政部门报告。如尚未达到突发公共卫生事件标准的，由专业防治机构密切跟踪事态发展，随时报告事态变化情况。

第二十条 突发公共卫生事件及传染病信息报告的其它事项按照《突发公共卫生事件相关信息报告管理工作规范（试行）》及《传染病信息报告管理规范》有关规定执行。

第四章 调 查

第二十一条 接到突发公共卫生事件报告的地方卫生行政部门，应当立即组织力量对报告事项调查核实、判定性质，采取必要的控制措施，并及时报告调查情况。

不同类别的突发公共卫生事件的调查应当按照《全国突发公共卫生事件应急预案》规定要求执行。

第二十二条 突发公共卫生事件与传染病疫情现场调查应包括以下工作内容：

（一）流行病学个案调查、密切接触者追踪调查和传染病发病原因、发病情况、疾病流行的可能因素等调查；

（二）相关标本或样品的采样、技术分析、检验；

（三）突发公共卫生事件的确证；

（四）卫生监测，包括生活资源受污染范围和严重程度，必要时应在突发事件发生地及相邻省市同时进行。

第二十三条 各级卫生行政部门应当组织疾病预防控制机构等有关领域的专业人员，建立流行病学调查队伍，负责突发公共卫生事件与传染病疫情的流行病学调查工作。

第二十四条 疾病预防控制机构发现传染病疫情或接到传染病疫情报告时，应当及时采取下列措施：

（一）对传染病疫情进行流行病学调查，根据调查情况提出划定疫点、疫区的建议，对被污染的场所进行卫生处理，对密切接触者，在指定场所进行医学观察和采取其他必要的预防措施，并向卫生行政部门提出疫情控制方案；

（二）传染病暴发、流行时，对疫点、疫区进行卫生处理，向卫生行政部门提出疫情控制方案，并按照卫生行政部门的要求采取措施；

（三）指导下级疾病预防控制机构实施传染病预防、控制措施，组织、指导有关单位对传染病疫情的处理。

第二十五条 各级疾病预防控制机构负责管理国家突发公共卫生事件与传染病疫情监测报告信息系统，各级责任报告单位使用统一的信息系统进行报告。

第二十六条 各级各类医疗机构应积极配合疾病预防控制机构专业人员进行突发公共卫生事件和传染病疫情调查、采样与处理。

第五章 信息管理与通报

第二十七条 各级各类医疗机构所设与诊治传染病有关的科室应当建立门诊日志、住院登记簿和传染病疫情登记簿。

第二十八条 各级各类医疗机构指定的部门和人员，负责本单位突发公共卫生事件和传染病疫情报告卡的收发和核对，设立传染病报告登记簿，统一填报有关报表。

第二十九条 县级疾病预防控制机构负责本辖区内突发公共卫生事件和传染病疫情报告卡、报表的收发、核对、疫情的报告和管理工作。

各级疾病预防控制机构应当按照国家公共卫生监测体系网络系统平台的要求，充分利用报告的信息资料，建立突发公共卫生事件和传染病疫情定期分析通报制度，常规监测时每月不少于三次疫情分析与通报，紧急情况下需每日进行疫情分析与通报。

第三十条 国境口岸所在地卫生行政部门指定的疾病预防控制机构和港口、机场、铁路等疾病预防控制机构及国境卫生检疫机构，发现国境卫生检疫法规定的检疫传染病时，应当互相通报疫情。

第三十一条 发现人畜共患传染病时，当地疾病预防控制机构和农、林部门应当互相通报疫情。

第三十二条 国务院卫生行政部门应当及时通报和公布突发公共卫生事件和传染病疫情，省（自治区、直辖市）人民政府卫生行政部门根据国务院卫生行政部门的授权，及时通报和公布本行政区域的突发公共卫生事件和传染病疫情。

突发公共卫生事件和传染病疫情发布内容包括：

（一）突发公共卫生事件和传染病疫情性质、原因；

（二）突发公共卫生事件和传染病疫情发生地及范围；

（三）突发公共卫生事件和传染病疫情的发病、伤亡及涉及的人员范围；

（四）突发公共卫生事件和传染病疫情处理措施和控制情况；

（五）突发公共卫生事件和传染病疫情发生地的解除。

与港澳台地区及有关国家和世界卫生组织之间的交流与通报办法另行制订。

第六章 监督管理

第三十三条 国务院卫生行政部门对全国突发公共卫生事件与传染病疫情监测信息报告管理工作进行监督、指导。

县级以上地方人民政府卫生行政部门对本行政区域的突发公共卫生事件与传染病疫情监测信息报告管理工作进行监督、指导。

第三十四条 各级卫生监督机构在卫生行政部门的领导下，具体负责本行政区内的突发公共卫生事件与传染病疫情监测信息报告管理工作的监督检查。

第三十五条 各级疾病预防控制机构在卫生行政部门的领导下，具体负责对本行政区域内的突发公共卫生事件与传染病疫情监测信息报告管理工作的技术指导。

第三十六条 各级各类医疗卫生机构在卫生行政部门的领导下，积极开展突发公共卫生事件与传染病疫情监测信息报告管理工作。

第三十七条 任何单位和个人发现责任报告单位或责任疫情报告人有瞒报、缓报、谎报突发公共卫生事件和传染病疫情情况时，应向当地卫生行政部门报告。

第七章 罚 则

第三十八条 医疗机构有下列行为之一的，由县级以上地方卫生行政部门责令改正、通报批评、给予警告；情节严重的，会同有关部门对主要负责人、负有责任的主管人员和其他责任人员依法给予降级、撤职的行政处分；造成传染病传播、流行或者对社会公众健康造成其他严重危害后果，构成犯罪的，依据刑法追究刑事责任：

（一）未建立传染病疫情报告制度的；

（二）未指定相关部门和人员负责传染病疫情报告管理工作的；

（三）瞒报、缓报、谎报发现的传染病病人、病原携带者、疑似病人的。

第三十九条 疾病预防控制机构有下列行为之一的，由县级以上地方卫生行政部门责令改正、通报批评、给予警告；对主要负责人、负有责任的主管人员和其他责任人员依法给予降级、撤职的行政处分；造成传染病传播、流行或者对社会公众健康造成其他严重危害后果，构成犯罪的，依法追究刑事责任：

（一）瞒报、缓报、谎报发现的传染病病人、病原携带者、疑似病人的；

（二）未按规定建立专门的流行病学调查队伍，进行传染病疫情的流行病学调查工作；

（三）在接到传染病疫情报告后，未按规定派人进行现场调查的；

（四）未按规定上报疫情或报告突发公共卫生事件的。

第四十条 执行职务的医疗卫生人员瞒报、缓报、谎报传染病疫情的，由县级以上卫生行政部门给予警告，情节严重的，责令暂停六个月以上一年以下执业活动，或者吊销其执业证书。

责任报告单位和事件发生单位瞒报、缓报、谎报或授意他人不报告突发性公共卫生事件或传染病疫情的，对其主要领导、主管人员和直接责任人由其单位或上级主管机关给予行政处分，造成疫情播散或事态恶化等严重后果的，由司法机关追究其刑事责任。

第四十一条 个体或私营医疗保健机构瞒报、缓报、谎报传染病疫情或突发性公共卫生事件的，由县级以上卫生行政部门责令限期改正，可以处100元以上500元以下罚款；对造成突发性公共卫生事件和传染病传播流行的，责令停业整改，并可以处200元以上2000元以下罚款，触犯刑律的，对其经营者、主管人员和直接责任人移交司法机关追究刑事责任。

第四十二条 县级以上卫生行政部门未按照规定履行突发公共卫生事件和传染病疫情报告职责，瞒报、缓报、谎报或者授意他人瞒报、缓报、谎报的，对主要负责人依法给予降级或者撤职的行政处分；造成传染病传播、流行或者对社会公众造成其他严重危害后果的，给予开除处分；构成犯罪的，依法追究刑事责任。

第八章 附 则

第四十三条 中国人民解放军、武装警察部队医疗卫生机构突发公共卫生事件与传染病疫情监测信息报告管理工作，参照本办法的规定和军队的相关规定执行。

群体性不明原因疾病应急处置方案（试行）

1. 2007年1月16日卫生部发布
2. 卫应急发〔2007〕21号

1 总 则

1.1 编制目的

为及时发现、有效控制群体性不明原因疾病，规范群体性不明原因疾病发生后的报告、诊治、调查和控制等应急处置技术，指导群体性不明原因疾病事件的应急处置工作，保障人民群众身体健康，维护社会稳定和经济发展。

1.2 编制依据

依据《中华人民共和国传染病防治法》、《突发公共卫生事件应急条例》、《国家突发公共事件总体应急预案》和《国家突发公共卫生事件应急预案》等法律法规和预案，制定本方案。

1.3 适用范围

本方案适用在中华人民共和国境内发生的，造成或者可能造成社会公众身心健康严重损害的群体性不明原因疾病事件的应急处置工作。

1.4 群体性不明原因疾病定义和群体性不明原因疾病事件分级

1.4.1 定义

群体性不明原因疾病是指一定时间内（通常是指2周内），在某个相对集中的区域（如同一个医疗机构、自然村、社区、建筑工地、学校等集体单位）内同时或者相继出现3例及以上有相同临床表现的病例，并且有重症病例或死亡病例发生，经县级及以上医院组织专家会诊，不能诊断或解释病因的疾病。

群体性不明原因疾病具有临床表现相似性、发病人群聚集性、流行病学关联性、健康损害严重性的特点。这类疾病可能是传染病（包括新发传染病）、中毒或其他未知因素引起的疾病。

1.4.2 分级

Ⅰ级 特别重大群体性不明原因疾病事件：在一定时间内，发生涉及两个及以上省份的群体性不明原因疾病，并有扩散趋势；或由国务院卫生行政部门认定的相应级别的群体性不明原因疾病事件。

Ⅱ级 重大群体性不明原因疾病事件：一定时间内，在一个省多个县（市）发生群体性不明原因疾病；或由省级卫生行政部门认定的相应级别的群体性不明原因疾病事件。

Ⅲ级 较大群体性不明原因疾病事件：一定时间内，在一个省的一个县（市）行政区域内发生群体性不明原因疾病；或由地市级卫生行政部门认定的相应级别的群体性不明原因疾病事件。

1.5 工作原则

1.5.1 统一领导、分级响应的原则

发生群体性不明原因疾病事件时，事发地的县级、市（地）级、省级人民政府及其有关部门按照分级响应的原则，启动相应工作方案，作出相应级别的应急反应，并按事件发展的进程，随时进行调整。

特别重大群体性不明原因疾病事件的应急处置工作由国务院或国务院卫生行政部门和有关部门组织实施，开展相应的医疗卫生应急、信息发布、宣传教育、科研攻关、国际交流与合作、应急物资与设备的调集、后勤保障以及督导检查等工作。事发地省级人民政府应按照国务院或国务院有关部门的统一部署，结合本地区实际情况，组织协调市（地）、县（市）人民政府开展群体性不明原因疾病事件的应急处置工作。

特别重大级别以下的群体性不明原因疾病事件的应急处置工作由地方各级人民政府负责组织实施。超出本级应急处置能力时，地方各级人民政府要及时报请上级人民政府和有关部门提供指导和支持。

1.5.2 及时报告的原则

报告单位和责任报告人应在发现群体性不明原因疾病2小时内以电话或传真等方式向属地卫生行政部门或

其指定的专业机构报告，具备网络直报条件的机构应立即进行网络直报（参照《国家突发公共卫生事件相关信息报告管理工作规范》）。

1.5.3 调查与控制并举的原则

对群体性不明原因疾病事件的现场处置，应坚持调查和控制并举的原则。在事件的不同阶段，根据事件的变化调整调查和控制的侧重点。若流行病学病因（主要指传染源或污染来源、传播途径或暴露方式、易感人群或高危人群）不明，应以调查为重点，尽快查清事件的原因。对有些群体性不明原因疾病，特别是新发传染病暴发时，很难在短时间内查明病原的，应尽快查明传播途径及主要危险因素（流行病学病因），立即采取针对性的控制措施，以控制疫情蔓延。

1.5.4 分工合作、联防联控原则

各级业务机构对于群体性不明原因疾病事件的调查、处置实行区域联手、分工合作。在事件性质尚不明确时，疾病预防控制机构负责进行事件的流行病学调查，提出疾病预防控制措施，开展实验室检测；卫生监督机构负责收集有关证据，追究违法者法律责任；医疗机构负责积极救治患者；有关部门（如农业部门、食品药品监督管理部门、安全生产监督管理部门等）应在各级人民政府的领导和各级卫生行政部门的指导下，各司其职，积极配合有关业务机构开展现场的应急处置工作；同时对于涉及跨区域的群体性不明原因疾病事件，要加强区域合作。一旦事件性质明确，各相关部门应按职责分工开展各自职责范围内的工作。

1.5.5 信息互通、及时发布原则

各级业务机构对于群体性不明原因疾病事件的报告、调查、处置的相关信息应建立信息交换渠道。在调查处置过程中，发现属非本机构职能范围的，应及时将调查信息移交相应的责任机构；按规定权限，及时公布事件有关信息，并通过专家利用媒体向公众宣传防病知识，传达政府对群众的关心，正确引导群众积极参与疾病预防和控制工作。在调查处置结束后，应将调查结果相互通报。

2 应急处置的组织体系及职责

2.1 应急指挥机构

为了有效处置群体性不明原因疾病事件，卫生部按照《国家突发公共卫生事件应急预案》等的规定，在国务院统一领导下，负责组织、协调全国群体性不明原因疾病事件的应急处置工作，并根据实际需要，提出成立全国群体性不明原因疾病事件应急指挥部。

地方各级人民政府卫生行政部门依照职责和本方案的规定，在本级人民政府统一领导下，负责组织、协调本行政区域内群体性不明原因疾病事件的应急处置工作，并根据实际需要，向本级人民政府提出成立地方群体性不明原因疾病事件应急指挥部的建议。

各级人民政府根据本级人民政府卫生行政部门的建议和实际工作需要，决定是否成立地方应急指挥部。

地方各级人民政府及有关部门和单位要按照属地管理的原则，切实做好本行政区域内群体性不明原因疾病事件的应急处置工作。

2.1.1 全国群体性不明原因疾病事件应急指挥部的组成和职责

全国群体性不明原因疾病事件应急指挥部负责对特别重大群体性不明原因疾病事件的统一领导、统一指挥，作出处置群体性不明原因疾病事件的重大决策。指挥部成员单位根据事件的性质和应急处置工作的需要确定。

2.1.2 地方群体性不明原因疾病事件应急指挥部的组成和职责

地方群体性不明原因疾病事件应急指挥部由各级人民政府有关部门组成，实行属地管理的原则，负责对本行政区域内群体性不明原因疾病事件的应急处置的协调和指挥，做出处置本行政区域内群体性不明原因疾病事件的决策，决定要采取的措施。

2.1.3 专家组的组成和职责

专家组由传染病学、临床医学、流行病学、食品卫生、职业卫生、免疫规划、卫生管理、健康教育、医学检验等相关领域具有高级职称的专家组成。根据需要，在专家组中可分设专业组，如传染病防控组、中毒处置组、核与放射处置组、医疗救治组和预测预警组等。其主要职责是：

（1）对群体性不明原因疾病的调查和采取的控制措施提出建议；

（2）对确定群体性不明原因疾病原因和事件相应的级别提出建议；

（3）对群体性不明原因疾病事件的发展趋势进行评估和预测；

（4）对群体性不明原因疾病事件应急反应的终止、后期评估提出建议；

（5）承担群体性不明原因疾病事件应急指挥部交办的其他工作。

2.2 医疗卫生专业机构的职责和分工

2.2.1 医疗机构主要负责病例（疫情）的诊断和报告，并开展临床救治。有条件的医疗机构应及时进行网络直报，并上报所在辖区内的疾病预防控制机构。同时，医疗机构应主动配合疾病预防控制机构开展事件的流行病学和卫生学调查、实验室检测样本的采集等工作，落实医院内的各项疾病预防控制措施；并按照可能的病因假设采取针对性的治疗措施，积极抢救危重病例，尽可能减少并发症，降低病死率；一旦有明确的实验室检测结果，医疗机构应及时调整治疗方案，做好病例尤其是危重病例的救治工作。

2.2.2 疾病预防控制机构主要负责进行群体性不明原因疾病事件的流行病学和卫生学调查、实验室检测样本的采集和检测，同时要提出具体的疾病预防控制措施（如消毒、隔离、医学观察等），并指导相关单位加以落实。

2.2.3 卫生监督机构主要协助卫生行政部门对事件发生地区的食品卫生、环境卫生以及医疗卫生机构的疫情报告、医疗救治、传染病防治等进行卫生监督和执法稽查。

3 监测与报告

3.1 监测

3.1.1 监测网络和体系

国家将群体性不明原因疾病监测工作纳入全国疾病监测网络。各级医疗机构、疾病预防控制机构、卫生监督机构负责开展群体性不明原因疾病的日常监测工作。上述机构应及时对群体性不明原因疾病的资料进行收集汇总、科学分析、综合评估，早期发现不明原因疾病的苗头。

省级人民政府卫生行政部门要按照国家统一规定和要求，结合实际，建立由省、市、县（市、区）级和乡镇卫生院或社区卫生服务中心（站）及村卫生室组成的监测网络，积极开展不明原因疾病的监测。

3.1.2 监测资料的收集、整理和分析

（1）疾病预防控制机构对各种已有的监测资料进行收集、整理和分析，早期发现群体性不明原因疾病。

对上报的有相似症状的不明原因疾病资料进行汇总，及时分析不明原因疾病的分布、关联性、聚集性及发展趋势，寻找和发现异常情况。

在现有监测的基础上，根据需要扩大监测的内容和方式，如缺勤报告监测、社区监测、药店监测、电话咨询监测、症状监测等，以互相印证，提高监测的敏感性。

（2）医疗机构医务人员接诊不明原因疾病患者，具有相似临床症状，并在发病时间、地点、人群上有关联性的要及时报告。

3.2 报告

3.2.1 责任单位和责任报告人

县级以上各级人民政府卫生行政部门指定的突发公共卫生事件监测机构、各级各类医疗卫生机构为群体性不明原因疾病事件的责任报告单位；执行职务的各级各类医疗卫生机构的医疗卫生人员、个体开业医生为责任报告人。此外，任何单位和个人均可向国务院卫生行政部门和地方各级人民政府及其有关部门报告群体性不明原因疾病事件。

任何单位和个人都可以向国务院卫生行政部门和地方各级人民政府及其有关部门举报群体性不明原因疾病事件。

3.2.2 报告内容

各级卫生行政部门指定的责任报告单位，在接到群体性不明原因疾病报告后，要详细询问事件名称、事件类别、发生时间、地点、涉及的地域范围、人数、主要症状与体征、可能的原因、已经采取的措施、事件的发展趋势、下步工作计划等。并按事件发生、发展和控制的过程，收集相关信息，做好初次报告、进程报告、结案报告。

（1）初次报告。

报告内容包括事件名称、初步判定的事件类别和性质、发生地点、波及范围、发生时间、涉及发病人数、死亡人数、主要的临床症状、可能原因、已采取的措施、报告单位、报告人员及通讯方式等。

（2）进程报告。

应报告事件的发展趋势与变化、处置进程、事件的诊断和原因或可能因素，势态评估、控制措施等内容。同时，对初次报告的内容进行补充和修正。

重大及特别重大群体性不明原因疾病事件至少应按日进行进程报告。

（3）结案报告。

事件终止应有结案报告，凡达到《国家突发公共卫生事件应急预案》分级标准的群体性不明原因疾病事件结束后，均应由相应级别卫生行政部门组织评估。在确认事件终止后2周内，对事件的发生和处理情况进行总结，分析其原因和影响因素，并提出今后对类似事件的防范和处置建议。结案报告的具体内容应包括整个事件发生、发展的全过程，包括事件接报情况、事件概况、背景资料（包括事件发生地的地理、气候、人文等一般情况）、描述流行病学分析、病因假设及验证、讨论、结论和建议等。

3.2.3 报告时限与程序

发现群体性不明原因疾病的责任报告单位和报告人，应在2小时内以电话或传真等方式向属地卫生行政部门或其指定的专业机构报告，具备网络直报条件的机构在核实应立即进行网络直报。不具备网络直报条件的责任报告单位和责任报告人，应采用最快的通讯方式将

《突发公共卫生事件相关信息报告卡》报送属地卫生行政部门指定的专业机构。接到群体性不明原因疾病报告的专业机构,应对信息进行审核,确定真实性,2 小时内进行网络直报,同时以电话或传真等方式报告同级卫生行政部门。具体要求按照《国家突发公共卫生事件相关信息报告管理工作规范(试行)》执行。

3.2.4 通报制度

群体性不明原因疾病发生地的上级卫生行政部门应根据防控工作的需要,将疫情及时通报相邻地区的卫生行政部门。

4 专家会商与指挥决策

4.1 专家会商

卫生行政部门接到群体性不明原因疾病报告并核实后,迅速组织群体性不明原因疾病专家组赴事发地现场会商。专家会商的主要内容是:在查看病例及其临床资料的基础上,核实前期流行病学调查资料等内容,重点讨论报告病例是否属不明原因疾病(病例的临床表现与报告情况是否相符、诊断是否正确、治疗方法是否适当);病例之间是否有关联性,事件的危害性。

经专家会商后应撰写会商报告,主要包括如下内容:

(1)报告病例的三间分布、病情进展及临床治疗情况;

(2)确诊病例、临床诊断病例、疑似病例、密切接触者、一般接触者、监测病例的定义;

(3)病人救治方案,治愈与出院标准;

(4)事件的初步判断,包括事件的性质、可能的病因、传播(污染)途径、潜伏期及趋势分析;

(5)对控制措施和事件分级的建议,疫点、疫区的划定。

首次会商会后,要根据病例病情进展情况及病因调查情况,不定期召开专家会商会,以及时调整病例定义和工作方案。

4.2 指挥决策

(1)卫生行政部门根据专家会商结果,报告同级人民政府和上一级卫生行政部门,拟定《群体性不明原因疾病应急处置工作方案》,报同级人民政府批准下发到相关部门和单位实施。

(2)总结分析。定期召开工作例会,汇总工作进展情况,及时分析事件的发展动向、存在的问题及下一步工作安排。

(3)下达指令。根据工作组例会分析情况和上级指示,及时以公文等形式下达相关指令,并督办落实。

(4)社会动员。根据应急处置工作的需要,及时动员社会各界共同参与应急处置工作。同时,组织开展爱国卫生运动,宣传卫生防病知识,提高群众自我保护意识。

(5)舆论引导。适时公布事件相关信息。加强媒体监测,收集与事件相关的报道及网络上的相关信息,正确引导舆论。

(6)资源调度。根据事件处置工作需要,及时调集技术力量、应急物资和资金。

5 现场调查与病因分析

群体性不明原因疾病发生后,首先应根据已经掌握的情况,尽快组织力量开展调查,分析,查找病因。

若流行病学病因(主要是传染源、传播途径或暴露方式、易感人群)不明,应以现场流行病学调查为重点,尽快查清事件的原因。在流行病学病因查清后,应立即实行有针对性的控制措施。

若怀疑为中毒事件时,在采取适当救治措施的同时,要尽快查明中毒原因。查清中毒原因后,给予特异、针对性的治疗,并注意保护高危人群。

若病因在短时间内难以查清,或即使初步查明了病原,但无法于短期内找到有效控制措施的,应以查明的传播途径及主要危险因素(流行性病因)制定有针对性的预防控制措施。

5.1 群体性不明原因疾病的核实与判断

5.1.1 核实

卫生行政部门接到报告后应立即派出专业人员(包括流行病学或卫生学、临床、检验等专业人员)对不明原因疾病进行初步核实,核实内容主要包括:

(1)病例的临床特征、诊断、治疗方法和效果;

(2)发病经过和特点:发病数、死亡数及三间分布等;

(3)样本采集种类、方式、时间及保存、运输方法等;

(4)实验室检测方法、仪器、试剂、质控和结果;

(5)危及人群的范围和大小;

(6)不明原因疾病性质的初步判断及其依据;

(7)目前采取的措施和效果;

(8)目前的防治需求。

5.1.2 判断

根据核实结果进行综合分析,初步判断群体性不明原因疾病是否存在,若确认疫情存在,应对群体性不明原因疾病的性质、规模、种类、严重程度、高危人群、发展阶段和趋势进行初步判断,并制定初步的调查方案和控制措施。

5.2　病例调查及分析

5.2.1　病例搜索

根据病例定义的内容，在一定的时间、范围内搜索类似病例并开展个案调查、入户调查和社区调查。设计调查表，培训调查人员，统一调查内容和方法。调查表参照附录2～4。

5.2.2　初步分析

统计病例的发病数、死亡数、病死率、病程等指标，描述病例的三间分布及特征，进行关联性分析。

5.3　提出病因假设

5.3.1　从临床、流行病学基本资料入手，寻找病因线索

根据病例的临床表现、病情进展情况、严重程度、病程变化，先按感染性与非感染性两类查找病因线索，然后逐步细化。根据患者的临床症状、体征、常规实验室检测结果、临床治疗及转归和初步的流行病学资料进行分析，判定疾病主要影响的器官、病原种类，影响流行的环节等，做出初步诊断。

分析思路：首先考虑常见病、多发病，再考虑少见病、罕见病，最后考虑新出现的疾病。如果初步判定是化学中毒，首先考虑常见的毒物，再考虑少见毒物（见附录5）。

（1）根据临床表现（发热、咳嗽、腹泻、皮疹等）、病情进展、常规检验结果，以及基本的流行病学调查（个人史、家族史、职业暴露史等），初步判定是感染性疾病还是非感染性疾病；如果为感染性疾病，需考虑是否具有传染性。

若判定为感染性疾病可能性大，可根据患者的症状、体征、实验室检测结果，以及试验性治疗效果，判定是细菌性、病毒性，还是其他病原微生物的感染。根据临床主要特征提出病因假设（见附表1）。

（2）如考虑为非感染性疾病，需先判定是否中毒，再考虑是否心因性、过敏性、放射性（辐射）或其他的原因引起的疾病。

①结合进食史、职业暴露史、临床症状和体征、发病过程等，判定是否中毒，以及可能引起的中毒物（见附表2）。

②结合患者的临床表现、周围人群特征等，判定是否心因性疾病。

③结合进食史、用药史、生活或职业暴露史、临床症状和体征、发病过程等，判定是否是过敏性疾病（如药物疹等）。

④结合生活或职业暴露史、临床症状和体征、发病过程等，判定是否辐射病。

5.3.2　从流行病学特征入手，建立病因假设

（1）掌握背景资料：现场环境、当地生活习惯、方式、嗜好、当地动物发病情况以及其他可能影响疾病发生、发展、变化的因素。

（2）归纳疾病分布特征，形成病因假设：通过三间分布，提出病因假设，包括致病因子、危险因素及其来源、传播方式（或载体）、高危人群等。

提出可能的病因假设，可以不止1个假设，适宜的病因假设包括导致暴发、流行的疾病、传染源及传播途径、传播方式、高危人群，提出病因假设后，在验证假设的同时，应尽快实施有针对性的预防和控制措施。

5.4　验证病因

5.4.1　流行病学病因验证：根据病因假设，通过病例对照研究、队列研究等分析性流行病学方法进行假设验证。在进行病因推断时，应注意以下原则：

（1）根据患者暴露在可疑因素中的时间关系，确定暴露因素与疾病联系的时间先后顺序。

（2）如果可疑因素可按剂量进行分级，了解该疾病病情的严重程度与某种暴露因素的数量间的关系。

（3）根据疾病地区、时间分布特征，分析疾病病因分布与疾病的地区、时间分布关系。

（4）观察不同的人群、不同的地区和不同的时间，判定暴露因素与疾病可重复性联系。

（5）根据所掌握的生物医学等现代科学知识，合理地解释暴露与疾病的因果关系。

（6）观察暴露因素与疾病的关系，判定是否存在着一对一的关系，或其他关系。

（7）观察可疑致病因素的变化（增加、减少或去除）和疾病发生率变化（升高或下降）关系，进一步确定暴露因素与疾病的因果联系。

5.4.2　实验室证据：收集样本（血、咽拭子、痰、大便、尿、脑脊液、尸解组织等），通过实验室检测验证假设。

5.4.3　干预（控制）措施效果评价：针对病原学病因假设进行临床试验性治疗；根据流行病学病因假设，提出初步的控制措施，包括消除传染源或污染源、减少暴露或防止进一步暴露、保护易感或高危人群。通过对所采取的初步干预（控制）措施的效果评价也可验证病因假设，并为进一步改进和完善控制措施提供依据。

5.4.4　如果通过验证假设无法成立，则必须重新考虑或修订假设，根据新的线索制定新的方案，有的群体性不明原因疾病可能需要反复多次的验证，方能找到明确原因。

5.5 判断和预测

综合分析调查结果,对群体性不明原因疾病的病因、目前所处阶段、影响范围、病人救治和干预(控制)措施的效果等方面进行描述和分析,得出初步结论,同时对病人的预后、群体性不明原因疾病发展趋势及其影响进行分析和预测,并对下一步工作提出建议。

6 现场控制措施

应急处置中的预防控制措施需要根据疾病的传染源或危害源、传播或危害途径以及疾病的特征来确定。不明原因疾病的诊断需要在调查过程中逐渐明确疾病发生的原因。因此,在采取控制措施上,需要根据疾病的性质,决定应该采取的控制策略和措施,并随着调查的深入,不断修正、补充和完善控制策略与措施,遵循边控制、边调查、边完善的原则,力求最大限度地降低不明原因疾病的危害。

6.1 无传染性的不明原因疾病

(1)积极救治病人,减少死亡(详见附录6)。

(2)对共同暴露者进行医学观察,一旦发现符合本次事件病例定义的病人,立即开展临床救治。

(3)移除可疑致病源。如怀疑为食物中毒,应立即封存可疑食物和制作原料,职业中毒应立即关闭作业场所,怀疑为过敏性、放射性的,应立即采取措施移除或隔开可疑的过敏原、放射源。

(4)尽快疏散可能继续受致病源威胁的群众。

(5)在对易感者采取有针对性保护措施时,应优先考虑高危人群。

(6)开展健康教育,提高居民自我保护意识,群策群力、群防群控。

6.2 有传染性的不明原因疾病

(1)现场处置人员进入疫区时,应采取保护性预防措施。

(2)隔离治疗患者。根据疾病的分类,按照呼吸道传染病、肠道传染病、虫媒传染病隔离病房要求,对病人进行隔离治疗。重症病人立即就地治疗,症状好转后转送隔离医院。病人在转运中要注意采取有效的防护措施。治疗前注意采集有关标本。出院标准由卫生行政部门组织流行病学、临床医学、实验室技术等多方面的专家共同制定,患者达到出院标准方可出院。

(3)如果有暴发或者扩散的可能,符合封锁标准的,要向当地政府提出封锁建议,封锁的范围根据流行病学调查结果来确定。发生在学校、工厂等人群密集区域的,如有必要应建议停课、停工、停业。

(4)对病人家属和密切接触者进行医学观察,观察期限根据流行病学调查的潜伏期和最后接触日期决定。

(5)严格实施消毒,按照《中华人民共和国传染病防治法》要求处理人、畜尸体,并按照《传染病病人或疑似传染病病人尸体解剖查验规定》开展尸检并采集相关样本。

(6)对可能被污染的物品、场所、环境、动植物等进行消毒、杀虫、灭鼠等卫生学处理。疫区内重点部位要开展经常性消毒。

(7)疫区内家禽、家畜应实行圈养。如有必要,报经当地政府同意后,对可能染疫的野生动物、家禽家畜进行控制或捕杀。

(8)开展健康教育,提高居民自我保护意识,做到群防群治。

(9)现场处理结束时要对疫源地进行终末消毒,妥善处理医疗废物和临时隔离点的物品。

根据对控制措施效果评价,以及疾病原因的进一步调查结果,及时改进、补充和完善各项控制措施。一旦明确病因,即按照相关疾病的处置规范开展工作,暂时无规范的,应尽快组织人员制定。

7 样本采集和实验室检测

7.1 感染性疾病标本

标本采集应依据疾病的不同进程,进行多部位、多频次采集标本,对病死患者要求进行尸体解剖。所有的标本采集工作应遵循无菌操作的原则。标本采集及运输时应严格按照相关生物安全规定进行(见附表3)。

7.1.1 标本种类

(1)血标本。

①血清:需采集多份血清标本。至少于急性期(发病7天内或发现时、最好是在使用抗生素之前)、中期(发病后第10~14天)、恢复期(发病后22~50天)分别采集外周静脉血各5~6ml,分离后的血清分装于3个塑料螺口血清管中,如需要可收集血块标本。

②抗凝血:于急性期(发病3天内或发现时、最好是在使用抗生素之前)采集10ml全血,分装于3个塑料螺口试管中,抗凝剂不能够使用肝素,推荐使用枸橼酸盐。

③其他血标本:根据实验室检测的需要可以采集其他血标本,如血涂片等。

(2)呼吸道标本。

①上呼吸道标本:包括咽拭子、鼻拭子、鼻咽抽取物、咽漱液、痰液。

②下呼吸道标本:包括呼吸道抽取物、支气管灌洗液、胸水、肺组织活检标本。

呼吸道标本应于发病早期即开始采集,根据病程决定采集的频次，采好的标本分装于3个螺口塑料试管中。

(3)消化道标本。

包括患者的呕吐物、粪便和肛拭子，应于发病早期即开始采集，根据病程决定采集的频次，采好的标本分装于3个螺口塑料试管中。

(4)尿液。

尿液采集中段尿，一般于发病早期采集，根据疾病的发展也可以进行多次采集，采集好的标本分装于3个螺口塑料试管中，取尿液或者沉淀物进行检测。

(5)其他人体标本。

包括脑脊液、疱疹液、淋巴结穿刺液、溃破组织、皮肤焦痂等。采集好的标本分装于3个螺口塑料试管中。

(6)尸体解剖。

对所有群体性不明原因疾病的死亡病例都应由当地卫生行政部门出面积极争取尸体解剖，尽可能采集死亡病例的所有组织器官，如果无法采集所有组织，则应根据疾病的临床表现，采集与疾病有关的重点组织器官标本（如肺、肝穿刺），以助病因诊断和临床救治。

对于可能具有传染性的疾病，尸解时应根据可能的传播途径采取严格的防护措施。做病原学研究的组织标本采集得越早越好，疑似病毒性疾病的标本采集时间最好不超过死后6小时，疑似细菌性疾病不超过6小时，病理检查的标本不超过24小时。如果采样的时间和条件合适，应同种组织每一部位至少采集3份标本，1份用于病原学研究（无菌采集），1份用于病理学研究（固定于福尔马林中），1份用于电镜检查（固定于电镜标本保存液中）。重要的组织器官应多部位同时采集标本。

(7)媒介和动物标本。

在调查中如果怀疑所发生的不明原因疾病是虫媒传染病或动物源性传染病的，应同时采集相关媒介和动物标本。

7.1.2 标本保存

血清可在4℃存放3天、-20℃以下长期保存。用于病毒等病原分离和核酸检测的标本应尽快进行检测，24小时内能检测的标本可置于4℃保存，24小时内无法检测的标本则应置于-70℃或以下保存。用于细菌等病原分离和核酸检测的标本一般4℃保存，检测一些特殊的病原体标本需要特殊条件保存标本。标本运送期间应避免反复冻融。

7.1.3 标本运送

群体性不明原因标本的运送要严格做到生物安全。依据病因分析的病原体分类，如果为高致病性病原微生物，应严格按照《病原微生物实验室生物安全管理条例》（国务院424号令）和《可感染人类的高致病性病原微生物菌（毒）种或样本运输管理规定》（中华人民共和国卫生部第45号令）等有关规定执行。

7.2 非感染性疾病

7.2.1 食物中毒

在用药前采集病人的血液、尿液、呕吐物、粪便，以及剩余食物、食物原料、餐具、死者的胃、肠内容物等。尸体解剖：重点采集肝、胃、肠、肾、心等。

7.2.2 职业中毒

采集中毒者的血液、尿液，以及空气、水、土壤等环境标本。尸体解剖：采集标本应根据毒物入侵途径和主要受损部位等，采集血液、肝、肾、骨等。

7.3 实验室检测

(1)感染性疾病：一般进行抗体检测、抗原检测、核酸检测、病原分离、形态学检测等检测项目，依据病原体的特殊性可以开展一些特殊的检测项目。

(2)非感染性疾病：依据病因分析的要求开展相应的检测项目。

8 防护措施

8.1 防护原则

在群体性不明原因疾病的处置早期，需要根据疾病的临床特点、流行病学特征以及实验室检测结果，鉴别有无传染性、确定危害程度和范围等，对可能的原因进行判断，以便采取相应的防护措施。对于原因尚难判断的情况，应该由现场的疾控专家根据其可能的危害水平，决定防护等级。

一般来说，在群体性不明原因疾病的处置初期，如危害因素不明或其浓度、存在方式不详，应按照类似事件最严重性质的要求进行防护。防护服应为衣裤连体，具有高效的液体阻隔（防化学物）性能、过滤效率高、防静电性能好等。一旦明确病原学，应按相应的防护级别进行防护。

8.2 防护服的分类

防护服由上衣、裤、帽等组成，按其防护性能可分为四级：

(1)A级防护：能对周围环境中的气体与液体提供最完善保护。

(2)B级防护：适用于环境中的有毒气体（或蒸汽）或其他物质对皮肤危害不严重时。

(3)C级防护：适用于低浓度污染环境或现场支持作业区域。

(4)D级防护：适用于现场支持性作业人员。

8.2.1 疑似传染病疫情现场和患者救治中的应急

处置防护

（1）配备符合中华人民共和国国家标准《医用一次性防护服技术要求》（GB 19082－2003）要求的防护服，且应满足穿着舒适、对颗粒物有一定隔离效率，符合防水性、透湿量、抗静电性、阻燃性等方面的要求。

（2）配备达到N95标准的口罩。

（3）工作中可能接触各种危害因素的现场调查处理人员、实验室工作人员、医院传染科医护人员等，必须采取眼部保护措施，戴防护眼镜，双层橡胶手套，防护鞋靴。

8.2.2 疑似放射性尘埃导致疾病的应急处置防护

多数情况下使用一次性医用防护服即可，也可选用其他防护服。防护服应穿着舒适、对颗粒物有一定的隔离效率，表面光滑、皱褶少，具有较高的防水性、透湿量、抗静电性和阻燃性。根据放射性污染源的种类和存在方式以及污染浓度，对各种防护服的防护参数有不同的具体要求。此类防护服要求帽子、上衣和裤子联体，袖口和裤脚口应采用弹性收口。

如群体性不明原因疾病现场存在气割等产生的有害光线时，工作人员应配备相应功能的防护眼镜或面盾。

8.2.3 疑似化学物泄漏和中毒导致疾病的应急处置防护

根据可能的毒源类型和环境状况，选用不同的防护装备。化学物泄露和化学中毒事件将现场分成热区、温区或冷区。不同区域所需的防护各异，一个区域内使用的防护服不适合在另一区域内使用。在对生命及健康可能有即刻危险的环境（即在30分钟内可对人体产生不可修复或不可逆转损害的区域）以及到发生化学事故的中心地带参加救援的人员（或其他进入此区域的人员），均需按A级（窒息性或刺激性气态毒物等）或B级（非挥发性有毒固体或液体）防护要求。

9 事件终止及评估

9.1 应急反应的终止

群体性不明原因疾病事件应急反应的终止需符合以下条件：群体性不明原因疾病事件隐患或相关危险因素消除，经过一段时间后无新的病例出现。

特别重大群体性不明原因疾病事件由国务院卫生行政部门组织有关专家进行分析论证，提出终止应急反应的建议，报国务院或全国群体性不明原因疾病事件应急指挥部批准后实施。

特别重大以下群体性不明原因疾病事件由地方各级人民政府卫生行政部门组织专家进行分析论证，提出终止应急反应的建议，报本级人民政府批准后实施，并向上一级人民政府卫生行政部门报告。

上级人民政府卫生行政部门，根据下级人民政府卫生行政部门的请求，及时组织专家对群体性不明原因疾病事件应急反应终止的分析论证提供技术指导和支持。

9.2 事后评估

9.2.1 评估资料的收集

首先要有完善的群体性不明原因疾病暴发调查的程序和完整的工作记录，并及时将调查所得的资料进行整理归档，包括：报告记录；应急处置机构组织形式及成员单位名单；调查处理方案；调查及检验、诊断记录和结果材料；控制措施及效果评价材料；总结及其他调查结案材料等。

9.2.2 评估的内容

应急处置综合评估，包括事件概况、现场调查处理概况、患者救治概况、所采取的措施、效果评价和社会心理评估等，总结经验、发现调查中存在的不足，提高以后类似事件的应急处置能力，并为指导其他地区开展类似防制工作提供有益的经验。

10 保　　障

10.1 技术保障

10.1.1 群体性不明原因疾病专家组

各级卫生行政部门应成立群体性不明原因疾病专家组，成员由流行病学、传染病、呼吸道疾病、食品卫生、职业卫生、病原学检验和媒介生物学、行政管理学等方面的专家组成。

10.1.2 应急处置的医疗卫生队伍

各级卫生行政部门均应建立相应的群体性不明原因疾病应急处置医疗卫生队伍，队伍由疾病预防控制、医疗、卫生监督、检验等专业技术人员组成。

10.1.3 医疗救治网络

针对可能发生的不同类别群体性不明原因疾病，指定不同的医疗机构进行救治。医疗救治网络各组成部分之间建立有效的横向、纵向信息连接，实现信息共享。

10.2 后勤保障

10.2.1 物资储备

各级卫生行政部门，建立处置群体性不明原因疾病的医药器械应急物资储备。物资储备种类包括药品、疫苗、医疗器械、快速检验检测技术和试剂、传染源隔离、卫生防护用品等应急物资和设施。

10.2.2 经费保障

各级卫生行政部门要合理安排处置群体性不明原因疾病所需资金，保证医疗救治和应急处理工作的开展。

附录：（略）

医院感染暴发报告及处置管理规范

1. 2009年7月20日卫生部、国家中医药管理局发布
2. 卫医政发〔2009〕73号
3. 自2009年10月1日起施行

第一章 总 则

第一条 为规范医院感染暴发报告的管理，提高医院感染暴发处置能力，最大限度地降低医院感染对患者造成的危害，保障医疗安全，根据《医院感染管理办法》，制定本规范。

第二条 本规范适用于各级各类医院，其他医疗机构发生的医源性感染暴发的报告及处置工作依照本规范管理。

第三条 医院感染暴发报告范围，包括疑似医院感染暴发和医院感染暴发。

第四条 医院感染暴发报告管理遵循属地管理、分级报告的原则。

第五条 卫生部和国家中医药管理局负责全国医院感染暴发报告及处置的管理工作。

县级及以上地方卫生、中医药行政部门负责本辖区内的医院感染暴发报告及处置的管理工作。

第二章 组织管理

第六条 医院应当建立医院感染暴发报告管理责任制，明确法定代表人为第一责任人，制订并落实医院感染暴发报告的规章制度、工作程序和处置工作预案，有效控制医院感染暴发。

第七条 医院应当明确医院感染管理委员会、医院感染管理部门、医院感染管理专（兼）职人员及相关部门医务人员在医院感染暴发报告及处置工作中的职责，做到分工明确，反应快速，管理规范。

第八条 县级及以上地方卫生、中医药行政部门应当建立并完善医院感染暴发报告及处置管理的工作程序，提高医院感染暴发的防控和处置水平。

第九条 卫生部和国家中医药管理局负责组织对重大医院感染暴发事件进行调查和业务指导。

各级卫生、中医药行政部门负责组织对本辖区内的医院感染暴发事件进行调查和业务指导。

第三章 报告程序

第十条 医院发现以下情形时，应当于12小时内向所在地县级卫生行政部门报告，并同时向所在地疾病预防控制机构报告。

（一）5例以上疑似医院感染暴发；

（二）3例以上医院感染暴发。

第十一条 县级卫生行政部门接到报告后，应当于24小时内逐级上报至省级卫生行政部门。

第十二条 省级卫生行政部门接到报告后组织专家进行调查，确认发生以下情形的，应当于24小时内上报至卫生部。

（一）5例以上医院感染暴发；

（二）由于医院感染暴发直接导致患者死亡；

（三）由于医院感染暴发导致3人以上人身损害后果。

中医医院（含中西医结合医院、民族医医院）发生医院感染暴发的，省级卫生行政部门应当会同省级中医药管理部门共同组织专家进行调查，确认发生以上情形的，省级中医药管理部门应当向国家中医药管理局报告。

第十三条 医院发生以下情形时，应当按照《国家突发公共卫生事件相关信息报告管理工作规范（试行）》的要求，在2小时内向所在地县级卫生行政部门报告，并同时向所在地疾病预防控制机构报告。所在地的县级卫生行政部门确认后，应当在2小时内逐级上报至省级卫生行政部门。省级卫生行政部门进行调查，确认发生以下情形的，应当在2小时内上报至卫生部。

（一）10例以上的医院感染暴发；

（二）发生特殊病原体或者新发病原体的医院感染；

（三）可能造成重大公共影响或者严重后果的医院感染。

中医医院（含中西医结合医院、民族医医院）发生上述情形时，省级中医药管理部门应当向国家中医药管理局报告。

第十四条 省级卫生行政部门和省级中医药管理部门上报卫生部和国家中医药管理局的医院感染暴发信息，内容包括：医院感染暴发发生的时间和地点、感染初步诊断、累计感染人数、感染者目前健康状况、感染者主要临床症候群、疑似或者确认病原体、感染源、感染途径及事件原因分析、相关危险因素主要检测结果、采取的控制措施、事件结果及下一步整改工作情况等。

省级卫生行政部门可以根据本规范要求，结合实际制订本辖区内的各级各类医院上报医院感染暴发信息的具体要求。

第四章 处置工作

第十五条 医院发生疑似医院感染暴发或者医院感染暴发，应当及时采取有效处理措施，控制感染源，切断传播途径，积极实施医疗救治，保障医疗安全。

第十六条 医院发生疑似或者确认医院感染暴发时，应当及时开展现场流行病学调查、环境卫生学检测以及有关的标本采集、病原学检查等工作。

第十七条 县级及以上地方卫生行政部门接到报告后，应当及时组织有关专家指导医院开展医院感染暴发的医疗救治及调查处置工作，提供相应的技术支持。

卫生部接到报告后，可以根据实际需要组织有关专家提供技术支持，降低医院感染对患者的危害。

第十八条 各级卫生、中医药行政部门应当加强医院感染暴发报告和处置能力建设，加强人员相关知识、技能的培训，提高其医院感染暴发报告和处置水平。

第五章 质量管理

第十九条 省级卫生、中医药行政部门可以委托医院感染管理质量控制中心，开展本辖区内医院感染管理工作及医院感染暴发报告和处置工作的质量管理。

第二十条 各级卫生行政部门及医院感染管理质量控制中心应当对本辖区内的医院感染管理工作及医院感染暴发的报告、处置工作进行质量评估和检查指导。

第二十一条 医院应当对医院感染暴发的调查处置工作予以配合，不得拒绝和阻碍，不得提供虚假材料。

第二十二条 卫生、中医药行政部门发现医院存在医院感染暴发报告不及时，瞒报、缓报和谎报或者授意他人瞒报、缓报和谎报情形的，应当按照有关规定对相关责任人进行处理。

第六章 附 则

第二十三条 本办法中下列用语的含义：

（一）医院感染：指病人在医院内获得的感染，包括在住院期间发生的感染和在医院内获得、出院后发生的感染，但不包括入院前已开始或者入院时已处于潜伏期的感染。医院工作人员在医院内获得的感染也属于医院感染。

（二）医源性感染：指在医学服务中，因病原体传播引起的感染。

（三）特殊病原体的医院感染：指发生甲类传染病或依照甲类传染病管理的乙类传染病的医院感染。

（四）医院感染暴发：指在医疗机构或其科室的患者中，短时间内发生3例以上同种同源感染病例的现象。

（五）疑似医院感染暴发：指在医疗机构或其科室的患者中，短时间内出现3例以上临床症候群相似、怀疑有共同感染源的感染病例；或者3例以上怀疑有共同感染源或感染途径的感染病例现象。

第二十四条 本规范自2009年10月1日起施行。

需要紧急救治的急危重伤病标准及诊疗规范

1. 2013年11月18日国家卫生和计划生育委员会办公厅发布
2. 国卫办医发〔2013〕32号

目 录

2. 糖尿病低血糖昏迷
(五)神经系统
1. 急性脑血管病
2. 癫痫大发作
(六)意外伤害
1. 坠落伤
2. 爆炸伤
3. 枪伤
4. 电击伤
5. 溺水
6. 中暑
7. 急性中毒
8. 急性过敏性反应
9. 动物性伤害
(七)外科危重症
1. 创伤
2. 颅脑损伤
3. 胸部损伤
4. 四肢损伤
5. 烧(烫)伤
(八)妇产科危重症
1. 阴道出血
2. 胎膜早破
3. 急产
4. 宫外孕破裂
第二部分 医院急诊科
第一章 医院急诊科救治范围及流程
一、医院急诊科救治病种范围
二、急诊处理流程
三、急诊处置分级
第二章 急诊患者中危重症的判别标准
第三章 常见急危重伤病医院急诊科诊疗规范
一、急症的医院急诊科诊疗规范
(一)休克
(二)胸痛
(三)腹痛
(四)呼吸困难
(五)呕血
(六)大咯血
(七)昏迷
(八)小儿热性惊厥
二、危重症的医院急诊科诊疗规范
(一)循环系统
1. 心脏骤停
2. 急性冠脉综合征
3. 急性左心衰竭
4. 心律失常
5. 高血压危象
6. 急性心包压塞
(二)呼吸系统
1. 支气管哮喘持续状态
2. 呼吸衰竭
3. 重症肺炎
4. 肺栓塞
(三)消化系统
1. 上消化道出血
2. 急性重症胰腺炎
3. 急腹症
(四)内分泌系统
1. 糖尿病酮症酸中毒
2. 非酮性高渗性糖尿病昏迷
3. 糖尿病低血糖昏迷
4. 甲亢危象
5. 肾上腺皮质功能危象
6. 垂体危象
7. 严重酸碱失衡及电解质紊乱
(五)神经系统
1. 急性脑血管病
2. 癫痫大发作
3. 重症肌无力危象
(六)意外伤害
1. 坠落伤
2. 爆炸伤
3. 电击
4. 溺水
5. 中暑
6. 急性中毒
7. 过敏反应
8. 动物性伤害
(七)创伤和烧伤
1. 多发性创伤
2. 颅脑损伤
3. 胸部损伤
4. 腹部损伤
5. 脊柱/脊髓损伤
6. 四肢损伤

第一部分 院前医疗急救

第一章 院前医疗急救范围及流程

一、院前医疗急救范围

急危重伤病指各种若不及时救治病情可能加重甚至危及生命的疾病,其症状、体征、疾病符合急危重伤病标准。

院前急救人员必须及时、有效地对上述急危重伤病患者实施急救,不得以任何理由拒绝或拖延救治。

二、院前医疗急救流程

急救电话	
受理电话	1.指挥调度中心受理急救呼叫电话。
快速反应	2.接受指挥调度中心指令，2分钟内派出救护车。
急救前移	3.在途中，通过电话与患者或第一目击者联系，指导自救并进一步确定接车地点。
现场抢救	4.到达现场后，对患者进行初步诊断和现场救治。
合理转运	5.告知病情、确定转送医院（向病人或第一目击者告知病情，联动“110”确定转送医院）。
绿色通道	6. 将患者的病情、救治情况及拟送达医院等相关信息报告指挥调度中心，建立抢救绿色通道 。
途中监护	7. 转运途中，陪伴患者身边，进行严密监护，确保途中安全。
交接病情	8. 到达医院后，与接诊人员就病情与处置进行交接。
完成任务	9. 完成任务，随时准备接受新的任务。

第二章　需要急救患者的生命体征及急危重伤病种类

一、需要急救患者的生命体征

（一）心率 <50 次/分或心率 >130 次/分。

（二）呼吸 <10 次/分或呼吸 >30 次/分。

（三）脉搏血氧饱和度 <90%。

（四）血压：收缩压 < 85mmHg　舒张压 < 50mmHg 或收缩压 >240mmHg　舒张压 >120mmHg。

二、常见急危重伤病种类

（一）急症疾病种类

1. 休克
2. 胸痛
3. 腹痛
4. 呼吸困难
5. 气道异物
6. 呕血
7. 咯血
8. 意识障碍
9. 小儿高热惊厥

（二）危重症疾病种类

1. 循环系统

(1)心脏骤停
(2)急性冠脉综合征
(3)急性左心衰竭
(4)恶性心律失常
(5)高血压危象

2. 呼吸系统

(1)重症支气管哮喘
(2)呼吸衰竭

3. 消化系统

4. 内分泌系统

(1)糖尿病酮症酸中毒
(2)糖尿病低血糖昏迷

5. 神经系统

(1)急性脑血管病
(2)癫痫大发作

6. 意外伤害

(1)坠落伤
(2)爆炸伤
(3)枪伤
(4)电击
(5)溺水
(6)中暑
(7)急性中毒
(8)急性过敏性反应
(9)动物性伤害

7. 外科危重症

(1)创伤
(2)颅脑损伤
(3)胸部损伤
(4)四肢损伤
(5)烧(烫)伤

8. 妇产科危重症

(1)阴道出血
(2)产后出血
(3)胎膜早破
(4)急产
(5)宫外孕

第三章　常见急危重伤病院前医疗急救诊疗规范

一、急症的院前医疗急救诊疗规范

（一）休克。

1. 取平卧位或休克体位，伴有急性肺水肿的休克患者可置半卧位。
2. 保持呼吸道通畅。
3. 通气与吸氧。
4. 立即建立静脉通路，并保持其畅通。
5. 可开展相应检查（血糖、心电图等）。
6. 持续监测生命体征（心电监测、血氧饱和度、呼吸等）。
7. 积极查找病因，针对处理。

（二）胸痛。

1. 保持呼吸道通畅，吸氧，安静卧床休息。
2. 可开展相应检查（心电图、D－二聚体、心肌酶等）。
3. 建立静脉通道，对症用药。
4. 持续监测生命体征。

（三）腹痛。

1. 保持呼吸道通畅。
2. 可开展相应检查（心电图、心肌酶等）。
3. 建立静脉通道，对症用药。
4. 持续监测生命体征。
5. 积极查找病因，针对处理。

（四）呼吸困难。

1. 取半卧位或坐位。

2. 保持呼吸道通畅。

3. 通气与吸氧。

4. 立即建立静脉通路，并保持其畅通。

5. 可开展相应检查（血糖、心电图、血气分析等）。

6. 能明确原因者，按相应抢救原则处理。如对张力性气胸紧急排气、危及生命的心脏压塞紧急减压、气道异物梗阻紧急解除。

7. 持续监测生命体征。

（五）气道异物。

1. 尽快解除气道阻塞，保持呼吸道通畅。必要时行环甲膜穿刺或气管切开等其他手段。有呼吸心跳停止者立刻心肺复苏。

2. 通气与吸氧。

3. 监测生命体征。

4. 必要时开放静脉通道，对症处理。

（六）呕血。

1. 保持患者安静平卧，头偏向一侧，防止呕血引起误吸或窒息。

2. 立即建立静脉通道及补液，必要时使用止血药物。

3. 通气与吸氧。

4. 持续监测生命体征。

5. 积极查找病因，针对处理。

（七）咯血。

1. 取侧卧位，防止咯血引起误吸或窒息。

2. 立即建立静脉通道及补液，必要时使用止血药物。

3. 通气与吸氧。

4. 持续监测生命体征。

5. 积极查找病因，针对处理。

（八）意识障碍。

1. 采取正确体位，保持呼吸道通畅。

2. 通气与吸氧。

3. 建立静脉通道。

4. 可开展相应检查（心电图、血气分析、血糖等）。

5. 持续监测生命体征。

6. 积极查找病因，针对处理。

（九）小儿高热惊厥。

1. 保持呼吸道通畅，防止舌咬伤。

2. 通气与吸氧。

3. 控制体温（或物理降温）。

4. 建立静脉通道，必要时使用抗惊厥药物。

5. 持续监测生命体征。

二、危重症的院前医疗急救诊疗规范

（一）循环系统。

1. 心脏骤停。

包括心室颤动、无脉搏室速、无脉搏电活动（PEA）和心脏停搏。

（1）应立即进行心肺复苏。

①胸外按压。

②手法开放气道，或采用口咽通气管、喉罩或气管插管。

③人工通气或球囊面罩通气。

④有条件的应当尽快监测心电情况，如有可除颤心律（室颤或无脉室速）应当立即除颤。

（2）持续监测生命体征。

（3）开放静脉通道。

（4）根据条件酌情应用复苏药物及抗心律失常药物。

2. 急性冠脉综合征。

（1）保持正确体位稳定患者情绪。

（2）保持呼吸道通畅，通气与吸氧。

（3）建立静脉通道。

（4）酌情给予镇痛剂。

（5）酌情给予硝酸酯类、抗血小板药物治疗，及时处理各种并发症（心衰、心源性休克、致命性心律失常等）。

（6）持续监测生命体征。

3. 急性左心衰竭。

（1）保持患者呈坐位或半卧位。

（2）保持呼吸道通畅，必要时可行人工辅助通气或机械通气。

（3）开放静脉通道。

（4）酌情给予利尿剂、血管扩张剂、强心甙等药物治疗。

（5）持续监测生命体征。

4. 恶性心律失常。

（1）保持呼吸道通畅，通气与吸氧。

（2）开放静脉通道。

（3）必要时选用抗心律失常药物治疗。

（4）酌情使用刺激迷走神经、电复律、临时体外起搏等治疗。

（5）如为心室纤维颤动/心室扑动，立即电除颤并心肺复苏。

（6）持续生命体征监测（持续心电、血压、呼吸、血氧饱和度监测）。

5. 高血压危象。

(1)保持呼吸道通畅,通气与吸氧。

(2)开放静脉通道。

(3)给予降压药物治疗。

(4)及时处理各种并发症(脑水肿、心衰等)。

(5)持续监测生命体征。(心电、血压、呼吸、血氧饱和度监测。)

(二)呼吸系统。

1. 重症支气管哮喘。

(1)尽快脱离致敏环境,去除诱因,及时发现气胸等并发症。

(2)保持呼吸道通畅,吸氧。

(3)严重呼吸衰竭者行气管插管机械通气进行呼吸支持。

(4)开放静脉通道。

(5)使用气道解痉、平喘药、糖皮质激素、扩张支气管药等药物治疗。

(6)持续监测生命体征。

2. 呼吸衰竭。

(1)保持正确体位。

(2)氧疗。

(3)出现严重呼吸衰竭者可采用机械辅助通气(面罩或气管插管)。

(4)开放静脉通道,酌情使用支气管扩张剂、糖皮质激素、呼吸兴奋剂等。

(5)持续监测生命体征。

(三)消化系统。

上消化道出血最常见。

(1)取正确体位,防止呕吐物引起误吸或窒息。

(2)保持呼吸道通畅,通气与吸氧。

(3)持续心电、血压、血氧饱和度监测。

(4)建立静脉通路,补液、止血等对症治疗。

(5)酌情使用三腔二囊管压迫止血。

(四)内分泌系统。

1. 糖尿病酮症酸中毒。

(1)监测血糖、肾功、离子、血气分析、尿常规等。

(2)保持呼吸道通畅,吸氧。

(3)建立静脉通道,补液、纠酸、可控性降糖治疗。

2. 糖尿病低血糖昏迷。

(1)立即做快速血糖检查。

(2)开放静脉通道,静脉注射 25% ~50% 葡萄糖溶液,密切监测血糖。

(五)神经系统。

1. 急性脑血管病。

(1)取正确体位,防止误吸及舌后坠。

(2)保持呼吸道通畅,及时清理呼吸道分泌物。

(3)通气与吸氧。

(4)开放静脉通道。

(5)合理使用降压药及降颅压药物。

(6)持续监测生命体征。

2. 癫痫大发作。

(1)立即平卧,松解衣领,头转向一侧,上下齿间加垫,保持呼吸道通畅,防止下颌脱臼和舌头咬伤。

(2)通气与吸氧。

(3)开放静脉通道。

(4)缓慢静脉注射地西泮控制抽搐。

(5)防治脑水肿等并发症。

(6)持续监测生命体征。

(六)意外伤害。

1. 坠落伤。

(1)首先对病人进行快速全面的检查,确定伤员是否有呼吸道梗阻、休克、大出血等致命的征象。

(2)保护颈椎,保持呼吸道通畅,必要时放置口咽通气管或进行气管插管。

(3)出现心脏停搏要立即行心肺复苏,开放静脉通道,根据病情给予静脉补液,补充血容量。

(4)周围血管伤大出血时应立即给予止血处理。

(5)在搬运和转送过程中应尽可能避免发生或加重脊柱损伤。

(6)持续监测生命体征。

2. 爆炸伤。

(1)确认现场抢救环境安全。

(2)现场急救。

①呼吸心跳骤停:清除呼吸道异物,胸外按压,气管插管,人工呼吸,电除颤,快速建立静脉通道及注入抢救药物,吸氧、持续心电、血压、血氧饱和度监测等。

②出血及休克:包括迅速止血、建立静脉通道,补液抗休克、吸氧、持续心电、血压、血氧饱和度监测等。

③颅脑损伤:包括保持呼吸道通畅,吸氧、持续心电、血压、血氧饱和度监测,开放静脉通道,必要时给予降颅压、减轻脑水肿治疗。

④张力性气胸:包括吸氧、持续心电、血压、血氧饱和度监测,封闭创口,胸腔穿刺抽气和闭式引流等。

⑤挤压综合征:应确保呼吸道畅通,开放静脉通道,积极纠正休克,必要时呼吸机辅助呼吸,持续心电、

血压、血氧饱和度监测。对受压肢体应当采取适当的限制血流措施。

⑥骨折:有效固定,对脊椎骨折的伤员,实行整体搬运。

3. 枪伤。

(1)询问受伤经过,检查局部和全身情况。

(2)有效止血包扎。

(3)保持呼吸道通畅,通气与吸氧。

(4)开放静脉通道,根据伤情给予相应处理。

(5)持续监测。

4. 电击伤。

(1)确认现场抢救环境安全,迅速脱离电源。

(2)保持呼吸道通畅,通气与吸氧。

(3)心跳、呼吸骤停者即刻给予心肺复苏。

(4)保护体表电灼伤创面。

(5)开放静脉通道。

(6)防治心律失常及其他对症处理。

(7)持续监测生命体征。

5. 溺水。

(1)确认现场抢救环境安全。

(2)迅速清除口腔、呼吸道异物,畅通气道。

(3)通气与吸氧。

(4)心跳、呼吸骤停者即刻给予心肺复苏。

(5)建立静脉通道,维持有效循环或对症治疗。

(6)注意保暖。

(7)持续监测生命体征。

6. 中暑。

(1)使患者迅速脱离高温环境。

(2)保持呼吸道通畅,通气与吸氧。

(3)开放静脉通道,维持有效循环或对症治疗。

(4)给予体表物理降温,必要时给予药物降温。

(5)防治脑水肿。

(6)心跳、呼吸骤停者即刻给予心肺复苏。

(7)持续监测生命体征。

7. 急性中毒。

(1)迅速脱离有毒环境或毒物,如脱去被毒物污染的衣物等。

(2)保持气道通畅。

(3)通气与吸氧。

(4)查找毒物接触史,留存相关标本待检。

(5)开放静脉通道,维持循环功能。

(6)催吐、补液、利尿等对症处理,尽早使用特效解毒药。

(7)心跳、呼吸骤停者即刻给予心肺复苏。

(8)持续监测生命体征。

8. 急性过敏性反应。

(1)过敏原明确者迅速脱离过敏原。

(2)保持气道通畅,维持有效通气。

(3)通气与吸氧。

(4)开放静脉通道,酌情选用抗过敏药物治疗。高度怀疑喉头水肿或过敏性休克者,皮下注射肾上腺素0.3mg。

(5)心跳、呼吸骤停者即刻给予心肺复苏。

(6)持续监测生命体征。

9. 动物性伤害。

1)犬咬伤。

(1)咬伤后应该立即处理伤口。

(2)尽快送往医院,注射破伤风抗毒素或相应疫苗。

(3)伤情较重者进行相应处置。

2)蛇咬伤。

(1)检查患者呼吸及循环功能。如果患者呼吸、心跳停止,立即进行心肺复苏。

(2)防止蛇毒继续被吸收,并尽可能减少局部损害。

①绑扎伤肢近心端,以阻断静脉血和淋巴回流,应隔10-20分钟放松1次,以免组织坏死。

②伤肢制动,低放。

③冲洗伤口。

(3)有条件时尽早使用抗蛇毒血清,必要时使用抗生素及破伤风抗毒素治疗。

(七)外科危重症。

1. 创伤。

(1)确定致伤因素,判断伤员有无威胁生命的征象,如心跳呼吸骤停,立即进行心肺复苏术,对休克者给予抗休克治疗。

(2)保持呼吸道通畅。

(3)通气与吸氧。

(4)建立静脉通道,维持有效循环,对症处理。

(5)伤口的处理:用无菌纱布或敷料包扎伤口,对开放性气胸或胸壁塌陷致反常呼吸者需用大块棉垫填塞创口,并给予固定。

(6)怀疑有颈椎损伤者应给予颈托或颈部固定器加以固定,胸腰椎损伤者应用平板或铲式担架搬运,避免脊柱的任何扭曲。

(7)四肢骨折需妥善固定,可用各种夹板或替代物品。

(8)离断指(肢)体、耳廓、牙齿等宜用干净敷料包裹保存,有条件者可外置冰袋降温。

(9)刺入性异物应固定好后搬运,过长者应设法锯断,但不能在现场拔出。

(10)胸外伤合并张力性气胸者应紧急胸穿减压。

(11)有脏器外露者不要回纳,可用湿无菌纱布包裹并固定在局部。

(12)严重多发伤应首先处理危及生命的损伤。

2. 颅脑损伤。

(1)判断生命体征,呼吸、心跳停止者应立即进行心肺复苏。

(2)头部受伤引起严重的外出血,依据病情给予包扎止血。

(3)保持呼吸道通畅,清理口咽部异物,必要时气管插管。

(4)通气与吸氧。

(5)对脑脊液鼻或耳漏者,应将病人侧卧防止舌根后坠,将头部稍垫高,使流出的液体顺位流出,严禁用水冲洗,严禁用棉花堵塞耳、鼻。

(6)开放静脉通道,密切观察颅内压变化,酌情使用降颅压药物。

(7)持续监测生命体征。

3. 胸部损伤。

(1)保持气道通畅。

(2)通气与吸氧。

(3)闭合伤口,开放性气胸可用敷料、绷带、三角巾迅速填塞和覆盖伤口,并进行固定,运送伤员时可使其半坐位,并随时观察病人呼吸情况。

(4)初诊为气胸的伤员,应置坐位。可用注射器抽气或行紧急胸腔闭式引流。

(5)连枷胸胸壁塌陷致反常呼吸者需用大块棉垫填塞创口,并给予胸部外固定。

(6)一旦发生呼吸停止,立即进行呼吸复苏。

(7)持续监测生命体征。

4. 四肢损伤。

(1)及时止血。

(2)妥善包扎。

(3)有效固定。

(4)镇静止痛。

(5)防治休克。

(6)保存好残指(肢)。

5. 烧(烫)伤。

(1)立即去除致伤因素。

(2)保持呼吸道通畅,必要时给予环甲膜穿刺。

(3)通气与吸氧。

(4)开放静脉通道,纠正休克。

(5)保护创面,防止继续污染和损伤。

(6)强酸、强碱烧伤的处理。

①强酸烧伤。

皮肤及眼烧伤时应立即用大量清水冲洗创面或眼内10分钟以上,消化道烧伤时严禁催吐及洗胃,以保护胃粘膜。

②强碱烧伤。

皮肤及眼烧伤时立即用大量清水冲洗皮肤及眼内直至肥皂样物质消失为止。

(7)消化道烧伤,严禁催吐、洗胃,以免消化道穿孔。

(8)持续监测生命体征,及时对症处理。

(八)妇产科危重症。

1. 阴道出血。

(1)建立静脉通道,输液补充血容量,纠正休克。

(2)通气与吸氧。

(3)必要时给予止血药静脉注射。

(4)持续监测生命体征。

2. 胎膜早破。

(1)嘱产妇平卧或左侧卧位,臀部稍抬高。严禁让产妇坐位或立位。

(2)通气与吸氧。

(3)听胎心是否正常,120~180次/分属正常。

(4)开放静脉通道,维持有效循环。

(5)持续监测生命体征。

3. 急产。

(1)产妇取平卧位,双腿屈曲并外展。

(2)开放静脉通道。

(3)会阴部消毒。

(4)铺消毒巾于臀下,带好无菌手套。

(5)接生,用手法保护会阴。

(6)结扎脐带:胎儿完全娩出,在距胎儿脐带根部≥10cm尽可能靠近母体处用粗绳或绷带结扎,可不予切断。如需将脐带切断,两结扎处间隔2~3cm,中间切断。

(7)新生儿处理。

①呼吸道处理:及时清除新生儿口腔、鼻腔中黏液及羊水,必要时用吸管吸。当无哭声时可拍打足底。

②脐带处理:如脐带结扎切断,脐带断面消毒后,用无菌纱布包围,再用长绷带包扎。

③注意保暖。

(8)胎盘处理:轻轻牵拉脐带,按压宫底,使胎盘娩出,检查胎盘是否完整,一并送院。

(9)持续监测产妇、新生儿生命体征。

4. 宫外孕破裂。

(1)平卧位。

(2)通气与吸氧。

(3)开放静脉通道,补液抗休克。

(4)持续监测生命体征。

第二部分　医院急诊科

第一章　医院急诊科救治范围及流程

一、医院急诊科救治病种范围

急诊诊疗范畴包括如下分类:非创伤类、创伤、感染性疾病(包括传染病)、妇产科儿科疾病、五官科等急性疾病。

(一)非创伤类:包括以症状为主的内科疾病、环境理化损伤、中毒和意外伤害等。

(二)创伤:包括各类创伤及动物咬伤等。

(三)感染性疾病(包括传染病)。

(四)妇产科儿科急症。

(五)五官科急症。

二、急诊处理流程

按照急诊对急性伤病的识别、评估和处置流程进行。

三、急诊处置分级

遵照急诊病情严重程度分级(具体参照第二章)。

(一)若患者分级为1～2级,需要在急诊科就地抢救、稳定生命体征,后续专科治疗。

(二)若患者分级为3级,需要观察。

(三)若患者分级为4级,可简单处理后离院。

一些常见急危重伤病的诊疗规范可参考第三章,如所遇情况未纳入此诊疗规范,请参考相关治疗指南或规范。

治疗药物应从《国家基本药物目录》中选择,治疗手段应从最基本措施开始,不超出所在地医疗保险报销目录。

危重病患者先安排在急诊抢救室抢救,生命体征不稳定的患者收入ICU。

经过救治患者诊断明确、生命体征稳定但仍需进一步治疗的患者,转入相应科室治疗。

第二章　急诊患者中危重症的判别标准

急诊病人病情评估结果分为四级,医院急诊科的救助主要针对急诊患者中的危重症,包括分级标准中的1级和2级患者(参见表1)。

表1　急诊病情分级标准

级别	标准	
	病情严重程度	需要急诊医疗资源数量
1级	A濒危病人	—
2级	B危重病人	—
3级	C急症病人	≥2
4级	D非急症病人	0～1

注:“需要急诊医疗资源数量”是急诊病人病情分级补充依据,如临床判断病人为“非急症病人”(D级),但病人病情复杂,需要占用2个或2个以上急诊医疗资源,则病人病情分级定为3级。即3级病人包括:急症病人和需要急诊医疗资源≥2个的“非急症病人”;4级病人指“非急症病人”,且所需急诊医疗资源≤1。

1级:濒危病人

病情可能随时危及病人生命,需立即采取挽救生命的干预措施,急诊科应合理分配人力和医疗资源进行抢救。

临床上出现下列情况要考虑为濒危病人:无呼吸/无脉搏病人,急性意识障碍病人,以及其他需要采取挽救生命干预措施病人(如气管插管病人),这类病人应立即送入急诊抢救室。

2级:危重病人

病情有可能在短时间内进展至1级,或可能导致严重致残者,应尽快安排接诊,并给予病人相应处置及治疗。

病人来诊时呼吸循环状况尚稳定,但其症状的严重性需要随时关注,病人有可能发展为1级,如急性意识障碍/定向力障碍、复合伤、心绞痛等。急诊科需要立即给这类病人提供平车和必要的监护设备。严重影响病人自身舒适感的主诉,如严重疼痛(疼痛评分≥7/10),也属于该级别。

3级:急症病人

病人目前明确在短时间内没有危及生命或严重致残的征象,应在一定的时间段内安排病人就诊。

病人病情进展为严重疾病和出现严重并发症的可能性很低,也无严重影响病人舒适性的不适,但需要急诊处理缓解病人症状。在留观和候诊过程中出现生命体征异常(参见表2)者,病情分级应考虑上调一级。

4级:非急症病人

病人目前没有急性发病症状,无或很少不适主诉,且临床判断需要很少急诊医疗资源(≤1个)(参见表3)的病人。如需要急诊医疗资源≥2个,病情分级上调1

级，定为3级。

急诊病人病情分级和分区流程见图1。

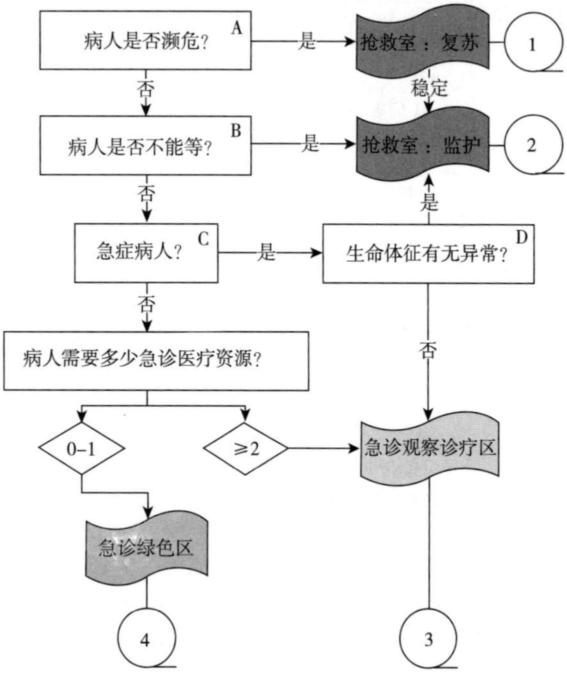

图1　急诊病人病情分级和分区图

注：①ABC参见分级标准；②生命体征异常参考指标见表2；③急诊医疗资源指在获取急诊病人的主诉后，根据主诉及所属医疗机构急诊科的资源配置，评估病人在进入急诊科到安置好病人过程中可能需要的急诊医疗资源个数（参见表3）。

表2　生命体征异常参考指标——用于急诊病情分级

（规范性附录）

	<3个月	3个月~3岁			3~8岁	>8岁
		3~6月	6~12月	1~3岁		
心率	>180	>160			>140	>120
	<100	<90	<80	<70	<60	<60
呼吸＊	>50	>40			>30	>20
	<30	<25			<20	<14
血压-收缩压（mmHg）＊＊	>85	>90+年龄×2				>140
	<65	<70+年龄×2				<90
指测脉搏氧饱和度	<92%					

注：＊评估小儿呼吸时尤其要注意呼吸节律；＊＊评估小儿循环时须查毛细血管充盈时间和紫绀，病情评估时血压值仅为参考指标，有无靶器官损害是关键，血压升高合并靶器官损害，则分级上调一级；成人单纯血压升高（无明显靶器官损害证据）时，若收缩压>180mmHhg，则病情分级上调一级；要重视低血压问题，收缩压低于低限者分级标准均应上调一级。

表3　列入急诊病人病情分级的医疗资源

（规范性附录）

列入急诊分级的资源	不列入急诊分级的资源
实验室检查（血和尿）	病史查体（不包括专科查体）
ECG、X线 CT/MRI/超声 血管造影	POCT（床旁快速检测）
建立静脉通路补液	输生理盐水或肝素封管
静脉注射、肌注、雾化治疗	口服药物 处方再配
专科会诊	电话咨询细菌室、检验室
简单操作（n=1） 如导尿、撕裂伤修补 复杂操作（n=2） 如镇静镇痛	简单伤口处理 如绷带、吊带、夹板等

第三章　常见急危重伤病医院急诊科诊疗规范

一、急症的医院急诊科诊疗规范

（一）休克。

【紧急医疗救治原则】

1. 休克体位。
2. 保持呼吸道通畅，吸氧，监测生命体征。
3. 立即建立静脉通路。
4. 补充血容量。
5. 血管活性药物的应用。
6. 各种休克的个性化治疗。

（1）低血容量性休克治疗为快速输液，必要时可使用升压药；多发性创伤引起的休克在活动性出血未确切止血前不宜用快速补液纠正休克，复苏时须考虑采用“可允许低血压”策略。收缩压维持在80~85mmHg，如果是创伤性脑损伤平均动脉压维持在90~110mmHg。

（2）过敏性休克的治疗：去除过敏原，抗过敏治疗。

①保持气道通畅。

②肾上腺素0.3~0.5mg肌肉注射。

③抗组胺药。

(3)心源性休克治疗:可考虑强心治疗,如室性心动过速引起的休克,主要是电复律治疗;急性心脏压塞主要是心包穿刺。

(4)感染性休克治疗:抗感染治疗和积极循环支持。

(二)胸痛。

【紧急医疗救治原则】

1. 一般处理。

(1)吸氧,监测生命体征,立即治疗致死性心律失常。

(2)立即行心电图检查。

(3)血流动力学评估。

(4)心肺及腹部查体,注意触诊腹部是否有搏动性包块。

(5)建立静脉通路,同时抽血快速检测心肌标志物、血电解质、血糖、肾功能、血常规等。

(6)评估血管内容量,开始静脉补液。

(7)动脉血气,床旁胸片。

2. 针对有血液动力学不稳定胸痛患者的治疗。

1)血容量不足:

(1)配血,行术前准备;

(2)建立静脉通路,快速补液。

2)血容量相对过多:

(1)张力性气胸　一经诊断,立即排气。

(2)心包填塞　一经诊断,立即心包穿刺。

(3)心源性休克(心律失常相关):

①严重的缓慢性心律失常:提高心率治疗;起搏治疗。

②严重的快速心律失常:立即给予电转复。

(4)心源性休克(泵衰竭):

①对于无肺水肿表现的患者,可适当补液。

②经补液治疗血压无回升或开始出现严重休克的患者,给予血管活性药物。

③镇痛。

④无禁忌可考虑扩冠治疗。

(5)大面积肺栓塞:

①补液治疗,维持血流动力学稳定。

②应用血管活性药物;对于高度怀疑肺栓塞的患者,立即开始肝素治疗。

3)血容量相对过多伴有正常或升高的血压。

(1)体位为半卧位或坐位。

(2)利尿。

(3)镇痛。

(4)扩冠治疗。

3. 针对血液动力学稳定的胸痛患者的治疗。

(1)吸氧。

(2)心电监护。

(3)建立静脉通路。

(4)心电图检查。

(5)镇痛。

(6)抽血化验血常规、肾功能、电解质、血糖、血淀粉酶、心肌酶。

(7)纠正心律失常。

(8)拍胸片。

(三)腹痛。

【紧急医疗救治原则】

1. 监测生命体征。

2. 开通静脉通道。

3. 做好术前准备。

4. 除外外科疾病前需禁食。

5. 考虑肠梗阻或拟行剖腹探查时需置入鼻胃管并留置胃肠减压。

6. 有手术治疗指征时请会诊。

7. 上腹痛应排除急性心肌梗死,行 12 导心电检查。

(四)呼吸困难。

【紧急医疗救治原则】

1. 基本处理。

(1)保证气道通畅。

(2)吸氧。

(3)必要时机械通气。

(4)心电、血压、血氧监测。

(5)建立静脉通路,补液。

2. 病因治疗。

(1)心源性肺水肿。

①利尿治疗。

②扩血管治疗。

(2)哮喘,喘息性支气管炎,慢性阻塞性肺病。

①扩张支气管。

②合并感染者给予抗感染治疗。

(3)急性肺损伤,急性呼吸窘迫综合征。

①给氧,必要时机械通气。

②去除诱因。

(4)重症肺炎,吸入性肺炎。

①给氧,必要时机械通气。

②抗感染治疗。

(5)张力性气胸。

①胸腔穿刺抽气。

②胸腔闭式引流。

(6)气道异物。

①手法解除气道梗阻。

②必要时环甲膜穿刺,气管切开。

(7)神经肌肉疾病。

①给氧,呼吸衰竭患者机械通气。

②注意呼吸道管理。

③病因治疗。

(五)呕血。

【紧急医疗救治原则】

1. 建立静脉通路。

2. 完善实验室检查。

3. 补液。

4. 必要时输血。

5. 给氧。

7. [①]导尿。

8. 插入鼻胃管,必要时三腔二囊管压迫止血。

9. 止血治疗。

(六)大咯血。

【紧急医疗救治原则】

1. 绝对卧床,体位引流,避免气道梗阻。

2. 高流量吸氧。

3. 适当镇静治疗。

4. 剧咳者适当止咳,但窒息者禁用。

5. 建立静脉通道,维持循环稳定。

6. 酌情使用止血药物。

(七)昏迷。

【紧急医疗救治原则】

1. 基本治疗。

(1)开放气道、维持呼吸循环功能。

(2)患者作呕反射和呛咳反射消失立即气管插管。

(3)严密监测生命体征。

(4)外伤患者要注意保护颈椎。

(5)快速检测血糖,如有低血糖予高糖治疗。

2. 支持治疗。

(1)伴有颅高压表现时予以脱水治疗。

(2)伴有高热的昏迷患者应给予降温治疗。

(3)伴有抽搐的患者可静脉给予安定治疗。

3. 病因治疗。

(1)一氧化碳中毒者,立即搬离现场,吸氧,有指征者给予高压氧治疗。

(2)药物中毒者,可将活性炭(最好在服毒后1h内给予1~2mg/kg)稀释后注入鼻胃管内。

(八)小儿热性惊厥。

【紧急医疗救治原则】

1. 保持呼吸道通畅,头侧位,防止呕吐物误吸。

2. 吸氧。

3. 用纱布裹压舌板置于上、下磨牙之间,防止舌咬伤。

4. 降温治疗。

5. 抗惊厥药物治疗。

二、危重症的医院急诊科诊疗规范

(一)循环系统。

1. 心脏骤停。

【紧急医疗救治原则】

按照指南实施心肺复苏。

2. 急性冠脉综合征。

【紧急医疗救治原则】

(1)一般处理。

①患者卧床,停止任何主动活动。

②吸氧,建立静脉通道,心电监护。

④心电图。

⑤胸片。

⑥实验室检查:血常规、电解质、血糖、心肌损伤标志物凝血功能。

⑧请心内科医生会诊,确定并安排进一步治疗。

⑨及时处理各种并发症。

(2)药物治疗。

①扩冠治疗。

②镇痛。

③抗凝抗血小板治疗。

④溶栓治疗。

3. 急性左心衰竭。

【紧急医疗救治原则】

(1)保持呼吸道通畅,吸氧。

(2)使患者呈坐位或半卧位,双小腿下垂。

(3)扩张血管治疗。

(4)保持静脉通道畅通,利尿治疗。

(5)静脉注射吗啡3~5mg。

(6)视病情酌情使用强心药,氨茶碱和地塞米松。

---

① 此处及右栏中部缺项系发文如此。——编者注

4. 心律失常。

【紧急医疗救治原则】

1)快速心律失常。

(1)阵发性室上性心动过速(SVT)。

①兴奋迷走神经。

②普罗帕酮。

③有器质性心脏病或心功能不全者首选胺碘酮。

④血流动力学不稳定考虑直流电复律。

(2)室性心动过速(VT)。

①血液动力学不稳定室性心动过速,立即直流电复律。

②血液动力学稳定的室性心动过速,可选择胺碘酮、利多卡因等治疗。

③尖端扭转性室速,首选硫酸镁,禁用电复律。

(3)心室纤维颤动(VF)/心室扑动。

①立即非同步直流电复律。

②查找并纠正病因或诱因。

③心肺复苏。

(4)快速心房颤动(Af)/心房扑动(AF)。

①以控制心室率为主。

②急性心肌梗死、心力衰竭病人应选用胺碘酮。

③血流动力学不稳定时,同步直流电复律。

注意:预激综合症合并房颤时

①不用作用于房室结的药物。

②血流动力学不稳定,立即同步直流电复律。

③血流动力学稳定,可选用静脉胺碘酮或普罗帕酮。

2)缓慢心律失常。

(1)无症状的窦性心动过缓,心率≥45 次/分,无需治疗。

(2)导致晕厥的病窦综合征,尤其是慢 - 快综合征,可临时体外起搏。

(3)房室传导阻滞。

①Ⅰ度和Ⅱ度文氏阻滞可观察,查找与纠正病因。

②Ⅱ度Ⅱ型或完全性房室传导阻滞,应立即安装起搏器,如无条件起搏,可试用阿托品或肾上腺素静脉滴注。重度房室传导阻滞可试用异丙基肾上腺素。

5. 高血压危象。

【紧急医疗救治原则】

(1)查找和去除诱因。

(2)对高血压急症进行评估、分层。

(3)连续监测血压等生命体征。

(4)积极控制血压。

6. 急性心包压塞。

【紧急医疗救治原则】

(1)改善血流动力学。

①快速静脉输注生理盐水。

②正性肌力药。

(2)降低心包腔内压。

①心包穿刺术。

②心包切开引流术。

③心包切除术。

(二)呼吸系统。

1. 支气管哮喘持续状态。

【紧急医疗救治原则】

(1)去除诱因,脱离致敏环境。

(2)吸氧,必要时行机械通气治疗。

(3)扩张支气管。

2. 呼吸衰竭。

【紧急医疗救治原则】

(1)一般治疗。

①加强护理、预防误吸。

②维持机体内环境稳定。

a. 适当限制液体量。

b. 维持理想的血糖水平。

c. 能量的供给。

(2)符合指征者考虑机械通气治疗。

3. 重症肺炎。

【紧急医疗救治原则】

(1)抗生素的治疗。

(2)其他治疗。

①机械通气。

②抗炎药物。

③治疗合并的感染性休克。

④肾功能不全:避免应用肾毒性药物,必要时行血液透析等治疗。

4. 肺栓塞。

【紧急医疗救治原则】

(1)一般治疗。对症、支持疗法;对呼吸、心跳停止者立即做复苏抢救;吸氧,保持呼吸道通畅;疼痛剧烈者给予镇痛。

(2)溶栓。

(3)抗凝。

(三)消化系统。

1. 上消化道出血。

【紧急医疗救治原则】

(1)一般治疗。

卧床休息;观察机体灌注情况;记录血压、脉搏、出血量与每小时尿量;保持静脉通路并测定中心静脉压。保持病人呼吸道通畅。大量出血者宜禁食,少量出血者可适当进流质。多数病人在出血后常有发热,一般无需使用抗生素。

(2)补充血容量。

(3)上消化道大量出血的止血处理。

①胃内降温。

②口服止血剂。

③抑制胃酸分泌和保护胃粘膜。

④内镜直视下止血。

⑤食管静脉曲张出血的非外科手术治疗。

1)气囊压迫。

2)降低门脉压力的药物治疗。

(4)手术处理。

2. 急性重症胰腺炎。

【紧急医疗救治原则】

(1)液体复苏。

(2)解痉镇痛。

(3)生长抑素。

(4)应用抗生素预防和治疗感染。

(5)腹腔灌洗。

(6)机械通气和氧疗。

(7)中药治疗。

(8)CT 引导下经皮导管引流术。

(9)营养支持。

(10)胰腺假性囊肿的处理。

(11)手术治疗。

3. 急腹症。

【紧急医疗救治原则】

(1)一般治疗。

①对急性腹痛暂难诊断,需继续观察时,可首先行全身支持和对症止痛等治疗。伴有休克者需及时予以纠正,并监测患者的血压、脉搏、呼吸、尿量、意识状态等一般情况。

②伴感染者积极配合抗感染治疗。伴有大量失血者应及时输血,以防止失血性休克。

③经观察和治疗,腹痛逐渐缓解,且平稳 3 天以上,患者一般情况好,炎症已局限,或患者一般状态差,不能耐受手术探查和手术治疗者大多采用非手术疗法。

(2)手术治疗。

(四)内分泌系统。

1. 糖尿病酮症酸中毒。

【紧急医疗救治原则】

尽快补液以恢复血容量。纠正失水状态,降低血糖,纠正电解质及酸碱平衡失调,同时积极寻找和消除诱因,防治并发症,降低病死率。

(1)补液。

(2)胰岛素治疗。

(3)纠正电解质及酸碱平衡失调。

(4)对症治疗:针对感染、心衰、心律失常等的治疗。

2. 非酮性高渗性糖尿病昏迷。

【紧急医疗救治原则】

(1)开放静脉,急查血糖、电解质、血气分析、血尿常规、尿酮、心电图以及胸片和脑 CT 等。

(2)补液。

(3)胰岛素治疗。

(4)补钾原则与酮症酸中毒素相同。

(5)一般不需补碱,血糖不宜下降过速。

其它治疗:①去除诱因:感染者应用抗生素。②纠正休克:经补液后休克仍未纠正,可输血浆。③应防治动静脉血栓及弥散性血管内凝血(DIC),予以相应的抗凝治疗。④防止治疗过程中并发脑水肿。

3. 糖尿病低血糖昏迷。

【紧急医疗救治原则】

(1)血糖检查。

(2)静脉补充葡萄糖。

4. 甲亢危象。

【紧急医疗救治原则】

(1)一般治疗。

①全身支持疗法。

②积极治疗诱发因素。

③退热镇静。

④肾上腺皮质激素的应用。

⑤积极防止并发症及监护重要脏器功能。

(2)口服抗甲状腺药物抑制甲状腺素生物合成。

①抑制甲状腺激素生物合成。

②抑制甲状腺中甲状腺激素向血中释放。

③降低周围组织对甲状腺激素的反应。

(3)康复治疗。

5. 肾上腺皮质功能危象。

【紧急医疗救治原则】

(1)补充糖皮质激素。

(2)补充盐皮质激素。

(3)纠正脱水和电解质紊乱。

(4)预防和治疗低血糖。

(5)处理诱因。

6. 垂体危象。

【紧急医疗救治原则】

(1)抢救低血糖。

(2)解除急性肾上腺功能减退危象。

(3)有循环衰竭者按休克原则治疗,有感染败血症者应积极抗感染治疗,有水中毒者主要应加强利尿,可给予泼尼松或氢化可的松。

(4)纠正低温。

(5)禁用或慎用麻醉剂、镇静药、催眠药或降糖药等。

7. 严重酸碱失衡及电解质紊乱。

【紧急医疗救治原则】

(1)代谢性酸中毒的治疗。

①预防和治疗原发病。

②纠正水、电解质代谢紊乱,恢复有效循环血量,改善肾功能。

③补充碱性药物。

(2)呼吸性酸中毒的治疗。

①防治原发病。

②增加肺泡通气量。

③适当供氧不宜单纯给高浓度氧。

④谨慎使用碱性药物。

(3)代谢性碱中毒的治疗。

①治疗原发病,积极去除能引起代谢性碱中毒的原因。

②轻症只需输入生理盐水或葡萄糖盐水即可得以纠正。对于严重的碱中毒可给予一定量的弱酸性药物或酸性药物。

③盐皮质激素过多的病人应尽量少用髓袢或噻嗪类利尿剂,可给予碳酸酐酶抑制剂乙酰唑胺等治疗;失氯、失钾引起者,则需同时补充氯化钾促进碱中毒的纠正。

④使用含氯酸性药。

(4)呼吸性碱中毒的治疗。

①防治原发病,去除引起通气过度的原因。

②吸入含 CO_2 的气体。急性呼吸性碱中毒可吸入 5% CO_2 的混合气体或用纸罩于患者口鼻,使吸入自己呼出的气体,提高 $PaCO_2$ 和 H_2CO_3。

③对症处理。有反复抽搐的病人,可静脉注射钙剂;有明显缺 K^+ 者应补充钾盐;缺氧症状明显者,可吸氧。

(5)低钠血症的治疗。

①去除病因。

②纠正低钠血症。

③对症处理。

④治疗合并症。

(6)高钠血症的治疗。

①失水过多性高钠血症除病因治疗外,主要是纠正失水。

②补充液体的溶液首选等渗盐水与5%葡萄糖液,按1:3或1:1比例混合配制。葡萄糖进入体内后很快被代谢掉,故混合配制的溶液相当于低渗溶液。也可选用0.45%盐水或5%葡萄糖溶液。

③补液途径有经口饮入,不能自饮者可经鼻胃管注入,一般用于轻症病人。

④对钠排泄障碍所致的高钠血症的治疗主要是排除体内过多的钠。同样应监测血钠下降速度,以免下降过快而引起脑水肿。

(7)低钾血症的治疗。

强调以预防为主,在治疗原发病和纠正诱发因素的同时,控制 Na^+ 的摄入和输入,增加 K^+ 的补充,避免碱中毒和血糖的下降速度过快。

(8)高钾血症的治疗。

因为高钾血症多有明确的诱发因素,应以预防为主。

1)对抗 K^+ 对心肌的毒性作用。

①钙盐的应用。

②钠盐的应用。

③控制心律失常。

2)促进钾进入细胞内。

①高渗碳酸氢钠或乳酸钠的应用。

②极化液疗法。

③其它措施。如应用必须氨基酸、生长激素等促进合成代谢,也有利于降低血钾。

3)促进钾排除体外。

4)控制钾离子的摄入。

5)治疗原发病和避免诱发因素。

(五)神经系统。

1. 急性脑血管病。

【紧急医疗救治原则】

(1)保持正确体位,取平卧头侧位,防止误吸。

(2)保持呼吸道通畅。

(3)给予吸氧。

(4)严密监测意识状况、瞳孔、血压和呼吸等主要生命体征的变化。

(5)控制血压。

(6)降低颅内压。

(7)明确缺血性脑血管病和出血性脑血管病。

2. 癫痫大发作。

【紧急医疗救治原则】

发作时处理:

(1)一般处理:立即平卧松解衣领,头转向一侧,保持呼吸道通畅,防止异物吸入或窒息;用纱布或毛巾等包着压舌板,垫入上下臼齿之间,并用两掌轻托下颌,防止下颌脱臼和舌头咬伤;抽搐后如呼吸未能立即恢复,可行人工呼吸,抽搐后如有精神症状,应加强防护,防止意外。

(2)控制抽搐。

(3)防治脑水肿。

(4)持续吸氧、心电监护。

3. 重症肌无力危象。

【紧急医疗救治原则】

(1)轻者应避免过度劳累,受凉,感染,外伤和激怒等,不宜在烈日下过久,以防肌无力危象发生。

(2)肌无力危象发作时,应卧床休息,保持镇静和安静,保持室内空气通畅和新鲜,及时清除鼻腔及口腔内分泌物,保持呼吸道通畅。

(3)肌无力危象时,即刻肌注新斯的明 1 毫克,必要时可重复,症状改善后可改用口服。

(4)胆碱能性危象时,停用一切抗胆碱脂酶药物,同时肌注或静脉注射阿托品 0.5 ~ 2 毫克,每日 15 ~ 30 分钟重复一次。

(5)反拗性危象时,停用抗胆碱脂酶药物,使运动终板乙酰胆碱受体功能受体功能得到恢复,至少 72 小时后,再从小剂量开始使用抗胆碱脂酶药物。

(6)如一时危象性质不明,可暂停抗胆碱脂酶药物,试用强的松口服。

(7)禁止使用可影响神经 - 肌肉接头传递功能药物如麻醉剂,镇静止痛剂,肌肉松弛剂,抗心律失常药及某些抗生素等。

(8)出现呼吸窘迫或呼吸衰竭时积极进行机械通气支持。

(六)意外伤害。

1. 坠落伤。

【紧急医疗救治原则】

(1)首先对病人进行快速全面的粗略检查,排除病人是否有呼吸道梗阻、休克、大出血等致命的征象。

(2)保持呼吸道通畅。

(3)出现心脏停搏要立即行心肺复苏。

(4)周围血管伤大出血,压迫伤部以上动脉干至骨骼,直接在伤口上放置厚敷料,绷带加压包扎以不出血和不影响肢体血循环为宜。当上述方法无效时,可慎用止血带,原则上尽量缩短使用时间,一般以不超过 1 小时为宜,做好标记,注明止血带时间。

(5)在搬运和转送过程中,注意脊椎保护。

2. 爆炸伤。

【紧急医疗救治原则】

(1)应设法将伤员尽快脱离事故现场,以避免损伤进一步加重。

(2)现场急救。

①呼吸及心跳骤停抢救。

②出血及休克抢救。

③颅脑损伤。

④气胸急救。

⑤ARDS(急性呼吸窘迫综合征)及挤压综合征的救治。

⑥骨折固定。

3. 电击。

【紧急医疗救治原则】

(1)迅速脱离电源。

(2)有缺氧指征者给予吸氧。

(3)心跳、呼吸骤停者即刻给予心肺复苏。

(4)保护体表电灼伤创面。

(5)给予多功能监护。对症处理:缺氧所致脑水肿者,可使用甘露醇脱水,对由于肌肉强烈收缩造成的骨折脱位,要复位,固定,对烧伤者以暴露伤口为好。

4. 溺水。

【紧急医疗救治原则】

(1)判断有无意识,进行生命体征的评估。

(2)迅速清除口腔、呼吸道分泌物,畅通气道,维持有效通气,必要时采用鼻面罩或气管插管,使用呼吸复苏气囊或便携式呼吸机进行呼吸支持。

(3)有缺氧指征者给予吸氧。

(4)心跳、呼吸骤停者即刻给予心肺复苏。

(5)建立静脉通道,维持有效循环。

(6)给予多功能监护。其他对症处理。

5. 中暑。

【紧急医疗救治原则】

(1)使患者迅速脱离高温环境,连续监测体温、尿量,行血气分析。

(2)有缺氧指征者给予吸氧。

(3)给予体表物理降温。高热同时药物降温,选用氯丙嗪25~50mg加入0.9%氯化钠液静脉注射。

(4)有脑水肿者酌情选用20%甘露醇、糖皮质激素静滴。

(5)心跳、呼吸骤停者即刻给予心肺复苏。

(6)给予多功能监护。其他对症处理。

6. 急性中毒。

【紧急医疗救治原则】

(1)迅速脱离有毒环境或毒物,如脱去被毒物污染的衣物等。清除体内尚未吸收的毒物,常用催吐法或洗胃法。

(2)有缺氧指征者给予吸氧,如一氧化碳中毒者给予高流量吸氧,尽早给予高压氧舱治疗。

(3)通畅气道,维持有效通气,必要时采用鼻面罩或气管插管,使用简易呼吸器或便携式呼吸机进行呼吸支持。

(4)血压低时给予输注晶体液、血浆或其代用品,无效时,静脉滴注多巴胺或多巴酚丁胺,维持循环功能。

(5)建立静脉通道,静脉使用呋塞米促进毒物排泄。使用特效解毒药,如有机磷中毒者根据中毒程度静脉注射适量阿托品和氯磷定等特殊解毒药。

(6)血液灌流在中毒中应用。

(7)心跳、呼吸骤停者即刻给予心肺复苏。

(8)给予多功能监护及对症支持治疗。

7. 过敏反应。

【紧急医疗救治原则】

(1)过敏原明确者迅速脱离。

(2)吸氧。

(3)通畅气道,呼吸支持。

(4)开放静脉通道,酌情选用苯海拉明、异丙嗪、葡萄糖酸钙、糖皮质激素等药物。

(5)对过敏性休克者即刻皮下或肌肉注射肾上腺素0.3~0.5mg,同时选用上述治疗。

(6)心跳、呼吸骤停者即刻给予心肺复苏。

(7)其他对症处理。

(8)监测生命体征。

8. 动物性伤害。

1)犬咬伤。

【紧急医疗救治原则】

(1)咬伤后应该立即处理伤口。

(2)行伤口的清创处理。

(3)注射破伤风抗毒素或相应的疫苗。

2)蛇咬伤。

【紧急医疗救治原则】

(1)检查患者的气道、呼吸及循环。如果患者没有呼吸、心跳,立即进行心肺复苏。

(2)防止蛇毒继续被吸收,并尽可能减少局部损害。

(3)有条件时可用中草药治疗,有外用和内服两种药物,常用药物有蛇药片等。

(4)有条件时尽快肌注破伤风抗毒素。

(5)有条件时注射抗蛇毒血清。

(七)创伤和烧伤。

1. 多发性创伤。

【紧急医疗救治原则】

(1)有明确的致伤因子,判断伤员有无威胁生命的征象,如心跳呼吸骤停,立即进行心肺复苏术,对休克者给予抗休克治疗。

(2)保持呼吸道通畅,吸氧,必要时气管插管。

(3)伤口的处理。

(4)疑有颈椎损伤者应给予保护。

(5)骨折需妥善固定。

(6)对合并胸腹腔大出血者,需快速补充血容量,必要时使用血管活性药物。

(7)离断指(肢)体、耳廓、牙齿等宜用干净敷料包裹,有条件者可外置冰袋降温。

(8)刺入性异物应固定好后搬运,过长者应设法锯断,不能在现场拨出。

(9)胸外伤合并张力性气胸者应紧急胸穿减压。

(10)有脏器外露者不要回纳,用湿无菌纱布包扎。

(11)严重多发伤应首先处理危及生命的损伤。

2. 颅脑损伤。

【紧急医疗救治原则】

(1)对病人的伤情进行检查,针对情况采取相应的应急措施。

(2)头部受伤引起严重的外出血,立即行加压包扎止血。

(3)如有血性液体从耳、鼻中流出,可能是颅底骨折造成了脑脊液外漏。

采取方法:病人侧卧,并将头部稍垫高一点,使流出的液体顺位流出,并防止舌根后坠。严禁用水冲洗,严禁用棉花堵塞耳、鼻。

(4)呼吸、心跳停止,应进行心肺复苏。

(5)昏迷的病人按昏迷的急救原则处理。

(6)出现严重脑疝症状,应尽快争取手术治疗。

(7)脱水治疗。

3. 胸部损伤。

【紧急医疗救治原则】

(1)初诊为气胸,置坐位。

(2)吸氧疗法,血氧饱和度监测。

(3)处理开放性气胸。

(4)紧急时(如张力性气胸)用60ml注射器抽气或胸腔闭式引流(在患侧第二肋间锁骨中线垂直刺入)。保持呼吸道通畅,尤其是昏迷病人。

(5)一旦发生呼吸停止,立即进行呼吸复苏。

(6)有指征可考虑急诊开胸手术。

4. 腹部损伤。

【紧急医疗救治原则】

(1)已确定腹腔内脏器破裂者,应及时进行手术治疗。

(2)对于非手术治疗者,经观察仍不能排除腹内脏器损伤,或在观察期间出现剖腹探查指征时考虑手术。

5. 脊柱/脊髓损伤。

【紧急医疗救治原则】

(1)注意其它危及生命的合并损伤,尽量减少脊柱的任何活动。

(2)在椎体骨折或脊髓损伤除外之前,对患者进行合适的固定。

(3)一旦危及生命的损伤得以控制,如有指征摄侧位颈椎相。

(4)询问病史并查体,明确患者入院时神经系统功能的基础状态。

(5)一旦怀疑或发现脊髓损伤,尽早请神经外科或骨科医生会诊。

(6)转运椎体骨折或脊髓损伤患者至有条件的医院。

6. 四肢损伤。

【紧急医疗救治原则】

(1)及时止血。

(2)妥善包扎。

(3)有效固定。

(4)镇静止痛。

(5)防治休克。

(6)保存好残指(肢)。

7. 骨盆骨折。

【紧急医疗救治原则】

(1)主要是对休克及各种危及生命的合并症进行处理。

(2)有效止血。

8. 烧(烫)伤。

【紧急医疗救治原则】

(1)立即消除致伤因素。

(2)解除窒息,确保呼吸道通畅。

(3)纠正休克。

(4)保护创面。

(5)对症处理。

(八)妇产科危重症。

1. 阴道出血。

【紧急医疗救治原则】

(1)根据出血原因对症处理,控制出血。

(2)出血量多者应立即补液,积极预防和纠正休克,积极配血输血治疗。

(3)积极明确出血病因,请妇产科会诊协助诊治。

2. 产后出血。

【紧急医疗救治原则】

(1)一般治疗。

(2)针对下列病因进行止血。

1)子宫收缩乏力性出血。

2)软产道损伤所致出血。

3)胎盘因素所致出血。

4)凝血功能障碍所致出血。

3. 胎膜早破。

【紧急医疗救治原则】

(1)足月胎膜早破处理原则。

①测体温及脉搏,急查血常规及CRP,了解有无感染征象,若可疑感染,则应用静脉抗生素治疗。

②诊断胎膜早破后,若无规律宫缩,则即刻引产以减少宫内感染的发生机会。

③若胎儿头浮未入盆,则应注意脐带脱垂征象,卧床,适当抬高臀部。

④若为胎位异常或可疑胎儿窘迫者,宜及时行剖宫产终止妊娠。

(2)早产胎膜早破处理原则。

①监测有无感染征象。

a. 动态监测孕妇体温及脉搏。

b. 动态监测血常规及CRP。

c. 宫颈分泌物培养。

②孕周大于36周者，处理同足月胎膜早破。

③孕周35～36周，顺其自然：无感染征象者，期待疗法，不保胎治疗；有感染征象者，行引产术。

④孕周33～35周：促胎肺成熟，无感染征象者，期待疗法，不保胎治疗；有感染征象者，及时终止妊娠。

⑤孕周28～33周者，住院、卧床休息，抬高臀部，垫无菌会阴垫，保持外阴部清洁。静脉点滴抗生素7天，后若无感染征象可停用。地塞米松5mg肌注每12小时一次共4次促胎肺成熟，以避免新生儿发生呼吸窘迫综合征。注意宫缩状况，可根据情况应用宫缩抑制剂。注意羊水情况(性状和气味)、体温、血常规、CRP的动态变化情况，若出现宫内感染征象，则应及时终止妊娠。若B超监测残余羊水量明显减少，最大羊水深度≤2cm，胎儿生长迟滞时应考虑胎儿宫内生长受限，宜及时终止妊娠。

⑥若所在医院儿科抢救条件有限，则应行“宫内转运”患者至有新生儿抢救条件的上级医院。不宜在胎儿娩出后再行转院，会增加新生儿风险。

4. 急产。

【紧急医疗救治原则】

(1)产妇取平卧位，双腿屈曲并外展。

(2)开放静脉通道。

(3)消毒。

(4)铺消毒巾于臀下，带好无菌手套。

(5)接生。

(6)结扎脐带。

(7)新生儿处理。

①呼吸道处理：置复温床、擦干羊水、摆好体位，及时清除新生儿口腔、鼻腔中黏液及羊水，必要时用吸管吸。进行触觉刺激.当无哭声时可拍打足底。

②评价呼吸、心率、肤色、反射、肌张力，必要时进行治疗。

③脐带处理：脐带断面用75%酒精消毒，用无菌纱布包围，再用长绷带包扎。将新生儿包裹温暖。

(8)胎盘处理。

5. 宫外孕破裂出血。

【紧急医疗救治原则】

(1)一般治疗：

①监护、吸氧、建立静脉通路补液。

②积极配血、输血等对症支持治疗，纠正休克。

(2)手术治疗：可行开腹或腹腔镜手术。

第三部分　重症医学科

第一章　重症医学科收治范围

一、急性、可逆、已经危及生命的器官功能不全，经过重症医学科的严密监护和加强治疗短期内可能得到康复的患者。

二、存在各种高危因素，具有潜在生命危险，经过重症医学科严密的监护和随时有效治疗可能减少死亡风险的患者。

三、在慢性器官功能不全的基础上，出现急性加重且危及生命，经过重症医学科的严密监护和治疗可能恢复到原来状态的患者。

四、慢性消耗性疾病的终末状态、不可逆性疾病和不能从重症医学科的监护治疗中获得益处的患者，一般不是重症医学科的收治范围。

第二章　常见急危重伤病重症医学科诊疗原则

根据重症病人特点，在重视原发病诊疗基础上，强调器官功能评估与支持。

一、休克

(一)持续生命体征监测(心电、呼吸、血压、血氧饱和度监测)。

(二)吸氧，保持呼吸道通畅，必要时进行机械通气。

(三)尽快建立静脉通路。

(四)积极处理原发病因。

(五)调整容量状态。

(六)使用血管活性药物和(或)强心药物，维持血压，保障灌注。

(七)观察尿量、血乳酸等灌注指标并保障组织灌注水平。

二、急性呼吸衰竭

(一)氧疗。

(二)明确并保持气道通畅。

(三)及时行无创或有创机械通气。

(四)积极进行评估，能明确原因者，按相应抢救原则处理。

(五)持续监测生命体征。

三、急性肾功能衰竭

(一)评估肾功能。

(二)分析导致肾功能衰竭的原因。

(三)根据急性肾功能衰竭病因，确定初步治疗方案。

（四）必要时根据肾脏支持的处理常规进行肾脏支持。

四、急性肝脏衰竭

（一）评估肝功能。

（二）查找肝功能衰竭原因。

（三）去除病因，尽可能停用可导致肝损伤的药物。

（四）注意纠正凝血功能。

（五）注意并发症的防治。

（六）必要时进行人工肝等支持治疗。

五、急性左心衰竭

（一）评估心脏功能及容量状态。

（二）查找导致心脏功能衰竭原因。

（三）积极去除诱发因素。

（四）积极调整容量状态，如利尿剂无效时，应用CRRT。

（五）降低后负荷。

（六）必要时强心治疗。

（七）必要时进行机械通气治疗。

六、出凝血功能障碍

（一）评估出凝血功能状态，如血小板、D－二聚体、纤维蛋白原、APTT、PT、PTA 等。

（二）寻找出凝血异常原因。

（三）根据出凝血功能状态进行相应处理，如补充凝血因子或抗凝治疗。

第三章　常见急危重伤病重症医学科诊疗规范

一、休克

（一）低容量性休克。

1. 尽快明确和纠正引起容量丢失的病因。如对于出血部位明确的失血性休克患者，早期借助内镜、介入或手术进行止血。

2. 立刻开始液体复苏，输液的速度应快到足以迅速补充丢失液体，以维持组织灌注。

3. 对于失血性休克的患者，及时输血治疗，纠正凝血功能障碍。

（1）浓缩红细胞：为保证组织的氧供，血红蛋白降至 70g/L 时应输血。对于有心血管高风险的患者，使血红蛋白保持在 100g/L 以上。

（2）血小板：血小板输注主要用于患者血小板数量减少或功能异常伴有出血倾向或表现。血小板计数 $<50\times10^9$/L 时，应考虑输注。

（3）新鲜冰冻血浆：早期复苏时红细胞与新鲜冰冻血浆的输注比例应为 1∶1。

4. 低血容量休克的患者，一般不常规使用血管活性药，仅在足够的液体复苏后仍存在低血压，或者输液还未开始的严重低血压患者，才考虑血管活性药与正性肌力药。

5. 对未控制出血的贯通伤失血性休克患者，早期采用延迟复苏，收缩压维持在 80～90mmHg，保证重要脏器的灌注，并及时止血。出血控制后再进行积极容量复苏。对合并颅脑损伤的多发伤患者、老年患者及高血压患者应避免延迟复苏。

（二）感染性休克。

1. 在感染性休克引起组织低灌注时，应进行早期复苏。即在复苏最初 6 小时内，达到以下目标：

（1）中心静脉压（CVP）保持 8～12 mmHg；

（2）平均动脉压（MAP）≥ 65 mmHg；

（3）尿量≥ 0.5 $ml\cdot kg^{-1}\cdot hr^{-1}$；

（4）中心静脉（上腔静脉，$ScvO_2$）或者混合静脉氧饱和度（SvO_2）分别≥ 70% 或者≥65%。

若经过液体复苏后，$ScvO_2$ 与 SvO_2 没有达到目标，可输注浓缩红细胞达到红细胞压积≥30%，和（或）输入多巴酚丁胺。

2. 在应用抗生素之前留取病原学标本，可通过影像学检查早期确定潜在的感染病灶。

3. 入院 1 小时内经验性静脉使用抗生素治疗。一旦明确病原，则根据药敏结果调整为敏感的抗生素。

4. 若存在脓肿等局部感染灶，或可疑引起感染的体内医疗工具，应及时去除感染灶。

5. 积极进行液体复苏。若单纯液体复苏无效，应尽早加用血管活性药物。

6. 液体复苏和血管活性药治疗效果不佳时可应用糖皮质激素，推荐氢化可的松，每日补充量不超过 200mg，最好持续静脉输注。

（三）心源性休克。

1. 积极进行病因治疗。如冠心病、急性心肌梗死合并心源性休克，可行溶栓、PTCA、外科治疗。

2. 建立静脉通路，密切心电监护。绝对卧床休息，吸氧，止痛。

3. 进行容量复苏，使用血管活性药物维持组织灌注；纠正酸中毒；抗心律失常治疗。

4. 对严重的、难治的、其他方法无效的心源性休克，可采用主动脉内球囊反搏术，体外膜氧合等辅助装置。

5. 防治 ARDS、急性肾衰竭、DIC 等并发症。

（四）梗阻性休克。

1. 立即缓解致使血流通道受阻的病因。

2. 根据不同梗阻原因所表现出的血流动力学特点，调整容量状态，使用血管活性药物维持组织灌注。

二、循环系统

（一）心脏骤停。

1. 立即持续性胸外按压。

2. 开放气道，包括徒手仰头举颏法、托颌法（颈椎损伤者）。也可使用口咽通气管、喉罩、气囊面罩或气管插管。

3. 人工辅助通气或机械通气。

4. 如为室颤或无脉室速，电除颤。如为无脉搏电活动（PEA）和心脏停搏，继续心肺复苏。

5. 持续监测生命体征。

6. 开放静脉通道。

7. 应用复苏药物及抗心律失常药物。

8. 复苏成功后如仍昏迷，进行亚低温治疗。

（二）急性冠脉综合征、急性心肌梗塞。

1. 适当镇静镇痛。

2. 吸氧。

3. 持续监测生命体征。

4. 监测心肌酶及心电图有无动态变化。

5. 建立静脉通道，保持给药途径畅通。

6. 给予硝酸酯类、抗凝、抗血小板、他汀类等药物治疗。

7. 及时处理各种并发症。

8. 立即评估是否需要进行血管重建。

（三）急性左心衰竭。

1. 体位为坐位或半坐位，腿下垂。

2. 持续监测生命体征。

3. 保持呼吸道通畅，吸氧，必要时可行无创及有创机械通气。

4. 开放静脉通道。

5. 给予利尿剂、强心药、血管扩张剂等药物治疗。

6. 筛查病因，并对应处理。

（四）恶性心律失常。

1. 持续心电、血压监测。

2. 吸氧。

3. 判断有无血流动力学障碍（如意识改变、低血压、休克、严重心肌缺血症状、严重心衰症状等），如存在，立即给予电复律（快速型心律失常）或临时体外起搏（缓慢型心律失常）治疗。

4. 开放静脉通道，纠正病因，选用针对性抗心律失常药物治疗。

5. 如为心跳骤停，立即心肺复苏。

（五）高血压危象。

1. 持续心电、血压、血氧饱和度监测。

2. 了解基础血压情况，评估心脑肾眼底等脏器功能情况，适当镇静镇痛。

3. 开放静脉通道，规范给予降压药物治疗，逐渐达到病人所需要的目标血压。

4. 及时处理各种并发症。

5. 必要时气管插管、机械通气。

三、呼吸系统

（一）重症哮喘。

1. 氧疗。

2. 使用支气管扩张药物治疗。如：B 受体激动剂、M 受体拮抗剂、茶碱。

3. 使用吸入及静脉激素治疗。

4. 可行无创或行气管插管机械通气治疗。调节呼吸机参数时适当减慢呼吸频率、延长呼气时间，必要时可进行控制性低通气。

5. 镇痛镇静，必要时肌松。

6. 去除诱因。

（二）AECOPD。

1. 及时去除诱因，如感染诱发哮喘加重，及时控制感染。

2. 氧疗。

3. 通过雾化吸入或静脉输注方式使用支气管扩张药物，如 β 受体激动剂、M 受体拮抗剂、茶碱。

4. 如扩张效果不佳，可以使用吸入及静脉激素治疗。

5. 当出现神志改变，呼吸肌疲劳，二氧化碳潴留时可考虑行无创或有创机械通气。

6. 若插管上机后出现人机对抗，可充分镇静肌松，保证通气。

（三）急性呼吸窘迫综合征 ARDS。

1. 持续心电、血压、血氧饱和度监测。

2. 有创或无创机械通气。

3. 采用肺保护性通气策略，包括使用呼气末正压、肺复张等维持氧合、根据体重采用小潮气量通气等。

4. 俯卧位通气。

5. 采用预防呼吸机相关性肺炎措施。

6. 营养支持。

7. 限制性液体管理。

四、消化系统

(一)消化道出血。

1. 诊断及鉴别诊断,查明出血部位。

2. 保持呼吸道通畅,吸氧。

3. 持续心电、血压、血氧饱和度监测。

4. 建立静脉通路,积极配血,补充血容量。

5. 持续监测出血情况,定时复查血色素水平。

6. 对上消化道出血应用止血、制酸等对症处理。

7. 必要时外科、介入科、消化科手术止血。

(二)急性肝脏衰竭。

1. 诊断及鉴别诊断,查明肝功能衰竭原因。

2. 去除病因,停用可导致肝损伤的药物。

3. 持续心电、血压、血氧饱和度监测。

4. 建立静脉通路,补充新鲜血浆、冷沉淀等血制品,纠正凝血功能。

5. 持续监测出血情况,定时复查血色素水平。

6. 应用保肝、预防及治疗肝昏迷等处理。

(三)急性重症胰腺炎。

1. 诊断及鉴别诊断,查明病因。

2. 去除病因。如胆源性胰腺炎应去除梗阻因素。

3. 持续心电、血压、血氧饱和度监测。

4. 评估容量状态,积极纠正低容量状态;建立静脉通路,根据患者情况给予营养支持。

5. 应用抑酶、制酸等对症处理。如出现氧合障碍或合并 ARDS,尽早呼吸支持。

6. 必要时给予抗生素治疗。

7. 防治并发症。

8. 必要时手术治疗。

五、内分泌系统

(一)糖尿病酮症酸中毒。

1. 监测血糖、肾功、离子、血气分析。

2. 保持呼吸道通畅,吸氧。

3. 建立静脉通道,尽早开始充足的补液,酌情给予碱性药物。

4. 调整输入的热量,维持血糖稳定。

5. 合理应用小剂量胰岛素。

(二)低血糖昏迷。

1. 立即停用胰岛素。

2. 持续监测生命体征。

3. 静脉注射 50% 葡萄糖溶液,而后静脉滴注 10% 葡萄糖溶液,每半小时复查血糖,直至血糖稳定。

4. 调整控制血糖的目标,避免再次出现低血糖。

5. 调整每日热量供给,维持血糖稳定。

6. 防治脑水肿。

(三)高渗性昏迷。

1. 监测生命体征及血糖、电解质、血气分析等。

2. 保持呼吸道通畅,吸氧。若不能维护气道,尽早气管插管。

3. 建立静脉通路,快速补液,输液量按体重的 12% 估算。老人,心肾功能不全者,需监测中心静脉压。

4. 合理应用小剂量胰岛素。

5. 适当补钾,酌情给予碱性药物。

6. 注意防治动静脉血栓、弥散性血管内凝血(DIC)、脑水肿。

(四)甲亢危象。

1. 持续监测生命体征,开通静脉,适当补液。

2. 积极去除诱因,若合并感染,予抗感染治疗。

3. 积极退热,适当镇静。

4. 慎用肾上腺皮质激素。

5. 口服抗甲状腺药物抑制甲状腺素合成,复方碘溶液抑制甲状腺素释放。应用普萘洛尔、利舍平、胍乙啶等抗交感神经药物减轻周围组织对儿茶酚胺的作用。

6. 病情严重者还可以使用血浆置换清除血中过量的甲状腺激素。

六、急性肾损伤和血液净化

(一)急性肾功能衰竭的早期诊断。

1. 了解病史,进行体格检查。

2. 导尿,分析尿液化验结果。

3. 评价尿路情况,排除尿路梗阻。

4. 评价患者容量状态和心脏功能状态。

5. 如考虑肾小球、肾血管疾病,做相应的血液学或超声等检查。

6. 根据急性肾衰竭病因,确定初步治疗方案。

(二)肾脏替代的指征。

1. 高血容量性心功能不全,急性肺水肿。

2. 严重酸碱及电解质紊乱(严重代谢性酸中毒、高钾血症、高钠血症、低钠血症等)。

3. 尿毒症性脑病、心包炎。

4. 药物中毒,尤其是多种药物的复合中毒。

七、妇产科急症

(一)妊高症。

1. 持续心电、呼吸、血压监测。

2. 及时终止妊娠。

3. 适当镇静镇痛。

4. 硫酸镁静脉输注。

5. 应用降压药物，维持血压稳定。

6. 必要时机械通气支持。

7. 利尿、脱水治疗。

8. 防治并发症。

（二）产后大出血。

1. 持续心电监护，开通静脉通路，快速补液，维持组织灌注。

2. 积极输血，纠正凝血功能障碍。

3. 按摩子宫，应用缩宫素、米索前列醇等刺激和加强子宫收缩。

4. 若仍有活动性出血，可采取宫腔填塞、结扎双侧子宫动脉及髂内动脉、经导管动脉栓塞术、子宫切除等手段止血。

（三）羊水栓塞。

1. 持续心电监护，开放静脉，吸氧。

2. 出现过敏性休克时应用糖皮质激素。

3. 解除肺血管痉挛，降低肺动脉压。

4. 适当补液，必要时应用血管活性药物，维持组织灌注，纠正酸中毒。

5. 预防 DIC。

八、出凝血功能障碍

（一）肺栓塞的诊断和治疗。

1. 根据临床特征和实验室检查判断患者是否为肺栓塞可疑患者。

2. 判断危险程度，是否影响血流动力学。

3. 血流动力学及呼吸支持治疗。

4. 溶栓治疗。

5. 抗凝治疗。

6. 必要时介入等手术治疗。

（二）DIC。

1. 监测血小板、纤维蛋白原、PT、APTT 水平。

2. 积极去除引起 DIC 的病因。

3. 积极输注血小板、新鲜冰冻血浆、冷沉淀、纤维蛋白原、凝血酶原复合物纠正凝血功能。

4. 持续出血、经替代治疗血小板和凝血因子不上升或证实有纤维蛋白的沉积的 DIC 患者可考虑肝素抗凝治疗。

5. 注意监测有无新发消化道出血、脑出血等，及时予针对性治疗。

九、急性中枢神经系统损伤

（一）重度颅脑创伤。

1. 监测生命体征，保持呼吸道通畅，必要时行气管插管或气管切开。

2. 观察神志、GCS 评分、瞳孔、神经系统症状体征变化，必要时进行颅内压监测。

3. 维持全身灌注及脑灌注压稳定，必要时可予血管活性药物。

4. 脱水降颅压治疗、防止脑疝。

5. 脱水治疗过程中要定期评估液体出入量，避免出现低血容量状态，监测电解质。

6. 警惕尿崩症、脑耗盐综合征等并发症。

（二）急性脑血管病。

1. 持续心电监护，保持呼吸道畅通，必要时行气管插管或气管切开。

2. 观察神志、GCS 评分、瞳孔、神经系统症状体征变化，必要时进行颅内压监测。

3. 维持全身灌注及脑灌注压稳定，必要时可予血管活性药物。

4. 脱水降颅压治疗、防止脑疝。

5. 控制体温。

6. 促进神经功能恢复，防止瘫痪肢体挛缩和畸形。

7. 脑出血患者可行钻颅血肿穿刺抽吸术、开颅血肿清除术清除积血。

8. 蛛网膜下腔出血应严格卧床，避免刺激及过度用力，尼莫地平防止脑血管痉挛，早期行 DSA，发现脑动脉瘤或脑血管畸形者争取及早手术治疗。

9. 脑梗死可予适当补液，维持合适脑灌注压。给予抗凝治疗，对超早期病例可溶栓治疗。

（三）癫痫持续状态。

1. 左侧卧位后推注葡萄糖。

2. 治疗原则为 30 分钟内终止癫痫发作，首选咪哒唑仑。

3. 处理 30 分钟不见缓解，应按难治性癫痫处理，建立人工气道。

4. 治疗目的为终止肌肉与脑电活动。

5. 积极寻找病因进行处理。

十、严重多发创伤

（一）多发创伤患者进入 ICU 后，必须再次评估伤情，如有漏诊，立即联系专科诊治。

（二）保持呼吸道通畅，必要时机械通气支持。做好患者容量管理。预防下肢血栓、肺栓塞等。

（三）专科进行每日伤口评估及处理。

（四）颈椎损伤者应给予颈托固定，胸腰椎损伤者应用平卧位、轴线翻身，避免护理治疗造成再损伤。

（五）骨折需妥善固定，主要保持一定体位。

（六）胸外伤应保持胸腔引流通畅。

（七）头部受伤术后应观察颅内压力变化，保持脑灌注。

十一、外科大手术术后

（一）连接呼吸机、监护仪，调整呼吸机参数，观察是否通气正常。观察病人生命体征是否平稳。

（二）如果有血管活性药物，询问种类及剂量并继续应用。

（三）充分和麻醉医生及手术医生了解病人术前术中情况。

（四）完成术后常规化验检查（如血气分析、心电图、血常规等），协助评价患者术后病情状态。

（五）充分镇痛、必要时镇静，根据病人术中及术前情况决定是否使用抗感染药物。

（六）病人体内引流物及其他安置物的管理和创口处理。

（七）根据手术部位、方式给予所需的特殊治疗与护理。

（八）并存疾病的必要处理。

十二、突发高热

（一）判断高热为感染或非感染，并对症处理。

（二）如高热引起循环功能不稳定，积极液体复苏。

（三）去除感染病灶。

（四）如为感染性发热，需积极完善辅助检查，明确感染部位及感染微生物，留取相关标本培养后，合理使用抗感染药物治疗。

院前医疗急救管理办法

1. 2013年11月29日国家卫生和计划生育委员会令第3号公布

2. 自2014年2月1日起施行

第一章 总 则

第一条 为加强院前医疗急救管理，规范院前医疗急救行为，提高院前医疗急救服务水平，促进院前医疗急救事业发展，根据《执业医师法》、《医疗机构管理条例》、《护士条例》等法律法规，制定本办法。

第二条 本办法适用于从事院前医疗急救工作的医疗机构和人员。

本办法所称院前医疗急救，是指由急救中心（站）和承担院前医疗急救任务的网络医院（以下简称急救网络医院）按照统一指挥调度，在患者送达医疗机构救治前，在医疗机构外开展的以现场抢救、转运途中紧急救治以及监护为主的医疗活动。

第三条 院前医疗急救是政府举办的公益性事业，鼓励、支持社会力量参与。卫生计生行政部门按照“统筹规划、整合资源、合理配置、提高效能”的原则，统一组织、管理、实施。

卫生计生行政部门应当建立稳定的经费保障机制，保证院前医疗急救与当地社会、经济发展和医疗服务需求相适应。

第四条 国家卫生计生委负责规划和指导全国院前医疗急救体系建设，监督管理全国院前医疗急救工作。

县级以上地方卫生计生行政部门负责规划和实施本辖区院前医疗急救体系建设，监督管理本辖区院前医疗急救工作。

第二章 机构设置

第五条 院前医疗急救以急救中心（站）为主体，与急救网络医院组成院前医疗急救网络共同实施。

第六条 县级以上地方卫生计生行政部门应当将院前医疗急救网络纳入当地医疗机构设置规划，按照就近、安全、迅速、有效的原则设立，统一规划、统一设置、统一管理。

第七条 急救中心（站）由卫生计生行政部门按照《医疗机构管理条例》设置、审批和登记。

第八条 设区的市设立一个急救中心。因地域或者交通原因，设区的市院前医疗急救网络未覆盖的县（县级市），可以依托县级医院或者独立设置一个县级急救中心（站）。

设区的市级急救中心统一指挥调度县级急救中心（站）并提供业务指导。

第九条 急救中心（站）应当符合医疗机构基本标准。县级以上地方卫生计生行政部门根据院前医疗急救网络布局、医院专科情况等指定急救网络医院，并将急救网络医院名单向社会公告。急救网络医院按照其承担任务达到急救中心（站）基本要求。

未经卫生计生行政部门批准，任何单位及其内设机构、个人不得使用急救中心（站）的名称开展院前医疗急救工作。

第十条 急救中心（站）负责院前医疗急救工作的指挥和调度，按照院前医疗急救需求配备通讯系统、救护车和医务人员，开展现场抢救和转运途中救治、监护。急救网络医院按照急救中心（站）指挥和调度开展院前医疗急救工作。

第十一条 县级以上地方卫生计生行政部门根据区域服务人口、服务半径、地理环境、交通状况等因素，合理配置救护车。

救护车应当符合救护车卫生行业标准，标志图案、标志灯具和警报器应当符合国家、行业标准和有关规定。

第十二条 急救中心（站）、急救网络医院救护车以及院前医疗急救人员的着装应当统一标识，统一标注急救中心（站）名称和院前医疗急救呼叫号码。

第十三条 全国院前医疗急救呼叫号码为“120”。

急救中心（站）设置“120”呼叫受理系统和指挥中心，其他单位和个人不得设置“120”呼叫号码或者其他任何形式的院前医疗急救呼叫电话。

第十四条 急救中心（站）通讯系统应当具备系统集成、救护车定位追踪、呼叫号码和位置显示、计算机辅助指挥、移动数据传输、无线集群语音通讯等功能。

第十五条 县级以上地方卫生计生行政部门应当加强对院前医疗急救专业人员的培训，定期组织急救中心（站）和急救网络医院开展演练，推广新知识和先进技术，提高院前医疗急救和突发事件紧急医疗救援能力与水平。

第十六条 县级以上地方卫生计生行政部门应当按照有关规定，根据行政区域内人口数量、地域范围、经济条件等因素，加强急救中心（站）的应急储备工作。

第三章 执业管理

第十七条 急救中心（站）和急救网络医院开展院前医疗急救工作应当遵守医疗卫生管理法律、法规、规章和技术操作规范、诊疗指南。

第十八条 急救中心（站）应当制定院前医疗急救工作规章制度及人员岗位职责，保证院前医疗急救工作的医疗质量、医疗安全、规范服务和迅速处置。

第十九条 从事院前医疗急救的专业人员包括医师、护士和医疗救护员。

医师和护士应当按照有关法律法规规定取得相应执业资格证书。

医疗救护员应当按照国家有关规定经培训考试合格取得国家职业资格证书；上岗前，应当经设区的市级急救中心培训考核合格。

在专业技术职务评审、考核、聘任等方面应当对上述人员给予倾斜。

第二十条 医疗救护员可以从事的相关辅助医疗救护工作包括：

（一）对常见急症进行现场初步处理；

（二）对患者进行通气、止血、包扎、骨折固定等初步救治；

（三）搬运、护送患者；

（四）现场心肺复苏；

（五）在现场指导群众自救、互救。

第二十一条 急救中心（站）应当配备专人每天 24 小时受理“120”院前医疗急救呼叫。“120”院前医疗急救呼叫受理人员应当经设区的市级急救中心培训合格。

第二十二条 急救中心（站）应当在接到“120”院前医疗急救呼叫后，根据院前医疗急救需要迅速派出或者从急救网络医院派出救护车和院前医疗急救专业人员。不得因指挥调度原因拒绝、推诿或者延误院前医疗急救服务。

第二十三条 急救中心（站）和急救网络医院应当按照就近、就急、满足专业需要、兼顾患者意愿的原则，将患者转运至医疗机构救治。

第二十四条 急救中心（站）和急救网络医院应当做好“120”院前医疗急救呼叫受理、指挥调度等记录及保管工作，并按照医疗机构病历管理相关规定，做好现场抢救、监护运送、途中救治和医院接收等记录及保管工作。

第二十五条 急救中心（站）和急救网络医院按照国家有关规定收取院前医疗急救服务费用，不得因费用问题拒绝或者延误院前医疗急救服务。

第二十六条 急救中心（站）应当按照有关规定做好突发事件紧急医疗救援的现场救援和信息报告工作。

第二十七条 急救中心（站）和急救网络医院不得将救护车用于非院前医疗急救服务。

除急救中心（站）和急救网络医院外，任何单位和个人不得使用救护车开展院前医疗急救工作。

第二十八条 急救中心（站）应当按照相关规定作好应急储备物资管理等相关工作。

第二十九条 急救中心（站）和急救网络医院应当向公众提供急救知识和技能的科普宣传和培训，提高公众急救意识和能力。

第四章 监督管理

第三十条 县级以上地方卫生计生行政部门应当加强对院前医疗急救工作的监督与管理。

第三十一条 县级以上地方卫生计生行政部门应当加强急救中心（站）和急救网络医院的设置管理工作，对其执业活动进行检查指导。

第三十二条 县级以上地方卫生计生行政部门发现本辖

区任何单位及其内设机构、个人未经批准使用急救中心(站)的名称或救护车开展院前医疗急救工作的,应当依法依规严肃处理,并向同级公安机关通报情况。

第三十三条 上级卫生计生行政部门应当加强对下级卫生计生行政部门的监督检查,发现下级卫生计生行政部门未履行职责的,应当责令其纠正或者直接予以纠正。

第三十四条 急救中心(站)和急救网络医院应当对本机构从业人员的业务水平、工作成绩和职业道德等情况进行管理、培训和考核,并依法依规给予相应的表彰、奖励、处理等。

第五章 法律责任

第三十五条 任何单位或者个人未经卫生计生行政部门批准擅自开展院前医疗急救服务的,由县级以上地方卫生计生行政部门按照《医疗机构管理条例》等有关规定予以处理。

第三十六条 急救中心(站)和急救网络医院使用非卫生专业技术人员从事院前医疗急救服务的,由县级以上地方卫生计生行政部门按照《执业医师法》、《医疗机构管理条例》和《护士条例》等有关法律法规的规定予以处理。

第三十七条 医疗机构有下列情形之一的,由县级以上地方卫生计生行政部门责令改正、通报批评、给予警告;对直接负责的主管人员和其他直接责任人员,根据情节轻重,依法给予警告、记过、降低岗位等级、撤职、开除等处分:

(一)未经批准擅自使用“120”院前医疗急救呼叫号码或者其他带有院前医疗急救呼叫性质号码的;

(二)未经批准擅自使用救护车开展院前医疗急救服务的;

(三)急救中心(站)因指挥调度或者费用等因素拒绝、推诿或者延误院前医疗急救服务的;

(四)违反本办法其他规定的。

第六章 附 则

第三十八条 本办法所称医疗救护员,是指人力资源社会保障部第四批新职业情况说明所定义,运用救护知识和技能,对各种急症、意外事故、创伤和突发公共卫生事件施行现场初步紧急救护的人员。

第三十九条 本办法所称救护车,是指符合救护车卫生行业标准、用于院前医疗急救的特种车辆。

第四十条 在突发事件中,公民、法人和其他单位开展的卫生救护不适用于本办法。

第四十一条 本办法自2014年2月1日起施行。

卫生部、国家中医药管理局关于对急救站设置有关问题的批复

1. 2004年7月15日
2. 卫医发〔2004〕234号

河北省中医药管理局:

你局《关于急救站设置有关问题的请示》(冀中医药字〔2004〕36号)收悉。经研究,现答复如下:

急救中心(站)的设置要尊重历史和客观现实。对于在一个行政辖区内仅有一所院前急救医疗机构,虽依托在中医医疗机构,但能充分履行相应职责和义务的,卫生行政部门可以指定其作为急救中心(站),并作为“120”落地定点单位,同时要加强建设和管理。

对于在同一辖区内有两所以上医疗机构同时提供院前急救服务或依托医疗机构新设置急救中心(站)的,卫生行政部门应根据本辖区实际情况,指定一所综合实力较强的综合医院或中医(中西医结合、民族医)医院作为急救中心(站),并作为“120”落地定点单位,承担紧急救援中心的职责和义务。

关于进一步完善院前医疗急救服务的指导意见

1. 2020年9月17日国家卫生健康委、国家发展改革委、教育部、工业和信息化部、公安部、人力资源社会保障部、交通运输部、应急管理部、国家医保局发布
2. 国卫医发〔2020〕19号

院前医疗急救是卫生健康事业的重要组成部分,在医疗急救、重大活动保障、突发公共事件紧急救援等方面发挥了重要作用。为更好地满足人民群众对院前医疗急救的需求,提高院前医疗急救服务能力,现提出如下意见。

一、总体要求

(一)指导思想。以习近平新时代中国特色社会主义思想为指导,全面贯彻党的十九大和十九届二中、三中、四中全会精神,落实新形势下卫生与健康工作方针,以提高人民健康水平为核心,以满足人民群众需求为目标,大力推进院前医疗急救网络建设,逐步加强院前医疗急救人才队伍建设,有效提升院前医疗急救服务能力,加快建设与经济社会发展水平及人民健康需

求相适应的院前医疗急救服务体系。

（二）基本原则。

政府主导、保障基本。落实各级政府责任，坚持属地管理，分级负责，进一步加大政府对院前医疗急救事业的投入，完善急救资源配置，满足实际工作需要，保障人民群众对院前医疗急救的基本需求，切实体现院前医疗急救事业的公益性，助力健康中国建设。

科学规划、持续发展。根据院前医疗急救服务需求，科学布局、统筹规划院前医疗急救体系建设，明确各级院前医疗急救机构功能定位，建立长效运行与协作机制，促进城乡院前医疗急救体系一体化发展和区域平衡，全面提升院前医疗急救机构的服务能力和技术水平。

以人为本、注重实效。始终将院前医疗急救专业人才队伍建设作为推动体系发展的关键环节，从人才培养、职业发展、薪酬待遇、人员转归等方面统筹谋划，切实加强专业人才队伍建设，提高院前医疗急救质量与效率，促进院前医疗急救事业健康可持续发展。

软硬结合、全面提升。加强院前医疗急救基础设施、车辆装备、配套设备等硬件建设，提升信息化水平，逐步实现院前医疗急救机构精细化管理，注重院前医疗急救学科、服务、管理等内涵建设，持续提升人民群众对医疗急救服务满意度。

（三）主要目标。到 2025 年，建成与我国社会经济发展水平相适应的政府主导、覆盖城乡、运行高效、服务优质的省、地市、县三级院前医疗急救服务体系，院前医疗急救人才队伍长足发展，服务保障能力全面提升，社会公众急救技能广泛普及，急救相关产业健康发展，全社会关心支持急救事业发展的氛围基本形成。

具体指标：

——地市级以上城市和有条件的县及县级市设置急救中心（站）。

——合理布局院前医疗急救网络，城市地区服务半径不超过 5 公里，农村地区服务半径 10—20 公里。

——以地级市为单位，按照每 3 万人口配置 1 辆救护车，以县域为单位，根据县域人口的 300% 估算人口基数，按照每 3 万人口 1 辆的标准配备救护车。根据院前医疗急救服务需求合理配置救护车类型，其中至少 40% 为负压救护车。平均急救呼叫满足率达到 95%。

——全国 120 急救电话开通率达到 100%。120 呼救电话 10 秒内接听比例达到 95%，3 分钟出车率达到 95%。院前急救病历书写率达到 100%。危急重症现场医疗监护或抢救措施实施率达到 98%。

——地市级以上急救中心设立统一指挥调度信息化平台。与本级区域健康信息平台、二级以上综合医院信息系统实现数据共享。

——独立设置的急救中心（站）急救医师数量满足服务需求。

二、加强院前医疗急救网络建设

（四）推进急救中心（站）建设。地市级以上城市和有条件的县及县级市设置急救中心（站），条件尚不完备的县及县级市依托区域内综合水平较高的医疗机构设置县级急救中心（站）。各地要按照《医疗机构基本标准（试行）》（卫医发〔1994〕30 号）和《急救中心建设标准》（建标〔2016〕268 号）的相关要求，加强对急救中心（站）建设的投入和指导，确保急救中心（站）建设符合标准。有条件的市级急救中心建设急救培训基地，配备必要的培训设施，以满足院前医疗急救专业人员及社会公众急救技能培训需求。

（五）加强急救车辆等急救运载工具和装备配置。各地要根据业务工作需要、厉行节约原则，合理配置急救中心（站）救护车数量，偏远地区可根据实际情况增加配置数量。遵循合理、必须、均衡原则，完善不同用途和性能救护车配备。有条件的地区可根据需要购置或采取签订服务协议的方式配备水上、空中急救运载工具。车辆、担架等运载工具及装载的医疗、通讯设备符合国家、行业标准和有关规定，满足院前医疗急救服务需求，提高装备智能化、信息化水平。救护车等急救运载工具以及人员着装统一标识，统一标注急救中心（站）名称和院前医疗急救呼叫号码。

（六）规划院前医疗急救网络布局。各地要结合城乡功能布局、人口规模、服务需求，科学编制辖区院前医疗急救站点设置规划。城市地区不断完善以急救中心为主体，二级以上医院为支撑的城市院前医疗急救网络，有条件的大型城市可以在急救中心下设急救分中心或急救站，合理布局，满足群众院前医疗急救服务需求。农村地区建立县级急救中心—中心乡镇卫生院—乡镇卫生院三级急救网络，加强对乡村医生的培训，充分发挥乡村医生在院前医疗急救中的作用。地市级以上急救中心要加强对县级院前医疗急救网络的指导和调度。有条件的地区要积极开展航空医疗救护，在确保安全的前提下，探索完善航空医疗救护管理标准和服务规范，构建陆空立体急救网络和空地协同机制。

三、加强院前医疗急救人才培养和队伍建设

（七）加强院前医疗急救专业人才培养。加强医教协同，加强急诊专业住院医师规范化培训力度，强化院前医疗急救能力培训。完善院前医疗急救医师继续医学教育制度，组织急救中心医师定期到二级以上医疗机构接受急诊、重症监护、麻醉等临床技能培训，并采取多种手段拓展院前医疗急救医师继续教育形式和内涵。

（八）强化院前医疗急救队伍建设。各地应当根据急救网络规划，合理配置院前医疗急救专业人员和其他工作人员，创新院前医疗急救医师和护士招聘引进举措，确保满足服务要求。规范开展院前医疗急救专业人员岗前培训和在岗培训，加强调度员、驾驶员、担架员业务培训，完善考核管理。

四、提升院前医疗急救服务能力

（九）加强院前医疗急救信息化建设。建立健全全国院前医疗急救工作信息管理系统，加强急救相关信息管理，健全急救系统监测预警水平。提高院前医疗急救信息化水平，推动院前医疗急救网络与医院信息系统连接贯通，推动急救调度信息与电信、公安、交通、应急管理等部门及消防救援机构的信息共享与联动，探索并推广急救呼叫定位，探索居民健康档案与调度平台有效对接，提高指挥调度和信息分析处理能力。

（十）加强科学调度水平。全国统一院前医疗急救呼叫号码为“120”。地市级以上急救中心建立院前医疗急救指挥调度信息化平台，遵循就近、就急、就专科的原则，实现急救呼叫统一受理、车辆人员统一调度。地域偏远或交通不便的县及县级市应当设置独立急救中心（站）或依托综合水平较高的医疗机构，建立指挥调度信息化平台，根据实际情况，实现市级统一受理、二级调度或县级统一受理、调度，提高调度效率。加强院前医疗急救接报调度能力建设，鼓励有条件的地区根据实际情况创新调度方式，科学合理调派急救资源。

（十一）提升院前医疗急救服务质量。各地要进一步完善院前医疗急救工作相关规章制度，提高管理水平。加强院前医疗急救质量控制，完善院前医疗急救标准、流程和考核指标，不断提升院前医疗急救服务质量。急救中心要加强业务培训和管理，不断提高呼叫响应水平、全程转运速度和患者处置能力。

（十二）完善院前院内急救衔接机制。推动院前医疗急救网络与院内急诊有效衔接，落实医院首诊负责制，规范院前院内工作交接程序，整合相关科室，建立院前院内一体化绿色通道，提高救治效率。有条件的地区可建设院前医疗急救机构和胸痛中心、卒中中心、创伤中心、危重孕产妇救治中心、危重儿童和新生儿救治中心实时交互智能平台，推行急诊急救一体化建设。

（十三）提升公众急救技能。各地要建立辖区公众急救培训管理体系，制定培训计划，统一培训内容，整合急救中心、红十字会、公立医院及社会化培训机构等多方力量，开展针对社会公众的心肺复苏等基本急救技能培训。探索将急救常识和基本急救技能培训内容纳入公安民警、消防救援人员、公共交通工作人员等重点人群在岗培训。积极开展中小学急救常识普及，推广高中生、大学生基本急救技能培训，有效提升全人群自救互救能力。

五、加强政策保障

（十四）推进标准化建设。逐步完善院前医疗急救相关标准规范，统一院前医疗急救运载工具、装备标识和着装标准，规范急救运载工具、装备配置标准，制定院前医疗急救流程和技术规范，加强院前医疗急救服务质量控制，有效规范院前医疗急救行为。逐步建立统一的公众急救培训体系，提高自动体外除颤仪（AED）配置水平，完善公众急救支持性环境。

（十五）拓展人才发展平台。进一步完善卫生专业技术资格考试急诊医学（中级）专业考试大纲，兼顾院前医疗急救工作特点，职称晋升中侧重考查专业性、创新性和院前临床综合服务能力。鼓励各地推动急救中心（站）与医疗机构建立合作，探索建立院前急救医师转岗机制。

（十六）完善价格体系。规范院前医疗急救收费项目，科学核算服务成本，与财政补助相衔接，合理制定和动态调整医疗服务价格，合理回收部分成本，保障院前医疗急救机构运行，引导公众合理急救需求。将符合条件的院前医疗服务收费项目纳入医保支付范围。

（十七）调动人员积极性。强化内部运行机制、人事管理制度改革，建立健全适应院前医疗急救行业特点的绩效评估指标体系，将考核结果与岗位聘用、职称晋升、绩效分配挂钩。充分考虑单位属性、行业特点、资金保障能力等因素，合理核定院前医疗急救机构绩效工资总量，在内部分配时重点向一线岗位、业务骨干倾斜。

（十八）保障救护车辆权利。救护车在执行急救任务时，在确保安全的前提下，不受行驶路线、行驶方向、行驶速度和信号灯的限制。为救护车免费安装

ETC 车载装置,保障其不停车快捷通过高速公路收费站。

六、组织实施

(十九)加强组织领导。各地要高度重视院前医疗急救工作,将院前医疗急救事业纳入本级卫生事业发展规划,切实加强组织领导,明确部门分工,强化政策协调衔接,统筹推进各项工作。各地要在 2020 年 11 月底前,制定完善院前医疗急救服务的具体实施方案,确保各项政策措施取得实效。

(二十)强化部门协作。卫生健康行政部门要科学规划院前医疗急救网络布局,加强院前医疗急救人才培养,加强行业监管,确保院前医疗急救服务质量和安全。发展改革部门要积极改善院前医疗急救相关基础设施建设。教育部门要积极开展急救常识普及教育。电信管理部门、应急管理部门及消防救援机构要稳步推进与院前医疗急救调度系统的信息共享与联动,缩短响应时间。人力资源社会保障部门要会同卫生健康等部门保障急救中心(站)合理待遇。交通部门要制定完善保障急救车辆权利的相关政策。医疗保障部门负责统筹完善院前医疗急救服务价格和医保支付政策。

(二十一)开展社会宣传。各地要利用多种媒体形式,广泛宣传普及急诊急救知识,提高公众自救互救意识和能力。引导公众形成正确急救需求观念,合理利用院前医疗急救资源。树立、宣传先进人物和典型事迹,展现院前医疗急救工作者积极健康、无私奉献的精神风貌,营造全社会关心支持院前医疗急救发展的良好氛围。

(二十二)开展考核指导。各地区要加强对辖区内完善院前医疗急救服务实施情况监督检查,以问题为导向,综合评价辖区内院前医疗急救工作的进展和成效。国家卫生健康委要会同相关部门建立重点工作跟踪和定期监督制度,强化政策指导和督促检查,及时总结经验并定期通报工作进展。

关于进一步推进疾病应急救助工作的通知

1. 2021 年 1 月 8 日国家卫生健康委、公安部、民政部、财政部、国家医保局发布

2. 国卫医发〔2021〕1 号

各省、自治区、直辖市及新疆生产建设兵团卫生健康委、公安厅(局)、民政厅(局)、财政厅(局)、医保局:

2013 年,国务院办公厅印发《关于建立疾病应急救助制度的指导意见》,建立了疾病应急救助制度。制度实施以来,较好地发挥了“救急难”作用,对于增强人民群众获得感、助力打赢脱贫攻坚战具有重要意义。但在实施过程中,一些地方反映存在着救助对象身份认定困难、救助基金支付程序复杂、疾病应急救助基金经办机构作用发挥不充分等问题。为进一步推进疾病应急救助工作,服务于困难群体的急救费用保障,最大程度发挥救助基金使用效益,针对制度实施过程中遇到的一些具体问题,将有关事项通知如下:

一、进一步明确疾病应急救助基金的使用范围

(一)救助对象。在中国境内发生急危重伤病、需要急救但身份不明确或无力支付相应费用的患者。各地区根据实际情况,制定细化身份不明确和无力支付相应费用患者的认定方法。

(二)救助病种种类。主要依据《需要紧急救治的急危重伤病标准及诊疗规范》中规定的病种,以院前急救、急诊科、重症医学科及需要专科进行的紧急抢救治疗为主。各地可以根据本地区疾病应急救助基金使用情况,适当增补救助病种范围。增补的病种应当符合“急危重”特点,如得不到及时救治可能导致身体残疾,甚至危及生命。

(三)费用范围及标准。符合条件患者所发生的急救费用,包括急救期间发生的医疗费用和必需的生活费用。急救期一般为 72 小时以内,特殊情况下可以根据病情诊疗需要适当延长。原则上,医疗费用不超过本机构同病种的次均费用;生活费用按照当地城市低保标准,折算成每人每天的生活费用予以补助。

(四)救助基金使用规定。救助基金的使用要体现“紧急、必须和基本”,不得用于支付超出疾病救治需要的不合理费用,不得用于支付病情平稳但长期住院治疗产生的非急救费用,不得用于经查实身份、有负担能力但拒绝付费患者的拖欠费用。

二、提高救助基金使用管理水平

(一)优化救助基金支付流程。救助基金的使用坚持“救急难”的原则,各地要按照《疾病应急救助基金管理暂行办法》(以下简称《暂行办法》)、《疾病应急救助工作指导规范(试行)》的要求,进一步优化救助基金的申请、审核、拨付流程(参考流程见附件 1),明确各环节审核认定时限。取消可以通过国家或地方政务服务平台查询的相关证明材料。充分运用信息化手段,让信息多跑腿,缩短审核等待时间,提高救助基金支付效率。

（二）落实“先预拨后结算”规定。对经常承担急救工作的医疗机构，按照《暂行办法》中关于“先预拨后结算”的规定，可以参考上一周期救助基金使用情况，按照一定比例先预拨给医疗机构，减轻医疗机构垫资负担。

（三）做好与其他保障制度的有效衔接。对于身份明确但无力缴费的患者（包括急救后明确身份的），其所拖欠的急救费用，按照规定由责任人、工伤保险和基本医疗保险、公共卫生经费、医疗救助、道路交通事故社会救助等已有渠道支付，对无支付渠道或通过已有渠道支付后费用仍有缺口的，由疾病应急救助基金予以补助；对于身份不明的患者，其急救费用由疾病应急救助基金予以补助。对于经甄别符合生活无着的流浪乞讨人员救助条件的，由民政部门救助管理机构为其办理救助登记手续，依法依规提供急病救治。对于渡过急救期、病情平稳后，仍需住院治疗的患者的医疗费用，根据其身份认定情况，由相应的保障渠道按规定支付。

（四）加强经办机构组织管理。各地要按规定确定疾病应急救助基金经办机构（以下简称经办机构）负责基金的日常管理工作。卫生健康行政部门要加强工作指导与监督，定期评估经办机构履职成效。经办机构要切实加强经办管理，规范经办流程，提升服务效能。经办机构的管理费用支出，由同级财政按照规定在年度预算中安排。

（五）提高救助信息管理水平。医疗机构、经办机构和卫生健康行政部门要加强疾病应急救助工作的信息管理，按照要求将救助信息录入国家疾病应急救助信息登记平台（http://61.49.19.43:9700/jbyj）。申请的救助对象、救助金额等信息要向社会公示，未经公示的不能拨付救助基金，确保每一笔基金的申请、审核、拨付和核销工作可追溯。

（六）规范救助基金管理。经办机构要按照《暂行办法》要求编制基金预决算，及时报送同级财政、卫生健康行政部门审核后报同级政府批准。严格按基金预算执行，规范调整程序。积极筹措资金，扩宽筹资渠道，主动开展各类募捐活动，积极向社会募集资金。规范申报审核，根据基金存量与资金筹集情况，量入为出，合理安排支出，确保基金平稳运行可持续。

三、强化责任落实和政策保障

（一）部门职责。卫生健康行政部门负责加强对医疗机构的监管力度，杜绝因费用问题而拒绝、推诿急诊患者的问题发生。公安机关负责协助医疗机构核查患者身份，重点核查身份不明的患者，在确保公民信息安全的情况下，充分依托警务大数据等手段，切实提高核查效率。民政部门负责协助经办机构，依据患者身份信息，核实是否为低保对象、特困人员等无负担能力人员；对符合条件的患者实施临时救助等。医保部门负责做好身份明确的已参保患者医疗费用结算工作。财政部门负责及时向医疗机构支付相应费用，安排经办机构工作经费支出。

（二）医疗机构规范实施救治。各级各类医疗机构及其工作人员必须及时、有效地救治急危重症患者，对于拒绝、推诿或者拖延救治的，依法依规严肃处理。医疗机构在救治患者过程中，要优先选择国家基本医保目录内的药品、耗材，使用安全有效、经济适宜的诊疗技术。医疗机构要按照规定及时申请疾病应急救助基金，不得骗取、套取、挪用、违规申请使用救助基金。

（三）经办机构负责日常管理。经办机构要切实承担起基金的日常管理职责，做好救助基金申请材料的收集审核、部门间的沟通协调、社会资金的募集等工作。不得将上述工作职责转嫁给医疗机构。经办机构每年度至少开展1次培训活动，覆盖辖区内承担疾病应急救助任务的医疗机构，提高基金申请的规范性、有效性。

（四）开展绩效考核和监督检查。落实《中央对地方专项转移支付绩效目标管理办法》（财预〔2015〕163号）要求，卫生健康行政部门、财政部门每年度开展疾病应急救助基金考核工作。各地要结合绩效考核指标（见附件2），细化本地区考核内容，将考核结果与下一年度救助基金分配挂钩，促进各有关部门高质量高效率履职配合。

附件：1. 疾病应急救助基金申请流程图

2. 疾病应急救助工作绩效考核指标（略）

附件 1

疾病应急救助基金申请流程图

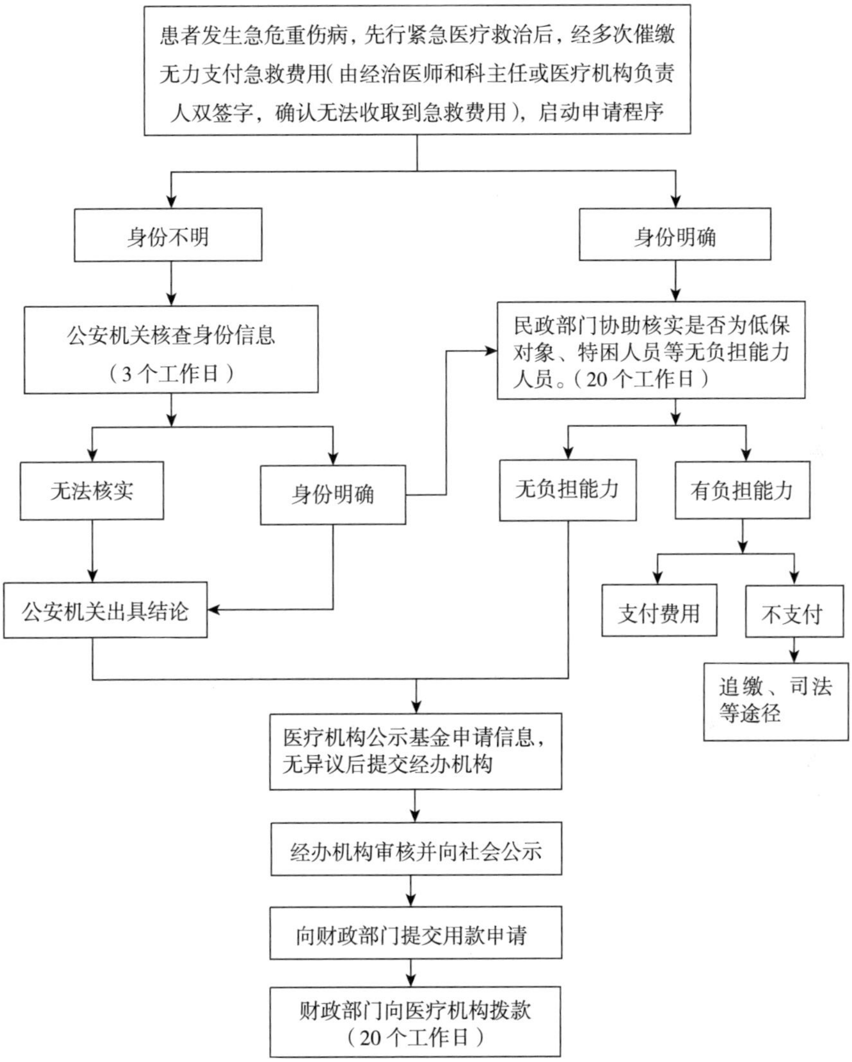

国家卫生健康委办公厅关于进一步做好突发事件医疗应急工作的通知

1. 2023年4月28日国家卫生健康委发布
2. 国卫办医急函〔2023〕143号

各省、自治区、直辖市及新疆生产建设兵团卫生健康委，中国疾病预防控制中心：

为贯彻落实党中央、国务院有关工作部署，进一步提高自然灾害、事故灾难、突发公共卫生事件和社会安全事件（以下简称突发事件）医疗应急工作响应速度和救治水平，最大程度减少伤亡伤残，切实保障人民群众生命安全和身体健康，现就有关要求通知如下：

一、切实提高医疗应急工作重要性认识

医疗应急工作是突发事件应急处置的重要一环，是社会和谐稳定、国家公共安全的重要保障。各级卫生健康行政部门要高度重视突发事件医疗应急工作，站在维护国家安全和社会稳定的高度，坚决克服麻痹思想和侥幸心理，加强组织领导，进一步完善医疗应急工作组织体系，明确部门职责分工和卫生健康行政部门、各相关医疗卫生机构负责同志的领导责任，确保各项工作措施落到实处。一旦发生灾情和事故等突发事件，属地卫生健康行政部门负责同志要迅速靠前指挥，及时了解现场情况，协调组织开展医疗应急，保证工作高效、有序推进。

二、提前做好各类突发事件医疗应急准备

各级卫生健康行政部门要遵循属地管理、分级负责的原则，在当地党委和政府的统一领导下，组织医疗卫生机构做好突发事件应对准备工作。

（一）加强部门协作。强化与应急管理、自然资源、公安、气象、交通等部门的沟通协调，建立顺畅的信息通报机制，及时掌握各类自然灾害预测预报以及事故灾难相关信息，切实做好洪涝、泥石流、地震、台风、极端天气等各类自然灾害应对准备和事故灾难等突发事件的医疗应急工作。

（二）完善应急预案。结合本地区多发的自然灾害和事故灾难特点，明确各级各类紧急医学救援队伍责任分工，组织医疗应急队伍开展多场景、多部门协作的模拟演练，不断完善应急预案，提高常见灾害、事故等突发事件的医学救援能力和医疗救治水平，确保关键时刻各级各类队伍密切配合，各项医疗应急工作有序协同推进。

（三）开展自查整改。卫生健康行政部门和医疗卫生机构要组织开展防汛防涝防台风、防灾减灾救灾等工作自查、检查，找准问题和短板，采取有效措施补足短板和不足，防止医疗卫生机构设施设备因灾受损，确保突发事件发生时能源持续供应、医疗设备正常运转、专业人员及时到位、各项医疗救治工作能够正常有序开展。

三、认真做好突发事件信息报告工作

及时掌握突发事件发生情况、伤员规模和伤情等信息是全面、有效开展医疗应急工作的必要条件。各级卫生健康行政部门和各级紧急医学救援队伍所在医疗机构要落实岗位职责，加强值班值守，相关人员24小时联络畅通，确保突发事件发生时医疗应急相关信息及时报送。

事件发生地属地卫生健康行政部门要按照突发事件报告有关要求，“接报即报”，逐级上报。省级卫生健康行政部门接到报告时，应当立即对信息进行核实，达到重大及以上级别突发事件标准，应当在2小时内将突发事件类别性质、伤亡人数和伤情、调派医疗资源情况等相关信息报送我委。医疗应急工作新进展、新情况要及时续报。需要下级卫生健康行政部门和医疗卫生机构核实情况的，应立即响应，限时报告，不得迟报、漏报、瞒报。

四、高效开展突发事件医疗应急工作

各级卫生健康行政部门要以国家、省级紧急医学救援队伍为核心力量，加强国家、省、市、县等各层级各类别队伍之间组织协调，高效、有序开展各类突发事件医疗应急工作。

（一）做好突发事件医疗应急响应。根据突发事件类型、规模，按照分级响应和处置原则，迅速开展医疗应急工作。发生重大、特别重大突发事件，应派出省级专家组和紧急医学救援队伍，按照分级救治与合理转运相结合的原则开展医疗应急工作，必要时报请国家派遣国家专家组、国家紧急医学救援队伍等医疗资源予以支持。

（二）规范开展伤员转运和救治工作。

伤员转运工作，以确保安全为前提，按照“最快到达”原则将伤员迅速转送至具备治疗条件的医疗机构。在医疗应急工作中，要综合考虑地理环境、医疗救治条件和能力等因素，科学选择转运方式和收治医院。

伤员救治工作，应根据伤员伤情特点，统筹医疗资源，组建相关学科专家组，对伤员进行检伤、分类和治疗。伤情允许情况下，坚持“四集中”原则开展伤员救

治，落实多学科会诊、远程会诊和专家巡诊等制度。重症伤员“一患一策”进行个案管理，轻症伤员加强专家巡诊会诊，及时掌握病伤情变化，尽最大努力减少因伤死亡和残疾。同时，及时开展对伤员、家属的心理评估和干预服务。

五、加强医疗应急体系和能力建设

省级卫生健康行政部门要按照我委印发的《突发事件紧急医学救援“十四五”规划》（国卫医急发〔2022〕35号）有关要求，进一步完善平急结合、科学高效的医疗应急体系，提升医疗应急能力。推进紧急医学救援基地建设；对各类别国家医疗应急队伍进行提质扩容；以医疗机构为依托，加快推进国家、省级紧急医学救援队伍和市、县医疗应急小分队建设，实现每个县至少有一支医疗应急队伍；开展医疗应急培训演练，强化应急医药储备，提升省、市、县域整体医疗应急能力和水平。

六、开展多种形式的宣传教育和培训工作

各地卫生健康部门要与新闻宣传部门密切配合，结合年度防灾减灾日、防灾减灾活动周等活动，充分利用广播、电视、报刊等传统媒体和微视频、客户端、网络等新兴媒体开展科普宣传。要精心组织开展紧急救护知识“五进”，即进企业、进社区、进学校、进农村、进家庭等活动，广泛宣传应对洪涝、地震、台风等自然灾害和危化品事故、交通安全事故等事故灾难的自救互救知识，开展自救互救技能培训，提高人民群众应急避险意识和自救互救能力。发生突发事件时，应按规定及时发布医疗应急信息，做到信息公开透明。

五、医疗纠纷处理

［导读］

本部分以医疗纠纷处理相关法律规范为主要内容，包括医疗事故处理、医疗损害赔偿两方面的内容。

医疗事故，是指医疗机构及其医务人员在医疗活动中，违反医疗卫生管理法律、行政法规、部门规章和诊疗护理规范、常规，过失造成患者人身损害的事故。故意造成患者人身损害的事故不属医疗事故。医疗事故分为四级。发生医疗事故争议时，医患双方应当封存病历和相关物品，及时逐级上报。医疗事故技术鉴定由各级医学会组织专家鉴定组进行。医疗事故的处理可由医患双方协商解决，由卫生行政部门行政调解，也可以向人民法院提起民事诉讼。因医疗行为引起的侵权诉讼，由医疗机构就医疗行为与损害结果之间不存在因果关系及不存在医疗过错承担举证责任。医疗事故的赔偿费用由承担医疗事故责任的医疗机构支付。负有责任的主管人员和其他直接责任人员给予行政处分直至追究刑事责任。

2010 年 7 月，《中华人民共和国侵权责任法》开始施行。这部法律对医疗纠纷的处理做了完善。除保留原有的造成医疗事故需要赔偿外，患者在诊疗活动中受到的其他损害，医疗机构及其医务人员有过错的，医疗机构也要承担赔偿责任。

2020 年 5 月 28 日，第十三届全国人民代表大会第三次会议通过《中华人民共和国民法典》，民法典侵权责任编，对《中华人民共和国侵权责任法》关于"医疗损害责任"一章的规定在延续的基础上没有作大幅修改，只是在吸收部门、地方和社会公众意见的基础上，对其进行了微调。

民法典侵权责任编共 11 条，主要规定了医疗损害责任归责原则，医务人员说明义务和患者知情同意权，紧急情况下实施医疗措施，医务人员过错造成损害由医疗机构赔偿，推定医疗机构有过错的情形，因药品、消毒产品、医疗器械的缺陷或者输入不合格的血液造成患者损害的损害赔偿请求权，医疗机构免责的情形，医疗机构对病历资料的义务及患者对病历的权利，患者隐私和个人信息保护，医疗机构及其医务人员不得违反诊疗规范实施不必要检查，维护医疗机构及其医务人员合法权益等内容。

资料补充栏

1. 医疗事故处理

医疗事故处理条例

1. 2002年4月4日国务院令第351号公布
2. 自2002年9月1日起施行

第一章 总 则

第一条 为了正确处理医疗事故,保护患者和医疗机构及其医务人员的合法权益,维护医疗秩序,保障医疗安全,促进医学科学的发展,制定本条例。

第二条 本条例所称医疗事故,是指医疗机构及其医务人员在医疗活动中,违反医疗卫生管理法律、行政法规、部门规章和诊疗护理规范、常规,过失造成患者人身损害的事故。

第三条 处理医疗事故,应当遵循公开、公平、公正、及时、便民的原则,坚持实事求是的科学态度,做到事实清楚、定性准确、责任明确、处理恰当。

第四条 根据对患者人身造成的损害程度,医疗事故分为四级:

一级医疗事故:造成患者死亡、重度残疾的;

二级医疗事故:造成患者中度残疾、器官组织损伤导致严重功能障碍的;

三级医疗事故:造成患者轻度残疾、器官组织损伤导致一般功能障碍的;

四级医疗事故:造成患者明显人身损害的其他后果的。

具体分级标准由国务院卫生行政部门制定。

第二章 医疗事故的预防与处置

第五条 医疗机构及其医务人员在医疗活动中,必须严格遵守医疗卫生管理法律、行政法规、部门规章和诊疗护理规范、常规,恪守医疗服务职业道德。

第六条 医疗机构应当对其医务人员进行医疗卫生管理法律、行政法规、部门规章和诊疗护理规范、常规的培训和医疗服务职业道德教育。

第七条 医疗机构应当设置医疗服务质量监控部门或者配备专(兼)职人员,具体负责监督本医疗机构的医务人员的医疗服务工作,检查医务人员执业情况,接受患者对医疗服务的投诉,向其提供咨询服务。

第八条 医疗机构应当按照国务院卫生行政部门规定的要求,书写并妥善保管病历资料。

因抢救急危患者,未能及时书写病历的,有关医务人员应当在抢救结束后6小时内据实补记,并加以注明。

第九条 严禁涂改、伪造、隐匿、销毁或者抢夺病历资料。

第十条 患者有权复印或者复制其门诊病历、住院志、体温单、医嘱单、化验单(检验报告)、医学影像检查资料、特殊检查同意书、手术同意书、手术及麻醉记录单、病理资料、护理记录以及国务院卫生行政部门规定的其他病历资料。

患者依照前款规定要求复印或者复制病历资料的,医疗机构应当提供复印或者复制服务并在复印或者复制的病历资料上加盖证明印记。复印或者复制病历资料时,应当有患者在场。

医疗机构应患者的要求,为其复印或者复制病历资料,可以按照规定收取工本费。具体收费标准由省、自治区、直辖市人民政府价格主管部门会同同级卫生行政部门规定。

第十一条 在医疗活动中,医疗机构及其医务人员应当将患者的病情、医疗措施、医疗风险等如实告知患者,及时解答其咨询;但是,应当避免对患者产生不利后果。

第十二条 医疗机构应当制定防范、处理医疗事故的预案,预防医疗事故的发生,减轻医疗事故的损害。

第十三条 医务人员在医疗活动中发生或者发现医疗事故、可能引起医疗事故的医疗过失行为或者发生医疗事故争议的,应当立即向所在科室负责人报告,科室负责人应当及时向本医疗机构负责医疗服务质量监控的部门或者专(兼)职人员报告;负责医疗服务质量监控的部门或者专(兼)职人员接到报告后,应当立即进行调查、核实,将有关情况如实向本医疗机构的负责人报告,并向患者通报、解释。

第十四条 发生医疗事故的,医疗机构应当按照规定向所在地卫生行政部门报告。

发生下列重大医疗过失行为的,医疗机构应当在12小时内向所在地卫生行政部门报告:

(一)导致患者死亡或者可能为二级以上的医疗事故;

(二)导致3人以上人身损害后果;

(三)国务院卫生行政部门和省、自治区、直辖市人民政府卫生行政部门规定的其他情形。

第十五条 发生或者发现医疗过失行为,医疗机构及其医务人员应当立即采取有效措施,避免或者减轻对患者身体健康的损害,防止损害扩大。

第十六条 发生医疗事故争议时,死亡病例讨论记录、疑难病例讨论记录、上级医师查房记录、会诊意见、病程记录应当在医患双方在场的情况下封存和启封。封存的病历资料可以是复印件,由医疗机构保管。

第十七条 疑似输液、输血、注射、药物等引起不良后果的,医患双方应当共同对现场实物进行封存和启封,封存的现场实物由医疗机构保管;需要检验的,应当由双方共同指定的、依法具有检验资格的检验机构进行检验;双方无法共同指定时,由卫生行政部门指定。

疑似输血引起不良后果,需要对血液进行封存保留的,医疗机构应当通知提供该血液的采供血机构派员到场。

第十八条 患者死亡,医患双方当事人不能确定死因或者对死因有异议的,应当在患者死亡后48小时内进行尸检;具备尸体冻存条件的,可以延长至7日。尸检应当经死者近亲属同意并签字。

尸检应当由按照国家有关规定取得相应资格的机构和病理解剖专业技术人员进行。承担尸检任务的机构和病理解剖专业技术人员有进行尸检的义务。

医疗事故争议双方当事人可以请法医病理学人员参加尸检,也可以委派代表观察尸检过程。拒绝或者拖延尸检,超过规定时间,影响对死因判定的,由拒绝或者拖延的一方承担责任。

第十九条 患者在医疗机构内死亡的,尸体应当立即移放太平间。死者尸体存放时间一般不得超过2周。逾期不处理的尸体,经医疗机构所在地卫生行政部门批准,并报经同级公安部门备案后,由医疗机构按照规定进行处理。

第三章 医疗事故的技术鉴定

第二十条 卫生行政部门接到医疗机构关于重大医疗过失行为的报告或者医疗事故争议当事人要求处理医疗事故争议的申请后,对需要进行医疗事故技术鉴定的,应当交由负责医疗事故技术鉴定工作的医学会组织鉴定;医患双方协商解决医疗事故争议,需要进行医疗事故技术鉴定的,由双方当事人共同委托负责医疗事故技术鉴定工作的医学会组织鉴定。

第二十一条 设区的市级地方医学会和省、自治区、直辖市直接管辖的县(市)地方医学会负责组织首次医疗事故技术鉴定工作。省、自治区、直辖市地方医学会负责组织再次鉴定工作。

必要时,中华医学会可以组织疑难、复杂并在全国有重大影响的医疗事故争议的技术鉴定工作。

第二十二条 当事人对首次医疗事故技术鉴定结论不服的,可以自收到首次鉴定结论之日起15日内向医疗机构所在地卫生行政部门提出再次鉴定的申请。

第二十三条 负责组织医疗事故技术鉴定工作的医学会应当建立专家库。

专家库由具备下列条件的医疗卫生专业技术人员组成:

(一)有良好的业务素质和执业品德;

(二)受聘于医疗卫生机构或者医学教学、科研机构并担任相应专业高级技术职务3年以上。

符合前款第(一)项规定条件并具备高级技术任职资格的法医可以受聘进入专家库。

负责组织医疗事故技术鉴定工作的医学会依照本条例规定聘请医疗卫生专业技术人员和法医进入专家库,可以不受行政区域的限制。

第二十四条 医疗事故技术鉴定,由负责组织医疗事故技术鉴定工作的医学会组织专家鉴定组进行。

参加医疗事故技术鉴定的相关专业的专家,由医患双方在医学会主持下从专家库中随机抽取。在特殊情况下,医学会根据医疗事故技术鉴定工作的需要,可以组织医患双方在其他医学会建立的专家库中随机抽取相关专业的专家参加鉴定或者函件咨询。

符合本条例第二十三条规定条件的医疗卫生专业技术人员和法医有义务受聘进入专家库,并承担医疗事故技术鉴定工作。

第二十五条 专家鉴定组进行医疗事故技术鉴定,实行合议制。专家鉴定组人数为单数,涉及的主要学科的专家一般不得少于鉴定组成员的二分之一;涉及死因、伤残等级鉴定的,并应当从专家库中随机抽取法医参加专家鉴定组。

第二十六条 专家鉴定组成员有下列情形之一的,应当回避,当事人也可以以口头或者书面的方式申请其回避:

(一)是医疗事故争议当事人或者当事人的近亲属的;

(二)与医疗事故争议有利害关系的;

(三)与医疗事故争议当事人有其他关系,可能影响公正鉴定的。

第二十七条 专家鉴定组依照医疗卫生管理法律、行政法规、部门规章和诊疗护理规范、常规,运用医学科学原理和专业知识,独立进行医疗事故技术鉴定,对医疗事故进行鉴别和判定,为处理医疗事故争议提供医学依据。

任何单位或者个人不得干扰医疗事故技术鉴定工

作,不得威胁、利诱、辱骂、殴打专家鉴定组成员。

专家鉴定组成员不得接受双方当事人的财物或者其他利益。

第二十八条 负责组织医疗事故技术鉴定工作的医学会应当自受理医疗事故技术鉴定之日起5日内通知医疗事故争议双方当事人提交进行医疗事故技术鉴定所需的材料。

当事人应当自收到医学会的通知之日起10日内提交有关医疗事故技术鉴定的材料、书面陈述及答辩。医疗机构提交的有关医疗事故技术鉴定的材料应当包括下列内容:

(一)住院患者的病程记录、死亡病例讨论记录、疑难病例讨论记录、会诊意见、上级医师查房记录等病历资料原件;

(二)住院患者的住院志、体温单、医嘱单、化验单(检验报告)、医学影像检查资料、特殊检查同意书、手术同意书、手术及麻醉记录单、病理资料、护理记录等病历资料原件;

(三)抢救急危患者,在规定时间内补记的病历资料原件;

(四)封存保留的输液、注射用物品和血液、药物等实物,或者依法具有检验资格的检验机构对这些物品、实物作出的检验报告;

(五)与医疗事故技术鉴定有关的其他材料。

在医疗机构建有病历档案的门诊、急诊患者,其病历资料由医疗机构提供;没有在医疗机构建立病历档案的,由患者提供。

医患双方应当依照本条例的规定提交相关材料。医疗机构无正当理由未依照本条例的规定如实提供相关材料,导致医疗事故技术鉴定不能进行的,应当承担责任。

第二十九条 负责组织医疗事故技术鉴定工作的医学会应当自接到当事人提交的有关医疗事故技术鉴定的材料、书面陈述及答辩之日起45日内组织鉴定并出具医疗事故技术鉴定书。

负责组织医疗事故技术鉴定工作的医学会可以向双方当事人调查取证。

第三十条 专家鉴定组应当认真审查双方当事人提交的材料,听取双方当事人的陈述及答辩并进行核实。

双方当事人应当按照本条例的规定如实提交进行医疗事故技术鉴定所需要的材料,并积极配合调查。当事人任何一方不予配合,影响医疗事故技术鉴定的,由不予配合的一方承担责任。

第三十一条 专家鉴定组应当在事实清楚、证据确凿的基础上,综合分析患者的病情和个体差异,作出鉴定结论,并制作医疗事故技术鉴定书。鉴定结论以专家鉴定组成员的过半数通过。鉴定过程应当如实记载。

医疗事故技术鉴定书应当包括下列主要内容:

(一)双方当事人的基本情况及要求;

(二)当事人提交的材料和负责组织医疗事故技术鉴定工作的医学会的调查材料;

(三)对鉴定过程的说明;

(四)医疗行为是否违反医疗卫生管理法律、行政法规、部门规章和诊疗护理规范、常规;

(五)医疗过失行为与人身损害后果之间是否存在因果关系;

(六)医疗过失行为在医疗事故损害后果中的责任程度;

(七)医疗事故等级;

(八)对医疗事故患者的医疗护理医学建议。

第三十二条 医疗事故技术鉴定办法由国务院卫生行政部门制定。

第三十三条 有下列情形之一的,不属于医疗事故:

(一)在紧急情况下为抢救垂危患者生命而采取紧急医学措施造成不良后果的;

(二)在医疗活动中由于患者病情异常或者患者体质特殊而发生医疗意外的;

(三)在现有医学科学技术条件下,发生无法预料或者不能防范的不良后果的;

(四)无过错输血感染造成不良后果的;

(五)因患方原因延误诊疗导致不良后果的;

(六)因不可抗力造成不良后果的。

第三十四条 医疗事故技术鉴定,可以收取鉴定费用。经鉴定,属于医疗事故的,鉴定费用由医疗机构支付;不属于医疗事故的,鉴定费用由提出医疗事故处理申请的一方支付。鉴定费用标准由省、自治区、直辖市人民政府价格主管部门会同同级财政部门、卫生行政部门规定。

第四章 医疗事故的行政处理与监督

第三十五条 卫生行政部门应当依照本条例和有关法律、行政法规、部门规章的规定,对发生医疗事故的医疗机构和医务人员作出行政处理。

第三十六条 卫生行政部门接到医疗机构关于重大医疗过失行为的报告后,除责令医疗机构及时采取必要的医疗救治措施，防止损害后果扩大外，应当组织调查，判定是否属于医疗事故；对不能判定是否属于医疗事故的，应当依照本条例的有关规定交由负责医疗事故技术鉴定工作的医学会组织鉴定。

第三十七条 发生医疗事故争议，当事人申请卫生行政部门处理的，应当提出书面申请。申请书应当载明申请人的基本情况、有关事实、具体请求及理由等。

当事人自知道或者应当知道其身体健康受到损害之日起1年内，可以向卫生行政部门提出医疗事故争议处理申请。

第三十八条 发生医疗事故争议，当事人申请卫生行政部门处理的，由医疗机构所在地的县级人民政府卫生行政部门受理。医疗机构所在地是直辖市的，由医疗机构所在地的区、县人民政府卫生行政部门受理。

有下列情形之一的，县级人民政府卫生行政部门应当自接到医疗机构的报告或者当事人提出医疗事故争议处理申请之日起7日内移送上一级人民政府卫生行政部门处理：

（一）患者死亡；

（二）可能为二级以上的医疗事故；

（三）国务院卫生行政部门和省、自治区、直辖市人民政府卫生行政部门规定的其他情形。

第三十九条 卫生行政部门应当自收到医疗事故争议处理申请之日起10日内进行审查，作出是否受理的决定。对符合本条例规定，予以受理，需要进行医疗事故技术鉴定的，应当自作出受理决定之日起5日内将有关材料交由负责医疗事故技术鉴定工作的医学会组织鉴定并书面通知申请人；对不符合本条例规定，不予受理的，应当书面通知申请人并说明理由。

当事人对首次医疗事故技术鉴定结论有异议，申请再次鉴定的，卫生行政部门应当自收到申请之日起7日内交由省、自治区、直辖市地方医学会组织再次鉴定。

第四十条 当事人既向卫生行政部门提出医疗事故争议处理申请，又向人民法院提起诉讼的，卫生行政部门不予受理；卫生行政部门已经受理的，应当终止处理。

第四十一条 卫生行政部门收到负责组织医疗事故技术鉴定工作的医学会出具的医疗事故技术鉴定书后，应当对参加鉴定的人员资格和专业类别、鉴定程序进行审核；必要时，可以组织调查，听取医疗事故争议双方当事人的意见。

第四十二条 卫生行政部门经审核，对符合本条例规定作出的医疗事故技术鉴定结论，应当作为对发生医疗事故的医疗机构和医务人员作出行政处理以及进行医疗事故赔偿调解的依据；经审核，发现医疗事故技术鉴定不符合本条例规定的，应当要求重新鉴定。

第四十三条 医疗事故争议由双方当事人自行协商解决的，医疗机构应当自协商解决之日起7日内向所在地卫生行政部门作出书面报告，并附具协议书。

第四十四条 医疗事故争议经人民法院调解或者判决解决的，医疗机构应当自收到生效的人民法院的调解书或者判决书之日起7日内向所在地卫生行政部门作出书面报告，并附具调解书或者判决书。

第四十五条 县级以上地方人民政府卫生行政部门应当按照规定逐级将当地发生的医疗事故以及依法对发生医疗事故的医疗机构和医务人员作出行政处理的情况，上报国务院卫生行政部门。

第五章 医疗事故的赔偿

第四十六条 发生医疗事故的赔偿等民事责任争议，医患双方可以协商解决；不愿意协商或者协商不成的，当事人可以向卫生行政部门提出调解申请，也可以直接向人民法院提起民事诉讼。

第四十七条 双方当事人协商解决医疗事故的赔偿等民事责任争议的，应当制作协议书。协议书应当载明双方当事人的基本情况和医疗事故的原因、双方当事人共同认定的医疗事故等级以及协商确定的赔偿数额等，并由双方当事人在协议书上签名。

第四十八条 已确定为医疗事故的，卫生行政部门应医疗事故争议双方当事人请求，可以进行医疗事故赔偿调解。调解时，应当遵循当事人双方自愿原则，并应当依据本条例的规定计算赔偿数额。

经调解，双方当事人就赔偿数额达成协议的，制作调解书，双方当事人应当履行；调解不成或者经调解达成协议后一方反悔的，卫生行政部门不再调解。

第四十九条 医疗事故赔偿，应当考虑下列因素，确定具体赔偿数额：

（一）医疗事故等级；

（二）医疗过失行为在医疗事故损害后果中的责任程度；

（三）医疗事故损害后果与患者原有疾病状况之间的关系。

不属于医疗事故的，医疗机构不承担赔偿责任。

第五十条 医疗事故赔偿，按照下列项目和标准计算：

（一）医疗费：按照医疗事故对患者造成的人身损害进行治疗所发生的医疗费用计算，凭据支付，但不包括原发病医疗费用。结案后确实需要继续治疗的，按照基本医疗费用支付。

（二）误工费：患者有固定收入的，按照本人因误工减少的固定收入计算，对收入高于医疗事故发生地上一年度职工年平均工资3倍以上的，按照3倍计算；无固定收入的，按照医疗事故发生地上一年度职工年平均工资计算。

（三）住院伙食补助费：按照医疗事故发生地国家机关一般工作人员的出差伙食补助标准计算。

（四）陪护费：患者住院期间需要专人陪护的，按照医疗事故发生地上一年度职工年平均工资计算。

（五）残疾生活补助费：根据伤残等级，按照医疗事故发生地居民年平均生活费计算，自定残之月起最长赔偿30年；但是，60周岁以上的，不超过15年；70周岁以上的，不超过5年。

（六）残疾用具费：因残疾需要配置补偿功能器具的，凭医疗机构证明，按照普及型器具的费用计算。

（七）丧葬费：按照医疗事故发生地规定的丧葬费补助标准计算。

（八）被扶养人生活费：以死者生前或者残疾者丧失劳动能力前实际扶养且没有劳动能力的人为限，按照其户籍所在地或者居所地居民最低生活保障标准计算。对不满16周岁的，扶养到16周岁。对年满16周岁但无劳动能力的，扶养20年；但是，60周岁以上的，不超过15年；70周岁以上的，不超过5年。

（九）交通费：按照患者实际必需的交通费用计算，凭据支付。

（十）住宿费：按照医疗事故发生地国家机关一般工作人员的出差住宿补助标准计算，凭据支付。

（十一）精神损害抚慰金：按照医疗事故发生地居民年平均生活费计算。造成患者死亡的，赔偿年限最长不超过6年；造成患者残疾的，赔偿年限最长不超过3年。

第五十一条　参加医疗事故处理的患者近亲属所需交通费、误工费、住宿费，参照本条例第五十条的有关规定计算，计算费用的人数不超过2人。

医疗事故造成患者死亡的，参加丧葬活动的患者的配偶和直系亲属所需交通费、误工费、住宿费，参照本条例第五十条的有关规定计算，计算费用的人数不超过2人。

第五十二条　医疗事故赔偿费用，实行一次性结算，由承担医疗事故责任的医疗机构支付。

第六章　罚　　则

第五十三条　卫生行政部门的工作人员在处理医疗事故过程中违反本条例的规定，利用职务上的便利收受他人财物或者其他利益，滥用职权，玩忽职守，或者发现违法行为不予查处，造成严重后果的，依照刑法关于受贿罪、滥用职权罪、玩忽职守罪或者其他有关罪的规定，依法追究刑事责任；尚不够刑事处罚的，依法给予降级或者撤职的行政处分。

第五十四条　卫生行政部门违反本条例的规定，有下列情形之一的，由上级卫生行政部门给予警告并责令限期改正；情节严重的，对负有责任的主管人员和其他直接责任人员依法给予行政处分：

（一）接到医疗机构关于重大医疗过失行为的报告后，未及时组织调查的；

（二）接到医疗事故争议处理申请后，未在规定时间内审查或者移送上一级人民政府卫生行政部门处理的；

（三）未将应当进行医疗事故技术鉴定的重大医疗过失行为或者医疗事故争议移交医学会组织鉴定的；

（四）未按照规定逐级将当地发生的医疗事故以及依法对发生医疗事故的医疗机构和医务人员的行政处理情况上报的；

（五）未依照本条例规定审核医疗事故技术鉴定书的。

第五十五条　医疗机构发生医疗事故的，由卫生行政部门根据医疗事故等级和情节，给予警告；情节严重的，责令限期停业整顿直至由原发证部门吊销执业许可证，对负有责任的医务人员依照刑法关于医疗事故罪的规定，依法追究刑事责任；尚不够刑事处罚的，依法给予行政处分或者纪律处分。

对发生医疗事故的有关医务人员，除依照前款处罚外，卫生行政部门并可以责令暂停6个月以上1年以下执业活动；情节严重的，吊销其执业证书。

第五十六条　医疗机构违反本条例的规定，有下列情形之一的，由卫生行政部门责令改正；情节严重的，对负有责任的主管人员和其他直接责任人员依法给予行政处分或者纪律处分：

（一）未如实告知患者病情、医疗措施和医疗风险的；

（二）没有正当理由，拒绝为患者提供复印或者复制病历资料服务的；

（三）未按照国务院卫生行政部门规定的要求书写和妥善保管病历资料的；

（四）未在规定时间内补记抢救工作病历内容的；

（五）未按照本条例的规定封存、保管和启封病历资料和实物的；

（六）未设置医疗服务质量监控部门或者配备专（兼）职人员的；

（七）未制定有关医疗事故防范和处理预案的；

（八）未在规定时间内向卫生行政部门报告重大医疗过失行为的；

（九）未按照本条例的规定向卫生行政部门报告医疗事故的；

（十）未按照规定进行尸检和保存、处理尸体的。

第五十七条　参加医疗事故技术鉴定工作的人员违反本条例的规定，接受申请鉴定双方或者一方当事人的财物或者其他利益，出具虚假医疗事故技术鉴定书，造成严重后果的，依照刑法关于受贿罪的规定，依法追究刑事责任；尚不够刑事处罚的，由原发证部门吊销其执业证书或者资格证书。

第五十八条　医疗机构或者其他有关机构违反本条例的规定，有下列情形之一的，由卫生行政部门责令改正，给予警告；对负有责任的主管人员和其他直接责任人员依法给予行政处分和纪律处分；情节严重的，由原发证部门吊销其执业证书或者资格证书：

（一）承担尸检任务的机构没有正当理由，拒绝进行尸检的；

（二）涂改、伪造、隐匿、销毁病历资料的。

第五十九条　以医疗事故为由，寻衅滋事、抢夺病历资料，扰乱医疗机构正常医疗秩序和医疗事故技术鉴定工作，依照刑法关于扰乱社会秩序罪的规定，依法追究刑事责任；尚不够刑事处罚的，依法给予治安管理处罚。

第七章　附　　则

第六十条　本条例所称医疗机构，是指依照《医疗机构管理条例》的规定取得《医疗机构执业许可证》的机构。

县级以上城市从事计划生育技术服务的机构依照《计划生育技术服务管理条例》的规定开展与计划生育有关的临床医疗服务，发生的计划生育技术服务事故，依照本条例的有关规定处理；但是，其中不属于医疗机构的县级以上城市从事计划生育技术服务的机构发生的计划生育技术服务事故，由计划生育行政部门行使依照本条例有关规定由卫生行政部门承担的受理、交由负责医疗事故技术鉴定工作的医学会组织鉴定和赔偿调解的职能；对发生计划生育技术服务事故的该机构及其有关责任人员，依法进行处理。

第六十一条　非法行医，造成患者人身损害，不属于医疗事故，触犯刑律的，依法追究刑事责任；有关赔偿，由受害人直接向人民法院提起诉讼。

第六十二条　军队医疗机构的医疗事故处理办法，由中国人民解放军卫生主管部门会同国务院卫生行政部门依据本条例制定。

第六十三条　本条例自2002年9月1日起施行。1987年6月29日国务院发布的《医疗事故处理办法》同时废止。本条例施行前已经处理结案的医疗事故争议，不再重新处理。

医疗纠纷预防和处理条例

1. 2018年7月31日国务院令第701号公布
2. 自2018年10月1日起施行

第一章　总　　则

第一条　为了预防和妥善处理医疗纠纷，保护医患双方的合法权益，维护医疗秩序，保障医疗安全，制定本条例。

第二条　本条例所称医疗纠纷，是指医患双方因诊疗活动引发的争议。

第三条　国家建立医疗质量安全管理体系，深化医药卫生体制改革，规范诊疗活动，改善医疗服务，提高医疗质量，预防、减少医疗纠纷。

在诊疗活动中，医患双方应当互相尊重，维护自身权益应当遵守有关法律、法规的规定。

第四条　处理医疗纠纷，应当遵循公平、公正、及时的原则，实事求是，依法处理。

第五条　县级以上人民政府应当加强对医疗纠纷预防和处理工作的领导、协调，将其纳入社会治安综合治理体系，建立部门分工协作机制，督促部门依法履行职责。

第六条　卫生主管部门负责指导、监督医疗机构做好医疗纠纷的预防和处理工作，引导医患双方依法解决医疗纠纷。

司法行政部门负责指导医疗纠纷人民调解工作。

公安机关依法维护医疗机构治安秩序，查处、打击侵害患者和医务人员合法权益以及扰乱医疗秩序等违法犯罪行为。

财政、民政、保险监督管理等部门和机构按照各自职责做好医疗纠纷预防和处理的有关工作。

第七条　国家建立完善医疗风险分担机制，发挥保险机制在医疗纠纷处理中的第三方赔付和医疗风险社会化分担的作用，鼓励医疗机构参加医疗责任保险，鼓励患者参加医疗意外保险。

第八条 新闻媒体应当加强医疗卫生法律、法规和医疗卫生常识的宣传，引导公众理性对待医疗风险；报道医疗纠纷，应当遵守有关法律、法规的规定，恪守职业道德，做到真实、客观、公正。

第二章 医疗纠纷预防

第九条 医疗机构及其医务人员在诊疗活动中应当以患者为中心，加强人文关怀，严格遵守医疗卫生法律、法规、规章和诊疗相关规范、常规，恪守职业道德。

医疗机构应当对其医务人员进行医疗卫生法律、法规、规章和诊疗相关规范、常规的培训，并加强职业道德教育。

第十条 医疗机构应当制定并实施医疗质量安全管理制度，设置医疗服务质量监控部门或者配备专(兼)职人员，加强对诊断、治疗、护理、药事、检查等工作的规范化管理，优化服务流程，提高服务水平。

医疗机构应当加强医疗风险管理，完善医疗风险的识别、评估和防控措施，定期检查措施落实情况，及时消除隐患。

第十一条 医疗机构应当按照国务院卫生主管部门制定的医疗技术临床应用管理规定，开展与其技术能力相适应的医疗技术服务，保障临床应用安全，降低医疗风险；采用医疗新技术的，应当开展技术评估和伦理审查，确保安全有效、符合伦理。

第十二条 医疗机构应当依照有关法律、法规的规定，严格执行药品、医疗器械、消毒药剂、血液等的进货查验、保管等制度。禁止使用无合格证明文件、过期等不合格的药品、医疗器械、消毒药剂、血液等。

第十三条 医务人员在诊疗活动中应当向患者说明病情和医疗措施。需要实施手术，或者开展临床试验等存在一定危险性、可能产生不良后果的特殊检查、特殊治疗的，医务人员应当及时向患者说明医疗风险、替代医疗方案等情况，并取得其书面同意；在患者处于昏迷等无法自主作出决定的状态或者病情不宜向患者说明等情形下，应当向患者的近亲属说明，并取得其书面同意。

紧急情况下不能取得患者或者其近亲属意见的，经医疗机构负责人或者授权的负责人批准，可以立即实施相应的医疗措施。

第十四条 开展手术、特殊检查、特殊治疗等具有较高医疗风险的诊疗活动，医疗机构应当提前预备应对方案，主动防范突发风险。

第十五条 医疗机构及其医务人员应当按照国务院卫生主管部门的规定，填写并妥善保管病历资料。

因紧急抢救未能及时填写病历的，医务人员应当在抢救结束后6小时内据实补记，并加以注明。

任何单位和个人不得篡改、伪造、隐匿、毁灭或者抢夺病历资料。

第十六条 患者有权查阅、复制其门诊病历、住院志、体温单、医嘱单、化验单(检验报告)、医学影像检查资料、特殊检查同意书、手术同意书、手术及麻醉记录、病理资料、护理记录、医疗费用以及国务院卫生主管部门规定的其他属于病历的全部资料。

患者要求复制病历资料的，医疗机构应当提供复制服务，并在复制的病历资料上加盖证明印记。复制病历资料时，应当有患者或者其近亲属在场。医疗机构应患者的要求为其复制病历资料，可以收取工本费，收费标准应当公开。

患者死亡的，其近亲属可以依照本条例的规定，查阅、复制病历资料。

第十七条 医疗机构应当建立健全医患沟通机制，对患者在诊疗过程中提出的咨询、意见和建议，应当耐心解释、说明，并按照规定进行处理；对患者就诊疗行为提出的疑问，应当及时予以核实、自查，并指定有关人员与患者或者其近亲属沟通，如实说明情况。

第十八条 医疗机构应当建立健全投诉接待制度，设置统一的投诉管理部门或者配备专(兼)职人员，在医疗机构显著位置公布医疗纠纷解决途径、程序和联系方式等，方便患者投诉或者咨询。

第十九条 卫生主管部门应当督促医疗机构落实医疗质量安全管理制度，组织开展医疗质量安全评估，分析医疗质量安全信息，针对发现的风险制定防范措施。

第二十条 患者应当遵守医疗秩序和医疗机构有关就诊、治疗、检查的规定，如实提供与病情有关的信息，配合医务人员开展诊疗活动。

第二十一条 各级人民政府应当加强健康促进与教育工作，普及健康科学知识，提高公众对疾病治疗等医学科学知识的认知水平。

第三章 医疗纠纷处理

第二十二条 发生医疗纠纷，医患双方可以通过下列途径解决：

(一)双方自愿协商；

(二)申请人民调解；

(三)申请行政调解；

(四)向人民法院提起诉讼；

（五）法律、法规规定的其他途径。

第二十三条 发生医疗纠纷，医疗机构应当告知患者或者其近亲属下列事项：

（一）解决医疗纠纷的合法途径；

（二）有关病历资料、现场实物封存和启封的规定；

（三）有关病历资料查阅、复制的规定。

患者死亡的，还应当告知其近亲属有关尸检的规定。

第二十四条 发生医疗纠纷需要封存、启封病历资料的，应当在医患双方在场的情况下进行。封存的病历资料可以是原件，也可以是复制件，由医疗机构保管。病历尚未完成需要封存的，对已完成病历先行封存；病历按照规定完成后，再对后续完成部分进行封存。医疗机构应当对封存的病历开列封存清单，由医患双方签字或者盖章，各执一份。

病历资料封存后医疗纠纷已经解决，或者患者在病历资料封存满3年未再提出解决医疗纠纷要求的，医疗机构可以自行启封。

第二十五条 疑似输液、输血、注射、用药等引起不良后果的，医患双方应当共同对现场实物进行封存、启封，封存的现场实物由医疗机构保管。需要检验的，应当由双方共同委托依法具有检验资格的检验机构进行检验；双方无法共同委托的，由医疗机构所在地县级人民政府卫生主管部门指定。

疑似输血引起不良后果，需要对血液进行封存保留的，医疗机构应当通知提供该血液的血站派员到场。

现场实物封存后医疗纠纷已经解决，或者患者在现场实物封存满3年未再提出解决医疗纠纷要求的，医疗机构可以自行启封。

第二十六条 患者死亡，医患双方对死因有异议的，应当在患者死亡后48小时内进行尸检；具备尸体冻存条件的，可以延长至7日。尸检应当经死者近亲属同意并签字，拒绝签字的，视为死者近亲属不同意进行尸检。不同意或者拖延尸检，超过规定时间，影响对死因判定的，由不同意或者拖延的一方承担责任。

尸检应当由按照国家有关规定取得相应资格的机构和专业技术人员进行。

医患双方可以委派代表观察尸检过程。

第二十七条 患者在医疗机构内死亡的，尸体应当立即移放太平间或者指定的场所，死者尸体存放时间一般不得超过14日。逾期不处理的尸体，由医疗机构在向所在地县级人民政府卫生主管部门和公安机关报告后，按照规定处理。

第二十八条 发生重大医疗纠纷的，医疗机构应当按照规定向所在地县级以上地方人民政府卫生主管部门报告。卫生主管部门接到报告后，应当及时了解掌握情况，引导医患双方通过合法途径解决纠纷。

第二十九条 医患双方应当依法维护医疗秩序。任何单位和个人不得实施危害患者和医务人员人身安全、扰乱医疗秩序的行为。

医疗纠纷中发生涉嫌违反治安管理行为或者犯罪行为的，医疗机构应当立即向所在地公安机关报案。公安机关应当及时采取措施，依法处置，维护医疗秩序。

第三十条 医患双方选择协商解决医疗纠纷的，应当在专门场所协商，不得影响正常医疗秩序。医患双方人数较多的，应当推举代表进行协商，每方代表人数不超过5人。

协商解决医疗纠纷应当坚持自愿、合法、平等的原则，尊重当事人的权利，尊重客观事实。医患双方应当文明、理性表达意见和要求，不得有违法行为。

协商确定赔付金额应当以事实为依据，防止畸高或者畸低。对分歧较大或者索赔数额较高的医疗纠纷，鼓励医患双方通过人民调解的途径解决。

医患双方经协商达成一致的，应当签署书面和解协议书。

第三十一条 申请医疗纠纷人民调解的，由医患双方共同向医疗纠纷人民调解委员会提出申请；一方申请调解的，医疗纠纷人民调解委员会在征得另一方同意后进行调解。

申请人可以以书面或者口头形式申请调解。书面申请的，申请书应当载明申请人的基本情况、申请调解的争议事项和理由等；口头申请的，医疗纠纷人民调解员应当当场记录申请人的基本情况、申请调解的争议事项和理由等，并经申请人签字确认。

医疗纠纷人民调解委员会获悉医疗机构内发生重大医疗纠纷，可以主动开展工作，引导医患双方申请调解。

当事人已经向人民法院提起诉讼并且已被受理，或者已经申请卫生主管部门调解并且已被受理的，医疗纠纷人民调解委员会不予受理；已经受理的，终止调解。

第三十二条 设立医疗纠纷人民调解委员会，应当遵守《中华人民共和国人民调解法》的规定，并符合本地区实际需要。医疗纠纷人民调解委员会应当自设立之日起30个工作日内向所在地县级以上地方人民政府司法行政部门备案。

医疗纠纷人民调解委员会应当根据具体情况,聘任一定数量的具有医学、法学等专业知识且热心调解工作的人员担任专(兼)职医疗纠纷人民调解员。

医疗纠纷人民调解委员会调解医疗纠纷,不得收取费用。医疗纠纷人民调解工作所需经费按照国务院财政、司法行政部门的有关规定执行。

第三十三条 医疗纠纷人民调解委员会调解医疗纠纷时,可以根据需要咨询专家,并可以从本条例第三十五条规定的专家库中选取专家。

第三十四条 医疗纠纷人民调解委员会调解医疗纠纷,需要进行医疗损害鉴定以明确责任的,由医患双方共同委托医学会或者司法鉴定机构进行鉴定,也可以经医患双方同意,由医疗纠纷人民调解委员会委托鉴定。

医学会或者司法鉴定机构接受委托从事医疗损害鉴定,应当由鉴定事项所涉专业的临床医学、法医学等专业人员进行鉴定;医学会或者司法鉴定机构没有相关专业人员的,应当从本条例第三十五条规定的专家库中抽取相关专业专家进行鉴定。

医学会或者司法鉴定机构开展医疗损害鉴定,应当执行规定的标准和程序,尊重科学,恪守职业道德,对出具的医疗损害鉴定意见负责,不得出具虚假鉴定意见。医疗损害鉴定的具体管理办法由国务院卫生、司法行政部门共同制定。

鉴定费预先向医患双方收取,最终按照责任比例承担。

第三十五条 医疗损害鉴定专家库由设区的市级以上人民政府卫生、司法行政部门共同设立。专家库应当包含医学、法学、法医学等领域的专家。聘请专家进入专家库,不受行政区域的限制。

第三十六条 医学会、司法鉴定机构作出的医疗损害鉴定意见应当载明并详细论述下列内容:

(一)是否存在医疗损害以及损害程度;

(二)是否存在医疗过错;

(三)医疗过错与医疗损害是否存在因果关系;

(四)医疗过错在医疗损害中的责任程度。

第三十七条 咨询专家、鉴定人员有下列情形之一的,应当回避,当事人也可以以口头或者书面形式申请其回避:

(一)是医疗纠纷当事人或者当事人的近亲属;

(二)与医疗纠纷有利害关系;

(三)与医疗纠纷当事人有其他关系,可能影响医疗纠纷公正处理。

第三十八条 医疗纠纷人民调解委员会应当自受理之日起30个工作日内完成调解。需要鉴定的,鉴定时间不计入调解期限。因特殊情况需要延长调解期限的,医疗纠纷人民调解委员会和医患双方可以约定延长调解期限。超过调解期限未达成调解协议的,视为调解不成。

第三十九条 医患双方经人民调解达成一致的,医疗纠纷人民调解委员会应当制作调解协议书。调解协议书经医患双方签字或者盖章,人民调解员签字并加盖医疗纠纷人民调解委员会印章后生效。

达成调解协议的,医疗纠纷人民调解委员会应当告知医患双方可以依法向人民法院申请司法确认。

第四十条 医患双方申请医疗纠纷行政调解的,应当参照本条例第三十一条第一款、第二款的规定向医疗纠纷发生地县级人民政府卫生主管部门提出申请。

卫生主管部门应当自收到申请之日起5个工作日内作出是否受理的决定。当事人已经向人民法院提起诉讼并且已被受理,或者已经申请医疗纠纷人民调解委员会调解并且已被受理的,卫生主管部门不予受理;已经受理的,终止调解。

卫生主管部门应当自受理之日起30个工作日内完成调解。需要鉴定的,鉴定时间不计入调解期限。超过调解期限未达成调解协议的,视为调解不成。

第四十一条 卫生主管部门调解医疗纠纷需要进行专家咨询的,可以从本条例第三十五条规定的专家库中抽取专家;医患双方认为需要进行医疗损害鉴定以明确责任的,参照本条例第三十四条的规定进行鉴定。

医患双方经卫生主管部门调解达成一致的,应当签署调解协议书。

第四十二条 医疗纠纷人民调解委员会及其人民调解员、卫生主管部门及其工作人员应当对医患双方的个人隐私等事项予以保密。

未经医患双方同意,医疗纠纷人民调解委员会、卫生主管部门不得公开进行调解,也不得公开调解协议的内容。

第四十三条 发生医疗纠纷,当事人协商、调解不成的,可以依法向人民法院提起诉讼。当事人也可以直接向人民法院提起诉讼。

第四十四条 发生医疗纠纷,需要赔偿的,赔付金额依照法律的规定确定。

第四章 法律责任

第四十五条 医疗机构篡改、伪造、隐匿、毁灭病历资料的，对直接负责的主管人员和其他直接责任人员，由县级以上人民政府卫生主管部门给予或者责令给予降低岗位等级或者撤职的处分，对有关医务人员责令暂停6个月以上1年以下执业活动；造成严重后果的，对直接负责的主管人员和其他直接责任人员给予或者责令给予开除的处分，对有关医务人员由原发证部门吊销执业证书；构成犯罪的，依法追究刑事责任。

第四十六条 医疗机构将未通过技术评估和伦理审查的医疗新技术应用于临床的，由县级以上人民政府卫生主管部门没收违法所得，并处5万元以上10万元以下罚款，对直接负责的主管人员和其他直接责任人员给予或者责令给予降低岗位等级或者撤职的处分，对有关医务人员责令暂停6个月以上1年以下执业活动；情节严重的，对直接负责的主管人员和其他直接责任人员给予或者责令给予开除的处分，对有关医务人员由原发证部门吊销执业证书；构成犯罪的，依法追究刑事责任。

第四十七条 医疗机构及其医务人员有下列情形之一的，由县级以上人民政府卫生主管部门责令改正，给予警告，并处1万元以上5万元以下罚款；情节严重的，对直接负责的主管人员和其他直接责任人员给予或者责令给予降低岗位等级或者撤职的处分，对有关医务人员可以责令暂停1个月以上6个月以下执业活动；构成犯罪的，依法追究刑事责任：

（一）未按规定制定和实施医疗质量安全管理制度；

（二）未按规定告知患者病情、医疗措施、医疗风险、替代医疗方案等；

（三）开展具有较高医疗风险的诊疗活动，未提前预备应对方案防范突发风险；

（四）未按规定填写、保管病历资料，或者未按规定补记抢救病历；

（五）拒绝为患者提供查阅、复制病历资料服务；

（六）未建立投诉接待制度、设置统一投诉管理部门或者配备专（兼）职人员；

（七）未按规定封存、保管、启封病历资料和现场实物；

（八）未按规定向卫生主管部门报告重大医疗纠纷；

（九）其他未履行本条例规定义务的情形。

第四十八条 医学会、司法鉴定机构出具虚假医疗损害鉴定意见的，由县级以上人民政府卫生、司法行政部门依据职责没收违法所得，并处5万元以上10万元以下罚款，对该医学会、司法鉴定机构和有关鉴定人员责令暂停3个月以上1年以下医疗损害鉴定业务，对直接负责的主管人员和其他直接责任人员给予或者责令给予降低岗位等级或者撤职的处分；情节严重的，该医学会、司法鉴定机构和有关鉴定人员5年内不得从事医疗损害鉴定业务或者撤销登记，对直接负责的主管人员和其他直接责任人员给予或者责令给予开除的处分；构成犯罪的，依法追究刑事责任。

第四十九条 尸检机构出具虚假尸检报告的，由县级以上人民政府卫生、司法行政部门依据职责没收违法所得，并处5万元以上10万元以下罚款，对该尸检机构和有关尸检专业技术人员责令暂停3个月以上1年以下尸检业务，对直接负责的主管人员和其他直接责任人员给予或者责令给予降低岗位等级或者撤职的处分；情节严重的，撤销该尸检机构和有关尸检专业技术人员的尸检资格，对直接负责的主管人员和其他直接责任人员给予或者责令给予开除的处分；构成犯罪的，依法追究刑事责任。

第五十条 医疗纠纷人民调解员有下列行为之一的，由医疗纠纷人民调解委员会给予批评教育、责令改正；情节严重的，依法予以解聘：

（一）偏袒一方当事人；

（二）侮辱当事人；

（三）索取、收受财物或者牟取其他不正当利益；

（四）泄露医患双方个人隐私等事项。

第五十一条 新闻媒体编造、散布虚假医疗纠纷信息的，由有关主管部门依法给予处罚；给公民、法人或者其他组织的合法权益造成损害的，依法承担消除影响、恢复名誉、赔偿损失、赔礼道歉等民事责任。

第五十二条 县级以上人民政府卫生主管部门和其他有关部门及其工作人员在医疗纠纷预防和处理工作中，不履行职责或者滥用职权、玩忽职守、徇私舞弊的，由上级人民政府卫生等有关部门或者监察机关责令改正；依法对直接负责的主管人员和其他直接责任人员给予处分；构成犯罪的，依法追究刑事责任。

第五十三条 医患双方在医疗纠纷处理中，造成人身、财产或者其他损害的，依法承担民事责任；构成违反治安管理行为的，由公安机关依法给予治安管理处罚；构成犯罪的，依法追究刑事责任。

第五章 附 则

第五十四条 军队医疗机构的医疗纠纷预防和处理办法，由中央军委机关有关部门会同国务院卫生主管部门依据本条例制定。

第五十五条　对诊疗活动中医疗事故的行政调查处理，依照《医疗事故处理条例》的相关规定执行。

第五十六条　本条例自2018年10月1日起施行。

医疗事故技术鉴定暂行办法

1. 2002年7月31日卫生部令第30号公布

2. 自2002年9月1日起施行

第一章　总　　则

第一条　为规范医疗事故技术鉴定工作，确保医疗事故技术鉴定工作有序进行，依据《医疗事故处理条例》的有关规定制定本办法。

第二条　医疗事故技术鉴定工作应当按照程序进行，坚持实事求是的科学态度，做到事实清楚、定性准确、责任明确。

第三条　医疗事故技术鉴定分为首次鉴定和再次鉴定。

设区的市级和省、自治区、直辖市直接管辖的县（市）级地方医学会负责组织专家鉴定组进行首次医疗事故技术鉴定。

省、自治区、直辖市地方医学会负责组织医疗事故争议的再次鉴定工作。

负责组织医疗事故技术鉴定工作的医学会（以下简称医学会）可以设立医疗事故技术鉴定工作办公室，具体负责有关医疗事故技术鉴定的组织和日常工作。

第四条　医学会组织专家鉴定组，依照医疗卫生管理法律、行政法规、部门规章和诊疗护理技术操作规范、常规，运用医学科学原理和专业知识，独立进行医疗事故技术鉴定。

第二章　专家库的建立

第五条　医学会应当建立专家库。专家库应当依据学科专业组名录设置学科专业组。

医学会可以根据本地区医疗工作和医疗事故技术鉴定实际，对本专家库学科专业组设立予以适当增减和调整。

第六条　具备下列条件的医疗卫生专业技术人员可以成为专家库候选人：

（一）有良好的业务素质和执业品德；

（二）受聘于医疗卫生机构或者医学教学、科研机构并担任相应专业高级技术职务3年以上；

（三）健康状况能够胜任医疗事故技术鉴定工作。

符合前款（一）、（三）项规定条件并具备高级技术职务任职资格的法医可以受聘进入专家库。

负责首次医疗事故技术鉴定工作的医学会原则上聘请本行政区域内的专家建立专家库；当本行政区域内的专家不能满足建立专家库需要时，可以聘请本省、自治区、直辖市范围内的专家进入本专家库。

负责再次医疗事故技术鉴定工作的医学会原则上聘请本省、自治区、直辖市范围内的专家建立专家库；当本省、自治区、直辖市范围内的专家不能满足建立专家库需要时，可以聘请其他省、自治区、直辖市的专家进入本专家库。

第七条　医疗卫生机构或医学教学、科研机构、同级的医药卫生专业学会应当按照医学会要求，推荐专家库成员候选人；符合条件的个人经所在单位同意后也可以直接向组建专家库的医学会申请。

医学会对专家库成员候选人进行审核。审核合格的，予以聘任，并发给中华医学会统一格式的聘书。

符合条件的医疗卫生专业技术人员和法医，有义务受聘进入专家库。

第八条　专家库成员聘用期为4年。在聘用期间出现下列情形之一的，应当由专家库成员所在单位及时报告医学会，医学会应根据实际情况及时进行调整。

（一）因健康原因不能胜任医疗事故技术鉴定的；

（二）变更受聘单位或被解聘的；

（三）不具备完全民事行为能力的；

（四）受刑事处罚的；

（五）省级以上卫生行政部门规定的其他情形。

聘用期满需继续聘用的，由医学会重新审核、聘用。

第三章　鉴定的提起

第九条　双方当事人协商解决医疗事故争议，需进行医疗事故技术鉴定的，应共同书面委托医疗机构所在地负责首次医疗事故技术鉴定工作的医学会进行医疗事故技术鉴定。

第十条　县级以上地方卫生行政部门接到医疗机构关于重大医疗过失行为的报告或者医疗事故争议当事人要求处理医疗事故争议的申请后，对需要进行医疗事故技术鉴定的，应当书面移交负责首次医疗事故技术鉴定工作的医学会组织鉴定。

第十一条　协商解决医疗事故争议涉及多个医疗机构的，应当由涉及的所有医疗机构与患者共同委托其中任何一所医疗机构所在地负责组织首次医疗事故技术鉴定工作的医学会进行医疗事故技术鉴定。

医疗事故争议涉及多个医疗机构，当事人申请卫生行政部门处理的，只可以向其中一所医疗机构所在地卫生行政部门提出处理申请。

第四章 鉴定的受理

第十二条 医学会应当自受理医疗事故技术鉴定之日起 5 日内，通知医疗事故争议双方当事人按照《医疗事故处理条例》第 28 条规定提交医疗事故技术鉴定所需的材料。

当事人应当自收到医学会的通知之日起 10 日内提交有关医疗事故技术鉴定的材料、书面陈述及答辩。

对不符合受理条件的，医学会不予受理。不予受理的，医学会应说明理由。

第十三条 有下列情形之一的，医学会不予受理医疗事故技术鉴定：

（一）当事人一方直接向医学会提出鉴定申请的；

（二）医疗事故争议涉及多个医疗机构，其中一所医疗机构所在地的医学会已经受理的；

（三）医疗事故争议已经人民法院调解达成协议或判决的；

（四）当事人已向人民法院提起民事诉讼的（司法机关委托的除外）；

（五）非法行医造成患者身体健康损害的；

（六）卫生部规定的其他情形。

第十四条 委托医学会进行医疗事故技术鉴定，应当按规定缴纳鉴定费。

第十五条 双方当事人共同委托医疗事故技术鉴定的，由双方当事人协商预先缴纳鉴定费。

卫生行政部门移交进行医疗事故技术鉴定的，由提出医疗事故争议处理的当事人预先缴纳鉴定费。经鉴定属于医疗事故的，鉴定费由医疗机构支付；经鉴定不属于医疗事故的，鉴定费由提出医疗事故争议处理申请的当事人支付。

县级以上地方卫生行政部门接到医疗机构关于重大医疗过失行为的报告后，对需要移交医学会进行医疗事故技术鉴定的，鉴定费由医疗机构支付。

第十六条 有下列情形之一的，医学会中止组织医疗事故技术鉴定：

（一）当事人未按规定提交有关医疗事故技术鉴定材料的；

（二）提供的材料不真实的；

（三）拒绝缴纳鉴定费的；

（四）卫生部规定的其他情形。

第五章 专家鉴定组的组成

第十七条 医学会应当根据医疗事故争议所涉及的学科专业，确定专家鉴定组的构成和人数。

专家鉴定组组成人数应为 3 人以上单数。

医疗事故争议涉及多学科专业的，其中主要学科专业的专家不得少于专家鉴定组成员的二分之一。

第十八条 医学会应当提前通知双方当事人，在指定时间、指定地点，从专家库相关学科专业组中随机抽取专家鉴定组成员。

第十九条 医学会主持双方当事人抽取专家鉴定组成员前，应当将专家库相关学科专业组中专家姓名、专业、技术职务、工作单位告知双方当事人。

第二十条 当事人要求专家库成员回避的，应当说明理由。符合下列情形之一的，医学会应当将回避的专家名单撤出，并经当事人签字确认后记录在案：

（一）医疗事故争议当事人或者当事人的近亲属的；

（二）与医疗事故争议有利害关系的；

（三）与医疗事故争议当事人有其他关系，可能影响公正鉴定的。

第二十一条 医学会对当事人准备抽取的专家进行随机编号，并主持双方当事人随机抽取相同数量的专家编号，最后一个专家由医学会随机抽取。

双方当事人还应当按照上款规定的方法各自随机抽取一个专家作为候补。

涉及死因、伤残等级鉴定的，应当按照前款规定由双方当事人各自随机抽取一名法医参加鉴定组。

第二十二条 随机抽取结束后，医学会当场向双方当事人公布所抽取的专家鉴定组成员和候补成员的编号并记录在案。

第二十三条 现有专家库成员不能满足鉴定工作需要时，医学会应当向双方当事人说明，并经双方当事人同意，可以从本省、自治区、直辖市其他医学会专家库中抽取相关学科专业组的专家参加专家鉴定组；本省、自治区、直辖市医学会专家库成员不能满足鉴定工作需要时，可以从其他省、自治区、直辖市医学会专家库中抽取相关学科专业组的专家参加专家鉴定组。

第二十四条 从其他医学会建立的专家库中抽取的专家无法到场参加医疗事故技术鉴定，可以以函件的方式提出鉴定意见。

第二十五条 专家鉴定组成员确定后，在双方当事人共同在场的情况下，由医学会对封存的病历资料启封。

第二十六条 专家鉴定组应当认真审查双方当事人提交

的材料，妥善保管鉴定材料，保护患者的隐私，保守有关秘密。

第六章 医疗事故技术鉴定

第二十七条 医学会应当自接到双方当事人提交的有关医疗事故技术鉴定的材料、书面陈述及答辩之日起45日内组织鉴定并出具医疗事故技术鉴定书。

第二十八条 医学会可以向双方当事人和其他相关组织、个人进行调查取证，进行调查取证时不得少于2人。调查取证结束后，调查人员和调查对象应当在有关文书上签字。如调查对象拒绝签字的，应当记录在案。

第二十九条 医学会应当在医疗事故技术鉴定7日前，将鉴定的时间、地点、要求等书面通知双方当事人。双方当事人应当按照通知的时间、地点、要求参加鉴定。

参加医疗事故技术鉴定的双方当事人每一方人数不超过3人。

任何一方当事人无故缺席、自行退席或拒绝参加鉴定的，不影响鉴定的进行。

第三十条 医学会应当在医疗事故技术鉴定7日前书面通知专家鉴定组成员。专家鉴定组成员接到医学会通知后认为自己应当回避的，应当于接到通知时及时提出书面回避申请，并说明理由；因其他原因无法参加医疗事故技术鉴定的，应当于接到通知时及时书面告知医学会。

第三十一条 专家鉴定组成员因回避或因其他原因无法参加医疗事故技术鉴定时，医学会应当通知相关学科专业组候补成员参加医疗事故技术鉴定。

专家鉴定组成员因不可抗力因素未能及时告知医学会不能参加鉴定或虽告知但医学会无法按规定组成专家鉴定组的，医疗事故技术鉴定可以延期进行。

第三十二条 专家鉴定组组长由专家鉴定组成员推选产生，也可以由医疗事故争议所涉及的主要学科专家中具有最高专业技术职务任职资格的专家担任。

第三十三条 鉴定由专家鉴定组组长主持，并按照以下程序进行：

（一）双方当事人在规定的时间内分别陈述意见和理由。陈述顺序先患方，后医疗机构；

（二）专家鉴定组成员根据需要可以提问，当事人应当如实回答。必要时，可以对患者进行现场医学检查；

（三）双方当事人退场；

（四）专家鉴定组对双方当事人提供的书面材料、陈述及答辩等进行讨论；

（五）经合议，根据半数以上专家鉴定组成员的一致意见形成鉴定结论。专家鉴定组成员在鉴定结论上签名。专家鉴定组成员对鉴定结论的不同意见，应当予以注明。

第三十四条 医疗事故技术鉴定书应当根据鉴定结论作出，其文稿由专家鉴定组组长签发。

医疗事故技术鉴定书盖医学会医疗事故技术鉴定专用印章。

医学会应当及时将医疗事故技术鉴定书送达移交鉴定的卫生行政部门，经卫生行政部门审核，对符合规定作出的医疗事故技术鉴定结论，应当及时送达双方当事人；由双方当事人共同委托的，直接送达双方当事人。

第三十五条 医疗事故技术鉴定书应当包括下列主要内容：

（一）双方当事人的基本情况及要求；

（二）当事人提交的材料和医学会的调查材料；

（三）对鉴定过程的说明；

（四）医疗行为是否违反医疗卫生管理法律、行政法规、部门规章和诊疗护理规范、常规；

（五）医疗过失行为与人身损害后果之间是否存在因果关系；

（六）医疗过失行为在医疗事故损害后果中的责任程度；

（七）医疗事故等级；

（八）对医疗事故患者的医疗护理医学建议。

经鉴定为医疗事故的，鉴定结论应当包括上款（四）至（八）项内容；经鉴定不属于医疗事故的，应当在鉴定结论中说明理由。

医疗事故技术鉴定书格式由中华医学会统一制定。

第三十六条 专家鉴定组应当综合分析医疗过失行为在导致医疗事故损害后果中的作用、患者原有疾病状况等因素，判定医疗过失行为的责任程度。医疗事故中医疗过失行为责任程度分为：

（一）完全责任，指医疗事故损害后果完全由医疗过失行为造成。

（二）主要责任，指医疗事故损害后果主要由医疗过失行为造成，其他因素起次要作用。

（三）次要责任，指医疗事故损害后果主要由其他因素造成，医疗过失行为起次要作用。

（四）轻微责任，指医疗事故损害后果绝大部分由其他因素造成，医疗过失行为起轻微作用。

第三十七条 医学会参加医疗事故技术鉴定会的工作人员，应如实记录鉴定会过程和专家的意见。

第三十八条 当事人拒绝配合，无法进行医疗事故技术鉴定的，应当终止本次鉴定，由医学会告知移交鉴定的卫生行政部门或共同委托鉴定的双方当事人，说明不能鉴定的原因。

第三十九条 医学会对经卫生行政部门审核认为参加鉴定的人员资格和专业类别或者鉴定程序不符合规定，需要重新鉴定的，应当重新组织鉴定。重新鉴定时不得收取鉴定费。

如参加鉴定的人员资格和专业类别不符合规定的，应当重新抽取专家组织专家鉴定组进行重新鉴定。

如鉴定的程序不符合规定而参加鉴定的人员资格和专业类别符合规定的，可以由原专家鉴定组进行重新鉴定。

第四十条 任何一方当事人对首次医疗事故技术鉴定结论不服的，可以自收到首次医疗事故技术鉴定书之日起 15 日内，向原受理医疗事故争议处理申请的卫生行政部门提出再次鉴定的申请，或由双方当事人共同委托省、自治区、直辖市医学会组织再次鉴定。

第四十一条 县级以上地方卫生行政部门对发生医疗事故的医疗机构和医务人员进行行政处理时，应当以最后的医疗事故技术鉴定结论作为处理依据。

第四十二条 当事人对鉴定结论无异议，负责组织医疗事故技术鉴定的医学会应当及时将收到的鉴定材料中的病历资料原件等退还当事人，并保留有关复印件。

当事人提出再次鉴定申请的，负责组织首次医疗事故技术鉴定的医学会应当及时将收到的鉴定材料移送负责组织再次医疗事故技术鉴定的医学会。

第四十三条 医学会应当将专家鉴定组成员签名的鉴定结论、由专家鉴定组组长签发的医疗事故技术鉴定书文稿和复印或者复制的有关病历资料等存档，保存期限不得少于 20 年。

第四十四条 在受理医患双方共同委托医疗事故技术鉴定后至专家鉴定组作出鉴定结论前，双方当事人或者一方当事人提出停止鉴定的，医疗事故技术鉴定终止。

第四十五条 医学会应当于每年 3 月 31 日前将上一年度医疗事故技术鉴定情况报同级卫生行政部门。

第七章 附 则

第四十六条 必要时，对疑难、复杂并在全国有重大影响的医疗事故争议，省级卫生行政部门可以商请中华医学会组织医疗事故技术鉴定。

第四十七条 本办法由卫生部负责解释。

第四十八条 本办法自 2002 年 9 月 1 日起施行。

医疗机构投诉管理办法

1. 2019 年 3 月 6 日国家卫生健康委员会令第 3 号公布
2. 自 2019 年 4 月 10 日起施行

第一章 总 则

第一条 为加强医疗机构投诉管理，规范投诉处理程序，改善医疗服务，保障医疗安全和医患双方合法权益，维护正常医疗秩序，根据《医疗纠纷预防和处理条例》、《医疗机构管理条例》等法律法规的规定，制定本办法。

第二条 本办法所称投诉管理，是指患者就医疗服务行为、医疗管理、医疗质量安全等方面存在的问题向医疗机构反映情况，提出意见、建议或者投诉请求，医疗机构进行调查、处理和结果反馈的活动。

第三条 本办法适用于各级各类医疗机构的投诉管理。

第四条 国家卫生健康委负责全国医疗机构投诉管理工作的监督指导。

县级以上地方卫生健康主管部门负责本行政区域内医疗机构投诉管理工作的监督指导。

第五条 医疗机构投诉的接待、处理工作应当贯彻“以患者为中心”的理念，遵循合法、公正、及时、便民的原则。

第六条 医疗机构应当按照规定做好信息公开工作，主动接受社会监督。

第七条 医疗机构应当提高管理水平，加强医疗风险管理，优化服务流程，改善就诊环境，提高医疗服务质量，防范安全隐患，减少医疗纠纷及投诉。

第八条 医疗机构应当制订重大医疗纠纷事件应急处置预案，组织开展相关的宣传、培训和演练，确保依法、及时、有效化解矛盾纠纷。

第九条 医疗机构应当将投诉管理纳入患者安全管理体系，定期汇总、分析投诉信息，梳理医疗管理、医疗质量安全的薄弱环节，落实整改措施，持续改进医疗质量安全。

第十条 医疗机构应当做好医疗机构投诉管理与医疗纠纷人民调解、行政调解、诉讼等的衔接。

第二章 组织和人员

第十一条 医疗机构主要负责人是医疗机构投诉管理的

第一责任人。

二级以上医疗机构应当设置医患关系办公室或者指定部门(以下统称投诉管理部门)统一承担投诉管理工作。其他医疗机构应当配备专(兼)职人员,有条件的也可以设置投诉管理部门。

第十二条 二级以上医疗机构应当指定一名医疗机构负责人分管投诉工作,指导、管理医疗机构投诉管理部门的有关工作。

投诉管理部门履行以下职责:

(一)组织、协调、指导本医疗机构的投诉处理工作;

(二)统一受理投诉,调查、核实投诉事项,提出处理意见,及时答复患者;

(三)建立和完善投诉的接待和处置程序;

(四)参与医疗机构医疗质量安全管理;

(五)开展医患沟通及投诉处理培训,开展医疗风险防范教育;

(六)定期汇总、分析投诉信息,提出加强与改进工作的意见或者建议,并加强督促落实。

仅配备投诉专(兼)职人员的医疗机构,投诉专(兼)职人员应当至少承担前款第二项职责。

第十三条 医疗机构投诉管理人员应当具备以下条件:

(一)具备良好的职业道德和工作责任心;

(二)具备一定的医学、管理学、法学、心理学、伦理学、社会工作等学科知识,熟悉医疗和投诉管理相关法律法规,以及医疗机构规章制度;

(三)社会适应能力较强,具有良好的社会人际交往能力,具备良好的沟通能力和应变能力。

第十四条 二级以上医疗机构应当建立医疗机构、投诉管理部门、科室三级投诉管理机制,医疗机构各部门、各科室应当指定至少1名负责人配合做好投诉管理工作。

医疗机构各部门、各科室应当定期对投诉涉及的风险进行评估,对投诉隐患进行摸排,对高发隐患提出针对性的防范措施,加强与患者沟通,及时做好矛盾纠纷排查化解工作。

医疗机构应当鼓励工作人员主动收集患者对医疗服务、医疗质量安全等方面的意见和建议,通过规定途径向投诉管理部门或者有关职能部门反映。

第十五条 二级以上医疗机构应当健全投诉管理部门与临床、护理、医技和后勤、保卫等部门的联动机制,提高医疗质量,保障医疗安全,维护正常医疗秩序。

第十六条 医疗机构应当逐步建立健全相关机制,鼓励和吸纳社会工作者、志愿者等熟悉医学、法律专业知识的人员或者第三方组织参与医疗机构投诉接待与处理工作。

第三章 医患沟通

第十七条 医疗机构应当提高医务人员职业道德水平,增强服务意识和法律意识,注重人文关怀,加强医患沟通,努力构建和谐医患关系。

第十八条 医务人员应当恪守职业道德,以患者为中心,热情、耐心、细致地做好本职工作,把对患者的尊重、理解和关怀体现在医疗服务全过程。

第十九条 医疗机构应当建立健全医患沟通机制,完善医患沟通内容,加强对医务人员医患沟通技巧的培训,提高医患沟通能力。

医务人员对患者在诊疗过程中提出的咨询、意见和建议,应当耐心解释、说明,并按照规定进行处理;对患者就诊疗行为提出的疑问,应当及时予以核实、自查,并与患者沟通,如实说明情况。

第二十条 医务人员应当尊重患者依法享有的隐私权、知情权、选择权等权利,根据患者病情、预后不同以及患者实际需求,突出重点,采取适当方式进行沟通。

医患沟通中有关诊疗情况的重要内容应当及时、完整、准确记入病历,并由患者签字确认。

第二十一条 医疗机构可以结合实际情况,制定医疗风险告知和术前谈话制度,规范具体流程,以患者易懂的方式和语言充分告知患者,并取得其书面同意。

第四章 投诉接待与处理

第二十二条 医疗机构应当建立畅通、便捷的投诉渠道,在医疗机构显著位置公布投诉处理程序、地点、接待时间和联系方式。

鼓励医疗机构加强舆情监测,及时掌握患者在其他渠道的诉求。

第二十三条 医疗机构应当设置专门的投诉接待场所,接待场所应当提供有关法律、法规、投诉程序等资料,便于患者查询。

医疗机构应当采取措施,保障投诉管理工作人员的合法权益与人身安全。

第二十四条 医疗机构投诉实行“首诉负责制”,患者向有关部门、科室投诉的,接待投诉的部门、科室工作人员应当热情接待,对于能够当场协调处理的,应当尽量当场协调解决;对于无法当场协调处理的,接待的部门或者科室应当主动将患者引导到投诉管理部门(含投诉管理专(兼)职人员,下同),不得推诿、搪塞。

第二十五条 投诉接待人员应当认真听取患者意见,耐心细致地做好解释工作，避免矛盾激化；应当核实相关信息，如实记录患者反映的情况，及时留存书面投诉材料。

第二十六条　患者应当依法文明表达意见和要求，向医疗机构投诉管理部门提供真实、准确的投诉相关资料，配合医疗机构投诉管理部门的调查和询问，不得扰乱正常医疗秩序，不得有违法犯罪行为。

单次投诉人员数量原则上不超过5人。超过5人的，应当推选代表集中反映诉求。

第二十七条　投诉接待人员在接待场所发现患者有自杀、自残和其他过激行为，或者侮辱、殴打、威胁投诉接待人员的行为，应当及时采取控制和防范措施，同时向公安机关报警，并向当地卫生健康主管部门报告；对接待过程中发现的可能激化矛盾，引起治安案件、刑事案件的投诉，应当及时向当地公安机关报告，依法处理。

第二十八条　医疗机构投诉管理部门接到投诉或者卫生健康主管部门交办的投诉后，应当及时向当事部门、科室和相关人员了解、核实情况，在查清事实、分清责任的基础上提出处理意见，并反馈患者。

投诉涉及的部门、科室和相关人员应当积极配合投诉管理部门开展投诉事项调查、核实、处理工作。

第二十九条　对反复接到相同或者相似问题的投诉，医疗机构投诉管理部门应当汇总并报告医疗机构负责人，医疗机构对有关投诉可视情况予以合并调查，对发现的引发投诉的环节或者多次引发投诉的医务人员应当根据调查结果，及时予以相应处理。

第三十条　医疗机构投诉管理部门应当及时处理投诉，能够当场核查处理的，应当及时查明情况；确有差错的，立即纠正，并当场向患者告知处理意见。

涉及医疗质量安全、可能危及患者健康的，应当立即采取积极措施，避免或者减轻对患者身体健康的损害，防止损害扩大。

情况较复杂，需调查、核实的，一般应当于接到投诉之日起5个工作日内向患者反馈相关处理情况或者处理意见。

涉及多个科室，需组织、协调相关部门共同研究的，应当于接到投诉之日起10个工作日内向患者反馈处理情况或者处理意见。

第三十一条　对投诉已经处理完毕，患者对医疗机构的处理意见有争议并能够提供新情况和证据材料的，按照投诉流程重新予以处理。

第三十二条　投诉内容涉及医疗纠纷的，医疗机构应当告知患者按照医疗纠纷处理的相关法律法规的规定，积极协商；不能协商解决的，引导患者通过调解、诉讼等途径解决，并做好解释疏导工作。

第三十三条　投诉涉及医疗机构工作人员违法违纪问题的，投诉管理部门应当及时移交相关职能部门依法依规处理。

第三十四条　属于下列情形之一的投诉，投诉管理部门不予处理，但应当向患者说明情况，告知相关处理规定：

（一）患者已就投诉事项向人民法院起诉的或者向第三方申请调解的；

（二）患者已就投诉事项向卫生健康主管部门或者信访部门反映并作出处理的；

（三）没有明确的投诉对象和具体事实的；

（四）投诉内容已经涉及治安案件、刑事案件的；

（五）其他不属于投诉管理部门职权范围的投诉。

第三十五条　发生重大医疗纠纷的，医疗机构应当按照规定向所在地县级以上地方卫生健康主管部门报告。卫生健康主管部门接到报告后，应当及时了解掌握情况，引导医患双方通过合法途径解决纠纷。

第三十六条　医疗机构应当保护与投诉相关的患者和医务人员隐私，妥善应对舆情，严禁发布违背或者夸大事实、渲染投诉处理过程的信息。

第三十七条　医疗机构应当建立健全投诉档案，立卷归档，留档备查。

医疗机构投诉档案应当包括以下内容：

（一）患者基本信息；

（二）投诉事项及相关证明材料；

（三）调查、处理及反馈情况；

（四）其他与投诉事项有关的材料。

第三十八条　医疗机构工作人员有权对医疗机构管理、服务等各项工作提出意见、建议，医疗机构及投诉管理等有关部门应当予以重视，并及时处理、反馈。

临床一线工作人员，对于发现的药品、医疗器械、水、电、气等医疗质量安全保障方面的问题，应当向投诉管理部门或者有关职能部门反映，投诉管理等有关部门应当及时处理、反馈。

第五章　监督管理

第三十九条　县级以上地方卫生健康主管部门应当加强对本行政区域内医疗机构投诉管理工作的监督检查，加强日常管理和考评。

第四十条　县级以上地方卫生健康主管部门应当收集、分析并反馈本行政区域医疗机构投诉及医疗纠纷相关信息，指导医疗机构改进工作，提高医疗服务质量。

第四十一条　对在医疗机构投诉管理中表现优秀、有效预防重大群体性事件或者其他严重后果发生的医疗机构及有关人员，卫生健康主管部门应当予以表扬。

对行政区域内未按照规定开展投诉管理工作的医疗机构，卫生健康主管部门应当通报批评，并对医疗机构主要负责人进行约谈。

第四十二条 医疗机构应当规范投诉管理工作，定期统计投诉情况，统计结果应当与年终考核、医师定期考核、医德考评、评优评先等相结合。

第六章 法律责任

第四十三条 医疗机构未建立投诉接待制度、未设置统一投诉管理部门或者配备专（兼）职人员，或者未按规定向卫生健康主管部门报告重大医疗纠纷的，由县级以上地方卫生健康主管部门按照《医疗纠纷预防和处理条例》第四十七条的规定进行处理。

第四十四条 医疗机构违反本办法规定，有下列情形之一的，由县级以上地方卫生健康主管部门责令限期整改；逾期不改的，给予警告，并处以一万元以下罚款；造成严重后果的，处以一万元以上三万元以下罚款，并对医疗机构主要负责人、直接负责的主管人员和其他直接责任人员依法给予处分：

（一）未制订重大医疗纠纷事件应急处置预案的；

（二）投诉管理混乱的；

（三）未按规定建立健全医患沟通机制的；

（四）未按规定及时处理投诉并反馈患者的；

（五）对接待过程中发现的可能激化矛盾，引起治安案件、刑事案件的投诉，未及时向当地公安机关报告的；

（六）发布违背或者夸大事实、渲染事件处理过程的信息的。

第四十五条 医务人员泄露投诉相关患者隐私，造成严重后果的，由县级以上地方卫生健康主管部门按照《执业医师法》、《护士条例》等法律法规的有关规定处理。

第四十六条 县级以上地方卫生健康主管部门在医疗机构投诉管理工作中，未按规定履行职责，造成严重后果的，依法对直接负责的主管人员和其他直接责任人员给予处分；构成犯罪的，依法追究刑事责任。

第七章 附 则

第四十七条 本办法所称患者，包括患者及其近亲属、委托代理人、法定代理人、陪同患者就医人员等有关人员。

第四十八条 省级卫生健康主管部门可以根据本办法，结合本地具体情况制订实施细则。

第四十九条 中医医疗机构的投诉管理工作由中医药主管部门负责。

第五十条 本办法自2019年4月10日起施行。

关于印发医疗机构投诉接待处理“十应当”的通知

1. 2021年9月3日国家卫生健康委办公厅、国家中医药局办公室发布

2. 国卫办医函〔2021〕485号

各省、自治区、直辖市卫生健康委、中医药管理局，新疆生产建设兵团卫生健康委：

为认真贯彻落实《医疗纠纷预防和处理条例》《医疗机构投诉管理办法》要求，进一步规范医疗机构投诉接待处理，提高投诉接待处理人员服务能力，维护良好医疗秩序，保障医患双方合法权益，国家卫生健康委、国家中医药局制定了《医疗机构投诉接待处理“十应当”》（以下简称“十应当”）。现印发给你们，并提出以下要求：

一、提高思想认识

规范医疗机构投诉接待处理，把问题化解在萌芽状态，是不断提高医疗服务质量水平、预防医疗纠纷的重要手段。医疗机构应当高度重视患者权益保护工作，在为患者提供安全、有效医疗服务的同时，及时、妥善处理患者投诉。各地卫生健康行政部门（含中医药主管部门，下同）、各级各类医疗机构要把规范医疗机构投诉接待处理工作作为“我为群众办实事”实践活动的重要内容，切实把好事办实，把实事办好，提升群众就医的获得感、安全感和幸福感。

二、加强学习宣传

各地卫生健康行政部门、各级各类医疗机构要通过编辑学习手册、开展培训等多种形式，组织广大医务人员、投诉管理相关工作人员认真学习，深刻认识“十应当”的重要意义和明确要求。医疗机构要在投诉接待处理场所醒目位置公示“十应当”，主动接受患者监督；同时要加大“十应当”宣传力度，做好医患沟通交流，增进相互理解与信任，为构建和谐医患关系营造良好氛围。

三、抓好贯彻执行

各地卫生健康行政部门要进一步加强对医疗机构投诉接待处理工作的统一规划、监督指导、考核评估和督促整改，着力破解人民群众看病就医过程中反应最强烈的焦点、难点问题。各级各类医疗机构要结合本机构实际情况，研究制订更加具体、更有针对性、更便于操作的制度措施，逐步实现投诉精细化、规范化、系统化管理，提高医疗服务质量，提升患者满意度。

附件：医疗机构投诉接待处理“十应当”

医疗机构投诉接待处理“十应当”

一、应当建立“一站式”投诉解决模式

医疗机构应当建立以病人为中心的投诉接待处理模式，实现门诊、病房等投诉解决“一站式”服务，按照《医疗机构投诉管理办法》要求，由医疗机构投诉管理部门（或投诉管理专（兼）职人员）专门负责，达到统一受理、统一调查、统一协调、统一办理、统一反馈要求。

二、应当建立畅通、便捷的投诉渠道

医疗机构应当设置专门的投诉接待场所，在显著位置公示投诉接待时间、地点、联系方式和投诉处理程序，接受走访、信函、电话、电子邮件投诉等多种投诉方式，建立畅通、便捷、高效的投诉渠道。

三、应当落实首诉负责制

医疗机构应当严格落实首诉负责制，各科室、部门和医务人员接到患者投诉时，应当对患者进行情绪安抚，沟通了解患者相关诉求，属于职责范围内的事项尽快予以解决，超出职责范围的事项引导患者到投诉管理部门处理。

四、应当及时避免或者减轻损害

对涉及医疗质量安全、可能危及患者健康的，医疗机构应当立即采取积极措施，避免或者减轻对患者身体健康的损害，防止损害扩大，并妥善安抚患者情绪。

五、应当及时核查处理投诉

涉及到医务人员服务态度、收费等问题；就医过程中存在不满，提出退号、退药、退费等要求；对医疗机构医疗服务内容、流程、场所环境设施等不满，要求核查处理并改进的问题等情形，能当场核查处理的，投诉管理部门应当及时查明情况，当场核查解决，向患者反馈处理意见。

六、应当按时反馈处理意见

对无法当场核查处理的，投诉管理部门应当将情况反馈至被投诉科室，被投诉科室调查核实后将书面处理情况或处理意见反馈至投诉管理部门。涉及多个科室的，投诉管理部门应当组织、协调相关部门共同研究，形成统一的处理意见，必要时组织相关科室负责人共同接待。投诉管理部门应当按照《医疗机构投诉管理办法》要求，在规定时限内将处理情况或处理意见反馈患者。

七、应当引导依法处理

对处理不满意、协商不能达成一致的，投诉管理部门应当向患者告知医疗纠纷处理的相关法律法规的规定、处理途径和处理流程，解决诉求所需的主要证据及获得方式，引导患者通过调解、诉讼等途径解决，并做好解释疏导工作。

八、应当积极防范高风险案例

医患矛盾激烈、已经或可能发生暴力事件的案例，医疗损害后果严重的案例，已经或可能引发重大舆情的案例等，医疗机构应当立即采取相应风险防范和矛盾化解措施。投诉处理过程中发生或可能引发危害患者和医务人员人身安全、扰乱医疗秩序等治安案件、刑事案件的，医疗机构应当立即向所在地公安机关报警或报告，同时向所在地县级卫生健康行政部门及相关主管部门报告。

九、应当建立重点投诉处理回访机制

医疗机构应当建立重点投诉处理回访机制。根据投诉问题及办理结果等因素，对重点投诉适时采取电话或调查问卷等形式进行回访，对处理过程和处理结果进行追踪。通过患者回访，对接待和处理中存在的问题进行总结分析，逐步提高医疗机构投诉管理水平。

十、应当加强投诉闭环管理

医疗机构应当结合工作实际制定投诉分类标准，从投诉内容、科室部门、时间、人群等不同维度进行定期汇总、分析投诉信息，梳理普遍性、焦点性问题，发现医疗服务管理漏洞，并重点进行原因分析，提出改进措施，坚持持续改进，形成“投诉—分析—整改—避免发生”的闭环管理模式。同时，医疗机构应当根据投诉情况，及时梳理和掌握投诉多发科室、环节和人员，加强对重点科室和重点人员的管理和指导。

医疗事故分级标准（试行）

2002年7月31日卫生部令第32号公布施行

为了科学划分医疗事故等级，正确处理医疗事故争议，保护患者和医疗机构及其医务人员的合法权益，根据《医疗事故处理条例》，制定本标准。

专家鉴定组在进行医疗事故技术鉴定、卫生行政部门在判定重大医疗过失行为是否为医疗事故或医疗事故争议双方当事人在协商解决医疗事故争议时，应当按照本标准确定的基本原则和实际情况具体判定医疗事故的等级。

本标准例举的情形是医疗事故中常见的造成患者人身损害的后果。

本标准中医疗事故一级乙等至三级戊等对应伤残等级一至十级。

一、一级医疗事故

系指造成患者死亡、重度残疾。

（一）一级甲等医疗事故：死亡。

（二）一级乙等医疗事故：重要器官缺失或功能完全丧失，其他器官不能代偿，存在特殊医疗依赖，生活完全不能自理。例如造成患者下列情形之一的：

1. 植物人状态；

2. 极重度智能障碍；

3. 临床判定不能恢复的昏迷；

4. 临床判定自主呼吸功能完全丧失，不能恢复，靠呼吸机维持；

5. 四肢瘫，肌力0级，临床判定不能恢复。

二、二级医疗事故

系指造成患者中度残疾、器官组织损伤导致严重功能障碍。

（一）二级甲等医疗事故：器官缺失或功能完全丧失，其他器官不能代偿，可能存在特殊医疗依赖，或生活大部分不能自理。例如造成患者下列情形之一的：

1. 双眼球摘除或双眼经客观检查证实无光感；

2. 小肠缺失90%以上，功能完全丧失；

3. 双侧有功能肾脏缺失或孤立有功能肾缺失，用透析替代治疗；

4. 四肢肌力Ⅱ级（二级）以下（含Ⅱ级），临床判定不能恢复；

5. 上肢一侧腕上缺失或一侧手功能完全丧失，不能装配假肢，伴下肢双膝以上缺失。

（二）二级乙等医疗事故：存在器官缺失、严重缺损、严重畸形情形之一，有严重功能障碍，可能存在特殊医疗依赖，或生活大部分不能自理。例如造成患者下列情形之一的：

1. 重度智能障碍；

2. 单眼球摘除或经客观检查证实无光感，另眼球结构损伤，闪光视觉诱发电位（VEP）P_{100}波潜时延长>160ms（毫秒），矫正视力<0.02，视野半径<5°；

3. 双侧上颌骨或双侧下颌骨完全缺失；

4. 一侧上颌骨及对侧下颌骨完全缺失，并伴有颜面软组织缺损大于30cm^2；

5. 一侧全肺缺失并需胸改术；

6. 肺功能持续重度损害；

7. 持续性心功能不全，心功能四级；

8. 持续性心功能不全，心功能三级伴有不能控制的严重心律失常；

9. 食管闭锁，摄食依赖造瘘；

10. 肝缺损3/4，并有肝功能重度损害；

11. 胆道损伤致肝功能重度损害；

12. 全胰缺失；

13. 小肠缺损大于3/4，普通膳食不能维持营养；

14. 肾功能部分损害不全失代偿；

15. 两侧睾丸、副睾丸缺损；

16. 阴茎缺损或性功能严重障碍；

17. 双侧卵巢缺失；

18. 未育妇女子宫全部缺失或大部分缺损；

19. 四肢瘫，肌力Ⅲ级（三级）或截瘫、偏瘫，肌力Ⅲ级以下，临床判定不能恢复；

20. 双上肢腕关节以上缺失、双侧前臂缺失或双手功能完全丧失，不能装配假肢；

21. 肩、肘、髋、膝关节中有四个以上（含四个）关节功能完全丧失；

22. 重型再生障碍性贫血（Ⅰ型）。

（三）二级丙等医疗事故：存在器官缺失、严重缺损、明显畸形情形之一，有严重功能障碍，可能存在特殊医疗依赖，或生活部分不能自理。例如造成患者下列情形之一的：

1. 面部重度毁容；

2. 单眼球摘除或客观检查无光感，另眼球结构损伤，闪光视觉诱发电位（VEP）>155ms（毫秒），矫正视力<0.05，视野半径<10°；

3. 一侧上颌骨或下颌骨完全缺失，伴颜面部软组织缺损大于30cm^2；

4. 同侧上下颌骨完全性缺失；

5. 双侧甲状腺或孤立甲状腺全缺失；

6. 双侧甲状旁腺全缺失；

7. 持续性心功能不全，心功能三级；

8. 持续性心功能不全，心功能二级伴有不能控制的严重心律失常；

9. 全胃缺失；

10. 肝缺损2/3，并肝功能重度损害；

11. 一侧有功能肾缺失或肾功能完全丧失，对侧肾功能不全代偿；

12. 永久性输尿管腹壁造瘘；

13. 膀胱全缺失;

14. 两侧输精管缺损不能修复;

15. 双上肢肌力Ⅳ级(四级),双下肢肌力0级,临床判定不能恢复;

16. 单肢两个大关节(肩、肘、腕、髋、膝、踝)功能完全丧失,不能行关节置换;

17. 一侧上肢肘上缺失或肘、腕、手功能完全丧失,不能手术重建功能或装配假肢;

18. 一手缺失或功能完全丧失,另一手功能丧失50%以上,不能手术重建功能或装配假肢;

19. 一手腕上缺失,另一手拇指缺失,不能手术重建功能或装配假肢;

20. 双手拇、食指均缺失或功能完全丧失无法矫正;

21. 双侧膝关节或者髋关节功能完全丧失,不能行关节置换;

22. 一下肢膝上缺失,无法装配假肢;

23. 重型再生障碍性贫血(Ⅱ型)。

(四)二级丁等医疗事故:存在器官缺失、大部分缺损、畸形情形之一,有严重功能障碍,可能存在一般医疗依赖,生活能自理。例如造成患者下列情形之一的:

1. 中度智能障碍;

2. 难治性癫痫;

3. 完全性失语,伴有神经系统客观检查阳性所见;

4. 双侧重度周围性面瘫;

5. 面部中度毁容或全身瘢痕面积大于70%;

6. 双眼球结构损伤,较好眼闪光视觉诱发电位(VEP)>155ms(毫秒),矫正视力<0.05,视野半径<10°;

7. 双耳经客观检查证实听力在原有基础上损失大于91dbHL(分贝);

8. 舌缺损大于全舌2/3;

9. 一侧上颌骨缺损1/2,颜面部软组织缺损大于20cm^2;

10. 下颌骨缺损长6cm以上的区段,口腔、颜面软组织缺损大于20cm^2;

11. 甲状旁腺功能重度损害;

12. 食管狭窄只能进流食;

13. 吞咽功能严重损伤,依赖鼻饲管进食;

14. 肝缺损2/3,功能中度损害;

15. 肝缺损1/2伴有胆道损伤致严重肝功能损害;

16. 胰缺损,胰岛素依赖;

17. 小肠缺损2/3,包括回盲部缺损;

18. 全结肠、直肠、肛门缺失,回肠造瘘;

19. 肾上腺功能明显减退;

20. 大、小便失禁,临床判定不能恢复;

21. 女性双侧乳腺缺失;

22. 单肢肌力Ⅱ级(二级),临床判定不能恢复;

23. 双前臂缺失;

24. 双下肢瘫;

25. 一手缺失或功能完全丧失,另一手功能正常,不能手术重建功能或装配假肢;

26. 双拇指完全缺失或无功能;

27. 双膝以下缺失或无功能,不能手术重建功能或装配假肢;

28. 一侧下肢膝上缺失,不能手术重建功能或装配假肢;

29. 一侧膝以下缺失,另一侧前足缺失,不能手术重建功能或装配假肢;

30. 双足全肌瘫,肌力Ⅱ级(二级),临床判定不能恢复。

三、三级医疗事故

系指造成患者轻度残疾、器官组织损伤导致一般功能障碍。

(一)三级甲等医疗事故:存在器官缺失、大部分缺损、畸形情形之一,有较重功能障碍,可能存在一般医疗依赖,生活能自理。例如造成患者下列情形之一的:

1. 不完全失语并伴有失用、失写、失读、失认之一者,同时有神经系统客观检查阳性所见;

2. 不能修补的脑脊液瘘;

3. 尿崩,有严重离子紊乱,需要长期依赖药物治疗;

4. 面部轻度毁容;

5. 面颊部洞穿性缺损大于20cm^2;

6. 单侧眼球摘除或客观检查无光感,另眼球结构损伤,闪光视觉诱发电位(VEP)>150ms(毫秒),矫正视力0.05-0.1,视野半径<15°;

7. 双耳经客观检查证实听力在原有基础上损失大于81dbHL(分贝);

8. 鼻缺损1/3以上;

9. 上唇或下唇缺损大于1/2;

10. 一侧上颌骨缺损1/4或下颌骨缺损长4cm以上区段,伴口腔、颜面软组织缺损大于10cm^2;

11. 肺功能中度持续损伤;

12. 胃缺损3/4;

13. 肝缺损1/2伴较重功能障碍;

14. 慢性中毒性肝病伴较重功能障碍;

15. 脾缺失；
16. 胰缺损2/3造成内、外分泌腺功能障碍；
17. 小肠缺损2/3，保留回盲部；
18. 尿道狭窄，需定期行尿道扩张术；
19. 直肠、肛门、结肠部分缺损，结肠造瘘；
20. 肛门损伤致排便障碍；
21. 一侧肾缺失或输尿管狭窄，肾功能不全代偿；
22. 不能修复的尿道瘘；
23. 膀胱大部分缺损；
24. 双侧输卵管缺失；
25. 阴道闭锁丧失性功能；
26. 不能修复的Ⅲ度（三度）会阴裂伤；
27. 四肢瘫，肌力Ⅳ级（四级），临床判定不能恢复；
28. 单肢瘫，肌力Ⅲ级（三级），临床判定不能恢复；
29. 肩、肘、腕关节之一功能完全丧失；
30. 利手全肌瘫，肌力Ⅲ级（三级），临床判定不能恢复；
31. 一手拇指缺失，另一手拇指功能丧失50%以上；
32. 一手拇指缺失或无功能，另一手除拇指外三指缺失或无功能，不能手术重建功能；
33. 双下肢肌力Ⅲ级（三级）以下，临床判定不能恢复。大、小便失禁；
34. 下肢双膝以上缺失伴一侧腕上缺失或手功能部分丧失，能装配假肢；
35. 一髋或一膝关节功能完全丧失，不能手术重建功能；
36. 双足全肌瘫，肌力Ⅲ级（三级），临床判定不能恢复；
37. 双前足缺失；
38. 慢性再生障碍性贫血。

（二）三级乙等医疗事故：器官大部分缺损或畸形，有中度功能障碍，可能存在一般医疗依赖，生活能自理。例如造成患者下列情形之一的：

1. 轻度智能减退；
2. 癫痫中度；
3. 不完全性失语，伴有神经系统客观检查阳性所见；
4. 头皮、眉毛完全缺损；
5. 一侧完全性面瘫，对侧不完全性面瘫；
6. 面部重度异常色素沉着或全身瘢痕面积达60%－69%；
7. 面部软组织缺损大于20cm²；
8. 双眼球结构损伤，较好眼闪光视觉诱发电位（VEP）>150ms（毫秒），矫正视力0.05－0.1，视野半径<15°；
9. 双耳经客观检查证实听力损失大于71dbHL（分贝）；
10. 双侧前庭功能丧失，睁眼行走困难，不能并足站立；
11. 甲状腺功能严重损害，依赖药物治疗；
12. 不能控制的严重器质性心律失常；
13. 胃缺损2/3伴轻度功能障碍；
14. 肝缺损1/3伴轻度功能障碍；
15. 胆道损伤伴轻度肝功能障碍；
16. 胰缺损1/2；
17. 小肠缺损1/2（包括回盲部）；
18. 腹壁缺损大于腹壁1/4；
19. 肾上腺皮质功能轻度减退；
20. 双侧睾丸萎缩，血清睾丸酮水平低于正常范围；
21. 非利手全肌瘫，肌力Ⅳ级（四级），临床判定不能恢复，不能手术重建功能；
22. 一拇指完全缺失；
23. 双下肢肌力Ⅳ级（四级），临床判定不能恢复。大、小便失禁；
24. 一髋或一膝关节功能不全；
25. 一侧踝以下缺失或一侧踝关节畸形，功能完全丧失，不能手术重建功能；
26. 双足部分肌瘫，肌力Ⅳ级（四级），临床判定不能恢复，不能手术重建功能；
27. 单足全肌瘫，肌力Ⅳ级（四级），临床判定不能恢复，不能手术重建功能。

（三）三级丙等医疗事故：器官大部分缺损或畸形，有轻度功能障碍，可能存在一般医疗依赖，生活能自理。例如造成患者下列情形之一的：

1. 不完全性失用、失写、失读、失认之一者，伴有神经系统客观检查阳性所见；
2. 全身瘢痕面积50%－59%；
3. 双侧中度周围性面瘫，临床判定不能恢复；
4. 双眼球结构损伤，较好眼闪光视觉诱发电位（VEP）>140ms（毫秒），矫正视力0.01－0.3，视野半径<20°；
5. 双耳经客观检查证实听力损失大于56dbHL（分贝）；

6. 喉保护功能丧失，饮食时呛咳并易发生误吸，临床判定不能恢复；

7. 颈颏粘连，影响部分活动；

8. 肺叶缺失伴轻度功能障碍；

9. 持续性心功能不全，心功能二级；

10. 胃缺损1/2伴轻度功能障碍；

11. 肝缺损1/4伴轻度功能障碍；

12. 慢性轻度中毒性肝病伴轻度功能障碍；

13. 胆道损伤，需行胆肠吻合术；

14. 胰缺损1/3伴轻度功能障碍；

15. 小肠缺损1/2伴轻度功能障碍；

16. 结肠大部分缺损；

17. 永久性膀胱造瘘；

18. 未育妇女单侧乳腺缺失；

19. 未育妇女单侧卵巢缺失；

20. 育龄已育妇女双侧输卵管缺失；

21. 育龄已育妇女子宫缺失或部分缺损；

22. 阴道狭窄不能通过二横指；

23. 颈部或腰部活动度丧失50%以上；

24. 腕、肘、肩、踝、膝、髋关节之一丧失功能50%以上；

25. 截瘫或偏瘫，肌力Ⅳ级（四级），临床判定不能恢复；

26. 单肢两个大关节（肩、肘、腕、髋、膝、踝）功能部分丧失，能行关节置换；

27. 一侧肘上缺失或肘、腕、手功能部分丧失，可以手术重建功能或装配假肢；

28. 一手缺失或功能部分丧失，另一手功能丧失50%以上，可以手术重建功能或装配假肢；

29. 一手腕上缺失，另一手拇指缺失，可以手术重建功能或装配假肢；

30. 利手全肌瘫，肌力Ⅳ级（四级），临床判定不能恢复；

31. 单手部分肌瘫，肌力Ⅲ级（三级），临床判定不能恢复；

32. 除拇指外3指缺失或功能完全丧失；

33. 双下肢长度相差4cm以上；

34. 双侧膝关节或者髋关节功能部分丧失，可以行关节置换；

35. 单侧下肢膝上缺失，可以装配假肢；

36. 双足部分肌瘫，肌力Ⅲ级（三级），临床判定不能恢复；

37. 单足全肌瘫，肌力Ⅲ级（三级），临床判定不能恢复。

（四）三级丁等医疗事故：器官部分缺损或畸形，有轻度功能障碍，无医疗依赖，生活能自理。例如造成患者下列情形之一的：

1. 边缘智能；

2. 发声及言语困难；

3. 双眼结构损伤，较好眼闪光视觉诱发电位（VEP）>130ms（毫秒），矫正视力0.3－0.5，视野半径<30°；

4. 双耳经客观检查证实听力损失大于41dbHL（分贝）或单耳大于91dbHL（分贝）；

5. 耳廓缺损2/3以上；

6. 器械或异物误入呼吸道需行肺段切除术；

7. 甲状旁腺功能轻度损害；

8. 肺段缺损，轻度持续肺功能障碍；

9. 腹壁缺损小于1/4；

10. 一侧肾上腺缺失伴轻度功能障碍；

11. 一侧睾丸、附睾缺失伴轻度功能障碍；

12. 一侧输精管缺损，不能修复；

13. 一侧卵巢缺失，一侧输卵管缺失；

14. 一手缺失或功能完全丧失，另一手功能正常，可以手术重建功能及装配假肢；

15. 双大腿肌力近Ⅴ级（五级），双小腿肌力Ⅲ级（三级）以下，临床判定不能恢复。大、小便轻度失禁；

16. 双膝以下缺失或无功能，可以手术重建功能或装配假肢；

17. 单侧下肢膝上缺失，可以手术重建功能或装配假肢；

18. 一侧膝以下缺失，另一侧前足缺失，可以手术重建功能或装配假肢。

（五）三级戊等医疗事故：器官部分缺损或畸形，有轻微功能障碍，无医疗依赖，生活能自理。例如造成患者下列情形之一的：

1. 脑叶缺失后轻度智力障碍；

2. 发声或言语不畅；

3. 双眼结构损伤，较好眼闪光视觉诱发电位（VEP）>120ms（毫秒），矫正视力<0.6，视野半径<50°；

4. 泪器损伤，手术无法改进溢泪；

5. 双耳经客观检查证实听力在原有基础上损失大于31dbHL（分贝）或一耳听力在原有基础上损失大于71dbHL（分贝）；

6. 耳廓缺损大于1/3而小于2/3；

7. 甲状腺功能低下；

8. 支气管损伤需行手术治疗;

9. 器械或异物误入消化道,需开腹取出;

10. 一拇指指关节功能不全;

11. 双小腿肌力Ⅳ级(四级),临床判定不能恢复。大、小便轻度失禁;

12. 手术后当时引起脊柱侧弯30度以上;

13. 手术后当时引起脊柱后凸成角(胸段大于60度,胸腰段大于30度,腰段大于20度以上);

14. 原有脊柱、躯干或肢体畸形又严重加重;

15. 损伤重要脏器,修补后功能有轻微障碍。

四、四级医疗事故

系指造成患者明显人身损害的其他后果的医疗事故。例如造成患者下列情形之一的:

1. 双侧轻度不完全性面瘫,无功能障碍;

2. 面部轻度色素沉着或脱失;

3. 一侧眼睑有明显缺损或外翻;

4. 拔除健康恒牙;

5. 器械或异物误入呼吸道或消化道,需全麻后内窥镜下取出;

6. 口周及颜面软组织轻度损伤;

7. 非解剖变异等因素,拔除上颌后牙时牙根或异物进入上颌窦需手术取出;

8. 组织、器官轻度损伤,行修补术后无功能障碍;

9. 一拇指末节1/2缺损;

10. 一手除拇指、食指外,有两指近侧指间关节无功能;

11. 一足拇趾末节缺失;

12. 软组织内异物滞留;

13. 体腔遗留异物已包裹,无需手术取出,无功能障碍;

14. 局部注射造成组织坏死,成人大于体表面积2%,儿童大于体表面积5%;

15. 剖宫产术引起胎儿损伤;

16. 产后胎盘残留引起大出血,无其他并发症。

卫生部关于《医疗事故处理条例》有关问题的批复

1. 2004年4月1日

2. 卫政法发〔2004〕102号

安徽省卫生厅:

你厅《关于〈医疗事故处理条例〉第六十条如何理解执行的请示》(卫办秘〔2003〕563号)收悉。经请示国务院法制办,现答复如下:《医疗事故处理条例》自2002年9月1日起施行,对发生在1990年3月29日的从宏香事件没有溯及力,繁昌县卫生局不宜受理从宏香关于计划生育服务事故争议处理的申请。根据国家计生委于1990年9月12日发布的《节育并发症管理办法(试行)》与《节育并发症鉴定办法(试行)》的有关规定,当事人如对鉴定结论所定并发症级别或者处理方式方法有不同意见,可以向省计划生育部门再次申请并发症鉴定,或者向人民法院依法提起诉讼。

此复。

卫生部关于医疗事故技术鉴定有关问题的批复

1. 2004年8月19日

2. 卫政法发〔2004〕278号

四川省卫生厅:

你厅《关于确认患者陈祖军申请医疗事故技术鉴定时限的请示》(川卫〔2004〕44号)收悉。经研究,批复如下:

《医疗事故处理条例》第四十六条规定,发生医疗事故的赔偿等民事责任争议,医患双方可以协商解决。如果患方向医疗机构提出要求解决医疗纠纷,可以认定其知道或者应当知道其身体健康受到损害。《医疗事故处理条例》第三十七条规定的当事人知道或者应当知道的时间可以从其向医疗机构提出解决要求的时间起算。

此复

卫生部关于医疗机构不配合医疗事故技术鉴定所应承担的责任的批复

1. 2005年1月21日

2. 卫政法发〔2005〕28号

黑龙江省卫生厅:

你厅《关于如何认定不配合医疗事故技术鉴定方事故等级和责任程度的请示》(黑卫医发〔2004〕606号)收悉。经研究,现对医疗机构不配合医疗事故技术鉴定所应承担的责任问题答复如下:

一、医疗机构违反《医疗事故处理条例》的有关规定,不如实提供相关材料或不配合相关调查,导致医疗事故技术鉴定不能进行的，应当承担医疗事故责任。患者向卫生行政部门提出判定医疗事故等级及责任程度请求的，卫生行政部门可以委托医学会按照《医疗事故分级标准（试行）》，对患者人身损害的后果进行等级判定，若二级、三级医疗事故无法判定等级的，按同级甲等定。责任程度按照完全责任判定。

二、医疗机构无故不参加随机抽取专家库专家的，由负责组织医疗事故技术鉴定工作的医学会向患者说明情况，经患者同意后，由患者和医学会按照有关规定随机抽取鉴定专家进行鉴定。

三、医疗机构有上述情形之一，而对判定或者鉴定结论不服，提出医疗事故技术鉴定或者再次鉴定申请的，卫生行政部门不予受理。

此复

卫生部关于参加医疗事故技术鉴定专家学科问题的批复

1．2005年6月14日

2．卫医发〔2005〕242号

天津市卫生局：

你局《关于参加医疗事故技术鉴定时血管外科专家资质如何认定的请示》（津卫报〔2005〕8号）收悉。经研究，现批复如下：

血管外科属普通外科范畴。根据卫生部颁发的《医疗事故技术鉴定专家库学科专业组名录（试行）》的规定，外科二级学科普通外科专家库中包含血管外科专业人员符合规定。

此复。

卫生部关于医疗事故技术鉴定有关问题的批复

1．2005年12月9日

2．卫医发〔2005〕496号

山东省卫生厅：

你厅《关于医疗事故技术鉴定有关问题的请示》（鲁卫字〔2005〕323号）收悉。经研究，现批复如下：

一、由于医疗机构的医疗过失导致产妇和新生儿两个损害后果的，对两个损害后果分别进行鉴定、定级。

二、根据《医疗事故处理条例》第十八条规定，如果医疗机构拒绝或者拖延尸检影响对死因判定的，由医疗机构承担医疗事故责任；如果患方拒绝或者拖延尸检，由患方自行承担后果。

三、在医疗事故技术鉴定中，如果医患双方均无证据否定所提交的病历资料的真实性，则该病历资料应当作为鉴定依据。

四、医疗机构不配合医疗事故技术鉴定的，按照我部《关于医疗机构不配合医疗事故技术鉴定所应承担的责任的批复》（卫政法发〔2005〕28号）执行；患方不配合医疗事故技术鉴定，造成医疗事故技术鉴定无法进行的，按放弃医疗事故技术鉴定处理。

此复。

卫生部关于在医疗事故技术鉴定中有关回避问题的批复

1．2006年8月2日

2．卫政法发〔2006〕296号

湖北省卫生厅：

你厅《关于在医疗事故技术鉴定中有关回避问题的请示》（鄂卫生文〔2006〕89号）收悉。经研究，现批复如下：

组织医疗事故技术鉴定的医学会工作人员，如果是医疗事故争议的当事人或与医疗事故争议有直接利害关系的，应当回避，符合《医疗事故处理条例》第二十六条规定的精神。

此复。

卫生部关于卫生行政部门是否有权直接判定医疗事故的批复

1．2007年4月23日

2．卫政法发〔2007〕135号

吉林省卫生厅：

你厅《关于卫生行政部门直接判定医疗事故的请示》（吉卫文〔2007〕20号）收悉。经研究，现批复如下：

根据《医疗事故处理条例》第二十条、第三十六条等有关规定，对不需要进行医疗事故技术鉴定的或者医疗机构不如实提供相关材料、不配合相关调查，导致医疗事故技术鉴定不能进行的，卫生行政部门可以依据调查结果对医疗事故争议进行直接判定。

此复。

卫生部关于医疗争议经人民法院裁定再审案件重新启动医疗事故鉴定的批复

1. 2007年6月26日

2. 卫政法发〔2007〕209号

湖北省卫生厅：

你厅《关于医疗争议经人民法院裁定再审的案件能否重新启动医疗事故鉴定的请示》（鄂卫生文〔2007〕92号）收悉。经研究，现批复如下：

对人民法院委托的医疗事故技术鉴定，医学会应当及时受理。

此复。

卫生部关于医学会不具备行政诉讼主体资格的批复

1. 2009年1月6日

2. 卫政法函〔2009〕2号

内蒙古自治区卫生厅：

你厅《关于在医疗事故技术鉴定过程中医学会是否具备行政诉讼主体资格的请示》（内卫监字〔2008〕907号）收悉。经研究，现批复如下：

根据《医疗事故处理条例》的有关规定，医学会负责组织医疗事故技术鉴定工作，其行为不是具体行政行为。医学会不具备行政诉讼主体资格。

随文附上最高法行政庭《关于地质矿产主管部门作出的非法采矿及破坏性采矿鉴定结论是否属于人民法院受案范围问题的答复》，供参考。

此复。

附件：关于地质矿产主管部门作出的非法采矿及破坏性采矿鉴定结论是否属于人民法院受案范围问题的答复（略）

卫生部关于医疗事故技术鉴定中新生儿死亡认定有关问题的批复

1. 2009年1月19日

2. 卫医管函〔2009〕22号

山东省卫生厅：

你厅《关于医疗事故技术鉴定有关问题的请示》（鲁卫医字〔2008〕85号）收悉。经研究，批复如下：

一、在医疗事故技术鉴定过程中，专家鉴定组应当根据胎儿离开母体时的具体临床表现综合判定其是否成活。经判定成活的，其后发生死亡，应当认定为新生儿死亡。发生医疗事故的，医疗事故等级由专家鉴定组根据《医疗事故分级标准（试行）》（卫生部令第32号）确定。

二、《卫生部关于医疗事故技术鉴定中胎儿死亡事件如何认定的批复》（卫医发〔2000〕455号，以下简称《批复》）中有关医疗事故分级的规定是根据1987年国务院公布的《医疗事故处理办法》（以下简称《办法》）中有关医疗事故分级的规定作出的。《医疗事故处理条例》公布后，《办法》已经废止，《批复》中有关医疗事故分级的规定也不再适用，但有关胎儿死亡的医疗事故技术鉴定中被鉴定主体的规定仍然适用。

此复。

卫生部关于医疗事故技术鉴定有关问题的批复

1. 2009年2月11日

2. 卫政法函〔2009〕54号

河北省卫生厅：

你厅《关于卫生行政部门对医疗事故技术鉴定进行审查和对病历真实性进行确认有关问题的请示》（冀卫法监〔2008〕45号）收悉。经研究，批复如下：

一、《医疗事故处理条例》第四十一条规定："卫生行政部门收到负责组织医疗事故技术鉴定工作的医学会出具的医疗事故技术鉴定书后，应当对参加鉴定的人员资格和专业类别、鉴定程序进行审核。"医学会对卫生行政部门移交的医疗事故技术鉴定作出终止鉴定决定时，应向卫生行政部门说明终止鉴定的原因。卫生行政部门可以进行审核。

二、对涂改、伪造、隐匿、销毁病历资料的，卫生行政部门应当予以处理。

此复。

卫生部关于抽取法医参加医疗事故技术鉴定有关问题的批复

1. 2009年3月16日

2. 卫医管函〔2009〕84号

天津市卫生局：

你局《关于死者经公安部门刑事科学技术鉴定后再进行医疗事故技术鉴定是否抽取法医参加的请示》（津卫报〔2009〕13号）收悉。经研究，批复如下：

根据《医疗事故处理条例》（国务院令第351号）第二十五条和《医疗事故技术鉴定暂行办法》（卫生部令第30号）第二十一条的规定，医疗事故技术鉴定，涉及死因和伤残等级鉴定的，应当抽取法医参加专家鉴定组；患者死因明确或无需进行伤残等级鉴定的，可以不抽取法医参加专家鉴定组。

此复。

卫生部关于卫生行政部门旁听医疗事故技术鉴定等有关问题的批复

1. 2009年4月9日

2. 卫医管函〔2009〕132号

四川省卫生厅：

你厅《关于请求解释〈医疗事故处理条例〉有关规定的请示》（川卫〔2008〕173号）收悉。经研究，批复如下：

一、委托医学会进行医疗事故技术鉴定的卫生行政部门，在不干预医疗事故技术鉴定过程和结论并符合回避原则的情况下，可以旁听医疗事故鉴定。

二、根据《医疗事故技术鉴定暂行办法》（卫生部令第30号）第二十八条、第三十五条的规定，组织医疗事故技术鉴定的医学会认为有必要时，可以向双方当事人和其他相关组织、个人进行调查取证，形成的调查取证材料应当写入医疗事故鉴定书。

此复。

卫生部关于医疗争议处理申请移送等有关问题的批复

1. 2009年7月10日

2. 卫医管函〔2009〕307号

天津市卫生局：

你局《关于我市有关医疗事故争议相关移送问题的请示》（津卫报〔2009〕11号）收悉。经研究，批复如下：

一、根据《医疗事故处理条例》第三十八条规定，发生医疗事故争议，当事人申请卫生行政部门处理的，如医疗机构所在地是直辖市，由医疗机构所在地的区、县人民政府卫生行政部门受理。

二、根据《医疗事故处理条例》第二十一条规定，直辖市的区、县地方医学会负责组织首次医疗事故技术鉴定工作，直辖市地方医学会负责组织再次鉴定工作。

此复。

2. 医疗损害赔偿

中华人民共和国民法典(节录)

1. 2020年5月28日第十三届全国人民代表大会第三次会议通过
2. 2020年5月28日中华人民共和国主席令第45号公布
3. 自2021年1月1日起施行

第四编 人 格 权

第二章 生命权、身体权和健康权

第一千零二条 【生命权】自然人享有生命权。自然人的生命安全和生命尊严受法律保护。任何组织或者个人不得侵害他人的生命权。

第一千零三条 【身体权】自然人享有身体权。自然人的身体完整和行动自由受法律保护。任何组织或者个人不得侵害他人的身体权。

第一千零四条 【健康权】自然人享有健康权。自然人的身心健康受法律保护。任何组织或者个人不得侵害他人的健康权。

第一千零五条 【法定救助义务】自然人的生命权、身体权、健康权受到侵害或者处于其他危难情形的,负有法定救助义务的组织或者个人应当及时施救。

第一千零六条 【人体捐献】完全民事行为能力人有权依法自主决定无偿捐献其人体细胞、人体组织、人体器官、遗体。任何组织或者个人不得强迫、欺骗、利诱其捐献。

完全民事行为能力人依据前款规定同意捐献的,应当采用书面形式,也可以订立遗嘱。

自然人生前未表示不同意捐献的,该自然人死亡后,其配偶、成年子女、父母可以共同决定捐献,决定捐献应当采用书面形式。

第一千零七条 【禁止人体买卖】禁止以任何形式买卖人体细胞、人体组织、人体器官、遗体。

违反前款规定的买卖行为无效。

第一千零八条 【人体临床试验】为研制新药、医疗器械或者发展新的预防和治疗方法,需要进行临床试验的,应当依法经相关主管部门批准并经伦理委员会审查同意,向受试者或者受试者的监护人告知试验目的、用途和可能产生的风险等详细情况,并经其书面同意。

进行临床试验的,不得向受试者收取试验费用。

第一千零九条 【与人体基因、人体胚胎等有关的医学科研活动】从事与人体基因、人体胚胎等有关的医学和科研活动,应当遵守法律、行政法规和国家有关规定,不得危害人体健康,不得违背伦理道德,不得损害公共利益。

第一千零一十条 【性骚扰】违背他人意愿,以言语、文字、图像、肢体行为等方式对他人实施性骚扰的,受害人有权依法请求行为人承担民事责任。

机关、企业、学校等单位应当采取合理的预防、受理投诉、调查处置等措施,防止和制止利用职权、从属关系等实施性骚扰。

第一千零一十一条 【侵害行动自由和非法搜查身体】以非法拘禁等方式剥夺、限制他人的行动自由,或者非法搜查他人身体的,受害人有权依法请求行为人承担民事责任。

第七编 侵权责任

第六章 医疗损害责任

第一千二百一十八条 【医疗损害责任归责原则和责任承担主体】患者在诊疗活动中受到损害,医疗机构或者其医务人员有过错的,由医疗机构承担赔偿责任。

第一千二百一十九条 【医务人员说明义务和患者知情同意权】医务人员在诊疗活动中应当向患者说明病情和医疗措施。需要实施手术、特殊检查、特殊治疗的,医务人员应当及时向患者具体说明医疗风险、替代医疗方案等情况,并取得其明确同意;不能或者不宜向患者说明的,应当向患者的近亲属说明,并取得其明确同意。

医务人员未尽到前款义务,造成患者损害的,医疗机构应当承担赔偿责任。

第一千二百二十条 【紧急情况下实施医疗措施】因抢救生命垂危的患者等紧急情况,不能取得患者或者其近亲属意见的,经医疗机构负责人或者授权的负责人批准,可以立即实施相应的医疗措施。

第一千二百二十一条 【医务人员过错诊疗的赔偿责任】医务人员在诊疗活动中未尽到与当时的医疗水平相应的诊疗义务,造成患者损害的,医疗机构应当承担赔偿责任。

第一千二百二十二条 【推定医疗机构有过错的情形】患者在诊疗活动中受到损害,有下列情形之一的,推定医疗机构有过错:

(一)违反法律、行政法规、规章以及其他有关诊

疗规范的规定；

（二）隐匿或者拒绝提供与纠纷有关的病历资料；

（三）遗失、伪造、篡改或者违法销毁病历资料。

第一千二百二十三条 【药品、消毒产品、医疗器械的缺陷或者输入不合格血液的侵权责任】因药品、消毒产品、医疗器械的缺陷，或者输入不合格的血液造成患者损害的，患者可以向药品上市许可持有人、生产者、血液提供机构请求赔偿，也可以向医疗机构请求赔偿。患者向医疗机构请求赔偿的，医疗机构赔偿后，有权向负有责任的药品上市许可持有人、生产者、血液提供机构追偿。

第一千二百二十四条 【医疗机构免责情形】患者在诊疗活动中受到损害，有下列情形之一的，医疗机构不承担赔偿责任：

（一）患者或者其近亲属不配合医疗机构进行符合诊疗规范的诊疗；

（二）医务人员在抢救生命垂危的患者等紧急情况下已经尽到合理诊疗义务；

（三）限于当时的医疗水平难以诊疗。

前款第一项情形中，医疗机构或者其医务人员也有过错的，应当承担相应的赔偿责任。

第一千二百二十五条 【医疗机构对病历资料的义务、患者对病历资料的权利】医疗机构及其医务人员应当按照规定填写并妥善保管住院志、医嘱单、检验报告、手术及麻醉记录、病理资料、护理记录等病历资料。

患者要求查阅、复制前款规定的病历资料的，医疗机构应当及时提供。

第一千二百二十六条 【患者隐私和个人信息保护】医疗机构及其医务人员应当对患者的隐私和个人信息保密。泄露患者的隐私和个人信息，或者未经患者同意公开其病历资料的，应当承担侵权责任。

第一千二百二十七条 【禁止违规实施不必要的检查】医疗机构及其医务人员不得违反诊疗规范实施不必要的检查。

第一千二百二十八条 【维护医疗机构及其医务人员合法权益】医疗机构及其医务人员的合法权益受法律保护。

干扰医疗秩序，妨碍医务人员工作、生活，侵害医务人员合法权益的，应当依法承担法律责任。

国家卫生健康委关于加强医疗损害鉴定管理工作的通知

1. 2021年1月6日

2. 国卫医函〔2021〕1号

各省、自治区、直辖市及新疆生产建设兵团卫生健康委，中华医学会：

医疗损害鉴定是预防和妥善处理医疗纠纷、保护医患双方合法权益、维护医疗秩序、保障医疗安全的重要环节。《医疗纠纷预防和处理条例》（以下简称《条例》）明确了科学、公正、同行评议等鉴定原则，并对鉴定制度进行了原则性规定。为加强医疗损害鉴定管理工作，妥善化解医疗纠纷，维护医患双方合法权益，发挥高质量鉴定意见对提升医疗安全水平的积极作用，现提出以下工作要求：

一、省级、设区的市级和直辖市直接管辖的区（县）医学会应当按照《条例》要求，积极开展医疗损害鉴定工作。中华医学会负责医疗损害鉴定质量控制工作。

二、医学会应当结合医疗损害鉴定工作需要建立专家库。专家库对应医疗损害鉴定学科专业组名录设置学科专业组。学科专业组名录由中华医学会制定、维护。聘请专家进入专家库，不受行政区域的限制。

医疗机构应当向专家库推荐优质专家资源，对本单位进入专家库的专家依法参加鉴定活动应当提供必要的支持。

三、医学会应当梳理分析医疗损害鉴定情况，开展基于案例分析的医疗纠纷预防对策研究，组织本地区医疗损害相关责任单位或责任人进行培训，有条件的地区可以扩大培训范围。

四、医疗机构对医疗损害鉴定中发现的问题要认真反思，有效识别医疗风险，梳理薄弱环节，落实安全防范措施，持续改进医疗质量安全。

五、医学会开展医疗损害鉴定应当按照《条例》要求收取鉴定费。收费管理要求按照各省（区、市）规定执行，尚无规定的可以参照相关鉴定项目收费标准收取。

六、医学会医疗损害鉴定规则由中华医学会制定，报我委同意后印发。

最高人民法院关于审理人身损害赔偿案件适用法律若干问题的解释

1. 2003年12月4日最高人民法院审判委员会第1299次会议通过、2003年12月26日公布、自2004年5月1日起施行(法释〔203〕20号)

2. 根据2020年12月23日最高人民法院审判委员会第1823次会议通过、2020年12月29日公布的《最高人民法院关于修改〈最高人民法院关于在民事审判工作中适用《中华人民共和国工会法》若干问题的解释〉等二十七件民事类司法解释的决定》第一次修正

3. 根据2022年2月15日最高人民法院审判委员会第1864次会议通过、2022年4月24日公布的《最高人民法院关于修改〈最高人民法院关于审理人身损害赔偿案件适用法律若干问题的解释〉的决定》第二次修正

为正确审理人身损害赔偿案件,依法保护当事人的合法权益,根据《中华人民共和国民法典》《中华人民共和国民事诉讼法》等有关法律规定,结合审判实践,制定本解释。

第一条 因生命、身体、健康遭受侵害,赔偿权利人起诉请求赔偿义务人赔偿物质损害和精神损害的,人民法院应予受理。

本条所称“赔偿权利人”,是指因侵权行为或者其他致害原因直接遭受人身损害的受害人以及死亡受害人的近亲属。

本条所称“赔偿义务人”,是指因自己或者他人的侵权行为以及其他致害原因依法应当承担民事责任的自然人、法人或者非法人组织。

第二条 赔偿权利人起诉部分共同侵权人的,人民法院应当追加其他共同侵权人作为共同被告。赔偿权利人在诉讼中放弃对部分共同侵权人的诉讼请求的,其他共同侵权人对被放弃诉讼请求的被告应当承担的赔偿份额不承担连带责任。责任范围难以确定的,推定各共同侵权人承担同等责任。

人民法院应当将放弃诉讼请求的法律后果告知赔偿权利人,并将放弃诉讼请求的情况在法律文书中叙明。

第三条 依法应当参加工伤保险统筹的用人单位的劳动者,因工伤事故遭受人身损害,劳动者或者其近亲属向人民法院起诉请求用人单位承担民事赔偿责任的,告知其按《工伤保险条例》的规定处理。

因用人单位以外的第三人侵权造成劳动者人身损害,赔偿权利人请求第三人承担民事赔偿责任的,人民法院应予支持。

第四条 无偿提供劳务的帮工人,在从事帮工活动中致人损害的,被帮工人应当承担赔偿责任。被帮工人承担赔偿责任后向有故意或者重大过失的帮工人追偿的,人民法院应予支持。被帮工人明确拒绝帮工的,不承担赔偿责任。

第五条 无偿提供劳务的帮工人因帮工活动遭受人身损害的,根据帮工人和被帮工人各自的过错承担相应的责任;被帮工人明确拒绝帮工的,被帮工人不承担赔偿责任,但可以在受益范围内予以适当补偿。

帮工人在帮工活动中因第三人的行为遭受人身损害的,有权请求第三人承担赔偿责任,也有权请求被帮工人予以适当补偿。被帮工人补偿后,可以向第三人追偿。

第六条 医疗费根据医疗机构出具的医药费、住院费等收款凭证,结合病历和诊断证明等相关证据确定。赔偿义务人对治疗的必要性和合理性有异议的,应当承担相应的举证责任。

医疗费的赔偿数额,按照一审法庭辩论终结前实际发生的数额确定。器官功能恢复训练所必要的康复费、适当的整容费以及其他后续治疗费,赔偿权利人可以待实际发生后另行起诉。但根据医疗证明或者鉴定结论确定必然发生的费用,可以与已经发生的医疗费一并予以赔偿。

第七条 误工费根据受害人的误工时间和收入状况确定。

误工时间根据受害人接受治疗的医疗机构出具的证明确定。受害人因伤致残持续误工的,误工时间可以计算至定残日前一天。

受害人有固定收入的,误工费按照实际减少的收入计算。受害人无固定收入的,按照其最近三年的平均收入计算;受害人不能举证证明其最近三年的平均收入状况的,可以参照受诉法院所在地相同或者相近行业上一年度职工的平均工资计算。

第八条 护理费根据护理人员的收入状况和护理人数、护理期限确定。

护理人员有收入的,参照误工费的规定计算;护理人员没有收入或者雇佣护工的,参照当地护工从事同等级别护理的劳务报酬标准计算。护理人员原则上为一人,但医疗机构或者鉴定机构有明确意见的,可以参照确定护理人员人数。

护理期限应计算至受害人恢复生活自理能力时止。受害人因残疾不能恢复生活自理能力的，可以根据其年龄、健康状况等因素确定合理的护理期限，但最长不超过二十年。

受害人定残后的护理，应当根据其护理依赖程度并结合配制残疾辅助器具的情况确定护理级别。

第九条 交通费根据受害人及其必要的陪护人员因就医或者转院治疗实际发生的费用计算。交通费应当以正式票据为凭；有关凭据应当与就医地点、时间、人数、次数相符合。

第十条 住院伙食补助费可以参照当地国家机关一般工作人员的出差伙食补助标准予以确定。

受害人确有必要到外地治疗，因客观原因不能住院，受害人本人及其陪护人员实际发生的住宿费和伙食费，其合理部分应予赔偿。

第十一条 营养费根据受害人伤残情况参照医疗机构的意见确定。

第十二条 残疾赔偿金根据受害人丧失劳动能力程度或者伤残等级，按照受诉法院所在地上一年度城镇居民人均可支配收入标准，自定残之日起按二十年计算。但六十周岁以上的，年龄每增加一岁减少一年；七十五周岁以上的，按五年计算。

受害人因伤致残但实际收入没有减少，或者伤残等级较轻但造成职业妨害严重影响其劳动就业的，可以对残疾赔偿金作相应调整。

第十三条 残疾辅助器具费按照普通适用器具的合理费用标准计算。伤情有特殊需要的，可以参照辅助器具配制机构的意见确定相应的合理费用标准。

辅助器具的更换周期和赔偿期限参照配制机构的意见确定。

第十四条 丧葬费按照受诉法院所在地上一年度职工月平均工资标准，以六个月总额计算。

第十五条 死亡赔偿金按照受诉法院所在地上一年度城镇居民人均可支配收入标准，按二十年计算。但六十周岁以上的，年龄每增加一岁减少一年；七十五周岁以上的，按五年计算。

第十六条 被扶养人生活费计入残疾赔偿金或者死亡赔偿金。

第十七条 被扶养人生活费根据扶养人丧失劳动能力程度，按照受诉法院所在地上一年度城镇居民人均消费支出标准计算。被扶养人为未成年人的，计算至十八周岁；被扶养人无劳动能力又无其他生活来源的，计算二十年。但六十周岁以上的，年龄每增加一岁减少一年；七十五周岁以上的，按五年计算。

被扶养人是指受害人依法应当承担扶养义务的未成年人或者丧失劳动能力又无其他生活来源的成年近亲属。被扶养人还有其他扶养人的，赔偿义务人只赔偿受害人依法应当负担的部分。被扶养人有数人的，年赔偿总额累计不超过上一年度城镇居民人均消费支出额。

第十八条 赔偿权利人举证证明其住所地或者经常居住地城镇居民人均可支配收入高于受诉法院所在地标准的，残疾赔偿金或者死亡赔偿金可以按照其住所地或者经常居住地的相关标准计算。

被扶养人生活费的相关计算标准，依照前款原则确定。

第十九条 超过确定的护理期限、辅助器具费给付年限或者残疾赔偿金给付年限，赔偿权利人向人民法院起诉请求继续给付护理费、辅助器具费或者残疾赔偿金的，人民法院应予受理。赔偿权利人确需继续护理、配制辅助器具，或者没有劳动能力和生活来源的，人民法院应当判令赔偿义务人继续给付相关费用五至十年。

第二十条 赔偿义务人请求以定期金方式给付残疾赔偿金、辅助器具费的，应当提供相应的担保。人民法院可以根据赔偿义务人的给付能力和提供担保的情况，确定以定期金方式给付相关费用。但是，一审法庭辩论终结前已经发生的费用、死亡赔偿金以及精神损害抚慰金，应当一次性给付。

第二十一条 人民法院应当在法律文书中明确定期金的给付时间、方式以及每期给付标准。执行期间有关统计数据发生变化的，给付金额应当适时进行相应调整。

定期金按照赔偿权利人的实际生存年限给付，不受本解释有关赔偿期限的限制。

第二十二条 本解释所称“城镇居民人均可支配收入”“城镇居民人均消费支出”“职工平均工资”，按照政府统计部门公布的各省、自治区、直辖市以及经济特区和计划单列市上一年度相关统计数据确定。

“上一年度”，是指一审法庭辩论终结时的上一统计年度。

第二十三条 精神损害抚慰金适用《最高人民法院关于确定民事侵权精神损害赔偿责任若干问题的解释》予以确定。

第二十四条 本解释自 2022 年 5 月 1 日起施行。施行后发生的侵权行为引起的人身损害赔偿案件适用本解释。

本院以前发布的司法解释与本解释不一致的，以本解释为准。

最高人民法院关于确定民事侵权精神损害赔偿责任若干问题的解释

1. 2001年2月26日最高人民法院审判委员会第1161次会议通过、2001年3月8日公布、自2001年3月10日起施行（法释〔2001〕7号）

2. 根据2020年12月23日最高人民法院审判委员会第1823次会议通过、2020年12月29日公布、自2021年1月1日起施行的《最高人民法院关于修改〈最高人民法院关于在民事审判工作中适用《中华人民共和国工会法》若干问题的解释〉等二十七件民事类司法解释的决定》（法释〔2020〕17号）修正

为在审理民事侵权案件中正确确定精神损害赔偿责任，根据《中华人民共和国民法典》等有关法律规定，结合审判实践，制定本解释。

第一条　因人身权益或者具有人身意义的特定物受到侵害，自然人或者其近亲属向人民法院提起诉讼请求精神损害赔偿的，人民法院应当依法予以受理。

第二条　非法使被监护人脱离监护，导致亲子关系或者近亲属间的亲属关系遭受严重损害，监护人向人民法院起诉请求赔偿精神损害的，人民法院应当依法予以受理。

第三条　死者的姓名、肖像、名誉、荣誉、隐私、遗体、遗骨等受到侵害，其近亲属向人民法院提起诉讼请求精神损害赔偿的，人民法院应当依法予以支持。

第四条　法人或者非法人组织以名誉权、荣誉权、名称权遭受侵害为由，向人民法院起诉请求精神损害赔偿的，人民法院不予支持。

第五条　精神损害的赔偿数额根据以下因素确定：

（一）侵权人的过错程度，但是法律另有规定的除外；

（二）侵权行为的目的、方式、场合等具体情节；

（三）侵权行为所造成的后果；

（四）侵权人的获利情况；

（五）侵权人承担责任的经济能力；

（六）受理诉讼法院所在地的平均生活水平。

第六条　在本解释公布施行之前已经生效施行的司法解释，其内容有与本解释不一致的，以本解释为准。

最高人民法院关于审理医疗损害责任纠纷案件适用法律若干问题的解释

1. 2017年3月27日最高人民法院审判委员会第1713次会议通过、2017年12月13日公布、自2017年12月14日起施行（法释〔2017〕20号）

2. 根据2020年12月23日最高人民法院审判委员会第1823次会议通过、2020年12月29日公布、自2021年1月1日起施行的《最高人民法院关于修改〈最高人民法院关于在民事审判工作中适用《中华人民共和国工会法》若干问题的解释〉等二十七件民事类司法解释的决定》（法释〔2020〕17号）修正

为正确审理医疗损害责任纠纷案件，依法维护当事人的合法权益，推动构建和谐医患关系，促进卫生健康事业发展，根据《中华人民共和国民法典》《中华人民共和国民事诉讼法》等法律规定，结合审判实践，制定本解释。

第一条　患者以在诊疗活动中受到人身或者财产损害为由请求医疗机构，医疗产品的生产者、销售者、药品上市许可持有人或者血液提供机构承担侵权责任的案件，适用本解释。

患者以在美容医疗机构或者开设医疗美容科室的医疗机构实施的医疗美容活动中受到人身或者财产损害为由提起的侵权纠纷案件，适用本解释。

当事人提起的医疗服务合同纠纷案件，不适用本解释。

第二条　患者因同一伤病在多个医疗机构接受诊疗受到损害，起诉部分或者全部就诊的医疗机构的，应予受理。

患者起诉部分就诊的医疗机构后，当事人依法申请追加其他就诊的医疗机构为共同被告或者第三人的，应予准许。必要时，人民法院可以依法追加相关当事人参加诉讼。

第三条　患者因缺陷医疗产品受到损害，起诉部分或者全部医疗产品的生产者、销售者、药品上市许可持有人和医疗机构的，应予受理。

患者仅起诉医疗产品的生产者、销售者、药品上市许可持有人、医疗机构中部分主体，当事人依法申请追加其他主体为共同被告或者第三人的，应予准许。必要时，人民法院可以依法追加相关当事人参加诉讼。

患者因输入不合格的血液受到损害提起侵权诉讼的,参照适用前两款规定。

第四条 患者依据民法典第一千二百一十八条规定主张医疗机构承担赔偿责任的,应当提交到该医疗机构就诊、受到损害的证据。

患者无法提交医疗机构或者其医务人员有过错、诊疗行为与损害之间具有因果关系的证据,依法提出医疗损害鉴定申请的,人民法院应予准许。

医疗机构主张不承担责任的,应当就民法典第一千二百二十四条第一款规定情形等抗辩事由承担举证证明责任。

第五条 患者依据民法典第一千二百一十九条规定主张医疗机构承担赔偿责任的,应当按照前条第一款规定提交证据。

实施手术、特殊检查、特殊治疗的,医疗机构应当承担说明义务并取得患者或者患者近亲属明确同意,但属于民法典第一千二百二十条规定情形的除外。医疗机构提交患者或者患者近亲属明确同意证据的,人民法院可以认定医疗机构尽到说明义务,但患者有相反证据足以反驳的除外。

第六条 民法典第一千二百二十二条规定的病历资料包括医疗机构保管的门诊病历、住院志、体温单、医嘱单、检验报告、医学影像检查资料、特殊检查(治疗)同意书、手术同意书、手术及麻醉记录、病理资料、护理记录、出院记录以及国务院卫生行政主管部门规定的其他病历资料。

患者依法向人民法院申请医疗机构提交由其保管的与纠纷有关的病历资料等,医疗机构未在人民法院指定期限内提交的,人民法院可以依照民法典第一千二百二十二条第二项规定推定医疗机构有过错,但是因不可抗力等客观原因无法提交的除外。

第七条 患者依据民法典第一千二百二十三条规定请求赔偿的,应当提交使用医疗产品或者输入血液、受到损害的证据。

患者无法提交使用医疗产品或者输入血液与损害之间具有因果关系的证据,依法申请鉴定的,人民法院应予准许。

医疗机构,医疗产品的生产者、销售者、药品上市许可持有人或者血液提供机构主张不承担责任的,应当对医疗产品不存在缺陷或者血液合格等抗辩事由承担举证证明责任。

第八条 当事人依法申请对医疗损害责任纠纷中的专门性问题进行鉴定的,人民法院应予准许。

当事人未申请鉴定,人民法院对前款规定的专门性问题认为需要鉴定的,应当依职权委托鉴定。

第九条 当事人申请医疗损害鉴定的,由双方当事人协商确定鉴定人。

当事人就鉴定人无法达成一致意见,人民法院提出确定鉴定人的方法,当事人同意的,按照该方法确定;当事人不同意的,由人民法院指定。

鉴定人应当从具备相应鉴定能力、符合鉴定要求的专家中确定。

第十条 委托医疗损害鉴定的,当事人应当按照要求提交真实、完整、充分的鉴定材料。提交的鉴定材料不符合要求的,人民法院应当通知当事人更换或者补充相应材料。

在委托鉴定前,人民法院应当组织当事人对鉴定材料进行质证。

第十一条 委托鉴定书,应当有明确的鉴定事项和鉴定要求。鉴定人应当按照委托鉴定的事项和要求进行鉴定。

下列专门性问题可以作为申请医疗损害鉴定的事项:

(一)实施诊疗行为有无过错;

(二)诊疗行为与损害后果之间是否存在因果关系以及原因力大小;

(三)医疗机构是否尽到了说明义务、取得患者或者患者近亲属明确同意的义务;

(四)医疗产品是否有缺陷、该缺陷与损害后果之间是否存在因果关系以及原因力的大小;

(五)患者损伤残疾程度;

(六)患者的护理期、休息期、营养期;

(七)其他专门性问题。

鉴定要求包括鉴定人的资质、鉴定人的组成、鉴定程序、鉴定意见、鉴定期限等。

第十二条 鉴定意见可以按照导致患者损害的全部原因、主要原因、同等原因、次要原因、轻微原因或者与患者损害无因果关系,表述诊疗行为或者医疗产品等造成患者损害的原因力大小。

第十三条 鉴定意见应当经当事人质证。

当事人申请鉴定人出庭作证,经人民法院审查同意,或者人民法院认为鉴定人有必要出庭的,应当通知鉴定人出庭作证。双方当事人同意鉴定人通过书面说明、视听传输技术或者视听资料等方式作证的,可以准许。

鉴定人因健康原因、自然灾害等不可抗力或者其他正当理由不能按期出庭的，可以延期开庭；经人民法院许可，也可以通过书面说明、视听传输技术或者视听资料等方式作证。

无前款规定理由，鉴定人拒绝出庭作证，当事人对鉴定意见又不认可的，对该鉴定意见不予采信。

第十四条　当事人申请通知一至二名具有医学专门知识的人出庭，对鉴定意见或者案件的其他专门性事实问题提出意见，人民法院准许的，应当通知具有医学专门知识的人出庭。

前款规定的具有医学专门知识的人提出的意见，视为当事人的陈述，经质证可以作为认定案件事实的根据。

第十五条　当事人自行委托鉴定人作出的医疗损害鉴定意见，其他当事人认可的，可予采信。

当事人共同委托鉴定人作出的医疗损害鉴定意见，一方当事人不认可的，应当提出明确的异议内容和理由。经审查，有证据足以证明异议成立的，对鉴定意见不予采信；异议不成立的，应予采信。

第十六条　对医疗机构或者其医务人员的过错，应当依据法律、行政法规、规章以及其他有关诊疗规范进行认定，可以综合考虑患者病情的紧急程度、患者个体差异、当地的医疗水平、医疗机构与医务人员资质等因素。

第十七条　医务人员违反民法典第一千二百一十九条第一款规定义务，但未造成患者人身损害，患者请求医疗机构承担损害赔偿责任的，不予支持。

第十八条　因抢救生命垂危的患者等紧急情况且不能取得患者意见时，下列情形可以认定为民法典第一千二百二十条规定的不能取得患者近亲属意见：

（一）近亲属不明的；

（二）不能及时联系到近亲属的；

（三）近亲属拒绝发表意见的；

（四）近亲属达不成一致意见的；

（五）法律、法规规定的其他情形。

前款情形，医务人员经医疗机构负责人或者授权的负责人批准立即实施相应医疗措施，患者因此请求医疗机构承担赔偿责任的，不予支持；医疗机构及其医务人员怠于实施相应医疗措施造成损害，患者请求医疗机构承担赔偿责任的，应予支持。

第十九条　两个以上医疗机构的诊疗行为造成患者同一损害，患者请求医疗机构承担赔偿责任的，应当区分不同情况，依照民法典第一千一百六十八条、第一千一百七十一条或者第一千一百七十二条的规定，确定各医疗机构承担的赔偿责任。

第二十条　医疗机构邀请本单位以外的医务人员对患者进行诊疗，因受邀医务人员的过错造成患者损害的，由邀请医疗机构承担赔偿责任。

第二十一条　因医疗产品的缺陷或者输入不合格血液受到损害，患者请求医疗机构，缺陷医疗产品的生产者、销售者、药品上市许可持有人或者血液提供机构承担赔偿责任的，应予支持。

医疗机构承担赔偿责任后，向缺陷医疗产品的生产者、销售者、药品上市许可持有人或者血液提供机构追偿的，应予支持。

因医疗机构的过错使医疗产品存在缺陷或者血液不合格，医疗产品的生产者、销售者、药品上市许可持有人或者血液提供机构承担赔偿责任后，向医疗机构追偿的，应予支持。

第二十二条　缺陷医疗产品与医疗机构的过错诊疗行为共同造成患者同一损害，患者请求医疗机构与医疗产品的生产者、销售者、药品上市许可持有人承担连带责任的，应予支持。

医疗机构或者医疗产品的生产者、销售者、药品上市许可持有人承担赔偿责任后，向其他责任主体追偿的，应当根据诊疗行为与缺陷医疗产品造成患者损害的原因力大小确定相应的数额。

输入不合格血液与医疗机构的过错诊疗行为共同造成患者同一损害的，参照适用前两款规定。

第二十三条　医疗产品的生产者、销售者、药品上市许可持有人明知医疗产品存在缺陷仍然生产、销售，造成患者死亡或者健康严重损害，被侵权人请求生产者、销售者、药品上市许可持有人赔偿损失及二倍以下惩罚性赔偿的，人民法院应予支持。

第二十四条　被侵权人同时起诉两个以上医疗机构承担赔偿责任，人民法院经审理，受诉法院所在地的医疗机构依法不承担赔偿责任，其他医疗机构承担赔偿责任的，残疾赔偿金、死亡赔偿金的计算，按下列情形分别处理：

（一）一个医疗机构承担责任的，按照该医疗机构所在地的赔偿标准执行；

（二）两个以上医疗机构均承担责任的，可以按照其中赔偿标准较高的医疗机构所在地标准执行。

第二十五条　患者死亡后，其近亲属请求医疗损害赔偿的，适用本解释；支付患者医疗费、丧葬费等合理费用的人请求赔偿该费用的，适用本解释。

本解释所称的“医疗产品”包括药品、消毒产品、医疗器械等。

第二十六条 本院以前发布的司法解释与本解释不一致的,以本解释为准。

本解释施行后尚未终审的案件,适用本解释;本解释施行前已经终审,当事人申请再审或者按照审判监督程序决定再审的案件,不适用本解释。

·典型案例·

张丰春与泰安市中心医院医疗服务合同纠纷案

【基本案情】

原告张丰春因道路交通事故受伤在山东省泰安市中心医院住院治疗,入院伤情诊断为全身多处软组织伤,住院43天,住院期间花费医疗费16747.64元、检查费4元,共计16751.64元。原告出院后,以机动车交通事故责任为由将侵权人孔凡忠及中华联合保险泰安支公司诉至泰安市泰山区人民法院,要求赔偿其因交通事故所遭受的经济损失。该案在审理过程中,中华联合保险泰安支公司申请对原告住院期间的用药合理性进行审查,剔除与交通事故所致伤情无关的用药。泰安东岳司法鉴定所出具司法鉴定意见书认为:被鉴定人张丰春住院期间所用药物奥扎格雷钠适应症为治疗急性血栓性脑梗死和脑梗死所伴随的运动障碍,被鉴定人本次交通事故损伤诊断为全身多处软组织挫伤,因此奥扎格雷钠为本次损伤治疗中的不合理用药,应去除费用为7250.40元。原告对该鉴定结论提出异议,并申请司法鉴定人员杨丰强出庭接受质询,同时申请其主治医师娄彦华、王震出庭作证,原告主治医师亦未能明确证明药品奥扎格雷钠的使用与治疗原告伤情之间的合理性与必要性。法院对鉴定意见予以采纳,判决认定原告受伤住院治疗过程中因使用奥扎格雷钠所花费的7250.40元为不合理用药,应在赔偿范围内予以扣除。因此,原告诉至法院,要求被告泰安市中心医院赔偿其因不合理用药所受到的经济损失。

【裁判结果】

泰安市泰安区人民法院经审理认为,原告在被告处住院治疗,原、被告之间形成医疗服务合同关系,被告应当根据原告的病情使用药物并按照正确的方法、手段为原告提供医疗服务。根据泰安东岳司法鉴定所鉴定意见书以及民事判决书,足以认定原告张丰春因交通事故受伤住院期间所用药物奥扎格雷钠为不合理用药。药物奥扎格雷钠适应症为治疗急性血栓性脑梗死和脑梗死所伴随的运动障碍。原告陈述其并未有急性血栓性脑梗死及相关病史,在被告出具的住院病案中现病史、既往史部分亦未发现原告患有或曾经患有上述病症的记载。因此,被告泰安市中心医院未根据原告的病情为原告提供合理、恰当的医疗服务,原告因被告在治疗过程中不合理用药行为所造成的损失,应当由被告予以赔偿。法院判决泰安市中心医院赔偿原告张丰春经济损失共计7750.40元。被告已按判决履行完毕。

【典型意义】

医疗服务合同是调整医疗机构与患者之间权利义务关系的合同,我国现阶段医疗纠纷日益增加,不仅影响到患者及家属的心理,也加重了医务人员的心理压力,降低了医疗单位和医务人员在社会上的声誉形象。在实践中确实存在部分医疗机构或医务人员为了追求经济利益,给患者开出价格较为昂贵或不必要的药物,加重了患者的经济负担。本案判令被告泰安市中心医院赔偿原告因不合理用药行为给原告造成的经济损失。通过本案,提醒医疗机构在为患者提供服务的过程中,应秉承"救死扶伤、治病救人"的宗旨,本着必要、合理的原则,为患者提供恰当的治疗方案,加强与患者及患者家属之间的沟通,充分尊重患者的知情权,以构建和谐的医患关系。

余恩惠、李赞、李芊与重庆西南医院医疗损害赔偿纠纷再审案

【基本案情】

重庆市民李安富(余恩惠之夫,李赞、李芊之父)因腰部疼痛不适,于2009年7月22日到重庆西南医院治疗,并根据医院诊断住院治疗。7月24日,重庆西南医院在对李安富进行手术前检查时发现患者有感染征象,遂进行抗感染、补充白蛋白等医疗措施。但李安富病情逐渐加重,发展为肺感染。7月31日,李安富经全院会诊后诊断为败血症,转入感染科继续治疗,医院下达病危通知。李安富病情进一步恶化,8月2日发生多器官功能障碍综合症。2009年8月9日,李安富经抢救无效死亡,死亡诊断为:多器官功能障碍综合症,脓毒血症,双肺肺炎,右踝软组织感染。经司法鉴定后查明,李安富的死亡原因符合脓毒败血症继发全身多器官功能衰竭,主要与其个人体质有关;重庆西南医院的医疗行为存在一定过错,与患者死亡之间存在一定因果关系,属次要责任。重庆西南医院对李安富死亡造成的损失应承担40%赔偿责任。

余恩惠、李赞、李芊向重庆市沙坪坝区人民法院提起

诉讼,请求重庆西南医院支付医疗费48843.27元(含人血白蛋白16200元)、死亡赔偿金236235元等项费用,共计374953.77元。

【裁判结果】

最高人民法院再审认为,原审判决对佘恩惠、李赞、李芊主张的人血白蛋白费用不予支持,属认定事实错误。依据重庆西南医院的医疗记录,李安富使用的人血白蛋白中有20瓶系佘恩惠、李赞、李芊从他处自行购买,重庆西南医院对此项事实也予以认可,并提供证据证明每瓶人血白蛋白在重庆西南医院的出售价格为360元。佘恩惠、李赞、李芊虽未能提供其购买人血白蛋白的收费凭证,但明确表示认可重庆西南医院提供的明显低于其主张费用的人血白蛋白出售价格,因此,佘恩惠、李赞、李芊主张的16200元人血白蛋白费用中的7200元(20瓶360元/瓶=7200元)应当计算在李安富住院期间产生的医疗费之中,李安富医疗费总额应为39843.27元,重庆西南医院应按照其过错程度对上诉医疗费用承担赔偿责任。在本案中,重庆西南医院的医疗行为并未进行医疗事故鉴定,佘恩惠、李赞、李芊要求重庆西南医院承担死亡赔偿金,应当适用民法通则。最高人民法院《关于审理人身损害赔偿案件适用法律若干问题的解释》是根据民法通则制定的,已经于2004年5月1日起施行,对死亡赔偿金的适用范围和计算标准都有明确规定。因此,应当按照规定计算死亡赔偿金,再根据重庆西南医院的过错程度确定其承担数额。原审判决认为佘恩惠、李赞、李芊关于死亡赔偿金的诉讼请求没有法律依据,属适用法律错误,依法予以改判。最高人民法院改判重庆西南医院支付佘恩惠、李赞、李芊死亡赔偿金236235元的40%,即94494元。

【典型意义】

本案涉及群众民生问题,任何细节都会影响到权利人的合法权益能否切实得到救济,准确认定事实是正确审理案件的基础,应当全面审查证据材料,不能简单化处理,这样才能避免形式主义错误。诉讼请求能否得到支持,需要证据证明,但对证据法定构成要件的理解不能僵化。原始收费凭证确实是证明商品数量和价格的直接有力证据,但仅仅拘泥于此就不能解决复杂问题,很难做到让人民群众在每一个司法案件中都感受到公平正义。原审判决对于佘恩惠、李赞、李芊16200元人血白蛋白费用的诉讼请求一概否定,就是犯了这样的错误。讼争20瓶人血白蛋白用药系遵重庆西南医院医生之嘱,医生开出处方后交由患者家属外购,该院护士有注射记录。佘恩惠、李赞、李芊虽然不能提供原始收费凭证,但对此做出了合理解释,而且他们原本主张的实际购置费用远远高于重庆西南医院的出售价格,但为尽快了结纠纷,在诉讼中进行了让步,同意按照重庆西南医院的出售价格计算其支出费用。而且,重庆西南医院也提供了证据,证明其同时期出售的人血白蛋白价格为每瓶360元。在这种情况下,李安富住院治疗期间自行购买人血白蛋白的费用数额,已经具备了完整的证据链可以证明,符合民事案件审理过程中认定事实的优势证据原则。所以,最高人民法院部分支持佘恩惠、李赞、李芊关于人血白蛋白费用的诉讼请求,纠正了原审判决在认定事实方面存在的错误。

另外,佘恩惠一方和重庆西南医院都没有申请进行医疗事故鉴定,所以本案应当适用民法通则和《最高人民法院关于审理人身损害赔偿案件适用法律若干问题的解释》中关于死亡赔偿金的相关规定。原审判决适用《医疗事故处理条例》进行审理,完全不支持死亡赔偿金的诉讼请求,同样存在适用法律不当的问题,最高人民法院再审判决对此一并进行了纠正。

六、医疗保障

资料补充栏

医疗保障基金使用监督管理条例

1. 2021年1月15日国务院令第735号公布
2. 自2021年5月1日起施行

第一章　总　　则

第一条　为了加强医疗保障基金使用监督管理，保障基金安全，促进基金有效使用，维护公民医疗保障合法权益，根据《中华人民共和国社会保险法》和其他有关法律规定，制定本条例。

第二条　本条例适用于中华人民共和国境内基本医疗保险（含生育保险）基金、医疗救助基金等医疗保障基金使用及其监督管理。

第三条　医疗保障基金使用坚持以人民健康为中心，保障水平与经济社会发展水平相适应，遵循合法、安全、公开、便民的原则。

第四条　医疗保障基金使用监督管理实行政府监管、社会监督、行业自律和个人守信相结合。

第五条　县级以上人民政府应当加强对医疗保障基金使用监督管理工作的领导，建立健全医疗保障基金使用监督管理机制和基金监督管理执法体制，加强医疗保障基金使用监督管理能力建设，为医疗保障基金使用监督管理工作提供保障。

第六条　国务院医疗保障行政部门主管全国的医疗保障基金使用监督管理工作。国务院其他有关部门在各自职责范围内负责有关的医疗保障基金使用监督管理工作。

县级以上地方人民政府医疗保障行政部门负责本行政区域的医疗保障基金使用监督管理工作。县级以上地方人民政府其他有关部门在各自职责范围内负责有关的医疗保障基金使用监督管理工作。

第七条　国家鼓励和支持新闻媒体开展医疗保障法律、法规和医疗保障知识的公益宣传，并对医疗保障基金使用行为进行舆论监督。有关医疗保障的宣传报道应当真实、公正。

县级以上人民政府及其医疗保障等行政部门应当通过书面征求意见、召开座谈会等方式，听取人大代表、政协委员、参保人员代表等对医疗保障基金使用的意见，畅通社会监督渠道，鼓励和支持社会各方面参与对医疗保障基金使用的监督。

医疗机构、药品经营单位（以下统称医药机构）等单位和医药卫生行业协会应当加强行业自律，规范医药服务行为，促进行业规范和自我约束，引导依法、合理使用医疗保障基金。

第二章　基 金 使 用

第八条　医疗保障基金使用应当符合国家规定的支付范围。

医疗保障基金支付范围由国务院医疗保障行政部门依法组织制定。省、自治区、直辖市人民政府按照国家规定的权限和程序，补充制定本行政区域内医疗保障基金支付的具体项目和标准，并报国务院医疗保障行政部门备案。

第九条　国家建立健全全国统一的医疗保障经办管理体系，提供标准化、规范化的医疗保障经办服务，实现省、市、县、乡镇（街道）、村（社区）全覆盖。

第十条　医疗保障经办机构应当建立健全业务、财务、安全和风险管理制度，做好服务协议管理、费用监控、基金拨付、待遇审核及支付等工作，并定期向社会公开医疗保障基金的收入、支出、结余等情况，接受社会监督。

第十一条　医疗保障经办机构应当与定点医药机构建立集体谈判协商机制，合理确定定点医药机构的医疗保障基金预算金额和拨付时限，并根据保障公众健康需求和管理服务的需要，与定点医药机构协商签订服务协议，规范医药服务行为，明确违反服务协议的行为及其责任。

医疗保障经办机构应当及时向社会公布签订服务协议的定点医药机构名单。

医疗保障行政部门应当加强对服务协议订立、履行等情况的监督。

第十二条　医疗保障经办机构应当按照服务协议的约定，及时结算和拨付医疗保障基金。

定点医药机构应当按照规定提供医药服务，提高服务质量，合理使用医疗保障基金，维护公民健康权益。

第十三条　定点医药机构违反服务协议的，医疗保障经办机构可以督促其履行服务协议，按照服务协议约定暂停或者不予拨付费用、追回违规费用、中止相关责任人员或者所在部门涉及医疗保障基金使用的医药服务，直至解除服务协议；定点医药机构及其相关责任人员有权进行陈述、申辩。

医疗保障经办机构违反服务协议的，定点医药机构有权要求纠正或者提请医疗保障行政部门协调处理、督促整改，也可以依法申请行政复议或者提起行政诉讼。

第十四条　定点医药机构应当建立医疗保障基金使用内

部管理制度，由专门机构或者人员负责医疗保障基金使用管理工作，建立健全考核评价体系。

定点医药机构应当组织开展医疗保障基金相关制度、政策的培训，定期检查本单位医疗保障基金使用情况，及时纠正医疗保障基金使用不规范的行为。

第十五条 定点医药机构及其工作人员应当执行实名就医和购药管理规定，核验参保人员医疗保障凭证，按照诊疗规范提供合理、必要的医药服务，向参保人员如实出具费用单据和相关资料，不得分解住院、挂床住院，不得违反诊疗规范过度诊疗、过度检查、分解处方、超量开药、重复开药，不得重复收费、超标准收费、分解项目收费，不得串换药品、医用耗材、诊疗项目和服务设施，不得诱导、协助他人冒名或者虚假就医、购药。

定点医药机构应当确保医疗保障基金支付的费用符合规定的支付范围；除急诊、抢救等特殊情形外，提供医疗保障基金支付范围以外的医药服务的，应当经参保人员或者其近亲属、监护人同意。

第十六条 定点医药机构应当按照规定保管财务账目、会计凭证、处方、病历、治疗检查记录、费用明细、药品和医用耗材出入库记录等资料，及时通过医疗保障信息系统全面准确传送医疗保障基金使用有关数据，向医疗保障行政部门报告医疗保障基金使用监督管理所需信息，向社会公开医药费用、费用结构等信息，接受社会监督。

第十七条 参保人员应当持本人医疗保障凭证就医、购药，并主动出示接受查验。参保人员有权要求定点医药机构如实出具费用单据和相关资料。

参保人员应当妥善保管本人医疗保障凭证，防止他人冒名使用。因特殊原因需要委托他人代为购药的，应当提供委托人和受托人的身份证明。

参保人员应当按照规定享受医疗保障待遇，不得重复享受。

参保人员有权要求医疗保障经办机构提供医疗保障咨询服务，对医疗保障基金的使用提出改进建议。

第十八条 在医疗保障基金使用过程中，医疗保障等行政部门、医疗保障经办机构、定点医药机构及其工作人员不得收受贿赂或者取得其他非法收入。

第十九条 参保人员不得利用其享受医疗保障待遇的机会转卖药品，接受返还现金、实物或者获得其他非法利益。

定点医药机构不得为参保人员利用其享受医疗保障待遇的机会转卖药品，接受返还现金、实物或者获得其他非法利益提供便利。

第二十条 医疗保障经办机构、定点医药机构等单位及其工作人员和参保人员等人员不得通过伪造、变造、隐匿、涂改、销毁医学文书、医学证明、会计凭证、电子信息等有关资料，或者虚构医药服务项目等方式，骗取医疗保障基金。

第二十一条 医疗保障基金专款专用，任何组织和个人不得侵占或者挪用。

第三章 监督管理

第二十二条 医疗保障、卫生健康、中医药、市场监督管理、财政、审计、公安等部门应当分工协作、相互配合，建立沟通协调、案件移送等机制，共同做好医疗保障基金使用监督管理工作。

医疗保障行政部门应当加强对纳入医疗保障基金支付范围的医疗服务行为和医疗费用的监督，规范医疗保障经办业务，依法查处违法使用医疗保障基金的行为。

第二十三条 国务院医疗保障行政部门负责制定服务协议管理办法，规范、简化、优化医药机构定点申请、专业评估、协商谈判程序，制作并定期修订服务协议范本。

国务院医疗保障行政部门制定服务协议管理办法，应当听取有关部门、医药机构、行业协会、社会公众、专家等方面意见。

第二十四条 医疗保障行政部门应当加强与有关部门的信息交换和共享，创新监督管理方式，推广使用信息技术，建立全国统一、高效、兼容、便捷、安全的医疗保障信息系统，实施大数据实时动态智能监控，并加强共享数据使用全过程管理，确保共享数据安全。

第二十五条 医疗保障行政部门应当根据医疗保障基金风险评估、举报投诉线索、医疗保障数据监控等因素，确定检查重点，组织开展专项检查。

第二十六条 医疗保障行政部门可以会同卫生健康、中医药、市场监督管理、财政、公安等部门开展联合检查。

对跨区域的医疗保障基金使用行为，由共同的上一级医疗保障行政部门指定的医疗保障行政部门检查。

第二十七条 医疗保障行政部门实施监督检查，可以采取下列措施：

（一）进入现场检查；

（二）询问有关人员；

（三）要求被检查对象提供与检查事项相关的文件资料，并作出解释和说明；

（四）采取记录、录音、录像、照相或者复制等方式收集有关情况和资料；

（五）对可能被转移、隐匿或者灭失的资料等予以封存；

（六）聘请符合条件的会计师事务所等第三方机构和专业人员协助开展检查；

（七）法律、法规规定的其他措施。

第二十八条 医疗保障行政部门可以依法委托符合法定条件的组织开展医疗保障行政执法工作。

第二十九条 开展医疗保障基金使用监督检查，监督检查人员不得少于2人，并且应当出示执法证件。

医疗保障行政部门进行监督检查时，被检查对象应当予以配合，如实提供相关资料和信息，不得拒绝、阻碍检查或者谎报、瞒报。

第三十条 定点医药机构涉嫌骗取医疗保障基金支出的，在调查期间，医疗保障行政部门可以采取增加监督检查频次、加强费用监控等措施，防止损失扩大。定点医药机构拒不配合调查的，经医疗保障行政部门主要负责人批准，医疗保障行政部门可以要求医疗保障经办机构暂停医疗保障基金结算。经调查，属于骗取医疗保障基金支出的，依照本条例第四十条的规定处理；不属于骗取医疗保障基金支出的，按照规定结算。

参保人员涉嫌骗取医疗保障基金支出且拒不配合调查的，医疗保障行政部门可以要求医疗保障经办机构暂停医疗费用联网结算。暂停联网结算期间发生的医疗费用，由参保人员全额垫付。经调查，属于骗取医疗保障基金支出的，依照本条例第四十一条的规定处理；不属于骗取医疗保障基金支出的，按照规定结算。

第三十一条 医疗保障行政部门对违反本条例的行为作出行政处罚或者行政处理决定前，应当听取当事人的陈述、申辩；作出行政处罚或者行政处理决定，应当告知当事人依法享有申请行政复议或者提起行政诉讼的权利。

第三十二条 医疗保障等行政部门、医疗保障经办机构、会计师事务所等机构及其工作人员，不得将工作中获取、知悉的被调查对象资料或者相关信息用于医疗保障基金使用监督管理以外的其他目的，不得泄露、篡改、毁损、非法向他人提供当事人的个人信息和商业秘密。

第三十三条 国务院医疗保障行政部门应当建立定点医药机构、人员等信用管理制度，根据信用评价等级分级分类监督管理，将日常监督检查结果、行政处罚结果等情况纳入全国信用信息共享平台和其他相关信息公示系统，按照国家有关规定实施惩戒。

第三十四条 医疗保障行政部门应当定期向社会公布医疗保障基金使用监督检查结果，加大对医疗保障基金使用违法案件的曝光力度，接受社会监督。

第三十五条 任何组织和个人有权对侵害医疗保障基金的违法违规行为进行举报、投诉。

医疗保障行政部门应当畅通举报投诉渠道，依法及时处理有关举报投诉，并对举报人的信息保密。对查证属实的举报，按照国家有关规定给予举报人奖励。

第四章 法律责任

第三十六条 医疗保障经办机构有下列情形之一的，由医疗保障行政部门责令改正，对直接负责的主管人员和其他直接责任人员依法给予处分：

（一）未建立健全业务、财务、安全和风险管理制度；

（二）未履行服务协议管理、费用监控、基金拨付、待遇审核及支付等职责；

（三）未定期向社会公开医疗保障基金的收入、支出、结余等情况。

第三十七条 医疗保障经办机构通过伪造、变造、隐匿、涂改、销毁医学文书、医学证明、会计凭证、电子信息等有关资料或者虚构医药服务项目等方式，骗取医疗保障基金支出的，由医疗保障行政部门责令退回，处骗取金额2倍以上5倍以下的罚款，对直接负责的主管人员和其他直接责任人员依法给予处分。

第三十八条 定点医药机构有下列情形之一的，由医疗保障行政部门责令改正，并可以约谈有关负责人；造成医疗保障基金损失的，责令退回，处造成损失金额1倍以上2倍以下的罚款；拒不改正或者造成严重后果的，责令定点医药机构暂停相关责任部门6个月以上1年以下涉及医疗保障基金使用的医药服务；违反其他法律、行政法规的，由有关主管部门依法处理：

（一）分解住院、挂床住院；

（二）违反诊疗规范过度诊疗、过度检查、分解处方、超量开药、重复开药或者提供其他不必要的医药服务；

（三）重复收费、超标准收费、分解项目收费；

（四）串换药品、医用耗材、诊疗项目和服务设施；

（五）为参保人员利用其享受医疗保障待遇的机会转卖药品，接受返还现金、实物或者获得其他非法利益提供便利；

（六）将不属于医疗保障基金支付范围的医药费用纳入医疗保障基金结算；

（七）造成医疗保障基金损失的其他违法行为。

第三十九条 定点医药机构有下列情形之一的，由医疗保障行政部门责令改正，并可以约谈有关负责人；拒不改正的，处1万元以上5万元以下的罚款；违反其他法律、行政法规的，由有关主管部门依法处理：

（一）未建立医疗保障基金使用内部管理制度，或者没有专门机构或者人员负责医疗保障基金使用管理工作；

（二）未按照规定保管财务账目、会计凭证、处方、病历、治疗检查记录、费用明细、药品和医用耗材出入库记录等资料；

（三）未按照规定通过医疗保障信息系统传送医疗保障基金使用有关数据；

（四）未按照规定向医疗保障行政部门报告医疗保障基金使用监督管理所需信息；

（五）未按照规定向社会公开医药费用、费用结构等信息；

（六）除急诊、抢救等特殊情形外，未经参保人员或者其近亲属、监护人同意提供医疗保障基金支付范围以外的医药服务；

（七）拒绝医疗保障等行政部门监督检查或者提供虚假情况。

第四十条 定点医药机构通过下列方式骗取医疗保障基金支出的，由医疗保障行政部门责令退回，处骗取金额2倍以上5倍以下的罚款；责令定点医药机构暂停相关责任部门6个月以上1年以下涉及医疗保障基金使用的医药服务，直至由医疗保障经办机构解除服务协议；有执业资格的，由有关主管部门依法吊销执业资格：

（一）诱导、协助他人冒名或者虚假就医、购药，提供虚假证明材料，或者串通他人虚开费用单据；

（二）伪造、变造、隐匿、涂改、销毁医学文书、医学证明、会计凭证、电子信息等有关资料；

（三）虚构医药服务项目；

（四）其他骗取医疗保障基金支出的行为。

定点医药机构以骗取医疗保障基金为目的，实施了本条例第三十八条规定行为之一，造成医疗保障基金损失的，按照本条规定处理。

第四十一条 个人有下列情形之一的，由医疗保障行政部门责令改正；造成医疗保障基金损失的，责令退回；属于参保人员的，暂停其医疗费用联网结算3个月至12个月：

（一）将本人的医疗保障凭证交由他人冒名使用；

（二）重复享受医疗保障待遇；

（三）利用享受医疗保障待遇的机会转卖药品，接受返还现金、实物或者获得其他非法利益。

个人以骗取医疗保障基金为目的，实施了前款规定行为之一，造成医疗保障基金损失的；或者使用他人医疗保障凭证冒名就医、购药的；或者通过伪造、变造、隐匿、涂改、销毁医学文书、医学证明、会计凭证、电子信息等有关资料或者虚构医药服务项目等方式，骗取医疗保障基金支出的，除依照前款规定处理外，还应当由医疗保障行政部门处骗取金额2倍以上5倍以下的罚款。

第四十二条 医疗保障等行政部门、医疗保障经办机构、定点医药机构及其工作人员收受贿赂或者取得其他非法收入的，没收违法所得，对有关责任人员依法给予处分；违反其他法律、行政法规的，由有关主管部门依法处理。

第四十三条 定点医药机构违反本条例规定，造成医疗保障基金重大损失或者其他严重不良社会影响的，其法定代表人或者主要负责人5年内禁止从事定点医药机构管理活动，由有关部门依法给予处分。

第四十四条 违反本条例规定，侵占、挪用医疗保障基金的，由医疗保障等行政部门责令追回；有违法所得的，没收违法所得；对直接负责的主管人员和其他直接责任人员依法给予处分。

第四十五条 退回的基金退回原医疗保障基金财政专户；罚款、没收的违法所得依法上缴国库。

第四十六条 医疗保障等行政部门、医疗保障经办机构、会计师事务所等机构及其工作人员，泄露、篡改、毁损、非法向他人提供个人信息、商业秘密的，对直接负责的主管人员和其他直接责任人员依法给予处分；违反其他法律、行政法规的，由有关主管部门依法处理。

第四十七条 医疗保障等行政部门工作人员在医疗保障基金使用监督管理工作中滥用职权、玩忽职守、徇私舞弊的，依法给予处分。

第四十八条 违反本条例规定，构成违反治安管理行为的，依法给予治安管理处罚；构成犯罪的，依法追究刑事责任。

违反本条例规定，给有关单位或者个人造成损失的，依法承担赔偿责任。

第五章 附 则

第四十九条 职工大额医疗费用补助、公务员医疗补助等医疗保障资金使用的监督管理，参照本条例执行。

居民大病保险资金的使用按照国家有关规定执行，医疗保障行政部门应当加强监督。

第五十条 本条例自2021年5月1日起施行。

国务院办公厅关于健全重特大疾病医疗保险和救助制度的意见

1. *2021年10月28日*
2. *国办发〔2021〕42号*

各省、自治区、直辖市人民政府，国务院各部委、各直属机构：

做好重特大疾病医疗保障，是进一步减轻困难群众和大病患者医疗费用负担、防范因病致贫返贫、筑牢民生保障底线的重要举措。为深入贯彻党中央、国务院关于深化医疗保障制度改革和完善社会救助制度的决策部署，巩固拓展医疗保障脱贫攻坚成果，不断增强人民群众获得感、幸福感、安全感，经国务院同意，现就健全重特大疾病医疗保险和救助制度提出以下意见。

一、总体要求

以习近平新时代中国特色社会主义思想为指导，全面贯彻党的十九大和十九届二中、三中、四中、五中全会精神，坚持以人民为中心，坚持共同富裕方向，坚持应保尽保、保障基本，尽力而为、量力而行，推动民生改善更可持续。聚焦减轻困难群众重特大疾病医疗费用负担，建立健全防范和化解因病致贫返贫长效机制，强化基本医保、大病保险、医疗救助（以下统称三重制度）综合保障，实事求是确定困难群众医疗保障待遇标准，确保困难群众基本医疗有保障，不因罹患重特大疾病影响基本生活，同时避免过度保障。促进三重制度综合保障与慈善救助、商业健康保险等协同发展、有效衔接，构建政府主导、多方参与的多层次医疗保障体系。

二、科学确定医疗救助对象范围

（一）及时精准确定救助对象。医疗救助公平覆盖医疗费用负担较重的困难职工和城乡居民，根据救助对象类别实施分类救助。对低保对象、特困人员、低保边缘家庭成员和纳入监测范围的农村易返贫致贫人口，按规定给予救助。对不符合低保、特困人员救助供养或低保边缘家庭条件，但因高额医疗费用支出导致家庭基本生活出现严重困难的大病患者（以下称因病致贫重病患者），根据实际给予一定救助。综合考虑家庭经济状况、医疗费用支出、医疗保险支付等情况，由省（自治区、直辖市）民政部门会同医疗保障等相关部门合理确定因病致贫重病患者认定条件。县级以上地方人民政府规定的其他特殊困难人员，按上述救助对象类别给予相应救助。

三、强化三重制度综合保障

（二）确保困难群众应保尽保。困难群众依法参加基本医保，按规定享有三重制度保障权益。全面落实城乡居民基本医保参保财政补助政策，对个人缴费确有困难的群众给予分类资助。全额资助特困人员，定额资助低保对象、返贫致贫人口。定额资助标准由省级人民政府根据实际确定。适应人口流动和参保需求变化，灵活调整救助对象参保缴费方式，确保其及时参保、应保尽保。

（三）促进三重制度互补衔接。发挥基本医保主体保障功能，严格执行基本医保支付范围和标准，实施公平适度保障；增强大病保险减负功能，探索完善大病保险对低保对象、特困人员和返贫致贫人口的倾斜支付政策，发挥补充保障作用；夯实医疗救助托底保障功能，按照“先保险后救助”的原则，对基本医保、大病保险等支付后个人医疗费用负担仍然较重的救助对象按规定实施救助，合力防范因病致贫返贫风险。完善农村易返贫致贫人口医保帮扶措施，推动实现巩固拓展医疗保障脱贫攻坚成果同乡村振兴有效衔接。

四、夯实医疗救助托底保障

（四）明确救助费用保障范围。坚持保基本，妥善解决救助对象政策范围内基本医疗需求。救助费用主要覆盖救助对象在定点医药机构发生的住院费用、因慢性病需长期服药或患重特大疾病需长期门诊治疗的费用。由医疗救助基金支付的药品、医用耗材、诊疗项目原则上应符合国家有关基本医保支付范围的规定。基本医保、大病保险起付线以下的政策范围内个人自付费用，按规定纳入救助保障。除国家另有明确规定外，各统筹地区不得自行制定或用变通的方法擅自扩大医疗救助费用保障范围。

（五）合理确定基本救助水平。按救助对象家庭困难情况，分类设定年度救助起付标准（以下简称起付标准）。对低保对象、特困人员原则上取消起付标准，暂不具备条件的地区，其起付标准不得高于所在统筹地区上年居民人均可支配收入的5%，并逐步探索取消起付标准。低保边缘家庭成员起付标准按所在统筹地区上年居民人均可支配收入的10%左右确定，因病致贫重病患者按25%左右确定。对低保对象、特困人员符合规定的医疗费用可按不低于70%的比例救助，其他救助对象救助比例原则上略低于低保对象。具体救助比例的确定要适宜适度，防止泛福利化倾向。各统筹地区要根据经济社会发展水平、人民健康需求、医疗救助基金支撑能力，合理设定医疗救助年度救助限额。农村易返贫致贫人口救助水平，按巩固拓展医疗保障脱贫攻坚成果有效衔接乡村振兴战略有关政策规定执行。

（六）统筹完善托底保障措施。加强门诊慢性病、特殊疾病救助保障，门诊和住院救助共用年度救助限额，统筹资金使用，着力减轻救助对象门诊慢性病、特殊疾病医疗费用负担。对规范转诊且在省域内就医的救助对象，经三重制度综合保障后政策范围内个人负担仍然较重的，给予倾斜救助，具体救助标准由统筹地区人民政府根据医疗救助基金筹资情况科学确定，避免过度保障。通过明确诊疗方案、规范诊疗等措施降低医疗成本，合理控制困难群众政策范围内自付费用比例。

五、建立健全防范和化解因病致贫返贫长效机制

（七）强化高额医疗费用支出预警监测。实施医疗救助对象信息动态管理。分类健全因病致贫和因病返贫双预警机制，结合实际合理确定监测标准。重点监测经基本医保、大病保险等支付后个人年度医疗费用负担仍然较重的低保边缘家庭成员和农村易返贫致贫人口，做到及时预警。加强部门间信息共享和核查比对，协同做好风险研判和处置。加强对监测人群的动态管理，符合条件的及时纳入救助范围。

（八）依申请落实综合保障政策。全面建立依申请救助机制，畅通低保边缘家庭成员和农村易返贫致贫人口、因病致贫重病患者医疗救助申请渠道，增强救助时效性。已认定为低保对象、特困人员的，直接获得医疗救助。强化医疗救助、临时救助、慈善救助等综合性保障措施，精准实施分层分类帮扶。综合救助水平要根据家庭经济状况、个人实际费用负担情况合理确定。

六、积极引导慈善等社会力量参与救助保障

（九）发展壮大慈善救助。鼓励慈善组织和其他社会组织设立大病救助项目，发挥补充救助作用。促进互联网公开募捐信息平台发展和平台间慈善资源共享，规范互联网个人大病求助平台信息发布，推行阳光救助。支持医疗救助领域社会工作服务和志愿服务发展，丰富救助服务内容。根据经济社会发展水平和各方承受能力，探索建立罕见病用药保障机制，整合医疗保障、社会救助、慈善帮扶等资源，实施综合保障。建立慈善参与激励机制，落实相应税收优惠、费用减免等政策。

（十）鼓励医疗互助和商业健康保险发展。支持开展职工医疗互助，规范互联网平台互助，加强风险管控，引导医疗互助健康发展。支持商业健康保险发展，满足基本医疗保障以外的保障需求。鼓励商业保险机构加强产品创新，在产品定价、赔付条件、保障范围等方面对困难群众适当倾斜。

七、规范经办管理服务

（十一）加快推进一体化经办。细化完善救助服务事项清单，出台医疗救助经办管理服务规程，做好救助对象信息共享互认、资助参保、待遇给付等经办服务。推动基本医保和医疗救助服务融合，依托全国统一的医疗保障信息平台，依法依规加强数据归口管理。统一协议管理，强化定点医疗机构费用管控主体责任。统一基金监管，做好费用监控、稽查审核，保持打击欺诈骗保高压态势，对开展医疗救助服务的定点医疗机构实行重点监控，确保基金安全高效、合理使用。推动实行“一站式”服务、“一窗口”办理，提高结算服务便利性。

（十二）优化救助申请审核程序。简化申请、审核、救助金给付流程，低保对象、特困人员直接纳入“一站式”结算，探索完善其他救助对象费用直接结算方式。加强部门工作协同，全面对接社会救助经办服务，按照职责分工做好困难群众医疗救助申请受理、分办转办及结果反馈。动员基层干部，依托基层医疗卫生机构，做好政策宣传和救助申请委托代办等，及时主动帮助困难群众。

（十三）提高综合服务管理水平。加强对救助对象就医行为的引导，推行基层首诊，规范转诊，促进合理就医。完善定点医疗机构医疗救助服务内容，提高服务质量，按规定做好基本医保和医疗救助费用结算。按照安全有效、经济适宜、救助基本的原则，引导医疗救助对象和定点医疗机构优先选择纳入基本医保支付范围的药品、医用耗材和诊疗项目，严控不合理费用支出。经基层首诊转诊的低保对象、特困人员在市域内定点医疗机构住院，实行“先诊疗后付费”，全面免除其住院押金。做好异地安置和异地转诊救助对象登记备案、就医结算，按规定转诊的救助对象，执行户籍地所在统筹地区救助标准。未按规定转诊的救助对象，所发生的医疗费用原则上不纳入医疗救助范围。

八、强化组织保障

（十四）加强组织领导。强化党委领导、政府主导、部门协同、社会参与的重特大疾病保障工作机制。将困难群众重特大疾病医疗救助托底保障政策落实情况作为加强和改善民生的重要指标，纳入医疗救助工作绩效评价。各省（自治区、直辖市）要落实主体责

任，细化政策措施，强化监督检查，确保政策落地、待遇落实、群众得实惠。要结合落实医疗保障待遇清单制度，制定出台细化措施，切实规范医疗救助保障范围，坚持基本保障标准，确保制度可持续发展。加强政策宣传解读，及时回应社会关切，营造良好舆论氛围。各地区政策实施情况及时报送国家医保局。

（十五）加强部门协同。建立健全部门协同机制，加强医疗保障、社会救助、医疗卫生制度政策及经办服务统筹协调。医疗保障部门要统筹推进医疗保险、医疗救助制度改革和管理工作，落实好医疗保障政策。民政部门要做好低保对象、特困人员、低保边缘家庭成员等救助对象认定工作，会同相关部门做好因病致贫重病患者认定和相关信息共享，支持慈善救助发展。财政部门要按规定做好资金支持。卫生健康部门要强化对医疗机构的行业管理，规范诊疗路径，促进分级诊疗。税务部门要做好基本医保保费征缴相关工作。银保监部门要加强对商业保险机构承办大病保险的行业监管，规范商业健康保险发展。乡村振兴部门要做好农村易返贫致贫人口监测和信息共享。工会要做好职工医疗互助和罹患大病困难职工帮扶。

（十六）加强基金预算管理。在确保医疗救助基金安全运行基础上，统筹协调基金预算和政策制定，落实医疗救助投入保障责任。拓宽筹资渠道，动员社会力量，通过慈善和社会捐助等多渠道筹集资金，统筹医疗救助资金使用。加强预算执行监督，全面实施预算绩效管理。促进医疗救助统筹层次与基本医保统筹层次相协调，提高救助资金使用效率。

（十七）加强基层能力建设。加强基层医疗保障经办队伍建设，统筹医疗保障公共服务需求和服务能力配置，做好相应保障。积极引入社会力量参与经办服务，大力推动医疗救助经办服务下沉，重点提升信息化和经办服务水平。加强医疗救助政策和业务能力培训，努力打造综合素质高、工作作风好、业务能力强的基层经办队伍。

医疗机构医疗保障定点管理暂行办法

1. 2020年12月30日国家医疗保障局令第2号公布
2. 自2021年2月1日起施行

第一章 总 则

第一条 为加强和规范医疗机构医疗保障定点管理，提高医疗保障基金使用效率，更好地保障广大参保人员权益，根据《中华人民共和国社会保险法》、《中华人民共和国基本医疗卫生与健康促进法》及《医疗机构管理条例》等法律法规，制定本办法。

第二条 医疗机构医疗保障定点管理应坚持以人民健康为中心，遵循保障基本、公平公正、权责明晰、动态平衡的原则，加强医保精细化管理，促进医疗机构供给侧改革，为参保人员提供适宜的医疗服务。

第三条 医疗保障行政部门负责制定医疗机构定点管理政策，在定点申请、专业评估、协商谈判、协议订立、协议履行、协议解除等环节对医疗保障经办机构（以下简称“经办机构”）、定点医疗机构进行监督。经办机构负责确定定点医疗机构，并与定点医疗机构签订医疗保障服务协议（以下简称“医保协议”），提供经办服务，开展医保协议管理、考核等。定点医疗机构应当遵守医疗保障法律、法规、规章及有关政策，按照规定向参保人员提供医疗服务。

第二章 定点医疗机构的确定

第四条 统筹地区医疗保障行政部门根据公众健康需求、管理服务需要、医保基金收支、区域卫生规划、医疗机构设置规划等确定本统筹地区定点医疗服务的资源配置。

第五条 以下取得医疗机构执业许可证或中医诊所备案证的医疗机构，以及经军队主管部门批准有为民服务资质的军队医疗机构可申请医保定点：

（一）综合医院、中医医院、中西医结合医院、民族医医院、专科医院、康复医院；

（二）专科疾病防治院（所、站）、妇幼保健院；

（三）社区卫生服务中心（站）、中心卫生院、乡镇卫生院、街道卫生院、门诊部、诊所、卫生所（站）、村卫生室（所）；

（四）独立设置的急救中心；

（五）安宁疗护中心、血液透析中心、护理院；

（六）养老机构内设的医疗机构。

互联网医院可依托其实体医疗机构申请签订补充协议，其提供的医疗服务所产生的符合医保支付范围的相关费用，由统筹地区经办机构与其所依托的实体医疗机构按规定进行结算。

第六条 申请医保定点的医疗机构应当同时具备以下基本条件：

（一）正式运营至少3个月。

（二）至少有1名取得医师执业证书、乡村医生执业证书或中医（专长）医师资格证书且第一注册地在该医疗机构的医师。

（三）主要负责人负责医保工作，配备专（兼）职医保管理人员；100张床位以上的医疗机构应设内部医保管理部门，安排专职工作人员。

（四）具有符合医保协议管理要求的医保管理制度、财务制度、统计信息管理制度、医疗质量安全核心制度等。

（五）具有符合医保协议管理要求的医院信息系统技术和接口标准，实现与医保信息系统有效对接，按要求向医保信息系统传送全部就诊人员相关信息，为参保人员提供直接联网结算。设立医保药品、诊疗项目、医疗服务设施、医用耗材、疾病病种等基础数据库，按规定使用国家统一的医保编码。

（六）符合法律法规和省级及以上医疗保障行政部门规定的其他条件。

第七条　医疗机构向统筹地区经办机构提出医保定点申请，至少提供以下材料：

（一）定点医疗机构申请表；

（二）医疗机构执业许可证或中医诊所备案证或军队医疗机构为民服务许可证照复印件；

（三）与医保政策对应的内部管理制度和财务制度文本；

（四）与医保有关的医疗机构信息系统相关材料；

（五）纳入定点后使用医疗保障基金的预测性分析报告；

（六）省级医疗保障行政部门按相关规定要求提供的其他材料。

第八条　医疗机构提出定点申请，统筹地区经办机构应即时受理。对申请材料内容不全的，经办机构自收到材料之日起5个工作日内一次性告知医疗机构补充。

第九条　统筹地区经办机构应组织评估小组或委托第三方机构，以书面、现场等形式开展评估。评估小组成员由医疗保障、医药卫生、财务管理、信息技术等专业人员构成。自受理申请材料之日起，评估时间不超过3个月，医疗机构补充材料时间不计入评估期限。评估内容包括：

（一）核查医疗机构执业许可证或中医诊所备案证或军队医疗机构为民服务许可证；

（二）核查医师、护士、药学及医技等专业技术人员执业信息和医师第一注册地信息；

（三）核查与服务功能相适应的诊断、治疗、手术、住院、药品贮存及发放、检查检验放射等基础设施和仪器设备；

（四）核查与医保政策对应的内部管理制度和财务制度，卫生健康部门医疗机构评审的结果；

（五）核查与医保有关的医疗机构信息系统是否具备开展直接联网结算的条件。

评估结果分为合格和不合格。统筹地区经办机构应将评估结果报同级医疗保障行政部门备案。对于评估合格的，应将其纳入拟签订协议医疗机构名单，并向社会公示。对于评估不合格的，应告知其理由，提出整改建议。自结果告知送达之日起，整改3个月后可再次组织评估，评估仍不合格的，1年内不得再次申请。

省级医疗保障行政部门可以在本办法基础上，根据实际情况，制定具体评估细则。

第十条　统筹地区经办机构与评估合格的医疗机构协商谈判，达成一致的，双方自愿签订医保协议。原则上，由地市级及以上的统筹地区经办机构与医疗机构签订医保协议并向同级医疗保障行政部门备案。医保协议应明确双方权利、义务和责任。签订医保协议的双方应当严格执行协议约定。协议期限一般为1年。

第十一条　统筹地区经办机构应向社会公布签订医保协议的定点医疗机构信息，包括名称、地址等，供参保人员选择。

第十二条　医疗机构有下列情形之一的，不予受理定点申请：

（一）以医疗美容、辅助生殖、生活照护、种植牙等非基本医疗服务为主要执业范围的；

（二）基本医疗服务未执行医疗保障行政部门制定的医药价格政策的；

（三）未依法履行行政处罚责任的；

（四）以弄虚作假等不正当手段申请定点，自发现之日起未满3年的；

（五）因违法违规被解除医保协议未满3年或已满3年但未完全履行行政处罚法律责任的；

（六）因严重违反医保协议约定而被解除协议未满1年或已满1年但未完全履行违约责任的；

（七）法定代表人、主要负责人或实际控制人曾因严重违法违规导致原定点医疗机构被解除医保协议，未满5年的；

（八）法定代表人、主要负责人或实际控制人被列入失信人名单的；

（九）法律法规规定的其他不予受理的情形。

第三章　定点医疗机构运行管理

第十三条　定点医疗机构具有依法依规为参保人员提供医疗服务后获得医保结算费用，对经办机构履约情况进行监督，对完善医保政策提出意见建议等权利。

第十四条 定点医疗机构应当严格执行医保协议，合理诊疗、合理收费，严格执行医保药品、医用耗材和医疗服务项目等目录，优先配备使用医保目录药品，控制患者自费比例，提高医疗保障基金使用效率。定点医疗机构不得为非定点医疗机构提供医保结算。

经办机构不予支付的费用、定点医疗机构按医保协议约定被扣除的质量保证金及其支付的违约金等，定点医疗机构不得作为医保欠费处理。

第十五条 定点医疗机构及其工作人员应当执行实名就医和购药管理规定，核验参保人员有效身份凭证，按照诊疗规范提供合理、必要的医药服务，向参保人员如实出具费用单据和相关资料，不得分解住院、挂床住院，不得违反诊疗规范过度诊疗、过度检查、分解处方、超量开药、重复开药，不得重复收费、超标准收费、分解项目收费，不得串换药品、医用耗材、诊疗项目和服务设施，不得诱导、协助他人冒名或者虚假就医、购药。

定点医疗机构应当确保医疗保障基金支付的费用符合规定的支付范围；除急诊、抢救等特殊情形外，提供医疗保障基金支付范围以外的医药服务的，应当经参保人员或者其近亲属、监护人同意。

第十六条 定点医疗机构应当制定相应的内部管理措施，严格掌握出入院指征。按照协议执行医保总额预算指标，执行按项目、按病种、按疾病诊断相关分组、按床日、按人头等支付方式。不得以医保支付政策为由拒收患者。

第十七条 定点医疗机构按有关规定执行集中采购政策，优先使用集中采购中选的药品和耗材。医保支付的药品、耗材应当按规定在医疗保障行政部门规定的平台上采购，并真实记录“进、销、存”等情况。

第十八条 定点医疗机构应当严格执行医疗保障行政部门制定的医药价格政策。

第十九条 定点医疗机构应当参加由医疗保障行政部门或经办机构组织的宣传和培训。

定点医疗机构应当组织开展医疗保障基金相关制度、政策的培训，定期检查本单位医疗保障基金使用情况，及时纠正医疗保障基金使用不规范的行为。

第二十条 定点医疗机构在显著位置悬挂统一样式的定点医疗机构标识。

第二十一条 定点医疗机构应按要求及时向统筹地区经办机构报送医疗保障基金结算清单等信息，包括疾病诊断及手术操作，药品、医用耗材、医疗服务项目费用结算明细，医师、护士等信息，并对其真实性负责。定点医疗机构应当按要求如实向统筹地区经办机构报送药品、耗材的采购价格和数量。

定点医疗机构应向医疗保障部门报告医疗保障基金使用监督管理及协议管理所需信息，向社会公开医药费用、费用结构等信息。

第二十二条 定点医疗机构应当配合经办机构开展医保费用审核、稽核检查、绩效考核等工作，接受医疗保障行政部门的监督检查，并按规定提供相关材料。

第二十三条 定点医疗机构应当优化医保结算流程，为参保人员提供便捷的医疗服务，按规定进行医保费用直接结算，提供费用结算单据和相关资料。为符合规定的参保人员提供转诊转院服务。参保人员根据有关规定可以在定点医疗机构购药或凭处方到定点零售药店购药。

第二十四条 定点医疗机构应当做好与医保有关的信息系统安全保障工作，遵守数据安全有关制度，保护参保人员隐私。定点医疗机构重新安装信息系统时，应当保持信息系统技术接口标准与医保信息系统有效对接，并按规定及时全面准确向医保信息系统传送医保结算和审核所需的有关数据。

第四章 经办管理服务

第二十五条 经办机构有权掌握定点医疗机构运行管理情况，从定点医疗机构获得医保费用稽查审核、绩效考核和财务记账等所需要的信息数据等资料。定点医疗机构实行属地管理，经办机构对属地定点医疗机构为本地和异地参保人员提供的医疗服务承担管理服务职责。

第二十六条 经办机构应当完善定点申请、组织评估和协议签订、协议履行、协议变更和解除等管理流程，制定经办规程，为定点医疗机构和参保人员提供优质高效的经办服务。

第二十七条 经办机构应做好对定点医疗机构医保政策、管理制度、支付政策、操作流程的宣传培训，提供医疗保障咨询、查询服务。

第二十八条 经办机构应当落实医保支付政策，加强医疗保障基金管理。

第二十九条 经办机构应当建立完善的内部控制制度，明确对定点医疗机构申报费用的审核、结算、拨付、稽核等岗位责任及风险防控机制。完善重大医保费用支出集体决策制度。

第三十条 经办机构应当加强医疗保障基金支出管理，通过智能审核、实时监控、现场检查等方式及时审核医疗费用。对定点医疗机构进行定期和不定期稽查审核。按协议约定及时足额向定点医疗机构拨付医保费用,原则上应当在定点医疗机构申报后30个工作日内拨付符合规定的医保费用。

第三十一条　有条件的统筹地区经办机构可以按国家规定向定点医疗机构预付一部分医保资金,缓解其资金运行压力。在突发疫情等紧急情况时,可以按国家规定预拨专项资金。

第三十二条　定点医疗机构违规申报费用,经审查核实的,经办机构不予支付。

第三十三条　经办机构应当依法依规支付参保人员在定点医疗机构发生的医疗费用,为参保人员提供医保政策咨询。除急诊和抢救外,参保人员在非定点医疗机构就医发生的费用医疗保障基金不予支付。

第三十四条　经办机构向社会公开医保信息系统数据集和接口标准。定点医疗机构自主选择与医保对接的有关信息系统的运行和维护供应商。经办机构不得以任何名义收取任何费用及指定供应商。

第三十五条　经办机构应遵守数据安全有关制度,保护参保人员隐私,确保医疗保障基金安全。

第三十六条　经办机构或其委托符合规定的第三方机构,对定点医疗机构开展绩效考核,建立动态管理机制。考核结果与年终清算、质量保证金退还、协议续签等挂钩。绩效考核办法由国家医疗保障部门制定,省级医疗保障部门可制定具体考核细则,经办机构负责组织实施。

第三十七条　对于定点医疗机构结算周期内未超过总额控制指标的医疗费用,经办机构应根据协议按时足额拨付。对定点医疗机构因参保人员就医数量大幅增加等形成的合理超支给予适当补偿。

第三十八条　经办机构发现定点医疗机构存在违反协议约定情形的,可按协议约定相应采取以下处理方式:

(一)约谈医疗机构法定代表人、主要负责人或实际控制人;

(二)暂停或不予拨付费用;

(三)不予支付或追回已支付的医保费用;

(四)要求定点医疗机构按照协议约定支付违约金;

(五)中止相关责任人员或者所在部门涉及医疗保障基金使用的医疗服务;

(六)中止或解除医保协议。

第三十九条　经办机构违反医保协议的,定点医疗机构有权要求纠正或者提请医疗保障行政部门协调处理、督促整改,也可以依法申请行政复议或者提起行政诉讼。

医疗保障行政部门发现经办机构存在违反医保协议的,可视情节相应采取以下处理方式:约谈主要负责人、限期整改、通报批评,对相关责任人员依法依规给予处分。

医疗保障行政部门发现经办机构违反相关法律法规和规章的,依法依规进行处理。

第五章　定点医疗机构的动态管理

第四十条　定点医疗机构的名称、法定代表人、主要负责人或实际控制人、注册地址、银行账户、诊疗科目、机构规模、机构性质、等级和类别等重大信息变更时,应自有关部门批准之日起30个工作日内向统筹地区经办机构提出变更申请。其他一般信息变更应及时书面告知。

第四十一条　续签应由定点医疗机构于医保协议期满前3个月向经办机构提出申请或由经办机构统一组织。统筹地区经办机构与定点医疗机构就医保协议续签事宜进行协商谈判,双方根据医保协议履行情况和绩效考核情况等决定是否续签。协商一致的,可续签医保协议;未达成一致的,医保协议到期后自动终止。

对于绩效考核结果好的定点医疗机构可以采取固定医保协议和年度医保协议相结合的方式,固定医保协议相对不变,年度医保协议每年根据具体情况调整,简化签约手续。

第四十二条　医保协议中止是指经办机构与定点医疗机构暂停履行医保协议约定,中止期间发生的医保费用不予结算。中止期结束,未超过医保协议有效期的,医保协议可继续履行;超过医保协议有效期的,医保协议终止。

定点医疗机构可提出中止医保协议申请,经经办机构同意,可以中止医保协议但中止时间原则上不得超过180日,定点医疗机构在医保协议中止超过180日仍未提出继续履行医保协议申请的,原则上医保协议自动终止。定点医疗机构有下列情形之一的,经办机构应中止医保协议:

(一)根据日常检查和绩效考核,发现对医疗保障基金安全和参保人员权益可能造成重大风险的;

(二)未按规定向经办机构及医疗保障行政部门提供有关数据或提供数据不真实的;

(三)根据医保协议约定应当中止医保协议的;

(四)法律法规和规章规定的应当中止的其他情形。

第四十三条　医保协议解除是指经办机构与定点医疗机

构之间的医保协议解除，协议关系不再存续，协议解除后产生的医药费用，医疗保障基金不再结算。定点医疗机构有以下情形之一的，经办机构应解除医保协议，并向社会公布解除医保协议的医疗机构名单：

（一）医保协议有效期内累计2次及以上被中止医保协议或中止医保协议期间未按要求整改或整改不到位的；

（二）以弄虚作假等不正当手段申请取得定点的；

（三）经医疗保障部门和其他有关部门查实有欺诈骗保行为的；

（四）为非定点医疗机构或处于中止医保协议期间的医疗机构提供医保费用结算的；

（五）拒绝、阻挠或不配合医疗保障部门开展智能审核、绩效考核、监督检查等，情节恶劣的；

（六）被发现重大信息发生变更但未办理重大信息变更的；

（七）定点医疗机构停业或歇业后未按规定向经办机构报告的；

（八）医疗保障行政部门或其他有关部门在行政执法中，发现定点医疗机构存在重大违法违规行为且可能造成医疗保障基金重大损失的；

（九）被吊销、注销医疗机构执业许可证或中医诊所备案证的；

（十）法定代表人、主要负责人或实际控制人不能履行医保协议约定，或有违法失信行为的；

（十一）未依法履行医疗保障行政部门作出的行政处罚决定的；

（十二）定点医疗机构主动提出解除医保协议且经办机构同意的；

（十三）根据医保协议约定应当解除医保协议的；

（十四）法律法规和规章规定的应当解除的其他情形。

第四十四条 定点医疗机构请求中止、解除医保协议或不再续签医保协议的，应提前3个月向经办机构提出申请。公立医疗机构不得主动提出中止或解除医保协议。

医疗机构所在地的地市级及以上统筹地区经办机构与定点医疗机构中止或解除医保协议，该医疗机构在其他统筹区的医保协议也同时中止或解除。

第四十五条 定点医疗机构的部分人员或科室有违反协议管理要求的，可对该人员或科室中止或终止医保结算。

第四十六条 医疗机构与统筹地区经办机构就医保协议签订、履行、变更和解除发生争议的，可以自行协商解决或者请求同级医疗保障行政部门协调处理，也可以依法提起行政复议或行政诉讼。

第六章 定点医疗机构的监督

第四十七条 医疗保障行政部门对定点申请、申请受理、专业评估、协议订立、协议履行和解除等进行监督，对经办机构的内部控制制度建设、医保费用的审核和拨付等进行指导和监督。

医疗保障行政部门依法依规通过实地检查、抽查、智能监控、大数据分析等方式对定点医疗机构的协议履行情况、医疗保障基金使用情况、医疗服务行为、购买涉及医疗保障基金使用的第三方服务等进行监督。

第四十八条 医疗保障行政部门和经办机构应拓宽监督途径、创新监督方式，通过满意度调查、第三方评价、聘请社会监督员等方式对定点医疗机构进行社会监督，畅通举报投诉渠道，及时发现问题并进行处理。

第四十九条 经办机构发现违约行为，应当及时按照协议处理。

经办机构作出中止相关责任人员或者所在部门涉及医疗保障基金使用的医药服务、中止和解除医保协议等处理时，要及时报告同级医疗保障行政部门。

医疗保障行政部门发现定点医疗机构存在违约情形的，应当及时责令经办机构按照医保协议处理，经办机构应当及时按照医保协议处理。

医疗保障行政部门依法查处违法违规行为时，认为经办机构移交相关违法线索事实不清的，可组织补充调查或要求经办机构补充材料。

第七章 附 则

第五十条 职工基本医疗保险、城乡居民基本医疗保险、生育保险、医疗救助、居民大病保险等医疗保障定点管理工作按照本办法执行。

第五十一条 本办法中的经办机构是具有法定授权，实施医疗保障管理服务的职能机构，是医疗保障经办的主体。

定点医疗机构是指自愿与统筹地区经办机构签订医保协议，为参保人员提供医疗服务的医疗机构。

医保协议是指由经办机构与医疗机构经协商谈判而签订的，用于规范医疗服务行为以及明确双方权利、义务及责任等内容的协议。

第五十二条 国务院医疗保障行政部门制作并定期修订医保协议范本，国家医疗保障经办机构制定经办规程并指导各地加强和完善医保协议管理。地市级及以上的医疗保障行政部门及经办机构在此基础上，可根据实际情况分别细化制定本地区的医保协议范本及经办规程。医保协议内容应与法律、法规、规章和医疗保障政策调整变化相一致，医疗保障行政部门调整医保协议内容时，应征求相关定点医疗机构意见。

第五十三条　本办法由国务院医疗保障行政部门负责解释，自2021年2月1日起施行。

零售药店医疗保障定点管理暂行办法

1. 2020年12月30日国家医疗保障局令第3号公布
2. 自2021年2月1日起施行

第一章　总　　则

第一条　为加强和规范零售药店医疗保障定点管理，提高医疗保障基金使用效率，更好地保障广大参保人员权益，根据《中华人民共和国社会保险法》、《中华人民共和国基本医疗卫生与健康促进法》及《中华人民共和国药品管理法》等法律法规，制定本办法。

第二条　零售药店医疗保障定点管理应坚持以人民健康为中心，遵循保障基本、公平公正、权责明晰、动态平衡的原则，加强医疗保障精细化管理，发挥零售药店市场活力，为参保人员提供适宜的药品服务。

第三条　医疗保障行政部门负责制定零售药店定点管理政策，在定点申请、专业评估、协商谈判、协议订立、协议履行、协议解除等环节对医疗保障经办机构（以下简称“经办机构”）、定点零售药店进行监督。经办机构负责确定定点零售药店，并与定点零售药店签订医疗保障服务协议（以下简称“医保协议”），提供经办服务，开展医保协议管理、考核等。定点零售药店应当遵守医疗保障法律、法规、规章及有关政策，按照规定向参保人员提供药品服务。

第二章　定点零售药店的确定

第四条　统筹地区医疗保障行政部门根据公众健康需求、管理服务需要、医疗保障基金收支、参保人员用药需求等确定本统筹地区定点零售药店的资源配置。

第五条　取得药品经营许可证，并同时符合以下条件的零售药店均可申请医疗保障定点：

（一）在注册地址正式经营至少3个月；

（二）至少有1名取得执业药师资格证书或具有药学、临床药学、中药学专业技术资格证书的药师，且注册地在该零售药店所在地，药师须签订1年以上劳动合同且在合同期内；

（三）至少有2名熟悉医疗保障法律法规和相关制度规定的专（兼）职医保管理人员负责管理医保费用，并签订1年以上劳动合同且在合同期内；

（四）按药品经营质量管理规范要求，开展药品分类分区管理，并对所售药品设立明确的医保用药标识；

（五）具有符合医保协议管理要求的医保药品管理制度、财务管理制度、医保人员管理制度、统计信息管理制度和医保费用结算制度；

（六）具备符合医保协议管理要求的信息系统技术和接口标准，实现与医保信息系统有效对接，为参保人员提供直接联网结算，建立医保药品等基础数据库，按规定使用国家统一医保编码；

（七）符合法律法规和省级及以上医疗保障行政部门规定的其他条件。

第六条　零售药店向统筹地区经办机构提出医疗保障定点申请，至少提供以下材料：

（一）定点零售药店申请表；

（二）药品经营许可证、营业执照和法定代表人、主要负责人或实际控制人身份证复印件；

（三）执业药师资格证书或药学技术人员相关证书及其劳动合同复印件；

（四）医保专（兼）职管理人员的劳动合同复印件；

（五）与医疗保障政策对应的内部管理制度和财务制度文本；

（六）与医保有关的信息系统相关材料；

（七）纳入定点后使用医疗保障基金的预测性分析报告；

（八）省级医疗保障行政部门按相关规定要求提供的其他材料。

第七条　零售药店提出定点申请，统筹地区经办机构应即时受理。对申请材料内容不全的，经办机构自收到材料之日起5个工作日内一次性告知零售药店补充。

第八条　统筹地区经办机构应组织评估小组或委托符合规定的第三方机构，以书面、现场等形式开展评估。评估小组成员由医疗保障、医药卫生、财务管理、信息技术等专业人员构成。自受理申请材料之日起，评估时间不超过3个月，零售药店补充材料时间不计入评估期限。评估内容包括：

（一）核查药品经营许可证、营业执照和法定代表人、企业负责人或实际控制人身份证；

（二）核查执业药师资格证书或药学技术人员资

格证书及劳动合同；

（三）核查医保专（兼）职管理人员的劳动合同；

（四）核查与医疗保障政策对应的内部管理制度和财务制度；

（五）核查与医保有关的信息系统是否具备开展直接联网结算的条件；

（六）核查医保药品标识。

评估结果包括合格和不合格。统筹地区经办机构应将评估结果报同级医疗保障行政部门备案。对于评估合格的，纳入拟签订医保协议的零售药店名单向社会公示。对于评估不合格的应告知其理由，提出整改建议。自结果告知送达之日起，整改3个月后可再次组织评估，评估仍不合格的，1年内不得再次申请。

省级医疗保障行政部门可以在本办法基础上，根据实际情况，制定具体评估细则。

第九条 统筹地区经办机构与评估合格的零售药店协商谈判，达成一致的，双方自愿签订医保协议。原则上由地市级及以上的统筹地区经办机构与零售药店签订医保协议并向同级医疗保障行政部门备案。医保协议应明确双方的权利、义务和责任。签订医保协议的双方应当严格执行医保协议约定。医保协议期限一般为1年。

第十条 统筹地区经办机构向社会公布签订医保协议的定点零售药店信息，包括名称、地址等，供参保人员选择。

第十一条 零售药店有下列情形之一的，不予受理定点申请：

（一）未依法履行行政处罚责任的；

（二）以弄虚作假等不正当手段申请定点，自发现之日起未满3年的；

（三）因违法违规被解除医保协议未满3年或已满3年但未完全履行行政处罚法律责任的；

（四）因严重违反医保协议约定而被解除医保协议未满1年或已满1年但未完全履行违约责任的；

（五）法定代表人、企业负责人或实际控制人曾因严重违法违规导致原定点零售药店被解除医保协议，未满5年的；

（六）法定代表人、企业负责人或实际控制人被列入失信人名单的；

（七）法律法规规定的其他不予受理的情形。

第三章 定点零售药店运行管理

第十二条 定点零售药店具有为参保人员提供药品服务后获得医保结算费用，对经办机构履约情况进行监督，对完善医疗保障政策提出意见建议等权利。

第十三条 定点零售药店应当为参保人员提供药品咨询、用药安全、医保药品销售、医保费用结算等服务。符合规定条件的定点零售药店可以申请纳入门诊慢性病、特殊病购药定点机构，相关规定由统筹地区医疗保障部门另行制定。

经办机构不予支付的费用、定点零售药店按医保协议约定被扣除的质量保证金及其支付的违约金等，定点零售药店不得作为医保欠费处理。

第十四条 定点零售药店应当严格执行医保支付政策。鼓励在医疗保障行政部门规定的平台上采购药品，并真实记录“进、销、存”情况。

第十五条 定点零售药店要按照公平、合理、诚实信用和质价相符的原则制定价格，遵守医疗保障行政部门制定的药品价格政策。

第十六条 定点零售药店应当凭处方销售医保目录内处方药，药师应当对处方进行审核、签字后调剂配发药品。外配处方必须由定点医疗机构医师开具，有医师签章。定点零售药店可凭定点医疗机构开具的电子外配处方销售药品。

第十七条 定点零售药店应当组织医保管理人员参加由医疗保障行政部门或经办机构组织的宣传和培训。

定点零售药店应当组织开展医疗保障基金相关制度、政策的培训，定期检查本单位医疗保障基金使用情况，及时纠正医疗保障基金使用不规范的行为。

第十八条 定点零售药店在显著位置悬挂统一格式的定点零售药店标识。

第十九条 定点零售药店应按要求及时如实向统筹地区经办机构上传参保人员购买药品的品种、规格、价格及费用信息，定期向经办机构上报医保目录内药品的“进、销、存”数据，并对其真实性负责。

第二十条 定点零售药店应当配合经办机构开展医保费用审核、稽核检查、绩效考核等工作，接受医疗保障行政部门的监督检查，并按规定提供相关材料。

第二十一条 定点零售药店提供药品服务时应核对参保人员有效身份凭证，做到人证相符。特殊情况下为他人代购药品的应出示本人和被代购人身份证。为参保人员提供医保药品费用直接结算单据和相关资料，参保人员或购药人应在购药清单上签字确认。凭外配处方购药的，应核验处方使用人与参保人员身份是否一致。

第二十二条 定点零售药店应将参保人员医保目录内药品外配处方、购药清单等保存2年，以备医疗保障部门核查。

第二十三条 定点零售药店应做好与医保有关的信息系统安全保障工作,遵守数据安全有关制度,保护参保人员隐私。定点零售药店重新安装信息系统时,应当保持信息系统技术接口标准与医保信息系统有效对接,并按规定及时全面准确向医保信息系统传送医保结算和审核所需的有关数据。

第四章 经办管理服务

第二十四条 经办机构有权掌握定点零售药店的运行管理情况,从定点零售药店获得医保费用稽查审核、绩效考核和财务记账等所需要的信息数据等资料。

第二十五条 经办机构应当完善定点申请、组织评估、协议签订、协议履行、协议变更和解除等流程管理,制定经办规程,为定点零售药店和参保人员提供优质高效的经办服务。

第二十六条 经办机构应做好对定点零售药店医疗保障政策、管理制度、支付政策、操作流程的宣传培训,提供医疗保障咨询、查询服务。

第二十七条 经办机构应当落实医保支付政策,加强医疗保障基金管理。

第二十八条 经办机构应当建立完善的内部控制制度,明确对定点零售药店医保费用的审核、结算、拨付、稽核等岗位责任及风险防控机制。完善重大医保药品费用支出集体决策制度。

第二十九条 经办机构应当加强医疗保障基金支出管理,通过智能审核、实时监控、现场检查等方式及时审核医保药品费用。对定点零售药店进行定期和不定期稽查审核,按医保协议约定及时足额向定点零售药店拨付医保费用。原则上,应当在定点零售药店申报后30个工作日内拨付符合规定的医保费用。

第三十条 定点零售药店经审查核实的违规医保费用,经办机构不予支付。

第三十一条 经办机构应当依法依规支付参保人员在定点零售药店发生的药品费用。

参保人员应凭本人参保有效身份凭证在定点零售药店购药。不得出租(借)本人有效身份凭证给他人,不得套取医疗保障基金。在非定点零售药店发生的药品费用,医疗保障基金不予支付。

第三十二条 经办机构向社会公开医保信息系统数据集和接口标准。定点零售药店自主选择与医保对接的有关信息系统的运行和维护供应商。经办机构不得以任何名义收取任何费用及指定供应商。

第三十三条 经办机构应遵守数据安全有关制度,保护参保人员隐私,确保医疗保障基金安全。

第三十四条 经办机构或其委托的第三方机构,对定点零售药店开展绩效考核,建立动态管理机制。考核结果与年终清算、质量保证金退还、医保协议续签等挂钩。绩效考核办法由国家医疗保障部门制定,省级医疗保障部门可制定具体考核细则,经办机构负责组织实施。

第三十五条 经办机构发现定点零售药店存在违反医保协议约定情形的,可按医保协议约定相应采取以下处理方式:

(一)约谈法定代表人、主要负责人或实际控制人;

(二)暂停结算、不予支付或追回已支付的医保费用;

(三)要求定点零售药店按照医保协议约定支付违约金;

(四)中止或解除医保协议。

第三十六条 经办机构违反医保协议的,定点零售药店有权要求纠正或者提请医疗保障行政部门协调处理、督促整改,也可以依法申请行政复议或者提起行政诉讼。

医疗保障行政部门发现经办机构存在违反医保协议约定的,可视情节相应采取以下处理方式:约谈主要负责人、限期整改、通报批评,对相关责任人员依法依规给予处分。

医疗保障行政部门发现经办机构违反相关法律法规和规章的,依法依规进行处理。

第五章 定点零售药店的动态管理

第三十七条 定点零售药店的名称、法定代表人、企业负责人、实际控制人、注册地址和药品经营范围等重要信息发生变更的,应自有关部门批准之日起30个工作日内向统筹地区经办机构提出变更申请,其他一般信息变更应及时书面告知。

第三十八条 续签应由定点零售药店于医保协议期满前3个月向经办机构提出申请或由经办机构统一组织。统筹地区经办机构和定点零售药店就医保协议续签事宜进行协商谈判,双方根据医保协议履行情况和绩效考核情况等决定是否续签。协商一致的,可续签医保协议;未达成一致的,医保协议解除。

第三十九条 医保协议中止是指经办机构与定点零售药店暂停履行医保协议约定,中止期间发生的医保费用不予结算。中止期结束,未超过医保协议有效期的,医保协议可继续履行;超过医保协议有效期的,医保协议终止。

定点零售药店可提出中止医保协议申请，经经办机构同意，可以中止医保协议但中止时间原则上不得超过180日，定点零售药店在医保协议中止超过180日仍未提出继续履行医保协议申请的，原则上医保协议自动终止。定点零售药店有下列情形之一的，经办机构应中止医保协议：

（一）根据日常检查和绩效考核，发现对医疗保障基金安全和参保人员权益可能造成重大风险的；

（二）未按规定向医疗保障行政部门及经办机构提供有关数据或提供数据不真实的；

（三）根据医保协议约定应当中止医保协议的；

（四）法律法规和规章规定的应当中止的其他情形。

第四十条　医保协议解除是指经办机构与定点零售药店之间的医保协议解除，协议关系不再存续，医保协议解除后产生的医药费用，医疗保障基金不再结算。定点零售药店有下列情形之一的，经办机构应解除医保协议，并向社会公布解除医保协议的零售药店名单：

（一）医保协议有效期内累计2次及以上被中止医保协议或中止医保协议期间未按要求整改或整改不到位的；

（二）发生重大药品质量安全事件的；

（三）以弄虚作假等不正当手段申请取得定点的；

（四）以伪造、变造医保药品"进、销、存"票据和账目、伪造处方或参保人员费用清单等方式，骗取医疗保障基金的；

（五）将非医保药品或其他商品串换成医保药品，倒卖医保药品或套取医疗保障基金的；

（六）为非定点零售药店、中止医保协议期间的定点零售药店或其他机构进行医保费用结算的；

（七）将医保结算设备转借或赠与他人，改变使用场地的；

（八）拒绝、阻挠或不配合经办机构开展智能审核、绩效考核等，情节恶劣的；

（九）被发现重大信息发生变更但未办理变更的；

（十）医疗保障行政部门或有关执法机构在行政执法中，发现定点零售药店存在重大违法违规行为且可能造成医疗保障基金重大损失的；

（十一）被吊销、注销药品经营许可证或营业执照的；

（十二）未依法履行医疗保障行政部门作出的行政处罚决定的；

（十三）法定代表人、企业负责人或实际控制人不能履行医保协议约定，或有违法失信行为的；

（十四）因定点零售药店连锁经营企业总部法定代表人、企业负责人或实际控制人违法违规导致连锁零售药店其中一家分支零售药店被解除医保协议的，相同法定代表人、企业负责人或实际控制人的其他分支零售药店同时解除医保协议；

（十五）定点零售药店主动提出解除医保协议且经经办机构同意的；

（十六）根据医保协议约定应当解除协议的；

（十七）法律法规和规章规定的其他应当解除的情形。

第四十一条　定点零售药店主动提出中止医保协议、解除医保协议或不再续签的，应提前3个月向经办机构提出申请。地市级及以上的统筹地区经办机构与定点零售药店中止或解除医保协议，该零售药店在其他统筹区的医保协议也同时中止或解除。

第四十二条　定点零售药店与统筹地区经办机构就医保协议签订、履行、变更和解除发生争议的，可以自行协商解决或者请求同级医疗保障行政部门协调处理，也可提起行政复议或行政诉讼。

第六章　定点零售药店的监督

第四十三条　医疗保障行政部门对定点申请、申请受理、专业评估、协议订立、协议履行和解除等进行监督，对经办机构的内部控制制度建设、医保费用的审核和拨付等进行指导和监督。

医疗保障行政部门依法依规通过实地检查、抽查、智能监控、大数据分析等方式对定点零售药店的医保协议履行情况、医疗保障基金使用情况、药品服务等进行监督。

第四十四条　医疗保障行政部门和经办机构应拓宽监督途径、创新监督方式，通过满意度调查、第三方评价、聘请社会监督员等方式对定点零售药店进行社会监督，畅通举报投诉渠道，及时发现问题并进行处理。

第四十五条　医疗保障行政部门发现定点零售药店存在违约情形的，应当及时责令经办机构按照医保协议处理。定点零售药店违反法律法规规定的，依法依规处理。

第四十六条　经办机构发现违约行为，应当及时按照医保协议处理。

经办机构作出中止或解除医保协议处理时，要及时报告同级医疗保障行政部门。

医疗保障行政部门发现定点零售药店存在违约情形的，应当及时责令经办机构按照医保协议处理，经办机构应当及时按照协议处理。

医疗保障行政部门依法查处违法违规行为时，认为经办机构移交相关违法线索事实不清的，可组织补充调查或要求经办机构补充材料。

第七章 附 则

第四十七条 职工基本医疗保险、城乡居民基本医疗保险、生育保险、医疗救助、居民大病保险等医疗保障定点管理工作按照本办法执行。

第四十八条 本办法中的经办机构是具有法定授权，实施医疗保障管理服务的职能机构，是医疗保障经办的主体。

零售药店是符合《中华人民共和国药品管理法》规定，领取药品经营许可证的药品零售企业。

定点零售药店是指自愿与统筹地区经办机构签订医保协议，为参保人员提供药品服务的实体零售药店。

医保协议是指由经办机构与零售药店经协商谈判而签订的，用于规范双方权利、义务及责任等内容的协议。

第四十九条 国务院医疗保障行政部门制作并定期修订医保协议范本，国家医疗保障经办机构制定经办规程并指导各地加强和完善协议管理。地市级及以上的医疗保障行政部门及经办机构在此基础上，可根据实际情况分别细化制定本地区的协议范本及经办规程。协议内容应根据法律、法规、规章和医疗保障政策调整变化相一致，医疗保障行政部门予以调整医保协议内容时，应征求相关定点零售药店意见。

第五十条 本办法由国务院医疗保障行政部门负责解释，自2021年2月1日起施行。

医疗保障行政处罚程序暂行规定

1. 2021年6月11日国家医疗保障局令第4号公布
2. 自2021年7月15日起施行

第一章 总 则

第一条 为了规范医疗保障领域行政处罚程序，确保医疗保障行政部门依法实施行政处罚，维护医疗保障基金安全，保护公民、法人和其他组织的合法权益，根据《中华人民共和国行政处罚法》、《中华人民共和国行政强制法》等法律、行政法规，制定本规定。

第二条 医疗保障领域行政处罚，适用本规定。

第三条 医疗保障行政部门实施行政处罚遵循公正、公开的原则。坚持以事实为依据，与违法行为的事实、性质、情节以及社会危害程度相当。坚持处罚与教育相结合，做到事实清楚、证据确凿、依据正确、程序合法、处罚适当。

第四条 医疗保障行政部门应当全面落实行政执法公示制度、执法全过程记录制度、重大执法决定法制审核制度。

第五条 执法人员与案件有直接利害关系或者有其他关系可能影响公正执法的，应当回避。

当事人认为执法人员与案件有直接利害关系或者有其他关系可能影响公正执法的，有权申请回避。

当事人提出回避申请的，医疗保障行政部门应当依法审查。医疗保障行政部门主要负责人的回避，由医疗保障行政部门负责人集体讨论决定；医疗保障行政部门其他负责人的回避，由医疗保障行政部门主要负责人决定；其他有关人员的回避，由医疗保障行政部门负责人决定。决定作出前，不停止调查。

第六条 违法行为在二年内未被发现的，不再给予行政处罚；涉及公民生命健康安全且有危害后果的，上述期限延长至五年。

前款规定的期限，从违法行为发生之日起计算；违法行为有连续或者继续状态的，从行为终了之日起计算。

第七条 上级医疗保障行政部门对下级医疗保障行政部门实施的行政处罚，应当加强监督。

医疗保障行政部门法制机构对本部门实施的行政处罚，应当加强监督。

第八条 各级医疗保障行政部门可以依法委托符合法定条件的组织开展行政执法工作。行政强制措施权不得委托。

受委托组织在委托范围内，以委托行政机关的名义实施行政处罚，不得再委托其他组织或者个人实施行政处罚。

委托书应当载明委托的具体事项、权限、期限等内容。委托行政机关和受委托组织应当将委托书向社会公布。

委托行政机关对受委托组织实施行政处罚的行为应当负责监督，并对该行为的后果承担法律责任。

第二章 管辖和适用

第九条 医疗保障领域行政处罚由违法行为发生地的县

级以上医疗保障行政部门管辖。法律、行政法规、部门规章另有规定的，从其规定。

医疗保障异地就医的违法行为，由就医地医疗保障行政部门调查处理。仅参保人员违法的，由参保地医疗保障行政部门调查处理。

第十条 两个以上医疗保障行政部门因管辖权发生争议的，应当自发生争议之日起七个工作日内协商解决；协商不成的，报请共同的上一级医疗保障行政部门指定管辖；也可以直接由共同的上一级医疗保障行政部门指定管辖。

第十一条 上级医疗保障行政部门认为有必要时，可以直接管辖下级医疗保障行政部门管辖的案件，也可以将本部门管辖的案件交由下级医疗保障行政部门管辖。法律、法规、规章明确规定案件应当由上级医疗保障行政部门管辖的，上级医疗保障部门不得将案件交由下级医疗保障行政部门管辖。

下级医疗保障行政部门认为依法应由其管辖的案件存在特殊原因，难以办理的，可以报请上一级医疗保障行政部门管辖或者指定管辖。上一级医疗保障行政部门应当自收到报送材料之日起七个工作日内作出书面决定。

第十二条 医疗保障行政部门发现所查处的案件属于其他医疗保障行政部门或其他行政管理部门管辖的，应当依法移送。

受移送的医疗保障行政部门对管辖权有异议的，应当报请共同的上一级医疗保障行政部门指定管辖，不得再自行移送。

第十三条 医疗保障行政部门实施行政处罚时，应当责令当事人改正或者限期改正违法行为。

第三章　行政处罚的普通程序

第十四条 医疗保障行政部门对依据监督检查职权或者通过投诉、举报、其他部门移送、上级交办等途径发现的违法行为线索，应当自发现线索或者收到材料之日起十五个工作日内予以核查，并决定是否立案；特殊情况下，经医疗保障行政部门主要负责人批准后，可以延长十五个工作日。

第十五条 立案应当符合下列标准：

（一）有明确的违法嫌疑人；

（二）经核查认为存在涉嫌违反医疗保障监督管理法律、法规、规章规定，应当给予行政处罚的行为；

（三）属于本部门管辖。

符合立案标准的，应当及时立案。

第十六条 行政处罚应当由具有医疗保障行政执法资格的执法人员实施，执法人员不得少于两人。

执法人员应当文明执法，尊重和保护当事人合法权益。

第十七条 除依据《行政处罚法》第五十一条规定的可以当场作出的行政处罚外，医疗保障行政部门发现公民、法人或者其他组织有依法应当给予行政处罚的行为的，必须全面、客观、公正地调查，收集有关证据；必要时，依照法律、法规的规定，可以进行检查。

医疗保障行政部门及参与案件办理的有关单位和人员对调查或者检查过程中知悉的国家秘密、商业秘密和个人隐私应当依法保密。不得将调查或者检查过程中获取、知悉的被调查或者被检查对象的资料或者相关信息用于医疗保障基金使用监管管理以外的其他目的，不得泄露、篡改、毁损、非法向他人提供当事人的个人信息和商业秘密。

第十八条 医疗保障行政部门开展行政执法，可以采取下列措施：

（一）进入被调查对象有关的场所进行检查，询问与调查事项有关的单位和个人，要求其对有关问题作出解释说明、提供有关材料；

（二）采取记录、录音、录像、照相或者复制等方式收集有关情况和资料；

（三）从相关信息系统中调取数据，要求被检查对象对疑点数据作出解释和说明；

（四）对可能被转移、隐匿或者灭失的资料等予以封存；

（五）聘请符合条件的会计师事务所等第三方机构和专业人员协助开展检查；

（六）法律、法规规定的其他措施。

第十九条 办案人员应当依法收集证据。证据包括：

（一）书证；

（二）物证；

（三）视听资料；

（四）电子数据；

（五）证人证言；

（六）当事人的陈述；

（七）鉴定意见；

（八）勘验笔录、现场笔录。

立案前核查或者监督检查过程中依法取得的证据材料，可以作为案件的证据使用。

对于移送的案件，移送机关依职权调查收集的证据材料，可以作为案件的证据使用。

证据经查证属实，作为认定案件事实的根据。

第二十条 办案人员在进入现场检查时，应当通知当事人或者有关人员到场，并按照有关规定采取拍照、录音、录像等方式记录现场情况。现场检查应当制作现场笔录，并由当事人或者有关人员以逐页签名或盖章等方式确认。

无法通知当事人或者有关人员到场，当事人或者有关人员拒绝接受调查及签名、盖章或者拒绝以其他方式确认的，办案人员应当在笔录或者其他材料上注明情况。

第二十一条 收集、调取的书证、物证应当是原件、原物。调取原件、原物有困难的，可以提取复制件、影印件或者抄录件，也可以拍摄或者制作足以反映原件、原物外形或者内容的照片、录像。复制件、影印件、抄录件和照片、录像由证据提供人核对无误后注明与原件、原物一致，并注明取证日期、证据出处，同时由证据提供人签名或者盖章。

第二十二条 收集、调取的视听资料应当是有关资料的原始载体。调取视听资料原始载体有困难的，可以提取复制件，并注明制作方法、制作时间、制作人等。声音资料应当附有该声音内容的文字记录。视听资料制作记录、声音文字记录同时由证据提供人核对无误后签名或者盖章。

第二十三条 医疗保障行政部门可以利用网络信息系统或者设备收集、固定违法行为证据。用来收集、固定违法行为证据的网络信息系统或者设备应当符合相关规定，保证所收集、固定电子数据的真实性、完整性。

医疗保障行政部门可以指派或者聘请具有专门知识的人员，辅助办案人员对案件关联的电子数据进行调取。

收集、调取的电子数据应当是有关数据的原始载体。收集电子数据原始载体有困难的，可以采用拷贝复制、委托分析、书式固定、拍照录像等方式取证，并注明制作方法、制作时间、制作人等。

医疗保障行政部门利用电子技术监控设备收集、固定违法事实的，证据记录内容应符合法律、法规的规定。

第二十四条 办案人员可以询问当事人及其他有关单位和个人。询问应当个别进行。询问应当制作笔录，笔录应当交被询问人核对；对阅读有困难的，应当向其宣读。笔录如有差错、遗漏，应当允许其更正或者补充。涂改部分应当由被询问人签名、盖章或者以其他方式确认。经核对无误后，由被询问人在笔录上逐页签名、盖章或者以其他方式确认。办案人员应当在笔录上签名。

第二十五条 为查明案情，需要对案件相关医疗文书、医疗证明等内容进行评审的，医疗保障行政部门可以组织有关专家进行评审。

第二十六条 医疗保障行政部门在收集证据时，在证据可能灭失或者以后难以取得的情况下，经医疗保障行政部门负责人批准，可以先行登记保存，并应当在七个工作日内及时作出处理决定。

情况紧急，需要当场采取先行登记保存措施的，执法人员应当在二十四小时内向医疗保障行政部门负责人报告，并补办批准手续。医疗保障行政部门负责人认为不应当采取先行登记保存措施的，应当立即解除。

第二十七条 先行登记保存有关证据，应当当场清点，开具清单，由当事人和办案人员签名或者盖章。清单交当事人一份，并当场交付先行登记保存证据通知书。

先行登记保存期间，当事人或者有关人员不得损毁、销毁或者转移证据。

第二十八条 对于先行登记保存的证据，医疗保障行政部门可以根据案件需要采取以下处理措施：

（一）根据情况及时采取记录、复制、拍照、录像等证据保全措施；

（二）可依法采取封存措施的，决定予以封存；

（三）违法事实不成立，或者违法事实成立但不予行政处罚的，决定解除先行登记保存措施。

逾期未采取相关措施的，先行登记保存措施自动解除。

第二十九条 医疗保障行政部门对可能被转移、隐匿或者灭失的资料，无法以先行登记保存措施加以证据保全，采取封存措施；采取或者解除封存措施的，应当经医疗保障行政部门负责人批准。

情况紧急，需要当场采取封存等行政强制措施的，执法人员应当在二十四小时内向医疗保障行政部门负责人报告，并补办批准手续。医疗保障行政部门负责人认为不应当采取行政强制措施的，应当立即解除。

第三十条 医疗保障行政部门实施封存等行政强制措施应当依照《中华人民共和国行政强制法》规定的程序进行，并当场交付实施行政强制措施决定书和清单。

第三十一条 封存的期限不得超过三十日；情况复杂的，经医疗保障行政部门负责人批准，可以延长，但是延长期限不得超过三十日。延长封存的决定应当及时书面告知当事人，并说明理由。

第三十二条 封存的资料应妥善保管，防止丢失、损毁、篡改和非法借阅；医疗保障行政部门可以委托第三人保管,第三人不得损毁、篡改或者擅自转移、处置。

第三十三条 有下列情形之一的,医疗保障行政部门应当及时作出解除封存决定:

(一)当事人没有违法行为;

(二)封存的资料与违法行为无关;

(三)对违法行为已经作出处理决定,不再需要封存;

(四)封存期限已经届满;

(五)其他不再需要采取封存措施的情形。

解除封存应当立即退还资料,并由办案人员和当事人在资料清单上签名或者盖章。

第三十四条 医疗保障行政部门在案件办理过程中需要其他行政区域医疗保障行政部门协助调查取证的,应当出具书面协助调查函。被请求协助的医疗保障行政部门在接到协助调查函之日起十五日内完成相关协查工作。需要延期完成或者无法协助的,应当在期限届满前告知提出协查请求的医疗保障行政部门。

第三十五条 医疗保障行政部门应当依法以文字、音像等形式,对行政处罚的立案、调查取证、审核决定、送达执行等进行全过程记录,归档保存。

第三十六条 案件调查终结,办案机构应当撰写案件调查终结报告,案件调查终结报告包括以下内容:

(一)当事人的基本情况;

(二)案件来源、调查经过及采取行政强制措施的情况;

(三)调查认定的事实及主要证据;

(四)违法行为性质;

(五)处理意见及依据;

(六)其他需要说明的事项。

第三十七条 有下列情形之一,在医疗保障行政部门负责人作出决定之前,应当进行法制审核,未经法制审核或者审核未通过的,不得作出决定:

(一)责令追回医保基金或者罚款数额较大的;

(二)责令解除医保服务协议等直接关系到当事人或第三人重大权益,经过听证程序的;

(三)案件情况疑难复杂、涉及多个法律关系的;

(四)涉及重大公共利益的;

(五)法律、法规规定的其他需要审核的重大行政执法情形。

法制审核由医疗保障行政部门法制机构负责实施,同一案件的办案人员不得作为审核人员。

第三十八条 法制审核的主要内容包括:

(一)行政执法主体是否合法,行政执法人员是否具备执法资格;

(二)是否具有管辖权;

(三)案件事实是否清楚、证据是否充分;

(四)定性是否准确;

(五)适用依据是否正确;

(六)程序是否合法;

(七)处理是否适当;

(八)行政执法文书是否完备、规范;

(九)违法行为是否涉嫌犯罪、需要移送司法机关;

(十)其他需要合法性审核的内容。

第三十九条 法制机构经对案件进行审核,区别不同情况提出书面意见和建议:

(一)事实清楚、证据确凿充分、定性准确、适用法律正确、处罚适当、程序合法的,提出同意的意见;

(二)主要事实不清、证据不足的,提出继续调查或不予作出行政执法决定的意见;

(三)定性不准、适用法律不准确和执行裁量基准不当的,提出变更意见;

(四)超越执法权限或程序不合法的,提出纠正意见;

(五)认为有必要提出的其他意见和建议。

行政执法机构或办案人员应根据法制机构提出的上述第二项至第四项意见作出相应处理后再次进行法制审核。

第四十条 法制机构收到相关资料后,于十个工作日内审核完毕。因特殊情况需要延长的,经法制机构负责人批准后可延长十个工作日,但不得超过法定时限要求。

行政执法机构或办案人员与法制机构对审核意见不一致时,法制机构可以组织有关专家、法律顾问或者委托第三方专业机构论证,将论证意见等相关材料提交医疗保障行政部门负责人,由医疗保障行政部门负责人组织集体讨论决定。

第四十一条 根据调查情况,拟给予行政处罚的案件,医疗保障行政部门在作出行政处罚决定之前应当书面告知当事人拟作出行政处罚决定的事实、理由及依据,并告知当事人依法享有陈述权、申辩权。

医疗保障行政部门应当充分听取当事人陈述、申辩意见,对当事人提出的事实、理由和证据进行复核。

拟作出的行政处罚属于听证范围的,应当告知当事人有要求举行听证的权利,当事人要求听证的,医疗保障行政部门应当依法组织听证。

当事人提出的事实、理由或者证据成立的，医疗保障行政部门应当予以采纳，不得因当事人陈述、申辩或者申请听证而加重行政处罚。

第四十二条　有下列情形之一的，经医疗保障行政部门负责人批准，中止案件调查，并制作案件中止调查决定书：

（一）行政处罚决定必须以相关案件的裁判结果或者其他行政决定为依据，而相关案件尚未审结或者其他行政决定尚未作出；

（二）涉及法律适用等问题，需要送请有权机关作出解释或者确认；

（三）因不可抗力致使案件暂时无法调查；

（四）因当事人下落不明致使案件暂时无法调查；

（五）其他应当中止调查的情形。

中止调查的原因消除后，应当立即恢复案件调查。

第四十三条　医疗保障行政部门负责人经对案件调查终结报告、法制审核意见、当事人陈述和申辩意见或者听证报告等进行审查，根据不同情况，分别作出以下决定：

（一）确有依法应当给予行政处罚的违法行为的，根据情节轻重及具体情况，作出行政处罚决定；

（二）确有违法行为，但有依法不予行政处罚情形的，不予行政处罚；

（三）违法事实不能成立的，不得给予行政处罚；

（四）依法应移送其他行政管理部门或者医疗保障经办机构处理的，作出移送决定；

（五）违法行为涉嫌犯罪的，移送司法机关。

第四十四条　对下列情节复杂或者重大违法行为给予行政处罚的案件，应当由医疗保障行政部门负责人集体讨论决定：

（一）涉及重大安全问题或者有重大社会影响的案件；

（二）调查处理意见与法制审核意见存在重大分歧的案件；

（三）医疗保障行政部门负责人认为应当提交集体讨论的其他案件。

集体讨论应当形成讨论记录，集体讨论中有不同意见的，应当如实记录。讨论记录经参加讨论人员确认签字，存入案卷。

第四十五条　适用普通程序办理的案件应当自立案之日起九十日内作出处理决定。

因案情复杂或者其他原因，不能在规定期限内作出处理决定的，经医疗保障行政部门负责人批准，可以延长三十日。

案情特别复杂或者有其他特殊情况，经延期仍不能作出处理决定的，应当由医疗保障行政部门负责人集体讨论决定是否继续延期，决定继续延期的，应当同时确定延长的合理期限，但最长不得超过六十日。

案件处理过程中，检测检验、鉴定、听证、公告和专家评审时间不计入前款所指的案件办理期限。

第四十六条　医疗保障行政部门作出的行政处罚决定应当按照政府信息公开及行政执法公示制度等有关规定予以公开。公开的行政处罚决定被依法变更、撤销、确认违法或者确认无效的，医疗保障行政部门应在三日内变更行政处罚决定相关信息并说明理由。

第四十七条　具有下列情形之一的，经医疗保障行政部门负责人批准，终止案件调查：

（一）涉嫌违法的公民死亡（或者下落不明长期无法调查的）或者法人、其他组织终止，并且无权利义务承受人等原因，致使案件调查无法继续进行的；

（二）移送司法机关追究刑事责任的；

（三）其他依法应当终止调查的。

对于终止调查的案件，已经采取强制措施的应当同时解除。

第四章　行政处罚的简易程序

第四十八条　违法事实确凿并有法定依据，对公民处以二百元以下、对法人或者其他组织处以三千元以下罚款或者警告的行政处罚的，可以当场作出行政处罚决定。

第四十九条　适用简易程序当场查处违法行为，办案人员应当向当事人出示执法证件，填写预定格式、编有号码的行政处罚决定书，并当场交付当事人。当事人拒绝签收的，应当在行政处罚决定书上注明。

第五十条　办案人员在行政处罚决定作出前，应当告知当事人拟作出的行政处罚内容及事实、理由、依据，并告知当事人有权进行陈述和申辩。当事人进行陈述和申辩的，办案人员应当记入笔录。

第五十一条　适用简易程序当场作出行政处罚决定的，办案人员应当在作出行政处罚决定之日起七个工作日内将处罚决定及相关材料报所属医疗保障行政部门备案。

第五章　执行与结案

第五十二条　依照本法规定当场作出行政处罚决定，有下列情形之一的，办案人员可以当场收缴罚款：

（一）依法给予一百元以下的罚款的；

（二）不当场收缴事后难以执行的。

办案人员当场收缴罚款的，必须向当事人出具国务院财政部门或者省、自治区、直辖市人民政府财政部门统一制发的专用票据；不出具财政部门统一制发的专用票据的，当事人有权拒绝缴纳罚款。

办案人员当场收缴的罚款，应当自收缴罚款之日起二个工作日内，交至医疗保障行政部门；医疗保障行政部门应当在二个工作日内将罚款缴付指定的银行。

第五十三条 退回的基金退回原医疗保障基金财政专户；罚款、没收的违法所得依法上缴国库。

行政处罚决定依法作出后，当事人应当在行政处罚决定规定的期限内予以履行。

当事人对行政处罚决定不服申请行政复议或者提起行政诉讼的，行政处罚决定不停止执行。法律另有规定的除外。

第五十四条 当事人确有经济困难，需要暂缓或者分期缴纳罚款的，应当提出申请。经医疗保障行政部门负责人批准，同意当事人暂缓或者分期缴纳罚款的，医疗保障行政部门应当书面告知当事人暂缓或者分期的期限以及罚款金额。

第五十五条 当事人逾期不履行行政处罚决定的，作出行政处罚决定的医疗保障行政部门可以采取下列措施：

（一）到期不缴纳罚款的，每日按罚款数额的百分之三加处罚款，加处罚款的数额不得超出罚款的数额；

（二）依照《中华人民共和国行政强制法》的规定申请人民法院强制执行。

医疗保障行政部门批准暂缓、分期缴纳罚款的，申请人民法院强制执行的期限，自暂缓或者分期缴纳罚款期限结束之日起计算。

第五十六条 有下列情形之一的，医疗保障行政部门可以结案：

（一）行政处罚决定执行完毕的；

（二）医疗保障行政部门依法申请人民法院强制执行行政处罚决定，人民法院依法受理的；

（三）不予行政处罚等无须执行的；

（四）医疗保障行政部门认为可以结案的其他情形。

办案人员应当填写行政处罚结案报告，经医疗保障行政部门负责人批准后，予以结案。

第五十七条 医疗保障行政部门应当按照下列要求及时将案件材料立卷归档：

（一）一案一卷；

（二）文书齐全，手续完备；

（三）案卷应当按顺序装订。

第六章 期间、送达

第五十八条 期间以时、日、月计算，期间开始的时或者日不计算在内。期间不包括在途时间。期间届满的最后一日为法定节假日的，以法定节假日后的第一日为期间届满的日期。

第五十九条 行政处罚决定书应当在宣告后当场交付当事人；当事人不在场的，医疗保障行政部门应当在七个工作日内依照《中华人民共和国民事诉讼法》的有关规定，将行政处罚决定书送达当事人。

当事人同意并签订确认书的，医疗保障行政部门可以采用传真、电子邮件等方式，将行政处罚决定书等送达当事人。

第七章 附　　则

第六十条 本规定中的“以上”、“以下”、“内”均包括本数。

第六十一条 外国人、无国籍人、外国组织在中华人民共和国领域内有医疗保障违法行为，应当给予行政处罚的，适用本规定，法律、法规另有规定的除外。

第六十二条 本规定自2021年7月15日起施行。

医疗保障基金使用监督管理举报处理暂行办法

1. 2022年1月29日国家医疗保障局令第5号公布
2. 自2022年3月1日起施行

第一条 为规范医疗保障基金使用监督管理举报处理工作，确保及时、有效处理举报，切实维护医疗保障基金安全，保护自然人、法人或者其他组织合法权益，根据《中华人民共和国社会保险法》《医疗保障基金使用监督管理条例》等有关法律、行政法规，制定本办法。

第二条 违法违规使用基本医疗保险（含生育保险）基金、医疗救助基金等医疗保障基金的举报处理，适用本办法。

本办法所称举报，是指自然人、法人或者其他组织（以下简称举报人）向医疗保障行政部门反映被举报人涉嫌违反医疗保障基金使用监督管理法律、法规、规章的行为。

第三条 国务院医疗保障行政部门主管全国举报处理工作，指导地方医疗保障行政部门举报处理工作。各级医疗保障行政部门建立健全举报处理工作机制。

县级以上医疗保障行政部门负责本行政区域内的举报处理工作。法律、行政法规、部门规章另有规定的,依照其规定。

第四条 医疗保障行政部门处理举报,应当遵循统一领导、属地管理、分级负责、公正高效的原则,做到适用依据正确、程序合法。

第五条 鼓励社会公众和新闻媒体对涉嫌违反医疗保障基金使用监督管理的违法违规行为依法进行社会监督和舆论监督。

第六条 向医疗保障行政部门提出举报的,应当通过医疗保障行政部门公布的接收举报的互联网、电话、传真、邮寄地址等渠道进行。医疗保障经办机构等部门接收的举报线索,依法应当由医疗保障行政部门处理的,移交医疗保障行政部门处理。

各级医疗保障行政部门应当畅通举报渠道,加强举报渠道专业化、一体化建设。

第七条 举报人应当提供涉嫌违反医疗保障基金使用监督管理法律、法规、规章的具体线索。举报人采取非书面方式进行举报的,医疗保障行政部门工作人员应当记录。

第八条 举报人可以实名举报或者匿名举报。举报人实名举报的,举报时应提供本人真实身份信息和真实有效的联系方式。鼓励举报人实名举报,医疗保障行政部门按本办法要求,履行相关告知程序,对实名举报人的信息予以严格保密。

医疗保障行政部门对接收的举报进行登记。

第九条 举报由被举报行为发生地的县级以上医疗保障行政部门处理。法律、行政法规、部门规章另有规定的,依照其规定。

接到举报的医疗保障行政部门不具备处理权限的,应当告知举报人直接向有处理权限的医疗保障等行政部门提出。

下级医疗保障行政部门认为需要由上级医疗保障行政部门处理的举报,可以报请上级医疗保障行政部门决定;上级医疗保障行政部门认为有必要的,可以处理下级医疗保障行政部门接收的举报。

第十条 两个以上医疗保障行政部门因处理权限发生争议的,应当自发生争议之日起7个工作日内协商解决;协商不成的,报请共同的上一级医疗保障行政部门指定处理部门。

第十一条 县级以上医疗保障行政部门统一接收举报的工作机构,应当及时将举报分送有处理权限的下级医疗保障行政部门或者同级医疗保障行政部门相关机构处理。

同级医疗保障行政部门相关机构收到分送的举报,应当按照本办法有关规定及时处理。不具备处理权限的,应当及时反馈统一接收举报的工作机构,不得自行移送。

第十二条 医疗保障行政部门应当按照医疗保障行政处罚等有关规定处理举报。

举报人实名举报的,有处理权限的医疗保障行政部门应当自作出是否立案决定之日起5个工作日内告知举报人。

第十三条 法律、法规、规章规定医疗保障行政部门应当将举报处理结果告知举报人的,医疗保障行政部门应当予以告知。

第十四条 对于已经立案的举报事项,医疗保障行政部门作出处理决定前,举报人主动撤回举报的,不影响医疗保障行政部门的调查处理;医疗保障行政部门不再将处理结果告知举报人。

第十五条 被举报人应当依法配合医疗保障行政部门调查。

第十六条 医疗保障行政部门应当对举报人的信息予以保密,不得将举报人个人信息、举报办理情况等泄露给被举报人或者与办理举报工作无关的人员。

对举报处理工作中获悉的国家秘密以及公开后可能危及国家安全、公共安全、经济安全、社会稳定的信息,医疗保障行政部门应当严格保密。

涉及商业秘密、个人隐私等信息,依照《中华人民共和国政府信息公开条例》等有关规定执行。

第十七条 医疗保障行政部门应当加强对本行政区域举报信息的统计、分析、应用,定期公布举报统计分析报告。

第十八条 举报人应当对举报内容及其所提供材料的真实性负责。捏造、歪曲事实,诬告陷害他人的,依法承担相关法律责任。

第十九条 国务院医疗保障行政部门建立举报处理工作年度报告制度,各省级医疗保障行政部门应当于每年4月30日前,向国务院医疗保障行政部门报告上一年度举报处理工作情况。如遇重大事项,各省级医疗保障行政部门应当按规定及时向国务院医疗保障行政部门报告。

第二十条 医疗保障行政部门对经查实且具有重大社会影响的典型案例,应当向社会公布;但涉及国家秘密、工作秘密、商业秘密和个人隐私的,依照《中华人民共和国政府信息公开条例》等有关规定执行。

第二十一条 经查实符合举报奖励条件的举报，医疗保障行政部门应当按规定予以奖励。

第二十二条 医疗保障行政部门应当在办结后5个工作日内，依据相关档案管理规定，对举报处理过程中涉及的相关资料立卷归档，留档备查。

第二十三条 各级医疗保障行政部门应当配备专业人员，提供必要的办公场所、办公设备等，保障举报接收、处理工作顺利进行。

第二十四条 违法违规使用居民大病保险、职工大额医疗费用补助、公务员医疗补助等医疗保障资金的举报处理，参照本办法执行。

第二十五条 以举报形式进行咨询、政府信息公开申请、行政复议申请、信访等活动的，不适用本办法，医疗保障行政部门可以告知通过相应途径提出。

第二十六条 本办法自2022年3月1日起施行。

优抚对象医疗保障办法

1. 2022年6月16日退役军人事务部、财政部、国家卫生健康委、国家医保局发布

2. 退役军人部发〔2022〕49号

第一条 为保障优抚对象医疗待遇，切实解决优抚对象医疗困难问题，根据《中华人民共和国退役军人保障法》、《中华人民共和国军人地位和权益保障法》、《军人抚恤优待条例》等有关规定，制定本办法。

第二条 本办法适用于享受国家定期抚恤补助的在乡复员军人、参战退役军人、参试退役军人、带病回乡退役军人、烈士遗属、因公牺牲军人遗属、病故军人遗属。以上人员在本办法中简称优抚对象。

第三条 坚持待遇与贡献匹配、普惠与优待叠加原则，优抚对象按规定参加基本医疗保险并享受相应的医疗救助、医疗补助和医疗优待。

第四条 优抚对象按照属地原则相应参加职工基本医疗保险、城乡居民基本医疗保险等，享受国家基本医疗保障。各地要进一步健全完善优抚对象医疗补助制度，保障水平应与当地经济发展水平和财政承受能力相适应，保证优抚对象现有医疗待遇不降低。优抚对象就医按规定享受优惠和照顾。

第五条 已就业的优抚对象，参加职工基本医疗保险，按规定缴费。当地退役军人事务部门应督促优抚对象所在单位按规定缴费，所在单位确有困难的，各地应通过多渠道筹资帮助其缴费。

第六条 未就业的优抚对象，可按规定参加基本医疗保险。符合城乡医疗救助资助参保条件的优抚对象，由其户籍所在地医疗保障部门通过城乡医疗救助基金对其参加城乡居民基本医疗保险的个人缴费部分给予补贴。其他参加城乡居民基本医疗保险个人缴费确有困难的优抚对象，可由其户籍所在地政府安排资金帮助缴费。

第七条 参加上述基本医疗保障制度但个人医疗费用负担较重的优抚对象，按规定享受城乡医疗救助和优抚对象医疗补助。

第八条 优抚对象按规定在户籍所在地享受优抚对象医疗补助，医疗补助所需资金由当地退役军人事务部门根据本地经济发展水平、财政承受能力、优抚对象医疗费实际支出等因素测算，经同级财政部门审核确定后，列入当年财政预算。各地应通过财政预算安排、社会捐赠等多种渠道，筹集优抚对象医疗补助资金。医疗补助资金单独列账。

第九条 优抚对象到医疗机构就医时按规定享受优待服务。

优抚对象在优抚医院享受优惠体检和优先就诊、检查、住院等服务，并免除普通门诊挂号费。

鼓励和引导医疗机构自愿减免有关医疗服务费用。

第十条 各地应当积极推进基本医疗保险、大病保险、医疗救助、优抚对象医疗补助“一站式”费用结算，努力实现资源协调、信息共享、结算同步，减轻优抚对象医疗费用垫付压力。

第十一条 医疗机构应公开对优抚对象优先、优惠的医疗服务项目；完善并落实各项诊疗规范和管理制度，合理检查、合理用药、合理诊疗、合理收费。医保定点医疗机构应严格执行医保药品、医用耗材和医疗服务项目等目录，优先配备使用医保目录内药品。

第十二条 优抚对象医疗保障工作由退役军人事务、财政、卫生健康、医疗保障等部门管理并组织实施，各部门应密切配合，切实履行各自职责。

第十三条 退役军人事务部门应当严格优抚对象的审核工作，组织发放优抚对象医疗补助，会同有关部门做好优抚对象医疗补助结算，研究处理医疗保障工作中遇到的具体问题；按预算管理要求编制年度优抚对象医疗补助资金预算，报同级财政部门审核；采取有效措施，确保优抚对象医疗补助资金按规定使用。

第十四条 财政部门应合理安排优抚对象医疗补助资

金，并会同有关部门加强资金管理和监督检查。省级财政要切实负起责任，减轻基层压力。中央财政按规定对优抚对象医疗保障经费给予适当补助。

第十五条　卫生健康部门应组织医疗机构为优抚对象提供优质医疗服务；加强对医疗机构的监督管理，规范医疗服务，提高服务质量，保障医疗安全；支持、鼓励和引导医疗机构制定相关优待服务政策，落实优质服务措施。

第十六条　医疗保障部门应将符合条件的优抚对象纳入职工基本医疗保险、城乡居民基本医疗保险、医疗救助制度覆盖范围；做好已参保优抚对象的医疗保障服务管理工作，按规定保障参保优抚对象享受相应的医疗保险、医疗救助待遇。

第十七条　有关单位、组织和个人应如实提供所需情况，积极配合优抚对象医疗保障的调查核实工作。

第十八条　各省、自治区、直辖市退役军人事务、财政、卫生健康、医疗保障部门可以根据本办法并结合本地区实际制定具体实施办法，切实保障优抚对象医疗待遇的落实。具有双重或多重身份的优抚对象，按照就高原则享受医疗待遇。

第十九条　本办法由退役军人事务部会同财政部、国家卫生健康委和国家医保局解释。

第二十条　本办法自印发之日起施行。2007 年 7 月 6 日民政部、财政部、原劳动和社会保障部、原卫生部印发的《优抚对象医疗保障办法》同时废止。

违法违规使用医疗保障基金举报奖励办法

1. 2022 年 11 月 17 日国家医保局办公室、财政部办公厅发布

2. 医保办发〔2022〕22 号

第一条　为了鼓励举报违法违规使用医疗保障基金的行为，动员社会力量参与医疗保障基金监督，维护医疗保障基金安全和公民医疗保障合法权益，根据《中华人民共和国社会保险法》《社会救助暂行办法》《医疗保障基金使用监督管理条例》《医疗保障基金使用监督管理举报处理暂行办法》等法律、法规、规章，制定本办法。

第二条　自然人（以下称举报人）向医疗保障行政部门反映涉嫌违法违规使用基本医疗保险（含生育保险）基金、医疗救助基金等医疗保障基金行为并提供相关线索，经查证属实应予奖励的，适用本办法。

医疗保障行政部门委托医疗保障经办机构等组织开展举报处理工作的，参照本办法执行。

违法违规使用居民大病保险、职工大额医疗费用补助、公务员医疗补助等医疗保障资金的举报奖励，参照本办法执行。

第三条　举报奖励遵循依法保护举报人合法权益、自愿领取、奖励适当的原则。

第四条　奖励举报人须同时符合下列条件：

（一）有明确的被举报对象和具体违法违规线索，并提供了有效证据；

（二）举报的主要事实、证据事先未被医疗保障部门掌握；

（三）举报事项经查证属实，被举报行为已造成医疗保障基金损失；

（四）举报人愿意得到举报奖励，并提供可供核查且真实有效的身份信息、联系方式等；

（五）其他依法依规应予奖励的必备条件。

第五条　有下列情形之一的，不予奖励：

（一）举报人为医疗保障部门工作人员或者受医疗保障部门委托履行基金监管职责的第三方机构工作人员；

（二）违法违规使用医疗保障基金行为人主动供述本人及其同案人员的违法违规事实，或者在被调查处理期间检举揭发其他违法违规行为；

（三）医疗保障行政部门对举报事项作出处理决定前，举报人主动撤回举报；

（四）举报人身份无法确认或者无法与举报人取得联系；

（五）举报前，相关违法违规使用医疗保障基金行为已进入诉讼、仲裁等法定程序；

（六）其他依法依规不予奖励的情形。

第六条　医疗保障行政部门对符合奖励条件的举报人按照案值的一定比例给予一次性资金奖励，最高不超过 20 万元，最低不少于 200 元。

第七条　举报奖励所需资金纳入县级及以上医疗保障行政部门预算。

第八条　举报奖励由处理举报的医疗保障行政部门负责发放。

第九条　多人、多次举报的，奖励按照以下规则发放：

（一）举报人就同一违法违规使用医疗保障基金行为多处、多次举报的，奖励不重复发放；

（二）两名以上举报人分别举报同一违法违规使

用医疗保障基金行为，且举报内容、提供的线索基本相同的，奖励最先举报人；

（三）两名以上举报人联名举报的，视为同一举报人发放奖励。

第十条 举报人应当在收到领取奖励通知之日起2个月内，凭本人有效身份证明领取奖励。委托他人代领的，受托人须同时持有举报人授权委托书、举报人和受托人的有效身份证明。

举报人逾期未领取奖励的，视为主动放弃。

联名举报的举报人应当推举一名代表领取奖励，自行内部分配。

第十一条 医疗保障行政部门应当开辟便捷的兑付渠道，便于举报人领取举报奖励资金。

举报奖励资金原则上应当使用非现金的方式兑付，按国库集中支付规定办理。

第十二条 医疗保障行政部门发放举报奖励资金时，应当严格审核。发现通过伪造材料、隐瞒事实等方式骗取举报奖励，或者存在其他不符合领取奖励的情形，发放奖励的医疗保障行政部门查实后有权收回举报奖励，并依法追究当事人相应责任。

第十三条 本办法所称案值是指举报事项涉及的应当追回的医疗保障基金损失金额。除举报事项外，查实的其他违法违规金额不纳入案值计算。

第十四条 省级、市级医疗保障行政部门和财政部门可依据本办法，制定实施细则，对奖励的标准、发放程序等作出具体规定。

第十五条 本办法由国家医保局、财政部负责解释，自2023年1月1日起施行。《国家医疗保障局办公室 财政部办公厅关于印发〈欺诈骗取医疗保障基金行为举报奖励暂行办法〉的通知》（医保办发〔2018〕22号）同时废止。

七、刑事责任

[导读]

本部分以医疗机构及医务人员可能触犯的刑事法律规范为主要内容。

医疗活动关乎公众健康和人的生命，对于从事医疗服务工作的医务人员来说，既需要高超的技术和良好的道德操守，更需要遵守法律法规和诊疗技术规范。对于非法行医、违规操作等严重侵犯患者权益和社会管理秩序的行为，依法应当受到法律的制裁。法律的制裁不仅包括卫生行政处罚和民事侵权赔偿，还包括刑事处罚这一最严重、最具有威慑力的处罚方式。

与医疗活动相关的刑事犯罪主要包括：非法行医罪；非法进行节育手术罪；生产、销售提供假药罪；生产、销售提供劣药罪；非法提供麻醉药品、精神药品罪；非法采集、供应血液、制作、供应血液制品罪；采集、供应血液、制作、供应血液制品事故罪；医疗事故罪；妨害传染病防治罪；传染病菌种、毒种扩散罪；等等。

资料补充栏

中华人民共和国刑法(节录)

1. 1979年7月1日第五届全国人民代表大会第二次会议通过

2. 1997年3月14日第八届全国人民代表大会第五次会议修订

3. 根据1998年12月29日第九届全国人民代表大会常务委员会第六次会议通过的《关于惩治骗购外汇、逃汇和非法买卖外汇犯罪的决定》、1999年12月25日第九届全国人民代表大会常务委员会第十三次会议通过的《中华人民共和国刑法修正案》、2001年8月31日第九届全国人民代表大会常务委员会第二十三次会议通过的《中华人民共和国刑法修正案(二)》、2001年12月29日第九届全国人民代表大会常务委员会第二十五次会议通过的《中华人民共和国刑法修正案(三)》、2002年12月28日第九届全国人民代表大会常务委员会第三十一次会议通过的《中华人民共和国刑法修正案(四)》、2005年2月28日第十届全国人民代表大会常务委员会第十四次会议通过的《中华人民共和国刑法修正案(五)》、2006年6月29日第十届全国人民代表大会常务委员会第二十二次会议通过的《中华人民共和国刑法修正案(六)》、2009年2月28日第十一届全国人民代表大会常务委员会第七次会议通过的《中华人民共和国刑法修正案(七)》、2009年8月27日第十一届全国人民代表大会常务委员会第十次会议通过的《关于修改部分法律的决定》、2011年2月25日第十一届全国人民代表大会常务委员会第十九次会议通过的《中华人民共和国刑法修正案(八)》、2015年8月29日第十二届全国人民代表大会常务委员会第十六次会议通过的《中华人民共和国刑法修正案(九)》、2017年11月4日第十二届全国人民代表大会常务委员会第三十次会议通过的《中华人民共和国刑法修正案(十)》、2020年12月26日第十三届全国人民代表大会常务委员会第二十四次会议通过的《中华人民共和国刑法修正案(十一)》、2023年12月29日第十四届全国人民代表大会常务委员会第七次会议通过的《中华人民共和国刑法修正案(十二)》修正

第一百四十条 【生产、销售伪劣产品罪】生产者、销售者在产品中掺杂、掺假,以假充真,以次充好或者以不合格产品冒充合格产品,销售金额五万元以上不满二十万元的,处二年以下有期徒刑或者拘役,并处或者单处销售金额百分之五十以上二倍以下罚金;销售金额二十万元以上不满五十万元的,处二年以上七年以下有期徒刑,并处销售金额百分之五十以上二倍以下罚金;销售金额五十万元以上不满二百万元的,处七年以上有期徒刑,并处销售金额百分之五十以上二倍以下罚金;销售金额二百万元以上的,处十五年有期徒刑或者无期徒刑,并处销售金额百分之五十以上二倍以下罚金或者没收财产。

第一百四十一条 【生产、销售、提供假药罪】生产、销售假药的,处三年以下有期徒刑或者拘役,并处罚金;对人体健康造成严重危害或者有其他严重情节的,处三年以上十年以下有期徒刑,并处罚金;致人死亡或者有其他特别严重情节的,处十年以上有期徒刑、无期徒刑或者死刑,并处罚金或者没收财产。

药品使用单位的人员明知是假药而提供给他人使用的,依照前款的规定处罚。

第一百四十二条 【生产、销售、提供劣药罪】生产、销售劣药,对人体健康造成严重危害的,处三年以上十年以下有期徒刑,并处罚金;后果特别严重的,处十年以上有期徒刑或者无期徒刑,并处罚金或者没收财产。

药品使用单位的人员明知是劣药而提供给他人使用的,依照前款的规定处罚。

第一百四十二条之一 【妨害药品管理罪】违反药品管理法规,有下列情形之一,足以严重危害人体健康的,处三年以下有期徒刑或者拘役,并处或者单处罚金;对人体健康造成严重危害或者有其他严重情节的,处三年以上七年以下有期徒刑,并处罚金:

(一)生产、销售国务院药品监督管理部门禁止使用的药品的;

(二)未取得药品相关批准证明文件生产、进口药品或者明知是上述药品而销售的;

(三)药品申请注册中提供虚假的证明、数据、资料、样品或者采取其他欺骗手段的;

(四)编造生产、检验记录的。

有前款行为,同时又构成本法第一百四十一条、第一百四十二条规定之罪或者其他犯罪的,依照处罚较重的规定定罪处罚。

第一百四十五条 【生产、销售不符合标准的医用器材罪】生产不符合保障人体健康的国家标准、行业标准的医疗器械、医用卫生材料,或者销售明知是不符合保障人体健康的国家标准、行业标准的医疗器械、医用卫生材料,足以严重危害人体健康的,处三年以下有期徒刑或者拘役,并处销售金额百分之五十以上二倍以下罚金;对人体健康造成严重危害的,处三年以上十年以下有期徒刑,并处销售金额百分之五十以上二倍以下罚金;后果特别严重的,处十年以上有期徒刑或者无期徒刑,并处销售金额百分之五十以上二倍以下罚金或者没收财产。

第一百四十九条 【对生产、销售伪劣商品行为的法条适用原则】生产、销售本节第一百四十一条至第一百四十八条所列产品,不构成各该条规定的犯罪,但是销售金额在五万元以上的,依照本节第一百四十条的规定定罪处罚。

生产、销售本节第一百四十一条至第一百四十八条所列产品,构成各该条规定的犯罪,同时又构成本节第一百四十条规定之罪的,依照处罚较重的规定定罪处罚。

第一百五十条 【单位犯生产、销售伪劣商品罪的处罚规定】单位犯本节第一百四十条至第一百四十八条规定之罪的,对单位判处罚金,并对其直接负责的主管人员和其他直接责任人员,依照各该条的规定处罚。

第二百三十四条之一 【组织出卖人体器官罪】组织他人出卖人体器官的,处五年以下有期徒刑,并处罚金;情节严重的,处五年以上有期徒刑,并处罚金或者没收财产。

未经本人同意摘取其器官,或者摘取不满十八周岁的人的器官,或者强迫、欺骗他人捐献器官的,依照本法第二百三十四条、第二百三十二条的规定定罪处罚。

违背本人生前意愿摘取其尸体器官,或者本人生前未表示同意,违反国家规定,违背其近亲属意愿摘取其尸体器官的,依照本法第三百零二条的规定定罪处罚。

第二百九十条 【聚众扰乱社会秩序罪】聚众扰乱社会秩序,情节严重,致使工作、生产、营业和教学、科研、医疗无法进行,造成严重损失的,对首要分子,处三年以上七年以下有期徒刑;对其他积极参加的,处三年以下有期徒刑、拘役、管制或者剥夺政治权利。

【聚众冲击国家机关罪】聚众冲击国家机关,致使国家机关工作无法进行,造成严重损失的,对首要分子,处五年以上十年以下有期徒刑;对其他积极参加的,处五年以下有期徒刑、拘役、管制或者剥夺政治权利。

【扰乱国家机关工作秩序罪】多次扰乱国家机关工作秩序,经行政处罚后仍不改正,造成严重后果的,处三年以下有期徒刑、拘役或者管制。

【组织、资助非法聚集罪】多次组织、资助他人非法聚集,扰乱社会秩序,情节严重的,依照前款的规定处罚。

第三百三十条 【妨害传染病防治罪】违反传染病防治法的规定,有下列情形之一,引起甲类传染病以及依法确定采取甲类传染病预防、控制措施的传染病传播或者有传播严重危险的,处三年以下有期徒刑或者拘役;后果特别严重的,处三年以上七年以下有期徒刑:

(一)供水单位供应的饮用水不符合国家规定的卫生标准的;

(二)拒绝按照疾病预防控制机构提出的卫生要求,对传染病病原体污染的污水、污物、场所和物品进行消毒处理的;

(三)准许或者纵容传染病病人、病原携带者和疑似传染病病人从事国务院卫生行政部门规定禁止从事的易使该传染病扩散的工作的;

(四)出售、运输疫区中被传染病病原体污染或者可能被传染病病原体污染的物品,未进行消毒处理的;

(五)拒绝执行县级以上人民政府、疾病预防控制机构依照传染病防治法提出的预防、控制措施的。

单位犯前款罪的,对单位判处罚金,并对其直接负责的主管人员和其他直接责任人员,依照前款的规定处罚。

甲类传染病的范围,依照《中华人民共和国传染病防治法》和国务院有关规定确定。

第三百三十一条 【传染病菌种、毒种扩散罪】从事实验、保藏、携带、运输传染病菌种、毒种的人员,违反国务院卫生行政部门的有关规定,造成传染病菌种、毒种扩散,后果严重的,处三年以下有期徒刑或者拘役;后果特别严重的,处三年以上七年以下有期徒刑。

第三百三十二条 【妨害国境卫生检疫罪】违反国境卫生检疫规定,引起检疫传染病传播或者有传播严重危险的,处三年以下有期徒刑或者拘役,并处或者单处罚金。

单位犯前款罪的,对单位判处罚金,并对其直接负责的主管人员和其他直接责任人员,依照前款的规定处罚。

第三百三十三条 【非法组织卖血罪;强迫卖血罪】非法组织他人出卖血液的,处五年以下有期徒刑,并处罚金;以暴力、威胁方法强迫他人出卖血液的,处五年以上十年以下有期徒刑,并处罚金。

【故意伤害罪】有前款行为,对他人造成伤害的,依照本法第二百三十四条的规定定罪处罚。

第三百三十四条 【非法采集、供应血液、制作、供应血液制品罪】非法采集、供应血液或者制作、供应血液制品,不符合国家规定的标准,足以危害人体健康的,处五年以下有期徒刑或者拘役,并处罚金;对人体健康造成严重危害的,处五年以上十年以下有期徒刑,并处罚金;造成特别严重后果的,处十年以上有期徒刑或者无期徒刑,并处罚金或者没收财产。

【采集、供应血液、制作、供应血液制品事故罪】经国家主管部门批准采集、供应血液或者制作、供应血液制品的部门,不依照规定进行检测或者违背其他操作规定,造成危害他人身体健康后果的,对单位判处罚金,并对其直接负责的主管人员和其他直接责任人员,处五年以下有期徒刑或者拘役。

第三百三十四条之一 【非法采集人类遗传资源、走私人类遗传资源材料罪】违反国家有关规定,非法采集我国人类遗传资源或者非法运送、邮寄、携带我国人类遗传资源材料出境,危害公众健康或者社会公共利益,情节严重的,处三年以下有期徒刑、拘役或者管制,并处或者单处罚金;情节特别严重的,处三年以上七年以下有期徒刑,并处罚金。

第三百三十五条 【医疗事故罪】医务人员由于严重不负责任,造成就诊人死亡或者严重损害就诊人身体健康的,处三年以下有期徒刑或者拘役。

第三百三十六条 【非法行医罪】未取得医生执业资格的人非法行医,情节严重的,处三年以下有期徒刑、拘役或者管制,并处或者单处罚金;严重损害就诊人身体健康的,处三年以上十年以下有期徒刑,并处罚金;造成就诊人死亡的,处十年以上有期徒刑,并处罚金。

【非法进行节育手术罪】未取得医生执业资格的人擅自为他人进行节育复通手术、假节育手术、终止妊娠手术或者摘取宫内节育器,情节严重的,处三年以下有期徒刑、拘役或者管制,并处或者单处罚金;严重损害就诊人身体健康的,处三年以上十年以下有期徒刑,并处罚金;造成就诊人死亡的,处十年以上有期徒刑,并处罚金。

第三百三十六条之一 【非法植入基因编辑、克隆胚胎罪】将基因编辑、克隆的人类胚胎植入人体或者动物体内,或者将基因编辑、克隆的动物胚胎植入人体内,情节严重的,处三年以下有期徒刑或者拘役,并处罚金;情节特别严重的,处三年以上七年以下有期徒刑,并处罚金。

第三百三十八条 【污染环境罪】违反国家规定,排放、倾倒或者处置有放射性的废物、含传染病病原体的废物、有毒物质或者其他有害物质,严重污染环境的,处三年以下有期徒刑或者拘役,并处或者单处罚金;情节严重的,处三年以上七年以下有期徒刑,并处罚金;有下列情形之一的,处七年以上有期徒刑,并处罚金:

(一)在饮用水水源保护区、自然保护地核心保护区等依法确定的重点保护区域排放、倾倒、处置有放射性的废物、含传染病病原体的废物、有毒物质,情节特别严重的;

(二)向国家确定的重要江河、湖泊水域排放、倾倒、处置有放射性的废物、含传染病病原体的废物、有毒物质,情节特别严重的;

(三)致使大量永久基本农田基本功能丧失或者遭受永久性破坏的;

(四)致使多人重伤、严重疾病,或者致人严重残疾、死亡的。

有前款行为,同时构成其他犯罪的,依照处罚较重的规定定罪处罚。

第三百五十五条 【非法提供麻醉药品、精神药品罪】依法从事生产、运输、管理、使用国家管制的麻醉药品、精神药品的人员,违反国家规定,向吸食、注射毒品的人提供国家规定管制的能够使人形成瘾癖的麻醉药品、精神药品的,处三年以下有期徒刑或者拘役,并处罚金;情节严重的,处三年以上七年以下有期徒刑,并处罚金。向走私、贩卖毒品的犯罪分子或者以牟利为目的,向吸食、注射毒品的人提供国家规定管制的能够使人形成瘾癖的麻醉药品、精神药品的,依照本法第三百四十七条的规定定罪处罚。

单位犯前款罪的,对单位判处罚金,并对其直接负责的主管人员和其他直接责任人员,依照前款的规定处罚。

关于对严重危害正常医疗秩序的失信行为责任人实施联合惩戒合作备忘录

1. *2018年9月25日国家发展改革委、人民银行、卫生健康委等部门发布*
2. *发改财金〔2018〕1399号*

为全面贯彻党的十九大和十九届二中、三中全会精神,以习近平新时代中国特色社会主义思想为指导,落实《国务院关于建立完善守信联合激励和失信联合惩戒制度加快推进社会诚信建设的指导意见》(国发〔2016〕33号)和《国务院关于印发社会信用体系建设规划纲要(2014—2020年)的通知》(国发〔2014〕21号)等有关文件要求,加快推进医疗服务领域信用体系建设,打击暴力杀医伤医以及在医疗机构寻衅滋事等严重危害正常医疗秩序的失信行为,建立健全失信联合惩戒机制,国家发展改革委、人民银行、卫生健康委、中央组织部、中央宣传部、中央编办、中央文明办、中央网信办、最高人民法院、工业和信息化部、公安部、人力资源社会保障部、自然资源部、住房城乡建设部、交通运输部、商务部、文化和旅游部、国资委、海关总署、市场监管总局、银保监会、证监会、全国总工会、共青团中央、全国妇联、民航局、中医药局、铁路总公司等部门就医疗服务领域涉医违法犯罪行为人开展联合惩戒工作达成以下意见。

一、联合惩戒的对象

联合惩戒对象是指因实施或参与涉医违法犯罪活动,被公安机关处以行政拘留以上处罚,或被司法机关追究刑事责任的严重危害正常医疗秩序的自然人。本备忘录中所提及的严重危害正常医疗秩序的失信行为是指倒卖医院号源等破坏、扰乱医院正常诊疗秩序的涉医违法犯罪活动,以及 2014 年 4 月 28 日最高人民法院、最高人民检察院、公安部、原国家卫生计生委联合印发的《关于依法惩处涉医违法犯罪维护正常医疗秩序的意见》中所列举的 6 类涉医违法犯罪活动。这 6 类涉医违法犯罪活动主要包括以下情形:

(一)在医疗机构内故意伤害医务人员、损毁公私财物的;

(二)扰乱医疗秩序的;

(三)非法限制医务人员人身自由的;

(四)侮辱恐吓医务人员的;

(五)非法携带枪支、弹药、管制器具或危险物品进入医疗机构的;

(六)教唆他人或以受他人委托为名实施涉医违法犯罪行为的。

二、跨部门联合惩戒措施

(一)限制补贴性资金支持。

(实施单位:国家发展改革委、国资委)

(二)引导保险公司按照风险定价原则调整财产保险费率。

(实施单位:银保监会)

(三)将其严重危害正常医疗秩序的失信行为作为限制享受优惠性政策的重要参考因素。

(实施单位:国家发展改革委、商务部、海关总署、市场监管总局)

(四)限制担任国有企业法定代表人、董事、监事、高级管理人员。

(实施单位:中央组织部、国资委、市场监管总局)

(五)限制登记为事业单位法定代表人。

(实施单位:中央编办)

(六)限制招录(聘)为公务员或事业单位工作人员。

(实施单位:中央组织部、人力资源社会保障部)

(七)按程序及时撤销相关荣誉,取消惩戒对象参加评先评优资格,不得向惩戒对象授予"道德模范"、"劳动模范"、"五一劳动奖章"等荣誉。

(实施单位:中央文明办、全国总工会、共青团中央、全国妇联等有关单位)

(八)未按执行通知书指定的期间履行生效法律文书确定的给付义务并被人民法院依法采取限制消费措施的,或未履行生效法律文书确定的义务被人民法院依法纳入失信被执行人名单的,限制其乘坐飞机、列车软卧、G 字头动车组列车、其他动车组列车一等以上座位等高消费及其他非生活和工作必需的消费行为。

(实施单位:交通运输部、铁路总公司、民航局、文化和旅游部、自然资源部、住房城乡建设部、最高人民法院)

(九)将严重危害正常医疗秩序的失信行为人纳入全国信用信息共享平台并通报其所在单位。

(实施单位:卫生健康委、公安部)

(十)将严重危害正常医疗秩序的失信行为人通过"信用中国"网站及其他主要新闻网站等向社会公布。

(实施单位:中央宣传部、中央网信办)

(十一)限制取得认证机构资质。

(实施单位:市场监管总局)

(十二)将违法失信信息作为证券公司、保险公司、基金管理公司及期货公司的设立及股权或实际控制人变更审批或备案,保险中介业务许可或保险专业中介机构股东、实际控制人变更备案,私募投资基金管理人登记、重大事项变更以及基金备案时的重要参考。

(实施单位:证监会、银保监会)

(十三)将违法失信信息作为证券公司、保险公司、基金管理公司、期货公司的董事、监事和高级管理人员及分支机构负责人任职审批或备案的参考。

(实施单位:证监会、银保监会)

(十四)将违法失信信息作为独立基金销售机构审批时的参考。对存在失信记录的相关主体在证券、基金、期货从业资格申请中予以从严审核,对已成为证券、基金、期货从业人员的相关主体予以重点关注。

(实施单位:证监会)

(十五)限制享受投资等领域优惠政策。

（实施单位：国家发展改革委等有关单位）

（十六）在申请经营性互联网信息服务时，将其失信信息作为审核相关许可的重要参考。

（实施单位：工业和信息化部）

三、联合惩戒实施方式

（一）公安部向卫生健康委提供严重危害正常医疗秩序的失信行为人名单信息。卫生健康委通过全国信用信息共享平台向参与联合惩戒的部门提供该名单信息。相关部门收到相关名单后根据本备忘录约定的内容对其实施惩戒。

（二）建立惩戒效果定期通报机制，相关部门定期将联合惩戒措施的实施情况通过全国信用信息共享平台反馈至国家发展改革委和卫生健康委。

（三）涉及地方事权的，由地方公安机关定期向当地卫生健康行政部门提供严重危害正常医疗秩序的失信行为人名单信息。地方卫生健康行政部门将公安机关提供的严重危害正常医疗秩序的失信行为人名单推送至其他部门，由其他部门按照本备忘录采取惩戒措施。

（四）建立联合惩戒退出机制。联合惩戒的实施期限自行为人被治安或刑事处罚结束之日起计算，满五年为止。期间再次发生严重危害正常医疗秩序的失信行为的，惩戒期限累加计算。惩戒实施期限届满即退出联合惩戒。

四、联合惩戒动态管理

卫生健康委对严重危害正常医疗秩序的失信行为等严重违法违规名单进行动态管理，及时补充、撤销和更新相关信息，并及时推送至参与严重危害正常医疗秩序的失信行为联合惩戒的相关部门，对于从该严重违法违规名单中撤销的主体，相关部门应当及时停止实施惩戒措施。

五、其他事宜

各部门应当密切协作，积极落实本备忘录。实施过程中涉及部门之间协调配合的问题，由各部门协商解决。

本备忘录签署后，各项惩戒措施所依据的法律、法规、规章及规范性文件有修改或调整的，以修改后的法律、法规、规章及规范性文件为准。

附表：联合惩戒措施相关依据和实施单位（略）

最高人民检察院、公安部关于公安机关管辖的刑事案件立案追诉标准的规定（一）（节录）

1. 2008年6月25日
2. 公通字〔2008〕36号

第十六条 ［**生产、销售伪劣产品案（刑法第一百四十条）**］生产者、销售者在产品中掺杂、掺假，以假充真，以次充好或者以不合格产品冒充合格产品，涉嫌下列情形之一的，应予立案追诉：

（一）伪劣产品销售金额五万元以上的；

（二）伪劣产品尚未销售，货值金额十五万元以上的；

（三）伪劣产品销售金额不满五万元，但将已销售金额乘以三倍后，与尚未销售的伪劣产品货值金额合计十五万元以上的。

本条规定的“掺杂、掺假”，是指在产品中掺入杂质或者异物，致使产品质量不符合国家法律、法规或者产品明示质量标准规定的质量要求，降低、失去应有使用性能的行为；“以假充真”，是指以不具有某种使用性能的产品冒充具有该种使用性能的产品的行为；“以次充好”，是指以低等级、低档次产品冒充高等级、高档次产品，或者以残次、废旧零配件组合、拼装后冒充正品或者新产品的行为；“不合格产品”，是指不符合《中华人民共和国产品质量法》规定的质量要求的产品。

对本条规定的上述行为难以确定的，应当委托法律、行政法规规定的产品质量检验机构进行鉴定。本条规定的“销售金额”，是指生产者、销售者出售伪劣产品后所得和应得的全部违法收入；“货值金额”，以违法生产、销售的伪劣产品的标价计算；没有标价的，按照同类合格产品的市场中间价格计算。货值金额难以确定的，按照《扣押、追缴、没收物品估价管理办法》的规定，委托估价机构进行确定。

第十七条 ［**生产、销售假药案（刑法第一百四十一条）**］生产（包括配制）、销售假药，涉嫌下列情形之一的，应予立案追诉：

（一）含有超标准的有毒有害物质的；

（二）不含所标明的有效成份，可能贻误诊治的；

（三）所标明的适应症或者功能主治超出规定范围，可能造成贻误诊治的；

（四）缺乏所标明的急救必需的有效成份的；

（五）其他足以严重危害人体健康或者对人体健康造成严重危害的情形。

本条规定的"假药"，是指依照《中华人民共和国药品管理法》的规定属于假药和按假药处理的药品、非药品。

第十八条 ［生产、销售劣药案（刑法第一百四十二条）］生产（包括配制）、销售劣药，涉嫌下列情形之一的，应予立案追诉：

（一）造成人员轻伤、重伤或者死亡的；

（二）其他对人体健康造成严重危害的情形。

本条规定的"劣药"，是指依照《中华人民共和国药品管理法》的规定，药品成份的含量不符合国家药品标准的药品和按劣药论处的药品。

第二十一条 ［生产、销售不符合标准的医用器材案（刑法第一百四十五条）］生产不符合保障人体健康的国家标准、行业标准的医疗器械、医用卫生材料，或者销售明知是不符合保障人体健康的国家标准、行业标准的医疗器械、医用卫生材料，涉嫌下列情形之一的，应予立案追诉：

（一）进入人体的医疗器械的材料中含有超过标准的有毒有害物质的；

（二）进入人体的医疗器械的有效性指标不符合标准要求，导致治疗、替代、调节、补偿功能部分或者全部丧失，可能造成贻误诊治或者人体严重损伤的；

（三）用于诊断、监护、治疗的有源医疗器械的安全指标不符合强制性标准要求，可能对人体构成伤害或者潜在危害的；

（四）用于诊断、监护、治疗的有源医疗器械的主要性能指标不合格，可能造成贻误诊治或者人体严重损伤的；

（五）未经批准，擅自增加功能或者适用范围，可能造成贻误诊治或者人体严重损伤的；

（六）其他足以严重危害人体健康或者对人体健康造成严重危害的情形。

医疗机构或者个人知道或者应当知道是不符合保障人体健康的国家标准、行业标准的医疗器械、医用卫生材料而购买并有偿使用的，视为本条规定的"销售"。

第四十九条 ［妨害传染病防治案（刑法第三百三十条）］违反传染病防治法的规定，引起甲类或者按照甲类管理的传染病传播或者有传播严重危险，涉嫌下列情形之一的，应予立案追诉：

（一）供水单位供应的饮用水不符合国家规定的卫生标准的；

（二）拒绝按照疾病预防控制机构提出的卫生要求，对传染病病原体污染的污水、污物、粪便进行消毒处理的；

（三）准许或者纵容传染病病人、病原携带者和疑似传染病病人从事国务院卫生行政部门规定禁止从事的易使该传染病扩散的工作的；

（四）拒绝执行疾病预防控制机构依照传染病防治法提出的预防、控制措施的。

本条和本规定第五十条规定的"甲类传染病"，是指鼠疫、霍乱；"按甲类管理的传染病"，是指乙类传染病中传染性非典型肺炎、炭疽中的肺炭疽、人感染高致病性禽流感以及国务院卫生行政部门根据需要报经国务院批准公布实施的其他需要按甲类管理的乙类传染病和突发原因不明的传染病。

第五十条 ［传染病菌种、毒种扩散案（刑法第三百三十一条）］从事实验、保藏、携带、运输传染病菌种、毒种的人员，违反国务院卫生行政部门的有关规定，造成传染病菌种、毒种扩散，涉嫌下列情形之一的，应予立案追诉：

（一）导致甲类和按甲类管理的传染病传播的；

（二）导致乙类、丙类传染病流行、暴发的；

（三）造成人员重伤或者死亡的；

（四）严重影响正常的生产、生活秩序的；

（五）其他造成严重后果的情形。

第五十一条 ［妨害国境卫生检疫案（刑法第三百三十二条）］违反国境卫生检疫规定，引起检疫传染病传播或者有传播严重危险的，应予立案追诉。

本条规定的"检疫传染病"，是指鼠疫、霍乱、黄热病以及国务院确定和公布的其他传染病。

第五十二条 ［非法组织卖血案（刑法第三百三十三条第一款）］非法组织他人出卖血液，涉嫌下列情形之一的，应予立案追诉：

（一）组织卖血三人次以上的；

（二）组织卖血非法获利二千元以上的；

（三）组织未成年人卖血的；

（四）被组织卖血的人的血液含有艾滋病病毒、乙型肝炎病毒、丙型肝炎病毒、梅毒螺旋体等病原微生物的；

（五）其他非法组织卖血应予追究刑事责任的情形。

第五十三条 ［强迫卖血案（刑法第三百三十三条第一

款)]以暴力、威胁方法强迫他人出卖血液的,应予立案追诉。

第五十四条 [非法采集、供应血液、制作、供应血液制品案(刑法第三百三十四条第一款)]非法采集、供应血液或者制作、供应血液制品,涉嫌下列情形之一的,应予立案追诉:

(一)采集、供应的血液含有艾滋病病毒、乙型肝炎病毒、丙型肝炎病毒、梅毒螺旋体等病原微生物的;

(二)制作、供应的血液制品含有艾滋病病毒、乙型肝炎病毒、丙型肝炎病毒、梅毒螺旋体等病原微生物,或者将含有上述病原微生物的血液用于制作血液制品的;

(三)使用不符合国家规定的药品、诊断试剂、卫生器材,或者重复使用一次性采血器材采集血液,造成传染病传播危险的;

(四)违反规定对献血者、供血浆者超量、频繁采集血液、血浆,足以危害人体健康的;

(五)其他不符合国家有关采集、供应血液或者制作、供应血液制品的规定,足以危害人体健康或者对人体健康造成严重危害的情形。

未经国家主管部门批准或者超过批准的业务范围,采集、供应血液或者制作、供应血液制品的,属于本条规定的"非法采集、供应血液或者制作、供应血液制品"。

本条和本规定第五十二条、第五十三条、第五十五条规定的"血液",是指全血、成分血和特殊血液成分。

本条和本规定第五十五条规定的"血液制品",是指各种人血浆蛋白制品。

第五十五条 [采集、供应血液、制作、供应血液制品事故案(刑法第三百三十四条第二款)]经国家主管部门批准采集、供应血液或者制作、供应血液制品的部门,不依照规定进行检测或者违背其他操作规定,涉嫌下列情形之一的,应予立案追诉:

(一)造成献血者、供血浆者、受血者感染艾滋病病毒、乙型肝炎病毒、丙型肝炎病毒、梅毒螺旋体或者其他经血液传播的病原微生物的;

(二)造成献血者、供血浆者、受血者重度贫血、造血功能障碍或者其他器官组织损伤导致功能障碍等身体严重危害的;

(三)其他造成危害他人身体健康后果的情形。

经国家主管部门批准的采供血机构和血液制品生产经营单位,属于本条规定的"经国家主管部门批准采集、供应血液或者制作、供应血液制品的部门"。采供血机构包括血液中心、中心血站、中心血库脐带血造血干细胞库和国家卫生行政主管部门根据医学发展需要批准、设置的其他类型血库、单采血浆站。

具有下列情形之一的,属于本条规定的"不依照规定进行检测或者违背其他操作规定":

(一)血站未用两个企业生产的试剂对艾滋病病毒抗体、乙型肝炎病毒表面抗原、丙型肝炎病毒抗体、梅毒抗体进行两次检测的;

(二)单采血浆站不依照规定对艾滋病病毒抗体、乙型肝炎病毒表面抗原、丙型肝炎病毒抗体、梅毒抗体进行检测的;

(三)血液制品生产企业在投料生产前未用主管部门批准和检定合格的试剂进行复检的;

(四)血站、单采血浆站和血液制品生产企业使用的诊断试剂没有生产单位名称、生产批准文号或者经检定不合格的;

(五)采供血机构在采集检验样本、采集血液和成分血分离时,使用没有生产单位名称、生产批准文号或者超过有效期的一次性注射器等采血器材的;

(六)不依照国家规定的标准和要求包装、储存、运输血液、原料血浆的;

(七)对国家规定检测项目结果呈阳性的血液未及时按照规定予以清除的;

(八)不具备相应资格的医务人员进行采血、检验操作的;

(九)对献血者、供血浆者超量、频繁采集血液、血浆的;

(十)采供血机构采集血液、血浆前,未对献血者或者供血浆者进行身份识别,采集冒名顶替者、健康检查不合格者血液、血浆的;

(十一)血站擅自采集原料血浆,单采血浆站擅自采集临床用血或者向医疗机构供应原料血浆的;

(十二)重复使用一次性采血器材的;

(十三)其他不依照规定进行检测或者违背操作规定的。

第五十六条 [医疗事故案(刑法第三百三十五条)]医务人员由于严重不负责任,造成就诊人死亡或者严重损害就诊人身体健康的,应予立案追诉。

具有下列情形之一的,属于本条规定的"严重不负责任":

(一)擅离职守的;

(二)无正当理由拒绝对危急就诊人实行必要的医疗救治的;

（三）未经批准擅自开展试验性医疗的；

（四）严重违反查对、复核制度的；

（五）使用未经批准使用的药品、消毒药剂、医疗器械的；

（六）严重违反国家法律法规及有明确规定的诊疗技术规范、常规的；

（七）其他严重不负责任的情形。

本条规定的“严重损害就诊人身体健康”，是指造成就诊人严重残疾、重伤、感染艾滋病、病毒性肝炎等难以治愈的疾病或者其他严重损害就诊人身体健康的后果。

第五十七条　［非法行医案（刑法第三百三十六条第一款）］未取得医生执业资格的人非法行医，涉嫌下列情形之一的，应予立案追诉：

（一）造成就诊人轻度残疾、器官组织损伤导致一般功能障碍，或者中度以上残疾、器官组织损伤导致严重功能障碍，或者死亡的；

（二）造成甲类传染病传播、流行或者有传播、流行危险的；

（三）使用假药、劣药或不符合国家规定标准的卫生材料、医疗器械，足以严重危害人体健康的；

（四）非法行医被卫生行政部门行政处罚两次以后，再次非法行医的；

（五）其他情节严重的情形。

具有下列情形之一的，属于本条规定的“未取得医生执业资格的人非法行医”：

（一）未取得或者以非法手段取得医师资格从事医疗活动的；

（二）个人未取得《医疗机构执业许可证》开办医疗机构的；

（三）被依法吊销医师执业证书期间从事医疗活动的；

（四）未取得乡村医生执业证书，从事乡村医疗活动的；

（五）家庭接生员实施家庭接生以外的医疗行为的。

本条规定的“轻度残疾、器官组织损伤导致一般功能障碍”、“中度以上残疾、器官组织损伤导致严重功能障碍”，参照卫生部《医疗事故分级标准（试行）》认定。

第五十八条　［非法进行节育手术案（刑法第三百三十六条第二款）］未取得医生执业资格的人擅自为他人进行节育复通手术、假节育手术、终止妊娠手术或者摘取宫内节育器，涉嫌下列情形之一的，应予立案追诉：

（一）造成就诊人轻伤、重伤、死亡或者感染艾滋病、病毒性肝炎等难以治愈的疾病的；

（二）非法进行节育复通手术、假节育手术、终止妊娠手术或者摘取宫内节育器五人次以上的；

（三）致使他人超计划生育的；

（四）非法进行选择性别的终止妊娠手术的；

（五）非法获利累计五千元以上的；

（六）其他情节严重的情形。

最高人民检察院、公安部关于公安机关管辖的刑事案件立案追诉标准的规定（一）的补充规定（节录）

1．2017年4月27日

2．公通字〔2017〕12号

二、将《立案追诉标准（一）》第17条修改为：［生产、销售假药案（刑法第141条）］生产、销售假药的，应予立案追诉。但销售少量根据民间传统配方私自加工的药品，或者销售少量未经批准进口的国外、境外药品，没有造成他人伤害后果或者延误诊治，情节显著轻微危害不大的除外。

以生产、销售假药为目的，具有下列情形之一的，属于本条规定的“生产”：

（一）合成、精制、提取、储存、加工炮制药品原料的；

（二）将药品原料、辅料、包装材料制成成品过程中，进行配料、混合、制剂、储存、包装的；

（三）印制包装材料、标签、说明书的。

医疗机构、医疗机构工作人员明知是假药而有偿提供给他人使用，或者为出售而购买、储存的，属于本条规定的“销售”。

本条规定的“假药”，是指依照《中华人民共和国药品管理法》的规定属于假药和按假药处理的药品、非药品。是否属于假药难以确定的，可以根据地市级以上药品监督管理部门出具的认定意见等相关材料进行认定。必要时，可以委托省级以上药品监督管理部门设置或者确定的药品检验机构进行检验。

最高人民检察院、公安部关于公安机关管辖的刑事案件立案追诉标准的规定(三)(节录)

1. 2012年5月16日
2. 公通字〔2012〕26号

第十二条　**[非法提供麻醉药品、精神药品案(刑法第三百五十五条)]**依法从事生产、运输、管理、使用国家管制的麻醉药品、精神药品的个人或者单位,违反国家规定,向吸食、注射毒品的人员提供国家规定管制的能够使人形成瘾癖的麻醉药品、精神药品,涉嫌下列情形之一的,应予立案追诉:

(一)非法提供鸦片二十克以上、吗啡二克以上、度冷丁(杜冷丁)五克以上(针剂100mg/支规格的五十支以上,50mg/支规格的一百支以上;片剂25mg/片规格的二百片以上,50mg/片规格的一百片以上)、盐酸二氢埃托啡零点二毫克以上(针剂或者片剂20ug/支、片规格的十支、片以上)、氯胺酮、美沙酮二十克以上、三唑仑、安眠酮一千克以上、咖啡因五千克以上、氯氮卓、艾司唑仑、地西泮、溴西泮十千克以上,以及其他麻醉药品和精神药品数量较大的;

(二)虽未达到上述数量标准,但非法提供麻醉药品、精神药品两次以上,数量累计达到前项规定的数量标准百分之八十以上的;

(三)因非法提供麻醉药品、精神药品被行政处罚,又非法提供麻醉药品、精神药品的;

(四)向吸食、注射毒品的未成年人提供麻醉药品、精神药品的;

(五)造成严重后果或者其他情节严重的。

依法从事生产、运输、管理、使用国家管制的麻醉药品、精神药品的人员或者单位,违反国家规定,向走私、贩卖毒品的犯罪分子提供国家规定管制的能够使人形成瘾癖的麻醉药品、精神药品的,或者以牟利为目的,向吸食、注射毒品的人提供国家规定管制的能够使人形成瘾癖的麻醉药品、精神药品的,以走私、贩卖毒品罪立案追诉。

最高人民法院、最高人民检察院关于办理妨害预防、控制突发传染病疫情等灾害的刑事案件具体应用法律若干问题的解释

1. 2003年5月13日最高人民法院审判委员会第1269次会议、2003年5月13日最高人民检察院第十届检察委员会第3次会议通过
2. 2003年5月14日公布
3. 法释〔2003〕8号
4. 自2003年5月15日起施行

为依法惩治妨害预防、控制突发传染病疫情等灾害的犯罪活动,保障预防、控制突发传染病疫情等灾害工作的顺利进行,切实维护人民群众的身体健康和生命安全,根据《中华人民共和国刑法》等有关法律规定,现就办理相关刑事案件具体应用法律的若干问题解释如下:

第一条　故意传播突发传染病病原体,危害公共安全的,依照刑法第一百一十四条、第一百一十五条第一款的规定,按照以危险方法危害公共安全罪定罪处罚。

患有突发传染病或者疑似突发传染病而拒绝接受检疫、强制隔离或者治疗,过失造成传染病传播,情节严重,危害公共安全的,依照刑法第一百一十五条第二款的规定,按照过失以危险方法危害公共安全罪定罪处罚。

第二条　在预防、控制突发传染病疫情等灾害期间,生产、销售伪劣的防治、防护产品、物资,或者生产、销售用于防治传染病的假药、劣药,构成犯罪的,分别依照刑法第一百四十条、第一百四十一条、第一百四十二条的规定,以生产、销售伪劣产品罪,生产、销售假药罪或者生产、销售劣药罪定罪,依法从重处罚。

第三条　在预防、控制突发传染病疫情等灾害期间,生产用于防治传染病的不符合保障人体健康的国家标准、行业标准的医疗器械、医用卫生材料,或者销售明知是用于防治传染病的不符合保障人体健康的国家标准、行业标准的医疗器械、医用卫生材料,不具有防护、救治功能,足以严重危害人体健康的,依照刑法第一百四十五条的规定,以生产、销售不符合标准的医用器材罪定罪,依法从重处罚。

医疗机构或者个人,知道或者应当知道系前款规定的不符合保障人体健康的国家标准、行业标准的医

疗器械、医用卫生材料而购买并有偿使用的，以销售不符合标准的医用器材罪定罪，依法从重处罚。

第四条 国有公司、企业、事业单位的工作人员，在预防、控制突发传染病疫情等灾害的工作中，由于严重不负责任或者滥用职权，造成国有公司、企业破产或者严重损失，致使国家利益遭受重大损失的，依照刑法第一百六十八条的规定，以国有公司、企业、事业单位人员失职罪或者国有公司、企业、事业单位人员滥用职权罪定罪处罚。

第五条 广告主、广告经营者、广告发布者违反国家规定，假借预防、控制突发传染病疫情等灾害的名义，利用广告对所推销的商品或者服务作虚假宣传，致使多人上当受骗，违法所得数额较大或者有其他严重情节的，依照刑法第二百二十二条的规定，以虚假广告罪定罪处罚。

第六条 违反国家在预防、控制突发传染病疫情等灾害期间有关市场经营、价格管理等规定，哄抬物价、牟取暴利，严重扰乱市场秩序，违法所得数额较大或者有其他严重情节的，依照刑法第二百二十五条第(四)项的规定，以非法经营罪定罪，依法从重处罚。

第七条 在预防、控制突发传染病疫情等灾害期间，假借研制、生产或者销售用于预防、控制突发传染病疫情等灾害用品的名义，诈骗公私财物数额较大的，依照刑法有关诈骗罪的规定定罪，依法从重处罚。

第八条 以暴力、威胁方法阻碍国家机关工作人员、红十字会工作人员依法履行为防治突发传染病疫情等灾害而采取的防疫、检疫、强制隔离、隔离治疗等预防、控制措施的，依照刑法第二百七十七条第一款、第三款的规定，以妨害公务罪定罪处罚。

第九条 在预防、控制突发传染病疫情等灾害期间，聚众"打砸抢"，致人伤残、死亡的，依照刑法第二百八十九条、第二百三十四条、第二百三十二条的规定，以故意伤害罪或者故意杀人罪定罪，依法从重处罚。对毁坏或者抢走公私财物的首要分子，依照刑法第二百八十九条、第二百六十三条的规定，以抢劫罪定罪，依法从重处罚。

第十条 编造与突发传染病疫情等灾害有关的恐怖信息，或者明知是编造的此类恐怖信息而故意传播，严重扰乱社会秩序的，依照刑法第二百九十一条之一的规定，以编造、故意传播虚假恐怖信息罪定罪处罚。

利用突发传染病疫情等灾害，制造、传播谣言，煽动分裂国家、破坏国家统一，或者煽动颠覆国家政权、推翻社会主义制度的，依照刑法第一百零三条第二款、第一百零五条第二款的规定，以煽动分裂国家罪或者煽动颠覆国家政权罪定罪处罚。

第十一条 在预防、控制突发传染病疫情等灾害期间，强拿硬要或者任意损毁、占用公私财物情节严重，或者在公共场所起哄闹事，造成公共场所秩序严重混乱的，依照刑法第二百九十三条的规定，以寻衅滋事罪定罪，依法从重处罚。

第十二条 未取得医师执业资格非法行医，具有造成突发传染病病人、病原携带者、疑似突发传染病病人贻误诊治或者造成交叉感染等严重情节的，依照刑法第三百三十六条第一款的规定，以非法行医罪定罪，依法从重处罚。

第十三条 违反传染病防治法等国家有关规定，向土地、水体、大气排放、倾倒或者处置含传染病病原体的废物、有毒物质或者其他危险废物，造成突发传染病传播等重大环境污染事故，致使公私财产遭受重大损失或者人身伤亡的严重后果的，依照刑法第三百三十八条的规定，以重大环境污染事故罪定罪处罚。

第十四条 贪污、侵占用于预防、控制突发传染病疫情等灾害的款物或者挪用归个人使用，构成犯罪的，分别依照刑法第三百八十二条、第三百八十三条、第二百七十一条、第三百八十四条、第二百七十二条的规定，以贪污罪、侵占罪、挪用公款罪、挪用资金罪定罪，依法从重处罚。

挪用用于预防、控制突发传染病疫情等灾害的救灾、优抚、救济等款物，构成犯罪的，对直接责任人员，依照刑法第二百七十三条的规定，以挪用特定款物罪定罪处罚。

第十五条 在预防、控制突发传染病疫情等灾害的工作中，负有组织、协调、指挥、灾害调查、控制、医疗救治、信息传递、交通运输、物资保障等职责的国家机关工作人员，滥用职权或者玩忽职守，致使公共财产、国家和人民利益遭受重大损失的，依照刑法第三百九十七条的规定，以滥用职权罪或者玩忽职守罪定罪处罚。

第十六条 在预防、控制突发传染病疫情等灾害期间，从事传染病防治的政府卫生行政部门的工作人员，或者在受政府卫生行政部门委托代表政府卫生行政部门行使职权的组织中从事公务的人员，或者虽未列入政府卫生行政部门人员编制但在政府卫生行政部门从事公务的人员，在代表政府卫生行政部门行使职权时，严重不负责任，导致传染病传播或者流行，情节严重的，依照刑法第四百零九条的规定，以传染病防治失职罪定罪处罚。

在国家对突发传染病疫情等灾害采取预防、控制措施后，具有下列情形之一的，属于刑法第四百零九条规定的“情节严重”：

（一）对发生突发传染病疫情等灾害的地区或者突发传染病病人、病原携带者、疑似突发传染病病人，未按照预防、控制突发传染病疫情等灾害工作规范的要求做好防疫、检疫、隔离、防护、救治等工作，或者采取的预防、控制措施不当，造成传染范围扩大或者疫情、灾情加重的；

（二）隐瞒、缓报、谎报或者授意、指使、强令他人隐瞒、缓报、谎报疫情、灾情，造成传染范围扩大或者疫情、灾情加重的；

（三）拒不执行突发传染病疫情等灾害应急处理指挥机构的决定、命令，造成传染范围扩大或者疫情、灾情加重的；

（四）具有其他严重情节的。

第十七条 人民法院、人民检察院办理有关妨害预防、控制突发传染病疫情等灾害的刑事案件，对于有自首、立功等悔罪表现的，依法从轻、减轻、免除处罚或者依法作出不起诉决定。

第十八条 本解释所称“突发传染病疫情等灾害”，是指突然发生，造成或者可能造成社会公众健康严重损害的重大传染病疫情、群体性不明原因疾病以及其他严重影响公众健康的灾害。

最高人民法院关于审理非法行医刑事案件具体应用法律若干问题的解释

1. *2008年4月28日最高人民法院审判委员会第1446次会议通过*
2. *根据2016年12月16日《最高人民法院关于修改〈关于审理非法行医刑事案件具体应用法律若干问题的解释〉的决定》（法释〔2016〕27号）修正*

为依法惩处非法行医犯罪，保障公民身体健康和生命安全，根据刑法的有关规定，现对审理非法行医刑事案件具体应用法律的若干问题解释如下：

第一条 具有下列情形之一的，应认定为刑法第三百三十六条第一款规定的“未取得医生执业资格的人非法行医”：

（一）未取得或者以非法手段取得医师资格从事医疗活动的；

（二）被依法吊销医师执业证书期间从事医疗活动的；

（三）未取得乡村医生执业证书，从事乡村医疗活动的；

（四）家庭接生员实施家庭接生以外的医疗行为的。

第二条 具有下列情形之一的，应认定为刑法第三百三十六条第一款规定的“情节严重”：

（一）造成就诊人轻度残疾、器官组织损伤导致一般功能障碍的；

（二）造成甲类传染病传播、流行或者有传播、流行危险的；

（三）使用假药、劣药或不符合国家规定标准的卫生材料、医疗器械，足以严重危害人体健康的；

（四）非法行医被卫生行政部门行政处罚两次以后，再次非法行医的；

（五）其他情节严重的情形。

第三条 具有下列情形之一的，应认定为刑法第三百三十六条第一款规定的“严重损害就诊人身体健康”：

（一）造成就诊人中度以上残疾、器官组织损伤导致严重功能障碍的；

（二）造成三名以上就诊人轻度残疾、器官组织损伤导致一般功能障碍的。

第四条 非法行医行为系造成就诊人死亡的直接、主要原因的，应认定为刑法第三百三十六条第一款规定的“造成就诊人死亡”。

非法行医行为并非造成就诊人死亡的直接、主要原因的，可不认定为刑法第三百三十六条第一款规定的“造成就诊人死亡”。但是，根据案件情况，可以认定为刑法第三百三十六条第一款规定的“情节严重”。

第五条 实施非法行医犯罪，同时构成生产、销售假药罪，生产、销售劣药罪，诈骗罪等其他犯罪的，依照刑法处罚较重的规定定罪处罚。

第六条 本解释所称“医疗活动”“医疗行为”，参照《医疗机构管理条例实施细则》中的“诊疗活动”“医疗美容”认定。

本解释所称“轻度残疾、器官组织损伤导致一般功能障碍”“中度以上残疾、器官组织损伤导致严重功能障碍”，参照《医疗事故分级标准（试行）》认定。

最高人民法院、最高人民检察院关于办理非法采供血液等刑事案件具体应用法律若干问题的解释

1. *2008年2月18日最高人民法院审判委员会第1444次会议、2008年5月8日最高人民检察院第十一届检察委员会第1次会议通过*
2. *2008年9月22日公布*
3. *法释〔2008〕12号*
4. *自2008年9月23日起施行*

为保障公民的身体健康和生命安全，依法惩处非法采供血液等犯罪，根据刑法有关规定，现对办理此类刑事案件具体应用法律的若干问题解释如下：

第一条　对未经国家主管部门批准或者超过批准的业务范围，采集、供应血液或者制作、供应血液制品的，应认定为刑法第三百三十四条第一款规定的“非法采集、供应血液或者制作、供应血液制品”。

第二条　对非法采集、供应血液或者制作、供应血液制品，具有下列情形之一的，应认定为刑法第三百三十四条第一款规定的“不符合国家规定的标准，足以危害人体健康”，处五年以下有期徒刑或者拘役，并处罚金：

（一）采集、供应的血液含有艾滋病病毒、乙型肝炎病毒、丙型肝炎病毒、梅毒螺旋体等病原微生物的；

（二）制作、供应的血液制品含有艾滋病病毒、乙型肝炎病毒、丙型肝炎病毒、梅毒螺旋体等病原微生物，或者将含有上述病原微生物的血液用于制作血液制品的；

（三）使用不符合国家规定的药品、诊断试剂、卫生器材，或者重复使用一次性采血器材采集血液，造成传染病传播危险的；

（四）违反规定对献血者、供血浆者超量、频繁采集血液、血浆，足以危害人体健康的；

（五）其他不符合国家有关采集、供应血液或者制作、供应血液制品的规定标准，足以危害人体健康的。

第三条　对非法采集、供应血液或者制作、供应血液制品，具有下列情形之一的，应认定为刑法第三百三十四条第一款规定的“对人体健康造成严重危害”，处五年以上十年以下有期徒刑，并处罚金：

（一）造成献血者、供血浆者、受血者感染乙型肝炎病毒、丙型肝炎病毒、梅毒螺旋体或者其他经血液传播的病原微生物的；

（二）造成献血者、供血浆者、受血者重度贫血、造血功能障碍或者其他器官组织损伤导致功能障碍等身体严重危害的；

（三）对人体健康造成其他严重危害的。

第四条　对非法采集、供应血液或者制作、供应血液制品，具有下列情形之一的，应认定为刑法第三百三十四条第一款规定的“造成特别严重后果”，处十年以上有期徒刑或者无期徒刑，并处罚金或者没收财产：

（一）因血液传播疾病导致人员死亡或者感染艾滋病病毒的；

（二）造成五人以上感染乙型肝炎病毒、丙型肝炎病毒、梅毒螺旋体或者其他经血液传播的病原微生物的；

（三）造成五人以上重度贫血、造血功能障碍或者其他器官组织损伤导致功能障碍等身体严重危害的；

（四）造成其他特别严重后果的。

第五条　对经国家主管部门批准采集、供应血液或者制作、供应血液制品的部门，具有下列情形之一的，应认定为刑法第三百三十四条第二款规定的“不依照规定进行检测或者违背其他操作规定”：

（一）血站未用两个企业生产的试剂对艾滋病病毒抗体、乙型肝炎病毒表面抗原、丙型肝炎病毒抗体、梅毒抗体进行两次检测的；

（二）单采血浆站不依照规定对艾滋病病毒抗体、乙型肝炎病毒表面抗原、丙型肝炎病毒抗体、梅毒抗体进行检测的；

（三）血液制品生产企业在投料生产前未用主管部门批准和检定合格的试剂进行复检的；

（四）血站、单采血浆站和血液制品生产企业使用的诊断试剂没有生产单位名称、生产批准文号或者经检定不合格的；

（五）采供血机构在采集检验标本、采集血液和成分血分离时，使用没有生产单位名称、生产批准文号或者超过有效期的一次性注射器等采血器材的；

（六）不依照国家规定的标准和要求包装、储存、运输血液、原料血浆的；

（七）对国家规定检测项目结果呈阳性的血液未及时按照规定予以清除的；

（八）不具备相应资格的医务人员进行采血、检验操作的；

（九）对献血者、供血浆者超量、频繁采集血液、血

浆的；

（十）采供血机构采集血液、血浆前，未对献血者或供血浆者进行身份识别，采集冒名顶替者、健康检查不合格者血液、血浆的；

（十一）血站擅自采集原料血浆，单采血浆站擅自采集临床用血或者向医疗机构供应原料血浆的；

（十二）重复使用一次性采血器材的；

（十三）其他不依照规定进行检测或者违背操作规定的。

第六条 对经国家主管部门批准采集、供应血液或者制作、供应血液制品的部门，不依照规定进行检测或者违背其他操作规定，具有下列情形之一的，应认定为刑法第三百三十四条第二款规定的"造成危害他人身体健康后果"，对单位判处罚金，并对其直接负责的主管人员和其他直接责任人员，处五年以下有期徒刑或者拘役：

（一）造成献血者、供血浆者、受血者感染艾滋病病毒、乙型肝炎病毒、丙型肝炎病毒、梅毒螺旋体或者其他经血液传播的病原微生物的；

（二）造成献血者、供血浆者、受血者重度贫血、造血功能障碍或者其他器官组织损伤导致功能障碍等身体严重危害的；

（三）造成其他危害他人身体健康后果的。

第七条 经国家主管部门批准的采供血机构和血液制品生产经营单位，应认定为刑法第三百三十四条第二款规定的"经国家主管部门批准采集、供应血液或者制作、供应血液制品的部门"。

第八条 本解释所称"血液"，是指全血、成分血和特殊血液成分。

本解释所称"血液制品"，是指各种人血浆蛋白制品。

本解释所称"采供血机构"，包括血液中心、中心血站、中心血库、脐带血造血干细胞库和国家卫生行政主管部门根据医学发展需要批准、设置的其他类型血库、单采血浆站。

最高人民法院、最高人民检察院关于办理危害药品安全刑事案件适用法律若干问题的解释

1. 2022年2月28日最高人民法院审判委员会第1865次会议、2022年2月25日最高人民检察院第十三届检察委员会第九十二次会议通过
2. 2022年3月3日公布
3. 高检发释字〔2022〕1号
4. 自2022年3月6日起施行

为依法惩治危害药品安全犯罪，保障人民群众生命健康，维护药品管理秩序，根据《中华人民共和国刑法》《中华人民共和国刑事诉讼法》及《中华人民共和国药品管理法》等有关规定，现就办理此类刑事案件适用法律的若干问题解释如下：

第一条 生产、销售、提供假药，具有下列情形之一的，应当酌情从重处罚：

（一）涉案药品以孕产妇、儿童或者危重病人为主要使用对象的；

（二）涉案药品属于麻醉药品、精神药品、医疗用毒性药品、放射性药品、生物制品，或者以药品类易制毒化学品冒充其他药品的；

（三）涉案药品属于注射剂药品、急救药品的；

（四）涉案药品系用于应对自然灾害、事故灾难、公共卫生事件、社会安全事件等突发事件的；

（五）药品使用单位及其工作人员生产、销售假药的；

（六）其他应当酌情从重处罚的情形。

第二条 生产、销售、提供假药，具有下列情形之一的，应当认定为刑法第一百四十一条规定的"对人体健康造成严重危害"：

（一）造成轻伤或者重伤的；

（二）造成轻度残疾或者中度残疾的；

（三）造成器官组织损伤导致一般功能障碍或者严重功能障碍的；

（四）其他对人体健康造成严重危害的情形。

第三条 生产、销售、提供假药，具有下列情形之一的，应当认定为刑法第一百四十一条规定的"其他严重情节"：

（一）引发较大突发公共卫生事件的；

（二）生产、销售、提供假药的金额二十万元以上

不满五十万元的；

（三）生产、销售、提供假药的金额十万元以上不满二十万元，并具有本解释第一条规定情形之一的；

（四）根据生产、销售、提供的时间、数量、假药种类、对人体健康危害程度等，应当认定为情节严重的。

第四条 生产、销售、提供假药，具有下列情形之一的，应当认定为刑法第一百四十一条规定的“其他特别严重情节”：

（一）致人重度残疾以上的；

（二）造成三人以上重伤、中度残疾或者器官组织损伤导致严重功能障碍的；

（三）造成五人以上轻度残疾或者器官组织损伤导致一般功能障碍的；

（四）造成十人以上轻伤的；

（五）引发重大、特别重大突发公共卫生事件的；

（六）生产、销售、提供假药的金额五十万元以上的；

（七）生产、销售、提供假药的金额二十万元以上不满五十万元，并具有本解释第一条规定情形之一的；

（八）根据生产、销售、提供的时间、数量、假药种类、对人体健康危害程度等，应当认定为情节特别严重的。

第五条 生产、销售、提供劣药，具有本解释第一条规定情形之一的，应当酌情从重处罚。

生产、销售、提供劣药，具有本解释第二条规定情形之一的，应当认定为刑法第一百四十二条规定的“对人体健康造成严重危害”。

生产、销售、提供劣药，致人死亡，或者具有本解释第四条第一项至第五项规定情形之一的，应当认定为刑法第一百四十二条规定的“后果特别严重”。

第六条 以生产、销售、提供假药、劣药为目的，合成、精制、提取、储存、加工炮制药品原料，或者在将药品原料、辅料、包装材料制成成品过程中，进行配料、混合、制剂、储存、包装的，应当认定为刑法第一百四十一条、第一百四十二条规定的“生产”。

药品使用单位及其工作人员明知是假药、劣药而有偿提供给他人使用的，应当认定为刑法第一百四十一条、第一百四十二条规定的“销售”；无偿提供给他人使用的，应当认定为刑法第一百四十一条、第一百四十二条规定的“提供”。

第七条 实施妨害药品管理的行为，具有下列情形之一的，应当认定为刑法第一百四十二条之一规定的“足以严重危害人体健康”：

（一）生产、销售国务院药品监督管理部门禁止使用的药品，综合生产、销售的时间、数量、禁止使用原因等情节，认为具有严重危害人体健康的现实危险的；

（二）未取得药品相关批准证明文件生产药品或者明知是上述药品而销售，涉案药品属于本解释第一条第一项至第三项规定情形的；

（三）未取得药品相关批准证明文件生产药品或者明知是上述药品而销售，涉案药品的适应症、功能主治或者成分不明的；

（四）未取得药品相关批准证明文件生产药品或者明知是上述药品而销售，涉案药品没有国家药品标准，且无核准的药品质量标准，但检出化学药成分的；

（五）未取得药品相关批准证明文件进口药品或者明知是上述药品而销售，涉案药品在境外也未合法上市的；

（六）在药物非临床研究或者药物临床试验过程中故意使用虚假试验用药品，或者瞒报与药物临床试验用药品相关的严重不良事件的；

（七）故意损毁原始药物非临床研究数据或者药物临床试验数据，或者编造受试动物信息、受试者信息、主要试验过程记录、研究数据、检测数据等药物非临床研究数据或者药物临床试验数据，影响药品的安全性、有效性和质量可控性的；

（八）编造生产、检验记录，影响药品的安全性、有效性和质量可控性的；

（九）其他足以严重危害人体健康的情形。

对于涉案药品是否在境外合法上市，应当根据境外药品监督管理部门或者权利人的证明等证据，结合犯罪嫌疑人、被告人及其辩护人提供的证据材料综合审查，依法作出认定。

对于“足以严重危害人体健康”难以确定的，根据地市级以上药品监督管理部门出具的认定意见，结合其他证据作出认定。

第八条 实施妨害药品管理的行为，具有本解释第二条规定情形之一的，应当认定为刑法第一百四十二条之一规定的“对人体健康造成严重危害”。

实施妨害药品管理的行为，足以严重危害人体健康，并具有下列情形之一的，应当认定为刑法第一百四十二条之一规定的“有其他严重情节”：

（一）生产、销售国务院药品监督管理部门禁止使用的药品，生产、销售的金额五十万元以上的；

（二）未取得药品相关批准证明文件生产、进口药品或者明知是上述药品而销售，生产、销售的金额五十万元以上的；

（三）药品申请注册中提供虚假的证明、数据、资料、样品或者采取其他欺骗手段，造成严重后果的；

（四）编造生产、检验记录，造成严重后果的；

（五）造成恶劣社会影响或者具有其他严重情节的情形。

实施刑法第一百四十二条之一规定的行为，同时又构成生产、销售、提供假药罪、生产、销售、提供劣药罪或者其他犯罪的，依照处罚较重的规定定罪处罚。

第九条 明知他人实施危害药品安全犯罪，而有下列情形之一的，以共同犯罪论处：

（一）提供资金、贷款、账号、发票、证明、许可证件的；

（二）提供生产、经营场所、设备或者运输、储存、保管、邮寄、销售渠道等便利条件的；

（三）提供生产技术或者原料、辅料、包装材料、标签、说明书的；

（四）提供虚假药物非临床研究报告、药物临床试验报告及相关材料的；

（五）提供广告宣传的；

（六）提供其他帮助的。

第十条 办理生产、销售、提供假药、生产、销售、提供劣药、妨害药品管理等刑事案件，应当结合行为人的从业经历、认知能力、药品质量、进货渠道和价格、销售渠道和价格以及生产、销售方式等事实综合判断认定行为人的主观故意。具有下列情形之一的，可以认定行为人有实施相关犯罪的主观故意，但有证据证明确实不具有故意的除外：

（一）药品价格明显异于市场价格的；

（二）向不具有资质的生产者、销售者购买药品，且不能提供合法有效的来历证明的；

（三）逃避、抗拒监督检查的；

（四）转移、隐匿、销毁涉案药品、进销货记录的；

（五）曾因实施危害药品安全违法犯罪行为受过处罚，又实施同类行为的；

（六）其他足以认定行为人主观故意的情形。

第十一条 以提供给他人生产、销售、提供药品为目的，违反国家规定，生产、销售不符合药用要求的原料、辅料，符合刑法第一百四十条规定的，以生产、销售伪劣产品罪从重处罚；同时构成其他犯罪的，依照处罚较重的规定定罪处罚。

第十二条 广告主、广告经营者、广告发布者违反国家规定，利用广告对药品作虚假宣传，情节严重的，依照刑法第二百二十二条的规定，以虚假广告罪定罪处罚。

第十三条 明知系利用医保骗保购买的药品而非法收购、销售，金额五万元以上的，应当依照刑法第三百一十二条的规定，以掩饰、隐瞒犯罪所得罪定罪处罚；指使、教唆、授意他人利用医保骗保购买药品，进而非法收购、销售，符合刑法第二百六十六条规定的，以诈骗罪定罪处罚。

对于利用医保骗保购买药品的行为人是否追究刑事责任，应当综合骗取医保基金的数额、手段、认罪悔罪态度等案件具体情节，依法妥当决定。利用医保骗保购买药品的行为人是否被追究刑事责任，不影响对非法收购、销售有关药品的行为人定罪处罚。

对于第一款规定的主观明知，应当根据药品标志、收购渠道、价格、规模及药品追溯信息等综合认定。

第十四条 负有药品安全监督管理职责的国家机关工作人员，滥用职权或者玩忽职守，构成药品监管渎职罪，同时构成商检徇私舞弊罪、商检失职罪等其他渎职犯罪的，依照处罚较重的规定定罪处罚。

负有药品安全监督管理职责的国家机关工作人员滥用职权或者玩忽职守，不构成药品监管渎职罪，但构成前款规定的其他渎职犯罪的，依照该其他犯罪定罪处罚。

负有药品安全监督管理职责的国家机关工作人员与他人共谋，利用其职务便利帮助他人实施危害药品安全犯罪行为，同时构成渎职犯罪和危害药品安全犯罪共犯的，依照处罚较重的规定定罪从重处罚。

第十五条 对于犯生产、销售、提供假药罪、生产、销售、提供劣药罪、妨害药品管理罪的，应当结合被告人的犯罪数额、违法所得，综合考虑被告人缴纳罚金的能力，依法判处罚金。罚金一般应当在生产、销售、提供的药品金额二倍以上；共同犯罪的，对各共同犯罪人合计判处的罚金一般应当在生产、销售、提供的药品金额二倍以上。

第十六条 对于犯生产、销售、提供假药罪、生产、销售、提供劣药罪、妨害药品管理罪的，应当依照刑法规定的条件，严格缓刑、免予刑事处罚的适用。对于被判处刑罚的，可以根据犯罪情况和预防再犯罪的需要，依法宣告职业禁止或者禁止令。《中华人民共和国药品管理法》等法律、行政法规另有规定的，从其规定。

对于被不起诉或者免予刑事处罚的行为人，需要给予行政处罚、政务处分或者其他处分的，依法移送有关主管机关处理。

第十七条 单位犯生产、销售、提供假药罪、生产、销售、提供劣药罪、妨害药品管理罪的，对单位判处罚金，并对直接负责的主管人员和其他直接责任人员，依照本解释规定的自然人犯罪的定罪量刑标准处罚。

单位犯罪的，对被告单位及其直接负责的主管人员、其他直接责任人员合计判处的罚金一般应当在生产、销售、提供的药品金额二倍以上。

第十八条　根据民间传统配方私自加工药品或者销售上述药品，数量不大，且未造成他人伤害后果或者延误诊治的，或者不以营利为目的实施带有自救、互助性质的生产、进口、销售药品的行为，不应当认定为犯罪。

对于是否属于民间传统配方难以确定的，根据地市级以上药品监督管理部门或者有关部门出具的认定意见，结合其他证据作出认定。

第十九条　刑法第一百四十一条、第一百四十二条规定的“假药”“劣药”，依照《中华人民共和国药品管理法》的规定认定。

对于《中华人民共和国药品管理法》第九十八条第二款第二项、第四项及第三款第三项至第六项规定的假药、劣药，能够根据现场查获的原料、包装，结合犯罪嫌疑人、被告人供述等证据材料作出判断的，可以由地市级以上药品监督管理部门出具认定意见。对于依据《中华人民共和国药品管理法》第九十八条第二款、第三款的其他规定认定假药、劣药，或者是否属于第九十八条第二款第二项、第三款第六项规定的假药、劣药存在争议的，应当由省级以上药品监督管理部门设置或者确定的药品检验机构进行检验，出具质量检验结论。司法机关根据认定意见、检验结论，结合其他证据作出认定。

第二十条　对于生产、提供药品的金额，以药品的货值金额计算；销售药品的金额，以所得和可得的全部违法收入计算。

第二十一条　本解释自2022年3月6日起施行。本解释公布施行后，《最高人民法院、最高人民检察院关于办理危害药品安全刑事案件适用法律若干问题的解释》（法释〔2014〕14号）、《最高人民法院、最高人民检察院关于办理药品、医疗器械注册申请材料造假刑事案件适用法律若干问题的解释》（法释〔2017〕15号）同时废止。

最高人民法院、最高人民检察院、公安部、司法部、国家卫生和计划生育委员会关于依法惩处涉医违法犯罪维护正常医疗秩序的意见

1. 2014年4月22日
2. 法发〔2014〕5号

为依法惩处涉医违法犯罪，维护正常医疗秩序，构建和谐医患关系，根据《中华人民共和国刑法》、《中华人民共和国治安管理处罚法》等法律法规，结合工作实践，制定本意见。

一、充分认识依法惩处涉医违法犯罪维护正常医疗秩序的重要性

加强医药卫生事业建设，是实现人民群众病有所医，提高全民健康水平的重要社会建设工程。经过多年努力，我国医药卫生事业发展取得显著成就，但医疗服务能力、医疗保障水平与人民群众不断增长的医疗服务需求之间仍存在一定差距。一段时期以来，个别地方相继发生暴力杀医、伤医以及在医疗机构聚众滋事等违法犯罪行为，严重扰乱了正常医疗秩序，侵害了人民群众的合法利益。良好的医疗秩序是社会和谐稳定的重要体现，也是增进人民福祉的客观要求。依法惩处涉医违法犯罪，维护正常医疗秩序，有利于保障医患双方的合法权益，为患者创造良好的看病就医环境，为医务人员营造安全的执业环境，从而促进医疗服务水平的整体提高和医药卫生事业的健康发展。

二、严格依法惩处涉医违法犯罪

对涉医违法犯罪行为，要依法严肃追究、坚决打击。公安机关要加大对暴力杀医、伤医、扰乱医疗秩序等违法犯罪活动的查处力度，接到报警后应当及时出警、快速处置，需要追究刑事责任的，及时立案侦查，全面、客观地收集、调取证据，确保侦查质量。人民检察院应当及时依法批捕、起诉，对于重大涉医犯罪案件要加强法律监督，必要时可以对收集证据、适用法律提出意见。人民法院应当加快审理进度，在全面查明案件事实的基础上依法准确定罪量刑，对于犯罪手段残忍、主观恶性深、人身危险性大的被告人或者社会影响恶劣的涉医犯罪行为，要依法从严惩处。

（一）在医疗机构内殴打医务人员或者故意伤害医务人员身体、故意损毁公私财物，尚未造成严重后果的，分别依照治安管理处罚法第四十三条、第四十九条

的规定处罚;故意杀害医务人员,或者故意伤害医务人员造成轻伤以上严重后果,或者随意殴打医务人员情节恶劣、任意损毁公私财物情节严重,构成故意杀人罪、故意伤害罪、故意毁坏财物罪、寻衅滋事罪的,依照刑法的有关规定定罪处罚。

(二)在医疗机构私设灵堂、摆放花圈、焚烧纸钱、悬挂横幅、堵塞大门或者以其他方式扰乱医疗秩序,尚未造成严重损失,经劝说、警告无效的,要依法驱散,对拒不服从的人员要依法带离现场,依照治安管理处罚法第二十三条的规定处罚;聚众实施的,对首要分子和其他积极参加者依法予以治安处罚;造成严重损失或者扰乱其他公共秩序情节严重,构成寻衅滋事罪、聚众扰乱社会秩序罪、聚众扰乱公共场所秩序、交通秩序罪的,依照刑法的有关规定定罪处罚。

在医疗机构的病房、抢救室、重症监护室等场所及医疗机构的公共开放区域违规停放尸体,影响医疗秩序,经劝说、警告无效的,依照治安管理处罚法第六十五条的规定处罚;严重扰乱医疗秩序或者其他公共秩序,构成犯罪的,依照前款的规定定罪处罚。

(三)以不准离开工作场所等方式非法限制医务人员人身自由的,依照治安管理处罚法第四十条的规定处罚;构成非法拘禁罪的,依照刑法的有关规定定罪处罚。

(四)公然侮辱、恐吓医务人员的,依照治安管理处罚法第四十二条的规定处罚;采取暴力或者其他方法公然侮辱、恐吓医务人员情节严重(恶劣),构成侮辱罪、寻衅滋事罪的,依照刑法的有关规定定罪处罚。

(五)非法携带枪支、弹药、管制器具或者爆炸性、放射性、毒害性、腐蚀性物品进入医疗机构的,依照治安管理处罚法第三十条、第三十二条的规定处罚;危及公共安全情节严重,构成非法携带枪支、弹药、管制刀具、危险物品危及公共安全罪的,依照刑法的有关规定定罪处罚。

(六)对于故意扩大事态,教唆他人实施针对医疗机构或者医务人员的违法犯罪行为,或者以受他人委托处理医疗纠纷为名实施敲诈勒索、寻衅滋事等行为的,依照治安管理处罚法和刑法的有关规定从严惩处。

三、积极预防和妥善处理医疗纠纷

(一)卫生计生行政部门应当加强医疗行业监管,指导医疗机构提高医疗服务能力,保障医疗安全和医疗质量。医疗机构及其医务人员要严格遵守医疗卫生管理法律、行政法规、部门规章和诊疗护理规范,加强医德医风建设,改善服务态度,注重人文关怀,尊重患者的隐私权、知情权、选择权等权利,根据患者病情、预后不同以及患者实际需求,采取适当方式进行沟通,做好解释说理工作,从源头上预防和减少医疗纠纷。

(二)卫生计生行政部门应当指导医疗机构加强投诉管理,设立医患关系办公室或者指定部门统一承担医疗机构投诉管理工作,建立畅通、便捷的投诉渠道。

医疗机构投诉管理部门应当在医疗机构显著位置公布该部门及医疗纠纷人民调解组织等相关机构的联系方式、医疗纠纷的解决程序,加大对患者法律知识的宣传,引导患者依法、理性解决医疗纠纷。有条件的医疗机构可设立网络投诉平台,并安排专人处理、回复患者投诉。要做到投诉必管、投诉必复,在规定期限内向投诉人反馈处理情况。

对于医患双方自行协商解决不成的医疗纠纷,医疗机构应当及时通过向人民调解委员会申请调解等其他合法途径解决。

(三)司法行政机关应当会同卫生计生行政部门加快推进医疗纠纷人民调解组织建设,在医疗机构集中、医疗纠纷突出的地区建立独立的医疗纠纷人民调解委员会。

司法行政机关应当会同人民法院加强对医疗纠纷人民调解委员会的指导,帮助完善医疗纠纷人民调解受理、调解、回访、反馈等各项工作制度,加强医疗纠纷人民调解员队伍建设和业务培训,建立医学、法律等专家咨询库,确保调解依法、规范、有效进行。

司法行政机关应当组织法律援助机构为有需求并符合条件的医疗纠纷患者及其家属提供法律援助,指导律师事务所、公证机构等为医疗纠纷当事人提供法律服务,指导律师做好代理服务工作,促使医疗纠纷双方当事人妥善解决争议。

(四)人民法院对起诉的医疗损害赔偿案件应当及时立案受理,积极开展诉讼调解,对调解不成的,及时依法判决,切实维护医患双方的合法利益。在诉讼过程中应当加强诉讼指导,并做好判后释疑工作。

(五)卫生计生行政部门应当会同公安机关指导医疗机构建立健全突发事件预警应对机制和警医联动联防联控机制,提高应对突发事件的现场处置能力。公安机关可根据实际需要在医疗机构设立警务室,及时受理涉医报警求助,加强动态管控。医疗机构在诊治过程中发现有暴力倾向的患者,或者在处理医疗纠纷过程中发现有矛盾激化,可能引发治安案件、刑事案件的情况,应当及时报告公安机关。

四、建立健全协调配合工作机制

各有关部门要高度重视打击涉医违法犯罪、维护正常医疗秩序的重要性,认真落实党中央、国务院关于构建和谐医患关系的决策部署,加强组织领导与协调配合,形成构建和谐医患关系的合力。地市级以上卫生计生行政部门应当积极协调相关部门建立联席会议等工作制度,定期互通信息,及时研究解决问题,共同维护医疗秩序,促进我国医药卫生事业健康发展。

最高人民法院、最高人民检察院、公安部、司法部关于依法惩治妨害新型冠状病毒感染肺炎疫情防控违法犯罪的意见

1. 2020年2月6日
2. 法发〔2020〕7号

为依法惩治妨害新型冠状病毒感染肺炎疫情防控违法犯罪行为,保障人民群众生命安全和身体健康,保障社会安定有序,保障疫情防控工作顺利开展,根据有关法律、司法解释的规定,制定本意见。

一、提高政治站位,充分认识疫情防控时期维护社会大局稳定的重大意义

各级人民法院、人民检察院、公安机关、司法行政机关要切实把思想和行动统一到习近平总书记关于新型冠状病毒感染肺炎疫情防控工作的系列重要指示精神上来,坚决贯彻落实党中央决策部署、中央应对新型冠状病毒感染肺炎疫情工作领导小组工作安排,按照中央政法委要求,增强"四个意识"、坚定"四个自信"、做到"两个维护",始终将人民群众的生命安全和身体健康放在第一位,坚决把疫情防控作为当前压倒一切的头等大事来抓,用足用好法律规定,依法及时、从严惩治妨害疫情防控的各类违法犯罪,为坚决打赢疫情防控阻击战提供有力法治保障。

二、准确适用法律,依法严惩妨害疫情防控的各类违法犯罪

(一)依法严惩抗拒疫情防控措施犯罪。故意传播新型冠状病毒感染肺炎病原体,具有下列情形之一,危害公共安全的,依照刑法第一百一十四条、第一百一十五条第一款的规定,以以危险方法危害公共安全罪定罪处罚:

1. 已经确诊的新型冠状病毒感染肺炎病人、病原携带者,拒绝隔离治疗或者隔离期未满擅自脱离隔离治疗,并进入公共场所或者公共交通工具的;

2. 新型冠状病毒感染肺炎疑似病人拒绝隔离治疗或者隔离期未满擅自脱离隔离治疗,并进入公共场所或者公共交通工具,造成新型冠状病毒传播的。

其他拒绝执行卫生防疫机构依照传染病防治法提出的防控措施,引起新型冠状病毒传播或者有传播严重危险的,依照刑法第三百三十条的规定,以妨害传染病防治罪定罪处罚。

以暴力、威胁方法阻碍国家机关工作人员(含在依照法律、法规规定行使国家有关疫情防控行政管理职权的组织中从事公务的人员,在受国家机关委托代表国家机关行使疫情防控职权的组织中从事公务的人员,虽未列入国家机关人员编制但在国家机关中从事疫情防控公务的人员)依法履行为防控疫情而采取的防疫、检疫、强制隔离、隔离治疗等措施的,依照刑法第二百七十七条第一款、第三款的规定,以妨害公务罪定罪处罚。暴力袭击正在依法执行职务的人民警察的,以妨害公务罪定罪,从重处罚。

(二)依法严惩暴力伤医犯罪。在疫情防控期间,故意伤害医务人员造成轻伤以上的严重后果,或者对医务人员实施撕扯防护装备、吐口水等行为,致使医务人员感染新型冠状病毒的,依照刑法第二百三十四条的规定,以故意伤害罪定罪处罚。

随意殴打医务人员,情节恶劣的,依照刑法第二百九十三条的规定,以寻衅滋事罪定罪处罚。

采取暴力或者其他方法公然侮辱、恐吓医务人员,符合刑法第二百四十六条、第二百九十三条规定的,以侮辱罪或者寻衅滋事罪定罪处罚。

以不准离开工作场所等方式非法限制医务人员人身自由,符合刑法第二百三十八条规定的,以非法拘禁罪定罪处罚。

(三)依法严惩制假售假犯罪。在疫情防控期间,生产、销售伪劣的防治、防护产品、物资,或者生产、销售用于防治新型冠状病毒感染肺炎的假药、劣药,符合刑法第一百四十条、第一百四十一条、第一百四十二条规定的,以生产、销售伪劣产品罪,生产、销售假药罪或者生产、销售劣药罪定罪处罚。

在疫情防控期间,生产不符合保障人体健康的国家标准、行业标准的医用口罩、护目镜、防护服等医用器材,或者销售明知是不符合标准的医用器材,足以严重危害人体健康的,依照刑法第一百四十五条的规定,以生产、销售不符合标准的医用器材罪定罪处罚。

（四）依法严惩哄抬物价犯罪。在疫情防控期间，违反国家有关市场经营、价格管理等规定，囤积居奇，哄抬疫情防控急需的口罩、护目镜、防护服、消毒液等防护用品、药品或者其他涉及民生的物品价格，牟取暴利，违法所得数额较大或者有其他严重情节，严重扰乱市场秩序的，依照刑法第二百二十五条第四项的规定，以非法经营罪定罪处罚。

（五）依法严惩诈骗、聚众哄抢犯罪。在疫情防控期间，假借研制、生产或者销售用于疫情防控的物品的名义骗取公私财物，或者捏造事实骗取公众捐赠款物，数额较大的，依照刑法第二百六十六条的规定，以诈骗罪定罪处罚。

在疫情防控期间，违反国家规定，假借疫情防控的名义，利用广告对所推销的商品或者服务作虚假宣传，致使多人上当受骗，违法所得数额较大或者有其他严重情节的，依照刑法第二百二十二条的规定，以虚假广告罪定罪处罚。

在疫情防控期间，聚众哄抢公私财物特别是疫情防控和保障物资，数额较大或者有其他严重情节的，对首要分子和积极参加者，依照刑法第二百六十八条的规定，以聚众哄抢罪定罪处罚。

（六）依法严惩造谣传谣犯罪。编造虚假的疫情信息，在信息网络或者其他媒体上传播，或者明知是虚假疫情信息，故意在信息网络或者其他媒体上传播，严重扰乱社会秩序的，依照刑法第二百九十一条之一第二款的规定，以编造、故意传播虚假信息罪定罪处罚。

编造虚假信息，或者明知是编造的虚假信息，在信息网络上散布，或者组织、指使人员在信息网络上散布，起哄闹事，造成公共秩序严重混乱的，依照刑法第二百九十三条第一款第四项的规定，以寻衅滋事罪定罪处罚。

利用新型冠状病毒感染肺炎疫情，制造、传播谣言，煽动分裂国家、破坏国家统一，或者煽动颠覆国家政权、推翻社会主义制度的，依照刑法第一百零三条第二款、第一百零五条第二款的规定，以煽动分裂国家罪或者煽动颠覆国家政权罪定罪处罚。

网络服务提供者不履行法律、行政法规规定的信息网络安全管理义务，经监管部门责令采取改正措施而拒不改正，致使虚假疫情信息或者其他违法信息大量传播的，依照刑法第二百八十六条之一的规定，以拒不履行信息网络安全管理义务罪定罪处罚。

对虚假疫情信息案件，要依法、精准、恰当处置。对恶意编造虚假疫情信息，制造社会恐慌，挑动社会情绪，扰乱公共秩序，特别是恶意攻击党和政府，借机煽动颠覆国家政权、推翻社会主义制度的，要依法严惩。对于因轻信而传播虚假信息，危害不大的，不以犯罪论处。

（七）依法严惩疫情防控失职渎职、贪污挪用犯罪。在疫情防控工作中，负有组织、协调、指挥、灾害调查、控制、医疗救治、信息传递、交通运输、物资保障等职责的国家机关工作人员，滥用职权或者玩忽职守，致使公共财产、国家和人民利益遭受重大损失的，依照刑法第三百九十七条的规定，以滥用职权罪或者玩忽职守罪定罪处罚。

卫生行政部门的工作人员严重不负责任，不履行或者不认真履行防治监管职责，导致新型冠状病毒感染肺炎传播或者流行，情节严重的，依照刑法第四百零九条的规定，以传染病防治失职罪定罪处罚。

从事实验、保藏、携带、运输传染病菌种、毒种的人员，违反国务院卫生行政部门的有关规定，造成新型冠状病毒毒种扩散，后果严重的，依照刑法第三百三十一条的规定，以传染病毒种扩散罪定罪处罚。

国家工作人员，受委托管理国有财产的人员，公司、企业或者其他单位的人员，利用职务便利，侵吞、截留或者以其他手段非法占有用于防控新型冠状病毒感染肺炎的款物，或者挪用上述款物归个人使用，符合刑法第三百八十二条、第三百八十三条、第二百七十一条、第三百八十四条、第二百七十二条规定的，以贪污罪、职务侵占罪、挪用公款罪、挪用资金罪定罪处罚。挪用用于防控新型冠状病毒感染肺炎的救灾、优抚、救济等款物，符合刑法第二百七十三条规定的，对直接责任人员，以挪用特定款物罪定罪处罚。

（八）依法严惩破坏交通设施犯罪。在疫情防控期间，破坏轨道、桥梁、隧道、公路、机场、航道、灯塔、标志或者进行其他破坏活动，足以使火车、汽车、电车、船只、航空器发生倾覆、毁坏危险的，依照刑法第一百一十七条、第一百一十九条第一款的规定，以破坏交通设施罪定罪处罚。

办理破坏交通设施案件，要区分具体情况，依法审慎处理。对于为了防止疫情蔓延，未经批准擅自封路阻碍交通，未造成严重后果的，一般不以犯罪论处，由主管部门予以纠正。

（九）依法严惩破坏野生动物资源犯罪。非法猎捕、杀害国家重点保护的珍贵、濒危野生动物的，或者非法收购、运输、出售国家重点保护的珍贵、濒危野生动物及其制品的，依照刑法第三百四十一条第一款的规定，以非法猎捕、杀害珍贵、濒危野生动物罪或者非法收购、运输、出售珍贵、濒危野生动物、珍贵、濒危野生动物制品罪定罪处罚。

违反狩猎法规，在禁猎区、禁猎期或者使用禁用的工具、方法进行狩猎，破坏野生动物资源，情节严重的，依照刑法第三百四十一条第二款的规定，以非法狩猎罪定罪处罚。

违反国家规定，非法经营非国家重点保护野生动物及其制品（包括开办交易场所、进行网络销售、加工食品出售等），扰乱市场秩序，情节严重的，依照刑法第二百二十五条第四项的规定，以非法经营罪定罪处罚。

知道或者应当知道是国家重点保护的珍贵、濒危野生动物及其制品，为食用或者其他目的而非法购买，符合刑法第三百四十一条第一款规定的，以非法收购珍贵、濒危野生动物、珍贵、濒危野生动物制品罪定罪处罚。

知道或者应当知道是非法狩猎的野生动物而购买，符合刑法第三百一十二条规定的，以掩饰、隐瞒犯罪所得罪定罪处罚。

（十）依法严惩妨害疫情防控的违法行为。实施上述（一）至（九）规定的行为，不构成犯罪的，由公安机关根据治安管理处罚法有关虚构事实扰乱公共秩序，扰乱单位秩序、公共场所秩序、寻衅滋事，拒不执行紧急状态下的决定、命令，阻碍执行职务，冲闯警戒带、警戒区，殴打他人，故意伤害，侮辱他人，诈骗，在铁路沿线非法挖掘坑穴、采石取沙，盗窃、损毁路面公共设施，损毁铁路设施设备，故意损毁财物、哄抢公私财物等规定，予以治安管理处罚，或者由有关部门予以其他行政处罚。

对于在疫情防控期间实施有关违法犯罪的，要作为从重情节予以考量，依法体现从严的政策要求，有力惩治震慑违法犯罪，维护法律权威，维护社会秩序，维护人民群众生命安全和身体健康。

三、健全完善工作机制，保障办案效果和安全

（一）及时查处案件。公安机关对于妨害新型冠状病毒感染肺炎疫情防控的案件，要依法及时立案查处，全面收集固定证据。对于拒绝隔离治疗或者隔离期未满擅自脱离隔离治疗的人员，公安机关要依法协助医疗机构和有关部门采取强制隔离治疗措施。要严格规范公正文明执法。

（二）强化沟通协调。人民法院、人民检察院、公安机关、司法行政机关要加强沟通协调，确保案件顺利侦查、起诉、审判、交付执行。对重大、敏感、复杂案件，公安机关要及时听取人民检察院的意见建议。对社会影响大、舆论关注度高的重大案件，要加强组织领导，按照依法处置、舆论引导、社会面管控“三同步”要求，及时向社会通报案件进展情况，澄清事实真相，做好舆论引导工作。

（三）保障诉讼权利。要依法保障犯罪嫌疑人、被告人的各项诉讼权利特别是辩护权。要按照刑事案件律师辩护全覆盖的要求，积极组织律师为没有委托辩护人的被告人依法提供辩护或者法律帮助。各级司法行政机关要加强对律师辩护代理工作的指导监督，引导广大律师依法依规履行辩护代理职责，切实维护犯罪嫌疑人、被告人的合法权益，保障法律正确实施。

（四）加强宣传教育。人民法院、人民检察院、公安机关、司法行政机关要认真落实“谁执法谁普法”责任制，结合案件办理深入细致开展法治宣传教育工作。要选取典型案例，以案释法，加大警示教育，震慑违法犯罪分子，充分展示坚决依法严惩此类违法犯罪、维护人民群众生命安全和身体健康的决心。要引导广大群众遵纪守法，不信谣、不传谣，依法支持和配合疫情防控工作，为疫情防控工作的顺利开展营造良好的法治和社会环境。

（五）注重办案安全。在疫情防控期间，办理妨害新型冠状病毒感染肺炎疫情防控案件，办案人员要注重自身安全，提升防范意识，增强在履行接处警、抓捕、羁押、讯问、审判、执行等职能时的自我保护能力和防范能力。除依法必须当面接触的情形外，可以尽量采取书面审查方式，必要时，可以采取视频等方式讯问犯罪嫌疑人、询问被害人、证人、听取辩护律师意见。人民法院在疫情防控期间审理相关案件的，在坚持依法公开审理的同时，要最大限度减少人员聚集，切实维护诉讼参与人、旁听群众、法院干警的安全和健康。

八、相关规定

资料补充栏

中华人民共和国中医药法

1. 2016年12月25日第十二届全国人民代表大会常务委员会第二十五次会议通过
2. 2016年12月25日中华人民共和国主席令第59号公布
3. 自2017年7月1日起施行

目　　录

第一章　总　　则

第一条　【立法目的】为了继承和弘扬中医药，保障和促进中医药事业发展，保护人民健康，制定本法。

第二条　【中医药的定义】本法所称中医药，是包括汉族和少数民族医药在内的我国各民族医药的统称，是反映中华民族对生命、健康和疾病的认识，具有悠久历史传统和独特理论及技术方法的医药学体系。

第三条　【发展方针与原则】中医药事业是我国医药卫生事业的重要组成部分。国家大力发展中医药事业，实行中西医并重的方针，建立符合中医药特点的管理制度，充分发挥中医药在我国医药卫生事业中的作用。

发展中医药事业应当遵循中医药发展规律，坚持继承和创新相结合，保持和发挥中医药特色和优势，运用现代科学技术，促进中医药理论和实践的发展。

国家鼓励中医西医相互学习，相互补充，协调发展，发挥各自优势，促进中西医结合。

第四条　【纳入国民经济和社会发展规划】县级以上人民政府应当将中医药事业纳入国民经济和社会发展规划，建立健全中医药管理体系，统筹推进中医药事业发展。

第五条　【主管部门】国务院中医药主管部门负责全国的中医药管理工作。国务院其他有关部门在各自职责范围内负责与中医药管理有关的工作。

县级以上地方人民政府中医药主管部门负责本行政区域的中医药管理工作。县级以上地方人民政府其他有关部门在各自职责范围内负责与中医药管理有关的工作。

第六条　【鼓励社会力量投资】国家加强中医药服务体系建设，合理规划和配置中医药服务资源，为公民获得中医药服务提供保障。

国家支持社会力量投资中医药事业，支持组织和个人捐赠、资助中医药事业。

第七条　【发展中医药教育体系】国家发展中医药教育，建立适应中医药事业发展需要、规模适宜、结构合理、形式多样的中医药教育体系，培养中医药人才。

第八条　【鼓励科技创新】国家支持中医药科学研究和技术开发，鼓励中医药科学技术创新，推广应用中医药科学技术成果，保护中医药知识产权，提高中医药科学技术水平。

第九条　【对外交流合作】国家支持中医药对外交流与合作，促进中医药的国际传播和应用。

第十条　【表彰奖励】对在中医药事业中做出突出贡献的组织和个人，按照国家有关规定给予表彰、奖励。

第二章　中医药服务

第十一条　【发展中医医疗机构】县级以上人民政府应当将中医医疗机构建设纳入医疗机构设置规划，举办规模适宜的中医医疗机构，扶持有中医药特色和优势的医疗机构发展。

合并、撤销政府举办的中医医疗机构或者改变其中医医疗性质，应当征求上一级人民政府中医药主管部门的意见。

第十二条　【设置中医药科室】政府举办的综合医院、妇幼保健机构和有条件的专科医院、社区卫生服务中心、乡镇卫生院，应当设置中医药科室。

县级以上人民政府应当采取措施，增强社区卫生服务站和村卫生室提供中医药服务的能力。

第十三条　【支持社会力量举办中医医疗机构】国家支持社会力量举办中医医疗机构。

社会力量举办的中医医疗机构在准入、执业、基本医疗保险、科研教学、医务人员职称评定等方面享有与政府举办的中医医疗机构同等的权利。

第十四条　【在备案范围内开展医疗活动】举办中医医疗机构应当按照国家有关医疗机构管理的规定办理审批手续，并遵守医疗机构管理的有关规定。

举办中医诊所的，将诊所的名称、地址、诊疗范围、人员配备情况等报所在地县级人民政府中医药主管部门备案后即可开展执业活动。中医诊所应当将本诊所的诊疗范围、中医医师的姓名及其执业范围在诊所的明显位置公示，不得超出备案范围开展医疗活动。具体办法由国务院中医药主管部门拟订，报国务院卫生行政部门审核、发布。

第十五条　【中医医师资格的取得及执业注册】从事中医医疗活动的人员应当依照《中华人民共和国执业医师法》的规定，通过中医医师资格考试取得中医医师资格，并进行执业注册。中医医师资格考试的内容应当体现中医药特点。

以师承方式学习中医或者经多年实践，医术确有专长的人员，由至少两名中医医师推荐，经省、自治区、直辖市人民政府中医药主管部门组织实践技能和效果考核合格后，即可取得中医医师资格；按照考核内容进行执业注册后，即可在注册的执业范围内，以个人开业的方式或者在医疗机构内从事中医医疗活动。国务院中医药主管部门应当根据中医药技术方法的安全风险拟订本款规定人员的分类考核办法，报国务院卫生行政部门审核、发布。

第十六条　【配备中医药专业技术人员】中医医疗机构配备医务人员应当以中医药专业技术人员为主，主要提供中医药服务；经考试取得医师资格的中医医师按照国家有关规定，经培训、考核合格后，可以在执业活动中采用与其专业相关的现代科学技术方法。在医疗活动中采用现代科学技术方法的，应当有利于保持和发挥中医药特色和优势。

社区卫生服务中心、乡镇卫生院、社区卫生服务站以及有条件的村卫生室应当合理配备中医药专业技术人员，并运用和推广适宜的中医药技术方法。

第十七条　【中医药服务要求】开展中医药服务，应当以中医药理论为指导，运用中医药技术方法，并符合国务院中医药主管部门制定的中医药服务基本要求。

第十八条　【中医药预防、保健服务】县级以上人民政府应当发展中医药预防、保健服务，并按照国家有关规定将其纳入基本公共卫生服务项目统筹实施。

县级以上人民政府应当发挥中医药在突发公共卫生事件应急工作中的作用，加强中医药应急物资、设备、设施、技术与人才资源储备。

医疗卫生机构应当在疾病预防与控制中积极运用中医药理论和技术方法。

第十九条　【中医医疗广告】医疗机构发布中医医疗广告，应当经所在地省、自治区、直辖市人民政府中医药主管部门审查批准；未经审查批准，不得发布。发布的中医医疗广告内容应当与经审查批准的内容相符合，并符合《中华人民共和国广告法》的有关规定。

第二十条　【监督检查】县级以上人民政府中医药主管部门应当加强对中医药服务的监督检查，并将下列事项作为监督检查的重点：

（一）中医医疗机构、中医医师是否超出规定的范围开展医疗活动；

（二）开展中医药服务是否符合国务院中医药主管部门制定的中医药服务基本要求；

（三）中医医疗广告发布行为是否符合本法的规定。

中医药主管部门依法开展监督检查，有关单位和个人应当予以配合，不得拒绝或者阻挠。

第三章　中药保护与发展

第二十一条　【中药材质量安全监管】国家制定中药材种植养殖、采集、贮存和初加工的技术规范、标准，加强对中药材生产流通全过程的质量监督管理，保障中药材质量安全。

第二十二条　【中药材规范化种植养殖】国家鼓励发展中药材规范化种植养殖，严格管理农药、肥料等农业投入品的使用，禁止在中药材种植过程中使用剧毒、高毒农药，支持中药材良种繁育，提高中药材质量。

第二十三条　【道地中药材的保护】国家建立道地中药材评价体系，支持道地中药材品种选育，扶持道地中药材生产基地建设，加强道地中药材生产基地生态环境保护，鼓励采取地理标志产品保护等措施保护道地中药材。

前款所称道地中药材，是指经过中医临床长期应用优选出来的，产在特定地域，与其他地区所产同种中药材相比，品质和疗效更好，且质量稳定，具有较高知名度的中药材。

第二十四条　【中药材质量监测与流通追溯体系】国务院药品监督管理部门应当组织并加强对中药材质量的监测，定期向社会公布监测结果。国务院有关部门应当协助做好中药材质量监测有关工作。

采集、贮存中药材以及对中药材进行初加工，应当符合国家有关技术规范、标准和管理规定。

国家鼓励发展中药材现代流通体系，提高中药材包装、仓储等技术水平，建立中药材流通追溯体系。药品生产企业购进中药材应当建立进货查验记录制度。中药材经营者应当建立进货查验和购销记录制度，并标明中药材产地。

第二十五条　【药用野生动植物资源的保护】国家保护药用野生动植物资源，对药用野生动植物资源实行动态监测和定期普查，建立药用野生动植物资源种质基因库，鼓励发展人工种植养殖，支持依法开展珍贵、濒危药用野生动植物的保护、繁育及其相关研究。

第二十六条 【乡村医生可自种、自采地产中药材使用】在村医疗机构执业的中医医师、具备中药材知识和识别能力的乡村医生，按照国家有关规定可以自种、自采地产中药材并在其执业活动中使用。

第二十七条 【保护中药饮片炮制技术】国家保护中药饮片传统炮制技术和工艺，支持应用传统工艺炮制中药饮片，鼓励运用现代科学技术开展中药饮片炮制技术研究。

第二十八条 【自行炮制中药饮片的安全保证】对市场上没有供应的中药饮片，医疗机构可以根据本医疗机构医师处方的需要，在本医疗机构内炮制、使用。医疗机构应当遵守中药饮片炮制的有关规定，对其炮制的中药饮片的质量负责，保证药品安全。医疗机构炮制中药饮片，应当向所在地设区的市级人民政府药品监督管理部门备案。

根据临床用药需要，医疗机构可以凭本医疗机构医师的处方对中药饮片进行再加工。

第二十九条 【鼓励、支持中药新药、传统中成药】国家鼓励和支持中药新药的研制和生产。

国家保护传统中药加工技术和工艺，支持传统剂型中成药的生产，鼓励运用现代科学技术研究开发传统中成药。

第三十条 【古代经典名方的中药复方制剂】生产符合国家规定条件的来源于古代经典名方的中药复方制剂，在申请药品批准文号时，可以仅提供非临床安全性研究资料。具体管理办法由国务院药品监督管理部门会同中医药主管部门制定。

前款所称古代经典名方，是指至今仍广泛应用、疗效确切、具有明显特色与优势的古代中医典籍所记载的方剂。具体目录由国务院中医药主管部门会同药品监督管理部门制定。

第三十一条 【中药制剂的配制和使用】国家鼓励医疗机构根据本医疗机构临床用药需要配制和使用中药制剂，支持应用传统工艺配制中药制剂，支持以中药制剂为基础研制中药新药。

医疗机构配制中药制剂，应当依照《中华人民共和国药品管理法》的规定取得医疗机构制剂许可证，或者委托取得药品生产许可证的药品生产企业、取得医疗机构制剂许可证的其他医疗机构配制中药制剂。委托配制中药制剂，应当向委托方所在地省、自治区、直辖市人民政府药品监督管理部门备案。

医疗机构对其配制的中药制剂的质量负责；委托配制中药制剂的，委托方和受托方对所配制的中药制剂的质量分别承担相应责任。

第三十二条 【中药制剂品种监管】医疗机构配制的中药制剂品种，应当依法取得制剂批准文号。但是，仅应用传统工艺配制的中药制剂品种，向医疗机构所在地省、自治区、直辖市人民政府药品监督管理部门备案后即可配制，不需要取得制剂批准文号。

医疗机构应当加强对备案的中药制剂品种的不良反应监测，并按照国家有关规定进行报告。药品监督管理部门应当加强对备案的中药制剂品种配制、使用的监督检查。

第四章 中医药人才培养

第三十三条 【中医药教育的原则】中医药教育应当遵循中医药人才成长规律，以中医药内容为主，体现中医药文化特色，注重中医药经典理论和中医药临床实践、现代教育方式和传统教育方式相结合。

第三十四条 【完善中医药学校教育体系】国家完善中医药学校教育体系，支持专门实施中医药教育的高等学校、中等职业学校和其他教育机构的发展。

中医药学校教育的培养目标、修业年限、教学形式、教学内容、教学评价及学术水平评价标准等，应当体现中医药学科特色，符合中医药学科发展规律。

第三十五条 【发展中医药师承教育】国家发展中医药师承教育，支持有丰富临床经验和技术专长的中医医师、中药专业技术人员在执业、业务活动中带徒授业，传授中医药理论和技术方法，培养中医药专业技术人员。

第三十六条 【加强中医药人才培养和发展中西医结合教育】国家加强对中医医师和城乡基层中医药专业技术人员的培养和培训。

国家发展中西医结合教育，培养高层次的中西医结合人才。

第三十七条 【中医药继续教育】县级以上地方人民政府中医药主管部门应当组织开展中医药继续教育，加强对医务人员，特别是城乡基层医务人员中医药基本知识和技能的培训。

中医药专业技术人员应当按照规定参加继续教育，所在机构应当为其接受继续教育创造条件。

第五章 中医药科学研究

第三十八条 【中医药理论和技术方法的继承创新】国

家鼓励科研机构、高等学校、医疗机构和药品生产企业等,运用现代科学技术和传统中医药研究方法,开展中医药科学研究,加强中西医结合研究,促进中医药理论和技术方法的继承和创新。

第三十九条 【经典传承】国家采取措施支持对中医药古籍文献、著名中医药专家的学术思想和诊疗经验以及民间中医药技术方法的整理、研究和利用。

国家鼓励组织和个人捐献有科学研究和临床应用价值的中医药文献、秘方、验方、诊疗方法和技术。

第四十条 【中医药科技进步创新】国家建立和完善符合中医药特点的科学技术创新体系、评价体系和管理体制,推动中医药科学技术进步与创新。

第四十一条 【加强中医药防治及科学研究】国家采取措施,加强对中医药基础理论和辨证论治方法,常见病、多发病、慢性病和重大疑难疾病、重大传染病的中医药防治,以及其他对中医药理论和实践发展有重大促进作用的项目的科学研究。

第六章 中医药传承与文化传播

第四十二条 【传承项目和传承人】对具有重要学术价值的中医药理论和技术方法,省级以上人民政府中医药主管部门应当组织遴选本行政区域内的中医药学术传承项目和传承人,并为传承活动提供必要的条件。传承人应当开展传承活动,培养后继人才,收集整理并妥善保存相关的学术资料。属于非物质文化遗产代表性项目的,依照《中华人民共和国非物质文化遗产法》的有关规定开展传承活动。

第四十三条 【中医药传统知识保护】国家建立中医药传统知识保护数据库、保护名录和保护制度。

中医药传统知识持有人对其持有的中医药传统知识享有传承使用的权利,对他人获取、利用其持有的中医药传统知识享有知情同意和利益分享等权利。

国家对经依法认定属于国家秘密的传统中药处方组成和生产工艺实行特殊保护。

第四十四条 【中医养生保健】国家发展中医养生保健服务,支持社会力量举办规范的中医养生保健机构。中医养生保健服务规范、标准由国务院中医药主管部门制定。

第四十五条 【中医药文化宣传】县级以上人民政府应当加强中医药文化宣传,普及中医药知识,鼓励组织和个人创作中医药文化和科普作品。

第四十六条 【宣传普及活动】开展中医药文化宣传和知识普及活动,应当遵守国家有关规定。任何组织或者个人不得对中医药作虚假、夸大宣传,不得冒用中医药名义牟取不正当利益。

广播、电视、报刊、互联网等媒体开展中医药知识宣传,应当聘请中医药专业技术人员进行。

第七章 保障措施

第四十七条 【政策支持和条件保障】县级以上人民政府应当为中医药事业发展提供政策支持和条件保障,将中医药事业发展经费纳入本级财政预算。

县级以上人民政府及其有关部门制定基本医疗保险支付政策、药物政策等医药卫生政策,应当有中医药主管部门参加,注重发挥中医药的优势,支持提供和利用中医药服务。

第四十八条 【收费项目和标准】县级以上人民政府及其有关部门应当按照法定价格管理权限,合理确定中医医疗服务的收费项目和标准,体现中医医疗服务成本和专业技术价值。

第四十九条 【纳入基本医保范围】县级以上地方人民政府有关部门应当按照国家规定,将符合条件的中医医疗机构纳入基本医疗保险定点医疗机构范围,将符合条件的中医诊疗项目、中药饮片、中成药和医疗机构中药制剂纳入基本医疗保险基金支付范围。

第五十条 【中医药标准体系】国家加强中医药标准体系建设,根据中医药特点对需要统一的技术要求制定标准并及时修订。

中医药国家标准、行业标准由国务院有关部门依据职责制定或者修订,并在其网站上公布,供公众免费查阅。

国家推动建立中医药国际标准体系。

第五十一条 【评审、评估、鉴定】开展法律、行政法规规定的与中医药有关的评审、评估、鉴定活动,应当成立中医药评审、评估、鉴定的专门组织,或者有中医药专家参加。

第五十二条 【促进、规范少数民族医药事业发展】国家采取措施,加大对少数民族医药传承创新、应用发展和人才培养的扶持力度,加强少数民族医疗机构和医师队伍建设,促进和规范少数民族医药事业发展。

第八章 法律责任

第五十三条 【管理部门未履行职责的法律责任】县级以上人民政府中医药主管部门及其他有关部门未履行本法规定的职责的,由本级人民政府或者上级人民政府有关部门责令改正;情节严重的,对直接负责的主管人员和其他直接责任人员,依法给予处分。

第五十四条 【中医诊所违法责任】违反本法规定,中医诊所超出备案范围开展医疗活动的，由所在地县级人民政府中医药主管部门责令改正，没收违法所得，并处一万元以上三万元以下罚款；情节严重的，责令停止执业活动。

中医诊所被责令停止执业活动的，其直接负责的主管人员自处罚决定作出之日起五年内不得在医疗机构内从事管理工作。医疗机构聘用上述不得从事管理工作的人员从事管理工作的，由原发证部门吊销执业许可证或者由原备案部门责令停止执业活动。

第五十五条　【中医医师超出执业范围的违法责任】违反本法规定，经考核取得医师资格的中医医师超出注册的执业范围从事医疗活动的，由县级以上人民政府中医药主管部门责令暂停六个月以上一年以下执业活动，并处一万元以上三万元以下罚款；情节严重的，吊销执业证书。

第五十六条　【违反备案规定的法律责任】违反本法规定，举办中医诊所、炮制中药饮片、委托配制中药制剂应当备案而未备案，或者备案时提供虚假材料的，由中医药主管部门和药品监督管理部门按照各自职责分工责令改正，没收违法所得，并处三万元以下罚款，向社会公告相关信息；拒不改正的，责令停止执业活动或者责令停止炮制中药饮片、委托配制中药制剂活动，其直接责任人员五年内不得从事中医药相关活动。

医疗机构应用传统工艺配制中药制剂未依照本法规定备案，或者未按照备案材料载明的要求配制中药制剂的，按生产假药给予处罚。

第五十七条　【违反广告规定的法律责任】违反本法规定，发布的中医医疗广告内容与经审查批准的内容不相符的，由原审查部门撤销该广告的审查批准文件，一年内不受理该医疗机构的广告审查申请。

违反本法规定，发布中医医疗广告有前款规定以外违法行为的，依照《中华人民共和国广告法》的规定给予处罚。

第五十八条　【违反中药材种植规定的法律责任】违反本法规定，在中药材种植过程中使用剧毒、高毒农药的，依照有关法律、法规规定给予处罚；情节严重的，可以由公安机关对其直接负责的主管人员和其他直接责任人员处五日以上十五日以下拘留。

第五十九条　【民事责任与刑事责任】违反本法规定，造成人身、财产损害的，依法承担民事责任；构成犯罪的，依法追究刑事责任。

第九章　附　　则

第六十条　【法律适用】中医药的管理，本法未作规定的，适用《中华人民共和国执业医师法》、《中华人民共和国药品管理法》等相关法律、行政法规的规定。

军队的中医药管理，由军队卫生主管部门依照本法和军队有关规定组织实施。

第六十一条　【民族自治规定】民族自治地方可以根据《中华人民共和国民族区域自治法》和本法的有关规定，结合实际，制定促进和规范本地方少数民族医药事业发展的办法。

第六十二条　【盲人医疗按摩服务】盲人按照国家有关规定取得盲人医疗按摩人员资格的，可以以个人开业的方式或者在医疗机构内提供医疗按摩服务。

第六十三条　【施行日期】本法自 2017 年 7 月 1 日起施行。

中华人民共和国精神卫生法（节录）

1. 2012 年 10 月 26 日第十一届全国人民代表大会常务委员会第二十九次会议通过

2. 根据 2018 年 4 月 27 日第十三届全国人民代表大会常务委员会第二次会议《关于修改〈中华人民共和国国境卫生检疫法〉等六部法律的决定》修正

第三章　精神障碍的诊断和治疗

第二十五条　【开展诊疗活动的条件】开展精神障碍诊断、治疗活动，应当具备下列条件，并依照医疗机构的管理规定办理有关手续：

（一）有与从事的精神障碍诊断、治疗相适应的精神科执业医师、护士；

（二）有满足开展精神障碍诊断、治疗需要的设施和设备；

（三）有完善的精神障碍诊断、治疗管理制度和质量监控制度。

从事精神障碍诊断、治疗的专科医疗机构还应当配备从事心理治疗的人员。

第二十六条　【诊疗活动应遵循的原则】精神障碍的诊断、治疗，应当遵循维护患者合法权益、尊重患者人格尊严的原则，保障患者在现有条件下获得良好的精神卫生服务。

精神障碍分类、诊断标准和治疗规范，由国务院卫生行政部门组织制定。

第二十七条　【精神障碍诊断的依据】精神障碍的诊断应当以精神健康状况为依据。

除法律另有规定外，不得违背本人意志进行确定其是否患有精神障碍的医学检查。

第二十八条　【疑似精神障碍患者的送诊】除个人自行到医疗机构进行精神障碍诊断外，疑似精神障碍患者的近亲属可以将其送往医疗机构进行精神障碍诊断。对查找不到近亲属的流浪乞讨疑似精神障碍患者，由当地民政等有关部门按照职责分工，帮助送往医疗机构进行精神障碍诊断。

疑似精神障碍患者发生伤害自身、危害他人安全的行为，或者有伤害自身、危害他人安全的危险的，其近亲属、所在单位、当地公安机关应当立即采取措施予以制止，并将其送往医疗机构进行精神障碍诊断。

医疗机构接到送诊的疑似精神障碍患者，不得拒绝为其作出诊断。

第二十九条　【精神障碍的诊断】精神障碍的诊断应当由精神科执业医师作出。

医疗机构接到依照本法第二十八条第二款规定送诊的疑似精神障碍患者，应当将其留院，立即指派精神科执业医师进行诊断，并及时出具诊断结论。

第三十条　【精神障碍患者住院治疗的原则】精神障碍的住院治疗实行自愿原则。

诊断结论、病情评估表明，就诊者为严重精神障碍患者并有下列情形之一的，应当对其实施住院治疗：

（一）已经发生伤害自身的行为，或者有伤害自身的危险的；

（二）已经发生危害他人安全的行为，或者有危害他人安全的危险的。

第三十一条　【有伤害自身行为或危险的精神障碍患者的治疗】精神障碍患者有本法第三十条第二款第一项情形的，经其监护人同意，医疗机构应当对患者实施住院治疗；监护人不同意的，医疗机构不得对患者实施住院治疗。监护人应当对在家居住的患者做好看护管理。

第三十二条　【再次诊断和鉴定】精神障碍患者有本法第三十条第二款第二项情形，患者或者其监护人对需要住院治疗的诊断结论有异议，不同意对患者实施住院治疗的，可以要求再次诊断和鉴定。

依照前款规定要求再次诊断的，应当自收到诊断结论之日起三日内向原医疗机构或者其他具有合法资质的医疗机构提出。承担再次诊断的医疗机构应当在接到再次诊断要求后指派二名初次诊断医师以外的精神科执业医师进行再次诊断，并及时出具再次诊断结论。承担再次诊断的执业医师应当到收治患者的医疗机构面见、询问患者，该医疗机构应当予以配合。

对再次诊断结论有异议的，可以自主委托依法取得执业资质的鉴定机构进行精神障碍医学鉴定；医疗机构应当公示经公告的鉴定机构名单和联系方式。接受委托的鉴定机构应当指定本机构具有该鉴定事项执业资格的二名以上鉴定人共同进行鉴定，并及时出具鉴定报告。

第三十三条　【鉴定人面见患者及鉴定人回避】鉴定人应当到收治精神障碍患者的医疗机构面见、询问患者，该医疗机构应当予以配合。

鉴定人本人或者其近亲属与鉴定事项有利害关系，可能影响其独立、客观、公正进行鉴定的，应当回避。

第三十四条　【鉴定的基本要求】鉴定机构、鉴定人应当遵守有关法律、法规、规章的规定，尊重科学，恪守职业道德，按照精神障碍鉴定的实施程序、技术方法和操作规范，依法独立进行鉴定，出具客观、公正的鉴定报告。

鉴定人应当对鉴定过程进行实时记录并签名。记录的内容应当真实、客观、准确、完整，记录的文本或者声像载体应当妥善保存。

第三十五条　【住院治疗】再次诊断结论或者鉴定报告表明，不能确定就诊者为严重精神障碍患者，或者患者不需要住院治疗的，医疗机构不得对其实施住院治疗。

再次诊断结论或者鉴定报告表明，精神障碍患者有本法第三十条第二款第二项情形的，其监护人应当同意对患者实施住院治疗。监护人阻碍实施住院治疗或者患者擅自脱离住院治疗的，可以由公安机关协助医疗机构采取措施对患者实施住院治疗。

在相关机构出具再次诊断结论、鉴定报告前，收治精神障碍患者的医疗机构应当按照诊疗规范的要求对患者实施住院治疗。

第三十六条　【办理住院手续】诊断结论表明需要住院治疗的精神障碍患者，本人没有能力办理住院手续的，由其监护人办理住院手续；患者属于查找不到监护人的流浪乞讨人员的，由送诊的有关部门办理住院手续。

精神障碍患者有本法第三十条第二款第二项情形，其监护人不办理住院手续的，由患者所在单位、村民委员会或者居民委员会办理住院手续，并由医疗机构在患者病历中予以记录。

第三十七条　【医疗机构告知的义务】医疗机构及其医务人员应当将精神障碍患者在诊断、治疗过程中享有的权利，告知患者或者其监护人。

第三十八条　【创造安全适宜的环境】医疗机构应当配备适宜的设施、设备，保护就诊和住院治疗的精神障碍患者的人身安全，防止其受到伤害，并为住院患者创造尽可能接近正常生活的环境和条件。

第三十九条 【治疗方案及告知】医疗机构及其医务人员应当遵循精神障碍诊断标准和治疗规范，制定治疗方案，并向精神障碍患者或者其监护人告知治疗方案和治疗方法、目的以及可能产生的后果。

第四十条 【保护性医疗措施】精神障碍患者在医疗机构内发生或者将要发生伤害自身、危害他人安全、扰乱医疗秩序的行为，医疗机构及其医务人员在没有其他可替代措施的情况下，可以实施约束、隔离等保护性医疗措施。实施保护性医疗措施应当遵循诊断标准和治疗规范，并在实施后告知患者的监护人。

禁止利用约束、隔离等保护性医疗措施惩罚精神障碍患者。

第四十一条 【药物的使用】对精神障碍患者使用药物，应当以诊断和治疗为目的，使用安全、有效的药物，不得为诊断或者治疗以外的目的使用药物。

医疗机构不得强迫精神障碍患者从事生产劳动。

第四十二条 【精神外科手术】禁止对依照本法第三十条第二款规定实施住院治疗的精神障碍患者实施以治疗精神障碍为目的的外科手术。

第四十三条 【特殊治疗措施及程序】医疗机构对精神障碍患者实施下列治疗措施，应当向患者或者其监护人告知医疗风险、替代医疗方案等情况，并取得患者的书面同意；无法取得患者意见的，应当取得其监护人的书面同意，并经本医疗机构伦理委员会批准：

（一）导致人体器官丧失功能的外科手术；

（二）与精神障碍治疗有关的实验性临床医疗。

实施前款第一项治疗措施，因情况紧急查找不到监护人的，应当取得本医疗机构负责人和伦理委员会批准。

禁止对精神障碍患者实施与治疗其精神障碍无关的实验性临床医疗。

第四十四条 【出院】自愿住院治疗的精神障碍患者可以随时要求出院，医疗机构应当同意。

对有本法第三十条第二款第一项情形的精神障碍患者实施住院治疗的，监护人可以随时要求患者出院，医疗机构应当同意。

医疗机构认为前两款规定的精神障碍患者不宜出院的，应当告知不宜出院的理由；患者或者其监护人仍要求出院的，执业医师应当在病历资料中详细记录告知的过程，同时提出出院后的医学建议，患者或者其监护人应当签字确认。

对有本法第三十条第二款第二项情形的精神障碍患者实施住院治疗，医疗机构认为患者可以出院的，应当立即告知患者及其监护人。

医疗机构应当根据精神障碍患者病情，及时组织精神科执业医师对依照本法第三十条第二款规定实施住院治疗的患者进行检查评估。评估结果表明患者不需要继续住院治疗的，医疗机构应当立即通知患者及其监护人。

第四十五条 【办理出院手续】精神障碍患者出院，本人没有能力办理出院手续的，监护人应当为其办理出院手续。

第四十六条 【通讯和会见探访者的权利】医疗机构及其医务人员应当尊重住院精神障碍患者的通讯和会见探访者等权利。除在急性发病期或者为了避免妨碍治疗可以暂时性限制外，不得限制患者的通讯和会见探访者等权利。

第四十七条 【病历资料】医疗机构及其医务人员应当在病历资料中如实记录精神障碍患者的病情、治疗措施、用药情况、实施约束、隔离措施等内容，并如实告知患者或者其监护人。患者及其监护人可以查阅、复制病历资料；但是，患者查阅、复制病历资料可能对其治疗产生不利影响的除外。病历资料保存期限不得少于三十年。

第四十八条 【不得推诿、拒绝治疗其他疾病】医疗机构不得因就诊者是精神障碍患者，推诿或者拒绝为其治疗属于本医疗机构诊疗范围的其他疾病。

第四十九条 【监护人的看护职责】精神障碍患者的监护人应当妥善看护未住院治疗的患者，按照医嘱督促其按时服药、接受随访或者治疗。村民委员会、居民委员会、患者所在单位等应当依患者或者其监护人的请求，对监护人看护患者提供必要的帮助。

第五十条 【卫生行政部门定期检查】县级以上地方人民政府卫生行政部门应当定期就下列事项对本行政区域内从事精神障碍诊断、治疗的医疗机构进行检查：

（一）相关人员、设施、设备是否符合本法要求；

（二）诊疗行为是否符合本法以及诊断标准、治疗规范的规定；

（三）对精神障碍患者实施住院治疗的程序是否符合本法规定；

（四）是否依法维护精神障碍患者的合法权益。

县级以上地方人民政府卫生行政部门进行前款规定的检查，应当听取精神障碍患者及其监护人的意见；发现存在违反本法行为的，应当立即制止或者责令改正,并依法作出处理。

第五十一条 【心理治疗】心理治疗活动应当在医疗机构内开展。专门从事心理治疗的人员不得从事精神障碍的诊断,不得为精神障碍患者开具处方或者提供外科治疗。心理治疗的技术规范由国务院卫生行政部门制定。

第五十二条 【保证被监管人员获得治疗】监狱、强制隔离戒毒所等场所应当采取措施,保证患有精神障碍的服刑人员、强制隔离戒毒人员等获得治疗。

第五十三条 【与治安管理处罚法和刑法的衔接】精神障碍患者违反治安管理处罚法或者触犯刑法的,依照有关法律的规定处理。

卫生行政处罚程序

1. 1997年6月19日卫生部令第53号发布

2. 根据2006年2月13日《卫生部关于修改〈卫生行政处罚程序〉第二十九条的通知》(卫政法发〔2006〕68号)修订

第一章 总　　则

第一条 为保证卫生行政机关正确行使行政处罚职权,保护公民、法人和其他组织的合法权益,维护公共利益和社会秩序,根据《行政处罚法》和有关卫生法律、法规的规定,制定本程序。

第二条 本程序所指行政处罚,是指县级以上卫生行政机关依据卫生法律、法规、规章,对应受制裁的违法行为,作出的警告、罚款、没收违法所得、责令停产停业、吊销许可证以及卫生法律、行政法规规定的其他行政处罚。

第三条 县级以上卫生行政机关对违反卫生法律、法规、规章的单位或个人进行行政处罚,适用本程序。

卫生法律、法规授予卫生行政处罚职权的卫生机构行使卫生行政处罚权的,依照本程序执行。

第四条 卫生行政机关实施行政处罚必须事实清楚,证据确凿,适用法律、法规、规章正确,坚持先调查取证后裁决、合法、适当、公正、公开和处罚与教育相结合的原则。

第五条 卫生行政机关应当建立对卫生行政处罚的监督制度。上级卫生行政机关对下级卫生行政机关实施行政处罚进行监督,卫生行政机关内部法制机构对本机关实施行政处罚进行监督。

第二章 管　　辖

第六条 县级以上卫生行政机关负责查处所辖区域内的违反卫生法律、法规、规章的案件。

省级卫生行政机关可依据卫生法律、法规、规章和本地区的实际,规定所辖区内管辖的具体分工。

卫生部负责查处重大、复杂的案件。

第七条 上级卫生行政机关可将自己管辖的案件移交下级卫生行政机关处理;也可根据下级卫生行政机关的请求处理下级卫生行政机关管辖的案件。

第八条 两个以上卫生行政机关,在管辖发生争议时,报请其共同的上级卫生行政机关指定管辖。

第九条 卫生行政机关发现查处的案件不属于自己管辖,应当及时书面移送给有管辖权的卫生行政机关。

受移送的卫生行政机关应当将案件查处结果函告移送的卫生行政机关。

受移送地的卫生行政机关如果认为移送不当,应当报请共同的上级卫生行政机关指定管辖,不得再自行移送。

第十条 上级卫生行政机关在接到有关解决管辖争议或者报请移送管辖的请示后,应当在十日内作出具体管辖决定。

第十一条 国境卫生检疫机关依据国境卫生检疫法律、法规实施的行政处罚,由违法行为发生地的国境卫生检疫机关管辖。

卫生部卫生检疫局负责查处重大、复杂的案件。

卫生部卫生检疫局下设的国境卫生检疫机关间对管辖发生争议时,报请卫生部卫生检疫局指定管辖。

第十二条 法律、法规规定的受卫生部委托的有关部门的卫生主管机构,或者由卫生部会同其规定监督职责的国务院有关部门的卫生主管机构,负责规定管辖范围内的案件。

第十三条 卫生行政机关与第十二条所指的有关部门的卫生主管机构对管辖发生争议的,报请省级卫生行政机关指定管辖。

第三章 受理与立案

第十四条 卫生行政机关对下列案件应当及时受理并做好记录:

(一)在卫生监督管理中发现的;

(二)卫生机构监测报告的;

(三)社会举报的;

(四)上级卫生行政机关交办、下级卫生行政机关报请的或者有关部门移送的。

第十五条 卫生行政机关受理的案件符合下列条件的,应当在七日内立案:

(一)有明确的违法行为人或者危害后果;

（二）有来源可靠的事实依据；

（三）属于卫生行政处罚的范围；

（四）属于本机关管辖。

卫生行政机关对决定立案的应当制作报告，由直接领导批准，并确定立案日期和两名以上卫生执法人员为承办人。

第十六条 承办人有下列情形之一的，应当自行回避：

（一）是本案当事人的近亲属；

（二）与本案有利害关系；

（三）与本案当事人有其他利害关系，可能影响案件公正处理的。

当事人有权申请承办人回避。

回避申请由受理的卫生行政机关负责人决定。

第四章 调查取证

第十七条 对于依法给予卫生行政处罚的违法行为，卫生行政机关应当调查取证，查明违法事实。案件的调查取证，必须有两名以上执法人员参加，并出示有关证件。

对涉及国家机密、商业秘密和个人隐私的，应当保守秘密。

第十八条 卫生执法人员应分别询问当事人或证人，并当场制作询问笔录。询问笔录经核对无误后，卫生执法人员和被询问人应当在笔录上签名。被询问人拒绝签名的，应当由两名卫生执法人员在笔录上签名并注明情况。

第十九条 卫生执法人员进行现场检查时，应制作现场检查笔录，笔录经核对无误后，卫生执法人员和被检查人应当在笔录上签名，被检查人拒绝签名的，应当由两名卫生执法人员在笔录上签名并注明情况。

第二十条 调查取证的证据应当是原件、原物，调查取证原件、原物确有困难的，可由提交证据的单位或个人在复制品、照片等物件上签章，并注明“与原件（物）相同”字样或文字说明。

第二十一条 书证、物证、视听材料、证人证言、当事人陈述、鉴定结论、勘验笔录、现场检查笔录等，经卫生执法人员审查或调查属实，为卫生行政处罚证据。

第二十二条 卫生行政机关在收集证据时，在证据可能灭失、或者以后难以取得的情况下，经卫生行政机关负责人批准，可以先行登记保存。执法人员应向当事人出具由行政机关负责人签发的保存证据通知书。

卫生行政机关应当在七日内作出处理决定。卫生法律、法规另有规定的除外。

第二十三条 卫生执法人员调查违法事实，需要采集鉴定检验样品的，应当填写采样记录。所采集的样品应标明编号并及时进行鉴定检验。

第二十四条 调查终结后，承办人应当写出调查报告。其内容应当包括案由、案情、违法事实、违反法律、法规或规章的具体款项等。

第五章 处罚决定

第一节 一般程序

第二十五条 承办人在调查终结后，应当对违法行为的事实、性质、情节以及社会危害程度进行合议并作好记录，合议应当根据认定的违法事实，依照有关卫生法律、法规和规章的规定分别提出下列处理意见：

（一）确有应当受行政处罚的违法行为的，依法提出卫生行政处罚的意见；

（二）违法行为轻微的，依法提出不予卫生行政处罚的意见；

（三）违法事实不能成立的，依法提出不予卫生行政处罚的意见；

（四）违法行为不属于本机关管辖的，应当移送有管辖权的机关处理；

（五）违法行为构成犯罪需要追究刑事责任的，应当移送司法机关。同时应当予以行政处罚的，还应当依法提出卫生行政处罚的意见。

除前款第一项、第五项所述情形之外，承办人应制作结案报告，并经本机关负责人批准后结案。

第二十六条 卫生行政机关在作出合议之后，应当及时告知当事人行政处罚认定的事实、理由和依据，以及当事人依法享有的权利。适用听证程序的按本程序第三十三条规定。

卫生行政机关必须充分听取当事人的陈述和申辩，并进行复核，当事人提出的事实、理由或者证据成立的，应当采纳。

卫生行政机关不得因当事人申辩而加重处罚。

第二十七条 对当事人违法事实已查清，依据卫生法律、法规、规章的规定应给予行政处罚的，承办人应起草行政处罚决定书文稿，报卫生行政机关负责人审批。

卫生行政机关负责人应根据情节轻重及具体情况作出行政处罚决定。对于重大、复杂的行政处罚案件，应当由卫生行政机关负责人集体讨论决定。

行政处罚决定作出后，卫生行政机关应当制作行政处罚决定书。

第二十八条 卫生行政机关适用一般程序实施行政处罚时，对已有证据证明的违法行为，应当在发现违法行为或调查违法事实时,书面责令当事人改正或限期改正违法行为。

第二十九条 卫生行政机关应当自立案之日起三个月内作出行政处罚决定。

因特殊原因,需要延长前款规定的时间的,应当报请上级卫生行政机关批准。省级卫生行政机关需要延长时间的,由省级卫生行政机关负责人集体讨论决定。

第二节 听证程序

第三十条 卫生行政机关在作出的责令停产停业、吊销许可证或者较大数额罚款等行政处罚决定前,应当告知当事人有要求举行听证的权利。当事人要求听证的,卫生行政机关应当组织听证。听证由卫生行政机关内部法制机构或主管法制工作的综合机构负责。

对较大数额罚款的听证范围依照省、自治区、直辖市人大常委会或人民政府的具体规定执行。

国境卫生检疫机关对二万元以上数额的罚款实行听证。

第三十一条 听证遵循公正、公开的原则。除涉及国家秘密、商业秘密或者个人隐私外,听证应当以公开的方式进行。

听证实行告知、回避制度,依法保障当事人的陈述权和申辩权。

第三十二条 听证由作出行政处罚的卫生行政机关组织。当事人不承担卫生行政机关听证的费用。

第三十三条 卫生行政机关对于适用听证程序的卫生行政处罚案件,应当在作出行政处罚决定前,向当事人送达听证告知书。

听证告知书应当载明下列主要事项:

(一)当事人的姓名或者名称;

(二)当事人的违法行为、行政处罚的理由、依据和拟作出的行政处罚决定;

(三)告知当事人有要求听证的权利;

(四)告知提出听证要求的期限和听证组织机关。

听证告知书必须盖有卫生行政机关的印章。

第三十四条 卫生行政机关决定予以听证的,听证主持人应当在当事人提出听证要求之日起二日内确定举行听证时间、地点和方式,并在举行听证的七日前,将听证通知书送达当事人。

听证通知书应载明下列事项并加盖卫生行政机关印章:

(一)当事人的姓名或者名称;

(二)举行听证的时间、地点和方式;

(三)听证人员的姓名;

(四)告知当事人有权申请回避;

(五)告知当事人准备证据、通知证人等事项。

第三十五条 当事人接到听证通知书后,应当按期出席听证会。因故不能如期参加听证的,应当事先告知主持听证的卫生行政机关,并且获得批准。无正当理由不按期参加听证的,视为放弃听证要求,卫生行政机关予以书面记载。在听证举行过程中当事人放弃申辩和退出听证的,卫生行政机关可以宣布听证终止,并记入听证笔录。

第三十六条 卫生行政机关的听证人员包括听证主持人、听证员和书记员。

听证主持人由行政机关负责人指定本机关内部的非本案调查人员担任,一般由本机关法制机构人员或者专职法制人员担任。

听证员由卫生行政机关指定一至二名本机关内部的非本案调查人员担任。协助听证主持人组织听证。

书记员由卫生行政机关内部的一名非本案调查人员担任,负责听证笔录的制作和其他事务。

第三十七条 当事人认为听证主持人、听证员和书记员与本案有利害关系的,有权申请回避。听证员和书记员的回避,由听证主持人决定;听证主持人的回避由听证机构行政负责人决定。

第三十八条 有下列情形之一的,可以延期举行听证:

(一)当事人有正当理由未到场的;

(二)当事人提出回避申请理由成立,需要重新确定主持人的;

(三)需要通知新的证人到场,或者有新的事实需要重新调查核实的;

(四)其他需要延期的情形。

第三十九条 举行听证时,案件调查人提出当事人违法事实、证据和适用听证程序的行政处罚建议,当事人进行陈述、申辩和质证。

案件调查人员对认定的事实负有举证责任,当事人对自己提出的主张负有举证责任。

第四十条 听证应当制作笔录,听证笔录应当载明下列事项:

(一)案由;

(二)听证参加人姓名或名称、地址;

(三)听证主持人、听证员、书记员姓名;

(四)举行听证的时间、地点、方式;

(五)案件调查人员提出的事实、证据和适用听证程序的行政处罚建议;

(六)当事人陈述、申辩和质证的内容;

（七）听证参加人签名或盖章。

听证主持人应当在听证后将听证笔录当场交当事人和案件调查人审核，并签名或盖章。当事人拒绝签名的，由听证主持人在听证笔录上说明情况。

第四十一条 听证结束后，听证主持人应当依据听证情况，提出书面意见。

第四十二条 卫生行政机关应当根据听证情况进行复核，违法事实清楚的，依法作出行政处罚决定；违法事实与原来认定有出入的，可以进行调查核实，在查清事实后，作出行政处罚决定。

第三节 简易程序

第四十三条 对于违法事实清楚、证据确凿并有下列情形之一的，卫生行政机关可当场作出卫生行政处罚决定：

（一）予以警告的行政处罚；

（二）对公民处以五十元以下罚款的行政处罚；

（三）对法人或者其他组织处以一千元以下罚款的行政处罚。

第四十四条 卫生行政执法人员当场作出行政处罚决定的，应当向当事人出示证件，填写预定格式、编有号码并加盖卫生行政机关印章的当场行政处罚决定书。

前款规定的行政处罚决定书应当载明当事人的违法行为、行政处罚依据（适用的法律、法规、规章名称及条、款、项、目）、具体处罚决定、时间、地点、卫生行政机关名称，并由执法人员签名或盖章。

第四十五条 卫生行政机关适用简易程序作出卫生行政处罚决定的，应在处罚决定书中书面责令当事人改正或限期改正违法行为。

第四十六条 卫生行政执法人员当场作出的行政处罚决定，应当在七日内报所属卫生行政机关备案。

第四节 送达

第四十七条 卫生行政处罚决定书应当在宣告后当场交付当事人并取得送达回执。当事人不在场的，卫生行政机关应当在七日内依照本节规定，将卫生行政处罚决定书送达当事人。

卫生行政处罚决定书由承办人送达被处罚的单位或个人签收，受送达人在送达回执上记明收到日期、签名或盖章。受送达人在送达回执上的签收日期为送达日期。

送达行政处罚决定书应直接送交受送达人。受送达人是公民的，本人不在时，交同住成年家属签收；受送达人是法人或者其他组织的，应由法定代表人、其他组织的主要负责人或者该法人、其他组织负责收件人员签收。

第四十八条 受送达人或者其同住成年家属拒收行政处罚决定书的，送达人应当邀请有关基层组织或者所在单位人员到场并说明情况，在行政处罚决定书送达回执上注明拒收事由和日期，由送达人、见证人签名（盖章），将行政处罚决定书留在被处罚单位或者个人处，即视为送达。

第四十九条 直接送达有困难的，可以委托就近的卫生行政机关代送或者用挂号邮寄送达，回执注明的收件日期即为送达日期。

第五十条 受送达人下落不明，或者依据本程序的其他方式无法送达的，以公告方式送达。

自发出公告之日起，经过六十日，即视为送达。

第六章 执行与结案

第五十一条 卫生行政处罚决定作出后，当事人应当在处罚决定的期限内予以履行。

第五十二条 当事人对卫生行政处罚决定不服申请行政复议或者提起行政诉讼的，行政处罚不停止执行，但行政复议或行政诉讼期间裁定停止执行的除外。

第五十三条 作出罚款决定的卫生行政机关应当与收缴罚款的机关分离，除按规定当场收缴的罚款外，作出行政处罚决定的卫生行政机关及卫生执法人员不得自行收缴罚款。

第五十四条 依据本程序第四十三条当场作出卫生行政处罚决定，有下列情形之一的，卫生执法人员可以当场收缴罚款：

（一）依法给予二十元以下罚款的；

（二）不当场收缴事后难以执行的。

卫生行政机关及其卫生执法人员当场收缴罚款的，必须向当事人出具省、自治区、直辖市财政部门统一制发的罚款收据。

第五十五条 在边远、水上、交通不便地区，卫生行政机关及卫生执法人员依照本程序规定作出处罚决定后，当事人向指定的银行缴纳罚款确有困难的，经当事人提出，卫生行政机关及其卫生执法人员可以当场收缴罚款。

第五十六条 当事人在法定期限内不申请行政复议或者不提起行政诉讼又不履行的，卫生行政机关可以采取下列措施：

（一）到期不缴纳罚款的每日按罚款数额的百分之三加处罚款；

（二）申请人民法院强制执行。

第五十七条 卫生行政处罚决定履行或者执行后，承办人应当制作结案报告。并将有关案件材料进行整理装订，加盖案件承办人印章，归档保存。

第五十八条 卫生行政机关应当将适用听证程序的行政处罚案件在结案后一个月内报上一级卫生行政机关法制机构备案。

卫生部卫生检疫局适用听证程序的行政处罚案件，应当报卫生部法制机构备案。

第七章 附 则

第五十九条 本程序所称卫生执法人员是指依照卫生法律、法规、规章聘任的卫生监督员。

第六十条 卫生行政机关及其卫生执法人员违反本程序实施行政处罚，将依照《行政处罚法》的有关规定，追究法律责任。

第六十一条 卫生行政处罚文书规范由卫生部另行制定。

第六十二条 本程序由卫生部负责解释。

第六十三条 本程序自发布之日起实行。以前发布的有关规定与本程序不符的，以本程序为准。

卫生行政许可管理办法

1. 2004年11月17日卫生部令第38号发布

2. 根据2017年12月26日国家卫生和计划生育委员会令第18号《关于修改〈新食品原料安全性审查管理办法〉等7件部门规章的决定》修订

第一章 总 则

第一条 为规范卫生计生行政部门实施卫生行政许可，根据《中华人民共和国行政许可法》（以下简称《行政许可法》）和有关卫生法律法规的规定，制定本办法。

第二条 卫生行政许可是卫生计生行政部门根据公民、法人或者其他组织的申请，按照卫生法律、法规、规章和卫生标准、规范进行审查，准予其从事与卫生管理有关的特定活动的行为。

第三条 实施卫生行政许可，应当遵循公开、公平、公正、便民原则，提高办事效率，提供优质服务。

第四条 各级卫生计生行政部门实施的卫生行政许可应当有下列法定依据：

（一）法律、行政法规；

（二）国务院决定；

（三）地方性法规；

（四）省、自治区、直辖市人民政府规章。

各级卫生计生行政部门不得自行设定卫生行政许可项目，不得实施没有法定依据的卫生行政许可。

第五条 卫生计生行政部门实施卫生行政许可必须严格遵守法律、法规、规章规定的权限和程序。

法律、法规、规章规定由上级卫生行政机关实施的卫生行政许可，下级卫生行政机关不得实施；法律、法规、规章规定由下级卫生行政机关实施的卫生行政许可，上级卫生行政机关不得实施，但应当对下级卫生行政机关实施卫生行政许可的行为加强监督。

法律、法规、规章未明确规定实施卫生行政许可的卫生计生行政部门级别的，或者授权省级卫生计生行政部门对此作出规定的，省级卫生计生行政部门应当作出具体规定。

第六条 卫生计生行政部门实施的卫生行政许可需要内设的多个机构办理的，应当确定一个机构统一受理卫生行政许可申请和发放行政许可决定。

第七条 公民、法人或者其他组织对卫生计生行政部门实施卫生行政许可享有陈述权、申辩权和依法要求听证的权利；有权依法申请行政复议或者提起行政诉讼；其合法权益因卫生计生行政部门违法实施卫生行政许可受到损害的，有权依法要求赔偿。

第八条 任何单位和个人对违法实施卫生行政许可的行为有权进行举报，卫生计生行政部门应当及时核实、处理。

第二章 申请与受理

第九条 公民、法人或者其他组织申请卫生行政许可，应当按照法律、法规、规章规定的程序和要求向卫生计生行政部门提出申请。申请书格式文本由卫生计生行政部门提供。

申请人可以委托代理人提出卫生行政许可申请，代理人办理卫生行政许可申请时应当提供委托代理证明。

第十条 卫生计生行政部门应当公示下列与办理卫生行政许可事项相关的内容：

（一）卫生行政许可事项、依据、条件、程序、期限、数量；

（二）需要提交的全部材料目录；

（三）申请书示范文本；

（四）办理卫生行政许可的操作流程、通信地址、联系电话、监督电话。

有条件的卫生计生行政部门应当在相关网站上公布前款所列事项，方便申请人提出卫生行政许可，提高办事效率。

卫生计生行政部门应当根据申请人的要求,对公示内容予以说明、解释。

第十一条 申请人申请卫生行政许可,应当如实向卫生计生行政部门提交有关材料,并对其申请材料的真实性负责,承担相应的法律责任。卫生计生行政部门不得要求申请人提交与其申请的卫生行政许可事项无关的技术资料和其他材料。

第十二条 卫生计生行政部门接收卫生行政许可申请时,应当对申请事项是否需要许可、申请材料是否齐全等进行核对,并根据下列情况分别作出处理:

(一)申请事项依法不需要取得卫生行政许可的,应当即时告知申请人不受理;

(二)申请事项依法不属于卫生计生行政部门职权范围的,应当即时作出不予受理的决定,并告知申请人向有关行政机关申请;

(三)申请材料存在可以当场更正的错误,应当允许申请人当场更正,但申请材料中涉及技术性的实质内容除外。申请人应当对更正内容予以书面确认;

(四)申请材料不齐全或者不符合法定形式的,应当当场或者在5日内出具申请材料补正通知书,一次告知申请人需要补正的全部内容,逾期不告知的,自收到申请材料之日起即为受理;补正的申请材料仍然不符合有关要求的,卫生计生行政部门可以要求继续补正;

(五)申请材料齐全、符合法定形式,或者申请人按照要求提交全部补正申请材料的,卫生计生行政部门应当受理其卫生行政许可申请。

第十三条 卫生计生行政部门受理或者不予受理卫生行政许可申请的,应当出具加盖卫生计生行政部门专用印章和注明日期的文书。

第十四条 卫生行政许可申请受理后至卫生行政许可决定作出前,申请人书面要求撤回卫生行政许可申请的,可以撤回;撤回卫生行政许可申请的,卫生计生行政部门终止办理,并通知申请人。

第三章 审查与决定

第十五条 卫生计生行政部门受理申请后,应当及时对申请人提交的申请材料进行审查。

卫生计生行政部门根据法律、法规和规章的规定,确定审查申请材料的方式。

第十六条 卫生计生行政部门对申请材料审查后,应当在受理申请之日起20日内作出卫生行政许可决定;20日内不能作出卫生行政许可决定的,经本级卫生计生行政部门负责人批准,可以延长10日,并应当将延长期限的理由书面告知申请人。

法律、法规对卫生行政许可期限另有规定的,依照其规定。

第十七条 卫生计生行政部门依法需要对申请人进行现场审查的,应当及时指派两名以上工作人员进行现场审查,并根据现场审查结论在规定期限内作出卫生行政许可决定。

第十八条 卫生计生行政部门依法需要对申请行政许可事项进行检验、检测、检疫的,应当自受理申请之日起5日内指派两名以上工作人员按照技术标准、技术规范进行检验、检测、检疫,并书面告知检验、检测、检疫所需期限。需要延长检验、检测、检疫期限的,应当另行书面告知申请人。检验、检测、检疫所需时间不计算在卫生行政许可期限内。

第十九条 卫生计生行政部门依法需要根据鉴定、专家评审结论作出卫生行政许可决定的,应当书面告知申请人组织专家评审的所需期限。卫生计生行政部门根据专家评审结论作出是否批准的卫生行政许可决定。需要延长专家评审期限的,应当另行书面告知申请人。鉴定、专家评审所需时间不计算在卫生行政许可期限内。

第二十条 卫生计生行政部门依法需要根据考试、考核结果作出卫生行政许可决定的,申请人在考试、考核合格成绩确定后,根据其考试、考核结果向卫生计生行政部门提出申请,卫生计生行政部门应当在规定期限内作出卫生行政许可决定。

卫生计生行政部门根据考试成绩和其他法定条件作出卫生行政许可决定的,应当事先公布资格考试的报名条件、报考办法、考试科目以及考试大纲。但是,不得组织强制性的资格考试的考前培训,不得指定教材或者其他助考材料。

第二十一条 卫生计生行政部门依法需要根据检验、检测、检疫结果作出卫生行政许可决定的,检验、检测、检疫工作由依法认定的具有法定资格的技术服务机构承担。

申请人依法可自主选择具备法定资格的检验、检测、检疫机构,卫生计生行政部门不得为申请人指定检验、检测、检疫机构。

第二十二条 依法应当逐级审批的卫生行政许可,下级卫生计生行政部门应当在法定期限内按规定程序和要求出具初审意见,并将初步审查意见和全部申报材料报送上级卫生计生行政部门审批。法律、法规另有规定的,依照其规定。

符合法定要求的,上级卫生计生行政部门不得要求申请人重复提供申请材料。

第二十三条 卫生计生行政部门作出不予卫生行政许可的书面决定的,应当说明理由,告知申请人享有依法申请行政复议或者提起行政诉讼的权利,并加盖卫生计生行政部门印章。

第二十四条 申请人的申请符合法定条件、标准的,卫生计生行政部门应当依法作出准予卫生行政许可的书面决定。依法需要颁发卫生行政许可证件的,应当向申请人颁发加盖卫生计生行政部门印章的卫生行政许可证件。

卫生行政许可证件应当按照规定载明证件名称、发证机关名称、持证人名称、行政许可事项名称、有效期、编号等内容,并加盖卫生计生行政部门印章,标明发证日期。

第二十五条 卫生计生行政部门作出的卫生行政许可决定,除涉及国家秘密、商业秘密或者个人隐私的外,应当予以公开,公众有权查阅。

第二十六条 卫生计生行政部门应当建立健全卫生行政许可档案管理制度,妥善保存有关申报材料和技术评价资料。

第二十七条 申请人依法取得的卫生行政许可,其适用范围没有地域限制的,在全国范围内有效,各级卫生计生行政部门不得采取备案、登记、注册等方式重复或者变相重复实施卫生行政许可。

第二十八条 同一公民、法人或者其他组织在同一地点的生产经营场所需要多项卫生行政许可,属于同一卫生计生行政部门实施行政许可的,卫生计生行政部门可以只发放一个卫生行政许可证件,其多个许可项目应当分别予以注明。

第四章 听 证

第二十九条 法律、法规、规章规定实施卫生行政许可应当听证的事项,或者卫生计生行政部门认为需要听证的涉及重大公共利益的卫生行政许可事项,卫生计生行政部门应当在作出卫生行政许可决定前向社会公告,并举行听证。听证公告应当明确听证事项、听证举行的时间、地点、参加人员要求及提出申请的时间和方式等。

第三十条 卫生行政许可直接涉及申请人与他人之间重大利益关系,卫生计生行政部门应当在作出卫生行政许可决定前发出卫生行政许可听证告知书,告知申请人、利害关系人有要求听证的权利。

第三十一条 申请人、利害关系人要求听证的,应当自收到卫生计生行政部门卫生行政许可听证告知书后五日内提交申请听证的书面材料。逾期不提交的,视为放弃听证的权利。

第三十二条 卫生计生行政部门应当在接到申请人、利害关系人申请听证的书面材料二十日内组织听证,并在举行听证的七日前,发出卫生行政许可听证通知书,将听证的事项、时间、地点通知申请人、利害关系人。

第三十三条 申请人、利害关系人在举行听证前,撤回听证申请的,应当准许,并予记录。

第三十四条 申请人、利害关系人可以亲自参加听证,也可以委托代理人参加听证,代理人应当提供委托代理证明。

第三十五条 根据规定需要听证的,由卫生计生行政部门具体实施行政许可的机构负责组织。听证由卫生计生行政部门的法制机构主持。

申请人、利害关系人不承担卫生计生行政部门组织听证的费用。

第三十六条 申请人、利害关系人认为听证主持人与卫生行政许可有直接利害关系的,有权申请回避。

第三十七条 有下列情形之一的,可以延期举行听证:

(一)申请人、利害关系人有正当理由未到场的;

(二)申请人、利害关系人提出回避申请理由成立,需要重新确定主持人的;

(三)其他需要延期的情形。

第三十八条 举行听证时,卫生行政许可审查人提出许可审查意见,申请人、利害关系人进行陈述、申辩和质证。

第三十九条 听证应当制作笔录,听证笔录应当载明下列事项:

(一)卫生行政许可事项;

(二)听证参加人姓名、年龄、身份;

(三)听证主持人、听证员、书记员姓名;

(四)举行听证的时间、地点、方式;

(五)卫生行政许可审查人提出的许可审查意见;

(六)申请人、利害关系人陈述、申辩和质证的内容。

听证主持人应当在听证后将听证笔录当场交申请人、利害关系人审核,并签名或盖章。申请人、利害关系人拒绝签名的,由听证主持人在听证笔录上说明情况。

第四十条 听证结束后,听证主持人应当依据听证情况,提出书面意见。

第四十一条 听证所需时间不计算在卫生行政许可期限内。

第五章 变更与延续

第四十二条 被许可人在卫生行政许可有效期满前要求变更卫生行政许可事项的，应当向作出卫生行政许可决定的卫生计生行政部门提出申请，并按照要求提供有关材料。

卫生计生行政部门对被许可人提出的变更申请，应当按照有关规定进行审查。对符合法定条件和要求的，卫生计生行政部门应当依法予以变更，并换发行政许可证件或者在原许可证件上予以注明；对不符合法定条件和要求的，卫生计生行政部门应当作出不予变更行政许可的书面决定，并说明理由。

第四十三条 按照法律、法规、规章规定不属于可以变更情形的，应当按照规定重新申请卫生行政许可。

第四十四条 被许可人依法需要延续卫生行政许可有效期的，应当在该卫生行政许可有效期届满30日前向作出卫生行政许可决定的卫生计生行政部门提出申请，并按照要求提供有关材料。但法律、法规、规章另有规定的，依照其规定。

第四十五条 卫生计生行政部门接到延续申请后，应当按照本办法的有关规定作出受理或者不予受理的决定。受理延续申请的，应当在该卫生行政许可有效期届满前作出是否准予延续的决定；逾期未作决定的，视为准予延续。

卫生计生行政部门作出不受理延续申请或者不准予延续决定的，应当书面告知理由。

被许可人未按照规定申请延续和卫生计生行政部门不受理延续申请或者不准予延续的，卫生行政许可有效期届满后，原许可无效，由作出卫生行政许可决定的卫生计生行政部门注销并公布。

第四十六条 依法取得的卫生行政许可，除法律、法规规定依照法定条件和程序可以转让的外，不得转让。

第六章 监督检查

第四十七条 卫生计生行政部门应当建立健全行政许可管理制度，对卫生行政许可行为和被许可人从事卫生行政许可事项的活动实施全面监督。

第四十八条 上级卫生计生行政部门应当加强对下级卫生计生行政部门实施的卫生行政许可的监督检查，发现下级卫生计生行政部门实施卫生行政许可违反规定的，应当责令下级卫生计生行政部门纠正或者直接予以纠正。

第四十九条 卫生计生行政部门发现本机关工作人员违反规定实施卫生行政许可的，应当立即予以纠正。

卫生计生行政部门发现其他地方卫生计生行政部门违反规定实施卫生行政许可的，应当立即报告共同上级卫生计生行政部门。接到报告的卫生计生行政部门应当及时进行核实，对情况属实的，应当责令有关卫生计生行政部门立即纠正；必要时，上级卫生计生行政部门可以直接予以纠正。

第五十条 卫生计生行政部门应当加强对被许可人从事卫生行政许可事项活动情况的监督检查，并按照规定记录监督检查情况和处理结果，监督检查记录应当按照要求归档。

第五十一条 卫生计生行政部门依法对被许可人生产、经营、服务的场所和生产经营的产品以及使用的用品用具等进行实地检查、抽样检验、检测时，应当严格遵守卫生行政执法程序和有关规定。

第五十二条 卫生计生行政部门实施监督检查，不得妨碍被许可人正常生产经营和服务活动，不得索取或者收受被许可人的财物，不得谋取其他利益。

卫生计生行政部门对被许可人提供的有关技术资料和商业秘密负有保密责任。

第五十三条 对违法从事卫生行政许可事项活动的，卫生计生行政部门应当及时予以查处。对涉及本辖区外的违法行为，应当通报有关卫生计生行政部门进行协查；接到通报的卫生计生行政部门应当及时组织协查；必要时，可以报告上级卫生计生行政部门组织协查；对于重大案件，由国家卫生计生委组织协查。

卫生计生行政部门应当将查处的违法案件的违法事实、处理结果告知作出卫生行政许可决定的卫生计生行政部门。

第五十四条 卫生计生行政部门应当设立举报、投诉电话，任何单位和个人发现违法从事卫生行政许可事项的活动，有权向卫生计生行政部门举报，卫生计生行政部门应当及时核实、处理。

第五十五条 卫生计生行政部门在安排工作经费时，应当优先保证实施卫生行政许可所需经费。

卫生计生行政部门实施卫生行政许可时，除法律、行政法规规定外，不得收取任何费用。

第五十六条 被许可人取得卫生行政许可后，应当严格按照许可的条件和要求从事相应的活动。

卫生计生行政部门发现被许可人从事卫生行政许可事项的活动，不符合其申请许可时的条件和要求的，应当责令改正；逾期不改正的，应当依法收回或者吊销卫生行政许可。

第五十七条 有下列情况之一的，作出卫生行政许可决定的卫生计生行政部门或者上级卫生计生行政部门，可以撤销卫生行政许可：

（一）卫生计生行政部门工作人员滥用职权，玩忽职守，对不符合法定条件的申请人作出准予卫生行政许可决定的；

（二）超越法定职权作出准予卫生行政许可决定的；

（三）违反法定程序作出准予卫生行政许可决定的；

（四）对不具备申请资格或者不符合法定条件的申请人准予卫生行政许可的；

（五）依法可以撤销卫生行政许可决定的其他情形。

被许可人以欺骗、贿赂等不正当手段取得卫生行政许可的，应当予以撤销。

撤销卫生行政许可，可能对公共利益造成重大损失的，不予撤销。依照本条第一款的规定撤销卫生行政许可，被许可人的合法权益受到损害的，卫生计生行政部门应当依法予以赔偿。

第五十八条 有下列情形之一的，卫生计生行政部门应当依法办理有关卫生行政许可的注销手续：

（一）卫生行政许可复验期届满或者有效期届满未延续的；

（二）赋予公民特定资格的卫生行政许可，该公民死亡或者丧失行为能力的；

（三）法人或其他组织依法终止的；

（四）卫生行政许可被依法撤销、撤回、或者卫生行政许可证件被依法吊销的；

（五）因不可抗力导致卫生行政许可事项无法实施的；

（六）法律、法规规定的应当注销卫生行政许可的其他情形。

第五十九条 各级卫生计生行政部门应当定期对其负责实施的卫生行政许可工作进行评价，听取公民、法人或者其他组织对卫生行政许可工作的意见和建议，并研究制定改进工作的措施。

第七章 法律责任

第六十条 卫生计生行政部门及其工作人员违反本办法规定，有下列行为之一的，由上级卫生计生行政部门责令改正；拒不改正或者有其他情节严重的情形的，对直接负责的主管人员和其他直接责任人员依法给予行政处分：

（一）对符合法定条件的卫生行政许可申请不予受理的；

（二）不在卫生行政许可受理场所公示依法应当公示的材料的；

（三）在受理、审查、决定卫生行政许可过程中，未向申请人、利害关系人履行法定告知义务的；

（四）申请人提交的申请材料不齐全、不符合法定形式，能够一次告知而未一次告知申请人必须补正的全部内容的；

（五）未向申请人说明不予受理或者不予卫生行政许可的理由的；

（六）依法应当举行听证而不举行听证的。

第六十一条 卫生计生行政部门及其工作人员违反本办法规定，有下列行为之一的，由上级卫生计生行政部门责令改正，并对直接负责的主管人员和其他直接责任人员依法给予行政处分；涉嫌构成犯罪的，移交司法机关追究刑事责任：

（一）对不符合法定条件的申请人准予卫生行政许可或者超越法定职权作出准予卫生行政许可决定的；

（二）对符合法定条件的申请人不予卫生行政许可或者不在法定期限内作出准予卫生行政许可决定的；

（三）索取或者收受财物或者谋取其他利益的；

（四）法律、行政法规规定的其他违法情形。

第六十二条 卫生计生行政部门不依法履行监督职责或者监督不力，造成严重后果的，由其上级卫生计生行政部门责令改正，并对直接负责的主管人员和其他责任人员依法给予行政处分；涉嫌构成犯罪的，移交司法机关追究刑事责任。

第六十三条 申请人提供虚假材料或者隐瞒真实情况的，卫生计生行政部门不予受理或者不予许可，并给予警告，申请人在一年内不得再次申请该许可事项。

第六十四条 被许可人以欺骗、贿赂等不正当手段取得卫生行政许可的，卫生计生行政部门应当依法给予行政处罚，申请人在三年内不得再次申请该卫生行政许可；涉嫌构成犯罪的，移交司法机关追究刑事责任。

第六十五条 被许可人有下列行为之一的，卫生计生行政部门应当依法给予行政处罚；涉嫌构成犯罪的，移交司法机关追究刑事责任：

（一）涂改、倒卖、出租、出借或者以其他方式非法转让卫生行政许可证件的；

（二）超越卫生行政许可范围进行活动的；

（三）在卫生监督检查中提供虚假材料、隐瞒活动真实情况或者拒绝提供真实材料的；

（四）应依法申请变更的事项未经批准擅自变更的；

（五）法律、法规、规章规定的其他违法行为。

第六十六条　公民、法人或者其他组织未经卫生行政许可，擅自从事依法应当取得卫生行政许可的活动的，由卫生计生行政部门依法采取措施予以制止，并依法给予行政处罚；涉嫌构成犯罪的，移交司法机关追究刑事责任。

第八章　附　　则

第六十七条　本办法规定的实施卫生行政许可的期限是指工作日，不包括法定节假日。

第六十八条　本办法规定的卫生行政许可文书样本供各地参照执行。除本办法规定的文书样本外，省级卫生计生行政部门可根据工作需要补充相应文书。

第六十九条　本办法自发布之日起施行。

附件：卫生行政许可文书样本（略）

关于全面推行医疗收费电子票据管理改革的通知

1. 2019年7月22日财政部、国家卫生健康委、国家医疗保障局发布

2. 财综〔2019〕29号

有关中央预算单位，有关企业，各省、自治区、直辖市、计划单列市财政厅（局）、卫生健康委、医疗保障局，新疆生产建设兵团财政局、卫生健康委、医疗保障局：

为深化“放管服”改革，落实个人所得税大病医疗专项附加扣除相关工作，防范虚假医疗收费票据，根据《财政部关于全面推开财政电子票据管理改革的通知》（财综〔2018〕62号）、《财政部关于统一全国财政电子票据式样和财政机打票据式样的通知》（财综〔2018〕72号），决定全面推行医疗收费电子票据管理改革。现将有关事宜通知如下：

一、全面推行医疗收费电子票据管理改革

按照财综〔2018〕62号要求，各地区应在充分总结财政电子票据改革试点经验的基础上，在2020年底前全面推行医疗收费电子票据管理改革，推广运用医疗收费电子票据。

（一）统一全国医疗收费票据式样

自本通知发布之日起，正式启用全国统一的医疗收费票据式样，包括医疗门诊收费票据（电子）式样（附件1）、医疗住院收费票据（电子）式样（附件2）、医疗门诊收费票据（机打）式样（附件4）和医疗住院收费票据（机打）式样（附件5），其编码按照财综〔2018〕72号规定的编码规则编制。同时，启用全国统一的医疗收费明细（电子）式样（附件3），配合电子票据使用。考虑到系统升级改造、票据管理实际情况，原则上设置一年过渡期，在2020年底前各地区原有票据式样和全国统一的票据式样并行。

（二）做好信息系统改造和对接

各地区财政部门要做好医疗收费电子票据管理改革保障工作，实现本地区系统与财政部系统对接，做到全国医疗收费电子票据一站式查询、真伪查验和报销入账。

各地区卫生健康部门要督促本地医疗卫生机构做好医疗收费电子票据管理改革，落实信息系统改造、业务流程调整工作，按规定使用全国统一式样的医疗收费票据。

各地区医保部门要按照全国统一的医疗保障信息系统建设要求，实现与财政部门信息互联互通，及时将医疗收费电子票据入账报销等信息反馈财政部门，并利用医保网络通道实现与医疗机构信息传输，做好医疗收费电子票据应用工作。

各医疗卫生机构要改造信息系统，调整业务流程，实现与财政、卫生健康、医保部门系统对接，按规定启用全国统一的医疗收费票据，积极推进医疗收费电子票据管理改革工作。

（三）规范医疗收费电子票据报销入账及归档

根据财综〔2018〕72号规定，满足《会计档案管理办法》第八条、第九条所列条件的单位，可以医疗收费电子票据数据文件为依据进行会计处理，并按照电子档案管理要求进行归档保管。医疗收费电子票据入账报销单位，应及时将入账状态、入账时间、入账金额等信息反馈至财政部门。不满足《会计档案管理办法》第八条、第九条所列条件的单位，可使用医疗收费电子票据版式文件打印件入账，并对电子票据及版式文件打印件进行归档保管，同时建立版式文件打印件与电子票据的检索关系。各单位应建立健全相关内部控制制度，确保票据真实可靠，防止票据重复入账报销。

二、规范全国统一医疗收费票据填列

医疗卫生机构在开具医疗收费票据时，应规范填列医疗收费项目、其他信息等内容。其中，交款人统一社会信用代码应填列患者有效证件号码，并隐去涉及患者隐私的部分字段。

（一）规范医疗门诊收费票据填列

医疗门诊收费票据填列的收费项目包括诊察费、检查费、化验费、治疗费、手术费、卫生材料费、西药费、中药饮片、中成药费、一般诊疗费、挂号费，以及《政府会计制度》和《医院执行〈政府会计制度——行政事业单位会计科目和报表〉的补充规定》（财会〔2018〕24号）、《基层医疗卫生机构执行〈政府会计制度——行政事业单位会计科目和报表〉的补充规定》（财会〔2018〕25号）所列其他门急诊收费项目；“其他信息”栏填列的项目信息包括业务流水号、医疗机构类型、性别、门诊号、就诊日期、医保类型、医保编号、医保统筹基金支付、其他支付、个人账户支付、个人现金支付、个人自付、个人自费等。

医疗卫生机构在开具医疗门诊收费票据时，应按照上述收费项目中有发生的项目及其明细顺序填列，先填列本次有发生的全部收费项目，再按照有发生的项目顺序填列每项项目所包含的具体明细。明细项目较多，填写不下时，应将全部明细项目列入医疗收费明细。

（二）规范医疗住院收费票据填列

医疗住院收费票据填列的收费项目包括床位费、诊察费、检查费、化验费、治疗费、手术费、护理费、卫生材料费、西药费、中药饮片、中成药费、一般诊疗费，以及《政府会计制度》和《医院执行〈政府会计制度——行政事业单位会计科目和报表〉的补充规定》（财会〔2018〕24号）、《基层医疗卫生机构执行〈政府会计制度——行政事业单位会计科目和报表〉的补充规定》（财会〔2018〕25号）所列其他住院收费项目；“其他信息”栏填列的项目信息包括业务流水号、医疗机构类型、性别、病历号、住院号、住院科别、住院时间、预缴金额、补缴金额、退费金额、医保类型、医保编号、医保统筹基金支付、其他支付、个人账户支付、个人现金支付、个人自付、个人自费等。

医疗卫生机构在开具医疗住院收费票据时，应按照上述收费项目中有发生的项目顺序填列，并将每项项目所包含的具体明细列入医疗收费明细。

（三）明确“其他信息”栏项目信息

业务流水号：医疗卫生机构收费系统自动生成的流水号码。

医疗机构类型：按照《医疗机构管理条例实施细则》和《卫生部关于修订〈医疗机构管理条例实施细则〉第三条有关内容的通知》确定的医疗卫生机构类别。

医保类型：取值范围包括职工基本医疗保险、城乡居民基本医疗保险（城镇居民基本医疗保险、新型农村合作医疗保险）和其他医疗保险等。

医保编号：参保人在医保系统中的唯一标识。

医保统筹基金支付：患者本次就医所发生的医疗费用中按规定由基本医疗保险统筹基金支付的金额。

其他支付：患者本次就医所发生的医疗费用中按规定由大病保险、医疗救助、公务员医疗补助、大额补充、企业补充等基金或资金支付的金额。

个人账户支付：按政策规定用个人账户支付参保人的医疗费用（含基本医疗保险目录范围内和目录范围外的费用）。

个人现金支付：个人通过现金、银行卡、微信、支付宝等渠道支付的金额。

个人自付：患者本次就医所发生的医疗费用中由个人负担的属于基本医疗保险目录范围内自付部分的金额；开展按病种、病组、床日等打包付费方式且由患者定额付费的费用。该项为个人所得税大病医疗专项附加扣除信息项。

个人自费：患者本次就医所发生的医疗费用中按照有关规定不属于基本医疗保险目录范围而全部由个人支付的费用。

上述部分项目勾稽关系：金额合计＝医保统筹基金支付＋其他支付＋个人账户支付＋个人现金支付

全国统一的“其他信息”栏项目应如附件6所示一一填列，各地区可以根据管理实际，增加个性化其他项目信息，并接续填列。“其他信息”栏项目信息属于医疗卫生信息的，其含义和内容由卫生健康部门和医疗卫生机构分别负责解释；属于医疗保险信息的，其含义和内容由医保部门负责解释。

三、进一步强化保障措施

（一）抓好落实工作。各地区财政、卫生健康、医保部门应通力配合，结合本地区实际，制定切实可行的工作方案，做好相关系统升级改造与对接工作，按规定启用全国统一式样的医疗收费票据，推进医疗收费电子票据管理改革。

（二）加强沟通交流。各地区财政、卫生健康、医保部门要做好沟通协调工作，并加强与医疗卫生机构、交款人以及入账报销单位沟通交流，全面客观了解医疗收费电子票据管理改革情况，及时发现问题，认真研究解决办法，并及时报送上级部门。

（三）做好宣传工作。各地区财政、卫生健康、医保部门要充分运用媒体、网络等宣传渠道，做好医疗收费电子票据宣传工作，提高医疗收费电子票据公众认知度，切实提高医疗收费票据流转运用效率，实现便民利民服务目标。

附件：（略）

·典型案例·

北京某集团总医院申请执行陈某春医疗服务合同纠纷案

【基本案情】

2011年8月29日，被告陈某春因交通事故受伤进入原告北京某集团总医院住院治疗，于同年9月22日出院。2011年10月11日，被告陈某春因“左下肢肿痛一周”入住原告骨科病房，入院初步诊断为：“左下肢深静脉血栓形成DYT、左膝关节镜术后”。经治疗后检查，被告陈某春左下肢深静脉血检部分血管再通，关节活动度伸直0度，屈曲达90度。自2012年3月25日起至同年7月18日，原告北京某集团总医院先后二十余次通知其出院，但被告陈某春拒绝出院，仍然占用原告北京某集团总医院骨科病房第34床。自2012年7月18日，原告北京某集团总医院为被告陈某春办理了出院手续，且自该日起至今，原告北京某集团总医院未再对被告陈某春进行住院治疗。

根据本案查明的事实，法院认为被告陈某春的行为严重干扰了北京某集团总医院正常医疗秩序，侵害了原告北京某集团总医院的合法权益，影响了其他公民公平地享受医疗服务的权利，并于2014年12月10日作出判决，判决陈某春于本判决生效之日起七日内将位于北京市门头沟区黑山大街*号原告北京某集团总医院骨科病房34床腾退给原告北京某集团总医院。

但陈某春未自动履行上述生效判决，北京某集团总医院申请强制执行。

【执行情况】

执行期间，执行法官先后6次到医院做陈某春自动履行的思想工作，但其始终不予配合，其妻扬言闹事、拍照录音。鉴于陈某春拒不履行法律义务，本院于2015年2月10日组织强制执行，将陈某春搬离病床，妥善安排至其居所，并对在执行现场妨碍法院执行的两案外人采取司法拘留措施，确保这起案件的顺利执毕。

【典型意义：公序良俗】

本案充分体现了执行工作的强制性，树立了法院的司法权威，弘扬了正确的社会价值导向。在近年来医患关系紧张的社会背景下，类似于本案的病人霸占病床、拒绝出院的现象并不罕见，已经成为“社会顽疾”。本案的典型意义就在于通过司法执行的途径，在法律途径下破解霸占医院病床的难题，为此类案件的执行提供了操作范本，倡导了在法治体系下解决矛盾纠纷的社会导向。

在该案件的强制执行过程中，本院认真贯彻高效、规范、公开、文明执行的指导思想，遵照最高法院院长周强关于执行工作应坚持“一性两化”的要求，以维护生效法律文书的效力，维护当事人合法权益和社会公共利益为出发点，一方面勇于迎难而上，坚决执行，规范执行；另一方面积极做好风险防控和强制执行方案，确保案件执行的社会效果和法律效果。在执行过程中，用足、用好、用活强制执行措施，坚决依法采取罚款、拘留等强制措施，严厉打击抗拒执行、阻碍执行甚至暴力抗法的行为；通过邀请人大代表、政协委员、人民陪审员到场监督，邀请新闻媒体进行现场报道，增强法院执行工作的参与度和透明度，赢得公众的理解和社会舆论的支持。

本案的顺利执行，也为积极构建社会各方力量参与的解决医患矛盾体系提供了契机和动力，对推进整个社会的法治意识具有积极的作用。

附录

以委(部)令号公布的国家卫生健康委员会(卫生部、国家人口和计划生育委员会、国家卫生和计划生育委员会)全部规章目录①

令 号	文 件 名	公布时间	时 效 性	备 注
国务院批准，卫生部令第1号	《学校卫生工作条例》	1990年4月25日国务院批准，1990年6月4日国家教育委员会令第10号、卫生部令第1号公布		
国务院批准，卫生部令第2号	《中华人民共和国国境卫生检疫法实施细则》	1989年2月10日国务院批准，1989年3月6日卫生部令第2号公布	已被国务院令第574号修订	
国务院批准，卫生部令第3号	《化妆品卫生监督条例》	1989年9月26日国务院批准，1989年11月13日卫生部令第3号公布	已被国务院令第727号废止	
卫生部令第3号	《放射防护监督员管理规定》	1990年4月3日	已被卫生部令第29号宣布失效	
卫生部令第4号	《新资源食品卫生管理办法》	1990年7月28日	已被卫生部令第56号废止	
卫生部令第5号	《食用植物油卫生管理办法》《冷饮食品卫生管理办法》《蜂蜜卫生管理办法》《粮食卫生管理办法》《酒类卫生管理办法》《食用氢化油及其制品卫生管理办法》《豆制品、资本腌菜卫生管理办法》《调味品卫生管理办法》《蛋与蛋制品卫生管理办法》《茶叶卫生管理办法》《肉与肉制品卫生管理办法》《食糖卫生管理办法》《糖果卫生管理办法》《水产品卫生管理办法》	1990年11月20日	其中《水产品卫生管理办法》已被卫生部令第78号废止，其他规章均被卫生部令第67号废止	
卫生部令第6号	《进口药品管理办法》	1990年11月2日	已被卫生部令第29号废止	
卫生部令第7号	《中华人民共和国国境卫生检疫行政处罚程序规则》	1990年11月8日	已被卫生部令第29号宣布失效	

① 注：

a. 2018年3月，国务院机构改革，决定组建国家卫生健康委员会，为便于读者查阅，我们将原卫生部的规章列于最前，原国家人口和计划生育委员会、国家卫生和计划生育委员会的规章列于卫生部的规章之后，国家卫生健康委员会的规章列于最后；

b. 卫生部规章于1990年、1997年起两次使用“卫生部令＊＊号”，因此部分文令号相同；

c. 部分由国务院批准，卫生部令公布的文件，性质上属于行政法规，为保持令号的完整性而收录于此；

d. 本书对现行有效的医疗规章予以收录，并在“备注”栏中注明其在本书中所在页码；对于其他规章，只在此列出，未作收录；

e. 已修订、失效或废止的规章，在表格中以楷体显示。

续表

令号	文件名	公布时间	时效性	备注
卫生部令第8号	《防止黄曲霉毒素污染食品卫生管理办法》《食品用塑料制品及原材料卫生管理办法》《食品包装用原纸卫生管理办法》《食品用橡胶制品卫生管理办法》《食品容器内壁涂料卫生管理办法》《搪瓷食具容器卫生管理办法》《食品罐头内壁环氧酚醛涂料卫生管理办法》《陶瓷食具容器卫生管理办法》《铝制食具容器卫生管理办法》	1990年11月26日	其中《防止黄曲霉毒素污染食品卫生管理办法》已被卫生部令第67号废止,其他规章均被卫生部令第78号废止	
卫生部令第9号	《非医用加速器放射卫生管理办法》	1991年1月10日	已被卫生部令第29号宣布失效	
卫生部令第10号	《医药卫生档案管理暂行办法》	1991年3月9日		
卫生部令第11号	《公共场所卫生管理条例实施细则》	1991年3月11日	已被卫生部令第80号废止	
卫生部令第12号	《γ辐照加工装置放射卫生防护管理规定》	1991年4月26日	已被卫生部令第29号宣布失效	
卫生部令第13号	《化妆品卫生监督条例实施细则》	1991年3月27日	已被卫监督发〔2005〕190号修订	
卫生部令第14号	《全国卫生系统荣誉称号暂行规定》	1991年7月31日	已被国家卫生和计划生育委员会令第7号废止	
卫生部令第15号	《性病防治管理办法》	1991年8月12日	已被卫生部令第89号废止	
国务院批准,卫生部令第17号	《中华人民共和国传染病防治法实施办法》	1991年10月4日国务院批准,1991年12月6日卫生部令第17号发布		P593
卫生部令第18号	《首批淘汰三十五项临床检验项目、方法的规定》	1991年12月20日	已被国家卫生和计划生育委员会公告2016年第1号规定不再作为部门规章	
卫生部令第20号	《卫生监督员管理办法》	1992年5月11日		
卫生部令第21号	《全国卫生统计工作管理办法》	1992年6月20日	已被1999年卫生部令第3号废止	
卫生部令第22号	《消毒管理办法》	1992年8月31日	已被卫生部令第27号废止	
卫生部令第23号	《药品监督管理行政处罚规定(暂行)》	1992年9月23日	已被卫生部令第29号废止	
卫生部令第24号	《外国医师来华短期行医暂行管理办法》	1992年10月7日	已被卫医发〔2003〕331号、国家卫生和计划生育委员会令第8号修订	P201
卫生部令第25号	《核设施放射卫生防护管理规定》	1992年10月31日	已被国家卫生和计划生育委员会令第7号废止	
卫生部令第26号	《计划生育技术工作管理办法》	1992年12月16日	已被卫生部令第29号废止	
卫生部令第27号	《药品生产质量管理规范》	1992年12月28日	已被卫生部令第29号废止	
卫生部令第28号	《食品添加剂卫生管理办法》	1993年3月15日	已被卫生部令第29号宣布失效	

续表

令 号	文 件 名	公布时间	时 效 性	备 注
卫生部令第 29 号	《采供血机构和血液管理办法》	1993 年 3 月 20 日	已被卫生部令第 29 号宣布失效	
卫生部令第 30 号	《传染病防治监督行政处罚程序》	1993 年 3 月 20 日	已被卫生部令第 29 号宣布失效	
卫生部令第 31 号	《中华人民共和国护士管理办法》	1993 年 3 月 26 日	已被卫生部令第 78 号废止	
卫生部令第 32 号	《鼠疫地区猎捕和处理旱獭卫生管理办法》	1993 年 3 月 15 日	已被国家卫生和计划生育委员会令第 7 号废止	
卫生部令第 33 号	《生物制品管理规定》	1993 年 7 月 26 日	已被卫生部令第 29 号废止	
卫生部令第 34 号	《医用 X 射线诊断放射卫生防护及影像质量保证管理规定》	1993 年 10 月 13 日	已被卫生部令第 17 号废止	
卫生部令第 35 号	《医疗机构管理条例实施细则》	1994 年 8 月 29 日	已被卫医发〔2006〕432 号、卫办医发〔2008〕125 号、国家卫生和计划生育委员会令第 12 号修订	P37
卫生部令第 36 号	《医疗机构监督管理行政处罚程序》	1994 年 8 月 29 日	已被卫生部令第 29 号宣布失效	
卫生部令第 37 号	《预防用生物制品生产供应管理办法》	1994 年 9 月 2 日	已被国家卫生和计划生育委员会令第 7 号废止	
卫生部令第 38 号	《核事故医学应急管理规定》	1994 年 10 月 8 日	已被卫生部令第 78 号宣布废止	
卫生部令第 39 号	《灾害事故医疗救援工作管理办法》	1995 年 4 月 27 日		P686
卫生部令第 40 号	《放射治疗卫生防护与质量保证管理规定》	1995 年 5 月 15 日	已被卫生部令第 17 号废止	
卫生部令第 41 号	《预防性健康检查管理办法》	1995 年 6 月 2 日	已被国家卫生和计划生育委员会令第 7 号废止	
卫生部令第 42 号	《戒毒药品管理办法》	1995 年 6 月 18 日	已被卫生部令第 29 号废止	
卫生部令第 43 号	《大型医用设备配置与应用管理暂行办法》	1995 年 7 月 7 日	已被卫规财发〔2004〕474 号文件宣布废止	
卫生部令第 44 号	《母婴保健监督行政处罚程序》	1995 年 8 月 4 日	已被卫生部令第 29 号宣布失效	
卫生部令第 45 号	《母婴保健法实施办法》	1995 年 8 月 29 日	已被卫生部令第 29 号宣布失效	
卫生部令第 46 号	《保健食品管理办法》	1996 年 6 月 1 日		
卫生部令第 47 号	《辐照食品卫生管理办法》	1996 年 4 月 5 日	已被卫生部令第 78 号宣布废止	
卫生部令第 48 号	《学生集体用餐卫生监督办法》	1996 年 8 月 27 日	已被卫政法发〔2010〕21 号修改	
卫生部令第 49 号	《食品卫生行政处罚办法》	1997 年 3 月 15 日	已被卫生部令第 78 号宣布废止	
卫生部令第 50 号	《食品卫生监督程序》	1997 年 3 月 15 日	已被卫生部令第 78 号宣布废止	

续表

令　号	文　件　名	公布时间	时　效　性	备　注
卫生部令第51号	《卫生系统内部审计工作规定》	1997年3月17日	已被卫生部令2006年第51号令废止	
卫生部令第52号	《放射工作人员健康管理规定》	1997年6月5日	已被卫生部令第55号废止	
卫生部令第53号	《卫生行政处罚程序》	1997年6月19日	已被卫政法发〔2006〕68号修订	P836
卫生部令第54号	《生物材料和医疗器材监督管理办法》	1997年6月28日		P511
卫生部令第55号	《医学实验动物管理实施细则》	1998年1月25日	已被卫生部令第29号宣布失效	
卫生部令第1号	《卫生行政执法处罚文书规范》	1998年7月8日	已被卫生部令第34号废止	
卫生部令第2号	《血站管理办法》	1998年9月21日	已被卫生部令第44号废止	
卫生部令第3号	《全国卫生统计工作管理办法》	1999年2月25日	已被国家卫生健康委员会令第12号废止	
卫生部令第4号	《医师资格考试暂行办法》	1999年7月16日	已被卫医发〔2003〕95号、卫医发〔2002〕37号修订	P163
卫生部令第5号	《医师执业注册暂行办法》	1999年7月16日	已被国家卫生和计划生育委员会令第13号废止	
卫生部令第6号	《传统医学师承和确有专长人员医师资格考核考试暂行办法》	1999年7月23日	已被卫生部令第52号废止	
卫生部令第7号	《卫生部卫生立法工作管理办法》	1999年10月25日	已被国家卫生和计划生育委员会令第2号废止	
卫生部令第8号	《食物中毒事故处理办法》	1999年12月24日	已被国家卫生和计划生育委员会令第7号废止	
卫生部令第9号	《卫生部行政复议与行政应诉管理办法》	1999年12月20日	已被国家卫生和计划生育委员会令第2号废止	
卫生部令第10号	《餐饮业食品卫生管理办法》	2000年1月16日	已被卫生部令第71号废止	
卫生部、对外贸易经济合作部令第11号	《中外合资、合作医疗机构管理暂行办法》	2000年5月15日		P194
卫生部令第12号	《医疗气功管理暂行规定》	2000年7月10日		P259
卫生部令第13号	《卫生部业务主管社会团体登记管理办法》	2000年10月31日	已被国家卫生和计划生育委员会令第7号废止	
卫生部令第14号	《人类辅助生殖技术管理办法》	2001年2月20日		P261
卫生部令第15号	《人类精子库管理办法》	2001年2月20日		P263
卫生部、公安部令第16号	《放射事故管理规定》	2001年8月26日		
卫生部令第17号	《放射工作卫生防护管理办法》	2001年10月23日	已被卫生部令第46号废止	
卫生部令第18号	《放射防护器材与含放射性产品卫生管理办法》	2001年10月23日	已被国家卫生和计划生育委员会令第7号废止	
卫生部令第19号	《医疗美容服务管理办法》	2002年1月22日	已被卫医政发〔2009〕17号、国家卫生和计划生育委员会令第8号修订	P264

续表

令 号	文 件 名	公布时间	时 效 性	备 注
卫生部令第20号	《国家职业卫生标准管理办法》	2002年3月28日		
卫生部令第21号	《职业病危害项目申报管理办法》	2002年3月28日	已被卫生部令第78号废止	
卫生部令第22号	《建设项目职业病危害分类管理办法》	2002年3月28日	已被卫生部令第49号废止	
卫生部令第23号	《职业健康监护管理办法》	2002年3月28日	已被国家卫生和计划生育委员会令第5号废止	
卫生部令第24号	《职业病诊断与鉴定管理办法》	2002年3月28日	已被卫生部令第91号废止	
卫生部令第25号	《职业病危害事故调查处理办法》	2002年3月28日	已被卫生部令第78号废止	
卫生部令第26号	《食品添加剂卫生管理办法》	2002年3月28日	已被卫生部令第73号废止	
卫生部令第27号	《消毒管理办法》	2002年3月28日	已被国家卫生和计划生育委员会令第8号、国家卫生和计划生育委员会令第18号修订	P266
卫生部令第28号	《转基因食品卫生管理办法》	2002年4月8日	已被卫生部令第56号废止	
卫生部令第29号	《卫生部决定废止和宣布失效卫生部令目录》	2002年5月8日		
卫生部令第30号	《医疗事故技术鉴定暂行办法》	2002年7月31日		P751
卫生部令第31号	《职业卫生技术服务机构管理办法》	2002年7月31日	已被国家卫生和计划生育委员会令第7号废止	
卫生部令第32号	《医疗事故分级标准(试行)》	2002年7月31日		P758
卫生部令第33号	《产前诊断技术管理办法》	2002年12月13日	已被国家卫生健康委员会令第2号修订	P347
卫生部令第34号	《卫生行政执法文书规范》	2002年12月18日	已被卫生部令第87号废止	
卫生部令第35号	《传染性非典型肺炎防治管理办法》	2003年5月12日		P609
卫生部令第36号	《医疗卫生机构医疗废物管理办法》	2003年10月15日		P572
卫生部令第37号	《突发公共卫生事件与传染病疫情监测信息报告管理办法》	2003年11月7日	已被卫疾控发〔2006〕332号修订	P692
卫生部、交通部令2004年第2号	《突发公共卫生事件交通应急规定》	2004年3月4日		P687
卫生部、国家环境保护总局令第21号	《医疗废物管理行政处罚办法》	2004年5月27日	已被环境保护部令第16号修订	P576
卫生部令第38号	《卫生行政许可管理办法》	2004年11月17日	已被国家卫生和计划生育委员会令第18号修订	P840
卫生部令第39号	《关于卫生监督体系建设的若干规定》	2005年1月5日		
卫生部令第40号	《关于疾病预防控制体系建设的若干规定》	2005年1月5日	已被国家卫生和计划生育委员会公告2016年第1号规定不再作为部门规章	
卫生部令第41号	《医疗机构传染病预检分诊管理办法》	2005年2月28日		P612
卫生部令第42号	《医师外出会诊管理暂行规定》	2005年4月30日		P149

续表

令 号	文 件 名	公布时间	时 效 性	备 注
卫生部令第43号	《传染病病人或疑似传染病病人尸体解剖查验规定》	2005年4月30日		P613
卫生部令第44号	《血站管理办法》	2005年11月17日	已被卫医政发〔2009〕28号、国家卫生和计划生育委员会令第8号、国家卫生和计划生育委员会令第18号修订	P484
卫生部令第45号	《可感染人类的高致病性病原微生物菌(毒)种或样本运输管理规定》	2005年12月28日		
卫生部令第46号	《放射诊疗管理规定》	2006年1月24日	已被国家卫生和计划生育委员会令第8号修订	P269
卫生部等九部门令第47号	《尸体出入境和尸体处理的管理规定》	2006年7月3日		
卫生部令第48号	《医院感染管理办法》	2006年7月6日		P281
卫生部令第49号	《建设项目职业病危害分类管理办法》	2006年7月27日	已被国家卫生和计划生育委员会令第7号废止	
卫生部令第50号	《人间传染的高致病性病原微生物实验室和实验活动生物安全审批管理办法》	2006年8月15日	已被国家卫生和计划生育委员会令第8号修订	
卫生部令第51号	《卫生系统内部审计工作规定》	2006年8月16日		
卫生部令第52号	《传统医学师承和确有专长人员医师资格考核考试办法》	2006年12月21日		P169
卫生部令第53号	《处方管理办法》	2007年2月14日		P221
卫生部令第54号	《卫生信访工作办法》	2007年2月16日	已被国家卫生和计划生育委员会令第7号废止	
卫生部令第55号	《放射工作人员职业健康管理办法》	2007年6月3日		
卫生部令第56号	《新资源食品管理办法》	2007年7月2日	已被国家卫生和计划生育委员会令第1号废止	
卫生部、商务部令第57号	《〈中外合资、合作医疗机构管理暂行办法〉的补充规定》	2007年12月30日		P196
卫生部令第58号	《单采血浆站管理办法》	2008年1月4日	已被国家卫生和计划生育委员会令第6号、国家卫生和计划生育委员会令第8号修订	P489
卫生部令第59号	《护士执业注册管理办法》	2008年5月6日	已被国家卫生健康委员会令第7号修订	P176
卫生部令第60号	《预防接种异常反应鉴定办法》	2008年9月11日		P678
卫生部、商务部令第61号	《〈中外合资、合作医疗机构管理暂行办法〉的补充规定二》	2008年12月7日		P196
卫生部令第62号	《香港、澳门特别行政区医师在内地短期行医管理规定》	2008年12月29日		P202
卫生部令第63号	《台湾地区医师在大陆短期行医管理规定》	2009年1月4日		P203

续表

令 号	文 件 名	公布时间	时 效 性	备 注
卫生部令第64号	《新生儿疾病筛查管理办法》	2009年2月16日		P350
卫生部、国家工商行政管理总局、国家食品药品监督管理局令第65号	《医疗器械广告审查办法》	2009年4月7日	已被国家市场监督管理总局令第21号废止	
卫生部令第66号	《互联网医疗保健信息服务管理办法》	2009年5月1日	已被国家卫生和计划生育委员会令第7号废止	
卫生部令第67号	《卫生部决定废止的部门规章目录(23件)》	2009年5月27日		
卫生部令第68号	《人间传染的病原微生物菌(毒)种保藏机构管理办法》	2009年7月16日		
卫生部令第69号	《国家基本药物目录(基层医疗卫生机构配备使用部分)》	2009年8月18日	已被卫生部令第93号废止	
卫生部令第70号	《餐饮服务许可管理办法》	2010年3月4日		
卫生部令第71号	《餐饮服务食品安全监督管理办法》	2010年3月4日		
卫生部令第72号	《药品类易制毒化学品管理办法》	2010年3月18日		
卫生部令第73号	《食品添加剂新品种管理办法》	2010年3月30日		
卫生部、人社部令第74号	《护士执业资格考试办法》	2010年5月10日		P174
卫生部令第75号	《医疗卫生服务单位信息公开管理办法(试行)》	2010年6月3日	已被国家卫生和计划生育委员会令第7号废止	
卫生部、教育部令第76号	《托儿所幼儿园卫生保健管理办法》	2010年9月6日		
卫生部令第77号	《食品安全国家标准管理办法》	2010年10月20日	已被国家卫生健康委员会令第10号废止	
卫生部令第78号	《卫生部决定废止和宣布失效的部门规章目录(48件)》	2010年12月28日		
卫生部令第79号	《药品生产质量管理规范(2010年修订)》	2011年1月17日		
卫生部令第80号	《公共场所卫生管理条例实施细则》	2011年3月10日	已被国家卫生和计划生育委员会令第8号修订	
卫生部令第81号	《药品不良反应报告和监测管理办法》	2011年5月4日		P415
卫生部令第82号	《医疗器械召回管理办法(试行)》	2011年5月20日	已被国家食品药品监督管理总局令第29号废止	
卫生部令第83号	《卫生部决定废止〈全国城乡孕产期保健质量标准和要求〉等7件部门规章》	2011年6月23日		
卫生部令第84号	《抗菌药物临床应用管理办法》	2012年4月24日		P423
卫生部令第85号	《医疗机构临床用血管理办法》	2012年6月7日	已被国家卫生健康委员会令第2号修订	P495

续表

令 号	文 件 名	公布时间	时 效 性	备 注
卫生部、海关总署令第86号	《卫生部、海关总署关于修改〈药品进口管理办法〉的决定》	2012年8月24日		
卫生部令第87号	《卫生行政执法文书规范》	2012年9月6日		
卫生部令第88号	《卫生部关于修改〈药品监督行政处罚程序规定〉的决定》	2012年10月17日		
卫生部令第89号	《性病防治管理办法》	2012年11月23日		P614
卫生部令第90号	《药品经营质量管理规范》	2013年1月22日	已被国家食品药品监督管理总局令第13号废止	
卫生部令第91号	《职业病诊断与鉴定管理办法》	2013年2月19日	已被国家卫生健康委员会令第6号废止	
卫生部令第92号	《结核病防治管理办法》	2013年2月20日		P618
卫生部令第93号	《国家基本药物目录》	2013年3月13日		
国务院批准,国家计划生育委员会令第1号	《流动人口计划生育工作管理办法》	1998年8月6日国务院批准、1998年9月22日国家计划生育委员会令第1号公布	已被国务院令第555号废止	
国家计划生育委员会令第2号	《计划生育统计工作管理办法》	1999年3月19日	已被国家卫生健康委员会令第12号废止	
国家计划生育委员会令第3号	《计划生育系统统计调查管理办法》	2000年11月2日	已被国家卫生健康委员会令第9号废止	
国家计划生育委员会令第4号	《国家计划生育委员会计划生育系统宣传品管理办法》	2001年5月22日	已被国家人口与计划生育委员会令第11号废止	
国家计划生育委员会令第5号	《计划生育技术服务机构执业管理办法》	2001年11月6日	已被国家卫生健康委员会令第9号废止	
国家计划生育委员会令第6号	《计划生育技术服务管理条例实施细则》	2001年12月29日	已被国家卫生健康委员会令第9号废止	
国家计划生育委员会令第7号	《病残儿医学鉴定管理办法》	2002年1月18日	已被国家卫生健康委员会令第9号废止	
国家计划生育委员会、卫生部、国家药品监督管理局令第8号	《关于禁止非医学需要的胎儿性别鉴定和选择性别的人工终止妊娠的规定》	2002年11月29日	已被国家卫生和计划生育委员会、国家工商行政管理总局、国家食品药品监督管理总局令第9号废止	
国家人口和计划生育委员会令第9号	《流动人口计划生育管理和服务工作若干规定》	2004年1月1日	已被国家卫生健康委员会令第9号废止	
国家人口和计划生育委员会令第10号	《计划生育药具工作管理办法(试行)》	2006年7月20日	已被国家卫生健康委员会令第9号废止	
国家人口和计划生育委员会令第11号	《决定废止〈计划生育系统宣传品管理办法〉的决定》	2007年12月28日		
国家卫生和计划生育委员会令第1号	《新食品原料安全性审查管理办法》	2013年5月31日		
国家卫生和计划生育委员会令第2号	《国家卫生和计划生育委员会决定废止的部门规章目录》	2013年1月1日		

续表

令 号	文 件 名	公布时间	时 效 性	备 注
国家卫生和计划生育委员会令第3号	《院前医疗急救管理办法》	2013年11月29日		P728
国家卫生和计划生育委员会令第4号	《医师资格考试违纪违规处理规定》	2014年8月10日		P166
国家卫生和计划生育委员会令第5号	《职业健康检查管理办法》	2015年3月26日	已被国家卫生健康委员会令第2号修订	P644
国家卫生和计划生育委员会令第6号	《国家卫生计生委关于修订〈单采血浆站管理办法〉的决定》	2015年5月27日		
国家卫生和计划生育委员会令第7号	《国家卫生计生委决定废止的部门规章目录(25件)》	2016年1月19日		
国家卫生和计划生育委员会令第8号	《国家卫生计生委关于修改〈外国医师来华短期行医暂行管理办法〉等8件部门规章的决定》	2016年1月19日		
国家卫生和计划生育委员会、国家工商行政管理总局、国家食品药品监督管理总局令第9号	《禁止非医学需要的胎儿性别鉴定和选择性别人工终止妊娠的规定》	2016年3月28日		P360
国家卫生和计划生育委员会令第10号	《医疗质量管理办法》	2016年9月25日		P548
国家卫生和计划生育委员会令第11号	《涉及人的生物医学研究伦理审查办法》	2016年10月12日		
国家卫生和计划生育委员会令第12号	《国家卫生计生委关于修改〈医疗机构管理条例实施细则〉的决定》	2017年2月21日		
国家卫生和计划生育委员会令第13号	《医师执业注册管理办法》	2017年2月28日		P158
国家卫生和计划生育委员会令第14号	《中医诊所备案管理暂行办法》	2017年9月22日		P57
国家卫生和计划生育委员会令第15号	《中医医术确有专长人员医师资格考核注册管理暂行办法》	2017年11月10日		P171
国家卫生和计划生育委员会令第16号	《卫生计生系统内部审计工作规定》	2017年11月20日		
国家卫生和计划生育委员会令第17号	《国家卫生计生委关于决定废止〈母乳代用品销售管理办法〉等4件部门规章的委令》	2017年12月13日		
国家卫生和计划生育委员会令第18号	《国家卫生计生委关于修改〈新食品原料安全性审查管理办法〉等7件部门规章的决定》	2017年12月26日		
国家卫生健康委员会令第1号	《医疗技术临床应用管理办法》	2018年8月13日		P314
国家卫生健康委员会令第2号	《国家卫生健康委关于修改〈职业健康检查管理办法〉等4件部门规章的决定》	2019年2月28日		

续表

令 号	文 件 名	公布时间	时 效 性	备 注
国家卫生健康委员会令第3号	《医疗机构投诉管理办法》	2019年3月6日		P754
国家卫生健康委员会令第4号	《职业卫生技术服务机构管理办法》	2020年12月31日	已被国家卫生健康委员会令第11号修订	P651
国家卫生健康委员会令第5号	《工作场所职业卫生管理规定》	2020年12月31日		
国家卫生健康委员会令第6号	《职业病诊断与鉴定管理办法》	2021年1月4日		P646
国家卫生健康委员会令第7号	国家卫生健康委关于修改和废止《母婴保健专项技术服务许可及人员资格管理办法》等3件部门规章的决定	2021年1月8日		
国家卫生健康委员会令第8号	《医疗器械临床使用管理办法》	2021年1月12日		P537
国家卫生健康委员会令第9号	《国家卫生健康委关于废止部分规章的决定》	2023年10月27日		
国家卫生健康委员会令第10号	《食品安全标准管理办法》	2023年11月3日		
国家卫生健康委员会令第11号	《国家卫生健康委关于修改〈职业卫生技术服务机构管理办法〉的决定》	2023年11月3日		
国家卫生健康委员会令第12号	《卫生健康统计工作管理办法》	2023年11月3日		

以非委(部)令号公布的国家卫生健康委员会现行有效部门规章目录①

制定机关	规章名称	公布日期	备注
卫生部、劳动人事部	《各级妇幼保健机构编制标准(试行)》	1986年1月22日	
最高人民法院、最高人民检察院、公安部、司法部、卫生部	《精神疾病司法鉴定暂行规定》	1989年7月11日	
卫生部、劳动部、人事部、全国总工会、全国妇联	《女职工保健工作规定》	1993年11月26日	
卫生部	《医疗机构诊疗科目名录》	1994年9月5日,2010年6月11日修订	P290
卫生部	《医疗机构评审办法》	1995年7月21日	P83
卫生部	《母婴保健专项技术服务许可及人员资格管理办法》	1995年8月7日,2021年1月8日修订	P346
卫生部、人事部	《具有医学专业技术职务任职资格人员认定医师资格及执业注册办法》	1999年6月28日	P157
卫生部、铁道部、交通部、民航总局	《国内交通卫生检疫条例实施方案》	1999年9月16日	

① 注:

a. 根据国家卫生和计划生育委员会公告2016年第1号、2018年第1号文件以及国家卫生健康委员会令第7号文件整理。

b. 本书对现行有效的医疗规章予以收录,并在"备注"栏中注明其在本书中所在页码,对于其他规章,只在此列出,未作收录。